lonely planet

Süd-amerika

Regis St. Louis, Isabel Albiston, Celeste Brash, Brendan Sainsbury, Robert Balkovich, Jade Bremner, Cathy Brown, Gregor Clark, Alex Egerton, Michael Grosberg, Anthony Ham, Mark Johanson, Anna Kaminski, Brian Kluepfel, Tom Masters, Carolyn McCarthy, MaSovaida Morgan, Anja Mutić, Kevin Raub, Adam Skolnick, Paul Smith, Andy Symington, Phillip Tang, Luke Waterson, Wendy Yanagihara

REISEPLANUNG

ANTON_IVANOV/SHUTTERSTOCK ©

TITICACASEE, PERU
S. 961

JIXIN YU/SHUTTERSTOCK ©

FOZ DO IGUAÇU, BRASILIEN
S. 383

REISEZIELE IN SÜDAMERIKA

Inhalt

REISEZIELE IN SÜDAMERIKA

Inhalt

Willkommen in Südamerika

Die hohen Anden, der Regenwald am Amazonas, Gletscher in Patagonien, Inka-Ruinen, Kolonialstädte und weiße Sandstrände: Südamerika ist voller Wunder und Abenteuer.

Betörende Landschaften

Von den schneebedeckten Andengipfeln bis zu den verzweigten Wasserwegen des Amazonas – Südamerika offenbart eine grandiose Vielfalt von Naturwundern: üppige Regenwälder, hohe Vulkane, wolkenverhangene Nebelwälder, knochentrockene Wüsten, rot glühende Canyons, eisblaue Gletscher und strahlend weiße Traumstrände. Kaum ein anderer Teil der Erde bietet so unterschiedliche Landschaften und so viele Highlights für Traveller.

Große Abenteuer

Man kann an von den Inka errichteten Tempeln vorbeiwandern, die imposanten Iguazú-Fälle bestaunen oder in einem Einbaum auf einem der zahllosen *igarapés* (Flussarme) des Amazonas paddeln und Flora und Fauna beobachten. Oder man saust mit dem Mountainbike die steilen Straßen der Anden hinunter, raftet auf den Flüssen durch Stromschnellen der Kategorie V oder reitet auf den riesigen Wellen vor beiden Küsten. Und wer glaubt, schon alles gesehen und erlebt zu haben, der kann die atemberaubende Landschaft Feuerlands bewundern, die einmaligen Lebewesen der Galápagosinseln besuchen und im Pantanal, dem größten Feuchtgebiet der Erde, die wundersame Tierwelt erkunden.

Kulturschätze

Auf dem ganzen Kontinent gibt es herrliche Kolonialstädte, deren kopfsteingepflasterte Straßen an verzierten Kirchen und eleganten, seit dem 18. Jh. kaum veränderten Plätzen vorbeiführen. Auf den Märkten werden farbenfrohe Textilien angeboten, die indigenen Völker des Regenwalds laden Traveller zu traditionellen Gerichten ein oder tanzen zum Rhythmus der Trommeln. Die Kulturen Südamerikas hautnah zu erleben, ist kinderleicht – einfach darauf einlassen!

La Vida Musical

Für Musikliebhaber ist Südamerika eines der besten Ziele der Welt. Salsa aus Kolumbien, Samba aus Brasilien, Tango aus Argentinien und Folkloremusik aus den Anden werden zwar überall auf der Welt gespielt, doch ist es etwas ganz anderes, diese Rhythmen in ihrer Heimat zu hören. In den *milongas* (Tanzbars) von Buenos Aires, den vibrierenden *gafieiras* (Sambaclubs) von Rio und den *salsotecas* (Salsaclubs) von Quito spürt man den Pulsschlag dieser Musik. Und dann wären da noch die poetischen *trovas* in Peru, die *pasillos* in Ecuador, der *forró* in Brasilien, die *steeldrum* in Guyana, Harfenmusik in Paraguay und mehr. Also ins Getümmel stürzen – und gleich noch einen Tanzkurs machen!

Warum ich Südamerika liebe

Von Regis St. Louis, Autor

Eines zur Warnung vorneweg: Südamerika kann zur lebenslangen Sucht werden. Mir war das nicht klar, als ich vor 15 Jahren meine ersten Andenwanderungen geplant habe. Wie viele andere Traveller war auch ich sofort Feuer und Flamme für die Wunder dieses Kontinents, seine nebelverhangenen Gipfel, seine tosenden Wasserfälle und riesigen Regenwälder. Nimmt man noch die von Menschen geschaffen Schätze hinzu, die quirligen Märkte, die malerischen Kolonialstädte und die aufregende Urbanität, dann weiß man: Das ist nur der Anfang, ein Ende gibt es in Südamerika nicht. Und auch, dass es noch viel, viel mehr zu entdecken gibt.

Mehr über unsere Autoren gibt's auf S. 1184

Oben: Karneval (S. 333), Rio de Janeiro

Südamerika

0 — 1000 km
Cartagena
Eine Salsa liebende, koloniale Schönheit (S. 814)
Markt von Otavalo
Riesiger Anden-Markt mit Kunsthandwerk (S. 644)
Machu Picchu
Uralte Ruinenstätte der Inka (S. 986)
Titicacasee
Insel-Hopping und indigene Kulturen (S. 961)
Central Suriname Nature Reserve
Marron-Kultur erleben (S. 1065)
Amazonasgebiet
Famoser Regenwald (S. 455)
HONDURAS
NICARAGUA
COSTA RICA
PANAMA
80°W
50°W
40°W
10°N
10°S
Äquator
PAZIFIK
ATLANTIK
Galápagos-inseln (ECUADOR)
Puerto Ayora
Santa Marta
Ciudad Perdida
Barranquilla
Cartagena
Maracaibo
Coro
CARACAS
Maracay
Puerto la Cruz
Saint Vincent & die Grenadinen
Cumaná
Barcelona
Tucupita
Mérida
Cúcuta
Bucaramanga
VENEZUELA
Río Orinoco
Ciudad Bolívar
Medellín
Tunja
BOGOTÁ
Río Cauca
Río Magdalena
Río Guaviare
Puerto Ayacucho
Salto Ángel
Roraima (2810 m)
Santa Elena de Uairén
Kaieteur Falls
GEORGETOWN
PARAMARIBO
Cayenne
SURINAME
GUYANA
FRANZÖSISCH-GUAYANA (FRANKREICH)
Boa Vista
Río Branco
Cali
Popayán
KOLUMBIEN
Río Negro
Esmeraldas
Otavalo
QUITO
ECUADOR
Coca
Latacunga
Manta
Guayaquil
Riobamba
Machala
Cuenca
Loja
Río Japurá
Río Napo
Río Solimões
Leticia
Río Marañón
Río Ucayali
Piura
PERU
Chiclayo
Trujillo
Huaraz
Pucallpa
Manaus
Amazonas
Macapá
Ilha de Marajó
Belém
Santarém
São Luís
Fortaleza
Río Madeira
Río Tapajós
Río Xingu
Río Araguaia
Río Tocantins
Porto Velho
BRASILIEN
Natal
João Pessoa
Recife
Maceió
LIMA
Parque Nacional Manu
Puerto Maldonado
Parque Nacional Madidi
Ayacucho
Machu Picchu
Pisco
Ica
Rurrenabaque
Trinidad
San Matias
Cuiabá
LA PAZ
BOLIVIA
Lake Titicaca
Cochabamba
Moquegua
Santa Cruz
Oruro
BRASÍLIA
Goiânia
Río São Francisco
Salvador
Ilhéus
Porto Seguro

Salar de Uyuni
Salztonebene wie aus einer anderen Welt (S. 259)
Atacama
Schluchten, Geysiere und Flamingos (S. 526)
Buenos Aires
Brodelndes Nachtleben und bunte Stadtviertel (S. 65)
Rio de Janeiro
Strände, Caipirinhas und Samba (S. 326)
Iguazú-Fälle
Einer der mächtigsten Wasserfälle der Erde (S. 116)
Encarnación
Paraguays betörendste Stadt (S. 892)
Colonia del Sacramento
Fotogener Charme aus dem 18. Jh. (S. 1083)
Glaciar Perito Moreno
Majestätischer Gletscher in spektakulärer Lage (S. 190)
Torres del Paine
Über Patagonien aufragende Granitzacken (S. 595)
Iquique
Potosí
Tupiza
Tarija
Villazón
Calama
San Pedro de Atacama
Antofagasta
San Salvador de Jujuy
Salta
Tucumán
Campo Grande
PARAGUAY
Ciudad del Este
Foz do Iguaçu
Puerto Iguazú
ASUNCIÓN
Corrientes
Encarnación
Posadas
Belo Horizonte
Ouro Prêto
São Paolo
Rio de Janeiro
Curitiba
Florianópolis
Caxias do Sul
Porto Alegre
Pelotas
Río Paraná
Río Uruguay
Santa Fe
Rosario
URUGUAY
Punta del Diablo
Punta del Este
MONTEVIDEO
BUENOS AIRES
Mar del Plata
La Serena
Córdoba
Mendoza
Viña del Mar
Valparaíso
SANTIAGO
ARGENTINIEN
Archipiélago Juan Fernández (CHILE)
PAZIFIK
Südlicher Wendekreis
Concepción
Chillán
Temuco
Pucón
Valdivia
Osorno
Bariloche
Puerto Montt
El Bolsón
Ilha Grande de Chiloé
Puerto Madryn
ATLANTIK
Coyhaique
CHILE
Parque Nacional Los Glaciares
El Calafate
Parque Nacional Torres del Paine
Puerto Natales
Río Gallegos
Punta Arenas
Ushuaia
Falklandinseln (Islas Malvinas)
Stanley
Rapa Nui (CHILE)
Rapa Nui (Osterinsel)
20°S
30°S
40°S
50°S
100°W
90°W
80°W
60°W
50°W
40°W
30°W

Südamerikas Top 15

1

Machu Picchu

1 Von der fantastischen Inka-Stadt Machu Picchu (S. 986) in Peru, die bis zu ihrer Wiederentdeckung Anfang des 20. Jhs. ein von den Quechua gehütetes Geheimnis war, stehen nur noch Ruinen. Doch der Anblick der smaragdgrünen Terrassen und steilen Gipfel, die bis zum Horizont reichen, übersteigt jede Vorstellung. Dieses Wunder der Ingenieurskunst hat sechs Jahrhunderte lang Erdbeben, ausländischen Invasoren und tosenden Stürmen getrotzt. Man sollte die Ruinen auf eigene Faust erkunden, durch die steinernen Tempel wandern und die schwindelerregenden Höhen des Wayna Picchu erklimmen.

Amazonas

2 Das gewaltige, mehr als 7 Mio. km^2 große Amazonasgebiet (S. 455) ist die Heimat der größten Ansammlung tierischen und pflanzlichen Lebens auf der Erde. Es gibt zahllose Möglichkeiten, seine erstaunliche Artenvielfalt zu erleben: Man kann durch den Regenwald wandern, indigene Dörfer besuchen, über die grünen Wälder fliegen, langsam mit dem Boot von Ort zu Ort tuckern oder sich in einem Dschungelhäuschen entspannen, nachdem man den ganzen Tag lang wilde Tiere beobachtet hat. Der berühmte Regenwald breitet sich über neun Länder aus und jedes bietet hervorragende Ausgangspunkte, um ihn aus nächster Nähe zu erforschen. Unten: Jaguar

SAIKO3P/SHUTTERSTOCK ©

2

RICHARD CONSTANTINOFF/SHUTTERSTOCK ©

3

Rio de Janeiro

3 Kaum eine Stadt versprüht mehr verführerischen Charme als Brasiliens Cidade Maravilhosa (großartige Stadt). Doch Rio (S. 326) hat noch viel mehr zu bieten: Beeindruckende Immobilien umgeben von atlantikblauem Wasser, weiße Sandstrände und das steil aufragende grüne Hinterland ergeben ein filmreifes Stadtbild, das seinesgleichen sucht. Dazu noch der Soundtrack aus betörend-lebendigem Bossa Nova und Samba – und schon fesselt Rios Energie jeden Besucher mit einer Realität gewordenen Tropenfantasie. Unwiderstehlich! Oben: Cristo Redentor (S. 329)

Buenos Aires

4 Eine zauberhafte argentinische Metropole, dazu großartige Gourmetrestaurants, tolle Geschäfte, zügelloses Nachtleben und umwerfende Menschen – das ist Buenos Aires (S. 65). Die europäisch anmutende, weltoffene Stadt mag auch zwielichtige Viertel und Ghettos haben, aber gerade das macht ihren Reiz aus. Hier findet man altmodische Cafés, super Steaks, überraschende Architektur, spannende *fútbol*-Spiele und sinnlichen Tango. Buenos Aires ist elegant, verführerisch, emotional, verwirrend, frustrierend und voller Attitüden. Einmalig! Oben rechts: Tango (S. 74)

Titicacasee

5 Der Titicacasee (S. 234) ist weniger ein See als ein Hochlandmeer und das höchstgelegene schiffbare Gewässer der Welt. In den Legenden der Anden gilt er als Geburtsort der Sonne. Ultraklarer, blauer Himmel wölbt sich über dem Wasser, nach Sonnenuntergang wird es bitterkalt. Zu den fantastischen Attraktionen des Sees, der sich über Peru und Bolivien erstreckt, gehören die surrealen künstlichen Inseln, die aus verflochtenem *totora*-Schilf bestehen. Packend und einzigartig ist der schillernde, tiefblaue See seit langer Zeit ein Zentrum traditionsreicher Hochlandkulturen. Unten rechts: Islas Uros (S. 967)

4

5

Iguazú-Fälle

6 Das donnernde des Wassers, die spektakulären Kaskaden, der erfrischende Sprühregen – nichts bereitet einen auf den Moment vor, an dem man erstmals sprachlos die Iguazú-Fälle (S. 116) erblickt. Auf der brasilianischen Seite erstreckt sich die Szenerie in einem weiten wundervollen Panorama, während man in Argentinien dem ohrenbetäubenden „Teufelsschlund", der den atemberaubendsten Teil der Fälle bildet, sehr nahe kommt. Zusammen bilden die 275 Wasserfälle einen unvergesslichen „Wow"-Effekt.

Atacama-Wüste

7 In der knochentrockenen, von Gipfeln umrahmten Wüste im Norden Chiles fühlt man sich auf einen anderen Planeten versetzt. Tagsüber kann man marsähnliche Felsformationen bestaunen, durch ein Feld sprudelnder Geysire streifen oder sich auf Salzseen treiben lassen. Nachts spannt sich über die einzigartige Landschaft einer der klarsten Nachthimmel der Welt. Neben Flamingos und anderen Tieren warten viele Abenteuer, vom Sandboarden und Mountainbiking bis hin zu Wanderungen durch rote Schluchten. Ausgangspunkt ist San Pedro de Atacama (S. 524).

Salar de Uyuni

8 Wer hätte gedacht, dass Kälte sich so gut anfühlen kann? Auf einer drei- bis viertägigen Jeep-Tour durch die größte Salzebene der Welt (S. 259) friert man gewaltig – aber wahrscheinlich ist es auch die unvergesslichste Erfahrung der Südamerikareise. Die unglaubliche Ausdehnung der bolivianischen Salzebene, ihre Nüchternheit und kristalline Perfektion inspiriert jeden, und die frühmorgendliche Erforschung von Felsgärten, Geysiren und kochend heißen Quellen erschafft – zusammen mit der Kameradschaft, die in diesen drei Tagen zwischen den Reisenden entsteht – eine einzigartige Stmmung.

9

10

Oberlauf des Suriname

9 Im Dschungel ist es heiß und schwül, doch die Schönheit seiner Pflanzen, der Gesang der Vögel und der über allem liegende süßlich-schwere Duft siegen über alle Unannehmlichkeiten. Im Central Suriname Nature Reserve, einem der größten Naturschutzgebiete Surinames (S. 1065), kann man auf Plateaus mit Blick über endlose Wälder wandern und sich am Abend in einem Wasserfall abkühlen. Nachts tanzt man zum Beat afrikanischer Trommeln und bestaunt Sternschnuppen am tiefschwarzen Himmel.

Markt von Otavalo, Ecuador

10 Jeden Samstag scheint sich die ganze Welt in der wuseligen Stadt Otavalo in den ecuadorianischen Anden zu treffen. Ein riesiger Markt (S. 644) erstreckt sich quer durch die Stadt. Die Auswahl ist gigantisch, die Qualität mal so, mal so und die Massen können einem den Spaß verderben. Trotzdem findet man hier zwischen bunten Teppichen, Tigua-Volkskunst und ziemlich guten Strohhüten unglaubliche Schnäppchen. Nebenan übertönt das Quieken des Viehs auf Otavalos ebenso berühmtem Tiermarkt das Geplapper der Bauern.

Cartagena

11 Die perfekt erhaltenen Straßen in Cartagenas Altstadt (S. 814) laden zum Flanieren ein. Reisende sind hingerissen von der Anmut einer der schönsten Kolonialstädte Südamerikas. Innerhalb der imposanten Mauern haben weite Teile dieser kolumbianischen Stadt ihr spanisches Antlitz konserviert. Herrenhäuser prunken mit eleganten Holzbalkonen, Plazas mit wundervollen Kirchen. Am besten verliert man sich im Labyrinth der Gassen und findet selbst heraus, wie der Ort seine Besucher seit Jahrhunderten verführt.

Perito-Moreno-Gletscher

12 Dieser Gletscher (S. 190) in Argentinien ist der wahrscheinlich dynamischste der Erde. Er dringt bis zu 2 m pro Tag vor, was jede Menge aufregend-gruseliges Kalben bedeutet. Der Gletscher ist auch hervorragend zugänglich: Über ein Netz aus Stahlstegen, das perfekt nahe an der Gletscherzunge angelegt ist, kommt man sehr dicht ans Geschehen. Da steht jeder und beobachtet mit Spannung, wie der nächste häusergroße Brocken abbricht, langsam ins Wasser gleitet und dabei donnernde Zusammenstöße und riesige Wellen fabriziert. Einfach fantastisch!

Torres del Paine

13 Der Wind peitscht und dunkle Wolken ballen sich über den Köpfen, als der Wanderweg sich plötzlich weitet und einen atemberaubenden Blick auf zerklüftete Granitnadeln enthüllt, die über die patagonische Steppe aufragen – die Torres del Paine (S. 595) sind stolzes Herzstück von Chiles berühmtem Nationalpark. Durch dieses Biosphärenreservat der UNESCO zu trekken, ist nichts für schwache Nerven – vier Jahreszeiten erlebt man oft an einem Tag –, aber den „W"-Trail zu durchwandern ist und bleibt ein Initiationsritus für Generationen von abenteuerlustigen Travellern.

Colonia del Sacramento

14 Wer die windigen Kopfsteinpflasterstraßen und die Geschichte von Uruguays früherem Schmugglerhafen (S. 1083) erkundet, begibt sich auf eine Zeitreise. Aber auch die Bars und Restaurants der Gegenwart und die Lage auf einer Halbinsel am Río de la Plata machen den Ort zu etwas Besonderem. Nur einen Katzensprung von Montevideo und Buenos Aires entfernt, ist „Colonia" ein klassisches Touristenziel. Doch selbst an Wochenenden schaffen es die Menschenmassen nicht, den Charme dieser Stadt zu schmälern.

Encarnación

15 Mit einem neuen Strand, einer funkelnden Küstenpromenade und dem vibrierenden Karneval (links) preist Paraguays „Perle des Südens“ (S. 892) sich selbst als Antwort auf Rio de Janeiro an. Das mag zwar ein wenig ambitioniert sein, doch zweifelsohne macht Encarnacións einzigartige Version des Karnevals jede Menge Spaß. Die Besucher tanzen genauso wie die aktiven Teilnehmer, Schnee aus der Spraydose kühlt die heiße Sommerluft ab und die Party dauert bis in die frühen Morgenstunden.

Gut zu wissen

Weitere Infos gibt's im Abschnitt „Praktische Informationen" (S. 1131)

Visa

Für die meisten südamerikanischen Länder brauchen Deutsche, Österreicher und Schweizer kein Visum. Gelegentlich fallen Gebühren an, etwa für Touristenkarten.

Geld

In größeren Städten gibt es Geldautomaten; bevor man abgelegene Gebiete bereist, sollte man sich mit Bargeld eindecken. Man kann oft auch mit Kreditkarte zahlen.

Handys

Lokale SIM-Karten können in den meisten (GSM)-Handys ohne SIM-Lock genutzt werden. Alternativ kauft man vor Ort ein günstiges Handy (ca. 30 US$).

Zeit

In Südamerika liegen fünf Zeitzonen, von MEZ −3 Std. (Fernando de Noronha vor Brasiliens Ostküste) bis MEZ −7 Std. (Osterinsel und Galápagosinseln vor Südamerikas Westküste).

Reisezeit

Hauptsaison

(Dez.–März)

- Hauptsaison in Brasilien und am Atlantik; Strände und Feste (Karneval!) locken die Massen an.
- Die beste Zeit für eine Reise nach Patagonien, auch wenn die Preise höher ausfallen.

Zwischensaison

(Okt.–Nov.)

- Die Trockenzeit im Amazonasbecken eignet sich perfekt für Tierbeobachtungen.
- Gute Zeit für Besuche in Rio, Buenos Aires und an anderen Zielen an der Küste, da es weniger Besucher und niedrigere Preise gibt.

Nebensaison

(Juli & Aug.)

- In Chile und Argentinien haben viele Einrichtungen in den Strandorten geschlossen, Bergpässe können wegen Schnees unpassierbar sein.
- Weniger Regen und warme, klare Tage im Andenhochland von Peru, Ecuador und Bolivien.

Tagesbudget

Günstig – weniger als 30 US$

- B ab 10 US$
- DZ ab 25 US$
- Auf Märkten einkaufen, günstige Menüs: ab 5 US$

Mittelteuer – 30–90 US$

- Günstige Urwald-Lodge im Amazonasgebiet: 50–80 US$/Tag
- Wander- oder Radtouren: ab 50 US$/Tag
- 3½-tägige Bootstour von Manaus nach Belém: ab 100 US$ (in der Hängematte)

Teuer – mehr als 90 US$

- Wandern auf dem Inka-Trail (4 Tage): 600 US$/Pers.
- Mehrtägige Fahrt zu den Galápagosinseln: ca. 200 US$/Tag

Infos im Internet

Lonely Planet (www.lonelyplanet.com) Forum, Reisezielinfos, Hotels.

Latin American Network Information Center (www.lanic.utexas.edu) Jede Menge Links zu Themen rund um Südamerika.

Auswärtiges Amt der Bundesrepublik Deutschland (www.auswaertiges-amt.de)

Außenministerium der Republik Österreich (www.bmeia.gv.at)

Departement für auswärtige Angelegenheiten der Schweizerischen Eidgenossenschaft (www.eda.admin.ch)

Thorn Tree (lonelyplanet.com/thorntree; englisch) Empfehlungen und Tipps von anderen Travellern

Ankunft in Südamerika

Aeropuerto Internacional Ministro Pistarini (Buenos Aires) Regelmäßig fahren Shuttle-Busse ins Zentrum (240 AR$); Taxifahrten kosten um 1200 AR$.

Aeropuerto Internacional Jorge Chávez (Lima) Schnelle und sichere Airport-Express-Shuttle-Busse (25 S) verkehren stündlich und halten in Miraflores. Mit dem Taxi kommt man für 60 S in die Stadt.

Aeropuerto El Dorado (Bogotá) Shuttle-Busse fahren zum Portal El Dorado, weiter geht's mit dem TransMilenio-Bus (2300 KOL$). Taxifahrten kosten ungefähr 30 000 KOL$.

Unterwegs vor Ort

Auto Ideal, um im eigenen Tempo zu reise; in Städten findet man sich aber oft schwer zurecht. Sichere Parkplätze sind ein Muss.

Bus Es gibt umfangreiche Netze auf dem ganzen Kontinent, außer im Amazonasbecken. Oft sind die Busse mit Liegesitzen (und auf Fernstrecken mit auf superkalt eingestellten Klimaanlagen) ausgestattet.

Flugzeug Praktisch, um große Distanzen zu überwinden, weil man so wertvolle Reisezeit spart; die Preise sind hoch, aber es gibt oft Angebote.

Schiff Langsame, unkomfortable, aber besondere Reiseoption zwischen Städten im Amazonasgebiet; die Reisezeit wird eher in Tagen als in Stunden angegeben. Man bracht eine Hängematte, Snacks, Trinkwasser und viel Langeweiletoleranz.

Zug Begrenztes Streckennetz, eher was für Touristen.

Mehr zu **Verkehrsmitteln & -wegen** gibt es auf S. 1141

Inspirationen für Traveller

Literatur

Gabriel Garcia Marquez & Mario Vargas Llosa Marquez (*Die Liebe in den Zeiten der Cholera* bzw. *Der Krieg am Ende der Welt*) – Nobelpreisträger und mitunter Rivalen – gelten als die besten Literaten Südamerikas.

Jorge Luis Borges Weiteres Schwergewicht, das vor allem für seine Verflechtungen von Realem und Fantasie in Werken wie *Fiktionen* bekannt ist.

Jorge Amado Die farbenfrohen, derben Geschichte wie *Dona Flor und ihre zwei Ehemänner* sind in Bahia angesiedelt.

Ernesto „Che" Guevara *The Motorcycle Diaries: Latinoamericana* ist ein erfrischender Reisebericht aus der Feder des Revolutionärs.

Bruce Chatwin Melancholischer ist der Bericht *In Patagonien*, der Fakten und Erfindungen miteinander vermengt.

Musik

África Brasil (Jorge Ben Jor) Gefeiertes Album aus den 1970ern mit Funk-, Samba- und Blueselementen.

Amanecer (Bomba Estéreo) Mix aus afrikanischen und indigenen Tanzbeats von einer originellen Band aus Kolumbien.

Lunático (Gotan Project) Brillante Fusion von Tango und elektronischen Grooves.

Roots of Chicha (Diverse Interpreten) Wilde Cumbias aus Peru mit psychedelischen, rockigen und melodischen Sounds.

Tropicália ou Panis et Circencis Berühmtes brasilianisches Zusammenspiel von Gilberto Gil, Caetano Veloso, Gal Costa and Tom Zé.

Südamerika für Einsteiger

Weitere Infos gibt's im Abschnitt „Praktische Informationen" (S. 1131).

Checkliste

- Ist der Reisepass noch mindestens sechs Monate nach Einreise gültig?
- Sind alle notwendigen Visa rechtzeitig beantragt?
- Reiseversicherung
- Gesundheitscheck und Impfungen
- Kontaktlinsen und benötigte Medikamente besorgen.
- Bank informieren.
- Wichtige Dokumente (Pässe, Visa, Kreditkarten) scannen und sich für den Verlustfall selbst mailen.

An alles gedacht?

- Kleidung für eine Woche
- Regenfeste Kleidung und Hüllen für Elektronikgeräte
- Hut oder Mütze
- Gute Wanderschuhe
- Flip-Flops (für den Strand und verschmutzte Duschen)
- Ohrstöpsel
- Medizin/Verbandskasten
- GSM-fähiges Handy
- Nachfüllbare Trinkflasche
- Sonnencreme
- Desinfektionstücher

Top-Tipps für die Reise

- Nur nicht schüchtern sein. Die Einheimischen freuen sich, wenn man das Gespräch sucht und Interesse an ihrer Kultur zeigt.
- Gute Vorbereitung ist alles. Also am besten vor der Ankunft Infos zum Reiseziel und Wechselkurs einholen und eine Karte besorgen.
- Eile mit Weile. Nicht einfach zügig die Sehenswürdigkeiten abhaken und dabei all das Schöne drum herum übersehen!
- Ein paar Worte Spanisch und Portugiesisch lernen. Man sollte sich nicht nur auf Englisch verlassen.
- Der Straßenverkehr ist chaotisch, Fußgänger haben keine Rechte.
- Wertsachen gehören in einen unsichtbar getragenen Geldgürtel.
- Nicht den ganzen Kontinent in einen Monat stopfen. Besser ein, zwei Länder aussuchen und diese dann richtig kennenlernen.
- Auf große Gegensätze bei Wetter und Terrain vorbereitet sein.
- Impfstatus prüfen (etwa bzgl. Gelbfieber) und ggf. auffrischen!
- Akklimatisieren! Ausreichend Zeit einplanen, um sich an die Höhen der Anden bzw. die Hitze/Luftfeuchte der Tropen anzupassen.

Kleidung

Hauptsache, leicht und bequem. Für das kühlere Hochland und klimatisierte Busse empfiehlt sich eine Jacke. Um sich bei Urwaldwanderungen vor den Mücken zu schützen, packt man am besten langärmlige Shirts und lange Hosen ein.

Schlafen

Wer Feste und Events besuchen möchte, sollte rechtzeitig buchen. Das gilt etwa zu Karneval in ganz Brasilien.

- **Hostels** Mehrbettzimmer bieten eine günstige und gesellige Unterkunft für Alleinreisende.
- **Hotels** Die Auswahl ist groß und reicht von regelrechten Zellen bis hin zu glamourösen Boutiquehotels.
- **Pensionen** Oft Familienunternehmen; von Minimallösungen bis hin zu attraktiven Angeboten ist alles dabei.
- **Gastfamilienaufenthalt** Unter Einheimischen leben.

Etikette

Begrüßungen In spanischsprachigen Ländern begrüßt man sich mit *buenos días* (Guten Morgen), *buenas tardes* (Guten Tag) oder *buenas noches* (Guten Abend), in Brasilien mit *bom dia*, *boa tarde* und *boa noite*.

Wangenküsse Trifft man sich mit Einheimischen zu einer Verabredung, gibt man *besos* (Küsse) auf die Wange (bei Brasilianern beide Wangen). Männer geben sich die Hand.

Kurze Hosen Passend kleiden; so tragen in Buenos Aires eher Touristen und Sportler Shorts.

Fotografieren Vor dem Fotografieren von Personen um Erlaubnis bitten – insbesondere in indigenen Gemeinschaften; evtl. wird eine Bezahlung verlangt.

Sicherheit

Es wird vieles schwarzgemalt – besonders von Menschen, die noch nie in Südamerika waren. Das Risiko, Opfer eines Verbrechens zu werden, lässt sich mit gesundem Menschenverstand reduzieren.

- Nur so viel Bares mitnehmen, wie man für den Tag benötigt.
- iPhones, Designer-Sonnenbrillen und andere Wertgegenstände nicht zur Schau stellen. Schlichte Kleidung tragen.
- In Städten ab der Dämmerung ein Taxi nehmen.
- In abgelegenen Gebieten besonders wachsam sein.
- Geldautomaten benutzen, die sich in Gebäuden befinden. Auf die Umgebung achten!
- Keine Wertsachen mit an den Strand nehmen oder im Zimmer herumliegen lassen.
- Vorsicht, K.O.-Tropfen – weder Essen noch Getränke von Fremden annehmen.

Sprache

Spanisch ist in vielen südamerikanischen Staaten die offizielle Landessprache, gefolgt von Portugiesisch (Brasilien). Ohne Grundkenntnisse in Spanisch können Reisen in Südamerika und Begegnungen mit Einheimischen beschwerlich sein. Es lohnt sich, unterwegs einen Crashkurs zu machen. Französisch wird in Französisch-Guayana, Niederländisch und Englisch in Suriname und Englisch in Guyana gesprochen.

Von Lonely Planet gibt's die Reise-Sprachführer *Spanisch* und *Portugiesisch* mit Wörterbuch.

1 Können Sie eine Pension empfehlen?
¿Puede recomendar una casa particular?
pwe·de re·ko·men·*dar* oo·na *ka*·sa par·tee·koo·*lar*

Die Unterbringung bei Einheimischen sorgt für eine echt südamerikanische Reiseerfahrung samt leckerer Küche.

2 Ich möchte das Tagesmenü, bitte.
Quisiera el menú del día, por favor.
kee·*sye*·ra el me·*noo* del *dee*·a por fa·*vor*

Vielerorts gibt's Menüs zu festen Preisen, die manchmal bis zu vier Gänge beinhalten und oft ein tolles Angebot sind.

3 Wo bekomme ich ein Sammeltaxi?
¿Dónde se puede tomar un colectivo?
don·de se *pwe*·de to·*mar* oon ko·lek·*tee*·vo

Günstig reist man in Peru und anderswo mit Sammeltaxis oder -Minibussen – Einheimische wissen, wo sie halten.

4 Wo können wir Salsa/Tango tanzen?
¿Dónde podemos ir a bailar salsa/tango?
don·de po·*de*·mos eer a bai·*lar sal*·sa/*tan*·go

Im tanzverrückten Kolumbien und Argentinien fehlt es nicht an Locations zum Tanzen, aber Einheimische können Tipps geben.

5 Wie heißt das ... in Ihrer Sprache?
¿Cómo se dice ... en su lengua?
ko·mo se *dee*·se ... en su *len*·gwa

Zu den vielen Hundert indigenen Sprachen Lateinamerikas gehören beispielsweise Quechua, Aymara und Guaraní.

Feilschen

Handeln ist bei längeren Aufenthalten in Unterkünften und auf Märkten gängige Praxis.

Trinkgeld

Restaurants In einigen Länden (wie Brasilien und Chile) ist eine Servicegebühr in Höhe von 10 % meist in der Rechnung enthalten.

Touren Bei Touren (z. B. Amazonien, Galápagosinseln) bekommt der Guide Trinkgeld – von einigen Dollar/Tag bis zu 15 %, je nach Service.

Taxis Wird nicht erwartet, aber man kann aufrunden.

Bars Trinkgeld wird nicht erwartet.

Wie wär's mit...

Koloniale Pracht

In Südamerika gibt es verblüffend viele architektonische Wunder zu bestaunen: herrliche Kathedralen, stimmungsvolle Gassen, fotogene Plätze und bunte Häuser, die teilweise noch aus dem 16. Jh. stammen.

Quito In den geschäftigen Straßen des *centro histórico* sind an jeder Ecke tolle Kostbarkeiten zu entdecken. (S. 620)

Colonia del Sacramento Die pittoreske Stadt in Uruguay ist mit der Fähre von Buenos Aires aus zu erreichen. (S. 1083)

Ouro Prêto Mit vielen herrlichen Gebäuden aus dem 18. Jh. ist die Stadt am Hügel eine der schönsten Brasiliens. (S. 368)

Cartagena Die attraktivste Küstenstadt Kolumbiens hat eine gut erhaltene Altstadt direkt an der Karibikküste. (S. 814)

Arequipa Die alte Stadt in Peru bezaubert mit Gebäuden aus weißem Vulkangestein und tollen Restaurants. (S. 950)

Paramaribo Ein exotischer Mix aus Kolonialbauten und grasbewachsenen Plätzen prägt Surinames Hauptstadt. (S. 1055)

Großstädte

In den Städten Südamerikas gibt es Spitzenmuseen, erstklassige Restaurants und ein wildes Nachtleben. Märkte laden zum Stöbern ein, bevor man in einem Künstlercafé faulenzt oder durch die Altstadt bummelt.

Rio de Janeiro Strände, wilder Samba und herrliche Szenerie – die *Cidade Maravilhosa* wird ihrem Namen mehr als gerecht. (S. 326)

Buenos Aires Bunte Stadtviertel, lange geöffnete Restaurants, klassische Cafés, Tangoclubs, die französisch und italienisch inspirierte Architektur – am liebsten würde man für immer bleiben. (S. 65)

Lima Erst gibt es tolles Seafood, dann zieht man im Künstlerviertel Barranco von Bar zu Bar. Tagsüber geht's in die Museen, die großartige präkolumbische Kunst beherbergen. (S. 924)

Bogotá Salsa-Nachtclubs, viele Fahrradbegeisterte, eine faszinierende Altstadt aus der Kolonialzeit und interessante Ziele in der Umgebung wie die unterirdische Salzkathedrale in Zipaquirá. (S. 773)

Valparaíso Die Künstlerstadt gehört zum UNESCO-Welterbe und ist Chiles (gar nicht so) heimliche Kulturhauptstadt. (S. 500)

Ruinen

Die alten Völker Südamerikas hinterließen ein reiches Erbe. Dabei sind die atemberaubenden Monumente und Artefakte aus Ton, Gold und Stein nur ein Bruchteil dessen, was einst existierte.

Machu Picchu *Die* Inka-Stätte schlechthin: Die Stadt in luftiger Höhe bildet den Höhepunkt einer mehrtägigen Wanderung. (S. 986)

Cusco In der ältesten bis heute bewohnten Stadt Südamerikas sind noch die Mauern und das Kopfsteinpflaster der Inka erhalten. (S. 969)

Kuélap Die Festungsstadt auf dem Gipfel eines Berges wurde einst von einem kriegerischen Nebelwaldvolk erbaut. (S. 1022)

San Agustín Die geheimnisvolle San-Agustín-Kultur hinterließ im Südwesten Kolumbiens Hunderte Statuen und Skulpturen aus Vulkangestein. (S. 854)

Rapa Nui Auf dem polynesischen Eiland stehen die rätselhaften *moai*-Statuen. (S. 600)

Nazca-Linien Die geheimnisvollen Scharrbilder, die sich über Hunderte Quadratkilometer erstrecken, sind am besten aus der Luft zu erkennen. (S. 946)

Strände

Einsame Inseln, Surferparadiese, Partymekkas und feinsandige, weiß

Oben: *Moai*-Statue, Rapa Nui (Osterinsel; S. 600)

Unten: Fregattvogel, Galápagosinseln (S. 705)

glitzernde Traumstrände zwischen tropischem Regenwald und tiefblauem Meer lassen auch Sonnenanbeter in Südamerika auf ihre Kosten kommen.

Arraial d'Ajuda Das ruhige Städtchen im Nordosten markiert den Beginn eines der schönsten Küstenabschnitte von Bahia. (S. 413)

Punta del Diablo Viel schöner als Punta del Este im Süden Uruguays ist dieser schöne, ruhige Küstenort südlich der Grenze zu Brasilien. (S. 1100)

Parque Nacional Natural Tayrona Der unberührte Nationalpark an der Karibikküste Kolumbiens erscheint mit seinen traumhaften Stränden wie das Paradies auf Erden. (S. 807)

Baía do Sancho Einer der schönsten Stränden Brasiliens liegt auf der Insel Fernando de Noronha. (S. 420)

Outdoor-Abenteuer

Wer das Abenteuer sucht, erklimmt schneebedeckte Gipfel, rauscht reißende Flüsse hinunter oder stürzt sich in die Wellen. Rafting, Klettern, Mountainbiken, Drachenfliegen, Sandboarden, Seilrutschen und zig weitere Aktivitäten sorgen für Adrenalinkicks.

Rafting Im Süden Chiles warten aufregende Flussabenteuer in türkis bis glasklarem Wasser auf Kajak- und Raftingfans. Tena in Ecuador ist ein weiterer toller Ort für Rafting. (S. 53)

Mountainbiken Auf der 64 km langen Mountainbike-Strecke „World's Most Dangerous Road" nahe La Paz geht es in halsbrecherischem Tempo bergab. Da braucht man zuverlässige Bremsen – und (hoffentlich nicht) eine gute Auslandskrankenversicherung. (S. 218)

Drachenfliegen Bei einem Tandemflug gleitet man über die grünen Hügel Rios und landet an einem Traumstrand. (S. 331)

Bergsteigen Mit Kletterschuhen und Steigeisen kann man die beliebte Tour auf den 5897 m hohen Volcán Cotopaxi in Ecuador unternehmen. (S. 650)

Gleitschirmfliegen In Bucaramanga und in Kolumbiens Abenteuerhauptstadt San Gil kann man sich in die Lüfte erheben. (S. 801)

Atemberaubende Landschaften

Tosende Wasserfälle, kegelförmige Vulkane und feuerrote Canyons – es fehlen nur noch die Flugsaurier. Aber auch so fühlt man sich mitunter in die Urzeit unserer Erde zurückversetzt.

Parque Nacional da Chapada Diamantina Im Nordosten Brasiliens wandert man über Hochplateaus und badet unter Wasserfällen. (S. 408)

Iguazú-Wasserfälle Die wohl spektakulärsten Wasserfälle der Erde liegen an der argentinisch-brasilianischen Grenze. (S. 116)

Salar de Uyuni Die größte Salzpfanne der Erde zeugt von einem prähistorischen See. (S. 259)

Parque Nacional Torres del Paine Glitzernde Gletscher, blaue Seen und kahle Granitfelsen prägen Südpatagonien. (S. 595)

Kaieteur-Wasserfälle Die höchste Einzelstufe eines Wasserfalls der Welt inmitten des Regenwaldes in Guyana. (S. 758)

Feste & Events

Ob Prozessionen in der Semana Santa (Karwoche) oder Trubel beim Karneval, von traditionell bis surreal – Südamerika bietet für jeden etwas.

Carnaval In vielen Städten Brasiliens wird vor Beginn der Fastenzeit kräftig gefeiert, besonders ausschweifend geht es in Salvador und natürlich in Rio zu. Paraguays Encarnación muss sich aber auch nicht verstecken. (S. 27)

Mama Negra Dieses Fest in Ecuador geht mit Prozessionen, Hexen, als Frauen verkleideten Männern, Spanferkel und jeder Menge Alkohol einher. (S. 651)

Tango BA Festival y Mundial Im August wird bei diesem riesigen Tangofestival in Buenos Aires getanzt, bis die Sohle glüht. (S. 75)

Virgen de la Candelaria Puno in Peru feiert die Schutzheilige der Stadt mit einem rauschenden Straßenfest. (S. 964)

Fiesta de Moxos Eines der größten Feste Boliviens wird mit Feuerwerk, Tanz, Essen und fantasievollen Kostümen begangen. (S. 304)

Wandern & Trekken

Vor der Kulisse schneebedeckter Andengipfel, nebelverhangener Regenwälder und dichten Amazonas-Dschungels gewinnt Wandern eine neue Dimension mit unendlichen Möglichkeiten.

Quilotoa Für Hardcore-Wanderer ein Muss: Die Tour führt durch die malerische Landschaft Ecuadors, übernachtet wird in einfachen Gasthäusern. (S. 652)

El Chaltén Das Dorf im argentinischen Teil Patagoniens ist der Ausgangspunkt für einzigartige Touren zu Gletschern, Seen und Bergmassiven. (S. 184)

Ciudad Perdida *Lost City* trifft *Indiana Jones*: Die Wanderung in Kolumbien führt in sechs Tagen zu den Ruinen der präkolumbischen Stadt und zurück. (S. 810)

Tiere & Pflanzen

In Südamerika gedeihen mehr Tier- und Pflanzenarten als irgendwo sonst auf der Welt.

Amazonasbecken Manaus ist einer der besten Startpunkte für eine Tour in den größten aller Regenwälder. (S. 455)

Pantanal In dem tierreichen Sumpfgebiet sollte man noch mehr Arten sehen als am Amazonas. Bester Ausgangspunkt: Cuiabá. (S. 390)

Galápagosinseln Die vielen Seelöwen und anderen Tiere auf den berühmten Vulkaninseln sind so zutraulich, dass man fast schon über sie stolpert. (S. 704)

Nebelwälder Dank der mehr als 400 Vogelarten sind die Nebelwälder von Mindo ein Mekka für alle Vogelbeobachter. (S. 641)

Parque Nacional San Rafael Der Nationalpark im dichten Atlantischen Regenwald Paraguays wartet mit erfrischenden Seen, Wanderwegen und hervorragenden Möglichkeiten zur Vogelbeobachtung auf. (S. 900)

Parque Nacional Madidi Dieses bolivianische Juwel bietet mit seinen Berge und dichten Regenwäldern eine biologische Vielfalt, wie sie nur selten zu finden ist. (S. 300)

North Rupununi Die Lodges in Guyana eigenen sich perfekt als Basis für Expeditionen in eine vielfältige Tierwelt. (S. 761)

Monat für Monat

TOP-EVENTS

Carnaval Februar

Fiesta de la Virgen de Candelaria Februar

Semana Santa März/April

Inti Raymi Juni

Tango BA Festival y Mundial August

Januar

In Brasilien und Argentinien ist Hauptsaison. Man sollte auf höhere Preise und größeren Andrang gefasst sein, da auch die Stadtbewohner vor der Hitze an die Küste fliehen. Der Januar ist die beliebteste Zeit für Reisen nach Patagonien.

☆ Santiago a Mil

Während dieses Theater- und Tanzfestivals werden in der chilenischen Hauptstadt Dutzende Aufführungen veranstaltet, inszeniert von internationalen wie einheimischen Ensembles. Das 17 Tage dauernde Event beginnt Anfang Januar und findet überall in der Stadt statt, auch an kostenlos zugänglichen Veranstaltungsorten unter freiem Himmel. (S. 487)

☆ Festival Nacional del Folklore

Das Städtchen Cosquín nahe Córdoba veranstaltet in der letzten Januarwoche Argentiniens Nationales Folklorefestival. Es ist das größte und bekannteste seiner Art im Land. (S. 124)

Februar

Die Gluthitze hat den südlichen Teil des Kontinents fest im Griff. Während des brasilianischen Karnevals sind die Preise exorbitant und Unterkünfte rar. In den nödlichen Anden und im Amazonasgebiet ist es jetzt ziemlich feucht.

Fiesta de la Virgen de Candelaria

Mariä Lichtmess (2. Feb.) wird überall im Hochland von Bolivien und Peru gefeiert – mit viel Musik, Getränken, Essen, Tanz, Prozessionen, Wasserballons (in Bolivien) und Feuerwerk. Die größten Feste finden in Copacabana (Bolivien) und Puno (Peru) statt.

Carnaval

Das bacchantische Fest wird in ganz Südamerika gefeiert, aber das wilde brasilianische Treiben kurz vor Beginn der katholischen Fastenzeit ist am berühmtesten. In Rio und Salvador finden die lebhaftesten Feiern statt, mit Paraden, Kostümpartys und Fröhlichkeit rund um die Uhr. Der Karneval im Februar oder Anfang März dauert von Freitag bis Dienstag vor Aschermittwoch.

Carnaval Encarnaceno

Auch wenn der nördliche Nachbar alle Aufmerksamkeit auf sich zieht, in Paraguay kann man ebenfalls gut Karneval feiern – besonders in Encarnación, wo an jedem Februarwochenende zügellos gefestet wird: mit Kostümparaden, hämmernden Beats und Partys bis tief in die Nacht (www.carnaval.com.py; S. 893).

☆ Festival de Viña

Schon seit 1960 ist das chilenische Festival de Viña, das nun als wichtigstes Musikfestival Lateinamerikas gilt, sehr beliebt. Ende Februar treten Stars und aufstrebende Talente in Viña del Mar (www.festivaldevina.cl) auf – Shakira war eine von vielen, die dank dieses Events berühmt wurden.

März

Im Süden ist es immer noch warm, aber die Strän-

de werden leerer und die Preise fallen etwas. In den nördlichen Anden ist es immer noch regnerisch.

Semana Santa

In ganz Lateinamerika wird die Karwoche mit Inbrunst gefeiert. In Quito (Ecuador) ziehen am Karfreitag Büßer in purpurfarbenen Gewändern durch die Straßen, in Ouro Prêto (Brasilien) sind die Straßen mit Blumen „bemalt". Ayacucho veranstaltet Perus schillerndste Semana Santa, die vor Ostern in einer die ganze Nacht dauernden Straßenparty ihren Höhepunkt findet. (S. 994)

Pujillay

Am zweiten Sonntag im März feiern in Tarabuco (Bolivien) Scharen von indigenen Einwohnern den Sieg der einheimischen Armeen über die spanischen Truppen im Jahr 1816. Dazu gehören rituelle Tänze, Gesang, Musik und jede Menge *chicha* (Maisbier).

Fiesta Nacional de la Vendimia

In Mendoza in der argentinischen Weinregion wird ein berühmtes fünftägiges Erntefest mit Paraden, Folklore-Darbietungen, Feuerwerk, der Segnung der Früchte und einer königlichen Krönung gefeiert – alles zu Ehren von Mendozas Erzeugnissen. (S. 149)

Semana Criolla

Nach dem Karneval ist dies Montevideos schwungvollstes Fest. Im Wesentlichen wird die Gaucho-Kultur gefeiert – man ehrt jene Hirten mit dem harten Blick und den Lederstiefeln aus dem Landesinneren Uruguays, bei denen selbst über große Gürtelschließen cool aussehen. Geboten werden Rodeos, Konzerte, Open-Air-Barbecues und Kunsthandwerksmärkte.

Lollapalooza Chile

Chiles Rockfestival (www.lollapaloozacl.com) beginnt in Santiago Ende März oder Anfang April. Dabei tritt eine beeindruckende Zahl einheimischer und internationaler Bands auf – ganz wie bei der nordamerikanischen Version des Lollapalooza in Chicago. Wer frühzeitig Karten kauft, kommt billiger weg. (S. 487)

Lethem Rodeo

In Lethem (Guyana) bedeutet das Osterwochenende vor allem Spaß beim Rodeo. Etwa 10 000 Besucher kommen, um sich die Mischung aus Wildem Westen und indigenen Traditionen anzusehen. Da gibt's dann etwa Lassowerfen, Reiten mit und ohne Sattel (auf halbwilden Pferden und Stieren) und einen Schönheitswettbewerb (www.visitrupununi.com/event/rupununi-rodeo).

Mai

In Buenos Aires und Rio beginnt die Nebensaison mit kühlerem Wetter und günstigeren Preisen; in den Anden lässt der Regen nach – es lässt sich gut wandern.

Diablos Danzantes

In Caracas sind die Diablos Danzantes (tanzende Teufel) los: Hunderte teuflisch verkleidete Tänzer sind zum Dröhnen von Trommeln in den Straßen unterwegs. Das venezolanische Fest, bei dem sich spanische und afrikanische Traditionen mischen, findet an Fronleichnam statt (Mai od. Juni).

Q'oyoriti

Um Fronleichnam herum (Mai od. Juni) findet eine faszinierende Wallfahrt der einheimischen Bevölkerung zum heiligen Berg von Ausangate außerhalb von Cuzco statt. Das Ereignis ist außerhalb Perus wenig bekannt, umso mehr aber einen Besuch wert. (S. 895)

Juni

Die Hauptsaison in den Andenstaaten entspricht dem europäischen Sommer (Juni–Aug.). Jetzt ist es hier am sonnigsten und trockensten. Große Touren wie die Wanderung auf dem Inka-Trail sollten rechtzeitig vorab gebucht werden.

Inti Raymi

Schon seit Jahrtausenden feiert die indigene Bevölkerung in vielen Städten der Anden die Sonnenwende und die Ernte mit diesem Fest. In Cuzco ist es *das* Event, das Tausende Besucher mit Straßenmärkten, Open-Air-Konzerten und nachgestellten historischen Ereignissen anzieht. In Ecuador ist Otavalo der Ort der Wahl.

Bumba Meu Boi

Dieses traditionelle Festival, das Ende Juni in der brasilianischen Region Maranhão gefeiert wird, vermischt afrikanische, indigene und portugiesische Elemente. Hunderte Gruppen tanzen und singen in den Straßen von São Luís und führen eine der großen Schöpfungsmythen der Region auf. (S. 434)

Sao Paulo Pride
Es ist offiziell: In São Paulo steigt die größte Schwulenparade des Planeten mit etwa 3 Mio. Teilnehmern. In den Tagen vor der großen Parade werden Straßenmärkte, Konzerte, Filmvorführungen und Ausstellungen veranstaltet. Die Parade selbst findet gewöhnlich an einem Sonntag Mitte Juni statt. (S. 335)

San Juan
Das Fest von San Juan in Iquitos, Peru, ist eine ausschweifende Angelegenheit mit Tanz, Schlemmerei und (leider) Hahnenkämpfen bis in die frühen Morgenstunden des 24. Juni, dem eigentlichen Feiertag. (S. 947)

Juli
Der Juli ist im tiefen Süden einer der kältesten Monate und keine gute Zeit für einen Besuch von Patagonien oder Buenos Aires. Für eine Reise ins Pantanal ist der Juli aber genau richtig.

Gründung von Guayaquil
Straßentänze, Feuerwerk und Prozessionen sind Teil der Feierlichkeiten in den Nächten vor dem Jahrestag der Gründung Guayaquils (25. Juli). Da am 24. Juli auch noch Nationalfeiertag ist (Simón Bolívars Geburtstag), herrscht in Ecuadors größter Stadt in diesen Tagen Ausnahmezustand. Alles ist geschlossen.

Fiesta del Santo Patrono de Moxos
Vom 22. Juli bis zum Monatsende verwandelt dieses feurige Fest Boliviens verschlafenes San Ignacio de Moxos in eine wilde Partyzone. Auf dem Programm stehen Prozessionen, ausgefallene Kostüme (u.a. verwandeln sich Einheimische in kriegerische Amazonen), Feuerwerk und jede Menge Alkohol.

August
In großen Teilen Südamerikas ist es trocken – wer das Amazonasgebiet, das Pantanal oder die Anden besuchen will, sollte es in dieser Zeit tun! Südlich des Wendekreises ist es kühl bis frostig.

El Dia de La Virgen del Cisne
In Ecuadors südlichem Hochland nehmen jedes Jahr am 15. August Tausende von Pilgern an der 70 km langen Prozession teil, bei der die Virgen del Cisne (Schwanenjungfrau) nach Loja getragen wird.

Tango BA Festival y Mundial
Während dieses zweiwöchigen Festivals treten in Buenos Aires die besten Tangotänzer der Welt auf. Der Konkurrenzkampf um den Titel des „weltbesten Tangotänzers" ist hart. In Unterrichtsstunden und Workshops können auch Besucher ihren Tanzstil verbessern. (S. 75)

Feria de las Flores
Das Blumenfest in Medellín sorgt für süße Düfte in der kolumbianischen Stadt. Zu den Highlights zählen Konzerte, ein Lebensmittelmarkt, eine Pferdeparade, Orchideenausstellungen und die Desfile de Silleteros, bei der Bauern mit riesigen Blumenkörben durch die Straßen ziehen. (S. 831)

Festival de Música del Pacífico Petronio Álvarez
In Cali werden Mitte August mit einem der schönsten kolumbianischen Feste fünf Tage lang die afrokolumbianische Musik und Kultur gefeiert (http://petronio.cali.gov.co). Dank der über 100 Gruppen, die in der Stadt aufspielen, hört man überall ansteckende Rhythmen und sieht tanzende Menschen, die Besucher willkommen heißen.

September
In den Anden ist das Wetter trocken und sonnig, aber kühl; es sind weniger Menschen unterwegs. Der September ist eine gute – weil weniger regnerische – Zeit, das Amazonasgebiet zu besuchen.

Fiesta de la Mama Negra
Latacunga (Ecuador) ist Gastgeber eines der berühmtesten Feste im Hochland, das zu Ehren von La Virgen de las Mercedes gefeiert wird. La Mama Negra wird von einem Mann gespielt, der sich als dunkelhäutige Frau verkleidet. Mit dem Fest wird die Befreiung der afrikanischen Sklaven im 19. Jh. gefeiert. (S. 651)

Bienal de São Paulo
Auf einer der weltweit wichtigsten Kunstausstellungen werden etwa 3000 Arbeiten von über 100 Künstlern aus aller Welt gezeigt. Die Biennale findet in Jahren mit gerader Jahreszahl von September bis Dezember statt, vornehmlich im Parque do Ibirapuera.

Oktober

Heftige Regenfälle erschweren Reisen in Kolumbien, in den Anden herrscht dagegen mildes Wetter. In Bolivien, Brasilien, Chile und Argentinien sorgen milde Temperaturen für angenehme Bedingungen.

Cirio de Nazaré

Beim größten Ereignis des Jahres in Belém sind 1 Mio. Menschen auf den Straßen, um an der Prozession zu Ehren eines der wichtigsten brasilianischen Symbole teilzunehmen. Die wilde, sehr spirituelle Veranstaltung geht mit Feuerwerk, Hymnen und einem großen, mit Blumen bedeckten Wagen einher, der knarrend und quietschend durch die Menschenmengen fährt. (S. 441)

Oktoberfest

Mit Volksmusik, Tänzen und Bier wird Mitte Oktober in Blumenau (www.oktoberfestblumenau.com.br) 17 Tage lang das Erbe von Brasiliens deutschen Einwanderern gefeiert. Es gilt als das größte deutsche Fest auf dem amerikanischen Kontinent.

November

Im Amazonasgebiet beginnt langsam die Regenzeit. In großen Teilen Südamerikas sind im November die Preise besser und weniger Menschenmassen unterwegs als im Dezember. Und das bei gutem Wetter.

Puno-Tag

Die folkloristische Stadt Puno (Peru) ist das ganze Jahr über Schauplatz Dutzender bunter Fiestas. Eine der besten ist der Puno-Tag, an dem kostümierte Tänzer, Militärparaden und Folklorebands das sagenumwobene Auftauchen des ersten Inkas, Manco Cápac, aus dem Titicacasee feiern.

Hmong-Neujahr

Lust auf etwas komplett anderes? Dann sollte man im kleinen Dorf Cacao (Französisch-Guayana) mit der laotischen Gemeinschaft das Hmong-Neujahr feiern. Das Fest findet mit traditionellen Gesängen und Tänzen, laotischer Küche und herrlich bestickten Kostümen im November oder Dezember statt.

Internationales Filmfestival

Dieses Filmfestival, eines der wichtigsten Lateinamerikas, feierte 1950 Premiere (www.mardelplatafilmfest.com). An neun Tagen Mitte November läuft ein internationales Programm aus Filmen, Kurzfilmen, Dokus und experimentellen Arbeiten. (S. 143)

Buenos Aires Jazz Festival Internacional

Das große Jazzfestival von Buenos Aires (www.buenosairesjazz.gob.ar) zeigt die Talente von über 200 Musikern im Rahmen von 70 Konzerten. Dabei stellen sich Jazzmusiker aller Stile vor – Newcomer und etablierte, Avantgarde und Mainstream, nationale und internationale.

Fiesta de la Tradición

Mit diesem lebhaften Fest Mitte November feiert San Antonio de Areco die argentinische *gaucho*-Kultur mit Live-Musik, Kunsthandwerk, Leckereien aus der Region und eindrucksvollen Reitvorführungen. (S. 91)

Dezember

Im Dezember beginnt der Sommer mit Strandwetter (und höheren Preisen) an Atlantik- wie Pazifikküste. In den Anden ist es regnerisch.

Gründung von Quito

Quitos größtes Fest, ein sehnlich erwartetes Event, wird in der ersten Dezemberwoche mit Paraden und Tanz begangen. In der ganzen Stadt stehen Open-Air-Bühnen und die ecuadorianische Hauptstadt ist mit Musik erfüllt, während bunte *chivas* (seitlich offene Busse) die Feiernden durch die Straßen kutschieren.

Carnatal

Das Festival im Salvador-Stil, das im Dezember in Natal gefeiert wird, ist Brasiliens größter Karneval außerhalb der Saison. Dazu gehören Partys in den Straßen und *trios elétricos* (Bands, die auf Trucks mit riesigen Soundanlagen auftreten). Wer an dem Spaß teilhaben will, mischt sich unter die *blocos* (trommelnde und tanzende Teilnehmer der Paraden). (S. 426)

Reveillon

Es gibt eine ganze Menge toller Orte in Südamerika, um Neujahr zu feiern, aber Rio werden sie niemals toppen können. Etwa 2 Mio. Feierwütige sind in Glück verheißendes Weiß gehüllt und bevölkern die Strände Copacabanas, um das Feuerwerk zu sehen, das die Nacht zum Tag macht.

Reiserouten

5 MONATE

Die große Runde

Diese klassische Südamerika-Tour führt zu einigen der berühmtesten Sehenswürdigkeiten des Kontinents: Es geht in die Anden, den Regenwald des Amazonasgebiets, nach Machu Picchu, zu den Iguazú-Fällen und zu den Galápagosinseln.

Man startet in **Buenos Aires**, der faszinierenden Hauptstadt Argentiniens. Gen Westen fahrend stehen danach **Bariloche** mit seiner tollen Landschaft und das großartig grüne Seengebiet um **Puerto Varas** in Chile auf dem Programm. Im Norden wartet **Santiago**, bevor es zurück nach Argentinien nach **Córdoba** und ins herrliche **Salta** und wiederum nach Chile in die Oase **San Pedro de Atacama** geht. Dem Abstecher zum surrealen **Salar de Uyuni** in Bolivien folgt ein Besuch von **La Paz**. Über den **Titicacasee** hüpft man dann nach Peru, wo das alte **Cuzco**, **Machu Picchu** und **Lima** locken, und nach Ecuador.

Von **Guayaquil** geht der Flieger zu den **Galápagosinseln**. Zurück auf dem Festland besucht man das koloniale **Cuenca** und das historische **Quito**. In Kolumbien warten die **Zona Cafetera** und das lebhafte **Medellín**, bevor man im karibischen **Cartagena** relaxt. Nach einem Abstecher in den **Parque Nacional Natural Tayrona** geht's Richtung **Leticia** nach Brasilien. Dort erkundet man um **Manaus** den Urwald und in **Rio de Janeiro** Strände und Nachtleben. Und über die **Iguazú-Fälle** geht's zurück nach Buenos Aires.

2 MONATE

Hoch in den Anden

Abenteuer vor unvergleichlichem Panorama, kulturelle Vielfalt, Städte voller bunter Märkte, koloniale Architektur, Nebelwälder und unwirkliche Wüste – das alles erlebt man auf einer Andentour von Kolumbien nach Argentinien.

Nach der Landung in **Bogotá** genießt man die historische Altstadt und das Nachtleben. Dann geht's zu den präkolumbischen Ruinen von **San Agustín** und in den **Parque Nacional Natural Puracé** zum Wandern. Als Nächstes stehen **Pasto** und die hübsch gelegene **Laguna de la Cocha** an.

In Ecuador besucht man **Otavalo** mit seinen Märkten, das ein guter Ausgangspunkt für Tagesausflüge zu den Bergseen ist. Weiter geht es gen Westen nach **Mindo** für ein Abenteuer im Dunst des Nebelwalds. Dann führt die Reise in den Süden nach **Quito** und zum **Volcán Cotopaxi**, wo sich vor majestätischer Kulisse tolle Wanderungen unternehmen lassen!

Nach einem Besuch im kolonialen **Cuenca** und einem relaxten Zwischenstopp in **Vilcabamba** geht es weiter nach Peru und hinunter nach **Huaraz**, wo eine Trekkingtour in der Cordillera Blanca ansteht.

Nach einigen Tagen in **Cuzco** läuft man auf dem Inkatrail nach **Machu Picchu**. Über den glitzernden **Titicacasee** fährt man nach Bolivien und wandert in der **Cordillera Real**. Der nächste Stopp ist der **Salar de Uyuni**, bevor die Reise über die **Quebrada de Humahuaca** nach Argentinien führt.

Zum Schluss der Reise wird das argentinische **Mendoza** erkundet, das ganz in der Nähe des gewaltigen **Cerro Aconcagua** liegt, des höchsten Gipfels der westlichen Hemisphäre.

6 WOCHEN

Patagonische Reise

Das geheimnisvolle, windgepeitschte, gletscherübersäte Patagonien zählt zu den zauberhaftesten Reisezielen Südamerikas. Patagonien und die Inseln der Tierra del Fuego bereist man am besten zwischen November und März. Wer mit dem Zelt unterwegs ist, entdeckt mehr für weniger Geld.

Startpunkt ist **Bariloche**. Dort hat man zwei atemberaubende Nationalparks, den **Parque Nacional Nahuel Huapi** und den **Parque Nacional Lanín**, direkt vor der Tür. Weiter geht es südwärts nach **Esquel**, wo die Schmalspurbahn La Trochita verkehrt.

Fortgesetzt wird die Reise mit einem Abstecher ins westlich gelegene chilenische Andendorf **Futaleufú**, einem grandiosen Rafting-Spot. Die malerische Carretera Austral führt nach **Coyhaique**, wo sagenhafte Marmorhöhlen, die **Capillas de Mármol**, besichtigt werden können. Nächste Station ist das windgepeitschte **Chile Chico** am Lago General Carrera, bevor man das argentinische **Los Antiguos** ansteuert.

Weiter im Süden liegen im atemberaubenden **Parque Nacional Los Glaciares** das Örtchen **El Chaltén** und, nahe El Calafate, der unglaubliche Perito-Moreno-Gletscher.

Zurück in Chile locken Trekking-Touren im Schatten der Granitnadeln des **Parque Nacional Torres del Paine**. Nach einem Stopp in **Punta Arenas** geht es gen Süden zum argentinischen **Tierra del Fuego** (Feuerland), wo am südlichsten Punkt der Reise mit **Ushuaia** zugleich die südlichste Stadt der Welt erreicht ist.

Entlang der Atlantikküste geht die Tour nun Richtung Norden. Unterwegs kann man im **Área Natural Protegida Punta Tombo** Pinguine und im **Reserva Faunística Península Valdés** Wale sehen. Die Tour endet in **Buenos Aires**.

6 WOCHEN

Auf dem mächtigen Amazonas

Diese nicht ganz leichte, aber lohnende Route folgt dem Wasserlauf des mächtigen Stroms. Unterwegs können Wildtiere beobachtet, geschichtsträchtige Städte besucht und an schönen Stränden relaxt werden.

Los geht's im peruanischen **Pucallpa** (einen Flug oder eine Busfahrt von Lima entfernt). Bevor man sich dem Fluss widmet, sollte noch ein Abstecher mit Übernachtung zum nahen **Yarinacocha** drin sein, einem von indigenen Dörfern umgebenen Altwassersee. Die langsame Bootstour führt dann von Pucallpa aus auf dem Río Ucayali in nördlicher Richtung bis nach **Iquitos**. Die Stadt im nördlichen Dschungel hat eine lebhafte Kulturszene und einen geschäftigen Hafen. Von hier bietet sich eine bequemere Bootsfahrt ins **Reserva Nacional Pacaya-Samiria** an, Perus größtem Naturschutzgebiet. In Iquitos nimmt man ein Boot und fährt ins Dreiländereck zwischen Peru, Kolumbien und Brasilien, wobei ein Zwischenstopp im kolumbianischen **Leticia** eingelegt werden kann.

Von Leticia sind es drei weitere schwül-heiße Tage bis ins lebhafte **Manaus**, das für sein Opernhaus aus dem 19. Jh. und die quirligen Märkte bekannt ist. Die Amazonasmetropole eignet sich außerdem gut als Startpunkt für Exkursionen in den Urwald.

Gemütlich geht es weiter ostwärts bis **Santarém**, wo die weißen Sandstrände von **Alter do Chão** darauf warten, erkundet zu werden. Nach weiteren dreieinhalb Tagen ist das kulturell vielfältige **Belém** erreicht, wo Traveller die traditionelle Küche des Amazonasgebiets kosten sollten.

Zum Schluss kann man noch auf die Flussinsel **Ilha de Marajó** übersetzen, auf der nette Dörfer, frei umherstreifende Büffel und hübsche Strände die Attraktionen bilden.

Oben: Iquitos (S. 1032), Peru

Unten: Traditionelle Küche, Belém (S. 443), Brasilien

DADO PHOTOS/SHUTTERSTOCK ©

4 WOCHEN

Die Guyanas

Sie sind teuer, schwer erreichbar, weitgehend unbewohnt und können sehr, sehr faszinierend sein – und liegen definitiv abseits ausgetretener Pfade. Wo man mit ihrer Erkundung beginnt, hängt davon ab, von wo man kommt: Guyana über New York, Cayenne über Paris oder Paramaribo über Amsterdam. Nehmen wir mal an, man kommt über Land aus Brasilien.

Von **Oiapoque** in Brasilien geht's über die neue Brücke, die den Rio Oiapoque überspannt, nach Französisch-Guayana – und augenblicklich befindet man sich abseits jener ausgetretenen Pfade, die oben versprochen wurden. Ein Bus bringt einen durch eine grüne Landschaft (vorbei an ausgebrannten Autos am Straßenrand) nach **Cacao**. Von hier aus kann man eine zweitägige Wanderung entlang des **Sentier Molokoï** unternehmen, bei der sich wildlebende Tiere beobachten lassen. Nächster Stopp ist **Kourou**, wo man – sofern ein Start ansteht – dabei zuschauen kann, wie Raketen von Südamerikas einzigem Weltraumbahnhof ins All starten. Per Fähre (oder auf einem deutlich bequemeren Katamaran) gelangt man durch bei Haien beliebte Gewässer zur **Îles du Salut**, einer ehemaligen Gefängnisinsel, wo man seine Hängematte in einem der alten Schlafsäle aufhängen kann. Zurück auf dem Festland geht's die Küste entlang (von April bis Juli kann man in **Awala-Yalimopo** Schildkröten sehen), bevor man die Grenze nach Suriname passiert. Für das wunderbare **Paramaribo** sollte man ein paar Tage einplanen, auch eine Tour durch das majestätische **Central Suriname Nature Reserve** ist empfehlenswert. Von Paramaribo geht die Fahrt Richtung Westen bis **Nieuw Nickerie**, dem Grenzübergang zu Guyana. Auf dem Weg nach **Georgetown** lohnt sich ein Abstecher mit dem Boot zum abgelegenen **Shell Beach** oder zu den spektakulären **Kaieteur-Fällen**. Zurück in Georgetown nimmt man einen Bus nach Süden durch die majestätischen Rupununi-Savannen mit Zwischenstopps in **Annai** und **Lethem**, wo sich Ruhe und Abgelegenheit genießen lassen.

6 WOCHEN

Die Atlantikküste

Kolonialstädte, afrobrasilianische Kultur, traumhafte Strände und ein pulsierendes Nachtleben sind die Eckpfeiler des 7400 km langen Streifzugs entlang der Atlantikküste. Surfen, Schnorcheln, Trekkings durch dichte Wälder und Städtetouren sorgen für zusätzliche Würze.

Ausgangspunkt ist Argentinien, wo man sich vom Charme **Buenos Aires'** bezirzen lässt, bevor es rüber nach **Montevideo** geht. Auf dem Weg nach Brasilien stehen Stopps in den hübschen uruguayischen Strandorten an: im glitzernden **Punta del Este**, im von Wanderdünen gesäumten **Cabo Polonio** und im entspannten **Punta del Diablo**.

Weiter geht's nach **Florianópolis**, Tor zu einsamen Stränden und einer tollen Landschaft, und die Küste hinauf bis ins Kolonialstädtchen **Paraty**. Inselflair erwartet Traveller auf der mit Regenwald bedeckten **Ilha Grande**. Anschließend locken die Strände, die grüne Landschaft und das von Sambarhythmen durchdrungene Nachtleben **Rio de Janeiros**.

Mit dem Flugzeug ist man rasch in Porto Seguro, von wo man nach **Trancoso** und **Arraial d'Ajuda** fährt. Unweit dieser relaxten Städtchen liegen Strände vor der Kulisse hoch aufragender Klippen. Brasiliens afrobrasilianische Perle **Salvador** ist einen längeren Stopp wert. Nördlich liegt **Olinda**, dem man noch einen Besuch abstatten kann, bevor in Recife der Flieger nach **Fernando de Noronha** startet.

Zurück auf dem Festland führt die Reise gen Norden ins Backpackerparadies **Jericoacoara** und zu den Dünen des **Parque Nacional dos Lençóis Maranhenses**. Als Letztes sind das Reggae-Mekka **São Luís** und die Kolonialstadt **Alcântara** dran.

Südamerika: Abseits der üblichen Pfade

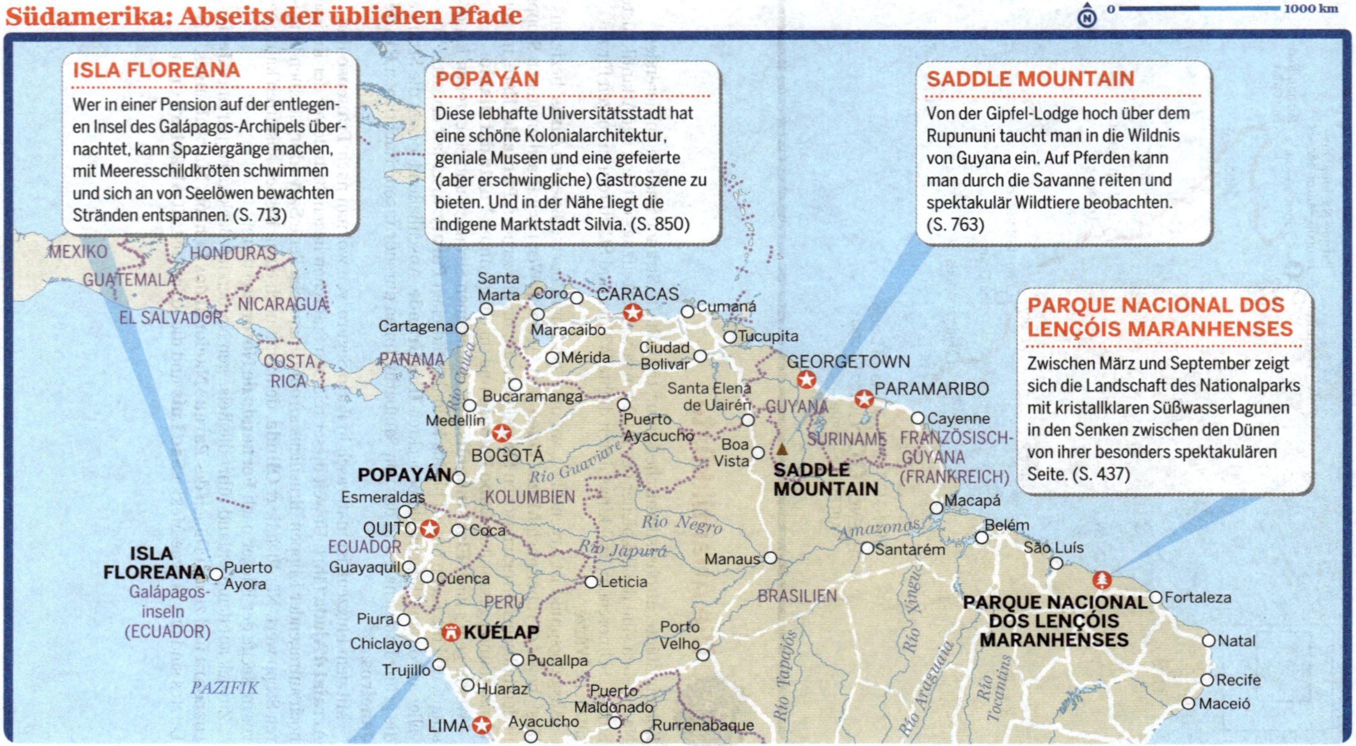

ISLA FLOREANA

Wer in einer Pension auf der entlegenen Insel des Galápagos-Archipels übernachtet, kann Spaziergänge machen, mit Meeresschildkröten schwimmen und sich an von Seelöwen bewachten Stränden entspannen. (S. 713)

POPAYÁN

Diese lebhafte Universitätsstadt hat eine schöne Kolonialarchitektur, geniale Museen und eine gefeierte (aber erschwingliche) Gastroszene zu bieten. Und in der Nähe liegt die indigene Marktstadt Silvia. (S. 850)

SADDLE MOUNTAIN

Von der Gipfel-Lodge hoch über dem Rupununi taucht man in die Wildnis von Guyana ein. Auf Pferden kann man durch die Savanne reiten und spektakulär Wildtiere beobachten. (S. 763)

PARQUE NACIONAL DOS LENÇÓIS MARANHENSES

Zwischen März und September zeigt sich die Landschaft des Nationalparks mit kristallklaren Süßwasserlagunen in den Senken zwischen den Dünen von ihrer besonders spektakulären Seite. (S. 437)

KUÉLAP

Wer den Massen von Machu Picchu entfliehen will, sollte diese schöne präkolumbische Zitadelle in Nordperu ansteuern. Am schönsten ist es, wenn man hier in einem der einfachen Gästehäuser übernachtet. (S. 1023)

DER CHACO

Paraguays wilder, staubiger Westen strotzt vor tierischem Leben. Hier übernachtet man unter Myriaden von Sternen und verbringt die Tage damit, Aras, Otter, Tapire und zahllose andere Geschöpfe zu beobachten. (S. 905)

PARQUE NACIONAL PATAGONIA

Dieses Juwel aus wiederhergestelltem Grasland, Flüssen und schneebedeckten Gipfeln ist die Heimat von Guanakos, Flamingos, Füchsen und Pumas, und es hat eine gute Infrastruktur zum Zelten und Wandern. (S. 586)

PARQUE NACIONAL DE APARADOS DA SERRA

Im Süden von Brasilien umfasst der atemberaubende Nationalpark eine zerklüftete Schlucht mit Wasserfällen, malerischen Aussichtspunkten und Wanderwegen. (S. 378)

Brasilianischer Amazonas (S. 455

Reiseplanung

Kleines Budget – große Abenteuer

In Südamerika warten viele wunderbare Erlebnisse auf die Traveller, die auch mit kleinem Budget möglich sind: großartige Strände, wilde Tiere, fesselnde Städte – um nur einige zu nennen. Während es also auch ohne dicken Geldbeutel geht, kann ein wenig Planung durchaus dabei hilfreich sein, aus einer tollen Reise nach Südamerika eine unvergessliche zu machen.

Reiseplanung & Kosten

Zeitplan

12 Monate vor Reisebeginn Budget für die Reise berechnen – und anfangen, zu sparen.

6 Monate Entscheiden, welche Länder besucht werden sollen, wann und für wie lange.

8 Wochen Flüge buchen. Pass verlängern, sofern nötig.

6–4 Wochen Impfungen erledigen, Reiseversicherung abschließen.

4 Wochen Ggf. Visa besorgen. Spezialtouren und -unterkünfte buchen (Lodges im Amazonasgebiet, Galápagos-Kreuzfahrten).

2 Wochen Reist man in der Hochsaison, Unterkünfte für beliebte Reiseziele reservieren.

1 Woche Unterkunft in der Stadt buchen, in der die Reise beginnt; Koffer/Rucksack packen.

Durchschnittspreise

Flasche Bier 2–4 US$

Mittagstisch auf einem Markt 5–8 US$

Bett im Gemeinschaftszimmer 10–20 US$

DZ in einer Pension ab 25 US$

Fahrkarte, Fernbus ca. 1–2 US$/Std. Fahrt

1-stündiger Inlandsflug ab 100 US$

Seilbahn auf den Pão de Açúcar (Zuckerhut) 28 US$

Wildwasser-Rafting auf dem Oberlauf des Rio Napo 65–90 US$

Reisezeit

Bei der Auswahl der Reisezeit hilft es zu berücksichtigen, welche Regionen besucht werden und was man vor Ort unternehmen möchte. So sind im Amazonasgebiet und im Pantanal die Monate mit den meisten Niederschlägen wenig geeignet, um dort Wildtiere zu beobachten. Südlich der Tropenzone erwarten den Traveller wiederum deutlich dramatischere jahreszeitliche Schwankungen mit erstaunlich strengen Wintern in Chile, Argentinien und selbst in Südbrasilien sowie sehr heißen Sommern.

Feste & Feiertage

Selbst wenn bei der Reiseplanung der Besuch eines bedeutenden Events oder Festes nicht im Mittelpunkt steht, so können deren Termine dennoch die Reisepläne beeinflussen. Man sollte sie also bei der Planung der Route berücksichtigen. Das größte Ereignis auf dem Kontinent ist sicher der Karneval, der an den vier Tagen vor Aschermittwoch stattfindet, wobei selbstredend in Brasilien die absolute Hochburg liegt. Man sollte sich also genau überlegen, wo man sich während dieser sehr bunten Tage aufhalten will. Die Preise für Flüge sind dann besonders hoch, die wenigen Busse, die fahren, überfüllt und Banken und viele Geschäfte geschlossen; Hotels und andere Unterkünfte erhöhen ihre Preise deutlich und verlangen oftmals zudem einen Mindestaufenthalt von meistens vier Tagen. Auch außerhalb Brasiliens wird der Karneval gefeiert, und zwar so ziemlich auf dem gesamten Kontinent.

Ein weiteres großes Ereignis im Festkalender von ganz Südamerika ist die Semana Santa (die Karwoche, also die Woche vor dem Ostersonntag): Viele Südamerikaner nehmen dann Urlaub und gehen auf Reisen. Im Juli gibt's zwei Wochen Ferien für die Schüler, die die Südamerikaner ebenfalls für ihren Urlaub nutzen.

Strände

Sich für die perfekte Zeit für einen Strandurlaub zu entscheiden, kann eine Herausforderung sein: Warm soll es sein, aber nicht drückend heiß, gleichzeitig möchte man wohl vermeiden, ausgerechnet dann ans Meer zu fahren, wenn es auch alle anderen tun. Die Zwischensaison ist vielleicht eine gute Idee, also die Zeit vor und nach den heißesten und besucherstärksten Monaten. November und März (im Anschluss an den Karneval) sind gute Monate für erholsame Tage am Strand, es herrscht weniger Andrang und die Preise fallen niedriger aus.

In den Strandgebieten im äußersten Süden Brasiliens – in den Bundesstaaten Santa Catarina und Rio Grande do Sul – eignen sich die meist kühlen Temperaturen wenig für Badespaß. Andernorts gibt's Strände, bei denen einem das Wetter das ganze Jahr über gewogen ist. In Rio ist es meist sonnig und warm, selbst im Juli, von einer Handvoll kühlerer, winterlicher Tage abgesehen.

Der Nordosten kennt keinen Winter, hier ist es zwölf Monate im Jahr heiß!

Reisen in den Regenwald

Bei einer Reise ins Amazonasgebiet sollte den Jahreszeiten besondere Aufmerksamkeit gewidmet werden. Obwohl es das ganze Jahr über regnet – es heißt ja nicht umsonst „Regenwald" –, fallen die Niederschläge von Januar bis Mai besonders heftig und ergiebig aus. Die Trockenzeit und beste Zeit für einen Besuch dauert von Juli bis Oktober. Die Jahreszeiten sind im Pantanal, das ebenfalls mit einer spektakulären Tierwelt aufwartet, fast identisch, mit einer winterlichen Trockenzeit von Juli bis Oktober und den schwersten Regengüssen von Januar bis März. Im Orinoco-Becken in Venezuela sind die Monate Januar bis Mai am trockensten und die beste Zeit für Tierbeobachtungen.

Bergwandern

In den Anden regnet es am meisten von November bis März, wobei der Februar der nasseste Monate ist (dann ist auch der Inka-Trail geschlossen). Von Mai bis August herrschen generell die besten Bedingungen für Wanderungen in den Anden. Juni und Juli sind besonders angenehm – was aber auch bedeutet, dass in diesen Monaten dort am meisten los ist. Entsprechend sind es die Monate April, Mai, September oder Oktober, denen man bei der Reiseplanung den Vorzug geben sollte.

Die Galápagosinseln

Die Inseln bieten zwei unterschiedliche Jahreszeiten, wobei die touristische Hochsaison auf die Monate Dezember bis April sowie Juli und August fällt.

Von Januar bis Mai ist es warm und feucht, die Tage sind sonnig, mit gelegentlichen, zwar starken, aber nur kurzen Regenabschnitten. Die kühle und trockene Jahreszeit beginnt im Juni und dauert bis Dezember an. Die Nebel, die sich dann oft über das Hochland legen, nennt man hier *garúa*. Während die Lufttemperatur bei durchschnittlich angenehmen 22°C liegt, ist das Wasser frischer.

Surfen

In Brasilien ist das ganze Jahr über Surfsaison, auch wenn man den Wellen hinterherjagen muss. Im Norden herrschen von November bis März die besten Bedingungen, mit gutem Wellengang, vor allem in Fernando de Noronha. Im Süden gibt's in der Zeit von April bis November die besten Wellen, wenn Offshore-Winde und südatlantische Stürme entlang der gesamten Küste Surfern ideale Bedingungen spendieren. In Argentinien sind die Wellen von April bis Juni am besten, in Uruguay trifft man ganzjährig auf anständige Konditionen, die größten Wellen rollen im Winter heran (Juni bis August – dann wird man aber einen guten Neoprenanzug benötigen!).

Quilotoa (S. 652), Ecuador

Auf der pazifischen Seite verhalten sich die Dinge ein wenig anders. Entlang Chiles Küste findet man das ganze Jahr über ausgezeichnete Wellen vor, in Peru gibt's die besten in den Wintermonaten, vor allem von März bis November sind darunter einige mit beträchtlichen Dimensionen.

Skifahren

Wer die Vorzüge der großartigen Pulverschneeabfahrten der südlichen Anden genießen will, sollte Chile und Argentinien natürlich auch in der Skisaison besuchen, die von Mitte Juni bis Mitte Oktober dau-

Córdoba (S. 118), Argentinien

ert. Besonders gute Bedingungen finden Wintersportler im August vor.

Finanzplanung

Der günstige Wechselkurs westlicher Währungen in Südamerika bedeutet für Traveller mehr Kaufkraft. Die Lebenshaltungskosten sind in den meisten Teilen des Kontinents deutlich niedriger als Zuhause. Wer sich aufs Sparen versteht, sollte mit einem Budget von etwa 40 US$ pro Tag auskommen, in den Andenländern gar mit 30 US$. In Chile und Französisch-Guayana dagegen wird man nur mit Mühe sein Tagesbudget unter 50 US$ halten können. Diese Richtwerte decken Ausgaben für Lebensmittel, Unterkunft, Transport vor Ort und das ein oder andere Bier ab, variieren aber nicht nur von Land zu Land, sondern auch von Region zu Region innerhalb der jeweiligen Länder. So ist das Leben im Nordosten Brasiliens teurer als im Südosten und während der Nebensaison ist manches billiger als zur Hauptreisezeit.

Zu diesen Grundkosten kommen die Kosten für Überlandreisen – per Bus, Schiff oder mit dem Flieger – und für Unternehmungen wie Tauchgänge, Mountainbiken, Trekking- oder Sightseeing-Touren. Zusätzlich gibt's in der Regel unerwartete bzw. nicht eingeplante Ausgaben wie erhöhte Ticketpreise während bestimmter Feiertage oder weil das eigentlich vorgesehene Budgethotel ausgebucht ist und man auf ein teureres Zimmer ausweichen muss.

Tatsächlich werden die Kosten für die Unterbringung den Löwenanteil des Budgets verschlingen. Glücklicherweise bietet der Kontinent aber auch etliche günstige Unterkünfte. Je weniger Komfort man erwartet (Klimaanlage, Warmwasser, Zimmer mit Bad/WC), desto mehr lässt sich sparen. Bus- und Schifftickets sind innerhalb der einzelnen Länder normalerweise erschwinglich. Teurer wird es, wenn man auf das Flugzeug angewiesen ist oder wegen schlechter Straßenverhältnisse auf ungewöhnlichere Verkehrsmittel umsteigen muss (etwa Strandbuggys in Teilen des Nordosten Brasiliens).

Spartipps

Es gibt viele Gelegenheiten, Südamerika auf wunderbare Weise zu erleben, ohne

DIEGO GRANDI/SHUTTERSTOCK ©

Valparaíso (S. 500), Chile

deswegen das Budget überzustrapazieren. In Bolivien, Ecuador und Kolumbien ist Reisen am billigsten. Die folgende Liste stellt – Land für Land – einige Möglichkeiten vor:

Argentinien Mit seinem faszinierenden Nebeneinander von Alt und Neu bietet sich Córdoba für eine nähere Erkundung an. Grandiose Architektur, Kirchen und Galerien mit freiem Eintritt, erschwingliche Quartiere und günstiges Essen auf dem Markt verleihen der Stadt zusätzlichen Reiz.

Bolivien Dieses bezaubernde Land hält viele Abenteuer bereit, die sich auf eigene Faust erleben lassen. So ist in La Paz der Botanische Garten nicht nur eine Oase der Ruhe, sondern auch günstig und macht Spaß, und eine Fahrt mit der *teleférico* (Gondelbahn) bietet eine herrliche Aussicht. Auf der Plaza Murillo oder der Plaza Avaroa dem geschäftigen Treiben beizuwohnen, ist natürlich kostenlos. Man kann auch eines der Kinder an den Schuhputzständen bitten, eine günstige Sightseeing-Tour durch den Stadtteil zu organisieren.

Brasilien Rio de Janeiro muss kein teures Pflaster sein. Hostels gibt's in Hülle und Fülle (ab 15 US$/Nacht), billige Caipirinhas direkt am Strand und en masse Vergnügungen, die keinen einzigen Real kosten: Livemusik in Straßencafés, kostenlose Ausstellungen im Centro Cultural Banco do Brasil und die Outdoor-Party in Lapa am Wochenende.

Chile Dem ganz besonderen Charme von Valparaíso wird man im Handumdrehen verfallen, den zauberhaften Gassen mit Kopfsteinplaster und den wechselnden, immer wieder großartigen Aussichten auf die Bucht. In dieser Studentenstadt gibt es viele Kneipen und Restaurants, wo man auch mit wenig Geld weit kommt.

Ecuador In Baños kann man sich aufs Fahrrad schwingen, auf eigene Faust durch das landschaftlich reizvolle Hochland in den Urwald fahren und unterwegs an Wasserfällen eine Pause einlegen. Am Abend erholt man sich mit einem Bad in den Thermalquellen, gefolgt von einem Abendessen mit feinem Craft-Bier in einem der verlockenden Restaurants der Stadt.

Französisch-Guayana In Cayenne gleicht man die dortigen hohen Hotelkosten am besten dadurch aus, dass man beim Essen spart, sonst gibt's eventuell Probleme mit dem Budget. Nicht verpassen sollte man einen Besuch des geschäftigen Marktes mit seinem Mix aus afrikanischen, indigenen und europäischen Einflüssen. Vietnamesische Stände verkaufen hier übrigens die beste Pho (Nudelsuppe) von ganz Südamerika.

Guyana Die der afrikanischen Savanne ähnliche Landschaft von North Rupununi bietet sich als Basis an. Hier kann man auf einer Dschungelinsel in einer rustikalen Hütte Quartier beziehen, einheimische Dörfer besuchen, durch den Wald wandern, Angeln und nach Kaimanen Ausschau halten.

Kolumbien Die Schönheit der karibischen Küste ist kaum zu überbieten, vor allem rund um den Parque Nacional Natur Tayrona. In der Nähe von Arrecifes kann man in einer Hängematte schlafen und die Tage mit dem Erkunden herrlicher Buchten und traumhafter Strände verbringen. Die Kolumbianer sind begeisterte Fahrradfahrer, es gibt tolle Strecken durch die Städte und inzwischen auch eine wachsende Mountainbike-Szene, besonders in der Nähe von San Gil.

Paraguay Encarnación bietet eine schöne Uferpromenade, einen verlockenden Flussstrand und Günstiges wie leckeres *lomito arabe* – eine Art Kebab à la Paraguay.

Peru Gerade wenn man schon seit ein paar Wochen auf Achse ist, empfiehlt sich Cuzco, um sich von den Strapazen der Reise zu erholen. Durch die alten Straßen zu bummeln, die beeindruckende Inka-Architektur und die großartige Plätze zu erkunden und die malerischen Ausblicke in sich aufzusaugen, kostet keinen Cent. Cuzco ist auch ein

MATYAS REHAK/SHUTTERSTOCK ©

Oben: Baños (S. 654), Ecuador

Unten: Encarnación (S. 892), Paraguay

REISEZEITEN

Hauptsaison Südamerikaner reisen am liebsten in den Sommermonaten der südlichen Hemisphäre – also etwa von Mitte Dezember bis Ende Februar. Es muss mit höheren Übernachtungspreisen, belebten Badeorten und in der Regel mit viel Betrieb gerechnet werden, vor allem an beliebten Urlaubszielen (also entlang der gesamten Küste von Atlantik und Pazifik).

Zwischensaison Die Monate vor Winter- (April–Mai) bzw. Sommeranfang (Okt.–Nov.) sind oft eine gute Zeit für einen Besuch. Die Preise sind niedriger als in der Hochsaison und es sind weniger Menschen unterwegs. Dennoch kann das Wetter immer noch sehr angenehm sein für Strandtage und Aktivitäten im Freien.

Nebensaison Von Juni bis August fällt das Thermometer in der südlichen Hälfte des Kontinents in frostige Bereiche. Resorts sind geschlossen und in Städten wie Buenos Aires, Santiago und Rio de Janeiro sind die Preise niedriger (außer im Juli, wenn die Einheimischen in den Winterurlaub gehen).

idealer Ort, um gleich gesinnte Traveller kennenzulernen. Abenteuerlustige, die sich gut vorbereiten, können sich den drei- bis viertägigen Santa-Cruz-Trek in der Cordillera Blanca vornehmen, für den weder Guides noch Genehmigungen nötig sind.

Suriname Paramaribos faszinierende niederländische Kolonialarchitektur (Holzbauten) ist die visuelle Vorspeise, bevor es beim Hauptgang richtig lecker wird: Es warten javanische Reisgerichte, chinesische Klöße, indische Roti und eine herzhafte kreolische Küche.

Uruguay Punta del Diablo ist einer der schönsten Badeorte an der Atlantikküste, mit ungezwungener Atmosphäre und unprätentiösen Pensionen, Strandbars und Partys im Feuerschein am Strand.

Das Budget im Blick

- Immer mit der Ruhe: lieber einen Ort genießen, anstatt zum nächsten Ziel zu eilen! Je weiter und schneller man durch die Gegend reist, desto mehr wird man ausgeben müssen.
- Essen wie ein Einheimischer z. B. an Straßenständen oder auf Märkten hilft sparen.
- Gemeinschaftszimmer in einem Hostel oder ein Doppelzimmer, das man sich mit Reisegefährten teilt, schonen ebenfalls das Budget.
- Weniger Luxus: Zimmer mit Ventilator anstatt Klimaanlage, Gemeinschaftsbad anstatt eigenem Bad auf dem Zimmer.
- Überlandfahrten mit dem Bus oder Zug sind deutlich günstiger als das Flugzeug.
- Flüge online buchen (auch Busfahrscheine, falls möglich), anstatt einem Reisebüro Provision zu zahlen.
- Schnorcheln statt Tauchen.
- Kleinere Städte sind günstiger als große.
- Genau überlegen, welche Orte und welche Nationalparks man besuchen will.
- Reisefreie Tage einlegen, z. B. für den Strand oder um die Gegend besser kennenzulernen.
- Pauschalangebote meiden (Transport, Unterkunft, Touren).
- Rechtzeitig informieren, was die Verkehrsmittel vor Ort kosten – und dann entsprechend mit dem Fahrer feilschen.
- Teure Überraschungen vermeiden, indem man den Preis mit dem Taxifahrer verhandelt, bevor man einsteigt.
- Ggf. Kosten für Visa nicht vergessen.
- Souvenirs erst am Ende der Reise kaufen– dann weiß man, wie viel das Budget noch hergibt.
- Tägliche Ausgaben notieren, um den Überblick über die durchschnittlichen Kosten zu behalten.

Im Schlaf sparen

Die Übernachtungskosten werden den größten Posten im Budget ausmachen. Nachfolgend ein paar Tipps, die dabei helfen können, die Ausgaben im Rahmen zu halten:

- Sollte der Preis zu hoch sein, nachfragen, ob das Hotel oder die Pension auch billigere Zimmer anbietet.
- Sofern nicht gerade Nebensaison ist, sind die meisten Preise nicht verhandelbar. Trotzdem ... nach einer Ermäßigung zu fragen, kostet nichts.
- Sobald man sein Zimmer bezahlt hat, gibt es kaum noch Chancen auf eine Rückerstattung, unabhängig von der Größe der Schabe, die vor einem über den Boden gehuscht ist.

➡ Nur für die erste Übernachtung bezahlen – und nicht für mehrere Tage auf einmal. So bleibt die Möglichkeit, das Hotel zu wechseln, falls einem das Zimmer nicht zusagt.

➡ Sollte man sich dazu entschieden haben, mehrere Tage zu bleiben, unbedingt nach einem Preisnachlass fragen. In manchen Hotels gibt's Rabatt, wenn man mehr als nur ein paar Tage bleibt.

➡ Reservierungen im Voraus – vor allem mit Vorauszahlung – sind in der Regel nicht erforderlich.

➡ Selber buchen, anstatt einem Dritten Provision zu zahlen (die ja das Reisebudget immer zusätzlich belastet).

Reisegepäck

Erfahrene Backpacker wissen: Je weniger man einpackt, desto weniger wird man auch überall mit sich herumschleppen müssen. Unser Tipp: Zu Hause die Tasche packen und dann ein zweites Mal – aber mit einem Drittel weniger (Klamotten, und, und, und). So lange wiederholen, bis die Tasche klein genug ist, um ins Gepäckfach im Flugzeug zu passen. Denn je kleiner der Rucksack ist, desto leichter fällt es, in öffentliche Verkehrsmittel (die gelegentlich komplett anhalten) ein- und wieder auszusteigen. Auch wird es einfacher, den Taxifahrer links liegen zu lassen, der einem zu viel Geld abknöpfen möchte. Und man wird seltener zum Ziel von Schleppern und Gaunern.

Unterwegs mit technischen Geräten

Viele Traveller nehmen gleich mehrere Elektronikgeräte – Smartphones, Tablets, Laptops, Kameras etc. – mit auf Reisen. Man sollte sich jedoch bewusst sein, dass unterwegs einige Gefahren lauern: Die Temperaturen in Südamerika schwanken zwischen heiß und eisig, Taschen können auf den Boden fallen und Taschendiebe ein Auge auf die Geräte werfen. Oder aber man landet mitsamt seinen Sachen in einem Regenguss, der alles durchnässt.

Dennoch ist es ratsam, zumindest ein WLAN-fähiges Gerät mitzunehmen, damit man mit den Lieben zu Hause in Verbindung bleiben kann. Auf Internetcafés sollte man sich nicht verlassen, da diese auch aus den südamerikanischen Klein- und Großstädten weitgehend verschwunden sind.

Diese Tipps sollte man beherzigen, wenn man mit Hightech-Equipment unterwegs ist:

➡ Nur ein oder zwei der heute sehr vielseitig einsetzbaren Geräte mitnehmen: ein Tablet, auf dem man Bücher lesen und E-Mails abrufen kann – oder ein Smartphone, mit dem zusätzlich auch telefoniert werden kann.

➡ Die Geräte sollte man möglichst in wasserdichte Hüllen packen, Batterien (so nötig) separat einstecken, für den Fall, dass es regnet.

➡ Reiseversicherung abschließen, die Diebstahl oder Schäden an den Geräten abdeckt.

➡ Sich bei WhatsApp anmelden, damit man mit anderen Reisenden und Einheimischen, die man unterwegs kennenlernt, kommunizieren kann.

Altiplano (Andenhochebene; S. 609)

Reiseplanung

Aktivitäten

Wanderungen inmitten der himmelstürmenden Andengipfel, Raftings auf rauschenden Flüssen im Dschungel, Übernachtungen in einer Amazonas-Lodge, umgeben von den Klängen des Regenwalds, und, und, und – in jedem Land Südamerikas warten überall unvergessliche Abenteuer.

ISRAEL HERVAS BENGOCHEA/SHUTTERSTOCK ©

Top-Outdoor-Erlebnisse

Die Atacama erkunden (Chile)
Man erklimmt Dünen, bewundert Petroglyphen und hinterfragt die Fata Morganen von Oasen.

Einen Vulkan besteigen (Ecuador)
Gipfelstürmer werden auf dem Volcán Cotopaxi (5897 m) mit einzigartigen Ausblicken belohnt.

Im Cañón del Colca wandern (Peru)
Andenkondore gleiten über diesen rauen Canyon in Peru, den zweittiefsten der Welt.

Tiere im Amazonsgebiet
Ausschau nach Affen, Aras, Capybaras, Kaimanen, Tukane und Dutzenden anderer Arten halten und dann in einer Dschungellodge übernachten (wie im brasilianischen Mamirauá-Reservat).

Zur verlorenen Stadt wandern (Kolumbien)
Diese traumhafte mehrtägige Trekking-Tour durch den Dschungel führt zu den bemerkenswert erhaltenen Ruinen der verlorenen Stadt Tayrona.

Mountainbiken auf der gefährlichsten Straße der Welt (Bolivien)
Dramatische Anden-Abfahrt, bei der man vorher die Tauglichkeit der Bremsen sicherstellen sollte.

Wildwasser-Raften (Chile)
Es warten die donnernden Stromschnellen des Futaleufú in Patagonien.

Wandern

Den Möglichkeiten zum Wandern sind praktisch keine Grenzen gesetzt. Egal, wohin man geht, atemberaubende Landschaften sind eigentlich nahezu garantiert: schneebedeckte Gipfel, Nebelwälder oder grüne Dschungel mit ihren einzigartigen Voraussetzungen für unvergessliche Tierbeobachtungen.

Die Andenländer sind berühmt für ihre alten Inka-Pfade, die prädestiniert sind für Ausflüge mit großartigen Aussichten. Obwohl die viertägige Trekkingtour nach Machu Picchu unter all diesen Touren der Klassiker ist, empfehlen sich auch alternative Routen. Sie sind billiger, weniger überlaufen und auch schöner; außerdem garantieren sie mehr Nachhaltigkeit. Eine weitere Möglichkeit in der Umgebung von Cuzco ist die spektakuläre sechstägige Wanderung rund um den als heilig verehrten Ausangate (6372 m), bei dem Passhöhen von 5000 m erklommen werden müssen; unterwegs passiert man riesige Herden von Alpakas und kleine Weiler, die seit Jahrhunderten jeder Veränderung getrotzt haben.

Gleich mehrere andere Touren führen ebenfalls entlang alter Inka-Pfade, darunter in Ecuador der weniger bekannte Inka-Trail nach Ingapirca. Und zahlreiche Wanderwege verlaufen auf alten Inka-Routen durch Boliviens Cordilleras zu den Yungas. Ecuador bietet zudem inmitten seiner Vulkangipfel unvergessliche Wanderungen.

Auch in Brasilien warten viele interessante Wanderstrecken, sowohl in den nationalen und staatlichen Parks wie auch entlang der Küste. In Bahia bietet der Parque Nacional da Chapada Diamantina Gelegenheit für spektakuläre Tageswanderungen wie auch für mehrtägige Touren; Lençóis ist ein guter Ausgangspunkt. Weitere Highlights sind die Parks rund um Cambará do Sul, in der Chapada dos Guimarães und der Chapada Veadeiros.

Kolumbien bietet einige hervorragende Trekking-Möglichkeiten. Wer lieber Tageswanderungen unternehmen möchte, findet gute Strecken vor, von denen die meisten – etwa an der Laguna Verde und im Valle de Cocora – ohne Begleitung eines Führer angegangen werden können. Kolumbiens Parque Nacional El Cocuy ist ideal für tolle Tageswanderungen.

Die Nationalparks im Süden des Kontinents – u.a. in den Torres del Paine in Chile, im argentinischen Seengebiet und auch in Argentiniens stürmischem, aber spektakulärem Fitz-Roy-Massiv – sind großartige Wandergebiete mit ausgezeichneten Wegen, die zudem gut erreichbar sind. Und wer gern abseits ausgetretener Pfade unterwegs ist, für den hält der Norden Patagoniens in Chile einige ausgezeichnete Touren bereit.

Weniger bekannte Bergketten wie Kolumbiens Sierra Nevada de Santa Marta (wegen der Ciudad Perdida) sind ebenfalls interessant.

Top-Wanderziele

Peru Die wichtigsten Trekking-Zentren sind Cuzco und Arequipa im Süden der Anden sowie Huaraz im Norden. Wanderer werden rund um Perus archäologische Ausgrabungen zahlreiche leicht zugängliche Wege finden, die auch die Ziele für eher anspruchsvolle Trekkings sind. Von Arequipa aus kann man in einige der tiefsten Schluchten der Welt hinabsteigen: in die berühmten Cañón del Colca und Cañón del Cotahuasi. Kaum zu überbieten, was Ausblicke auf felsige, schneebedeckte Bergspitzen angeht, ist die Cordillera Blanca bei Huaraz. Die entlegene und raue Cordillera Huayhuash ist ähnlich atemberaubend. Eine klassische und beliebte Trekking-Route ist die viertägige Tour, die von Llanganuco nach Santa Cruz führt, wo die Härteren unter den Bergsteigern den 4760 m hohen und von Eis bedeckten Gipfeln eingerahmten Punta Union Pass erklettern.

Argentinien Im Seengebiet gibt es in mehreren Nationalparks, u. a. in Nahuel Huapi und in Lanín, einige hervorragende, ein- bis mehrtägige Wanderrouten. El Bolsón ist ein ausgezeichneter Ausgangspunkt für Wanderungen in Patagonien, sowohl für Touren durch die Wälder außerhalb der Stadt als auch für solche im nahe gelegenen Parque Nacional Lago Puelo. Im Parque Nacional Los Glaciares gibt's wunderbare Wandergebiete auf dem und um das Fitz-Roy-Massiv. Als Basis empfiehlt sich El Chaltén, wo man notfalls auch die Stürme aussitzen kann.

Chile Für geradezu epische Wandererfahrungen führt am Parque Nacional Torres del Paine in Patagonien kein Weg vorbei. Die atemberaubende Tour im Tierra del Fuego Dientes de Navarino bietet Ehrfurcht gebietende Isolation, ist aber schwieriger zu erreichen. Auch in anderen Teilen Chiles gibt es spektakuläre Wandermöglichkeiten. Von Santiago aus kann man zu eine Wanderung durch einige der höchsten Berge der Welt außerhalb Asiens aufbrechen. In Mittelchile gibt es viele beeindruckende Trekking-Strecken abseits klassischer Touristenpfade, ebenso wie im Gebiet der Seen und Vulkane, wo man Vulkane besteigen und durch die dichten Valdivanischen Nebelwälder wandern kann.

Kolumbien Die schweißtreibende, mehrtägige Wanderung an der Karbikküste zur Ciudad Perdida (Verlorene Stadt) führt durch den Dschungel und hüfthohe Flüsse. Im Parque Nacional Natural (PNN) El Cocuy umgeben den Wanderer ein Dutzend Fünftausender und phänomenale Höhenlandschaften. Der PNN Tayrona bietet zugängliche, kurze Wanderungen durch tropischen Trockenwald mit der Möglichkeit zum Essen, Trinken und Baden.

Ecuador In der Nähe des spektakulären Kratersees von Quilotoa gibt's einige ausgezeichnete Wanderrouten, u. a. auch von Dorf zu Dorf und mit der Option, ein paar Abkürzungen durch Höhenschluchten zu nehmen. Eine ausgezeichnete Strecke für einen Trip per pedes und auf eigene Faust führt von Quilotoa nach Isinlivi; übernachtet wird unterwegs in Chugchilán.

VORBEREITUNG IST ALLES

Viele Routen in Südamerika sind entweder nur unzureichend oder überhaupt nicht markiert. Wanderer sollten immer vor dem Start Erkundigungen einholen, da die Navigation oft ein wichtiger Faktor ist (viele Traveller sind leider schlecht vorbereitet). In puncto Ausrüstung sollte man auf gute und sichere Qualität achten – das gilt nicht zuletzt für Bergsteiger. Auch im Sommer kann es in den Anden zu extremen Temperaturschwankungen kommen. Sommerschlafsäcke und eine Ausrüstung, die nicht wasser- und wetterbeständig ist, werden nicht ausreichen!

Wildbeobachtungen

Die Zahl der großen und kleinen Kreaturen erreicht auf dem Kontinent der Nebelwälder, der Anden und des Amazonas-Regenwalds epische Ausmaße. Ob man nun ein begeisterter Hobbyornithologe ist oder einfach nur Affen in der Wildnis beobachten will, Südamerika ist nur schwer zu toppen. Die Artenvielfalt ist schlicht atemberaubend.

In Brasilien gibt es hervorragende Ziele fürs Wildlife Watching. In Amazonien sind Lodges perfekte Standorte, um nach Tukanen, Faultieren, Flussdelfinen und Affen Ausschau zu halten. Im Pantanal, einem großflächigen Feuchtgebiet, das sich bis nach Bolivien und Paraguay erstreckt, sind die Chancen sogar noch größer, noch mehr Tierarten als im Amazonasgebiet zu Gesicht zu bekommen.

Apropos Bolivien: Der Parque Nacional Madidi ist die Heimat von über 1000 Vogelarten und von Wildtieren, die in den meisten bolivianischen Ökosystemen endemisch sind, sei es tropischer Regenwald, die Savanne, Nebelwälder oder in der alpinen Tundra. Agenturen, die oft von Wissenschaftlern oder Umweltschützern geleitet werden, organisieren Ausflüge von Santa Cruz, Cochabamba, Samaipata und, seltener, von La Paz aus.

Auch Peru verfügt über eine spektakuläre Vielfalt an Pflanzen und Tieren. Im weitläufigen Parque Nacional Manu leben Jaguare, Tapire und Affen in einem der unberührtesten Regenwaldreservate des Kontinents. Vor Perus Südküste bewohnen Kolonien lärmender Seelöwen und Pinguine die felsigen Islas Ballestas.

Mit mehr als 1900 Vogelarten hat Kolumbien die größte Vielfalt der Erde. Und auch was die Zahl endemischer Arten angeht, kann es problemlos mit Peru und Brasilien konkurrieren. Die Anden sind Heimat zahlreicher Kolibris (mehr als 160 Arten); der Urwald Amazoniens ist voller Tukane, Papageien und Aras; und der Parque Nacional Natural (PNN) Puracé in der Nähe von Popayán ist die Heimat des Kondors. *Der* Ort, um in Kolumbien Vögel zu beobachten, ist der Montezuma Peak, der sich im Parque Nacional Natural (PNN) Tatamá in den Cordillera Occidental befindet.

Auch das vergleichsweise kleine Ecuador besitzt eine erstaunlich vielfältige Fauna. Ornithologen sollten sich die Nebelwälder um Mindo vornehmen. Die Region des unteren Río Napo im Amazonasgebiet wartet mit einer noch größeren Biodiversität auf. Und die Galápagosinseln sind natürlich in jeder Hinsicht außergewöhnlich.

FEDOR SELIVANOV/SHUTTERSTOCK ©

Tukan, Amazonas

Mountainbiken

Von gemütlichen Fahrten durch landschaftlich bezaubernde Tiefebenen bis hin zu halsbrecherischen Abfahrten über die Hänge schwelender Vulkane – in Südamerika warten einige ziemlich spannende Ziele auf Mountainbiker. Die Anden sind gesegnet mit einigen der spektakulärsten Mountainbike-Gebiete der Welt. Der Zugang zu Gebirgen, herrlichen Seen, präkolumbischen Ruinen und Trails ist relativ unkompliziert, unzählige Ökozonen sind durch Pfade und Pisten für Geländewagen gut erschlossen. Leih-Mountainbikes gibt's reichlich, deren Qualität weist große Unterschiede auf. Insbesondere vor Downhills sollte man die wichtigsten Komponenten – Bremsen, Reifen und Schaltwerk – gründlich inspizieren. Wer längere und/oder mehrtägige Touren plant, ist besser beraten, sein eigenes Rad mitzubringen.

Peru An wunderbarem Terrain herrscht kein Mangel. Außerhalb von Huaraz, Arequipa und sogar Lima gibt's Single-Track-Trails für Mountainbiker aller Leistungsstufen (von Greenhorn bis Crack). Für erfahrene Mountainbiker gibt's rund ums Sacred Valley, das Heilige Tal der Inka, fantastische Strecken, auch Downhills in den Urwald Amazoniens. Der Start erfolgt stets in Cuzco. Einfachere Touren wie etwa durch das Weinanbaugebiet rund um Lunahuaná und in den Cañón del Colca beginnen in Chivay.

Kolumbien Die beliebtesten Mountainbike-Strecken von Kolumbien befinden sich in San Gil und in Villa de Leyva; dort gibt es auch mehrere Adventure-Veranstalter und Fahrrad-Verleiher, die ihren Beitrag zum Adrenalinrausch der Biker leisten.

Bolivien Eine der längsten Abfahrten der Welt führt vom Parque Nacional Sajama bis runter zur

Rio de Janeiro (S. 326), Brasilien

chilenischen Küste in Arica. Berühmter ist allerdings der Thrill auf der „World's Most Dangerous Road", also der gefährlichsten Straße der Welt, von La Cumbre nach Coroico; auf der Abfahrt geht es fast 3600 Höhenmeter hinunter! Eine ebenfalls beliebte Route in der Nähe von La Paz führt durch das üppige Zongo-Tal und startet am Chacaltaya (5395 m).

Chile Ein von Mountainbikern favorisiertes Ziel im Norden ist San Pedro de Atacama. Großartige Touren durchs Seengebiet führen in unberührte Gebiete (die nur eingeschränkt durch öffentliche Verkehrsmittel erschlossen sind). Der neue Radweg rund um den Lago Llanquihue ist sehr beliebt, ebenso die Ojos-de-Caburgua-Rundroute bei Pucón. Im Süden ist die Carrtera Austral nach wie vor eines der beliebtesten Ziele Südamerikas für Fahrradfahrer. Von Dezember bis März ist die Straße voll mit Radfahrern.

Argentinien An den Mountainbike-Hot-Spots kann man Räder für Tagestouren mieten, auf eigene Faust oder geführt. Gute Ausgangspunkte sind im Seengebiet San Martin de los Andes, Villa la Angostura, Bariloche und El Bolsón, in Patagonien Esquel, in der Provinz Mendoza die gleichnamige Stadt und Uspallata, Barreal in der Provinz San Juan, im Nordwesten der Anden Tilcara sowie Tandil in der Provinz La Pampa.

Ecuador Für Adrenalinjunkies dürften die Abfahrten über die Flanken des Cotopaxi und des Chimborazo kaum zu schlagen sein. Von Baños führt La Ruta de las Cascadas (der Highway der Wasserfälle) über 61 km meist bergab nach Puyo. Unterwegs kann man sich in den namengebenden Wasserfällen erfrischen.

Bergsteigen

Auf dem Kontinent mit der längsten Gebirgskette der Welt sind die Klettermöglichkeiten nahezu unbegrenzt. Ecuadors Vulkane, die hohen Gipfel der peruanischen Cordillera Blanca und Cordillera Huayhuash, Boliviens Cordillera Real und der argentinische Aconcagua (6960 m; der höchste Gipfel der westlichen Hemisphäre) bieten Bergsteigern großartige Routen. Ein sehr beliebtes Kletterziel ist das Fitz-Roy-Massiv; der Cerro Torre gilt als einer der schwierigsten Gipfel der Welt. Und die Berge des Parque Nacional Nahuel Huapi bieten Spaß für Bergsteiger aller Leistungsklassen.

Die Anden sind ein Traum für Bergsteiger, inbesondere in den Provinzen San

Juan und Mendoza, in denen einige der höchsten Gipfel der westlichen Hemisphäre in den Himmel ragen. Während der Aconcagua der berühmteste ist, gibt es doch jede Menge andere, die interessanter und technisch anspruchsvoller sind. In der Nähe von Barreal bietet die Cordón de la Ramada fünf Sechstausender, darunter den gewaltigen Cerro Mercedario, dessen Gipfel auf 6770 m liegt. Die Region ist weniger dicht besiedelt als diejenige rund um den Aconcagua und wartet mit kniffligeren Routen auf, weshalb sie von vielen Kletterern bevorzugt wird. Die majestätische Cordillera de Ansilta, deren sieben Gipfel eine Höhe zwischen 5130 m und 5885 m erreichen, erstrecken sich ebenfalls in der Nähe.

Surfen

In Südamerika ist Brasilien sicher das bekannteste Ziel für Surfer, großartige Brandung gibt es in der Nähe von Rio und im Südosten sowie entlang der Küste von Santa Catarina bis São Luís. Surftrips nach Fernando de Noronha versprechen spektakuläre Momente, sind aber kein billiges Vergnügen.

In Peru finden die nationalen Meisterschaften an der Punta Rocas und am Pico Alto statt, einem Kamikaze-Break mit einigen der größten Wellen des Landes – eine Nummer nur für echte Cracks! Aber auch Perus Nordküste bietet eine ganze Reihe ausgezeichneter Surfspots. Am berühmteste ist sicher Puerto Chicama, wo Rides von mehr als 2 km möglich sind; es ist der wohl längste Lefthander der Welt.

Dank einer ganzen Reihe von Breaks entlang der ewig langen Pazifikküste kann Chile mit einer beachtlichen Surferkultur aufwarten, vor allem im mittleren und nördlichen Teil des Landes. Matanzas steht bei Surfern (vor allem Windsurfern) hoch im Kurs – Neoprenanzug nicht vergessen! Mit großen Breaks und langen Lefthandern gilt Pichilemu als Surferhauptstadt Chiles und ist dementsprechend der Ausrichter der nationalen Meisterschaft: Die Wellenreiter pilgern zum perfekten Left Break an der Punta de Lobos, während Anfänger sich unweit von hier in La Puntilla austoben können. Die Küstenstraße Ruta 1 (RN1) ist ebenfalls von Surfspots gesäumt.

Ecuadors beste Wellen brechen vor der Isla San Cristóbal der Galápagosinseln. Auf dem Festland bietet Montañita einen mächtigen Reef Break mit großartigen Tubes.

Ebenfalls gute Wellen gibt's bei Mar del Plata (Argentinien) und in Uruguay. In Venezuela gibt's tolle Kitesurfspots in Adicora und in Margarita.

Gleitschirm- & Drachenfliegen

Gleitschirm- und Drachenfliegen haben ihre Anhänger. Zu den Top-Zielen gehören Iquique (Chile), La Paz (Bolivien) und Medellín, San Gil und Bucaramanga (Kolumbien). Sogar in manchen Städten wie Miraflores in Lima und Pedra Bonita in Rio de Janeiro gibt's die Möglichkeit, sich in die Lüfte zu erheben.

Rafting

Ungezähmte Flüsse gibt's auf dem ganzen Kontinent. Sie liegen oft in spektakulärer Umgebung, winden sich durch tiefe Schluchten oder stürzen über Stromschnellen der Kategorie IV durch den Urwald.

Weltklasse-Rafting und -Kajaktrips warten in Ecuador. Auf einigen Flüssen reihen sich auf bis zu 100 km Länge raue Stromschnellen der Kategorien III und IV aneinander, bevor die Wasserläufe schließlich ruhiger werden und von den Anden entweder zum Pazifik oder ins Amazonasbecken fließen. Tena ist mit zwei der bekanntesten Flüsse des Landes vor der Haustür, dem Oberlauf des Río Napo (Kategorie III+) und dem Río Misahuallí (Kategorie IV+), das Rafting-Mekka von Ecuador.

Der Reichtum an malerischen Flüssen, Seen, Fjorden und Buchten macht den Süden Chiles zu einem Traumziel. Chiles Flüsse, die durch enge Schluchten der Anden toben, sind Weltklasse. Der Rio Futaleufú (Kategorie IV–V) im Norden Patagoniens bietet unvergessliche Erlebnisse. Zu den technisch nicht ganz so anspruchsvollen Revieren gehören die Flüsse außerhalb von Pucón und der schöne Rio Petrohué in der Nähe von Puerto Varas sowie der Río Simpson und der Río Baker in der Region Aisén. In der Nähe von Santiago bietet der

Oben: Futaleufú (S. 582), Chile

Unten: Iquique (S. 531), Chile

Cajón del Maipo ein zahmes, nicht weniger schönes Rafting-Erlebnis.

In Peru ist Cuzco das vielfältigste Raftingziel. Ob einige ruhige Stunden auf dem Urubamba, Adrenalinräusche auf dem Santa Teresa oder mehrtägige Trips auf dem Rio Apurímac (der genau genommen der Quellfluss des Amazonas ist) – für jeden ist das Passende dabei. Auf dem Tambopata stürzt man an der Ostflanke der Anden (Juni–Okt.) ins Tal hinunter und schwebt anschließend ein paar Tage lang auf dem Wasser durch unberührten Regenwald. Wildwasserspaß bieten auch der Río Cañete südlich von Lima und die Schluchten um Arequipa in Peru.

In Argentinien sind es einige Flüsse rund um Bariloche und Mendoza wert, sich nass zu machen. In Kolumbien steht der Río Suárez in der Nähe von San Gil für eine recht anständige Fahrt zur Verfügung.

Skifahren & Snowboarden

Pulverschneefanatiker dürfen sich freuen! Von Juni bis September bieten Weltklasse-Skigebiete in den chilenischen und argentinischen Anden unzählige Möglichkeiten zum Skifahren und Snowboarden. Hoffnung auf echte Schnäppchen sollte man sich keine machen, die Preise orientieren sich an der Qualität der Gebiete.

Die meisten Skigebiete in Chile liegen maximal eine Autostunde von Santiago entfernt, darunter das familienorientierte Gebiet La Parva, die für Anfänger wie Cracks geeigneten Pisten von El Colorado sowie das Valle Nevado, das viel Auslauf und renommiertes Heliskiing bietet. Das legendäre Portillo, Ort mit diversen Geschwindigkeitsrekorden und Sommertrainingsbasis für viele Skiprofis aus Europa und den USA, liegt nordöstlich von Santiago in der Nähe des Grenzübergangs nach Mendoza in Argentinien.

Termas de Chillán liegt östlich von Chillán und ist ein legerer Ort mit mehreren Pisten für Anfänger, während der Parque Nacional Villarrica in der Nähe von Pucón den zusätzlichen Nervenkitzel bietet, an den Hängen eines rauchenden Vulkans Ski zu fahren. Im Skigebiet Corralco am Volcán Lonquimay kommen sowohl Anfänger als auch Könner auf ihre Kosten, außerdem sind von hier aus gute Tou-

NOCH MEHR ABENTEUER

Es gibt kaum etwas, das es in Südamerika nicht gibt. Ob man über den Regenwald hinweggleiten oder auf einem Board riesige Sanddünen hinabdüsen will – hier ist's möglich.

Sandboarden Wem es nichts ausmacht, anschließend Sand an Stellen zu finden, von denen er vorher nicht einmal ahnte, dass es sie gibt, der sollte sich in Chile in San Pedro de Atacama oder in Iquique ins Vergnügen stürzen. In Peru kann man sich rund um Nazca Boards unter die Füße schnallen.

Walbeobachtung Mit einer Population von jährlich rund 400 Buckelwalen gilt Puerto López (Ecuador) als eine der bedeutendsten Kinderstuben der Meeressäuger. Zahlreiche Bootsanbieter durchschippern von Juni bis September die Gewässer.

Drachenfliegen Der zehnminütige Flug vom Pedra Bonita zum Strand von Rio de Janeiro ist pure Magie (oder, je nach Perspektive, blanker Terror).

Reiten In San Agustín (Kolumbien) kann man durch atemberaubende Landschaft reiten und dabei präkolumbische Stätte bestaunen.

Hundeschlittenfahren Man kann erst dann sagen, im Leben alles erlebt zu haben, wenn man eine Fahrt im Hundeschlitten ausprobiert hat. Argentinien ist ein großartiges Land, um sich auf dieses ganz besondere Abenteuer einzulassen. Anbieter gibt's in der Nähe von Caviahue, San Martín de los Andes und Ushuaia.

Strandsegeln In der Nähe von Barreal (Argentinien) kann man sich in einem wendigem Gefährt im Schatten der Andengipfel vom Wind über einen ausgetrockneten See treiben lassen.

Valle Nevado (S. 499), Chile

ren ins Hinterland möglich. Östlich von Osorno bieten die beiden Vulkane Osorno und Antillanca Pisten mit fantastischer Aussicht.

Argentinien hat drei große Wintersportzentren: Mendoza, das Seengebiet und Ushuaia. Mendoza liegt in der Nähe des vielleicht besten argentinischen Skigebiets, Las Leñas, das mit den großartigsten Schneeverhältnissen und längsten Abfahrten lockt. Ebenfalls in der Nähe liegt Los Penitente. Im Seengebiet gibt's mehrere kleinere Skigebiete, u. a. am Cerro Catedral in der Nähe von Bariloche und am Cerro Chapelco in der Nähe von San Martin de los Andes.

Südamerika im Überblick

Südamerika – das sind 13 Länder, die mit atemberaubenden Natur- und Kulturwundern aufwarten. Die Herausforderung ist, sich zu entscheiden, was man zuerst besichtigt. Peru, Bolivien, Ecuador und Kolumbien bieten erschwingliche Abenteuer: die Andengipfel erklimmen, durch Nebelwälder wandern und Dörfer besuchen. Brasilien ist das Land der Traumstrände, des Nachtlebens und der unvergesslichen Ausflüge – ob mit dem Kanu auf dem Amazonas oder mit dem Strandbuggy durch den Nordosten. Chile und Argentinien warten mit tollem Hochland, malerischen Küsten und der schroffen Wildnis Patagoniens auf. Und wer gern abseits ausgetretener Touristenpfade unterwegs ist, kann den Urwald der Guyanas erforschen. Überall auf dem Kontinent finden sich Kolonialstädte und abgelegene Küstendörfchen – genau das Richtige zum Erholen nach ein paar Tagen (oder Wochen) der Erkundung von Südamerikas unglaublichen Attraktionen.

Argentinien

Großstädte
Landschaft
Outdoor

Urbane Reize

Buenos Aires ist eine Metropole voller Tangolokale, altmodischer Cafés und hipper Boutiquen. Córdoba hat eine blühende Kunstszene, während Mendoza *das* Ziel für Abenteurer ist.

Naturwunder

Der Moreno-Gletscher ist der Wahnsinn. Auf und vor der Halbinsel Valdes tummeln sich Wale, Pinguine und andere Wildtiere. Und dann wären da noch die Felsformationen der Quebrada de Humahuaca und die majestätischen Iguazú-Fälle!

Outdoor-Aktivitäten

In Patagonien, rund um Mendoza und im Seengebiet kann man hervorragend wandern, bei Bariloche und Mendoza Rafting ausprobieren und in Las Leñas, Cerro Castor und Cerro Catedral klasse Ski fahren.

S. 62

Bolivien

Landschaft
Trekking
Tierwelt

Tolle Aussicht

Wer durch diese abgelegene Wildnis reist, kann die größte Salzwüste der Welt, Felsformationen, Täler voller Kakteen, Vulkane, schillernde Seen und den unendlich scheinenden Himmel bewundern.

Inka-Pfade

Um auf den Spuren der Inka zu wandeln, folgt man am besten ihren alten Wegen, die durch nebelige Täler und weite Wildnis führen. Ob man nun einen oder mehrere Tage unterwegs ist – Wandern lohnt sich!

In die Wildnis

Natur pur – kein Wunder, dass Bolivien ein Lieblingsziel von Naturliebhabern ist! Viele große Nationalparks und Naturschutzgebiete schützen (bis zu einem gewissen Grad) endemische und vom Aussterben bedrohte Arten.

S. 213

Brasilien

Strände
Tierwelt
Kultur

Bezaubernde Küste

Seinem Ruf, ein Paradies zu sein, wird Brasilien gerecht: mit fast 7500 km palmengesäumter, herrlicher Küstenlinie. Fernando de Noronha, Bahia und Ceará sind tolle Beispiele.

Unübertroffene Artenvielfalt

Das Land mit der größten Artenvielfalt der Welt beheimatet eine unfassbar große und vielfältige Fauna. In besonderem Maße gilt dies für das Amazonasgebiet und das Pantanal – aber auch sonst ist die Tierwelt umwerfend, von Bonito bis Belém.

Schmelztiegel

Portugiesen, Japaner, Afrikaner, Araber, europäische Immigranten und die indigene Bevölkerung: Brasilien ist ein wahrer Schmelztiegel. *Isso é Brasil* – das ist Brasilien!

S. 322

Chile

Outdoor
Landschaft
Wein & Pisco

Wandern in Patagonien

Wind, Regen, rustikale *refugios* und eindrucksvolle Landschaften – die klassische „W"-Route im Parque Nacional Torres del Paine ist ein unvergessliches Abenteuer.

Wüstenlandschaften

Die Atacama, die trockenste Wüste der Welt, ist ein außerirdisch anmutender Ort mit Salzhöhlen, Mondlandschaften und mächtigen Geysiren, umgeben von schneebedeckten Vulkanen.

Spirituosen (und Weine)

Chile streitet mit Peru um die Urheberschaft des *pisco.* Der Traubenbrand wird im Elqui Tal hergestellt. Unbestreitbar Chiles Verdienst ist es, den Carménère berühmt gemacht zu haben, einen vollmundigen Rotwein.

S. 478

Ecuador

Architektur
Landschaft
Ökotourismus

Kunst

Die kolonialen Zentren von Quito und Cuenca strotzen vor architektonischen Schätzen. In Quito und Guayaquil sind präkolumbische Kunst und die modernen Arbeiten von Oswaldo Guayasamín zu sehen.

Traumlandschaften

In Urwald-Lodges schnuppert man Amazonas-Luft, am Quilotoa die Höhenluft der Anden. Einfach atemberaubend sind die Galápagosinseln – sofern es die Reisekasse erlaubt, sollte man unbedingt hinfahren.

Outdoor-Erlebnisse

Klettern in den Anden (z.B. am Cotopaxi), Downhill-Mountainbiken (u.a. vom Chimborazo), Ökotouren in den Nebelwäldern von Mindo und Rafting bei Tena – welch ein Paradies für aktive Naturfreunde.

S. 616

Französisch-Guayana

Geschichte
Essen
Tierwelt

Gespenstische Gefängnisse

Von 1852 bis 1938 kamen ca. 70 000 Häftlinge aus Frankreich nach Französisch-Guayana. Heute verschluckt der Urwald die Gefängnisse; besonders interessant sind die auf der Îles du Salut.

Aromenvielfalt

Afrikanische, vietnamesische, französische, indonesische und brasilianische Einflüsse, heimische Gewürze und frische Zutaten ergeben die spannendste Küche Südamerikas.

Schildkröten, Vögel, Kaimane

Man kann bei einer Pirschfahrt im Kaw Nature Reserve nach Kaimanen und dem Scharlachsichler (Roten Ibis) Ausschau halten oder während der Schildkrötensaison an die Küste fahren, wo Schildkröten ihre Eier ablegen.

S. 729

Guyana

Tierwelt
Kultur
Architektur

Amazonas-Monster

Was Großes gefällig? Während man den größten Süßwasserfisch der Welt sucht, laufen einem auch Ameisenbären, Kaimane und anderes über den Weg. Das Beste: Die Tiere lassen sich nicht lange bitten.

Auf den Spuren der Ureinwohner

In den Rupununi-Savannen wandert man von einer Lodge zur nächsten, man beobachtet Vögel und lernt, mit Pfeil und Bogen zu schießen. Und nebenbei unterstützt man die Ureinwohner, da diese die Lodges betreiben.

Schmuckstücke

In Georgetown wurde nichts aufpoliert, aber genau das ist der Charme der Stadt. Die Windkühlung der Gebäude ist einfach genial, auch wenn man der Farbe beim Abblättern zusehen kann.

S. 749

Kolumbien

Landschaft
Outdoor
Kaffee

Naturschätze

Kolumbiens phänomenale Landschaften, von den gewaltigen Dünen bei Punta Gallinas bis zu den Gletschern des Nationalparks El Cocuy und den überfluteten Amazonaswäldern, bieten Stoff für eine ganz eigene Naturdokumentation eines jeden Reisenden.

Outdoor-Abenteuer

Die kleine Stadt San Gil ist der reinste Abenteuerspielplatz: Rafting, Klettern, Paragliding – das ist nur ein Bruchteil der Möglichkeiten, die sich in diesem Land Adrenalinjunkies bieten.

Schwarzes Gold

Auf den preisgekrönten Plantagen um Manizales und Armenia in der Zona Cafetera lernt man, wie man Kaffeebohnen pflückt und klassifiziert (und probiert das Endprodukt).

S. 771

Paraguay

Geschichte
Kultur
Tierwelt

Koloniale Relikte

Die Geschichte der Jesuiten in Südamerika begann und endete im Urwald Paraguays. Das soziale Experiment ist lange vorbei – die Kirchen der Jesuiten blieben als stumme Zeugen zurück.

Indigene Einflüsse

Die hiesige Kultur ist geprägt von korrupten Diktatoren, aber auch von einem starken indigenen Einfluss – der Kulturen-Cocktail macht das Land zu einem faszinierenden Ziel für Entdeckungen.

Biodiversität im Chaco

In Paraguays arider Region Chaco existiert eine vielfältige Tierwelt. Auch wenn die Landschaft unwirtlich daherkommt, ist dies der beste Ort, um große Tiere wie Tapire, Pumas und die bedrohten Chaco-Pekaris zu beobachten.

S. 881

Peru

Kultur
Ruinen
Landschaften

Indigene Kultur

In Peru findet man die Kultur nicht in einem Museum. Sie ist überall anzutreffen. Die Traditionen der indigenen Bevölkerung spiegeln sich in den religiösen und saisonalen Festen wider.

Zivilisation der Inka

Von der Inkastadt Machu Picchu hoch oben in den Wolken bis zur Festung von Kuélap im Nebelwald – Perus Ruinen sind berühmt, aber das bedeutet nicht gleich Massentourismus. Viele erreicht man über Wanderwege, die für sich schon einmalig sind.

Wandern

Von den Sandstränden der Küste über den Amazonas-Regenwald und verlassene Dörfer bis zu den Gipfeln der Cordillera Blanca bietet Peru einige der besten Trekking- und Wandermöglichkeiten der Welt.

S. 920

Suriname

Kultur
Tierwelt
Architektur

Marrons

Wer mit dem Boot den Oberlauf des Suriname hinunterfährt, sieht unzählige Lodges. Geführt werden sie von Marrons, die sich eine einzigartige Kultur bewahrt haben. Die Auswahl reicht von luxuriösen Bungalows bis zu Hängemattenplätzen.

Riesige Urwälder

Tief drinnen im Central Suriname Nature Reserve trifft man auf Affen, Vögel, Kaimane und vielleicht sogar auf einen Jaguar oder eine Harpyie.

UNESCO-Erbe

Paramaribos Welterbe-Viertel ist mit nichts in der Welt zu vergleichen. Baustile aus der niederländischen Kolonialzeit treffen dort auf eine Art Wilden Westen – und das alles wird noch interessanter durch die Farben und die Kultur der Karibik.

S. 1052

Uruguay

Strände
Architektur
Landschaften

Sonne, Sand & Surfen

Dank der über 300 km langen Küstenlinie muss man in Uruguay ziemlich sicher nicht frühmorgens schon mit dem Handtuch seinen Platz am Strand reservieren.

Kolonialer Reichtum

Die Colonia del Sacramento ist natürlich das Highlight, und auch Montevideos Altstadt hat viele Fans. Aber im Grunde findet man auf fast jeder Plaza im Land traumhaft schöne, von den Spaniern inspirierte Szenerien.

Im Landesinneren

Während sich Urlauber am Strand vergnügen, zieht es die Kenner ins Landesinnere von Uruguay. Die wunderschöne, sanft geschwungene Bergkulisse ist der Inbegriff für Abenteuer abseits ausgetretener Pfade.

S. 1071

Venezuela

Unzugänglich

Venezuela ist die Heimat einer reichen Tierwelt im Orinoco-Delta, bietet karibische Strände und farbenfrohe Kolonialdörfer – ganz zu schweigen von den höchsten Wasserfällen Südamerikas (Salto Ángel). Doch leider ist aus Sicherheitsgründen eine Reise hierher derzeit nicht zu empfehlen. Einheimische leiden unter dem grundlegenden Mangel an allem Möglichen, es fehlt an Nahrung, Gesundheitsfürsorge und Sicherheit. Als Traveller kommt man hier entsprechend schnell an seine Grenzen, zumal wenn man sich im Land nicht auskennt. Selbst Grenzregionen der Anreinerstaaten können problematisch sein. So haben z. B. Städte in Grenznähe Probleme, sich angemessen um die vielen Flüchtlingen aus Venezuela zu kümmern, die bei ihnen Schutz suchen.

S. 1109

Reiseziele in Südamerika

Argentinien

EW. 44 MIO.

Inhalt ➡

Gut essen

- Chirimoya (S. 136)
- Pistach' (S. 166)
- Crucoli Caffe (S. 144)
- Morphen (S. 165)

Schön übernachten

- Adventure Bed & Bike (S. 164)
- Portal del Sur (S. 75)
- Espacio Mundano (S. 135)
- Bonita Lake House (S. 167)

Auf nach Argentinien!

Mit seinen grandiosen Landschaften, den kosmopolitischen Städten und der lebendigen Kulturszene ist Argentinien ein Paradies für Traveller. Das Land erstreckt sich über fast 3500 km von Bolivien bis zur Spitze Südamerikas und umfasst vielfältige Landschaftsformen und Klimazonen. Naturliebhaber können die patagonische Steppe durchqueren, den höchsten Berg Südamerikas erklimmen und spektakuläre Wasserfälle bestaunen. Wanderer genießen die Szenerie des Seengebiets und schwärmen von der von Gletschern geformten Landschaft Patagoniens und den Andenwüsten. Stadtmenschen werden sich in Buenos Aires wohlfühlen, Designerklamotten kaufen, verschiedenste Speisen probieren und in Clubs die Nacht zum Tag machen.

Eigensinnig, intensiv und wunderschön; Argentinien ist bestechend verführerisch. Also nichts wie los und rein in ein unvergessliches Abenteuer!

Reisezeit

Buenos Aires

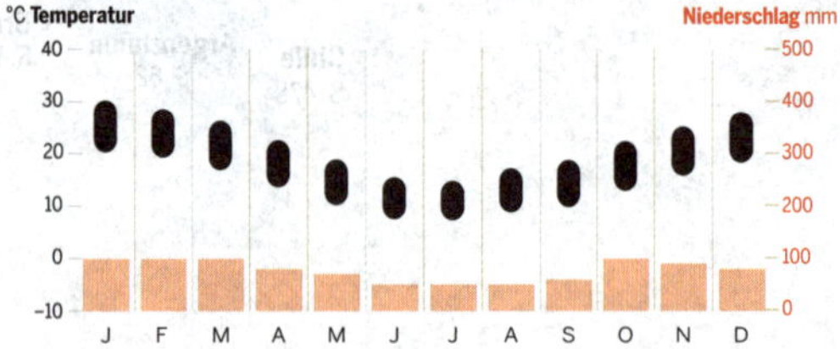

Dez.–Feb. Wärmere Temperaturen und längere Tage in Patagonien. Buenos Aires und der Norden sind heiß.

März–Mai & Sept.–Nov. Mildes Wetter lädt zu Touren nach Buenos Aires, dem Seengebiet und Mendoza ein.

Juni–Aug. Hauptskisaison. Beste Zeit, um die Strände im Norden zu besuchen.

Einreise

Buenos Aires ist per Flug mit den meisten anderen südamerikanischen Hauptstädten verbunden. Auf dem Landweg gibt es Grenzübergänge von den Nachbarländern Bolivien, Brasilien, Chile, Paraguay und Uruguay. Die Formalitäten an den Grenzen sind gut verständlich und problemlos, wenn alle persönlichen Dokumente in Ordnung sind. Wer auf dem Landweg oder per Flug nach Chile will, darf kein frisches Obst oder Gemüse, Milchprodukte oder Fleisch einführen. Wer es dennoch tut, riskiert gesalzene Geldstrafen!

REISEROUTE (VIER WOCHEN)

Nach ein paar Tagen in Buenos Aires geht es weiter nach Mendoza (zu Weinproben und Outdoor-Abenteuern) und Bariloche (wo man im Sommer wandern und im Winter skifahren kann). Wanderbegeisterte sollten sich vor allem in das patagonische Dorf El Chaltén aufmachen und bei der Gelegenheit auch den El Calafate besuchen.

Wer ganz Argentinien in einem Monat erkunden will, muss ab und zu fliegen. Man kann sich aber auch, je nach Jahreszeit, auf den Norden oder Süden konzentrieren. Zunächst verbringt man ein paar Tage in Buenos Aires. Die Wasserfälle von Iguazú verdienen immer ein paar Tage. In die Kolonialstadt Salta fährt man am besten zwischen April und November, während Córdoba, Mendoza und das Seengebiet ganzjährig reizvoll sind. In patagonischen Orten wie El Chaltén oder Ushuaia ist vieles von Juni bis August geschlossen (aber nicht die Skianlagen).

Essen & Trinken

Rindfleisch Argentinier grillen Steaks perfekt!

Wein Von Malbecs aus Mendoza zu Syrahs aus San Juan.

Mate Bei einer Tasse dieses Tees lernt man gut Leute kennen.

Dulce de leche Aus Milch und Zucker wurde die weltbeste Karamellsauce gezaubert.

Top-Tipps

- Inlandflüge bucht man am besten am Aeroparque Jorge Newbery – er ist näher am Zentrum und leichter erreichbar.
- Man sollte WhatsApp auf dem Smartphone haben, um besser mit Hotels und örtlichen Firmen zu kommunizieren.
- Patagonien ist sehr saisonabhängig: In der Nebensaison vorab checken, was offen ist und für den Fall von schlechtem Wetter zusätzliche Tage einplanen.
- So anziehen, dass man Buenos Aires zu Fuß erkunden kann.
- An Geldautomaten erhält man selten höhere Beträge. Vorab fragen, ob Hotels und Restaurants Kartenzahlung akzeptieren.
- An touristischen Orten auf dem Land sind die Geldautomaten besonders am Wochenende oft leer. Bargeld mitnehmen!

KURZINFOS

Geld Geldautomaten sind weit verbreitet; Kreditkartenzahlung ist in guten Hotels, Restaurants oder Läden möglich.

Hauptstadt Buenos Aires

Notruf 101

Sprache Spanisch

Visa Nicht erforderlich.

Währung Argentinischer Peso (AR$)

Zeit MEZ –4 Stunden

Wechselkurse

Eurozone	1 €	62,65 AR$
	10 AR$	0,16 €
Schweiz	1 SFr	57,68 AR$
	10 AR$	0,17 SFr

Aktuelle Wechselkurse gibt es unter www.xe.com.

Tagesbudget

- Schlafsaalbett: 15–22 US$; Doppelzimmer in Mittelklassehotel: 75–150 US$
- Preiswertes Hauptgericht: unter 11 US$; durchschnittlicher Preis für Essen mit 2 Gängen: 10–16 US$

Infos im Internet

Argentina Independent (www. argentinaindependent.com)

The Bubble (www.thebubble.com)

Ruta 0 (www.ruta0.com)

Pick up the Fork (http://pickupthefork.com)

Lonely Planet (www.lonelyplanet.de/reiseziele/argentinien/index-5556.html)

Highlights

1 Buenos Aires (S. 65) Essen, Shoppen, Tanzen und Party die ganze Nacht in Argentiniens mondäner Hauptstadt

2 Iguazú-Fälle (S. 116) Auf fast 3 km Länge den weltweit aufregendsten Wasserfall erleben

3 Cordoba (S. 118) Auf Entdeckungstour in Argentiniens zweitgrößter Stadt gehen, einem attraktiven Reiseziel mit alternativer Kultur

4 El Chaltén (S. 184) Wandern, Campen und außergewöhnliche Aussichten genießen

5 Bariloche (S. 167) Angeln, Skifahren, Wandern oder Wildwasserrafting inmitten atemberaubender Berge und Seen

6 Mendoza (S. 149) Weine von Weltklasse probieren und sich in Outdooraktivitäten stürzen

7 Parque Nacional Los Glaciares (S. 190) Den Perito-Moreno-Gletscher und seine Eisbrüche bestaunen

8 Península Valdés (S. 180) Ein Mekka um Wale, Seeelefanten und Pinguine zu beobachten

9 Quebrada de Humahuaca (S. 140) Ausblick auf wundervolle, lebendige und raue Bergketten voller Kakteen

BUENOS AIRES

☎011 / 13 MIO. EW. (GROSSRAUM BUENOS AIRES)

Es ist wahr, was so erzählt wird: Buenos Aires ist eine der spannendsten Städte Südamerikas, voller europäisch geprägter Bauten, stimmungsvoller Viertel und mit einem quirligen Nachtleben. Die leidenschaftlichen Einwohner der Stadt sind stolz und manchmal sogar etwas hochmütig, aber hat man sie erst einmal etwas kennengelernt, erweisen sie sich oft als sehr hilfsbereit.

Nach Argentiniens wirtschaftlichem Kollaps im Jahr 2002 rappelte sich Buenos Aires schnell wieder auf und leitete eine Renaissance ein, die heute noch anhält. Da das Ausland mit einem Mal viel zu teuer war, richteten die Argentinier ihre Energie aufs eigene Land – mit eindrucksvollen Resultaten: Noch immer schießen neue Restaurants, Boutiquen und Geschäfte aus dem Boden. Sie zielen nicht nur auf die Einheimischen und ihre Pesos ab, sondern auch auf ausländische Besucher, die harte Währung ins Land bringen.

Doch jede große Metropole hat auch ihre Schattenseiten. Sanierungsbedürftige Bürgersteige, allgegenwärtige Graffiti und dunkle Ecken – auch in den wohlhabendsten Vierteln – lassen erahnen, wie es in der Stadt zugeht. Hier gibt es Armut und Bettelei, und es liegt tiefe Melancholie in der Luft, genährt vom Wissen, dass der Reichtum des Landes nicht adäquat genutzt wird.

Aber: Nichts wie hinein in den verwirrenden Rummel dieser berauschenden Stadt, in die sich viele Besucher verlieben! Da wäre man nicht der Erste und nicht der Letzte…

Sehenswertes

Mitten in Buenos Aires befindet sich das *microcentro* mit vielen historischen Gebäuden und Museen. Nördlich davon liegen das wohlhabende Recoleta mit seinem berühmten Friedhof und Palermo mit zahlreichen Parks, tollen Restaurants und Bars. Weiter im Süden lebt die Arbeiterklasse, z.B. im Tango-Viertel San Telmo oder im kunterbunten „Raubein" La Boca. B.A. ist so vielseitig, dass es einen Tag und Nacht auf Trab halten kann.

Zentrum

Im *microcentro* von Buenos Aires stehen viele europäische Gebäude aus dem 19. Jh. Reisende, die etwas mehr Lateinamerika erwartet haben, wird das zunächst überraschen. Am meisten ist auf der verkehrsberuhigten Calle Florida los, auf der sich Geschäftsleute, Touristen, Lederhändler sowie Geldwechsler tummeln. Immer einen Besuch wert sind die Galerías Pacífico, eines der großartigsten Einkaufszentren in Buenos Aires – die Deckengemälde hier sind ein echter Hingucker.

Die Florida kreuzt die geschäftige Av Corrientes. Wer dieser Durchgangsstraße nach Westen folgt, überquert dabei die ultrabreite Av 9 de Julio (hier heißt es: rennen!). Dort sticht der unglaubliche, phallusartige *Obelisco* ins Auge, ein Wahrzeichen von Buenos Aires. Gleich dahinter liegt das traditionelle Theaterviertel der Stadt, in dem sich günstige Buchläden befinden.

Östlich des Zentrums liegt Puerto Madero, B.A.s jüngstes *barrio*. In dem renovierten Hafenviertel finden sich nette Fußgängerzonen, teure Lofts, trendige Restaurants und Bars sowie einige der teuersten Hotels der Stadt.

★ Plaza de Mayo PLÄTZE

(Karte S. 68; Ecke Av de Mayo & San Martín; Ⓢ Línea A Plaza de Mayo) Dieser zentrale Platz ist umgeben von Casa Rosada, Cabildo und der bedeutendsten Kathedrale der Stadt. Hier versammeln sich die Bürger, um lautstark zu protestieren oder ausgelassen zu feiern. Mitten auf dem Platz steht der weiße Obelisk **Pirámide de Mayo**, der zu Ehren des ersten Jahrestages der Unabhängigkeit von Spanien errichtet wurde.

Wer sich just an einem Donnerstag um halb vier nachmittags hier befindet, kann die sogenannten „Madres de la Plaza de Mayo" sehen. Sie versammeln sich, laufen um die Pyramide herum und halten dabei Fotos ihrer vermissten Kinder. Die Mütter von Kindern, die vom Staat zu Zeiten der Militärdiktatur (1976–1983) entführt wurden, erinnern mit ihren Märschen noch heute an die Geschichte und an andere Fälle sozialer Ungerechtigkeiten.

★ Casa Rosada GEBÄUDE

(Pink House; Karte S. 68; ☎011-4344-3804; https://visitas.casarosada.gob.ar; Plaza de Mayo; ⏲Touren auf Spanisch Sa & So 10–18, auf Englisch Sa & So 12.30 & 14.30 Uhr; Ⓢ Línea A Plaza de Mayo) GRATIS An der Ostseite der Plaza de Mayo befindet sich das Casa Rosada, das seinen Namen seiner auffälligen Fassadenfarbe verdankt. Von dessen Balkon aus hat Eva Perón ihre berühmt gewordene Rede an die leidenschaftlichen Fans gehalten, die sich so zahlreich auf dem Platz versammelt hatten. Das

Großraum Buenos Aires

Großraum Buenos Aires

Highlights
1 El Caminito D4
2 Museo Benito Quinquela Martín D4
3 Museo Nacional de Bellas Artes C2
4 Reserva Ecológica Costanera Sur D3

Sehenswertes
5 Fundación Proa D4
6 Museo de la Pasión Boquense D4
Museo Histórico Nacional .... (siehe 7)
7 Parque Lezama D4

Aktivitäten, Kurse & Touren
8 Parque Norte B1

Essen
Proa Cafe .... (siehe 5)

Ausgehen & Nachtleben
9 Doppelgänger C4
On Tap .... (siehe 10)

Unterhaltung
10 Centro Cultural Torquato Tasso C4
11 El Monumental A1
12 Stadion La Bombonera D4
13 Usina del Arte D4

Gebäude ist Sitz des argentinischen Präsidenten, wohingegen sein Wohnsitz in Olivos, im nördlichen Randgebiet der Metropole liegt. Am Wochenende kann man in den Genuss von kostenlosen Touristentouren kommen. Diese müssen vorab online gebucht werden und ein Ausweis ist erforderlich.

Museo Casa Rosada MUSEUM
(Karte S. 68; ☎ 011-4344-3802; Ecke Av Paseo Colón & Hipólito Yrigoyen; ⏲ Mi–So 10–18 Uhr; Ⓢ Línea A Plaza de Mayo) GRATIS Ein unübersehbares Glasdach ist das Wahrzeichen des hellen und offenen Museums, das sich innerhalb des steinernen, ehemaligen Zollamts

(*aduana*) befindet. Weiter im Inneren des Museums befinden sich Dutzende Zimmer: ein jedes widmet sich einer bestimmten Ära der bewegten politischen Geschichte des Landes. Die Besucher können sich spanische Videos sowie ein paar Kunstobjekte ansehen. Zudem wurden beeindruckende Wandmalereien vom mexikanischen Künstler David Alfaro Siqueiros restauriert.

Catedral Metropolitana KATHEDRALE

(Karte S. 68; Eintritt Museum 40 AR$; ⏲ Mo–Fr 7.30–18.30, Sa & So 9–18.45 Uhr, Museum Mo–Fr 10–13.30 Uhr; Ⓢ Línea D Catedral) Diese festlich anmutende Kathedrale entstand auf dem Gelände der ursprünglichen Kolonialkirche und wurde erst 1827 fertiggestellt. Sie ist ein bedeutendes religiöses und architektonisches Wahrzeichen. Die neoklassizistische Fassade zeigt Säulen und ein Basrelief mit Jakob und Josef im dreieckigen Giebelfeld. Nicht minder beeindruckend ist der geräumige Innenraum mit barocken Details und einem eleganten Rokoko-Altar. Ein kleines Museum widmet sich der Geschichte der Kathedrale. Papst-Franziskus-Souvenirs findet man in dem kleinen Souvenirladen am Eingang.

Cabildo MUSEUM

(Karte S. 68; ☎ 011-4342-6729; https://cabildonacional.cultura.gob.ar; Bolívar 65; ⏲ Di, Mi & Fr 10.30–17, Do bis 20, Sa & So bis 18 Uhr; Ⓢ Línea A Perú) GRATIS Dieses Rathausgebäude stammt aus der Mitte des 18. Jhs. und dient heute als interessantes Museum, das vor allem die Revolution von Mai 1810 thematisiert, als Argentinien seine Unabhängigkeit erklärte. Die Ausstellungen illustrieren die Geschichte des Gebäudes in der Kolonialzeit (als es zugleich ein Gefängnis war) bis zur britischen Invasion von 1806/1807 und enden mit der Unabhängigkeit drei Jahre darauf. Die Aussicht auf die Plaza de Mayo vom Balkon im ersten Stock sollte man nicht verpassen.

★ Teatro Colón THEATER

(Karte S. 68; ☎ 011-4378-7100; www.teatrocolon.org.ar; Tucumán 1171, Cerrito 628; Führungen 500–600 AR$ 9–17 Uhr; Ⓢ Línea D Tribunales) Eines der berühmtesten Wahrzeichen der Stadt ist das prächtige siebenstöckige Gebäude. Buenos Aires' wichtigste Bühne für darstellende Kunst, Opern, Ballett und klassischer Musik von Weltklasseformat und mit erstaunlich guter Akustik. Das Colón, das einen ganzen Straßenblock einnimmt, bietet neben 2500 Sitzplätzen noch 500 Stehplätze an. Das Theater entfaltet seine wahre Schönheit im Inneren. Wer also keine Tickets für eine Aufführung bekommt, sollte sich für die lohnenden 50 Minuten-Touren hinter die Kulissen des Theaters anmelden.

★ Centro Cultural Kirchner KULTURZENTRUM

(Karte S. 68; ☎ 0800-333-9300; www.culturalkirchner.gob.ar; Sarmiento 151; ⏲ Mi–So 13–20 Uhr; Ⓢ Línea B Alem) GRATIS Das atemberaubende Kulturzentrum wurde nach Präsident Néstor Kirchner benannt, der 2005 selbst die Idee hatte aus der ehemaligen Hauptpost ein Kulturzentrum zu machen. Er starb 2010, also noch vor Fertigstellung des Gebäudes. In dem achtstöckigen Beaux-Arts-Gebäude, das einen kompletten Straßenblock einnimmt, gibt es zahlreiche Kunstgalerien, Veranstaltungssäle und Auditorien. Das Highlight ist allerdings der riesige Konzertsaal Ballena Azul mit 1800 Sitzplätzen und einer unglaublichen Akustik.

Colección de Arte Amalia Lacroze de Fortabat MUSEUM

(Museo Fortabat; Karte S. 68; ☎ 011-4310-6600; www.coleccionfortabat.org.ar; Olga Cossettini 141; Erw./Kind 100/50 AR$; ⏲ Di–So 12–20 Uhr, Führungen auf Spanisch 17 Uhr; Ⓢ Línea B Alem) Das bemerkenswerte Kunstmuseum in hervorstechender Lage am Nordende von Puerto Madero zeigt Werke aus der Sammlung der Milliardärin, Wohltäterin und Dame der Gesellschaft Amalia Lacroze de Fortabat. Es gibt Werke von Antonio Berni und Raúl Soldi, aber auch von internationalen Größen wie Dalí, Klimt, Rodin oder Chagall; sehenswert ist in der Familienporträtgalerie Warhols bunte Darstellung von Fortabat höchstpersönlich.

★ Reserva Ecológica Costanera Sur NATURSCHUTZGEBIET

(Karte S. 66; ☎ 011-4893-1588; visitasguiadas_recs@buenosaires.gob.ar; Av Tristán Achaval Rodríguez 1550; ⏲ Nov.–März Di–So 8–19 Uhr, April–Okt. bis 18 Uhr; 🚌 2) GRATIS Die schöne Sumpflandschaft in dem 350 ha großen Naturschutzgebiet ist zu einem beliebten Wochenendausflugsziel zum Picknicken, Wandern und Fahrradfahren geworden. Vogelfans sollten das Fernglas nicht vergessen, um über 300 Vogelarten zu entdecken. Zudem findet man Flussschildkröten, Leguane und Nutrias. An der Ostküste des Naturreservats kann man einen näheren Blick auf die sumpfigen Gewässer des Río de la Plata werfen.

Buenos Aires Zentrum

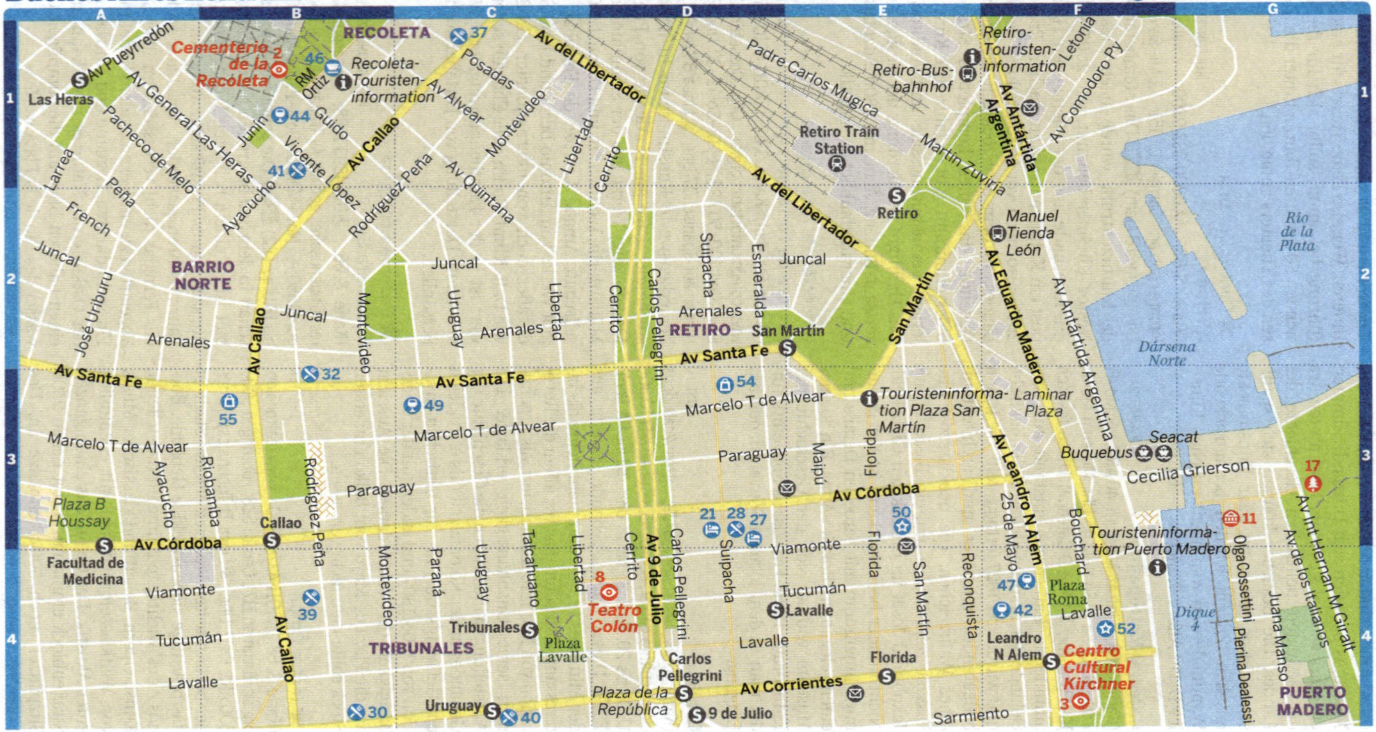

MICROCENTRO
LA CITY
MONTSERRAT
CONGRESO
SAN TELMO
CONSTITUCIÓN
Plaza de Mayo
Casa Rosada
Mercado de San Telmo
Plaza Dorrego
Feria de San Telmo
Plaza del Congreso
Parque Colón
Plaza Pr Juan D Perón
Plazoleta Olazábal
Iglesia San Pedro González Telmo
Touristen-stand
Reserva Ecológica Costanera Sur (Südeingang) (600 m)
Puente de la Mujer
Dique 1
Dique 2
Dique 3
Av Alicia Moreau de Justo
Av Ing Huergo
Av Eduardo Madero
Av Paseo Colón
Av Rosales
Av de la Rábida
Azopardo
Balcarce
Defensa
5 de Julio
Bolívar
Perú
Chacabuco
Piedras
Tacuarí
Bernardo de Irigoyen
Av 9 de Julio
Lima
Salta
Santiago del Estero
San José
Luis Sáenz Peña
Virrey Cevallos
Solís
Av Entre Ríos
Combate de los Pozos
Sarandí
Rincón
Pasco
Av Belgrano
Av Independencia
Av San Juan
Autopista 25 de Mayo
Av Julio Roca
Av de Mayo
Av Rivadavia
Hipólito Yrigoyen
Adolfo Alsina
Moreno
Venezuela
México
Chile
Estados Unidos
Carlos Calvo
Humberto Primo
Juana Manso
Olga Cossettini
Pierina Dealessi
R Vera Peñaloza
Macacha Güemes
Juan D Perón
Bartolomé Mitre
Florida
Maipú
Esmeralda
Diagonal Roque Sáenz Peña
Diagonal Norte
Carlos Pellegrini
Cerrito
Libertad
Talcahuano
Uruguay
Paraná
Montevideo
Rodríguez Peña
Riobamba
Ayacucho
Junín
Uriburu
Av Corrientes
Sarmiento
Paseo la Plaza
Callao
Pasteur
Catedral
Plaza de Mayo
Piedras
Avenida de Mayo
Sáenz Peña
Congreso
Belgrano
Independencia
San José
San Juan
5
6
7
8
A
B
C
D
E
F
G

Buenos Aires Zentrum

Highlights
1 Casa Rosada F5
2 Cementerio de la Recoleta B1
3 Centro Cultural Kirchner F4
4 Feria de San Telmo F8
5 Mercado de San Telmo E8
6 Plaza de Mayo F5
7 Plaza Dorrego F8
8 Teatro Colón D4

Sehenswertes
9 Cabildo E5
10 Catedral Metropolitana E5
11 Colección de Arte Amalia Lacroze de Fortabat G3
12 El Zanjón de Granados F7
13 Manzana de las Luces E6
14 Museo Casa Rosada F5
15 Museo de Arte Moderno de Buenos Aires F8
16 Palacio del Congreso B6
17 Reserva Ecológica Costanera Sur Northern Entrance G3

Aktivitäten, Kurse & Touren
Biking Buenos Aires .... (siehe 29)

Schlafen
18 América del Sur E7
19 Art Factory Hostel E7
20 Circus Hostel & Hotel E8
21 Goya Hotel D3
22 Hostel Estoril C5
23 Mansión Vitraux F8
24 Milhouse Youth Hostel D6
25 Patios de San Telmo E7
26 Portal del Sur D6
27 V & S Hostel Club D3

Essen
28 180 Burger Bar D3
29 Bar El Federal E8
30 Cadore B4
31 Chan Chan C6
32 Cumaná B3
33 El Banco Rojo E7
34 El Desnivel F7
35 El Refuerzo Bar Almacen E7
36 El Refuerzo Provisiones E8
37 El Sanjuanino C1
38 Latino Sandwich D6
39 Parrilla Peña B4
40 Pizzería Güerrín C4
41 Rodi Bar B1

Ausgehen & Nachtleben
42 Bahrein F4
43 Bar Plaza Dorrego F8
44 Buller Brewing Company B1
45 Café Tortoni D5
Coffee Town .... (siehe 5)
46 La Biela B1
47 La Cigale F4
48 La Puerta Roja E7
49 Milión C3

Unterhaltung
50 Centro Cultural Borges E3
51 Centro Cultural Ricardo Rojas A5
52 Luna Park F4
53 Maldita Milonga E7
Tango Queer .... (siehe 53)

Shoppen
54 Autoría D3
55 El Ateneo Grand Splendid B3

Es gibt auch einen **zweiten Eingang** (Karte S. 68; Ecke Mariquita Sánchez de Thompson & Av Intendente Hernán M Giralt; 92, 106) am anderen Ende der Costanera, an dem kostenlose Führungen auf Spanisch beginnen: Von November bis März, Samstags und Sonntags 9.30 oder um 16 Uhr. In der Zeit von April bis Oktober starten die Führungen samstags und sonntags um 10.30 und 15.30 Uhr. Für die kostenlosen Nachttouren, die an jeweils einem Freitag pro Monat angeboten werden, sollte man telefonisch nach einem aktuellen Zeitplan fragen und im Voraus buchen.

Manzana de las Luces GEBÄUDE
(Block der Erleuchtung; Karte S. 68; 011-4342-6973; Perú 222; Sa & So 10–19.30, Mo–Fr 14–20 Uhr; S Línea E Bolívar) GRATIS In der Kolonialzeit war der Manzana de las Luces genannte Häuserblock das wichtigste Kultur- und Bildungszentrum von Buenos Aires. Noch heute stehen die Gebäude für Bildung und Erleuchtung. Zwei der ehemals fünf Gebäude sind noch erhalten, ein Verteidigungstunnel der Jesuiten wurde 1912 entdeckt. Es gibt kostenlose Führungen auf Spanisch (Mo–Fr ab 14 Uhr), aber auch nur ein Blick auf den Hauptpatio im Inneren ist lohnend.

Palacio del Congreso GEBÄUDE
(Kongressgebäude; Karte S. 68; 011-2822-3000; www.senado.gov.ar/visitasguiadas; Hipólito Yrigoyen 1849; Führungen Mo, Di, Do & Fr 12.30 & 17 Uhr; S Línea A Congreso) GRATIS Das Palacio del Congreso mit seiner grünen Kuppel wurde 1906 fertiggestellt und entstand nach dem Vorbild des Kapitols in Washington, D.C. Die lohnenden Führungen durch das Senatorenzimmer, die Abgeordnetenkammer und die wundervolle Bibliothek des Kongresssaals mit seinen Walnussholz-Wänden gibt es auf Englisch und Spanisch. Die Führung zeigt auch

das rosafarbene Zimmer, in dem 1951 Frauen über Politik diskutierten. Ihre Aufzeichnungen wurden anschließend an einen männlichen Abgeordneten übergeben. Den Eingang findet man in der Hipólito Yrigoyen Avenue, vor dem Eintritt wird nach einem Ausweis mit Foto gefragt.

San Telmo

Eines der attraktivsten Viertel von Buenos Aires ist das charmante San Telmo mit seinen engen Kopfsteinpflastergassen und niedrigen Häusern aus der Kolonialzeit. Hier siedelten sich die ersten Einwanderer aus Europa an, die in die sogenannten *conventillos* (Mietshaus) zogen. Inmitten von Heimweh und den musikalischen Traditionen entstand die Tangomusik. Wer durch die Gassen schlendert, kann an jeder Ecke die Geschichte dieses Ortes spüren.

★ Plaza Dorrego PLATZ
(Karte S. 68; 24, 29, 111) Die Plaza Dorrego ist nach der Plaza de Mayo der zweitälteste Platz in der Stadt. Er stammt aus dem 18. Jh. und war ursprünglich ein Haltepunkt der Karawanen, die Vorräte aus ganz Argentinien nach Buenos Aires brachten. Anfang des 19. Jhs. hatte sich daraus ein öffentlicher, von Kolonialgebäuden gesäumter Platz entwickelt, der noch heute so erhalten und von einer wundervoll altmodischen Atmosphäre geprägt ist. Die hiesigen Cafés und Restaurants entführen einen auf eine Reise zurück in die Vergangenheit – falls man die Kaffeehausketten in der Nähe ignorieren kann.

★ Feria de San Telmo MARKT
(Karte S. 68; Defensa; So 10–18 Uhr; 10, 22, 29, 45, 86) Jeden Samstag wird San Telmos Hauptstraße für den Verkehr gesperrt, sodass Touristen und Einheimische Handwerksstände besuchen, frischen Orangensaft genießen, die am Plaza Dorrego ausgestellten antiken Glasfiguren bewundern oder der Musik unzähliger Straßenmusiker lauschen können. Der Markt zieht sich von der Avenida San Juan bis zur Plaza de Mayo. In den dichtgedrängten Menschenmengen sollte man gut auf seine Habseligkeiten aufpassen.

★ Mercado de San Telmo MARKT
(Karte S. 68; zw. Defensa & Bolívar, Carlos Calvo & Estados Unidos Block; 8–20.30 Uhr; S Línea C Independencia) Dieser Markt wurde 1897 von Juan Antonio Buschiazzo errichtet, einem Argentinier mit italienischen Wurzeln, der auch den Friedhof La Recoleta entworfen hat. Durch den eher bescheiden wirkenden Eingang würde man nicht erkennen, dass dieser Markt das Innere eines kompletten Stadtbezirks ist. Durch die schmiedeeiserne Architektur (besonders die noch original erhaltenen Decken) wird der Markt zu einem der charmantesten der Stadt. Die Einwohner kaufen hier frische Erzeugnisse und Fleisch. An Ständen im äußeren Bereich gibt es altertümliche Schätze zu erwerben.

El Zanjón de Granados ARCHÄOLOGISCHE STÄTTE
(Karte S. 68; 011 4361-3002; www.elzanjon.com.ar; Defensa 755; Führung 350 AR$; Führungen Mo–Fr 12, 14 & 15, So 11–17.30 Uhr alle 30 Min.; S Línea C Independencia) Diese erstaunliche archäologische Stätte gehört zu den eher ungewöhnlichen Sehenswürdigkeiten in Buenos Aires. Oberhalb eines Nebenflusses wurden ab 1730 mehrere Tunnel, Abwasserkanäle und Zisternen erbaut, auf deren Basis eine der ältesten Siedlungen von Buenos Aires entstand, die später zu einem Familienanwesen wurde und anschließend als Mietwohnraum und Läden genutzt wurde.

Museo de Arte Moderno de Buenos Aires MUSEUM
(MAMBA; Karte S. 68; 011-4361-6919; www.museodeartemoderno.buenosaires.gob.ar; Av San Juan 350; 30 AR$, Di frei; Di–Fr 11–19, Sa & So bis 20 Uhr; 29, 24, 111) In einem umgebauten alten Tabaklager zeigt dieses geräumige, mehrstöckige Museum Werke überwiegend argentinischer zeitgenössischer Künstler. Die Ausstellungen umfassen alles – von Fotos bis zu Industriedesign und von figurativer bis hin zu Konzeptkunst. Es gibt hier auch ein Auditorium und einen Souvenirladen.

Museo Histórico Nacional MUSEUM
(Karte S. 66; 011-4300-7530; https://museohistoriconacional.cultura.gob.ar; Defensa 1600; Mi–So 11–18 Uhr, Führungen auf English Do & Fr 12 Uhr; 29) GRATIS Das historische Nationalmuseum im **Parque Lezama** (Karte S. 66; Ecke Defensa & Av Brasil; 29, 24, 111) widmet sich vor allem der argentinischen Revolution vom 25. Mai 1810, geht aber auch bis in präkoloniale Zeiten zurück. Hier findet man mehrere Porträts von Präsidenten und anderen bedeutenden Persönlichkeiten dieser Zeit sowie das hübsch beleuchtete Generalszimmer. Einen Blick wert ist auch die Nachbildung des Schlafzimmers von José de San Martín, einem militärischen Helden im Freiheitskampf Argentiniens (und anderer südamerikanischer Länder).

La Boca

Das Arbeiterviertel La Boca kommt eher ungewöhnlich daher. Seine schimmernden Wellblechgebäude werden gern als Symbol für die ganze Stadt hergenommen; Die berühmte Fußgängermeile El Caminito ist voller Kunsthändler, Straßenkünstler und Tangotänzer, die alle auf ein paar Münzen der Passanten hoffen.

★ El Caminito — STRASSE

(Karte S. 66; Av Don Pedro de Mendoza, Nähe Del Valle Iberlucea; 🚌 33, 64, 29, 168, 53) GRATIS Die berühmteste Straße La Bocas wirkt wie ein Freiluftmuseum und ist ein echter Magnet für Besucher, die die farbenfroh bemalten Häuser sehen und Fotos der von den Balkonen grüßenden Figuren von Juan, Eva Perón, Che Guevara und Diego Maradona schießen möchten. Gern gesehen wird eine kleine Spende, wenn man Tangotänzer fotografiert oder Selfies mit anderen Darstellern möchte. Das klingt zwar wie eine Touristenfalle, sollte einen aber nicht abhalten.

Fundación Proa — GALERIE

(Karte S. 66; ☎011-4104-1000; www.proa.org; Av Don Pedro de Mendoza 1929; 80 AR$; ⏲Di–So 11–19 Uhr; 🚌33, 64, 29) Nur topaktuelle einheimische und internationale Künstler dürfen in diesem eleganten Kunstmuseum mit hohen Decken, weißen Wänden und großen Ausstellungssälen ihre Kunst präsentieren. Zu sehen sind innovative Installationen, die die ganze Bandbreite von Medien und Themen nutzen. Das **Café** (Karte S. 66; ☎011-4104-1003; www.proa.org/eng/cafe.php; Hauptgerichte 220–365 AR$; ⏲Café 11–19 Uhr, Küche Di–So 12–15.30 Uhr; 🚌33, 64, 29) auf der Dachterrasse ist das angesagteste Plätzchen in La Boca, um sich eine kleine Pause mit einem Drink oder einem Snack zu gönnen und dabei die Aussicht auf den Fluss Riachuelo zu genießen.

★ Museo Benito Quinquela Martín — MUSEUM

(Karte S. 66; ☎011-4301-1080; www.buenosaires.gob.ar/museoquinquelamartin; Av Don Pedro de Mendoza 1835; 40 AR$; ⏲Di–Fr 10–18, Sa & So 11.15–18 Uhr; 🚌33, 64, 29) Im ehemaligen Haus und Atelier des Malers Benito Quinquela Martín (1890–1977) zeigt dieses Kunstmuseum Werke Martins und anderer argentinischer Künstler. Arbeitende Männer, Schornsteine und Wasserspiegelungen sind wiederkehrende Themen in den von breiten, groben Pinselstrichen und dunklen Farben geprägten Bildern Martins. Einen Blick wert sind die bunten Kacheln seiner ehemaligen Küche und des Badezimmers sowie sein handbemaltes Klavier. Auf den Dachterrassen stehen verschiedene Skulpturen und von der obersten Etage bietet sich ein herrlicher Blick über den Hafen.

Museo de la Pasión Boquense — MUSEUM

(Karte S. 66; ☎011-4301-1080; www.museoboquense.com; Brandsen 805; Museum 230 AR$, Museum & Stadiontour 320 AR$; ⏲10–18 Uhr; 🚌29, 53, 152) Dieses Hightech-Fußballmuseum zeigt die stürmische Geschichte La Bocas und seines geliebten Vereins, den Boca Juniors. Nicht nur große Idole des Vereins, seine Titel und Trophäen, sondern vor allem die Tooooore werden hier gefeiert. In einem gigantischen Auditorium, das wie ein riesiger Fußball aussieht, befinden sich ein 360-Grad-Panoramatheater und ein guter Souvenirshop. Ein paar Pesos mehr lohnen sich, damit man auch eine Stadiontour bekommt und sogar auf den Rasen treten darf. Das Museum liegt im Stadion La Bombonera, nur drei Blocks nördlich von El Caminito.

Recoleta

In diesem prächtigen Stadtviertel ist leicht nachvollziehbar, warum Buenos Aires das „Paris der Südhalbkugel" genannt wird. In Recoleta leben die reichsten Bürger von Buenos Aires in Luxusapartments und Villen und verbringen ihre Zeit in schicken Cafés und beim Shoppen in teuren Boutiquen. Recoleta ist neben seinen zahlreichen Parks, großen Sehenswürdigkeiten, Kunstgalerien und französischer Architektur auch für seinen Friedhof bekannt.

★ Cementerio de la Recoleta — FRIEDHOF

(Karte S. 68; ☎0800-444-2363; visitasguiadasrecoleta@buenosaires.gob.ar; Junín 1760; 100 AR$; ⏲7–17.30 Uhr; Ⓢ Línea H Las Heras) GRATIS Die riesige Totenstadt ist vielleicht die Hauptattraktion von Buenos Aires. Man kann stundenlang durch die, von beeindruckenden Statuen und Marmormausoleen gesäumten „Straßen" schlendern. In den Krypten ruhen in staubigen Särgen die sterblichen Überreste der Elite der Stadt: frühere Präsidenten, Militärhelden, einflussreiche Politiker sowie Reiche und Berühmte.

★ Museo Nacional de Bellas Artes — MUSEUM

(Karte S. 66; ☎011-5288-9900; www.mnba.gob.ar; Av del Libertador 1473; ⏲Di–Fr 11–20, Sa & So 10–20

Uhr; 130, 92, 63) GRATIS Das bedeutendste Museum der Schönen Künste Argentiniens präsentiert viele Schlüsselwerke von Benito Quinquela Martín, Xul Solar, Eduardo Sívori und anderen argentinischen Künstlern. Ein ganzer Raum ist Werken von Antonio Berni gewidmet. Aber auch Meisterwerke europäischer Künstler wie Cézanne, Degas, Picasso, Rembrandt, Toulouse-Lautrec und Van Gogh sind hier ausgestellt.

Palermo

Palermos weitläufige Parkanlagen mit ihren Grünflächen sind großzügig mit Denkmälern geschmückt und ein beliebtes Ziel für Wochenendausflüge. Dann flanieren zahlreiche Familien auf den schattigen Wegen, bevölkern die Radwege und paddeln über ruhige Seen. Im benachbarten Palermo Viejo (das sich wiederum in Soho und Hollywood aufteilt) gibt es Dutzende Restaurants, Bars, Nachtclubs und Geschäfte sowie die größte Auswahl an Boutiquehotels der Stadt.

★ Museo de Arte Latinoamericano de Buenos Aires — MUSEUM

(MALBA; Karte S. 78; 011-4808-6500; www.malba.org.ar; Av Figueroa Alcorta 3415; Erw./Student Do–Mo 140/70 AR$, Mi 70 AR$/frei; Do–Mo 12–20, Mi bis 21 Uhr; 102, 130, 124) Hinter einer funkelnden Glasfassade verbirgt sich dieses luftige Museum für moderne Kunst, das zu den raffiniertesten in Buenos Aires gehört. Der Millionär und Wohltäter Eduardo Costantini zeigt seine erlesene Sammlung lateinamerikanischer Kunst, zu der Werke der argentinischen Künstler Xul Solar und Antonio Berni sowie der Mexikaner Diego Rivera und Frida Kahlo zählen. Die wechselnden Ausstellungen sind hier von derartiger Weltklasse, dass es sich immer lohnt, nachzufragen, was gerade angeboten wird. Das angeschlossene Kino zeigt Arthouse-Filme.

★ Parque 3 de Febrero — PARK

(Karte S. 78; Ecke Av del Libertador & Av de la Infanta Isabel; 10, 34, 130) Der auch als Bosques de Palermo (Wälder von Palermo) bekannte Park ist groß und übersät mit kleinen Seen und hübschen Aussichtspunkten. An mehreren Ständen können Fahrräder und Inliner gemietet werden, sodass man sich den Joggern und Power Walkern anschließen kann, die um die Seen ihre Runden drehen. Wer es etwas ruhiger angehen möchte, kann sich unter einen Baum legen und seine Umgebung beobachten. Es gibt ein Monument für literarische Größen namens El Jardín de los Poetas („der Garten der Dichter") und den herrlichen Rosengarten Rosedal.

Jardín Japonés — GARTEN

(Karte S. 78; 011-4804-4922; www.jardinjapones.org.ar; Av Casares 2966; Erw./Kind 120 AR$/frei; 10–18 Uhr; 67, 102, 130) Diese gut gepflegten Gärten wurden 1967 eröffnet und sind ein friedliches Paradies zum Entspannen, es sei denn man ist kein Fan der sanften japanischen Musik, die aus den Lautsprechern des Parks ertönt. Es gibt ein japanisches Restaurant und mit Kois gefüllte Teiche, über die sich hübsche Brücken spannen.

Museo Evita — MUSEUM

(Karte S. 78; 011-4807-0306; http://web.museoevita.org.ar; Lafinur 2988; Eintritt inkl. Audioguide 180 AR$; Di–So 11–19 Uhr; S Línea D Plaza Italia) Argentiniens verehrte First Lady (die Frau des Präsidenten Juan Domingo Perón) wurde dieses Museum gewidmet. Es ist in einer wundervollen Villa von 1923 untergebracht, das seit 1948 der Eva Perón Stiftung gehört. Das Museum verewigt die Heldin mit Videos, historischen Fotos, Büchern und Plakaten. Das Highlight ist aber ihre Garderobe: Kleider, Schuhe, Handtaschen, Hüte und Blusen werden ausgestellt. Sehenswert ist das Foto, auf dem sie einen Fußball kickt – und zwar in High Heels!

Aktivitäten

Die Hauptaktivitäten der *porteños* sind Spazierengehen, Shoppen und Tangotanzen. Wer lieber im Grünen ist, hält sich an die Parks von Palermo, wo Jogger zwischen umherschlendernden Familien Slalom laufen und junge Männer *fútbol* spielen.

Man kann in Buenos Aires auch radeln, ohne ein allzu großes Risiko einzugehen. Manche Straßen sind in letzter Zeit sogar mit Radwegen versehen worden. Gut radeln kann man in den Parks von Palermo (am Wochenende gibt's an der Av de la Infanta Isabel nahe der Av Pedro Montt einen Fahrradverleih) und in der Reserva Ecológica Costanera Sur. Leihfahrräder bekommt man auch bei Radtourveranstaltern.

Schwimmbäder sind rar. Wer nicht in einem der teuren Hotels übernachtet oder Mitglied in einem Fitnessclub ist, kann sich im **Parque Norte** (Karte S. 66; 011-4787-1382; www.parquenorte.com; Av Cantilo & Av Guiraldes; Erw./Kind Mo–Fr 195/105 AR$, Sa 230/135 AR$, So

NICHT VERSÄUMEN!

- In Palermo Viejo shoppen und essen gehen.
- Sonntags auf dem quirligen Antiquitätenmarkt in San Telmo herumstöbern.
- Den sehenswerten Friedhof La Recoleta erkunden.
- Die Leidenschaft bei einem *fútbol*-Spiel erleben.
- Die Akrobatik bei einer Tangoshow bewundern.
- Sich in das unvergleichliche Nachtleben von Buenos Aires stürzen.

250/135 AR$; ⏲Schwimmbad 9–20 Uhr, Park 8–0 Uhr; 👪; 🚌33, 42, 160), einem Vergnügungs-/Wasserpark, Abkühlung verschaffen. Für Fußballspieler ist **Buenos Aires Fútbol Amigos** (BAFA; Karte S. 78; www.fcbafa.com; El Salvador 5301; 160 AR$/Spiel; Ⓢ Línea D Plaza Italia) die erste Adresse, wohingegen Yoga-Anhänger **Buena Onda Yoga** (Karte S. 78; www.buenaondayoga.net; Thames 1916; 14 US$/Einheit; Ⓢ Línea D Plaza Italia) besuchen sollten.

Anbieter wie Tangol (S. 89) haben Aktivitäten wie Tangotanzen, Kajakfahren, Angeln und Besuche auf *estancias* (Ranches) im Programm, oft verbunden mit Ausritten. Wer mal etwas völlig anderes will, kann bei **Argentina Polo Day** (☎011-15-6738-2422; www.Argentinienpoloday.com.ar; RP 39, Km 11,2, Capilla del Señor; ganzer Tag/halber Tag Polo 185/160 US$) Polo spielen lernen.

Kurse

Sprache

Buenos Aires ist mittlerweile bei Spanisch-Sprachschülern sehr beliebt. Es gibt hier viele Schulen und noch mehr Privatlehrer. Kulturzentren bieten ebenso Sprachkurse an, wobei hier an erster Stelle das **Centro Cultural Ricardo Rojas** (Karte S. 68; ☎011-5285-4800; www.rojas.uba.ar; Av Corrientes 2038; Ⓢ Línea B Callao) steht, wo man sich sogar für Japanisch, Portugiesisch, Italienisch, Deutsch oder Französisch einschreiben kann.

Die meisten Privatschulen bieten gesellige Ausflüge, Privatunterricht und oft auch Freiwilligenjobs. Zum Teil werden auch private Unterkünfte vermittelt, jedoch ist es meist günstiger dies selbst zu organisieren. Auf den Internetseiten findet man Kosten und Termine.

Tango

Tangokurse werden überall angeboten – vielleicht sogar im eigenen Hostel. Viele preisgünstige Kurse findet man auch in *milongas* (Tanzlokalen), die Interessenten manchmal sogar englischsprachige Privatlehrer vermitteln. Bezahlbare Tanzkurse gibt's auch in Kulturzentren und Tanzschulen. xxx

★ DNI Tango TANZEN

(Karte S. 78; ☎011-4866-6553; https://dni-tango.com; Bulnes 1101; Unterricht in Gruppen 130 AR$/Person; Ⓢ Línea B Medrano) Diese ausgezeichnete Tangoschule bietet Gruppen- und Einzelstunden für jedes Niveau und sowohl in Englisch als auch in Spanisch an. Ein guter Einstieg ist das Angebot an Samstagnachmittagen, wenn man ganz zwanglos mit verschiedenen Partnern tanzen kann. Etwas formeller geht es in den *milongas* genannten Tanzlokalen zu. DNI ist im Bezirk Almagro in einem sehr schönen, alten Gebäude beheimatet.

Geführte Touren

Wer eine geführte Tour mitmachen will, kann zwischen vielen kreativen Angeboten wählen. Das Reisebüro Tangol (S. 89) bietet verschiedene Stadtführungen an, aber auch unter www.LandingPadBA.com findet man einige interessante Touren.

Graffitimundo GEFÜHRTE TOUREN

(☎011-15-3683-3219; www.graffitimundo.com; geführte Touren 20–35 US$) Diese gemeinnützige Organisation bietet exzellente Touren zu den besten Graffitis der Stadt und unterstützt die örtliche Kunstszene. Die Teilnehmer lernen hier viel über die Geschichte der Künstler und die Graffitikultur von Buenos Aires. Es sind mehrere Führungen verfügbar, ebenso kann man an Schablonenmalerei-Workshops teilnehmen.

BA Free Tour STADTSPAZIERGANG

(☎011-4420-5897; www.bafreetour.com; Spende; ⏲Mo–Sa 11 & 15.30 Uhr) Kostenfreie Stadtspaziergänge werden von passionierten jungen Führern angeboten, die ihre Stadt lieben. Spenden werden empfohlen, sind aber kein Muss.

Biking Buenos Aires RADTOUR

(Karte S. 68; ☎011-4300-5373; www.bikingbuenosaires.com; Perú 988; ⏲9–18 Uhr; Ⓢ Línea C Independencia) Radtouren (z. B. zum Thema Graffitis oder Architektur) durch Buenos Aires in Begleitung freundlicher US-amerikanischer und argentinischer Guides.

Tango Trips TANZEN

(☎011-5235-4923; www.tangotrips.com; Führungen für 1/2/3 Pers. 160/190/240 US$) Private Touren zu den *milongas* von erfahrenen und passionierten Tangotänzern *(tangueros)*. Die besuchten Örtlichkeiten werden spontan abhängig vom Angebot ausgesucht. Man beginnt mit einer privaten Tangostunde, bevor man in den Tanzlokalen das Tanzbein schwingt. Wer nicht gerne tanzt, kann das Tangospektakel in seiner ursprünglichsten Form beobachten.

Parrilla Tour ESSEN & TRINKEN

(☎011-15-4048-5964; www.parrillatour.com; 85 US$/Pers.; ⏲ Di, Fr & Sa 12 Uhr Palermo Tour, Mo & Mi 12 Uhr San Telmo Tour) Die Tourführer sorgen für eine exquisite Auswahl an Produkten für diese Touren: es gibt *Choripan* (ein traditionelles Wurstsandwich), Empanadas und Eis. Zum Abschluss geht es in eine örtliche Parrilla (Grillhaus).

Feste & Events

Nachfolgend eine Liste der bedeutendsten Feste von Buenos Aires.

Arte BA KUNST

(www.arteba.org; ⏲ Mai) Das beliebte Event im Mai zum Thema zeitgenössische Kunst stellt vielversprechende junge Künstler vor und präsentiert Top-Arbeiten in den Galerien. Schauplatz des Events ist **La Rural** (Karte S. 78; www.larural.com.ar; Av Sarmiento 2704; Ⓢ Línea D Plaza Italia).

Tango BA Festival y Mundial TANZ

(http://festivales.buenosaires.gob.ar; ⏲ Mitte Aug.) Meisterhafte Tangovorführungen, Filme, Unterricht, Workshops, Konferenzen und Wettbewerbe an diversen Veranstaltungsorten im gesamten Stadtgebiet: alles zum Thema Tango. Das Finale der *mundial* (Tango-Weltmeisterschaft) findet im **Luna Park** (Karte S. 68; ☎011-5278-5800; www.lunapark.com.ar; Ecke Bouchard & Av Corrientes; Ⓢ Línea B Alem) statt.

Vinos y Bodegas WEIN

(www.expovinosybodegas.com.ar; 350 AR$; ⏲ Okt.) Ein Muss für Weinliebhaber! Es werden Jahrgangsweine von über 100 argentinischen Bodegas angeboten. Wer sich eine Eintrittskarte kauft, bekommt auch gleich ein Glas für die Weinproben gestellt. Das Event findet normalerweise in La Rural statt.

Marathon SPORT

(www.maratondebuenosaires.com; ⏲ Sept.) Mehr als 10 000 Teilnehmer laufen die 42 km, die in Palermo beginnen und an den wichtigsten Sehenswürdigkeiten der Stadt vorbeiführen: darunter El Obelisco, Plaza de Mayo, La Boca und Puerto Madero.

Schlafen

Das *microcentro* von Buenos Aires liegt in der Nähe vieler Sehenswürdigkeiten und Dienstleistungen, allerdings ist es hier tagsüber voll und laut. San Telmo befindet sich ungefähr 15 Gehminuten weiter südlich und bietet sich für alle an, die koloniales Ambiente mit Kopfsteinpflastergassen, Tangolokale und die etwas rauere Atmosphäre eines Arbeiterviertels zu schätzen wissen. Palermo Viejo liegt nordwestlich vom Zentrum und ist mit dem Taxi in ungefähr zehn Minuten zu erreichen. Es ist ein hübsches Viertel mit vielen wunderschönen alten Gebäuden; hier finden sich auch die besten länderspezifischen Restaurants, die trendigsten Boutiquen und die muntersten Bars vor Ort.

Die Zimmer in den Hostels haben nicht unbedingt ein eigenes Bad und sind zuweilen auch teurer als Zimmer in günstigen Hotels. Alle hier gelisteten Hostels bieten Küchenbenutzung, ein kleines Frühstück und kostenlosen Internetzugang; die meisten haben auch kostenloses WLAN und Spinde (Vorhängeschloss mitbringen!). Die größeren bieten mehr Dienstleistungen und Aktivitäten, viele akzeptieren auch Kreditkarten.

In der argentinischen Hauptstadt gibt es auch einige gute Budgethotels. Die meisten bieten ein einfaches Frühstück und Kabel-TV. Einige akzeptieren Kreditkarten (allerdings manchmal gegen einen Preisaufschlag von bis zu 10 % – besser vorher fragen!). Alle aufgeführten Hotels haben auch Internet-Zugang und/oder WLAN für ihre Gäste.

Zentrum

★ **Portal del Sur** HOSTEL $

(Karte S. 68; ☎011-4342-8788; www.portaldelsurba.com.ar; Hipólito Yrigoyen 855; B ab 12 US$, EZ 35 US$, DZ mit/ohne Bad ab 45/40 US$; ❄@📶; Ⓢ Línea A Piedras) Eines der besten Hostels der Stadt verbirgt sich in diesem charmanten alten Gebäude. Hübsche Schlafsäle und prächtige private Zimmer von Hotelqualität reihen sich um einen Gemeinschaftsbereich, der recht dunkel, aber offen ist. Das Highlight ist die hübsche Dachterrasse mit Bar und tollem Ausblick. Ein entspannter Ort zum Kontakte knüpfen, der etliche Aktivitäten bietet, z. B. Barbecues *(asados)* und Tangounterricht.

Milhouse Youth Hostel HOSTEL $

(Karte S. 68; 011-4345-9604; www.milhousehostel.com; Hipólito Yrigoyen 959; B/Zi. ab 12/40 US$; ; S Línea A Av de Mayo) Die beliebte Jugendherberge mit jeder Menge Aktivitätsangeboten und Dienstleistungen ist Buenos Aires' erste Partyadresse. Die Schlafsäle sind gut, und auch die privaten Zimmer können nett sein; die meisten liegen um einen hübschen Hof. Zu den Gemeinschaftsbereichen gehören ein Bar-Café (inklusive Billardtisch) im Erdgeschoss, eine TV-Lounge im Zwischengeschoss und eine Dachterrasse. Ein ähnliches Angebot hat das prächtige Nebengebäude.

Hostel Estoril HOSTEL $

(Karte S. 68; 011-4382-9684; www.hostelestoril3.com; Av de Mayo 1385, 1. & 6. Stock, B/EZ/DZ ab 10/20/32 US$; ; S Línea A Sáenz Peña) Dieses gut geführte Hostel verteilt sich auf zwei Stockwerke in einem alten Gebäude. Es ist schick und sauber, hat schöne und recht große Schlafsäle sowie Doppelzimmer mit Hotelstandard. Für Gäste steht eine nette Küche zur Verfügung, der große Pluspunkt des Hostels ist aber zweifelsohne die großartige Dachterrasse mit Blick auf den Palacio Barolo und die Av de Mayo; die Eigentümer bieten regelmäßig *asados* sowie Yoga-Unterricht an.

V & S Hostel Club HOSTEL $

(Karte S. 68; 011-4322-0994; www.hostelclub.com; Viamonte 887; B/DZ ab 12/33 US$; ; S Línea C Lavalle) Dieses attraktive, zentral gelegene Hostel ist in einem schönen alten Gebäude beheimatet. Sammelpunkt ist der Saal, der zum Speisen und als Lobby dient, und wo man viele Leute kennenlernen kann. Für Gäste steht auch eine Küche zur Verfügung. Die großen Schlafsäle haben Teppichboden und die privaten Zimmer sind hervorragend und haben alle ein eigenes Bad. Ein netter kleiner Patio rundet das Ganze noch ab.

Goya Hotel HOTEL $

(Karte S. 68; 011-4322-9269; www.goyahotel.com.ar; Suipacha 748; EZ 55–65 US$, DZ 60–85 US$; ; S Línea C Lavalle) Gutes, familiengeführtes Mittelklassehotel mit 42 modernen, komfortablen und mit Teppichen ausgelegten Zimmern. Die „Classic"-Zimmer sind älter und haben offene Duschen, die „Superior"-Zimmer sind schicker und haben Badewannen. Es gibt noch ein hübsches Frühstückszimmer mit Patio und gutes Frühstück.

San Telmo

★ **América del Sur** HOSTEL $

(Karte S. 68; 011-4300-5525; www.americahostel.com.ar; Chacabuco 718; B/DZ ab 15/60 US$; ; S Línea C Independencia) Dieses prächtige, boutiqueartige Hostel ist das schickste seiner Art in Buenos Aires und wurde eigens als Unterkunft erbaut. Hinter der Rezeption befindet sich ein hübscher Barbereich mit einem großen Patio ganz aus Holz. Die überaus sauberen Vierbettschlafsäle haben allesamt sehr schön gestaltete Badezimmer. Die privaten Zimmer sind geschmackvoll dekoriert und besser als in vielen Mittelklassehotels. Außerdem gibt's guten Service.

Circus Hostel & Hotel HOSTEL $

(Karte S. 68; 011-4300-4983; www.hostelcircus.com; Chacabuco 1020; B/Zi. ab 11/40 US$; ; S Línea C Independencia) Von der trendigen Lounge vorne bis zum von Holzplanken gesäumten Planschbecken hinten wirkt dieses Hotel-Hostel einfach nur hip. Sowohl die Schlafsäle als auch die privaten Zimmer sind klein und schlicht und haben einfache Möbel und ein eigenes Bad. Es gibt auch einen Billardtisch und einen schicken TV-Bereich, allerdings keine Küche.

Art Factory Hostel HOSTEL $

(Karte S. 68; 011-4343-1463; www.artfactoryba.com.ar; Piedras 545; B/DZ ab 8/25 US$; ; S Línea E Belgrano) Das freundliche, künstlerisch gestaltete feine Hostel bietet mehr private Zimmer als die meisten anderen – und alle haben riesige Wandmalereien und sind von verschiedenen Künstlern bemalt und dekoriert. Selbst die Flure und Wasserspeicher sind mit bunten Cartoons bemalt, und das weitläufige Herrenhaus aus den 1850er-Jahren steuert etwas Eleganz bei. Es gibt auch eine große Dachterrasse mit Hängematten und einen separaten Bar- und Lounge-Bereich mit Billardtisch.

Patios de San Telmo BOUTIQUEHOTEL $$

(Karte S. 68; 011-4307-0480; http://patiosdesantelmo.com.ar; Chacabuco 752; Zi. 90–110 US$; ; S Línea C Independencia) Dieses schöne Boutiquehotel befindet sich einem ehemaligen *conventillos* (Mietshaus) aus dem Jahr 1860. Es hat 30 große, elegante Zimmer, die mehrere Patios umgeben. Es gibt eine wundervolle Bibliothek, die mit Kunstgegenständen ausgestattet ist, einen Patio im hinteren Bereich mit hängenden

Korbstühlen und ein kleines Schwimmbecken auf der hölzernen Dachterrasse.

Mansión Vitraux BOUTIQUEHOTEL **$$**
(Karte S. 68; ☎011-4878-4292; www.mansionvitraux.com; Carlos Calvo 369; Zi. ab 110 US$; ❄@ 📶🏊; Ⓢ Línea C Independencia) Das Boutiquehotel mit Glasfront wirkt beinahe schon etwas zu schick für San Telmo. Es bietet zwölf wunderschöne Zimmer, die alle ein unterschiedliches Design aufweisen. Alle verfügen über Flachbildschirm- oder Projektions-TV. Die Bäder haben ein modernes Design. Das Frühstücksbuffet wird an der Weinbar im Untergeschoss gereicht. Außerdem gibt es einen großen Jacuzzi, eine Sauna, ein Hallenbad und eine schicke Dachterrasse mit einem weiteren Pool.

Palermo

★ Reina Madre Hostel HOSTEL **$**
(Karte S. 78; ☎011-4962-5553; www.rmhostel.com; Av Anchorena 1118; B 11–17 US$, EZ/DZ 35/37 US$; ❄@📶; Ⓢ Línea D Pueyrredón) Dieses wundervolle Hostel ist sauber, sicher und gut geführt. Es befindet sich in einem alten Gebäude mit viel Charakter, hohen Decken und originalen Fliesen. Alle Zimmer sind komfortabel (und haben Gemeinschaftsbäder). Daneben gibt's noch ein gemütliches Wohnzimmer mit Balkon und kleiner Küche inklusive vieler Esstische. Doch das Highlight ist die Terrasse zum Grillen (*parilla*) auf dem Dach. Durch das Anwesen schleicht die Hauskatze.

★ Palermo Viejo B&B GÄSTEHAUS **$**
(Karte S. 78; ☎011-4773-6012; www.palermoviejobb.com; Niceto Vega 4629; EZ 55 US$, DZ 60–75 US$, 3BZ 85; US$ ❄@📶; 🚌140) Das freundliche B&B befindet sich in einer umgestalteten *casa chorizo* aus dem Jahr 1901, die früher die Textilfabrik des Vaters des Eigentümers war. Die sechs mit lokalen Kunstwerken dekorierten Zimmer gruppieren sich um einen begrünten Patio. Zwei der Zimmer verfügen über Lofts. Alle sind mit Kühlschränken ausgestattet; außerdem wird ein gutes Frühstück serviert. Es empfiehlt sich, vorab anzurufen.

★ Chill House GÄSTEHAUS **$**
(Karte S. 78; ☎011-4861-6175; www.chillhouse.com.ar; Agüero 781; EZ 38–43 US$, DZ 43–60 US$, 3BZ 53–60 US$; @📶; Ⓢ Línea B Carlos Gardel) Das umgebaute alte Haus mit hohen Decken und rustikal-künstlerischem Stil ist ein cooles und freundliches Gästehaus. Es hat zehn private Zimmer (besonders schön ist das Zimmer Nummer 6 mit Balkon und Klimaanlage) Auf der herrlichen Dachterrasse gibt's *asados* mit DJ und gelegentlich Livemusik.

Mansilla 3935 B&B B&B **$**
(Karte S. 78; ☎011-4833-3821; Mansilla 3935; EZ/DZ 25/40 US$; ❄@📶; Ⓢ Línea D Scalabrini Ortiz) Das familienbetriebene B&B in einem heimeligen, recht dunklen Haus bietet ein großartiges Preis-Leistungs-Verhältnis. Die beiden einfachen Zimmer haben ein eigenes Bad. Die Decken sind hoch, und ein paar kleine Patios tragen zum Charm des Hauses bei.

Eco Pampa Hostel HOSTEL **$**
(Karte S. 78; ☎011-4831-2435; www.hostelpampa.com.ar; Guatemala 4778; B/ DZ ab 15/50 US$; @📶; Ⓢ Línea D Plaza Italia) 🍃 Buenos Aires' erstes „grünes" Hostel ist diese gemütliche Bleibe mit Recycling- und Vintage-Möblierung, Energiesparlampen und Recyclingsystem. Auf dem Dach gibt's einen kleinen Gemüsegarten, eine Kompostanlage und Sonnenkollektoren. Die Schlafsäle haben eine gute Größe, und alle acht privaten Zimmer haben ein eigenes Bad und Flachbild-TV (meist auch Klimaanlage). Es gibt auch eine Küche.

★ Le Petit Palais B&B **$$**
(Karte S. 78; ☎011-4962-4834; www.lepetitpalais-buenosaires.com; Gorriti 3574; EZ 75–85 US$, DZ 85–95 US$; ❄📶; Ⓢ Línea D Agüero) Dieses B&B, das von Franzosen geführt wird, ist klein, aber charmant. Es hat fünf einfache, aber schöne Zimmer, die alle ihr eigenes Badezimmer haben. Das Highlight ist eine hübsche Terrasse im zweiten Stock, wo das wohl beste Frühstück von Buenos Aires angeboten wird: Bei schönem Wetter bekommt man hier frischen Joghurt, Marmeladen und hausgemachtes Brot, zusammen mit Eiern, *medialunas* genannten Croissants und Müsli. Auf dem Gelände leben nette Katzen.

Hotel Clasico HOTEL **$$**
(Karte S. 78; ☎011-4773-2353; www.hotelclasico.com; Costa Rica 5480; Zi. 125–165 US$; ❄📶; Ⓢ Línea D Palermo) Das attraktive Hotel bietet 33 geschmackvolle „klassische" Zimmer, manche sogar mit Balkon. Alle haben Holzfußboden, moderne Ausstattung und sind in Brauntönen gehalten. Ein einheimischer Fotograf wurde eigens beauftragt, Fotos von Buenos Aires zu machen, welche nun die

Palermo

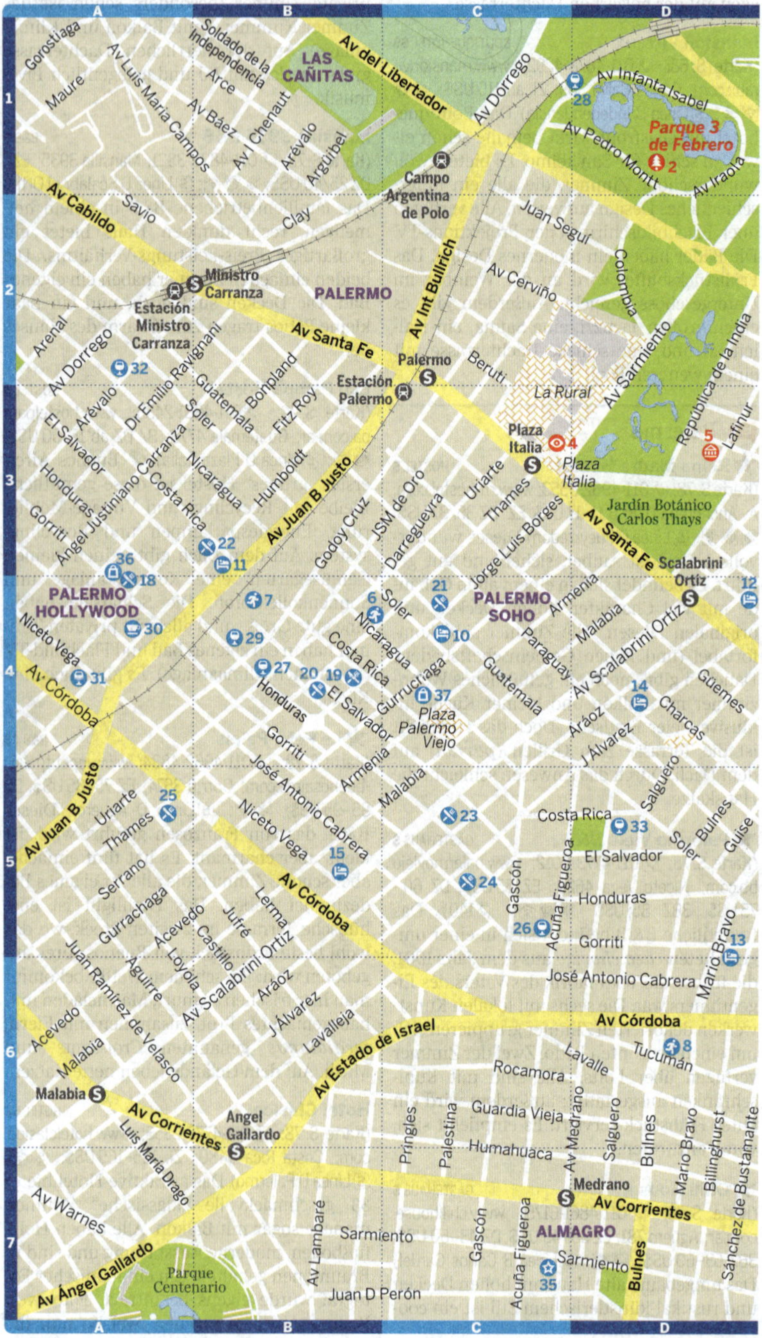

A
B
C
D
1
2
3
4
5
6
7
LAS CAÑITAS
PALERMO
PALERMO HOLLYWOOD
PALERMO SOHO
ALMAGRO
Parque 3 de Febrero
Jardín Botánico Carlos Thays
La Rural
Plaza Italia
Plaza Palermo Viejo
Parque Centenario
Campo Argentina de Polo
Ministro Carranza
Estación Ministro Carranza
Palermo
Estación Palermo
Scalabrini Ortiz
Malabia
Angel Gallardo
Medrano
Av del Libertador
Av Dorrego
Av Infanta Isabel
Av Pedro Montt
Av Iraola
Juan Seguí
Av Cerviño
Colombia
Av Sarmiento
República de la India
Lafinur
Beruti
Av Int Bullrich
Av Santa Fe
Av Cabildo
Savio
Clay
Gorostiaga
Maure
Av Luis María Campos
Soldado de la Independencia
Arce
Av Báez
Av J Chenaut
Arévalo
Argüibel
Arenal
Dr Emilio Ravignani
Guatemala
Bonpland
Fitz Roy
Soler
El Salvador
Honduras
Gorriti
Angel Justiniano Carranza
Costa Rica
Nicaragua
Humboldt
Av Juan B Justo
Godoy Cruz
JSM de Oro
Darregueyra
Uriarte
Thames
Jorge Luis Borges
Armenia
Malabia
Paraguay
Av Scalabrini Ortiz
Güemes
Charcas
Aráoz
J Álvarez
Salguero
Bulnes
Guise
Gurruchaga
Niceto Vega
Av Córdoba
José Antonio Cabrera
Serrano
Acevedo
Castillo
Jufré
Lerma
Loyola
Aguirre
Juan Ramírez de Velasco
Lavalleja
Av Estado de Israel
Gascón
Acuña Figueroa
Mario Bravo
Lavalle
Tucumán
Rocamora
Guardia Vieja
Humahuaca
Pringles
Palestina
Av Medrano
Billinghurst
Sánchez de Bustamante
Av Corrientes
Luis María Drago
Av Warnes
Av Ángel Gallardo
Av Lambaré
Sarmiento
Juan D Perón
1
2
4
5
6
7
8
10
11
12
13
14
15
18
19
20
21
22
23
24
25
26
27
28
29
30
31
32
33
35
36
37

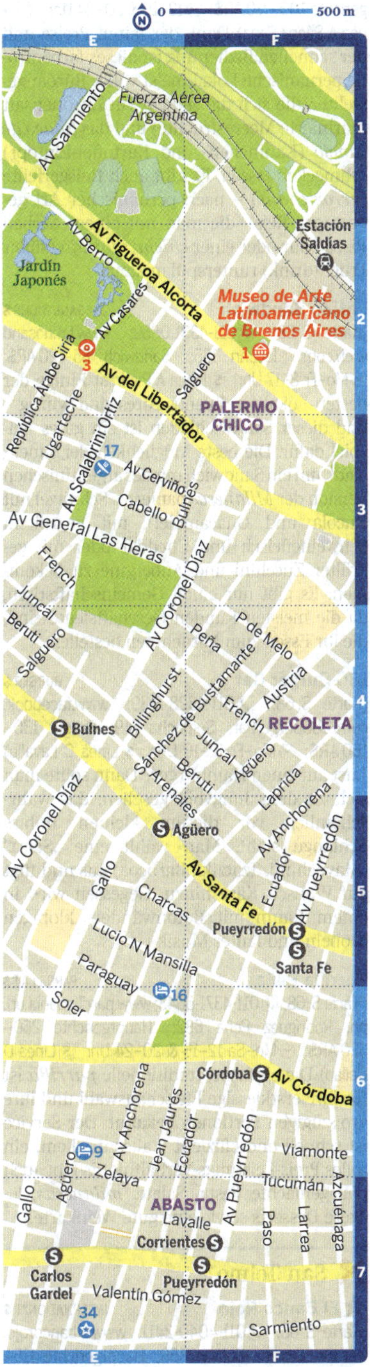

Palermo

Highlights

1 Museo de Arte Latinoamericano de Buenos Aires F2
2 Parque 3 de Febrero D1

Sehenswertes

3 Jardín Japonés E2
4 La Rural C3
5 Museo Evita D3

Aktivitäten, Kurse & Touren

6 Buena Onda Yoga B4
7 Buenos Aires Fútbol Amigos B4
8 DNI Tango D6

Schlafen

9 Chill House E6
10 Eco Pampa Hostel C4
11 Hotel Clasico B3
12 Infinito Hotel D4
13 Le Petit Palais D5
14 Mansilla 3935 B&B D4
15 Palermo Viejo B&B B5
16 Reina Madre Hostel E6

Essen

17 Big Sur E3
18 Buenos Aires Verde A4
19 Burger Joint B4
20 Chori B4
21 El Preferido de Palermo C4
22 Fukuro Noodle Bar B3
23 Gran Dabbang C5
24 NoLa C5
25 Sarkis A5

Ausgehen & Nachtleben

26 Benaim C5
27 Boticario B4
28 Crobar D1
29 Kika B4
30 LAB Training Center & Coffee Shop A4
31 Niceto Club A4
32 Uptown A2
33 Verne D5

Unterhaltung

34 Ciudad Cultural Konex E7
La Bomba de Tiempo .... (siehe 34)
35 La Catedral C7

Shoppen

36 Bosque A3
37 Elementos Argentinos C4

Wände zieren. Einen ganz speziellen Charakter hat das Penthouse mit Terrasse. Im kreativ gestalteten Aufzug blickt man durch eine Glaswand auf ein kunstvolles Wandbild.

Infinito Hotel BOUTIQUEHOTEL $$
(Karte S. 78; ☎ 011-2070-2626; www.infinitohotel.com; Arenales 3689; Zi./Suite 70/95 US$; ❄@📶; Ⓢ Línea D Scalabrini Ortiz) Schon im kleinen Café- und Rezeptionsbereich gibt sich dieses Hotel durch und durch trendy. Die Zimmer sind klein, aber gut, und punkten mit Flachbild-TV, Kühlschrank, Holzfußboden und violetter Farbgestaltung; außerdem gibt's auf der sonnigen Dachterrasse einen Whirlpool. Das Hotel demonstriert Umweltbewusstsein, vor allem beim Recycling. Es befindet sich in der Nähe einiger Parks, aber trotzdem noch in Gehweite zu Palermos Nachtleben.

Essen

In Buenos Aires gibt es ausgezeichnete Restaurants für jeden Geldbeutel. Standard in den meisten Restaurants sind *parrilla* (Grillfleisch), Pasta, Pizza und *minutas* (Schnellgerichte). Wer auf der Suche nach etwas Speziellem ist, wird in Palermo fündig, denn dort gibt es viele Ethno-Lokale. Auch das Viertel Puerto Madero kann mit zahlreichen Restaurants aufwarten. Allerdings sind die meisten auf Geschäftsleute ausgerichtet und folglich sehr nobel und relativ teuer. Im Angebot sind hier eher Steaks als Pfannengerichte.

Gute Nachrichten für Vegetarier: Anders als sonst in Argentinien gibt es in B.A. eine ganze Menge Restaurants, die kein Fleisch im Angebot haben – man muss nur wissen, wo man sie findet; Palermo ist ein guter Anfang. Die meisten nichtvegetarischen Restaurants haben für Vegetarier nur ein paar Pastagerichte, Salat und Pizza auf der Karte – und das war es dann auch schon in Sachen fleischloser Küche.

Zentrum

★ **Pizzería Güerrín** PIZZA $
(Karte S. 68; ☎ 011-4371-8141; www.facebook.com/pizzeriaguerrin; Av Corrientes 1368; Stück Pizza 35–45 AR$; ⏲ 11–1 Uhr; Ⓢ Línea B Uruguay) Diese Pizzeria an der Av Corrientes erfreut sich schon seit 1932 großer Beliebtheit. Wer nur kurz Zeit hat, kann sich für äußerst günstige Preise ein Stück einer *Muzzarella* auf die Hand geben lassen und in Gesellschaft der vielen Gäste genießen. Dazu passt eine Portion *fainá* (Fladenbrot aus Kichererbsen) mit Moscato-Wein und Soda.

Chan Chan PERUANISCH $
(Karte S. 68; ☎ 011-4382-8492; www.facebook.com/chanchanbsas; Hipólito Yrigoyen 1390; Hauptgerichte 100–710 AR$; ⏲ 12–16 & 20–24 Uhr; Ⓢ Línea A Sáenz Peña) Dank der fairen Preise und der schnellen Bedienung ist dieses farbenfrohe peruanische Lokal meist voller Büroangestellter, die sich die *ceviche* (in Zitronensaft marinierte Meeresfrüchte) und das *ajiaco de conejo* (Kaninchen- und Kartoffel-Eintopf) schmecken lassen. Es gibt auch Reisgerichte (*arroz chaufa* – nach peruanischer Art gebratener Reis), die man mit einem herben Pisco Sour oder einer *chicha morada* (süßer Fruchtdrink) runterspülen kann.

Latino Sandwich SANDWICHS $
(Karte S. 68; ☎ 011-4331-0859; www.latinosandwich.com; Tacuari 185; Sandwich 85–120 AR$; ⏲ Mo–Fr 8–17 Uhr; Ⓢ Línea A Piedras) Einige der besten Lokale in Buenos Aires sind winzig – und dieser Sandwichladen ist ein gutes Beispiel dafür. Die beste Möglichkeit der Innenstadt, um ein Sandwich mit der argentinischen Version der *Milanesa* (paniertes Schnitzel mit Rucola und Guacamole!), mit gegrilltem Schweinefleisch und Cheddar oder mit gegrillter Zucchini und Aubergine zu bekommen. Es gibt nur einen Gemeinschaftstisch, da die meisten Kunden Geschäftsleute sind, die ihr Essen zum Mitnehmen bestellen.

180 Burger Bar BURGER $
(Karte S. 68; ☎ 011 4328-7189; www.facebook.com/180burgerbar; Suipacha 749; Burger 130–160 AR$; ⏲ Mo–Fr 12–16 Uhr; Ⓢ Línea C Lavalle) Lust auf einen Hamburger? Dann sollte man sich zu dem Jungvolk gesellen, das wahrscheinlich vor diesem kleinen Imbiss Schlange steht. Man wählt eine „Salsa" (Mayochimi, Tzatziki, Barbcoa) aus und fügt auf Wunsch Käse hinzu. Gegessen wird in einem Raum mit Betonwänden, klobigen Möbeln und lauter Musik.

Parrilla Peña PARRILLA $$
(Karte S. 68; ☎ 011-4371-5643; www.parrillapenia.url.ph; Rodríguez Peña 682; Hauptgerichte 250–520 AR$; ⏲ Mo–Sa 12–16 & 20–24 Uhr; Ⓢ Línea D Callao) Die einfache, traditionelle *parrilla* ist für ihre erstklassige Fleischauswahl und ihre großzügigen Portionen bekannt. Der Service ist schnell und effizient – alles in allem: ein tolles Preis-Leistungs-Verhältnis. Es gibt auch hausgemachte Pasta, Salate, *milanesas*, leckere Desserts sowie eine gute Weinkarte.

San Telmo

★ **El Banco Rojo** INTERNATIONAL $
(Karte S. 68; ☎ 011-4040-2411; www.elbancorojo.wordpress.com; Bolívar 866; Hauptgerichte 115–

150 AR$; Di–Sa 12–0.30 Uhr, So bis 23.30 Uhr; Línea C Independencia) Das trendige Lokal zieht das Jungvolk magnetisch an. Serviert werden Sandwichs, Falafel, Burger und Tacos sowie eine Vielzahl von Bieren und Spirituosen. Wenn sie gerade zu bekommen ist, ist die *empanada de cordero* (Teigtasche mit Lammfüllung) empfehlenswert. Das neue Lokal von Banco Rojo (einen Block vom alten Lokal entfernt), bietet mehr Platz zum Essen, hat aber immer noch dieselbe Grunge-Atmosphäre.

Bar El Federal ARGENTINISCH $
(Karte S. 68; 011-4361-7328; Carlos Calvo 599; Hauptgerichte 185–420 AR$; So–Do 8–2 Uhr, Fr & Sa bis 16 Uhr; ; Línea C Independencia) Die historische Bar von 1864 hat eine klassische, leicht rustikale Atmosphäre mit originalem Holzdekor, schwarz-weißen Fliesen, und einem auffälligen, antiken Tresen mit seiner Kasse. Die Spezialitäten sind Sandwichs (vor allem mit Truthahn) und *picadas* (große Vorspeiseplatten), doch es gibt auch viele Pastagerichte, Salate, Desserts und große Gläser mit eiskaltem Bier.

El Refuerzo Provisiones ARGENTINISCH $$
(Karte S. 68; 011-4300-0023; www.facebook.com/refuerzoprovisiones; Estados Unidos 758; Hauptgerichte 250–450 AR$; Mo–Sa 18–2 Uhr; Línea C Independencia) Das Restaurant erinnert ein wenig an ein Lebensmittelgeschäft und bietet bekömmliche Gerichte wie Pasta, Aufläufe, Salate, Wurstwaren und Käse. Sein Schwester-Restaurant **El Refuerzo Bar Almacen** (Karte S. 68; 011-4361-3013; www.facebook.com/elrefuerzobaralmacen; Chacabuco 872; Hauptgerichte 230–450 AR$; Di–So 10–2 Uhr; Línea C Independencia) ist gleich um die Ecke.

El Desnivel PARRILLA $$
(Karte S. 68; 011-4300-9081; Defensa 855; Hauptgerichte 200–430 AR$; Di–So 12–1 Uhr, Mo 19–1 Uhr; Línea C Independencia) Dieses alteingesessene, unauffällige *parrilla*-Restaurant lockt mit Köstlichkeiten wie *chorizo*-Sandwichs und *bife de lomo* (Lendensteak) sowohl Einheimische als auch Touristen an. Der brutzelnde Grill lässt einen ungeduldig werden, wenn man auf einen freien Tisch wartet – deshalb besonders am Wochenende frühzeitig herkommen!

Recoleta

★El Sanjuanino ARGENTINISCH $
(Karte S. 68; 011-4805-2683; www.elsanjuanino.com.ar; Posadas 1515; Empanadas 35 AR$; 12–16 Uhr & 19–1 Uhr; 130, 93, 124) El Sanjuanino ist eine Institution. Dieses gemütliche Lokal bietet mit das günstigste Essen in Recoleta, was sparsame Einheimische und Touristen anzieht. Man bestellt würzige *empanadas*, Tamales oder *locro* (ein pikantes Schmorgericht aus Mais, Bohnen, Rindfleisch, Schweinefleisch und Würstchen).

NICHT VERSÄUMEN

TRAUM AUS EIS

Cadore (Karte S. 68; 011-4374-3688; http://heladeriacadore.com.ar; Av Corrientes 1695; Eis ab 100 AR$; Mo–Do 11:30–1 Uhr, Fr –So bis 3 Uhr; Línea B Callao), eine der klassischen *heladerías* (Eisdielen) in Buenos Aires. Sie wurde 1957 von der italienischen Familie Olivotti gegründet und erlebt den größten Ansturm spät am Abend, wenn die Theater schließen und die Besucher hierher strömen. Empfehlenswert ist das *dulce de leche* (Milchkaramell), das u. a. durch das 14- bis 16-stündige Erhitzen gesüßter Milch (dulce leche) entsteht.

Cumaná ARGENTINISCH $
(Karte S. 68; 011-4813-9207; Rodríguez Peña 1149; Hauptgerichte 120–250 AR$; 12–1 Uhr; Línea D Callao) Wer die Küche Argentiniens kennenlernen will, sollte dieses farbenfrohe, preiswerte Restaurant mit großen Panoramafenstern und einem altmodischen Lehmziegelofen besuchen. Die Spezialitäten des Cumaná sind köstliche *cazuelas* – Eintöpfe mit Kürbis, Mais, Aubergine, Kartoffeln und Fleisch. Beliebt sind auch die *empanadas, locro* und *humita* (ein gefüllter Teig aus Mais, ähnlich dem mexikanischen Tamales).

Rodi Bar ARGENTINISCH $$
(Karte S. 68; 011-4801-5230; Vicente López 1900; Hauptgerichte 200–450 AR$; Mo–Sa 8–1 Uhr; ; Línea H Las Heras) Tolle Option für preiswertes Essen im gehobenen Recoleta. Dieses traditionelle Nachbarschaftsrestaurant mit gediegener altmodischer Atmosphäre und umfangreicher Speisekarte hat für jeden etwas – vom billigen gemischten Teller bis hin zu relativ ungewöhnlichen Gerichten wie marinierter Rinderzunge.

Palermo

★NoLa CAJUN $
(Karte S. 78; www.nolabuenosaires.com; Gorriti 4389; Hauptgerichte 140–160 AR$; So–Do

12.30–0 Uhr, Fr & Sa bis 1 Uhr; 140, 141, 110) Dieses kleine, beliebte Restaurant mit Cajun-Küche aus New Orleans ist eine Idee der Amerikanerin Lisa Puglia. Hier wird alles selbst hergestellt, vom Sandwich mit Hühnchen bis hin zum *Chorizo*-Gumbo und den pikanten, vegetarischen roten Bohnen mit Reis. Das Jalapeño-Maisbrot und der Bourbon-Kaffee-Pekannuss-Kuchen sind gehaltvoll, was auch für das kräftige Bier aus der Mikrobrauerei gilt. Die Happy Hour geht bis 20 Uhr.

Sarkis ORIENTALISCH $

(Karte S. 78; 011-4772-4911; Thames 1101; Hauptgerichte 120–290 AR$; 12–15 & 20–1 Uhr; 140, 111, 34) Das alteingesessene Restaurant der orientalischen Küche bietet fabelhaftes, preiswertes Essen. Am besten, man kommt mit Freunden, um viele der exotischen Gerichte zu probieren. Den Anfang machen Hummus mit gebratenen Auberginen, *boquerones* (marinierte Sardinen), gefolgt von Kebab oder Lamm in Joghurtsauce. Mittags ist nicht so viel los wie abends, denn dann muss man mit langen Wartezeiten rechnen.

Chori ARGENTINISCH $

(Karte S. 78; 011-3966-9857; www.facebook.com/Xchorix; Thames 1653; choripán 110–140 AR$; 12.30–0.30 Uhr; ; 55, 39) Dieses hippe Restaurant, dessen leuchtend gelbe Wände lachende Comic-Würste schmücken, bringt die argentinische *chori* (Wurst) zu neuen Ehren. Die qualitativ hochwertigen *choris* und *morcillas* (Blutwurst) bestehen aus 100% Schweinefleisch und hängen am Haken; man kann sich aus einer Vielzahl von Gourmet-Belägen und hausgemachten Broten ein *choripán*-Sandwich zusammenstellen lassen.

Fukuro Noodle Bar JAPANISCH $

(Karte S. 78; 011-4773-6810; www.fukuronoodlebar.com; Costa Rica 5514; Nudeln 260 AR$; Di–Do 20–0 Uhr, Fr & Sa bis 1 Uhr; Línea D Palermo) Wer eine willkommene Abwechslung nach ausuferndem Fleischgenuss sucht, sollte dieses Lokal ausprobieren, das prima Essen anbietet. Zur Auswahl stehen vier verschiedene *ramen*-Nudelsuppen, dazu diverse *bao* (gedämpfte Teigtaschen) und *gyoza* (Klößchen). Außerdem gibt es glutenfreie Nudeln, Sake und Bier vom Fass au seiner Mikrobrauerei. Sitzen kann man nur am Tresen.

Burger Joint BURGERS $

(Karte S. 78; 011-4833-5151; www.facebook.com/burgerjointpalermo; Jorge Luis Borges 1766; Burger 140 AR$; So–Do 12–0 Uhr, Fr & Sa bis 1 Uhr; Línea D Plaza Italia) Die saftigsten Burger von Buenos Aires gibt's in diesem beliebten, mit Graffitis übersätem Lokal. Der in NYC ausgebildete Chefkoch Pierre Chacra bietet sie auf vier – allesamt überzeugende – Arten an, z.B. mexikanisch (mit Jalapeños, Guacamole und scharfer Sauce) oder Jamaikanisch (Ananas, Cheddar und Speck) mit handgeschnittenen Pommes als Beilage.

El Preferido de Palermo ARGENTINISCH $$

(Karte S. 78; 011-4774-6585; Jorge Luis Borges 2108; Hauptgerichte 220–450 AR$; Mo–Sa 9–23.30 Uhr; Línea D Plaza Italia) Traditioneller kann ein Lokal nicht sein. Der stimmungsvolle, familienbetriebene Laden serviert Tapas, Fleischplatten, hausgemachte Pasta und Meeresfrüchtesuppe. Die Spezialität sind Tortillas, *milanesas* und kubanischer Reis mit Kalbfleisch sowie Polenta. Von der Decke hängende Schinken, Olivengläser und hohe Tische mit klotzigen Holzstühlen tragen zum gemütlichen Ambiente bei.

Gran Dabbang FUSIONSKÜCHE $$

(Karte S. 78; 011-4832-1186; www.facebook.com/grandabbang; Av Scalabrini Ortiz 1543; kleine Gerichte 60–350 AR$; Mo–Sa 20–0 Uhr; 141, 15, 160) Dieses Experiment der Fusionküche, das von Mariano Ramón, einem der Shootingstars der Kochszene von Buenos Aires, gezaubert wurde, stellt alles in den Schatten. Seine Künste kann man im kleinen, immer vollen Speisesaal seines einzigartigen Restaurants verkosten. Auswählen kann man die Gerichte für zwei Personen aus drei verschiedenen kleinen Speisen und sich auf eine wilde Mischung aus indischen, thailändischen, paraguayischen und anderen Geschmacksrichtungen einstellen, die Mariano Ramón von seinen Reisen mitgebracht hat.

Buenos Aires Verde VEGETARISCH $$

(Karte S. 78; 011-4775-9594; www.bsasverde.com; Gorriti 5657; Hauptgerichte 275–300 AR$; Mo–Sa 9–0 Uhr; ; 111, 140, 39) Seit Langem bestehendes ökologisch-vegetarisches Restaurant, in dem Wraps, Salate, Suppen und Sandwichs serviert werden. Dazu gibt es Weizengrassaft oder Fruchtsmoothies. Auch ein kleines Lebensmittelgeschäft ist vorhanden.

Big Sur BURGER $$

(Karte S. 78; 011-4806-7264; www.facebook.com/BigSurBA; Av Cerviño 3596; Hauptgerichte 190-265 AR$; Mo 17–24 Uhr, Di–So 12–24 Uhr; Línea D Scalabrini Ortiz) In diesem legeren Lokal im Industriestil gibt's hervorragende Hamburger, Grillhähnchen, Hot Dogs und Pommes sowie hochwertiges Craft-Bier.

Ausgehen

Das Nachtleben in Buenos Aires ist legendär. Etwas anderes würde man sich wohl auch nicht erwarten von der Hauptstadt eines Landes, in dem man selten vor 22 Uhr zu Abend isst. Gute Sportbars, schicke Cocktaillounges, gemütliche urige Cafés oder gehobene Weinbars findet man wie Sand am Meer. Wer gerne tanzt, hat sein Paradies gefunden: hier gibt's eine tolle Auswahl and spektakulären Nachtclubs mit den besten DJ's des Landes.

Zentrum

Café Tortoni CAFÉ
(Karte S. 68; ☎011-4342-4328; www.cafetortoni.com.ar; Av de Mayo 829; Ⓢ Línea A Piedras) Tortoni ist das älteste und berühmteste Café in Buenos Aires, was dazu führt, dass Massen an Touristenbussen kommen und so den Charme des Cafés schmälern. Dennoch gehört es zu jenen Orten, die man als Besucher gesehen haben *muss*. Einfach ein paar *churros* (frittiertes Gebäck) mit einer heißen Schokolade bestellen und nicht an die überhöhten Preise denken. Abends finden Tango-Shows statt – für die man aber vorab reservieren sollte.

Milión COCKTAILBAR
(Karte S. 68; ☎011-4815-9925; www.milion.com.ar; Paraná 1048; ⏲Mo–Mi 12–2, Do bis 3, Fr & Sa bis 4; So 20–2 Uhr; Ⓢ Línea D Callao) Eine der elegantesten Bars von Buenos Aires ist das sexy Milión, das drei Etagen eines renovierten alten Herrenhauses einnimmt. Der Garten hinter dem Haus ist ein grünes Paradies. Auf dem Balkon befinden sich die besten Sitzplätze. Auch auf den tollen Marmorstufen in der Nähe kann man einen Frozen Mojito oder einen Basilikum-Daiquiri genießen.

La Cigale BAR
(Karte S. 68; ☎011-4893-2332; www.facebook.com/lacigalebar; 25 de Mayo 597; ⏲Mo–Fr 12–15 Uhr & 18–3 Uhr, Sa 21.30–3 Uhr; Ⓢ Línea B Alem) Das Bar-Restaurant im Obergeschoss ist unter der Woche bei Büroangestellten beliebt; Fusionküche wird mittags und abends angeboten. Jeweils am zweiten Montag eines Monats gibt es das Buenos Aires Pub Quiz (www.buenosairespubquiz.com). Happy Hour von 18 bis 22 Uhr.

Bahrein CLUB
(Karte S. 68; ☎011-4314-8886; www.bahreinba.com; Lavalle 345; ⏲Fr & Sa 22–7 Uhr; Ⓢ Línea B Alem) Den Großteil der tätowierten Jugendlichen von Buenos Aires zieht es offenbar ins Bahrein, einen weithin beliebten Club in einem alten Bankgebäude (ein Blick in die „Schatzkammer" im Keller lohnt sich). Im Erdgeschoss legt der hauseigene DJ im loungeartig aufgemachten Funky Room House Music und Electronica auf. Unten liegt die angesagte Xss-Disco mit einer eindrucksvollen Musikanlage und einer Tanzfläche, die Hunderten von Leuten Platz bietet.

San Telmo

★ **Bar Plaza Dorrego** CAFÉ
(Karte S. 68; ☎011-4361-0141; Defensa 1098; ⏲So–Do 8–24, Fr & Sa bis 3.30 Uhr; 🚌29, 24, 33) Die Atmosphäre in diesem traditionellen Café ist einfach unschlagbar. Man nippt an einem *submarino* (warme Milch mit Schokolade) und genießt dabei den Blick durch das Panoramafenster oder schnappt sich draußen einen Tisch an der lebendigen Plaza. Angesichts der traditionell gekleideten Kellner, der Tangomusikberieselung, der alten Flaschen und der an die Wände gekritzelten Graffitis fühlt man sich durchaus ein wenig in die Vergangenheit zurückversetzt.

Doppelgänger COCKTAILBAR
(Karte S. 66; ☎011-4300-0201; www.doppelganger.com.ar; Av Juan de Garay 500; ⏲Di–Do 19–2, Fr bis 4, Sa 20–4 Uhr; 🚌29, 24) Die coole, smaragdgrüne Eckbar serviert perfekten Martini. Denn Wermuth-Cocktails sind die Spezialität von Doppelgänger. Das umfangreiche Angebot ist voller kreativer Mixturen: Den Anfang kann man mit einem Journalist (Martini mit einem Schuss Bitterorange) oder dem Bestseller der Bar machen: einem Old Fashioned.

Coffee Town KAFFEEHAUS
(Karte S. 68; ☎011-4361-0019; http://coffeetowncompany.com; Bolívar 976, Mercado de San Telmo; ⏲8–20.30 Uhr; Ⓢ Línea C Independencia) Mit den besten Kaffee von Buenos Aires gibt's in diesem Kiosk im Mercado de San Telmo (S. 71) – den Eingang findet man über die via Carlos Calvo. Erfahrene Baristas servieren Fair-Trade-Bio-Kaffee aus aller Welt – Kolumbien, Kenia, Sumatra und Jemen. Das Gebäck passt hervorragend dazu.

La Puerta Roja BAR
(Karte S. 68; ☎011-4362-5649; http://lapuertaroja.com.ar; Chacabuco 733; ⏲12–5.30 Uhr; Ⓢ Línea C Independencia) Die Bar im Obergeschoss hat kein Schild – einfach nach der roten Tür

Ausschau halten. Sie hat eine coole, relaxte Atmosphäre mit niedrigen Lounge-Möbeln im Hauptraum und einen Billardtisch im hinteren Bereich. In einer typisch traditionellen Bar wie dieser braucht man auf der Karte gar nicht erst nach Frucht-Cocktails zu suchen, doch es gibt gutes internationales Essen, darunter Currys, Tacos und Chicken Wings.

On Tap CRAFT-BIER
(Karte S. 66; www.ontap.com.ar; Av Caseros 482; ⌚ So, Di & Mi 17–0.30, Do bis 1.30, Fr & Sa bis 2 Uhr; 🚌 29) In der On-Tap-Filiale von San Telmo kann man einige der 20 in der Region gebrauten Craft-Biere probieren.

Recoleta

Buller Brewing Company MIKROBRAUEREI
(Karte S. 68; ☎ 011-4806-0556; www.bullerpub.com; Junín 1747; ⌚ Mo–Mi 12–1, Do & So bis 2, Fr & Sa bis 4 Uhr; 📶; Ⓢ Línea H Las Heras) In dieser Mikrobrauerei, die etwas unpassend direkt gegenüber dem Friedhof von Recoleta liegt, werden im industriellen Stil sechs Sorten Bier gebraut. Wer sich nicht zwischen den Sorten Starkbier, IPA-Bier, Hefeweizen, Pils (*rubia*), Honigbier oder Lager entscheiden kann, bestellt einfach die Probeversion aller sechs Biere. Vor der Brauerei ist ein toller Patio und es gibt eine riesige Auswahl an Snacks und Sandwichs.

La Biela CAFE
(Karte S. 68; ☎ 011-4804-0449; www.labiela.com; Av Quintana 600; ⌚ Mo–Do 7–2, Fr & Sa bis 3, So 8–2 Uhr; 🚌 130, 62, 93) Ein Institution in Recoleta: Der Klassiker bedient die *porteño*-Elite schon seit den 1950er Jahren – als Rennfahrchampions sich hier häufiger blicken ließen. Die Außenterrasse vorne ist für einen Kaffee oder ein Bier an sonnigen Nachmittagen wie geschaffen. Jedoch kostet ein Platz hier einen Aufpreis von 20 %.

Palermo

★ **LAB Training Center & Coffee Shop** CAFÉ
(Karte S. 78; ☎ 011-4843-1790; www.labcafe.com.ar; Humboldt 1542; ⌚ Mo–Fr 8–20, Sa ab 10 Uhr; 🚌 111, 140, 39) Mit den hohen Decken, freigelegten Backsteinmauern und dem Industrielook, den Markenzeichen eines Hipstercafés, ist das Café beinahe eine Parodie seiner selbst –aber dafür schmeckt der Kaffee ausgezeichnet! Die Kunden wählen aus den vor Ort gerösteten Kaffeebohnen und lassen den Kaffee dann entweder per Chemex, Aero-Press, V60, Kalita, Syphon oder Clever Dripper zubereiten. Sitzplätze findet man überwiegend am Tresen.

★ **Verne** COCKTAILBAR
(Karte S. 78; ☎ 011-4822-0980; http://vernecocktailclub.com; Av Medrano 1475; ⌚ So–Di 21–2, Mi 20–2, Do 20–3, Fr 20–4, Sa 21–4 Uhr; 🚌 160, 15) Die gehobene, aber dennoch legere Bar spielt dezent mit Jules-Verne-Motiven. Spezialität des Hauses sind die Cocktails, die von einem der besten Barkeeper von Buenos Aires, Fede Cuco, gemixt werden. Gäste können an den Tischen, auf den gemütlichen Sofas oder auf dem luftigen Patio Platz nehmen. Wer zuschauen möchte, wie die magischen Cocktails gezaubert werden, sollte jedoch an der Bar Platz nehmen.

★ **Uptown** BAR
(Karte S. 78; ☎ 011-2101-4897; www.uptownba.com; Arévalo 2030; ⌚ Di & Mi 20.30–2, Do–Sa bis 3 Uhr; Ⓢ Línea D Ministro Carranza) Geht man die mit Graffiti bedeckten Treppenstufen hinunter, betritt man den Wagen einer echten New Yorker U-Bahn und damit die heißeste Bar von Buenos Aires; höhlenartige Räumlichkeiten im Untergrund mit DJs und einer Tanzfläche sowie einem kleineren, gemütlicheren Raum, der als Apotheke eingerichtet ist. Die Bar ist beliebt und es empfiehlt sich, vorab anzurufen und sich auf die Gästeliste setzen zu lassen.

★ **Niceto Club** CLUB
(Karte S. 78; ☎ 011-4779-9396; www.nicetoclub.com; Niceto Vega 5510; ⌚ Di–Sa; 🚌 111, 140, 34) Einer der größten Publikumsmagneten in der Stadt heißt Club 69, ein subversives, nicht zu versäumendes DJ-Event mit schrill aufgemachten Showgirls, tanzenden Dragqueens, futuristischen Videoinstallationen und Performancekunst, das jeden Donnerstag im Niceto Club stattfindet. Am Wochenende übernehmen in- und ausländische Meister am Plattenteller die Regie, um mit ihrem Mix aus Hip-Hop, elektronischen Rhythmen, Cumbia und Reggae die ausgelassenen Massen zu unterhalten.

Benaim BAR
(Karte S. 78; www.facebook.com/benaimBA; Gorriti 4015; ⌚ Mo–Do 18–12.30, Fr bis 3, Sa 12–3, So 12–0.30 Uhr; 🚌 140, 39, 99) Man bestellt sein Pint IPA oder Golden Ale an diesem Foodtruck und trinkt es dann unter Lichterketten und Hängepflanzen in dem schönen Biergarten des Benaim. Die Küche serviert wirklich preiswerte Straßenküche wie Hummus,

Falafel, Kebabs und Pastrami. Happy Hour ist von 18 bis 20 Uhr.

Crobar CLUB

(Karte S. 78; ☎ 011-4778-1500; www.crobar.com.ar; Ecke Av de la Infanta Isabel & Freyre; ⏲ Fr & Sa 23.30–7 Uhr; 🚌 10, 33, 111) Die elegante, geräumige Crobar ist und bleibt einer der beliebtesten Clubs von Buenos Aires. Freitags legen internationale DJs angesagtes Techno auf. Samstags ist im Hauptraum Trance mit Pixel sowie die Schwulenparty Rheo angesagt. Man sollte einen prall gefüllten Geldbeutel mitbringen, denn die Crobar ist ein Nobelclub im oberen Preissegment.

Kika CLUB

(Karte S. 78; www.kikaclub.com.ar; Honduras 5339; ⏲ Di–So 1 Uhr bis open end; 🚌 111, 34, 140) Da dieser Club nicht allzu weit vom Zentrum der Kneipenszene Palermos entfernt liegt, lässt sich die beliebte „Hype-Party", die am Dienstag im Kika steigt, leicht von Partygängern erreichen. DJs aus dem In- und Ausland bieten eine Mischung aus Electronica, Rock, Hip-Hop, Drum and Bass sowie Dubstep. An anderen Abenden dominieren Electronica, Raggaeton, Latin und Live-Bands das Geschehen.

Boticario COCKTAILBAR

(Karte S. 78; www.boticariobar.com; Honduras 5207; ⏲ Di & Mi 20–3, Do–Sa 21–4 Uhr; 🚌 55, 34) Mit den grünen Ranken und den Holzregalen mit Glasflaschen und Gefäßen an den Wänden hat sich Boticario von alten Apotheken inspirieren lassen. Die Barkeeper zaubern aus Zutaten wie Zitronengras und frischer Minze Cocktails mit einem „botanischen" Touch. Am Wochenende legen DJs auf.

☆ Unterhaltung

Da Buenos Aires niemals schläft, findet man an jedem Abend der Woche etwas Interessantes. Ständig gibt es Theateraufführungen, Konzerte und wirklich überall Tango–shows.

Jedes moderne Einkaufszentrum hat einen Kinokomplex mit mehreren Kinosälen. Die Filme laufen meist in ihrer Originalsprache mit Untertiteln.

Ermäßigte Tickets (für manche Theater-, Tango- und Filmvorführungen) erhält man u.a. bei **Cartelera Vea Más** (☎ 011-6320-5319; Av Corrientes 1660, Local 2; ⏲ Mo–Mi 10–19, Do & Fr bis 21, Sa 12–24, So 1–21 Uhr; Ⓢ Línea B Callao), **Cartelera Baires** (☎ 011-4372-5058; Av Corrientes 1382, Galería Apolo; ⏲ Mo–Do 12.30–20, Fr & Sa 1.15–20.30 Uhr; Ⓢ Línea B Uruguay) und **Cartelera Espectáculos** (☎ 011-4322-1559; www.123info.com.ar; Lavalle 742; ⏲ Mo–Sa 12–21, So bis 20 Uhr; Ⓢ Línea C Lavalle).

Ticketek (☎ 011-5237-7200; www.ticketek.com.ar; Av Santa Fe 4389; ⏲ Mo–Sa 8–20 Uhr, So 13–20 Uhr; Ⓢ Línea D Plaza Italia) hat Filialen in der ganzen Stadt und verkauft Karten für Großveranstaltungen.

Tango-Shows

Die meisten Traveller möchten sich in Buenos Aires auch eine Tango-Show anschauen. Nach „nichttouristischen" Veranstaltungen zu suchen, ist allerdings müßig, da der Tango nun mal ein Gesellschaftstanz ist, bei dem das Zuschauen dazugehört. Billigere Shows sind in der Regel traditioneller. Bei einer *milonga* zeigen Tänzer, was sie drauf haben; aber externe Zuschauer gehören eigentlich nicht recht dorthin (auch wenn einige *milonga*-Lokale ab und an Shows veranstalten).

Es gibt viele Tango-Shows mit Abendessen, die auf Touristen mit Geld in der Tasche abzielen. Manche sind wie Las-Vegas-Shows aufgemacht – inklusive Kostümwechsel, Trockeneis und in die Höhe gewirbelte Beine. Das sieht schon spektakulär aus. Reservieren.

Sonntags gibt's auf dem Antiquitätenmarkt in San Telmo und auf dem El Caminito in La Boca, gelegentlich auch auf der Calle Florida in der Nähe von Lavalle, „kostenlose" Tangodarbietungen (Spende erbeten).

★ **Centro Cultural Borges** TANGO

(Karte S. 68; ☎ 011-5555-5359; www.ccborges.org.ar; Ecke Viamonte & San Martín; Shows ab 470 AR$; Ⓢ Línea C Lavalle) Dieses exzellente Kulturzentrum hat einige hochwertige Angebote, darunter Tangoshows zu akzeptablen Preisen, die mehrere Aufführungen pro Woche anbieten. Bien de Tango, freitags und samstags ab 20 Uhr, ist besonders gut. Die Show kann mit Tangopräsentationen mithalten, die das Dreifache kosten. Auf der Webseite des Kulturzentrums oder aber direkt vor Ort kann man sich einen Überblick zu den Angeboten verschaffen und Ticketreservierungen erwerben.

★ **La Catedral** MILONGA

(Karte S. 78; ☎ 011-15-5325-1630; www.lacatedralclub.com; Sarmiento 4006; Ⓢ Línea B Medrano) Legere, heruntergekommene Lagerhalle mit flippigen Kunstwerken an den Wänden, Möbeln aus dem Secondhandladen und stimmungsvoller, gedimmter Beleuchtung. Gelegentlich streicht auch eine Katze unter den

Tischen umher. Es geht eher unkonventionell zu und es gibt keinen Dresscode – hauptsächlich trägt man Jeans. Großartig auch für Anfänger, denn hier kann sich jeder auf der Tanzfläche wohlfühlen.

Maldita Milonga TANGO
(Karte S. 68; ☎ 011-15-2189-7747; www.facebook.com/malditamilonga1; Perú 571, Buenos Ayres Club; ⏲ Mi Unterricht 21, Milonga 22.30 Uhr; Ⓢ Línea E Belgrano) Die mittwochs im Buenos Ayres Club stattfindende Maldita Milonga ist ein gut geführtes und beliebtes Event und einer der besten Orte, um echte Tangotänzerpaare zu sehen. Das Highlight des Abends findet um 23 Uhr statt, wenn das dynamische Orchester El Afronte aufspielt – gegen Mitternacht findet schließlich eine professionelle Tanzvorführung statt.

Tango Queer TANGO
(Karte S. 68; ☎ 011-15-3252-6894; www.tangoqueer.com; Perú 571, Buenos Ayres Club; ⏲ Unterricht 20.30, Milonga 22–2 Uhr; Ⓢ Línea E Belgrano) Dienstagabends kann im Buenos Ayres Club bei diesem hervorragenden Unterricht und anschließender Gay-*milonga* jeder mit jedem tanzen.

Livemusik

In einigen Bars gibt's auch Livemusik.

★ **La Bomba de Tiempo** LIVEMUSIK
(Karte S. 78; www.labombadetiempo.com; Sarmiento 3131, Ciudad Cultural Konex; 90 AR$; ⏲ Mo 19–22 Uhr; Ⓢ Línea B Carlos Gardel) Eine der außergewöhnlichsten Events steigt jeden Montag mit der unermüdlichen Schlagzeugergruppe La Bomba de Tiempo im **Ciudad Cultural Konex** (Karte S. 78; ☎ 011-4864-3200; www.ciudadculturalkonex.org; Av Sarmiento 3131; Ⓢ Línea B Carlos Gardel). Unmöglich, hier nicht dem Rhythmus der Trommler zu erliegen und mitzutanzen.

Centro Cultural Torquato Tasso LIVEMUSIK
(Karte S. 66; ☎ 011-4307-6506; www.torquatotasso.com.ar; Defensa 1575; 🚌 29, 168, 24) Eine der beliebtesten Locations für Livemusik in Buenos Aires mit erstklassigen Tangomusik-Aufführungen – man sollte nach Rodolfo Mederos und La Chicana Ausschau halten. Besonders gerne treten hier Bands auf, die die verschiedenen Musikgenres miteinander verbinden, so z. B. Tango oder *folklórico* mit Rockmusik.

Usina del Arte KONZERTHALLE
(Karte S. 66; www.buenosaires.gob.ar/usinadelarte; Agustín R Caffarena 1; 🚌 130, 86, 8) GRATIS Das restaurierte alte E-Werk wurde in eine spektakuläre Konzerthalle umfunktioniert, um so einem etwas unheimlichen Teil von La Boca neues Leben einzuhauchen. Zum prächtigen roten Ziegelgebäude gehört ein malerischer Uhrenturm; die zwei Konzerthallen überzeugen durch hochwertige Akustik. Fast alle Kunstausstellungen, Konzerte und Tanzvorführungen sind kostenlos. Auf der Website findet man alle Infos zu bevorstehenden Veranstaltungen.

Zuschauersport

Kein anderer Sport lässt die Emotionen so hochkochen wie Fußball. Die beliebtesten Clubs sind **Boca Juniors** (Karte S. 66; ☎ 011-5777-1200; www.bocajuniors.com.ar; Brandsen 805; 🚌 29, 53, 152) in La Boca und **River Plate** (Estadio Monumental; Karte S. 66; ☎ 011-4789-1200; www.cariverplate.com; Alcorta 7597; Museum 225–300 AR$; ⏲ Museum 10–19 Uhr; 🚌 42, 29) in Belgrano, das nordwestlich vom Aeroparque Jorge Newberry liegt. Saison ist von Ende August bis Ende Mai.

Die Preise für Tickets sind davon abhängig, welche Mannschaften antreten und wie die Nachfrage ist. Im Allgemeinen sind *entradas populares* (Stehplätze auf der Tribüne) am billigsten. Da befindet man sich dann mitten unter eingefleischten Fans; allerdings sollte man teure Uhren, Halstücher oder Kameras und andere Kennzeichen wohlhabender Leute auf der Tribüne auf keinen Fall zur Schau stellen. Mit *plateas* (Sitzplätzen) fährt man allemal sicherer. Man kann ein Spiel auch im Rahmen einer Tour sehen, solche Angebote hat beispielsweise Tangol (S. 89) im Programm.

Polo wird in Buenos Aires vor allem von Oktober bis Dezember gespielt. Die Spiele werden im Campo de Polo in Palermo ausgetragen. Weitere Sportarten mit großem Besucherzuspruch sind Rugby, Pferderennen und *pato* (eine traditionelle argentinische Reitsportart).

Shoppen

Buenos Aires hat moderne Einkaufszentren und noble Shoppingmeilen wie die Florida und die Av Santa Fe. Im Angebot sind Klamotten von ordentlicher Qualität, Schuhe, Lederwaren, Accessoires, Elektronikartikel, Musik und Haushaltswaren. Importwaren (z. B. Elektronikartikel) sind aber sehr teuer.

Palermo Viejo ist das beste Viertel, wenn man Boutiquen und kreative Mode sucht. Die Avenida Alvear in Richtung Recoleta-Friedhof steht im Zeichen von Designer-

Labels. Die Defensa in San Telmo säumen teure Antiquitätenläden. An den Wochenenden finden mehrere Kunsthandwerksmärkte statt, etwa die hippe *feria artesanal* vor dem Recoleta-Friedhof. Der berühmte Antiquitätenmarkt von San Telmo wird sonntags abgehalten. Lederjacken und -taschen bekommt man in den Geschäften in der Calle Murillo (Blocks 599–600) im Bezirk Villa Crespo. Preiswerte Importartikel gibt's in der Av Pueyrredón in der Nähe der Estación Once (Bahnhof Once) – dort findet man buchstäblich alles.

★ **Elementos Argentinos** HAUSHALTSWAREN
(Karte S. 78; ☎ 011-4832-6299; www.elementos argentinos.com.ar; Gurruchaga 1881; ⏲ Di–Sa 11–19 Uhr; Ⓢ Línea D Plaza Italia) Die hochwertigen Teppiche, Läufer und Decken, die hier verkauft werden, sind von Hand gefärbt, auf einem Webstuhl von Hand gewoben und aus fairem Handel. Die Eigentümer arbeiten mit Kooperativen und NGOs zusammen, um die Gemeinden im Nordwesten Argentiniens, in denen die Textilien hergestellt werden, zu unterstützen. Größere Stücke werden auch nach Hause versandt, allerdings passt eine superweiche Decke aus Lamawolle bestimmt noch in den Koffer.

★ **Autoría** ARTS & CRAFTS
(Karte S. 68; ☎ 011-5252-2474; www.autoriabsas.com.ar; Suipacha 1025; ⏲ Mo–Fr 9:30–20 Uhr, Sa 10–18 Uhr; Ⓢ Línea C San Martín) Dieser galerieartige Laden mit ausgefallenen Kunstbüchern, Fashion, Accessoires, skurrilen Schreibtischskulpturen, originalen Kunstwerken und individuellen, handgefertigten Schmuckstücken unterstützt argentinische Designer. Besonders interessant sind die Produkte aus recycelten Materialien – Taschen aus Tyvek, Luft- oder Feuerwehrschläuche oder sogar alten Segeln. Die Produkte sind qualitativ hochwertig und die Preise erschwinglich.

★ **El Ateneo Grand Splendid** BÜCHER
(Karte S. 68; ☎ 011-4813-6052; www.yenny-elateneo.com/local/grand-splendid; Av Santa Fe 1860; ⏲ Mo–Do 9–22, Fr & Sa bis Mitternacht, So 12–22 Uhr; Ⓢ Línea D Callao) Der wunderbare Buchladen in einem umgewandelten Theater floriert auch noch im Zeitalter von Kindle. Das Grand Splendid Theater wurde im Jahr 1919 eröffnet und 2000 in einen Buchladen verwandelt. Die meisten Sitzplätze wurden durch Bücherregale ersetzt, allerdings blieben originale Details, beispielsweise die wunderbar bemalte Kuppel und die Balkone, erhalten.

Bosque KUNST & KUNSTHANDWERK
(Karte S. 78; ☎ 011-4516-3052; https://bosque2.mitiendanube.com; Gorriti 5697; ⏲ Mo–Fr 11–20 Uhr, Sa 12–20 Uhr; Ⓢ Línea D Ministro Carranza) Ein nettes Angebot an Kunst und Kunsthandwerk mit botanischem Touch steht in dieser kleinen Boutique zum Verkauf. Allgegenwärtig ist das Thema Wald, dem man in den limitiert erhältlichen Bildern, handgemalten Dekorationstellern, Töpferwaren und Kissen ebenso begegnet wie bei den geometrisch geformten Holzlampen und den Dekoartikeln, die alle von einheimischen Designern gemacht wurden.

ℹ Praktisches

EINREISE

Einreisestelle (☎ 011-4317-0234; www.migraciones.gov.ar; Av Antártida Argentinien 1355; ⏲ Mo–Fr 8–14 Uhr; 🚌 92, 106) Hier bekommt man Verlängerungen des 90-Tage-Touristenvisums.

GEFAHREN & ÄRGERNISSE

Generell ist Buenos Aires ein ziemlich sicheres Pflaster. An vielen Orten können sich selbst Frauen, die allein unterwegs sind, nachts gefahrlos bewegen. Die Orte, an denen man nachts vorsichtig sein sollte, sind in der Gegend um den Bahnhof Constitución, das östliche Randgebiet von San Telmo, einige Ecken von Once und La Boca – wo abseits der Touristenstraßen auch tagsüber Vorsicht geboten ist. Aber natürlich sollte man einigermaßen clever sein: etwa nicht mit teurem Schmuck herumlaufen, immer seine Umgebung im Auge behalten und zumindest so tun, als fände man sich zurecht.

GELD

Zum Geldwechseln sind Banken und *cambios* (Wechselstuben) am sichersten. Am besten lassen sich US-Dollar umtauschen. Im Dezember 2015 wurden die Devisenkontrollen abgeschafft. Infolgedessen fiel die Nachfrage nach US-Dollar auf dem argentinischen Schwarzmarkt, aber man hört trotzdem auf der verkehrsberuhigten Av Florida immer noch Leute „*cambio, cambio, cambio*" rufen – diese Schlepper meiden!

Für die meisten Transaktionen braucht man einen Identitätsnachweis. In Banken bilden sich nicht selten lange Schlangen. *Cambios* haben etwas schlechtere Kurse, aber weniger Beschränkungen, und es geht schneller. In vielen Läden werden US-Dollar auch zu einem gar nicht schlechten Kurs angenommen.

An Geldautomaten herrscht kein Mangel. Es kann aber Abhebelimits geben – das hängt von

ANREISE

Wer Buenos Aires von außerhalb Argentiniens anfliegt, landet höchstwahrscheinlich am Flughafen Ezeiza, der etwa 40 Minuten von der Innenstadt entfernt ist. Ankömmlinge aus den USA, Kanada und Australien müssen keine Einreisegebühr mehr bezahlen.

Wer in die Stadt möchte, nutzt am besten den regelmäßig verkehrenden Shuttleservice **Manuel Tienda León** (MTL; Karte S. 68; ☎ 011-4315-5115; www.tiendaleon.com; Av Eduardo Madero 1299; Ⓢ Línea C Retiro; 310 AR$); der MTL-Verkaufsstand ist direkt hinter dem Zoll. Eine weitere Option ist der **Hostel Shuttle** (☎ 011-4511-8723; www.hostelshuttle.com.ar; 13 US$).

Wer ein Taxi nimmt, geht nach der Zollabfertigung durch den Ankunftsbereich und findet direkt nach den Taxiständen einen alleinstehenden Taxistand mit der blauen Aufschrift **Taxi Ezeiza** (☎ 011-5480-0066; www.taxiezeiza.com.ar; ab Ezeiza ins Zentrum 780 AR$; ⏲ 24 Std.).

Pfennigfuchser nehmen den Bus 8 (8 AR$, 2 Std.) vor dem Terminal B oder vor dem Terminal A (rechts abbiegen und ein paar Minuten bis zur Bushaltestelle gegenüber der Petrobras-Tankstelle gehen). Man braucht eine SUBE-Karte für den Bus, die an dem *kiosko* gegenüber dem Check-in-Schalter 25 (das Schild sagt: „25 Std. geöffnet!") erhältlich ist.

Wer Geld wechseln will, sollte die *cambios* (Wechselstuben) mit ihren schlechten Kursen meiden. Die Banco de la Nación in der Nähe hat faire Kurse und ist rund um die Uhr geöffnet. Auf dem Flughafen gibt's mehrere Geldautomaten.

Die meisten Inlandsflüge landen auf dem **Aeroparque Jorge Newbery** (Karte S. 66; ☎ 011 5480-6111; www.aa2000.com.ar; Av Rafael Obligado; 🚌 33, 45) wenige Kilometer nördlich vom Zentrum. Die Shuttles von Manuel Tienda León (60 AR$) brauchen 15 Minuten dorthin. Der Bus 45 fährt ebenfalls zum Zentrum; die Haltestelle liegt im Süden (beim Verlassen des Flughafens rechts halten). Ein Taxi in die Innenstadt kostet rund 160 AR$.

Ein Shuttle vom Flughafen Ezeiza zum Aeroparque kostet 155 AR$.

Der Busbahnhof Retiro liegt rund 1 km nördlich vom Zentrum. Man kann die Subte nehmen, wenn das Ziel nahe einem U-Bahnhof liegt, oder geht zu einem der *remise*-Stände (eine Art Taxi) nahe den Bussteigen.

der eigenen Bank ab. Mit Visa oder Mastercard kann man Barvorschüsse abheben – sicherheitshalber erkundigt man sich aber vor der Abreise bei seiner Bank.

INTERNETZUGANG

WLAN gibt's in nahezu allen Hotels, Hostels, Restaurants, Cafés und Bars und ist meistens schnell und kostenlos.

Locutorios (Telefonstuben) mit Internet sind weit verbreitet; man muss nur etwas laufen, dann findet man garantiert eine. Die Preise sind günstig und die Verbindungen schnell.

POST

Die zumeist zuverlässige, staatliche Postgesellschaft **Correo Argentino** (www.correoargentino.com.ar) hat zahlreiche Filialen in ganz Buenos Aires. Wichtige, internationale Sendungen sollte man als *certificado* (Einschreiben) schicken. Für internationale Pakete über 2 kg geht man mit einer Kopie seines Reisepasses zu **Correo Internacional** (Karte S. 68; ☎ 011-4891-9191; www.correoargentino.com.ar; Av Antártida Argentinien 1100; ⏲ Mo–Fr 9–16 Uhr; Ⓢ Línea C Retiro) nahe dem Retiro Busbahnhof. Die Preise finden sich auf der Internetseite.

Private internationale und nationale Kurierdienste wie **Fedex** (Karte S. 68; ☎ 0810-333-3339; www.fedex.com; Av Corrientes 654; ⏲ Mo–Fr 9–18 Uhr; Ⓢ Línea B Florida) und **DHL** (Karte S. 68; ☎ 0810-122-3345; www.dhl.com.ar; Av Córdoba 783; ⏲ Mo–Fr 9–19 Uhr; Ⓢ Línea C Lavalle), **OCA** (Karte S. 68; ☎ 011-4311-5305; www.oca.com.ar; Viamonte 526; ⏲ Mo–Fr 8–18 Uhr; Ⓢ Línea C Lavalle) und **Andreani** (Karte S. 68; ☎ 0810-122-1111; www.andreani.com.ar; Av Belgrano 1211; ⏲ Mo–Fr 9–19, Sa bis 13 Uhr; Ⓢ Línea C Moreno) sind empfehlenswert für Inlandssendungen; sie haben beide viele Filialen in der ganzen Stadt.

REISEBÜROS

Say Hueque (☎ 011-5258-8740; www.sayhueque.com; Thames 2062; ⏲ Mo–Fr 9–18 Uhr, Sa 10–13 Uhr; Ⓢ Línea D Plaza Italia) Dieses empfehlenswerte, unabhängige Reisebüro hat sich auf maßgeschneiderte Abenteuertrips in ganz Argentinien spezialisiert, nimmt aber auch Flug-, Bus- und Hotelreservierungen vor. Außerdem werden verschiedene Stadtführungen in Buenos Aires angeboten.

Tangol (☎ 011-4363-6000; www.tangol.com; Florida 971, Suite 31; ⏲ Mo–Sa 9–18 Uhr, So 10–19 Uhr; Ⓢ Línea C San Martín) Dieses Reisebüro bietet ein bisschen von allem an: Stadtführungen, Tangoshows, Führungen zu Fußballspielen, Hotelreservierungen, Spanischunterricht, Flugtickets und Pauschalreisen im ganzen Land. Auch eher ungewöhnliche Aktivitäten wie Helikopter-Rundflüge und Fallschirmsprünge kann man hier buchen. Auch in **San Telmo** (☎ 011-4363-6000; www.tangol.com; Defensa 831; ⏲ Mo–Sa 9–18 Uhr, So 10–19 Uhr; Ⓢ Línea C Independencia) gibt es einen Tangol-Ableger.

TELEFON

Telefonieren kann man am einfachsten in einem *locutorio* (kleinen Telefonladen), wo Telefonkabinen den Kunden eine sichere und ruhige Umgebung bieten. Die Preise entsprechen denen von öffentlichen Telefonzellen; man benötigt jedoch kein Kleingeld. Die meisten *locutorios* bieten auch Internetdienste zu vernünftigen Preisen.

TOURISTENINFORMATION

Es gibt mehrere Touristenbüros und Kioske in Buenos Aires. Dort wird Englisch gesprochen und man erhält Karten und Informationen zu kostenlosen Führungen und anderen Aktivitäten.

Ezeiza Airport (☎ 011-4480-0224; Terminal A Ankunft, 1. Stock, Ezeiza Airport; ⏲ 8.15–19.15 Uhr)

Florida (Karte S. 68; Ecke Florida & Roque Sáenz Peña; ⏲ 9–18 Uhr; Ⓢ Línea D Catedral)

La Boca (Karte S. 66; https://turismo.buenosaires.gob.ar; Av Don Pedro de Mendoza 1901; ⏲ 9–18 Uhr; 📶; 🚌 33, 64, 29)

Plaza San Martín (Karte S. 68; Ecke Av Florida & Marcelo T de Alvear; ⏲ 9–18 Uhr; Ⓢ Línea C San Martín)

Puerto Madero (Karte S. 68; Dique 4, Juana M Gorriti 200; ⏲ 9–18 Uhr; Ⓢ Línea B Alem)

Recoleta (Karte S. 68; https://turismo.buenosaires.gob.ar; Av Quintana 596; ⏲ 9–18 Uhr; 🚌 130, 62, 93)

Retiro (Karte S. 68; Retiro Bus Station, Booth 83; ⏲ 7:30–16:30 Uhr; Ⓢ Línea C Retiro)

ℹ An- & Weiterreise

BUS

Retiro (Retiro; Karte S. 68; ☎ 011-4310-0700; www.retiro.com.ar; Av Antártida Argentinien; Ⓢ Línea C Retiro) ist ein riesiger Busbahnhof mit 3 Etagen und Platz für 75 Busse. Drinnen findet man Cafeterias, Läden, WCs, Schließfächer, Telefonbuden mit Internet, Geldautomaten und einen 24 Stunden geöffneten Informationsstand, der einem hilft, sich im Terminal nicht zu verlieren. Ein Touristenbüro gibt es ebenso wie einen Schalter, an dem man die SUBE-Karte kaufen kann (S. 90).

Im Folgenden findet sich ein kurzer Auszug aus dem sehr umfangreichen Streckenplan. Die Preise sind sehr unterschiedlich und hängen von Jahreszeit, Anbieter und Wirtschaftslage ab. Während der Ferienzeit steigen die Preise; man sollte seine Karte vorab kaufen. Aktuelle Preise findet man auf www.omnilineas.com oder www.plataforma10.com.ar.

Inlandsbusse ab Buenos Aires

ZIEL	PREIS (AR$)	DAUER (STD.)
Bariloche	1070–2410	24
Comodoro Rivadavia	1650–2750	27
Córdoba	570–1100	10
Mar del Plata	510–960	5½
Mendoza	830–2050	15
Puerto Iguazú	1820–2480	18
Puerto Madryn	1350–2300	19
Rosario	420–520	4
Salta	3000	21
Tucumán	1270–2230	15

Busse ab Buenos Aires ins Ausland

ZIEL	PREIS (AR$)	DAUER (STD.)
Asunción, Paraguay	1900–3200	18
Foz do Iguazú, Brasilien	1820–2480	19
Montevideo, Uruguay	1200	8
Rio de Janeiro, Brasilien	4000	42
Santiago, Chile	2200–2600	20
São Paulo, Brasilien	3500	34

FLUGZEUG

Die meisten internationalen Flüge erreichen Buenos Aires am Flughafen **Aeropuerto Internacional Ministro Pistarini** (Ezeiza; ☎ 011-5480-6111; www.aa2000.com.ar), der etwa 35 km südlich des Stadtzentrums liegt. Ezeiza ist ein moderner Flughafen mit Geldautomaten, Restaurants, einer Apotheke und Duty-Free-Läden.

SCHIFF/FÄHRE

Es gibt fahrplanmäßige Fähren nach/ab Colonia und Montevideo, die beide in Uruguay liegen. Die Fähren von **Buquebus** (Karte S. 68; ☎ 011-4316-

6530; www.buquebus.com; Av Antártida Argentina 821; Ⓢ Línea B Alem) und **Seacat** (Karte S. 68; ☎ 011-4314-5100; www.seacatcolonia.com; Av Antártida Argentinien 821; Ⓢ Línea B Alem) starten vom selben Terminal in Puerto Madero. Das Terminal erreicht man von der Haltestelle Alem Subte der Línea B aus zu Fuß in 15 Minuten.

Colonia Express (Karte S. 66; ☎ 011-4317-4100; www.coloniaexpress.com; Av Don Pedro de Mendoza 330; 🚌 130, 8, 86) ist die preiswerteste Gesellschaft, legt aber seltener ab; wer vorab online bucht, hat bessere Chancen auf gute Preise. Die Ablegestelle befindet sich in einer Industriegegend nahe La Boca und sollte mit dem Taxi angefahren werden.

ZUG

Mit ein paar Ausnahmen beschränkt sich der argentinische Zugverkehr auf die Vororte von Buenos Aires und einige Kleinstädte. Zugfahren ist zwar billiger, doch die Busse sind deutlich schneller, fahren häufiger und sind bequemer.

ℹ Unterwegs vor Ort

AUTO & MOTORRAD

Autofahren in Buenos Aires ist eine echte Herausforderung. Zu den Problemen gehören aggressive Fahrer, unberechenbare Busse, Schlaglöcher, Staus, die Parkplatzsuche und Fußgänger, die die Straße willkürlich überqueren. Man sollte daher überlegen, ob man in der Stadt wirklich ein Auto braucht; mit den öffentlichen Verkehrsmitteln kommt man meist schneller, billiger und entspannter ans Ziel.

BUS

Buenos Aires verfügt über ein riesiges, komplexes Bussystem. Glücklicherweise hat die Stadtverwaltung die Website CómoLlego (http://comollego.ba.gob.ar) eingerichtet, die bei der Streckenplanung hilft. Dort findet man auch eine kostenlose App, die man sich aufs Smartphone laden kann.

Zum Bezahlen der Bustickets benötigt man die SUBE-Karte, da Münzen nicht mehr genommen werden.

Die meisten Linien fahren 24 Stunden, nachts muss man jedoch länger auf den Bus warten; die Plätze vorne sind älteren Menschen, schwangeren Frauen oder Eltern mit Kleinkindern vorbehalten.

FAHRRAD

Wer sich im Großstadtdschungel auf einem Drahtesel wohlfühlt, kann schneller und einfacher in Buenos Aires umherkommen. In der Stadt geht es kaum bergauf- oder bergab, die meisten Straßen sind Einbahnstraßen und es stehen 130 km miteinander verbundene Fahrradwege zur Verfügung. Vorsichtig muss man aber beim Verkehr sein – bei Zweifeln sollte man lieber Vorfahrt gewähren. Es kommt vor, dass Fahrzeuge eine rote Ampel ignorieren oder man von Busfahrern übersehen wird. Auf den Hauptstraßen mit Einbahnstraßenverkehr (z. B. Av. Corrientes) ist die äußerste linke Fahrspur zu empfehlen, auf der man aber auf die Motorräder achten muss.

Die Stadtverwaltung bietet das kostenlose Stadtfahrrad **city bike** (EcoBici; ☎ 0800-333-2424; www.buenosaires.gob.ar/ecobici/sistema-ecobici/turistas; ⏲ 24 Std.), genannt EcoBici, welches die Touristen nutzen können. Einfach das Registrierungsformular online oder in der App ausfüllen und sein Reisepassfoto hochladen. Sobald man registriert ist, kann man die EcoBici-App nutzen, darüber ein Rad mieten und nach Eingabe eines Codes an einer der unbemannten Fahrradstationen losradeln. An der Fahrradstation muss man mit der App Internetzugang haben und die Nutzungsdauer ist unter der Woche auf eine und am Wochenende auf zwei Stunden begrenzt.

In den Touristeninformationen in der Stadt sind Kopien der Fahrradwegkarte der Stadtverwaltung (*Kartea de ciclovías de la Ciudad de Buenos Aires*), auf der man alle Fahrradwege, die Stationen der Stadträder und Fahrradwerkstätten (*bicicletarías)* findet. Die Website CómoLlego (http://comollego.ba.gob.ar) hilft bei der Routenplanung.

Alternativ kann man sich auch einer Fahrradtour durch die Stadt anschließen (beispielsweise bei Biking Buenos Aires; S. 74), die ein Fahrrad und einen Guide anbieten.

SUBTE (U-BAHN)

Die U-Bahn in Buenos Aires ist schnell, effizient und günstig. Für Traveller am wichtigsten sind die Linien A, B, D und E (ab *microcentro* zum

ℹ SUBE-KARTE

Für das öffentliche Verkehrsnetz von Buenos Aires benötigt man die sogenannte **SUBE-Karte** (☎ 0800-777-7823; www.sube.gob.ar; 60 AR$); die Busse akzeptieren keine Barzahlung mehr. Man bekommt sie in allen Touristeninformationsschaltern, einigen *kioskos* und den Postämtern von Correo Argentino oder OCA; Die Verkaufsstellen findet man auch auf der Webseite oder indem man nach dem SUBE-Logo an Läden sucht. Für den Erwerb braucht man einen Reisepass oder eine Kopie davon. An vielen Kiosken oder U-Bahn-Stationen kann man diese Karte dann aufladen.

westlichen und nördlichen Stadtrand) und die Línea C (zwischen Estación Retiro und Constitución).

Die U-Bahn verkehrt montags bis samstags von 5 bis etwa 20.30 Uhr sowie sonn- und feiertags von 8 bis etwa 20 Uhr. Es ist also nicht garantiert, nach dem Abendessen noch mit der Subte nach Hause zu kommen. Werktags fahren die Bahnen in dichter Zugfolge, am Wochenende wartet man länger.

TAXI & REMISE

Überall in den Straßen von Buenos Aires sieht man die schwarz-gelben Taxis. Sie sind relativ preisgünstig, und Trinkgeld ist unnötig; üblicherweise wird der Preis auf den nächsten vollen Peso aufgerundet.

In der Regel ist es sicher, sich am Straßenrand ein Taxi heranzuwinken. Allerdings hauen manche Fahrer Touristen übers Ohr. Deshalb immer darauf achten, dass der Fahrer den Taxameter anstellt. Man sollte auch immer in etwa wissen, wohin es geht und sichergehen, dass das Taxameter nicht zu schnell läuft (normalerweise springt er alle 200 m bzw. alle 3 Blocks weiter). Schließlich auch auf sein Geld achten: Manche Fahrer tauschen geschickt große Scheine gegen kleine oder echte Geldscheine gegen Blüten.

Als sicherer als die Taxis auf den Straßen gelten sogenannte *remises* (nicht gekennzeichnete Ruf-Taxis), da sie von etablierten Unternehmen ausgesandt werden. Sämtliche Geschäfte und Unterkünfte bestellen für ihre Kunden problemlos *remises* per Telefon.

RUND UM BUENOS AIRES

Sehr beliebt sind Tagesausflüge ins bezaubernde, kopfsteingepflasterte Colonia del Sacramento in Uruguay. Auch die uruguayische Hauptstadt Montevideo ist leicht erreichbar. Der Badeort Punta del Este ist nur einige Stunden von Buenos Aires entfernt.

Tigre

Etwa eine Stunde nördlich von Buenos Aires liegt dieses beliebte Wochenendausflugsziel der *porteños*. Man kann hier am **Flussufer** entlangschlendern, eine entspannte Bootsfahrt im **Delta del Paraná** machen und den **Mercado de Frutos** (der täglich stattfindende Kunsthandwerksmarkt präsentiert sich am Wochenende am attraktivsten) durchstöbern.

Tickets für Pendlerboote, die auf den Wasserwegen umherschippern, kann man an der *estación fluvial;* erwerben, das **Touristenbüro** (☎ 011-4512-4080; www.vivitigre.gov.ar; Bartolomé Mitre 305; ⏲ 9–18 Uhr) kann bei der Streckenauswahl helfen.

Am schnellsten und preisgünstigsten ist Tigre von Buenos Aires aus mit dem „Mitre-Ramal-Tigre"-Zug vom Bahnhof Retiro zu erreichen (mit/ohne SUBE 13,25/26,50 AR$, 50 Min., häufig). Malerischer ist die Fahrt aber, wenn man mit dem gleichen Zug nur bis zum Vorort Olivos fährt und dort in die Elektrobahn Tren de la Costa nach Tigre umsteigt. Die Busse 59, 60 und 152 halten ebenfalls am Tren-de-la-Costa-Bahnhof in Olivos.

San Antonio de Areco

☎ 02326 / 20 000 EW.

Das aus dem frühen 18. Jh. stammende pittoreske Dorf nordwestlich von Buenos Aires ist das symbolische Zentrum der aussterbenden *gaucho*-Kultur Argentiniens. Hier findet auch das größte *gaucho*-Fest des Landes statt: die **Fiesta de la Tradición** (www.sanantoniodeareco.com; ⏲ Nov). Historische Gebäude säumen die nette Plaza. Die Handwerker der Kleinstadt sind bekannt für Maté-Zubehör, *rastras* (mit Silber beschlagene Gürtel) und *facones* (Messer mit langen Klingen). Hierher fahren regelmäßig Busse vom Busbahnhof Retiro in Buenos Aires (119–225 AR$, 2 Std.).

NORDÖSTLICHES ARGENTINIEN

Von der spektakulär-ungezähmten Natur der Iguazú-Wasserfälle im Norden bis hin zur schicken Raffinesse von Rosario im Süden hat der Nordosten Argentiniens die größte Vielfalt des Landes zu bieten. Die Region liegt zwischen dem Río Paraná und dem Río Uruguay – daher der Spitzname „Zweistromland". Die Flüsse haben der Region nicht nur geografisch, sondern auch in Bezug auf Lebensunterhalt und Spaßfaktor ihren Stempel aufgedrückt. Die dünn besiedelte benachbarte Provinz Chaco wird dagegen oft als Argentiniens „Leeres Viertel" bezeichnet.

Der Nordosten war eine der Jesuiten-Hochburgen in Argentinien, bis diese 1767 vom amerikanischen Kontinent vertrieben wurden. Ihr Erbe ist im Nordosten der Region in den Überresten der vielen Missionen zu sehen.

Nordöstliches Argentinien

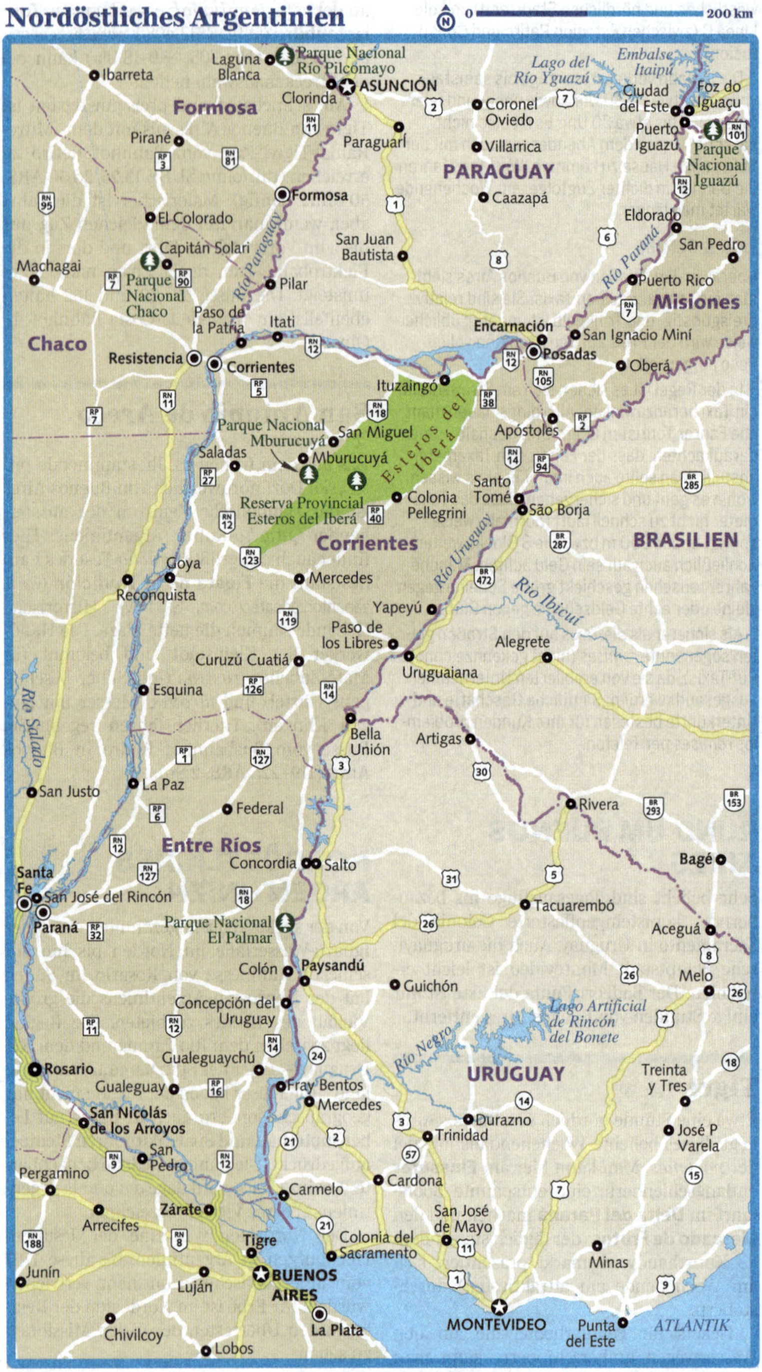

Rosario

☎0341 / 1, 27 MIO. EW.

Wer die Atmosphäre von Buenos Aires liebt, sich aber von der schieren Größe der Stadt erschlagen fühlt, ist in Rosario vielleicht besser aufgehoben.

Die nur ein paar Stunden weiter nördlich gelegene Stadt ist in vielerlei Hinsicht die Nummer zwei Argentiniens - zwar nicht in puncto Einwohnerzahl, dafür aber in Bezug auf Kultur, Wirtschaft und Ästhetik. Der blühende Handel und die wachsende Bevölkerung sorgten dafür, dass die Hafenstadt sogar als Kandidat für die Hauptstadt gehandelt wurde.

Heute wächst die Backpackerszene langsam, aber kontinuierlich, gestützt durch die große Universität und das damit verbundene Völkchen aus Studenten, Künstlern und Musikern.

Abends erwachen die Straßen zum Leben, und in den Bars und Clubs herrscht Hochbetrieb. Wenn am nächsten Tag dann alle aus den Federn gekrochen sind, trödelt man erst einmal zum Fluss hinunter, um mit noch mehr Drinks und Musik zu relaxen.

Aber es dreht sich nicht alles um Spiel und Spaß. Es gibt eine gute Auswahl an Museen und Galerien. Und Che-Guevara-Fans pilgern zu dessen Geburtshaus.

Sehenswertes & Aktivitäten

Central Rosario

Museo de Arte Contemporáneo de Rosario GALERIE

(MACRO; www.castagninomacro.org; Ecke Av de la Costa & Blvd Oroño; Spende 20 AR$; Di–So 11–19 Uhr) GRATIS Die Kunstgalerie befindet sich in einem bunt bemalten Getreidesilo an Rosarios eindrucksvoll saniertem Flussufer. Sie zeigt in kleinen, über acht Etagen verteilten Sälen Wechselausstellungen unterschiedlicher Qualität und meist von jungen, einheimischen Künstlern. Vom *mirador* (Aussichtspunkt) ganz oben bietet sich ein herrlicher Blick auf die Flussinseln; außerdem gibt es eine nette Cafébar am Fluss.

Museo de la Memoria MUSEUM

(www.museodelamemoria.gob.ar; Córdoba 2019; Spende 20 AR$; Di–Fr 13–19, Sa & So 15–19 Uhr) GRATIS Das Museum in einem ehemaligen Armee-Hauptquartier, nicht weit von jenem Ort, an dem die Polizei während des Schmutzigen Krieges (Zeit der argentinischen Militärdiktatur) Menschen einsperrte, folterte und tötete, soll an die Gewalt und ihre Opfer erinnern. Es hat eine kleine, aber sehr bewegende Ausstellung (Beschriftung nur auf Spanisch) mit Berichten von Zeitzeugen, Fotos der „Verschwundenen" und einem Exkurs zur Geschichte der Grausamkeiten der Menschheit. Oben finden Wechselausstellungen statt.

Monumento Nacional a La Bandera DENKMAL

(www.monumentoalabandera.gob.ar; Santa Fe 581; Aufzug 20 AR$; Di–So 9–18, Mo 14–18 Uhr) Manuel Belgrano, der die argentinische Flagge entworfen hat, ruht in einer Krypta unter diesem kolossalen Stein-Obelisken an jener Stelle, an der zum ersten Mal die blau-weiß gestreifte Nationalflagge gehisst wurde. Auch wer mit ungezügeltem Nationalismus eher wenig anfangen kann, sollte mit dem Aufzug bis ganz nach oben fahren und den tollen Blick aufs Ufer, den Paraná und die Inseln genießen. In dem hübschen Säulengang brennt eine ewige Flamme zum Gedenken an die Patrioten, die ihr Leben fürs Vaterland ließen.

★ Museo Municipal de Bellas Artes GALERIE

(www.castagninomacro.org; Ecke Av Carlos Pellegrini & Blvd Oroño; Spende 20 AR$; Di–So 11–19 Uhr) GRATIS Die lohnende Galerie zeigt einfallsreiche Ausstellungen mit Werken zeitgenössischer Künstler und solchen des 20. Jhs. aus der MACRO-Sammlung (S. 93). Die kleine Sammlung europäischer Kunst beinhaltet einige sehr schöne Stücke. Kostenlose Führungen gibt's um 17 Uhr.

Museo Histórico Provincial MUSEUM

(www.museomarc.gob.ar; Av del Museo, Parque Independencia; Di–Fr 9–18, Sa & So 15–19 Uhr) GRATIS Die gut kuratierte Sammlung beinhaltet viele Werke aus der Zeit nach der Unabhängigkeitserklärung sowie exzellente Exponate indigener Kulturen aus vielen Teilen Lateinamerikas. Besonders interessant ist die Sammlung religiöser Barockkunst aus den südlichen Anden. Infos gibt's nur auf Spanisch. Das Museum ist geschlossen, wenn die Newell's Old Boys (Rosarios Fußballclub) ein Heimspiel im Stadium nebenan haben (S. 96).

Costanera

Das Schönste an Rosario ist das Ufergebiet, wo die einstmals heruntergekommenen La-

Rosario

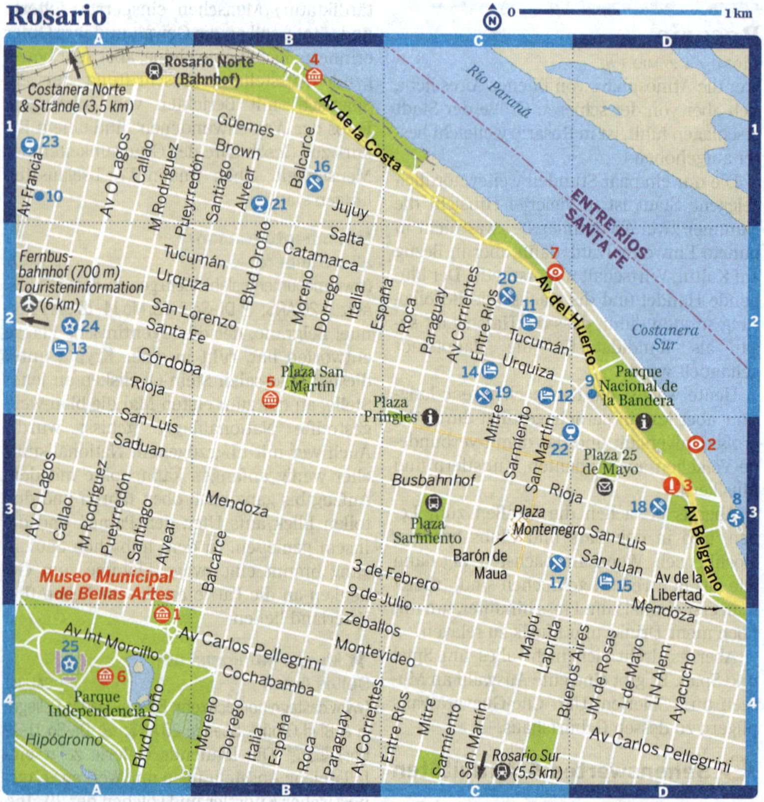

Rosario

Highlights
1 Museo Municipal de Bellas Artes A4

Sehenswertes
2 Costanera Sur D3
3 Monumento Nacional a La Bandera D3
4 Museo de Arte Contemporáneo de Rosario B1
5 Museo de la Memoria B2
6 Museo Histórico Provincial A4
7 Parque de España C2

Aktivitäten, Kurse & Touren
8 Estación Fluvial D3
9 Rosario Free Tour D2
Rosario Kayak & Motor Boat Tours .... (siehe 8)
10 Spanish in Rosario A1

Schlafen
11 Catamarca Suites Land C2
12 Esplendor Savoy Rosario C2
13 La Casa de Arriba A2
14 La Casa de Pandora C2
15 Residence Boutique Hostel D3

Essen
16 Comedor Balcarce B1
17 El Ancla C3
18 La Marina D3
19 Monreal C2
20 Zazpirak Bat C2

Ausgehen & Nachtleben
21 Bound B1
22 El Diablito C3
23 Fenicia A1

Unterhaltung
24 Distrito Siete A2
25 Estadio Marcelo Bielsa A4

gerhäuser und Bahngleise inzwis
Unterhaltung der Menschen umfur
wurden. Das Gebiet erstreckt sich
nem Südende am Parque Urqu
15 km bis zum nördlichen Stadtran
telbar an der Hängebrücke, die in
vinz Entre Ríos führt. Eine reizende ,
wo man gut flanieren und alles be n
kann – z.B. die vielen Vögel, ne
fútbol-Spiele oder die vorüberziehe ie-
sigen Frachtschiffe.

Costanera Norte UFER

Im Sommer lockt dieser 5 km nör h der Innenstadt beginnende Uferabsch viele Leute an die Strände. Den mittel en, öffentlichen Strand **Rambla Cataluny**a säumen eine Promenade und Bar-Restaurants. Danach kommt der **Balneario La Florida** (50 AR$; ⌚Okt.–April 9–20 Uhr), der beste Strand mit Dienstleistungen und einem sicheren Badebereich. Die pittoresken Buden dahinter verkaufen Flussfische. Im Sommer fährt der Bus „Linea de la Costa" von Rioja/Roca hierher. Als Alternative nimmt man den Bus 153 Roja vom Zentrum und fährt am Flussufer vorbei.

Costanera Sur UFER

Die begrünte Zone unterhalb der Innenstadt bietet viel Platz zum Joggen und Flirten. Hier ist auch das **Estación Fluvial** (La Fluvial; ☎0341-447-3838; www.estacionfluvial.com; ⌚9–18 Uhr) mit den Veranstaltern für Bootsausflüge und diversen Optionen zum Essen und Trinken. Weiter nördlich kommt man an verschiedenen Kulturstätten vorbei und erreicht dann den **Parque de España** (Paraná-Flussufer) und sein mausoleumähnliches Gebäude. Danach folgt ein Abschnitt mit Bars und Restaurants, wo es am Wochenende lebhaft zugeht, und schließlich das Museum für zeitgenössische Kunst (S. 93).

Kurse

Spanish in Rosario SPRACHE

(☎0341-15-560-3789; www.spanishinrosario.com; Catamarca 3095) Rosario ist ein toller Ort, um Spanisch zu lernen. Diese Sprachschule bietet erschwingliche Sprachprogramme und vermittelt auch Aufenthalte bei Gastfamilien sowie Freiwilligenjobs.

Geführte Touren

★Rosario Kayak & Motor Boat Tours TOUREN

(Paseos en Lancha y Kayak; ☎0341-15-571-3812; www.paseosenlancharosario.com; Estación Fluvial) Der freundliche, professionell betriebene Anbieter mit mehrsprachigen Angestellten veranstaltet tolle Bootsfahrten im Paraná-Delta (450 AR$, 1–1½ Std.) mit optionalem Zwischenstopp an einer Insel zum Mittagessen. Man kann die Inseln auch mit dem Kajak erkunden. Hier bekommt man auch Wassertaxis zu den Delta-Inseln sowie Leihfahrräder (250 AR$/Tag). Telefonisch oder in der Estación Fluvial buchen.

Rosario Free Tour STADTSPAZIERGANG

(☎0341-560-3789; www.rosariofreetour.com; Ecke Maipú & Urquiza; ⌚Sa 10 Uhr) Bietet zweistündige Stadtrundgänge auf Spanisch und Englisch. Treffpunkt ist an der Treppe des alten Zollhauses am Ende der Maipú. Die Teilnahme ist prinzipiell zwar gratis, doch Spenden werden erwartet.

Feste & Events

Rosario ist am Wochenende um den 12. Oktober dicht bevölkert. Viele Hotels und Hostels verdoppeln ihre Preise und sind schon lange vorher ausgebucht.

Semana de la Bandera FEST

(⌚Juni) Das größte Fest in Rosario ist die sogenannte Flaggenwoche, die ihren Höhepunkt mit den Festlichkeiten am 20. Juni, dem Todestag von Belgrano, erreicht.

Fiesta de las Colectividades KULTUR

(⌚Nov.) Dieses zehntägige Festival feiert Rosarios kulturelle Vielfalt: verschiedene Gruppen repräsentieren mit Konzerten, Tänzen, Workshops und kulinarischen Künsten die Einwanderer. Den Abschluss macht ein großes Feuerwerk.

Schlafen

Es gibt viele Hostels, die aber oft von Gruppen staatlicher Angestellter ausgebucht sind, sowie einige durchschnittliche Mittelklassehotels. Mitte der Woche sinken die Preise meist.

Residence Boutique Hostel HOTEL, HOSTEL $

(☎0341-421-8148; www.residenceboutique.com.ar; Buenos Aires 1145; B/DZ 13/57 US$; ❄@📶) Das Gebäude aus dem frühen 20. Jh. beherbergt ein heiteres, hübsches Hotel und Hostel und ist etwas ganz Besonderes. Die gemeinschaftlich genutzten Bereiche sind voller Jugendstil-Elemente, und die kompakten, schicken Privatzimmer bieten preiswerten Komfort. Ähnlich aufgemöbelt sind die Schlafsäle. In dem hübschen kleinen Hof mit Garten und im Frühstücksbereich kann man prima relaxen.

La Casa de Arriba HOSTEL $
(☎0341-430-0012; www.lacasadearriba.com.ar; Córdoba 2889; B Wochenende/werktags 12/16 US$, DZ 30 US$; @ 📶) Das Fingerspitzengefühl eines Designers hat aus dem alten Haus ein fabelhaftes Hostel gemacht. Freigelegte Ziegelsteine, kreativ genutzter Raum, moderne, regalförmige Etagenbetten und ein einladendes Ambiente prägen die komfortable, stilvolle Bleibe in Rosario. Das Zentrum ist zwar relativ weit weg, aber dafür liegen die Bars und Clubs quasi vor der Haustür.

La Casa de Pandora HOSTEL $
(☎0341-679-9314; www.lacasadepandora.com.ar; San Lorenzo 1455; B/Zi. 10/25 US$; @ 📶) Das künstlerische, einladende, elegante Hostel ist in ein klassisches, altes Gebäude umgezogen und hat sich so großzügig erweitert. Doch es ist nach wie vor sauber und gemütlich und hat eine entspannte Atmosphäre. Die großen und gemütlichen Schlafsäle haben eine Klimaanlage und das Café im vorderen Außenbereich lädt zum Chillen ein. Hier werden auch diverse Workshops und Events veranstaltet: Yoga, Tanz, Volksmusik.

Esplendor Savoy Rosario HOTEL $$
(☎0341-429-6000; www.esplendorsavoyrosario.com; San Lorenzo 1022; Standard/Superior Zi. 125/150 US$; P ❄ @ 📶 🏊) Selbst unter den vielen eleganten Gebäuden aus dem frühen 20. Jh. in Rosario sticht dieses Jugendstil-Schmuckstück hervor. Das Haus hat den Sprung in die Moderne ganz unbeschadet geschafft: Die Zimmer sind mit modernen Annehmlichkeiten ausgestattet, die von hundertjährigen Details begleitet werden. Ein überdachter Pool, eine hübsche Café-Bar und ein Dachgarten zählen zu den Attraktionen. Das Hotel wird gern für Veranstaltungen gebucht – auf Frieden und Ruhe braucht man also nicht zu hoffen.

Catamarca Suites Land HOTEL $$
(☎0341-440-0020; www.catamarcasuitesland.com.ar; Catamarca 1219; Zi. 65 US$; ❄ 📶) Die geräumigen, stilvoll eingerichteten Doppelzimmer im Apartment-Stil haben eine Frühstücksbar, Mikrowelle und Minibar. Die großen, bequemen Betten und die guten Duschen sind weitere Pluspunkte. Die Zimmer verfügen über Balkons mit Blick auf die Straße zum Paraná. Außerdem gibt es eine kleine Dachterrasse mit einem Jacuzzi. Das Frühstück wird auf dem Zimmer serviert. Nur Barzahlung.

Essen

Wer auf Entdeckungsreise gehen will, macht einfach einen Bummel auf der Av Carlos Pelligrini zwischen Maipú und Moreno. Das ist Rosarios Restaurantmeile – zehn Straßenblocks sind hier den Grundpfeilern der argentinischen Küche gewidmet: Pizza, *parrilla* (Gegrilltes), Pasta, *tenedores libres* (All-you-can-eat-Lokale) und Eis. Viele Restaurants haben gleich alles im Angebot. Außerdem gibt es fast an jeder Straßenecke eine *confitería* (Café-Snackbar).

La Marina SPANISCH, SEAFOOD $
(www.facebook.com/restaurante.lamarina.39; 1 de Mayo 890; Hauptgerichte 80–140 AR$; ⌚Mo–Sa 12–15 & 20–23.30 Uhr) Das mit verblichenen spanischen Tourismusplakaten dekorierte Kellerlokal gleich oberhalb des Flaggenmonuments ist das Nonplusultra für preiswerte und leckere Meeresfrüchte wie *rabas* (Tintenfisch) oder saftigen Flussfisch vom Grill. Dazu schmeckt ein aus Asturien importierter Sidra (Apfelwein). Man kann nicht reservieren, daher sollte man sich für dieses zurecht beliebte Restaurant auf Wartezeiten einstellen.

Monreal SANDWICHS $
(☎0341-421-9356; www.sandwichesmonreal.com.ar; Ecke San Lorenzo & Entre Ríos; Sandwichs 120–220 AR$; ⌚Mo–Fr 9–22, Sa 8–13 & 18–22, So 18–22 Uhr; 🖉) Dieses Ecklokal ohne Schnickschnack ist eine Institution in Rosario und verkauft eine große Auswahl an leckeren warmen und kalten Sandwichs, die als die besten der Stadt gelten. Man kauft hier meist zum Mitnehmen. Einfach ein Sandwich kaufen und an der *costanera* genießen.

Comedor Balcarce ARGENTINISCH $
(www.comedorbalcarce.com.ar; Ecke Balcarce & Brown; Hauptgerichte 160–310 AR$; ⌚Mo–Sa 12–

FUSSBALL IN ROSARIO

Rosario hat zwei Fußballmannschaften, die beide in der Vergangenheit viele Meisterschaften errungen haben. Die „Old Boys" von Newell spielen in rot-schwarzen Trikots im **Estadio Marcelo Bielsa** (☎0341-425-4422; Parque Independencia) und sind seit jeher bekannt dafür, großartige argentinische Spieler hervorzubringen. Rosario Central kleidet sich blau-gelb-gestreift und spielt im **Estadio „El Gigante de Arroyito"** (☎0341-421-0000; Ecke Blvd Avellaneda & Génova). Tickets gibt's an den Stadien ab zwei Stunden vor Spielbeginn.

15 & 20.15–24 Uhr) Dieser typische, seit Jahrzehnten bestehende Eck-*bodegón* (traditioneller Diner) gehört zu einer aussterbenden Art. Die Gerichte der argentinischen Hausmacherküche werden in großen Portionen serviert. Die Qualität ist durchschnittlich bis gut und die Preise sind klasse. Alles in allem ein authentisches Erlebnis. Vom Spitznamen El Vómito (die Kotze) sollte man sich nicht abschrecken lassen.

★ **Zazpirak Bat** BASKISCH $$
(☎ 0341-421-7670; www.zazpirakbat.com; Entre Ríos 261; Hauptgerichte 160–380 AR$; ⏲ Di–Sa 20–0.30, So 12.30–16 Uhr) Von außen sieht man dem baskischen Kulturzentrum kaum an, dass drinnen ein Restaurant zu finden ist. Die Karte erscheint auf den ersten Blick etwas eintönig. Dabei ist es ein ganz wunderbares Lokal. Fisch und Meeresfrüchte werden so zubereitet, dass die natürlichen Aromen maximal zur Geltung kommen; alles schmeckt köstlich, die Portionen sind enorm groß – und ganz besonders hervorzuheben sind die frischen Salate.

★ **Escauriza** SEAFOOD $$
(☎ 0341-454-1777; Ecke Bajada Escauriza & Paseo Ribereño; Hauptgerichte 110–195 AR$; ⏲ 12–15.30 & 20–24 Uhr) Das legendäre Escauriza hinter dem Florida-Strand ist eines der besten Fischrestaurants in Rosario. Durch die riesigen Sitzbereiche drinnen und draußen weht der Duft von auf dem Kohlegrill brutzelnden Flussfischen wie *surubí* (Wels); den Anfang macht man mit köstlichen Meeresfrüchte-*empanadas*. Service, Qualität und Quantität sind durchweg überzeugend. Man sollte einen Tisch reservieren und um 12 Uhr hier aufkreuzen, sonst muss man an Sommerwochenenden mittags elendig lange warten. Nur Barzahlung! Herrlicher Kaffee!

El Ancla ARGENTINISCH $$
(☎ 0341-411-4142; Maipú 1101; Hauptgerichte 550 AR$; ⏲ Mo–Fr 7–1, Sa 8–16 & 19–1, So 10–16 & 19–1 Uhr) Eines der vielen beliebten Eckrestaurants in Rosario: Das gut besuchte Lokal hat eine ansprechende alte Einrichtung und authentisches Flair. Das Essen – darunter jede Menge preiswerter Hauptgerichte – ist mit Sicherheit gut und man wird immer herzlich begrüßt.

Ausgehen & Unterhaltung

In Rosario gibt's viele *restobares*, eine Mischung aus Café und Bar, die normalerweise ziemlich durchschnittliche Snacks und Hauptspeisen servieren. Viele eignen sich prima für einen Kaffee am Morgen, ein Glas Wein am Abend oder für etwas anderes in der Zwischenzeit.

Es gibt regelmäßig Tango-Events in Rosario; am besten greift man sich in der Touristeninformation einen der monatlich erscheinenden Flyer oder informiert sich unter www.rosarioturismo.com.

> **INSIDERWISSEN**
>
> **PICHINCHA**
>
> Das zwischen Oroño und Francia und nördlich von Urquiza gelegene *barrio* Pichincha hat das spannendste Nachtleben der Stadt. Mit seinen grünen Straßen und den breiten Bürgersteigen wirkt es tagsüber wie eine verschlafene Vorstadt, aber abends findet sich praktisch an jeder Ecke eine schrille Bar oder ein hippes Restaurant. Hier befinden sich auch die besten *boliches* der Stadt.

★ **Fenicia** BRAUEREI
(Francia 168; ⏲ Di–Fr 12 Uhr bis open end, Sa & So 18 Uhr bis open end; 📶) In dieser Braustube riecht es nach Malz, denn die köstlichen Biere werden im Untergeschoss, sozusagen direkt unter den Füßen der Gäste, gebraut. Sie ist ein guter Ausgangspunkt für eine Tour durch die Gegend, die für ihre vielen Bars und ihr Nachtleben bekannt ist; außerdem bekommt man hier überall Quesadillas, Burger und Salate. Auf der Dachterrasse lässt es sich vor allem an warmen Abenden gut aushalten. Das Lokal liegt nordwestlich des Stadtzentrums in der Nähe des Bahnhofs.

El Diablito PUB
(www.facebook.com/eldiablito.bar; Maipú 622; ⏲ Mi & Do 20.30–2, Fr & Sa bis 3 Uhr) Die rote Beleuchtung erinnert an die Anfänge des Hauses als Bordell und verhilft der Kneipe zu einer ganz eigenen Atmosphäre. Als Soundtrack läuft Rock der 1970er- und 1980er Jahre; Buntglas-Paneele und altersfleckige Spiegel dominieren das opulente Dekor. Ein klassisches Ausgehlokal.

Bound CLUB
(www.facebook.com/boundoficial; Blvd Oroño 198; ⏲ Sa 23–5 Uhr) Einer der ausgefallensten *boliches* (Nachtclubs) in Rosario. Das schicke Bound liegt mitten in der lebhaftesten Partymeile. Beim Einlass ist man ziemlich streng, bei langen Schlangen überlegt man besser zweimal, ob man sich anstellt.

Distrito Siete LIVEMUSIK
(www.facebook.com/distritosie7e; Av Lagos 790; ⌚ Mo–Do 9–1, Fr & Sa 9–4.30, So 18–1 Uhr; 📶) Die lagerhallenartige Location wird von der örtlichen sozialen Bewegung Giros betrieben und präsentiert viele Live-Acts. Ansonsten gibt es Unterricht, Aktivitäten, ein günstiges Tagesessen und eine Bar, an der man einen Kaffee oder ein Bier bekommt und das Treiben beobachten kann.

ℹ Praktische Informationen

Die informative **Touristeninformation** (☎ 0341-480-2230; www.rosario.tur.ar; Av del Huerto; ⌚ Mo–Fr 8–19, Sa 9–19, So 9–18 Uhr) befindet sich am Ufer. Zentraler liegt jedoch die **Filiale** (Córdoba, nahe der Av Corrientes; ⌚ Mo–Fr 8–19, Sa 9–19, So 10–18 Uhr) in der Innenstadt.

Cambios an der San Martín und der Córdoba wechseln Geld. Es gibt viele Banken und Geldautomaten an der Santa Fe zwischen der Mitre und der Entre Ríos.

Die **Post** (www.correoargentino.com.ar; Córdoba 721; ⌚ Mo–Fr 8–20, Sa 9–13 Uhr) findet sich nahe der Plaza Sarmiento.

ℹ An- & Weiterreise

BUS

Der modernisierte **Fernbusbahnhof** (☎ 0341-437-3030; www.terminalrosario.gob.ar; Ecke Cafferata & Santa Fe) befindet sich 25 Straßenblöcke vom Stadtzentrum entfernt. Dorthin gelangt man mit allen Bussen, die die Santa Fe entlangfahren. Richtung Innenstadt nimmt man dann einen Bus mit der Anzeige „Centro" oder „Plaza Sarmiento". Ein Taxi kostet etwa 100 bis 120 AR$.

Es gibt täglich Direktverbindungen zu fast allen wichtigen Destinationen, darunter internationale.

Busse ab Rosario

ZIEL	PREIS (AR$)	DAUER (STD.)
Buenos Aires	350–670	4
Córdoba	580–685	5½–7
Mendoza	690–1150	12–15
Santa Fe	295	2½–3½
Tucumán	1435	11–13

FLUGZEUG

Die Fahrt mit einer *remise* (Taxi) zum 8 km westlich der Stadt gelegenen Flughafen Aeropuerto Internacional Islas Malvinas kostet 300 AR$. **Aerolíneas Argentinas** (☎ 0810-2228-6527; www.aerolineas.com.ar; España 840; ⌚ Mo–Fr 10–18 Uhr) fliegt viermal die Woche nach Buenos Aires und bietet auch Direktflüge nach Mendoza, Puerto Iguazú und Salta an.

ZUG

Langsame Züge mit Klimaanlage fahren ab **Bahnhof Rosario Norte** (www.trenesargentinos.gob.ar; Av del Valle 2750; ⌚ Fahrkartenschalter Mo & Fr 8–2.30, Di–Do 8–13.30, Sa 17.30–1.30 Uhr, So 12–1.30) nach Buenos Aires (1./2. Klasse 360/300 AR$, 7 Std., täglich 0.15 Uhr) mit Zwischenstation **Bahnhof Rosario Sur** (www.trenesargentinos.gob.ar; Ecke San Martín & Battle y Ordóñez; ⌚ ⌚ Fahrkartenschalter 18–2 Uhr), der 7,5 km südlich des Zentrums liegt. Von Buenos Aires aus starten die Züge um 16.40 Uhr am Bahnhof Retiro.

Selten verkehrende Züge auf der Strecke zwischen Buenos Aires und Córdoba sowie Buenos Aires und Tucumán halten nur in Rosario Norte. Sie sind schnell und frühzeitig ausgebucht.

Die Buslinie 140 fährt die Sarmiento hinunter Richtung Süden zum Bahnhof Rosario Sur. Der Bus 134 nach Norden die Mitre hinauf hält nur einen Block von Rosario Norte entfernt.

ℹ Unterwegs vor Ort

Rosarios öffentliches Verkehrsnetz ist gut ausgebaut und übersichtlich. Wenn man sich erst einmal orientiert hat, kommt man gut zurecht und benötigt kein Taxi.

Innerstädtische Busse fahren an der Plaza Sarmiento (siehe www.rosario.gov.ar zur Routenplanung) ab. Man kann den Fahrpreis von 18 AR$ in Münzen bezahlen; aber wenn man nicht sein Sparschwein schlachten will, ist die aufladbare Tarjeta-Movi-Karte (30 AR$) die bessere Option. Die Karte erhält man an kleinen Schaltern in den meisten der größeren Bushaltestellen. Der Preis pro Fahrt sinkt mit dieser Karte auf 16,80 AR$.

Santa Fe

☎ 0342 / 569 100 EW.

Ohne die vielen Studenten wäre Santa Fe wohl ziemlich langweilig. Ihnen verdankt die Stadt ihre Bar- und Clubszene. Und auch tagsüber gibt's immer was zu unternehmen.

Mitte des 17. Jhs. wurde die Stadt als Kopie des ursprünglichen Santa Fe La Vieja (Alt-Santa-Fe) angelegt. Gründe für die Verlegung waren u. a. feindliche indigene Stämme, Flutkatastrophen und die isolierte Lage. Im 19. Jh. fegte ein Bauboom im Pariser Stil durch Santa Fe; dazu kamen zahlreiche Gebäude neueren Datums. So haben leider nur ein paar einsame Bauten aus der Kolonialzeit überlebt, die sich vor allem in der Nähe der Plaza 25 de Mayo finden.

ABGELEGENE NATIONALPARKS IM NORDÖSTLICHEN ARGENTINIEN

Im nordöstlichen Argentinien gibt es mehrere unglaubliche Parks, deren Besuch sich lohnt, auch wenn die Anreise etwas Aufwand erfordert. Hier sind einige aufgelistet. Mehr Infos finden sich unter www.parquesnacionales.gov.ar.

Parque Nacional El Palmar (☎03447-493049; www.parqueelpalmar.com.ar; RN 14, Km 199; Argentinier/Ausländer 140/300 AR$) In dem 85 km² großen Park, der die Bestände der bedrohten Yatay-Palme schützt, leben Capybaras, Nandus (große, flugunfähige Laufvögel) und giftige Grubenottern. Im Park gibt es billige Campinggelegenheiten, gute Wanderwege und Badestellen. Er liegt zwischen Colón und Concordia an der Grenze zu Uruguay; beide Orte sind von Gualeguaychú aus leicht zu erreichen.

Parque Nacional Chaco (☎03725-499161; www.parquesnacionales.gob.ar; ⏲8–19 Uhr) GRATIS Das Schutzgebiet umfasst 150 km² an Sümpfen, Palmsavannen und Beständen des sehr gefährdeten Quebrachoholzbaums (*quebracho colorado*). Hier leben weit mehr Vögel als Säugetiere – darunter Nandus, Jabirus, Rosalöffler, Kormorane und Karakaras –, aber noch viel mehr Moskitos. Unbedingt Insektenschutzmittel mitbringen! Campen ist kostenlos, es gibt aber nur einfache Einrichtungen. Die am nächsten gelegene Ortschaft ist das 5 km vom Parkeingang entfernte Capitán Solari, das von Resistencia aus leicht zu erreichen ist.

Parque Nacional Río Pilcomayo (☎03718-470-045; www.parquesnacionales.gob.ar; RN 86; ⏲Mo–Fr 8–16, Sa & So bis 18 Uhr) GRATIS In diesem 600 km² großen Park leben Kaimane, Tapire, Ameisenbären, Mähnenwölfe und unzählige Vögel, vor allem rund um die in der Mitte gelegene Laguna Blanca (in der aber wegen der Piranhas nicht gebadet werden kann!). Man erreicht den Park über die kleine Ortschaft Laguna Blanca (9 km östlich des Sees), in die man von Formosa aus kommt.

Sehenswertes & Aktivitäten

★Convento y Museo de San Francisco
KLOSTER

(☎0342-4593303; Amenábar 2257; 30 AR$; ⏲Mo–Sa 8–12 & 15.30–18.30 Uhr) Das 1680 erbaute Franziskanerkloster samt seinem Museum ist das wichtigste historische Wahrzeichen von Santa Fe. Das Museum ist zwar nur mittelmäßig, doch die Kirche mit ihrer exquisiten Holzdecke ist wirklich schön. Der hübsche Kreuzgang ist von einer kolonialzeitlichen Atmosphäre samt Vogelgezwitscher und Blumenduft geprägt. In dem Kloster leben noch immer ein paar Mönche.

★Museo Histórico Provincial
MUSEUM

(www.museobrigadierlopez.gob.ar; Av San Martín 1490; ⏲Okt.–Dez. Di–Fr 8–12.30 & 16–20, Sa & So 17–20, Jan. & Feb. Di–Fr 16–20, Sa & So 17–20 Uhr) GRATIS In einem reizenden Gebäude aus dem 17. Jh. zeigt dieses Museum Besitztümer und Andenken verschiedener Provinzgouverneure und *caudillos* (Machthaber) sowie religiöse Kunst und antikes Mobiliar, darunter eine Sänfte, in der der Vizekönig des Río de la Plata herumgetragen wurde. Die Öffnungszeiten gelten für den Sommer: Den Rest des Jahres ist das Museum über Mittag geöffnet, schließt aber um 19 Uhr.

Museo Etnográfico y Colonial Provincial
MUSEUM

(www.museojuandegaray.gob.ar; 25 de Mayo 1470; Spende 5 AR$; ⏲Di–Fr 8.30–12.30 & 15–19, Sa & So 8.30–12.30 & 16–19 Uhr) Das von einheimischen Lehrern mit herzerweichendem Engagement geführte Museum zeigt eine chronologisch aufgebaute Ausstellung mit Steinwerkzeugen, Guaraní-Tonwaren, Schmuck, Ziegelreliefs und kolonialzeitlichen Objekten. Zu den Highlights gehören ein *tabla-Set* (ein kolonialzeitliches Spiel ähnlich wie Backgammon) und ein maßstabgetreues Modell der ursprünglichen Siedlungen in Santa Fe. Nachmittags variieren die Öffnungszeiten.

Cervecería Santa Fe
BRAUEREI

(☎0342-450-2237; www.cervezasantafe.com.ar; Calchines 1401; ⏲Tour Di–Sa 16 Uhr) GRATIS Diese Brauerei stellt das Santa-Fe-Lager sowie unter Lizenz Budweiser und Heineken her. Bei den kostenlosen Führungen ist die Teilnehmerzahl begrenzt: 15 Minuten vorher kann man sich registrieren oder online reservieren. Aus Sicherheitsgründen muss man robustes Schuhwerk und lange Hosen tragen.

Costa Litoral
BOOTSTOUR

(☎0342-456-4381; www.costalitoral.info; Dique 1) Vom sanierten Hafenbereich gibt's Boots-

Santa Fe

Santa Fe

Highlights
1 Convento y Museo de San Francisco B5
2 Museo Histórico Provincial B5

Sehenswertes
3 Kathedrale A5
4 Cervecería Santa Fe D1
5 Museo Etnográfico y Colonial Provincial B5

Aktivitäten, Kurse & Touren
6 Costa Litoral C2

Schlafen
7 Hostal Santa Fe de la Veracruz B1
8 Hotel Constituyentes B1
9 Hotel Galeón C2
10 Los Silos C2

Essen
11 La Boutique del Cocinero B1
12 Makánun Diáafah A2
13 Merengo B5

Ausgehen & Nachtleben
14 Patio de la Cervezaría D1
15 Uh Lala A2

fahrten in einem großen Katamaran zu den Inseln im Fluss. Außerdem möglich sind zweistündige Ausflüge zu den Inseln (Erw./Kind 320/180 AR$, Sa & So 16 Uhr) sowie Exkursionen nach Paraná (Erw./Kind 400/200 AR$, 5½ Std., So 14 Uhr) inklusive ein paar Stunden Aufenthalt zur Stadterkundung. Tickets bucht man im Café gegenüber der Anlegestelle.

Schlafen

In der Gegend um den Busbahnhof gibt's die meisten Budgethotels. Fast alle Hotels bieten bei Barzahlung Rabatt.

Hotel Constituyentes HOTEL $
(☎0342-452-1586; www.hotelconstituyentes.com.ar; San Luis 2862; EZ/DZ/3BZ 27/35/40 US$, ohne Bad 13/19/21 US$; P❄@📶) Geräumige Zimmer, niedrige Preise und die Nähe zum Busbahnhof sind die größten Vorzüge dieses entspannten Hotels. Es ist zwar nicht luxuriös, doch die Inhaber versuchen immer, Verbesserungen vorzunehmen, um ihr Haus zu einer noch hübscheren Budgetbleibe zu machen. Die Zimmer vorne bekommen den Straßenlärm ab. Frühstück kostet extra.

Hotel Galeón HOTEL $
(☎0342-454-1788; http://hgaleon.com; Belgrano 2759; EZ/DZ/Suite 34/40/45 US$; P❄@📶) Das ungewöhnliche, leicht nautisch angehauchte Hotel mit seiner geschwungenen Fassade und den bizarren Ecken liegt in praktischer Nähe zum Busbahnhof. Es gibt eine Vielzahl an Zimmertypen, die alle von konventionellen Formen abweichen. Das Haus könnte mal wieder renoviert werden, aber die Betten sind recht bequem, der Service freundlich und das WLAN schnell.

Hostal Santa Fe de la Veracruz HOTEL $
(☎0342-455-1740; www.hostalsf.com; Av San Martín 2954; EZ/DZ Standard 32/45 US$, Superior 43/48 US$; P❄@📶) Das Retro-Hotel an der Fußgängerzone ist mit indigenen Motiven verziert und bietet einen netten Service, geräumige Superior-Zimmer und leicht heruntergekommene Standardzimmer. Das Haus könnte einen neuen Anstrich vertragen, zumal die vielen Beige-Töne hier zur Zeit der Recherche ziemlich überaltert aussahen.

★ **Ámbit Boulevard** BOUTIQUEHOTEL $$
(☎0342-455-7179; www.ambithotel.com.ar; Blvd Gálvez 1408; Superior/Premium Zi. ab 60/65 US$; P❄📶🏊) Das aus dem frühen 20. Jh. stammende Herrenhaus eines Getreide-Magnaten wurde in dieses kompakte, hübsche Hotel verwandelt. Die erlesen dekorierten Zimmer wurden von verschiedenen Architekten gestaltet und sind allesamt reizend. Die Zimmer der Premiumklasse haben hohe Decken und alte Dielen; die Superior-Zimmer liegen im modernen Flügel im Oberstock, haben aber auch jede Menge Charme. Zwischen den beiden Etagen gibt es ein kleines Wellness-Becken.

Los Silos HOTEL $$
(☎0342-450-2800; www.hotellossilos.com.ar; Dique 1; Zi./Suite ab 50/55 US$; P❄@📶🏊) Santa Fes verfallender Uferbereich wurde aufgehübscht, und dieses kreativ designte Hotel bildet ein Kernstück. Das Haus bietet in früheren, ausgezeichnet umgewandelten Getreidesilos originelle, runde Zimmer mit tollen Ausblicken und viel modernem Komfort, auch wenn ein paar mal wieder überarbeitet werden könnten. Die Blicke vom Pool auf dem Dach, vom Spa und von der Sonnenterrasse sind super, der Service in jeder Hinsicht exzellent.

Essen

Gegenüber vom Busbahnhof sind günstige Lokale, das Nachtleben findet im Stadtteil La Recoleta statt.

Merengo BÄCKEREI $
(Av General López 2632; 12 Alfajores 290 AR$; ⏲8–22 Uhr) 1851 klebte Merengo zwei Kekse mit *dulce de leche* (Milch-Karamell) zusammen und erfand so den *alfajor*, der sich zum beliebtesten Snack Argentiniens entwickelte. Das Geschäft läuft noch immer gut: Der nette kleine Laden an der Plaza ist nur eine von mehreren Filialen.

Makánun Diáafah NAHÖSTLICH $
(Ecke Tucumán & 9 de Julio; Gerichte 15–100 AR$; ⏲Di–Sa 11.30–14.45 & 19.30–23.45 Uhr) Superleckeres libanesisches Essen mit ausgezeichnetem Preis-Leistungs-Verhältnis. Das fröhliche, hell erleuchtete Ecklokal serviert großzügige Portionen zu tollen Preisen. Es ist sehr beliebt, nimmt aber keine Reservierungen vor, darum sollte man früh genug kommen.

★ **La Boutique del Cocinero** INTERNATIONAL $$
(☎0342-456-3864; www.laboutiquedelcocinero.com; Yrigoyen 2443; 2-Gänge-Menü 245–430 AR$; ⏲Mo–Sa 21–1 Uhr) In dem innovativen, einladenden Restaurant kocht der Chefkoch in einer offenen Küche direkt neben dem Speisebereich, und es herrscht eine tolle geselli-

ge Atmosphäre. Montags gibt's ein festes Hausmenü, dienstags und mittwochs ein festes italienisches Menü, das aus Aperitif, Hauptspeise und Dessert besteht. An den anderen Abenden kann man aus einer kleinen Karte erstklassige Gerichte verschiedener internationaler Küchen wählen.

Nesta ARGENTINISCH $$
(☎0342-15-595-1983; www.facebook.com/nesta.restobar; Maipú 1964; Hauptgerichte 250–380 AR$; ⊙Di–Sa 21–0.30 Uhr; 📶) Die Hippie-Einrichtung und der einladende Hinterhof dieses hübschen Hauses in einem ruhigen, schattigen Viertel bieten am Abend einen willkommenen Zufluchtsort. Auf der kleinen, interessanten Karte stehen Tacos, Salate, Pizzen, vegetarische Optionen und ein paar gut zubereitete Gourmetvariationen aus traditionellen Fleischgerichten, die allesamt aus frischen, gesunden Zutaten gezaubert werden. Zu Reggae oder chilligen Beats kann man auch gute Getränke genießen.

El Quincho de Chiquito ARGENTINISCH $$
(☎0342-460-2608; Ecke Brown & Obispo Principe; Festpreismenü 350 AR$; ⊙11.30–15 & 20–24 Uhr) Das legendäre Lokal ist die hiesige Institution, wenn es um Flussfisch geht. Es liegt 6 km nördlich der Innenstadt an der *costanera* (Uferstraße). Hier gibt's wenig Schnickschnack und keine große Auswahl: Es werden vier oder fünf Gänge mit leckerem Surubí, Sábalo oder Pacú serviert, und man kann so oft nachordern, wie man will. Die Getränke kosten extra, sind aber billig.

Eine Fahrt mit dem Taxi liegt bei etwa 160 AR$ (das Personal organisiert ein Taxi für die Rückfahrt) oder man nimmt den Bus 16 von jeder Haltestelle an der Uferstraße.

Ausgehen & Nachtleben

Santa Fes ausdauerndes Nachtleben konzentrierte sich einst auf das Gebiet La Recoleta rund um die Kreuzung Av San Martín und Santiago del Estero. Derzeit öffnen aber überall in der Stadt neue Bars und Clubs.

Uh Lala BAR
(☎0342-455-7633; Tucumán 2832; ⊙Café Mo–Fr 8–12.30 & 17.30–20.30, Sa 19–20.30 Uhr, Veranstaltungen Do–Sa 20.30–2 Uhr) Eine entspannte, unkonventionelle Café-Bar mit freundlichem Personal – das Uh Lala ist ein guter Ort, um sich bei einem Kaffee oder einem Drink unter die Einheimischen zu mischen. Donnerstags bis samstags werden Stand-up-Comedy und Livemusik geboten.

Patio de la Cervezaría BRAUEREI
(Ecke Calchines & Lavalle; ⊙Di–So 16–1 Uhr) Der malerische Biergarten gehört zur gegenüberliegenden Brauerei Santa Fe, von der das Lager über eine „Bierbrücke" direkt hierher gepumpt wird. Man kann hier wunderbar draußen sitzen und *liso* – wie Fassbiere, die ganz traditionell in zylindrischen 8-oz.-Gläsern serviert werden, hier heißen – genießen. Dazu gibt's Delikatessen, Sandwichs, Salate usw.

Praktische Informationen

Die **Städtische Touristeninformation** (☎0342-457-4123; www.santafeturismo.gov.ar; Dique 1, Puerto de Santa Fe; ⊙Mo–Fr 7–20, Sa 10–16 & 17–21, So 17–21 Uhr) befindet sich unter dem alten Stahlkran am Eingang zum Hafen. Außerdem gibt's eine Information am **Busbahnhof** (☎0342-457-4124; www.santafeturismo.gov.ar; Belgrano 2910; ⊙Mo–Fr 7–20, Sa & So 8–20 Uhr).

Anreise & Unterwegs vor Ort

Aerolíneas Argentinas (www.aerolineas.com.ar; 25 de Mayo 2287; ⊙Mo–Fr 9.30–17.30 Uhr) fliegt regelmäßig nach Buenos Aires vom Flughafen 7 km südlich der Start an der RN 11. Ein *remise* (Taxi) kostet etwa 250 AR$.

Vom **Busbahnhof** (☎0342-457-4124; www.terminalsantafe.com; Belgrano 2910) gibt es Verbindungen ins ganze Land. Busse ins nahegelegene Paraná (45 Min.) fahren häufig, sind aber gerne mal überbucht: Auf lange Schlangen einstellen. Ein *remise* kostet 650 AR$.

Busse ab Santa Fe

ZIEL	PREIS (AR$)	DAUER (STD.)
Buenos Aires	420–1150	6–7½
Córdoba	400–715	5
Corrientes	620–1400	6½–8
Paraná	145–175	¾
Posadas	1255–1715	12
Resistencia	775–1325	6½–8
Rosario	295	2
Tucumán	820–1490	11½

Paraná

☎0343 / 367 792 EW.

Paraná ist weniger bekannt als Santa Fe, dafür aber in vielerlei Hinsicht wesentlich attraktiver.

Das historische Zentrum am hügeligen Ufer des gleichnamigen Stromes ist größtenteils im Originalzustand erhalten. Die Stadt hat auch ein paar majestätische Plazas. Wie in dieser Ecke der Welt üblich, tummeln sich Nachtschwärmer am Flussufer – denn hier stehen zahlreiche Restaurants, Clubs und Bars zur Auswahl.

Sehenswertes & Aktivitäten

Vom Stadtzentrum, der Plaza Primero de Mayo, ist die San Martín sechs Blocks weit eine *peatonal* (Fußgängerzone). Seit 1730 steht eine **Kathedrale** an der Plaza Primero de Mayo, aber das heutige Gebäude wurde erst 1885 errichtet. Als Paraná die Hauptstadt der Konföderation war, tagte der Senat im **Colegio del Huerto** an der Kreuzung 9 de Julio und 25 de Mayo.

Museo Histórico de Entre Ríos MUSEUM
(Ecke Buenos Aires & Laprida; Di–Fr 8–12.30 & 15–20, Sa 9–12 & 16–19, So 9–12 Uhr) GRATIS Das moderne Museum an der Plaza Alvear ist der ganze Stolz der Region. Es bietet Infos zur kurzlebigen Republik Entre Ríos und zur Schlacht von Monte Camperos. Außerdem sind *Mate*-Utensilien, mehrere massive Holztische und Porträts des früheren Präsidenten Justo José de Urquiza zu sehen. Der Großteil der Ausstellung stammt aus der Sammlung eines Dichters aus der Region.

★ **Museo y Mercado Provincial de Artesanías** KUNSTHANDWERK
(Av Urquiza 1239; Mo–Fr 8.30–12.30 & 16.30–20, Sa 8.30–12.30 Uhr) GRATIS Teils Museum, teils Laden bietet dieser sympathische kleine Ort Kunsthandwerk aus der ganzen Provinz. Der Kurator ist gerne bereit, einem alles zu erklären. Die Komplexität mancher Stücke (z. B. Hüte aus engmaschig gewobenen Palmenfasern) ist wirklich verblüffend. Käuflich zu erwerbende Artikel sind mit einem Aufkleber gekennzeichnet.

Costanera UFER
Vom nördlichen Rand der Innenstadt führt der Parque Urquiza steil hinab zum Ufer des Río Paraná. Im Sommer nutzen die Leute das Ufergebiet gern zum Bummeln, Angeln und Baden. Es gibt einen öffentlichen Strand, die **Playa El Parque**, etwas westlich vom Privatstrand des Ruderclubs Paraná. Besser ist der Sandstrand **Playas de Thompson** 1 km weiter östlich hinter dem Hafen.

Costa Litoral BOOTSFAHRT
(0343-423-4385; www.costalitoral.info; Buenos Aires 212) Der Anbieter hat am Wochenende einstündige Rundfahrten auf dem Fluss in einem großen Katamaran (450 AR$/Pers.) sowie One-Way-Trips über den Fluss nach Santa Fe im Angebot. Abfahrt ist in der Nähe der Touristeninformation an der *costanera*.

Schlafen

★ **Las Mañanitas** HOTEL $
(0343-407-4753; www.lasmanianitas.com.ar; Carbó 62; EZ/DZ 24/35 US$;) Das herrlich entspannte, kleine Budgethotel mit Sommerhaus-Atmosphäre hat neun Zimmer an einem Hof und einen Garten mit Pool. Die bunt gestalteten, komfortablen Zimmer unterscheiden sich stark – von dunklen Maisonette-Zimmern bis hin zu schlichteren, helleren Kammern. Aber es sind der Charme und die Freundlichkeit, die den größten Reiz der Anlage ausmachen.

Entre Ríos Apart Hotel APARTMENTS $
(0343-484-0906; Montevideo 55; DZ/3BZ 70/80 US$; P) Die blitzblanken, geräumigen Apartments in einem schlichten, modernisierten Gebäude sind mit Herd, Mikrowelle, Kühlschrank, ausziehbarem Sofa, einem ordentlichem Bad und einem attraktiven Schlafzimmer ausgestattet. Im Preis inbegriffen sind auch das Frühstück und ein Parkplatz – ein tolles Angebot.

Essen

★ **La Pastelería** CAFÉ $
(0343-422-2339; 25 de Junio 100; Snacks 90–250 AR$; Mo–Fr 8–13 & 16.30–21, Sa 8.30–13 & 16.30–21 Uhr) In diesem beliebten kleinen Eckcafé muss man sich darauf einstellen, auf einen Tisch warten zu müssen. Die Einheimischen schwören auf die *merienda* (Zwischenmahlzeit), um die Lücke zwischen Mittagessen und dem späten argentinischen Abendessen zu überbrücken. Es gibt köstliche leichte Gerichte und große Portionen leckeren Kuchen und Gebäck sowie guten Kaffee, Milchshakes und frische Säfte. Der Blaubeer-Lassi ist der Hit.

Flamingo Grand Bar CAFÉ $
(Ecke Av Urquiza & José de San Martín; Hauptgerichte 160–350 AR$; 8–24 Uhr;) Dieses Café mit schicken Sitzplätzen und einer Lage an einem Platz ist den ganzen Tag über zu empfehlen: Morgens Croissants und Säfte, mittags *lomitos* (Steaksandwichs) und Mittagsspecials, abends gute Gerichte von der Karte sowie *picadas*. Es gibt auch einige vegetarische und diätgeeignete Optionen. Der Service könnte allerdings besser sein.

KARNEVAL IN GUALEGUAYCHÚ

Das entspannte, am Fluss gelegene Gualeguaychú ist in der Nebensaison ein ruhiger Ort, dreht aber im Sommer beim längsten und schicksten **Karneval** (www.carnavaldelpais.com.ar) des Landes mächtig auf. Zwischen Mitte Januar und Ende Februar ist an jedem Wochenende mächtig was los. Im Zentrum des Geschehens steht das Corsódromo, wo der Eintritt an den meisten Abenden zwischen 230 und 290 AR$ kostet.

Ordentliche Budgethotels reihen sich an der Bolívar zwischen der Bartolomé Mitre und der Monseñor Chalup, und im Ort gibt's mehrere Hostels.

Gualeguaychú ist per Bus leicht ab Buenos Aires (3½ Std.), Paraná und anderen Städten am Río Uruguay zu erreichen. Gualeguaychú ist außerdem ein Grenzübergang nach Uruguay: Fray Bentos liegt gleich jenseits der Brücke.

Lola Valentina ARGENTINISCH **$$**
(☎ 0343-423-5234; Mitre 310; Hauptgerichte 170–390 AR$; ⊙ Mi–Mo 2–15 & 20.30–23.30 Uhr; 📶) Dieses Restaurant verbindet die heitere Atmosphäre eines Kiezlokals mit einer förmlichen Bedienung und bietet mit seiner großen Auswahl an argentinischen Klassikern, köstlichen hausgemachten Pastagerichten, *parrilla*-Optionen und jeder Menge Fischspeisen ein hervorragendes Preis-Leistungs-Verhältnis. Das Lokal ist schnell voll – also frühzeitig kommen oder einen Tisch reservieren.

Ausgehen & Nachtleben

Unter der Woche ist Paraná ziemlich ruhig, aber am Wochenende wird's lebhaft. Die meiste Action findet sich am östlichen Ende des Ufers rund um Liniers Lineal.

Praktische Informationen

Die hilfsbereite **Touristeninformation** (☎ 0343-423-0183; www.turismoparana.com.ar; Plaza 1 de Mayo s/n; ⊙ 8–20 Uhr) am Hauptplatz hat gute Broschüren. Weitere Filialen finden sich am **Río Paraná** (☎ 0343-420-1837; Laurencena & San Martín; ⊙ 8–20 Uhr) und im **Busbahnhof** (☎ 0343-420-1862; ⊙ 8–20 Uhr).

Anreise & Unterwegs vor Ort

Der Flughafen liegt 6 km südlich der Stadt. Bus 14 fährt vor der **Post** (www.correoargentino.com.ar; Ecke 25 de Mayo & Monte Caseros; ⊙ 8–20 Uhr) dorthin ab. Ein *remise* kostet etwa 300 AR$. Aerolineas Argentinas bedient Buenos Aires.

Der **Busbahnhof** (☎ 0343-422-1282; Ruiz Moreno 902-950) befindet sich acht Blocks südöstlich vom Hauptplatz. Busse 1, 4, 5 und 9 fahren in die Innenstadt. Zwei Busunternehmen fahren die Route nach Santa Fe (30 AR$, 40 Min., 30 Min.); Etacera ist gemütlicher und hat Platz für Taschen im Frachtraum.

Parque Esteros del Iberá

Das Naturparadies Esteros del Iberá ist durchaus mit dem Pantanal in Mato Grosso in Brasilien vergleichbar. Wasserpflanzen und Gräser, darunter „schwimmende Inseln" bestimmen das Erscheinungsbild des 13 000 km² großen, unberührten Feuchtgebiets. Unter den Wildtieren hier sind Reptilien, u. a. Kaimane und Anakondas, außerdem Säugetiere wie Mähnenwölfe, Brüllaffen, Südamerikanische Fischotter, Capybaras, Pampas- und Südamerikanische Sumpfhirsche sowie mehr als 350 Vogelarten.

Vogelbeobachter und Naturfreunde aus aller Welt treffen sich im Dorf Colonia **Pellegrini** 120 km nordöstlich von Mercedes, das innerhalb des Parks liegt und daher ein perfekter Ausgangspunkt für Erkundungstouren ist. Colonia Pellegrini ist mit seinen unbefestigten Straßen, wenig Verkehr und vielen Bäumen schon für sich ein nettes Ziel. Von Colonia Pellegrini gesehen jenseits des Dammes befindet sich ein Besucherzentrum, in dem man Informationen über das Reservat und kurze **Wanderwege** erhält, die man auf eigene Faust erkunden kann. Am Eingang des Dorfes gibt es eine hilfreiche **Touristeninformation** (☎ 037733-401575; www.ibera.gob.ar; RP40; ⊙ 8–12 & 14–19 Uhr). Die zweistündigen **Barkassentouren** (300–500 AR$/Pers.), die überall angeboten werden, sind ihr Geld wert. Es gibt übrigens auch prima Ausritte (350 AR$), aber vom Boot aus hat man dennoch bessere Chancen, Wildtiere zu sehen.

Viele Hoteliers in **Mercedes** (der nächsten größeren Stadt) versuchen, ihren Gästen Pauschaltouren zu verkaufen, indem sie behaupten, im Ort sei alles ausgebucht, die Hotels seien geschlossen oder dergleichen. Wenn man vorab buchen und alles inklusive haben will, kann man sich darauf einlassen. Aber in Panik braucht man wahrlich nicht zu verfallen: Es sind stets mehr Betten verfügbar als Touristen vor Ort sind, und es ist leicht (und viel billiger), sich sein Zimmer, seine Verpflegung und die Touren vor Ort zu organisieren. Die Touristeninformation in Colonia Pellegrini hat eine komplette Liste der Unterkünfte und Restaurants im Ort.

Campen kann man auf dem städtischen Platz **Camping Iberá** (☎03773-15-412242; www.ibera.gob.ar; Mbiguá s/n; Stellplatz pro Pers. 1./jeder weitere Tag 6/5 US$, 3 US$/Fahrzeug; P) in Colonia Pellegrini, der ausgezeichnete grasbewachsene Stellplätze am Wasser bietet.

Es gibt einige *hospedajes* (einfache Hotels), die Zimmer mit eigenem Bad anbieten. Am besten ist wohl die **Posada Rancho Jabirú** (☎03773-15-474838; www.posadaranchojabiru.com.ar; Yaguareté s/n; EZ/DZ/3BZ 26/44/66 US$; ❄📶). Die **Hospedaje Los Amigos** (☎03773-15-493753; Ecke Guazú Virá & Aguapé; Zi. 9 US$/Pers.; ❄) rangiert derzeit bei Budgettravellern an oberster Stelle.

Wer das Geld hat und mehr Komfort will, findet im **Rancho de los Esteros** (☎03773-15-493041; www.ranchodelosesteros.com.ar; Ecke Ñangapiry & Capivára; inkl. VP & Aktivitäten 90 US$/Pers.; P❄📶🏊) fast alles, was man sich wünschen kann.

Die Optionen zur Weiterfahrt ändern sich ständig. Am besten erkundigt man sich bei der Touristeninformation am Busbahnhof in Mercedes. Die Straße von Mercedes nach Colonia Pellegrini (120 km) ist nur nach Regengüssen mit normalen Autos nicht befahrbar.

Crucero del Norte schickt einen klapprigen Bus pro Tag von Pellegrini nach Mercedes und zurück (230 AR$, 3 Std.). Er startet um 4 Uhr morgens in Pellegrini und kehrt um 12.30 Uhr vom Terminal in Mercedes zurück. In Pellegrini gibt es kein Terminal – man sagt dem Fahrer, wo man übernachtet, und er bringt einen direkt bis zur Tür. Für die Rückfahrt muss man vorher einen Abholservice arrangieren.

Teurer als der Bus sind die fahrplanmäßig verkehrenden Minibusse/Vans. Der Chartertransport in Geländewagen zwischen den Städten kostet etwa 2000 AR$ (ab Mercedes) für bis zu vier Personen. Wenn es nicht regnet, kann man auch ein *remise* anmieten.

Iberá Bus TRANSPORT
(Mario Azcona; ☎03773-15-462836; Ecke Aguará & Pindó) Der regelmäßigste der privaten Transportanbieter. Verkehrt montags bis freitags von 12 bis 12.30 Uhr und samstags um 9.30 Uhr vom Markt an der Pujol zwischen der Gómez und der Alvear in Mercedes. Die Fahrt kostet etwa 350 AR$. Rückfahrt ab Pellegrini ist montags bis samstags um 4 Uhr.

Corrientes

☎0379 / 398 163 EW.

Corrientes liegt herrschaftlich jenseits des Zusammenflusses der Flüsse Paraná und Paraguay, am gegenüberliegenden Ufer ihrer Zwillingsstadt Resistencia. Die Stadt, die zu den traditionsreichsten der Nation gehört, hat elegante Gebäude mit Balkonen vom Beginn des 20. Jhs., die den bunten Straßen einen altertümlichen Reiz verleihen. An der *costanera* kann man herrlich spazieren

EINREISE NACH BRASILIEN

Die kleine, ziemlich uninteressante Stadt **Paso de los Libres** ist das Tor zur brasilianischen Stadt Uruguaiana. Den Grenzübergang markiert eine Brücke rund zehn Blocks südwestlich der zentralen Plaza Independencia. Busse nach Uruguaiana (ca. 40 AR$) fahren häufig; sie halten an der Av San Martín auf Höhe der Colón und gegenüber vom Busbahnhof. Die Grenze ist rund um die Uhr geöffnet. Die nächstgelegene brasilianische Stadt, die einen Besuch lohnt, ist **Porto Alegre**.

Zwischen Pasos Busbahnhof und dem Stadtzentrum befinden sich einige sehr zwielichtige Viertel, also für die Strecke lieber 12 bzw. 90 AR$ für Bus oder Taxi investieren.

Übernachten kann man im einfachen, gepflegten **Hotel Las Vegas** (☎03772-423490; hotellasvegas2000@hotmail.com; Sarmiento 554; EZ/DZ 20/32 US$; P❄📶) oder dem verlässlichen **Hotel Alejandro Primero** (☎03772-424100; www.alejandroprimero.com.ar; Coronel López 502; EZ/DZ 28/32 US$; P❄@📶🏊). Barrestaurants finden sich an der Colón zwischen der Mitre und der Sitja Nia. Das beste Restaurant der Stadt ist das **El Nuevo Mesón** (Colón 587; Hauptgerichte 140–320 AR$; ⌚11.30–15 & 20–24 Uhr; 📶).

Von Paso de los Libres fahren regelmäßig Busse nach Mercedes (175 AR$, 3 Std.), Buenos Aires (940–1030 AR$, 8–9 Std.), Corrientes (545 AR$, 5 Std.) und zu vielen anderen Zielen.

ABSEITS DER ÜBLICHEN PFADE

YAPEYÚ

In diesem wunderbar friedlichen Ort gibt's Pferde zuhauf – und der Klang von Hufen, die abends über die rote Erde donnern, gehört zu jenen Dingen, die man hier nicht missen möchte. In Yapeyú mit seiner Plaza voller Bäume und dem ruhigen grasbewachsenen Uferbereich kann man wunderbar entspannen. Und die Einheimischen grüßen auf der Straße.

Yapeyú liegt per Bus eine Stunde nördlich von Paso de los Libres. Gegründet wurde der Ort 1626 als südlichste der Jesuitenmissionen, berühmt ist er zudem als Geburtsort des großen argentinischen „Befreiers" José de San Martín.

Man kann die Jesuitenruinen erkunden – im hiesigen **Museo de la Cultura Jesuítica** (Sargento Cabral s/n; ⌚Di–So 8–12 & 15–18 Uhr) GRATIS gibt es eine umfassende Übersicht über alle Missionen – und die prunkvolle **Casa de San Martín** (⌚8–12 & 14–18 Uhr) GRATIS bewundern, einen Pavillon, der die Ruinen jenes Hauses enthält, in dem San Martín 1778 geboren wurde.

An der Plaza zwischen beiden Stätten liegt das schlichte, aber einladende **Hotel San Martín** (☎03772-493120; Sargento Cabral 712; EZ/DZ 16/27 US$; P❄📶) mit Zimmern rund um einen Innenhof. Etwas besser ist **El Paraíso Yapeyú** (☎03772-493056; www.paraisoyapeyu.com.ar; Ecke Paso de los Patos & Juan de San Martín; Bungalow für 2/4 Pers. 32/43 US$; P❄📶🏊), ein ältlicher Bungalowkomplex mit hübscher Lage am Fluss. Teurere Unterkünfte liegen am Highway westlich des Orts. Das **Comedor del Paraíso** (Gregoria Matorras s/n; Hauptgerichte 300 AR$; ⌚20–24 Uhr) ist ein liebenswertes, schlichtes, zentral gelegenes Lokal ohne Speisekarte mit einer kleinen Auswahl an Tagesgerichten.

Der **Terminal de Transporte** (Sargento Cabral s/n) liegt nur zwei Blocks von der Hauptplaza entfernt. Täglich fahren vier Busse ab/nach Paso de los Libres (70 AR$, 1 Std.) und in die andere Richtung nach Posadas (355–460 AR$, 4½ Std.). Mehr Busse halten am Highway am Ortsrand.

gehen, Eis essen, joggen oder einen Matetee mit Freunden schlürfen.

Sehenswertes & Aktivitäten

Museo de Artesanías Tradicionales Folclóricas MUSEUM
(https://museosdecorrientes.org/museeo-de-artesanias; Quintana 905; ⌚Mo–Fr 8–20 Uhr) GRATIS Das faszinierende Museum in einem umgebauten Kolonialhaus zeigt eine kleine Sammlung feinen, traditionellen Kunsthandwerks (*artesanía*) und hat auch einen guten Souvenirladen. Am interessantesten ist es jedoch zu beobachten, wie die Meister des Handwerks ihren Schülern die Arbeit mit Leder, Silber, Knochen oder Holz beibringen. In den anderen Räumen rund um den Hof verkaufen die Künstler ihre Arbeiten, die sie auch dort herstellen. Die Museumsführer sind engagiert, sachkundig und sehr freundlich.

★ **Experiencia Corrientes** KAJAKFAHREN
(☎0379-15-450-1702; www.experienciacorrientes.com) Abenteuertouranbieter mit einer Auswahl an Kajaktrips auf dem Río Paraná, die von kurzen Sightseeing-Ausflügen über Touren mit bis hin zu längeren Abenteuern reichen. Es gibt auch Exkursionen in die Esteros del Iberá und Mburucuyá.

Turistas Con Ruedas RADFAHREN
(Ecke Costanera & 9 de Julio; ⌚8–12 & 15–19 Uhr) GRATIS Mit seinem Pass kann man sich an der Touristeninformation am Ufer kostenlos ein Fahrrad ausleihen, um die *costanera* zu erkunden. Man muss im Uferbereich bleiben und hat nur eine Stunde; wer auch in die andere Richtung fahren will, muss zurückfahren und sich noch mal anmelden.

Feste & Events

Der fast schon totgesagte Carnaval Correntino gehört heute zu den protzigsten seiner Art im Land und wird neun Wochen vor Ostern an vier aufeinanderfolgenden Wochenenden gefeiert.

Schlafen

Die meisten Hotels liegen um die Plaza 25 de Mayo oder in den Blocks zwischen Zentrum und Hafen. Viele geben bei Barzahlung Rabatt.

Bienvenida Golondrina HOSTEL $
(☎0379-443-5316; www.hostelbienvenidagolondrina.com; La Rioja 455; B/EZ/DZ 12,50/20/30 US$;

(P ❄ @ 📶) Dieses Hostel in einem wunderschönen, 100 Jahre alten Haus mit hohen Decken, Buntglasfenstern und künstlerischen Schnörkeln ist eine tolle Basis ein paar Schritte von der *costanera* entfernt. In den Schlafsälen stehen komfortable breite Pritschen mit viel Kopffreiheit, und die Gemeinschaftsbereiche sind einladend. Das herzliche Management ist hilfsbereit.

Ñanderoga PENSION $
(☎ 0379-443-9401; www.nanderogacorrientes.com.ar; Pellegrini 1765; DZ/3BZ 35/45 US$; ❄ 📶) Das kleine ruhige Hotel einen kurzen Fußweg vom Zentrum entfernt hat nur eine Handvoll geräumige, komfortable Zimmer in einem umgebauten Haus. Betten und Bäder sind gemütlich und das Personal hilfsbereit. Der zugehörige Touranbieter hat Naturtrips in der ganzen Region im Programm.

La Rozada BOUTIQUEHOTEL $$
(☎ 0379-443-3001; www.larozada.com; Plácido Martínez 1223; EZ/DZ/Suite 43/55/70 US$; P ❄ 📶) Eine ausgezeichnete Option nahe dem Flussufer: Das Hotel bietet geräumige Apartments und Suiten in einem Hochhaus, das ungewöhnlicherweise in den Hof eines ansprechenden, bleigrauen historischen Gebäudes aus dem 19. Jh. gestellt wurde. Aus den meisten Zimmern hat man eine schöne Aussicht, ein Zimmer mit Balkon ist etwas teurer. Es gibt einen attraktiven Barbereich, und die Gäste können den Pool des nahegelegenen Ruderclubs benutzen.

Essen & Ausgehen

Unbedingt Ausschau halten sollte man nach *mbaipú*, einem traditionellen *correntino*-Gericht mit frittiertem Hühnchen und Zwiebeln, abgerundet mit Röstmehl und Käse.

An der *costanera* gibt es viel Action mit einigen Bars und *boliches* (Nachtclubs) in der Costanera Sur-Zone südlich der Resistencia-Brücke, nördlich davon sammeln sich auch einige Kneipen. Am Wochenende herrscht Stimmung in den Kneipen und Clubs rund um die Kreuzung Junín und Buenos Aires.

★ **Martha de Bianchetti** CAFÉ, BÄCKEREI $
(Ecke 9 de Julio & Mendoza; Gebäck ab 50 AR$; ⏲ Mo–Sa 7–13 & 16–22 Uhr; 📶) Diese altmodische Bäckerei mit Café im italienischen Stil serviert köstliches Gebäck und ausgezeichneten Kaffee zu *chipacitos* (kleinen Käsescones). Wenn die Türen sich öffnen und der verführerische Duft das halbe Viertel einhüllt, überkommt einen sofort ein wohliges Gefühl. Es gibt auch Eis.

Cristóbal del Puerto ARGENTINISCH $$
(☎ 0379-442-4229; Martínez 1102; Hauptgerichte 120–250 AR$; ⏲ 17.30–4 Uhr; ❄) Ein beliebtes Restaurant in der Nähe des Hafens mit einem großen klimatisierten Speisesaal und vielen Tischen draußen auf dem Gehweg. Der Klassiker sind hier die *picadas* (Vorspeisenplatten zum Teilen). Zudem gibt es Crêpes und Tacos sowie die üblichen Standardgerichte. Allein wegen der lebendigen Atmosphäre sitzt man hier gerne auch nach dem Essen noch länger bei ein paar Drinks.

Confitería Panambi CAFÉ
(www.facebook.com/confiteriapanambi; Córdoba 932; ⏲ 7–13 & 16.30–21.30 Uhr) Das gemütliche Café bei der Junín-Mall serviert guten Kaffee sowie eine appetitliche Auswahl an hochwertigen hausgemachten Schokoladen und Gebäck. Auch das Frühstück ist super.

Unterhaltung

★ **Cantalicio** LIVEMUSIK
(☎ 3794-751-005; Chaco 1236; ⏲ Do–Sa 21.30–2 Uhr) In diese einladende Bar im traditionellen Stil ein paar Blocks abseits der *costanera* geht man, um *chamamé* zu erleben, es gibt Liveauftritte und ein buntes, lebendiges Publikum. Die Tische stehen eng, aber die wahren Fans finden immer einen Platz zum Tanzen, sobald die Stimmung sich aufheizt. Die Gerichte konzentrieren sich auf typische Platten aus der Region.

Praktische Informationen

Es gibt einige unregelmäßig geöffnete Touristeninformationen in der ganzen Stadt, darunter eine am Flughafen und eine am Busbahnhof.

Städtische Touristeninformation (☎ 0379-447-4733; www.ciudaddecorrientes.gov.ar; Ecke Av Costanera & 9 de Julio; ⏲ 8–21 Uhr) Die Hauptstelle ist nicht immer geöffnet.

Touristeninformation der Provinz (☎ 0379-442-7200; http://turismo.corrientes.gob.ar; 25 de Mayo 1330; ⏲ Mo–Fr 7.30–14 & 16.30–20.30 Uhr) Hilfreich für Informationen über die Provinz.

Casa Ibera (www.parqueibera.com; Pellegrini 501; ⏲ 8–13 & 16.30–21 Uhr) Bietet Unterstützung bei der Organisation von Ausflügen zu den Feuchtgebieten Esteros de Iberá.

Anreise & Unterwegs vor Ort

Aerolíneas Argentinas (☎ 0379-442-3918; www.aerolineas.com.ar; Junín 1301; ⏲ Mo–Fr

8–12.30 & 16.30–20 Uhr) fliegt täglich nach Buenos Aires. Der Stadtbus 109 (11,50 AR$) fährt zu dem rund 10 km nordöstlich der Stadt gelegenen **Flughafen** (☎0379-445-8684; RN 12, Km 10).

Vom **regionalen Busbahnhof** (Ecke Av Costanera General San Martín & La Rioja) fahren häufig Busse (51 AR$) und Sammeltaxis nach Resistencia. Die Sammeltaxis fahren auch von der Kreuzung der Santa Fe mit der 3 de Abril. Aufgelistet sind hier auch einige Fahrten vom **Fernbusbahnhof** (☎0379-447-7600; Av Maipú 2400).

Der Bus 103 verbindet den regionalen Busbahnhof mit dem Fernbusbahnhof und fährt dabei durch die Innenstadt.

Busse ab Corrientes

ZIEL	PREIS (AR$)	DAUER (STD.)
Buenos Aires	990–2650	12–14
Córdoba	1050–1740	11–14
Mercedes	350	3–4
Paso de los Libres	430	5
Posadas	530–760	4–4½
Puerto Iguazú	1055–1255	9–10
Rosario	780–1700	9–11
Salta	1565	14
Santa Fe	620–1200	6½–8

Resistencia

☎0362 / 425922 EW.

Die Provinzhauptstadt liegt am Rand der spärlich besiedelten Provinz Chaco, dem „Outback" Nord-Argentiniens. Die Stadt kann man nicht gerade als Kunstzentrum des Nordens bezeichnen, aber die Straßen sind geschmückt mit mehreren hundert Skulpturen und es herrscht ein unkonventionelles Flair, das einen deutlichen Kontrast zur rauen Einsamkeit mit Rindern und Steppe bildet, die diese Provinz kennzeichnen.

Sehenswertes

Mehr als 650 Skulpturen schmücken die Stadt, und mit jeder Bienal werden es mehr. Die Straßen sind voll davon, vor allem rund um die Plaza und die Avenida Sarmiento hoch Richtung Norden. Bei jeder Bienal wird eine Broschüre mit einer Skulpturentour durch die Stadt veröffentlicht. Die Einheimischen können zu einem symbolischen Preis Exemplare kaufen, müssen diese dann aber auch an der Straße ausstellen.

In der Kultur-App Resistencia gibt es einen Tourenvorschlag zu den Kunstwerken.

★ MusEUM GALERIE
(www.bienaldelchaco.com; Av de los Inmigrantes 1001; ⏲Mo–Sa 9.30–13.30 & 16–20 Uhr) GRATIS Das Ausstellungsgelände sowie Hauptquartier und Veranstaltungsort der **Bienal de Esculptura** (www.bienaldelchaco.com) beherbergt die beeindruckendsten Stücke der vergangenen Festivals und ist unbedingt einen Besuch wert. Hier gibt's auch die Broschüren auf Englisch und Spanisch zu den Skulpturspaziergängen in der Stadt. Die Straße ist die nördliche Fortsetzung der Wilde. Im Taxi sollte man den benachbarten Domo del Centenario als Orientierungshilfe erwähnen.

Museo del Hombre Chaqueño MUSEUM
(http://museohombrechaco.blogspot.com; JB Justo 280; ⏲Mo–Fr 8–13 & 15–20 Uhr) GRATIS Dieses kleine, aber ausgezeichnete Museum wird von engagierten Mitarbeitern unterhalten (von denen einige auch Englisch sprechen). Sie führen einen durch die Ausstellungen, die die drei Hauptpfeiler behandeln, aus denen sich die Bevölkerung des Chaco zusammensetzt: die indigenen Einwohner (gezeigt werden einige ausgezeichnete Keramiken und Musikinstrumente der Toba), die *Criollos*, die aus der Vermischung von Europäern und den örtlichen Bevölkerungsgruppen hervorgingen, und schließlich die „Gringos", die im späten 19. Jh. in einer Einwanderungswelle aus Europa ins Land kamen. Am interessantesten ist der Raum zur Mythologie im Obergeschoss mit verschiedenen skurrilen Figuren aus dem Volksglauben des Chaco.

El Fogón de los Arrieros KULTURZENTRUM
(www.fogondelosarrieros.com.ar; Brown 350; ⏲Mo–Fr 8–20, Sa 9–13 Uhr) GRATIS Das 1943 gegründete Kulturzentrum mit Galerie ist seit Jahrzehnten die treibende Kraft hinter dem künstlerischen Engagement in Resistencia und berühmt für seine vielschichtige Sammlung von Kunst aus dem Chaco und ganz Argentinien. Das Museum zeigt außerdem die Holzschnitzereien des örtlichen Künstlers und Kulturaktivisten Juan de Dios Mena. Interessant sind die respektlosen Epitaphe für verstorbene Gönner im Erinnerungsgarten; er heißt Colonia Sálsipuedes („geh, wenn du kannst").

Schlafen

Hotel Diamante HOTEL $
(☎0362-443-2127; http://hoteldiamante.site; Belgrano 379; EZ/DZ/3BZ 29/40/45 US$) Ein billi-

ges, gut geführtes Hotel mit einer Auswahl an kleinen, aber sauberen Zimmern mit Flatscreen-TVs, altmodischen Klimaanlagen und Minibars. Der grellblaue Anstrich ist nicht so besonders hübsch, aber für den Preis sind die Einrichtungen gut, vor allem wenn man ein Zimmer im neueren Flügel erwischt, wo die Betten gemütlicher sind.

Hotel Colón HOTEL **$**
(☎0362-442-2861; www.colonhotelyapart.com; Santa María de Oro 143; EZ/DZ/Apt. 25/33/42 US$; ❄@🛜) Art-déco-Fans sollten sich gleich südlich der Plaza diesen Klassiker aus den 1920er-Jahren nicht entgehen lassen. Es handelt sich um ein bemerkenswert großes, ausdrucksstarkes Gebäude mit bezaubernd skurrilen Merkmalen aus seiner Entstehungszeit. Die renovierten Zimmer sind wunderbar – unbedingt ein solches verlangen, denn es gibt hier auch einige dürftigere Kammern mit abgenutzten Matratzen und heruntergekommenen Badezimmern, die kaum jemandem gefallen dürften. Die Apartments haben ein gutes Preis-Leistungs-Verhältnis.

Hotel Covadonga HOTEL **$**
(☎0362-444-4444; www.hotelcovadonga.com.ar; Güemes 200; EZ/DZ 38/42 US$; P❄@🛜🏊) Dieses gehobene Hotel in ausgezeichneter Lage nah an der Plaza 25 de Mayo hat schicke Einrichtungen wie Pool, Sauna und Whirlpool sowie freundliches Personal. Die Gemeinschaftsbereiche sind stylish eingerichtet, die renovierten Zimmer haben Balkone zur Straße und attraktive Holzböden.

★ **Amerian Hotel Casino Gala** HOTEL **$$**
(☎0362-445-2400; www.hotelcasinogala.com.ar; Perón 330; EZ/DZ 52/57 US$; P❄@🛜🏊) Das schickste Hotel der Stadt bietet Zimmer verschiedener Art sowie einen makellosen Service. Die Zimmer sind für ihren Preis ausgezeichnet: sehr geräumig und in einem vage asiatisch gehaltenen Stil dunkel und elegant eingerichtet. Außer Geldspielautomaten gibt's hier auch eine Sauna, einen Fitnessraum und einen in sich abgeschlossenen Spa-Komplex. Der riesige Freiluftpool mit Bar ist ein besonderes Highlight.

Essen

No Me Olvides ARGENTINISCH, BAR **$**
(www.facebook.com/nomeolvidesmilo; Laprida 198; Hauptgerichte 175–320 AR$; ⏲7–3 Uhr; 🛜) Durch große Fenster und hohe Decken wirkt der Speisesaal des beliebten Eckrestaurants größer als er ist. Bunte Malereien, Papierlampenschirme und künstlerische Details sorgen für Verve und Farbe. Wie die heroisch anmutenden Öffnungszeiten verheißen, wird hier alles, vom Frühstück bis hin zum nächtlichen Cocktail angeboten. Die Pasta, Ciabattas und *lomitos* sind wirklich ausgezeichnet.

Juan Segundo ARGENTINISCH **$$**
(☎0362-443-4693; www.facebook.com/juansegundoresistencia; Av Paraguay 24; Hauptgerichte 220–390 AR$; ⏲Di–Sa 12–14.30 & 21–0.30, So 12–14.30 Uhr; 🛜) Der zwanglos elegante, im Schachbrettmuster geflieste Speisesaal und die ansprechenden Tische draußen machen dieses Restaurant in einem noblen Viertel attraktiv. Zu essen gibt's ordentliche Grillspeisen, Salate sowie noch bessere Fisch- und Fleischgerichte mit gut zubereiteten Saucen. Man findet einen Spielbereich für Kinder, aber kaum günstige Angebote auf der kurzen Weinkarte.

Coco's Resto ARGENTINISCH **$$**
(☎0362-442-3321; www.facebook.com/cocosresto; Av Sarmiento 266; Hauptgerichte 150–260 AR$; ⏲Mo–Sa 12.30–15.30 & 21–24, So 12.30–15.30 Uhr; 🛜) Das intime, schön dekorierte Restaurant belegt die Vorderzimmer eines Hauses. Hier speisen gerne Anzugträger aus dem nahegelegenen Provinzparlament. Mit einer vielseitigen Auswahl an Pasta, Fleisch mit verschiedenen Saucen, Flussfisch und einer großen Weinkarte ist das Kolas eine angenehme Wahl in Chaco. Auch an Vegetarier wurde gedacht.

Ausgehen & Nachtleben

Guana y Velasquez BAR
(Ecke French & Don Bosco; ⏲Di–So 8 Uhr–open end) Diese coole Eckkneipe eignet sich ausgezeichnet für ein paar Drinks. Drinnen findet man Holzböden, Mosaikwände und modisch bunt zusammengewürfelte Holzstühle, draußen sitzt man an Tischen unter Bäumen und Wandgemälden. Die Musik ist genauso interessant wie das Dekor, und ein großes Jim Morrison-Porträt wacht über das ganze Geschehen.

Praktische Informationen

Centro Cultural Leopoldo Marechal (☎0362-445-2738; www.facebook.com/centroculturalmarechal/; Pellegrini 272; ⏲Mo–Fr 9–14 & 16.30–19.30 Uhr) Informationen über indigene Angelegenheiten und Besuche von Toba-Gemeinden. Kleine Auslage von Kunsthandwerken der Toba.

ABSEITS DER ÜBLICHEN PFADE

NORDWÄRTS GEN PARAGUAY

Busse fahren von Resistencia aus in Paraguays Hauptstadt Asunción, sie überqueren die Grenze in Argentiniens äußerstem Norden in **Clorinda**, einer chaotischen Grenzstadt, in der es außer wuselnden Märkten wenig von Interesse gibt.

Ein weit besserer Zwischenstopp ist das glühend heiße **Formosa**, eine mittelgroße Provinzhauptstadt eine zweistündige Busfahrt nördlich von Resistencia. Hotels, Restaurants und Serviceeinrichtungen finden sich an der Av 25 de Mayo, die die verschlafene Plaza mit dem Ufer des Río Paraguay verbindet – die Uferpromenade ist der beste Ort für einen Spaziergang, sobald die Temperaturen fallen.

An der 6 km von der Stadt entfernten **Laguna Oca** kann man gut Vögel beobachten, aber der Rest der Provinz Formosa hat noch mehr zu bieten.

Ein guter Ort für Naturbeobachtungen ist der Parque Nacional Río Pilcomayo (S. 99) 126 km nordwestlich von Formosa und 55 km westlich von Clorinda. Es gibt täglich Busverbindungen mit **Laguna Blanca**, einer entspannten Ortschaft, in der Zitronen angebaut werden und die ein paar günstige Unterkünfte – **Residencial Guaraní** (☎03718-470024; www.hotel-guarani.com; Ecke San Martín & Sargento Cabral; Laguna Blanca; Zi. 18 US$/Pers.; ❄) ist die beste – und *remises* (nicht gekennzeichnete Ruftaxis) zum Nationalpark bietet. Der wichtigste See im Park heißt auch **Laguna Blanca**; dort veranstalten Ranger Kaiman-Beobachtungstouren in Booten.

Die Hauptattraktion der Provinz Formosa ist aber der **Bañado la Estrella** (www.banadolaestrella.org.ar; ⏲8–18 Uhr). Das hinreißende Feuchtgebiet, eine Überschwemmungsebene des Río Pilcomayo, ist die Heimat einer erstaunlich vielfältigen Vogelwelt sowie von Alligatoren, Capybaras, großen Schlangen und schönen Wasserpflanzen. Von den Straßen, die sich kreuz und quer durch dieses 200 km lange, fingerförmige Gebiet ziehen, kann man viele Tiere erspähen – Feldstecher mitnehmen!

Die am praktischsten gelegene Ortschaft ist **Las Lomitas** an der RN 81, 300 km westlich von Formosa, von wo aus regelmäßig Busse fahren (565 AR$, 5½ Std.). Von hier führt die asphaltierte RP 28 nach Norden. Sie durchschneidet auf einem Damm, der 37 km nördlich von Las Lomitas beginnt und ungefähr 15 km lang ist, das Sumpfgebiet.

Touristeninformation im Busbahnhof (www.chaco.travel; ⏲Mo–Fr 7–20, Sa & So 7–9.30 & 18–20.30 Uhr) Hilfreiches Büro im Busbahnhof. Gegenüber ist die städtische Touristeninformation.

Touristeninformation (☎0362-445-8289; Roca 20; ⏲7–12 & 14.30–20 Uhr) An der Südseite der Plaza 25 de Mayo.

ℹ Anreise & Unterwegs vor Ort

Der Aeropuerto San Martín liegt 6 km südlich der Stadt an der RN11; ein Taxi kostet um die 230 AR$. Aerolíneas Argentinas (www.aerolineas.com.ar) hat täglich Flüge nach Buenos Aires.

Die Fahrt mit dem Taxi vom Zentrum zum **Busbahnhof** (☎0362-446-1098; Ecke MacLean & Islas Malvinas) kostet 150 AR$, alternativ kann man auch die Busse 3, 9 oder 110 von der Santa María de Oro nahe der Perón nehmen. In der Gegend sollte man nicht herumlaufen – Traveller haben von Raubüberfällen berichtet. Um mit den Stadtbussen fahren zu können, muss man eine Karte (60 AR$) im Büro an der Südseite der Plaza 25 de Mayo kaufen und diese dann mit einem Geldbetrag aufladen. Jede Fahrt in der Stadt kostet 11 AR$.

Zwischen Resistencia und Corrientes verkehrt ein Stadtbus für 50 AR$. Man kann ihn an der Av Alberdi direkt südlich der Plaza 25 de Mayo nehmen.

Busse ab Resistencia

ZIEL	PREIS (AR$)	DAUER (STD.)
Asunción, Paraguay	350–550	6
Buenos Aires	990–2650	13–14
Córdoba	1260–1740	10–14
Formosa	270–380	3
Posadas	540–690	4½–5
Puerto Iguazú	1085–1290	10–11
Rosario	780–1740	9–10
Salta	1325–1430	12–13
Santiago del Estero	1030–1180	10
Tucumán	1290–1460	11–12

Posadas

0376 / 358 986 EW.

Posadas ist die Hauptstadt von Misiones und eine Basis für Besuche der Jesuiten-Ruinen, nach denen die Provinz benannt ist. Die moderne Stadt blickt über den breiten Río Paraná rüber nach Encarnación in Paraguay. Obwohl der Ort eher als Zwischenstopp auf dem Weg nach Norden dient und nicht viele Sehenswürdigkeiten zu bieten hat, ist die Uferregion sehr schön, und es herrscht eine angenehme Atmosphäre.

Sehenswertes & Aktivitäten

Die Jesuitenmissionen sind die große Attraktion von Posadas.

★ Costanera UFER

Am Nachmittag erwacht die *costanera* mit Joggern, Radfahrern, Gassigehern, Mate-Trinkern, Hotdog-Verkäufern und jungen Paaren, die über das Ufer nach Paraguay blicken, zum Leben. Das Wahrzeichen ist „Andresito", eine riesige **Skulptur** aus Edelstahl des Guaraní-Provinzmatadors Andrés Guazurary.

Geführte Touren

Yacaré Tours TOUREN

(0376-442-1829; www.yacaretours.com.ar; Bolívar 1419) Veranstaltet halbtägige Ausflüge zu den argentinischen (1850 AR$/Fahrzeug) und paraguayischen (2200 AR$/Fahrzeug) Missionen sowie Touren zu *mate*-Plantagen, zu den Saltos del Moconá, den Los Esteros del Iberá und mehr.

Schlafen

Posadeña Linda HOSTEL $

(0376-4439238; www.facebook.com/hostelposadenalinda; Bolívar 1439; B/Zi. 8/20 US$,) Das mit Sorgfalt geführte kleine Hostel in Gehweite von der Plaza empfängt seine Gäste herzlich. Es hat komfortable Schlafsäle mit Bad und einen Hof mit winzigem Tauchbecken. Die Privatzimmer mit angeschlossenem Bad sind etwas muffig, haben aber ein ordentliches Preis-Leistungs-Verhältnis. Das Hostel ist farbenfroh und entspannend und hat eine kleine, aber passable Küche. Die Hausnummer täuscht: Das Hotel liegt zwischen den Hausnummern 1411 und 1419.

La Misión HOTEL $

(0376-445-1222; www.lamisionposadashotel.com; Av Quaranta 6150; EZ/DZ/3BZ 40/48/55 US$;) Das moderne Hotel liegt ein gutes Stück außerhalb der Stadt, aber praktisch nah am Busbahnhof und am Flughafen und bietet ein gutes Preis-Leistungs-Verhältnis. Die schicken geräumigen Zimmer sind mit riesigen Betten ausgestattet und es gibt einen einladenden Poolbereich. Eine gute Option für Leute auf der Durchreise, die Posadas nicht besuchen wollen. Von der Innenstadt kostet ein Taxi 200 AR$.

★ Hotel Posadas Urbano HOTEL $$

(0376-444-3800; https://alvarezarguelles.com/hotel/hotel-urbano; Bolívar 2176; Zi./Suite ab 65/105 US$; P) Das schick renovierte Hotel ist mit seinen vielen Einrichtungen und der tollen zentralen Lage schnell zum Platzhirsch geworden. Die sehr großen, hellen, mit Teppichen ausgelegten Zimmer haben funkelnde Badezimmer, Balkone und große Fenster mit Ausblick über die Stadt. Die Suiten sind genauso, nur etwas größer. Zusätzliche Pluspunkte sind der Poolbereich im Atrium, Kunstausstellungen, Fitness- und Spa-Einrichtungen sowie die ansprechende Lounge.

Essen & Ausgehen

Eine köstliche Spezialität ist *galeto* (auf Holzkohle gegrillte Hühnchenstücke gefüllt mit Schinken, roter Paprika und Butter). Eine Reihe von beliebten Lokalen entlang der Bolívar westlich der Plaza serviert *lomitos* (Steaksandwichs), Sandwichs und andere günstige Gerichte.

Am Wochenende spielt sich das Leben unten an der *costanera* ab, wo Lokale, Bars und Clubs laut und lange lärmen.

★ La Tradicional Rueda PARRILLA $$

(La Ruedita; Ecke Arrechea & Av Costanera; Hauptgerichte 190–310 AR$; 11–15.30 & 20–24 Uhr;) Das mit uniformierten Kellnern und robusten Holzstühlen stilvoll und traditionell anmutende zweistöckige Grillrestaurant hat eine erstklassige Lage am Fluss und ist an dem Holzrad vor der Tür zu erkennen. Dank erstklassiger Fleischgerichte, guter Salate und Flussfisch ist es eine Klasse besser als die meisten anderen hiesigen *parrillas*. Wer *galeto* bestellt, sollte die mit Parmesankruste probieren. Der Service ist ausgezeichnet.

La Querencia PARRILLA $$

(www.laquerenciarestaurante.com; Bolívar 1867; Hauptgerichte 290–360 AR$; Mo–Sa 12–14.30 & 20–0.30, So 12–14.30 Uhr;) Die gehobene *parrilla* an der Plaza ist auf köstliches *gale-*

to (Brathähnchen) spezialisiert. Zu empfehlen sind auch die riesigen Schaschlikspieße mit verschiedenen leckeren Fleischsorten, und auch die Salate sind ungewöhnlich gut zubereitet. Der Service ist toll und die Atmosphäre prima.

Shoppen

Fundación Artesanías Misioneras GALERIE
(www.famercosur.com.ar; Ecke Álvarez & Arrechea; Mo–Fr 8.30–12 & 17–20, Sa 9.30–12.30 Uhr) Die Guaraní-Kultur ist in diesem Teil von Argentinien stark vertreten, und in dieser Galerie wird besonders schöne indigene Handwerkskunst ausgestellt und verkauft. Eine weitere Filiale an der *costanera* beim Bahnhof ist abends und am Wochenende geöffnet, wenn die Hauptstelle geschlossen ist.

Praktische Informationen

Misiones-Touristeninformation (0376-444-7539; www.misiones.tur.ar; Colón 1985; 7–20 Uhr) Es gibt weitere Touristeninformationsstände in der Stadt, aber dieser ist am verlässlichsten.

An- & Weiterreise

Aerolíneas Argentinas (0810-222-86527; Sarmiento 2280; Mo–Fr 8–12 & 16–20 Uhr) fliegt täglich nach Buenos Aires.

Ein nagelneuer Zug verbindet Posadas mit Encarnación in Paraguay, der zwischen 7.15 und 18.15 Uhr alle 30 Minuten in Posadas abfährt (50 AR$, 6 Min.). Die argentinischen und die paraguayischen Grenzformalitäten erledigt man im **Bahnhof Apeadero Posadas** (www.sofse.gob.ar). Busse fahren von Posadas nach Buenos Aires, Puerto Iguazú und zu anderen Zielen.

Busse ab Posadas

ZIELE	PREIS (AR$)	DAUER (STD.)
Buenos Aires	1440–1950	12–14
Corrientes	530–610	4–4½
Paso de los Libres	425–700	5–6
Puerto Iguazú	465–480	4½–5½
Resistencia	540–660	4½–5
Rosario	1470–1750	14–15
San Ignacio	85	1
Tucumán	1855–2115	18

Unterwegs vor Ort

Der Busbahnhof von Posadas liegt 5 km südlich der Stadt und ist aus dem Zentrum mit den Bussen 8, 15 (ab der Junín), 21 oder 24 (12 AR$) zu erreichen. Die Fahrt mit dem Taxi kostet 150 AR$. Wer vom Busbahnhof kommt, nimmt einen der Stadtbusse davor oder von der angrenzenden Metrostation.

Der Bus 28 (12 AR$) fährt von der San Lorenzo (zwischen der La Rioja und der Entre Ríos) zum Flughafen. Die Fahrt mit einem *remise* kostet etwa 250 AR$.

Die Busse 7 und 12 (12 AR$) fahren zur Station Apeadero Posadas.

San Ignacio

0376 / 6800 EW.

Viele Traveller besuchen San Ignacio, die liebliche Kleinstadt zwischen Posadas und Puerto Iguazú, in erster Linie wegen der großen, gut erhaltenen Ruinen der Jesuitenmission, der die Stadt ihren Namen verdankt. Wer sich hier länger aufhält, sollte sich auch die Casa de Quiroga anschauen. Wer nur einen Stopp einlegt, kann sein Gepäck während der Besichtigung der Ruinen im Ticketbüro am Busbahnhof zur Aufbewahrung abgeben.

Sehenswertes & Aktivitäten

★ **San Ignacio Miní** RUINEN
(www.misiones.tur.ar; Eingang Alberdi s/n; Missions-Kombiticket Ausländer/Lateinamerikaner/Argentinier 200/170/130 AR$; April–Okt. 7–17.30 Uhr, Nov.–März 7–19 Uhr) Die Ruinen dieser Mission sind die am vollständigsten erhaltenen in ganz Argentinien und beeindrucken durch die Menge der immer noch sichtbaren Steinverzierungen und die umfangreichen Restaurierungsarbeiten. Es gibt ein kleines Museum und in den Ruinen selber stehen interaktive Panel mit mehrsprachigen Tonaufnahmen (wenn auch nicht alle funktionieren). Im Eintritt sind auch die nahegelegenen Ruinen in **Santa Ana** (www.misiones.tur.ar; Missions-Kombiticket Ausländer/Mercosur/Argentinier 200/170/130 AR$; April–Okt. 7–18 Uhr, Nov.–März 7–19 Uhr) und **Loreto** (www.misiones.tur.ar; Missions-Kombiticket Ausländer/Mercosur/Argentinier 200/170/130 AR$; April–Okt. 7–17.30 Uhr, Nov.–März 7–19 Uhr) sowie die **Santa María la Mayor** (RP 2, km 43; Missions-Kombiticket Ausländer/Lateinamerikaner/Argentinier 200/170/130 AR$; April–Okt. 7–17.30 Uhr, Nov.–März 7–19 Uhr) weiter außerhalb enthalten. Jeden Abend gibt es, wenn es nicht regnet, eine Lichtshow mit Sound (Ausländer 200 AR$) bei den Ruinen.

Casa de Horacio Quiroga MUSEUM
(Av Quiroga s/n; 100 AR$; 10–18 Uhr) Der uruguayische Schriftsteller Horacio Quiroga

strebte zurück zur Natur und ließ sich von dem selbstbewussten, improvisierten Lebensstil in Misiones inspirieren. Das simple Steinhaus am südlichen Ende der Stadt (30 Min. zu Fuß) hat er selber gebaut. Spanischsprechende Guides führen einen durch die Zuckerrohrfelder zum Haus und informieren über Quirogas tragisches Leben, das so voller Geschichten mit Schusswaffenunfällen und Zyankali ist, dass es einem spanisch vorkommen könnte.

Schlafen & Essen

An der Rivadavia zwischen der Bushaltestelle und den Ruinen finden sich kleine Restaurants, die *milanesas* (panierte Koteletts), Pizza und dergleichen servieren.

Adventure Hostel HOSTEL $
(☎0376-447-0955; www.sihostel.com; Independencia 469; Stellplatz 7 US$/Pers., B 10–12 US$, DZ 40 US$; P ❄ @ 📶 🏊) Dieses gut und engagiert geführte Hotel hat komfortable Schlafsäle mit entweder drei Betten oder vier Kojen in Etagenbetten, ordentliche Privatzimmer mit renovierten Bädern und ausgezeichnete Einrichtungen. Weitere Annehmlichkeiten beinhalten Billardtische (in beiden Versionen), Tischtennisplatten und ein großzügiges Gelände. Das schmackhafte, hausgemachte Frühstück ist im Preis enthalten. Das Restaurant bietet ordentliche Pasta- und Pizzagerichte. Es gibt auch Stellplätze mit Strom.

Posada Madre America PENSION $
(☎0376-447-0778; Sarmiento 605; EZ/DZ/3BZ 38/44/50 US$, B/EZ/DZ ohne Bad 12/16/32 US$) Mitten in der Stadt wartet diese einladende neue Pension mit geräumigen, aber karg eingerichteten Hotelzimmern mit makellosen Bädern und billigeren Hostel-Zimmern mit Gemeinschaftsbädern auf ihre Gäste. Überall gibt's gutes, schnelles WLAN und das Personal ist sehr zuvorkommend. Das Haus liegt zurückgesetzt von der Straße und ist darum recht ruhig.

La Misionerita ARGENTINISCH $$
(☎0376-437-6220; RN 12; Hauptgerichte 150–280 AR$; ⌚5–24 Uhr; 📶) Das Restaurant am Highway gegenüber dem Eingang zur Stadt hat beeindruckende Öffnungszeiten, freundliches Personal und ein ordentliches Angebot an Burgern, *milanesas* und dergleichen, außerdem Grillspeisen und Gerichte mit Flussfisch. Es ist eines der wenigen Lokale, in denen man abends etwas essen kann.

EINREISE NACH PARAGUAY

Busse nach Encarnación (35 AR$, alle 20 Min.) in Paraguay halten an der Kreuzung der San Lorenzo mit der Entre Ríos. Wenn sich Schlangen bilden und die Grenzformalitäten länger dauern, kann die Fahrtzeit mehr als eine Stunde betragen.

Alle müssen aussteigen, um die argentinischen Ausreiseformalitäten zu erledigen. Die Fahrkarte aufheben: Sollte der Bus ohne einen abfahren, steigt man in den nächsten. Auf der paraguayischen Seite wiederholt sich das Spiel. An der paraguayischen Einreisestelle hängen recht ehrliche Geldwechsler herum. Man sollte darauf achten, kleine Scheine zu bekommen: Eine Banknote à 100 000 Guaraní ist sehr schwer zu wechseln.

An- & Weiterreise

Der **Busbahnhof** liegt an der Hauptstraße am Eingang zur Stadt. Es gibt regelmäßige Verbindungen zwischen Posadas (65 AR$, 1 Std.) und Puerto Iguazú (220 AR$, 4–5 Std.).

Puerto Iguazú

☎03757 / 94 994 EW.

Am Ende der Straße auf argentinischer Seite liegt Puerto Iguazú am Zusammenfluss der Ríos Paraná und Iguazú und blickt rüber nach Brasilien und Paraguay. Hier herrscht wenig Gemeinschaftsgefühl, da alle nur gekommen sind, um die Wasserfälle zu sehen oder an selbigen zu verdienen. Planungsgesetze scheinen nicht zu existieren, denn an jeder Straße schießen neue Hotels empor. Aber die Stadt ist nicht unattraktiv und bildet einen ruhigen und sicheren Verkehrsknotenpunkt mit guten Verbindungen. Darüberhinaus gibt's ausgezeichnete Übernachtungs- und Einkehrmöglichkeiten.

Sehenswertes

Güirá Oga SCHUTZZENTRUM
(www.guiraoga.com.ar; RN 12, Km 5; Erw./Kind 200/150 AR$; ⌚9.30–18 Uhr, letzter Einlass 16.45 Uhr) Auf dem Weg zu den Wasserfällen liegt diese Tierklinik mit Rehabilitationszentrum für verletzte Wildtiere. Es leistet auch wertvolle Forschungsarbeit zu den Wäldern von Iguazú und betreibt ein Zuchtprogramm für gefährdete Arten. Ein Mitarbei-

Puerto Iguazú

Puerto Iguazú

Schlafen
1 125 Hotel B2
2 Bambú Hostel C2
3 Hotel Lilian C3
4 Jasy Hotel D2
5 Porãmbá Hostel D2

Essen
6 Color C3
7 Feria B1
8 La Misionera Casa de Empanada B3
9 Lemongrass B2

Ausgehen & Nachtleben
10 Cuba Libre B2
11 Quita Penas B2

ter führt die Besucher durch den 20 ha großen Dschungelpark und informiert über die Vögel und anderen Tiere sowie über die Unfälle, aufgrund derer sie behandelt werden. Die Besichtigung dauert rund 90 Minuten.

Casa Ecológica de Botellas GEBÄUDE
(http://lacasadebotellas.googlepages.com; RN 12, Km 5; 100 AR$; ⏲9–18.30 Uhr) Das faszinierende Gebäude, das unbedingt einen Besuch lohnt, steht rund 300 m abseits der Straße Richtung Wasserfälle. Die Besitzer benutzten Verpackungsmaterial – Plastikflaschen, Getränkekartons usw. – nicht bloß zum Bau des eindrucksvollen Hauses, sondern fertigen daraus auch noch Mobiliar und originelles Kunsthandwerk an, das sich gut als ungewöhnliches Mitbringsel eignet. Bei der Führung erfährt man, wie die Dinge hergestellt werden.

Schlafen

Porãmbá Hostel HOSTEL $
(☎03757-423041; www.porambahostel.com; El Urú 120; B 7 US$, Zi./3BZ 21/24 US$; ❄@☏≋) Sehr ruhig gelegen, aber trotzdem in Gehweite zum Busbahnhof ist dieses Hostel beliebt wegen der Auswahl an diversen Schlafsälen, Privatzimmern mit oder ohne Bad sowie einem kleinen Pool. Es ist ein chilliger Ort mit Küche und superentspannter Atmosphäre.

125 Hotel HOSTEL $
(☎03757-422346; Misiones 125; B/DZ 15/52 US$; ❄☏≋) Das Budget-Hostel lockt mit einer guten Lage, geselliger Stimmung und freundlichem Personal. Die Privatzimmer sind zwar etwas beengt, aber modern, sauber und preiswert. Die Schlafsäle gehören zu den besten der Stadt, jede Pritsche ist mit Vorhängen abgetrennt und die Gemein-

schaftsbäder sind sehr gepflegt. Toller Poolbereich.

Bambú Hostel HOSTEL $

(☎ 03757-425864; www.hostelbambu.com.ar; Ecke Avs San Martín & Córdoba; B/Zi. 12/40 US$) Das beliebte, gut geführte Hostel in der Nähe der Bushaltestelle hat freundliches Personal und eine gesellige Atmosphäre. Die Unterkünfte sind gerade so in Ordnung für den Preis: Die Privatzimmer sind komfortabel, aber ziemlich schlicht, und die Schlafsäle etwas beengt. Aber dafür gibt's eine ausgezeichnete, loungeartige Bar an der Straße, in der man abends perfekt die Seele baumeln lassen kann.

Hotel Lilian HOTEL $

(☎ 03757-420968; hotellilian@gmail.com; Beltrán 183; DZ/3BZ 36/38 US$; P ❄ @ 📶) Das nette Hotel mit gutem Preis-Leistungs-Verhältnis wird von einer gastfreundlichen Familie geführt, die nicht darauf aus ist, Touristen abzuziehen. Die angenehmen Zimmer liegen rund um einige Höfe voller Pflanzen. Die meisten „Superior"-Zimmer – der kleine Aufpreis lohnt sich – haben einen Balkon und sind sehr sonnig. Die Badezimmer sind alle geräumig und blitzblank.

★ **Boutique Hotel de la Fonte** HOTEL $$

(☎ 03757-420625; www.bhfboutiquehotel.com; Ecke Corrientes & 1 de Mayo; Zi./Suite ab 65/100 US$; P ❄ @ 📶 🏊) Ein gutes Hotel zeichnet sich dadurch aus, dass es ständig versucht, sich zu verbessern, und dieses Haus fügt unentwegt so viele tolle Elemente hinzu, dass man kaum hinterher kommt. Es ist ein abgeschiedener, bezaubernder Ort mit einzigartigen, individuell dekorierten Zimmern und Suiten um einen Innenhof voller Bäume, der abends romantisch beleuchtet wird. Einer der herzlichen Besitzer ist Architekt, was sich in den zahlreichen kleinen hübschen Details und dem künstlerischen Design widerspiegelt.

★ **Jasy Hotel** HOTEL $$

(☎ 03757-424337; www.jasyhotel.com; San Lorenzo 154; DZ/4BZ ab 60/80 US$; P ❄ 📶 🏊) Das originelle, friedliche Hotel mit zehn Zimmern auf zwei Etagen ist toll für Familien. Es klettert den Hügel hinauf wie eine Treppe im Wald. Alle Zimmer haben einen Balkon mit Blick auf viel Grün. Der kunstvolle Einsatz von Holz ist hier das Markenzeichen, die Bar und der Terrassenbereich sind so schön, dass man gerne länger als geplant bleibt. Das ordentliche Restaurant ist abends geöffnet.

Essen

★ **Feria** MARKT $

(Feirinha; Ecke Av Brasil & Félix de Azara; Picadas 250–350 AR$; ⏲ 8–24 Uhr) Ein wirklich netter Ort, um etwas zu essen oder ein Bier zu trinken, ist dieser Markt im Norden der Stadt. An den Ständen werden argentinische Weine, Würstchen, Oliven und Käse an brasilianische Grenzgänger verkauft, und an mehreren gibt es *picadas*, Grillspeisen, andere bieten einfache regionale Gerichte und kaltes Bier. An manchen Abenden gibt es Volksmusik und eine stimmungsvolle Atmosphäre.

La Misionera Casa de Empanada EMPANADAS $

(☎ 03757-424580; P Moreno 228; Empanadas 27 AR$; ⏲ Mo–Sa 11.30–24 Uhr) Hier gibt's ausgezeichnete Empanadas mit sehr vielen Füllungen, auf Wunsch auch außer Haus.

Lemongrass CAFÉ $

(Bompland 231; leichte Gerichte 95–210 AR$; ⏲ Mo–Sa 8.30–14.30 & 17–21.30 Uhr; ✍) Das ist eines der wenigen ordentlichen Cafés in Puerto Iguazú. Hier bekommt man gute frische Säfte, guten Kaffee, köstliche Süßspeisen, Sandwichs, Pizzas und leckere herzhafte Tarts. Auch auf Bier, Mojitos und Caipirinhas muss man nicht verzichten.

Color PARRILLA, PIZZA $$

(☎ 03757-420206; www.parrillapizzacolor.com; Av Córdoba 135; Hauptgerichte 230–350 AR$, Pizza 255–450 AR$; ⏲ 12–24 Uhr; 📶) Dieses beliebte „Pizza'n'*Parrilla*"-Lokal serviert seine Köstlichkeiten an eng stehenden Tischen, man sollte hier also lieber keine Staatsgeheimnisse austauschen. Die Preise sind für die Lage in Ordnung, das Fleisch kommt vom Holzfeuer. Die Holzofenpizzen und Empanadas sind auch sehr schmackhaft. In der Hauptsaison muss man auf einen Tisch warten oder online reservieren.

Ausgehen & Nachtleben

Die Touristen und die Brasilianer, die aus Foz herüberkommen, mischen das Nachtleben in Puerto Iguazú auf. Besonders viel Action gibt es an der Av Brasil, dort ziehen einige Bars abendliche Besucher an.

Quita Penas BAR

(☎ 03757-458223; Av Brasil 120; ⏲ 18 Uhr–open end) Das Quita Penas ist eine lebendige Open-Air-Bar mitten auf Puerto Iguazús kleiner Ausgehmeile mit einer erhöhten Terrasse und mehreren anderen Räume darunter. Es gibt auch gutes Essen. Alles in allem ein schöner Ort, um ein paar Bierchen zu genießen und das Nachtleben zu beobachten. Oft gibt's auch Livemusik.

Cuba Libre CLUB
(www.facebook.com/cuba.megadisco; Ecke Av Brasil & Paraguay; ⌚ Mi–So 23 Uhr–open end) Dieser unspektakuläre, aber spaßige Nachtclub abseits der Av Brasil zieht vor allem Brasilianer an, die sich dank des schwachen Pesos eine lange Nacht machen wollen. Die Tanzfläche füllt sich spät, aber schnell.

ℹ Praktische Informationen

Das hiesige brasilianische Konsulat (S. 206) bearbeitet Visaanträge innerhalb eines halben Tages, während das in der Botschaft in Buenos Aires eine ganze Woche in Anspruch nimmt.

Städtische Touristeninformation (☎ 03757-423951; www.iguazuturismo.gob.ar; Av Victoria Aguirre 337; ⌚ 8–14 & 16–21 Uhr)

Touristeninformation der Provinz (☎ 03757-420800; www.misiones.tur.ar; Av Victoria Aguirre 311; ⌚ 8–21 Uhr) Die hilfreichste Touristeninformation vor Ort.

ℹ Anreise & Unterwegs vor Ort

BUS

Vom **Busbahnhof** (Ecke Avs Córdoba & Misiones) fahren Busse nach Posadas (250 AR$, 5½ Std.), Buenos Aires (1200–1730 AR$, 20 Std.) und in dazwischen liegende Orte. Die Busse zum Parque Nacional Iguazú (50 AR$, 30 Min.) fahren häufig.

FAHRRAD

Nahe dem Busbahnhof vermietet **Jungle Bike** (☎ 03757-423720; www.junglebike.com.ar; Av Victoria Aguirre 262, Local 7 Galeria Plaza Pueblo; Fahrrad 50/200 AR$ pro Std./Tag, Mountainbike 350–400 AR$; ⌚ 9–20.30 Uhr) Fahrräder und arrangiert geführte Radtouren.

FLUGZEUG

Aerolíneas Argentinas (☎ 03757-420168; www.aerolineas.com.ar; Av Victoria Aguirre 295; ⌚ Mo–Fr 8–12 & 15–19, Sa 8–13 Uhr) fliegt täglich nach Buenos Aires.

Die Fahrt mit einem *Remise* zum Flughafen kostet rund 400 AR$. Diverse Unternehmen bieten Shuttleservices für 90 AR$. Im Hotel nachfragen.

ℹ EINREISE NACH BRASILIEN & PARAGUAY

Vom Busbahnhof in Puerto Iguazú fahren regelmäßig Busse nach Foz do Iguaçu in Brasilien (25 AR$, 1 Std.). Der Bus wartet während der Einreiseprozeduren. Die Grenze ist rund um die Uhr geöffnet, Busse fahren nur tagsüber.

Vom Busbahnhof in Puerto Iguazú fahren auch häufig Busse nach Ciudad del Este in Paraguay (30 AR$, 1 Std.); sie warten an der Grenze, während man die Zollformalitäten erledigt.

Parque Nacional Iguazú

Wasserfälle, so meinen manche, sollen negative Ionen und damit Glücksgefühle erzeugen. Klingt unglaubwürdig? Dann auf zu den **Iguazú-Fällen** – vielleicht wird man dort ja eines Besseren belehrt: Je näher man herankommt, desto besser wird offensichtlich die Stimmung. Schließlich brechen alle in hemmungsloses Kichern und Quietschen aus – Erwachsene, wohlgemerkt!

Aber der pure Glückstaumel ist nicht das einzige Argument für einen Besuch. Die Kraft, Größe und brachiale Geräuschkulisse der Fälle werden nur durch persönliches Erleben wirklich begreifbar. Selbst wer tierisch früh oder später am Tag kommt (Reisegruppen gehen meistens gegen 15 Uhr), wird das Spektakel nicht mutterseelenallein bestaunen können. Im **Park** (☎ 03757-491469; www.iguazuargentina.com; volljährige Ausländer/Mercosur/Argentinier 600/4810/310, Kind 150/120/100; ⌚ 8–18 Uhr) tummeln sich stets Argentinier, Backpacker, Familien und Reisegruppen – aber wen interessiert's? Wer in die Garganta del Diablo („Teufelsrachen") schaut, vergisst die Welt um sich herum sowieso.

Glaubt man einer Legende der Guaraní, sind die Iguazú-Fälle wie folgt entstanden: Ein eifersüchtiger Waldgott zürnte einem Krieger, der zusammen mit einem jungen Mädchen in einem Kanu flussabwärts flüchtete. Direkt vor dem Paar riss der Gott das Flussbett auf und schuf so die steilwandigen Wasserfälle. Das Mädchen stürzte in die Tiefe und verwandelte sich unten angekommen in einen Felsen. Von oben muss der Krieger, seither in der Gestalt eines Baumes gefangen, tagein, tagaus auf seine Geliebte herabblicken.

Die geologische Entstehungsgeschichte der Fälle klingt dagegen schon etwas nüchterner. Im südlichen Brasilien fließt der Río Iguazú über ein Basaltplateau, das abrupt vor dem Zusammenfluss mit dem Paraná endet. Unmittelbar vor der Kante teilt sich das Wasser in etliche Kanäle, die für die diversen, ganz eigentümlichen *cataratas* (Katarakte) verantwortlich sind.

Den tiefsten Eindruck hinterlässt die halbkreisförmige Garganta del Diablo. Mittels Barkasse und über eine Reihe von *pasarelas* (Laufstege) erreichen Besucher den lautesten und aufregendsten Teil der Fälle. Unglaublich spektakulär – bleibt nur noch die Frage: Wo ist das Bungee-Seil?

Trotz der Beeinträchtigung durch Entwicklungsmaßnahmen ist der 550 km² große Park ein echtes Naturwunder. In dem subtropischen Regenwald wurden bis heute über 2000 Pflanzenarten gezählt. Er ist die Heimat von unzähligen Insekten, 400 Vogelarten sowie etlichen Säugetieren und Reptilien.

Wenn man ausreichend Zeit hat, lohnt sich ein Abstecher auf die brasilianische Seite der Fälle. So kann man das ganze Spektakel noch mal aus einem anderen Blickwinkel genießen und sich einen tollen Gesamtüberblick verschaffen.

Sehenswertes

Bevor das Highlight, die Iguazú-Fälle, besichtigt wird, kann man sich eine Karte holen und einen Blick ins **Museum** werfen. Vom nahen **Turm** hat man einen tollen Panoramablick. Wenn am Vormittag unzählige Tagesbesucher in Bussen herangekarrt werden, sollte man sich schon auf den Weg gemacht haben. Unterhalb des Besucherzentrums legen kostenlose Barkassen zur **Isla San Martín** ab, auf der man die tolle Aussicht auf sich wirken lassen kann. Außerdem bietet sie eine willkommene Zuflucht vor den Menschenmassen auf dem Festland.

Von diversen *pasarelas* aus ist der Ausblick auf kleinere Stromschnellen und die etwas weiter entfernte **Garganta del Diablo** gigantisch. Regelmäßig fährt ein Zug vom Besucherzentrum aus die verschiedenen Attraktionen ab. An der letzten Haltestelle führt ein Fußweg zu einer Aussichtsplattform direkt am Abgrund der Fälle.

Aktivitäten

Eine Erkundung des Naturlehrpfads **Sendero Macuco** lohnt sich vor allem morgens. Der Weg führt durch dichten Regenwald. Mittendrin zweigt ein steiler Pfad zum Fuß eines Wasserfalls ab. Ein weiterer Weg führt zum *bañado*, einem Sumpf voller Vögel. Für den gesamten Sendero Macuco (6 km) braucht man etwa zweieinhalb Stunden.

Um andere Ziele im Wald zu erreichen, fährt man per Anhalter (was Lonely Planet nicht empfiehlt, da es nie ganz sicher ist) oder mit einem Mietwagen auf der RN 101 in Richtung des Dorfs Bernardo de Irigoyen. Diesen Teil des Parks erkunden nur wenige Besucher, und man findet hier nahezu unberührten Urwald.

Iguazú Jungle Explorer BOOTSTOUR
(☎ 03757-421696; www.iguazujungle.com) Bietet drei Abenteuertouren: Am beliebtesten ist die kurze Bootsfahrt, die am Paseo Inferior startet und einen unter einen der Wasserfälle bringt – ein haarsträubendes Erlebnis (1000 AR$). Die „Gran Aventura"-Tour verbindet das mit einer Autofahrt durch den Dschungel (1500 AR$). „Paseo Ecológico" (400 AR$) ist eine Naturbeobachtungstour in Schlauchbooten stromaufwärts von den Wasserfällen.

Safaris Rainforest DSCHUNGELTOUR
(☎ 03757-491074; www.rainforest.iguazuargentina.com) Dank der sachkundigen Führer ist dies die beste Option, um Flora und Fauna des Parque Nacional Iguazú kennenzulernen. Im Angebot sind kombinierte Exkursionen per Auto und zu Fuß: Die „Safari a la Cascada" führt zum Arrechea-Wasserfall (560 AR$, 90 Min.), besser ist die „Safari en la Selva" (660 AR$, 2 Std.), ein Trip in einen weniger touristischen Teil des Parks mit Erläuterungen zur Kultur der Guaraní.

Vollmondwanderung WANDERN
(☎ 03757-491469; www.iguazuargentina.com/en/luna-llena) In fünf aufeinanderfolgenden Nächten pro Monat gibt es diese Wanderungen zur Garganta del Diablo. Pro Nacht finden drei Wanderungen statt: die erste (20 Uhr) bietet das Spektakel des aufgehenden Vollmonds, bei der letzten (21.30 Uhr) liegen die Wasserfälle im vollen Mondlicht. Man darf allerdings nicht erwarten, irgendwelche Wildtiere zu sehen. Im Preis (1100 AR$) inbegriffen sind der Eintritt und ein Drink; ein Abendessen kostet extra (500 AR$). Man sollte vorab reservieren, weil die Zahl der Teilnehmer begrenzt ist.

Praktische Informationen

Die Busse aus Puerto Iguazú setzen die Fahrgäste am **Centro de Informes** ab, wo es ein kleines Naturkundemuseum gibt.

GEFAHREN & ÄRGERNISSE

Die Strömung des Río Iguazú ist stark. Mehr als einmal sind Touristen mitgerissen worden und vor der Isla San Martín ertrunken.

Auch die Tierwelt ist nicht ohne. Besucher sollten Abstand zu den Großkatzen halten. Macht man dennoch Bekanntschaft mit einem Jaguar, ist es wichtig, nicht in Panik auszubrechen. Stattdessen laut, aber beruhigend auf das Tier einreden und auf keinen Fall wegrennen bzw. ihm den Rücken zukehren. Um sich größer als das Tier zu machen und es einzuschüchtern, kann man mit den Armen rudern oder Kleidungsstücke schwenken.

An- & Weiterreise

Regelmäßig fahren Busse nach Puerto Iguazú (130 AR$, 40 Min.).

NORDWESTLICHES ARGENTINIEN

Im Nordwesten wird Argentiniens Geschichte besonders greifbar. Durch ihre Sehenswürdigkeiten und Einwohner ist die „indigenste" Region des Landes stärker mit den benachbarten Andenstaaten verbunden als die europäisch geprägten Großstädte.

Córdoba

☎ 0351 / 1,391 MIO. EW.

Argentiniens zweitgrößte Stadt ist genauso, wie eine Stadt sein sollte: lebendig, munter, von handhabbarer Größe und (jedenfalls teilweise) einfach sehr schön. Kulturbegeisterte können hier leicht hängenbleiben. In Sachen Musik, Theater, Kino und Tanz ist in der Stadt immer irgendwo etwas los. Darüber hinaus besitzt Córdoba sieben Universitäten – hier herrscht eine Stimmung, wie man sie nirgends sonst im Land findet.

Sehenswertes

Die Besichtigung der kolonialzeitlichen Gebäude und Denkmäler Córdobas sollte mit dem **Cabildo** (Independencia 30) an der Plaza San Martín beginnen. An der Südwestecke der Plaza erhebt sich die von einer romanischen Kuppel gekrönte **Iglesia Catedral** (Independenciá 80; ⌚8–16 & 17–20 Uhr), mit deren Bau 1577 begonnen wurde und die viele verschiedene Stile in sich vereint.

Südlich vom Zentrum befindet sich Córdobas **Milla Cultural** (Kulturmeile) – eine 1,6 km lange Strecke mit Theatern, Kunstgalerien und Kunstschulen. Die Highlights sind der **Paseo del Buen Pastor** (Av H Yrigoyen 325; ⌚10–20 Uhr) GRATIS, wo die Arbeiten junger, aufstrebender Künstler aus Córdoba im Mittelpunkt stehen, das **Museo Superior de Bellas Artes Evita** (Av H Yrigoyen 551; 50 AR$, Mi frei; ⌚Di–So 10–20, Jan. 10–13 & 18–21 Uhr), das 400 Werke der bildenden Kunst beherbergt, und das **Museo Provincial de Bellas Artes Emilio Caraffa** (www.museocaraffa.org.ar; Av Poeta Lugones 411; 50 AR$; Mi frei; ⌚Di–So 10–20 Uhr) mit erstklassigen Wechselausstellungen zeitgenössischer Kunst.

Museo Histórico de la Universidad Nacional de Córdoba MUSEUM
(Obispo Trejo 242; 20 AR$, Mi gratis; ⌚März–Dez. Mo–Sa 9.30–18.30 Uhr, Jan. & Feb. Mo–Sa 9–13 & 16–20 Uhr, Führungen Do–Di 11 & 15 Uhr) 1613 gründete Fray Fernando de Trejo y Sanabria das Seminario Convictorio de San Javier, das 1622 zur Universität erhoben wurde und heute die Universidad Nacional de Córdoba ist. Die Universität ist die älteste des Landes und beherbergt neben anderen nationalen Schätzen einen Teil der großen Bibliothek der Jesuiten und das Museo Histórico de la Universidad Nacional de Córdoba.

Museo de la Memoria MUSEUM
(Pje Santa Catalina 1; ⌚Di–Fr 10–17, Sa & So 15–19 Uhr) GRATIS Das Museum in einem ehemaligen geheimen Internierungs- und Folterlager dokumentiert auf erschütternde Weise die Grausamkeit der argentinischen Militärdiktatur. Es wurde von der gefürchteten „Aufklärungsabteilung" (D2) betrieben, einer Sondereinheit, deren Ziel es war, angebliche „Aufwiegler" zu entführen, zu foltern und deren Kinder an politisch „unverdächtige" Familien zu „vermitteln".

Kurse

Able Spanish School SPRACHE
(☎0351-422-4692; www.ablespanish.com; Tucumán 443; ⌚Mo–Fr 9–17 Uhr) Bietet gegen Aufpreis auch Unterkünfte und nachmittägliche Aktivitäten an. Wer sich für längere Kurse einschreibt, erhält Rabatt.

Tsunami Tango TANZKURS
(☎0351-15-313-8746; Laprida 453) Tangokurse und *milongas* (Tangostil) montags (20 Uhr), dienstags (19.30 Uhr), mittwochs (19.30 Uhr) und freitags (22 Uhr).

Schlafen

Hostel Rupestre HOSTEL $
(☎0351-15-226-7412; https://rupestre.insta-hotel.com; Obispo Oro 242; B/EZ/DZ ab 6,50/15,50/20 US$; 📶) Das sehr gut gestaltete stilvolle Hostel in großartiger Lage am Rand

Nordwestliches Argentinien

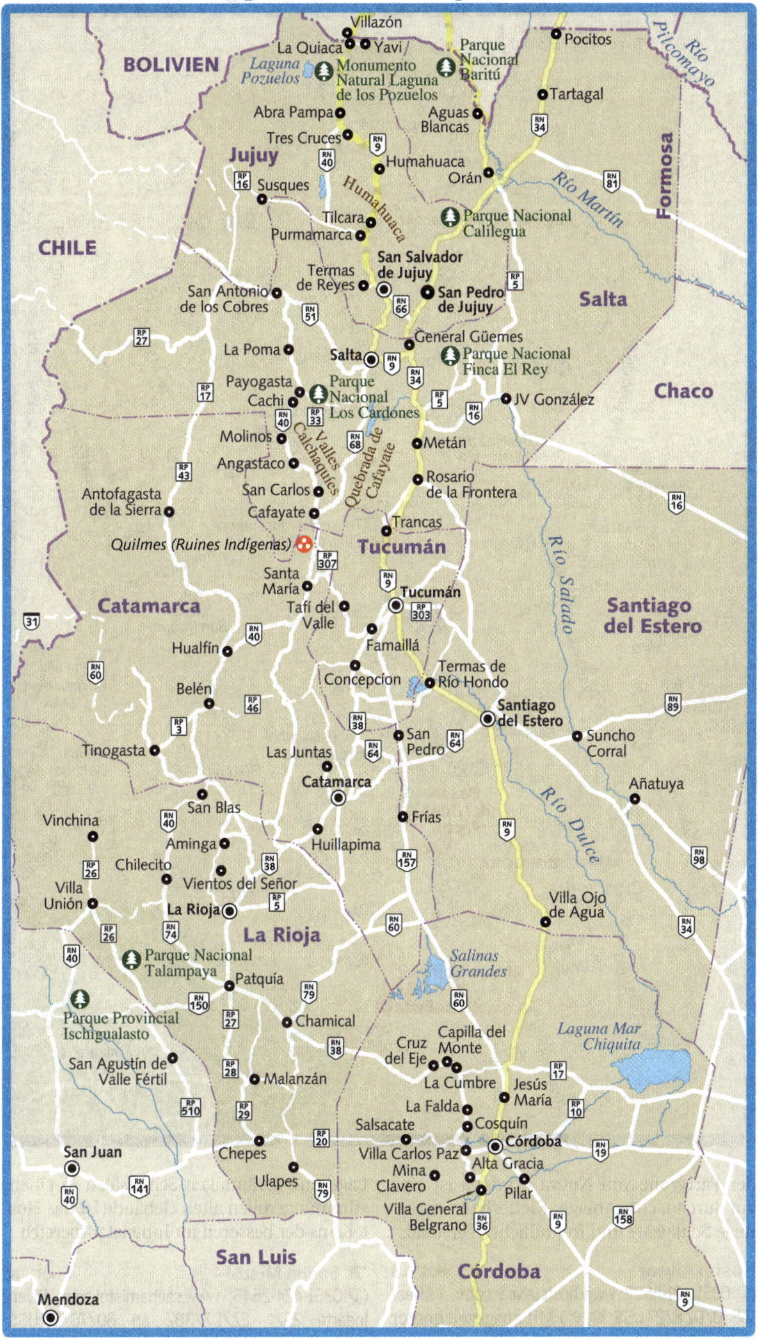

Córdoba

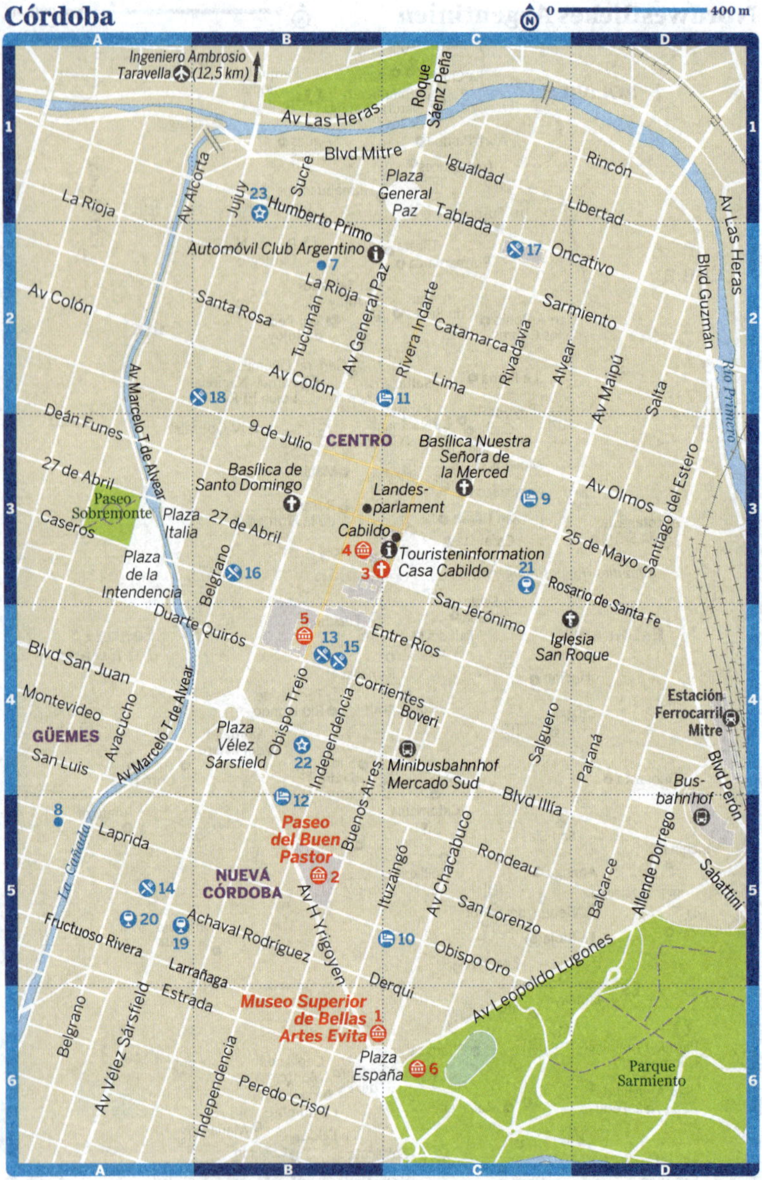

der Partyzone von Nueva Córdoba ist eine gut durchdachte Anlage: Kletterhalle, geräumige Schlafsäle und freundliches Personal.

Hostel Alvear HOSTEL $
(☎ 0351-421-6502; www.hostelalvear.com; Alvear 158; B/DZ 8/27 US$; @ 📶) Mit ausgezeichneter Lage und geräumigen Schlafsälen in einem stimmungsvollen alten Gebäude ist das Hostel eins der besseren im Innenstadtbereich.

★ **Sacha Mistol** HOTEL $$
(☎ 0351-424-2646; www.sachamistol.com; Rivera Indarte 237; EZ/DZ/3BZ ab 60/70/80 US$;

Córdoba

Highlights
1 Museo Superior de Bellas Artes Evita B6
2 Paseo del Buen Pastor B5

Sehenswertes
3 Iglesia Catedral B3
4 Museo de la Memoria B3
5 Museo Histórico de la Universidad Nacional de Córdoba B4
6 Museo Provincial de Bellas Artes Emilio Caraffa C6

Aktivitäten, Kurse & Touren
7 Able Spanish School B2
8 Tsunami Tango A5

Schlafen
9 Hostel Alvear C3
10 Hostel Rupestre C5
11 Sacha Mistol C2
12 Yrigoyen 111 .... B5

Essen
13 Alfonsina B4
14 Bruncheria A5
15 La Candela B4
16 La Vieja Esquina B3
17 Mercado Norte C2
18 Quadrata B2

Ausgehen & Nachtleben
19 Beer Joint A5
20 El Mentidero de Güemes A5
21 Studio Theater C3

Unterhaltung
22 Cineclub Municipal Hugo del Carril B4
23 La Sala del Rey B1

) Das stilvolle, originelle Hotel ist bei Kreativen beliebt. Die Zimmer sind geräumig und komfortabel und mit bunt zusammengewürfelter Kunst und Möbeln dekoriert. Das Hotel befindet sich in einem sorgfältig renovierten klassischen Gebäude in ruhiger, zentraler Lage an der Fußgängerzone und bietet auch Kunstausstellungen und ein kleines Schwimmbecken.

Yrigoyen 111 HOTEL $$
(0351-571-4000; www.y111hotel.com; Av H Yrigoyen 111; EZ/DZ 70/85 US$;) Das protzige Hotel in unschlagbarer Lage im Herzen von Nueva Córdoba bietet alle Schikanen in seinen geräumigen, geschmackvoll eingerichteten Zimmern mit tollem Ausblick auf die Stadt von den oberen Stockwerken. Dazu gibt's einen Pool auf dem Dach und ein Fitnessstudio sowie eine gemütliche Loungebar im Untergeschoss.

Essen

La Vieja Esquina ARGENTINISCH $
(0351-424-7940; Belgrano 193; Empanadas 30 AR$, Locro 140 AR$; Mo–Sa 11.30–15 & 19.30–1 Uhr) In dem gemütlichen kleinen Lokal mit Plätzen am Fenster darf man keine aufwendigen Gerichte erwarten – es gibt vor allem Empanadas, *locro* (würziger Eintopf aus Mais, Bohnen, Rindfleisch, Schwein und Wurst) und andere Sattmacher – aber geschmacklich sind sie spitze. An der Bar bestellen.

Bruncheria CAFÉ $
(www.facebook.com/bruncheriacafe; Rodriguez 244; Frühstück 120–185 AR$, Brunch für 2 Pers. 435 AR$; 10–21 Uhr;) Diese Bruncheria mit frischem Dekor, leckerem Essen und cooler Musik liegt im hippen Abschnitt von Güemes und ist ein angenehmer Ort für ein zweites Frühstück (wenn Kaffee und Croissants mal wieder nicht ausreichen), aber auch die Sandwichs sind nicht zu verachten.

La Candela ARGENTINISCH $
(0351-428-1517; Duarte Quirós 67; Empanadas 22 AR$, Locro 140 AR$; 12–16.30 & 19.30–1 Uhr) Das rustikale, wunderbar stimmungsvolle Lokal wird von drei schrulligen, aber liebenswerten *señoras* geführt. Passend zum Ambiente ist das Essen schlicht und authentisch.

Mercado Norte MARKT $
(www.facebook.com/mercadonortecordoba; Oncativo 50; Snacks & Hauptgerichte 50–300 AR$; Mo–Fr 7–19.30, Sa bis 14.30 Uhr) In Córdobas Markthalle gibt's köstliches, günstiges Essen wie Pizza, Empanadas (pikante gefüllte Teigtaschen) und Meeresfrüchte. An den sauberen Ständen findet man alles erdenkliche Fleisch, darunter auch *chivitos* (Ziegen) und Schweine. Samstags ist besonders viel los.

Quadrata ITALIENISCH $
(0351-421-1290; 9 de Julio 458; Hauptgerichte 35–90 AR$; Mo–Fr 11.30–22.30, Sa bis 15.30 Uhr) Das kleine Lokal serviert erstklassige italienische Gerichte zu niedrigen Preisen. Vor allem die täglich frisch zubereiteten Pizzen, Pastas und Panini sind der Hit. Man kann sich auch ein Stück Pizza mitnehmen. Auf keinen Fall das Tiramisu versäumen.

SKURRILE ORTE IN CÓRDOBAS SIERRRAS

Aus irgendeinem Grund ist die Sierras-Region bei Córdoba eine der skurrilsten Argentiniens. Das Tolle an Reisen in diesem Gebiet ist, dass man immer wieder über etwas Wundervolles und Unerwartetes stolpert. Hier ein paar Tipps:

Capilla del Monte Das verschlafene kleine Hügelstädtchen ist unter UFO-Fans weltberühmt, die in der Hoffnung kommen, von der Spitze des mystischen Cerro Uritorco Kontakt zu Außerirdischen aufnehmen zu können.

Villa General Belgrano (www.elsitiodelavilla.com/oktoberfest) Das deutsche Erbe gibt der Stadt ein sehr europäisches Flair, vor allem während des Oktoberfests (www.elsitiodelavilla.com/oktoberfest), bei dem das Bier in Strömen fließt.

Villa Carlos Paz (www.villacarlospaz.gov.ar/turismo) Der Ferienort am See wirkt wie eine Mischung aus Las Vegas und Disneyland. Die Themenhotels (die Großen Pyramiden, der Kreml) verteilen sich um eine gigantische Kuckucksuhr.

Museo Rocsen (www.museorocsen.org) Nahe der winzigen Ortschaft Nono außerhalb von Mina Clavero bilden die mehr als 11 000 Exponate die wahrscheinlich kunterbunteste Sammlung von Krempel und Schätzen, die man nur zu sehen bekommen kann.

Alfonsina ARGENTINISCH $$

(Duarte Quirós 66; Hauptgerichte 250–300 AR$; Mo–Fr 8–1, Sa 8–16 & 18–2, So 19–24 Uhr;) In einem weitläufigen Stadthaus aus der Kolonialzeit im historischen Zentrum von Córdoba hält das Restaurant mit Bar voller Schnickschnack eine lange Karte mit Köstlichkeiten bereit – Pasta, Pizza, *locro* (ein würziger Eintopf aus Fleisch, Bohnen und Mais), Empanadas und Steaks sowie einige regionale Klassiker wie Eintopf mit *cabrito* (Ziege). Das Alfonsina hat zwar einige Filialen, aber diese hier hat das beste Ambiente. An manchen Abenden gibt's Livemusik.

Ausgehen & Nachtleben

Córdobas beliebtester Drink ist zweifellos der Fernet, ein aus Italien stammender starker Kräuterschnaps, der fast immer mit Cola gemixt wird.

Córdobas Nachtleben teilt sich auf verschiedene Szenen auf. Die hübschen jungen Dinger machen Barhopping in Nueva Córdoba – ein Bummel nach Mitternacht auf der Rondeau zwischen den Avs H Yrigoyen und Chacabuco führt einen an Dutzenden Bars vorbei, die vor allem entspannte (oder dröhnende) elektronische Musik spielen. An der Avenida Ambrosio Olmos, die mit der Plaza España verbunden ist, gibt es auch eine lange Reihe an Clubs für Nachteulen.

El Mentidero de Güemes PUB

(www.facebook.com/elmentiderodeguemes; Fructuoso Rivera 260; Di 20–5, Mi–So ab 18 Uhr) Hinten im Muy Güemes, einem der belebtesten Höfe des Bezirks, serviert dieser tolle Pub mit Außenbestuhlung gutes Craftbier, Cocktails und Platten zum Teilen. Hier finden auch einige Events statt, von Live-Blues, -Jazz und -Rock bis hin zu Theateraufführungen.

Beer Joint CRAFT-BIER

(www.facebook.com/beerjointguemes; Achaval Rodríguez 183; Mo–Mi 18–1, Do–Sa bis 2, So bis 24 Uhr) Diese schicke kleine Kneipe hat die beste Happy Hour (18–21 Uhr) in Güemes. Dazu Craft-Bier, kostenloses Popcorn, billige Tacos und authentische Stimmung.

Studio Theater CLUB

(www.facebook.com/studiotheateroficial; Rosario de Santa Fe 272; Mindestverzehr 200 AR$; Fr–So 23–6 Uhr) Das dreistöckige, umgestaltete Theater mit originalen Sitzen, Säulen und Pfeilern ist einer von Córdobas Hotspots. Es ist auch bekannt dafür, dass hier DJs Reggaeton, Cumbia und *cuarteto* (Argentiniens ursprüngliche Popmusik mit mitreißendem Rhythmus und ungewöhnlichem Musikstil sowie Arbeiterklasse-Texten) auflegen, auf der Hauptbühne gibt's aber auch Livemusik.

Unterhaltung

Cuarteto-Musik (eine Erfindung aus Córdoba) ist hier angesagt, was wahrlich keine Überraschung ist. Man hört sie live in vielen Treffs, doch leider lockt sie auch regelrechte Massen an. **La Sala del Rey** (0351-422-0010; www.facebook.com/saladelrey; Humberto Primero 439; ab 100 AR$ Öffnungszeiten variieren) ist ein respektabler Laden und zugleich auch der beste Ort, um eine *cuarteto*-Show zu erleben.

Cineclub Municipal Hugo del Carril KINO (☎0351-434-1609; www.cineclubmunicipal.com; Blvd San Juan 49; Mo–Mi 60 AR$, Do–So 100 AR$; ⌚Mo–Fr 13–23, Sa & So ab 15 Uhr) Um einen tollen Kinoabend oder -tag zu erleben, schaut man in diesem städtischen Filmtheater vorbei, das von Kunstfilmen bis hin zu lateinamerikanischen Preisträgern und regionalen Produktionen alles Mögliche zeigt. Vorbeikommen und ein Programm holen! Es gibt auch Konzerte und Theatervorstellungen.

Praktische Informationen

Automóvil Club Argentino (☎0800-888-9888; Av General Paz 499; ⌚Mo–Fr 10–17 Uhr)

Touristeninformation Casa Cabildo (☎0351-434-1200; https://turismo.cordoba.gob.ar; Independencia 30; ⌚8–20 Uhr)

Anreise & Unterwegs vor Ort

BUS

Córdobas **Busbahnhof** (☎0351-421-2472; www.terminaldecordoba.com; Blvd Perón 380) liegt etwa 15 Minuten zu Fuß von der Innenstadt.

Im neuen Terminal (auf der anderen Straßenseite, erreichbar durch einen Tunnel) bieten mehrere Busunternehmen Verbindungen zu denselben Zielen wie vom **Minibusbahnhof Mercado Sud** (☎0351-424-6775; Blvd Illía 155). Achtung: Die Busse, die vom Minibusterminal abfahren, halten überall, was häufig zu einer Fahrtverlängerung von bis zu einer Stunde führt.

Verschiedene Anbieter fahren auch zu Zielen in Chile, darunter Santiago (1880 AR$, 18 Std.), manchmal muss man allerdings in Mendoza umsteigen.

Busse ab Córdoba

ZIEL	PREIS (AR$)	DAUER (STD.)
Buenos Aires	650–1250	10
Mendoza	830–1380	11
Montevideo, Uruguay (via Rosario)	1400–1990	14¼
Salta	1500–2155	11
Tucumán	800–1480	9

FLUGZEUG

Aerolíneas Argentinas (☎0810-2228-6527; www.aerolineas.com.ar; Av Colón 520; ⌚Mo–Fr 10–18, Sa 9.30–12.30 Uhr) hat Vertretungen im Zentrum und fliegt mehrmals täglich nach Buenos Aires und Puerto Iguazú; es gibt auch einen täglichen Flug nach Neuquén. **Andes Líneas Aéreas** (☎0351-571-9970; www.andesonline.com; Tucumán 41, Galería Vía Nueva, Units 62 & 63; ⌚Mo–Fr 9–13.30 & 14.30–18.30, Sa 9–13.30 Uhr) ist eine verlässliche Fluglinie mit günstigen Flügen nach Buenos Aires, Puerto Madryn, Bariloche und zu anderen Zielen in Argentinien.

Der **Flughafen** (☎0351-475-0881; www.aa2000.com.ar/cordoba; Av La Voz del Interior 8500) liegt rund 15 km nördlich der Stadt. Der Bus 25 fährt zwischen dem Flughafen und der Plaza San Martín (17 AR$) oder man nimmt den Flughafenbus (70 AR$) von der/zur Plaza.

ZUG

Von Córdobas **Estación Ferrocarril Mitre** (☎0351-426-3565; www.sofse.gob.ar; Blvd Perón 600) fahren Züge über Rosario nach Buenos Aires (500–1750 AR$, 20 Std.). Das Ticket weit im Voraus reservieren!

Züge nach Cosquín (11 AR$, 2½ Std., tgl. 8.25, 10.40 & 11.40 Uhr) fahren an der Estación Alta Córdoba ab, 2 km nördlich der Plaza San Martín.

Rund um Córdoba

Jesús María

☎03525 / 26 800 EW.

Nachdem die Jesuiten ihr Kapital vor der Küste Brasiliens an Piraten verloren hatten, bauten sie in Jesús María Wein an und verkauften ihn, um ihre Universität im kolonialzeitlichen Córdoba zu finanzieren. Die Stadt liegt 51 km nördlich von Córdoba an der RN 9.

Wer nur eine einzige Jesuitenmission besuchen will, sollte sich wohl für das **Museo Jesuítico Nacional de Jesús María** (https://museojesuitico.cultura.gob.ar; Pedro de Oñate; ⌚Di–Fr 8–19, Sa & So 10–18 Uhr) GRATIS entscheiden. Die Stätte ist leicht erreichbar, liegt aber in einem ruhigen, ländlichen Umfeld. Sie ist wunderbar erhalten und restauriert und kann mit vielen Artefakten aufwarten.

Busse verbinden Córdoba und Jesús María (110 AR$, 1 Std.).

Alta Gracia

☎03547 / 48 330 EW.

Das in der Kolonialzeit gegründete Alta Gracia liegt nur 35 km südwestlich von Córdoba. Die Bergstadt ist äußerst geschichtsträchtig: Die Liste der berühmten Einwohner reicht von jesuitischen Pionieren bis hin zum Vizekönig Santiago de Liniers, vom spanischen Komponisten Manuel de Falla bis hin zum Revolutionär Ernesto „Che" Guevara. Die **Touristeninformation** (☎03547-428128; www.altagracia.gob.ar; Ecke Padre Viera &

ABSTECHER

COSQUÍN

Dieser verschlafene kleine Ort liegt 55 km außerhalb von Córdoba, hoch oben in den Bergen. Einmal im Jahr erwacht er beim weltberühmten neuntägigen **Festival Nacional del Folklore** (www.aquicosquin.org; ⌚Ende Jan.) zum Leben, das seit 1961 immer im Januar stattfindet. Abgesehen davon ist hier nicht viel los. Eine Fahrt mit der **Aerosilla** (www.aerosilla.com; Sessellift; hin & zurück 200 AR$; ⌚9.30–12.30 & 14.30–19.30 Uhr) auf die Spitze des Cerro Pan de Azúcar (1260 m), 15 km außerhalb des Orts, verschafft einem eine tolle Aussicht über das Tal. Ein Taxi kostet etwa 150 AR$ inklusive Wartezeit.

Zu den Unterkünften im Ort zählen das schlichte **Hospedaje Petit** (☎03541-451311; petitcosquin@hotmail.com; Sabattini 739; DZ 33 US$; 📶) und die komfortablere **Hostería Siempreverde** (☎03451-450093; www.hosteriasiempreverde.com; Santa Fe 525; EZ/DZ 40/50 US$; 📶). In der Festivalzeit kann es schwierig werden, eine Unterkunft zu finden – man sollte früh buchen oder sich darauf einstellen, von Córdoba aus zu pendeln.

An der San Martín zwischen der Plaza und dem Stadion liegen Cafés, Restaurants und *parrillas*. **La Casona** (Ecke San Martín & Corrientes; Hauptgerichte 216–350 AR$; ⌚Mo–Di & Do 12.30–15, Fr–So 12–3 Uhr) hat gute hausgemachte Pastagerichte sowie die üblichen Grillspeisen.

Busse fahren häufig nach Córdoba (117 AR$, 1¼ Std.).

Calle del Molino; ⌚Mo–Fr 7–20, Sa & So ab 8 Uhr) befindet sich im Uhrenturm gegenüber vom Museum Virrey Liniers. Hier ist ein guter Stadtplan erhältlich.

Sehenswertes

Zwischen 1643 und 1762 errichteten die Jesuiten die **Iglesia Parroquial Nuestra Señora de la Merced** (am Westrand der Plaza Manuel Solares; ⌚ 9–20 Uhr) GRATIS. Die ehemaligen Jesuiten-Werkstätten **El Obraje** aus dem Jahr 1643 beherbergen heute eine Schule. Liniers war einer der letzten Vizekönige von Río de la Plata. Er residierte im Gebäude des heutigen **Museo Histórico Nacional del Virrey Liniers** (Padre Viera 41; ⌚Di–Fr 9–13 & 15–19, Sa & So 9.30–12.30 & 15.30–18.30 Uhr) GRATIS neben der Kirche.

Die Familie Guevara wohnte in den 1930er-Jahren in verschiedenen Häusern, aber ihr wichtigstes Domizil war die **Villa Beatriz**, die jetzt das **Museo Casa de Ernesto Che Guevara** (Avellaneda 501; 75 AR$; ⌚Mo 14–18.45, Di–So 9–18.45 Uhr) beherbergt. Das Museum konzentriert sich stark auf die Jugendjahre der Revolutionsikone. Nach den Fotos zu urteilen, war Che schon mit 16 ein ziemlich engagierter junger Mann und sah mit 20 Jahren bereits sehr cool aus. Anrührend sind die Briefe, die Che gegen Ende seines Lebens an seine Eltern und Kinder schrieb.

Schlafen & Essen

Das **Alta Gracia Hostel** (☎03547-428810; Paraguay 218; B/DZ/3BZ 10/28/36 US$; 📶) bietet geräumige, saubere Schlafsäle ein paar Blocks vom Uhrenturm den Hügel hinunter.

Die komfortabelste Unterkunft ist das **279 Boutique B&B** (☎03547-15-459493; www.279altagracia.com; Giorello 279; Zi. 75 US$; 📶) 🍃, das von einem lebhaften New Yorker geführt wird, der viele Infos zur Region parat hat.

Parrillas und Straßencafés säumen die Av Belgrano in den wenigen Blocks den Hügel hinunter von der *estancia* (Ranch). Das bei Weitem beste Restaurant in Alta Gracia heißt **El Bistro del Alquimista** (www.facebook.com/elbistrodelalquimistaalquimiaescueladecocina; Castellanos 351; ⌚Mo–Sa 21–24 Uhr; 📶) mit einem wechselnden Angebot an ausgezeichneten regionalen und internationalen Gerichten. Die Bäckerei **La Creación** (Prudencio Bustos 99; Gebäck 30–100 AR$; ⌚8–13 & 17–21 Uhr) backt das beste Brot, das man in der ganzen Provinz findet.

An- & Weiterreise

Minibusse nach Córdoba fahren regelmäßig (64–75 AR$, 1 Std.) einen Block hügelaufwärts von der *estancia* ab. Der **Busbahnhof** (Ecke Costanera & Esperanza) am Fluss bietet auch Verbindungen nach Córdoba.

La Rioja

☎0380 / 179 000 EW.

Umgeben von den eleganten Gipfeln der Sierra de Velasco ist La Rioja an einem sonnigen Tag eine wahre Augenweide. Und von diesen Tagen gibt es nicht wenige: Die Sommertemperaturen in dieser ruhigen, abgeschiedenen, aber wohlhabenden Provinzhauptstadt mit vielen Palmen erreichen mitunter sehr hohe Werte. Dieser Ort wird unterschätzt – dabei ist er wirklich reizend! Auch wer nur auf einer kurzen Tour die Highlights abklappert, sollte in Betracht ziehen, hier einen Halt einzuplanen (La Rioja liegt auf halbem Weg zwischen Mendoza und Salta), um eine Tour zum Parque Nacional Talampaya und zum Parque Provincial Ischigualasto einzubauen.

Sehenswertes

★Museo Folklórico MUSEUM
(Pelagio Luna 811; Eintritt gegen Spende; ⌚Di–Fr 9–13 & 17–21, Sa & So 9–13 Uhr) Das lohnende Museum residiert in einem wunderbaren Lehmziegelgebäude aus dem frühen 17. Jh. und zeigt interessante regionale kulturelle Ausstellungen. Zu den Themen zählen *chaya* (die örtliche Musik von La Rioja), das Tinkunaco-Fest, Weberei und Weinbau. Die Führung ist zu empfehlen, wenn man gut Spanisch versteht.

Convento de San Francisco KIRCHE
(Ecke 25 de Mayo & Bazán y Bustos; ⌚7–13 & 17–21 Uhr) Der Franziskanerorden war hier sehr früh vertreten und nahm schon im späten 16. Jh. seine Bautätigkeit auf. Aber Missgeschicke beim Bauen und später ein Erdbeben sorgten dafür, dass die heutige Kirche nur ein neugotisches Gebäude aus dem frühen 20. Jh. ist. Es beherbergt ein Bild des Niño Jesús Alcalde: Christus wird als Kindkönig gezeigt, der – in Amtsroben gewandet – symbolisch als Bürgermeister der Stadt dargestellt wird.

Feste & Events

★La Chaya KARNEVAL
(⌚Feb.) Die hiesige Version des Karneval. Der Name stammt von einem Quechua-Wort, das so viel bedeutet wie „jemanden nass machen“, man kann sich also vorstellen, was einen erwartet. Mit anderen Worten: Willkommen zur größten und spaßigsten Wasserschlacht in Südamerika! Der Musikstil bei dem Fest nennt sich auch *chaya*.

Schlafen

Die Unterkünfte in La Rioja haben zwei Probleme: Sie sind überteuert und trotzdem oft ausgebucht. In der Touristeninformation gibt's eine Liste von Unterkünften bei Gastfamilien.

Gute Nacht HOSTEL $
(☎0380-432-4325; www.facebook.com/gutenachthostel; Catamarca 43; B/DZ ohne Bad 18/44 US$; 📶) Ein deutsches Hostel mit zugehörigem Café und Bar. Es wird ziemlich gut geführt und ist etabliert. Die Schlafsäle und Privatzimmer teilen sich makellose Bäder. In dem restaurierten Reihenhaus zeigen die Zimmer zu einem schönen gekachelten Hof, der genug Platz zum Entspannen bietet.

Wayra Hostel HOSTEL $
(☎0380-15-435-4140; www.wayrahostel.com.ar; Escalada 1008; B/DZ 8/20 US$; ❄📶) Das gut geführte Hostel ist nett, sauber und freundlich und trotz etwas Lärm von der Hauptstraße ziemlich ruhig. Man sollte den kleinen Aufpreis für den Schlafsaal im Erdgeschoss zahlen, denn der ist geräumig und etwas ruhiger. Die Zimmer sind gepflegt und bieten ein ordentliches Preis-Leistungs-Verhältnis. Das Hostel holt Gäste kostenlos vom Busbahnhof ab, vermietet Fahrräder und organisiert Gleitschirmflüge.

Essen

Die Rivadavia östlich der Plaza 9 de Julio ist gesäumt von Cafés, Restaurants und *parrillas*.

Café del Paseo CAFÉ $
(Ecke Pelagio Luna & 25 de Mayo; kleine Gerichte 90–200 AR$; ⌚7.30–15 & 17.30–1 Uhr; 📶) In dem Lokal an der Ecke der Plaza 25 de Mayo kann man prima das hiesige Leben beobachten. Büroangestellte mischen sich unter Familien, an anderen Tischen schwätzen ältere Männer über die Neuigkeiten des Tages in dem beschaulichen Ort.

El Marqués ARGENTINISCH $$
(☎0380-446-2461; Av San Nicolás de Bari 484; Gerichte 190–320 AR$; ⌚Mo–Sa 8–1 Uhr; 📶) Das schlichte Lokal gleich abseits der Plaza 25 de Mayo bietet eigentlich alles, von Sandwichs über traditionelle Gerichte aus der Region bis hin zu Pasta, Pizza, Omeletts und Grillfleisch – alles ist gut zubereitet und preislich angemessen. Die Frucht-*licuados* (Shakes) sind köstlich.

La Stanza ITALIENISCH $$
(☎0380-443-0809; www.lastanzaresto.com.ar; Dorrego 164; Hauptgerichte 225–360 AR$; ⌚Di–Sa 12–15 & 20–24, So 12–15 Uhr) Das stilvolle Restaurant gehört zu den besten vor Ort

und hat ein fröhliches, städtisches Flair. Die einfallsreichen Pastagerichte sind etwas besser als in den meisten anderen Lokalen. Noch besser sind die kreativen, köstlichen Fleischgerichte mit schmackhaftem gebackenem Gemüse als Beilage.

Praktische Informationen

Städtische Touristeninformation (Plaza 25 de Mayo; Mo–Fr 8–13 & 16–21, Sa & So 8–21 Uhr) In einem Kiosk an der Plaza 25 de Mayo.

Touristeninformation der Provinz (0380-442-6345; www.turismolarioja.gov.ar; 8–20 Uhr) Am Kreisel neben dem Busbahnhof im Süden der Stadt.

An- & Weiterreise

Aerolíneas Argentinas (0380-442-6307; www.aerolineas.com.ar; Belgrano 63; Mo–Fr 8–13 & 17.30–20.30, Sa 8.30–12.30 Uhr) fliegt täglich nach Buenos Aires.

La Riojas **Busbahnhof** (Av Circunvalación s/n) befindet sich in einem interessanten, modernen Gebäude 3 km südlich des Stadtzentrums, mit Verbindungen zu verschiedenen Zielen.

Außerdem gibt's einen **Minibusterminal** (0380-446-8562; Artigas 750) mit häufigen Fahrten nach Catamarca und Tucumán.

Busse ab La Rioja

ZIEL	PREIS (AR$)	DAUER (STD.)
Buenos Aires (via Caucete)	1565–2615	19–21
Catamarca	240–275	2
Chilecito	150	3
Córdoba (via Tucumán)	1050–1655	6
Mendoza	965–1110	8½
Salta (via Tucumán)	580–1150	8–9
San Juan	695–800	5½
Santiago del Estero (via Tucumán)	620–865	7–8
Tucumán	590–680	5½–6½

Santiago del Estero

0385 / 392 000 EW.

Das ruhige, heiße Santiago ist die „Madre de Ciudades" (Mutter der Städte). Die 1553 gegründete Siedlung war die erste spanische Stadt im heutigen Argentinien. Leider hat sie kein architektonisches Erbe aus jener Zeit, ist aber trotzdem ein angenehmer Zwischenstopp.

Schlafen & Essen

Hotel Savoy HOTEL $

(0385-421-1234; www.savoysantiago.com.ar; Tucumán 39; EZ/DZ/Suite 25,50/38/47 US$;) Das Hotel mit seinem prachtvollen Eingang und der wunderbar geschwungenen Treppe sieht auf den ersten Blick aus wie ein Palast. Leider gibt es keine Himmelbetten oder Diener, die mit Straußenfedern wedeln, aber die umgemodelten Zimmer sind durchaus komfortabel, haben gute Duschen und der Service ist aufmerksam. Auch die Lage ist toll und es gibt einen beheizten Außenpool.

Hotel Carlos V HOTEL $$

(0385-424-0303; www.carlosvhotel.com; Independencia 110; EZ/DZ 32/50 US$;) Das Hotel bietet eine tolle zentrale Lage und geräumige Zimmer mit Business-Class-Einrichtungen und großen gemütlichen Betten. Manche Zimmer haben Balkone. Die Superior-Zimmer sind größer und verfügen über einen Tisch und Stühle. Es stehen ein Fitnessraum, eine Sauna und ein Hallenbad zur Verfügung.

★ **Aladdin** LIBANESISCH $

(0385-422-0300; Belgrano Norte 228; Gerichte 100–170 AR$; 12–15 & 21–24 Uhr;) Die Aufmachung dieses Restaurants wird Disney-Fans vertraut vorkommen, aber eigentlich kommt man wegen der authentischen libanesischen Küche aus dem Stadtzentrum hierher. Man stelle sich Hummus, Baba Ghanoush, Falafel, Köfte, Bebabs, Taboulé und eine herrlich luftige, sirupartige Baklava vor. Alles wird in einer Familienküche gut zubereitet und in einem stimmungsvollen Speisesaal serviert.

Itamae FUSIONSKÜCHE $$

(0385-424-1539; www.facebook.com/itamaesushisantiago; Roca Sur 669; Sushi 150–225 AR$; 19–24 Uhr;) Ein schickes Nikkei-Lokal (japanisch-peruanisch) in Santiagos beliebtem Restaurantbezirk. Es gibt Rolls, Nigiri und Ceviche sowie eine Auswahl an gekochten Speisen, meistens mit Lachs oder Steak. Ein Gaumenschmaus!

Praktische Informationen

Die **Touristeninformation** (0385-421-3253; www.turismosantiago.gob.ar; Libertad 417; Mo–Fr 7–21, Sa 10–13 & 17–20, So 10–13 Uhr) liegt an der Plaza Libertad. Ein weiteres Büro befindet sich am **Busbahnhof** (⏲ Mo–Fr 8–21, Sa & So 10–13 & 17–20 Uhr).

An- & Weiterreise

Santiago del Esteros **Flughafen** (☎ 0385-434-3654; Av Madre de Ciudades) liegt 6 km nordwestlich der Innenstadt. Aerolíneas Argentinas (www.aerolineas.com.ar) fliegt täglich nach Buenos Aires.

Vom **Busbahnhof** (☎ 0385-422-7091; Chacabuco 550) fahren häufig Busse nach Tucumán (185–482 AR$, 2 Std.) und Buenos Aires (1700–2150 AR$, 12–15 Std.).

Santiago del Esteros Schwesterstadt La Banda liegt an der Bahnstrecke zwischen Tucumán (4 Std.) und dem Bahnhof Retiro in Buenos Aires (23 Std.). Bus 117 beschreibt einen Rundkurs durch Santiagos Zentrum, ehe er über den Fluss zum Bahnhof fährt.

Tucumán

☎ 0381 / 884 400 EW. (STADTGEBIET)

Tucumán ist eine Großstadt mit Kleinstadtatmosphäre und einem wachsenden Angebot für Backpacker. Es gibt einige gute Hostels, ein pulsierendes Nachtleben und ausgezeichnete Möglichkeiten für Abenteuer in den umliegenden Hügeln. Der Unabhängigkeitstag (9. Juli) wird in Tucumán besonders lebhaft gefeiert, denn hier fand der Kongress statt, bei dem im Jahre 1816 Argentiniens Unabhängigkeit ausgerufen wurde.

Sehenswertes & Aktivitäten

Hier sind Tandem-Paragliding-Flüge über die Wälder der Yungas möglich.

Casa de la Independencia MUSEUM

(Casa Histórica; ☎ 0381-431-0826; Congreso 151; ⏲ 10–18 Uhr) GRATIS In dieser Villa aus der späten Kolonialzeit riefen am 9. Juli 1816 nationalstaatlich gesinnte Rechtsanwälte und Geistliche die Unabhängigkeit Argentiniens von Spanien aus. Studenten und Familien strömen von nah und fern zu einem Besuch hierher. Die Porträts der Unterzeichner schmücken die Wände des Saals, in dem das Ereignis stattfand. Draußen im Hof findet man ein Bronzerelief der originalen *declaración*. Es gibt viele Infos auf Spanisch über die Vorgeschichte und stündlich kostenlose Führungen.

Abends findet normalerweise eine Sound-&-Light-Show statt, zur Zeit der Recherche war die Veranstaltung allerdings aus technischen Gründen ausgesetzt. Wenn die Show stattfindet, kommt man zwischen 11 und 18 Uhr ins Museum, um sein Gratisticket abzuholen, da nur begrenzt Platz ist.

Museo Folclórico Provincial MUSEUM

(☎ 0381-421-8250; Av 24 de Septiembre 565; ⏲ Di–Fr 9–12.30 & 15.30–19.30, Sa 10–13 & 15.30–19.30, So 15.30–19.30 Uhr) GRATIS Das kleine, nette Museum in einem Haus aus der Kolonialzeit zeigt eine gute Sammlung traditioneller *gaucho*-Trachten, indigener Musikinstrumente sowie Webereien und Töpferwaren. Zur Zeit der Recherche gab es einen Raum zur Sängerin Mercedes Sosa, eine der besten Musikerinnen Argentiniens.

Antique Tour Experience PANORAMATOUR

(☎ 0381-430-5445; www.antiquetour.com.ar; Crisóstomo Álvarez 467) Dieser einzigartige Veranstalter bietet Panoramatouren zwischen den Städten Tucumán, Salta und Jujuy in Ford-Model-A-Oldtimern aus den Jahren 1928 und 1929 an. Die Fahrt ist langsam, aber die Blicke vom Rücksitz der Cabrios sind fantastisch und die Guides spitze.

Schlafen

A La Gurda HOSTEL $

(☎ 0381-497-6275; www.lagurdahostel.com.ar; Maipú 490; B/DZ 15/30 US$; @ 📶) Das im Obergeschoss eines hübschen alten Hauses untergebrachte, sehr angenehme Hostel bietet Schlafsäle mit acht Betten und private Zimmer mit Etagenbetten und ein ganz ordentliches Preis-Leistungs-Verhältnis. Es gibt einen Billardtisch und ausgezeichnet ausgestattete Badezimmer sowie einen Barservice und eine Küche. Alles ist blitzsauber, aber die Zimmer mit Ventilatoren heizen sich im heißen Tucumán schnell auf. Das Management ist hilfsbereit und freundlich.

Casa Calchaquí PENSION $

(☎ 0381-484-5949; www.casacalchaqui.com; Lola Mora 92, Yerba Buena; DZ/4BZ 39/80 US$, EZ/DZ ohne Bad 33/37 US$; ⏲ März–Jan.; P ❄ @ 📶 🏊) Das Refugium 8 km westlich vom Zentrum im noblem Barrio Yerba Buena hat gemütlich rustikale Zimmer um einen Garten mit Hängematten, Barservice und Minipool. In Yerba Buena gibt's genug Restaurants und ein munteres Nachtleben, aber die Casa liegt nicht zentral. Hin kommt man per Taxi oder mit den Bussen 102 oder 118, die gegenüber vom Busbahnhof abfahren.

Posada Arcadia B&B $$

(☎ 0381-425-2214; www.posadaarcadia.com.ar; Güemes 480, Yerba Buena; DZ 36–75 US$; ❄ 📶 🏊)

Die Posada Arcadia hat vier reizende Zimmer in einem wunderschönen Haus mit großem Garten und einem Pool im schattigen Yerba Buena. Das größte Zimmer wartet auf mit King-Size-Bett, begehbarem Schrank, Kamin, Flatscreen-TV, Badewanne und Dusche. Der Gemeinschaftsraum ist auch gemütlich. Man bekommt Rabatt, wenn man mehr als eine Nacht bleibt. Die Posada liegt 8 km westlich vom Zentrum. Man kann an der Straße parken.

Essen & Ausgehen

Von Donnerstag bis Samstag tobt das Nachtleben in der Calle Lillo im Viertel Abasto. Aus dem Stadtzentrum nimmt man die San Lorenzo nach Westen und gelangt mitten ins Geschehen. Dutzende von Bars und Nachtclubs stehen zur Auswahl. Weitere *boliches* (Nachtclubs) gibt's in Yerba Buena, mindestens 6 km westlich des Stadtzentrums.

Black Pan BURGER $

(www.facebook.com/blackpanburgers; 25 de Mayo 724; Burger 130–150 AR$; ⌚ So–Do 12–24, Fr & Sa bis 1 Uhr) Das Black Pan ist ein hipper Burger-Laden und außergewöhnlich gut etabliert und beliebt bei Tucumáns aufstrebendem Jungvolk. Das Standardgericht ist ein 120g-Burger mit Cheddar in einem Brioche-Brötchen. Aber man kann sich seinen Burger bauen, wie man will. In Anlehnung an Kaliforniens berühmte In-N-Out-Kette kann man seinen Burger auch im „Animal Style" bekommen (mit gegrillten Zwiebeln, Extra-Gurken und Thousand Island-Dressing).

El Portal ARGENTINISCH $

(☎ 0381-422-6024; Av 24 de Septiembre 351; Empanadas 20 AR$, Hauptgerichte 130–240 AR$; ⌚ 12–16 & 20–24 Uhr) Einen halben Block östlich der Plaza Independencia hat dieses rustikale Lokal mit Plätzen drinnen und draußen eine kleine, aber perfekt zusammengestellte Karte rund um Empanadas, *locro* (Eintopf) und Fleisch vom Holzfeuer. Köstlich und authentisch.

Shitake 2 VEGETARISCH $

(☎ 0381-422-1817; 9 de Julio 392; Buffet 170 AR$, mit Saft 185 AR$; ⌚ 11.30–16 & 19.30–24 Uhr; 📶🌿) Hier findet man das gleiche leckere vegetarische Büffet, das die Einheimischen schon im **Originallokal** (9 de Julio 94; Büffet 175 AR$; ⌚ 11.30–16 & 19.30–24 Uhr; 📶🌿) überzeugt hat. Es gibt Platten und Schüsseln gefüllt mit Linsen, gebratenem Gemüse und Fleischersatz auf Sojabasis sowie Bratkartoffeln, Quiches, Pizza und mehr, aber hier ist weniger los und die Zubereitung ist auch besser.

Setimio ARGENTINISCH $$

(☎ 0381-431-2792; Santa Fe 512; Hauptgerichte 300–500 AR$; ⌚ Mo–Sa 10–15 & 18–1.30, So 10–15 Uhr; 📶) Flaschen schmücken die gesamte Wand dieses schicken Weinladens und Restaurants. Auf der Karte stehen Tapas spanischer Art, feine Salate, gut zubereitete Fischgerichte und andere Gaumenfreuden. Es gibt keine offenen Weine, aber man kann aus den Hunderten von Flaschen auf den Regalen wählen und diese gegen ein Korkgeld beim Essen konsumieren.

Praktische Informationen

Die **Touristeninformation** (☎ 0381-430-3644; www.tucumanturismo.gob.ar; Av 24 de Septiembre 484; ⌚ Mo–Fr 8–21, Sa & So 9–21 Uhr) an der Plaza Independencia ist sehr hilfsbereit und kenntnisreich. Die Filiale im Einkaufszentrum am Busbahnhof hat die gleichen Öffnungszeiten.

Anreise & Unterwegs vor Ort

BUS

Tucumáns **Busbahnhof** (☎ 0381-430-0452; Brígido Terán 350; 📶) liegt ein paar Blocks außerhalb des Zentrums – ein ganz schöner Marsch, wenn man kein Taxi nehmen will. Es gibt dort eine Post, *locutorios* (kleine Telefonzentralen), einen Supermarkt, Bars und Restaurants – erfreulicherweise alles mit Klimaanlage.

Aconquija fährt nach Tafí del Valle (260 AR$, 2½ Std.) und Cafayate (385–430 AR$, 6½ Std.).

Fernbusse fahren u. a. nach Santiago del Estero (205–400 AR$, 2 Std.), Córdoba (800–1240 AR$, 7–9 Std.), Salta (440–500 AR$, 4¼ Std.) und Buenos Aires (1960–2235 AR$, 15–18 Std.).

FLUGZEUG

Der **Aeropuerto Benjamín Matienzo** (☎ 0381-426-5072) liegt 8 km östlich der Innenstadt. Ein *remise* (Taxi) vom Zentrum kostet rund 250 AR$. **Aerolíneas Argentinas** (☎ 0810-222-86527; www.aerolineas.com.ar; 9 de Julio 110; ⌚ Mo–Fr 9–17 Uhr) und **LATAM** (☎ 0381-422-0606; www.latam.com; San Juan 426; ⌚ Mo–Fr 9–18 Uhr) fliegen täglich nach Buenos Aires. Aerolíneas fliegt fünfmal in der Woche nach Córdoba.

ZUG

Von der **Estación Mitre** (☎ 0381-430-9220; www.sofse.gob.ar; Plaza Alberdi s/n) fahren Züge nach Buenos Aires (700–2450 AR$, 19 Std., 2-mal tgl.).

Tafí del Valle

☎03867 / 3400 EW.

Tafí liegt in einem reizenden Tal oberhalb eines Sees. Hierher flüchten die Einwohner Tucumáns vor der Sommerhitze. In der Nebensaison herrscht weitaus weniger Betrieb (was aber nicht heißt, dass der Ort im Sommer von Touristen überschwemmt würde), aber der Aufenthalt ist trotzdem prima, zumal der Ort ein guter Ausgangspunkt zur Erkundung der Umgebung und der nahegelegenen Ruinen von Quilmes ist.

Sehenswertes

Parque de los Menhires MUSEUM

(Plaza s/n, El Mollar; 50 AR$; ⏲8–12 & 17–20 Uhr) Von Tafí aus am anderen Ende des Tals liegt das hübsche El Mollar mit dem Parque de los Menhires an der Plaza. Dabei handelt es sich um mehr als 100 behauene Monolithen, die in der umliegenden Gegend gefunden wurden. Sie sind Teil der Tafí-Kultur und wurden vor etwa 2000 Jahren hergestellt.

Schlafen & Essen

Zahlreiche *parrillas,* die sich auf *lechón* (Spanferkel) und *chivito* (Ziege) spezialisiert haben, säumen die Av Perón.

★ **Estancia Los Cuartos** ESTANCIA $

(☎0381-15-587-4230; www.estancialoscuartos.com; Av Miguel Critto s/n; DZ 53–62 US$; P@📶) Das hübsche Anwesen, zu dem grasende Lamas gehören, verströmt jede Menge Flair. Die zweihundert Jahre alte Estancia ist wie ein Museum: Ehrwürdige Bücher stehen auf den antiken Regalen, die Zimmer wirken mit ihrem alten Holz und den Wolldecken schön authentisch, während die tollen Badezimmer ganz modern sind. Die neueren Zimmer sind weniger geschichtsträchtig, passen aber durchaus zum Flair des Anwesens.

Hier wird auch traditioneller Käse hergestellt. Verwechslungsgefahr besteht mit der benachbarten Hostería Los Cuartos.

Nomade Hostel HOSTEL $

(☎03867-307-5922; www.nomadehostel.com.ar; Los Castaños s/n; B/DZ 13/45 US$; P@📶) Das entspannte, farbenfrohe, überschwängliche und einladende Hostel, unanstrengende zehn Gehminuten von der Bushaltestelle entfernt (rechts abbiegen, der Kurve folgen und sich rechts halten!), hat eine hübsche Lage mit tollem Blick von dem großen Garten aus. Im Preis inbegriffen sind das Frühstück und ein schmackhaftes, schlichtes Abendessen; die Atmosphäre ist sehr angenehm. Im Sommer sollte man vorab reservieren. In der Nebensaison purzeln die Preise.

★ **Descanso de las Piedras** CABAÑAS $$

(☎0381-15-642-8100; www.descansodelaspiedras.com; Madre Teresa de Calcuta s/n; DZ ab 47 US$, 4BZ ab 60 US$; P📶🏊) Einladend und gesellig sind diese orangefarbenen Hütten und Zimmer am Fluss. Ausgestattet sind sie mit prima Bädern und Flatscreen-TVs und umgeben von einer Rasenfläche mit solarbeheiztem Pool, Gemüsegarten, Enten und ein paar umherwandernden Lamas. Das entspannte Refugium liegt 20 Minuten zu Fuß von Tafís Zentrum und ist eine tolle Option für Familien; es gibt Hütten für bis zu sieben Personen.

★ **Restaurante El Museo** ARGENTINISCH $

(Av José Silva s/n; Gerichte 70–220 AR$; ⏲12–16 Uhr) Das Restaurant in einer ehrwürdigen, aus Lehmziegeln errichteten Jesuitenkapelle, 1 km abseits des Zentrums, ist ein sehr stimmungsvoller Ort für ein Mittagessen mit traditionellen regionalen Spezialitäten wie *humitas,* Tamales und Empanadas. Man kommt einfach vorbei und schaut, was an dem Tag gekocht wird. Es riecht alles göttlich!

Mi Abuela ARGENTINISCH $

(Ecke Av Miguel Critto & Perón; Empanadas 18 AR$, Hauptgerichte 65–170 AR$; ⏲8–14 & 17–20 Uhr; 📶)

HIER GEHT'S ABWÄRTS

Für einen der schönsten Tagesausflüge ab Tafí del Valle braucht man keinen Guide. Man mietet ein Fahrrad, und mit dem geht es bergab, am See vorbei und hinaus auf die Straße nach Tucumán. Die 40 km lange Strecke geht fast durchgängig bergab und folgt dem Lauf des Río Los Sosa. Unterwegs kommt man an Hunderten von Bade- und Picknickstellen direkt am Straßenrand vorbei.

Sobald der Fluss außer Sicht ist und die ersten Häuser auftauchen, ist der schönste Teil der Fahrt vorüber. Man kann jeden Bus nach Tafí heranwinken (natürlich an einer sicheren Stelle!), sein Fahrrad verstauen und gemütlich in den Ort zurückgondeln.

An der Strecke gibt es weder Verpflegung noch Wasser – also beides mitnehmen! Unbedingt vor Fahrtantritt auch die Bremsen des Rads prüfen, denn ohne die kommt man hier nicht aus.

Das reizende Ecklokal an der Hauptstraße serviert *humitas*, Tamales, Sandwichs und Empanadas mit Hühnchen und Rindfleisch. Mittagessen für die Fahrt mitnehmen!

Rancho de Félix ARGENTINISCH $$
(Ecke Belgrano & Perón; Empanada 25 AR$, Hauptgerichte 245 AR$; 11.30–15 & 20–24 Uhr;) Diese große, warme, strohgedeckte Hütte ist besonders mittags sehr beliebt. Es gibt regionale Spezialitäten wie *locro* und *humitas*, aber auch *parrilla* und Pasta. Die Qualität ist angemessen gut und die Preise sind fair. Bei wenig Betrieb bleibt das Restaurant abends manchmal geschlossen.

Shoppen

★ **Ruta del Artesano** KUNST
(www.tucumanturismo.gob.ar/ruta-del-artesano/15770/230/ruta-del-artesano-tafi-del-valle; Öffnungszeiten variieren) Die hiesige Hauptbeschäftigung neben Spaziergängen in der Umgebung ist diese Fahrtroute zu den Ateliers der Kunsthandwerker der Region, deren Werke Keramik, Schmuck, Musikinstrumente, Kunst und mehr beinhalten. Die Casa de Turista (Touristeninformation) gibt eine Karte aus, ansonsten kann man der interaktiven Google-Karte auf der Website der Touristeninformation folgen.

Praktische Informationen

Casa del Turista (0381-15-594-1039; www.tafidelvalle.gob.ar; Los Faroles s/n; 8–22 Uhr) An der Fußgängerstraße.

Anreise & Unterwegs vor Ort

Tafís **Busbahnhof** (03867-421025; Av Miguel Critto) liegt im Stadtzentrum. Busse fahren u. a. nach Cafayate (275 AR$, 3½ Std.) und Tucumán (260 AR$, 2½ Std.). Mountainbikes kann man im Hostel Nomade ausleihen.

Cafayate

03868 / 13 700 EW.

Cafayate liegt auf 1600 m Höhe am Eingang der **Quebrada de Cafayate** inmitten einiger der besten Weinberge des Landes. Hier kann man sich zwei der größten Freuden des Lebens hingeben: dem Wein und der Natur. Wer wenig Zeit hat, kombiniert beides, indem er eine Flasche in die *quebrada* (Schlucht) mitnimmt – dafür empfiehlt sich ein Torrontés (trockener Weißwein) aus der Region – wenn man ihn ausreichend kühlen kann.

Sehenswertes & Aktivitäten

Von der 25 de Mayo, zwei Blocks südlich der Colón, führt ein 5 km langer Spazierweg Richtung Südwesten zum **Río Colorado**. Folgt man dem Fluss ungefähr zwei Stunden stromaufwärts, kommt man zu einem 10 m hohen **Wasserfall** mit einer Schwimmstelle. Unterwegs kann man nach versteckten **Felsmalereien** Ausschau halten (für ein paar Pesos weisen Kinder aus der Gegend den Weg).

Mehrere Anbieter rund um die Plaza veranstalten Touren in die *quebrada* (600 AR$/Pers.). **Majo Viajes** (03868-422038; majoviajes@gmail.com; Nuestra Señora del Rosario 77) ist direkt und verlässlich. Am besten geht man am späten Nachmittag: Dann sind die Farben interessanter, und man kann bessere Fotos schießen.

Museo de la Vid y El Vino MUSEUM
(www.museodelavidyelvino.gov.ar; Av General Güemes; Ausländer/Argentinier 100/80 AR$; Di–So 9–19 Uhr) Das eindrucksvolle Museum vermittelt eine gute Einführung in den Weinbau in der Region. Der stimmungsvolle erste Abschnitt, der sich anhand von Bildern und Gedichten mit dem Leben der Reben auseinandersetzt, ist besonders ansprechend. Die zweite Abteilung widmet sich der Weinherstellung. Außerdem gibt's ein Café, in dem man Weine probieren und kaufen kann. Überall gibt's auch Erläuterungen auf Englisch.

Feste & Events

Serenata a Cafayate MUSIK
(www.serenata.todowebsalta.com.ar; Feb.) Ein lohnendes dreitägiges *folklórico*-Festival.

Dia de la Cruz RELIGION
(Mai) Ein Meer von Menschen (es scheint die ganze Stadt zu sein –von jung bis alt) pilgert 1000 m den Berg San Isidro– alias Cerro de la Cruz – hinauf zum weißen Kreuz, das vor Jahrzehnten über der Stadt errichtet wurde. Der Aufstieg ist wahrlich eine unvergessliche und einmalige Erfahrung.

Schlafen

Rusty-K Hostal HOSTEL $
(03868-422031; Rivadavia 281; DZ mit/ohne Bad 20/18 US$; @) Die Ruhe in diesem von Weinranken bedeckten Hofgarten ist einfach himmlisch, und die Zimmer mit erstklassigen Terrakottaböden, Balkendecken und einer farbenfrohen Wand sind auch ge-

Cafayate

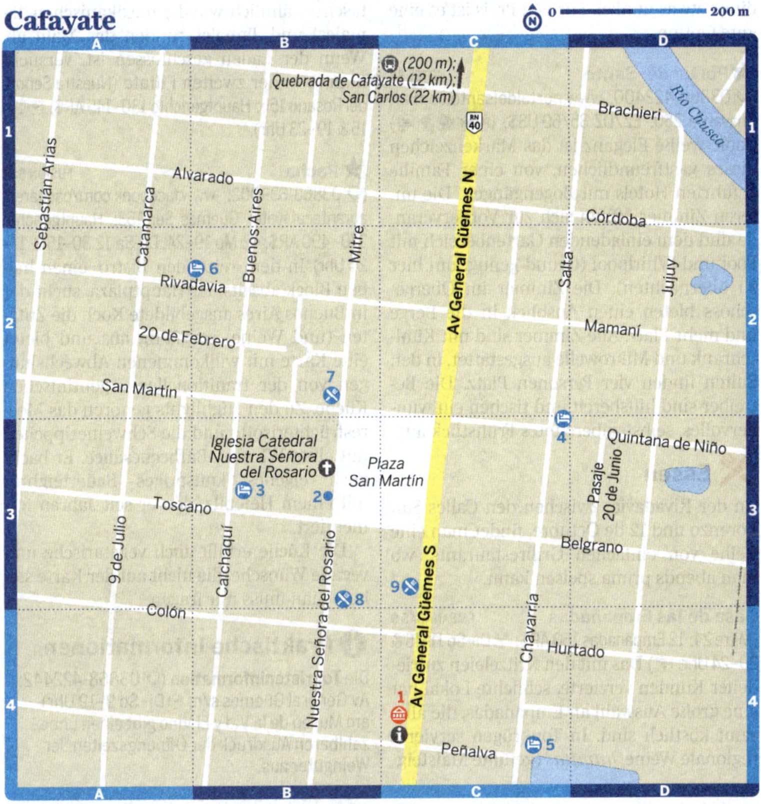

Cafayate

Sehenswertes
1 Museo de la Vid y El Vino C4

Aktivitäten, Kurse & Touren
2 Majo Viajes B3

Schlafen
3 Casa Árbol B3
4 El Hospedaje C3
5 Portal del Santo C4
6 Rusty-K Hostal B2

Essen
7 Casa de las Empanadas B2
8 Casa de las Empanadas II B3
9 Pacha C3

mütlich. Der herzliche Service rundet das Ganze zu einem herrlichen Erlebnis ab. Vorab reservieren.

Casa Árbol PENSION, HOSTEL $
(☎03868-422238, 03868-15-638434; http://casaarbolhostel.com; Calchaquí 84; B 8 US$, DZ ohne Bad 23 US$;) Dieses zwanglose, charmante Hostel ist mit seinen hübschen makellosen Zimmern und einem Schlafsaal mit vier Betten, die sich zwei Bäder teilen, wirklich etwas Besonderes. Im Hof kann man sich entspannen, und es gibt einen Frühstücksbereich und einen Garten. Auch Fahrräder kann man leihen (150 AR$/halber Tag).

El Hospedaje PENSION $
(☎03868-421680; elhospedaje@gmail.com; Salta 13; EZ/DZ 65/75 US$;) Das legere Gästehaus an einer Ecke nur einen Block von der Plaza entfernt punktet mit bunt zusammengewürfelten Antiquitäten – alte Bügeleisen, Radios, Schreibmaschinen und Registrierkassen. Die Zimmer mit Terrakottafliesen sind schlicht, manche sind aller-

dings etwas dunkel. Für den Preis ist es eine gute Option.

★ Portal del Santo HOTEL $$

(☎ 03868-422400; www.portaldelsanto.com.ar; Chavarría 250; EZ/DZ 35/60 US$; P ❄ @ 📶 🏊) Coole weiße Eleganz ist das Markenzeichen dieses gastfreundlichen, von einer Familie geführten Hotels mit Bogengängen. Die unteren Zimmer öffnen sich zur Vorderveranda und dem einladenden Gartenbereich mit Pool und Whirlpool (Grund genug, um hier zu übernachten). Die Zimmer im Obergeschoss bieten einen Ausblick in die Berge und mehr Platz. Alle Zimmer sind mit Kühlschrank und Mikrowelle ausgestattet, in den Suiten finden vier Personen Platz. Die Betreiber sind hilfsbereit und tischen ein wundervolles, selbst zubereitetes Frühstück auf.

Essen

An der Rivadavia, zwischen den Calles San Lorenzo und 12 de Octubre, findet man eine Reihe von einfachen Grillrestaurants, wo man abends prima speisen kann.

Casa de las Empanadas EMPANADAS $

(Mitre 24; 12 Empanadas 160 AR$; ⏲ Di–So 11–15 & 20–24 Uhr; 📶) Das mit den Kritzeleien zufriedener Kunden verzierte, schlichte Lokal hat eine große Auswahl an Empanadas, die allesamt köstlich sind. In Tonkrügen servierte regionale Weine, *humitas* (gefüllte Maisteigtaschen, ähnlich wie die mexikanischen Tamales) und Tamales runden das Mahl ab. Wenn der Laden geschlossen ist, versucht man es in der zweiten **Filiale** (Nuestra Señora del Rosario 156; Hauptgerichte 130–145 AR$; ⏲ 11–15 & 19–23 Uhr).

★ Pacha FUSION $$$

(☎ 03868-639002; www.facebook.com/pacharestaurantecafayate; Guemes Sur 153; Hauptgerichte 270–490 AR$; ⏲ Mo 19–24, Di–Sa 12.30–15 & 17–24 Uhr) In dem reizenden Bistro, einen halben Block abseits der Hauptplaza, sucht der in Buenos Aires ausgebildete Koch die Zutaten (und Weine) sorgfältig aus und bietet eine Karte mit willkommenen Abwechslungen von der traditionellen argentinischen Küche. Zu den Highlights gehören das Meeresfrüchterisotto und die Schweinerippchen mit einer Whiskey-Barbecuesauce. Er backt auch eigenes knuspriges Sauerteigbrot mit einem Hefepilz, den er seit Jahren fermentiert.

Die Küche erfüllt auch vegetarische und vegane Wünsche, die nicht auf der Karte stehen, man muss nur fragen.

Praktische Informationen

Die **Touristeninformation** (☎ 03868-422442; Av General Güemes s/n; ⏲ Di–So 9–19 Uhr) am Museo de la Vid y El Vino gibt einen unbezahlbaren Ausdruck der Öffnungszeiten der Weingüter aus.

DIE NEBENSTRASSE VON CACHI NACH CAFAYATE

Wer von Cachi nach Cafayate möchte (oder umgekehrt), kommt mit dem Bus bis Molinos bzw. Angastaco. Auf der 42 km langen, einsamen, aber wunderschönen Strecke zwischen beiden Ortschaften gibt es keinen Busverkehr. Trampen ist in diesem Landstrich verbreitet, aber der Verkehr ist dünn, und selbst in den Ortschaften, wo Busse fahren, tun sie das selten.

Hier voranzukommen, ist schwierig, aber nicht unmöglich. Sich einfach an die Straße zu stellen und den Daumen auszustrecken, wird wahrscheinlich nichts bringen. Was also tun? Sobald man in einem Ort ist, beginnt man herumzufragen, und zwar überall – auf der Polizeiwache, im Krankenhaus, an Kiosken usw. –, um herauszufinden, ob irgendwer irgendwen kennt, der in die gewünschte Richtung fahren will. Irgendwer wird irgendwen kennen, auf den das zutrifft, und so bleibt man nicht lange hängen. Falls aber doch, gibt es ordentliche, billige Unterkünfte und Restaurants in Molinos, Angastaco und San Carlos. Aber: Man sollte sehr vorsichtig sein, da Trampen nie komplett sicher ist.

Vielleicht landet man am Ende auf der Ladefläche eines Pickups mit dem Wind in den Haaren und den Bergen vor Augen. Aber genau diese Art von Abenteuer hat man ja gesucht, als man seinen Flug gebucht hat.

Wem das zu abenteuerlich wird, der kann immer noch in der *remisería* (Taxibüro) vor dem Busbahnhof von Cachi fragen, ob da gerade eine Gruppe ist, der man sich anschließen kann. In *remises* passen vier Fahrgäste, und die Fahrt von Cafayate nach Cachi kostet zwischen 1800 und 2300 AR$. Für die Strecke von Molinos nach Angastaco zahlt man ungefähr 500 AR$.

Anreise & Unterwegs vor Ort

Wer keinen eigenen fahrbaren Untersatz hat: Der neue **Busbahnhof** (RN 40) liegt am nördlichen Stadteingang, von wo Busse nach Salta (215 AR$, 4 Std.) und Angastaco (81 AR$, 2 Std.) über San Carlos (23 AR$, 45 Min.) fahren. Außerdem gibt es Busse nach Tucumán (390–440 AR$, 5–6½ Std., 2–4-mal tgl.) über Amaicha und Tafí del Valle (270 AR$, 2½–4 Std.); andere fahren über Santa María (120 AR$, 2 Std.). Überraschenderweise sind die schnelleren Busse manchmal billiger.

Rund um Cafayate

Quebrada de Cafayate

Auf dem Weg von Cafayate nach Salta windet sich die RN 68 durch die „Marslandschaft" der Quebrada de Cafayate. Rund 50 km nördlich von Cafayate bildet die östliche Sierra de Carhuasi die Kulisse für markante Sandsteinformationen, etwa die Garganta del Diablo (Teufelsschlund), El Anfiteatro (Amphitheater), El Sapo (Kröte), El Fraile (Pater), El Obelisco (Obelisk) oder Los Castillos (Burgen).

Anstatt per Mietwagen oder im Rahmen einer geführten Tour erkundet man die Quebrada am besten zu Fuß oder mit dem Fahrrad. Wanderer sollten immer genügend Trinkwasser dabei haben und sich gleich morgens auf den Weg machen – nachmittags bläst meist ein unangenehm heftiger Wind. In Cafayate können Radler ihre Drahtesel in einen der El-Indio-Busse packen, die in Richtung Salta fahren. Ausgestiegen wird an der Garganta del Diablo (Teufelsschlund), einer beeindruckenden Schlucht. Mit dem Fahrrad dauert der Rückweg nach Cafayate je nach Kondition rund vier Stunden – zum Laufen sind die ungefähr 50 km allerdings zu weit. Wer die Nase voll vom Wandern hat, fährt einfach mit einem anderen Bus zurück in die Stadt.

Valles Calchaquíes

Durch diese Täler nördlich und südlich von Cafayate verlief früher eine Hauptroute über die Anden. Die Calchaquí widersetzten sich Versuchen der Spanier, sie zu Zwangsarbeitern zu machen. Schließlich waren es die Spanier leid, ständig ihre Packtrosse verteidigen zu müssen. Daher deportierten sie viele Calchaquí nach Buenos Aires, rissen sich das Land unter den Nagel und legten so den Grundstein für große Landgüter.

CACHI

☎03868 / 2600 EW.

Cachi ist ein spektakulär schönes Städtchen und der bei Weitem beeindruckendste Ort in den Valles Calchaquíes. Viel kann man hier nicht tun, aber auch das trägt zum Charme bei. Die **Touristeninformation** (☎03868-491902; oficinadeturismo.cachi@gmail.com; Güemes s/n; ⌚9–21 Uhr) befindet sich in dem örtlichen Verwaltungsgebäude an der Plaza. Sie hat einen scheußlichen Stadtplan, aber gute Infos zu Hotels und Attraktionen.

Während des Aufenthalts sollte man sich das **Museo Arqueológico** (☎03868-491080; Calchaquí s/n; 60 AR$; ⌚Di–So 9–18 Uhr) anschauen, eine schick präsentierte Sammlung von Funden aus der Region, darunter eine eindrucksvolle Reihe an Petroglyphen.

Diverse Veranstalter bieten Ausflüge und Aktivitäten in den umliegenden Hügeln. **Urkupiña** (☎03868-491317; www.urkupinatur.wix.com/cachi; Zorrilla 237) veranstaltet Rad- und Quadtouren und bietet recht kostengünstige Transportverbindungen nach Cafayate über die RN 40.

Budgetunterkünfte sind der **städtische Campingplatz mit Hostel** (☎03868-491902; oficinadeturismo.cachi@gmail.com; Stellplatz 2,50 US$/Pers., Hütte 24 US$; P ≋) und das **Viracocha-Hostel** (☎03868-15-491713; Ruiz de los Llanos s/n; B 9 US$, DZ mit/ohne Bad 42/22 US$; ☰). Zu den besseren Hotels im Ort zählt **El Cortijo** (☎03868-491034; www.elcortijohotel.com; Av ACA s/n; d Standard/Superior 120/140 US$; P ❄ ☰ ≋), ein Boutiquehotel mit vernünftigen Preisen am Ortsrand.

Einige billige Restaurants liegen rund um die Plaza. Das interessanteste Restaurant vor Ort ist das vegetarische **Ashpamanta** (☎0387-576-4488; Bustamante s/n; Mittagsmenü 200 AR$, Hauptgerichte 150–230 AR$; ⌚12–15 & 19–22 Uhr; ✎) gleich abseits der Plaza. Hier stammen alle Zutaten aus örtlicher Produktion. Vorher anrufen, ob mittags geöffnet ist.

Zwei bis drei Busse fahren täglich zwischen Salta (240 AR$, 4 Std.) und Cachi: Und die Fahrt ist echt ein Erlebnis!

Quilmes

Die vorkolumbische **pucará** (indigene Anden-Festung; Erw./Kind 70 AR$/frei; ⌚8–18 Uhr) in der Provinz Tucumán, 50 km südlich von Cafayate, ist die am umfangreichsten restaurierte Ruinenstätte in Argentinien. Die komplexe städtische Siedlung stammt aus der Zeit um 1000 n. Chr., erstreckte sich über 30 ha und beherbergte um die 5000 Menschen. Das Volk der Quilmes überdauerte den Kontakt mit den Inka, konnte sich aber letztlich nicht gegen die Spanier behaupten, die 1667 die letzten 2000 Angehörigen des Stammes nach Buenos Aires deportierten.

Die dicken Mauern der Siedlung unterstreichen den Charakter von Quilmes als Wehrsiedlung, aber Hinweise auf eine dichte Besiedlung finden sich auch nördlich und südlich von diesem Zentrum.

Die Busse ab Cafayate nach Santa María kommen an der Ausfahrt nach Quilmes vorbei; von dort sind es 5 km zu den Ruinen.

Salta

0387 / 520 700 EW.

Seit einigen Jahren ist Salta in der Backpacker-Szene schwer angesagt, und das zu Recht: Die Stadt ist prächtig, die Hostels sind attraktiv, das Nachtleben pulsiert und im Ort und rundherum gibt's allerhand, was man unternehmen kann.

Sehenswertes

Salta verdankt seinen Ruf als schöne Stadt vor allem den diversen Kirchen, die sich über die Innenstadt verteilen. Die **Iglesia Catedral** (www.catedralsalta.org; España 590; Mo–Fr 6.30–12.30 & 16.30–20.30, Sa 7.30–12.30 & 17–20.30, So 7–13 & 17–21.30 Uhr) aus dem 19. Jh. hütet die sterblichen Überreste von General Martín Miguel de Güemes, einem Helden des Unabhängigkeitskrieges. Die prächtige, fast schon überladene **Iglesia San Francisco** (www.conventosanfranciscosalta.com; Ecke Caseros & Córdoba; Tour 40 AR$; 9.30–13 & 14–18.30 Uhr) ist ein Wahrzeichen von Salta. Nur Karmeliternonnen dürfen den im 16. Jh. aus Lehmziegeln errichteten **Convento de San Bernardo** (Caseros s/n; Gebäckverkauf Mo–Sa 9–12 & 16–18 Uhr) betreten. Man kann aber zumindest das geschnitzte Portal aus *algarrobo* (Johannisbrotbaum) bewundern und während der Messe, die täglich um 8 Uhr gelesen wird, in die Kapelle hineingucken.

★ Museo de Arqueología de Alta Montaña MUSEUM

(MAAM; www.maam.gob.ar; Mitre 77; Erw./Studenten & Senioren 200/70 AR$; Di–So 10–18.30 Uhr) Eines der bedeutendsten Museen im nördlichen Argentinien: Das MAAM konzentriert sich auf die Inka-Kultur und die Kinderopfer, die auf einigen der imposantesten Gipfel der Anden dargebracht wurden. Im Mittelpunkt steht der mumifizierte Körper eines von drei Kindern (die Mumien werden alle sechs Monate im Wechsel gezeigt), die 1999 auf dem Gipfel des Llullaillaco entdeckt wurden. Die Entscheidung, die Körper öffentlich zur Schau zu stellen, war – so eindrucksvoll ihr Anblick auch ist – umstritten.

Pajcha – Museo de Arte Étnico Americano MUSEUM

(www.museopajchasalta.com.ar; 20 de Febrero 831; 150 AR$; Mo–Fr 10–13 & 16–20, Sa 16–20 Uhr) Wer sich für indigene Kunst und Kultur interessiert, muss dieses spannende Privatmuseum gesehen haben. Hier werden archäologische Funde zeitgenössischem, aktuellem Kunsthandwerk aus ganz Lateinamerika gegenübergestellt, sodass eine breit gefächerte Sicht auf die Kultur der Anden geboten wird. Die Exponate sind farbenfroh und schön. Die Sammlung wird bei zweisprachigen Führungen (mit Flair!) vom charmanten englischsprachigen Management gezeigt.

Cerro San Bernardo HÜGEL

Für einen hinreißenden Blick auf Salta empfiehlt sich die Fahrt mit dem **Teleférico** (www.telefericosanbernardo.com; einfach/hin & zurück Erw. 150/75 AR$, Kind 80/40 AR$; 9–18.30 Uhr) vom Parque San Martín auf die Spitze des Hügels – die 1 km lange Seilbahnfahrt dauert acht Minuten. Alternativ kann man auch den Weg nehmen, der am **Güemes-Denkmal** beginnt. Oben auf dem Hügel befindet sich eine einzigartige **Weinbar** (0387-610-1590; www.facebook.com/winebikesalta; Cerro San Bernardo; 11–18 Uhr), ein Wasserlauf und *artesanías* (Kunsthandwerksläden).

Tours

Verschiedene Tourveranstalter mit Sitz an der Buenos Aires nahe der Plaza 9 de Julio veranstalten Wildwasser-Raftingtouren außerhalb der Stadt. **Salta Rafting** (0387-421-3216; www.saltarafting.com; Caseros 177) bietet Rafting-, Seilrutschen-, Mountainbike- und Wandertouren sowie Ausritte.

★ Origins WANDERN

(0387-431-3891; www.originsargentina.com; Zorrilla 171; Mo–Fr 9–20, Sa bis 12 Uhr) Ein sehr gut bewerteter, kommunaler Touranbieter, der gut geplante Wanderungen, Reitausflüge und andere aktive Kulturtouren mit Übernachtungen in Privathäusern kombiniert. Das Unternehmen hat sich den nachhaltigen Tourismus auf die Fahnen geschrieben und kann einem sogar helfen, Spanisch zu lernen. Die Führer sprechen aber auch Englisch und Französisch.

Tren a las Nubes TOUREN
(www.trenalasnubes.com.ar; Ecke Ameghino & Balcarce; Bus & Zug 2850 AR$, nur Zug 1850 AR$; ⏲ April–Mitte Dez. Sa) Der „Zug in die Wolken", Argentiniens berühmteste Bahnreise, führt von Salta hinunter ins Lerma Valley, klettert dann die bunt gefärbte Quebrada del Toro hinauf und passiert die Ruinen von Tastil sowie San Antonio de los Cobres, ehe schließlich das atemberaubende Viadukt erreicht ist, das bei La Polvorilla (Höhe 4220 m) eine Wüstenschlucht überspannt. Zusätzliche Touren gibt's häufig dienstags und donnerstags; auf der Website steht der Plan.

Schlafen

★ Espacio Mundano B&B $
(☎ 0387-572-2244; www.espaciomundano.com.ar; Güemes 780; Zi. 40 US$; ❄📶) Eine künstlerische Oase im Herzen von Salta. Das 200 Jahre alte Haus wurde in ein Kunstatelier und B&B umgebaut, das vor Farbe und Fantasie nur so sprüht. Die Zimmer mit Holzfußböden sind geschmückt mit alten Schätzchen und schmiedeeisernen Betten und weisen auf einen schattigen Hof.

Posada de las Farolas HOTEL $
(☎ 0387-421-3463; www.posadalasfarolas.com.ar; Córdoba 246; EZ/DZ/3BZ 30/45/55 US$; P❄📶) Die ordentlichen, sauberen Zimmer mit Klimaanlage liegen im Stadtzentrum und haben ein gutes Preis-Leistungs-Verhältnis, manche blicken auf kleine Gartenhöfe. Alles ist blitzsauber und verlässlich. Durch einige angenehme Extras wie große, flauschige Badetücher sowie Haartrockner zeichnet es sich gegenüber den meisten Hotels in der gleichen Preisklasse aus. Nur Bares.

Residencial El Hogar PENSION $
(☎ 0387-431-6158; www.residencialelhogar.com.ar; Saravia 239; DZ mit/ohne Bad 33/20 US$; P❄📶) Die mit echter Herzlichkeit geführte, nette kleine Pension liegt an einer ruhigen Wohnstraße, über die der Cerro San Bernardo aufragt. Der Weg ins Zentrum ist aber dennoch nicht weit. Die attraktiven Zimmer haben hübsche Akzente. Dank der hilfsbereiten Eigentümer und des schmackhaften Frühstücks ist die Pension eine empfehlenswerte Unterkunft zu einem fairen Preis.

Coloria Hostel HOSTEL $
(☎ 0387-431-3058; www.coloriahostel.com; Güemes 333; B 9 US$, DZ mit/ohne Badezimmer 30/20 US$; P❄📶🏊) Aufgeschlossenes, engagiertes Personal und ein Gemeinschaftsbereich mit offenem Grundriss und Blick auf den Garten und den kleinen Pool sind die wesentlichen Pluspunkte dieses freundlichen, zentral gelegenen Hostels. Es ist farbenfroh, sauber und für argentinische Verhältnisse relativ nobel. Die Schlafsäle bieten zwar nicht viel Platz, sind aber doch komfortabel. Die privaten Zimmer sind sehr klein.

Las Rejas HOSTEL $
(☎ 0387-422-7959; www.lasrejashostel.com; Güemes 569; B/DZ 7/32 US$; 📶) Das Hostel in einem älteren Gebäude mit viel Charakter hat angesagte rohe Mauern in den Gemeinschaftsbereichen und zwei Stockwerke mit Zimmern und Schlafsälen. Die Kombination aus zentraler Lage und entspannter Stimmung funktioniert. Das Personal spricht gut Englisch, und man kann vor Ort Räder ausleihen.

★ Design Suites HOTEL $$
(☎ 0387-422-4466; www.designsuites.com; Pasaje Castro 215; Zi. ab 80 US$; P❄@📶🏊) Man mag sich fragen, ob der Look dieses Hotels – überall Sichtbeton und städtisch-cooles Design – in Salta funktioniert, aber die ausgezeichneten, großen, ruhigen Zimmer sind zweifellos attraktiv. Es gibt Whirlpool-Badewannen und Fenster, die fast vom Boden bis zur Decke reichen und fantastische Blicke auf die Stadt bieten. Auch im Pool- und Spabereich auf dem Dach kann man wunderbar über das hübsche alte Salta blicken.

Essen & Ausgehen

Die Westseite der Plaza 9 de Julio ist gesäumt von Cafés und Bars, die auch draußen Tische aufgestellt haben; hier kann man gut Kaffee trinken, eine Kleinigkeit essen oder sich einen Drink genehmigen.

Dubai MEDITERRAN $
(☎ 0387-431-6140; www.facebook.com/dubaicomidasarabes; Leguizamón 474; Hauptgerichte 110–250 AR$; ⏲ 12–15 & 21–24 Uhr; 📶) Das syrische Restaurant in Familienbesitz bietet in seinem reizenden Eckspeisesaal eine willkommene Abwechslung zu den *parrilla*-Gerichten. Falafel, Hummus, Baba Ghanoush, Shawarma, Kebabs und dergleichen mehr werden in geschmackvoller, gehobener Umgebung zu fairen Preisen serviert. Kostenlose Lieferung ins Hotel.

La Tacita EMPANADAS $
(☎ 0387-431-8289; Caseros 396; Empanadas 20 AR$; ⏲ Mo–Sa 8–23, So 10–23 Uhr) Die geba-

Salta

ckenen Empanadas dieses schlichten, kleinen Lokals mit angenehm unaufdringlichem Ambiente zählen zu den besten in der ganzen Stadt. Und während eines ausgedehnten Stadtspaziergangs kann man hier außerdem auch gut einen kurzen Zwischenstopp einlegen.

★ Chirimoya VEGAN **$$**

(☎ 0387-431-2857; www.facebook.com/chirimoya.vegetariano; España 211; Hauptgerichte 200–260 AR$; ⊙ Mo–Sa 9–14.45 & 20.30–23.15 Uhr; 📶 🖉) Das farbenfrohe, fröhliche, künstlerische, erstklassige vegane Restaurant bietet die innovativste Küche der gesamten Region

Salta

Highlights

1 Museo de Arqueología de Alta Montaña ... A4

Sehenswertes

2 Catedral Basilica de Salta ... B4
3 Cerro San Bernardo ... F4
4 Convento de San Bernardo ... C5
5 Güemes Monument ... D3
6 Iglesia San Francisco ... B4
7 Pajcha – Museo de Arte Étnico Americano ... A1

Aktivitäten, Kurse & Touren

8 Origins ... C4
9 Salta Rafting ... C4
10 Tren a las Nubes ... A1

Schlafen

11 Coloria Hostel ... B4
12 Design Suites ... A4
13 Espacio Mundano ... A3
14 Las Rejas ... B3
15 Posada de las Farolas ... B5
16 Residencial El Hogar ... D4

Essen

17 Chirimoya ... C4
18 Dubai ... C3
19 La Céfira ... B6
20 La Tacita ... B4

Ausgehen & Nachtleben

21 Café del Tiempo ... A1
22 Macondo ... A1
Wine & Bike ... (siehe 3)

Unterhaltung

23 Nora Julia ... A1

und hält dabei seine Qualität dauerhaft. Die Pasta wird aus Zucchini gemacht, die Cannelloni aus Maismehl hergestellt und mit Blumenkohlröschen gefüllt, sie zaubern hier außerdem köstliche Suppen und fleischähnliche Quinoapattys und verwandeln Pilze in hohe kulinarische Kunst.

La Céfira ITALIENISCH **$$**

(☎0387-447-6825; Córdoba 481; Hauptgerichte 190–240 AR$; ⏲Mo–Sa 19–24, So 12–15 Uhr; 📶✍) Das winzige, gut ausgeleuchtete und mit Originalkunstwerken dekorierte Lokal liegt ein paar Blocks südlich vom Zentrum, aber der Weg lohnt sich. Auf der Karte stehen selbst gemachte Nudeln mit einfallsreichen Zutaten wie Tintenfischtinte, Currykürbis, Kokosnussmilch und Mohnsamen. Es gibt auch einige Fleisch- und Fischgerichte wie Rindfleisch mit Feigen und sonnengetrockneten Tomaten.

Ausgehen & Unterhaltung

Peñas (Volksmusikclubs) sind die klassische Abendunternehmung in Salta. Die zwei Blocks von Balcarce nördlich von Alsina und die umliegenden Straßen sind die Hauptziele für diese und andere Nachtaktivitäten. Die Bars und Clubs hier machen ständig zu und unter neuem Namen wieder auf, also einfach der Nase nach.

★ Café del Tiempo BAR
(www.facebook.com/cafedeltiempo; Balcarce 901; ⌚Mo–Sa 18–3, So 8–2 Uhr; 📶) Dekoriert wie ein Café in Buenos Aires hat das Tiempo im Herzen des Balcarce-Viertels auch die passenden Preise sowie eine stilvolle Terrasse. Hier kann man prima einen Drink nehmen, und es gibt auch einen teuflisch guten Mojito. Jeden Abend wird außerdem irgendeine Aufführung oder Livemusik geboten. Auf der Karte stehen beispielsweise Lamagerichte und internationale Angebote wie Chop Suey.

Macondo BAR
(www.facebook.com/macondo.barensalta; Balcarce 980; ⌚Mi–So 20 Uhr–open end; 📶) Bei all der *folklórica*-Musik in dieser Straße kann der Indie-Mix in dieser trendy Bar mit schöner Terrasse zur Straße hin durchaus eine angenehme Abwechslung sein – sie ist beliebt bei Einheimischen und Touristen. Hier ist bis spät nachts noch was los. An den meisten Abenden gibt's außerdem Livemusik.

Nora Julia TRADITIONELLE MUSIK
(Balcarce 887) Das aus Ziegeln und Lehm erbaute Haus ist eine gute Wahl für *peña*-Musik. Die Sänger tragen allesamt traditionelle Trachten und eine Gruppe von Tänzern tritt ebenfalls auf. Zusätzlich zum Eintritt muss man aber noch Getränke und Essen kaufen.

Praktische Informationen

Die **städtische Touristeninformation** (Caseros 460; ⌚Mo–Fr 8–21, Sa & So 9–21 Uhr) verteilt Stadtpläne. Es gibt auch Schalter im Busbahnhof und im Flughafen.

Anreise & Unterwegs vor Ort

BUS

In Saltas **Busbahnhof** (☎0387-431-5022; Av Hipólito Yrigoyen; ⌚Information 6–22 Uhr) findet man auch einenGeldautomaten, eine Touristeninformation und eine Gepäckaufbewahrung.

Drei Unternehmen fahren nach San Pedro de Atacama in Chile (700 AR$, 9–10 Std., tgl. 7 Uhr), über Jujuy und Purmamarca. Sie fahren anschließend weiter nach Calama (850 AR$), Antofagasta (900 AR$), Iquique (1050 AR$) und Arica (1150 AR$).

Busse ab Salta

ZIEL	PREIS (AR$)	DAUER (STD.)
Buenos Aires	3000	18–22
Cafayate	390–440	4
Córdoba	750–2155	11–14
Jujuy	250	2
La Quiaca	430	7½
La Rioja	1400–1600	10
Mendoza	1880–3095	18–20
Resistencia	1325–1430	10–12
Salvador Mazza	850	6½
Santiago del Estero	400–1125	7
Tucumán	262–500	4¼

FLUGZEUG

Aerolíneas Argentinas (☎0810-222-8652; www.aerolineas.com; Caseros 475; ⌚Mo–Fr 9–17 Uhr) fliegt täglich mehrmals nach Buenos Aires sowie nach Córdoba, Mendoza und Puerto Iguazú. **LATAM** (☎0-810-999-9526; www.latam.com; Caseros 476; ⌚Mo–Fr 8.30–13 & 16.30–20 Uhr) fliegt regelmäßig nach Buenos Aires. **Andes** (☎0387-437-3514; www.andesonline.com; Caseros 459; ⌚Mo–Fr 8–13 & 16.30–19, Sa 9.30–13 Uhr) hat Flüge nach Buenos Aires mit Anschluss nach Puerto Madryn. **BoA** (☎0387-471-1558; www.boa.bo; Mitre 37, Shop 24; ⌚9–13 & 15–18 Uhr) – ein Büro befindet sich in einer Einkaufspassage an der Plaza – fliegt nach Santa Cruz in Bolivien.

Der Bus 8A fährt von San Martín über Córdoba zu Saltas **Flughafen** (SLA; ☎0387-424-3115; RN 51, km 5), 9,5 km südwestlich der Stadt. Ein Taxi kostet 180 bis 220 AR$.

Jujuy

☎0388 / 258 000 EW.

Auf dem Weg nach Norden beginnt man in Jujuy die Nähe zu Bolivien zu spüren: Man erkennt sie an den Gesichtern, den chaotischen Straßen, den bis auf die Bürgersteige ausgreifenden Märkten und den Karten der Restaurants, auf denen ganz selbstverständlich *locro, humitas* und *sopa de maní* (scharfe Erdnusssuppe) stehen.

Sehenswertes

★ Culturarte GALERIE
(www.facebook.com/culturarte.ccultural; Ecke San Martín & Sarmiento; ⌚Mo–Sa 8–20 Uhr) GRATIS Die attraktive moderne Galerie zeigt Ausstellungen von 26 etablierten zeitgenössi-

schen argentinischen Künstlern. Oft sind hier Werke von ausgezeichneter Qualität zu sehen, und es macht Spaß, die Szene in Jujuy kennenzulernen. Das Café im Untergeschoss hat eine nette kleine Balkonterrasse mit Blick auf das Stadtzentrum.

Museo Arqueológico MUSEUM
(☎0388-422-1343; Lavalle 434; ⌚Mo–Fr 9–13 & 16–20, Sa 9–12 & 16–20 Uhr) GRATIS Highlight ist die strahlende, 3000 Jahre alte Statue einer Fruchtbarkeitsgöttin mit Haaren aus Schlangen, die beim Gebären abgebildet ist. Sie stammt von der fortgeschrittenen San Francisco-Kultur in Las Yungas (1400 bis 800 v. Chr.). Eine Sammlung aus Schädeln mit Missbildungen (aus kosmetischen Gründen) und Mumien rundet das Ganze ab.

Schlafen

Hostelina HOSTEL $
(☎0388-424-8522; www.hostelina.com.ar; Alvear 529; B 8 US$;) Ein schlichtes, geschmackvolles und komfortables Hostel in einem restaurierten alten Gebäude mit Originalkacheln und moderner Kunst an den Wänden. Man schläft in einem der vier Schlafsäle, in denen je vier bis sechs Betten stehen. Nichts Aufregendes, aber der Preis stimmt.

D-Gira Hostel HOSTEL $
(☎0388-410-0877; www.facebook.com/dgira.hosteljujuy; JM Gorriti 427; B/DZ 7/19 US$; @) Das in einem uninteressanten, aber recht zentralen Stadtteil gelegene Hostel ist denen in der Innenstadt in mehreren Punkten überlegen: Man wird freundlich empfangen und die Etagenbetten aus hellem Holz sind mit ihren dicken Matratzen und ordentlichem Bettzeug wirklich komfortabel. Die Schlafsäle bieten alle angeschlossene Bäder und viel Platz. Es gibt außerdem ein Doppelzimmer.

★ **Posada El Arribo** BOUTIQUEHOTEL $$
(☎0388-422-2539; www.elarribo.com; Belgrano 1263; Zi. ab 50 US$; P@) Eine Oase im Herzen Jujuys: Das beeindruckende, von einer Familie geführte Haus ist ein Fest für die Augen. Die renovierte Villa aus dem 19. Jh. ist mit originalen Bodenfliesen und hohen Decken einfach wunderschön. Es gibt viel Platz im Hof und einen großen Garten. Der moderne Anbau ist nicht schlecht, wenn möglich trotzdem ein Zimmer im Haupthaus nehmen.

Essen

Jujuys zwei muntere Märkte, der **Mercado del Sur** (Iglesia 1002-1060; Gerichte 70–120 AR$; ⌚8–16 Uhr) und der **Mercado Central 6 de Agosto** (Alvear 885; ⌚8–18 Uhr), sind echte Handelsposten, auf denen indigene Argentinier *mazamorra* (kalte Maissuppe) schlürfen und *coca*-Blätter anbieten.

Madre Tierra BÄCKEREI, CAFÉ $
(☎0388-422-9578; Belgrano 619; Hauptgerichte 80–140 AR$; ⌚Mo–Sa 7–22 Uhr;) Das Lokal ist ausgezeichnet: Das Design ist kreativ und einladend, das vegetarische Essen (Tagesmenü) prima und zu den Sandwichs und Pizzen gibt's frische Säfte oder Bio-Bier. Man sitzt im schönen Hofgarten, der beliebt und darum abends immer voll ist. Die Bäckerei vorne im Haus backt gesunde Brote.

Manos Jujeñas ARGENTINISCH $
(☎0388-424-3270; Av Pérez 379; Hauptgerichte 150–250 AR$; ⌚Di–So 11–15 & 19–23 Uhr;) Wer schlichte, traditionell langsam gegarte Gerichte mag, kommt hierher. Die Spezialität des Hauses ist *picante* – mariniertes Hühnerfleisch oder Zunge (oder beides) mit Zwiebeln, Tomaten, Reis und Anden-Kartoffeln. Die Gerichte gibt's auch zum Mitnehmen.

★ **Krysys** ARGENTINISCH $$
(☎0388-423-1126; Balcarce 272; Hauptgerichte 185–295 AR$; ⌚Mo–Sa 12.30–15 & 20.30–0.30, So 12.30–15.30 Uhr;) Die beste *parrilla*-Option ist dieses zentral gelegene Edelrestaurant, in dem man Grillspezialitäten in entspannter Atmosphäre genießen kann. Es steht aber noch viel mehr auf der Karte. Zum Hühnchen gibt's prima Saucen und außerdem Oktopus, Forelle und Paella. Die Preise sind fair, und das Fleisch wird nach Wunsch zubereitet.

Praktische Informationen

Städtische Touristeninformation (☎0388-402-0246; www.sansalvadordejujuy.gob.ar; Ecke Alvear & Otero; ⌚7–22 Uhr) Freundlich und zentral. Die Öffnungszeiten hängen von der Personalbesetzung ab.

Touristeninformation der Provinz (☎0388-422-1325; www.turismo.jujuy.gov.ar; Canónigo Gorriti 295; ⌚Mo–Fr 7–22, Sa & So 8–21 Uhr) Ausgezeichnete Information an der Plaza mit hilfreichen Broschüren und Mitarbeitern.

Anreise & Unterwegs vor Ort

BUS

Der neue **Busbahnhof** liegt 6 km südöstlich vom Zentrum. Er hat tolle Einrichtungen und sogar Duschen. Es gibt auch einen Stand der **Touristeninformation** (⌚Mo–Fr 7.30–21.30, Sa & So 8–13 & 15.30–21.30 Uhr).

Die Busse, die täglich ab Salta nach Chile fahren, machen hier einen Zwischenhalt.

Busse ab Jujuy

ZIEL	PREIS (AR$)	DAUER (STD.)
Buenos Aires	2485–3135	20–23
Córdoba	1715–2235	12–16
Humahuaca	130	2
La Quiaca	200	4–5
Mendoza	2070–2380	21
Purmamarca	85	1¼
Salta	250	2
Salvador Mazza	575	7
Tilcara	85	1¾
Tucumán	700–795	5

FLUGZEUG

Aerolíneas Argentinas (☎ 0388-422-2575; www.aerolineas.com.ar; San Martín 96; ⏲ Mo–Fr 9–17 Uhr) fliegt vom **Aeropuerto Horacio Guzmán** (☎ 0388-491-1102), 33 km südöstlich von der Innenstadt von Jujuy, nach Buenos Aires und Córdoba. Ein **Flughafenshuttle** (☎ 0388-15-432-2482; 250 AR$/Pers.) fährt dreimal täglich von der Kreuzung Canónigo Gorriti und Belgrano passend zu den angesetzten Flügen; die Fahrt mit einem *remise* (Taxi) kostet 550 AR$.

Quebrada de Humahuaca

Nördlich von Jujuy schlängelt sich die RN 9 durch die Quebrada de Humahuaca. Die malerische Landschaft besteht aus farbenprächtigen kahlen Hügeln und winzigen Dörfern. Die Quechua-Bauern bestreiten ihren kärglichen Lebensunterhalt, indem sie Mais anbauen und magere Rinder züchten. Entlang der kolonialen Postroute nach Potosí erinnern die Architektur und andere kulturelle Elemente an Peru und Bolivien.

Erdbeben zerstörten viele Lehmziegelkirchen; im 17. und 18. Jh. wurden etliche wieder aufgebaut. Sie haben stabile Mauern, schlichte Glockentürme und großartige Türen. Das Holz der Vertäfelungen ist vom *cardón*-Kaktus.

Tilcara

☎ 0388 / 4700 EW.

Tilcara ist die angenehmste Quebrada-Stadt, aber auch eine der schmucksten. Hier gibt's einige tolle Restaurants und Quartiere.

Tilcaras Hauptattraktion ist die *pucará* oben auf dem Hügel. Die prähispanische Festung begeistert mit unverstellter Aussicht. Doch auch die Museen und der Ruf als Künstlerkolonie machen das Dorf zu einem reizvollen Zwischenstopp.

Sehenswertes & Aktivitäten

Pucará RUINEN

(☎ 0388-422-1325; Eintritt inkl. Museo Arqueológico Erw./Studenten 100/25 AR$, Mo frei; ⏲ 9–18 Uhr) Die rekonstruierte vorkoloniale Befestigungsanlage liegt 1 km südlich vom Zentrum Tilcaras, jenseits einer eisernen Brücke. Die strategische Lage ermöglichte es, das Flusstal in beide Richtungen zu beherrschen. Der Ort wurde zweifellos schon früher benutzt, aber die vorhandenen Ruinen entstanden zwischen dem 11. und 15. Jh. Man genießt eine wundervolle Aussicht, und für jede Seele, die einst hier lebte, scheint ein Cardón-Kaktus hier zu wachsen. Mehr Anregungen zu Sukkulenten erhält man im botanischen Garten am Eingang.

Museo Arqueológico MUSEUM

(Belgrano 445; Eintritt inkl. Pucará Erw./Student 100/25 AR$; ⏲ 9–18 Uhr) Die in einem auffälligen kolonialzeitlichen Haus schön präsentierte Sammlung regionaler Artefakte enthält auch einige Stücke aus der *pucará*-Befestigungsanlage (S. 140) gleich südlich des Zentrums. Die Ausstellungen vermitteln einen Einblick in das Leben der Menschen zu jener Zeit (11.–15. Jh.). Besonders eindrucksvoll ist der Saal mit den Zeremonienmasken.

Schlafen & Essen

Billige Lokale gibt's an der Belgrano und Lavalle zwischen Busbahnhof und Plaza Prado.

La Calabaza CABAÑAS $

(☎ 0388-495-5169, WhatsApp 388-15-272442; www.calabazatilcara.com.ar; Sarahuaico s/n; DZ ab 35 US$, Hütte für 5 Pers. 60 US$; P 📶) Diese hübsche Unterkunft auf der anderen Straßenseite von Tilcaras Zentrum begrüßt seine Gäste herzlich und mit lässigem Hippievibe. Die Aussicht ist spektakulär. Es gibt eine Hütte mit Küche für fünf Personen, perfekt für eine Familie, und eine reizende kleine Cabaña für zwei mit Ausblick vom Bett und Möglichkeiten zum Tee- oder Kaffeekochen. Im Sommer beträgt der Mindestaufenthalt drei Nächte. Frühstück kostet extra.

Albahaca Hostel HOSTEL $

(☎ 0388-15-585-5994; www.albahacahostel.com.ar; Padilla s/n; B/DZ 8/20 US$; 📶) Das schlichte, freundliche Albahaca hat ein gutes

Preis-Leistungs-Verhältnis, ordentliche Schlafsäle, komfortable Privatzimmer und eine gesellige Dachterrasse, auf der man prima Leute kennenlernen kann.

★ Antigua Tilcara PENSION, HOSTEL $$
(☎0388-527-3805; www.antiguatilcara.com.ar; Sorpresa 484; B 11 US$, DZ 40–45 US$; @📶) Das süße, mit Blumen geschmückte Haus aus roten Ziegeln liegt an einer Erdstraße abgelegen vom Stadtzentrum, wo die Straßen scheinbar in den Hügeln verschwinden. Die Zimmer sind wunderbar: Sie verfügen über Böden aus Keramikfliesen, Steinmauern, Holzmöbel und künstlerische Akzente wie Laternen aus Kaktusholz. Der Service ist nett, entspannt und gewissenhaft.

Khuska ARGENTINISCH $
(☎0388-478-7356; Padilla 533; Hauptgerichte 90–200 AR$; ⏲18–24 Uhr; 📶) An den Tischen in diesem charmanten, weitläufigen, kreativen Speisesaal werden regionale Gerichte serviert, darunter *humitas,* Empanadas und *picadas Andinas,* dazu gibt es einige anständige vegetarische Optionen. Die Anden-Platten beinhalten Röstkartoffeln, geröstetes Quinoa und gegrillten Ziegenkäse.

Ma'koka CAFÉ $
(☎0388-15-509-5617; Belgrano s/n; Sandwich 80–115 AR$; ⏲8.30–21 Uhr; 📶) Mit einem bunten Musikmix und interessanten Texten über die Region und die Anden im Allgemeinen ist dieser Buchladen mit Café wirklich prima. Der Kaffee ist auch der beste der Stadt; es gibt schmackhafte Kuchen und erstklassige Sandwichs mit Brot, das aus Coca oder örtlichen Maissorten gebacken ist. Auch Menschen mit Gluten-Unverträglichkeit finden mit Maniokbrot und anderen Leckereien hier eine große Auswahl. Der Inhaber besitzt großes Wissen über die indigene Bevölkerung Argentiniens.

★ El Nuevo Progreso ARGENTINISCH $$
(☎0388-495-5237; www.facebook.com/elnuevoprogreso; Lavalle 351; Hauptgerichte 160–300 AR$; ⏲Mo–Sa 18–23.30 Uhr; 📶) Einfallsreich zubereitete Lamagerichte, ausgezeichnete Fleischplatten, eine interessante vegetarische Option und tolle Salate bietet dieses Restaurant mit einladender, kreativer Atmosphäre und einer köstlichen, auf Touristen abgestimmten Küche. Die in Spinatblättern gedünstete Forelle mit geröstetem Kürbis ist richtig gut. Der Service kann etwas zurückhaltend sein. Am Wochenende vorab reservieren.

Praktische Informationen

Die **Touristeninformation** (Belgrano 366; ⏲Mo–Fr 8–21, Sa 9–13 & 14–21, So 9–13 Uhr) hat Infos zu Stadtspaziergängen. Trotz der offiziellen Öffnungszeiten ist der Stand sonntagnachmittags geöffnet. Dafür ist er häufig geschlossen, wenn er geöffnet sein sollte.

Anreise & Unterwegs vor Ort

Der Busbahnhof liegt an der Hauptstraße Belgrano; weitere Verbindungen halten am nahen Highway. Busse fahren ungefähr alle 45 Minuten, Ziele sind Jujuy (85 AR$, 1½ Std.), nördlich von Humahuaca (45 AR$, 45 Min.) sowie La Quiaca (205 AR$, 3 Std.). Mehrmals täglich gehen Busse nach Purmamarca (20 AR$, 30 Min.) und Salta (300 AR$, 3½ Std.).

Humahuaca

☎03887 / 10 300 EW.

Humahuaca ist ein beliebter Zwischenstopp auf dem Weg von Salta nach Bolivien. Das überwiegend von indigenen Quechua bewohnte Dorf besteht aus Lehmziegelhäusern an schmalen Kopfsteingassen. In der umliegenden Gegend kann man viel unternehmen; der Ort selber liefert tolle Fotomotive.

Sehenswertes & Aktivitäten

Humahuacas 1641 errichtete **Iglesia de la Candelaria** steht an der Plaza Gómez. Der hübsch knorrige **Cabildo** (Plaza Gómez) in der Nähe ist berühmt für seinen Uhrenturm, in dem täglich zur Mittagsstunde eine lebensgroße Figur des hl. Francisco Solano erscheint und den Segen erteilt. Von der Plaza führt eine Treppe hinauf zum recht abgeschmackten **Monumento a la Independencia**.

Feste & Events

Humahuaca begeht den 2. Februar als Tag der Schutzpatronin des Orts, der **Virgen de Candelaria**.

Schlafen & Essen

La Humahuacasa HOSTEL $
(☎03887-412-0868; www.humahuacasa.com.ar; Buenos Aires 740; B/DZ 11/22,50 US$; 📶) Das künstlerisch angehauchte, freundliche Hostel liegt zentral und bietet gemütliche Schlafsäle mit dicken, in bunte Laken gehüllten Matratzen rund um einen kleinen Hof. Es geht gesellig zu und es gibt eine gute Atmosphäre und eine ordentliche Küche. Alles wirkt gepflegt und sauber. Auch ein privates Zimmer (DZ mit Bad) steht zur Verfügung.

EINREISE NACH BOLIVIEN

Das kalte, windige **La Quiaca** ist ein wichtiger Einreisepunkt nach Bolivien. Im Ort gibt es ordentliche Unterkünfte und Restaurants, aber wenig, was Traveller sonst noch interessieren könnte. Wenn man aber spätabends ankommt, übernachtet man besser hier, weil die Einrichtungen sehr viel besser sind als jenseits der Grenze in Villazón.

La Quicas **Touristeninformationskiosk** (Av España s/n; 10–13 & 16–20 Uhr) bietet gute Infos. Das süße **Copacabana Hostel** (03885-423875; www.hostelcopacabana.com.ar; Pellegrini 141; EZ/DZ 10/18 US$;) hat kleine, geheizte Zimmer und freundliches Personal. Das bodenständige **Frontera** (0388-542-5162; Ecke Belgrano & Árabe Siria; Hauptgerichte 140–200 AR$; 10–16 & 19–23 Uhr) serviert Fleischplatten und anständige *tallarines al pesto* (Nudeln mit Pesto) sowie ein Mittagsmenü.

Am **Busbahnhof** (Ecke Belgrano & España) starten oft Busse nach Jujuy (200 AR$, 5 Std.), Salta (430 AR$, 8 Std.) und zu Orten dazwischen; auch gibt's Fernverbindungen.

Die Grenze liegt einen 1 km langen Fußmarsch vom Busbahnhof entfernt. Öffentliche Verkehrsmittel gibt es nicht, bestenfalls ist ein Taxi aufzutreiben. Die Grenze ist generell rund um die Uhr geöffnet, aber darauf kann man sich nicht verlassen – ohne einen Plan B im Kopf sollte man besser nicht um 2 Uhr morgens hier ankommen.

Inti Sayana HOSTAL $
(03887-421917; www.intisayanahostal.com.ar; La Rioja 83; DZ ab 36 US$;) Eine zentrale, günstige Unterkunft mit makellosen gefliesten Zimmern für drei Personen, die sich um einen Hof und einen Parkbereich gruppieren. Wer schmutzige Wäsche mit sich rumschleppt, kann den billigen Waschservice nutzen.

Ser Andino CAFÉ $
(03887-421659; Jujuy 393; Hauptgerichte 90–160 AR$; 9–22 Uhr) Ein heimeliges Café geschmückt mit Trockenblumen und Topfpflanzen, das zu einem Touranbieter desselben Namens gehört. Hier geht alles: Entweder man genießt Kaffee oder Tee, eine warme Mahlzeit oder bucht eine Tour. Auf der Karte stehen Pasta, *cazuela de cabrito* (Ziegeneintopf), Frühstück, Tamales und mehr.

Aisito ARGENTINISCH $
(03887-488-6609; Buenos Aires 435; Hauptgerichte 80–150 AR$; 11–15 & 19–23 Uhr;) Das schön dekorierte Lokal mit aufmerksamer Bedienung ist eine angenehme Option für günstige regionale Gerichte. Neben schmackhaften gebackenen Empanadas bekommt man Pfannengerichte und zartes Lama. An den Wochenenden und im Sommer erklingt abends Livemusik.

Mikunayoc ARGENTINISCH $
(03887-421442; Ecke Corrientes & Tucumán; Hauptgerichte 60–130 AR$; 11–15.30 Uhr) Auf der umfangreichen Karte stehen mehrere interessante Lamagerichte und diverse Empanadas mit verlockender Füllung. Auch die Salate sind zu empfehlen. Das nette, farbenfrohe Lokal hat einen herzlichen Service, dem man auch gerne verzeiht, wenn mal etwas schiefgeht. Nur mittags geöffnet.

Praktische Informationen

Die **Touristeninformation** (Plaza Gómez s/n; Mo–Fr 7–21, Sa & So 9–21 Uhr) befindet sich im *cabildo* (Gemeindehaus).

An- & Weiterreise

Der **Busbahnhof** (Ecke Belgrano & Entre Ríos) liegt drei Blocks südlich von Humahuacas Plaza. Regelmäßig fahren Busse nach Salta (345 AR$, 4½ Std.), Jujuy (130 AR$, 2¼ Std.) und La Quiaca (160 AR$, 2–3 Std.).

ATLANTIKKÜSTE

Die Strände an der Atlantikküste bilden den „Hinterhof" von Buenos Aires. Auf der Suche nach Sonne und Spaß strömen im Sommer Millionen *porteños* in Städte wie Mar del Plata und Pinamar. Den Rest des Jahres über – und in kleineren Städten sowieso – geht's aber deutlich weniger hektisch zu.

Mar del Plata

0223 / 621 000 EW.

An Sommerwochenenden sieht man am Strand von Mar del Plata („Mardel") vor lauter Menschen keinen Sand mehr. Urlauber stehen praktisch Schulter an Schulter im knietiefen Wasser. Außerhalb des Sommers und an Wochentagen herrscht weniger Betrieb: Die Hotelpreise purzeln, und die Stadt verströmt ein entspannteres Feeling.

Argentiniens beliebtester Strandort wurde 1874 gegründet. Das einstige Handels- und Industriezentrum verwandelte sich später in einen Ferienort für betuchte *porteños*. Heute stranden hier hauptsächlich Urlauber aus der Mittelschicht.

Sehenswertes & Aktivitäten

★ Puerto Mar del Plata HAFEN
(www.puertomardelplata.net; 533,581) Mar del Plata gehört zu den wichtigsten Fischereizentren Argentiniens. Das Hafengebiet liegt 8 km südlich vom Stadtzentrum und lohnt einen Besuch, auch wenn der Zugang zur Mole mit dem Schiffsfriedhof aus halb versunkenen Wracks, die in der Sonne rosten, inzwischen eingeschränkt ist. Man kann immer noch die ein- und ausfahrenden Fischerboote von der **Banquina de Pescadores**, dem malerischen, etwas touristischen Kai, aus beobachten.

Torreón del Monje HISTORISCHES GEBÄUDE
(0223-486-4000; www.torreondelmonje.com.ar; Ecke Viamonte & Paseo Jesús de Galindez; 8–22 Uhr) Das großartige, wie eine Burg auf einer Klippe über dem Ozean thronende Torreón del Monje ist kaum zu übersehen – einfach nach den roten Kuppeln und der Fußgängerbrücke aus Stein an der Uferstraße Ausschau halten. Das klassische Wahrzeichen erinnert an die Glanzzeit von Mar del Plata. Der argentinische Geschäftsmann Ernesto Tornquist ließ den mittelalterlich wirkenden Turm 1904 errichten, um die Gegend um sein Sommerrefugium zu verschönern. Die Aussicht lohnt, und auf der Terrasse kann man eine Kaffeepause einlegen.

Más Vida YOGA
(0223-495-1189; www.facebook.com/masvidayoga; Bolívar 2976; Preise variieren) Der beliebte Yogaanbieter an der lebendigen Plaza Mitre bietet Hatha-, Ashtanga- und Aerial-Yogakurse an. Im Sommer arrangieren sie auch Massagen und Yoga auf Stand-up-Paddleboards. Die Termine findet man online, aber man sollte vor einem Besuch telefonisch bestätigen.

Bicicletería Madrid FAHRRADFAHREN
(0223-494-1932; Yrigoyen 2249; ab 90 AR$/Std.; Mo–Fr 9–17.30, Sa 10–18 Uhr) Fahrradverleih. Im Sommer ist länger geöffnet.

Acción Directa OUTDOOR
(0223-474-4520; www.facebook.com/acciondirecta.mdp; Av Libertad 3902; Mo–Fr 10–13 & 17–21, Sa 10–13 Uhr) Die Felsklippen am Meer und die Hügel der Sierra de los Padres eignen sich prima zum Klettern und Abseilen. Acción Directa betreibt eine Kletterschule und veranstaltet außerdem Mountainbike-, Kanu- und Campingtouren mit Aktivitäten und Übernachtung im freien Gelände.

Feste & Events

International Film Festival FILM
(www.mardelplatafilmfest.com; Nov.) Das 1950 gestartete Internationale Filmfestival der Stadt ist das wichtigste in Südamerika.

Schlafen

Die Preise beginnen im November und Dezember zu klettern, erreichen im Januar und Februar ihren Höhepunkt und fallen dann ab März. Im Sommer sollte man also vorab reservieren. In der Nebensaison sind manche Unterkünfte geschlossen. Wer Airbnb mag, sucht sich ein Apartment in der Nähe der Plaza Mitre, einem angesagten Stadtbezirk.

Che Lagarto Hostel HOSTEL $
(0223-451-3704; www.chelagarto.com; Alberti 1565; B/DZ/3BZ ab 10/22/33 US$; 15. Sept.–April; @) Die beliebte Filiale der Kette Che Lagarto punktet in so ziemlich jeder Hinsicht: Sie hat freundliches Personal, eine zentrale Lage nahe dem Top-Nachtleben und den besten Einkaufsmöglichkeiten sowie blitzsaubere private Zimmer und Schlafsäle (alle mit Ventilator). Es gibt außerdem eine Gästeküche, einen schönen Aufenthaltsbereich und eine Cocktailbar. Im argentinischen Winter geschlossen.

Dodo BOUTIQUEHOTEL $
(0223-451-1479; www.hoteldodo.com.ar; Güemes 3041; DZ 45–60 US$;) Eine süße Boutiqueunterkunft im Herzen von Mardels modischem Distrikt Los Troncos. In einem dreistöckigen, weiß getünchten Ziegelsteinbau ohne Fahrstuhl gibt es Zimmer in Creme- und Weißtönen mit weißen Lederkopfteilen und Flatscreen-TVs an der Wand. Tolles Preis-Leistungs-Verhältnis.

On Tap B&B $
(0223-622-1394; www.ontap.com.ar; Alsina 2583; DZ 32 US$;) Eine beliebte *cervecería* mit kleinen, schön gestalteten Zimmern auf der oberen Etage. Ausgestattet mit Recyclingholz und poliertem Beton hat jeder Raum ein eigenes Bad, Kabel-TV und WLAN sowie Zugang zu Fahrrädern, um die Stadt zu erkunden. In diesem Fall bedeutet „B&B" wohl eher „Bed and Beer".

Hotel 15 de Mayo HOTEL $$
(☎0223-495-1388; www.hotel15demayo.com; Mitre 1457; EZ ab 60 US$, DZ ab 80–105 US$; ❄📶) Das moderne Vier-Sterne-Hotel in bequemer Lage zwischen der Plaza San Martín und dem Strand von La Perla bietet makellose, angemessen große Gästezimmer, ein Spa, einen professionellen Service, ein Frühstücksbüffet und schnelles WLAN – und das alles zu einem guten Preis-Leistungs-Verhältnis.

Essen

★**Crucoli Caffe** CAFÉ $
(☎0223-451-2386; Garay 1511; Gerichte 90–170 AR$; ⏱Mo–Sa 8.30–20, So 12–20 Uhr) Das verträumte kleine Café in Los Troncos ist wie ein Blick in den Kopf der Künstlerin, Designerin und Bäckerin Maria Bertone. Sie hat alles gefertigt oder gemalt, was an den Wänden hängt: die Meerjungfrauen und Seemänner, die Segelboot-Serviettenspender und die Fisch-Platzdeckchen sowie die Mixed-Media-Kunstwerke.

Montecatini ARGENTINISCH $
(☎0223-492-4299; www.montecatini.com.ar; Ecke La Rioja & 25 de Mayo; Hauptgerichte 125–310 AR$; ⏱12–15 & 20–24 Uhr; ❄👪) Wenn man solide, preisgünstige Gerichte genießen will, kann man wie die Einheimischen in eine der drei Filialen dieses großen, modernen und populären Restaurants gehen. Auf der Karte gibt's für jeden etwas (Fleisch, Fisch, Pasta, *milanesas*, Sandwichs), und die Portionen sind großzügig. Das Mittagsmenü unter der Woche (225 AR$ inkl. Dessert und Getränk) ist ein echtes Schnäppchen. Das Lokal ist gut geeignet für Familien und größere Gruppen.

La Marina MEERESFRÜCHTE $$
(☎0223-489-9216; 12 de Octubre 3147; Hauptgerichte 140–440 AR$; ⏱Do–Mo 12–16 & 20–24, Di 12–16 Uhr) Frischere oder günstigere Meeresfrüchte als in diesem bodenständigen Lokal ein paar Blocks landeinwärts vom Eingang zum Hafen wird man nicht finden. Seit 1957 im Geschäft ist die Spezialität des Hauses die leckere *cazuela especial La Marina*, ein Meeresfrüchteeintopf mit Fisch, Shrimps, Tintenfisch und Muscheln, die in Weißwein, Sahne und Safran gegart werden.

Ausgehen & Nachtleben

Viele empfehlenswerte Lokalitäten befinden sich im schicken **Barrio Los Troncos** und dem Gebiet entlang der Irigoyen und der LN Alem, zwischen der Almafuerte und der Rodríguez Peña, wo es viele Cocktailbars und Nachtlokale gibt. Am besten läuft man einfach durch das Viertel und checkt, was einem zusagt.

Pueblo BIERSTUBE
(www.facebook.com/pueblogalpondecervezas; La Rioja 2068; ⏱Di–So 19–4 Uhr) Wenn die *cerveza* fließt, fühlt sich das junge Publikum wohl in dem stylishen Pub mit einer geschwungenen Fassade und einer coolen, aufrollbaren Eingangstür, wodurch sich die Kneipe zur Straße hin öffnet. Auf den Flatscreens laufen Surfvideos, es gibt elf Biere vom Fass, auf einer Tafel steht eine Auswahl an Kneipenessen.

Almacén Estación Central BAR
(www.facebook.com/estacioncentral.mardelplata; Ecke Alsina & Garay; ⏱Mi–So 18.30–4 Uhr) Die schicke Bar ist in einem malerischen, überlegt restaurierten alten Gebäude untergebracht – einem ehemaligen Eckladen, in dem der frühere argentinische Präsident Marcelo Torcuato de Alvear seine Einkäufe erledigt haben soll. Man kann sich auf Gourmet-Kneipenessen, häufige Happy-Hour-Deals (sogar am Wochenende) und ein überwiegend konservatives Publikum einstellen.

La Bodeguita del Medio BAR
(Castelli 1252; ⏱18–4 Uhr) In diese klassische, rumgetränkte Kneipe, die nach einer Lieblingsbar Hemingways in Havanna benannt wurde, kommt man wegen der berühmten köstlichen Mojitos (sieben stehen zur Auswahl), den kubanisch inspirierten Gerichten und der gelegentlichen Livemusik.

Praktische Informationen

In der Stadt gibt es einige Zweigstellen der offiziellen Touristeninformation der Stadt. Die zentral gelegene **Touristeninformation** (☎0223-495-1777; www.turismomardelplata.gov.ar; Blvd Marítimo 2270; ⏱Mo–Fr 9–17, Sa & So 10–17 Uhr) ist außergewöhnlich hilfreich.

An- & Weiterreise

BUS

Mardels neuer Busbahnhof liegt neben dem Bahnhof. Busse fahren nach Buenos Aires (400–1055 AR$, 5½ Std.), Pinamar (220–545 AR$, 2½ Std.) und Villa Gesell (185–240 AR$, 1½ Std.).

FLUGZEUG

Von Mardels **Ástor Piazzolla International Airport** (☎0223-478-0744), 10 km nördlich der Stadt, fliegt **Aerolíneas Argentinas** (☎0223-496-0101; www.aerolineas.com.ar; Moreno 2442; ⏱Mo–Fr 9.30–17.30 Uhr) mehrmals täglich nach Buenos Aires.

ZUG

Täglich fahren Züge mit *primera*-Klasse-Service (615 AR$) von Mar del Platas **Bahnhof** (☎ 0223-475-6076; www.sofse.gob.ar; Av Luro 4700 at Italia; ⌚ 6–24 Uhr) zum Bahnhof Constitución in Buenos Aires (6 Std.). Weitere Infos gibt's auf www.sofse.gob.ar, im Sommer sollte man Tickets weit im Voraus reservieren.

Unterwegs vor Ort

Der Flughafen (S. 144) liegt 10 km entfernt von der Stadt, zu erreichen mit dem Bus 715 (10 AR$, 30 Min.) ab der Ecke Blvd Marítimo und Belgrano. Ein Taxi kostet etwa 200 AR$, je nachdem ,wo man hin will.

Trotz der Weitläufigkeit von Mar del Plata fahren regelmäßig Busse zu fast allen Orten in der Stadt. Aber die meisten (inkl. Flughafenbus) verlangen *tarjetas de aproximación* (Magnetkarten), die man im Voraus bei *kioscos* (Kiosks) kaufen und aufladen muss.

Auf der Seite www.cualbondi.com.ar/mar-del-plata stehen nützliche Karten aller Busrouten vor Ort. Die Touristeninformation hilft auch bei Fragen zur Beförderung.

Villa Gesell

☎ 02255 / 34 000 EW.

Die entspannte Strandgemeinde ist in der Nebensaison verschlafen, doch im Sommer wird der Ort zu einer Spielwiese für junge *porteños*, die hier in den warmen Nächten Party machen. Der Ort ist eines der schönsten Küstenstädtchen mit gewundenen, sandigen Straßen, bezaubernden Sommerhäusern und größeren Ferienanlagen.

Sehenswertes & Aktivitäten

Gesells langer **Strand** und die Promenade locken Schwimmer, Sonnenanbeter und Reiter an. Am Pier kann man das ganze Jahr über **angeln**.

Feria Artesanal MARKT
(Kunsthandwerksmarkt; Av 3 zw. Paseo 112 & 113) Von Mitte Dezember bis Mitte März gibt's jeden Abend einen Kunsthandwerksmarkt, auf dem viel handgemachter Schmuck, Holzschnitzereien, Gemälde und Souvenirs angeboten werden. In den übrigen Monaten findet der Markt nur am Wochenende statt.

Windy Playa Bar SURFEN
(www.windyplayabar.com.ar; Ecke Paseo 104 & Strand; ⌚ Sommer 8 Uhr–Sonnenuntergang) Der markante Nachbau eines Piratenschiffs kennzeichnet diese Surfschule am Strand. Für Wellenreiter gibt's Kurse und Leihausrüstung. Kunden können auch normales Strand-Equipment mieten oder einfach nur Sandwichs und kalte Drinks bei schöner Aussicht genießen.

Casa Macca FAHRRADVERLEIH
(Av Buenos Aires 449 zw. Paseo 101 & Av 5) Empfehlenswerter Fahrradverleih.

Schlafen

Die günstigsten *hospedajes* (einfache Hotels) liegen nördlich der Av 3. Für den Sommer unbedingt rechtzeitig reservieren – vor allem für die zweite Januarhälfte, wenn die Preise nochmals anziehen!

La Deseada Hostel HOSTEL $
(☎ 02255-473276; www.ladeseadahostel.com.ar; Ecke Av 6 & Paseo 119; B/DZ ab 25/50 US$; @) Das gemütliche Hostel sitzt oben auf einem grünen, von Immergrün eingefassten und von Rasen bewachsenem Hang in einem Wohnviertel zwischen Busbahnhof und Stadtzentrum, sechs Blocks vom Strand entfernt. Im Januar wimmelt es hier von jungen Argentiniern, während es in der Nebensaison geschlossen ist. Es gibt Schlafsäle mit acht Betten, großzügige Gemeinschaftsbereiche, eine nette Küche und Frühstück bis 13 Uhr.

★ **Hostería Santa Barbara** BOUTIQUEHOTEL $$
(☎ 02255-463143; www.hosteriasantabarbara.com; Av 1, No 938; EZ/DZ ab 40/50 US$; ⌚ Okt.–April; P) Dieses blitzblanke Dreisternehotel befindet sich in einem vierstöckigen Gebäude ohne Aufzug. Die Zimmer sind recht klein, aber hell; die am besten gelegenen Varianten haben Balkone. An die Dachterrasse mit tollem Backstein-Grill grenzt ein *comedor* (Speiseraum), in dem es Frühstück bei Meerblick gibt.

Essen

Wie die meisten Strandorte hat Villa Gesell viele beliebte Mainstream-Restaurants für wenig anspruchsvolle Hungrige. Dennoch findet man in der Stadt und deren Umkreis auch ein paar echte Spitzenlokale.

Rancho Hambre EMPANADAS $
(Av 3, No 871; Empanada 35 AR$; ⌚ 11.30–15 & 19–23 Uhr) Das beliebte Lokal an der Hauptstraße hat 36 Empanada-Varianten, von der einfachen (mit Hackfleisch) bis hin zu ausgefalleneren (mit Rucola, Parmesan und Walnüssen oder mit Schinken, Mozzarella, Backpflaumen und Muskatnuss). Man be-

stellt einfach ein Dutzend zum Mitnehmen. Eine zweite Filiale befindet sich an der Kreuzung der Av 3 mit dem Paseo 125.

El Náutico ARGENTINISCH $$
(☎02255 46-8620; Paseo 102 & Playa; Hauptgerichte 300–350 AR$; ⏲Dez.–März tgl. 8–23 Uhr, April–Nov. nur Fr–So; 📶) Das zauberhafte Strandrestaurant mit Holzwänden und Fischernetzen erinnert optisch an einen Kahn im Trockendock. Doch trotz des Looks gibt's hier bis auf leckeren Grillfisch fast kein Seafood: Spezialität des Hauses sind Steaks (vor allem *bife de chorizo*). Ansonsten stehen auch Burger, Sandwichs und Salate auf der Karte.

Praktische Informationen

Touristeninformation (☎02255-478042; http://turismo.gesell.gob.ar/; Paseo 107 zw. Av 2 & 3; ⏲März–Dez. 8–20 Uhr, Jan. & Feb. bis 24 Uhr) Liegt günstig im Zentrum und betreibt einen Ableger am Busbahnhof.

An- & Weiterreise

Südlich der Stadt bietet der **Hauptbusbahnhof** (Ecke Av 3 & Paseo 140; ⏲Mitte Dez.–Ostern 5–24 Uhr, übriges Jahr 8–20 Uhr) u. a. Verbindung nach Buenos Aires (760–865 AR$, 5½ Std.), Mar del Plata (185–240 AR$, 2 Std.) und Pinamar (75 AR$, 30 Min.). Gleich gegenüber starten Stadtbusse zum Zentrum (10 AR$, 15 Min.) von einem separaten Depot an der Av 3.

Pinamar

☎02254 / 30 000 EW.

Pinamar und die umliegenden Ortschaften sind fast so schick wie Punta del Este in Uruguay. Wohlhabende argentinische Familien vergnügen sich hier deshalb gern im Sommer.

Sehenswertes & Aktivitäten

In Pinamar ist vieles nur am Wochenende und/oder im Sommer geöffnet. Zu anderen Zeiten können Besucher in Ruhe durch die angrenzenden Kiefernwälder spazieren und am breiten, schönen **Strand** entlangbummeln, ohne von anderen Urlaubern niedergetrampelt zu werden.

Leo (☎02254-488855; Av Bunge 1111; Leihfahrrad 100 AR$/Std.; ⏲9–21 Uhr) verleiht Fahrräder. Vor allem im Sommer gibt's hier viele weitere Aktivitäten. Entsprechende Broschüren liegen in der **Touristeninformation** (☎02254-491680; www.pinamar.tur.ar; Ecke Av Bunge & Shaw; ⏲Mo–Fr 8–20, Sa 10–20, So 10–17 Uhr) aus.

Feste & Events

Pantalla Pinamar (www.facebook.com/pantallapinamaroficial; ⏲März) Pinamars Filmfestival steigt im März. Um Neujahr herum finden Konzerte und Partys am Strand statt.

Schlafen

Reservieren ist im Januar unerlässlich. Manche Hotels verlangen dann eine Mindestbuchung von einer Woche. Die besten Optionen für kostenbewusste Traveller finden sich in der Nähe der südlich gelegenen Strände Ostende und Valeria, doch gibt es auch einige billigere Hotels und *hospedajes* an der Calle del Cangrejo nördlich der Touristeninformation.

Hotel Yarma HOTEL $
(☎02254-405401; www.hotelyarma.com.ar; Del Tuyú 109; DZ 40–50 US$; P📶) Eine Steinfassade mit Stuckelementen macht das Yarma optisch etwas interessanter als seine Konkurrenz. Zudem zieren hier einige Kunstwerke die Innenwände. Die Zimmer wirken etwas betagt, sind aber sehr sauber und ihr Geld vollauf wert.

Cabañas Pinaforet CABAÑAS $$
(☎02254-409277; www.pinaforet.com.ar; Ecke Apolo & Jason; cabañas ab 90 US$; ❄📶) Der Komplex aus geräumigen Holzhütten (jeweils für bis zu 4 Pers.) liegt auf einem mit Kiefern bewachsenen Gelände, das nur wenige Schritte vom Busbahnhof und ein paar Gehminuten vom Stadtzentrum und dem Strand entfernt ist. Während die Wochenpreise im Sommer hoch sind, handelt es sich in der Nebensaison um eine tolle Budgetoption.

Essen

Zahllose Restaurants und Imbissstände säumen den Strand und die Av Bunge. An den Seitenstraßen gibt's jedoch besseres Essen fürs Geld; zudem herrscht dort weniger Betrieb.

★ **Los Troncos** ARGENTINISCH $$
(☎02254 48-1784; Ecke Eneas & Lenguado; Hauptgerichte 140–400 AR$; ⏲Do–Di 12–15 & 20–24 Uhr; 📶) Dieses beliebte Lokal in einer Nebenstraße ist seit ungefähr vierzig Jahren im Geschäft und ist selbst in der Nebensaison oft voller Einheimischer. Es herrscht hier ein zwangloses, gastliches Flair alter Schule, und auf der Karte steht beinahe alles, von Braten über Meeresfrüchteeintöpfe bis hin zu hausgemachter Pasta. Alle Gerichte sind gut zubereitet.

Nelson Resto Bar KNEIPENESSEN **$$**
(☎02254-517550; Bunge 68; Hauptgerichte 220–375 AR$; ⏲12–15 & 18.30–24 Uhr; 📶) In der schrägen, spaßigen Wellblechbude voller Kleinigkeiten ist immer viel los. Drinnen wie draußen verteilen sich Bars und Essbereiche. Darunter sind auch altmodische Separees mit Vinylbezügen und Tischen aus Recyclingholz. Aus den Boxen schallen Reggae und Salsa. Auf der Speisekarte stehen leckere Burger (auch vegetarisch), Tacos und Pizza.

An- & Weiterreise

Etwa acht Blocks nördlich vom Zentrum liegt Pinamars **Busbahnhof** (☎02254-403500; Jason 2250) gleich abseits der Av Bunge. Hier besteht u. a. Verbindung nach Buenos Aires (495–560 AR$, 5 Std.), Mar del Plata (220–545 AR$, 2½ Std.) und Villa Gesell (75 AR$, 30 Min.).

Bahía Blanca

☎0291 / 297 000 EW.

Bahía Blanca ist hauptsächlich ein Zwischenstopp für Traveller, die anderswohin wollen. Es ist aber auch eine für ihre Größe erstaunlich kosmopolitische Stadt, die sich rühmen kann, das am schlechtesten ausgeschilderte Museum Argentiniens zu besitzen.

Sehenswertes

★Museo Taller Ferrowhite HISTORISCHES GEBÄUDE
(☎0291-457-0335; http://ferrowhite.bahiablanca.gov.ar; Juan B. Justo 3883; Eintritt gegen Spende; ⏲Mo–Fr 9–12, Sa & So 15–19 Uhr) Eine italienische Firma errichtete in den 1930er-Jahren dieses inzwischen stillgelegte Kraftwerk im Stil einer Ritterburg. Der finstere Komplex mit kaputten Fenstern erhebt sich am Rand der Bucht neben riesigen Getreidesilos. Er ist schon von Weitem zu erkennen und heute eine Art gruseliges Wahrzeichen, das einen unwillkürlich anzieht – hier soll es auch spuken! Im Inneren befinden sich ein Museum und ein Café. Jedoch besteht die Hälfte des Spaßes schon darin, einfach den eleganten Bau zu erkunden.

Museo del Puerto MUSEUM
(☎0291-457-3006; www.museodelpuerto.blogspot.com; Ecke Guillermo Torres & Carrega; Eintritt gegen Spende; ⏲Mo–Fr 8.30–12.30, Sa & So 15.30–19.30 Uhr) Das in einem bunt angestrichenen ehemaligen Zollgebäude von 1907 untergebrachte kleine, aber spannende Museum ist eine Hommage an die Einwanderer dieser Region. In den Räumen gibt es Archivmaterial und Fotos sowie Modelle einer alten *peluquería* (Friseurladen) und einer Bar. Die historische Sammlung beginnt schon draußen auf dem Hof, wo ein hölzernes Fischerboot und andere antike Artefakte von der interessanten Vergangenheit des Hafens künden.

Schlafen & Essen

Hotel Muñiz HOTEL **$**
(☎0291-456-0060; www.hotelmuniz.com.ar; O'Higgins 23; EZ 20–37 US$, DZ 36–47 US$, Suite 60 US$; ❄@📶) Ein schmuckes Gebäude (90 Jahre alt) beherbergt dieses zentral gelegene Wahrzeichen. Mit schwarz-weißen Bodenfliesen, poliertem Holz und einer alten Telefonzelle strotzt die Lobby vor historischem Charme. Darüber befinden sich drei Stockwerke mit Zimmern an langen Fluren. Die Superior-Varianten sind am größten und besten. Der Service ist tadellos.

★Gambrinus ARGENTINISCH **$$**
(www.gambrinus1890.com; Arribeños 174; Hauptgerichte 120–310 AR$; ⏲12–15 & 10–1 Uhr) Ein paar Blocks südlich vom Hauptplatz ist das Gambrinus in einem schönen Eckhaus aus dem 19. Jh. untergebracht. An einer Seitenstraße gibt's hier argentinische Klassiker mit spanischem und italienischem Touch. Dazu werden einige Fassbiere und gute Weine ausgeschenkt. Muntere Einheimische, Retro-Werbeplakate an den Wänden und argentinische Basketball-Devotionalien tragen zur einladenden Atmosphäre bei.

Pelicano Bar KNEIPENESSEN **$$**
(☎0291-451-2758; Alsina 226; Hauptgerichte 150–270 AR$; 📶) In der beliebten Café-Bar mit Musikthema ist jedes Separee einem anderen Jahrzehnt gewidmet: Die Tische ehren berühmte Bands und Alben mit Fotos und Platten-Artwork. Zu jeder Tageszeit gibt's hier Pizza, überbackene Sandwichs, Kaffee und Bier bzw. Wein aus Argentinien. Auf den vier Flachbild-TVs laufen Sportübertragungen und Musikvideos.

Praktische Informationen

Touristen-Informationskiosk (☎0291-481-8944; www.bahia.gob.ar/conoce/turismobahia; Drago 45, Municipalidad de Bahía Blanca; ⏲Mo–Fr 9–18, Sa 10–13 & 15.30–18.30 Uhr)

Anreise & Unterwegs vor Ort

BUS

Busbahnhof (Brown 1700) Rund 2 km südöstlich der Plaza Rivadavia besteht hier u. a.

Verbindung nach Buenos Aires (1110–1660 AR$, 9 Std.), Mar del Plata (829–921 AR$, 7 Std.) und Neuquén (635–890 AR$, 7½ Std.). Condor Estrella (S. 148) fährt nach Sierra de la Ventana (230 AR$, 2½ Std., 3-mal tgl.; Tickets telefonisch reservieren). Fahrkarten für Fernbusse sind alternativ auch bei den Kiosken am Südende der Plaza Rivadavia erhältlich. Vom Busbahnhof zum Zentrum geht's entweder per Taxi (ca. 100 AR$) oder mit einer der Stadtbuslinien. Magnetkarten für diese gibt's ebenfalls bei örtlichen Kiosken.

FLUGZEUG

Bahía Blancas Flughafen liegt 15 km östlich und ist von der Stadt aus nur per Taxi erreichbar (300 AR$). Hier gibt's Flüge von **Aerolíneas Argentinas** (0291-456-0561; www.aerolineas.com.ar; San Martín 298; Mo–Fr 9.30–17.30 Uhr) und **LATAM** (0810-999-9526; www.latam.com; Chiclana 344; Mo–Fr 9–18 Uhr).

ZUG

An der **Estación Ferrocarril Roca** (0291-452-9196; www.sofse.gob.ar; Cerri 750) besteht Verbindung zum Bahnhof Constitución in Buenos Aires (750–2625 AR$, 14 Std., mehrmals wöchentl.). Unter www.sofse.gob.ar gibt's Fahrplaninfos (inkl. Preise) und die Möglichkeit zur Online-Reservierung.

Sierra de la Ventana

0291 / 2200 EW.

Nach Sierra de la Ventana strömen die *porteños*, um der Hitze des Sommers zu entkommen. Man wandert ein wenig und kühlt sich anschließend an den Schwimmstellen ab. Wanderer und Bergsteiger zieht es häufig in die nahe gleichnamige Gebirgskette im Parque Provincial Ernesto Tornquist, deren zerklüftete Gipfel über 1300 m in die Höhe ragen.

Wer eine hübsche Wanderung unternehmen will, überquert zunächst den kleinen Damm am Ende der Calle Tornquist (dort gibt's eine **Badestelle**). Auf der anderen Seite kommt dann der **Cerro del Amor** in Sicht. Für den Aufstieg zum Gipfel wird man mit einem schönen Blick auf den Ort und die Pampa belohnt.

El Tornillo (0291-15-431-1812; Roca 142; Leihfahrrad pro Std./Tag 30/120 AR$; 10–19 Uhr, bei großer Hitze nachmittags geschl.) verleiht hochwertige Mountainbikes.

Schlafen & Essen

Es gibt mehrere kostenlose Campingstellen am Fluss; sanitäre Anlagen finden sich ganz in der Nähe im schönen, grasbewachsenen kommunalen Schwimmbad. Manche Restaurants bleiben außerhalb der Sommermonate (Dez.–März) an einem oder auch an mehreren Tagen in der Woche geschlossen. Selbstversorger finden mehrere Supermärkte und Lebensmittelgeschäfte an der Hauptstraße.

Alihuen Hotel HOTEL $

(0291-491-5074; www.lasierradelaventana.com.ar/alihuen; Ecke Tornquist & Frontini; DZ ab 36 US$;) Rund vier Blocks von der Hauptstraße entfernt steht das Alihuen strategisch günstig am Flussufer. Die „verzauberte alte Ruine" ist eine Art Mini-Version des Grand Budapest Hotel, allerdings nicht gerade luxuriös – hier findet man schlichtes Mobiliar und knarrende Fußböden. Dafür wirkt das efeubewachsene Gebäude im viktorianischen Stil sehr stimmungsvoll.

Cabañas Bodensee CABAÑAS $$

(0291-491-5356; www.sierrasdelaventana.com.ar/bodensee; Raycos 455, Villa La Arcadia; Hütte 2/4 Pers. ab 40/50 US$;) Die Backsteinhäuschen dieser friedvollen Anlage rund um einen netten Swimmingpool sind eine angenehme Bleibe in Gehweite zum Stadtzentrum. Jede besitzt eine eigene kleine Küche und eine Veranda mit einer großen *parrilla*. Die Anlage befindet sich im Viertel Villa La Arcadia – die meisten Betriebe von Sierra de la Ventana liegen am gegenüberliegenden Flussufer.

El Molino de la Casa Azul ARGENTINISCH $$

(0291-414-2322; San Martín 480; Hauptgerichte 225–300 AR$; Do–So 12–15 & 20.30–23 Uhr;) Der Name ist Programm: Zu dem schmucken Haus mit blauem Anstrich gehört eine Windmühle. Im historischen Ambiente mit Kunstwerken gibt's hier argentinische Klassiker der leicht progressiven bzw. kreativen Art. Das Restaurant ist zwar recht teuer, aber das netteste Lokal vor Ort.

Praktische Informationen

Touristeninformation (0291-491-5303; www.sierradelaventana.org.ar; Av del Golf s/n; 8–20 Uhr) In Bahnhofsnähe.

An- & Weiterreise

Condor Estrella (0291-491-5091; www.condorestrella.com.ar) schickt Busse nach Buenos Aires (1020–1160 AR$, 9 Std., 6-mal wöchentl.) und Bahía Blanca (230 AR$, 2½ Std., 2-mal tgl.). Diese starten vor dem kleinen Firmenbüro, das einen Block hinter der YPF-Tankstelle an der Av San Martín liegt.

Rund um Sierra de la Ventana

Der 67 km² große **Parque Provincial Ernesto Tornquist** (☎0291-491-0039; www.facebook.com/parqueprovincialtornquistcerroventana; Zugang/geführtes Wandern pro Pers. 100/200 AR$; ⏲9–17 Uhr) ist beliebt für Wanderungen auf eigene Faust oder unter der Leitung von Rangern. Hier beginnen z.B. geführte Aufstiege zum Gipfel des 1150 m hohen **Cerro de la Ventana** (hin & zurück 5 Std.; zzgl. 200 AR$/Pers.). Dabei bietet sich ein spektakulärer Blick auf die umliegenden Hügel und die fernen Pampas. Am Startpunkt der Route müssen sich Interessenten bis spätestens 9 Uhr bei den Rangern anmelden. Genügend Trinkwasser und Sonnencreme mitbringen!

Condor Estrella (S. 148) bedient den Park ab Sierra de la Ventana (90 AR$, 1 Std., 3-mal tgl.) – einfach den Fahrer ums Absetzen am Eingang bitten. Wer vor dessen Öffnung am Morgen da sein will, nimmt ein *remise* (Taxi) ab Sierra de la Ventana oder Villa Ventana.

ZENTRALES ARGENTINIEN

Die hiesige Hauptattraktion ist wohl der Rebensaft. In der Region Cuyo liegen die Weinbauzentren Mendoza, San Luis und San Juan. Doch auch nach dem Genuss von ein paar Gläschen gibt's keinen Grund zum Däumchendrehen: Argentiniens „Abenteuerspielplatz" begeistert mit vielen Möglichkeiten zum Wandern, Skifahren und Klettern. Auch Raftingfans kommen auf ihre Kosten.

San Luis

☎0266 / 204 000 EW.

San Luis entwickelt sich allmählich zu einem Backpackerziel, hat jedoch noch einen langen Weg vor sich. Die meisten Besucher kommen wegen des nahen Parque Nacional Sierra de las Quijadas. Das Geschäftszentrum bilden die beiden Parallelstraßen San Martín und Rivadavia zwischen der Plaza Pringles im Norden und der Plaza Independencia im Süden.

Das **San Luis Hostel** (☎0266-424188; www.sanluishostel.com.ar; Falucho 646; B/EZ/DZ/3BZ 10/20/34/43 US$; @📶🏊) hat große und recht langweilige Schlafsäle mit je mehreren Betten. Das übrige Haus ist aber attraktiv. Zudem organisiert des Personal geführte Touren zu regionalen Goldminen und zum Nationalpark Sierra de las Quijadas.

Nordwestlich der attraktiven Plaza Pringles säumen viele Fastfood-Lokale die Av Illia, die auch das Zentrum der mäßig belebten Barszene von San Luis ist. Das **Aranjuez** (Rivadavia 689; Pizza & Sandwichs 100–220 AR$; ⏲6.30–0.30 Uhr; 📶) an der Plaza ist ein recht gewöhnlicher Mix aus Café, Bar und Restaurant. Es hat aber nette Straßentische, die zu einer Verschnaufpause einladen.

Die **Touristeninformation** (☎0266-442-3479; www.sanluis.gov.ar; Av Illia 35; ⏲Mo–Fr 8–20, Sa 9–13, So 9–21 Uhr) liefert zahllose Details zur umliegenden Region.

Aerolineas Argentinas (☎0266-442-5671; www.aerolineas.com.ar; Av Illia 472; ⏲Mo–Fr 9–13 & 17–21 Uhr) fliegt nach Buenos Aires (2-mal tgl.). Der Busbahnhof bietet Verbindung nach Mendoza (240–700 AR$, 4 Std.), San Juan (485–750 AR$, 4 Std.), Rosario (1035–1580 AR$, 10 Std.) und Buenos Aires (930–2200 AR$, 11 Std.).

Mendoza

☎0261 / 1,2 MIO. EW.

1861 machte ein schweres Erdbeben die Stadt Mendoza dem Erdboden gleich. Doch diese Tragödie für die *mendocinos* hatte langfristig zumindest einen vorteilhaften Aspekt: Da die Behörden für einen Wiederholungsfall vorsorgen wollten, wurden beim Wiederaufbau breite Alleen (um möglichen Schutt beseitigen zu können) und weitläufige Plazas (an denen sich im Falle einer Evakuierung die Menschen versammeln könnten) angelegt. So entstand eine der verführerischsten, malerischsten Städte Argentiniens, in der es sich wunderbar herumspazieren lässt.

Nimmt man noch die Tatsache hinzu, dass im Umland viele der besten Weingüter des Landes liegen und dass die Stadt Ausgangspunkt für jede Menge Outdoor-Aktivitäten ist, dann wird klar, warum viele hier länger als nur ein paar Tage bleiben.

Mendozas berühmte **Fiesta Nacional de la Vendimia** (Nationales Weinlesefest; www.vendimia.mendoza.gov.ar; Teatro Griego Frank Romero Day; ⏲Ende Feb.–Anfang März) ist immer sehr stark besucht – Unterkünfte für diese Zeit unbedingt rechtzeitig reservieren! In der Umgebung locken Weinproben, Bergsteigen, Radfahren und Rafting. Vor Ort sind viele geführte Touren im Angebot.

Zentrales Argentinien

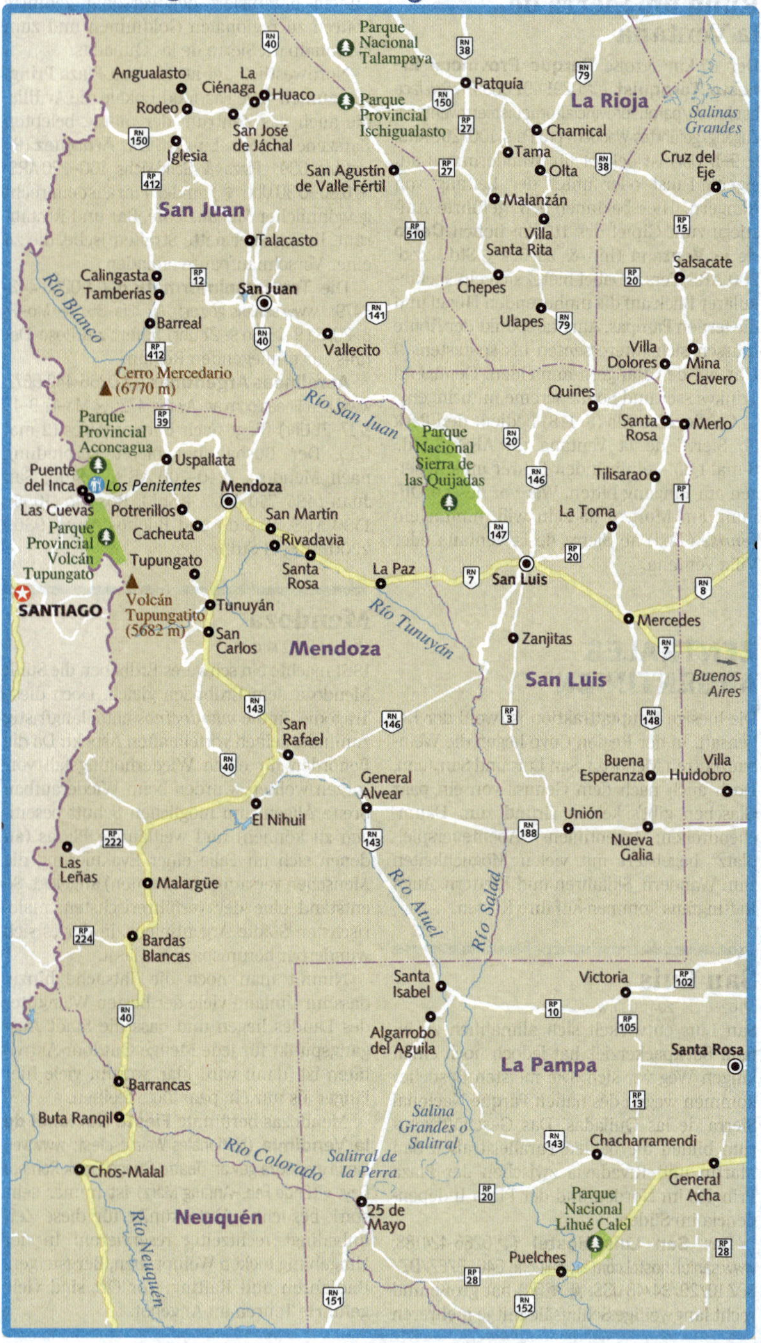

Sehenswertes

Museo Fundacional MUSEUM
(museofundacional@ciudaddemendoza.gov.ar; Ecke Alberdi & Videla Castillo; Erw./Kind 50/23 AR$; ⌚Mo–Fr 9–17 Uhr) Das renovierte Museum schützt die freigelegten Fundamente des kolonialzeitlichen *cabildo* (Rathauses), das 1861 bei einem Erdbeben zerstört wurde. Nach dem Beben verlagerte sich das Stadtzentrum nach Westen und Süden an die heutige Stelle. Kleine Dioramen beleuchten Mendozas Geschichte über alle Stufen der menschlichen Evolution hinweg – als ob die Stadt deren Höhepunkt wäre (was sie vielleicht auch einmal war?). Die **Ruinas de San Francisco** am anderen Rand der Plaza Pedro del Castillo sind ansonsten die einzigen erhaltenen Stadtüberreste aus der Zeit vor dem Erdbeben.

★ **Parque General San Martín** PARK
In dem schönen, 420 ha großen Park am Seeufer zu flanieren oder im Schatten des Rosengartens zu dösen, sind gute Methoden, um eines der Highlights der Stadt richtig zu genießen. Marschiert man auf der Sarmiento/Civit hinaus zum Park, kann man unterwegs auch noch einige der schönsten Häuser Mendozas bewundern. Einen Lageplan des Parks erhält man im **Centro de Información** (☎0261-420-5052; Ecke Av Los Platanos & Av Libertador; ⌚9–17 Uhr); das befindet sich an den eindrucksvollen Eingangstoren, die eigens aus England herübergeschafft wurden und für den osmanischen Sultan Abdülhamid II. angefertigt worden waren.

Aktivitäten

Die Besteigung des in der Nähe gelegenen Aconcagua gehört zu den beliebtesten Aktivitäten hier, aber es gibt auch viele Veranstalter, die u. a. Rafting-, Kletter-, Mountainbike- und Wandertouren anbieten. Solche Touren lassen sich über die meisten Hostels organisieren.

Im Winter kann man bei mehreren Anbietern an der Av Las Heras Skier mieten.

★ **Mendoza City Tour** BUSTOUR
(www.mendozacitytour.com; Erw./Kind 280/170 AR$; ⌚10–20 Uhr) Diese Touren mit Doppeldecker-Bussen ermöglichen beliebiges Aus- und Zusteigen an insgesamt 20 Stationen in der ganzen Stadt – z. B. im Parque General San Martín oder im unmittelbar südlich liegenden Vorort Godoy Cruz. Die Haupthaltestelle mit dem Ticket-Kiosk findet man gegenüber vom Hotel Park Hyatt Mendoza an der Plaza Independencia. Die Guides an Bord kommentieren auf Spanisch. Per Kopfhörer gibt's vergleichsweise sparsame Infos auf Englisch und Portugiesisch.

Argentina Ski Tours SKITOUR
(☎0261-423-6958; www.argentinaskitours.com; Av Belgrano 1194B; Skitouren 290 US$; ⌚Mo–Fr 11–20.30, Sa ab 17.30 Uhr) Diese Firma veranstaltet Skitouren mit Rundumservice (inkl. Shuttles, Frühstück, Mittagessen, Leihausrüstung und Guiding). Die Trips besuchen hauptsächlich Los Penitentes. Zudem können Tourteilnehmer wie externe Kunden Skianzüge ausleihen und Zimmer in diversen Unterkünften auf dem Berg buchen. In-

ABGELEGENE NATIONALPARKS IM ZENTRALEN ARGENTINIEN

Zentralargentinien besitzt eine eindrucksvolle Bandbreite von Landschaften, und das spiegelt sich natürlich auch in seinen Nationalparks wider. Detaillierte Infos gibt's unter www.parquesnacionales.gob.ar. Hier einige schwer zu erreichende, aber lohnende Ziele:

Parque Nacional Lihué Calel (☎02952-412800; www.parquesnacionales.gob.ar; ⌚8–18 Uhr) GRATIS Der 320 km² große Park präsentiert sich als wüstenartige Landschaft inmitten der Pampa, besitzt aber eine erstaunliche Artenvielfalt. Man findet hier Pumas, Jaguarundis, Gürteltiere und viele Greifvögel, darunter den *carancho* (Schopfkarakara), außerdem blühende Kakteen und Petroglyphen. Die nächstgelegene Ortschaft ist Santa Rosa. Dort gibt es billige Hotels nahe dem Busbahnhof sowie Restaurants an der Plaza, aber bis Santa Rosa sind es 226 km, und die Anreise ist kompliziert. Um den Park zu besuchen, nimmt man am besten einen Mietwagen.

Parque Nacional Sierra de las Quijadas (☎0266-444-5141; www.parquesnacionales.gob.ar; Zugang 280 AR$; ⌚Jan.–März 8–20 Uhr, April–Dez. 9–19 Uhr) Rund 1500 km² großer Park mit spektakulär surrealen Felsformationen, Dinosaurierspuren, Fossilien, super Wandermöglichkeiten und Gratis-Camping. Allerdings besteht hier Gefahr durch Sturzfluten. In San Luis (nächste Ortschaft) hilft die Parkverwaltung bei Transport und Logistik.

Mendoza

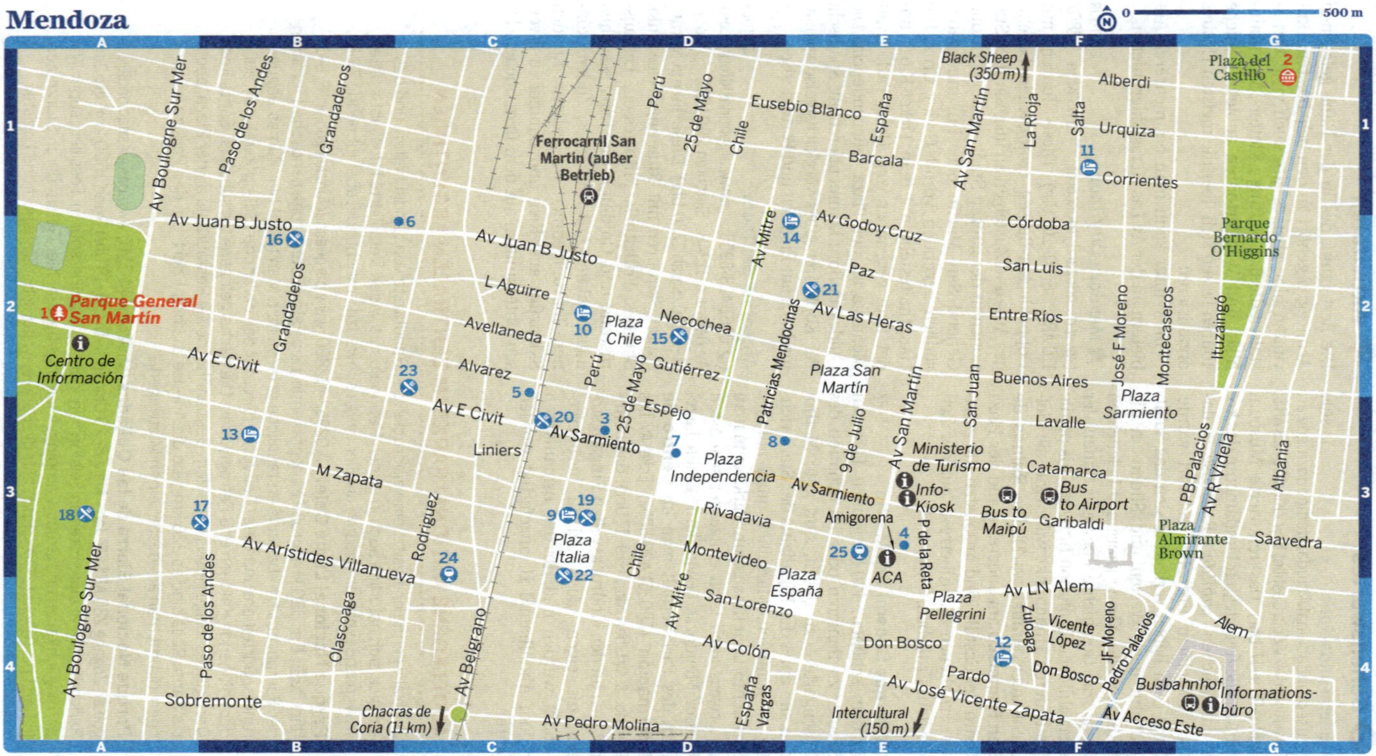
0
500 m
Black Sheep (350 m)
Plaza del Castillo
2
Alberdi
Urquiza
Corrientes
11
Eusebio Blanco
España
Barcala
Perú
25 de Mayo
Chile
Ferrocarril San Martín (außer Betrieb)
Av Boulogne Sur Mer
Paso de los Andes
Grandaderos
Av Juan B Justo
6
16
Av San Martín
La Rioja
Salta
Córdoba
San Luis
Entre Ríos
Buenos Aires
Lavalle
Parque Bernardo O'Higgins
Av Godoy Cruz
14
Av Mitre
Paz
21
Av Las Heras
L Aguirre
Parque General San Martín
1
Centro de Información
Avellaneda
10
Plaza Chile
Necochea
15
Gutiérrez
Patricias Mendocinas
Plaza San Martín
José F Moreno
Montecaseros
Ituzaingó
Plaza Sarmiento
Av E Civit
23
Alvarez
5
Espejo
20
3
Av Sarmiento
7
8
Plaza Independencia
9 de Julio
San Juan
Ministerio de Turismo
Info-Kiosk
Catamarca
Bus to Airport
Bus to Maipú
Garibaldi
PB Palacios
Av R Videla
Albania
13
Liniers
M Zapata
18
17
19
9
Rodríguez
Plaza Italia
22
Rivadavia
Amigorena
4
P de la Reta
Plaza Almirante Brown
Saavedra
Av Arístides Villanueva
24
Montevideo
25
ACA
Plaza España
San Lorenzo
Av LN Alem
Plaza Pellegrini
Alem
Av Belgrano
Olascoaga
Av Colón
Don Bosco
12
Zuloaga
Vicente López
JF Moreno
Pedro Palacios
Pardo
Busbahnhof
Informations-büro
Sobremonte
Chacras de Coria (11 km)
Av Pedro Molina
España
Vargas
Intercultural (150 m)
Av José Vicente Zapata
Av Acceso Este

Mendoza

Highlights
1 Parque General San Martín A2

Sehenswertes
2 Museo Fundacional G1

Aktivitäten, Kurse & Touren
3 Ampora Wine Tours D3
4 Argentina Rafting E3
5 Argentina Ski Tours C2
6 Inka Expediciones C2
7 Mendoza City Tour D3
Mendoza Wine Camp .... (siehe 5)
8 Trout & Wine D3

Schlafen
9 B&B Plaza Italia C3
10 Hostel Alamo C2
11 Hostel Lagares F1
12 Hostel Lao F4
13 Hotel Bohemia B3
14 Punto Urbano Hostel E2

Essen
15 Bröd D2
16 El Asadito B2
17 El Mercadito B3
18 El Patio de Jesús María A3
19 Fuente y Fonda C3
20 Heladeria Famiglia Perin C3
21 Mercado Central E2
22 Silla 14 .... C3
23 Via Civit C2

Ausgehen & Nachtleben
24 Antares C3
25 La Reserva E3

haber ist der erfahrene, freundliche Adam Stern, der auch das Mendoza Wine Camp (S. 153) vom selben Büro aus betreibt.

Andes Vertical KLETTERN
(☎0261-476-0864; www.andes-vertical.com) Diese höchst empfehlenswerte Firma veranstaltet u.a. Individualtouren für Kraxler – sowohl Bergsteigen (z.B. am Aconcagua) als auch Sportklettern in El Salto und Arenales in den Ausläufern der Anden. Die Trips nach El Salto sind ideal für Anfänger. Das übrige Angebot umfasst Mountainbiken, Reiten und Rafting.

Inka Expediciones WANDERN & TREKKEN
(☎0261-425-0871; www.inka.com.ar; Av Juan B. Justo 345, Mendoza; ⏲Mo–Fr 9–18, Sa bis 13 Uhr) Dieser Trekking-Anbieter schaut auf über 1000 Standard- und Individualtouren zurück.

Argentina Rafting ABENTEUER-AKTIVITÄTEN
(☎0261-429-6325; www.argentinarafting.com; Amigorena 86; ⏲Mo–Sa 9–18 Uhr) Hier stehen u.a. Rafting, Mountainbiken, Kajakfahren, Paragliding und Sportklettern auf dem Programm. Rafting ist ganzjährig möglich. Die Trips auf dem Mendoza-Abschnitt nahe dem Potrerillos-Staudamm sind jedoch von November bis April am besten.

Kurse

Mendoza Wine Camp WEIN
(☎0261-423-6958; www.mendozawinecamp.com; Av Belgrano 1194B; 140–185 US$/Tag; ⏲Mo–Fr 11–20.30, Sa ab 17.30 Uhr) Der US-Auswanderer Adam Stern betreibt diese Firma mit Weintouren in Kleingruppen. Bei den Trips auf Englisch und Portugiesisch stehen Interaktion und Wissensvermittlung im Fokus. Adam organisiert zudem einen tollen eintägigen Kochkurs im Haus eines Küchenchefs in Luján de Cuyo. Dabei erlernt man die Bedienung eines *asado*-Grills (inkl. richtiges Anfeuern) und trinkt auch Matetee.

Intercultural SPRACHE
(☎0261-429-0269; www.intercultural.com.ar/en/spanish-school; República de Siria 241; ⏲Mo–Sa 9–20 Uhr) Die Spanischschule erteilt Einzel- und Gruppenunterricht mit international anerkannten Abschlussprüfungen. Zudem hilft sie bei der Suche nach längerfristigen Unterkünften in Mendoza.

Schlafen

Zwischen Januar und März steigen die Hotelpreise in Mendoza. Zudem wird das Teilen von Privatwohnungen hier immer beliebter. Weitere Bleiben gibt's in den nahegelegenen Provinzstädten Luján de Cuyo und Chacras de Coria, die vergleichsweise weniger urban wirken.

Hostel Alamo HOSTEL $
(☎0261-429-5565; www.hostelalamo.com.ar; Necochea 740; B 9 US$, DZ 20–30 US$; @ 🛜) Verlässliches, günstig gelegenes Hostel in einer Familienresidenz aus der Kolonialzeit. Hier gibt's große Schlafsäle mit je vier Betten, prima Gemeinschaftsbereiche und einen super Hinterhof mit Mini-Tauchbecken.

Hostel Lagares HOTEL $
(☎0261-423-4727; www.hostellagares.com.ar; Corrientes 213; B/DZ 10/40 US$; ❄🛜) Das blitzblanke Hotel mit freundlichen, hilfsbereiten

Inhabern ist eine gute Wahl, wenn man den langen Fußmarsch zum Nachtleben an der Aristedes Villanueva nicht scheut. Neben üppigem Frühstück gibt's hier auch ein paar schöne Gemeinschaftsbereiche (drinnen und draußen).

Hostel Lao HOSTEL $

(☎0261-438-0454; www.laohostel.com.ar; Rioja 771; B 10–12 US$, Zi. mit/ohne Bad 43/40 US$; ❄📶🏊) Das umgebaute Familienwohnhaus unter britischer Leitung ist eher B&B als Hostel. Auf Gäste warten hier diverse Unterkunftsoptionen und ein großer Aufenthaltsbereich. Im Garten mit Hängematten und Mini-Tauchbecken finden mitunter gemeinschaftliche *asados* statt.

Punto Urbano Hostel HOSTEL $

(☎0261-429-5281; www.puntourbanohostel.com; Av Godoy Cruz 326; B 7–11 US$, DZ 25–35 US$; @📶) Dieses Hostel gleich nördlich vom Zentrum ist riesig, hat aber dennoch eine gewisse vertrauliche Atmosphäre. Neben einfachen Schlafsälen gibt's hier preiswerte, geräumige Doppelzimmer mit Großbild-TV und geschmackvoll gestalteten Bädern. Der große Hinterhof lädt zum Bechern, Grillen oder einfach zum Abhängen ein. Weitere Pluspunkte sind die *asados*, Happy Hours und Tagesausflüge.

★ **Hotel Bohemia** BOUTIQUEHOTEL $$

(☎0261-420-0575; www.bohemiahotelboutique.com; Granaderos 954; DZ ab 42 US$; ❄@📶🏊) Rund acht Blocks westlich der Plaza Independencia liegt das Bohemia an einer ruhigen Wohnstraße. Die Zimmer in dem umgebauten Familienwohnhaus sind komfortabel, aber recht gewöhnlich. Dafür wirken die Gemeinschaftsbereiche stilvoll und attraktiv. Auf Bestellung gibt's auch Abendessen, das auf einer kleinen Terrasse am Pool genossen werden kann.

★ **B&B Plaza Italia** B&B $$

(☎0261-615-2357; www.plazaitalia.net; Montevideo 685; DZ 100–115 US$; ❄📶) Das komfortable, behagliche B&B unter der Leitung einer Familie bietet die richtige Balance zwischen persönlicher Vertrautkeit und unaufdringlicher Professionalität. Die fünf Zimmer haben jeweils bequeme Betten. Das leckere Frühstück wird in einem eleganten Speiseraum (Erdgeschoss) serviert. Die freundlichen Inhaber sprechen Englisch und liefern umfassende Lokalinfos. Einer von ihnen heißt Javier und leitet auch individuelle Weintouren.

Essen

An der Av Arístides Villanueva (westl. Verlängerung der Av Colón) liegen ein paar von Mendozas besten Restaurants. Viele dieser Lokale haben Freilufttische und werden von zahlreichen jungen Gästen belebt.

★ **Bröd** CAFÉ $

(☎0261-425-2993; www.facebook.com/brodbakery; Chile 894; Sandwichs 100–190 AR$; ⏲Mo–Sa 8–21, So 9–16 Uhr; 📶) Die weiß verputzte Hinterhofterrasse des Bröd ist in der ganzen Stadt der beste Ort, um bei Schönwetter ein paar Stunden im Freien zu verbringen – optional mit *Pétanque*, falls man sich beim Brunch etwas bewegen will. Die leckeren Backwaren, Sandwichs und Eierspeisen sind professionell zubereitet. Kein Wunder: Der Inhaber ist der frühere Küchenchef einer noblen Weingut-Lodge.

Mercado Central MARKT $

(Ecke Av Las Heras & Patricias Mendocinas; Hauptgerichte ab 90 AR$; ⏲Mo–Sa 8.30–13 & 17–21, So bis 13 Uhr) Die kleinen Läden in dieser Markthalle verkaufen hauptsächlich Lebensmittel. Während eines Bummels durch die Gänge kann man hier auch einen schnellen Happen (z. B. Pizza, Pasta, Sandwichs, Empanadas) bei diversen Lokalen essen.

Heladeria Famiglia Perin EISKREM $

(www.facebook.com/famigliaperinhelados; Sarmiento 799; Eiswaffel 65–105 AR$; ⏲10–2 Uhr; 📶) Traditionell eingerichtete Eisdiele (eröffnet 1947) mit vielen klassischen Sorten und gutem Espresso.

Via Civit CAFÉ $

(☎0261-429-8529; Civit 277; Hauptgerichte 240–400 AR$; ⏲7–22 Uhr; 📶) Das altmodische Via Civit in einem Nobelviertel ist bei Einheimischen sehr beliebt und eine prima Zwischenstation auf dem Weg vom/zum Parque General San Martín. Römische Säulen und eine übergroße Uhr zieren den prachtvollen Eingang. Die hiesigen Hauptattraktionen sind der Kaffee und die angeschlossene Bäckerei. Das Café hat aber auch eine kleine Brunch-Karte; zudem serviert es Sandwichs, Salate und einige einfache Fleisch- bzw. Nudelgerichte.

★ **Fuente y Fonda** ARGENTINISCH $$

(☎0261-429-8833; www.facebook.com/fuenteyfonda; Montevideo 675; Gemeinschaftsgerichte 570–770 AR$; ⏲12–15 & 20–24 Uhr) Hier droht das große Überfressen: Die Hauptgerichte dieses Lokals (vor allem die Varianten mit

Fleisch) reichen für zwei überarbeitete Gauchos, ansonsten aber sogar eher für drei Personen mit gesundem Appetit. Dazu gibt's meist Brot, Salat, eine Beilage und ein Dessert. Das Essen wird auf Geschirr im ländlichen Stil serviert. Am riesigen hölzernen Familientisch im Hinterbereich sitzen oft große Gruppen.

★ Silla 14 CAFÉ **$$**
(www.silla14cafe.com.ar; San Lorenzo 656; Hauptgerichte 220–300 AR$; ⏲ Mo–Fr 8–21, Sa ab 9 Uhr; 📶✍) Das elegante Nobelcafé serviert Mendozas besten und teuersten Kaffee. Das Interieur erinnert an den Salon eines kolonialzeitlichen Wohnhauses – gepaart mit modernen Elementen und schicken Kellnern à la Brooklyn. Zur Auswahl stehen hier auch leckere Sandwichs, Salate, Backwaren und gesunde Säfte.

El Mercadito INTERNATIONAL **$$**
(☎ 0261-463-8847; www.elmercaditoar.com; Av Aristedes Villanueva 521; Hauptgerichte 145–300 AR$; ⏲ 11–1 Uhr; 📶✍) Das zauberhaft rustikale El Mercadito lockt viele junge Einheimische mit einer Freiluftterrasse voller Blumen und einer großen, ebenso attraktiven Auswahl an Gerichten (z. B. Thai-Nudeln, Hummersalat, vegetarische Lasagne).

El Patio de Jesús María PARRILLA **$$**
(☎ 0261-429-6767; www.facebook.com/patiodejesusmaria; Ecke Villanueva & Boulogne Sur Mer; Hauptgerichte 230–540 AR$; ⏲ 12–15.30 & 20–0.30 Uhr) Die schlichte *parrilla* zählt zu den beliebtesten der Stadt: In bodenständiger Atmosphäre gart hier hochwertiges Fleisch in dicken Scheiben über brennenden Holzschnitzeln. Unter den Spezialitäten des Hauses sind *chivito* (Ziegensteak), *bife de chorizo* (Rinderlende) und *costillitas de ternera* (Kalbsrippchen).

El Asadito PARRILLA **$$**
(☎ 0261-205-8580; www.facebook.com/elasaditomza; Ecke Av Juan B. Justo & Granaderos; Hauptgerichte 230–445 AR$; ⏲ 12–16.30 & 20–2 Uhr) Das verdientermaßen populäre Lokal im Cantina-Stil serviert saftiges Grillfleisch (u. a. in Sandwichs), aber auch vegetarische Optionen.

Ausgehen & Nachtleben

Die Av Aristides Villanueva westlich des Zentrums ist Dreh- und Angelpunkt von Mendozas lebendiger Barszene. Am besten sieht man sich einfach selbst um – hier kommen aber noch ein paar Tipps.

★ Antares BAR
(www.facebook.com/antaresmendozaoficial; Av Aristedes Villanueva 153; ⏲ 18 Uhr–open end) Dieser Hipster-Tummelplatz ist fast immer rappelvoll und obendrein Mendozas beste Adresse für eine große Auswahl an hochwertigen Biersorten.

WEINTOUREN IN MENDOZA

Es wäre fast schon eine Schande, nach Mendoza zu kommen und nicht zumindest ein Weingut zu besuchen. Argentiniens Weine werden immer besser und stoßen deshalb auch international auf wachsendes Interesse. Viele Weingüter veranstalten Weinproben.

Hier einige Vorschläge, die sich je nach Zeit und Geldbeutel anbieten:

- Mit dem Bus die Gegend rund um Maipú und Luján erkunden.
- Mit dem Bus nach Maipú fahren und dort mit einem Leihfahrrad von **Mr. Hugo** (☎ 0261-497-4067; Urquiza 2228, Maipú; Leihfahrrad 300 AR$/Tag; ⏲ Mo–Sa 10–18 Uhr) auf eigene Faust losziehen. Dabei kann man Weingüter wie **Bodega la Rural** (☎ 0261-497-2013; www.bodegalarural.com.ar; Montecaseros 2625, Maipú; Führung inkl. Weinprobe 270 AR$; ⏲ Mo–Sa 9–17.30 Uhr) oder **Trapiche** (☎ 0261-520-7666; www.trapiche.com.ar; Nueva Mayorga s/n, Maipú; ⏲ 10–18 Uhr) auf einem Rundkurs (40 km) besuchen. Alle Öffnungszeiten am besten vorab telefonisch checken! Die Touristeninformationen in Mendoza verteilen auch Regionalkarten.
- Eine günstige Weintour (ca. 800 AR$) eines regionalen Hostels oder Tourveranstalters. Solche Trips sind für Durchschnittsansprüche okay, aber mitunter überbucht und hektisch. Zudem werden dabei sicherlich keine wirklich guten Tropfen verkostet.
- Eine Nobel-Weintour (ab ca. 175 US$) von Veranstaltern wie **Trout & Wine** (☎ 0261-425-5613; www.troutandwine.com; Espejo 266; ⏲ Mo–Fr 8–20, Sa ab 12 Uhr) oder **Ampora Wine Tours** (☎ 0261-429-2931; www.mendozawinetours.com; Av Sarmiento 647; ⏲ Mo–Fr 9–21, Sa & So ab 17 Uhr). In Kleingruppen führen solche Trips zu exklusiven Weingütern, wo dann regionale Premium-Lesen verkostet werden.

La Reserva SCHWULENBAR
(Rivadavia 34; ⌚Di–Sa ab 21 Uhr) Die kleine Schwulenbar wird auch von Heteros gern besucht. Täglich um 24 Uhr steigt hier eine wilde Travestieshow – gefolgt von Hardcore-Techno bis zu später Stunde. Manche Abende sind eintrittspflichtig.

Black Sheep SPORTSBAR
(☎0261-374-1230; Maipú 131; ⌚12–4 Uhr; 📶) Die schlichte Sportsbar mit passendem Kneipenessen (z. B. Nachos, Chicken Wings) ist nichts für Weinkenner, sondern etwas für Fans von Bier oder Margaritas.

Praktische Informationen

Für Weinkenner und -interessierte empfiehlt sich das englischsprachige Gratis-Magazin Wine Republic (www.wine-republic.com), das sich Mendozas Wein- und Gastroszene widmet.

ACA (Automóvil Club Argentina; ☎0261-420-2900; www.aca.org.ar; Ecke Av San Martín & Amigorena; ⌚24 Std.) Argentiniens Automobilclub ist eine gute Quelle für regionale Straßenkarten.

Ministerio de Turismo (Staatl. Touristeninformation; ☎0261-420-2800; www.turismo.mendoza.gob.ar; Av San Martín 1143; ⌚9–21 Uhr) In einem Prachtbau gibt's eine lange Infotheke mit hilfsbereitem Personal, Karten und Details zur Region.

Infokiosk (☎0261-420-1333; Garibaldi nahe der Av San Martín; ⌚8–18 Uhr) Hilfreicher, gut gelegener Touristeninfokiosk mit Ableger am **Busbahnhof** (☎0261-431-5000; ⌚8–20 Uhr).

An- & Weiterreise

BUS

Der **Busbahnhof** (☎0261-431-3001; Ecke Av de Acceso Este & Costanera) liegt ca. zehn Blocks östlich vom Zentrum.

Busse ab Mendoza

ZIEL	PREIS (AR$)	DAUER (STD.)
Bariloche	2035–2350	19
Buenos Aires	1110–2350	14–17
Córdoba	1104–1650	11–12
Malargüe	360	6¼
Neuquén	1400–1850	10½–12¾
San Juan	320–440	2¼
San Luis	540–700	3¾
Tucumán	1550–1785	14
Uspallata	140	2
Valparaíso (Chile)	500	8

FLUGZEUG

Ab Mendozas **Francisco Gabrielli International Airport** (El Plumerillo; ☎0261-520-6000; www.aa2000.com.ar; Acceso Norte s/n; 📶) fliegt **Aerolíneas Argentinas** (☎0810-222-86527; www.aerolineas.com.ar; Av Sarmiento 82; ⌚Mo–Fr 10–18 Uhr) mehrmals täglich nach Buenos Aires. **LATAM** (☎0261-425-7900; www.latam.com; Rivadavia 256; ⌚Mo–Fr 10–18 Uhr) bedient Santiago (Chile; 2-mal tgl.) und Lima (Peru; mehrmals wöchentl.).

Unterwegs vor Ort

Vom Zentrum aus ist der Busbahnhof mit Bussen gen Villa Nueva erreichbar (alternativ 15 Gehmin.). Der Flughafen liegt 6 km nördlich von Mendoza; direkt dorthin fährt **Buslinie 60** ab der Calle Salta (zw. Garibaldi & Catamarca).

Mendozas Stadtbusse (Kurzstrecke 11 AR$, längere Fahrten sind teurer) erfordern eine Magnetkarte von Redbus, die bei den meisten lokalen Kiosken erhältlich ist.

Uspallata

☎02624 / 1751 M

Das Dorf 1751 m über dem Meeresspiegel liegt 150 km westlich von Mendoza an einer Kreuzung der RN 7 in einem sehr malerischen Tal. Es ist umgeben von einer polychromen Berglandschaft und ein toller Ausgangspunkt zum Erkunden der Umgebung.

Sehenswertes

Museo Las Bóvedas MUSEUM
(www.facebook.com/museolasbovedas; ⌚9–17 Uhr) GRATIS Rund 1 km nördlich der Highwaykreuzung in Uspallata führt eine beschilderte Abzweigung zu diesem Museum an einer Ruinenstätte, wo Erz schon zu präkolumbischen Zeiten verhüttet wurde.

Cerro Tunduqueral ARCHÄOLOGISCHE STÄTTE
(RP 52; ⌚11–18.30 Uhr) GRATIS Etwa 8 km nördlich der Stadt (leichte Wanderung bzw. Fahrt) warten hier eine weite Aussicht und Felsreliefs der Inka. An dieser Stelle wurden auch Szenen von *Sieben Jahre in Tibet* gedreht.

Schlafen & Essen

Hostel International Uspallata HOSTEL $
(☎0261-15-466-7240; RN 7 s/n, km 1141; B/DZ 11/55 US$; 📶) Das freundliche Hostel 7 km östlich des Dorfs hat schlichte, aber komfortable Zimmer und ein paar nette, kleine Hütten. Man bekommt auch Abendessen. Vom Hostel aus kann man gut wandern; Fahrräder und Pferde werden ausgeliehen.

Den Busfahrer bitten, einen vor der Ankunft in Uspallata vor dem Hostel abzusetzen.

El Rancho PARRILLA $$
(Ecke RN 7 & Cerro Chacay; Hauptgerichte 190–460 AR$; ⌚Di–So 12–15 & 19–1 Uhr; 📶) Uspallatas nobelstes Restaurant hat einen zentralen offenen Grill (aus einem Felsblock geschlagen). Spezialität des Hauses sind Fleischgerichte, von denen der *chivo* (Ziegenbraten) besonders zu empfehlen ist. Ansonsten gibt's hier auch Fisch (Lachs, Forelle) sowie gewöhnlich Pastas und Sandwichs.

Praktische Informationen

Das **Touristenbüro** (☎02624-420009; RN 7 s/n; ⌚8–21 Uhr) befindet sich gegenüber dem YPF-Bahnhof.

An- & Weiterreise

Der Busbahnhof liegt versteckt hinter dem neuen, ausnehmend hässlichen Casino an der Hauptstraße. Hier fahren Busse nach Mendoza (140 AR$, 2½ Std.), Puente del Inca (80 AR$, 1 Std.) und zu den dazwischen liegenden Ortschaften. Die grenzüberschreitenden Busse nach Santiago sind oft voll; im Winter kann der Pass wochenlang für den Verkehr gesperrt sein.

Rund um Uspallata

Los Penitentes

Rund zwei Fahrtstunden südwestlich von Uspallata liegt auf 2580 m Höhe das Skigebiet **Los Penitentes** (http://skipenitentes.com; RN 7; Liftpass 690–980 AR$/Tag; ⌚9–16 Uhr) mit sehr modernen Liften und Unterkünften. Bei genügend Schnee eignet sich das hiesige Terrain (21 Pisten, max. Höhenunterschied 700 m) gleichermaßen hervorragend für Abfahrts- und Skilanglauf. Die Wintersportsaison geht hier von Juni bis September.

Die umgebaute Hütte des gemütlichen **Hostel Campo Base Los Penitentes** (☎0261-334-1150; www.penitentes.com.ar; RN 7; B Winter/Sommer ab 15/7,50 US$) beherbergt maximal 38 Gäste in sehr kleinen Schlafsälen. Zudem gibt's eine Küche, drei Gemeinschaftsbäder und Essen (ab 70 AR$). Im Winter bietet das Hostel auch Skitouren (alpin oder Langlauf) an; zur Sommerzeit stehen diverse Ausflüge und Wandern am Aconcagua auf dem Programm. Komfortabler ist das ganzjährig geöffnete **Hotel Ayelén** (☎in Mendoza 0261-428-4343; RN 7, Km 1212; DZ/3BZ ab 175/245 US$; @) mit gutem Hausrestaurant.

Ab Mendoza fahren Busse über Uspallata nach Los Penitentes (170–210 AR$, 3¾ Std., mehrmals tgl.).

Puente del Inca

Wer in Richtung chilenische Grenze fährt, stößt ca. 8 km westlich von Los Penitentes in 2720 m Höhe auf eines der tollsten Naturwunder Argentiniens. Nahe der Abzweigung zum Aconcagua überspannt die Puente del Inca, eine von der Natur geschaffene Steinbrücke, den Río Mendoza. Darunter befinden sich Felsmauern und die Ruinen einer alten Badeanlage, die das warme Schwefelwasser der Thermalquellen gelb gefärbt hat. Von hier aus kann man in den Parque Provincial Aconcagua wandern.

Das kleine, schlichte Hostel **Hostel El Nico** (☎0261-592-0736; www.facebook.com/hostelnico; RN 7, Km 1221, Puente del Inca; B/DZ 25/55 US$) organisiert Bergsteigen, Gletschertouren und Schneeschuhausflüge. Zum Haus gehören auch ein günstiges Restaurant und eine Bar. Weitere Restaurants liegen verstreut um den Park.

Täglich besteht eine Busverbindung nach Mendoza (170–210 AR$, 4 Std.).

Parque Provincial Aconcagua

Der Parque Provincial Aconcagua (nördlich der RN7; ⌚10–18 Uhr) an der chilenischen Grenze umfasst 710 km² Hochland rund um den höchsten Gipfel der westlichen Hemisphäre, den 6962 m hohen **Cerro Aconcagua**. Wanderer finden Basislager und Unterstände unterhalb der Schneegrenze.

Für den Aufstieg zum Gipfel des Aconcagua braucht man mindestens 13 Tage, vor allem wegen der erforderlichen Akklimatisierung. Wer sich an den Aufstieg wagen will, sollte sich R. J. Secors Wanderführer *Aconcagua* besorgen und die Website www.aconcagua.mendoza.gov.ar anschauen.

Von Dezember bis März braucht man fürs Wandern und Bergsteigen eine Genehmigung. Die Gebühren richten sich nach der Parksaison, die nach einem komplexen System organisiert ist – aktuelle Infos gibt's auf der Homepage der Regierung. Die Hauptsaison erstreckt sich von Mitte Dezember bis Ende Januar. Die Genehmigungen kann man in Mendoza bei der Haupttouristeninformation (S. 156) kaufen.

Viele Anbieter von Abenteuertouren in und rund um Mendoza veranstalten Exkursionen ins Hochgebirge.

San Juan

☎0264 / 503 000 EW.

Diese Provinzhauptstadt mit langen, schattigen Alleen folgt ihrem eigenen Lebenstempo. Die Einheimischen sind durchaus stolz auf ihre Heimat, deren Zentrum im Jahr 1944 durch ein gewaltiges Erdbeben zerstört wurde. Dabei fanden über 10 000 Menschen den Tod. Juan Perón leitete anschließend Hilfsmaßnahmen ein, was ihn erstmals zu einer nationalen Persönlichkeit machte.

San Juan ist auch für gute Tropfen bekannt. Im Vergleich zu ihren überlaufenen Pendants in Mendoza wirken die hiesigen Weingüter aber angenehm bodenständig. Alle anderen Attraktionen der Provinz sind von der Hauptstadt aus leicht erreichbar.

Anders als in den meisten argentinischen Städten ändern die Straßen nach der Kreuzung mit der zentralen Plaza ihren Namen nicht, sondern nur den Namenszusatz nach der Himmelsrichtung. Die Zählung der Hausnummern beginnt an der Plaza und setzt sich mit der Entfernung von ihr fort. So gibt es etwa eine Laprida 150 Este und eine Laprida 150 Oeste.

Sehenswertes & Aktivitäten

Museo de Vino Santiago Graffigna — MUSEUM

(☎0264-421-4227; www.graffignawines.com; Colón 1342 Norte; ⏲Führungen Do–Sa 11.15–16.15 Uhr stündl.) GRATIS Der schmucke Backsteinbau dieses Museums ist eine originalgetreue Rekonstruktion des früheren Weinguts, das hier bis zum Erdbeben von 1944 stand. In der örtlichen Weinstube kann man viele von San Juans besten Lesen probieren. Die dazugehörige Winzerei keltert weiße und rote Sorten; inzwischen ist sie im Besitz des französischen Spirituosenkonzerns Pernod Ricard. Museumsbesucher nehmen Buslinie 12A vor der Touristeninformation an der Sarmiento (13 AR$, 15 Min.) und bitten den Fahrer um Angaben zum richtigen Aussteigen.

★ Las Marianas — WEINGUT

(☎0264-463-9136; Calle Nuevo s/n; ⏲Di–Sa 10–17 Uhr) GRATIS Las Marianas zählt zu den hübschesten Weingütern der Region. Der Betrieb wurde 1922 gegründet, 1950 aufgegeben und 1999 reaktiviert. Rund um das großartige Hauptgebäude mit dicken Lehmziegelwänden gibt's ein paar historische Keltereigeräte zu sehen. Über Rebenreihen hinweg schaut man hier herrlich auf die Berge.

Schlafen

San Juan Hostel — HOSTEL $

(☎0264-420-1835; www.sanjuanhostel.net; Av Córdoba 317 Este; B 9 US$, EZ/DZ 21/24 US$, ohne Bad 15/18 US$; ❄@📶) In praktischer Lage zwischen Busbahnhof und Stadtzentrum steht dieses einfache Hostel in einem Wohngebiet. Neben verschiedenen betagten Zimmern gibt's auch eine Dachterrasse und gute Infos zu lokalen Touren bzw. Attraktionen.

Del Bono Suites Art Hotel — HOTEL $$

(☎0264-421-7600; www.delbonohotels.com/suites.html; Mitre 75 Oeste; DZ/Suite ab 50/85 US$; ❄📶🏊) Das modernste Hotel im Stadtzentrum entschärft seine kettentypische Langweiligkeit mit einigen Designelementen und hat insgesamt ein gutes Preis-Leistungs-Verhältnis. Hierzu tragen auch der Dachpool und die gut ausgestatteten Kochecken bei.

Essen

Viele Straßencafés und Fastfood-Schuppen säumen die Fußgängerzone entlang der Rivadavia.

Soychú — VEGETARISCH $

(☎0264-422-1939; Av José Ignacio de la Roza 223 Oeste; Hauptgerichte ab 100 AR$; ⏲Mo–Sa 12–15 & 20–24, So 12–15 Uhr; 🖉) Das einfache Restaurant beglückt Vegetarier mit einem hervorragenden und vielfältigen Buffet. Viele einheimische Büroangestellte nehmen sich ein Mittagessen mit, was die Auswahl recht schnell schrumpfen lässt – darum früh genug herkommen! Der dazugehörige Naturkostladen verkauft alle möglichen Lebensmittel und diverse Teesorten.

Tres Cumbres — CAFÉ $

(www.facebook.com/trescumbrescafe; Rivadavia 2; Sandwiches 120 AR$; ⏲Mo–Fr 7.30–22, Sa ab 8, So 9–13 & 17–22 Uhr; ❄📶) Das moderne Café in zentraler Lage serviert einfache Sandwichs, Kekse, Muffins, Croissants und Kuchen. Bei Blick auf den städtischen Hauptplatz kann man hier prima einen ganzen Nachmittag verbringen.

Praktische Informationen

Touristeninformation (☎0264-421-0004; www.turismo.sanjuan.gob.ar; Sarmiento 24 Sur; ⏲8–20 Uhr) Gute Stadtpläne und Regionalkarten plus nützliche Infos zur übrigen Provinz (vor allem zum Parque Provincial Ischigualasto). Unter den hilfsbereiten Angestellten ist meist mindestens eine Person, die auch etwas Englisch spricht.

An- & Weiterreise

Aerolíneas Argentinas (0264-421-4158; www.aerolineas.com.ar; Av San Martín 215 Oeste; Mo–Fr 8.30–12.30 17–19.30) Fliegt täglich nach Buenos Aires.

Busbahnhof (0264-422-1604; Estados Unidos 492 Sur) Verbindungen nach Mendoza (270–245 AR$, 2½ Std.), Córdoba (1104–1650 AR$, 8½ Std.), San Agustín de Valle Fértil (325 AR$, 4 Std.), La Rioja (965–1190 AR$, 6 Std.) und Buenos Aires (1050–2350 AR$, 14 Std.).

Classic (0264-422-4622; www.classicrentacar.com.ar; Av San Martín 163 Oeste; 9–19 Uhr) Empfehlenswerter Autovermieter. Zu den günstigsten Optionen für Tagestrips nach Ischigualasto zählen Leihwagen, die man sich mit einer Gruppe (z. B. aus dem Hostel) teilt.

Rund um San Juan

San Agustín de Valle Fértil

Das relaxte Nest liegt 250 km nordöstlich von San Juan inmitten von farbenprächtigen Hügeln sowie Flüssen. Die Einwohner leben von Landwirtschaft, Viehzucht, Bergbau und vom Tourismus. San Agustín dient als Ausgangspunkt für Abstecher in die Parks Ischigualasto und Talampaya. Außerdem kann man sich in der Umgebung **Petroglyphen** ansehen und den Río Seco erkunden.

Die **Touristeninformation** (0264-642-0192; www.ischigualastovallefertil.org; General Acha 1065; Mo–Fr 9–13 & 17–21 Uhr, Sa 9–13 Uhr) an der Plaza hilft bei der Planung von Touren. Vor Ort gibt's einen Campingplatz, günstige Unterkünfte und ein paar prima *parrillas*. Geld sollte man vor der Anreise wechseln.

Jeden Tag pendeln Busse zwischen San Juan und San Agustín (325 AR$, 4 Std.).

Parque Provincial Ischigualasto

Der **Parque Provincial Ischigualasto** (Valle de la Luna, Valley of the Moon; 0264-422-5778; http://ischigualasto.gob.ar; Eintritt 350 AR$; 8–17 Uhr) erstreckt sich über ein Wüstental, das zwischen Bergketten aus Sedimentgestein liegt. An jeder Biegung des Canyons haben die wechselnden Pegel des Río Ischigualasto unzählige Fossilien und Dinosaurierknochen aus der Trias freigelegt, die bis zu 180 Mio. Jahre alt sind. Das Wasser hat zudem eigentümliche Formen in das einfarbige Mergelgestein, den roten Sandstein und die Vulkanasche gegraben. In der öden „Mondlandschaft" wachsen Wüstenpflanzen wie *algarrobo*-Bäume, Büsche und Kakteen. Dazwischen tummeln sich Guanakos, Kondore, Pampashasen und Füchse.

Inoffiziell ist Campen neben dem Besucherzentrum in der Nähe des Eingangs erlaubt. Neben einer *confitería* mit einfachen Mahlzeiten und kalten Getränken gibt's hier auch Toiletten und Duschen. Allerdings ist Wasser oft Mangelware – und Schatten sucht man ohnehin vergeblich.

Ischigualasto liegt ungefähr 80 km nördlich von San Agustín. Aufgrund seiner Größe und Abgeschiedenheit ist eine Erkundung des Parks eigentlich nur mit Fahrzeug sinnvoll. Nachdem man den Eintritt bezahlt hat, begleitet ein Ranger Besucherfahrzeuge auf einem zwei- oder dreistündigen Rundkurs über die unbefestigten Pisten, die nach Regenschauern eventuell nicht passierbar sind.

Wer kein eigenes Transportmittel hat, kann sich bei der Touristeninformation in San Agustín nach Touren oder einem Wagen mit Fahrer erkundigen oder sich an die Parkverwaltung wenden. Veranstalter in San Juan bieten Touren zum Park an, es ist aber erheblich billiger, wenn man auf eigene Faust nach San Agustín fährt und sich dort etwas organisiert. Einige Touren sind gleich mit einem Besuch im **Parque Nacional Talampaya** verbunden, der fast 100 km nordöstlich vom Ischigualasto liegt.

Malargüe

0260 / 25 000 EW.

Zu präkolumbischer Zeit jagten und sammelten die Pehuenche im Malargüe-Tal, aber mit der Ankunft europäischer Kolonisten, die Ackerbau betrieben, verloren sie ihr Land. Heute ist die Ölgewinnung ein Hauptgewerbezweig. Obendrein ist Malargüe, das 400 km südlich von Mendoza liegt, das ganze Jahr über Zentrum für Outdoor-Aktivitäten: Las Leñas ist das beste **Skigebiet** Argentiniens, zudem gibt's in der Nähe archäologische Stätten und Tierreservate sowie **Höhlentouren**.

Schlafen & Essen

An der Hauptdurchgangsstraße gibt's einige gute *parrillas* (Grillrestaurants).

★ **Eco Hostel Malargüe** HOSTEL $
(0260-447-0391; www.hostelmalargue.net; Finca 65, Colonia Pehuenche; B 15 US$, DZ mit/ohne Bad 60/45 US$;) Rund 6 km südlich der Stadt liegt dieser Mix aus Hostel und B&B

auf einem Bio-Bauernhof. Das unkonventionelle Gebäude in Öko-Bauweise beherbergt schlichte und rustikale, aber komfortable Zimmer. In herrlicher Umgebung gibt's auch Frühstück mit selbst produzierten Zutaten.

★ **Hotel Malargüe Suite** BOUTIQUEHOTEL **$$**
(☎0260-4472-3001; www.hotelmalarguesuite.com; RN 40 s/n; EZ/DZ ab 70/95 US$; P ❄ @ 🛜 🏊) Am nördlichen Stadtrand wartet das luxuriöseste Hotel der ganzen Gegend mit dem vollen Programm auf: Hier gibt's ein Frühstücksbuffet, eine Kunstgalerie, ein Hallenbad und große, moderne Zimmer. Deren Badewannen mit Massagedüsen kommen nach einem langen Skitag gerade recht.

Café Tibet CAFÉ **$**
(Ecke RN 7 & Las Heras; Hauptgerichte 100–200 AR$; ⏲Mi–Sa 15.30–20 Uhr) Das Café mit durchschnittlichem Essen und unregelmäßigen Öffnungszeiten ist dennoch einen Besuch wert: Sein kurioses Dekor umfasst auch Originalrequisiten von *Sieben Jahre in Tibet*.

★ **La Cima Restaurant & Parrilla** ARGENTINISCH **$$**
(☎0260-429-0671; www.lacimarestaurant.com.ar; San Martín 886; Hauptgerichte 255–470 AR$; ⏲Di–Sa 12–15 & 20.30–23.30, So & Mo ab 20.30 Uhr; 🛜) Malargües bestes Restaurant befand sich früher hoch droben in Las Leñas und hat sich dort einen guten Namen gemacht. Davon profitiert der Laden offenbar bis heute. Abgesehen von gutem *asado* sorgen hier lediglich Lachs, Forelle, Lasagne und eine Chop-Suey-Variante für Abwechslung.

ℹ Praktische Informationen

Touristeninformation (☎0260-447-1659; www.facebook.com/TurismoMalargue/; RN 40, Parque del Ayer; ⏲8–21 Uhr) Gutes Büro am nördlichen Stadtrand (Highway), das auch einen **Kiosk** (⏲9–21 Uhr) am Busbahnhof betreibt.

ℹ An- & Weiterreise

Busbahnhof (Ecke Av General Roca & Aldao) Bietet u. a. Linienverbindung nach Mendoza (358 AR$, 5 Std.) und Las Leñas (76 AR$, 1½ Std.). Im Sommer gibt's Fahrten nach Talca (Chile; 1-mal wöchentl.) über den Paso Pehuenche (2500 m) und durch die Schlucht des Río Maule.

Transportes Leader (☎0299-445-3696; www.leader.com.ar) schickt Busse südwärts nach Buta Ranquil (Provinz Neuquén; 592 AR$, 5 Std.), wo weiterer Anschluss gen Süden besteht. Tickets dafür müssen spätestens am Vortag beim Firmenbüro im Billardsalon Club los Amigos gebucht werden.

Las Leñas

Als Argentiniens nobelster Skiort lockt **Las Leñas** (☎0260-447-1281; www.laslenas.com; Liftpass 1080–1590 AR$/Tag; ⏲Mitte Juni–Ende Sept. 8.30–17 Uhr) reiche Einheimische und Ausländer. Nach dem Pistenvergnügen im Edel-Outfit wird auf den Putz gehauen, bis die Sonne über den verschneiten Gipfeln aufgeht.

Um Sommergäste bemüht sich Las Leñas mit einwöchigen Pauschalen mit Aktivitäten wie Mountainbiken, Reiten oder Wandern.

Nur 70 km von Malargüe entfernt gibt's 33 Pisten, die auf 3430 m Höhe beginnen und eine maximale Höhendifferenz von 1230 m aufweisen. Während der Skisaison variieren die Liftpass-Preise sehr stark.

Budgetreisende können günstiger in Malargüe wohnen und von dort aus mit Shuttlebussen hierherfahren. Zudem ist Las Leñas mit normalen Bussen ab San Rafael erreichbar (200 AR$, 2 Std.).

SEENGEBIET

Das Seengebiet erstreckt sich von Neuquén bis hinunter nach Esquel und ist ein tolles Ziel, an dem viele Abenteueraktivitäten locken. Man findet hohe Berge zum Klettern oder Skifahren vor, rauschende Ströme für Wildwasserfahrten, klare Seen zum Bootfahren und Angeln sowie Nationalparks für Entdeckungstouren. Von der Metropole Bariloche bis zur Hippiekommune El Bolsón haben die Städte und Ortschaften des Seengebiets ihr je eigenes landschaftliches, architektonisches und kulturelles Flair. Da es das ganze Jahr über interessante Aktivitäten gibt, sollte man die Region keinesfalls auslassen.

Die ersten Bewohner des Seengebiets waren die Puelche und die Pehuenchen, die so genannt wurden, weil sie sich von den Kernen des *pehuén*-Baumes, also der Andentanne, ernährten. Im späten 16. Jh., als die Spanier das Gebiet erkundeten, war hier das einheimische Volk der Mapuche vorherrschend und blieb es, bis im 19. Jh. die europäischen Siedler anrückten. Trotzdem leben auch heute noch Mapuche in der Gegend, vor allem auf dem Gelände von Nationalparks.

Neuquén

☎0299 / 231 200 EW.

Ob von vorne oder hinten gelesen – Neuquén bleibt Neuquén (man muss nur die

Betonung ausblenden). Die Provinzhauptstadt schmiegt sich in die Biegung des Zusammenflusses der Flüsse Limay und Neuquén. Sie bildet das Tor nach Patagonien und ins Seengebiet, ist aber zugleich ein wichtiges Zentrum für Handel und Landwirtschaft. Auch wenn Neuquén kein Touristenmagnet ist, nett ist die Stadt doch. Für Dinofans interessant: In der Nähe wurden die Knochen der weltgrößten Dinosaurier ausgebuddelt.

Sehenswertes

Museo Nacional de Bellas Artes MUSEUM
(☎0299-443-6268; www.mnbaneuquen.gov.ar; Ecke Bartolomé Mitre & Santa Cruz; ⏲Mo–Sa 9.30–20, So ab 16 Uhr) GRATIS Dieser Ableger des MNBA in Buenos Aires zeigt bildende Kunst aus der Region, hervorragende moderne Werke und Gemälde aus bedeutenden europäischen Perioden. Regelmäßig kommen sehenswerte Sonderausstellungen hinzu.

Schlafen & Essen

Punto Patagonico Hostel HOSTEL $
(☎0299-447-9940; www.puntopatagonico.com; Periodistas Neuquinas 94; B/EZ 14/40 US$, DZ mit/ohne Bad 50/35 US$; @📶) Neuquéns bestes Hostel hat ein gutes Preis-Leistungs-Verhältnis. Hierfür sorgen gemütliche Schlafsäle, ein großer Aufenthaltsbereich und ein netter Garten. Ein paar Gehminuten entfernt findet man Restaurants und Kleinbrauereien.

Hotel Crystal HOTEL $
(☎0299-442-2414; www.hotelcrystalneuquen.com.ar; Olascoaga 268; EZ/DZ ab 28/35 US$; ❄📶) Das freundliche Billighotel gewinnt optisch keine Pokale, bietet aber ansonsten alles für einen angenehmen Aufenthalt (Klimaanlage, Minikühlschränke, Moskitonetze, gutes WLAN). Schräg gegenüber liegt ein Parkplatz; in Laufentfernung sind diverse Restaurants und Sehenswürdigkeiten zu finden.

La Nonna Francesa INTERNATIONAL $$
(☎0299-430-0930; www.facebook.com/lanonnafrancesa; 9 de Julio 56; Hauptgerichte 220–370 AR$; ⏲Mo–Fr 11–15 & 20–24, Sa bis 1, So 12–15 Uhr; 📶) Die fanzösisch-italienische Trattoria serviert einige von Neuquéns besten Gerichten: Die Pasta-Varianten sind hervorragend (vor allem die *fusilli al proscuitto* und die Lasagne). Der Service könnte etwas freundlicher sein.

Ausgehen & Nachtleben

TresCatorce Bodegon Chic CRAFT-BIER
(☎0299-456-9102; 9 de Julio 63; ⏲Di–So 20–2 Uhr; 📶) Das schicke Restaurant nimmt sich selbst ziemlich ernst, enttäuscht aber in puncto Essen. Jedoch gibt's hier gutes Craft-Bier aus der Region und eine kleine, aber feine Auswahl an handgekelterten Weinen.

DINOSAURIER

Die Provinz Neuquén hat eines der weltweit größten Vorkommen von Dinosaurierfossilien sowie einige Museen, die den Giganten der Urzeit gewidmet sind. Lohnende Ziele sind u. a. Plaza Huincul, Villa El Chocón und das Centro Paleontológico Lago Barreales, die alle nur ein paar Autostunden entfernt sind. Die Region wartet zudem mit Seen, *bodegas* (Weingütern), einem bemerkenswerten Vogelschutzgebiet und erstklassigen Angelstellen auf. Am besten ist man hier mit einem Mietwagen (ca. 1200 AR$/Tag) unterwegs. Infos und Karten gibt's in der Touristeninformation (S. 161).

Praktische Informationen

Touristeninformation der Provinz (☎0299-442-4089; www.neuquentur.gov.ar; San Martín 182; ⏲7–21 Uhr) Prima Karten und Broschüren. Betreibt auch einen zentraler gelegenen **Kiosk** (⏲8–20 Uhr) im Parque Central.

Anreise & Unterwegs vor Ort

Aeropuerto Internacional de Neuquén (☎0299-444-0525; www.anqn.com.ar; abseits der RN 22) Westlich der Stadt starten hier Aerolíneas Argentinas (www.aerolineas.com.ar; mind. 6-mal tgl.) und LATAM (www.latam.com; mahrmals tgl.) gen Buenos Aires.

Busbahnhof (ca. 3,5 km westl. vom Zentrum) An dem modernen Terminal besteht z. B. Verbindung nach Bahía Blanca (635–890 AR$, 7–8½ Std.), Buenos Aires (1330–1800 AR$, 15–18¾ Std.), Junín de los Andes (695–881 AR$, 6 Std.), Mendoza (1400–1850 AR$, 11¼–12¾ Std.) und Temuco (Chile; 1072–1355 AR$, 9 Std.). Von hier in die Innenstadt geht's per „Pehueche"-Bus (Tickets bei Local 41 erhältl.) oder Taxi (ca. 120 AR$).

Die meisten Stadtbusse erfordern Magnetkarten (am Busbahnhof und bei manchen Kiosken erhältl.). Von 23 bis 6 Uhr sind Taxis 20 % teurer.

Junín de los Andes

☎02972 / 12 621 EW.

Das gefällige Junín nennt sich selbst die „Forellenhauptstadt" Argentiniens, und tatsächlich gibt es in der Gegend einige schöne Flüs-

Seengebiet

se, in denen es von Forellen wimmelt. Das ruhige, Städtchen liegt am Río Chimehuín 42 km nördlich von San Martín de los Andes. Hier kann man nicht viel tun außer zu wandern, den Fluss und die Berge zu erkunden und den prächtigen Parque Nacional Lanín zu besuchen. Wer sich für Kirchen interessiert, sollte die Christusfigur in der Kathedrale besuchen – sie hat das Antlitz eines Mapuche.

Sehenswertes

Vía Cristi WAHRZEICHEN
(Nahe dem Ende der Av Antártida Argentina; ⌚24 Std.) Rund 2 km außerhalb vom Stadt-

zentrum schlängelt sich dieser Kreuzweg den Cerro de la Cruz hinauf. Die insgesamt 22 Stationen mit Skulpturen, Basreliefs und Mosaiken kombinieren christliche Motive lebhaft mit Aspekten der indigenen Geschichte (z.B. Mapuche-Legenden oder der sogenannten Wüstenkampagne).

Museo Mapuche MUSEUM

(Domingo Milanesio 751; Eintritt gegen Spende; Mo–Fr 8.30–12.30 & 14–19, Sa 9–12.30 Uhr) Das kleine, interessante Museum für Mapuche-Kultur zeigt z.B. Keramiken, Pfeifen, Musikinstrumente und *piñon*-Mühlen zum Zerkleinern von Araukarien-Samen. Ausgestellt sind auch einige Dinosaurierknochen.

Schlafen & Essen

El Reencuentro HOSTEL $

(02792-492220; www.elreencuentrohostel.blogspot.com; Illera 189; B/EZ/DZ ab 10/11/21 US$;) Das freundliche Hostel mit hilfsbereiten Inhabern bietet alles Wichtige für Traveller: Schlafsäle mit vier Betten, gute Einrichtungen, allerlei Aktivitäten und viele Infos.

Camping Laura Vicuña CAMPING $

(02972-491349; Ginés Ponte s/n; Stellplatz 7 US$/Pers.;) Städtisches Camping kann kaum schöner sein: Auf einer Insel zwischen zwei plätschernden Bächen gibt's hier voll ausgestattete Hütten, Feuerstellen und Warmwasserduschen. Drei Mindestübernachtungen.

Hostería Chimehuín HOTEL $

(02972-491132; www.interpatagonia.com/hosteriachimehuin; Ecke Coronel Suárez & 25 de Mayo; DZ 40–44, 3BZ 56 US$;) Das schöne Hotel liegt ein paar Minuten außerhalb des Stadtzentrums. Wer früh bucht, hat die besten Aussichten, ein Zimmer mit Balkon und Blick auf den Bach zu ergattern. Aber alle Zimmer sind groß, freundlich und komfortabel, und das Anwesen wirkt ruhig und friedlich.

Sigmund ARGENTINISCH $$

(02972-492189; www.facebook.com/sigmund.restaurante.3; Juan M de Rosas 690; Hauptgerichte 170–290 US$; 12–15 & 20–24 Uhr;) Das tolle Sigmund ist schwer angesagt. Hierfür sorgen u.a. die super *onda* (Stimmung), der freundliche Service, das bunte Dekor mit künstlerischem Touch und das gesunde Essen. Es gibt Pizza, Pasta, Sandwichs und Salate.

Praktische Informationen

Touristeninformation (02792-491160; www.junindelosandes.gov.ar; Ecke Domingo Milanesio & Coronel Suárez; 8–21 Uhr) Engagiertes Personal, Angellizenzen und Verzeichnisse mit Angel-Guides.

An- & Weiterreise

Der Flughafen Chapelco (S. 165) liegt 19 km südlich in Richtung San Martín de los Andes.

Busbahnhof (02792-492038; Ecke Olavarría & Félix San Martín) Drei Blocks westlich der Plaza starten hier z.B. Busse nach San Martín de los Andes (55 AR$, 45 Min.) und Neuquén (565 AR$, 6 Std.).

Parque Nacional Lanín

Mit 3776 m Höhe ist der schneebedeckte Gipfel des Volcán Lanín die Hauptattraktion in diesem ruhigen **Nationalpark** (www.pnlanin.org; Erw. 300 AR$), in dem große Wälder aus *lenga*-Südbuchen und Chilenischen Araukarien gedeihen. Die Gletscher des Pleistozän hinterließen blaue, langgestreckte Seen, die sich zum Campen und Angeln einladen. Karten und Infos haben die Büros der Nationalparkverwaltung in Junín oder San Martín.

Im Sommer (Januar und Februar) ist der **Lago Huechulafquen** von Junín aus leicht zu erreichen. Dort finden sich mehrere lohnende Wanderwege und man hat einen ausgezeichneten Blick auf den Volcán Lanín. Die Mapuche betreiben u.a. die Campingplätze **Raquithue** (RP 61, Km 51; Camping 10 US$/Pers.) und **Bahía Cañicul** (02972-490211; www.facebook.com/campingbahia.canicul; RP 61, Km 49; Camping 10 US$/Pers.). Wer will, kann aber auch rund um den Park kostenlos zelten. Vorräte muss man selbst aus der Stadt mitbringen. Gute Campingstellen und Wanderwege gibt es auch am bewaldeten **Lago Tromen**.

Von San Martín aus geht es mit dem Boot westwärts auf dem **Lago Lácar** nach Paso Hua Hum, wo eine Straße hinüber ins chilenische Puerto Pirehueico führt; es gibt hier auch Busverbindungen. Hua Hum hat ebenfalls Campingstellen und Wanderwege zu bieten. Am beschaulichen **Lago Lolog**, 15 km nördlich von San Martín, finden sich Campingplätze und gute Angelstellen.

Im Sommer fahren Vans vom Busbahnhof in Junín am Lago Huechulafquen entlang bis nach Puerto Canoas und weiter (55 AR$, 2–3-mal tgl.). Sie verkehren auch zu den Lagos Tromen und Curruhué. Die Busse, die über die Pässe Hua Hum und Tromen nach Chile fahren, setzen Traveller auf Wunsch unterwegs ab, sind aber im Sommer oft überfüllt.

San Martín de los Andes

☎02972 / 33600 EW.

Das hübsche San Martín ist ein kleines, schickes Ferienziel, das im Sommer von ausgelassenen Argentiniern quasi überrannt wird. Das Städtchen schmiegt sich an den Ufern des Lago Lácar zwischen zwei grüne Berge und besitzt viele Holz- und Steingebäude, die als Berghütten gestaltet sind und in denen es so nette Dinge wie Schokoladengeschäfte, Eisdielen und Souvenirläden gibt. Hinter den Touristenstraßen liegen dann aber hübsche Wohnviertel mit Rosengärten. Im Umland finden sich tolle Waldwege, die ideal zum Wandern oder Radfahren sind.

Sehenswertes & Aktivitäten

Der steile, staubige Aufstieg zum **Mirador Bandurrias** (2,5 km) belohnt einen mit super Aussicht auf den Lago Lácar – unbedingt Snacks oder ein Mittagessen mitnehmen! Trainierte Radler können Drahtesel bei diversen Verleihern in der Stadt mieten und dann über unbefestigte Pisten zum *mirador* (Aussichtspunkt) hinaufstrampeln (ca. 1 Std.). Etwa 2,5 km hinter diesem liegt ein netter kleiner Strand namens **Playa la Islita**.

Das kleine Museum **La Pastera** (☎02972-411994; www.lapastera.org.ar; Ecke Sarmiento & Roca; ⊙Mo–Sa 9–14 & 17–20 Uhr) GRATIS ist Che Guevara gewidmet. Im Winter locken 20 km entfernt die Pisten des Skiorts **Cerro Chapelco** (☎02972-427845; www.chapelco.com; RP 19; Tages-Liftpass Erw. 1160–2660 AR$, Kind 930–1330 AR$; ⊙Mitte Juni–Ende Sept.).

Am Pier startet **Naviera** (☎02972-427380; https://lagolacarynonthue.com; Costanera MA Camino s/n; ⊙10–19.30 Uhr) zu Bootstouren nach Paso Hua Hum an der chilenischen Grenze, wo dann u. a. zu einem Wasserfall gewandert wird (hin & zurück 1550 AR$, 7 Std.). Die Firma schippert auch nach Quila Quina (hin & zurück 600 AR$), wo Strände und Wassersport warten.

Schlafen

Für die Hauptsaison (Jan.–März, Ostern, Juli & Aug.) unbedingt rechtzeitig reservieren!

★ **Adventure Bed & Bike** HOSTEL $
(☎02972-413236; http://adventurebedandbike.com.ar; Atahualpa Yupanqui 289; B 26 US$, DZ mit/ohne Bad 75/65 US$;) In diesem Hostel steigen hauptsächlich Radfahrer ab. Man muss aber keiner sein, um in den gemütlichen Zimmern mit Holzvertäfelung übernachten zu können. Beim üppigen Frühstück oder in den Aufenthaltsbereichen plaudert der gesellige Inhaber Indiana oft mit seinen Gästen und gibt ihnen Tipps zu den besten regionalen Routen. Das Haus liegt etwa auf halber Strecke zwischen San Martín und dem Lago Lolog; per Shuttlebus besteht Verbindung zur/ab der Stadt.

El Oso Andaluz Hostel HOSTEL $
(☎02972-413010; www.elosoandaluz.com.ar; Elordi 569; B/DZ 12/46 US$; @) San Martíns gemütlichstes kleines Innenstadt-Hostel hat im Verhältnis zur Bettenzahl viele Bäder, stimmungsvolle Gemeinschaftsbereiche sowie gute und günstige Privatzimmer.

Hotel Antiguos HOTEL $
(☎02972-411876; www.hotelantiguos.com.ar; Diaz 751; EZ/DZ/3BZ ab 44/50/65 US$;) Gleich abseits der Hauptstraße zelebriert das Antiguos den lokaltypischen Stil (Stein und Massivholz) auf attraktive Weise. Von den geräumigen, luxuriösen Zimmern schaut man teils weit auf den Garten oder die Berge. Der offene Kamin des Aufenthaltsbereichs spendet im Winter willkommene Wärme.

★ **La Raclette** HOTEL $$
(☎02972-427664; www.laraclette.com.ar; Coronel Pérez s/n; Zi. 96 US$; @) Unter dem turmbesetzten Dach dieses Hotels führen schmale Flure mit niedrigen Decken zu geräumigen, komfortablen Zimmern. Hauptattraktion ist jedoch die Lounge im Untergeschoss: Rund um einen offenen Kamin finden sich dort eine Bar und eine gemütliche kleine Sitzecke.

Hostería Las Lucarnas LODGE $$
(☎02970-427085; www.hosterialaslucarnas.com; Coronel Pérez 632; Zi. ab 42 US$;) Zentraler geht's nicht: Gleich abseits vom Hauptplatz wartet diese Boutique-Lodge mit viel Massivholz, Top-Service und kompakten, aber gut ausgestatteten Zimmern auf. Der Großteil des üppigen Frühstücks besteht aus Regionalprodukten.

Hostería Hueney Ruca HOTEL $$
(☎02972-421499; www.hosteriahueneyruca.com.ar; Ecke Obeid & Coronel Pérez; EZ/DZ 75/85 US$;) Im Schatten von Araukarien gibt's geräumige Zimmer mit Terrakottaböden und großen, festen Betten. Zudem haben die Quartiere große Bäder mit verglasten Duschen und bieten Aussicht auf einen kleinen, gut gepflegten und attraktiven Innenhof. Im Winter freuen sich Gäste über den offenen Kamin im Gemeinschaftsbereich.

Essen

Corazón Contento CAFÉ $
(☎ 02972-412750; Av San Martín 467; Hauptgerichte 150 AR$; ⌚ 9a–23 Uhr; 📶) Das reizende kleine Bäckereicafé serviert neben einer tollen Auswahl an Snacks (z. B. Empanadas, Quiches) auch günstige Tagesgerichte. Besonders gut sind die Salate sowie die frisch gebackenen Kuchenteigbrötchen und Muffins.

★ **Morphen** FUSION $$
(☎ 02972-422545; www.morphen.com.ar; Av San Martín 151; Hauptgerichte 275–425 AR$; ⌚ Di–So 20–23.30 Uhr; 📶🍃) Im Morphen betritt man ein Wunderland aus Banksy-Graffitis, surrealen Skulpturen, psychedelischen Wandbildern und seltsamen Mobiles an der Decke. Das Essen bietet angenehme Abwechslung von den fleischlastigen Standardgerichten der meisten anderen örtlichen Lokale: Hier stehen z. B. vegane „Hamburger", Pizzabrot mit Pesto oder Kürbis-Ravioli mit Garnelen-Curry-Sauce zur Auswahl. Dazu gibt's Craft-Bier.

Pizza Cala PIZZA $$
(☎ 02972-422511; www.facebook.com/pizzacalasanmartindelosandes; Av San Martín 1129; Pizza 250–350 AR$; ⌚ 12–1 Uhr; 📶🍃) Die beliebteste Pizzaquelle von San Martíns Einwohnern liegt nahe der Plaza Sarmiento. Bei den Pizzen kann man zwischen zwei Größen (klein bzw. *chica* oder Familie bzw. *grande*) und fast drei Dutzend Belägen auswählen. Unter letzteren sind auch „Gourmet"-Kombinationen wie Räucherforelle, Spinat und Auberginen. Auf der Karte stehen zudem Empanadas und Bier.

★ **Bamboo Brasas** PARRILLA $$$
(☎ 02972-420042; Ecke Belgrano & Villegas; Hauptgerichte 310–450 AR$; ⌚ 12–15.30 & 20–24 Uhr; 📶) Wie zu erwarten serviert die noble *parrilla* diverse Köstlichkeiten aus Fleisch (z. B. Steaks, *morcilla,* Chorizo). Diese sollen manchen Fans zufolge sogar die leckersten des Landes sein. Wir haben zwar (noch) nicht sämtliches Fleisch in Argentinien probiert, aber das Kalbsbries im Bamboo auf jeden Fall. Und können sagen: Das hiesige Küchenpersonal scheint kompetent zu sein.

Praktische Informationen

ACA (Automóvil Club Argentino; ☎ 02972-429194; Av Koessler 2176; ⌚ 24 Std.) Argentiniens Automobilclub und gute Quelle für regionale Straßenkarten.

Büro des Parque Nacional Lanín (Intendencia del Parque Nacional Lanín; ☎ 02972-427233; www.pnlanin.org; Plaza San Martín; ⌚ Mo–Fr 8–15 Uhr) Begrenztes Kartenangebot, Broschüren und Infos zum aktuellen Straßenzustand der Ruta de los Siete Lagos (S. 165).

Touristeninformation (☎ 02972-427347; www.sanmartindelosandes.gov.ar; Ecke Av San Martín & M Rosas; ⌚ 8–20.30 Uhr) Überraschend ehrliche Infos zu lokalen Hotels und Restaurants plus super Broschüren und Karten.

> **ABSTECHER**
>
> ### DIE SIEBEN-SEEN-ROUTE
>
> Vorbei an vielen Bergseen führt die RN40 von San Martín de los Andes nach Villa la Angostura. Die 110 km lange Strecke namens **Ruta de los Siete Lagos** (Sieben-Seen-Route) ist schmal, holperig und mitunter staubig. Sie durchquert jedoch eine ungemein malerische Landschaft und daher nun entsprechend berühmt. Jedes Jahr sind einzelne Abschnitte wegen Schnee gesperrt.
>
> Am besten nimmt man den Trip zwischen Dezember und Mai in Angriff. Doch auch dann ist es ratsam, den aktuellen Straßenzustand vorab zu ermitteln.
>
> Ab San Martín, Villa la Angostura und Bariloche gibt's regelmäßig Tagestouren entlang der Route. Diese wird aber auch von Linienbussen bedient und lässt sich mit etwas Vorbereitung zudem selbst per Auto oder Fahrrad meistern.

An- & Weiterreise

Flughafen Chapelco Airport (☎ 02972-428388; RN 40) Aerolíneas Argentinas startet hier zu Linienflügen nach Buenos Aires.

Busbahnhof (☎ 02972-427044; Ecke Villegas & Juez del Valle) Liegt einen Block südlich der RN 40 und dreieinhalb Blocks südwestlich der Plaza San Martín. Hier starten Busse z. B. gen Junín de los Andes (90–115 AR$, 45 Min.), Villa la Angostura (290 AR$, 2¼ Std.) und Bariloche (440 AR$, 4 Std.). Von Dezember bis Februar gibt's zudem Fahrten zu Zielen in Chile (z. B. Temuco; 1072 AR$, 7 Std.), für die man spätestens zwei Tage im Voraus reservieren muss.

Villa la Angostura

☎ 0294 / 11 063 EW.

Die Kleinstadt Villa la Angostura ist ein echtes Juwel. Der Name ist dem spanischen Wort *angosta* (eng) entlehnt und bezieht sich auf die 91 m breite Landenge, welche die Stadt mit der herrlichen Península Quetrihué verbindet. Villa ist unzweifelhaft touristisch, hat dabei aber glücklicherweise seinen Charme nicht verloren: Die Hauptstraße ist drei Blocks lang und wird von für diese Region typischen „Berghütten" aus Holz und Stein gesäumt. Im Winter zieht es Skifahrer zum nahen Cerro Bayo.

Im Stadtzentrum El Cruce finden sich neben dem Busbahnhof auch die meisten Hotels und Geschäfte. Die Hauptstraße heißt Arrayanes. Im baumbeschatteten La Villa gibt's einige Restaurants, Hotels und einen netten Strand. Es liegt 3 km weiter südwestlich am Ufer des Lago Nahuel Huapi.

Sehenswertes & Aktivitäten

Der kleine, aber wunderschöne **Parque Nacional Los Arrayanes** (www.parquesnacionales.gob.ar; Erw./Stud. 250/130 AR$; ⏲8–19 Uhr) auf der Península Quetrihué schützt *Arrayán*-Bäume mit zimtfarbener Rinde. Der größte *bosque* (Wald) aus diesen Myrtengewächsen liegt an der Südspitze der Halbinsel. Dorthin geht's per Boot (einfache Strecke/hin & zurück 95/170 AR$, 40–60 Min., mehrmals tgl.) oder zu Fuß über einen leicht zu meisternden Wanderpfad (12 km) ab La Villa.

Geübte Mountainbiker (es gibt Stufen und Berge) leihen sich ein Rad, um zum Arrayán-Wald zu kommen. Hin oder zurück kann man das Boot nehmen und die andere Strecke wandern oder radeln; Bootstickets für die Rückfahrt vorab kaufen! Essen und Wasser mitnehmen! Gegen Ende des Wegs findet sich eine ideale Picknickstelle an einem See.

Am Beginn des Weges führt in der Nähe des Strandes ein steiler Seitenpfad (30–45 Min.) zu Aussichtspunkten hinauf, von denen aus man einen tollen Rundblick über den Lago Nahuel Huapi hat.

Vom Stadtteil El Cruce gelangt man auf einer 3 km langen Wanderung nach Norden zu einem Wegbeginn namens **Mirador Belvedere**, von wo aus man nach weiteren 30 Gehminuten zu schönen Aussichtspunkten kommt. In der Nähe befindet sich der **Cascada Inayacal**, ein 50 m hoher Wasserfall, und einige Wanderstunden weiter kommt das herrliche Tal **Cajón Negro** in Sicht. Man sollte sich bevor man loszieht in der Touristeninformation eine Karte mitsamt Wegbeschreibung holen, denn die Wege und Abkürzungen in der Gegend sind ganz schön verwirrend.

Schlafen & Essen

Alle folgenden Optionen liegen im Bereich von El Cruce. Für Januar und Februar rechtzeitig reservieren!

★ Hostal Bajo Cero HOSTEL $

(☎0294-449-5454; www.bajocerohostel.com; Río Caleufu 88; EZ/DZ 45/60 US$; @📶) Knapp über 1 km westlich vom Busbahnhof vermietet dieses tolle Hostel neben großen, gut gestalteten Schlafsälen auch attraktive Doppelzimmer mit Daunendecken. Zudem gibt's hier eine Gästeküche, luftige Gemeinschaftsbereiche, Leihräder und einen netten Garten.

Residencial Río Bonito PENSION $

(☎0294-449-4110; www.riobonitopatagonia.com.ar; Topa Topa 260; DZ/3BZ 37/48 US$; @📶) Ein paar Blocks vom Busbahnhof entfernt findet man diese Pension in einem umgebauten Familienwohnhaus. Die freundlichen Inhaber vermieten helle und fröhliche Zimmer. Weitere Pluspunkte sind die Gästeküche und der große, komfortable Aufenthaltsbereich mit Esstischen.

Camping Cullumche CAMPING $

(☎0294-449-4160; http://turismo.uncuyo.edu.ar/camping-y-albergue-cullumche; Blvd Quetrihué s/n; Stellplatz 10 US$/Pers.) Vom Blvd Nahuel Huapi weisen deutlich erkennbare Schilder den Weg zu diesem abgeschiedenen, aber großen Campingplatz am See. Das Gelände ist im Sommer mitunter sehr betriebsam, zu anderen Zeiten jedoch sehr idyllisch.

La Roca de la Patagonia BOUTIQUEHOTEL $$

(☎0294-449-4497; www.larocadelapatagonia.com.ar; Pascotto 155; EZ/DZ 50/68 US$; ❄📶) Das nette kleine Hotel mit nur sechs Zimmern liegt abseits der Hauptstraße in einem großen, umgebauten Haus, sodass hier viel Platz ist. Das Dekor – viel Holz und Stein – ist typisch patagonisch. Von der Terrasse hat man einen tollen Blick in die Berge.

Gran Nevada ARGENTINISCH $

(☎0294-449-4512; Av Arrayanes 106; Hauptgerichte 170–350 AR$; ⏲12–23.30 Uhr) Hungrig kommen, zufrieden gehen: Die Einheimischen lieben dieses Lokal für seine üppigen und günstigen Festpreismenüs (z. B. Eintöpfe, gegrillter Fisch). Zudem gibt's hier ein Großbild-TV, auf dem meist Fußball läuft.

★ Pistach' FUSION $$

(☎0294-449-5203; Cerro Inacayal 44; Hauptgerichte 280–450 AR$; ⏲Di 20–23.30, Mi–So 12–15 & 20–23.30 Uhr; 📶🍷) *Parrillas* und Pizzerias dominieren die örtliche Gastro-Szene. Einen mutigen Kontrast hierzu bildet diese elegante Neueröffnung mit einem erfahrenen, weit gereisten Küchenchef: Unter den Gerichten aus marktfrischen Zutaten sind z. B.

Garnelen-Fisch-Curry, Pad Thai, Hamburger und langsam in Malbec geschmortes Lamm.

Nicoletto ITALIENISCH $$
(☎0294-449-5619; Pascotto 165; Hauptgerichte 190–310 AR$; ⏲Di–Sa 20.30–23.30, So 12–15 Uhr) Gleich abseits der Hauptstraße betreibt eine Familie dieses Restaurant mit den besten Pasta-Gerichten der Gegend: Frische Nudeln treffen hier auf eine tolle Auswahl an Saucen. Besonders lecker sind die *sorrentinos* mit Forellen-Füllung und Lauchsauce.

Praktische Informationen

Touristeninformation (☎0294-449-4124; www.laangostura.com; Ecke Avs Siete Lagos & Arrayanes; ⏲8–21 Uhr) Lokal- und Regionalinfos.

Anreise & Unterwegs vor Ort

Busbahnhof (☎0294-449-5104; Ecke Av Siete Lagos & Av Arrayanes) Einen Block nördlich der Plaza Los Pioneros besteht u. a. Verbindung nach Bariloche (155 AR$, 1¼ Std.), San Martín de los Andes (290 AR$, 2¼ Std.; beste Aussicht auf der linken Busseite) und La Villa (alle 2 Std.), wo sich der Bootsanleger und der Parkeingang befinden. Hinzu kommen Busse nach Chile (rechtzeitig reservieren!).

In der Stadt gibt's mehrere Fahrradverleiher.

Bariloche

☎0294 / 127 300 EW.

San Carlos de Bariloche, die größte Stadt im argentinischen Seengebiet, zieht sommers wie winters Heerscharen von Travellern an. Die Stadt liegt wunderbar malerisch an den Ufern des schönen Lago Nahuel Huapi, und um sie herum ragen hohe Gipfel in den Himmel auf. Das Zentrum Bariloches ist immer voller Touristen, die in den unzähligen Schokoladengeschäften, Souvenirläden und trendigen Boutiquen einkaufen, aber die wirklichen Attraktionen liegen außerhalb der Stadt: Der Parque Nacional Nahuel Huapi lockt mit spektakulären Wanderwegen, und außerdem gibt es in der Gegend großartige Möglichkeiten zum Campen, für Wandertouren, Wildwasser-Rafting, zum Angeln und Skifahren. Trotz seines ziemlich touristischen Charakters eignet sich Bariloche prima als Zwischenstopp. Hier kann man ausruhen, Besorgungen machen und Spaß haben.

Sehenswertes & Aktivitäten

Das Herz der Stadt ist das Centro Cívico, eine Ansammlung öffentlicher Gebäude aus Holz und Stein. Der Architekt Ezequiel Bustillo lehnte sich bei der Erschaffung an mitteleuropäische Stile an und schuf eine Architektur, die heute für das Seengebiet als typisch gilt. Hier liegt auch das **Museo de la Patagonia** (☎0294-442-2309; Centro Cívico; Eintritt gegen Spende; ⏲Di–Fr 10–12.30 & 14–17, Sa 10–17 Uhr), das über die Geschichte der Region informiert und ausgestopfte Tiere und archäologische Fundstücke zeigt.

Raftingtrips auf dem Río Limay (leicht; Klasse II) oder Río Manso (Klasse III–IV) sind sehr beliebt; **EXtremo Sur** (☎0294-442-7301; www.extremosur.com; Morales 765; ⏲9–18 Uhr) und **Aguas Blancas** (☎0294-469-0426, www.aguasblancas.com.ar; Morales 564; ⏲9–13 & 15–19 Uhr) veranstalten gute Touren.

Bei Kajaktouren erhält **Pura Vida Patagonia** (☎0294-441-4053; www.puravidapatagonia.com.ar) beständig gute Bewertungen. Weitere angebotene Aktivitäten sind u. a. Wandern, Klettern, Radfahren, Gleitschirmfliegen, Angeln und Skifahren.

Lokale Agenturen und Hostels organisieren geführte Touren. **Historias de Bariloche** (☎0294-460392; www.historiasdebariloche.com.ar; Centro Cívico; 2-stündige Stadtspaziergänge 500 AR$) veranstaltet super Themenspaziergänge zur Stadtgeschichte. **Bikeway** (☎0294-461-7686; www.bikeway.com.ar; Av Bustillo, km 12,5; Leihfahrrad ca. 250 AR$/Tag) leitet Radtouren und verleiht Drahtesel.

Kurse

La Montaña SPRACHE
(☎0294-452-4212; www.lamontana.com; Elflein 251, 2. Stock; ⏲Mo–Fr 9–16 Uhr) Empfehlenswerte Spanisch-Sprachschule mit intensiven Schnellkursen (210 US$/Woche).

Schlafen

Für die Hauptsaison (Dez.–Feb, Juli & Aug.) und alle Feiertage (vor allem Ostern) rechtzeitig reservieren!

★ **Bonita Lake House** HOSTEL $
(☎0294-446-2561; www.bonitalakehouse.com.ar; Av Bustillo, km 7,8; B/DZ/Bungalow 14/47/80 US$; P ⊖ 📶) Nahe der Playa Bonita erfreut sich dieses freundliche Hostel einer herrlichen Lage am Seeufer. Traveller aus aller Welt relaxen hier zusammen mit Einheimischen. Die geselligen Gemeinschaftsbereiche werden durch ruhige Sitzecken mit mehr Privatsphäre ergänzt. Die komplett ausgestatteten Apartments sind super für Gruppen. Das Haus ist leicht per Bus erreichbar.

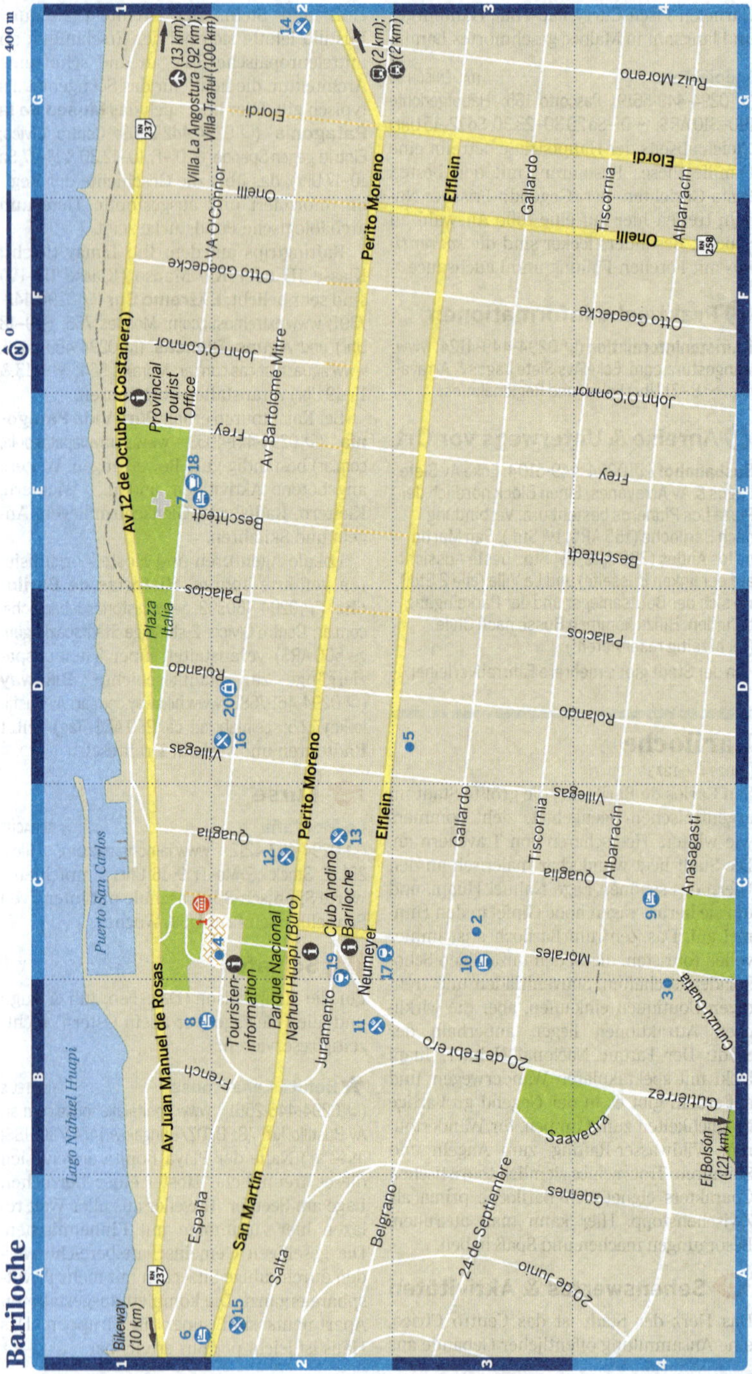
Bariloche
0
400 m
Lago Nahuel Huapi
Puerto San Carlos
Av Juan Manuel de Rosas
Av 12 de Octubre (Costanera)
Plaza Italia
Provincial Tourist Office
Touristen-information
Parque Nacional Nahuel Huapi (Büro)
Club Andino Bariloche
San Martín
Perito Moreno
Elflein
Onelli
Elordi
Villa La Angostura (92 km); Villa Traful (100 km)
(13 km);
(2 km);
(2 km)
Bikeway (10 km)
El Bolsón (121 km)
España
French
Juramento
Neumeyer
20 de Febrero
Salta
Belgrano
24 de Septiembre
20 de Junio
Güemes
Saavedra
Gutiérrez
Curuzú Cuatiá
Morales
Quaglia
Villegas
Rolando
Palacios
Beschtedt
Frey
John O'Connor
Otto Goedecke
VA O'Connor
Av Bartolomé Mitre
Ruiz Moreno
Gallardo
Tiscornia
Albarracín
Anasagasti
RN 237
RN 258
1
2
3
4
5
6
7
8
9
10
11
12
13
14
15
16
17
18
19
20
A
B
C
D
E
F
G

Bariloche

Sehenswertes
1 Museo de la Patagonia C1

Aktivitäten, Kurse & Touren
2 Aguas Blancas C3
3 EXtremo Sur B4
4 Historias de Bariloche C2
5 La Montaña D3

Schlafen
6 Hostel Los Troncos A1
7 Hotel Milan E1
8 Hotel Tirol B1
9 La Justina Hostel C4
10 Periko's C3

Essen
11 Alto El Fuego B2
12 Helados Jauja C2
13 La Casita C2
14 La Fonda del Tio G2
15 La Parilla de Julián A2
16 Rapa Nui D2

Ausgehen & Nachtleben
17 Cervecería Manush C2
18 La Estepa Cafe E1
19 Los Vikingos C2

Shoppen
20 Mamuschka D2

★ **Periko's** HOSTEL $
(0294-452-2326; www.perikos.com; Morales 555; B 9,50–17 US$, DZ 33–55 US$, ohne Bad 24,50–50 US$;) Das stimmungsvolle kleine Periko's steht auf dem Hügel über Bariloche. Seine nett gelegenen Zimmer verteilen sich rund um eine Gemeinschaftsküche, die auch als Gäste-Treff fungiert. Das Personal organisiert oft spontane Grillpartys und allerlei andere Aktivitäten. Weitere Pluspunkte sind die DVD-Videothek und der Wäschereiservice für schmutzige Klamotten.

La Justina Hostel HOSTEL $
(0294-452-4064; www.lajustinahostel.com.ar; Quaglia 726; B 10 US$, DZ mit/ohne Bad 35/25 US$;) Das heimelige, farbenfrohe Hostel mit guter Atmosphäre hat einen offenen Kamin für den Winter und einen Garten fürs sommerliche Relaxen. Der hilfsbereite Inhaber Leo liefert viele Lokalinfos.

La Selva Negra CAMPING $
(0294-444-1013; www.campingselvanegra.com.ar; Av Bustillo, km 2,95; Stellplatz ab 8 US$/Pers.) Der nächstgelegene organisierte Campingplatz im Bereich von Bariloche liegt 3 km westlich der Stadt an der Straße nach Llao Llao und hat gute Einrichtungen. Im Herbst kann man hier Äpfel direkt vor seinem Zelt pflücken. Backpacker bekommen 30 AR$ Rabatt.

Hostel Los Troncos HOSTEL $
(0294-443-1188; www.hostellostroncos.com.ar; San Martín 571; B/DZ ab 18/50 US$;) Das Troncos ist besser als manch anderes Hostel in Bariloche: Hier gibt's moderne Zimmer mit eigenen Bädern und behaglichen Details (z. B. Leselampen). Hinzu kommen gemütliche Gemeinschaftsbereiche, eine riesige Gästeküche und ein Hofgarten. Jedoch könnte das Haus eine Renovierung vertragen.

★ **Posada Los Juncos** PENSION $$
(0294-495-7871; www.posadalosjuncos.com; Av Bustillo, Km 20,1; Suite ab 80 US$;) Diese gemütliche, luxuriöse Pension liegt ruhig zwischen uralten Araukarien und bietet kaum Anlass zu Kritik: Der Service ist persönlich und freundlich, aber unaufdringlich. Die individuellen Suiten repräsentieren je eins der vier Elemente. Zudem gibt's ein üppiges Frühstück bei herrlicher Aussicht auf den See.

Hotel Tirol HOTEL $$
(0294-442-6152; www.hoteltirol.com.ar; Libertad 175; Zi. mit Stadt-/Seeblick 90/100 US$;) Direkt in der Mitte von Bariloche bietet diese bezaubernde Lodge komfortable, geräumige Zimmer. Die Zimmer nach hinten raus und der helle Sitz-/Frühstücksbereich haben einen spektakulären Blick auf den See und die Gebirgskette im Hintergrund.

Hotel Milan BUSINESSHOTEL $$
(0294-442-2624; www.hotelmilan.com.ar; Beschtedt 128; EZ/DZ/3BZ 50/60/75 US$;) Das fesche Milan liegt einen Block vom Seeufer und einen kurzen Fußmarsch von Bariloches Zentrum entfernt. Die blitzblanken Zimmer in beruhigenden Creme- bzw. Beigetönen unterscheiden sich in puncto Größe und Schnitt, kosten aber jeweils gleich viel. Darum am besten vorab einige besichtigen und möglichst eine Variante mit Seeblick wählen.

Essen

Zu den Spezialitäten zählen *jabalí* (Wildschwein), *ciervo* (Reh) und *trucha* (Forelle). In vielen Bars gibt's auch was zu essen.

★ **Helados Jauja** EISCREME $
(0294-443-7888; www.heladosjauja.com; Perito Moreno 48; Eiscreme ab 60 AR$; 10–24 Uhr) Die

meisten Einwohner Bariloches empfehlen das Jauja als beste örtliche Eisdiele. Von den ca. 60 Eissorten wechseln normalerweise ein paar Dutzend ständig durch.

La Fonda del Tio ARGENTINISCH $

(☎ 0294-443-5011; www.lafondadeltio.com.ar; Av Bartolomé Mitre 1130; Hauptgerichte 180–280 AR$; ⊙ Mo–Sa 12–15.30 & 20–24 Uhr; 📶) Kein Firlefanz: Hier gibt's einfach selbstgemachte Pasta (z.B. Ravioli) in üppigen Portionen – und dazu erlesene Weine.

Rapa Nui EISCREME $

(☎ 0294-443-3999; https://chocolatesrapanui.com.ar; Av Bartolomé Mitre 202; Eiscreme ab 60 AR$; ⊙ Mo–Do 8.30–23.30, Sa 9–24, So bis 23.30 Uhr) Das Rapa Nui hat viele tolle Gesichter: Der Laden ist gleichzeitig ein Schokoladen-Shop, eine Eisdiele (mit einigen von Bariloches besten Sorten) und ein helles, luftiges Café. Zudem liegt hinter dem Haus eine kleine Eisbahn (geöffnet 14–22 Uhr), auf der man Toe-Loops und Dreifach-Axel üben kann.

★ La Parilla de Julián PARRILLA $$

(☎ 0294-443-3252; www.laparrilladejulian.com; San Martín 590; Hauptgerichte 200–550 AR$; ⊙ 12–16 & 20–24 Uhr) Die freundliche, familiengeführte *parrilla* ist bei Einheimischen beliebt und eins der wenigen örtlichen Lokale, die auch sonntags geöffnet haben. Die herumwuselnden Kellner kredenzen appetitlich gegrilltes Rindfleisch, *cordero patagónico* (Spießbraten vom Lamm), *morcilla* (Blutwurst) und gegrillten Provolone-Käse. Die Portionen sind üppig; vor allem am Wochenende ist Reservierung ratsam.

★ Alto El Fuego PARRILLA $$

(☎ 0294-443-7015; www.facebook.com/altoelfuegopatagonia; 20 de Febrero 451; Hauptgerichte 250–450 AR$; ⊙ Mo 20–24, Di–Sa 12–15 & 20–24 Uhr; 📶) Die am häufigsten empfohlene *parrilla* der Stadt serviert eine großartige Kombination: hochwertiges, professionell gegrilltes Fleisch und erlesene Weine. Das Restaurant ist jedoch klein; besonders abends empfiehlt sich daher eine Reservierung. Bei Schönwetter ist auch ein Mittagessen auf der luftigen Freiluftterrasse eine prima Sache.

> **ℹ BARILOCHES STADTBUSSE**
>
> Bariloches Stadtbusse erfordern Magnetkarten von Sube (www.sube.gob.ar; Grundgebühr 60 AR$, Einzelfahrt 19–42 AR$, Guthaben beliebig aufladbar). Diese gibt's bei Kiosken an den Ecken Av Bartolomé Mitre 91/Moreno 480 und Moreno 69/Morales 501. Lokale Hostels verleihen mitunter Sube-Karten gegen Kaution an Gäste. Am Busbahnhof bekommt man praktische *horarios* (Fahrpläne) für alle Stadtbuslinien.

La Casita DEUTSCH $$

(☎ 0294-442-3775; www.facebook.com/lacasitarestaurantebariloche; Quaglia 342; Hauptgerichte 200–380 AR$; ⊙ Mi–Mo 12–15 & 20–23.30 Uhr; 📶) Das gemütliche Restaurant serviert deutsche Küche aus einheimischen Zutaten. So gibt's hier z.B. Kassler mit *chukrut* (Sauerkraut), herzhaftes Gulasch mit Spätzle oder Wildkasserole. Die *arróz de montaña* (Berg-Paella mit Wildpilzen) und die *morcilla* (Blutwurst) vertilgt man am besten zu zweit.

Ausgehen & Nachtleben

Bariloche ist das Zentrum der regionalen Craft-Bier-Szene: Hier gibt's viele Kleinbrauereien und Brauereikneipen mit super Gerstensäften.

★ Cervecería Manush CRAFT-BIER

(☎ 0294-442-8905; www.cervezamanush.com.ar; Neumeyer 20; ⊙ 17.30–3 Uhr; 📶) Das Manush ist seit 2011 gut im Geschäft und produziert nicht nur einige der besten regionalen Craft-Biere (Stout, Brown Porter, Pale Ale, Kölsch): In der Gegend ist dies auch die einzige Brauereikneipe, in der die Tapas und *picadas* so gut wie das Bier sind. Hierfür verantwortlich ist das Inhaber-Ehepaar, das aus zwei Profiköchen besteht. Entsprechend ist der Laden extrem beliebt – darum früh erscheinen oder mit Wartezeit rechen!

Cervecería La Cruz BIERGARTEN

(☎ 0294-444-2634; http://cervecerialacruz.com.ar; Nilpi 789; ⊙ Di–So 17.30–0.30 Uhr; 📶) Die Kleinbrauerei mit Biergarten liegt in einem Vorort von Bariloche und ist für einheimische Gerstensaftfans schon fast eine Wallfahrtsstätte. So pilgern jeden Abend viele Gäste hierher, um erstklassiges Workingman Porter und diverse IPA-Sorten zu genießen. Livemusik am Wochenende.

La Estepa Cafe KAFFEE

(VA O'Connor 511; ⊙ Mo–Sa 8–20 Uhr; 📶 👪) Ob Latte, Ristretto oder Cappuccino: Ein Ehepaar aus Buenos Aires bringt dem Seengebiet hier etwas raffinierte Koffein-Kultur im Großstadtstil. Das Café ist bei jungen Tablet-Usern beliebt – ebenso bei Familien, die die Mal- und Bastelecke für Kinder schätzen.

Hungrige bestellen Frühstück, Empanadas und Kekse.

Los Vikingos BAR
(www.facebook.com/losvikingosbar; Ecke Juramento & 20 de Febrero; ⌚ Mo–Sa 19–3 Uhr) Die lässige kleine Eckbar hat eine gute Auswahl an Kleinbrauereibieren zu ausgezeichneten Preisen. Die Musik ist cool und die Deko bunt gemixt. Am Wochenende legen DJs auf.

Shoppen

★ **Mamuschka** SCHOKOLADE
(☎ 0294-442-3294; www.mamuschka.com; Av Bartolomé Mitre 298; ⌚ 8:30–22.30 Uhr) Bariloches beste Schokolade ist wirklich Pflicht.

Praktische Informationen

Club Andino Bariloche (☎ 0294-442-2266; www.clubandino.org; 20 de Febrero 30; ⌚ 9–13.30 & 15–19 Uhr) Verkauft super Wanderkarten und liefert hervorragende Details zum Parque Nacional Nahuel Huapi (inkl. Wanderrouten, *refugios*).

Städtische Touristeninformation (☎ 0294-442-3022; Centro Cívico; ⌚ 8–21 Uhr) Verteilt Gratis-Material (z. B. nützliche Stadtpläne) und den offen kommerziellen, aber nützlichen *Guía Busch*. Dieser Führer mit grundlegenden Touristeninfos zu Bariloche und zum Seengebiet wird zweimal pro Jahr aktualisiert.

Büro des Parque Nacional Nahuel Huapi (☎ 0294-442-3111; San Martín 24; ⌚ ganzjährig Mo–Fr 8–18 Uhr, Jan. & Feb. auch Sa & So 9–15 Uhr) Büro des nahegelegenen Nationalparks (S. 171).

Touristeninformation der Provinz (☎ 0294-442-3188, 0294-442-3189; secturrn@bariloche.com.ar; Ecke Av 12 de Octubre & Emilio Frey; ⌚ 9–19 Uhr) Infos zur Provinz (inkl. einer prima Regionalkarte) plus nützliche Broschüren (spanisch, englisch).

Anreise & Unterwegs vor Ort

AUTO & MOTORRAD

Von den vielen lokalen Autovermietern empfiehlt sich z. B. **Andes** (☎ 0294-443-1648; www.andesrentacar.com.ar; San Martín 162; ⌚ 9–18 Uhr). Je nach Saison und Nachfrage variieren die lokalen Leihwagenpreise sehr stark (durchschnittl. 1200 AR$/Tag inkl. unbegrenzter Fahrtkilometer).

BUS

Busbahnhof (☎ 0294-443-2860) Liegt 2,5 km östlich des Zentrums; dorthin besteht Verbindung mit Buslinie 70, 71 und 83.

Einige Fernbusfirmen betreiben auch Ticketbüros in der Innenstadt. Für den Vorabkauf von Fahrkarten muss man sich daher eventuell nicht extra zum Busbahnhof begeben.

In der Hauptsaison (Dez.–Feb.) folgen Busse von **Chaltén Travel** (☎ 0294-442-3809; www.chaltentravel.com; Av Bartolomé Mitre 442; ⌚ Mo–Sa 9–13 & 17–21 Uhr) mehrmals wöchentlich der legendären RN 40 gen Süden bis nach El Calafate.

Busse ab Bariloche

ZIEL	PREIS (AR$)	DAUER (STD.)
Buenos Aires	1790–2410	20½–24½
El Bolsón	195–245	2¼
Osorno, Chile	410–600	5¼
Puerto Montt (Chile)	420–600	8
San Martín de los Andes	440	4
Villa la Angostura	90	1¼

ZUG

Am anderen Ufer des Río Ñireco liegt der **Bahnhof** (☎ 0294-442-3172) neben dem Busbahnhof. Hier startet der **Tren Patagonico** (☎ 0294-442-3172; www.trenpatagonico-sa.com.ar) nach Viedma (16 Std., meist So 17 Uhr, mitunter auch Mo). Dabei stehen u. a. die Klassen *primera* (930 AR$; 1. Klasse, Sitzplätze) und *camarote* (1795 AR$; 1. Klasse, Schlafwagen) zur Verfügung. Der Zug hat jedoch sehr oft starke Verspätung oder fällt sogar ganz aus. Darum unbedingt aktuelle Infos vorab über die Website oder die örtliche Touristeninformation einholen!

Parque Nacional Nahuel Huapi

Der Lago Nahuel Huapi, ein Gletschersee von mehr als 100 km Länge, bildet das Kernstück des prächtigen **Nationalparks** (☎ 0294-442-3111; www.parquesnacionales.gob.ar/areas-protegidas/region-patagonia/pn-nahuel-huapi; 300 AR$). Im Westen markiert der 3554 m hohe Monte Tronador den Scheitel der Anden und die Grenze nach Chile. Feuchte Valdivia-Wälder bedecken die unteren Hänge, im Sommer wachsen auf den Bergwiesen Wildblumen.

Eine beliebte Wanderroute ist der 65 km lange **Circuito Chico**. Alle 20 Minuten fährt Bus 20 (von der Ecke San Martín & Morales in Bariloche) am Lago Nahuel Huapi entlang bis nach Puerto Pañuelo, wo einige Male pro Tag Bootstouren zum schönen **Puerto Blest**, der touristischen **Isla Victoria** und der hübschen **Península Quetrihué** starten. Bus 10 rollt in der anderen Richtung ins Binnenland über die **Colonia Suiza** (eine kleine Schweizer Waldgemeinde) bis nach Bahía López, wo man eine kurze Wanderung zur Spitze der Halbinsel Brazo de la Tristeza unternehmen kann. Im Sommer fährt Bus 11 den gesamten Circuito ab und verbindet Puerto Pañuelos mit Bahía López. Im Winter kann man den 8 km langen Abschnitt an der sehr wenig befahrenen Fernstraße entlangmarschieren und kommt dabei durch herrliche Waldgebiete. Eine schöne Nebenstrecke von etwa zwei Stunden Länge führt nach Villa Tacul an den Gestaden des Lago Nahuel Huapi. Am besten wandert man von Bahía López nach Puerto Pañuelos und nicht umgekehrt, da wesentlich mehr Busse von Pañuelos aus nach Bariloche zurückfahren. Man muss aber daran denken, die Busabfahrtszeiten in Bariloches Touristeninformation zu checken! Die Fahrpläne variieren von Saison zu Saison.

Wer Lust auf Radfahren hat, fährt mit dem Bus bis Km 18,6 und leiht sich ein Fahrrad bei **Bike Cordillera** (0294-452-4828; www.cordillerabike.com; Av Bustillo, km18.6; 200/450 AR$/Std. oder Tag; 9–18 Uhr). So radelt man zwar nicht die ganze Strecke, vermeidet aber die verkehrsreiche Av Bustillo und kann die landschaftlich schöneren Abschnitte des Rundkurses genießen. Vorher anrufen, um ein Rad zu reservieren! Achtung: Es ist eine 25 km lange bergige Strecke! Aber die Attraktionen am Weg entschädigen für die Mühen.

Skifahren ist im Winter, zwischen Mitte Juni und Oktober, angesagt. **Cerro Catedral** (0294-440-9000; www.catedralaltapatagonia.com; Mitte Juni–Mitte Okt.), etwa 20 km westlich der Stadt gelegen, ist eines der größten Skizentren in Südamerika. Hier liegen Dutzende Skihänge und es gibt eine Standseilbahn, eine Gondelbahn sowie zahlreiche weitere Einrichtungen (inkl. Verleiher). Das Beste aber ist die Aussicht: Die Gipfel rund um die Seen sind ein prachtvoller Anblick.

Wer hier wandern will, kann den **Cerro Otto**, den **Cerro Catedral** und den **Cerro Campanario** hinaufkraxeln; auf alle diese Gipfel führen aber auch Sessellifte. Bei der sechsstündigen Wanderung an den Hängen des Monte Tronador zum Refugio Meiling muss man in der Regel einmal übernachten, da man von Bariloche aus eine zweieinhalbstündige Anfahrt bis zum Startpunkt (Pampa Linda) hat. Die Tour auf den Gipfel des Tronador bewältigen nur geübte Bergsteiger.

Wanderer sollten sich beim Club Andino (S. 171) oder im Büro des Parque Nacional Nahuel Huapi (S. 171) in Bariloche nach dem Wegzustand erkundigen, da die Strecken auch im Sommer infolge von Schneefällen unpassierbar sein können.

El Bolsón

0294 / 17 061 EW.

Hippies dürfen jubeln: El Bolsón ist Argentiniens Pflichtziel für Blumenkinder. In der liberalen Künstlergemeinde leben Alternative, die den Ort zur „atomfreien Zone" und „Öko-Kommune" erklärt haben. Rund 120 km südlich von Bariloche liegt das unscheinbare Städtchen inmitten von spektakulär zerklüfteten Bergen. Seinen Wohlstand verdankt es dem warmem Mikroklima und furchtbarem Boden: Von dieser Kombination profitieren diverse Bio-Bauernhöfe, die Hopfen, Käse, Beeren (z. B. Himbeeren) und allerlei anderes Obst produzieren. Davon zeugt die berühmte **Feria Artesanal** (Plaza Pagano; Di, Do, Sa & So 10–16 Uhr), die El Bolsóns Seele widerspiegelt. Neben Lebensmitteln aus lokaler Produktion gibt's auch kreatives Kunsthandwerk (z. B. hölzerne Küchenbretter, Kalebassen für Mate-Tee, Schmuck, Flöten oder Marionetten).

Die kompetente **Touristeninformation** (0294-449-2604; www.elbolson.gov.ar; abseits der Plaza Pagano; 8–20 Uhr) wartet mit Broschüren, guten Stadtplänen und detaillierten Lokalinfos (Unterkünfte, Restaurants, geführte Touren, Dienstleistungen) auf.

Grado 42 (0294-449-3124; www.grado42.com; Av Belgrano 406; Mo–Sa 8.30–20.30, So 10.30–13 & 17–19 Uhr) empfiehlt sich für sommerliche Aktivitäten wie Paragliding, Ausritte oder Rafting auf dem Río Azul.

Schlafen

In den umliegenden Bergen gibt's *refugios* und viele Campingoptionen.

★ **La Casona de Odile** HOSTEL $
(0294-449-2753; www.odile.com.ar; abseits der Av San Martín; B/DZ 8/40 US$; @) Das Hostel unter der Leitung von früheren Travellern liegt ca. 5 km nördlich vom Stadtzentrum und zählt zu den besten in ganz Argentinien. Auf einem parkartigen Gelände am Fluss (2 ha) gibt's hier alles, was das Backpacker-Herz begehrt: gute Einrichtungen, komfortable Schlafsäle und Privatzimmer, eine hauseigene Kleinbrauerei, Yogakurse, Massagen, Leihräder und günstiges, herzhaftes Abendessen. Viele Gäste wollen eigentlich

nur ein paar Tage bleiben und sind dann Wochen später immer noch da.

★ Earthship Patagonia BOUTIQUEHOTEL $

(☎ 0294-448-3656; www.earthshippatagonia.com; Azcuénaga 754; B/DZ 8/30 US$; P⊖📶) 🍃 Die US-Auswanderer Trent und Natalie leiten dieses liebevoll gestaltete Hotel mit Solarzellen und Recycling-Architektur (z.B. alte Glasflaschen und Blechdosen, Autoreifen mit Erdfüllung). Gäste wohnen in stilvoll eingerichteten Jurten im mongolischen Stil. Zudem gibt's hier MTB-Touren, Yoga-Klausuren und gemeinsames Abendessen (optional) mit Bio-Gemüse aus dem eigenen Garten.

Bei den lohnenden Führungen um 16 Uhr erfahren auch externe Besucher, wie dieses Wunderwerk entstanden ist.

Cabañas Tulquelen HÜTTEN $

(☎ 0294-448-3251; www.cabanastunquelen.com; Feliciano 771; Hütte für 2 Pers. 25 US$; P⊖📶) Nur ein paar Blocks von El Bolsóns Hauptplatz entfernt liegt diese Hüttenanlage mit freundlichen Inhabern. Die gemütlichen Quartiere verfügen jeweils über Essbereiche mit Kochecken (Untergeschoss) und behagliche Schlafzimmer (Obergeschoss).

Camping Refugio Patagónico CAMPEN $

(☎ 0294-448-3888; www.refugiopatagonico.com.ar; Islas Malvinas s/n; Stellplatz 11 US$/Pers., B 14 US$; 📶) Die Anlage ist für einen Campingplatz nicht schlecht: Im Kern handelt es sich um ein freies Feld, aber an der Seite plätschert ein Bach. Die Einrichtungen sind gut; zu ihnen gehören *asados* und ein moderner Toilettenblock. Wer ein Zimmer sucht, findet anderswo aber bessere Angebote.

Hostería La Escampada BOUTIQUEHOTEL $$

(☎ 0294-448-3905; www.laescampada.com; Azcuénaga 561; EZ/DZ ab 60/70 US$; 📶) Hinter einer lachsfarbenen Fassade punktet das La Escampada mit freundlichem Service, Sinn für Details und einem super Frühstücksangebot. Die gerade mal zehn Zimmer haben bequeme Betten. Die Superior-Varianten verfügen zusätzlich über eigene Whirlpools.

Essen & Ausgehen

Auf der **Feria Artesanal** (Plaza Pagano; Snacks ab 35 AR$; ⏲ Di, Do, Sa & So 10–16 Uhr) 🍃 gibt's gutes, günstiges und gesundes Essen.

Jauja CAFÉ, EISDIELE $

(☎ 0294-449-2448; www.heladosjauja.com; Av San Martín 2867; Kugel ab 70 AR$; ⏲ 8–23 Uhr; 📶) Die verlässlichste *confitería* (Café, das kleine Gerichte anbietet) vor Ort hat alle üblichen Speisen und einiges, was für El Bolsón typisch ist (z.B. hausgemachtes Brot und Erdbeersaft). Die Tagesgerichte lohnen einen Blick – das Risotto mit Lamm und Wildpilzen ist hervorragend. Die angeschlossene Eisdiele ist legendär, also Platz für den Nachtisch lassen!

La Salteñita EMPANADAS $

(☎ 0294-449-3749; Av Belgrano 515; Empanadas ab 25 AR$; ⏲ 11–15 & 20–22 Uhr) Günstige Rotisserie mit Empanadas à la Nordargentinien.

★ La Gorda INTERNATIONAL $$

(☎ 0294-472-0559; 25 de Mayo 2709; Hauptgerichte 250–600 AR$; ⏲ Di–So 19–23.30 Uhr; 📶✍) El Bolsóns bestes Restaurant serviert üppige, gut zubereitete Köstlichkeiten im entspannten und stilvollen Ambiente. Zur Auswahl stehen gute vegetarische Optionen, ein paar asiatische Speisen, Appetitliches aus Fleisch und einige interessante Beilagen. An warmen Abenden empfehlen sich die Gartentische. Reservierung ist höchst ratsam.

Patio Cervecero El Bolsón BIERGARTEN

(www.facebook.com/patiocerveceroelbolsoncentro; Av San Martín 2400; ⏲ 12–1 Uhr; 📶) An heißen Tagen können Gerstensaftfans hier bei IPA, rauchigem *negra ahumada* (extra dunklem Bockbier), *rubia* (Pils) und saisonalen Sorten im Freien relaxen. Drinnen gibt's Fußball im Fernsehen, Grunge-Rock auf die Ohren und halbwegs anständige Burger bzw. Pizzen als Grundlage zum Feiern.

Awka Cervecería CRAFT-BIER

(www.facebook.com/awka.cerveceria.5; Ecke Perito Moreno & Dorrego; ⏲ 18–3 Uhr; 📶) Abends laben sich hier viele junge Einheimische und Touristen an Craft-Bieren: Oatmeal Stout, Tripel im belgischen Stil, hopfigem IPA und Barley Wine (ein starkes Ale).

Anreise & Unterwegs vor Ort

El Bolsón hat keinen zentralen Busbahnhof. Über die ganze Stadt verteilen sich diverse Busunternehmen, die u.a. Bariloche (195–245 AR$, 2 Std.), Esquel (270–345 AR$, 2¼–3½ Std.) und Buenos Aires (ab 2500 AR$, 23 Std.) bedienen. Fahrpläne gibt's bei der Touristeninformation. **Via Bariloche** (☎ 0294-445-5554; www.viabariloche.com.ar; Ecke Onelli & Roca) bietet die meisten Verbindungen nach/ab Bariloche.

Rund um El Bolsón

Der spektakuläre Granitkamm des 2260 m hohen **Cerro Piltriquitrón** wölbt sich im

Osten auf wie das Rückgrat eines prähistorischen Tiers. *Remises* bringen einen bis in eine Höhe von 1100 m („Plattform"). Von dort führt eine 40-minütige Wanderung zum **Bosque Tallado** (Skulpturenwald; abseits der RN 40; Eintritt 100 AR$, nur im Jan., Feb. & Ostern), einem Hain mit rund 50 aus Baumstämmen geschnitzten Figuren. Ein 20-minütiger Aufstieg führt dann von dort zum **Refugio Piltriquitrón** (☎ in El Bolsón 0294-448-3433; B 14 US$, Stellplatz frei), wo man etwas trinken oder auch übernachten kann (Schlafsack mitbringen!). Von dieser Unterkunft aus sind's noch zweieinhalb Stunden bis zum Gipfel. Das Wetter ist sehr wechselhaft, man muss also für alle Temperaturen ausgerüstet sein.

Auf einem Kamm 7 km westlich der Stadt befindet sich der **Cabeza del Indio** (abseits der RN 40; ⌚8–18 Uhr), ein Felsvorsprung, der an das Profil eines Menschen erinnert. Auf dem Weg dorthin hat man einen großartigen Blick auf den Río Azul und den Lago Puelo. Ungefähr 10 km nördlich der Stadt gibt es einen **Wasserfall** (abseits der RN 40; ⌚8–18 Uhr). All diese Attraktionen sind am besten im Januar und Februar per Bus erreichbar.

Nach einer gut dreistündigen Wanderung erreicht man die enge, schöne Schlucht des **Cajón del Azul**. Am Ende der Schlucht steht ein freundliches *refugio*, in dem man etwas essen oder auch übernachten kann. Von dem Punkt, an dem einen die städtischen Busse absetzen, sind es 15 steile und staubige Minuten bis zum Ausgangspunkt des Weges zum Cajón del Azul.

Rund 18 km südlich von El Bolsón befindet sich der windgepeitschte **Parque Nacional Lago Puelo**. Hier kann man zelten, schwimmen, angeln, wandern oder eine Bootstour zur chilenischen Grenze unternehmen. Im Sommer fahren regelmäßig Busse aus El Bolsón hierher.

Esquel

☎ 02945 / 32 400 EW.

Wenn man der Pfefferkuchenromantik von Bariloche und anderer niedlicher Orte im Seengebiet überdrüssig ist, wirkt das alte, prosaische Esquel wie ein frisches Lüftchen. Das Städtchen in den spektakulären, zum Wandern einladenden Gebirgsausläufern der westlichen Chubut-Provinz ist das Tor zum Parque Nacional Los Alerces und ein entspanntes, freundliches Basislager für Abenteueraktivitäten. Sehr erholsam nach der anstrengenden Fahrt auf der RN 40.

Aktivitäten

EPA — ABENTEUER-AKTIVITÄTEN

(Expediciones Patagonia Aventura; ☎ 02945-457015; www.facebook.com/epaexpediciones2; Av Fontana 484; ⌚9–13 & 17–20.30 Uhr) EPA hat Rafting, Canyoning, Camping, Reiten und Wandern im Programm. Bei den Rafting-Trips auf dem Río Corcovado (90 km entfernt) können die Teilnehmer im empfehlenswerten, hauseigenen Hostel am Fluss übernachten. Die Baumwipfel-, Reit- und Wandertouren nutzen als Unterkunft das Mountain Center (eine attraktive Lodge aus Holz) im Parque Nacional Los Alerces. Die Firma verleiht auch Kajaks.

Coyote Bikes — FAHRRADVERLEIH

(☎ 02945-455505; www.coyotebikes.com.ar; Rivadavia 887; ⌚ Mo–Fr 9–12.30 & 16–20, Sa 9–12.30 Uhr; nur Sommer) Verleiht Mountainbikes und liefert Details zu regionalen MTB-Trails.

Schlafen

★ **Sol Azul** — HOSTEL $

(☎ 02945-695556; www.hostelsolazul.com.ar; Rivadavia 2869; B 15 US$; @ 🛜) Das einladende, attraktive Hostel im Stil einer Berghütte punktet u. a. mit einem türkischen Dampfbad und gelegentlichem Abendessen aus regionalen Zutaten. Zudem gibt's hier eine voll ausgestattete Küche mit Edelstahlherden und Gewürzregalen. Ein separater Bau hinter dem Haupthaus beherbergt die Schlafsäle mit Fußbodenheizung und kleinen, sauberen Bädern. Das Hostel liegt am nördlichen Stadtrand (Taxi zum Zentrum nehmen).

Planeta Hostel — HOSTEL $

(☎ 02945-456846; www.planetahostel.com; Av Alvear 1021; B/DZ inkl. Frühstück 13/37 US$; 🛜) In einem alten, kunterbunt gestrichenen Innenstadthaus findet man beengte Zimmer und freundlichen Service. Daunendecken, eine blitzblanke Gemeinschaftsküche und ein Aufenthaltsbereich mit TV heben das Hostel etwas vom Durchschnitt ab.

Sur Sur — HOTEL $$

(☎ 02945-453858; www.hotelsursur.com; Av Fontana 282; DZ/3BZ inkl. Frühstück 45/50 US$; 🛜) Eine Familie führt das nette Hotel mit freundlicher Atmosphäre, viel Komfort und Frühstücksbuffet. In den kleinen Zimmern mit Fliesenböden gibt's TV, Ventilatoren und Haartrockner. Fotos von Gästen zieren die Flure.

Hostería La Chacra — B&B $$

(☎ 02945-452802; www.lachacrapatagonia.com; RN 259, Km 5; EZ/DZ inkl. Frühstück 60/70 US$;

(@📶🍳) Lust auf etwas Lokalkolorit? Dann empfiehlt sich dieses ländliche B&B in einem Wohnhaus aus den 1970er-Jahren. In den großen, hellen Zimmern warten dicke Daunendecken. Zudem gibt's ein üppiges Frühstück im Gringo-Stil. Inhaberin Rini ist eine perfekte Gastgeberin und eine Expertin in Sachen walisischer Lokalgeschichte. Das Haus liegt 6 km südwestlich von Esquel und ist von dort mit Taxis, Shuttlebussen oder normalen Bussen Richtung Trevelin (stündl.) erreichbar.

Essen & Ausgehen

Dimitri BÄCKEREI $
(☎02945-15-584410; www.facebook.com/dimitricoffehouse; Rivadavia 805; Snacks 90–150 AR$; ⌚Mo–Sa 9–20 Uhr) Das höchst attraktive Bäckereicafé in Pastelltönen serviert üppige Salate, Backwaren und Sandwichs (drei hauseigene Brotsorten) auf zusammengewürfeltem Geschirr. In fröhlicher, zwangloser Atmosphäre gibt's auch Bier und Barista-Kaffee.

Quillen VEGETARISCH $
(☎02945-400212; www.facebook.com/quillenrestaurant; Av Fontana 769; Hauptgerichte 200–300 AR$; ⌚Mo 10–14, Di–So 10–15 & 20–24, Sa & So 20–24 Uhr; ✍) Das Quillen würde eher ins Hauptstadtviertel Palermo als in die Ausläufer der Anden passen. Neben Pizza und Pasta aus Bio-Zutaten gibt's hier auch Craft-Bier und frische Limonade. Die leichten Gerichte (vegetarisch bzw. vegan) kommen nach einer Autotour auf der RN40 gerade recht.

Don Chiquino ITALIENISCH $$
(☎02945-450035; www.facebook.com/donchiquinoesquel; Av Ameghino 1641; Hauptgerichte 250–360 AR$; ⌚12–15 & 20–24 Uhr) Pasta ist in Argentinien nichts Neues. Der Inhaber dieses Lokals ist jedoch gleichzeitig Zauberkünstler und unterhält einen während des Wartens mit Tricks. In fröhlicher Atmosphäre gibt's hier z.B. leckere *sorrentinos* mit Rucola.

Charlá Cafe CAFÉ
(☎02945-400714; 25 de Mayo 780; ⌚Mo–Fr 8–21, Sa ab 9, So ab 16 Uhr) Immer gut für eine süße Stärkung: Das stilvolle Café mit Freilufttischen serviert Kuchenteigbrötchen, selbstgebackene Kuchen und *alfajores* (Keks-Sandwichs; meist mit Milchkaramell gefüllt).

Heiskel CRAFT-BIER
(☎02945-15-507177; www.facebook.com/cerveceriaheiskel; Chacabuco 2311; ⌚Di–Sa 18–23.30 Uhr) Das schlichte Heiskel schenkt Craft-Biere aus eigener Produktion (Tipp: das IPA) zu Wurst- und Käseplatten aus. Durch große Fenster schauen Gäste direkt in den Brauraum. Der winzige Laden ist teilweise ziemlich voll.

ABSTECHER

TEATIME IN TREVELIN

Das historische Trevelin, aus den kymrischen Wörtern für Dorf (*tref*) und Mühle (*melin*), ist die einzige Gemeinde im Innern der Provinz Chubut mit ausgeprägt walisischem Charakter. Der entspannte, idyllische Ort bietet sich für einen ruhigen Ausflug mit Nachmittagstee an. Man knabbert etwas Gebäck bei **Nain Maggie** (☎02945-480 232; www.nainmaggie.com; Perito Moreno 179; ⌚15.30–20 Uhr) oder **La Mutisia** (☎02945-480165; Av San Martín 170; www.casadetelamutisia.com.ar; ⌚15.30–20.30 Uhr) und spitzt die Ohren: Mancher Einheimische spricht noch die kymrische Sprache aus der Heimat.

Praktische Informationen

Touristeninformation (☎02945-451927; www.esquel.tur.ar; Ecke Av Alvear & Sarmiento; ⌚Mo–Fr 8–20, Sa & So ab 9 Uhr) Gut organisiertes Büro mit eindrucksvollem Angebot an Broschüren und detaillierten Karten. Das hilfsbereite Personal spricht mehrere Sprachen.

Anreise & Unterwegs vor Ort

Flughafen (☎02945-451676) Liegt 24 km östlich der Stadt (Taxi 400 AR$). Aerolíneas Argentinas (www.aerolineas.com.ar) startet hier mehrmals pro Woche gen Buenos Aires.

Busbahnhof (http://terminalesquel.com.ar; Ecke Av Alvear & Brun; ⌚6.30–24 Uhr) Das moderne Terminal in Zentrumsnähe bietet u. a. Verbindung nach El Bolsón (270–345 AR$, 2½ Std.), Bariloche (470–580 AR$, 4¼ Std.), Puerto Madryn (1100–1400 AR$, 7–9 Std.) und Comodoro Rivadavia (1000–1560 AR$, 8 Std.). Zudem fahren hier Busse südwärts nach Trevelin (50 AR$, 30 Min.) und halten dabei entlang der Av Alvear.

Bahnhof Roca (Ecke Roggero & Urquiza; ⌚Mo–Sa 8–14 Uhr) Von der winzigen Station rollt der Schmalspur-Dampfzug **La Trochita** (☎02945-451403; www.latrochita.org.ar; einfach 900 AR$) einmal pro Woche nach Nahuel Pan. (Fahrplan-)Infos zur Touristenbahn gibt's auf der Website und bei der Touristeninfo.

Parque Nacional Los Alerces

Nur 33 km westlich von Esquel schützt dieser **Nationalpark** (www.parquesnacionales.gob.

ar/areas-protegidas/region-patagonia/pn-los-alerces; Erw./Kind 300/70 AR$; ⌚ Südeingang 9–17 Uhr) eine ursprüngliche Anden-Landschaft mit rauschenden Bächen, grünen Bergen und spiegelglatten Seen. Hauptattraktion ist jedoch die Patagonische Zypresse bzw. Alerce (*Fitzroya cupressoides*), die zu den langlebigsten Lebensformen des Planeten zählt: Manche Exemplare sind bis zu 4000 Jahre alt. Die meisten Wanderer ignorieren diesen herrlichen Park zugunsten bekannterer Pendants im Norden oder Süden – was einen Besuch umso reizvoller macht.

Die zurückweichenden Gletscher der Andengipfel, die hier kaum 2300 m erreichen, haben urtümliche Seen und Bäche hinterlassen. Hier kann man wunderbar angeln und die Aussicht genießen. Weststürme sorgen für einen Niederschlag von fast 3000 mm pro Jahr, aber die Sommer sind mild, und die östliche Zone des Parks ist viel trockener. **Intendencia** (☎ 02945-471015; ⌚ Sommer 8–21 Uhr, ansonsten 9–16 Uhr) hilft beim Planen von Exkursionen.

Eine beliebte fünfstündige Bootstour führt von Puerto Chucao (am Lago Menéndez) nach **El Alerzal**, einem leicht erreichbaren Standort der seltenen Patagonischen Zypressen (2380 AR$). Während des einstündigen oder längeren Aufenthalts wandert man auf einem Rundweg vorbei am Lago Cisne und einem attraktiven Wasserfall und gelangt schließlich zu **El Abuelo** (Großvater), einer 57 m hohen, 2600 Jahre alten Alerce.

Im Park gibt's mehrere gebührenpflichtige Campingplätze mit Duschen, Lebensmittelläden und Restaurants. In deren Nähe findet man meist weitere Campingmöglichkeiten mit nur wenigen oder gar keinen Einrichtungen (günstiger bzw. gratis). Am Lago Krüger liegen ein Campingplatz, ein Restaurant und eine teure *hostería*. Ab dem nahegelegenen Villa Futalaufquen gelangt man etweder per pedes (17 km, 12 Std.) oder Wassertaxi dorthin. Die Touristeninformation in Esquel führt ein Verzeichnis mit regionalen Unterkünften.

Von Esquel aus fahren Busse zum Park (150 AR$, 1¼ Std., Jan.–Mitte März zweimal tgl., übriges Jahr dreimal wöchentl.).

PATAGONIEN

Nur wenige Orte auf der Welt regen die Fantasie so sehr an wie das sagenhafte Patagonien. Man kann die öde RN 40 (Südamerikas Route 66) abfahren, zuschauen, wie ein Gletscher hausgroße Eisberge kalbt und in einer der fantastischsten Gebirgslandschaften der Erde wandern. Hier warten walisische Teestuben, versteinerte Wälder, urige Vorposten, Pinguinkolonien, riesige Schaffarmen sowie Forellen, die zu den größten überhaupt zählen. Der Himmel ist weit und die späten Sonnenuntergänge haben fast etwas Mystisches.

Seinen Namen verdankt Patagonien angeblich den Mokassins der Tehuelche – die Schuhe erweckten den Anschein, das Volk hätte sehr große Füße: *pata* bedeutet „Fuß" auf Spanisch. Geografisch ist die Region hauptsächlich eine windige, kahle, flache Einöde. Nur an der Ostküste gibt es eine reiche Fauna, während sich im Westen die Anden auftürmen. Eine ganze Reihe berühmter Menschen zog es dennoch hierher, von Charles Darwin bis hin zu Bruce Chatwin; und auch Butch Cassidy und Sundance Kid trieben sich hier herum. Das ändert aber nichts daran, dass Patagonien zu den am dünnsten besiedelten Gegenden der Welt zählt.

Puerto Madryn

☎ 0280 / 94 000 EW.

Das Tor zur Halbinsel Valdés, Puerto Madryn ist von Tourismus und Industrie geprägt, hat sich aber auch einige kleinstädtische Züge bewahrt: Im Radio werden entlaufene Hunde gesucht, und die Einheimischen sind freundlich und haben die Ruhe weg. Mit Sommertemperaturen, die jenen in Buenos Aires entsprechen, ist Madryn auch ein netter Strandort. Von Juni bis Mitte Dezember stehen die Südkaper im Mittelpunkt.

Sehenswertes & Aktivitäten

★ **EcoCentro** MUSEUM

(☎ 0280-445-7470; www.ecocentro.org.ar; J. Verne 3784; Erw./Kind 400/300 AR$; ⌚ Dez.–Feb. Mi–Mo 17–21, an Tagen mit anlegenden Kreuzfahrtschiffen 10–13 Uhr, März & Mitte Juni–Nov. Mi–So 15–19 Uhr, April Do–So 15–19 Uhr, Mai–Mitte Juni geschl.) Das großartige Museum ehrt das einzigartige Meeres-Ökosystem der Region, indem es die umfangreiche Forschung vor Ort mit künstlerischer Sensibilität behandelt. Die Ausstellungen widmen sich z.B. dem Paarungsverhalten der Glattwale, den verschiedenen Lauten der Delfine oder den regionalen Harems der Südlichen Seeelefanten. Unter den anderen Einrichtungen sind Streichel- und Gezeitenbecken. Zudem gibt's

Patagonien

0
200 km
Aluminé
Parque Nacional Laguna Blanca
Parque Nacional Lanín
Junín de los Andes
Río Limay
Río Negro
Choelle Choel
San Martín de los Andes
Cerro Chapelco (1340 m)
Piedra del Aguila
La Esperanza
San Antonio Oeste
Parque Nacional Nahuel Huapi
Ingeniero Jacobacci
Las Grutas
Viedma
Monte Tronador (3554m)
Bariloche
Río Negro
La Lobería
Cerro Catedral (2388 m)
Golfo San Matías
Puerto Montt
Sierra Grande
Cerro Piltriquitrón (2260 m)
El Bolsón
El Maitén
Península Valdés
Punta Norte
Isla de los Pájaros
Reserva Faunística Península Valdés
Parque Nacional Lago Puelo
Puerto Madryn
Puerto Pirámides
Parque Nacional Los Alerces
Paso del Sapo
Esquel
Trevelin
Gaiman
Trelew
Dolavon
Rawson
Punta Ninfas
Las Plumas
Tecka
Lago General Vintter
Río Chubut
Área Natural Protegida Punta Tombo
José de San Martín
Paso de Indios
Chubut
Cabo Raso
Camarones
Lago Musters
Lago Colhué Huapi
Cabo Dos Bahías
Coyhaique
Río Mayo
Sarmiento
Comodoro Rivadavia
Golfo San Jorge
Lago Buenos Aires
Las Heras
Caleta Olivia
Chile Chico
Perito Moreno
Los Antiguos
Pico Truncado
Río Deseado
Fitz Roy
Cueva de las Manos
Bajo Caracoles
Santa Cruz
Puerto Deseado
CHILE
Lago Pueyrredón
Monumento Natural Bosques Petrificados
ATLANTIK
Villa O'Higgins
Gobernador Gregores
Candelario Mansilla
Lago Cardiel
Cerro Fitz Roy (3441 m)
Río Chico
San Julián
El Chaltén
Tres Lagos
Lago Viedma
Parque Nacional Los Glaciares
Río Santa Cruz
Santa Cruz
El Calafate
Parque Nacional Monte León
Lago Argentino
Esperanza
Bahía Grande
Parque Nacional Torres del Paine
Villa Cerro Castillo
Río Turbio
Güer Aike
Río Gallegos
Río Gallegos
Puerto Natales
Punta Delgada
Cabo Vírgenes
Región XII
Magellanstraße

Puerto Madryn

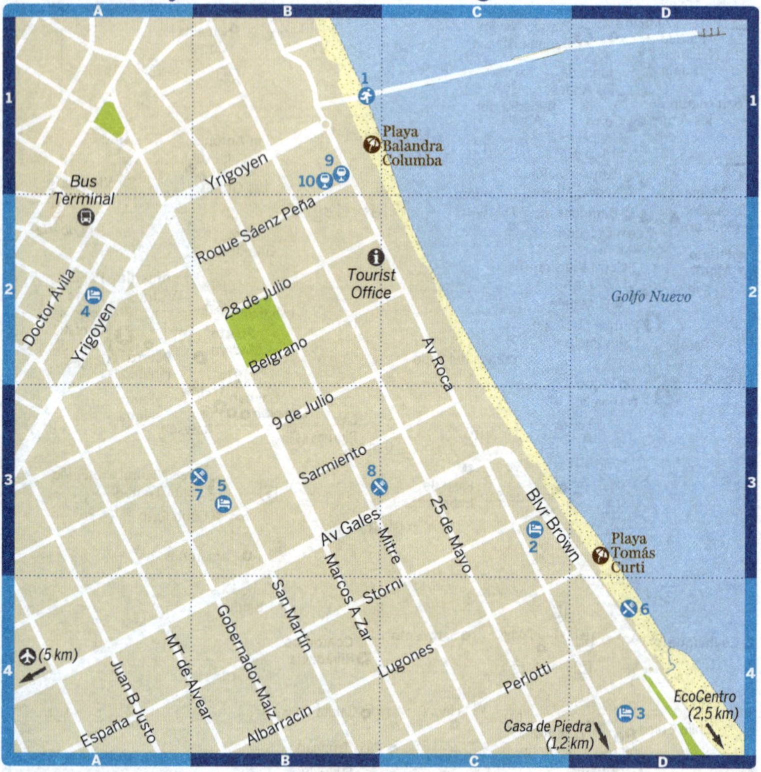

Puerto Madryn

Aktivitäten, Kurse & Touren
- Napra Club .... (siehe 6)
- 1 Regina Australe B1

Schlafen
- 2 Chepatagonia Hostel C3
- 3 Hi Patagonia Hostel D4
- 4 La Casa de Tounens A2
- 5 La Tosca B3

Essen
- 6 Bistro de Mar Nautico D4
- 7 La Milonga B3
- 8 Lupita B3

Ausgehen & Nachtleben
- 9 James Beer B1
- 10 Margarita Pub B1

hier einen dreistöckigen Turm mit Bibliothek. Dessen oberstes Stockwerk hat große Panoramafenster und gemütliche Leseecken.

Observatorio Punta Flecha NATURSCHUTZGEBIET
(⏲ Flut) GRATIS Das von der Fundación Patagonia Natural geführte Walbeobachtungszentrum mit Infos für Touristen findet sich 17 km nördlich von Puerto Madryn an der Playa el Doradillo. Das Observatorium ist bei Flut geöffnet, wenn es mehr Wale zu sehen gibt und mehr Besucher an den Strand kommen.

Napra Club WASSERSPORT
(☎ 0280-445-5633; www.napraclub.com; Bulevar Brown 860; ⏲ 9.30–19.30 Uhr) In der Baracke neben dem Bistro de Mar Nautico werden Fahrräder (300 AR$/Tag) und Stehpaddelbretter (450 AR$/Std.) vermietet und geführte Seekajaktouren (550 AR$/2 Std.) angeboten. Man kann auch Neoprenanzüge mieten.

Geführte Touren

Zahllose Veranstalter sowie die meisten Hotels und Hostels der Region offerieren Touren zur Península Valdés (ca. 2000 AR$/Pers.). Der Parkzugang (520 AR$) und eventuelle Walbeobachtungen sind dabei jeweils extra zu bezahlen. Einige Trips besuchen auch die Seeelefanten und Pinguine von Punta Ninfas. Empfehlungen von anderen Travellern helfen bei der Anbieterwahl.

Regina Australe BOOTSFAHRT
(0280-445-6447; www.reginaaustrale.com.ar; Muelle Piedra Buena; Erw./Kind 4–12 Jahre 800/600 AR$; Ticketbüro 10–13 & 14–19 Uhr) Das auf 300 Passagiere ausgelegte Schiff kreuzt über den Golfo Nuevo nach Punta Lobo. Es legt bequem am städtischen Pier ab, wo auch die Tickets verkauft werden. Die dreistündige Fahrt startet samstags, sonntags, mittwochs und an Feiertagen immer um 13 Uhr. Das Schiff hat drei Decks. Es gibt Fastfood und eine Bar an Bord.

Schlafen

★ **Hi Patagonia Hostel** HOSTEL $
(0280-445-0155; http://hipatagonia.com; Av Roca 1040; B 12 US$, DZ mit/ohne Bad 45/35 US$;) Das zentral gelegene Hostel mit Top-Service ist die ideale Ausgangsbasis für regionale Abenteuer. Doppelt verglaste Fenster garantieren einen ruhigen Schlaf. Im Hinterhof mit Rasen und Grill geht's gesellig zu. Inhaber Gaston wartet zudem mit Tourinfos, präzisen Wetterberichten und Gezeitenkalendern auf. Obendrein vermietet er Fahrräder und Autos.

La Tosca HOSTEL $
(0280-445-6133; www.latoscahostel.com; Sarmiento 437; DZ 50 US$, B/EZ/DZ ohne Bad 13/35/40 US$; @) In dem gemütlichen Gästehaus wird man von Inhaber und Personal mit Namen begrüßt. Das Hostel, die Schöpfung eines vielgereisten Paars, ist modern und komfortabel. Das Haus besitzt einen grasbewachsenen Hof und gute Matratzen. Das abwechslungsreiche Frühstück bietet hausgemachten Kuchen, Joghurt und Obst. Die Doppelsuiten und das Bad mit Duschmöglichkeit nach dem Checkout sind wunderbar. Es gibt auch einen Fahrradverleih.

La Casa de Tounens HOSTEL $
(0280-447-2681; www.lacasadetounens.com; Passaje 1 de Marzo 432; DZ mit Bad 50 US$, B/DZ ohne Bad 11/40 US$; @) Ein freundliches Paar aus Paris und Argentinien leitet dieses tolle Hostel nahe dem Busbahnhof. Da es nur wenige Zimmer hat, ist die Betreuung besonders persönlich. Die gemütliche Steinterrasse des Hauses verfügt über Hängematten und einen Grill. Im Aufenthaltsbereich steht ein Pooltisch. Zum Frühstück gibt's selbstgebackenes Brot.

Chepatagonia Hostel HOSTEL $
(0280-445-5783; www.chepatagoniahostel.com.ar; Storni 16; B/DZ 12/35 US$; @) Das stilvolle, heitere Hostel gehört einem freundlichen Paar, das Touren für die Gäste bucht und zweimal die Woche Grillfeste veranstaltet. Weitere Pluspunkte sind die komfortablen Betten und die Möglichkeit, vom Balkon aus Wale zu erspähen. Gäste können im Haus Kleidung waschen und sich Mahlzeiten zubereiten. Räder werden auch vermietet (350 AR$/Tag).

★ **Casa de Piedra** B&B $$
(0280-15-499-1611, 0280-447-3521; www.laspiedrashosteria.com; Arenales 82; DZ/3BZ inkl. Frühstück 70/80 US$; @) Das wunderbare B&B punktet nicht nur mit freundlichem, aufmerksamem Service: Die Inhaber sind Kunsthandwerker und haben das ganze Haus geschmackvoll gestaltet. Das reicht von den Steinmustern des Zugangswegs bis hin zu detaillierten Holzelementen und einem übergroßen Schaukelpferd. Die blitzblanken Zimmer mit eigenen Eingängen liegen an einem Innenhof. Die Ausstattung umfasst Teekocher, Kaffeemaschinen, Flachbild-TV, Schließfächer und Minikühlschränke.

Essen & Ausgehen

La Milonga PIZZA $
(0280-447-0363; 9 de Julio 534; Pizza 250 AR$; Di–So 19–0.30 Uhr) Einheimische schätzen die altmodische Pizzeria für Produkte aus dem Lehmofen. Die gibt's in vielen Varianten – z. B. mit Rucola und Tapenade (Olivenpaste).

Lupita MEXIKANISCH $
(0280-15-472-2454; www.facebook.com/lupita.taqueria; Av Gales 195; Hauptgerichte 150–320 AR$; 20–1 Uhr) Das farbenfrohe Winzlokal befriedigt Gelüste nach Pikantem mit Nachos und Fajitas. Seine mexikanische Küche ist zwar kein Original à la Guadalajara, aber mit Weizenmehl-Tortillas und selbstgemachten Salsas dennoch sehr authentisch.

Bistro de Mar Nautico SEAFOOD $$
(0280-445-7616; www.cantinaelnautico.com.ar; Bulevar Brown 860; Hauptgerichte 250–550 AR$; 7.30–24 Uhr) Das geschäftige Café hat ein unschlagbares Strandflair und emsige Kellner alter Schule. Meeresfrüchteliebhaber

stürzen sich auf den gegrillten Fisch oder die knusprigen Calamari. Darüber hinaus gibt es Burger, Pizza und Frühstück. Der Ausblick auf das Wasser ist so prächtig wie bei kaum einem anderen Restaurant in Puerto Madryn. Nach 20 Uhr ist das Speisenangebot reduziert.

James Beer CRAFT-BIER
(www.facebook.com/jamesbeermadryn; Ecke Av Roca & Roque Sáenz Peña; ⌚12–16 & 18–1 Uhr) Die angesagte Bar ist die neueste Erweiterung von Madryns Nachtleben. Im modernen Ambiente gibt's Craft-Bier vom Fass (hauseigene Varianten plus zwölf Sorten aus ganz Argentinien) zu Burgern, Würstchen und anderen Kneipengerichten.

Margarita Pub KNEIPE
(☎0280-447-2659; www.margaritapub.com; Roque Sáenz Peña 15; ⌚19–4 Uhr) Die trendige, schummrige Kneipe mit Backsteinwänden und freundlichem Barpersonal hat ein großes Cocktail-Angebot. Dazu gibt's anständiges Essen; beispielsweise ist das Sushi am Mittwoch sehr beliebt. Freitags und samstags wird hier ab 1.30 Uhr auch getanzt.

Praktische Informationen

Touristeninformation (☎0280-445-3504; https://madryn.travel; Av Roca 223; ⌚Dez.–Feb. 8–21 Uhr, April–Nov. kürzer) Führt ein aussagekräftiges *libro de reclamos* (Beschwerdebuch für Touristen) und betreibt in der Hauptsaison auch einen hilfreichen Schalter am Busbahnhof (⌚7–21 Uhr). Unter den hilfsbereiten und kompetenten Angestellten ist meist jemand, der Englisch oder Französisch spricht.

Anreise & Unterwegs vor Ort

Aeropuerto El Tehuelche (☎0280-445-6774) Puerto Madryns eigener moderner Flughafen befindet sich 10 km westlich der Stadt. Dennoch benutzen die meisten kommerziellen Flüge immer noch den Flughafen Almirante Marcos A Zar (S. 182), der 65 km südlich in Trelew liegt.

Ab Tehuelche fliegt die Regionalgesellschaft **Andes** (☎0280-447-5877; www.andesonline.com; Belgrano 41; ⌚Mo–Sa 7–19, So 12–20 Uhr) täglich zum Aeroparque in Buenos Aires. **Aerolíneas Argentinas** (☎0280-445-4318; 25 de Mayo 11, 2. Stock; ⌚Mo–Fr 9–12.30 & 15–19, Sa 9.30–13 Uhr) und **LADE** (☎0280-445-1256; Av Roca 119; ⌚Mo–Fr 9–16 Uhr) starten bzw. landen in Trelew, unterhalten aber Ticketbüros in Puerto Madryns Zentrum.

Busbahnhof (☎0280-445-1789; www.terminalmadryn.com; Ecke Ciudad de Nefyn & Dr. Ávila) Bietet z. B. Verbindung nach Puerto Pirámides (130 AR$, 1½ Std.), Trelew (76–120 AR$, 1 Std.), Comodoro Rivadavia (745–900 AR$, 6–8 Std.), Río Gallegos (2170–2470 AR$, 15–20 Std.), Esquel (1100–1400 AR$, 9 Std.) und Buenos Aires (2200–2500 AR$, 18–20 Std.).

Hi Patagonia Rent-a-Car (☎0280-445-0155; www.hipatagonia.com; Rawson 419; ⌚nach Reservierung) Vermietet u. a. einfache Kleinwagen (2000 AR$/Tag inkl. Versicherung und 200 Fahrtkilometer).

Reserva Faunística Península Valdés

☎0280

Die **Reserva Faunística Península Valdés** (☎0280-445-0489; http://peninsulavaldes.org.ar; Erw./Kind 520/250 AR$; ⌚8–20 Uhr) beheimatet Seelöwen, Seeelefanten, Guanakos, Nandus, Magellan-Pinguine und zahlreiche andere Vogelarten. Diese Welterbestätte mit 3600 km² Fläche und mehr als 400 km Küstenlinie zählt zu Südamerikas schönsten Naturschutzgebieten. Jedes Jahr kommen über 80 000 Besucher hierher und nutzen die grandiosen Möglichkeiten für Tierbeobachtungen. Die unbestrittenen Hauptattraktionen sind die bedrohten Südlichen Glattwale bzw. Südkaper *(ballena franca austral)*: Die wärmeren, geschützteren Gewässer am Golf werden von Juni bis Mitte Dezember zur Kinderstube dieser Meeressäuger.

Beim Betreten des Schutzgebiets passiert man zunächst den schmalen, 5 km langen Hals der Halbinsel. Im Norden kann man einen Blick auf die **Isla de los Pájaros** erhaschen. Die Form der kleinen Insel erinnerte Antoine de Saint-Exupéry, wie seinem Buch *Der kleine Prinz* zu entnehmen ist, an einen Hut oder „eine Boa, die einen Elefanten verschlungen hat". Von 1929 bis 1931 war Saint-Exupéry hier als Postflieger im Einsatz. Sehenswert sind die **Salina Grande** und die **Salina Chico** – die Salzmarschen liegen 42 m unter dem Meeresspiegel und sind die tiefgelegensten Landgebiete Südamerikas.

Die **Caleta Valdés** ist eine von einer langen Landzunge aus Kies abgeschirmte Bucht und ein beliebter Tummelplatz der See-Elefanten. Gleich nördlich davon hat sich eine große Kolonie von Magellan-Pinguinen ihre Bruthöhlen gebuddelt. Bei **Punta Norte** dösen Seelöwen und See-Elefanten vor sich hin, während ab und zu Schulen von Orcas das Meer durchstreifen.

Das Zentrum der Halbinsel ist **Puerto Pirámides**, eine sandige, raue Siedlung an einer Straße, in der gerade einmal 500 Menschen leben. Man kann hier übernachten, wenn man näher an den Naturattraktionen dran sein möchte. Die Einrichtungen sind spartanisch: Es gibt nur einen Geldautomaten in der Stadt (der vielleicht gerade außer Betrieb ist) und keine Autovermietung. Tauchgänge, Ausritte und Mountainbike-Touren werden aber angeboten. Außerhalb der Walbeobachtungssaison lohnen sich Bootstouren eigentlich nur für jene, die sich für Watvögel und Seelöwen interessieren – gelegentlich kann man auch einen Delfin sichten. Infos gibt's in der **Touristeninformation** (☎0280-449-5048; www.puertopiramides.gov.ar; 1era Bajada; ⏲8–20 Uhr).

Schlafen & Essen

Die meisten Unterkünfte und Restaurants liegen im Bereich von Puerto Pirámides.

La Casa de la Tía Alicia PENSION $
(☎0280-449-5046; info@hosteriatiaalicia.com.ar; Av de las Ballenas s/n; DZ inkl. Frühstück 50 US$; 📶) Die rosafarbene Pension mit gemütlicher Atmosphäre hat gerade mal drei hüttenartige Zimmer, in denen auch Tee serviert wird. Die knallbunten Quartiere liegen rund um einen reizenden Garten. Die Inhaber zeigen ihr Öko-Bewusstsein mit der Aufbereitung von Brauchwasser und dem Kompostieren organischer Abfälle.

Hostel Bahía Ballenas HOSTEL $
(☎0280-15-456-7104; www.bahiaballenas.com.ar; Av de las Ballenas s/n; B 12 US$; ❄@📶) Das einladende Backsteinhostel hat zwei riesige Schlafsäle und ist an dem „Backpackers"-Schild zu erkennen. Gäste erhalten Rabatt für Touren in der Gegend. Die Küchennutzung ist im Preis inbegriffen; das Frühstück kostet extra.

Camping Municipal CAMPEN $
(☎0280-15-420-2760; 12 US$/Pers.) Der mit Kies bestreute, bequeme und geschützte Campingplatz hat saubere Toiletten, einen Laden und Münz-Warmwasserduschen. Er liegt an der Straße, hinter der Tankstelle. Im Sommer sollte man früh kommen, um sich einen Platz zu sichern. Nicht das Lager direkt am Strand aufschlagen – die Flut steigt wirklich hoch!

El Origen CAFÉ $$
(☎0280-449-5049; Av de las Ballenas s/n; Hauptgerichte 200–350 AR$; ⏲8.30–19 Uhr) Das nette Café ist prima für einen schnellen Happen: Hier gibt's selbstgemachte Salate, Pizzaund Sandwichs sowie gesunde Snacks (Tipp: das milchfreie Dessert mit Chia-Samen und Kokosmilch). Den Durst stillen Kaffee, Säfte und offenes Tees aus biologisch-dynamischer Produktion.

An- & Weiterreise

Im Sommer pendeln Busse zwischen Puerto Madryn und Puerto Pirámides (131 AR$, 1½ Std., 1- bis 2-mal tgl.).

Trelew

☎0280 / 98 600 EW.

Trotz Verwurzelung in seinem walisischen Erbe wirkt das mittelgroße Trelew nicht gerade hübsch. Dieser recht langweilige Verkehrsknotenpunkt ist auch das wirtschaftliche Zentrum der Region. Bis auf ein erstklassiges Dinosaurier-Museum hat die Stadt wenig zu bieten. Jedoch liegt sie in bequemer Nähe zu vielen Attraktionen (z. B. den walisischen Dörfern Gaiman und Dolavon).

Vor Ort steigt auch ein walisisches Literatur- und Musikfestival namens **Eisteddfod de Chubut** (⏲Ende Okt.).

Sehenswertes

★ **Museo Paleontológico Egidio Feruglio** MUSEUM
(☎0280-443-2100; www.mef.org.ar; Av Fontana 140; Erw./Kind 220/160 AR$; ⏲Mitte Sept.–Mitte März 9–19 Uhr, Mitte März–Mitte Sept. Mo–Fr 9–18, Sa & So ab 10 Uhr) Das Naturkundemuseum zeigt Patagoniens bedeutendste Fossilienfunde – darunter über 1700 versteinerte Überreste von Pflanzen und Meereslebewesen. Das Highlight sind dabei 2013 entdeckte Knochen des Patagotitan. Dieses potenziell größte Landtier aller Zeiten und weitere Dinosaurier gibt's hier auch als großartige Skelettrekonstruktionen in Originalgröße zu sehen. Die detaillierten Infotafeln werden durch Naturgeräusche, Videos und Führungen in verschiedenen Sprachen ergänzt.

Geführte Touren

Nievemar GEFÜHRTE TOUREN
(☎0280-443-4114; www.nievemartours.com.ar; Italia 20; ⏲Mo–Fr 8.30–12.30 & 15.30–20.30, Sa 9–13 Uhr) Kürzere und längere Standard-Touren nach Punta Tombo.

Schlafen

Hostel El Agora HOSTEL $
(☎0280-442-6899; www.hostelagora.com.ar; Edwin Roberts 33; B/DZ 18/45 US$; ❄@📶) Die Backpackerbleibe residiert in einem blitzblanken, schmucken Backsteinhaus. Es gibt

einen kleinen Hof, einen Büchertausch und eine Waschküche. Auch geführte Radtouren werden angeboten. Das Hostel ist zwei Blocks von der Plaza Centenario und vier vom Busbahnhof entfernt.

★ **La Casa de Paula** B&B $$
(☎ 0280-15-435-2240; www.casadepaula.com.ar; Marconi 573; DZ/3BZ mit Frühstück 62/66 US$; P ❄ 📶) Nach einem Tag voller Sonne und Wind kann man sich gut im Haus der Künstlerin Paula erholen. Die Zimmer haben große Doppelbetten mit Daunendecken und gewebten Tagesdecken. Die Einrichtung in dem modernen Wohnhaus ist bunt zusammengewürfelt und freundlich, im Radio dudelt Jazz und im gemütlichen Wohnbereich liegen Modezeitschriften aus. Es gibt auch einen üppigen Garten. Zum hervorragenden Frühstück gibt's hausgemachte Marmelade.

Essen & Ausgehen

Sugar ARGENTINISCH $$
(☎ 0280-442-1210; 25 de Mayo 247; Hauptgerichte 180–300 AR$; ⏲ 7–1 Uhr; ✎) Das moderne Sugar an der Plaza Independencia serviert aufgepeppte Versionen von schlichten Klassikern à la Argentinien – keine Spitzenküche, aber eine angenehme Abwechslung zum sonstigen Einerlei. So gibt's hier z. B. *milanesas* mit Quinoa, Pfannengerichte mit Rindfleisch, gegrilltes Gemüse oder Fisch mit Kräutern. Parallel sind auch Salate und frisch gepresste Säfte im Angebot.

Touring Club CAFÉ
(Av Fontana 240; ⏲ 6.30–2 Uhr) Die historische *confitería* (Café mit leichten Gerichten) zelebriert alte Zeiten – vom Butch-Cassidy-Steckbrief und der gefliesten Decke mit Prägemustern bis hin zum antiken Bartresen im Hinterbereich. Selbst die Kellner im Smoking scheinen aus einer anderen Epoche zu stammen. Das einmalige Ambiente entschädigt für den miesen Service und die mittelmäßigen Sandwichs.

Praktische Informationen

Touristeninformation (☎ 0280-442-0139; www.trelew.gov.ar; Ecke San Martín & Mitre; ⏲ Mo–Fr 8–20, Sa & So 9–21 Uhr; 📶) Hilfreiches Büro mit gutem Angebot; ein Teil des Personals spricht Englisch.

Anreise & Unterwegs vor Ort

Airport Almirante Marcos A Zar (☎ 0280-443-3443; www.aeropuertotrelew.com; RN 3, Km 1450) Liegt 5 km nördlich von Trelew und bietet u. a. mit **Aerolíneas Argentinas** (☎ 0810-222-86527; Rivadavia 548; ⏲ Mo–Fr 9–17 Uhr) Verbindung nach Buenos Aires. Von hier aus gelangt man per **Taxi** (☎ 0280-442-0404) zum Zentrum (180 AR$) und mit dem **Transfer Aeropuerto** (☎ 0280-487-7300; 300 AR$) nach Puerto Madryn.

Busbahnhof (☎ 0280-442-0121; Urquiza 150) Sechs Blocks nordöstlich vom Zentrum starten hier z. B. Busse nach Puerto Madryn (76–120 AR$, 1 Std.), Gaiman (35–65 AR$, 30 Min.), Comodoro Rivadavia (650–780 AR$, 5–6 Std.), Esquel (1000–1325 AR$, 9 Std.) und Buenos Aires (1500–2250 AR$, 18–21 Std.).

Autovermieter betreiben Filialen am Flughafen und in der Stadt.

Rund um Trelew

Gaiman

☎ 0280 / 9600 EW.

Dieses Stück Wales in Patagonien liegt 17 km westlich von Trelew. Schlichte, niedrige Gebäude säumen ruhige und breite Straßen; an heißen Tagen kühlt sich die Dorfjugend im nahegelegenen Fluss ab. Die meisten Besucher kommen nach Gaiman, um Gebäck und Kuchen in den guten walisischen Teestuben zu genießen. Zu den besten Optionen zählen dabei das vor 30 Jahren eröffnete **Ty Gwyn** (☎ 0280-499-1009; 9 de Julio 111; ⏲ 14–19.30 Uhr) und das **Plas y Coed** (☎ 0280-449-1133; www.plasycoed.com.ar; M. D. Jones 123; ⏲ 14–19.30 Uhr), das von der Urenkelin des ursprünglichen Inhabers geleitet wird. Eine Gesamtübersicht gibt's bei der **Touristeninformation** (☎ 0280-449-1571; informes@gaiman.gov.ar; Ecke Rivadavia & Belgrano; ⏲ Dez.–März 9–20 Uhr, April–Nov. bis 18 Uhr; 📶).

Das kleine **Museo Histórico Regional Gales** (☎ 0280-449-1007; Ecke Sarmiento & 28 de Julio; Eintritt 20 AR$; ⏲ Dez.–März tgl. 15–18 Uhr, April–Nov. Di–So 15–19 Uhr) beleuchtet die walisische Regionalgeschichte mit alten Pionierfotos und Haushaltsgegenständen.

Gaiman lässt sich leicht im Rahmen eines Tagestrips ab Trelew besuchen. Für Übernachtungswillige empfiehlt sich das zauberhafte **Yr Hen Ffordd** (☎ 0280-449-1394; www.yrhenffordd.com.ar; M. D. Jones 342; EZ/DZ inkl. Frühstück 27/35 US$; 📶): Dessen schlichte, aber recht gemütliche Zimmer haben eigene Bäder mit ausgezeichneten Duschen. Einige lokale Teestuben vermieten ebenfalls Quartiere.

Zwischen Gaiman und Trelew verkehren Linienbusse (35–65 AR$, 30 Min.).

Área Natural Protegida Punta Tombo

Die **Área Natural Protegida Punta Tombo** (Erw./Kind 400/200 AR$; ⏲ Sept.–April 8–18 Uhr) ist das größte Pinguin-Brutgelände auf dem südamerikanischen Kontinent: Hier nisten über 500 000 Magellan-Pinguine – ebenso Königs- und Felsenscharben, Riesensturmvögel, Dominikanermöwen, Magellan-Dampfschiffenten und Klippen-Austernfischer. Ranger begleiten die Besucher zu den Nistplätzen.

Das örtliche Infozentrum namens **Centro Tombo** (⏲ 8–18 Uhr) beherbergt auch eine *confitería*. Geführte Touren besuchen das Schutzgebiet ab Trelew oder Puerto Madryn. Alternativ kann man auch ein Auto mieten (eine gute Option für Gruppen).

Comodoro Rivadavia

☎ 0297 / 177 000 EW.

Trockene Hügel voller Bohrtürme, Öltanks und Windenergieparks umgeben das staubige Comodoro, das von den meisten Touristen nur als Umsteigepunkt genutzt wird. Die moderne, arbeitsame Hafenstadt bietet sich aber auch als Tor zu regionalen Attraktionen an: Hier gibt's nützliche Einrichtungen (z. B. einen Walmart) und diverse Hotels (teuer).

Schlafen & Essen

Hotel Victoria HOTEL **$$**

(☎ 0297-446-0725; Belgrano 585; EZ/DZ/ inkl. Frühstück 44/50 US$; P 📶) Das freundlichste Hotel der Stadt vermietet geräumige Zimmer mit beruhigender Farbgestaltung, festen Doppelbetten, Schreibtischen und Kabel-TV. Zudem gibt's Frühstück mit frischem Gebäck. Parken kostet extra.

Hilario CAFÉ **$$**

(☎ 0297-444-2516; www.facebook.com/hilariocrd; Belgrano 694; Hauptgerichte 220–360 AR$; ⏲ Di–Sa 10–24, So ab 17 Uhr) Das moderne Café mit unverputzten Backsteinwänden und nackten Glühbirnen ist bei Einheimischen beliebt. Der Laden bietet gute Alternativen zur argentinischen Standardkost: Neben Pizza gibt's auch Fleischpasteten mit Sesamkruste und Gerichte mit Quinoa. Die Getränkeauswahl umfasst Limonade mit Ingwer und Minze.

Praktische Informationen

Touristeninformation (☎ 0297-444-0664; www.comodoroturismo.gob.ar; Parque Soberania; ⏲ Mo–Fr 8–20, Sa & So 9–15 Uhr) Gut organisiertes Büro mit prima Angebot und freundlichem Personal.

Anreise & Unterwegs vor Ort

BUS

Busbahnhof (Pellegrini 730) Im Zentrum besteht hier u. a. Verbindung nach Puerto Madryn (745–900 AR$, 6 Std.), Los Antiguos (550 AR$, 5 Std.), Esquel (960 AR$, 10 Std.), Bariloche (1015–1200 AR$, 12 Std.), Río Gallegos (1150 AR$, 10–12 Std.) und Buenos Aires (2380 AR$, 24 Std.).

FLUGZEUG

Aeropuerto General Mosconi (☎ 0297-454-8190) Liegt 9 km nördlich der Stadt. Mehrmals täglich starten hier **Aerolíneas Argentinas** (☎ 0297-444-0050; www.aerolineas.com.ar; Av Rivadavia 156; ⏲ Mo–Fr 9–17 Uhr) und **LATAM** (☎ 0297-454-8160; www.latam.com; Flughafen) gen Buenos Aires. **LADE** (☎ 0297-447-0585; www.lade.com.ar; Av Rivadavia 360; ⏲ Mo–Fr 8–20, Sa 10–17 Uhr) bedient El Calafate, Río Gallegos, Trelew, Ushuaia, Buenos Aires und dazwischen befindliche Ziele.

Los Antiguos

☎ 02963 / 3360 EW.

In dieser ländlichen Oase an den windigen Ufern des Lago Buenos Aires findet man *chacras* (Kleinbauernhöfe), die Kirschen, Erdbeeren, Äpfel, Aprikosen und Pfirsiche anbauen. Der Ort bietet sich auch zur Ausreise nach Chile an. Schon allein die Anreise entlang der RN40 kann zum Abenteuer geraten.

Am zweiten Januarwochenende steigt die **Fiesta de la Cereza** (Kirschenfest) mit Rodeos und Livemusik. **Chelenco Tours** (☎ 02963-491198; www.chelencotours.tur.ar; Av 11 de Julio Este 584; ⏲ 10–13 & 16.30–21.30 Uhr) besucht die Cueva de las Manos mit Felskunst ab der Zeit um 7370 v. Chr. Die Firma bietet zudem MTB- und Wandertouren zum Monte Zeballos an. Die **Touristeninformation** (☎ 02963-491261; www.losantiguos.tur.ar; Lago Buenos Aires 59; ⏲ 8–20 Uhr) liefert Details zu weiteren Aktivitäten (z. B. Angeln, Windsurfen). Vor Ort gibt's auch eine Bankfiliale mit Geldautomat.

Östlich vom Zentrum (20 Gehmin.) liegt unter schattigen Zypressen der **Camping Municipal** (☎ 02963-491265; Av 11 de Julio Este s/n; Zeltstellplatz 6 US$/Pers., zzgl. 2 US$/weitere Pers., B/Hütte pro Pers. 24/29 US$) mit Stellplätzen und Hütten. Die Zimmer des **Hotel Los Antiguos Cerezos** (☎ 02963-491132; www.facebook.com/hotellosantiguoscerezos; Av 11 de Julio 850; EZ/DZ/3BZ 35/55/65 US$; 📶) wirken recht steril. Vergleichsweise teurer und kom-

GRENZÜBERGÄNGE: ARGENTINIEN–CHILE

Zum Recherchezeitpunkt waren alle öffentlichen Verkehrsverbindungen zwischen Los Antiguos (Argentinien) und Chile Chico (Chile) ausgesetzt. Dies könnte sich inzwischen aber wieder geändert haben (lokal nachfragen). Falls nicht, muss man von Los Antiguos aus zum argentinischen Grenzposten laufen (1,5 km) und von dort zu dessen chilenischem Pendant (1 km). Bis Chile Chico sind's dann noch einmal 5 km.

Chilenische Fähren von Somarco (S. 587) überqueren fast täglich den Lago General Carrera (Chile Chico–Puerto Ingeniero Ibañez), was bei Trips nach Coyhaique sehr viel Zeit spart.

fortabler ist das **Hotel Mora** (☎0297-15-540-2444; www.hotelmorapatagonia.com; Av Costanera 1064; EZ/DZ/3BZ inkl. Frühstück 42/60/75 US$; WLAN) am Seeufer. Das **Viva El Viento** (☎02963-491109; www.vivaelviento.com; Av 11 de Julio 477; Hauptgerichte 190–400 AR$; ⏲Mo–Do 11–1, Fr & Sa bis 2, So bis 23.30 Uhr; WLAN) im Berghüttenstil serviert Espresso und Café-Kost.

Von Mitte November bis Ende März schickt **Chaltén Travel** (☎0297-623-4882; www.chaltentravel.com; Av Tehuelches s/n, Los Antiguos) täglich Busse nach El Chaltén und El Calafate (1600 AR$, 12 Std.). Ansonsten besteht hier auch Busverbindung nach Perito Moreno (125–270 AR$, 40 Min.), Bariloche (1490 AR$, 12 Std.) und Comodoro Rivadavia (640 AR$, 7 Std.). Aktuelle Fahrpläne sind bei der Touristeninformation erhältlich.

El Chaltén

☎02962 / 1630 EW.

Das farbenfrohe Dorf blickt auf den hinreißenden nördlichen Abschnitt des Parque Nacional Los Glaciares. Im Sommer kommen Tausende von Wanderern, um die tollen Routen unterhalb der zackigen Gipfel des **Fitz-Roy-Massivs** zu erkunden. Bergsteiger wollen u.a. den Hauptgipfel des **Cerro Fitz Roy** (3441 m) bezwingen. Selbst im Sommer muss man auf Wind, Regen und kaltes Wetter eingestellt sein; dann sind auch die Gipfel wegen der Wolken nicht zu sehen. Wenn die Sonne scheint, ist El Chaltén jedoch ein Paradies für Outdoor-Fans.

Achtung: El Chaltén liegt innerhalb der Grenzen des Nationalparks; deswegen gelten die Vorschriften bezüglich des Umgangs mit offenem Feuer und des Sicherheitsabstands zu Flussläufen. Das Wasser der Flüsse in der Region ist ungefiltert trinkbar, und so sollte es auch bleiben! Von April bis Oktober ist in El Chaltén fast alles geschlossen.

Aktivitäten

Laguna Torre WANDERN & TREKKEN

Das Highlight der Wanderung (einfache Strecke 9 km, 3 Std.) ist der Blick auf den Cerro Torre. Bei gutem Wetter (d.h. wenig Wind, klarer Himmel) sollte diese Route Priorität sein: An normalen, stürmischen Tagen ist die Felsnadel nämlich der am schwersten zu erkennende Gipfel der Gegend.

★ **Laguna de Los Tres** WANDERN & TREKKEN

Diese Wanderung (einfache Strecke 10 km, 4 Std.) führt zu einem Hochgebirgssee, der zu den schönsten Orten im Parque Nacional Los Glaciares zählt. Die vergleichsweise anspruchsvollere Route erfordert gute Kondition und ist sehr steil. Darum vor allem bei Schlechtwetter vorsichtig sein!

Lago del Desierto-Chile-Wanderweg WANDERN

Der Lago del Desierto liegt rund 37 km nördlich von El Chaltén (1 Std. mit dem Auto auf einer Schotterpiste) nahe der chilenischen Grenze. Am See führt ein 500 m langer Weg zu einem Aussichtspunkt, von dem aus man See und Gletscher bewundern kann. Am Ostufer des Sees führt ein Weg weiter bis nach Candelario Mansilla in Chile.

Immer beliebter werden ein- bis dreitägige Kombinationen aus Wanderung und Fährfahrt über die Grenze nach Chile und weiter bis Villa O'Higgins, der Endstation der Carretera Austral. Die Strecke ist auch bei Radlern populär, obwohl ein großer Teil der Zeit draufgeht, um Rad und Gepäck an steilen Stellen, die zu eng für die Radtaschen sind, zu schultern und hinaufzutragen. Es gibt Planungen, hier eine Straße zu bauen, aber das kann auch noch Jahrzehnte dauern.

Spa Yaten GESUNDHEIT & FITNESS

(☎02962-493394; spayaten@gmail.com; Av San Martín 36; Massagen 1750 AR$/Std.; ⏲10–22 Uhr) Im Spa Yaten können müde Wanderer direkt von der Strecke einkehren: Hier gibt's Duschen, Bademäntel und -sandalen. Das Angebot umfasst diverse Anwendungen und Massagen (Reservierung erforderl.). Vorhanden sind auch eine Trockensauna und Whirlpools in einem Gemeinschaftsraum.

Geführte Touren

Zona Austral GEFÜHRTE TOUREN
(02902-489755; http://zonaaustralturismo.com; Av MM de Güemes 173; Touren halber/ganzer Tag 15,50/20 US$) Seekajak-Trips plus Touren zum Glaciar Vespignani am Lago del Desierto.

Casa de Guias OUTDOOR-AKTIVITÄTEN
(02962-493118; www.casadeguias.com.ar; Lago del Desierto 470, El Chaltén; 10–13 & 16.30–21 Uhr) Freundliche Firma mit Profi-Guides, die Englisch sprechen und offiziell vom argentinischen Bergführerverband (AAGM) zertifiziert sind. Im Angebot sind z. B. Bergüberquerungen, extremes Hochgebirgswandern und Kletterkurse (jeweils in Kleingruppen).

Schlafen

In einigen Unterkünften wird auch Frühstück serviert. Die folgenden Preisangaben gelten jeweils für die Hauptsaison (Ende Dez.–Ende Feb.; rechtzeitig reservieren!).

Albergue Patagonia HOSTEL $
(Patagonia Travellers' Hostel; 02962-493019; www.patagoniahostel.com.ar; Av San Martín 376; B/EZ/DZ/3 BZ 15/47/60/70 US$; jeweils inkl. Frühstück; Sept.–Mai;) Ein einladendes Bauernhaus aus Holz beherbergt dieses großartige Hostel mit hilfsbereitem Personal und gutem Service. Im separaten Gebäude mit den großen und modernen Schlafsälen geht's recht gesellig zu. Die einzelnen B&B-Zimmer punkten mit eigenen Bädern, Küchenbenutzung und Zugang zum üppigen Frühstücksbuffet im Fuegia Bistro.

Das Hostel verleiht auch Fahrräder und veranstaltet eine tolle Radtour (inkl. Shuttle-Möglichkeiten) zum Lago del Desierto.

Lo de Trivi HOSTEL $
(02962-493255; www.lodetrivi.com; Av San Martín 675; B 10–17 US$, DZ ohne Bad 25 US$;) Gute Budgetoption: An das umgebaute Haus wurden Container und Verdecks mit alten Betten als Sitzplätze auf der Veranda hinzugefügt. Das wirkt improvisiert, funktioniert aber gut. Es gibt ordentliche Gemeinschaftsbereiche mit und ohne TV; am besten ist die kantinenartige Gästeküche. Die Doppelzimmer bestehen aus behaglichen Containern, in die kaum das Bett hineinpasst.

Rancho Grande Hostel HOSTEL $
(02962-493005; www.ranchograndehostel.com; Av San Martín 724; B/DZ/3BZ/4BZ ab 16/57/70/90 US$;) Die wuselige Backpacker-Bleibe fungiert als so etwas wie Chalténs Hauptbahnhof, denn hier halten die Busse von Chaltén Travel. Alle finden hier etwas, von Busreservierungen über (kostenpflichtigen) Internetzugang bis zu einem Café, das rund um die Uhr geöffnet hat. In den sauberen Vierbettzimmern stapeln sich die Decken, im Badezimmertrakt gibt es Reihen von Duschkabinen. Die Privatzimmer bieten ein eigenes Bad und kostenloses Frühstück.

Camping El Relincho CAMPING $
(02962-493007; www.elrelinchopatagonia.com.ar; Av San Martín 545; Stellplatz pro Pers./Auto/Wohnmobil 9/3/5 US$;) Windgepeitschte Privatanlage mit ungeschützten Stellplätzen und eingefriedeter Freiluftküche.

★ **Nothofagus B&B** B&B $$
(02962-493087; www.nothofagusbb.com.ar; Ecke Hensen & Riquelme; EZ/DZ/3BZ ab 35/41/55 US$, ohne Bad ab 30/33/44 US$; Okt.–April) Dieses attraktive, gemütliche Refugium im Berghüttenstil überzeugt mit aufmerksamem Service und herzhaftem Frühstück. Mit Maßnahmen wie Trennen von Bio-Müll oder Handtuchwechsel nur auf Anfrage hat sich das B&B das Sello Verde (Öko-Siegel) verdient. Die Zimmer mit Balkendecken und Teppichböden bieten teils auch eine schöne Aussicht. Ein paar der Quartiere teilen sich Gemeinschaftsbäder an den Fluren. Die Inhaber sind frühere Wanderführer und liefern gute Trekking-Infos.

Pudu Lodge HOTEL $$
(02962-493365; www.pudulodge.com; Calle Las Loicas 97; DZ inkl. Frühstück 120 US$;) Das komfortable, moderne Hotel mit super Service hat für El Chaltén ein prima Preis-Leistungs-Verhältnis. In den 20 geräumigen Zimmern gibt's gute Matratzen. Das Frühstücksbuffet wird in einem Saal mit kathedralenartigem Deckengewölbe serviert.

Essen & Ausgehen

Ein paar Restaurants sowie die meisten Hostels und Hotels bieten hier auch Mittagessen zum Mitnehmen an.

Techado Negro CAFÉ $
(02962-493268; Av Antonio Rojo; Hauptgerichte 120–220 AR$; 12–24 Uhr;) Das schlichte bunte Café hat Malereien an den Wänden und eine raue, ungezwungene Atmosphäre, die zu El Chaltén passt. Es gibt gute und günstige, teilweise auch gesunde argentinische Kost, z. B. hausgemachte Empanadas,

mit *humitas* gefüllten Kürbis, Vegetarisches mit braunem Reis, Suppen und Pastagerichte. Auch Lunchpakete werden angeboten.

Cúrcuma VEGAN **$$**
(☎02902-485656; Av Rojo 219; Hauptgerichte 320–380 AR$; ⏲10–22 Uhr; ✎) Das Café mit veganer und glutenfreier Küche (hauptsächlich zum Mitnehmen) hat viele Fans. Sein Angebot ist in Patagonien eine echte Seltenheit: Hier gibt's z.B. Burger mit Adzuki-Bohnen, Vollkorn-Pizzas, Salate, Risottos mit Kokosmilch, Smoothies und Auberginen mit Couscous-Rucola-Füllung. Wanderer können Lunchboxen vorbestellen (spätestens am Vortag).

★ **Maffía** ITALIENISCH **$$**
(Av San Martín 107; Hauptgerichte 180–360 AR$; ⏲11–23 Uhr) Hunger mitbringen: Dieses Lokal in einem Hexenhäuschen ist auf Pasta spezialisiert. Serviert werden hier u.a. leckere *panzottis* und *sorrentinos* mit einfallsreichen Füllungen (z.B. Forelle, Aubergine mit Basilikum oder Schmelzkäse). Der freundliche Profi-Service kredenzt ansonsten auch selbstgemachte Suppen, Gartensalate und Desserts (Tipp: die üppige Obsttorte).

Estepa ARGENTINISCH **$$**
(☎02962-493069; Ecke Cerro Solo & Av Antonio Rojo; Hauptgerichte 120–350 AR$; ⏲11.30–14 & 18–23 Uhr) Einheimische schätzen das Estepa für seine aromatische und verlässlich gute Küche (z.B. Lamm mit Berberitzen-Beerensauce, Forellen-Ravioli oder Spinat-Crêpes). Die Portionen sind klein, aber kunstvoll angerichtet. Das Gemüse stammt aus dem eigenen Gewächshaus. Bei kleinerem Geldbeutel empfiehlt sich die angeschlossene Rotisserie mit Straßenverkauf.

La Vinería WEINBAR
(☎02962-493301; Lago del Desierto 265; ⏲Okt.–April 14.30–3 Uhr) Die Inhaber der winzigen, aber großartigen Weinbar stammen aus Alaska. Zu hervorragenden Häppchen gibt's hier zahllose argentinische Weine (u.a. 50 offene Lesen), 70 verschiedene Craft-Biere und eine große Auswahl an Gin. Wer sich da zu sehr verleiten lässt, muss seinen nächsten Wandertag eventuell absagen.

ℹ Praktische Informationen

Parkranger-Büro (☎02962-493024, 02962-493004; pnlgzonanorte@apn.gob.ar; ⏲Sept.–April 9–17 Uhr, Mai–Aug. ab 10 Uhr) Wartet gleich links vor der Brücke in die Stadt mit Karten, Wanderinfos und Videos für Regentage auf. Alle Busse halten vor dem Gebäude.

Kommunale Touristeninformation (☎02962-493370; www.elchalten.tur.ar; ⏲8–22 Uhr) Liegt am Busbahnhof, wo sich auch einer der beiden einzigen Geldautomaten befindet.

Achtung: Beide örtliche Geldautomaten sind unzuverlässig. Zudem werden Reiseschecks oder Kreditkarten kaum von lokalen Bleiben und Dienstleistern akzeptiert – und falls doch, dann zu miesen Konditionen. Darum unbedingt genügend Pesos in bar mitbringen!

El Chalténs kleine Supermärkte führen eine anständige Auswahl an Campingbedarf und -proviant. An der San Martín (Hauptstraße) kann man größere Ausrüstungsteile (z.B. Zelte, Schlafsäcke, warme Bekleidung, benzinbefeuerte Campingkocher inkl. Brennstoff) bei diversen Outdoor-Ausrüstern kaufen bzw. ausleihen. Leihfahrräder und Guiding-Services für Bergwanderer sind hier ebenfalls im Angebot.

ℹ An- & Weiterreise

Hinweis: Die folgenden Verbindungen ab El Chaltén gelten nur für die Hauptsaison (Dez.–Feb.) und stehen ansonsten nur eingeschränkt oder gar nicht zur Verfügung. Mehrmals täglich rollen normale Busse nach El Calafate (530–800, 3½ Std.). **Las Lengas** (☎02962-493023; Antonio de Viedma 95) schickt Minibusse zum Lago del Desierto (über die Hostería El Pilar und den Río Eléctrico; hin & zurück 450 AR$).

Chaltén Travel (☎02962-493092; www.chaltentravel.com; Av M. M. de Güemes 7; ⏲7–12 & 17–21 Uhr) fährt an ungeraden Tagen nach Bariloche (ca. 3000 AR$, 2 Tage), wobei unterwegs einmal übernachtet wird (Kost und Logis kosten jeweils extra).

Von November bis März reisen nun immer mehr Traveller per pedes und Fähre nach Villa O'Higgins in Chile (Südende der Carretera Austral). Details zu dem ein- bis zweitägigen Trip enthält der Kasten „Argentinien durch die Hintertür".

El Calafate

☎02902 / 21130 EW.

El Calafate ist nach den Berberitzen-Beeren benannnt, die – einmal gekostet – dafür sorgen, dass man immer wieder nach Patagonien zurückkehrt. Zudem ist die Stadt das Tor zu einer anderen unwiderstehlichen Attraktion: dem Glaciar Perito Moreno, der 80 km entfernt im Parque Nacional Los Glaciares liegt. Der Gletscher ist ein herrliches Highlight. Seine Popularität hat der einst idyllischen Kleinstadt jedoch extremes Wachstum und schnelle Gentrifizierung beschert. Trotzdem ist El Calafate weiterhin ein netter Ort mit allerlei Dienstleistungen für Traveller. Aufgrund der strategischen Lage zwi-

El Calafate

El Calafate

Aktivitäten, Kurse & Touren
1 Chaltén Travel B2
2 Glaciar Sur B1
3 Hielo y Aventura C2

Schlafen
4 America del Sur D1
5 Bla! Guesthouse B1
6 Camping El Ovejero C1
7 Hostal Schilling C2
8 Hostel del Glaciar Libertador D2
9 Hostel del Glaciar Pioneros D3
10 I Keu Ken Hostel B3
11 Las Cabañitas A2

Essen
12 Buenos Cruces B1
13 La Anónima C2
14 La Cantina A2
15 La Tablita D2
16 Morphi al Paso B1
17 Olivia B1
18 Viva la Pepa C2

Ausgehen & Nachtleben
19 Borges y Alvarez Libro-Bar B2
20 La Zorra C2

schen El Chaltén und Torres del Paine (Chile) legt man hier quasi automatisch einen Zwischenstopp ein.

Sehenswertes

★ **Glaciarium** MUSEUM
(☎ 02902-497912; www.glaciarium.com; Erw./Kind 480/200 AR$; ⏰ Sept.–Mai 9–20 Uhr, Juni–Aug. ab 11 Uhr) Dieses einzigartige und aufregende Museum widmet sich der Welt des Eises. Tolle Exponate und zweisprachige Videos erklären u. a. die Entstehung von Gletschern. Hinzu kommen Dokus zu Expeditionen ins kontinentale Eis und nachdenklich stimmende Überlegungen zum Klimawandel. Erwachsene können sich Pelzjacken überziehen und die *bar de hielo* (zzgl. 240 AR$ inkl. einem Getränk) besuchen: Die blau beleuchtete Bar mit Raumtemperaturen unter 0 °C serviert Wodka und Fernet (italienischen Kräuterbitter) mit Cola in Gläsern aus Eis.

Der Museumsladen verkauft nachhaltig hergestellte Souvenirs von argentinischen Kunsthandwerkern. Das Glaciarium veranstaltet auch internationale Kino-Events. Der Komplex liegt 6 km außerhalb von Calafate in Richtung Nationalpark. Zu erreichen ist er mit kostenlosen Shuttlebussen, die stündlich an der 1 de Mayo (zw. Av Libertador und Roca) starten.

Geführte Touren

★ Glaciar Sur ABENTEUER-AKTIVITÄTEN
(☎02902-495050; www.glaciarsur.com; 9 de Julio 57; Touren 250 US$/Pers.; ⊙10–20 Uhr) Mit den empfehlenswerten Tagestrips dieser Firma (Okt.–April bei geeignetem Wetter) kann man Gletscher am wenig besuchten Ende des Nationalparks ohne nervige Menschenmassen bewundern: In Kleingruppen fahren die Teilnehmer z.B. zum Glaciar Frias am Lago Roca. Die alternative Abenteuertour umfasst eine vierstündige Wanderung. Und die Kulturexkursion kombiniert ein traditionelles *estancia asado* (Freiluft-Grillfest auf einem Landgut) mit einem spätabendlichen Abstecher zum Glaciar Perito Moreno. Die Profi-Guides sprechen mehrere Sprachen.

Overland Patagonia GEFÜHRTE TOUREN
(☎02902-491243, 02902-492243; www.glaciar.com; Gletschertouren 52 US$/Pers.) Dieser Veranstalter ist gleichzeitig im Hostel del Glaciar Libertador (S. 188) und im **Hostel del Glaciar Pioneros** (☎02902-491243; www.glaciar.com; Los Pioneros 251; B 13–18 US$, EZ 34–45 US$, DZ 50–55 US$; ⊙Nov.–März; @📶) vertreten. Seine alternativen Gletschertouren zum Glaciar Perito Moreno umfassen den Besuch einer *estancia*, eine Wanderung im Nationalpark (1 Std.) und eine Bootsfahrt auf dem See (optional gegen Aufpreis).

Schlafen

Für die Hauptsaison (Ende Dez.–Ende Feb.) rechtzeitig reservieren!

America del Sur HOSTEL $
(☎02902-493525; www.americahostel.com.ar; Puerto Deseado 151; B ab 22 US$, DZ 150–200 US$; @📶) Dieser Backpacker-Favorit in einer stilvollen Lodge empfängt Gäste mit Fußbodenheizung, schöner Aussicht, kompetentem Personal und ausleihbaren E-Bikes. Zudem gibt's moderne Doppelzimmer, die eigentlich schon auf Hotel-Niveau liegen. Für Unterhaltung sorgen gesellige Aktivitäten wie günstige Grillpartys mit Salatbuffet (tgl. abends, nur Hauptsaison).

Hostal Schilling PENSION $
(☎02902-491453; http://hostalschilling.com; Paradelo 141; B 27 US$, EZ/DZ ohne Bad 50/65 US$, EZ/DZ/3BZ mit Bad 65/80/105 US$; 📶) Die freundliche Pension in zentraler Lage punktet mit gutem Preis-Leistungs-Verhältnis und prima Service – dank der Inhaberfamilie, die Gäste z.B. mit Tee oder hilfreichen Infos versorgt. Zum Frühstück gibt's Rühreier, Joghurt und Kuchen. In den Aufenthaltsbereichen warten Gesellschaftsspiele und Malbücher für Erwachsene.

Hostel del Glaciar Libertador HOSTEL $
(☎02902-492492; www.glaciar.com; Libertador 587; B/EZ/DZ 18/60/70 US$; @📶) In diesem viktorianischen Haus bieten die Schlafsäle mit Stockbetten (samt dicken Decken) und optionalem Frühstück (zzgl. 84 AR$) das beste Preis-Leistungs-Verhältnis. Unter den modernen Einrichtungen sind Gästecomputer, eine leistungsstarke Fußbodenheizung, eine Gemeinschaftsküche im obersten Stock und ein großer Aufenthaltsbereich mit Sportübertragungen auf einem Plasma-TV.

Las Cabañitas HÜTTEN, APARTMENTS $
(☎02902-491118; www.lascabanitascalafate.com; Valentín Feilberg 218; Hütte für 2/3 Pers. 60/70 US$, Apt. für 4 Pers. 80 US$; jeweils inkl. Frühstück; ⊙Sept.–Mai; @📶) Die hilfsbereite Eugenia (Tochter des ursprünglichen Inhabers) betreibt diese ruhige Anlage mit gemütlichen, malerischen Nurdachhäusern. Darin führen Wendeltreppen hinauf zu Schlafebenen bzw. Apartments mit LED-Fernsehern. Unter den Extras sind eine Grillterrasse und eine Gästeküche. Im Garten blüht Echter Lavendel.

I Keu Ken Hostel HOSTEL $
(☎02902-495175; www.patagoniaikeuken.com.ar; F. M. Pontoriero 171; B ab 12 US$, Hütte 50 US$/Pers. inkl. Frühstück; @📶) Dieser schräge Traveller-Favorit punktet u.a. mit hilfsbereitem Personal, Craft-Bier und anständig gefederten Liegestühlen. Zudem gibt's hier einladende Gemeinschaftsbereiche, eine Aufenthaltsterrasse und super Grillpartys. Das Haus steht fast ganz oben an einem steilen Hügel – was eine schöne Aussicht, aber auch einen anstrengenden Marsch bedeutet. Ein Taxi zum Busbahnhof kostet 80 AR$.

Bla! Guesthouse HOSTEL $
(☎02902-492220; www.blahostel.com; Espora 257; B ab 17 US$, DZ 90 US$; 📶) Wer sich fragt, wo die ganzen Hipster geblieben sind, muss nur in dieses winzige, entspannte Design-Hostel reinschauen. Die Schlafsäle sind beengt, die Privatzimmer aber komfortabel – abgesehen von den dünnen Wänden.

Camping El Ovejero CAMPING $
(☎02902-493422; www.campingelovejero.com.ar; José Pantín 64; Stellplatz 7 US$/Pers.; @📶) Der waldige und gepflegte, aber etwas lärmige Campingplatz hat blitzblanke Duschen mit Warmwasser rund um die Uhr. Zudem gibt's

private Tische, Strom und Grills. Einheimischen zufolge serviert das Hausrestaurant ein paar der preiswertesten Grillgerichte in El Calafate. Gleich nördlich der Zugangsbrücke zur Stadt liegt das Gelände an einem Bach. Am besten online reservieren.

Posada Karut Josh B&B $$
(☎02902-496444; www.posadakarutjosh.com.ar; Calle 12, No 1882, Barrio Bahía Redonda; DZ inkl. Frühstück 85 US$; 📶) Ein italienisch-argentinisches Paar betreibt dieses ruhige B&B mit großen hellen Zimmern. Das Haus ist mit Aluminiumblech verkleidet und steht in einem schönen Garten mit Seeblick. Fürs leibliche Wohl sorgen hier üppiges Frühstück und warme Mahlzeiten (zzgl. 280 AR$).

Cauquenes de Nimez B&B $$
(☎02902-492306; www.cauquenesdenimez.com.ar; Calle 303, No 79; EZ/DZ mit Frühstück 85/90 US$; ❄📶) 🍃 Diese einladende, zweistöckige Lodge ist modern und rustikal. Ab November kann man den ganzen Sommer hindurch Flamingos auf dem See beobachten. Die mit Kordsamtdecken und Naturfotos dekorierten Zimmer bieten auch abschließbare Boxen und TV. Pluspunkte sind der aufmerksame Service, die kostenlosen Lavendel-Muffins zur Teestunde und die gratis zur Verfügung gestellten Fahrräder (Spenden werden aber gern genommen; sie kommen dem Naturschutzgebiet zu Gute).

Essen & Ausgehen

El Calafate hat diverse Restaurants für jeden Geldbeutel. An den rechtwinklig abzweigenden Seitenstraßen der Libertador gibt's kleine Läden, die Picknick-Proviant (frisches Brot, super Käse, Süßwaren, Wein) verkaufen. Hier empfiehlt sich **La Anónima** (Ecke Libertador & Perito Moreno; Essen zum Mitnehmen 190 AR$; ⏲9–22 Uhr) für Lebensmittel und Takeout-Gerichte.

Olivia CAFÉ $
(☎02902-488038; 9 de Julio 187; Snacks 90–180 AR$; ⏲Mo–Sa 11–20, So ab 14 Uhr; 📶) Pastelltöne zieren das attraktive Olivia mit Wohnzimmer-Atmosphäre. Zur Auswahl stehen u.a. *croque monsieurs* (gegrillte Schinken-Käse-Sandwiches), Donuts und Espresso aus kolumbianischen Bohnen (selbst gemahlen). Wer friert, bestellt am besten die warmen Käse-Kuchenteigbrötchen mit Sahne.

Viva la Pepa CAFÉ $
(☎02902-491880; Amado 833; Hauptgerichte 125–390 AR$; ⏲Mo–Sa 11–23 Uhr) Das freundliche, mit Kinderzeichnungen dekorierte Café ist auf Crêpes spezialisiert, bietet aber auch tolle Sandwiches mit selbst gebackenem Brot (empfehlenswert sind die mit Hühnchen, Äpfeln und Blauschimmelkäse), frische Säfte und Mate-Tee in Flaschenkürbissen.

Morphi al Paso FASTFOOD $
(☎911-3143-6005; www.facebook.com/morfialpaso; 25 de Mayo 130; Hauptgerichte 150–250 AR$; ⏲Mo–Sa 12–24, So ab 19 Uhr) Das saubere Tresenlokal mit Stühlen und viel Laufkundschaft empfiehlt sich für *milanesas,* Hotdogs und Burger zu später Stunde. *Morphi* bedeutet „Essen“ auf Lunfardo; dieser argentinische Slang ist eine Ableitung eines lombardischen Dialekts.

★ **Buenos Cruces** ARGENTINISCH $$
(☎02902-492698; www.facebook.com/buenoscrucesrestaurante; Espora 237; Hauptgerichte 150–310 AR$; ⏲Mo–Sa 12.30–15 & 19–23 Uhr; 👪) Das belebte, familiengeführte Restaurant serviert argentinische Klassiker mit Pepp. Für den Anfang empfiehlt sich der warme Rote-Beete-Salat mit eingekochtem Balsamico. Unter den so üppigen wie leckeren Hauptgerichten sind z.B. Forelle mit Nusskruste, Guanako-Hackbraten oder knusprig überbackene Ravioli mit geschmolzenem Roquefort. Top-Service und Spielecke für Kinder.

★ **Pura Vida** ARGENTINISCH $$
(☎02902-493356; Libertador 1876; Hauptgerichte 130–290 AR$; ⏲Do–Di 19.30–23.30 Uhr; 🌱) Das unkonventionelle, schummrige Lokal hat einen gewissen Seltenheitswert: Hier gibt's echte argentinische Hausmannskost in üppigen Portionen. Die langjährigen Inhaber kochen selbst und füllen auch die Weingläser eigenhändig. Auf der Speisekarte steht z.B. pikante Hähnchenpastete mit viel Butter. Gute vegetarische Optionen (u.a. Salate, brauner Reis mit Wok-Gemüse) sind ebenfalls zu haben. Unbedingt auch die Schoko-Brownies mit Eis und warmer Beerensauce probieren! Eine Reservierung ist ratsam.

La Cantina ITALIENISCH $$
(☎02902-491151; Roca 1299; Hauptgerichte 140–220 AR$; ⏲Mo–Sa 12–15 & 19–23.30 Uhr) Das freundliche, familiengeführte Restaurant ist spezialisiert auf *piadinas* – italienische Fladenbrot-Sandwiches, die wie Tacos mit Käse und anderen Zutaten gefüllt werden. Diese sind in zwei Größen erhältlich: als gigantische Normalvarianten und vergleichsweise kleiner. Zudem gibt's hier gute vegetarische *humitas* (Mais-Tamales). Musik vom Plat-

tenspieler und Live-Blues (Do, Sa & So) tragen zum zwanglosen Ambiente mit künstlerischem Touch bei.

La Tablita PARRILLA $$
(☎02902-491065; www.la-tablita.com.ar; Rosales 24; Hauptgerichte 135–650 AR$; ⊙12–15.30 & 19–24 Uhr) Diese *parrilla* ist aus gutem Grund ungemein beliebt. Hier empfehlen sich vor allem die riesigen Steaks und der Spießbraten vom Lamm. Für den normalen Hunger reicht ein halbes Steak mit einem guten Malbec, Knoblauch-Pommes oder einem Salat.

★ **La Zorra** CRAFT-BIER
(☎02902-490444; www.facebook.com/cervezalazorra; Av San Martín s/n; ⊙Di–So 18–2 Uhr) An langen, schmalen Tischen laben sich hier Einheimische wie Urlauber am eventuell besten Craft-Bier in ganz Patagonien (u.a. Smoked Porter, Double IPA). Dazu gibt's Kneipengerichte wie Würstchen mit Pommes.

Borges y Alvarez Libro-Bar BAR
(Libertador 1015; ⊙Mo–Do 12–21, Fr & Sa 15–24 Uhr; ☎) Im Obergeschoss von El Calafates Mini-Einkaufszentrum krönt eine Dachterrasse diesen Mix aus Buchladen und Bar. Neben Kaffee, Craft-Bier und teuren Cocktails gibt's hier auch Gratis-WLAN und XL-Bildbände zu Patagoniens Natur.

ℹ Praktische Informationen

In El Calafate gibt's mehrere Banken mit Geldautomaten (Achtung: an betriebsamen Wochenenden potenziell irgendwann leer!). Wer nach El Chaltén will, sollte hier genügend Bares abheben.

Städtische Touristeninformation (☎02902-491090, 02902-491466; www.elcalafate.tur.ar; Libertador 1411; ⊙8–20 Uhr) Bietet allgemeine Infos (inkl. Stadtpläne) und betreibt noch einen separaten Kiosk am Busbahnhof. In beiden Vertretungen arbeiten ein paar Angestellte mit Englischkenntnissen.

Büro des Parque Nacional Los Glaciares (☎02902-491545; Libertador 1302; ⊙Dez.–April 8–20 Uhr, Mai–Nov. bis 18 Uhr) Vor einem Trip nach Los Glaciares am besten dieses Büro besuchen: Hier gibt's Broschüren und anständige Karten zum Park.

ℹ Anreise & Unterwegs vor Ort

Der **Aeropuerto El Calafate** (☎02902-491220) ist modern und liegt 23 km östlich der Stadt. Flugverbindungen bestehen mit **Aerolíneas Argentinas** (☎02902-492816, 02902-492814; Libertador 1361; ⊙Mo–Fr 9.30–17.30 Uhr), **LADE** (☎02902-491262; Jean Mermoz 160) und **LATAM** (☎0810-999-9526; www.latam.com). Wichtig: Alle Tickets rechtzeitig buchen! **Ves Patagonia** (☎02902-494355; www.vespatagonia.com.ar; Flughafen-Shuttles 250 AR$) bietet Door-to-Door-Shuttles zu/ab Hotels in der Stadt an.

Vom **Busbahnhof** (☎02902-491476; Jean Mermoz 104; ⊙24 Std.), ein paar Blocks oberhalb der Hauptstraße, starten u.a. Busse nach Río Gallegos (580–680 AR$, 4 Std.), El Chaltén (530–800 AR$, 3½ Std.) und Puerto Natales (Chile; 1100 AR$, 5 Std.). Im Sommer rollen zudem Busse von **Chaltén Travel** (☎02902-492212; www.chaltentravel.com; Libertador 1174; ⊙9–21 Uhr) über die abenteuerliche Ruta 40 nach Bariloche (ca. 3000 AR$, 2 Tage).

Von den lokalen Autovermietern empfiehlt sich **Servi Car** (☎02902-492541; www.servicar4x4.com.ar; Libertador 695; ⊙9.30–12 & 16–20 Uhr).

Parque Nacional Los Glaciares

Nur wenige Gletscher der Welt sind so spannend und dramatisch wie das Highlight des **Parque Nacional Los Glaciares** (www.parquesnacionales.gob.ar/areas-protegidas/region-patagonia-austral/pn-los-glaciares; Erw./Kind 600/150 AR$; ⊙Sept.–Ostern 8–18 Uhr, April–Aug. 9–16 Uhr): Von der Kalbungsfront des bläulich schimmernden **Glaciar Perito Moreno** brechen ständig gezackte, riesige Eisbrocken ab und stürzen laut donnernd in den Lago Argentino. Nach enormem Einschlag mit kleiner Flutwelle treibt dann jeweils ein neuer Eisberg in den Fluten – insgesamt ein haarsträubend eindrucksvolles Erlebnis. Während die meisten Gletscher des Planeten schwinden, gilt der Perito Moreno (35 km lang, 5 km breit, 60 m hoch) als stabil. Sporadisch rückt seine Zunge so weit vor, dass sie die Península de Magallanes erreicht und den Brazo-Rico-Arm des Lago Argentino blockiert. Durch diesen Stau entsteht ein gewaltiger Druck. Nach einigen Jahren bahnt sich das Wasser dann seinen Weg und bringt den Eisdamm höchst spektakulär zum Einsturz.

Der Glaciar Perito Moreno ist wie geschaffen als Touristenattraktion. Die Península de Magallanes ist dem Gletscher nahe genug für einen spektakulären Blick, aber weit genug entfernt, dass man nicht in Gefahr gerät. Viele Laufstege und Plattformen gewähren beste Sicht. Es lohnt sich, einfach ein paar Stunden auf den Gletscher (und die über ihm kreisenden Kondore) zu blicken und darauf zu warten, dass der nächste große Eisberg abbricht.

Die meisten Touren ab El Calafate kosten ab 1300 AR$ für den Transport (einen Platz auf der linken Seite des Fahrzeugs wählen), den Führer und ein paar Stunden am Gletscher. Wer nicht an einer Tour teilnehmen will, kann ein Taxi anheuern oder geht zum Busbahnhof von El Calafate; die Fahrt hin und zurück kostet 130 AR$, und man kann mehrere Stunden am Gletscher verbringen. Es empfiehlt sich, später am Nachmittag zu kommen, wenn weniger Besucher unterwegs sind und nach der Hitze des Tages mehr Eisberge abbrechen.

Es gibt hier keine Wanderwege. Eine Cafeteria vor Ort verkauft Sandwiches und Snacks; am besten bringt man sich aber sein Mittagessen mit. Das Wetter ist wechselhaft und es kann windig werden – Zwiebellook ist angesagt!

Bootstouren zu anderen Gletschern werden auch angeboten; die abenteuerlichste Option ist eine Tour mit **Hielo y Aventura** (☎02902-492094, 02902-492205; www.hieloyaventura.com; Libertador 935) mit Gletscherwanderungen und Einführungen ins Eisklettern.

Río Gallegos

☎02966 / 95800 EW.

Kohlefrachter, Ölraffinerien und Verarbeitungsfabriken für Schafwolle prägen das geschäftige Río Gallegos. Bis auf gute Einrichtungen für Traveller hat diese Hafenstadt in touristischer Hinsicht kaum etwas zu bieten. So legen die meisten Besucher hier nur einen kurzen Zwischenstopp auf dem Weg nach El Calafate, Puerto Natales oder Ushuaia ein. Allerdings liegen in der Nähe ein paar von Südamerikas besten Angelrevieren für Fliegenfischer.

Schlafen & Essen

Hostel Elcira HOSTEL $

(☎02966-429856; Zuccarino 431; B/DZ 10/22 US$; 📶) Eine freundliche Familie betreibt das kitschige, aber einwandfrei saubere Elcira in ihrem Wohnhaus. Das Hostel liegt zwar weitab vom Stadtzentrum, jedoch nur zehn Gehminuten vom Busbahnhof entfernt.

★ **La Lechuza** ARGENTINISCH $$

(☎02966-425421; Sarmiento 134; Hauptgerichte 220–350 AR$; ⏲11.30–16 & 20–24 Uhr) Nach seinem Anfangserfolg in El Calafate ist dieser schicke Mix aus Pizzeria und normalem Restaurant nun das stimmungsvollste Lokal in Río Gallegos: Alte Zeitungen und Weinregale bedecken die Wände des schummrig beleuchteten Speiseraums. Die Pizzas gibt's in zahllosen Varianten (z. B. mit Spinat, Caprese, patagonischem Lamm oder Pilzen). Weine und Spirituosen sind auch im Angebot.

Praktische Informationen

Städtische Touristeninformation (☎02966-436920; www.turismo.riogallegos.gov.ar; Av Beccar 126; ⏲Mo–Fr 7–21, Sa & So 8–14 & 16–20 Uhr) Hilfreiches Büro etwas außerhalb der Innenstadt. Betreibt auch einen sporadisch besetzten Schalter am Busbahnhof.

Touristeninformation der Provinz (☎02966-437412; www.santacruzpatagonia.gob.ar; Av Kirchner 863; ⏲Mo–Fr 9–15 Uhr) Beste lokale Infoquelle mit Karten, zweisprachigem Personal und detaillierten Auskünften.

An- & Weiterreise

Flughafen (☎02966-442340; RN 3, Km 8) Liegt 7 km außerhalb des Zentrums (Taxi 90 AR$). Hier bestehen Flugverbindungen mit **Aerolíneas Argentinas** (☎0810-2228-6527; Av San Martín 545; ⏲Mo–Fr 9.30–17.30 Uhr), **LADE** (☎02966-422316; www.lade.com.ar; Fagnano 53; ⏲Mo–Fr 8–15 Uhr) und **LATAM** (☎02966-457189; www.latam.com).

Busbahnhof Rund 3 km südwestlich vom Zentrum fahren hier u. a. Busse nach El Calafate (580–680 AR$, 4 Std.), Ushuaia (1300 AR$, 12 Std.), Comodoro Rivadavia (1375–1568 AR$, 9–11 Std.), Río Grande (910 AR$, 8–10 Std.) und Buenos Aires (2750 AR$, 36–40 Std.) ab. Zudem geht's nach Punta Arenas (Chile; 540 AR$, 5–6 Std.) – aber stets nur zweimal pro Woche (Tickets rechtzeitig reservieren!).

FEUERLAND (TIERRA DEL FUEGO)

Der windzerzauste Archipel an der Südspitze des amerikanischen Kontinents ist verlockend und mürrisch zugleich – aber auch wunderschön, uralt und seltsam. Die Traveller, die als erste dieses Ziel am Ende der Welt erreichten, fanden diese Region viel komplexer als erwartet. Spannend ist die Historie des Landes mit ihren Geschichten von Schiffswracks, indigenen Völkern und gescheiterten Missionen. In Feuerland (Tierra del Fuego) gibt sich die Natur kühn und wild – von den öden Ebenen über die rostroten Torfmoore und moosbedeckten Lenga-Südbuchenwälder bis hin zu den schneebedeckten Gebirgszügen über dem Beagle-Kanal. Der Archipel, den sich Argentinien mit Chile teilt, besteht aus einer großen Insel, der Isla Grande, der zu Chile gehörenden Isla Navarino und vielen kleineren, unbewohnten Inseln.

1520 stattete Magellan auf seiner Suche nach einer Durchfahrt zu den asiatischen Gewürzinseln Feuerland einen Besuch ab. Vorbeifahrende Schiffe tauften den Archipel Feuerland (Tierra del Fuego) nach den Lagerfeuern, die sie an den Ufern erspäht hatten. Die Ureinwohner waren die Selk'nam (oder Ona) und die Haush, die als Landnomaden Tieren nachstellten, sowie die vom Fischfang lebenden Völker der Yámana und der Kawesqar (Alakaluf). Im frühen 19. Jh. begann die Besiedlung und Landnahme durch die Europäer, wobei die Ureinwohner fast vollständig vernichtet wurden.

Ushuaia

☎ 02901 / 57 000 EW.

Ushuaia, ein geschäftiger Hafen und Ausgangspunkt für Abenteuertouren, besteht aus einer Reihe steiler Straßen und zusammengewürfelter Gebäude unter den schneebedeckten Gipfeln der Montes Martial. Hier treffen die Anden in scharfer Talfahrt auf das Südpolarmeer und versinken hinter der Stadt in die Wogen.

Die Stadt hat eine Lage, mit der sich wenige andere vergleichen können, und Ushuaia macht sich seinen Status als Ort am Ende der Welt gut zu Nutze. Immer mehr Schiffe machen auf dem Weg in die Antarktis hier Station. Der endlose kommerzielle Betrieb weiß offenbar nichts von Ironie: Da wird ein Souvenirladen nach Jemmy Button benannt (einem Eingeborenen, der nach England verschleppt und dort zur Schau gestellt wurde) oder ein Skizentrum nach einer zerstörerischen invasiven Spezies. Aber mit einem Bier aus der südlichsten Kleinbrauerei der Welt in der Hand kann man prima aufregende Outdoor-Abenteuer planen: Wandern, Segeln, Skifahren, Kajakfahren und sogar Tauchen kann man schon einige Minuten außerhalb der Stadt.

Feuerland (Tierra del Fuego)

Sehenswertes & Aktivitäten

Das kleine, aber feine **Museo del Fin del Mundo** (☎02901-421863; https://mfm.tierradelfuego.gov.ar; Ecke Av Maipú & Rivadavia; Eintritt 200 AR$; ⏲Nov.–März 10–19 Uhr, April–Okt. Mo–Fr 10–17, Sa ab 13 Uhr) beleuchtet Ushuaias indigene Ethnien und die regionale Natur jeweils in geschichtlicher Hinsicht. Unter den hiesigen Highlights sind Werkzeuge aus Knochen und ein Raum voller Vogelpräparate. Zum Museum gehört auch das historische Gebäude an der nahe gelegenen Av Maipú 465. Das faszinierende **Museo Marítimo & Museo del Presidio** (☎02901-437481; www.museomaritimo.com; Ecke Yaganes & Gobernador Paz; Erw./Stud./Fam. 600/450/1350 AR$; ⏲März–Dez. 10–20 Uhr, Jan. & Feb. ab 9 Uhr) befindet sich in einem alten Gefängnis, dessen 380 kleine Zellen einst bis zu 700 Häftlinge beherbergten. Hier gibt's ausgestopfte Pinguine, eine Kunstgalerie und interessante Exponate zu Antarktis-Expeditionen zu sehen.

Im Vergleich zum Glaciar Perito Moreno in El Calafate kommt einem der örtliche **Glaciar Martial** wohl eher wie ein x-beliebiger Eiswürfel vor. Zumindest liegt dieser Gletscher aber in einem schönen Tal mit super Aussicht auf Ushuaia und den Beagle-Kanal. Dorthin führt ein zweistündiger Aufstieg ab der Basis, die 7 km nordwestlich der Stadt liegt und zu Fuß oder per Shuttlebus erreichbar ist. Im Tal gibt's auch **Baumwipfel-Touren** (☎02901-503767; www.canopyushuaia.com.ar; Refugio de Montaña, Cerro Martial; langer/kurzer Parcour 720/540 AR$; ⏲Okt.–Juni 10–17 Uhr) und ein Teehaus mit Snacks.

Bootstouren ab Ushuaia besuchen *estancias,* einen Leuchtturm, Puerto Williams, eine Vogelinsel und Seelöwen- bzw. Pinguin-Kolonien. Interessenten sollten vorab nach der Bootsgröße und den Dimensionen des überdachten Deckbereichs fragen – ebenso, ob die Guides auch Englisch sprechen und ob man irgendwo an Land geht. **Piratour** (☎02901-15-604646, 02901-435557; www.piratour.net; Av San Martín 847; Tour zur Pinguin-Kolonie 2500 AR$, zzgl. Hafengebühr 20 AR$; ⏲9–21 Uhr) ist aktuell der einzige Anbieter, der direkt an der Pinguin-Kolonie (besiedelt Okt.–März) anlegt. Tickets für Bootstrips (ca. 900 AR$) gibt's bei lokalen Reisebüros und Hotels sowie direkt am Hafen.

Rund 85 km östlich von Ushuaia gründete der Missionar Thomas Bridges einst Feuerlands erste *estancia*: die herrlich gelegene **Estancia Harberton** (☎Skype: estanciaharberton.turismo; www.estanciaharberton.com; Eintritt Erw./Kind 240 AR$/frei, B 50 US$, EZ/DZ inkl. VP & Aktivitäten 325/580 US$; ⏲15. Okt.–15. April 10–19 Uhr). Diese 200 km² große Ranch mit faszinierender Geschichte und eigenem Museum vermietet auch Unterkünfte. Zudem organisiert sie optionale Bootstrips zur regionalen Pinguin-Kolonie. Die Anreise ist per Taxi, Boot oder Mietwagen möglich.

Die örtlichen Wandermöglichkeiten beschränken sich nicht auf den Nationalpark: Die ganze Bergkette hinter Ushuaia ist ein natürliches Wunderland mit Seen und Flüssen. Mangels guter Routenmarkierung empfiehlt es sich jedoch, vor dem Start einen Berg- oder Wanderführer über die **Compañía de Guías** (☎02901-437753; http://companiadeguias.tur.ar) zu engagieren.

Im Winter ermöglicht die Region sowohl Abfahrts- als auch Skilanglauf. Etwa 27 km von Ushuaia entfernt wartet das größte Skigebiet namens **Cerro Castor** (☎02901-499301; www.cerrocastor.com; Tages-Liftpass

Ushuaia

1590 AR$; ⏲Skisaison Mitte Juni–Mitte Okt.) mit rund 20 Pisten auf.

Geführte Touren

Viele Agenturen organisieren Touren, z. B. mit Pferden, Kanus, Mountainbikes oder Hundeschlitten (nur Winter). Alternativ gibt's auch Tierbeobachtungen (Biber, Vögel) und Trips zu nahe gelegenen Seen. Zu den besseren Anbietern zählen **Tierra** (☎02901-15-486886, 02901-433800; www.tierraturismo.com; Büro 4C, Onas 235) 🍃, **Canal Fun** (☎02901-435777; www.canalfun.com; Roca 136; 👪) und **Rayen Aventura** (☎02901-15-580517, 02901-437005; www.rayenaventura.com; Av San Martín 611).

Schlafen

Im Dezember und Januar reserviert man besser vorab.

★ **Antarctica Hostel** HOSTEL $
(☎02901-435774; www.antarcticahostel.com; Antártida Argentina 270; B 20 US$, DZ mit/ohne Bad 75/55 US$; @📶) Die freundliche Backpacker-Bleibe überzeugt mit netter Atmosphäre und hilfsbereitem Personal. Der offene Grundriss und das Bier vom Fass helfen dabei, Bekanntschaften zu schließen. Im Gemeinschaftsraum können die Gäste abhängen oder Karten spielen und in der coolen Balkon-Küche kochen. Die Zimmer bestehen aus Beton; sie sind groß und sauber und haben auch eine Fußbodenheizung.

Hostel Cruz del Sur HOSTEL $
(☎02901-434099; Deloquí 242; B ab 16 US$; @📶) Das gut organisierte Hostel mit lässiger Atmosphäre besteht aus zwei renovierten Häusern (erb. 1920 und 1926), die orangerot gestrichen und über einen Durchgang miteinander verbunden sind. Die Bettenpreise (Rabatt ab vier Übernachtungen) basieren auf der Kapazität der einzelnen Schlafsäle. Deren dazugehörige Bäder befinden sich teilweise auf anderen Stockwerken. Die recht kleinen Indoor-Gemeinschaftsbe-

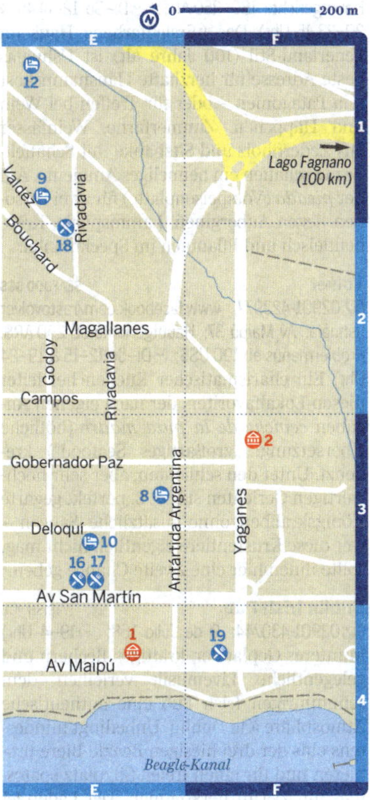

Ushuaia

Sehenswertes

Aktivitäten, Kurse & Touren

Schlafen

Essen

Ausgehen & Nachtleben

reiche werden durch einen netten Hinterhof mit Terrasse ergänzt.

Torre al Sur HOSTEL $
(☎ 02901-430745; Gobernador Paz 855; B/DZ 18/45 US$;) Das Schwesterhostel des Cruz del Sur (S. 194) wirkt von außen nicht besonders eindrucksvoll, präsentiert sich aber innen einladend und gut organisiert mit farbenfrohen Zimmern, renovierten Badezimmern und einer gut bestückten Küche. Die freundliche Gastgeberin heißt Marisa.

Los Cormoranes HOSTEL $
(☎ 02901-423459; www.loscormoranes.com; Kamshen 788; B 23–28 US$, DZ/3BZ 70/110 US$; @) Nördlich vom Stadtzentrum (10 Gehminuten bergaufwärts) liegt dieses freundliche HI-Hostel mit entspannter Atmosphäre. Die Schlafsäle mit jeweils sechs Betten und Fußbodenheizung haben teils auch eigene Bäder; ihre Außentüren grenzen an Laubengänge aus Holzplanken. Die Doppelzimmer (am besten: Nr. 10 mit Buchtblick) verfügen über Daunendecken und polierte Betonböden. Das Frühstück beinhaltet frisch gepressten Orangensaft und Eier zum Selberkochen. Minuspunkte sind die mittelprächtigen Gemeinschaftsbereiche und die austauschwürdige Bettwäsche.

★ **Galeazzi-Basily B&B** B&B $$
(☎ 02901-423213; www.avesdelsur.com.ar; Valdéz 323; EZ/DZ ohne Bad 53/75 US$, Hütte für 4 Pers. 140 US$; @) Hier fühlt man sich gleich wie zu Hause: Das Beste an dem eleganten Holzhaus mit ruhiger Atmosphäre ist die sehr (gast-)freundliche Inhaberfamilie, die Englisch, Französisch, Italienisch und Portugiesisch spricht. In den kleinen Zimmern mit persönlichem Touch stehen aber nur Einzelbetten. Paare bevorzugen daher eventuell eine der modernen, hinten gelegenen Hütten.

Mysten Kepen PENSION $$
(☎ 02901-15-497391, 02901-430156; http://mystenkepen.blogspot.com; Rivadavia 826; Zi. ab 65 US$;) Hier lebt man wie in einer argentinischen Familie. Das makellose Heim der Gastgeber Roberto und Rosario und deren

DAS KALMA RESTO

Spitzenküche und Top-Service ganz ohne Arroganz: Mit kreativen Neuversionen von Feuerland-Klassikern (z. B. Krabben, Tintentisch) sorgt das winzige **Kalma Resto** (☎02901-425786; www.kalmaresto.com.ar; Valdéz 293; ⏲Mo–Sa 19–23 Uhr) für Aufsehen. So gibt's hier z. B. gefülltes Lamm mit Pfeffer und Rosmarin oder Schwarzen Zackenbarsch mit scharfer Tomatensauce als Kontrast. Das Sommergemüse (u. a. essbare Blüten) stammt aus dem hauseigenen Garten. An den wenigen, schwarz eingedeckten Tischen macht der junge Küchenchef Jorge Monopoli persönlich die Runde.

zwei Kindern wirkt auf freundliche Art belebt. Die Zimmer haben recht neue Installationen, bunte Kordsamtdecken und praktische Borde, wo man seine Lektüre ablegen kann. Abholung vom Flughafen möglich. Im Winter gibt's Rabatt.

Essen & Ausgehen

★ Almacen Ramos Generales CAFÉ $
(☎02901-424-7317; Av Maipú 749; Hauptgerichte 125–335 AR$; ⏲9–24 Uhr) Mit schrägen Erinnerungsstücken und Aushängen zu Umweltproblemen vermittelt der frühere Gemischtwarenladen einen authentischen Eindruck vom lokalen Alltag. In freundlicher, gemütlicher Atmosphäre halten Einheimische hier auch Versammlungen ab. Neben Croissants und knusprigen Baguettes (täglich frisch gebacken) serviert das Café auch kleine Gerichte (Sandwiches, Suppen, Quiches). Dazu gibt's u. a. Weine und Fassbier aus der Region.

Freddo EISCREME $
(Av San Martín 209; Eiswaffel 65 AR$; ⏲9.30–0.30 Uhr) Eine von Argentiniens beliebtesten Eisdielen-Ketten sorgt nun auch im verschneiten Ushuaia sofort für Sommer-Atmosphäre.

Cafe Bar Banana CAFÉ $
(☎02901-435035; www.facebook.com/bananaushuaia; Av San Martín 273; Hauptgerichte 150–225 AR$; ⏲8–1 Uhr) Hier vertilgen Einheimische gern günstige Kalorienbomben (Sandwiches, Steaks mit Eiern, selbstgemachte Hamburger bzw. Pommes) zusammen mit Freunden.

Bodegón Fueguino PATAGONISCH $$
(☎02901-431972; www.tierradehumos.com/es/bodegon-fueguino-restaurante; Av San Martín 859; Hauptgerichte 180–250 AR$; ⏲Di–So 12–14.45 & 20–23.45 Uhr) Das pfirsichfarbene Haus im Feuerland-Stil (100 Jahre alt) ist Ushuaias beste Adresse für herzhafte Hausmannskost à la Patagonien – oder für Treffen bei Wein und Häppchen. Zimmerfarne, Weinfässer aus Zedernholz und Sitzbänke mit Schaffell-Bezug schaffen ein heimeliges Ambiente. Auf der *picada* (Vorspeisenplatte) für zwei Personen liegen Auberginen, Lammspieße, Krabbenfleisch und Pflaumen im Speckmantel.

Volver SEAFOOD $$$
(☎02901-423977; www.facebook.com/restovolverushuaia; Av Maipú 37; Hauptgerichte ab 290 AR$, Probiermenüs ab 100 US$; ⏲Di–So 12–15 & 19–24 Uhr) Ein charismatischer Küchenchef leitet diesen Lokalfavoriten, der nach eigenen Angaben *ceviche de la puta madre* (höfliche Übersetzung: „großartiges Seafood") kredenzt. Unter den schlichten, aber sehr hochwertigen Gerichten sind z. B. perfekt gegarte Königskrabben ohne zusätzliche Saucen – wer diese Krustentiere eigentlich nicht mag, sollte ihnen hier eine zweite Chance geben.

Dublin Irish Pub IRISH PUB
(☎02901-430744; 9 de Julio 168; ⏲19–4 Uhr) Munteres Geplauder, kräftiges Bechern und gelegentliche Livemusik verleihen dem schummrigen Irish Pub eine authentische Atmosphäre à la Dublin. Unbedingt mindestens eins der drei hiesigen Beagle-Biere probieren und für einen freien Sitzplatz spätestens um 21 Uhr herkommen: Der Laden ist bei Einheimischen sehr beliebt.

Viagro BAR
(☎02901-421617; www.facebook.com/viagropub; Roca 55; ⏲Di–So 20–4 Uhr) Die kleine Bar mit dem etwas unglücklich gewählten Namen ist ideal für ein Date bei Schummerlicht: Exotische Cocktails, leckere Tapas und Tanz (Sa abends) bringen die Stimmung in Schwung.

Praktische Informationen

Städtische Touristeninformation (☎02901-437666; www.turismoushuaia.com; Prefectura Naval 470; ⏲8–21 Uhr) Sehr hilfreiches Büro mit Schwarzem Brett, mehrsprachigen Broschüren, guten Infos (Unterkünfte, Aktivitäten, Verkehrsmittel) und einem Ableger am Flughafen. Außerhalb der Öffnungszeiten hängt hier ein aktuelles Verzeichnis mit verfügbaren Unterkünften aus. Das Personal spricht Englisch und Französisch.

Verwaltung des Parque Nacional Tierra del Fuego (☎02901-421315; Av San Martín 1395; ⏲Mo–Fr 9–17 Uhr) Infos zum Nationalpark.

Anreise & Unterwegs vor Ort

Im Januar und Februar ist es ratsam, Verkehrsmittel nach/ab Ushuaia rechtzeitig zu buchen.

Flughafen Liegt 4 km südlich vom Zentrum (Taxi 120 AR$). **Aerolíneas Argentinas** (☎ 0810-2228-6527; www.aerolineas.com.ar; Ecke Av Maipú & 9 de Julio; Mo–Fr 9.30–17.30 Uhr) und **LADE** (☎ 02901-421123, in Buenos Aires 011-5353-2387; www.lade.com.ar; Av San Martín 542) unterhalten eigene Büros in der Stadt. LATAM verkauft Tickets über lokale Reisebüros.

Bus Ushuaia hat keinen Busbahnhof; die Touristeninformation hilft beim Auswählen von Verbindungen. **Taqsa** (☎ 02901-435453; www.taqsa.com.ar; Juana Fadul 126) und **Tecni-Austral** (☎ 02901-431408; Roca 157) fahren täglich nach Río Grande (330 AR$, 3½ Std.) und Río Gallegos (1300 AR$, 13 Std.). Beide Firmen bedienen auch mehrmals wöchentlich Punta Arenas (1427 AR$, 12 Std.). **Lider** (☎ 02901-436421, 02901-442264; Gobernador Paz 921) und **Montiel** (Transporte Montiel; ☎ 02901-421366; https://transporte-montiel-rio-grande.negocio.site; Gobernador Paz 605) starten bis zu achtmal täglich gen Río Grande. In Río Gallegos und Punta Arenas bestehen jeweils Busanschlüsse nach Puerto Natales.

Vor Ort gibt's auch Taxis und Mietwagen (ca. 1800 AR$/Tag inkl. 200 Fahrtkilometer).

Parque Nacional Tierra Del Fuego

Rund 12 km westlich von Ushuaia erstreckt sich der wunderschöne **Parque Nacional Tierra del Fuego** (www.parquesnacionales.gob.ar; Erw./Kind 420/70 AR$) zwischen dem Beagle-Kanal (im Süden) und dem Lago Fagnano (im Norden). Nur ein kleiner Teil des Parks ist öffentlich zugänglich; es gibt nur wenige und kurze Wanderwege. Dennoch bietet sich Besuchern ein herrlicher Blick auf Buchten, Flüsse und Wälder. Hier lassen

EINE REISE ANS ENDE DER WELT: DIE ANTARKTIS

Eine Reise in die atemberaubende Antarktis ist ein einmaliges Abenteuer: kostspielig, aber jeden Cent wert. Hier geht es um mehr, als einen weiteren Kontinent auf seiner Liste abzuhaken. Das Land und die Eismassen erheben sich Hunderte Meter hoch, kilometerweit bedeckt unberührter Schnee wellenförmig die Ebenen, und über die Berghänge wälzen sich unzählige Gletscher. Eisberge türmen sich hoch auf und nehmen die unwahrscheinlichsten Formen an. Die Tierwelt bietet Tausende von neugierigen Pinguinen und eine große Vielfalt an Vögeln, Robben und Walen.

Für einen Normalsterblichen sind Kreuzfahrten der einfachste und beste Weg, um den weißen Kontinent zu besuchen. Die Saison dauert von November bis März; in der Spitzenzeit sind die Fahrten oft ausgebucht. Gegen Saisonende ergattert man vielleicht ein Last-Minute-Ticket, die Fahrt auf einem nicht allzu großen Schiff (für weniger als 100 Passagiere) kostet aber immer noch mindestens 5000 US$. Reguläre Tickets gibt's ab etwa 7000 US$. Man sollte unbedingt nachfragen, wie viele Tage man wirklich in der Antarktis verbringt – die Durchquerung des Südpolarmeers dauert in beide Richtungen jeweils bis zu zwei Tage – und wie viele Landgänge vorgesehen sind. Je kleiner das Schiff, desto mehr Landgänge pro Passagier – das gilt zumindest, wenn das Wetter mitspielt.

Wegen der Nähe zur Antarktischen Halbinsel (1000 km) starten die meisten Kreuzfahrten in Ushuaia. Last-Minute-Buchungen lassen sich über **Freestyle Adventure Travel** (☎ 02901-609792, 02901-606661; www.freestyleadventuretravel.com; Gobernador Paz 866) vornehmen, ein Mitglied der Allianz 1% for the Planet, die ebenfalls Touren um Kap Hoorn mit Rabatt anbietet, sowie über **Ushuaia Turismo** (☎ 02901-436003; www.ushuaiaturismoevt.com.ar; Gobernador Paz 865). Weitere Veranstalter mit Pauschalangeboten sind u. a. **Rumbo Sur** (☎ 02901-421139; www.rumbosur.com.ar; Av San Martín 350; ⏲ Mo–Fr 9–19 Uhr), **All Patagonia** (☎ 02901-433622; www.allpatagonia.com; Juana Fadul 48; ⏲ Mo–Fr 10–19, Sa bis 13 Uhr) und Canal Fun (S. 194).

Unbedingt überprüfen, ob das gewählte Unternehmen Mitglied der IAATO (www.iaato.org) ist, die sehr strikte Richtlinien bezüglich eines verantwortlichen Antarktis-Tourismus hat. In Ushuaia bekommt man grundlegende Infos in der sehr hilfreichen **Antarctica-Touristeninformation** (☎ 02901-430015; www.tierradelfuego.org.ar/antartida; Av Maipú 505; ⏲ 9–17 Uhr wenn Kreuzfahrtschiffe im Hafen liegen) am Kai.

Ein unverzichtbarer Begleiter mit Infos zu Geschichte und Fauna der Region ist der Führer *Antarctica* von Lonely Planet.

sich *cauquén* (Magellangänse), Kormorane und Lappentaucher erspähen – gelegentlich auch Füchse und Guanakos. Zudem sieht man oft europäische Kaninchen und Nordamerikanische Biber; diese eingeführten Arten schädigen das regionale Ökosystem jedoch sehr stark. Meeressäuger tummeln sich hauptsächlich auf den vorgelagerten Inseln.

Die Nationalparkverwaltung und die Touristeninformation in Ushuaia verteilen Karten, auf denen die hiesigen Wanderwege eingezeichnet sind. Im Park selbst gibt's ein nettes **Besucherzentrum** (9–19 Uhr, März–Nov. kürzere Öffnungszeiten).

An der Ecke Av Maipú und Fadul starten täglich Minibusse zum Nationalpark (hin & zurück 300 AR$, 9–18 Uhr stündl.). Für Gruppen kommt ein gemeinsam genutztes Taxi jedoch vergleichsweise günstiger. Eine weitere Option ist der Schmalspur-Dampfzug **El Tren del Fin del Mundo** (02901-431600; www.trendelfindelmundo.com.ar; Erw./Kind 1000/650 AR$), der 8 km westlich von Ushuaia abfährt (Taxi zum Bahnhof nehmen).

ARGENTINIEN VERSTEHEN

Argentinien aktuell

Im Dezember 2015 wurde Mauricio Macri, der seit 2007 Bürgermeister von Buenos Aires gewesen war, zum Präsidenten Argentiniens gewählt. In einer überraschenden Stichwahl schlug er Daniel Scioli, den bevorzugten Kandidaten der scheidenden Präsidentin Cristina Kirchner, und beendete damit die zwölfjährige peronistische Herrschaft. Macri versprach drastische ökonomische Veränderungen und begann auch sogleich mit ihrer Umsetzung: Die Restriktionen beim Handel mit ausländischen Devisen wurden aufgehoben (womit das Geschäft auf dem „grauen Markt" für US-Dollars praktisch beendet war), die Exportsteuern gesenkt, um den Handel mit landwirtschaftlichen Produkten anzukurbeln, und Tausende überflüssiger Jobs im öffentlichen Sektor gestrichen.

Mit diesen Maßnahmen will Macri gleichzeitig das Wirtschaftswachstum steigern, (erneut) ausländische Investoren anlocken, das immense Haushaltsdefizit reduzieren und die unerträglich hohe Inflationsrate senken. Seine Politik unterscheidet sich somit deutlich von der Cristina Kirchners, die auf starke staatliche Eingriffe in die Wirtschaft setzte und die Reserven der argentinischen Zentralbank zur künstlichen Stützung des Pesos nutzte. Doch innerhalb von drei Jahren ist der Peso-Wert in Relation zum US-Dollar sehr schnell gesunken. Mit identischer Intensität sind gleichzeitig die Preise für Versorgungsleistungen (zuvor stark subventioniert) gestiegen. Die Konsequenzen dieser Kombination haben viele Einheimische in finanzielle Bedrängnis gebracht. Der Bevölkerung bleibt jedoch nichts anderes übrig, als eine weitere Runde auf Argentiniens ökonomischer Achterbahn zu drehen – das Land hat solche Zyklen schon oft erlebt.

Geschichte

Die „gute alte Zeit"

Vor der Ankunft der Spanier durchstreiften nomadische Jäger und Sammler die Wildnis des alten Argentiniens. Die Yámana (oder Yahgan) in Patagonien sammelten Schalentiere. In den Pampas erlegten die Querandí mithilfe von *boleadoras* (Gewichte an Schnüren) Nandus (straußenähnliche Vögel) und Guanacos (Verwandte der Lamas). Bei den Guaraní im subtropischen Nordosten hatte der Maisanbau Tradition, während die Diaguita im trockenen Nordwesten ein landwirtschaftliches Bewässerungssystem entwickelten.

1536 stießen die Querandí unglücklicherweise auf aggressive Spanier, die auf der Suche nach Silber waren. Sie vertrieben die Eindringlinge schließlich ins etwas gastlichere Paraguay. Zurück blieben jedoch Rinder und Pferde; sie vermehrten sich munter und wurden zur Lebensgrundlage der legendären *gauchos*. Die hartnäckigen Spanier kehrten 1580 zurück und errichteten schließlich Buenos Aires. Zwar begrenzten Handelsbeschränkungen aus Spanien das Wachstum der neuen Siedlung. Die nördlichen Kolonien Tucumán, Córdoba und Salta blühten dennoch auf, indem sie die boomenden Silberminen Boliviens mit Maultieren, Stoffen und Lebensmitteln versorgten. Unterdessen rückten Spanier von Chile aus in die Andenregion Cuyo ein, in der damals Wein und Getreide produziert wurde.

Weg in die Unabhängigkeit

1776 ernannte Spanien die Schmugglersiedlung Buenos Aires zur Hauptstadt des neuen Vizekönigreichs des Río de la Plata – ein Indiz für die strategisch günstige Lage des Hafens. 1806 hoffte eine verbrecherisch gesinnte britische Streitmacht auf ein Stück vom Handelskuchen und startete einen Invasionsversuch, wurde aber nach kurzer Zeit verscheucht. Wenig später erhoben sich die selbstbewussten Kolonisten gegen Spanien. 1816 wurde dies mit der vollständigen Unabhängigkeit belohnt.

Doch die Einheit währte nicht lange. Einige Provinzen widersetzten sich schon bald der Autorität von Buenos Aires. Argentinien zerfiel in zwei verschiedene Lager: die Einwohner von Buenos Aires (Unitaristen) und die Landbevölkerung (Föderalisten). Ein Bürgerkrieg brach aus – die blutigen und rachsüchtigen Konflikte brachten das Land an den Rand des Zusammenbruchs.

1829 kam Juan Manuel de Rosas an die Macht. Obwohl Föderalist, installierte er seine eigenen unitaristischen Prinzipien und konzentrierte die Macht auf Buenos Aires. De Rosas stellte eine große Armee auf, rief die *mazorca*, eine grausame Geheimpolizei, ins Leben und der Überseehandel musste fortan über die Hafenstadt abgewickelt werden. Erst 1852 stürzte Justo José de Urquiza an der Spitze einer unitaristischen Armee den Diktator. Als erster Präsident Argentiniens setzte Urquiza eine Verfassung in Kraft.

Anfang und Ende der Goldenen Jahre

Argentiniens neue Gesetze öffneten das Land für ausländische Investitionen, den Handel und die Einwanderung. In den folgenden Jahrzehnten wurden Schafe, Rinder und Getreide ohne Beschränkungen exportiert. Einwanderer aus Spanien, Italien, Frankreich und anderen Ländern Europas kamen nach Argentinien, um sich ein besseres Leben aufzubauen. Der Wohlstand hielt Einzug, und Argentinien wurde zu einem der reichsten Länder des frühen 20. Jhs.

Der Wohlstand war allerdings sehr ungleich verteilt. Schwankungen in der Weltwirtschaft führten zu Restriktionen im Außenhandel. Nach 1890 strömten immer mehr arme Einwanderer nach Buenos Aires, dessen Bevölkerung sich auf beinahe 1 Mio. verdoppelte. Aber die Industrie konnte nicht alle Einwanderer aufnehmen und ihre Bedürfnisse befriedigen: Der Graben zwischen Reich und Arm vertiefte sich. 1929 setzte das Militär eine unfähige Zivilregierung ab und übernahm die Macht. Aber erst ein zuvor unbekannter Oberst namens Juan Domingo Perón versuchte, der drohenden sozialen Krise entgegenzutreten.

Die Peróns – geliebt und gehasst

An den Peróns scheiden sich bis heute die Geister – sie sind die am meisten verehrten und zugleich die am meisten gehassten Politiker Argentiniens. Viele Bürger sind sogar der Meinung, dass sich das Land seit Peróns erster Präsidentschaft nie wieder ganz erholt hat, weder wirtschaftlich noch intellektuell.

Juan Perón bekleidete ursprünglich einen unbedeutenden Posten im Arbeitsministerium. 1946 schaffte er es mithilfe seiner charismatischen späteren Ehefrau Eva Duarte (genannt Evita) in das Präsidentenamt. Seine Sozialprogramme und neuen Wirtschaftserlasse kamen der Arbeiterklasse zugute, aber die eiserne Kontrolle über das Land trug faschistische Züge: Perón missbrauchte seine Macht als Präsident für umfangreiche Einschüchterungen und um die Pressefreiheit zu ersticken. Unterdessen kochte die dynamische Evita ihr eigenes (und manchmal rachsüchtiges) politisches Süppchen, wenngleich sie vor allem für ihre karitative Arbeit und ihren Kampf für die Frauenrechte verehrt wurde.

Die wachsende Inflation und wirtschaftliche Probleme schwächten 1952 Perón während seiner zweiten Amtszeit. Evitas Tod im selben Jahr war ein weiterer Nackenschlag. Nach einer Verschwörung floh Perón 1955 nach Spanien, um dort sein Comeback zu planen. Fast zwei Jahrzehnte später witterte er seine große Chance, als Héctor Cámpora 1973 als Präsident zurücktrat – Perón gewann die Wahl im Handumdrehen. Doch schon Mitte 1974 starb er, und Argentinien versank abermals in Chaos und Regierungsintrigen, wie sie das Land seit Peróns Aufbruch ins Exil heimgesucht hatten. 1976 ergriff das Militär erneut die Macht – die düstersten Jahre in der Geschichte Argentiniens begannen.

Schmutziger Krieg (1976–1983)

Ende der 1960er-Jahre herrschte eine stark regierungsfeindliche Stimmung. Eine linksgerichtete peronistische Guerillatruppe namens Montoneros bildete sich. Perfekt organisiert, verübten die gebildeten Jugendlichen aus der Mittelschicht Bombenanschläge auf ausländische Geschäfte und verlangten Lösegeld für entführte Beamte. Mit Banküberfällen finanzierten sie ihren bewaffneten Kampf und verbreiteten soziale Botschaften.

Am 24. März 1976 führte General Jorge Videla einen unblutigen Militärputsch an und übernahm die argentinischen Regierungsgeschäfte. Es folgte eine Zeit des Terrors und der Brutalität: Was beschönigend als „Prozess der Nationalen Reorganisation" („El Procesco") bezeichnet wurde, war in Wirklichkeit ein Zeugnis staatlich unterstützter Gewalt und Anarchie, die sich vor allem gegen die Montoneros richtete.

Die berüchtigte „Guerra Sucia" („Schmutziger Krieg") kostete schätzungsweise bis zu 30 000 Menschen das Leben. Nulltoleranz lautete das Prinzip, mit dem sich die Diktatur an die Verfolgung Andersdenkender machte – ob nun revolutionäre Guerillas oder einfache Bürger, die nur die unverhohlene Brutalität des Regimes ablehnten: „Verschwundene" wurden ohne rechtsmäßigen Prozess verhaftet, gefoltert und umgebracht. Zynischerweise endete der Schmutzige Krieg erst, als sich das Regime auf eine echte Militäroperation einließ: die Rückgewinnung der Islas Malvinas (Falklandinseln).

Falklandkrieg

Während der Militärdiktatur ging Argentiniens Wirtschaft immer weiter den Bach hinunter und versank schließlich im Chaos. „El Procesco" war langsam, aber sicher ans Ende gekommen.

Im Dezember 1981 übernahm General Leopoldo Galtieri den „heißen Stuhl" des Präsidenten. Um vor dem Hintergrund einer stagnierenden Wirtschaft an der Macht zu bleiben, spielte der verzweifelte Galtieri einen nationalistischen Trumpf aus und startete im April 1982 eine Invasion, um die Briten von den Falklandinseln (Islas Malvinas) zu vertreiben. Diese beanspruchte Argentinien bereits seit 150 Jahren für sich.

Die kurze Besetzung der Inseln löste eine Welle der nationalistischen Euphorie aus, die rund eine Woche lang anhielt. Dann begriffen die Argentinier, dass Großbritanniens „Eiserne Lady", Premierministerin Margaret Thatcher, alles andere als ein Mauerblümchen war – besonders, da sie selbst ums politische Überleben kämpfte. Großbritannien schlug zurück und schickte ein Flottenkontingent, um die Inseln zurückzuerobern. Nach 47 Tagen mussten sich Argentiniens schlecht ausgebildete Soldaten geschlagen geben. Aufgrund dieses Gesichtsverlustes zog sich das Militär schließlich aus der Regierung zurück. 1983 wurde Raúl Alfonsín neuer argentinischer Präsident.

Krise ...

Alfonsín brachte Argentinien die Demokratie zurück und löste ein paar territoriale Konflikte mit Chile. Zwar konnte er auch die Inflation etwas eindämmen, dem schwer geprüften Land jedoch letztlich nicht wieder gänzlich auf die Beine helfen.

Unter Carlos Menem, Präsident von 1989 bis 1999, erfuhr Argentinien eine kurze Wohlstandsphase. Er privatisierte ganze Wirtschaftszweige und nahm umfangreiche Kredite auf. Zudem stoppte Menem die Inflation, indem er den Argentinischen Peso an den Amerikanischen Dollar koppelte. Die Stabilisierung war jedoch nur von kurzer Dauer. Nach ein paar Jahren wurde der Peso so hoch dotiert, dass argentinische Produkte auf dem Weltmarkt nicht mehr konkurrenzfähig waren. Am Ende von Menems Amtszeit stieg die Arbeitslosenquote steil an.

1999 trat Fernando de la Rúa das Präsidentenamt an. Er erbte einen fast bankrotten Staatshaushalt. Gleichzeitig ging es mit der Wirtschaft noch weiter bergab: Die Arbeitslosigkeit breitete sich weiter aus, und das öffentliche Vertrauen schwand immer mehr. 2001 taumelte die Wirtschaft am Rande des Zusammenbruchs, im Dezember trat de la Rúa zurück. In vierzehn Tagen erlebte das Land drei Übergangspräsidenten, ehe Eduardo Duhalde ins Amt gewählt wurde. Duhalde wertete den Peso im Januar 2002 ab; die Verschuldung betrug nun 140 Mrd. AR$.

... und das Comeback

Nach einer Zeit der Instabilität pendelte sich der Wert des Pesos im Verhältnis zu dem des US-Dollars bei etwa 3:1 ein, was wegen der plötzlich günstigen Exporte zu einem Wirtschaftsboom führte. Der linksgerichtete Néstor Kirchner wurde 2003 zum Präsidenten gewählt und entwickelte sich zu einer sehr beliebten politischen Führungsfigur. Er stärkte die Wirtschaft, zahlte einen Teil von Argentiniens Schulden an den IMF zurück und bekämpfte die Korruption. Argentiniens Bürger durchlebten rosige Zeiten und blickten zuversichtlich in die Zukunft.

2007 endete Kirchners Amtszeit, er mischte jedoch weiterhin in der Politik mit. Seine Frau, Cristina Fernández de Kirchner, kandidierte für das höchste Amt des Landes und wurde die erste gewählte Präsidentin Argentiniens. Trotz einer holperigen ersten Amtszeit, in der sich der übliche Korruptionsskandal ereignete und große Proteste gegen Steuererhöhungen laut wurden, wurde Cristina 2011 wiedergewählt. Wahrscheinlich trug auch die große Anteilnahme, die ihr nach dem Tod ihres Mannes infolge eines Herzinfarkts (2010) zuteil wurde, dazu bei.

Cristina Kirchner führte großzügige Sozialprogramme und liberale Regelungen zur gleichgeschlechtlichen Ehe ein und machte die Verbrechen der Militärdiktatur (1976–1983) zum Thema. Aber ihre Präsidentschaft war auch von hoher Inflation, wirtschaftlicher Instabilität und Massenprotesten geprägt. Ihre wachsende Unbeliebtheit ließ den fragwürdigen Plan scheitern, die Begrenzung der Präsidentschaft auf zwei Amtszeiten aufzuheben. 2015 wurde Mauricio Macri zum Präsidenten gewählt.

Kultur

Bevölkerung

Rund 92% der Argentinier leben in städtischen Ballungsräumen; die Alphabetisierungsrate liegt bei über 98%.

Die meisten Bewohner des Landes haben Ahnen, die im 19. Jh. aus Italien, Spanien und vielen anderen Ländern Europas eingewandert sind. In neuerer Zeit kamen auch Japaner, Koreaner und Chinesen (außerhalb der Städte weniger) sowie Menschen aus anderen südamerikanischen Staaten wie Peru, Bolivien, Paraguay und Uruguay hinzu.

Die Gruppe der Ureinwohner macht weniger als 1% der argentinischen Gesamtbevölkerung aus; die größte Teilgruppe sind die Mapuche Patagoniens. Kleinere Gruppen, u.a. von Guaraní, Tobas, Wichi und Tehuelche, leben im Norden des Landes. Fast 15% der Einwohner sind *mestizos* (Menschen gemischt indianisch-spanischer Abstammung); sie leben meist im Norden.

Lebensart

Ein Viertel der Argentinier lebt unterhalb der Armutsgrenze. Um Geld zu sparen und die Familienbande zu stärken, wohnen oft mehrere Generationen unter einem Dach.

Familien halten fest zusammen – der Sonntag ist oft dem gemeinsamen *asado* (Barbecue) vorbehalten. Auch Freundschaften stehen sehr hoch im Kurs; Argentinier gehen bevorzugt in großen Gruppen aus. Man begrüßt sich traditionell mit Küsschen auf die Wange – selbst Fremde tun das und Männlein und Weiblein gleichermaßen.

Argentinier sind abends am liebsten *richtig* lange unterwegs. Das Abendessen kommt häufig erst um 22 Uhr auf den Tisch, und an Wochenenden muss man sich gar bis Mitternacht gedulden, bis endlich der Nachtisch verspeist werden kann. Bars und Diskos haben oft bis 6 Uhr morgens geöffnet (sogar in kleineren Städten).

Im ganzen Land genießt der Kult rund um den Matetee einen hohen Stellenwert. Die Leute schlürfen das bittere Kräutergebräu zu Hause, bei Arbeit, Sport und Spiel. Auch auf Reisen und bei Picknicks sind die Schalen und Thermoskannen mit heißem Wasser immer mit dabei. Und wer zu einem Materitual eingeladen wird, darf sich geehrt fühlen.

Religion

Der Katholizismus ist die offizielle Staatsreligion, und die meisten Argentinier sind auch römisch-katholisch. Den zweiten Platz nehmen die protestantischen Glaubensgemeinschaften ein. Außerdem existiert in Buenos Aires eine der größten jüdischen Gemeinden außerhalb Israels – und hier steht auch die wohl größte Moschee in ganz Lateinamerika.

Spiritismus und Totenverehrung werden weithin praktiziert: Auf den Friedhöfen Recoleta und Chacarita in Buenos Aires erweisen Pilger Volksidolen wie Juan und Evita Perón oder Carlos Gardel ihre Reverenz. Glaubenskulte wie der um die Difunta Correa („die verstorbene Correa") in der Provinz San Juan haben ebenfalls Hunderttausende Anhänger.

Kunst

Kino

Mit den Filmen von Regisseuren wie Luis Puenzo (*Die offizielle Geschichte;* 1984) und Héctor Babenco (*Kuss der Spinnenfrau;* 1985) hat das argentinische Kino bereits früher internationales Format erreicht.

Zu den neueren beachtenswerten Werken aus Argentinien zählen Fabián Bielinskys geistreicher Film *Nueve reinas* (*Die neun Königinnen*; 2000), Juan José Campanellas *El hijo de la novia* (*Der Sohn der Braut*; 2001), der in der Kategorie Bester fremdsprachiger Film für den Oscar nominiert war, und Lucrecia Martels *La niña santa* (2004) über das Erwachsenwerden und die Entdeckung der Sexualität. Carlos Soríns *Bombón el perro* (2004) ist eine mitreißende Geschichte über den Hund als besten

Freund des Menschen und die verschlungenen Wege, die das Schicksal einschlägt.

Pablo Trapero ist einer der führenden Filmemacher Argentiniens. Zu seinen Arbeiten zählen die Komödie *Familia rodante* (*Familia rodante – Reisen auf Argentinisch;* 2004) und *El Clan*, ein Kriminalfilm, der 2015 bei den Internationalen Filmfestspielen von Venedig mit dem Silbernen Löwen ausgezeichnet wurde. Ein weiterer bedeutender Regisseur ist Daniel Burman, der zuletzt die heitere Komödie *El Misterio de la felicidad* (2015) herausbrachte. Burman war Koproduzent bei Walter Salles' von Che Guevara inspiriertem Film *Diarios de motocicleta* (*Die Reise des jungen Che*; 2004).

Weitere bemerkenswerte Filme sind Damián Szifrons witziges *Tiempo de valientes* (2005) und Lucía Puenzos *XXY* (2007), die Geschichte eines transsexuellen Jugendlichen. *El hombre de al lado* (2009) von Mariano Cohn und Gastón Duprat ist ein preisgekröntes Moral-Drama, das beim Sundance Film Festival gezeigt wurde. Der jüngste mit einem Oscar ausgezeichnete argentinische Film ist Campanellas Krimi-Thriller *El secreto de sus ojos* (In ihren Augen; 2009).

2013 führte Lucía Puenzo Regie bei *Wakolda* (*The German Doctor*). Dieser Film erzählt die wahre Geschichte jener Familie, bei der der berüchtigte KZ-Arzt Josef Mengele eine Zeit lang unerkannt in Südamerika lebte. Damián Szifrons schwarze Komödie *Relatos salvajes* (*Wild Tales – Jeder dreht mal durch!*; 2014) war 2015 bei den Oscars in der Kategorie Beste fremdsprachige Produktion nominiert. 2017 begeisterte Lucrecia Martel die Kritiker mit ihrer eindringlichen Romanverfilmung *Zama*. Wie seine literarische Vorlage (*Zama wartet* von Antonio di Benedetto) handelt dieser Streifen von einem Offizier der spanischen Krone, der während der Kolonialzeit in einem entlegenen Außenposten am Río Paraguay festsitzt.

Literatur

Argentiniens berühmtester Literat ist Jorge Luis Borges, bekannt für seine Kurzgeschichten und Gedichte. Im lebendigen und fantasievollen Stil erschuf Borges alternative Realitäten und raffinierte Zeitzyklen. Tipp: seine surrealen Werke *Labyrinthe* und *Fiktionen*. Ein anderer Autor, Julio Cortázar, brachte es zu internationaler Anerkennung, indem er über scheinbar normale Leute schrieb – dabei bediente er sich seltsamer Metaphern und skurriler Beschreibungen unsichtbarer Realitäten. Sein großer Roman *Himmel und Hölle* erfordert jedenfalls sicherlich mehr als einen Lesedurchgang.

Ernesto Sábato bereicherte die Literaturwelt mit intellektuell angehauchten Romanen und Essays. Viele davon beschäftigen sich mit der Kluft zwischen Gut und Böse. Zu Sábatos wichtigsten Werken zählt *Sobre héroes y tumbas* (*Über Helden und Gräber*), das in den 1960er-Jahren bei der argentinischen Jugend hoch im Kurs stand. Sein aufrüttelnder Aufsatz *Nunca más* beschreibt die Grausamkeiten des Schmutzigen Krieges. Weitere bekannte Schriftsteller aus Argentinien sind z. B. Manuel Puig *(Kuss der Spinnenfrau)*, Adolfo Bioy Casares *(Morels Erfindung)*, Osvaldo Soriano *(Schatten)*, Roberto Arlt *(Die sieben Irren)* und Silvina Ocampo, die Gedichte und Geschichten für Kinder verfasst.

Ein zeitgenössischer Schriftsteller ist Juan José Saer (1937–2005), der Kurzgeschichten und komplexe Kriminalromane veröffentlicht hat. Vom Romanautor Rodrigo Frésan stammen die Bestseller *Geschichte Argentiniens* und die psychedelischen *Kensington Gardens*. Auch Ricardo Piglia und Tomás Eloy Martínez gehören zu den bekannten argentinischen Autoren. Sie haben nicht nur wichtige Werke verfasst, sondern auch an sehr bekannten Universitäten Amerikas unterrichtet.

Musik

Legenden wie Carlos Gardel und Astor Piazzolla machten die Tangomusik populär, und Zeitgenossen wie Susana Rinaldi, Adriana Varela und Osvaldo Pugliese führen die Tradition weiter. Zu den aktuellen Tango-„Fusionbands“ zählen z. B. Gotan Project, BajoFondo Tango Club und Tanghetto.

Die Volksmusiker Mercedes Sosa, Leon Gieco, Horacio Guarany, Atahualpa Yupanqui und Los Chalchaleros waren sehr einflussreich für die Entwicklung der argentinischen *música folklórica*, das gleiche gilt für Mariana Baraj und Soledad Pastorutti.

Die Rockstars Charly García, Gustavo Cerati, Andrés Calamaro, Luis Alberto Spinetta und Fito Páez gehören zu Argentiniens bekanntesten Musikern, Soda Stereo, Sumo und Los Pericos zu den berühmtesten Bands.

Für zeitgenössische argentinische Musik stehen die exzentrische Band Bersuit Vergarabat, die alternativen Catupecu Machu, die facettenreichen Gazpacho und das Multitalent Kevin Johansen.

Zu den Schwergewichten in der DJ-Clubmusikszene zählen Aldo Haydar (Progressive House), Bad Boy Orange (Drum'n'Bass), Diego Ro-K (der „Maradona der argentinischen DJs") und Gustavo Lamas (der Ambient-Pop mit Electro-House verbindet). Der preisgekrönte Hernán Cattáneo ist auch schon beim Burning Man aufgetreten.

Córdobas rhythmischer *cuarteto* ist Argentiniens ureigene Popmusik, der gröbere *cumbia villera* stammt aus den Slums und verbindet Cumbia mit Gangsta Rap, Reggae und Punk. *Murga* ist eine Art artistisches Musiktheater mit Darstellern und Trommlern, das oft im Karneval zu erleben ist.

Essen & Trinken

Essen

Insgesamt ist die argentinische Küche nicht besonders abwechslungsreich: Die meisten Leute scheinen sich mit Fleisch, Pasta und Pizza zu begnügen. Dafür aber ist das berühmte Rindfleisch oft wirklich erstklassig. In einer *parrilla* oder bei einem *asado* sollte man *bife de chorizo* (dickes Roastbeef), *bife de lomo* (Filet) oder eine *parrillada* probieren. Dazu passt *chimichurri*, eine schmackhafte Sauce aus Knoblauch, Petersilie und Olivenöl. Steaks werden in der Regel medium *(a punto)* serviert, wer es lieber ganz blutig mag, bestellt es *jugoso*.

Der italienische Einfluss ist bei Gerichten wie Pizza, Spaghetti, Ravioli oder *ñoquis* (Gnocchi) unübersehbar. Vegetarisches bekommt man in Buenos Aires und anderen Großstädten. *Tenedores libres* (All-you-can-eat-Buffets) sind beliebt und haben ein gutes Preis-Leistungs-Verhältnis. Nahöstliche Gerichte sind im Norden verbreitet, während es im Nordwesten ähnlich würzige Gerichte wie in Bolivien oder Peru gibt. In Patagonien steht Lammfleisch ganz oben auf der Karte, während Spezialitäten wie Forelle, Wildschwein oder Reh im Seengebiet angesagt sind.

Confiterías werfen in der Regel *lomitos* (Steaks), *milanesas* (panierte, schnitzelartige dünne Steaks) und Hamburger auf den Grill. *Restaurantes* haben ein umfangreicheres Speisenangebot und professionelle Kellner. Cafés schenken normalerweise Alkohol aus und servieren einfache Gerichte.

Große Supermärkte haben häufig eine Theke mit gutem, preisgünstigem Essen zum Mitnehmen. Westliche Fast-Food-Ketten sind in den größeren Städten vertreten.

TANGO

Der Tango ist Argentiniens erotischer Tanz, der angeblich in den 1880er-Jahren in den Bordellen von Buenos Aires entstanden sein soll (obwohl auch die uruguayische Hauptstadt Montevideo diese Ehre für sich beansprucht). Bis zu seinem Durchbruch in Europa war er allerdings eine verfemte Randerscheinung, ehe er um 1913 in Argentinien richtig populär wurde. Der berühmteste Tangosänger war Carlos Gardel.

Das einfache Frühstück besteht aus Kaffee oder Tee mit *tostadas* (Toast), *manteca* (Butter) und *mermelada* (Marmelade). *Medialunas* (Croissants) gibt es gesüßt und ungesüßt.

Empanadas sind gebackene oder frittierte Teigtaschen mit Gemüse, Rindfleisch, Käse oder anderen Füllungen. *Sandwichitos de miga* (dünne Sandwiches ohne Kruste mit Schinken oder Käse) passen gut zum Nachmittagstee. An vielen Kiosken erhält man leckere *alfajores*, Keks-Sandwiches mit *dulce de leche* (einer dicken Milch-Karamellsauce) oder *mermelada*, die mit Schokolade überzogen sind.

Zu den *postres* (Nachspeisen) zählen *ensaladas de fruta* (Obstsalate), Pasteten und Kuchen. *Facturas* (Gebäck) und Törtchen werden gern mit *crema* (Schlagsahne) oder *dulce de leche* serviert. Das argentinische *helados* (Speiseeis) orientiert sich am italienischen Vorbild und zählt zum besten in Südamerika.

Die übliche *propina* (Trinkgeld) in Restaurants beträgt 10 % der Rechnungssumme. In eleganteren Restaurants wird der Rechnung oft, unabhängig vom Trinkgeld, ein *cubierto* von einigen Pesos für das Brot und die Benutzung des Geschirrs hinzugefügt.

Getränke

ALKOHOLFREIE GETRÄNKE

Softdrinks gibt's überall. Mineralwasser gibt's *con gas* (mit Kohlensäure) und *sin gas* (ohne Kohlensäure). Man kann aber auch einfach *agua de canilla* (Leitungswasser) bestellen, das in Argentinien in der Regel bedenkenlos trinkbar ist. *Licuados* sind mit Wasser oder Milch verdünnte Fruchtsäfte.

Die Argentinier lieben Kaffee, und man kann ihn in diversen Versionen bestellen. Ein *café con leche* besteht zur Hälfte aus

Kaffee und zur Hälfte aus Milch, ein *cortado* ist ein Espresso mit einem Spritzer Milch. Ein *café chico* ist ein Espresso.

Auch Tee ist weit verbreitet. Eine Einladung zu einem Glas Mate sollten Traveller nicht ausschlagen; allerdings ist das Gebräu aus grasartigen Kräutern nicht jedermanns Sache.

ALKOHOLISCHE GETRÄNKE

Argentinier trinken gern mal ein Glas, aber dennoch in Maßen. In vielen Cafés, Restaurants und Bars stehen Bier, Wein, Whiskey und Gin auf der Karte. Beliebte Biermarken sind Quilmes und Isenbeck; nach *chopp* (Bier vom Fass oder Lager) fragen! Im Argentinischen Seengebiet gibt's viele Kleinbrauereien.

Manche argentinische Weine haben internationales Format; sowohl *tintos* (rote) als auch *blancos* (weiße) sind ausgezeichnet, aber besonders bekannt ist der rote Malbec. Die größten Weinbaugebiete finden sich in der Nähe von Mendoza, San Juan, La Rioja und Salta.

Das gesetzlich vorgeschriebene Alter für den Genuss alkoholischer Getränke liegt in Argentinien bei 18 Jahren.

Sport

Rugby, Tennis, Basketball, Polo, Golf, Motorsport, Skifahren und Radfahren sind beliebte Sportarten, aber im Mittelpunkt der nationalen Sportbegeisterung steht der *fútbol* (Fußball). Die Nationalmannschaft gewann zweimal die Weltmeisterschaft, 1978 und 1986. Lionel Messi ist heute der größte Fußballstar Argentiniens.

Ein absoluter Klassiker sind die Begegnungen zwischen River Plate und den Boca Juniors, denn die Rivalität zwischen den beiden Vereinen in Buenos Aires ist sehr stark ausgeprägt.

Natur & Umwelt

Geografie

Argentinien ist riesig! Es belegt Rang acht in der Liste der größten Länder unseres Planeten. Es erstreckt sich von Norden nach Süden auf etwa 3500 km Länge und umfasst viele verschiedene Landschafts- und Geländeformen.

Die Anden säumen den Nordwestrand Argentiniens. Hier überleben nur besonders zähe Kakteen und struppige Vegetation. Die hohen Gipfel und Salzseen grenzen an die subtropischen Flachlandprovinzen Salta und Santiago del Estero. In den heißen und malerischen Provinzen Tucumán, Catamarca und La Rioja im Süden werden landwirtschaftliche Produkte und Wein angebaut.

Die trockenere Buschlandschaft der westlichen Vorberge der Anden geht in die zickzackförmigen Flusstäler und heißen Niederungen der Provinzen Chaco und Formosa über. Die meisten Niederschläge fallen im Nordosten – darum sind hier Sumpfwälder und subtropische Savannen zu finden. Zur dicht bewaldeten Provinz Misiones gehören die unglaublichen Iguazú-Fälle. Die Flüsse, deren Wassermassen über gigantische Stufen in die Tiefe stürzen, führen zu den grasbewachsenen Schwemmlandschaften der Provinzen Corrientes und Entre Ríos. Die Sommer hier sind ausgesprochen heiß und feucht.

Aus der Region Cuyo im zentralen Westen (Provinzen Mendoza, San Juan und San Luis) kommen die meisten argentinischen Spitzenweine. Zentralargentinien umfasst das bergige Córdoba und die stark landwirtschaftlich geprägte Provinz Santa Fe. Die Pampas bestehen aus einer flachen, dicht bewachsenen Ebene voller Anbauflächen und Viehherden. Entlang der Atlantikküste gibt's viele beliebte und attraktive Strände.

Patagonien nimmt das untere Drittel Argentiniens ein. Der Großteil der Region ist flach und trocken. In Richtung der Anden fällt aber jede Menge Regen, der das argentinische Seengebiet mit seiner üppigen Vegetation speist. In den südlichen Anden finden sich gigantische Gletscher, und auf den kühlen Steppen der Ebenen darunter grasen Schafe in riesigen Herden.

Die Inselgruppe Feuerland gehört hauptsächlich zu Chile. Die Landschaft der Nordhälfte ähnelt jener der patagonischen Steppe, dagegen überziehen dichte Wälder und Gletscher die bergige Südhälfte. Das Klima kann relativ mild sein – selbst im Winter –, wenngleich man immer mit Temperaturen unter dem Gefrierpunkt rechnen muss. In dieser Region ist das Wetter ganzjährig sehr wechselhaft.

Wie einige andere Länder erhebt Argentinien außerdem Anspruch auf einen Teil Antarktikas.

Nationalparks

Argentinien hat eine ganze Menge Nationalparks und bundesstaatliche Schutzgebiete. Sie umfassen diverse Landschaftsformen und Klimazonen wie Sümpfe, Wüsten und Regenwälder. Zu den vielen Highlights zählen riesige Bäume, Wasserfälle und Gletscher.

Zu den besten Parks in Argentinien gehören u.a.:

Parque Nacional Iguazú (S. 116) Berühmt wegen seiner gigantischen Wasserfälle.

Parque Nacional Los Alerces (S. 175) Hier gibt es uralte Wälder mit patagonischen Zypressen (Alerce).

Parque Nacional Los Glaciares (S. 190) Eindrucksvolle Gletscher und hohe Berggipfel.

Parque Nacional Nahuel Huapi (S. 171) Zeichnet sich durch eine wunderschöne Berglandschaft aus.

Parque Nacional Tierra del Fuego (S. 197) Außergewöhnliche Scheinbuchenwälder und eine reiche Fauna.

Parque Provincial Aconcagua (S. 157) Hier erhebt sich der höchste Gipfel des Kontinents.

Reserva Faunística Península Valdés (S. 180) Das Gebiet ist berühmt für seine Küstenfauna.

Reserva Provincial Esteros del Iberá Sumpflandschaft mit facettenreichem Tierleben.

Tiere & Pflanzen

Die berühmten Pampas bestehen vor allem aus weitläufigen Grassteppen. Sie sind die Heimat vieler Raubvögel und importierter Pflanzenarten. Im nördlichen Sumpfland leben die bizarr aussehenden Capybaras (auch Wasserschweine genannt) – es sind die größten Nagetiere der Welt. Außerdem tummeln sich hier Sumpfhirsche, alligatorähnliche Kaimane und viele große Zugvögel.

Die großen Waldgebiete Argentiniens befinden sich in der subtropischen Provinz Misiones und an den östlichen Andenhängen südlich der Provinz Neuquén. Dort wachsen vor allem Südbuchenarten und Nadelhölzer. Im Seengebiet in Südargentinien sollte man Ausschau halten nach der seltsam anmutenden Andentanne (auch unter dem Namen Chilenische Araukarie bzw. *Araucaria araucana* bekannt). In den Höhenlagen der Anden und im Großteil Patagoniens sind Weideflächen eher rar. Über den Salzseen der nördlichen Anden fliegen Rosaflamingos. In den Steppen Patagoniens bekommt man mit etwas Glück auch Guanacos, Nandus und Maras (patagonische Hasen) zu Gesicht, aber auch Gürteltiere, Schopfkarakaras und Graufüchse treiben sich hier herum. Pumas und Kondore leben in den Vorbergen der südlichen Anden, lassen sich aber nur sehr selten blicken.

An der Küste Patagoniens, vor allem rund um die Península Valdés, können Naturliebhaber hervorragend die vielen Meeresbewohner beobachten. In den Fluten tummeln sich u.a. Südkaper, Seelöwen, Südliche See-Elefanten, Magellanpinguine und Killerwale.

PRAKTISCHES

Allgemeine Informationen

AKTIVITÄTEN

Argentinien ist eine tolle Spielwiese für Traveller, die auf der Suche nach Abenteuer sind. In den vielen herrlichen Nationalparks kann man im Sommer hervorragend wandern und klettern, vor allem in der Gegend rund um Bariloche und das patagonische Fitz-Roy-Massiv. Und dann wäre da natürlich noch der höchste Gipfel der Welt außerhalb Asiens, der majestätische, 6962 m hohe Aconcagua.

Skifahrer finden traumhafte Bedingungen in großen Wintersportzentren wie Cerro Catedral, Las Leñas (in der Nähe von Malargüe), Los Penitentes oder Chapelco (in der Nähe von San Martín de los Andes) vor. Die Skisaison dauert von etwa Mitte Juni bis Mitte Oktober – im Sommer toben sich hingegen zahlreiche Mountainbiker in den Bergregionen aus.

Radfahrer zieht es beispielsweise auch nach Mendoza, in die nordwestlichen Anden, ins argentinische Seengebiet und nach Patagonien (Vorsicht: starke Winde!). Die mitunter abgelegenen und schlechten Straßen sind oft nur Schotterpisten, die man am besten mit Mountainbikes bewältigt. In den meisten Touristenzentren können Drahtesel auch ausgeliehen werden – allerdings entspricht die Qualität der Fahrräder häufig nicht dem, was man von zu Hause gewohnt ist.

Im Seengebiet und in Patagonien finden Fliegenfischer ein paar der besten Angelreviere der Welt. An den Haken gehen hier u. a. eingeführte Forellen und Atlantische Binnenlachse von gewaltigen Ausmaßen. Die Saison dauert in der Gegend von November bis Mitte April. Gefangene Flossenträger werden größtenteils wieder in die Freiheit entlassen.

Wildwasser-Rafting wird im Umkreis von Mendoza und im Seengebiet angeboten. In etlichen Touristengegenden kann man sich auch bei Ausritten oder bei Gleitschirmflügen vergnügen.

ARBEITEN IN ARGENTINIEN

In Argentinien gibt es nur wenige Gelegenheitsjobs für Ausländer. Die besten Chancen hat man als Englischlehrer, besonders in Buenos Aires und in anderen großen Städten. Die meisten Lehrer kommen allerdings gerade so über die Runden. TESOL- und TESL-Zertifikate können die Jobsuche erleichtern. Auch in Bars und Hotels mit größtenteils ausländischer Klientel gibt's eventuell Arbeit.

Viele Ausländer arbeiten illegal mit einem Touristenvisum, das alle drei Monate erneuert werden muss – wenn sie in Buenos Aires leben, machen sie in der Regel mehrmals im Jahr einen Abstecher nach Uruguay. In den Ferienmonaten Januar und Februar gibt's kaum Stellenangebote.

Jobangebote finden sich unter http://buenosaires.en.craigslist.org und in den Kleinanzeigen unter www.baexpats.org.

BOTSCHAFTEN & KONSULATE

Zusätzlich zu ihren Botschaften in Buenos Aires unterhalten diverse Länder auch Konsulate in anderen argentinischen Städten.

Bolivien: Buenos Aires (☎ 011-4394-1463; www.embajadadebolivia.com.ar; Av Corrientes 545; ⏲ Mo–Fr 9.30–17.30 Uhr; Ⓢ Línea B Florida); **La Quiaca** (☎ 03885-422283; www.consuladoboliviano.com.ar; 9 de Julio 109; ⏲ Mo–Fr 7–18.30 Uhr); **Salta** (☎ 0387-421-1040; www.embajadadebolivia.com.ar; Boedo 34; ⏲ Mo–Fr 8–13 Uhr); **San Salvador de Jujuy** (☎ 0388-424-0501; www.consuladodebolivia.com.ar; Ramírez de Velasco 145; ⏲ Mo–Fr 8.30–14 & 17–20 Uhr)

Brasilien: Buenos Aires (☎ 011-5246-7400; http://buenosaires.itamaraty.gov.br; Cerrito 1350; ⏲ Mo–Fr 9–18 Uhr; Ⓢ Línea C San Martín); **Paso de Los Libres** (☎ 03772-425444; Mitre 894; ⏲ 8–13 Uhr); **Puerto Iguazú** (☎ 03757-420192; https://scedv.serpro.gov.br; Córdoba 278; ⏲ Visa Mo–Fr 8–13.30 Uhr)

Chile: Buenos Aires (☎ 011-4808-8601; www.chile.gob.cl/argentina; Tagle 2762; ⏲ Mo–Fr 9–13 & 14–17 Uhr; Ⓢ Línea H Las Heras); **Bariloche** (☎ 0294-443-1680; https://chile.gob.cl/bariloche; España 275; ⏲ Mo–Fr 9–14 Uhr); **Esquel** (☎ 02945-451189; Molinari 754; ⏲ nach Vereinbarung); **Mendoza** (☎ 0261-425-5024; www.chile.gob.cl; Belgrano 1080); **Neuquén** (☎ 0299-442-2447; La Rioja 241; ⏲ Mo–Fr 8–13 Uhr); **Río Gallegos** (☎ 02966-422364; Moreno 148; ⏲ Mo–Fr 8–13 Uhr); **Salta** (☎ 0387-421-5757; https://chile.gob.cl/salta; Santiago de Estero 965; ⏲ Mo–Fr 9–13 Uhr); **Ushuaia** (☎ 02901-430909; Jainén 50)

Deutschland: Buenos Aires (☎ 011-4778-2500; www.buenosaires.diplo.de; Villanueva 1055; ⏲ Mo–Fr 8–11 Uhr; Ⓢ Línea D Olleros)

Österreich: Buenos Aires (☎ 011-4809-5800; www.bmeia.gv.at/oeb-buenos-aires/; Calle French 3671)

Schweiz: Buenos Aires (☎ 011-4311-6491; www.eda.admin.ch/buenosaires; 12. Stock, Av Santa Fe 846)

ESSEN

Die folgenden Preisangaben gelten jeweils für ein normales Hauptgericht.

**$** unter 220 AR$
**$$** 220–350 AR$
**$$$** über 350 AR$

FEIERTAGE & FERIEN

An Argentiniens vielen öffentlichen Feiertagen haben Behörden und Geschäfte geschlossen. Die Termine werden häufig auf den nächsten Montag oder Freitag verlegt, um das Wochenende zu verlängern. Feiertage am Dienstag oder Donnerstag werden oft um den Montag bzw. Freitag erweitert.

An Feiertagen verkehren Argentiniens öffentliche Verkehrsmittel vergleichsweise seltener. Abgesehen vom reinen Nahverkehr sollten Tickets dann stets rechtzeitig reserviert werden. Gleiches gilt für Unterkünfte.

Regionalspezifische Feiertage können stark variieren und sind im Folgenden nicht aufgeführt.

Año Nuevo (Neujahr; Geschäfte teils ab Mittag des 31. Dez. geschl.) 1. Januar

Karneval Februar/März (inkl. Mo & Di; Termine variieren)

Día de la Memoria (Gedenktag für den Militärputsch von 1976, der den Schmutzigen Krieg auslöste) 24. März

Semana Santa (Ostern; meisten Geschäfte an Gründonnerstag und Karfreitag geschl.; starker Reiseverkehr) März/April

Día de las Malvinas (Gedenktag für die argentinischen Gefallenen des Falkland-Kriegs von 1982) 2. April

Día del Trabajador (Tag der Arbeit) 1. Mai

Día de la Revolución de Mayo (Jahrestag der Mairevolution von 1810 gegen Spanien) 25. Mai

Día de la Bandera (Tag der Nationalflagge; Todestag des Generals Manuel Belgrano, der Argentiniens Flagge kreierte) 20. Juni

Día de la Independencia (Unabhängigkeitstag) 9. Juli

Día del Libertador San Martín (Todestag des José de San Martín, der 1850 starb) 3. Montag im August

Día del Respeto a la Diversidad Cultural (Tag des Respekts vor der kulturellen Vielfalt) 12. Oktober oder 2. Montag im Oktober

Día de la Soberanía Nacional (Tag der nationalen Souveränität) 20. November oder 4. Montag im November

Día de la Concepción Inmaculada (Tag der Unbefleckten Empfängnis) 8. Dezember

Navidad (1. Weihnachtsfeiertag; Geschäfte teils ab Mittag des 24. Dez. geschl.) 25. Dezember

FRAUEN UNTERWEGS

Auch alleinreisende Frauen kommen in Argentinien gut zurecht. Teilweise ist Argentinien für Frauen sogar sicherer als Europa, die USA und die meisten anderen Länder Lateinamerikas. Dennoch regiert im Land der *machismo* – diverse Männer verspüren das Bedürfnis, das Auftreten einer Frau umgehend zu kommentieren. Mit Schnalzen, Nachpfeifen oder *piropos* (anzüglichen Bemerkungen) versuchen sie, das Objekt der Begierde auf sich aufmerksam zu machen. Anstatt ihnen gleich in ihre Kronjuwelen zu treten, sollten Frauen solche Lümmel einfach ignorieren – und es damit ihren argentinischen Leidensgenossinnen gleichtun.

FREIWILLIGENARBEIT

Ob soziale Essensausgabe, Hilfsmaßnahmen in *villas miserias* (Slumsiedlungen) oder Engagements auf Bio-Bauernhöfen: Argentinien bietet viele Möglichkeiten für Freiwillige. Diese sollten vor der Wahl einer Organisation aber unbedingt intensiv recherchieren bzw. bei anderen Ehrenamtlichen nachfragen: Teils gibt's Kost und Logis gegen Mitarbeit (und eventuell eine geringe Gebühr). Anderswo bezahlt man dagegen hohe Teilnahmebeträge, von denen dann mitunter nur ein recht geringer Prozentsatz direkt an die jeweiligen Hilfsbedürftigen geht.

Aldea Luna (www.aldealuna.com.ar) Farmarbeit in einem Naturschutzgebiet.

Anda Responsible Travel (www.andatravel.com.ar/en/volunteering) Reiseveranstalter in Buenos Aires, der lokale Gemeinden unterstützt.

Conservación Patagonica (www.conservacionpatagonica.org) Mithilfe beim Einrichten eines Nationalparks.

Eco Yoga Park (www.ecoyogavillages.org/volunteer-programs) Mitarbeit auf einem Bio-Bauernhof, ökologischer Gebäudebau und Unterrichten von Dorfbewohnern.

Fundación Banco de Alimentos (www.bancodealimentos.org.ar) Kurzfristige Engagements bei einer Tafel-Einrichtung.

Habitat for Humanity Argentina (www.hpha.org.ar) Mithilfe beim sozialen Wohnungsbau.

WWOOF Argentina (www.wwoofargentina.com) Mitarbeit auf argentinischen Bio-Bauernhöfen.

GEFAHREN & ÄRGERNISSE

Trotz gelegentlicher Verbrechenswellen ist Argentinien eines der sichersten Länder Lateinamerikas. Die meisten wachsamen Touristen verlassen Buenos Aires glücklich und unbeschadet. Außerhalb der Großstädte sind schwere Straftaten nicht häufig. In Hostels sollte man Wertsachen wegschließen, denn gelegentlich kommt es zu Diebstählen durch andere Traveller.

Die größte Gefahr lauert im Straßenverkehr. Als Fußgänger darf man niemals glauben, Vortritt zu haben – Auto- und Busfahrer nehmen keine Rücksicht. Wer empfindlich gegen Zigarettenrauch ist, sollte wissen, dass Rauchen immer noch sehr gängig in Argentinien ist und die Gesetzesbestimmungen lockerer sind als in anderen Ländern.

> **VORSICHT: ELEKTRONIKDIEBE!**
>
> Viele moderne Elektronikprodukte sind in Argentinien sehr teuer bzw. kaum erhältlich. Darum mitgebrachte Geräte (z. B. Smartphones, Tablets und Laptops) nie unnötig aus der Tasche holen und stets gut darauf aufpassen!

GELD

Am besten bereist man das Land mit einer Kombination aus US-Dollar, argentinischen Pesos, Bank- und Kreditkarten.

Bargeld

Landeswährung ist der Argentinische Peso (AR$). 1 AR$ besteht aus 100 *centavos*. Geldscheine haben einen Wert von 2, 5, 10, 20, 50, 100, 200, 500 oder 1000 AR$. Münzen gibt's zu 5, 10, 25 und 50 *centavos* sowie zu 2, 5 und 10 AR$. Viele touristische Einrichtungen akzeptieren zwar auch US-Dollar, dennoch sollte man zur Sicherheit immer genügend Pesos dabei haben!

US-Dollar lassen sich am leichtesten einwechseln, aber die *cambios* (Wechselstuben) akzeptieren weithin auch Euro. Insbesondere in Buenos Aires ist viel Falschgeld im Umlauf; Infos findet man unter www.landingpadba.com/ba-basics-counterfeit-money.

Feilschen

In Argentinien ist Feilschen generell nicht üblich (anders als im Großteil des übrigen Südamerika).

Geldautomaten

In fast allen größeren und kleineren Städten Argentiniens gibt's *cajeros automáticos* (Geldautomaten), die auch das Abheben mit bekannten Kreditkarten ermöglichen. Die Geräte sind landesweit die beste Quelle für Bargeld und bieten meist auch Bedienungsanleitungen auf Englisch. Das Limit pro Abhebung liegt teils nur bei 115 US$. Die Transaktionsgebühr kann dagegen recht hoch sein – unabhängig von Zusatzgebühren der eigenen Bank. Zudem fällt sie jedes Mal einzeln an und summiert sich daher bei mehrmaligem Abheben am Tag (was wiederum möglich ist). Jedoch kann man an den meisten Automaten der Banelco vergleichsweise größere Summen auf einmal abheben.

Achtung: Argentinische Geldautomaten funktionieren nicht mit allen ausländischen Karten – darum unbedingt mehrere davon mitbringen!

LÄSTIGE INFLATION

Lonely Planet Leser sollen möglichst genau über lokale Preise informiert werden. Generell nennen wir so statt grober Tarifkategorien stets genaue Beträge, die uns bei der Recherche genannt wurden (z. B. von Hotels und Restaurants). Diese könnten in Argentinien aber inzwischen stark gestiegen sein: Zum Recherchezeitpunkt herrschte hier eine offizielle Inflationsrate von ca. 26 % (inoffiziell bzw. geschätzt teils noch höher). Erfahrungsgemäß bevorzugen unsere Leser jedoch konkrete Zahlen und berechnen Abweichungen dann lieber selbst.

Vor allen Buchungen empfehlen sich daher immer aktuelle Preisrecherchen, um böse Überraschungen zu vermeiden. Trotz Inflation ist Argentinien aber immer noch ein recht günstiges Reiseland.

Zudem ist es ratsam, die jeweiligen Banken rechtzeitig über den Argentinientrip zu informieren: Andernfalls werden die Karten eventuell automatisch wegen Missbrauchsverdachts gesperrt.

Während der Hauptsaison gehen Geldautomaten in Patagonien (z. B. El Calafate oder El Chaltén) oft schnell leer.

Geld umtauschen

➡ In den meisten größeren Städten kann man US-Dollar und Euro bei Bankfilialen oder *cambios* (Wechselstuben) in argentinische Pesos umtauschen (Reisepass erforderl.). Außerhalb von Buenos Aires werden andere Fremdwährungen wie Schweizer Franken aber teils nur selten akzeptiert.

➡ US-Dollar lassen sich landesweit am leichtesten einwechseln. Direkt an den jeweiligen Grenzen gibt's aber auch mit chilenischen bzw. uruguyanischen Pesos generell keine Probleme.

➡ Wichtig: Bargeld am besten immer nur bei offiziellen Stellen umtauschen und von zwielichtigen Devisenschiebern (sprechen einen mancherorts auf der Straße an) wegbleiben!

Kreditkarten

Je größer ein Hotel ist, desto eher akzeptiert es Kreditkarten; das gleiche gilt für Läden oder beim Kauf von Bustickets. Einige Geschäfte schlagen bei Kreditkartenzahlung einen *recargo* (Aufpreis) von bis zu 10 % auf die Kaufsumme auf – besser vorher nachfragen! Achtung: Das Trinkgeld in Restaurants (10 %) kann nicht auf die Rechnung aufgeschlagen werden, sondern muss bar bezahlt werden!

Am weitesten verbreitet sind MasterCard und Visa, aber auch American Express wird weithin akzeptiert. Begrenzte Bargeldauszahlungen sind möglich (am besten bei der Banco de la Nación), aber schwierig, weil mit Papierkram und Gebühren verbunden.

GESUNDHEIT

Für Argentinien sind keine speziellen Impfungen erforderlich. Jedoch sollte der Standard-Impfschutz bei Bedarf rechtzeitig vor dem Start aufgefrischt werden. 2017 brach das Denguefieber in den Provinzen Misiones und Formosa aus. Diese Krankheit äußert sich generell in grippeartigen Erscheinungen (inkl. Fieber, Kopf- und Gliederschmerzen), Übelkeit, Erbrechen und Ausschlag. Die Symptome können zwar recht unangenehm sein, klingen aber meist nach ein paar Tagen ab.

In den Hochanden sollte man auf zusätzlichen Sonnenschutz und etwaige Anzeichen von Höhenkrankheit achten. Weitere Infos sind unter http://www.nc.cdc.gov/travel/destinations/argentina.htm zu finden.

Das Leitungswasser in den Städten ist üblicherweise trinkbar, durch Salate und Eiscreme besteht kein Gesundheitsrisiko. Viele verschreibungspflichtige Medikamente sind in Argentinien frei erhältlich. Wer im Notfall medizinische Behandlung westlichen Standards benötigt, kann von seiner Botschaft entsprechende Empfehlungen einholen.

INTERNETZUGANG

➡ Die meisten Hotels, Cafés, Restaurants und Flughäfen bieten WLAN (generell gut und gratis).

➡ Internetcafés und *locutorios* (Telefonstuben) mit günstigem Internetzugang gibt's praktisch in allen größeren und kleineren Städten.

➡ Um auf argentinischen Tastaturen das @-Symbol *(arroba)* zu erhalten, hält man die Alt-Taste gedrückt und gibt 64 ein (alternativ AltGr und 2 tippen). Sollte es trotzdem Probleme geben, stellt man dem Personal die Frage *Cómo se hace la arroba?* („Wie erzeugt man das @-Symbol?").

➡ In entlegenen Ecken wie El Chaltén oder anderen Teilen Patagoniens funktioniert der Drahtlos-Zugang oft nur sehr schlecht.

LGBT+-REISENDE

Argentinien hat die gleichgeschlechtliche Ehe als erstes lateinamerikanisches Land legalisiert (2010) und ist in den letzten Jahren immer LGBT-freundlicher geworden. Buenos Aires zählt heute zu den internationalen Top-Zielen für schwule Reisende: Die Hauptstadt hat nun viele Unterkünfte, Bars und Discos für sie zu bieten. Zudem steigt dort jedes Jahr die größte Gay-Pride-Parade Südamerikas.

In Buenos Aires (und in geringerem Maß auch in Argentiniens anderen Großstädten) wird Homosexualität zunehmend toleriert. Obwohl das im Großteil des übrigen Landes noch anders aussieht, ist homophobe Gewalt hier generell sehr selten. So reisen viele schwule Traveller durch ganz Argentinien und berichten ausschließlich von positiven Erlebnissen.

Argentinische Hetero-Männer agieren körperbetonter, als man das vielleicht gewohnt ist: Wangenküsse und stürmische Umarmungen sind hier durchaus üblich bzw. werden allgemein als unverfänglich betrachtet. Mit Händchenhalten beim Spazierengehen erregen Lesben kaum Aufmerksamkeit, da auch heterosexuelle Argentinierinnen dies gern tun. Bei Männern ist Händchenhalten dagegen ein Tabu. Generell gilt: Im Zweifelsfall sich besser diskret in der Öffentlichkeit verhalten.

ÖFFNUNGSZEITEN

Banken Mo–Fr 8–15 od. 16, teils auch Sa bis 13 Uhr

Bars tgl. ab 20 od. 21 Uhr bis irgendwann zw. 4 und 6 Uhr

Behörden & Büros Mo–Fr 8–17 Uhr

Cafés tgl. 6–24 Uhr od. open end

Discos Fr & Sa ab 1 od. 2 Uhr bis irgendwann zw. 6 und 8 Uhr

Einzelhandel Mo–Sa 9 od. 10–20 od. 21 Uhr

Postfilialen Mo–Fr 8–18, Sa 9–13 Uhr

Restaurants 12–15.30 & 20–24 od.1 Uhr, Wochenende länger

POST

Die staatliche Post namens Correo Argentino (www.correoargentino.com.ar) ist oft unzuverlässig. Wichtige Auslandsbriefe sollten daher *certificado* (als Einschreiben) verschickt werden.

Pakete unter 2 kg können von allen Postämtern aus verschickt werden. Alle schwereren Auslandssendungen müssen jedoch eine *aduana* (Zollstelle) durchlaufen. Das entsprechende Büro in Buenos Aires heißt Correo Internacional (S. 88) und liegt nahe dem Busbahnhof Retiro. Versender müssen ihren Reisepass vorlegen und das Paket unverschlossen mitbringen, damit die Beamten den Inhalt kontrollieren können.

Private Kurierdienste sind deutlich verlässlicher, aber auch teurer als die staatliche Post. Zu den argentinischen Anbietern zählen Andreani (www.andreani.com.ar) und OCA (www.oca.com.ar). Zudem sind vor Ort auch internationale Services wie DHL und FedEx vertreten. Diese beiden Firmen unterhalten aber nur Filialen in den größten Städten. Bei Inlandssendungen kooperieren sie meist mit Andreani oder OCA.

RECHTSFRAGEN

Die argentinische Polizei kann Ausweiskontrollen jederzeit und ohne Begründung vornehmen, macht von diesem Recht aber nur sehr selten Gebrauch. Dennoch sollte der Reisepass ständig mitgeführt werden (zumindest eine Fotokopie davon). Am wichtigsten beim Umgang mit Polizisten und anderen Beamten: Immer höflich, sachlich und kooperativ verhalten!

Die meisten in Europa verbotenen Drogen bzw. Betäubungsmittel sind auch in Argentinien illegal. Marihuana-Konsum wird hier jedoch nicht mehr so streng verfolgt und ist in Uruguay sogar legal.

In Argentinien gilt die Unschuldsvermutung. Verhaftete Touristen haben offiziell Anspruch auf Rechtsbeistand, ein Telefonat und einen Dolmetscher. Zudem können sie die Aussage verweigern (bis auf Name, Nationalität, Alter und Reisepassnummer). Auf keinen Fall etwas unterschreiben, ohne vorher einen Anwalt konsultiert zu haben!

SPRACHE

Außer an der Tendenz zur Überschwänglichkeit sind Argentinier in Lateinamerika und anderswo unschwer an ihrer italienisch gefärbten Aussprache des *castellano* (Spanischen) zu erkennen. In Buenos Aires wird man *lunfardo*, den blumigen Slang der Hauptstadt, vernehmen.

Im Nordwesten trifft man auf viele Quechua-Sprecher, die aber meist auch Spanisch können. In den südlichen Anden sprechen viele Menschen Mapuche, Guaraní hört man überwiegend im Nordosten.

Argentinien ist ein tolles Reiseziel, um Spanisch zu lernen. Allein in Buenos Aires gibt es Dutzende Sprachschulen (und Privatlehrer). Auch andere große Städte wie Bariloche, Mendoza und Córdoba haben Sprachschulen.

STROM

Die Netzspannung beträgt in Argentinien 220 V bei 50 Hz. Die meisten Stecker haben entweder zwei Rundstifte (wie in Europa) oder drei gewinkelte Flachstifte (wie in Australien).

TELEFON & TEXTNACHRICHTEN

➡ *Locutorios* (Telefonstuben) gibt's in jeder Ortschaft. Man betritt eine Kabine, macht seinen Anruf und zahlt dann vorne am Schalter. Das ist im Vergleich zu den (seltenen) Telefonzellen draußen die bessere Wahl: Man ist geschützter, hat weniger Lärm und braucht kein Kleingeld zum Telefonieren.

ZWEIERLEI PREISE

Einige bessere Hotels, manche Museen und Tangoveranstalter, die meisten Nationalparks und eine größere Fluglinie haben ein zweistufiges Preissystem eingeführt: Ausländer zahlen für die gleiche Leistung das Doppelte (oder sogar mehr) als Einheimische.

➡ Von *locutorios* aus in die USA, nach Europa oder Australien zu telefonieren, ist abends und an den Wochenenden am billigsten. Am günstigsten ist es, eine Prepaid-Telefonkarte am Kiosk zu kaufen oder Internettelefondienste wie Skype zu nutzen.

➡ Handynummern beginnen immer mit 15. Diese ist immer zuerst zu wählen, wenn man von einem Festnetzanschluss anruft, nicht aber, wenn man ein Handy benutzt.

➡ Wer aus dem Ausland einen Anschluss in Argentinien anrufen will, wählt zunächst den Zugangscode für Auslandsgespräche (00), dann die Argentinien-Vorwahl (54), anschließend die Ortsvorwahl (die erste Null weglassen) und schließlich die Rufnummer. Wer aus dem Ausland einen Handy-Anschluss in Argentinien anrufen will, wählt zunächst den Zugangscode für Auslandsgespräche, dann die 54, dann die 9, dann die Gebietsvorwahl (ohne die erste Null) und schließlich die Rufnummer ohne die Handy-Vorwahl 15.

➡ Argentinier telefonieren hauptsächlich im GSM 850/1900-Netz. Wer über ein Tri- oder Quadband-GSM-Handy ohne Sperre verfügt, kann in Argentinien eine Prepaid-SIM-Karte kaufen und diese dann beliebig aufladen. Man kann hier aber auch Handys kaufen. Der Markt ändert sich schnell, am besten informiert man sich kurzfristig im Vorfeld.

➡ Um Textnachrichten zu schicken, braucht man die 15 nicht vorzuwählen. WhatsApp ist auch in Argentinien beliebt, um kostenlos Textnachrichten zu senden, das setzt aber natürlich voraus, dass auch der Empfänger die App installiert hat.

TOILETTEN

Die öffentlichen Toiletten sind in Argentinien in besserem Zustand als in den meisten anderen südamerikanischen Ländern, erreichen aber noch immer nicht westliche Standards. Öffentliche Toiletten gibt's in Restaurants, Fastfood-Läden, Einkaufszentren und sogar großen Hotels. Man sollte Toilettenpapier dabeihaben und darf weder Warmwasser, noch Seife oder Papierhandtücher erwarten. In kleineren Ortschaften muss man möglicherweise für die Benutzung öffentlicher Toiletten eine kleine Gebühr bezahlen.

PREISKATEGORIEN: SCHLAFEN

Die folgenden Angaben gelten jeweils für ein Doppelzimmer in der Hauptsaison. Der Preis beinhaltet stets Frühstück und ein eigenes Bad (sofern nicht anderweitig vermerkt).

**$** unter 75 US$

**$$** 75–150 US$

**$$$** über 150 US$

US-Dollar werden von argentinischen Hotels oft akzeptiert und teils auch fast zum offiziellen Kurs umgetauscht.

TOURISTENINFORMATION

Das **argentinische Tourismusministerium** (Ministerio de Turismo; www.turismo.gob.ar) hat seinen Hauptsitz in Buenos Aires.

Fast alle touristisch geprägten Städte Argentiniens haben Touristeninformationen, die normalerweise im Bereich des Hauptplatzes oder Busbahnhofs liegen. Zudem unterhalten alle Provinzen des Landes eigene Vertretungen in Buenos Aires. Diese Büros sind meist gut organisiert und liefern oft auch computergestützte Touristeninfos. Somit lohnt sich eventuell ein Besuch vor dem Aufbruch in die jeweilige Region.

UNTERKUNFT

Überall in Argentinien gibt es eine ausgezeichnete Auswahl günstiger Hostels. Die meisten sind wirklich nett und bieten auch Touren und Dienstleistungen an. Bei allen sind die Küchenbenutzung und das Bettzeug inbegriffen; meistens gibt es auch einen Handtuchverleih, Internetzugang, kostenloses WLAN, eine Gepäckaufbewahrung, ein kleines Frühstück sowie Doppelzimmer (diese sollte man vorab reservieren). Man muss nicht Mitglied bei Hostelling International (www.hihostels.com) oder HoLa (www.holahostels.com) sein, um in einem Hostel dieser Organisationen unterzukommen, aber Mitglieder erhalten einen Rabatt von ca. 10 %.

Residenciales sind kleine Hotels. Unter *hospedajes* oder *casas de familia* versteht man normalerweise Familienwohnhäuser mit zusätzlichen Gästezimmern und Gemeinschaftsbädern. Hotels sind mit bis zu fünf Sternen gekennzeichnet; im Preis für die Zimmer sind meist ein eigenes Bad, ein kleines Frühstück – Kaffee oder Tee und Brot oder Croissants – inbegriffen. In Buenos Aires kann man auch prima ein Apartment mieten. Wer sich sehr lange in der Stadt aufhalten will, kann auf diese Weise sehr viel Geld sparen.

Campen ist recht günstig und sehr beliebt. Campingplätze liegen jedoch häufig ziemlich weit vom Stadtzentrum entfernt. Auch zu Nationalparks gehören oft Campingplätze mit Service-Einrichtungen, teilweise auch einsame *refugios* (Schutzhütten für Wanderer).

Von November bis Januar ist in Buenos Aires Hauptsaison – dann sind Unterkünfte am teuersten. In Patagonien ist während des Sommers (Nov.–Feb.) am meisten los, im Juli und August füllen sich die Skiorte sehr schnell. Im Dezember und Januar verzeichnen Reiseziele im Norden und die Strandorte am Atlantik die meisten Besucher (Letztere sind das restliche Jahr über quasi Geisterstädte). In der Hauptsaison ist es ratsam, Unterkünfte rechtzeitig zu reservieren.

VISA

EU-Bürger und Schweizer können sich 90 Tage lang visumfrei in Argentinien aufhalten. Voraussetzung hierfür ist ein gültiger Reisepass, der bei Ankunft entsprechend abgestempelt wird.

Für Visaverlängerungen (90 Tage, 2700 AR$) sind die *migraciones* (Einwanderungsbehörden) in den Provinzhauptstädten zuständig. Ein solches Büro gibt's auch in Buenos Aires (S. 87).

An- & Weiterreise

BUS

Von Bolivien, Paraguay, Brasilien, Uruguay und Chile aus ist Argentinien mit dem Bus erreichbar.

FLUGZEUG

Von Buenos Aires aus gibt es Flugverbindungen in die meisten südamerikanischen Hauptstädte. Argentiniens größter internationaler Flughafen ist der Aeropuerto Internacional Ministro Pistarini in Buenos Aires, der Ezeiza genannt wird. Der Aeroparque Jorge Newbery wird als Aeroparque bezeichnet und ist der nationale Flughafen der Hauptstadt. Eine Handvoll weiterer Städte hat offiziell „internationale" Flughäfen, allerdings werden meist nur inländische Ziele angeflogen. Aerolíneas Argentinas ist die nationale Fluglinie.

SCHIFF/FÄHRE

Diverse Flussfähren bzw. Tragflügelboote verbinden Buenos Aires mit Zielen in Uruguay. Oft wird dabei ein Teil des Trips per Bus zurückgelegt.

Buenos Aires–Colonia Tägliche Fähren nach Colonia (1–3 Std.), wo Busanschluss nach Montevideo (plus 3 Std.) besteht.

Buenos Aires–Montevideo Passagier-Schnellfähren von Buenos Aires (Zentrum) zu Uruguays Hauptstadt (nur 2¼ Std.).

Buenos Aires–Carmelo Passagier-Schnellboote von Buenos Aires (Vorort Tigre) nach Carmelo (2½ Std., regelm.) und Montevideo.

Unterwegs vor Ort

AUTO

Argentinische Mietwagen sind nicht gerade günstig. Diese Option bietet jedoch die Chance, Abenteuer auf eigene Faust zu erleben – maximal flexibel und abseits der üblichen Touristenpfade. Mietwagenkunden müssen mindestens 21 Jahre alt sein, eine Kreditkarte besitzen und über einen gültigen nationalen Führerschein verfügen. Eine zusätzliche internationale Fahrerlaubnis (International Driving Permit; IDP) ist offiziell nicht vorgeschrieben, aber dennoch sinnvoll. Das örtliche Mindestalter für Autofahrer liegt bei 18 Jahren.

Automóvil Club Argentino (ACA; ☎ 011-4808-4040; www.aca.org.ar; Av del Libertador 1850; ⏲ Mo–Fr 9–16 Uhr; 🚌 130, 62, 93), Argentiniens Automobilclub mit Hauptsitz in Buenos Aires, unterhält Büros, Tankstellen und Werkstätten in größeren Städten. Mitglieder internationaler Partnerorganisationen (z. B. des deutschen ADAC) können bei ACA-Einrichtungen ihre Vehikel inspizieren lassen und erhalten dort auch vergünstigte Straßenkarten. Hierfür muss der heimische Mitgliedsausweis vorgelegt werden.

Wegen mörderischem Verkehr und Parkplatzmangel ist das Selbstfahren in Buenos Aires nicht zu empfehlen. Abgesehen davon ist der öffentliche Nahverkehr hier sehr gut ausgebaut.

BUS

- Die modernen, schnellen und komfortablen Fernbusse sind in der Regel die günstigste Art, Argentinien zu bereisen. Bei Fahrten von mehr als sechs Stunden werden Pausen eingelegt oder im Bus Getränke, süße Snacks und manchmal auch einfache Mahlzeiten angeboten. Alle Reisebusse haben Toiletten, die aber oft schmutzig sind, kein Wasser haben (Toilettenpapier und Erfrischungstücher mitbringen!) und sich nur für „kleine Geschäfte" eignen.
- Exklusivere Unternehmen bieten teurere *coche-cama*-, *ejecutivo*- oder *suite*-Sitze, in denen man sich meist richtig hinlegen kann. Aber auch die normalen Busse sind in der Regel relativ komfortabel, sogar bei langen Fahrten.
- An den Busbahnhöfen gibt es meist Kioske, Toiletten, günstige Lokale und eine Gepäckaufbewahrung. In kleinen Städten sollte man den Fahrplan genau studieren (und möglichst gleich das Busticket kaufen), da einige Strecken nur unregelmäßig bedient werden.
- Im Sommer gibt es mehr Verbindungen. Während der Ferienmonate wie Januar, Februar oder Juli sollte man sein Ticket vorab kaufen. Wer weiß, wann er wo sein wird, kann manchmal ein Ticket von einem beliebigen Abfahrtspunkt zu seinem Zielpunkt erwerben – dies hängt allerdings vom jeweiligen Busanbieter ab.
- Informationen über Ticketpreise ab Buenos Aires findet man unter www.omnilineas.com.

FAHRRAD

Radtouren quer durchs Land sind bei Reisenden mittlerweile sehr beliebt. Zu den schönen Strecken im Norden zählen die Fernstraße von Tucumán nach Tafí del Valle sowie die Quebrada de Cafayate. Rund um Mendoza kann man Radtouren unternehmen und dabei Weingüter besuchen. Auch im Seengebiet gibt es malerische Strecken, darunter die „Siete Lagos"-Route.

Probleme bereiten der Wind (in Patagonien ist er so heftig, dass man nur mühsam vorankommt) und rücksichtslose Autofahrer. Insofern sind weniger befahrene Nebenstraßen immer gut.

- Fahrräder können in touristischen Gebieten vielerorts ausgeliehen werden und sind prima zur Erkundung der näheren Umgebung geeignet.

FLUGZEUG

Das argentinische Fluglinienangebot ändert sich ständig. Kleinere Gesellschaften kommen und gehen. Die Flugpreise lassen sich schlecht prognostizieren, sind aber in der Ferienzeit (Juli & Ende Dez.–Feb.) stets am höchsten. Angesichts der beträchtlichen Zeitersparnis sind bestimmte Flüge im riesigen Patagonien oft insgesamt nicht teurer als die entsprechenden Busreisen.

Zum Recherchezeitpunkt richteten Jetsmart (https://jetsmart.com/ar/es), Norwegian Air Argentina (www.norwegian.com), Lasa (http://www.aerolineaslasa.com) und weitere neue Billigfluglinien gerade Regionalverbindungen zwischen diversen argentinischen Provinzen ein. Potenziell wird dies den zukünftigen Reiseverkehr im ganzen Land verändern.

Die wichtigsten Fluglinien Argentiniens sind **Aerolíneas Argentinas** (www.aerolineas.com.ar), und **LATAM** (www.latam.com). Jede Fluglinie hat ein Hauptbüro und regionale Vertretungen in verschiedenen Städten.

Für die Reiseplanung könnten spezielle Flugpässe für Argentinien interessant sein. Man wendet sich dafür am besten an ein Reisebüro, das auf Südamerika spezialisiert ist, denn solche Angebote kommen und gehen. Manche dieser Flugpässe können nur im Ausland gekauft werden (manchmal zusammen mit einem internationalen Flugticket). Oft ist ihre Gültigkeit auch auf einen bestimmten Zeitraum beschränkt.

GEFÜHRTE TOUREN

Der Großteil des Landes lässt sich gut auf eigene Faust erkunden. Aber es gibt auch bestimmte Ziele, bei denen eine geführte Tour informativer und günstiger ist. Dazu zählen der Moreno-Gletscher bei El Calafate sowie die Peninsula Valdés und Punta Tombo nahe Puerto Madryn.

Wildwasserrafting, Walbeobachtungsfahrten und andere Aktivitäten sind nur im Rahmen von Touren möglich. In Buenos Aires werden viele interessante Touren angeboten, die tiefere Einblicke in die großartige Stadt vermitteln; dazu zählen Fahrradausflüge, Graffiti-Trips und kulinarische Touren.

NAHVERKEHR

Selbst kleine Städte verfügen über ein gutes Busnetz. In einigen Städten, beispielsweise Buenos Aires, werden Magnetkarten als Fahrscheine benutzt, die man an Kiosken und kleinen Geschäften erhält.

Taxis haben Taxameter mit Digitalanzeige. Trinkgeld wird nicht erwartet, Fahrgäste können aber aufs Wechselgeld verzichten. *Remises* sind Taxis oder normale Autos ohne Taxameter, die telefonisch bestellt werden können – das Personal nahezu aller Hotels und Restaurants übernimmt dies gern für seine Gäste. Solche Fahrzeuge sind allgemein verlässlicher als Taxis, da sie von renommierten Firmen betrieben werden. Vor dem Einsteigen sollte man den Fahrpreis erfragen.

Buenos Aires ist die einzige argentinische Stadt mit einem U-Bahn-System („Subte").

TRAMPEN

➡ In ganz Südamerika sind Chile und Argentinien wohl die besten Länder fürs Trampen *(hacer dedo)*. Jedoch sind argentinische Autos oft komplett mit Familien besetzt. Dafür nehmen einheimische Lkw-Fahrer mitunter Backpacker mit. Für entsprechende Nachfragen empfehlen sich *estaciones de servicio* (Tankstellen) am Rand von Großstädten: Dort tanken Trucker bervorzugt ihre Brummis auf.

➡ In Patagonien sind Transportmittel rar und die Entfernungen groß. Dort brauchen Tramper daher viel Geduld, genügend Proviant und warme, winddichte Bekleidung.

➡ Ein Schild steigert die Chancen auf Mitfahrten – vor allem, wenn darauf neben dem Zielort auch noch etwas wie *visitando Argentina de Alemania* („Besuche Argentinien, komme aus Deutschland") steht: Argentinier interessieren sich sehr für Ausländer.

➡ Achtung: Trampen ist nirgendwo auf der Welt wirklich sicher und wird somit von Lonely Planet auch nicht empfohlen. Wer per Anhalter reist, geht stets ein gewisses und potenziell sehr ernstes Risiko ein. Darum niemals alleine und/oder bei Nacht trampen (gilt vor allem für Frauen!) und immer vertrauenswürdige Dritte über die geplante Route informieren!

ZUG

Jahrelang erlebte Argentinien einen massiven Rückgang seiner Fernzugverbindungen. In jüngerer Zeit sind einige Fernstrecken aber reaktiviert worden. Gute Infos hierzu gibt's z. B. unter www.sofse.gob.ar oder www.seat61.com/southamerica.htm.

Züge bedienen den Großteil von Buenos Aires und einige umliegende Provinzen. Bahnreisen während Urlaubsperioden (z. B. Weihnachten) oder an Feiertagen erfordern rechtzeitige Reservierung. Im Vergleich zu Bussen sind Züge zwar günstiger, aber auch langsamer. Zudem verkehren sie vergleichsweise seltener und decken nicht so viele Ziele ab. Auf Fernstrecken gibt's Schlafwagen.

Für Eisenbahnfans empfehlen sich z. B. die Schmalspurbahn *La Trochita* (20 km; Esquel–Nahuel Pan) oder der malerische *Tren Patagónico* (Bariloche–Viedma). Legendär ist auch der Tren a las Nubes ab Salta (S. 135), der u. a. eine Wüstenschlucht auf 4220 m Höhe überquert. Diese Fahrt ist durchaus spektakulär, aber andererseits auch sehr touristisch und für Ausfälle berüchtigt.

Bolivien

11,14 MIO. EW.

Inhalt ➜

Gut essen

- Gustu (S. 227)
- Popular Cocina Boliviana (S. 227)
- Ali Pacha (S. 227)
- El Fogón de Gringo
- (S. 265)
- Clementina (S. 272)

Schön übernachten

- Hostal Sol y Luna (S. 224)
- Casona Señorial Gloria
- (S. 264)
- Atix (S. 226)
- Las Olas (S. 237)

Auf nach Bolivien!

Bolivien ist nichts für schwache Nerven. Für die Besteigung der bis zu 6000 m hohen Andengipfel sind Steigeisen und Eispickel erforderlich, für den Sprung im Hängegleiter ein Helm und Wagemut – Boliviens Berge, Flüsse und Schluchten sind eine Herausforderung und bringen viele an ihre Grenzen.

Was die heimischen Wildtierarten betrifft, so weist Bolivien eine derartige Biodiversität auf, dass heute noch Spezies entdeckt werden. Hier kann man Höhlen mit Fledermäusen erkunden, vorsichtig über Gelände mit Korallenottern laufen und dem Gekreische von einem Dutzend verschiedener Ara-Spezies lauschen. Im Dschungel flattern bunte Schmetterlinge umher, im Altiplano tummeln sich Alpakas und Vicuñas. Tief in den Wäldern leben Jaguare, Pumas und Bären.

Mit seinen Naturschönheiten ist Bolivien eines der facettenreichsten und faszinierendsten Länder Südamerikas.

Reisezeit

La Paz

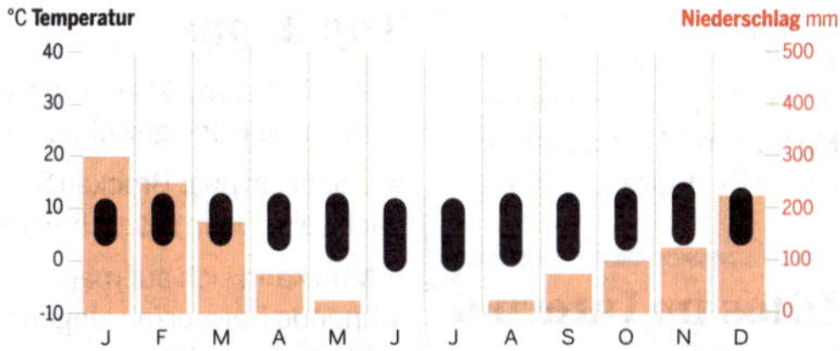

Feb. Während des Karnevals sind die Straßen von Oruro, Santa Cruz, Sucre und Tarija fest im Griff von Tanztruppen.

März Die Pujllay-Feierlichkeiten in Tarabuco umfassen Tänze, Gesang und *chicha*-Bier (aus fermentiertem Mais).

Juli Grelle Kostüme und wildes Feiern kennzeichnen die Fiesta de Moxos in Beni.

KURZINFOS

Geld Geldautomaten sind weit verbreitet. Kreditkarten werden in Städten und vielen Orten akzeptiert.

Hauptstadt Sucre (offiziell), La Paz (in der Praxis)

Notruf 110/911 (Polizei)

Sprachen Spanisch, Quechua und Aymará

Visa EU-Bürger und Schweizer benötigen für einen touristischen Aufenthalt von bis zu 90 Tagen kein Visum.

Währung Boliviano (Bs)

Wechselkurse

Eurozone	1 €	7,63 Bs
	1 Bs	0,13 €
Schweiz	1 SFr	6,93 Bs
	1 Bs	0,14 SFr

Aktuelle Wechselkurse gibt es unter www.xe.com.

Tagesbudget

- B im Schlafsaal/Budgethotel: 40–70 Bs; DZ im Mittelklassehotel: 160–400 Bs
- Brot fürs Frühstück, Mittagsmenü, Zutaten fürs Abendessen vom Markt: 50 Bs; Frühstück im Hotel, Mittag- und Abendessen in einem Restaurant: 200 Bs

Infos im Internet

Bolivia.com (www.bolivia.com, auf Spanisch)

Bolivian Express (www.bolivianexpress.org)

Bolivia Online (www.bolivia-online.net)

Lonely Planet (www.lonelyplanet.com/bolivia)

Einreise

Bolivien grenzt an Argentinien (mit Übergängen in Villazón, Yacuiba und Bermejo), Brasilien (über Quijarro an der Hauptschnellstraße von Santa Cruz und einen kleineren Übergang in San Matías), Chile (bei Tambo Quemado, Hito Cajón und Ollagüe), Paraguay (über die Ruta Trans-Chaco) und Peru (mit Übergängen in Kasani und Desaguadero).

REISEROUTE (ZWEI WOCHEN)

Am ersten Tag sollte man sich in La Paz akklimatisieren und die Märkte besuchen; Geschichtsliebhaber können einen Trip nach Tiwanaku machen. Es folgt der Titicacasee, wo man drei Tage bleibt, um Copacabana sowie die Isla del Sol zu sehen und sich weiter an die Höhe zu gewöhnen. Dann geht's (via La Paz) den Altiplano hinunter zum Salar de Uyuni, wo eine dreitägige Jeeptour beginnt. Butch-Cassidy-Fans sollten noch zur Cowboy-Stadt Tupiza fahren.

In Potosí (4070 m), das zum UNESCO-Weltkulturerbe gehört, kann man dann die Münze und die Minen besuchen. Nach einem ein- oder zweitägigen Aufenthalt geht's nach Sucre, um mit den Studenten auf den Plazas abzuhängen. Über Cochabamba fährt man an Aussichtspunkten vorbei zurück nach La Paz, wo man am letzten Tag Museen besichtigt oder eine Mountainbike-Tour auf der Gefährlichsten Straße der Welt runter nach Coroico macht.

Essen & Trinken

Mamá qonqachi Wie ein Frisbee geformtes Käsebrot.

Salteñas Mit Hähnchen- oder Hackfleisch gefüllte Teigtaschen.

Sonso Pfannkuchen aus gebratener Yucca und Käse.

Chicha Partys beginnen mit dem fermentierten Maisgetränk.

Pique a lo macho Gegen einen Kater gibt's nichts Besseres: Rindfleisch, Würstchen, Eier, Paprika und Zwiebeln auf Pommes.

Top-Tipps

- Viel Zeit zum Akklimatisieren nehmen! Man sollte sich langsam an die Höhe gewöhnen und es gemütlich angehen lassen.
- Selbst ein paar Brocken Spanisch können in Bolivien sehr hilfreich sein. Wenn möglich, vorab einen Spanischkurs machen.
- Man kann sich auf manchmal herausfordernde, aber stets lohnende Reiseerfahrungen freuen. Geduld und Flexibilität sind das A und O für eine problemlose Reise.
- Unbedingt Zeit für unerwartete Verspätungen einplanen. Nachrichten beachten, Einheimische nach *bloqueos* (Straßensperrungen auf Grund von Demonstrationen) fragen.
- Von Protesten fernhalten: Sie mögen zwar das Interesse wecken, können aber schnell in Kämpfe umschlagen.
- Der einheimischen Bevölkerung mit Respekt gegenübertreten und um Erlaubnis bitten, bevor man ein Foto macht.

LA PAZ

☎2 / 757 000 EW. / 3660 M

La Paz, dieses Tollhaus aus drängelnden Fußgängern, hupenden, nach Diesel stinkenden Minivans, Demos und Straßenverkäufern, zieht einen in seinen Bann. Ob man die Stadt nun liebt oder hasst, man kann sie einfach nicht ignorieren. Sie scheint sich an jeder Ecke neu zu erfinden – eine atemberaubende Seilbahn fährt in null Komma nichts von El Alto runter in die Zona Sur. Alte Hotels werden in einem Wahnsinnstempo umgebaut, neue Boutiquehotels sprießen wie Pilze aus dem Erdboden.

Wer aus den ländlichen Regionen Boliviens kommt, wird von der harten Realität dieser Stadt schockiert sein. La Paz ist ein wahrer Großstadtdschungel mit Dieselgestank, Staub und Müll, der zugleich aber auch strahlend hell wie die Sonne auf dem Altiplano und kalt und düster wie ein Roman von Dickens ist. Geschäftsleute im Maßanzug sind ebenso anzutreffen wie Wachposten mit Maschinenpistolen vor Banken und Schuhputzer mit Mützen auf dem Kopf. Super steil ansteigende Straßen enden auf ruhigen Plazas. Dieses Labyrinth der Widersprüche, in dem Kopfsteinpflaster auf Beton trifft und gotische Kathedralen neben gläsernen Hoteltürmen aufragen, erschreckt und fasziniert jeden Besucher gleichermaßen.

Sehenswertes

La Paz hat zwar recht viele Museen und bemerkenswerte Gebäude zu bieten, die Hauptattraktion besteht aber darin, sich auf den wuseligen Märkten, den hektischen Geschäftsstraßen und den zahlreichen umwerfenden Aussichtspunkten zu verirren. Die meisten offiziellen Sehenswürdigkeiten, so auch die Museen, sind in der Weihnachtszeit (25. Dez.–6. Jan.) geschlossen.

Westlich des El Prado

Zur Gegend westlich des El Prado gehören die faszinierenden Märkte um Rosario, Belén und San Pedro, der Friedhof und das elegante Sopocachi-Viertel, wo sich einige der besten Restaurants und Nachtclubs von La Paz befinden. Bevor man sich auf den Weg zum **Montículo Park** mit seiner tollen Aussicht macht, sollte man ein paar Stunden an der **Plaza Eduardo Avaroa** verbringen und Leute beobachten.

★ Mercado de las Brujas MARKT

(Hexenmarkt; La Hechiceria; Karte S. 220) Der ungewöhnlichste Markt der Stadt befindet sich in der Calle Jiménez und der Calle Linares zwischen der Sagárnaga und der Av Mariscal Santa Cruz inmitten von geschäftigen *artesanías* (Touristenläden mit regionalem Kunsthandwerk). Hier wird nicht etwa Hexerei wie in Horrorfilmen angeboten, sondern Heilkräuter und traditionelle Hausmittel sowie einige sehr unorthodoxe Zutaten, mit denen die verschiedenen Geister der Aymará besänftigt werden sollen.

Iglesia de San Francisco KIRCHE

(Karte S. 220; Plaza San Francisco, Rosario) Die Vorgängerin der heutigen Kirche aus behauenen Natursteinen wurde 1548 von Fray Francisco de los Ángeles gegründet. Nachdem sie in einem heftigen Schneesturm um 1610 eingestürzt war, wurde sie von 1743 bis 1772 wieder aufgebaut. Das Baumaterial stammte aus den Steinbrüchen im nahe gelegenen Viacha. Die Fassade ist mit Motiven aus der Natur wie *chirimoyas* (Zimtäpfel), Pinienzapfen und tropischen Vögeln verziert.

Museo de Instrumentos Musicales MUSEUM

(Museum für Musikinstrumente; Karte S. 220; Jaén 711, Casco Viejo; 5 Bs; ⌚9.30–13.30 & 14.30–18.30 Uhr) Dieses Museum, das Kind des *charango*-Meisters Ernesto Cavour Aramayo, ist ein Muss für alle Musiker und Musikfans. Zu sehen sind alle möglichen Arten des *charango*, dem traditionellen bolivianischen Zupfinstrument, ähnlich einer Ukulele, und weitere Instrumente der bolivianischen Volksmusik. Außerdem wird Unterricht im Spielen des *charango* und verschiedener Blasinstrumente für etwa 50 Bs pro Stunde angeboten.

Friedhof von La Paz FRIEDHOF

(http://cementerio.lapaz.bo; Av Baptista, Tacagua; ⌚8.30–17 Uhr) Wie in vielen Teilen Lateinamerikas werden auch hier die Toten zuerst nach westlichem Vorbild begraben oder in einer Krypta beigesetzt und nach 10 Jahren exhumiert und verbrannt. Dann kaufen oder mieten die Hinterbliebenen für die Urne eine Nische mit Glasfront in der Friedhofsmauer. Sie schmücken die Nische mit einem Namensschild und Erinnerungsstücken und stellen Blumen hinter die Scheibe.

Östlich des El Prado

★ Museo Nacional del Arte MUSEUM

(Nationales Kunstmuseum; Karte S. 220; www.facebook.com/museonacionaldeartebolivia; Ecke Co-

Highlights

1 Potosí (S. 282) Die silberne Stadt der Kontraste entdecken

2 Parque Nacional & Área de Uso Múltiple Amboró (S. 293) Durch den außergewöhnlichen Park mit seiner spektakulären Artenvielfalt und Landschaft wandern

3 Sucre (S. 275) Bei einem Spaziergang in die Geschichte der Stadt eintauchen und alles über ihre Architektur und Kultur erfahren

4 Jesuitenmission (S. 293) Die Geschichte der Chiquitania kennenlernen

5 Samaipata (S. 292) Im Dorf relaxen und die nahe gelegenen El-Fuerte-Ruinen erkunden

6 Parque Nacional Madidi (S. 300) Inmitten von Ökotouristen, Brüllaffen, Vögeln und Käfern durch den Dschungel wandern

7 Cordillera Real (S. 246) Hier ist Wandern, Radeln, Klettern und Raften angesagt

8 Titicacasee (S. 234) Sonne und Sand genießen und die Ruinen, verlassenen Buchten und kleinen Wanderwege rund um den See erkunden

9 Salar de Uyuni (S. 259) Die riesige kristalline Perfektion der surrealen Salztonebene bestaunen

10 Coroico (S. 242) Die Herausforderung annehmen und beim „extreme hammocking" in der Hängematte über dem Abgrund schweben

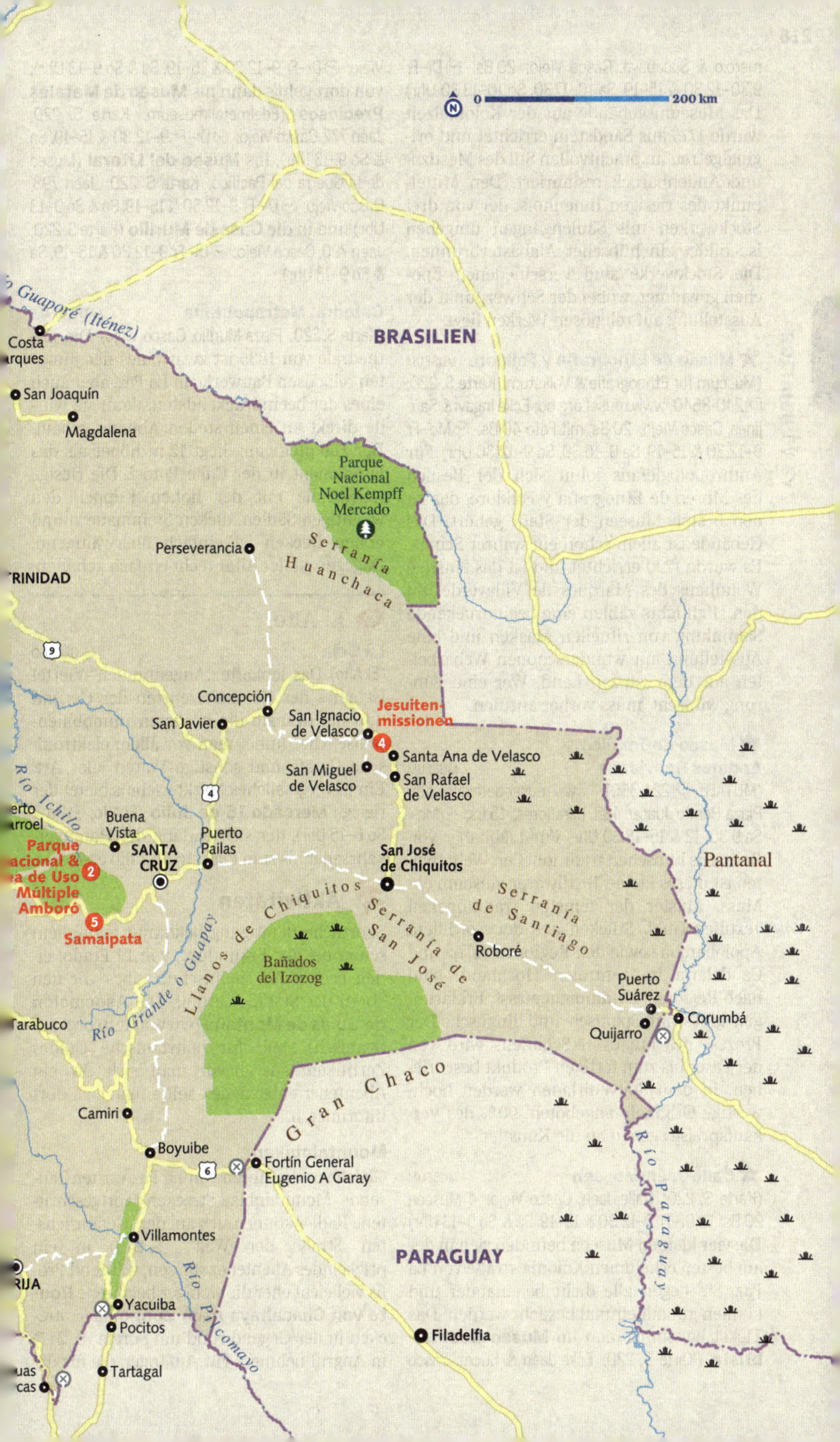
0
200 km
N
BRASILIEN
Río Guaporé (Iténez)
Costa
rques
San Joaquín
Magdalena
Parque
Nacional
Noel Kempff
Mercado
Serranía
Huanchaca
Perseverancia
TRINIDAD
9
Concepción
San Javier
San Ignacio
de Velasco
Jesuiten-
missionen
4
Santa Ana de Velasco
San Miguel
de Velasco
San Rafael
de Velasco
4
Río Ichilo
Buena
Vista
SANTA
CRUZ
Puerto
Pailas
San José
de Chiquitos
Parque
acional &
ea de Uso
Múltiple
Amboró
2
5
Samaipata
Pantanal
Llanos de Chiquitos
Serranía de San José
Serranía de Santiago
Roboré
Bañados
del Izozog
Río Grande o Guapay
Puerto
Suárez
Corumbá
Quijarro
Tarabuco
Gran Chaco
Camiri
Boyuibe
6
Fortín General
Eugenio A Garay
Río Paraguay
Villamontes
PARAGUAY
Río Pilcomayo
RIJA
Yacuiba
Pocitos
Filadelfia
Tartagal
uas
cas

mercio & Socabaya, Casco Viejo; 20 Bs; ⌚Di–Fr 9.30–12.30 & 15–19, Sa 10–17.30, So 10–13.30 Uhr) Das Museumsgebäude aus der Kolonialzeit wurde 1775 aus Sandstein errichtet und originalgetreu im prachtvollen Stil des Mestizo- und Andenbarock restauriert. Den Mittelpunkt des riesigen Innenhofs, der von drei Stockwerken mit Säulengängen umgeben ist, bildet ein hübscher Alabasterbrunnen. Die Stockwerke sind verschiedenen Epochen gewidmet, wobei der Schwerpunkt der Ausstellung auf religiösen Werken liegt.

★ Museo de Etnografía y Folklore MUSEUM
(Museum für Ethnografie & Volkstum; Karte S. 220; ☎240-8640; www.musef.org.bo; Ecke Ingavi & Sanjinés, Casco Viejo; 20 Bs, mit Foto 40 Bs; ⌚Mo–Fr 9–12.30 & 15–19, Sa 9–16.30, So 9–12.30 Uhr) Für Anthropologiefans lohnt sich der Besuch des Museo de Etnografía y Folklore, das zu den besten Museen der Stadt gehört. Das Gebäude ist allein schon ein wahrer Schatz. Es wurde 1720 errichtet und ist das einstige Wohnhaus des Marqués de Villaverde. Zu den Highlights zählen eine beeindruckende Sammlung von rituellen Masken und eine Ausstellung mit wunderschönen Webarbeiten aus dem ganzen Land. Wer eine Führung wünscht, muss vorher anrufen.

★ Museo de Textiles Andinos Bolivianos MUSEUM
(MUTAB; ☎224-3601; www.museodetextiles.org; Plaza Benito Juárez 488, Miraflores; 15 Bs; ⌚Mo–Sa 9.30–12 & 15–18.30 Uhr) Für Liebhaber von Boliviens hübschen traditionellen Webarbeiten ist dieses kleine Textilwarenmuseum ein Muss. Muster der feinsten traditionellen Textilien (inkl. Stücken aus der Cordillera Apolobamba sowie den Regionen Jal'qa und Candelaria im zentralen Hochland) sind nach Regionen zusammengefasst. Erklärungen gibt's auf Spanisch und Englisch. Der Prozess des kreativen Schaffens wird von der Faser bis zum fertigen Produkt beschrieben. In dem Souvenirladen werden hochwertige Originale angeboten. 90 % des Verkaufspreises gehen an die Künstler.

★ Calle-Jaén-Museen MUSEUM
(Karte S. 220; Calle Jaén, Casco Viejo; 4 Museen 20 Bs; ⌚Di–Fr 9–12.30 & 15–19, Sa & So 9–13 Uhr) Die vier kleinen Museen befinden sich in der am besten erhaltenen Kolonialstraße von La Paz. Sie liegen alle dicht beieinander und können gut auf einmal besucht werden. Das Ticket bekommt man im **Museo Costumbrista** (Karte S. 220; Ecke Jaén & Sucre, Casco Viejo; ⌚Di–Fr 9–12.30 & 15–19, Sa & So 9–13 Uhr), von dort geht's dann ins **Museo de Metales Preciosos** (Edelmetallmuseum; Karte S. 220; Jaén 777, Casco Viejo; ⌚Di–Fr 9–12.30 & 15–19, Sa & So 9–13 Uhr), ins **Museo del Litoral** (Museo de la Guerra del Pacífico; Karte S. 220; Jaén 798, Casco Viejo; ⌚Di–Fr 9–12.30 & 15–19, Sa & So 9–13 Uhr) und in die **Casa de Murillo** (Karte S. 220; Jaén 790, Casco Viejo; ⌚Di–Fr 9–12.30 & 15–19, Sa & So 9–13 Uhr).

Catedral Metropolitana KATHEDRALE
(Karte S. 220; Plaza Murillo, Casco Viejo) Die Kathedrale von 1835 ist zwar eines der jüngsten religiösen Bauwerke in La Paz, aber auch eines der beeindruckendsten, denn sie wurde direkt an einen steilen Abhang gebaut. Der Haupteingang liegt 12 m höher als das Fundament in der Calle Potosí. Die riesige Kathedrale mit der hohen Kuppel, den wuchtigen Säulen, dicken Steinmauern und hohen Decken ist einfach überwältigend. Dagegen ist der Altar recht einfach gehalten.

El Alto

La Ceja GEGEND
(El Alto) Das lebhafte „Augenbrauen"-Viertel ist eines der Geschäftszentren der Gegend und hat deshalb die höchsten Immobilienpreise. Hier findet man vor allem elektronische Geräte und sonstige Waren aller Art. Ein unvergessliches Markterlebnis bietet der riesige **Mercado 16 de Julio** (El Alto; ⌚Do & So 6–15 Uhr), der sich entlang der Hauptverkehrsader bis zum Plaza 16 de Julio erstreckt.

Aktivitäten

Sportliche Betätigung bekommt man allein schon bei der Erkundung von El Prado, einen echten Adrenalinschub gibt's vor den Toren der Stadt. Achtung: Die **Asociación de Guías de Montaña** (www.agmtb.org, auf Spanisch) stellt für bolivianische Guides Zertifikate aus. Bevor man sich für ein Abenteuer entscheidet, sollte man sich dort informieren.

Mountainbiken

Gleich vor den Toren von La Paz warten Tausende Mountainbike-Strecken. Fortgeschrittene Radler können sich auf der „Gefährlichsten Straße der Welt" (S. 243) in ein prickelndes Abenteuer stürzen, während Profis vielleicht eher die weniger befahrene **Route von Chacaltaya nach Zongo** oder Strecken in der Gegend rund um Sorata (S. 247) in Angriff nehmen. Für Anfänger, die für die

La Paz

Todesstraße noch nicht fit sind, eignet sich die Abfahrt vom **Balcón Andino** unweit der Zona Sur. Es ist eine 2400 m lange Berg-und-Talfahrt auf einer breiten Schotterstraße.

★ Gravity Assisted Mountain Biking MOUNTAINBIKEN

(Karte S. 220; ✆ 231-0218, Handy 7721-9634; www.gravitybolivia.com; Linares 940, Rosario; ⌚ Mo–Fr 9–19, Sa 10–15, So 14–18 Uhr) Der hoch angesehene und sehr professionelle Veranstalter mit viel Erfahrung genießt zu Recht einen ausgezeichneten Ruf unter Travellern. Die Downhill-Bikes von Kona sind in einwandfreiem Zustand. Der Dangerous Road Trip (850 Bs/Pers.) endet mit einer warmen Dusche, einem All-you-can-eat-Büfett und auf Wunsch mit einem Besuch der Senda-Verde-Tierschutzstation (S. 243).

Xtreme Downhill RADFAHREN

(Karte S. 220; ✆ Handy 7775-1587; www.xtremedownhill.com; Sagárnaga 392, Rosario; ⌚ 10–20 Uhr) Empfehlenswerter, auf Sicherheit bedachter Veranstalter von Death-Road-Radtouren (400–600 Bs, je nach Fahrrad).

Wandern & Trekken

Abgesehen von der Höhenlage sind La Paz und seine Umgebung zum Wandern und Trekken wie geschaffen. Viele Agenturen in La Paz bieten täglich „Wander"-Touren nach Chacaltaya an, grob 30 km nördlich von La Paz und eine gute Möglichkeit, einen hohen Gipfel zu bezwingen, ohne sich wirklich knallhart anstrengen zu müssen. Wer von La Paz aus Tageswanderungen auf eigene Faust unternehmen möchte, fährt ins **Valle de la Luna** (Tal des Mondes; 25 Bs; ⌚ Sonnenaufgang–Sonnenuntergang), ins Valle de las Ánimas oder zur **Muela del Diablo**.

★ La Paz on Foot ÖKOTOUR

(Karte S. 224; ✆ Handy 7154-3918; www.lapazonfoot.com; Av Ecuador 2022, Sopocachi; ⌚ Mo–Fr 10.30–18.30 Uhr) Das super Unternehmen

La Paz Zentrum – El Prado

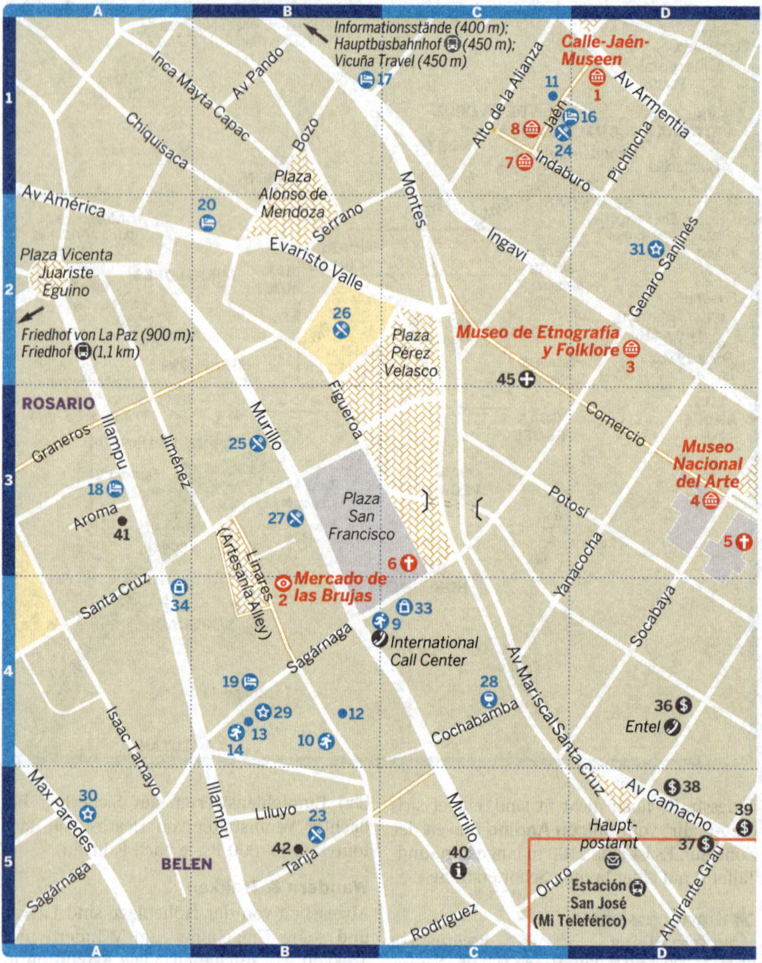

wird von dem leidenschaftlichen, Englisch sprechenden Umweltschützer Stephen Taranto betrieben. Im Angebot sind ganz unterschiedliche Aktivitäten wie Wanderungen in und um La Paz, in die Apolobamba, die Yungas, nach Chulumani, in den Madidi und zum Titicacasee. Die interaktiven Stadtrundgänge durch La Paz (die Preise für Halbtages- oder Tagestouren sind von der Gruppengröße abhängig) führen von El Alto hinunter ins historische Zentrum.

Klettern

La Paz ist der Ausgangspunkt für die meisten Klettertouren in den Cordilleras. Hier können Anfänger Touren nach Huayna Potosí (S. 246) buchen (2–3 Tage, 900–1200 Bs). Erfahrenere Kletterer können den Illimani (S. 246) oder den Sajama in Angriff nehmen (jeweils 4–5 Tage, ca. 485 US$).

★ **Climbing South America** KLETTERN
(Karte S. 220; Handy 7190-3534; www.climbingsouthamerica.com; Linares 940, 2. OG, Rosario; Mo–Fr 9–18.30, Sa 10–15 Uhr) Angesehener, Englisch sprechender Anbieter von Kletter-, Bergsteiger- und Trekkingtouren in den umliegenden Bergen. Hier bekommt man auch großartige topografische Karten sowie Trekkingkarten.

Andean Expeditions Dirninger KLETTERN, WANDERN & TREKKEN
(Karte S. 220; ☎241-4235, Handy 7755-0226; www.andean-expeditions.com; Sagárnaga 189, Galería Doryan, 3. OG, Oficina 32, Rosario; ⏲Mo–Fr 9–12.30 & 14–17.30 Uhr) Andean Expeditions Dirninger wurde von einem Österreicher gegründet und bietet Trekkingtouren in die Berge Boliviens und der Nachbarländer an. Die Guides haben eine Zulassung von der International Federation of Mountain Guides Associations (IFMGA). Die Touren des seit über zehn Jahren bestehenden Unternehmens sind alles andere als das sonst Übliche.

Andean Summits KLETTERN
(☎242-2106; www.andeansummits.com; Muñoz Cornejo 1009, Sopocachi; ⏲Mo–Fr 9–12 & 15–19, Sa 9–12.30 Uhr) Der Veranstalter bietet von Bergsteigen und Trekken über Jeeptouren alle möglichen Outdoor-Aktivitäten in Bolivien und anderen Ländern an. Die Inhaber sind IFMGA-zertifizierte Bergführer.

Paragliding

★AndesXtremo PARAGLIDING
(Karte S. 224; ☎7358-3349; www.andesxtremo.com; Francisco Bedregal 2962, Sopocachi; ⏲Mo–Fr 8.30–12.30 & 14.30–18.30, Sa 8.30–12.30 Uhr) Wem die *teleférico* (S. 229) nicht hoch genug ist, kann sich mit diesen Jungs in ein Tandemflugabenteuer hoch über La Paz stürzen. Im Angebot sind außerdem Klettern, Bergsteigen, Kanufahren und Höhlenklettern.

Kurse

Pico Verde Languages SPRACHKURSE
(Karte S. 220; ☎231-8328; www.pico-verde.com; Sagárnaga 363, 2. OG, Rosario; Gruppenunterricht ab 35 Bs/Std.) Die Zeiten der Spanischkurse können individuell festgelegt werden. Auch Aufenthalte in Gastfamilien können organisiert werden.

Geführte Touren

★HanaqPacha Travel GEFÜHRTE TOUREN
(Karte S. 220; ☎Handy 6980-3602; www.hanaqpachatravel.com; Jaén 765, Casco Viejo; ⏲9–18.30 Uhr) Empfehlenswerte Tagesausflüge nach El Alto (140 Bs) mit dem Besuch der farbenfrohen *cholets* des Aymará-Architekten Freddy Mamani. Die für hier typischen Speisen kann man auf der Tagestour Tastes of Bolivia (140 Bs) kennenlernen. Uyuni, Tiwanaku und Rurrenabaque werden bei längeren Touren besucht.

Banjo Tours ABENTEUERTOUR
(Karte S. 224; ☎Handy 6716-5394; www.banjotours.com; Pedro Salazar 623, Oficina 2, Sopocachi; ⏲Mo–Fr 8–12 & 14–18 Uhr, Sa 8–12 Uhr) Banjo bietet nicht die ansonsten üblichen Durchschnittstouren an. Es ist ein äußerst empfehlenswerter Veranstalter von sehr guten Abenteuertouren in kleinen Gruppen abseits der ausgetretenen Touristenpfade.

Madidi Travel ÖKOTOUR
(Karte S. 220; ☎231-8313; www.madidi-travel.com; Linares 947, Rosario; ⏲Mo–Fr 9–19, Sa & So 9–17 Uhr) Auf Ausflüge in den Madidi-Nationalpark spezialisierter Veranstalter, der darüber

La Paz Zentrum – El Prado

Highlights
1 Calle-Jaén-Museen D1
2 Mercado de las Brujas B4
3 Museo de Etnografía y Folklore D2
4 Museo Nacional del Arte D3

Sehenswertes
Casa de Murillo .... (siehe 1)
5 Catedral Metropolitana D3
6 Iglesia de San Francisco C3
7 Mamani Mamani Gallery C1
Museo Costumbrista Juan de Vargas .... (siehe 1)
8 Museo de Instrumentos Musicales C1
Museo de Metales Preciosos .... (siehe 1)
Museo del Litoral .... (siehe 1)

Aktivitäten, Kurse & Touren
9 Andean Expeditions Dirninger C4
Climbing South America .... (siehe 10)
10 Gravity Assisted Mountain Biking B4
11 HanaqPacha Travel C1
12 Madidi Travel B4
13 Pico Verde Languages B4
14 Xtreme Downhill B4

Schlafen
15 Altu Qala F4
16 Ananay Hostal C1
17 Arthy's Guesthouse B1
Buchungsbüro der Chalalán Ecolodge .... (siehe 9)
18 Hotel Rosario A3
19 Hotel Sagárnaga B4
20 Loki Hostel B2
21 Wild Rover F4

Essen
22 Ali Pacha E4
23 Anticafé Chukuta B5
24 Etno Café Cultural C1
25 Hay Pan B3
26 Mercado Lanza B2
27 Popular Cocina Boliviana B3

Ausgehen & Nachtleben
Andean Culture Distillery .... (siehe 27)
Hb Bronze Coffeebar .... (siehe 15)
28 Open Mind Club C4

Unterhaltung
Jallalla .... (siehe 7)
29 Peña Huari B4
30 Peña Jamuy A5
31 Teatro Municipal Alberto Saavedra Pérez D2

Shoppen
32 Los Amigos del Libro E3
33 Mistura Manifestación Creativa C4
34 Sampaya Outdoor Equipment A4
35 The Writer's Coffee E4

Praktisches
36 Banco Mercantil D4
37 Banco Nacional de Bolivia D5
38 Casa de Cambio América D5
39 Casa de Cambio Metropoli D5
40 Instituto Geográfico Militar C5
Lavandería Maya .... (siehe 29)
41 Laverap A3
42 Limpieza y Lavandería la Familia B5
43 Migración E5
44 Ministerio de Culturas y Turismo E4
45 Techno Vision C2

Transport
Bolivia Hop .... (siehe 10)
Diana Tours .... (siehe 19)

hinaus mit seinem privaten 40 km² großen Naturschutzgebiet östlich des Parks (Eco Reserve Serere) zum Umweltschutz beiträgt.

Feste & Events

Alasitas KULTUR
(24. Jan.) Zur Zeit der Inkas fielen die Alasitas (Aymará für „kauf von mir") mit der Frühjahrs-Tagundnachtgleichen (21. Sept.) zusammen und sollten den Überfluss auf den Feldern demonstrieren. So entstand der kleine Gott des Überflusses, Ekeko (Aymará für „Zwerg"). Im Januar wird in der ganzen Stadt die moderne Fassung der Alasitas gefeiert.

La Festividad de Nuestro Señor Jesús del Gran Poder RELIGION
(Ende Mai/Anfang Juni) Das El Gran Poder hat sich zu einem einzigartigen Fest in La Paz und zu einer Demonstration der wirtschaftlichen Macht entwickelt. Stickerinnen stellen aufwendige Kostüme her und mehr als 25 000 Darsteller üben schon wochenlang vor dem Fest. Es werden viele Tänze aufgeführt, u. a. *suri sikuris* (die Tänzer sind mit Straußenfedern geschmückt), die spritzigen *kullawada*, *morenada*, *caporales* und *inkas*, welches Ritualtänze der Inkas sind.

Schlafen

Die meisten Backpacker wollen im Zentrum von La Paz übernachten. Die Gegend um den Mercado de las Brujas (S. 215) ist ein echtes Travellerghetto. Wer eine größere Auswahl an Restaurants und ein paar Bars wünscht, sollte sich in Sopocachi eine Bleibe suchen. Exklusive Luxusunterkünfte finden sich in der unteren Prado-Gegend und weiter südlich in der Zona Sur.

Westlich des El Prado

★ Onkel Inn HOSTEL $
(Karte S. 224; ☎ 249-0456; www.onkelinn.com; Colombia 257, San Pedro; B/EZ/DZ/3BZ inkl. Frühstück 77/139/271/299 Bs; @ 📶) Freundliches HI-Hostel in günstiger Lage zwischen San Pedro und El Prado. Hier ist weniger los, als in den Hostels am Busbahnhof, sodass es ideal für Reisende ist, die es eher *tranquilo* (ruhig) mögen. Die hellen, modernen Schlafsäle mit frischen Laken und orangefarbenen Tagesdecken sind die schönsten in der ganzen Stadt. Einige der Etagenbetten sind schwindelerregend hoch. Es gibt nette Gemeinschaftsbereiche und sogar eine Sauna!

3600 Hostel HOSTEL $
(Karte S. 224; ☎ 212-0478; www.3600hostel.com; Av Ecuador 1982, Sopocachi; B inkl. Frühstück 90–105 Bs, DZ mit Bad 300 Bs, 3BZ mit Gemeinschaftsbad 280 Bs; 📶) Den Namen verdankt dieses Hostel seiner hohen Lage. Das liebevoll restaurierte Haus aus den 1840er-Jahren hat einen Innenpatio mit Steinfußboden, abgefahrene Möbel und grandiose Buntglasfenster. Die geräumigen Schlafsäle haben Vorhänge für mehr Privatsphäre. Die oberen Betten der Etagenbetten sind wirklich hoch. Dieses Hostel gehört zu den wenigen Unterkünften in La Paz, in denen es einen Schlafsaal nur für Frauen gibt.

Hotel Sagárnaga HOTEL $$
(Karte S. 220; ☎ 235-0252; www.hotelsagarnaga.com; Sagárnaga 326, Rosario; EZ/DZ inkl. Frühstück 147/270 Bs; @ 📶) Ein Ritter in glänzender Rüstung am Empfangstresen (wobei es sich nicht um den freundlichen Empfangschef handelt) begrüßt die Gäste in diesem neu renovierten Schmuckstück mitten in Sagárnaga. Am besten sind die nach Osten liegenden Zimmer. Alle Zimmer haben ein gutes Preis-Leistungs-Verhältnis, Safes, TVs und Parkettfußböden.

Rendezvous PENSION $$
(Karte S. 224; ☎ 291-2459; www.rendezvouslapaz.com; Pasaje M Carranza 461, Sopocachi; Zi. inkl. Frühstück ab 30 US$; @) Ein fantastisches Mittelklassehotel für Paare, die Privatsphäre, Frieden und Ruhe wünschen. Die elf Zimmer sind einzigartig und mit Werken hiesiger Künstler und aufgearbeiteten Antiquitäten ausgestattet. Auch das dazugehörige Restaurant wird von den Gästen sehr gelobt.

★ Hotel Rosario BOUTIQUEHOTEL $$$
(Karte S. 220; ☎ 245-1658; www.hotelrosario.com; Illampu 704, Rosario; DZ/3BZ/4BZ inkl. Frühstück 93/115/148 US$; @ 📶) Die professionellen, Englisch sprechenden Mitarbeiter im besten Drei-Sterne-Hotel von La Paz verwöhnen die Gäste im Stil eines Fünf-Sterne-Hotels. Die absolut sauberen Zimmer in dem gepflegten Kolonialgebäude haben warme Solarduschen, Kabel-TV und Heizung. Es gibt kostenloses Internet und ein großzügiges Frühstücksbüfett. Das Rosario ist ein bei Gruppen beliebtes Hotel, also rechtzeitig buchen. In Copacabana (S. 237) gibt's ein Schwesterhotel.

Östlich des El Prado

★ Loki Hostel HOSTEL $
(Karte S. 220; ☎ 245-7300; www.lokihostel.com/la-paz; Av América 120, Plaza Alonso de Mendoza; B 62–72 Bs, DZ 205 Bs; @ 📶) Das Party-Hostel hat eine Gold schimmernde Bar, mehrere sonnige Bereiche zum Relaxen mit Spielen und Fernsehern und über 180 Betten. Die Dachterrasse ist echt cool. Das Hostel gehört zu der „Lokis"-Kette, die überall in Peru und Argentinien Niederlassungen hat.

Wild Rover HOSTEL $
(Karte S. 220; ☎ 211-6903; www.wildroverhostel.com; Comercio 1474, Casco Viejo; B 57–92 Bs, Z mit Gemeinschaftsbad 230 Bs; @ 📶) Wer andere Reisende treffen will, ist hier genau richtig. In dem Hostel herrscht eine raue, fast rücksichtslose Atmosphäre, wie sie Leute um die 20 lieben und Leute über 30 verabscheuen könnten. Die Zimmer in vielen anderen Hostels sind wesentlich besser und in den Schlafsälen ist kaum Platz, aber das Leben spielt sich sowieso im lauten irischen Pub ab.

Arthy's Guesthouse PENSION $
(Karte S. 220; ☎ 228-1439; arthyshouse@gmail.com; Ismael Montes 693; B 76 Bs, Zi. mit Gemeinschaftsbad 100 Bs/Pers.; 📶) Die saubere, gemütliche Pension mit der leuchtend orangefarbenen Eingangstür wird zu Recht als „Oase der Ruhe" gelobt, obwohl sie sich in einer der belebtesten Straßen der Stadt befindet. Die freundlichen Besitzer sprechen Englisch und sind äußerst hilfsbereit. Eine Küche steht auch zur Verfügung. Allerdings schließt das Haus um Mitternacht.

Sopocachi

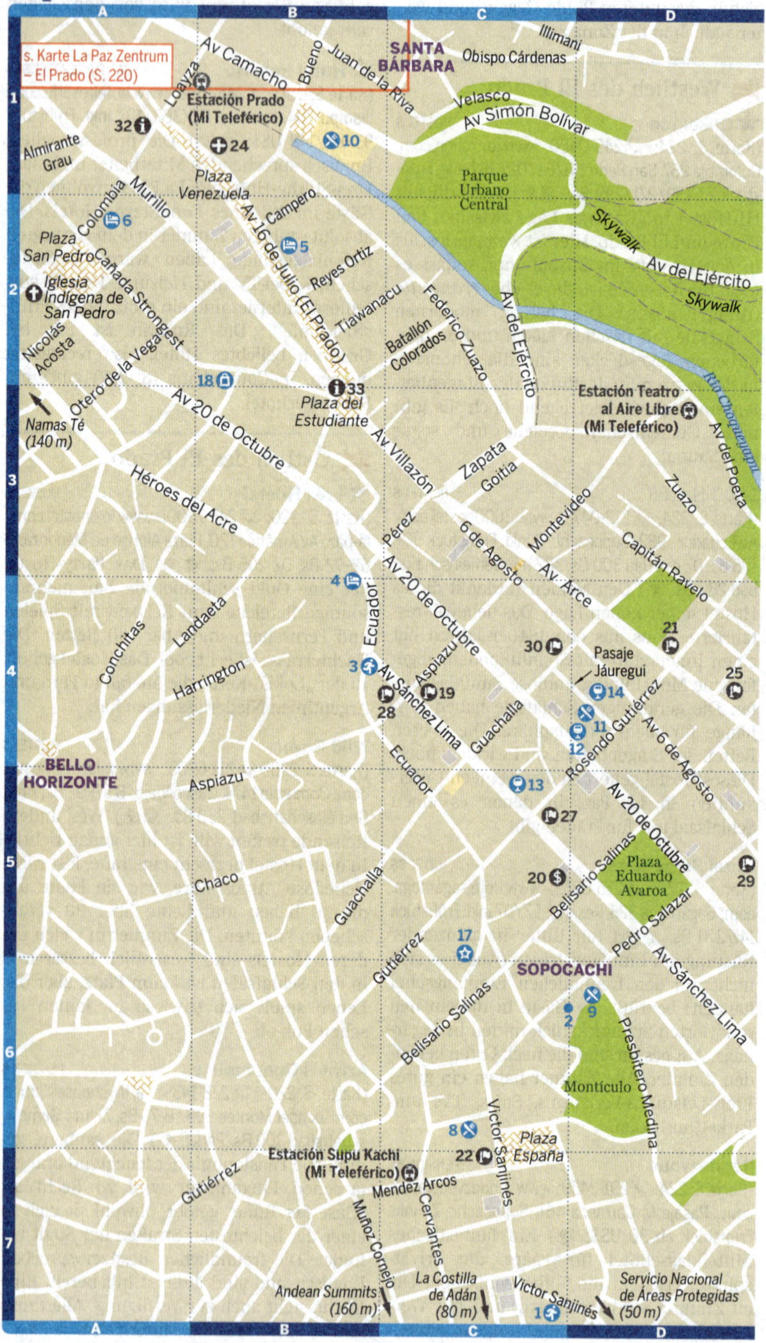

A
B
C
D
1
2
3
4
5
6
7
s. Karte La Paz Zentrum – El Prado (S. 220)
SANTA BÁRBARA
Av Camacho
Bueno
Juan de la Riva
Illimani
Obispo Cárdenas
Loayza
Estación Prado (Mi Teleférico)
Velasco
Av Simón Bolívar
32
24
10
Almirante Grau
Plaza Venezuela
Parque Urbano Central
Murillo
Colombia
6
Campero
Av 16 de Julio (El Prado)
5
Skywalk
Av del Ejército
Skywalk
Plaza San Pedro
Cañada Strongest
Iglesia Indígena de San Pedro
Reyes Ortiz
Tiawanacu
Federico Zuazo
Av del Ejército
Nicolás Acosta
Otero de la Vega
Batallón Colorados
18
33
Plaza del Estudiante
Estación Teatro al Aire Libre (Mi Teleférico)
Río Choqueyapu
Namas Té (140 m)
Av 20 de Octubre
Av Villazón
Zapata
Goitia
Av del Poeta
Héroes del Acre
Pérez
6 de Agosto
Montevideo
Zuazo
Capitán Ravelo
Av Arce
4
Av 20 de Octubre
Ecuador
Landaeta
Conchitas
30
21
Pasaje Jáuregui
3
Av Sánchez Lima
Aspiazu
Harrington
28
19
14
25
11
12
Rosendo Gutiérrez
Av 6 de Agosto
Guachalla
Ecuador
BELLO HORIZONTE
Aspiazu
13
27
Av 20 de Octubre
Belisario Salinas
Plaza Eduardo Avaroa
29
Chaco
20
Guachalla
Pedro Salazar
17
Gutiérrez
SOPOCACHI
Av Sánchez Lima
Belisario Salinas
2
9
Presbítero Medina
Montículo
Victor Sanjinés
8
Plaza España
22
Estación Supu Kachi (Mi Teleférico)
Mendez Arcos
Gutiérrez
Muñoz Cornejo
Cervantes
Victor Sanjinés
Andean Summits (160 m)
La Costilla de Adán (80 m)
1
Servicio Nacional de Áreas Protegidas (50 m)

Sopocachi

Aktivitäten, Kurse & Touren

1 AndesXtremo C7
2 Banjo Tours C6
3 La Paz on Foot B4

Schlafen

4 3600 Hostel B4
5 Casa Prado B2
6 Onkel Inn A2
7 Rendezvous E6

Essen

8 La Espinita C6
9 MagicK Cafe Cultural D6
10 Mercado Camacho B1
11 Pronto D4

Ausgehen & Nachtleben

12 Diesel Nacional D4
13 Hallwright's C5
14 Reineke Fuchs D4
15 Typica E5

Unterhaltung

16 Estadio Hernando Siles E1
17 Las Flaviadas C5

Shoppen

18 El Ceibo B2

Praktisches

19 Argentinische Botschaft C4
20 Geldautomat C5
21 Brasilianische Botschaft D4
22 Kanadische Botschaft C7
23 Clínica Alemana F6
24 Farmacias Bolivia B1
25 Deutsche Botschaft D4
26 High Altitude Pulmonary & Pathology Institute F5
27 Japanische Botschaft C5
28 Niederländisches Generalkonsulat C4
29 Paraguayische Botschaft D5
30 Peruanische Botschaft C4
31 Spanische Botschaft F6
32 Touristeninformation A1
33 Touristeninformation B3
34 Britische Botschaft F6
35 US-amerikanische Botschaft F6

★ Ananay Hostal HOSTEL $$

(Karte S. 220; ☎290-6507; hostal.ananay@gmail.com; Jaén 710, Casco Viejo; Zi. inkl. Frühstück 145 Bs/Pers., mit Gemeinschaftsbad 110 Bs; 📶) Den Mittelpunkt des historischen Hauses, einer ehemaligen *peña* mitten in Jaéns Museumsbezirk, bildet ein hell gestrichener Innenhof. Die Unterkunft verfügt über eine Dachterrasse mit Blick auf die Stadt und mehrere gemütliche Gemeinschaftsbereiche, darunter ein Fernsehzimmer mit Sitzsäcken. Der äußerst passende Name ist Quechua und bedeutet „wie nett".

Casa Prado BOUTIQUEHOTEL $$
(Boutiquehotel; Karte S. 224; ☎231-2094; www.casapradolapaz.com.bo; Av 16 de Julio 1615, Prado; Zi./Suite inkl. Frühstück 60/80 US$;) In diesem historischen Haus im Stadtzentrum, das einst der Prado-Familie gehörte, befindet sich eine weitere Boutiqueunterkunft. Hier wird der gesamte moderne Schnickschnack (WLAN und Bügelbretter) mit einem Hauch kolonialer Pracht geboten. Die alten Holzdielen knarren und jeder Schritt ist zu hören, sodass es etwas laut sein kann.

Altu Qala BOUTIQUEHOTEL $$$
(Karte S. 220; www.altuqala.com; Plaza Tomás Frías 1570, Casco Viejo; Zi. ab 300 US$;) In dem umwerfenden Boutiquehotel mit zehn Zimmern, das Ende 2018 eröffnet wurde, trifft Jahrhundertmitte auf Neoklassik. Selbst die kleinsten Details bleiben hier nicht unbemerkt (allein die Bodenfliesen sind wie eine hypnotisierende optische Illusion!). Das Hotel befindet sich in dem gleichen aufgemöbelten Gebäude aus den frühen 1900er-Jahren wie die Hb Bronze Coffeebar (S. 228). Von der Dachterrasse hat man einen schönen Rundumblick über die Stadt.

Zona Sur

★ Atix Hotel DESIGNHOTEL $$$
(☎277-6500; www.atixhotel.com; Calle 16 No 8052, Calacoto; Zi. ab 150 US$;) Auch La Paz hat jetzt ein Designhotel von Weltklasse in der tollen Zona Sur. Fast alles Sichtbare – von speziell in Auftrag gegebener Kunst an den Wänden bis hin zu hölzernen Kopfenden und Steinwaschbecken – stammt von bolivianischen Künstlern. Im Hotelrestaurant Ona werden bolivianische Gerichte serviert. Von dem verglasten Pool auf dem Dach hat man einen grandiosen Blick auf die in der Ferne liegenden Berge.

Essen

La Paz ist ein wahres Paradies, wenn man aus der kulinarischen Öde des ländlichen Boliviens kommt. Die neu entdeckte gastronomische Renaissance bedeutet, dass man kreativ zubereitete vegane Gerichte, hausgemachte Pasta, frisches Sushi und – was am wichtigsten ist – originell zubereitete traditionelle Speisen vom Amazonas bis zu den Anden bekommt. Besser als in La Paz wird man garantiert nirgends in Bolivien essen.

Westlich des El Prado

★ Namas Té VEGETARISCH $
(www.namastebolivia.com; Zoilo Flores 1334, San Pedro; Hauptgerichte 12–30 Bs; Mo–Fr 8.30–19, Sa 8–16 Uhr;) Achtung Teeliebhaber: Die Teekarte in diesem reizenden limettengrünen Veggie-Restaurant ist gigantische vier Seiten lang! Außerdem gibt es Quinoa in all seinen Varianten (Falafel, Suppe, Taboulé) und sogar ein köstliches Path Thai aus Tofu. Smoothies, Säfte und Sandwiches runden die Karte mit preisgünstigen Gerichten ab.

La Espinita SEAFOOD $
(Karte S. 224; Quintín Barrios 712, Sopocachi; Hauptgerichte 20–30 Bs; Di–So 12–14.30 Uhr) Das herzhafte Anden-Mittagessen besteht aus vier beliebten Sorten Fisch, die in einer köstlichen, hausgemachten Panade gebraten und mit knusprigen *ispi* (kleinen, sardinenähnlichen Fischen) obendrauf sowie Kartoffeln und *mote* (Mais) serviert werden. Dazu gibt's frisch gepresste Säfte. Kein Wunder, dass die Einheimischen scharenweise in das winzige Lokal strömen. Fremde werden neugierig beäugt!

Anticafé Chukuta CAFÉ $
(Karte S. 220; www.facebook.com/anticafe.chukuta; Tarija 328, Rosario; Hauptgerichte 25–30 Bs; Di–Sa 14–21, So 9.30–15 Uhr;) Das neue, 2016 eröffnete Café mit unverputzten Steinwänden, Palettenmöbeln, Korblampen an den Decken und farbenfrohen Kunstgegenständen könnte gar nicht niedlicher sein. Vormittags kann man sich sein Müsli, seinen Salat und sein Sandwich selbst zusammenstellen, nachmittags bietet sich ein Kaffee an. Und damit es den Gästen nicht langweilig wird, können sie sich mit Brettspielen die Zeit vertreiben und in Büchern schmökern.

Hay Pan CAFÉ, WEINBAR $
(Karte S. 220; www.facebook.com/haypanlapaz; Murillo 764, Rosario; Hauptgerichte 20–30 Bs; Mo–Sa 7–11 & 19–23 Uhr) Das gemütliche, kleine Café mit farbenfrohem Anden-Dekor serviert großzügige Frühstücksgerichte, dazu gibt's starken Kaffee und frisch gebackenes Brot. Abends wird aus dem Café eine Weinbar mit sanfter Musik vom Plattenteller, einer langen Karte mit bolivianischen Weinen sowie Wurstplatten, die man sich selbst zusammenstellen kann.

Mercado Lanza MARKT $

(Karte S. 220; Rosario; Snacks 5–25 Bs; ⌚6–20 Uhr) Der Mercado Lanza erstreckt sich zwischen der Plaza Pérez Velasco und der Calle Figueroa. Er ist einer der Hauptlebensmittelmärkte von La Paz – der andere große Markt ist der **Mercado Camacho** (Karte S. 224; Ecke Av Camacho & Bueno, Casco Viejo; Snacks 5–25 Bs; ⌚Mo–Fr 7–21, Sa & So 7–18 Uhr). Verkauft werden Obst, Gemüse, Säfte, Milchprodukte, Brot und Konserven. Es gibt auch mehrere Stände, an denen man Sandwiches, Suppe, *salteña* (gefüllte Gebäckstücke), Empanadas und auch ganze Mahlzeiten bekommt.

★ **Popular Cocina Boliviana** BOLIVIANISCH $$

(Karte S. 220; www.facebook.com/popularlapazbolivia; Murillo 826, Rosario; 3-Gänge-Mittagsmenü 50 Bs; ⌚Mo–Sa 12.30–14.30 Uhr) Eigentlich gibt es in La Paz keine Warteschlangen vor Restaurants. Für das Popular trifft dies aber nicht zu. Die je nach Saison unterschiedlichen aus drei Gängen bestehenden Gourmet-Menüs übertreffen die Speisen in den ansonsten bescheidenen Mittagslokalen um Längen. Die Zutaten kommen frisch vom Markt, und auf den Tellern befindet sich ein wahres Kunstwerk. Und all das zu einem wirklich erschwinglichen Preis.

MagicK Cafe Cultural INTERNATIONAL $$

(Karte S. 224; www.cafemagick.com; Presbítero Medina 2526, Sopocachi; Hauptgerichte 30–55 Bs; ⌚Di–Sa 16–23.30 Uhr; 📶🖉) Das abgefahrene, fischlastige Restaurant serviert Pizzas mit Feigen und Blauschimmelkäse, Quinoa-Taboulé und Pasta mit Räucherforelle in einem mit viel Liebe umgebauten Haus in Sopocachi. Im Angebot sind auch unzählige vegane und glutenfreie Gerichte. Gute Musik und cooles Ambiente fehlen natürlich auch nicht.

Pronto ITALIENISCH $$$

(Karte S. 224; ☎244-1369; http://prontodalicatessen.business.site; Jáuregui 2248, Sopocachi; Hauptgerichte 70–110 Bs; ⌚Mo–Sa 18.30–23 Uhr) Niemand – außer den Inhabern des mit Kerzen beleuchteten Restaurants selbst – weiß, woher die frischen Zutaten stammen und wie sie hierher kommen. Serviert werden Teller für Teller sorgfältig zubereitete, überschaubare, köstliche Antipasti, Pasta und Hauptgerichte. Die *antipasti della casa* sind ein bemerkenswerter Mix aus geschmorten Tomaten, Walnüssen und anderen wunderbaren Zutaten. Wer am Wochenende hier einen Platz ergattern möchte, sollte vorher reservieren.

Östlich des El Prado

Etno Café Cultural CAFÉ $

(Karte S. 220; http://etnocafecultural.blogspot.com; Jaén 772, Casco Viejo; Hauptgerichte 20–35 Bs; ⌚Mo–Sa 11–2 Uhr; 📶) Das trendige, scharlachrote Café eignet sich perfekt für eine Stärkung nach dem Besuch der Museen in der Calle Jaén (S. 218) oder für einen spätabendlichen Absacker. Hierher kommt man, um ordentlichen Kaffee, Salate, Pizzas oder typisch bolivianische Drinks wie Quinoa-Bier oder Coca-Likör auf Eis zu genießen. Abends gibt es oft Livemusik und kulturelle Veranstaltungen.

★ **Ali Pacha** VEGETARISCH $$$

(Karte S. 220; ☎220-2366; www.alipacha.com; Colón 1306, Casco Viejo; 3/5/7-Gänge 100/150/200 Bs; ⌚Di–Sa 12–15 & Mi–Sa 19–22 Uhr; 📶🖉) Die Einheimischen fanden es absurd, ein vegetarisches Spitzenrestaurant über mehrere Ebenen mit Verkostungsmenüs im Touristenviertel Casco Viejo in La Paz zu eröffnen. Und in der Tat, es ist absurd – im positiven Sinne! Selbst Fleischliebhaber schwärmen nicht nur von den kreativen Speisen auf Pflanzenbasis, sondern auch von den Kräutercocktails. Hier lernt man die Aromen Boliviens wie sonst nirgendwo kennen.

Zona Sur

Los Qñapés BOLIVIANISCH $

(www.facebook.com/losqnapes; René Moreno 1283, San Miguel; Snacks 6–15 Bs; ⌚15.30–22 Uhr) 🍃 In diesem immer gut besuchten Café gibt's bolivianische Lieblingsgerichte wie *cuñapé* (Käse-Maniokbrötchen), *humitas* (gedämpfte Maispastete) und *masacos* (Kochbananen- oder Yucca-Brei mit Fleisch oder Käse). Es werden nur bolivianische Bio-Zutaten verwendet.

★ **Gustu** BOLIVIANISCH $$$

(☎211-7491; www.gustu.bo; Calle 10 No 300, Calacoto; Mittagessen 95 Bs, Verkostungsmenü abends 430–560 Bs, Hauptgerichte à la carte 95–130 Bs; ⌚12–15 & 18.30–23 Uhr; 🅿📶) Die kulinarische Renaissance in La Paz ist auf den dänischen Gastronomen Claus Meyer (eine Noma-Berühmtheit) zurückzuführen. In dem bahnbrechenden Restaurant werden Gerichte aus ansonsten wenig benutzten bolivianischen Ingredienzen zubereitet. Das

PEÑAS

Typisch für La Paz (und den größten Teil Boliviens) sind Volksmusik-Veranstaltungen, die unter dem Namen *peñas* bekannt sind. Zu den Instrumenten der heutigen traditionellen Andenmusik gehören *zampoñas* (Panflöten), *quenas* (Andenflöten) und *charangos* (Zupfinstrumente ähnlich den Ukulelen). Gitarrenshows und Liederabende stehen ebenfalls oft auf dem Programm.

Jallalla (S. 229)

Peña Huari (Karte S. 220; 231-6225; Sagárnaga 339, Rosario; Eintritt 105 Bs; Show 20 Uhr)

Peña Jamuy (Karte S. 220; Handy 7676-7817; www.facebook.com/jamuybolivia; Max Paredes, nahe Sagárnaga, Rosario; Eintritt 25–50 Bs; Fr & Sa 21–7 Uhr)

mit Andenstoffen dekorierte Lokal befindet sich in einem prächtigen Gebäude. Hier wird alles geboten, von Andengetreide bis hin zu Kaiman aus dem Amazonas. Selbst die zu den Speisen passenden Weine stammen aus Bolivien.

Ausgehen & Nachtleben

Nicht nur in der Casco Viejo gibt's Kneipen und schicke Clubs en masse, auch anderswo in La Paz finden sich viele elegante Bars. In den Clubs in der **20 de Octubre** in Sopocachi mischen sich junge, wohlhabende Einheimische unter Expats. In der Zona Sur reihen sich in der **Av Ballivián** und der **Calle 21** zahlreiche Bars im amerikanischen Stil und Diskos aneinander. Die sogenannten irischen und britischen Bars in Rosario sind Zeitverschwendung.

★ **Hb Bronze Coffeebar** COFFEESHOP
(Karte S. 220; http://hb-bronze.com; Plaza Tomás Frías 1570, Casco Viejo; Mo–Sa 8.30–24, So 13–21 Uhr;) Einen schickeren, urigeren und architektonisch inspirierenderen Coffeeshop als den Hb Bronze sucht man wohl vergeblich. Die heiß ersehnte Neueröffnung im Casco-Viejo-Viertel bietet den stärksten Kaffee der ganzen Stadt. Abends mutiert der Laden dann zu einer Bar mit 100% bolivianischen Cocktails, Bieren und Weinen. Auch das Essen (u.a. großzügige Platten zum Teilen) bleibt wohl lange in Erinnerung.

★ **La Costilla de Adán** COCKTAILBAR
(Handy 7207-4518; Armaza 2974, Sopocachi; Mi–Sa 21–4 Uhr) Wie wär's mit einem Abend in der einer Kaninchenhöhle ähnelnden, höchst surrealen, an eine Speakeasy-Kneipe erinnernden Bar des wirren Betreibers Roberto Cazola? Man sollte sich auf Hunderte von gruseligen Puppen, ein Dutzend rumhängende Fahrräder und eine Nacht voller Wunder an prasselndem Feuer gefasst machen. Draußen ist kein Schild. Einfach klingeln, abwarten und schon beginnt die Magie.

★ **Typica** COFFEESHOP
(Karte S. 224; www.facebook.com/typica.cafe; Av 6 de Agosto 2584, Sopocachi; Mo–Sa 7–22.30, So 8–20 Uhr;) In dem wunderbar unkonventionellen Kaffeehaus mit den nicht zusammenpassenden antiken Möbeln und schöner Musik entscheidet man sich erst für eine der vier bolivianischen Röstungen und wählt dann die Zubereitungsart (Chemex, V60, AeroPress oder Siphon). Gebäckstücke, Empanadas und Sandwiches sind ebenfalls erhältlich.

Diesel Nacional BAR
(Karte S. 224; Handy 7015-5405; Av 20 de Octubre 2271, Sopocachi; Mo–Sa 19–3 Uhr) In dieser dunklen, verrauchten und oh-so-industriellen Steampunk-Bar kann man seinen Metal-Fetisch ausleben. Die Musik ist ebenso trendy wie die Gäste und die Cocktails so stark wie die recycelten Auto-, Flugzeug- und Eisenbahnteile, die hier die Deko bilden.

Andean Culture Distillery BRENNEREI
(Karte S. 220; Handy 7655-8691; www.facebook.com/andeanculturedistillery; Murillo 826, Rosario; Führungen Mo–Fr 16 Uhr) Produkte dieser Brennerei hat man auf den Getränkekarten bestimmt noch nicht entdeckt, also warum sollte man die erste Craft-Brennerei Boliviens nicht einfach besichtigen und mehr über ihr Killa Andean Moonshine erfahren? Bei den Führungen gibt's einen Shot und einen Cocktail.

Hallwright's WEINBAR
(Karte S. 224; www.facebook.com/hallwrightsbar; Av Sánchez Lima 2235, Sopocachi; Mo–Sa 17–23 Uhr) Lust auf einen der Weine aus Boliviens Hochland? Dann sollte man schnellstens diese gemütliche Weinbar aufsuchen, in der man von dem Barkeeper eine Einführung in die besten lokalen Weine bekommt. Außer-

dem gibt's eine sehr verlockende Auswahl an Tapas und von 18 bis 19.30 Uhr eine Happy Hour, die man nicht verpassen sollte, denn dann bekommt man zwei Getränke zum Preis von einem.

Reineke Fuchs BIERKNEIPE
(Karte S. 224; www.reinekefuchs.com; Pasaje Jáuregui 2241, Sopocachi; ⌚ Mo–Fr 12–15 & 19 Uhr–open end, Sa 19 Uhr–open end) Das Brauhaus mitten in Sopocachi bietet importierte deutsche Biere, einen Schnapsladen und herzhafte Gerichte mit Würstchen. Es gibt auch nach deutscher Tradition vor Ort gebrautes Pilsner sowie dunkles und helles Ale - wirklich berauschende Gebräue.

☆ Unterhaltung

In Bars und Cafés bekommt man die kostenlose, monatlich erscheinende Broschüre *Jiwaki*, in der beschrieben wird, was Tag für Tag los ist. An den Pinnwänden in den Hotels hängen Poster mit Infos über Bars und Livemusik-Veranstaltungen, auch Zeitungen sind eine gute Infoquelle.

★ **Jallalla** LIVEMUSIK
(Karte S. 220; Indaburo 710, Ecke Jaén, Casco Viejo; Eintritt inkl. Cocktail 30–70 Bs; ⌚ Di, Do, Fr & Sa 21–1 Uhr) Direkt über der **Mamani Mamani Gallery** (Fundación Mamani Mamani; Karte S. 220; ☎ 290-6294; www.mamani.com; Indaburo 710, Ecke Jaén, Casco Viejo) und mit einer Deckenbemalung wie in der Sixtinischen Kapelle à la Mamani Mamani ist diese *peña* ein Muss. Hier gibt's nicht nur erstklassige Livemusik, sondern auch authentische bolivianische Tapas (von ehemaligen Gustu-Küchenchefs!) und kreativ zubereitete, lokale Drinks wie Luka Quivo (Vodka 1825, frisch gepresster Orangensaft, Ingwer und *airampo*-Kaktus).

★ **Estadio Hernando Siles** STADION
(Estadio Olímpico La Paz; Karte S. 224; Miraflores; Tickets 40–120 Bs) Die Popularität von *fútbol* in Bolivien ist vergleichbar mit der in anderen lateinamerikanischen Ländern. Gespielt wird im Estadio Hernando Siles. Sonntags finden die großen Spiele statt, aber auch mittwochs und samstags wird gekickt. Die Preise richten sich nach den Plätzen und danach, ob es sich um ein nationales oder internationales Spiel handelt. Tickets bekommt man unter www.todotix.com (auf Spanisch).

Las Flaviadas KLASSISCHE MUSIK
(Fundación Flavio Machicado Viscarra; Karte S. 224; ☎ 241-1791; www.flaviadas.org; Av Ecuador 2448, Sopocachi; Spende erwünscht; ⌚ Sa 18.30–20.30 Uhr) Flavio Machicado öffnete sein Haus 1922 für Musikliebhaber und sein Sohn Eduardo setzte die *paceña*-Tradition fort. In dem eleganten Haus in Sopocachi kann man am knisternden Kamin zwei Stunden lang klassischer Musik lauschen, von Bach bis zu bolivianischen Künstlern wie Piraí Vaca. So kann man seinen Samstagabend *suavamente* (in aller Ruhe) beginnen.

Teatro NUNA THEATER
(www.teatronuna.com; Calle 21 No 8509, Calacoto) Seit der Eröffnung 2013 ist dieses heimelige Theater in der Zona Sur schnell zu einer der dynamischsten, hoch gelobten Spielstätten der Stadt geworden. Hier finden Vorführungen vieler städtischer Theatergruppen sowie Tanz- und Musikfestivals statt.

Teatro Municipal Alberto Saavedra Pérez THEATER
(Karte S. 220; Ecke Sanjinés & Indaburo, Casco Viejo; Karten 20–50 Bs) Das städtische Theater bietet ein ehrgeiziges Programm aus Folklore-Shows, Volksmusik und ausländischen Theatervorführungen. Es befindet sich in einem toll restaurierten Gebäude mit rundem Zuschauersaal, kunstvoll gearbeiteten Balkonen und einem riesigen Deckengemälde.

Shoppen

La Paz ist ein Paradies für Shoppingfreunde. Nicht nur die Preise stimmen, auch die Qualität der angebotenen Waren ist überraschend gut. Die Haupteinkaufsgegend für Traveller befindet sich entlang der sehr steilen und buchstäblich atemberaubenden Calle Sagárnaga zwischen der Av Mariscal Santa Cruz und Tamayo und in den benachbarten Straßen. Tolle Designer-Artikel gibt's im Viertel San Miguel in der Zona Sur.

MI TELEFÉRICO

Die vom österreichischen Unternehmen Doppelmayr entworfene **Teleférico** (Seilbahn; www.miteleferico.bo; Ticket 3 Bs, Umsteigen plus 2 Bs; ⌚ Mo–Sa 6–23, So 7–21 Uhr) war jahrzehntelang ein Prestigeobjekt bolivianischer Politiker. Unter Präsident Evo Morales ließ der Widerstand gegen das Projekt nach, und im Mai 2014 wurden Seilbahnlinien in den Nationalfarben Rot, Grün und Gelb in Betrieb genommen. Mitte 2018 waren sieben Linien in Betrieb, vier weitere sollen bis Ende 2019 eröffnet werden.

SICHERHEIT IN LA PAZ

- In Gruppen reisen.
- Für längere Strecken nach 21 Uhr ein Taxi nehmen und sicherstellen, dass es sich um ein Funktaxi mit Kugel auf dem Dach handelt.
- Nicht durch dunkle Gassen gehen.
- Nur wenig Bargeld bei sich haben, Schmuck und elektronische Geräte zu Hause oder im Hotelsafe lassen.
- Wer körperlich bedroht wird, sollte seine Wertsachen sofort abgeben.
- Immer daran denken, dass man in Bolivien wahrscheinlich niemanden kennt. Leider muss aber gesagt werden, dass man Fremden skeptisch gegenübertreten sollte.

★ Walisuma KUNST & KUNSTHANDWERK
(www.facebook.com/walisuma.org; Aliaga 1231, San Miguel; ⌚ Mo–Fr 10–20, Sa 10–19 Uhr) Einzigartige Souvenirs bekommt man im Walisuma, wo mit 59 verschiedenen bolivianischen Kunsthandwerkern zusammengearbeitet wird. Die Renner sind wunderschöne (und ultraweiche) mit Naturfarben hergestellte Alpaka- und Vicuña-Stoffe. Außerdem gibt es Quinoa-Seifen, aromatisierte Uyuni-Salze und Designer-Pullis. Die Preise richten sich nach der Qualität.

The Writer's Coffee BÜCHER
(Karte S. 220; www.thewriterscoffee.com; Comercio 1270, Casco Viejo; ⌚ Mo–Fr 8.30–19.30, Sa 9–12.30 Uhr; 📶) Toller altmodischer Buchladen mit deckenhohen Regalen und fantastischen Titeln über bolivianische Kunst und Geschichte. Vorn in der Ecke befindet sich ein cooler Coffeeshop, wo man in seinen gekauften Büchern schmökern kann. Dort gibt es auch WLAN.

El Ceibo ESSEN & TRINKEN
(Karte S. 224; www.elceibo.com; Ecke Cañada Strongest & Castrillo, San Pedro; ⌚ Mo–Fr 9–13 & 14–18.30, Sa 9–12.30 Uhr) Für Schokoholics ist das El Ceibo ein Muss. Die traumhaften, angebotenen Schokoladen kommen von umweltfreundlichen lokalen Herstellern.

Mistura Manifestación Creativa KUNST & KUNSTHANDWERK
(Karte S. 224; www.misturabolivia.com; Sagárnaga 163, Rosario; ⌚ Mo–Sa 9.30–20 Uhr) In dem niedlichen, kleinen Concept-Store sind Silberschmuck, Filzhüte, Alpaka-Pullis sowie lokale Weine und Gin erhältlich.

Sampaya Outdoor Equipment SPORT & OUTDOORAUSRÜSTUNG
(Karte S. 220; www.facebook.com/sampayaoutdoor; Illampu 803, Rosario; ⌚ 10–20 Uhr) Der beste der vielen Outdoorläden. Hier gibt's Rucksäcke, Zelte, Wanderschuhe, Jacken, Hosen und sonstige Trekking-Ausrüstung.

Praktische Informationen

EINREISEBEHÖRDE

Migración (Karte S. 220; ☎ 211-0960; www.migracion.gob.bo; Camacho 1468; ⌚ Mo–Fr 7.30–15-30 Uhr) Einige Traveller nennen diesen Ort „Migraine-ation". Hier bekommt man Visumsverlängerungen (für die meisten Nationalitäten kostenlos).

GEFAHREN & ÄRGERNISSE

La Paz ist eine große Stadt, in der Gringos schnell auffallen. Vor allem abends sollte man wachsam und bei klarem Verstand sein. Aller Wahrscheinlichkeit nach wird der Aufenthalt in La Paz sicher sein und keine Probleme mit sich bringen, aber etwas gesunder Menschenverstand ist bestimmt nicht fehl am Platz.

Abends und nachts sollte man El Alto, San Pedro, den Friedhofsbezirk und höher gelegene Stadtviertel meiden. An Busbahnhöfen ist besondere Aufmerksamkeit geboten.

GELD

Bolivianos und US-Dollar kann man an zahlreichen **Geldautomaten** (Karte S. 224; Av Sánchez Lima; ⌚ 24 Std.) an den Hauptverkehrsknotenpunkten in der ganzen Stadt abheben.

Banco Mercantil (Karte S. 220; Ecke Mercado & Ayacucho; ⌚ 24 Std.)

Banco Nacional de Bolivia (Karte S. 220; Ecke Colón & Camacho; ⌚ 24 Std.)

Casas de cambio (Wechselstuben) im Stadtzentrum sind oft schneller und praktischer als Banken. Die meisten sind wochentags von 9 bis 18 Uhr und samstagvormittags geöffnet.

Vorsicht vor gefälschten US-Dollarnoten und Bolivianos, besonders bei *cambistas* (Geldwechsler auf der Straße), die an den Kreuzungen Colón, Camacho und Av Mariscal Santa Cruz herumlungern. Das Einlösen von Reiseschecks kann zur Unmöglichkeit werden, mit der Ausnahme von Wechselstuben und Banken.

Casa de Cambio América (Karte S. 220; Camacho 1233, Casco Viejo; ⌚ Mo–Fr 9–18, Sa 9.30–12 Uhr)

Casa de Cambio Metropoli (Karte S. 220; Ecke Colón & Camacho, Casco Viejo; ⌚ Mo–Fr 8.45–18.30, Sa 9–13 Uhr)

MEDIZINISCHE VERSORGUNG

Bei ernsthaften medizinischen Notfällen erkundigt man sich am besten bei der Botschaft des Heimatlandes nach Empfehlungen für entsprechende Ärzte.

Apotheken

Farmacias Bolivia (Karte S. 224; Av 16 de Julio 1473; ⏲24 Std.) Gute Apotheke am El Prado.

Ärzte

Dr. Ebert Orellana Jordán (☎242-2342, Handy 6516-9407; Clínica Médica Lausanne, Ecke Av Los Sargentos & Costanera) Englisch sprechender Arzt. Er wird oft von Botschaften empfohlen.

Dr. Fernando Patiño (☎279-8525, Handy 7722-5625; curare27@gmail.com; Los Manzanos 400 Ecke Calle 10, Calacoto) Englisch sprechender Arzt. Bei einem Notfall am Wochenende die Handynummer anrufen.

Krankenhäuser

Clínica Alemana (Karte S. 224; ☎243-3676; www.clinicalemana.com.bo; Av 6 de Agosto 2821; ⏲24 Std.) Deutsche Effizienz.

Clínica Médica Lausanne (☎278-5775; assistmedbolivia@hotmail.com; Ecke Av Los Sargentos & Costanera; ⏲24 Std.) Gegenüber vom Club Hípico. Einige Traveller haben sich über die Preise beschwert.

High Altitude Pulmonary & Pathology Institute (Karte S. 224; ☎224-5394, Handy 7325-8026; www.altitudeclinic.com; Av Copacabana Prolongación 55, Miraflores) Ärztliche Untersuchungen und Hilfe bei Höhenproblemen. Englisch sprechende Mitarbeiter.

Hope Centro Médico Internacional (CMI; ☎277-2118; www.cmihope.com; Las Retamas 8482; ⏲Mo–Fr 8–18 Uhr) Englisch sprechende Ärzte und erstklassige Behandlung.

Techno Vision (Karte S. 220; ☎240-9637; Comercio 844, Casco Viejo; ⏲Mo–Fr 10.30–21.30 Uhr) Brillen und Augenversorgung.

NOTFALL & WICHTIGE TELEFONNUMMERN

Touristenpolizei (Policía Turística; Karte S. 224; ☎800-140-071, 800-140-081; Puerta 22, Plaza del Estadio, Miraflores; ⏲24 Std.) Neben der Disco Love City. Die Englisch sprechenden Beamten nehmen *denuncia* (Anzeigen) zu Diebstählen auf, die für die Versicherung benötigt werden. Um die Wiederbeschaffung des Diebesguts kümmern sie sich aber nicht. Vor dem Busbahnhof (S. 233) gibt es ebenfalls einen Stand. Unbedingt auf die Ausstellung der Papiere bestehen!

POST

Hauptpostamt (Ecobol; Karte S. 220; Ecke Av Mariscal Santa Cruz & Oruro, Prado; ⏲8.30–18.30 Uhr) *Lista-de-correos*-Post (postlagernd) wird hier drei Monate kostenlos aufgehoben – Reisepass nicht vergessen. Am Zollschalter im Untergeschoss kann man

BUSSE VOM HAUPTBUSBAHNHOF

ZIEL	PREIS (BS)	DAUER (STD.)
Arequipa (Peru)	140	14
Arica (Chile)	80–180	10
Buenos Aires (Argentinien)	800–1200	48–50
Camargo	70–100	16
Cochabamba	40–50	8
Copacabana	30	3–4
Cuzco (Peru)	160–180	14
Iquique (Chile)	100–180	13–15
Juliaca	120	7
Lima (Peru)	450–550	28
Oruro	30–40	3½
Potosí	50–90	9
Puno (Peru)	70–120	7–8
Santa Cruz	110	17–18
Sucre	180	12
Tarija	80	18
Tupiza	100–175	17–18
Uyuni	110	11–12
Villazón	90–175	18

Pakete ins Ausland aufgeben. Achtung: Die meisten offiziellen Postämter außerhalb von La Paz wurden in den letzten Jahren geschlossen und von lokalen Transportunternehmen übernommen. Wer etwas ins Ausland schicken will, sollte es hier tun.

TELEFON

SIM-Karten fürs Handy (*chips* genannt) gibt's für ca. 10 Bs bei allen Anbietern. Wer in entlegene Gegenden Boliviens reisen will, sollte sich für **Entel** (Karte S.220; Ayacucho 267, Casco Viejo; ⌚Mo–Fr 8–19.30, Sa & So 9–13 Uhr) entscheiden.

Die praktischen *puntos* (private Fernsprechämter) verschiedener Anbieter – Entel, Tigo, Viva etc. – finden sich überall in der Stadt. Zudem sind mittlerweile auch Mitarbeiter der Mobilfunkanbieter in den Straßen unterwegs und bieten ihre Handys für ein Telefonat an. Straßenstände, die man fast an jeder Ecke findet, verkaufen Telefonkarten und bieten ihre Telefone für kurze Ortsgespräche zu etwa 1 Bs pro Minute an. Im **International Call Center** (Karte S. 220; Ecke Sagárnaga & Murillo; ⌚Mo–Sa 8.30–20 Uhr) kann man für wenig Geld Auslandsgespräche führen.

TOURISTENINFORMATION

Informationsstände (Hauptbusbahnhof, Ecke Av Perú & Av Uruguay) An den Ständen am Hauptbusbahnhof sind Stadtpläne und die Standardbuspreise zum Vergleich erhältlich. Wenn gerade ein Mitarbeiter vor Ort ist, hilft er auch bei der Zimmersuche.

Ministerio de Culturas y Turismo (Karte S. 220; ☎2-220-0910; www.minculturas.gob.bo; Palacio Chico, Ecke Ayacucho & Potosí, La Paz; ⌚Mo–Fr 8.30–18.30 Uhr) Hier gibt's eine Liste mit den offiziellen Tourismusagenturen.

Servicio Nacional de Áreas Protegidas (Sernap; ☎242-6272; www.sernap.gob.bo; Francisco Bedregal 2904, 3. OG, Sopocachi) Begrenzte Infos über die 22 Naturschutzgebiete Boliviens. In der Nähe aller größeren Parks gibt es Zweigstellen. Die Mitarbeiter sind manchmal etwas launisch, dafür ist die Website aber recht informativ, wenn man Spanisch kann.

Touristeninformation (Karte S. 224; Ecke Av Mariscal Santa Cruz & Colombia, Prado; ⌚Mo–Fr 8.30–19 Uhr) Hier bekommt man Stadtpläne und detaillierte Infos. Einige Mitarbeiter sprechen Englisch.

Touristeninformation (Karte S. 224; www.facebook.com/Gamlpturismo; Plaza del Estudiante, Prado; ⌚Mo–Fr 8.30–19 Uhr) Stadtpläne, Flyer und einige Englisch sprechende Mitarbeiter.

WÄSCHEREIEN

Lavanderías (Wäschereien) sind die preiswerteste und wirksamste Art in La Paz, seine Kleidung reinigen zu lassen. Luxushotels nehmen Stückpreise (10-facher Preis), Budgethotels einen angemessenen Kilo-Preis.

Illampu ist am Sagárnaga-Ende von Wäschereien gesäumt. Für eine schnelle, zuverlässige Maschinenwäsche muss man pro Kilo mit 10 bis 15 Bs rechnen. Die maschinengetrockneten Sachen bekommt man noch am gleichen Tag zurück.

Lavandería Maya (Karte S. 220; Sagárnaga 339, Hostal Maya, Rosario; 10 Bs/Kilo; ⌚Mo–Sa 9–19 Uhr)

Laverap (Karte S. 220; Aroma 730, Rosario; 10 Bs/Kilo; ⌚Mo–Sa 9–13.30 & 15.30–19.30 Uhr)

Limpieza y Lavandería la Familia (Karte S. 220; ☎290-0557; Tarija 352; 10 Bs/Kilo; ⌚Mo–Sa 9–18.30, Sa 9–14 Uhr)

An- & Weiterreise

BUS

Hauptbusbahnhof (Terminal de Buses; Ecke Av Perú & Av Uruguay, Challapampa) Von hier fahren Busse alle inländischen Ziele südlich und östlich von La Paz sowie internationale Ziele an. Vom Stadtzentrum sind es zu Fuß 15 Minuten bergauf gen Norden. Die Preise der einzelnen Busgesellschaften sind relativ einheitlich.

Busbahnhof Villa Fátima (Av Castillo s/n, Villa Fátima) Von hier fahren Busse nach Coroico, Chulumani, Guanay und in andere Orte der Yungas und des Amazonasbeckens. Im Allgemeinen sind *micros* teurer, aber dafür auch schneller und direkter, *flotas* (Busse) bieten billigere, längere und komfortablere Trips an. Der Busbahnhof liegt ca. 2 km oberhalb der Plaza Gualberto Villarroel.

BUSSE VON VILLA FÁTIMA

ZIEL	PREIS (BS)	DAUER (STD.)
Caranavi	25–60	5–7
Chulumani	30	4
Coroico	20–35	3
Guanay	100	6
Rurrenabaque	70–190	12–16
Yolosita	20–35	3

BUSSE AB DEM FRIEDHOF

ZIEL	PREIS (BS)	DAUER (STD.)
Copacabana	20–25	3–4
Desaguadero	15	2
Huarina (nach Cordillera Apolobamba)	15	2
Sorata	20	3½
Tiwanaku	15	1½

Busbahnhof Friedhof (Av Baptista) Vor hier fahren preiswerte Busse nach Copacabana, Tiwanaku und zum Titicacasee. Los geht's, wenn die Busse voll sind. Die Gegend um den Busbahnhof ist besonders im Dunklen zwielichtig, also unbedingt aufs Gepäck achten.

FLUGZEUG

Der **El Alto International Airport** (LPB; Héroes Km 7, El Alto) liegt auf dem Altiplano und ist über eine mautpflichtige Straße 10 km vom Stadtzentrum entfernt. Er ist der höchstgelegene internationale Flughafen (4062 m) der Welt.

In dem Bereich, in dem internationale Flüge ankommen, befinden sich Sauerstoffbehälter. Im internationalen Terminal gibt's einen Zeitungskiosk, Geldautomaten, Internet, Souvenirläden, ein kleines „Sleepbox"-Hotel mit Etagenbetten (Preis stundenweise), Coffeeshops, Fast-Food-Lokale, ein Bistro und einen Duty-Free-Shop. Der Wechselkurs für Reiseschecks am Wechselschalter außerhalb des internationalen Ankunftsbereichs ist schlecht – wenn möglich sollte man warten, bis man in der Stadt ist.

Abflugzeiten und Flugpläne ändern sich oft – diese online checken oder vorher anrufen.

Die inländische Abreisegebühr beträgt 15 Bs, die internationale 20 US$ (nur in bar in der Flughafenhalle zahlbar. Allerdings ist die Gebühr bei den meisten internationalen Fluggesellschaften im Ticketpreis enthalten).

ZUG

Empresa Ferroviaria Andina (FCA; ☎212-9774.; www.ferroviaria-andina.com.bo/turismo; Av Arica s/n; Fahrkarte 40–80 Bs) fährt vereinzelt mit Touristenzügen von El Alto nach Tiwanaku (mit einer Pause von 1½ Std.) und weiter nach Guaqui am Titicacasee (mit einer Pause von 2½ Std.) und zurück. Am zweiten Sonntag eines jeden Monats fährt der Zug um 8 Uhr in El Alto ab; man sollte online die Fahrten checken oder vorher anrufen. Von Oruro fahren Züge via Uyuni und/oder Tupiza an die argentinische Grenze.

ℹ Unterwegs vor Ort

ZUM/VOM FLUGHAFEN

Es gibt zwei Zufahrtsstraßen zum El Alto International Airport (S. 232): Die mautpflichtige *autopista* (3 Bs) und die kurvenreiche, kostenlose Straße, die zur Plaza Ballivián in El Alto führt.

Der Minibus 212 verkehrt regelmäßig zwischen der Plaza Isabel la Católica und dem Flughafen (ca. 7–20 Uhr; 3,80 Bs). Ausschau halten nach dem Schild mit der Aufschrift „Minibus Cotranstur" direkt vor dem Ankunftsterminal. Auf der Fahrt vom Flughafen in die Stadt kann man auf Wunsch an der El Prado überall aussteigen.

Funktaxis (für bis zu 4 Fahrgästen, ca. 70 Bs) holen ihre Fahrgäste zu Hause ab. Unbedingt den Preis von der Zentrale bestätigen lassen oder den Fahrer bitten, den Preis zu überprüfen. Der Aufpreis für eine fünfte Person beträgt 10 Bs.

MICRO & MINIBUS

Die knatternden und rauchspuckenden *micros* (ältere Kleinbusse) kosten in La Paz pro Fahrt etwa 2 Bs. Auch mit den etwas teureren Minibussen kommt man fast überall hin. Zusätzlich zu einer Routennummer oder einem Buchstaben zeigen die *micros* auf einer Anzeigetafel an der Frontscheibe Strecke und Ziel deutlich an. In Minibussen kündigt meist ein junger Helfer schreiend den nächsten Stopp an. An der Straße muss man winken, damit der Bus an ausgewiesenen *paradas* (offizielle Haltestellen) oder, wenn kein Polizist in Sicht ist, überall an der Strecke anhält.

TAXI

Funktaxis (mit Kugeln auf dem Dach, auf denen die jeweiligen Telefonnummern zu lesen sind) sind sehr empfehlenswert. Fahrten nach 23 Uhr sind etwas teurer. Den normalen Taxiservice (nur mit Taxizeichen, ohne Telefonnummer und ohne Kugel) sollte man meiden. Diese Fahrzeuge wurden in der Vergangenheit für (seltene) Express-Entführungen benutzt.

Wenn möglich, sollte man einen Angestellten im Hotel oder Restaurant darum bitten, ein Taxi zu rufen. Ansonsten kann man Taxis überall, außer an Kreuzungen oder in abgesperrten Gegenden, per Handzeichen anhalten. Vor Fahrtantritt immer den Preis bestätigen lassen.

Ein sicheres Taxi bekommt man seit Neuestem auch über die **Easy Taxi App** (www.easytaxi.com/bo, auf Spanisch). **Uber** (www.uber.com) steht in La Paz ebenfalls zur Verfügung. Bevor man eine Fahrt bucht, kann man die Beurteilung des Fahrers lesen.

TRUFI

Trufis sind Gemeinschaftsautos oder Minibusse, die feste Routen abklappern. Ihr Ziel wird auf Schildern auf dem Dach oder an der Windschutzscheibe angezeigt. Eine Fahrt in der Stadt kostet ca. 3 Bs, zur Zona Sur 4 Bs.

RUND UM LA PAZ

Tiwanaku

3870 M.

Die Ruinen von Tiwanaku (auch als Tiahuanaco oder Tihuanaco bekannt) sind ein lohnender Tagesausflug von La Paz für alle, die Lust haben auf ein paar geschnitzte Monolithen, Bogengänge und Arkaden sowie zwei ordentliche Museen. Es ist zwar nicht der Machu Picchu oder Tikal, aber Geschichtsfans werden es lieben, in die Mythen und Mysterien dieser verlorenen Zivilisation einzutauchen.

Über die Menschen, die das Zeremonialzentrum am Südufer des Titicacasees vor mehr als 1000 Jahren erbauten, ist nur wenig bekannt. Ihr Einfluss, insbesondere ihre Religion, wurde in Funden nachgewiesen, die in jener Gegend auftauchten, die später zum Reich der Inka wurde.

Im gleichnamigen Dorf in der Nähe gibt es ein paar Hotels, Restaurants, eine lustige kleine Plaza mit hervorragenden Skulpturen, die von Tiwanaku-Stilrichtungen inspiriert wurden, und eine Kirche aus dem 16. Jh., die wohl aus Steinen von der Tiwanaku-Stätte gebaut wurde.

AYMARÁ-NEUJAHR IN TIWANAKU

Die Einheimischen tragen farbenfrohe Festkleider und Besucher werden aufgefordert, an den Feierlichkeiten teilzunehmen, *singani* (destillierter Traubenschnaps) zu trinken, Cocablätter zu kauen und bis in die frühen Morgenstunden zu tanzen. Die Feierlichkeiten finden zur Herbst- und Frühjahrs-Tagundnachtgleichen statt, wenn die Strahlen der aufgehenden Sonne an der Ostseite der Kalasasaya durch den Tempeleingang scheinen. Das größte Fest ist das **Aymará-Neujahr** (Machaq Mara; ⏲21. März, 21. Juni, 21. Sept.) am 21. Juni, das von mindestens 5000 Menschen aus aller Welt besucht wird, darunter auch viele New Ager. Gegen 4 Uhr starten in La Paz Sonderbusse, die dann zum Sonnenaufgang vor Ort sind.

Besuch der Ruinen

Den Eintrittspreis in den Ruinenkomplex zahlt man am **Ticketschalter** (Av Puma Punku s/n; 100 Bs; ⏲Ticketschalter 9–16 Uhr, Stätte 9–17 Uhr) gegenüber den Museen. Wer auf eigene Faust unterwegs ist, sollte mit seinem Besuch in den Museen beginnen, um ein Grundverständnis für die Geschichte zu bekommen, und erst danach zu den Ruinen gehen.

Die geführten **Touren** (☎7724-9572; walipini.tiwanacu@gmail.com; Av Ferrocarril s/n; Führung für bis zu 6 Pers. auf Spanisch/Englisch/Französisch 150/180/180 Bs) auf Englisch, Französisch und Spanisch sind sehr empfehlenswert.

Guides können auch Wander-, Boots- oder Bustouren von hier zum (12 km entfernten) Titicacasee mit Übernachtung auf einem Campingplatz oder bei Familien organisieren.

An- & Weiterreise

Viele Veranstalter in La Paz bieten geführte Halb- und Ganztagestouren zu vernünftigen Preisen nach Tiwanaku an (80–150 Bs/Pers.). Transport und ein zweisprachiger Guide (Englisch und Spanisch) sind inklusive. Diese Touren lohnen sich allein schon wegen der Bequemlichkeit. Die meisten Traveller besuchen Tiwanaku auf diese Art.

Diana Tours (Karte S. 220; www.diana-tours.com; Sagárnaga 326, Rosario; Trips ab 80 Bs) und **Vicuña Travel** (☎228-0140; http://vicuna-travel.com; Hauptbusbahnhof, Ecke Av Perú & Av Uruguay, Challapampa) bieten geführte Ausflüge von La Paz nach Tiwanaku an. Los geht's täglich um 8.30 Uhr, gegen 16 Uhr ist man dann wieder zurück in La Paz.

Wer sich lieber auf eigene Faust auf den Weg machen will, steigt beim Friedhof von La Paz in einen Minibus. Los geht's, wenn alle Plätze besetzt sind. Die 1½-stündige Fahrt kostet 15 Bs. Ein Taxi von La Paz nach Tiwanaku kostet hin und zurück zwischen 210 und 280 Bs.

TITICACASEE

Alles, was sich nahe des beeindruckenden Gewässers befindet, von den traditionellen Aymará-Dörfern und ihren Bewohnern bis zu den Gletschergipfeln der Cordillera Real,

Titicacasee

scheint angesichts des blau-silber schimmernden Juwels inmitten des kargen Bodens des Altiplano zur Kulisse zu werden. Man begreift schnell, warum die Inka sich für die Geburt ihrer Zivilisation für den Titicacasee entschieden haben.

Der 8400 km² große See auf 3808 m zwischen Peru und Bolivien bietet derart viele Aktivitäten, dass es einem mindestens eine Woche lang bestimmt nicht langweilig wird. Man kann Ausflüge zu den vielen vorgelagerten Inseln, zu vergessenen Buchten und zu schwimmenden Inseln unternehmen, in der Touristenhochburg Copacabana Party machen und Einheimische kennenlernen, die einen Einblick in die Traditionen einer der Top-Attraktionen Boliviens gewähren.

Copacabana

☎2 / 15 000 EW. / 3808 M.

Die bezaubernde, freundliche Kleinstadt Copacabana liegt zwischen zwei Hügeln am Südufer des Titicacasees. Sie war lange Zeit ein religiöses Mekka, und bis heute strömen Pilger aus dem In- und Ausland zu den wilden Fiestas. Wer den Trubel hinter sich lassen will, macht einen Spaziergang am Seeufer oder hinauf auf den El Calvario. Copa ist das Sprungbrett zur Isla del Sol und zur Isla de la Luna und ein netter Zwischenstopp auf dem Weg von La Paz nach Puno oder Cuzco.

Sehenswertes

Copacabanas Hauptattraktionen kann man an einem langen, aber stressfreien Tag besichtigen. Aber auch außerhalb der Stadt gibt es einiges zu sehen. In Copa passiert das meiste auf der Plaza 2 de Febrero und in der Av 6 de Agosto. Die Haupteinkaufsmeilen verlaufen von Osten nach Westen. Am westlichen Ende befinden sich der See und ein der Küstenlinie folgender Spazierweg *(costañera)*. Verkehrsknotenpunkt ist die Plaza Sucre.

Copacabana

Copacabana

Highlights
1 Kathedrale D3

Schlafen
2 Hostal Sonia D4
3 Hotel La Cúpula B2
4 Hotel Lago Azul A2
5 Hotel Mirador B3
6 Hotel Rosario del Lago B4
7 Las Olas A1

Essen
8 Stände am Strand B4
9 El Condor & the Eagle Cafe B3
10 Gourmet Ali B3
La Cúpula Restaurant .... (siehe 3)
11 La Orilla B3

Ausgehen & Nachtleben
12 Waykys Disco Bar C3

Transport
13 Asociación Unión Marines A3
14 Titicaca Tourist Transportation B3
15 Titicaca Tours A3

★ **Kathedrale** KIRCHE
(Plaza 2 de Febrero) GRATIS Die glitzernd weiße *mudéjar*-Kathedrale im maurischen Stil beherrscht mit ihren farbenfrohen *azulejos* (blaue Keramikfliesen im portugiesischen Stil) und Kuppeln die Stadt. Auf der Anschlagtafel am Eingang stehen die Zeiten der Messen.

Die schwarze Virgen-de-Candelaria-Statue, **Camarín de la Virgen de Candelaria**, wurde von Francisco Yupanqui, dem Enkel des Inka-Herrschers Tupac Yupanqui, geschnitzt und befindet sich im *camarín* (Schrein) im Obergeschoss der Kathedrale. Die Öffnungszeiten sind nicht immer zuverlässig.

Feste & Events

Fiesta de la Virgen de Candelaria RELIGION
(2.–5. Feb.) Das Fest zu Ehren der Schutzheiligen von Copacabana und von Bolivien wird hier besonders groß gefeiert. Dazu reisen Teilnehmer und Gäste aus ganz Bolivien und sogar Peru an. Gefeiert wird mit viel Musik, traditionellen Aymará-Tänzen, Essen und Trinken. Zum Höhepunkt des Festes werden am dritten Tag gut 100 Stiere in ein steinernes Gehege an der Straße nach Yampupata getrieben.

Fiesta de la Cruz RELIGION
(Fest des Kreuzes; Mai) Dieses Fest am ersten Maiwochenende findet rund um den ganzen See statt. Am meisten los ist aber in Copacabana. Es warten auf einen kunstvolle Kostüme und traditionelle Tänze.

Schlafen

Es gibt zahlreiche Budgetunterkünfte, vor allem entlang der Jáuregui, die zwischen 30 und 40 Bs pro Person kosten. Die dortigen Mittelklassehotels lohnen die Ausgabe von ein paar Bolivianos mehr. Bei Festen sind die Unterkünfte schnell ausgebucht und die Preise steigen ums Dreifache.

Hostal Sonia HOTEL $
(862-2019, Handy 7196-8441; hostalsoniacopacabana@gmail.com; Murillo 256; Zi. pro Pers. mit/ohne Bad 50/40 Bs;) Quirliges Hotel mit hellen, freundlichen Zimmern. Die Zimmer im Obergeschoss mit tollem Blick und nicht zuletzt die schöne Dachterrasse machen diese Unterkunft zu einem der besten Budgethotels der Stadt. Wem das zu einfach ist, geht in das schicke (und neuere) **Hotel Lago Azul** (862-2581; Ecke Costañera 13 & Jáuregui; EZ/DZ 130/260 Bs;), das den gleichen Besitzern gehört.

Hotel Mirador HOTEL $
(www.titicacabolivia.com; Ecke Av Busch & Costañera; Zi. inkl. Frühstück 50 Bs/Pers.;) Das Hotel mit tollem Preis-Leistungs-Verhältnis bietet einen beeindruckenden Blick auf den See, der wie ein Signalfeuer am Ende der langen Zimmer leuchtet. Die Gemeinschaftsbereiche sind altmodisch – und das Hotel scheint immer nur halb geöffnet zu sein – und die Größe verleiht dem Ganzen den Charme eines Motels in Los Angeles.

★ **Las Olas** BOUTIQUEHOTEL $$
(862-2112, Handy 7250-8668; www.hostallasolas.com; Pérez 1-3; EZ/DZ/3BZ/4BZ 41/52/68/79 US$, Suite 74 US$;) Mit diesem Hotel ist es wie mit Weihnachtsgeschenken: Verrät man zuviel, sind sie keine Überraschung mehr. Deshalb nur soviel: originell, kreativ, stilvoll, umweltfreundlich, traumhafter Blick. Es gibt mehrere Küchen, eigene Terrassen mit Hängematten und einen mit Solarenergie betriebenen Whirlpool. Ein einmaliges Erlebnis, das sein Geld wert ist.

Hotel La Cúpula HOTEL $$
(Handy 7708-8464; www.hotelcupula.com; Pérez 1-3; EZ/DZ/3BZ ab 17/29/54 US$, Suite mit EZ/DZ/3BZ ab 32/48/60 US$;) Reisende aus aller Welt lieben diese einladende Oase mit den zwei glänzend weißen Kuppeln am Hang des Cerro Calvario und dem Traumblick auf den See. Die Zimmer sind einfach, aber stylisch. Gärten, Hängematten, die Gemeinschaftsküche und eine nette Atmosphäre tragen zum Charme der Unterkunft bei. Das hilfsbereite Personal spricht mehrere Sprachen. Wem die Kunstwerke in den Zimmern gefallen, kann sie kaufen und mitnehmen. Möglichst im Voraus reservieren.

★ **Hotel Rosario del Lago** HOTEL $$$
(245-1658, in La Paz 2-277-6286; www.gruporosario.com; Paredes, unweit Costañera; EZ/DZ inkl. Frühstück 89/99 US$;) Das Hotel im Haziendastil gehört zu den elegantesten Unterkünften der Stadt. Es ist die Drei-Sterne-Schwester des Hotels Rosario in La Paz und hat reizende, moderne Zimmer mit Solarduschen, doppelt verglasten Fenstern und Seeblick. Der Service der höflichen Mitarbeiter ist exzellent. Die schöne Sonnenterrasse erleuchtet im Altiplano-Licht.

Essen & Ausgehen

Mit der beste Fisch aus dem Titicacasee wird an den **Ständen am Strand** (Costanera; Forelle ab 25 Bs; 8–21 Uhr) verkauft, obwohl die Hygiene hier etwas bedenklich ist. Das A und O für preiswertes Essen ist der *comedor* (Speisesaal) auf dem Markt, wo man großzügige Portionen *trucha* (Bachforelle) für wenig Geld oder ein „Insulinschock"-Frühstück mit heißem *api morado* (Maisgetränk; 4 Bs) und zuckersüßen *buñuelos* (Donuts oder Krapfen; 3 Bs) bekommt.

Die Av 6 de Agosto ist von mehreren Touristen-Cafés gesäumt.

El Condor & the Eagle Cafe CAFÉ $
(www.facebook.com/elcondorandtheeaglecafe; Av 6 de Agosto s/n; Hauptgerichte 30 Bs; Mo–Fr 7–13 Uhr;) In diesem fröhlichen Travel-

ler-Café kann man wunderbar frühstücken. Wie wär's mit einer leckeren Veggie-Option und einem French-Press-Kaffee? Die Betreiber sind überglücklich, wenn sie ihr Wissen über Bolivien weitergeben können. Es gibt außerdem einen kleinen Buchladen und eine tolle Sammlung von Berichten mit Reisetipps anderer Traveller.

★ **La Cúpula Restaurant** INTERNATIONAL **$$**
(www.hotelcupula.com; Pérez 1–3; Hauptgerichte 24–59 Bs; ⌚7.30–15 & 18–22 Uhr, Di mittags geschl.; 🖉) Auf der umfangreichen Speisekarte stehen kreative bolivianische und internationale Gerichte aus regionalen Zutaten. Neben zahlreichen Fleischgerichten gibt es auch Vegetarisches wie eine leckere Lasagne. Das Käsefondue aus echtem Greyerzer ist himmlisch, das bolivianische Schokofondue mit Obst unbeschreiblich.

★ **La Orilla** INTERNATIONAL **$$**
(☎862-2267; Av 6 de Agosto s/n; Hauptgerichte 36–60 Bs; ⌚ 9.30–14 & 17–21.30 Uhr ; 🖉) Für viele ist dieses gemütliche Restaurant mit maritimem Ambiente das beste der Stadt. Tatsächlich bietet es erntefrisches, knackiges Gemüse und interessante Forellengerichte, etwa mit Spinat und Speck. Und auch die andianischen Falafel sind sehr gut.

Gourmet Ali INTERNATIONAL **$$**
(☎7124-6336; Av 6 de Agosto s/n; Hauptgerichte 40–60 Bs; ⌚7–23 Uhr; 📶) Schlichtes, hell beleuchtetes Restaurant mit wirklich gutem Essen, u.a. Forelle (als Lasagne) sowie Pizzas, Pasta und Lama-Filet.

Waykys Disco Bar BAR
(www.facebook.com/waykysdiscoteca; Ecke Av 16 de Julio & Av 6 de Agosto; ⌚Mo–Sa 21 Uhr–open end) Auf der Suche nach einer dunklen Bar mit Schwarzlicht und lauter Musik, schäbigen Toiletten und Graffiti an den Wänden? Wo man vielleicht falsche Entscheidungen trifft? Dann ist man hier richtig. Unbedingt probieren sollte man Evo, einen Cocktail aus *singani* (destillierter Traubenlikör), Zitronensaft, Coca-Blättern und Coca-Likör.

ℹ Praktische Informationen

GEFAHREN & ÄRGERNISSE

Strahlung Die Kombi aus dünner Luft, strahlendem Sonnenschein und der Reflexion des Wassers verstärkt die UV-Strahlung um ein Vielfaches. Aus diesem Grund sollte man immer eine Kopfbedeckung tragen und sich mit Sonnenschutzmittel einreiben. Zudem sollte man viel Wasser trinken, um einer Dehydrierung vorzubeugen.

Menschmengen Besondere Vorsicht ist in Festivalzeiten geboten. Wenn ein Feuerwerk veranstaltet wird, sollte man sich im Hintergrund halten, denn dann tritt explosiver Spaß an die Stelle von Sicherheit. Vorsicht vor Taschendieben!

GELD

Geldautomaten gibt's an der Plaza Sucre. Geschäfte an der Av 6 de Agosto tauschen ausländische Währungen um (saubere Dollarscheine werden am liebsten genommen). In den meisten *artesanías* (Kunsthandwerksläden) sind Peruanische Sol erhältlich.

MEDIZINISCHE VERSORGUNG

Die beste medizinische Versorgung bekommt man wahrscheinlich im touristenfreundlichen **Medical Health Home** (☎Handy 7727-8510; www.medicalhome.com.pe; Ecke Baptista & Costañera). Bei ernsthaften Erkrankungen sollte man ohne zu überlegen direkt nach La Paz fahren.

ℹ An- & Weiterreise

BUS

Die meisten Busse fahren in der Nähe der Plaza 2 de Febrero oder der Plaza Sucre ab. Die bequemeren Nonstop-Tourbusse von La Paz nach Copacabana – darunter auch die Busse von **Titicaca Tourist Transportation** (☎862-2160; www.titicacabolivia.com; Ecke Av 6 de Agosto & Av 16 de Julio) – kosten ca. 30 Bs und sind ihr Geld wirklich wert. Sie starten in La Paz gegen 8 Uhr und verlassen Copacabana um 13.30 und um 18.30 Uhr (4 Std.). Am Estrecho de Tiquina (Straße von Tiquina) muss man aus dem Bus aussteigen und die Strecke zwischen den Städten San Pedro de Tiquina und San Pablo de Tiquina (15 Min.) mit der **Fähre** (2 Bs/Pers., 30–40 Bs/Auto; ⌚5–21 Uhr) zurücklegen.

Busse nach Peru fahren in Copacabana an der Av 16 de Julio ab und kommen dort auch an. Nach Puno kann man auch den öffentlichen Minibus von der Plaza Sucre nach Kasani (4 Bs, 15 Min.) nehmen. Auf der anderen Seite der Grenze kommt man mit regelmäßig verkehrenden, wenn auch überfüllten Transportmöglichkeiten nach Yunguyo (5 Min.) und Puno (2½ Std.).

Ein Newcomer in der Busszene ist **Bolivia Hop** (Karte S. 220; www.boliviahop.com; Linares 940, Rosario; ⌚Büro 8.30–19 Uhr) mit Bussen nach Lima, Arequipa, Copa und La Paz. Das irische Unternehmen hilft Reisenden auch bei den Zollformalitäten und *hostal*-Reservierungen.

FLUGZEUG

2018 wurde ein neuer Flughafen eröffnet. Zum Zeitpunkt der Recherche war er zwar noch nicht

EINREISE NACH PERU

Die meisten Reisenden überqueren die Grenze nach Peru bei Copacabana (über die Straße von Tiquina) oder in der schmuddeligen Stadt Desaguadero (um Copacabana komplett zu umgehen). Die peruanische Zeit ist eine Stunde hinter Bolivien. Während der gesamten Grenzüberquerung den Rucksack immer bei sich tragen!

Über Copacabana

Micros zum Grenzübergang Kasani/Yunguyo fahren an der Plaza Sucre in Copacabana ab, sobald sie voll sind (4 Bs, 15 Min.). In Kasani bekommt man bei der Passkontrolle einen Ausreisestempel und dann geht man zu Fuß über die Grenze. Auf der peruanischen Seite warten Taxis oder Mototaxis, um Reisende nach Yunguyo zu bringen (ca. 3 PEN, 5 Min.). Von dort fahren Busse nach Puno.

Eine bequeme Alternative ist die Fahrt mit einem Touristenbus von La Paz nach Puno über Copacabana (ab 60 Bs); teilweise ist dabei auch ein Aufenthalt von ein paar Tagen in Copacabana möglich. Achtung: Selbst wenn man eine Fahrkarte nach Cuzco oder einen anderen Ort in Peru hat, muss man in Puno umsteigen. Busse nach Cuzco starten in Puno am internationalen Busbahnhof, der etwa drei Blocks von dem städtischen Busbahnhof entfernt ist.

Über Desaguadero

Eine schnellere, aber langweiligere Route führt über Desaguadero am Südufer des Sees. Mehrere Busunternehmen fahren über die Grenze nach Peru. Der Grenzübertritt ist meistens problemlos: Bei der **bolivianischen Passkontrolle** (Desaguadero; ⏲8.30–12.30 & 14–20.45 Uhr) bekommt man den Ausreisestempel, läuft über die Brücke und erhält beim *migración* in Peru den Einreisestempel. Von dort fahren stündlich Busse nach Puno (ca. 3½ Std.).

ganz fertig, es waren aber Inlandsflüge nach La Paz, Rurrenabaque, Trinidad und Uyuni geplant.

SCHIFF/FÄHRE

Tickets für Bootstouren zur Isla de la Luna und zur Isla del Sol gibt's bei den Agenturen in der Av 6 de Agosto oder an den Verkaufsständen am Strand. Wer mit einer großen Gruppe unterwegs ist, sollte darüber nachdenken, ein privates Boot von den Veranstaltern für 600 bis 900 Bs pro Tag zu mieten. Die separate Rückfahrt ist von beiden Inseln aus möglich.

Isla del Sol

☎2 / 3000 EW. / 3808 M.

Die Isla del Sol ist sicherlich das Highlight eines jeden Ausflugs an den Titicacasee. Die große Insel mit etlichen traditionellen Gemeinschaften und einer ordentlichen Infrastruktur für Touristen bietet Restaurants und Hotels, ein paar interessante präkolumbische Ruinen, tolle Ausblicke, schöne Wanderungen über terrassenförmige Hügel und – wie könnte es anders sein – strahlenden Sonnenschein.

Die Bewohner der Insel – ein Mix aus indigenen Völkern und Emigranten – verteilen sich auf die Hauptsiedlungen **Cha'llapampa** unweit der nördlichen Spitze der Insel, **Cha'lla** hinter einem herrlichen Sandstrand an der zentralen Ostküste und Yumani. Letztere ist der größte Ort auf der Insel und erstreckt sich entlang des Bergzugs über der Escalera del Inca im Süden. Leider können Reisende aufgrund eines Konflikts zwischen den Inselgemeinschaften zurzeit nur Yumani besuchen.

Die vielen Wanderwege machen die Erkundung relativ einfach, aber Höhe und Sonne fordern ihren Tribut: Man sollte unbedingt Essen und viel Wasser mitnehmen. Die Sonne ist hier geboren und brennt noch immer.

Sehenswertes

Yumani DORF

Yumani ist der Hauptort am südlichen Ende der Insel. Die meisten Boote lassen ihre Fahrgäste am Anleger des Dorfs aussteigen, ca. 200 m unterhalb des eigentlichen Orts. Die kleine Kirche **Iglesia de San Antonio** ist für die Bewohner der Südhälfte der Insel zuständig. Ganz in der Nähe befinden sich mehrere Pensionen. Von hier bietet sich ein spektakulärer Blick übers Wasser bis hin zur Isla de la Luna.

Isla del Sol

Isla del Sol

Sehenswertes
1 Escalera del Inca C4
2 Pilko Kaina C4
3 Yumani C4

Schlafen
Hostal Jallalla .... (siehe 3)
Hostal Puerta del Sol .... (siehe 3)
Inti Kala Hostal .... (siehe 3)
4 La Estancia Ecolodge C4
5 Palla Khasa C4

Essen
6 Las Velas C4

Transport
7 Asociación Transport Yampu Tour Lacustre D5

Pilko Kaina RUINEN

(10 Bs) Der berühmte Ruinenkomplex im Süden der Insel ist in ca. 30 Minuten (2 km) zu Fuß von Yumani aus zu erreichen. Die Ruinen liegen geschützt an einem steilen Hang mit Terrassenfeldern. Das bekanntes-te Gebäude ist der **Palacio del Inca** mit zwei Stockwerken, den vermutlich der

Inka-Herrscher Túpac Inca Yupanqui errichten ließ.

Escalera del Inca GÄRTEN

(Yumani; 10 Bs) Oberhalb des Fährhafens in Yumani führt die schön restaurierte Escalera del Inca (Inka-Treppe) an Terrassengärten, kleinen Läden und Hotels vorbei. Für den steilen Anstieg über 200 Höhenmeter in weniger als 1 km sollte man sich ausreichend Zeit nehmen und/oder einen Esel (30 Bs) das Gepäck tragen lassen.

Schlafen

Inti Kala Hostal HOTEL $

(Handy 7151-6293; hotelintikala@gmail.com; Yumani; Zi. inkl. Frühstück 20 US$/Pers.;) Die Unterkunft hat eine gewaltige Terrasse, neu gestaltete Zimmer, solarbeheizte Duschen, flauschige Tagesdecken und Andenmotive. Die Terrasse ist der Renner.

Hostal Jallalla HOTEL $$

(Handy 6816-5404; Yumani; Zi. inkl. Frühstück 300 Bs;) Das saubere Hostal Jallalla ist für sein starkes WLAN bekannt. Es befindet sich in perfekter Lage sowohl in der Nähe der Restaurants in Yumani als auch des Abzweigs zum Mirador Palla Khasa. Da es bananengelb gestrichen ist, kann man es nicht übersehen.

Hostal Puerta del Sol HOTEL $$

(Handy 7350-6995; Yumani; EZ mit/ohne Bad 150/40 Bs, Hütte 150 Bs/Pers., DZ 250 Bs) Das freundliche Hotel liegt auf einem Felsvorsprung hoch oben auf dem Berg. Von den meisten Zimmern hat man einen schönen Blick (insbesondere von Nummer 14). Die Bettwäsche ist sauber, und es gibt eine hübsche Terrasse. Die Zimmer mit Bad sind wesentlich besser ausgestattet und weisen auch die typischen Textilien der Anden auf. Passive Solarheizungen sorgen nachts für angenehme Wärme in den Hütten.

★ **La Estancia Ecolodge** LODGE $$$

(2-244-0989; www.ecolodge-laketiticaca.com; La Estancia; EZ/DZ inkl. Frühstück & Abendessen 120/154 US$;) Die wunderschönen Lehmhütten von Magri Turismo stehen oberhalb der Terrassen aus der Prä-Inka-Zeit und bieten einen schönen Blick auf den schneebedeckten Illampú. Die echten Öko-Hütten haben solarbeheizte Duschen, sonnenbetriebene Hotboxes für die Heizung und für die Aymará typische Strohdächer. Das Personal kann Wanderungen, Bootsausflüge und mystische Zeremonien arrangieren.

★ **Palla Khasa** HÜTTE $$$

(Handy 7321-1585; www.pallakhasalodgeandtours.com; Yumani; Bungalow inkl. Frühstück 570–750 Bs) Das erstklassige Hotel liegt etwa 300 m nördlich von Yumani auf einem wunderschön angelegten Gelände mit 14 runden Steinbungalows mit gasbeheizten Duschen, gefliesten Bädern und grandiosem Blick. Die in dem sehr empfehlenswerten Restaurant zubereiteten regionalen Speisen werden in einem Erdofen gegart.

Essen

In Yumani gibt's mehr Pizzerien als *truchas* im Titicacasee. Viele Mittel- und Spitzenklassehotels haben gute Restaurants und die meisten auch noch einen tollen Blick – von denen am Bergkamm kann man außerdem noch den Sonnenuntergang bewundern. Die Speisekarten der verschiedenen Lokale sind fast identisch: *Almuerzos* (Mittagsmenü) und Abendmenüs kosten meist zwischen 25 und 30 Bs.

★ **Las Velas** INTERNATIONAL $$

(lasvelassunisland@gmail.com; Yumani; Hauptgerichte 50–70 Bs; 16–23 Uhr;) Lust auf ein Candle-Light-Dinner mit vegetarischer Bio-Pizza auf 4000 m? Dann ist das heißgeliebte Bergrestaurant mit wunderschönem Blick gen Westen genau das Richtige. Aus der Küche kommen außerdem Pasta und traditionelle bolivianische Gerichte. Der perfekte Ort für einen Sundowner.

An- & Weiterreise

Die Isla del Sol erreicht man mit der Fähre entweder von Copacabana oder Yampupata oder auch im Rahmen einer geführten Tour.

Tickets für die Fähre bekommt man in Copacabana bei der **Asociación Unión Marines** (Costañera, Copacabana; einfache Fahrt/hin & zurück 20/30 Bs; Abfahrt Copacabana 8.30 & 13.30 Uhr), beim Ticketstand am Strand oder bei den Agenturen im Ort (wer keine Lust auf Ärger hat, kauft sich sein Ticket lieber direkt). Die Fähren legen entweder am Pilko Kaina oder an der Escalera del Inca in der Nähe von Yumani an. Zurück geht's von Yumani um 10.30 Uhr sowie zwischen 15 und 16 Uhr (einfache Fahrt 25 Bs).

Titicaca Tours (Costañera, Copacabana; hin & zurück 30 Bs; Abfahrt Copacabana 8.30 Uhr) fährt bei den Halbtagesausflügen zur Isla del Sol und zur Isla de la Luna. Auf der Isla del Sol hat man einen Aufenthalt von zwei Stunden, auf der Isla de la Luna einen von einer Stunde. Es ist aber sehr zu empfehlen, auf einer der beiden Inseln zu übernachten oder auch länger zu bleiben.

DUNKLE WOLKEN ÜBER DER SONNENINSEL

Die Isla del Sol von Nord nach Süd zu Fuß zu erkunden, gehörte einst zu den Highlights eines Besuchs am Titicacasee. Das ist jetzt nicht mehr möglich. Touristen ist es verboten, in Gegenden nördlich von Yumani (und vom Satellitenort La Estancia) zu reisen, da es dort permanent Konflikte zwischen den Gemeinden Cha'lla in der Mitte und Cha'llapampa im Norden gibt.

Theoretisch sollte jemand am Wachposten stehen und Besucher, die sich zu weit von Yumani entfernen, aufhalten. In der Praxis ist das jedoch nicht immer der Fall. Man sollte aber auf keinen Fall sein Schicksal herausfordern. Eine koreanische Touristin wurde Anfang 2018 unter mysteriösen Umständen niedergestochen und stranguliert, das geschah kurz nach einem hitzigen Wortwechsel zwischen zwei Gemeinden im Norden. Niemand wurde unter Mordanklage gestellt, es wurde damals allerdings vermutet, dass die Touristin versehentlich die Nordhälfte der Insel betreten hatte.

Diese unglücklichen Umstände sollten aber niemanden von einem Besuch der Isla del Sol abhalten. Wer in Yumani oder La Estancia bleibt, wird dort höchstwahrscheinlich einen absolut sicheren und konfliktfreien Aufenthalt haben. Wie aber immer bei Konflikten sollte man sich in Hotels oder bei Reiseveranstaltern in der Region (d. h. in Copacabana) über den neuesten Stand der Dinge informieren, bevor man sich auf den Weg zur Isla del Sol macht. Die ganzen Probleme könnten sich auch in Luft auflösen.

Asociación Transport Yampu Tour Lacustre (☎ Handy 7525-4675; Yampupata; ⏲ 8–18 Uhr) verkehrt mit Booten zwischen Yampupata und der Isla del Sol (130 Bs). Die Preise verstehen sich pro Boot.

DIE CORDILLERAS & DIE YUNGAS

Zwischen den Anden und dem Amazonas liegt diese felsige Region, die all das zu bieten hat, was man von einem bolivianischen Abenteuer erwartet.

Wer gern nach oben sieht, findet hier 6000 m hohe Gletschergipfel und adrenalingeladene Mountainbikeabfahrten. Naturliebhaber werden die Nebelwälder und die am Hang liegenden, halbtropischen Yungas-Städtchen Chulumani, Coroico und Sorata mögen. Von hier aus kann man zu in der Nähe gelegenen Wasserfällen wandern, zu Flussfahrten ins Amazonasgebiet aufbrechen, Mountainbiketouren unternehmen oder einfach nur die frische Luft eines Bergrefugiums genießen.

Weit abseits der Touristenpfade bieten die Gegenden um Quimsa Cruz und Cordillera Apolobamba große Wildnisgebiete, ein paar verlassene Ruinen und grandiose Abenteuer.

Überall dazwischen finden sich Wanderwege entlang gut erhaltener Inka-Routen und viele Möglichkeiten zum Beobachten wilder Tiere. Außerdem sind die Temperaturen angenehm warm, es wehen ein kühles Lüftchen und ein Hauch von hart erkämpfter Ruhe.

Coroico & Yolosa

☎ 2 / 19 330 EW. / 1750 M.

Coroico, bekannt für warme Temperaturen, spektakuläre Ausblicke, gute Resorthotels für jeden Geldbeutel und eine ansteckend entspannte Atmosphäre, ist der meistbesuchte Touristenort in den Yungas. Wie ein Adlerhorst liegt er auf der Schulter des Cerro Uchumachi. Diese Lage verschafft dem Ort einen Ausblick, der sich über bewaldete Schluchten, von Wolken verhangene Gipfel, Ackerflächen, Obstgärten mit Zitrusfrüchten, Kaffeeplantagen und Dutzende kleiner Dörfer erstreckt.

Coroico leitet sich vom Quechua-Wort *coryguayco* ab und bedeutet „goldener Hügel". Die größte Attraktion des Orts ist aber sein gemäßigtes Tempo. Hier hat man viel Zeit zum Schwimmen, Sonnenbaden und Faulenzen in der Hängematte.

Yolosa liegt etwa 7 km von Coroico entfernt an der „Gefährlichsten Straße der Welt". Im Ort gibt es ein paar coole Lokale, ein Tierheim und einen stetigen Strom eingestaubter Radfahrer, deren Fahrt auf der „Gefährlichsten Straße" in der Regel hier endet.

⊙ Sehenswertes & Aktivitäten

Etwa drei Stunden nördlich von Coroico fließt der **Río Coroico** durch Nor Yungas. Es ist der beliebteste Fluss in puncto Rafting. Außerdem ist er von La Paz aus gut zu erreichen.

Auf dem Fluss kann man tolle Wildwassertouren unternehmen, aber leider fällt die touristische Hauptsaison in die Trockenzeit. Mehrere Agenturen in La Paz und rund um die Plaza in Coroico bieten eintägige Raftingtrips an (250–350 Bs/Pers.).

★ La Senda Verde Wildlife Sanctuary — TIERSCHUTZGEBIET

(www.sendaverde.org; Yolosa; 100 Bs, Besuch der Bären plus 20 Bs; ⏲10–16 Uhr) Im 12 ha großen La Senda Verde gibt's ein neues Konzept: Die Menschen sind „eingesperrt", während die meisten der über 200 Affen frei herumlaufen. So werden sowohl die Menschen als auch die Affen geschützt (ausgewachsene Affen können aggressiv sein und kranke Menschen können die Affen anstecken). Weitere wilde Bewohner sind Tukane, Kaimane, Brillenbären, Ozelots und Langschwanzkatzen. Außerdem gibt es ein nettes Restaurant mit Selbstbedienung. Das Tierschutzgebiet liegt 500 m nördlich von Yolosa (Taxi 40 Bs oder Minibus von Coroico 10 Bs).

El Calvario — WANDERN & TREKKEN

Der El Calvario ist nur einen 20-minütigen Marsch von der Stadt entfernt. Oben angekommen, hat man eine schöne Sicht. Die **Stations of the Cross** führen zu einer grünen Anhöhe und einer Kapelle. Man kann zum **Cerro Uchumachi** (hin & zurück 5 Std.) weiterlaufen, von wo aus man einen spektakulären Blick ins Tal hat.

Zzip the Flying Fox — ABENTEUER

(☎231-3849; www.facebook.com/ziplinebolivia; Yolosa; 1 Fahrt 220 Bs; ⏲9–17 Uhr) An drei Ziplines rauscht man in der Nähe von Yolosa mit 85 km/h durch die Baumwipfel. Die 1500 m lange Zipline kann mit der Abfahrt auf der „Gefährlichsten Straße der Welt" kombiniert werden. Tickets bekommt man über Agenturen in La Paz oder Coroico.

Cafe Munaipata — GEFÜHRTE TOUREN

(☎7129-8379; www.cafemunaipata.com; Rincon Munaipata; Führungen 120–350 Bs) Die gepflegte Kaffeeplantage befindet sich 4 km entfernt von Coroicos Plaza. Bei den professionellen Führungen erfährt man alles vom Pflücken bis hin zum Rösten der Bohnen. Eine Verkostung fehlt natürlich auch nicht. Außerdem gibt es Übernachtungsmöglichkeiten (200 Bs/Pers.) und ein kleines Café (das Lama-Filet in Kaffee-Sauce ist himmlisch). Man sollte mindestens einen Tag im Voraus buchen.

DIE GEFÄHRLICHSTE STRASSE DER WELT

Bevor im März 2007 eine Ersatzstraße eröffnet wurde, war die Straße zwischen La Paz und Coroico in dem Bericht der Inter-American Development Bank (IDB) als die „World's Most Dangerous Road (WMDR)" bezeichnet worden – und das zu Recht: Durchschnittlich 26 Fahrzeuge stürzten pro Jahr in den Abgrund.

Die WMDR wird jetzt fast ausschließlich von Radfahrern, Materialwagen und merkwürdigen Touristenbussen genutzt. Der Schotterweg ist schmal (nur etwas über 3,2 m breit) mit bis zu 600 m hohen, steil abfallenden Klippen und nur wenigen Schutzplanken. Etwa 27 Radfahrer sind auf der 64 km langen Tour mit einem Höhenunterschied von 3600 m bisher ums Leben gekommen. Leser berichteten von Nahtoderfahrungen und schrecklichen Unfällen.

Leider gibt es für die Veranstalter dieser Trips keine Mindestanforderungen in puncto Sicherheit. Bei der Auswahl des Anbieters sollte man also Vorsicht walten lassen. Die billigste Variante ist nicht immer die beste Wahl!

Das A & O

Der Trip beginnt um etwa 7 Uhr in La Paz. Der Veranstalter kümmert sich darum, dass man am Hotel abgeholt wird. Von dort wird man auf den *cumbre* (Gipfel) gebracht, der ca. 45 Minuten außerhalb von La Paz liegt. Die Touren kosten überall zwischen 325 und 850 Bs und man bekommt, was man bezahlt. Die meisten Veranstalter bieten ein gutes Mittagsbüfett in Yolosa an, manche haben sogar Vereinbarungen mit Hotels getroffen, in denen man duschen oder in den Pool springen kann. Die Benutzung der alten Straße ist 50 Bs teurer. Mitbringen sollte man Sonnencreme, Badezeug und einen Staubschutz (falls keiner angeboten wird). Unbedingt fragen, wie es mit der Wasserversorgung aussieht. Am frühen Abend wird man wieder vom Bus abgeholt. Gegen 21 Uhr ist man dann in La Paz.

Schlafen

Hostal El Cafetal HOTEL $

(☎7193-3979; Miranda s/n; Zi. pro Pers. mit/ohne Bad 90/55 Bs;) Das außerhalb der Stadt in der Nähe des Krankenhauses gelegene Hotel in französischer Hand hat wirklich einiges zu bieten: einen Traumblick, einen schönen Pool und ein großes Grundstück. Die Zimmer mit Bad sind ihr Geld definitiv wert, die ohne Bad haben weiche Betten und sind etwas ungepflegt. Die Betreiber sprechen Französisch.

★**Hostal Sol y Luna** RESORT $$

(☎7156-1626; www.solyluna-bolivia.com; Apanto Alto; Stellplatz 50 Bs, EZ 220–275 Bs, DZ 380–440 Bs, EZ/DZ ohne Bad 100/160 Bs;) Das beeindruckende Hostal Sol y Luna an einem von Dschungel bedeckten Hügel bietet ansprechende rustikale Unterkünfte in einer Vielzahl von *cabañas* (Hütten), einfache Hotelzimmer und Stellplätze (nur in der Trockenzeit). Zu der weitläufigen Anlage auf einem über 5 ha großen Grundstück gehören zwei Pools, ein kleiner Whirlpool, abgelegene Bungalows und zauberhafte Märchenwälder. Außerdem werden Yogakurse angeboten. Das weitab vom Trubel gelegene Hotel ist von der Stadt bergauf in 20 Minuten zu Fuß oder mit einem Taxi (20 Bs) zu erreichen.

Viele Hütten sind mit einer Küche ausgestattet. Zum Hotel gehört darüber hinaus ein erstklassiges **Restaurant** (Hauptgerichte 20–40 Bs; ⏲8–21 Uhr;). Der Mindestaufenthalt beträgt zwei Nächte (bei Reservierungen per E-Mail).

Hotel Bella Vista HOTEL $$

(☎213-6059; coroicohotelbellavista@hotmail.com; Héroes del Chaco 7; EZ/DZ ohne Bad 90/180 Bs, inkl. Frühstück 170/250 Bs;) Wer hier übernachtet, wird sich später bestimmt an vieles erinnern, u.a. an die im Garten zwitschernden tropischen Vögel und die in der Ferne zu sehenden Kaffee- und Orangenplantagen. Und obwohl das neue Management ein wenig wechselhaft ist, so liebt man doch die hellen Farben, die festen Matratzen (eine Seltenheit in Coroico), die gusseiserne Einrichtung und – wie könnte es anders sein – den Blick!

Hotel Esmeralda HOTEL $$

(☎213-6017; www.hotelesmeralda.com; Julio Suazo s/n; EZ/DZ 360/440 Bs, B/EZ/DZ ohne Bad 90/160/280 Bs; @) Das Partyhotel am Hügel über der Stadt liegt auf einem traumhaften Gelände mit sagenhaftem Ausblick und hat einen Pool. Das Angebot reicht von einem Bett im Schlafsaal bis hin zu großen Zimmern mit Bad und Balkon. Die Zimmer ohne eigenem Bad sind teilweise etwas düster. Eine Bücherbörse und das Hotelrestaurant sorgen dafür, dass es die Gäste nicht nach draußen zieht.

Essen & Ausgehen

Coroico Star SÜDAMERIKANISCH $

(www.facebook.com/coroicostar; Tomás Monje s/n; Hauptgerichte 25–30 Bs; ⏲10–22 Uhr;) Bessere *pique a lo macho* (Würstchen mit Pommes in Sauce) als in dem beliebten Traveller-Treffpunkt ein paar Schritte unterhalb der Hauptplaza wird man wohl nirgendwo bekommen. Die Betreiber organisieren auch

HEILIGES COCA?

Coca ist in Bolivien größtenteils der traditionellen Nutzung wie das Kauen der Blätter, das Trinken in *mate* und der Verwendung in religiösen Zeremonien vorbehalten. Die milden Alkaloide sollen gegen Höhenkrankheit und Müdigkeit der Land- und Bergarbeiter im Hochland helfen. Das veranlasste Präsident Evo Morales dazu, Coca in der neuen Verfassung von 2009 zu einem wesentlichen Bestandteil des bolivianischen Erbes und der Andenkultur zu erklären. Coca wird jedoch auch zur Herstellung von Kokain benutzt.

Für die meisten Bolivianer hat das weiße Pulver, das weltweit auf Feten gesnifft wird, nichts mit ihrer heiligen Pflanze zu tun, und sie nehmen es übel, wenn angedeutet wird, dass sie für den Missbrauch verantwortlich sein sollen. Morales, selbst ein ehemaliger *cocalero* (Cocabauer), hat geschworen, den Krieg gegen den Drogenhandel fortzusetzen, aber nicht auf Kosten der bolivianischen Coca-Industrie. Kritiker halten dagegen, dass diese Politik einen enormen Schwarzmarkt für die illegale Kokainproduktion in Bolivien zur Folge hat. Besucher werden zweifelsohne feststellen, dass Drogengelder in die Chapare-Region, Morales ehemaliger Heimat, fließen.

Egal welchen Status Coca in Bolivien hat, es ist in den meisten Ländern der Welt verboten, und man sollte nicht versuchen, Coca-Blätter mit nach Hause zu nehmen.

LANGSAME BOOTSFAHRT NACH RURRENABAQUE

Für die abgelegenen Gemeinden im Amazonasbecken waren die Wasserwege früher die einzigen Verbindungen, um ins restliche Bolivien zu gelangen. Angesichts der neuen Straßen ist es jetzt schwerer denn je, ein reguläres Boot zu finden, das auf diesen traumhaften Wasserstraßen unterwegs ist. Eine leuchtende Ausnahme macht da die Reise zwischen Guanay und Rurrenabaque.

Diese Strecke wird zwar von einheimischen Pendlern nur selten benutzt, wird aber von mehreren Tourveranstaltern in La Paz angeboten, die die Bootsfahrt als malerische Alternative zu der 15-stündigen Busfahrt oder dem 45-minütigen Flug nach Rurrenabaque vermarkten. Auf den meisten Touren wird wild am Strand gecampt, das einfache Camp-Essen wird geangelt und auf der Suche nach wilden Tieren werden Wanderungen in entlegene Abschnitte des Parque Nacional Madidi unternommen.

die sehr beliebte und geschätzte Radtour über den Camino del Muerte. Es ist ein netter Ort, wo man auf den Stufen sitzen und sich mit anderen *mochileros* (Backpackern) austauschen kann.

Villa Bonita INTERNATIONAL **$**
(☎7191-8298; Héroes del Chaco s/n; Hauptgerichte 12–35 Bs; ⊙Mi–So 8.30–17.30 Uhr; 🅥) Das friedliche Gartencafé ist nur 600 m von der Stadt entfernt, scheint sich aber in einer anderen Welt zu befinden. Die sympathischen Besitzer servieren köstliche hausgemachte Eiscreme mit frischem Obst, leckere Eisbecher mit ungewöhnlichen lokalen Likören (empfehlenswert ist *yungueña*, ein Zaubertrunk aus Orange, Maracuja und Zitrone) und eine gute Auswahl an vegetarischen Speisen.

★ **Toto** ITALIENISCH **$$**
(☎7151-2707; Tomás Monje s/n; Hauptgerichte 40–60 Bs; ⊙Mo, Di & So–Sa 18–23 Uhr) Hausgemachte Tagliatelle, Gnocchi und Ravioli mit köstlichen Saucen und die wohl beste Pizza in der ganzen Stadt machen das Toto zu einem Muss für alle, die italienische Hausmannskost lieben. Die gemütliche Beleuchtung, der freundliche Service und die sanfte Musik sind ebenfalls sehr einladend.

Carla's Garden Pub DEUTSCH **$$**
(Bäckerei & Konditorei; ☎7207-5620; Pasaje Linares; Hauptgerichte 20–60 Bs; ⊙Mi–Fr 13–22, Sa & So ab 12 Uhr; 📶) Die Kombination aus niederländischer Bierkneipe mit Strohdach und deutschem Restaurant befindet sich an der Plaza, direkt am Anfang der steilen Treppe, und ist am „Geöffnet"-Schild zu erkennen. Die beiden Besitzerinnen servieren gutes Frühstück, verführerische Kuchen und Backwaren sowie Nudelgerichte und unglaublichen Sauerbraten mit Spätzle.

M&M Coffee COFFEESHOP
(www.facebook.com/cielo.recien.tostado.coroico.bolivia; Pando s/n; ⊙Mi–So 9–12.30 & 15–21 Uhr) In diesem kleinen, sich über zwei Etagen erstreckenden Café, einen Block östlich der Plaza, gibt's erstklassigen (preiswerten) Kaffee aus der Region. Wer mehr über die örtliche Kaffeekultur erfahren möchte, sollte sich nach den Touren in eine der nahen Kaffeeplantagen erkundigen.

ℹ Praktische Informationen

GELD

An der Hauptplaza gibt es drei Geldautomaten. **Prodem** (Plaza García Lanza; ⊙Di–Fr 8.30–16, Sa & So 8–15 Uhr) wechselt Dollar zu ordentlichen Kursen, bei Bargeldauszahlungen wird eine Provision von 5 % fällig.

MEDIZINISCHE VERSORGUNG

In der Nähe vom Hostal El Cafetal befindet sich ein einfaches **Krankenhaus** (☎213-6002; Miranda s/n; ⊙24 Std.). Ernsthafte medizinische Probleme sollte man aber in La Paz behandeln lassen.

ℹ An- & Weiterreise

BUS

Busse und *micros* (Kleinbusse) aus La Paz kommen entweder am **Busbahnhof** (Av Manning; in der Rushhour) oder an der Plaza García Lanza an. Zur Plaza muss man einen steilen Weg hinaufgehen oder ein Taxi (5 Bs) nehmen.

Vom Villa-Fátima-Viertel in La Paz fahren Busse und *micros* von 7.30 bis 20.30 Uhr mindestens stündlich nach Coroico (25 Bs, 3½ Std.), an den Wochenenden und in der Ferienzeit sogar öfter. Unterwegs halten sie in Yolosita, an einer staubigen Kreuzung, wo man in Busse gen Norden nach Rurrenabaque (100 Bs, 12–13 Std.) und weiter ins bolivianische Amazonasgebiet umsteigen kann.

KLETTERN IN DER CORDILLERA REAL

In Boliviens Cordillera Real gibt es mehr als 600 Gipfel über 5000 m, von denen die meisten relativ zugänglich und viele nur ein paar Autostunden von La Paz entfernt sind. Die beste Kletterzeit sind die Monate Mai bis September. Bevor man einen Aufstieg in Angriff nimmt, sollte man sich unbedingt akklimatisiert und an die Höhe gewöhnt haben.

Am einfachsten erobert man diese Berge im Rahmen einer geführten Klettertour. Mehrere Agenturen in La Paz (S. 219) bieten Trips mit Transport, Übernachtung in einer *refugio* (Berghütte), Ausrüstungsverleih und Guide an. Die Preise für den Aufstieg auf den Huayna Potosí liegen zwischen 900 und 1400 Bs.

Huayna Potosí Boliviens beliebtester Gipfel beeindruckt nicht nur durch seine Schönheit und den relativ leichten Aufstieg, sondern auch durch die Tatsache, dass er 88 m höher ist als die magische Zahl von 6000 m (aber 26 ft niedriger als die magische Zahl von 20 000 ft). Die meisten Leute kommen zwar zum Klettern hierher, aber man kann auch in einer Berglodge übernachten und ein paar tolle Wanderungen oder Mountainbiketouren unternehmen.

Condoriri Massif Das Condoriri Massif ist eigentlich eine Gruppe von 13 Gipfeln zwischen 5100 und 5648 m. Der Höchste, der Cabeza del Cóndor (Kopf des Kondors), hat an jeder Seite des Gipfels einen flügelartigen Bergkamm. Diese als Las Alas (die Flügel) bekannten Bergkämme lassen den Gipfel wie einen Kondor aussehen, der seine Flügel anhebt.

Illimani Der 6438 m hohe Riese, der die Kulisse von La Paz bildet, wurde erstmals 1898 von einer Gruppe bestiegen, die von W. M. Conway, einem Bergsteigerpionier im 19. Jh., angeführt wurde. Obwohl der Aufstieg technisch gesehen nicht schwierig ist, so verlangt doch die Kombination aus Höhe und Eis äußerste Vorsicht und Vorbereitung

Der schnellste Weg nach Chulumani führt über La Paz. Die Anschlussstelle zur Straße nach Chulumani ist zwar in Unduavi, dort haben aber nur wenige vorbeikommende *micros* noch freie Plätze.

Zum Zeitpunkt der Recherche war die Straße nach Caranavi nur zwischen 16 und 6 Uhr geöffnet. Von Coroico fahren Busse dorthin (sowie weiter zu anderen Zielen am Amazonas). Die Fahrt kostet 30 Bs, los geht's um 14, 15 und 18 Uhr.

TAXI

Turbus Totaí (☎289-5573; Plaza García Lanza) fährt mit bequemen Taxis nach La Paz. Los geht's, wenn alle Plätze besetzt sind (25 Bs, 2 Std.).

Chulumani

☎2 / 2000 EW. / 1700 M.

Der friedliche, kleine Ort mit dem schönen zentralen Platz, dem wuseligen Markt und der tropischen Lässigkeit klebt malerisch an einem Hügel. Mit sehr viel weniger internationalen Besuchern geht es in dem Städtchen weitaus ruhiger zu als in dem Touristenzentrum Coroico.

Chulumani ist ein Paradies für Liebhaber von Vögeln – es gibt hier mehrere einheimische Spezies – und Schmetterlingen, die scharenweise herumflattern. Aufgrund der Höhenlage mit tropischen Temperaturen und gelegentlichen Regenfällen eignet sich der Ort perfekt als Trekking-Basis und für relaxte Wochenendaufenthalte mit grandiosem Blick. Die allgegenwärtige Ruhe wird nur in der Woche nach dem 24. August gestört, denn dann findet in Chulumani die wilde **Fiesta de San Bartolomé** statt.

Schlafen

Hostal Dion HOTEL $

(☎289-6034; Bolívar s/n; Zi. pro Pers. inkl. Frühstück mit/ohne Bad 80/60 Bs) Das gemütliche Hotel ein paar Häuser südlich der Plaza Libertad ist die beste Unterkunft im Zentrum. Die makellos sauberen Zimmer haben Kabel-TV, elektrische Duschen und blitzblanke Fliesenböden. Im Innenhof befindet sich ein hübscher Garten, der aber der Sperrstunde unterliegt.

★ **Country House** HOTEL $$

(☎7528-2212; Tolopata 13; Zi. inkl. Frühstück 150 Bs/Pers.;) Das freundliche Hotel zehn Gehminuten westlich der Plaza am Basketballplatz ist wahrscheinlich die beste Wahl in Chulumani. In den hübsch dekorierten Zimmern gibt's warme Duschen, die Terrasse ist mit Pflanzen übersät, das Frühstück ist hervorragend, Vögel flattern überall herum und zum Abendessen wird köstliche Hausmannskost (z.B. die sagenhafte Quinoa-Pastete) serviert. Javier, der Besitzer, ist ein geselliger Gastgeber, der auch viele Ausflüge in die Umgebung organisieren kann.

Praktische Informationen

Chulumanis Touristeninformation befindet sich in einer Bude an der Hauptplaza. Leider ist sie nur selten besetzt. Wer die Gegend erkunden will, sollte sich ein Hotel aussuchen, in dem Englisch gesprochen wird, z.B. das Country House mit seinem englischsprachigen Besitzer Javier Sarabia.

In Chulumani gibt's keinen Geldautomaten. Prodem (zwei Blocks westlich der Plaza auf der Pando) wechselt US-Dollar und ermöglicht Auszahlungen mit der Kreditkarte (5% Provision).

An- & Weiterreise

Seitdem die ursprüngliche Straße von La Paz nach Coroico für den Verkehr gesperrt ist, kann sich die abenteuerliche Strecke von La Paz nach Chulumani und weiter nach Irupana als „Gefährlichste Straße der Welt" rühmen (S. 244). Die atemberaubend schöne Strecke ist wirklich nur etwas für Menschen mit starken Nerven.

Zwischen 8 und 16 Uhr fahren von Villa Fátima in La Paz (Minasa Terminal) mehrere Busunternehmen nach Chulumani (30 Bs, 4 Std.). Los geht's, wenn sie voll sind. In Chulumani warten die Busse Richtung La Paz bei der *tranca* (Polizeistation). Theoretisch fahren vor 10 Uhr und nach 16 Uhr mehrere Busse ab.

Aus Coroico kommend, muss man in Unduavi aussteigen und auf ein anderes Fahrzeug warten.

Sorata

☎2 / 23020 EW. / 2670 M.

Langsam erholt sich der Ort wieder von den schweren Rückschlägen durch die sozialen Unruhen Anfang der 2000er-Jahre und wird immer mehr zu einem Kleinod in den Yungas. Sorata strahlt zwar noch immer nicht so hell wie sein Erzfeind Coroico, doch das subtropische Dorf, das hoch über einem üppig grünen, landwirtschaftlich genutzten Tal liegt, bietet tolles Wetter und ist ein guter Ausgangspunkt für einige der besten Trekkingtouren und wildesten Mountainbikeabfahrten in Bolivien. Hinzu kommt ein atavistisches Flair, das süchtig machen kann.

Während der Zeit der Kolonialherrschaft war Sorata (in der Sprache der Aymará *shuru-ata* oder „glänzender Gipfel") das Verbindungsglied zu den Goldfeldern und Gummiplantagen in Alto Beni und das Tor ins Amazonasbecken. Heute ist der Großteil der hiesigen Bewohner im Bergbau tätig. Am besten sucht man sich in La Paz – oder noch besser in Sorata über die **Asociación de Guías de Sorata** (Sorata Guides & Porters Association; ☎213-6672; http://guiasorata.com; Plaza) – einen Guide und erkundet mit ihm diese völlig unterschätzte Bergregion.

Sehenswertes & Aktivitäten

★ Gruta de San Pedro HÖHLE

(20 Bs; 9–17 Uhr) Die Höhle San Pedro ist ein beliebtes Ausflugsziel. Die Aymará nannten sie Chussek Uta (Haus der Eulen). In der etwa 500 m tiefen Höhle befindet sich ein See, der mit einem Tretboot überquert (5 Bs/Pers., empfehlenswert) werden kann. Führer mit Lampen weisen Besuchern den Weg. Laut der bolivianischen Organisation PCMB zum Schutz der Fledermäuse leben in der stockdunklen Höhle drei Arten von Fledermäusen, die Büten und Insekten fressen.

Mirador Wila Kollu AUSSICHTSPUNKT

(Camino a Laripata) Dieser Aussichtspunkt in schwindelerregender Höhe (3035 m) oberhalb von Sorata ist im wahrsten Sinne des Wortes atemberaubend. Hin kommt man zu Fuß (oder mit einem Taxi für 80 Bs) über die Straße nach Laripata. Kurz vor Laripata sieht man links einen schmalen Weg, der zu einer umzäunten Plattform führt.

Laguna Chillata WANDERN & TREKKEN

Die Laguna Chillata ist ein beliebtes Wanderziel von Sorata aus. Es ist ein netter Ort mit tollem Blick auf die umliegende Sierra und den Titicacasee. Der frühere Weg ist jetzt größtenteils eine Straße, sodass man mit einem Taxi nach La Mina fahren kann und von dort in einer Stunde zu Fuß den See erreicht. An der rechten Seite des Sees befinden sich die Ruinen eines kleinen Steindorfs der Inka. Einen Guide anzuheuern ist keine schlechte Idee, da man sich leicht verlaufen kann.

Schlafen

Hostal Las Piedras HOTEL $

(☎7191-6341; soratalaspiedras@yahoo.com; Villa Elisa Calle 2 s/n; EZ/DZ/3BZ 120/160/195 Bs, EZ/DZ ohne Bad 70/110 Bs) Von den meisten Zimmern des Hostal Las Piedras hat man einen tollen Blick. Es gibt saubere Bettwäsche, eine Gemeinschaftsküche und einen witzigen Aufenthaltsbereich. Frühstück (30–46 Bs) ist optional.

★ **El Encanto Sorata** HOTEL $$
(☎7709-2511; Villa Elisa Calle 2 s/n; Zi. 112 Bs/Pers.) In dem neuen Backsteinbau unten beim Fußballplatz gibt's die saubersten, schicksten und sonnigsten Zimmer des ganzen Orts. Sie bieten eigene Bäder und einen schönen Blick ins Tal. Der Blumengarten weiter unten ist eine Oase der Ruhe.

★ **Altai Oasis** LODGE $$
(☎7151-9856; www.altaioasis.com; Camino a la Gruta, Zona Quincirka; Stellplatz 30 Bs, Hütte 750–900 Bs, EZ/DZ 300/500 Bs, B/EZ/DZ ohne Bad 100/125/290 Bs;) Mit dem üppig grünen Garten, den Hängematten und einem Terrassencafé ist diese Unterkunft eine wahre Oase. Die mit Gras bewachsenen Zeltplätze liegen am Fluss, die Zimmer sind gemütlich und die rustikalen, aber romantischen *cabañas* (Hütten) sind raffiniert und fantasievoll bemalt. Der Englisch sprechende Besitzer gibt sein Wissen über die Gegend gern weiter.

Essen

★ **Helados El Oso Goloso** EISCREME $
(☎7208-1805; Camino a la Gruta; 1 Kugel 5 Bs; 7–19 Uhr) Unter dem strengen Blick von Nandus kann man in dieser ausgefallenen Freiluft-*heladería* (Eisladen) an der Straße zur Gruta de San Pedro (S. 247) gutes hausgemachtes Eis schlecken. Unbedingt probieren sollte man Geschmacksrichtungen wie *cherimoya* (Zimtäpfel), *chilto* (peruanische Blasenkirschen) oder *karicari* (wilde Brombeeren). Hier bekommt man außerdem traditionelle bolivianische Speisen und frische Obstsäfte.

La Casona BOLIVIANISCH $
(Plaza; Mittagessen 10–15 Bs; 7.30–20.30 Uhr) Wer ein gutes *almuerzo* (Mittagsmenü) zu einem guten Preis und mit fantastischem Service wünscht, sollte es den Einheimischen gleichtun und dieses Lokal vom alten Schlag an der Plaza aufsuchen.

Cafe Illampu CAFÉ $
(Camino a la Gruta, Zona Quincirka; Sandwiches 28 Bs; Mi–Mo 9–18 Uhr, Jan. & Feb. geschl.) In dem kleinen Open-Air-Café mit einem klapprigen Aussichtsturm werden Sandwiches (aus selbstgebackenem Brot), Kuchen und Espressos serviert. Es gibt eine Leihbücherei und Brettspiele sowie eine Wiese, auf der man sein Zelt aufstellen kann (18 Bs/Pers.).

Altai Oasis INTERNATIONAL $$$
(www.altaioasis.com; Camino a la Gruta, Zona Quincirka; Hauptgerichte 50–150 Bs; Di–Sa 8–19.30, So bis 14 Uhr;) 20 Gehminuten von der Stadt entfernt bietet das friedliche Restaurant auf der schönen Terrasse des Hotels guten Kaffee, verschiedene Drinks und eine große Auswahl an vegetarischen Gerichten. Es gibt saftige T-Bone-Steaks sowie Borschtsch und Gulasch aus der osteuropäischen Küche. Man kann aber auch einfach

WANDERN, TREKKEN & RADFAHREN IN SORATA

Wandern & Trekken

Sorata ist ein guter Ausgangspunkt für Wanderer und Bergsteiger auf der Suche nach Boliviens schönsten Hochgebirgslandschaften. Ehrgeizige Abenteurer mit einer Woche Zeit können sich den **El Camino del Oro** vornehmen, eine uralte Handelsroute zwischen dem Altiplano und den Goldfeldern am Río Tipuani. Eine Alternative ist der anspruchsvolle siebentägige **Illampu-Rundweg**.

Man kann sich zwar allein auf den Weg machen, es ist aber besser, sich einem Führer anzuschließen, der die örtlichen Gegebenheiten und die passierbaren Strecken kennt bzw. findet. Am günstigsten ist es, einen zugelassenen, Spanisch sprechenden Guide der Asociación de Guías de Sorata anzuheuern.

Mountainbiken

Mit ihren aufregend steilen Abfahrten und der spektakulären Berglandschaft ist die Gegend um Sorata eines der Topziele für Radfahrer.

Zu den besten Trips zählt die Abfahrt von den Bergen hinunter in die Stadt und vorbei am Titicacasee. Auf der ganzen Fahrt sieht man hohe, schneebedeckte Gipfel, tiefe Täler und winzige Bergdörfer. Der in La Paz ansässige Veranstalter **Gravity** (☎7670-3000; www.gravitybolivia.com; Linares 940, La Paz; Mo–Fr 9–19, Sa 10–15, So 14–18 Uhr) und das hiesige Unternehmen **Sorata Xtreme** (☎7157-2302; sorataxtremebike@gmail.com; Plaza; 9–12 & 14–18 Uhr) bieten geführte Radtouren an.

nur bei einem kühlen Getränk den herrlichen Blick ins Tal und den Klang der Windspiele genießen.

Praktische Informationen

Prodem (Villaricencio s/n; ⌚Mo 12.30–16, Di–Fr 8.30–16, Sa 8–15 Uhr) wechselt US-Dollar um, bei Bargeldauszahlungen gegen Kreditkarte wird eine Provision von 5% fällig. Außerdem gibt's einen Western-Union-Service, jedoch keine Geldautomaten. Man sollte so viel Bargeld mitbringen, wie man benötigt.

Sonntag ist Markttag und der Dienstag, an dem viele Geschäfte geschlossen sind, wird *domingo sorateño* (Soratas Sonntag) genannt.

Es gibt eine kleine **Touristeninformation** (☎7910-0320; Plaza; ⌚Di–Fr 8–12 & 14–18, Sa 8–12 Uhr) auf der Plaza.

An- & Weiterreise

Sorata ist weit von anderen Städten in den Yungas entfernt und es gibt keine direkte Straßenverbindung nach Coroico. Man muss über eine Asphaltstraße durch La Paz fahren.

Vom Friedhofsbezirk in La Paz fahren regelmäßig zwischen 4 und 17.30 Uhr (20 Bs, 3½ Std.) Busse nach Sorata. Von Sorata starten *micros* – sobald sie voll sind – und *flotas* (Fernbusse) zwischen 4 und 17 Uhr stündlich nach La Paz. **Sindicato Mixto de Sorata** (☎7321-9976; Samuel Tejerina s/n) fährt bei Bedarf nach Copacabana (45 Bs) und Coroico (50 Bs) und regelmäßig nach Achacachi (15 Bs) und Haurina (20 Bs).

SÜDLICHER ALTIPLANO

Die harsche, manchmal fast urzeitliche Geografie des Südlichen Altiplano spricht vor allem diejenigen an, die eine große Faszination für trostlose und einsame Orte empfinden. Die wilde Hochebene erstreckt sich von La Paz aus nach Süden und ist umgeben von majestätischen Vulkangipfeln, endlosen Kilometern baumloser Stoppelfelder und der weißen Leere der gespenstischen *salares* (Salzwüsten), in denen beinahe kein Leben möglich ist. Der nächtliche Sternenhimmel ist einzigartig und die Luft unvorstellbar kalt.

Die Gegend um den Parque Nacional Sajama zeichnet sich durch eine atemberaubende Landschaft und tolle Kletterabenteuer aus. Feierwütige ziehen den Karneval (S. 251) in der staubigen Bergarbeiterstadt Oruro (S. 249) vor. Weiter im Süden ist der Salar de Uyuni (S. 259) die Hauptattraktion. Die dreitägige Jeep-Tour durch die Region ist für die meisten Reisenden ein Muss. Von hier kann man weiterfahren in die wärmeren, kakteenübersäten Täler um Tupiza (S. 260), wo sich Reit- und Mountainbike-Touren anbieten.

Oruro

☎2 / 265000 EW. / 3706 M

Der Karneval von Oruro (S. 251) ist in ganz Südamerika für ausgelassene Partys, prachtvolle Kostüme und aufwendige Umzüge bekannt. Die Festlichkeiten sind der Höhepunkt des reichen kulturellen und musikalischen Erbes der Stadt und ziehen Bands, Tanzgruppen und Karnevalisten aus ganz Bolivien und darüber hinaus an. Außerhalb der Karnevalsaison können Besucher lohnenswerte Museen besichtigen und das interessante Umland erkunden.

Auf den ersten Blick präsentiert sich Oruro als eine Ansammlung von Häusern in Terrakotta und staubigem Braun, dennoch übt die derbe Bergbaustadt auf Besucher einen gewissen Reiz aus. Oruro („Wo die Sonne geboren wurde") ist in vielerlei Hinsicht ein faszinierender Ort. 90% der Bewohner haben indigene Wurzeln und die *orureños* (Oruros Bewohner) nennen sich selbst *quirquinchos* (Gürteltiere) nach dem Resonanzkörper der *charangos* (traditionelle bolivianische Instrumente, ähnlich der Ukulele). Die große Authentizität der Stadt zieht viele Besucher in ihren Bann.

Sehenswertes

Museo Sacro, Folklórico, Arqueológico y Minero MUSEUM
(Plaza del Folklore; 12 Bs; ⌚9–11.45 & 15.15–18 Uhr) Das exzellente Doppelmuseum ist ans Santuario de la Virgen del Socavón angeschlossen und nur im Rahmen einer Führung zu besichtigen. Diese führt von der Kirche zu einem Bergbautunnel mit Werkzeugen und Darstellungen des Berggeistes El Tío. Im Obergeschoss gibt es verschiedene archäologische und folkloristische Exponate, von steinernen Lamaköpfen aus der Wankarani-Periode bis zu Karnevalskostümen.

Monumento Escultérico Virgen del Socavón MONUMENT
(Cerro Santa Bárbara; 10 Bs; ⌚9–17 Uhr) Oruros **Teleférico** (Plaza del Folklore; einfache Fahrt/hin & zurück 10/15 Bs, an Karneval 20/30 Bs; ⌚Mi, Sa & So 11–19 Uhr) bringt Passagiere in drei Minuten von der Plaza del Folklore hinauf zu der hoch aufragenden Virgen del Socavón. Diese

Der Südwesten

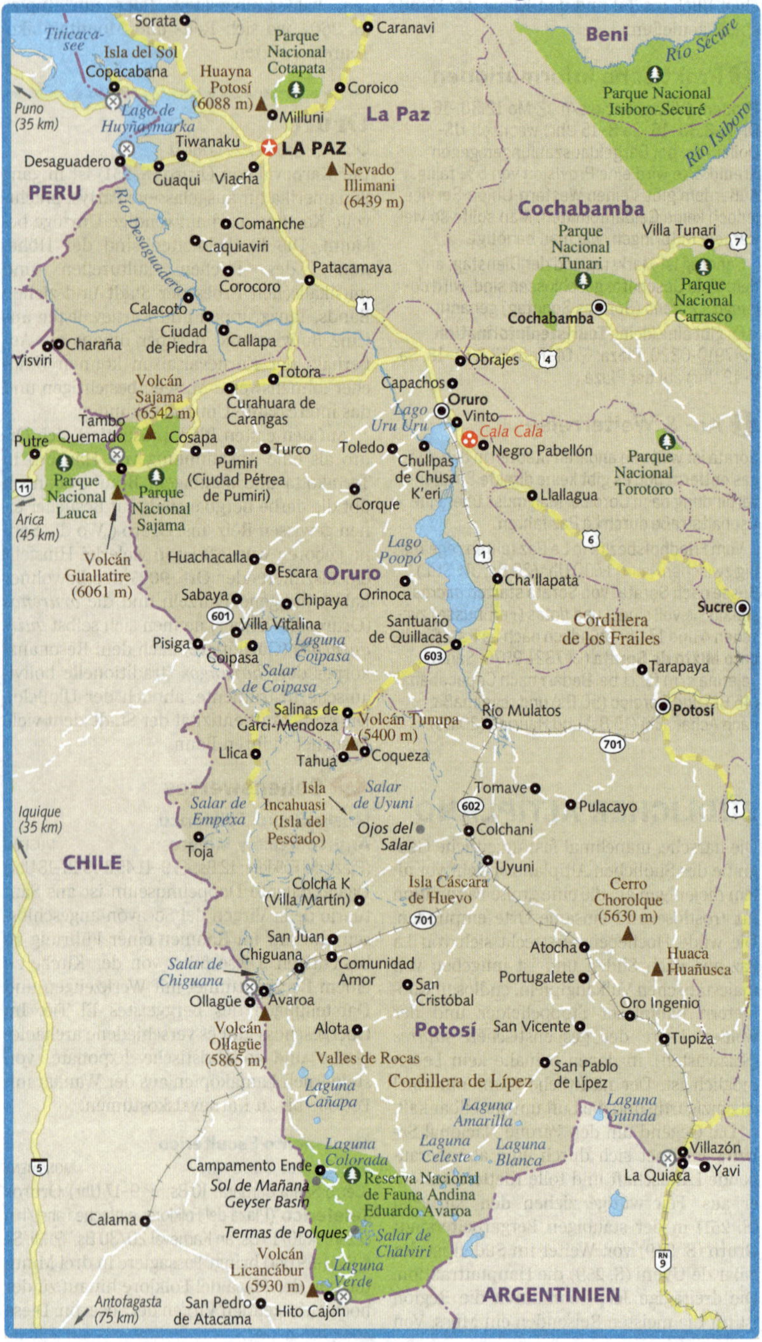

thront auf dem Cerro Santa Bárbara (3883 m), der eindrucksvolle Blicke auf die Stadt und das Umland bietet. Innerhalb des Bauwerks führen Treppen zu Aussichtsplattformen und zu einer kleinen Ausstellung mit Karnevalsplakaten und -fotos, die teils bis ins Jahr 1910 zurückgehen.

Casa de la Cultura Simón Patiño MUSEUM
(Soria Galvarro 5755; 10 Bs; Mo–Fr 8.30–11.30 & 15–18.30, Sa 9–15 Uhr) Die prachtvolle frühere Residenz des Zinnbarons Simón Patiño ist heute ein Museum, das seine Möbel, persönlichen Habseligkeiten, Musikinstrumente und verschiedene Spielereien (nur gucken, nicht anfassen!) zeigt. Es kann nur im Rahmen einer Führung besichtigt werden.

Geführte Touren

Charlie Tours TOUREN
(524-0666; charlietours@yahoo.com) Das von dem sehr erfahrenen Juan Carlos Vargas geführte Unternehmen hat sich auf Touren in der Region spezialisiert. Neben Stadt- und Bergwerksführungen sowie Ausflügen nach **Cala Cala** (20 Bs; Mo–Fr 9–17 Uhr) und zu den **Termas de Obrajes** (15 Bs; 7–16 Uhr) werden auch Touren zu weiter entfernten Sehenswürdigkeiten wie Chipaya, Salar de Coipasa und Sajama angeboten. Da sich die Büros außerhalb der Stadt befinden, sollte man anrufen oder eine E-Mail schicken.

Feste & Events

Carnaval KARNEVAL
(Feb. oder März) Während des spektakulären zehntägigen Karnevals, der am Samstag vor Aschermittwoch startet, sorgen Umzüge, Volkstänze und Feierlichkeiten für ausgelassene Stimmung. Die Feiernden bespritzen sich gegenseitig und auch die Umstehenden mit Wasser – am besten einfach mitmachen! Bei verschiedenen Umzügen wie **Entrada** und **La Diablada** treten Tänzer mit besonders auffälligen Masken und Kostümen auf.

Schlafen

Hostal Graciela HOSTEL $
(525-2082; www.facebook.com/OruroHostalGraciela; Herrera 47; B/EZ/DZ/3BZ inkl. Frühstück 56/85/140/180 Bs;) Im Graciela werden Gäste von farbenfrohen Wandmalereien und freundlichem englischsprachigem Personal begrüßt, in den unbeheizten Zimmern wird es nachts allerdings ziemlich kalt. Die Schlafsäle sind klein und recht feucht, die Privatzimmer zur Straße sind hingegen heller. Im Aufenthaltsbereich mit kleiner Küche im Obergeschoss kommt man schnell mit anderen Gästen ins Gespräch.

Täglich um 10 Uhr veranstaltet das Hostel eine kostenlose Stadtführung, zudem gehören Rad- und Wandertouren ins Umland zum Angebot.

★ **Flores Plaza Hotel** HOTEL $$
(525-2561; www.floresplazahotel.com; Adolfo Mier 735; EZ/DZ/3BZ inkl. Frühstück 300/450/550 Bs; P@) Das achtstöckige Drei-Sterne-Hotel direkt am Hauptplatz ist eine exzellente Mittelklasseunterkunft mit hübsch renovierten Zimmern, netter Aussicht über die Stadt, umfangreichem Frühstücksbüfett und freundlicher Geschäftsleitung. Den besten Ausblick hat man in den oberen Etagen.

Hotel Virgen del Socavón HOTEL $$
(528-2184; Junín 1179; EZ/DZ/Suite inkl. Frühstück 300/400/480 Bs; P) Die Zimmer dieses modernen Hotels blicken direkt auf die Plaza del Folklore und sind deswegen zur Karnevalszeit, wenn die Preise explodieren, die begehrtesten der Stadt. Doch auch sonst ist die Unterkunft mit frischen Tagesdecken, zeitgenössischem Dekor und tollen Balkonen mit Blick auf den geschäftigen Platz eine gute Option.

Essen & Ausgehen

Zu den hiesigen Spezialitäten gehören *thimpu de cordero* (Hammelfleisch und Gemüse in *llajua*, einer scharfen Tomatensoße) und *charquekan* (sonnengetrocknetes Lamafleisch mit Mais, Kartoffeln oder Bohnen, Eiern und Käse).

Govinda VEGETARISCH $
(Junín, zw. Soria Galvarro & Calle 6 de Octubre; Hauptgerichte 6–19 Bs; Mo–Sa 12–14 & 16–22 Uhr;) In diesem kulinarischen Hare-Krishna-Tempel hinter einer modernen Glasfront vergisst man, dass man in Bolivien ist. Die vegetarischen Gerichte sind frisch zubereitet, günstig und kreativ, das Dekor hell und die Musik stimmungsvoll. Zudem gibt es gute Säfte und Milchshakes, u.a. mit Sojamilch.

La Casona ITALIENISCH $$
(Av Presidente Montes 5969; Hauptgerichte 21–40 Bs; 9–13 & 16–23 Uhr) *Salteñas* (Fleisch- und Gemüsepasteten) frisch aus dem Ofen zur Mittagszeit und Oruros beste Pizzas zum Abendessen machen das kleine Lokal zu einer beliebten Adresse. Vor allem abends wird's hier voll.

★ **Las Delicias** GRILLRESTAURANT $$$
(☎527-7256; Rodríguez, zw. Calle 6 de Octubre & Av La Paz; *almuerzo* 20 Bs, Hauptgerichte 45–90 Bs; ⊙9–22.30 Uhr) Die wohl beste *churrasquería* (Grillrestaurant) der Stadt punktet mit aufmerksamem Service, brutzelnden *parrilladas* (gemischten Grilltellern), leckeren *almuerzos* (Mittagsmenüs) und erstklassigem Rindfleisch, das aus Argentinien importiert wird.

★ **Dali** BAR
(Ecke Calle 6 de Octubre & Cochabamba, 2. OG; ⊙Mo–Sa 15–1, So 16–24 Uhr) Die entspannte Café-Bar ist die vermutlich hippste Adresse der Stadt und richtet sich an eine junge Klientel. Hierher kommt man wegen der Getränke, nicht wegen des Essens. Der perfekte Startpunkt für eine Ausgehnacht.

ℹ Praktische Informationen

Vor Ort gibt es mehrere Banken, die auch über Geldautomaten verfügen. Insbesondere rund um die Plaza 10 de Febrero findet man viele von ihnen.

Banco Bisa (Plaza 10 de Febrero)

Banco de Crédito (Plaza 10 de Febrero)

Caseta de Información Turística (Touristeninformation; Ecke Velasco Galvarro & Aldana; ⊙Mo–Fr 8.30–12 & 14.30–19 Uhr)

Oruro

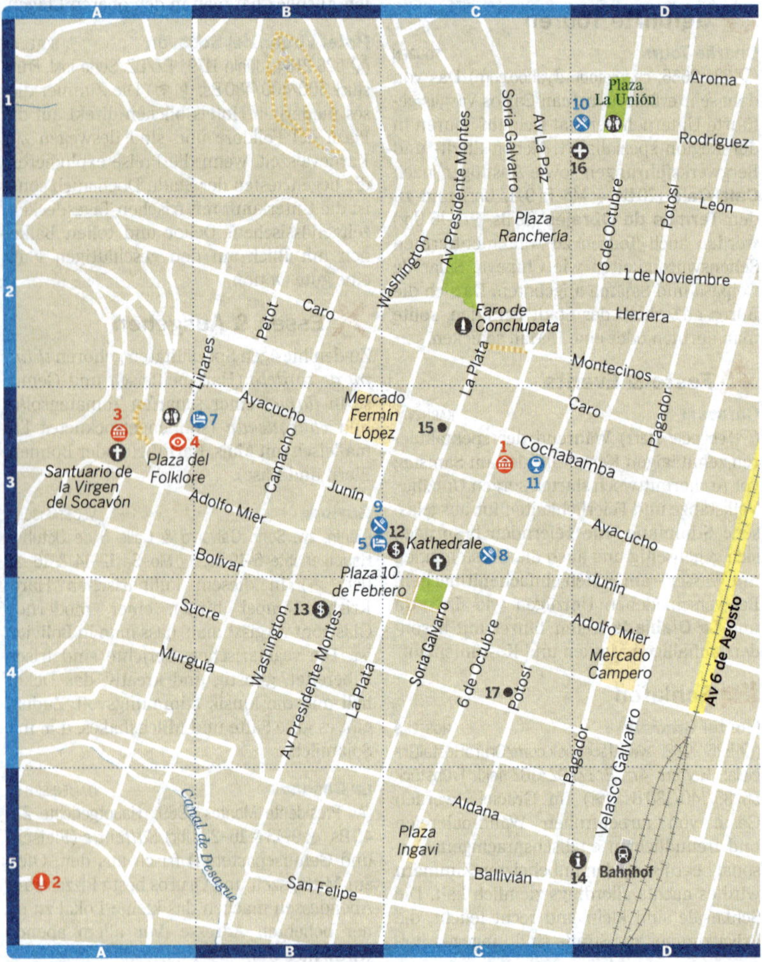

Migraciónes (☎ 527-0239; www.migracion.gob.bo; Ecke Cochabamba & La Plata; ⌚ Mo–Fr 8.30–12.30 & 14.30–18.30 Uhr)

Policlínica Oruro (☎ 527-5082; Rodríguez 579)

An- & Weiterreise

BUS

Fernbusse verkehren ab dem **neuen Busbahnhof** (Gregorio Reynolds), der 5 km östlich des Zentrums liegt. Dorthin fahren die Minibusse mit der Aufschrift „nueva terminal", die nordwärts die Av 6 de Agosto bedienen. Im Erdgeschoss des Bahnhofs gibt es eine Gepäckaufbewahrung (5 Bs).

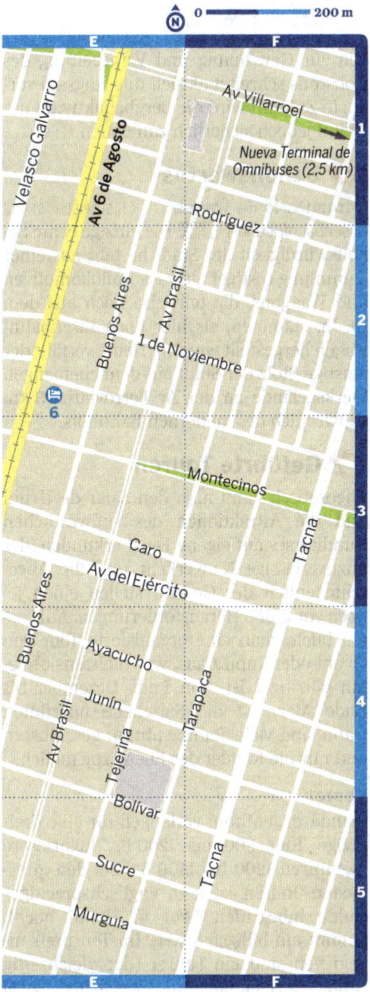

Busse nach La Paz fahren halbstündlich ab, zudem gibt es den ganzen Tag über Verbindungen nach Cochabamba, Potosí, Sucre und Uyuni. Trans Copacabana und Chino Bus fahren am späten Nachmittag über Cochabamba nach Santa Cruz (100 Bs). Jeden Abend verkehren außerdem Busse nach Arica, Calama und Iquique in Chile.

FLUGZEUG

Von Oruros **Aeropuerto Juan Mendoza** (☎ 527-8333), 5 km östlich des Zentrums, werden inländische Ziele bedient. **Boliviana de Aviación** (BoA; ☎ 511-2473; www.boa.bo; Potosí, zw. Sucre & Bolívar; ⌚ Mo–Fr 8.30–12.30 & 14.30–18.30, Sa 9–13 Uhr) fliegt mindestens einmal täglich nach Cochabamba (30 Min., ab 296 Bs) und weiter nach Santa Cruz (2½ Std., ab 458 Bs). Ein Taxi vom Flughafen ins Zentrum von Oruro kostet 30 Bs.

ZUG

Züge verkehren südlich von Oruro nach Villazón an der Grenze mit Argentinien und passieren unterwegs Uyuni, Atocha und Tupiza. Wegen Gleisschäden infolge von Überschwemmungen in der Region Tupiza fuhren zu Redaktionsschluss keine Züge südlich von Uyuni. Der Abschnitt nördlich von Tupiza war weniger stark betroffen und

Oruro

Sehenswertes
- 1 Casa de la Cultura Simón Patiño C3
- 2 Monumento Escultérico Virgen del Socavón A5
- 3 Museo Sacro, Folklórico, Arqueológico y Minero A3
- 4 Teleférico Turístico A3

Schlafen
- 5 Flores Plaza Hotel B3
- 6 Hostal Graciela E2
- 7 Hotel Virgen del Socavón B3

Essen
- 8 Govinda C3
- 9 La Casona B3
- 10 Las Delicias D1

Ausgehen & Nachtleben
- 11 Dali C3

Praktisches
- 12 Banco Bisa C3
- 13 Banco de Crédito B4
- 14 Caseta de Información Turística D5
- 15 Migraciónes C3
- 16 Policlínica Oruro D1

Transport
- 17 Boliviana de Aviación C4

BUSSE AB ORURO

ZIEL	PREIS (BS)	DAUER (STD.)
Arica (Chile)	140	8
Calama (Chile)	150	14
Cochabamba	30	5
Iquique (Chile)	70–100	8
La Paz	35	3
Potosí	30	5
Sucre	50–80	8
Tarija	60–80	12
Tupiza	50–60	10–12
Uyuni	25–35	4½
Villazón	70–120	12

wird gerade repariert. Die Instandsetzung des Bereichs zwischen Tupiza und Villazón wird wohl längere Zeit in Anspruch nehmen.

Der etwas komfortablere *Expreso del Sur* ist beheizt und startet dienstags und freitags um 14.30 Uhr ab Oruro. Günstiger ist die Wara-Wara-Linie, die mittwochs und sonntags um 19 Uhr in Oruro abfährt. Zurück geht's donnerstags und sonntags mit dem *Expreso del Sur* (Ankunft 7.10 Uhr) sowie dienstags und freitags mit der Wara-Wara-Linie (Ankunft 9.10 Uhr).

Tickets sollte man mindestens einen Tag im Voraus am **Bahnhof** (☎ 527-4605; www.fca.com.bo; Velasco Galvarro; ⏲ Ticketschalter Mo, Mi, Do & So 9–12 & 14.30–17.30, Di & Fr 8–17 Uhr) kaufen. Reisepass nicht vergessen. An Tagen, an denen Züge verkehren, ist ein Gepäckaufbewahrungsstand geöffnet.

Uyuni

☎2 / 10 300 EW. / 3669 M

Uyuni trotzt dem wüstenähnlichen Umland und nimmt einen verlassenen Landstrich im Südwesten Boliviens ein. Fragt man Einheimische nach der Stadt, ist die erste Assoziation *harto frío* (sehr kalt). Trotz des kühlen Klimas versprüht Uyuni fröhliches Flair, auch wegen der vielen Durchreisenden, die hier allwöchentlich ihre Tour zum Salar de Uyuni oder den südwestlichen Rundkurs beginnen.

Uyuni wurde 1889 vom bolivianischen Präsidenten Aniceto Arce gegründet und ist bis heute eine wichtige Militärbasis. Wichtige Arbeitgeber sind zudem die Tourismusindustrie und der Bergbau. Unter der angrenzenden Salzebene liegen die weltweit größten Lithiumvorräte (ca. 100 Mio. t), die wohl den Bedarf für Smartphones und Elektroautos für das gesamte nächste Jahrhundert stillen könnten. Der Aufbau von Anlagen zur Gewinnung und Verarbeitung des Rohstoffs schreitet aktuell nur langsam voran, in Zukunft wird die Bergbauaktivität um Uyuni jedoch sicherlich zunehmen.

Sehenswertes

Cementerio de Trenes HISTORISCHE STÄTTE
(Eisenbahnfriedhof) GRATIS Die einzige echte Sehenswürdigkeit der Stadt besteht aus einer Sammlung rostiger alter Dampflokomotiven und Waggons, die teilweise noch aus dem 19. Jh. stammen, als hier noch Eisenbahnwagen hergestellt wurden. Heute verfällt der einstige Stolz der Stadt auf dem ehemaligen Werksgelände an der Av Ferroviaria, 3 km südwestlich des modernen Bahnhofs.

Geführte Touren

Theoretisch kann man den Salar de Uyuni und die Attraktionen des südwestlichen Rundkurses auf eigene Faust erkunden, der unzuverlässige Nahverkehr und die Abgeschiedenheit der Gegend stellen einen jedoch vor große Herausforderungen. Am besten bucht man eine organisierte Tour von Uyuni oder Tupiza aus, was meistens ohnehin günstiger ist. Von Ende Dezember bis Ende März ist die Salzebene überflutet. Dann sind viele Touragenturen geschlossen und nur die Ränder der Ebene zugänglich.

Kosten

Standardagenturen verlangen für eine dreitägige Tour 800 bis 1200 Bs, luxuriösere Agenturen 1200 bis 1500 Bs. Bei den günstigsten Touren ist kein englischsprachiger Guide inbegriffen. Wer in Uyuni bucht, kommt am billigsten weg. Im Tourpreis inbegriffen sind ein Fahrer (der gleichzeitig Guide, Mechaniker und Koch ist), zwei

Übernachtungen (die Qualität der Unterkunft hängt von der Agentur ab), drei Mahlzeiten pro Tag und der Transport. Zusätzlich werden Eintrittsgebühren von 30 Bs für die Isla Incahuasi (S. 259) sowie 150 Bs für die Reserva Nacional de Fauna Andina Eduardo Avaroa (S. 260) fällig. Wer weiter nach Chile reist, benötigt zusätzlich 20 bis 50 Bs für das Passieren der Grenze. Die meisten Agenturen akzeptieren keine Kreditkarten.

Was mit muss

Ins Gepäck gehören mehrere Liter Wasser, Snacks, Sonnencreme, Sonnenbrille, ein Sonnenhut, warme Kleidung, eine Kamera samt Ladegerät und natürlich ein Plastikdino (für Fotos!). Zudem benötigt man Bargeld für die Eintrittsgebühren der Nationalparks sowie Kleingeld für die Benutzung der Bäder (meist 5 Bs). Sehr zu empfehlen ist außerdem ein Schlafsack. Manche Agenturen stellen Schlafsäcke ohne Aufpreis; bei der Buchung sollte man nachfragen, ob diese inbegriffen sind.

Der richtige Anbieter

Prinzipiell ist es relativ egal, welche Agentur man wählt (abgesehen von den Luxusanbietern). Die meisten bedienen dieselben Routen, teilen sich dieselben Fahrer und haben Gruppen mit fünf bis sechs Teilnehmern (mehr sollten es nicht sein!). Die hochpreisigen Agenturen haben bessere Hotels, passen Touren Kundenwünschen an und haben hochwertigere Fahrzeuge.

Auch wenn sich die Bedingungen verbessert haben, sind in der Vergangenheit Tourenteilnehmer gestorben. Die Ursache waren meist Unfälle aufgrund alkoholisierter Fahrer. Es ist ratsam, sich das Auto zeigen zu lassen und den Fahrer vorab kennenzulernen.

Standardtouren

Am beliebtesten ist die dreitägige Rundtour mit den Programmpunkten Salar de Uyuni, Laguna Colorada, Sol de Mañana und Laguna Verde sowie anderen Stationen dazwischen.

Die Essensqualität ist unterschiedlich, wobei viele Agenturen dieselben Caterer haben. Vegetarier sollten vorab mit dem Anbieter sprechen (und vorsichtshalber ausreichend Snacks mitnehmen). Hochpreisigere Agenturen haben komfortablere Hotels mit Heizung und Daunendecken sowie besseres Essen.

Bei vielen Touren steht am ersten Tag die Isla Incahuasi auf dem Programm, gefolgt von einer Übernachtung in einem der Salzhotels rund um das Dorf Chuvica am östlichen Rand der Salzebene.

Am zweiten Tag geht's in die abgeschiedene wunderschöne Region Los Lípez (S. 259). Viele Tourgruppen verbringen die zweite und kälteste Nacht der Exkursion in der Schlafsaalunterkunft bei der Laguna Colorada oder im etwas weiter entfernten Dorf Huayajara. Tag drei der Standardtour beginnt am frühen Morgen mit dem Besuch des großen Geysirfeldes Sol de Mañana (S. 260).

Wer nicht nach Chile reist, kann auf der Rückfahrt nach Uyuni am Nachmittag ein paar lohnenswerte Stopps in Valles de Rocas und San Cristóbal einlegen.

Salty Desert Aventours GEFÜHRTE TOUREN
(☎7237-0444; www.saltydesert-uyuni.com; Av Ferroviaria, zw. Av Arce & Bolívar; ⏰10–12.30 & 14.30–19.30 Uhr) Gut bewerteter Anbieter. Touren mit englischsprachigem Guide kosten extra.

Quechua Connection GEFÜHRTE TOUREN
(☎693-3923; www.quechuaconnection4wd.com; Ecke Bolívar & Cabrera; ⏰7.30–12 & 15–20 Uhr) Touren in die Salzebene mit englischsprachigen Guides. Beliebt ist die Variante, bei der Teilnehmer 3 km über die Ebene radeln dürfen.

Hidalgo Tours GEFÜHRTE TOUREN
(☎693-2989; www.salardeuyuni.net; Av Potosí 113, Hotel Jardines de Uyuni; ⏰7–19.30 Uhr) Die teurere Agentur bietet luxuriöse Privattouren mit Übernachtung in komfortablen Salzhotels an.

WARNUNG ZU SALAR-TOUREN

Die Zahl an Touranbietern in Uyuni ist riesig: Aktuell gibt es über 100 offizielle Agenturen, die Ausflüge zum *salar* organisieren. Die große Konkurrenz bedeutet viel Auswahl, der Preiskampf kann jedoch auch zu Lasten der Sicherheit und Umwelt gehen.

Als Folge davon kam es bereits zu tödlichen Unfällen. Seit Mai 2008 wurden mindestens 26 Menschen bei Geländewagenunfällen in den Salzebenen des Salar de Uyuni getötet. Bei einem Unfall 2016 kamen allein fünf Touristen ums Leben. Es gibt alarmierende Berichte über schlecht ausgerüstete Fahrzeuge ohne Sicherheitsgurte, Fahrer, die mit überhöhter Geschwindigkeit unterwegs sind, mangelnde Notfallausrüstung, Pannen, betrunkene Fahrer und Missachtung der einst unberührten Natur des *salar*.

Uyuni

Uyuni

Aktivitäten, Kurse & Touren

1 Hidalgo Tours D1
2 Quechua Connection A2
3 Salty Desert Aventours C3

Schlafen

4 Hostal La Magia de Uyuni C1
5 Tambo Aymará C1
6 Toñito Hotel B4

Essen

Minuteman Revolutionary Pizza ...(siehe 6)
7 Tika D1
8 Wiphala Pub C3

Ausgehen & Nachtleben

9 Extreme Fun Pub C3

Praktisches

10 Banco Mercantil Santa Cruz D1
11 Banco Nacional de Bolivia C2
Banco Unión .... (siehe 11)
12 Clínica las Carmelitas D1
13 Infotur B3
14 Lavarap C2
15 Migración C2
16 Büro der Reserva Nacional de Fauna Andina Eduardo Avaroa A3
17 Prodem C3

Transport

18 Amaszonas B3
19 Boliviana de Aviación C2

Schlafen

★ **Piedra Blanca Hostel** HOSTEL $$
(☎ 7643-7643; www.piedrablancabackpackers.hostel.com; Ecke Loa & Tomás Frías; B 77 Bs, DZ mit/ohne Bad 290/220 Bs) Das ansprechende Hostel in einem modernen Gebäude mit jeder Menge Beton und Holz, einem hellen zentralen Hof und geselligen Gemeinschaftsberei-

chen verfügt über einfache, aber gemütliche Privatzimmer. Die Schlafsäle haben große Stockbetten aus Pinienholz, gute Matratzen, Schließfächer und dicke Daunendecken. Sämtliche Unterkünfte sind beheizt, es gibt eine Bar und eine gut ausgestattete Küche und das Frühstück ist im Preis inbegriffen.

Tambo Aymará HOTEL $$
(☎693-2227; www.hoteltamboaymara.com; Camacho, nahe Cabrera; EZ/DZ inkl. Frühstück 390/500 Bs; 📶) Das behagliche Hotel hat großartige Gemeinschaftsbereiche und Zimmer mit bolivianischen Stoffen, riesigen Betten und handgemachten Holzmöbeln. Dank Flanellbettwäsche und Elektroheizer müssen Gäste nicht frieren. Manche Zimmer sind etwas dunkel, dafür ist die Warmwasserversorgung verlässlich und der Service freundlich. Einfach klingeln.

Hostal La Magia de Uyuni HOTEL $$
(☎693-2541; www.hostalmagiauyuni.com; Colón 432; EZ/DZ im alten Flügel 210/350 Bs, im neuen Flügel 280/490 Bs; @📶) Der hiesige Tourismuspionier ist einer Hacienda nachempfunden und eine solide Mittelklasseoption. Die Zimmer im alten Flügel sind kleiner, dunkler und weniger komfortabel, die neueren hingegen sind mit hübschen antiken Möbeln, neuen Betten, dicken Daunendecken und Heizungen ausgestattet. Frühstück ist inbegriffen.

★ **La Petite Porte** BOUTIQUEHOTEL $$$
(☎7388-5960; www.hotel-lapetiteporte-uyuni.com; Av Ferroviaria 742; EZ/DZ 620/725 Bs; @📶) Das großartige Boutiquehotel versprüht subtile Klasse und Eleganz. Die Zimmer haben ein einzigartiges Deckenheizsystem, das auch bei frostigen Temperaturen für gemütliche Wärme sorgt. Dank kleiner Extras wie Gratis-Tee und -Kaffee können sich Gäste wie zu Hause fühlen.

Essen & Ausgehen

★ **Minuteman Revolutionary Pizza** PIZZA $$
(☎693-3186; Av Ferroviaria 60; Hauptgerichte 55–65 Bs; ⏲8–10 & 17–21 Uhr) Das gesellige Lokal im **Toñito Hotel** (www.tonitouyuni.com; EZ/DZ inkl. Frühstück 400/500 Bs; P📶) wird von Chris aus Boston und seiner bolivianischen Frau Sussy betrieben und ist bei Besuchern sehr beliebt. Neben den besten Pizzas der Stadt gibt es hier leckere Feinkostsalate. Zudem kann man sich in gemütlichem Ambiente ein Bier, ein Glas Tarija-Wein oder ein herzhaftes Frühstück (20–50 Bs) schmecken lassen.

★ **Tika** BOLIVIANISCH $$
(☎693-2989; www.tikarestaurante.com.bo; Av Potosí 113; Hauptgerichte 40–92 Bs; ⏲16–22 Uhr; 📶) Tikas schicker, moderner Speiseraum bietet das passende Ambiente für moderne Interpretationen traditioneller bolivianischer Gerichte wie *charque lipeño* (sonnengetrocknetes Lamafleisch mit Kartoffeln, Käse und Mais) und *k'alaphurka*, eine blubbernde Maissuppe, serviert auf einem heißen Vulkanstein. Zudem gibt es eine gut sortierte Bar und eine lange Weinkarte.

Wiphala Pub KNEIPENESSEN $$
(☎693-3545; Av Potosí 325; Hauptgerichte 35–50 Bs; ⏲14–23 Uhr) Die nach der bunten Flagge der indigenen Aymará benannte Kneipe ist durch und durch traditionell. Holztische, Brettspiele und eine bodenständige Stimmung sorgen für eine freundliche Atmosphäre. Zu essen gibt es Pizza und leckere bolivianische Gerichte, vor allem mit Lamafleisch und Quinoa, zu trinken u.a. Quinoabier (35 Bs). Die Bedienung kann langsam sein.

Extreme Fun Pub PUB
(La Llamita; Sucre 23; ⏲14.30–1 Uhr) In Uyunis bester Kneipe kann man jede Menge Spaß haben. Auf der umfangreichen Cocktailkarte stehen Kreationen wie Sexy Llama Bitch und Sensual Llama's Navel sowie warme Cocktails für kalte Nächte. Es gibt außerdem Salzböden, Trinkspiele, einen freundlichen Service, hübsche *salar*-Fotos und Gitarren für spontane Musikeinlagen.

Praktische Informationen

EINWANDERUNGSBEHÖRDE

Migración (☎7307-9328; www.migracion.gob.bo; Av Potosi, nahe Sucre; ⏲Mo–Fr 8.30–12.30 & 14.30–18.30, Sa 8.30–12.30 Uhr) Stellt nur Visaverlängerungen aus. Visa sowie Ausreise- und Einreisestempel gibt's an der Grenze.

GEFAHREN & ÄRGERNISSE

Wertsachen sollte man gut im Auge behalten, insbesondere an Bahnhöfen und Busbahnhöfen. Es gibt Berichte von Gruppen junger Männer, die vorgeben, beim Ticketkauf oder Gepäcktransport in den Bus zu helfen, und sich dann damit aus dem Staub machen. Wer ausgeraubt wurde, kann im Büro der **Touristenpolizei** (Ecke Av Potosí & Av Arce) im Uhrenturm Anzeige erstatten.

GELD

Vor Ort gibt es mehrere Geldautomaten. Verschiedene Agenturen an der Av Potosí zwischen

Arce und Bolívar kaufen chilenische und argentinische Pesos.

Banco Mercantil Santa Cruz (Ecke Av Potosí & Santa Cruz)

Banco Nacional de Bolivia (Ecke Av Potosí & Sucre)

Banco Unión (Ecke Sucre & Av Potosí)

Prodem (Plaza Arce; ⌚Mo–Fr 8–16, Sa 9–12 Uhr)

MEDIZINISCHE VERSORGUNG

Hospital Obrero (Caja Nacional de Salud; ☎693-2025; Av Arce, zw. Fernando Alonzo & Calvimontes)

Clínica las Carmelitas (☎693-3539; Santa Cruz, zw. Avs Potosí & Ferroviaria)

TOURISTENINFORMATION

Infotur (☎693-3666; Ecke Av Potosí & Av Arce; ⌚Mo–Fr 8–12 & 14.30–18.30 Uhr) Große Auswahl an Broschüren zu Uyuni und dem Rest des Landes. Während der Recherche war das Büro im Busbahnhof untergebracht, da die eigentlichen Räumlichkeiten an der Avenida Arce renoviert wurden.

Büro der Reserva Nacional de Fauna Andina Eduardo Avaroa (REA; ☎693-2225; www.boliviarea.com; Ecke Colón & Avaroa; ⌚Mo–Fr 9–18 Uhr) Verwaltungsbüro des Parks in Uyuni. Wer auf eigene Faust unterwegs ist, kann hier den Parkeintritt (150 Bs) entrichten.

WÄSCHEREI

Die meisten Hotels haben einen Wäschereiservice im Angebot, der jedoch oft recht teuer ist.

Lavarap (Av Ferroviaria, zw. Sucre & Camacho; 20 Bs/kg; ⌚8–20 Uhr) Praktisch und effizient.

ℹ An- & Weiterreise

BUS

Zu Redaktionsschluss war Uyunis nagelneuer **Busbahnhof** (Avaroa) fertiggestellt und die Busunternehmen warteten auf den offiziellen Startschuss zur Inbetriebnahme. Sämtliche Fernbusse werden hier abfahren. Die meisten Ziele werden von mehreren Anbietern bedient, deswegen vergleicht man am besten vor Ort Preise, Abfahrtszeiten und Service.

Stündlich verkehren Busse nach Potosí. Wer nach Sucre möchte, fährt am besten nach Potosí und steigt dort um.

Die Schnellstraße zwischen Uyuni und Oruro ist mittlerweile komplett asphaltiert, deswegen ist man nun schneller und komfortabler unterwegs. Zudem gibt es häufigere Busverbindungen nach Oruro und weiter nördlich nach La Paz.

Das sicherste und komfortabelste Transportmittel nach La Paz ist auf dem Landweg der beheizte Bus von **Todo Turismo** (☎693-3337; www.todoturismo.bo; Avaroa; einfache Fahrt 250 Bs), der täglich um 20 Uhr abfährt.

Zu Redaktionsschluss war die Straße südlich nach Tupiza und Villazón fast vollständig asphaltiert, was zu einer Verkürzung der Fahrtzeiten führt. Busse fahren täglich um 6 und um 20 Uhr.

Um 5 Uhr starten Busse von Cruz del Norte nach Calama in Chile (130 Bs, 9 Std.).

FLUGZEUG

Der schnellste Weg nach Uyuni ist ein Direktflug von La Paz zum Aeropuerto Joya Andina, der 1 km nördlich der Stadt liegt.

Amaszonas (☎693-3333; www.amaszonas.com; Av Potosí s/n; ⌚Mo–Fr 8.30–19 Uhr) und **Boliviana de Aviación** (BoA; ☎693-3674; www.boa.bo; Av Potosí, nahe Sucre; ⌚Mo–Fr 8.30–12.30 & 14.30–18.30, Sa 8.30–12.30 Uhr) fliegen jeweils zweimal täglich nach La Paz (ab 700 Bs, 1 Std.).

ZUG

Uyuni hat einen modernen, gut organisierten **Bahnhof** (☎693-2153; www.fca.com.bo; Av Ferroviaria s/n). Züge fahren in Richtung Norden nach Oruro und in Richtung Süden nach Villazón. Sie sind oft ausgebucht, deswegen sollte man Tickets mehrere Tage im Voraus oder über eine Agentur buchen. Viele berichten von langsamen Zügen, ausgefallenen Verbindungen und mangelndem Service – das ist wohl Teil des Abenteuers.

Wegen Streckenschäden aufgrund von Überschwemmungen in der Region Tupiza fuhren zu

BUSSE AB UYUNI

ZIEL	PREIS (BS)	DAUER (STD.)
Cochabamba	130	10
La Paz	100–250	8–9
Oruro	30	4½
Potosí	30	4
Sucre	60	7
Tupiza	40	5
Villazón	50	6

Redaktionsschluss keine Züge südlich von Uyuni. Der Abschnitt nördlich von Tupiza war nicht so stark betroffen und wird gerade repariert. Die Instandsetzung des Bereichs zwischen Tupiza und Villazón wird wohl längere Zeit in Anspruch nehmen.

Je nach Größe muss das Gepäck im Gepäckabteil verstaut werden. Kurz vor der Abfahrt sollte man sich an Bord vor überfallartigen Diebstählen in Acht nehmen.

Südwestlicher Rundkurs

Boliviens südwestliche Ecke ist eine atemberaubende Ansammlung unterschiedlicher Biosysteme, von der gleisend weißen Salzebene Salar de Uyuni bis zum geothermischen Nährboden Los Lípez, eine der rausten Landschaften der Welt und Zufluchtsort für andine Wildtiere. Mineralien bringen den Boden zum Sprudeln und die Farbpalette ist außergewöhnlich. Der Rundkurs ab Uyuni führt durch unvergessliche Landschaften und ist das Highlight eines Bolivienbesuchs.

Obwohl er viele Besucher anzieht, ist der Südwesten Boliviens mit seinen unbefestigten Straßen, verstreuten Bergbausiedlungen, Dörfern, die Quinoa anbauen, und dem begrenzten öffentlichen Nahverkehr noch immer abgeschieden. Der Hauptort Uyuni (S. 254) ist ein militärischer Außenposten mit Wild-West-Flair und dient als Ausgangspunkt für Ausflüge in die Region, von den einsamen Weiten der *salares* bis zu den zerklüfteten Hügeln von Los Lípez, die sich vor den hohen andinen Gipfeln an der chilenischen Grenze erheben.

Salar de Uyuni

Die weltweit größte **Salzebene** (geführte Touren nur ab Uyuni, Tupiza oder San Pedro de Atacama jenseits der Grenze in Chile) ist faszinierend und gespenstisch zugleich. Sie misst 12 106 km² und liegt auf einer Höhe von 3653 m. Ist die Oberfläche trocken, präsentiert sich der *salar* als weiße, schier endlose Weite – man ist alleine mit dem blauem Himmel und dem weißen Grund. Ist sie mit etwas Wasser bedeckt, reflektiert sie spiegelgleich die Wolken und den blauen Altiplano-Himmel vor der Kulisse des Horizonts. Fährt man bei diesen Bedingungen über die Ebene, ist der Effekt surreal und man fühlt sich wie auf einem Flug durch die Wolken.

Der Salar de Uyuni ist heute ein Zentrum der Salzgewinnung und -verarbeitung, insbesondere rund um die Siedlung Colchani. Dort werden jährlich schätzungsweise fast 20 000 t gefördert; 18 000 t davon sind für den menschlichen Konsum, der Rest für Nutztiere. Massive Lithiumvorräte unter der Oberfläche garantieren zudem Boliviens Wirtschaft für weitere 100 Jahre satte Gewinne.

> **EINREISE NACH CHILE**
>
> Die meisten Tourveranstalter bieten mittlerweile in Zusammenarbeit mit chilenischen Agenturen Verbindungen über die Grenze nach **San Pedro de Atacama** an. Umsteigen muss man gegen 9 Uhr kurz nach dem Besuch der Laguna Verde, weswegen der Aufenthalt bei den heißen Quellen recht kurz ist. Das Prozedere sollte vorab mit dem Anbieter abgesprochen werden. Am Grenzposten Hito Cajón wird eine Ausreisesteuer von 15 bis 30 Bs (21 Bs sind Standard) erhoben.

Sehenswertes

★ Isla Incahuasi INSEL
(30 Bs) Eines der Highlights einer Tour durch den Salar de Uyuni ist eine Wanderung über die spektakuläre Isla Incahuasi, auch Inkawasi genannt. Sie liegt im Herzen des *salar*, 80 km westlich von Colchani. Der hügelige Außenposten ist von der Kakteenart Echinopsis atacamensis bedeckt und von einem flachen weißen Meer aus sechseckigen Salzplatten umgeben.

Playa Blanca Salt Hotel BEDEUTENDES GEBÄUDE
Das Hotel empfängt keine Übernachtungsgäste mehr, dafür kann man die Salzskulpturen im Inneren und das **Rallye-Dakar-** und **Flaggendenkmal** draußen (wer eine dabei hat, kann sie hinzufügen) bewundern. Dann sucht man sich sein eigenes einsames Stück Salzwüste und packt die Requisiten aus: Genau hier tauchen plötzlich Plastikdinos auf, mitgebracht von Fotografen, die mit der bizarren Perspektive, hervorgerufen durch den leuchtend blauen Himmel und die weite Ebene, spielen. Viele Tourengruppen halten hier fürs Mittagessen.

Los Lípez

Das wilde, surreale Los Lípez vermittelt einem das Gefühl, man wäre der einzige Mensch auf der Welt. In Uyuni machen sich ganze Tourkonvois auf den Weg, doch wenn man an dem militärischen Kontrollpunkt

Colcha K (*col*-cha-*kah*) ankommt, haben sich die anderen Gruppen bereits so weit auf das riesige Gebiet verteilt, dass man die Landschaft in ihrer vollen Pracht bewundern und sich daneben ganz klein fühlen kann.

Sehenswertes

★ Reserva Nacional de Fauna Andina Eduardo Avaroa
NATIONALPARK

(REA; www.bolivia-rea.com; 150 Bs) In der südwestlichen Ecke von Los Lípez, nahe der chilenischen Grenze, versteckt sich die abgeschiedene Reserva Nacional de Fauna Andina Eduardo Avaroa. Hierher führt eine unbefestigte, holperige Straße durch eine eindrucksvolle Marslandschaft, wobei sich jedes einzelne Schlagloch lohnt.

Das Hauptbüro des Parks liegt gegenüber der **Laguna Colorada**. Hier können sich Besucher mit Infobroschüren versorgen, die Eintrittsgebühr bezahlen und mehr über die hiesige Flora und Fauna erfahren.

Sol de Mañana
GEYSIR

Die meisten Tourengruppen brechen in der Morgendämmerung auf, um das große Geysirfeld Sol de Mañana zu besuchen. Das auf 4850 m Höhe gelegene Geysirbecken weist sprudelnden Schlamm auf sowie rauchende Fumarolen und dicke, übelriechende Schwefeldämpfe. Bei einem Besuch der Stätte ist Vorsicht angesagt: Dämpfe oder Risse im Boden sind potenziell gefährlich, und es sind bereits Besucher eingebrochen und haben teils ernsthafte Verbrennungen erlitten.

Termas de Polques
HEISSE QUELLEN

(6 Bs) Am Fuß des **Cerro Polques** liegen die Termas de Polques. Das kleine 29,4 °C heiße Thermalbecken ist eine absolute Wohltat nach den kalten Nächten im *salar*. Auch wenn es nicht sprudelt, eignet es sich zum Baden und soll mit seinem mineralreichen Wasser die Symptome von Arthritis und Rheuma lindern. Vor Ort gibt es ein Restaurant sowie Umkleiden und Toiletten.

Desierto de Dalí
WÜSTE

Rund 20 km südlich von Sol de Mañana teilt sich die Route. Die landschaftlich reizvollere linke Abzweigung führt über einen 5000 m hohen Pass und dann einen kargen Hang hinauf. Dieser ist von riesigen Felsen gespickt, die der surrealistische Meister Salvador Dalí selbst platziert haben könnte.

Laguna Verde
SEE

Die eindrucksvolle blaugrüne Laguna Verde (4400 m) verbirgt sich in der südwestlichen Ecke Boliviens, 52 km südlich von Sol de Mañana. Das unglaubliche Grün stammt von der hohen Konzentration an Blei, Schwefel, Arsen und Kalziumkarbonat. Bei den meisten Touren besucht man den See morgens, am dramatischsten wirkt er jedoch am Nachmittag, wenn unablässige eisige Winde das Wasser in grünweiß leuchtenden Schaum verwandeln.

An- & Weiterreise

Die Gegend lässt sich am besten im Rahmen einer Tour ab Uyuni oder Tupiza erkunden. Im Winter (Juni–Aug.) sind die Straßen der Region wegen Schnee manchmal nicht passierbar, zudem sind die Reserva Nacional de Fauna Andina Eduardo Avaroa und der Grenzübergang Hito Cajón eventuell geschlossen.

Tupiza

☎2 / 22 233 EW. / 2950 M

Im beschaulichen Tupiza scheint das Leben in ruhigeren Bahnen zu verlaufen als in anderen bolivianischen Städten. Hier kann man wunderbar ein paar Tage entspannen, wie Butch Cassidy und Sundance vor über 100 Jahren Cowboyabenteuer erleben oder auf Nebenstraßen zur Salar de Uyuni aufbrechen.

Die Hauptstadt der südlichen Chichas-Region liegt inmitten spektakulärer Wild-West-Landschaft in einer Ecke des Río-Tupiza-Tals. Umgeben wird sie von einer schroffen Landschaft mit von Kakteen bestandenen Hängen und erodierten regenbogenfarbenen Felsen, geformt von kieshaltigen *quebradas* (meist trockene Schluchten).

Das Klima ist ganzjährig mild. Die meisten Niederschläge werden von November bis März verzeichnet. Von Juni bis August sind die Tage heiß, trocken und klar, während die Temperaturen nachts bis unter den Gefrierpunkt sinken können.

Sehenswertes

Tupizas Hauptattraktion ist die umliegende Landschaft, die man am besten zu Fuß oder auf dem Pferderücken erkundet.

Cañón del Duende
CANYON

Der Canyon, 9 km vor Tupiza, ist von der Stadt aus auf einer wunderbaren Halbtageswanderung durch hohe rote Felsformation der nahen Quebrada de Santa Elena zu erkunden. Karten und Wegbeschreibungen gibt es bei den Touragenturen in Tupiza.

EINREISE NACH ARGENTINIEN

Das ausufernde, staubige, chaotische **Villazón** ist der wichtigste bolivianische Grenzübergang nach Argentinien. Das **argentinische Konsulat** (☎597-2011; http://villazon.consulado.gob.ar; Ecke Tarija & Calle 20 de Mayo, Villazón; ⊙Mo–Fr 8–13 Uhr) befindet sich am Hauptplatz.

Sämtliche Busse Richtung Norden fahren vom **Busbahnhof Villazón** (Av Tumusla), 3 km nördlich der Grenze, ab. Mit Ausnahme der Busse nach Tarija verkehren alle über Tupiza (15–20 Bs, 2 Std.). Die Verbindungen sind etwas schneller und nicht teurer als ein *rapidito* (Minibus oder Van). Außerdem fahren regelmäßig Busse nach Potosí (30 Bs, 7 Std.), La Paz (50 Bs, 15 Std.), Uyuni (40 Bs, 6½ Std.) und Oruro (50 Bs, 12 Std.).

Argentinische Busunternehmen haben Ticketschalter am Busbahnhof von Villazón, die Busse fahren jedoch alle am Busbahnhof von La Quiaca jenseits der Grenze ab. Der erste Bus südwärts nach Salta verlässt La Quiaca um 8.30 Uhr argentinischer Zeit (7.30 Uhr bolivianischer Zeit).

Der **Bahnhof von Villazón** (☎597-2565; www.fca.com.bo; Calle 20 de Mayo) liegt 1,5 km nördlich des Grenzübergangs – ein Taxi kostet 5 Bs. Züge fahren montags, mittwochs, donnerstags und samstags Richtung Norden nach Tupiza (14–60 Bs, 3 Std.), Uyuni (38–180 Bs, 8–9 Std.) und Oruro (67–279 Bs, 16–18 Std.).

Das **bolivianische Zoll- und Einreisebüro** (Av JM Deheza, zw. Junín & Tupiza; ⊙6–23 Uhr) an der Nordseite der internationalen Brücke erteilt Aus- und Einreisestempel; letztere sind 30 Tage gültig. Offiziell sind die Stempel kostenlos, manchmal wird jedoch eine „Servicegebühr" erhoben. Das argentinische Zoll- und Einreisebüro ist von 7 bis 23 Uhr geöffnet. Es gibt nur wenige Formalitäten zu erledigen, doch die Wartezeit und die umfangreichen Zollkontrollen können sich sehr in die Länge ziehen. Wer nach Argentinien einreist, muss außerdem damit rechnen, nochmals an weiteren Kontrollpunkten südlich der Grenze durchsucht zu werden.

Quebrada Palmira — FELSLANDSCHAFT

Der Cañon del Inca, 8 km westlich von Tupiza, bietet sich für eine tolle halbtägige Wanderung über die Quebrada Palmira an, ein normalerweise trockener Strom, flankiert von hohen prekären Felsformationen. Die Route führt an der Formation **Puerta del Diablo**, 5 km vor Tupiza, vorbei. Die rechte Abzweigung des Stroms trägt den lustigen Namen **Valle de los Machos** (Männertal); er geht auf phallisch anmutende Sockelformationen zurück.

El Sillar — AUSSICHTSPUNKT

Am „Sattel" El Sillar, 17 km nordwestlich von Tupiza, führt eine Straße über einen engen Kamm zwischen zwei Gipfeln und zwei Tälern. In der Gegend wurden zerklüftete Amphitheater aus den Berghängen gebildet und erodierten zu Felsnadeln, die einem Steinwald ähneln. Am einfachsten gelangt man mit dem Bus von Tupiza Tours hierher, der um 15.30 Uhr abfährt (70 Bs). Wer möchte, leiht sich ein Fahrrad und radelt nach Tupiza zurück (zusätzlich 80 Bs).

Geführte Touren

Immer mehr Anbieter in Tupiza organisieren Touren auf dem südwestlichen Rundkurs (S. 254), die in Uyuni oder in Tupiza enden. Tupiza ist ein toller Startpunkt, da man so die weniger bekannte Wildnis von Sud Lípez kennenlernt und an den beliebten Highlights zu anderen Zeiten eintrifft als die Geländewagenkonvois aus Uyuni. Touren, die in Tupiza beginnen, starten oft mit einem Besuch von El Sillar oder der **Quebrada Palala**, bevor es zu den Seen in Sud Lípez geht; mehrere davon gehören nicht zum Standardprogramm von Uyuni aus. Der *salar* selbst steht am letzten Tag an. Frühaufsteher werden mit einem Sonnenaufgang über dem Salzbrunnen belohnt.

Der Nachteil besteht darin, dass man eventuell eine Weile in Tupiza warten muss, bevor eine Gruppe zusammenkommt (wobei die größeren Anbieter fast täglich aufbrechen). Standardausflüge zum *salar* ab Uyuni dauern drei Tage, für Touren von Tupiza nach Uyuni braucht man hingegen vier Tage, weswegen sie etwas teurer sind. Pro Person werden in der Hochsaison für eine viertägige Standardexkursion mit vier Teilnehmern in einem Jeep zwischen 1200 und 1600 Bs fällig.

Tupiza Tours — GEFÜHRTE TOUREN

(☎694-3003; www.tupizatours.com; Av Regimiento Chichas 187, Hotel Mitru; ⊙8–20 Uhr) Der Anbieter entwarf viele der Tourrouten durch die Region Tupiza, die mittlerweile auch von der Konkurrenz angeboten werden. Neben Exkursionen nach Uyuni über den *salar* gibt es eine nützliche tägliche Busverbindung zu nahe gelegenen Attraktionen, darunter La Poronga, Puerta del Diablo, El Cañón del Duende (S. 260) und El Sillar.

La Torre Tours GEFÜHRTE TOUREN
(☎694-2633; www.latorretours-tupiza.com; Av Regimiento Chichas 220, Hotel La Torre; ⊙7–20 Uhr) Die Agentur wird von einem freundlichen Pärchen geleitet, das individuelle Touren ins Umland von Tupiza und zum *salar* veranstaltet und Fahrräder (3 Std. 80 Bs) verleiht.

Schlafen

★ **Hostal Butch Cassidy** HOSTEL $
(☎7944-8880, 7183-3271; hostalbutch@hotmail.com; Av Jose Luis San Juan Garcia s/n; EZ/DZ/3BZ inkl. Frühstück 120/160/240 Bs; 📶) Von der Stadt aus auf der anderen Uferseite, einen zehnminütigen Fußmarsch vom Busbahnhof entfernt, verfügt dieses Hostel über 13 geräumige Zimmer mit glänzenden Fliesenböden, helle komfortable Gemeinschaftsbereiche und eine gut ausgestattete Küche. Der Betreiber Franklin organisiert Touren ins Umland und nach Uyuni über den *salar*.

Hotel La Torre HOTEL $
(☎694-2633; www.latorretours-tupiza.com; Av Regimiento Chichas 220; EZ/DZ inkl. Frühstück 80/150 Bs, Zi. mit Gemeinschaftsbad 60 Bs/Pers.; @📶) Eine Krankenschwester und ein Arzt in Rente leiten dieses Hotel mit sauberen Zimmern, guten Betten und durchdachten Bädern mit glänzenden Fliesen. Die Quartiere auf der Vorderseite des weitläufigen Kolonialhauses sind heller, jedoch auch kühler; zudem könnten die Betten bequemer sein. Für Gäste gibt es eine Küche, eine Dachterrasse und einen Fernsehraum – letzterer eignet sich gut, um mit Mitreisenden ins Gespräch zu kommen.

★ **Hotel Mitru** HOTEL $$
(☎694-3001; www.hotelmitru.com; Av Regimiento Chichas 187; EZ 280–480 Bs, DZ 380–480 Bs, EZ/DZ mit Gemeinschaftsbad 90/160 Bs; @📶🏊) Das beste Hotel der Stadt ist seit Generationen im Familienbesitz. Obwohl immer viel los ist, herrscht doch eine entspannte Atmosphäre. Und nach einem heißen, staubigen Tag auf dem Pferd kann man im Pool abtauchen. Die Zimmer verschiedener Qualität verteilen sich auf zwei Gebäudeteile: den älteren „Gartenbereich“ und den neueren „Kaktusbereich“. Das Frühstück ist inbegriffen.

Essen

★ **Salteñas Especiales Marianita** BOLIVIANISCH $
(☎7917-8578; Florída; *salteña* 4 Bs; ⊙8–17 Uhr) Die frisch zubereiteten *salteñas* (herzhafte Pasteten) mit Hühnchen oder Rindfleisch kann man vor Ort verspeisen oder zum Mitnehmen bestellen. Sie gehören zu den Besten des Landes.

★ **Milan Center** PIZZA $$
(Ecke Av Regimiento Chichas & Chuquisaca; Hauptgerichte 25–55 Bs, Pizza 33–35 Bs; ⊙Mo–Sa 9–22, So 16–22 Uhr; 📶) Die beste Pizza der Stadt wird im Milan Center serviert. Die knusprig dünnen Leckereien sind mit verschiedenen Belägen erhältlich. Der überdachte Hinterhof bietet willkommene Erholung von den Straßen Tupizas. Es ist außerdem eine gute Adresse für einen Kaffee.

Alamo MEXIKANISCH $
(Ecke Av Regimiento Chichas & Avaroa; Snacks 10–30 Bs, Hauptgerichte 30–60 Bs; ⊙Mo–Sa 12–14 & 18–22 Uhr) In dem lustigen, zweistöckigen Lokal, das eher an einen Western Saloon er-

BUSSE AB TUPIZA

ZIEL	PREIS (BS)	DAUER (STD.)
Cochabamba	80	15
La Paz	50–100	14
Oruro	50–80	10
Potosí	30–70	5
Tarija	50	7
Uyuni	40	4½
Villazón	15–22	2

innert, sitzen Einheimische und Traveller in einem Ambiente mit allerlei Schnickschnack, das an Hollywood erinnert. Auf der Speisekarte stehen hauptsächlich leckere Fleischgerichte wie *pique macho* (Rindfleischstücke und Würstchen auf einem Haufen Pommes mit Salat, Tomaten, Zwiebeln und scharfem *locote*-Paprika), die in riesigen Portionen serviert werden.

Praktische Informationen

Banco Union (Ecke Florída & Santa Cruz)
Banco Fie (Plaza Independencia)
Latin America Cambio (Avaroa 160; ⌚ Mo–Sa 8–21 Uhr) Wechselt viele Währungen, die Kurse sind jedoch nicht immer die besten.
Hospital Eduardo Eguía (Suipacha 22)
Super Clean Laundry (Florída, Ecke Av Serrano; ⌚ 8–20 Uhr)

An- & Weiterreise

BUS

Am **Busbahnhof** (Av Pedro Arraya) gibt es Verbindungen zu den meisten größeren Städten und Verkehrsknotenpunkten der Region. Die Busse verkehren den ganzen Tag über, wobei der Großteil von ihnen abends abfährt.

Nach Villazón und zum Grenzübergang nach Argentinien verkehren *rapiditos* (Minibusse oder Vans). Sie fahren los, wenn sie voll besetzt sind (20 Bs, 1 Std.). Die **Haltestelle** (Av Pedro Arraya) befindet sich neben dem Busbahnhof.

Rapiditos fahren außerdem nach Potosí (80 Bs, 3½ Std.) und Uyuni (80 Bs, 3 Std.). Sie sind sehr viel schneller als die Busse.

ZUG

Der Ticketschalter am **Bahnhof** (☎ 694-2529; www.fca.com.bo; Av Serrano) öffnet an Tagen, an denen Züge verkehren, zu unregelmäßigen Zeiten. Wer sicher gehen möchte, bucht die Fahrkarten gegen eine kleine Gebühr über eine Agentur.

Wegen Gleisschäden infolge von Überschwemmungen in der Region Tupiza fuhren zu Redaktionsschluss keine Züge südlich von Uyuni. Der Abschnitt nördlich von Tupiza war weniger stark betroffen und wird gerade repariert. Die Instandsetzung des Bereichs zwischen Tupiza und Villazón wird wohl längere Zeit in Anspruch nehmen.

Der *Expreso del Sur* ist die komfortabelste Verbindung. Züge nach Villazón im Süden fahren mittwochs und samstags um 3.10 Uhr ab. Züge nach Uyuni und Oruro im Norden verkehren an denselben Tagen um 18.25 Uhr. Die günstigere Wara-Wara-Linie fährt montags und donnerstags südwärts nach Villazón sowie nordwärts um 19.05 Uhr.

Tarija

☎ 4 / 205 300 EW. / 1905 M

Wegen des angenehm milden Klimas und des Kolonialzentrums, das sich gut zu Fuß erkunden lässt, bleiben viele auf ihrer Reise nach Argentinien oder Paraguay (oder in die andere Richtung) länger in Tarija als geplant. Für viele bolivianische Großstädter ist Südzentralbolivien verschlafene Provinz, dabei versprühen die palmbestandenen Plätze, die engen Straßen, das entspannte Flair und die belebten Restaurants von Tarija genau die richtige Dosis an kosmopolitischer Kultiviertheit. Nach einem Nachmittag mit einem Glas hiesigem Wein auf einem zentralen Platz fühlt man sich hier fast schon heimisch.

Tarija dient außerdem als Ausgangsbasis für Ausflüge ins Umland, insbesondere zu den Weingütern vor der Tür im El Valle de la Concepción sowie zu Dörfern und Naturreservaten in der Nähe.

Die *chapacos*, wie die *tarijeños* (Bewohner Tarijas) auch genannt werden, pflegen eine ganz eigene Kultur.

Sehenswertes & Aktivitäten

Rund ein halbes Dutzend Unternehmen bietet Standardtouren zu Attraktionen in der Gegend, darunter vierstündige Ausflüge zu Weingütern (S. 267) ab 130 Bs. Ein Großteil der Ganztagestouren für rund 230 Bs umfasst entweder eine Stadtführung oder – die empfehlenswertere Variante – Abstecher zu Sehenswürdigkeiten weiter nördlich wie San Lorenzo (S. 267), Coimata (S. 268) und Tomatitas (S. 268). Teilnehmer der lohnenswerten Exkursionen, die oft spontan über den Abholservice von Hotels gebucht werden können, werden in Minibussen herumgefahren, und die Guides sind meist gut informiert (ein Teil spricht Englisch). In der Regel geht es morgens (8.30 oder 9.30 Uhr) und nachmittags (14.30 Uhr) los.

Basílica de San Francisco KIRCHE
(Ecke Campos & La Madrid; ⌚ Museum Mo–Fr 8–18 Uhr) GRATIS Die Basilika wurde 1606 als eine Art Basislager der Jesuiten in Bolivien gegründet und ist heute ein Nationaldenkmal. Die Bibliothek und das Archiv des Konvents aus dem 15. Jh. erinnern an *Der Name der Rose* und dürfen nur von Forschern mit einer Genehmigung des Franziskanerordens genutzt werden. Dort sind bedeutende barocke Musikkompositionen archiviert. Im Inneren der Basilika zeigt das kostenlose **Mu-**

seo Franciscano Fray Francisco Miguel Mari ökumenische Gemälde, Skulpturen und Artefakte.

★ **Valle de los Condores** WILDTIERBEOBACHTUNG
(☎ 7023-2025; www.valledeloscondores.com; Virginio Lema 284; ⏲ nach Absprache) Das bahnbrechende Unternehmen organisiert zwei- bis vierstündige Wanderungen in die so genannten „Yungas von Tarija", wo majestätische Kondore über und um hoch aufragende Klippen gleiten. Ein Großteil der Route liegt auf einer Höhe von 2000 bis 3000 m und Teilnehmer übernachten in traditionellen Lehmhäusern.

Viva Tours GEFÜHRTE TOUREN
(☎ 663-8325; vivatours.turismo@gmail.com; Bolívar 251, 2. OG; ⏲ Mo–Fr 8–12.30 & 15–19, Sa 8–12.30 Uhr) Sehr empfehlenswerte Touren zu Weingütern und ökologische Abenteuertrips ins Hinterland von Tarija, u. a. zu Nationalreservaten in der Nähe.

Bolivian Wine Tours OUTDOOR-AKTIVITÄTEN
(☎ 7187-1626; viviugarte@gmail.com; Méndez 175, zw. Avaroa & La Américas) Bietet sämtliche Standardtouren zu Weingütern an sowie sehr lohnenswerte zweitägige Exkursionen zur Reserva Biológica Cordillera de Sama (390 Bs/Pers.). Zur Auswahl stehen auch eintägige Ausflüge (295 Bs/Pers.), dabei sitzt man jedoch viel im Auto und verpasst den nächtlichen Sternenhimmel. Der Pro-Kopf-Preis steigt bei Gruppen mit weniger als fünf Teilnehmern.

Schlafen

Casa Blanca HOSTEL $
(☎ 664-2909; www.hostelcasablancatarija.com; Ingavi 645; B 60 Bs; @ 📶) Das weiß getünchte Haus aus der Kolonialzeit mit dem schattigen Innenhof ist bei Weitem die schönste Budgetunterkunft der Stadt. In den drei Schlafsälen stehen jeweils nur zwei Stockbetten. Die Bäder sind sauber und haben zuverlässig warme Duschen. Das Hostel befindet sich zwar in einer ruhigen Seitenstraße in der Nähe der zentralen Plaza, kann nachts je nach Belegung aber recht laut werden.

Kultur Berlin Guesthouse HOSTEL $
(☎ 186-2725; Ballivián 367; B 75 Bs, EZ/DZ/3BZ 110/160/230 Bs; 📶) Gutes Preis-Leistungs-Verhältnis, ein freundlicher Besitzer, gemütliche Betten, ein hübscher Hof und eine Art Dachpatio. Die einfachen Bäder könnten mal wieder modernisiert werden, dafür ist das Frühstück mit hausgemachtem Joghurt und Müsli, Obst, Eiern und frisch gebackenem Brot, das an einem großen Tisch gemeinschaftlich verspeist wird, für dieses Preissegment ausgesprochen gut. Sieht die Tür verschlossen aus, einfach laut klopfen.

★ **Casona Señorial Gloria** BOUTIQUEHOTEL $$
(☎ 7824-5070; www.sites.google.com/view/casonagloria; Trigo 0680; 280–385 Bs; ❄ 📶) Das von einer Familie geleitete Casona Gloria mit fünf Zimmer scheint einem Hochglanzdesignmagazin entsprungen zu sein und verbindet historische Kolonialarchitektur mit modernem Boutique-Stil. Das sprichwörtliche Sahnehäubchen ist die Lage über und hinter der Eisdiele der Besitzer. Die Zimmer haben hohe Decken, Backsteinwände, Bilder von bolivianischen Künstlern, edle Bettwäsche und Wellnessbäder.

Hostal del Sol HOTEL $$
(☎ 666-5259; www.hoteldelsol.com.bo; Sucre 782; EZ/DZ inkl. Frühstück 230/350 Bs; ❄ @) Das gute und günstig gelegene Hotel ist nur zwei Straßen von der zentralen Plaza entfernt. Die Zimmer zur Straße hin sind sehr hell und haben einen winzigen Balkon, das Frühstück wird in einem ebenso lichtdurchfluteten Speiseraum im 2. Stock serviert. Die inneren Zimmer sind nicht so hell und nicht so schön, haben aber alle Flachbild-TVs und blitzblanke Marmorfußböden.

★ **Hotel Los Ceibos** HOTEL $$$
(☎ 663-4430; www.hotelosceibos.com; Av Panamericana 612; Zi. 550 Bs; ❄ @ 📶 🏊) Das größte Hotel der Innenstadt liegt nur ein paar Blocks vom Hauptplatz entfernt und bietet das beste Preis-Leistungs-Verhältnis. Hoch aufragende Palmen verleihen dem Poolbereich tropisches Resortflair. Gäste können ohne Aufpreis den **Nivel Fitness Club** (La Madrid 1030; ⏲ Mo–Fr 6–22.30, Sa 8–12 & 15–19, So 9–13 Uhr) nutzen, ein wunderbares Fitnessstudio, das an das Hotel angeschlossen ist.

Essen

★ **Entre Frutas** GESUNDE KÜCHE $
(Calle 15 de Abril 142; Hauptgerichte 15–40 Bs; ⏲ Mo–Fr 8–12 & 16–21 Uhr) Açaí-Bowls und Frucht-Smoothies sind die Spezialitäten auf der gesunden Speisekarte, die von Salaten und Ceviches abgerundet wird. Auf ein paar Stühlen vor der Tür hat man einen guten Blick auf das bunte Treiben, für eine längere Pause ist jedoch der umschlossene Hinterhof mit Kieselsteinen die bessere Wahl.

INSIDERWISSEN

SPEZIALITÄTEN AUS TARIJA

Man muss ein wenig Mut mitbringen, um *sopa la poderosa* (Suppe mit Gemüse, Reis und Stierpenis), *ranga ranga* (Innereien mit Zwiebeln, Tomate und Chili) und *chan faina* (gewürfelte Lamminnereien mit Kartoffeln und Gemüse) zu probieren. Auch für empfindlichere Mägen geeignet sind *guiso de karas* (Eintopf mit Schweinehaut, Kartoffeln und Mote, ein maisähnliches Getreide), *chancao de pollo* (würziges Hühnchen), *sopa de maní* (Erdnusssuppe) und *saice* (würziges Rinderhack und Gemüse mit Reis oder Nudeln), das sowohl zum Frühstück als auch zum Abendessen serviert wird. Lecker sind auch die Dessertklassiker *dulce de lacayote* (karamellisierter Kürbis), *pepitas de leche* (Zimttoffee) und *tojori* (Pfannkuchen mit Nelken und Anis).

Am besten probiert man diese Spezialitäten auf dem **Mercado Central** (Ecke Sucre & Bolívar; Hauptgerichte 7–15 Bs; ⌚Mo–Sa 6–22 Uhr), dem **Mercado de los Campesinos** oder dem **El-Puente-Nachtmarkt** (Av Estenssoro; Gerichte 5–12 Bs; ⌚16–23 Uhr).

Belén BOLIVIANISCH $

(Colón; Hauptgerichte 17–36 Bs; ⌚Mo–Sa 7–22, So bis 15 Uhr; 📶🅥) Der Küchenchef und Besitzer dieses gemütlichen, bunt dekorierten Restaurants lernte sein Handwerk in den USA und in Australien. Auf den Tisch kommen Gourmet-Sandwiches, exzellente Burger und dezent gewürzte Forelle zum Mittagessen. Ebenso gut ist das Frühstück mit pochierten Eiern oder der Joghurt mit Müsli.

★ **Pappillon** SEAFOOD $$

(☎7189-8676; E-1005 Arce; Hauptgerichte 50 Bs; ⌚Sa 12.30–16 Uhr) Beliebt bei Einheimischen, insbesondere bei älteren Männern, die hier *cacho* (ein Würfelspiel) oder Gitarre spielen und sich Fisch wie *pacu* (aus dem Amazonas bei Beni), *sabalu* (aus Villamontes) und *surubí* schmecken lassen. Das Lokal liegt an einer Straße, die wegen der vielen Fischrestaurants Avenida Pescado genannt wird. Das Pappillon (so auch der Spitzname des Besitzers) ist ohne etwas Hilfe schwer zu finden.

★ **Macondo de Pizza Pazza Restaurant** PIZZA $$$

(☎664-2107; macondopizzapazza@gmail.com; Sucre 508; Hauptgerichte 55–110 Bs, Pizza 60–110 Bs; ⌚Mo–Do 15.30–24, Fr bis 3, Sa 9–24, So 9–14.30 & 18–23 Uhr; 📶) Die überschwängliche Gastgeberin Edith Paz Zamora und ihr Sohn Hector verbinden im Erdgeschoss des Club Social Tarija auf wahrhaft einzigartige Weise Kunst mit Pizza. Ebenso lecker sind die hausgemachten Nudeln (sonntags gibt's ein exzellentes All-you-can-eat-Pastabüfett für 70 Bs), außerdem stehen Steak- und Fischgerichte zur Auswahl.

★ **El Fogón de Gringo** STEAKHAUS $$$

(La Madrid 1051; Hauptgerichte 70–100 Bs; ⌚Mo–Fr 19–23, Sa 12–15 & 19–23, So 12–15 Uhr; 📶) Die Qualität und das Preis-Leistung-Verhältnis der hochwertigen Steaks im El Fogón stehen dem warmen Ambiente, das an die lässige Raffinesse einer südspanischen Bodega erinnert, in nichts nach. Zu allen Hauptgerichten dürfen sich Gäste an einem leckeren Büfett mit Salat, Reis, Kartoffeln und Pasta bedienen, außerdem ist die Weinauswahl hervorragend.

Ausgehen & Nachtleben

Tarija hat eine muntere Bar- und Cafészene und zahlreiche beliebte Restaurants verwandeln sich abends in Kneipen. Der freitägliche Künstlerabend im **Macondo de Pizza Pazza Bar** (☎7022-2022; https://macondopizzapazza.negocio.site; Ecke Sucre & Calle 15 de Abril; ⌚18.30–24, Fr bis 3 Uhr; 📶) lohnt einen Besuch.

Shoppen

La Vinoteca (☎7299-6486; lavinoteca@hotmail.com; Ingavi 371; ⌚Mo–Fr 9–12.30 & 15–19, Sa bis 13 Uhr) ist die beste Adresse, um Weine hiesiger Bodegas zu kosten und zu kaufen. Zudem gibt es hier Feinkost aus der Region. Die Bodegas **Aranjuez** (☎664-5651; www.vinosaranjuez.com; Calle 15 de Abril 254; ⌚Mo–Fr 8–12 & 14.30–18.30, Sa 8–12.30 Uhr), **Kohlberg** (☎663-6366; www.kohlberg.com.bo; 15 de Abril E-275; ⌚Mo–Fr 8–12 & 14.30–18.30, Sa 8–12.30 Uhr), **La Concepción** (☎663-2250; www.bodegaslaconcepcion.com; Colón 585; ⌚Mo–Fr 8–12 & 14.30–18.30, Sa 8–12.30 Uhr) und **Campos de Solana** (☎664-5498; www.camposdesolana.com; Calle 15 de Abril E-259; ⌚Mo–Fr 8–12 & 14.30–18.30, Sa 8–12.30 Uhr) haben alle Geschäfte in direkter Nähe zueinander unweit der Plaza Sucre. Zuckersüßen Wein von kleinen Weingütern verkaufen Läden an der Calle Sucre zwischen Domingo Paz und Cochabamba.

EINREISE NACH ARGENTINIEN

Heute ist der Grenzübergang Bermejo/Aguas Blancas der praktischste für Reisen nach Argentinien, wenn man direkt aus Tarija oder Salta in Argentinien kommt. Die Grenze ist von 8 bis 17 Uhr geöffnet. Busse des Unternehmens Trans Tours Juarez C (www.facebook.com/juarezcinfo) fahren dienstags, donnerstags und sonntags (320–400 Bs, 10 Std., 19 Uhr) über diesen Grenzübergang. Die Verbindungen sind sehr zu empfehlen, da man das Grenzprozedere abkürzt und nicht umsteigen muss.

Die Alternative ist komplizierter und eine echte Geduldsprobe. Bermejos Busbahnhof liegt acht Blocks südöstlich des Hauptplatzes. Busse fahren zwischen 7.30 und 21 Uhr alle paar Stunden von Tarija nach Bermejo (20 Bs, 3 Std.), wer am selben Tag die Grenze überqueren möchte, muss jedoch morgens (spätestens um 10.30 Uhr) los. *Colectivos* (45 Bs) verkehren häufiger und starten, wenn sie voll besetzt sind. Dann folgt eine kurze Fahrt per *chalana* (Fähre; 3 Bs) über den Fluss nach Aguas Blancas in Argentinien (den Ausreisestempel vor der Grenzüberquerung nicht vergessen). Vom Terminal gegenüber der Einwanderungsbehörde fahren Busse stündlich nach Orán (2 US$, 1 Std.), wo Anschluss nach Salta, Jujuy und Tucumán in Argentinien besteht.

Praktische Informationen

Infotur (☎ 666-7701; www.tarijaturismo.com; Ecke Calles 15 de Abril & Sucre; ⏲ Mo–Fr 8–12 & 14.30–18.30, Sa & So 9–12 & 16–19 Uhr) hat einfache Stadtpläne auf Lager und hilft bei Fragen zu Sehenswürdigkeiten in der Stadt und im Umland weiter. Die Mitarbeiter sprechen nur Spanisch. Die exzellente Seite www.brujulaturistica.com/tarija informiert über Verkehrsmöglichkeiten, Essen und andere für Touristen relevante Fragen.

Das Büro für **migración** (☎ 664-3450; Ecke La Paz & Oruro; ⏲ Mo–Fr 8.30–12.30 & 14.30–18.30 Uhr) gegenüber dem Parque Bolívar erteilt Ein- und Ausreisestempel sowie Visaverlängerungen.

Seine Geschäfte erledigt man am bestens morgens, sonst muss man bis nach der Siesta warten: Zwischen 13 und 16 Uhr verwandelt sich Tarija in eine regelrechte Geisterstadt.

Protección del Medioambiente del Tarija (Prometa; www.prometa.org.bo; Tarija) arbeitet in der Region Gran Chaco an einer Reihe sozialer Projekte und Umweltinitiativen.

Hospital San Juan de Dios (☎ 664-5555; Santa Cruz s/n) Für medizinische Notfälle.

Rund um die Plaza und am Flughafen gibt es einige Banken mit Geldautomaten.

Mehrere **casas de cambio** (Bolívar; ⏲ Mo–Fr 8–13 & 15–20, Sa 8–13 Uhr) in praktischer Lage an der Bolívar zwischen Sucre und Daniel Campos wechseln US-Dollar, Euros und argentinische Pesos. Die meisten sind montags bis freitags von 8 bis 13 Uhr sowie von 15 bis 20 Uhr und samstagmorgens geöffnet.

An- & Weiterreise

BUS

Der neue, moderne und sehr große **Busbahnhof** liegt 7 km südlich der Stadt. Die meisten Fernbusse fahren nachmittags zwischen 16.30 und 20.30 Uhr ab. Die täglich um 19 Uhr verkehrenden Busse von Lince und Platinum sind die komfortabelsten Verbindungen nach La Paz (195–265 Bs); Fahrgäste kommen in den Genuss von verstellbaren Liegesitzen, WLAN, USB-Anschlüssen, eigenen Bildschirmen mit Kopfhörern, sauberen Bädern, Snacks und Wasser.

Busse nach Santa Cruz passieren Villamontes, wo Anschluss nach Yacuiba und Asunción in Paraguay besteht.

Das Busunternehmen Trans Tours Juarez C verkehrt dienstags, donnerstags und sonntags über den Grenzübergang Bermejo (S. 266) direkt bis nach Salta in Argentinien (320–400 Bs, 10 Std., 19 Uhr). Die Busse sind komfortabel (es gibt *cama*-Sitze mit eigenem Fernseher) und man erspart sich die Grenzformalitäten.

Micros fahren von der **Parada del Norte** zu Zielen im Norden wie Camargo und Potosí.

Micros nach Padcaya (Hwy 1, zw. Av Sossa & Av Moreno, Parada del Chaco) verkehren ab der Parada del Chaco.

Trufis nach San Jacinto (Ingavi, zw. Campos & Colón; 3 Bs, 10 Min.) fahren alle 20 Minuten an der Ecke Ingavi und Campos (vor dem Palacio de la Justicia) in Tarija ab.

ZIEL	PREIS (BS)	DAUER (STD.)
Bermejo	50	3½
Camiri	60	11
Cochabamba	130–256	15
La Paz	120–260	18
Oruro	60–103	12
Potosí	60–70	5–6
Sucre	80–180	12
Santa Cruz	90–254	12–13
Tupiza	50–80	7

ZIEL	PREIS (BS)	DAUER (STD.)
Villamontes	60–100	8
Villazon	45	6
Yacuiba	60	6

FLUGZEUG

Der **Capitán Oriel Lea Plaza Airport** (☎664-2195; Av Victor Paz Estenssoro) befindet sich 3 km östlich der Stadt unweit der Av Jaime Paz Zamora. **TAM** (☎664-5899; www.tam.bo; La Madrid O-470; ⌚Mo–Fr 8.30–13 & 15–19, Sa 8.30–13 Uhr), **BOA** (☎611-2787; www.boa.bo; Trigo, zw. Alejandro del Carpio & Lema; ⌚Mo–Fr 8.30–12.30 & 14.30–18.30, Sa 9–12 Uhr), **Ecojet** (☎611-3427; www.ecojet.bo; Ecke Colón & Madrid; ⌚Mo–Fr 8.30–13 & 15–19, Sa 8.30–13 Uhr) und **Amaszonas** (www.amaszonas.com) fliegen nach La Paz, Santa Cruz, Sucre und Cochabamba (Tickets 220–450 Bs; nach La Paz und Sucre muss man manchmal in Cochabamba umsteigen). TAM und Amaszonas bedienen darüber hinaus ein- bis zweimal wöchentlich die Kurzstrecke nach Yacuiba (300–500 Bs).

Taxis vom offiziellen Verband verlangen für die Fahrt vom Flughafen ins Zentrum 20 bis 25 Bs, wer jedoch den Flughafeneingang 100 m hinter sich lässt (vor dem Terminal zu sehen), zahlt für ein normales Taxi nur 12 Bs pro Person. Ansonsten überquert man die Hauptstraße und steigt in ein passierendes *micro A* oder *trufi*, die zum alten Busbahnhof und zum Mercado Central fahren.

TAXIS

Colectivos in allen Formen und Größen steuern sämtliche Ziele in der Region (jeweils 100 Bs und 6 Std. nach Villamontes bzw. Yacuiba) und teils darüber hinaus an, wobei Subaru-Kombis am stärksten vertreten sind. In der Regel sind sie etwas teurer, dafür jedoch je nach Sitzplatz oft komfortabler als Busse. *Colectivos* starten erst, wenn sie voll besetzt sind, weshalb man mit Wartezeiten rechnen muss. Es gibt regelmäßige Verbindungen nach Bermejo (45 Bs, 3 Std.) an der argentinischen Grenze.

Rund um Tarija

San Lorenzo, 14 km nördlich von Tarija entlang der Straße nach Tupiza, ist ein idyllisches Dorf mit frisch weißen Lehmsteinfassaden, Kopfsteinpflasterstraßen, Zierbalkonen, einer Kirche von 1709 und einer charmanten Plaza, der hoch aufragende Palmen Schatten spenden.

Unmittelbar nördlich steht das ehemalige Wohnhaus des einstigen bolivianischen Präsidenten Jaime Paz Zamora. Nur ein paar Kilometer weiter nördlich kann man eine Führung (vorab anmelden) durch **El Picacho** (nahe Lajas Merced), Zamoras wunderschönes Anwesen, machen. Oft ist er vor Ort und erfreut Besucher mit Geschichten. Infos zur Führung gibt es beim **Macondo de Pizza Pazza Hotel** (☎666-3566; Ecke

WEINGÜTER IM EL VALLE DE LA CONCEPCIÓN

Die Region südlich von Tarija, Valle de la Concepción oder einfach nur „El Valle" genannt, ist das Herz der bolivianischen Weinproduktion. Die meisten Besucher legen auf organisierten Tagesausflügen ab Tarija hier nur einen kurzen Zwischenstopp ein (überall werden Ausflüge zur „Ruta del Vino" beworben), dabei lohnt das Dorf **La Concepción** mit malerischer Kolonialarchitektur, einem Platz mit hübschen blühenden Kapokbäumen und gediegenem Flair durchaus einen längeren Aufenthalt.

Weinguttouren umfassen in der Regel eine kurze Führung über die Produktionsanlagen, deren Bandbreite von Weinkellern in Vorstadthäusern bis zu größeren Komplexen mit Ausrüstung in Industriegröße reicht. Die bedeutendsten Weingüter sind **Campos de Solana** (☎466-4549; www.camposdesolana.com; ⌚Mo–Fr 9–11 & 13–16, Sa 9–11 Uhr), **Bodega Kuhlmann** (☎664-4346; www.bodegakuhlmann.com), **Kohlberg** (☎663-6366; www.kohlberg.com.bo; Av Jorge Paz; ⌚Mo–Fr 8–12 & 14.30–18.30 Uhr), Casa Real (eine Destillerie), **Bodega La Concepción** (☎664-5040; www.bodegaslaconcepcion.com; ⌚Mo–Fr 8–17, Sa bis 12 Uhr) und Aranjuez. Bei den meisten Touren stehen zwei der genannten Weingüter sowie eine kleinere Bodega auf dem Programm.

Wer auf eigene Faust loszieht, zahlt etwa 5 Bs plus den Preis für eine beliebige Flasche, die man „probieren" möchte. Die meisten Weingüter sind montags bis freitags von 9 bis 11 Uhr und von 14 bis 16 Uhr sowie samstagsmorgens für Besucher geöffnet. Für ein Mittagessen in La Concepción bietet sich die **Bodega Casa Vieja** (☎666-2605; www.lacasavieja.info; Hauptgerichte 20–60 Bs; ⌚10–18 Uhr), ein stimmungsvolles Weingut mit Restaurant und wunderschönen Bergblicken, an.

Sucre & Calle 15 de Abril; EZ/DZ 245/290 Bs; ❄📶) in Tarija.

Micros (Ecke Domingo Paz & Rojas) und *trufis* (3 Bs, 30 Min.) nach San Lorenzo fahren tagsüber etwa alle 20 Minuten an der Ecke Av Domingo Paz und Calle Rojas in Tarija ab. Alle Touranbieter in Tarija haben auf mindestens einer ihrer Routen einen Stopp in San Lorenzo im Programm.

Natürliche Badebecken, drei hübsche Flüsse (Sella, Guadalquivir und Erquis) und gesellige kleine Lokale, die *cangrejitos* (Süßwasserkrebse mit weicher Schale) servieren, machen **Tomatitas** zu einem beliebten Ziel von Tagesausflüglern aus dem 5 km südlich gelegenen Tarija.

Von hier aus kann man in das 9 km entfernte **Coimata** wandern. Dort gibt es weitere Badebecken und die zweistufigen **Coimata-Fälle**, die sich insgesamt rund 60 m in die Tiefe stürzen. Auch die 40 m hohen Zwillingsfälle bei **Chorros de Jurina**, 26 km nordwestlich von Tarija, bieten sich für einen lohnenswerten Tagesausflug an.

Micros A und B nach Tomatitas verkehren alle 20 Minuten ab der Ecke Domingo Paz und Saracho in Tarija (2 Bs). Manche fahren weiter über San Lorenzo nach Jurina (7 Bs).

Die **Reserva Biológica Sama** schützt nur ein paar Stunden von Tarija entfernt Sanddünen, die an die Sahara erinnern, zehntausende Flamingos und einen beeindruckend klaren Nachthimmel. Im kalten, windigen *puna*-Abschnitt (hoch gelegene offene Grassavanne) des Reservats, 3400 m über dem Meeresspiegel (fast so hoch wie La Paz), kann man die **Tajzara-Lagunen** besuchen. Die Ramsar-Stätte ist von internationaler Bedeutung für Wasservögel.

Der Eintritt für das Reservat beträgt 100 Bs und ist in der Regel nicht in den von den Touranbietern angegebenen Preisen inbegriffen.

ZENTRALES HOCHLAND

Das zentrale Hochland ist geografisch (und für manche auch metaphorisch) gesehen das Herz und die Seele Boliviens. Es beherbergt lebhafte urbane Zentren und weite ländliche Berglandschaften, gespickt mit abgeschiedenen Dörfern. Das wunderschöne weißgetünchte Sucre, wo 1825 die Unabhängigkeit erklärt wurde, dient als Ausgangspunkt für Wandertouren in die Cordillera de los Frailes. Potosí, ein kraftvolles Symbol für den natürlichen Reichtum des Landes, verdankt seine Existenz den Silbervorkommen im nahen Cerro Rico. Cochabamba liegt sehr viel niedriger und zählt zu den attraktivsten Städten Boliviens mit perfektem Klima und modernem Flair.

An jeder Ecke warten zudem hübsche, kaum bekannte Kolonialorte und es lohnt sich die üblichen Reiserouten umzustellen, um sie zu erkunden. Einen Blick in die fernere Vergangenheit gewähren die Inka-Ruinen im Cochabamba-Tal, noch weiter zurück geht's zudem im Parque Nacional Torotoro mit Dinosaurierspuren und Fossilien, die bis zu 300 Mio. Jahre alt sind.

Cochabamba

☎4 / 1,24 MIO. EW. / 2553 M

Das geschäftige, muntere Cochabamba gehört zu den boomenden Städten Boliviens und versprüht eine besondere, fast mediterrane Vitalität, die vielleicht mit dem milden Klima zusammenhängt. Ein Großteil der Bevölkerung ist arm, verschiedene Stadtviertel muten jedoch auffallend wohlhabend an. Die weiten, ständig wachsenden Prachtstraßen der Neustadt bieten eine vielfältige Auswahl an Restaurants, die sich bei den essensverrückten *cochabambinos* großer Beliebtheit erfreuen, während die lebhafte Barszene von Studenten und jungen Berufstätigen angetrieben wird. Die Stadt dient zudem als Ausgangsbasis für Outdoor-Abenteuer im Umland, z. B. im Parque Torotoro. Manch ein Besucher bleibt hier sehr viel länger als geplant.

Der Name der Stadt geht auf den Quechua-Begriff *khocha pampa* zurück, der „See-Ebene" bedeutet. Cochabamba liegt in einem fruchtbaren grünen Tal, das 25 km lang und 10 km breit ist, inmitten einer Landschaft aus Feldern und niedrigen Hügeln. Im Nordwesten erhebt sich der Cerro Tunari (5050 m), der höchste Gipfel Zentralboliviens.

Sehenswertes & Aktivitäten

Nur wenige Autostunden von Cochabamba entfernt warten zahlreiche Outdoor-Aktivitäten. Wer sich fürs Klettern, Trekking, Canyoning, Rafting oder Gleitschirmfliegen interessiert, wendet sich an einen der zwei renommierten Touranbieter: **Andes Xtremo** (☎036-5816; www.andesxtremo.com; La Paz 138) und **El Mundo Verde Travel** (☎534-4272; www.elmundoverdetravel.com).

★**Palacio Portales** PALAST
(c.pedagogicocultral@fundacionpatino.org; Potosí 1450; mit Führung 25 Bs; ⏲Park Di–Fr 15–18.30, Sa & So 9.30–11.30 Uhr, Palastführungen auf Englisch Di–Fr 14 & 17, Sa 10.30 & 11.30, So 11.30 Uhr) Der Palast des Zinnbarons Simón Patiño symbolisiert wie nichts anderes das goldene Zeitalter des Bergbaus in Bolivien. Obwohl Patiño selbst nie in dem opulenten Palais im europäischen Stil von 1927 wohnte, wurde es mit den kostbarsten Materialien der damaligen Zeit ausgestattet: Marmor aus Carrara, edle Hölzer aus Frankreich, Wandteppiche und feine Seidenstoffe aus Italien. Bei der Gestaltung des Parks und der Außenanlagen ließ Patiño sich von Schloss Versailles inspirieren, das Spielzimmer ist der Alhambra in Granada nachempfunden und die Vorlagen für die riesige Eingangshalle lieferte kein Geringerer als der Vatikan.

★**Convento de Santa Teresa** KLOSTER
(☎452-5765; Ecke Baptista & Ecuador; Führung 50 Bs; ⏲Führungen Mo–Sa 9–11 & 14.30–16.30 Uhr stündl.) Das erhabene, in die Jahre gekommene Convento de Santa Teresa erinnert an die Romane von Gabriel García Márquez. Führungen (ca. 45 Min.) durch den anmutig verfallenden Komplex führen zu einem friedvollen Kreuzgang, hübschen Altarbildern und Skulpturen (der spanischen und Potosí-Schule) sowie zur Klosterkirche. Mehr als die Architektur und die Kunst beeindruckt jedoch die Gelegenheit sich vorzustellen, wie das abgeschiedene Leben der Nonnen einst aussah.

★**Cristo de la Concordia** WAHRZEICHEN
(Innominada, Zona la Chimba; ⏲Di–Sa 10–18 Uhr, So 9–18 Uhr) Die riesige Christusstatue auf dem 2800 m hohen Cerro de San Pedro außerhalb von Cochabamba ist die zweithöchste der Welt. Sie ist 44 cm höher als die berühmte Statue *Cristo Redentor* in Rio de Janeiro, die genau 33 m hoch ist, entsprechend 1 m für jedes Lebensjahr von Jesus Christus. Die *cochabambinos* erklären diese zusätzlichen Zentimeter damit, dass Jesus schließlich „*33 años y un poquito*“, also „etwas mehr als 33 Jahre“ alt wurde. Der Aufstieg zur Statue wird mit einem fantastischen Rundumblick auf die Stadt und das Tal belohnt.

La Cancha MARKT
(Av Aroma; ⏲9–20 Uhr) Der weitläufige, chaotische, klaustrophobisch anmutende Hauptmarkt von Cochabamba weist keine attraktive Kulisse auf, lohnt mit seinem bunten Treiben dennoch einen Besuch. Der größte und am leichtesten zugängliche Bereich, der **Mercado Cancha Calatayud**, erstreckt sich entlang der Av Aroma und südwärts in Richtung des früheren Bahnhofs. Es ist der beste Ort, um die hiesige Mode zu bewundern, die sich stark von der des Altiplano unterscheidet.

Villa Albina HAUS
(☎401-0470; Pairumani; 10 Bs; ⏲Mo–Fr 8–16, Sa 9–13 Uhr) Wer in Oruro und Cochabamba noch nicht genug über das Erbe von Simón Patiño erfahren hat, kann die Villa Albina im Dorf Pairumani besuchen und sich das einstige Wohnhaus des Zinnbarons ansehen. Die riesige weiße Villa mit langer palmbestandener Zugangsstraße ist nach Simóns Frau Albina benannt. Angeblich hatte sie einen ebenso erlesenen Geschmack wie ihr Mann, was sich im eleganten französischen Dekor im Haupthaus widerspiegelt.

Teleférico SEILBAHN
(Hin- & zurück 12 Bs; ⏲Mo geschl.) Die Seilbahn ist das schnellste, malerischste und komfortabelste Verkehrsmittel zur Spitze des Cristo de la Concordia (S. 269).

Kurse

Instituto Cultural Boliviano Alemán SPRACHE
(ICBA; ☎412-2323; www.icbacbba.org; Lanza 727) Bietet spanische Sprachkurse an.

Feste & Events

Fiesta de la Virgen de Urkupiña RELIGION
(⏲Mitte Aug.) An rund vier Tagen fließt in Quillacollo, einem Distrikt von Cochabamba 13 km weiter östlich, *chicha* in rauen Mengen (ebenso wie *garapiña*, eine starke Mischung aus *chicha*, Zimt, Kokosnuss und *ayrampo*, eine geheimnisvolle lokale Zutat aus einem Kaktus, die das Getränk rot färbt). Folkloristische Musiker und Tänzer aus dem ganzen Land zeigen vor vielen jubelnden, angeheiterten Zuschauern ihr Können.

Schlafen

★**Running Chaski Hostal** HOSTEL $
(☎425-0559; www.runningchaski.com.bo; España 449; B 75–89 Bs, EZ/DZ/3BZ 130/250/300 Bs; ❄@📶) Die beste Budgetunterkunft vor Ort erfreut sich zu Recht großer Beliebtheit – man sollte vorab reservieren, vor allem am Wochenende. Der hübsche Eingang im Kolonialstil führt in einen kleinen grasbewach-

Cochabamba

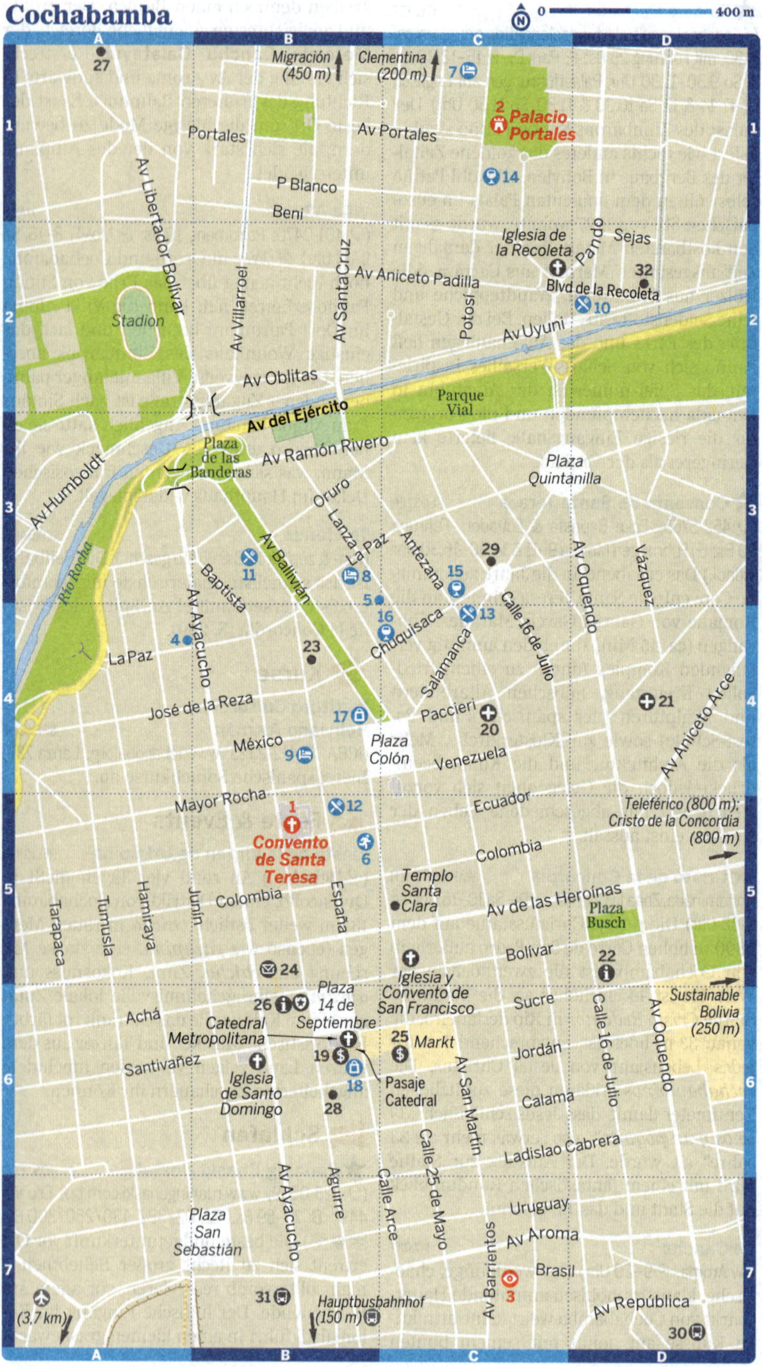
0 400 m
Migración (450 m)
Clementina (200 m)
2 Palacio Portales
Portales
Av Portales
P Blanco
Beni
Av Libertador Bolívar
Iglesia de la Recoleta
Pando
Sejas
Av Aniceto Padilla
Blvd de la Recoleta
Stadion
Av Villarroel
Av Santa Cruz
Potosí
Av Uyuni
Av Oblitas
Parque Vial
Av del Ejército
Plaza de las Banderas
Av Ramón Rivero
Plaza Quintanilla
Av Humboldt
Oruro
Lanza
La Paz
Antezana
Río Rocha
Av Ballivián
Baptista
Av Ayacucho
Chuquisaca
Calle 16 de Julio
Av Oquendo
Vázquez
La Paz
Salamanca
José de la Reza
Paccieri
Av Aniceto Arce
México
Plaza Colón
Venezuela
Mayor Rocha
1 Convento de Santa Teresa
Ecuador
Teleférico (800 m); Cristo de la Concordia (800 m)
Colombia
Templo Santa Clara
Av de las Heroínas
Plaza Busch
Tarapaca
Tumusla
Hamiraya
Junín
Colombia
España
Bolívar
Iglesia y Convento de San Francisco
Plaza 14 de Septiembre
Sustainable Bolivia (250 m)
Achá
Catedral Metropolitana
Sucre
Markt
Santivañez
Iglesia de Santo Domingo
Pasaje Catedral
Jordán
Av San Martín
Calle 16 de Julio
Av Oquendo
Calama
Calle 25 de Mayo
Ladislao Cabrera
Av Ayacucho
Aguirre
Calle Arce
Uruguay
Plaza San Sebastián
Av Aroma
Av Barrientos
Brasil
(3,7 km)
Hauptbusbahnhof (150 m)
Av República

Cochabamba

senen Garten. Die Zimmer haben Holzböden und moderne Möbel, und das äußerst hilfsbereite Personal erteilt gern Auskünfte.

★ Las Lilas Hostel HOSTEL $
(☎7740-1222; www.hostellaslilas.com; Zona Linde, Tiquipaya; B ab 57 Bs, Zi. mit Gemeinschafts-/Privatbad 70/85 Bs;) Das Hostel inmitten hübscher ländlicher Kulisse ist (je nach Verkehr) relativ schnell von Cochabamba aus zu erreichen. Hinter der prachtvollen Lehmsteinfassade verbirgt sich ein Garten mit Kunst und Kunsthandwerk. Zur Auswahl stehen mehrere unterschiedlich gestaltete Schlafsäle sowie einfache Privatzimmer. Im großen Garten hinterm Haus gibt es Hängematten und Liegestühle.

Hotel Luxor HOTEL $$
(☎452-4048; luxoraparthotel@hotmail.es; La Paz 439; EZ/DZ inkl. Frühstück 270/380 Bs;) An einer schattigen Straße in einem ruhigen Wohnviertel, nur einen Block von der Av Ballivián entfernt, steht dieser mehrstöckige Hotelturm mit einfachen, sehr sauberen Zimmern. Sie haben Böden aus nachgemachtem Holz, exzellentes Licht und alte Fernseher.

★ Hotel Aranjuez HOTEL $$$
(☎428-0076; www.aranjuezhotel.com; Av Buenos Aires E-563; Zi. ab 630 Bs;) Spaziert man durch die wunderschön dekorierten Räume dieses elegant eingerichteten Hotels an einer ruhigen Straße im wohlhabenden Distrikt Recoleta, fühlt man sich fast wie in einem von Patiños Palästen. Tatsächlich ist der Palacio Portales (S. 269) nur einen halben Block entfernt. Hier gibt's Luxus der alten Schule, wer es gern modern hat, ist hier also falsch.

Essen

Cochabambinos bezeichnen sich selbst stolz als die Gourmets Boliviens, und Cochabamba gilt zu Recht als kulinarische Hauptstadt des Landes. Die höchste Konzentration an guten Restaurants bietet La Recoleta, ein gehobenes Viertel nördlich des Zentrums. Dort säumen mehrere empfehlenswerte *churrasquerías* nach argentinischer Art eine verkehrsberuhigte Plaza.

★ Vainilla INTERNATIONAL $
(Ecke Salamanca & Antezana; Hauptgerichte 25–36 Bs; ⏲Mo–Sa 8–22.30, So bis 21.30 Uhr;) Optik, Ambiente und die gesunde Speiseauswahl dieses modernen, hellen, luftigen Restaurants erinnern an ein südkalifornisches Café. Der Außenpatio mit Sonnenschirmen ist der ideale Ort für ein Frühstück mit Eiern, einem Obstsmoothie und Cappuccino.

★ **Clementina** INTERNATIONAL **$$**
(☎ 425-2151; www.clementina.com.bo; Hauptgerichte 38–48 Bs; ⏲ Di–Sa 19–23 Uhr) Hinter der gewellten Fassade eines Schiffscontainers versteckt sich dieses heimelige, elegante Restaurant. Auf den Tisch kommen u. a. kreative Salate wie Quinoa mit Tanduri-Hühnchen, Burger und verschiedene Pastagerichte (auf Nachfrage auch glutenfrei). Lampen in Einmachgläsern und ein schwach beleuchteter Patio im hinteren Bereich sorgen für ein romantisches Ambiente.

★ **Casa de Campo** LATEINAMERIKANISCH **$$**
(Pasaje del Blvd 618; Hauptgerichte 43–70 Bs; ⏲ 11.30–24 Uhr; 🛜) Das laute, fröhliche Restaurant mit Freiluftbereich ist ein Klassiker, in dem man sich zum Quatschen, Essen und *cacho* (Würfel) Spielen trifft. Es gibt eine große Auswahl an bolivianischen Gerichten und Grillfleisch. Das Essen ist lecker (und großzügig portioniert), eigentliches Highlight ist jedoch die lebendige, unprätentiöse Atmosphäre.

★ **Menta** VEGETARISCH **$$**
(España; Hauptgerichte 29–45 Bs; ⏲ Mo–Sa 12–15 & 18.30–22 Uhr) Minimalistisches Design, weiße Ziegelsteine und mehrere lange Picknicktische bilden die Kulisse für vegetarische Gerichte nach bolivianischer Art und für gute Obstsäfte.

Ausgehen & Nachtleben

Cochabamba ist für seine *chicha* aus fermentiertem Mais berühmt, dem alkoholischen Lieblingsgetränk der Einheimischen.

★ **Muela del Diablo** BIERGARTEN
(Potosí 1392; ⏲ 17.30–2 Uhr; 🛜) Der zentrale Patio dieses außergewöhnlich charmanten Ortes ist abends wunderschön von Kerzen und Wärmelampen beleuchtet und wird von Torbögen und Säulen gesäumt. Das tolle Ambiente erinnert an eine verlassene europäische Villa. Die Bar im Inneren ist trendbewusster und bietet am Wochenende manchmal abendliche Livemusik.

★ **Suassuna por Cafe Fragmentos** BIERGARTEN
(Chuquisaca, zw. Lanza & Valdiviezo; ⏲ Mo–Sa 17–23.30 Uhr) Am Wochenende sind abends die mit Kerzen beleuchteten Gartentische draußen mit jungen Pärchen und kleinen Gruppen gefüllt, die günstige Getränke (20 Bs für zwei Cuba Libre), Snacks und kleine Gerichte genießen.

Novecento BAR
(Chuquisaca 711; ⏲ Mo–Fr 12–open end, Sa 18–open end, So 12–17 Uhr; 🛜) Veranstaltungsort für Liveauftritte, Kulturzentrum, Bar und Restaurant in einem; dabei bleibt das vom Film inspirierte Novecento seinem Namen treu und zeigt an den meisten Abenden um 20.30 Uhr in einem kleinen Kinoraum verschiedene Streifen. Mittwochs um 21 Uhr gibt es außerdem Livejazz, wobei sich an jedem Abend ein Besuch lohnt. Die Speiseauswahl ist groß und abwechslungsreich.

Shoppen

Asarti (www.asarti.com; Ecke Calle México & Av Ballivián, edificio Colon; ⏲ Mo–Fr 10–13 & 15–20, Sa 10–16 Uhr) stellt teure hochwertige Alpaka-Kleidung her. Günstigere *chompas* (Pullover) aus Alpaka- und Lamawolle sind auf den Märkten erhältlich. **Sombreros Boston** (Arce, nahe Jordán) verkauft handgemachte Strohhüte, während man preiswerte Souvenirs an den *artesanía*-Ständen hinter der Hauptpost bekommen kann. Hupermall, das größte und modernste Einkaufszentrum mit recht luxuriösen Geschäften, öffnete 2017 in La Recoleta.

Praktische Informationen

GEFAHREN & ÄRGERNISSE

➡ Laut Einheimischen sind die Straßen südlich der Av Aroma nachts gefährlich und sollten gemieden werden. In der Gegend befindet sich auch der Busbahnhof. Wenn man dort in den frühen Morgenstunden ankommt, wird man oft dringend dazu angehalten, erst bei Sonnenaufgang das Gelände zu verlassen.

➡ Taschendiebstahl ist auf Märkten nicht unüblich.

➡ Die Parkbereiche Colina San Sebastián und Coronilla Hill in der Nähe des Busbahnhofs gelten rund um die Uhr als gefährlich und sollten ebenso gemieden werden.

➡ Wie in jeder großen Stadt ist es ratsam, am späten Abend nur in Begleitung unterwegs zu sein und eine gewisse Vorsicht walten zu lassen.

➡ **Touristenpolizei** (☎ 450-3880, Notruf 120; Plaza 14 de Septiembre; ⏲ 24 Std.)

GELD

Wechselstuben konzentrieren sich entlang der Av de las Heroínas und in der Nähe des Marktes an der **Calle 25 de Mayo**; manche tauschen nur US-Dollar um. Die **Amanda Casa de Cambio** (Pasaje de la Catedral 340; ⏲ 8.30–17.30 Uhr) ist schnell und professionell. Der nächste Geldautomat ist nie weit entfernt, besonders viele gibt es dabei an der Av Ballivián, darunter fünf vor dem Supermarkt **Hipermaxi** (Ballivián 1185; ⌚7.30–22.30 Uhr) und an der Ecke Av Heroínas und Av Ayacucho.

MEDIZINISCHE VERSORGUNG

Centro Médico Quirúrgico Boliviano Belga (☎422-9407; Antezana N-455; ⌚24 Std.) Privatklinik.

Hospital Viedma (☎453-3240; Venezuela; ⌚24 Std.) Öffentliches Krankenhaus für alle Fälle.

POST

Die **Hauptpost und Entel** (Ecke Av Ayacucho & Av de las Heroínas; ⌚6.30–22 Uhr) sind gemeinsam in einem großen Komplex untergebracht. Ein Stock unter dem Hauptfoyer gibt es ein Expresspostbüro.

TOURISTENINFORMATION

Die **Touristeninformation** (☎425-8030; www.cochabambaturistica.com.bo; Plaza 14 de Septiembre; ⌚Mo–Fr 8–12 & 14.30–18.30 Uhr) hat gutes Infomaterial zur Stadt auf Lager. Es gibt mehrere Informationsstände, die auch samstagmorgens öffnen, u. a. am Busbahnhof und am Flughafen.

Cochabamba hat eine ausgezeichnete Website für Besucher (www.brujulaturistica.com/cochabamba) mit Informationen über Sehenswürdigkeiten, Links zu Flugplänen, Hotelauflistungen, Fotos und hiesigen Veranstaltungen.

Das **Instituto Geográfico Militar** (IGM; ☎425-5563; Calle 16 de Julio S-237; ⌚Mo–Fr 8–12 & 14–18 Uhr) verfügt über topografische Karten des Bezirks Cochabamba, die für Wanderungen nützlich sind. Das **Sernap-Büro** (Servicio Nacional de Areas Protegidas; www.sernap.gob.bo) hat nur begrenzte Informationen zu Nationalparks. Private Tourunternehmen sind in der Regel die bessere Anlaufstelle.

Das Büro von **Migración** (☎452-4625; Av Rodríguez Morales, zw. Santa Cruz & Potosí; ⌚Mo–Fr 8.30–12.30 & 14.30–18.30 Uhr) ist für Visa und Visaverlängerungen zuständig.

WÄSCHEREI

Die meisten Hotels bieten einen Wäschereiservice, verlangen dafür jedoch oft hohe Stückpreise. Die zwei Hostels sind günstiger und rechnen pro Kilo ab. Zu den kommerziellen *lavanderías* gehört **Limpieza Superior** (España 616; ⌚Mo–Fr 8.30–13 & 14–19, Sa 8–13 & 14–17 Uhr) mit einem Kilopreis von 18 Bs.

ℹ An- & Weiterreise

BUS

Der **Hauptbusbahnhof** von Cochabamba (☎422-0550; Ayacucho; Terminalgebühr 4 Bs) ist südlich des Zentrums. Es gibt einen Informationsstand, einen Posten der Touristenpolizei, eine Gepäckaufbewahrung, mehrere Geldautomaten und eine *casa de cambio*. Da der Verkehr rund um den Busbahnhof das reinste Chaos ist, lohnt es sich tagsüber und mit nicht allzu viel schwerem Gepäck ein paar Straßen weit zu Fuß zu gehen und erst dann ein Taxi zu nehmen.

Trufis und *micros* fahren in Dörfer im östlichen Cochabamba-Tal von verschiedenen Punkten südlich des Zentrums (entlang der Av República an den Ecken der Barrientos, Av 6 de Agosto und Mairana).

Torotoro-*micros* (35 Bs) des **Sindicato de Transporte Mixto Toro Toro Turistico** (☎7144-2073; Mairana, nahe Av República) verkehren täglich von etwa 7 Uhr bis zum späten Nachmittag. Sie fahren ab, sobald sie voll besetzt sind, wobei die Wartezeiten variieren (1½ Stunden sind nicht ungewöhnlich). Wer gegen 7 Uhr oder mit einer Gruppe eintrifft, muss in der Regel nicht lang warten. Verbindungen ins westliche Tal gibt es ab der Ecke Av Ayacucho/Av Aroma. Wer nach Villa Tunari möchte, nimmt die *micros* nach **Chapare** (Av Oquendo, nahe Av República), die an der Ecke Av República/Av Oquendo starten.

Expreso Campero (☎ in Aiquile 695-1569, in Cochabamba 453-7046; Mairana) schickt Minivans nach Aquile und Peña Colorada. Sie fahren um 12, 16 und 18 Uhr in Cochabamba ab.

Den ganzen Tag über gibt es regelmäßige Verbindungen nach La Paz und Santa Cruz. Nach Oruro und Potosí verkehren vorwiegend Nachtbusse.

Bolívar und Trans Copacabana haben in der Regel die qualifiziertesten Fahrer und sind somit die empfehlenswertesten Busunternehmen.

Tickets kauft man am besten am Morgen des Abfahrtstages. Wer sich erst abends kurz vor der Abfahrt darum kümmert, könnte über den Tisch gezogen werden.

ZIEL	PREIS (BS)	DAUER (STD.)
Buenos Aires	900	54
La Paz	40–100	9
Oruro	20–50	5
Potosí	80–120	12
Santa Cruz	95–130	12
Sucre	65–95	8–9
Villa Tunari	Bus 15, *trufi* 35	Bus 4, *trufi* 3

FLUGZEUG

Der Flug zwischen La Paz und Cochabambas **Jorge Wilstermann International Airport** (☎412-0400; Av Killman s/n), nur 4 km südwestlich des Zentrums, gehört wohl zu den spektakulärsten der Welt (von La Paz kommend links sitzen, von Cochabamba aus rechts): Fluggästen bieten sich großartige Ausblicke auf die dramatische Cordillera Quimsa Cruz und eine (fast unheimliche) Nahansicht des Gipfels des Illimani. Die meisten Flüge zwischen Santa Cruz und La Paz legen einen kurzen Zwischenstopp in Cochabamba ein, zudem gibt es Anschlussverbindungen nach Sucre.

BoA (☎ 414-0873; www.boa.bo; Ecke Jordán & Aguirre; ⊙ Mo–Sa 8.30–19 Uhr), **Ecojet** (www.ecojet.bo; Plazuela Constitución 0879, Ecke 16 de Julio; ⊙ 8.30–19.30 Uhr), **Amaszonas** (☎ 479-4200; www.amaszonas.com; Av Bolívar 0-1509; ⊙ Mo–Fr 8.30–12.30 & 14.30–18, Sa 8.30–12.30 Uhr) und **TAM** (☎ 458-0547; www.tam.bo; Av Aniceto Padilla 755; ⊙ Mo–Fr 8.30–13 & 14.30–19, Sa 8.30–13 Uhr) bieten tägliche Flüge zwischen Santa Cruz und La Paz über Cochabamba sowie mehrere tägliche Verbindungen nach Sucre an. Täglich angeflogen werden auch Oruro, Trinidad sowie Tarija, von wo aus es ein paar Mal pro Woche weiter nach Yacuiba geht (der Flugplan variiert). Flüge nach Uyuni führen meist über La Paz.

Micro B (2 Bs) verkehrt zwischen Flughafen und Hauptplatz. Taxis ins bzw. ab dem Zentrum kosten 25 bis 30 Bs. Nach Quillacollo oder Tiquipaya werden 50 Bs fällig.

ℹ Unterwegs vor Ort

BUS

Micros und *trufis* steuern Ziele in der gesamten Stadt an (2 Bs), wobei diese praktischerweise angeschrieben sind. *Micros* nach **Quillacollo, Pahirumani & Sipe Sipe** (Ecke Av Aroma & Av Ayacucho) verkehren ab der Kreuzung Av Ayacucho/Av Aroma in der Nähe des Busbahnhofs.

TAXI

Taxifahrten im Zentrum von Cochabamba kosten 6 Bs pro Person. Ein Extra-Boliviano wird für Ziele auf der anderen Seite des Flusses oder weit im Süden fällig. Abends verlangen Taxifahrer nach La Recoleta rund 10 Bs. Für Fahrten vom Zentrum zu verschiedenen *micro*-Stopps südlich der Av 6 de Agosto zahlt man 15 Bs, zu Unterkünften rund um Quillacollo 35 bis 40 Bs. Wer ein Funktaxi möchte, wendet sich an **Radio Taxi SJ** (☎ 428-0002).

Rund um Cochabamba

Parque Nacional Tunari

Der gut zugängliche 3090 km² große Park wurde 1962 gegründet, um die bewaldeten Hänge oberhalb Cochabambas und den unberührten Gipfel des Cerro Tunari zu schützen. Er umfasst eine große Vielfalt an Lebensräumen, von trockenen Tälern zwischen den Anden bis zu den feuchteren und stark bedrohten *Polylepis*-Wäldern der Cordillera Tunari; wegen der Zerstörung des Habitats ist auch der endemische Cochabamba-Bergfink gefährdet.

Aus Cochabamba kommend, fährt man per *trufi* 109 (2 Bs) die Av Ayacucho entlang bis zum letzten Stopp nahe dem Parkeingang. Besucher müssen sich eventuell ausweisen und in eine Liste eintragen. Am Eingang geht's nach rechts und nach 100 m nach links. Die Straße windet sich an einem Spielplatz vorbei zu ein paar Bergseen.

Parque Nacional Torotoro

Einer der denkwürdigsten Nationalparks Boliviens umgibt das abgeschiedene, idyllische Kolonialdorf Torotoro. Die Landschaft repräsentiert ein wahrhaft eindrucksvolles Stück geografischer Evolutionsgeschichte. Sedimentäre Schlamm-, Sand- und Kalksteinbetten voller Meeresfossilien sowie Dinosaurierspuren aus trockeneren Perioden bedecken die nackten unwirtlichen Hügel der Serranía de Huayllas und der Serranía de Cóndor Khaka. Mancherorts zeigen die freigelegten Schichten mit Fossilien unter 100 m oder mehr Sedimentgestein die Ausmaße geologischer Zeitrechnung.

Sehenswertes & Aktivitäten

Zum Schutz der geologischen Wunder des Parks sind Exkursionen außerhalb des Dorfes nur in Begleitung eines Guides möglich. Eintrittskarten (4 Tage 100 Bs) verkauft das **Parkbüro** (☎ 7149-4473; Olvido; ⊙ 7–12 & 13.30–17 Uhr) neben dem Büro, das **Guides** (☎ 7435-9152; Olvido; ⊙ 7–12 & 13.30–16.30 Uhr) vermittelt. Das Ticket gut aufbewahren, da es von Parkwächtern kontrolliert wird. Die Guides sprechen meist kein Englisch, ihr Wissen über die hiesige Landschaft ist jedoch eine echte Bereicherung und unterstützt die lokale Gemeinschaft.

Der übliche Preis für einen Guide beträgt rund 80 bis 100 Bs pro Person für einen kompletten Exkursionstag für Gruppen mit maximal sechs Teilnehmern. Für eine Ganztagestour für fünf Personen nach Ciudad de Itas und Caverna Umajallta zahlt man 106 Bs. Die meisten besuchen die **Caverna de Umajalanta** (Guide 150 Bs, Transport 150 Bs, Ausrüstungsverleih 12 Bs), **Ciudad de Itas** (Guide 150 Bs, Transport 300 Bs, Eintrittsgebühr 5 Bs) und den **Cañon de Torotoro & El Vergel** (Guide 180 Bs, optionaler Transport 70 Bs); dabei kombinieren sie Ciudad de Itas mit einer der anderen zwei Sehenswürdigkeiten an einem Tag und besichtigen die andere am Nachmittag der Ankunft oder am Morgen der Abfahrt.

Wer auf eigene Faust unterwegs ist, für den sind der Cañon de Torotoro und El Vergel die günstigsten und am besten zugänglichen Optionen.

Für morgendliche und ganztägige Ausflüge sollte man sich gegen 7.30 Uhr am Guide-Büro einfinden. Wer sich mit anderen zusammentun und nachmittags aufbrechen möchte, kommt am besten ab etwa 13.30 Uhr vorbei.

Feste & Events

Fiesta del Señor Santiago RELIGION

(⏲ Juli) Vom 24. bis 27. Juli feiert das Dorf die Fiesta del Señor Santiago mit Schafopferungen, Dynamitexplosionen, farbenfrohen Kostümen, jeder Menge *chicha* und *tinku*-Vorführungen (traditionelle bolivianische Kampfkunst) – eine interessante Zeit für einen Besuch. Es verkehren mehr öffentliche Transportmittel, die Naturattraktionen sind allerdings überfüllt.

Schlafen

★ **Villa Etelvina** HOSTAL $$

(☎ 7073-7807; www.villaetelvina.com; Sucre s/n; Camping 50 Bs, EZ/DZ 180/240 Bs, 5-Pers.-Bungalow 780 Bs; 📶) Eine einladende Oase mit einfachen, gemütlichen Unterkünften, hübschen Bädern samt Warmwasser (mit Druck) und leckerer Hausmannskost; auf Anfrage gibt es gute vegetarische Gerichte. Gäste können sich die Zeit mit Büchern, Brettspielen und DVDs vertreiben. Die Besitzer organisieren den Transfer ab Cochabamba sowie professionelle Touren zu nahen Attraktionen. Das Hostal liegt einen fünfminütigen Fußmarsch südlich der Plaza.

Praktische Informationen

Man sollte Bargeld in ausreichender Menge mitbringen. Es gibt weder Geldautomaten noch Wechselstuben, eventuell kann man jedoch in einem Restaurant oder Hotel Dollar oder Euros tauschen. Die Villa Etelvina und das **Hotel El Molino** (☎ 424-3633; www.elmolinotorotoro.com; EZ/DZ/3BZ 100/180/250 Bs) akzeptieren Kreditkarten.

An- & Weiterreise

Der Parque Nacional Torotoro liegt 135 km südöstlich von Cochabamba im Departamento Potosí. Der Ausbau der Straße schreitet nur sehr langsam voran und die Zufahrt besteht größtenteils aus einer unbefestigten felsig-sandigen Piste. In der Regenzeit (Nov.–Feb.) ist sie verschlammt und oft nur begrenzt passierbar. Ist die Straße komplett asphaltiert, sollte sich die Fahrzeit auf 2½ Stunden reduzieren (laut optimistischen Schätzungen).

Minivans von Trans Mixto, **Sindicato Mixto Torotoro** (☎ 7147-7601) und Trans del Norte (35 Bs, in der Trockenzeit von Mai bis September 4–6 Std.) fahren den ganzen Tag über an der Ecke Av República/Av Mairana in Cochabamba ab, wenn die Fahrzeuge voll besetzt sind. In der Regel bieten sie elf Personen Platz, Gruppen können also ein komplettes Fahrzeug für rund 400 Bs chartern. Minivans fahren nahe der Plaza in Torotoro nach Cochabamba zurück. Wenn man sich als Gruppe zusammentut, kann man die Wartezeit verkürzen.

Sucre

☎ 4 / 278 000 EW. / 2750 M

Das stolze, elegante Sucre ist Boliviens schönste Stadt und das symbolische Herz der Nation. Hier wurde die Unabhängigkeit ausgerufen, und während La Paz als Regierungssitz und Finanzzentrum dient, ist Sucre in der Verfassung als Landeshauptstadt ausgewiesen. Der adrette Ort in einem Tal inmitten von Bergen mit hübschen weißgetünchten Häusern, die ebenso hübsche Innenhöfe beherbergen, hat sich sein reiches Architekturerbe aus der Kolonialzeit bewahrt. Es gibt strenge Regeln für die Stadtentwicklung und die UNESCO erklärte Sucre 1991 zur Welterbestätte. Sowohl die Stadt als auch die Universität gelten als Zentren progressiven Gedankenguts innerhalb des Landes.

Es ist kein Wunder, dass viele Besucher hier länger als geplant bleiben. Schließlich locken exzellente Unterkünfte, mildes angenehmes Klima, eine reiche Auswahl an Kirchen und Museen sowie zahlreiche Sehenswürdigkeiten und Aktivitäten im Umland.

Sehenswertes

Sucre hat jede Menge eindrucksvolle Museen und Architektur zu bieten. Die beste Aussicht der Stadt hat man von der Kuppel der Dienststelle der Nationalpolizei innerhalb der **Prefectura de Chuquisaca** (Staatliches Regierungsgebäude; Ecke Estudiantes & Arce) neben der Kathedrale. Auf dem Weg nach oben stellen Wandbilder Boliviens Unabhängigkeitskampf dar.

★ **Museo de Arte Indígena** MUSEUM

(☎ 645-6651; www.asur.org.bo; Pasaje Iturricha 314; 22 Bs; ⏲ Mo–Fr 9–12.30 & 14.30–18, Sa 9–12 &

Sucre

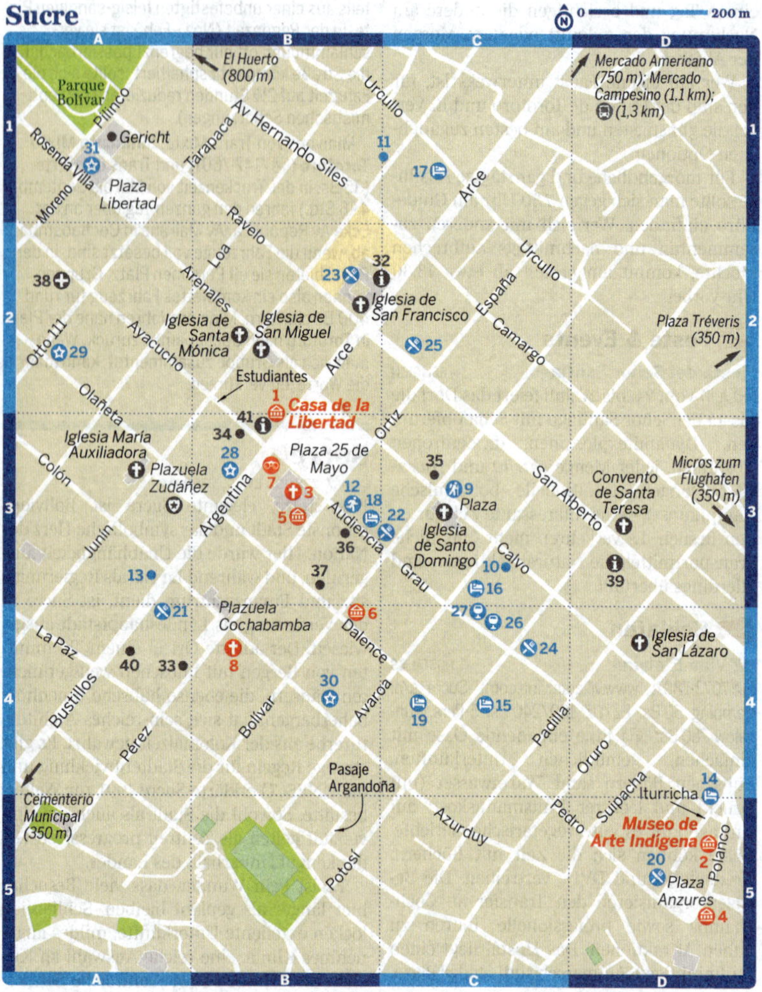

14.30–18 Uhr) Das hervorragende Museum für indigene Kunst ist ein Muss für alle, die sich für die indigenen Völker in der Umgebung von Sucre interessieren. Im Zentrum der Ausstellung stehen gewebte Textilien der Jal'qa und Candelaria (Tarabuco). Das Museum ist nicht nur sehr faszinierend, sondern hat auch einen interessanten Nebeneffekt: Durch die Wiederentdeckung der längst vergessenen Webtechniken ihrer Vorfahren entwickelten die Völker eine Art „Nationalstolz" und ein neues Selbstbewusstsein. Es gibt Erläuterungen auf Englisch und die Besucher können den Webern bei der Arbeit zusehen.

★ Casa de la Libertad MUSEUM
(www.casadelalibertad.org.bo; Plaza 25 de Mayo 11; Eintritt inkl. Führung (optional) 15 Bs; ⌚Di–Sa 9–12 & 14.30–18.30, So 9–12 Uhr) Wenn es um die Geschichte Boliviens geht, ist dieses Museum unschlagbar. Schließlich wurde hier am 6. August 1825 die Unabhängigkeitserklärung unterzeichnet. Als Geburtsort der bolivianischen Nation wurde die Casa de la Libertad aus diesem Grund zum nationalen Denkmal erklärt. Die nur Spanisch sprechenden Museumsführer sind einsame Spitze und werden am Ende ihrer Führungen regelmäßig mit viel Applaus bedacht.

Sucre

Highlights
1 Casa de la Libertad ... B2
2 Museo de Arte Indígena ... D5

Sehenswertes
3 Catedral ... B3
4 Museo de la Recoleta ... D5
5 Museo Eclesiástico de Sucre ... B3
6 Museos Universitarios ... B4
7 Prefectura de Chuquisaca ... B3
8 Templo Nuestra Señora de la Merced ... B4

Aktivitäten, Kurse & Touren
9 Condor Trekkers ... C3
10 Instituto Cultural Boliviano Alemán ... C3
11 Me Gusta Spanish ... C1
12 Off Road Bolivia ... B3
13 South American Spanish School ... A3

Schlafen
14 Casa Kolping ... D4
15 Casa Verde ... C4
16 Kultur Berlin ... C3
17 La Dolce Vita ... C1
18 La Posada ... B3
19 Samary Boutique Hotel ... C4

Essen
20 Café Gourmet Mirador ... D5
21 El Paso de los Abuelos ... A4
22 Florín ... C3
23 Mercado Central ... B2
24 Om ... C4
25 Prem ... C2

Ausgehen & Nachtleben
26 Goblin Brew Pub ... C4
Kulturcafé Berlin ... (siehe 16)
27 La Quimba ... C4

Unterhaltung
28 Casa de la Cultura ... B3
29 El Mercado ... A2
30 La Guarida Espacio Cultural ... B4
31 Teatro Gran Mariscal de Ayacucho ... A1

Praktisches
32 Instituto Geográfico Militar ... B2
33 Laverap ... A4
34 Superlimp ... B3

Transport
35 Amaszonas ... C3
36 BoA ... B3
37 Ecojet ... B3
38 Hospital Santa Bárbara ... A2
39 Infotur ... D3
40 Migración ... A4
41 Oficina Universitaria de Turismo ... B3

Templo Nuestra Señora de la Merced KIRCHE
(Pérez 1; 10 Bs; Mo–Fr 9–12 & 15–17 Uhr) Nach mehrjährigen Restaurationsarbeiten (deren Ende zu Redaktionsschluss nicht feststand) ist das Innere der Kirche noch immer fast blank, dafür bieten sich tolle Ausblicke vom Glockenturm. Da der Orden La Merced 1826 Sucre verließ und mit sämtlichen Aufzeichnungen nach Cuzco ging, ist das Gründungsdatum ungewiss, wird jedoch auf den Zeitraum der 1540er-Jahre geschätzt.

Museos Universitarios MUSEUM
(645-3285; www.usfx.bo/museos-universitarios; Bolívar 698; 20 Bs; Mo–Fr 9–12 & 14.30–18.30, Sa 9–12.30 Uhr) Die Museos Universitarios sind in einem wunderschön restaurierten Gebäude aus dem 17. Jh. mit malerischem Kolonialhof untergebracht. In drei separaten Hallen sind Relikte aus der Kolonialzeit, anthropologische Artefakte und moderne Kunst ausgestellt. Am interessantesten sind die Vitrinen mit Puppen in traditioneller Festtagskleidung und – für den morbiden Geschmack – die Sammlung von Schädeln und mumifizierten sterblichen Überresten. Die Dauerausstellung an Gemälden zeigt größtenteils dunkle Porträts mürrischer Generäle und Politiker, die Qualität der Sonderausstellungen schwankt. Die Infotexte sind auf Spanisch und Englisch.

Museo de la Recoleta MUSEUM
(Plaza Anzures; 15 Bs; Mo–Fr 9–11.30 & 14.30–16.30, Sa 15–17 Uhr) Das Franziskanerkloster in der Calle Polanco hoch über der Stadt wurde 1601 gegründet. Seitdem war es nicht nur Kloster und Museum, sondern auch Kaserne und Gefängnis. Glanzstück der Klosterkirche ist der Chor, dessen wunderbare Holzschnitzereien von 1870 das Martyrium der 1595 in Nagasaki gekreuzigten Mönche zeigen.

Cementerio Municipal FRIEDHOF
(Eingang an der Calle José Manuel Linares; Mo–Fr 8–11.30 & 14–17.30, Sa 8–17.30 Uhr) Der makellos gepflegte Friedhof von Sucre beweist, dass die Ungleichheit nicht mit dem Menschen stirbt. Die Mausoleen reicher Kolonialfamilien und ihrer Nachkommen, zwischen denen aus Pappeln geschnitzte Bögen und hübsche Palmen stehen, sind größer und kunstvoller als die Wohnhäuser der meisten Stadtbewohner. Am Wochenende tummeln sich hier Familien. Man kann die acht Blocks

von der Plaza 25 de Mayo südlich entlang der Junín laufen, alternativ nimmt man ein Taxi oder *micro A*.

Catedral KIRCHE

(Plaza 25 de Mayo; ⏲ Gottesdienst Do & Sa 9 Uhr) Die Kathedrale von Sucre geht auf die Mitte des 16. Jhs. zurück. Die späteren Anbauten im Barockstil fügen sich harmonisch in die Renaissance-Architektur ein. Der Glockenturm des prachtvollen Baus ist ein hiesiges Wahrzeichen, während den einschiffigen Innenraum eine Serie von Ölgemälden mit den Aposteln, ein kunstvolles Altarbild und die Kanzel zieren. Wer nicht zum Gottesdienst kommt, kann sich die Kirche im Rahmen des Besuchs des **Museo Eclesiástico de Sucre** (Ortiz 31; 30 Bs; ⏲ Mo–Fr 9–12 & 14.30–18.30, Sa 14.30–18.30 Uhr) nebenan ansehen.

Aktivitäten

★Condor Trekkers WANDERN

(☎ 7289-1740; www.condortrekkers.org; Ecke Calvo & Bolívar; ⏲ Mo–Sa 8.30–18.30 Uhr) Die beliebte, empfehlenswerte Touragentur ist im gleichnamigen Café untergebracht und organisiert verschiedene mehrtägige Wanderungen ins Umland. Man kann seinen Namen auf dem Whiteboard hinterlassen und darauf hoffen, sich die Kosten mit anderen zu teilen. Das Unternehmen hat sehr gute Guides und geht auf Sonderwünsche ein. Ein Teil des Gewinns geht an soziale Entwicklungsprojekte.

★Off Road Bolivia OUTDOOR-AKTIVITÄTEN

(☎ 7033-8123; www.offroadbolivia.com; Audiencia 44) Die sichersten und besten Quad-, Mountainbike- und Motorradtouren in Sucre. Anfänger können in Kursen Geländefahrten mit dem Motorrad üben.

Kurse

Instituto Cultural Boliviano Alemán SPRACHE

(ICBA; ☎ 645-2091; www.icba-sucre.edu.bo; Calvo 217; ⏲ Mo–Fr 9.30–12.30 & 15–21, Sa 10–12 Uhr) Bietet empfehlenswerte Spanischkurse in Kombination mit Aufenthalten bei Gastfamilien sowie Quechua-Unterricht. Zudem hat das ICBA eine deutschsprachige Bibliothek und eine Liste mit Fremdenzimmern.

South American Spanish School SPRACHE

(☎ 7033-5141; www.sas-school.com; Plazuela San Francisco 107) Spanische Konversationskurse für Gruppen und Einzelpersonen sowie Salsa, folkloristische Tänze und Kochkurse. Die Schule vermittelt außerdem Unterkünfte bei Gastfamilien und Freiwilligenarbeit.

Me Gusta Spanish SPRACHE

(☎ 645-8689; www.megustaspanish.com; Junín 333, 2. OG) Hat Kurse für bestimmte Interessengebiete wie Sport, Kochen oder Stadtführungen im Angebot und vermittelt Unterkünfte bei Gastfamilien.

Feste & Events

Fiesta de la Virgen de Guadalupe RELIGION

(⏲ Sept.) Am Wochenende vor oder nach dem 8. September strömen Menschen aus dem ganzen Land in die Stadt, um mit den *campesinos* das traditionelle Fest mit viel Musik, Volkstanz und Gedichtsvorträgen zu feiern. Am nächsten Tag kleiden sich alle in bunte Kostüme und tragen das Bildnis der Virgen de Guadalupe und andere religiöse Symbole unter silbernen Bögen in einer langen Prozession rund um die Plaza 25 de Mayo.

Schlafen

★Kultur Berlin HOSTEL $

(☎ 646-6854; www.kulturberlin.com; Avaroa 326; B im Schlafsaal mit 4/8 Betten 75/55 Bs, EZ/DZ inkl. Frühstück 85/200 Bs; @ 📶) Das große gesellige Hostel ist sicherlich die beste Adresse, um mit Mitreisenden in Kontakt zu kommen. Es ist in einem weitläufigen Kolonialgebäude untergebracht. Für Pärchen oder ruheliebende Gäste bieten sich die individuell gestalteten oberen Zimmer im Hinterhaus an.

La Dolce Vita PENSION $

(☎ 691-2014; www.dolcevitasucre.com; Urcullo 342; EZ/DZ/3BZ 90/140/195 Bs, EZ/DZ ohne Bad 55/100 Bs; @ 📶) Die frisch in Weiß gestrichene Fassade macht die urlauberfreundliche Pension ansprechender. Zur Auswahl stehen einfache Zimmer in verschiedenen Preisklassen. Die Küche ist etwas schäbig, dafür lädt die Terrasse zum Sonnen ein. Für längere Aufenthalte gibt es Rabatte.

★Casa Verde B&B $$

(☎ 645-8291; www.casaverdesucre.com; Potosí 374; EZ/DZ/Suite 145/260/340 Bs; @ 📶 🏊) Die makellose Casa Verde ist wie ein zweites Zuhause, verdientermaßen beliebt und angesichts des Service ausgesprochen günstig. Der belgische Besitzer Rene tut alles für seine Gäste. Die Zimmer sind um einen kleinen Hof mit Pool angeordnet und nach Renes Kindern und Enkeln benannt. Wer im Winter kommt, kann sich über dicke Daunendecken freuen.

Casa Kolping HOTEL $$
(☎ 642-3812; www.casakolpingsucre.com; Pasaje Iturricha 265; EZ/DZ 300/360 Bs; @) Das exzellente Hotel hoch auf einem Hügel bei der Plaza Anzures mit toller Aussicht über Sucre richtet sich in erster Linie an Konferenzbesucher, ist jedoch auch für andere Gäste eine attraktive Unterkunft. Dafür sorgen saubere, komfortable, gut ausgestattete (wenn auch recht arttypische) Zimmer, ein effizienter Service und ein gutes Restaurant. Für Reisende mit Kindern gibt es Familienapartments mit viel Platz und einen Pingpongtisch.

★ **Samary Boutique Hotel** BOUTIQUEHOTEL $$$
(☎ 642-5088; www.samaryhotel.com; Dalence 349; EZ/DZ ab 380/500 Bs; @) Das Samary setzt das ambitionierte Konzept, ein traditionelles Chuquisaca-Dorf in Hotelform nachzubilden, überraschend gut um. Es gibt eine Plaza, eine Kapelle und sogar eine *chichería*, die authentische hausgemachte Spirituosen verkauft. Die Zimmer haben höchsten Standard und werden von Yamparaez-Textilien und nachgemachten Felsmalereien geschmückt.

★ **La Posada** BOUTIQUEHOTEL $$$
(☎ 646-0101; www.hotellaposada.com.bo; Audiencia 92; EZ/DZ 345/552 Bs; @) Die komfortable, elegante Unterkunft verfügt über charmante, geschmackvoll eingerichtete, gemütliche Zimmer mit ansprechendem Kolonialambiente und Holzelementen. Sie überblickt die Stadt, ist stilvoll und intim und hat zudem eine gute Familiensuite. Das empfehlenswerte Restaurant im Hof ist ein toller Ort zum Frühstücken und der Service ist professionell.

Essen

Mercado Central MARKT $
(Ecke Ravelo & Junín; ⏲ Mo–Sa 7–19.30, So bis 11 Uhr) Die frischen Säfte (7 Bs) sollte man auf jeden Fall probieren; die Verkäufer haben stets köstliche Kreationen im Angebot, z. B. *jugo de tumbo* aus unreifer Passionsfrucht. Ein Stockwerk über den Kleiderständen werden den ganzen Tag über leckere, günstige Mahlzeiten an Picknicktischen serviert. Dies ist eher nichts für empfindliche Mägen.

El Paso de los Abuelos FAST FOOD $
(Bustillos 216; *salteñas* 8 Bs; ⏲ 8–13 Uhr) Wer die leckeren *salteñas* (Fleisch- und Gemüsepasteten) dieser *salteñería*-Bäckerei kosten möchte, sollte früh kommen – sie sind schnell ausverkauft.

Prem VEGAN $
(San Alberto 54; Mittagsmenü 25 Bs; ⏲ Mo–Sa 11–15 & 19–21 Uhr;) In dem winzigen, gut besuchten Lokal lassen sich Einheimische an wenigen Tischen leckere vegane Mittagsmenüs schmecken. Zudem gibt es gute Säfte, Smoothies und Cupcakes.

★ **Om** INTERNATIONAL $$
(Ecke Potosí & Grau; Hauptgerichte 30–70 Bs; ⏲ 8.30–22 Uhr) Die Tapas-ähnlichen Gerichte passen gut zu dem wunderschönen, schicken Patio im mediterranen Stil – fast nirgendwo in der Stadt speist man vor hübscherer Kulisse. Die Speiseauswahl reicht von mit Blauschimmelkäse und Walnüssen gefüllten Datteln im Speckmantel über Cajun-Shrimps bis hin zu Hauptgerichten wie über Mesquiteholz geräucherter Forelle mit Rosmarinschaum. Für kühle Abende gibt es Heizgeräte; die Öffnungszeiten können variieren.

★ **Café Gourmet Mirador** CAFÉ $$
(Pasaje Iturricha 297, Mirador de la Recoleta; Hauptgerichte 25–45 Bs; ⏲ 9–20 Uhr;) In einem Clubsessel über den Dächern der Stadt und den umliegenden Bergen ist man versucht, sich einen Zweitwohnsitz in Sucre zuzulegen. Unabhängig von der Tageszeit fühlt man sich hier wie im Paradies (tagsüber sollte man einen Hut und Sonnencreme mitbringen), wenn man sich zu den Immobilienannoncen einen Espresso, Smoothie, ein Sandwich oder eine Tortilla schmecken lässt.

★ **Florín** INTERNATIONAL $$
(Bolívar 567; Hauptgerichte 35–45 Bs; ⏲ Mo–Fr 10–2, Sa & So 8.30 Uhr–open end;) Das stimmungsvolle Bar-Restaurant serviert eine bunte Mischung aus typisch bolivianischen und internationalen Gerichten wie Tandoori-Hühnchen, Pad Thai und Moussaka, die aber bei Weitem nicht an die Originale heranreichen. Zudem gibt's ein „Full English breakfast“. Sehr beliebt ist auch die Bar mit der 13 m langen Theke, an der sich Einheimische und Ausländer abends auf ein Bier oder zwei treffen.

★ **El Huerto** INTERNATIONAL $$$
(☎ 7612-3300, 645-3587; www.elhuertorestaurante.net; Av Cabrera 86; Hauptgerichte 65–95 Bs; ⏲ Mo, Di & So 12–16, Mi–Sa 12–16 & 19–22 Uhr) El Huerto inmitten eines wunderschön abgeschiedenen Gartens versprüht die Atmosphäre einer stilvollen Gartenparty samt Sonnenschirmen und grasigem Untergrund. Neben tollem Service gibt es stilvoll angerichtete, traditionelle Gerichte (zu empfehlen ist Cho-

rizo), die zu den besten ganz Boliviens zählen. Weitere Spezialitäten sind Garnelen sowie Fisch und Chateaubriand aus Peru und Bolivien, zudem ist die Weinauswahl exzellent.

Ausgehen & Nachtleben

La Quimba BAR

(Grau 238; ⏲Di–Sa 19.30 Uhr–open end) Irgendwie ist in der winzigen Bar freitagabends oft überraschend viel Platz für diverse Musiker, die von Jazz bis Weltmusik fast alles spielen. In entspannter Künstleratmosphäre werden zu coolen Drinks vegetarische Gerichte wie Linsen- und Quinoaburger (20 Bs) serviert.

Goblin Brew Pub BAR

(Grau 246; ⏲Do–Sa 20 Uhr–open end) Der Familienbetrieb mit hohen Decken erinnert an eine spanische Taverne und bietet eine gute Auswahl an hausgebrauten Craft-Bieren.

Kulturcafé Berlin BAR

(www.kulturberlin.com; Avaroa 326; ⏲8–0.30 Uhr; 📶) Die meisten ausländischen Backpacker lassen den einen oder anderen Ausgehabend in dieser großen angesagten Bar ausklingen. Es gibt einen Außenpatio mit Sitzbereich, Fernseher mit Sportübertragungen, regelmäßige Spieleabende und sogar folkloristische Tänze und Livemusik. Daneben werden bolivianische Klassiker, mexikanische und deutsche Spezialitäten sowie gute Desserts serviert.

Unterhaltung

Jeden Monat erscheint eine Broschüre mit Sucres kulturellen Veranstaltungen. Sie liegt in Touristeninformationen, Bars und Restaurants aus. Die Kunstzentren **La Guarida Espacio Cultural** (☎7756-7432; www.facebook.com/laguaridaespaciocultural; Azurduy 118) und **El Mercado** (☎644-3154; Olañeta 277; ⏲Do–Sa, unterschiedliche Öffnungszeiten) sind bei der hiesigen Künstlergemeinde beliebt. Andere Einrichtungen bieten Sprachkurse an und richten Kulturevents aus.

Teatro Gran Mariscal de Ayacucho THEATER

(Plaza Libertad) In dem opulenten Opernhaus finden heute diverse Livevorführungen statt. Einen monatlich erscheinenden Eventkalender gibt es bei der Touristeninformation und der **Casa de la Cultura** (☎643-9621; sucrecultural@hotmail.com; Argentina 65).

Shoppen

Der beste Ort, um etwas über traditionelle hiesige Webarbeiten zu erfahren, ist das Museo de Arte Indígena (S. 275). Wer welche kaufen möchte, ist direkt in den Dörfern an der richtigen Adresse. Die Preise sind für bolivianische Verhältnisse hoch, dafür stimmt die Qualität. In der Nähe der Hauptplaza verkaufen mehrere Geschäfte Kleidung aus lokaler Produktion, von hochwertigen Alpaka-Pullovern bis hin zu günstigen Ponchos.

Ein Abstecher zum **Mercado Americano** (⏲8–19 Uhr) bei der Kreuzung Mujía/Reyes wird Modeliebhaber für Stunden beschäftigen, während der riesige labyrinthartige **Mercado Campesino** (⏲6–19 Uhr) einen faszinierenden Mix aus traditioneller authentischer Küche, Haushaltswaren und Ramsch bietet. Vom Zentrum aus geht's per *micro* 7 oder *G* Richtung Norden.

Praktische Informationen

GEFAHREN & ÄRGERNISSE

Sucre gilt schon lange als eine der sichersten Städte Boliviens, wer dennoch Probleme bekommen sollte, kann sich an die **Touristenpolizei** (☎648-4811; Dalence 1, Plazuela Zudáñez) wenden.

GELD

Geldautomaten gibt es in der gesamten Innenstadt, jedoch nicht am Busbahnhof.

MEDIZINISCHE VERSORGUNG

Bei medizinischen Notfällen wendet man sich ans **Hospital Santa Bárbara** (☎643-5240; Ecke Ayacucho & René Moreno, Plazuela Libertad; ⏲24 Std.).

TOURISTENINFORMATION

Infotur (☎645-5983; San Alberto 413; ⏲Mo–Sa 8–12 & 16–18, So 9–12 & 14.30–18 Uhr) hat ein recht nützliches Büro in der Stadt sowie Infostände am Flughafen, am Busbahnhof und an der Plaza Libertad. Die **Oficina Universitaria de Turismo** (☎644-7644; Estudiantes 49; ⏲Mo–Sa 16–19, So 14–19 Uhr) wird von Universitätsstudenten geleitet und stellt manchmal Guides für Stadtführungen.

Das Büro der **Migración** (☎645-3647; www.migracion.gob.bo; Bustillos 284; ⏲Mo–Fr 8.30–12.30 & 14.30–18.30 Uhr) verlängert Visa und Aufenthaltsgenehmigungen schnell und unkompliziert.

Das **Instituto Geográfico Militar** (☎645-5514; Arce 110; ⏲Mo–Fr 8.30–12 & 14.30–18 Uhr) verfügt über topografische Karten des Departamento Chuquisaca.

WÄSCHEREI

Vor Ort gibt es eine Handvoll *lavanderías*, darunter **Laverap** (Ortiz; 9 Bs/kg; ⏲Mo–Sa 8–20, So bis 12 Uhr) und **Superlimp** (Estudiantes 26; 12 Bs/kg; ⌚ Mo–Sa 8.30–20 Uhr), die kiloweise abrechnen; die meisten benötigen einen halben Tag oder länger. Bis auf eine oder zwei Wäschereien sind alle sonntags geschlossen.

ℹ An- & Weiterreise

BUS

Der **Busbahnhof** (☎ 644-1292; Av Ostria Gutiérrez) liegt einen 3 km langen Fußmarsch bergauf vom Zentrum entlang der Av Gutierrez. Am einfachsten gelangt man per *micros A* oder *3* (1,50 Bs) von der Ravelo aus oder mit dem Taxi (für viel Gepäck sind *micros* zu voll) hierher. Beim hohen mittäglichen Verkehrsaufkommen ist man zu Fuß schneller. Mit Ausnahme von Potosí ist es ratsam, Fernbusreisen einen Tag im Voraus zu buchen, um einen Sitzplatz zu reservieren. Es wird eine Terminalsteuer von 2,50 Bs erhoben. Vor Ort gibt es einen Informationsstand, aber keinen Geldautomaten. Um Besuchern die Fahrt zum Busbahnhof zu ersparen, verkaufen viele Reiseagenturen im Zentrum gegen eine kleine Gebühr Tickets für bestimmte Verbindungen.

In den nächsten Jahren soll ein neuer Busbahnhof gebaut werden.

Nach La Paz fährt man am besten am frühen Abend (und nicht nachmittags), da man so nicht mitten in der Nacht ankommt. Der neue Anbieter El Mexicano (Abfahrt 18 Uhr) ist die beste Wahl für die Santa-Cruz-Route, und im Andes-Bus nach Oruro oder Tarija fühlt man sich wie in der ersten Klasse eines Flugzeugs.

Wer nach Tarija oder Villazón möchte, macht sich am besten nach Potosí auf. Die schnellste und bequemste (wenn auch nicht günstigste) Art dorthin ist ein Sammeltaxi (50 Bs, 2 Std.), das über das jeweilige Hotel oder per Anruf organisiert werden kann. Zu empfehlen ist **Super Movil** (☎ 645-2222).

Für Reisen nach Uyuni sind die Busse von 6 de Octubre zu empfehlen (entweder *cama* mit Liegesitzen oder *semi-cama*), die täglich um 9 und 20 Uhr abfahren.

ZIEL	PREIS (BS)	DAUER (STD.)
Camiri	120	18
Cochabamba	80–90	10
La Paz	150–260	12
Oruro	40–70	7–8
Potosí	30–50	3
Santa Cruz	94–105	12
Uyuni	80–90	8½

FLUGZEUG

BoA (☎ 691-2360; www.boa.bo; Audiencia 21; ⌚ Mo–Fr 8.30–12.30 & 14.30–18.30, Sa 8.30–12.30 Uhr) bietet internationale Verbindungen zwischen Sucre und Buenos Aires, Madrid, Salta und São Paulo.

BoA, **Ecojet** (☎ 691-4711; www.ecojet.bo; Dalence 138; ⌚ Mo–Fr 8.30–12.30 & 14.30–18.30 Uhr) und **Amaszonas** (☎ 643-7000; www.amaszonas.com; Calvo 90; ⌚ Mo–Fr 8.30–12.30 & 14.30–18.30 Uhr) fliegen mehrmals täglich nach Cochabamba, La Paz und Santa Cruz. Amaszonas bedient zudem montags, mittwochs und freitags jeweils einmal Uyuni (einfacher Flug ca. 374 Bs). Mehrmals in der Woche starten Direktflieger von BoA nach Tarija. TAM verkehrt außerdem nach Sucre, La Paz und Santa Cruz, das hiesige Büro der Linie wurde bei unserem Besuch allerdings gerade umgestaltet.

Sucres neuer Flughafen namens **Alcantarí International Airport** befindet sich in Yamparáez, 30 km südlich der Stadt, und wirkt etwas unfertig und verwaist. Nur wenige Geschäfte und Restaurants sind geöffnet, insbesondere zu Nachtflügen. Es gibt einen Geldautomaten, jedoch keine Wechselstube. Im Vergleich zum alten Flughafen ist er jedoch weniger anfällig für schlechtes Wetter und definitiv nicht durch Wohnhausprojekte gefährdet. Die Ausreisegebühr beträgt 11 Bs.

Abends benötigt man vom Zentrum zum Flughafen mit dem Taxi 40 Minuten (50 Bs), tagsüber aufgrund des Verkehrs länger. Alternativ verkehren ab der **Plaza Tréveris** Sammeltaxis für mindestens zwei Fahrgäste (60 Bs) sowie *micros* – wenn sie voll besetzt sind – ab einem **Stand** nahe der Plaza Camargo (8 Bs).

Rund um Sucre

Tarabuco

☎ 4 / 19 500 EW. / 3284 M

Das kleine, vorwiegend indigen geprägte Dorf **Tarabuco**, 65 km südöstlich von Sucre, ist für seine Textilien bekannt, die zu den berühmtesten in ganz Bolivien gehören. Für Besucher hingegen ist Tarabuco vor allem wegen der alljährlichen Feierlichkeiten zu **Pujllay** (⌚ März) im März und wegen des farbenfrohen weitläufigen **Sonntagsmarktes** (⌚ 7–16 Uhr) ein beliebtes Ziel für einen Tagesausflug ab Sucre. Bemerkenswert sind außerdem die hochwertigen *artesanías* wie Pullover, *charangos*, Kokabeutel, Ponchos und Webarbeiten mit geometrischen Mustern und Tiermotiven.

Micros nach Tarabuco (10 Bs, 1½ Std.) fahren, sobald sie voll besetzt sind, sonntags zwischen 6.30 und 9.30 Uhr von der Kreuzung Av de las Américas und Av Mendoza in Sucre ab. Die Rückfahrt nach Sucre erfolgt um 11 und 15.30 Uhr direkt vor der **Touristeninformation** (Ecke Calle 1° de Mayo & Potosí) in Tarabuco.

Viele Reisende kommen mit „gecharterten" Minivans (hin & zurück 40 Bs, 2 Std. pro Strecke) aus Sucre. Tickets müssen vorab in größeren Hotels oder bei Reiseagenturen gekauft werden.

Man muss ausreichend Bargeld mitbringen. Geldautomaten gibt es nicht und Kreditkarten werden nicht akzeptiert.

Cordillera de los Frailes

Der eindrucksvolle geriffelte Bergzug, der Sucre als Kulisse dient, ist eine imposante Barriere zwischen den Departamentos Chuquisaca und Potosí. Nur eine kurze Fahrt nordwestlich von Sucre werden die Straßen unwegsamer, umrunden bewaldete Berge und lassen das modern-urbane Bolivien weit hinter sich. Die Region ist die Heimat der Jal'qa und der Traum eines jeden Wanderers dank ihrer bizarr geformten, verschiedenfarbigen Felsen und der trügerisch hohen und weit entfernten Gipfeln.

Aktivitäten

Es ist sehr zu empfehlen, sich einer geführten Wanderung anzuschließen. So erlebt man die Region intensiver und tritt mit den Quechua-sprechenden *campesinos* (Subsistenzbauern) in Kontakt. Die verantwortungsbewussten Guides helfen dabei, kulturelle Zusammenstöße zu vermeiden, den touristischen Fußabdruck zu minimieren und die hiesige Kultur besser zu verstehen.

Fast jede Reiseagentur in Sucre wirbt mit Ausflügen in die Cordillera. Zur Auswahl stehen dabei Eintagestouren zu den Felsmalereien in Incamachay und Pumamachay und zweitägige Rundwanderungen von Chataquila nach Incamachay und Chaunaca. Es ist wichtig, einen verantwortungsvollen Anbieter zu wählen, der die Gemeinden, die besucht werden, miteinbezieht. Geführte Touren liegen bei ca. 650 Bs für drei Tage bzw. 800 Bs für vier Tage pro Person. Condor Trekkers (S. 278) in Sucre ist sehr zu empfehlen.

Schlafen

★ **Samary Wasi** HOSTAL $$
(☎693-8088; Maragua; EZ/DZ/3BZ 152/207/276 Bs) In Irupampa, 1 km vom Dorf Maragua entfernt, steht dieses reizende *hostal* aus Stein mit rotem Ziegeldach. Es verfügt über drei Schlafzimmer, jede Menge schwere Decken für kalte Nächte, eine Toilette, eine Dusche, einen kleinen Sitzbereich für Mahlzeiten und Steckdosen, um Geräte aufzuladen.

Potosí

☎2 / 190 000 EW / 4070 M

Die Konquistadoren haben El Dorado, die legendäre goldene Stadt, nie gefunden, dafür aber Potosí und seinen Cerro Rico, einen „reichen Hügel" aus Silber, in die Hände bekommen. Die Stadt wurde 1545 gegründet, kurz nachdem Erz entdeckt wurde, und schon bald finanzierte das hier geförderte Silber das gesamte Spanische Reich. Wenn etwas sehr lukrativ ist, bezeichnet man es in Bolivien selbst heute noch als *vale un Potosí* (wertvoll wie Potosí).

Während der Blütejahre schienen die Metallvorräte schier unerschöpflich und machten Potosí zur größten und reichsten Stadt des amerikanischen Kontinents. Als das Silber aufgebraucht war, begann jedoch ihr Niedergang und die Bewohner verarmten. Erz, Zinn, Blei und andere Mineralien werden bis heute gefördert, wobei die Arbeitsbedingungen der Minenarbeiter katastrophal sind. Potosís prachtvolle Kirchen und schmucke Kolonialarchitektur lohnen aber einen Besuch.

Sehenswertes

★ **Casa Nacional de la Moneda** MUSEUM
(☎622-2777; www.casanacionaldemoneda.bo; Ayacucho, nahe Bustillos; Eintritt mit Führung 40 Bs, Fotoerlaubnis 20 Bs; ⏲Führungen Di–Sa 9, 10.30, 14.30 & 16.30, So 9 & 10.30 Uhr) Die Nationale Münze ist die größte Sehenswürdigkeit in Potosí und gehört zu den besten Museen in Südamerika. Die erste Münze in Potosí ließ der Vizekönig von Toledo 1572 am Standort der heutigen Casa de Justicia errichten. Deren Nachfolgerin ist in einem riesigen, unglaublich schönen Gebäude untergebracht, das einen ganzen Häuserblock einnimmt. Man muss kein Numismatiker sein, um sich von der Geschichte der ersten weltweit gültigen Währung faszinieren zu lassen.

★ **Museo y Convento de Santa Teresa** MUSEUM
(www.museosantateresa.blogspot.com; Ecke Santa Teresa & Ayacucho; Eintritt inkl. Führung 21 Bs, Fotoerlaubnis 10 Bs; ⏲Mo & Mi–Sa 9–12.30 & 14.30–18, Di 14.30–18, Sa 15–18 Uhr) Das faszinierende Santa-Teresa-Kloster wurde 1685 gegründet und beherbergt noch immer eine kleine Ge-

Potosí

Potosí

Highlights
1 Casa Nacional de la Moneda C3
2 Museo y Convento de Santa Teresa B3

Sehenswertes
Glockenturm .... (siehe 4)
3 La Capilla de Nuestra Señora de Jerusalén B1
4 La Catedral C3
5 Museo y Convento de San Francisco C4
6 Torre de la Compañía de Jesús B3

Aktivitäten, Kurse & Touren
7 Altiplano Tours C3
8 Big Deal Tours C3
9 Koala Tours C3

Schlafen
10 Casa Blanca C3
11 Hostal Colonial D3
12 Hotel Coloso Potosí D2
13 La Casona Hostal C3

Essen
14 4.060 .... D2
15 Café la Plata C3
16 El Fogón B3
Koala Café .... (siehe 9)
17 Mercado Central B2

Ausgehen & Nachtleben
18 La Casona Pub B2

Praktisches
19 InfoTur de Potosí B3

meinschaft von Karmeliternonnen, die das ansehnliche Gebäude restaurierten und teils in ein Museum verwandelten. Die exzellente Führung (1¾ Std.; auf Spanisch und Englisch) zeigt, wie Mädchen aus reichen Familien im Alter von 15 Jahren dem Kloster beitraten und sich für immer von ihren Eltern und Angehörigen verabschiedeten.

Museo y Convento de San Francisco MUSEUM

(☎622-2539; Ecke Tarija & Nogales; Eintritt mit Führung 15 Bs; ⏲ Führungen Mo–Fr 9.30, 11, 15 & 16, Sa 9 & 12 Uhr) Das 1547 von Fray Gaspar de Valverde gegründete Kloster ist das älteste in Bolivien. Da es rund 150 Jahre später bereits zu klein war, wurde es 1707 abgerissen und in den folgenden 19 Jahren wieder aufgebaut. Im Museum ist eine schöne Sammlung religiöser Kunst ausgestellt, darunter Gemälde aus der Schule von Potosí wie *Die Errichtung des Kreuzes* von Melchor Pérez de Holguín, mehrere Werke von Juan de la Cruz Tapia aus der Mitte des 19. Jhs. und 25 Szenen aus dem Leben des hl. Franz von Assisi.

Torre de la Compañía de Jesús KIRCHE

(Ayacucho, nahe Bustillos; Turm 10 Bs; ⏲ Mo–Fr 8–11.30 & 14–17.30, Sa 8–12 Uhr) Der schöne, reich verzierte Glockenturm ist so ziemlich alles, was von der ehemaligen Jesuitenkirche übrig blieb. Er wurde nach dem Einsturz der Kirche 1707 errichtet. Sowohl der Turm als auch das Portal der Kirche sind mit kunstvollen Elementen des Mestizo-Barock verziert. Hier befindet sich auch die Touristeninformation von Potosí (S. 286).

La Catedral ARCHITEKTUR

(Cathedral; Plaza 10 de Noviembre; ⏲ Mo–Fr 15–18.30 Uhr, Öffnungszeiten variieren) Der Bau der Kathedrale dauerte von 1564 bis etwa 1600. Das Originalgebäude behauptete sich bis ins frühe 19 Jh., dann fiel es größtenteils in sich zusammen. Die heutige Konstruktion stammt vorwiegend aus dem Neoklassizismus und die eleganten Linien stehen für eines der am besten erhaltenen Beispiele dieses Stils in Bolivien. Das Dekor im Inneren zählt zu den schönsten der Stadt. Bei einem Besuch des **Glockenturms** (Junín; 15 Bs; ⏲ Mo–Fr 9–12 & 15–18 Uhr) bieten sich hübsche Blick auf die Stadt.

La Capilla de Nuestra Señora de Jerusalén KIRCHE

(Plaza del Estudiante; ⏲ So 9–19 Uhr) Dies ist ein wenig bekanntes Schmuckstück von Potosí. Aus einer anfangs sehr bescheidenen Kapelle zu Ehren der Virgen de Candelaria wurde im 18. Jh. die heutige, prachtvoll ausgestattete Kirche. Besonders beeindruckend ist der vergoldete *retablo* im üppigen Barockstil: Der Altaraufsatz ist über und über mit Darstellungen religiöser und historischer Ereignisse sowie natürlich der Jungfrau Maria und wunderbaren Gemälden biblischer Szenen von unbekannten Malern der Schule von Potosí geschmückt. Die ebenso eindrucksvolle Kanzel zieren winzige Gemälde von Melchor Pérez de Holguín.

Geführte Touren

Neben Minentouren veranstalten zahlreiche hiesige Agenturen auch andere Ausflüge wie eine dreistündige Stadtführung (70–100 Bs, ohne Eintrittsgebühren) zu den Museen und Monumenten. Außerdem beliebt sind z. B. die heißen Quellen von Tarapaya (S. 287; 50–100 Bs), geführte Trekkingtouren um die Lagunas de Kari Kari (S. 287; 160–280 Bs) sowie Besuche der Kolonial-Haciendas rund um Potosí (150 Bs). Bei vielen Anbietern gibt es auch Trips zur Salar de Uyuni, die sich lohnen, wenn man in die Richtung unterwegs ist. Die Touren sind meistens über das jeweilige Hotel buchbar, da die meisten Unterkünfte selbst welche organisieren oder mit den Agenturen zusammenarbeiten.

WARNUNG ZU MINENTOUREN

Die Kooperativen sind keine Museen, sondern Minen, die noch in Betrieb sind und beklemmend wirken. Wer eine Tour plant, muss wissen, dass diese gewisse Risiken birgt. Wer gesundheitliche Probleme hat (besonders problematisch sind Klaustrophobie, Asthma und andere Atemwegserkrankungen), sollte darauf verzichten. Laut medizinischen Experten, u. a. vom NHS, sind langfristige gesundheitliche Probleme aufgrund einer Minentour, bei der man nur ein paar Stunden Schadstoffen ausgesetzt ist, äußerst unwahrscheinlich. Wer aufgrund des Asbest- und Kieselerdestaubs dennoch Bedenken hat, sollte die Minen ebenfalls nicht betreten. Darüber hinaus können Unfälle passieren, z. B. durch Explosionen, herabfallende Felsen oder wegrollende Minenwagen. Aus diesen Gründen müssen Tourteilnehmer bei allen Veranstaltern eine Verzichtserklärung unterschreiben, die sie von jeglicher Haftung für Verletzungen, Krankheiten oder Todesfälle befreit. Ist dies nicht der Fall, wählt man einen anderen Anbieter. Man sollte es sich gut überlegen, ob man eine Mine besuchen möchte. Wer sich dafür entscheidet, auf den wartet eine denkwürdige Erfahrung, die den Horizont erweitert.

Big Deal Tours GEFÜHRTE TOUREN

(☎623-0478; www.bigdealtours.blogspot.com; Bustillos 1092; Minentour 150 Bs; ⊙Mo–Sa 8–20 Uhr) Die Bergwerksbesichtigungen werden von ehemaligen und noch aktiven Bergarbeitern geführt. Daher sind die Führungen sehr informativ, mitreißend und humorvoll, und es kommt zu interessanten Begegnungen mit den gerade arbeitenden Kumpeln.

Koala Tours GEFÜHRTE TOUREN

(☎622-2092; www.koalabolivia.com.bo; Ayacucho 5) Der Anbieter im Erdgeschoss des gleichnamigen **Cafés** (Hauptgerichte 15–45 Bs; ⊙7–22 Uhr) ist bei Backpackern beliebt, auch weil er zwei Hostels in Potosí betreibt. Montags bis freitags finden zweimal täglich Minentouren statt (130 Bs; 8.45 & 13.30 Uhr), wobei ein kleiner Teil des Gewinns an die Bergbaugemeinde geht. Zum Angebot gehören außerdem Ausflüge nach Tarapaya (S.287; 150 Bs), Trekkingtouren nach Kari Kari und die Buchung von Bustickets für die Weiterreise.

Altiplano Tours GEFÜHRTE TOUREN

(☎622-5353; Ayacucho 19; Minentour 140 Bs) Am Ende dieser Minentouren können sich die Teilnehmer selbst an der Bergwerksarbeit versuchen. Der Veranstalter bietet auch Ausflüge zu *tinku*-Veranstaltungen (rituellen Kämpfen).

Schlafen

Die Unterkünfte in Potosí laden nicht gerade zu einem verlängerten Aufenthalt ein. Mit Ausnahme der Hacienda Cayara sollte man lediglich Optionen im Zentrum in Betracht ziehen. In der Regel haben nur Hotels der mittleren und oberen Preisklasse eine Heizung und manchmal müssen Mitarbeiter regelrecht überredet werden, diese einzuschalten. In günstigeren Häusern sind eventuell nicht genug Decken vorhanden, deswegen ist ein Schlafsack zu empfehlen.

★ **La Casona Hostal** HOSTEL $

(☎623-0523; www.hotelpotosi.com; Chuquisaca 460; B 40 Bs, EZ/DZ/3BZ/4BZ 100/140/200/240 Bs, ohne Bad 70/90/135/180 Bs; @📶) Das charmant zerbröckelnde Kolonialhaus aus dem 18. Jh. im Stadtzentrum mit einem ebenso hübschen überdachten gelben Innenhof mit Steinfliesen beherbergt Privatzimmer mit netten Holzböden, schweren Decken und sauberen Warmwasserduschen. Backpacker geben den Schlafsälen durchwachsene Bewertungen, teils wegen des Zustandes der Gemeinschaftsbäder.

Casa Blanca HOSTEL $

(☎7142-4313; luiszilvetiali@gmail.com; Tarija 35; B 40 Bs, DZ 100 Bs) Die mit Graffiti verzierten Wände des Innenhofs verleihen dem weißgetünchten Hostel ein wenig Farbe. Die Zimmer sind ansonsten durchschnittlich und die Bäder könnten eine Renovierung vertragen. Das Personal ist freundlich und hilfsbereit.

★ **Hostal Colonial** HOTEL $$

(☎622-4265; www.hostalcolonialpotosi.com.bo; Hoyos 8; EZ/DZ/3BZ 320/420/505 Bs; @📶) Das freundliche, strahlend weiße Hotel in einem gepflegten Kolonialhaus bei der zentralen Plaza hat recht kleine Zimmer mit Fenstern zum Innenhof. Sie bieten jedoch alle eine Minibar und Kabel-TV, teilweise auch eine Badewanne. Die Lage der alteingesessenen, sehr beliebten Mittelklasse-Unterkunft ist fantastisch, das Personal ist sehr hilfsbereit und spricht Englisch.

Hotel Coloso Potosí HOTEL $$$

(☎622-2627; www.potosihotel.com; Bolívar 965; EZ/DZ/3BZ 530/670/920 Bs, Suite 707–884 Bs; @📶🏊) Das einzige Fünf-Sterne-Haus der Stadt ist für hiesige Verhältnisse luxuriös, kommt jedoch in Sachen Zimmerausstattung und Design nicht über ein gewöhnliches Holiday Inn hinaus und wirkt recht spießig. Dafür gibt es einen Pool, ein Restaurant, eine Sauna und Zimmerservice. Manche Quartiere haben tolle Blicke auf die Stadt.

Essen & Ausgehen

★ **Café la Plata** CAFÉ $

(Plaza 10 de Noviembre; Hauptgerichte 14–45 Bs; ⊙Mo 13.30–23, Di–Sa 10–23 Uhr) Das schöne Lokal mit hohen Decken ist bei Weitem das beste und anspruchsvollste Café der Stadt. Es ist auf eine altmodische Art schick und gemütlich und der perfekte Ort, um durch die großen Fenster das Treiben auf der Plaza zu beobachten. Der Espresso ist stark, der Wein wird offen ausgeschenkt und überall liegen Zeitschriften zum Schmökern. Kuchen, Sandwiches, Salate und Nudelgerichte sind ebenfalls sehr gut.

Mercado Central MARKT $

(Oruro; Snacks 6 Bs; ⊙6–19 Uhr) An den Ständen im *comedor* (Speiseraum) gibt es günstiges Frühstück in Form von Brot, Pasteten und Kaffee. Unten locken exzellente Saftstände. Käse- und Fleisch-Empanadas werden bis zum frühen Nachmittag auf dem

Markt verkauft, abends bieten Straßenhändler dann *humitas* (gebackene oder gekochte Maismehltaschen, gefüllt mit Käse, Zwiebeln, Ei und Gewürzen) feil.

El Fogón INTERNATIONAL $$
(Ecke Oruro & Frías; *almuerzo* 30 Bs, Hauptgerichte 30–70 Bs; ⌚10–22 Uhr) Das geräumige, farbenfrohe und helle Restaurant im Zentrum ist wegen seiner internationalen und bolivianischen Speiseauswahl, zu der Lamasteaks zählen, beliebt. Tatsächlich sind aber die Portionen nicht groß und die Servicemitarbeiter langsam und unaufmerksam.

★ **4.060** INTERNATIONAL $$$
(☎622-2623; www.cafepub4060.com; Hoyos 1; Hauptgerichte 45–90 Bs; ⌚Mo–Sa 16–23.30 Uhr) Potosís angesagtestes Restaurant lockt jede Menge Urlauber an, die auf einen gemütlichen, familiären Abend aus sind. Die weitläufige moderne Café-Bar wird wegen der Pizzas, Burger und mexikanischen Küche (und der Paella, die man vorab bestellen muss) gefeiert sowie als gesellige Adresse für einen Drink. Gute Bierauswahl.

La Casona Pub KNEIPE
(Frías 41; ⌚Mo–Sa 18–0.30 Uhr) Die stimmungsvolle Kneipe befindet sich im alten Wohnhaus des königlichen Münzbeauftragten von 1775. In freundlicher Atmosphäre wird das übliche Kneipenessen serviert. Dazu gibt's jeden Freitagabend Livemusik.

ℹ Praktische Informationen

Im Zentrum gibt es einige Geldautomaten. Viele Geschäfte entlang der Bolívar, der Sucre und auf dem Markt tauschen US-Dollar zu akzeptablen Kursen. Stände entlang der Héroes del Chaco wechseln auch Euros sowie chilenische und argentinische Pesos. Zahlreiche Hotels akzeptieren mittlerweile Kreditkarten, vornehmlich Visa und Mastercard.

InfoTur de Potosí (☎622-7404; http://infoturpotosi.blogspot.com; Ayacucho; ⌚8–12 & 14–18.30 Uhr) hat recht hilfsbereite spanischsprachige Mitarbeiter, gute Stadtpläne und jede Menge Broschüren zu Sehenswürdigkeiten. Das Büro befindet sich am Eingang zur Torre de la Compañía de Jesús (S. 284). Ebenfalls nützlich ist die Seite www.brujulaturistica.com/potosi.

Die **Touristenpolizei** (Plaza 10 de Noviembre; ⌚8–12 & 14–18 Uhr) im Erdgeschoss des Gobernación-Gebäudes kann nützlich sein und ist außerdem am neuen Busbahnhof vertreten.

Das Büro der **Migración** (☎622-2745; Linares 136; ⌚Mo–Fr 8.30–12.30 & 14.30–18.30 Uhr) verlängert Visa.

In der Stadt gibt es eine **Post** (Ecke Lanza & Chuquisaca; ⌚Mo–Fr 8–20, Sa bis 17.30, So 9–23.30 Uhr).

Im **Hospital Daniel Bracamonte** (☎624-4960; Italia s/n; ⌚24 Std.) arbeiten auch ein paar englischsprachige Ärzte.

ℹ An- & Weiterreise

Alle Straßen nach Potosí führen durch eine malerische Landschaft, und so zeigt sich die Stadt bei der Ankunft am Tage von ihrer allerschönsten Seite. Der **neue Busbahnhof** (Av Circumvalación) liegt etwa 2 km nördlich des Stadtzentrums an der Av Las Banderas. Von hier aus starten die *flotas* (Überlandbusse) in alle Richtungen, nur nicht nach Uyuni. Von der Kathedrale in der Stadt zum Busbahnhof fahren *micros* I und A.

Einige *flotas* fahren zwar direkt nach La Paz, doch ist es oft günstiger, ab Oruro zu fahren. Das gleiche gilt für Sucre: Sammeltaxis (50 Bs, 2¼ Std.) sind zwar teurer als die *flotas*, dafür aber schneller und bequemer und sie holen ihre Fahrgäste auf Wunsch auch im Hotel ab. Zu empfehlen sind **Cielito Express** (☎624-6040) und **Correcaminos** (☎624-3383). Wer alleine unterwegs ist, geht besser direkt in ihre Büros hinter dem **alten Busbahnhof** (Av Universitaria), denn die Wagen fahren erst los, wenn sie voll sind.

Busse nach Uyuni (40 Bs, 5 Std.) fahren von 7 bis 12 Uhr etwa halbstündlich sowie am frühen Abend recht regelmäßig vom alten Busbahnhof ab, einen 15-minütigen Fußmarsch bergabwärts vom Zentrum aus entlang der Av Universitaria. Die schroffe 210 km lange Route ist äußerst eindrucksvoll. *Micros* nach Tarija starten ebenfalls hier.

Autobuses Quirquincho (www.autobusesquirquincho.com) und zwei weitere Unternehmen bedienen Buenos Aires in Argentinien.

ZIEL	PREIS (BS)	DAUER (STD.)
Cochabamba	52–120	10
La Paz	52–135	9–10
Oruro	25–40	4
Sucre	20	3
Tarija	100	5–6
Tupiza	40–100	6
Villazón	50–90	8–9

ℹ Unterwegs vor Ort

Micros und Minibusse (1,50 Bs) pendeln zwischen dem Zentrum und den Cerro-Rico-Minen, zudem fahren sie zum alten und neuen Busbahnhof (S. 286). Taxifahrer verlangen für Fahrten im Stadtzentrum 4 Bs pro Person (abends etwas mehr) sowie ungefähr 10 Bs bis zum neuen Busbahnhof.

Rund um Potosí

Bei den **Lagunas de Kari Kari** handelt es sich um künstliche Seen auf einer Höhe von 4500 bis 5025 m, die im späten 16. und frühen 17. Jh. von 20 000 indigenen Sklaven angelegt wurden, um Potosí mit Wasser zu versorgen und die 82 *ingenios* (Schmelzhütten) der Stadt mit Wasserkraft anzutreiben. Von ursprünglich 32 Seen sind 25 geblieben, die der Natur überlassen wurden. Wasservögel wissen die Wasserflächen in der ansonsten unwirtlichen Region zu schätzen. Der einfachste Weg zu den Lagunas de Kari Kari führt über eine Tour mit einer Agentur in Potosí, die mit rund 180 Bs pro Person für eine dreiköpfige Gruppe zu Buche schlägt.

Der Glaube an die heilenden Kräfte von **Tarapaya** (3600 m), der am meisten besuchten Thermalanlage im Umland von Potosí (21 km nordwestlich der Stadt), geht auf die Zeit der Inka zurück. Den interessantesten Anblick bietet der 30 °C heiße kreisrunde grüne See Ojo del Inca in einem niedrigen Vulkankrater mit einem Durchmesser von 100 m. *Camiones* fahren von 6 bis 19 Uhr etwa alle halbe Stunde vom Mercado Chuquimia in der Nähe des alten Busbahnhofs in Potosí an der Av Antofagasta nach Tarapaya (4 Bs, 30 Min.). Taxis verlangen für die einfache Fahrt etwa 70 Bs. Der letzte *micro* von Tarapaya zurück nach Potosí fährt zwischen 17 und 18 Uhr.

Wer idyllische Ruhe sucht oder Lust auf eine paar gemächliche Bergwanderungen hat, ist bei der **Hacienda Cayara** (☎740-9024; www.hotelmuseocayara.com/en; Zi. 180 Bs/Pers.), 25 km talabwärts nordwestlich von Potosí, richtig.

SANTA CRUZ & GRAN CHIQUITANIA

Der Osten des Landes entspricht nicht dem typischen Bolivien aus Tourismusbroschüren. Die tropische Region ist die wohlhabendste des Landes und grenzt sich ganz bewusst vom traditionellen Hochland-Image Boliviens ab. Der landwirtschaftliche Boom führte zu steigenden Einkommen und zum höchsten Lebensstandard aller bolivianischen Provinzen.

Santa Cruz ist zwar die einwohnerstärkste Stadt des Landes mit kosmopolitischen Bewohnern, bewahrt sich jedoch das Flair einer Kleinstadt. Von hier aus kann man charmante jesuitische Missionsstädte mit den landesweit schönsten Beispielen jesuitischer Architektur besuchen, Ruinen aus der Prä-Inka-Zeit in der Nähe des Dorfes Samaipata entdecken oder eine revolutionäre Pilgerfahrt nach Vallegrande unternehmen, wo Che Guevara seinem Schöpfer gegenübertrat. Lieber in der Natur? Der Parque Nacional & Área de Uso Múltiple Amboró (S. 293), der sogenannte „Ellbogen der Anden", lockt mit kilometerlangen Wanderwegen und zahlreichen Wildtieren. Hier treffen die Ökosysteme des Chaco, des Amazonasbeckens und der Anden aufeinander.

Santa Cruz

☎3 / 1,4 MIO. EW. / 417 M

Santa Cruz überrascht so manchen Besucher mit Kleinstadtambiente, kolonialen Gebäuden und entspannter Tropenatmosphäre. Boliviens größte Stadt verbindet Moderne mit großem Traditionsbewusstsein. Die lebendige Innenstadt floriert und auf ihren engen Straßen lassen sich Geschäftsleute im Anzug an Ständen *chicha* (Getränk aus fermentiertem Mais) schmecken. Einheimische machen es sich gern auf Bänken an der Hauptplaza gemütlich und lauschen *camba*-Klängen (vom östlichen Tiefland), Restaurants schließen zur Siesta und entlang der mit Veranden gespickten Häuser verkaufen Geschäfte günstige lokale Produkte.

Hier trifft man auf ein anderes Bolivien, als man es von Postkarten kennt. Die Stadt hat die vielfältigste Bevölkerung des Landes, von Mennoniten in Overalls und Gothic-Kids über die japanische Gemeinde, Zuwanderer aus dem Altiplano und kubanische Ärzte bis hin zu brasilianischen Siedlern und modebewussten *cruceños* (Ortsansässige), die sich mit ihren SUVs durch die engen Straßen quetschen. Santa Cruz lohnt einen mehrtägigen Aufenthalt, bei dem man in internationalen Restaurants speisen und das Nachtleben entdecken kann.

Sehenswertes & Aktivitäten

Die Stadt hat zwar keine Touristenattraktionen im herkömmlichen Sinne, dennoch gibt es viel zu sehen und zu erleben. Nimmt die

Hitze überhand, kann man einfach umherspazieren, sich in einem der vielen Cafés mit einem Fruchtsaft erfrischen oder im Schatten der belebten **Plaza 24 de Septiembre** das bunte Treiben auf sich wirken lassen.

★ Jardín Botánico GARTEN
(☎362-3101; Carretera a Cotoca Km 8½; Erw./Kind 10/5 Bs; ⊙8–18 Uhr) Der üppige botanische Garten von Santa Cruz, 12 km östlich der Innenstadt, bietet Erholung vom Stadtleben. Die über 200 ha große Anlage hat Waldwege, einen See, einen Kaktusgarten und jede Menge exotische Pflanzen. Von der hölzernen Aussichtsplattform bieten sich Blicke über das Blätterdach und die Stadt. Hier leben zudem allerlei Tiere, darunter Schildkröten und Faultiere.

Um hierher zu kommen, steigt man an der Ecke Suárez Arana/Barrón in den grünen Minibus mit der Aufschrift „Cotoca" und bittet den Fahrer, am Eingang zum Jardín Botánico zu halten (2,50 Bs, 25 Min.).

Basílica Menor de San Lorenzo KATHEDRALE
(Plaza 24 de Septiembre; ⊙Mo–Sa 7.30–12 & 15–20, So 6.30–13 & 17–21 Uhr) GRATIS Die ursprüngliche Kathedrale auf der Plaza 24 de Septiembre wurde 1605 gegründet, der heutige Bau stammt hingegen von 1845 und wurde erst 1915 geweiht. Im Inneren lohnen die dekorativen Holzarbeiten an der Decke und die Versilberung rund um den Altar einen Blick. Vom **Glockenturm** (Plaza 24 de Septiembre; 3 Bs; ⊙Di, Do, Sa & So 8–12 & 15–18 Uhr) hat man einen wunderbaren Ausblick auf die Stadt.

Biocentro Güembé OUTDOOR-AKTIVITÄTEN
(☎370-0700; www.biocentroguembe.com; Km 5, Camino Porongo, Zona Urubó; Erw./Kind 150/50 Bs; ⊙8.30–18 Uhr) Das Biocentro Güembé, 12 km westlich der Stadt, mit einer Schmetterlingsfarm, Orchideenausstellungen, 15 Naturbecken und Sportanlagen verspricht einen schönen Tagesausflug ab Santa Cruz. Wer möchte, kann angeln und im umliegenden Wald wandern gehen. Gegen den Hunger hilft ein Restaurant mit internationaler Küche, zudem gibt es Hütten und einen Zeltplatz für Übernachtungsgäste.

Geführte Touren

Touragenturen organisieren Tagesausflüge nach **Lomas de Arena** (☎327-0963; 10 Bs; ⊙8.30–17 Uhr) und längere Exkursionen in den Parque Nacional Amboró, zu Jesuitenmissionen und ins Jaguarschutzgebiet San Miguelito.

Nick's Adventures GEFÜHRTE TOUREN
(☎334-1820; www.nicksadventuresbolivia.com; Celia Salmón, Edificio Isuto, Büro 208) Exzellenter Touranbieter mit sozialem Gewissen, der Naturschutz durch Tourismus fördert. Besonders gut sind die Touren zur Wildtierbeobachtung, u.a. ins Jaguarreservat San Miguelito und ins Pantanal.

Bird Bolivia VOGELBEOBACHTUNG
(☎356-3636; www.birdbolivia.com) Professionelle Vogel- und Tierbeobachtungstouren unter fachmännischer Führung für echte Naturliebhaber. Der Anbieter ist in Santa Cruz ansässig, hat jedoch kein öffentliches Büro; Touren müssen deswegen telefonisch oder per E-Mail gebucht werden.

Schlafen

Nomad Hostel HOSTEL $
(☎7530-8001; www.facebook.com/nomad316; René Moreno 44; B/DZ 50/180 Bs) Während unseres Besuchs war das 2018 eröffnete Hostel noch in der Findungsphase, wird in Zukunft jedoch sicherlich zu einer der besten Budgetoptionen der Stadt gehören. Es liegt direkt bei der Plaza 24 de Septiembre und von der Dachterrasse überblickt man die Kathedrale. Das Gebäude stammt von 1895 und wurde dank sorgfältiger Restaurierung zu einer behaglichen Unterkunft. Die Betten haben dicke Matratzen.

★ Jodanga Backpackers Hostel HOSTEL $$
(☎339-6542; www.jodanga.com; El Fuerte 1380, Zona Parque Urbano; B 85–100 Bs, DZ/3BZ 300/340 Bs, DZ mit Bad 210 Bs; ❄@≋) Das großartig ausgestattete Hostel hat einen Pool, einen Billardtisch, schicke klimatisierte Zimmer und eine Partyatmosphäre, die von der hauseigenen Bar befeuert wird. Im ruhigeren Komplex auf der anderen Straßenseite sind drei gut eingerichtete Zimmer mit Privatbädern in umgebauten Schiffscontainern untergebracht. Das Jodanga liegt unweit des Parque Urbano in einem grünen Viertel, einen 25-minütigen Fußmarsch vom Zentrum entfernt.

Backpacker Bar & Suites HOSTEL $$
(☎339-8027; www.facebook.com/bedbarbackpackers; Ecke Monseñor Salvatierra & Velasco; B 55–65 Bs, Zi. 190–250 Bs, Zi. ohne Bad 150 Bs; ❄🛜) Das Hostel in begehrter Lage in Zentrumsnähe ist eine solide Option. Die geräumigen Zimmer verfügen über Kabel-TV und haben

teilweise Balkone. Es gibt eine Küche, eine Bücherbörse, Schließfächer, (natürlich) eine Bar und eine Terrasse. Von Letzterer bietet sich einem eine perfekte Sicht auf den Sonnenuntergang. Das Frühstück ist im Preis inbegriffen.

★ Cosmopolitano BOUTIQUEHOTEL **$$$**
(☎ 332-3118; www.cosmopolitano.com.bo; Pari 70; Zi. inkl. Frühstück 450–600 Bs;) Die Oase zeitgenössischen Designs im Zentrum hat nur acht geräumige Zimmer, die sich auf zwei Stockwerke um einen zentralen Hof mit kleinem Pool verteilen. Die Ästhetik bestimmen klare Linien, Holz, Beton, ein paar Farbkleckse und sorgsam ausgewählte moderne und antike Möbel. Das Personal ist überaus hilfsbereit.

★ CasaPatio Hotel Boutique BOUTIQUEHOTEL **$$$**
(☎ 333-1728; www.casapatio-hotelboutique.com; Av Ibérica Calle 5, Las Palmas; EZ/DZ inkl. Frühstück 450/580 Bs, Restaurant *almuerzo* 30 Bs, Hauptgerichte 39–46 Bs;) Das Boutiquehotel draußen beim vierten *anillo* (Ring) ist jeden Boliviano wert. Die erlesenen, dezent gestalteten Zimmer haben skurrile Namen wie *„No se lo digas a nadie habitación matrimonial“* („Sag-es-niemandem-Hochzeitssuite“). Die Besitzer sind äußerst herzliche Gastgeber und der Patio ist exquisit. Um in die Stadt zu gelangen, benötigt man ein Taxi.

Essen

Vegelin VEGAN **$**
(www.facebook.com/vegelinhouse; Fray del Pilar 143; 65 Bs/kg; ⏲ 11.30–14.30 Uhr) Hier gibt's ein veganes Büfett, bei dem nach Gewicht abgerechnet wird (ca. 20–35 Bs/Teller). Zur international geprägten Auswahl gehören veganes Sushi, italienische Pasta und Pfannengerichte nach chinesischer Art.

El Aljibe BOLIVIANISCH **$$**
(Ñuflo de Chávez; Hauptgerichte 35–65 Bs; ⏲ Mo–Sa 12–15 & 19–23.30 Uhr) Das niedliche kleine Restaurant in einem charmanten alten Kolonialhaus ist auf *comida típica* (typische Küche) spezialisiert, eine Rarität im kosmopolitischen Santa Cruz.

★ Sach'a Rest PERUANISCH **$$$**
(www.facebook.com/sacharest; Av Profesor Noel Kempff 761, 3. anillo; Hauptgerichte 75–150 Bs; ⏲ Mo–Fr 18.30–24, Sa 12–16 & 18.30–24, So 12–16 Uhr;) Köstliche peruanische Küche, serviert in einem hellen modernen Speiseraum mit wunderschönen Wandbildern. Zum Ceviche mit frischem Arapaima, einem lokalen Süßwasserfisch, gibt es verschiedene Saucen wie eine Version von *leche de tigre* (Zitrusmarinade). Der Pisco Sour ist wohl der beste außerhalb Limas.

★ Jardín de Asia FUSION **$$$**
(☎ 342-1000; www.jardindeasia.com; Av San Martín 455, Hotel Los Tajibos; Hauptgerichte 110–179 Bs; ⏲ Mo–Sa 12–15 & 19.30–1 Uhr;) Die Küchenchefs im Jardín de Asia kombinieren bolivianische Zutaten mit asiatischen Aromen und Kochtechniken. Das Ergebnis sind originelle Gerichte mit Lokalflair, die bei Kerzenlicht serviert werden. Das stilvolle, atmosphärische Restaurant ist sehr angesagt, deswegen sollte man vorab reservieren. Am besten startet man mit einem der perfekt gemixten Cocktails.

Ausgehen & Nachtleben

Die hippsten Ausgehadressen findet man an der Av San Martín zwischen dem zweiten und dritten *anillo* (Ring) im **Barrio Equipetrol** (Taxifahrt ab dem Zentrum 15–20 Bs). Die Hotspots ändern sich ständig, am besten macht man sich also frisch herausgeputzt auf zur *piranhar* (Hauptgeschäftsstraße) und guckt, was interessant wirkt. Der Eintritt beträgt 20 bis 70 Bs. In den meisten Läden ist vor 23 Uhr nicht viel los.

★ Patrimonio Cafetería SCZ CAFÉ
(www.facebook.com/patrimoniocafescz; Sucre 50; ⏲ 8–23.30 Uhr) Den besten Milchkaffee der Stadt gibt's im Patrimonio. Das Gourmetcafé verwendet Bohnen aus den Yungas, zudem gibt es Sandwiches und Kuchen (27–32 Bs). Es befindet sich in der **Casa Melchor Pinto** (Sucre 50; ⏲ Mo–Fr 9–22, Sa 15–22, So 11–19 Uhr) GRATIS, einem wunderschön renovierten früheren Wohnhaus, das nun ein Kulturzentrum und eine Galerie beherbergt. Seinen Cappuccino kann man im luftigen zentralen Patio genießen.

★ Duda Bar BAR
(www.facebook.com/dudapub; Florida 228, 2. OG; ⏲ Di & Mi 21.30–2, Do–Sa bis 3 Uhr) Die farbenfrohe Bar mit coolem Flair befindet sich im ersten Stock eines eleganten alten Gebäudes im Zentrum. Unter Gipsbögen und zwischen Säulen verteilen sich Retromöbel, Badmintonschläger und der eine oder andere Gartenzwerg. Hier sind Cocktails und Bier die Wahl der Stunde.

Unterhaltung

Cafe Lorca LIVEMUSIK
(www.facebook.com/cafelorcasc; Sucre 8; ⊙Mo–Do 9–24, Fr & Sa bis 3, So 18–24 Uhr) Der Treffpunkt für kunstinteressierte und weltoffene Einheimische lädt zu einem gemütlichen Caipirinha oder Mojito zu Livemusik ein (Eintritt 40 Bs).

Praktische Informationen

EINWANDERUNGSBEHÖRDE

Migración (☎351-9579; Ecke Sucre & Quijarro, Edificio Guapay; ⊙Mo–Fr 7.30–15 Uhr) Verlängert Visa.

GEFAHREN & ÄRGERNISSE

Vorsicht vor Betrügern, die vorgeben, von der Einreisebehörde zu sein und Touristen dazu auffordern, ihre Reisepässe oder andere Identitätsnachweise zu zeigen – in diesem Fall sollte man sich unbedingt den Ausweis des angeblichen „Beamten" zeigen lassen. Kein echter Polizist wird einen auf der Straße dazu auffordern, seine Ausweisdokumente zu zeigen; Vorsicht ist auch bei „Polizisten in Zivil" geboten, die sich mit Sicherheit als Betrüger herausstellen.

Touristenpolizei (☎800-14-0099; Plaza 24 de Septiembre)

GELD

Geldautomaten säumen die Junín und die meisten großen Kreuzungen. An der Hauptplaza brüllen Händler, die Geld wechseln, „*¡Dóares!*", allerdings sollte man vorher wissen, wieviel man bekommt oder lieber eine offizielle Wechselstube aufsuchen, von denen es jede Menge in der Nähe gibt.

Casa de Cambio Alemán (Plaza 24 de Septiembre; ⊙Mo–Fr 8.45–12.30 & 14.45–18.30, Sa 9–12.30 Uhr) Die unkomplizierteste Art, Geld zu wechseln. An der Ostseite des Platzes.

MEDIZINISCHE VERSORGUNG

Clínica Foianini (☎336-2211; www.clinicafoianini.com; Av Irala 468) Das Krankenhaus wird von Botschaftsangehörigen aufgesucht, manche Urlauber bemängeln jedoch die hohen Preise.

Clínica Kamiya (☎336-3400; Av Monseñor Rivero 265)

Hospital San José de Dios (☎335-2866; Cuellar)

Hospital Universitario Japonés (☎346-2038; 3. anillo interno) Beim dritten *anillo* auf der Ostseite; günstige und professionelle ärztliche Behandlungen.

POST

Hauptpost (Junín; ⊙Mo–Sa 8–20, So 9–11.30 Uhr)

TOURISTENINFORMATION

Online-Infos zu Santa Cruz und den Hauptattraktionen der Region Oriente findet man unter www.visitbolivia.org.

Armonía-Büro (☎356-8808; www.armoniabolivia.org; Lomas de Arenas 400; ⊙Mo–Fr 8.30–12.30 & 14.30–18 Uhr) Das Armonía-Büro in Santa Cruz informiert über Naturschutzprogramme und Besuche der Lodges.

Casa de Gobierno (Plaza 24 de Septiembre, Palacio Prefectural; ⊙Mo–Fr 9–17 Uhr) Der kleine Infostand an der Nordseite des Platzes eignet sich für kurze Nachfragen, es gibt jedoch kaum Informationen in gedruckter Form.

Fundación Amigos de la Naturaleza (FAN; ☎355-6800; www.fan-bo.org; Carr a Samaipata, Km 7,5; ⊙Mo–Do 8–16.30, Fr bis 14 Uhr) Eine gute Quelle für Infos über Nationalparks. Sie befindet sich westlich der Stadt abseits der alten Straße nach Cochabamba.

Infotur (☎336-9581; www.gmsantacruz.gob.bo; Sucre; ⊙9–12 & 15–19 Uhr) Das Büro im Museo de Arte Contemporáneo bietet Informationen zur gesamten Region und zum Rest des Landes.

Servicio Nacional de Áreas Protegidas (Sernap; ☎339-4311; www.sernap.gob.bo; Calle Efesios 4, nahe Av Nueva Jerusalen; ⊙Mo–Fr 8.30–18.30 Uhr) Infos zu Nationalparks, insbesondere Amboró.

An- & Weiterreise

BUS

Das **Terminal Bimodal** (☎348-8482; Bahnhofsgebühr 3 Bs) ist Bus- und Eisenbahnhof zugleich. Es befindet sich 1,5 km östlich des Zentrums am Ende der Av Brasil, kurz bevor diese in den dritten *anillo* einmündet, und bietet alle Service-Einrichtungen. Die Schalter für Fahrtziele in der Region befindet sich rechts vom Eingang, der für nationale und internationale Ziele links davon.

Den größten Teil des Terminals belegen *flotas* (Überlandbusse) und Züge. Auf der anderen Seite des Tunnels sind die *micros* (Minibusse) für Fahrten in die Region zu finden. Abfahrt der *flotas* ist meist morgens bis 10 Uhr und abends ab 18 Uhr. Statt den ganzen Tag auf die Abfahrt eines *flota* am Abend zu warten, sind Ziele in der Region oft schneller, wenn auch komplizierter, mit einer Reihe von *micros* oder Taxis zu erreichen.

Die *flotas* zu den Missionen der Jesuiten und in die Chiquitania fahren morgens und abends nach 20 Uhr. *Micros* starten den ganzen Tag über etwa alle zwei Stunden, fahren aber oft nur bis nach Concepción. Busse nach San Rafael, San Miguel und San Ignacio (60–70 Bs, 8 Std.) über San José de Chiquitos fahren zwischen 6.30 und 20 Uhr ab.

Kleinere *micros* und *trufis* (Sammelautos oder -minibusse) zu regionalen Zielen im Departamento Santa Cruz fahren regelmäßig vor dem alten Busbahnhof ab sowie weniger häufig von den *micro*-Plattformen beim Terminal Bimodal. **Trufis nach Buena Vista** (Izozog; 23 Bs, 2 Std.) warten an der Izozog (Isoso) unweit des alten Busbahnhofs. **Trufis nach Samaipata** (☎333-5067; Ecke Av Grigota & Aruma, 2. anillo; 30 Bs, 3 Std.) verkehren ab der Calle Aruma nahe der Av Grigota, einen Block hinter dem zweiten *anillo*. **Trufis nach Vallegrande** (Doble Vía La Guardia, Km 6, hinter Shopping del Automóvil; 60 Bs, 5 Std.) starten hinter dem Einkaufszentrum „Shopping del Automovil" an Km 6 auf der Doble Vía La Guardia jenseits des sechsten *anillo*. *Flotas* nach Vallegrande (35 Bs) fahren um 9, 13, 15, 18.30 und 19.30 Uhr am selben Ort ab.

ZIEL	PREIS (BS)	DAUER (STD.)
Camiri	30–40	5
Cochabamba	80–131	10
Concepción	35	5
La Paz	100–220	17–18
Quijarro	70–150	9
San Xavier	35	4
San José de Chiquitos	50	4
San Matías	120–150	15
Sucre	70–120	13
Tarija	80–100	11–14
Trinidad	49–140	10–11
Yacuiba	70–100	8

FLUGZEUG

Der **Viru-Viru International Airport** (☎338-5000), 15 km nördlich des Zentrums, bietet vorwiegend internationale Flüge sowie ein paar Inlandsverbindungen. Direktflüge ins Ausland gibt es u. a. nach Asunción, Buenos Aires, Lima, Madrid, Miami, Panama-Stadt, São Paulo und Santiago de Chile.

Der kleinere **Aeropuerto El Trompillo** (☎352-6600) im Südosten der Stadt bietet ein paar Inlandsverbindungen.

Es gibt regelmäßig Verbindungen zu Zielen im Inland. Tickets dafür oder zumindest für einen passenden Flug über Cochabamba sind leicht zu bekommen.

Aerolíneas Argentinas (☎333-9776; Junín 22; ⌚Mo–Fr 8–12 & 14.30–18.30 Uhr)

Amaszonas (☎311-5393; Av Las Ramblas, Edificio ALAS 2, 4. OG, zw. Los Cedros & Av San Martín; ⌚Mo–Fr 8.30–12.30 & 14.30–18.30 Uhr)

American Airlines (☎800-100-541; www.aa.com; Calle 15 No 8054, San Miguel; ⌚Mo–Fr 9–18, Sa bis 13 Uhr); **Büro auf der Av San Martín** (☎800-100-541; Av San Martín, Comercial Fidalga; ⌚Mo–Fr 9–18, Sa bis 13 Uhr)

Boliviano de Aviación (BOA; ☎312-1343; www.boa.bo; Aroma, Edificio Casanova, 1. OG, Büro 7; ⌚Mo–Fr 8.30–12.30 & 14.30–18.30, So 9–13 Uhr)

TAM (☎353-2639; Aeropuerto el Trompillo; ⌚Mo–Fr 8–18.30, Sa bis 13 Uhr)

ZUG

Züge (☎338-7000; www.fo.com.bo; Av Internacional, Terminal Bimodal; ⌚Ticketbüro Mo–Do 8–12.30 & 14.30–18, Fr bis 16, Sa 8–12, So 16–18 Uhr) fahren vom Terminal Bimodal nach Yacuiba an der argentinischen Grenze und Quijarro an der brasilianischen Grenze. Um den Gleisbereich zu betreten, benötigt man ein Gleisticket und man muss dem Sicherheitsbeamten seinen Pass vorzeigen.

Der Zug nach Yacuiba fährt donnerstags um 15.30 Uhr ab (47 Bs, 18 Std.), kehrt freitags um 17 Uhr zurück und kommt um 9.55 Uhr in Santa Cruz an. Er verkehrt über Villamontes (38 Bs, 14 Std.), der Anschlussstelle für Busse nach Paraguay, wo er unpraktischerweise um 5.13 Uhr eintrifft.

Seit Kurzem ist die Straße von Santa Cruz nach Quijarro komplett asphaltiert, was die Nachfrage nach der Trans-Chiquitano-Linie stark reduzierte. Die einst furchtbare Reise, die der Route den Spitznamen „Todeszug" einbrachte, ist heute eine hübsche, gemütliche Bahnfahrt, die komfortabler als die Busreise ist, wenn man etwas Zeit mitbringt.

Zwei Zugtypen bedienen diese Linie über San José de Chiquitos und Roboré (Richtung Santiago de Chiquitos). Die langsamste und günstigste Verbindung ist der *Expreso Oriental*, der montags, mittwochs und freitags um 13.20 Uhr in Santa Cruz abfährt und eine komfortable Super-Pullmann-Klasse bietet. Am schnellsten, bequemsten und teuersten ist der Zug von Ferrobus, der dienstags, donnerstags und sonntags um 18 Uhr in Santa Cruz startet. In der Regel bekommt man auf der Strecke von Santa Cruz nach Quijarro problemlos einen Sitzplatz, wer jedoch unterwegs zusteigt, sollte sein Ticket besser vorab kaufen, da nur eine begrenzte Zahl an Sitzplätzen diesen Haltestellen vorbehalten ist. Tagsüber sind Essen und Getränke (warm und kalt) erhältlich.

ℹ Unterwegs vor Ort

BUS

Santa Cruz' System an Stadt-*micros* verbindet die verschiedenen Terminals und sämtliche *anillos* mit dem Zentrum. *Micros* 17 und 18 sind rund um den ersten *anillo* unterwegs. Um zur Av San Martín im Barrio Equipetrol zu gelangen, nimmt man irgendwo auf der Vallegrande die *micro*-Linie 23. **Busse zum Jardín Botánico** (Ecke Suárez Arana & Barrón) verkehren ab der Ecke Suárez Arana/Barrón. Ein *Guía de Micros* mit sämtlichen Stadtrouten wird in Buchläden und an Ständen verkauft (25–50 Bs).

TAXI

Taxis sind günstig, es gibt allerdings kein festes Tarifsystem. Es gelten höhere Preise für Gruppen und wenn man viel Gepäck hat oder nach 22 Uhr unterwegs ist. Die Fahrer nennen einen Preis, der ihnen für die Fahrt fair erscheint. Hält man diesen für zu hoch, sollte man ablehnen und es mit dem nächsten Taxi probieren – es gibt jede Menge Auswahl. Eine Fahrt für eine Person innerhalb des ersten *anillo* kostet tagsüber rund 15 Bs und für den zweiten *anillo* 20 Bs. Um Missverständnisse zu vermeiden, sollte man sich vorab auf einen Preis einigen.

Samaipata

☎3 / 4400 EW. / 1650 M

Samaipata hat sich zu einem der touristischen Hotspots im Osten Boliviens entwickelt, dennoch sollte man sich davon nicht abschrecken lassen. Das verschlafene Dorf in den Ausläufern der Cordillera Oriental hat sich sein ruhiges Flair bewahrt, und dank der Eröffnung zahlreicher gut geführter Hostels und Restaurants bekommt man zum eindrucksvollen Ausblick auf die grüne Landschaft nun auch einen anständigen Kaffee.

Besucher kommen wegen der Prä-Inka-Stätte El Fuerte. Manche von ihnen suchen dort die mystische Energie, der der antiken Stätte nachgesagt wird. Zudem ist Samaipata mittlerweile die wichtigste Ausgangsbasis für Ausflüge in den Parque Nacional Amboró und bei Wochenendausflüglern aus Santa Cruz beliebt, die Erholung vom urbanen Trubel suchen. Der Quechua-Name bedeutet „Ruhe in der Höhe" und könnte kaum passender sein.

Sehenswertes

★El Fuerte RUINEN

(50 Bs; ⏲9–16.30 Uhr) Die mystische Stätte El Fuerte übt solch eine Anziehungskraft aus, dass Besucher aus der ganzen Welt nach Samaipata kommen, um den Berg hinaufzuklettern und sich die Überreste der Stätte aus der Prä-Inka-Zeit anzusehen. Sie wurde 1998 zur UNESCO-Welterbestätte erklärt, nimmt einen Berggipfel ein, der sich rund 10 km von Samaipata entfernt befindet, und bietet atemberaubende Blicke über die Täler.

Für eine ausführliche Erkundung des Komplexes sind mindestens zwei Stunden nötig. Sonnencreme und Sonnenhut nicht vergessen.

Geführte Touren

Jukumari Tours GEFÜHRTE TOUR

(☎7276-0013; www.facebook.com/jukumaritours; Av del Estudiante) Eine hervorragende, lokal geführte Agentur. Sie bietet neben Touren zu den örtlichen Attraktionen auch Pauschaltrips zum Che-Pfad und zu den Jesuitenmissionen.

Roadrunners GEFÜHRTE TOUREN

(☎944-6294; Bolívar) Bei Roadrunners unter der Leitung von Olaf und Frank wird Deutsch und Englisch gesprochen. Auf den geführten Wanderungen geht es zu den Wasserfällen, zu den Nebelwäldern und zur El Fuerte im Nationalpark Amboró.

Schlafen & Essen

El Jardín HOSTEL $

(☎7311-9461; www.eljardinsamaipata.blogspot.com; Arenales; Camping 25 Bs/Pers., EZ/DZ 35/80 Bs, Kuppelzi.130 Bs) Die Unterkunft im Hippie-Stil versteckt sich in einem wilden Garten in der südöstlichen Ecke der Stadt und bietet entspannte Musik, einfache Quartiere und relaxtes Ambiente. Gäste können eine Küche nutzen und es gibt ein paar individuelle Kuppelzimmer für alle, die keine Ecken mögen.

★Nómada HOSTEL $$

(☎944-6446, Handy 7782-8132; www.facebook.com/nomadahostelresto; Avaroa, Plaza del Estudiante; jeweils inkl. Frühstück, Camping 45 Bs/Pers., B/EZ/DZ 77/195/305 Bs, EZ/DZ ohne Bad 130/191 Bs; ⏲Café Do 8–16, Fr & Sa bis 21 Uhr) Mit viel Hingabe wurde dieses Hostel in einen einladenden, entspannten Ort verwandelt. Die gemütlichen Zimmer zieren hiesige Stoffe und Originalkunst, und es gibt einen wunderschönen Garten mit Obstbäumen. Das hauseigene Café hat eine wechselnde Speiseauswahl mit lokalen Gerichten und Pizzas (40–90 Bs). An Feiertagen feuern die argentinischen Besitzer den Grill an.

Finca La Víspera HÜTTEN $$

(☎944-6362; www.lavispera.org; Stellplatz 40 Bs/Pers., DZ 350 Bs, Hütten für 2/3/7 Pers. 480/520/1100 Bs) 🍃 Die Bio-Farm ist ein entspannter, hübscher Rückzugsort am Stadtrand von Samaipata. Die attraktiven Zimmer mit Gemeinschaftsküche und die fünf separaten

Gästehäuser für zwei bis sieben Personen bieten weite Blicke über das Tal. Auf dem Zeltplatz gibt es heiße Duschen und Kücheneinrichtungen. Die Anlage liegt einen 15-minütigen Spaziergang südwestlich der Plaza.

Gäste können im **Café Jardín** (Hauptgerichte 40–60 Bs; ⌚8–15 Uhr; 📝) frühstücken und zu Mittag essen und im Garten Gemüse fürs Abendessen ernten.

★ El Pueblito RESORT **$$$**
(☎944-6383; www.elpueblitoresort.com; Carr Valle Abajo 1000; EZ/DZ inkl. Frühstück 400/550 Bs, Haus DZ/3BZ/4BZ 700/850/1000 Bs; P 📶 🏊) Das Vier-Sterne-Resort ist einem kleinen Dorf mit eigener Kirche und Plaza nachempfunden. Jedes der überaus kreativen Zimmer ist individuell nach einem der Dorfläden gestaltet. Es gibt einen Pool (40 Bs für Nicht-Gäste), *artesanía*-Geschäfte und eine exzellente **Restaurant-Bar** (Hauptgerichte 20–70 Bs; ⌚12–14.30 & 18.30–20.30 Uhr). Das Resort liegt auf einem Berg und bietet großartige Ausblicke auf Samaipata im Tal darunter.

★ Latina Café INTERNATIONAL **$$**
(☎944-6153; www.facebook.com/latinacafesamaipata; Bolívar 3; Hauptgerichte 35–70 Bs; ⌚Mo & Mi–Fr 18–22, Sa 12–14.30 & 18–22.30, So 12–15 & 18–22 Uhr) Saftige Steaks, leckere Pasta, vegetarische Köstlichkeiten und traumhafte Brownies: Das Bar-Restaurant serviert mit das beste Essen der Stadt. Die Lichtgestaltung ist intim, der Sonnenuntergang großartig. Von 18 bis 19 Uhr gibt's eine Happy Hour.

ℹ Praktische Informationen

Banco Union (Campero) Der einzige Geldautomat in Samaipata akzeptiert Visa, aber nicht alle ausländischen Karten.

Co-operativa Merced (☎944-6171; Sucre; ⌚Mo–Fr 8–12 & 14.30–18, Sa 8.30–12.30 Uhr) Ist der Geldautomat an der Campero außer Betrieb, kann man hier per Kreditkarte unter Vorlage des Reisepasses Bargeld abheben.

ℹ An- & Weiterreise

Trufis (S. 291; Sammelautos oder -minibusse) verkehren den ganzen Tag über zwischen Santa Cruz und Samaipata, sobald sie voll besetzt sind (30 Bs, 3 Std.). In Samaipata starten sie an der Hauptplaza.

Nach Vallegrande kommt man am schnellsten und einfachsten, indem man sich mit Mitreisenden zusammentut und ein *trufi* (Gesamtpreis nach Vallegrande ca. 300 Bs) chartert.

Um 8 und um 15 Uhr fahren Busse vom nahen Mairana, 15 km westlich von Samaipata, nach Cochabamba (7 Std., 80 Bs). Ein Taxi nach Mairana kostet 7 Bs pro Person.

Busse nach Sucre starten um 20 Uhr gegenüber der Tankstelle an der Hauptstraße. Tickets sollte man vorab im Café Nueva Turista kaufen (10 Std., 100 Bs).

Parque Nacional & Área de Uso Múltiple Amboró

Der 4300 km² große Park weist eine einzigartige geografische Lage auf: Hier treffen drei verschiedene Ökosysteme aufeinander, das Amazonasbecken, der Chaco und die Anden.

Wegen der unterschiedlichen Habitate leben in dem Park Arten aus dem Hoch- und Tiefland. Zu den Säugetieren gehören scheue Andenbären, Jaguare, Tapire, Nabelschweine und verschiedene Affen, zudem wurden 800 Vogelarten gezählt. Der Park dient dem bedrohten Hornhokko als Rückzugsgebiet.

Samaipata liegt direkt vor der Südgrenze der Área de Uso Múltiple Amboró und ist der beste Zugangspunkt für den Andenteil des Parks. Die besten Guides für die Region sind in Samaipata zu finden. Eine beliebte Tageswanderung führt durch einen nahe gelegenen Nebelwald, der für seine Riesenfarne bekannt ist.

🛏 Schlafen

★ Refugio los Volcánes LODGE **$$$**
(☎7316-6677; www.refugiolosvolcanes.com; Bermejo; EZ/DZ inkl. Mahlzeiten 700/1200 Bs; P 📶) 🌿 Gäste schwärmen von dieser Anlage in der atemberaubenden Region Los Volcánes, eine 5 km lange Schotterpiste abseits der Straße Santa Cruz–Samaipata hinauf nahe Bermejo. Genächtigt wird in umweltfreundlichen, solarbetriebenen *cabañas* (Hütten) mit Warmwasserduschen. Das Angebot an Aktivitäten beinhaltet Vogelbeobachtungen und geführte Wanderungen durch wunderbar ursprüngliche Landschaften mit Badebecken. Die Lodge ist beliebt, deswegen sollte man im Voraus buchen.

Rundtrip zu den Jesuitenmissionen

Die Region *Las Misiones Jesuíticas* mit sieben Ortschaften umfasst einige von Boliviens wertvollsten kulturellen und historischen Stätten. Die Region und ihre

Geschichte waren für über 200 Jahre in Vergessenheit geraten, bis sie 1986 durch den Palme-d'Or-Gewinner *Mission* in den internationalen Fokus rückten. Der Film mit Robert de Niro als Hauptdarsteller erzählt auf spektakuläre Weise die letzten Tage der Jesuitenpriester in der Region nach. Das wachsende Interesse an dem einzigartigen Zusammenspiel zwischen Jesuitenglauben und der Chiquitano-Kultur im Inneren Südamerikas führte dazu, dass das Gebiet 1991 von der UNESCO zum Welterbe erklärt wurde. Dank 25-jährigen mühevollen Restaurierungsarbeiten unter der Leitung des verstorbenen Architekten Hans Roth erstrahlen die jahrhundertealten Missionskirchen nun wieder im alten Glanz.

Wer den Rundkurs zu den Missionen mit öffentlichen Verkehrsmitteln bewältigen möchte, tut dies am besten gegen den Uhrzeigersinn mit San José de Chiquitos als Startpunkt, da die Busfahrpläne so besser passen. Sehr viel weniger Zeit in Anspruch nimmt eine geführte Tour von Santa Cruz aus (viertägige Tour für ca. 500 US$/Pers.), die zu allen größeren Städten führt. **Misional Tours** (☎ 332-7709; www.misionaltours.com; Av Beni, 9. OG, Edificio Top Center, Büro 9-E; ⏱ Mo–Fr 9–12.30 & 14–19, Sa 9–13 Uhr) ist ein empfehlenswerter Anbieter.

ℹ EINREISE NACH BRASILIEN

Der meistgenutzte Grenzübergang nach Brasilien liegt bei **Quijarro** am Ende der Zuglinie. Ein zweiter, weniger frequentierter Grenzübergang befindet sich in **San Matías**, dem Zugangspunkt zum nordbrasilianischen Pantanal.

Man wird wahrscheinlich zwischen 6 und 7 Uhr mit dem Bus oder Zug in **Puerto Quijarro** ankommen und dort von zahlreichen Taxifahrern begrüßt, die einen zur 3 km entfernten Grenze fahren möchten (20 Bs). Die **Einwanderungsämter** (Ruta Nacional 4; ⏱ 8–18 Uhr) liegen rechts und links der Brücke. Bolivianische Beamte verlangen manchmal inoffizielle Gebühren für den Einreisestempel (meist ca. 18 Bs). Am Grenzübergang muss man in der Regel einen Impfnachweis für Gelbfieber vorlegen. Auf der brasilianischen Seite fahren Busse und Taxis nach Corumbá. Brasilianische Einreisestempel werden an der Grenze ausgestellt.

San Xavier

☎3 / 15 400 EW.

San Xavier wurde 1691 gegründet und ist der älteste Missionsort der Region. Er ist außerdem ein beliebtes Urlaubsziel für wohlhabende *cruceño*-Familien (aus Santa Cruz). Das Dorf thront auf einem hübschen bewaldeten Kamm mit toller Aussicht über die niedrigen Hügel und ländliche Natur im Umland.

Concepción

☎3 / 20 380 EW.

„Conce" *(Conchei)*, wie Concepción genannt wird, ist ein staubiges Dorf mit freundlicher, ruhiger Atmosphäre inmitten einer von Landwirtschaft und Viehzucht geprägten Region. Es liegt rund 182 km westlich von San Ignacio de Velasco und ist das Zentrum aller Projekte zur Missionsrestaurierung.

San Ignacio de Velasco

☎3 / 52 400 EW.

San Ignacio de Velasco ist ein florierendes Wirtschaftszentrum und die größte Stadt auf dem Rundkurs. Das bunte Treiben lohnt eine Übernachtung. Bei der Kirche handelt es sich um einen modernen Nachbau.

San Miguel de Velasco

☎3 / 11 400 EW.

Das verschlafene San Miguel versteckt sich in der Natur, 37 km südlich von San Ignacio. Die Kirche wurde 1721 gegründet und ist laut Aussage des verstorbenen Jesuitenpriesters und Schweizer Architekten Hans Roth die bolivianische Mission, die am originalgetreusten restauriert wurde.

Santa Ana de Velasco

☎3 / 680 EW.

Von allen Dörfern auf dem Missionenrundkurs ist das winzige Santa Ana de Velasco das friedlichste und vielleicht auch das charmanteste. Der Ort ist von San Ignacio aus über eine unwegsame Schotterpiste zu erreichen und wirkt weit entfernt von der modernen Welt.

San Rafael de Velasco

☎3 / 7500 EW.

San Rafael de Velasco, ein staubiges kleines Dorf, befindet sich 132 km nördlich von San José de Chiquitos und wurde im Jahr 1696 gegründet. Die Kirche entstand zwischen 1743 und 1747.

San José de Chiquitos

☎3 / 16 600 EW.

Das atmosphärische San José de Chiquitos hat den Charme einer alten Westernfilmkulisse. Die am besten zugängliche Jesuitenstadt ist mit ihrer riesigen hübschen Plaza, der *toboroche*-(Florettseiden-)Bäume Schatten spenden, wohl auch die attraktivste.

AMAZONASBECKEN

Das Amazonasbecken ist eine der größten und faszinierendsten Regionen Boliviens. Die Regenwälder hier haben eine unglaublich reiche Flora und Fauna, und ein paar Tage im stickigen Regenwald sind ein unvergessliches Erlebnis. Aber nicht nur die Wälder sind hinreißend, sondern auch der besondere Reichtum an indigenen Kulturen, Traditionen und Sprachen, der die Region prägt.

Moosbedeckte Hügel bilden die Kulisse der Ortschaft Rurrenabaque, über die die meisten Besucher ins Amazonasbecken gelangen. Sie ist die Hauptausgangsbasis für Ausflüge in den faszinierenden Parque Nacional Madidi (S. 300). Vor Ort ist eine wachsende Ökotourismusbranche ansässig, die hiesige Gemeinden unterstützen soll. Das Dorf San Ignacio de Moxos (S. 304) ist für seine wilde Fiesta Ende Juli bekannt, während das von surrendem Sumpfland umgebene Trinidad als kosmopolitisches Zentrum der Region und als Transitpunkt für Reisen nach Santa Cruz dient. Die Grenzstädte Riberalta und Guayaramerín weiter nördlich liegen in abgeschiedenen Regionen, in die sich nur wenige Reisende trauen.

Rurrenabaque

☎3 / 10 000 EW. / 229 M

Das verschlafene „Rurre" erstreckt sich beiderseits des tiefen Río Beni und ist von moosbedeckten, üppig grünen Hügeln umgeben. Obwohl es ein beliebtes Reiseziel von Ausländern ist, sind die über die Plaza fegenden Straßenbesen morgens das lauteste Geräusch in der Stadt. Abends bringen fantastische Sonnenuntergänge den Himmel zum Glühen, und dichter Nebel legt sich über den Fluss zwischen den üppig grünen, feuchten Bäumen. Sobald es dunkel ist, erwacht der Regenwald zum Leben und erfüllt die Gegend mit lautem Krächzen, Bellen, Surren und Brüllen.

In diesem Außenposten der Zivilisation sind die Straßen voller Rucksackreisenden, und die Restaurants, Cafés und Hotels sind völlig auf den Geschmack der „Gringos" eingerichtet. Einige dieser Traveller verbringen den ganzen Tag in den allgegenwärtigen Hängematten. Wenn sie sich dann genug entspannt haben, unternehmen sie meist abenteuerliche Bootstouren in den Regenwald und in die Pampas.

Den merkwürdigen Namen „Rurrenabaque" verdankt die Stadt den Ureinwohnern in dieser Gegend, den Tacana, denn es ist die Ableitung von „Arroyo Inambaque", der hispanisierten Version des Tacana-Namens „Suse-Inambaque", die „Schlucht der Enten".

Sehenswertes & Aktivitäten

In der Stadt selbst gibt es nur wenig zu entdecken und das eigentliche Highlight ist die wunderschöne Natur im Umland. Hier kann man leicht ein paar Tage verbringen, bis die gewünschte Tour startet. Zwei Blocks vom Platz entfernt, führen 295 Stufen bergauf zu einem unbefestigten steinigen Weg. Über diesen gelangt man zu einem *mirador* (Aussichtspunkt) und schließlich zu einem großen Kreuz (La Cruz) mit Blick auf die Stadt und den Beni. Wanderschuhe nicht vergessen!

San Buenaventura DORF

Das verschlafene San Buenaventura liegt von Rurrenabaque aus auf der anderen Uferseite des Río Beni und überblickt das geschäftige Treiben, ohne sich selbst aus der Ruhe bringen zu lassen. Das **Centro Cultural Tacana** (☎892-2394; San Buenaventura; ⏲Mo–Fr 8–12 & 14.30–18 Uhr) mit einem Kunsthandwerksladen befindet sich an der Südwestseite des Platzes und feiert die *cosmovision* (Weltanschauung) der Tacana-Kultur. Das offizielle Sernap-Büro (S. 232) für den Parque Nacional Madidi ist ebenfalls hier in der Nähe des Marktes.

Canopy Zip Line Villa Alcira ABENTEUERSPORT

(☎Handy 7284-3874; http://ziplinevillalcira.com; Comercio, nahe Santa Cruz; Ziplining 350 Bs) Im Parque Nacional Madidi gibt es verschiedene „ruhigere", nicht übertriebene gemeindegeführte Tourismusprojekte, wer jedoch mehr Adrenalin möchte, kann es mit diesem Anbieter versuchen, der sich einst „Größte Seilrutsche" Boliviens nannte. Wer keine

Das Amazonasbecken

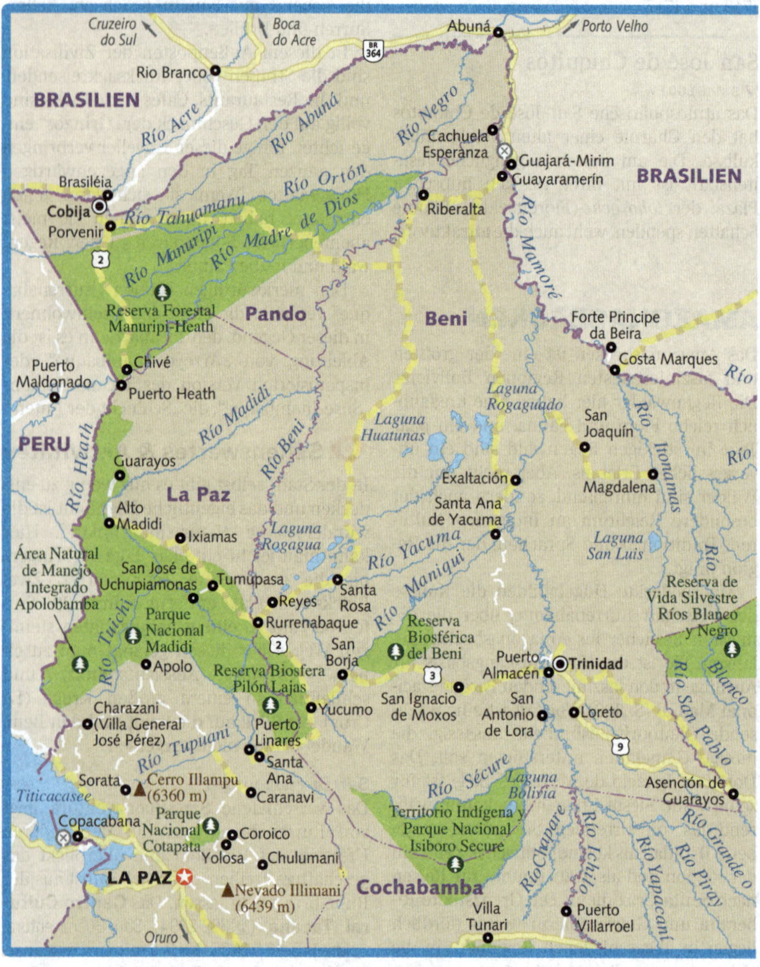

Höhenangst und einen starken Magen hat und außerdem die Geschwindigkeit liebt, für den ist die Zipline durch die Baumwipfel genau das Richtige. Buchungen nimmt das Büro in Rurrenabaque vor.

El Chorro BADEN

El Chorro ist ein idyllischer Wasserfall mit einer Reihe von Badebecken. Er befindet sich am Ende der Calle Santa Cruz; einfach dem ausgetretenen Pfad 500 m stromaufwärts in den Dschungel folgen. Der Ort ist bei einheimischen Familien beliebt, dennoch sollte man gut auf seine Habseligkeiten aufpassen.

Geführte Touren

Bala Tours GEFÜHRTE TOUR

(Handy 7112-2053; www.balatours.com; Ecke Santa Cruz & Comercio; Mo–Sa 7.30–19, So 7.30–12 & 16–18 Uhr) Hat ein Regenwaldcamp (Caracoles), eine komfortable Pampaslodge am Río Yacumo und eine Wald-Lodge in Tacuaral.

Schlafen

★ **Hostal El Lobo** HOSTEL $

(Handy 6770-7582; hostalellobo@gmail.com; Comercio; B 60 Bs/Pers., Zi. 140 Bs;) Das modernisierte Hostel liegt 200 m vom Hauptplatz entfernt und ist mittlerweile eine

gesellige Spielwiese für Backpacker. Seit der umfassenden Renovierung erwarten Gäste u.a. kunstvolle *tacuara*-(Bambus-)Türen, ein nierenförmiger Pool mit Blick auf den Beni und eine charmante Terrasse mit Hängematten, Billardtischen und einer Bar. Die Schlafsäle haben Fenster mit Fliegengitter und kommen in den Genuss einer kühlen Brise. Die Privatzimmer verfügen über Balkone mit Flussblick.

Hotel Oriental HOTEL $

(☎892-2401; www.facebook.com/hotelorientalrurre; Plaza 2 de Febrero; EZ/DZ/3BZ 100/150/210 Bs; 📶) Wer Leute trifft, die im Oriental übernachten, das direkt an der Plaza liegt, wird sie wahrscheinlich ständig schwärmen hören, wie hervorragend dieses Hotel ist – und das ist es wirklich. Im Preis inbegriffen sind komfortable Zimmer, großartige Duschen, Hängematten im Garten und große Frühstücksgerichte.

Hotel Takana HOTEL $$

(☎892-2118, Handy 7205-1565; Plaza 2 de Febrero; EZ/DZ mit Klimaanlage 230/250 Bs, EZ mit Ventilator 180 Bs; P ❄ 📶 🏊) Das neuere Hotel am Hauptplatz ist mit seinen massiven Holzmöbeln und Jacuzzi-Wannen in manchen Zimmern eine Stufe besser als die Konkurrenz. Der kleine Aufpreis für die Klimaanlage lohnt sich, die Deckenventilatoren sind jedoch auch in Ordnung. Vom Pool hinterm Haus bieten sich hübsche Blicke über den Río Beni.

La Isla de los Tucanes HÜTTEN $$

(☎892-2127; www.islatucanes.com; Bolívar; EZ/DZ 280/380 Bs; ❄ 📶 🏊) Ökologischer Hüttenkomplex 1 km nördlich der Stadt mit strohgedeckten Bungalows, die das Flair echter Abgeschiedenheit versprühen. Billardtische, ein internationales Restaurant und zwei saubere Pools geben Gäste kaum Gründe, die Anlage zu verlassen, es sei denn, man möchte in den Dschungel.

Essen & Ausgehen

Das facettenreiche kulinarische Angebot reicht vom Hühnchenimbiss über frischen Fisch am Flussufer bis hin zu fantastischer internationaler Küche. Neben dem Beni-Klassiker *masaco* (Maniok- oder Kochbananenbrei mit Trockenfleisch, Reis, Nudeln, dünner Suppe und Bananen) sollte man den exzellenten *pescado en dunucuabi* (in ein Regenwaldblatt gewickelter und über Holzfeuer gebackener Fisch) kosten.

Die sonntägliche **feria** am Flussufer zieht hiesige Bauern an, die ihre naturbelassenen wunderbaren Erzeugnisse mitbringen. HHH

Pizza al Paso PIZZA $

(La Bella Italia; ☎Handy 6728-5349; Avaroa nahe Pando; Pizzas 25–80 Bs; ⏰Mi–Mo 17–22 Uhr; 📶) Die beliebte und ausnehmend freundliche Straßen-Pizzeria serviert knusprige Pizzas in vier verschiedenen Größen mit einer unbegrenzten Auswahl an Belägen zum Festpreis. Zum Trinken gibt es günstige Säfte und Biere. Besonders für Gruppen hat das Pizza al Paso ein tolles Preis-Leistungs-Verhältnis.

Rurrenabaque

★ El Nomádico INTERNATIONAL $$
(☎ Handy 7284-3850; Avaroa, nahe Aniceto Arce; Hauptgerichte 50–65 Bs; ⏲ Fr–Mi 10–22 Uhr) Das gehobene Restaurant versteckt sich am Ende einer langen Ziegelsteingasse in einem kerzenbeleuchteten Hof und serviert eine herzhafte Speiseauswahl aus leckeren Steaks, Gemüsepasta, Hähnchenflügeln und Currys. Das Fischcurry ist legendär.

★ Juliano's EUROPÄISCH $$
(Santa Cruz, zw. Avaroa & Bolívar; Hauptgerichte 45–90 Bs; ⏲ 17–23 Uhr; 📶) Fusionsküche im Dschungel! Der tunesische Betreiber kam einst über Paris nach Bolivien, bereitet großartige Fischgerichte zu (*pescado Juliano* ist besonders gut) und serviert als Einziger in der Stadt aus Peru importierte Meeresfrüchte. Man sollte unbedingt Platz für die Crème brûlée lassen. Das rote Lichtkonzept ist *très chic*!

★ Casa de Campo GESUNDE KÜCHE $$
(☎ Handy 7199-3336; Comercio; Hauptgerichte 25–75 Bs; ⏲ 7.30–14 & 17–22 Uhr; 📶🌿) Hier steht gesundes Essen im Mittelpunkt. Auf einer luftigen Terrasse gegenüber dem Hostel El Lobo gibt's den ganzen Tag über Frühstück sowie hausgemachte Pasteten, vegetarische Gerichte, Suppen und Salate. Die

Rurrenabaque

Aktivitäten, Kurse & Touren
1 Bala Tours C2
2 Canopy Zip Line Villa Alcira B2

Schlafen
3 Buchungsbüro d. Chalalán Ecolodge ... B3
4 Hostal El Lobo A5
5 Hotel Oriental B4
6 Hotel Takana B3
7 Buchungsbüro von Madidi Travel B2
8 Büro von San Miguel del Bala B2

Essen
9 Casa de Campo A5
10 El Nomádico D1
11 Juliano's C2
12 Pizza al Paso C2

Ausgehen & Nachtleben
13 Jungle Bar Moskkito C3
14 Luna Lounge C2

Praktisches
15 Banco Unión B2
16 Clínica El Puerto A5
17 Einwanderungsbüro B5
18 Laundry Number One C2
19 Laundry Service Garfield C1
20 Prodem C2

Transport
21 Amaszonas B2
22 TAM C2

herzliche Adele möchte ihre Gäste glücklich machen und gibt gern Tipps zu Wanderungen in der Gegend. Ihr „tropisches Frühstück" mit frisch gemahlenem Kaffee und knusprigem Croissant ist himmlisch.

Jungle Bar Moskkito BAR
(Vaca Diez; nahe Avaroa; ⌚16–3 Uhr) In der peruanischen Bar wird Englisch gesprochen. Die Stimmung ist gut, das Personal gut gelaunt und mit den Grünpflanzen, die vom Strohdach herunterhängen, fühlt man sich wie im Dschungel, auch ohne Moskitos. Für Unterhaltung sorgen Darts, Billard und die Musik (es werden auch Wünsche der Gäste gespielt).

Luna Lounge BAR
(Avaroa, nahe Santa Cruz; ⌚10–14.30 & 18–2 Uhr) Eine von Rurres ältesten Bars mit guter Stimmung, leckerer Pizza und tollen Cocktails. Zudem gibt es einen Billardtisch, Tischfußball und gelegentlich Livemusik.

Praktische Informationen

Verschiedene Wäschereien, die pro Kilo abrechnen wie **Laundry Number One** (Avaroa, Edificio Candelaria; ⌚Mo–Sa 8–12 & 14–20, So 11–12 & 16–19 Uhr) und **Laundry Service Garfield** (Comercio, nahe Aniceto Arce; ⌚6–22 Uhr), waschen Wäsche bis zum nächsten Tag (8 Bs/kg), am selben Tag (10 Bs/kg) und innerhalb von vier Stunden (15 Bs/kg), wenn man es besonders eilig hat.

Die **Clínica El Puerto** (Comercio; ⌚24 Std.) behandelt Reisende mit Magenproblemen. Für ernstere Erkrankungen muss man nach La Paz.

Das **Einwanderungsbüro** (☎892-2241; Ecke Sucre & Avaroa; ⌚Mo–Fr 8.30–12.30 & 14.30–18.30 Uhr) verlängert Visa.

Von den zwei Geldautomaten vor Ort liegt der einen Block nördlich der Plaza bei der **Banco Unión** (Ecke Comercio & Vaca Diez; ⌚24 Std.) praktischer. Man kann sich auch bei **Prodem** (Ecke Avaroa & Pando; ⌚Mo–Fr 8–16, Sa bis 12 Uhr) Bargeld auszahlen lassen, jedoch nur mit Visa und MasterCard (auch Visa-Debitkarten). Das Büro nimmt zudem Western-Union-Überweisungen vor und tauscht Bargeld.

Die Mitarbeiter der **Touristeninformation** (☎Handy 7138-3684; Ecke Vaca Diez & Comercio; ⌚Mo–Fr 8–12 & 14.30–18 Uhr) beantworten gern Fragen und informieren über verantwortungsvollen Tourismus, Infomaterial ist jedoch Mangelware. Das **Sernap-Büro** (☎892-2540, Handy 6822-6337; Libertad, San Buenaventura; ⌚7–15 Uhr) in San Buenaventura hat Infos zum Parque Nacional Madidi.

An- & Weiterreise

BUS

Der **Hauptbusbahnhof** liegt gegenüber dem Flughafen, eine 5 Bs teure Motorradtaxifahrt von der Stadt entfernt. Hier starten sämtliche Busse, wobei Sammeltaxis nach San Borja und Caranavi auch vom **alten Busbahnhof** beim Friedhof abfahren, sobald sie voll besetzt sind. Die verschiedenen Unternehmen haben dieselben Preise.

Es gibt mehrere tägliche Verbindungen auf der einschüchternden Route von Rurrenabaque nach La Paz (70 Bs, 13–15 Std.) über Yolosa (60 Bs, 12 Std.), von wo es weiter nach Coroico geht. Wer sich die schmalen kurvigen Straßen und steilen Abgründe der Anden nicht in einem Bus antun möchte, fährt mit dem Bus nur bis nach Caranavi (70 Bs, 5–7 Std.) und nimmt von dort ein Sammeltaxi. Dort beginnt der schlimmste, aber auch malerischste Abschnitt der Strecke.

Die Straße nach Trinidad (130 Bs, 10–13 Std.) über San Borja (Taxi/Bus 80/50 Bs, 3 Std.) und San Ignacio de Moxos (100 Bs, 7 Std.) war einst eine der schlimmsten des Landes, allerdings ist sie mittlerweile größtenteils asphaltiert. Aktuell fahren Busse das ganze Jahr über auf dieser Route sowie nach Riberalta (120 Bs, 13–14 Std.) und Guayaramerín (130 Bs, 14–15 Std.); in der Regenzeit sind die Fahrten jedoch nur mit viel Ausdauer, Insektenschutzmittel und Proviant auszuhalten. Bei diesen Fernbusverbindungen können sich die Abfahrtzeiten von einem auf den anderen Tag ändern, deswegen erkundigt man sich am besten vorab am Busbahnhof.

FLUGZEUG

Der **Flughafen** von Rurre liegt 4 km nördlich der Stadt. **Amaszonas** (☎ 892-2472; Comercio, nahe Santa Cruz; ⏲7–19 Uhr) fliegt täglich nach La Paz (ab 480 Bs), hatte bei unserer Recherche jedoch nur ein Flugzeug. Wenn man Pech hat, wird dieses gerade gewartet. **TAM** (☎ 892-2398; www.tam.bo; Santa Cruz) bietet sporadische Flüge zwischen La Paz und Rurre.

Der kurze Flug nach La Paz ist eine erschwingliche Alternative zur anstrengenden Busfahrt. Die Flüge sind schnell ausgebucht und fallen regelmäßig wegen schlechten Wetters aus. Geschieht Letzteres, bekommt man nur 75 % des Ticketpreises erstattet und kann nicht einfach die nächste Verbindung nehmen. Am Tag vor dem Abflug muss man sein Ticket bestätigen, sonst hat man eventuell keinen Platz.

Flüge nach Riberalta oder Guayaramerín gibt es von Trinidad aus.

SCHIFF/FÄHRE

Die Bootsfahrt von Guanay nach Rurre (S. 245) den Río Kaka und Río Beni hinab ist für Liebhaber des langsamen Reisens zweifellos die malerischste Verbindungen ab La Paz. Wegen der Guayaramerín-Straße sind heute nur wenige Transportschiffe auf dem Río Beni nach Riberalta unterwegs. Man benötigt etwas Glück und muss einen fairen Preis für die Bootsfahrt aushandeln (ca. 4000 Bs), die bis zu drei Tage dauern kann.

Parque Nacional Madidi

Der 18 000 km² große Parque Nacional Madidi zählt zu den intaktesten Ökosystemen Südamerikas und beherbergt verschiedene Lebensräume, von dampfenden Regenwäldern im Tiefland bis zu 6000 m hohen Andengipfeln. In dem nur selten besuchten Naturparadies lebt mit 44 % aller Säugetierarten Nord- und Südamerikas, 38 % neotropischen Amphibienarten und über 1000 Vogelarten

DIE RICHTIGE DSCHUNGEL- ODER PAMPAS-TOUR

Rurrenabaque lebt von seinen Dschungel- und Pampas-Touren, doch die Qualität, die die vielen Reiseveranstalter bieten, ist sehr unterschiedlich. Aufgrund des Konkurrenzkampfes verhalten sich einige Anbieter nicht so verantwortlich, wie sie sollten.

- Eines ist sicher: Die Qualität sinkt mit dem Preis. Die lokalen Behörden haben für eine dreitägige Exkursion mit zwei Übernachtungen einen Mindestpreis von 1200 Bs festgelegt. Veranstalter, die diesen unterbieten, sind verdächtig, zudem sollte man nicht um einen günstigeren Tarif feilschen.
- Es gibt keine Garantie dafür, Wildtiere zu entdecken. Agenturen, die diese anbieten, sind meist unseriös. Guides dürfen Tiere nicht füttern, anfassen oder stören.
- Man sollte nur bei Agenturen buchen, die vom Sernap autorisiert sind, denn sie sind die einzigen, die den Parque Nacional Madidi legal betreten dürfen.
- Ausländer müssen in Begleitung eines örtlichen Führers reisen, aber nicht alle von ihnen sprechen gut Englisch.

Regenwaldtouren

Bei den meisten Touren fährt man mit dem Kanu flussaufwärts den Río Beni entlang; einige Boote fahren weiter bis zum Río Tuichi. Unterwegs wird am Ufer gehalten und gezeltet, es finden Regenwaldwanderungen statt, und es gibt viele Möglichkeiten zum Schwimmen und Entspannen in der Hängematte. Die Unterbringung erfolgt generell in den Privatcamps der Reiseagenturen.

Pampas-Touren

In den Feuchtsavannen nordöstlich der Stadt kann man leichter Tiere beobachten, aber die Sonne ist drückender und die Insekten aufdringlicher, vor allem in der Regenzeit.

eine bemerkenswert vielfältige amazonische Tierwelt. Manche Wissenschaftler halten das Gebiet aus diesem Grund für das artenreichste der Welt.

Die bewohnten Teile des Parks entlang des Río Tuichi haben von der UNESCO eine Spezialregelung erhalten, die es der indigenen Bevölkerung erlaubt, die traditionellen Ressourcen des Regenwaldes zu nutzen. Allerdings ist der Park auch als Standort für ein größeres Wasserkraftprojekt im Gespräch, zudem wurden mehrere Bereiche durch illegale Abholzung beschädigt und die Debatte über Straßenbau und Erdölförderung hält an. Angesichts der Tatsache, dass Präsident Morales alle bolivianischen Parks für Öl- und Gasgewinnung öffnet, halten Umweltschützer den Atem an.

Schlafen

★ Chalalán Ecolodge LODGE $$$

(☎ 892-2419; www.chalalan.com; 4 Tage & 3 Nächte, alles inkl. 500–544 US$/Pers., 145 US$/Tag) Diese Lodge ist das älteste und erfolgreichste Projekt des gemeinnützigen Ökotourismus in Bolivien. Von hier aus können die Gäste durch weitgehend unberührten Regenwald streifen und die artenreiche Vielfalt der Tierwelt bestaunen. Die einfachen, aber eleganten Hütten der Lodge stehen rund um die malerische Flussschleife der Laguna Chalalán. Gebucht werden kann in den Büros in **Rurrenabaque** (☎ 892-2419; www.chalalan.com; Comercio, auf Höhe Campero; ⏲ 7–19 Uhr) und **La Paz** (Karte S. 220; ☎ 231-1451; www.chalalan.com; Sagárnaga 189, Galería Doryan, 2. Stock, Office 23, Rosario).

★ Sadiri LODGE $$$

(☎ Handy 7162-2567; http://sadirilodge.com; alles inkl. 135 US$ pro Pers./Tag.) Eines der jüngsten Projekte des gemeinnützigen Ökotourismus. Sechs luxuriöse Hütten stehen versteckt im dichten Regenwald am Fuße der Serranía Sadiri. Die Lodge wird von Mitgliedern der Gemeinde betrieben und verfügt über die am besten ausgebildeten Naturführer in der Region von Rurrenabaque. Am besten per E-Mail unter sadirilodge@gmail.com buchen. Im Preis inbegriffen ist Vollpension sowie der Transfer von und nach Rurrenabaque.

San Miguel del Bala LODGE $$$

(☎ 892-2394; www.sanmigueldelbala.com; 520 Bs pro Pers./Tag) Die paradiesische Ökolodge liegt flussaufwärts von Rurrenabaque am Eingang zum Nationalpark Madidi. Die Fahrt mit dem Boot dauert 40 Minuten. Die Bewohner des Tacana-Dorfs zeigen den Besuchern gern ihre traditionellen Anbaumethoden, Web- und Holzschnitzarbeiten. Die Hütten haben Mahagoni-Fußboden, ein eigenes Bad und seidene Moskitonetze über den Betten. Das **Buchungsbüro** (☎ 892-2394; www.sanmigueldelbala.com; Comercio; ⏲ 7–12 & 14–18 Uhr) ist in Rurrenabaque.

Trinidad

☎ 3 / 122 000 EW. / 158 M

Trinidad ist die Stadt, die man erreicht, wenn man den langen tiefen Río Mamoré abwärts gereist oder zwischen Santa Cruz und Rurrenabaque unterwegs ist. Trotz der Kolonialarchitektur und mit Säulen gespickten Straßen ist Trinidad eine moderne Stadt, die rapide wächst. Dennoch lässt sich der Klang brummender Motorräder überraschend leicht gegen den von Blaulatzaras und Amazonasdelfinen im umliegenden Sumpfland eintauschen.

Die Stadt La Santísima Trinidad (Allerheiligste Dreifaltigkeit) wurde 1686 von Padre Cipriano Barace als zweite Jesuitenmission im Flachland des südlichen Beni gegründet. Ursprünglich wurde sie am Ufer des Río Mamoré erbaut, 14 km von ihrer heutigen Lage entfernt, aber Fluten und Seuchen entlang jenes Flussufers machten eine Verlegung erforderlich. 1769 wurde die Ortschaft in die Nähe des Flusses Arroyo de San Juan versetzt, der die Stadt heute in zwei Hälften teilt.

Sehenswertes

★ Santuario Chuchini NATURSCHUTZGEBIET

(Jaguarversteck; ☎ Handy 7284 2200; www.chuchini.org; 20 Bs, halbtägiger Besuch inkl. Mahlzeit & Bootsfahrt 100 Bs, zweitägiger All-Inclusive-Aufenthalt ab 1120 Bs; ⏲ Mi–Mo 8–18 Uhr) Das Santuario Chuchini („Jaguarversteck") gehört zu den wenigen gut zugänglichen Paitití-Stätten. Das Tierschutzgebiet samt Camp befindet sich auf einem 8 ha großen *loma* (künstlichen Erdhügel) der alten Zivilisation. Vom Camp aus kann man kurze Wanderungen in den Regenwald zu Lagunen mit Kaimanen, anderen großen Tieren und einer reichen Vogelwelt unternehmen.

★ Museo Etnoarqueológico Kenneth Lee MUSEUM

(Kenneth Lee Ethno-Archaelogical Museum; Av Ganadera; 5 Bs; ⏲ Mo–Fr 8–12 & 14.30–18.30 Uhr)

ABSTECHER

PARQUE NACIONAL NOEL KEMPFF MERCADO

Der wunderbar abgeschiedene und global bedeutsame **Nationalpark Noel Kempff Mercado** beherbergt ein weites Spektrum an Flora und Fauna des Amazonas sowie eine große Vielfalt bedrohter Lebensräume, vom offenen *cerrado* (Savanne) bis zu dichtem Regenwald. Der Park liegt ganz im Norden des Departamento Santa Cruz zwischen den Flussufern des Río Verde, des Guaporé (Río Iténez auf bolivianischen Landkarten) und des Paraguá.

Aufgrund mangelnder Infrastruktur besucht man den Park am besten im Rahmen einer Tour ab Santa Cruz. Zu den Anbietern gehören Nick's Adventures (S. 288) und **Amboró Tours** (☎339-0600, Handy 7261-2515; www.amborotours.com; Libertad 417, 2. OG; ⏲Mo–Mi 9–12 & 14.30–18, Do & Fr 9–17 Uhr).

GRATIS Das nach dem *gringo querido del Beni*, dem hochverehrten weißen Mann des Beni, benannte kleine Museum nördlich des Zentrums gilt als das kulturelle Glanzstück von Trinidad. Gezeigt werden Kunst- und Gebrauchsgegenstände, traditionelle Musikinstrumente und Stammestrachten der Ureinwohner in der Region.

Geführte Touren

★ La Ruta del Bufeo BOOTSTOUREN
(ECOterra; ☎Handy 7281-8317; https://bolivia-natura.com/en; halb-/ganz-/2-tägige Touren ab 195/375/690 Bs) Der Touranbieter ist auf *la ruta del bufeo* spezialisiert, eine ein- bis zweitägige Bootsfahrt durch die **Área Protegida Municipal Ibare-Mamoré**, bei der man Amazonasdelfine beobachten kann. Die Abfahrt erfolgt in der Regel vom Puerto Ballivián, 8 km von Trinidad entfernt. Englischsprachige Guides kosten extra.

Conservación Loros Bolivia WILDTIERBEOBACHTUNG
(CLB; ☎Handy 7112-6506; https://fclbolivia.org; 18 de Noviembre 278; ⏲Mo–Fr 8–12 & 14–18, Sa bis 12 Uhr) Die Stiftung verkauft keine Touren, doch der Leiter José Antonio Díaz hat eine große Leidenschaft für die Region und Tierwelt und vermittelt Guides (sämtliche Einnahmen werden für Schutzprojekte der CLB genutzt). Zudem gibt es hier Informationen zur Vogelbeobachtung in der **Reserva Barba Azul** und der **Área Protegida Municipal Gran Mojos**.

Bici Tour RADFAHREN
(☎Handy 7114-7183; www.facebook.com/bicitourlyliam; Av 18 de Noviembre 278; Fahrradverleih pro Std./Tag 15/80 Bs) Fahrradverleih, englischsprachige Stadtführungen und Naturtouren auf dem Rad zur Laguna Suárez, zur Laguna La Bomba und zu weiter entfernten Zielen.

Schlafen

Residencial Santa Cruz PENSION $
(☎462-0711; Av Santa Cruz 537; EZ/DZ 80/150 Bs, EZ/DZ ohne Bad 70/130 Bs; 📶) Eine farbenfrohe Einrichtung, handbemalte Wandbehänge und leuchtend bunte Bettwäsche sollen die Zimmer der etwas heruntergekommenen Budgetunterkunft aufpeppen. Auch haben alle Zimmer Kabel-TV. Die Zimmer im Obergeschoss sind luftiger. Das nette alte Inhaberpaar stellt auch eine Gästeküche zur Verfügung, hilft aber nicht beim Kochen.

★ Casa Lucia Hotel Boutique BOUTIQUE-HOTEL $$
(☎Handy 7828-8146; www.facebook.com/CasaLuciaHotelBoutique; El Palmar 42; EZ/DZ/3BZ inkl. Frühstück 280/350/450 Bs; ❄📶🏊) Diese wunderbare Unterkunft liegt etwas abseits des Zentrums an einer ruhigen Straße in einem Wohngebiet in der Nähe des Kenneth-Lee-Museums und ist die schönste der Stadt. Sieben mit Antiquitäten eingerichtete Zimmer sammeln sich um einen grünen Garten mit nierenförmigem Pool.

Hotel Colonial HOTEL $$
(☎462-2864; www.facebook.com/hotelcolonialtrinidad; Vaca Diez 306; EZ/DZ 200/250 Bs, Suite 250/350 Bs; ❄📶🏊) Das Hotel Colonial befindet sich ein paar Blocks von der Plaza entfernt. Es ist eine großartige Mittelklasseunterkunft mit gut ausgestatteten Zimmern, sehr freundlichem Service und einem hübschen, von tropischen Pflanzen gesäumten Pool als Herzstück der Anlage.

Essen & Ausgehen

Sabor Brazil BRASILIANISCH $
(www.facebook.com/saborbrasilTdd; Av 6 de Agosto 164; Hauptgerichte 25–35 Bs; ⏲Sa–Do 16–23 Uhr; 📶) Das winzige Café ist die beste Medizin gegen einen knurrenden Magen, dafür sorgen frische Säfte, verschiedene Açaí-Bowls, riesige Calzone und leckere Desserts (der Passionsfruchtkäsekuchen ist ein tropischer

Traum); zudem gibt's hier den einzigen echten Espresso der Stadt. Schade, dass es morgens nicht geöffnet ist.

★ Churrasquería La Estancia STEAK $$
(www.facebook.com/ChurrasqueriaLaEstancia; Ibare nahe Velarde; Hauptgerichte 45–75 Bs; ⌚11–15 & 19–24 Uhr; 📶) Ganz egal, wen man in Trinidad nach gutem Rindfleisch fragt – man wird immer zum Churrasquería La Estancia geschickt. Mit seinem Palmblattdach und dem Holzkohle-Barbecue vermittelt das Lokal die Atmosphäre einer Ranch, und wer die üppigen, saftigen Steaks genießt, fragt sich währenddessen, wie andere Restaurants es angesichts dieser Klasse überhaupt wagen können, sich *churrasquerías* (Grillrestaurants) zu nennen.

★ El Tábano SEAFOOD $$
(Villavicencio, nahe Néstor Suárez; Hauptgerichte 40–65 Bs; ⌚11.30–14.30 & 19–24 Uhr) Kühles Bier und Cocktails, die im Hof serviert werden, eine tolle Atmosphäre (dank Livebands) und exzellentes Essen machen das Kneipenlokal mit grasbewachsenem Dach bei jungen Einheimischen beliebt. Die Speiseauswahl umfasst innovative Fisch- und Kaimangerichte.

Palo Diablo BAR
(☎462-7254; Av Santa Cruz 825; ⌚18–1 Uhr) Dunkle Beleuchtung, Rockvideos auf dem Flachbildfernseher und die größte Cocktailauswahl der Stadt sorgen dafür, dass die Bar eine Anlaufstelle für Karaokegegner ist. Freitags und samstags gibt es ab 22 Uhr Livemusik.

ℹ Praktische Informationen

Visa verlängert das **Einwanderungsbüro** (Ecke Vaca Diez & Av Santa Cruz; ⌚Mo–Fr 8.30–12.30 & 14.30–18.30 Uhr).

Mehrere Geldautomaten in der Nähe der Hauptplaza akzeptieren internationale Karten. Vor einer Reise in den eigentlichen Amazonas kann man sich hier mit Bargeld versorgen. Barvorschüsse gibt's bei **Prodem** (Vaca Diez s/n; ⌚Mo–Fr 8.30–12.30 & 14.30–18.30, Sa 9–12 Uhr) gleich bei der Plaza.

Die städtische **Touristeninformation** (☎462-1322; Vaca Diez, nahe 18 de Noviembre; ⌚Mo–Fr 8–12.30 & 14.30–18.30 Uhr) hat Flyer und begrenzte Infos. Wer einen Ausflug ins Umland plant, wendet sich besser an José Antonio Díaz von der Conservación Loros Bolivia; er spricht Englisch.

Es gibt nur eine Handvoll Wäschereien, die meisten davon befinden sich am Stadtrand. Die **Lavandería Industrial Burbujas** (☎Handy 6938-0072; La Paz 259; ⌚Mo–Sa 8–12 & 14–19 Uhr) liegt am zentralsten und verlangt 22 Bs für ein Dutzend Wäschestücke.

ℹ An- & Weiterreise

BUS & VAN

Der weitläufige chaotische **Busbahnhof** (Beni zw. Martiniano Fuentes & Rómulo Mendoza) liegt einen 1 km langen Fußmarsch bzw. eine 20 Bs teure Taxifahrt östlich des Zentrums. Mehrere *flotas* (Fernbusse) fahren jeden Abend zwischen 18 und 22 Uhr nach Santa Cruz (50 Bs, 10–12 Std.); ein *bus cama* (Bus mit Schlafsitzen) kostet 80 Bs. Offiziell bedienen verschiedene Unternehmen täglich Rurrenabaque (130 Bs, 10–13 Std.) über San Borja (80 Bs, 6–8 Std.), von November bis Mai fahren die Busse jedoch zeitweise nicht oder benötigen sehr viel länger Zeit.

Tägliche Verbindungen gibt es außerdem nach Riberalta (200 Bs) und Guayaramerín (200 Bs). Die Fahrt dauert dabei zwölf oder 24 Stunden, je nachdem, ob die Busse über Puerto Siles (wenn es trocken ist) oder Rurrenabaque (bei Regen) fahren.

Gegenüber dem Busbahnhof fahren ein paar Vans und Autos in nahe gelegene Städte; sie starten jedoch nur, wenn alle Plätze verkauft sind. Vans verkehren nach San Borja (100 Bs, 6–7 Std.), Rurrenabaque (180 Bs, 9–11 Std.) und Santa Rosa (230 Bs, 13–15 Std.). Vans nach San

ABSTECHER

SERERE ECO RESERVE

Das 40 km² große Schutzgebiet ist nach einem Vogel mit blauem Gesicht und Punkfrisur benannt und beherbergt vier Lagunen, lange Wanderwege sowie Affen, Vögel und Reptilien, die das Herz jedes Wildtierbeobachters höher schlagen lassen. Das Gebiet ist das Privatreservat von Rosa María Ruiz, die eine wichtige Rolle für den Umweltschutz in Bolivien spielt.

Besucher können sich mit Hilfe von indigenen Guides eine eigene Route zusammenstellen, die ihren Interessen entspricht. Mit dem Gewinn der Ökolodge werden hiesige Maßnahmen zum Umweltschutz gefördert. Ausflüge in das Reservat kann man über das Büro von **Madidi Travel** (☎Handy 6821-6580; www.madidi-travel.com; Comercio nahe Vaca Diez; 2-tägige All-Inclusive-Tour mit 3 Übernachtungen 1899 Bs; ⌚8–12 & 14–20 Uhr) in Rurrenabaque buchen.

ABSTECHER

TIEF IM AMAZONAS

San Ignacio de Moxos ist ein freundliches, ruhiges indigenes Moxos-Dorf, 92 km westlich von Trinidad, dessen Charakter sich von anderen Ortschaften Boliviens unterscheidet. Die Bewohner sprechen einen indigenen Dialekt namens *ignaciano*, und ihr Lebensstil, ihre Traditionen und ihre Küche sind einzigartig. Die beste Zeit für einen Besuch ist während des **alljährlichen Festes** (Fiesta del Santo Patrono de Moxos) am 30. und 31. Juli. Dann setzen sich die Dorfbewohner Federschmuck auf ihr offenes Haar und feiern drei Tage lang mit Alkohol, Tanz und Feuerwerken.

San Ignacio liegt mitten an der Straße zwischen Trinidad und San Borja, die (obwohl sie zunehmend asphaltiert ist) für ihren schlechten Zustand berüchtigt ist. Von April bis Oktober braucht man drei bis vier Stunden von Trinidad nach San Ignacio per Van (60 Bs) und *balsa*-Überquerung des Río Mamoré. In der Regenzeit ist die Route teilweise gesperrt.

Ignacio de Moxos (60 Bs, 3–4 Std.) fahren, sobald sie voll besetzt sind, von einer separaten **parada** bei der Pedro Ignacio Muiba und Jarajorechi ab.

FLUGZEUG

Am **Flughafen Teniente Jorge Henrich Arauz** (Av José Chávez Suárez) müssen Reisende eine Abfluggebühr von 11 Bs bezahlen. Er befindet sich ganz im Nordwesten der Stadt (Taxi/Motorradtaxi 20/10 Bs).

BOA (Boliviana de Aviación; ☎ 901-105-010; www.boa.bo; Ecke Sucre & Cipriano Barace; ⌚ Mo–Fr 8.30–12.30 & 14.30–18.30, Sa 9–13 Uhr) fliegt sechsmal wöchentlich (außer So) nach La Paz sowie täglich nach Santa Cruz und Cochabamba. **EcoJet** (☎ 465-2617, 901-105-055; www.ecojet.bo; Ecke Av 6 de Agosto & Av Santa Cruz; ⌚ Mo–Fr 8.30–12.30 & 14.30–18.30, Sa 8.30–12.30 Uhr) hat tägliche Flüge nach Cochabamba, Guayaremerín und Riberalta sowie regelmäßige Verbindungen nach La Paz (3-mal wöchentl.) und Santa Cruz (6-mal wöchentl.).

Es gibt auch Flüge nach Sucre über Santa Cruz (4-mal wöchentl.) und Tarija über Cochabamba (2-mal wöchentl.). **Amaszonas** (☎ 462-7575; www.amaszonas.com; Teniente Jorge Henrich Arauz Airport, Av José Chávez Suárez; ⌚ Mo–Fr 7.30–16.30 Uhr) verbindet täglich Trinidad mit Riberalta und Santa Cruz. **TAM** (☎ 462-2363; Ecke Avs Bolívar & Santa Cruz; ⌚ Mo–Fr 8–12 & 14–18.30, Sa bis 13 Uhr) hat keinen festen Flugplan und bedient gelegentlich Santa Cruz, Guayaremerín und Riberalta.

BOLIVIEN VERSTEHEN

Bolivien aktuell

In Bolivien sind Proteste, Armut und Ungleichheit schon lange Teil des Alltags. Seit Evo Morales 2006 zum Präsidenten gewählt wurde, hat er dem Land durch eine radikale neue Verfassung, durch Wirtschaftsreformen und Sozialpolitik seinen Stempel aufgedrückt. Was die Bolivianer von ihrem Staatsoberhaupt halten, hängt davon ab, wen man fragt. Von außen betrachtet ebnen diese Veränderungen jedoch den Weg zu einem der interessantesten Kapitel der bolivianischen Geschichte.

Die Verstaatlichung des Energie- und Bergbausektors wurde von der Unterschicht begrüßt, verschlechterte jedoch die Beziehungen mit internationalen Investoren und einigen ausländischen Regierungen. Bolivien sucht engeren Kontakt zu Brasilien, Russland, Indien und China (den BRIC-Staaten) und hat sich von den USA entfernt. Manche Teile der Bevölkerung befürworten das, andere, vor allem in der Region Santa Cruz, nicht. Von den BRIC-Staaten ist mittlerweile China die mächtigste Wirtschaftsmacht in Bolivien.

Die verbesserte Wirtschaft ermöglichte Investitionen in soziale Projekte, die sich positiv auf die Situation der Armen auswirkten und Boliviens Gesellschaftsstruktur veränderten. Die indigene Bevölkerungsmehrheit strahlt heute ein Gefühl des Selbstbewusstseins und der Hoffnung aus wie niemals zuvor. Auch die Situation der Frauen verändert sich allmählich: Bolivianerinnen lassen ihre traditionellen Rollen hinter sich, treten ins Geschäftsleben ein und stehen Gemeinden vor.

Konflikte und Probleme prägen jedoch weiterhin ein Land, in dessen Geschichte nur diejenigen ihre Ziele erreichten, die auch dafür kämpften. Die Menschen demonstrieren gegen schlechte Arbeitsbedingungen, die Verschmutzung von Flüssen durch den Bergbau und gegen Straßen, durch die Gemeinden umgesiedelt und Ökosysteme geschädigt werden. Proteste führen regelmäßig zu Straßensperrungen und haben Auswirkungen auf die Wirtschaft. Im ganzen Land brodeln unter der Oberfläche aufgrund des blühenden Drogenhandels gewalttätige Tendenzen.

Geschichte

Boliviens bewegte Geschichte wird in jedem Bereich des Alltagslebens spürbar. Die bedeutenden Ereignisse, die die Vergangenheit geformt haben – die Blütezeit der Tiwanaku und die Pax Incaica, die spanische Eroberung, die Unabhängigkeitsbewegung, die Entdeckung großer Mineralvorkommen, der Verlust von Territorien an Nachbarländer auf allen Seiten, plötzliche ökonomische Wendungen, Erfolge und Fehlschläge sowie Putsch um Putsch –, haben auch das Bolivien geschaffen, das man heute kennt.

In den prähispanischen Ruinen, kolonialen Kirchen, Museen, Galerien und auf den chaotischen Märkten der Stadtzentren kann man sich mit den künstlerischen Aspekten der Geschichte dieses Landes befassen. Die Spuren der über 6000 Jahre alten Kultur sind in der Sprache, der Kleidung, den Gebräuchen und Traditionen der einheimischen Völker zu sehen, aber auch in der einzigartigen, zweigeteilten Gesellschaft, die heute erstmals mit dem Aufstieg des ersten selbsterklärten indigenen Präsidenten konfrontiert wird.

Der ökonomische Windschatten dieser dualen Gesellschaft ist vor allem in der Unterschicht und bei der indigenen Mehrheit spürbar, aber auch in den riesigen Bauwerken von La Paz und den weitläufigen Haziendas rund um Santa Cruz.

Vom rein ökonomischen Standpunkt aus gesehen ist Bolivien ein Land, das niemals hätte sein sollen. Der Staat hat reiche Naturressourcen, aber eine kleine Bevölkerung – was bedeutet, dass das Land vor allem Rohstoffe produziert. In politischer Hinsicht wurde Bolivien zwischen stärkeren Einflussbereichen, z. B. von Cuzco, Madrid, Lima, Buenos Aires und Washington, D. C., hin- und hergezerrt. Und während ein großer Teil der Geschichte des Landes zwar der des restlichen Südamerikas ähnelt, haben sich in Bolivien Seele, Charakter und Gegebenheiten vereint, um eine komplexe und verwickelte Geschichte zu schaffen, die einzigartig ist.

Die präkolumbische Zeit

Nach der Zeitenwende entwickelten sich an der peruanischen Küste und in den Tälern fortschrittliche Zivilisationen. Die Hochlandzivilisationen kamen erst etwas später auf. Einige Archäologen definieren die frühe Geschichte der Zentralanden als eine der „Horizonte" – Früher, Mittlerer und Später Horizont –, von denen jeder durch charakteristische Architektur- und Kunstströmungen geprägt war.

Der sogenannte Frühe Horizont (1400–400 v. Chr.) war eine Ära architektonischer Innovation und Aktivität, was vor allem an den Ruinen von Chavín de Huantar sichtbar wird, die an den östlichen Hängen der Anden in Peru liegen. Die Einflüsse von Chavín waren weit verbreitet, selbst nach dem Niedergang der Chavín-Gesellschaft, und reichten sogar bis in den Frühen Mittleren Horizont (400 v. Chr.–500 n. Chr.) hinein.

Der Mittlere Horizont (500–900 n. Chr.) war durch die imperiale Expansion der Tiwanaku- und Huari-Kulturen (aus dem Ayacucho-Tal im heutigen Peru) gekennzeichnet. Die Tiwanaku brachten technnologisch fortgeschrittene Werke hervor, vor allem die gleichnamige Stadt. Sie schufen beeindruckende Keramik, vergoldete Ornamentik, gravierte Säulen und Scheiben mit Kalendermarkierungen sowie Modelle, die ihren bärtigen weißen Anführer Viracocha darstellten.

Die Periode zwischen 900 und 1475 ist als der Späte Mittlere Horizont bekannt. Nach dem Fall der Tiwanaku kamen am Südufer des Titicacasees regionale Stadtstaaten wie Chan-Chan in Peru und die Aymará-Königreiche an die Macht. Aber die präkolumbische Periode war vorrangig durch die Blütezeit und den Fall des Inkareiches definiert.

Um 1440 begannen die Inka, ihre politischen Grenzen zu erweitern. Der achte Inkakönig, Viracocha (nicht zu verwechseln mit der Tiwanaku-Gottheit selben Namens), glaubte, der Sonnengott habe ihn nicht nur beauftragt, andere Stämme zu erobern, auszuplündern und zu versklaven, sondern auch zu organisieren und in das Reich des gütigen Sonnenkönigs zu integrieren.

Zwischen 1476 und 1534 konnte die Inkazivilisation ihren Machtbereich bis auf die Aymará-Königreiche rund um den Titicacasee ausdehnen.

Ende der 1520er-Jahre begannen interne Rivalitäten, ihren Tribut vom Reich zu fordern: Die Söhne des Inka Huayna Capac – Atahualpa und Huáscar – zettelten nach dem Tode ihres Vaters einen blutigen Bürgerkrieg an. Atahualpa (der die nördlichen Bereiche des Reiches kontrollierte) siegte.

Die Konquistadoren

Die spanische Eroberung Südamerikas verlief auffallend schnell. Das durch den Bürgerkrieg der Inka entstandene Machtvakuum begünstigte die Eroberung, ebenso wie die Epidemien, die durch eingeschleppte europäische Krankheiten hervorgerufen wurden.

Alto Perú (die Region, die wir heute als Bolivien kennen) wurde im Bürgerkrieg der Inka Huáscar zugesprochen, was Diego de Almagro die Einnahme des Landes relativ leicht machte.

1544 gab Diego Huallpa seine Silberfunde am Cerro Rico in Potosí bekannt. Bis dahin hatten die spanischen Eroberer den Überresten des Inkareiches längst ihren Stempel aufgedrückt.

Potosí wurde offiziell 1545 gegründet, und 1558 erlangte Alto Perú mit der Einrichtung eines Audiencia (Königshofes) in Sucre seine Autonomie von Lima. Wie ein Spinnennetz schossen rund um Potosí Verkehrsknotenpunkte, Bauerngemeinden und weitere Hilfszentren aus dem Boden. Die profitabelste Silbermine der Welt, nämlich die in Potosí, kamen den Ambitionen der Spanier entgegen – das Silber versetzte das Land in die Lage, die Gegenreformation in Europa zu unterstützen und mindestens zwei Jahrhunderte lang die Extravaganzen der Monarchie zu finanzieren.

Unabhängigkeit

Die erste Hälfte des 19. Jhs. war in Bolivien (und auch in der restlichen Welt) eine Zeit der Revolutionen und des Kampfes um Unabhängigkeit. Zwischen 1803 und 1805 führten Ernteausfälle und Epidemien zu schweren Schäden bei der bolivianischen Wirtschaft. Und wenn die Wirtschaft krankt, ist das der Nährboden für Revolutionen. Zudem waren die Kolonisten dank der Französischen Revolution, Napoléons Kämpfen in Europa und der britischen Unterstützung lateinamerikanischer Unabhängigkeitsbewegungen endlich in der Lage zu erkennen, wie eine Welt ohne Königshäuser aussehen würde.

Im Mai 1809 gewann die erste Unabhängigkeitsbewegung des spanischen Amerika an Boden und war in Chuquisaca (das spätere Sucre) voll im Gange und bald schlossen sich weitere Städte an.

In den frühen 1820er-Jahren gelang es General Simón Bolívar, Venezuela und Kolumbien von der spanischen Vorherrschaft zu befreien. 1822 sandte er Mariscal (Feldmarschall) Antonio José de Sucre nach Ecuador, um die Royalisten in der Schlacht von Pichincha zu schlagen. 1824, nach jahrelangen Guerilla-Aktionen gegen die Spanier und den Siegen von Bolívar und Sucre in den Schlachten von Junín (6. Aug.) und Ayacucho (9. Dez.), erlangte Peru endlich seine Unabhängigkeit.

Obwohl Argentinien und Peru sich die Potosí-Minen eigentlich unter den Nagel reißen wollten, konnte Sucre eine Unabhängigkeitserklärung von Perú bewirken, und 1825 war die neue Republik Bolivien geboren. Bolívar (ja, das Land wurde nach ihm benannt) und Sucre waren die ersten beiden Präsidenten des Landes. Nach einem kurzlebigen Versuch des dritten Präsidenten, Andrés Santa Cruz, eine Konföderation mit Peru zu bilden, begannen die Dinge allerdings schiefzugehen. Die chilenische Opposition brachte die potenziell mächtige Nation schließlich zu Fall, und danach spielte Bolivien nur noch eine untergeordnete Rolle in regionalen Angelegenheiten – bis in die 1880er-Jahre hinein wurde die nationale Politik durch die Herrschaft von *caudillos* (starke Männer) dominiert. Noch in den 1930er-Jahren wurde das Land von einer Ziviloligarchie regiert, die in liberale und konservative Gruppen geteilt war. Danach brach das traditionelle politische System abermals zusammen, was bis zur Revolution von 1952 zu ständigen Militärinterventionen führte.

Ein schrumpfendes Land

Zur Zeit der Unabhängigkeit umschlossen die Grenzen Boliviens weit über 2 Mio. km². Aber die Nachbarländer strebten danach, dieses Territorium für sich zu gewinnen, indem sie den Zugang zu den Küsten und zu jener Region verwehrten, die von uralten Amazonas-Gummibäumen bedeckt war.

Der Küstenverlust erfolgte zwischen 1879 und 1884 im Salpeterkrieg gegen Chile. Viele Bolivianer glauben, dass es Chile nur gelang, die kupfer- und nitratreichen Sandgebiete der Atacama-Wüste sowie 850 km Küstenlinie von Peru und Bolivien zu annektieren, weil seine Soldaten während des Karnevals einmarschierten. Obwohl Chile versuchte, Bolivien durch den Bau einer Eisenbahnverbindung zwischen La Paz und dem Ozean sowie die zollfreie Hafennutzung in Antofagasta zu entschädigen, haben die Bolivianer diesen verheerenden *enclaustramiento* (Einschließung) nie vergessen.

Der nächste große Verlust erfolgte 1903 während des Gummi-Booms, als Brasilien einen Teil des bolivianischen Inlandes annektierte. Brasilien und Bolivien hatten zunächst gleichermaßen die Wälder der Acre-Region geplündert – doch die Gegend war so reich an Gummibäumen, dass Brasilien einen Disput über die Oberherrschaft entfachte und seine Armee ins Land einmarschieren ließ. Anschließend überzeugte Brasilien die Acre-Region, sich von der bolivianischen Republik abzuspalten und annektierte sie prompt.

Zudem gab es zwei Gebietsverluste an Argentinien. 1882 annektierte dieses Land zunächst einen großen Teil des Chaco. Dann, 1883, wurde auch Puna de Atacama von Argentinien einverleibt. Die Region war sowohl Chile als auch Argentinien angeboten worden: ersterem im Austausch gegen den Litoral (Küstenstrich), letzterem im Austausch gegen die Erklärung der Oberhoheit Boliviens über Tarija.

Nach seiner Niederlage im Salpeterkrieg versuchte Bolivien verzweifelt, den Chaco, eine unwirtliche Gegend, unter der große Ölfelder vermutet wurden, als Zugang zum Atlantik über den Río Paraguay an sich zu reißen. Zwischen 1932 und 1935 wütete ein besonders brutaler Krieg zwischen Bolivien und Paraguay um das umstrittene Gebiet – über 80 000 Menschen verloren dabei ihr Leben.

Obwohl kein eindeutiger Sieg errungen werden konnte, wurden beide Nationen es müde, zu kämpfen und nahmen 1938 Friedensverhandlungen auf, bei denen der Großteil des Territoriums Paraguay zugesprochen wurde.

Anhaltende politische Konflikte

Im frühen 20. Jh. kontrollierten reiche Zinnbarone und Landbesitzer die Landwirtschaft und den Bergbau Boliviens, während die Bauern durch *pongueaje*, ein feudales System der Leibeigenschaft, unterdrückt wurden. Daraus resultierten Bürgerunruhen, deren bedeutendste Folge das Aufkommen der politischen Partei Movimiento Nacionalista Revolucionario (MNR) war. Diese vereinte die Massen hinter dem gemeinsamen Ziel von Reformen für das Volk und verursachte Spannungen zwischen kleinbäuerlichen Minenarbeitern und nicht ortsansässigen Zinnbossen. Unter der Führung von Víctor Paz Estenssoro ging die MNR als Sieger aus den Wahlen von 1951 hervor, doch in letzter Minute verhinderte ein Militärputsch seinen Machtantritt.

Es folgte eine Periode schwerer Kämpfe, die mit der Niederlage des Militärs und dem Machtantritt von Paz Estensorro endete und die als Nationale Revolution von 1952 bezeichnet wird. Estensorro verstaatlichte die Bergbauunternehmen, vertrieb die Zinnbarone, beendete die *pongueaje* und gründete Comibol (Corporación Minera de Bolivia), die staatliche Organisation, die für den Bergbau verantwortlich ist. Die MNR blieb zwölf Jahre lang an der Macht, doch trotz der Unterstützung der USA war sie nicht in der Lage, auf nachhaltige Weise den Lebensstandard zu verbessern und die Lebensmittelproduktion zu steigern.

Die 1960er- und 1970er-Jahre prägten Militärputsche, Diktatoren, brutale Regime, in denen Menschen gefoltert und verhaftet wurden oder verschwanden, sowie eine deutliche Zunahme der Kokainproduktion und des Schwarzhandels.

1982 wählte der Kongress Hernán Siles Zuazo, den zivilen linksgerichteten Führer der kommunistisch gestützten Partei Movimiento de la Izquierda Revolucionaria (MIR), zum Präsidenten. Er läutete eine der längsten demokratischen Perioden in der bolivianischen Geschichte ein. Seine Amtszeit trübten Streiks, überhöhte Staatsausgaben und eine immense Geldentwertung, die eine enorme Inflationsrate zur Folge hatte, die einmal 35 000 % innerhalb eines Jahres erreichte.

Als Siles Zuazo nach drei Jahren aufgab und Neuwahlen ausrief, kehrte Paz Estenssoro in die Politik zurück und wurde zum vierten Mal Präsident. Er erließ direkt nach Amtsantritt strenge Maßnahmen, um die Wirtschaft wiederzubeleben: Er verdrängte Arbeiterverbände, verhängte einen Lohnstopp, schaffte Subventionen ab und setzte bewaffnete Truppen ein, die den Frieden sichern sollten. Innerhalb weniger Wochen wurde die Inflation gedrosselt, doch die in die Höhe schnellende Arbeitslosigkeit bedrohte die Stabilität der Regierung.

Das Chaos regiert

Die frühen 1990er-Jahre waren von politischer Apathie, Parteipolitik und dem Kampf zwischen *capitalización* (Öffnung staatlicher Unternehmen für internationale Investitionen) und populistischen Modellen geprägt. Der freie Markt triumphierte mit der Wahl von Gonzalo „Goni" Sánchez de Lozada. Der MNR-Führer hatte während der Regierungszeit von Estenssoro bei der Drosselung der Inflation durch „Schocktherapie" eine Schlüsselrolle gespielt.

Im Zuge von Wirtschaftsreformen wurden staatliche Unternehmen und Minenlizenzen für Investoren aus Übersee geöffnet. Man erhoffte sich durch die Privatisierung Stabilität und höhere Gewinne. Ausländische Investoren erhielten 49 % Eigenkapital, vollständige Wahlkontrolle, Lizenzen, in Bolivien operieren zu dürfen, und bis zu 49 % der Profite. Die übrigen 51 % der Anteile wurden den Bolivianern als Renten ausgezahlt und mittels Participación Popular unter der Bevölkerung verteilt – ein Programm, das dafür gedacht war, das Geld nicht in die Städte, sondern in ländliche Schulen, Kliniken und andere lokale Infrastruktur zu investieren.

Ende 1995 wurden die Reformbemühungen von Gewalt und Unruhen in Folge der von den USA angeordneten Koka-Ausrottung in Chapare überschattet. In den späten 1990er-Jahren sah sich die Regierung aufgrund dieser Maßnahmen mit wachsender öffentlicher Unzufriedenheit konfrontiert, zudem gab es Proteste wegen der steigenden Gaspreise, der großen Wasserknappheit und des wirtschaftlichen Abschwungs im Bezirk Cochabamba.

Nach einer erfolgreichen Kampagne, die von US-amerikanischen Politikberatern unterstützt wurde, die Goni engagiert hatte, wurde er im August 2002 erneut zum Präsidenten gewählt. Im folgenden Jahr führte seine Wirtschaftspolitik zu landesweiten Protesten, bei denen in La Paz bei einem Polizeieinsatz 67 Menschen getötet wurden. Nach weiteren Massenprotesten trat Goni im Oktober 2003 zurück und floh in die USA. Aktuell gibt es wegen der Todesfälle während der Demonstrationen sowohl in den USA als auch in Bolivien Klagen gegen ihn. Seit 2008 läuft zudem ein langwieriger formeller Auslieferungsprozess.

Aufgrund von Protesten, steigenden Benzinpreisen und anhaltenden Unruhen trat Gonis Nachfolger Carlos Mesa 2005 zurück.

Die Ära Morales

Im Dezember 2005 wählten die Bolivianer den ersten indigenen Präsidenten des Landes. Evo Morales Ayma vom Movimiento al Socialismo (MAS), ein früherer *cocalero* (Cocabauer) und Abgeordneter aus Cochabamba, gewann die Wahl mit fast 54 % aller Stimmen, nachdem er versprochen hatte, das traditionelle politische Klassensystem zu verändern und die arme (vor allem indigene) Mehrheit der Nation zu stärken. Nach der Wahl stellte sich Morales ins Rampenlicht, reiste durch die Welt und traf sich mit Venezuelas Präsidenten Hugo Chávez, dem kubanischen Idol Fidel Castro, Brasiliens Luiz Inácio Lula da Silva und Mitgliedern des südafrikanischen African National Congress. Um ein symbolisches Zeichen zu setzen, verstaatlichte er am Maifeiertag 2006 die Erdgasreserven und hob die Steuern für Energieinvestoren an, ein Schachzug, um die bolivianischen Ressourcen auch in bolivianischen Händen zu bewahren.

Im Juli 2006 ließ Morales eine nationale verfassungsgebende Versammlung wählen, um dem Land eine neue Verfassung zu geben. Im Januar 2009 wurde die neue, sozialistisch geprägte Verfassung bei einem landesweiten Referendum mit einer Mehrheit von 67% der Wahlberechtigten angenommen. Die erste Verfassung Boliviens, die vom Volk abgesegnet wurde, gab der indigenen Bevölkerungsmehrheit mehr Rechte, machte indigene Sprachen und Religionen in dem neuen „plurinationalen" Staat offiziell und ermöglichte Morales eine zweite fünfjährige Amtszeit, die er im selben Jahr nach erfolgreichen Wahlen antrat. Zudem wurde die Größe des erlaubten Landbesitzes reduziert und Land von großen Viehfarmen und Großgrundbesitzern an arme indigene Bauern verteilt.

Während Evo Morales bei der indigenen Bevölkerung Boliviens große Unterstützung genießt, haben seine radikalen sozialen Reformen auch Gegner. In den vier Departamentos im Osten des Landes, die wegen ihrer geografischen Form La Media Luna (Halbmond) genannt werden und einen Großteil der natürlichen Ressourcen beherbergen, fordert eine starke rechtsgerichtete Opposition Morales immer wieder heraus und bezeichnet ihn als ethnozentrischen Despoten. 2016 wurde in einem Referendum eine Verfassungsänderung, die Morales eine vierte Amtszeit in Folge ermöglicht hätte, überraschend abgelehnt. Morales ließ sich davon nicht beeindrucken und schaltete die Justiz ein, die die Verfassung überstimmte und die Begrenzung von Amtszeiten generell abschaffte. 2017 kündigte Morales an, sich 2019 erneut zur Wahl zu stellen.

Menschen & Kultur

Mentalität

Bolivien ist vor allem eine Schichtgesellschaft. Und obwohl sich die Archetypen, die in der 500-jährigen Herrschaft der spanischen Nachkommen aufkamen, langsam auflösen, ist es immer noch stark von Hautfarbe, Sprache, Kleidung und Vermögen abhängig, zu welcher Gesellschaftsschicht man gehört und welche Chancen man in seinem Leben hat.

Die Mentalität der Menschen hängt vom Klima und der Höhenlage ab. *Cambas* (Tieflandbewohner) und *kollas* (Hochlandbewohner) reden gern darüber, was sie von den anderen unterscheidet (und in ihren Augen besser macht). Es heißt, Tieflandbewohner seien warmherziger, lässiger und wohlwollender gegenüber Fremden; die Hochlandbewohner sollen härter arbeiten, aber dafür weniger offen sein. Früher wurden diese Klischees mit einem zwinkernden Auge befeuert, heute sind sich die Bolivianer jedoch der wirtschaftlichen Ungleichheit zwischen den zwei Regionen bewusster, was zu ernsthafteren Spannungen führt. So droht Santa Cruz aufgrund der Unzufriedenheit mit der Politik mit einer Abspaltung von der Republik.

Lebensart

Das Leben in dieser selbstsicheren Nation ist von Anfang an stark in der Familie verwurzelt. Egal, aus welcher ethnischen Gruppe oder welcher Schicht man kommt, man ist immer eng mit seiner Verwandtschaft verbunden. Im Hochland ist das Konzept des *ayllu* (das traditionelle Bauernsystem, das durch gemeinschaftlichen Landbesitz sowie eine gemeinsame Verwaltung und Entscheidungsfindung charakterisiert ist), das noch aus Inkazeiten stammt, bis heute von großer Bedeutung.

Das Alltagsleben unterscheidet sich. Viele *campesinos* (Subsistenzbauern) leben ohne fließendes Wasser, Heizung oder Elektrizität, wobei sich Infrastruktur und Lebensbedingungen auf dem Land weiterhin verbessern. In den Städten hingegen genießen Tausende von Menschen den Komfort moderner Annehmlichkeiten und einen sehr modernen Lebensstil.

Homosexualität ist legal in Bolivien, wird in der von Machismo geprägten Gesellschaft jedoch meist nicht offen ausge-

BOLIVIENS INDIGENE VÖLKER

Hochland

Aymará Die Aymará-Kultur entstand am Südufer des Titicacasees nach dem Untergang der Tiwanaku. Heute leben die Aymará in den Regionen rund um den See und in den Yungas. Sie betrachten El Alto in La Paz als ihre Hauptstadt.

Quechua Sie stammen von den Inka ab. Die Sprache der Quechua sprechen heute 9 bis 14 Mio. Menschen in Bolivien, Peru, Ecuador, Chile, Kolumbien und Argentinien.

Chipaya Möglicherweise sind dies die direkten Nachfahren der Tiwanaku.

Kallawaya Eine abgeschieden, in den Bergen nördlich von La Paz lebende ethnische Gruppe.

Tiefland

Chiquitano Sie leben vor allem in der tropischen Savanne der Chiquitania in der Region um Santa Cruz, aber auch in der Region Beni und in Brasilien. In Bolivien leben etwa 180 000 Chiquitanos, von denen aber nur gut ein Viertel auch Chiquitano spricht.

Guaraní Angehörige dieser Ethnie leben in Paraguay, Brasilien und Teilen von Uruguay und Bolivien, teilen jedoch eine gemeinsame Sprache.

Mojeño Bis ins 17. Jh. war diese bedeutende Volksgruppe mit mehr als 350 000 Menschen besonders stark in der Region Beni verteten.

lebt. Trotz einer zunehmenden Zahl an Schwulenbars in einigen größeren Städten bleibt die Schwulenkultur weiterhin recht unauffällig.

Religion

Rund 77% aller Bolivianer bekennen sich zum römisch-katholischen Glauben und praktizieren diesen in unterschiedlichem Ausmaß. Die übrigen 23% sind Protestanten, Agnostiker oder gehören einer anderen Religion an. Starke evangelikale Bewegungen finden mit ihren Predigten vom Fegefeuer und dem baldigen Ende der Welt immer mehr Anhänger und verdrängen in manchen Regionen jahrhundertealte kulturelle Traditionen. Trotz der politischen und wirtschaftlichen Stärke des Christentums ist es offensichtlich, dass die meisten religiösen Praktiken Elemente der Glaubenssysteme der Inka und Aymará integriert haben. Doktrinen, Riten und Aberglauben sind weit verbreitet, und manche *campesinos* leben noch immer nach dem traditionellen Mondkalender.

Bevölkerung

Bolivien ist eine multiethnische Gesellschaft mit einer großen Vielfalt an sprachlichen, kulturellen und künstlerischen Traditionen. Das Land verfügt über die größte Population indigener Volksgruppen in Südamerika; die meisten Soziologen und Anthropologen geben an, dass über 60% der Bevölkerung indigener Abstammung sind.

Bolivien hat 36 identifizierte indigene Völker. Die meisten von ihnen bezeichnen sich als Aymará (etwa 25%) oder Quechua (etwa 30%), von denen viele im Hochland leben. Die übrigen Gruppen (darunter auch die Guaraní und Chiquitano) leben fast alle im Tiefland.

Mestizos (Menschen von indigener und zugleich spanischer Abstammung) bilden einen beträchtlichen Teil der Bevölkerung.

Kunst

Musik & Tanz

Während alle Musiktraditionen der Anden spanische, amazonische und afrikanische Elemente sowie Einflüsse aus der Inkakultur und der Zeit vor den Inka aufweisen, hat jede Region Boliviens dennoch ihre ganz eigenen Musik- und Tanztraditionen sowie Musikinstrumente entwickelt.

Das bekannteste Musikinstrument Boliviens – auf welches das Land zu Recht stolz ist – heißt *charango* und gilt als König der Streichinstrumente. Es wurde nach dem Vorbild der spanischen *vihuela* und der Mandoline entwickelt und gewann erstmals in den Blütejahren des Bergbaus in Potosí an Beliebtheit. Ein anderes weitverbreitetes Instrument auf den Gringo-Märkten ist die *quena*, eine kleine Flöte aus Zuckerrohr, Knochen oder Keramik. Das Instrument erfreut auch Europäer seit vielen Jahrhunderten, und die frühesten Exemplare – aus Stein – wurden in der Nähe von Potosí gefunden. Ein besonders kurioses Instrument namens Jaguar-Rufer stammt aus der Amazonas-Region. Dieser ausgehöhlte Flaschenkürbis hat ein kleines Loch für die Hand des Spielers und scheint gute Arbeit bei der Raubtierjagd zu leisten.

Bei traditionellen Altiplano-Tänzen werden Krieg, Fruchtbarkeit, Jagdfähigkeit, Heirat und Arbeit zelebriert. Mit Ankunft der Spanier gelangten auch europäische und afrikanische Tanztraditionen ins Land. So entwickelten sich Tänze mit vielerlei Elementen, die heute bei vielen bolivianischen Festen nicht fehlen dürfen.

Der Karneval von Oruro zieht zahlreiche Besucher aus dem In- und Ausland an. Potosí ist für *tinku*-Vorführungen, der regionalen Kampfkunsttradition, bekannt. La Paz ist hingegen für La Morenada berühmt, bei der Tänze afrikanischer Sklaven, die an den Hof von Vizekönig Felipe III. gebracht worden waren, nachgestellt werden.

Webkunst

Bolivianische Textilien zeichnen sich besonders durch ihre vielfältigen Muster aus. Sie zeigen ein hohes Maß an Kunstfertigkeit, das sich aus jahrtausendealten künstlerischen Traditionen heraus entwickelt hat. Das gebräuchlichste Kleidungsstück heißt *manta* oder *aguayo*, ein Schal, der aus zwei handgewebten Streifen besteht, die an den Ecken verbunden werden. Häufig zu sehen sind auch die *chuspa* (Beutel für Cocablätter), der *chullo* (Strickmütze), die *falda* (Rock), gewebte Gürtel und Touristensouvenirs wie Kamerataschen aus Stoffresten.

Jede Region hat ihren eigenen Webstil sowie spezielle Motive und Formen der Anwendung. Kunstvolle Muster mit Tiersymbolik sind die Markenzeichen der Webereien von Tarabuco, während aus Potolo, nordwestlich von Sucre, auffällig rot-schwarze Muster kommen. Muster mit Tiersymbolen sind auch im wilden Charazani-Land nördlich des Titicacasees und in mehreren Altiplano-Regionen um La Paz – darunter Lique und Calamarca – beliebt.

Einige extrem feine Gewebe werden in Sica Sica hergestellt, einem der vielen staubigen und unscheinbaren Dörfer zwischen La Paz und Oruro, während aus Calcha, südöstlich von Potosí, ein sehr festes Gewebe – mit über 150 Fäden pro Zoll – sowie professionelle Spinnereierzeugnisse kommen (hier werden die besten Textilien Boliviens hergestellt).

Die Vicuña-Faser, die edelste und teuerste Textilfaser der Welt, wird in Apolobamba und im Parque Nacional Sajama hergestellt.

Sport

Wie in vielen lateinamerikanischen Ländern ist *fútbol* (Fußball) der Nationalsport. „Bolívar" und „The Strongest" aus La Paz nehmen meist (obwohl sie oft schwach abschneiden) am Copa Libertadores teil, dem jährlichen Showdown der besten Clubs Lateinamerikas. In den Großstädten finden jedes Wochenende professionelle *fútbol*-Spiele statt, während in den Straßen fast rund um die Uhr Fußball gespielt wird. Den kleinen Städten fehlen oft grundlegende Einrichtungen, aber ein gepflegtes *cancha* (Fußballfeld) findet man fast überall – und man darf jederzeit mitspielen. In einigen Gemeinden dürfen Frauen noch immer nicht Fußball spielen, aber auf dem Altiplano haben sich in letzter Zeit einige weibliche Teams gegründet: Hier wagen sich immer mehr Frauen an den Ball.

In den ländlichen Gemeinden wird bei Sonnenuntergang Volleyball gespielt, hauptsächlich von Erwachsenen, die sich mehrmals pro Woche zu einem Match treffen. Racquetball, Billard, Schach und *cacho* (ein Würfelspiel) sind ebenfalls beliebt. Der inoffizielle „Nationalsport" aber ist das Schlemmen und Feiern – allabendlich gehen Tänzer und Trinkfreudige dieser nahezu sportlichen Betätigung nach.

Natur & Umwelt

Wer an Bolivien denkt, stellt sich ein Land vor, das hochgelegen (La Paz), trocken (Altiplano) und salzig (Uyuni-Salzebenen) ist. Das mag für große Teile des Landes zwar zutreffen, aber die bolivianische Landschaft hat viel mehr zu bieten als Berge. Die unterschiedlichen Höhenlagen – von 130 m über dem Meeresspiegel in den Regenwäldern des Amazonasbeckens bis hin zu 6542 m in den Anden – haben zahlreiche ökologische und geologische Nischen hervorgebracht, die vielen Arten eine Heimat bieten. Ökologisch gesehen ist Bolivien eins der vielfältigsten Länder des Kontinents.

Dass in Bolivien 1415 Vogel- und 5000 bekannte Pflanzenarten vorkommen, ist im weltweiten Vergleich sehr viel. Bolivien gehört außerdem zu jenen neotropischen Ländern, die die meisten endemischen Spezies (Arten, die nur in Bolivien existieren) aufweisen: 21 Vogel-, 28 Reptilien-, 72 Amphibien- und 25 Säugetierarten, die nirgendwo sonst auf der Welt zu finden sind.

Aber während es eigentlich offensichtlich scheint, dass seine natürlichen Ressourcen einer der größten Pluspunkte Boliviens sind, wissen leider nicht alle diese Vorteile zu schätzen, die eben nicht immer einen direkten finanziellen Wert haben. Von den üppigen Wäldern des Parque Nacional e Área de Uso Múltiple Amboró bis zu den Feuchtgebieten des Pantanal ist die Vegetation, die die Erdgasfelder von Chaco und die *Polylepis*-Wälder der Anden verbirgt, in ständiger Gefahr, durch die wirtschaftliche Ausbeutung völlig zerstört zu werden.

Geografie

Der Westen des Landes ist von zwei Anden-Bergketten mit vielen Gipfeln über 6000 m Höhe bestimmt. Zwischen Bolivien und der Pazifikküste erhebt sich die westliche Cordillera Occidental. Die östliche Cordillera Real verläuft südöstlich und im Süden weiter durch Zentralbolivien, wo sie auf eine weitere Bergkette trifft und mit ihr die südliche Cordillera Central bildet.

Der gespenstische Altiplano (Höhe 3500 bis 4000 m) wird von den zwei Cordilleras geradezu eingequetscht. Er ist eine gigantische, nahezu baumlose Ebene, die von Bergen und einsamen Vulkankegeln durchsetzt ist. Am nördlichen Ende des Altiplanos erstreckt sich bis über die peruanische Grenze der Titicacasee – er ist einer der höchstgelegenen schiffbaren Seen der Welt. In der äußersten Südwestecke ist das Land trockener und spärlicher bevölkert. Hier befinden sich auch die salzigen Überreste der zwei riesigen, uralten Seen Salar de Uyuni und Salar de Coipasa.

Östlich der Cordillera Central liegen die zentralen Hochlandregionen, Regionen mit Hügeln, Tälern und fruchtbaren Becken, die ein mittelmeerartiges Klima aufweisen. Nördlich der Cordillera Real erstrecken sich die Yungas, die eine Übergangszone zwischen dem trockenen Hochland und dem feuchten Tiefland bilden.

Über die Hälfte der Fläche Boliviens liegt im Amazonasbecken, mit stickigen tropischen Regenwäldern im westlichen Teil und flachen *cerrado* (Savannen) und Ausläufern des Pantanal-Sumpfgebietes im Osten. In der südöstlichen Ecke des Landes erstreckt sich das fast unzugängliche Buschland des Gran Chaco, einem trockenen, dornigen Wald, in dem die höchsten Temperaturen des Landes herrschen.

Tiere & Pflanzen

Die Flora und Fauna wird von der Geografie des Landes bestimmt und variiert von Region zu Region beträchtlich. Im Altiplano leben Vicuñas, Flamingos und Kondore; im Chaco gibt es Jaguare, Pumas und Pekaris; das Pantanal bietet Riesenottern, Sumpfhirschen und Wasservögeln eine Heimat, und das Amazonasbecken weist die weltweit größte Dichte an Spezies auf – hier lebt eine unglaubliche Vielfalt an Reptilien, Papageien, Affen, Kolibris, Schmetterlingen, Fischen und Käfern (an die Zillionen!).

Die Stars der Tierwelt stehlen dabei allen die Show: der majestätische Jaguar, das größte Raubtier des Kontinents, der elefantennasige Tapir (*anta*) und der laufende Staubsauber, der Große Ameisenbär. Hier lebt außerdem die größte Vogelart Amerikas, der straußenartige Rhea oder *ñandú*, der in einigen Regionen erstaunlich häufig vorkommt; mit ein wenig Glück sieht man sogar den atemberaubenden Andenkondor – der natürlich von den Inka sehr verehrt wurde –, wie er sich dank der Bergthermik scheinbar mühelos emporschwingt.

Von den Flusstieren wird man am ehesten die Wasserschweine (die wie riesige Wasser-Meerschweinchen aussehen) und die Kaimane (ähnlich Alligatoren) zu Gesicht bekommen. Nicht selten sieht man in Flüssen im Bezirk von Beni Anakondas, und eine Piranha-Sichtung ist fast schon Pflicht für jeden, der Zeit am Amazonas verbringt.

Reisende auf dem Landweg sehen oft Gürteltiere, Füchse, *jochis* (Agutis) und den graugesichtigen, lamaartigen Guanako. Ähnlich, aber eleganter proportioniert, sieht der struppige Vicuña aus, der wegen seiner Wolle einst gnadenlos gejagt wurde, sich inzwischen aber erholt hat. Seine domestizierten Verwandten, das Lama und das Alpaka, muss man dagegen nicht lange suchen.

Landesweit bemühen sich viele gemeinnützige Gruppen um den Naturschutz. Neben internationalen Organisationen haben die folgenden lokalen Gruppen einen guten Ruf:

Asociación Armonía (www.armonia-bo.org) Informiert über alles, was man über die Beobachtung und den Schutz von Vögeln wissen muss.

Fundación Amigos de la Naturaleza (www.fan-bo.org) Eine der aktivsten lokalen Naturschutzgruppen, die landesweit arbeitet.

Protección del Medio Ambiente del Tarija (http://prometa.org.bo) Arbeitet in der Gran-Chaco-Region an einer Reihe von Sozial- und Naturschutzinitiativen.

Nationalparks & Naturschutzgebiete

Hier eine Auswahl der schönsten Nationalparks und Naturschutzgebiete – insgesamt gibt es 22 – und was man dort sehen kann.

Amboró Heimat für seltene Brillenbären, Jaguare und eine erstaunliche Vielfalt von Vogelspezies in der Nähe von Santa Cruz.

Apolobamba Diese entlegene Bergkette an der peruanischen Grenze hat die größte Kondorpopulation Boliviens und bietet ausgezeichnete Wandermöglichkeiten.

Cotapata Der größte Teil des Choro Treks führt durch dieses Gebiet in den Yungas, das auf halber Strecke zwischen La Paz und Coroico liegt.

Madidi Das Gebiet dient dem Schutz des Lebensraums vieler Tierarten; insbesondere leben hier mehr als 100 Vogelarten.

Noel Kempff Mercado Der abgelegene Park an der brasilianischen Grenze bietet einer Vielzahl von Tierarten ein Zuhause. Landschaftlich sehr reizvoll.

Reserva Nacional de Fauna Andina Eduardo Avaroa Ein Highlight des südwestlichen Rundkurses, u. a. mit artenreichen Lagunen.

Sajama Schließt an den prachtvollen chilenischen Parque Nacional Lauca an; in dem

Reservat liegt der Volcán Sajama (6542 m), Boliviens höchst gelegener Gipfel.

Torotoro Hier finden sich riesige Felsformationen mit Dinosaurierspuren aus der Kreidezeit, außerdem Höhlen und antike Ruinen.

Tunari Auf einer Wanderung von Cochabamba aus erreichbar. Erwähnenswert: die hübschen naturbelassenen Wanderwege durch die Gebirgslandschaft.

PRAKTISCHES

Allgemeine Informationen

AKTIVITÄTEN

Bolivien ist wie ein Themenpark für groß gewordene Abenteurer. Zur Auswahl stehen mehrtägige Trekkingtouren, aufregende Mountainbiketrips, Klettertouren zu abgelegenen Andengipfeln, Wildwasserrafting und Jeepreisen über holperige Steinstraßen, die einst im Inka-Reich angelegt wurden.

ARBEITEN IN BOLIVIEN

➡ Lehrer können versuchen, sich an Privatschulen zu bewerben. Die größte Nachfrage herrscht in den Fächern Mathematik, Naturwissenschaft und Sozialkunde. Bewerber ohne Abschluss oder Erfahrung durchlaufen eine zweimonatige Ausbildung und verzichten im Gegenzug auf zwei Monate Gehalt.

➡ Andere Traveller finden in Bars, Hostels oder bei Touragenturen Arbeit.

➡ **Centro Boliviano-Americano** (www.cba.edu.bo) Ausgebildete Englischlehrer, die eine bezahlte Arbeit in Bolivien annehmen möchten, können sich bei dem professionell geführten Centro Boliviano-Americano in La Paz melden, das auch Büros in anderen Städten unterhält. Zugelassene Lehrer bekommen für eine Vollzeitstelle bis zu 500 US$ pro Monat.

BOTSCHAFTEN & KONSULATE

Argentinische Botschaft (Karte S. 224; ☎241-7737; www.ebolv.cancilleria.gov.ar; Aspiazu 475, Sopocachi; ⏲Mo–Fr 8.30–13.30 Uhr)

Argentinisches Konsulat (☎03-332-4153; www.cscrs.cancilleria.gov.ar; Junín 22, 3. OG; ⏲Mo–Fr 8.30–17 Uhr)

Brasilianische Botschaft (Karte S. 224; ☎244-1273; http://lapaz.itamaraty.gov.br/pt-br; Av Arce s/n, Edificio Multicentro, Sopocachi; ⏲Mo–Fr 9–13 & 14–17 Uhr)

Brasilianisches Konsulat (☎03-344-7575; http://santacruz.itamaraty.gov.br; Av Banzer 334; ⏲Mo–Fr 8–14 Uhr)

Deutsche Botschaft (Karte S. 224; ☎244-0066; www.la-paz.diplo.de; Av Arce 2395, Sopocachi; ⏲Mo–Fr 9–12 Uhr)

Österreichisches Konsulat (☎02-244-2094; https://www.bmeia.gv.at/reise-aufenthalt/reiseinformation/land/bolivien/; Calle Montevideo 130, Edificio Requima, Piso 6 Casilla 270, La Paz)

Paraguayische Botschaft (Karte S. 224; ☎243-2201; Pedro Salazar 351, Edificio Illimani II, Sopocachi; ⏲Mo–Fr 9–16 Uhr)

Peruanische Botschaft (Karte S. 224; ☎244-1250; www.embaperubolivia.com; Fernando Guachalla 300, Sopocachi; ⏲Mo–Fr 9.30–13.30 & 15.30–18.30 Uhr)

Schweizer Botschaft (☎02-275-1001; https://www.eda.admin.ch/lapaz; Calle 13, No. 455, Esquina 14 de Septiembre, Obrajes, La Paz)

ESSEN

Die bolivianische Küche wird von Fleisch dominiert, das normalerweise von Reis, stärkehaltigen Knollen (meist Kartoffeln) und geschnittenem Salat begleitet wird. Das Gericht wird oft mit *ilajhua* (einer scharfen Sauce auf Tomatenbasis) übergossen. Suppen sind eine Spezialität.

Desayuno (Frühstück) besteht aus kaum mehr als Kaffee und einem Brötchen; danach folgt oft ein Vormittagssnack wie *salteña* (Gebäck mit Fleisch und Gemüse), *tucumana* (ein empanadaartiges Gebäck) oder eine Empanada.

Almuerzo (Mittagessen) ist die Hauptmahlzeit des Tages. Die besten und preiswertesten Gerichte findet man in und um die Märkte herum (oft unter 10 Bs) und in einfachen Speiselokalen, die Mittagsmenüs anbieten (meist zwischen 15 und 40 Bs). *Cena*, das Abendessen, wird meist à la carte serviert.

Es gibt auch immer mehr vegetarische Kost, aber die besteht meist aus verkochtem Gemüse, Reis, Pizza oder Pasta. Quinoa ist eine prima Getreidesorte, die sich perfekt für Vegetarier eignet.

FEIERTAGE & FERIEN

Feiertage unterscheiden sich von Provinz zu Provinz. Folgende gelten landesweit.

Año Nuevo (Neujahr) 1. Januar

Día del Estado Plurinacional (feiert die neue Verfassung) 22. Januar

PREISKATEGORIEN: ESSEN

Die folgenden Preiskategorien beziehen sich auf ein Standardhauptgericht.

$ unter 30 Bs

$$ 30–60 Bs

$$$ über 60 Bs

Karneval Februar/März
Semana Santa (Osterwoche) März/April
Día del Trabajo (Tag der Arbeit) 1. Mai
Fronleichnam Mai/Juni
Año Nuevo Andino Amazónico y del Chaco (Andinisches Neujahr) 21. Juni
Día de la Independencia (Unabhängigkeitstag) 6. August
Día de los Muertos (Allerseelen) 2. November
Navidad (Weihnachten) 25. Dezember

FOTOGRAFIE

Lonely Planet's Guide to Travel Photography hat viele hilfreiche Tipps für reisende Hobbyfotografen.

➡ Manche Bolivianer lassen sich gern fotografieren, anderen sind Kameras bzw. der Intention des Fotografen gegenüber misstrauisch. Man sollte vorher um Erlaubnis fragen, nicht insistieren, wenn diese nicht erteilt wird, und Rücksicht auf die Wünsche der Einheimischen nehmen.

➡ Viele Kinder fragen nach Geld und oft erst, nachdem sie schon fotografiert wurden. Ein paar Bolivianos reichen aus.

➡ Politische Kundgebungen, Militäranlagen oder Polizisten sollte man nicht fotografieren, denn die Reaktionen sind meist wenig humor- oder verständnisvoll.

FREIWILLIGENARBEIT

➡ In Bolivien sind Hunderte gemeinnützige Vereine und Nichtregierungsorganisationen (NGOs) aktiv, deswegen ist das Land für Freiwilligenarbeit beliebt.

➡ Bei vielen Projekten müssen freiwillige Helfer einen Monatsbetrag von 200 bis 1000 US$ bezahlen, wobei oft Unterkunft und Verpflegung inbegriffen sind. Das Angebot an kostenfreien Optionen ist begrenzt.

➡ Man sollte das Projekt sorgfältig auswählen. Manche gewinnorientierte Organisationen bieten „Praktika" oder „Freiwilligenarbeit" an. Tatsächlich handelt es sich dabei um unbezahlte Arbeit, für die man kostenlose Exkursionen oder Aktivitäten bekommt.

➡ Staatlich geförderte Organisationen oder NGOs bieten langfristige Programme an, für die man eine Vergütung, Vorabinfos und Unterstützung vor Ort erhält.

➡ Kirchennahe oder religiöse Organisationen bieten Kurzzeiteinsätze an, bei denen man oft in der Gruppe arbeitet.

➡ Kleinere (teils gewinnorientierte) Organisationen für Freiwilligenarbeit geben Individualreisenden die Möglichkeit, bei Gemeindeprojekten aktiv zu werden. Meist müssen sich Interessierte für mindestens zwei bis vier Wochen verpflichten und eine Gebühr entrichten.

➡ **Animales SOS** (☎ 230-8080; www.animalessos.org; Av Chacaltaya 1759, Achachicala) Die Tierschutzorganisation kümmert sich um herumstreunende Tiere, die misshandelt oder gequält wurden.

➡ **Sustainable Bolivia** (☎ 423-3783; www.sustainablebolivia.org; Julio Arauco Prado 230) Die gemeinnützige Organisation mit Sitz in Cochabamba vermittelt verschiedene kurze und längere Freiwilligeneinsätze in 22 lokalen Unternehmen und Organisationen. Zudem bietet sie Spanischkurse.

➡ **Volunteer Bolivia** (☎ 7171-2491; www.volunteerbolivia.org; Ecuador E-0342) Organisiert kurze und längere Freiwilligeneinsätze, Spanischkurse in Cochabamba und Gastfamilienunterkünfte in ganz Bolivien.

➡ **WWOOF Latin America** (www.wwooflatinamerica.com) Freiwilligenarbeit auf Bio-Farmen.

GEFAHREN & ÄRGERNISSE

➡ Die Zahl von Verbrechen gegen Touristen in Bolivien steigt, insbesondere in La Paz und in geringerem Maße in Cochabamba, Copacabana und Oruro.

➡ Sozialer Protest hat in Bolivien eine lange Tradition und es finden regelmäßig Demonstrationen statt, die meist friedlich verlaufen. Manchmal schlägt die Stimmung jedoch um und wütende Protestierende werfen Steine, worauf die Polizei teils mit Gewalt und Tränengas reagiert, um die Demonstranten auseinanderzutreiben.

➡ Minentouren in Potosí, Radtouren außerhalb von La Paz und Geländewagenexkursionen rund um den Salar de Uyuni können gefährlich sein. Manche Anbieter haben keine hohen Sicherheitsstandards, deswegen sollte man seine Wahl sorgfältig treffen.

Betrugsmaschen

Betrugsmaschen sind weit verbreitet und die Zahl von falschen Polizisten und Touristenpolizisten sowie „hilfsbereiten" Einheimischen steigt. Zudem sollte man sich bewusst sein, dass Falschgeld im Umlauf ist.

Bestechung ist illegal, jedoch üblich. Verkehrsteilnehmer, die wegen geringerer oder ernsthafterer Verkehrsverstöße angehalten werden, werden manchmal aufgefordert, das Bußgeld sofort zu begleichen. Vorsicht vor falschen Polizisten – echte Polizeibeamte tragen immer Uniform, zwingen einen niemals dazu, den Pass vorzuzeigen oder in ein Taxi zu steigen, und durchsuchen einen nicht in der Öffentlichkeit.

GELD

➡ Die bolivianische Währung ist der Boliviano (Bs), der in 100 Centavos unterteilt ist.

➡ Die meisten Preise sind an den US-Dollar gebunden.

➡ Bolivianos werden oft noch Pesos genannt, da die Währung 1987 umbenannt wurde.

➡ Es werden nur unbeschädigte US-Dollarnoten abgenommen (sie sind die Währung für Spareinlagen).

➡ Es gibt Banknoten zu 10, 20, 50, 100 und 200 Bs.

➡ Es gibt Münzen im Wert von 10, 20 und 50 Centavos.

➡ Bolivianos bekommt man außerhalb des Landes kaum los, deswegen sollte man sie vor der Abreise wechseln.

➡ Gefälschte Bolivianos und US-Dollar sind heute weniger im Umlauf als früher, kommen jedoch immer noch häufiger vor, als man es sich wünscht.

➡ Sieht ein Geldschein stark gebraucht aus, sollte man ihn nicht annehmen, da das auch sonst keiner tun wird.

➡ Auch zerrissene Scheine sind ein legales Zahlungsmittel, doch nur wenn beide Hälften der reparierten Banknote dieselbe Seriennummer aufweisen, ist sie noch etwas wert.

Devisen tauschen

➡ Devisen können in *casas de cambio* (Wechselstuben) und einigen Banken in größeren Städten eingetauscht werden. Manchmal wechseln zudem Reiseagenturen, Hotels und teils auch Touristenläden Geld, jedoch nur gegen eine Gebühr.

➡ Besucher sind mit US-Dollar am besten beraten. Euros lassen sich nur schwer und zu einem schlechten Kurs umtauschen.

➡ *Cambistas* (Händler, die auf der Straße Geld wechseln) gibt es in den meisten Städten. Sie tauschen ausschließlich US-Dollar und haben etwa dieselben Wechselkurse wie die *casas de cambio*. Sie sind praktisch, aber man muss sich vor Betrügern und Falschgeld in Acht nehmen.

➡ Die Kurse unterscheiden sich von Ort zu Ort kaum und es gibt keinen Devisenschwarzmarkt.

➡ Währungen der Nachbarstaaten kann man in Grenzgebieten und *casas de cambio* in La Paz tauschen.

Geldautomaten

➡ In allen größeren Städten gibt es *cajeros automáticos* (Geldautomaten), meist von den Banken Banco Nacional de Bolivia, Banco Fassil, Banco Mercantil Santa Cruz und Banco Unión.

➡ Dort kann man mit Visakarte, MasterCard sowie Plus- und Cirrus-Karte 50er- und 100er-Banknoten (manchmal auch Dollar) abheben.

➡ In Kleinstädten bietet die lokale Bank Prodem gegen eine Gebühr von 3 bis 6 % Auszahlungen mit Visakarte und MasterCard, der Service ist allerdings nicht immer verlässlich.

➡ Man sollte sich nicht auf Geldautomaten verlassen und immer Bargeld mit sich führen, insbesondere, wenn man ländliche Regionen besucht.

Internationale Überweisungen

Geld aus dem Ausland lässt sich mit folgenden Anbietern verschicken:

Western Union (www.westernunion.com).

MoneyGram (www.moneygram.com).

Die jeweilige **Hausbank** kann ebenfalls Geld an eine bolivianische Bank schicken, sofern eine Kooperation besteht. Das kann allerdings ein paar Geschäftstage dauern.

PayPal (www.paypal.com) Zunehmend beliebt für Überweisungen an Hotels.

Kreditkarten

➡ Bekanntere Kreditkarten wie Visa, MasterCard und (seltener) American Express werden teils in besseren Hotels, Restaurants und Touragenturen in größeren Städten akzeptiert.

Trinkgeld

Restaurants Der Service ist in der Regel nicht in der Rechnung inbegriffen; üblich sind 10 bis 15 % Trinkgeld.

Geführte Touren Guides freuen sich über Trinkgeld, wobei 10 bis 20 % angemessen sind. Man sollte nicht vergessen, dass ihr Verdienst oftmals sehr viel niedriger als der Tourpreis ist.

Taxis Trinkgeld wird nicht erwartet, es ist jedoch üblich, den Betrag aufzurunden.

GESUNDHEIT

Sauberkeit und Hygiene gehören nicht zu den Stärken Boliviens. Darum sollte man immer genau hinschauen, was man da zu sich nimmt. Leitungswasser ist in der Regel kein Trinkwasser – also möglichst nur Mineralwasser trinken und auf Wanderungen Jodtabletten mitnehmen (der Darm wird sich dafür bedanken).

Der Altiplano liegt auf einer Höhe von 3000 bis 4000 m. Viele Besucher von La Paz, Copacabana und Potosí leiden deshalb unter der Höhenkrankheit und extreme Komplikationen wie Hirnödeme haben schon den Tod ansonsten fitter, gesunder Personen verursacht. Diabetiker sollten außerdem berücksichtigen, dass nicht alle Instrumente zur Messung des Blutzuckerspiegels in Höhen von über 2000 m korrekt funktionieren.

Bestimmte Teile des Landes liegen in der Gelbfieberzone. Eine Impfung wird empfohlen, wenn man Risikogebiete besucht. Bei der Weiterreise in andere Länder (z. B. Brasilien) benötigt man eventuell einen Impfnachweis. Wer aus einem Gelbfiebergebiet nach Bolivien einreist, muss ebenfalls einen Impfnachweis vorlegen. Im Tiefland sind vorbeugende Maßnahmen gegen Malaria erforderlich.

Die medizinischen Einrichtungen mögen nicht dem Standard entsprechen, den man von zu Hause gewohnt ist, aber es gibt ordentliche Krankenhäuser in den größten Städten und annehmbare Kliniken in den meisten Ortschaften (dies gilt jedoch nicht für die abgelegenen Landesteile!).

INTERNETZUGANG

➡ An fast jeder Ecke gibt es Internetcafés und in den meisten Mittel- und Spitzenklassehotels sowie in vielen Cafés ist WLAN mittlerweile Standard.

➡ Die Preise betragen 4 bis 6 Bs pro Stunde.

➡ In abgelegenen Gebieten ist Internetzugang manchmal nur über Handysignal möglich. Eventuell lohnt es sich, einen lokalen Chip oder eine lokale SIM-Karte zu kaufen.

LANDKARTEN

Landkarten sind in **La Paz** (Karte S. 220; Ballivián 1273; ⌚Mo–Fr 9–12.30 & 15–19.30, Sa 9.30–12.30 Uhr), Cochabamba und **Santa Cruz** (☎336-0709; Ballivián 145; ⌚Mo–Sa 9–13 & 15–22 Uhr) bei Los Amigos del Libro und in einigen Buchläden erhältlich. Von der Regierung publizierte topografische und spezielle Karten im Verhältnis 1:50 000 gibt's im **Instituto Geográfico Militar** (IGM; Karte S. 220; Av Diagonal Juan XXIII No 100, Edificio Murillo, San Pedro; ⌚Mo–Do 8.30–12.30 & 14.30–18.30, Fr 8.30–12.30 Uhr) mit Büros in den meisten größeren Städten.

LGBT+-REISENDE

➡ Die bolivianische Verfassung von 2009 verbietet als eine der ersten der Welt ausdrücklich Diskriminierung aufgrund der sexuellen Orientierung oder Geschlechtsidentität. Dennoch wird Homosexualität von großen Teilen der Bevölkerung noch immer nicht akzeptiert und die gleichgeschlechtliche Heirat oder Lebenspartnerschaft ist illegal.

➡ LGBT+-Bars und -Veranstaltungsstätten sind auf größere Städte beschränkt, insbesondere Santa Cruz und La Paz – eine Option ist der **Open Mind Club** (Karte S. 220; www.facebook.com/omc.openmindclub; Cochabamba 100, Rosario; ⌚Fr & Sa 21–4 Uhr) –, allerdings haben diese noch immer einen gewissen Untergrundcharakter. Man kann sich ohne Probleme ein Hotelzimmer teilen, allerdings wird Diskretion erwartet.

➡ Gruppierungen, die für die LGBT+-Rechte eintreten, sind in La Paz, Cochabamba und am offensichtlichsten im progressiven Santa Cruz aktiv, wo 2011 Boliviens erste Gay Pride stattfand.

➡ La Paz ist für die „La Familia Galán" bekannt, die bemerkenswerteste Gruppe von Trasvestie-Queens der Hauptstadt. Diese möchte mittels Theateraufführungen die Bolivianer über Sexualität und Geschlechteridentität aufklären.

➡ Die feministische Aktivistengruppe Mujeres Creando (www.mujerescreando.org) mit Sitz in La Paz setzt sich für die Rechte unterdrückter Gruppen ein.

ÖFFNUNGSZEITEN

Man sollte wissen, dass fast alle Geschäfte werktags zur Mittagszeit (meist von 12 bis 14.30 Uhr) schließen.

Banken Mo–Fr 9–16 oder 18 & Sa 10–12 oder 17 Uhr.

Geschäfte werktags 10–19 Uhr, manchmal 12–14 Uhr geschl.; Sa 10–12 oder 17 Uhr.

Restaurants Die Öffnungszeiten sind unterschiedlich, in der Regel sind die Restaurants jedoch täglich zum Frühstück (8–10 Uhr), Mittagessen (12–15 Uhr) und Abendessen (18–22 oder 23 Uhr) geöffnet.

POST

2018 wurde der bolivianische Postdienstleister Ecobol (Empresa Correos de Bolivia) geschlossen (ein Teil der Post wurde nie ausgeliefert) und die Regierung gründete die Agencia Nacional de Correos (www.oopp.gob.bo/agbc). In größeren Städten funktioniert die Post verlässlicher als in kleinen Städten, wobei man mit Verspätungen rechnen muss.

➡ Wer ein Paket ins Ausland verschicken möchte, bringt dieses noch offen zum Postamt, damit der Inhalt überprüft werden kann. Danach verschließt man es (das nötige Material selbst mitbringen) und gibt es auf.

➡ Manchmal muss in einem offiziellen Formular der Inhalt des Pakets angegeben werden. Dabei sollte man nicht zu sehr ins Detail gehen und Gegenstände, die gern geklaut werden, nicht explizit erwähnen.

➡ Die Versandkosten richten sich nach dem Gewicht. Wem angeboten wird, das Paket gegen eine kleine Gebühr „registrieren" zu lassen, der sollte dies tun. Eine Garantie ist das zwar nicht, man hat jedoch zumindest einen Nachweis, falls es verschwinden sollte.

➡ Wertsachen sollten nicht mit der Standardpost verschickt werden. Internationale Versandunternehmen wie DHL (www.dhl.com) sind zwar teurer, arbeiten dafür jedoch verlässlich.

RECHTSFRAGEN

➡ Probleme mit dem Gesetz, die ausländische Besucher am ehesten betreffen, sind der Handel und der Besitz von Kokain und anderen Drogen, minderschwere Verkehrsverstöße und Sexualverbrechen.

➡ Wer verhaftet wird, sollte umgehend Kontakt mit der Botschaft aufnehmen. Man sollte bedenken, dass diese jedoch nicht helfen kann, wenn man tatsächlich das Gesetz gebrochen hat.

➡ Vorfälle mit Personen, die sich fälschlicherweise als Polizisten ausgeben, häufen sich.

REISEN MIT BEHINDERUNG

Leider ist die bolivianische Infrastruktur schlecht auf Besucher mit Behinderungen eingestellt. Betroffene Einheimische nehmen es mit zahlreichen Hindernissen und Herausforderungen auf, um ihren Alltag zu meistern. Wer selbst Probleme hat, dem wird in der Regel schnelle und umfassende Hilfe angeboten. Die kostenlosen englischsprachigen Accessible-Travel-Guides von Lonely Planet kann man kostenfrei unter http://lptravel.to/AccessibleTravel herunterladen.

STROM

Die Netzspannung beträgt in der Regel 220V (50 Hz). Die meisten Steckdosen und Stecker haben zwei runde Pole, aber es gibt auch abweichende Stecker im amerikanischen Stil mit zwei parallelen, flachzackigen Polen.

TELEFON

Bolivien hat die Landesvorwahl 591. Für internationale Gespräche von Bolivien aus ist die 00 vorzuwählen.

Lokale SIM-Karten funktionieren in der Regel in Mobiltelefonen, die nicht an ein einzelnes Netzwerk gebunden sind, wobei es sich um ein Tribandmodell handeln muss. Roaminggebühren sind teils hoch. Oft kann man an Kiosken für 1 Bs kurze Ortsgespräche führen.

Kauft man eine hiesige SIM-Karte, aktiviert man die Nummer und überprüft vor dem Kauf, ob das Handy funktioniert. Prepaidkarten zum Aufladen des Guthabens (einfach nach *crédito*, Guthaben, fragen) gibt es in verschiedenen Kiosken und *puntos* (hiesige Callcenter mit öffentlichen Telefonen) in jeder Stadt.

TOILETTEN

➡ Bei der Benutzung öffentlicher Toiletten braucht man ein dickes Fell. Zunächst muss man damit leben, dass fast keine Busse (außer ein paar Luxusvarianten) über Toiletten verfügen.

➡ Dafür gibt es jede Menge unangenehm riechende, ungepflegte *baños públicos* (öffentliche Toiletten), deren Benutzung in dicht bewohnten Gebieten rund 1 Bs und in entlegenen Regionen wie dem Salar de Uyuni 5 Bs kostet.

➡ Toilettenpapier wird in Bolivien nicht heruntergespült, sondern in den vorhandenen Abfalleimern entsorgt.

➡ Bevor man aufbricht, sollte man nochmal die Toilette im Hotel benutzen.

➡ Man sollte jederzeit Toilettenpapier dabei haben. Günstige Hotels und Hostels sind mit Toilettenpapier manchmal knauserig, am besten hat man deswegen sein eigenes.

TOURISTENINFORMATION

➡ Der bolivianische Tourismus erlebte in den letzten Jahren einen regelrechten Boom, doch die zugehörige Industrie und Infrastruktur steckt noch immer in den Kinderschuhen.

➡ In den meisten Touristenstädten gibt es Büros von InfoTur (www.visitbolivia.org). Die Auswahl an Printmaterial und die Hilfsbereitschaft der Mitarbeiter variieren von Ort zu Ort und von Besuch zu Besuch. Kurz vor der Mittagszeit sollte man sich beispielsweise keine lange Beratung erhoffen. Die angegebenen Öffnungszeiten werden nicht immer eingehalten.

➡ Das Ministerio de Culturas y Turismo (S. 232) hat ein Register mit offiziellen Anbietern der Tourismusindustrie.

➡ In den beliebtesten Touristenzielen ist die Konkurrenz zwischen Anbietern groß. Das spiegeln oft die jeweiligen Websites wider, die durch umfassende Informationen das Unternehmen attraktiver machen wollen. Diese können eine nützliche Informationsquelle sein, wobei man nicht vergessen sollte, von wem sie ins Netz gestellt wurden.

UNTERKUNFT

Die bolivianischen Unterkünfte gehören zu den preiswertesten Südamerikas, obwohl der Preis meist nicht mit der angebotenen Leistung korrespondiert.

Das bolivianische Hotelbewertungs-System unterteilt Unterkünfte in *posadas* (Gasthäuser), *alojamientos*, *residenciales*, *casas de huéspedes*, *hostales* (Hostels) und *hoteles* (Hotels). Die billigsten Unterkünfte sind meist rund um die Bus- und Bahnhöfe zu finden, obwohl diese Viertel oft die gefährlichsten der Stadt sind. Probleme mit ausgebuchten Zimmern gibt's nur an beliebten Wochenendzielen wie Coroico sowie bei Fiestas (besonders beim Karneval in Oruro und bei Festivals in Copacabana). Die Preise verdoppeln sich dann.

Im Altiplano wird der Preis oft auch davon bestimmt, ob Heizung und Warmwasser vorhanden sind, und in den Tieflandregionen sind Klimaanlagen und Ventilatoren häufig die entscheidenden Faktoren.

PREISKATEGORIEN: SCHLAFEN

Die folgenden Preiskategorien beziehen sich auf ein Doppelzimmer mit Bad.

$ unter 180 Bs

$$ 180–500 Bs

$$$ über 500 Bs

Warnung: Einige Leser haben uns darüber informiert, dass in Bolivien Propangas-Heizgeräte falsch benutzt werden. Diese werden manchmal in preiswerteren Unterkünften verwendet, dürfen aber gar nicht in geschlossenen Räumen betrieben werden, also am besten gleich ablehnen, wenn einem ein solches Gerät angeboten wird.

Bolivien bietet exzellente Campingmöglichkeiten, besonders entlang von Trekkingrouten und in entlegenen Bergregionen. Die Ausstattung (von unterschiedlicher Qualität) kann problemlos in La Paz und in beliebten Trekking-Basislagern wie Sorata ausgeliehen werden. Es ist immer gut, zuerst um Erlaubnis zu fragen, wenn jemand in der Nähe ist. In einigen Regionen ist es schon zu Diebstählen und Raubüberfällen gekommen – bevor man irgendwo zeltet, sollte man sich also immer über die Sicherheitslage in der Gegend informieren.

VISA

➡ Reisepässe müssen bei der Einreise noch mindestens sechs Monate gültig sein.

➡ Insbesondere bei entlegenen Grenzübergängen werden manchmal inoffizielle „Verwaltungsgebühren" erhoben. Wer den Weg des geringsten Widerstands gehen möchte, zahlt diese.

➡ Bürger der meisten südamerikanischen und westeuropäischen Länder (das gilt auch für Deutschland, Österreich und die Schweiz) bekommen bei der Einreise eine Touristenkarte, die bis zu 90 Tage gilt.

➡ Wer länger bleiben möchte, muss diese verlängern lassen. Das kann bei den Migrationsbehörden in jeder größeren Stadt einfach durchgeführt werden. Reisende können maximal 180 Tage pro Jahr im Land bleiben.

➡ Bei Überschreitung der 90-Tages-Frist kann auch die Beantragung eines Visums fällig werden. Visa werden von Vertretern des bolivianischen Konsulats, aber auch der benachbarten südamerikanischen Konsulate ausgestellt.

➡ Bei längerem ungenehmigtem Aufenthalt werden Strafen verhängt, die bei der Migrationsbehörde oder am Flughafen zu bezahlen sind. Zudem kann man an der Grenze oder am Flughafen bei der Ausreise Probleme bekommen.

➡ Persönliche Dokumente, also Reisepass und Touristenkarte, muss man stets bei sich führen, das gilt vor allem für Regionen im Tiefland. Es ist sicherer, Kopien und nicht die Originale dabei zu haben, in Grenzgebieten ist jedoch der echte Pass erforderlich, selbst wenn man nicht über die Grenze reisen möchte.

> **ABFLUGSTEUER**
>
> Die Abflugsteuer ist im Ticketpreis für Aus- und Inlandsflüge ab den Flughäfen La Paz El Alto, Santa Cruz und Cochabamba inbegriffen. Andere Flughäfen berechnen eine kleine Gebühr in unterschiedlicher Höhe.

An- & Weiterreise

Als Binnenland verfügt Bolivien über etliche Aus- und Einreisestellen an den Grenzen, die man per Schiff, Bus, Zug, Flugzeug, Fahrrad oder zu Fuß erreichen kann. Die Grenzübergänge sind unterschiedlich gut passierbar und zugänglich.

Flüge, Mietwagen und Touren kann man online über lonelyplanet.com/bookings buchen.

FLUGZEUG

Es gibt direkte Flugverbindungen in die meisten südamerikanischen Großstädte. Flüge nach/ab Chile und Peru sind dabei am günstigsten. Bei Reisenden aus Europa wird Santa Cruz als Zielflughafen immer beliebter. Aufgrund der unterschiedlichen Höhenlagen und der damit verbundenen Kosten sind Flüge nach La Paz teurer als nach Santa Cruz. Am höchsten sind die Preise meist von Anfang Juni bis Ende August sowie von Mitte Dezember bis Mitte Februar.

Flughäfen & Fluglinien

Boliviens wichtigste internationale Flughäfen sind der El Alto International Airport in La Paz (S. 233), der früher John F. Kennedy Memorial hieß, der Viru-Viru International Airport in Santa Cruz (S. 291) und der Jorge Wilstermann International Airport in Cochabamba (S. 273).

Die nationale Fluggesellschaft ist die staatliche Linie **Boliviana de Aviación** (BOA; ☎ 901-105-010; www.boa.bo) mit internationalen Verbindungen nach Madrid, Barcelona und Miami.

Aerolíneas Argentinas (☎ 800-100-242; www.aerolineas.com.ar) Tägliche Flüge von Santa Cruz nach Buenos Aires.

Amaszonas (☎ 901-105-500; www.amaszonas.com) Flüge nach Asunción, Buenos Aires, Cuzco, Iquique und Montevideo.

American Airlines (☎ 800-100-541; www.aa.com) Fliegt täglich von Santa Cruz nach Miami.

Avianca (☎ 1-866-998-3357; www.avianca.com) Fliegt von La Paz nach Bogotá und Lima.

Copa (☎ 800-102-672; www.copaair.com) Flüge von Santa Cruz nach Panama mit Anschlussverbindungen.

Gol (☎ 800-122-201; www.voegol.com.br) Flüge von Santa Cruz nach Rio de Janeiro und zu anderen Zielen.

AUF DEM LANDWEG

Auto & Motorrad

Bolivien ist von allen Nachbarstaaten aus per Landweg zugänglich. Die Trans-Chaco-Straße von Paraguay aus ist in einem furchtbaren Zustand, insbesondere jenseits der Stadt Mariscal Estigarribia, und sollte nur mit einem Geländewagen befahren werden. Auf den Hauptrouten aus Argentinien, Brasilien, Chile und Peru sollte man aber keine größeren Probleme haben.

Ausländer, die über ein anderes Land nach Bolivien einreisen, benötigen eine *hoja de ruta* (Berechtigungskarte, www.dgsc.gob.bo/hoja-ruta.php), erhältlich beim Servicio Nacional de Tránsito/Aduana an der Grenze. Das Dokument muss man an allen Polizeiposten, die *trancas, tránsitos* oder *controles* genannt werden und an Schnellstraßen und vor Großstädten zu finden sind, vorzeigen und stempeln lassen. An diesen Kontrollpunkten werden oft *peajes* (Mautgebühren) erhoben und Fahrzeuge werden nach Schmuggelware durchsucht.

Bus

Von manchen Nachbarstaaten kann man über Reiseagenturen direkte Busverbindungen nach Bolivien buchen. Ansonsten muss man an der Grenze in den Bus einer zugehörigen Linie umsteigen. Wer mit einem Ortsbus reist, muss an der Grenze in der Regel umsteigen.

Unterwegs vor Ort

Die meisten Regionen Boliviens sind per Minibus, Schiff, Zug oder Flugzeug zu erreichen. In den letzten Jahren wurden die Straßen dank staatlicher Investitionen in Asphaltierungen erheblich verbessert. Aufgrund von Protesten, Bauprojekten oder Erdrutschen sind Straßen allerdings oft gesperrt, zudem sind überflutete Straßen und Flüsse, die durch niedrige Wasserstände nicht passierbar sind, nicht ungewöhnlich. Auch der Flugverkehr verläuft problemloser, ist nun kostengünstiger und weiter verzweigt, vor allem in den Tieflandregionen.

AUTO & MOTORRAD

Mit einem eigenen Fahrzeug ist man flexibler, gelangt in entlegene Gebiete und hat die Chance auf tolle Fotomotive. Die meisten größeren Straßen wurden mittlerweile asphaltiert (insbesondere im Amazonas), es gibt jedoch auch einige, die unterschiedlich stark beschädigt und deswegen nur langsam zu befahren sind.

Vorbereitung Interessierte benötigen etwas Mut und müssen ihre Touren gut vorbereiten. Außerhalb von Städten sind Ersatzteile selten. Im Gelände ist ein Geländewagen mit großer Bodenfreiheit erforderlich. Ins Gepäck gehören Werkzeug, Reservereifen, ein Pannenset, zusätzliches Benzin und Kühlwasser sowie so viele Ersatzteile wie möglich. Zudem sind Campingausrüstung und ausreichend Proviant für Notfälle wichtig. Noch im Heimatland sollte man eine gute Reiseversicherung abschließen und überprüfen, ob die Kreditkarte die Versicherung für das Mietfahrzeug abdeckt.

Benzin In allen Großstädten und größeren Ortschaften verkaufen *surtidores* (Tankstellen) Benzin *(nafta)* mit niedriger Oktanzahl (85) und Diesel *(gasoil)*, in entlegeneren Gebieten ist beides jedoch manchmal nicht verfügbar. Bevor man auf eine lange Reise aufbricht, sollte man sich erkundigen, wo man Kraftstoff bekommt, und, wenn nötig, welchen mitnehmen. Ausländer zahlen rund 8,68 Bs pro Liter Benzin (der Preis für Bolivianer wird subventioniert und beträgt etwa die Hälfte), in abgeschiedenen Gegenden ist der Preis höher.

Motorräder Im Tiefland, wo die Temperaturen hoch und Straßen Mangelware sind, sind Motorräder beliebt. Oft sieht man sie rund um Plazas, zudem sind sie praktisch, um Gebiete ohne öffentlichen Nahverkehr zu erkunden. Vermietet werden sie ab etwa 100 Bs pro Tag an Motorradtaxiständen. Man sollte wissen, dass viele Reiseversicherungen nicht für Verletzungen aufkommen, die man sich bei Motorradunfällen zuzieht.

BUS

Busreisen in Bolivien sind günstig und relativ sicher, teils jedoch auch wenig komfortabel und nervenzerrend. Busse sind das beliebteste Transportmittel des Landes und in verschiedenen Ausführungen vorhanden.

Bustypen Fernverkehrsbusse werden *flotas* genannt, große Busse *buses* und die kleinen (meist älteren) *micros*.

Busterminals Wer einen Busbahnhof sucht, fragt nach *la terminal terrestre* oder *la terminal de buses*. Jedes Terminal berechnet eine kleine Gebühr von ein paar Bolivianos, die man beim Einsteigen oder beim Ticketkauf am Schalter zahlt.

Diebstahl Es gibt zahlreiche Fälle, bei denen Gegenstände von Gepäckablagen im Bus oder aus dem Gepäckraum gestohlen wurden. Wertsachen verwahrt man immer im Tagesrucksack und behält diesen während der Fahrt bei sich. Wenn möglich, sieht man beim Verladen des Gepäcks zu, denn es ist bereits Gepäck „verloren gegangen" oder „verschwunden". Bei der Abholung des Gepäcks muss ein Gepäckschein vorgezeigt werden, der bei der Aufgabe ausgehändigt wird. Ein Schloss ist eine gute Idee: Es gibt seltene Fälle von Diebstählen innerhalb des Gepäckraums.

Abfahrtszeiten Mit Ausnahme der beliebtesten Routen bedienen die meisten Busunternehmen in etwa dieselben Ziele zu ähnlichen Abfahrtszeiten und zwar unabhängig von der Anzahl der konkurrierenden Anbieter. Zwischen zwei beliebigen Städten findet man eigentlich immer mindestens eine tägliche Busverbindung. Die am stärksten nachgefragten Routen werden zudem dutzende Male am Tag bedient.

Sicherheit Es ist ratsam, vor dem Ticketkauf die Fahrzeuge verschiedener Unternehmen zu vergleichen. Manche Busse sind in schlechtem Zustand, haben kaputte Fenster, gesprungene Windschutzscheiben und abgefahrene Reifen. Diese sollte man nicht benutzen und ein besseres Fahrzeug wählen, auch wenn das Ticket etwas mehr kostet. Beim Thema Sicherheit ist Sparen keine gute Idee.

Bei beliebten Fernrouten hat man bei besseren Unternehmen die Wahl zwischen *coche* (oder „*bus*", normale Busse), *semicama* (Busse mit verstellbaren Sitzen und Fußauflagen) und *cama* (Nightliner mit Schlafliegen). Nightliner kosten oft das Doppelte, können ihren Preis aber durchaus wert sein. Die Touristenbusse, die zu beliebten Zielen wie Copacabana und Uyuni fahren, sind doppelt so teuer wie Standardbusse, dafür jedoch sicherer und komfortabler.

Die DVD-Player in den neuesten Bussen sind in besserem Zustand als die verstellbaren Sitze (meist gibt's die ganze Nacht lang Van Damme und Konsorten), und man kann sich nie sicher sein, ob die Heizung wirklich funktioniert, ob Snacks tatsächlich serviert werden und ob die Toiletten funktionieren. Am besten entsprechende Vorkehrungen treffen.

Die Preise richten sich nach der jeweiligen Busklasse (vom luxuriöseren *bus-cama*-Service bis zu alten Bluebird-Modellen) und der Fahrdauer (Nachtfahrten oder kurze Tagestrips).

FLUGZEUG

Inlandsflüge in Bolivien sind günstig und die schnellste und zuverlässigste Art, abgelegene Ziele zu erreichen. Zudem ist das Flugzeug das einzige Verkehrsmittel, das auch in der Regenzeit recht verlässlich ist. Auch wenn es zu wetterbedingten Verzögerungen kommt, erreichen Flieger letztendlich ihr Ziel, selbst während der sommerlichen Überflutungen im Norden Boliviens. Dennoch sollte man sich darauf einstellen, dass sich Flugpläne oft ändern und Flüge häufig gestrichen werden.

Amaszonas Inlandsflüge nach La Paz, Santa Cruz, Uyuni, Sucre, Cochabamba, Rurrenabaque, Trinidad und Riberalta.

Boliviana de Aviación Fliegt nach La Paz, Santa Cruz, Cochabamba, Potosí, Sucre, Oruro, Uyuni, Tarija, Trinidad, Chimore, Cobija und Yacuiba.

TAM (☎ 2-268-1111; www.tam.bo) Flüge nach La Paz, Santa Cruz, Tarija, Rurrenebaque, Riberalta, Sucre, Cochabamba und Cobija.

GEFÜHRTE TOUREN

Viele geführte Touren starten in La Paz oder Städten in der Nähe der Attraktionen, die man besuchen möchte. Geführte Touren sind die beste Lösung für alle, die wenig Zeit haben oder eine gewisse Bequemlichkeit schätzen, und oft die einfachste Möglichkeit, abgelegene Gebiete zu erkunden. Sie können auch vergleichsweise günstig sein, wobei sich der Preis nach der Zahl der Tourteilnehmer und dem Transportmittel richtet.

Es gibt unzählige Veranstalter, die Komplettpakete für Wanderer und Bergsteiger sowie Abenteuertouren durch den Regenwald anbieten. Für Bergwanderungen in den Cordilleras gibt es maßgeschneiderte Expeditionen, bei Bedarf mit Guide, Transport, Ausrüstung, Trägern und Koch. Manche Veranstalter verleihen auch Trekkingausrüstung.

Bevor man mit einer Agentur in Kontakt tritt oder eine Buchung vornimmt, sollte man sich die jeweilige Website ansehen.

NAHVERKEHR

Micro, Minibus & Trufi

Micros (kleine Busse) sind in den größeren Städten unterwegs und Boliviens günstigstes öffentliches Transportmittel. Sie bedienen feste Routen, wobei die Routennummern oder -buchstaben meist an einem Anschlag hinter der Frontscheibe stehen. Oftmals findet man auch eine Beschreibung der Route und der Straßen, die nacheinander angefahren werden. *Micros* können unterwegs überall angehalten werden, obwohl es in einigen größeren Städten immer mehr feste Bushaltestellen gibt. Wer aussteigen möchte, geht nach vorn und sagt dem Fahrer oder dem Assistenten, wo der Bus anhalten soll.

Minibusse und *trufis* (Autos, Vans oder Minibusse), auch *rapiditos* oder *colectivos* genannt, sind vor allem in größeren Städten verbreitet. Sie fahren feste Routen ab, die durch Anschläge an der Frontscheibe gekennzeichnet sind. Sie sind billiger als Taxis und fast ebenso komfortabel. Wie bei *micros* kann man unterwegs überall ein- und aussteigen.

Taxi

In Städten sind Taxis relativ preiswert. Ein paar wenige sind mit Taxametern ausgestattet, meist gibt es für kurze Fahrten jedoch Standardpreise, die pro Fahrgast gelten. Mancherorts fungieren Taxis auch als Sammeltaxis und berechnen wie *trufis* einen festen Preis pro Person. Wer drei oder vier Personen findet, die dasselbe Ziel haben, kann eventuell einen niedrigeren Gruppenpreis aushandeln.

SCHIFF/FÄHRE

Die einzige öffentliche Fähre in Bolivien verkehrt zwischen San Pedro und San Pablo über den schmalen Estrecho de Tiquina (Straße von Tiquina) auf dem Titicacasee. Barkassen und Ruderboote fahren zu sämtlichen bolivianischen Inseln auf dem Titicacasee. Bootsfahrten und -touren gibt es von Huatajata zu den Huyñaymarka-Inseln ganz im Süden des Sees.

Es gibt keinen regelmäßigen Passagierschiffverkehr auf dem Amazonas, daher müssen Besucher meist mit Frachtschiffen reisen. Die beliebteste Route verläuft von Guanay nach Rurrenabaque. Dank der Guayaramerín-Straße gibt es heute nur noch wenig Frachtverkehr den Río Beni hinab nach Riberalta.

TRAMPEN

Dank des relativ einfachen Zugangs zu *camiones* und dem weiten Netzwerk an Bussen ist es weder nötig noch besonders beliebt, in Bolivien zu trampen. Es gibt dennoch einige Tramper, und Fahrer von *movilidades* – *coches* (Autos), *camionetas* (Pickup-Lastwagen), NGO-Fahrzeugen, Tanklastwagen und anderen Verkehrsmitteln – nehmen oft gern jemanden mit, wenn sie Platz haben. Man sollte vor dem Einsteigen immer nach dem Preis fragen, selbst bei kurzen Strecken, und die Fahrt sollte immer etwa die Hälfte des Busfahrpreises der jeweiligen Strecke kosten.

Trampen ist nie ganz ungefährlich und wir raten davon ab. Wer es trotzdem tun möchte, sollte sich klar machen, dass er damit immer ein gewisses Risiko eingeht.

ZUG

Fahrpreise für Züge liegen zwischen 11 und 240 Bs, richten sich nach Klasse und Fahrtlänge und sind mit denen für Busse vergleichbar. Zugreisen sind komfortabler, dauern allerdings meistens länger.

Empresa Ferroviaria Andina (www.fca.com.bo) Bedient das westliche Netz von Oruro nach Villazón an der argentinischen Grenze. Wegen Streckenschäden fuhren zu Redaktionsschluss keine Züge südlich von Uyuni.

Ferroviaria Oriental (www.fo.com.bo) Deckt den Osten ab und betreibt eine Linie von Santa Cruz zur brasilianischen Grenze bei Quijarro, wo man ins Pantanal weiterreisen kann. Ein unregelmäßig verkehrender Zug fährt von Santa Cruz nach Süden bis Yacuiba an der argentinischen Grenze.

Tren Turístico Guaraní (www.ferroviaria-andina.com.bo/tren_turistico_fca) Der Touristenzug verkehrt jeden zweiten Sonntag im Monat zwischen El Alto und Tiwanaku.

Brasilien

208 MIO. EW.

Inhalt ➔

Gut essen

- Maní (S. 362)
- Taypá (S. 388)
- Ostradamus (S. 379)
- Flor do Luar (S. 455)
- Rocka Beach Lounge (S. 352)

Schön übernachten

- Mirante do Gavião Amazon Lodge (S. 454)
- Parador Casa da Montanha (S. 378)
- Bonito Paraiso Beach House (S. 354)
- Toca da Coruja (S. 424)
- Hotel Emiliano (S. 363)

Auf nach Brasilien!

Brasilien – schon der Name verheißt ein Paradies: himmelblaues Meer mit 7500 km Sandstränden, Metropolen voller Musik und idyllische tropische Inseln, bezaubernde Kolonialstädte und zerklüftete rote Canyons, majestätische Wasserfälle und kristallklare Flüsse, üppige Regenwälder und dichte Urwälder, tolle Menschen und Spitzen-Fußball. Das alles gibt's hier in Hülle und Fülle.

Das Land schlägt Besucher schon seit Jahrhunderten in seinen Bann, denn alle Übertreibungen erweisen sich immer wieder als wahr. Und der Karneval, Brasiliens größtes Fest, setzt noch einen drauf. Er geht einher mit Samba zum Hüftenschwingen, hinreißenden Kostümen und ungezügelter Lebenslust und fährt wie ein Blitz durch die Städte und Ortschaften des Landes – aber die brasilianische Partylaune endet keineswegs am Aschermittwoch. *O Jeito Brasileiro* – die brasilianische Lebensweise – zeigt die Lust der Einwohner am Leben und ergreift alle überall und zu jeder Zeit.

Reisezeit

Rio de Janeiro

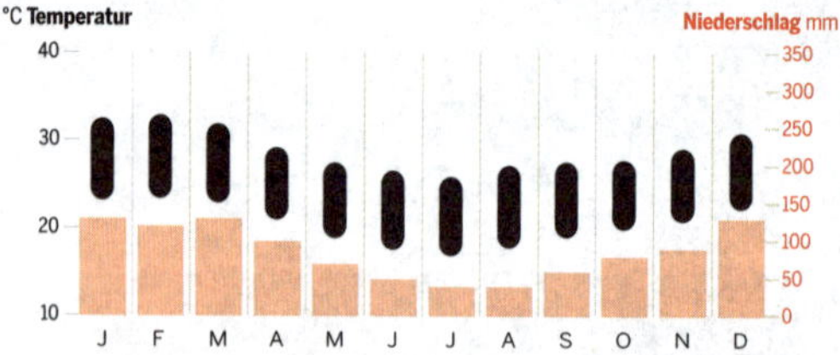

Dez.–Feb. Der Sommer im Vorfeld des Karnevals ist siedend heiß. Regenzeit im Amazonasbecken.

Sept.–Nov. Der Andrang wird geringer, der Frühling bringt Heiterkeit und angenehmes Klima.

März–Juni Nebensaison: günstige Preise, moderate Temperaturen und Sonne im Nordosten.

Einreise

Es gibt sehr viele Grenzübergänge nach Brasilien. Während einige recht abgelegen sind (z. B. im Amazonas und im Norden des Landes), herrscht an anderen immer viel Verkehr. Die beliebtesten und einfachsten Grenzübergänge sind bei Foz do Iguaçu (nach Argentinien) und in Chuy (nach Uruguay).

REISEROUTE (EINE WOCHE)

Los geht es in der Cidade Maravilhosa bzw. Rio de Janeiro. Zwei Tage lang genießt man von den dicht bewaldeten Berggipfeln wie Pão de Açúcar und Cristo Redentor den grandiosen Blick auf die Stadt, entspannt sich am Strand von Ipanema, radelt an der Copacabana entlang und bummelt durch die Altstadt. Abends besucht man einen Sambaclub in Lapa. Am dritten und vierten Tag fliegt man nach Salvador und taucht in die afro-brasilianische Kultur ein: mit den bunt gestrichenen Kolonialhäusern in Pelourinho, einer Tanzvorführung der Balé Folclórico da Bahia und Meeresfrüchten satt im Pelô Bistrô. Am fünften Tag macht man einen Tagesausflug ins autofreie Tropenparadies Morro de São Paulo. Im Morgengrauen fliegt man über São Paulo zu den Iguaçu-Wasserfällen. Am ersten Tag erkundet man die brasilianische Seite der gigantischen Wasserfälle und am nächsten Tag fährt man auf die argentinische Seite. Dort wandert man durch den Regenwald oder fährt mit einem Boot zu den Wasserfällen.

Essen & Trinken

Feijoada Den üppigen Eintopf mit schwarzen Bohnen und Schweinefleisch gibt's traditionell am Samstag oder Sonntag.

Petiscos (Vorspeisen) Sie passen perfekt zu einem kalten *cerveja* (Bier).

Agua de coco (Kokoswasser) Das Kokoswasser wird teilweise direkt in einer Kokosnuss serviert.

Sucos (Säfte) Die Eckbars bieten Säfte in allen Geschmacksrichtungen an.

Top-Tipps

- Brasilien ist riesig. Um sich nicht zu verzetteln, sollte man sich auf eine oder zwei Regionen beschränken.
- Man sollte unbedingt WhatsApp haben, denn alle Tourveranstalter, Guides, Restaurants, Pensionen und Einheimische nutzen es.
- Eine Mitfahrapp wie Uber, 99Taxis oder Easy Taxi ist in größeren Städten sehr nützlich, da diese in der Regel schneller und günstiger sind als konventionelle Taxis.

KURZINFOS

Geld Geldautomaten sind in Brasilien weit verbreitet. Die meisten Restaurants, Geschäfte und Hotels akzeptieren Kreditkarten.

Hauptstadt Brasília

Notruf 190 (Polizei)

Sprache Portugiesisch

Visa Für EU-Bürger und Schweizer nicht erforderlich

Währung Real (R$)

Wechselkurse

Eurozone	1 €	4,56 R$
	1 R$	0,22 €
Schweiz	1 SFr	4,20 R$
	1 R$	0,24 SFr

Aktuelle Wechselkurse gibt es unter www.xe.com.

Tagesbudget

- B im Hostel: 40–80 R$; Standard-Doppelzimmer im Hotel: 160–300 R$
- Sandwich und Getränk in einer Saftbar: 18–25 R$; Abendessen für Zwei im Mittelklasse-Restaurant: 80–160 R$

Infos im Internet

Embratur (www.visitbrasil.com)

Rio Times (www.riotimesonline.com)

What About São Paulo (http://whataboutsaopaulo.com)

Lonely Planet (www.lonelyplanet.com/brazil)

Highlights

1. Dem verführerischen Zauber **Rio de Janeiros** (S. 326) mit seinen wilden Sambaclubs, sonnigen Stränden und hohen Gipfeln erliegen
2. Bei den tosenden **Iguaçu-Wasserfällen** (S. 383) den wilden Atem von Mutter Natur spüren
3. In **Fernando de Noronha** (S. 420) einen der schönsten Strände der Welt genießen
4. Bei einer Flussfahrt durch den **Amazonas-Dschungel** (S. 455) Ausschau nach bissigen Piranhas und trägen Kaimanen halten
5. Auf Kopfsteinpflaster durch die koloniale Bilderbuchstadt **Ouro Prêto** (S. 368) spazieren
6. Bei den allabendlichen Straßenfesten im kolonialen **Salvador** (S. 401) abfeiern
7. Im **Pantanal** (S. 390) auf Fotojagd nach spektakulären Tieren gehen
8. In **Bonito** (S. 397) im glasklaren Wasser schnorcheln, durch dichte Wälder wandern sowie Höhlen und atemberaubende Wasserfälle entdecken
9. Im spektakulären **Parque Nacional da Chapada Diamantina** (S. 408) durch surreale Landschaften wandern

0 500 km
ATLANTIK
URINAME
Cayenne
FRANZ.-GUAYANA (Frankreich)
Oiapoque
Vila Velha
Amapá
BR 156
Porto Grande
Macapá
Ilha Caviana
Salinópolis
Ilha de Marajó
Belém
Amazonas
Abaetetuba
BR 316
BR 010
Parque Nacional dos Lençóis Maranhenses
São Luís
Parnaíba
Jericoacoara
Camocim
Santarém
Altamira
BR 230
Tucuruí
Santa Luzia
Sobral
Fortaleza
aituba
Miritituba
BR 222
Canoa Quebrada
Carioca
Marabá
Imperatriz
Caxias
Teresina
BR 020
BR 116
Mossoró
Fernando de Noronha
Carajás
Tocantinópolis
BR 316
BR 304
Natal
BR 343
Sousa
3
Araguaína
Carolina
Picos
Campina Grande
João Pessoa
Olinda
BR 232
Caruaru
Recife
Rio Xingu
Conceição do Araguaia
Rio Tocantins
BR 163
Juazeiro
Maceió
Palmas
Santa Teresinha
BR 135
BR 407
BR 101
Xique-Xique
Floresta
BR 080
BR 153
Aracaju
São Felix do Araguaia
Parque Nacional da Chapada Diamantina
Rio São Francisco
BR 242
BR 324
Feira de Santana
BR 020
9
6 Salvador
BR 158
Porangatu
Bom Jesus da Lapa
Valença
Rio Araguaia
BR 116
Ilhéus
Vitória da Conquista
Cuiabá
Barra do Garças
BRASÍLIA
BR 365
Rodonópolis
Goiânia
Porto Seguro
BR 364
BR 060
BR 050
Montes Claros
BR 116
Itamaraju
rto Joffre
Jataí
Patos de Minas
Teófilo Otoni
Coxim
Uberlândia
Governador Valadares
BR 163
BR 040
Belo Horizonte
Três Lagoas
BR 153
ntanal
Campo Grande
Ouro Prêto 5
Vitória
7
São José do Rio Preto
Tiradentes
Barbacena
8 Bonito
BR 267
Campos dos Goitacazes
Presidente Prudente
Bauru
Limeira
BR 101
onta Porã
1 Rio de Janeiro
Maringá
Londrina
Paraty
São Paulo
BR 369
BR 376
Registro
JNCIÓN
Cascavel
Curitiba
BR 277
Paranaguá
Foz do Iguaçu
2 Iguaçu-Wasserfälle
Joinville
Rio Pelotas
BR 116
Posadas
Florianópolis
Lages
ATLANTIK
BR 285
Cruz Alta
Caxias do Sul
Uruguaiana
Porto Alegre
BR 290
Rivera
BR 392
Pelotas
lto
Río Grande
ysandú
URUGUAY
Chuí

RIO DE JANEIRO

0XX21 / 6,5 MIO. EW.

Die Cidade Maravilhosa (wunderbare Stadt) steht für goldgelbe Strände und üppig grüne Berge, rauschende Sambanächte und spektakulären Fußball.

Geschichte

Die Stadt verdankt ihren Namen den ersten portugiesischen Eroberern, die im Januar 1502 in der riesigen Baía de Guanabara ankamen. Da sie die Bucht für einen Fluss hielten, tauften sie ihn auf den Namen Rio de Janeiro (Januarfluss). Die ersten europäischen Siedler an der Bucht waren Franzosen, die 1555 die Kolonie France Antarctique gründeten. Die Portugiesen, die einen Machtzuwachs der Franzosen befürchteten, verjagten diese 1567 und setzten sich dauerhaft an der Bucht fest. Ihre Wirtschaft begründeten die Portugiesen auf der Sklaverei, indem sie Afrikaner gefangen nahmen und sie auf ihren Zuckerrohrplantagen und später in den Goldminen von Minas Gerais schuften ließen. 1763 löste Rio, dessen Bevölkerung mittlerweile auf 50 000 Menschen angewachsen war, Salvador als Hauptstadt der portugiesischen Kolonie ab. Nach dem Kaffee-Boom, einer Einwanderungswelle aus Europa und der

Rio de Janeiro

Zuwanderung befreiter Sklaven hatte Rio um 1900 bereits 800 000 Einwohner.

Das goldene Zeitalter Rios währte von den 1920er- bis in die 1950er-Jahre, als die Stadt zu einem exotischen Reiseziel der internationalen High Society wurde. Als 1960 die Hauptstadtfunktion auf Brasília überging, hatte Rio aber bereits mit Problemen zu kämpfen, die auch heute noch nicht gelöst sind. Zuwanderer strömten aus den armen Regionen des Landes in die *favelas* (Slums; informelle Siedlung), wodurch die Zahl der Armen in der Stadt anwuchs und sich die Kluft zwischen Reich und Arm vertiefte.

Nach der Jahrtausendwende stand Rio glänzend da: Die Wirtschaft boomte, und die Stadt war Austragungsort der Fußballweltmeisterschaft 2014 und der Olympischen Sommerspiele 2016, die damit erstmals in Südamerika stattfanden. Leider währte die Freude nicht lange. 2017 stürzte Rio in eine tiefe Rezession, Arbeitslosigkeit und Kriminalität stiegen in schwindelnde Höhen. Trotz allem hat sich in der Stadt vieles verbessert. Eine neue Metrolinie führt bis nach Barra da Tijuca und Teile der Innenstadt wurden neu belebt mit zahlreichen Museen und einer mit Wandmalereien geschmückten Promenade in der Nähe der Praça Mauá.

Sehenswertes

Ipanema & Leblon

Die Viertel Ipanema und Leblon, die durch zauberhafte Strände und schöne, baumgesäumte Straßen bestechen, sind Rios schönste Ausflugsziele und beliebte Wohnorte für junge und schöne (und reiche) *cariocas*. Verschiedene Gruppen dominieren einzelne Strandabschnitte, oft rund um *postos* (erhöhte Aussichtspunkte für Rettungsschwimmer). **Posto 9** (Karte S. 328, abseits Vieira Souto) an der Vinícius de Moraes ist der Treffpunkt für die Schönen, ganz in der Nähe – gegenüber von Farme de Amoedo – ist der Bereich für Schwule. Und **Posto 11** (Karte S. 328; abseits Delfim Moreira) in Leblon ist bei Familien beliebt.

Gávea, Jardim Botânico & Lagoa

Die Stadtviertel Ipanema und Leblon werden im Norden von der Lagoa Rodrigo de Freitas begrenzt, einer Salzwasserlagune, an der die teuren Viertel Gávea, Jardim Botânico und Lagoa liegen. Am Wasser entlang führt ein 7,2 km langer Rad- und Wanderweg. Am Ostufer werden Räder und Paddelboote verliehen, am Westufer liegt der herrliche botanische Garten.

★ Jardim Botânico GARTEN
(☎ 21 3874-1808; www.jbrj.gov.br; Jardim Botânico 920; Eintritt 15 R$; ⏲ Mo 12–18 Uhr, Di–Sa 8–18 Uhr) Der 137 ha große exotische Garten mit mehr als 8000 Pflanzenarten wurde 1808 auf Geheiß des Prinzregenten Dom João (des späteren Königs Johann VI. von Portugal und Brasilien) angelegt. Der Garten ist werktags ruhig und beschaulich, an den Wochenenden tummeln sich hier Familien. Zu den Highlights zählen die Palmenreihe (die bei der Eröffnung des Gartens gepflanzt worden war), die Abteilung zu den Pflanzen des Amazonasbeckens, der See mit den Riesenseerosen der Art *Victoria regia* und das umschlossene **Orquidário** mit 600 Orchideenarten.

Parque Lage PARK
(☎ 21 4088, www.eavparquelage.rj.gov.br; Jardim Botânico 414; ⏲ April–Nov. 8–17 Uhr, Dez.– März bis 18 Uhr) GRATIS Dieser schöne Park liegt zu Füßen der Floresta da Tijuca rund 1 km vom Jardim Botânico entfernt. Es gibt hier Anlagen im Stil eines englischen Landschaftsgartens, kleine Seen und eine Villa, in der die **Escola de Artes Visuais** (Schule der visuellen Künste) residiert, die kostenlose Kunstausstellungen und gelegentlich Performances veranstaltet. Der Park ist ein beschaulicher Ort, im Café genießt man seinen Kaffee oder sein Essen in schöner Umgebung.

Copacabana & Leme

Der schön geschwungene Strand der Copacabana beginnt nordöstlich von Ipanema. Der ehemalige Ferienort des internationalen Jetset ist heute eine etwas heruntergekommene Touristenattraktion mit Dutzenden Strandhotels und Straßenrestaurants. Die Bevölkerungsdichte ist hier sehr hoch, und es ist eine bunte Mischung aus Rentnern, Kindern aus den Favelas und Urlaubern sowie Angehörigen der oberen und niederen Schichten.

Botafogo & Urca

Nördlich der Copacabana liegen die angesagten Viertel Botafogo and Humaitá mit ihrem ausschweifenden Nachtleben und den Spitzenrestaurants. Östlich von Botafo-

Ipanema, Leblon & Gávea

Ipanema, Leblon & Gávea

Sehenswertes
1 Posto 11 .... C3
2 Posto 9 .... F3

Aktivitäten, Kurse & Touren
3 Caminhos Language Centre F2

Schlafen
4 Bonita G3
5 El Misti F3
6 Ipanema Beach House E3
7 Ipanema Inn E3
8 Mango Tree F3
9 Margarida's Pousada D2

Essen
10 Barraca do Uruguai F3
11 Café de la Musique A4
12 Espaço 7zero6 .... D3
13 Frontera G3
Joana .... (siehe 5)
Quitéria .... (siehe 7)
14 Stuzzi A3
15 Vero F3
16 Zazá Bistrô Tropical F3

Ausgehen & Nachtleben
17 Bar Astor G3
18 Barzin F3
19 Belmonte A2
20 Canastra G3
21 Garota de Ipanema F3
22 Nosso E3
23 Palaphita Gávea B1
24 Palaphita Kitch G1

Unterhaltung
25 Jockey Club Brasileiro B1

Shoppen
26 Gilson Martins E3
27 Hippie Fair G3
28 Shopping Leblon C2

go ist das friedliche Urca im Schatten des berühmten Pão de Açúcar (Zuckerhut).

★ Pão de Açúcar BERG

(Zuckerhut; Karte S. 338; ☎21-2546-8400; www.bondinho.com.br; Av Pasteur 520, Urca; Erw./Kind 85/42 R$; ⏲8–18 Uhr) Vom Gipfel des Zuckerhuts aus betrachtet ist Rio zweifellos eine Cidade Maravilhosa. Der Aufstieg lohnt zu vielen Zeiten, ganz besonders aber an klaren Tagen bei Sonnenuntergang. Zwei Seilbahnen führen hinauf auf den Gipfel, 395 m oberhalb Rios. Oben entfaltet sich die Stadt unter einem, mit dem Corcovado und dem Cristo Redentor im Westen und dem Strand von Copacabana im Süden.

Flamengo & Umgebung

Nördlich von Botafogo befinden sich verschiedene Wohnviertel wie das einfache Flamengo, das grüne Laranjeiras und weiter westlich Cosme Velho, über dem die Statue des Cristo Redentor (Christus der Erlöser) auf dem Corcovado wacht. Am nördlichen Ende der Bucht ist der **Parque do Flamengo** (Karte S. 338; Av Infante Dom Henrique) mit Radwegen, Sportplätzen und zahlreichen Denkmälern und Museen.

★ Cristo Redentor DENKMAL

(Christus der Erlöser; ☎2558-1329; www.tremdocorcovado.rio; Zahnradbahn, Cosme Velho 513; Erw./Kind 75/49 R$; ⏲8–19 Uhr) Oben auf dem Corcovado (was „der Bucklige" bedeutet) blickt der Cristo Redentor mit ruhiger Miene auf dem gut gearbeitetem Antlitz hinunter auf Rio de Janeiro. Der Berg ragt aus der Stadt steil 710 m in die Höhe. Bei Nacht ist die hell angestrahlte, 1145 t schwere Statue mit ihren weit geöffneten Armen von fast jedem Punkt in der Stadt aus zu sehen.

Museu da República MUSEUM

(Karte S. 338; ☎2127-0324; http://museudarepublica.museus.gov.br; Rua do Catete 153; Eintritt

6 R$, Mi & So frei; ⌚ Di–Fr 10–17, Sa & So 11–18 Uhr) Das Museu da República residiert im wunderbar restaurierten **Palácio do Catete**. Der Palast wurde von 1858 bis 1866 errichtet und ist leicht an den Bronzekondoren auf dem Dachgesims zu erkennen. Das Gebäude war der Wohnsitz der brasilianischen Präsidenten von 1896 bis 1954, als Präsident Getúlio Vargas hier Selbstmord beging. Das Museum besitzt eine schöne Sammlung von Kunst und Artefakten aus der Zeit der Republik und beherbergt ein kleines Café, ein Kino für anspruchsvolle Filme und einen Buchladen.

Santa Teresa & Lapa

Am südwestlichen Rand des Centro liegt das schäbige Viertel Lapa, das Epizentrum des Nachtlebens von Rio. In Dutzenden Bars und Clubs wird Samba getanzt und auch auf den Straßen wird bis spät in die Nacht gefeiert. Oberhalb von Lapa befindet sich das malerische Stadtviertel Santa Teresa. In den kurvigen Straßen stehen alte Herrenhäuser, die von den vielen Künstlern und Bohèmes liebevoll restauriert wurden.

★ Escadaria Selarón — WAHRZEICHEN

(Karte S. 344; zw. Joaquim Silva & Pinto Martins, Lapa) Seitdem die Treppe, die von der Joaquim Silva nach oben führt, von dem chilenischen Künstler Jorge Selarón mit farbenprächtigen Mosaiken verziert wurde, ist sie zu einer der populärsten Sehenswürdigkeiten in Rio geworden. Die 215 farbenprächtigen Stufen widmete er dem brasilianischen Volk.

Bonde — STRASSENBAHN

(Karte S. 344; Hin- & Rückfahrt 20 R$; ⌚ Mo–Fr 9–17, Sa 10–17.30, So 11–16.30 Uhr; Ⓜ Carioca) Die *bonde* ist die letzte der vielen Straßenbahnen, die einst kreuz und quer durch die Stadt fuhren. Das romantische Rattern durch die uralten Straßen gehört zum typischen Klang des Bohème-Viertels Santa Teresa. Derzeit fährt die *bonde* alle 15 bis 20 Minuten von der Haltestelle **Centro** (Karte S. 344; Lélio Gama 65) über den malerischen **Arcos da Lapa** (Karte S. 344; Lapa) zum Largo do Guimarães im Zentrum von Santa Teresa.

Centro & Praça Mauá

Das Centro ist das Geschäftsviertel von Rio und zugleich eine der ältesten Gegenden der Stadt. Hier wimmelt es nur so von barocken Kirchen, historischen Gebäuden, malerischen Plätzen und prachtvollen Theatern. Die breiten Prachtstraßen werden immer wieder von Fußgängerzonen unterbrochen, die von schönen Kolonialgebäuden gesäumt sind. Von der Geschichte abgesehen, bietet das Centro auch schöne Straßencafés und Bars, die zur Happy Hour einladen. Praça Mauá nördlich des Centro ist das wiederbelebte Hafenviertel Rios, in dem es hervorragende neue Museen gibt.

Boulevard Olímpico — VIERTEL

(Karte S. 344) Das ehemals verwahrloste Hafenviertel besteht heute aus einer breiten Promenade voller Straßenkunst. Eine Gruppe renommierter Künstler hat die alten Lagerhäuser mit spektakulären Wandmalereien versehen. Besondere Beachtung verdient das atemberaubende Werk *Etnias* (Ethnien) des brasilianischen Künstlers Eduardo Kobra (www.eduardokobra.com). Das riesige Wandgemälde ist 190 m lang und zeigt Porträts von indigenen Völkern aus aller Welt, die wie Fotografien wirken.

★ Museu de Arte do Rio — MUSEUM

(MAR; Karte S. 344; ☎ 21 3031-2741; www.museudeartedorio.org.br; Praça Mauá 5; Erw./Kind 20/10 R$, Di frei; ⌚ Di–So 10–17 Uhr) Das die Praça Mauá überragende MAR ist ein Sinnbild für die Wiedergeburt von Rios einst heruntergekommenem Hafenviertel. Das riesige Museum beherbergt vielfältige Ausstellungen, die sich Rios in all seiner Komplexität – die Schönheit der Stadt, ihre Menschen, ihre Landschaften, ihre Herausforderungen und ihre Konflikte – annehmen. Zunächst fährt man mit dem Fahrstuhl hinauf zum obersten (6.) Stock und genießt den Blick über die Bucht. Es gibt hier auch ein ausgezeichnetes Restaurant. Dann arbeitet man sich auf dem Weg nach unten durch die Galerien mit internationalen und nur in Rio besuchbaren Ausstellungen.

★ Museu Histórico Nacional — MUSEUM

(Karte S. 344; ☎ 21 299-0324; http://mhn.museus.gov.br; abseits der General Justo, nahe der Praça Marechal Âncora; Erw./Kind 10/5 R$, So frei; ⌚ Di–Fr 10–17.30, Sa & So 14–18 Uhr) Das in dem 1764 erbauten kolonialzeitlichen ehemaligen Zeughaus untergebrachte, eindrucksvolle Museum birgt Zeugnisse, die sich auf die Geschichte Brasiliens von seiner Gründung bis zu den frühen Tagen der Republik erstrecken. Zu den Highlights zählen vergoldete kaiserliche Kutschen, der Thron Dom Pedros II., riesige Ölgemälde, die Szenen aus dem schrecklichen Krieg mit Paraguay zeigen, und ein lebensgroßes Modell einer kolonialen Apotheke.

Museu do Amanhã MUSEUM
(Karte S. 344; www.museudoamanha.org.br; Rodrigues Alves 1; Erw./Kind 20 R$/frei, Di frei; ⌚Di–So 10–18 Uhr) Das von dem spanischen Architekten Santiago Calatrava entworfene Wissenschaftsmuseum ist sehr gut gemacht. Im Außenbereich werden in interaktiven Ausstellungen die Erde und ihre Artenvielfalt erklärt. Weitere Themen sind die Menschheit (und ihr Einfluss auf die Welt) sowie die großen globalen Trends und Herausforderungen in Gegenwart und Zukunft. Alles in allem wirft das Museum einen recht pessimistischen Blick auf die Menschen und ihren großen Einfluss auf ihre Umwelt

Aktivitäten

Der fantastische Drachenflug vom 510 m hohen Pedra Bonita, einem der riesigen Granitfelsen, die sich im Hintergrund der Stadt auftürmen, gehört sicher zu den Höhepunkten jeder Brasilien-Reise. Empfehlenswerte Anbieter sind **Tandem Fly** (☎21 9996-6341, 21 2422-0941; www.riotandemfly.com.br; Flug 500 R$), **Just Fly** (☎21 3593-4362; www.justflyinrio.blogspot.com; 520 R$) und **Asa Delta Flight in Rio** (☎21 99693-8800; www.facebook.com/asadeltaflightrio; Tandemflug 490 R$).

Kurse

Cook in Rio KOCHEN
(Karte S. 310; ☎21 98894-9857; www.cookinrio.com; 2. Stock, Belfort Roxo 161; Copacabana) Bei den praktischen eintägigen Kursen von Simone Almeida erlernt man die Zubereitung von *moqueca* (Meeresfrüchteeintopf) oder *feijoada* (Eintopf mit Schweinefleisch und schwarzen Bohnen). Darüber hinaus erfährt man, wie Beilagen und Drinks zubereitet werden, z. B. *aipim frito* (frittierte Maniokscheiben), ein perfekter Topf Reis, Dessert oder ein meisterhafter Caipirinha (das Geheimnis besteht darin, wie man die Zitronenscheiben schneidet).

Rio Samba Dancer TANZEN
(☎21 98229-2843; www.riosambadancer.com; Gruppen-/Einzelunterricht 20/60 US$, Einzelunterricht für 2/3 Pers. 65/90 US$) Der Englisch sprechende Tanzlehrer Hélio Ricardo bietet Einzel- und Gruppenunterricht für Samba und *forró* (ein beliebter Tanz aus dem Nordosten) an. Um die neu erlernten Schritte gleich auszuprobieren, kann man zum Kurs gleich eine Kneipentour dazu buchen. Zuerst gibt's einen einstündigen Crash-Kurs, dann geht's in einen Club in Lapa (60 US$/Pers. inkl. Guide, Transport und Eintritt).

NICHT VERSÄUMEN

PARQUE NACIONAL DA TIJUCA

Der Tijuca-Wald ist der letzte Überrest des gewaltigen Atlantischen Regenwalds, der einst ganz Rio de Janeiro umgab. Das 39 km² große Naturschutzgebiet ist ein dichter tropischer Dschungel mit herrlichen Bäumen, Bächen und Wasserfällen sowie Gebirgslandschaften und hohen Berggipfeln. Durch den Dschungel führt ein ausgezeichnetes Netz von gut markierten Wanderwegen. Erfahrene Wanderer können den 1012 m hohen Pico da Tijuca besteigen. Ohne Auto ist der Nationalpark jedoch kaum zu erreichen. Zahlreiche Veranstalter wie Jungle Me (S. 331) und **Rio Adventures** (☎21 3587-3282; www.rioadventures.com; Wandern/Klettern/Rafting ab 180/370/450 R$) bieten Wanderungen an.

Geführte Touren

Eat Rio Food Tours STADTFÜHRUNG
(www.eatrio.net; Führungen ab 75 US$) Bei diesen sehr empfehlenswerten Führungen in kleinen Gruppen werden Märkte, Snackbars und Restaurants besucht, um das riesige Angebot an Obst, Säften und Street Food kennenzulernen, das außerhalb von Brasilien zumeist niemand kennt. Die Englisch sprechenden Stadtführer sind ausgezeichnet und bieten eine Fülle an kulinarischen und kulturellen Infos. Im Preis der Führung ist das komplette Essen enthalten, einschließlich Snacks und einer richtigen Mahlzeit am Schluss.

Jungle Me WANDERN
(☎21 4105-7533; www.jungleme.com.br; Touren ab 195 R$; 👪) Der erstklassige Veranstalter bietet ausgezeichnete Wanderungen durch den Parque Nacional da Tijuca, die von sehr kompetenten Guides geleitet werden. Bei der achtstündigen Rundwanderung „Tijuca" (der Tour zu Gipfeln & Wasserfällen) klettern die Teilnehmer mehrere Berge hoch, genießen den atemberaubenden Blick auf Rio und tauchen dann im Becken eines Wasserfalls ab. Die „Prainha & Grumari Tour" besteht aus einer Wanderung zu den schönen Stränden im kaum besuchten Westen von Rio.

Copacabana & Leme

Copacabana & Leme

Aktivitäten, Kurse & Touren
1 Cook in Rio B1
2 Instituto Brasil-Estados Unidos A4
3 Rio by Bike B5
4 Velô Bike Store D6

Schlafen
5 Cabana Copa A2
6 Hotel Emiliano C6
7 Marta Rio Guesthouse C6

Essen
8 Adega Pérola A3
9 Churrascaria Palace B2
10 El Born B5
11 Galeto Sat's A1
12 Salomé B1

Ausgehen & Nachtleben
13 Cafe 18 do Forte D5
14 Escondido B5
15 Pavão Azul A3

Unterhaltung
16 Bip Bip C5

Rio by Bike RADTOUR
(Karte S. 332; ☎ 96871-8933; www.riobybike.com; Av NS de Copacabana 1085, Copacabana; Tour 100–135 R$) Zwei niederländische Journalisten betreiben diesen Radtourveranstalter. Die ausgezeichneten Touren verbinden die Fahrt durch Landschaften mit kulturellen Einblicken. Man erhält einen tollen Überblick über die Stadt: Die Guides weisen einen auf Wahrzeichen hin und erläutern Ereignisse, die Rio geformt haben. Die Ausflüge dauern in der Regel drei bis vier Stunden und führen überwiegend über separate, vom Autoverkehr getrennte Radwege.

Rio Street Art Tour KULTUR
(☎ 21 99762-8083; www.riostreetarttour.com; Touren 60–120 R$) Nina Chini Gani führt ihre Gäste in kleinen Gruppen zu Fuß oder mit dem Minibus durch die lebendige Straßenkunstszene der Stadt. Die Touren dauern zwei bis vier Stunden und gehen durch die Zona Sul, Zona Norte und das wiederbelebte Hafenviertel. Bei diesen Stadtführungen sorgt Nina mit ihrem enormen Wissen für ein besseres Verständnis der einzelnen Kunstwerke und eine andere Sicht auf die Stadt.

Brazil Expedition TOUREN
(☎ 21 99998-2907; www.brazilexpedition.com; ganztägige Stadtführung 160 R$) Die freundlichen, Englisch sprechenden Guides unternehmen die traditionellen Touren rund um Rio, darunter Ausflüge zum Cristo Redentor, Wanderungen im Parque Nacional da Tijuca, Besuche von Fußballspielen im Maracanã-Stadion und Touren zur Straßenkunst und in die Favelas (Slums, inoffizielle Siedlungen).

Crux Eco KLETTERN
(☎ 21 3322-8765, 21 99392-9203; www.cruxeco.com.br;) Der hoch angesehene Veranstalter bietet eine große Auswahl an Touren und Outdooraktivitäten, darunter eine Bergwanderung auf den Pão de Açúcar (470 R$) und die Besteigung des Corcovado, Abseilen über Wasserfällen, Tageswanderungen durch den Floresta da Tijuca sowie Rad- und Kajaktouren.

Free Walker Tours STADTSPAZIERGANG
(Karte S. 344; ☎ 21 97101-3352; www.freewalkertours.com) Der gut organisierte Veranstalter bietet kostenlose Stadtspaziergänge mit etwas Geschichte und Kultur im Zentrum von Rio. Man besucht u. a. die Travessa do Comércio, die Praça XV (Quinze) do Novembre, Cinelândia, die Arcos da Lapa und die Stufen von Selarón. Die Führung ist kostenlos, aber der Guide bittet am Ende um ein Trinkgeld – 50 R$ ist für die interessante dreistündige Führung angemessen.

Fruit Brazil FÜHRUNGEN
(www.fruitbrazil.com; Tour 105 R$/Pers.) Wie der Name schon sagt, hat sich der Veranstalter auf die tropischen Früchte Brasiliens spezialisiert. In kleinen Gruppen führt er seine Gäste 90 Minuten lang durch den faszinierenden Markt in Ipanema und lädt zu Verkostungen ein. Das Angebot des Marktes ändert sich täglich.

Feste & Events

Rios **Karneval** gehört zu den größten und wildesten Festen der Welt. Er ist ein farbenprächtiges, hedonistisches Bacchanal, das für gewöhnlich in einem Atemzug mit dem Namen der Stadt genannt wird. Obwohl der Karneval angeblich nur fünf Tage dauert (Fr–Di vor Aschermittwoch), beginnen die *cariocas* schon Monate vorher mit dem Feiern. Die Parade von aufwendig gestalteten Festzugswagen durch das *Sambódromo* wird von Tausenden eifrigen Trommlern und wirbelnden Tänzerinnen begleitet und bildet den Höhepunkt der Festlichkeiten.

Aber so richtig los geht es erst auf den Partys überall in der Stadt.

Nachtclubs und Bars veranstalten besondere Kostümfeste, zudem gibt's kostenlose Livekonzerte (Largo do Machado, Arcos do Lapa, Praça General Osório). Wem nach etwas Frivolität zumute ist, der kann sich auf verschiedenen Bällen in der Stadt vergnügen. *Bandas* bzw. *blocos* gehören zu den besten Arten, das Fest ganz wie die *cariocas* zu feiern. Sie bestehen aus einer Prozession von Trommlern und Sängern, der sich alle anschließen, die auf den Straßen tanzen wollen. Zeit und Ort erfährt man bei Riotur. Die *blocos* in Santa Teresa und Ipanema sind empfehlenswert.

Der beeindruckende Hauptumzug findet dann im **Sambódromo** (www.sambadrome.com; Marques do Sapuçai) in der Nähe der Metrostation Praça Onze statt. Vor 30 000 überschwänglich feiernden Menschen darf jede der zwölf Sambaschulen eine Stunde lang ihr Können demonstrieren – das Ganze ist einfach betörend! Die besten Schulen treten am Karnevalssonntag und -montag gegeneinander an (23. & 24. Feb. 2020; 14. & 15. Feb. 2021 und 27. & 28. Feb. 2021). Am sichersten erreicht man das Sambódromo mit dem Taxi oder mit der Metro, die während der Festivitäten rund um die Uhr fährt.

Liesa (Karte S. 344; ☎ 21 3213-5151; http://liesa.globo.com; Av Rio Branco 4, Centro; ⏱ Sept.–Karneval Mo–Fr 10–16 Uhr), die offizielle Sambaschulenvereinigung, beginnt im Dezember oder Januar mit dem Verkauf von Tickets, die zu großen Teilen sofort von Reiseveranstaltern geschnappt werden, die sie dann später zu höheren Preisen weiterverkaufen. Man sollte sich bei Riotur erkundigen, wo die Tickets zu bekommen sind, denn die offizielle Verkaufsstelle ändert sich von Jahr zu Jahr. Der Nennwert der Tickets liegt zwischen 190 und 500 R$. Bis zum Karneval-Wochenende sind die meisten ausverkauft, es gibt aber viele Schwarzhändler. Wenn man ein Ticket bei einem Schwarzhändler (die braucht man nicht zu suchen – sie finden einen!) kauft, muss man darauf achten, dass man sowohl die Plastikkarte mit dem Magnetstreifen als auch das Ticket mit der Platznummer erhält. Die Tickets für verschiedene Tage sind farbkodiert, also auch das Datum prüfen!

Wer kein Ticket gekauft hat und trotzdem dabei sein will, geht während des Karnevals gegen Mitternacht zum Sambódromo. Dort bieten dann Schwarzhändler vor dem Tor Tribünenplätze für rund 50 R$ an. Unbedingt genau nachsehen, für welchen Bereich das Ticket gilt – die meisten Händler versuchen, zuerst ihre schlechtesten Plätze loszuschlagen!

Schlafen

Zona Sul ist die schicke Gegend in Rio, wo sich das touristische Geschehen abspielt. In Ipanema und Leblon gibt's die besten Unterkünfte in der Nähe von Zona Sul. Das alte Bohème-Viertel Santa Teresa ist auch sehr schön und nahe beim Zentrum des Nachtlebens in Lapa, aber weit entfernt von den Stränden. In den anderen Vierteln im Norden mit Metro-Anschluss (Botafogo, Flamengo und Catete) sind die Unterkünfte oft günstiger als in den Strandvierteln im Süden.

Ipanema & Leblon

Mango Tree HOSTEL $
(Karte S. 344; ☎ 21 3083-5031; www.mangotreehostel.com; Prudente de Morais 594, Ipanema; B 40–55 R$, DZ mit/ohne Bad 220/160 R$; ❄📶) Das knallgelbe Hostel in Ipanema wird gut geführt und bietet Zimmer mit zweifarbigen Holzböden und eine freundliche Atmosphäre. Die Terrasse hinter dem Haus hat eine Freiluft-Bar zum Entspannen; sie eignet sich auch gut, um mit anderen Travellern ins Gespräch zu kommen. Außerdem gibt's eine Küche, einen Surfbrett-Verleih und jede Menge Aktivitäten (wie Bootsfahrten, Surftrips und Touren zur Straßenkunst).

El Misti HOSTEL $
(Karte S. 328; ☎ 21 2246-1070; www.elmistihostelipanema.com; Joana Angélica 47; B/DZ ab 45/250 R$; ❄📶) Das freundliche Hostel ist ein ausgezeichnetes Basislager in Ipanema. Es hat einfache, gepflegte Schlafsäle (für 4–12 Pers.) und ein paar Zimmer (zwei davon mit Balkon). Die Zimmer und Schlafsäle haben jeweils ein eigenes Bad. In der netten Café-Bar im Erdgeschoss kann man sich mit anderen Reisenden austauschen. Es ist nur einen Häuserblock vom Strand entfernt. Vor dem Eingang befindet sich ein Kiosk von Bike Rio.

Zu den praktischen Extras gehört auch eine Gemeinschaftsdusche. So kann man nach dem Auschecken noch an den Strand gehen und vor der Weiterreise duschen.

Bonita HOSTEL $$
(Karte S. 328; ☎ 21 2227-1703; www.bonitaipanema.com; Barão da Torre 107, Ipanema; B ab 60 R$,

DZ mit/ohne Bad 360/230 R$; ❄@📶🏊) Das hellgestrichene, von Palmen umgebene Haus in ruhiger Lage hat Geschichte: Hier wohnte die Bossa-Nova-Legende Tom Jobim von 1962 bis 1965, und hier schrieb er einige seiner berühmtesten Songs. Die Zimmer sind sauber und schlicht möbliert, die meisten öffnen sich auf die Gemeinschaftsterrasse oberhalb eines kleinen Pools unten im Hof.

Ipanema Beach House HOSTEL **$$**
(Karte S. 328; ☎21 3202-2693; www.beachhouseipanema.com; Barão da Torre 485, Ipanema; B 60–85 R$, DZ mit/ohne Bad ab 270/220 R$; 📶🏊) In fantastischer Lage bietet das zweistöckige Haus einen schönen Swimmingpool im Hof, obwohl es nur ein paar Schritte vom Strand entfernt ist. Die Zimmer sind recht klein, aber hell und schön eingerichtet. Die Gemeinschaftsbereiche sind ebenfalls sehr schön. Weniger schön sind die extrem engen Schlafsäle (mit Dreier-Stockbetten) und die Warteschlangen vor den Gemeinschaftsbädern.

Margarida's Pousada POUSADA **$$**
(Karte S. 328; ☎21 2239-1840; www.margaridaspousada.com; Barão da Torre 600, Ipanema; DZ ab 280 R$, Apt. ab 360 R$; ❄📶) Wer etwas kleineres und gemütlicheres als ein großes Hotel sucht, ist in der hervorragend gelegenen Pousada (Pension) in Ipanema genau richtig. Es gibt elf einfach eingerichtete Zimmer, die besten haben eine kleine Veranda. Ganz in der Nähe werden auch ein paar komplett ausgestattete Apartments vermietet.

Ipanema Inn HOTEL **$$$**
(Karte S. 328; ☎21 2523-6092; www.ipanemainn.com.br; Maria Quitéria 27, Ipanema; DZ 580–720 R$; ❄📶) Das einfache Hotel ist nur ein paar Schritte vom Strand entfernt. Die Zimmer haben cremeweiße Fliesenböden und schlichte Holzmöbel, sind aber teilweise sehr klein. Die *Superiores* (Zimmer nach vorne) sind ohne Meerblick.

Trotz allem ist das Hotel durchaus zu empfehlen, denn der Service ist sehr freundlich und es gibt ein ausgezeichnetes Restaurant.

Gávea, Jardim Botânico & Lagoa

Pouso Verde PENSION **$$**
(☎21 2529-2942; www.pousoverde.com; Caminhoá 14, Jardim Botânico; EZ/DZ ab 260/300 R$) Die Pension in einer bezaubernden ruhigen Ecke von Jardim Botânico hat elegante, gemütlich eingerichtete Zimmer, teilweise mit Blick auf den Cristo Redentor (Christusstatue). Das alte Haus in einer kopfsteingepflasterten Straße stammt aus den 1890er-Jahren und ist voller Kunst. Die Eigentümer tun alles, damit sich ihre Gäste wie Zuhause fühlen. Ausgezeichnetes Frühstück!

Copacabana & Leme

Cabana Copa HOSTEL **$**
(Karte S. 332; ☎21 97154-9473; www.cabanacopa.com.br; Travessa Guimarães Natal 10, Copacabana; B 60–80 R$, DZ 150–180 R$; ❄@📶) Der Spitzenplatz unter den Hostels gebührt diesem griechisch-brasilianisch geführten Schmuckstück, das sich in einem Winkel von Copacabana in einem in den 1950er-Jahren im Kolonialstil errichteten Haus verbirgt. In dem Haus mit seinen zahlreichen originalen architektonischen Details und interessanten Bodenbelägen gibt es hauptsächlich Schlafsäle mit vier bis zehn Betten. Gemeinschaftsbereiche und eine muntere Bar sind außerdem vorhanden.

Zu dem Hostel gehören auch einige brandneue Suiten mit Bad im Haus nebenan. Eine interessante Option für Reisende, die ein eigenes Zimmer möchten, aber auch die Geselligkeit eines Hostels.

Marta Rio Guesthouse B&B **$$**
(Karte S. 332; ☎21 2521-8568; www.martarioguesthouse.com; Francisco Sá 5, Copacabana; DZ 350–580 R$; ❄📶) Die sehr gastfreundliche Marta vermietet sechs gemütliche Zimmer in ihrem Penthouse auf zwei Ebenen mit Blick auf den Strand. Der absolute Hit ist die Veranda, von der man einen tollen Blick auf die Copacabana hat.

Che Lagarto – Suites Santa Clara HOSTEL **$$**
(☎21 3495-3133; www.chelagarto.com; Santa Clara 304, Copacabana; Zi. mit/ohne Bad ab 280/180 R$; ❄@📶) An einer von Bäumen gesäumten Straße in Copacabanas Bairro Peixoto bietet dieses umgebaute Wohnhaus saubere, schlichte und gepflegte Zimmer (nur Zimmer, keine Schlafsäle) und unten eine kleine Lounge, in der man andere Traveller kennenlernen kann. Das freundliche Personal hat hilfreiche Ratschläge parat und weist den Weg zu vielerlei Aktivitäten.

Jucati APARTMENTS **$$**
(☎21 2547-5422; www.edificiojucati.com.br; Tenente Marones de Gusmão 85, Copacabana; DZ/4BZ ab 240/300 R$; ❄📶) Das Haus an einer ruhigen Straße nahe einem kleinen Park hat gro-

ße, einfach eingerichtete Apartments mit Fliesenböden und kleinen, aber praktischen Küchen; es gibt auch einen Hausservice. Sie haben zumeist nur ein Schlafzimmer mit Doppelbett und entweder ein Stockbett (*beliche*) oder ein Schlafsofa im Wohnzimmer. Im kleinen überdachten Hof kann man sich herrlich entspannen.

★ **Hotel Emiliano** LUXUSHOTEL $$$
(Karte S. 332; ☎21 3503-6600; www.emiliano.com.br; Av Atlântica 3804; DZ 1600–2300 R$; ❄📶🏊) 🍃 Das schönste neue Hotel in Rio steht in der ersten Reihe am südlichen Ende der Copacabana. Die modernistischen Zimmer haben Möbel aus Palisanderholz, eine kunstvolle Beleuchtung und Fotos der Tropen von Leonardo Finotti. Im kleinen Swimmingpool auf dem Dach und in der Bar (nur für Gäste) kann man sich hervorragend entspannen. Das Restaurant im Erdgeschoss bietet eine ausgezeichnete Küche – und einen üppigen Brunch am Wochenende (195 R$ inkl. Getränke).

Weitere nette Extras sind hochwertige Badeprodukte von Santapele, Flipflops, Obst und ein kostenloser Cocktail zur Begrüßung (auf der Dachterrasse).

Botafogo & Urca

★ **Yoo2** BOUTIQUEHOTEL $$
(Karte S. 338; ☎21 3445-2000; www.yoo2.com; Praia de Botafogo 242; DZ ab 350 R$; ❄📶🏊) Der 2016 eröffnete Hotelturm bietet 138 bezaubernde Zimmer im avantgardistischen Stil. In dem mit Straßenkunst verzierten Inneren fahren gläserne Aufzüge hoch und runter. Vom Swimmingpool und der Bar auf der Dachterrasse hat man einen atemberaubenden Panoramablick auf die Stadt. Die Zimmer sind groß und zumeist mit toller Aussicht.

Es werden auch Fahrräder verliehen. Das gute Restaurant im Erdgeschoss bietet Bier aus kleinen Brauereien zur kreativen brasilianischen Fusionsküche (Hauptgerichte 58–77 R$).

Injoy Hostel PENSION $$
(Karte S. 338; ☎21 3593-6662; www.injoyhostel.com; Estácio de Coimbra 80, Botafogo; B 43–59 R$, DZ 160–250 R$; ❄@📶) Trotz des Namens ist es eigentlich kein Hostel, sondern eher eine kleine Pension. In einem hübschen Haus am Ende einer kleinen Straße unter Bäumen stehen Doppelzimmer und gemütliche Schlafsäle zur Verfügung. Die Zimmer sind modern, sehr sauber und in gutem Zustand. Sie sind jeweils nach einer großen Stadt benannt und mit Fotos dieser Stadt dekoriert. Das Personal ist sehr freundlich.

Flamengo & Umgebung

★ **Maze Inn** PENSION $
(Karte S. 338; ☎21 2558-5547; www.jazzrio.com; Casa 66, Tavares Bastos 414, Catete; EZ/DZ 120/140 R$, mit Panoramablick 160/180 R$) Die Pension in der Favela Tavares Bastos gewährt einen guten Einblick in das andere Rio. Die einzigartigen Zimmer sind voller Kunstwerke des englischen Besitzers und Lebenskünstlers Bob Nadkarni. Von der Veranda hat man einen sagenhaften Blick auf die Bucht und den Pão de Açúcar (Zuckerhut).

An Unterhaltung bietet Bob jeden ersten Freitag des Monats eine Jazzparty und jeden Sonntag ein **Curry feast** (Karte S. 338; ☎21 97967-8270; www.themazerio.com/en/hoje-tem-curry; Casa 66, Tavares Bastos 414; Büfett 59 R$; ⏲So 12.30–15.30 Uhr), für das sein Sohn die köstlichsten indischen Currys zubereitet.

Centro & Praça Mauá

Belga Hotel HOTEL $$
(Karte S. 344; ☎21 2263-9086; www.belgahotel.com.br; Rua dos Andradas 129; DZ 130–320 R$) Das schicke Hotel in einem wunderbar restaurierten Gebäude aus den 1920er-Jahren hat einer lange vergessenen Ecke der Innenstadt neues Leben eingehaucht. Der belgische Pionier bietet einfache, preiswerte Zimmer mit ausgezeichnetem Preis-Leistungs-Verhältnis. Die besten Zimmer sind die „Executives", die einen hübschen Balkon mit Glastür haben.

Das **belgische Bistro** (Karte S. 344; www.belgahotel.com.br; Rua dos Andradas 129; Hauptgerichte 48–64 R$; ⏲Mo–Fr 6.30–22, Sa 7–15 Uhr; 📶✎) im Erdgeschoss ist ebenfalls sehr empfehlenswert.

Santa Teresa & Lapa

Books Hostel HOSTEL $
(Karte S. 344; ☎21 3437-3783; www.bookshostel.com; Francisco Muratori 10, Lapa; B 45–75 R$; ❄@📶) Das Hostel ist nicht nur örtlich mitten in Lapa, sondern auch der Mittelpunkt der dortigen Partyszene. So manche ausgelassene Kneipennacht nimmt hier ihren Anfang. Die Schlafsäle sind mit spektakulären Graffitis dekoriert, und es gibt auch eine lebhafte Bar im Stil eines *barraca* (Imbiss-

stand). Entsprechend laut ist es in den Zimmern, die auf die Bar hinausgehen. Es gibt ausschließlich Gemeinschaftsbäder und nur wenige Zimmer mit Klimaanlage.

★ Casa Beleza POUSADA $$

(Karte S. 338; ☎ 21 98288-6764; www.casabeleza.com; Laurinda Santos Lobo 311, Santa Teresa; Zi. 290–470 R$, Villa 650 R$;) Das hübsche Anwesen stammt aus den 1930er-Jahren und war einst eine Gouverneursvilla. Tropische Gärten breiten sich oberhalb des malerischen Pools aus, und manchmal können Gäste hier sogar Tukane und Affen in den umliegenden Bäumen erspähen. Die kleine und friedliche Unterkunft umfasst gerade einmal vier Zimmer und eine Villa in ruhiger Lage (mit einer Dachterrasse samt Panoramablick).

Die nette mehrsprachige Familie, die die Pousada betreibt, lebt vor Ort.

Mama Shelter BOUTIQUEHOTEL $$

(Karte S. 344; ☎ 21 3980-0300; www.mamashelter.com; Paschoal Carlos Magno 5, Santa Teresa; Zi. 320–650 R$;) Das Hotel gehört zu einer Kette im unteren Preissegment. Es hat 55 farbenfrohe Zimmer mit ungewöhnlichen Details und jeder Menge Persönlichkeit. Es ist von üppigem Grün umgeben, und auf den vielen Terrassen fühlt man sich wie im tropischen Paradies. Im luftigen Restaurant gibt's brasilianische Klassiker und kreativ belegte Pizzas. Zum Absacker geht's dann in die stylische Bar.

Das Hotel liegt auch sehr günstig. Zum Epicenter von Santa Teresa sind es nur ein paar Schritte, der Largo de Guimarães ist gerade einmal 400 m entfernt.

Essen

In der Rua Dias Ferreira in Leblon reiht sich ein gutes Restaurant an das andere (und alle verwandeln sich zu fortgeschrittener Stunde in lärmende Bars). Für Selbstversorger finden sich überall Läden der Lebensmittelkette Zona Sul, die wirklich nach einem der begehrtesten Viertel in Rio benannt ist.

Ipanema & Leblon

Joana PIZZERIA $

(Karte S. 328; ☎ 21 98201-8044; www.facebook.com/joanapizzabar; Joana Angélica 47; Pizza 24–30 R$; ⏲ Di–So 18–24 Uhr;) Das hippe kleine Restaurant mit Terrasse ist nur einen Häuserblock vom Strand in Ipanema entfernt. Hier wird die beste und knusprigste Pizza der Zona Sul gebacken und äußerst kreativ belegt: mit gegrilltem Kürbis und Aubergine samt Cocktailtomaten (für Vegetarier) oder mit dünnen Scheiben marinierten Rindfleischs mit frischem Ziegenkäse und Minze („Churrasco Turco").

Zur Pizza kann man sich in der kleinen Bar einen ausgezeichneten Cocktail mixen lassen.

Vero EIS $

(Karte S. 328; ☎ 21 3497-8754; Visconde de Pirajá 229; Eis 11–16 R$, Pizzastück 13–16 R$; ⏲ 10–0.30 Uhr;) In der von Italienern geführten Eisdiele wird das beste Eis in ganz Rio hergestellt. Zu den mehr als zwei Dutzend Sorten gehören neben den Klassikern wie *morango* (Erdbeer) und *gianduia* (Schokolade mit Haselnüssen) auch Ausgefallenes wie *caramelo com flor de sal* (Karamell mit Meersalz) und *figo com amêndoas* (Feige mit Mandeln).

An einer Theke hinter dem Haus wird leckere Pizza mit dünnem Teig und außergewöhnlichem Belag wie karamellisierter Birne, aber auch eine vegane Option ohne Käse und die klassische Pizza Margherita verkauft.

Quitéria BRASILIANISCH $$

(Karte S. 328; ☎ 21 2267-4603; www.ipanemainn.com.br/en/quiteria; Maria Quitéria 27; Hauptgerichte ca. 53 R$, Mittagsbüfett Mo–Fr/Wochenende 39/53 R$; ⏲ 7–23 Uhr) Das unscheinbare Restaurant des Ipanema Inn (S. 335) bietet leckere moderne brasilianische Küche. Für das Mittagsbüfett, das die Einheimischen in Scharen anzieht, werden nur hochwertige Produkte der Saison verarbeitet. Beim Abendessen à la carte stehen Schweinerippchen mit Baroakartoffelbrei und Cashewnusssauce oder gegrillter Fisch des Tages mit Milchreis und Schwarzaugenbohnen zur Auswahl.

Frontera BUFFET $$

(Karte S. 328; ☎ 21 3289-2350; www.frontera.com.br; Visconde de Pirajá 128; Büfett 65–70 R$/kg; ⏲ 11.30–23 Uhr) Für das Mittagsbüfett bereitet der holländische Küchenchef mehr als 60 Gerichte zu, darunter verschiedene Arten von Grillfleisch, überbackene Aufläufe, Pasta mit Meeresfrüchten und gegrilltes Gemüse sowie Salate, frisches Obst und Desserts. Sushi und Nachtisch vom Dessertwagen kosten extra. Dunkle Holzmöbel und alte Reiseplakate sorgen dafür, dass dieses Büfettrestaurant wesentlich gemütlicher ist als andere seiner Art.

Flamengo, Botafogo, Catete & Humaitá

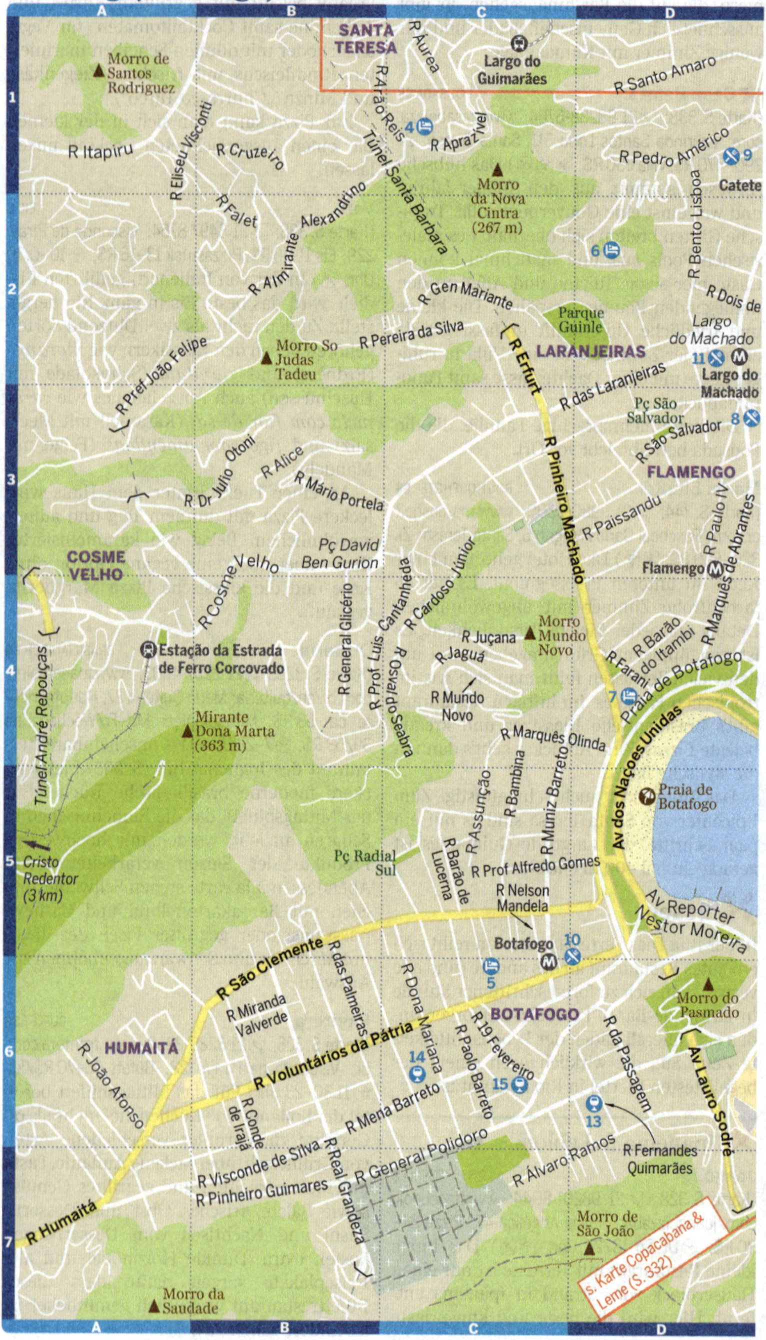

0
1 km
s. Karte Centro, Lapa, Glória & Santa Teresa (S. 344)
Parque do Flamengo
Parque do Catete
CATETE
R Corrêa Dutra
Dezembro
Praia do Flamengo
Av Infante Dom Henrique
Praia do Flamengo
Parque do Flamengo
R Senador Vergueiro
Av Osvaldo Cruz
Morro da Viúva
Av Rui Barbosa
Av Infante Dom Henrique
Baía de Guanabara
Enseada de Botafogo
Morro Cara de Cão
Praia de Fora
R Cândido Gaffrée
Av São Sebastião
Alameda Floriano
URCA
Praia da Urca
Pão de Açúcar
(395 m)
Av Portugal
Morro da Urca
(215 m)
Av Pasteur
Universidade Federal de Rio de Janeiro
R Lauro Müller
Instituto e Teatro Benjamin Constant
Universidade Rio de Janeiro
Pç General Tibúrcio
Seilbahn-Haltestelle
Morro da Babilônia
Morro do Urubu
LEME
Pç A Júlio de Noronha
Espetto Carioca
(120 m)

Flamengo, Botafogo, Catete & Humaitá

Ab 18 Uhr gibt's All-you-can-eat-Pizza im *rodizio*-Stil für 20 bis 30 R$ (je nach Tag). Am günstigsten ist es mittwochs.

Stuzzi ITALIENISCH $$

(Karte S. 328; ☎21 2274-4017; www.stuzzibar.com.br; Dias Ferreira 48; gemischte Platten 29–55 R$, Hauptgerichte 52–76 R$; ⏲Di 19–1, Mi–Sa 19–3, So 19–24 Uhr) Das überaus beliebte, immer volle Restaurant in Leblon hat sich auf kreative italienische Tapas wie Kroketten aus gebratenem Lammfleisch und Bruschetta mit Ziegenkäse, Feige und Honig sowie auf ausgezeichnete Cocktails spezialisiert. Besonders schön sind die Tische mit Kerzenlicht an der Straße, die aber immer schnell belegt sind.

★ Zazá Bistrô Tropical FUSION $$$

(Karte S. 328; ☎21 2247-9101; www.zazabistro.com.br; Joana Angélica 40; Hauptgerichte 65–87 R$; ⏲Mo–Do 19–24, Fr–So 12–24 Uhr) In einem ehemaligen Wohnhaus voller Kunst und schräger Deko werden wunderbar zubereitete Gerichte mit asiatischem Einfluss serviert. Dafür werden möglichst viele Bio-Produkte verwendet. Besonders empfehlenswert sind das Hühnchen-Curry mit Jasminreis, flambierte Garnelen mit Risotto und gegrillter Fisch mit karamellisierten Kochbananen. Dazu sollt man unbedingt einen der ausgezeichneten Cocktails trinken, z. B. den Caramba Carambola mit Amazonas-Gin (oder Wodka), *carambola* (Sternfrucht), Ingwer, Minze und Zitrone.

Gávea, Jardim Botânico & Lagoa

★ Casa Camolese BRASILIANISCH $$

(☎21 3514-8200; www.casacamolese.com.br; Jardim Botânico 983; Hauptgerichte 42–70 R$; ⏲Mo–Sa 12–24, So 12–23 Uhr; ✎) Die wunderbare Mischung aus Essen, Trinken und Unterhaltung beim Jockey Club Brasileiro ist die berühmteste Neueröffnung der letzten Jahre. Das Lokal besteht aus einer hauseigenen Kleinbrauerei, einem Café, einem Raum für Livemusik und einem großen Restaurant mit hohen Decken, Glaswänden und eleganter Terrasse voller Pflanzen. Der ideale Ort für einen schönen Sommerabend.

Prana Vegetariano VEGETARISCH $$

(☎21 2245-7643; www.pranavegetariano.com; Lopes Quintas 37, Jardim Botânico; Hauptgerichte ca. 40 R$; ⏲Mo–Sa 12–16 Uhr; ✎) Das freundliche Restaurant ist nur ein paar Schritte vom Nordausgang des Jardim Botânico entfernt und erfreut sich größter Beliebtheit wegen der leckeren fleischlosen Gerichte. Die kleine Speisekarte wechselt täglich (sie ist auch auf der Homepage zu finden), enthält aber immer kreative und sättigende Mittagsgerichte, tolle Säfte und Smoothies und verführerische Desserts.

Jarbô FRANZÖSISCH $$

(☎21 2259-2924; www.jarbocafe.com; Jardim Botânico 1008; Hauptgerichte 38–67 R$; ⏲Mo 12–18.30, Di–So 8–18.30 Uhr; ✎) Das sehr beliebte Restaurant ist direkt neben dem Eingang zum Jardim Botânico (gleich hinter dem Tor zur Straße). Auf der umfangreichen Speisekarte stehen u.a. belegte Brote, Eier Benedict und Salate mit Gorgonzola sowie ungewöhnlichere Gerichte, z. B. Enten-Confit sowie Ravioli mit Rote Beete und Ziegenkäse.

Copacabana & Leme

★ Salomé BISTRO $$

(Karte S. 332; ☎21 2541-2416; www.facebook.com/salomebistro; Av Atlântica 994; Hauptgerichte 48–65 R$; ⏲Di–Do 18.30–24, Fr–So 12–24 Uhr; ✎) Das lässige Bistro unter gleicher Leitung wie das äußerst beliebte Canastra (S. 343) in Ipanema sorgt für guten Stil am Strand von

Leme. Es ist mit altmodischen Spiegeln und seltsamen Wandbehängen, Topfpflanzen und indirekter Beleuchtung ausgestattet. Bei gutem Wetter sitzen die Gäste aber lieber draußen und genießen dort die hervorragenden kleinen Gerichte, gegrilltes Fleisch und Meeresfrüchte sowie offenen Wein.

Die kleine, aber sehr feine Speisekarte reicht von gegrilltem Oktopus bis zu marokkanischem Lammtajine mit Couscous. Außerdem gibt's Linguine mit Meeresfrüchten, Entenbrust mit Auberginenkaviar und Salate mit warmem Saint-Marcellin-Käse.

★ El Born SPANISCH **$$**

(Karte S. 332; ☎21 3496-1780; www.barelborn.com.br; Bolívar 17; Tapas 13–57 R$, Sandwiches 25–31 R$; ⊙Mo–Fr 17–2, Sa & So 16–2 Uhr) Das nach dem angesagten Feinschmeckerviertel in Barcelona benannte Restaurant macht seinem Namen alle Ehre und bietet die vermutlich besten Tapas in Rio sowie Oktopus nach galizischer Art, scharfe Garnelen und zarten spanischen Schinken. Mit rustikalen Stein- und Backsteinmauern erinnert auch das Innere an ein typisch spanisches Lokal. Ein paar Tische stehen auf der Straße. Auf Barhockern an der langen Theke kann man den flinken Barkeepern bei der Arbeit zusehen.

Man sollte auf keinen Fall zu viel bestellen, denn ständig kommen die Kellner mit Platten voller frisch zubereiteter Tapas aus der Küche, bei denen sich die Gäste nach Lust und Laune bedienen dürfen.

Adega Pérola TAPAS **$$**

(Karte S. 332; ☎21 2255-9425; www.facebook.com/adegaperolariodejaneiro; Siqueira Campos 138; gem. Platten 24–46 R$; ⊙Mo–Do 11–1, Fr & Sa 11–2 Uhr) Schon seit 1957 serviert das stimmungsvolle Restaurant mit Bar hervorragende spanische und portugiesische Gerichte wie marinierten Oktopus, ganze Sardinen, gefüllte Oliven, Kabeljaufrikadellen, gebratenen Tintenfisch und marinierte Shrimps. Alle Gerichte sind in einer langen Theke am Eingang ausgestellt.

Die Tische draußen sind ideal für einen gemütlichen Nachmittag.

MIT BLICK AUFS MEER

Imbissstände am Strand, Bars auf Dachterrassen und Freiluftcafés in einer alten Festung sind nur ein paar Beispiele für die vielen Möglichkeiten, bei einem guten Essen und einigen Drinks den atemberaubenden Blick auf das Meer und die Strände von Rio zu genießen.

Café de la Musique (Karte S. 328; ☎21 97273-7467; www.facebook.com/cafedelamusiquebeach; Av Delfim Moreira; Hauptgerichte 32–64 R$; ⊙So–Do 8–22, Fr & Sa bis 24 Uhr) In dem superstylischen Pavillon am Strand gibt's die besten Cocktails in Rio (35–40 R$) und dazu Salate, Sandwiches und Meeresfrüchte – sowie Frühstück.

Espaço 7zero6 (Karte S. 328; ☎21 2141-4992; www.espaco7zero6.com.br; Av Vieira Souto 706; Brunch 100 R$; ⊙Mo–Do 12–24, Fr–So 8–14 & 18–24 Uhr) Das Restaurant auf dem Dach des Hotel Praia Ipanema bietet einen hinreißenden Blick auf den Strand von Ipanema. Zu essen gibt's ausgezeichnete brasilianische Klassiker und einen in den höchsten Tönen gelobten Brunch am Wochenende.

Cafe 18 do Forte (Karte S. 332; ☎21 2523-0171; www.cafe18doforte.com.br; Av Atlântica & Francisco Otaviano; ⊙Di–So 10–20 Uhr) Das Café liegt weit entfernt vom Trubel der Av Atlântica an einem ruhigeren Abschnitt der Copacabana. An den Tischen unter schattigen Palmen genießt man süffige Craft-Biere und leckeres brasilianisches Essen. Es ist im Inneren des Forte de Copacabana, für das man Eintritt bezahlen muss.

Espetto Carioca (☎21 3514-2111; abseits der Av Atlântica bei der Praça Almirante Júlio de Noronha; Snacks 16–32 R$; ⊙9–24 Uhr) Am nordöstlichen Ende von Leme steht der friedliche Pavillon hoch über dem Strand. Im Angebot sind *espettos* (Fleischspieße) und kühle Getränke. Dabei kann man den wagemutigen Kids zusehen, wie sie sich von der Ufermauer ins Meer stürzen.

Barraca do Uruguai (Karte S. 328; Posto 9, Ipanema Beach; Sandwiches 14–20 R$; ⊙12–17 Uhr) Die *barraca* ist ein alteingesessener Imbissstand am Strand, der fantastische Sandwiches mit gegrilltem Hühnchen, *agua de côco* (Kokoswasser), Caipirinha und andere Köstlichkeiten verkauft. Die blau-weiß gestreifte Flagge von Uruguay ist schon von Weitem zu sehen.

Galeto Sat's BRASILIANISCH $

(Karte S. 332; ☎21 2275-6197; Barata Ribeiro 7; Hauptgerichte 30–76 R$; Mittagsgerichte 34 R$; ⊙11–5 Uhr) Als eines der besten Brathähnchenlokale in Rio hat das entspannte Galeto Sat's seit seiner Eröffnung im Jahr 1962 viele Fans gewonnen. Man schnappt sich einen Sitz an der gefliesten und mit Spiegeln versehenen Wand, bestellt ein *chope* (Bier vom Fass), schnuppert den Duft der am Spieß gebratenen Vögel und stürzt sich schließlich auf das sättigende Mahl. Preistechnisch ist das *mgaleto completo*, ein 55 R$ teures Hühnchengericht für Zwei, nicht zu schlagen.

★ **Churrascaria Palace** CHURRASCARIA $$$

(Karte S. 332; ☎21 2541-5898; www.churrascariapalace.com.br; Rodolfo Dantas 16; All you can eat 140 R$; ⊙12–24 Uhr;) Das elegante Restaurant ist eine der besten *churrascarias* (traditionelles Grillrestaurant) in Rio. Dabei wird das erstklassige saftige Fleisch fast zur Nebensache angesichts des überwältigenden Büfetts mit frischen Austern, gegrillten Palmherzen, Sushi und Sashimi, Reis mit wilden Pilzen und Gojibeeren, Kabeljau-Auflauf, geräuchertem Fisch, gegrillten Garnelen und Oktopus sowie tollen Salaten.

Die Leckereien werden von den Kellnern ständig angeboten. Wer da nicht nein sagen kann, steht bald vor dem Platzen.

Botafogo & Urca

Marchezinho CAFÉ $$

(Karte S. 338; www.facebook.com/marchezinho; Voluntários da Pátria 46, Botafogo; Sandwiches 28–38 R$; ⊙Mo–Mi 9–1, Do & Fr 9–2, Sa 10–2 Uhr) Das Lokal ist Café, Bar und Minimarkt in einem. Die französischen Wurzeln des Eigentümers zeigen sich auf der Speisekarte und in den Regalen, wo sich Käse, Brot und Kaffee in ausgezeichneter Qualität türmen. Die sorgfältig ausgesuchten Zutaten für Tapas und Sandwiches kommen jedoch ausschließlich aus Brasilien und zwar von kleinen Erzeugern der Region. Dazu gibt's Craft-Bier und erstklassige Cocktails.

> **WERTSACHEN VERGRABEN!**
>
> Rios Strände sind ein Jagdrevier von Dieben, und es gibt seit Kurzem einen alarmierenden Anstieg von *arrastãos* – Kriminelle ziehen an den Stränden entlang und rauben alle aus, die ihnen in die Quere kommen. Daher niemals Wertsachen an den Strand mitnehmen! Wenn es sich nicht vermeiden lässt, kann man dem Vorbild schlauer Einheimischer folgen: Die stecken ihre Wertsachen in eine Plastiktüte, vergraben diese im Sand und breiten das Badetuch darüber aus. Aus den Augen, aus dem Sinn!

Flamengo & Umgebung

Sírio Libaneza NAHÖSTLICH $

(Karte S. 338; ☎21 2146-4915; Largo do Machado 29, Loja 16-19; Snacks 6–28 R$; ⊙Mo–Sa 8–23 Uhr;) Das stets rappelvolle Restaurant serviert leckere syrisch-libanesische Küche und köstliche Säfte. Besonders gut ist das herzhafte *kibe de forno* (gut gewürzter Rinderhackbraten), die Hummus-Platte und *kafta* (scharfe Frikadellen). Zum Nachtisch gibt's Baklava und andere Süßigkeiten. Es ist in der Galleria Condor am Largo do Machado.

★ **Ferro e Farinha** PIZZA $$

(Karte S. 338; Andrade Pertence 42; Pizza 40–50 R$; ⊙Di–Sa 19–23.30, So ab 18.30 Uhr) Sei Shiroma aus New York und ein Team aus geschickten Bäckern servieren Rios beste Pizza in diesem stimmungsvollen, nett verfallenen Laden in Catete. Es gibt nur wenige Plätze, ein paar Barhocker rund um die Pizzabäcker und den Ofen in der Mitte sowie einige Tische draußen. Man sollte also frühzeitig kommen, bevor der Massenandrang einsetzt.

Brou BRASILIANISCH $$

(Karte S. 338; ☎21 2556-0618; www.facebook.com/casa.brou; Senador Vergueiro 2, Flamengo; Hauptgerichte mittags 18–30 R$, abends 32–56 R$; ⊙11.30–15 & 18–24 Uhr) Der letzte Neuzugang in Flamengo ist ein freundliches Restaurant mit Bar. Tagsüber gibt's kreative Salate mit gegrilltem Gemüse, Lachs oder gebratenem Fleisch sowie Quiches und Suppen. Abends stehen auf der Speisekarte Rib Steaks, gegrillter Oktopus und knusprige Pizza aus dem Holzbackofen.

Centro & Praça Mauá

Confeitaria Colombo BRASILIANISCH $

(Karte S. 344; ☎21 2505-1500; www.confeitariacolombo.com.br; Gonçalves Dias 34; Gebäck 11–16 R$, Sandwiches 22–46 R$; ⊙Mo–Fr 9–19, Sa bis 17 Uhr) Buntglasfenster, in Brokat gefasste Spiegel und Marmortheken bilden ein luxuriöses Ambiente für einen Kaffee oder eine Mahlzeit. Die im späten 19. Jh. gegründete Institution serviert Desserts – darunter ein gutes *pastel de nata* (Eiercreme-Tart) –, die dem eleganten Dekor würdig sind.

Wer noch mehr von der Pracht sehen will, kann sich im darüber gelegenen Restaurant **Cristóvão** (Karte S. 344; Gonçalves Dias 34; Büfett 100 R$; ⌚11.30–16 Uhr) über das Büfett mit brasilianischen Gerichten hermachen.

★ Xian ASIATISCH **$$**
(☎21 2303-7080; www.xianrio.com.br; top fl, Almirante Silvio de Noronha 365, Bossa Nova Mall; Hauptgerichte 65–90 R$; ⌚Mo–Do 12–23, Fr & Sa 12–24, So 12–22 Uhr; 📶) Das große, pompös ausgestattete Restaurant mit Freiluft-Cocktailbar und Nachtclub ist noch recht neu und liegt an prominenter Stelle direkt an der Bucht. Zu essen gibt's Meeresfrüchte und zartes Fleisch mit asiatischem Einfluss wie frische Austern mit Ponzu-Sauce, Lachs-Trüffel-Tartar und marinierte Schweinerippchen mit Miso.

Santa Teresa & Lapa

★ Casa Momus MEDITERRAN **$$**
(Karte S. 344; ☎21 3852-8250; www.casamomus.com.br; Rua do Lavradio 11, Lapa; Hauptgerichte 42–58 R$; ⌚Mo 11.30–17, Di & Mi 11.30–24, Do–Sa 11.30–2 Uhr) Eines der besten und schönsten Restaurants in Lapa bietet eine kleine, aber sehr feine Auswahl an mediterran inspirierten Gerichten. Als Vorspeise gibt's Garnelenkroketten, gebratene Polenta mit würzigem Gorgonzola oder marokkanische Lamm-*kafta* (scharfe Frikadellen) mit Tabbouleh und Joghurtsauce, danach Ochsenschwanz-Risotto mit Brunnenkresse, gebratenen Thunfisch mit Couscous, gegrilltes Rinderfilet und vieles mehr.

Bar do Mineiro BRASILIANISCH **$$**
(Karte S. 344; ☎21 2221-9227; Paschoal Carlos Magno 99, Santa Teresa; Hauptgerichte 55–98 R$; ⌚12–23 Uhr) Schwarz-Weiß-Fotos von legendären Sängern zieren die Wände dieses *boteco* (kleine Freiluftbar) alter Schule im Herzen von Santa Teresa. Seit Jahren kommt das muntere Publikum in Scharen, um hier traditionelle Gerichte aus Minas Gerais zu genießen. Die *feijoada* (Eintopf mit Bohnen, Fleisch und Reis) ist toll und wird jeden Tag angeboten, genauso wie Vorspeisen, beispielsweise *pasteis* (herzhaftes Gebäck).

★ Espírito Santa AMAZONAS **$$$**
(Karte S. 344; ☎21 2507-4840; www.espiritosanta.com.br; Almirante Alexandrino 264, Santa Teresa; Hauptgerichte 55–98 R$; ⌚12–23 Uhr) In dem wunderbar restaurierten Herrenhaus kann man entweder auf der Aussichtsterrasse hinter dem Haus oder im bezaubernden, luftigen Innenraum speisen. Auf der Speisekarte stehen üppige Fleisch- und Meeresfrüchtegerichte aus dem Amazonas und dem Nordosten Brasiliens. Besonders zu empfehlen sind *moqueca* (Fischeintopf mit Pintado, einem leckeren Flussfisch) und langsam gegarte Schweinerippchen mit Süßkartoffeln.

Ausgehen & Nachtleben

In Ipanema, Leblon und Copacabana gibt's schicke Nachtlokale und Bars alter Schule. Die junge Barszene lockt Partylustige nach Gávea, während Paare das malerische Lagoa bevorzugen. In den schmalen Fußgängerstraßen von Centro nahe der Praça XV tummeln sich Barbesucher werktags zur Cocktailstunde, während Santa Teresa ein Viertel für einen richtig entspannten Cocktail ist. Lapa wird mit seinen Sambaclubs und schrägen Freiluftbars an Wochenenden spätabends zu einer einzigen Straßenparty.

Rios zahlreiche Saftbars sind ein Muss. Leute beobachten und dabei einen Kaffee trinken kann man in den Straßencafés in Ipanema und Leblon.

Ipanema & Leblon

★ Canastra WEINBAR
(Karte S. 328; Jangadeiros 42; ⌚Di–Sa 18.30–1 Uhr) Die von drei Franzosen geführte Bar ist eine der ersten Adressen in Ipanemas Nachtleben. Die Gäste stehen meistens bis auf die Straße hinaus und viele *cariocas* kommen den ganzen Abend nicht in die Bar. Damit verpassen sie leider das hervorragende Essen (Käse- und Wurstplatten, gegrillter Tintenfisch und Oktopus) und die tollen Getränke (brasilianische Weine, Sangria, Caipirinha).

Nosso COCKTAILBAR
(Karte S. 328; ☎21 99619-0099; www.facebook.com/nossoipanema; Maria Quitéria 91, Ipanema; ⌚Di–Do 19–1, Fr & Sa 19–2, So 18–23 Uhr) Die superstylische Cocktailbar mit Restaurant und schicker Dachterrasse ist zwar mitten in Ipanema, fühlt sich aber eher wie mitten in Manhattan an. Die hervorragend gemixten Cocktails bestehen aus besten Zutaten und sind oft mit künstlichen oder getrockneten Früchten garniert. Das Essen ist ebenso grandios.

Bar Astor BAR
(Karte S. 328; ☎21 2523-0085; www.barastor.com.br; Av Vieira Souto 110, Ipanema; ⌚Mo–Do 18–1, Fr

Centro, Lapa, Glória & Santa Teresa

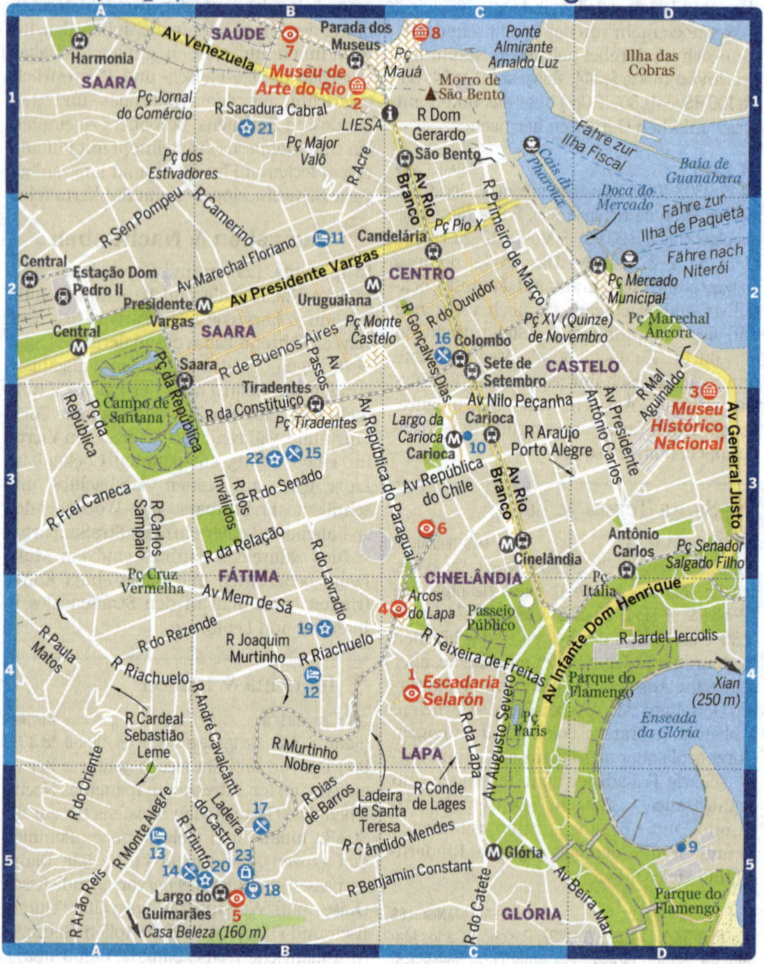

13–2, Sa 12–2, So 12–22 Uhr) Wer nicht nach São Paulo reisen kann oder will – kein Problem. Denn eine der besten Bars der Stadt hat nun eine Filiale zum Abfeiern in bester Lage am Strand von Ipanema. Neben hervorragenden Caipirinhas bietet die herrliche Art-déco-Bar auch eigene Kreationen wie den Tiki Brasil mit Mango, Gin Rangpur, brasilianischem Nusssirup und *cachaça* (Zuckerrohrschnaps).

Barzin BAR

(Karte S. 328; www.facebook.com/barzinriolive; Vinícius de Moraes 75; ⏲ So, Mo, Mi & Do 12–1, Di, Fr & Sa 12–4 Uhr) Die offene Bar im Erdgeschoss ist sehr beliebt für einen Drink nach dem Strand und aus diesem Grund auch immer rappelvoll. Im Obergeschoss treten regelmäßig Livebands auf und spielen Surfrock, Hiphop und brasilianische Musik (Eintritt 30–80 R$). Die von **Bem Brasil** (Karte S. 344; www.bembrasilrio.com; Marina da Glória, Glória; Bootsfahrt ab 75 R$) organisierten Partys am Dienstagabend sind legendär.

Belmonte BAR

(Karte S. 328; ☎ 21 2294-8249; Dias Ferreira 521; ⏲ 11–2 Uhr) Die Bar ist ein Wahrzeichen in Leblon und lockt stets große Massen an. Praktisch an jedem Abend ist hier Straßen-

Centro, Lapa, Glória & Santa Teresa

party, denn ab 20 Uhr nehmen die Biertrinker auch die Bürgersteige in Beschlag. Wenn man einen Tisch ergattern kann, sollte man auch die leckeren, preisgünstigen, mit Krebsen, gedörrtem Rindfleisch, Käse, Shrimps, Palmherzen und anderen Zutaten gefüllten *pasteis* (frittierten Teigtaschen) probieren.

Garota de Ipanema BAR
(Karte S. 328; ☎21 2523-2787; www.bargarotadeipanema.com; Vinícius de Moraes 49; ⏰12–1 Uhr) Zu Anfang hieß das kleine, offene Lokal Bar Veloso. Mit dem Namen und der Anonymität war es vorbei, als zwei abgerissene junge Stammgäste – Tom Jobim und Vinícius de Moraes – den berühmten Song *Girl from Ipanema* schrieben. Der Song machte Geschichte, und sogar der Name der Straße änderte sich.

Gávea, Jardim Botânico & Lagoa

★ **Palaphita Kitch** LOUNGE
(Karte S. 328; ☎21 2227-0837; www.palaphitakitch.com.br; Av Epitácio Pessoa s/n; ⏰Mo–Fr 18–24 Uhr, Sa & So ab 10 Uhr) Das offene Lokal mit Strohdach, rustikalen Bambusmöbeln, flackernden Tiki-Fackeln und einer beschaulichen Lage am Ufer des Lagoa Rodrigo de Freitas ist der richtige Ort für einen Drink bei Sonnenuntergang. Paare kommen gern hierher, um die Aussicht und die kreativen (aber teuren) Cocktails zu genießen; die Caipirinhas mit ungewöhnlichen Früchten aus dem Amazonasbecken und dem Nordosten des Landes sind ein Hit.

Palaphita Gávea BAR
(Karte S. 328; ☎21 3114-0853; www.palaphitakitch.com.br; Bartolomeu Mitre 1314; ⏰Mo 18–1, Do 20–4, Fr & Sa 21–4, So 17–1 Uhr) Die große Freiluft-Bar direkt beim **Jockey Club Brasileiro** (Hipódromo da Gávea; Karte S. 328; ☎21 3534-9001; www.jcb.com.br; Jardim Botânico 1003, Gávea; ⏰Mo & Di 18–23, Sa & So 14–20 Uhr) ist ein wunderbar chaotischer Komplex aus rustikalen Holzhütten und Palmdachbars mit selbst gebastelter Einrichtung. Das Publikum ist jung und feierwütig. Hier endet so manche Partynacht. An den Renntagen kann man hier auch Wetten abschließen und bei den Hunderennen zusehen.

Copacabana & Leme

Escondido BAR
(Karte S. 332; ☎21 2522-9800; Aires de Saldanha 98, Copacabana; ⏰Di–So 18–1 Uhr) Das Escondido ist eine der besten Bierbars in Copacabana und hat ein wechselndes Angebot von Craft-Bieren wie American Pale Ales, Stouts und Cider, darunter immer zwei Dutzend Sorten vom Fass. In dem entspannten Lokal trifft man sich mit Freunden, trinkt ein paar Bier und isst Kneipenkost (z. B. riesige Burger).

Pavão Azul BAR
(Karte S. 322; ☎21 2236-2381; Hilário de Gouveia 71, Copacabana; ⏰Mo–Sa 12–24, So bis 20 Uhr) Einer der Klassiker von Copacabana ist eine einfache offene Bar, vor deren Eingang die Massen bis spät in die Nacht auf der Straße stehen und dort ihr eiskaltes *chope*

(Fassbier) trinken. Aufgrund des großen Erfolgs haben die Eigentümer auf der anderen Straßenseite eine ähnliche *boteco* namens Pavãzinho eröffnet. Unbedingt probieren sollte man den fantastischen und sehr preiswerten *pataniscas* (frittierter Kabeljau).

Botafogo & Urca

CoLAB BAR

(Karte S. 338; ☎21 3592-0470; www.colab-rio.com; Fernandes Guimarães 66; ⌚Di–Sa 10–1 Uhr) Die Bar ist eine der vielen neu eröffneten Bars mit Restaurant in Botafogo, die mit ihrer Mischung aus internationaler Küche, Cocktails und Craft-Bier ein überwiegend junges Publikum ansprechen. Auf der Speisekarte stehen Currys (indische und thailändische), Samosas, Falafel, Sandwiches, Burger und andere Köstlichkeiten. Während es tagsüber eher ruhig ist, geht abends die Post ab, wenn DJs auflegen und gelegentlich eine Liveband auftritt.

Comuna BAR

(Karte S. 338; ☎21 3579-6175; www.facebook.com/comunacc; Sorocaba 585, Botafogo; ⌚Di–Fr 12–1, Sa 18.30–1.30, So 18.30–24 Uhr) Das kreative Lokal ist zu gleichen Teilen Bar, Kunstgalerie und unabhängiger Buchladen (mit eigenem Verlag). Mit Workshops, Musik-Sessions, Lesungen, Ausstellungen und Modeschauen wird hier immer etwas geboten. Man kann aber auch einfach nur ein Bier aus einer örtlichen Kleinbrauerei trinken und einen der preisgekrönten Burger dazu essen.

Hocus Pocus BAR

(Karte S. 338; ☎21 4107-3107; www.facebook.com/HocusPocusDNA; Dezenove de Fevereiro 186; ⌚Mo–Mi 18–24, Do–Sa bis 2 Uhr) Die Bierhalle wurde 2016 eröffnet, um dem Craft-Bier in Rio zum Durchbruch zu verhelfen und die eigenen Biere auszuschenken. Es gibt über ein Dutzend Fassbiere, darunter die besten von „HP" (wie das „Magic Trap", eine Art belgisches Bier) und einige Biere von anderen Kleinbrauereien. Die lebhafte Kneipe ähnelt eher einem Schuppen, ist jedoch sehr gemütlich.

Bar Urca BAR

(Karte S. 338; ☎21 2295-8744; Cândido Gaffrée 205, Urca; ⌚Mo–Sa 6.30–23 Uhr, So 8–20 Uhr) Die beliebte Nachbarschaftsbar mit Restaurant ist toll nahe dem Ufer in Urca gelegen. Abends genießt das gemischte Publikum an der Kaimauer kalte Drinks, Vorspeisen und die schöne Aussicht.

Santa Teresa & Lapa

Explorer Bar COCKTAILBAR

(Karte S. 344; ☎21 3264-9665; www.explorerbar.com; Almirante Alexandrino 399, Santa Teresa; ⌚Di–Fr 17–24, Sa & So 14–24 Uhr) Ein prachtvoller Garten auf mehreren Ebenen mit hübschen Lichterketten bildet den Mittelpunkt der bezaubernden Cocktailbar. Die hervorragend gemixten Cocktails (ca. 30 R$) wie der TLV bestehen aus so exotischen Zutaten wie Orange, Tamarinde, Ingwerschaum und geriebener Muskatnuss. Das erstklassige Essen ist eine bunte Mischung aus sizilianischer Pasta mit Meeresfrüchten, *sabich* (Sandwich mit gebratener Aubergine und Hummus) und anderen Gerichten aus aller Welt (Hauptgerichte 32–56 R$).

☆ Unterhaltung

Livemusik

Rio Scenarium SAMBA

(Karte S. 344; ☎21 3147-9000; www.rioscenarium.art.br; Rua do Lavradio 20, Lapa; 35–60 R$; ⌚Di–Sa 19–4 Uhr) Der äußerst fotogene Nachtclub Rio Scenarium erstreckt sich über drei Stockwerke, die voller Antiquitäten sind. Von mehreren Balkonen blickt man auf die Bühne im 1. Stock, wo sich die Tänzer im Rhythmus von jazziger Samba, *choro* (romantische, an Samba angelehnte Improvisationsmusik) und *pagode* (volkstümliche Samba) bewegen. Der Club ist auch außerhalb von Brasilien sehr bekannt, und so besteht das Publikum aus doppelt so vielen Ausländern wie Einheimischen. Eintritt nur mit Personalausweis.

Carioca da Gema SAMBA

(Karte S. 344; ☎21 2221-0043; www.barcariocadagema.com.br; Av Mem de Sá 79, Lapa; Grundpreis 20–40 R$; ⌚So–Di & Do 19.30–2, Fr bis 3, Sa ab 21 Uhr) Heute ist das Carioca da Gema von Clubs umgeben, war aber bei seiner Eröffnung im Jahr 2000 einer der Pioniere in Lapa. In dem kleinen, warm beleuchteten Club treten immer noch einige der besten Sambabands der Stadt auf; an den meisten Abenden drängt sich das feierlustige, bunt gemischte Publikum auf der Tanzfläche.

Pedra do Sal SAMBA

(Karte S. 344; Largo João da Baiana, Gamboa; ⌚Mo & Fr 20–24 Uhr) Zu den großen Straßenpartys am Montag- und Freitagabend strömen die

Massen aus allen Schichten und Gegenden. Bei der lebhaften *samba da mesa* unterhalten verschiedene Musiker die ausgelassen feiernden Massen auf dem winzigen Platz mit altbekannten Liedern.

★Bip Bip LIVEMUSIK
(Karte S. 322; ☎21 2267-9696; www.facebook.com/barbipbip; Almirante Gonçalves 50, Copacabana; ⊙So–Fr 19–24 Uhr) Seit Jahren ist dies einer der beliebtesten Treffs, um live eine *roda de samba* (rund um einen Tisch improvisierte Samba) zu erleben, obwohl es sich nur um ein Ladenlokal mit ein paar abgewetzten Tischen handelt. Am späteren Abend wird das von Bäumen gesäumte Viertel zum Schauplatz echter Jamsessions; dann erobern die Musik und die Feierlustigen die Straße.

Sambaschulen

Ab August/September kann man in den großen Karnevalsschulen bei den Proben zusehen. Dabei geht es sehr lebhaft, aber auch lässig zu, und die Gäste können ebenfalls tanzen, trinken und mitfeiern. Auch wenn die Schulen zumeist in zwielichtigen Vierteln liegen, sollte man sie unbedingt besuchen, am besten aber mit dem Taxi hinfahren.

Salgueiro SAMBA
(☎21 2238-9226; www.salgueiro.com.br; Silva Teles 104, Andaraí; ⊙Sa 22 Uhr) Eine der besten Sambaschulen ist auch ideal für einen Besuch. Von Ende August bis zum Karneval findet jeden Samstagabend eine rauschende Party statt. Zu Livemusik wird eifrig getanzt, und der Caipirinha fließt in Strömen.

Mangueira SAMBA
(☎21 2567-3419; www.mangueira.com.br; Visconde de Niterói 1072, Mangueira; ⊙Sa 22 Uhr) Diese Sambaschule ist eine der berühmtesten in Rio und hat unzählige Fans in der ganzen Stadt. Beim großen Umzug am Karnevalswochenende sind die Straßen voller Fans in Grün und Pink (den Farben der Schule).

Shoppen

★Hippie Fair MARKT
(Karte S. 328; Praça General Osório; ⊙So 9–18 Uhr) Auf dem Hippie Fair (eigentlich Feira de Arte de Ipanema), dem berühmtesten Markt der Zona Sul, gibt's Kunstwerke, Schmuck, Kunsthandwerk, Bekleidung und Souvenirs. An den Ständen in den vier Ecken der Plaza sind schmackhaftes *acarajé* (Kroketten aus zerstampften Augenbohnen mit einer Sauce aus *vatapá* – Maniokpaste, Kokosnuss und *dendê*-Öl – mit Shrimps) sowie ausgezeichnete Desserts zu haben. Nicht verpassen!

Gilson Martins MODE & ACCESSORIES
(Karte S. 328; ☎21 2227-6178; www.shop.gilsonmartins.com.br; Visconde de Pirajá 462; ⊙Mo–Fr 9–20, Sa 9–19 Uhr) Der Designer Gilson Martins verarbeitet die brasilianische Flagge und die Wahrzeichen Pão de Açúcar (Zuckerhut) und Corcovado zu unglaublichen Accessoires, die er in seinem Hauptgeschäft in Ipanema verkauft. Die schicken Handtaschen, Brieftaschen, Passhüllen, Schlüsselanhänger und iPad-Hüllen sind alles Einzelstücke. Die strapazierfähigen Teile werden aus recycelten und nachhaltigen Materialien hergestellt und nur in Rio verkauft.

Favela Hype MODE & ACCESSORIES
(Karte S. 344; www.facebook.com/favelahype; Paschoal Carlos Magno 103, Santa Teresa; ⊙Di–So 10–23 Uhr) Der sehr hippe, aber freundliche Treffpunkt ist Modeboutique und Restaurant in einem und manchmal auch noch Partyort. Der mit Kunst vollgestopfte Laden verkauft Badebekleidung, Kleider, Schmuck, Sonnenbrillen, umweltfreundliche Flipflops, Oberhemden mit Blumenmustern und echte Kunstwerke. Die meisten Artikel werden von örtlichen Designern hergestellt. Außerdem gibt's auch kreatives brasilianisches

MARACANÃ

Ein „Futebol"-Spiel im legendären **Maracanã** (☎21 2334-1705; www.suderj.rj.gov.br/maracana.asp; Av Maracanã, São Cristóvão) zu erleben, kommt einer psychedelischen Erfahrung gleich. Die Spiele zählen zu den spannendsten der Welt, insbesondere wenn eine Meisterschaft ausgetragen wird oder die örtlichen Topmannschaften von Flamengo, Vasco da Gama, Fluminense oder Botafogo gegeneinander antreten. Gespielt wird das ganze Jahr über, meistens mittwochs, donnerstags, samstags und sonntags. Die täglich stattfindende **Maracanã Tour** (☎21 98341-1949; www.tourmaracana.com.br; Av Maracanã, São Cristóvão; Besichtigung mit/ohne Führung 60/50 R$; ⊙9–16.30 Uhr) erlaubt einen interessanten Blick hinter die Kulissen.

Essen wie den ausgezeichneten *feijoada* (Bohnen-Fleisch-Eintopf).

La Vereda KUNST & KUNSTHANDWERK

(Karte S. 344; ☎ 21 2507-0317; www.lavereda.art.br; Almirante Alexandrino 428, Santa Teresa; ⌚10–20 Uhr) Das Geschäft in der Nähe des Largo do Guimarães bietet farbenprächtges Kunsthandwerk, das von Künstlern und Handwerkern aus der Region hergestellt wurde. Es gibt von Hand bemalte Tonfiguren aus Pernambuco, dicke Keramiken aus Minas, feinen Silberschmuck und locker gewebte Wandteppiche.

Shopping Leblon EINKAUFSZENTRUM

(Karte S. 328; ☎ 21 2430-5122; www.shoppingleblon.com.br; Av Afrânio de Melo Franco 290; ⌚Mo–Sa 10–22, So 13–21 Uhr) Der glitzernde Einkaufstempel in Leblon ist voller Topmarken aus Brasilien und der ganzen Welt. Neben den verführerischen Geschäften gibt's auch gute Restaurants und ein Kino.

Praktische Informationen

GEFAHREN & ÄRGERNISSE

Da hilft keine Beschönigung: Seit den Olympischen Spielen 2016 hat sich die Lage in Rio wieder deutlich verschlechtert und die Kriminalität hat stetig zugenommen. Wer sich dessen bewusst ist und die entsprechende Vorsicht walten lässt, kann das Risiko eines Angriffs stark reduzieren.

➡ Man sollte sich bescheiden kleiden und teure (sowie teuer aussehende) Schmuckstücke, Uhren und Sonnenbrillen zu Hause lassen. Obwohl die Polizeipräsenz an den Stränden von Copacabana und Ipanema verstärkt wurde, kommt es dort immer wieder zu Diebstählen, teilweise am helllichten Tag. Aus diesem Grund sollte man keine Wertgegenstände an den Strand mitnehmen und sich nachts auch nicht am Strand aufhalten.

➡ Busse sind oft ein Revier von Dieben. Man sollte sie nach Einbruch der Dunkelheit möglichst nicht mehr benutzen und an Bord die Augen offenhalten. Nachts sollte man nicht durch einsame Straßen oder an einsamen Stränden herumlaufen, sondern besser ein Taxi nehmen.

➡ Einsame Gegenden zu vermeiden gilt insbesondere für Centro, ein Gebiet, das sonntags (und teilweise auch samstags) wie ausgestorben und damit gefährlich ist. Man sollte auch immer nur so viel Geld bei sich haben, wie man für den Tag braucht. Nichts ist verlockender als ein Bündel Geldscheine, das beim Bezahlen sichtbar wird. Von großem Interesse für Diebe sind auch Fotoapparate und Rucksäcke. Einfache Plastiktüten sind ideal, um alles zu verbergen, was irgendwie wertvoll sein könnte. Besonders beim Besuch des Fußballstadions Maracanã sollte man nur das für den Tag benötigte Geld bei sich haben und sich vom großen Gedränge fernhalten.

➡ Viele ehemals sichere Favelas sind mittlerweile No-go-Areas für Traveller. In den letzten Jahren wurden dort mehrere Touristen getötet, weil sie zur falschen Zeit am falschen Ort waren. Bevor man eine Favela besichtigt, dort übernachtet oder in ein Restaurant geht, sollte man sich unbedingt über die aktuelle Lage informieren.

➡ Falls man Opfer eines Raubüberfalls wird, sollte man seine Wertsachen dem Täter widerstandslos aushändigen. Bei Widerstand setzen die Räuber nur zu gern ihre Waffen ein.

GELD

Geldautomaten sind weithin verfügbar in Rio, allerdings werden zunehmend Karten kopiert und die Konten der Urlauber illegal belastet. Besonders betroffen von diesen Machenschaften sind die Geldautomaten von Bradesco, die man deshalb besser meiden sollte.

Banco do Brasil hat Geldautomaten in ihren Filialen in **Centro** (Av Ataúlfo de Paiva 980, Leblon), **Copacabana** (Av NS de Copacabana 1274, Copacabana; ⌚Mo–Fr 10–16 Uhr) und im **Galeão International Airport** (1. Stock, Terminal 1, Galeão international airport).

MEDIZINISCHE VERSORGUNG

Clinica Galdino Campos (☎ 21 2548-9966; www.galdinocampos.com.br; Av NS de Copacabana 492, Copacabana; ⌚24 Std.) Das beste Hospital für Ausländer bietet hochwertige medizinische Versorgung und mehrsprachige Ärzte (die sogar Hausbesuche machen). Die Klinik arbeitet mit den meisten internationalen Krankenkassen und Reiseversicherungspolicen zusammen.

NOTFALL

Einen Raubüberfall oder Diebstahl sollte man bei der **Touristenpolizei** (☎ 21 2332-2924; Ecke Afrânio de Melo Franco & Humberto de Campos, Leblon; ⌚24 Std.) anzeigen, um ihn später der Versicherung melden zu können.

Rettungsdienst	192
Feuerwehr	193
Polizei	190

TOURISTENINFORMATION

Die mehrsprachige Website von Riotur (www.visit.rio) ist eine gute Informationsquelle. In den Büros sind Karten, Stadtpläne und Infos über Veranstaltungen erhältlich. Das Hauptbüro ist in **Copacabana** (Karte S. 332; ☎ 21 2541-7522; Av Princesa Isabel 183; ⌚Mo–Fr 9–18 Uhr).

ANKUNFT IN RIO

Die Busse von Premium Auto Ônibus 2018 (16 R$) fahren ungefähr alle 30 bis 40 Minuten vom internationalen Flughafen Galeão nach Flamengo, Copacabana, Ipanema, Leblon und in andere Stadtviertel. Sie halten auch am Busbahnhof und am Flughafen Santos Dumont. Je nach Verkehr dauert die Fahrt ein bis zwei Stunden, weshalb es günstiger sein kann, bis zur Metro-Station Carioca zu fahren. Für die Fahrt nach Copacabana und Ipanema (45–90 Min.) verlangen Funktaxis einen Festpreis von 130 R$. Die preiswerteren gelb-blauen *comum*-Taxis (normale Taxis) mit Taxameter kosten zwischen 82 und 100 R$. Mitfahrdienste kosten rund 60 R$. Außerdem gibt's auch einen Shuttle-Bus (25 R$).

Wer per Bus in Rio ankommt, sollte zum Hotel ein Taxi nehmen, weil der Busbahnhof in einer zwielichtigen Gegend liegt. Um ein Taxi zu bekommen, geht man zu dem kleinen Kiosk nahe dem Riotur-Schalter im 1. Stock des Busbahnhofs. Der durchschnittliche Fahrpreis beträgt 50 R$ zum internationalen Flughafen und 40 R$ nach Copacabana oder Ipanema.

An- & Weiterreise

BUS

Busse fahren vom schicken Busbahnhof **Rodoviária Novo Rio** (☎ 21 3213-1800; www.novorio.com.br; Av Francisco Bicalho 1) 2 km nordwestlich des Centro ab. Fahrpläne und Tickets sind auf www.clickbus.com.erhältlich. Die Tickets müssen dann an einem Stand vor dem Busbahnhof abgeholt werden.

FLUGZEUG

Die meisten Flüge landen am Aeroporto Internacional Antônio Carlos Jobim (S. 473), der auch als „Galeão" bezeichnet wird. Er liegt 15 km nördlich des Stadtzentrums.

Der **Aeroporto Santos Dumont** (☎ 21 3814-7222; www4.infraero.gov.br; Praça Senador Salgado Filho) ist der nationale Flughafen. Er liegt an der Bucht im Stadtzentrum, 1 km östlich der Metrostation Cinelândia. Am Flughafen gibt's Geldautomaten, ein paar Geschäfte und ein Internetcafé.

Unterwegs vor Or

BUS

Rios neues BRS (Schnellbussystem) sieht eigene öffentliche Verkehrskorridore in Copacabana, Ipanema, Leblon und Barra vor. Der Fahrpreis beträgt bei den meisten Bussen rund 3,50 R$.

Das Fahrtziel ist jeweils vorn an dem beleuchteten Schild angegeben. Wenn man den gewünschten Bus sieht, den Arm ausstrecken – die Fahrer halten nicht, wenn sie nicht herangewinkt werden!

FAHRRAD

Rio hat ein dichtes Netz an Radwegen, die vor allem entlang der Strände, durch Lagoa und entlang des Parque do Flamengo führen. Neben dem städtischen Bike-Sharing Bike Rio (www.bikeitau.com.br/bikerio) werden Fahrräder auch an Ständen am Ostufer des Lagoa Rodrigo de Freitas (ca. 20 R$/Std.) und von den Fahrradläden am Radweg zwischen Copacabana und Ipanema verliehen. Einer dieser Läden ist **Velô Bike Store** (Karte S. 332; ☎ 21 2523-4315; Francisco Otaviano 20; Fahrrad 10/70 R$ pro Std./Tag, E-Bike 50 R$/Std.; ⏲ Mo–Fr 9–19, Sa 9–16, So 9–15 Uhr).

METRO

Die **Metro** (www.metrorio.com.br; 4,30 R$/Fahrt; ⏲ Mo–Sa 5–24, So 7–23 Uhr) in Rio ist sehr praktisch. Alle drei Linien sind klimatisiert, sauber und zuverlässig. Linie 1 fährt von General Osório in Ipanema nach Uruguai im Norden. Linie 2, die sich teilweise mit Linie 1 überschneidet, fährt von Botafogo nach Pavuna (und dabei am Fußballstadion Maracanã vorbei). Linie 3 verkehrt zwischen General Osório in Ipanema und dem Jardim Oceânico am östlichen Ende von Barra da Tijuca.

Eine *cartão pré-pago* (Prepaid-Card) mit einem Mindestguthaben von 5 R$ ist an den Kiosken der Metrostationen erhältlich. Sie muss bar bezahlt werden und es gibt kein Rückgeld. An den Kiosken kann die Karte dann auch jederzeit wieder aufgeladen werden. An den Ticketschaltern bekommt man meistens auch kostenlose Netzpläne.

TAXI & MITFAHRGELEGENHEITEN

Die gelben Taxis sind allgegenwärtig in Rio und leicht zu bestellen, insbesondere über die kostenlosen Apps 99Taxis und Easy Taxi. Der Grundpreis beträgt rund 5,50 R$, jeder Kilometer kostet ungefähr 2,50 R$ (nachts und sonntags 3 R$).

Uber ist in Rio de Janeiro ebenfalls weit verbreitet und recht gut. Die Fahrten kosten etwa 30 % weniger als mit einem normalen Taxi. Lyft war zur Zeit der Recherche nicht verfügbar.

BUSSE AB RIO

ZIEL	DAUER (STD.)	PREIS (R$)	HÄUFIGKEIT (PRO TAG)	BUSGESELLSCHAFT
International				
Buenos Aires, Argentinien	46	540	1	Crucero del Norte (www.crucerodelnorte.com.ar)
Santiago, Chile	64	560	1	JBL Turismo (www.jblturismo.com.br)
National				
Belém	52–60	500–700	2	Rápido Marajó (www.rapidomarajo.com.br), Itapemirim (www.itapemirim.com.br)
Belo Horizonte	7	110–205	15–30	Util (www.util.com.br), Cometa (www.viacaocometa.com.br)
Brasília	17–20	220–392	3–4	Util (www.util.com.br), Kaissara (www.kaissara.com.br)
Búzios	3	60–85	9–18	Viação 1001 (www.autoviacao1001.com.br)
Curitiba	14	230–300	3–4	Penha (www.nspenha.com.br), Kaissara (www.kaissara.com.br)
Florianópolis	17¼–19	300	1	Kaissara (www.kaissara.com.br)
Foz do Iguaçu	24–27	260–430	3–5	Pluma (www.pluma.com.br), Catarinense (www.catarinense.net), Nordeste (www.expnordeste.com.br)
Ouro Prêto	7–8	110–140	2	Util (www.util.com.br)
Paraty	4½	80	5–12	Costa Verde (www.costaverdetransportes.com.br)
Petrópolis	1½	28	25	Única-Fácil (www.unica-facil.com.br)
Porto Alegre	28	395–520	1–2	Penha (www.nspenha.com.br)
Recife	40	365–560	1	Itapemirim (www.itapemirim.com.br)
São Paulo	6½	130–230	alle 30 Min.	Viação 1001 (www.autoviacao1001.com.br), Expresso Brasileiro (www.expressobrasileiro.com), Kaissara (www.kaissara.com.br)
Salvador	28–31	330–380	1–2	Aguia Branca (www.aguiabranca.com.br), Kaissara (www.kaissara.com.br)
Vitória	8	145–310	8–11	Aguia Branca (www.aguiabranca.com.br), Kaissara (www.kaissara.com.br)

DER SÜDOSTEN

Wer es schafft, sich von Rio loszureißen, wird vor den Toren der Stadt auf einige der schönsten Attraktionen Brasiliens stoßen. Nördlich von Rio wartet die Costa do Sol (Sonnenküste) mit dem teuren Badeort Búzios, ein beliebtes Wochenendziel heißblütiger *cariocas*. Die spektakuläre Costa Verde (Grüne Küste) erstreckt sich von Rio bis nach São Paulo. Sie überrascht mit vom Regenwald überwucherten Inseln (Ilha Grande), gut erhaltenen Kolonialstädten (Paraty) und Bilderbuchstränden entlang des ganzen Küstenabschnitts.

Auch eine Tour ins gesellige Minas Gerais bietet sich an. Diese Gegend ist in ganz Brasilien für ihre herzhafte Küche und die freundlichen Bewohner bekannt. Und die Zeit scheint stehen geblieben zu sein in Goldminenstädten aus der Kolonialzeit wie Ouro Preto oder in verschlafenen Orten wie Tiradentes, in denen sich hinter jeder Ecke ein historisches Highlight versteckt.

Der Höhepunkt ist aber Südamerikas Kulturhauptstadt São Paulo, die mit einigen der besten Museen, Nachtclubs und Restaurants Südamerikas aufwarten kann.

Anreise & Unterwegs vor Ort

Rio de Janeiro ist das wichtigste Tor zu den Küstenregionen. Wer von Süden oder Westen kommt, erreicht die Costa Verde auch über São Paulo. Belo Horizonte, Brasiliens drittgrößte

Stadt, ist der Ausgangspunkt zu den alten Goldgräberstädten von Minas Gerais.

Zahlreiche Flüge verbinden die drei Großstädte des Südostens miteinander: Belo Horizonte, Rio und São Paulo. Darüber hinaus verkehren unzählige Busse im gesamten Südosten. Die Ilha Grande erreicht man mit der Fähre ab Angra dos Reis, Mangaratiba oder Conceição de Jacareí.

Búzios

☎ 0XX22 / 32 260 EW.

Die hübsche Stadt liegt auf einer weit ins Meer hinausragenden Halbinsel mit 17 Stränden. Bis Anfang der 1960er-Jahren war es ein einfaches Fischerdorf. Dann wurde es von Brigitte Bardot und ihrem brasilianischen Freund „entdeckt“ und ist heute einer der nobelsten Ferienorte Brasiliens. Es wimmelt nur so von Boutiquen, feinen Restaurants, Villen, Bars und schicken Pousadas. Dabei hat es sich den von den Portugiesen eingeführten mediterranen Charme bewahrt. Mit engen Kopfsteinpflasterstraßen und der malerischen Strandpromenade gilt es mittlerweile als das St. Tropez Brasiliens.

Búzios ist nicht eine einzelne Stadt, sondern besteht aus drei Orten auf der Halbinsel: Ossos, Manguinhos und Armação de Búzios. Ossos („Knochen“) an der Nordspitze der Halbinsel ist der älteste und interessanteste Ort. Er hat einen hübschen Hafen und einen Jachtclub sowie ein paar Hotels und Bars. Manguinhos an der Landenge ist das Geschäftszentrum. Armação liegt genau zwischen den beiden und ist vom Tourismus geprägt.

Aktivitäten

Die größte Attraktion von Búzios ist zwar die herrliche Lage und Natur, doch es bietet auch jede Menge Entspannung, ein reges Nachtleben, Gelegenheiten zum Shoppen und Wassersport.

Viele Veranstalter wie **Tour Shop Búzios** (☎22 2623-4733; www.tourshop.com.br; Orla Bardot 550; Tour ab 60 R$) haben Touren zu den örtlichen Stränden und Inseln im Programm. Wer lieber auf eigene Faust unterwegs ist, kann mit einem der vielen *taxis marítimos* (Wassertaxis, 10–30 R$/Pers.) zu den Stränden der Halbinsel fahren. Die jeweiligen Fahrpreise stehen auf einer Tafel am **Anleger für Wassertaxis und Bootsfahrten** in Armação und an anderen Stellen der Stadt.

Schlafen

Von den Unterkünften in Armação dos Búzios und entlang des Orla Bardot in Richtung Ossos sind Restaurants und Kneipen gut zu Fuß zu erreichen.

★ **The Search House Búzios** HOSTEL $
(☎22 2623-6628; www.thesearchhouse.com.br/buzios; Vila das Aroeiras 221, Manguinhos; B 60–75 R$, DZ 175–350 R$; ❄ 📶) Mit sauberen weißen Schlafsälen und Doppelzimmern mit Klimaanlage und bequemen Betten ist das neue Hostel das beste am Ort. Der verträumte Hinterhof grenzt direkt an den Strand von Manguinhos. Es gibt auch eine Bar, einen Filmraum, Tischtennis, Liegestühle am Strand und Sportgeräte (Surfbretter, Paddle Boards und Ausrüstung zum Kitesurfen).

★ **Bamboo Búzios Hostel** HOSTEL $
(☎22 98835-0085, 22 2620-8085; www.bamboobuzioshostel.com; Rua das Pedras 25; B 85–120 R$, DZ 260–400 R$; ❄ @ 📶) Das zentral gelegene Hostel befindet sich mitten im Nachtleben der Rua das Pedras. Neben den Schlafsälen mit vier bis 13 Betten gibt's auch noch ein gutes Dutzend Doppel- und Familienzimmer. Die besten Zimmer bieten einen traumhaften Blick direkt aufs Meer. Der lichtdurchflutete Frühstücksraum und die Terrasse mit Liegestühlen und Sofas sind direkt am Strand.

Cesar Apartamentos APARTMENTS $$
(☎22 2623-1349; www.cesarbuzios.com; Orla Bardot 974; Zi. 180–200 R$, Apt. 350–380 R$, Apt. mit Meerblick 400–420 R$; ❄ 📶) Das familiengeführte Hotel ist eine der wenigen günstigen Unterkünfte direkt am Strand. Es gibt drei einfache Zimmer und sieben geräumige Apartments für bis zu vier Personen. Die motelähnlichen Zimmer im Erdgeschoss sind ideal für preisbewusste Reisende. Wer etwas mehr Geld ausgeben kann und will, sollte eines der beiden Apartments mit Meerblick und eigener Terrasse im Voraus buchen.

Essen & Ausgehen

Chez Michou Crêperie CRÊPES $
(☎22 2623-2169; www.chezmichou.com.br; Rua das Pedras 90; Crêpes 19–32 R$; ⏲ Do–Di 12 Uhr–open end, Mi ab 17 Uhr) Die Massen strömen nicht nur wegen der süßen und herzhaften Crêpes hierher, sondern auch wegen der gemixten Drinks an der Freiluft-Bar, dem Sportfernsehen auf dem Großbildschirm und am Wochenende wegen der auflegenden DJs (ab 21 Uhr).

Der Südosten

0 200 km

★ **O Barco** SEAFOOD $$
(☎22 2629-8307; Orla Bardot 1054; Hauptgerichte 28–45 R$/Pers.; ⏲Mi–Mo 11–23 Uhr) Das bodenständige Restaurant direkt am Wasser ist bekannt für seine guten Fischgerichte zu vernünftigen Preisen. Das Angebot reicht von gebratenem Fisch mit Reis und Salat bis zum üppigen Meeresfrüchte-Eintopf. Auf der hübschen kleinen Terrasse stehen acht Tische, auf der Straße noch weitere, an denen man ausgezeichnet die Leute beobachten oder aufs Meer schauen kann. Alleinreisende werden das üppige Angebot an *pratos individuais* (Gerichte für eine Person) schätzen, denn diese sind die große Ausnahme in dem auf Paare ausgerichteten Búzios.

★ **Rocka Beach Lounge** SEAFOOD $$$
(☎22 2623-6159; www.rockafish.com.br; Praia Brava; Hauptgerichte 79–86 R$; ⏲Mitte Dez.–Mitte März tgl. 9.30–18.30 Uhr, übriges Jahr Mi–Mo 9.30–17 Uhr) Das lässig schicke Meeresfrüchterestaurant hoch über der Praia Brava bietet eine der kreativsten Küchen der Stadt und ist ideal, um Leute zu beobachten. Hier kann man locker den ganzen Tag verbringen, wenn man sich nach dem Mittagessen auf den Terrassen am Hügel in einem Liegestuhl oder auf einem Sofa entspannt und das Treiben am Strand betrachtet. Am Wochenende unbedingt reservieren!

ℹ Praktische Informationen

Die beiden Büros der Touristeninformation von Búzios befinden sich beim **Eingangstor zur Stadt** (☎22 2623-4254; www.buzios.rj.gov.br/informacoes_turisticas; Av José Bento Ribeiro Dantas; ⏲8–20 Uhr) und am **Hauptplatz** (☎22 2623-2099; Praça Santos Dumont, Armação; ⏲8–20 Uhr) von Armação. In beiden Filialen sind Stadtpläne und Infos zu Hotels erhältlich.

ℹ An- & Weiterreise

Der **Busbahnhof** (Estrada da Usina 444) von Búzios ist eigentlich nur eine überdachte Haltestelle ohne weiteres Gebäude. Sie befindet sich fünf Häuserblocks südlich der Promenade von Armação. Die Busse von **Viação 1001** (☎ 22 2623-2050; www.autoviacao1001.com.br; Estrada da Usina) fahren von Búzios zum neuen Busbahnhof in Rio (70 R$, 2¾ Std., 8-mal tgl. von 6 bis 20.30 Uhr). Außerdem starten Direktbusse zum Flughafen Galeão in Rio (72 R$, 6-mal tgl.). Das Verkaufsbüro ist auf der nördlichen Seite der Estrada da Usina, schräg gegenüber vom „Busbahnhof".

Die städtischen Busse von Búzios nach Cabo Frio (5,55 R$; 45 Min.) fahren in der Av José Bento Ribeiro Dantas und Estrada da Usina. Eine **Haltestelle** (Estrada da Usina) befindet sich direkt vor dem Verkaufsbüro von Viação 1001. Die Fahrkarten müssen im Bus gekauft werden.

Ilha Grande

☎ 0XX24 / 5000 EW.

Die fantastische Insel verdankt ihre Ursprünglichkeit einer ungewöhnlichen Vergangenheit. Jahrhundertelang genoss die Insel einen so schlechten Ruf – erst als Piratennest, dann als Leprakolonie und Gefängnis –, dass die Menschen lieber Abstand hielten. Aus diesem Grund sind die tropischen Strände der Insel immer noch unberührt, und inmitten des ebenso unberührten Atlantischen Regenwalds (der jetzt als Nationalpark geschützt ist) befinden sich nur eine Handvoll kleiner Siedlungen.

Der Hauptort Vila do Abraão war bis Mitte der 1990er-Jahre ein verschlafenes Fischerdorf. Doch dann wurde das berüchtigte Gefängnis zerstört und die Insel für den Tourismus geöffnet. Trotz des massiven Ansturms ist Abraão mit der von Palmen gesäumten Strandpromenade und der winzigen orangefarbenen Kirche immer noch sehr klein im Vergleich zu den Orten auf dem Festland. Und das Leben geht immer noch seinen gemächlichen Gang, was vor allem daran liegt, dass die Insel autofrei ist. Traveller können tagsüber die unzähligen Wanderwege und Strände der Insel erkunden und sich abends mit den Einheimischen auf der Promenade treffen.

Sehenswertes & Aktivitäten

Überall im Stadtgebiet sind Karten angeschlagen, auf denen 16 verschiedene ausgeschilderte Wege verzeichnet sind, die durch den üppigen Wald zu mehreren der 102 Strände der Insel führen. Beim Besuch mancher Strände ist es möglich, nur die eine Strecke zu wandern und für den Rückweg ein Boot zu nehmen.

Bevor man sich auf den Weg macht, sollte man den Leuten in seiner *pousada* mitteilen, wohin man geht und wann man zurück sein will. Es empfiehlt sich, ausreichend Wasser, Insektenschutzmittel und eine Taschenlampe mitzunehmen, weil unter dem Urwalddach die Nacht ganz plötzlich einbricht. Abseits der besonders stark genutzten Wege ist es ratsam, einen Führer zu engagieren, da das Wandern dort wegen schlecht markierter Wege und wegen der Giftschlangen eine Herausforderung ist.

★ Praia Lopes Mendes — STRAND

Dieser scheinbar endlose Strand liegt direkt am Meer, bietet gute Wellen zum Surfen (vor Ort werden Surfbretter und Longboards verliehen) und gilt als einer der schönsten Brasiliens. Zu erreichen ist er über einen der beliebtesten Wanderwege auf Ilha Grande (6,1 km, 3 Std.). Dieser beginnt am östlichen Ende des Stadtstrands von Abraão, führt über die Hügel zur **Praia de Palmas** und folgt dann der Küste zur **Praia do Pouso**. Alternativ kann man von Abraão nach Pouso auch ein Boot nehmen. Von Pouso marschiert man noch eine Viertelstunde bis zur Praia Lopes Mendes.

Schlafen & Essen

In Vila do Abraão gibt's jede Menge Pousadas, Hostels und sonstige Unterkünfte in jeder Preisklasse. Von April bis November fallen die Preise um bis zu 50 %. Restaurants befinden sich vor allem in der Rua da Praia, der Rua Getúlio Vargas und der kleinen Fußgängerzone Travessa Buganville.

★ Che Lagarto — HOSTEL $

(☎ 24 3361-9669; www.chelagarto.com; Praia do Canto; B 70–90 R$; @📶) Die unschlagbare Lage am östlichen Ende des Hauptstrands von Abraão, die malerische Uferterrasse und die Bar, in der die Caipirinhas strömen, sind die größten Pluspunkte dieses zu Südamerikas größter Kette gehörenden Hostels. Boote aus Conceição de Jacareí können einen am Hostel Aquário nebenan absetzen, ansonsten läuft man zehn Minuten vom Zentrum von Abraão.

★ Pousada Lagamar — POUSADA $$

(☎ 24 99904-6623, 24 99997-7219; www.pousadalagamar.com.br; Praia Vermelha; DZ mit Blick auf Garten/Meer 270/350 R$, Chalet 400 R$; ⏲ Mitte Mai–Juni geschl.) Die familienfreundliche Pension befindet sich an der schönen Praia Vermelha im Nordwesten der Ilha Grande. Sie ist ideal, um ein paar Tage in der Natur auszuspannen und sich den einfachen Freuden des Lebens zu widmen: schwimmen, schnorcheln, wandern, in der Hängematte liegen und ein gutes Buch lesen und zum Abendessen superfrischen Fisch genießen.

★ Pousada Manacá POUSADA **$$**
(☎24 3361-5404; www.ilhagrandemanaca.com.br; Rua da Praia 333; DZ 360–400 R$, 3BZ 440–480 R$; ❄📶) In dieser von Franzosen geführten Strand-*pousada* lohnt es sich, vorab zu reservieren und den kleinen Aufpreis für ein Zimmer vorn mit Balkon und Hängematte zu bezahlen. Auf der netten, vor dem Haus gelegenen Terrasse wird das großzügige Frühstück serviert. Weitere Pluspunkte sind der Kühlschrank im Zimmer, das verlässliche, mit Solarstrom bereitete Warmwasser und der zentrale Hof zum Ausspannen. Der Inhaber Gerard steht in den Siebzigern und spricht fünf Sprachen.

★ Bonito Paraiso Beach House POUSADA **$$$**
(☎24 99907-0307; www.bonitoilhagrande.com; Praia Abraãozinho; Zi. 430–570 R$; ❄📶) Die idyllische Pension am Ende des Strands von Abraãozinho ist in fünf Minuten mit dem Boot oder in 30 Minuten zu Fuß zu erreichen. Die Argentinier Juan und Paolina haben ein altes Strandhaus in eine hübsche Pousada verwandelt. Es gibt ein luftiges Familienzimmer im Obergeschoss und ein paar Doppelzimmer in einem modernen Anbau am Hügel. Auf der offenen Veranda am Meer werden die Mahlzeiten serviert.

★ The Secret INTERNATIONAL **$$**
(☎24 99921-1124; www.facebook.com/thesecret gourmetclub; Hauptgerichte 38–65 R$; ⏲19.30–23 Uhr) Im versteckten Garten der Argentinier Cris und Nel in Abraão können jeden Abend nur maximal zehn Gäste das wunderbar zubereitete Abendessen bei entspannter Musik und guten Gesprächen genießen. Die täglich wechselnde Speisekarte (zumeist mediterrane und südamerikanische Küche sowie Vegetarisches) gibt's über WhatsApp. Darüber muss man auch reservieren und erfährt dann die genaue Adresse und das geheime Passwort.

Café do Mar BRASILIANISCH **$$**
(☎24 3361-9446; www.cafedomar.com; Getúlio Vargas 719; Hauptgerichte 42–72 R$; ⏲10–23 Uhr) Die mit Kerzen beleuchtete Strandbar ist perfekt für einen Cocktail zum Sonnenuntergang. Es gibt aber auch (für Ilha Grande) recht preiswerte *pratos do dia* (Tagesgerichte) und regelmäßige Grillabende.

ℹ Praktische Informationen

Auf der Insel gibt's keinen einzigen Geldautomaten. Die meisten Unterkünfte und Restaurants akzeptieren zwar Kreditkarten, doch man sollte unbedingt Bargeld vom Festland mitbringen, notfalls auch in ausländischen Währungen.

Health Center (Serviço de Pronto Atendimento; ☎24 3361-5523; Getúlio Vargas; ⏲24 Std.) bietet Erste Hilfe und eine Notaufnahme.

ℹ An- & Weiterreise

Die meisten Fähren vom Festland legen in Vila do Abraão, der größten Stadt der Insel, an.

Von Rio erreicht man die Insel am schnellsten und einfachsten mit einem Shuttledienst von Tür zu Tür wie etwa **Easy Transfer** (☎21 99386-3919; www.easytransferbrazil.com). Die Gäste werden mit einem Minibus vom Hostel, vom Hotel oder von der Pousada in Rio abgeholt und in die Küstenstadt Conceição de Jacareí gebracht (95 R$, 3½–4½ Std.), von wo es mit dem Schnellboot weitergeht. Den gleichen Service bietet Easy Transfer auch von Paraty auf die Ilha Grande (85 R$, 3½ Std.).

Die Fahrt mit öffentlichen Verkehrsmitteln zur Insel ist zwar etwas preiswerter, aber auch komplizierter, denn es gibt mehrere Routen und man braucht mindestens zwei Tickets (für den Bus und die Fähre).

Die Busse von Costa Verde (S. 356) fahren von Rio zu den drei Häfen, wo die Fähren zur Ilha Grande ablegen: Conceição de Jacareí (56 R$, 2½ Std., 4-mal tgl.), Mangaratiba (39 R$, 2½ Std., 4-mal tgl.) und Angra dos Reis (56 R$, 3 Std., stündl.).

Die meisten Verbindungen bietet Conceição de Jacareí, wo von 8.30 bis 18 Uhr alle ein bis zwei Stunden ein Schnellboot (40 R$, 20 Min.) oder Segelschiff (25 R$, 50 Min.) ablegt. Die Rückfahrt von Abraão ist zwischen 8 und 17.30 Uhr. In Angra dos Reis legen ähnlich oft Schnellboote (50 R$, 30 Min.) und Segelboote (25 R$, 80 Min.) ab. Zu den Fährgesellschaften, die eine oder beide Routen bedienen, gehören **Objetiva** (☎24 98112-4730, 24 3370-5584; www.objetivatour.com; Rua da Praia 677; ⏲8–22 Uhr), **Angra Flex** (☎24 3365-2125; www.facebook.com/angraflex; Terminal Rodoviário, Av Caravelas, Angra dos Reis; ⏲7–17 Uhr), **Doce Atitude** (☎24 99954-9477, 24 3367-1281; www.doceangraturismo.com; Av Júlio Maria 74, Angra dos Reis; ⏲Mo–Sa 7–19, So 7–13 Uhr) und **Água Viva** (☎24 99978-4932; www.aguavivatour.com.br; Rua da Praia 26; ⏲8–20 Uhr).

Preiswerter sind die Fähren von **CCR Barcas** (☎0800-721-1012; www.grupoccr.com.br/barcas/linhas-horarios-tarifas; Cais do Abraão;

⌚9.30–10 & 17–17.30 Uhr), die aber nur einmal am Tag in Angra dos Reis und Mangaratiba (jeweils 17 R$, 80 Min.) ablegen. In Angra startet die Fähre an Wochentagen um 15.30 Uhr, am Wochenende um 13.30 Uhr. Zurück von Abraão fährt sie jeweils um 10 Uhr. In Mangaratiba legt die Fähre täglich um 8 Uhr und freitags auch um 22 Uhr ab. Zurück von Abraão fährt sie jeweils um 17.30 Uhr. In der Hochsaison werden manchmal zusätzliche Fähren eingesetzt. Genaue Infos gibt's vor Ort.

Für alle, die von der Ilha Grande weiter nach Westen reisen wollen, ist Angra der günstigste Fährhafen. Am Busbahnhof von Angra, 1,5 km östlich der Fähranleger, fahren die Colitur-Busse nach Paraty (15 R$, 2 Std., von 6–23 Uhr mind. stündl.) ab.

Paraty

☎ 0XX24 / 41454 EW.

Vor dem Hintergrund eines steilen, von dichtem Dschungel bedeckten Gebirges erstreckt sich Paraty entlang einer Bucht voller kleiner Inselchen. Neben der spektakulären Lage bietet die Stadt aber auch eine der am besten erhaltenen kolonialen Altstädte Brasiliens, die seit 1966 unter Denkmalschutz steht. Mit der schönsten Küsten- und Gebirgslandschaft im südöstlichen Brasilien ist die Umgebung von Paraty ein Paradies für Naturliebhaber.

Sehenswertes & Aktivitäten

Vor Paraty liegen gut 65 Inseln mit insgesamt 300 Stränden. Die abgelegeneren Strände besucht man am besten mit einer organisierten Segelboot-Tour. Bei den **Cais de Turismo** am südöstlichen Rand der Altstadt starten täglich mehrere Touren, die durchschnittlich ca. 65 R$ pro Person kosten.

Man kann sich auch ein kleines Motorboot im Hafen mieten und damit zum Strand fahren. Die einheimischen Kapitäne kennen natürlich die besten Strände und bieten ihre Dienste für rund 100 R$ pro Stunde an – eine gute Alternative für eine Gruppe.

★ Paraty Explorer OUTDOORAKTIVITÄTEN

(☎ 24 99952-4496; www.paratyexplorer.com; Praia do Jabaquara) Das Unternehmen der Outdoor-Spezialisten Paddy (aus Irland) und Rodrigo (aus Brasilien) befindet sich am Strand von Jabaquara. In der Bucht von Paraty bieten sie Seekajaktouren (ab 170 R$) und Standup-Paddling an. Außerdem organisieren sie Wanderungen zum Cachoeira Melancia, dem spektakulären Wasserfall im Serra da Bocaina National Park (200 R$), zum atemberaubenden Pão de Açúcar do Mamanguá (300 R$) und zu den einsamen Stränden der Costa Verde.

★ Cachoeira Tobogã SCHWIMMEN

Die einmalige natürliche Wasserrutsche liegt 8 km landeinwärts von Paraty. Über einen glitschigen Felsen rutscht man in ein von Dschungel umgebenes Wasserbecken. Wer heil unten ankommen möchte, sollte unbedingt die Schilder zum Verbot des Surfens (im Stehen statt sitzend) beachten und sich darauf beschränken, die einheimischen Teenager zu beobachten, die diese Technik meisterhaft beherrschen. Danach kann man in der Bar do Tarzan auf der anderen Seite der Hängebrücke über den Wasserfall noch einen Caipirinha trinken.

Von Paraty fährt man mit dem Colitur-Bus bis zur Kirche in Penha (4,25 R$, 30 Min.) und folgt dann den Schildern zum Wasserfall hinunter.

Schlafen

Von Dezember bis Februar und zu Zeiten von Festivals sind die Hotels meistens ausgebucht und die Preise doppelt so hoch. Deshalb sollte man unbedingt im Voraus buchen. Im übrigen Jahr ist es relativ einfach, eine Unterkunft zu finden.

Sparsamen Reisenden stehen an den Stränden von Pontal und Jabaquara (nördlich der Stadt, auf der anderen Seite der Fußgängerbrücke) mehrere Campingplätze und Hostels zur Verfügung.

★ Happy Hammock HOSTEL $

(☎ 24 99994-9527; www.facebook.com/happyhammockparaty; Ponta Grossa; B/DZ 55/150 R$) Das von Schweizern geführte Strandhostel liegt am Ponta Grossa, eine 15-minütige Bootsfahrt von Paraty entfernt. Ohne Straßenanbindung, mit nur begrenzt verfügbarem Generatorstrom und einem prächtigen Blick aufs Meer ist das Happy Hammock ein traumhaftes Refugium am Ende der Welt. Gäste können in Hängematten entspannen, im phosphorizierenden Wasser baden oder zu nahe gelegenen Stränden wandern, noch ehe die Ausflugsboote ankommen. Abendessen (15 R$) und Bootstransport (30 R$) vorab reservieren!

Canguru Hostel HOSTEL $

(☎ 24 3371-1477; www.canguruhostel.com.br; Avenida Vera Cruz 46, Praia do Jabaquara; B 38–65 R$; 📶) Das freundliche Hostel einen Block hinter dem Strand von Jabaquara bietet verschiedene Doppelzimmer und Schlafsäle mit sechs bis zwölf Betten sowie Zeltplätze rund um einen großen Innenhof. Für Unterhaltung sorgen Grillabende, Partys mit Livemusik und *gabrielas* (*cachaça*-Rum mit Knoblauch und Zimt) an der Bar. Ein großes Plus ist der kostenlose Wäscheservice.

Hotel Solar dos Gerânios GASTHOF $$
(☎ 24 3371-1550; www.paraty.com.br/geranio; Praça da Matriz 2; EZ/DZ/3BZ 120/180/240 R$; @ 📶) Seit Jahrzehnten führt ein- und dieselbe Familie dieses rustikale Gästehaus an der belebten Praça da Matriz, das bei Weitem günstigste Hotel in Paratys kolonialzeitlichem Zentrum. Skulpturen aus Holz und Keramik, Böden und Wände aus Stein, Säulen und Balkendecken, ein Hof voller Pflanzen, Katzen und Hunde sorgen für ein stimmungsvolles Ambiente. Mehrere Zimmer verfügen über Balkone mit Ausblick auf den Platz.

Essen & Ausgehen

Maria Fulô Bistrô Natural & Tapiocaria VEGETARISCH $
(☎ 24 3371-5036; www.facebook.com/mariafulobistro; Rua Presidente Pedreira; Hauptgerichte 15–28 R$; ⏲ Mo–Sa 12–23 Uhr; ✎) Das bunte kleine Restaurant am Rand der Altstadt ist eine Wohltat für Gaumen und Geldbeutel. Mittags gibt's gesunde, preiswerte *pratos feitos* (Menü 26 R$). Abends stehen auf der Speisekarte *tapiocas,* dicke Pfannkuchen aus Maniokmehl mit verschiedenen Füllungen, die ein preiswertes Hauptnahrungsmittel in Brasilien sind.

Quiosque Dito e Feito SEAFOOD $$
(Praia do Pontal; Hauptgerichte ab 30 R$; ⏲ 10–18 Uhr) Fragt man Einheimische, wo es günstige und frische Meeresfrüchte gibt, werden sie einen zu diesem schlichten Strandkiosk an der Praia do Pontal schicken. Hier gibt's gebratenen Fisch, *moqueca* und *caldeirada do mar* (ein Meeresfrüchteeintopf für drei Esser). Die Portionen sind riesig, auf Anfrage erhält man aber auch halbe Portionen.

Unterhaltung

Margarida Café LIVEMUSIK
(☎ 24 3371-6037; www.margaridacafe.com.br; Praça do Chafariz; ⏲ 12–24 Uhr) Die riesige, aber gemütliche Bar mit Fliesenboden im Schachbrettmuster und dicken Steinsäulen bietet jeden Abend zu tollen Drinks Livemusik wie MPB (Musica Popular Brasileira), Bossanova, Jazz, *forró* und Tango.

Paraty 33 LIVEMUSIK
(☎ 24 3371-1630; www.paraty33.com.br; Rua da Lapa 357; ⏲ So–Do 12–1, Fr & Sa bis 4 Uhr) Das Paraty 33 ist der munterste Club im historischen Zentrum. Zur frühen Happy Hour gibt's MPB und Bossa Nova und am Wochenende spätabends einen Mix aus DJs und Livemusik.

Praktische Informationen

CIT (☎ 24 3371-1222; www.visiteparaty.tur.br; Av Roberto Silveira 1; ⏲ 9–21 Uhr) Die Touristeninformation von Paraty liegt äußerst günstig direkt am Eingang zur Altstadt.

Bradesco (Av Roberto Silveira 73-77) Die Bank zwei Blocks nördlich des Busbahnhofs hat mehrere Geldautomaten, die Banco do Brasil nebenan sogar noch mehr.

An- & Weiterreise

Der **Busbahnhof** (Rua Jango Pádua) liegt 500 m westlich der Altstadt. Busse von **Costa Verde** (☎ 21 3907-3900; www.costaverdetransportes.com.br) fahren häufig nach Rio de Janeiro (76 R$, 4¾ Std., tgl. 12-mal). Colitur verkehrt nach Angra dos Reis (15 R$, 2 Std., 5–20 Uhr stündl.). Busse von **Reunidas** (☎ 18 2102-4420; www.reunidaspaulista.com.br) fahren nach São Paulo (78 R$, 6 Std., 6-mal tgl.).

São Paulo

☎ 0XX11 / 11,3 MIO. EW. (INNENSTADT), 19,9 MIO. EW. (METROPOLE) / 760 M

São Paulo ist die Heimat von 20 Mio. stolzen *paulistanos*, die jedem Fremden sofort erzählen, warum sie niemals irgendwo anders leben könnten. Man sollte sich unbedingt die Zeit nehmen, ihnen zuzuhören und die verschiedenen Gründe kennenzulernen. Für die einen sind es die unzähligen Programmkinos und experimentellen Theater. Feinschmecker schwärmen von schicken Bistros und Nobelrestaurants, die die Stadt zum weltbekannten Paradies für Gourmets machen. Schließlich sind da noch die vielen unterirdischen Bars und Clubs, die rund um die Uhr geöffnet haben. So bietet *Sampa* (der liebevolle Spitznamen der Stadt) wirklich für jeden etwas.

Natürlich ist die Stadt auch ein riesiges, abschreckendes Monster und zumindest auf den ersten Blick keine Schönheit (angesichts von Smog, Verkehrschaos, maroder Gehwege und der Kluft zwischen Arm und Reich).

Es ist sozusagen im besten Sinne noch ein wunderbares Chaos – und Brasiliens Stadt der Träume.

Sehenswertes & Aktivitäten

Das stimmungsvolle alte Zentrum von São Paulo liegt zwischen der Praça da Sé, der Metro-Station Luz und der Praça da República. Das Centro Velho ist ein verkehrsberuhigter Irrgarten mit einer faszinierenden Vielfalt architektonischer Stile. (Immer nach oben schauen, denn in den Erdgeschossen haben sich die überall gleichen langweiligen Läden eingenistet!) Weitere interessante Ecken für Stadterkundungen sind das japanische Viertel Liberdade, in dem es auch Gemeinden aus anderen asiatischen Ländern gibt, und das Künstlerviertel Vila Madalena. In beiden Vierteln gibt's am Wochenende muntere Straßenmärkte, und zwar in Ersterem auf der Praça da Liberdade (So), in Letzterem auf der Praça Benedito Calixto (Sa).

★ Mercado Municipal — MARKT

(Mercadão; Karte S. 358; www.oportaldomercadao.com.br; Rua da Cantareira 306, Centro; ⌚ Mo–Sa 6–18, So 6–16 Uhr) Die Markthalle im Stil der Belle Époque hat herrliche Buntglasfenster und eine ganze Reihe riesiger Kuppeln. Im Inneren wird alles erdenklich Essbare angeboten, darunter natürlich auch die klassischen Spezialitäten der Stadt wie Mortadella-Sandwiches in der **Bar do Mané** und der **Hocca Bar** sowie jede Menge *pasteis* (gefülltes Fettgebäck).

★ Edifício Copan — HISTORISCHES GEBÄUDE

(Karte S. 358; www.copansp.com.br; Av Ipiranga 200, República; ⌚ 15-minütige Führung Mo–Fr 10.30 & 15.30 Uhr) GRATIS Das Werk des legendären modernistischen Stararchitekten Oscar Niemeyer ist das bekannteste Gebäude der Stadt. Mit der geschwungenen Fassade und den schmalen *brises soleil* (Sonnenblenden) ist es nicht zu übersehen. Die geschlängelten und abschüssigen Arkaden im Erdgeschoss sind immer geöffnet, die sagenhafte Dachterrasse ist nur an Wochentagen ab 10.30 bzw. 15.30 Uhr zugänglich. Der Besuch der Dachterrasse im Rahmen der 15-minütigen Führung ist ein echtes Abenteuer, denn es gibt kein richtiges Geländer. Treffpunkt ist am Bloco F (da die Teilnehmerzahl begrenzt ist, sollte man spätestens 30 Min. vor Beginn der Führung da sein).

★ Pina_Luz — MUSEUM

(Karte S. 358; www.pinacoteca.org.br; Praça da Luz 2, Luz; Erw./Student 6/3 R$, Sa frei; ⌚ Mi–Mo 10–18 Uhr) Das elegante klassizistische Museum hieß früher „Pinacoteca do Estado", bevor es 2017 in „Pina_Luz" (*mit* Unterstrich!) umbenannt wurde. Es beherbergt eine ausgezeichnete Sammlung brasilianischer Kunst vom 19. Jh. bis heute, darunter viele Werke von Künstlern aus São Paulo. Zu den bekanntesten Künstlern zählen Portinari und Di Cavalcanti. Außerdem umfasst es eine ausgezeichnete Sammlung modernistischer brasilianischer Kunst. Das hübsche Museumscafé geht auf den benachbarten Parque da Luz hinaus.

★ Museu Afro-Brasil — MUSEUM

(www.museuafrobrasil.org.br; Av. Pedro Alvares Cabral s/n, Parque Ibirapuera, Tor 10; Erw./Student 6/3 R$, Sa Eintritt frei; ⌚ Di–So 10–17 Uhr) Das wichtige, faszinierende Museum im Parque do Ibirapuera zeigt im 3. Stock eine Dauerausstellung, die die fünf Jahrhunderte afrikanischer Einwanderung nachzeichnet (und den 10 Mio. Afrikanern, die beim Aufbau Brasiliens ihr Leben verloren, die Ehre erweist). In den unteren beiden Etagen sind Wechselausstellungen zeitgenössischer Kunst mit Schwerpunkt Afrika zu sehen.

★ Museu de Arte de São Paulo — MUSEUM

(MASP; www.masp.art.br; Av Paulista 1578, Bela Vista; Erw./Student 35/17 R$, Di frei; ⌚ Di 10–20, Mi–So 10–18 Uhr) Das Museum ist der ganze Stolz der Stadt, denn es zeigt die größte Sammlung westlicher Kunst in Lateinamerika. Das von der Architektin Lina Bo Bardi entworfene und 1968 fertiggestellte Museum schwebt scheinbar über einem großen Platz, auf dem jeden Sonntag ein Antiquitätenmarkt und ansonsten ständig irgendwelche Demonstrationen stattfinden. Das Gebäude ist äußerst umstritten. Für die einen ist es ein Klassiker der Moderne, für die anderen nur abscheulich.

★ Museu Xingu — MUSEUM

(www.casaamarela.art.br/espacos/museu-xingu; José Maria Lisboa 838, Jardins; ⌚ Mo–Fr 10–16 Uhr) GRATIS Das relativ unbekannte und deshalb zumeist leere Museum besteht aus dem **Kunsthandwerksgeschäft einer Nichtregierungsorganiation** (www.pontosolidario.org.br; José Maria Lisboa, Jardins; ⌚ Mo–Fr 10–19, Sa 10–16 Uhr) 🍃, einem winzigen romantischen Café und dem kleinen Museu Xingu. Letzteres verfügt über die weltweit besten Sammlungen von Artefakten der drei brasilianischen Gebrüder Irmãos Villas-Bôas, die als erste Weiße zu den indigenen Gemeinschaften am oberen Xingu im Amazonas vordrangen.

São Paulo Zentrum

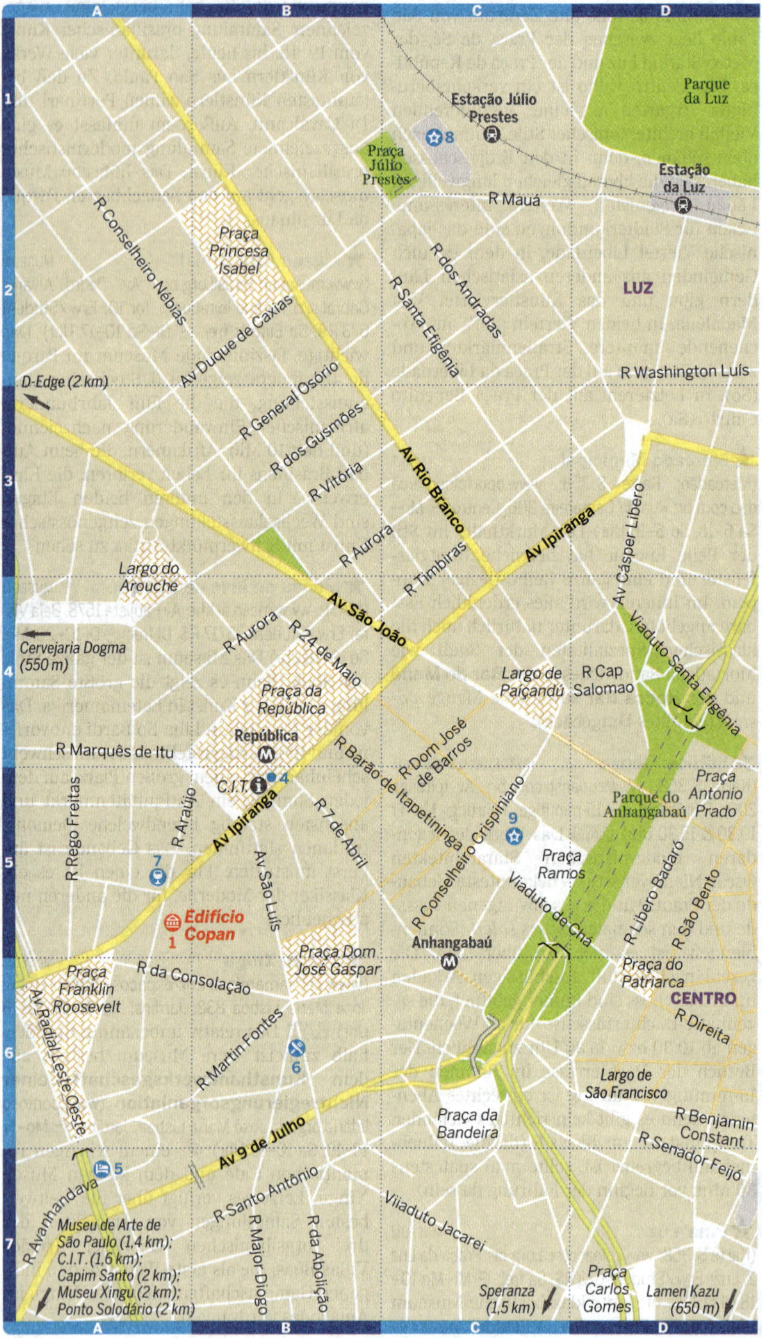

São Paulo Zentrum

Highlights
1 Edifício Copan A5
2 Mercado Municipal F4
3 Pina_Luz E1

Aktivitäten, Kurse & Touren
4 SP Free Walking Tour B5

Schlafen
5 155 Hotel A7

Essen
6 Estadão B6

Ausgehen & Nachtleben
Bar da Dona Onça .... (siehe 1)
7 Love Story A5

Unterhaltung
8 Sala São Paulo C1
9 Theatro Municipal C5

★ **Beco do Batman** ÖFFENTLICHE KUNST
(Karte S. 361; Gonçalo Afonso s/n, Vila Madalena; 24 Std.) Die „Batman-Gasse“ ist eines der besten Straßenkunstwerke in São Paulo. Was einst als geheimes Filmstudio für Musikvideos und brasilianische Filme begonnen hat, ist heute eine gemeinnützige Touristenattraktion, die auch von Schulklassen besucht wird. Die Freiluftgalerie im Künstlerviertel Vila Madalena besteht aus mannshohen Straßengemälden einheimischer und internationaler Künstler.

Museu do Futebol MUSEUM
(www.museudofutebol.org.br; Praça Charles Miller s/n, Pacaembu; Erw./Student 12/6 R$, Di Eintritt frei; Di–So 9–18 Uhr;) Versteckt unter den Tribünen des Pacaembu-Stadions, eines farbenfrohen Art-déco-Gebäudes, widmet sich dieses fantastische Museum Brasiliens größter Leidenschaft – dem Fußball. Die auf zwei Etagen verteilte Multimedia-Ausstellung vermittelt auch Leuten, die sich weniger für Fußball interessieren, etwas von der Begeisterung bei Meisterschaftsspielen.

★ **SP Free Walking Tour** STADTFÜHRUNGEN
(Karte S. 358; www.spfreewalkingtour.com; Praça da República, República; nur Trinkgeld; Mo, Mi, Fr & Sa 11.30 Uhr) GRATIS Der lange faszinierende Altstadt-Rundgang führt durch 450 Jahre Stadtgeschichte. Die Führungen beginnen neben dem CIT (Stand der Touristeninformation) auf der Praça da República und enden 3½ Stunden später auf dem Largo São Bento. Unterwegs gibt's immer wieder spezi-

elle Ermäßigungen. Eine Reservierung ist nicht nötig, man muss nur 20 Minuten vor dem Start da sein.

Feste & Events

São Paulo Gay Pride Parade LGBT

(www.paradasp.org.br; Av Paulista; ⌚ Juni) Die alljährliche Schwulen- und Lesbenparade verwandelt die Av Paulista in ein buntes kostenloses Fest für alle. Die Parade gilt als eine der größten der Welt (2016 und 2017 kamen jeweils 3 Mio. Zuschauer).

Schlafen

Vila Madelena ist das interessanteste Viertel für Traveller und verfügt über die meisten Hostels. Die besten Boutiquehotels der Stadt befinden sich im noblen grünen Jardins.

★ **We Hostel Design** HOSTEL $

(☎ 11 2615-2262; www.wehostel.com.br; Morgado de Mateus 567, Vila Mariana; B 60–77 R$, DZ ohne Bad 145–205 R$; ❄@📶) Einfach prächtig: São Paulos bestes Hostel residiert in einer schönen, alten weißen historischen Villa von 1926 in einer ruhigen Wohnecke von Vila Mariana. Von der Gästeküche über die nahezu umlaufende Veranda voller Hängematten bis zu dem kitschigen Wohnzimmer wurde hier alles mit Kennerblick für Stilmöbel und echte Antiquitäten gestaltet.

Ô de Casa HOSTEL $

(Karte S. 361; ☎ 11 3063-5216; www.odecasahostel.com; Inácio Pereira da Rocha 385, Vila Madalena; B 45–60 R$, Zi. 150–200 R$, Zi. ohne Bad 120–150 R$; ❄📶) Das farbenfrohe Hostel ist eines der ältesten im Viertel. Es hat eine nette Bar und eine tolle Dachterrasse, auf die die gemischten Schlafsäle mit vier, sechs und acht Betten und gepflegten Bädern hinausgehen. In einem neuen Anbau befinden sich Zimmer im Loft-Stil mit eigenem Bad, die nachts aber sehr laut sind.

Sampa Hostel HOSTEL $

(Karte S. 361; ☎ 11 3031-6779; www.hostelsampa.com.br; Girassol 519, Vila Madalena; B ab 40 R$, EZ/DZ/3BZ/4BZ 90/140/210/280 R$; @📶) Der frisch renovierte Oldie von Vila Madalena ist eines der besten Hostels. Es hat Schlafsäle mit vier, sechs und acht Betten (wobei Letztere recht eng sind), ein paar Zimmer, Kochgelegenheiten und eine Sonnenterrasse.

★ **Guest Urban** BOUTIQUEHOTEL $$

(Karte S. 361; ☎ 11 3081-5030; www.guesturbansp.com.br; Lisboa 493, Pinheiros; EZ/DZ ab 259/309R$; ❄📶) Das Hotel wurde 2015 in dieser Villa aus den 1930er-Jahren eröffnet. Die 14 Zimmer zeigen industriellen Schick (freiliegende Träger und Backsteine, unbehandelter Stahl und Sichtbeton), und es gibt einen sonnigen offenen Hof und avantgardistische Kunst (Reproduktionen werden im Foyer verkauft). Das Hotel liegt einen Block abseits der Praca Benedito Calixto mitten im Szeneviertel Pinheiros.

155 Hotel BOUTIQUEHOTEL $$

(Karte S. 358; ☎ 11 3150-1555; www.155hotel.com.br; Martinho Prado 173, Consolacão; DZ/3BZ/Suite 160/240/270 R$; ❄@📶) Das schwulenfreundliche, preiswerte Boutiquehotel mit 76 Zimmern befindet sich genau zwischen dem Centro und den Szenebars der Baixo Augusta. Die superschicken Suiten sind in minimalistischem Schwarz und Grau gehalten. Die normalen Zimmer mit engem Bad sind nicht so toll, aber angesichts von Hartholzfußboden und Schreibtisch ihr Geld durchaus wert.

Essen

★ **Estadão** FASTFOOD $

(Karte S. 358; www.estadaolanches.com.br; Viaduto 9 de Julho 193, Centro; Sandwiches 7–33 R$; ⌚ 24 Std.) Das klassische *lanchonete* (Snackbar) in Centro serviert den ganzen Tag kleine Gerichte. Ein Muss ist das hiesige Markenzeichen: das Sandwich mit *pernil* (Schweinelende), zerlassenem Käse nach Wahl (Provolone!) und sautierten Zwiebeln.

★ **Capim Santo** BRASILIANISCH $$

(☎ 11 3089-9500; www.capimsanto.com.br; Alameda Ministro Rocha Azevedo 471, Jardins; Hauptgerichte abends 56–123 R$, Mittagsbüfett wochentags/Wochenende 63/96 R$; ⌚ Di–Fr 12–15 & 19–23, Sa 12.30–16.30 & 20–24, So 12.30–16.30 Uhr; 📶) 🌿 Küchenchef Morena Leite bietet ausgezeichnetes brasilianisches Essen aus der Region, für das er vor allem einheimische und biologische Zutaten verarbeitet. Sowohl der Innen- als auch der Außenbereich sind sehr entspannt und in schönem brasilianischen Stil gestaltet. Das ausgezeichnete Mittagsbüfett unter der Woche ist die preiswertere Variante des Nobelrestaurants.

★ **Tordesilhas** BRASILIANISCH $$

(☎ 11 3107-7444; www.tordesilhas.com; Alameda Tietê 489, Jardins; Hauptgerichte 63–87 R$; ⌚ Di–Fr 18–1 ,Sa 12–17 & 19–1, So 12–17 Uhr; 📶) Die moderne brasilianische Küche von Mara Salles gilt als eine der besten in der Stadt. Neben

Vila Madalena

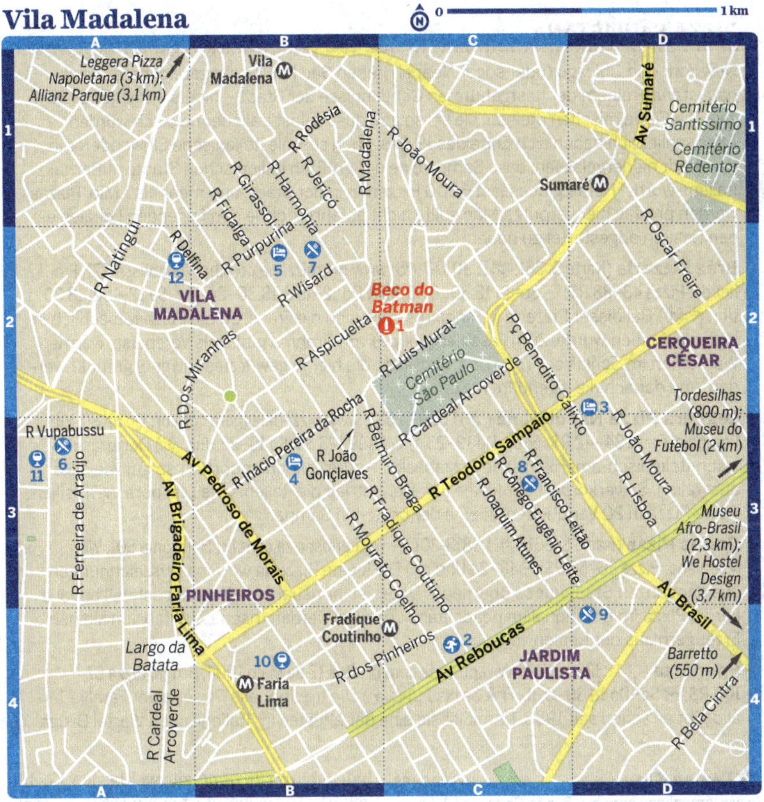

Vila Madalena

Highlights
1 Beco do Batman C2

Aktivitäten, Kurse & Touren
2 Atados C4

Schlafen
3 Guest Urban D2
4 Ô de Casa B3
5 Sampa Hostel B2

Essen
6 Bráz Pizzaria A3
7 Carlos Pizza B2
8 Futuro Refeitório C3
9 Maní D4

Ausgehen & Nachtleben
10 Ambar B4
11 Guilhotina A3
12 SubAstor A2

Gerichten aus ganz Brasilien bietet sie vor allem Spezialitäten aus dem Amazonas an, z.B. *pato no tucupí* (gebratene Ente in Manioksaft und *jambu*, einem leckeren indigenen Kraut) und gegrillten Fisch.

★ **Futuro Refeitório** FUSION $$
(Karte S. 361; ☎11 3085-5885; www.futurorefeitorio.com.br; Cônego Eugênio Leite 808, Pinheiros; Kleine Gerichte 11–43 R$, Hauptgerichte 32–41 R$; ⏲Mo–Do 8–22.30, Fr 8–23, Sa 9–16 & 19–23, So 9–16 Uhr; 📶✍) 🌿 Das trendige Restaurant auf einem ehemaligen Parkplatz in Pinheiros bezeichnet sich selbst als die „Zukunft des Essens". Nach der Meinung der bescheidenen Küchenchefin Gabriela Barretto bedeutet dies, die Reduzierung von Fleisch und verarbeiteten Lebensmitteln sowie die Vermeidung von Verschwendung und Abfall. Mittags gibt's ein rein auf pflanzlichen Erzeugnissen basierendes Menü (34 R$), abends kleine Gerichte und Sandwiches.

PIZZA PAULISTANA

New York und Chicago (oder sogar Neapel) haben São Paulos ausgezeichneter *pizza paulistana* – einem der bestgehüteten Geheimnisse der Stadt – nichts entgegenzusetzen. Die Einheimischen meinen, sie sei so gut, dass selbst Italiener neidisch würden. Aber schließlich haben sich Ende des 19. Jhs. auch so viele italienische Einwanderer in der Stadt niedergelassen, dass Sampa eine der größten italienischen Städte außerhalb Italiens wurde. Heute gibt es fast 6000 Pizzerien in der Stadt, und mehr als 1 Mio. Pizzas werden pro Tag hier verputzt. Man sollte nicht abfahren, ohne den folgenden Lokalen einen Besuch abgestattet zu haben:

Bráz Pizzaria (Karte S. 361; ☎11 3037-7975; www.brazpizzaria.com.br; Vupabussu 271, Pinheiros; Pizza 43–88 R$; ⏲So–Di 18.30–0.30, Mi & Do 12–15 & 18.30–24, Fr & Sa 12–15 & 18.30–1 Uhr;) Bei dieser Pizzeria in Pinheiros stellt sich die Frage, ob die Pizza tatsächlich in Italien erfunden wurde. Zum Fassbier (*chope*) von Brahma gibt's als Vorspeise warme Würstchen im Schlafrock *(pão de calabresa)*, die hier in gewürztes Olivenöl getunkt werden, und danach die legendäre Pizza.

Leggera Pizza Napoletana (☎11 3862-2581; www.pizzerialeggera.com.br; Diana 80, Vila Pompeia; Pizza 34–42 R$; ⏲Di–Do 19–23, Fr & Sa 19–23.30, So 19–22 Uhr;) Der brasilianisch-italienisch-amerikanische Pizzabäcker Andre Guidon importiert so gut wie alles aus Italien. So verkörpert der kleine Familienbetrieb die italienische Diaspora in Brasilien. Seine Pizza in 20 Variationen ist eine der besten in Sampa.

Carlos Pizza (Karte S. 361; ☎11 3813-2017; www.carlospizza.com.br; Harmonia 501, Vila Madalena; Pizza 36–56 R$; ⏲18–24 Uhr;) Die kleine Pizzeria wird mit Auszeichnungen aus der ganzen Stadt nur so überhäuft. Dabei ist ihr neuartiges Konzept schnell erklärt: Fürdie Pizza im traditionellen neapolitanischen Stil werden frische Zutaten von kleinen Erzeugern aus der Region verwendet.

Speranza (☎11 3288-3512; www.pizzaria.com.br; Rua 13 de Maio 1004, Bixiga; Pizza 57–100 R$; ⏲So–Do 18.30–0.30, Fr & Sa bis 1 Uhr;) Die traditionelle Pizzeria der Familie Tarallo gibt es schon seit 1958. Damit ist sie eine der ältesten im italienischen Viertel Bixiga.

★ **Lamen Kazu** JAPANISCH $$
(www.lamenkazu.com.br; Tomás Gonzaga 51, Liberdade; Hauptgerichte 29–47 R$; ⏲Mo–Sa 11–15 & 18–22.30, So 11–15 & 18–21 Uhr;) Es ist zwar nicht so berühmt (und preiswert) wie das Aska nebenan, doch die zu 99 % aus Japanern bestehende Kundschaft will dennoch etwas heißen. Das scharfe Kara Misso Lamen (scharfe Brühe und gut gewürztes Schweinefleisch in Ergänzung zu den üblichen Zutaten; 42 R$), das in hausgemachter Chilisoße schwimmt, ist eine Offenbarung, wie alles andere auf der Speisekarte auch. Es gibt auch Vegetarisches. Einfach sagenhaft!

★ **Maní** BRASILIANISCH $$$
(Karte S. 361; ☎11 3085-4148; www.manimanioca.com.br; Joaquim Atunes 210, Jardim Paulistano; Hauptgerichte 51–110 R$; ⏲Di–Do 12–15 & 20–23.30, Fr 12–15 & 20–24, Sa 13–16 & 20–24, So 13–16 Uhr;) Das makellose Restaurant in rustikalem Schick ist wirklich etwas Besonderes und wird zu Recht als bestes brasilianisches Restaurant der Stadt gelobt. Küchenchefin Helena Rizzo wurde 2014 vom Champagnerhaus *Veuve Clicquot* zur weltbesten Köchin gekürt. Am bekanntesten sind ihre langsam gegarten Eier (1½ Std. bei 63 °C), doch auch die selbstgemachten Kartoffelchips mit Schweinefilet oder Taglierini mit Palmherzen und cremigem Tulha-Käse sind ein Gedicht.

Ausgehen & Nachtleben

Das Nachtleben konzentriert sich traditionell auf das *boteco*-Viertel Vila Madalena (eher Mainstream), die Rua Mario Ferraz in Itaim Bibi (für die Reichen, Schönen und Übermütigen) und den Baixo Augusta, wo sich die GLS-Szene (portugiesisch für Schwule, Lesben und Sympathisanten) mit Künstlern und Hipstern mischt. Künstler, Journalisten und die Bohème der oberen Mittelschicht tummeln sich mittlerweile in Pinheiros, südöstlich von Vila Madalena. Der aktuellste Hit sind Bars auf Dachterrassen.

★ **Bar da Dona Onça** BAR
(Karte S. 358; ☎11 3129-7619; www.bardadonaonca.com.br; Av Ipiranga 200, lojas 27/29, Edifício Copan, República; Cocktails; ⏲Mo–Mi 12–23.30, Do–

Sa 12–0.30, So 12–17.30 Uhr; 📶) Die Bar im Edifício Copan (S. 357) ist eine der besten in der Innenstadt, und zwar nicht nur wegen der ausgezeichneten Cocktails und weil sie immer rappelvoll ist, sondern auch wegen der Küche von Janaina Rueda, die außergewöhnliche Gerichte aus dem brasilianischen Kerngebiet serviert. Als Aperitif empfiehlt sich *caju amigo* – ein *cachaça*-Cocktail mit Cashew-Nüssen (33 R$).

★ Cervejaria Dogma KLEINBRAUEREI
(www.facebook.com/pg/cervejariadogma; Fortunato 236, Santa Cecília; ⌚ Mi–Fr 17–23, Sa 12–23, So 14–21 Uhr) Das Bier der kleinen Brauerei erscheint bei *Untappd* regelmäßig unter den zehn besten Bieren in Brasilien, und der schlichte Schankraum bei der Metrostation Santa Cecília ist auch die mit Abstand beste Bierkneipe der Stadt. Zu den 20 Bieren vom Fass gehören jede Menge starker IPAs, Imperial Stouts und vieles mehr. Die als „local" gekennzeichneten Sorten werden nur von dieser Brauerei gebraut.

★ Ambar CRAFT-BIER
(Karte S. 361; www.barambar.com.br; Cunha Gago 129, Pinheiros; ⌚ Mo 12–15, Di & Mi 12–24, Do–Sa 12–1, So 13–19 Uhr; 📶) An der langen Theke der gemütlichen Kneipe gibt's das beste IPA, Pils und Weissbier der Stadt. Die 15 Craft-Biere vom Fass sind unglaublich frisch und stammen aus Rio de Janeiro, Rio Grande do Sul, Santa Catarina und anderen Regionen des Landes.

★ Guilhotina COCKTAILBAR
(Karte S. 361; www.guilhotinabar.com.br; Costa Carvalho 84, Baixa Pinheiros; ⌚ Mi–Sa 18–1 Uhr) Die hippe Bar hat eine ellenlange Liste hauseigener Cocktails. Gemixt werden sie von Márcio Silva, der 2017 vom Magazin *Veja* zum Barkeeper des Jahres gekürt wurde und sein Handwerk im SubAstor lernte. Danach sammelte er 15 Jahre lang Erfahrungen in Europa, die er nun in seine individuellen Kreationen einfließen lässt. Dennoch sind diese Cocktails (29 R$) preiswerter als die Klassiker (31 R$). Unbedingt probieren sollte man Vitriol, eine starke, aber sehr erfrischende Bourbon-Bombe.

★ SubAstor COCKTAILBAR
(Karte S. 361; ☎ 11 3815-1364; www.subastor.com.br; Delfina 163, Vila Madalena; ⌚ Di–Sa 20–3 Uhr) Die dunkle sexy Bar befindet sich im Keller unter der *boteco* Astor, die gleichermaßen für ihr Essen und die Caipirinhas bekannt ist, und daher kommt auch der merkwürdige Name. Die Cocktails hier reichen von kreativen Abwandlungen der Klassiker wie *caju amigo* (*cachaça* und Cashew-Saft) bis zu innovativen Spitzenmischungen.

★ D-Edge CLUB
(☎ 11 3665-9500; www.d-edge.com.br; Av Auro Soares de Moura Andrade 141, Barra Funda; ⌚ Mo & Mi–Sa 23 Uhr–open end) In dem alteingesessenen Club sind Schwule und Heteros gleichermaßen willkommen. Er verfügt über die beste Musikanlage der Stadt und engagiert die weltbesten DJs. Für Fans elektronischer Musik ist er einer der besten Clubs in ganz Südamerika.

Love Story CLUB
(Karte S. 358; ☎ 11 3231-3101; www.danceterialovestory.tur.br; Araújo 232, República; ⌚ Di & Mi 23.45–8, Do 23.45–9, Fr & Sa 23.45–10 Uhr) Nick Cave war hier schon Stammkunde, Starkoch Alex Atala ist der Küchenchef – in dem legendären Club trifft sich die Welt. Hier ist erst ab 3 Uhr morgens richtig was los, wenn Rockfans, Prostituierte im Feierabend, avantgardistische Promis und reiche Kids zusammen abfeiern. Und dann geht die Party bis zum Frühstück.

☆ Unterhaltung

São Paulo bietet Weltklasse-Theater im **Theatro Municipal** (Karte S. 358; ☎ 11 3223-3022; www.theatromunicipal.org.br; Praça Ramos de Azevedo, Centro; ⌚ Kasse Mo–Fr 10–19, Sa & So 10–17 Uhr) und klassische Musik in der **Sala São Paulo** (Karte S. 358; ☎ 11 3223-3966; www.salasaopaulo.art.br; Praça Júlio Prestes 16, Centro; ⌚ Kasse Mo–Fr 10–18, Sa 10–16.30 Uhr). Außerdem gibt's natürlich Live-Samba in den meisten Bars, *botecos* und anderen Orten der Stadt.

Die wichtigsten Fußballvereine in São Paulo sind die **Corinthians** (www.corinthians.com.br), die in der **Arena Corinthians** (☎ 11 3152-4099; www.arenacorinthians.com.br; Av Miguel Ignácio Curi 111, Artur Alvim) 24 km östlich des Centro spielen (in dem Stadion wurde auch bei der WM 2014 gespielt); die **Palmeiras** (www.palmeiras.com.br), die im modernen **Allianz Parque** (☎ 11 4800-6670; www.allianzparque.com.br; Francisco Matarazzo 1705, Água Branca) mit 43 600 Plätzen in der Nähe der Barra Funda spielen, und der **São Paulo FC** (www.saopaulofc.net), der im **Estádio do Morumbi** (Estádio Cícero Pompeu de Toledo; Praça Roberto Gomes Pedrosa 1, Morumbi) mit 67 428 Plätzen spielt (das Stadion war auch Austragungsort der Olympischen Spiele 2016).

★ **Barretto** LIVEMUSIK
(☎ 11 3896-4000; www.fasano.com.br; Vittorio Fasano 88, Jardins; Eintritt 60 R$; ⌚ Mo–Fr 19–3, Sa 20–3 Uhr) Die gemütliche Bar im Hotel Fasano ist weltweit eine der besten Bars mit Livemusik. Im Stil von Mailand vor dem Krieg treten hier Jazz-Größen und populäre brasilianische Musiker auf, die normalerweise in wesentlich größeren Hallen spielen.

★ **Vila do Samba** SAMBA
(☎ 11 3858-6641; www.viladosamba.com.br; João Rudge 340, Casa Verde; ⌚ Di 20–3, Fr 21–23, Sa 14–23, So 17–24 Uhr) Die Institution in der Sambaszene von São Paulo ist ein absolutes Muss. Hier im nördlichen Stadtviertel Casa Verde, wo sich der Club über mehrere bezaubernde Reihenhäuser verteilt, stand angeblich auch die Wiege des Samba. Livemusik gibt's hier mindestens viermal pro Woche.

Praktische Informationen

GEFAHREN & ÄRGERNISSE

Die Kriminalität in São Paulo ist sehr hoch, beschränkt sich jedoch zumeist auf die Gegenden außerhalb der Innenstadt. Traveller werden eher nicht direkt angegriffen, können aber in ein *arrastão* geraten, wenn z. B. bewaffnete Räuber ein voll besetztes Restaurant überfallen. Besondere Vorsicht ist abends und an den Wochenenden im Zentrum geboten, weil dort dann weniger Leute unterwegs sind. In Bussen, auf der Praça da Sé und in der Linha 1 (blau) und 3 (rot) der Metro treiben sich oft Taschendiebe herum.

GELD

Es gibt viele Geldautomaten in der Innenstadt. Bradesco und Banco do Brasil berechnen keine Gebühren und akzeptieren die meisten ausländischen Kreditkarten.

Aus Sicherheitsgründen sind die meisten Geldautomaten von 22 bis 6 Uhr gesperrt. Um das Kopieren der Karte zu vermeiden, sollte man nur Geldautomaten in den Banken benutzen.

MEDIZINISCHE VERSORGUNG

Einstein Hospital (☎ 11 2151-1233; www.einstein.com.br; Av Albert Einstein 627, Morumbi)

NOTFALL

Rettungsdienst	192
Polizei	190
Feuerwehr	193

TOURISTENINFORMATION

Büros der CIT befinden sich in der **Av Paulista** (Central de Informação Turística; www.cidadedesaopaulo.com; Av Paulista 1853; ⌚ 9–18 Uhr), auf der **Praça da República** (Central de Informação Turística; Karte S. 358; ☎ 11 3331-7786; www.cidadedesaopaulo.com; Praça da República, República; ⌚ 9–18 Uhr), im **Rodoviário Tietê** (Central de Informação Turística; www.cidadedesaopaulo.com; Av Cruzeiro do Sul 1800, Rodoviário Tietê, Santana; ⌚ 6–22 Uhr) und im Flughafen **Congonhas** (Central de Informação Turística; www.cidadedesaopaulo.com; Av Washington Luis s/n, Congonhas Airport, Vila Congonhas; ⌚ 7–22 Uhr).

An- & Weiterreise

BUS

Der **Terminal Tietê** (☎ 11 3866-1100; www.terminalrodoviariodotiete.com.br; Av Cruzeiro do Sul 1800, Santana) ist der größte Busbahnhof Südamerikas. Er ist 4,5 km nördlich des Centro und mit der Metro gut zu erreichen. Wenn möglich, sollte man nicht frühmorgens oder am späten Nachmittag mit dem Bus ankommen. Dies ist die Hauptverkehrszeit und überall ist Stau.

ClickBus (www.clickbus.com.br) ist eine sehr nützliche App für Fahrpläne, Preise und die

ANKUNFT IN SÃO PAULO

Passaro Marron (www.passaromarron.com.br) betreibt zwei Flughafenbusse: Der schickere **Airport Bus Service** (☎ 0800-770-2287; www.airportbusservice.com.br; zw. Terminal 2 Ost & West, GRU-Flughafen; einfache Fahrt ab 50 R$) ist eine der besten Verbindungen zum GRU-Flughafen. Die Busse halten am Aeroporto Congonhas, in Barra Funda, Tiête, an der Praça da República und bei vielen Hotels rund um die Av Paulista und Rua Augusta. Die preiswerteren und volleren Busse der Linie 257 fahren von und zur Metro-Station Tatuapé (6,15 R$, 30–45 Min., alle 15 Min. von 5–0.10 Uhr). Beide fahren direkt vor den Terminals ab und sind leicht zu verwechseln.

Zum Flughafen Congonhas fährt Bus 875A-10 („Perdizes-Aeroporto") ab der Metro-Station São Judas oder ein Uber-Taxi (45–65 R$) von den wichtigsten Stadtvierteln aus (ein Uber-Taxi von der Metro-Station Jabaquara dorthin kostet weniger als 20 R$).

BUSSE AB SÃO PAULO

ZIEL	GÜNSTIGSTER PREIS (R$)	DAUER (STD.)	BUSGESELLSCHAFT
Angra dos Reis	84	7½	Reunidas Paulista (www.reunidaspaulista.com.br)
Asunción (PY)	250	20	Pluma (www.pluma.com.br)
Belo Horizonte	121	8	Cometa (www.viacaocometa.com.br)
Brasília	189	15	Real Expresso (www.realexpresso.com.br)
Buenos Aires (AR)	467	44	JBL Turismo (www.jblturismo.com.br)
Curitiba	89	6¾	Cometa (www.viacaocometa.com.br)
Florianópolis	149	11	Catatrinense (www.catarinense.net)
Foz do Iguaçu	220	17½	Catatrinense
Montevideo (UY)	490	32	JBL
Paraty	65	6	Reunidas Paulista
Pantanal (Cuiabá)	395	27½	Andorinha (www.andorinha.com)
Pantanal (Campo Grande)	261	14	Andorinha
Recife	379	45	Itapemirim (www.itapemirim.com.br)
Rio de Janeiro	96	6	1001 (www.autoviacao1001.com.br)
Salvador	375	26½	Gontijo (www.gontijo.com.br)
Santos	27	1¼	Cometa
Santiago (CH)	465	57	JBL

Bestellung von Tickets. Abgeholt werden die Tickets dann an einem Stand am östlichen Rand des Busbahnhofs direkt vor der Bradesco-Bank.

FLUGZEUG

Der internationale Flughafen **GRU** (Aeroporto Guarulhos; ☎11 2445-2945; www.gru.com.br; Rod Hélio Smidt s/n) befindet sich 25 km nordöstlich des Zentrums.

Inlandsflüge starten häufig vom Terminal 2 Ost oder West, nur die Flüge von Azul, Passaredo und anderen fliegen vom neueren Terminal 1 ab, der 2 km weiter südwestlich liegt.

Die meisten internationalen Flüge starten im neuen, 2014 eröffneten Terminal 3, der mit Terminal 2 über einen Korridor und ein Laufband verbunden ist. Eine Ausnahme bilden Mittelstreckenflüge nach Zentral- und Südamerika, in die Karibik (Aerolíneas Argentinas/Austral, Aeromexico, Avianca/Taca, Copa, Tame etc), nach Afrika (Ethiopian, Royal Air Maroc, TAAG) und Europa (Air Europa). Unbedingt vorher erkundigen!

Zwischen den Terminals verkehren rund um die Uhr kostenlos Shuttle-Busse.

Der Inlandsflughafen **Congonhas** (Aeroporto de São Paulo-Congonhas; www.aeroportocongonhas.net; Av Washington Luís s/n) liegt 14 km südlich des Zentrums. Hier starten die Flüge zu vielen Zielen im Inland, vor allem nach Rio (Santos Dumont Airport). Dorthin gibt es jede halbe Stunde (oder noch häufiger) einen Flug.

ℹ Unterwegs vor Ort

Mit der ausgezeichneten **Metrô São Paulo** (☎0800-770-7722; www.metro.sp.gov.br; 4 R$/Fahrt) kommt man praktisch überall hin. Die Metro wird auch ständig erweitert und ist gut mit dem Zugverkehr für Pendler von **CPTM** (Companhia Paulista de Trens Metropolitanos; www.cptm.sp.gov.br; 4 R$/Fahrt) verbunden. Die Metro ist billig, sicher und schnell. Die meisten Linien verkehren von 4.40 bis 24 Uhr. Eine Fahrt kostet 4 R$.

Belo Horizonte

☎0XX31 / 2,5 MIO. EW. / 858 M

Die von den Einheimischen nur Beagá (sprich bay-ah-gah; für „BH" auf portugiesisch) genannte Stadt erhielt ihren Namen wegen dem traumhaften Blick auf die Berge in der Nähe. Aufgrund der immensen Ausdehnung von Belo Horizonte ist dieser Blick auf die Natur der Umgebung zwar nicht mehr überall möglich, doch die drittgrößte Stadt Brasiliens hat sich ihren Charme bewahrt.

Wer an einem Samstagabend durch die belebten Straßen des kosmopolitischen Viertels Savassi bummelt, in einem der feinen Restaurants in Lourdes isst, durch die dicht an dicht stehenden Stände des Mercado Central schlendert und am Wochenende den riesigen Straßenmarkt am grünen Parque Central besucht, erlebt die zahllosen Facetten von Belo Horizonte.

Sehenswertes

Fans des modernistischen Architekten Oscar Niemeyer müssen unbedingt seine Werke rund um einen künstlichen See in Pampulha, nördlich der Innenstadt, besichtigen. Die ehemaligen Regierungsgebäude rund um die Praça da Liberdade wurden in den letzten zehn Jahren in interessante Museen und Kultureinrichtungen verwandelt. Für ausführliche Infos siehe www.circuitoliberdade.mg.gov.br/pt-br/visite-br.

Schlafen

Wer die wichtigsten Sehenswürdigkeiten der Stadt gut zu Fuß erreichen möchte, sollte sich eine Unterkunft in der Nähe der Praça da Liberdade oder innerhalb des von der Ringstraße Av do Contorno umgebenen Zentrums suchen.

★ Hostel Savassi HOSTEL $
(☎31 3243-4771; www.hostelsavassi.com.br; Antônio de Albuquerque 626; B 45–55 R$; 📶) Das kleine gemütliche Hostel liegt traumhaft günstig in der Fußgängerzone mitten in Savassi. Die drei Schlafsäle mit vier bis zehn Betten (zwei nur für Frauen, ein gemischter) bieten praktische Extras wie Leselampen und Steckdosen über jedem Bett. Oben gibt es eine freundliche Küche, unten laden der geräumige Aufenthaltsbereich und der Fernsehraum die Gäste zum Entspannen ein.

Adrena Sport Hostel HOSTEL $
(☎31 3657-9970; www.adrenasporthostel.com.br; Av Getúlio Vargas 1635A; B 52–55 R$, mit HI-Ausweis 47–50 R$, DZ mit Gemeinschaftsbad/eigenem Bad 125/145 R$; 📶) Das gemütliche HI-Hostel in einem Stadthaus aus den 1950er-Jahren ist das Kind des Einheimischen Pedro, dem auch das Geschäft für Abenteuersport im Erdgeschoss gehört. Die Schlafsäle mit sechs bis zehn Betten sind nach Sportarten wie Gleitschirmfliegen, Skateboarden und Klettern gestaltet. Es gibt auch einen kleinen Aufenthaltsbereich, eine einladende Küche mit Essbereich und ein Hinterzimmer, wo die Gäste Billard spielen und Bier trinken können.

Royal Savassi Hotel HOTEL $$
(☎31 2138-0000; www.royalsavassi.com.br; Alagoas 699; Zi. 200–320 R$; ❄@📶) Das Businesshotel östlich der Praça da Liberdade bietet das ganze Jahr über gute Online-Angebote, vor allem am Wochenende, wenn es oft nur noch halb so teuer ist. Zu den Annehmlichkeiten zählen luxuriöse Betten, große Flachbildfernseher, Minibars, ein Whirlpool auf dem Dach und das Restaurant **Amadeus** (☎31 3261-4292; Mittagsbüfett wochentags/am Wochenende 50/68 R$ pro kg, Abendessen 95 R$; ⏰Mo–Sa 11.30–15 & 18–0.30, So 12–16 Uhr) im Erdgeschoss, das mittags ein üppiges Büfett bietet. Nachteile sind das nachlässige Personal und unzuverlässiges WLAN.

Essen & Ausgehen

In der Gegend zwischen der Praça Sete und der Praça da Liberdade gibt's die besten preiswerten Orte zum Essen, z. B. *lanchonetes* (Snackbars), *por kilo* (Selbstbedienungsrestaurants) und Fastfood-Lokale. In den Stadtvierteln Lourdes und Savassi südlich davon befinden sich hauptsächlich Nobelrestaurants.

Casa Amora BUFFET $
(☎31 3261-5794; www.casaamora.com.br; Paraiba 941, Savassi; Hauptgerichte 24–32 R$; ⏰Mo–Fr 11.30–15, Sa 12–15.30 Uhr) Das Konzept des von drei Frauen gegründeten gesundheitsbewussten Restaurants ist einfach: Man wählt eines der drei Tagesgerichte (darunter ein vegetarisches), nimmt zwei oder drei Beilagen dazu, schnappt sich ein Glas Saft und sucht sich einen Tisch auf der sonnigen Terrasse oder an der Straße.

★ Xapuri MINEIRA $$
(☎31 3496-6198; www.facebook.com/RestauranteXapuri; Mandacarú 260, Pampulha; Hauptgerichte 48–75 R$ pro Pers.; ⏰Di–Sa 12–23, So bis 18 Uhr) Das alteingesessene Restaurant der liebenswürdigen Dona Nelsa ist 15 km nordwestlich von Belo Horizonte. Hier gibt es die fantastische *comida mineira* (Küche aus Minas Gerais). Gegessen wird an Picknicktischen unter einem Strohdach. Für die Kinder stehen Spielgeräte, für die Erwachsenen Hängematten bereit. Vorne lodert der traditionelle Holzofen. In zwei langen Theken sind die farbenfrohen Desserts ausgestellt.

Wäls Gastropub KLEINBRAUEREI
(☎31 3582-5628; Levindo Lopes 358, Savassi; ⏰Mo–Do 11.30–14.30 & 18–24, Fr & Sa 12–2 Uhr) Die Filiale der beliebten Brauerei Wäls aus Belo Horizonte ist immer voller Einheimischer. An Wochentagen genießen sie den

EIN MUSS IN BELO HORIZONTE

Ohne eine oder zwei der folgenden Lokalitäten besucht zu haben, war man nicht wirklich in Belo Horizonte:

➡ Der chaotische **Mercado Central** (☎ 31 3274-9497; www.mercadocentral.com.br; Av Augusto de Lima 744; ⏲ Mo–Sa 7–18, So bis 13 Uhr) ist ein herrliches Labyrinth aus Marktständen und Restaurants.

➡ Jeden Sonntagmorgen findet der große **Hippie Fair** (Feira da Afonso Pena; Feira de Arte e Artesanato; Av Afonso Pena; ⏲ So 8–14 Uhr) statt.

➡ Das **Instituto de Arte Contemporânea Inhotim** (☎ 31 3571-9700; www.inhotim.org.br; Rua B, 20, Brumadinho; Erw./erm.44/22 R$, Mi frei; ⏲ Di–Fr 9.30–16.30, Sa & So bis 17.30 Uhr) besteht aus 23 Kunstgalerien und einem wunderbaren Außenbereich.

➡ Das Fußballstadion **Mineirão** (☎ 31 3499-4300; www.estadiomineirao.com.br/museu-e-visita; Av Antônio Abrahão Caram 1001; Führung Erw./Kind 8/4 R$, inkl. Fußballmuseum 14/7 R$; ⏲ Di–Fr 9–17, Sa & So bis 13 Uhr) kann mit einer Führung besichtigt werden. Und es gibt auch ein Fußballmuseum.

➡ Im **Centro Cultural Banco do Brasil** (☎ 31 3431-9400; www.bb.com.br/cultura; Praça da Liberdade 450; ⏲ Mi–Mo 9–21 Uhr) GRATIS finden nicht nur verschiedene Aufführungen statt, sondern es gibt auch eine schöne Bar.

➡ Das moderne coole **Memorial Minas Gerais – Vale** (☎ 31 3308-4000; www.memorialvale.com.br; Praça da Liberdade 640; ⏲ Di, Mi, Fr & Sa 10–17.30, Do 10–21.30, So 10–15.30 Uhr) dokumentiert mit interaktiven Galerien und audiovisuellen Installationen auf drei Stockwerken die Geschichte des hiesigen Bergbaus vom 17. bis 21. Jh.

Mittagstisch (20–30 R$), am Wochenende das abendliche Bier. Die Kneipe mit hohen Decken im Industrie-Design bietet mehr als ein Dutzend Biere vom Fass, vom preiswerten X-Wäls über ein IPA mit Hopfen und Mais bis hin zum extrem starken belgischen Quadruppel Ale.

Jângal BAR
(☎ 31 3653-8947; www.jangalbh.com; Outono 523; ⏲ Di–Fr 18–1, Sa 14–1.30, So 14–22 Uhr) Die coole bunt beleuchtete Gartenbar ist sehr beliebt wegen der kreativen Cocktails. Dazu gibt's jeden Abend Livemusik von Samba bis Electronic.

★ **Café com Letras** CAFÉ
(☎ 31 3225-9973; www.cafecomletras.com.br; Antônio de Albuquerque 781, Savassi; ⏲ Mo–Mi 12–23.30, Do 12–24, Fr & Sa 12–1, So 17–23 Uhr; 📶) In dem Café mit Buchladen kann man sich herrlich entspannen, eine Kleinigkeit (25–56 R$) essen, etwas trinken, in den Regalen stöbern und kostenloses WLAN nutzen. Sonntags gibt's Live-Jazz, von donnerstags bis samstags legen DJs auf. Es gibt noch eine Filiale im **Centro Cultural Banco do Brasil** (Praça da Liberdade 450, untere Ebene; ⏲ 10–21 Uhr), und das Café organisiert immer die Jazzbands beim alljährlichen **Savassi Festival** (www.savassifestival.com.br; ⏲ Aug.).

ℹ Praktische Informationen

Die städtische Touristeninformation Belotur (www.belohorizonte.mg.gov.br) zählt zu den besten in Brasilien. Es gibt mehrere Büros in der ganzen Stadt.

Alô Turismo (☎ in Belo Horizonte 156, von anderswo 31 3429-0405; ⏲ 24 Std.) Beloturs Hotline für alle Fragen rund um den Tourismus.

Belotur Mercado Central (☎ 31 3277-4691; www.belohorizonte.mg.gov.br; Av Augusto de Lima 744; ⏲ Mo & Di 8–16.20, Mi–Sa 8–17.20, So 8–13 Uhr) Das Büro ist im Erdgeschoss der berühmten Markthalle.

Belotur Pampulha Lakeshore (☎ 31 3277-9987; www.belohorizonte.mg.gov.br; Av Otacílio Negrão de Lima 855, Pampulha; ⏲ Di–So 8–17 Uhr) Am See im nördlichen Vorort Pampulha.

Belotur Rodoviária (☎ 31 3277-6907; www.belohorizonte.mg.gov.br; Praça Rio Branco 100; ⏲ 8–17 Uhr) Beim Eingang des Busbahnhofs auf der Hauptebene.

Centro de Informação Circuito Cultural (www.circuitoliberdade.mg.gov.br/visite-br; Av Bias Fortes 50, Praça da Liberdade; ⏲ Di–So 9–18, Do bis 21 Uhr) Das Zentrum an der Praça da Liberdade informiert über die Museen und kulturellen Einrichtungen der Stadt.

ℹ An- & Weiterreise

Belo Horizonte hat zwei Flughäfen. Internationale Flüge und viele Inlandsflüge starten und landen auf dem renovierten und erweiterten **Aeroporto Internacional de Belo Horizonte** (CNF; Aeroporto Tancredo Neves; Aeroporto Confins; ☎0800-037-1547; www.bh-airport.com.br; Rodovia LMG 800, Km 7,9, Confins), 40 km nördlich der Innenstadt. Der **Aeroporto da Pampulha** (PLU; Aeroporto Carlos Drummond de Andrade; ☎31 3490-2000; www4.infraero.gov.br/aeroportos/aeroporto-de-belo-horizonte-pampulha-carlos-drummond-de-andrade; Praça Bagatelle, Pampulha), 10 km nördlich des Stadtzentrums, liegt zwar günstiger, wird aber nur von wenigen Inlandsfluggesellschaften genutzt. Beide Flughäfen zusammen bieten Flüge in fast alle Orte in Brasilien.

Expresso Unir (☎31 3689-2415; www.conexaoaeroporto.com.br) betreibt die häufig verkehrenden, komfortablen Conexão-Aeroporto-Busse zwischen der Innenstadt und Belos beiden Flughäfen. Der *convencional*-Bus (zu beiden Flughäfen einfache Strecke 12.70 R$) fährt zwischen 4 und 22.30 Uhr alle 15 bis 30 Minuten (an Wochenenden weniger häufig) von Belos Busbahnhof ab. Die Fahrzeit beträgt rund 30 Minuten zum Flughafen Pampulha und 70 Minuten zum Flughafen Confins. Ab Confins starten Busse Richtung Stadt zwischen 5.15 und 12.20 Uhr.

Belos **Fernbusbahnhof** (☎31 3271-8933, 31 3271-3000; Praça Rio Branco 100) liegt am nördlichen Ende der Innenstadt.

ZUG

Die Züge von **Companhia Vale do Rio Doce** (☎0800-285-7000; www.vale.com/tremdepassageiros; Aarão Réis s/n; ⊙Di–Sa 6–16, So bis 12 Uhr; 📠) fahren einmal täglich nach Vitória (*econômica/executiva*-Klasse 73/105 R$) im Bundesstaat Espírito Santo. Abfahrt ist um 7.30 Uhr im **Bahnhof** (Praça da Estação) von Belo Horizonte nördlich des Parque Municipal. Um 20.30 Uhr erreicht der Zug den Bahnhof Cariacica/Pedro Nolasco am westlichen Stadtrand von Vitória. In umgekehrter Richtung fährt der Zug um 7 Uhr in Vitória ab und kommt um 20.10 Uhr in Belo Horizonte an.

Ouro Prêto

☎0XX31 / 74 659 EW. / 1179 M

Von all den herrlichen Kolonialstädten in Minas Gerais ist Ouro Prêto mit Abstand die schönste. Die Stadt am Fuß der Serra do Espinhaço hat eine größere Altstadt und ist wesentlich bergiger als alle anderen alten Städte des Bundesstaates. Das Labyrinth der schmalen, gewundenen Gassen ist teilweise sogar zu eng und gefährlich für Fahrzeuge. Der Marsch durch die kurvigen kopfsteingepflasterten Gassen ist zwar recht anstrengend, wird jedoch mit dem spektakulären Blick auf die 23 Kirchen, die am Hügel kleben, belohnt. Ouro Prêto ist ein Paradebeispiel für die Kunst und Architektur der *mineiro* und verfügt auch über einige der schönsten Bauten von Aleijadinho.

Sehenswertes & Aktivitäten

In der alten Kolonialstadt findet sich kein einziges Gebäude aus dem 20. Jh. Dafür wimmelt es nur so von historischen Gebäuden, von denen 150 auf Initiative des städtischen Museu Aberto/Cidade Viva mit Informationstafeln zu ihrer Geschichte und Bedeutung versehen wurden.

★Igreja de São Francisco de Assis
KIRCHE

(www.museualeijadinho.com.br; Largo de Coimbra s/n; Erw./erm. 10/5 R$; ⊙Di–So 8.30–11.50 & 13.30–17 Uhr) Die herrliche Kirche ist das wichtigste Werk brasilianischer Kolonialkunst nach Aleijadinhos Prophetenstatuen (Praça do Santuario) in Congonhas. Die Verzierungen an der Fassade wurden, vom Speckstein-Medaillon über die Wasserspeier in Kanonenform bis hin zu dem Franziskanerkreuz mit Doppelbalken, von Aleijadinho persönlich

BUSSE AB BELO HORIZONTE

ZIEL	PREIS (R$)	DAUER (STD.)	BUSGESELLSCHAFT
Brasília	168–230	11–12	União (www.expressouniao.com.br), Kaissara (www.kaissara.com.br)
Diamantina	97	5	Pássaro Verde (www.passaroverde.com.br)
Ouro Prêto	34	2	Pássaro Verde
Rio de Janeiro	81–166	6–7	Util (www.util.com.br), Cometa (www.viacaocometa.com.br)
Salvador	298	25	Gontijo (www.gontijo.com.br)
São João del Rei	60	3½	Viação Sandra (www.viacaosandra.com.br)
São Paulo	146–256	8–9	Cometa
Vitória	120–161	9–10	São Geraldo (www.saogeraldo.com.br), Kaissara

Ouro Prêto

Ouro Prêto

Highlights

1 Igreja de São Francisco de Assis ... C2

Sehenswertes

2 Casa dos Contos ... B1
3 Matriz NS do Pilar ... A2
4 Museu da Inconfidência ... C2
5 Museu do Oratório ... C2

Schlafen

6 Goiabada com Queijo ... B2
7 Pousada São Francisco ... B1
8 Pouso do Chico Rei ... C2

Essen

9 Casa do Ouvidor ... C2
10 O Passo ... B1

geschaffen. Die Innenausmalung stammt von seinem langjährigen Partner Manuel da Costa Ataíde.

Matriz Nossa Senhora do Pilar KIRCHE
(Praça Monsenhor Castilho Barbosa; Erw./erm. 10/5 R$; ⌚ Di–So 9–10.45 & 12–16.45 Uhr) Die im Südwesten der Stadt gelegene Kirche ist (abgesehen von São Francisco in Salvador), die am opulentesten ausgeschmückte Kirche Brasiliens. 434 kg Gold und Silber wurden aufgewendet, und die Kirche ist reich mit Kunstwerken geschmückt. Bemerkenswert sind die Kerzenhalter in Vogelform, das Rollwerk der Kirchentüren und das (echte, von einem bußfertigen Gläubigen gestiftete) Haar der Jesusfigur.

Museu da Inconfidência MUSEUM
(www.museudainconfidencia.gov.br; Praça Tiradentes 139; Erw./Kind 10/5 R$; ⌚ Di–So 10–18 Uhr) Das historische Museum ist im ehemaligen Rathaus und Gefängnis der Stadt untergebracht. Das schöne Gebäude am südlichen Rand der Praça Tiradentes wurde von 1784 bis 1854 errichtet. Zu sehen sind das Grabmal von Tiradentes, Dokumente

zur Inconfidência Mineira (einer erfolglosen Unabhängigkeitsbewegung im 18. Jh.), Folterinstrumente und die wichtigsten Werke von Manuel da Costa Ataíde und Aleijadinho. Letzter Einlass ist um 17 Uhr.

Igreja de Santa Efigênia dos Pretos KIRCHE
(☎ 31 3551-5047; Santa Efigênia 396; Erw./erm. 5/2,50 R$; ⏲ Di–So 8.30–16.30 Uhr) Die mit dem Gold aus der Mine des Chico-Rei finanzierte Kirche wurde Mitte des 18. Jhs. von der Sklavengemeinde erbaut und ist Santa Efigênia, einer nubischen Prinzessin, geweiht. Die Figur der Madonna im Rosenkranz in der Fassadennische stammt von Aleijadinho. Der Legende nach füllten die Sklaven die Kasse der Kirche, indem sie ihre mit Goldstaub durchsetzten Haare im Taufbecken wuschen oder Goldstaub in Zahnlöchern oder unter den Fingernägeln einschmuggelten.

Casa dos Contos MUSEUM
(São José 12; ⏲ Di–Sa 10–17, So bis 15 Uhr) GRATIS
In dem Schatzamt aus dem 18. Jh. ist noch die alte Schmelzerei der portugiesischen Krone erhalten, wo Gold eingeschmolzen und in Barren gegossen wurde. Gleichzeitig waren hier auch die Mitglieder der Inconfidência inhaftiert. Nach umfangreicher Restaurierung beherbergt das Haus heute eine informative Ausstellung über die Geschichte des Geldes in Brasilien. Aus den prachtvollen Räumen im Obergeschoss bietet sich ein weiter Panoramablick auf Ouro Prêto. In den feuchten ehemaligen *senzala* (Sklavenquartiere) im Keller sind grauenvolle Instrumente für Haft und Folter ausgestellt.

Schlafen

★ Goiabada com Queijo HOSTEL $
(☎ 31 3552-3816, 31 99435-1813; www.facebook.com/HostelGoiabadacomQueijo; Rua do Pilar 44; B 40–50 R$; 📶) Das hübsche einfache Hostel mit drei Schlafsälen liegt genau zwischen der Praça Tiradentes und dem Bahnhof. In dem von der weitgereisten Eigentümerin Lidiane liebevoll ausgestatteten Hostel fühlen sich die Gäste wie Zuhause. Zudem spricht sie gut Deutsch und Englisch und versorgt ihre Gäste mit Geheimtipps für die Stadt.

Pousada São Francisco HOSTEL, PENSION $
(☎ 31 3551-3456; www.pousadasaofranciscodepaula.com.br; Padre Pena 201; B 50 R$, EZ 80–100 R$, DZ 120–200 R$, 3BZ 200–250 R$, 4BZ 250–300 R$; @📶) Die hostelähnliche Pension mit Küche liegt versteckt an einem Hügel voller zwitschernder Vögel. Das nette Personal spricht mehrere Sprachen. Am besten sind die zwei Zimmer mit Aussichtsterrasse im Obergeschoss. Vom Busbahnhof folgt man den Schildern bergab, bis man nach fünf Minuten die Igreja São Francisco de Paula erreicht. Dort biegt man nach links ab. Wer nach Einbruch der Dunkelheit ankommt, kann die Pension anrufen und wird dann abgeholt.

★ Pouso do Chico Rei POUSADA $$
(☎ 31 3551-1274; www.pousodochicorei.com.br; Brigadeiro Musqueira 90; EZ 210–250 R$, DZ 240–290 R$, 3BZ 310–370 R$, 4BZ 400–450 R$; EZ/DZ/3BZ ohne Bad ab 100/175/260 R$; ❄@📶) Die bei Weitem beste Mittelklasseunterkunft in Ouro Prêto residiert in dieser schön restaurierten Villa aus dem 18. Jh. gleich gegenüber der Carmo-Kirche. Hier herrscht Charme, von den knarrenden Holzböden bis zu dem Frühstückszimmer mit seinen handbemalten alten Schränken. Jedes Zimmer ist individuell gestaltet, die meisten haben antike Möbel und eine wundervolle Aussicht. Die drei billigsten Zimmer teilen sich das Bad.

Essen & Ausgehen

★ Casa do Ouvidor MINEIRA $$
(☎ 31 3551-2141; www.casadoouvidor.com.br; Direita 42; Hauptgerichte 29–69 R$/Pers.; ⏲ 11–15 &

HISTORISCHE EISENBAHN

An Wochenenden betreibt die Bergbaugesellschaft Vale die renovierte historische **Touristenbahn** (www.vale.com/brasil/PT/business/logistics/railways/trem-turistico-ouro-preto-mariana; einfache Fahrt/hin & zurück 46/66 R$, im klimatisierten Panoramawagen 70/90 R$) zwischen Ouro Prêto und Mariana. Abfahrt ist am **Bahnhof** (☎ 31 3551-7705; Praça Cesário Alvim) am südlichen Stadtrand von Ouro Prêto. Die Züge fahren einmal am Donnerstag und jeweils zweimal am Freitag, Samstag und Sonntag. Für die wunderbare, 18 km lange Strecke entlang einer Schlucht brauchen die langsamen Züge eine ganze Stunde. Den besten Ausblick hat man in Fahrtrichtung auf der rechten Seite. Der Zielort Mariana hat eine schöne kleine Altstadt, die wesentlich leichter zu erkunden ist als die von Ouro Prêto, denn sie ist kleiner und nicht so steil.

19–22 Uhr) Das Restaurant unterhalb der Praça Tiradentes wurde schon mehrfach für seine authentische *comida mineira* ausgezeichnet. Zu den Spezialitäten des Hauses gehören *tutu à mineira* (pürierte Bohnen mit gebratenen Schweinelendchen, Grieben, Grünkohl und einem hart gekochten Ei). Im gedämpften Licht des Abends kommt der rustikale Charme des alten Speiseraums mit Holzbalken besonders gut zur Geltung. Achtung: Die Portionen sind riesig.

★ O Passo ITALIENISCH **$$**
(☎ 31 3552-5089; www.opassopizzajazz.com; São José 56; Pizza 50–69 R$, Hauptgerichte 33–79 R$; ⌚ So–Do 11.30–24, Fr & Sa bis 1 Uhr) Das bei Einheimischen beliebte Restaurant residiert in einem hübschen Gebäude aus dem 18. Jh. mit traulichen, von Kerzen beleuchteten Räumen und ist auf Pizza, Pasta und Salate spezialisiert. Dazu gibt's eine gute Weinkarte. Die entspannte Terrasse am Bach ist ideal für einen Drink am Nachmittag. Nicht versäumen sollte man das *rodizio de pizzas* (*all-you-can-eat*-Pizza, 42 R$) am Dienstagabend. Donnerstags und freitags gibt's abends und sonntags zu Mittag Livejazz.

Cervejaria Ouropretana – Loja da Fábrica KLEINBRAUEREI
(☎ 31 98818-0646; www.ouropretana.com.br; Benedito Valadares 250; ⌚ Di–Fr 15–21, Sa 12–21 Uhr) Die vor Kurzem eröffnete Kneipe der besten Kleinbrauerei von Ouro Prêto bietet auch kleine Snacks und das hauseigene Kaffeebier, Maracujasaft und Ginger Ale. Besonders viel los ist dienstagabends, weil das Bier dann nur die Hälfte kostet.

ℹ Praktische Informationen

Centro Cultural e Turístico da FIEMG (☎ 31 3551-3637; turismo@ouropreto.mg.gov.br; Praça Tiradentes 4; ⌚ 8.15–19 Uhr) In der unterfinanzierten Touristeninformation sind allgemeine Infos über Ouro Prêto erhältlich. Den Stadtplan muss man aber vom stark mitgenommenen Exemplar auf der Theke abfotografieren.

An der Praça Tiradentes und in der Rua São José gibt es viele Banken mit Geldautomaten, darunter auch **Banco do Brasil** (São José 189) und **Bradesco** (São José 201).

ℹ An- & Weiterreise

Fernbusse fahren am großen **Busbahnhof** (☎ 31 3559-3252; Padre Rolim 661) am nordwestlichen Stadtrand ab. Von der Praça Tiradentes sind es 10 Minuten zu Fuß (bergauf). In der Hochsaison sollte man die Tickets einen Tag im Voraus kaufen.

Die Busse von **Pássaro Verde** (☎ 31 3551-1081; www.gabrasil.com.br) fahren nach Belo Horizonte (34 R$, 2 Std., stündl. von 6 bis 20 Uhr); die von **Útil** (☎ 31 3551-3166; www.util.com.br) verkehren nach Rio (100–123 R$, 8 Std., tgl. 10 und 21.30 Uhr) und São Paulo (154 R$, 11 Std., tgl. 19 Uhr).

Tiradentes

☎ 0XX32 / 7807 EW. / 927 M

Nirgendwo sonst fügt sich die koloniale Architektur so harmonisch in die natürliche Umgebung ein wie hier. Vor dem Hintergrund der traumhaft schönen blauen Berge stehen pittoreske alte Häuser inmitten von blühenden Wildblumenwiesen. Am besten sind die vielen Sehenswürdigkeiten der Stadt an einem Wochentag zu besichtigen. An den Wochenenden stürmen die Besucher die Antiquitätenläden und Boutiquen. Die Stadt wirkt dann wie ein riesiger Freizeitpark. Zudem sorgen die plötzlich auftauchenden Pferdekutschen für einen ganz speziellen Duft.

Sehenswertes

★ Igreja Matriz de Santo Antônio KIRCHE
(Padre Toledo s/n; Eintritt 5 R$; ⌚ 9–17 Uhr) Die nach dem Schutzheiligen von Tiradentes benannte prächtige Kirche ist eine der letzten Entwürfe Aleijadinhos. Der blendend goldene Innenraum steckt voller alttestamentlicher Symbolik. Bemerkenswert sind die polychrome Orgel, die in Portugal gebaut und 1798 von Eseln hierher geschafft wurde, und die sieben goldenen Phönixe, die an langen, geflochtenen Ketten Kerzenleuchter halten. Die berühmte Sonnenuhr draußen vor der Kirche stammt von 1785.

★ Mazuma Mineira BRENNEREI
(☎ 32 3353-6654; www.mazuma.com.br; São Bento 300, Bichinho; ⌚ Do–Sa, Mo & Di 9.30–17, So bis 14.30 Uhr) GRATIS Wer schon immer wissen wollte, wie der berühmte *cachaça* (Zuckerrohrschnaps) hergestellt wird, sollte diese Brennerei besuchen. Die kleine *alambique* (Brennerei), die viel Wert auf Nachhaltigkeit legt, erläutert bei kostenlosen Führungen den gesamten Produktionsprozess von der Ernte des Zuckerrohrs bis zur Lagerung in Fässern aus Eichenholz, brasilianischem Nussbaum oder dem einheimischen rosafarbenen Jequitibá-Holz. Die Brennerei befindet sich 7 km nordöstlich von Tiradentes.

Igreja NS Rosário dos Pretos KIRCHE
(Praça Padre Lourival; Eintritt 3 R$; ⊙ Mi–Mo 10–16 Uhr) Diese schöne steinerne Kirche mit ihren vielen Bildern schwarzer Heiliger wurde 1708 von und für Sklaven erbaut. Da diese tagsüber keine freie Zeit hatten, wurde das Gotteshaus bei Nacht errichtet – daran erinnern die Deckenmalereien mit einem achtzackigen schwarzen Stern und einem Halbmond.

Museu de Sant'Ana MUSEUM
(☎ 32 3355-2798; www.museudesantana.org.br; Ecke Cadeia & Direita; Erw./erm. 5/2,50 R$; ⊙ Mi–Mo 10–19 Uhr) Das innovative Museum im ehemaligen Gefängnis der Stadt wurde von Angela Gutierrez aus Belo Horizonte gestaltet, die auch das **Museu do Oratório** (☎ 31 3551-5369; www.museudooratorio.org.br; Adro da Igreja do Carmo 28; Erw./erm. 5/2,50 R$; ⊙ Mi–Mo 9.30–17.30 Uhr) in Ouro Prêto und das **Museu de Artes e Ofícios** (☎ 31 3248-8600; www.mao.org.br; Praça Rui Barbosa 600; ⊙ Di 9–21, Mi–So bis 17 Uhr) GRATIS in Belo Horizonte konzipierte. Die einfache, aber wunderbar präsentierte Ausstellung zeigt 270 Bilder der Hl. Anna auf Holz, Stein und Terrakotta vom 17. Jh. bis heute. Zweisprachige Hinweistafeln erläutern die Bedeutung der Heiligenbilder für Brasilien und ihre Entwicklung im Barock und Rokoko.

ℹ An- & Weiterreise

Der **Busbahnhof** von Tiradentes (São Francisco de Paula 71) ist nördlich des Hauptplatzes am anderen Flussufer. Die Busse von Presidente (3,80 R$, 20 Min.) und Porto Real (4,20 R$, 30 Min.) verkehren regelmäßig zwischen Tiradentes und São João del Rei.

Der **Bahnhof** (Praça da Estação s/n; ⊙ Verkaufsschalter Do–Sa 9–16, So bis 13 Uhr) liegt rund 700 m südöstlich des Hauptplatzes. Ein Touristenzug fährt von Tiradentes nach São João del Rei.

DER SÜDEN

Unglaublich schöne weiße Sandstrände, unberührte tropische Inseln und das Donnern der Wasserfälle von Iguaçu sind nur einige der Attraktionen des reichen Südens von Brasilien. Besucher, die zum ersten Mal diese Ecke des Landes bereisen, bleiben oft nur kurz, und das, obwohl man in den Bundesstaaten Paraná, Santa Catarina und Rio Grande do Sul eine radikal andere Sicht auf das Leben der Brasilianer bekommt: *Gaúchos* führen auf den weiten Ebenen der Grenze zu Argentinien und Uruguay noch immer ein Cowboy-Leben. Andererseits weisen Gebäude im Architekturstil der Alten Welt, europäisches Bier und blonde, blauäugige Menschen auf den Einfluss der Millionen Einwanderer aus Deutschland, Italien, der Schweiz und Osteuropa hin.

ℹ An- & Weiterreise

Die wichtigsten Flughäfen finden sich in Curitiba, Florianópolis, Porto Alegre und Foz do Iguaçu, letztere Stadt grenzt an Argentinien und Paraguay. Von allen genannten Städten aus gibt es gute Busverbindungen nach São Paulo.

ℹ Unterwegs vor Ort

Kurzstreckenflüge und längere Busfahrten verbinden die wichtigsten Städte des Südens. Wer zur Ilha do Mel will, sollte unbedingt die Panoramabahn von Curitiba durch die Serra do Mar nach Morretes nehmen.

Curitiba

☎ 0XX41 / 1,75 MIO. EW.

Das für seine umweltfreundliche Bauweise und Stadtplanung bekannte Curitiba gehört zu Brasiliens Erfolgsmetropolen. Schöne Parks, gut erhaltene historische Gebäude, wenig Staus und jede Menge Studenten prägen das Stadtbild.

Sehenswertes & Aktivitäten

★ **Museu Oscar Niemeyer** MUSEUM
(MON; ☎ 41 3350-4400; www.museuoscarniemeyer.org.br; Marechal Hermes 999; Erw./Kind 20/10 R$, Mi 10–18 & 1. Mi d. Monats 10–20 Uhr frei; ⊙ Di–So 10–18 Uhr) Das fantastische Museum über den berühmten brasilianischen Architekten wurde von ihm selbst entworfen. Ein echter Hingucker ist der augenförmige Turmaufbau, der mit wild tanzenden Figuren in düsterem Schwarz verziert ist. Die ständig wechselnden Ausstellungen präsentieren brasilianische und internationale Künstler des 20. und 21. Jhs. Die Dauerausstellung (im Turm untergebracht) dokumentiert mit einer Fotospule den Bau des Museums. Glanzstück der Ausstellung ist die ausgezeichnete Vorstellung von Niemeyer selbst.

Im schönen Museumsshop werden Souvenirs im Stil von Niemeyer verkauft. Der Bus 505 von Passeio Público hält direkt vor dem Museum.

Der Süden

Curitiba Free Walking Tour STADTFÜHRUNGEN
(☎41 98875-7721; www.curitibafreewalking.com; ⏲Sa 11 Uhr) GRATIS Der sehr empfehlenswerte Rundgang beginnt jeden Samstag um 11 Uhr auf den Stufen der Universität von Paraná und führt in 2½ Stunden durch das historische *centro*. Trinkgelder werden gern angenommen (ca. 10–15 R$).

Schlafen

★ **Motter Home** HOSTEL $
(☎41 3209-5649; www.motterhome.com.br; Desembargador Motta 3574; B 40–54 R$, DZ/3BZ

150/200 R$; @ 📶) Das beste Hostel der Stadt befindet sich in einem knallgelben Herrenhaus mit Türmchen im grünen Viertel Mercês. Das Haus aus den 1950er-Jahren ist mit faszinierenden Kunstwerken, Hartholzfußböden und originellen Türgriffen ausgestattet. Die schönen Gemeinschaftsräume sind im tollen Retro-Stil gestaltet. Das Hostel ist 15 Gehminuten vom Largo da Ordem entfernt.

Curitiba Casa HOSTEL $
(☎41 3044-7313; www.curitibacasahostel.com; Brasílio Itiberê 73; B 46–54 R$, Zi. 135 R$; @ 📶) Trotz der ungünstigen Lage 15 Minuten östlich der *rodoferroviária* (Bahnhof & Busbahnhof) hat das Hostel mehr Fans als der *futebol*. Das Haus ist sauber, farbenfroh und hat Klasse.

Essen & Ausgehen

Die Rua 24 Horas in der Nähe der Praça General Osório ist mittlerweile eine Art stimmungsvoller Food Court im Freien geworden (der aber nicht rund um die Uhr geöffnet hat). An warmen Sommerabenden sitzen und stehen die Gäste vor den Kneipen und Cafés in den Straßen rund um die Praça Garibaldi und den Largo da Ordem. Das richtige Nachtleben findet jedoch in der Av Vincent Machado im hippen Batel statt.

Mercado Municipal MARKT $
(www.mercadomunicipaldecuritiba.com.br; 7 de Setembro 1865; ⏲ Mo 7–14, Di–Sa bis 18, So bis 13 Uhr) In Curitibas ausgezeichneter Markthalle gibt es die verschiedensten Imbissstände, Cafés und Feinschmeckerläden, und hier wurde auch der erste Bio-Food-Court in ganz Brasilien eröffnet.

★ **Rause Cafe + Vinho** CAFÉ
(www.rausecafe.com.br; Carlos de Carvalho 696; Kaffee ab 6,50 R$; ⏲ Mo–Fr 9–23, Sa 9–19 Uhr; 📶) Eigentlich ist es nur ein altmodisches Café (mit speziellen Kaffeesorten aus Bahia und Minas, die auf verschiedene Arten zubereitet werden), aber es gibt auch eine großartige Auswahl an Speisen wie Wildschwein mit Gorgonzola-Risotto, Feigenconfit und Crêpes mit Brie sowie guten Wein.

★ **Hop'N Roll** BAR
(☎41 3408-4486; www.hopnroll.com.br; Mateus Leme 950; ⏲ Mo–Do 17.30–1, Fr & Sa bis 2 Uhr; 📶) Mit 32 ausgezeichneten Fassbieren macht es die Kneipe ihren Gästen nicht gerade leicht. Bei den meisten handelt es sich um Craft-Bier aus der Region und dem Süden Brasiliens. Dazu kommen noch mehr als 120 Flaschenbiere – und natürlich das im eigenen Haus gebraute Bier. Wer sein Bier nicht im Stehen trinken möchte, muss reservieren.

Praktische Informationen

Die Touristeninformation hat mehrere Büros in der Stadt:

CAT Jardim Botânico (Centro de Atendimento ao Turista; ☎41 3362-3831; www.turismo.curitiba.pr.gov.br; Ostoja Roguski 690, Jardim Botânico; ⏲ 9–18 Uhr)

PIT Aeroporto Internacional Afonso Pena (Posto de Informações Turísticas; ☎41 3381-1153; www.turismo.curitiba.pr.gov.br; Av Rocha Pombo, Aeroporto Internacional Afonso Pena, Ankunftshalle; ⏲ Mo–Fr 7–23, Sa & So bis 18 Uhr)

PIT Oi Torre Panorâmica (Posto de Informações Turísticas; ☎41 3339-7613; www.turismo.curitiba.pr.gov.br; Castro Vellozo 191, Oi Torre Panorâmica; ⏲ Di–So 10–19 Uhr)

PIT Rodoferroviária (☎41 3225-4336; Av Affonso Camargo 330, Rodoferroviária; ⏲ 9–18 Uhr)

An- & Weiterreise

BUS

Der Busbahnhof und der Bahnhof für die Fernverbindungen befinden sich in einem Komplex aus drei Häuserblocks namens **rodoferroviária** (☎41 3320-3000; www.urbs.curitiba.pr.gov.br/comunidade/rodoferroviaria; Av Pres Affonso Camargo 330), der 2 km südöstlich der Innenstadt liegt und für die WM 2014 komplett renoviert wurde. Für den Zugang zu den Bahnsteigen ist eine Fahrkarte erforderlich. Die Fahrkartenschalter für Busfahrten in andere Bundesstaaten (*interestadual*) befinden sich im 2. Stock des ersten Blocks. Die Büros der innerhalb von Paraná (*estadual*) verkehrenden Busgesellschaften sind im 2. Stock des zweiten Blocks untergebracht. Der Block mit dem Bahnhof ist hinter diesen beiden Blocks.

FLUGZEUG

Am **Aeroporto Internacional Afonso Pena** (CWB; ☎41 3381-1515; www.aeroportocuritiba.net; Av Rocha Pombo s/n, São José dos Pinhais), 18 km südöstlich des Centro, starten viele Direktflüge in die großen Städte Brasiliens.

ZUG

Der **Serra Verde Express** (☎41 3888-3488; www.serraverdeexpress.com.br; Estação Ferroviária) fährt von Curitiba über die Serra do Mar nach Morretes. Die Strecke gehört zu den schönsten Reiserouten in Brasilien.

BUSSE AB CURITIBA

ZIEL	GÜNSTIGSTER PREIS (R$)	DAUER (STD.)	BUSGESELLSCHAFT
Buenos Aires* (AR)	385	32	JBL Turismo (www.jblturismo.com.br)
Florianópolis	56	5	Catatrinense (www.catarinense.net)
Foz do Iguaçu	193	10	Catarinense
Joinville	31	2	Catarinense
Montevideo** (UY)	415	25	TTL (www.ttl.com.br)
Morretes	27	1½	Graciosa (www.viacaograciosa.com.br)
Paranaguá	33,50	1¾	Graciosa
Rio de Janeiro	172	14	Penha (www.nspenha.com.br), Kaissara (www.kaissara.com.br)
Santiago (CL)***	455	50	JBL
São Paulo	65	7	Kaissara (www.kaissara.com.br), Cometa (www.viacaocometa.com.br)

* Abfahrt: dienstags, donnerstags und samstags um 4 Uhr
** Abfahrt: dienstags 5.30 Uhr
*** Abfahrt: sonntags 20 Uhr.

Unterwegs vor Ort

Das futuristische Bussystem von **URBS** (www.urbs.curitiba.pr.gov.br) besteht aus integrierten Stationsknoten, den sogenannten *tubos*. Viele Stadtbusse fahren mit Strom oder Biodiesel (Hybridbusse). Eine Fahrt kostet 4,25 R$.

Der schicke, mit WLAN ausgestattete **Aeroporto Executivo** (☎ 41 99817-9666; www.aeroportoexecutivo.com.br; einfache Fahrt 15 R$) verkehrt von 5.25 Uhr (So ab 6 Uhr) bis Mitternacht alle 15 Minuten zwischen dem Flughafen und verschiedenen Haltestellen im Centro, z. B. der **Teatro Guaíra** (XV de Novembro), Receita Federal, **Bibiloteca Nacional** (Cândido Lopes 133) und **Rua 24 Horas** (Visconde de Nacar). Vom *rodoferroviária* (Busbahnhof und Bahnhof) fahren die Busse zwischen 4.40 und 23.11 Uhr (So 5.30–23.24 Uhr). Ein Expressbus verkehrt zu den gleichen Zeiten, jedoch nur zwischen Flughafen, *rodoferroviária* und Estação Shopping.

Paranaguá

☎ 0XX41 / 140 500 EW.

Paranaguá ist der Heimathafen der Fähren zur idyllischen Ilha do Mel. Die farbenfrohen, aber im Lauf der Zeit verblassten kolonialen Gebäude am Hafen vermitteln eine Atmosphäre lässiger tropischer Dekadenz.

Das **Hostel Continente** (☎ 41 3423-3224; info@hostelcontinente.com.br; General Carneiro 300; B 50 R$, EZ/DZ/3BZ 80/140/180 R$; ❄ 📶) hat saubere, aber beengte Schlafsäle und Doppelzimmer in beneidenswerter Lage gegenüber der Fähranlegestelle.

Vom **Busbahnhof** (☎ 41 3420-2925; Ponta do Caju) an der Promenade fahren täglich 13 Busse von **Viação Graciosa** (☎ 41 3423-1215; www.viacaograciosa.com.br; Ponta do Caju, Rodoviária de Paranaguá) nach Curitiba (30,87 R$, 1½ Std.). Außerdem verkehrt ein Bus regelmäßig zwischen Paranaguá, Antonina und Morretes (6,45 R$, 1 Std.). Man kann auch direkt nach Süden weiterfahren, ohne nach Curitiba zurückkehren zu müssen. Zweimal täglich fährt auch ein Bus nach Joinville (30,45 R$, 2 Std., 6 & 16 Uhr).

Ilha do Mel

☎ 0XX41 / 1100 EW.

Die Insel in der Mündung der Baía de Paranaguá sieht aus wie eine Sanduhr. Mit zumeist ursprünglichen Stränden, guten Surfbedingungen und malerischen Küstenwegen ist sie die schönste Ferieninsel im südlichen Brasilien. Die autofreie Insel ist nur mit dem Boot zu erreichen. So stauen sich auf den sandigen Fußwegen nur Brasilianer mit Surfbrett auf dem Fahrrad und verträumte Urlauber mit ihren nagelneuen Havaianas (Flipflops).

Sehenswertes & Aktivitäten

Die Ilha do Mel hat jede Menge Strände. Die **Praia da Fora** und die **Praia Grande** sind von Nova Brasília 20 Minuten zu Fuß (2 km) und von Encantadas 40 Minuten (4 km) entfernt. Die lange feinsandige **Praia do Farol** erstreckt sich zwischen dem Fähranleger in Nova Brasília und dem Farol das Conchas (Leuchturm von 1872, wo man gut den Sonnenuntergang beobachten kann). Die Surfer treffen sich am Fuß des Hügels und reiten auf den legendären **Ondas das Paralelas**.

Wer nicht surfen will, kann im ruhigen warmen Wasser der Strände am anderen Ende der Bucht baden. Nördlich davon liegt die **Praia da Fortaleza** unterhalb einer portugiesischen Festung aus dem 18. Jh. Der Strand ist meistens fast leer. Der beste Strand in der Nähe von Encantadas ist die **Praia da Fora**. Die Wellen sind recht hoch, und es gibt ein paar Stände, die *cervejas* (Bier) und *sucos* (Fruchtsäfte) verkaufen.

Schlafen & Essen

★ Pousada das Meninas POUSADA **$$**
(☎ 41 3426-8023; www.pousadadasmeninas.com.br; Vila do Farol s/n, Nova Brasília; EZ/DZ ohne Bad ab 180/360 R$, mit Bad ab 280/400 R$, Chalet 210–550 R$;) Die aus Treibholz und recyceltem Material bestehende Pousada hat den Charme einer Pension mit Familienanschluss. Das ganze Haus ist voller Hängematten und schrecklichem Kitsch, doch die einfachen Zimmer rund um den gemütlichen Garten sind geschmackvoll eingerichtet.

★ Bob Pai e Bob Filho POUSADA **$$**
(☎ 41 3426-9006; joelsonbobpai@yahoo.com.br; Praia de Encantadas s/n; Zi. 270 R$;) „Vater Bob und Sohn Bob" haben die mit Abstand persönlichste Unterkunft der Insel. Die acht schlichten Zimmer sind gut ausgestattet mit Flachbild-TV, Minibar und Strandutensilien, teilweise auch mit Hängematten auf der Terrasse. Sie liegen rund um die stimmungsvolle Captain's Bar und einen Garten voller Schnickschnack.

★ Mar e Sol SEAFOOD **$$**
(www.restaurantemaresol.com.br; Praça Felipe Valentim, Farol dos Conchas; Hauptgerichte 29–38 R$; ⏲ 11–22 Uhr;) Das Restaurant auf dem Weg zum Leuchtturm serviert spektakuläre Fisch-, Shrimps- und Krabben-*moquecas* (Eintopf mit Meeresfrüchten; 109–255 R$ für 2 Pers.), Risotto mit Meeresfrüchten und preiswerte Tagesgerichte. Wer sich nicht entscheiden kann, fragt einfach Junior, den Papagei, um Rat.

Praktische Informationen

Es ist zu beachten, dass es auf der Insel keine Banken, Geldautomaten und Apotheken gibt. Die meisten Geschäfte und Einrichtungen befinden sich beim Fähranleger in Nova Brasília.

Zumindest steht an jedem Ankunftssteg ein Stand der Touristeninformation der Ilha do Mel.

CIT (Centro de Informaçãos Turística; ☎ 41 3426-9112; Nova Brasília, Ankunftssteg; ⏲ 8–19 Uhr, Nov.–März 8–20 Uhr)

CIT (Centro de Informaçãos Turística; Encantadas; ⏲ Mi–So 8–12 & 14–18 Uhr)

An- & Weiterreise

Die Fähren (hin- & zurück 53 R$) von **Abaline-PR** (☎ 41 3455-6325; www.abaline.com.br; General Carneiro 258) legen im Sommer um 8.30, 9.30, 11, 13, 15, 16.30 und 18 Uhr (in der Nebensaison nur um 9.30 und 15.30 Uhr) am Fähranleger gegenüber der Touristeninformation in Paranaguá ab. Sie fahren zunächst nach Nova Brasília (1½ Std.) und dann weiter nach **Encantadas** (Praia das Encantadas; 2 Std.). Zurück zum Festland fahren die Fähren von Nova Brasilia nach Paranaguá im Sommer um 8, 10, 13.30, 15.30, 16.30, 18.30 und 19 Uhr. In der Nebensaison starten sie an Wochentagen nur um 8 und 17 Uhr und am Wochenende um 10.30 und 17 Uhr. Alle Fähren legen jeweils eine halbe Stunde früher in Encantadas ab.

Alternativ bietet **Viação Graciosa** (www.viacaograciosa.com.br) täglich vier bis sechs Busse von Curitiba nach Pontal do Sul (42,74 R$, 2½ Std.) auf dem Festland gegenüber von Encantadas. Von dort fahren Fähren in 30 Minuten nach Nova Brasília oder Encantadas (hin- & zurück 35 R$). In der Hochsaison legen die Fähren von 8 bis 20 Uhr jede halbe Stunde in Pontal und Ilha do Mel ab, in der Nebensaion nur jede Stunde bis 18 Uhr.

Unterwegs vor Ort

Bei Ebbe kann man die 4,5 km von Nova Brasília nach Encantadas auch zu Fuß gehen. Allerdings sollte man sich vorher unbedingt die Gezeitentabelle anschauen und/oder sich bei den Einheimischen erkundigen. Bei drohender Flut kann man dann immer noch mit der Inselfähre in einen anderen Ort fahren (15 R$, 20 Min., stündl., 8–19.30 Uhr).

Florianópolis & Ilha de Santa Catarina

Die Ilha de Santa Catarina hat eine interessante, vielseitige Küste. Sie reicht von den ruhigen, überfüllten Stränden im Norden bis zu den wilden Stränden unter hohen Klippen im Süden. Doch die Insel lohnt sich nicht nur wegen der schönen Strände. Die Ostküste ist von dichten Pinienwäldern bedeckt und die Dünen bei der Praia da Joa-

Ilha de Santa Catarina

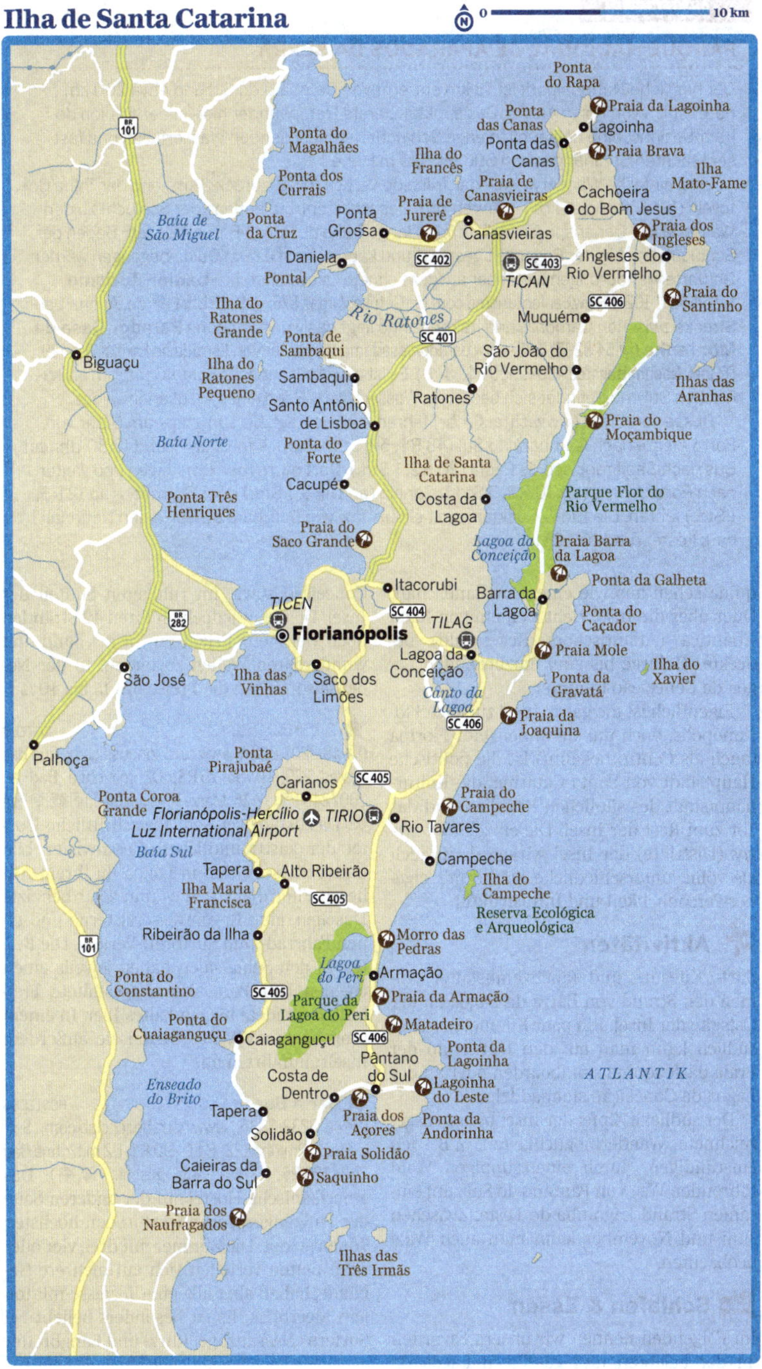

ABSTECHER

PARQUE NACIONAL DE APARADOS DA SERRA

Der herrliche Nationalpark ist 18 km entfernt von Cambará do Sul und etwa 200 km nordöstlich von Porto Alegre. Das spektakulärste Naturwunder hier ist der Cânion do Itaimbezinho, eine unglaublich enge Schlucht mit rauschenden Wasserfällen und fast senkrechten Steilhängen von 600 bis 720 m Höhe.

Zwei einfache Wanderwege – der Trilha do Vértice (hin & zurück 2 km) und der Trilha Cotovelo (hin & zurück 6 km) – führen vom Besucherzentrum entlang der Schlucht zu den Wasserfällen. Der anspruchsvollere 7 km lange Trilha do Rio do Boi verläuft am Boden der Schlucht. Er ist in der Regenzeit gesperrt und kann nur mit einem Guide begangen werden. Geführte Wanderungen bietet der ausgezeichnete Ökoveranstalter **Cânion Turismo** (54 3251-1027; www.canionturismo.com.br; Getúlio Vargas 876; 8–19 Uhr) an. Auf halber Strecke zwischen Cambará und Itaimbezinho liegt das wunderschöne **Parador Casa da Montanha** (54 3295-7575; www.paradorcasadamontanha.com.br; Estrada do Faxinal, RS-429; DZ inkl. Nachmittagstee 450–2500 R$; @). Es ist eine Art luxuriöses Safari-Camp im afrikanischen Stil und befindet sich bei einem Wasserfall am Rand eines Araukarienwaldes.

Busse von Citral (www.citral.tur.br) fahren von montags bis samstags um 6 Uhr von Porto Alegre nach Cambará do Sul (48 R$, 5½ Std.). Zurück fährt um 7 und 13.30 Uhr ein Bus nach São Francisco de Paula (20 R$, 1 Std.). Dort muss man umsteigen und weiter nach Porto Alegre (ab 30 R$, 3 Std.), Canela (ab 11 R$, 1 Std.) oder Gramado (ab 12 R$, 1 Std.) fahren. Die Hin-& Rückfahrt mit einem Taxi von Cambará do Sul in den Nationalpark kostet rund 100 R$.

quina sehen aus wie eine Mondlandschaft. Quer über die Insel zieht sich ein von Mata Atlântica (Atlantischem Regenwald) bedecktes Gebirge bis zum entzückenden Lagoa da Conceição hinunter.

Eigentlich ist die ganze Insel zugleich Florianópolis, doch nur die Innenstadt Floripa (auch als Centro bekannt) ist die politische Hauptstadt von Santa Catarina, die Kulturhauptstadt des südlichen Brasilien und das Tor zum Rest der Insel. Die einzelnen *bairros* (Distrikte) der Insel wirken dann auch als völlig unterschiedliche Städte mit eigener Persönlichkeit und Infrastruktur.

Aktivitäten

Surf-, Kitesurf- und Tauchveranstalter säumen den Strand von Barra da Lagoa an der Ostseite der Insel. Ein paar Kilometer weiter südlich kann man auf den Dünen an der Praia da Joaquina sandboarden oder an der Lagoa da Conceição stehpaddeln.

Der südliche Zipfel der Insel bietet ausgezeichnete Wandermöglichkeiten, z.B. den einstündigen, durch einen üppigen Wald führenden Weg von Pântano do Sul zum einsamen Strand Lagoinha do Leste. Zwischen Juni und November kann man auch Wale beobachten.

Schlafen & Essen

Im Folgenden nennen wir unsere Favoriten an der belebten und geselligen Lagoa da Conceição sowie im ruhigeren Südteil der Insel. Diese hat jedoch an ihren 42 Stränden noch viel mehr Ecken mit prima Sand und wunderbaren Wellen zu bieten. In der Nebensaison fallen die Preise um 15 bis 40 %.

★ **Tucano House** HOSTEL $

(48 3207-8287; www.tucanohouse.com; Rua das Araras 229; B 55–75 R$, DZ mit/ohne Bad ab 260/240 R$; 15. März–Nov. geschl.; @) Das ökologisch sehr fortschrittliche Hostel der gastfreundlichen Geschwister Lila und Caio ist mitten in Lagoa. In ihrem früheren Elternhaus gibt es nun solar beheizte Duschen, eine Regenwasserzisterne und einen Fahrrad- und Surfbrett-Verleih. Die Betten in den Schlafsälen haben jeweils einen eigenen USB-Port. Die neugestaltete Freiluftbar ist ideal für ein kaltes Bier. In einem umgebauten VW-Bus bieten sie außerdem Inselrundfahrten an.

★ **Barra Beach Club** HOSTEL $$

(48 3232-3336; www.barrabeachclub.com; Servidão da Prainha 122; B 80–90 R$, DZ mit/ohne Bad 250/220 R$; Mai–Aug. geschl.;) Das amerikanische Hostel auf der anderen Seite der Fußgängerbrücke wird in den höchsten Tönen gelobt. Die Zimmer mit drei, vier oder zehn Betten verteilen sich auf mehrere Gebäude, haben aber alle eine Terrasse mit tollem Meerblick. Es ist besonders beliebt bei Surfern (Nassanzüge, Kurz- und Langbretter

sowie Bodyboards werden kostenlos zur Verfügung gestellt), die hier die asiatische und italienische Küche, Massagen auf der Veranda und ein kühles Bier an der Bar genießen.

★ Café Cultura CAFÉ $$
(www.cafeculturafloripa.com.br; Severino de Oliveira 635; Hauptgerichte 9–46,50 R$; ⏲ Mo–Sa 8.30–23.30, So bis 22 Uhr; 📶) Es gibt Frühstück bis um 13 Uhr, Waffeln, Salate, Panini (oder eher Bruschetta, aber wen interessiert das schon?), hervorragende Hauptgerichte und verschiedene Kaffeespezialitäten. Das beste Café in Floripa wird geleitet von einem Kalifornier, der einst Barista bei Starbucks war, und seiner Frau, die aus einer reichen brasilianischen Kaffee-Dynastie stammt. Das Café ist riesengroß, hat Lampenschirme aus Kaffeesäcken und gemütliche Sofas.

★ Ostradamus SEAFOOD $$$
(☎48 3337-5711; www.ostradamus.com.br; Rod Baldicero Filomeno 7640; Austern 35–45 R$, Hauptgerichte 135–195 R$ für 2 Pers.; ⏲ Di–Sa 12–23, So bis 17 Uhr; 📶) Das filmreife Meeresfrüchterestaurant hat eine rundum verglaste Terrasse voller Tische mit viel Atmosphäre. Die Austern werden auf mehr als ein Dutzend Arten zubereitet, stehen aber im Schatten der unglaublich leckeren Meeresfrüchtegerichte, die zum Highlight des Urlaubs werden könnten.

ℹ Praktische Informationen

In Floripa gibt's vier Stände der Touristeninformation: einen am Flughafen, drei im Centro und noch einen in der Nähe von Armacão (der aber nicht immer geöffnet ist).

CAT (Centro de Atendimento ao Turista; ☎48 3228-1095; www.vivendofloripa.com.br; Rodoviária; ⏲ 8–18 Uhr)

CAT (Centro de Atendimento ao Turista; ☎48 3337-5040; www.santur.sc.gov.br; Florianópolis-Hercílio Luz International Airport; ⏲ 7–24 Uhr)

CAT (Centro de Atendimento ao Turista; ☎48 3240-4407; www.vivendofloripa.com.br; Conselheiro Mafra 255, Mercado Público; ⏲ Mo–Fr 9–18, Sa bis 12 Uhr)

CAT (Centro de Atendimento ao Turista; ☎48 3348-3554; www.vivendofloripa.com.br; Portal Turístico de Florianópolis; ⏲ 8–18 Uhr)

ℹ An- & Weiterreise

Der **Flughafen von Floripa** (Florianópolis-Hercílio Luz International Airport; ☎48 3331-4000; www.floripa-airport.com/contato.html; Rod Deputado Diomício Freitas 3393, Bairro Carianos) liegt 12 km südlich des Centro. Der **Terminal Rodoviário Rita Maria** (☎48 3212-3508; Av Paulo Fontes 1101) ist der Busbahnhof für die Fernverbindungen und das Haupttor zur Insel. Der **TICEN** (Terminal de Integração Centro; www.consorciofenix.com.br; Av Paulo Fontes s/n) im Centro ist der zentrale Busbahnhof für die Busse auf der Insel.

Vom TICEN fahren u. a. die Busse 183 „Corredor Sudoeste" (35 Min.) und 186 „Corredor Sudoeste Semi-Direto" (25 Min.) zwischen 5 und 0.30 Uhr zum Flughafen. Eine Fahrt mit Uber ins Centro kostet rund 18 R$, nach Lagoa da Conceicão 26 R$ und 36 R$ nach Barra da Lagoa.

ℹ Unterwegs vor Ort

Die örtlichen Busse sind in das Verkehrssystem SIM – *Sistema Integrado de Mobilidade* – integriert. Sie fahren am Busbahnhof TICEN ab, der

BUSSE AB FLORIANÓPOLIS

ZIEL	GÜNSTIGSTER PREIS (R$)	DAUER (STD.)	BUSGESELLSCHAFT
Asunción (Paraguay)	104	22	Nordeste (www.expnordeste.com.br)
Blumenau	53	3	Catatrinense (www.catarinense.net)
Buenos Aires (Argentinien)	458	25	JBL Turismo (www.jblturismo.com.br)
Curitiba	51	5	Catarinense
Foz do Iguaçu	179	14	Catarinense
Garopaba	27	2	Santo Anjo (www.santoanjo.com.br)
Joinville	63	2½	Catarinense
Montevideo (Uruguay)	350	18	EGA (www.ega.com.uy)
Porto Alegre	115	6	Eucatur (www.eucatur.com.br)
Rio de Janeiro	214	17	Itapemirim (www.itapemirim.com.br)
Santiago (Chile)	440	44	JBL Turismo (www.jblturismo.com.br)
São Paulo	122	12	Catarinense

einen Häuserblock östlich des Fernbusbahnhofs liegt. Die Busse zu den Stränden fahren an drei außerhalb gelegenen Busbahnhöfen ab: **TIRIO** (Terminal Rio Tavares; www.consorciofenix.com.br; SC-405 630), **TILAG** (Terminal Lagoa da Conceição; www.consorciofenix.com.br; Av Afonso Delambert Neto 51) und **TICAN** (Terminal Canasvieiras; www.consorciofenix.com.br; Francisco Faustino Martins 877).

Zu den Stränden im Süden wie Armação, Pântano do Sul und Costa de Dentro nimmt man den Bus 410 „Rio Tavares" (von Bahnsteig B), der bis zum TIRIO fährt. Von dort geht's mit Bus 563 weiter.

Zu den Stränden im Osten in den Bus 330 „Lagoa da Conceição" (Bahnsteig A) steigen und bis zum TILAG fahren, von wo Bus 360 („Barra da Lagoa") und andere weiter fahren.

Nach Canasvieiras und zu den Stränden im Norden kommt man mit Bus 210 „Canasvieiras Direto" (Bahnsteig B) vom TICEN zum TICAN.

Im Preis von 4,20 R$ für eine einfache Fahrt sind die erste Fahrt und eine Anschlussfahrt enthalten. Die Tickets gibt's am Stand des TICEN.

Floripanoponto (www.floripanoponto.com.br) ist ein praktischer Routenplaner. Er ist online oder als App (Android/iOS) verfügbar.

Porto Alegre

☎ 0XX51 / 1,4 MIO. EW.

Porto Alegre gibt einen guten Eindruck von dem progressiven Bundesstaat Rio Grande do Sul. Die lebendige, moderne Hafenstadt an den Ufern des Rio Guaíba besitzt ein gut erhaltenes neoklassizistisches Zentrum, hübsche Plätze, gute Museen und eine spannende Kunst- und Musikszene.

Sehenswertes

Die Praça 15 de Novembro ist der Mittelpunkt der Innenstadt. Hier befindet sich auch der Mercado Público von 1869 (S. 382). Tagsüber herrscht in dem alten Gebäude ein geschäftiges Treiben, wenn frisches Obst und Gemüse, Fleisch und Meeresfrüchte sowie alle wichtigen *erva maté* für *chimarrão* (Tee) verkauft werden.

Drei Häuserblocks weiter südlich liegt die malerische Praça da Matriz mit der klassizistischen **Catedral Metropolitana** (www.catedralportoalegre.com.br; Duque de Caxias 1047; ⏲ Mo–Fr 7–19, Sa 9–19, So 8–19 Uhr) GRATIS vom Anfang des 20. Jhs. An der Nordseite des Platzes stehen das elegante **Teatro São Pedro** (☎ 51 3227-5100; www.teatrosaopedro.com.br; Praça Mal Deodoro s/n; ⏲ Kasse Mo–Fr 13–18.30, Sa & So 13–15 Uhr) aus der Mitte des 19. Jhs. und die **Biblioteca Público** (☎ 51 3224-5045; www.bibliotecapublica.rs.gov.br; Ecke Riachuelo & General Câmara; ⏲ Mo–Fr 9–19, Sa 14–18 Uhr) mit der reich verzierten Fassade.

Schlafen

Die meisten Hostels und anderen Unterkünfte befinden sich in Cidade Baixa, wo es auch ein Nachtleben gibt. Andere für Traveller interessante Viertel sind die grünen Moinhos de Vento, Rio Branco und Bom Fim im Norden.

★ **Porto Alegre Eco Hostel** HOSTEL $
(☎ 51 3377 8876; www.poaecohostel.com.br; Luiz Afonso 276; B 43 R$, EZ/DZ ab 80/145 R$; @ 📶 ❄) Das hervorragende Hostel liegt an einer ru-

ABSTECHER

JESUITISCHE MISSIONEN

Im 16. Jh. beauftragten die portugiesischen und spanischen Könige katholische Orden mit der Bekehrung der Eingeborenen. Am erfolgreichsten waren die Jesuiten, die eine ganze Reihe von Missionen in Paraguay, Bolivien, Brasilien und Argentinien gründeten. Als die Bekehrungswelle in den 1720er-Jahren ihren Höhepunkt erreichte, verfügte die wohlhabende „Nation" über 30 Missionsdörfer, in denen mehr als 150 000 Guarani lebten.

Diese 30 Missionen sind mittlerweile alle zerstört. Ihre Überreste wurden zu Pilgerstätten, die entlang der Rota Missões („Missionsroute") zu besichtigen sind. Sieben davon sind in Brasilien (im Nordwesten von Rio Grande do Sul), acht im südlichen Paraguay und 15 im nordöstlichen Argentinien.

Die brasilianische Missionsroute beginnt man am besten in Santo Ângelo mit der am besten erhaltenen **Sítio Arqueológico São Miguel Arcanjo** (Erw./Kind 14/7 R$7, inkl. Museu das Missões; ⏲ Okt.–März 9–12 & 14–20 Uhr, April–Sept. Di–So 9–12 & 14–18, Mo 13.30–18 Uhr). Sie ist 53 km südwestlich von Santo Ângelo in São Miguel das Missões. Von Porto Alegre fährt mehrmals täglich ein Bus nach Sânto Angelo. Von dort geht es dann weiter nach São Miguel das Missões (13,25 R$, 1½ Std., 2- bis 3-mal tgl.).

Porto Alegre

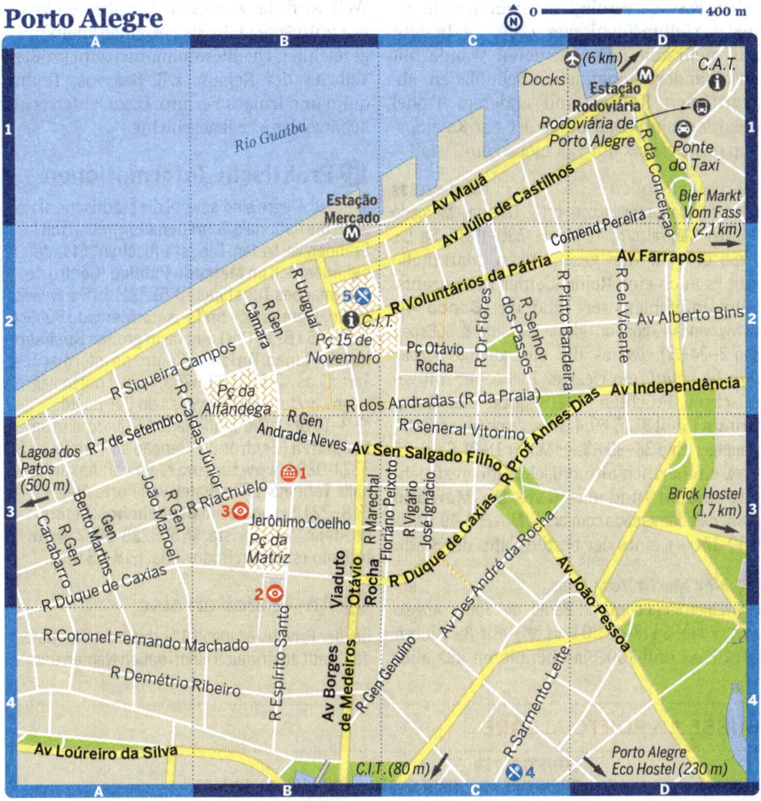

higen Wohnstraße im Herzen von Cidade Baixa, die Möbel sind umweltbewusst aus Recycling-Holz. Das alte Wohnhaus aus den 1930er-Jahren hat einen schönen Garten im Hinterhof.

Brick Hostel HOSTEL $
(☎51 3028-3333; www.brickhostel.com; Cabral 217; B 46–58 R$, Zi. 150 R$; ❄📶) 🍃 Von dem Hostel in Rio Branco sind der Parque Farroupilha, Moinhos de Vento und das Centro gut zu Fuß zu erreichen. Es ist eine ruhige Alternative sowohl zu Letzterem als auch zur lautstarken Cidade Baixa. Es gibt einen Gemeinschaftsbereich voller Kunstwerke aus der Region (die auch verkauft werden) und Schlafsäle mit abschließbaren Schränken, Leselampen und Steckdosen sowie ein paar minimalistisch ausgestattete Zimmer.

Essen & Ausgehen

Die Stadt ist ideal, um ein typisch brasililanisches *churrascaria* (oder *rodízio*) auszuprobieren. Hier wurde das All-you-can-eat-Fleischbüfett schließlich erfunden.

Porto Alegre

Sehenswertes
1 Biblioteca Público B3
2 Catedral Metropolitana B3
3 Teatro São Pedro B3

Essen
4 Agridoce Café C4
Banca 40 .... (siehe 5)
Bar Gambrinus .... (siehe 5)
5 Mercado Público B2

Ausgehen & Nachtleben
Café do Mercado .... (siehe 5)

★ **Agridoce Café** CAFÉ $
(Sarmento Leite 1024; Hauptgerichte 16–29 R$; ⏲Di–So 12–22 Uhr; 📶) Ein Café sollte man niemals nach dem äußeren Eindruck beurteilen. Hinter der altmodischen viktoriani-

schen Fassade verbirgt sich nämlich ein geniales südbrasilianisches Café. Es besteht aus mehreren Räumen, deren Wände mit auseinander genommenen Schubladen, abgegriffenen Koffern und anderem Trödel dekoriert sind. Das Ganze ist ein Kaleidoskop des Designs mit viel Liebe zum Detail.

Mercado Público MARKTHALLE **$$**
(www.mercadopublico.com.br; Galeria Mercado Público Central s/n; ⌚Mo–Fr 7.30–19.30, Sa bis 18.30 Uhr) In der geschäftigen Markthalle gibt es auch eine Reihe kleiner Restaurants. Sehr empfehlenswert sind das **Banca 40** (www.banca40.com.br; kleine Gerichte & Süßspeisen 2–24 R$), wo es die einzigartige *super bomba royal* (ein riesiger Eisbecher mit gemischten Früchten, 15 R$) gibt, das **Gambrinus** (☎51 3226-6914; www.gambrinus.com.br; Hauptgerichte 38–99 R$; ⌚Mo–Fr 11–21, Sa bis 16 Uhr), ein herrlich altmodisches Meeresfrüchterestaurant, und das **Café Do Mercado** (www.cafedomercado.com.br; ⌚Mo–Fr 8–19.30, Sa 9.30–17 Uhr), eines der besten Cafés der Stadt.

★**Bier Markt Vom Fass** BAR
(www.biermarkt.com.br; Barão de Santo Ângelo 497; ⌚Mo–Sa 18–23.30 Uhr; 📶) Mit 38 Bieren vom Fass und 100 Flaschenbieren aus aller Welt wird die Kneipe in Moinhos de Vento seit 2010 jedes Jahr als beste Bierkneipe ausgezeichnet. Die Biere stammen zum größten Teil aus der Region, z.B. Seasons, Tupiniquim und Irmãos Ferraro. Dazu laufen echte Schätze der Musikgeschichte.

ℹ Praktische Informationen

In Porto Alegre sind sowohl die städtische als auch die nationale Touristeninformation mit Ständen vertreten. Die „städtischen" Stände befinden sich im **Mercado Público** (Centro de Informações Turísticas; ☎51 3211-5705; www2.portoalegre.rs.gov.br/turismo; Mercado Público; ⌚Mo–Sa 8–18 Uhr) und beim großen **Busbahnhof der Linha Turismo** (Centro de Informações Turísticas; ☎51 3289-6765; www2.portoalegre.rs.gov.br/turismo; Travessa do Carmo 84; ⌚8–16 Uhr). Die „nationalen" Stände sind am **Flughafen** (Centros de Atenção ao Turista; ☎51 3374-0294; www.turismo.rs.gov.br; Ankunftshalle Terminal 1, Flughafen von Porto Alegre; ⌚8–22 Uhr) und beim **Busbahnhof** (Centro de Atencão ao Turista; ☎51 3225-0677; www.turismo.rs.gov.br; Rodoviária; ⌚8–18 Uhr).

ℹ An- & Weiterreise

Bei der Privatisierung 2017 erhielt der Flughafen der Stadt auch gleich einen neuen Namen und

BUSSE AB PORTO ALEGRE

ZIEL	GÜNSTIGSTER PREIS (R$)	DAUER (STD.)	BUSGESELLSCHAFT
Buenos Aires (Argentinien)	335	21	Flecha Bus (www.flechabus.com.ar), JBL (www.jblturismo.com.br)
Cambará do Sul	46,75	6	Citral (www.citral.tur.br)
Canela	37,60	3	Citral
Chuí	124	8	Planalto (www.planalto.com.br)
Curitiba	192	13	Penha (www.passagempenha.com.br), Catarinense (www.catarinense.net)
Florianópolis	89	6	Santo Anjo (www.santoanjo.com.br), Eucatur (www.eucatur.com.br)
Gramado	35	3	Citral
Montevideo (Uruguay)	267	12	TTL (www.ttl.com.br), EGA (www.ega.com.uy)
Pelotas	61	3½	Expresso Embaixador (www.expressoembaixador.com.br)
Rio de Janeiro	358,50	26	Penha
Rio Grande	77,50	5	Planalto
Santiago (Chile)	486	40	JBL
Sânto Angelo	127	7	Ouro e Prata (www.ouroeprata.com)
São Francisco de Paula	28	3	Citral
São Paulo	180	19	Penha, Eucatur
Torres	49	3	Unesul (www.unesul.com.br)

heißt jetzt einfach nur **Porto Alegre Airport** (POA; ☎51 3358-2000; www.portoalegre-airport.com.br; Av Severo Dulius 90.010). Er befindet sich 6 km nordöstlich der Innenstadt. Zwischen den beiden Terminals verkehrt ein kostenloser Shuttle-Bus. Die meisten Fluggesellschaften starten von Terminal 1, nur Azul fliegt vom älteren Terminal 2. Neben den großen Städten in Brasilien werden auch Ziele wie Buenos Aires, Lima, Montevideo und Panama City angeflogen.

Die Prepaid-Taxis von **Cootaero** (☎51 3358-2500; www.cootaero.com.br; Ankunftshalle, Porto Alegre Airport) fahren von der Ankunftshalle ins Centro (33 R$) und nach Cidade Baixa (38 R$). Uber-Taxis kosten deutlich weniger.

Der betriebsame **Fernbusbahnhof** (☎51 3210-0101; www.rodoviaria-poa.com.br; Largo Vespasiano Julioveppo 70), 1,5 km nordöstlich des Centro, ist gut mit der Metro zu erreichen. Ein Prepaid-Taxi von **Ponte do Taxi** (☎51 3221-9371; Estação Rodoviária de Porto Alegre) in die Innenstadt kostet 10 bis 20 R$. Bei übermäßig viel Gepäck kommt ein Zuschlag von 7,27 R$ dazu. Ein Uber-Taxi ins Centro kostet außerhalb der Hauptverkehrszeit rund 10 R$, nach Cidade Baixa etwa 15 R$.

Unterwegs vor Ort

Die Metro von Porto Alegre heißt **Trensurb** (www.trensurb.gov.br; einfache Fahrt 3,30 R$; 5–23.25 Uhr). Die praktischsten Stationen sind Estação Mercado (am Hafen), Estação Rodoviária (die nächste Station) und die am Flughafen (drei Stationen weiter). Nach Cidade Baixa fahren die Busse T5, T51 und T52 vom Flughafen und die Busse 282, 282.1, 244, 255, 272 und 343 vom Busbahnhof (4,30 R$).

Sowohl die Metro-Station als auch die Bushaltestelle liegen zwischen den beiden Terminals in Richtung Terminal 2. Alle 10 bis 15 Minuten verkehrt der kostenlose **Aeromóvel** (Brasiliens erstes mit erneuerbarer Energie betriebenes Transportsystem) zwischen der Metrostation und Terminal 1. Terminal 2 ist über eine 400 m lange Fußgängerbrücke von der Metrostation zu erreichen.

Foz do Iguaçu

☎0XX45 / 263 500 EW.

Das gewaltige Rauschen von 275 Wasserfällen, die 80 m tief in den Rio Iguaçu stürzen, scheint die Stadt Foz mit einem aufregenden, tiefen Brummen zu überziehen – und das, obwohl die berühmten Cataratas (Fälle) 20 km südöstlich der Stadt liegen. Nach dem Besuch der Fälle kann man in die Wälder Paraguays eintauchen oder den Itaipú-Staudamm besichtigen, eines der größten Wasserkraftwerke der Welt.

Sehenswertes & Aktivitäten

Viele Hotels und Agenturen in Foz do Iguaçu bieten Touren in den Nationalpark auf argentinischer Seite. Diese kosten 50–120 R$ (nur für die Fahrt). Wer auf eigene Faust hinfährt, spart Geld und Zeit.

★**Cataratas do Iguaçu** WASSERFÄLLE
(www.cataratasdoiguacu.com.br; Parque Nacional do Iguaçu) Im Parque Nacional do Iguaçu angekommen, fährt man mit dem parkeigenen Bus bis zur dritten Haltestelle beim Belmond Hotel das Cataratas. Hier beginnt der 1200 m lange Hauptwanderweg Trilha das Cataratas („Wasserfall-Weg“) entlang des Flusses Iguaçu bis zur Garganta do Diabo.

★**Macuco Safari** OUTDOORAKTIVITÄTEN
(☎45 3529-6262; www.macucosafari.com.br; Av das Cataratas, Km 25, Parque Nacional do Iguaçu; Bootsfahrt 215 R$, Touren 61–515 R$) Der offizielle Veranstalter arbeitet im Auftrag der brasilianischen Verwaltung der Wasserfälle. Das beste Angebot ist die gleichnamige, nasse Safari, bei der mit dem Boot über Stromschnellen und Wasserfälle gefahren wird. Weitere Angebote sind Wanderungen, Touren zur Vogelbeobachtung, Wildwasser-Rafting und sonstige Aktivitäten in der Natur. Das Büro des Veranstalters ist bei der zweiten Haltestelle des Doppeldeckerbusses.

★**Parque das Aves** VOGELSCHUTZGEBIET
(Bird Park; ☎45 3529-8282; www.parquedasaves.com.br; Av das Cataratas, Km 17,1; 45 R$; 8.30–17 Uhr) In dem 5 ha großen Vogelschutzgebiet, das 300 m entfernt vom Eingang zum **Parque Nacional do Iguaçu** (☎45 3521-4400; www.cataratasdoiguacu.com.br; Hwy BR-469, Km 18; Erw. Ausländer/Mercosur-Angehörige/Brasilianer 62/49/36 R$, Kind 10 R$; 9–17 Uhr) ist, leben mehr als 800 Vogelarten, darunter der Rote Ibis, Nacktkehl-Glockenvogel und jede Menge Flamingos. Die 8 m hohen Volieren mitten im Dschungel sind teilweise begehbar. Der Besuch ist ein einmaliges Erlebnis für Kinder und Erwachsene.

★**Itaipu Binacional** STAUDAMM
(☎45 3567-7000; www.turismoitaipu.com.br; Tancredo Neves 6702; Panoramatour/Sonderführung 38/82 R$; Führung 8.30–16.45 Uhr) Mit einer Leistung von 14 Mio. kW ist dieses zu zwei Staaten gehörende Wasserkraftwerk das zweitgrößte der Welt und zugleich dasjenige, welches pro Jahr den meisten Strom produziert. Die eindrucksvolle, ungefähr 8 km lange und 200 m hohe Staumauer ist ein

Foz do Iguaçu

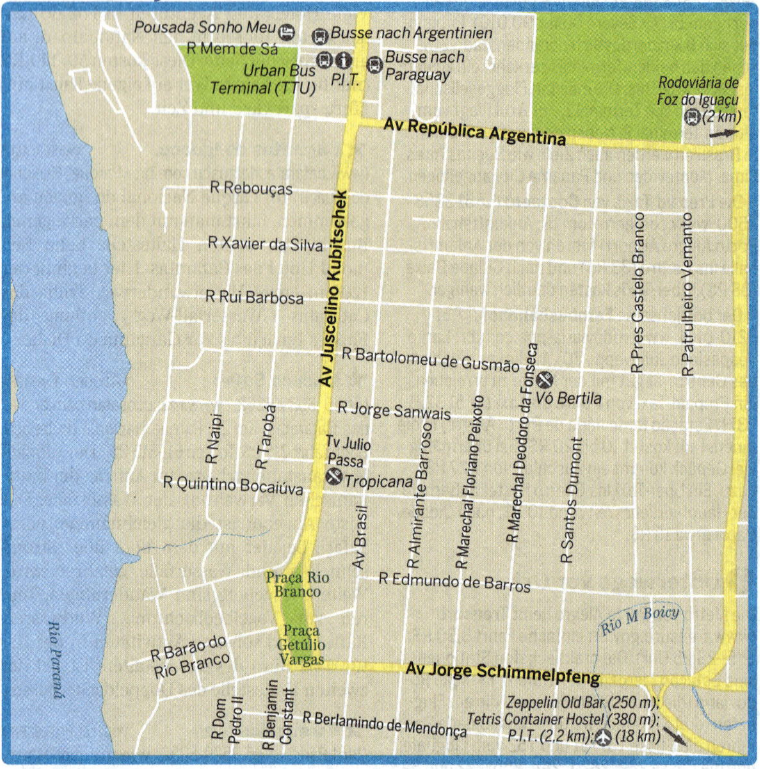

denkwürdiger Anblick, insbesondere wenn bei hohem Wasserstand des Flusses ein riesiger Strom den Überlauf hinunterstürzt.

Schlafen

★ Tetris Container Hostel HOSTEL $
(☎ 45-3132-0019; www.tetrishostel.com.br; Av das Cataratas 639; B 50–65 R$, DZ ab 140 R$; ❄@📶🏊) 🍃 Brasiliens coolstes Hostel ist aus 15 Containern zusammengebaut; selbst der Pool ist ein mit Wasser gefüllter Container! Auch sonst macht man sich Industrieabfall zunutze: Die Waschbecken sind z. B. aus Ölfässern hergestellt. Farbenfrohe Bäder hellen die Schlafsäle (einer mit vier Betten ausschließlich für Frauen; zwei gemischte mit zehn bzw. zwölf Betten) auf. Der Patio/Barbereich ist spitze und das Personal prima.

★ Hostel Nature HOSTEL $
(☎ 45 99116-0979; www.hostelnature.com.br; Alameda Buri 333; Zeltplatz/B 32/70 R$ pro Pers., EZ/DZ/3BZ 100/150/200 R$; ❄@📶🏊) Das Hostel steht inmitten von Zuckerrohr, Bananen und Mandarinenbäumen. Es ist ein herrliches Fleckchen Erde und nur 12 km entfernt vom Eingang zum Parque Nacional do Iguaçu. Zu den schönen sauberen Schlafsälen und sechs gemütlichen Zimmern gehören großzügige Aufenthaltsbereiche im Freien, ein Restaurant und eine witzige Bar.

Pousada Sonho Meu PENSION $$
(☎ 45 3573-5764; www.facebook.com/PousadaSMFoz; Mem de Sá 267; EZ/DZ/3BZ/4BZ 150/200/250/380 R$; ❄📶🏊) Die Pension, die nur 50 m vom örtlichen Busbahnhof entfernt ist, sieht zwar aus wie ein Verwaltungsgebäude, ist aber eine herrliche Oase der Ruhe. Die komplett renovierten Zimmer sind einfach ausgestattet und mit rustikalen Holzziegeln und farbenprächtigen unechten *azulejos* (bemalte Fliesen) geschmückt. Es gibt einen ausgezeichneten Swimmingpool mit kleinem Wasserfall, einen Frühstücksraum und eine Gästeküche im Freien.

Essen & Ausgehen

Tropicana CHURRASCARIA $
(www.facebook.com/tropicanafoz; Av Juscelino Kubitschek 228; Büfett 35 R$; 11–23 Uhr;) Das superleckere All-you-can-eat-Büfett bietet eine gigantische Auswahl für einen lächerlichen Preis. Entsprechend groß ist der Andrang.

★ **Vó Bertila** PIZZERIA $$
(www.facebook.com/vobertila; Bartolomeu de Gusmão 1116; Pizza 27–82 R$, Nudelgerichte 58–86 R$ für 2 Pers.; Di–So 18.30–23.30 Uhr) Der zwanglose Familienbetrieb hat Pizzas aus dem Holzofen – auch in kleineren Größen – und typische italienische Nudelgerichte in riesigen Portionen. Das Vó Bertila ist eines der wirklich guten italienischen Restaurants, von denen es in Brasilien so viele gibt. Es ist zwar nicht Bologna oder Neapel, aber dennoch immer rappelvoll.

★ **Zeppelin Old Bar** LIVEMUSIK
(www.facebook.com/ZeppelinFoz; Raul Mattos 222; Di 19–24, Mi–Sa 21–2 Uhr;) Zu den ausgezeichneten Cocktails gibt's Livemusik von Grunge bis Reggae. Ab Donnerstag treffen sich hier jeden Abend die Schönen der Stadt.

Praktische Informationen

Die regionale Touristeninformation hat eine ausgezeichnete Website, eine gebührenfreie Telefonauskunft in Englisch, Karten und ausführliche Infos über die Region. Das Hauptbüro ist in **Vila Yolanda** (45 3521-8128; www.pmfi.pr.gov.br/turismo; Av das Cataratas 2330, Vila Yolanda; 8–20 Uhr) außerhalb der Stadt in Richtung der Wasserfälle. Bus 120 fährt dorthin. Weitere Büros sind am **Flughafen** (45 3521-4276; www.pmfi.pr.gov.br/turismo; Hwy BR-469, Km 16,5, Aeroporto Internacional de Foz do Iguaçu/Cataratas; 9–20.30 Uhr), im **Fernbusbahnhof** (45 3522-1027; www.pmfi.pr.gov.br/turismo; Av Costa e Silva 1601, Rodoviária Internacional de Foz do Iguaçu; 7–18 Uhr) und im **städtischen Busbahnhof** (45 3523-7901; www.pmfi.pr.gov.br/turismo; Juscelino Kubitschek 1385, TTU; 7.30–18 Uhr).

An- & Weiterreise

BUS

Der **Fernbusbahnhof** (45 3522-2590; Av Costa e Silva 1601) liegt 4,5 km nordöstlich des Stadtzentrums. Im **Central de Passagens** (45 99819-0303; www.centraldepassagens.com; Av Juscelino Kubitschek 526; Mo–Fr 8–19, Sa 8–15 Uhr) werden die Fahrkarten zum gleichen Preis verkauft wie bei den Busgesellschaften.

FLUGZEUG

Vom **Foz do Iguaçu/Cataratas International Airport** (IGU; 45 3521-4200; Hwy BR-469, Km 16,5) starten täglich Flüge in die großen Städte Brasiliens und nach Lima. Beim Anflug auf den Flughafen sind die Wasserfälle auf der linken Seite gut zu sehen.

NACH PUERTO IGUAZÚ IN ARGENTINIEN

Die meisten Busfahrer warten an der brasilianischen Grenze, bis die Ausreiseformalitäten erledigt sind – allerdings nur, wenn im Bus mehr Ausländer als Einheimische sitzen. Offiziell sollen Traveller vom Fahrer einen Passierschein erhalten, den Ausreisestempel in ihren Pass bekommen und dann auf den nächsten Bus der gleichen Busgesellschaft warten. In der Praxis warten nicht alle Fahrer und nur einige wenige verteilen einen Passierschein, sodass viele Leute einfach nochmals bezahlen, statt eine Stunde lang auf den nächsten Bus zu warten. Auf der argentinischen Seite warten die meisten Fahrer. Mit Glück und Geduld bezahlt man dann nur 5 R$ bzw. 25 AR und maximal 10 R$ bzw. 50 AR. Willkommen im Chaos des Dreiländerecks!

Aus diesem Grund sollte man unbedingt darauf achten, ob der Fahrer – in Portugiesisch oder Spanisch – fragt, ob er auf der brasilianischen Seite anhalten soll. Wer das verpasst, hat später erhebliche Probleme bei der Wiedereinreise (inkl. saftiger Geldbußen).

Auf der argentinischen Seite halten die Busse immer an und warten in der Regel, bis alle Einreiseformalitäten erledigt sind. Beide Grenzposten sind rund um die Uhr geöffnet, die Busse fahren jedoch nur bis gegen 19.15 Uhr. Der letzte mögliche Bus (um 18.45 Uhr) ist der zweitletzte Bus nach Brasilien. Wer bis zum letzten Bus wartet, kann nach der Erledigung der Einreiseformalitäten nicht mehr weiter fahren.

NACH CIUDAD DEL ESTE IN PARAGUAY

Zur Grenze fahren die Busse (5,50 R$/10 000 G, 30 Min., 6–18 Uhr) in der **Av Juscelino Kubitschek** (Av Juscelino Kubitscheck) gegenüber dem TTU (S. 386) ab. Oder man fährt ab dem TTU mit einem Bus in Richtung „Ponte da Amizade" (101, 102, 103 usw.) oder mit einem Taxi. Es verkehren auch regelmäßig Busse vom Busbahnhof (S. 385) zur Grenze. An der Grenze holt man sich den Ausreisestempel und fährt dann mit dem nächsten Bus oder einem Taxi weiter nach Ciudad del Este. Man kann auch über die Ponte da Amizade („Freundschaftsbrücke") gehen. Wer weiter durch Paraguay reisen will, muss die Ausreiseformalitäten (S. 385) bei der brasilianischen **Polícia Federal** (www.pf.gov.br; Hwy BR-277; 24 Std.) und die Einreiseformalitäten bei der Einreisebehörde des Konsulats in Paraguay erledigen.

BUSSE AB FOZ

ZIEL	GÜNSTIGSTER PREIS (R$)	DAUER (STD.)	BUSGESELLSCHAFT
Asunción	59	6½	NSA (www.nsa.com.py)
Buenos Aires**	286	18	Crucero del Norte (www.crucerodelnorte.com.ar)
Campo Grande	114	13	Eucatur (www.eucatur.com.br)
Curitiba	192	10	Catatrinense (www.catarinense.net)
Florianópolis	179	16	Catarinense, Nordeste (www.expnordeste.com.br)
Rio de Janeiro	299	24	Catarinense, Nordeste
São Paulo	213	16	Catarinense, Pluma (www.pluma.com.br)

* Abfahrt um 18.30 (*convencional*) und 24 Uhr (*leito*)
** Abfahrt um 10.30 Uhr

Unterwegs vor Ort

Die Fahrt mit einem städtischen Bus kostet 3,55 R$. Der städtische **Busbahnhof** (TTU; Terminal de Transporte Urbano; ☎2105-1385; Av Juscelino Kubitschek 1385) wird allgemein nur „*terminal*" genannt.

Bus 120 in Richtung „Aeroporto/Parque Nacional" fährt von 5.25 bis 0.10 Uhr (sonntags schon ab 5.10 Uhr) alle 22 bis 30 Minuten zum Flughafen (3,55 R$, 30 Min.) und zu den Wasserfällen auf brasilianischer Seite (40 Min.). Er startet am städtischen Busbahnhof und hält an allen Haltestellen der Av Juscelino Kubitschek südlich von Barbosa. Bus 120 in Richtung „Centro/TTU" fährt vom Flughafen ins Centro. Abfahrt ist ganz links vom Ausgang bei dem mehrsprachigen Schild mit der Aufschrift „Parada de Ônibus".

Ein Taxi zu den Wasserfällen kostet 20 bis 25 R$ und ins Centro 50 bis 60 R$ (Uber fährt für 7 bis 8 R$ zu den Wasserfällen und für 20 bis 25 R$ ins Centro). Im Flughafen befinden sich auch Gepäckschließfächer, die 30 R$ für 24 Stunden kosten.

Auf der 6 km langen Strecke zwischen dem Fernbusbahnhof und dem städtischen Busbahnhof verkehren die Stadtbusse 105 und 115 (3,55 R$).

DER ZENTRALE WESTEN

Brasiliens Zentraler Westen bietet atemberaubende Panoramen und eine außergewöhnliche Tierwelt – ein Muss für alle Naturliebhaber und Outdoorfreaks. Das Pantanal ist eines der bedeutendsten Feuchtgebiete der Erde und die Hauptattraktion dieser Gegend. In den sich windenden Flüssen, in den Savannen und Wäldern gibt es mehr Tiere und Pflanzen als sonst irgendwo in der Neuen Welt. Weitere Highlights sind die spektakulären *chapadas* (Hochebenen), die sich wie leuchtend rote Riesen über dem dunkelgrünen *cerrado* (Savanne) erheben und in denen man sensationelle Wasserfälle und malerische Schwimmbecken erkunden kann, Bonito, wo in kristallklaren Flüssen zahllose Fische schwimmen und ein unübliches Naturwunder bestaunt werden kann, und Brasiliens surreale, auf dem Reißbrett entworfene Hauptstadt Brasília.

Brasília

☎0XX61 / 3,1 MIO. / 1172 M

Die als funktionierende Antwort der Zukunft auf das Chaos der Metropolen konzipierte Stadt löste Rio 1960 als Hauptstadt ab. Bis heute ist Brasília ein eindrucksvolles Beispiel staatlicher Initiative und Lenkung. Die am Reißbrett geplante Stadt wird immer wieder für ihre avantgardistische Bauweise gelobt. Sie ist aber nicht nur ein Paradies für Architekturfans, sondern auch für Feinschmecker, Nachteulen und alle, die ein einmaliges Reiseerlebnis suchen.

Sehenswertes

Die interessantesten Gebäude der Stadt stehen an einem 5 km langen Straßenabschnitt der Eixo Monumental. Sie sind hier von Nordwesten nach Südosten aufgelistet. Weiter südlich, im „Cockpit" des an ein Flugzeug erinnernden Grundrisses der Stadt, stehen die wichtigsten Regierungsgebäude: der **Palácio do Itamaraty** (Palácio dos Arcos; ☎61 2030-8051; www.itamaraty.gov.br; Esplanada dos Ministérios, Bloco H; ⌚stündl. Führungen Mo–Fr 9–11 & 14–17, Sa & So 9, 11, 14, 15 & 17 Uhr) GRATIS, der **Palácio da Justiça** (☎61 2025-3000; www.justica.gov.br; Esplanada dos Ministérios) und der **Congresso Nacional** (Parlament; ☎61 3216-1771; www.congressonacional.leg.br; Praça dos Três Poderes; ⌚ Do–Mo 9–17.30 Uhr) GRATIS. Zu den Gebäuden kann man gut mit den Stadtbussen 104 und 108 fahren, muss aber immer wieder längere Strecken zu Fuß gehen. Aus diesem Grund ist es besser, sie im Rahmen einer Stadtführung zu besuchen.

★ Santuário Dom Bosco KRICHE
(☎ 61 3223-6542; www.santuariodombosco.org.br; SEPS 702, Bloco B; ⌚ 7–20 Uhr) GRATIS Die Kirche enthält 80 Betonsäulen zwischen Wänden, die aus 7400 Glasbausteinen aus Murano-Glas bestehen. Das in verschiedenen Blautönen leuchtende Glas symbolisiert den Sternenhimmel und taucht die Kirchenbänke in eine künstliche Unterwasserwelt. Der zentrale Kronleuchter wiegt 2,5 t und erhöht mit seinen 435 Glühlampen die monatliche Stromrechnung um ein Beträchtliches.

★ Catedral Metropolitana KATHEDRALE
(Nossa Senhora Aparecida; ☎ 61 3224-4073; www.catedral.org.br; Esplanada dos Ministérios; ⌚ Mi, Do & Sa–Mo 8–16.30, Di & Fr 10.30–16 Uhr) GRATIS Die 16 Streben, die die äußere „Krone" bilden, und der lichtdurchflutete runde Innenraum unter einer Kuppel aus gewelltem Buntglas machen die Kathedrale zu einem atemberaubenden Anblick. Vor dem Eingang stehen die Statuen der *Vier Apostel* von Ceschiatti. Er schuf auch die schwebenden Aluminium-Engel im Inneren. Kurze Hosen sind hier verboten, und die Kathedrale darf auch nicht während eines Gottesdienstes besichtigt werden.

★ Centro Cultural Banco do Brasil KUNSTZENTRUM
(CCBB; ☎ 61 3108-7600; www.culturabancodobrasil.com.br; SCES, Trecho 2, Conjunto 22; ⌚ Di–So 9–21 Uhr) GRATIS Das wichtigste moderne Museum der Stadt besteht aus zwei Galerien mit Wechselausstellungen, einem unabhängigen Kino, einem Café und einem Buchladen. Die Busse 0.103 und 103.2 fahren vom Zentrum hierher.

Der zentrale Westen

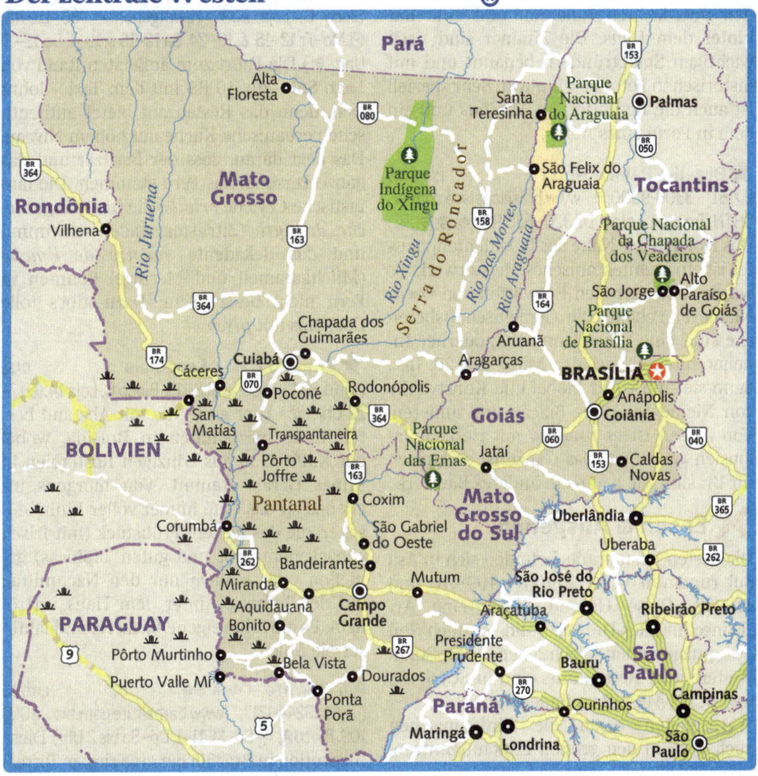

★ Museu Nacional MUSEUM
(Museu Honestino Guimarães; ☎61 3325-5220; www.cultura.df.gov.br; Esplanada dos Ministérios; ⊙Di–So 9–18.30 Uhr) GRATIS Das Kunstmuseum mit der von Weitem sichtbaren, strahlend weißen Kuppel wurde zum 100. Geburtstag des Architekten Oscar Niemeyer eröffnet. Das Innere ist in sanfteren Grautönen gehalten, aber ebenso spektakulär, insbesondere das Zwischengeschoss, das auf von der Decke abgehängten Säulen ruht. Rund um die Fassade verläuft eine spiralförmige Rampe, die an einen Ring des Saturns erinnert. Zu sehen sind hervorragende Wechselausstellungen.

Schlafen

Hostel 7 HOSTEL $
(☎61 3033-7707; www.hostel7.com.br; SCLRN 708, Bloco I, Loja 20; B 50–80 R$; ❄@🛜) Das ausgezeichnete Hostel hat vollgestopfte, aber gute Schlafsäle mit Schränken, Klimaanlage und Bad sowie ein paar Zimmer für bis zu vier Personen. Gemeinschaftsbereiche sind kaum vorhanden, doch es gibt einen schönen überdachten Innenhof und eine Bar hinter dem Haus. Die Zimmer sind nach wichtigen Stadtgründern benannt und mit historischen Fotos geschmückt. Sehr speziell ist auch die Rezeption im Minibus und ein Sofa in Form eines Autos.

★ Brasília Palace Hotel HOTEL $$
(☎61 3306-9000; www.brasiliapalace.com.br; SHTN, Trecho 1, Lote 1; DZ 320–650 R$; ❄@🛜🏊) Das Hotel in der Nähe des Präsidentenpalastes ist ein architektonisches Meisterwerk. Es wurde 1957 nach den Entwürfen von Oscar Niemeyer gebaut. Die Gemeinschaftsbereiche sind eine Schatzkammer moderner Innenarchitektur aus der Mitte des 20. Jhs., denn sie sind voller Möbel und Kunstwerke von Niemeyer, Athos Bulcão und anderen. Von Außen ist es rundum mit riesigen Jalousien geschützt. Das Ganze ist so typisch für Brasília wie kaum ein anderes Bauwerk.

Essen & Ausgehen

Die besten Restaurants befinden sich in Asa Sul rund um SCLS 209/210, 409/410 und 411/412. Diese Gegend bildet eine Art „Feinschmecker-Dreieck" und ist auch Teil des pulsierenden Nachtlebens der Stadt. Weitere gute Restaurants sind in SCLS 405 und SCLN 412/413 zu finden.

Ansonsten essen die Einheimischen auch gern in den großen Einkaufszentren. Die drei Großen im Zentrum – **Brasília Shopping** (www.brasiliashopping.com.br; Quadra 5, Asa Norte SCN; ⊙Geschäfte Mo–Sa 10–22, So 13–19 Uhr, Food Court Mo–Sa 10–22, So 12–22 Uhr; 🛜), **Pátio Brasil** (☎61 2107-7400; www.patiobrasil.com.br; Asa Sul, W3 SCS; ⊙Mo–Sa 10–22, So 14–20 Uhr) und **Conjunto Nacional** (www.conjuntonacional.com.br; SDN CNB, Conjunto A; ⊙Mo–Sa 9–22 Uhr, Essen nur So 12–20 Uhr) – haben jeweils einen Food Court mit riesiger Auswahl.

Boteco do Juca BOTECO $
(☎61 3242-9415; www.botecodojuca.com.br; CLS 405, Bloco A; Petiscos 17–55 R$; ⊙11.30–24 Uhr; 🛜) Die weitläufige Freiluft-Bar im Stil von Rio hat eiskaltes Fassbier und flottes Personal, weshalb sie zu Recht extrem beliebt ist. Abends gibt's All-you-can-eat-Pizza (26–28 R$), Fleischspieße, Grillfleisch und riesige Platten mit Finger Food für mehrere Personen. Alles ist superlecker und recht preiswert.

★ Taypá PERUANISCH $$$
(☎61 3248-0403; www.taypa.com.br; SHIS QI 17, Bloco G, Loja 208; Hauptgerichte 60–110 R$; ⊙Mo–Fr 12–15 & 19–24, Sa 12–16 & 19–1, So 12–17 Uhr; 🛜) Die Fahrt zum äußersten Rand von Lago Sul – für 40 R$ mit dem Taxi – lohnt sich, denn das Restaurant bietet authentische peruanische Küche auf hohem Niveau. Das liegt daran, dass der Besitzer und das ganze Personal aus Peru stammen. Die fantastische Ceviche *criollo*, die in cremiger *leche de tigre* (Zitrusmarinade) schwimmt, und das dekadente *suspiro de limeño* (Milchkaramell und Meringe) könnten in Peru nicht besser sein. Dazu gibt's tolle Cocktails mit *pisco*.

★ Ernesto Cafés Especiais CAFÉ
(☎61 3345-4182; SCLS 115, Bloco C, Loja 14; ⊙7–22 Uhr; 🛜) Hier gibt's die mit Abstand besten Kaffeespezialitäten in Brasília, wobei der Kaffee u.a. aus winzigen Röstereien in Minas Gerais stammt. Von morgens bis abends ist das Café immer voller Einheimischer, die das leckere Frühstück (mit frisch gebackenem Brot und guten Tapiocas) genießen oder einfach nur den Nachmittag auf der Terrasse hinter dem Haus vertrödeln. Es gibt eine eigene Bäckerei und laktosefreie Milch.

Bar Beirute – Asa Sul BOTECO
(☎61 3244-1717; www.barbeirute.com.br; SCLS 109, Bloco A; ⊙So–Mi 11–1, Do–Sa bis 2 Uhr) Diese Institution in Brasília hat eine riesige Terras-

Brasília Zentrum

se, auf der sich die Trendsetter der Stadt tummeln. Eigentlich ist es eine Kneipe für Schwule, Lesben und ihre Freunde, doch es sind alle willkommen, die ein gutes kaltes Beira (die Eigenmarke der Brauerei Beirute) zu schätzen wissen. Passend dazu gibt's libanesisches Essen.

Brasília Zentrum

Highlights

1 Catedral Metropolitana	A4
2 Congresso Nacional	A6
3 Museu Nacional	A4
4 Palácio do Itamaraty	A6

Sehenswertes

5 Palácio da Justiça	B6

Shoppen

6 Brasília Shopping	B2
7 Conjunto Nacional	B3
8 Pátio Brasil	A2

Praktische Informationen

Die besten Stände der Touristeninformation sind auf der Praça de Três Poderes und im Flughafen:

CAT (Centro de Atendimento ao Turista; ☎ 61 3226 0153; www.turismo.df.gov.br; Praça dos Três Poderes; ⏲ 9–12 & 13–18 Uhr)

CAT Aeroporto (Centro de Atendimento ao Turista; www.turismo.df.gov.br; Presidente Juscelino Kubitschek International Airport; ⏲ 9–12 & 13–18 Uhr)

An- & Weiterreise

Der blitzblanke **Aeroporto Presidente Juscelino Kubitschek** (BSB; ☎ 61 3364-9000; www.bsb.aero) befindet sich 12 km südlich des Stadtzentrums.

Zwischen der Stadt und dem Flughafen verkehrt der **Ônibus Executivo Aeroporto** (Bus 113; ☎ 61 3344-2769; www.tcb.df.gov.br; einfache Fahrt 12 R$; ⏲ 6.30–23.55 Uhr, 20–40 Min.). Er fährt rechts von der Ankunftshalle ab. Bus 0.102/102.1 verkehrt zwischen dem **städtischen Busbahnhof** (☎ 61 3327-4631) und dem Flughafen (3,50 R$, 40 Min.). Eine Taxifahrt zum Flughafen kostet rund 60 R$.

Vom schicken Fernbusbahnhof **Rodoviária Interestadual** (☎ 61 3234-2185; www.rodoviariabrasilia.com; SMAS, Trecho 4, Conjunto 5/6), 3 km südwestlich von Asa Sul, starten Busse in so ziemlich alle Orte in Brasilien.

Unterwegs vor Ort

Die **Metrô DF** (www.metro.df.gov.br; 5 R$; ⏲ Mo–Sa 6–23.30, So 7–19 Uhr) verkehrt nur im Süden der Stadt, ist aber sehr praktisch, um in die Restaurants und Bars in Asa Sul sowie zum städtischen Busbahnhof (Station: Shopping) zu gelangen. Vom Busbahnhof fährt sie weiter in die riesigen Vororte Ceilândia und Samambaia, wobei es etwa alle zwei Häuserblocks eine passend benannte Station (102 Sul, 104 Sul etc.) gibt.

Dreh- und Angelpunkt des umfangreichen Busverkehrs DFTrans in der Stadt (www.dftrans.

BUSSE AB BRASÍLIA

ZIEL	GÜNSTIGSTER PREIS (R$)	DAUER (STD.)	BUSGESELLSCHAFT
Belém	255	35	Satélite Norte (www.satelitenorte.com.br), Rápido Marajó (www.rapidomarajo.com.br)
Campo Grande	238–261	23–25	Motta (www.motta.com.br), Viação São Luiz (www.viacaosaoluiz.com.br)
Cuiabá	208–232	23	Expresso São Luiz (www.expressosaoluiz.com.br), Eucatur (www.eucatur.com.br), Andorinha (www.andorinha.com)
Goiânia	40–62	3–4	Araguarina (www.araguarina.com.br), Viação Goiânia (www.viacaogoiania.com.br), Expresso São Luiz, Catedral Turismo (www.catedralturismo.com.br)
Porto Velho	512	43	Andorinha, Eucatur
Rio de Janeiro	220	18	Viação Util (www.util.com.br), Kaissara (www.kaissara.com.br)
Salvador	270–310	25	Catedral Turismo, Real Expresso (www.realexpresso.com.br)
São Paulo	228	17	Catedral Turismo, Real Expresso (www.realexpresso.com.br)

df.gov.br) ist der städtische Busbahnhof Rodoviária Plano Piloto.

Pantanal

Das ungefähr 210 000 km² große, bis nach Paraguay und Bolivien hineinreichende Naturparadies ist Brasiliens größte ökologische Attraktion. Hier leben exotische Tiere und Pflanzen in einer Fülle wie nirgendwo sonst in Südamerika. Während der Regenzeit (Dez.–April) überschwemmen der Rio Paraguai und die kleineren Flüsse des Pantanals einen großen Teil dieser niedrig gelegenen Region und schaffen *cordilheiras* (Vegetationsinseln oberhalb des Wasserspiegels). Das Wasser im größten Süßwasserfeuchtgebiet der Erde steigt im nördlichen Pantanal gegen März und weiter südlich teilweise erst im Juni um bis zu 3 m über die Niedrigwasserstände.

Diese jahreszeitliche Überflutung begrenzt die menschliche Besiedlung der Region, dafür finden Wildtiere hier ein unglaublich reiches Nahrungsangebot. Vertreten sind 650 Vogel- und 80 Säugetierarten, darunter Jaguare, Ozelote, Pumas, Mähnenwölfe, Hirsche, Ameisenbären, Gürteltiere, Tapire, Brüll- und Kapuzineraffen. Die Gewässer wimmeln von Fischen; Vögel fliegen zu Tausenden ein und sammeln sich in riesigen Nistkolonien. In der Trockenzeit (Juli–Nov.), wenn sich die Tiere um die begrenzten Wasserstellen sammeln, sind die Beobachtungsmöglichkeiten einfach spektakulär. Für Natur- und Tierfreunde ist das Pantanal Brasiliens Garten Eden.

Geführte Touren

In den Tourangeboten sind im Allgemeinen Transport, Unterkunft, Mahlzeiten, Wanderungen, Ausritte und Bootsfahrten enthalten.

Die wichtigsten Orte, wo man Touren vereinbaren kann, sind Cuiabá im Norden (für die Transpantaneira) und Campo Grande im Süden (für die Estrada Parque), während Corumbá an der bolivianischen Grenze heute eher eine Nebenrolle spielt.

Die Touren ab Cuiabá sind in der Regel etwas teurer, aber auch professioneller (kleinere Gruppen, besser ausgebildete Führer) als jene, die in Campo Grande oder Corumbá angeboten werden, und führen auch tiefer ins Pantanal hinein.

Nördliches Pantanal

★ Pantanal Nature — NATUR

(☎65 99925-2265, 65 3322-0203; www.pantanalnature.com.br; Av Historiador Rubens de Mendonça 1856, Cuiabá; 4-tägige Naturtour 4150 R$/Pers., Jaguartour 5800 R$; ⊙Büro Mo–Do 7–11.30 & 13.30–17, Fr & Sa 8–12 Uhr) Die hervorragende Agentur von Ailton Lara genießt einen ausgezeichneten Ruf wegen ihrer professionellen Touren und kompetenten Führer. Zur Auswahl stehen Naturtouren ins Pantanal und saisonabhängige Jaguartouren vom **Pantanal Jaguar Camp** (☎65 99925-2265; www.pantanaljaguarcamp.com.br; Transpantaneira, Km 145, Porto Jofre; DZ mit Mahlzeiten & Exkursionen 1035 R$, Zelten 60 R$/Pers., mit eigenem Zelt 45 R$; ❄📶) 🌿 in Porto Jofre aus. Die beiden Touren können auch kombiniert werden und dauern fünf oder sechs Tage. In der Nebensaison und für Camper ist es günstiger.

Für Einzelzimmer wird ein Zuschlag von 20% berechnet.

Ecoverde Tours NATUR

(☎ 65 99638-1614; www.ecoverdetours.com.br; Pedro Celestino 391, Cuiabá; 4-tägige Naturtour mit EZ/DZ 2400/4000 R$, Jaguartour 3000/5000 R$) Der lässige, preiswerte Veranstalter ist seit Jahrzehnten im Geschäft und hat sehr erfahrene Guides. Inhaber Joel Souza spricht nicht nur mehrere Sprachen, sondern arbeitet zum Schutz der Umwelt auch mit örtlichen Pousadas zusammen. Sein Büro ist im Hostel Pousada Ecoverde. Die Naturtouren ins Pantanal finden das ganze Jahr über statt, die Jaguartouren nur von Juni bis Oktober.

Südliches Pantanal

Pantanal Discovery NATUR

(☎ 67 99163-3518; www.gilspantanaldiscovery.com.br; Hotel Mohave, Afonso Pena 602, Campo Grande; 3-tägige Touren mit 2 Übernachtungen Hängematte/B/EZ/DZ 1000/1200/1550/2800 R$) Inhaber Gil ist seit Langem im Tourgeschäft und ein gewiefter Verkäufer, gleichzeitig ist er aber auch bestimmt und sehr hilfsbereit. Er ist der beste unter den günstigeren Veranstaltern vor Ort. Er nimmt auch kurzfristige Buchungen entgegen und ist recht flexibel mit den Zeiten. Außerdem hat er ein eigenes Fahrzeug.

Pantanal Viagens NATUR

(☎ 67 3321-3143; www.pantanalviagens.com.br; Zimmer 09, Alter Busbahnhof, Joaquim Nabuco 200, Campo Grande) Die nette Agentur arbeitet mit der Pousada Passo do Lontra und anderen Unterkünften im Pantanal zusammen – und hart daran, sich ihren ausgezeichneten Ruf zu bewahren. Die Pauschalangebote sind im mittleren bis höheren Preisniveau angesiedelt, professionell und verlässlich gut.

Schlafen & Essen

Nördliches Pantanal

Pousada Rio Clarinho POUSADA $$$

(☎ 65-99637-0516; www.pousadarioclarinho.com.br; Transpantaneira Km 40; EZ/DZ/3BZ inkl. Vollpension & Ausflüge 290/460/690 R$; ❄) Ein Vogelchor weckt einen in dieser rustikalen *fazenda* direkt am Ufer des Rio Clarinho (von einer Plattform aus kann man schwimmen). Auf dem Anwesen gibt es viele Waldwege und über 260 Vogelarten, außerdem Capybaras und Riesenotter. Man isst authentische *pantaneiro*-Gerichte, und die Inhaber überwinden mit Herzlichkeit die Sprachbarriere.

ABSTECHER

NATUR PUR

Das Grasland des Cerrado ist die Savanne Südamerikas. Hier suchen Naturliebhaber Zuflucht, wenn sie genug vom städtischen Trubel in Brasília haben. Vor einer wunderschönen Bergkulisse liegt das zum brasilianischen Nationalerbe erklärte Pirenópolis, das jedes Wochenende die Ausflügler des 165 km östlich gelegenen Brasília anlockt. Sie kommen wegen der überaus malerischen Gebäude aus dem 18. Jh. und den vielen Wasserfällen in der Umgebung. 20 km außerhalb der Stadt liegen der **Parque Estadual da Serra dos Pireneus** (☎ 62 3265-1320; www.secima.go.gov.br; ⏲ 8–17 Uhr, Sommer 9–20 Uhr) und das **Reserva Ecológica Vargem Grande** (☎ 62 99652-6857; www.vargemgrande.pirenopolis.tur.br; Estrada Parque dos Pirineus, Km 9; 35 R$; ⏲ 9–16.30 Uhr) mit wunderbaren Wasserfällen und Badebecken. Dagegen kann man im **Santuário de Vida Silvestre Vagafogo** (Vagafogo Farm Wildlife Sanctuary; ☎ 62 99115-0376; www.vagafogo.com.br; Estrada O Morro do Frota; geführte Wanderung 20 R$; ⏲ 9–17 Uhr) an einer geführten Wanderung (20 R$) durch den Wald teilnehmen und am Wochenende einen köstlichen Brunch (55 R$) genießen. Die Busse von Goianésia (www.viacaogoianesia.com.br) fahren viermal täglich von Brasília (48 R$, 3 Std.) dorthin.

Der spektakuläre **Parque Nacional da Chapada dos Veadeiros** (☎ 62 3455-1116; www.icmbio.gov.br; ⏲ Di–So 7–17 Uhr, letzter Einlass 12 Uhr, Juli auch Mo) GRATIS, 220 km nördlich von Brasília, liegt in den höheren Regionen des Cerrado. In der herrlichen Landschaft voller Schluchten, Wasserfälle und Palmenoasen leben Mähnenwölfe, Riesenameisenbären und mehr als 2 m große Nandus. Die nächsten Städte zum Park sind das New-Age-Dorf Alto Paraíso de Goias (40 km östlich) und das ruhige São Jorge (2 km südlich). In Beiden gibt es jede Menge gemütliche Unterkünfte. Die Busse von Real Expresso (www.realexpresso.com.br) fahren dreimal täglich von Brasília nach Alto Paraíso (52 R$, 4 Std.).

Pantanal

0 100 km

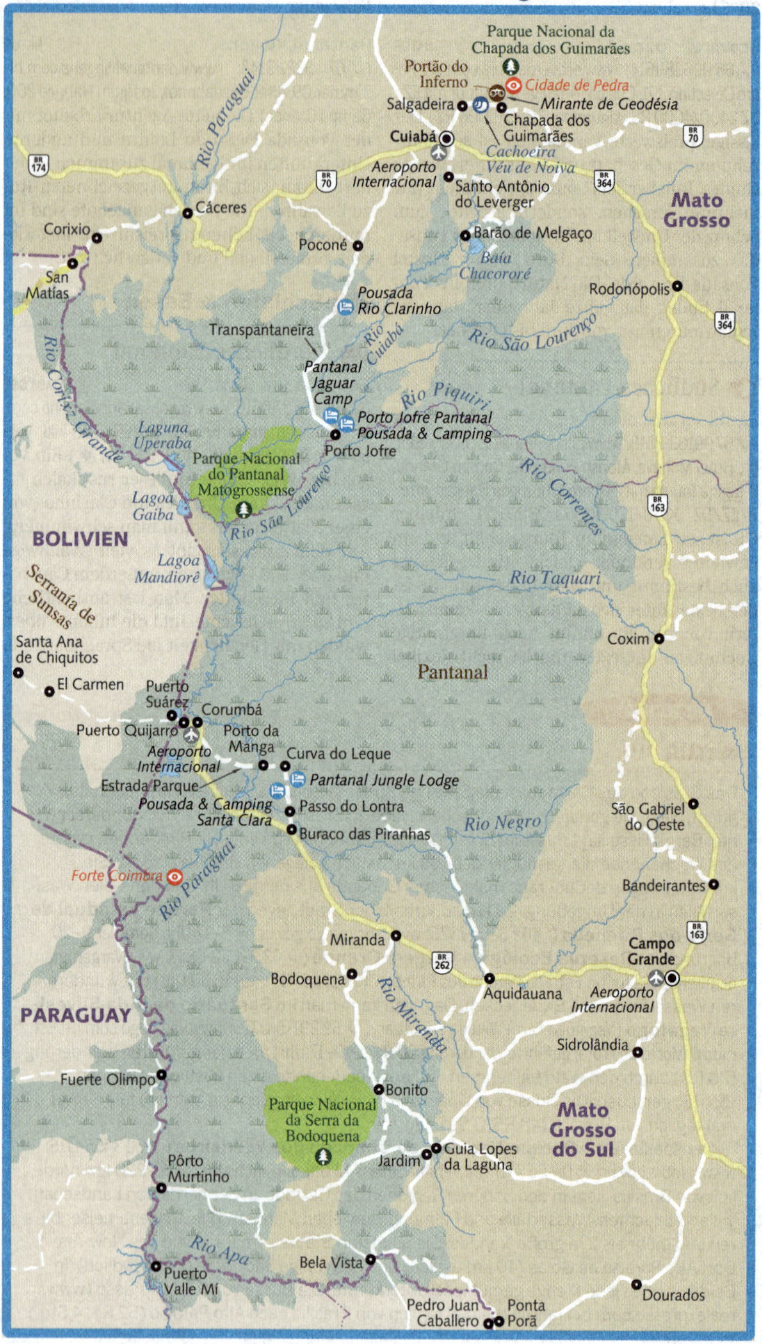

Porto Jofre Pantanal Pousada & Camping POUSADA, CAMPING $$
(Pousada de Neco; ☎65 99971-3699; www.portojofrepantanal.com.br; Transpantaneira, Km 145, Porto Jofre; EZ/DZ inkl. VP 350/660 R$, Camping 40 R$; ❄📶) Die hier eher als „Pousada de Neco" bekannte Budgetunterkunft liegt an einer Straße, die am Ende der Transpantaneira links abzweigt. Sie ist unwahrscheinlich gastfreundlich und liegt direkt am Fluss, auf dem die Bootsfahrten zur Tierbeobachtung durchgeführt werden. Es gibt sehr einfache Zimmer mit Klimaanlage, saubere Duschen für Camper und leckeres Essen. Das Essen ist im Zimmerpreis enthalten, Camper müssen es extra bezahlen.

Südliches Pantanal

Pantanal Jungle Lodge LODGE $$
(☎67 3242-1488; www.pantanal-jungle-lodge.com; Estrada Parque, Km 8; 3-tägige Tour mit 2 Übernachtungen B/EZ/DZ 910/1380/2310 R$; ❄📶) Die Lodge ist äußerst beliebt bei Rucksacktouristen, denn sie liegt wunderbar am Fluss und bietet gut organisierte Aktivitäten wie Kanufahren, Piranha-Angeln, Nachtsafaris auf dem Fluss und Wanderungen zur Tierbeobachtung. Es gibt luftige Schlafsäle und Zimmer mit Klimaanlage. Alle haben eine eigene Veranda mit Fliegengittern.

Pousada & Camping Santa Clara POUSADA, CAMPINGPLATZ $$
(☎67 99939-3570; www.pantanalsantaclara.com.br; Estrada Parque, Km 22; 3-tägige Tour mit 2 Übernachtungen inkl. VP & Exkursionen Camping/B/EZ/DZ 580/860/1220/1980 R$; ❄📶) Die Ranch wird mit viel Enthusiasmus bewirtschaftet und bietet nebenbei noch jede Menge Aktivitäten wie Wanderungen, Piranha-Fischen, Nachtsafaris und Reiten. Es gibt Unterkünfte in jeder Preisklasse und herzhafte *pantaneiro*-Küche. So ist sie zu Recht sehr beliebt und oft mit großen Gruppen ausgebucht. Die Zimmer sind klein, aber in Ordnung. Auch die Schlafsäle sind nicht zu eng. Es gibt einen kleinen Swimmingpool und Spielgeräte sowie zahllose Papageien und Nabelschweine.

Cuiabá

☎0XX65 / 590 100 EW.

Die florierende Stadt liegt mitten im brütend heißen Mato Grosso. Cuiabá besteht eigentlich aus zwei Städten, die durch den Rio Cuiabá getrennt sind: Das alte Cuiabá und Várzea Grande (wo der Flughafen ist).

Schlafen & Essen

★ **Hostel Pousada Ecoverde** POUSADA $
(☎65 99638-1614; www.ecoverdetours.com.br; Celestino 391; EZ/DZ ohne Bad 50/100 R$; 📶) Die rustikale Pousada in einem 100 Jahre alten Haus hat hinten einen ruhigen Mini-Urwald mit Hängematten und eine bemerkenswerte Sammlung alter Radios, Plattenspieler und Telefone. Der liebenswürdige Eigentürmer Joel Souza ist Musikliebhaber und Experte für die Natur der Umgebung – er hat hier den Ökotourismus eingeführt. Seine Pousada besteht aus fünf Zimmern mit Ventilator und vier separaten Bädern.

Dom Bosco Hostel HOSTEL $
(☎65 99245-1007; www.domboscohostel.com.br; Cândido Mariano 1390; B 62 R$, Frühstück 8 R$; ❄📶) Das Hostel in einem nicht gekennzeichneten lila Haus an einer ruhigen Straße liegt sehr günstig zu Restaurants, Bars und Kneipen. Die Schlafsäle sind zwar eng, haben aber abschließbare Schränke und ein eigenes Bad. Die Klimaanlage wird nur nachts eingeschaltet. Zu den schönen Gemeinschaftsbereichen gehört eine saubere Küche. Das Dom Bosco ist sehr ruhig und wirkt einladend.

Lélis Peixaria SEAFOOD $$
(☎65 3322-9195; www.lelispeixaria.com.br; Marechal Mascarenhas de Moraes 36; Rodízio mittags/abends 60/90 R$; ⏲Mo–Sa 11.30–15 & 18.30–23, So 11.30–15 Uhr) Das gute *rodízio* (All-you-can-eat) bietet Flussfische in unzähligen Variationen, darunter auch Pintados, Pacus und sogar Kaimane. Daraus werden auch hervorragende Eintöpfe für zwei Personen zubereitet.

★ **Choppão** BAR
(www.choppao.com.br; Praça 8 de Abril 44; ⏲So, Mo, Mi & Do 11–2, Di 17.30–2, Fr & Sa 11–17 Uhr; 📶) Wer sich an einem heißen Tag mit Bier *bem gelada* (eiskalt) erfrischen will, ist hier genau richtig. In eisgekühlten Krügen bleibt das *chope* (Fassbier) bis zum Schluss schön kalt. Zu essen gibt's eine große Auswahl an traditionellen Gerichten aus Mato Grosso, darunter eine legendäre Hühnersuppe, die die Einheimischen für das beste Mittel gegen einen Kater halten.

Praktische Informationen

Sedtur (☎65 3613-9300; www.cultura.mt.gov.br; Voluntários da Pátria 118; ⏲Mo–Fr 13–19 Uhr) bietet nützliche Karten und Broschüren in Portugiesisch.

AUSWAHL DES TOURVERANSTALTERS

Der Pantanal-Tourismus ist zu einem großen Geschäft geworden, und in der Vergangenheit haben einige Unternehmen zweifelhafte Methoden angewandt, um Kunden zu gewinnen. Jetzt werden Maßnahmen ergriffen, um gegen die Schlimmsten vorzugehen, aber ein paar Tipps für einen sicheren und angenehmen Trip sind gleichwohl angebracht:

➡ Keine übereilte Entscheidung treffen, schon gar nicht, wenn man gerade aus dem Nachtbus steigt!

➡ Die Entscheidung nicht vom Preis abhängig machen! Billige Touren sind selten die besseren, aber auch teure Touren können eine Enttäuschung sein.

➡ Foren besuchen, Online-Bewertungen lesen, mit anderen Travellern sprechen – wie waren ihre Erfahrungen? In Campo Grande sind einige Tourveranstalter schnell dabei, Konkurrenten übel nachzureden. Daher sollte man nur auf Leute hören, die eigene Erfahrungen gemacht haben.

➡ Optionen vergleichen, aber immer daran denken, dass der Veranstalter oder Verkäufer nicht unbedingt identisch ist mit dem Führer, mit dem man mehrere Tage in der Wildnis zubringen wird. Deshalb sollte man darum bitten, den Führer vorab kennenlernen zu dürfen. Es ist gut zu wissen, wie es mit dessen Sprachkenntnissen aussieht.

➡ Niemals einem Mittelsmann Bargeld geben! Man sollte auch keine Bustickets kaufen, wenn der Verkäufer sagt, jemand anderes würde einem das Ticket geben, nachdem man ihn bezahlt hätte.

➡ Wenn man nur etwas Umweltbewusstsein besitzt, keine Lodge und keinen Veranstalter wählen, der Tiere aufgreift, damit man sich mit ihnen fotografieren lassen kann, oder der anderweitig Tiere und Pflanzen und damit das fragile Ökosystem beschädigt.

➡ Budgettouren für Gruppen konzentrieren sich nur auf die spektakulären und leicht zu erblickenden Arten. Wer die Natur etwas besser kennenlernen will, sollte mehr ausgeben und einen privaten Führer engagieren.

An- & Weiterreise

Der **internationale Flughafen** (CGB; ☎ 65 3614-2511; Av João Ponce de Arruda, Várzea Grande) ist in Várzea Grande, 7 km vom Zentrum Cuiabás entfernt. Die Flüge gehen in alle Städte Brasiliens und werden vor allem von Azul angeboten. Gol, LATAM und Avianca haben ebenfalls Flüge, vor allem nach São Paulo und Brasília.

Der **Busbahnhof** (Jules Rimet) liegt 3 km nördlich des Stadtzentrums.

Unterwegs vor Ort

Vom Flughafen fährt Bus 7 (3,85 R$) in die Stadt und zum Busbahnhof. Ein Taxi kostet rund 40 R$. Die Busse zum Flughafen fahren durch die Av Isaac Póvoas und Rua Barão de Melgaço.

Vom Busbahnhof fährt der Bus in Richtung „Centro" zur Praça Alencastro (3,85 R$). Vor dem Busbahnhof starten weitere Busse in Richtung „Centro" und brausen dann entlang der Av Isaac Póvoas. Ein Taxi vom Busbahnhof kostet etwa 35 R$.

Referência (☎ 65 3682-6689; www.referencia.com.br; Av Governador João Ponce de Arruda 1034, Várzea Grande; ⏲7–23 Uhr) und **Localiza Hertz** (☎ 65 3925-9250; www.localizahertz.com; Av Governador João Ponce de Arruda820, Várzea Grande) sind zwei zuverlässige Autovermieter, die jeweils ein Büro am Flughafen haben. Für die Fahrt ins Pantanal eignet sich am besten ein Fahrzeug mit großer Bodenfreiheit, doch in der Trockenzeit kann man mit jedem Auto fahren. In der Regenzeit (Nov.–März) sind ein Fahrzeug mit Allradantrieb und Erfahrung im Gelände erforderlich. Manche Gegenden sind dann aber selbst damit nicht zu erreichen.

Rund um Cuiabá

Parque Nacional da Chapada dos Guimarães

☎ 0XX65

Das wunderbare Hochplateau 60 km nordöstlich von Cuiabá ähnelt stark dem amerikanischen Südwesten. Die drei wichtigsten Sehenswürdigkeiten sind die 60 m hohen Wasserfälle des **Cachoeira Véu de Noiva** („Brautschleier"; ⏲9–17 Uhr, letzter Einlass 16 Uhr) GRATIS, der Aussichtspunkt Mirante de Geodésia (der geografische Mittelpunkt Südamerikas) und die farbenprächtigen Felsformationen der **Cidade de Pedra**

(„Stadt aus Stein"; www.icmbio.gov.br/parnaguimaraes/guia-do-visitante.html; Zutritt nur mit lizenziertem Guide; ⏲ So–Fr 9–17, Sa ab 15 Uhr) GRATIS. Allerdings können nur die Wasserfälle auf eigene Faust besichtigt werden; für die anderen Attraktionen ist ein lizenzierter Guide erforderlich. Es gibt drei Rundwanderwege für jeweils einen Tag: Der **Circuito das Cachoeiras** („Wasserfall-Weg"; www.icmbio.gov.br; Zutritt nur mit lizenziertem Guide; ⏲ 8.30–17 Uhr, letzter Einlass 12 Uhr) GRATIS führt zu sechs Wasserfällen, der **Circuito Vale do Rio Claro** (Tal des Rio Claro; ⏲ 8–17 Uhr, letzter Einlass 13 Uhr) bietet einen tollen Blick auf das üppig grüne Tal und Gelegenheit zum Schnorcheln in einem Wasserbecken im Wald und der **Roteiro da Caverna Aroe Jari e Lagoa Azul** (Höhlenweg; ab 250 R$/Pers.) bringt einen u.a. zur größten Sandsteinhöhle Brasiliens.

Die Wanderungen dauern in der Regel von 9 bis 18 Uhr und müssen im Voraus gebucht werden. Die Preise liegen bei 150 bzw. 250 R$ pro Person für einen halben bzw. ganzen Tag. Auf der Website www.ecobooking.com.br findet sich ein Verzeichnis der jeweiligen Wanderführer mit Kontaktdaten und Sprachen, die sie sprechen. **Chapada Explorer** (☎ 65 3301-1290; www.chapadaexplorer.com.br; Praça Dom Wunibaldo 57; ⏲ Mo–Sa 8–11 Uhr) hat tolle Touren in den Nationalpark im Programm.

ℹ An- & Weiterreise

Die **Busse von CMT** (☎ 65 3301-2679) fahren vom Busbahnhof in Cuiabá nach Chapada (17 R$, 1¼ Std., 9-mal tgl., 6–19.40 Uhr). Den besten Ausblick hat man auf der rechten Seite ab Cuiabá.

In entgegengesetzter Richtung fahren die Busse von 5.30 bis 17.40 Uhr in Chapada ab. Der **Busbahnhof** in Chapada (Fernando Correa) ist zwei Häuserblocks vom Hauptplatz entfernt.

Poconé

☎ 0XX65 / 32 200 EW.

Die staubige Grenzstadt ist ein unumgänglicher Durchfahrtsort auf dem Transpantaneira-„Highway". Poconé ist so verschlafen, dass selbst ein Einheimischer bemerkte: „Hier machen sogar die Restaurants Mittagspause." So halten sich Reisende hier auch nicht länger als für eine Mahlzeit auf. Wer jedoch mit einem eigenen Fahrzeug auf der Transpantaneira unterwegs ist, könnte auch durchaus übernachten, um dann früh aufzubrechen und die Tierwelt morgens in Aktion zu erleben.

Die **Pousada Pantaneira** (☎ 65 3345-3357; www.pousadapantaneira.com.br; Rodovia Transpantaneira, Km 0; Rodizio 40 R$/kg; ❄ 📶) ist zu Recht eine sehr beliebte *churrascaria* (Grillrestaurant) und befindet sich ganz am Anfang der Transpantaneira.

BUSSE AB CUIABÁ

ZIEL	PREIS (R$)	DAUER (STD.)	HÄUFIGKEIT	BUSGESELLSCHAFT
Alta Floresta	223	14	6-mal tgl.	Verde Transportes (www.verdetransportes.com.br), Viação Novo Horizonte (65 3056-1256)
Brasília	208–232	23	7-mal tgl.	Expresso São Luiz (www.expressosaoluiz.com.br), Eucatur (www.eucatur.com.br), Andorinha (www.andorinha.com)
Bom Jardim	41	4	tgl. 14 Uhr	GM Tur (65 3625-1287)
Campo Grande	147–170	11–14	20-mal tgl.	Andorinha, Eucatur, Motta (www.motta.com.br), Nova Integração (www.eucatur.com.br), Viação São Luiz (www.viacaosaoluiz.com.br)
Chapada dos Guimarães	17	1¼	10-mal tgl.	CMT (65 3046-6151)
Goiânia	160–200	18	9-mal tgl.	Expresso São Luiz, Eucatur, Satélite Norte (www.satelitenorte.com.br)
Poconé	29	2¾	5-mal tgl.	CMT
Porto Velho	206–324	23–26	15-mal tgl.	Eucatur, Gontijo (www.gontijo.com.br), Expresso Itamarati (www.expressoitamarati.com.br), Roderotas (www.roderotas.com)
São Paulo	220–350	28–30	12-mal tgl.	Andorinha, Roderotas, Eucatur, Gontijo, Viação Util (www.util.com.br)

Zwischen Cuiabá und Poconé verkehren täglich fünf Busse (29 R$, 2¾ Std.) von CMT. Ihr erster Halt in Poconé ist am Busbahnhof, gut zehn Blocks vom Stadtzentrum entfernt. Dann fahren sie weiter zur Praça da Matriz. Hinter der Matriz-Kirche beginnt die Straße, die zur Transpantaneira führt.

Campo Grande

☎ 0XX67 / 874 200 EW. / 592 M

Das Tor zum südlichen Pantanal ist eine große moderne Metropole mit unzähligen Hochhäusern, die sich über den Einkaufszentren und Straßen voller Restaurants erheben.

Das hervorragende **Museu das Culturas Dom Bosco** (☎ 67 3326-9788; www.mcdb.org.br; Parque das Nações Indígenas, Av Afonso Pena; 10 R$; ⏲ Di–Sa 8–16.30 Uhr) wurde auf einer Begräbnisstätte der Bororo errichtet und bietet eine einzigartige Einführung in die Kultur dieses Volkes sowie in Flora und Fauna von Mato Grosso.

Schlafen

Turis Hotel HOTEL $

(☎ 67 3382-2461; www.turishotel.com.br; Allan Kardec 200; EZ/DZ 90–112/155–180 R$; ❄📶) Das ausgezeichnete, modern-minimalistische Haus ist entschieden zu hip für seine Lage und bietet ein sehr gutes Preis-Leistungs-Verhältnis. Das Frühstück ist prima, und das Personal tut alles, um trotz geringer Englischkenntnisse zu helfen.

Hauzz Hostel HOSTEL $

(☎ 67 98118-7270; www.hauzzhostel.wixsite.com/hostel; Piratininga 1527; B 50–60 R$, EZ/DZ 80/150 R$; ❄📶) Das ruhige, sichere Hostel in einem hübschen Bungalow hat gemütliche Zimmer mit Ventilator und mehrere Bäder. Es gibt auch ein Zimmer mit Klimaanlage. Handtücher kosten 10 R$ pro Stück. Es liegt in Reichweite des Parque das Nações und auch nur wenige Schritte vom Shopping Campo Grande entfernt.

Essen & Ausgehen

Ceará SEAFOOD $$

(☎ 67 3022-6404; www.facebook.com/peixariaceara; Dom Aquino 2249; Hauptgerichte 86–105 R$ für 2 Pers., Mittagsbüfett wochentags/Wochenende 58/68 R$; ⏲ Di–So 11–14.30 Uhr) Eines der besten *peixarias* (Fischrestaurants) der Stadt. Der Pintado-Tomaten-Eintopf mit Bananen-*mandioca* (Maniok) ist ein Gedicht!

Bar Mercearia BOTECO

(☎ 67 3384-9622; www.merceariabar.com.br; 15 de Novembro 1064; ⏲ Mo–Fr 17–24, Sa & So 12–24 Uhr; 📶) Die hübsche Eckbar mit historischer Ausstattung erinnert an eine *boteco* der 1930er-Jahre in São Paulo. Fußball-Trikots und Bierplakate symbolisieren die Hauptinteressen der Gäste, doch das Highlight ist die rundum verlaufende Veranda unter Markisen.

Praktische Informationen

Kleine Kioske der Touristeninformation befinden sich im **Busbahnhof** (☎ 67 3314-4448; www.

BUSSE AB CAMPO GRANDE

ZIEL	PREIS (R$)	DAUER (STD.)	HÄUFIGKEIT	BUSGESELLSCHAFT
Bonito	63	6	3-mal tgl	Cruzeiro do Sul (www.cruzeirodosulms.com.br)
Brasília	238–261	23–25	4-mal tgl.	Motta (www.motta.com.br), Viação São Luiz (www.viacaosaoluiz.com.br)
Corumbá	124	7	8-mal tgl.	Andorinha (www.andorinha.com)
Cuiabá	147–170	11–14	20-mal tgl.	Andorinha, Eucatur (www.eucatur.com.br), Motta, Nova Integração (www.eucatur.com.br), Viação São Luiz
Foz do Iguaçu	235–290	16–20	Kein Direktbus, in Cascavel oder Toledo umsteigen, mehrmals tgl.	Nova Integração, Eucatur, UneSul (www.unesul.com.br), Ouro e Prata (www.viacaoouroeprata.com.br)
Ponta Porã	85–97	6	7-mal tgl.	Expresso Queiroz (www.expressoqueiroz.com.br), Cruzeiro do Sul
Rio de Janeiro	427	24	2-mal tgl.	Andorinha (www.andorinha.com)
São Paulo	249–304	15½	7-mal tgl.	Andorinha, Motta

campogrande.ms.gov.br; Rodoviária; ⌚8–22 Uhr) und am **Flughafen** (☎67 3363-3116; www.campogrande.ms.gov.br; ⌚7.30–23.30, Mo–Fr 13–17 & 18–22 Uhr). Ein größerer Kiosk steht am zentralen **Morada dos Bais** (☎67 3314-9968; www.campogrande.ms.gov.br; Av Noroeste 5140; ⌚Mo–Fr 14–20, Sa & So 12–18 Uhr).

Im Zentrum befinden sich folgende Banken mit Geldautomaten und Wechselstuben:

Banco do Brasil (www.bb.com.br; Av Afonso Pena 2202; ⌚Mo–Fr 11–16 Uhr)

Bradesco (www.banco.bradesco; Av Afonso Pena 1828; ⌚Mo–Fr 11–16 Uhr)

An- & Weiterreise

Der **Aeroporto Internacional de Campo Grande** (CGR; ☎67 3368-6000; Av Duque de Caxias) befindet sich 7 km westlich der Stadt. Um ins Stadtzentrum zu kommen, geht man vom Flughafen zur Bushaltestelle an der Hauptstraße und fährt mit Bus 409 (3,75 R$, Fahrkarten gibt's am Flughafen). Ein Taxi kostet 30 bis 40 R$.

Der **Busbahnhof** von Campo Grande (☎67 3026-6789; Av Gury Marques 1215) liegt recht ungünstig 6 km südlich des Zentrums an der Straße nach São Paulo. Die Busse aus nördlicher Richtung halten aber teilweise auch im Stadtzentrum.

Vanzella (☎67 3255-3005; www.vanzellatransportes.com.br) und **Terra Transportes** (☎67 3255-1001; www.terratransportes.com.br) bieten für 80 R$ mehrmals täglich einen Haustürservice mit Bussen und Minibussen von Campo Grande nach Bonito an.

Unterwegs vor Ort

Die Stadtbusse 61 und 87 (3,75 R$) verbinden den Fernbusbahnhof mit dem Stadtzentrum. Die dafür erforderliche *passe de ônibus* (Buskarte) ist bei Zeitungskiosken, in Apotheken und an Bushaltestellen erhältlich. Es gibt sie für den einmaligen Gebrauch (*unitário*) oder zum Aufladen (*recarregável*). Ein Taxi ins Stadtzentrum kostet ungefähr 30 R$.

Bonito & Umgebung

☎0XX67 / 21000 EW.

Das kleine Badeparadies im äußersten Südwesten von Mato Grosso do Sul hat zwar einige Sehenswürdigkeiten, doch wesentlich interessanter ist die spektakuläre Umgebung. Sie steht unter dem besonderen Schutz der örtlichen Behörden. Es gibt Höhlen mit Seen und atemberaubenden Stalaktiten, rauschende Wasserfälle und unglaublich klare Flüsse inmitten des üppigen Urwalds, in denen man mit unzähligen Fischen schwimmen kann.

An der 3 km langen Hauptstraße Coronel Pilad Rebuá befinden sich alle Einrichtungen, die für Reisende wichtig sind.

Sehenswertes & Aktivitäten

Die Tourpreise sind festgelegt, Preisvergleiche anzustellen lohnt sich also nicht. Der Transport ist in der Regel nur dann im Preis enthalten, wenn die Tour über ein Hotel und nicht über eine Agentur gebucht wird.

In der Hochsaison müssen die beliebtesten Touren im Voraus gebucht werden und zwar Monate vorher, wenn die Zahl der Teilnehmer begrenzt ist wie etwa bei Abismo Anhumas. Um nur das Wichtigste in Bonito zu sehen, sind mehrere Tage nötig.

★ **Abismo Anhumas** ABENTEUER
(www.abismoanhumas.com.br; Abseilen und Schwimmen 910 R$, mit Tauchen 1270 R$) Bei dieser Tour seilt man sich 72 m weit in eine gigantische Höhle mit einem unterirdischen See ab. Unten angekommen, bewundert man zunächst die herrlichen Felsformationen rund um den See. Dann taucht (wer einen Tauchschein hat) oder schnorchelt man im eiskalten Wasser (mit einer Sicht von 30 m) über den aus der Tiefe empor ragenden Felsnadeln, bevor man wieder aus der Höhle klettert. Ein atemberaubendes Erlebnis, das für immer unvergesslich bleibt.

★ **Rio da Prata** SCHNORCHELN
(www.riodaprata.com.br; 5-stündiger Ausflug inkl. Mittagessen 280 R$; ⌚7.30–17 Uhr) Der wunderbare Ausflug an den Fluss 50 km südlich von Bonito umfasst eine Wanderung durch den Regenwald und eine 3 km lange Schnorcheltour auf dem Rio Olha d'Agua, in dessen unglaublich klarem Wasser 55 Fischspezies leben, sowie auf dem Rio da Prata, der zwar weniger klar ist, in dem man aber auch riesige Pacus und große, gefährlich aussehende Dourados beobachten kann.

Buraco das Araras VOGELBEOBACHTUNG
(☎67 3255-4344; www.buracodasararas.com.br; 75 R$) Einen Besuch des Buraco das Araras, eine der größten Dolinen der Welt, bei Sonnenuntergang hängen die meisten Traveller an einen Tag draußen am Rio da Prata und der Laguna Misteriosa dran. Auf der 1 km langen Wanderung gibt es zwei Aussichtspunkte, von denen aus man Dutzende Hellroter Aras beobachten kann, die zu ihren Schlafplätzen zurückfliegen. Ihr metallisches Krächzen ist laut vernehmlich. Ein eindrucksvolles Schauspiel!

Schlafen

Bonito HI Hostel HOSTEL $
(☎67 3255-1022; www.bonitohostel.com.br; Dr Pires 850; B 45 R$, DZ mit/ohne Klimaanlage 150/ 100 R$; ❄@📶🏊) Die wie geschmiert laufende Backpacker-Unterkunft ist eines der besten HI-Hostels in Brasilien. Sie liegt zwar etwas abseits vom Geschehen, punktet aber mit Hängematten, einem Swimmingpool, großen abschließbaren Schränken, einer Küche, einem Wäscheservice und mehrsprachigem Personal. Die Schlafsäle haben jeweils ein eigenes Bad. Die Zimmer mit Bad und Klimaanlage (im Sommer unverzichtbar) haben schon fast Hotelstandard. Außerdem werden Touren zu den Sehenswürdigkeiten der Umgebung angeboten.

Papaya Hostel HOSTEL $
(☎67 3255-4690; www.papayahostelbonito.com; Vicente Jacques 1868; B/DZ 35–55/120–160 R$; ❄@📶🏊) Das papayafarbene Hostel in praktischer Nähe zum Busbahnhof ist eines der Refugien, deretwegen Traveller gern die Abreise verschieben. Das liegt an dem zum Entspannen einladenden Poolbereich, den Grillabenden, der Möglichkeit, sich mit anderen Travellern auszutauschen und den vielen Touren, die der Englisch sprechende Inhaber organisiert.

Pousada Muito Bonito POUSADA $$
(☎67 3255-1645; www.pousadamuitobonito.com.br; Coronel Pilad Rebuá 1444; DZ/3BZ 280/340 R$; ❄📶🏊) Hinter der schicken Fassade an der Hauptstraße verbirgt sich eine einfache, aber schöne Pousada mit preiswerten, gut ausgestatteten Zimmern rund um einen kleinen Hof mit kleinem Swimmingpool. Den Eigentümern gehört auch eines der beliebtesten Reisebüros der Stadt und sie versorgen ihre Gäste auch gern mit Tipps und Infos über die Region.

Essen & Ausgehen

An jeder Ecke wird Fisch aus den örtlichen Flüssen angeboten. Auch das Fleisch von Kaiman-Farmen ist weit verbreitet und kann auch nur als Snack probiert werden.

★ **Juanita** SEAFOOD $$
(☎67 3255-1924; www.facebook.com/juanitarestaurante; Nossa Senhora da Penha 854; Hauptgerichte 65–95 R$ für 2 Pers.; ⏲Mi–Mo 11.30–14.30 & 18.30–22.30 Uhr) Das mit Abstand beste Fischgericht des netten rustikalen Restaurants ist der gegrillte Pacu mit dicken Kapern und Beilagen. Die Portionen sind so riesig, dass selbst eine halbe Portion locker für zwei Personen reicht. Bei gutem Wetter kann man auf der sonnigen Terrasse vor dem Eingang sitzen. Im Innenraum wird das Essen von Harfenmusik begleitet.

Zapi Zen PIZZERIA $$
(☎67 3255-2455; www.facebook.com/zapizenbonitoms; Filinto Müller 573; Wraps 23–27 R$, Pizzas 28–64 R$; ⏲18–23.30 Uhr; 🅥) Das freundliche Restaurant abseits der Hauptstraße serviert ausgezeichnete Pizzas mit zumeist – aber nicht nur – vegetarischem Belag. Alle Variationen sind superlecker und werden wahlweise mit Weißmehl oder Vollkornmehl gebacken. Außerdem gibt's auch Wraps à la carte oder nach Wunsch.

Bonito Beer KLEINBRAUEREI
(www.facebook.com/bonitobeer; Coronel Pilad Rebuá 2052; ⏲Mo–Sa 17–23 Uhr) Die winzige Kneipe der Kleinbrauerei hat ein ganz eigenes Konzept. Man kauft einen aufladbaren Chip, nimmt sich ein Glas und zapft sich eines der vielen Biere vom Fass, z. B. ein echt amerikanisches Pale Ale. Der Mindestbetrag sind 30 R$, die für einen knappen Liter reichen. Ist der Chip am Ende des Abends nicht leer, kann man jederzeit wiederkommen. Man kann sich auch einen Gin Tonic zapfen.

BUSSE AB BONITO

ZIEL	PREIS (R$)	DAUER (STD.)	HÄUFIGKEIT
Campo Grande (Bus)	63	6	3-mal tgl.
Campo Grande (Minibus)	80	5	4-mal tgl. (Vanzella); 3-mal tgl. (Terra)
Corumbá (Bus)	102	6	1-mal Mo–Sa
Corumbá (Minibus; Tel. 67 99809-2397)	100	5	1-mal tgl.
Foz do Iguaçu (über Dourados oder Campo Grande)	210–250	21–24	3-mal tgl.
Ponta Porã (Bus)	78	5½	1-mal tgl.

EINREISE NACH BOLIVIEN

Bus 102 (3,25 R$, 15 Min.) fährt von 6 bis 19 Uhr (mindestens) einmal pro Stunde von der Praça Independência in Corumbá zur bolivianischen Grenze. Ein Taxi vom Zentrum zur Grenze kostet rund 45 R$. Für ein oder zwei Personen mit wenig Gepäck ist ein Moto-Taxi (25 R$) günstiger.

Die Ausreiseformalitäten müssen bei der **Polícia Federal** (☎67 3234-7822; www.pf.gov.br; ⌚8–18 Uhr) an der Grenze erledigt werden. Dabei bilden sich oft lange Schlangen. Der Grenzposten in Bolivien hat die gleichen Öffnungszeiten wie der brasilianische. Wer diese Zeiten verpasst, muss die Nacht in Corumbá verbringen. Mit Ausnahme der USA brauchen die Staatsbürger der meisten Länder kein Visum für Bolivien.

In Bolivien fahren *colectivos* (5 B$) und Taxis (15–25 B$) zum 3 km entfernten Bahnhof von Quijarro, wo die Züge nach Santa Cruz abfahren. Dabei gibt es zwei Alternativen (www.fo.com.bo): Der schnellere und bequemere *Ferrobus* fährt montags, mittwochs und freitags (235 B$, 13 Std.) um 18 Uhr ab und kommt um 7 Uhr an. Der billigere *Expreso Oriental* startet dienstags, donnerstags und sonntags (100 B$, 16¾ Std.) um 13 Uhr und kommt um 5.40 Uhr an. Die Fahrkarten sollten möglichst im Voraus gekauft werden.

ℹ Praktische Informationen

Geldautomaten gibt's bei der **Banco do Brasil** (www.bb.com.br; Luiz da Costa Leite 2279; ⌚Bank Mo–Fr 9–14 Uhr) und **Bradesco** (Coronel Pilad Rebuá 1942; ⌚Bank Mo–Fr 9–14 Uhr). Beide befinden sich in der Nähe des Hauptplatzes.

ℹ An- & Weiterreise

Azul (www.voeazul.com.br) fliegt sonntags und mittwochs von Bonito zum Campinas-Flughafen in São Paulo (1½ Std.). In der Hochsaison bieten diese Verbindung auch andere Fluggesellschaften an. Einige der Flüge gehen über Corumbá.

Der Busbahnhof liegt nur drei Blocks südlich der Hauptstraße.

ℹ Unterwegs vor Ort

Die meisten Sehenswürdigkeiten von Bonito sind weit entfernt von der Stadt, und es gibt keine öffentlichen Verkehrsmittel. Einige Pensionen verleihen Fahrräder an ihre Gäste. In der Hauptstraße kann man auch gute Mountainbikes für ca. 30 R$ pro Tag leihen. Den Transport zu einer Tour bieten oft Hotels und Agenturen für 40 bis 80 R$ an. Vanzella (S. 397) betreibt regelmäßig Fahrten zu den wichtigsten Sehenswürdigkeiten. Die Fahrzeuge können auch gechartert werden.

Wer mit einer Gruppe unterwegs ist, kann auch ein Taxi für einen ganzen Tag mieten (80–180 R$, je nach Entfernung). Für Alleinreisende sind Mototaxis eine gute Alternative.

Corumbá

☎0XX67 / 109 900 EW.

„Corumbaly", wie sie früher hieß, ist eine in Ehren ergraute Hafenstadt nahe der Grenze zu Bolivien. Das auch als „Cidade Branca" (Weiße Stadt) bekannte Corumbá liegt 403 km nordwestlich von Campo Grande. Die Stadt thront auf einem steilen Hügel hoch über dem Rio Paraguai. Am gegenüberliegenden Ufer erstreckt sich die weite Ebene des Pantanal bis zum Horizont. In der feuchtheißen, verschlafenen Stadt wird einer der größten und besten Karnevals in Brasilien gefeiert.

Das ausgezeichnete **Museu de História do Pantanal** (MUHPAN; ☎67 3232-0303; Manoel Cavassa 275; ⌚Di–Sa 13–17.30 Uhr) GRATIS direkt am Wasser erzählt die Geschichte der Entstehung des Pantanal und die Besiedelung der Gegend durch den Menschen vor 10 000 Jahren. Im bezaubernden **Porto Geral** (Manoel Cavassa) blicken farbenprächtige alte Häuser auf die im Wasser schaukelnden Boote. Diese werden auch für Flussfahrten auf dem rauschenden Paraguai eingesetzt.

Das **Hostel Roadriders** (☎67 3232-8143; www.hostelroadriders.com.br; Firmo de Matos 1; B/DZ 50/130 R$; ❄📶) ist ein tolles Basislager für die Erkundung der Region.

Vom **Fernbusbahnhof** (Porto Carreiro) in der Nähe des Zentrums fahren regelmäßig Busse nach Campo Grande. Es empfiehlt sich, die Fahrkarten im Voraus zu kaufen, da auch viele Grenzgänger mit diesen Bussen fahren. Vom **Internationalen Flughafen** (CMG; ☎67 3231-3322; Santos Dumont) in Corumbá fliegt Azul zweimal pro Woche nach São Paulo, davon einmal über Bonito.

DER NORDOSTEN

Ein ganzjährig warmes Klima, landschaftliche Schönheit und eine sinnliche, an Traditi-

Der Nordosten

onen reiche Kultur verwandeln den Nordosten Brasiliens in ein echtes Tropenparadies. Die über 2000 km lange, fruchtbare Küste wartet mit unzähligen weißen Bilderbuchstränden, üppigen Regenwäldern, Sanddünen und Korallenriffen auf. Die wunderschöne Natur macht diese Region zu einem beliebten Ziel für alle möglichen Outdoor-Aktivitäten.

Herrlich restaurierte wie auch reizvoll verfallende Gebäude schmücken malerische Städte wie Salvador, Olinda und São Luís, in denen lebhafte Feste, unzählige Rhythmen, Klänge und Tänze sowie exotische Speisen und Meeresfrüchte ein unbeschreibliches Urlaubsflair herbeizaubern. Die kulturell vielfältigste Region Brasiliens weiß zu verwöhnen!

Salvador

☎ 0XX71 / 2,9 MIO. EW.

Salvador da Bahia hat eine Energie und eine reine Schönheit, mit der sich nur wenige Städte messen können. Einst die prächtige Hauptstadt von Portugals Kolonie in der Neuen Welt, ist Salvador heute das pulsierende Herz der afrobrasilianischen Gemeinschaft des Landes. Das leuchtend bunte Zentrum ist ein lebendiges Museum mit goldbeladenen Kirchen und Bauten aus dem 17. und 18. Jh. Regelmäßig finden hier wilde Feste statt, und fast täglich hallen rhythmische Trommelklänge von den Wänden der kolonialen Gebäude wider. In den anderen Teilen der Stadt herrscht ein anderer Geist: Hier beschwören die Gläubigen bei Candomblé-Zeremonien ihre Verbindung zu afrikanischen Göttern. Nirgendwo sonst auf der Welt wurde die Kultur jener, die als Sklaven aus Afrika verschleppt wurden, so umfassend bewahrt wie in Salvador. Das zeigt sich in der Musik, in der Religion, in der Küche, in den Tänzen und in der Kampfkunst. Abgesehen von den vielen Attraktionen in Salvador liegt gleich vor der Stadt eine herrliche Küste, die einen prima Vorgeschmack auf die tropische Pracht von Bahia darstellt.

Sehenswertes

Die Cidade Alta (Oberstadt) mit den Vierteln Pelourinho und Carmo ist gespickt mit den eindrucksvollsten Sehenswürdigkeiten der Stadt. Es gibt aber auch lohnenswerte Museen in Vitória, einen herrlich malerischen Leuchtturm in Barra und andere faszinierende Dinge überall in der Stadt.

Cidade Alta

★ Pelourinho GEBIET

Das Zentrum der Cidade Alta bildet der Pelourinho, eine UNESCO-Welterbestätte voller farbenfroher kolonialzeitlicher Gebäude und prächtiger Gotteshäuser. Wandert man durch die kopfsteingepflasterten Straßen und bewundert die ältesten Bauten der Stadt, wird einem klar, dass der Pelô nicht ausschließlich eine Touristenattraktion ist. Kulturzentren und Musik-, Tanz- und Capoeira-Schulen haben sich in den pastellfarbenen Gebäuden aus dem 17. und 18. Jh. angesiedelt.

Museu Afro-Brasileiro MUSEUM

(☎ 71 3283-5540; www.facebook.com/museuafro2; Terreiro de Jesus; Erw./Kind 6/3 R$; ⏲ Mo–Fr 9–17, Sa 10–17 Uhr) Das afrobrasilianische Museum beherbergt eine der bedeutendsten Sammlungen in Bahia. Es zeigt Holzschnitzereien, Körbe, Töpferwaren sowie andere Kunstwerke und Artefakte, die brasilianische und afrikanische Kunsttraditionen verbinden. Das Highlight des Museums ist ein Raum mit 27 riesigen, wundervoll beschnitzten Holztafeln, die *orishas* (Geisterwesen aus der afrobrasilianischen Vorstellungswelt) darstellen und von dem aus Argentinien stammenden Künstler Carybé, dem wohl berühmtesten Künstler Salvadors des 20. Jhs., angefertigt wurden.

Igreja e Convento São Francisco KIRCHE

(Cruzeiro de São Francisco; 5 R$; ⏲10–17 Uhr) Die barocke Kirche zählt zu den prächtigsten in Brasilien und stellt großen Glanz und Reichtum zur Schau. Ein etwa 80 kg schwerer Kronleuchter aus Silber baumelt über den mit Blattgold verzierten Holzschnitzereien. Der Hof des Konvents ist mit handbemalten *azulejos* (portugiesischen Fliesen) bedeckt. Der Komplex wurde 1723 fertiggestellt.

Elevador Lacerda HISTORISCHES GEBÄUDE

(☎ 71 3322-7049; Einzelfahrt 0,15 R$; ⏲ 6–23 Uhr) Der schön restaurierte Elevador Lacerda im Stil des Art déco verbindet die Cidade Alta mit dem Viertel Comércio. Die vier Aufzugskabinen bewältigen in 30 Sekunden den Höhenunterschied von 72 m. Die Jesuiten installierten um 1610 den ersten, manuell betriebenen Seilaufzug, mit dem Waren und Passagiere vom Hafen hinauf in die Siedlung transportiert wurden. 1868 wurde eine Eisenkonstruktion mit rasselnder Dampfmaschine eingeweiht; 1928 wurde der Aufzug schließlich elektrifiziert.

Cidade Baixa, Barra & Küste

Forte de Santo Antônio da Barra HISTORISCHES GEBÄUDE

(Largo do Farol da Barra s/n) Bahias 1698 erbaute Festung (die älteste der Stadt) wird wegen dem innerhalb ihrer Mauern gelegenen Leuchtturm (dem ältesten in Südamerika) gemeinhin Farol da Barra genannt. Neben der herrlichen Aussicht findet man in der Festung auch das hervorragende Museu Náutico da Bahia (Schifffahrtsmuseum von Bah-

Salvador

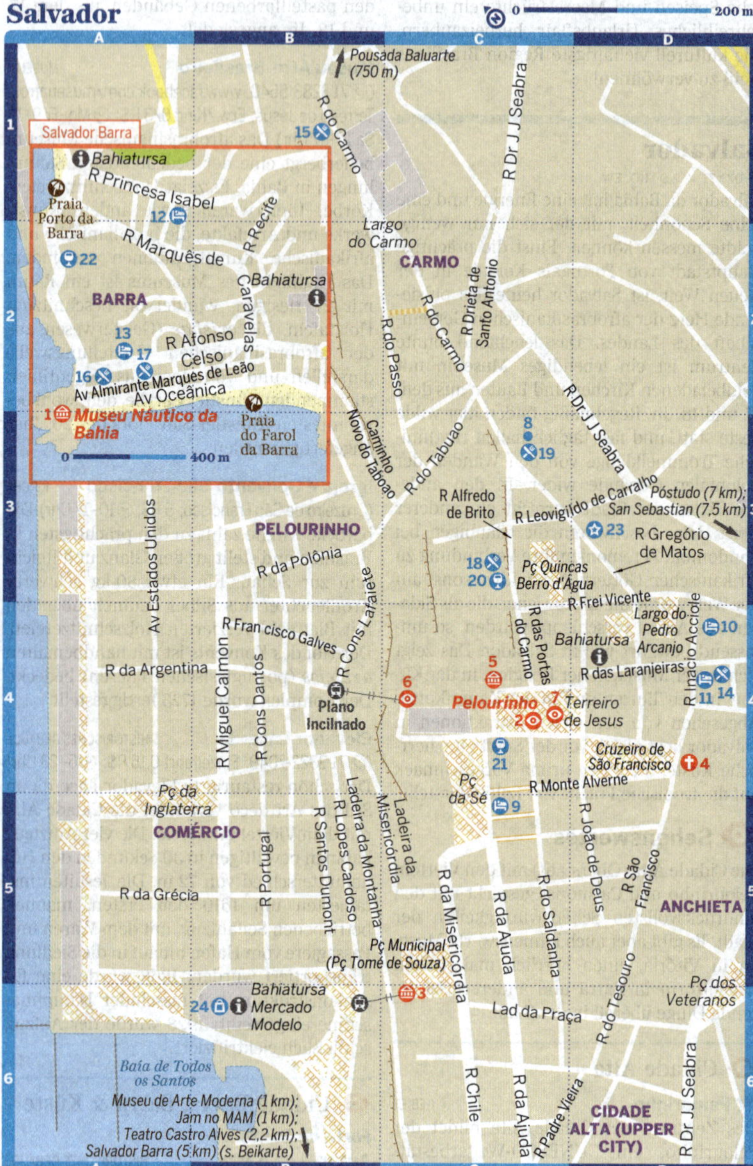

ia; ☎71 3264-3296; www.museunauticodabahia.org.br; Largo do Farol da Barra s/n, Forte de Santo Antônio da Barra; Erw./Student & Senior 15/7,50 R$; ⏲Di–So 9–18 Uhr, Jan. & Juli tgl.) mit Relikten und Exponaten aus der Zeit der portugiesischen Seefahrer sowie Ausstellungen über den Sklavenhandel.

Halbinsel Itagipe

★Igreja NS do Bonfim KIRCHE

(☎71 3316-2196; www.santuariosenhordobonfim.com; Praça Senhor do Bonfim; ⏲Mo–Do & Sa 6.30–18.30, Fr & So ab 5.30 Uhr) Die berühmte

Salvador

Highlights
1 Museu Náutico da Bahia A3
2 Pelourinho C4

Sehenswertes
3 Elevador Lacerda C6
Forte de Santo Antônio da Barra ....(siehe 1)
4 Igreja e Convento São Francisco D4
Mercado Modelo ....(siehe 24)
5 Museu Afro-Brasileiro C4
6 Plano Inclinado Gonçalves C4
7 Terreiro de Jesus C4

Aktivitäten, Kurse & Touren
8 SENAC C3

Schlafen
9 Bahiacafé Hotel C5
10 Hostel Galeria 13 ....D4
11 Laranjeiras Hostel D4
12 Open House Barra A1
13 Pousada Estrela do Mar A2

Essen
14 Bar Zulu D4
15 Cafélier B1
16 Du Chef Arte e Gastronomia A2
17 Light House A2
18 Pelô Bistrô C3
19 Restaurante do Senac C3

Ausgehen & Nachtleben
20 Casa do Amarelindo Bar C3
21 O Cravinho C4
22 Pereira A2

Unterhaltung
23 Balé Folclórico da Bahia D3

Shoppen
24 Mercado Modelo B6

Kirche aus dem 18. Jh. steht ein paar Kilometer nördlich vom Comércio auf der Halbinsel Itapagipe. Von hier stammen die *fitas* (bunten Bänder), die man überall in Salvador sieht. Sie sind nicht nur ein Souvenir dieser Kirche, sondern ein Symbol von Bahia. Die Kirche gilt als Ort von Wunderheilungen und ist daher ein beliebter Andachtsort.

Kurse

Kurse in Capoeira, afrikanischem Tanz und Trommeln lassen sich leicht über die Hostels und Pousadas (Pensionen) im Pelourinho vereinbaren. Die Kurspreise hängen von der Saison, der Verfügbarkeit und der Zahl der Teilnehmer ab, liegen aber zwischen 55 und 120 R$ pro Unterrichtsstunde.

Feste & Events

Carnaval KULTUR

(Feb./März) Der Karneval in Salvador ist der zweitgrößte in Brasilien und für viele der beste. Er besteht aus Umzügen mit *axé-* und *pagode*-Bands auf langsam fahrenden *trios-electricos* (langen Festwagen mit riesigen Lautsprechern). Ein *trio* oder Trommel-Corps bildet zusammen mit seinem Gefolge in einem abgegrenzten Gebiet rundum einen *bloco*.

Die Leute zahlen Hunderte Reais für das *abadá* (Outfit) ihrer Lieblingsband, hauptsächlich aus Prestigegründen und weil man in dem abgesperrten Bereich sicherer ist. Aber auch *fazer pipoca*, sich als „Popcorn" in den Straßen aufzuhalten, ist an Karneval nicht schlecht. Es gibt drei Hauptgebiete: der Weg vom Strand von Barra nach Rio Vermelho (am touristischsten), der schmale Weg von Campo Grande zur Praça und Castro Alves und schließlich der Pelourinho (keine Festwagen, hauptsächlich Konzerte und Trommelgruppen). Weitere Infos gibt's unter www.carnaval.salvador.ba.gov.br.

Lavagem do Bonfim RELIGION

(2. Do im Jan.) Salvadors größtes Fest nach dem Karneval ehrt den Heiligen, der in Bahia besonders viele Anhänger hat: den mit dem Candomblé verbundenen Senhor do Bonfim. *Baianas* (Frauen, die als „Tanten" aus Bahia kostümiert sind) mit Blumenkörben und in rituellen Kostümen marschieren in einer Prozession 6 km von der Cidade Baixa zur Igreja Nosso Senhor do Bonfim.

Festa de Iemanjá RELIGION

(2. Jan.) Das wohl wichtigste Fest des Candomblé gilt der *orixá* (Gottheit) Iemanjá, der Göttin des Meeres und der Fruchtbarkeit. Die Anhänger des Kults versammeln sich morgens an der Praia Rio Vermelho, wo Blumen, Kuchen, Heiligenbilder und Parfüms gesegnet und der Göttin geopfert werden. Am anschließenden Straßenfest, das bis in die Nacht dauert, beteiligen sich einige der besten Bands aus Salvador.

Schlafen

Wer im Pelourinho übernachtet, ist mitten drin im Geschehen, doch die Strandviertel sind ruhiger (und nur eine kurze Fahrt mit dem Bus oder Taxi entfernt). Während des Karnevals sind Reservierungen unerlässlich!

Cidade Alta

★ Hostel Galeria 13 HOSTEL $
(☎71 3266-5609; www.hostelgaleria13.com; Inacio Acciole 23, Historisches Zentrum; B/DZ ab 40/135 R$;) Das bei Backpackern immens beliebte Hostel residiert in einem alten, kolonialen Haus mit Swimmingpool und einer marokkanisch aufgemachten Lounge. So was ist selten bei Hostels, und erst recht in einem, das zudem noch eine so tolle Lage mitten im historischen Zentrum hat. Frühstück gibt's bis 12 Uhr, und auch Nichtgäste dürfen sich auf dem Gelände aufhalten.

Laranjeiras Hostel HOSTEL $
(☎71 3321-1366; www.laranjeirashostel.com.br; Rua da Ordem Terceira 13; B/DZ 44/98 R$;) Das Hostel in der hübschen, gelben, kolonialen Villa gehört zu den besten Budgetunterkünften im Pelô. Die Zimmer (von Schlafsälen bis komfortablen Suiten) haben hohe Decken. Geld sparen kann man, wenn man ein Zimmer mit Ventilator und ohne Klimaanlage nimmt. Zu den Extras zählen die Küchenbenutzung, die Waschküche und eine Crêperie im Haus.

Bahiacafé Hotel BOUTIQUEHOTEL $$
(☎71 3322-1266; www.bahiacafehotelsalvador.com; Praça da Sé 22; EZ/DZ/3BZ ab 179/233/287 R$;) Das schicke, aber ungezwungene Boutiquehotel hat modisch eingerichtete Zimmer und eine tolle Lage nahe dem Epizentrum der Action im Pelourinho. Das mit Werken lokaler Künstler gefüllte Café im Foyer ist öffentlich zugänglich – ideal, um mitten beim Sightseeing mal schnell einen Cappuccino zu trinken.

Pousada Baluarte POUSADA $$
(☎71 3327-0367; Ladeira do Baluarte 13; DZ mit/ohne Bad 155/200 R$;) Das von einem freundlichen französisch-brasilianischen Paar geführte Baluarte mutet mit seinem einladenden, häuslichen Ambiente wie ein B&B an. Es gibt gerade mal fünf mit Hartholzböden ausgestattete Zimmer, die mit schönen Blockdrucken eines örtlichen Künstlers geschmückt sind. Das köstliche Frühstück wird auf der Veranda serviert. Die Pension liegt in einer Seitenstraße der trendigen Praça de Santo Antonio, nur zehn Gehminuten vom Pelourinho entfernt.

Cidade Baixa, Barra & Küste

★ Open House Barra POUSADA $
(☎71 99142-1285; www.openhousebarra.com; Bernardo Catarino 137, Barra; B ab 44 R$, Zi. mit/ohne Bad ab 118/69 R$;) Die herrlich bunte und heimelige Bleibe wird von Künstlern mit guten Verbindungen zur örtlichen Musik-, Tanz- und Filmszene geführt. Regelmäßig gibt's Konzerte und Capoeira-Vorführungen, vor allem während des Karnevals, wenn hier eine der denkwürdigsten Partys in ganz Salvador steigt. Über das Hostel kann man Paketangebote und Kurse, darunter auch Portugiesisch-Kurse, buchen.

Pousada Estrela do Mar POUSADA $$
(☎71 3022-4882; www.estreladomarsalvador.com; Afonso Celso 119, Barra; DZ ab 220 R$;) Das weiß verputzte Haus mit dunkelblauen Fensterläden wirkt wie ein Stück in die Tropen versetztes Portugal und ist von Grün umgeben. Innen sind die schlichten weißen Wände mit bunten Bahia-Malereien und leuchtend blauen Fliesen geschmückt. Das Haus liegt nahe dem Strand an einer ruhigen, von Bäumen gesäumten Straße.

Essen

In Salvador essen zu gehen, ist ein Genuss! Die traditionelle Bahia-Küche ist von starken afrikanischen Einflüssen mit Zutaten wie Kokoscreme, Tomaten, Meeresfrüchten, Paprika und Gewürzen (Ingwer, Peperoni und Koriander) geprägt. Es sind aber auch viele andere Landesküchen vertreten.

Cidade Alta

★ Bar Zulu INTERNATIONAL $
(Rua das Laranjeiras 15; Hauptgerichte 22–56 R$; ⊙11–22 Uhr;) Das entspannte Eckrestaurant mit Bar und Tischen draußen bietet eine große Auswahl spanischer Tapas, internationaler und Bahia-Gerichte sowie offene argentinische Weine und Cocktails. Wie wär's mit einem gegrillten Veggie-Sandwich, einem der berühmten hauseigenen Burger oder einem der Reisgerichte, z. B. der leichteren Variante der *moqueca* (Fischeintopf)?

★ Cafélier CAFÉ $
(☎71 3241-5095; www.cafelier.com.br; Rua do Carmo 50; Hauptgerichte 15–40 R$; ⊙Mo, Di & Do–Sa 14–21, So bis 20 Uhr) Das einzigartige, idyllische Café versteckt sich in einem alten Haus mit einer spektakulären Lage auf ei-

ner Klippe über dem Ozean. Man genießt die herrliche Aussicht, den fein zubereiteten Cappuccino, den saftigen Schokoladenkuchen, leckere Sandwiches und offene Weine.

★ Restaurante do Senac BÜFETT $$

(☎71 3324-8101; www.ba.senac.br; Largo do Pelourinho 13; Büfett 50 R$/kg, *típico* 51,90 R$/kg; ⌚*Buffet a quilo* Mo–Fr 11.30–15.30 Uhr, *Buffet típico* Mo–Sa 11.30–15.30 Uhr; ✎) Das beste Bahia-Büfett der Stadt! Die Kochschule **SENAC** (☎71 3186-4000; ab 180 R$; ⌚Mo–Fr 9–11 & 12–16.30 Uhr) bereitet eine verführerische Palette regionaler Gerichte zu, darunter mehrere Arten von Meeresfrüchten, *moqueca* (Fischeintopf) und traditionelle Desserts. Das eindrucksvolle *buffet tipico* (traditionelle Bahia-Kost) ist in der obersten Etage aufgebaut und nicht mit dem internationaler gehaltenen *buffet a quilo* im Erdgeschoss zu verwechseln, das sich für ein schnelles Mittagessen anbietet.

Cidade Baixa, Barra & Küste

Im Comércio gibt's jede Menge billige *lanchonetes* (Snackbars) und Selbstbedienungsrestaurants. Wer etwas Ausgefalleneres wünscht, fährt an der Bucht entlang nach Süden, wo sich mehrere feine (aber auch teure) Restaurants mit Blick aufs Wasser finden.

Light House BÜFETT $

(Afonso Celso s/n, Barra; 39 R$/kg; ⌚Mo–Sa 11–15.30, So 11.30–16 Uhr; ✎) Um die Ecke vom Strand versteckt sich dieses entspannte Selbstbedienungslokal in einem ruhigen Häuserblock. Das Mittagsbüfett bietet eine große Auswahl an Meeresfrüchten und vegetarischen Gerichten. Es gibt auch einen reizenden Sitzbereich draußen im Schatten der Bäume.

Du Chef Arte e Gastronomia MEERESFRÜCHTE $$

(☎71 3042-4433; www.facebook.com/duchefartegastronomia; Afonso Celso 70, Barra; Hauptgerichte 45–90 R$; ⌚Di–Do 12–23, Fr & Sa bis 1, So bis 17 Uhr; ✎) Frische Meeresfrüchte und raffinierte Präsentation prägen die Gerichte in diesem Nobelrestaurant in Barra. Vielleicht lernt man sogar den Chefkoch Lucius Gaudenzi persönlich kennen, während man zarte Shrimps oder eines der veganen Gerichte von der Karte genießt.

Ausgehen & Nachtleben

Der Pelourinho ist das Epizentrum von Salvadors Nachtleben: Hier gibt's jede Menge Bars mit Tischen im Freien und Livemusik,

AUSGEHEN IN RIO VERMELHO

Das Küstenviertel Rio Vermelho war für die Stadt Salvador schon immer von kultureller Bedeutung: Portugiesische Seeleute versenkten hier 1510 ihr Schiff vor der Küste, der berühmte Schriftsteller Jorge Amado war im Viertel zu Hause, und am Strand findet das wichtige Candomblé-Fest Festa da Iemanjá (S. 403) zu Ehren der Göttin der Mutterschaft und Fruchtbarkeit statt. In den letzten Jahren hat sich das Viertel aber auch zu einem Zentrum des Nachtlebens entwickelt.

Am besten kommt man gegen Sonnenuntergang und wählt einen der vielen Plastiktische aus, die auf dem munteren **Largo de Santana** aufgebaut sind. Mehrere zwanglose Bars servieren hier kaltes Bier, die eigentliche Attraktion ist aber die traditionelle Straßenkost, die von farbenfroh gekleideten Frauen aus Bahia an Ständen überall auf dem Platz angeboten wird. Besonders legendär sind die *acarajé* (in *dendê*-Öl frittierte Teigbällchen mit würzigen Saucen und Garnelen).

Jeden Abend gibt's Kulturevents und kostenlose Konzerte auf dem Platz, im Kulturzentrum **Casa de Iemanjá** (☎71 3334-3041; Guedes Cabral 81, Rio Vermelho; ⌚unterschiedliche Zeiten) und rund um den am Ufer liegenden **Mercado do Peixe**. Anschließend kann man im nahe gelegenen **Póstudo** (☎71 3015-8800; João Gomes 87, Rio Vermelho; ⌚12–2 Uhr) etwas trinken und dann in der **Commons Studio Bar** (☎71 3022-5620; www.facebook.com/commonsstudiobar; Doutor Odilon Santos 224, Rio Vermelho; ab 20 R$; ⌚Do–Sa 22–5 Uhr) Livemusik hören. Nach Mitternacht steht Abtanzen im **San Sebastian** (☎71 3012-5013; www.sansebastianoficial.com.br; Rua da Paciência 88, Rio Vermelho; ⌚Fr & Sa 24–5 Uhr) auf dem Programm.

Rio Vermelho ist von Barra aus eine kurze Busfahrt entfernt; jeder Bus mit der Zielangabe „Orla" (Ufer) bringt einen hin.

die durch die kopfsteingepflasterten Straßen hallt.

In Barra findet man ein entspanntes Ambiente und Musik entlang der Av Almirante Marques de Leão und am Ufer rund um den Farol da Barra.

★ Pereira BAR

(☎ 71 3264-6464; www.pereirarestaurante.com.br; Sete de Setembro 3959, Barra; ⏲ Di–Fr & So 12–16 & 17–24, Sa 12–16 & 17.30–1 Uhr) Von der Küstenstraße, die eine Kurve um die Spitze von Barra beschreibt, führt eine Treppe hinauf zu diesem stilvollen Restaurant mit Weinbar. Das gezapfte *chope* (Fassbier) ist ausgezeichnet, und der Blick auf den Sonnenuntergang über dem Ozean ist wunderschön.

Casa do Amarelindo Bar COCKTAILBAR

(☎ 71 3266-8550; www.casadoamarelindo.com; Rua das Portas do Carmo 6, Hotel Casa do Amarelindo; ⏲ 12 Uhr–open end) Die schicke, tropisch aufgemachte Bar im netten **Pelô Bistrô** (Hauptgerichte 45–90 R$; ⏲ 11.30–22.30 Uhr; ✎) in der Casa do Amarelindo ist der ideale Ort für einen Schlummertrunk; besser noch ist die Aussichtsterrasse, wo ein kundiger Barkeeper nach Einbruch der Dunkelheit klassische Cocktails mixt.

O Cravinho BAR

(☎ 71 99314-6022; www.ocravinho.com.br; Terreiro de Jesus 3; ⏲ 11–23.30 Uhr) Die mit Fässern dekorierte Nachbarschaftsbar ist meistens von einer bunten Mischung aus Einheimischen und Reisenden bevölkert und hat sich auf aromatisierte *cachaça*-Drinks (Alkohol aus Zuckerrohr) spezialisiert, beispielsweise auch die Variante mit Nelke – das Markenzeichen der Bar. An vielen Abenden in der Woche wird hier Livemusik gespielt. Die Bar ist ein stimmungsvolles Plätzchen für einen schnellen Drink, wenn man sich im Pelourinho umschaut.

☆ Unterhaltung

Salvador ist das pulsierende Zentrum einer unglaublichen Musikszene. In der Hauptsaison gibt es fast jeden Abend ein Konzert in den Innenhöfen des Pelourinho, teilweise kostenlos, teilweise mit einem Eintrittspreis von bis zu 50 R$. Um herauszufinden, wo am Abend die Party steigt, klappert man am besten den Largo de Tereza Batista, den Largo do Pedro Arcanjo und die Praça Quincas Berro d'Água (alle in der Regel kostenlos) ab. Hin und wieder gibt's auch Konzerte auf dem **Terreiro de Jesus** (Praça 15 de Novembro), und häufig hört man die Trommelklänge von probenden Trommelbands, die bei ihrem Marsch durch den Pelourinho den Verkehr blockieren und das Publikum hinter sich her locken.

Zu den traditionellen Bands (sie zeichnen sich durch kräftige Afrotrommeln aus), die man sich unbedingt anhören sollte, gehören Ilê Aiyê (die erste ausschließlich schwarze Karnevalsband), die nur aus Frauen bestehende Gruppe Dida, Muzenza und Male Debalê. Etwas poppiger mit starken Schlagzeug-Einlagen sind die weltberühmte Band Olodum (eine Dienstagabend-Institution im Pelourinho), Araketu und Timbalada, die Gruppe um den Komponisten und Musiker Carlinhos Brown. Die Königinnen der Popmusik Salvadors – Margareth Menezes, Ivete Sangalo und Daniela Mercury – „proben" auch oft in aller Öffentlichkeit.

★ Balé Folclórico da Bahia DARSTELLENDE KUNST

(☎ 71 3322-1962; www.balefolcloricodabahia.com.br; Gregório de Mattos 49, Teatro Miguel Santana; 60 R$; ⏲ Shows 20 Uhr) Die weltberühmte folkloristische Tanzgruppe zeigt eine erstaunliche, professionelle Show.

★ Jam no MAM LIVEMUSIK

(www.jamnomam.com.br; Av Contorno s/n, Museu de Arte Moderna; Erw./Kind 8/4 R$; ⏲ Sa 18–21 Uhr) Samstagabends gibt's Jazz und Bossa Nova im **MAM** (☎ 71 3117-6139; www.jamnomam.com.br/mam; Av do Contorno s/n; ⏲ Di–So 13–18 Uhr) GRATIS – ein Muss für Musikfans. Am besten kommt man früh, schaut sich das Museum an und genießt den Ausblick bei Sonnenuntergang. Die Stätte liegt zwar in Gehweite vom Pelourinho, aber auf dem einsamen Weg sind Überfälle sehr häufig, weshalb es sich empfiehlt, ein Taxi zu nehmen.

Teatro Castro Alves LIVEMUSIK

(www.tca.ba.gov.br; Praça 2 de Julho, Campo Grande) Die größten Künstler treten in Salvadors schönster Veranstaltungsstätte, dem Teatro Castro Alves, auf. In der Concha Acústica (Amphitheater) finden den ganzen Sommer über jede Woche Konzerte statt.

Shoppen

Mercado Modelo KUNSTHANDWERK

(Praça Cayru, Cidade Baixa; ⏲ Mo–Sa 9–18, So bis 14 Uhr) Einst wurden in Salvadors **Mercado Modelo** (www.mercadomodelobahia.com.br; Praça Visconde de Cayru) Sklaven gefangen gehalten. Heute gibt es hier Dutzende touristische Stände mit örtlichem Kunsthandwerk, Imbissbuden und Restaurants.

Praktische Informationen

GEFAHREN & ÄRGERNISSE

Die Verbrechensrate im Pelô steigt während der Hauptsaison (besonders rund um den Karneval) und an den überfüllten Dienstagabenden. In Bussen und an vollen Orten, wo Urlauber leicht auszumachen sind, sind Taschendiebstähle keine Seltenheit. Um Risiken zu minimieren, sollte man sich nicht zu auffällig kleiden, Smartphones nicht offen zur Schau stellen, nur so viel Bargeld wie nötig bei sich tragen, nur eine Fotokopie seines Reisepasses bei sich haben und sich nach Möglichkeit immer erst einen groben Überblick verschaffen, bevor man loszieht. Da man im Pelourinho schnell in zwielichtige Gegenden geraten kann, bleibt man besser auf den Hauptrouten. Die Cidade Baixa ist nachts und am Wochenende vereinsamt und unsicher, und auch die *ladeiras* (steilen Straßen) sind mit Vorsicht zu benutzen.

NOTFALL & WICHTIGE TELEFONNUMMERN

Alle Verbrechen, in die Touristen als Täter oder Opfer verwickelt sind, fallen in die Zuständigkeit der städtischen Delegacia do Turista (Touristenpolizei; ☎71 3116-6817; Cruzeiro de São Francisco 14, Pelourinho). Einige wenige Beamte sprechen Englisch oder Französisch.

Pronto Socorro (Krankenwagen) ☎192

TOURISTENINFORMATION

Bahiatursa Die Tourismusbehörde ist freundlich, wenn auch nicht gerade gut organisiert. Das Büro im **Pelourinho** (☎71 3321-2463; www.bahiatursa.ba.gov.br; Rua Francisco Muniz Barreto 12, Pelourinho; ⏲Mo–Do 8.30–21, Fr–So bis 22 Uhr), in dem es Stadtpläne und Veranstaltungskalender zu allem gibt, was in der Stadt stattfindet, ist die beste Anlaufstelle. Es gibt auch Schalter am **Busbahnhof** (☎71 3450-3871; www.bahiatursa.ba.gov.br; Av Antônio Carlos Magalhães, Iguatemi; ⏲Mo–Sa 9–18 Uhr), am **Flughafen** (☎71 3204-1244; www.bahiatursa.ba.gov.br; Praça Gago Coutinho s/n; ⏲7.30–23 Uhr), im **Shopping Barra** (☎71 3264-4566; www.bahiatursa.ba.gov.br; Av Centenário 2992, Barra, SAC, Shopping Barra; ⏲Mo–Sa 9–18 Uhr), im **Mercado Modelo** (☎71 3241-0242; www.bahiatursa.ba.gov.br; Praça Cayru, Mercado Modelo; ⏲Mo–Sa 9–18 Uhr) und ein Büro in **Barra** (☎71 3264-5440; www.bahiatursa.ba.gov.br; Av 7 de Setembro, Instituto Mauá, Porto da Barra; ⏲Mo–Sa 9–18 Uhr). Für Infos siehe auch unter www.bahia.com.br.

An- & Weiterreise

BUS

Der Terminal Rodoviario de Salvador liegt 8 km östlich vom Zentrum. Fahrkarten kauft man online über www.clickbus.com.br oder www.busbud.com.

Für Fernbusfahrten ab Salvador muss man häufig zusätzlich zum Busticket noch eine Interestadual-Karte (6 R$) kaufen. Man zieht sie an den Ausgangstoren durch, um zu den Bussteigen zu gelangen.

FLUGZEUG

Der **Aeroporto Deputado Luis Eduardo do Magalhães** (SSA; ☎71 3204-1010; Praça Gago Coutinho s/n, São Cristóvão) wird von Inlandsfluglinien wie **GOL** (☎0300 115-2121; www.voegol.com.br; Flughafen), **LATAM** (☎1-866-435-9526; www.latam.com) und **Azul** (☎1-888-587-2985; www.voeazul.com.br) bedient. Es gibt mehrere Direktflüge zwischen Salvador und Städten im Ausland wie Miami oder Lissabon mit **TAP** (Air Portugal; ☎1-800-221-7370; www.flytap.com) bzw. Buenos Aires mit **Aerolí-**

BUSSE AB SALVADOR

ZIEL	DAUER (ST.)	PREIS (R$)	HÄUFIGKEIT (TGL.)	BUSGESELLSCHAFT
Aracaju	4–6	72–105	8	diverse
Ilhéus	8	108–231	4	Águia Branca
Lençóis	7–8	86	3	Real Expresso
Maceió	11	93–145	6	diverse
Natal	25	250–262	2	Gontijo
Penedo	10	104	1	Águia Branca
Porto Seguro	11	144	1	Águia Branca
Recife	16	130–171	2	diverse
Rio de Janeiro	30	330–410	2	Águia Branca & Kaissara
São Paulo	32	199–462	2	Kaissara & Catedral Turismo
Vitória	21	281	1	Águia Branca

neas Argentinas (☎1-800-333-0276; www.aerolineas.com.ar). Die meisten internationalen Flüge gehen aber über São Paulo oder Rio.

Unterwegs vor Ort

Vom Flughafen (30 km östlich vom Zentrum) erreicht man Barra und die Cidade Alta mit dem Ortsbus „Praça da Sé" (3,70 R$, 1–1½ Std.) oder dem vornehmen Bus der Executive-Klasse von First Class (www.firstclassbus.com.br, 25 R$).

Von Salvadors Fernbusbahnhof überquert man die Fußgängerbrücke zum Shopping Bahia und nimmt jeden beliebigen Bus mit der Aufschrift „Praça da Sé".

Reguläre Stadtbusse verbinden die Praça da Sé und Barra. Die Ober- und die Unterstadt sind im Zentrum durch den sagenhaften, im Art-déco-Stil gestalteten Elevador Lacerda (S. 401) und die Standseilbahn **Plano Inclinado Gonçalves** (Praça da Sé & Guindaste dos Padres, Comércio; 0,15 R$; ⏲Mo–Fr 7–19, Sa bis 13 Uhr) verbunden.

Lençóis

☎0XX75 / 11 400 EW.

Lençóis ist die schönste der alten Diamantenminen-Städte in der Chapada Diamantina, einer bergigen, bewaldeten Oase in der staubigen sertão-Region (sertão bedeutet „trockenes Hinterland"). Sehenswert ist vor allem aber die Umgebung der Stadt, wo Höhlen, Wasserfälle, idyllische Flüsse und Hochebenen mit wundervollen Panoramablicken die Kulisse für fantastische Abenteuer bilden.

Sehenswertes & Aktivitäten

Zahlreiche Tourveranstalter vor Ort bieten eine große Auswahl von Outdoor-Aktivitäten wie Wandern, Abseilen, Klettern, Kajakfahren, Mountainbiken und Reiten im **Parque Nacional da Chapada Diamantina** (www.guiachapadadiamantina.com.br) GRATIS. Außerdem führen tolle Wanderwege aus der Stadt heraus, die Abenteurer auch ohne Guide angehen können.

Spazierengehen & Schwimmen

Eine nette, kleine Wanderung führt 3 km stadtauswärts und folgt dem Rio Lençóis flussaufwärts. Zuerst kommt man an einer Reihe von Stromschnellen vorbei, die **Cachoeira Serrano** genannt werden. Rechts davon liegt der **Salão de Coloridas Areias** (Saal der bunten Sande), wo Künstler Materialien für ihre Flaschensandbilder sammeln. Anschließend passiert man das natürliche Schwimmbecken **Poço Halley** und die Wasserfälle **Cachoeirinha** und **Cachoeira da Primavera**. Die zweite Wanderung folgt der Rua São Benedito 4 km nach Südosten aus der Stadt heraus zum Ribeirão do Meio, einer Ansammlung von Schwimmbecken mit natürlicher Wasserrutsche.

Wandern & Trekken

Südwestlich von Lençóis umfasst der 1520 km² große **Parque Nacional da Chapada Diamantina** eine atemberaubende Landschaft mit Wasserfällen, Flüssen, Affen und einer interessanten Geologie. Zu den herausragenden Sehenswürdigkeiten in der Nähe von Lençóis zählen der **Poço Encantado**, eine mit bemerkenswert blauem Wasser gefüllte Höhle, die **Lapa Doce**, eine weitere Höhle mit eindrucksvollen Formationen, die **Cachoeira da Fumaça**, Brasiliens höchster Wasserfall (420 m), und der **Morro do Pai Inácio**, ein Tafelberg, von dem sich ein herrlicher Blick über ein Tal voller Hochebenen bietet.

Im Park gibt es nur wenig Infrastruktur, die Wege sind nicht markiert. Busverbindungen sind eher selten. Am besten schließen sich Traveller einer organisierten Tour an oder engagieren gleich einen zertifizierten Führer.

Geführte Touren

Die vielen Tourveranstalter in Lençóis organisieren verschiedene halb- und ganztägige Autotouren (ab 190 R$/Pers. je nach Gruppengröße und Ziel) sowie Wanderungen mit zertifizierten Führern, die zwischen ein paar Stunden und bis zu einer Woche oder länger dauern können. Die Veranstalter stellen die Gruppen zusammen und vermieten die nötige Ausrüstung. Mehrtägige Wanderungen sind normalerweise mit Camping, Übernachtungen in Privatquartieren oder *pousadas* verbunden.

Chapada Adventure David OUTDOOR
(☎75 3334-1933; www.chapadaadventure.com; Praça Horácio de Matos 114; Wandertour ab 150 R$/Pers.; ⏲8–22 Uhr) Freundlicher Veranstalter von Wanderungen durch den Park mit mehrsprachigen Angestellten.

H2O Travel Adventures OUTDOOR
(☎75 3334-1229; www.h2otraveladventures.com; Tour ab 40 R$) Bietet Tagesausflüge und Wanderungen an. Auf der Website sind zu jedem Ausflug sämtliche Attraktionen und der Schwierigkeitsgrad detailliert beschrieben. Der Anbieter hat kein Büro mehr; man bucht online oder telefonisch.

Schlafen

★Pousada Lua de Cristal POUSADA $
(☎75 3334-1658; Rua dos Patriotas 27; Zi. 140-375 R$; 📶) Das charmante Gästehaus hat einen außergewöhnlich freundlichen Inhaber und bietet nette, schlichte Zimmer mit alten Buntglasfenstern. Aus vielen Zimmern hat man einen guten Blick auf den Ort. Ein weiteres Plus ist das Frühstück an den draußen stehenden Tischen.

★Pouso Da Trilha POUSADA $$
(☎75 3334-1192; www.pousodatrilha.com.br; Rua dos Mineiros 60; DZ mit/ohne Klimaanlage 170/280 R$; ❄📶) Die Pension in bequemer Lage am Rand der Altstadt hat schlichte Zimmer mit heimeligen Designelementen und einen ruhigen Hof mit Hängematten und einem kleinen Garten. Mit dem tollen Frühstück und den freundlichen Angestellten ist die Pension einigen anderen Unterkünften der Stadt eine Nasenlänge voraus.

Villa Justen POUSADA $$
(☎75 3334-2135; www.villajusten.com; Sao Felix 44; DZ/3BZ 240/340 R$) Die Villa Justen bietet eine Handvoll schick ausgestatteter Chalets jeweils mit Patio und Hängematte sowie eine Küche, die mit großem Kühlschrank, Töpfen und Pfannen und sogar ein paar Weingläsern besser ausgerüstet ist als üblich. Die Anlage versteckt sich auf dem Hügel hinter dem Busbahnhof, rund zehn Gehminuten entfernt.

Essen & Ausgehen

Cozinha Rição BAHIA-KÜCHE $
(www.facebook.com/pfdoricao; Praça Horácio de Matos 100; Hauptgerichte 14–30 R$; ⌚12–22.30 Uhr) Das Cozinha Rição ist eines der beliebteren Lokale am Hauptplatz in der Altstadt. Das Essen ist nicht besonders ausgefallen, aber sehr lecker. Hier kommen nachmittags immer viele Leute zusammen, die nach einer langen Wanderung ein paar Biere zischen wollen.

Burritos y Taquitos MEXIKANISCH $
(☎75 99288-1437; José Florencio 3; Hauptgerichte 15–42 R$; ⌚Di–So 18–22 Uhr) Hier hat man die seltene Chance, im ländlichen Bahia mexikanisch zu essen. Das zwanglose, bei den Einheimischen beliebte Restaurant tischt Burritos, Tacos und Guacamole auf und hat außerdem einen Patio hinten mit Blick auf den Fluss. Das Essen ist zwar nicht wirklich authentisch, jedoch ist es schmackhaft.

★Lampião BRASILIANISCH $$
(☎75 3334-1157; www.facebook.com/lampiaofood; Rua da Baderna 51; Hauptgerichte 34–53 R$; ⌚Di–So 16–23 Uhr; 📶) Das beliebte Lokal hat sich auf die Küche des brasilianischen Nordwestens spezialisiert und bietet Gerichte mit gegrilltem Fleisch, Fisch und Hühnchen, die im Freien an den netten Tischen für je zwei Personen serviert werden. Hier kommen die Leute auch gern her, um etwas zu trinken.

Praktische Informationen

Das Onlineportal Guia Lençóis (www.guialencois.com.br) ist eine tolle Infoquelle für Traveller.

Die **Banco do Brasil** (Praça Horácio de Matos 56) befindet sich am Hauptplatz, gleich hinter der Brücke in die Altstadt, und hat Geldautomaten.

An- & Weiterreise

Der **Busbahnhof** (Av Sr dos Passos s/n) liegt nördlich vom Zentrum. **Real Expresso** (☎75 3334-1112; www.realexpresso.com.br) betreibt täglich einige wenige Busse ab Salvador (85 R$, 7–8 Std.). Jacke mitbringen, denn die Fahrer drehen die Klimaanlage meistens voll auf!

Morro de São Paulo

☎0XX75 / 4000 EW.

Das trendige, isolierte Morro liegt gegenüber der Bucht von Salvador und ist per Boot erreichbar. Bekannt ist Morro für sein Nachtleben, aber es hat sich auch seinen ruhigen Charme entlang der Fußgängerhauptstraße erhalten, die zwischen den drei bewaldeten Hügeln verläuft.

Die Strände mit ihrem flachen, warmen Wasser verschwinden bei Flut. Dann kann man zum Wasserfall wandern, eine Bootsfahrt rund um die Insel machen, die ruhigere Nachbarinsel **Boipeba** besuchen oder vom Fort aus den Sonnenuntergang bestaunen. Ein kurzer Aufstieg führt vom Bootsanlegesteg hinauf zum Hauptplatz von Morro. Auf der Caminho da Praia geht's hinunter zu den durchnummerierten Stränden: Am meisten los ist an der Segunda Praia (2. Strand) und an der Terceira Praia (3. Strand) – zu Fuß sind sie zehn bis 15 Minuten von der Praça weg.

Schlafen

In der Hauptsaison (Dez.–März) sollte man weit im Voraus buchen.

Che Lagarto Hostel HOSTEL $
(☎75 3652-1018; www.chelagarto.com; Rua da Fonte Grande 11; B/DZ ab 75/226 R$; ❄📶) Das zu

einer Kette gehörende Hostel liegt in praktischer Nähe zur Fähranlegestelle und zum örtlichen Nachtleben. Hier herrscht eine jugendliche Partystimmung, und dank der von Wald umgebenen Sonnenterrasse aus Holz fühlt man sich wie mitten im Dschungel.

★ Porto de Chima Surf Hostel POUSADA $$
(☎75 99810-3242; www.portodecimahostel.com; Porto de Cima 56; B/DZ ab 69/279 R$;) Die ehemalige Pousada (Pension) auf dem Weg zum Strand von Porto de Cima ist heute ein cooles, auf Surfer ausgerichtetes Hostel. Von seiner Hängematte auf der Veranda die stahlblauen Kolibris und gelegentlich vorbeikommende Affen zu beobachten, ist absolut entspannend, und das Frühstück ist geradezu malerisch.

Pousada O Casarão POUSADA $$
(☎75 3652-1022; www.pousadaocasarao.com; Praça Aureliano Lima 190; DZ/Bungalow ab 135/158 R$;) Das schön renovierte koloniale Herrenhaus von 1906 herrscht über die Hauptplaza und hat hübsche Zimmer mit klassischer Möblierung und großen Fenstern sowie Bungalows am Hügelhang mit privaten Balkonen. Zu den hiesigen Annehmlichkeiten zählen zwei Swimmingpools – ein Pool für Erwachsene mit einer Bar, der andere für Kinder. Die Zimmer mit Blick auf den Platz haben zwar eine tolle Aussicht, nachts kann's aber etwas laut sein.

Essen & Ausgehen

Abends konkurrieren die Restaurants an der Segunda Praia um die Gäste – hier hat man die beste Möglichkeit, direkt am Strand zu speisen.

Café das Artes BRASILIANISCH $$
(☎75 3652-1057; www.solardasartes.net; Praça Aureliano Lima; Hauptgerichte 30–53 R$; ⏲12–23 Uhr) Das hübsche Café-Restaurant fungiert zugleich auch als Ausstellungsraum für Kunst. Der Patio mit Blick auf den Platz ist ein hübscher Ort für ein wenig nächtliche Musik. Zu den Spezialitäten des Hauses gehören Meeresfrüchte-Risotto und in grüner Kokossauce gekochte Shrimps. Das Café befindet sich in der beliebten Pousada (Pension) Solar das Artes.

★ Portaló Bar & Restaurante COCKTAILBAR
(75 3652-1375; www.hotelportalo.com; Hotel Portaló; ⏲12–22 Uhr) Die Terrasse dieses Hotels ist *der* angesagte Ort, um bei Sonnenuntergang den herrlichen Blick über den Hafen, DJ-Musik und fröhliche, mit tropischen Blumen verzierte Drinks zu genießen. Es gibt auch eine richtige Abendkarte, wenn man hier auch essen möchte (Hauptgerichte 24–46 R$). Man sieht das Hotel schon, wenn man bei der Ankunft auf der Insel den Fuß an Land setzt.

Praktische Informationen

Auf der Insel gibt es zwar ein paar Geldautomaten, so bei der **Banco do Brasil** (Praça Aureliano Lima) und bei **Brandesco** (Caminho da Praia), doch man bringt besser ausreichend Bargeld vom Festland mit, weil vor allem in der Hauptsaison wegen der Touristen den Automaten schon mal das Geld ausgeht. Viele Einrichtungen nehmen auch Kreditkarten an.

An- & Weiterreise

Katamarane und kleine Fähren (rund 100 R$, 2 Std., 5–7-mal tgl.) pendeln zwischen Morro und dem Terminal Marítimo Turístico in Salvador. Reservieren kann man bei **Biotur** (☎75 3641-3327; www.biotur.com.br), **Farol do Morro** (☎71 3319-4570; www.faroldomorrotour.com), **IlhaBela** (☎ in Salvador 71 3326-7158; www.ilhabelatm.com.br) oder **Lancha Lulalu** (☎75 9917-1975) oder aber bei einem Reiseveranstalter auf der Insel. Während der Fahrt kann es ziemlich heftig schaukeln; am besten nimmt man etwas gegen Seekrankheit. Außerdem werden Passagiere auf kleineren Booten oft auch mal nass!

Jeden Tag fahren auch Boote nach Valença (25–27 R$, 40 Min.), was praktisch ist, wenn man unterwegs nach Boipeba, zur Halbinsel Marau oder zu Zielen weiter südlich will.

Wer von Morro direkt zum Flughafen in Salvador will, kontaktiert am besten **Cassi Turismo** (☎71 99121-1111; www.cassiturismo.com.br), die eine Boots- und Busverbindung zum Flughafen (95–125 R$, 5-mal tgl.) anbieten.

Itacaré

☎0XX73 / 13100 EW.

Schon seit Langem steht das schöne Itacaré bei Hippies und Surfern hoch im Kurs, die von den breiten Abschnitten Atlantischen Regenwalds, den malerischen Stränden und den verlässlichen Surfwellen verzaubert sind. Unzählige Pousadas (Pensionen) und Restaurants haben inzwischen die Straßen erobert, dennoch herrscht hier eine entspannte, jugendliche Atmosphäre, die ganz im Zeichen der Surfkultur steht, und viele Einrichtungen in dem Gebiet haben sich zur Umweltfreundlichkeit verpflichtet (man erkennt sie an dem stolz präsentierten Schild für CO_2-neutralen Tourismus).

Aktivitäten

Brazil Trip Tour ABENTEUER
(☎73 9996-3331; www.braziltriptour.com; Pedro Longo 235) Einer unter mehreren verlässlichen Anbietern von Ausflügen, Surfstunden, Transfers und Touren. Dieser Veranstalter hat sich auf englischsprachige Guides und umweltbewusste Touren spezialisiert.

Easy Drop SURFEN
(☎73 3251-3065; www.easydrop.com; João Coutinho 140; 1 Tag Surfunterricht 213 R$, 1 Woche alles inkl. ab 1926 R$) Das gut etablierte Surf-Camp bietet einen einwöchentlichen Aufenthalt mit Surfkursen und Unterkunft und wird von Travellern begeistert empfohlen.

Schlafen

Die meisten Pensionen verteilen sich über die Rua Pedro Longo/Pituba. Wer ruhiger wohnen und dennoch in der Nähe der Action bleiben will, sollte sich eine Pousada (Pension) in einer Seitenstraße oder in der Gegend der Condomínio Conchas do Mar suchen.

Pousada Casa Tiki POUSADA $
(☎73 99804-8901; www.pousadacasatiki.com.br; Rua C, Praia da Concha; DZ mit/ohne Bad ab 150/120 R$;) Die heimelige Atmosphäre macht diese kleine Pension zu etwas ganz Besonderem: Es gibt hier nur vier Zimmer, ein entspanntes Frühstück an einem großen Gemeinschaftstisch und nette Inhaber, ein junges Paar, das auch Englisch spricht, potente Cocktails mixt und viele Reisetipps auf Lager hat.

Casarão Verde Hostel HOSTEL $
(☎73 3251-2037; http://casaraoverdehostel.com.br; Castro Alves s/n; B ab 35 R$, DZ ohne Bad ab 80 R$;) Budgettraveller schwärmen von dem freundlichen Empfang und den frischen geräumigen Zimmern in dem hübschen, geschickt zu einem Hostel umgebauten kolonialen Haus, das, wie der Name sagt, blassgrün angestrichen ist.

★ **Pousada Ilha Verde** POUSADA $$
(☎73 3251-2056; www.ilhaverde.com.br; Ataíde Setúbal 234; EZ/DZ ab 210/240 R$, Chalet für 4 Pers. 439 R$;) In einem üppig-grünen Ambiente bietet das Ilha Verde einmalig dekorierte Zimmer, bei denen sich die Besitzer von ihren Weltreisen inspirieren ließen. Zu den Extras zählen private Patios, ein einladender Swimmingpool, große Außenbereiche, in denen man herrlich im Grünen entspannen kann, und ein Fairtrade-Laden mit brasilianischem Kunsthandwerk aus Stroh und Muscheln.

Essen & Ausgehen

★ **Agua** BISTRO $
(☎73 99950-9548; Pedro Longo 147; Hauptgerichte 25–28 R$; ⏲Di–So 16–23 Uhr;) In der vom Strandleben geprägten Restaurantszene Itacarés sticht das Agua mit cooler Modernität heraus. Auf der normalen Karte stehen exquisit zubereitete und von der brasilianischen und asiatischen Küche inspirierte Gerichte (darunter auch ein paar gute vegane und vegetarische Optionen), doch der Mittwochabend steht ganz im Zeichen diverser Currys.

Alamaim NAHÖSTLICH $
(☎73 3251-3462; www.restaurantealamaim.com.br; Pedro Longo 204; Hauptgerichte 24–39 R$; ⏲Mo–Sa 14.30–22 Uhr;) Hier bekommt man seinen Hummus: Das coole, aber zwanglose Lokal ist auf vegetarische arabische Küche von Falafel bis Couscous spezialisiert und hat einen gemütlichen Lounge-Bereich, in dem man sich nach dem Surfen oder Schwimmen prima erholen kann.

Mar e Mel BAR
(☎73 3251-2358; www.maremel.com.br; Alpínia s/n; Hauptgerichte 28–60 R$; ⏲17–24 Uhr) An drei Abenden die Woche (Di, Do & Sa 21 Uhr) können Unternehmungslustige hier live *forró* hören und dazu tanzen. Es gibt eine geräumige Holzterrasse und eine große Auswahl von Meeresfrüchtegerichten und Drinks.

An- & Weiterreise

Itacarés **Busbahnhof** (☎73 3251-2181; Rua da Rodoviário) liegt gleich außerhalb vom Zentrum (die Fahrt mit dem Taxi bis zu den meisten Pousadas kostet 15 bis 20 R$). Richtung Süden betreibt **Rota** (☎73 3251-2181; http://rotatransportes.com.br) etwa 15 Busse am Tag nach Ilhéus (15 R$, 1¾ Std.) und einen nach Porto Seguro (87 R$, 8 Std., 7 Uhr). Richtung Norden hat **Cidade Sol** (www.viacaocidadesol.com.br) fünf Busse am Tag nach Bom Despacho (49 R$), von wo die Fähre nach Salvador übersetzt.

Ilhéus

☎0XX73 / 142 210 EW.

Die bunten Häuser aus dem frühen 20. Jh. und die merkwürdig verwinkelten Straßen verleihen dem etwas ungeschliffenen Ilhéus eine lebendige und leicht wunderliche Atmosphäre. Ruhm und Ansehen verdankt die Stadt dem Kakao und dem von hier stammenden bekannten brasilianischen Romancier Jorge Amado, der die Stadt als Kulisse für einen seiner besten Romane, *Gabriela, Cravo e Canela (Gabriela wie Zimt und Nelken)*, nutzt. In den letzten Jahren hat sich Ilhéus auch als touristisches Ziel einen Namen gemacht. So sieht man viele Besucher aus anderen Gebieten Brasiliens beim Bummel durch die Altstadt oder beim Sonnenbaden an den Stränden südlich der Stadt.

Sehenswertes

Casa de Jorge Amado MUSEUM

(☎71 99168-0571; Jorge Amado 20; 5 R$; ⏲Mo–Fr 9–12.30 & 14–18, Sa 9–13 Uhr) Das Haus, in dem Amado bei seinen Eltern wohnte und an seinem ersten Roman arbeitete, wurde restauriert und in ein schönes und informatives Museum über sein Leben umgewandelt. Nur wenige Schriftsteller erfahren eine solche Ehrung noch zu ihren Lebzeiten, aber Amado war lange vor seinem Tod im Jahr 2001 zu einem Symbol seines Landes geworden.

Schlafen & Essen

Lagoa Encantada II POUSADA $

(☎73 3632-5675; Italia 156, Pontal; DZ 100 R$; ❄📶) Die ruhige Pension südlich vom Zentrum, in der Nähe vom Flughafen und vom Strand, ist ideal für Budgettraveller, aber auch etwas schwer zu finden. Sie liegt etwa 5 km von der Altstadt entfernt, doch man läuft überwiegend am Wasser entlang, und das ist tagsüber wirklich nett.

Pousada Pier do Pontal POUSADA $$

(☎73 3221-4000; www.pierdopontal.com.br; Lomanto Junior 1650, Pontal; EZ/DZ ab 206/222 R$; ❄📶🏊) Das Dekor könnte zwar eine Auffrischung gebrauchen, dafür liegt die hübsche Pension am Wasser und hat einen Swimmingpool. Nach Norden geht's zur Altstadt von Ilheus, nach Süden zu den Stränden.

★ **Bataclan** BRASILIANISCH $$

(☎73 3634-0088; www.bataclan.com.br; Av 2 de Julho 77; Hauptgerichte 22–59 R$, 54,90 R$/kg; ⏲Mo & Di 11–17, Sa bis 16 Uhr, Mi–Fr open end, Event-Termine variieren) Das koloniale Gebäude war einst ein von Kakaobaronen besuchtes Cabaret (und einer der Schauplätze von Amados *Gabriela wie Zimt und Nelken*); 2004 wurde es restauriert und erstrahlt nun in altem Glanz. Heute dient es als Restaurant (Mittagsbüfett 11.30–14.30 Uhr) und Kulturzentrum. Während man aufs Essen wartet, kann man sich das Haus anschauen; wer nur das Haus besichtigen will, zahlt 5 R$.

An- & Weiterreise

Der **Fernbusbahnhof** (Rodoviaria Ilheus; ☎73 2102-5335; Av Roberto Santos 15) liegt 4 km westlich vom Zentrum. Rota (www.rotatransportes.com.br) hat Busse nach Porto Seguro (63–85 R$, 6 Std., 4-mal tgl.), und Aguia Branca (www.aguiabranca.com.br) fährt nach Salvador (95–231 R$, 8 Std., 7-mal tgl.) und dreht dabei eine große Schleife um die Baía de Todos os Santos.

Porto Seguro

☎0XX73 / 145 531 EW.

Porto Seguro ist von historischer Bedeutung: Hier betraten die Portugiesen erstmals das Land, das später Brasilien heißen sollte. Die Stadt hat ein kleines historisches Zentrum und bunte koloniale Häuser, ist aber vor allem ein beliebtes Reiseziel vieler brasilianischer und argentinischer Pauschaltouristen, die wegen des Strands und des Nachtlebens herkommen. Auch halbstarke Oberschüler zieht es in den Schulferien gern hierher. Viele Traveller kommen nur auf der Durchreise in die Stadt, um von hier aus mit der Fähre weiter die hübsche Küste entlang und zum nahe gelegenen beschaulichen Arraial d'Ajuda zu fahren.

Sehenswertes

Cidade Histórica HISTORISCHE STÄTTE

Man braucht Ermunterung, um die Stufen zu Porto Seguros Altstadt zu erklimmen. Als Belohnung erwarten einen farbenfrohe historische Gebäude und ein weiter Blick über die Küste. Achtung: Das Gebiet ist zwar bei Nacht schön beleuchtet, aber die Stufen sind bei Dunkelheit gefährlich. Besser ein Taxi nehmen!

Strände

Nördlich der Stadt liegt die Orla Norte (Nordküste), eine lange, von *barracas* (Imbissbuden) und Clubs gesäumte Bucht mit Stränden aus weißem, weichem Sand an der ruhigen See vor einer Kulisse aus üppiggrüner Vegetation: Zu den Stränden zählen die **Praia Curuípe** (3 km), die **Praia Itacimirim** (4 km), die **Praia Mundaí** (6 km), die **Praia de Taperapua** (7 km) und die **Praia do Mutá** (10 km). Die hiesigen großen Strandclubs wie **Tôa-Tôa** (☎73 3679-1714; www.portaltoatoa.com.br; Av Beira Mar, Km 5, Praia de Taperapuã; ⏲8–18 Uhr) unterhalten mit MCs, Tänzern und populärer Tanzmusik ein großes brasilianisches Publikum.

Schlafen & Essen

Die meisten Restaurants und Bars liegen rund um die Passarela do Álcool (Schnapspromenade). Abends ist die Passarela von Kunsthandwerksständen und Straßenkünstlern geprägt, und auf die umliegenden Plazas strömt Livemusik.

Pousada Brisa do Mar POUSADA $

(☎73 3288-1444; Praça Coelho 180; EZ/DZ/3BZ 55/75/95 R$; ❄📶) Die schlichte Pension in einem langen, schmalen Haus nahe dem Ufer ist nichts Besonderes. Doch für Porto Seguro hat es eine gute Lage in der Nähe der Restaurants, der Passarela do Álcool (Schnapspromenade) und der Fähre nach Arraial.

★ **Rabanete** BÜFETT $$

(☎73 3288-2743; www.restauranterabanete.com.br; Saldanha Marinho 33; 61 R$/kg; ⏲12–16.30 Uhr) Eines der besten Lokale mit Pro-Kilo-Verkauf in der Gegend! Das Rabanete tischt ein Büfett mit köstlichen Gourmetgerichten von Pasta mit sonnengetrockneten Tomaten und Basilikum bis hin zu frischem Fischfilet auf. Sowohl die Tische auf dem grünen Patio als auch im stilvoll rustikalen Innenraum haben jede Menge Atmosphäre. Es gibt auch noch Filialen in Arraial d'Ajuda und Trancoso.

Ilha dos Aquários CLUB

(☎73 3268-2828; www.ilhadosaquarios.com.br; Ilha Pacuio; Erw./Kind bis 10 Jahre 75 R$/frei; ⏲Fr 20 Uhr–open end) Das Ilha dos Aquários ist von jeher ein guter Partyclub, vermutlich wegen der Aquarien und der Lage auf einer Insel im Fluss (an Partynächten pendeln Boote vom Hafen hierher). Der Abend beginnt familienfreundlich, und wenn die Kids dann zu Hause sind, geht die Party richtig los. Vielerorts in der Stadt werden Tickets verkauft, darunter auch in den meisten Hotels.

An- & Weiterreise

Porto Seguros Flughafen (BPS) wird von mehreren Inlandsfluglinien bedient und befindet sich 1,5 km westlich vom Busbahnhof und 3 km nordwestlich des Hafens. Vom 500 m westlich der Cidade Histórica gelegenen Busbahnhof fährt **Rota** (www.rotatransportes.com.br) viermal täglich nach Ilhéus (63–75 R$, 6 Std.) und einmal nach Itacaré (87 R$, 8 Std.). **Águia Branca** (www.aguiabranca.com.br) hat sowohl Nachtbusse nach Salvador (176 R$, 11 Std.) als auch nach Rio de Janeiro (306 R$, 22 Std., über Vitória).

Arraial d'Ajuda

☎0XX73 / 17 000 EW.

Arraial liegt auf einer Klippe oberhalb langer Sandstrände und weist eine sonderbare Mischung aus gehobenem Tourismus und entspannten Backpackern auf. Niedrige, bunt angemalte Gebäude stehen rund um die traditionelle Plaza; die Straßen hinunter zu den Stränden sind von *pousadas*, Bars und Restaurants gesäumt. Arraial bietet Feierlustigen ein tolles Nachtleben, aber auch wer tropische Entspannung sucht, kommt auf seine Kosten.

Der der Stadt am nächsten gelegene Strand ist die überfüllte **Praia Mucugê**, doch ein kurzer Weg Richtung Süden bringt einen zur traumhaften **Praia de Pitinga** und dahinter zu weiteren prächtigen Stränden. Im Zentrum gibt's mehrere Geldautomaten.

Schlafen & Essen

Am Hauptplatz bekommt man abends preisgünstige Crêpes, Maniok, Caipirinhas und traditionelle Bahia-Gerichte mit Reis, Bohnen und gegrilltem Steak. Naschkatzen bevorzugen die Gourmeteisbuden an der Rua do Mucugê.

Arraial d'Ajuda Hostel HOSTEL $

(☎73 3575-1192; www.arraialdajudahostel.com.br; Manoel Crescêncio Santiago 94; B/DZ ab 60/140 R$; ❄@📶🏊) Das farbenfrohe HI-Hostel verfügt über gut ausgestattete Privatzimmer und Schlafsäle in einem schrillen Gebäude im griechisch-bahianischen Stil mit einem Swimmingpool im Hof. Traveller mögen die Gemeinschaftsküche im Freien und die Lage in Strandnähe.

★ **Pousada Erva Doce** POUSADA $$

(☎73 3575-1113; www.ervadoce.com.br; Rua do Mucugê 200; DZ ab 240 R$; ❄📶🏊) Mitten im Zentrum des Orts liegt an einer von Boutiquen und Cafés gesäumten kopfsteingepflasterten Plaza diese friedliche Pension mit großen, durchdacht gestalteten Zimmern samt geräumiger Duschen und Moskitonetzen über dem Bett. Es gibt hier auch einen kleinen, von einem grünen tropischen Garten umgebenen Swimmingpool mit Open-Air-Bar und Hängematten – ideal für einen entspannten Nachmittag.

★ **Portinha** BÜFETT $

(☎73 3575-1882; www.portinha.com.br; Shopping d'Ajuda, Rua do Mucugê 333; 59,50 R$/kg; ⏲Di–So 11–16.30 Uhr; 🌿) Das Portinha ist um Längen besser als die meisten Büfettrestaurants der Gegend. Hier gibt's jede Menge Fleisch- und Meeresfrüchtegerichte, die meist von der traditionellen Bahia-Küche inspiriert sind und gut und gern auch aus einem Nobelbistro stammen könnten. Das Lokal befindet sich auf einem hübschen Patio im Einkaufskomplex Shopping d'Ajuda.

Ausgehen & Nachtleben

Arraial hat im Sommer ein lebhaftes Nachtleben mit vielen Optionen zu bieten. Dann steigen auch in den Strandclubs große Partys (Grundpreis 25–50 R$).

Morocha Club CLUB
(☎73 3575-2611; www.morochaclub.com; Rua do Mucugê 260; normalerweise kein Grundpreis; ⏲17 Uhr–open end, Event-Termine variieren) Im Ort ist das Morocha das Epizentrum des Nachtlebens, vor allem im Sommer und rund um den Karneval. Der beliebte Treff der Einheimischen ist am frühen Abend ein entspanntes, wohnzimmerartiges Restaurant, in dem Pizzas, Steaks, Sandwiches und Tex-Mex-Gerichte (Hauptgerichte 22–55 R$) serviert werden. Später geht dann bei Konzerten, Tanz, DJs und Themenpartys die Post ab.

An- & Weiterreise

Die *balsa* ist eine schnelle Passagier- und Autofähre zwischen Porto Seguro und Arraial d'Ajuda (4,50 R$, 10–15 Min.). Von der Bootsanlegestelle nimmt man einen Bus oder einen Kombi ins Zentrum von Arraial d'Ajuda (3,25 R$).

Trancoso

☎0XX73 / 9860 EW.

Das kleine tropische Paradies liegt auf einem grasbedeckten Felsvorsprung mit Blick auf den Ozean. Das Zentrum bildet das malerische Quadrado, eine große, begrünte Fläche mit weißer Kirche und bunten Häusern; es stammt noch aus der Zeit, als die Stadt eine Jesuitenmission war. Abends herrscht auf den Restaurantterrassen, die den schicken Platz säumen, viel Betrieb. Die Strände im Süden von Trancoso sind bezaubernd, vor allem die **Praia do Espelho** (20 km südlich), abseits der Straße nach Caraíva. Geldautomaten gibt's hier reichlich.

Schlafen & Essen

Baianeiro Hostel HOSTEL $
(☎73 99160-3065; Carlos Chagas 851; B 70 R$; 📶) Im Baianeiro geht's schlicht zu: Es gibt drei Schlafsäle, zwei Gemeinschaftsbäder, eine Küche und viele Gemeinschaftsbereiche drinnen und draußen. Was das Hostel zu etwas Besonderem macht, ist die familiäre Atmosphäre, welche die Gastgeber Maria Luiza und Adriano hier geschaffen haben. Das Haus ist 15 Gehminuten vom Quadrado entfernt und damit eine bessere Wahl für alle Reisenden, denen günstige Preise und Ruhe wichtiger sind als die Nähe zum Geschehen.

★ **Pousada Jacarandá** POUSADA $$
(☎73 3668-1950; www.pousadajacaranda.com.br; Jovelino Rodrigues Vieira 91; Bungalows für 2 Pers. ab 279 R$; P❄📶≋) 🍃 Die umweltfreundliche *pousada* besteht aus sechs freistehenden Bungalows aus natürlichen, vor Ort beschafften Materialien und hat einen hübschen Swimmingpool sowie mit Kunst geschmückte Innenbereiche. Die Unterkunft ist ein kurzes Stück sowohl vom Quadrado als auch vom Strand entfernt. Die ruhige Lage ist aber ein Vorteil, wenn man Entspannung sucht.

★ **Rabanete** BÜFETT $$
(☎73 3668-1835; Quadrado s/n; 69,99 R$/kg; ⏲12–17.30 Uhr) Dieser Klassiker in Trancoso, der früher Portinha hieß, begeistert seine Gäste mit einem üppigen Büfett (die Desserts sollte man sich nicht entgehen lassen!) und stimmungsvollen Picknicktischen, die unter schattigen Bäumen am Quadrado stehen. Das Rabanete ist eines der wenigen Restaurants, das auch mittags geöffnet ist.

An- & Weiterreise

Stündlich verbinden Busse (11 R$) und Kleinbusse Trancoso mit Arraial d'Ajuda (50 Min.) und der dortigen Fährnlegestelle (1 Std.); einige fahren weiter bis Porto Seguro. Bei Ebbe ist die 13 km Strandwanderung von Arraial aus eine idyllische Alternative.

Maceió

☎0XX82 / 1 MIO. EW.

Maceió ist die von Hochhäusern geprägte, betriebsame Hauptstadt des Bundesstaats Alagoas. Sie hat einen langen Strand, an dem man, geschützt von einem Riff, prima im blaugrünen Meer baden kann. Die städtischen Strände mit ihren wogenden Palmen sind verführerisch, aber die wahren Strandjuwelen befinden sich gut eine Stunde außerhalb der Stadt.

ABSEITS DER ÜBLICHEN PFADE

CARAÍVA

Das ruhige, zauberhafte Caraíva ist ein sandiges Dörfchen südlich von Trancoso, das versteckt zwischen einem von Mangroven gesäumten Fluss und einem langen Surfstrand mit wogendem Wasser liegt. Die Idylle wird noch verstärkt durch die völlige Abwesenheit von Autos. In der Nebensaison ist in Caraíva fast alles geschlossen. Geldautomaten gibt es hier nicht – Bargeld mitbringen!

Bootstouren stromaufwärts, zu den spektakulären Stränden nördlich des Dorfes oder südlich zum **Parque Nacional de Monte Pascoal** lassen sich leicht über die örtlichen *pousadas* organisieren, genauso wie Ausritte oder Wanderungen nach **Barra Velha**, einem Dorf der indigenen Pataxó in 6 km Entfernung von Caraíva. Eine 14 km lange Wanderung, Bootstour oder Busfahrt nach Norden bringt einen zur berühmten **Praia do Espelho**, die weithin als einer der zehn besten Strände Brasiliens gilt.

Um Caraíva richtig kennenzulernen, sollte man hier übernachten. Die Unterkünfte reichen von einfachen Stellplätzen bis zu Cottages der Spitzenklasse am Meeresufer. Das Aruanda Hostel hat schlichte Schlafsaalbetten auf einem üppig grünen Grundstück nahe dem Dorfzentrum. Die Pousada Lagoa ist eine umweltbewusste Anlage mit stilvollen Bungalows und einem verführerischen Restaurant mit Bar.

Täglich fahren zwei Busse von **Aguia Azul** (☎73 3575-1170; www.viacaoaguiaazul.com.br) zwischen Caraíva und der Fähranlegestelle in Arraial d'Ajuda (20 R$, 2 Std.), die unterwegs in Trancoso halten. Von der Bushaltestelle in Caraíva befördern einen Kanus (5 R$, 5 Min.) in den Ort.

Sehenswertes & Aktivitäten

Von der Praia de Pajuçara aus segeln malerische *jangadas* (traditionelle hölzerne Fischerboote aus dem Nordosten Brasiliens) 2 km aufs Meer hinaus. Dort kann man in natürlichen, vom Riff gebildeten Becken baden. Die **Praia de Ponta Verde** und die **Praia Jatiúca** sind gute Stadtstrände mit ruhigem Wasser. Die von Strandbars gesäumte hübsche **Praia do Francês** (24 km) ist die wichtigste Adresse, wenn man ein Wochenende in Maceió verbringen möchte, denn hier befinden sich zahlreiche *pousadas*. Weiter südlich liegt die **Praia do Gunga** gegenüber von Barra de São Miguel (34 km) an einer Flussmündung. Weniger überlaufene Strände nördlich der Stadt sind u.a. **Garça Torta** (12 km), **Riacho Doce** (14 km) und **Ipioca** (23 km). Ein lohnendes Ausflugsziel ist auch **Pontal da Barra** (8 km südlich von Maceió), wo Traveller gern traditionelle Alagoa-*filé* (Häkeleien) kaufen. Hier legen auch Boote zu einer malerischen vierstündigen Rundfahrt über die Lagune ab.

Marcão Turismo TOUREN
(☎82 3231-0843; www.turismomaceio.com.br; 2. OG, Hotel Expresso R1, Avenida João Davino 386) Der gut etablierte Veranstalter bietet eine Reihe von Ausflügen und Transfers, darunter Touren zu den Nove Ilhas (90 R$), zu den Dunas de Marape (100 R$) und zum Foz do São Francisco (110 R$); alle sind inklusive Mittagessen und Bootsfahrt. Die Mitarbeiter von Marcão Turismo organisieren auch einen Tagesausflug zur Praia do Gunga und zur Praia do Francês (25 R$) sowie die Weiterfahrt (einfache Fahrt) nach Maragogi (40 R$).

Schlafen

Maceió Hostel e Pousada HOSTEL $
(☎82 3231-7762; www.maceiohostel.com.br; Jangadeiros Alagoanos 1528, Pajuçara; B/DZ ab 55/129 R$; ❄📶) Das ein paar Blocks vom Strand entfernte, preiswerte HI-Hostel ist zwar klein – in den Schlafsälen mit vier Betten bleibt kaum Platz für den Rucksack –, aber freundlich und effizient. Die schlichten Doppelzimmer haben gute Duschen und große Schließfächer.

Gogó da Ema POUSADA $
(☎82 3231-2117; www.hotelgogodaema.com.br; Francisco Laranjeiras 97, Ponta Verde; EZ/DZ/3BZ ab 100/120/160 R$; ❄📶) An einer ruhigen Seitenstraße in der Nähe von zwei hübschen Stränden liegt diese nach einer berühmten alten Palme (die 1955 in der Stadt umstürzte und zu ihrem Symbol wurde) benannte fünfstöckige, tropisch aufgemachte *pousada*. Dass die Rezeption rund um die Uhr besetzt ist, erweist sich als besonders hilfreich, wenn man spät ankommt oder einen frühen Flug erwischen will.

Essen & Ausgehen

Villa Maceio Food Park IMBISSWAGEN $
(82 99937-7174; www.facebook.com/villamaceiofoodpark; Lourenço Moreira da Silva 203–245, Ponta Verde; Hauptgerichte 20–40 R$; Di & Mi 18–23, Fr & Sa bis 24, So 17–23 Uhr;) Sowohl Urlauber nach einem Tag am Strand als auch Einheimische nach der Arbeit tummeln sich abends an dieser Ansammlung von Imbisswagen. Hier gibt's alles von brasilianischen Klassikern bis hin zu Gourmet-Hamburgern und (natürlich) auch einen Bierwagen mit diversen Craft-Bieren vom Fass.

★ **Lopana** BAR
(82 3231-7484; www.lopana.com.br; Av Silvio Viana 27, Ponta Verde; Di–Fr 10–24, Sa & So 9–1 Uhr) Maceiós beste Strandbar brummt immer: Wenn hier ein Gitarrist klimpert und die gut aussehenden Leute unter den hoch aufragenden Palmen Bier oder Caipis trinken, glaubt man sich in eine Filmkulisse versetzt.

An- & Weiterreise

Inlandsflüge starten von Maceiós Aeroporto Internacional Zumbi dos Palmares (MCZ), 23 km nördlich vom Zentrum. Der Fernbusbahnhof liegt 4 km nördlich vom Zentrum. Real Alagoas (www.realalagoas.com.br) betreibt Busse nach Recife (50–78 R$, 6 Std., 7-mal tgl.), und Rota (www.rotatransportes.com.br) fährt nach Salvador (117–145 R$, 11 Std., 4-mal tgl.).

Städtische Kleinbusse (ab 3,50 R$) fahren zu allen nördlichen und südlichen Stränden.

Recife

0XX81 / 1,63 MIO. EW.

Recife (sprich: heh-*ssie*-fe) ist eine der bedeutendsten Hafenstädte im Nordosten Brasiliens und wegen seines reichen tänzerischen und musikalischen Erbes im ganzen Land bekannt. Das etwas schmuddelige Geschäftszentrum ist auf allen Seiten von Wasser umgeben und tagsüber sehr belebt, aber nachts und sonntags wie leergefegt. Das ruhigere Recife Antigo auf der Ilha do Recife ist von pittoresken Kolonialgebäuden geprägt. Die meisten Traveller steigen in Boa Viagem, einem wohlhabenden Vorort südlich vom Zentrum an einem langen goldenen Strand, oder in Recifes friedlicherer Schwesterstadt Olinda ab.

Sehenswertes & Aktivitäten

In der Altstadt gibt es viele restaurierte Prachtgebäude mit englischsprachigen Infotafeln. Beim Bummel durch Recife Antigo kann man die farbenprächtigen Häuser und die historische Synagoge an der Rua Bom Jesus und das in ein Einkaufszentrum umgewandelte ehemalige Zollgebäude **Paço Alfândega** (www.pacoalfandega.com.br; Rua da Alfândega 35, Recife Antigo; Mo–Sa 9–21, So 11–20 Uhr) bewundern. Ein wichtiges Wahrzeichen der Altstadt ist der **Marco Zero** (Praça Rio Branco, Recife Antigo), ein kleiner Kilometerstein 0 nahe dem Ufer, der die Stelle bezeichnet, wo die Portugiesen 1537 Recife gründeten. Gegenüber im Centro befindet sich der **Pátio de São Pedro** (Santo Antônio), ein schöner gepflasterter Platz mit charakteristischen Häusern und einer hübschen Barockkirche.

★ **Paço do Frevo** KUNSTZENTRUM
(81 3355-9500; www.pacodofrevo.org.br; Praça do Arsenal, Recife Antigo; Erw./Kind 8/4 R$; Di–Fr 9–17, Sa & So 14–18 Uhr) Das energiegeladene, auffällig rote Museum ist eine kleine, moderne Huldigungsstätte für *frevo*, den typischen, an den bunten kleinen Schirmchen erkennbaren Tanz beim Karneval von Recife. Neben den schön gestalteten Ausstellungen gibt's hier auch Vorführungen und Kurse in *frevo*. Ein Highlight ist die Dauerausstellung im obersten Stock, bei der man riesige Karnevalsinsignien von Recifes berühmten *blocos* (Trommel- und Tanzumzügen) auf dem Fußboden unter Glas bestaunen kann. Das Museum ist zweisprachig beschildert.

★ **Oficina Cerâmica Francisco Brennand** MUSEUM
(81 3271-2466; www.brennand.com.br; Várzea; Eintritt 10 R$; Mo–Do 8–17, Fr bis 16, Sa & So 10–16 Uhr) Francisco Brennand, der 1927 als Sohn einer irischen Einwandererfamilie geboren wurde und heute als Brasiliens größter Keramikkünstler gilt, erweckte die stillgelegte Fliesenfabrik seiner Familie zu neuem Leben und schuf seine eigene Marke für dekorative Keramikfliesen. Die weitläufigen Innen- und Außenräume in Várzea, 11 km westlich vom Zentrum Recifes, sind heute überwiegend seinem riesigen und faszinierenden Oeuvre gewidmet, zu dem neben Keramikarbeiten auch Gemälde und Hunderte sehr originelle Skulpturen zählen. Am besten nimmt man ein Taxi von Boa Viagem und besucht auch gleich das **Instituto Ricardo Brennand** (81 2121-0352; www.institutoricardobrennand.org.br; Alameda Antônio Brennard, Várzea; Erw./Kind 30/15 R$; Di–So 13–17 Uhr).

Recife

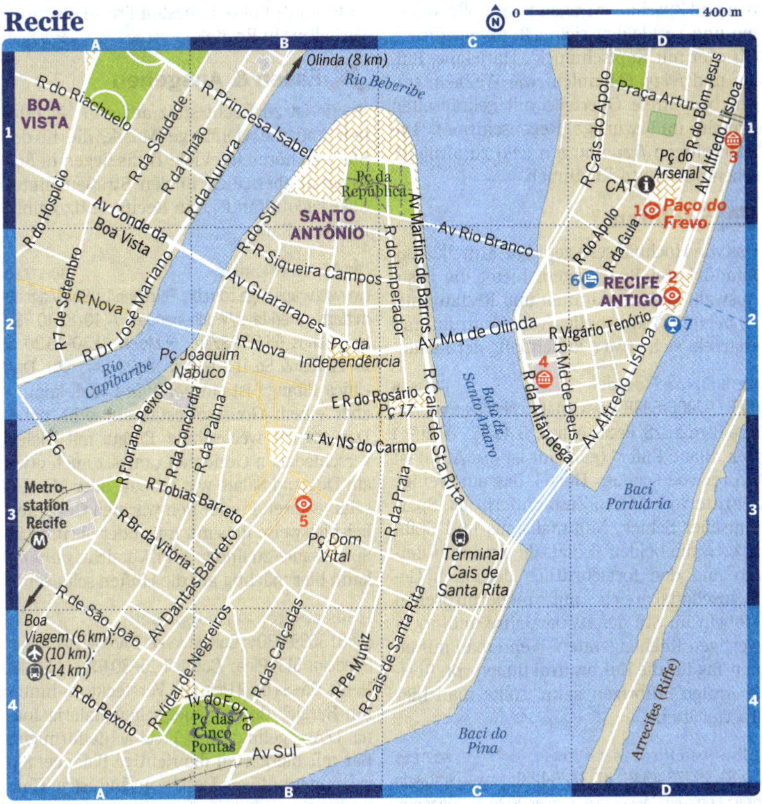

Recife

Highlights
1 Paço do Frevo ... D1

Sehenswertes
2 Marco Zero ... D2
3 Museu Cais do Sertão ... D1
4 Paço Alfândega ... C2
5 Pátio de São Pedro ... B3

Schlafen
6 Azul Fusca Hostel ... D2

Ausgehen & Nachtleben
7 Armazéns do Porto ... D2

Museu Cais do Sertão MUSEUM
(www.facebook.com/caisdosertao; Av Alfredo Lisboa, Recife Antigo; Erw./Kind 10/5 R$; ⌚ Di–Fr 9–17, Sa & So 13–17 Uhr) Das kühne, 2014 ins Leben gerufene Museum beleuchtet die Kultur des *sertão* (des Inneren des Bundesstaats Pernambuco) und vor allem seine Beziehung zum Urvater der *forró*-Musik, Luiz Gonzaga, der nicht nur die Musik der Region, sondern auch ihre Kultur landesweit bekannt gemacht hat.

Olha Recife OUTDOOR
(www.olharecife.com.br) Eine wunderbare Initiative der fortschrittlich denkenden Stadtverwaltung: Olha Recife organisiert kostenlose Stadtrundgänge mit kulturellem Bezug. Zu den regelmäßig wechselnden Aktivitäten gehören Bootsfahrten den Rio Capibaribe hinauf, um die Stadt vom Wasser aus kennenzulernen, und Spaziergänge durch die Altstadt. Das Veranstaltungsprogramm findet sich auf der Website; für manche Touren muss man sich vorab anmelden.

Feste & Events

Carnaval KARNEVAL
(www.carnavalrecife.com) In Recife findet einer der farbenprächtigsten und folkloristischsten Karnevals von Brasilien statt. Die Grup-

pen und Zuschauer tragen kunstvolle Kostüme und verkleiden sich z.B. als *maracatu* (Krieger mit Kopfschmuck), Harlekine, Bullen und *frevo* (Männlein wie Weiblein tragen bauchfreie Oberteile mit gekräuselten Ärmeln und winzige Regenschirme). Die feierwütigen *frevo* tanzen wild zu afrikanischen *maracatu*-Rhythmen.

Schlafen

Das von Hochhäusern geprägte Mittelklasse-Strandviertel Boa Viagem bietet die beste Auswahl an Unterkünften und Restaurants. Es beginnt 3 km südlich vom Zentrum und erstreckt sich etwa 5 km entlang der Küste.

Azul Fusca Hostel HOSTEL $
(☎ 81 97906-6338; www.azulfuscahostel.com; Mariz e Barros 328, Recife Antigo; B 45 R$; ❄ @ 📶) Der „Blaue Käfer" (gemeint ist das Auto) ist ein reizvolles neues Hostel, das nur wenige Schritte vom Marco Zero entfernt ist. Spartanischer Schick, Minimalismus und Stahl prägen die beiden Schlafsäle mit zwölf Betten und den fortschrittlich designten Gemeinschaftsbereich mit modernistischen Möbeln im Stil der 1950er-Jahre und hochwertigen Küchengeräten. Wenn man nur einen Tag für die Kulturattraktionen von Recife Antigo erübrigen kann, sollte man hier übernachten.

Albergue Piratas da Praia HOSTEL $
(☎ 81 99776-4949, 81 3326-1281; www.piratasdapraia.com; Av Conselheiro Aguiar 2034, Boa Viagem; B mit Klimaanlage 40–50 R$, Zi. 140 R$; ❄ @ 📶) Versteckt im dritten Stock des Edificio Barão de Camaçari (Eingang an der Rua Osias Ribeiro) fühlt man sich in diesem einladenden Hostel wie bei einem Freund zu Hause, denn es gibt eine gute, saubere Küche und wundervolle, bunt gestaltete Gemeinschaftsbereiche. In dem einen der zwei Privatzimmer hängt sogar eine Hängematte.

Pousada Casuarinas POUSADA $
(☎ 81 3325-4708; www.pousadacasuarinas.com.br; Antônio Pedro Figueiredo 151, Boa Viagem; EZ/DZ/3BZ 110/140/170 R$, mit Veranda 120/150/180 R$; ❄ @ 📶 🏊) Das ruhige frühere Eigenheim wird von zwei Schwestern geführt, die Englisch, Italienisch und Deutsch sprechen. Das Haus ist eine wunderbare Zuflucht vor der draußen herrschenden Hitze und Hektik. Die makellosen Zimmer verteilen sich um einen schattigen Hof, wo regionale Volkskunst und Schnickschnack der Dekoration Würze geben. Die Pousada Casuarinas ist die Unterkunft mit dem besten Preis-Leistungs-Verhältnis in Recife!

Essen & Ausgehen

Recife ist zu Recht stolz auf sein Nachtleben und die vielfältige Musik, die in der Stadt zu hören ist. Viele Treffs liegen in Boa Viagem, aber auch in den Straßen hinter dem Paço Alfândega in Recife Antigo gibt's muntere Bars.

★ Chica Pitanga BÜFETT $$
(www.chicapitanga.com.br; Petrolina 19, Boa Viagem; mittags werktags/Wochenende 77,40/82,10 R$/kg, abends 65,50 R$/kg; ⏲ Mo–Fr 11.30–15.30 & 18–22, Sa & So 11.30–16 & 18–22 Uhr; 🖉) Das Chica Pitanga ist ein *por-kilo*-Lokal, kommt aber einem Gourmetrestaurant sehr nahe. Das täglich wechselnde Büfett mit vielen verschiedenen Gerichten umfasst auch etwa ein Dutzend Salate wie Taboulé oder Mangosalat, während unter den warmen Gerichten beispielsweise Reis mit Ente oder Shrimps in Spinatsauce zu finden sind. Vorsicht: *por kilo* kann hier mächtig auf die Hüften schlagen!

Haus Lajetop & Beergarden BAR
(☎ 81 3039-6304; Galeria Joana D'Arc, Av Herculano Bandeira 513, Pina; Cocktail 15–30 R$; ⏲ So–Mi 18–24, Do–Sa bis 2 Uhr; 📶) Versteckt im hinteren Bereich der künstlerischen Galeria Joana D'Arc gelingt dieser schachtelförmigen Bar mit Biergarten die richtige Balance: Sie verbindet pfiffiges Design im Industrie-Chic (unverputzte Betonwände sowie Türen und Fensterläden aus wiederverwertetem Holz an der Decke) mit cooler Musik und einer langen Cocktail-, Bier- und Weinkarte. Es gibt auch eine große Auswahl an Barsnacks.

Die Bar liegt gleich nördlich und in Gehweite von Boa Viagem.

Armazéns do Porto BAR
(www.armazensdoporto.com.br; Av Alfredo Lisboa, Recife Antigo; ⏲ 10 Uhr–open end) Der moderne Restaurant- und Unterhaltungskomplex am Hafen neben dem Marco Zero beherbergt eine Reihe heller und einladender Cafés, Restaurants und Bars, die allabendlich zum Leben erwachen.

Praktische Informationen

Delegacia do Turista (Touristenpolizei; ☎ 81-3322-4867; www.policiacivil.pe.gov.br; Ankunftshalle, Aeroporto Internacional Guararapes; ⏲ 24 Std.) Recifes Touristenpolizei hat unpraktischerweise nur am Flughafen ein Büro, in einem Gang links von Luck Receptivo.

Polizei Boa Viagem (☎ 81-3184-3327, Notfall 190; Av Domingos Ferreira 4420, Boa Viagem) Die örtliche Polizeiwache.

TOURISTENINFORMATION

Die meisten Touristeninformationen in Recife haben hilfreiches Englisch sprechendes Personal.

Flughafen (Centro de Atendimento ao Turista; ☎ 81 3182-8299; www.turismonorecife.com.br; Ankunftshalle, Aeroporto Internacional Guararapes; ⏲ 24 Std.)

Busbahnhof (Centro de Atendimento ao Turista; ☎ 81 3182-8298; Terminal Integrado de Passageiros; ⏲ 7–19 Uhr)

Praça do Arsenal (Centro de Atendimento ao Turista; ☎ 81 3355-3402; www.turismonorecife.com.br; Praça do Arsenal, Rua da Guia s/n, Recife Antigo; ⏲ 8–18 Uhr)

Praça de Boa Viagem (Centro de Atendimento ao Turista; ☎ 81 3182-8297; www.turismonorecife.com.br; Praça de Boa Viagem, Boa Viagem; ⏲ 8–20 Uhr)

An- & Weiterreise

BUS

Recifes Busbahnhof ist der große **Terminal Integrado de Passageiros** (TIP/Rodoviária; ☎ 81 3207-1088; Av Prefeito Antônio Pereira s/n, Várzea), allgemein nur Rodoviária genannt, 17 km westlich vom Zentrum. TIP betreibt alle Fernbusse in andere Bundesstaaten und zu vielen Zielen innerhalb des Bundesstaats Pernambuco.

FLUGZEUG

Der **Aeroporto Internacional do Recife/Guararapes – Gilberto Freyre** (REC; ☎ 81 3322-4188) liegt am Südende von Boa Viagem, 2 km landeinwärts.

Unterwegs vor Ort

Recife ist sehr ausgedehnt, und manche Busfahrer (3,20 R$; So 1,60 R$) fahren eine verwirrende Strecke mit zahlreichen Umwegen. Mit einem Taxi spart man Zeit und Stress. Uber ist hier stark vertreten und oft auch erheblich billiger.

Strecken- und Fahrplaninformationen zu Recifes Bussen (3,20 R$, So 1,60 R$) gibt's online unter www.granderecife.pe.gov.br (erst „Serviços", dann „Atendimento ao Usuário" und schließlich „Itinerário" anklicken). Recife besitzt eine zwei Strecken umfassende Metro (3 R$), die praktisch ist, um zum Busbahnhof, zum Flughafen und zur Arena Pernambuco, wo Fußballspiele stattfinden, zu kommen.

Der Bus 032 „Setúbal/Conde da Boa Vista" verbindet Boa Viagem mit Recife Antigo. Von Recifes zentraler Metrostation nach Boa Viagem nimmt man den Bus „Setúbal/Príncipe".

Es gibt praktische öffentliche Fahrradstationen überall in Boa Viagem, Pina und Recife Antigo; Besucher brauchen eine Kreditkarte, um sich ein Fahrrad auszuleihen, doch das geht recht problemlos.

VOM/ZUM FLUGHAFEN

Der klimatisierte Bus 042 (4 R$) startet vor der Ankunftshalle und fährt über eine langsame und verworrene Route nach Boa Viagem (20 Min.) und ins Stadtzentrum (40 Min.). Man braucht aber eine Transitkarte, um mitfahren zu können. Schneller gelangt man mit der Metro (3 R$, 15 Min.), die direkt jenseits der stark befahrenen Straße vor dem Flughafen hält, in die Innenstadt von Recife.

Ein Prepaid-Taxi von **Coopseta** (☎ 81 3322-4153; Ankunftshalle, Aeroporto Internacional Guararapes) kostet vom Flughafen 23 bis 39 R$ nach Boa Viagem und 87 R$ nach Olinda oder zum Busbahnhof. Während der Hauptverkehrszeit sind diese günstiger als die mit Taxameter ausgestatteten Taxis des Konkurrenzunternehmens **Coopstar** (☎ 81 3072-4433; Ankunftshalle, Aeroporto Internacional Guararapes), ansonsten ist es genau umgekehrt. Die Schalter beider Taxiunternehmen liegen gleich vor der Gepäckausgabe.

BUSSE AB RECIFE

ZIEL	PREIS AB (R$)	DAUER (STD.)	BUSGESELLSCHAFT
Caruaru	26–28	2	Progresso (www.progressoonline.com.br)
Fortaleza	165	13	Expresso Guanabara (www.expressoguanabara.com.br)
João Pessoa	41	2	Progresso
Maceió	58	4–5	Real Alagoas (www.realalagoas.com.br)
Natal	83	4½	Progresso
Rio de Janeiro	490–600	38	Gontijo (www.gontijo.com.br), Itapemirim (www.itapemirim.com.br)
Salvador	182	18	Catedral Turismo (www.catedralturismo.com.br), Kaissara (www.kaissara.com.br)

ABSTECHER

FERNANDO DE NORONHA

Einen einstündigen Flug von Recife oder Natal entfernt liegt die aus 21 Inseln bestehende idyllische Inselgruppe Fernando de Noronha mit der vielleicht grünsten Landschaft Brasiliens, dem **Parque Nacional Marinho de Fernando de Noronha** (www.parnanoronha.com.br; Brasilianer/Ausländer 97/195 R$). Hier finden sich die idyllischsten Strände des Landes und eine streng geschützte Meeresfauna. Es ist ein Schildkrötenschutzgebiet und der weltweit beste Ort, um Spinnerdelfine zu beobachten. Nimmt man noch Brasiliens beste Surf- und Tauchspots hinzu, ist das Paradies komplett.

Noronha wurde erst 1988 für den Tourismus geöffnet (früher befanden sich hier ein Gefängnis und ein militärisches Sperrgebiet). Seither sind keine Neubauten an den Stränden gestattet, sodass die weitläufigen Sandstrände wie die **Baía do Sancho** und die Praia do Leão einfach traumhaft sind. Es gelten auch Einschränkungen für den Auto- und Schiffsverkehr und für die Besiedlung: Brasilianer dürfen hier nur leben, wenn sie hier geboren wurden (alle anderen bekommen bestenfalls eine schwer zu ergatternde Aufenthaltsgenehmigung). Es gibt keine Ferienwohnungen, keine Kettenhotels, keine Strandverkäufer, keine Menschen. Insgesamt handelt es sich um eine ökologische Erfolgsgeschichte – und ein herrliches Besuchsziel.

Aber das Paradies hat seinen Preis. Hin- und Rückflug ab Recife (mit Azul oder Gol) oder ab Natal (mit Azul) kosten zwischen 700 und 1200 R$, und alle Besucher müssen eine Inselabgabe von 71 R$ pro Tag entrichten sowie einmalig eine Nationalparkeintrittsgebühr von 195 R$ (Ausländer) bzw. 97 R$ (Brasilianer). Englischsprachige Hilfe in Sachen Unterkünfte oder Aktivitäten auf der Insel findet man unter **Your Way** (☎81 99949-1087; www.yourway.com.br).

Olinda

☎0XX81 / 390 770 EW.

Das nette Olinda liegt 6 km nördlich von Recife rund um einen mit Bäumen bedeckten Hügel und ist das künstlerische, koloniale Gegenstück zum Großstadttrubel. Es ist eine Künstlerkolonie voller kreativer Köpfe und geprägt von Galerien, Ateliers, Museen, schönen Kirchen und musikerfüllten Straßen. Mit ihren gewundenen Straßen voller farbenfroher alter Häuser und dem herrlichen Blick auf Baumwipfel, Kirchtürme und rote Ziegeldächer ist es eine der am besten erhaltenen und hübschesten Kolonialstädte Brasiliens.

Sehenswertes & Aktivitäten

Die Altstadt lässt sich problemlos zu Fuß erkunden. Man kann beispielsweise den Alto da Sé hinaufsteigen, von wo sich ein toller Blick auf Olinda und Recife bietet. In der Gegend gibt's zudem zahlreiche Stände mit Essen, Getränken und Kunsthandwerk.

Es gibt viele schöne Kirchen, darunter die frisch restaurierte **Igreja NS do Carmo** (Praça do Carmo; Eintritt gegen Spende; ⌚Di–Sa 9–12 & 13–17, So 9–12.45 Uhr) im Stadtzentrum, das barocke **Mosteiro de São Bento** (São Bento; ⌚Mo–Sa 8–11.30 & 14.15–17.30, So 8–9.30 & 14.30–17 Uhr) mit einem kunstvoll vergoldeten Altar und einem italienischen Gemälde des hl. Sebastian aus dem 14. Jh. sowie den **Convento de São Francisco** (Rua de São Francisco 280; 2 R$; ⌚Mo–Sa 9–23.30 & 14–17.30 Uhr) mit einem bemerkenswerten gefliesten Kreuzgang.

Wer außerhalb des Karnevals hier ist, sollte einen Blick in die **Casa dos Bonecos Gigantes** (Prudente de Morais 440; 5 R$; ⌚Di–Do 13–21, Fr & Sa bis 21.30, So bis 20.30 Uhr) werfen, die eine Sammlung der riesigen Karnevalsfiguren für das große alljährliche Event Olindas beherbergt.

Feste & Events

Carnaval KARNEVAL

(www.carnaval.olinda.pe.gov.br) Olindas Karneval ist weithin populär, denn er ist traditionell, farbenprächtig, gemütlicher und sicherer als der Karneval in den großen Städten. In den Straßen erklingt schnelle, frenetische *frevo*-Musik, begleitet von schweren Trommelschlägen der *maracatu*. Währenddessen ziehen bei dem ausgelassenen, etwas unzüchtigen Fest kostümierte *blocos* und Zuschauer durch die Straßen.

Schlafen

Mameluco Hostel HOSTEL $

(☎81 3493-6864; Saldanha Marinho 206, Amparo; B/Zi. 40/100 R$; ❄📶) Die beste Budgetbleibe im Zentrum der Altstadt! Das künstlerisch angehauchte Hostel hat geräumige private Zimmer mit Klimaanlage und polierten Betonböden sowie einen großen Schlafsaal mit Blick auf einen üppigen Garten.

Albergue de Olinda HOSTEL $

(☎81 3439-1913; www.alberguedeolinda.com.br; Rua do Sol 233; B/EZ/DZ 55/105/120 R$;) Olindas exzellentes HI-Hostel liegt zwar nicht gerade an einer stimmungsvollen Straße, bietet aber modernen Komfort, saubere, schlichte Zimmer, nach Geschlechtern getrennte Schlafsäle mit Ventilator und einen recht großen Garten mit einem hübschen Pool, Liegestühlen, einer Freiluftküche, einem Grillbereich und vielen Hängematten. Einige Privatzimmer verfügen über eine Klimaanlage.

★Cama e Cafe Olinda B&B $$

(☎81 98822-9083; www.camaecafeolinda.com; Rua da Bertioga 93; Zi. 165 R$;) Der Österreicher Sebastian und seine brasilianische Frau Yolanda sorgen für Gastlichkeit in diesem unbeschilderten B&B mit nur zwei Zimmern. Man findet hier viel örtliche Kunst sowie Hängematten zum Ausruhen vor und hat einen schönen Blick aufs Meer und auf Recife. Gäste werden die außerordentliche Sorgfalt und das Ambiente genießen: Das Frühstück auf der Terrasse mit frischen Säften und auf dem Anwesen gepflücktem Obst ist nur eines von vielen Highlights.

Essen & Ausgehen

Der Abend beginnt am besten mit einem köstlichen Maniok-Snack und einem Bier oder einem Caipirinha von einem der vielen **Maniok-Stände** (Praça da Sé; Snacks 3–11 R$; ⏲etwa 18–23 Uhr) oder Imbissbuden auf dem Alto da Sé mit Blick auf Recife.

Casa de Noca BRASILIANISCH $

(☎81 3439-1040; Rua da Bertioga 243; Gerichte für 2/3/4/5 Pers. 60/80/100/120 R$; ⏲11–16 & 18–23 Uhr) In Sachen schlichter Kost aus dem Nordosten ist dieses Hinterhofrestaurant unschlagbar. Es gibt nur ein Gericht: große Stücke gegrillter *queijo coalho* (salziger, weißer Grillkäse) und Scheiben von überraschend zartem *carne de sol* (gegrilltes eingesalzenes Fleisch) auf einem Berg gedämpftem Maniok. Wer dann noch hungrig ist, kann das *queijo coalho* mal als Dessert probieren – und zwar dieses Mal in Honig getunkt.

Estação Café CAFÉ $

(Prudente de Morais 440; Gerichte 7–30 R$; ⏲Di–Do 13–21, Fr & Sa bis 21.30, So bis 20.30 Uhr;) Das künstlerische Café ist ein perfekter Boxenstopp für einen Kaffee und einen kleinen Happen wie Salate, Suppen, Gourmet-Sandwiches und Pasta. Freitags und samstags gibt's ab 20 Uhr gratis Bossa Nova und *chorinho* (mit dem Samba verwandte Instrumentalmusik).

Patuá BRASILIANISCH $$

(☎81 3055-0833; www.restaurantepatua.com.br; Rua da Ribeira 79; Hauptgerichte 39–75 R$; ⏲Di, Mi & So 11–15, Do–Sa 11–15 & 18–22 Uhr;) Chefkoch Alcindo Queiroz ist bescheiden und bodenständig, aber ein Zauberer in der Küche. Er hat eine kreative Karte mit regionaltypischen *moquecas* und Meeresfrüchten zusammengestellt. Während die Geschmacksmischungen durchaus interessant sind, hapert es manchmal in der Ausführung der Gerichte. Los geht's mit der Taperoá als Vorspeise – flambierte Shrimps auf einer gebratenen Banane in einer Rosa-Pfeffer-Sternanis-Sauce.

★Bodega de Véio BAR

(www.facebook.com/bodegadoveio; Rua do Amparo 212; ⏲Mo–Sa 10–23.30 Uhr) Die wunderbare winzige Bar, die zugleich ein kleiner Gemischtwarenladen mit sehr bunt zusammengewürfeltem Angebot ist, serviert eiskaltes Flaschenbier, *cachaça* (starken Zuckerrohrschnaps) und tolle Wurstplatten (10 R$/100 g) und bemüht sich, der Massen von Einheimischen und Traveller Herr zu werden, die sich auf der Straße versammeln.

Casbah BAR

(Praça João Alfredo 7; ⏲Mi–Do 19–23, Fr–Sa bis 1, So 16–22 Uhr) Wer gern an historischen Orten unterwegs ist, sollte diese Bar an der Praça João Alfredo aufsuchen. Das hübsche alte Gebäude ist eines der besten noch erhaltenen Beispiele des maurischen Architekturstils in Olinda. Angeblich soll der brasilianische Kaiser Dom Pedro II. bei seinem Besuch in der Stadt hier abgestiegen sein. In dem Gebäude finden Ausstellungen und häufig auch Konzerte statt.

Praktische Informationen

Casa do Turista (☎81 3305-1060; Prudente de Morais 472; ⏲Mo–Fr 8–18, Sa & So ab 9 Uhr) In der städtischen Touristeninformation Casa do Turista arbeiten hilfsbereite

Olinda

Olinda

Sehenswertes
1 Casa dos Bonecos Gigantes B2
2 Convento de São Francisco C2
3 Igreja NS do Carmo C3
4 Mosteiro de São Bento B4

Schlafen
5 Albergue de Olinda D2
6 Cama e Cafe Olinda B2
7 Mameluco Hostel A1

Essen
8 Casa de Noca B2
Estação Café .... (siehe 1)
9 Patuá A2
10 Maniok-Stände B1

Ausgehen & Nachtleben
11 Bodega de Véio A1
12 Casbah B3

Angestellte, die allerdings kaum Englisch verstehen.

Empetur (Empresa de Turismo de Pernambuco; ☎81 3182-8294; www.pe.gov.br/orgaos/empetur-empresa-de-turismo-de-pernambuco; Av Liberdade s/n; ⏲8–18 Uhr) Die Touristeninformation des Bundesstaats hat nette, Englisch sprechende Angestellte.

GEFAHREN & ÄRGERNISSE

Straftaten (überwiegend kleinere Delikte) sind nichts Unbekanntes, vor allem während des Karnevals. Nachts nicht allein durch einsame Straßen laufen!

GELD

In der Altstadt gibt es keine Geldautomaten. Die nächsten Automaten haben die Banco do Brasil und Bradesco, die ca. 2 km nördlich nahe beieinander an der Av Getúlio Várgas liegen. Dorthin gelangt man mit einem beliebigen **Bus** (1983, 1973, 910, 881) Richtung Norden von der gegenüber der Praça do Carmo gelegenen **Post** (www.correios.com.br; Rua do Farol; ⏲Mo–Fr 9–17 Uhr).

An- & Weiterreise

Der Bus 910 „Piedade/Rio Doce" fährt etwa alle halbe Stunde von Boa Viagem (man kann an jeder beliebigen Haltestelle an der Av Conselheiro Aguiar zusteigen) in Recife nach Olinda und zurück. Die Busse 1983 „Rio Doce/Princesa Isabel" und 1992 „Pau Amarelo" fahren vom **Terminal Cais de Santa Rita** (Cais de Santa Rita s/n, São José) im Zentrum Recifes auch nach Olinda und wieder zurück. Die Fahrt kostet jeweils 3,20 R$. Olindas **Hauptbushaltestelle** befindet sich an der Praça do Carmo.

Ein Taxi nach Olinda kostet etwa 60 R$ ab Boa Viagem, 70 R$ ab dem Busbahnhof Recife und 75 R$ vom Flughafen.

Praia da Pipa

☎0XX84 / 6500 EW.

Pipa ist eines der zauberhaftesten Ziele in Brasilien: Es bietet unberührte, von hohen Klippen gesäumte Strände, traumhafte Lagunen, ein tolles Meer, das sich prima zum Surfen eignet und in dem sich Delfine und Schildkröten tummeln, eine hervorragende Auswahl an Pousadas, Hostels, internationalen Restaurants und ein gutes Nachtleben. In der Hauptsaison lockt das winzige Praia da Pipa zwar Partygänger aus Natal, João Pessoa, Recife und darüber hinaus an, ist aber zu anderen Zeiten auch heute noch ein reizendes, ruhiges Plätzchen.

Sehenswertes & Aktivitäten

Guyana-Delfine tollen regelmäßig an der Baía dos Golfinhos herum. Man erreicht die Baía über Pipas Hauptstrand (nur in den 2 Std. vor bzw. nach Ebbe).

Es gibt noch mehrere andere lohnende Strände, die man problemlos zu Fuß oder per Minibus erreichen kann. Einer davon ist die von Surfern favorisierte **Praia do Amor** gleich südlich der Stadt mit Surfbrettverleih und Surfkursen. Ein beliebtes Ziel ist auch die 8 km nördlich der Stadt gelegene Lagoa de Guarairas. **Bicho do Mangue** (☎84 98176-5736; www.bichodomangue.blogspot.com.br; 35 R$/Pers.) bietet 2½-stündige Kajaktouren auf der Lagune. Von der **Creperia Marinas** (☎84 3246-4111; www.hotelmarinas.com.br; Av Governador Aluizio Alves 301; Crêpes 16–45 R$; ⏲11–20 Uhr) an der Anlegestelle kann man prima den Sonnenuntergang beobachten.

Der wohl bezauberndste Sandstrand von Pipa ist die **Praia do Madeiro**, die von der Landzunge am Ende der Baía dos Golfinhos eine Kurve nach Norden macht.

Santuário Ecológico de Pipa NATURSCHUTZGEBIET
(☎84 99982-8044; Baia dos Golfinhoss s/n; Eintritt 15 R$; ⏲7–17 Uhr) Das kleine, private Naturschutzgebiet liegt an der Hauptstraße 2 km westlich vom Stadtzentrum. Es dient dazu, zumindest einen Teil der Küste von Pipa vor der Erschließung zu bewahren. Gut markierte Wanderwege führen durch Sekundärwald zu eindrucksvollen Aussichtspunkten über der Baía dos Golfinhos und der Praia do Madeiro, von denen aus man bei Flut oft große Suppenschildkröten beobachten kann.

Schlafen

Pipa Hostel HOSTEL $
(☎84 3246-2151; www.pipahostel.com.br; Arara 105; B/DZ 40/120 R$;) Das HI-Hostel ist ruhiger als so manche andere Hostels und hat gute klimatisierte Zimmer mit ordentlichem eigenem Bad. Von den nach Geschlechtern getrennten Sechs- und Achtbettschlafsälen und den privaten Zimmern hat man einen Ausblick auf einen großen grasbewachsenen Garten mit Pool. Die netten und vielgereisten Angestellten sprechen Englisch und sind eine gute Informationsquelle für weitere Abenteuer in Brasilien. Das Hostel verleiht auch Fahrräder für Stadttouren.

Media Veronica Hostel HOSTEL $
(☎84 3246-2607; www.mediaveronicahostel.com; Rua da Albacora 267; B 33–38 R$, Zi. mit/ohne Bad ab 133/95 R$, jeweils ohne Frühstück;) Das entspannte Hostel ist das engagierte Projekt des Argentiniers Juan Pablo, der mit vernünftigen Preisen und einem Fokus auf Sauberkeit, Sicherheit und Informationen für die Gäste punktet. Die Schlafsäle haben vier, sechs oder acht Betten (letzterer ist etwas beengt), hinzu kommen ein paar Privatzimmer mit Blick auf das Meer und den Blumengarten.

Paraíso das Tartarugas POUSADA $$
(☎84 99455-5183; www.paraisodastartarugas.net; Praia do Amor; Zi. ab 200 R$;) Wer schon immer mal in einer Holzhütte unmittelbar am Ozean übernachten wollte, ist im „Schildkrötenparadies" genau richtig. Die sieben Zimmer und Apartments sind rustikal, aber sauber und angenehm; in vier Bleiben scheint der Schreibtisch fast über den Wellen zu schweben. Man ist zwar nur einen kleinen Spaziergang vom Ort entfernt, dennoch hat man hier nur Natur um sich.

★ **Toca da Coruja** POUSADA $$$

(☎84 3246-2226; www.tocadacoruja.com.br; Av Baía dos Golfinhos; Zi. 995–1605 R$; ❄@☎≋) Das umwelt- und gemeinschaftsbewusste Toca da Coruja ist eine der charmantesten Luxus-Pousadas in Brasilien. Auf dem weitläufigen Gelände mit tropischen Gärten und zwei herrlichen Pools tummeln sich Weißbüschelaffen und Vögel. Alle Zimmer sind groß, doch die Deluxe-Bungalows mit luftigen Rundumveranden im Stil der alten Viehzüchterhäuser im Nordosten sind riesig.

Essen & Ausgehen

★ **Cruzeiro do Pescador** SEAFOOD $$

(☎84 3246-2026; www.cruzeirodopescador.com.br; Ecke Av Baía dos Golfinhos & Concris; Hauptgerichte 65–85 R$, für 2 Pers. 125–230 R$; ⏲13–16 & 19–22.30 Uhr; ☎) Am südöstlichen Ortsrand, rund 1,5 km abseits des Zentrums, verbirgt sich dieses kulinarische Erlebnis in einem unscheinbaren Haus – unbedingt testen! Chefkoch Daniel macht und gestaltet alles selbst, von der handgeschriebenen Speisekarte über das romantische Ambiente im Kerzenschein bis hin zu den Gerichten aus Produkten, die aus dem eigenen Garten kommen. Die Gerichte sind köstlich und aromatisch – einige Rezepte stammen aus Indien oder aus Bahia.

Garagem MEERESFRÜCHTE $$

(Praia do Centro; Teller 28–38 R$, Hauptgerichte 38–65 R$; ⏲10.30 Uhr-Sonnenuntergang; ☎) Das Garagem mit atemberaubendem Blick auf Pipas Klippen hat als Bar angefangen und es zu einiger Berühmtheit geschafft. Noch immer kann man hier prima einen Sundowner genießen, doch darüber hinaus ist dies der beste Ort mitten in Pipa für ein Mittagessen am Strand. Wie wär's z.B. mit hervorragendem argentinischem *picanha* (Rumpsteak), frischem Fisch, Sandwiches oder Salaten und einem Bohemia zum Runterspülen? Dies ist die am westlichsten gelegene Bar am Hauptstrand.

Orishas BAR

(☎84 9815-26547; Rua da Praia 9; Cocktails 8–20 R$; ⏲9–22 Uhr) Am äußersten Ende des Hauptstrands und fern der Menschenmassen steht ganz allein für sich diese bunte Bar auf einem Holzsteg direkt über dem Meer. Dies ist die wohl beste Adresse für einen Drink in Pipa! Wer früh kommt, kann den fantastischen Blick über die Bucht bis zu den Klippen bewundern und dann den Abend bei Livemusik genießen.

Praktische Informationen

Es gibt eine nagelneue **Touristeninformation** (☎84 99608-9999; ⏲8–18 Uhr) am Anfang der Av Baía dos Golfinhos am Ortseingang.

Zu Praia da Pipa gibt's außerdem reichlich hilfreiche und informative Websites. Einfach mal unter www.pipa.com.br oder www.pipa.tur.br schauen.

GELD

In Pipa regiert das Bargeld: Häufig werden keine Kreditkarten akzeptiert, und die einzigen Geldautomaten hier gehören zur Banco 24-horas. Diese hat zwar sechs Geldautomaten in der Stadt, darunter nahe der **Bushaltestelle** (Av Baía dos Golfinhos 234; ⏲8–22 Uhr) an der zentralen Plaza und im **Ortszentrum** (Vila Pipa Shopping, Av Baía dos Golfinhos 647), verlangt aber hohe Gebühren.

An- & Weiterreise

Riograndense (☎84 3205-4388; Rodoviária Nova; 19 R$) hat täglich zehn (So sind es sechs) Busse von der Rodoviária Nova (S. 426) in Natal nach Pipa (19 R$, 1½ Std.) und zurück. Als Alternative bietet **Opcional** (☎84 3205-6868; Rua dos Cajueiros) Kleinbusse von der Rodoviária Nova nach Pipa (mehrmals tgl., 18 R$, 2½ Std.).

Wer aus Recife oder anderen Orten weiter südlich kommt, steigt in Goianinha (1½ Std. von João Pessoa entfernt) aus und nimmt den Kleinbus (die „Delfinkutsche") nach Pipa (4,50 R$, 50 Min.), der 250 m abseits der Hauptstraße hinter der Kirche mit dem verblassten hellblauen Anstrich abfährt.

Natal

☎0XX84 / 885180 EW.

Rio Grande do Norte hat eine saubere, helle und recht ausdruckslose Hauptstadt, die zu einem Zentrum für den Pauschaltourismus an der Küste angewachsen ist, der vor allem auf brasilianische Familien abzielt. Ihre größten Attraktionen sind die touristischen Strände, die Buggyfahrten und andere organisierte Ausflüge. Die meisten Besucher steigen im Strandviertel Ponta Negra ab, das etwa 12 km südöstlich vom Stadtzentrum eine tolle Lage mit fantastischen Dünen, gleichmäßigen Surfwellen und einem teils recht lebhaften Nachtleben bietet.

Sehenswertes & Aktivitäten

An der Praia de Ponta Negra kann man vielerorts Surf- und Stehpaddelbretter (je 30 R$/Std.) mieten.

Forte dos Reis Magos FORT

(Di–So 8–16 Uhr) GRATIS Die Festung mit dem sternförmigen, fünfzackigen Grundriss, mit der 1598 der Aufbau der Stadt begann, steht immer noch auf dem Riff an der Spitze der Halbinsel am nördlichen Ende der Stadt. Der Ausblick auf die Stadt, die Ponte Nova und die Dünen jenseits des Rio Potengi ist klasse.

Praia de Ponta Negra STRAND

Die Praia de Ponta Negra am südlichen Stadtrand ist der schönste Sandstrand in Natal und auch einer der ansprechendsten Großstadtstrände im ganzen Nordosten. Der 3 km lange Strand ist an beiden Enden von hohen Dünen eingerahmt und mit Strandbars gesäumt. In den Straßen hinter dem Strand hat man die beste Auswahl an Hotels, Pousadas und Restaurants der ganzen Stadt. Die Wellen zum Surfen hier sind zwar klein, aber beständig.

Dunas de Genipabu

Lust auf Abenteuer? Dann ist der beliebte und aufregende Ausflug zu den spektakulären hohen und steilen Dünen rund 10 km nördlich der Stadt in der Nähe von Genipabu genau richtig. Hier kann man sich etwa eine Stunde lang in einem Strandbuggy die Sandberge hoch- und runterfahren lassen. Zu den empfehlenswerten Touranbietern gehören **Natal Vans** (84-3642-1883; www.natalvans.com.br; Av Praia de Ponta Negra 8822, Ponta Negra; Mo–Fr 7–22, So bis 21 Uhr) und **Marazul** (84-3219-6480, 84-99608-8000; www.marazulreceptivo.com.br; Vereador Manoel Sátiro 75, Ponta Negra; 8–12 & 15–19 Uhr), die mehrere recht standardisierte Ausflüge im Programm haben, die man problemlos über die eigene Unterkunft buchen kann.

Feste & Events

Carnatal UMZUG, MUSIK

(www.carnatal.com.br; Dez.) Natals aus der Saison gefallener Karneval, der ausgelassenste in Brasilien, wird mit *trios elétricos* (Kapellen auf Festwagen) und *blocos* (Gruppen der Parade) mit Namen wie Burro Elétrico (elektrischer Esel) oder Cerveja & Coco (Bier & Kokosnuss) Anfang Dezember an vier Tagen in den Straßen im Viertel Lagoa Nova gefeiert.

Schlafen

Republika Hostel HOSTEL $

(84 3236-2782; www.republikahostel.com.br; Porto das Oficinas 8944, Ponta Negra; B 30–45 R$, Zi. 80–120 R$;) Das in einem umgebauten Familienwohnhaus eingerichtete Hostel könnte auch auf Santorin stehen. Es hat eine schummrige Bar, gemütliche Hängematten und Fernsehbereiche, eine große, saubere Küche und einen Essbereich, der eine behagliche Atmosphäre ausstrahlt, in der man mit anderen Travellern ins Gespräch kommen kann. Die Zimmer sind gerade mal zufriedenstellend, einige sind nicht gut durchlüftet, aber dank der mehrsprachigen Angestellten, ordentlicher Infos und der positiven Ausstrahlung ist das Hostel eine gute Bleibe.

Casa Grande Apart-Hotel HOTEL $

(84 3236-3401; www.aparthotelcasagrande.com; Pedro da Fonseca Filho 3050, Alto de Ponta Negra; Zi. 130 R$, mit Küche 220–240 R$;) Das Casa Grande bietet außergewöhnlich gute Preise (insbesondere in der Nebensaison können sie um mehr als die Hälfte sinken) für seine geräumigen Zimmer und Apartments, die nur drei Blocks vom Strand entfernt sind. Die meisten haben einen Balkon mit Hängematte und einige punkten auch mit Blick aufs Meer.

Essen & Ausgehen

Im Viertel Alto de Ponta Negra, dem oberen Teil von Ponta Negra rund um die Rua MA Bezerra de Araújo und die Rua Aristides Porpino Filho, finden sich viele unterschiedliche Bars, in denen von Mittwoch bis Samstag abends der Bär steppt. Hippe, lokale Bars und *botecos* (Freiluftbars) gibt es vor allem in Petrópolis im Stadtzentrum.

Casa de Taipa BRASILIANISCH $

(www.facebook.com/casadetaipatapiocariaecuscuzeria; Av Praia de Ponte Negra 8868, Ponta Negra; Gerichte 12–36 R$; 18–23 Uhr, Mi geschlossen;) Die wohl berühmteste *tapiocaria* Brasiliens verwandelt ein traditionelles Straßengericht in einen Gourmetschmaus. Besucher und Einheimische strömen in Scharen zu dem bunten, festlichen Lokal, um kurz in der Pfanne gebratene Tapioka-„Pfannkuchen" mit süßer oder herzhafter Füllung (Gemüse, Käse, gegrilltes Pökelfleisch, Garnelen) zu genießen; es gibt sogar eine Version mit *moqueca*.

Bar 54 BAR

(www.facebook.com/54bar; Pôrto Mirim 8995, Ponta Negra; 18–2 Uhr;) Dies ist eine der besten Bars in Ponta Negra, insbesondere wenn man sich abseits der lärmenden Touristenlo-

BUSSE AB NATAL

ZIEL	PREIS AB (R$)	DAUER (STD.)	BUSGESELLSCHAFT
Aracati (Canoa Quebrada)	70	6	Expresso Guanabara (www.expressoguanabara.com.br), Viação Nordeste (www.viacaonordeste.com.br)
Belém	522	36	Expresso Guanabara
Fortaleza	98	8	Viação Nordeste, Expresso Guanabara
João Pessoa	44	3	Viação Nordeste, Autoviação Progresso (www.progressoonline.com.br)
Recife	96	4½	Autoviação Progresso
Salvador	250	21	Gontijo (www.gontijo.com.br)
São Miguel de Gostoso	18	2½	Expresso Cabral (www.expressocabral.com.br),

kale unter die coolen Kids mischen will. Alte Möbel und Tische aus wiederverwerteten Kabelrollen aus Holz bestimmen das Ambiente auf dem luftigen Hof.

Praktische Informationen

Es gibt einen zentral gelegenen Geldautomaten der **Banco do Brasil** (www.bb.com.br; Av Engenheiro Roberto Freire & JM Vasconcelos) nördlich von Ponta Negra, weitere am Flughafen sowie in den Einkaufszentren **Praia Shopping** (www.praiashopping.com.br; Av Engenheiro Roberto Freire 8790, Ponta Negra; 10–22 Uhr;) und **Natal Shopping** (Av das Brancas Dunas, Candelária; 10–22 Uhr). All diese Automaten sollten auch ausländische Karten akzeptieren.

An- & Weiterreise

BUS

Fernbusse fahren von der **Rodoviária Nova** (84 3205-2931; Av Capitão Mor Gouveia 1237), nordwestlich von Ponta Negra, die für die Fußballweltmeisterschaft von 2014 renoviert wurde.

FLUGZEUG

Natals **Aeroporto de Natal** (Aeroporto Internacional Governador Aluízio Alves; 84 3343-6060; www.natal.aero; Av Ruy Pereira dos Santos 3100, São Gonçalo do Amarante) befindet sich etwa 35 km westlich von Ponta Negra. Hier gibt's planmäßige Flüge zu vielen ausländischen Städten und zu Zielen in ganz Brasilien.

Unterwegs vor Ort

Natals Flughafen liegt 35 km westlich von Ponta Negra in São Gonçalo do Amarante – eine ganz schön lange Strecke. **Trampolím da Vitória** (84-3343-5151; www.trampolimdavitoria.com; 4,20 R$; 5.10–23.10 Uhr) betreibt einen öffentlichen Bus, doch lohnt es sich nicht, sich das Gedränge ab Ponta Negra anzutun. Die meisten Traveller entscheiden sich für die viel bequemeren Shuttleservices wie **24 Horas Turismo** (84 3343-6430, 84 3086-1349; www.24horasturismo.com.br; 30 R$) oder **Van Service** (84-3278-3013, 84-4141-2848; www.vanservice.com.br; Flughafentransfer 40 R$; 8–22 Uhr). Diese bieten Sammeltransporter nach Natal (40 R$) und zur Praia da Pipa (60 R$) an, die in der Regel nach der Ankunft jedes Fluges starten. Ein **Taxi** (84 3343-6429; www.coopcon.com.br; Aeroporto de Natal, Av Ruy Pereira dos Santos 3100) vom Flughafen kostet ca. 100 R$ nach Ponta Negra und etwa 240 R$ zur Praia da Pipa.

Vom Busbahnhof nach Ponta Negra (Av Engenheiro Roberto Freire) nimmt man den Bus 66 (3,35 R$) von der Haltestelle gegenüber der Petrobras-Tankstelle neben der Rodoviária Nova; ein Taxi kostet je nach Tageszeit und Fahrtziel in Ponta Negra 35 bis 50 R$.

Canoa Quebrada

0XX88 / 4000 EW.

Das von Fortaleza aus leicht erreichbare Fischerdorf wurde zunächst zu einem Hippietreff. Inzwischen ist Canoa Quebrada nobel geworden, aber immer noch ein Ferienort am Meer, in dem man ein paar entspannte Tage verbringen kann. Die von rostbraunen Klippen gesäumten Strände sind hübsch, aber überlaufen. Es gibt jede Menge Outdoor-Abenteuer, darunter Strandbuggy-Touren zur Ponta Grossa und den nahe gelegenen Dünen (250–350 R$ für bis zu 4 Pers.) oder Tandem-Gleitschirmflüge mit **Parapente Canoa Quebrada** (88 99911-9285, 88 99810-2433; Francisco Caraco; Flug 10–15 Min. 158 R$). Von Juli bis Dezember kann man auch Kitesurfen; Unterricht gibt's bei der **Extreme Kite School Canoa Quebrada** (88 98819-3632, 88 99960-6070; extremekitedaniel@hotmail.com; Dragão do Mar).

Billig übernachten kann man im Hostel Pousada Ibiza, das recht kleine Schlafsäle mit angeschlossenem Bad und Doppelzimmer hat, dazu einen Balkon mit Loungebar, von dem aus man auf die Action im Ortszentrum blickt. Zahlreiche Mittelklasse-Pousadas bieten beträchtlich mehr Komfort, darunter die freundliche **Pousada Dolce Vita** (☎88 3421-7213; www.canoa-quebrada.it; Descida da Praia s/n; Zi. ab 220 R$; ❄📶🏊) mit Bungalows rund um einen von Palmen gesäumten Garten und einem Swimmingpool.

Mittags sollte man sich den gegrillten Fisch nicht entgehen lassen, den es – schlicht zubereitet und mit Salz, Limetten und Chimichurri garniert – im **Lazy Days** (Praia; Hauptgerichte 25–40 R$; ⏲9–17 Uhr, Mo geschl.) gibt, der besten der Strand-*barracas* an Canoas malerischen roten Klippen. Das Nachtleben kreist um die **Regart Bar** (Dragão do Mar s/n; ⏲15–2 Uhr) und die ähnlichen Treffs am „Broadway", der Hauptstraße von Canoa Quebrada. In der Hauptsaison veranstaltet die **Freedom Bar** (Praia; ⏲So–Do 9–18, Fr & Sa 9–18 & 23–4 Uhr) an den Wochenenden Reggae-Partys am Strand.

Die Post und ein rund um die Uhr zugänglicher Geldautomat, der (zu exorbitanten Gebühren) verschiedene Karten akzeptiert, finden sich in einer kleinen Shopping-Plaza nahe dem westlichen Ende der Dragão do Mar.

São Benedito (www.gruposaobenedito.com.br) betreibt täglich sechs Busse (25 R$, 3¼ Std.) zwischen Canoa und Fortaleza. Alternativ bietet **Oceanview** (☎85-3219-1300; www.oceanviewturismo.com.br) einen schnelleren Tür-zu-Tür-Service mit Kleinbussen (55 R$, 2½ Std.) von den Hotels am Meireles-Strand in Fortaleza.

Wenn man per Bus aus Natal oder einem anderen Ort im Süden kommt, sollte man in Aracati, 13 km südwestlich von Canoa, in den Bus Fortaleza–Canoa von São Benedito (1,85 R$, 20 Min.), einen halbstündig verkehrenden *topique*-Kleinbus (3 R$) oder ein Taxi (35–40 R$) umsteigen für die kurze Strecke von Aracati nach Canoa.

Der neue Flughafen in Aracati wurde 2015 für den kommerziellen Flugverkehr freigegeben, doch bislang sind die Rollbahnen noch ungenutzt.

Fortaleza

☎0XX85 / 2,6 MIO. EW. (GROSSRAUM 3,6 MIO. EW.)

Angesichts seiner Abgelegenheit ist Fortaleza eine überraschend große und ausgedehnte Stadt. Sie ist eine der größten Städte Brasiliens und ein wirtschaftlicher Anziehungspunkt für die Menschen des Bundesstaats Ceará und darüber hinaus. Sie lockt auch viele in- und ausländische Urlauber an, die wegen der Strände, der Partyatmosphäre, der spektakulären kleineren Strandorte, der wogenden Dünen und Fischerdörfer kommen, die von der Stadt aus erreichbar sind.

Sehenswertes

Centro Dragão do Mar de Arte e Cultura

KUNSTZENTRUM

(☎85 3488-8600; www.dragaodomar.org.br; Dragão do Mar 81; ⏲Mo–Do 8–22, Sa & So bis 23 Uhr) GRATIS Der ausgezeichnete, weitläufige Komplex umfasst Kinos, Veranstaltungsorte, ein gutes Café, ein Planetarium und zwei gute Museen: das **Museu de Arte Contemporânea** (MAC; ⏲Di–Fr 9–19, Sa & So 14–21 Uhr) GRATIS und das **Memorial da Cultura Cearense** (MCC) GRATIS, das Ausstellungen zur traditionellen Lebensweise und Kultur in Ceará zeigt. Erhöhte Laufstege verbinden die in verschiedenen Blocks gelegenen Straßen. Die Anlage fügt sich gut zwischen die umliegenden älteren Gebäude ein, von denen viele restauriert wurden und jetzt Bars, Restaurants und Kunsthandwerksateliers beherbergen. Das Zentrum ist ein erfolgreicher gesellschaftlicher Bezugspunkt der Stadt und bei Einheimischen sehr beliebt.

Strände

An der **Praia do Meireles** gibt's eine schöne Uferpromenade mit gemütlichen Bier-*barracas* am Strand und schicken, klimatisierten Restaurants und Hotels auf der anderen Straßenseite. Der Fischmarkt und der abendliche Kunstgewerbemarkt locken ebenfalls viele Leute an. Die **Praia do Futuro** weiter östlich ist der sauberste und beliebteste Stadtstrand. Die Veranstalter vor Ort bieten längere Touren mit Geländewagen und Strandbuggys längs Cearás prächtiger Küste bis hin nach Jericoacoara an.

Schlafen

★Refugio Hostel Fortaleza

HOSTEL $

(☎85 3393-4349; www.refugiohostelfortaleza.com; Deputado João Lopes 31, Centro; B ab 30 R$, Zi. 120-130 R$; ❄@📶) 🍃 Das bei Weitem beste Hostel in Fortaleza: Der deutsche Inhaber Karl hat die alte Villa umweltbewusst mit natürlicher Belüftung und solarbeheizten Duschen ausgestattet. Die Bäder und die Küche sind für ein Hostel überraschend

Fortaleza

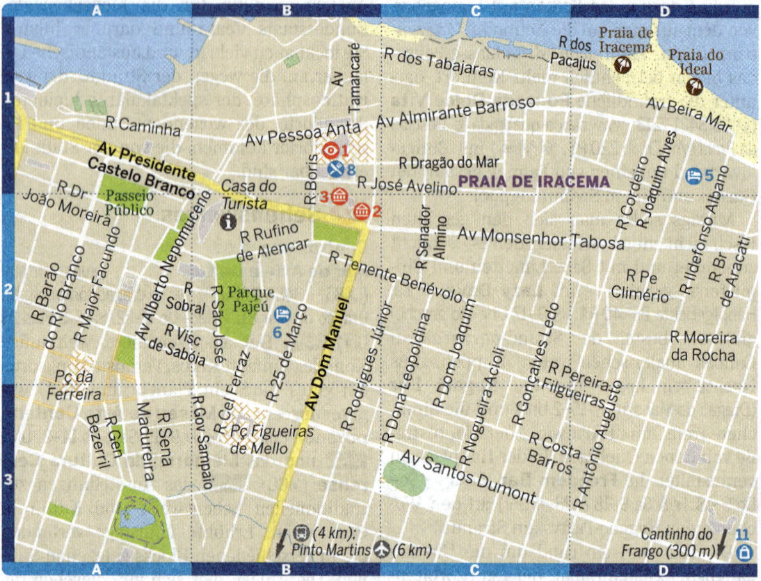

Fortaleza

Sehenswertes
1 Centro Dragão do Mar de Arte e Cultura B1
2 Memorial da Cultura Cearense B2
3 Museu de Arte Contemporânea B2
4 Praia do Meireles G2

Schlafen
5 Albergaria Hostel D1
6 Refugio Hostel Fortaleza B2

Essen
7 50 Sabores G2
8 Santa Clara Café Orgânico B1

Ausgehen & Nachtleben
9 Boteco Praia E2
10 Turatti H3

Shoppen
11 Ceart D3

gut, bemerkenswert sind auch die designten Gemeinschaftsbereiche, darunter der sonnige Patio mit Grillbereich und die diversen Terrassen. Die Schlafsäle verfügen über bunte Schließfächer, Originalfliesen und Hartholzböden.

Albergaria Hostel HOSTEL $
(☎85 3032-9005; www.albergariahostel.com.br; Antônio Augusto 111; Praia de Iracema; B mit Ventilator/Klimaanlage 40/45 R$, DZ/3BZ/4BZ 140/180/270 R$; ❄@📶🏊) Das freundliche, schön gelegene und gut geführte Hostel hat sehr gute Service-Einrichtungen, darunter ein Hinterhof mit einem Pool, sowie eine durch den freundlichen, Englisch sprechenden Inhaber geförderte gesellige Atmosphäre. Es gibt nach Geschlechtern getrennte und gemischte Schlafsäle mit vier Betten (inkl. Trennvorhängen und Schließfächern mit Stromanschluss) sowie vier gute Zimmer mit eigenem Bad, manche davon jedoch nur mit Kaltwasser. Das Frühstück ist üppig. Reservierung erforderlich!

Essen

★ **50 Sabores** EISCREME $
(☎85 3023-0050; www.50sabores.com.br; Av Beira Mar 2982, Meireles; 1/2 Sorten 14/20 R$; ⌚10–23.45 Uhr) Die Eisdiele zählt zu den berühmtesten Brasiliens, hat aber einen völlig irreführenden Namen, denn statt 50 gibt es in Wirklichkeit 150 Sorten, darunter Geschmacksrichtungen wie Caipirinha (mit *cachaça*-Zuckerrohrschnaps – keine Abgabe an Jugendliche unter 18 Jahren!) und Bier sowie unzählige brasilianische Früchte und

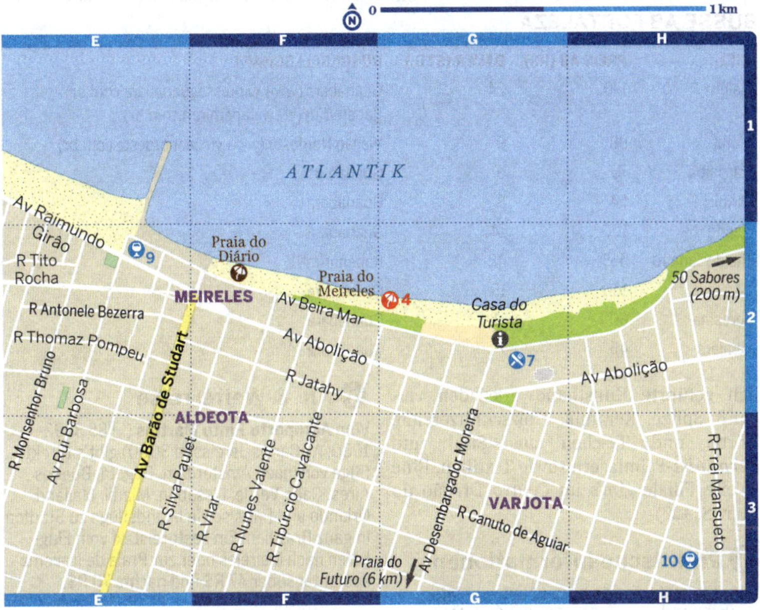

die üblichen klassischen Sorten. Es gibt auch eine weitere Filiale in **Mucuripe** (Av Beira Mar 3958, Mucuripe; 1/2 Sorten 14/20 R$; ⏲7–24 Uhr).

Santa Clara Café Orgânico CAFÉ **$**
(Centro Dragão do Mar, Praia de Iracema; Stückchen 8–23 R$; ⏲Di–So 15–22 Uhr; 📶🌱) Das Santa Clara ist in der Stadt einer der angesagten *pontos de encontros* (Treffpunkte), wo die hippen Menschen zusammenfinden (und sich mittels der eisigen Klimaanlage abkühlen). Das wunderbare kleine Café in einem Obergeschoss des Dragão do Mar serviert Bio-Kaffee, Sandwiches, Crêpes, Omeletts, Waffeln, Tapoika und jede Menge verschiedene Kaffeespezialitäten.

Cantinho do Frango GRILL **$$**
(www.cantinhodofrango.com; Torres Câmara 71, Aldeota; Hauptgerichte für 2 Pers. 65–70 R$; ⏲Mo–Do 10–16, Fr 10–22.30, Sa & So 9–19 Uhr) Dieses Grillrestaurant ist bei einheimischen Familien ungeheuer beliebt und besitzt einen fabelhaften Hauptspeisesaal, der mit alten Filmplakaten gepflastert ist. Es hat darüber hinaus eine Sammlung von Hunderten LPs - man sucht sich eine aus und der DJ legt sie auf. Gegrilltes Hähnchen ist die Spezialität des Hauses, es gibt aber auch eine große Auswahl weiterer Fleischgerichte.

Ausgehen & Unterhaltung

Fortaleza ist berühmt für sein Nachtleben, und der Bereich um die Dragão do Mar ist eines von dessen Zentren.

Boteco Praia BAR
(☎85 3248-4773; www.botecofortaleza.com.br; Av Beira Mar 1680, Meireles; ⏲Mo–Fr 17–24, Sa & So 12–3 Uhr; 📶) Der angesagte Treff für Gespräche bei einem abendlichen Drink lockt Leute aller Altersstufen in die lange, säulenbestandene Halle und auf die Terrasse mit Blick auf die Uferpromenade. Livemusik gibt's jeden Abend. Man kann sich hier auch gut ein kaltes *chope* (Fassbier) gönnen.

Turatti KLEINBRAUEREI
(☎85 3099-2829; www.cervejariaturatti.com.br; Rua Ana Bilhar 1178; kleines Bier 8–14 R$; ⏲17–24 Uhr) Die Einheimischen strömen in Scharen zu dieser riesigen Freiluft-Kleinbrauerei, um der Hitze mit einem Bier, das auf dem Gelände gebraut wird, ein Schnippchen zu schlagen. Es gibt sechs Sorten vom Fass: Man kann ein Glas bestellen, aber fast alle greifen gleich zum 3,5 l fassenden „Turm" (69–120 R$).

Shoppen

Ceart KUNSTHANDWERK
(Av Santos Dumont 1589, Aldeota; ⏲Mo–Sa 9–20, So 14.30–20.30 Uhr) Der schöne, bundesstaat-

BUSSE AB FORTALEZA

ZIEL	PREIS AB (R$)	DAUER (STD.)	BUSGESELLSCHAFT
Belém	170	24	Guanabara (www.expressoguanabara.com.br), Itapemirim (www.itapemirim.com.br)
Natal	98	9	Viação Nordeste (www.viacaonordeste.com.br)
Parnaíba	75	9	Guanabara
Piripiri	54	8	Guanabara
Recife	100	14	Guanabara
Rio de Janeiro	565	48	Itapemirim
São Luís	160	19	Guanabara
Teresina	60	11	Guanabara
Ubajara	46	7	Guanabara

lich geführte Kunsthandwerksladen verkauft Spitze, Keramik, Holzschnitzereien, Körbe und Taschen aus Sisal und *carnaúba*-Palmfasern sowie Textilien. Eine zweite Filiale gibt's im Centro Dragão do Mar (S. 427).

Praktische Informationen

Das städtische Tourismusamt betreibt Informationskioske überall im Stadtgebiet. Man findet hier nützliche Karten und Guides, auch wenn die Mitarbeiter nicht unbedingt Englisch sprechen.

Meireles (SETFOR; ☎85 3105-2670; https://turismo.fortaleza.ce.gov.br; Av Beira Mar, Meireles; ⏲9–17 Uhr)

Mercado Central (SETFOR; ☎85 3105-1475; https://turismo.fortaleza.ce.gov.br; Untergeschoss, Mercado Central, Av Nepomuceno 199; ⏲Mo–Fr 9–17, Sa 9–12 Uhr)

Aeroporto Pinto Martins (☎85 3488-5869; https://turismo.fortaleza.ce.gov.br; Av Carlos Jereissati 3000, Aeroporto Pinto Martins; ⏲8–20 Uhr)

GEFAHREN & ÄRGERNISSE

Im Stadtzentrum, an den Stränden und an der Av Beira Mar muss man sich vor Dieben und Handtaschenräubern in Acht nehmen.

GELD

Banco do Brasil (Av Beira Mar; ⏲8–22 Uhr) Ein Geldautomat befindet sich an der Uferpromenade.

Banco do Brasil (Av Abolição 2308, Meireles; ⏲8–22 Uhr) Ein praktisch gelegener Geldautomat.

Bradesco (www.bradesco.com.br; Av da Abolição 1810, Meireles; ⏲8–22 Uhr) Geldautomat, der Visa/Mastercard akzeptiert.

Bradesco (www.bradesco.com.br; Av Pessoa Anta 274; ⏲8–22 Uhr) Geldautomat, der Visa/Mastercard akzeptiert.

An- & Weiterreise

Vom **Aeroporto Pinto Martins** (☎85 3392-1030; Av Carlos Jereissati 3000) gibt's Direktflüge von/nach Amsterdam, Bogotá, Buenos Aires, Cabo Verde, Lissabon, Miami, Mailand, Orlando und Paris sowie Inlandsflüge zu Städten in ganz Brasilien. Ein Festpreistaxi vom Flughafen nach Meireles oder zur Praia de Iracema kostet tagsüber 47 R$ und nachts 70 R$.

BUS

Fortalezas **Busbahnhof** (☎85 3256-5786, 85 3256-2200; Av Borges de Melo 1630) befindet sich 5,5 km südlich von Meireles.

Unterwegs vor Ort

Die Fahrt mit einem Stadtbus kostet 3,40 R$ (So & Feiertage 2,80 R$). Der Bus 013 „Aguanambi I" hält vor dem Busbahnhof und fährt nordwärts die Av Dom Manoel hinauf zum Centro Dragão do Mar, während die Linie 078 „Siqueira/Mucuripe" den Busbahnhof mit den Stränden von Iracema und Meireles verbindet.

Jericoacoara

☎0XX88 / 3000 EW.

Jericoacoara, seinen vielen Freunden schlicht als „Jeri" bekannt, ist eines der malerischsten Ziele in Brasilien. Eingezwängt zwischen einem prächtigen Nationalpark und dem Meer bezaubert der Ort Traveller mit der idealen Kombi aus schwerer Erreichbarkeit (nur über unbefestigte Pisten durch die Dünen), einer hinreißenden Küstenlandschaft, aufregenden Aktivitäten, ausgezeichneten Pousadas und Restaurants sowie einem lustigen Nachtleben. Tagsüber präsentieren sich die Strände, Dünen und Lagunen so schön wie auf einer Postkarte; nachts wirkt alles im Licht des Mondes und der einladenden Boutiquen und Restaurants sehr stimmungsvoll. Jericoacoara ist zwar längst kein ruhiges Hippie-Refugium mehr, es ist aber immer noch reizvoll und ein unverzichtbarer Zwischenstopp bei einer Reise in den Nordosten.

Sehenswertes & Aktivitäten

Die abendliche Wanderung auf die Duna Pôr do Sol (Sonnenuntergangsdüne), einem hohen Sandberg am westlichen Rand von Jeri, sollte man sich wegen des herrlichen Blickes in den Sonnenuntergang nicht entgehen lassen. Zu weiteren beliebten Aktivitäten zählen Buggyfahrten zu umliegenden Dünen und Seen, die 3 km lange Wanderung zum östlich des Ortes gelegenen Felsbogen Pedra Furada und der traditionelle Capoeira-Kreis an Jeris Hauptstrand in der Abenddämmerung. Mehrere Veranstalter, darunter die **MH Kiteschool** (☎88-99971-3330; www.mhkiteschool.com; Pousada Bella Jeri, Travessa da Rua do Forró), **Rancho do Kite** (☎88 3669-2080; www.ranchodokite.com.br; Principal; ⌚Laden 10–13 & 15.30–23 Uhr) und **Kiteiscool** (☎88 99670-2330; www.kiteiscool.com; Praça Principal; ⌚8.30–12 & 16.30–23 Uhr), bieten Unterricht in Windsportarten und vermieten Ausrüstung.

Schlafen

Einige Hotels schließen im Mai, dem absoluten Tiefpunkt der hiesigen Nebensaison. Die Hauptsaison fällt auf die Monate Juli und Januar.

Villa Chic HOSTEL $
(☎88 99968-5980; www.villachicjeri.com; Principal; B 65 R$, Zi./3BZ/4BZ 260/320/410 R$; ❄@🛜☒) Wer der Hostel-Partyszene entwachsen ist, für den sind diese ausgezeichneten Schlafsäle die besten in Jeri, zumal sie zu einer Boutique-*pousada* (Gästehaus) gehören. Die drei Schlafsäle (einer für Frauen, einer für Männer, einer gemischt) haben je acht Betten und je anderthalb Badezimmer (das „halbe“ besitzt keine Dusche), die zu

ABSTECHER

VON JERICOACOARA ZUM PARQUE NACIONAL DOS LENÇÓIS MARANHENSES

Die Fahrt von Jericoacoara westwärts zum Parque Nacional dos Lençóis Maranhenses ist eines *der* großartigen Reiseerlebnisse in Südamerika: Sie dauert, je nach Strecke, zwischen sieben und 24 Stunden, und in der abenteuerlichsten Version rattert man lange Strecken entlang verlassener Strände über eine holprige Piste zwischen Sanddünen, vorbei an einsamen Gemeinden und prächtiger Landschaft.

Die schnellste und kostspieligste Option ist eine eintägige Direktfahrt von Jericoacoara zum Nationalpark. **Jeri Off Road** (☎88 99971-3336, 88 99971-3330; www.jeri.tur.br; Pousada Bella Jeri, Travessa da Rua do Forró) befördert einen in sieben bis neun Stunden für rund 1000 bis 1200 R$ (bis zu 4 Pers.). Die Reise führt per Auto nach Paulino Neves, von dort geht es per Geländewagen die Küste entlang nach Caburé (40 Min.) und anschließend in einer malerischen Bootsfahrt (die vorab reserviert werden muss) weiter nach Barreirinhas, wobei man optional unterwegs das Delta do Parnaíba anschauen kann.

Die beste Kombination aus Geschwindigkeit und Kostensparen bieten die Shuttles von **Global Connection** (☎88 99900-2109; Rua do Forró; ⌚9–22 Uhr) in Jericoacoara. Das Unternehmen verkauft auch ein Kombiticket von Jericoacoara nach Barreirinhas, bei dem man mit zwei örtlichen Kleinbussen (260 R$) fährt. Diese Fahrt beinhaltet allerdings eine Übernachtung in Parnaíba, für die man extra bezahlen muss.

Wer den Nationalpark mit örtlichen Verkehrsmitteln erreichen will, nimmt einen als D-20 bezeichneten Passagier-Geländewagen (einf. Fahrt 20 R$) von Jeri nach Jijoca. In Jijoca steigt man in einen Fretcar-Bus (S. 433) nach Camocim (12,15 R$, 1½–2¼ Std.) um, wo täglich um 15 Uhr Expresso Guanabara (www.expressoguanabara.com.br) einen Bus von Camocim nach Parnaíba (22 R$, 2 Std.) betreibt. In Parnaíba muss man übernachten und fährt dort um 5.30 Uhr mit dem Bus nach Tutóia (20 R$, 2½ Std.), wo man um 12 Uhr in den Bus nach Barreirinhas (16 R$, 2 Std.) steigt.

In östlicher Richtung, vom Nationalpark nach Jeri, sind die Fahrpläne der öffentlichen Verkehrsmittel längs der Küste weniger praktisch; hier lohnt sich eine Direktfahrt im Geländewagen.

den schicksten gehören, die zu so einem Preis zu finden sind.

Jeri Central HOSTEL $
(☎88 99747-8070; www.jericentral.com.br; São Francisco 222; B/Zi. 60/250 R$; ❄📶🏊) Das beliebte Hostel im Ortszentrum überzeugt mit bunten, ordentlichen Einrichtungen und einladender Atmosphäre. Der Swimmingpool und der große, überdachte Hängemattenbereich erleichtern das Schließen von Bekanntschaften, und der dreisprachige Manager Gaúcho hilft Gästen immer mit Reisetipps, gut aufgegliederten Informationstafeln und einem Wäschedienst zu vernünftigen Preisen und achtet mit wachsamen Augen darauf, dass kein Unfug passiert.

Bella Jeri POUSADA $$
(☎88 99971-3330; www.bellajeri.com.br; Travessa da Rua do Forró; EZ/DZ/3BZ 260/290/390 R$; ❄📶🏊) Das Bella Jeri hat sieben nette, geschmackvolle Zimmer mit Backsteinwänden, soliden Holzmöbeln und Hängematten sowie einen angenehmen Garten, einen Pool und eine luftige Dachterrasse mit Blick auf die Dünen und den Ozean. Das Frühstück ist toll, und die Englisch sprechenden Inhaber betreiben auch das Jeri Off Road sowie die MH Kiteschool, sodass man hier alles aus einer Hand bekommt, wenn man das möchte.

Pousada Papaya POUSADA $$
(☎88 3669-2219, 88 99651-8015; www.jeripapaya.com.br; Dunas II 74; Zi. 260–380 R$; ❄📶🏊) Versteckt in dieser ummauerten Oase liegen elf ordentliche, komfortable Zimmer mit farbenfrohen Bettdecken, ein Pool im vorderen Blumengarten und attraktive Gemeinschaftsbereiche drinnen und draußen. Wegen dieser Vorteile und des tollen Frühstücks ist die Pousada zu Recht beliebt, auch wenn der Service zuweilen besser sein könnte. Am besten ist Zimmer 10, weil man von ihm einen Blick auf die Dünen hat.

Essen

Billige Lokale mit ortstypischen Gerichten, in denen man für eine schlichte Mahlzeit ab 10 R$ aufwärts zahlt, sammeln sich am östlichen Ende der Rua São Francisco.

Naturalmente BRASILIANISCH $
(Praia de Jericoacoara; Crêpes 16–39 R$; ⏲12–23 Uhr) Schmackhafte Crêpes, tolles *açaí* und frische Säfte werden in dieser luftigen, strohgedeckten Hütte direkt am Strand mit Meerblick als Zugabe serviert. Nach einer langen Tour oder einer Nacht mit zu vielen Caipirinhas kann man hier so gut chillen wie fast nirgendwo sonst in Jericoacoara.

Gelato & Grano EISCREME $
(Praça Principal 1; 1/2/3 Kugeln 10/12/16 R$; ⏲12–24 Uhr) Wenn es etwas gibt, wonach man in dieser Hitze schmachtet, so ist es Eis. Die ungeheuer populäre, im Farmhausschick gestaltete Eisdiele am Hauptplatz hat 20 Geschmacksrichtungen vorrätig und wird ständig von Süßschnäbeln – Einheimischen und Urlaubern gleichermaßen – umschwärmt. Belgische Schokolade und Pistazie sind die beliebtesten Sorten, aber typisch brasilianische wie *açaí* oder Tapioka gibt's natürlich auch.

★ **Bistro Caiçara** BRASILIANISCH $$
(☎88 99916-0072; Principal 16; Hauptgerichte 38–95 R$; ⏲Mo–Sa 17–23 Uhr; 📶) Direkt im Ortszentrum ist das Lokal ein echter Publikumsmagnet wegen der überdurchschnittlich kreativen Gerichte von Chefkoch Apolinário. Meeresfrüchte stehen im Vordergrund: *robalo* (Wolfsbarsch) in Soja, Ingwer und Honig, Fisch in Saucen mit Passionsfrucht oder Cashews sowie süß-scharfer Tintenfisch gehören zu den herausragenden Angeboten. Der Service ist erstklassig, und man speist sehr romantisch bei Kerzenschein auf dem Freiluft-Patio im Obergeschoss mit Blick auf die Rua Principal.

Ausgehen & Unterhaltung

Vom frühen Abend an verkaufen *barracas* (Karren) am Fuß der Rua Principal Feierlustigen Caipirinhas und *caipifrutas* mit tropischen Früchten (7–16 R$). Jericoacoara hat viele Nachtlokale mit Livemusik; legendär sind die *forró*-Nächte im **Restaurante Dona Amélia** (Rua do Forró; Grundpreis 5 R$; ⏲Mi, Do & Sa 20–24 Uhr) und im **Maloca** (☎88-99810-6347; Igreja) sowie die Sambaabende am Freitag in der **Pousada Solar de Malhada** (www.solardamalhada.com; Rua da Matriz; Grundpreis 20 R$; ⏲22 Uhr–open end).

Samba Rock Cafe BAR
(www.sambarockcafe.com; Principal; Grundpreis 8 R$; ⏲18–1 Uhr) Die wohl stimmungsvollste Bar in Jeri hat eine Top-Lage an einer Ecke am Hauptplatz. Rustikale Holzmöbel sind unter einer großen, illuminierten Akazie aufgebaut. Oft spielen Bands *sertanejo*, Rock, Samba, *forró* (Volksmusik aus dem Nordosten) oder MPB (Música Popular Bra-

sileira); zu anderen Zeiten legen DJs eine bunte Mischung auf.

Cachaçaria Gourmet BAR

(www.facebook.com/cachacariagourmetjeri; Travessa Ismael; Cachaça 8–12 R$; ⌚18–24 Uhr) Wer einen starken Schnaps ohne Musikuntermalung will, ist in dieser netten, winzigen Bar richtig, die sich auf Brasiliens Feuerwasser, den *cachaça*, spezialisiert hat. Es gibt hier um die 90 Marken. Viele davon stammen wie der Betreiber aus Minas Gerais. Rund 30 Sorten sind immer im Angebot, und der Schnaps wird sogar in eiskalte Caipirinhas gemixt (was sonst selten ist, obwohl es eigentlich naheliegt).

Der Laden verkauft auch direkt in Jericoacoara hergestelltes Craft-Bier.

Praktische Informationen

Viele *pousadas* (Pensionen) und Restaurants akzeptieren Visa oder Mastercard, aber es gibt in Jericoacoara keine Geldautomaten, die ausländische Karten annehmen. Am besten hebt man in der Banco do Brasil im 23 km südöstlich gelegenen Jijoca genügend Bargeld ab.

An- & Weiterreise

BUS

Fretcar (☎88 99700-7373; www.fretcar.com.br; São Francisco; ⌚6–6.15, 8–11, 12–17 & 18–22.30 Uhr) betreibt einen Service nach Fortaleza (74–97 R$, 6–7 Std.). Man fährt dabei mit einem *jardineira* (an den Seiten offener Geländewagen) bis Jijoca und den Rest der Strecke per Bus. Die Fahrten starten um 6.15, 14.55, 16.55 und um 22.30 Uhr – die letzte ist die bequemste. Die Fahrt beginnt am Fretcar-Büro an der Rua São Francisco gegenüber dem Hostel Jeri Central (S. 432). Tickets sollte man mindestens einen Tag im Voraus kaufen.

Man kann nach Fortaleza auch in den Tour-Kleinbussen von Unternehmen wie **Girafatur** (☎85 3219-3255; www.girafatur.com.br)

NICHT VERSÄUMEN

BRASILIENS NORDKÜSTE: PARADIES FÜR WINDSPORTARTEN

An Brasiliens Nordküste gibt es mindestens von Juli bis Dezember anhaltende stetige Winde und damit ideale Bedingungen zum Wind- und Kitesurfen. Windsportschulen und Ausrüstungsvermieter finden sich jede Menge an den Atlantikstränden von Ceará und Rio Grande do Norte, sodass man hier problemlos seine Fähigkeiten trainieren oder das Surfen lernen kann. Abgesehen von den unten genannten Highlights lohnen auch **Canoa Quebrada** und die **Praia Cumbuco** nahe Fortaleza einen Besuch.

Jericoacoara

Der Urvater der brasilianischen Windsportziele ist ein magischer Ort mit gewaltigen Dünen und unberührten, scheinbar endlosen Stränden. Von Ende Juni bis in den Februar blasen stetige Passatwinde mit durchschnittlich 23 bis 30 Knoten von Afrika herüber und sorgen für traumhafte Bedingungen für Anfänger und erfahrene Surfer. Eine muntere, gesellige Szene und eine Reihe von Wind- und Kitesurfschulen komplettieren das Paradies.

Icaraí de Amontada

Vor der Kulisse einer wunderschönen, gekrümmten, palmenbestandenen Bucht mit ein paar Fischerbooten, hohen Dünen und nur ein paar Menschen erinnert das 200 km nordwestlich von Fortaleza gelegene Icaraí de Amontada an Jericoacoara, wie es vor 25 Jahren war. Beim Club Ventos kann man Surfunterricht nehmen und sich auch Ausrüstung ausleihen. Übernachtungen sind in der **Casa Zulu** (☎88 3636-3016; www.casazulu.com; Francisco Gonçalves de Sousa 194; Zi./Bungalow ab 300/350 R$; ❄📶🏊) möglich, einer rustikal-stilvollen *pousada*, die von einem jungen französischen Windsurfer geführt wird.

São Miguel do Gostoso

Das von einsamen weißen Sandstränden umgebene São Miguel do Gostoso liegt 110 km nördlich von Natal und ist bislang nicht vom Pauschaltourismus entdeckt worden. Wind- und Kitesurfer strömen zum windigen Ponta de Santo Cristo, wo der **Clube Kauli Seadi** (☎84 99197-1297; www.clubekauliseadi.com; Praia do Cardeiro; ⌚9–17.20 Uhr) Surfunterricht anbietet und Ausrüstung verleiht.

und **Vitorino** (☎ 85 3047-1047; www.vitorinotur.com.br; Büro 503, Av Beira Mar & Oswaldo Cruz; ⏲ 8–12 & 14–19 Uhr) fahren, die einen an den Hotels in Fortaleza absetzen (80–100, 5 Std.). Die meisten Unterkünfte können diesen Transfer für ihre Gäste buchen. Die Kleinbusse starten in der Regel gegen 9 Uhr; manche legen unterwegs bei der Lagoa Paraíso in der Nähe von Jijoca eine 2½-stündige Pause ein.

Ein privater Transfer nach Fortaleza kostet zwischen 500 und 600 R$.

Die aufregendste Art, Jericoacoara von Fortaleza aus zu erreichen, ist eine Fahrt den Strand entlang in einem Geländewagen – diese Option bieten Veranstalter wie Jeri Off Road (S. 431), die für die Fahrt 850 R$ für bis zu vier Personen berechnen.

FLUGZEUG

Auf Jericoacoaras **Flughafen** (☎ 85 2181-6277), rund 30 km südöstlich der Stadt außerhalb der Grenzen des Nationalparks, landen Direktflüge aus São Paulo und Recife.

Sammel-Pickups vom Flughafen in den Ort kosten 75 bis 80 R$ pro Person, für ein privates Fahrzeug bezahlt man 250 R$.

São Luís

☎ 0XX98 / 1,09 MIO. EW.

Das zum UNESCO-Welterbe zählende historische Zentrum von São Luís ist ein charmantes Viertel voller schwüler, kopfsteingepflasterter Straßen und pastellfarbener kolonialer Stadthäuser, von denen einige schön restauriert, viele aber verfallen sind. Das bezaubernde Areal bietet eine einmalige Atmosphäre und eine im Nordosten sonst fast unerreichte Dichte von Museen, Galerien und Kunsthandwerksläden. Nach Einbruch der Dunkelheit sind aber einige Straßen zwielichtig.

Die Stadt insgesamt ist deutlich von der afrobrasilianischen Kultur geprägt, die sich z. B. in einer munteren Reggae-Szene und in äußerst farbenfrohen Festen zeigt.

São Luís befindet sich in der nordwestlichen Ecke der 50 km langen Ilha de São Luís, die nur durch schmale Kanäle vom Festland getrennt ist.

Sehenswertes & Aktivitäten

Das Zentrum von São Luís ist das am besten erhaltene koloniale Viertel im Nordosten und voller Stadthäuser des 18. und 19. Jhs., die mit farbenfrohen portugiesischen *azulejos* (dekorativen Fliesen) aus dem 19. Jh. verkleidet sind. Seit den späten 1980er-Jahren bemüht sich das Projeto Reviver (Erneuerungsprojekt) darum, das Zentrum nach vielen Jahrzehnten der Vernachlässigung und des Verfalls nach und nach wiederzubeleben. In vielen der restaurierten Gebäude sind heute interessante Museen, Galerien, Kunsthandwerksläden und Restaurants untergebracht.

Casa do Maranhão MUSEUM
(Rua do Trapiche; ⏲ Di–So 10–18 Uhr) GRATIS Das informative, farbenfrohe Museum im ehemaligen Zollgebäude direkt an der Flussmündung widmet sich der Maranhãos-Kultur und zeigt eine große Sammlung von Kostümen und Requisiten, die beim Karneval und beim Bumba Meu Boi verwendet wurden. Es gibt auch eine Ausstellung zu den Flussbooten der Region und Erläuterungen zu den verschiedenen Arten von Trommeln in diesem Bundesstaat. Einige Exponate sind auch auf Englisch erläutert.

Casa do Nhôzinho MUSEUM
(Portugal 185; ⏲ Di–So 9–18 Uhr) GRATIS In dem bunt zusammengewürfelten, faszinierenden Museum findet man eine Sammlung einfallsreicher Fischfallen, Räume mit indigenem Kunsthandwerk aus Maranhão und viele farbenfrohe, feine Bumba-Meu-Boi-Figürchen aus dem 20. Jh., die von Mestre Nhôzinho geschaffen wurden. Während unserer Visite war das Haus gerade wegen Arbeiten an den Strominstallationen geschlossen, sollte aber schnell wiedereröffnet werden.

Feste & Events

São Luís besitzt eine der längsten Folkloretraditionen Brasiliens, was sich bei vielen Festen, etwa beim Karneval, deutlich zeigt. Zwischen Anfang Mai und Anfang Juni feiert die Stadt zwei bis drei Wochen lang die **Festa do Divino Espírito Santo**, bei der sich der starke afrobrasilianische Einfluss nicht übersehen lässt. Das berühmte Fest **Bumba Meu Boi** (⏲ Juni) nimmt die zweite Junihälfte ein. Die **Tambor de Mina** im Juli ist ein wichtiges Event für die Anhänger afrobrasilianischer Kulte.

Schlafen

★ **Palma Hostel** HOSTEL $
(☎ 98 3182-8787; Rua da Palma 142; B/EZ/DZ 50/80/110 R$; ❄📶) Lange überfällig im historischen Zentrum: Das helle, gut geführte Hostel ist die perfekte Bleibe für Budgettraveller. Es bietet makellose, farbenfrohe Schlafsäle mit einzelnen Betten – keine

Stockbetten – und gepflegte Privatzimmer mit guten Bädern. In den fantastischen Gemeinschaftsbereichen kann man bequem sitzen, und das ganze Haus besitzt elegante, dekorative Details. Das Frühstück wird im Hof serviert.

Casa Frankie POUSADA $

(☎98 3222-8198; www.casafrankie.com; Rua do Giz 394; EZ/DZ/3BZ ohne Bad 80/100/120, Suite 140 R$; ❄@📶≋) Die günstigste Übernachtungsoption im historischen Zentrum wird von einem entspannten Dänen geführt, der das koloniale Stadthaus – ein früheres Bordell – restauriert und darin schlichte, aber wirklich tolle Zimmer eingerichtet hat. Die Zimmer sind groß, das Haus zeichnet sich aber vor allem anderen hauptsächlich durch seine schönen Gemeinschaftsbereiche aus, zu denen eine luftige Veranda mit schönen originalen Fensterläden, ein hübscher Pool und ein Hof rund um einen ausladenden Mangobaum gehören.

Pousada Portas da Amazônia POUSADA $

(☎98 3182-8787; www.portasdaamazonia.com.br; Rua do Giz 129; EZ/DZ/3BZ 115/140/170 R$, Suite EZ/DZ/3BZ 145/185/225 R$; ❄📶) Die weitläufigen, knarrenden alten Korridore in diesem restaurierten Stadthaus führen um zwei Höfe mit Garten herum zu attraktiven, komfortablen Zimmern mit guten Matratzen und modernen Klimaanlagen. Die Suiten sind geräumiger und viel stimmungsvoller als die recht engen normalen Zimmer. Zur Straße hin kann es recht laut sein. Das gute Frühstück vom Büfett genießt man in einem der Höfe.

Essen

Die Spezialität in São Luís ist *arroz de cuxá* (Reis mit Garnelen, geröstetem Sesam und leicht bitterer *vinagreira*). Leider ist die Gastronomie in der Altstadt ziemlich dürftig (und sonntags fast gar nicht vorhanden). Die meisten sehr guten Optionen finden Feinschmecker draußen an den nördlichen Stränden.

O Rei de Beiju Recheado FASTFOOD $

(Rua da Estrêla & Alfândega; Beijus 5–8 R$; ⌚18–22, Fr & Sa bis 2 Uhr) Das beste billige Essen im historischen Zentrum hat dieser freundliche Straßenstand am Largo do Comércio. Er serviert köstliche herzhafte und süße gefüllte

ABSTECHER

ALCÂNTARA

Von São Luís aus jenseits der Baía de São Marcos liegt das koloniale Städtchen Alcântara. Der zwischen dem 17. und 19. Jh. mithilfe von Sklavenarbeit errichtete Ort war einst der bevorzugte Wohnsitz der reichen Plantagenbesitzer von Maranhão. In der zweiten Hälfte des 19. Jhs. versank Alcântara in Bedeutungslosigkeit und präsentiert sich heute als eine stimmungsvolle Mischung aus teils zu Ruinen gewordenen, teils genutzten und restaurierten Herrenhäusern, Wohnhäusern und Kirchen an Kopfsteinstraßen mit einem ansprechenden Zickzackmuster.

Sehenswert ist die Praça da Matriz auf dem Hügel, wo der am besten erhaltene *pelourinho* (Pfahl zum Auspeitschen) in ganz Brasilien neben der Ruine der aus dem 17. Jh. stammenden Igreja de São Matias steht. Zwei Herrenhäuser an der Westseite des Platzes wurden in Museen umgewandelt: das **Museu Histórico de Alcântara** (Largo de São Matias; Eintritt 2 R$; ⌚Di–Fr 9–15, Sa & So bis 13 Uhr) und die **Casa Histórica** (Largo de São Matias; ⌚Di–Fr 9.30–16.30, Sa & So bis 14.30 Uhr) GRATIS; beide demonstrieren mit antiken Möbeln und Erinnerungsstücken den Lebensstil der privilegierten Familien von Alcântara in früheren Zeiten.

Alcântara ist ein guter Tagesausflug ab São Luís, aber eine Übernachtung hier ist angenehm und verschafft einem mehr Zeit, den Ort zu erkunden und einen Ausflug zu den Kolonien der Roten Ibisse zu unternehmen.

Die von der Familie eines der berühmtesten Guides in Alcântara geführte Pousada Bela Vista hat schlichte, saubere Zimmer (einige mit Meerblick), ein gutes Hofrestaurant, einen Pool und einen einladenden Aussichtsturm. Sie ist rund 30 Gehminuten von der Anlegestelle entfernt; mit dem Mototaxi sind es 5 R$.

Von den Cais da Praia Grande in São Luís legen Boote nach Alcântara (15 R$, 1¼ Std., tgl. 2–3-mal) ab. Die Abfahrt hängt von den Gezeiten ab; normalerweise gibt's aber von 7 bis 9 Uhr zwei Fahrten und eine später.

São Luís

beijus (Pfannkuchen aus Maniokmehl). Sie sind alle gut, aber hervorragend sind die mit Garnelen in Kokosmilch und Käse. Auch der Hamburger ist prima.

★ **Restaurante Senac** BÜFETT **$$**
(Rua de Nazaré 242; Mittagsbüfett 42 R$; ⏲ Mo–Sa 12–15 Uhr; 📶) Das Schaufenster der São-Luís-Filiale von Brasiliens bekanntester Kochschule in São Luis ist mittags wegen des erstklassigen *all-you-can-eat*-Büfetts immer voll. Geboten werden eine große Salattheke, acht oder zehn Fleisch- und Meeresfrüchtegerichte, Reis, Gemüse, leckere Desserts und ein Klavierspieler.

Ausgehen & Unterhaltung

Im Centro Histórico kommt abends das Nachtleben rund um den Largo do Comércio in Schwung; freitags verwandeln junge Einheimische den ganzen Block in eine einzige Partyzone. Brennpunkte sind u.a. die Stufen vor dem **Cafofinho da Tia Dica** (Beco da Alfândega; ⏲ 11–24 Uhr) und die Rua da Trapiche nahe dem Ufer.

Was gerade angesagt ist, erfährt man von Einheimischen, in den Touristeninformationen oder online unter www.kamaleao.com/saoluis. Es gibt hier auch eine muntere LGBT-Szene.

Bar do Nelson CLUB
(☎ 98 98840-3196; www.facebook.com/bardonelsonreggaeroots; Av Litorânea 135, Calhau; Eintritt 5–20 R$; ⏲ Do–Sa 21–3 Uhr) Die Bar do Nelson wirkt wie ein heruntergekommenes Clubhaus. Der berühmteste Reggae-Schuppen der Stadt bietet Livemusik und Tanz. Eine zweite **Filiale** (Rua da Trapiche 39; ⏲ 22–3 Uhr) hat inmitten der munteren Bars an der Rua da Trapiche in der Altstadt aufgemacht.

Casa das Dunas LIVEMUSIK
(☎ 98 3227-8695; Av Litorânea s/n; ⏲ Fr & Sa 19–2, So bis 24 Uhr) Das größte Ereignis der Stadt seit *picanha* (Steaks) in Scheiben: Der massive, architektonisch eindrucksvolle Unter-

São Luís

haltungskomplex wurde 2015 eröffnet. Mit Blick auf die Praia do Calhau ist es zu gleichen Teilen Bar und Livemusiktreff und eine gute Adresse für DJs, MPB (Música Popular Brasileira) und *forró* (Volksmusik aus dem Nordosten). Auch landesweit bekannte Künstler zieht es hierher.

Shoppen

São Luís ist der richtige Ort, um nach Kunsthandwerk aus Maranhão zu stöbern, z.B. bemalte Fliesen, Holzschnitzereien, Korbwaren, Spitze, Keramik und Lederarbeiten. Viele Läden finden sich rund um die Rua Portugal und die Rua da Estrela im historischen Zentrum.

Feirinha São Luís MARKT
(Praça Benedito Leite; So 10–15 Uhr) Jeden Sonntag findet dieser bunte Markt auf der Praça Benedito Leite im historischen Zentrum statt. An den Ständen findet man traditionelle Speisen, Käse, frisches Gemüse, Kurzwaren und Kunsthandwerk. Rundherum parken Vans, die Fastfood und Craft-Bier anbieten. Livemusik und Tanzvorführungen auf der großen Bühne sorgen für Partyatmosphäre.

Praktische Informationen

Central de Informações Turísticas (SETUR; 98 3212-6210; www.saoluis.ma.gov.br/setur; Praça Benedito Leite; Mo–Fr 8–18, Sa & So bis 12 Uhr) Das Hauptinformationsbüro von Setur, dem städtischen Tourismusamt, ist zugleich das nützlichste, weil die Angestellten, auf die wir trafen, Englisch und Französisch sprachen.

Touristeninformation von Maranhão (98 3256-2585; www.turismo.ma.gov.br; São Luís Flughafen; 24 Std.) Die offizielle Touristeninformation des Bundesstaats Maranhão ist in der Ankunftshalle des Flughafens. Man spricht hier kaum Englisch, aber auf der zweisprachigen Website finden sich hilfreiche Beschreibungen.

An- & Weiterreise

Der **Aeroporto Internacional de São Luís – Marechal Cunha Machado** (98 3217-6100; Av dos Libaneses, Tirirical), 12 km südöstlich des Stadtzentrums, wird von größeren Inlandsfluglinien bedient. Die Taxifahrt ins Centro Histórico kostet 53 R$. Alternativ fährt der Bus 901 (São Cristóvão Aeroporto) zwischen dem Flughafen (die Haltestelle befindet sich gleich links vor dem Terminal) und der Praça Deodoro rund 1 km östlich der meisten Unterkünfte im Centro Histórico, doch ist diese Option nachts aus Sicherheitsgründen nicht zu empfehlen.

Den etwa 8 km südöstlich des historischen Zentrums gelegenen Busbahnhof erreicht man mit dem Taxi (40–50 R$) oder mit dem Bus Socarrão II–Rodoviária, der vom Terminal Praia Grande im *centro histórico* startet. Die Nachtbusse nach Belém werden häufig ausgeraubt. Aus diesem Grund sollte man lieber fliegen, zumal das oft billiger ist.

Parque Nacional dos Lençóis Maranhenses

098

Der spektakuläre Nationalpark umfasst 1550 km² sanft geschwungener weißer Dünen. Am besten besucht man ihn zwischen Mai und September, wenn das Regenwasser zwischen den Sandhügeln kristallklare Seen bildet. Der wichtigste Zugang ist die einigermaßen reizlose Ortschaft **Barreirinhas**, die immerhin aber wunderschön an einer Biegung des Rio Preguiça nahe der südöstlichen Ecke des Parks liegt.

Wer mindestens zwei Nächte in der Gegend verbringen will, findet zwei weitere Zugangspunkte, die die Anreise lohnen: Das einsame Fischerdorf **Atins** liegt geborgen zwischen Dünen, dem Fluss und dem Meer an der Mündung des Rio Preguiças. **Santo Amaro** ist ein Dorf an der westlichen Grenze des Parks, wo die Dünen direkt an den Ortsrand reichen. Am Flussufer gibt es Sandstrände, sodass man baden kann, auch wenn die Lagunen in den Dünen trocken gefallen sind. Beide Dörfer sind viel charmanter als Barreirinhas.

Zahlreiche örtliche Veranstalter, darunter **Caetés Turismo** (98 3349-0528; www.cae

testurismo.com.br; Av Brasília 40B; ⏲8–18 Uhr) 🍃 und **São Paulo Ecoturismo** (☎98 3349-0079; www.saopauloecoturismo.com.br; Av Brasília 108; ⏲7–20 Uhr), bieten Ausflüge in den Park. Ein üblicher Ausflug ab Barreirinhas besteht in einer halbtägigen Geländewagentour zur Lagoa Azul (70–80 R$) und Lagoa Bonita (80–90 R$), zwei der größten Seen im Park. Angeboten wird auch eine wundervolle siebenstündige Bootsfahrt (80–90 R$) zur Mündung des Rio Preguiças. Bei Halten unterwegs wandert man in den Dünen bei Vassouras, besteigt den Leuchtturm von Mandacaru und isst am Tagesausflügler-Strand von Caburé.

Wer tiefer in den Park vordringen und denkwürdige mehrtägige Wanderungen erleben will, wendet sich an Veranstalter wie **Terra Nordeste** (☎98 3221-1188; www.terra-nordeste.com; Miquerinos 1, Golden Tower, Sala 416, Renascença II; ⏲Mo–Fr 9–18 Uhr) oder **Sandwalkers** (☎98 98864-0526; sandwalkers.ma@gmail.com; Atins; Wanderung 2/3 Tage 600/800 R$ pro Pers.).

Zu den guten Budgetunterkünften zählen das **Casa do Professor Hostel** (☎98 98808-2546; www.casadoprofessorhostel.com.br; Projetada 33; Stellplatz/Hängematte/B 15/25/40 R$; @📶) in Barreirinhas, die **Pousada Irmão Atins** (☎98-98864-4288; www.pousadairmaoatins.com.br; Principal, Atins; EZ/DZ/3BZ 190/230/310 R$; ❄@📶) in Atins und das **Rancho Cajueiro** (☎98-98750-0045; Zelt/Hängematte 45 R$) in Santo Amaro. Wer sich verwöhnen will, bucht ein Chalet im **Ciamat Camp** (☎98 99604-5824; www.ciamatcamp.com; MA-320 s/n; Zi./3BZ/4BZ 306/374/436 R$; ❄📶) in Santo Amaro.

Cisne Branco betreibt täglich vier Busse zwischen São Luís und Barreirinhas (53 R$, 5 Std.). Alternativ bietet BRTur einen effizienteren Tür-zu-Tür-Service mit Kleinbussen (60 R$).

Um von Barreirinhas nach Atins zu gelangen, kann man von der Anlegestelle Beira Rio aus das fahrplanmäßige Boot (40 R$, 1½ Std.; tgl. 11.30 Uhr) nehmen, das den Rio Preguiças hinunter schippert. Alternativ fährt man mit dem Toyota-Geländewagen (25 R$, 2 Std.) von der Kreuzung der Rua Major Galas mit der Monsenhor Gentil. Klimatisierte Kleinbusse mit Tür-zu-Tür-Service von **Cito** (☎98 98784-4044, 98 99903-3282) und **Lisboa** (☎98 98702-0178) fahren drei- bis viermal täglich von São Luís nach Santo Amaro.

Barreirinhas eignet sich auch als Sprungbrett nach Jericoacoara.

DER NORDEN

Wer an den Amazonas denkt, stellt sich einen romantischen, fast schon mystischen Ort vor, hat gleichzeitig aber leider auch nur allzu reale Bilder im Kopf. Die Zukunft des riesigen, aus Flussläufen und Regenwäldern bestehenden Gebietes, der grünen Lunge unseres Planeten, geht uns alle an.

Allein die Zahlen sind unglaublich: Das Amazonasbecken umfasst eine 6 Mio. km² große Fläche, knapp über die Hälfte davon befindet sich auf brasilianischem Staatsgebiet. Das Gebiet umfasst 17% der weltweiten Trinkwasserreserven, und der Hauptfluss transportiert in seinem Mündungsgebiet 12 Mrd. l pro Minute!

In den weitläufigen Wäldern kann man immer noch eine erstaunlich vielfältige Tier- und Pflanzenwelt beobachten, doch sollte man sich bewusst sein, dass man nur selten Jaguare oder Anakondas zu Gesicht bekommen wird. Dennoch ist ein Regenwaldtrip eine wertvolle Erfahrung: Man kann die hiesige Tier- und Pflanzenwelt kennenlernen und beobachten, wie die lokalen Stammesgemeinden sich an die Wasserwelt angepasst haben. Flusstouren von Manaus aus sind beliebte, aber bei Weitem nicht die einzigen Optionen, das Amazonasbecken zu bereisen. Belém, die größte Stadt am Amazonas, ist ein reizvoller Startpunkt für die Erkundung der Region. Auch die ruhigen weißen Sandstrände von Alter do Chão sind einen Zwischenstopp auf dem Weg flussaufwärts wert.

ℹ Anreise & Unterwegs vor Ort

Der Busverkehr ist auf ein paar Strecken im Norden begrenzt, sodass auch die Flüsse hier als Straßen dienen. Die konkurrierenden Fluglinien bieten manchmal günstigere Preise als Boote mit Hängematten – daher gilt: unbedingt die Angebote prüfen!

Belém

☎0XX91 / 1,44 MIO. EW.

Belém ist das östliche Tor zum Amazonasgebiet und für sich allein schon ein Reiseziel, dem man mindestens ein paar Tage widmen sollte. Die attraktive Stadt punktet mit Straßen und Parks, in denen Mangobäume Schatten spenden, den pastellfarbenen Fassaden einst prächtiger Stadthäuser, die nun in der tropischen Sonne verblassen, und einer Reihe faszinierender Museen, geruchsintensiver Märkte und ordentlicher Restaurant und Bars. Die Stadt

REISEN AUF DEM FLUSS

Flussreisen sind ein einzigartiges Amazonasabenteuer. Bevor man sich diesem stellt, sollte man aber wissen, dass die meisten Boote langsam und überfüllt, oft muffig und stinkend, manchmal düster und nie komfortabel sind. Wer *forró*-Musik liebt, wird sie nach dieser Reise hassen. Zum Glück sind die Brasilianer freundlich und das Leben am Fluss interessant!

- Wer stromabwärts reist, kommt weitaus schneller voran – dafür schippern die Boote stromaufwärts näher am idyllischen Flussufer entlang.
- Vor der Abfahrt dümpeln die Boote oft mehrere Tage lang im Hafenbecken – bevor man sich für eines entscheidet, sollte man die Qualität des Bootes überprüfen.
- Die Preise variieren kaum. Tickets kauft man am besten an Bord oder an offiziellen Ständen in den Hafengebäuden. Straßenhändler versprechen zwar Rabatte, hauen einen aber vielleicht übers Ohr.
- Normalerweise können *camarotes* (Kabinen) gebucht werden, die zusätzliche Privatsphäre und Sicherheit bieten.
- Man sollte sicherstellen, dass die Kabinen einen Ventilator oder eine Klimaanlage haben. *Camarotes* sind meist genauso teuer wie ein Flug.
- Man sollte seine Hängematte ein paar Stunden vor der Abfahrt aufhängen (bekommt man auf jedem Markt ab 35 R$, Seile nicht vergessen!). Es gibt normalerweise zwei Decks für Hängematten; am besten sucht man sich einen Platz auf dem Oberdeck (über den Motoren) und weitab der stinkenden Toiletten. Andere Reisende werden ihre Hängematten wahrscheinlich über oder unter der eigenen anbringen. Mitunter übernehmen Hafenarbeiter gegen ein kleines Trinkgeld die Befestigung der Hängematte: ein Angebot, das man annehmen sollte, wenn man sich nicht mit Knoten auskennt.
- Man sollte einen Regenmantel oder Poncho, Bettwäsche oder eine leichte Decke, Klopapier und Tabletten gegen Durchfall mitnehmen.
- Die Verpflegung (im Preis enthalten) besteht größtenteils aus Reis, Bohnen und Fleisch, Wasser oder Saft. Am besten ein paar Liter abgefülltes Wasser, Obst und Snacks mitbringen! Auf dem Oberdeck befindet sich meistens eine Snackbar.
- Es empfiehlt sich, das Gepäck stets im Blick zu behalten, besonders vor und während der Stopps. Die Reißverschlüsse verschließen und den Rucksack in einer Plastiktasche aufbewahren! Wertgegenstände immer bei sich tragen!

ist zudem ein Ausgangspunkt für Ausflüge mit Übernachtung nach Algodoal und zur Ilha de Marajó, zwei ansprechenden Zielen an der Küste.

Das kompakte Geschäftsviertel Comércio zwischen der Av Presidente Vargas und der Av Portugal ist tagsüber laut und belebt und nachts menschenleer. In der ruhigeren Cidade Velha (Altstadt) befinden sich die meisten historischen Gebäude von Belém. Östlich vom Zentrum findet man im wohlhabenden Nazaré einige schicke Läden und Restaurants.

Sehenswertes & Aktivitäten

In der „Altstadt", die das Flussufer und vier nahe gelegene, aneinandergrenzende Plätze umfasst, finden sich die meisten Museen und Galerien von Belém.

★ Mercado Ver-o-Peso MARKT
(Blvd Castilhos França; ⏲ Mo–Sa 7.30–18, So bis 13 Uhr) Der Name dieses Markts am Ufer mit dem auffälligen, von vier Türmchen bekrönten Gebäude am südwestlichen Ende stammt aus kolonialen Zeiten, als die Portugiesen *ver o peso* (das Gewicht prüften), um die Steuern auf die Waren festzulegen. Das Angebot an Obst, Tieren, Heilpflanzen und vielem anderen ist faszinierend. Wer früh kommt, kann zuschauen, wie die Fischerboote ihren Fang löschen.

★ Estação das Docas MARKT
(☎ 91 3212-5525; www.estacaodasdocas.com.br; Blvd Castilho França; ⏲ 9–1 Uhr) Ein ehrgeiziges Sanierungsprojekt verwandelte drei heruntergekommene Lagerhäuser am Fluss in einen beliebten Treffpunkt mit Restaurants, Bars, Läden und sogar einem Filmtheater

Der Norden

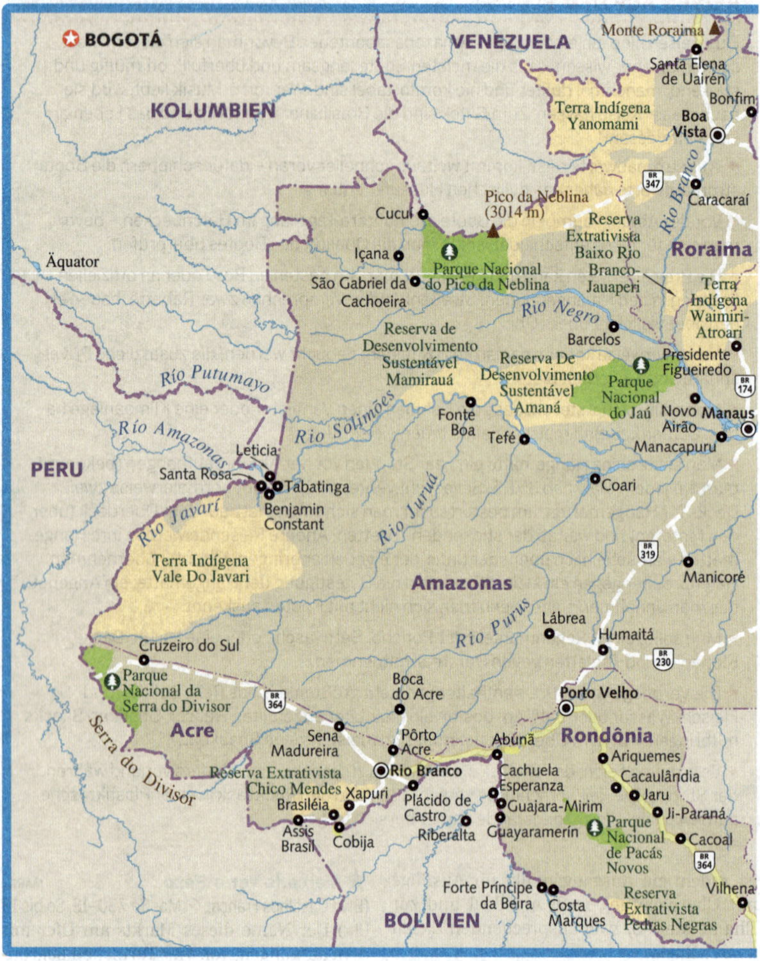

für anspruchsvolle Filme. Man findet hier einen schönen Ausblick auf den Fluss, Ausstellungen zu Beléms Geschichte, eine Post und zahlreiche Geldautomaten. Auf einer beweglichen Plattform auf dem Dach, die langsam über den gesamten Speisebereich gleitet, wird an den meisten Abenden Livemusik geboten.

Teatro da Paz HISTORISCHES GEBÄUDE

(Praça da República; 6 R$, Mi frei; ⌚ Führung Di–Fr 9–12 & 14–18, Sa & So 9–12 Uhr) Das Teatro da Paz an der Praça da República ist eines der schönsten Bauwerke in Belém. Es wurde 1874 im neoklassizistischen Stil erbaut und zeigt die ganze Pracht der Kautschuk-Boom-Ära: Säulen, Büsten, Kristallspiegel und Innenräume im Stil des italienischen Opernhauses. Die halbstündigen Führungen stellen einen ganz interessanten Ausflug in die glanzvollen Tage der Stadt dar.

Forte do Presépio FORT

(Praça Fr Brandão; 4 R$, Di frei; ⌚ Di–Fr 10–18, Sa & So bis 14 Uhr) Die Stadt Belém wurde 1616 mit der Errichtung dieser imposanten Festung begründet, die die portugiesischen Interessen am Fluss vor Überfällen durch Franzosen und Niederländer schützen sollte. Heute beherbergt das Fort ein kleines, aber ausge-

zeichnetes Museum, das sich hauptsächlich mit den indigenen Gemeinschaften im Bundesstaat Pará beschäftigt; die Ausstellung ist nur auf Portugiesisch beschildert. Von den dicken Steinwällen aus hat man einen tollen Blick auf den Fluss und die Stadt.

Valeverde BOOTFAHREN
(☎91 3218-7333; www.valeverdeturismo.com.br; Estação das Docas) Veranstaltet diverse kurze Bootsfahrten auf dem Fluss (50–175 R$/Pers.), darunter Kreuzfahrten in den Sonnenaufgang und die Abenddämmerung. Valeverde hat ein Büro und einen täglichen Fahrplan am Kai an der Estação das Docas; in den meisten Fällen ist eine vorherige Anmeldung nicht erforderlich.

Feste & Events

Círio de Nazaré RELIGION
(⏲2. So im Okt.) Während des Círio de Nazaré ziehen eine Million Gläubige mit der Figur der Jungfrau von Nazaré von der Kathedrale zur Basílica de Nossa Senhora de Nazaré. Darauf folgt eine riesige zweiwöchige Sause.

Schlafen

Grand Hostel Belém HOSTEL $
(☎91 3355-8889; www.grandhostelbelem.com; Av Presidente Vargas 646; B 50 R$, DZ mit Gemein-

Belém

Belém

Highlights
1 Estação das Docas B1
2 Mercado Ver-o-Peso A2

Sehenswertes
3 Forte do Presépio A3
4 Teatro da Paz D3

Aktivitäten, Kurse & Touren
5 Valeverde B2

Schlafen
6 Grand Hostel Belém C3
7 Residencia Karimbo Amazônia D2

Essen
Estação das Docas .... (siehe 1)
La em Casa .... (siehe 1)
8 Rei Do Bacalhau B2

Ausgehen & Nachtleben
9 Amazon Beer B2

schaftsbad/eigenem Bad 90/120 R$; (❄📶) Das zentral gelegene Hostel blickt auf die Praça da República und verfügt über Schlafsäle und Privatzimmer, die in kräftigen Farben getüncht sind. Die Stimmung ist locker, und das Personal geht auf die Bedürfnisse der Traveller ein. Dass viele Gäste immer wieder kommen, ist wohl die beste denkbare Empfehlung.

Residencia Karimbo Amazônia PENSION $
(☎91 3298-1373; www.rkamazoniabrasil.sitew.com; Travessa Piedade 391; DZ/3BZ 145/185 R$) Eine echte Pension: Die französisch-brasilianischen Inhaber wohnen im vorderen Teil des Hauses, die Gäste in fünf komfortablen Zimmern mit neuer Bettwäsche, bunt-künstlerischem Dekor und gut ausgestatteten Bädern. Das VIP-Zimmer (das bekommt, wer

als Erster da ist) hat einen eigenen Balkon mit Blick auf den Gartenbereich, in dem es einen kleinen Pool und eine reizende Holzveranda gibt.

★ OVibe Hostel & Arts HOSTEL $$
(☎91 3349-0008; www.ovibe.com.br; Travessa Benjamin Constant 1374; B/FZ 75/450 R$; ❄@📶) Das schicke Hostel hat wunderbares Dekor und eine künstlerisch angehauchte Atmosphäre. In den Zimmern finden sich hübsche schmiedeeiserne Möbel und gewagte Kunst. Die Lage in einer relativ ruhigen Ecke der Stadt, aber in Gehweite von praktisch allem Interessanten, könnte nicht besser sein.

Essen

Belém ist bekannt für *pato no tucupí* (Ente in Manioksaft und prickelnder Sauce aus *jambu*-Blättern), *tacacá* (eine klebrige Suppe aus Maniokwurzeln, getrockneten Shrimps und *jambu*-Blättern) und *maniçoba* (schwarze Bohnen, Schweinefleisch und Maniokblätter).

★ Rei Do Bacalhau MEERESFRÜCHTE $
(☎91 3241-5824; Travessa Campos Sales 216; Hauptgerichte ab 15 R$; ⏲8–18 Uhr) Der „König des Kabeljaus" ist ein klassisches Lokal in Belém mit freundlichem Service, günstigen Preisen und beliebtem Straßenessen frisch vom nahe gelegenen Fischmarkt. Dass der Laden völlig unprätentiös ist, macht ihn umso liebenswerter.

★ Estação das Docas FOODCOURT $$
(www.estacaodasdocas.com.br; Blvd Castilho França; ⏲So–Mi 12–24, Do–Sa 12–3 Uhr) Einer der besten Orte in Belém, um zu essen, wonach einem gerade der Sinn steht. In dem weitläufigen Komplex gibt es fast ein Dutzend Restaurants. Die meisten haben Sitzbereiche drinnen und draußen und sind mittags, abends und auch noch spät in der Nacht geöffnet. Zu den besonders beliebten gehören das **Lá em Casa** (☎91 3212-5588; www.laemcasa.com; Av Marechal Hermes, Estação das Docas; Hauptgerichte 28–70 R$, Menü für 1/2 Pers. 72/120 R$), das teures, aber hervorragendes regionales Essen serviert, und **Amazon Beer** (☎91 3212-5400; www.amazonbeer.com.br; Av Marechal Hermes, Estação das Docas; ⏲17–1 Uhr) mit schmackhafter Kneipenkost zu seinem Craft-Bier.

Mango CAFÉ $$
(☎91 3199-2731; www.mangoalimentacaosaudavel.com.br; Av Brás de Aguiar 593; Hauptgerichte 14–45 R$; ⏲Di–So 11.30–16 & Di–Sa 18–22 Uhr; 🖉) Das bei den hippen jungen Leuten in Belém ungeheuer beliebte Mango widmet sich gesundheitsbewusster Kost. Zu den fabelhaften Gerichten zählen Enten-Burger und gegrillte Mango zum Dessert. Hervorragende Säfte, Salate, leichte Quiches und Sandwiches runden das feine Angebot ab, das auch viele Optionen für Vegetarier bereit hält.

Ausgehen & Unterhaltung

Bar Fiteiro BAR
(☎91 3224-0075; www.facebook.com/FiteiroBelem; Av Visconde de Souza Franco 555, an der Senador Lemos; ⏲So–Fr 17–1, Sa ab 12 Uhr) In der geräumigen, farbenfrohen Bar herrscht eine lustige lockere Stimmung und die Entschlossenheit, keinen Gast hungrig davonziehen zu lassen – der Slogan der Bar lautet: „Wir haben zu essen." An den meisten Abenden gibt's Livemusik, oft begleitet von einem passenden Gericht oder Drink, z. B. „Feijoada com Samba" am Samstagnachmittag.

★ Casa do Gilson LIVEMUSIK
(☎91 3272-7306; www.facebook.com/casadogilson; Travessa Padre Eutíquio 3172; ⏲Fr 20–3, Sa & So ab 12 Uhr) Beléms beste Livemusik gibt's in diesem 1987 eröffneten Treff. Das Publikum erlebt hier erstklassigen Samba, *choro* (improvisierte, sambaartige Musik) und anderes. Es wartet hervorragendes Essen und eine tolle Atmosphäre. Das Casa do Gilson liegt zwischen der Rua Nova und der Rua Tambés.

Praktische Informationen

SETUR (☎91 3212-0575; www.paraturismo.pa.gov.br; Praça Waldemar Henrique; ⏲Mo–Fr 8–14 Uhr) Eine recht hilfreiche Filiale der bundesstaatlichen Tourismusbehörde.

Touristenpolizei (CIPTUR; ☎91 3222-2602; 28 de Setembro) Polizeiwache im Stadtzentrum.

Hospital Adventista de Belém (☎91 3084-8686; www.hab.org.br; Av Almirante Barroso 1758) Besseres privates Krankenhaus.

GEFAHREN & ÄRGERNISSE

Taschendiebe treiben sich auf dem Mercado Ver-o-Peso und im Viertel Comercio herum. Tagsüber sollte man hier vorsichtig sein und beide Gebiete nachts meiden. Wer spät unterwegs ist, sollte ein Taxi nehmen.

An- & Weiterreise

BUS

Beléms **Fernbusbahnhof** (Av Almirante Barroso) befindet sich 3 km östlich des Zentrums. Um

BUSSE AB BELÉM

ZIEL	PREIS AB (R$)	DAUER (STD.)	BUSGESELLSCHAFT
Altamira	197	14	Boa Esperança (www.viajeboaesperanca.com.br)
Brasília	255	35	Rápido Marajó (www.rapidomarajo.com.br)
Fortaleza	170	24	Guanabara (www.expressoguanabara.com.br), Itapemirim (www.itapemirim.com.br)
Salvador	489	35	Itapemirim (www.itapemirim.com.br)
São Luís	146	13	Boa Esperança (www.viajeboaesperanca.com.br), Rápido Marajó (www.rapidomarajo.com.br)

zur Innenstadt zu kommen, nimmt man von der gegenüberliegenden Straßenseite den Bus 316 „Guamá–P Vargas". Zum Busbahnhof nimmt man die gleiche Linie von der Av Presidente Vargas. Für eine Taxifahrt zu Zielen an der Av Presidente Vargas bezahlt man zwischen 20 und 22 R$.

Ausgewählte Reisezeiten und Reiseziele ab Belém sind in der oberen Tabelle aufgelistet.

FLUGZEUG

Der **Aeroporto Internacional Val-de-Cans** (☎91 3210-6000; www.infraero.gov.br) liegt 8 km nördlich des Zentrums von Belém an der Av Júlio César. Der Bus „Pratinha – Pres Vargas" (638) fährt zwischen dem Flughafen und der Av Presidente Vargas (3 R$, 40 Min.). Ein Taxi kostet 50 R$.

SCHIFF/FÄHRE

Alle Boote für längere Fahrten legen in Belém vom schön renovierten **Terminal Hidroviária** (Av Marechal Hermes) ab. Tickets erhält man im Terminal oder vom mehrsprachigen Personal von **Amazon Star Turismo** (☎91 3212-6244; www.amazonstar.com.br; Henrique Gurjão 56; ⊙Mo–Fr 8–18, Sa bis 12 Uhr). Die Boote nach Santarém (Hängematte/Kabine 230/800 R$, 4 Tage) und Manaus (Hängematte/Kabine 370/1000 R$, 6 Tage) fahren mittwochs und samstags.

Algodoal

☎0XX91 / 1500 EW.

In dem kleinen Fischerdorf Algodoal auf der Ilha de Maiandeua gibt's statt Autos und asphaltierter Straßen einen weiten Blick über windzerzauste Strände auf die manchmal turbulente See. Als ein beliebtes Ausflugsziel für junge Einwohner von Belém ist das Dorf im Sommer einige frenetische Monate lang sowie an bestimmten Feiertagen vollgepackt mit Besuchern, ansonsten ist Algodoal aber so gut wie verlassen. Kommt man in der ruhigen Zeit, ist dies eines der besten Refugien im nördlichen Brasilien. Das Dorf befindet sich 180 km nordöstlich von Belém.

In Algodoal gibt's verschiedene Optionen für Ausflüge auf eigene Faust. Die beliebteste Art, aktiv zu werden, besteht darin, ein Kanu zu mieten (im Hotel nachfragen) und die Kanufahrt mit einer Wanderung zu verbinden.

Das **Hotel Bela Mar** (☎91 3854-1128; www.facebook.com/pousadabelamar; Magalhães Barata; EZ/DZ mit Ventilator 65/90 R$, mit Klimaanlage 80/120 R$; ❄📶) ist eine saubere, verlässliche Option und das erste Hotel, das man von der Bootsanlegestelle aus erreicht. Am anderen Ende des Orts (nahe der Praia do Farol) liegt die **Pousada Marhesias** (☎91 9112-3461, 91 3854-1129; www.marhesias.com; Bertoldo Costa 47; EZ 120–150 R$, DZ 150–180 R$; ❄📶🍽). Es ist ein gut geführtes Hotel, Restaurant und Bar mit kunstvoll gestalteten Gästezimmern, einem grünen Garten und einer Terrasse, von der man die Aussicht auf den Strand genießen kann. Die nahe gelegene **Pousada Ponta do Boiador** (☎91 99215-9939; Bertoldo Costa 44; DZ Standard/Suite ab 150/180 R$; ❄📶) hat gut gestaltete Suiten und luftige Patios mit Hängematten.

Vor Ort gibt's keine Geldautomaten, und nicht alle Hotels akzeptieren Kreditkarten. Daher sollte man sich in Belém mit Bargeld versorgen.

Algodoal erreicht man über das auf dem Festland gelegene Dorf Marudá. Vom Busbahnhof in Belém fahren Busse (21,50 R$, 4 Std., 4-mal tgl.) zum Hafen von Marudá, wo Boote nach Algodoal (10 R$, 40 Min., 5-mal tgl.) ablegen. Die Kleinbusse aus Belém fahren nur bis zum fünf lange Blocks vom Hafen entfernten Busbahnhof von Marudá; die Taxifahrt von dort zum Hafen kostet 15 R$. In Algodoal warten von Eseln gezogene Karren auf die Schiffe, um Passagiere zu ihren Hotels zu fahren (12 R$/Pers.), alternativ sind es zu Fuß nur zehn Minuten ins Dorf.

Ilha de Marajó

☎ 0XX91 / 48 000 EW.

Die an der Amazonasmündung liegende Ilha de Marajó ist mit 50 000 km² etwas größer als die Schweiz und gilt generell als die größte Flussinsel der Welt. Die Insel war die Heimat der präkolumbischen Marajoara-Kultur, die vor allem wegen ihrer großen keramischen Begräbnisurnen bemerkenswert ist. Auch heute noch ist Marajó eine Welt für sich: Hier gibt's mehr Fahrräder als Autos, und Wasserbüffel grasen rund um die Ortschaften.

Für Traveller ist nur der östliche Strand der Insel zugänglich. Hier liegen die drei kleinen Ortschaften Joanes (die kleinste), Salvaterra (mit dem besten Strand und sonst nicht viel) und Soure (die entspannte „Hauptstadt" von Marajó). Das Innere der Insel ist ein Feuchtgebiet, in dem Tausende Vögel leben, darunter der anmutige *guará* (Roter Ibis). Von Januar bis Juni ist es auf Marajó sehr feucht.

Joanes

Das verschlafene Joanes liegt von Belém aus gleich über den Fluss, ist aber trotzdem vollkommen einsam. Was den Ort reizvoll macht, ist schnell zusammengefasst: ein hübsches Hotel mit einem Strand, die Reste einer Jesuitenkirche aus dem 17. Jh. und praktisch kein Mensch in Sicht (wohl aber grasende Büffel). Die ansprechende **Pousada Ventania do Rio-Mar** (☎ 91 3646-2067; www.pousadaventania.com; Quarta Rua; EZ/DZ 165/203 R$; 📶) steht auf einer windigen Landzunge mit Blick aufs Ufer. Der Strand ist nur ein paar Schritte entfernt. Das Personal arrangiert diverse Ausflüge, darunter Kanufahrten und Angeltouren mit örtlichen Guides. Nur Barzahlung.

Salvaterra

Das städtischer wirkende Salvaterra befindet sich rund 18 km nördlich von Joanes und besitzt mit der Praia Grande den besten und längsten Strand auf der Insel. Auf einem von Mangobäumen beschatteten Grundstück am Meeresstrand warten in der **Pousada Bosque dos Aruãs** (☎ 91 3765-1115; Segunda Rua; EZ/DZ 90/110 R$, Suite EZ/DZ 165–190 R$; ❄📶) schlichte Holzhütten auf Stelzen mit Ausblick aufs Wasser auf Gäste. Die Anlage ist etwas schäbig, aber sehr friedlich und hat ein gutes Restaurant. Die Praia Grande ist zehn Gehminuten entfernt.

Soure

Das am abgelegenen Ufer des Rio Paracauari liegende Soure ist die größte Siedlung auf der Insel. Doch auch hier ist es sehr entspannt. Pferde und Wasserbüffel grasen auf den Fußballplätzen und zweispurigen Straßen, die vielfach nur aus Lehm oder Gras mit einem Fahrradstreifen in der Mitte bestehen. Die **Banco do Brasil** (Rua 3, zw. Travessa 17 & 18; ⏲ Mo–Fr 10–15 Uhr) und **Bradesco** (Rua 2, zw. Travessa 15 & 16; ⏲ Mo–Fr 10–15 Uhr) haben Geldautomaten. **Bimba** (Rua 4, zw. Travessa 18 & 19; 4/25 R$ pro Std./Tag) vermietet von seinem Haus aus Fahrräder.

Eine 4,5 km lange Fahrradfahrt führt von Soure Richtung Norden zur Praia Barra Velha, wo es Buden mit Getränken und Meeresfrüchten gibt. Dahinter liegt die Praia de Araruna, ein langer, sehr schöner und praktisch verlassener Strand. Alternativ folgt man der Rua 4 landeinwärts zur Praia do Pesqueiro (12 km), einem weiteren beliebten Strand an Wochenenden. Ein Mototaxi dorthin kostet 15 R$ (einf. Fahrt), Taxifahrer nehmen 40 R$ (für bis zu 4 Pers.).

ℹ Anreise & Unterwegs vor Ort

Boote von **Arapari Navigação** (☎ 91 3241-4977; Siqueira Mendes 120) und **Rodofluvial BANAV** (☎ 91 3269-4494; www.banav.com.br) fahren vom Hauptbootsterminal in Belém (Mo–Sa 6.30 & 14.30, So 10 Uhr) zum südlich von Joanes gelegenen Hafen Foz do Rio Camará, kurz Camará (Deckplatz/klimatisierte VIP-Lounge 25/40 R$, 3 Std.). Zurück legen sie im gleichen Hafen ab (Mo–Sa 6.30 & 15, So 15 Uhr). Wartende Busse und klimatisierte Kleinbusse bringen die Passagiere vom Bootsanleger in Camará nach Joanes (8 R$), Salvaterra (8 R$) und Soure (11–18 R$).

Zwischen den Ortszentren von Salvaterra und Soure pendelt ein Boot (2 R$, 15 Min.), das startet, sobald es voll belegt ist (was eine Weile dauern kann). Mototaxis gibt's in allen drei Orten; sie verlangen 5 R$ für Ortsfahrten, 5 bis 15 R$ für die Fahrt zu entfernteren Stränden und 30 R$ für Fahrten zwischen Joanes und Salvaterra.

Santarém

☎ 0XX93 / 296 302 EW.

Die meisten Traveller hetzen zwischen Belém und Manaus hin und her und verpassen dabei das, was sie eigentlich sehen wollten: den Amazonas. Ein Zwischenstopp in der Flussstadt Santarém ermöglicht nicht nur eine ersehnte Pause von einer langen Bootsfahrt, sondern gibt auch die Möglichkeit, den Regenwald und die dort lebenden indigenen Völker etwas genauer kennenzulernen. Santarém selbst ist eher uninteressant, aber die schönen Strände am Fluss und die herrlichen Regenwaldschutzgebiete in der Nähe haben schon so manchen seinen Reiseplan umwerfen lassen.

Sehenswertes

Vom Ufer in Santarém hat man eine gute Sicht auf den Zusammenfluss des teefarbenen Rio Tapajós und des milchkaffeebraunen Amazonas. Die beiden Ströme fließen einige Kilometer nebeneinander, bis sie sich vermischen.

★ Lago Maicá — SEE

Die Flussniederungen östlich und südöstlich von Santarém gehören zu den lohnendsten Ausflugsgebieten am Amazonas. In den die meiste Zeit im Jahr überfluteten Niederungen findet man eine fabelhafte Vogelwelt (darunter auch Tukane und Aras), ferner Amazonasdelfine, Brüllaffen, Faultiere und Anakondas. Die Sonnenauf- und -untergänge sind hier die reinste Magie; ansonsten herrscht ruhige Beschaulichkeit. Man kann eine Bootstour mit Übernachtung machen, mit dem Kanu durch den überfluteten Wald fahren und sich fern der Touristenmassen entspannen. Gil Serique (S. 448) organisiert hier besonders schöne Exkursionen.

Schlafen & Essen

Nicht entgehen lassen sollte man sich die Tacacá, die beliebte Suppe des Amazonasgebiets (aus wildem Maniok, getrockneten Garnelen und auf den Lippen prickelnden *jambús*). Am **Quiosque da Praça** (Praça Barão de Santarém; ab 8 R$; ⏲7–13 & 16–23 Uhr) gibt's mit das beste *tacacá* Brasiliens. Für einen Drink bei Sonnenuntergang ist das **Massabor** (☎93 3522-0509; Av Tapajós; Pizza 33–43 R$, Hauptgerichte 15–50 R$; ⏲17–23 Uhr), ein Freiluftrestaurant am Ufer, genau das Richtige.

Hotel Sandis Mirante — HOTEL $

(☎93 99239-2488; www.hotelsandismirante.com.br; Coronel Joaquim Braga 180; EZ/DZ/3BZ 130/145/180 R$) Das ansprechende Hotel auf dem Hügel gleich hinter dem Ufer hat saubere, moderne Zimmer. Manche haben einen Blick auf den Fluss, aber warum die Fenster so klein ausgefallen sind, ist unverständlich. Ansonsten ist das Haus aber eine gute Wahl.

★ Restaurante Piracema — BRASILIANISCH $$

(☎93 3522-7461; www.restaurantepiracema.com.br; Av Mendonça Furtado 73; 25–80 R$; ⏲Di–Sa 11–23.30, So bis 15 Uhr) Das Restaurant gilt bei vielen als das beste vor Ort. Aus regionalen Zutaten werden Gerichte zubereitet, die man nirgendwo sonst bekommt. Die Spezialität ist *peixe á piracema*, eine sphärische Konstruktion aus geschichtetem, geräucherten *pirarucú* (einem Süßwasserfisch), Bananen und Käse – seltsam, aber köstlich! Die Portion reicht für zwei.

Praktische Informationen

Santarém Tur (☎93 3522-4847; www.santaremtur.com.br; Adriano Pimentel 44; ⏲Mo–Fr 8–18 Uhr, Sa bis 12 Uhr) Besorgt Flugtickets und arrangiert Pauschaltouren (auch Stadttouren), Tagesausflüge nach Alter do Chão per Boot oder Auto und Flussboottouren mit Übernachtung zur Floresta Nacional do Tapajós.

An- & Weiterreise

BUS

Die Busse nach Alter do Chão (3,50 R$, 60 Min., stündl.) halten an der **Av Rui Barbosa** nahe der Av Barão do Rio Branco.

FLUGZEUG

Der **Aeroporto de Santarém – Maestro Wilson Fonseca** liegt 14 km westlich der Stadt und hat Flüge von/nach Manaus und Belém. Vom Flughafen zur Stadt fahren Busse (3,50 R$, 30 Min., werktags 6.15–18.45 Uhr ca. halbstündl., Sa & So seltener) und Taxis (60 R$). Zum Flughafen nimmt man den Bus „Aeroporto" (aber nicht „Aeroporto Velho") an der Av Rui Barbosa nahe der Av Barão do Rio Branco.

SCHIFF/FÄHRE

Die Boote nach Manaus (Hängematte/Doppelkabine 180/600 R$, 40–48 Std., Mo–Mi, Fr & Sa 12, Do 11 Uhr) und Belém (Hängematte/Doppelkabine 180/800 R$, 48 Std., Fr 10, Mo 11 Uhr) legen von den Docas do Pará, 2,5 km westlich des Stadtzentrums, ab.

Der Kleinbus „Orla Fluvial" (3 R$, bis 19 Uhr alle 20–30 Min.) verbindet den Uferbereich der Innenstadt mit beiden Häfen. Ein Taxi oder *mototaxi* zu den Docas do Pará kostet 15 bzw. 4 R$.

Rund um Santarém

Floresta Nacional do Tapajós

Das 5440 km² große Schutzgebiet ist einer der letzten und am leichtesten zugänglichen

Abschnitte unberührten Regenwalds in der Region und entspricht genau der Vorstellung von den Urwäldern des Amazonasbeckens. Zu den vertretenen Tieren zählen zahlreiche Vogelarten, scheue Katzen (darunter Jaguare und Ozelote), Brüllaffen, Totenkopfäffchen und Kapuzineraffen. Man sollte den Besuch mit einem Guide unternehmen, dann erwartet einen ein unvergessliches Reiseerlebnis.

Die am Fluss gelegenen Dörfer Maguarí und Jamaraquá nehmen schon länger Traveller auf und haben die größte Infrastruktur an Unterkünften, Touren und anderen Dienstleistungen. Ein drittes Dorf, São Domingo, liegt am Eingang zum Reservat und besitzt ebenfalls bescheidene touristische Einrichtungen. Der unberührte Regenwald ist rund 2½ Wanderstunden von diesen Dörfern entfernt.

Alle drei Dörfer haben gut in Schuss gehaltene Waldwege. Es gibt auch einige schöne *igarapés* (Wasserläufe), auf denen man gut Kanu fahren und bei hohem Wasserstand vielleicht auch Tiere beobachten kann. Die Tourpreise sind unterschiedlich: Eine vier- bis fünfstündige Wanderung und eine ein- bis zweistündige Kanufahrt kosten beispielsweise 100 bis 150 R$ pro Gruppe (bis zu 6 Pers.).

In Jamaraquá kann man in der am Flussufer stehenden **Pousada Jamaraquá** (☎93 99124-5750, 93 99179-9569; Transtapajós s/n; DZ inkl. Mahlzeiten 125 R$) übernachten, die eine Terrasse mit Hängematten und sehr einfache Zimmer mit Bad abseits vom Haupthaus hat. Der Bus hält vor der Anlage. In Jamaraquá liegt auch die „Pousada de Bata" genannte **Pousada Floresta do Tapajós** (☎93 99113-8458; www.pousadaflorestadotapajos.wordpress.com; Transtapajós S/N; 50 R$/Pers.) mit kenntnisreichem Besitzer und Tourguide, einem luftigen Hängemattenbereich und einer einladend familiären Atmosphäre rund 500 m hinter dem Dorfzentrum; man kann den Busfahrer bitten, einen hier abzusetzen.

Vom Stadtzentrum in Santarém fahren Busse über Maguarí nach Jamaraquá (12 R$, 2–3 Std., Mo–Sa 11, So 6.30 Uhr). Die Rückfahrt ab Jamaraquá ist von montags bis samstags um 4.30 und 6 Uhr sowie sonntags um 16.30 Uhr.

In die Floresta Nacional do Tapajós kommt man von Alter do Chão auch per Boot. Selbständige Schiffer veranstalten Tagesausflüge (ca. 100 R$/Pers.), aber die beinhalten eine strapaziöse, in beiden Richtungen je dreistündige Fahrt in einem kleinen Motorkanu, und eine Führung gibt's nicht. Tourveranstalter in Alter do Chão wie **Mãe Natureza** (☎93 3527-1264, 93 99131-9870; www.maenaturezaecoturismo.com.br; Praça 7 de Setembro; ⏲8.30–13 & 16–23 Uhr) oder **Areia Branca Ecotour** (☎93 3527-1386, 93 99121-5646; www.areiabrancaecotour.com.br; Lago Verde; ⏲Mo–Fr 8–12 & 14–19, Sa & So bis 13 Uhr) verlangen zwischen 200 und 250 R$ pro Person; sie benutzen schnellere und bequemere Motorboote, und ein örtlicher Guide ist im Preis inbegriffen.

Um nicht nur die Dörfer am Fluss, sondern auch den unberührten Regenwald kennenzulernen, empfehlen sich die Touren von Gil Serique, dessen Familie einst in dem Wald lebte. Bei seinen Touren (ab 150 US$/Pers. & Tag) handelt es sich teils um Tagestouren, teils um Ausflüge mit einer Übernachtung in einem Camp tief im Wald.

ICMBio (☎93 3522-0564; www.icmbio.gov.br/flonatapajos; Av Tapajós 2267, Santarém) verwaltet das Reservat und hat ein Büro in Santarém und eine Basisstation in São Domingo.

Alter do Chão

☎0XX93 / 7500 EW.

Alter do Chão, 33 km westlich von Santarém, ist ein ansprechender, geruhsamer Ort am Fluss, den die Menschen aus Santarém gern am Wochenende und in der Ferienzeit besuchen. Am bekanntesten ist er für die Ilha do Amor (Liebesinsel), ein malerisches, von einem weißen Sandstrand umgebenes Eiland direkt vor dem Städtchen.

Aber Alter do Chão ist mehr als ein Strandort. Den großen Lago Verde in der Nähe kann man prima mit einem Kanu oder beim Stehpaddeln erkunden. Im Ort starten außerdem Bootstouren zu nahe gelegenen Waldreservaten und abgelegenen Gemeinden, und es gibt hier auch einen der besten Läden mit indigener Kunst im ganzen Amazonasbecken.

Aktivitäten

Abenteuersport steht für viele Besucher ganz oben auf der Agenda. Zu den lohnenden Optionen gehören Stehpaddeln, Windsurfen, Kajakfahren, Mountainbiken und *arbolismo* (auf Bäume klettern). Nach Preisen und angebotenen Sportarten sollte man sich bei Mãe Natureza, Areia Branca Ecotour oder Gil Serique erkundigen.

★ **Gil Serique** ÖKOTOUR
(☎93 99130-5298; www.gilserique.com; Av Copacabana 45, PA-457; 150 US$/Pers. & Tag) Gil ist ein echtes Original, ein Geschichtenerzähler und einer der führenden Naturkundler in der Gegend. Er wurde in der Nähe geboren und wuchs dort auf. Seine Touren bieten eine Mischung von Geschichte, Ökologie und Familienanekdoten, die er mit ansteckender Begeisterung in nahezu perfektem Englisch zum Besten gibt. Besonders zu empfehlen sind seine Touren zum Lago Maicá (S. 446), einer prächtigen Überschwemmungsebene voller Vögel und anderer Wildtiere. Die Touren sind teurer als andere, aber ihren Preis wirklich wert.

Geführte Touren

Neben kurzen Trips rund um Alter do Chão (Lago Verde, Ponta do Cururú, Strandbesuche) gibt's auch einige tolle Optionen für längere, mehrtägige Touren. Dazu gehören Kanufahrten auf dem **Canal do Jarí** mit seiner reichen Tierwelt, Wanderungen und Dorfbesuche in der **Floresta Nacional (FLONA) do Tapajós** (FLONA do Tapajós) und in der Reserva Extrativista (RESEX) Tapajós-Arapiuns (S. 453), Flusstouren den **Rio Arapiuns** hinauf und abenteuerliche Vorstöße in den **Parque Nacional da Amazônia**. Die Einzelheiten bespricht man mit den Tourveranstaltern im Ort (Preise alles inkl. 180–300 R$/Pers. & Tag).

Feste & Events

Festa do Cairé RELIGION
(⌚2. Septemberwoche) Die Festa do Çairé ist das größte folkloristische Ereignis im westlichen Pará. Die Çairé ist eine Standarte, die in die Höhe gehalten wird, um eine blumengeschmückte Prozession anzuführen; ihre Ursprünge könnten auf Symbole zurückgehen, die frühe Missionare einsetzten, um indigene Gruppen zu bekehren.

Schlafen & Essen

★ **Pousada Vila Alter** POUSADA $
(☎93 99173-9772; Everaldo Martins 603; EZ/DZ/3BZ 80/120/140 R$; ❄📶) Die beste unter den vielen neuen Pousadas, die rund um den Ort eröffnet wurden, hat einen farbefrohen kleinen Garten und ordentliche Zimmer. Die Atmosphäre ist einladend und intim und das Preis-Leistungs-Verhältnis hervorragend. Das Haus steht weit genug den Hügel hinauf, sodass man vom abendlichen Lärm nichts mitbekommt, gleichzeitig ist man aber auch zu Fuß nur fünf Minuten vom Zentrum entfernt.

Pousada do Tapajós Hostel HOSTEL $
(☎93 99210-2166; www.pousadatapajos.com.br; Lauro Sodré 100; B 50 R$, DZ/3BZ/4BZ 180/190/200 R$; ❄📶) Die Schlafsäle in diesem Hostel fünf Blocks westlich vom Zentrum sind sauber und komfortabel, aber etwas beengt. Sie haben solide Stockbetten und große Schließfächer. Die privaten Zimmer sind blitzsauber und modern und liegen weitab von den Schlafsälen. Es gibt einen großen Hinterhof mit Hängematten, eine offene Küche und ein üppiges Frühstück.

★ **Siria** VEGETARISCH $
(☎93 99217-2034; Travessa Agostinho Lobato s/n; Hauptgerichte 20–30 R$; ⌚12–16 Uhr; 🖉) Die nette Chefköchin und Eigentümerin Betania bereitet nur ein Gericht pro Tag zu, das vorn auf der Tafel angekündigt wird. Von Kichererbsen-Omelett bis zu Gemüsetartes – alles ist hervorragend und wird mit braunem Reis, frischem Salat und kreativen Getränken wie Hibiskus- und *maracujá*-Eistee plus Dessert serviert. Es gibt einen reizenden Speisebereich im Freien. Die Gerichte sind den einen Tag vegan und den nächsten vegetarisch.

★ **Espaço Gastronômico** BRASILIANISCH $$
(☎93 98401 6144; www.espacoalter.com.br; Lauro Sodré 74; Hauptgerichte 25–60 R$; ⌚19–23 Uhr; 📶) 🌿 Ein fabelhafter Ort! Das Lokal ist fast vollständig aus Recycling-Holz und anderen Materialien erbaut. Beim Essen liegt der Schwerpunkt auf regionalen Zutaten und indigenen Saucen. Zum Beispiel gibt's Paranüsse mit Honig und Maniok oder Ceviche mit Mango. Im angenehmen Obergeschoss wehen durchsichtige Vorhänge in der Meeresbrise. Joana ist eine hervorragende Gastgeberin.

Unterhaltung

★ **Espaço Gastronômico** LIVEMUSIK
(☎93 98401 6144; www.espacoalter.com.br; Laura Sondré 74; Grundpreis ab 20 R$; ⌚Juli–Feb. Sa 22–4 Uhr; 📶) Etwas Lohnendes gibt es immer in dieser coolen Musik-Restaurant-Location am östlichen Ende der Uferpromenade. An Samstagabenden während der Saison wird live *carimbó* geboten, und gastierende Bands spielen Rock, *forró*, Samba, Reggae und anderes; was gerade ansteht, ist auf der Facebook-Seite und auf der draußen angebrachten Kreidetafel aufgelistet.

Shoppen

★ Araribá Cultura Indígena KUNSTHANDWERK
(☎93 3527-1324; www.araribah.com.br; Travessa Antônio Lobato; ⏲Mo–Sa 9–21, So bis 19.30 Uhr) Der vielleicht beste Laden für indigene Kunst im Amazonasgebiet! Das Angebot reicht von billigen Halsketten bis hin zu Masken und Zeremonialkostümen von musealer Qualität und repräsentiert Gemeinschaften aus dem gesamten Bereich des Amazonasbeckens. Die Ware wird auch nach Hause geschickt; Kreditkarten werden akzeptiert.

An- & Weiterreise

Vom **Busbahnhof** (Everaldo Martins) in Alter do Chão fahren Busse nach Santarém (3,50 R$, 1 Std., 5.30–23 Uhr stündl., So bis ca. 18 Uhr), jedoch keine Busse zum Flughafen von Santarém. Eine Taxifahrt zum Flughafen (oder nach Santarém oder zu den Passagierhäfen am Fluss) kostet stolze 100 R$.

Manaus

☎0XX92 / 2,2 MIO. EW.

Manaus ist die größte Stadt im Amazonasbecken, eine fehl am Platz wirkende Metropole im Urwald und ein bedeutender Hafen der internationalen Schifffahrt, der 1500 km vom Ozean entfernt ist. Der Amazonas-Regenwald hat eine Bevölkerungsdichte, die gerade einmal halb so hoch ist wie die der Mongolei, doch jede Reise in den gewaltigen Dschungel beginnt unvermeidlich in dieser betriebsamen Stadt (oder führt über sie). Kein Wunder, wenn man sich ein bisschen aus dem Gleichgewicht gebracht fühlt!

Manaus ist kein architektonisches Schmuckstück, hat aber einige echte Sehenswürdigkeiten, u.a. einen begrünten Zoo und eine interessante Kombi aus Strand und Museum. Hier kann man alles besorgen, was man vergessen hatte einzupacken, man kann seine Reservierungen vornehmen und die Reise in den Dschungel beginnen oder auch nach einer Woche im Regenwald sein Verlangen nach Bier oder Internet befriedigen.

Ein Rat: Hier nicht hängen bleiben! Manaus genießt man am besten als Ausgangsstation eines Amazonas-Abenteuers, nicht als Schlusspunkt.

Sehenswertes

★ Encontro das Águas FLUSS
(Treffpunkt der Gewässer) Gleich hinter Manaus fließen der warme, dunkle Rio Negro und der kalte, kaffeebraune Rio Solimões wegen ihrer unterschiedlichen Geschwindigkeit, Wasserdichte und Temperatur ein paar Kilometer nebeneinander her, ohne sich zu vermischen. Dieses Farbenspiel tritt überall am Amazonas auf, aber nirgendwo so spektakulär wie hier. Bei Tagesausflügen wird hier immer ein Halt eingelegt, und viele Tourveranstalter kommen auf dem Weg zu ihren Lodges hier zumindest vorbei. Es ist niemals eine Enttäuschung.

★ Jardim Botânico Adolpho Ducke PARK
(☎92 3582-3188; www.jardimbotanicodemanaus.org; Av Margarita s/n; 10 R$, mit Turm 30 R$; ⏲Di–So 8–12 & 13–16.30 Uhr, letzter Einlass 16 Uhr) GRATIS Dieser über 100 km² große „Garten“ ist tatsächlich der weltweit größte Stadtwald. Es gibt ein Netz aus fünf kurzen Wegen (Guide und geschlossene Schuhe erforderlich, 2–3 Std., im Eintritt inbegriffen) und ein Freilichtmuseum mit Wechselausstellungen zur Flora und Fauna im Amazonasbecken und einem spektakulären, 42 m hohen Beobachtungsturm. Am Wochenende ist der Park stärker ausgelastet, und dienstags ist der Eintritt frei.

Komfortable Shuttlebusse (☎92 99286-9888, hin & zurück 30 R$, 45 Min.) starten um 9 und 16 Uhr vor der Touristeninformation (CAT). Ansonsten nimmt man den Bus 676 (3 R$, 1 Std.) ab der Praça da Matriz.

★ Teatro Amazonas THEATER
(☎3232-1768; Praça São Sebastião; Führung 20 R$; ⏲9.15–17 Uhr, Führungen bis 16 Uhr alle 30 Min.) Das prächtige Opernhaus wurde auf dem Höhepunkt des Kautschuk-Booms gebaut; die Architekten, die Kunsthandwerker und selbst viele Rohmaterialien kamen aus Europa. Brasilianisch war hingegen die ursprüngliche Auffahrt, bei der Kautschuk untergemischt wurde, um das Klappern eventueller spät ankommender Kutschen abzudämpfen. Auf dem Veranstaltungskalender steht heute ein ausgezeichnetes **Opernfestival** (Festival Amazonas de Ópera; ⏲später April–früher März) im April und Mai. Bei den einstündigen Führungen kann man sich den Prachtbau genauer anschauen.

Centro Cultural dos Povos da Amazônia MUSEUM
(☎92 2123-5300; Praça Francisco Pereira da Silva s/n; ⏲Mo–Fr 9–16 Uhr) GRATIS Das Zentrum dieses massiven Kulturkomplexes bildet das ausgezeichnete Museu do Homem do Norte (Museum der Menschen des Nordens), das

Manaus

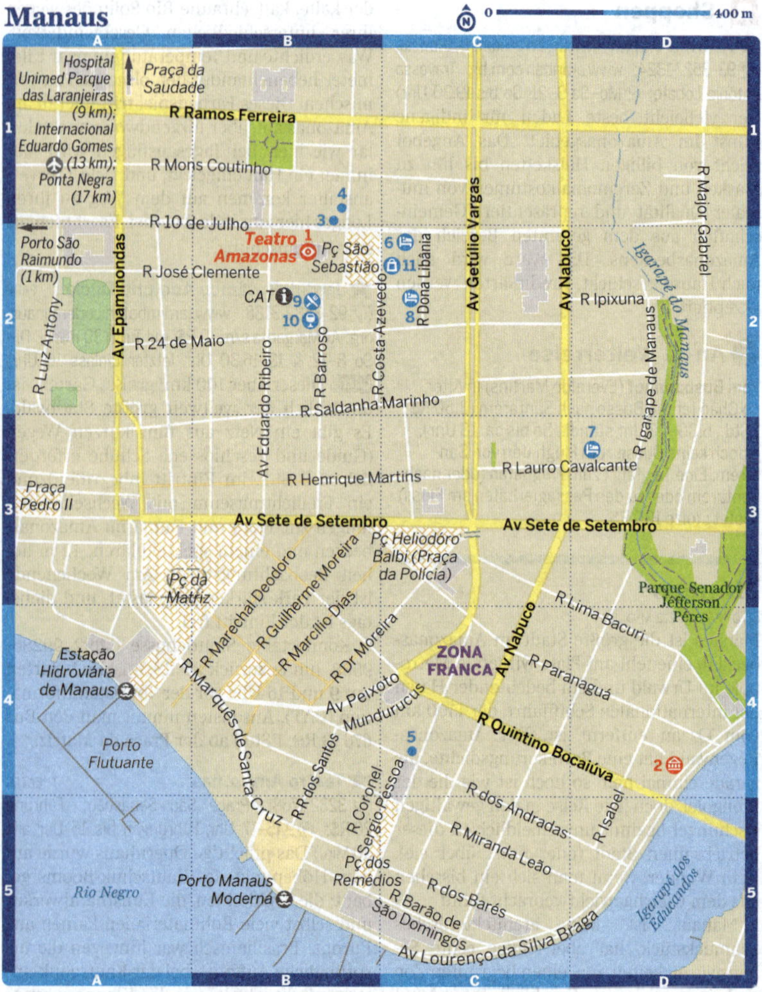

Manaus

Highlights
1 Teatro Amazonas B2

Sehenswertes
2 Centro Cultural Usina Chaminé D4

Aktivitäten, Kurse & Touren
Amazon Antonio Jungle Tours .... (siehe 7)
3 Amazon Eco Adventures B1
4 Amazon Gero Tours B1
5 Amazonas Indian Turismo C4

Schlafen
6 Boutique Hotel Casa Teatro C2
7 Hostel Manaus D3
8 Local Hostel C2

Essen
9 Casa da Pamonha B2

Ausgehen & Nachtleben
10 Mao Bar B2

Shoppen
11 Galeria Amazônica C2

eine unglaubliche Fülle von Artefakten und Multimedia-Material zu den indigenen Völkern Amazoniens birgt. Vom Zentrum aus fahren die Busse 625, 711 und 705 alle an dem Museum vorbei. Wer ein Taxi nimmt, gibt „Bola da Suframa" als Ziel an.

Centro Cultural Usina Chaminé MUSEUM
(☎92 3633-3026; Av Lourenço da Silva Braga; ⏲Di–Fr 8–14, Sa 9–13 Uhr) GRATIS Das auch als Museu dos Cinco Sentidos (Museum der fünf Sinne) bezeichnete, innovative Museum illustriert anhand der fünf Sinne das Leben und die Kultur der Indigenen und der Caboclos. Man hört Tonaufzeichnungen von Indianersprachen, riecht Gewürze aus der Region, bewundert indigene Volkskunst und vieles mehr.

Schlafen

★**Hostel Manaus** HOSTEL $
(☎92 3233-4545; www.hostelmanaus.com; Lauro Cavalcante 231; B mit Ventilator/Klimaanlage 46/52 R$, EZ mit Klimaanlage & Gemeinschaftsbad 65 R$, DZ mit eigenem Bad/Gemeinschaftsbad ab 121/93 R$; ❄@📶) Manaus' erstes Hostel ist immer noch das beste. Es zeichnet sich durch geräumige, freundlich dekorierte Gemeinschaftsbereiche mit farbenfroher Kunst und einem Essbereich auf dem Dach aus, und im Haus hat ein sehr renommierter Tourveranstalter seinen Sitz. Die großen Schlafsäle und die ordentlichen Privatzimmer sind gepflegt. Das professionell geführte Hostel ist eine echte Zuflucht vor den hektischen Straßen der Stadt.

Local Hostel HOSTEL $
(☎92 3213-6079; www.localhostel.com.br; Marçal 72; B 40–50 R$, DZ 120–140 R$; ❄) Ein in fast jeder Hinsicht tolles Hostel: Es liegt einen Block vom Opernhaus entfernt, hat junges Personal und junge Gäste, saubere, komfortable Schlafsäle mit Trennvorhängen, Leselampen und Stromanschlüssen an jedem Bett. Die schicken Privatzimmer lohnen die zusätzliche Ausgabe.

Boutique Hotel Casa Teatro HOTEL $$
(☎92 3633-8381; www.casateatro.com.br; 10 de Julho 632; EZ/DZ 210/250 R$, mit Gemeinschaftsbad 120/150 R$; ❄📶) Die Zimmer sind modern und pfiffig, aber wirklich sehr eng – es sind im Grunde schicke begehbare Kleiderschränke. Die Standardunterkünfte haben Stockbetten und Gemeinschaftsbäder, die Zimmer mit angeschlossenem Bad zumindest ein Doppelbett, jedoch bieten sie immer noch sehr wenig Platz. Die Gemeinschaftsbereiche sind wirklich schön, dazu gehören gemütliche Wohnzimmer und eine Dachterrasse mit Blick auf das Opernhaus. Die Lage und der Service sind hervorragend, aber man muss bereit sein, wie in einer Sardinenbüchse zu hausen.

Essen

Casa da Pamonha VEGETARISCH $
(☎92 3234-7086; Barroso 375; 37 R$/kg; ⏲Mo–Fr 7–19, Sa bis 14 Uhr; 🌿) Das coole, künstlerisch angehauchte vegetarische Lokal bietet u. a. Soja-Burger, spanische Tortillas, frische Säfte, leckeren Kuchen beim beliebten Mittagsbüfett sowie morgens und am frühen Abend leichte Snacks.

★**Amazônico Peixaria Regional** MEERESFRÜCHTE, BRASILIANISCH $$
(☎92 3236-0546; www.amazonico.com.br; Av Darcy Vargas 222; Hauptgerichte 36–98 R$; ⏲Mo–Sa 12–15 & 18.30–23, So 11.30–16 Uhr) Egal, ob geschmort, gegrillt oder als Steak, der *tambaqui* (der vielleicht schmackhafteste Fisch aus dem Amazonas) ist hier immer perfekt. Es gibt auch allen möglichen anderen Fisch sowie Steaks und wundervolle Desserts. Die Atmosphäre ist zwanglos, die Bedienung aufmerksam und die Küche hervorragend. Wer hier isst, genießt eine der besten Mahlzeiten im Amazonasgebiet.

Ausgehen & Unterhaltung

Mao Bar BAR
(☎92 3345-4550; Barroso; ⏲Di–Sa 17 Uhr–open end) Diese supercoole Bar, ein schummrig belichteter Raum in einem halb unter der Erde liegenden Untergeschoss, punktet mit toller Musik, guten Drinks und entspanntem Backpacker-Flair. Gelegentlich gibt's Livemusik und Filmvorführungen.

★**Porão do Alemão** LIVEMUSIK
(☎92 3239-2976; www.poraodoalemao.com.br; Av São Jorge 1986; 30 R$; ⏲Mi–Sa 22.30 Uhr–open end) In der lange bestehenden Bar mit Club gibt's brasilianischen und internationalen Rock und Pop. Der Laden ist sicher, und das muntere Publikum setzt sich gleichermaßen aus Urlaubern und Einheimischen zusammen. Oben gibt's einen VIP-Bereich (40 R$).

Shoppen

★**Galeria Amazônica** KUNSTHANDWERK
(☎92 3203 3633; galeria@waimiriatroari.org.br; Costa Azevedo 272; ⏲Mo–Sa 8–20 Uhr) Der La-

den direkt an der Praça São Sebastião ist in der Stadt die erste Adresse für echtes amazonisches Kunsthandwerk, z. B. prächtige Korbwaren, Töpferarbeiten und Volkskunst. Außerdem gibt's hier auch T-Shirts, Schmuck und ein paar Bücher auf Portugiesisch. Die Preise sind eher hoch, das gilt aber auch für die Qualität.

Praktische Informationen

Banco do Brasil (Guilherme Moreira 315; Mo–Fr 9–15 Uhr) Hat einen Geldautomaten.

Bradesco (Av Eduardo Ribeiro 475, an der Saldanha Marinho; Mo–Fr 9–15 Uhr) Verlässlicher Geldautomat im Stadtzentrum.

CAT (92 3182-6250; www.visitamazonas.am.gov.br; Av Eduardo Ribeiro 666; Mo–Fr 8–17, Sa & So bis 12 Uhr) Filiale der bundesstaatlichen Tourismusagentur an der südwestlichen Ecke der Praça São Sebastião. Hat nicht viel zu bieten, auch keine Broschüren.

Fundação de Medicina Tropical (92 2127-3555; Av Pedro Teixeira 25) Das renommierte, auch Hospital de Doenças Tropicais genannte Krankenhaus ist auf Tropenkrankheiten spezialisiert. Hier kann man sich kostenlos gegen Gelbfieber impfen lassen.

Hospital Unimed Parque das Laranjeiras (0800-702-9088, 92 3633-4431; www.unimedmanaus.com.br; Av Professor Nilton Lins 3259) Eines der besten privaten Krankenhäuser der Stadt.

An- & Weiterreise

BUS

Eucatur (92 3301-5800; www.eucatur.com.br) und Asatur haben Busse nach Boa Vista (170–230 R$, 10–12 Std.).

FLUGZEUG

Der Hauptterminal des **Aeroporto Internacional Eduardo Gomes** (92 3652-1210; www4.infraero.gov.br/aeroportos/aeroporto-internacional-de-manaus-eduardo-gomes/; Av Santos Dumont 1350) liegt 13 km nördlich des Stadtzentrums. Charterflugzeuge und kleinere regionale Fluglinien können auch den separaten, als „Eduardinho" bezeichneten Terminal rund 600 m weiter östlich benutzen.

SCHIFF/FÄHRE

Die großen Passagierfähren, die den Rio Solimões befahren, legen an Manaus' Hauptpassagierhafen, dem **Estação Hidroviária de Manaus** (92 3233 7061; www.portodemanaus.com.br; Porto Flutuante), an. Schiffe, die stromabwärts nach Belém verkehren, legen hingegen üblicherweise in Itacoatiara, Parintins, Santarém und Monte Alegre an. Schiffe, die den Rio Solimões hinauffahren, machen in Tefé, Benjamin Constant und Tabatinga Halt. Und Schiffe, die den Rio Madeira hinauf nach Porto Velho tuckern, stoppen in Manicoré und Humaitá.

Das Ticketbüro am Haupthafen verkauft Passagen für die meisten Flussschiffe, die lange Strecken zurücklegen. Man sollte nicht bei den Straßenhändlern kaufen, die sich draußen herumtreiben – ihre Tickets sind etwas billiger, aber wenn das Boot voll ist, wird man stehen gelassen.

Schnellboote nutzen den kleineren **Porto Manaus Moderna** (hinter dem Mercado Municipal Adolfo Lisboa). Sie fahren nach **Tefé** (270 R$, 13 Std., Di 6 Uhr) und **Tabatinga** (600 R$, 36 Std., Di, Do, Fr & So 6 Uhr).

Boote den Rio Negro hinauf nach **Novo Airão** (48 R$, 9–10 Std., Di & Do 20 Uhr) nutzen den schmuddeligen **Porto São Raimundo** (Coração de Jesus) rund 1,5 km nordwestlich vom Zentrum.

Unterwegs vor Ort

Der Bus 306 „Aeroporto" (3,80 R$) und der klimatisierte Bus 813 „Aeroporto-Ejecutivo" (8 R$) fahren halbstündlich zwischen dem Flughafen und der Praça da Matriz. Die praktischsten Haltestellen in der Stadt sind die Praça da Matriz und die an der Av Getúlio Vargas nahe der Rua José Clemente.

Dieselben beiden Busse halten auch in der Nähe des Busbahnhofs (Achtung: Er ist klein und leicht zu übersehen!).

Die Taxis am Flughafen nehmen für die 20-minütige Fahrt in die Stadt einen Festpreis

EINREISE NACH GUYANA

Boa Vista, die Hauptstadt des Bundesstaats Roraima, ist ein Ort ohne besondere Touristenattraktionen, aber ein nützliches Sprungbrett für Ausflüge nach Venezuela und Guyana. Fünf Busse verbinden die Stadt täglich mit Manaus (170–230 R$, 10–12 Std.). Von Boa Vista fahren täglich vier Busse zum kleinen Bonfim (18 R$, 1½ Std.) an der Grenze zu Guyana.

Von dort marschiert man (1 Std.) oder nimmt ein guyanisches Taxi (ca. 30 R$) zur Einreisestelle. Das Taxi hält dort und wartet, während man die Formalitäten erledigt. Dann bringt es einen 5 km weiter ins Ortszentrum von Lethem.

BOOTE AB MANAUS

ZIEL	ABFAHRT	DAUER	HÄNGEMATTE/KABINE AB (R$)
Belém	Mi & Fr 11 Uhr	4 Tage	350/1100
Porto Velho	Di 18 Uhr	4 Tage	240/660
Santarém	Mo–Sa 11 Uhr	36 Std.	180/800
Tefé	Di–Do, Sa & So 5–6 Uhr	36 Std.	175/650
Tabatinga	Mi, Fr & Sa 12 Uhr	7 Tage	400/1620

von 75 R$, während die Fahrt aus der Stadt zum Flughafen ca. 65 R$ kostet. In beide Richtungen sollte man sich vorab mit dem Fahrer über den Preis verständigt haben.

Novo Airão

☎0XX92 / 18600 EW.

Das gegenüber von Manaus am anderen Ufer des Rio Negro gelegene Novo Airão wird zu einem immer gefragteren Ziel für Ökotouren auf dem Rio Negro und seinen Nebenflüssen sowie zu einigen der lohnendsten Ausflugsziele im Amazonasbecken, z. B. der Reserva Extrativista Baixo Rio Branco-Jauaperi und dem Anavilhanas-Archipel. Als Ort ist Novo Airão eine kleinere, überschaubarere Alternative zu Manaus mit einer Handvoll guter Unterkünfte, Restaurants und Einkaufsmöglichkeiten.

Sehenswertes & Aktivitäten

Typische Ausflüge nahe Novo Airão führen zu benachbarten Gemeinden am Fluss, zum **Parque Nacional de Anavilhanas** und zu einer Reihe nahe gelegener Höhlen (eigentlich eher Felsüberhänge). Für eine mehrtägige Tour empfiehlt sich die weiter entfernte **Reserva Extrativista Baixo Rio Branco-Jauaperi** (Xixuaú-Xipariná).

★Visit Amazônia ÖKOTOUR
(☎92 99114-6038, 92 99215-1648; www.visitamazonia.org; Av Presidente Getulio Vargas) Chris Clark, der Inhaber der Agentur, ist ein ernsthafter Schotte, der seit Jahrzehnten hilft, die prächtige, tierreiche Reserva Extrativista Baixo Rio Branco-Jauaperi (auch bekannt als Xixuaú-Xipariná) zu schützen und einen verantwortlichen Ökotourismus zu etablieren. Er ist zudem auf sehr zu empfehlende Trips in dieses Gebiet spezialisiert, hat aber auch Touren von Novo Airão zum Anavilhanas-Archipel und zu anderen Zielen.

Für einen Trip nach Xixuaú muss man mindestens eine, nach Xipariná zwei Wochen einplanen.

Em Cantos da Amazônia ÖKOTOUR
(☎92 3365-1023, 92 9229-6667; www.emcantosdaamazonia.com; Pousada Bela Vista, Av Presidente Getulio Vargas 47, an der Av Ajuricaba) Bei den Tagesausflügen mit diesem freundlichen Veranstalter, der seinen Sitz in der Pousada Bela Vista hat, erkundet man die Inseln und Wasserwege des Anavilhanas-Archipels, die Höhlen von Madada und nahe gelegene Dörfer am Fluss. Teurere Exkursionen, darunter mehrtägige Touren, führen bis zum **Parque Nacional do Jaú**.

Ama Boto TIERE & PFLANZEN
(☎93 99337-6510; Antenor Carlos Frederico; Erw./Kind 15/7,50 R$; ⌚8–17 Uhr) Die hiesigen Delfinfütterungen trugen dazu bei, Novo Airão auf die Landkarte zu bringen. Mittlerweile ist der Besuch so populär, dass das Schwimmen mit Delfinen glücklicherweise eingestellt wurde. Bei der Fütterung zuzuschauen, ergibt aber immer noch schöne Fotomotive. Die Besuche beginnen immer zur vollen Stunde (außer um 13 Uhr) mit einer 15-minütigen Präsentation zu Amazonasdelfinen (nur auf Portugiesisch), gefolgt von der Fütterung.

Das Ama Boto liegt von der Pousada Bela Vista 500 m flussaufwärts, gleich hinter der Marina.

Schlafen & Essen

★Pousada Bela Vista POUSADA $$
(☎92 99229-6667, 92 3365-1023; www.pousada-belavista.com; Av Presidente Getulio Vargas 47; EZ/DZ/2BZ/3BZ mit Frühstück 210/260/310/360 R$; ❄📶🏊) Dies ist die mit Abstand beste Mittelklasseunterkunft in Novo Airão und ein wundervoller Ort, um eine Pause einzulegen. Die Pousada wird von einem deutsch-brasilianischen Paar geführt und bietet komfortable, mit sehr farbenfrohen Gemälden eines örtlichen Künstlers dekorierte Zimmer, einen Swimmingpool und den stadtweit besten Blick auf den Rio Negro. Es gibt auch großartige Mahlzeiten und Drinks.

DREILÄNDERECK

Am Nordostufer des Amazonas – rund 1100 km westlich von Manaus – sind Tabatinga (Brasilien) und Leticia (Kolumbien) durch eine unsichtbare internationale Grenze voneinander getrennt. Das gegenüberliegende Flussufer und die Inseln mitten im Fluss gehören zu Peru. Santa Rosa, die peruanische Grenzstadt, liegt auf einer Insel. Von diesem Dreiländereck aus gibt es Reiserouten, die alle drei Länder miteinander verbinden – ein guter Ausgangspunkt für Urwaldtrips. Leticia, die größte und schönste der drei Grenzstädte, bietet die besten Dienstleistungen. Zwischen Tabatinga und Manaus gibt es Flugverbindungen. Von Tabatingas Porto Fluvial legen jeden Mittwoch und Samstag sowie an einigen Dienstagen zwischen 8 und 14 Uhr langsame Boote nach Manaus (Hängematte 400 R$, 7 Tage) ab. Man sollte früh kommen, um einen guten Hängemattenplatz zu ergattern, weil die Schiffe oft ziemlich überfüllt sind. Schnellboote von **Ajato** (☎92 3412-2227, in Manaus 92 3622-6047; ⌚Mo–Fr 8–17, Sa bis 12 Uhr) fahren am Dienstag-, Donnerstag-, Samstag- und Sonntagmorgen von Tabatinga nach Manaus (600 R$, 36 Std.).

Einreise nach Kolumbien

Zwischen Tabatinga und Leticia kann man beliebig hin- und herfahren. Wer aber weiter ins Land vordringen möchte, und sei es nur zum Parque Nacional Natural Amacayacu, sollte gegebenenfalls vorher die Ein- und Ausreiseformalitäten beider Länder noch in der Stadt erledigen. In Tabatinga befindet sich ein **kolumbianisches Konsulat** (☎97 3412-2104; http://tabatinga.consulado.gov.co; Sampaio 623; ⌚ Mo–Fr 7–13 Uhr). Die **brasilianische Einreisebehörde** (☎97 3412-2180; Av da Amizade 26; ⌚8–18 Uhr) befindet sich 100 m südlich der Rua Duarte Coelho, ein paar Blocks vom Ufer entfernt.

Einreise nach Peru

Transtur (S. 865) und Transportes Golfinho (S. 865) betreiben Passagierschnellboote zwischen Tabatinga und Iquitos (Peru). Die Boote legen täglich gegen 5 Uhr brasilianischer Zeit vom Porto da Feira in Tabatinga ab (das Einchecken beginnt eine Stunde früher) und erreichen rund zehn Stunden später Iquitos (einf. Fahrt 75 US$). Den brasilianischen Ausreisestempel (S. 454) holt man sich einen Tag zuvor. Die Boote legen zuerst an der Inselgemeinde Santa Rosa an, wo die Policía Internacional Peruviano (PIP) die Einreiseformalität für Peru bearbeitet. Es gibt auch langsamere und billigere Boote nach Iquitos, die aber nicht komfortabel und teilweise auch nicht sicher sind.

Wer nur einen kurzen Abstecher nach Santa Rosa machen will, findet am Porto da Feria kleine Motorboote (4 R$, 5 Min., 6–18 Uhr häufig) dorthin.

Draußen findet man Sportgeräte und Hängematten und einen bunt bemalten Kinderspielplatz.

Der im Haus ansässige Tourveranstalter Em Cantos da Amazônia veranstaltet Tagesausflüge und mehrtägige Exkursionen.

★ Mirante do Gavião Amazon Lodge LODGE **$$$**
(☎92 3365 1181; www.mirantedogaviao.com.br; Francisco Cardoso; EZ mit Frühstück 1031–1526 R$, DZ mit Frühstück 1788–2662 R$; ❄📶🏊) 🍃 Diese Lodge am nördlichen Ende von Novo Airão ist ein echter Hingucker. Alles ist architektonisch interessant, von den Baumhäusern bis zu den Unterkünften, die an auf den Kopf gestellte Rümpfe örtlicher Fischerboote erinnern und eine maximale natürliche Belüftung bieten. Die Zimmer sind groß und erstaunlich komfortabel; jene in Baumhäusern sind die kleinsten, haben aber den schönsten Blick auf den Rio Negro. Am Ufer befindet sich ein ausgezeichnetes, zu den Seiten offenes **Restaurant** (☎92 3365 1181; www.mirantedogaviao.com.br; Francisco Cardoso; Hauptgerichte 45–78 R$; ⌚12–21 Uhr; 🍷).

Alles hier wurde aus nachwachsendem örtlichen Holz gebaut. Es gibt einen Beobachtungsturm und ein Spielezimmer am Fluss. Nach der geplanten Erweiterung wird es immer noch nur zehn Zimmer geben, sodass der intime Charakter gewahrt bleibt.

In der Lodge hat der ausgezeichnete Tourveranstalter **Expedição Katerre** (☎92 3365-1644; www.katerre.com; Francisco Cardoso) seinen Sitz, und man kann auch All-Inclusive-Pakete buchen.

★ Flor do Luar BRASILIANISCH $$
(☎ 93 99418-0865; Av Presidente Getulio Vargas; Hauptgerichte 26–45 R$; ⏲ Fr–So 9–17 Uhr) Das Flor do Luar ist eines der besten Restaurants im Amazonasgebiet. Es befindet sich auf einem schwimmenden Ponton am Rio Negro und hier wird fabelhaftes Essen und kaltes Bier serviert. Die Spezialität ist *banda de tambaqui assada,* ein örtlicher Fisch, der mit Kochbananen auf dem Grill zubereitet wird. Vorher sollte man allerdings bei den leckeren *dadinho de tapioca* (frittierte Maniok-Kroketten) zulangen. Von der Plattform am Ufer aus kann man hier sogar baden.

Leider ist das Restaurant nur am Wochenende und nicht abends geöffnet. An das Lokal ist eine Kunstgalerie angeschlossen.

ℹ An- & Weiterreise

BUS & SAMMELTAXI

Unzählige Male am Tag fahren viele, schnelle Sammeltaxis (vor Ort *taxi lotação* genannt) zwischen Manaus und Novo Airão (60 R$, 2½ Std.) hin und her. Der Taxihalteplatz in Manaus befindet sich auf der nach Westen führenden Seite der AM-070 rund 700 m vor der Brücke. Die Taxis fahren ungefähr zwischen 6 und 17 Uhr, sobald vier Fahrgäste eingestiegen sind, und setzen einen am gewünschten Hotel in Novo Airão ab. In **Novo Airão** (Av Ajuricaba) liegt der Halteplatz am nördlichen Ende der Stadt (die Flussseite); wer in Manaus bis zu seinem Hotel gebracht werden will, zahlt 40 R$ extra. Busse (50 R$, 4 Std.) von **Arauná** (☎ 92 3615-1110, Manaus 92 3642-5757; Av Ajuricaba) fahren vom Busbahnhof in Manaus um 11.30 und 16 Uhr und zurück ab Novo Airão um 5.30 und 16 Uhr.

SCHIFF/FÄHRE

Flussboote verkehren ein paarmal pro Woche zwischen Novo Airão und Manaus (48 R$, 9–10 Std.). In Manaus legen sie dienstags und freitags gegen 20 Uhr ab, vom eindrucksvollen, aber recht wenig genutzten Hafen von Novo Airão sonntags, montags und donnerstags gegen 20 Uhr.

Amazonasbecken

21 MIO. EW.

Der nach dem Volk der Kriegerinnen aus der griechischen Mythologie benannte Amazonas hat einen fast mythischen Status. Welcher Traveller, den die wilden Orte dieser Erde locken, träumt nicht von einer Reise hierher, und zwar nicht nur, um die gewaltigen Bäume, die im Wald verborgenen Tiere und den ehrfurchtgebietenden Fluss mit eigenen Augen zu sehen, sondern auch, um sich dem Ursprung des Lebens auf unserem Planeten näher zu fühlen? Wenn man allerdings ein Discovery-Channel-Erlebnis mit Jaguaren in jedem Baum und Anakondas an jedem Strand erwartet, ist die Enttäuschung vorprogrammiert. Die Erlebnisse, die das Amazonasgebiet auf Lager hat, sind eher einfacher Natur: mit dem Kanu durch einen überfluteten Wald fahren, auf einem Boot, das flussaufwärts tuckert, in der Hängematte dösen oder von dem unwirklich klingenden Schrei der Brüllaffen geweckt werden. Der Amazonas ist zwar wegen seiner Größe legendär, aber es sind die kleinen Dinge, die ihn einmalig machen. Und für diese muss man sich Zeit nehmen, damit der Fluss sich offenbart.

Eine Regenwaldtour planen

Die meisten Touren dauern drei bis fünf Tage. Man wohnt in einer Dschungellodge oder auf einem Flussboot und verbringt die Tage mit Wanderungen, Kanufahrten, dem Angeln von Piranhas, dem Beobachten von Kaimanen bei Nacht und den Besuchen in nahe gelegenen Dörfern. Ein, zwei Nächte in Hängematten im Wald zu übernachten, ist in der Regel möglich, aber nicht erforderlich. Manche Veranstalter bieten auch sogenannte Survival-Touren, bei denen man überwiegend oder ausschließlich im Wald campiert.

„Weiße" Flüsse wie in der Region um den Lago Mamorí haben oft eine vielfältigere Tier- und Pflanzenwelt zu bieten als die „schwarzen" wie der Rio Negro. Doch gibt es hier auch mehr Moskitos und eine dichtere Vegetation – ein Nachteil, wenn man Tiere beobachten will.

Man braucht festes Schuhwerk oder Stiefel, lange Hosen, ein langärmeliges Hemd, einen Regenmantel, Insektenschutzmittel, eine Taschenlampe und eine Wasserflasche. Sehr nützlich ist auch ein Feldstecher. Alles was man nicht braucht, sollte man im Hotel in Manaus zurücklassen – praktisch alle bieten für ihre Gäste eine kostenlose, sichere Gepäckaufbewahrung.

ℹ Gefahren & Ärgernisse

Die meisten Amazonas-Traveller genießen ihre Reise. Allerdings wimmelt Manaus von Schleppern und Betrügern, und man sollte schon wissen, wie man ihnen nicht auf den Leim geht. Touren zu Billigpreisen können scheußliche

Unterkünfte und/oder mürrische Guides umfassen, mit denen man durch geschädigte Wälder ohne Wildtiere marschiert. Hier einige Tipps und Hinweise, um nicht abgezockt zu werden:

➡ Nicht naiv sein: Der glattzüngige Typ, der ein legendäres Abenteuer zu einem unglaublich niedrigen Preis verspricht, ist ein Betrüger. Punkt.

➡ Kein ehrlicher Tourveranstalter „fischt" am Flughafen nach Kunden.

➡ Jede Tour grundsätzlich nur im Hauptbüro des Veranstalters bezahlen.

➡ Es lohnt sich nicht, sein Leben zu riskieren, um ein bisschen Zeit oder Geld zu sparen.

Geführte Touren

Die meisten Tourveranstalter unterhalten eine kleine Lodge oder ein Urwaldcamp, wo die Teilnehmer wohnen und von wo aus Aktivitäten wie Kanufahrten, Wanderungen oder Angelausflüge unternommen werden. Viele dieser Unterkünfte (aber nicht alle) verfügen über Annehmlichkeiten wie Strom und Spültoiletten. Die Preise liegen zwischen 150 und 350 R$ pro Person und Tag und decken in der Regel alles ab: Unterbringung, Verpflegung, Trinkwasser, Transport und Guide. Die Preisunterschiede beziehen sich hauptsächlich auf die Art der Unterkunft: Hängematte und Gemeinschaftstoilette ist die billigste Option, gefolgt von Schlafsaal und Privatzimmer. Am teuersten sind die Übernachtung auf Flussbooten und spezialisierte Touren.

★ Amazon Antonio Jungle Tours ÖKOTOUR
(☎ 92 3234-1294, 92 99961-8314; www.antonio-jungletours.com; Hostel Manaus, Rua Lauro Cavalcante 231) Antonio Gomes leitet einige der besten Touren in der Region. Sie führen Traveller zu dem an Wildtieren reichen, malerischen und im Norden moskitofreien Rio Urubu. Je nach Wasserstand kann man tief in den Urwald hinein wandern, ruhig auf dem Kanu durch den überfluteten Wald gleiten, örtliche Gemeinden besuchen, nach Piranhas fischen und Zeit draußen auf dem eigentlichen Amazonas verbringen.

★ Amazon Eco Adventures ÖKOTOUR
(☎ 92 98831-1011; www.amazonecoadventures.com; 10 de Julho, Tapajós) Amazon Eco Adventures ist eine ausgezeichnete Option mit Touren für kleine Gruppen. Das Unternehmen verfügt über komfortable Schnellboote, ein eigenes Boot zum Übernachten und erstklassige Guides. Man badet am Zusammenlauf von Flüssen, und Aktivitäten wie die Besuche in indigenen Dörfern wirken nicht voyeuristisch. Gleichfalls lohnend sind die Trips nach Presidente Figueiredo, die an den touristischen Wasserfällen vorbei zu Höhlen und anderen Wasserfällen führen, die nur wenige Traveller besuchen.

★ Amazônia Expeditions ÖKOTOUR
(☎ 92 3671-2731; www.amazoniaexpeditions.com.br; Rua Miguel Ribas 1339) Der altbewährte Veranstalter hat jahrzehntelange Erfahrungen im Leiten von Tourgruppen und anspruchsvollen wissenschaftlichen Expeditionen. Er ist einer der wenigen Anbieter von Touren den Rio Negro hinauf zur Reserva Extrativista Baixo Rio Branco-Jauaperi (S. 453). Die Guides sind professionell und kennen sich gut in den Themengebieten Zoologie und Botanik aus.

Amazonas Indian Turismo ÖKOTOUR
(☎ 92 99240-5888; amazonasindian@hotmail.com; Andradas 311) Der alteingesessene Budgetveranstalter unterhält am Rio Urubu ein rustikales Camp mit Plumpsklos und ohne Strom. Viel Zeit wird man dort aber nicht verbringen, weil der Veranstalter auf mehrtägige Wanderungen durch den Wald spezialisiert ist, bei denen man in improvisierten Camps mit Hängematten schläft, die zwischen zwei Bäumen aufgehängt werden. Das Unternehmen gehört indigenen Einwohnern und wird von ihnen geführt; die meisten Guides sind Uapixanas, und alle sprechen Englisch.

Amazon Gero Tours ÖKOTOUR
(☎ 92 99983-6273, 92 99198-0111; www.amazongerotours.com; Tapajós 27) Gero Mesquita, ein überschwänglicher und netter Typ, betreibt eine beliebte Lodge im Juma-Mamori-Gebiet, die über komfortable Schlafsäle und private Zimmer sowie ein Geschwader ausgebildeter Führer (manche ehemalige Guides haben inzwischen eigene Agenturen eröffnet) verfügt. Neben den üblichen Touren arrangiert Gero mehrtägige Treks in unberührte Wälder und bietet auch Programme von „gesellschaftlicher Nachhaltigkeit", bei denen Traveller bei dringend benötigten Gemeinschaftsprojekten helfen können.

Amazon Tree Climbing ÖKOTOUR
(☎ 92 8195-8585; www.amazontreeclimbing.com; Caravelle 22a, Tarumã) Die mit gelben Hemden bekleideten Guides sorgen bei diesem Veranstalter für jugendliche Energie. Das Angebot reicht von halbtägigen Trips in der Nähe von Manaus mit Blick auf das Encontro das

Aguas (die Vereinigung des Rio Solimões mit dem Rio Negro) bis zu ganztägigen Exkursionen, die auch den Besuch eines indigenen Dorfs beinhalten können. Auf die Spitze der gewaltigen Bäume zu klettern, kann körperlich sehr anstrengend sein, ist aber ein unvergessliches Erlebnis.

Porto Velho

☎ 0XX69 / 448 000 EW.

Porto Velho ist ein wichtiger Umschlagplatz der brasilianischen Landwirtschaft, weil Sojabohnen und andere Produkte von hier auf Lastkähnen den Rio Madeira hinunter zu den Ozeanfrachtern geschafft werden, die ins Ausland fahren. Die gleiche Fahrt, allerdings auf einem Boot statt auf einem Lastkahn, lockt einige Traveller aus Cuiabá und dem Pantanal auf die langsame Route nach Manaus und zum Amazonas. Die Stadt selber hat ein paar Glanzpunkte, dient im Wesentlichen aber als Umsteigepunkt.

Zu den gut gelegenen Unterkünften zählt das **Vitória Palace Hotel** (☎ 69 3221-9232; Duque de Caxias 745; EZ/DZ 60/75 R$; ❄ 📶) mit ältlichen, aber ordentlichen Zimmern mit hoher Decke. Günstig essen kann man am Büfett des **Caffé Restaurante** (☎ 69 3224-3176; Av Carlos Gomes 1097; ab 40 R$/kg; ⏲ Mo–Sa 11–15 Uhr), und in Sachen Nachtleben gibt es eine Reihe lebhafter Bars nahe der Av Pinheiro Machado und der Av Presidente Dutra.

Inlandsflüge starten von Porto Velhos Aeroporto Internacional Jorge Teixeira de Oliveira (PVH) 7 km nördlich des Zentrums. Ein Taxi zur Stadt kostet 40 R$, alternativ nimmt man einen Stadtbus (die Haltestelle liegt beim Verlassen des Terminals zur Rechten).

Schiffe nach Manaus (Hängematte 290 R$, Doppelkabine mit Ventilator/Klimaanlage 790/1020 R$, 2½ Tage) legen dreimal pro Woche am Flusshafen im Stadtzentrum ab. Tickets kauft man bei lizenzierten Händlern wie der **Agência Monte Sinai** (☎ 69 99346-7101, 3223-1987; transportesmontesinai@hotmail.com; ⏲ Mo–Sa 8–18 Uhr).

Busse und Sammeltaxis (120 R$, 4 Std.) fahren nach Guajará-Mirim, Busse außerdem auch nach Rio Branco (115 R$, 8–10 Std., tgl. 9- bis 10-mal) und Cuiabá (220–370 R$, 26 Std., tgl. 8-mal). Vom Busbahnhof in die Stadt (3 km) nimmt man den Bus 201 oder ein Taxi (15 R$).

EINREISE NACH BOLIVIEN ÜBER GUAJARÁ-MIRIM

Motorboote (10 R$, 10 Min.) nach Guayaramerín (Bolivien) legen rund um die Uhr vom Hafen am Ende der Hauptstraße 15 de Novembro in Guayará-Mirim ab. Vor der Ausreise holt man sich bei der **Policía Federal** (☎ 69 3541-0200; Ecke Av Presidente Dutra & Av Bocaiúva; ⏲ 7–21 Uhr) einen Ausreisestempel.

Guajará-Mirim

☎ 0XX69 / 44 700 EW.

Buschige Bäume spenden auf den mit roter Erde bedeckten Bürgersteigen dieser angenehm ruhigen Grenzstadt Schatten und schützen vor der gnadenlosen Sonne. Die Stadt liegt gleich gegenüber dem bolivianischen Guayaramerín.

Das **Hotel Mine-Estrela** (☎ 69 3541-1206; Av 15 de Novembro 460; EZ/DZ 60/100 R$; ❄ 📶) bietet betagte, aber akzeptable Zimmer an der Hauptstraße zwischen Busbahnhof und Hafen. Zu den Restaurants in der Nähe gehört das **Oásis** (☎ 69 3541-1621; Av 15 de Novembro 460; 39 R$/kg; ⏲ Mi–Mo 11–15 Uhr) mit frisch gegrilltem Fleisch beim lohnenden Mittagsbüfett.

Bradesco (Av Costa Marques 430; ⏲ Mo–Fr 9–14 Uhr) hat Geldautomaten. Bolivianos und Reais kann man bei den Geldwechslern im Hafen von Guayaramerín umtauschen.

Busse (80 R$, 6–7 Std., 7-mal tgl.) und *colectivos* (120 R$, 4 Std.) fahren vom Busbahnhof, 2 km östlich des Hafens, nach Porto Velho. Ein Taxi zwischen Busbahnhof und Stadtzentrum kostet zwischen 30 und 40 R$, ein *mototaxi* 18 R$.

Rio Branco

☎ 0XX68 / 370 000 EW.

Rio Branco, die Hauptstadt von Acre, wurde 1882 von Kautschukzapfern an den Ufern des Rio Acre gegründet. Die einst unruhige Stadt hat sich in einen recht angenehmen Ort mit mehreren ausgezeichneten Kulturstätten und leichtem Zugang zu einigen interessanten Orten verwandelt, zu denen Xapuri gehört, der Heimatort des Umweltschützers Chico Mendes.

Der beige-grüne **Palacio Rio Branco** (Praça Povos da Floresta; ⏲ Di–Fr 8–18, Sa & So

EINREISE NACH BOLIVIEN & PERU

Westlich von Xapuri liegt am Ufer des Río Acre die Stadt **Brasiléia**. Der Fluss trennt sie von dem weitaus hektischeren Cobija auf bolivianischer Seite. In Brasiléia finden Traveller Geldautomaten, Geldwechsler und ein bolivianisches Konsulat. Die **Pousada Las Palmeras** (☎68 3546-3302; www.facebook.com/pousadalaspalmeras.brasileia; Odilon Pratagi 125 an der Geny Assis; EZ/DZ 60/80 R$; ❄📶) ist eine reizende Bleibe mit tollem Frühstück. Busse verkehren nach Rio Branco (35 R$, 4 Std.) und Xapuri (15 R$, 2 Std.). Sammeltaxis fahren dieselben Strecken zum doppelten Preis in der Hälfte der Zeit.

Man kann die Brücke zwischen Brasiléia und Cobija jederzeit ohne Genehmigung passieren, aber wer weiter nach Bolivien vordringen will, muss sich einen Ausreisestempel von der **Polícia Federal** (☎68 3546-3204; ⏲8–19 Uhr) in Epitáciolândia, der Nachbarstadt Brasiléias, holen (nur über die Internationale Hauptbrücke). Busse aus Rio Branco oder Xapuri können einen dort absetzen. Cobija verfügt über Unterkünfte, einen Flughafen und miese Busverbindungen.

Wer nach Peru einreisen will, holt sich in Epitáciolândia einen Ausreisestempel, fährt mit dem Bus nach Assis (15 R$, 2 Std.) und überquert den Río Acre in Richtung Iñapari in Peru. Wenn man übernachten muss, findet man in Assis bessere Unterkünfte als in Iñapari. Die Busse von Rio Branco nach Assis halten unterwegs theoretisch bei der Polícia Federal – vor Aufbruch nachprüfen!

16–18 Uhr) GRATIS ist ein restauriertes Meisterwerk des Art-déco und beherbergt eine historische Ausstellung. In der Nähe finden sich Banken mit Geldautomaten. Das **Museu da Borracha** (Kautschukmuseum; ☎68 3223-1202; Av Ceará 1441; ⏲Di–Fr 8–18 Uhr) GRATIS residiert in einer restaurierten Villa und zeigt Ausstellungen zur Geschichte des Kautschukzapfens und zum Leben und zur Arbeit von Chico Mendes.

Das kleine, zentral gelegene **AFA Hotel** (☎68 3224-1396; Ribeiro 109; EZ/DZ 100/150 R$; ❄📶) hat einen freundlichen Service und gemütliche Zimmer. Der **Mercado Velho** (Praça Bandeira; Gerichte ab 6 R$; ⏲7–22 Uhr) am Flussufer ist ein toller Ort für eine Mahlzeit oder ein Bier am späten Nachmittag. Abends und an den Wochenenden gibt's hier auch Kulturevents.

Auf dem kleinen **Aeroporto de Rio Branco** (☎68 3211-1000; www4.infraero.gov.br/aeroportos/aeroporto-de-rio-branco-placido-de-castro; Av Plácido de Castro), 22 km nordwestlich der Stadt, gibt's Flüge nach Brasília und Porto Velho. Der Bus 304 („Custódio Freire" genannt) fährt zwischen dem Flughafen und der Stadt (3,50 R$, 45 Min., 5–23.30 Uhr etwa alle 45 Min.).

Fernbusse starten von der Rodoviária Internacional de Rio Branco 8 km südwestlich der Stadt. Busse fahren nach Xapuri (38 R$, 3½ Std., 6 & 13.45 Uhr), Brasiléia (48 R$, 4 Std., 6, 12 & 14.45 Uhr) und Porto Velho (115 R$, 9–10 Std., 3-mal tgl.). Vom Busbahnhof in die Stadt nimmt man einen Bus mit der Bezeichnung „Norte-Sul", „Parque Industrial" oder „Jacarandá" (3,50 R$, 20–30 Min., alle 15 Min.).

Xapuri

☎0XX68 / 11 670 EW.

Diese ordentliche Kleinstadt mit netten Holzhäusern an breiten Straßen ist eines der lohnenderen Ziele im brasilianischen Amazonasgebiet. Sie war die Heimat von Brasiliens großem Umweltschützer und Arbeiterführer, über den man alles in der **Casa Chico Mendes** (Batista de Moraes 494; ⏲Di–Fr 8.30–16.30, Sa 9–13 Uhr) GRATIS erfährt. In diesem schlichten Haus wohnte Mendes mit seiner Familie, ehe ihn 1988 die Kugel eines Attentäters auf den hinteren Stufen niederstreckte. Bei den Führungen sieht man eine grafische Darstellung des Überfalls und die immer noch vorhandenen Blutspritzer an den Wänden. Auf der anderen Straßenseite zeigt die Fundação Chico Mendes postergroße Fotos des Aktivisten, persönliche Gegenstände und internationale Auszeichnungen.

Ein kurzes Stück vom Busbahnhof entfernt liegt die **Pousada das Chapurys** (☎68 3542-2253; www.facebook.com/pousadachapurys; Sadala Koury 1385; EZ/DZ/3BZ 80/120/150 R$; ❄📶), eine alteingesessene Unterkunft, deren freundliche Betreiber enge Freunde von Chico Mendes waren. In einem Park nahe der Plaza an der Rua Brandão gibt es entspannte Stellen, wo man sich draußen mit einer Pizza oder einem Bier hinsetzen kann. Will man die Landschaft kennenlernen, in der Mendes Kautschuk zapfte und Paranüsse sammelte, bietet sich die 32 km außerhalb Xapuris gelegene **Pousada Ecológica Seringal Cachoeira** (☎68 99943-4747; www.facebook.com/seringalcachoeira; B 75 R$, DZ 150 R$, jeweils inkl. Frühstück; ❄) an, eine gemütliche Ökolodge mit Schlafsälen, Chalets, Essen (mittags & abends 30 R$), geführten Wanderungen und anderen Aktivitäten.

Busse fahren nach Rio Branco (38 R$, 3½ Std.) und Brasiléia (15 R$, 2 Std., 10 Uhr).

BRASILIEN VERSTEHEN

Brasilien aktuell

Selbst die an ausufernde Korruption gewöhnten Brasilianer waren von dem Ausmaß der Skandale geschockt, die das Land in den letzten Jahren erschütterten. Der gewaltige Skandal der Operação Lava Jato (Operation Autowäsche), die ab 2014 ans Licht kam, spottet jeder Beschreibung. Dieses riesige Bestechungssystem hing mit Brasiliens staatlichem Ölunternehmen und mit Odebrecht zusammen, der mächtigen multinationalen Baufirma mit Hauptsitz in Brasilien. Die Geldwäsche umfasste mehr als 5 Mrd. US$ an Bestechungsgeldern. Über 200 der führenden Wirtschaftsleute und Politiker des Landes wurden verurteilt, darunter der frühere Präsident Lula und Sergio Cabral, der Gouverneur des Bundesstaats Rio de Janeiro.

Die Auswirkungen des Skandals sendeten Schockwellen durch das Land und ins Ausland, denn mindestens zehn weitere Länder waren betroffen. Brasilien war bereits von einer schweren Rezession angeschlagen (die teilweise auf übermäßige Ausgaben während der Fußballweltmeisterschaft von 2014 und der Olympischen Spiele von 2016 zurückzuführen war), und der Skandal verschlimmerte die Lage: Er untergrub das Vertrauen der Investoren und führte zu Massenentlassungen in den vom Skandal betroffenen Bereichen der Industrie. In den Jahren 2015 und 2016 schrumpfte die Wirtschaft jeweils um mehr als 3,5 % – die längste Rezession in der brasilianischen Geschichte. Als die Arbeitslosigkeit in die Höhe schnellte und die Landeswährung einbrach, stieg die Zahl der in Armut lebenden Brasilianer um gewaltige 33 % (zwischen 2014 und 2018 lebten schätzungsweise 6 Mio. Brasilianer unterhalb der Armutsgrenze). Angesichts steigender Preise und fallender Löhne gingen die Arbeiter in Massendemonstrationen auf die Straße: 2018 wurde das Land fast zwei Wochen lang von einem Streik der Lkw-Fahrer paralysiert. Die gewaltigen Budgetkürzungen bei Schulen, Krankenhäusern und anderen öffentlichen Einrichtungen forderten auch ihren Preis: Ein gewaltiger Brand zerstörte große Teile der Sammlungen des Museums für Nationalgeschichte in Rio, einer 200 Jahre alten Bauikone, die einige der wichtigsten archäologischen Sammlungen in Südamerika beherbergte.

Nach drei Jahren der Krise kam Brasiliens Wirtschaft Ende 2018 wieder aus den roten Zahlen. Die geschäftlichen Investitionen nahmen wieder zu, als der politische Skandal etwas abebbte, und die Produktion verzeichnete in vielen Sektoren (darunter in der Landwirtschaft, der Elektronik und der Automobilindustrie) beträchtliche Zuwächse.

Unterdessen investiert Brasilien weiterhin in erneuerbare Energie, und heute decken nachhaltige Quellen mehr als 70 % des Landesenergiebedarfs (einige Monate lang erreichten sie einen Wert von mehr als 86 % der in Brasilien produzierten Elektrizität). In den letzten Jahren wurden riesige Solarfarmen eröffnet – darunter im Jahr 2017 zwei, die zu den größten auf dem gesamten Kontinent gehören. Auch die Windkraft hat mächtig zugelegt auf eine installierte Kapazität von 13,1 MW im Jahr 2018 – ein Zuwachs von 35 % innerhalb von drei Jahren. Gleichwohl bleibt die Ölförderung ein massiver Faktor der brasilianischen Wirtschaft, und einen Ausgleich zwischen grüner Energie und Erdöl zu finden, wird eines der heißen politischen Eisen in den kommenden Jahren sein – ebenso wie die Aufgabe, die natürliche Umwelt Brasiliens (insbesondere im Amazonasbecken) gegen den anhaltenden Druck aus der Wirtschaft, insbesondere seitens der Landwirtschaftslobby, zu verteidigen.

Geschichte

Braziliens indigene Bevölkerung

Über die ersten Bewohner Brasiliens weiß man wenig. Aus den ältesten Fundstücken (hauptsächlich Keramik, Abfallhügel und

Skelette) schließen Archäologen, dass die ersten Menschen vor etwa 50 000 Jahren in die Region gewandert sind, früher als in andere Gebiete des amerikanischen Kontinents.

Auch ist nicht bekannt, wie viele Menschen um 1500 hier lebten, als die Portugiesen an Land gingen. Schätzungen bewegen sich zwischen 2 und 6 Mio. Vermutlich gab es mehr als 1000 Stämme, die als nomadische Jäger und Sammler oder als sesshafte Ackerbauern lebten. Es kam immer wieder zu Kriegen zwischen den Stämmen.

Am Anfang interessierten sich die Portugiesen wenig für die Einheimischen und das dicht bewaldete Land bot kaum etwas für den europäischen Markt. Doch das änderte sich, als portugiesische Händler Interesse am Rotholz (Brasilholz) entwickelten, das der Kolonie später ihren Namen gab, und Kolonisten kamen, um es abzubauen.

Natürlich stellte die indigene Bevölkerung die benötigten Arbeitskräfte. Zunächst hatte sie die merkwürdigen, stinkenden Fremden freundlich empfangen und ihre Arbeitskraft gegen die Ehrfurcht gebietenden Metallwerkzeuge und den faszinierenden portugiesischen Schnaps angeboten. Aber schon bald nutzten die Neuankömmlinge die Bräuche der Einheimischen aus, nahmen ihnen das beste Land weg – und versklavten sie am Ende.

Als die Kolonisten entdeckten, dass Zuckerrohr in der Kolonie gut gedieh, wurde die Arbeitskraft der Einheimischen wertvoller denn je und der Verkauf von einheimischen Sklaven entwickelte sich bald zu Brasiliens zweitgrößtem Handelszweig. Die Branche wurde von *bandeirantes* beherrscht, brutalen Männern, die die Indianer im Landesinneren jagten und gefangen nahmen oder töteten. Ihre Taten stellten mehr als jeder Vertrag sicher, dass ein großer Teil des südamerikanischen Landesinneren an das portugiesische Brasilien fiel.

Jesuitenpater bemühten sich sehr um den Schutz der indigenen Bevölkerung, letztendlich aber hatten sie nicht die Kräfte, um den Angriffen etwas entgegenzusetzen (1759 wurden die Jesuiten dann aus Brasilien ausgewiesen). Einheimische, die nicht von Kolonisten getötet wurden, fielen nicht selten Krankheiten zum Opfer, die die Europäer eingeschleppt hatten.

Zucker & Sklaverei

Im 17. Jh. ersetzten afrikanische Sklaven die indigenen Gefangenen auf den Plantagen. Zwischen 1550 und 1888 wurden rund 3,5 Mio. Sklaven nach Brasilien verschifft – das sind fast 40 % aller Sklaven, die in die Neue Welt kamen. Afrikaner galten als bessere Arbeiter und waren gegen die europäischen Krankheiten resistenter, leisteten aber auch energischen Widerstand. Während der ganzen Kolonialzeit bildeten sich *quilombos*, Gemeinden geflohener Sklaven. Sie reichten von *mocambos*, kleinen Gruppen, die sich in den Wäldern versteckten, bis zur großen Republik Palmares, die sich über weite Strecken im 17. Jh. behaupten konnte. Unter der Führung des afrikanischen Königs Zumbí hatte Palmares in seiner Blütezeit zwischen 10 000 und 20 000 Einwohner. (Die Zahlen sind unter den Fachleuten umstritten).

Nach Angaben der NGO Comissão Pró-Índio in São Paulo gibt es 2000 bis 3000 Dörfer in Brasilien, die als *quilombos* entstanden sind. Ihr Wachstum wurde erst durch die Abschaffung der Sklaverei 1888 gestoppt.

Wer auf den Plantagen überlebte, suchte in afrikanischen Religionen und Kulturen Trost, oft in Form von Tanz und Gesang. Die Sklaven erhielten eine oberflächliche Unterweisung im Katholizismus, sodass bald ein synkretistischer (kombinierter) Glauben entstand. Spirituelle Elemente vieler afrikanischer Stämme, beispielsweise der Yorubá, blieben erhalten und wurden den Sklavenhaltern durch eine katholische Fassade schmackhaft gemacht. Hier liegen die Wurzeln der modernen Religionen Candomblé (eine afro-brasilianische Religion aus Bahia) und Macumba (eine aus Afrika stammende Religion), die noch bis vor Kurzem gesetzlich verboten waren.

Das Leben auf den Plantagen war zwar schon elend, aber auf viele Sklaven wartete ein noch schlimmeres Schicksal. In den 1690ern wurde im heutigen Minas Gerais Gold entdeckt – und der Goldrausch ließ nicht lange auf sich warten. In den Bergtälern schossen chaotische Städte wie Vila Rica de Ouro Prêto (Reiche Stadt des schwarzen Goldes) aus dem Boden. Einwanderer überschwemmten die Region, und zahllose Sklaven wurden aus Afrika importiert, um in Minas zu arbeiten – und zu sterben.

Die Kolonie des Königs

Jahrelang sahen die Machthaber Portugals in der brasilianischen Kolonie nicht viel mehr als ein einträgliches Geschäft. Diese Einstellung änderte sich, als Napoleon 1807 in Lissabon einmarschierte. Der Prinzregent – später unter dem Namen Dom João VI. bzw. Johann VI. bekannt – verlegte seinen Hof umgehend nach Brasilien. Er blieb dort noch nach Napoleons Niederlage bei Waterloo 1815. Als er 1816 König wurde, erklärte er Rio de Janeiro zur Hauptstadt eines vereinten Königreiches aus Brasilien und Portugal. Damit machte er Brasilien zur einzigen Kolonie der Neuen Welt, die einem europäischen Monarchen als Sitz diente. 1821 kehrte Dom João nach Portugal zurück und setzte seinen Sohn Pedro als Regenten von Brasilien ein.

Im darauffolgenden Jahr versuchte das portugiesische Parlament, Brasilien wieder den Status einer Kolonie aufzuzwingen. Der Legende zufolge zog Pedro daraufhin sein Schwert und rief: *„Independência ou morte!“* (Freiheit oder Tod). Er krönte sich kurzerhand selbst zum Kaiser – Dom Pedro I. (Peter I.). Portugal war zu schwach, um gegen seine Lieblingskolonie in die Schlacht zu ziehen. Deshalb erlangte Brasilien ohne Blutvergießen die Unabhängigkeit.

Dom Pedro I. regierte neun Jahre lang. Er brachte das ganze Land gegen sich auf, indem er ein uneheliches Kind nach dem anderen zeugte, und musste schließlich zugunsten seines fünfjährigen Sohnes, Dom Pedro II., abdanken. Bis zur Volljährigkeit des künftigen Kaisers litt Brasilien unter einem Bürgerkrieg. 1840 bestieg Dom Pedro II. mit großem Rückhalt in der Bevölkerung den Thron. Während seiner 50 Jahre währenden Herrschaft förderte er ein mächtiges parlamentarisches System, führte Krieg gegen Paraguay, mischte sich in die Angelegenheiten von Argentinien und Uruguay ein, sorgte für eine große Einwanderungswelle, schaffte die Sklaverei ab – und schuf einen Staat, der die Monarchie nicht mehr benötigte.

Die brasilianische Republik

Im 19. Jh. löste der Kaffee den Zucker als wichtigstes Exportgut Brasiliens ab. Brasilien lieferte bis zu 75 % der Weltproduktion. Infolge der Mechanisierung und des Eisenbahnbaus schnellten die Profite in die Höhe; die Kaffeebarone wurden sehr einflussreich.

1889 wurde das antiquierte Kaisertum durch einen von den Kaffeebaronen unterstützten Putsch gestürzt. Der Kaiser musste ins Exil gehen. Die neue brasilianische Republik erhielt eine Verfassung nach dem Vorbild der USA. Fast 40 Jahre lang wechselten zivile und militärische Präsidenten einander ab, de facto aber lag die Macht immer in der Hand des Militärs.

Der Kaffee behielt seine immense Bedeutung, bis der Markt in der Weltwirtschaftskrise 1929 zusammenbrach. Die geschwächten Kaffeebarone von São Paulo, die die Regierung kontrollierten, schlossen sich mit einer Allianz der Opposition und nationalistischen Offizieren zusammen. Als ihr Präsidentschaftskandidat Getúlio Vargas die Wahlen von 1930 verlor, ergriff das Militär die Macht und übergab ihm die Führung.

Vargas, der sich als guter Taktierer erwies, beherrschte 20 Jahre lang die politische Bühne. Zeitweise lehnte sich seine Regierung an die faschistischen Staaten von Mussolini in Italien und Salazar in Portugal an. Vargas verbot politische Parteien, inhaftierte Gegner und zensierte die Presse. Bis 1954 war er immer wieder an der Macht, bis das Militär den Rücktritt erzwang. Vargas reagierte, indem er einen Brief an das brasilianische Volk schrieb und sich erschoss.

Juscelino Kubitschek, der 1956 zum Präsidenten gewählt wurde, war der Erste, der Brasiliens Gelder mit vollen Händen ausgab. Sein Motto lautete: „Der Fortschritt von 50 Jahren in fünf Jahren.“ Seine Kritiker entgegneten: „Die Inflation von 40 Jahren in vier Jahren.“ In Anbetracht des riesigen Schuldenbergs, den Kubitschek durch die Errichtung von Brasília anhäufte, kamen die Kritiker der Wahrheit näher. Anfang der 1960er-Jahre hatte die Inflation die brasilianische Wirtschaft fest im Würgegriff. Der Sieg Castros in Kuba verschärfte die Angst vor dem Gespenst namens Kommunismus. 1964 strauchelte Brasiliens instabile Demokratie durch einen Militärputsch ihrem Ende entgegen.

Das autoritäre Militärregime herrschte fast 20 Jahre. Die meiste Zeit boomte die Wirtschaft, wenngleich sie teilweise stark von internationalen Banken abhängig war. Generell forderte das Wachstum große Opfer von der Bevölkerung: Die vernachlässigten sozialen Probleme spitzten sich zu, Millionen Menschen strömten in die Städte und die *favelas* (informelle Siedlung) wuchsen fast ins Unermessliche.

Die letzten Jahrzehnte

Die letzten Jahrzehnte waren für Brasilien sehr erfreulich. Nachdem Fernando Collor de Mello, der erste demokratisch gewählte

Präsident seit 30 Jahren, wegen Korruption seines Amtes enthoben wurde, stabilisierte sich das Wirtschaftswachstum, und das Armenhaus Südamerikas blühte auf.

Collors Vizepräsident und Nachfolger Itamar Franco führte die noch heute gültige Währung, den Real, ein und löste damit einen Wirtschafts-Boom aus. Die Früchte erntete sein Nachfolger, der frühere Finanzminister Fernando Henrique Cardoso, der sich als Präsident in der Mitte der 1990er-Jahre über das Wirtschaftswachstum und ausländische Investitionen in Rekordhöhe freuen konnte. Ihm wird vor allem zugute gehalten, dass es ihm gelang, die Hyperinflation in Brasilien zu beenden – allerdings ging dies häufig zu Lasten der Lösung sozialer Probleme.

Im Jahr 2002 gewann der Sozialist Luiz Inácio Lula da Silva mit dem Versprechen sozialer Reformen die Präsidentenwahl. Lula entstammte einer einfachen Arbeiterfamilie und wurde in den frühen 1980er-Jahren zu einem bekannten Gewerkschaftler und Streikführer. Später gründete er den Partido dos Trabalhadores (Arbeiterpartei, PT), in dem sich seine Anhänger, die soziale Reformen forderten, sammelten. Lulas zwei Amtszeiten gehören finanzpolitisch zu den verantwortungsvollsten in der Geschichte des Landes, trotzdem behielt er dabei die gewaltigen sozialen Probleme des Landes im Blick. Leider gab es auch Schattenseiten, vor allem den weit ausufernden *Mensalão*-Korruptionsskandal, der 2005 ans Licht kam, eine Reihe von PT-Funktionären ihre Ämter kostete und schließlich 2012 in einem Sensationsprozess vor dem Obersten Gericht gipfelte, dem das ganze Land gespannt folgte.

Lulas Nachfolgerin und Parteifreundin Dilma Rousseff wurde 2011 als erste Frau in das Präsidentenamt gewählt. Als ehemalige kommunistische Widerstandskämpferin, die im Kampf gegen das Militärregime gefoltert wurde und eine mehrjährige Haftstrafe absitzen musste, versprach sie, die nötige Kraft für eine harte Linie im Kampf gegen die Korruption aufzubringen. Aber eine unglückliche Wirtschaftspolitik und ein Milliarden Dollar großer Korruptionsskandal um Brasiliens Ölgiganten Petrobras veränderten die guten Aussichten für das Land.

Angesichts der gewaltigen Proteste, die Brasilien erschütterten, und der größten Rezession in der Geschichte, die das Land im Griff hatte, stand Rousseff vor dem Sturz: Im Jahr 2016 wurde ein Amtsenthebungsverfahren eingeleitet und Rousseff wegen Verstößen bei der Führung der Staatsfinanzen abgesetzt.

Die Präsidentschaftswahlen im Jahr 2018 spülten eine Reihe von Außenseitern in den Vordergrund, darunter Jair Bolsonaro, einen Rechtsextremisten, der oft als der Donald Trump Brasiliens beschrieben wird. Der frühere Offizier pries Diktatoren wie Augusto Pinochet und versprach, Gesetz und Ordnung nach Brasilien zurückzubringen. Mit seiner polarisierenden Rhetorik machte er sich viele Feinde. Während eines Wahlkampfauftritts in Minas Gerais wurde er niedergestochen, gewann die Wahl am Ende aber mit mehr als 55 % der Stimmen.

Kultur

Die brasilianische Kultur ist von den Portugiesen geprägt, die dem Land ihre Sprache und ihre Religion gaben, aber auch von der indigenen Bevölkerung, von Immigranten und Afrikanern. Der afrikanische Einfluss ist vielerorts deutlich zu spüren, besonders stark aber im Nordosten, wo Religion, Musik und Küche aus Afrika die brasilianische Identität geformt haben.

Bevölkerung

In Brasilien sind die Menschen so vielfältig wie die Landschaft, die sie bewohnen. Bis Ende des 19. Jhs. bestand die Bevölkerung aus indigenen Gruppen, Portugiesen, Afrikanern (die als Sklaven nach Brasilien gebracht worden waren) und ihren durchmischten Nachkommen. Seither gab es Einwanderungswellen u.a. aus Italien, Spanien, Deutschland, Japan, Russland und dem Libanon.

Lebensart

Brasilien hat zwar die achtgrößte Wirtschaft der Welt, reichlich Ressourcen und eine gut entwickelte Infrastruktur, doch der Lebensstandard variiert stark. Die Schere zwischen arm und reich geht – im weltweiten Vergleich – mit am weitesten auseinander.

Seit der massenhaften Landflucht Mitte des 19. Jhs. leben die Ärmsten der Armen in *favelas*, die jede Stadt umgeben. Viele Unterkünfte bestehen hier aus kaum mehr als ein paar zusammengenagelten Brettern. In nur wenigen *favelas* gibt es sauberes Wasser, ein Abwassersystem oder eine Gesundheitsversorgung. Die Straßen werden von Drogenbossen beherrscht, und das Verbrechen ist allgegenwärtig.

Die Reichen leben oft nur einen Steinwurf entfernt, manchmal nur durch eine Autobahn abgetrennt. Häufig wohnen sie in modernen Festungen, die von Mauern und bewaffneten Wächtern geschützt werden. Und ihr Lebensstil gleicht dem der Oberschichten in Europa und Nordamerika.

Aber die wahre Schönheit Brasiliens entsteht, wenn alles zusammenkommt – in einem Samba-Club, bei einem Fußballspiel, einem Karneval-Umzug oder am Strand – und dabei eine untrennbare Einheit entsteht. Die Brasilianer lieben Partys, und Festivitäten gibt's das ganze Jahr über. Dennoch ist hier nicht alles Samba und Caipirinhas – manchmal leiden Brasilianer auch an *saudade*, einem nostalgischen, oft sehr melancholischen Weltschmerz und undefinierbarem Verlangen. Dieses Gefühl drückt sich in vielen Werken von Jobim, Moraes und anderen großen Liedermachern aus und offenbart sich in vielen Formen, vom unbestimmten Heimweh bis zum tiefen Bedauern über begangene Fehler.

Liebenswürdigkeit ist weit verbreitet und wird auch erwartet. Der Altruismus ist sehr nützlich in einem Land, das für seine Bürokratie und lange Warteschlangen berüchtigt ist. Für alles gibt es einen offiziellen Weg und den *jeitinho*, den kleinen Umweg. Ein wenig Freundlichkeit – und ein paar Freunde – helfen sehr oft weiter.

Religion

Brasiliens katholische Gemeinde ist die größte weltweit, in dem Land sind jedoch Vielfalt und Synkretismus willkommen. Problemlos findet man hier katholische Kirchgänger, die an spirituellen Sitzungen teilnehmen oder in einem *terreiro* (dem Haus einer afro-brasilianischen religiösen Gemeinschaft) um Hilfe beten.

Brasilien hat seine wichtigsten religiösen Wurzeln im Animismus der indigenen Bevölkerung und in den katholischen und afrikanischen Religionen, die von den versklavten Menschen eingeführt wurden. Zuletzt kam das evangelische Christentum hinzu, das sich über ganz Brasilien ausdehnte, besonders in den ärmeren Gegenden.

Die afro-brasilianischen Religionen entstanden, als die Kolonisten den versklavten Menschen die Ausübung ihrer ursprünglichen Religionen verboten. Sie ließen sich aber nichts so leicht verbieten, verpassten ihren afrikanischen Göttern einfach katholische Namen und beteten sie weiterhin an. Die konventionellste der so entstandenen Religionen ist Candomblé: Die Rituale werden in der Yoruba-Sprache abgehalten und in einer *casa de santo* oder einem *terreiro* von einem *pai de santo* bzw. einer *mãe de santo* durchgeführt (wortwörtlich vom „Vater" oder der „Mutter eines Heiligen" – den Candomblé-Priestern). Die Gottheiten des Candomblé werden *orixás* genannt, und jeder Mensch soll von einer dieser Gottheiten beschützt werden.

In Bahia und Rio versammeln sich riesige Massen von Anhängern der afro-brasilianischen Kulte, um an den Festivals am Ende des Jahres teilzunehmen – besonders an denen, die am Abend des 31. Dezembers und am Neujahrstag stattfinden. Millionen Brasilianer pilgern dann an den Strand, um Iemanjá, die Meeresgöttin, zu ehren. Ihr Alter Ego ist die Jungfrau Maria.

Kunst

Architektur

Brasiliens beeindruckende kolonialzeitliche Architektur kann man in Städten wie Salvador, Olinda, São Luís, Ouro Preto und Tiradentes bewundern. Über die Jahrhunderte machten sich besonders zwei Architekten einen Namen: Aleijadinho, der im 18. Jh. die meisterhaften Barockbauten in den Bergbaustädten von Minas Gerais schuf, und Oscar Niemeyer, der Modernist und Funktionalist des 20. Jhs. Er zeichnete sich in den 1950er-Jahren für die neue Hauptstadt Brasília verantwortlich und entwarf viele andere großartige Gebäude im ganzen Land. Niemeyer starb 2012 im Alter von 104 Jahren.

Kino

Brasiliens große Filmindustrie hat im Laufe der Jahre eine Reihe international erfolgreicher Filme produziert. Auch im letzten Jahrzehnt brachte das brasilianische Kino zum Nachdenken anregende Spielfilme und Dokumentationen hervor. Felipe Barbosas *Casa Grande* (2014) ist eine Geschichte vom Erwachsenwerden, die in Rio spielt und von einem privilegierten Oberschüler handelt, der plötzlich ein Leben in Armut führen muss, als das Unternehmen seines Vaters zusammenbricht. *Laerte-Se* (2017) ist ein Dokumentarfilm über die Triumphe und Kämpfe von Laerte Coutinho, die, nachdem sie mehr als 50 Jahre als Mann gelebt hat und zu einem der führenden Karikaturisten Brasiliens geworden war, sich der Welt als Frau stellte.

Der Hit des Jahres 2007 war *Tropa do Elite*, eine mutige Darstellung der in Rio herrschenden Kriminalität und Korruption aus der Sicht eines Angehörigen der Polizei-Elitetruppe BOPE (Batalhão de Operações Policiais Especiais). Der gleiche Regisseur, José Padilha, machte bereits 2002 mit dem Streifen *Ônibus 174* auf sich und das brasilianische Kino aufmerksam. Erzählt wurde die Geschichte eines einsamen Gangsters, der 2000 in Rio einen Bus kaperte und die Insassen stundenlang als Geiseln festhielt, während das Ereignis live im Fernsehen gezeigt wurde.

Einer der Topregisseure Brasiliens, Fernando Meirelles, machte sich einen Namen mit dem Film *Cidade de Deus* (City of God; 2002), der die Brutalität in einer Favela von Rio zeigt und ihm eine Oscar-Nominierung eintrug.

Walter Salles gehört zu Brasiliens bekanntesten Regisseuren. Sein hoch gelobter und mit einem Oscar prämierter Film *Central Station* (1998) erzählt die Geschichte einer einsamen Frau, die einen obdachlosen Jungen auf der Suche nach seinem Vater begleitet.

Einblicke in die Zeit der Diktatur bietet Bruno Barretos Film *O Que É Isso Companheiro,* der 1997 in Deutschland unter dem Titel *Vier Tage im September* herauskam. Er erzählt die Entführung des US-Botschafters in Brasilien durch linke Guerillas 1969.

Ein weiterer Meilenstein in der Geschichte des brasilianischen Films ist *Asphalt-Haie* (1981), der das Leben in Rio durch die Augen eines Straßenjungens beschreibt und der brasilianischen Gesellschaft ein Armutszeugnis ausstellt.

Ihm voraus ging Carlos Diegues mit *Bye Bye Brasil* (1980). Dieser Film porträtiert die Abenteuer einer Theatertruppe, die durchs Land reist und dabei Zeuge der tiefgreifenden Veränderungen der brasilianischen Gesellschaft in der zweiten Hälfte des 20. Jhs. wird.

Literatur

Joaquim Maria Machado de Assis (1839–1908), Sohn eines freigelassenen Sklaven, ist einer der großen, frühen Schriftsteller Brasiliens. Assis hatte einen herrlichen Sinn für Humor und nahm in menschlichen Angelegenheiten eine einfühlsame – wenn auch zynische – Haltung ein. Zu seinen wichtigsten Romanen gehören *Quincas Borba, Die nachträglichen Memoiren des Bras Cubas* und *Dom Casmurro.*

Jorge Amado (1912–2001), Brasiliens berühmtester zeitgenössischer Autor, schuf Porträts der Menschen und Orte Bahias. Bekannt sind vor allem *Gabriela wie Zimt und Nelken* und *Dona Flor und ihre zwei Ehemänner.*

Paulo Coelho ist der Romanschriftsteller Lateinamerikas, der nach Gabriel García Márquez am häufigsten gelesen wird. Seine New-Age-Legenden *Der Alchimist* und *Auf dem Jakobsweg* begründeten Mitte der 1990er-Jahre seinen Ruhm.

Musik

Die Samba ist eine brasilianische Institution. Sie ist stark von afrikanischen Einflüssen geprägt und eng mit dem Karneval verbunden. Die heute bekannteste Form der Samba ist *pagode*, eine zwanglose Variante, zu deren führenden Vertretern die Sänger Beth Carvalho, Jorge Aragão und Zeca Pagodinho gehören.

Eine weitere brasilianische Erfindung ist der Bossa Nova, der in den 1950er-Jahren aufkam und mit dem von Antônio Carlos (Tom) Jobim und Vinícius de Moraes komponierten Klassiker *The Girl from Ipanema* Weltruhm erlangte. Der Begründer des Bossa Nova, der Gitarrist João Gilberto, tritt noch immer auf, ebenso seine Tochter Bebel Gilberto, die durch ihren Mix aus weichem Bossa-Sound und elektronischem Groove das Interesse an diesem Musikstil neu entfacht hat.

Der *tropicalismo*, eine Mischung aus verschiedenen brasilianischen Musikrichtungen und nordamerikanischem Rock und Pop, eroberte Ende der 1960er-Jahre die Bühnen. Protagonisten wie Gilberto Gil und Caetano Veloso sind immer noch sehr aktiv. Gil war von 2003 bis 2008 sogar Brasiliens Kulturminister.

Die Liste neuer Talente wird mit jedem Tag länger. Ganz oben steht der Schauspieler und Musiker Seu Jorge, der in dem Film *City of God* mitspielte. Für das 2005 erschienene *Cru,* ein innovatives Hip-Hop-Album mit politischer Botschaft, erhielt Jorge mehrere Auszeichnungen. Auch sein Album *Seu Jorge & Almaz* von 2010 ist ein von der Kritik gefeierter Mix aus Soul, Samba und Rock, das er zusammen mit dem Drummer Pupillo und dem Gitarristen Lucio Maia – beide Mitglieder der legendären Rock- und Hip-Hop-Gruppe Nação Zumbi – aufnahm. Sein neustes Album *Músicas Para Churrasco, Vol 2* erschien 2015.

Zu den aufgehenden Sternen der Musikszene zählt BaianaSystem, eine Band aus Salvador, die in Alben wie *Outras Cidades* (2017) traditionelle nordöstliche Rhythmen mit Akzenten u.a. aus Westafrika und der Karibik verschmilzt. Ein weiterer Salvadoraner, mit dem zu rechnen ist, ist der Sänger und Komponist Lucas Santtana, dessen 2017 erschienenes Album *Modo Avião* Kritiker zu begeisterten Vergleichen mit João Gilberto und anderen legendären brasilianischen Musikern der Vergangenheit veranlasste.

Brasilianischer Rock (sprich: hock-i) ist ebenfalls sehr beliebt. Gruppen und Künstler wie Zeca Baleiro, Kid Abelha, Jota Quest, Ed Motta und die vom Punk beeinflusste Band Legião Urbana sollte man sich ruhig mal anhören.

Wo auch immer man in Brasilien hinkommt, man hört mit Sicherheit regionale Musikstile. Am bekanntesten ist der *forró* (fo-ho), eine lebendige, synkopische Musik aus dem Nordosten mit einer Mischung aus Klängen der *zabumba* (afrikanischer Trommel) und des Akkordeons. *Axé* steht für eine Mischung aus Samba, Pop, Rock, Reggae, Funk und karibischer Musik, die in den 1990er-Jahren in Salvador da Bahia aufkam und vor allem durch die großartige Daniela Mercury populär wurde. Heute füllt die Sängerin Ivete Sangalo ganze Stadien. Im Amazonasgebiet trifft man auf *carimbo*-Rhythmen und den sinnlichen Tanz, der mit diesen Rhythmen verbunden ist.

Sertanejo, die brasilianische Country-Musik, erlangte 2011 internationalen Ruhm, als Michel Teló seinen Hit *Ai Se Eu Te Pego* herausbrachte und damit ein Phänomen lostrat. Der Song ist der wohl berühmteste brasilianische Hit seit *The Girl from Ipanema*.

Sport

Brasilien ist zwar das größte katholische Land der Welt, aber die eigentliche Religion ist *futebol* (Fußball). Und die Brasilianer sind aus gutem Grund so leidenschaftliche Anhänger. Die meisten Leute sind der Meinung, die Brasilianer spielen den kreativsten, kunstvollsten und spannendsten Fußball. Brasilien ist schließlich das einzige Land, das fünfmal Weltmeister wurde (1958, 1962, 1970, 1994 & 2002). Dennoch schied die Nationalelf bei den letzten Weltmeisterschaften früh aus, und auch die Bilanz bei den Olympischen Spielen ließ lange zu wünschen übrig.

Die schwere 1:7-Niederlage gegen Deutschland im Halbfinale der Fußballweltmeisterschaft von 2014 – noch dazu auf heimischem Boden – gilt als die demütigendste Niederlage in der Fußballgeschichte des Landes. Deutschlands gnadenloser Fußball – vier Tore in sechs Minuten! – war Brasiliens große Heimniederlage und fügte der nationalen Seele schwere Narben zu. Die Niederlage beendete die seit 1975 anhaltende Serie von 62 Heimsiegen in Folge. Brasilien verlor 2014 anschließend auch noch das Spiel um den dritten Platz gegen die Niederlande mit 3:0 und landete auf einem enttäuschenden vierten Platz. Das ganze Jahr danach wollte sich niemand im Trikot der Nationalmannschaft blicken lassen.

Seit dem traurigen Sommer 2014 haben sich die Dinge für die *Seleção* nicht wirklich gebessert, obwohl sie von Neymar geführt wird, einem der dynamischsten jungen Superstars in der Branche. Die Weltmeisterschaft von 2018 begann für Brasilien vielversprechend, aber im Viertelfinale triumphierte Belgien über die brasilianische Elf.

Natur & Umwelt

Geografie

Als fünftgrößtes Land hinter Russland, Kanada, China und den USA grenzt Brasilien an jedes südamerikanische Land, sieht man von Chile und Ecuador ab. Der 8,5 Mio. km² große Staat bedeckt fast den halben Kontinent.

In Brasilien gibt es vier wichtige geografische Regionen: die Küste, der Planalto Brasileiro (Brasilianisches Bergland), das Amazonasbecken und auch das Paraná-Paraguai-Becken.

Der schmale, 7400 km lange Küstenstreifen erstreckt sich zwischen dem Atlantik und den Gebirgszügen der Küste. An der Grenze zwischen Uruguay und dem Bundesstaat Bahia fallen die Berge oft steil zur Küste ab. Nördlich von Bahia sind die Küstengebiete flacher.

Der Planalto Brasileiro erstreckt sich über den größten Teil des südlichen Hinterlands des Amazonasbeckens. Er ist von etlichen großen Flüssen durchzogen und wird von Gebirgszügen unterbrochen, von denen keiner höher als 300 m ist.

Das dünn besiedelte Amazonasbecken macht 42 % Brasiliens aus und wird im Süden von Gewässern des Planalto Brasileiro gespeist, während sich im Westen die Anden und im Norden das Hochland von Guyana (auch Guyana-Schild genannt) erheben. Im Westen ist das Becken 1300 km breit, im Osten verengt es sich zwischen dem Hochland von Guyana und dem Planalto auf 100 km. Mehr als die Hälfte des 6275 km langen Rio Amazonas verläuft nicht durch Brasilien, sondern durch Peru, wo er auch entspringt. Der Amazonas und seine 1100 Nebenflüsse führen schätzungsweise 20 % des Süßwasservorkommens der Erde. Der Pico da Neblina (3014 m) an der Grenze zu Venezuela ist der höchste Gipfel Brasiliens.

Das Paraná-Paraguai-Becken im Süden Brasiliens erstreckt sich bis Paraguay und Argentinien. Hier liegt ein großes Feuchtgebiet, das als Pantanal bekannt ist.

Tiere & Pflanzen

Brasilien besitzt die weltweit größte Biodiversität. Hier sind mehr bekannte Arten von Pflanzen (56 215), Süßwasserfischen (3000) und Säugetieren (578) beheimatet als in jedem anderen Land der Erde. Und auch bei den Vogel- (1721) sowie den Reptilienarten (651) ist das Land ganz vorn mit dabei. Viele Arten leben im Amazonischen Regenwald, der in Brasilien 3,6 Mio. km² und in den Nachbarländern 2,4 Mio. km² bedeckt. Er ist der größte tropische Wald und das artenreichste Ökosystem der Welt. 20 % aller Vogel- und Pflanzenarten und 10 % aller Säugetiere sind hier zu Hause.

Weitere Arten leben über das ganze Land verstreut. Die größte Katze Brasiliens, der Jaguar, streift durch den Amazonischen und den Atlantischen Regenwald, den *cerrado* (Savanne) und das Pantanal.

In den vielfältigen Lebensräumen lassen sich noch viele andere brasilianische Säugetiere entdecken, beispielsweise fünf weitere Großkatzen (Puma, Ozelot, Langschwanzkatze, Tigerkatze und Jaguarundi), der Große Ameisenbär und 77 Primatenarten, darunter verschiedene Brüllaffenarten und Kapuzineräffchen, die Totenkopfaffen (die am häufigsten vorkommenden Affen im Amazonasbecken) und etwa 20 kleinere Marmosetten- und Tamerinarten. Dann gibt es noch den haarigen und langnasigen Nasenbär (eine Art Waschbär), den Riesenflussotter, den Mähnenwolf, den Tapir, Pekaris (wie das Wildschwein), Sumpf- und Pampashirsche, das Wasserschwein (mit 1 m Länge das größte Nagetier der Welt), den Amazonasdelfin, der oft im Amazonas und seinen Nebenflüsssen gesichtet wird, und – last, not least – den Amazonasmanati (Seekuh), einen noch größeren Flussbewohner.

Der Großteil der Wildtiere, die man sieht, sind Vögel. Der größte ist der flugunfähige, 1,4 m große Nandu, der im *cerrado* und im Pantanal lebt. Dutzende Arten von Papageien in prächtigen Farben, Aras, Tukane und Trogone sind hier ebenfalls anzutreffen. Im Amazonasbecken oder im Pantanal kann man sogar hellrote Aras und – mit etwas Glück – blau-gelbe sehen.

Im Amazonasbecken und im Pantanal sind die Mitglieder der Alligator-Familie nicht zu übersehen. Eine der fünf Arten Brasiliens, der Mohrenkaiman, wird bis zu 6 m lang. Zu den Wasserbewohnern gehört auch der *pirarucu*, ein Fisch, der 3 m Länge erreichen kann. Seine roten und silberbraunen Schuppen erinnern an chinesische Gemälde. Vom berüchtigten Piranha gibt es etwa 50 Arten, sie leben im Amazonasbecken in den Flüssen Orinoco, Paraguai, São Francisco und in den Flüssen Guyanas.

Nationalparks

Brasilien besitzt 73 Nationalparks, die von der ICMbio (www.icmbio.gov.br) verwaltet werden; 26 sind für die Öffentlichkeit zugänglich.

Der **Parque Nacional da Chapada Diamantina** (S. 408) liegt in einer gebirgigen Region im Nordosten und eignet sich mit seinen Flüssen, Wasserfällen, Höhlen und Badelöchern hervorragend zum Wandern.

Der **Parque Nacional da Chapada dos Guimarães** (S. 394) auf einem felsigen Hochplateau nordöstlich von Cuiabá mit seinen Schluchten wartet mit atemberaubenden Aussichten und beeindruckenden Felsformationen auf.

Der **Parque Nacional da Chapada dos Veadeiros** (S. 391), 200 km nördlich von Brasília, ist ein hügeliger Nationalpark inmitten von Wasserfällen und natürlichen

Schwimmbecken und umfasst eine ganze Palette seltener Tiere und Pflanzen.

Der **Parque Nacional da Serra dos Órgãos** liegt in der Gebirgslandschaft des Südostens; der Park ist ein Mekka für Kletterer und Bergsteiger.

Der im Südosten gelegene **Parque Nacional de Aparados da Serra** (☎54 3251-1227; www.icmbio.gov.br/parnaaparadosdaserra/guia-do-visitante.html; RS-429, Km 18; Brasilianer/Ausländer 25/45 R$; ⏲Di–So 8–18 Uhr) ist berühmt für seinen schmalen Canyon mit 700 m hohen Felswänden. Man findet hier Wanderwege mit ausgezeichneten Aussichtspunkten.

Im **Parque Nacional dos Lençóis Maranhenses** (S. 437) im Nordosten gibt es spektakuläre Strände, Mangroven, Dünen und Lagunen.

Der **Parque Nacional Marinho de Fernando de Noronha** (S. 420) ist das brasilianische Inselparadies mit unberührten Stränden, himmelblauem Wasser und erstklassigen Tauch- und Schnorchelmöglichkeiten. Er ist eine der weltweit besten Stellen zur Beobachtung von Spinnerdelfinen.

Umweltprobleme

Leider ist Brasilien nicht nur für seine Wälder bekannt, sondern auch dafür, sie zu zerstören. Bei der letzten Bestandsaufnahme war mehr als ein Fünftel des Regenwalds im brasilianischen Amazonasgebiet vollständig vernichtet. Die Rodung der Wälder für Rinderfarmen und für den Anbau von Nutzpflanzen (hauptsächlich Sojabohnen) sowie die illegale Holzfällerei sind die größten Bedrohungen für den Regenwald. Die Rate der Waldverluste schwankte in den letzten Jahren, von 2005 bis 2015 ging sie jedes Jahr zurück, aber in den letzten Jahren ist sie wieder gestiegen, beispielsweise um 22 % im Zeitraum von Mitte 2017 bis Mitte 2018.

Große Erschließungsprojekte betreffen ebenfalls das Amazonasgebiet. Die Regierung plant rund 30 große Staudämme für Wasserkraftwerke in der Amazonasregion. Das Größte ist der gewaltige Belo-Monte-Staudamm am Rio Xingu in Pará, der fast 500 km² Regenwald überflutete und mindestens 20 000 Menschen vertrieb, darunter Tausende indigene Menschen, deren Vorfahren seit Jahrhunderten am Fluss gelebt hatten. Zur Zeit der Recherche waren zwölf der 24 Turbinen in Betrieb; bis 2020 soll die Anlage voll arbeitsbereit sein.

Auch die Feuchtgebiete des Pantanals stehen vor ernsten Bedrohungen, insbesondere durch die massive Zunahme des intensiven Anbaus von Sojabohnen, Baumwolle und Zuckerrohr in Brasiliens zentralen Ebenen, woher das meiste Wasser im Pantanal stammt. Das Zuckerrohr ist der Rohstoff für Ethanol-Kraftstoff; die international gewachsene Nachfrage hat zur Schaffung Dutzender neuer Ethanol-Destillerien in Mato Grosso do Sul geführt. Herbizide, Düngemittel und andere Chemikalien von den Plantagen sickern in die Gewässer des Pantanals, und Waldrodungen auf den Ebenen führen zur Erosion und in der Folge zur Versandung der Flüsse im Pantanal. Die wachsenden Städte rund um das Pantanal (von denen viele keine ausreichende Müllentsorgung haben) und die fortlaufende industrielle Erschließung sind weitere ernsthafte Bedrohungen für die Region.

An Brasiliens Küsten bedrohen die wachsenden Städte und die expandierende touristische Erschließung empfindliche Küsten-Ökosysteme, obwohl auf weiten Land- und Meeresflächen Schutzgebiete geschaffen wurden.

Der Machtantritt von Jair Bolsonaro deutet auf weitere schlechte Nachrichten für die Umwelt hin: Nur Stunden nach seiner Vereidigung als Präsident im Jahr 2019 erließ er eine Exekutivanordnung, die die Schaffung neuer Reservate für indigene Volksgruppen dem Landwirtschaftsministerium übertrug. Das entsprach den Versprechungen in seiner Wahlkampagne, indigenes Land für den Bergbau und die kommerzielle Landwirtschaft zu erschließen – ein Schritt, der von führenden Vertretern der Indigenen und von Umweltschützern lautstark verdammt wird.

PRAKTISCHES

ℹ Allgemeine Informationen

AKTIVITÄTEN

Abenteurer finden in Brasilien genug Gelegenheiten, ihren Adrenalinspiegel in die Höhe zu treiben – beim Canyoning, Gleitschirmfliegen, Kitesurfen, Wakeboarden, Raften, Surfen, Wandern, Tauchen oder Bergsteigen.

Zum Wandern und Klettern eignen sich am besten die kühleren Monate zwischen April und Oktober. Hervorragende Wandergebiete sind z. B. die Nationalparks Chapada Diamantina in Bahia, Serra dos Órgãos im Bundesstaat Rio de Janeiro, Chapada dos Veadeiros in Goiás und Serra de São José nahe Tiradentes in Minas Gerais.

Surfen kann man am besten in Fernando de Noronha zwischen Dezember und März. Gute Surfstrände gibt's auch im Süden und Südosten: Saquarema, die Ilha de Santa Catarina, São Francisco do Sul, die Ilha do Mel, Búzios und Rio de Janeiro. Im Nordosten bieten sich Itacaré und die Praia da Pipa an. Am besten sind die Wellen im brasilianischen Winter (Juni–Aug.).

In Búzios im Bundesstaat Rio kann man gut wind- und kitesurfen und sich die nötige Ausrüstung ausleihen. Der absolute Windsurfer-Hotspot Brasiliens ist aber die Küste Ceará nordwestlich von Fortaleza (Juli–Dez.). Die beliebtesten Surfzentren dieser Region sind Jericoacoara und Canoa Quebrada.

ARBEITEN IN BRASILIEN

Besuchern, die als Touristen nach Brasilien einreisen, ist es nicht gestattet, Jobs anzunehmen. Es ist aber nicht ungewöhnlich, dass Ausländer Arbeit als Englischlehrer in Sprachschulen finden. Es ist immer hilfreich, wenn man etwas Portugiesisch kann, auch wenn einige Schulen darauf bestehen, dass im Unterricht nur Englisch gesprochen wird. Privatunterricht als Sprachlehrer mag etwas mehr einbringen, dafür muss man aber erst mal herumlaufen, um Schüler zu finden.

BOTSCHAFTEN & KONSULATE

Die Botschaften befinden sich alle in Brasília, aber viele Länder haben Konsulate in Rio, São Paulo und oft noch in weiteren Städten. Bei Adressangaben in Brasília steht SES für Setor de Embaixadas Sul.

Argentinische Botschaft (☎61 3212-7600; www.ebras.cancilleria.gov.ar; SES Quadra 803, Lote 12, Brasília); Konsulate in: **Foz do Iguaçu** (☎45 3574-2969; http://cfdig.cancilleria.gov.ar; Travessia Bianchi 26; ⏲Mo–Fr 10–15 Uhr); **Porto Alegre** (☎51 3321-1360; http://caleg.cancilleria.gov.ar; Coronel Bordini 1033); **São Paulo** (☎11 3897-9522; www.cpabl.mrecic.gov.ar; Av Paulista 2313, Jardins)

Bolivianisches Konsulat (☎61 3366-4448; www.embolivia.org.br; SES, Quadra 809, Lote 34, Brasília); weitere Konsulate in: **Brasiléia** (☎68 3546-5760; Hilário Meireles 236; ⏲Mo–Fr 8–12 & 14–16 Uhr); Corumbá (S. 458); Guajará-Mirim (S. 457); **Rio** (☎21 2552-5490; www.consuladodeboliviaenrio.org.br; No 101, Av Rui Barbosa 664, Flamengo; ⏲Mo–Fr 9–14 Uhr)

Deutsche Botschaft (☎61 3442-7000; www.brasilia.diplo.de; SES, Quadra 807, Lote 25, Brasília); Konsulat in: **Rio** (☎21 3380-3700; www.rio-de-janeiro.diplo.de; Av Presidente Antônio Carlos 58, Centro; ⏲Mo, Di, Do & Fr 8.30–11.30, Mi 13–15 Uhr)

Guyanische Botschaft (☎61 3248-0874; www.embguyana.org.br; SHIS, QI 5, Conjunto 19, Casa 24, Brasília)

Kolumbianische Botschaft (☎61 3214-8900; http://brasil.embajada.gov.co; SES, Quadra 803, Lote 10, Brasília); Konsulat in: Tabatinga (S. 454)

Österreichische Botschaft (☎0xx61-3443-3421; SES, Av das Nações, Quadra 811, Lote 40, Brasília); Konsulat in: **São Paulo** (☎0xx11-3842-7500; Edificio Net Office, Av Dr. Cardoso de Melo 1470, Conj. 711, Vila Olimpia)

Paraguayische Botschaft (☎61 3242-3020; www.mre.gov.py; SES, Quadra 811, Lote 42, Brasília); Konsulat in: Foz do Iguaçu (S. 385)

Peruanische Botschaft (☎61 3242-9933; www.consulado.pe; SES, Quadra 811, Lote 43, Brasília); Konsulat in: **Rio** (☎21 2551-9596; www.consuladoperurio.com.br; 2. OG, Av Rui Barbosa 314, Flamengo; ⏲Mo–Fr 9–15 Uhr)

Schweiz (☎0xx61-3443-5500; SES, Avenida das Nações, Qd. 811, Lote 41, Brasília) Konsulat in: **Rio de Janeiro** (☎0xx21-3806-2100; Rua Cândido Mendes 157, 11. Stock)

Uruguayische Botschaft (☎61 3322-1200; www.emburuguai.org.br; SES, Quadra 803, Lote 14, Brasília); Konsulate in: **Porto Alegre** (☎51 3325-6200; cgportoalegre@mrree.gub.uy; Av 24 de Outubro 850; ⏲Mo–Fr 9–15 Uhr); **Rio** (☎21 2553-6030; www.emburuguai.org.br; 12. OG, Praia de Botafogo 210, Botafogo; ⏲Mo–Fr 10–16 Uhr)

ESSEN & TRINKEN

Brasilianische Restaurants servieren riesige Portionen, und oft sind die Gerichte für zwei Personen bemessen – nichts für Alleinreisende, da einzelne Portionen entsprechend teurer sind (zwischen 60 % und 70 % des Preises für zwei) –, andererseits können Portionen für zwei oft auch drei satt machen (mit Logik kommt man dieser brasilianischen *trios*-Mathematik nicht bei). Die Grundzutaten der brasilianischen Küche sind *arroz* (weißer Reis), *feijão* (schwarze Bohnen) und *farofa/farinha* (Mehl aus der Maniokwurzel bzw. Mais). Eine typische Mahlzeit bezeichnet man als *prato feito* (Menü, oft mit „pf" abgekürzt) oder *refeição*. Sie besteht aus den genannten Zutaten, Fleisch, Hühnchen oder Fisch und kostet in den meisten Lokalen zwischen 12 und 20 R$.

Eine weitere gute Option sind Mittagsbüfetts, bei denen *por kilo* (pro Kilogramm) bezahlt wird. Hier wird das Essen aufs Gramm genau berechnet, pro Kilogramm werden rund 45 bis 80 R$ fällig (auf einen großen Teller passen etwa 500 g). Lokale mit *por-kilo*-Preisen sind auch gut für Vegetarier geeignet. Ein weiteres Angebot sind *rodízios* mit Festpreis: Die meisten *churrascarias* (Grillrestaurants) bieten *rodízio*-Abendmenüs an, bei denen zahllose Grillspieße mit verschiedenen Fleischsorten am Tisch serviert werden. Die meisten Lokale berechnen Reisenden zu hohe Preise und geben zu wenig Wechselgeld heraus. Also die Rechnung sorgfältig überprüfen!

Die brasilianische Küche ist regional sehr unterschiedlich. Die *comida baiana* der Nordostküste ist afrikanisch inspiriert und verwendet verschiedene Pfeffersorten, Gewürze und das reichhaltige Öl der *dendê*-Palme. Die Pantanal- und Amazonasregion ist für ihre leckeren Fischgerichte bekannt. Die *comida gaúcha* in Rio Grande do Sul verwendet viel Fleisch. Minas Gerais ist für sein herzhaftes, venenverstopfendes Essen bekannt, das oft Hühnchen und Schweinefleisch enthält (im restlichen Brasilien heißt es auch, dass jedes brasilianische Gericht in Minas besser schmeckt). São Paulo hingegen, Heimat vieler Italiener, Japaner und Araber, ist das Gourmet-Mekka des Landes.

Es gibt unzählige brasilianische Früchte, aus denen göttliche *sucos* (Säfte) hergestellt werden. In jeder Stadt gibt's reichlich Saftbars, die 30 bis 40 Sorten führen und 12 bis 20 R$ für ein großes Glas verlangen.

Cafezinho puro (Kaffee) wird in Brasilien stark, heiß, in ländlichen Gegenden oft sehr süß und normalerweise ohne Milch (*leite*) getrunken. *Refrigerantes* (Erfrischungsgetränke) gibt's überall. *Guaraná*, ein Getränk aus der Frucht einer Pflanze aus dem Amazonasgebiet, ist so beliebt wie Cola.

Die beiden bekanntesten alkoholischen Getränke Brasiliens sind *cachaça* (auch *pinga* genannt), ein hochprozentiger Zuckerrohrschnaps, und *cerveja* (Bier). *Cachaça* kann ziemlich stark oder relativ mild sein und ist die Grundlage für den berühmten brasilianischen Cocktail Caipirinha. Unter den gängigen Biersorten sind Colorado, Bohemia, Original und Serramalte die besten. Aber die Kleinbrauereiszene ist seit 2013 geradezu explodiert, vor allem in São Paulo, Paraná, Rio Grande do Sul und Minas Gerais.

FEIERTAGE & FERIEN

Der Dia do Índio am 19. April ist kein landesweiter Feiertag, wird aber in indigenen Dörfern im ganzen Land ausgiebig gefeiert.

Neujahr 1. Jan.

Karneval Feb./März (die beiden Tage vor Aschermittwoch)

Karfreitag & Ostersonntag März/April

Tiradentes-Gedenktag 21. April

Tag der Arbeit 1. Mai

Fronleichnam Ende Mai/Juni (60 Tage nach Ostersonntag)

PREISKATEGORIEN: ESSEN

Die folgenden Preise gelten für ein normales Hauptgericht (inkl. Steuern, aber ohne die 10 % Servicegebühr):

**$** unter 30 R$

**$$** 30–75 R$

**$$$** über 75 R$

Unabhängigkeitstag 7. Sept.

Dia da Nossa Senhora de Aparecida 12. Okt.

Allerseelen 2. Nov.

Tag der Proklamation der Republik 15. Nov.

Weihnachten 25. Dez.

FRAUEN UNTERWEGS

Alleinreisende Frauen werden je nach Region unterschiedliche Reaktionen erleben. In São Paulo beispielsweise, wo viele Menschen von europäischer Herkunft leben, werden Ausländerinnen ohne Reisebegleiter kaum besondere Aufmerksamkeit erregen. In den traditionelleren ländlichen Gebieten im Nordosten, wo ein hoher Prozentsatz der Bevölkerung ethnisch gemischter Abkunft ist, werden blonde, hellhäutige Frauen, zumal wenn sie ohne männlichen Begleiter reisen, dagegen sicherlich Neugier wecken.

Wird einem unwillkommene Aufmerksamkeit entgegengebracht, sollte es ausreichen, sein Missfallen auszudrücken.

Obwohl der größte Teil Brasiliens für Frauen fast genauso sicher ist wie für Männer, ist es ratsam, sich in den Städten nachts unauffällig zu verhalten und nicht allein in Bars und Nachtclubs zu gehen.

Frauen sollten auch nicht allein oder in der Gruppe trampen – auch Männer und Paare sollten übrigens beim Trampen Vorsicht walten lassen. Die rauesten Gebiete im Norden und Westen, wo es viele Männer, aber kaum ansässige Frauen gibt, sollten alleinreisende Frauen unbedingt meiden.

FREIWILLIGENARBEIT

Atados (Karte S. 361; www.atados.com.br; Rua Teçaindá 81, Pinheiros) Unterstützt mehrere Hundert Freiwilligenorganisationen im Sozialwesen, im Umweltschutz und in der Gesundheitsvorsorge. Die Zentrale befindet sich in São Paulo.

Iko Poran (☎ 21 3217-1474; www.ikoporan.org) Der in Rio ansässige Service bringt Freiwillige mit Organisationen zusammen, die Leute suchen, und besorgt auch Unterkünfte für Freiwillige.

Regua (www.regua.org; Reserva Ecológica de Guapi Assu) Akzeptiert Freiwillige aus aller

Welt für Aufforstungs-und andere Naturschutzprojekte.

Task Brasil (www.taskbrasil.org.uk) Britische Organisation, die freiwillige Kräfte in Rio einsetzt.

GEFAHREN & ÄRGERNISSE

Brasilien macht immer wieder Schlagzeilen mit Gewaltverbrechen und wegen seiner hohen Kriminalitätsrate. Reisende sollten ihren Verstand einsetzen und sich an die Vorsichtsmaßnahmen halten, die überhaupt überall in Südamerika angebracht sind:

- Nur so viel Geld einstecken, wie man tatsächlich gerade braucht! Es empfiehlt sich außerdem, immer einen dick aussehenden Packen Scheine dabei zu haben, den man bei einem Überfall aushändigen kann.
- Unauffällig kleiden, Schmuck zu Hause lassen und keine iPhones, iPads und andere protzige Elektronik spazieren tragen!
- Man sollte sich wachsam und zielgerichtet bewegen. Kriminelle stürzen sich auf bekifft, unsicher oder orientierungslos wirkende Personen.
- Es ist ratsam, nur Geldautomaten zu benutzen, die sich in Gebäuden befinden. Vor der Benutzung sollte man die Umgebung abchecken!
- Im Zimmer Fenster und Türen auf sicheren Schluss prüfen und keine Wertsachen herumliegen lassen!

GELD

Brasiliens Währung ist der Real (sprich: *he-ao*, abgekürzt R$); der Plural lautet *reais* (*he-ais*). Ein Real hat 100 Centavos.

Es kann praktisch sein, Bargeld in Reserve zu haben; man muss allerdings, wenn man das auf der Reise mitnimmt, sehr vorsichtig sein. Die Bargeldreserven sollten in US-Dollar oder Euro sein.

Geldautomaten

Geldautomaten sind der leichteste Weg, um in Großstädten an Bargeld zu kommen; dort sind sie weit verbreitet. In vielen kleineren Städten gibt es zwar auch Geldautomaten, diese akzeptieren aber nicht immer ausländische Karten. Die PIN der Geldkarte sollte nur vier Stellen haben (längere PINs funktionieren oft nicht). Generell sind die Geldautomaten der Citibank, der Banco do Brasil und von Bradesco am erfolgversprechendsten.

Kreditkarten

Man kann in Brasilien viele Käufe mit Kreditkarte bezahlen und Bargeld an Geldautomaten abheben. Visa wird am häufigsten akzeptiert, gefolgt von MasterCard. Amex und Diners Club sind weniger einsetzbar. Bargeldauszahlungen auf Visa-Karten sind weithin möglich, selbst in kleinen Städten, wo man sonst keine Devisen tauschen kann; man braucht seinen Pass, und der Prozess kann zeitaufwändig sein, insbesondere bei der überall vertretenen, aber bürokratischen Banco do Brasil.

GESUNDHEIT

- Malaria ist in bestimmten Gebieten am Amazonas und in Nordwestbrasilien ein Problem. Traveller sollten eine Malaria-Prophylaxe in Erwägung ziehen (Chloroquin ist hier allerdings wegen Resistenz der Erreger nicht wirksam) und den Körper so weit wie möglich bedecken, um auf diese Weise Mückenstiche zu vermeiden.
- Denguefieber ist in vielen Gebieten verbreitet; in der Vergangenheit hat es Ausbrüche gegeben, darunter in den Bundesstaaten Rio de Janeiro und Bahía. Wer in ein Gebiet mit

VORSICHT, BETRUG!

Betrug mit Kreditkarten und Geldautomaten ist in Brasilien vor allem im Nordosten weit verbreitet. Das Nachmachen von Karten (port. *clonagem*) ist die beliebteste Methode – der Gauner platziert einen falschen Kartenleser in einem Geldautomaten, der die Kartendaten kopiert und die PIN stiehlt, wenn man Geld abhebt. Das war's! Ein paar Stunden später verschwinden 1500 R$ in Recife vom Konto, während man seine Karte bei sich hat und am Strand in Natal vergnügt Caipirinhas schlürft.

Um Betrug vorzubeugen, wird in Restaurants das Kartenlesegerät an den Tisch gebracht oder der Gast aufgefordert, zur Kasse mitzukommen, wenn mit Karte bezahlt werden soll. Niemals sollte man die Kreditkarte unbeaufsichtigt aus der Hand geben. Andere Tipps:

- Stark frequentierte Geldautomaten innerhalb von Banken benutzen, und zwar nur während der Öffnungszeiten!
- Bei der Eingabe der PIN immer das Tastenfeld abdecken!
- Wenn möglich keine freistehenden Geldautomaten benutzen; niemals einen Automaten nutzen, der manipuliert wirkt!

tagaktiven Mücken reist, ist gefährdet und sollte Insektenschutzmittel einsetzen.

➡ Das von Mücken übertragene Zika-Virus verursacht bei einigen Befallenen grippeähnliche Symptome. Es wird auch mit Mikrozephalie (Schädelfehlbildung mit möglichen Hirnschäden) bei Neugeborenen in Verbindung gebracht, deren Mütter sich während der Schwangerschaft infizierten.

➡ In den meisten städtischen Gebieten ist Leitungswasser sicher, kann aber nicht so gut schmecken. In abgelegenen Gebieten sollte man das Wasser filtern oder auf abgefülltes Trinkwasser zurückgreifen.

➡ Die Sonneneinstrahlung ist in Brasilien sehr intensiv, sodass Hitzschlag, Dehydrierung und Sonnenbrand drohen. Man sollte daher viel Wasser trinken, starken Sonnenschutz auftragen und sich langsam an die hohen Temperaturen gewöhnen, bevor man sich in anstrengende Aktivitäten stürzt. Bei Dehydrierung hilft *agua de côco* (Kokosmilch), weil sie Elektrolyte enthält.

➡ Eine Gelbfieber-Impfbescheinigung ist für die Einreise mittlerweile nicht mehr vorgeschrieben, die Impfung wird aber sehr empfohlen. An den meisten brasilianischen Grenzübergängen und großen Flughäfen kann man sich impfen lassen (für Ausländer kostenlos) und erhält auch gleich die Impfbescheinigung. Es ist aber besser, sich die Spritze noch vor Reiseantritt geben zu lassen.

INTERNETZUGANG

Die meisten Hostels und Hotels sowie viele Cafés und Restaurants bieten WLAN. Der Zugang ist in der Regel kostenlos, in teureren Hotels werden manchmal Gebühren erhoben.

Internetcafés sind weitgehend aus Brasilien verschwunden. Falls man noch eines findet, liegen die Preise zwischen 5 und 10 R$ pro Stunde.

LANDKARTEN

Die besten in Brasilien verfügbaren Landkarten sind die der Reihe Quatro Rodas, in der es auch gute regionale Karten (Norte, Nordeste etc.) gibt. Man findet sie überall im Land. Quatro Rodas gibt auch den für Autofahrer nützlichen *Atlas Rodoviário* sowie ausgezeichnete Stadtpläne der wichtigsten Städte heraus.

LGBT+-REISENDE

In Fragen des Sexuallebens sind Brasilianer recht entspannt, und Homosexualität wird hier mehr akzeptiert als in jedem anderen lateinamerikanischen Land. Wie weit man sich outen kann, unterscheidet sich aber trotzdem stark von Region zu Region. In manchen kleineren Städten ist Diskriminierung allgegenwärtig.

Rio ist die Schwulenhauptstadt Lateinamerikas, aber muntere Schwulenszenen finden sich auch in São Paulo und in geringerem Ausmaß auch in Salvador. Schwulen- und Lesbenbars verschwinden (auch wegen Dating-Apps wie Grindr). Jene, die immer noch existieren, sind offen für alle und werden von Schwulen, Lesben und aufgeschlossenen Heteros besucht – einem bunt gemischten Publikum, das in erster Linie tanzen und sich amüsieren will.

Es gibt in Brasilien keine Gesetze gegen Homosexualität, das Alter für einvernehmlichen Sex liegt bei 18 Jahren.

Hier einige nützliche Adressen:

Mix Brasil (www.mixbrasil.org.br) Die größte brasilianische LGBT-Website.

ABGLT (Associação Brasileira de Lésbicas, Gays, Bissexuais, Travestis, Transexuais e Intersexos; www.abglt.org)

ACAPA (Associação Brasileira de Gays, Lésbicas, Bissexuais, Travestis e Transexuais; www.disponivel.uol.com.br/acapa)

ÖFFNUNGSZEITEN

Banken Mo–Fr 9–15 Uhr

Bars 18–2 Uhr

Cafés 8–22 Uhr

Nachtclubs Do–Sa 22–4 Uhr

Post Mo–Fr 9–17 Uhr; manchmal auch Sa morgens

Restaurants 12–14.30 & 18–22.30 Uhr

Geschäfte/Läden Mo–Fr 9–18, Sa 9–13 Uhr

RECHTSFRAGEN

Im Umgang mit brasilianischen Polizisten sollte man wachsam, aber respektvoll sein: Wer gegenüber einem Beamten schimpft, brüllt oder anderweitig ausfallend wird, kann in Brasilien durchaus verhaftet werden.

Auf den Konsum oder den Besitz von Drogen stehen strenge Strafen. Die Polizei teilt keineswegs die tolerante Haltung der meisten Brasilianer gegenüber Marihuana. Bei Polizeikontrollen an den Landstraßen werden Autos nach dem Zufallsprinzip angehalten. Alkohol und Autofahren vertragen sich einfach nicht. Brasilien ist diesbezüglich besonders streng: Seit 2008 herrscht die gesetzliche 0,0 ‰-Grenze. Schwerpunktkontrollen (als *blitz* bezeichnet) sind in Großstädten häufig, vor allem in Rio und São Paulo.

Aus Bolivien und Peru wird eine große Menge Kokain durch Brasilien geschleust. Wer aus einem der Andenstaaten nach Brasilien einreist und dort Koka-Blätter gekaut hat, sollte alle Restbestände entsorgen und sein Gepäck gründlich reinigen.

REISEN MIT BEHINDERUNG

Rollstuhlfahrer haben es in Brasilien nicht leicht, aber in den großen Städten gibt es gezielte Bemühungen, den Menschen Mobilität zu ermöglichen. Zu den Problemen, auf die man trifft, zählen stark überfüllte öffentliche Busse und Restaurants mit Eingangsstufen. Es zahlt sich aus, bei der Reiseplanung Kontakt zu der einen oder anderen einschlägigen Organisation aufzunehmen.

Rio ist für Traveller mit Behinderungen die wohl zugänglichste Stadt in Brasilien, was aber nicht bedeutet, dass das Vorankommen immer leicht wäre. Die U-Bahn hat elektrische Aufzüge für Rollstuhlfahrer, die aber nicht immer funktionieren. Die Straßen und Bürgersteige an den Hauptstränden haben abgesenkte Bordsteine und sind rollstuhlgerecht, das gilt für die meisten anderen Gebiete aber nicht. Für Transportfragen rund um Rio kann man sich an **Especial Coop Taxi** (☎21 3295-9606, WhatsApp 21 99776-5347; www.facebook.com/especialcoop) wenden. In São Paulo wendet man sich an die staatliche **Central de Atendimento do Táxi Acessível** (☎11 3740-5544).

Die meisten neueren Hotels haben rollstuhlgerechte Zimmer und einige Kabelfernseher einen CC-Umwandler.

SPRACHKURSE

Die meisten Sprachschulen verlangen hohe Preise für Gruppenunterricht; oft sind Privatlehrer günstiger. Diese findet man gut über Hostels, wo solche Lehrer ihre Dienste oft am Schwarzen Brett anbieten.

Rio gehört zu den Orten, wo man leicht Portugiesischunterricht nehmen kann. Das **Caminhos Language Centre** (Karte S. 328; ☎21 2267-6552; www.caminhoslanguages.com; Farme de Amoedo 135, Ipanema; Privatunterricht 90 R$/Std., Kurs 4 Wochen mit 80 Std. 1800 R$) bietet Intensivkurse in der Gruppe; die Einnahmen unterstützen Waisenhäuser in Brasilien. In Rio befindet sich auch das angesehene **Instituto Brasil-Estados Unidos** (IBEU; Karte S. 332; ☎21 2548-8430; http://portuguese.ibeu.org.br; 5. OG, Av NS de Copacabana 690, Copacabana; Intensivkurs 36 Std. 2300 R$), das Unterricht in drei Leistungsstufen anbietet.

PREISKATEGORIEN: SCHLAFEN

Die folgenden Preiskategorien beziehen sich auf ein Doppelzimmer mit Bad in der Hauptsaison (Dez.–März). Wenn nicht anders angegeben, ist das Frühstück im Preis enthalten.

**$** weniger als 160 R$

**$$** 160–350 R$

**$$$** mehr als 350 R$

In Rio, São Paulo und Brasília gelten höhere Preiskategorien:

**$** weniger als 200 R$

**$$** 200–500 R$

**$$$** mehr als 500 R$

STROM

Brasilien hat keine einheitliche Stromspannung, sie liegt irgendwo zwischen 110 und 220 V. Die verbreitetsten Steckdosen haben zwei Buchsen, die meistens für runde und flache Kotaktstifte geeignet sind. Man braucht einen Adapter und einen Überspannungsschutz für seine elektrischen Geräte.

TELEFON

Handy

Brasilien nutzt GSM-Netze mit den Frequenzen 850/900/1800/1900, die mit Nordamerika, Europa und Australien kompatibel sind. Das landesweite Mobilfunknetz 4G LTE mit den derzeitigen Frequenzen 2500/2690 ist mit vielen europäischen und nordamerikanischen Smartphones nicht kompatibel.

Handys haben neunstellige Telefonnummern, die mit einer 9 beginnen, und Ortsvorwahlen wie ein Festnetzanschluss; wer aus einer anderen Stadt anruft, muss diese Vorwahlen benutzen. Tim (www.tim.com.br), Claro (www.claro.com.br), Oi (www.oi.com.br) und Vivo (www.vivo.com.br) sind die größten Anbieter.

Ausländer können eine lokale SIM-Karte gegen Vorlage des Passes und ohne brasilianische Steuernummer kaufen, womit ein bedeutendes bürokratisches Hindernis aus der Welt geschafft ist. Die lokale SIM-Karte kann in europäischen Handys, die keinen SIM-Lock haben, verwendet werden.

TOILETTEN

Öffentliche Toiletten sind nicht weit verbreitet, finden sich aber in den meisten Städten und Ortschaften an allen Busbahnhöfen und Flughäfen; die Nutzung kostet in der Regel 1 oder 2 R$. Generell darf man in Restaurants und Bars die Toiletten benutzen. Wie in anderen lateinamerikanischen Ländern wird benutztes Toilettenpapier nicht hinuntergespült, sondern in den Behälter neben der Toilette entsorgt.

TOURISTENINFORMATION

Die Touristeninformationen in Brasilien sind mal so, mal so. Einige haben engagiertes, kenntnisreiches Personal, andere zeigen wenig Interesse, Urlaubern zu helfen.

Embratur (www.visitbrasil.com), die brasilianische Tourismusbehörde, bietet begrenzt Infos im Internet.

UNTERKUNFT

Die Unterkünfte in Brasilien sind meist einfach, aber normalerweise sauber und relativ sicher.

Fast überall bekommt man eine Art *café da manhã* (Frühstück).

Brasilien besitzt viele Hostels im gesamten Land. Ein Bett im Schlafsaal kostet zwischen 40 und 80 R$ pro Person.

Die brasilianischen Hotels gehören zu den teuersten in Südamerika; *pousadas* haben mehr Charme und Lokalkolorit. Hierbei handelt es sich in der Regel um kleine, von Familien geführte Gästehäuser, obwohl sich auch einige Hotels als *pousadas* bezeichnen, um ihren Charme-Quotienten aufzupolieren. Ein Doppelzimmer in einer *pousada* kostet zwischen 160 R$ (rustikale Variante) und mehr als 600 R$ für eine besonders luxuriöse Unterkunft.

VERANTWORTUNGSBEWUSSTES REISEN

Auch Reisende sollten dazu beitragen, die gefährdete brasilianische Umwelt zu schützen. Es ist dringend empfehlenswert, möglichst nur umweltfreundliche Reiseangebote wahrzunehmen. Meiden sollte man Reisebüros, die nicht aktiv für den Umweltschutz arbeiten (beispielsweise Anbieter im Pantanal, die ihre Tourteilnehmer dazu ermutigen, Wildtiere gegen deren Willen anzufassen).

Wer die Angebote der Gemeinden nutzt, lässt sein Geld direkt den Menschen vor Ort zukommen statt irgendwelchen Konzernen. Das gilt auch, wenn man Kunsthandwerk und andere Gegenstände direkt bei den Produzenten oder ihren Vertretern kauft.

VISA

Brasilien hat ein reziprokes Visasystem: Wenn das eigene Heimatland von Brasilianern für die Einreise ein Visum verlangt, braucht man für die Einreise nach Brasilien auch ein Visum. US-Amerikaner, Kanadier und Australier benötigen daher ein Visum, Franzosen, Briten und Neuseeländer beispielsweise hingegen nicht. Ob für das eigene Land ein Visum nötig ist, erfährt man übrigens in der Botschaft oder dem Konsulat Brasiliens im eigenen Heimatland.

EU-Bürger und Schweizer benötigen für einen bis zu 90-tägigen Aufenthalt in Brasilien kein Visum.

Minderjährige, die ohne Eltern oder Vormund nach Brasilien einreisen wollen, benötigen eine notariell beglaubigte Erlaubnis eines Elternteils oder des Vormunds.Es ist empfehlenswert, frühzeitig Informationen beim brasilianischen Konsulat einzuholen.

Aktuelle Informationen zu Visa finden sich unter www.lonelyplanet.com/brazil/visas (auf Englisch). Außerdem sind die Websites des Auswärtigen Amts (www.auswaertiges-amt.de/de/aussenpolitik/laender/brasilien-node), des österreichischen Außenministeriums (www.bmeia.gv.at/reise-aufenthalt/reiseinformation/land/brasilien/) und des Eidgenössischen Departements für auswärtige Angelegenheiten EDA (www.eda.admin.ch/eda/de/home/vertretungen-und-reisehinweise/brasilien.html) wichtige Informationsquellen für Brasilienreisende.

Einreise-/Ausreisekarte

Bei der Einreise nach Brasilien müssen alle Touristen eine *cartão de entrada/saida* (Einreise-/Ausreisekarte) ausfüllen; die Einreisebehörde behält die eine Hälfte, man selbst bekommt die andere. Die Einreisebehörde setzt außerdem ihren Stempel in den Pass und trägt, wenn einem aus dem einen oder anderen Grund nicht die übliche Aufenthaltsdauer von 90 Tagen gewährt wird, auch die erlaubte Zahl der Aufenthaltstage ein.

Bei der Ausreise aus Brasilien ziehen die Einreisebeamten die zweite Hälfte der Einreise-/Ausreisekarte ein. Man sollte diese Karte auf keinen Fall auf der Reise verlieren, weil das unnötige Schwierigkeiten und Verzögerungen bei der Ausreise nach sich zieht.

Visaverlängerungen

Brasiliens Polícia Federal, die Büros in den Hauptstädten der Bundesstaaten und in Grenzstädten unterhält, bearbeitet die Visaverlängerungen bei Travellern aus Staaten, für die eine Verlängerung möglich ist. Inhaber von Pässen aus Schengen-Staaten müssen für 90 Tage das Land verlassen, ehe sie wieder für 90 Tage einreisen dürfen – Verlängerung ist keine Option.

ℹ An- & Weiterreise

Die meisten Traveller beginnen ihre Brasilienreise mit einem Flug nach Rio, aber das Land hat noch mehrere andere internationale Flughäfen und – mit Ausnahme von Chile und Ecuador – Landgrenzen mit jedem anderen südamerikanischen Land. Flüge und Touren kann man online unter lonelyplanet.com/bookings buchen.

FLUGZEUG

Die verkehrsreichsten internationalen Flughäfen sind der **Aeroporto Galeão** (Aeroporto Internacional Antônio Carlos Jobim; ☎ 21 3004-6050; www.riogaleao.com; Ankunftshalle der Inlandsflüge, Av Vinte de Janeiro) in Rio de Janeiro und der Aeroporto Guarulhos (GRU) in São Paulo (S. 365). Von beiden starten regelmäßig Anschlussflüge ins ganze Land. In Salvador und Recife gibt's einige wenige Direktflüge nach/aus Europa.

Die **LATAM** (☎ 0300-570-5700; www.latam.com) hat zwar ihren Hauptsitz in Chile, ist aber Brasiliens größte internationale Fluglinie. Sie bietet Flüge nach New York, Miami, Paris, London und Lissabon sowie in sieben südamerikanische Städte. Die US-amerikanische Flugaufsichtsbehörde bewertet LATAM als Kategorie 1, was bedeutet, dass das Unternehmen internationale Flugverkehrsstandards einhält.

AUF DEM LANDWEG

Argentinien

Der wichtigste Grenzübergang für Traveller ist Puerto Iguazú–Foz do Iguaçu, der eine 20-stündige Busfahrt von Buenos Aires entfernt liegt. Weiter südlich kann man von Uruguaiana (Brasilien) nach Paso de los Libres (Argentinien) und von dort per Bus weiter nach Buenos Aires gelangen.

Direktbusse verbinden Buenos Aires mit Porto Alegre (335 R$, 21 Std.) und Rio de Janeiro (550 R$, 42 Std.). Weitere Ziele sind Florianópolis (458 R$, 25 Std.), Curitiba (385 R$, 32 Std.) und São Paulo (467 R$, 44 Std.).

Bolivien

Brasiliens längste Grenze zieht sich durch abgelegene Feuchtgebiete und Wälder und wird regelmäßig von Schmugglern überquert. Die wichtigsten Grenzübergänge nach Bolivien befinden sich in Corumbá, Cáceres, Guajará-Mirim und Brasiléia.

Der am stärksten benutzte Übergang ist der zwischen Quijarro (Bolivien) und Corumbá (Brasilien), der ein guter Ausgangspunkt ist, um ins Pantanal zu kommen. Von Quijarro aus gibt es eine tägliche Zugverbindung nach Santa Cruz (Bolivien). In Corumbá stehen Reisenden Busverbindungen nach Bonito, Campo Grande, São Paulo, Rio de Janeiro und ins südliche Brasilien zur Verfügung.

Cáceres in Mato Grosso (Brasilien) hat eine tägliche Busverbindung mit Santa Cruz (Bolivien) über den bolivianischen Grenzort San Matías.

Guajará-Mirim in Brasilien ist nur durch den Fluss von Guayaramerín in Bolivien getrennt. In den beiden Städten werden Busverbindungen zu anderen Zielen im jeweiligen Staat angeboten (in Guayaramerín auch Flüge), aber zwischen Ende Dezember und Ende Februar sind die Straßen im nördlichen Bolivien häufig wegen der starken Regenfälle so gut wie nicht benutzbar.

Brasiléia (Brasilien) ist eine viereinhalbstündige Busfahrt von Rio Branco entfernt und liegt gegenüber von Cobija (Bolivien), von wo aus es Bus- und Flugverbindungen zu anderen Zielen in Bolivien gibt. Auch hier haben die Busfahrer in der Regenzeit mit überfluteten Straßen zu kämpfen.

Chile

Brasilien hat zwar keine gemeinsame Grenze mit Chile, es existieren aber Direktbusse von Santiago über Argentinien zu Städten in Brasilien wie Porto Alegre (486 R$, 40 Std.), São Paulo (465 R$, 57 Std.) und Rio de Janeiro (560 R$, 63 Std.).

Französisch-Guayana

Die brasilianische Stadt Oiapoque, die 560 holprige Kilometer Busfahrt von Macapá entfernt ist, liegt am Ufer des Río Oiapoque gegenüber von St.-Georges (Französisch-Guayana). Auf der Straße zwischen St.-Georges und Cayenne, der Hauptstadt von Französisch-Guayana, verkehren Kleinbusse (man sollte früh am Morgen kommen, um einen der Kleinbusse zu erwischen).

Guyana & Suriname

Von Boa Vista fahren täglich Busse nach Bonfim im Bundesstaat Roraima (26 R$, 1½ Std.) an der Grenze zu Guyana. Lethem im Südwesten von Guyana liegt nur eine kurze Motorkanufahrt entfernt.

Die Überlandverbindungen zwischen Suriname und Brasilien führen entweder durch Französisch-Guayana oder Guyana.

Kolumbien

Leticia am Amazonas im äußersten Südosten Kolumbiens grenzt an die brasilianische Ortschaft Tabatinga. Man kann die dortige Grenze zu Fuß, per Kombi oder im Taxi überqueren. Wenn man sich schon in Kolumbien befindet, ist Leticia aber eigentlich nur per Flugzeug erreichbar. Tabatinga ist einen kurzen Flug (oder eine mehrtägige Bootsfahrt auf dem Amazonas) von Manaus oder Tefé entfernt.

Paraguay

Die beiden wichtigsten Grenzübergänge sind Ciudad del Este (Paraguay)–Foz do Iguaçu (Brasilien) und Pedro Juan Caballero (Paraguay)–Ponta Porã (Brasilien). Direktbusse verkehren zwischen Asunción und den brasilianischen Städten wie Florianópolis (340 R$, 22 Std.), Curitiba (270 R$, 14 Std.), São Paulo (250 R$, 20 Std.) und Foz do Iguaçu (80 R$, 6½ Std.).

Peru

Es verkehrt mindestens ein Bus am Tag von Rio Branco (Brasilien) über den Grenzübergang Assis (Brasilien)–Iñapari (Peru) auf der für 2,75 Mrd. US$ gebauten Transoceánica nach Puerto Maldonado (Peru). Man erreicht Assis auch mit den täglichen Bussen ab Epitáciolândia (20 R$, 2 Std.) und kann den Rio Acre nach Iñapari überqueren.

Uruguay

Von Reisenden wird der Grenzübergang Chuy (Uruguay)–Chuí (Brasilien) am häufigsten genutzt. Das ist eigentlich ein Ort; die Grenze verläuft mitten auf der Hauptstraße. Andere Übergänge sind Río Branco (Uruguay)–Jaguarão (Brasilien), Isidoro Noblia (Uruguay)–Aceguá (Brasilien), Rivera (Uruguay)–Santana do Livramento (Brasilien), Artigas (Uruguay)–Quaraí (Brasilien) sowie Bella Unión (Uruguay)–Barra do Quaraí (Brasilien). Busse verkehren zwischen Montevideo und brasilianischen Städten wie Porto Alegre (267 R$, 12 Std.), Florianópolis (290 R$, 18 Std.) und São Paulo (490 R$, 32 Std.).

SCHIFF

Schnelle Passagierschiffe legen die 400 km lange Strecke über den Amazonas zwischen Iquitos (Peru) und Tabatinga (Brasilien) normalerweise in ca. zehn Stunden zurück (rund 75 US$). Von Tabatinga aus können Traveller dann noch 3000 km stromabwärts bis zur Flussmündung weiterfahren.

Von Trinidad in Bolivien gelangt man im Rahmen einer rund fünftägigen Bootsfahrt auf dem Río Mamoré nach Guayaramerín gleich gegenüber der brasilianischen Grenzstadt Guajará-Mirim.

Unterwegs vor Ort

AUTO & MOTORRAD

Brasilianische Straßen können gefährlich sein, insbesondere stark befahrene Autobahnen wie der Korridor von Rio de Janeiro nach São Paulo. Jedes Jahr gibt es Zehntausende Verkehrstote im Land. Das Fahren bei Nacht ist besonders gefährlich, weil dann Gefahrenstellen auf der Straße weniger gut sichtbar sind. Auch betrunkene Autofahrer sind immer noch ein Problem, obwohl in letzter Zeit stärker dagegen vorgegangen wird.

Trotz alledem kann die Fahrt mit dem Auto eine bequeme (wenn auch recht teure) Möglichkeit sein, Brasilien zu erkunden. Ein kleiner Mietwagen für vier Personen kostet ohne Kilometerbegrenzung und inklusive einer Basisversicherung etwa zwischen 100 und 120 R$ pro Tag (mit Klimaanlage 140–160 R$). 1 l Normalbenzin schlägt mit 2,80 bis 4 R$ zu Buche, das aus Zuckerrohr hergestellte Äthanol *(álcool)* kostet ungefähr die Hälfte. Allerdings ist hier der Verbrauch auch um etwa 30 % höher (die meisten Autos fahren mit diesen beiden Kraftstoffen und werden hierzulande Flex-Autos genannt).

Führerschein

Der heimische Führerschein ist in Brasilien gültig; es empfiehlt sich aber die Anschaffung eines internationalen Führerscheins, weil örtliche Behörden nicht mit ausländischen Führerscheinen vertraut sind. Das gibt Polizisten weniger Grund zu der Behauptung, man fahre ohne gültigen Führerschein. Internationale Führerscheine stellen die nationalen Straßenverkehrsämter aus; sie kosten in der Regel ca. 15 US$. Ohne eine brasilianische Fahrerlaubnis dürfen Ausländer in Brasilien kein Motorrad fahren.

BUS

Die Busdienste in Brasilien sind generell ausgezeichnet. Die Abfahrtzeiten werden strikt eingehalten, und die meisten Busse sind sauber, komfortabel und gut gewartete Mercedes-, Volvo- oder Scania-Fahrzeuge.

Alle großen Städte sind mit häufig fahrenden Bussen verbunden – einer fährt in Spitzenzeiten alle 15 Minuten von Rio nach São Paulo – und es gibt eine überraschende Zahl von Fernbussen. Alle Großstädte und die meisten kleineren Städte haben zumindest einen großen Fernbusbahnhof, der als *rodoviária* (ho-do-wi-*ah*-ri-ja) bezeichnet wird.

Brasilien hat zahlreiche Busunternehmen, und in größeren Städten gibt's Dutzende konkurrierende Unternehmen. ClickBus (www.clickbus.com.br) ist eine gute App, um Abfahrtzeiten zu prüfen, Preise zu checken (Bustickets können teuer sein) und Tickets zu kaufen. Eine andere gute Adresse für landesweite Busverbindungen ist Busca Ônibus (www.buscaonibus.com.br).

Es gibt drei Hauptklassen von Fernbussen. Der übliche Bustyp heißt *convencional* oder *comum* und ist am verbreitetsten. Diese Busse sind recht komfortabel und haben für gewöhnlich auch eine Toilette an Bord. Ein *executivo* oder *semi-leito* ist bequemer (mit rückstellbaren Sitzen), kostet rund 25 % mehr und hält unterwegs seltener. Ein *leito* (Nachtbus mit Liegen) kostet doppelt so viel wie ein *comum* und hat voll ausklappbare Sitze mit Decken und Kissen, Klimaanlage und manchmal einen Steward, der die Fahrgäste mit Sandwiches, Kaffee, Sprudel und *água mineral* (Mineralwasser) versorgt.

Gleichgültig, ob Busse über eine Toilette verfügen oder nicht, legen sie generell alle drei oder vier Stunden eine Pause ein, damit man etwas essen und ins Bad gehen kann.

In klimatisierten Bussen bläst die Anlage manchmal sehr stark; man sollte aus diesem Grund einen leichten Pullover oder eine Jacke dabeihaben.

FLUGZEUG

Aufgrund der großen Entfernungen in Brasilien sind Flüge hin und wieder notwendig und nicht unbedingt viel teurer als eine lange Busfahrt. Wer mehr als nur einige wenige Flüge hier plant, wird mit einem brasilianischen Flugpass wahrscheinlich Geld sparen. In Zeiten mit hohem Reiseaufkommen (von Weihnachten bis Karneval, rund um Ostern sowie Juli & Aug.) sollte man vorab buchen. Man sollte seinen Flug immer nachprüfen, weil sich die Flugpläne häufig ändern.

Fluglinien

Brasilien hat zwei große Inlandsfluglinien, Gol und LATAM (ein Zusammenschluss der chilenischen LAN und der brasilianischen TAM), sowie eine Handvoll kleinerer regionaler Fluglinien. Die wichtigsten Inlandsfluglinien sind:

Avianca (AV; ☎ 0300-789-8160; www.avianca.com)

Azul (☎ 0800-887-1118; www.voeazul.com.br)

Gol (☎ 0300-115-2121; www.voegol.com.br)

LATAM (S. 473)

Flugpässe

Ein brasilianischer Flugpass ist eine gute Investition, wenn man große Strecken in bis zu 30 Tagen zurücklegen will. Die Inlandsfluglinie Gol bietet einen Flugpass mit vier bzw. fünf Flügen im umfangreichen eigenen Netz ab 505 bzw. 638 US$ zzgl. Steuern und Gebühren; jeder zusätzliche Flug kostet ungefähr 120 US$. Mit dem Flugpass von Azul kann man bis zu vier Flüge absolvieren und zwar innerhalb von 21 Tagen für 500 US$.

Beide Pässe müssen vor der Einreise nach Brasilien gekauft werden. Auch der Reiseweg muss zum Kauftermin bereits gebucht werden – für Änderungen von Reservierungen werden möglicherweise Nachzahlungen fällig. Viele Reisebüros verkaufen den Flugpass, darunter auch der Brasilienreisen-Spezialist Brol (www.brol.com).

Wenn man aus irgendeinem Grund einen auf dem Flugpass eingetragenen Flug nicht nimmt, sollte man alle anderen Flüge bestätigen. Traveller mussten manchmal schon feststellen, dass alle ihre Flugpassreservierungen aus dem Computer gestrichen wurden, nachdem sie einen Flug verpasst hatten oder abgewiesen wurden.

GEFÜHRTE TOUREN

Das Amazonasgebiet und das Pantanal sind die beiden beliebtesten Regionen für geführte Touren in Brasilien. Mit einem ausgebildeten Guide wird man mehr erleben und auch eher an schlecht zugängliche Orte kommen, wo man die besten Möglichkeiten zum Beobachten von Wildtieren hat. In zahlreichen Nationalparks Brasiliens, beispielsweise in den Parks Lençóis Maranhenses, Chapada dos Guimarães und Chapada Diamantina, sind sachkundige Führer zwar nicht unbedingt vorgeschrieben, aber letztlich doch unverzichtbar.

NAHVERKEHR

Bus

Die Busverbindungen im Nahverkehr (einf. Fahrt 3–4,50 R$) sind in der Regel ordentlich. Da die meisten Brasilianer mit dem Bus zur Arbeit fahren, verkehren die Stadtbusse häufig. Außerdem bedienen die Busse ein umfangreiches Streckennetz.

Bei der Mehrzahl der Stadtbusse steigt man vorne ein und hinten aus; manchmal ist's aber auch umgekehrt. Üblicherweise sitzt der Schaffner, der das Geld der Fahrgäste einnimmt, an einem Drehkreuz gleich hinter dem Eingang.

Verbrechen können ein Problem sein. Man sollte keine Wertsachen in die Busse mitnehmen und zweimal nachdenken, bevor man in Rio oder in anderen Städten in einen nicht näher gekennzeichneten Minibus einsteigt – in diesen kam es in letzter Zeit vermehrt zu Überfällen.

Metro

Rio de Janeiro und São Paulo haben ausgezeichnete U-Bahnen; das Netz in Rio wurde für die Olympiade von 2016 ausgebaut. Diese U-Bahnen sind ein sicheres, billiges und effizientes Mittel zur Erkundung der Städte. Für eine einfache Fahrt bezahlt man in Rio 4,30 R$ und in São Paulo 4 R$.

Taxi & Fahrdienst-Apps

Taxifahrten gibt's zu vernünftigen Preisen; und Taxis sind die beste Option, wenn man sich nachts durch die Stadt bewegen will. In den Städten haben Taxis in der Regel einen Grundpreis von etwa 5,50 R$; der Kilometerpreis liegt bei ca. 2,50 R$ (nachts und an den Wochenenden höher).

In kleineren Ortschaften besitzen Taxis oft keinen Taxameter, dann muss man sich – vor dem Einsteigen – über den Preis der Fahrt verständigen.

Wenn möglich, sollte man sich vor der Taxifahrt über die Gegend kundig machen und einen Stadtplan griffbereit haben – für den Fall wenn man bemerkt, dass der Fahrer gewaltige Umwege fährt.

Die bevorzugte App für ortsgebundene Taxis ist 99Taxis (www.99app.com); sie ist bequemer und sicherer, als wenn man ein Taxi telefonisch bestellt oder an der Straße heranwinkt. Fahrdienst-Apps wie Uber (www.uber.com) und Cabify sind weit verbreitet.

SCHIFF/FÄHRE

Die Amazonasregion ist weltweit eine der letzten großen Bastionen der Passagierflussfahrt. In großen Teilen des Amazonasbeckens fungieren Flüsse immer noch als Autobahnen: Schiffe und Kähne aller Größe und Art tuckern jeden Fluss und Bach hinauf und hinunter, in dessen Nähe ein Mensch lebt.

TRAMPEN

Trampen ist in keinem Land der Erde vollständig sicher und wir empfehlen es daher nicht.

Traveller, die sich dennoch dafür entscheiden, müssen wissen, dass sie ein kleines, aber potenziell lebensgefährliches Risiko eingehen. Leute, die trampen, sind zu zweit etwas sicherer; außerdem sollten sie dann jemanden darüber informieren, wohin sie gerade unterwegs sind.

Abgesehen vom Pantanal und mehreren anderen Gegenden, wo die Einheimischen auch oft auf Mitfahrgelegenheiten zurückgreifen, ist Trampen in Brasilien schwierig. Auf Portugiesisch erkundigt man sich mit *„Pode dar carona?“* (Können Sie uns mitnehmen?) nach einer Mitfahrgelegenheit. Praktisch kann man Fahrer nur ansprechen, wenn sie sich außerhalb ihres Fahrzeugs befinden, also z. B. an einer Tankstelle oder auf einem Lkw-Rastplatz. Es ist höflich und angemessen, dem Fahrer als Entschädigung die Bezahlung eines Anteils am Benzin anzubieten.

ZUG

Es gibt nur sehr wenige Passagierzüge. Eine der wenigen verbliebenen, lohnenden Linien führt von Curitiba das Küstengebirge hinunter nach Morretes.

Chile

18 MIO. EW.

Gut essen

- ➡ Cotelé (S. 572)
- ➡ Anita Epulef Cocina Mapuche (S. 558)
- ➡ Chinchinero Sabor Propio (S. 505)
- ➡ Just Delicious (S. 557)

Schön übernachten

- ➡ Casa Chueca (S. 544)
- ➡ La Joya Hostel (S. 504)
- ➡ Happy House Hostel (S. 490)
- ➡ Vinn Haus (S. 593)

Auf nach Chile!

Das grotesk schmale Chile verläuft vom Bäuchlein Südamerikas bis hinunter zu seinem Fuß und erstreckt sich dabei von der trockensten Wüste der Welt bis zu den riesigen Gletscherfeldern. Die unterschiedlichen Landschaftsformen entlang der 4300 km langen Ausdehnung sind bestimmt von Dünen, fruchtbaren Tälern, Vulkanen, Wäldern, Gletschern und Fjorden. Die Natur wartet an jeder Ecke mit Wundern auf und bildet eine faszinierende Symphonie. Travellern erscheint es oft unfassbar, dass hier so viel so lange Zeit intakt geblieben ist, und Abenteuerreisende kommen voll auf ihre Kosten.

In Chile fühlt man sich wegen der Omnipräsenz nationaler und natürlicher Grenzen stets angenehm abgeschieden. Das Land wird von den Anden und dem Pazifik umrahmt und ist im Schnitt nur 175 km breit. Da überrascht es nicht, dass man immer wieder dieselben Traveller trifft. Das entspannte Flair, das den Alltag in diesem entlegenen Winkel der Welt prägt, zieht jeden in seinen Bann.

Reisezeit

Santiago

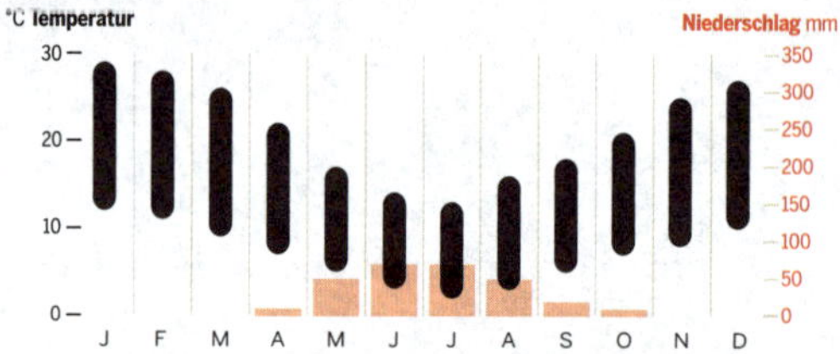

Nov.–Feb. Jetzt ist Patagonien am schönsten (und teuersten). Die Strände sind oft überfüllt.	**März–Mai, Sept. & Okt.** Traubenernte in Weinregionen; angenehme Temperaturen in Santiago.	**Juni–Aug.** Super Wetter im Norden; die Chilenen genießen ihren Winterurlaub im Juli.

Einreise

Im Norden grenzt Chile an Peru und Bolivien. Mit Argentinien teilt sich das Land seine endlos lange Ostgrenze mit zahlreichen Übergängen, die über die Anden führen. Achtung: Im Winter sind viele Pässe geschlossen.

Beliebte Verbindungen nach Argentinien sind u.a. Santiago nach Mendoza und Buenos Aires, Calama nach Jujuy und Salta, La Serena nach San Juan, Temuco nach San Martín de los Andes sowie die Bus-Fähr-Kombi zwischen Puerto Varas und Bariloche. Weitere internationale Verbindungen sind u.a. Arica nach Tacna in Peru sowie Iquique nach Oruro in Bolivien.

REISEROUTE (ZWEI WOCHEN)

Einen Tag lang erkundet man Santiagos Museen und Cafés, dann flüchtet man in die malerische Hafenstadt Valparaíso. Von Zentralchile aus muss man sich entscheiden, in welche Richtung es weitergehen soll. Im Norden liegt San Pedro de Atacama mit Abenteuersport, mystischer Wüstenlandschaft und einem atemberaubenden Sternenhimmel. Im Süden liegt Patagonien mit Gletschern und dem Trekkingparadies Torres del Paine.

In der zweiten Woche wählt man sein Abenteuer selbst: Weinproben im Colchagua-Tal, Wandern in den Anden oder Skifahren in Portillo, Surfen in Pichilemu, eine Erkundung des Endes der Welt in Tierra del Fuego oder ein Besuch einer Pisco-Brennerei außerhalb von La Serena.

Essen & Trinken

Pisco Gemixt mit Zucker und Zitronensaft wird der Traubenweinbrand zum berühmten Cocktail Pisco Sour.

Seafood An Chiles langer Küste locken herrlich frischer Fisch (*pescados*) und Krustentiere (*mariscos*).

Pasteles Aufläufe mit Mais, Fleisch, Krabben, Kartoffeln.

Wein Chiles Weinregionen sind weltberühmt.

Top-Tipps

- Mit WhatsApp auf dem Handy kann man schnell zu Hotels und örtlichen Geschäften per WLAN Kontakt aufnehmen.
- In Patagonien spielt die Saison eine große Rolle. Wer in der Nebensaison unterwegs ist, sollte erst einmal recherchieren, was geöffnet ist, und die Transportmittel checken. Unbedingt Extratage für schlechtes Wetter einplanen!
- Bei mehrtägigen Wanderungen im Nationalpark Torres del Paine die Unterkünfte und Stellplätze gleich nach dem Erhalt der Reisedaten buchen, weil Reservierungen vorgeschrieben und in der Hauptsaison sehr schwer zu erhalten sind.
- Bei Nutzung eines Smartphones unbedingt Kartenmaterial für die Gegend herunterladen, in der man unterwegs sein will.
- Im Sommer sollte man sich die Fiestas Costumbristas nicht entgehen lassen, lokale Feste im ganzen Land.

KURZINFOS

Geld Viele Geldautomaten; Kreditkarten werden häufig akzeptiert.

Hauptstadt Santiago

Notruf 133

Sprache Spanisch

Visa Für max. 90-tägige Aufenthalte brauchen EU-Bürger und Schweizer kein Visum.

Währung Chilenischer Peso (Ch$)

Zeit MEZ −6/−5 Std.

Wechselkurse

Eurozone	1 €	792 Ch$
	100 Ch$	0,13 €
Schweiz	1 SFr	722 Ch$
	100 Ch$	0,14 SFr

Aktuelle Wechselkurse gibt es unter www.xe.com.

Tagesbudget

- Zi. in einer günstigen *hospedaje*/B im Schlafsaal: 10 000 Ch$; DZ in einem Mittelklassehotel: 50 000 Ch$
- Hauptgericht abends in einem Budgetrestaurant: 5000 Ch$; in einem Mittelklasserestaurant: 8000 Ch$

Infos im Internet

Lonely Planet (www.lonelyplanet.com/chile)

Sernatur (www.chile.travel)

Santiago Times (http://santiagotimes.cl)

Visit Chile (www.visitchile.com)

Highlights

1 **Torres del Paine** (S. 595) Zu den schroffen Felstürmen von Chiles schönstem Nationalpark wandern.

2 **Valle del Colchagua** (S.541) Nippend und schnüffelnd durch die besten Weingüter Chiles tingeln.

3 **Valparaíso** (S. 500) In den Hügeln der unkonventionellen Stadt in abschüssigen Gassen urbane Kunst bewundern.

4 **Atacama-Wüste** (S. 529) Die Sterne über der trockensten Wüste der Welt mit den Augen verschlingen.

5 **Chiloé** (S. 573) Auf diesem außerirdisch wirkenden Archipel Pinguine, Küstennebel und Legenden kennenlernen.

6 **Patagonien** (S. 588) In der schönen und wilden Landschaft wandern, campen, mit dem Kajak fahren und reiten.

7 **Osterinsel** (S. 600) Die rätselhaften *moai* (Statuen) bestaunen.

8 **Iquique** (S. 531) Im Surfertreff an der Nordküste auf den Wellen reiten.

9 **Feuerland** (S. 598) Ans ruhige Ende der Welt entkommen.

SANTIAGO

☎2 / 7, 04 MIO. EW.

Santiago ist überraschend, weltoffen, energiegeladen, kultiviert und weltgewandt, eine Stadt der synkopischen kulturellen Strömungen, der ausufernden Partys, der weitläufigen Museen und der Nobelrestaurants. Mit der wachsenden Wirtschaft, einer neu aufflammenden Kunstszene und jeder Menge Exzentrizität im Gepäck, ist Santiago eine alte Stadt, die sich gerade im Aufbruch hin zu einer modernen Renaissance befindet.

Geschichte

Santiago wurde 1541 von Pedro de Valdivia gegründet, der den Ort aufgrund des gemäßigten Klimas und der zur Verteidigung strategisch guten Lage auswählte. Bis zum Nitrat-Boom in den 1880er-Jahren wuchs die Stadt kaum. Der Hauptbahnhof wurde von Gustave Eiffel entworfen. 1985 zerstörte ein Erdbeben einen Teil der klassischen Innenstadtarchitektur. Dank der intelligenten Konstruktionsweise und der strengen Bauvorschriften richtete das Erdbeben vom Februar 2010 vergleichsweise wenig Schaden in Chiles Hauptstadt an.

Sehenswertes

„El Centro" hat die Form eines kompakten Dreiecks und ist nicht nur der älteste, sondern auch der geschäftigste Teil Santiagos. Es wird im Norden vom Río Mapocho und dem Parque Forestal, im Westen von der Vía Norte Sur und im Süden von der Av General O'Higgins (bzw. der Alameda) begrenzt. Nördlich und östlich des Zentrums befindet sich das Barrio Bellavista mit dem Cerro San Cristóbal (Parque Metropolitano). Richtung Westen liegt mit dem Barrio Brasil die Künstlerenklave der Stadt. Die reichen *comunas* (Stadtgebiete) Providencia und Las Condes erstrecken sich an der Dreiecksspitze in Richtung Osten und sind über die Alameda erreichbar. Südlich von Providencia beginnt das Wohnviertel Nuñoa.

Centro

★ Museo Chileno de Arte Precolombino MUSEUM

(Chilenisches Museum präkolumbischer Kunst; Karte S. 488; ☎2-2928-1500; www.precolombino.cl; Bandera 361, Centro; 6000 Ch$; Di–So 10–18 Uhr; Ⓜ Plaza de Armas) Exquisite Töpferwaren der meisten großen präkolumbischen Kulturen bilden das Rückgrat von Santiagos bestem Museum. Neben Dutzenden von aufwendig geformten anthropomorphen Gefäßen gehören auch stolze Maya-Steinstelen, hohe Totempfähle der Mapuche und faszinierende Textilien der Andenregion zu den Höhepunkten der Ausstellung.

Plaza de Armas PLATZ

(Karte S. 488 Ecke Monjitas & 21 de Mayo, Centro; Ⓜ Plaza de Armas) Seit der Stadtgründung (1541) ist die Plaza de Armas das symbolische Herz Santiagos. In der Kolonialzeit war ein Galgen ihr grausiger Mittelpunkt; heute steht hier allerdings stattdessen ein Ehrenbrunnen für den *libertador* (Befreier) Simón Bolívar im Schatten von mehr als 100 Honigpalmen.

Catedral Metropolitana KIRCHE

(Karte S. 488, Plaza de Armas, Centro; Messe 12.30 & 19 Uhr; Ⓜ Plaza de Armas) An der Plaza de Armas erhebt sich die neoklassizistische Catedral Metropolitana (erb. 1748–1800). Wenn Bischöfe am prächtigen Altar die Messe feiern, könnten sie eventuell Unbehagen verspüren, denn in der Krypta darunter liegen ihre Vorgänger begraben.

Barrio París-Londres VIERTEL

(Karte S. 488; Ecke París & Londres; Ⓜ Universidad de Chile) Das kleine Viertel auf dem Gelände des Franziskanerklosters der Iglesia de San Francisco besteht aus zwei sich kreuzenden Kopfsteinstraßen, der París und der Londres, an der anmutige, europäisch anmutende Stadthäuser aus den 1920er-Jahren stehen. Ein Mahnmal an dem Haus **Londres 38** (Karte S. 488; www.londres38.cl; Londres 38, Barrio Paris-Londres; Di–Fr 10–13 & 15–18, Sa 10–14 Uhr; Ⓜ Universidad de Chile) GRATIS erinnert daran, dass in dem Gebäude unter dem Pinochet-Regime ein Folterzentrum untergebracht war.

Palacio de la Moneda HISTORISCHES GEBÄUDE

(Karte S. 488; https://visitasguiadas.presidencia.cl; Ecke Morandé & Moneda, Centro; Mo–Fr 9–17 Uhr; Ⓜ La Moneda) GRATIS Chiles Staatspräsident residiert im Palacio de la Moneda. Das schmucke klassizistische Gebäude wurde im späten 18. Jh. von dem italienischen Architekten Joaquín Toesca errichtet und beherbergte ursprünglich die staatliche Münze. Die Innenhöfe sind generell für die Öffentlichkeit zugänglich; wer ein paar Tage vorab das Online-Formular ausfüllt, kann auch an einer Führung teilnehmen.

Centro Cultural Palacio La Moneda KUNSTZENTRUM

(Karte S. 488; 2-2355-6500; www.ccplm.cl; Plaza de la Ciudadanía 26, Centro; Ausstellungen ab

SANTIAGO IN ...

... zwei Tagen

Los geht's an der belebten Plaza de Armas (S. 481). Man kann einen Blick in den alten Bahnhof Estación Mapocho (S. 494) werfen, der nun als Kulturzentrum dient; alternativ geht man einen Kaffee trinken und kann im Centro Cultural Palacio La Moneda (S. 481) moderne Kunst nebst Fairtrade-Kunsthandwerk bewundern. Nach einem Seafood-Mittagessen im Mercado Central (S. 491) besteigt man den Cerro Santa Lucía (S. 484), um sich Santiago von oben anzuschauen. Im Galindo (S. 492) in Bellavista gibt es schließlich ein typisch chilenisches Abendessen. Am zweiten Tag besichtigt man zuerst La Chascona (S. 484), Pablo Nerudas Wohnhaus, und nimmt dann die Seilbahn zum Gipfel des Cerro San Cristóbal (S. 484). Nach einer Mittagspause mit tollem Seafood in der skurrilen Peluquería Francesa (S. 493) werden der Buchladen und der Veranstaltungskalender im Centro Gabriela Mistral (S. 483) inspiziert. Später empfiehlt sich noch ein Abstecher zu **Opera Catedral** (Karte S. 488; 2-2664-3048; www.operacatedral.cl; Ecke JM de la Barra & Merced, Barrio Bellas Artes; Mo–Do 12.30–3, Fr & Sa bis 5 Uhr; Ⓜ Bellas Artes) auf einen *rica rica sour* (Pisco Sour mit Wüstenkräutern).

... vier Tagen

Am dritten Tag steht eine Wanderung im **Cajón del Maipo** oder eine Verkostung der Weine in einem Weingut auf dem Programm. Die Besichtigung der Straßenkunst im **Barrio Brasil** unterbricht man am vierten Tag mit einem Steak im **Las Vacas Gordas** (Karte S. 482; 2-2697-1066; Cienfuegos 280, Barrio Brasil; Hauptgerichte 7000–13 000 Ch$; Mo–Sa 12–24, So bis 17 Uhr; Ⓜ Ricardo Cumming). Der Aufenthalt in Santiago klingt mit einem Abendessen und Drinks im Liguria (S. 493) in Providencia aus.

Santiago

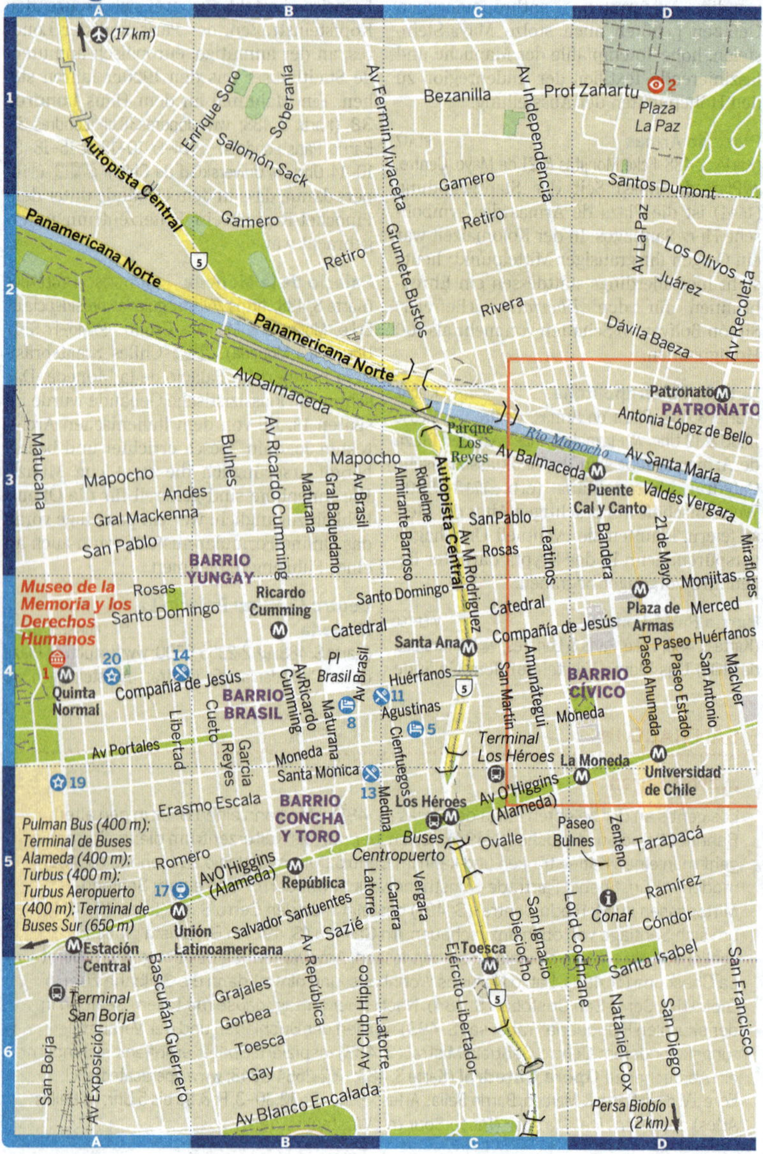

3000 Ch$; ⏲9–21 Uhr, Ausstellungen bis 19.30 Uhr; 👪; Ⓜ La Moneda) Eine von Santiagos jüngeren Kultureinrichtungen verleiht dem Begriff Untergrundkunst eine ganz neue Bedeutung – Das Centro Cultural liegt nämlich direkt unterhalb der Plaza de la Ciudadanía. Ein Glasdach flutet den gewölbeartigen Raum allerdings mit Tageslicht, und Rampen führen durch das zentrale Atrium vorbei am staatlichen Programmkino Cineteca Nacional zu zwei großen Sälen mit Wechselausstellungen, in denen oft große Wanderausstellungen in Santiago Station machen.

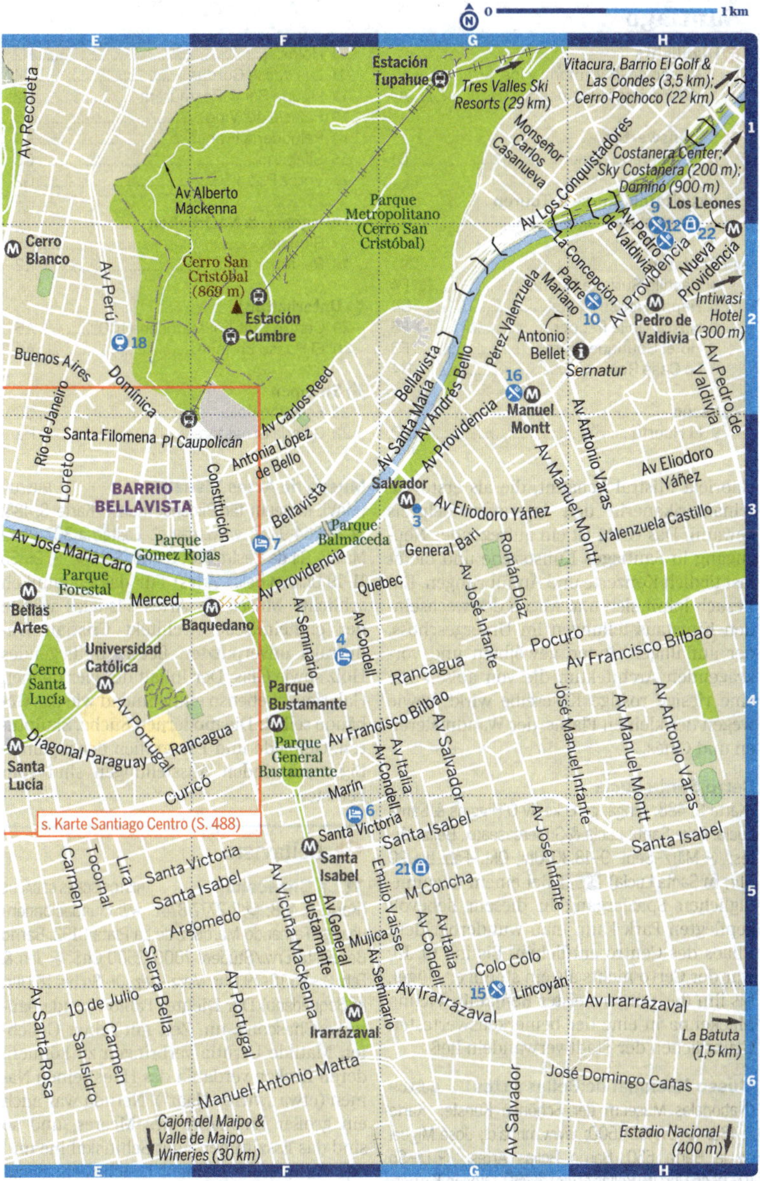

Barrios Lastarria & Bellas Artes

Die beiden bildhübschen Viertel bilden Santiagos Trendsetter-Zentrum und das Herz der hiesigen Cafészene. Sie beherbergen zudem drei der besten örtlichen Museen.

★ Centro Gabriela Mistral KUNSTZENTRUM

(GAM; Karte S. 488; ☎ 2-2566-5500; www.gam.cl; Av O'Higgins 227, Barrio Lastarria; ⏲ Plazas 8–22 Uhr, Ausstellungsflächen Di–Sa 10–21, So ab 11 Uhr; Ⓜ Universidad Católica) GRATIS Das eindrucksvolle Zentrum für Kultur und Darstellende Künste ist nach der chilenischen Dichterin

Santiago

Highlights
1 Museo de la Memoria y los Derechos Humanos A4

Sehenswertes
2 Cementerio General D1

Aktivitäten, Kurse & Touren
3 Tandem Santiago G3

Schlafen
4 Castillo Surfista Hostel F4
5 Happy House Hostel C4
6 Hostal Chile Pepper F5
7 Hotel Boutique Tremo F3
8 La Casa Roja B4

Essen
9 El Huerto H2
10 Holm H2
11 Las Vacas Gordas C4
12 Liguria Bar & Restaurant H2
13 Palacio del Vino B5
14 Peluquería Francesa A4
15 Silabario G6
16 Voraz Pizza G2

Ausgehen & Nachtleben
17 Blondie A5
18 Restobar KY E2

Unterhaltung
19 Centro Cultural Matucana 100 .... A5
20 El Huaso Enrique A4

Shoppen
21 Estacion Italia G5
22 Galería Drugstore H2

Gabriela Mistral benannt, die als erste Lateinamerikanerin den Literaturnobelpreis gewann. Das GAM ist ein aufregender Neuzugang in Santiagos Kunstszene und bietet fast täglich Konzerte und Aufführungen. Ein Besuch lohnt sich u.a. wegen der wechselnden Kunstausstellungen im Untergeschoss, der auffälligen, innen gewölbten und vorkragenden Architektur, die von außen wie eine riesige rostige Käsereibe wirkt, sowie wegen der kleinen Plazas, der Wandmalereien und Cafés.

Cerro Santa Lucía — PARK

(Karte S. 488; Eingänge Ecke Av O'Higgins & Santa Lucía, Ecke Santa Lucía & Subercaseaux, Bellas Artes; März–Sept. 9–18.30 Uhr, Okt.–Feb. bis 20 Uhr; M Santa Lucía) GRATIS Bei einem nachmittäglichen Spaziergang in diesem liebevoll gepflegten Park kann man wunderbar dem Chaos des Centro entfliehen. Bis ins 19. Jh. war der Cerro nichts als ein steiniger Hügel, bis ihn der Bürgermeister Benjamín Vicuña Mackenna in eine der bemerkenswertesten Grünflächen der Stadt verwandeln ließ.

Museo Nacional de Bellas Artes — MUSEUM

(Nationales Museum der Schönen Künste; Karte S. 488; 2-2499-1600; www.mnba.cl; José Miguel de la Barra 650, Barrio Bellas Artes; Di–So 10–18.45 Uhr; M Bellas Artes) GRATIS Dieses Kunstmuseum residiert im stattlichen, neoklassizistischen Palacio de Bellas Artes, der 1910 im Rahmen der Feiern zum 100-jährigen Bestehen Chiles erbaut wurde. Das Museum zeigt eine ausgezeichnete Dauerausstellung chilenischer Kunst. Die Gratis-Führungen starten täglich um 10.30 Uhr (Jan. & Feb. 12 Uhr).

Museo de Artes Visuales — MUSEUM

(MAVI, Museum für Bildende Kunst; Karte S. 488; 2-2664-9337; www.mavi.cl; Lastarria 307, Plaza Mulato Gil de Castro; 1000 Ch$, So frei; Di–So 11–19 Uhr; M Bellas Artes) Für das erstaunlich schlichte Museo de Artes Visuales wählte der einheimische Architekt Cristián Undurraga unverputzten Beton, freiliegendes Holz sowie Glas. Der Inhalt der vier offenen Galerien ist ebenso einnehmend wie das Gebäude selbst: Die modernen Stiche, Skulpturen, Gemälde und Fotografien der regelmäßig wechselnden Ausstellungen sind vom Feinsten.

Bellavista

★ La Chascona — HISTORISCHES GEBÄUDE

(Karte S. 488; 2-2777-8741; www.fundacionneruda.org; Fernando Márquez de La Plata 0192, Barrio Bellavista; Erw./Student 7000/2500 Ch$; Jan. & Feb. Di–So 10–19 Uhr, März–Dez. Di–So bis 18 Uhr; M Baquedano) Der Dichter Pablo Neruda baute La Chascona, um Zeit mit seiner Geliebten Matilde Urrutia verbringen zu können; deren Locken verdankt das Haus seinen Namen (etwa „wirres Haar“). Neruda war auch ein großer Liebhaber des Meeres, und so sind das Esszimmer einer Schiffskabine und das Wohnzimmer einem Leuchtturm nachempfunden.

★ Cerro San Cristóbal — PARK

(Karte S. 488; www.parquemet.cl; Pio Nono 450; Seilbahn Erw./Kind einfache Strecke ab 1500/1000 Ch$; Seilbahn Di–So 10–18.45, Mo 13–18.45 Uhr; ; M Baquedano) Vom Gipfel und den Aussichtspunkten des **Parque Metropolita-**

no, besser bekannt als Cerro San Cristóbal, hat man den besten und weitesten Blick über Santiago. Mit 722 ha stellt er die größte Grünfläche der Stadt dar, ist dabei aber dennoch ausgesprochen städtisch: eine Standseilbahn (*funicular*) befördert die Besucher auf der einen Seite zwischen landschaftlich unterschiedlich gestalteten Abschnitten, auf der anderen bringt einen der *teleférico* hinunter.

Barrios Brasil & Yungay

★ Museo de la Memoria y los Derechos Humanos MUSEUM

(Museum der Erinnerung & der Menschenrechte; Karte S. 482; ☎ 2-2597-9600; www.museodelamemoria.cl; Matucana 501, Barrio Yungay; ⌚ Jan. & Feb. Di–So 10–20, März–Dez. Di–So bis 18 Uhr; Ⓜ Quinta Normal) GRATIS Das 2010 eröffnete Museum ist nichts für schwache Nerven: Es beleuchtet die schrecklichen Menschenrechtsverletzungen und das massenhafte „Verschwinden" von Menschen unter Chiles Militärdiktatur (1973–1990).

Las Condes, Barrio El Golf & Vitacura

Glitzernde Wolkenkratzer, streng bewachte Apartmentblocks, amerikanische Kettenrestaurants und funkelnagelneue Einkaufszentren: Diese Viertel legen es darauf an, die internationale Manifestation von Chiles sensationellem Wirtschaftswachstum zu sein.

★ Museo Ralli MUSEUM

(☎ 2-2206-4224; www.museoralli.cl; Alonso de Sotomayor 4110, Vitacura; ⌚ Di–So 10.30–17 Uhr, Feb. geschl.) GRATIS Das wenig besuchte Museum an einer ruhigen Wohnstraße in Vitacura prunkt mit einer eindrucksvollen Sammlung zeitgenössischer lateinamerikanischer Kunst samt vertrauten europäischen Meistern. Sehenswert sind besonders die Galerie zur chilenischen Kunst des 20. Jhs. im Untergeschoss und die surrealistischen Werke von Salvador Dalí und René Magritte in der obersten Etage.

★ Museo de la Moda MUSEUM

(Modemuseum; ☎ 2-2219-3623; www.museodelamoda.cl; Av Vitacura 4562, Vitacura; Erw./Student & Senior/Kind 3000/1500 Ch$/frei, Mi & So alle Besucher 1800 Ch$; ⌚ Di–Fr 10–18, Sa & So 11–19 Uhr; Ⓜ Escuela Militar) Das elegante, privat betriebene Modemuseum zeigt eine große, hervorragende Dauerausstellung zu westlicher Kleidung. Besonders stark sind dabei Designer des 20. Jhs. vertreten.

Costanera Center GEBÄUDE

(☎ 2-2916-9226; www.costaneracenter.cl; Av Andrés Bello 2425, Providencia; ⌚ 10–22 Uhr; Ⓜ Tobalaba) Zu den vier Wolkenkratzern des Costanera Center gehört mit dem **Gran Torre Santiago** auch das höchste Gebäude Südamerikas (300 m). Im Komplex befinden sich Büros, ein Spitzenklassehotel und das größte Einkaufszentrum Südamerikas. Vom **Sky Costanera** (www.skycostanera.cl; Erw./Kind 15 000/10 000 Ch$; ⌚ 10–22 Uhr) auf der Spitze des Gran Torre genießt man den Panoramablick.

Barrio Recoleta

Belebte koreanische Lokale, ein geschäftiger Marktplatz, auf dem jede Menge reife Früchte dargeboten werden und eine bunte Schar von Straßenhändlern steht: Dieses aufstrebende *barrio* ermöglicht es, mal eben vom Touristenpfad abzuweichen.

PARQUE POR LA PAZ

Während der Militärdiktatur folterte die DINA (Dirección de Inteligencia Nacional; chilenische Geheimpolizei) ca. 4500 politische Gefangene in der Villa Grimaldi und ermordete dort weitere 266. In seinen letzten Tagen ließ das Pinochet-Regime den Bau schleifen, um die Geschehnisse zu vertuschen. Nach der Rückkehr zur Demokratie wurde das Gelände jedoch in einen ergreifenden Gedenkpark namens **Parque por la Paz** (☎ 2-2292-5229; www.villagrimaldi.cl; Av Jose Arrieta 8401, Peñalolén; ⌚ 10–18 Uhr) GRATIS verwandelt: Jedes Element symbolisiert jeweils einen anderen Aspekt der hier verübten Gräuel; ein Besuch hier ist faszinierend, aber erschütternd. Bitte nur sehr respektvoll fotografieren – andere Anwesende könnten Familienangehörige oder frühere Häftlinge sein! Um eine Führung zu arrangieren, empfiehlt sich ein rechtzeitiger Besuch der Website. Hierher fahren die Transantiago-Busse D09 und 513 (Bip!-Karte erforderlich), die direkt vor der Metrostation Plaza Egaña (Ausgang an der Av Vespucio) starten und gegenüber vom Parkeingang halten.

CHILENISCHES SPANISCH FÜR ANFÄNGER

Das chilenische Spanisch hört sich an wie verwaschener Singsang: Es wirkt vernuschelt und ist mit Ausdrücken gespickt, die die übrige spanischsprachige Welt nicht versteht. Die Sätze enden oft mit *¿cachay?* (Hast du's?) oder mit allgegenwärtigen *pues* (ausgesprochen „po"), das in Kombination mit *sí* (ja) zu *sipo* wird und dann ungefähr „nun ja" bedeutet. Ländliche Begriffe sind in dieser ehemals bäuerlichen Gesellschaft fest verankert. So bezeichnet man junge Männer als *cabros* (Ziegen) und beschwert sich mit *es un cacho* (wörtl. „Das ist ein Horn", d.h. der Knackpunkt bzw. das Problem). Sprachfans holen sich am besten *How to Survive in the Chilean Jungle* (John Brennan, 2006) in Santiagos englischen Buchläden – *¿cachay?*

Cementerio General FRIEDHOF

(Karte S. 482; www.cementeriogeneral.cl; Av Profesor Alberto Zañartu 951, Barrio Recoleta; ⏲8.30–18 Uhr; Ⓜ Cementerios) GRATIS Santiagos Cementerio General ist nicht einfach nur ein Friedhof, er ist eine richtiggehende Gräberstadt, deren Grabstätten oft von berühmten einheimischen Bildhauern verziert wurden. Die Namen an den Grabgewölben lesen sich wie ein Who is Who der chilenischen Geschichte. Für die turbulentesten Momente stehen das Grab Salvador Allendes und das **Memorial del Detenido Desaparecido y del Ejecutado Político**, das an die „Verschwundenen" der Pinochet-Diktatur erinnert.

Patronato VIERTEL

(Karte S. 488; begrenzt durch Av Recoleta, Loreto, Bellavista & Dominica; Ⓜ Patronato) Dieses *barrio* in einem *barrio*, das ganz grob zwischen den Straßen Recoleta, Loreto, Bellavista und Dominica liegt, ist das Zentrum der Einwanderergemeinden von Santiago, besonders der Koreaner, Chinesen und Araber. Die bunten, leicht heruntergekommenen Häuserblöcke sind von historischen Häusern gesäumt und von Neon-Leuchtschildern erhellt. Im Hintergrund kann man fast ständig den Klang von Cumbia hören.

La Vega Central MARKT

(Karte S. 488; www.lavega.cl; Ecke Nueva Rengifo & Antonia López de Bello, Barrio Recoleto; ⏲Mo–Sa 6–18, So 7–14 Uhr; Ⓜ Patronato) Ob Himbeeren, Quitten, Feigen, Pfirsiche, Dattelpflaumen oder Netzannonen – was in Chile wächst, ist hier zu bekommen. Der Markt wird von Dávila Baeza, Nueva Rengifo, López de Bello und Salas begrenzt. Wer früh erscheint, erlebt die lautstark agierenden Händler in voller Aktion.

Aktivitäten

Schnell erreichbare Outdoor-Aktivitäten sind Santiagos Stärke. Wer spontan Lust auf eine kleine Wanderung verspürt, kann den Cerro San Cristóbal (S. 484) erklimmen.

Das flache, übersichtliche Santiago hat ein kleines Netz von *ciclovias* (Radwegen). Der Tourveranstalter La Bicicleta Verde verleiht Drahtesel und Helme. Dank CicloRecreoVía (www.ciclorecreovia.cl) verwandeln sich viele Hauptstraßen der Stadt zwischen 9 und 14 Uhr in ausschließlich Radfahrern vorbehaltene Pisten.

Ganz in der Nähe von Santiago finden sich tolle **Skigebiete** – das nächste ist **Farellones** (www.parquesdefarellones.cl; Camino a Farellones s/n; Tageskarte 27 000 Ch$; ⏲Skilifte 9–17 Uhr). Mit Cascada de las Animas (S. 500) können sich **Rafting-Fans** Stromschnellen der Klasse III auf dem Río Maipo stellen (Okt.–März); der Veranstalter organisiert auch Wandertouren und Reitwanderungen zu fairen Preisen.

Kurse

Tandem Santiago SPRACHKURS

(Escuela de Idiomas Violeta Parra; Karte S. 482; ☎2-2236-4241; www.tandemsantiago.cl; Triana 853, Providencia; Anmeldegebühr 55 US$, Unterricht 45 Min. 22 US$, Unterricht 20 Std. 190 US$; ⏲Mo–Do 9–21, Fr bis 19 Uhr; Ⓜ Salvador) Herausragende Lernerfolge, freundliche Atmosphäre und kulturelle Aktivitäten. Auf Wunsch kann auch die Unterbringung in WGs oder eigenen Apartments arrangiert werden. Auf der Webseite finden sich Informationen zu Sonderkursen wie „Spanisch für Anwälte" oder „Medizinisches Spanisch".

Natalislang SPRACHKURS

(Karte S. 488; ☎2-2222-8685; www.natalislang.com; Arturo Bürhle 047, Centro; 3-tägiger Intensiv-Schnellkurs f. Traveller ab 150 000 Ch$; Ⓜ Baquedano) Tolle Adresse für schnelle Intensivkurse. Eine ausführliche Liste der Optionen findet sich auf der Webseite.

Geführte Touren

★ **La Bicicleta Verde** TOUR

(Karte S. 488; ☎2-2570-9939; https://labicicletaverde.com; Loreto 6, Barrio Recoleta; Radtour ab

25 000 Ch$, Leihfahrrad halber/ganzer Tag ab 5000/9000 Ch$; Ⓜ Bellas Artes) Man kann hier Räder und Helme mieten oder sich den sehr empfehlenswerten Radtouren anschließen, die zu den Morgenmärkten, zu schattigen Grünflächen, in angesagte Viertel oder zu den nahegelegenen Weingütern im Tal des Maipo führen.

Free Tour Santiago STADTSPAZIERGANG
(Karte S. 488; ☎ Handy 9-9236-8789; www.freetoursantiago.cl; Catedral Metropolitana, Plaza de Armas, Centro; ⏲ Tourbeginn 10 & 15 Uhr; Ⓜ Plaza de Armas) Die Guides der vierstündigen, englischsprachigen Stadtspaziergänge durchs Zentrum Santiagos arbeiten nur für Trinkgeld – deshalb einen angemessenen Betrag geben! Eine Reservierung ist nicht nötig: Die Guides tragen rote T-Shirts und warten vor der Catedral Metropolitana (S. 481).

Happy Ending Tours TOUR
(☎ Handy 9-9710-7758; www.happyendingtour.com; geführte Tour ab 30 000 Ch$) Diese Touren machen Backpacker wirklich happy, wenn auch vielleicht anders als gedacht. Man reserviert vorab für den Kneipenbummel, für Workshops zur Weinherstellung oder tolle Club-Touren, die stilvoll mit einem Glas Sekt oben im Sky Costanera (S. 485), im höchsten Gebäude der Stadt, beginnen. Im Preis sind Drinks und der Transfer vom/zum Hotel enthalten.

Feste & Events

Santiago a Mil DARSTELLENDE KÜNSTE
(www.fundacionteatroamil.cl/en/santiagoamil; ⏲ Jan.) Das große Festival der darstellenden Künste bringt experimentelle Gruppen aus der ganzen Welt im Januar auf Santiagos Bühnen. In drei Wochen finden mehr als 1000 Vorstellungen statt, darunter viele auch kostenlos in Parks und auf Plazas überall in der Stadt – die spannendste Zeit, um die chilenische Hauptstadt zu besuchen.

Festival de Jazz de Providencia MUSIK
(www.providencia.cl; Parque de las Esculturas; ⏲ Jan.) Ein Wochenende im Januar geben sich Jazzgrößen aus aller Welt ein Stelldichein im Parque de las Esculturas in Providencia. Kostenlose Tickets erhält man bei der Fundación Cultural de Providencia (Nueva Providencia 1995). Früh kommen, um einen Platz mit guter Sicht zu bekommen! Alternativ breitet man eine Decke am anderen Ufer des Río Mapocho aus, packt sein Picknick aus und schaut sich das Konzert auf der Großbildleinwand an.

Lollapalooza Chile MUSIK
(www.lollapaloozacl.com; ⏲ März) Als erste Stadt außerhalb der USA, die das berühmte Musikfestival übernahmen. In der Regel irgendwann im März bevölkern chilenische und internationale Stars den Parque O'Higgins.

Schlafen

Centro

Hostel Plaza de Armas HOSTEL $
(Karte S. 488; ☎ 2-2671-4436; www.plazadearmashostel.com; Compañía de Jesus 960, Apt. 607, Plaza de Armas, Centro; B 7000–10 000 Ch$, DZ mit/ohne Bad 25 000/15 000 Ch$; 📶; Ⓜ Plaza de Armas) Betritt man das geschäftige Apartmentgebäude an der Hauptplaza von Santiago, wähnt man sich zunächst am falschen Ort. Mit dem Fahrstuhl geht's hinauf zum Hostel in der 6. Etage, wo einen kleine Schlafsäle und eine gut ausgestattete Gemeinschaftsküche erwarten. Die tollen Balkons mit Blick auf die Plaza de Armas entschädigen für die heruntergekommenen Einrichtungen.

Ecohostel HOSTEL $
(Karte S. 488; ☎ 2-2222-6833; www.ecohostel.cl; General Jofré 349B, Centro; B/EZ/DZ ohne Bad 10 000/20 000/29 000 Ch$; @📶; Ⓜ Universidad Católica) Sowohl Backpacker als auch Familien, die es etwas entspannter mögen, lieben den persönlichen Service, die gemütlichen Sofas und die sonnige Veranda (inklusive Hängematten) dieses Hostels. Die Schlafsäle mit acht Betten in einem umgebauten älteren Haus können mitunter etwas dunkel sein, die Stockbetten und Spinde sind aber groß und es gibt zahlreiche gut aufgeteilte Gemeinschaftsbäder. Zudem steht ein reiner Frauen-Schlafsaal zur Verfügung.

CasAltura Boutique Hostel HOSTEL $
(Karte S. 488; ☎ 2-2633-5076; www.casaltura.com; San Antonio 811, Centro; B/DZ 13 000/40 000 Ch$, EZ/DZ ohne Bad 20 000/30 000 Ch$; @📶; Ⓜ Puente Cal y Canto) Das elegante „Boutique-Hostel" ist dank Küchenmitbenutzung, hochwertiger Bettwäsche, einer Terrasse mit Blick auf den Parque Forestal und der Nähe zum Mercado Central bei Travellern sehr beliebt.

Barrios Lastarria & Bellas Artes

Poker Hostal PENSION $
(Karte S. 488; ☎ 2-2633-3979; www.pokerhostal.com; Luis de Valdivia 361, Barrio Lastarria; EZ/DZ/FZ ab 19 000/35 000/35 000 Ch$; 📶; Ⓜ Universi-

Santiago Centro

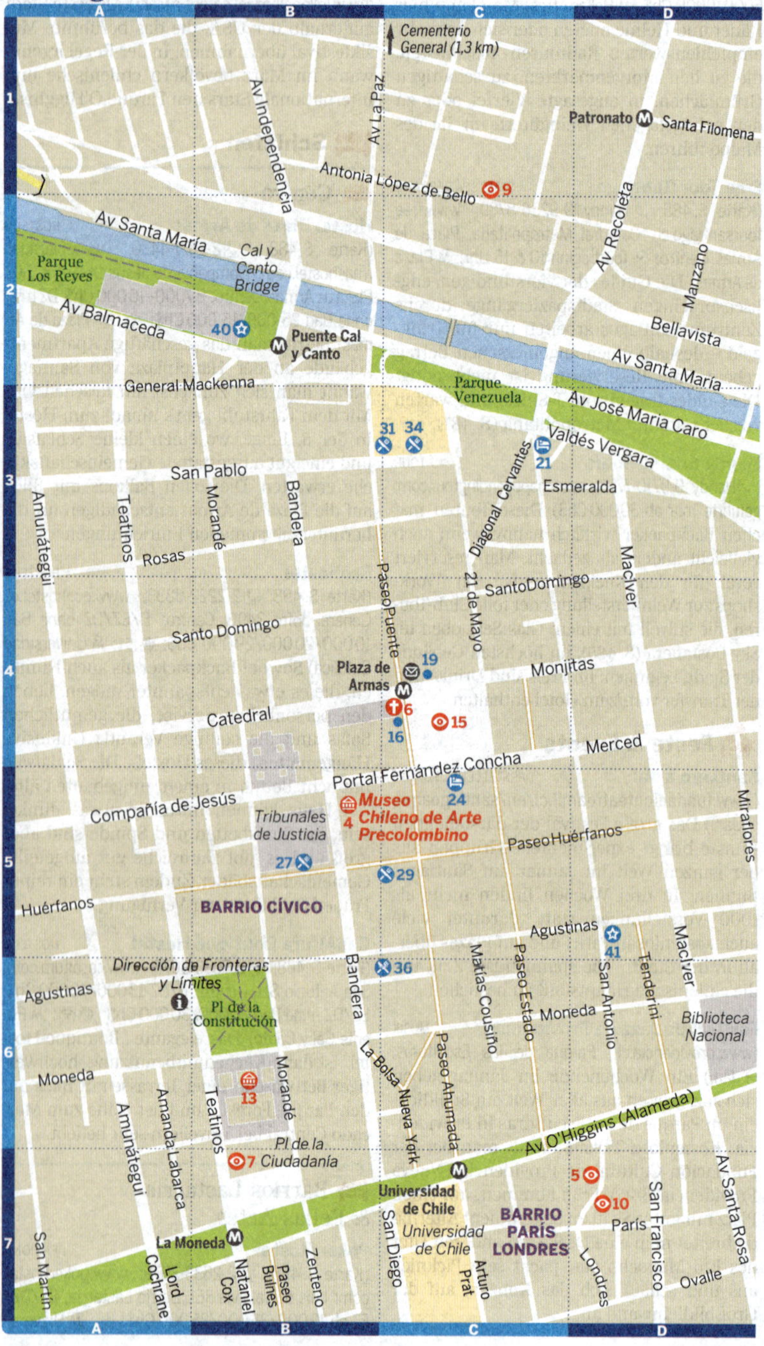

CHILE SANTIAGO

0
500 m
E
F
G
H
1
2
3
4
5
6
7
Cerro San Cristóbal
2
Dominica
Av Carlos Reed
Patronato
Río de Janeiro
Santa Filomena
Purísima
25
Constitución
3
La Chascona
Antonia López de Bello
14
Bombero Núñez
BARRIO BELLAVISTA
Ernesto Pinto Lagarrigue
Pío Nono
32
35
33
Constitución
Mallinkrodt
20
Loreto
Dardignac
Purísima
17
Bellavista
Bellavista
Río Mapocho
Av Santa María
Facultad de Derecho de la Universidad de Chile
12
Santo Domingo
Parque Forestal
Av José María Caro
Av Andrés Bello
Bellas Artes
JM de la Barra
Merced
Pl Italia
Mosqueto
28
42
30
39
Merced
11
Coronel Santiago Bueras
Baquedano
Parque General Bustamante
38
Rosal
37
Villavicencio
Lastarria
Subercaseaux
Santa Lucía
Arturo Bürhle
18
Almirante Simpson
Carabineros de Chile
Av Vicuña Mackenna
Huérfanos
26
Edificio Diego Portales
1
Centro Gabriela Mistral
23
Cerro Santa Lucía
8
BARRIO LASTARRIA
Universidad Católica
Sánchez
Av O'Higgins (Alameda)
Universidad Católica
Av Portugal
Plaza Vicuña Mackenna
Lira
Universidad Católica
Rancagua
Santa Lucía
Marcoleta
Diagonal Paraguay
Viollier
Marcoleta
Curicó
San Isidro
Carmen
Fray Camilo Henríquez
Av Portugal
BlasCañas
22
General Jofré
Granados

Santiago Centro

Highlights
1 Centro Gabriela Mistral F5
2 Cerro San Cristóbal G1
3 La Chascona H2
4 Museo Chileno de Arte Precolombino B5

Sehenswertes
5 Barrio París-Londres D7
6 Catedral Metropolitana C4
7 Centro Cultural Palacio La Moneda B7
8 Cerro Santa Lucía E5
9 La Vega Central C1
10 Londres 38 .... D7
11 Museo de Artes Visuales F4
12 Museo Nacional de Bellas Artes E3
13 Palacio de la Moneda B6
14 Patronato E2
15 Plaza de Armas C4

Aktivitäten, Kurse & Touren
16 Free Tour Santiago C4
17 La Bicicleta Verde E3
18 Natalislang H4
19 Turistik C4

Schlafen
20 Bellavista Hostel H2
21 CasAltura Boutique Hostel C3
22 Ecohostel G7
23 Hostal Río Amazonas H5
24 Hostel Plaza de Armas C5
25 La Chimba G2
26 Poker Hostal F5

Essen
27 Bar Nacional B5
28 Café Bistro de la Barra E4
29 El Naturista C5
30 Emporio La Rosa F4
31 Emporio Zunino C3
32 Etniko H2
33 Galindo H2
34 Mercado Central C3
35 Peumayen H2
36 Salvador Cocina y Café C6

Ausgehen & Nachtleben
37 Bocanáriz F4
38 Chipe Libre F4
39 Opera Catedral E4

Unterhaltung
40 Estación Mapocho B2
41 Municipal de Santiago – Ópera Nacional de Chile D5

Shoppen
Artesanías de Chile .... (siehe 7)
42 La Tienda Nacional E4

dad Católica) Die Pension mi tollem Preis-Leistungs-Verhältnis wirkt so bunt und künstlerisch angehaucht wie das ganze Viertel und bietet die billigsten Zimmer in Lastarria. Es gibt eine Gemeinschaftsküche und einige Zimmer haben Balkone, von denen aus man die Leute beobachten kann.

Bellavista

Bellavista Hostel HOSTEL $
(Karte S. 488; ☎2-2732-3146; www.bellavistahostel.com; Dardignac 0184; B 12 000 Ch$, EZ/DZ ohne Bad 18 000/ 30 000 Ch$; @ 📶; Ⓜ Baquedano) Das gesellige Hostel ist ein Klassiker in Bellavista. Bunte Bilder zieren die grell gestrichenen Wände und die Graffitis lassen auf eine entspannte, künstlerische Atmosphäre schließen. Es gibt eine coole Terrasse und zwei Küchen. Der einzige Haken ist, dass es etwas sauberer sein könnte. Die besten Bars und Clubs der Stadt befinden sich gleich um die Ecke und somit ist hier einiges los.

La Chimba HOSTEL $
(Karte S. 488; ☎02-735-8978; www.lachimba.com; Ernesto Pinto Lagarrigue 262, Barrio Bellavista; B 11 000–15 000 Ch$, EZ/DZ ohne Bad 20 000/ 27 000 Ch$; @ 📶; Ⓜ Baquedano) Das riesige Wandbild verrät, dass man das Partyhostel Bellavistas erreicht hat. Es gibt eine coole, herrlich zusammengewürfelte Lounge zum Relaxen im Stil der 1950er-Jahre mit Kronleuchter und anderem Krimskrams aus diversen Jahrzehnten. Die Zimmer erinnern an Punkrock – etwas schmuddelig, aber irgendwie geschmackvoll. Im Hinterhof ist immer viel los und er eignet sich perfekt, um sich mit anderen Travellern auszutauschen.

Hotel Boutique Tremo BOUTIQUEHOTEL $
(Karte S. 482; ☎2-2732-4882; www.tremohotel.cl; Alberto Reyes 32, Barrio Bellavista; Zi. 45 000 Ch$; ❄ 📶; Ⓜ Baquedano) Boutique-Unterkunft zu erschwinglichen Preisen: Die hübsche Villa an einer ruhigen Straße hat eine Patio-Lounge, frische Art-déco-Details, ordentlichen Service und eine entspannte Atmosphäre.

Barrios Brasil & Yungay

★ **Happy House Hostel** HOSTEL $
(Karte S. 482; ☎2-2688-4849; www.happyhousehostel.com; Moneda 1829, Barrio Brasil; B

14000 Ch$, EZ/DZ 40000/45000 Ch$, ohne Bad 30000/35000 Ch$; @ 📶 🏊; M Los Héroes) Das beste Hostel im Barrio Brasil macht müde Traveller happy. Die Villa von 1910 hat eine traumhaft verzierte Decke, abgefahrene moderne Details und eigentlich nicht dazu passende Art-déco-Elemente. Es gibt einen Pool, eine Bar und einen Patio, Schlafsäle über mehrere Geschosse und gute private Zimmer.

La Casa Roja HOSTEL $
(Karte S. 482; ☎ 2-2696-0600; www.lacasaroja.cl; Agustinas 2113, Barrio Brasil; B 9500 Ch$, DZ mit/ohne Bad 32000/28000 Ch$; @ 📶 🏊; M Ricardo Cumming) Mit ihrem Pool, den luftigen Veranden, einer Freiluftbar, Garten und einer großen, gut ausgestatteten Küche wird schnell klar, warum die von Australiern geführte Casa Roja ein echter Backpacker-Treff ist. Die überaus gesellige Atmosphäre ist nicht der einzige Pluspunkt: Die schwungvollen Treppen und sehr, sehr hohen, hübsch gestalteten Decken des liebevoll restaurierten Herrenhauses aus dem 19. Jh. versprühen jede Menge Charakter.

Providencia & Barrio Italia

Castillo Surfista Hostel HOSTEL $
(Karte S. 482; ☎ 2-2893-3350; www.castillosurfista.com; Maria Luisa Santander 0329, Providencia; B 9700 Ch$, DZ ohne Bad 26000 Ch$; @ 📶; M Baquedano) Das von einem kalifornischen Surfer am Nordrand des Barrio Italia geführte renovierte Haus bietet gemütliche Schlafsäle und Doppelzimmer, ordentliche Gemeinschaftsbereiche und entspannte Gastgeber, die einem Zugang zur Surferszene verschaffen. Der Inhaber veranstaltet Tagesausflüge zu weniger bekannten Surfstellen und beschafft Mietwohnmobile für Strandausflüge auf eigene Faust.

Hostal Chile Pepper HOSTEL $
(Karte S. 482; ☎ 2-2501-9382; www.hostalchilepepper.com; Claudio Arrau 251, Barrio Italia; B 8000–10000 Ch$, DZ 22000 Ch$; 📶; M Santa Isabel) Das an einer ruhigen Seitenstraße des Barrio Italia gelegene saubere Hostel hat neun Zimmer, teils Schlafsäle, teils private Zimmer. Vor dem Haus kann man sich auf dem kitschigen Kunstrasen sonnen und hinten im gemütlichen Hof grillen. Im Gemeinschaftsbereich drinnen kann man Billard spielen und sich mit anderen Travellern austauschen.

★ **Hostal Río Amazonas** PENSION $
(Karte S. 488; ☎ 2-2635-1631; www.hostalrioamazonas.cl; Av Vicuña Mackenna 47, Providencia; EZ/DZ 26000/45000 Ch$; @ 📶; M Baquedano) Eine tolle Wahl für alle, die die Geselligkeit eines Hostels lieben, aber ein eigenes Zimmer vorziehen. Die lange bestehende Pension in einer Villa im Tudor-Stil hat helle Zimmer, eine große Terrasse, eine moderne Gemeinschaftsküche und eine große Kunstsammlung.

Intiwasi Hotel BOUTIQUEHOTEL $$
(☎ 2-2985-5285; www.intiwasihotel.com; Josue Smith Solar 380, Providencia; Zi. 60–90 US$; ❄ @ 📶; M Los Leones) Das gemütliche Hotel in zentraler Lage ist eher eine Art Boutique-Hostel. Die stolzen Besitzer helfen gern bei der Planung der Reiseroute und das Motto hier ist indigen-chilenisch: Überall sind indigene Textilien, dunkles Holz und fröhliche Rot- und Orangetöne zu sehen. Die Zimmer haben LCD-TVs.

Essen

Im Zentrum gibt's überall günstige Mittagsgerichte; die *barrios* Bellavista, Lastarria und Providencia eignen sich besser, um abends essen zu gehen.

Centro

Mercado Central SEAFOOD $
(Zentralmarkt; Karte S. 488; www.mercadocentral.cl; Ecke 21 de Mayo & San Pablo; ⏲ Imbissstände & Restaurants Mo–Fr 9–17, Sa & So 7–15.30 Uhr; M Puente Cal y Canto) Santiagos Fischmarkt mit seinen schmiedeeisernen Ziergittern ist eine klassische Adresse für mittägliches Seafood oder den Kater killende Fischeintöpfe wie *caldillo de congrio*, der auf Tomaten und Kartoffeln basiert. Am besten die touristischen Lokale in der Hallenmitte links liegen lassen und stattdessen die schlichten Minibuden am Rand besuchen!

Emporio Zunino BÄCKEREI $
(Karte S. 488; www.empanadaszunino.com; Puente 801, Centro; Empanadas 1000 Ch$; ⏲ Mo–Fr 9.30–20, Sa bis 15 Uhr; M Puente Cal y Canto) Die klassische, 1930 gegründete Bäckerei macht fantastische Empanadas: Chilenische Gastro-Kritiker wählten sie kürzlich bei einem Wettbewerb um die besten Empanadas in Santiago unter die ersten zehn.

El Naturista VEGETARISCH $
(Karte S. 488; ☎ 2-2696-1668; www.elnaturista.cl; Paseo Huérfanos 1046, Centro; Gerichte 3400–5000 Ch$; ⏲ Mo–Fr 8.30–21, Sa 9–16 Uhr; 🖉; M Plaza de Armas) Das alteingesessene vegetarische Lokal in der Innenstadt serviert einfa-

che, aber sättigende Suppen, Sandwichs, Salate, Tarts, frisch ausgepresste Säfte und leichtes Frühstück.

Bar Nacional CHILENISCH $
(Karte S. 488; ☎2-2695-3368; Paseo Huérfanos 1151, Centro; Hauptgerichte 2000–10 000 Ch$; ⏲Mo–Sa 7.30–23, Sa bis 17 Uhr; Ⓜ Plaza de Armas) Vom verchromten Tresen bis hin zu den betagten Kellnern ist dieser *fuente de soda* (Sodabrunnen; eine Art Diner-Bar) so altmodisch, wie es nur geht. Seit Jahren werden hier chilenische Spezialitäten wie *lomo a lo pobre* (Steak, Pommes und Spiegelei) serviert. Wer sich an Sandwichs hält, spart ein paar Hundert Pesos.

★ **Salvador Cocina y Café** CHILENISCH $$
(Karte S. 488; www.facebook.com/salvadorcocinaycafe; Bombero Ossa 1059, Centro; Hauptgerichte 7700 Ch$; ⏲Mo–Fr 8–20.30 Uhr; Ⓜ Universidad de Chile) Das einfache zweistöckige Mittagslokal punktet mit marktfrischen, täglich wechselnden Gerichten, darunter unbekannteren aus ländlichen Regionen (darunter auch exotische Fleischgerichte). Chefkoch Rolando Ortega gewann 2015 den begehrten Titel des chilenischen Kochs des Jahres, und seither sind die Tische immer gut ausgelastet.

Barrios Lastarria & Bellas Artes

Café Bistro de la Barra CAFÉ $
(Karte S. 488; www. cafedelabarra.cl; JM de la Barra 455, Barrio Bellas Artes; Sandwichs 4000–5500 Ch$; ⏲Mo–Fr 8–20, Sa & So ab 10 Uhr; 📶; Ⓜ Bellas Artes) Die abgewetzten Bodenfliesen, ein Samtsofa, 1940er-Swing und zu Leuchten umfunktionierte Tassen und Teekannen bieten eine skurrile, aber hübsche Kulisse für eines der besten Nachmittagstee-(*once*)- und Brunch-Angebote der Stadt. Zu den deftigen Sandwichs gehören u. a. Croissants gefüllt mit Lachs oder Parmaschinken und Rucola auf einem knusprigen Olivenbrot. Nichtsdestotrotz unbedingt Platz für den Cheesecake mit Beeren lassen.

Emporio La Rosa EISCREME $
(Karte S. 488; ☎2-2638-9257; www.emporiolarosa.com; Merced 291, Barrio Lastarria; Eiscreme 2000 Ch$, Salate & Sandwichs 4000–6000 Ch$; ⏲Mo–Do & So 9–21.30, Fr & Sa bis 22.30 Uhr; 📶; Ⓜ Bellas Artes) Schoko-Chili, Rosenblüten oder Thai-Ananas sind nur einige der fabelhaften Geschmacksvarianten in dieser Eisdiele mit extracremigem, hausgemachtem Eis, das erwiesenermaßen süchtig macht. Knusprige *pains au chocolat* und schwammiges *marraqueta* (Brotart) sind zwei weitere Gründe, sich an einem der Chromtische niederzulassen. Die Kette wächst und umfasst inzwischen zwölf Filialen in der Stadt.

Bellavista

Galindo CHILENISCH $
(Karte S. 488; ☎2-2777-0116; www.galindo.cl; Dardignac 098, Barrio Bellavista; Hauptgerichte 3000–6000 Ch$; ⏲12.30–1 Uhr; Ⓜ Baquedano) Neonschilder im Retrostil markieren diesen alteingesessenen Lokalfavoriten mit Holzverkleidungen an den Wänden. Die Bar ist meist voller lärmender, begeisterter Gäste – kein Wunder: Anders als in den teuren Restaurants drum herum dreht sich hier alles um leckere *parrilladas* (gemischtes Fleisch vom Grill) und herzhafte chilenische Klassiker wie *chorrillana* (Grillzwiebeln und Fleisch auf Pommes).

Etniko FUSION $$
(Karte S. 488; ☎2-2732-0119; www.etniko.cl; Constitución 172, Barrio Bellavista; Hauptgerichte 5900–11 000 Ch$; ⏲Mo–Sa 19.30–2 Uhr; Ⓜ Baquedano) Dieses hippe, modische und freundliche Lokal mit energiegeladenem Flair serviert mächtige Sushi-Teller und eine Reihe weiterer Spezialitäten aus Japan, Thailand und Chile. Der Laden aus Stein, Metall und Bambus, der auch mit Licht- und Geräuscheffekten arbeitet, reicht ein ganzes Stück weit nach hinten.

★ **Peumayen** CHILENISCH $$$
(Karte S. 488; www.peumayenchile.cl; Constitución 134, Barrio Bellavista; Verkostungsmenü 12 500 Ch$; ⏲Di–Sa 13–15 & 19–24, So 13–16 Uhr; Ⓜ Baquedano) Das recht neue Lokal verspricht eines der ungewöhnlichsten kulinarischen Erlebnisse in Chile und bereichert die chilenische Küche mit einem Rückgriff auf die kulinarischen Wurzeln der Mapuche, Rapa Nui und Atacameños.

Barrios Brasil & Yungay

Palacio del Vino CHILENISCH $
(Karte S. 482; ☎Handy 9-8855-1922; www.palaciodelvino.cl; Av Brasil 75, Barrio Brasil; Hauptgerichte 5000–8000 Ch$; ⏲Mo–Sa 11–18 Uhr, abends nur mit Reservierung) Der bodenständige „Weinpalast" punktet mit Atmosphäre und günstigen Preisen. Das Lokal residiert in einem stimmungsvollen historischen Gebäude im Barrio Brasil. Ein Glas *gran reserva* gibt's schon für 3000 Ch$ und ein dazu passendes

Meeresfrüchtegericht für weniger als 6000 Ch$.

★ Peluquería Francesa FRANZÖSISCH **$**

(Karte S. 482; ☎2-2682-5243; www.boulevardlavaud.cl; Compañía de Jesús 2789, Barrio Yungay; Hauptgerichte 8500–13 000 Ch$; ⏲Mo–Sa 9–1, So 11–17 Uhr; 📶; Ⓜ Ricardo Cumming) Eine der innovativeren Dinnererfahrungen Santiagos. Der Name bedeutet „französischer Friseursalon" und eben dies war dieses elegante Eckgebäude von 1868 früher auch. Es verbreitet immer noch den Charme der vorletzten Jahrhundertwende und ist mit schrägen Antiquitäten eingerichtet. Am Wochenende tummeln sich hier abends hippe Einheimische, die die gut zubereiteten Gerichte mit französischem Touch schätzen.

Providencia & Barrio Italia

Voraz Pizza PIZZA **$**

(Karte S. 482; ☎2-2235-6477; www.vorazpizza.cl; Av Providencia 1321, Providencia; Pizza 4000–5000 Ch$; ⏲Mo–Sa 12.30–23.30, Sa ab 17.30 Uhr; 🌿; Ⓜ Manuel Montt) Die winzige Pizzeria serviert Bier aus Kleinbrauereien sowie Pizza mit dünnem Boden und sehr gutem Preis-Leistungs-Verhältnis an Tischen unter freiem Himmel; das Essen wird auch nach Hause geliefert. Bonus für Veggies: Die Karte umfasst auch ein paar leckere vegetarische und vegane Optionen.

★ Silabario CHILENISCH **$$**

(Karte S. 482; ☎2-2502-5429; www.facebook.com/Silabarioficial; Lincoyan 920, Barrio Italia; Hauptgerichte 6000–9500 Ch$; ⏲Di–Fr 19–23.30, Sa 13–16.30 & 19–24, So 13–16.30 Uhr; Ⓜ Irarrázaval) In einem alten Wohnhaus gleich südlich der Hauptachse des Barrio Italia erfindet dieses intime Restaurant typische Gerichte aus dem ländlichen Chile als Feinschmeckerkost neu. Gleichgültig ob Quinoa-Salate aus dem Norden oder herzhafte Mapuche-Eintöpfe aus dem Süden, jede kulinarische Reise endet mit einem hausgemachten kostenlosen *bajativo* (Verdauungsschnaps).

El Huerto CAFÉ **$$**

(Karte S. 482; ☎2-2231-4443; www.elhuerto.cl; Orrego Luco 054, Providencia; Hauptgerichte 6000–8000 Ch$; ⏲Mo–Sa 12–23, So 12.30–16.30 Uhr; 🌿; Ⓜ Pedro de Valdivia) Die gesunden vegetarischen Gerichte dieses urigen Restaurants sind sowohl bei hippen jungen Leuten als auch, vor allem um die Mittagszeit, bei gut betuchten Damen extrem beliebt. Besonders zu empfehlen sind das Algen-Ceviche, die frisch gepressten Säfte, die Quinoa-Salate und die wunderbar reichhaltigen Desserts.

Holm CAFÉ **$$**

(Karte S. 482; ☎Handy 9-4227-4411; https://holmcomidafeliz.cl; Padre Mariano 125, Providencia; Gerichte 5000–7500 Ch$; ⏲Mo–Fr 9–22, Sa & So 10–16 Uhr; 🌿; Ⓜ Pedro de Valdivia) Die Einheimischen strömen jedes Wochenende zum besten Brunch der Stadt in dieses anheimelnde Café in Providencia. Dabei gibt's u. a. frisch gebackenes Brot, Marmelade, Joghurt und Müsli oder Rührei mit knusprigem Schinken. Unter der Woche erhält man Salate, Sandwichs und frische Fruchtsäfte.

Liguria Bar & Restaurant MEDITERRAN, CHILENISCH **$$**

(Karte S. 482; ☎2-2334-4346; www.liguria.cl; Av Pedro de Valdivia 47, Providencia; Hauptgerichte 7000–12 000 Ch$; ⏲Mo–Sa 10–1.30 Uhr; Ⓜ Pedro de Valdivia) In dieser örtlichen Gastro-Legende sind Bar und Bistro perfekt kombiniert. Schmorkaninchen und andere spezielle Angebote sind mit Kreide auf einer Tafel verzeichnet. Elegante, altmodische Kellner platzieren das Bestellte souverän auf den rot karierten Tischtüchern.

Las Condes, Barrio El Golf & Vitacura

Dominó SANDWICHS **$**

(www.domino.cl; Isidora Goyenechea 2930, Barrio El Golf; Sandwichs 1800–6000 Ch$; ⏲Mo–Fr 8–21, Sa 12–21, So 12–16.30 Uhr; Ⓜ Tobalaba) Gut aussehende junge Büroangestellte bevölkern zur Mittagszeit diese Filiale des Dominó, einer zeitgemäßen Version des traditionellen *fuente de soda*. So stilvoll wie das coole schwarz-weiße Interieur ist auch das chilenische Fastfood mit günstigen Sandwichs und *completos* (wundervollen Hotdogs). In der Stadt gibt's weitere Filialen.

Ausgehen & Nachtleben

★ Bocanáriz WEINBAR

(Karte S. 488; ☎2-2638-9893; www.bocanariz.cl; Lastarria 276, Barrio Lastarria; ⏲Mo–Sa 12.30–24, So 19–23.30 Uhr; Ⓜ Bellas Artes) Eine bessere Weinkarte als in dieser anheimelnden Restobar mit ausgebildeten Sommeliers als Kellnern findet man nirgendwo in Chile. Man kann die kreativ nach Region oder Geschmacksrichtung zusammengestellten Probiergedecke versuchen oder einfach ein, zwei Gläser der hervorragenden offenen

Weine probieren. Es gibt auch Fleisch- und Käseteller sowie herzhafte chilenische Kost (Hauptgerichte 8000–12 000 Ch$). Reservierung empfohlen!

★ Blondie CLUB

(Karte S. 482; www.blondie.cl; Av O'Higgins 2879, Centro; Grundpreis 2000–6000 Ch$; ⏲ Do–Sa ab 23.30 Uhr; Ⓜ Union Latinoamericano) In mindestens einer Etage des Blondie herrschen immer noch die 1980- und 1990er Jahre, während in der anderen alles Mögliche, von Goth Rock und Techno bis zu Britpop oder chilenischem Indie aufgelegt wird. Der Club ist bei Studenten und Schwulen sehr beliebt und in der Regel rappelvoll.

★ Chipe Libre COCKTAILBAR

(Karte S. 488; ☎ 2-2664-0584; Lastarria 282, Barrio Lastarria; ⏲ Mo–Mi 12.30–0.30, Do–Sa bis 1 Uhr; Ⓜ Bellas Artes) In der einzigen Bar in Santiago, die dem südamerikanischen Brandy gewidmet ist, erfährt man, warum der Pisco sauer ist und wer ihn zuerst herstellte. Hier stehen so viele *piscos* aus Chile wie aus Peru auf der Karte. Man kann drei im Probiergedeck versuchen oder verschieden aromatisierte. Wer einen Tisch im Innenhof möchte, reserviert vorher.

★ Restobar KY LOUNGE

(Karte S. 482; ☎ 2-2777-7245; www.restobarky.cl; Av Perú 631, Barrio Recoleta; ⏲ Di–Sa 20–2 Uhr; Ⓜ Cerro Blanco) Diese erstaunliche Cocktailbar lässt sich von den südostasiatischen Aromen im Barrio Recoleta inspirieren. Der Inhaber, ein Fotograf, hat in dem weitläufigen alten Haus Wunder vollbracht: Das Innere wirkt mit chinesischen Laternen, dem weichen Licht antiker Kandelaber und dem faszinierenden Mix aus alten Stühlen, exotischen Pflanzen, geschnitzten Möbeln und lebenssprühenden Kunstwerken wie nicht von dieser Welt.

☆ Unterhaltung

Santiagos ausgezeichnete Kulturzentren, insbesondere das Centro Gabriela Mistral (S. 482), das Centro Cultural Palacio La Moneda (S. 481) und das **Estación Mapocho** (Bahnhof Mapocho; Karte S. 488; www.estacionmapocho.cl; Plaza de la Cultura, Centro; ⏲ Veranstaltungszeiten variieren, s. Website; Ⓜ Puente Cal y Canto), gehören zu den besten Orten der Stadt, wenn man Livemusik, Theater und Unterhaltung erleben will. Der Eintritt zu den Kulturveranstaltungen ist oft frei. Details erfährt man auf den Websites der Kulturzentren, eine Veranstaltungsliste findet man unter www.estoy.cl.

★ El Huaso Enrique TRADITIONELLE MUSIK

(Karte S. 482; ☎ 2-2681-5257; www.elhuasoenrique.cl; Maipú 462, Barrio Yungay; Grundpreis 2500–3000 Ch$; ⏲ Mi–So 19–2 Uhr; Ⓜ Quinta Normal) An Wochenendabenden gehen in diesem traditionellen *cueca*-Treff stolze Chilenen auf die Tanzfläche und legen zu live gespielter traditioneller Musik ihren Nationaltanz aufs Parkett, ein spielerisches Hochzeitsritual, bei dem mit dem Schnupftuch gewunken wird und das das Balzen des Hahns um die Henne nachahmt.

La Batuta LIVEMUSIK

(www.batuta.cl; Jorge Washington 52, Ñuñoa; Eintritt 3000–6000 Ch$; So–Do 19–4, Fr & Sa bis 5 Uhr; Ⓜ Ñuñoa) Im Batuta tanzt das begeisterte Publikum im Grunde zu allem, was irgendwie alternativ angehaucht ist: zu Ska, *patchanka* (z. B. Manu Chao) und *cumbia chilombiana*, zu Rockabilly und Surfsound oder zum Soundtrack von Coverbands und Goth-Rock.

Club de Jazz JAZZ

(☎ 2-2830-6208; www.clubdejazz.cl; Av Ossa 123, La Reina; Grundpreis 5000–7000 Ch$; ⏲ Di–Sa 20.30–3 Uhr; Ⓜ Plaza Egaña) Der ehrwürdige Club ist einer der etabliertesten Jazztreffs in Lateinamerika, in dem schon Louis Armstrong und Herbie Hancock aufgetreten sind. Hier spielen chilenische und internationale Jazz- und Bluesmusiker sowie Bigbands.

★ Municipal de Santiago – Ópera Nacional de Chile THEATER

(Municipal Theater of Santiago; Karte S. 488; ☎ 2-2463-1000; www.municipal.cl; Agustinas 794, Centro; Tickets ab 3000 Ch$; ⏲ Kartenschalter Mo–Fr 10–19, Sa & So bis 14 Uhr; Ⓜ Santa Lucía) Das prächtige neoklassizistische Gebäude ist die prestigeträchtigste Bühne der Stadt. Sie ist der Sitz der Ópera Nacional de Chile, bietet darüber hinaus aber auch erstklassiges Ballett, Konzerte mit klassischer Musik und Gastspiele. Führungen durch das Theater werden montags, mittwochs und freitags um 12 und 16.30 Uhr angeboten (7000 Ch$). Für eine Führung auf Englisch vorab unter visitasguiadas@municipal.cl reservieren!

Centro Cultural Matucana 100 KUNSTZENTRUM

(Karte S. 482; ☎ 2-2946-9240; www.m100.cl; Matucana 100, Barrio Estación Central; Galerien gratis, Preise an Veranstaltungen variieren; ⏲ Di & Mi 12–18, Do–So bis 21 Uhr; Ⓜ Quinta Normal) Das riesige, aus roten Ziegelsteinen erbaute Centro Cultural ist Santiagos angesagteste Veranstaltungsstätte für alternative Kunst. In einem früheren Leben diente es der Regierung als Lagerstätte und hat sich so einen rauen Look bewahrt. Im Zuge des 200-jährigen Bestehens Chiles wurde es renoviert und beherbergt nun eine hangarähnliche Galerie mit Theater, wo Programmkino, Konzerte und andere Independent-Produktionen gezeigt werden.

Estadio Nacional FUSSBALL
(Nationalstadion; ☎2-2238-8102; Av Grecia 2001, Ñuñoa; Ⓜ Estadio Nacional) Chilenen sind im Großen und Ganzen ziemlich stille Menschen – so lange, bis sie ein *fútbol*-(Fußball)-Stadion betreten. Am spektakulärsten sind Spiele gegen Lokalrivalen wie Peru oder Argentinien. Dann hallt es durch das Estadio Nacional: „Chi-Chi-Chi-Le-Le-Le! Viva Chile!"

Shoppen

Kleidung, Schuhe und Kaufhausartikel gibt's in Fußgängerzonen wie der Ahumada; noch günstiger wird's in Patronato auf der anderen Flussseite.

Zu Santiagos vornehmen riesigen Einkaufszentren, die weit außerhalb liegen und bei Einheimischen meist beliebter sind als bei Besuchern, gehören **Parque Arauco** (www.parquearauco.cl; Av Kennedy 5413, Las Condes; ⌚Mo–Sa 10–21, So ab 11 Uhr; Ⓜ Manquehue) und **Alto Las Condes** (www.altolascondes.cl; Av Kennedy 9001, Las Condes; ⌚10–22 Uhr).

★ **Artesanías de Chile** KUNSTHANDWERK
(Karte S. 488; ☎2-2697-2784; www.artesaniasdechile.cl; Plaza de la Ciudadanía 26, Centro Cultural Palacio La Moneda, Centro; ⌚Mo–Fr 9.30–19.30, Sa & So 10.30–19 Uhr; Ⓜ La Moneda) Die Stiftung verkauft nicht nur Schmuck, Schnitzereien, Keramik- und mit natürlichen Stoffen gefärbte Textilien zu vernünftigen Preisen, sondern leitet den Großteil des Erlöses direkt an die Produzenten weiter. Weitere Filialen finden sich in Los Dominicos und am Flughafen sowie in vielen anderen chilenischen Städten.

★ **La Tienda Nacional** BÜCHER
(Karte S. 488; ☎2-2638-4706; www.latiendanacional.cl; Merced 369, Barrio Lastarria; ⌚Mo–Fr 11–20, Sa 12–21 Uhr; Ⓜ Bellas Artes) Der zweistöckige Laden verkauft nicht nur Bücher, sondern auch chilenische Spiel- und Dokumentarfilme, Schallplatten, Spielzeug, Hemden und vieles mehr. Der Besuch lohnt sich, wenn man ein besonderes Geschenk sucht.

★ **Pueblito Los Dominicos** KUNDTHANDWERK
(Kunsthandwerkerdorf Los Dominicos; www.plosdominicos.cl; Av Apoquindo 9085, Las Condes; ⌚Di–So 10.30–19 Uhr; Ⓜ Los Dominicos) Der beste Ort in Santiago, um hochwertige Geschenke zu kaufen, die auch tatsächlich in Chile hergestellt wurden. Das nachgemachte Dorf beherbergt Dutzende kleiner Läden, Galerien und Cafés. Man findet hier Lapislazuli-Schmuck, Textilien aus den Anden, geschnitzte Schalen und Keramik mit indigenen Motiven.

Estacion Italia SHOPPINGCENTER
(Karte S. 482; www.estacionitalia.cl; Av Italia 1439, Barrio Italia; ⌚So & Mo 11–19, Di–Sa bis 20 Uhr; Ⓜ Santa Isabel) Dieses Einkaufszentrum beherbergt mehr als zwei Dutzend unabhängiger Läden, die alles von Künstlerbedarf (Arte Nostro) über Comics (Pánico Ediciones) bis hin zu handgefertigten Lederschuhen aus Chile (Blasko) verkaufen. Wer keine riesigen Einkaufszentrum mag – so groß ist dieses auch wieder nicht…

Galería Drugstore MODE & ACCESSOIRES
(Karte S. 482; www.drugstore.cl; Av Providencia 2124, Providencia; ⌚Läden Mo–Fr 11–20, Sa bis 18.30 Uhr; Ⓜ Los Leones) In dem coolen dreistöckigen Einkaufszentrum findet man Kleidung, die zu Hause bestimmt niemand hat. Es gibt hier winzige Boutiquen mehrerer aufstrebender Modeschöpfer, künstlerisch angehauchte Buchläden und Cafés.

Persa Biobío MARKT
(www.persa-biobio.com; Barrio Franklin; ⌚Sa & So 10–17 Uhr; Ⓜ Franklin) Antiquitäten, Sammlerstücke und alten Krempel findet man an den chaotischen Marktständen des berühmten Flohmarkts, der sich zwischen Bío Bío und Franklin über mehrere Blocks erstreckt. Es macht Spaß, sich durch das Durcheinander aus Retro-Sonnenbrillen, alten Brandygläsern, Cowboysporen, altmodischen Badeanzügen und ausgedienten Büchern zu wühlen.

Praktische Informationen

GEFAHREN & ÄRGERNISSE

Gewaltverbrechen sind in Santiago, das in den Statistiken regelmäßig als sicherste Stadt Lateinamerikas abschneidet, vergleichsweise selten. Taschendiebe und Handtaschenräuber sind hingegen ein Problem, und oft werden von diesen Touristen aufs Korn genommen. Rund um die Plaza de Armas, den Mercado Central, den Cerro San Cristóbal und an allen Busbahnhöfen sollte man die Augen offen und die Taschen geschlossen halten.

GELD

In Santiago ist ein Geldautomat niemals weit. Man findet sie, erkennbar an dem burgunderroten und weißen Schild „Redbanc" in Supermärkten, Drogerien, Tankstellen und an Straßenecken. Es ist Falschgeld in Umlauf, daher sollte man sich vor Geldwechslern ohne Lizenz hüten.

Cambios Afex (www.afex.cl; Moneda 1140, Centro; ⌚ Mo–Fr 9–18.30 Uhr; Ⓜ La Moneda) Verlässliche Wechselstube mit Filialen überall in der Stadt.

INTERNETZUGANG

Internetcafés sterben aus. Die meisten Cafés und Hotels bieten Gästen kostenloses WLAN.

MEDIZINISCHE VERSORGUNG

Arztkonsultationen sind in den öffentlichen Krankenhäusern von Santiago billig, lange Wartezeiten aber üblich, und vielleicht spricht auch niemand Englisch. Wenn sofort medizinische oder zahnmedizinische Hilfe erforderlich ist, sucht man besser eine *clínica* (Privatklinik) auf, wo die Gebühren aber deftig sind – eine Versicherung ist da praktisch unverzichtbar.

Clínica Alemana (☎ 2-2210-1111; www.alemana.cl; Av Vitacura 5951, Vitacura) Eines der besten und teuersten Privatkrankenhäuser in der Stadt, mit englisch- und deutschsprachigem Personal.

Clínica Las Condes (☎ 2-2210-4000; www.clinicalascondes.cl; Estoril 450, Las Condes) Eine empfehlenswerte Klinik in Las Condes mit Versorgung auf internationalem Niveau.

Clínica Universidad Católica (Red de Salud UC; ☎ 2-2354-3000; http://redsalud.uc.cl/ucchristus/Hospital/hospital-clinico; Marcoleta 367, Centro; Ⓜ Universidad Católica) Ein angesehenes Universitätskrankenhaus mit praktischer Lage in Centro.

Farmacia Salcobrand (https://salcobrand.cl; Av Portugal 174, Centro; ⌚ 24 Std.; Ⓜ Universidad Católica) Rund um die Uhr geöffnete Apotheke.

Hospital de Urgencia Asistencia Pública (☎ 2 2568-1100; www.huap.cl; Av Portugal 125, Centro; ⌚ 24 Std.; Ⓜ Universidad Católica) Größte Notaufnahme Santiagos.

Hospital del Salvador (☎ 2-2575-4000; www.hsalvador.cl; Av Salvador 364, Providencia; Ⓜ Salvador) Das angenehmste und am besten gelegene der öffentlichen (und daher billigeren) Krankenhäuser in Santiago.

NOTFALL

Ambulanz	131
Drogen-Hotline	135
Feuerwehr	132
Polizei (Information)	139
Polizei (Notfall)	133

POST

Correos Chile Santiago Centro (Karte S. 488; ☎ 2-2956-0303; www.correos.cl; Catedral 989, Plaza de Armas, Centro; ⌚ Mo–Fr 9–18.30, Sa 10–14 Uhr; Ⓜ Plaza de Armas) Zentral gelegene Filiale der staatlichen chilenischen Post.

TOURISTENINFORMATION

Sernatur (Karte S. 482; ☎ 2-2731-8310; www.chile.travel; Av Providencia 1550, Providencia; ⌚ Mo–Fr 9–18, Sa bis 14 Uhr; 📶; Ⓜ Manuel Montt) Verteilt Stadtpläne, Broschüren und Ratschläge; hat kostenloses WLAN.

ℹ An- & Weiterreise

BUS

Eine verwirrende Zahl von Busunternehmen verbinden Santiago mit Argentinien, Peru und dem übrigen Chile. Die Busse starten von verschiedenen Busbahnhöfen; unbedingt prüfen, wo der gewünschte Bus abfährt.

Santiago besitzt vier Hauptbusbahnhöfe, von denen Busse zu Zielen im Norden, im Zentrum und im Süden starten. Die größten und verlässlichsten Busunternehmen sind **Turbus** (☎ 600-660-6600; www.turbus.cl) und **Pullman Bus** (☎ 600-320-3200; www.pullman.cl).

Terminal San Borja (Karte S. 482; San Borja 184, Barrio Estación Central; Ⓜ Estación Central) Dieser Busbahnhof liegt hinter dem Hauptbahnhof und bedient die Strandorte an der zentralen Küste sowie Ziele nördlich von Santiago. Einige wenige Unternehmen betreiben von hier auch Busse Richtung Süden. Die Ticketschalter befinden sich in der 2. Etage und sind nach Regionen geordnet.

Terminal de Buses Alameda (Ecke Av O'Higgins & Jotabeche, Barrio Estación Central; Ⓜ Universidad de Santiago) Dies ist der Busbahnhof von Turbus und Pullman Bus, die beide von hier komfortable, pünktliche Verbindungen zu Zielen in ganz Chile anbieten, darunter alle 15 Minuten nach Valparaíso und Viña del Mar.

Terminal de Buses Sur (Terminal Santiago; Av O'Higgins 3850, Barrio Estación Central; Ⓜ Universidad de Santiago) Bietet die meisten Verbindungen zur zentralen Küste, ins Ausland und zu Zielen im Süden (Seengebiet & Chiloé).

Terminal Los Héroes (Terrapuerto; Karte S. 482; ☎ 2-2420-0099; Tucapel Jiménez 21, Centro; Ⓜ Los Héroes) Der auch als Terrapuerto bekannte, kleine, aber zentral gelegene Busbahnhhof ist Sitz einer Handvoll Busunternehmen, die hauptsächlich Los Andes und Ziele im Norden bedienen.

Die Preise und die ungefähre Fahrtzeit sind in der untenstehenden Tabelle aufgeführt. Der Preis bezieht sich auf die einfache Strecke für eine *semi-cama* (Platz mit verstellbarem Sitz).

Die Preise fluktuieren stark und erreichen in der Urlaubszeit Spitzenwerte.

Busse ab Santiago

ZIEL	PREIS (CH$)	DAUER (STD.)
Antofagasta	33 000	19
Arica	44 000	28
Buenos Aires (Argentinien)	66 000	24
Chillán	7900	5
Concepción	8000	6½
Copiapó	20 000	11
Iquique	40 000	25
La Serena	11 000	6
Los Andes	2500	1½
Mendoza (Argentinien)	29 000	8
Osorno	21 800	11
Pucón	18 800	10
Puerto Montt	22 000	12
San Pedro de Atacama	40 600	23
Santa Cruz	6000	3½
Talca	5000	3½
Temuco	16 000	8
Valdivia	19 000	10
Valparaíso	4000	2
Viña del Mar	4000	2

FLUGZEUG

Chiles Hauptluftkreuz für internationale und Inlandsflüge ist der Aeropuerto Internacional Arturo Merino Benítez (S. 614) 16 km westlich von Santiagos Zentrum.

LATAM Airlines (☎600-526-2000; www.latam.com) und **Aerolíneas Argentinas** (☎800-610-200; www.aerolineas.com.ar) bieten von hier regelmäßig Inlands- und Regionalflüge, ebenso die chilenische Budgetfluglinien **Sky Airline** (www.skyairline.com) und **JetSmart** (www.jetsmart.com). Die brasilianische Budgetfluglinie **Gol** (www.voegol.com.br) hat Flüge zu brasilianischen Städten, darunter nach São Paulo, Salvador und Rio de Janeiro. Weitere internationale Fluglinien, die Chile ansteuern, haben Büros in Santiago.

ZUG

Chiles begrenztes Zugnetz **TrenCentral** (EFE-Ticketbüro; ☎2-2585-5000; www.trencentral.cl; Estación Central, Barrio Estación Central; ⏲Tickets Mo–Fr 7.15–20, Sa 8–19 Uhr; Ⓜ Estación Central) nutzt die **Estación Central** (Hauptbahnhof; Av O'Higgins 3170, Barrio Estación Central; Ⓜ Estación Central). Zugreisen sind in der Regel langsamer und teurer als Busfahrten, aber die Waggons sind gut gewartet und die Züge pünktlich. Normale Züge fahren Richtung Süden nach Chillán (8100 Ch$, 5 Std., tgl. 2-mal) und halten unterwegs in Rancagua, Curicó und Talca. Besondere Touristenzüge fahren mindestens einmal im Monat samstags zum Valle del Colchagua (60 000 Ch$).

ℹ Unterwegs vor Ort

VOM/ZUM FLUGHAFEN

Zwei billige, effiziente Busdienste verbinden den Flughafen mit dem Stadtzentrum: **Buses Centropuerto** (Karte S. 482; ☎2-2601-9883; www.centropuerto.cl; einfache Strecke/hin & zurück 1800/3200 Ch$; ⏲5.55–23.30 Uhr, alle 15 Min.) und **Turbus Aeropuerto** (☎600-660-6600; www.turbus.cl; einfache Strecke/hin & zurück 1800/3200 Ch$; ⏲5–2 Uhr, alle 15 Min.; Ⓜ Universidad de Santiago). Beide fahren direkt vor der Ankunftshalle ab, und man kann das Ticket an Bord kaufen. Die gesamte Fahrt dauert rund 40 Minuten. Alle Busse halten an der Metro-Station Pajaritos der Línea 1 – man vermeidet die Staus im Zentrum, wenn man hier in die U-Bahn umsteigt.

Eine aufdringliche Schar von „offiziellen" Taxifahrern preist ihre Dienste in der Ankunftshalle an. Die Fahrt ins Stadtzentrum sollte rund 18 000 Ch$ kosten, aber Fahrer könnten versuchen, weit mehr zu berechnen. Eine gute Alternative ist der Schalter von **Transvip** (☎2-2677-3000; www.transvip.cl; einfache Strecke ab 7000 Ch$) mit Sammeltaxis (ab 7000 Ch$) Richtung Centro. Fahrten nach Providencia und Las Condes kosten etwas mehr.

AUTO & MOTORRAD

Es ist ziemlich stressig, in Santiago mit einem Mietwagen herumzufahren. Wer unbedingt ein eigenes Fahrzeug braucht, findet große Vermieter am Flughafen. Nützliche Details zum Fahren und Parken in Santiago liefert **Mietwagen in Chile** (www.mietwagen-in-chile.de), wo auch Leihvehikel angeboten werden.

BUS

Mit den Bussen von Transantiago kommt man billig und bequem in der Stadt herum, besonders auch während der nächtlichen Betriebspause der Metro. Die Busse in Grün und Weiß fahren im Zentrum von Santiago oder verbinden zwei Stadtgebiete. Jede Vorstadt hat ihre eigenen Lokalbusse in einer bestimmten Farbe und einen Buchstaben vor der Liniennummer (z. B. haben Busse auf den Linien in Las Condes und Vitacura ein „C" vor der Liniennummer und die Fahrzeuge sind orange lackiert). Die Busse fahren in der Regel auf Hauptstraßen oder Alleen; die weit voneinander entfernten Haltestellen liegen meist an Metro-Stationen. Der Netzplan hängt an vielen Haltestellen aus; in der Regel ist es verlässlicher, diesen zu konsultieren (oder den Busfahrer zu fragen), als sich bei Einheimischen zu erkundigen.

Sonntags kann man vom **Circuito Cultural de Transantiago** (www.transantiago.cl; 630 Ch$; ⏲ So 10–18.30 Uhr) profitieren, einem auf einem Rundkurs verkehrenden Bus, der an den Hauptattraktionen der Stadt (Museen, Kulturzentren) vorbeifährt und an der Plaza Italia startet. Mit der Bip!-Karte zahlt man eine normale Busfahrt und erhält vom Fahrer ein Armband, mit dem man die auf der Rundstrecke fahrenden Busse, die deutlich mit „Circuito Cultural" markiert sind, so oft benutzen kann, wie man will.

METRO

Die **Metro** (www.metro.cl; pro Fahrt ab 630 Ch$; ⏲ Mo–Fr 6–23, Sa ab 6.30, So ab 8 Uhr) wird ständig weiter ausgebaut und ist ein sauberes, effizientes Verkehrsmittel. Die Züge auf den sechs verbundenen Linien fahren häufig, sind aber oft unangenehm überfüllt. Eine siebente Linie soll 2019 eröffnet werden. Für U-Bahn-Fahrten nutzt man seine Bip!-Karte oder kauft einen Fahrschein, passiert die Drehscheibe und eilt zum richtigen Bahnsteig. Tagsüber kommt man mit der Metro gut herum, aber im Berufsverkehr morgens und abends ist das kein Vergnügen.

TAXI

Santiago hat jede Menge mit Taxametern ausgerüstete Taxis. Alle sind schwarz und haben ein gelbes Dach. Der Grundpreis beträgt 300 Ch$, danach zahlt man 150 Ch$ pro 200 m (oder pro Min. Wartezeit). Für längere Fahrten – z. B. vom Zentrum zum Flughafen – kann man auch einen Festpreis aushandeln. Man kann Taxis bedenkenlos auf den Straßen heranwinken, aber die Hotels und Restaurants rufen auch gern eins für ihre Gäste. Die meisten Taxifahrer in Santiago sind ehrlich, höflich und hilfsbereit, aber einige fahren Umwege, man sollte sich also über die gewünschte Strecke orientieren. *Taxis colectivos* sind schwarz und zeigen ihre Route durch ein Schild auf dem Dach an (Fahrten 1500–2000 Ch$/Pers.).

RUND UM SANTIAGO

Nationalparks, verschlafene Dörfer, verschneite Hänge im Winter und Höhenwanderrouten im Sommer ermöglichen es, schnell mal aus der Großstadt zu flüchten.

Valle de Maipo

Gleich südlich von Santiagos Zentrum liegt mit dem Valle de Maipo eine große Weinbauregion, die vor allem vollmundige Rote produziert und auf eigene Faust erkundbar ist: Vom Zentrum aus sind es mit öffentlichen Verkehrsmitteln maximal eineinhalb Stunden bis zu den Weingütern. Wer lieber mit einem Guide auf die Suche nach seinem Lieblingswein geht, sollte die Touren von **Uncorked Wine Tours** (☎ 2-2981-6242; www.uncorked.cl; ganztägige Tour 195 US$) testen – man besucht drei Weingüter unter der Leitung eines englischsprachigen Guides und bekommt obendrein ein tolles Mittagessen. Empfehlenswert ist auch die Radtour von La Bicicleta Verde (S. 486), bei der man maximal 10 km weit zu Winzern in Santiagos Umland radelt.

Zu den lohnenden Weingütern zählt **Viña Cousiño Macul** (☎ 2-2351-4100; www.cousinomacul.com; Av Quilín 7100, Peñalolen; Führung 14 000–24 000 Ch$; ⏲ englischsprachige Führungen Mo–Fr 11, 12.15, 15 & 16.15, Sa 10.15 & 11.30 Uhr), wo man bei Führungen Einblick in den Produktionsprozess erhält und die 1872 gebaute unterirdische *bodega* (Weinkeller) besichtigt. Das Weingut ist 2,25 km zu Fuß oder eine kurze Taxifahrt von der Metro entfernt.

Am Fuß der Anden liegt das hübsche Weingut **Viña Aquitania** (☎ 2-2791-4500; www.aquitania.cl; Av Consistorial 5090, Peñalolén; Führung 13 000–22 000 Ch$; ⏲ nach Vereinbarung Mo–Fr 9–18, Sa 10–14 Uhr). Vom Metro-Bahnhof Grecia (Linie 4) nimmt man von der Bushaltestelle 6 den Bus D07 Richtung Süden (Bip!-Karte erforderlich) bis zur Kreuzung der Av Los Presidentes und Consistorial. Das Weingut liegt 150 m weiter südlich.

Das für seinen Casa Real Cabernet berühmte **Viña Santa Rita** (☎ 2-2362-2520; www.santarita.com; Camino Padre Hurtado 0695, Alto Jahuel; Führung 14 000–40 000 Ch$; ⏲ Führungen Di–So 10–17 Uhr) bietet – über **Turistik** (Karte S. 488; ☎ 2-2820-1000; https://turistik.com; Städtische Touristeninformation, Plaza de Armas s/n, Centro; Tageskarte ab 23 000 Ch$; ⏲ Mo–Fr 10–18 Uhr; Ⓜ Plaza de Armas) – Rad- und Weintouren sowie Picknicks, Verkostungen und Führungen durch das Weingut. Das Museo Andino vor Ort besitzt eine Sammlung präkolumbischer Kunst mit Töpferwaren, Textilien und Goldschmuck der Inka. Um hin zu kommen, fährt man mit der Metro bis Las Mercedes und steigt dann in den Bus MB81 um, der nach Alto Jahuel und zum Eingang des Weinguts fährt.

Cajón del Maipo

Üppiges Grün bedeckt die steilen Felswände dieser großartigen Schlucht, durch die der

SKIGEBIETE RUND UM SANTIAGO

Chiles Ski- und Snowboardgebiete haben von Mitte Juni bis Ende September oder Anfang Oktober geöffnet und bieten in der Vor- und Nachsaison günstigere Preise. Die meisten Pisten liegen über 3300 m hoch und sind baumlos, die Abfahrten und die Saison sind lang und der Schnee ist tief und trocken. Drei der größten Regionen befinden sich kaum eine Stunde von der Hauptstadt; eine vierte liegt etwa zwei Stunden entfernt an der Grenze zu Argentinien.

Santiagos vier beliebteste Skizentren sind El Colorado, Farellones, La Parva und Valle Nevado. Sie nehmen drei Täler der Mapocho-Schlucht ein – daher werden sie unter dem Namen **Tres Valles** zusammengefasst. Obwohl die Gebiete nur 30 bis 40 km nordöstlich von Santiago liegen, kann die Anfahrt wegen der oft verstopften Bergstraße recht lange dauern. Alle genannten Preise gelten für das Wochenende und die Hauptsaison (meist Anfang Juli–Mitte Aug.). Außerhalb davon bzw. werktags bekommt man kräftig Rabatt auf Skipässe und Hotelzimmer. Da es hier vor allem Schlepplifte gibt, bringen die Winterferien lange Warteschlangen mit sich; ansonsten sind die Besucherzahlen aber erträglich. Wer in mehreren Gebieten Ski bzw. Snowboard fahren will, sollte nach Kombitickets fragen.

El Colorado und **Farellones** liegen rund 45 km östlich der Hauptstadt so nah beieinander, dass sie praktisch als ein Ziel mit 18 Skiliften und 22 Pisten in einer Höhe zwischen 2430 und 3330 m gelten können. Wegen der mageren Après-Ski- und Restaurantszene kommen die meisten Chilenen nur als Tagesausflügler. Infos über die aktuellen Schnee- und Pistenbedingungen findet man auf der Website von **El Colorado** (www.elcolorado.cl; El Colorado s/n; Tagesskipass Erw./Kind 49 000/37 000 Ch$; ⏲ Lifte 9–17 Uhr).

Nur 4 km hinter Farellones zielt das exklusive **La Parva** auf wohlhabende chilenische Familien ab und bietet 30 Pisten (Höhe 2662–3630 m). Aktuelle Infos gibt's auf der Website von **La Parva** (www.laparva.cl; Los Clonquis s/n; Tageskarte Erw./Kind 47 500/32 500 Ch$; ⏲ Lifte 8–17 Uhr).

14 km hinter Farellones umfasst das große **Valle Nevado** (☎ 2-2477-7705; www.vallenevado.com; Camino a Valle Nevado s/n; Tageskarte Erw./Kind 49 500/37 500 Ch$; ⏲ Lifte 9–17 Uhr) rund 28 km² Pistenfläche und ist Südamerikas größtes Skigebiet. Von allen Gebieten rund um Santiago ist es am besten in Schuss und bietet die anspruchsvollsten Abfahrten; sie liegen in einer Höhe zwischen 2805 und 3670 m und sind teils bis zu 3 km lang.

In einer eigenen Liga spielt das ultrasteile **Portillo** 145 km nordöstlich der Hauptstadt an der argentinischen Grenze, das zu den beliebtesten Skigebieten Chiles zählt. Hier absolvieren die Ski-Nationalteams der USA, Österreichs und Italiens ihr Sommertraining, und hier wurde auch zuerst die Ski-Schallmauer von 200 km/h geknackt. Portillo hat 14 Skilifte und 20 Pisten (Höhe 2590–3310 m); die längste misst 3,2 km. In der **Inca Lodge** (☎ 2-2263-0606; www.skiportillo.com; Zi. pro Pers. & Woche inkl. Mahlzeiten & Liftpass 1365 US$; P 📶 ≋) auf dem Gelände können junge Traveller in Schlafsälen übernachten. Die Tickets sind im Preis inbegriffen, und in der Nebensaison gibt's auch Sonderangebote. Aktuelle Infos erhält man bei **Portillo** (☎ 2-2263-0606; www.skiportillo.com; Tagesskipass Erw./Kind 46 000/30 000 Ch$; ⏲ Lifte 9–17 Uhr).

Zu den Skigebieten fahren jede Menge Shuttles. **KL Adventure** (☎ 2-2217-9101; www.kladventure.com; Augo Mira Fernández 14248, Las Condes, Santiago; hin & zurück nach Tres Valles 38 000 Ch$, mit Abholung vom Hotel 50 000 Ch$) fährt um 8 Uhr nach Tres Valles und kehrt um 17 Uhr zurück. **SkiTotal** (☎ 2-2246-0156; www.skitotal.cl; Av Apoquindo 4900, Local 39-42, Las Condes, Santiago; hin & zurück 17 000–19 500 Ch$) arrangiert einen billigeren Transport nach Tres Valles, der ebenfalls um 8 Uhr startet und um 17 Uhr zurückkehrt. SkiTotal vermietet auch Skiausrüstung und betreibt mittwochs und samstags ein Shuttle nach Portillo (27 000 Ch$).

Río Maipo strömt. Sie beginnt nur 25 km südöstlich der Hauptstadt und ist am Wochenende ein beliebtes Ausflugsziel für *santiaguinos*, die ihre Zeit u. a. mit Rafting (Nov.–März), Skifahren (Juni–Sept.) und Reiten (ganzjährig) verbringen.

Der Fluss selber besteht hauptsächlich aus Stromschnellen meist der Klasse III und hat nur sehr wenige ruhige Abschnitte – entsprechend oft kentern die Rafter. **Rutavertical Rafting** (☎ Handy 9-9435-3143; www.rutavertical.cl; Camino al Volcán 19635, San José de Maipo; Tour 17 000 Ch$; ⌚Touren tgl. 11, 14 & 16.30 Uhr) veranstaltet einstündige Rafting-Trips unter der Leitung begeisterter mehrsprachiger Guides, bei denen man einige hübsche Schluchten passiert, bevor man wieder in San José de Maipo ankommt. Man braucht insgesamt 2½ Stunden für das Briefing, die Ausrüstung und die Fahrt den Fluss hinauf bis zum Startpunkt. Schutzhelme, Neopren-Anzüge und Rettungswesten werden gestellt, für die eigenen Habseligkeiten gibt's Schließfächer. Raftingtouren, daneben auch Wanderungen und Ausritte bietet **Cascada de las Animas** (☎2-2861-1303; www.cascadadelasanimas.cl; Camino al Volcan 31087) an, eine bewirtschaftete Pferderanch, die zugleich ein privates Naturschutzgebiet ist. Viele Traveller übernachten in der rustikal-schicken Cascada Lodge mit tollen Bungalow-Suiten, Holzhütten und einem schattigen Campingplatz. Die Cascada de las Animas betreibt auch private Vans ab/nach Santiago (hin & zurück für 1–2 Pers. 70 000 Ch$).

Das nur 93 km von Santiago entfernte, 30 km² große **Monumento Natural El Morado** (www.conaf.cl/parques/monumento-natural-el-morado; Erw./Kind 5000/2500 Ch$; ⌚Okt.–April Einfahrt nur 8.30–13 Uhr, Ausfahrt spätestens 18 Uhr, Mai–Sept. Einfahrt 8.30–12.30, Ausfahrt bis 17.30 Uhr) belohnt Wanderer mit dem Blick von der Laguna El Morado auf den 4490 m hohen Cerro El Morado, zwei Wanderstunden entfernt von den Thermalquellen Baños Morales.

Das **Refugio Lo Valdés** (☎Handy 9-9230-5930; www.refugiolovaldes.com; Refugio Alemán, Ruta G-25 Km 77; B/DZ ab 27 600/57 500 Ch$), ein Bergchalet mit schlichten, holzverkleideten Zimmern und einem hinreißenden Blick über den Cajón, ist ein beliebtes Wochenendziel. Das hiesige Restaurant ist berühmt für herzhafte Gerichte und *onces* (Nachmittagstees). Rund 11 km weiter bieten die **Termas Valle de Colina** (☎2-2985-2609; www.termasvalledecolina.com; Eintritt inkl. Stellplatz Erw./Kind 8000/4000 Ch$) einen Campingplatz und terrassierte Thermalquellen mit Blick ins Tal.

Valparaíso

☎32 / 300 000 EW.

Dichter, Maler und Möchtegern-Philosophen zieht es seit Langem in die hektische Hafenstadt. Zusammen mit der stetig fluktuierenden Bewohnerschaft aus Hafenarbeitern, Seeleuten und Sexarbeitern haben sie dem kühnen, herrlich spontanen Valparaíso einen dynamischen Vibe à la „alles ist möglich" beschert. Zum Charme der Stadt trägt auch die malerisch verblasste Schönheit der chaotischen *cerros* (Hügel) bei, die die besten Exemplare von Straßenkunst in Lateinamerika beherbergen. Das dortige Gewirr aus steilen, verwinkelten Straßen, Gassen und *escaleras* (Treppen) wird von zahllosen verfallenden Villen gesäumt. Schnell wird klar, warum einige Besucher hier mehr Zeit verbringen als in Santiago.

Geschichte

Als führender Pazifikhandelshafen an der Seeroute rund um Kap Hoorn war Valparaíso eine Zwischenstation für ausländische Schiffe (u. a. für Walfänger). Zudem wurden die Beteiligten des kalifornischen Goldrauschs von hier aus mit chilenischem Weizen versorgt. Kaufleute und Kapital aus dem Ausland machten „Valpo" zum Finanzzentrum des Landes. Sein Niedergang begann mit dem Erdbeben von 1906 und der Eröffnung des Panamakanals 1914. Heute ist die Stadt als Zwischenhafen für Kreuzfahrtschiffe wieder wichtiger geworden; auch Chiles wachsende Obstexporte haben dem Hafen eine neue Blüte gebracht. Noch bedeutender ist allerdings die Tatsache, dass Valpo seit 1990 der Sitz des chilenischen Nationalkongresses ist und 2003 zur Kulturhauptstadt gewählt wurde. Die UNESCO besiegelte das alles, indem sie die Stadt zum Welterbe erklärte und so die Touristenzahlen explodieren ließ.

Sehenswertes & Aktivitäten

Durch die Straßen von Valpo zu schlendern und ganz nebenbei die Wandmalereien und Architektur zu bewundern, zählt zu den besten Aktivitäten vor Ort. Man sollte auch ein, zwei Fahrten mit den ratternden, zwischen 1883 und 1916 gebauten sechs *ascensores* (Standseilbahnen) – mehrere weitere werden derzeit repariert – unternehmen, die sich die Hügel und Seitengassen hinaufquälen. Strandfans fahren Richtung Norden nach Viña und Zapallar.

El Plan & El Puerto

Valparaísos ebenes Geschäftsviertel (El Plan) ist selbstverständlich nicht so stimmungsvoll wie die Hügel darüber, beherbergt aber durchaus ein paar interessante Monumente.

Plaza Sotomayor PLAZA
(El Plan) Die Plaza Sotomayor wird von dem blauen, palastartigen **Edificio Armada de Chile** (Plaza Sotomayor s/n, El Plan) dominiert. In der Mitte des Platzes befindet sich das **Monumento a los Héroes de Iquique** (Plaza Sotomayor s/n, El Plan), ein unterirdisches Mausoleum für die Nationalhelden, die im Salpeterkrieg beim Seegefecht vor Iquique zu Tode kamen.

Congreso Nacional WAHRZEICHEN
(www.congreso.cl; Ecke Av Pedro Montt & Rawson; Bibliothek Mo & Fr 9.30–13 & 14.30–17.30 Uhr) Eines der wenigen modernen Wahrzeichen der Stadt ist der hufeisenförmige, umstrittene Congreso Nacional im östlichen Abschnitt von El Plan. Seine Wurzeln liegen wortwörtlich und rechtlich in der Zeit der Pinochet-Diktatur. Das Gebäude wurde auf dem Gelände eines jener Häuser errichtet, in denen der Machthaber als Kind wohnte, und die Errichtung des Gebäudes war durch die oktroyierte Verfassung von 1980 vorgeschrieben, die den Sitz des Parlaments aus Santiago weg verlegte.

Cerros Concepción & Alegre

Ascensor Reina Victoria STANDSEILBAHN
(100 Ch$; 7–23 Uhr) Diese Standseilbahn stammt von 1902 und verbindet die Av Elias mit dem Paseo Dimalow.

Ascensor Concepción STANDSEILBAHN
(Prat (El Plan) & Paseo Gervasoni (Cerro Concepción); 300 Ch$; 7–22 Uhr) Die älteste, ursprünglich mit Dampfkraft betriebene Standseilbahn der Stadt stammt von 1883 und führt hinauf zum Paseo Gervasoni am unteren Ende des Cerro Concepción. Sie war zur Zeit der Recherche wegen Renovierung außer Betrieb.

Museo de Bellas Artes MUSEUM
(Palacio Baburizza, Museum der schönen Künste; 32-225-2332; http://museobaburizza.cl; Paseo Yugoslavo 176, Cerro Alegre; 4000 Ch$; Di–So 10.30–18 Uhr) Das weitläufige Jugendstilgebäude am westlichen Ende des Cerro Alegre wird Palacio Baburizza genannt und beherbergt das Museo de Bellas Artes mit einer ordentlichen Dauersammlung und vielen Details über die ursprünglichen Besitzer des Palasts. Hier hinauf fährt der **Ascensor El Peral** (Plaza de Justicia (El Plan) & Paseo Yugoslavo (Cerro Alegre); 100 Ch$; 7–23 Uhr) von seiner Talstation gleich abseits der Plaza Sotomayor.

TOP 5: AUSBLICKE IN VALPO

Paseo 21 de Mayo (Cerro Artillería): Blick auf die Kräne und Container im Hafen.

Plaza Bismark (Cerro Cárcel): Panoramablick auf die Bucht.

Mirador Diego Portales (Cerro Barón): Weite Aussicht auf das bunte Häusergewirr in Valpos Zentrum vom Aussichtspunkt an der Bergstation des Ascensor Barón.

Aussichtspunkt am Ende der Calle Merlet (Cerro Cordillera): Blick auf die rostenden Dächer des **Barrio El Puerto** (www.barriopuertovalparaiso.cl) und die öffentlichen Gebäude an der Plaza Sotomayor (S. 501).

Paseo Atkinson (Cerro Concepción): Tagsüber Blick auf typische Häuser der Stadt und nachts auf das funkelnde Lichtermeer auf den Hügeln.

Cerro Bellavista

Dieses ruhige Wohnviertel auf einem Hügel war lange ein Lieblingsort von Künstlern und Schriftstellern. Heute eröffnen in dieser Gegend ständig neue Hotels und Restaurants.

★ **La Sebastiana** HISTORISCHES GEBÄUDE
(32-225-6606; www.fundacionneruda.org; Ferrari 692; Erw./Kind 7000/2500 Ch$; Jan. & Feb. Di–So 10–19 Uhr, März–Dez. Di–So bis 18 Uhr) Der berühmteste Schriftsteller mit Wohnsitz in Bellavista war zweifellos Pablo Neruda, der sich das Silvesterfeuerwerk jedes Jahr aus seinem Haus La Sebastiana auf der Spitze des *cerro* ansah. Das Einlassprinzip lautet „wer zuerst kommt, mahlt zuerst", daher empfiehlt es sich, bereits am Morgen vorbeizuschauen.

Um hierherzukommen, muss man einen steilen, strammen Fußmarsch bergauf in Kauf nehmen – und die Kletterei geht auch im Gebäudeinneren weiter. Dafür wird man auf jedem Stockwerk mit atemberaubendem Hafenblick belohnt. Besucher können hier nach Belieben umherschlendern und dabei alte Möbel aus den 1950er-Jahren, Nerudas chaotische Galionsfigurensammlung, Glaskunst oder Kunstwerke seiner berühmten Freunde bewundern.

Gleich neben dem Haus hat die Fundación Neruda das Centro Cultural La Sebasti-

Valparaíso

ana errichtet, in dem eine kleine Ausstellungsfläche sowie ein Souvenirgeschäft zu finden sind. Hierher gelangt man, indem man vom Ascensor Espíritu Santo der Héctor Calvo für 800 m bergan folgt. Alternativ steigt man auf der Serrano nahe der Plaza Sotomayor in El Plan oder am Platz oberhalb der Templeman auf dem Cerro Alegre in den grünen Bus O und steigt an Block 6900 der Av Alemania aus.

Museo a Cielo Abierto GEBIET

(Freilichtmuseum; Ecke Rudolph & Ramos; ⌚24 Std.) Zwanzig klassische, farbenfrohe

Valparaíso

Sehenswertes
1 Ascensor Concepción B3
2 Ascensor El Peral A2
3 Ascensor Reina Victoria B4
4 Barrio El Puerto A1
5 Edificio Armada de Chile A2
6 Monumento a los Héroes de Iquique A2
7 Museo a Cielo Abierto C5
8 Museo de Bellas Artes A2
9 Plaza Sotomayor A2

Aktivitäten, Kurse & Touren
10 Chilean Cuisine A3
11 Harbor Boat Tours A2
12 Natalis Language Center A2
13 Tours 4 Tips A2
14 Valpo Street Art Tours B3

Schlafen
15 Hostal Cerro Alegre A3
16 Hostal Jacaranda A3
17 La Nona A4
18 Mm 450 .... A3
19 Vía Vía Hotel A4
20 WineBox Valparaiso D6

Essen
21 Café Vinilo A4
22 Casino Social J Cruz C4
23 Chinchinero Sabor Propio A3
24 Delicias Express A2
25 El Internado B4
26 El Peral A3
27 Fauna B4
28 Norma's A3
Viá Viá Restaurant .... (siehe 19)

Ausgehen & Nachtleben
29 Bar del Tio B3
30 Máscara B3

Wandmalereien verteilen sich über die unteren Straßen dieses *cerro* und bilden dieses Freilichtmuseum, zu dem auch Werke berühmter chilenischer Künstler wie Mario Toral und Roberto Matta zählen. Leider sind viele Bilder heute in einem sehr schlechten Zustand. Der **Ascensor Espíritu Santo,** der hinter der Plaza Victoria startet, bringt einen direkt zu den Kunstwerken.

Cerro Artillería

Der freie Blick aufs Meer machte diesen südwestlichen Hügel zur strategisch günstig gelegenen Verteidigungsstellung.

Museo Marítimo Nacional MUSEUM
(Nationales Seefahrtsmuseum; ☎32-253-7018; www.mmn.cl; Paseo 21 de Mayo 45, Cerro Artillería; Erw./Kind 1000/300 Ch$; ⌚Di–So 10–17.30 Uhr) Einsatzbereite Kanonen stehen bis heute vor diesem Museum, das große Ausstellungsflächen dem chilenischen Sieg im Salpeterkrieg (1879–1884) widmet. Unter den anderen Stücken sind historische Gemälde, Uniformen, Schiffsmöbel, Schwerter, Navigationsinstrumente und Orden, die alle in hübschen Räumen entlang eines großen Innenhofs präsentiert werden. Der **Ascensor Artillería** rattert von der Plaza Aduana aus hier hinauf.

Kurse

★ **Chilean Cuisine** KOCHEN
(☎Handy 9-6621-4626; www.chileancuisine.cl; Pasaje Galvez 25, Cerro Concepcion; Kurse ab 40 000 Ch$/Pers.; ⌚tägliche Kurse) Der dynamische Küchenchef nimmt die Teilnehmer des Kochkurses mit zum Zutatenkauf auf den Markt. Anschließend zeigt er ihnen, wie man Pisco Sours mixt, regionale Weine verkostet und ein klassisches chilenisches Menü kocht, das dann auch gegessen wird.

Natalis Language Center SPRACHE
(☎32-225-4849; www.natalislang.com; Plaza Justicia 45, 6. OG, Oficina 602, El Plan; 3-tägiger Intensivkurs 180 000 Ch$) Sprachschule mit gutem Ruf in Sachen schnelle Resultate.

Geführte Touren

★ **Tours 4 Tips** STADTSPAZIERGANG
(www.tours4tips.com; Plaza Sotomayor, El Plan; ⌚10 & 15 Uhr) Einfach zur Plaza Sotomayor gehen, dort Ausschau nach den Stadtführern in ihren rot-weißen Shirts mitten auf der Plaza halten und sich auf eine freundliche Einführung in die Straßenkunst, die Kulturgeschichte und die Politik der Stadt freuen. Trinkgeld muss man nur geben, wenn einem die Führung gefallen hat. Dann sollten aber schon zwischen 5000 und 10 000 Ch$ drin sein.

Hafenrundfahrten BOOTSFAHRT
(Muelle Prat; 30-minütige Tour 3000 Ch$; ⌚9.30–18.30 Uhr) Auf einer Bootstour geht es vorbei an gigantischen Kreuzfahrtschiffen oder Kriegsschiffen oder man kann ein paar Seelöwen beim Herumtollen im Hafen beobachten. Die Touren werden von verschiedenen Unternehmen angeboten, deshalb

NICHT VERSÄUMEN

VALPARAÍSOS MURALS

Wer die kurvenreichen Straßen, die sich an die Hügel Valparaísos schmiegen, hinauf und hinunter marschiert, entdeckt überall farbenfrohe Kunst im öffentlichen Raum. Das können traumhafte Wandbilder von glamourösen Damen, aber genauso auch Graffitis mit politischen Botschaften auf Garagentoren sein. Top-Adressen für Straßenkunst sind die Cerros Concepción, Alegre und Bellavista, und natürlich auch die nicht auszulassende Pasaje Galvez. Bei einem Rundgang mit **Valpo Street Art Tours** (Handy 9-4021-5628; www.valpostreetart.com; Pasaje Galvez 25, Oficina 2; 10.30 & 15.30 Uhr) entwickelt man ein besseres Verständnis für die Kunst und die Künstler.

Beim ersten lateinamerikanischen Graffiti-Festival wurde der Cerro Polanco von Graffitikünstlern aus ganz Lateinamerika „erobert": Mehr als 80 Wandmalereien wurden in wenigen Tagen geschaffen. Tagsüber kann man sich hier prima umschauen, bei Dunkelheit sollte man sich aber fernhalten, weil Touristen hier regelmäßig über Taschendiebe klagen.

Beim Schlendern durch die Straßen sollte man nach dem riesigen, Anfang 2012 enthüllten Wandbild des chilenischen Künstlers Inti Ausschau halten. Es erstreckt sich über die Fassaden mehrerer benachbarter Gebäude, ist vom Cerro Concepción aus sichtbar und zeigt eine geheimnisvolle Figur, die exotischen Schmuck trägt.

unbedingt die Preise vergleichen. In einer Gruppe spart man zusätzlich.

Feste & Events

Año Nuevo NEUJAHR
(31. Dez.) Das spektakuläre Feuerwerk über dem Hafen zieht am 31. Dezember eines jeden Jahres Hunderttausende Zuschauer in die Stadt. Unterkünfte sollten deshalb weit im Voraus gebucht werden.

Schlafen

★ La Joya Hostel HOSTEL $
(Handy 9-3187-8552; www.lajoyahostel.com; Quillota 80; B 10 000 Ch$, DZ ab 39 000 Ch$; P @) Mit makellos sauberen Zimmern, sehr bequemen Betten und der Ästhetik eines Lofts in Brooklyn ist das La Joya fast zu schick, um als Hostel bezeichnet zu werden. Angeschlossen sind eine hippe Bar und ein Burgerladen, die man besuchen sollte, auch wenn man nicht hier wohnt. Das freundliche Personal hilft gern mit Infos zur Stadt weiter; gelegentlich werden auch Grillfeste auf der Dachterrasse veranstaltet.

La Nona B&B $
(Handy 9-6618-6186; www.bblanona.com; Galos 660–662, Cerro Alegre; EZ/DZ/3BZ mit Frühstück 36 000/40 000/60 000 Ch$;) Die Englisch sprechenden Besitzer dieses B&B sind ganz verrückt nach Valpo und geben sehr gern Insiderwissen an ihre Gäste weiter. Die Zimmer sind schlicht, aber sehr angenehm. Durch die Buntglasfenster und Oberlichter mutet alles sehr hell an und die zentrale Lage auf dem Cerro Alegre ist ein riesiger Pluspunkt. Nach einem Zimmer mit Ausblick fragen.

Yellow House B&B $
(32-233-9435; www.theyellowhouse.cl; Capitán Muñoz Gamero 91, Cerro Artillería; Zi. ohne Bad 33 000–55 000 Ch$, reichhaltiges Frühstück; @) Der wirklich spektakuläre Blick auf den alten Hafen sowie die freundliche Betreuung, mit denen der chilenische Besitzer seine Gäste überhäuft, machen dieses ruhige B&B zu etwas Besonderem. Die gemütlichen, in Pastellfarben gestrichenen Zimmer sind mit dicken weißen Daunendecken ausgestattet. Den besten Blick bietet mit Abstand das Oceano-Zimmer. Der einzige Nachteil: Man ist hier relativ weit weg von der Action, den Restaurants und dem Nachtleben der beliebteren *cerros*.

Hostal Jacaranda HOSTEL $
(32-327-7567; www.hostaljacaranda.blogspot.com; Urriola 636, Cerro Alegre; B/DZ ab 8000/25 000 Ch$;) Das kleine, aber einladende und fröhliche Hostel liegt perfekt in einer belebten Ecke von Cerro Alegre. Der Familienbetrieb hat eine Terrasse mit romantischer Abendbeleuchtung. Die äußerst auskunftsfreudigen Eigentümer zeigen einem auf höfliche Anfrage eventuell sogar die Zubereitung chilenischer Spezialitäten wie Pisco Sours oder Empanadas.

Hostal Cerro Alegre B&B $
(32-327-0374; www.hostalcerroalegre.cl; Urriola 562, Cerro Alegre; B 14 000 Ch$, Zi. mit/ohne Bad 59 000/36 000 Ch$;) Schrille Antiquitäten, originale Ölgemälde des früheren Besitzers

und ein bunter Mix der Farben, Stile und Designs machen diese Bleibe zu einer guten Adresse für Bohemiens. Es gibt eine Gemeinschaftsküche und einen kleinen Wohnbereich sowie nur vier Betten im Schlafsaal. Man kann hier auch Fahrräder mieten (ganzer/halber Tag 11 000/6000 Ch$).

Vía Vía Hotel GÄSTEHAUS $$
(☎32-319-2134; www.viaviacafe.cl; Almirante Montt 217, Cerro Alegre; Zi. 50–70 US$; 📶) 🍃 Ein freundliches belgisch-ecuadorianisches Paar leitet dieses Art-déco-Hotel mit abgerundeten Ecken, das bei einer künstlerisch und dichterisch angehauchten, Hornbrillen tragenden Klientel sehr beliebt ist. Die gerade einmal fünf Zimmer sorgen für eine gemütliche Atmosphäre. Sie sind spartanisch eingerichtet, aber recht luftig und die Bäder haben Solarduschen und elegante Steinelemente. Es gibt ein tolles Café im Erdgeschoss, was es zu einem tollen Ort für Nachteueln macht.

★ **WineBox Valparaiso** DESIGNHOTEL $$
(☎Handy 9-9424-5331; wineboxvalparaiso@gmail.com; Baquedano 763, Cerro Mariposas; Zi. 53 000–180 000 Ch$; P📶🐾) 🍃 Aus 25 ausgemusterten Schiffscontainern gebaut und Sitz von Valparaísos erstem städtischen Weingut ist das WineBox darauf aus, den Charakter des Tourismus in der Stadt zu verändern. Wenn alles nach Plan läuft, werden 2019 hier eine Weinbar und ein Weinladen mit 320 Flaschen- und 30 offenen Weinen eröffnen (darunter auch mit den Weinen, die unten im Keller reifen).

Mm 450 BOUTIQUEHOTEL $$$
(☎32-222-9919; www.mm450.cl; Lautaro Rosas 450, Cerro Alegre; Zi. mit Frühstück 70 000–120 000 Ch$; 📶) Dieses Boutiquehotel hat eine stromlinienförmige moderne Fassade, einen prächtigen Innenhof und superkomfortable Zimmer mit neuen Matratzen und schimmernd weißen Bettdecken. Die Unterkunft ist an ein hippes Restaurant und eine Lounge angeschlossen, es ist also immer jemand vor Ort.

Essen

★ **Chinchinero Sabor Propio** CHILENISCH $
(☎Handy 9-9821-6612; Urriola 377, Cerro Alegre; Frühstück/Mittagsmenü 3000/6000 Ch$; ⏲Mo–Sa 10–19, So bis 18 Uhr; 📶✍) Geschmacksintensive, reichhaltige Frühstücks- und Mittagsbüffets machen dieses abgefahrene Café mit zehn Tischen zum besten und günstigsten vor Ort. Es gibt auch leckeren Kuchen, Kaffee und Empanadas.

Delicias Express CHILENISCH $
(☎32-223-7438; Urriola 358, Cerro Alegre; Empanadas 1000–2400 Ch$; ⏲Mo–Fr 10–18, Sa & So ab 11 Uhr) Mit 81 Empanada-Versionen, freundlichem Service und rauem Charme ist dies eines der besten Empanada-Lokale der Küste.

Norma's CHILENISCH $
(☎32-222-3112; Av Almirante Montt 391, Cerro Alegre; Mittagstisch 6900–9900 Ch$; ⏲Di geschl.) Vom Namen oder dem nichtssagenden Zugangsweg darf man sich nicht abschrecken lassen. Geht man die mächtige Treppe hinauf, erreicht man ein fröhliches, lässig-elegantes Lokal mit überraschend guten Mittagsmenüs, die auch noch günstiger sind als die der meisten Konkurrenten in der Nachbarschaft. Das restaurierte, große Haus zieren immer noch das polierte Holz und die hübschen alten Fensterrahmen des Originalgebäudes.

Mercado Cardonal MARKT $
(http://elcardonal.cl; Mercado Cardonal, 2. Stock, El Plan; Hauptgerichte 3500–5000 Ch$; ⏲6–18.30 Uhr) Im größten Lebensmittelmarkt Valparaísos gibt's eine gute Auswahl an Ständen mit Seafood.

Casino Social J. Cruz CHILENISCH $
(☎32-221-1225; www.jcruz.cl; Condell 1466, El Plan; Hauptgerichte 6500 Ch$; ⏲12–1.30 Uhr) Graffiti bedecken die Wände dieses kleinen Cafés, dass sich in einer engen Gasse in El Plan versteckt. Man braucht gar nicht auf die Karte schauen, denn *chorrillana* (ein Berg Fritten unter einer Deckschicht aus gebratenem Schweinefleisch, Zwiebeln und Ei) soll hier erfunden worden sein. Volkssänger lassen sich hier oft bis in die frühen Morgenstunden hören.

★ **El Internado** CHILENISCH $$
(☎32-335-4153; www.elinternado.cl; Pasaje Dimalow 167, Cerro Alegre; 4500–8000 Ch$; ⏲So–Do 12–0.30, Fr & Sa ab 12.30 Uhr; 📶) Das abgefahrene neue Lokal an der Pasaje Dimalow ist mit seinem weiten Ausblick über Valpo, günstigen chilenischen Sandwichs und milden Pisco Sours bei den Einheimischen sehr beliebt. Im Untergeschoss gibt's abends u. a. Kunstausstellungen, Dichterlesungen, Filmvorführungen und Livemusik.

★ **El Peral** CHILENISCH $$
(☎32-336-1353; El Peral 182, Cerro Alegre; Mittagsmenüs 8000 Ch$, Hauptgerichte 8000–10 000 Ch$;

⌚12–16.30 Uhr, Dez.–April Fr & Sa bis 24 Uhr) Die Karte dieses beliebten Cafés über dem Ascensor El Peral (S. 501) wird jeden Morgen auf die Kreidetafeln geschrieben und bietet nahezu immer frische Zutaten aus dem Meer. Zum Essen trinkt man belebende Fruchtsäfte, örtliche Kleinbrauereibiere oder Pisco Sours in interessanten Geschmacksrichtungen. Für einen Tisch auf der schattigen, grünen Terrasse mit Hafenblick sollte man vorab reservieren.

Fauna CHILENISCH **$$**
(☎32-212-1408; www.faunahotel.cl; Pasaje Dimalow 166, Cerro Alegre; Hauptgerichte 6500–13 000 Ch$; ⌚12.30–22.30 Uhr) Die hippe Lounge und Restobar (mit einem eleganten angeschlossenen Hotel) hat eine der besten Terrassen der Stadt. Hier trinken Einheimische sehr gerne Kleinbrauereibiere, Cocktails oder Wein oder stürzen sich auf die Speisen, zu denen vornehmlich Meeresfrüchte zählen. Vorab einen Tisch reservieren!

Café Vinilo CHILENISCH **$$**
(☎32-223-0665; Av Almirante Montt 448, Cerro Alegre; Hauptgerichte 5000–13 000 Ch$; ⌚So–Do 9–1.30, Fr & Sa bis 3.30 Uhr; 📶) Die retro-schicke Atmosphäre entspricht den vielen Farben und Rhythmen der Stadt. Abends kommen frischer Langflossenthun und anderer Fang des Tages aus der Region schön angerichtet und in köstlichen Geschmackskombinationen auf den Teller. Wenn der letzte Teller abgeleckt ist, wird der Plattenspieler angestellt und das Lokal verwandelt sich in eine Bar.

Viá Viá Restaurant CAFÉ **$$**
(☎32-319-2134; www.viaviacafe.cl; Av Almirante Montt 217, Cerro Alegre; Hauptgerichte 5500–10 500 Ch$; ⌚Di–Sa 13–23, So bis 18 Uhr, Mai–Okt. Mo–Mi geschl.; 📶) Unter einer steilen Treppe und einem drei Etagen hohen Wandbild präsentiert sich dieses Gartencafé kreativ und mit unbändiger Energie. Es gibt einfache Gerichte, einen guten Mix aus belgischen Fassbieren und chilenischen Weinen und im Sommer gelegentlich Livemusik. Bei einer Tour zu den Wandmalereien oder bei einem Kneipenbummel muss man hier unbedingt Station machen.

Ausgehen & Nachtleben

★ **Máscara** CLUB
(www.mascara.cl; Plaza Aníbal Pinto 1178, El Plan; Grundpreis 2500–4000 Ch$; ⌚Mo–Sa 22 Uhr–Open End) Musikalisch versierte Clubgänger in den 20-ern und 30-ern lieben diesen schwulenfreundlichen Club: Das Bier ist billig, es gibt viel Bewegungsfreiheit und kaum Teenies. In der Regel bekommt man Sonderangebote bei den Drinks und ermäßigten Eintritt vor 1 Uhr.

Bar del Tio BAR
(☎32-259-9352; www.facebook.com/bardeltio; Av Almirante Montt 67; ⌚Di–Do 18–1, Fr ab 3, Sa 20–3 Uhr) Jazzmusik hallt von den unverputzten Backsteinwänden in dieser Cocktailbar mit Klasse und gefährlich guten Drinks wider. Schmackhafte Tapas sorgen für eine gute Grundlage.

Praktische Informationen

GEFAHREN & ÄRGERNISSE

Kleinkriminalität und Raubüberfälle kommen im alten Hafengebiet von Valparaíso häufig vor, man sollte hier seine Sachen, insbesondere Kameras und andere elektronische Geräte, gut im Auge behalten. Die übrigen Teile von Valparaíso sind relativ sicher, doch sollte man sich nachts an die Hauptstraßen halten und zwielichtige Treppen und Gassen meiden.

INFOS IM INTERNET

Ciudad de Valparaíso (www.ciudaddevalparaiso.cl) Hilfreiche, umfassende Auflistungen der Dienstleistungen in der Stadt.

El Mercurio de Valparaíso (www.mercuriovalpo.cl) Die wichtigste Tageszeitung der Stadt.

Qué hacer en Valpo (www.facebook.com/quehacerenvalpo) Aktuelle Infos zu örtlichen Events und Happenings.

INTERNETZUGANG

Die meisten Unterkünfte und touristischen Restaurants haben kostenloses WLAN.

MEDIZINISCHE VERSORGUNG

Hospital Carlos Van Buren (☎32-236-4000; www.hospitalcarlosvanburen.cl; San Ignacio 725, El Plan; ⌚24 Std.) Ein großes öffentliches Krankenhaus.

POST

Post (Correos de Chile; www.correos.cl; Prat 856, El Plan; ⌚Mo–Fr 9–18, Sa 10–13 Uhr) Zentral gelegenes Postamt.

TOURISTENINFORMATION

Es gibt mehrere hilfreiche Infostände für Touristen in der Stadt, darunter einen **Kiosk** (www.ciudaddevalparaiso.cl; Ecke Wagner & Cumming, El Plan; ⌚10–18 Uhr) an der Plaza Aníbal Pinto und einen weiteren **Kiosk** (www.ciudaddevalparaiso.cl; Muelle Prat, El Plan; ⌚10–18 Uhr) an der Muelle Prat.

NICHT VERSÄUMEN

ISLA NEGRA

Die spektakuläre Lage auf einem windumtosten Küstenkap macht schnell begreiflich, warum die **Casa de Isla Negra** (Pablo Nerudas Haus; ☎035-247-5156; www.fundacionneruda.org; Poeta Neruda s/n; Erw./Kind 7000/2500 Ch$; ⏲März–Dez. Di–So 10–18 Uhr, Jan. & Feb. Di–So bis 19 Uhr) der Lieblingsort Pablo Nerudas war. Dieser erbaute das Haus, nachdem er in den 1950er-Jahren reich geworden war. Nur wenige Tage nach dem Militärputsch von 1973 starb der Dichter und bald darauf stürmten Soldaten die „Schwarze Insel" (Achtung: Es ist trotz des Namens gar keine!). Drinnen gibt's eine außergewöhnliche Sammlung von Bugsprieten, Buddelschiffen, Holzschnitzereien und nautischen Instrumenten zu sehen; draußen liegt Neruda neben seiner dritten Frau Matilde begraben.

Isla Negra liegt einen gemütlichen Halbtagesausflug von Valpo entfernt, wo der **Pullman Bus Lago Peñuelas** (☎032-222-4025) am Busbahnhof alle 30 Min. abfährt (3200 Ch$, 1½ Std.). Ab dem Terminal de Buses Alameda in Santiago fährt der **Pullman Bus Costa Central** (☎032-246-9398; www.pullmancosta.cl) direkt hierher (4000–6000 Ch$, 1½ Std., stündl.).

An- & Weiterreise

Ankunfts- und Abfahrtspunkt aller wichtigen Fernbusverbindungen ist der **Terminal Rodoviario** Av Pedro Montt 2800, El Plan), der etwa 20 Blocks östlich der Innenstadt gegenüber vom Congreso Nacional liegt. Vor allem wenn man abends dort ankommt, sollte man daran denken, dass am Busbahnhof oft keine Taxis warten; wer zu seinem Hostel oder Hotel fahren möchte, muss daher eventuell ein Taxi per Telefon bestellen (am besten rechtzeitig vorab erledigen!). Wer zu Fuß vom Busbahnhof zum Zentrum will, folgt aus Sicherheitsgründen idealerweise einer großen Durchgangsstraße wie der Pedro Montt.

Turbus (☎32-213-3104; www.turbus.cl; Av Pedro Montt 2800, Terminal Rodoviario) fährt täglich häufig ab/nach Santiago (ab 3000 Ch$, 1½ Std.); in Santiago hat man guten Anschluss zu anderen Zielen im Norden, im Süden und im Osten Chiles.

Turbus und **Cata Internacional** (☎800-835-917; www.catainternacional.com; Av Pedro Montt 2800, Terminal Rodoviario) fahren nach Mendoza in Argentinien (22 000 Ch$, 8 Std.).

Das städtische Busnetz **Transporte Metropolitano Valparaíso** (TMV; ☎32-259-4689; www.tmv.cl; einfache Strecke in El Plan 250 Ch$, von El Plan nach Cerro 400 Ch$) bietet Busse nach Viña del Mar (450–500 Ch$ je nach Tageszeit) und zu den Strandorten im Norden. Nach Reñaca fahren die orangefarbenen Linien 607, 602 oder 605. Die Buslinien 602 und 605 fahren weiter nach Concón.

Unterwegs vor Ort

Laufen ist die beste Art, um im Zentrum von Valparaíso herumzukommen und die *cerros* zu erkunden – den Aufstieg kann man sich mit dem *ascensor* oder einem *taxi colectivo* (500 Ch$) erleichtern. Zahlreiche TMV-Stadtbusse fahren auf der Condell und der Av Pedro Montt, der Av Brasil und der Yungay und verbinden ein Ende von El Plan mit dem anderen.

Taxifahrten sind in Valparaíso viel teurer als in anderen chilenischen Städten.

Wer die Hügel der Stadt mit dem Fahrrad angehen will, findet ein paar Anbieter, die Fahrräder verleihen (generell 6000 Ch$/halber Tag).

Viña del Mar

☎32 / 334 300 EW.

Das saubere, ordentliche Viña del Mar bildet einen starken Kontrast zum charmanten Chaos im benachbarten Valparaíso. Schmucke, palmengesäumte Prachtstraßen, stattliche Paläste, ein ausgedehnter öffentlicher Strand und hübsche, weitläufige Parks haben Viña den Spitznamen Ciudad Jardín (Gartenstadt) eingebracht. Der offizielle Name „Weinberg am Meer" stammt von der Hazienda der Familie Carrera, der das Gebiet in der Kolonialzeit gehörte. Ausländische Touristen übernachten hier selten, sondern entscheiden sich lieber für einen Tagesausflug ab Valparaíso. Hingegen ist Viña eine beliebtes Sommer- und Wochenendziel wohlhabender Einwohner Santiagos mit einer erstklassigen *carrete* (Partyszene).

Sehenswertes

Museo de Arqueología e Historia Francisco Fonck MUSEUM
(☎32-268-6753; www.museofonck.cl; 4 Norte 784; Erw./Kind 2800/500 Ch$; ⏲Mo 10–14 & 15–18, Di–Sa 10–18, So 10–14 Uhr) Der originale *moai* (Statue von der Osterinsel), der vor diesem Museum Wache hält, bietet nur einen Vorgeschmack auf die drinnen schön präsentierten archäologischen Funde von der Osterin-

sel und die Silberarbeiten und anthropomorphen Tonfiguren der Mapuche. Im Obergeschoss gibt's altmodische Schaukästen mit präparierten Insekten und ausgestopfte chilenische Tiere zu sehen.

Parque Quinta Vergara PARK

(Errázuriz 563; ⌚7–19 Uhr) Nirgendwo passt der Spitzname „Gartenstadt" besser als in diesem herrlichen Landschaftspark, der über die Errázuriz am südlichen Ende der Libertad (die hier Eduardo Grove heißt) betreten wird. Einst gehörte er einer der berühmtesten Familien der Stadt, den Alvares-Vergaras.

Cerro Castillo GEBIET

Dieses Barrio ist mit seinen liebevoll restaurierten Villen, tollen Aussichtspunkten auf die Stadt, einem kleinen „Kastell" und dem Sommerpalast des chilenischen Staatspräsidenten ideal für einen Nachmittagsspaziergang. Um die Spitze des Hügels zu erreichen, nimmt man die Bajada Britania (nahe dem Castillo Wulff) oder die Vista Hermosa (abseits der Calle Valparaíso).

Schlafen

Not Found Hostel HOSTEL $

(☎Handy 9-3054-8854; www.notfoundrooms.com; Paseo Cousiño s/n; B/DZ mit Frühstück & Gemeinschaftsbad 15000/35000 Ch$; 📶) Wenn man den kryptischen gelben Markierungen in den dritten Stock eines einst leerstehenden Gebäudes am Paseo Cousiño folgt, erreicht man schließlich das Not Found Hostel. Mit herzhaftem Frühstück, flauschigen Bettdecken und einem schicken minimalistischen Look gehört es zu den besten Hostels vor Ort.

Columba Hostel HOSTEL $

(☎32-299-1669; www.columbahostel.com; Calle Valparaíso 618; B 10000–15000 Ch$, DZ mit/ohne Bad & mit Frühstück 35000/30000 Ch$; 📶) Das muntere Hostel bietet stilvolle Schlafsäle und Doppelzimmer mit farbenfroher Bettwäsche, Holzböden und urbaner Kunst. Die Sauberkeit lässt manchmal zu wünschen übrig, aber das Haus liegt prima zentral, und es gibt eine Gemeinschaftsküche, einen Frauen vorbehaltenen Schlafsaal und einen Gemeinschaftsraum mit einem Fernseher. Die privaten Zimmer sind recht gut.

Eco-Hostal Offenbacher-Hof B&B $$

(☎32-262-1483; www.offenbacher-hof.cl; Balmaceda 102; Zi. mit Frühstück 55000–68000 Ch$; 📶) 🍃 Von dieser eindrucksvollen, gelb und kastanienbraun getünchten Villa auf der Spitze des ruhigen Cerro Castillo hat man einen fabelhaften Ausblick auf die Stadt. Mit der weiten Aussicht, den kürzlich renovierten Badezimmern und den antiken Möbeln ist dies die Unterkunft mit dem besten Preis-Leistungs-Verhältnis in Viña del Mar. Die Anlage ist makellos, der Inhaber nett, und es gibt einen wunderbaren Hof für den Nachmittagstee.

Essen & Ausgehen

Die meisten günstigen Lokale in Viña ballen sich an der geschäftigen Calle Valparaíso im Stadtzentrum und um sie herum. Am Paseo Cousiño gibt's gesellige Kneipen, einige bieten Livemusik.

Panzoni ITALIENISCH $

(☎32-271-4134; Paseo Cousiño 12B; Hauptgerichte 4000–7000 Ch$; ⌚tgl. 13–16, Do–Sa 20–22 Uhr) Eines der besten günstigen Restaurants im Zentrum von Viña: Das Panzoni serviert gut zubereitete italienische Pastagerichte, und mittags locken die freundlichen Kellner die Gäste hinein. Das Lokal liegt leicht versteckt an einem abgelegenen Durchgang.

Samoiedo SANDWICHES $

(☎32-268-4316; www.samoiedo.cl; Calle Valparaíso 639; Hauptgerichte 3000–7000 Ch$; ⌚Mo–Sa 8–22.30, So 10–22 Uhr) Seit 50 Jahren treffen sich alte Herren mittags in dieser *confitería* (Teestube), um bergeweise Steaks und Pommes oder üppig belegte Sandwichs zu vertilgen. An den Tischen draußen sitzt man deutlich angenehmer als im Innenraum, von dem es direkt in ein belebtes Einkaufszentrum geht.

★ **Sativo** CHILENISCH $$

(☎Handy 9-8219-1025; www.sativorestaurant.com; 4 Poniente 630, Local 18; Hauptgerichte 8000–13000 Ch$; ⌚Mi–So 12.30–16, Di–Sa 20–23.30 Uhr; 📶) Die schlichte Fassade sollte einen nicht täuschen: Die hiesigen Gerichte sind wahre Kunstwerke, die Zutaten frisch, die Weinkarte ist faszinierend und der Service hervorragend. Vom Butterbrot mit Kräutern, das man beim Platznehmen erhält, bis hin zum kostenlosen Digestif zum Abschluss erwartet einen hier ein denkwürdiges Mahl. Sehr zu empfehlen ist das Oktopus-Carpaccio.

★ **Café Journal** CLUB

(www.facebook.com/cafejournal1999; Ecke Agua Santa & Alvares; Grundpreis 0–3000 Ch$; ⌚So–Do 12–3.30, Fr & Sa bis 4.30 Uhr) Elektro-Musik steht abends in diesem mächtig angesagten

Club an. Es gibt zwei große Tanzflächen, eine muntere Terrasse und einen angeschlossenen Konzertsaal, wo aufstrebende Bands freitags und samstags am Abend auftreten.

La Flor de Chile BAR
(☎32-268-9554; www.laflordechile.cl; 8 Norte 601; Hauptgerichte 4000–10 000 Ch$; ⊙Mo–Sa 12–24 Uhr) Sei fast 40 Jahren genehmigen sich junge und alte Viñamarinos an den dicht besetzten Tischen dieser prächtigen Bar alter Schule ihre *schops* (Biere vom Fass).

Barbones BAR
(☎Handy 9-6434-2200; www.barbones.cl; 7 Norte 444; Hauptgerichte 5000–9000 Ch$; ⊙12.30–3 Uhr; 📶) Chilenische Gourmet-Sandwichs und *chorrillanas* (Fritten mit Fleisch, Eiern und Zwiebeln), preisgünstige Cocktails im Krug und eine große Liste von Kleinbrauereibieren vom Fass machen diese Freiluft-Restobar zu einer prima Adresse für ein Abendessen mit anschließendem Trinkspaß bis in die Nacht.

ℹ Praktische Informationen

Mehrere Banken am Hauptplatz, der Plaza Vergara, verfügen über Geldautomaten.

Conaf (☎32-232-0210; www.conaf.cl; 3 Norte 541; ⊙Mo–Fr 9–14 Uhr) hat Infos zu nahegelegenen Parks, darunter zum **Parque Nacional La Campana** (☎33-244-1342; www.conaf.cl/parques/parque-nacional-la-campana; Erw./Kind 4000/2000 Ch$; ⊙Sa–Do 9–17, Fr bis 16.30 Uhr).

Hospital Gustavo Fricke (☎32-257-7602; www.hospitalfricke.cl; Alvares 1532; ⊙24 Str.) Das größte öffentliche Krankenhaus von Viña liegt östlich des Stadtzentrums.

Post (Correos de Chile; Plaza Vergara s/n; ⊙Mo–Fr 9–19, Sa 10–13 Uhr) Postamt in zentraler Lage abseits der Hauptplaza.

Städtische Touristeninformation (☎32-218-5712; www.visitevinadelmar.cl; Av Arlegui 715; ⊙Mo–Fr 9–14 & 15–19, Sa & So 10–14 & 15–18 Uhr) Hier bekommt man Stadtpläne, Broschüren und Ratschläge auch auf Englisch.

ℹ An- & Weiterreise

Alle Fernbusse starten vom übersichtlichen **Rodoviario Viña del Mar** (☎32-275-2000; www.rodoviario.cl; Av Valparaíso 1055). Im Erdgeschoss gibt's eine Touristeninformation und eine Gepäckaufbewahrung (1000 Ch$).

Mehrere Lokalbuslinien von **Transporte Metropolitano Valparaíso** (TMV; www.tmv.cl; kurze Fahrten 440 Ch$) und die private Buslinie **Sol del Pacífico** (☎32-275-2008; www.soldelpacifico.cl) fahren häufig zu Küstenorten im Norden wie Reñaca oder Papudo. Man nimmt die Busse von der Plaza Vergara oder im Gebiet um die Metrostation Viña del Mar; die Fahrt kostet je nach Ziel pro einfache Fahrt zwischen 1200 und 2200 Ch$. Nach Reñaca fahren die orange lackierten Busse 607, 601 und 605. Der Bus 601 fährt weiter nach Concón, wohin auch der Bus 302 fährt.

ℹ Unterwegs vor Ort

Häufig verkehrende Lokalbusse von Transporte Metropolitano Valparaíso verbinden Viña mit Valparaíso. Einige Linien fahren am Ufer auf der Av Marina und der Av San Martín, andere auf der Av España und der Av Libertad durchs Stadtzentrum. Die Ziele sind normalerweise vorn auf der Windschutzscheibe angegeben. Tagsüber fährt alle 6 bis 12 Minuten auch der Pendlerzug **Metro Valparaíso** (☎32-252-7633; www.metro-valparaiso.cl; ⊙Mo–Fr 6–23, Sa & So ab 7.30 Uhr) zwischen Viña und Valparaíso.

Rund um Viña del Mar

Nördlich von Viña del Mar schlängelt sich eine wunderschöne Küstenstraße durch diverse Strandorte, in denen zwischen Dezember und Februar viele Chilenen Urlaub machen. Mancherorts ragen hier hohe Bettenburgen auf, während anderswo rustikale Hütten neben den großen Sommerhäusern von Chiles reicher Prominenz stehen.

Gleich nördlich von Viña liegt **Reñaca**, wo Wanderer vom Felsen **Roca Oceanica** aus bei Sonnenuntergang einen traumhaften Pazifikblick genießen. Rund 15 km hinter Viña lockt **Concón** mit einfachen Seafood-Lokalen wie dem **Las Deliciosas** (☎32-281-1448; Av Borgoño 25370; Empanadas 15000–2800 Ch$; ⊙9.30–21 Uhr), in dem exzellente Empanadas aufgetischt werden (Klassiker: Käse und Krebsfleisch).

Das weiter nördlich gelegene **Horcón** war Chiles erste Hippie-Hochburg. An der steilen Hauptstraße drängen sich bunt bemalte Bruchbuden bis hinunter zum kleinen Felsstrand, wo Fischerboote ein- und auslaufen. Heute herrscht hier immer noch ein Hauch von Love, Peace und Kommunenleben: Zu Sonnenuntergang versammeln sich am Strand oft einige Lebenskünstler mit Hunden, Gitarren und Alkoholischem in Papiertüten.

Rund 21 km nördlich von Horcón erstrecken sich die Sandstrände von **Maitencillo** mehrere Kilometer die Küste entlang. Die **Escuela de Surf Maitencillo** (☎Handy

9-9238-4682; www.escueladesurfmaitencillo.cl; Av del Mar 1450; Gruppenkurs 16 000 Ch$; ⏲ Kurse März–Dez. 12 & 16 Uhr, Jan. & Feb. erweitertes Angebot) ist eine entspannte Surfschule. Im Hüttenkomplex **Cabañas Hermansen & La Canasta** (☎ 32-277-1028; www.hermansen.cl; Av del Mar 592; Hauptgerichte 7500–15 000 Ch$; ⏲ Do–Sa 12.30–24, So bis 16 Uhr) gibt's ein beliebtes Restaurant mit Holzofenpizza, frischem Fisch und einer Bar.

Das kleine, entspannte Städtchen **Cachagua** liegt 13 km nördlich von Maitencillo an der Nordspitze eines langen, halbmondförmigen Strandes. Gleich gegenüber dem Strand befindet sich das **Monumento Nacional Isla de Cachagua** (www.conaf.cl/parques/monumento-natural-isla-cachagua; Cachagua), ein mit Guano bedeckter Felsen im Meer, auf dem rund 2000 Humboldtpinguine und eine Seelöwenkolonie leben.

Noch 3 km weiter nördlich folgt **Zapallar**, der exklusivste Strandort Chiles, dessen noch unberührte Strände von dicht bewaldeten Hängen flankiert sind. Jeder, der hier etwas auf sich hält, speist mittags im **El Chiringuito** (☎ Handy 9-9248-3139; Francisco de Paula Pérez s/n, Zapallar; Hauptgerichte 12 500–20 000 Ch$; ⏲ So–Mi 12.30–18, Do–Sa bis 24 Uhr, Jan. & Feb. länger; 🅿); die Tische auf der Terrasse blicken hinaus auf die Felsen und auf die Pelikane, die nach ihrem Abendessen fischen.

Turbus (S. 496), Pullman (S. 496) und andere Busunternehmen verbinden Zapallar direkt mit Santiago, Sol del Pacífico (S. 509) fährt von Viña aus die Küste hinauf.

NÖRDLICHES CHILE

Weiter im Inland geht die Küste mit ihrem milden Klima, ihren Sonnenanbetern und Surfern in kaktusbewachsene Ebenen und trockene, in verschiedenen Rottönen gestreifte Berge über. Minen durchziehen diese erzreichen Riesen wie Narben. Der wichtigste Bodenschatz ist Kupfer – für Chiles Wirtschaftsmotor das reinste Benzin. Aber Leben gibt's auch: In den fruchtbaren Tälern werden *pisco*-Trauben, Papayas und Avocados angebaut. Bei klarem Wetter lässt sich der Himmel außergewöhnlich gut beobachten – kein Wunder, dass hier viele internationale Unternehmen ihre Teleskope und Funkanlagen stationiert haben! Die Atacama-Wüste, die trockenste Wüste der Welt, ist eine Zufluchtsstätte für Flamingos. Sie leben hier auf Salzlagunen inmitten einer seltsam geformten und mit Geysiren gesprenkelten Mondlandschaft, umgeben von schneebedeckten Bergen

Der Norte Chico, auch „die Region der 10 000 Minen" genannt, ist eine semiaride Übergangszone und reicht vom Valle Central bis zur Atacama-Wüste. Alte Kulturen Südamerikas hinterließen diesem Land riesige Geoglyphen, die die kahlen Hügel überziehen. Das Volk der Aymara bebaut noch immer die *precordillera* (Ausläufer der Anden) und lässt Lamas und Alpakas im Hochland weiden. Wer sich von der Wüstenszenerie losreißt, kann die Mine von Chuquicamata erkunden, die noch in Betrieb ist, oder sich ins Getümmel der trockenen Küstenstädte stürzen.

In den Bergen Vorkehrungen gegen die Höhenkrankheit treffen und in den Wüstengebieten kein Leitungswasser trinken!

La Serena

☎ 051 / 218 000 EW.

Das friedvolle La Serena mit neokolonialer Architektur, schattigen Straßen und goldenen Stränden wird im Sommer zum angesagten Urlaubsort. Von Chiles zweitältester Stadt (gegr. 1544) führen kurze Abstecher zu charaktervollen Dörfern, sonnigen *pisco*-Weinbergen und internationalen Observatorien mit Möglichkeiten zum Sternegucken. Das nahe **Coquimbo** ist nicht so lieblich, hat dafür aber ein anständiges Nachtleben.

Sehenswertes & Aktivitäten

In der Region sind diverse Ausflüge möglich, darunter Nationalparkbesuche, nächtliche Sternenbeobachtungstouren und Trips zur *pisco*-Verkostung. Die Veranstalter vor Ort, zu empfehlen sind **Ecoturismo La Serena** (☎ Handy 9-7615-2371; www.ecoturismolaserena.cl; Francisco de Aguirre 76; ganztägige Tour 50 000 Ch$) und **Tembeta Tours** (☎ 51-221-5553; www.tembeta.cl; Andres Bello 870; Tagestour ab 34 000 Ch$), bieten ganztägige Ausflüge durch das Valle del Elqui, Bootstouren in der **Reserva Nacional Pingüino de Humboldt** (Islas Damas; www.conaf.cl/parques/reserva-nacional-pinguino-de-humboldt; Erw./Kind 6000/3000 Ch$; ⏲ Dez.–März 9–15 Uhr, April–Nov. nur Mi–So) und nächtliche Sternenbeobachtungen in den Observatorien des Tals.

La Serena besitzt nicht weniger als 29 Kirchen: An der Plaza de Armas erhebt sich die

Nördliches Chile (Norte Chico)

La Serena

La Serena

Sehenswertes
1 Iglesia Catedral ... B1
2 Iglesia San Francisco ... C2
3 Iglesia Santo Domingo ... B2
4 Jardín del Corazón ... A2
5 Mercado La Recova ... D1
6 Museo Arqueológico ... C2
7 Museo Histórico Casa Gabriel González Videla ... B1
8 Patio Colonial ... C1

Aktivitäten, Kurse & Touren
9 Tembeta Tours ... B3

Schlafen
10 El Arbol ... A2
11 Hostal El Punto ... B3
12 Hostal Tierra Diaguita ... B2
13 Maria's Casa ... A4

Essen
14 Ayawasi ... A2
15 Donde el Guatón ... D1

Ausgehen & Nachtleben
16 La Rocca ... C2
17 Lighthouse Coffee ... B2
18 Moscatel ... A2

1844 erbaute **Iglesia Catedral** (Plaza de Armas; ⌚10–13 & 16–20 Uhr), und zwei Blocks weiter westlich steht die aus der Mitte des 18. Jhs. stammende **Iglesia Santo Domingo** (Ecke Cordovez & Muñoz; 9–18 Uhr). Die aus Stein errichtete **Iglesia San Francisco** (Balmaceda 640; ⌚9–18 Uhr) reicht ins frühe 17. Jh. zurück.

Observatorio Collowara OBSERVATORIUM
(☎Handy 9-7645-2970; www.collowara.cl; Urmeneta 675, Andacollo; 5500 Ch$) Wie das Observatorium auf dem Cerro Mamalluca (S. 516) ist das glänzende, auf einem Hügel stehende Observatorio Collowara in Andacollo eigens für Touristen erbaut, also kein Ort professio-

neller astronomischer Forschung. Die zweistündigen Führungen finden im Sommer um 21.30, 23 und 0.30 Uhr und im Winter um 20 und 22.30 Uhr statt. Die Einrichtung prunkt mit drei Aussichtsplattformen und einem 40-cm-Teleskop, das also noch etwas größer ist als das auf dem Cerro Mamalluca. Es gibt hier auch noch drei kleinere Teleskope, so dass man nicht sehr lange warten muss.

Museo Arqueológico MUSEUM
(www.museoarqueologicolaserena.cl; Ecke Cordovez & Cienfuegos; ⏲ Di–Fr 9.30–17.50, Sa 10–13 & 16–19, So 10–13 Uhr) GRATIS In einem bogenförmigen Gebäude mit begrünter Veranda widmet sich dieses Museum dem ehrgeizigen Versuch, die präkolumbische Vergangenheit Chiles zu beleuchten. Zu den Highlights gehören eine Mumie der Atacameño, eine 2,5 m hohe *moai* (große Statue in Menschengestalt) von der Osterinsel und interessante Artefakte der Diaguita (z.B. ein kleines Boot aus Seelöwenhaut).

Museo Histórico Casa Gabriel González Videla MUSEUM
(www.museohistoricolaserena.cl; Matta 495; ⏲ Mo–Fr 10–18, Sa bis 13 Uhr) GRATIS Obwohl auch reich mit anderen historischen Artefakten bestückt, konzentriert sich das Museum in einem zweistöckigen Herrenhaus aus dem 18. Jh. vor allen auf einen der bekanntesten (und umstrittensten) Söhne von La Serena: González Videla war von 1946 bis 1952 Chiles Präsident. Der gerissene Politiker gelangte mit Unterstützung der Kommunistischen Partei an die Macht, verbot sie dann aber postwendend und vertrieb den Dichter Pablo Neruda aus dem Senat und ins Exil. González Videla war übrigens das erste Staatsoberhaupt, das Antarktika einen Besuch abstattete (1948).

Patio Colonial GEBIET
(Av Balmaceda 432; ⏲ Mo–Fr 10–20, Sa bis 16 Uhr) Läden und Restaurants erwarten einen in der kleinen, malerischen Gasse abseits der Balmaceda. Der Hinterhof ist ein Rückzugsort vor dem Gewimmel im Stadtzentrum. Hier kann man prima unter freiem Himmel Kaffee trinken und eine Kleinigkeit essen.

Mercado La Recova MARKT
(Ecke Cantournet & Cienfuegos; ⏲ 10–20 Uhr) Der munterste Markt von La Serena ist ein buntes Durcheinander aus getrockneten Früchten, Regenstöcken (das sind Musikinstrumente der Mapuche), kunsthandwerklichem Schmuck sowie jeder Menge Wollkleidung und Kunsthandwerk aus den Anden. Wer ein Geschenk sucht, wird hier etwas finden.

Jardín del Corazón PARK
(Parque Japonés Kokoro No Niwa; Eduardo de la Barra; Erw./Kind 1000/300 Ch$; ⏲ Dez.–März tgl. 10–19.40 Uhr, April–Nov. Di–So bis 17.40 Uhr) Mit seinen plätschernden Bächlein, dahingleitenden Schwänen und sorgsam gepflegten Steingärten bietet dieser japanische Park ein Idyll abseits des Stadtgewühls. Sehenswert sind im Gewächshaus die Bonsai-Versionen von Kirsch- und Feigenbäumen.

Schlafen

Hostal El Punto HOSTEL $
(☎ 51-222-8474; www.hostalelpunto.cl; Bello 979; DZ/3BZ ab 32 000/40 000 Ch$ B/EZ/DZ/3BZ ohne Bad ab 11 000/19 000/22 000/32 000 Ch$, @ 📶) La Serenas bestes Hostel wartet mit einem großem Zimmerangebot, sonnenbeschienenen Terrassen, fröhlichen Mosaiken und Baumstamm-Tischen auf. Die Angestellten sprechen Deutsch und Englisch und versorgen die Gäste mit Reisetipps, geführten Touren, Leihfahrrädern, tollem Kuchen, Büchertausch u. a. Besonders in der Hauptsaison muss man bereits Monate im Voraus reservieren.

El Arbol HOSTEL $
(☎ 51-221-6053; www.hostalelarbol.cl; Eduardo de la Barra 29; B/DZ ohne Bad ab 9000/22 000 Ch$; 📶) Nahe dem üppigen Parque Japonés findet sich in diesem umgebauten kolonialzeitlichen Haus nur eine Handvoll sonniger, gepflegter Zimmer. Es gibt einen hübschen, mit Bougainvilleen geschmückten Vorgarten, englisch sprechendes Personal und zur Gemeinschaftsnutzung einen Loungebereich, eine Küche und einen Grill.

Maria's Casa PENSION $
(☎ Handy 9-7466-7433; www.hostalmariacasa.cl; Las Rojas 18; DZ 28 000 Ch$, EZ/DZ ohne Bad 20 000/25 000 Ch$; 📶) Die von einer Familie geführte Anlage bietet schlichte und gemütliche Zimmer in Cottages und hinten einen Garten mit Zeltplätzen (5000 Ch$/Pers.). Zu den backpackerfreundlichen Einrichtungen zählen gut geputzte Gemeinschaftsbäder, eine idyllische Landküche mit kostenlosem Tee und Kaffee, ein Wäschedienst und ein Fahrradverleih.

★ **Hostal Tierra Diaguita** HOSTAL $$
(☎ 51-221-6608; www.terradiaguita.cl; Eduardo de la Barra 440; EZ/DZ mit Frühstück & Bad 46 000/55 000 Ch$, ohne Bad 40 000/46 000 Ch$;

ABSTECHER

NEBELWÄLDER & THERMALQUELLEN

Der dichte Valdivianische Nebelwald des **Parque Nacional Bosques de Fray Jorge** (Parque Nacional Fray Jorge; www.conaf.cl/parques/parque-nacional-bosque-fray-jorge; abseits der Ruta 5; Erw./Kind 6000/3000 Ch$; ⌚ Dez.–März tgl. 9–17.30 Uhr, April–Nov. Do–So 9–17.30 Uhr) ist eine ökologische Insel inmitten einer semiariden Landschaft 80 km westlich von Ovalle. Vom 100 km² großen Nationalpark sind aber nur 400 ha mit dieser einmaligen Vegetation verblieben, genug jedoch, um ihm den Status eines UNESCO-Biosphärenreservats zu geben. Es gibt keine öffentlichen Verkehrsmittel zum Park, aber Veranstalter in La Serena und Ovalle haben Touren im Programm.

Einen Zwischenstopp einlegen kann man bei den **Termas de Socos**, einer winzigen, versteckt liegenden Quelle 1,5 km abseits der Panamericana bei Km 370. Für ein halbstündiges Bad in einer dampfenden privaten Wanne zahlt man 5000 Ch$; der Zugang zum kühlen öffentlichen Swimmingpool kostet für Leute, die nicht im hiesigen Hotel wohnen, ebenfalls 5000 Ch$. Übernachten kann man im angenehmen **Hotel Termas Socos** (☎ 53-198-2505; www.termasocos.cl; EZ/DZ mit VP 67 000/123 000 Ch$; P ≋) mit großartiger Umgebung und eigenen Thermalbädern. Auf dem Gelände des nahen **Camping Termas de Socos** (☎ 53-263-1490; www.campingtermassocos.cl; Stellplatz 7000 Ch$/Pers.; ≋) gibt's ebenfalls eigene Quellen und einen Fahrradverleih.

) In dem kolonialzeitlichen Haus mit präkolumbischen Mustern und Kunstwerken sowie einem grünen Patio findet sich ein Mix aus attraktiv gestalteten Zimmern mit komfortablen Möbeln und modernen Bädern. Die Gäste können in dem grünen, hinten liegenden Garten entspannen, wo in kalten Nächten auch kleine offene Feuer brennen. Drinnen gibt's einen Loungebereich, in dem das ausgezeichnete Frühstück serviert wird.

Essen

Ayawasi VEGETARISCH $

(Pedro Pablo Muñoz 566; Hauptgerichte 4000–9500 Ch$; ⌚ Mo–Mi & Fr 9–22, Do bis 16, Sa 12–17 Uhr;) In kurzer Gehweite von der Plaza serviert die kleine vegetarische Oase fantastische Mittagsmenüs, köstliche frische Säfte sowie innovative Sandwichs und Salate draußen in einem schattigen Garten und drinnen in dem entspannten Speisesaal.

Lemongrass ASIATISCH $$

(☎ Handy 9-9760-6361; Las Rojas Peniente 261; Hauptgerichte 7000–10 500 Ch$; ⌚ Mo–Sa 12.30–17 Uhr;) Das Lokal liegt versteckt in einem Wohnviertel 1,5 km südlich der Plaza und hat wegen seiner – hierzulande seltenen – panasiatischen Küche treue Stammkunden. Man schnappt sich einen Tisch auf der kleinen Vorderterrasse und reizt seine Geschmacksnerven mit Massaman-Curry (einem thailändischen Kokos-Curry), Reisnudeln auf malaysische Art mit Garnelen oder kurz im Wok gebratenem Gemüse.

Donde el Guatón CHILENISCH $$

(Brasil 750; Hauptgerichte 6200–13 000 Ch$; ⌚ Mo–Sa 12.30–23, So 13–18 Uhr) Das Restaurant, eines der besten in La Serena, hat einen überdachten Hof mit schön gefliesten Böden und strahlt rustikale Eleganz aus. Damit bietet es ein schönes Ambiente für Grillfleisch und Meeresfrüchte sowie traditionelle Hits wie *pastel de choclo* (Schmortopf mit Rindfleisch und Mais). Die geschniegelten Kellner mit Hut sorgen für die sehr zuvorkommende Bedienung.

La Mia Pizza ITALIENISCH $$

(☎ 51-221-2232; Av del Mar 2100; Hauptgerichte 7000–12 000 Ch$; ⌚ Mo–Sa 12–24, So bis 16.30 Uhr) Das Lokal am Meeresufer von La Serena hat dank seiner ausgezeichneten italienischen Gerichte (Pizza und Pasta) und hervorragender Meeresfrüchte einen guten Ruf bei den Einheimischen. Das Lokal punktet mit großen Fenstern und einer Terrasse mit Strandblick – vom Sand ist man durch eine Hauptverkehrsstraße getrennt.

Ausgehen & Nachtleben

Mittelpunkt des Nachtlebens ist das Gebiet rund um die Kreuzung der Eduardo de la Barra mit der O'Higgins, wo sich die studentischen Massen vergnügen. Nachtclubs finden sich am Ufer, hinter dem Leuchtturm und bis zum Barrio Inglés in Coquimbo; besonders heftig geht's hier im Sommer zu.

Lighthouse Coffee CAFÉ

(www.lighthousecoffee.cl; Matta 570; ⌚ Mo–Fr 9–21, Sa 10–22 Uhr) Das hippe, mit Kunst vollgestopfte Café serviert den besten Kaffee vor Ort. Freundliche Baristas servieren das Gebräu aus der Chemex und Pour-Overs aus der V60. Wer etwas Süßes will, findet rechts vom Tresen Käsekuchen mit Erdbeeren, Kürbis-Pies und andere leckere Desserts in der Auslage.

Moscatel COCKTAILBAR
(www.moscatel.cl; Pedro Pablo Muñoz 580; ⏲ Mo–Mi 9–23, Do & Fr bis 1, Sa 19–2 Uhr) Die stilvolle, gehobene *pisco*-Bar serviert mehr als 40 Sorten, darunter auch seltene, die man anderswo kaum findet. Man genießt sie pur oder in schön kreierten Cocktails wie dem Sangre del Elqui mit *horchata* (einem Drink mit Reis und Zimt) sowie Grenadine oder als klassischer *pisco* sour. Gute Kleinbrauereibiere und Gerichte zum Teilen (Empanadas, Ceviche, Wurstteller, vegetarisches Carpaccio) runden das Angebot ab.

La Rocca BAR
(www.facebook.com/publarocca; Eduardo de la Barra 569; ⏲ Mo–Sa 14.30–3 Uhr) Im Innenhof dieses beliebten Studententreffs mit gelegentlicher Livemusik herrscht bis in die Nachtstunden mächtiger Betrieb.

Praktische Informationen

Banken mit rund um die Uhr funktionierenden Geldautomaten finden sich an der Plaza.
Hospital Juan de Diós (☎ 51-233-3312; www.hospitalserena.cl; Balmaceda 916; ⏲ 24 Std.) Der Eingang der Notaufnahme befindet sich an der Kreuzung der Larraín Alcalde und der Anfión Muñóz.
Sernatur (☎ 51-222-5199; www.turismoregiondecoquimbo.cl; Matta 461; ⏲ Dez.–März Mo–Fr 10–20, Sa & So bis 18 Uhr, April–Nov. Mo–Fr 9–18, Sa bis 14 Uhr) Das Büro an der Plaza de Armas liefert ausgezeichnete Infos für Touristen.
Cámara de Turismo Kiosk (Prat; ⏲ Dez.–Feb. Mo–Fr 10–18, Sa bis 14 Uhr) Im Sommer betreibt die städtische Touristeninformation einen Kiosk an der Iglesia La Merced.

An- & Weiterreise

BUS

Auf dem **Terminal de Buses** (☎ 51-222-4573; Ecke Amunátegui & Av El Santo) gleich südwestlich des Zentrums sind zahlreiche Unternehmen vertreten, die die Panamericana von Santiago nordwärts bis nach Arica bedienen, darunter **Turbus** (☎ 51-221-3060; www.turbus.cl) und **Pullman Bus** (☎ 51-221-8879; www.pullman.cl; Eduardo de la Barra 435).

Busse fahren u a. zu folgenden Preisen nach:

ZIEL	PREIS (CH$)	DAUER (STD.)
Antofagasta	18 000–36 000	12
Arica	38 000–51 000	22
Calama	17 000–39 000	14
Copiapó	9000–18 000	5
Iquique	27 000–43 000	19
Santiago	8000–18 000	6
Vallenar	5000–10 000	3

Via Elqui (☎ 51-231-2422; Ecke Juan de Dios Pení & Esmeralda) fährt nach Vicuña (2700 Ch$, 1½ Std.), Ovalle (2700 Ch$, 2 Std.), Montegrande (4000 Ch$, 2 Std.) und Pisco Elqui (4000 Ch$, 2½ Std. Man kann das Valle del Elqui sogar im Rahmen eines Tagesausflugs besuchen: Der erste Bus nach Vicuña startet um 6.40 Uhr und der letzte fährt um 21 Uhr zurück.
Hector Galleguillos (☎ 51-225-3206; Aguirre s/n) bietet einen Busdienst von La Serena nach Punta de Choros.

Cata Internacional (www.catainternacional.com) fährt sonntags um 7 Uhr nach Mendoza (ab 30 000 Ch$, 12 Std.) in Argentinien. Im Sommer fährt **Covalle Bus** (☎ 51-222-1751; Infante 538) jeden Mittwoch und Freitag um 23 Uhr über den Libertadores-Pass nach Mendoza (45 000 Ch$, 12 Std.) und San Juan (45 000 Ch$, 18 Std.) in Argentinien.

FLUGZEUG

Der Flughafen **Aeropuerto La Florida** (LSC; ☎ 51-227-0353; www.aeropuertodelaserena.cl) von La Serena liegt rund 5 km östlich der Innenstadt an der Ruta 41. **LATAM** (☎ 600-526-2000; Balmaceda 406; ⏲ Mo–Fr 9–14 & 15–18, Sa 10.30–13.30 Uhr) fliegt täglich nach Santiago (ab 25 000 Ch$, 1 Std.) und Antofagasta (ab 19 000 Ch$, 1½ Std.). Sky (www.skyairline.com) fliegt ebenfalls nach Santiago (ab 11 000 Ch$) und Antofagasta (ab 12 000 Ch$).

Unterwegs vor Ort

Ein privates Taxi zum 5 km östlich der Innenstadt an der Ruta 41 liegenden Aeropuerto La Florida kostet 6000 Ch$; zu empfehlen ist **Radio Taxi Florida** (☎ 51-221-2122; http://radiotaxilaflorida.cl). Alleinreisende Touristinnen sollten in La Serena vorsichtig sein: Es gibt Berichte über sexuelle Übergriffe. Nur in Taxis von Unternehmen einsteigen!

Autos vermieten u. a. **Avis** (☎ 51-254-5300; Av Francisco de Aguirre 063; ⏲ Mo–Fr 8–18.30, Sa 9–14), **Hertz** (☎ 51-222-6171; Av Francisco de Aguirre 0220; ⏲ Mo–Fr 8.30–18.30 Uhr) und **Econorent** (☎ 51-222-0113; Av Francisco de Aguirre 0141; ⏲ Mo–Fr 8.30–18.40, Sa 9–13 Uhr), die alle mit Ständen am Flughafen und mit Büros in der Innenstadt vertreten sind.

Valle del Elqui

Der breite grüne Streifen des Valle del Elqui ist das Kerngebiet der chilenischen *pisco*-Produktion, aber auch bekannt für futuristische Sternwarten, Esoteriker, häufige UFO-Sichtungen, die Dichterin Gabriela Mistral sowie idyllische Dörfer. Das bezaubernde und verzauberte Tal gehört zu jenen Gebieten im Norte Chico, die man unbedingt gesehen haben sollte.

Vicuña

☎051 / 27800 EW.

Das ruhige, kleine Vicuña mit der schlichten Plaza und den dicht gedrängten Wohnhäusern ist ganz vom Geist der träumerischen Lyrik Gabriela Mistrals durchdrungen. Hier, nur 62 km östlich von La Serena, kann man gut ein bis zwei Tage in poetischer Atmosphäre verbringen. Dann geht es raus aufs Land, um in Avocados und Papayas zu schwelgen – und natürlich in den berühmten Trauben, aus denen der *pisco* gebrannt wird.

Sehenswertes & Aktivitäten

Museo Gabriela Mistral MUSEUM
(☎51-241-1223; www.mgmistral.cl; Av Gabriela Mistral 759; ⏲Di–Fr 10–17.45, Sa 10.30–18, So 10–13 Uhr) GRATIS Dieses Museum zwischen Riquelme und Baquedano ist das Wahrzeichen der Stadt. Es ehrt eine der berühmtesten Persönlichkeiten der chilenischen Literatur. Gabriela Mistral kam 1889 als Lucila Godoy Alcayaga in Vicuña zur Welt. Vom nachgebauten Geburtshaus aus Lehmziegeln bis hin zum Nobelpreis porträtiert das Museum ihr Leben (allerdings nur auf Spanisch). Einige Büsten stellen sie als besonders strenge Schullehrerin dar.

Cervecería Guayacan BRAUEREI
(☎Handy 9-4042-0947; www.cervezaguayacan.cl; Calle Principal 33, Diaguitas; ⏲12–20 Uhr) GRATIS Im Valle del Elqui kommt man nicht weit, ohne dass einem ein Guayacan angeboten wird, und wer sich auch nur ein bisschen für Bier interessiert, sollte es auch unbedingt probieren. Die Reputation der kleinen Brauerei wächst schnell, und bei der kurzen Führung durch die Anlagen bekommt man auch großzügige Kostproben der Produkte.

Die Brauerei befindet sich in dem kleinen Dorf Diaguitas rund 7 km östlich der Innenstadt von Vicuña. In ihrem einladenden Biergarten gibt's mittwochs bis sonntags auch schmackhafte Pizzen und Burger (Hauptgerichte 5000–7000 Ch$).

Planta Pisco Capel DESTILLERIE
(☎51-255-4337; www.centroturisticocapel.cl; Führung ab 4000 Ch$; ⏲Jan. & Feb. 10–19.30 Uhr, März–Dez. bis 18 Uhr) Der große *pisco*-Produzent Capel destilliert in dieser Fabrik *pisco* und hat hier seine einzige Abfüllanlage. Sie liegt rund 2 km (20 Gehminuten) südöstlich. Bei den 45-minütigen Werksführungen sieht man auch das kleine Museum und erhält ein paar schmale Kostproben; bei der Premium-Führung (15000 Ch$) gibt's auch Snacks und eine Verkostung von sechs *piscos* allerbester Qualität. Um herzukommen, die Stadt Richtung Südosten verlassen, die Brücke überqueren und dann nach links gehen.

Observatorio Cerro Mamalluca OBSERVATORIUM
(☎51-267-0330; www.observatoriomamalluca.cl; Erw./Kind 7000/2500 Ch$) Diese Sternwarte 9 km nordöstlich von Vicuña wurde eigens für Hobby-Sternengucker erbaut. Sie ist die größte Attraktion im Valle del Elqui – in der Tat eine so große, dass man die Tour wahrscheinlich mit Scharen anderer Touristen unternimmt, die alle darauf warten, durch das 30-cm-Teleskop einen Blick auf ferne Galaxien, Sternhaufen und Nebel zu werfen.

Die zweisprachigen Führungen finden jede Nacht stündlich, im Sommer zwischen 20.30 und 2.30 Uhr und im Winter zwischen 18.30 und 23.30 Uhr statt.

Reservieren kann man über das **Mamalluca-Büro** (Av Gabriela Mistral 260; ⏲Mo–Fr 9–14 & 315 Uhr–letzte Tour, Sa & So 11–14 & 16 Uhr–letzte Tour) in Vicuña; am besten reserviert man vorab. Öffentliche Verkehrsmittel gibt's nicht, aber ein Kleinbus (vorab reservieren, 3000 Ch$/Pers.) fährt Besucher vom Büro in Vicuña zur Sternwarte. Einige Tourveranstalter in La Serena arrangieren Trips, man kann aber auch in Vicuña ein Taxi nehmen.

★ **Alfa Aldea Astronomical Tours** TOURS
(☎51-241-2441; www.alfaaldea.cl; Parcela 17, La Viñita; Erw./Kind 15000/5000 Ch$) Wer keine Lust mehr auf Touren hat, bei denen man in der Herde die großen Sternwarten besucht, könnte diese kleinen, individuell zugeschnittenen Astronomie-Touren (auf Spanisch oder Englisch) mögen. Im Amphitheater vor Ort erklärt zunächst ein kurzes Video die Grundbegriffe der Astronomie, dann lauscht man mit Radioteleskopen interstellaren Geräuschen und schließlich beäugt man die Himmelskörper durch Forschungsteleskope.

ABSTECHER

DAS VALLE DEL ELQUI ERKUNDEN

Mit dem Auto oder einem gemieteten Rad kann man die bezaubernden Dörfer rund um Pisco Elqui erkunden. Zu den Highlights gehört eine *pisco*-Verkostung mit einer Führung durch die 1868 gegründete kleine *pisquera* **Fundo Los Nichos** (51-245-1085; www.fundolosnichos.cl; Ruta 485; Führung ab 1000 Ch$; 11–18 Uhr) 3 km südlich von Pisco Elqui.

Von dort geht's weiter zum **Kunsthandwerksmarkt Horcón** (51-245-1015; Ruta D-393, Horcón Bajo; Sommer 12–19.30 Uhr, sonst 13–18.30 Uhr) im Tal des gleichnamigen Dorfes. Hier findet man tolles handgefertigtes Kunsthandwerk, Lebensmittel aus der Region und Kosmetikartikel. Ein wunderschönes Ambiente für ein Mahl bietet El Bosque Horcón 1 km nördlich des Markts.

Hinter Horcón verwandelt sich die asphaltierte Straße in eine staubige, unbefestigte Piste, über die man 14 km außerhalb von Pisco Elqui das wunderbare Dorf **Alcoguaz** erreicht. Sehenswert ist die gelb und rot angestrichene, aus Holz erbaute Kirche. Wer übernachten will, zieht weiter zur **Casona Distante** (Handy 9-9226-5440; www.casonadistante.cl; Fundo Distante, Alcohuaz; Zi. 78 000–120 000 Ch$; P), einem großen, aus Holz gezimmerten Farmhaus der 1930er-Jahre, das schön restauriert und in eine Ökolodge mit acht rustikalen Zimmern umgewandelt wurde.

Das Ganze ist hauptsächlich ein Open-Air-Ereignis: Nach der Einführung findet alles Weitere unter dem Sternenzelt statt. Angesichts der geringen Gruppengröße können alle Teilnehmer lange durch die Teleskope blicken, doch kann es frostig werden. Man sollte sich warm anziehen (doch helfen gegen die Kälte auch die Decken, der Wein und die Gemüsesuppe, die von den Tourveranstaltern gestellt werden). Vorab reservieren; der kostenlose Transfer ist im Preis inbegriffen.

Elki Magic ABENTEUERSPORT

(Handy 9-6877-2015; www.elkimagic.com; San Martin 472; 10–20 Uhr) Der von einem engagierten chilenisch-französischen Paar geführte Veranstalter von Rad-Abfahrtstouren (ab 15 000 Ch$), halbtägigen Kleinbustouren zu den Highlights des Tals (ab 15 000 Ch$) und ganztägigen Geländewagentouren zu den Lagunen in der Nähe von Argentinien (40 000 Ch$ inkl. Mittagessen). verleiht auch Fahrräder (7000 Ch$/Tag) und kann eine Karte der 18 km langen Tour zu den umliegenden Dörfern bereitstellen.

Schlafen

La Elquina HOSTAL $

(51-241-1317; www.laelquina.cl; O'Higgins 65; Stellplatz 6000 Ch$/Pers., DZ 30 000 Ch$, EZ/DZ ohne Bad 15 000/25 000 Ch$; P) Die beste Budgetunterkunft in Vicuña ist eine freundliche, von einer Familie geführte Anlage mit schlicht möblierten Zimmern rund um mehrere geräumige Höfe. Es gibt auch schön schattige Stellplätze und eine rund um die Uhr geöffnete Küche. Nachmittags entspannt man sich an den Tischen, die draußen auf dem Gras stehen.

Alfa Aldea HOSTAL $

(51-241-2441; www.alfaaldea.cl; La Vinita; EZ/DZ 20 000/35 000 Ch$; P) Die Taxifahrt (2000 Ch$ oder ein 15-minütiger Fußweg) lohnt sich allemal, um in diesem zwanglosen, familiengeführten *hostal* am Stadtrand zu übernachten. Es ist umgeben von Weinbergen und bietet einen unbezahlbaren Blick ins Tal und auf die umliegenden Berge. Die Zimmer sind einfach, aber sehr komfortabel. Die Stars (im wahrsten Sinne des Wortes) sind jedoch die hervorragenden **astronomischen Führungen**, die hier vor Ort angeboten werden.

Hostal Valle Hermoso HOSTAL $

(51-241-1206; www.hostalvallehermoso.com; Av Gabriela Mistral 706; EZ/DZ/3BZ 20 000/40 000/54 000 Ch$;) Die alte *casona* aus Lehmziegeln mit Balken aus Fichtenholz und Fußböden aus Nussbaumholz ist eine tolle Übernachtungsoption. Sie bietet acht luftige, blitzblanke Zimmer, die rund um einen sonnigen Innenhof angeordnet sind. Die Angestellten sind herzlich und freundlich und es herrscht eine entspannte Atmosphäre. Man fühlt sich, als besuche man alte Freunde.

Essen

Govinda's VEGETARISCH $

(Prat 234, 2. OG; Mittagsgericht 3500 Ch$; Mo–Sa 13–17 Uhr;) In dem luftigen Saal in einem Obergeschoss schräg gegenüber der Plaza werden leckere, herzhafte vegetarische Gerichte von einer täglich wechselnden Karte serviert. Angeboten werden beispielsweise Spaghetti mit Gemüse, aromatische Paella oder saftige Gemüse-Burger; zum Abschluss erwarten einen hausgemachte Desserts.

Frida INTERNATIONAL $
(Prat zw. Mistral & Chacabuco; Hauptgerichte 3000–4000 Ch$; ⏲10–22 Uhr) Vicuñas buntestes Café ist launig mit mexikanischem Schnickschnack dekoriert und serviert ziemlich fade Ziegenkäsesandwichs, Quesadillas und Fajitas, aber sonst kaum was Mexikanisches. Besser kommt man nachmittags auf einen Drink und ein paar Snacks.

★ **Chivato Negro** INTERNATIONAL $$
(www.chivatonegro.com; Mistral 565; Hauptgerichte 3000–8500 Ch$; ⏲So–Mi 9–23, Do–Sa bis 1 Uhr;) Das Lokal zwei Blocks östlich der Plaza hat altmodisches Boheme-Flair und hinten einen geräumigen Patio. Es gibt ein großes Angebot von Sandwichs, Pizza und regionalen Gerichten (z. B. Forelle vom Grill) sowie ein dreigängiges *menú del día* (5000 Ch$). Das behagliche Ambiente (mit einem knisternden Feuer am Abend) lädt zum Verweilen bei Kaffee oder Cocktails ein.

Praktische Informationen

Infos zu Vergangenheit und Gegenwart des Ortes gibt's bei der städtischen **Touristeninformation** (☎51-267-0308; www.turismovicuna.cl; San Martín 275; ⏲Jan. & Feb. 8.30–20 Uhr, März–Dez. Mo–Fr 8.30–17.30, Sa 9–18, So 9–14 Uhr) ein paar Schritte westlich der Hauptplaza.

Anreise & Unterwegs vor Ort

Vom **Busbahnhof** (Ecke Prat & O'Higgins) einen Block südlich der Plaza fahren Busse häufig nach La Serena (2000 Ch$, 1 Std.), Pisco Elqui (1500 Ch$, 50 Min.) und Montegrande (2000 Ch$, 40 Min.). Von La Serena fahren Busse zu weit mehr Zielen.

Pisco Elqui

Das frühere La Unión wurde gezielt umbenannt, um das berühmteste Produkt des Tals zu bewerben. Das Dorf ist ein entspanntes Refugium im oberen Einzugsgebiet des Río Claro, eines Nebenflusses des Elqui, und in den letzten Jahren zum beliebtesten Backpackerziel in der Gegend geworden. Manchmal kann es überfüllt sein, trotzdem lohnt sich ein Aufenthalt von ein paar Tagen.

Sehenswertes & Aktivitäten

Distileria Pisco Mistral BRENNEREI
(☎51-245-1358; www.destileriapiscomistral.cl; O'Higgins 746; Führungen ab 6000 Ch$; ⏲Jan. & Feb. 12–19 Uhr, März–Dez. Di–So 11.30–16.30 Uhr) Die Anlage produziert die Premium-*pisco*-Marke Mistral. Die „Museumsführung" (1 Std.) gibt Einblicke in den Brennprozess; sie beinhaltet die Gratisverkostung von zwei *piscos* sowie ein Freigetränk im zugehörigen Restaurant mit gelegentlicher Livemusik.

Turismo Dagaz OUTDOOR
(☎Handy 9-7399-4105; www.turismodagaz.com; Prat s/n; ⏲9–20 Uhr) Der Veranstalter mit Sitz im El Tesoro de Elqui (S. 518) bietet alles von Radabfahrten (20 000 Ch$) bis hin zu Sternenbeobachtungstouren (15 000 Ch$). Man kann auch ganztägige Geländewagentouren zu abgelegenen Ecken Chiles (50 000 Ch$) sowie Reitausflüge und Wandertouren buchen.

Schlafen

Refugio del Angel CAMPING $
(☎Handy 9-8245-9362; www.campingrefugiodelangel.cl; Calle El Condor; Stellplatz 10 000 Ch$/Pers., Tagesnutzung 4000 Ch$) Auf der idyllischen Anlage am Fluss gibt's Badestellen, Bäder und ein Lädchen. Der Abzweig befindet sich 200 m südlich abseits der Carrera.

Hostal Triskel HOSTEL $
(☎Handy 9-9419-8680; www.hostaltriskel.cl; Baque-dano s/n; Zi. ohne Bad 15 000 Ch$/Pers.;) Dieses reizende Haus aus Ziegelsteinen und Holz liegt oberhalb des Ortes am Hang. Es gibt sieben saubere Zimmer mit vier Gemeinschaftsbädern und einer Gemeinschaftsküche. Ein riesiger Feigenbaum sorgt im Hof für Schatten und es gibt einen Obstgarten mit einsamen Winkeln, Verstecken und Hängematten. Hinzu kommt ein Wäscheservice.

★ **El Tesoro de Elqui** HOTEL $$
(☎51-245-1069; www.tesoro-elqui.cl; Prat s/n; EZ 30 000–40 000 Ch$, DZ 45 000–55 000 Ch$;) Zitronenbäume, üppige Gartenanlagen und blühende Weinstöcke schmücken diese ruhige Oase, die man von der zentralen Plaza den Hügel hinauf erreicht. Sie bietet 10 ansprechende Holzbungalows mit Terrassen, ein Restaurant mit Kuchen und tollem Kaffee sowie geführte Exkursionen.

Essen & Ausgehen

El Durmiente Elquino INTERNATIONAL $
(Carrera s/n; Hauptgerichte 5000–7500 Ch$; ⏲Di–So 13–22 Uhr) In dem ganz auf natürli-

che Materialien wie Holz, Bambus, Lehm und Kiesel setzenden Interieur dieser Restobar gibt's schmackhafte Tapas, Pizza und so interessante Hauptgerichte wie Quinoa-Risotto. Auf dem kleinen Patio hinten kann man ein Kleinbrauereibier oder ein Glas Bio-Wein trinken und den schönen Blick in die Berge genießen.

La Escuela CHILENISCH $$
(Prat s/n; Hauptgerichte 6500–12 000 Ch$; ⏲12.30–23.30 Uhr) Einen denkwürdigen Ausgehabend verspricht dieses glänzende Restaurant an der Richtung Süden aus der Stadt führenden Hauptstraße. Man schnappt sich einen Platz am Feuer im Hof und verweilt dort bei gegrilltem Lachs, im Ofen gebackenem Zicklein oder zartem Lamm aus lokaler Aufzucht und trinkt dazu einen Wein oder einen gut gemixten Cocktail. Es gibt auch Quinoa-Salate, Quiche und täglich mindestens ein vegetarisches Gericht.

Rustika BAR
(Carrera s/n; ⏲19–2 Uhr) Die einladende Bar gleich südlich der Plaza bietet Tische im Freien an einem plätschernden Bach und wärmende Feuer unter dem Sternenzelt. Neben Cocktails gibt's hier auch Pizza, Quesadillas, gemischte Teller zum Teilen und frische Säfte.

An- & Weiterreise

In Pisco Elqui gibt's keine Tankstelle, daher sollte man vor der Abfahrt in Vicuña tanken.

Busse fahren häufig zwischen Pisco Elqui (1500 Ch$, 50 Min.) und Vicuña.

Copiapó

052 / 154 000 EW.

Das einladende Copiapó hat Travellern wenig zu bieten, ist aber praktisch als Basis für Touren in die einsamen Berge an der argentinischen Grenze. Dort locken vor allem der atemberaubende Parque Nacional Nevado Tres Cruces, die Laguna Verde und der höchste aktive Vulkan des Planeten, der Ojos del Salado. Die Silberfunde im nahen Chañarcillo (1832) bescherten Copiapó mehrere Premieren, darunter Chiles erste Telefon- und Telegrafenleitung sowie seine erste Eisenbahn.

Sehenswertes

Museo Regional de Atacama MUSEUM
(www.museodeatacama.cl; Atacama 98; ⏲Di–Fr 9–17.45, Sa 10–12.45 & 15–17.45, So 10.30–13.15 Uhr) GRATIS Das umfassende Museum gibt einen Überblick über die Natur- und Kulturgeschichte der Region, ihren Reichtum an Bodenschätzen und historische Schlüsselereignisse im Lauf der Jahrhunderte. Unter den vielfältigen Exponaten finden sich antike Gefäße in Tiergestalt, die von indigenen Schamanen zur Zubereitung von Halluzinogenen verwendet wurden, Töpferwaren aus der El-Molle-Periode (ca. 700 n. Chr.) sowie Waffen aus dem Salpeterkrieg, als Copiapó ein Ausgangspunkt des chilenischen Vormarschs nach Peru und Bolivien war.

★ **Mina San José** MINE
(abseits der Carretera C-327; Besucherzentrum frei, Führung 5000 Ch$; ⏲Do–So 10–18 Uhr) Im Jahr 2010 waren 33 Bergarbeiter in mehr als 700 m Tiefe nach einem verheerenden Bergsturz gefangen. In einer herkulischen Anstrengung, an der sich mehrere Länder unterstützend beteiligten, wurden alle Bergleute gerettet. Vor einem weltweiten, auf 1 Mrd. Menschen geschätzten Fernsehpublikum stiegen die Männer einer nach dem anderen unter dem Applaus ihrer Freunde und Familien und aller anderen Beteiligten, darunter des chilenischen Präsidenten Sebastián Piñera, aus der eigens gebauten Rettungskapsel.

Die Mine wurde nach dem Unfall geschlossen, aber 2015 als Touristenattraktion wiedereröffnet. Am Eingang passiert man einen Hügelhang mit 33 Fahnen (eine für jeden Bergarbeiter, darunter eine bolivianische). Der Hang liegt nahe der Stätte des früheren Campamento Esperanza („Lagers der Hoffnung"), wo Familienangehörige und Freunde rund um die Uhr eine Mahnwache hielten, bis die Männer gerettet waren. Tatsächlich hätten die Rettungskräfte ohne den anhaltenden Druck der Ehefrauen, Freundinnen und Angehörigen der Verschütteten vielleicht aufgegeben, noch bevor sie einen Kontakt zu den Männern hergestellt hatten (aufreibende 18 Tage nach dem Unglück).

Über der Stätte liegt ein kleines Besucherzentrum, das detailliert berichtet, was die Männer während ihrer 10-wöchigen Gefangenschaft tief unter der Erdoberfläche aushalten mussten. Man sieht Videos von den Ereignissen und der Rettung der Bergleute, darunter das herzbewegende Wiedersehen von Männern, die sich gegenseitig für tot gehalten hatten. Das Highlight ist die Führung (nur auf Spanisch) über das Gelände, geleitet von Jorge Galleguillos, einem der 33 geretteten Männer.

Die Mine liegt rund 50 km nordwestlich von Copiapó. Man erreicht sie mit einem normalen Auto, die meisten Tourveranstalter in Copiapó bieten aber auch Ausflüge dorthin an.

Schlafen & Essen

Hotel El Sol HOTEL $
(☎52-221-5672; Rodríguez 550; EZ/DZ 25 000/32 000 Ch$; P ☎) Das fröhlich, gelb getünchte Hotel in kurzer Gehentfernung von der Plaza bietet eine Reihe einfacher, aber sauberer Zimmer zu günstigen Preisen.

★**Hotel La Casona** HOTEL $$
(☎52-221-7277; www.lacasonahotel.cl; O'Higgins 150; EZ/DZ ab 48 000/54 000 Ch$;) Luftig und charmant ist dieses wunderbar gemütliche 12-Zimmer-Hotel mit mehreren grünen Patios, das sich 10 Gehminuten westlich der Plaza befindet. Die Inhaber sprechen auch Englisch; die Zimmer wirken ländlich-zwanglos und haben Holzböden und Kabel-TV. Im Restaurant gibt's leckeres Abendessen.

Diventare CAFÉ $
(www.facebook.com/cafeteriadiventare; O'Higgins 760; Sandwichs 2500–5000 Ch$; ⊙Mo–Sa 8.30–21 Uhr) Ein kurzes Stück abseits der Plaza bietet das bezaubernde, sonnige Café Tische im Freien, an denen man prima guten Espresso, Joghurt mit Müsli sowie Baguettes genießen kann. An heißen Tagen ist die Eistheke besonders verführerisch.

La Chingana CHILENISCH $$
(www.facebook.com/lachingana.restopub; Atacama 271; Hauptgerichte 7000–15 000 Ch$; ⊙Mo–Sa 12–3, So 20–3 Uhr) Das muntere Lokal mit diversen Räumen voller Kunst und einer einladenden Terrasse hinten ist prima für ein Essen oder einen Drink. Die dreigängigen Mittagsmenüs (5000 Ch$) sind gut und günstig, die Cocktails erstklassig, und an den Wochenenden gibt's Livemusik.

Praktische Informationen

Zahlreiche Geldautomaten finden sich an den Banken rund um die Plaza.

Conaf (☎52-221-3404; Rodriguez 434; ⊙Mo–Do 8.30–17.30, Fr bis 16.30 Uhr) Hat allerhand Informationen über regionale Parks, darunter auch Broschüren auf Englisch über Pan de Azúcar.

Sernatur (☎52-221-2838; Los Carrera 691; ⊙Jan. & Feb. Mo–Fr 8.30–19, Sa & So 9–15, März–Dez. Mo–Fr 8.30–18 Uhr) Die gut geführte Touristeninformation hat viel Infomaterial auf Englisch.

An- & Weiterreise

Der **Aeropuerto Desierto de Atacama** (☎52-252-3600; www.aeropuertodecaldera.cl; Ruta 5 Norte, Km 863, Caldera) liegt rund 50 km westlich von Copiapó.

LATAM (☎600-526-2000; Colipí 484, Mall Plaza Real, Local A-102; ⊙Mo–Fr 9–14 & 15–18, Sa 10.30–13.30 Uhr) Fliegt täglich nach Santiago (ab 54 000 Ch$, 1½ Std.).

Die Busunternehmen verteilen sich über das südliche Viertel von Copiapó. Praktisch alle Nord-Süd-Busse halten hier und auch viele Busse ins Landesinnere. **Pullman Bus** (☎52-221-2629; Colipí 127) und **Turbus** (☎52-223-8612; Chañarcillo 680) haben große Busbahnhöfe, an denen viele Busse starten. Andere Unternehmen, darunter **Expreso Norte** (☎52-223-1176; Chañarcillo 655), **Buses Libac** (☎52-221-2237; Chañarcillo 655) und **Condor Bus** (☎52-221-3645; www.condorbus.cl; Chañarcillo 631) nutzen einen gemeinsamen Busbahnhof an der Chañarcillo. Viele Busse zu Zielen in der Wüste im Norden fahren nachts.

Übliche Ziele und Preise:

ZIEL	PREIS (CH$)	DAUER (STD.)
Antofagasta	15 000	8
Arica	25 000	18
Calama	20 000	10
Iquique	26 000	15
La Serena	10 000	5
Santiago	30 000	12
Vallenar	7000	2

Buses Casther (☎52-221-8889; www.casther.cl; Buena Esperanza 557) fährt alle 30 Minuten nach Caldera (2500 Ch$).

Parque Nacional Pan de Azúcar

Der kalte Humboldtstrom fließt an der Wüstenküste entlang und ist für die niedlichen Humboldtpinguine und die reiche Fülle an Meereslebewesen immens wichtig. Mit seinen weißen Sandstränden, geschützten Buchten, steinigen Landzungen und kaktusbedeckten Hügeln lohnt der 440 km² große Nationalpark **Pan de Azúcar** (www.conaf.cl/parques/parque-nacional-pan-de-azucar; Ruta C-120; Erw./Kind 5000/1500 Ch$) einen Besuch.

Gemietete Boote kreuzen um die **Isla Pan de Azúcar**, deren Passagiere einen Blick auf die 2000 Humboldtpinguine, auf Kormorane, Möwen, Seeotter und Seelöwen werfen wollen. So ein Trip kostet 6000 bis 12 000 Ch$ pro Person (abhängig von der

ABSTECHER

PARQUE NACIONAL NEVADO TRES CRUCES

Im schlecht zu erreichenden **Parque Nacional Nevado Tres Cruces** (www.conaf.cl/parques/parque-nacional-nevado-de-tres-cruces; Erw./Kind 5000/1500 Ch$; ⏲8.30–18 Uhr) findet man die gleiche raue Schönheit, aber nur einen Bruchteil der Touristenmengen der berühmteren hochgelegenen Parks weiter im Norden vor. Neben unberührten Gipfeln und erstklassigen anspruchsvollen Klettertouren hat er eine wunderbare Fauna zu bieten: Flamingos im Sommer, große Herden von Vicuñas und Guanakos, Riesen- und Rüsselblässhühner und gelegentlich sogar einen Kondor oder Puma. Gleich außerhalb der Parkgrenzen lockt Chiles höchster Gipfel, der 6893 m hohe **Ojos del Salado,** der nur 69 m hinter dem Aconcagua in Argentinien zurückbleibt, dem höchsten Berg Südamerikas und dem höchsten aktiven Vulkan der Erde.

Auf dem Weg zum Nationalpark kann man sich leicht verfahren, und es gibt keine öffentlichen Verkehrsmittel, daher ist es eine gute Idee, sich in Copiapó einer Tour anzuschließen. **Puna de Atacama** (☎Handy 9-9051-3202; www.punadeatacama.com; Tagestour ab 115 000 Ch$) empfiehlt sich für maßgeschneiderte Geländewagentouren durch die Region. Rustikal übernachten kann man im **Refugio Laguna del Negro Francisco** (10 000 Ch$/Pers.), zu buchen bei Conaf (S. 520) in Copiapó.

Zahl der Passagiere, min. 10 Pers.) ab Caleta Pan de Azúcar. Wenn in der Nebensaison nur wenig Besucher zusammenkommen, kann es schwierig werden, eine solche Fahrt zu unternehmen, wenn man nicht bereit ist, das ganze Boot allein zu mieten. Die Rundfahrten dauern 1½ Stunden und finden im Sommer von 10 bis 18 und im Winter bis 16 Uhr statt.

Auf dem 2,5 km langen Wanderweg **El Mirador** bekommt man Kakteen, Guanakos und Argentinische Kampfüchse zu Gesicht. In der Nähe findet sich auch der 4 km lange, leichte Weg **Las Lomitas**.

An der Playa Piqueros und der Playa Soldado gibt's Campingplätze (ab 5000 Ch$/Pers.) mit Toiletten, Wasser, Kaltwasserduschen und Tischen. In der umweltbewussten **Pan de Azúcar Lodge** (☎Handy 9-9844-7375; www.pandeazucarlodge.cl; Stellplatz 8500 Ch$/Pers., Hütten für 2/6/8 Pers. 75 000/100 000/120 000 Ch$) findet man hübsche, gut ausgestattete Lehmziegelhütten.

Der Nationalpark liegt 30 km nördlich von Chañaral und ist über eine gut unterhaltene asphaltierte Straße zu erreichen. Die meisten Besucher kommen im Rahmen einer Tour oder aus Caldera/Bahía Inglesa oder Copiapó hierher.

Antofagasta

☎055 / 361 900 EW.

Die größte Stadt in der Atacamawüste ist ein improvisiertes Gewühl aus Einbahnstraßen, modernen Einkaufszentren und von der Arbeit erschöpften Einwohnern. Auf der Liste der touristischen Ziele rangiert sie weit unten. Die Stadt wurde 1870 gegründet und wurde als leichtester Zugang ins Landesinnere bedeutend.

Sehenswertes

Das **Barrio Histórico** zwischen der Plaza und dem alten Hafen zeugt mit viktorianischen oder georgianischen Gebäuden von der Blüte des Nitratabbaus. An der britisch angehauchten **Plaza Colón** steht mit dem **Torre Reloj** ein Nachbau des Big Ben. Rund um den belebten Fischmarkt namens **Terminal Pesquero** tummeln sich Seelöwen.

Das oft fotografierte Wahrzeichen **La Portada** ist ein großartiger Naturfelsbogen, der 22 km nördlich von Antofagasta aus dem offenen Meer ragt.

Ruinas de Huanchaca HISTORISCHE STÄTTE

(☎55-241-7860; http://ruinasdehuanchaca.cl; Ave Angamos 01606; Museum Erw./Kind 2000/1000 Ch$; ⏲Di–So 10–13 & 14.30–19 Uhr) Auf den ersten Blick wirken diese Ruinen wie die Überreste einer antiken indigenen Siedlung, tatsächlich aber stammen sie aus der Zeit der Wende zum 20. Jh. Sie sind eine Hinterlassenschaft des bolivianischen Unternehmens Hunachaca, das eines der reichsten Silberbergbauunternehmen des späten 19. Jhs. war. Es nutzte das Gelände zum Verhütten des Erzes, das aus der Pulacayo-Mine in Bolivien hierhergeschafft wurde. Die Hütte beschäftigte einst mehr als 1000 Arbeiter. Man darf die Ruinen fotografieren, aber nicht betreten.

In dem kleinen **Museum** vor der Stätte gibt's Ausstellungen zu Naturkunde, zum

NICHT VERSÄUMEN

BAHÍA INGLESA

Das perfekte Ziel für echtes Strandvergnügen: Der reizende Küstenort Bahía Inglesa empfängt Besucher mit mediterranem Flair und einer herrlichen Strandpromenade. Es gibt einen langen, weißen Sandstreifen, und aus dem türkisfarbenen Wasser ragen einzelne Felsen empor. Benannt ist der Ort nach den britischen Piraten, die hier im 17. Jh. vor Anker lagen. Heute zählt Bahía Inglesa zu Nordchiles beliebtesten Ferienorten. Im Sommer geht es hier eher hektisch zu; die Nachsaison ist nicht nur ruhiger, sondern auch deutlich günstiger. Vor Ort geerntete Jakobsmuscheln, Austern und Seegrasblätter verfeinern das kulinarische Angebot.

Selbst wenn man sich eine Übernachtung im noblen **Coral de Bahía** (Handy 9-8434-7749; www.coraldebahia.cl; Av El Morro 559; DZ mit/ohne Ausblick 90 000/65 000 Ch$; P) nicht leisten kann, lohnt es sich, hier leckere Meeresfrüchte zu speisen und den Blick auf den Strand zu genießen.

Von Copiapó nimmt man einen Bus nach Caldera (2500 Ch$, 1 Std.). Vom Busbahnhof und vom Hauptplatz in Caldera fahren schnelle *colectivos* nach Bahía Inglesa (1000 Ch$, 10 Min.).

Bergbau und zur indigenen Kultur. Als Zugabe findet man „Nomad", ein vierrädriges Fahrzeug, das ein früher Prototyp des Mars Rovers ist. Um hinzukommen, nimmt man vom Zentrum aus den Bus 102 oder 103 bis zur Calle Sangra (500 Ch$).

Schlafen & Essen

Die Unterkunftsoptionen sind begrenzt, zumal viele Wanderarbeiter aus dem Bergbau die Hotels belegen.

Hotel Licantay HOTEL $$
(55-228-0885; www.licantay.cl; 14 de Febrero 2134; Zi. 43 000–68 000 Ch$;) Das freundliche kleine Hotel hat helle, lustig gestrichene Zimmer mit Holzmöbeln und Kunst an den Wänden. Alles ist peinlich sauber. Die Bäder in den günstigeren Zimmern sind allerdings winzig.

Marisquería D&D MEERESFRÜCHTE $
(Terminal Pesquero; Hauptgerichte 3000–6000 Ch$; Mo–Fr 8–17, Sa & So bis 18 Uhr) Das Lokal im Fischmarkt lockt die Massen mit schmackhaften Fisch-Sandwichs, Bratfisch und *paila marina* (Meeresfrüchtesuppe). Man schnappt sich einen Platz an der Ecke und verspeist Köstlichkeiten aus dem Meer.

★ **Cafe del Sol** CHILENISCH $$
(www.cafedelsolchile.com; Esmeralda 2013; Mittagsmenü 4000 Ch$, Hauptgerichte 4000–13 000 Ch$; Mo–Fr 13–16 & 19–3, Sa 19–4 Uhr) In den Wochenendnächten geht's in der morschen Eck-Restobar bei Livemusik und Tanz aus den Anden hoch her (Grundpreis 3000 Ch$ nach 23 Uhr). An anderen Abenden wird in dem gemütlichen holzgetäfelten Raum mit schummriger Beleuchtung eine gute Auswahl an Hauptgerichten serviert. Zu empfehlen ist das gute Mittagsmenü für rund 4000 Ch$.

Praktische Informationen

Conaf (55-238-3320; Av Argentina 2510; Mo–Do 8.30–13.30 & 15–17.30, Fr 8.30–13.30 & 15–16.15 Uhr) Hat Infos zu den Naturattraktionen in der Region.

Hospital Regional (55-265-6602; www.hospitalantofagasta.gob.cl; Av Argentina 1962)

Sernatur (55-245-1818; Arturo Prat 384; Mo–Fr 8.30–18, Sa 10–14 Uhr) Die städtische Touristeninformation liegt bequem an der Plaza und bietet viele Broschüren.

An- & Weiterreise

BUS

Vom **Terminal de Buses Cardenal Carlos Oviedo** (55-248-4502; Av Pedro Aguirre Cerda 5750) fahren die meisten Busse zu anderen Städten. Dieser Busbahnhof liegt rund 4 km nördlich des Zentrums (zu erreichen mit den Bussen 111, 103, 119 und 108). Hier sind Anbieter wie **Condor/Flota Barrios** (55-223-4626; www.condorbus.cl; Av Pedro Aguirre Cerda 5750) vertreten. Einige wenige Fernbusunternehmen, darunter **Turbus** (55-222-0240; www.turbus.cl; Latorre 2751) und **Pullman Bus** (www.pullmanbus.com; Latorre 2805) nutzen daneben noch eigene Busbahnhöfe nahe dem Zentrum. Zum **Monumento Natural La Portada** (Museum Sa & So 10.30–13.30 & 15–17.30 Uhr) fährt ein Bus von **Megatur** (www.megatur.cl; Latorre 2748) 1½ Blocks südöstlich der Plaza.

Fast alle Busse Richtung Norden nutzen auf dem Weg nach Iquique und Arica nun die Küstenstraße Ruta 1 über Tocopilla.

ZIEL	PREIS (CH$)	DAUER (STD.)
Arica	12 000	9
Calama	5000	3
Copiapó	10 000	9
Iquique	10 000	6
La Serena	15 000	12
Santiago	23 000	18

FLUGZEUG

Der Aeropuerto Cerro Moreno liegt 25 km nördlich von Antofagasta. **LATAM** (☎ 600-526-2000; www.latam.com; Arturo Prat 445; ⌚ Mo–Fr 9–18.15, Sa 10–13 Uhr) und **Sky** (☎ 600-600-2828; www.skyairline.cl) fliegen täglich nach Santiago (ab 44 000 Ch$, 2 Std.).

Calama

☎ 055 / 165 700 EW.

Calama ist wie ein Kraftwerk, das jedes Jahr zahllose Lkw-Ladungen voller Geld aus dem Kupferabbau in die chilenische Wirtschaft pumpt. Seine Existenz ist untrennbar mit der gigantischen Chuquicamata-Mine verbunden. Für Traveller ist die düstere Stadt aber nur ein Zwischenstopp auf dem Weg nach San Pedro de Atacama: Die überteuerten Dienstleistungen und *schops con piernas* (wie *cafés con piernas* nur mit Bier) zielen klar auf Bergleute ab.

Schlafen

Hostería Calama HOTEL $$

(☎ 55-234-2033; www.hosteriacalama.cl; Latorre 1521; EZ/DZ/3BZ ab 45 000/52 000/60 000 Ch$; P @ ☜ ≋) Calamas schickstes Hotel in der Innenstadt bietet geräumige, klassisch gestaltete Zimmer mit Teppichen, manche haben Blick ins Grüne. Man findet hier alle Bequemlichkeiten eines gehobenen Hotels, darunter einen Fitnessraum, ein Restaurant und einen Patio. Die Zimmer nach vorn bekommen Straßenlärm ab, haben aber Balkone, die von Bäumen beschattet werden.

Essen & Ausgehen

Mercado Central MARKT $

(Latorre; Menüs 3500 Ch$) Sättigende Mahlzeiten auf die Schnelle bieten die *cocinerías* (Imbisse) auf diesem geschäftigen kleinen Markt zwischen der Ramírez und der Vargas.

Pasión Peruana PERUANISCH $$

(Ecke Abaroa & Ramirez; Hauptgerichte 9000–14 000 Ch$; ⌚ Mo–Sa 12–23, So bis 18 Uhr) Das Restaurant am Rand der Plaza gehört zu den besten von Calama und bietet eine große Auswahl peruanischer und chilenischer Gerichte.

Maracaibo Cafe CAFÉ

(Latorre, near Mackenna; ⌚ Mo–Fr 10–21 Uhr) Das charmante, sonnige, venezolanisch angehauchte Café hat leckere *arepas* und befindet sich in einem kleinen Einkaufszentrum. Ferner bekommt man hier starken Kaffee, Desserts und reichhaltige Mittagsmenüs (5000–6000 Ch$).

Praktische Informationen

Im Zentrum gibt's mehrere Banken mit Geldautomaten, einige tauschen auch Bargeld.

Hospital Carlos Cisternas (☎ 55-265-5721; http://hospitalcalama.gob.cl; Carlos Cisternas 2253) Fünf Blocks nördlich der Plaza 23 de Marzo.

An- & Weiterreise

BUS

Die Busunternehmen liegen verteilt über die Stadt, die meisten aber an der Av Balmaceda und der Antofagasta. Zu den wichtigen vertretenen Unternehmen zählen **Condor Bus/Flota Barrios** (☎ 55-234-5883; www.condorbus.cl; Av Balmaceda 1852) und **Expreso Norte** (☎ 55-255-6845; www.expresonorte.cl; Balmaceda 1902). Busse fahren auf der Panamericana nach Norden und Süden u. a. zu folgenden Zielen:

ZIEL	PREIS (CH$)	DAUER (STD.)
Antofagasta	6000	3
Arica	15 000	10
Iquique	13 000	7
La Serena	23 000	14
Santiago	32 000	22

Turbus (☎ 55-268-8812; www.turbus.cl; Ramírez 1852) fährt vom Hauptbusbahnhof **Terminal de Calama** (Av Granaderos 3051) regelmäßig nach San Pedro de Atacama (3000–4000 Ch$, 1½ Std.). **Buses Frontera** (☎ 55-282-4269; Antofagasta 2046) hat ebenfalls täglich Busse nach San Pedro (3000 Ch$, 1½ Std., tgl. 3-mal), ebenso Buses Atacama 2000.

Die Busse ins Ausland sind immer voll, daher so weit wie möglich im Voraus reservieren! Für Fahrten über Ollagüe (9000 Ch$, 3 Std.) nach Uyuni in Bolivien (12 000 Ch$, 9 Std.) wendet man sich an Frontera oder Buses Atacama 2000; die Busse fahren nur einige Male pro Woche, man sollte seine Tickets also unbedingt vorab reservieren.

Pullman Bus (☎55-234-1282; www.pullmanbus.cl; Balmaceda 1974) und **Géminis** (☎55-289-2043; www.geminis.cl; Antofagasta 2239) fahren mehrmals pro Woche nach Salta und Jujuy in Argentinien.

FLUGZEUG

Vom **Aeropuerto El Loa** (☎55-234-4897; www.cacsa.cl) fliegt **LATAM** (☎600-526-2000; www.latam.com; Latorre 1726; ⏲Mo–Fr 9–13 & 15–18.30, Sa 10–13 Uhr) täglich nach Santiago (ab 56 000 Ch$, 2 Std.); **Sky** (☎600-600-2828; www.skyairline.cl) ist oft günstiger.

Chuquicamata

Abraumhalden so hoch wie Berge, eine enorm tiefe Schlucht und hausgroße Lastwagen – das sind nur einige Beispiele für die unglaublichen Dimensionen, derentwegen Besucher in die Mine von Chuquicamata (alias „Chuqui") hinunterstarren. Dieser atemberaubende Abgrund wurde 16 km nördlich von Calama in den Wüstenboden geschürft und gehört zu den größten Tagebau-Kupferminen der Welt. Nach der Inbetriebnahme (1915) wurde Chuqui zuerst von der US-Firma Guggenheim Bros. und ab 1923 von der ebenfalls amerikanischen Anaconda Copper Mining Company geleitet; heute hat hier die staatliche Corporación del Cobre de Chile (Codelco) das Sagen.

Die Mine mit ihren 20 000 Arbeitern erzeugt eine permanente Staubfahne, die in der wolkenlosen Wüste über viele Kilometer sichtbar ist. Die elliptische Grube misst unglaubliche 8 Mio. m² und ist bis zu 1250 m tief.

CHE ÜBER CHUQUI

Chuqui war bereits riesengroß, als der junge Ernesto „Che" Guevara die Mine vor über 50 Jahren besuchte. Der spätere Revolutionär und sein Begleiter Alberto Granado hatten zu diesem Zeitpunkt die Hälfte ihres kultigen Südamerika-Motorradtrips absolviert, der in *Die Reise des jungen Che* (Guevaras Reisetagebuch) verewigt werden sollte. Die Begegnung mit einem Kommunisten während der Fahrt nach Chuqui gilt allgemein als prägend für Ches erwachendes Politikbewusstsein. Somit sind seine Notizen zur eigentlichen Anlage (damals noch in amerikanischer Hand) besonders interessant.

Codelco (☎55-232-2122; visitas@codelco.cl; Ecke Av Granaderos & Central Sur, Calama; Führungen gegen Spende; ⏲Buchung Mo–Fr 9–17 Uhr) bietet „Führungen" (Mo–Fr; auf Englisch & Spanisch) an, bei denen man größtenteils einfach in die Tiefe starrt und auf einem riesigen Grubenlaster mit über 3 m hohen Rädern herumklettert. Besuche lassen sich per Telefon und E-Mail arrangieren; Interessenten melden sich beim *oficina* (Ecke Av Granaderos & Central Sur), müssen ihren Reisepass, festes Schuhwerk und lange Hosen mitbringen. Spenden sind freiwillig. Wegen hoher Nachfrage sollte man von Januar bis März sowie im Juli und August spätestens eine Woche vorher buchen.

San Pedro de Atacama

☎055 / 11 000 EW.

Es heißt, dass die reichen Vorkommen von Quarz und Kupfer in der Region den Menschen positive Energie geben, und tatsächlich herrscht in San Pedro de Atacama, der größten Touristenattraktion im Norden Chiles, eine prima Stimmung.

Dass diese aus Lehmziegeln erbaute Oase in den Vorkordilleren so beliebt ist, verdankt sie ihrer Lage in der Mitte einer der spektakulärsten Landschaften im nördlichen Chile. Nur eine kurze Fahrt entfernt liegt die größte Salzebene des Landes, deren Ränder von Vulkanen aufgeworfen sind (der 5916 m hohe, symmetrische Licancábur liegt dem Dorf am nächsten). Man findet hier auch Geysirfelder, eine Menge außerirdisch wirkender Felsformationen und seltsam geschichteter Landschaften.

Das Dorf San Pedro selbst liegt 106 km südöstlich von Calama und ist über die asphaltierte Chile 23 zu erreichen. Der Ort ist recht klein, lockt aber Scharen von Travellern an. Trotz der hohen Preise und der Schlepper der Tourveranstalter ist das Wüstendorf mit seinen malerischen, von Lehmziegelgebäuden gesäumten Straßen, entspannten Einwohnern und Restaurants, aus denen Musik tönt, zweifellos sehr reizvoll.

Sehenswertes & Aktivitäten

Iglesia San Pedro KIRCHE

(Le Paige s/n) GRATIS Die erst kürzlich renovierte Iglesia San Pedro ist eine schmucke kleine Kolonialkirche, die mit traditionellen, heimischen Materialien erbaut wurde. Sie hat dicke Lehmziegelmauern, eine Decke aus *cardón* (Kaktusholz), das wie vertrocknete

Nördliches Chile (Norte Grande)

Reifenspuren aussieht, und anstelle von Nägeln wurden Lederriemen verwendet. Das Gebäude stammt aus dem 17. Jh., die Mauern, die man heute sieht, wurden 1745 errichtet, der Glockenturm stammt von 1890.

Sandboard San Pedro ABENTEUERTOUR
(Handy 9-8135-1675; www.sandboardsanpedro.com; Caracoles 362-H) Von jenen Veranstaltern, die Sandboarden anbieten, empfehlen wir diesen wegen seiner Profi-Bretter und erfahrenen Lehrer. Die Standardtrips (20 000 Ch$, 9–12 oder 16–19 Uhr) enthalten einen 20-minütigen Einführungskurs, und hinterher erhält man eine DVD mit einem Videoclip seiner Eskapaden.

Ein etwas anderes Erlebnis verspricht die Sandboard-Party am Samstagabend (21-kurz nach 24 Uhr), bei der die Düne mit Scheinwerfern beleuchtet, Lautsprecher aufgebaut werden und ein DJ auflegt.

Geführte Touren

Die herkömmlichen Touren werden von Dutzenden Veranstaltern angeboten. Zu den seriösesten Agenturen gehören **CosmoAndino Expediciones** (55-285-1069; www.cosmoandino.cl; Caracoles 259; 9–21.30 Uhr), das für hochwertige Touren bekannt ist, **Desert Adventure** (Handy 9-9779-7211; www.desertadventure.cl; Ecke Caracoles & Tocopilla; 9.30–21 Uhr) mit zweisprachigen Guides sowie **Terra Extreme** (55-285-1274; www.terraextreme.cl; Toconao s/n; 9–21 Uhr), das die Standardtouren mit eigenen Fahrzeugen durchführt.

Una Noche con las Estrellas STERNENBEOBACHTUNG
(Handy 9-5272-2201; www.unanocheconlasestrellas.cl; Calama 440; astronomische Tour 20 000 Ch$; 10–23 Uhr) Der empfohlene Veranstalter bringt einen in ein Gebiet ohne Lichtverschmutzung 6 km außerhalb der Stadt, wo einen ein denkwürdiges Sternenbeobachtungserlebnis erwartet. Die Touren (auf Englisch oder Spanisch) geben eine kurze Einführung in astronomische Phänomene, danach kann man durch fünf auf verschiedene Himmelsphänomene ausgerichtete Teleskope blicken. Snacks und Getränke sind im Preis inbegriffen.

Die Touren starten um 21 und 23, im Winter um 20 und 22.30 Uhr.

Tours 4 Tips STADTSPAZIERGANG
(www.tours4tips.com; Plaza de Armas; Touren 10 & 15 Uhr) Einen tieferen Einblick in San Pedro erhält man bei einem unterhaltsamen Spaziergang mit diesem freundlichen Veranstalter. Die zweistündigen Spaziergänge führen durch den Ort und seine Randbezirke, wobei die engagierten Guides faszinierende Geschichten aus San Pedros Vergangenheit erzählen sowie Infos zu indigenen Glaubensvorstellungen und Symbolen, zu Wüstenpflanzen und Halluzinogenen und sogar zur Himmelsmythologie geben. Die Touren werden auf Spanisch und Englisch angeboten.

Wie der Name schon verrät, sind die Spaziergänge kostenlos, doch wird ein Trinkgeld erwartet. Eine Buchung ist nicht erforderlich: Man stellt sich einfach um 10 oder 15 Uhr auf der Plaza ein und schaut nach den Guides in den rot und weiß gestreiften Hemden.

Vulcano Expediciones ABENTEUERTOUR
(Handy 9-5333-6021; www.vulcanochile.com; Caracoles 317; Di–So 10–20 Uhr) Veranstaltet Wanderungen zu Vulkanen und Bergen, darunter Tagestouren auf den Sairecabur (5971 m, 110 000 Ch$), den Lascar (5592 m, 85 000 Ch$) und den Tocco (5604 m, 670 000 Ch$) sowie zweitägige zum Licancábur (250 000 Ch$) und andere Touren. Möglich ist eine Verbindung mit den Motorradtouren von **On Safari** (Handy 9-7215-3254; www.onsafariatacama.com; 4-std. Motorradtour 170 000 Ch$).

Rancho La Herradura REITEN
(55-285-1956; www.atacamahorseadventure.com; Tocopilla 406; 9–20 Uhr) Mehrere Veranstalter, darunter die Rancho La Herradura, bieten Sightseeing vom Pferd aus. Die Touren reichen von zweistündigen Ausritten für 23 000 Ch$ bis hin zu zehntägigen Reitwanderungen, bei denen man in der Wüste

ABENTEUER IN DER ATACAMA

Einige Touren zu bisher wenig bekannten Ecken der Atacama werden immer beliebter – z. B. zu den bunten Felsformationen des **Valle del Arcoiris** oder zu den **Lagunas Cejar** und **Ojos de Salar** mit Bademöglichkeiten (in den Lagunas Cejar kann man sich sogar treiben lassen wie auf dem Toten Meer). Ausflüge zum **Salar de Tara** auf 4310 m sind spektakulär, aber anstrengend (ab San Pedro hin & zurück 200 km).

Achtung: Die Touren werden nicht regelmäßig angeboten und sind teurer als die in dieser Gegend üblicheren.

San Pedro de Atacama

San Pedro de Atacama

Sehenswertes
1 Iglesia San Pedro C2

Aktivitäten, Kurse & Touren
2 Cordillera Traveler B3
3 CosmoAndino Expediciones C3
4 Desert Adventure C3
5 Rancho La Herradura B2
6 San Pedro de Atacama Celestial Explorations B3
7 Sandboard San Pedro D3
8 Terra Extreme C3
9 Tours 4 Tips C2
10 Una Noche con las Estrellas B3
11 Vulcano Expediciones C3

Schlafen
12 Hostal Edén Atacameño D4
13 Hostal Pangea C2
14 Hostal Sonchek B2
15 Hostelling International D3
16 Hotel Loma Sanchez B3
17 Takha Takha Hotel & Camping A3

Essen
18 Babalú B3
19 Cafe Peregrino C2
20 El Toconar C3
21 La Casona B3
22 Las Delicias de Carmen B2

campt. Zur Verfügung stehen englisch-, deutsch- und französischsprachige Führer.

Schlafen

Da Wasser in San Pedro rar und nicht trinkbar ist, muss man selbst Mineralwasser kaufen und sollte entsprechend kurz duschen. Hinweis: Sogar außerhalb der Hauptsaison sind die Zimmerpreise hoch.

Hostal Pangea HOSTEL $
(☎55-320-5080; www.hostalpangea.cl; Le Paige 202; B/DZ 13 000/43 000 Ch$; 📶) Das Hostel

ist bei Travellern wegen seiner ausgezeichneten zentralen Lage, einladendem Personal und günstigen Preisen sehr beliebt. Der großzügige, bunt dekorierte Patio ist prima, um andere Traveller kennenzulernen. Nachts kann es laut zugehen – definitiv steht hier Geselligkeit, nicht Entspannung im Mittelpunkt.

Hostal Sonchek HOSTEL $
(☎ 55-285-1112; www.hostalsonchek.cl; Ecke Paige & Calama; B 12 000 Ch$, DZ 44 000 Ch$, EZ/DZ ohne Bad 16 000/27 000 Ch$; 📶) Strohdächer und Lehmziegelwände sind die Merkmale der Zimmer in diesem hübschen Hostel mit gutem Preis-Leistungs-Verhältnis. Es liegt rund um einen kleinen Hof, und es gibt eine Gemeinschaftsküche, eine Gepäckaufbewahrung und hinten einen Garten mit Tischtennis und ein paar Tischen. Die Gemeinschaftsbäder mit solarbeheizten Duschen sind recht sauber.

Hostal Edén Atacameño HOSTEL $
(☎ 55-259-0819; http://edenatacameno.cl; Toconao 592; EZ/DZ mit Frühstück 25 000/40 000 Ch$, ohne Bad & ohne Frühstück 12 000/24 000 Ch$; P @ 📶) Das entspannte Hostel hat Zimmer rund um einige gesellige Patios mit Hängematten und Sitzbereichen. Die Gäste können die Küche benutzen, und es gibt einen Wäschedienst und eine Gepäckaufbewahrung. Die Gemeinschaftsbäder sind angenehm sauber.

Hostelling International HOSTEL $
(www.hostellingsanpedro.cl; Caracoles 360; B/DZ 14 000/45 000 Ch$, DZ/3BZ/4BZ ohne Bad 30 000/38 000/45 000 Ch$; 📶) Das gesellige Hostel bietet Schlafsäle rund um einen kleinen Patio – einige Stockbetten sind fast 3 m hoch – und einige wenige Doppelzimmer. Es gibt eine Gemeinschaftsküche sowie Schließfächer, und das Personal bucht Touren. HI-Mitglieder erhalten einen Rabatt von 2000 bis 5000 Ch$.

★ **Hostal Quinta Adela** B&B $$
(☎ 55-285-1272; www.quintaadela.com; Toconao 624; Zi. ab 73 000 Ch$; @ 📶) Das freundliche, familiengeführte B&B nur wenige Gehminuten außerhalb des Ortes wartet mit sieben Zimmern voller Charakter (jedes hat seinen eigenen Style) sowie einer schattigen Terrasse auf. Obendrein steht das Haus an einem weitläufigen Obstgarten mit Hängematten. Es gibt die Möglichkeit zur Gepäckaufbewahrung und die Check-in- und Check-out-Zeiten sind recht flexibel.

Hotel Loma Sanchez PENSION $$
(☎ Handy 9-9277-7478; www.lomasanchez.cl; Caracoles 259-A; DZ/3BZ 55 000/75 000 Ch$, EZ/DZ ohne Bad ab 25 000/30 000 Ch$; 📶) Mitten im Hotelstreifen an der Caracoles gibt's im Hinterhof des Loma Sanchez kleine Hütten mit Lehmziegelwänden und Strohdächern, die einen stimmungsvollen (wenn auch etwas kühlen) Aufenthalt versprechen. Das Gästehaus hat aber auch traditionellere Zimmer mit netten Details wie Holzdielen und dekorativen regionalen Webarbeiten.

Takha Takha Hotel & Camping HOTEL, CAMPING $$
(☎ 55-285-1038; www.takhatakha.cl; Caracoles 151-A; Stellplatz 13 000 Ch$/Pers., EZ/DZ 54 000/62 000 Ch$, ohne Bad 21 000/41 000 Ch$; 📶 🏊) Die beliebte Allround-Unterkunft hat ordentliche Stellplätze, schlichte Budgetzimmer und makellose Mittelklassezimmer rund um einen ausgedehnten Blumengarten mit Swimmingpool. Weitere Pluspunkte sind die tolle Lage und der freundliche Service.

Essen & Ausgehen

In San Pedro sind Touristen willkommen, aber keine Leute, die nachts Party machen wollen. Es gibt hier nur eine Bar, und nach 1 Uhr wird kein Alkohol mehr verkauft.

Babalú EISCREME $
(Caracoles 140; Eiscreme 1900–3900 Ch$; ⏲ 10–22 Uhr) Die Eisdiele, eine von mehreren an der Hauptstraße, bietet aromatische Geschmacksrichtungen, die man zu Hause nicht finden wird, darunter Eis aus Wüstenfrüchten wie *chañar* oder *algarrobo,* mit Pisco Sour, *hoja de coca* (Kokablättern) oder netten Überraschungen wie Quinoa. Hier kann man eigentlich nichts falsch machen.

Franchuteria BÄCKEREI $
(www.lafranchuteria.com; Le Paige 527; Croissants 1100–2500 Ch$; ⏲ 7–20.30 Uhr) Rund 500 m östlich der Plaza findet sich die beste Bäckerei von San Pedro. Die von einem talentierten jungen Franzosen geführte Franchuteria hat wunderbare Backwaren, darunter prima Baguettes mit seltenen Belag-Kombinationen wie Feigen und Roquefort-Käse oder Ziegenkäse mit Oregano sowie butterige Croissants – auch gefüllt mit ungewöhnlichen Dingen wie *manjar* (*dulce de leche,* Milchkonfitüre).

Cafe Peregrino CAFETERIA $
(Gustavo Le Paige 348; Hauptgerichte 3500–6000 Ch$; ⏲ 9–21 Uhr; 📶 ✎) Das Café in guter

Lage mit Blick auf die Plaza hat ein paar beschattete Tische, von denen aus man prima die Leute beobachten kann. Zu essen gibt's Pizza, Quesadillas, Sandwichs, Pfannkuchen (zum Frühstück) sowie gute Kuchen und Gebäck, zu trinken Espresso und Cappuccino.

Las Delicias de Carmen CHILENISCH $$
(www.lasdeliciasdecarmen.cl; Calama 370; Mittagsmenüs 4000–7000 Ch$, Hauptgerichte 8000–14 000 Ch$; ⏲8.30–22.30 Uhr; 📶✍) Das von Licht durchflutete Restaurant mit Ausblick ins Grüne serviert tolles Frühstück, köstliche Kuchen und Empanadas, Holzofenpizza (mit Belag nach Wunsch) und diverse Tagesgerichte. Die Spezialitäten des Tages, z. B. *cazuela* (Eintopf) oder Karotten-Ingwer-Suppe sowie das sättigende *menú del dia* (mit drei Gängen) finden immer guten Zuspruch.

La Casona CHILENISCH $$
(☎55-285-1337; Caracoles 195; Hauptgerichte 9000–14 000 Ch$; ⏲Mi–Mo 12–24 Uhr; 📶) In einem Speisesaal mit hohen Decken, Holzverkleidung und einem Kamin aus Lehmziegeln in der Mitte werden brutzelnde *parrilladas* (gemischtes Grillfleisch) und chilenische Klassiker wie *pastel de choclo* (Maisauflauf) serviert. Die Liste der angebotenen chilenischen Weine ist lang und auf der kleinen Veranda kann man sein Mittagessen im Freien genießen.

El Toconar INTERNATIONAL $$
(Ecke Toconao & Caracoles; Hauptgerichte 5000–12 000 Ch$; ⏲12–1 Uhr) Das El Toconar hat eines der schönsten Gartenambiente vor Ort, zu dem auch offene Feuer in den kalten Wüstennächten zählen. Es gibt ein breites Speisenangebot und eine hervorragende Auswahl von Cocktails (darunter auch Pisco Sours mit Wüstenkräutern).

ℹ Praktische Informationen

Es gibt zwar drei Geldautomaten im Ort (zwei an der Caracoles und einen gegenüber dem Muse-

STERNBEOBACHTUNG IN DER WÜSTE

Rund 40 km östlich von San Pedro de Atacama liegt das flache Chajnantor-Plateau (5000 m) mit dem komplexesten Radioteleskop der Welt: Das **Atacama Large Millimeter/Submillimeter Array** (ALMA; spanisch für „Seele") besteht aus 66 Antennen, von denen die meisten einen Durchmesser von etwa 12 m haben. Dieses Feld aus „Weltraum-Ohren" simuliert ein einzelnes Teleskop mit unglaublichen 16 km Durchmesser. Damit lassen sich Weltraumobjekte aufspüren, die bis zu 100-mal schwächer leuchten als alles bislang Entdeckte.

Für einen Besuch kontaktiert man das **ALMA Visitor Center** (☎in Santiago 2-2467-6100; www.almaobservatory.org; Hwy 23, Km 121; frei nach Online-Registrierung; ⏲Sa & So) GRATIS. Der Eintritt ist frei, die Zahl der Besucher aber begrenzt; es gibt eine Online-Registrierung. Ein kostenloses Shuttle von der Tumisa nahe der Ave Pedro de Valdivia bringt einen zu der Einrichtung; es startet samstags und sonntags um 9 Uhr und kehrt um 13 Uhr zurück.

Das ALMA ist nur die allerneueste der topmodernen astronomischen Anlagen im Norden Chiles. Die klimatischen Bedingungen in dieser Ecke der Atacama-Wüste sind ideal zum Sternegucken – nicht nur dank wolkenloser Nächte, sondern auch wegen der berechenbaren Winde, die beständig vom Pazifik hereinwehen und nur minimale Turbulenzen verursachen. Dies ist für die Bildqualität elementar wichtig.

Zu den weiteren größeren Einrichtungen im nördlichen Chile zählt die Europäische Südsternwarte (ESO) auf dem Cerro Paranal. In Norte Chico gibt's das **Observatorio Interamericano Cerro Tololo** (☎51-220-5200; www.ctio.noao.edu; Cerro Tololo) GRATIS und den nahegelegenen Cerro El Pachón. Ein weiteres ESO-Observatorium befindet sich auf dem Berg **La Silla** (☎Notfall 9-9839-5312; www.eso.org/public/teles-instr/lasilla); es veranstaltet jeden Samstag um 14 Uhr kostenlose öffentliche Führungen. Gleich nördlich des La Silla befindet sich das Observatorio Las Campanas der Carnegie Institution.

Wer selber Appetit auf Astronomie bekommen hat, kann von San Pedro aus Touren zur Nachthimmelbeobachtung unternehmen. Es werden eine Reihe astronomischer Touren angeboten, darunter auch von renommierten Veranstaltern wie **San Pedro de Atacama Celestial Explorations** (☎55-256-6278; www.spaceobs.com; Caracoles 400-2; 2½-std. Tour 25 000 Ch$; ⏲Dez.–März 11–21 Uhr, April–Nov. bis 19 Uhr) oder Una Noche con las Estrellas (S. 526).

ABSTECHER

MIT DEM GELÄNDEWAGEN NACH UYUNI IN BOLIVIEN

Farbenprächtige Altiplano-Seen, Flamingos, Vulkane, skurrile Felsformationen, die der Fantasie Salvador Dalís entsprungen sein könnten, und als berühmtestes Highlight die blendend weiße Salzebene von Uyuni: Wer nordöstlich von San Pedro de Atacama den abenteuerlichen Abstecher nach Bolivien unternimmt, wird mit diesen und mehr Attraktionen belohnt. Doch Vorsicht – das ist keine gemütliche Landpartie: Auf fünf begeisterte Traveller, die Uyuni den Höhepunkt ihrer Reise nennen, kommt immer einer, der sich über einen Alptraum-Trip beklagt.

Bei den dreitägigen Standardtouren überquert man die bolivianische Grenze bei Hito Cajón, passiert die Laguna Colorada und besucht den Salar de Uyuni. Die Tour endet dann in Uyuni. Der gängige Preis (ca. 115 000 Ch$) beinhaltet die Fahrt in überfüllten Geländewagen, Übernachtungen in einfachen, oft bitterkalten Unterkünften sowie die Verpflegung. Gegen einen Aufpreis von 15 000 bis 25 000 Ch$ geht's am vierten Tag zurück nach San Pedro. Manche Anbieter fahren aber schon in der dritten Nacht. Unbedingt Getränke, Snacks, warme Klamotten und einen Schlafsack mitbringen. Traveller erledigen die chilenischen Grenzformalitäten in San Pedro und die bolivianischen bei der Ankunft in Uyuni. Staatsbürger bestimmter Länder, z. B. der USA, benötigen ein bolivianisches Visum (160 US$). Wichtig: Die Eintrittsgebühren für die bolivianischen Parks (ca. 20 000 Ch$) sind in den Pauschalpreisen der meisten Veranstalter nicht enthalten.

Kein einziger Tourveranstalter erntet durchgängig begeisterte Kritiken. **Cordillera Traveler** (☎55-320-5028; www.cordilleratraveller.com; Tocopilla 429-B; ⏲9–21 Uhr) erhält aber in der Regel eine positive Bewertung.

um), diese sind aber nicht immer mit Geld bestückt – man sollte für alle Fälle genügend Bargeld mitbringen. Viele Einrichtungen akzeptieren Kartenzahlung, aber einige ziehen Bares vor.

An der Hauptplaza gibt's kostenloses WLAN (das nicht immer funktioniert).

Die **Oficina de Información Turística** (☎55-285-1420; Ecke Toconao & Le Paige; ⏲9–21 Uhr) ist ein hilfreiches Büro, das für Touristen Ratschläge parat hat und Stadtpläne und Broschüren ausgibt. Das jährlich neue Gästebuch lohnt einen Blick für aktuelle Kommentare von anderen Travellern u. a. zu Tourveranstaltern, Hostels, Restaurants und Verkehrsmitteln.

Posta Médica (☎55-285-1010; Le Paige 377) Die örtliche Klinik liegt gleich abseits der Plaza.

ℹ Anreise & Unterwegs vor Ort

Buses Atacama 2000 (Tumisa s/n; ⏲8–19 Uhr) bietet regelmäßig Verbindungen nach Calama (ab 3000 Ch$), wo man Anschluss zum Bus des gleichen Unternehmens nach Uyuni hat. **Buses Frontera del Norte** (Tumisa s/n) fährt nach Calama, Arica (ab 18 000 Ch$) und Iquique (15 000 Ch$). **Turbus** (☎55-268-8711; Licancábur 154) hat stündlich Busse nach Calama (3000–4000 Ch$), wo Anschluss zu allen größeren Zielen in Chile besteht. **Andesmar** (☎55-259-2692; www.andesmar.com; Tumisa s/n) fährt mehrmals pro Woche nach Salta und Jujuy in Argentinien (ab 24 000 Ch$, 13 Std. inkl. Wartezeit an der Grenze). **Géminis** (☎55-289-2049; www.geminis.cl; Tumisa s/n) fährt ebenfalls nach Salta.

Mehrere Agenturen im Ort bieten Shuttle-Services zum Flughafen von Calama (ca. 16 500 Ch$/Pers.).

Die Busse halten nahe der Plaza. Der gesamte Ort lässt sich gut zu Fuß erkunden.

Rund um San Pedro de Atacama

Rund um San Pedro gibt es mehr zu sehen, als hier beschrieben werden kann. Es lohnt deshalb, einige Reisebüros abzuklappern und andere Traveller nach ihren Erfahrungen zu fragen. Im Folgenden sind die beliebtesten Attraktionen aufgeführt.

Die bröckelnden Ruinen der Festung **Pukará de Quitor** (3000 Ch$; ⏲8.30–19 Uhr) aus dem 12. Jh. liegen 3,5 km nordwestlich von San Pedro de Atacama. Sie sind mit einem Leihfahrrad erreichbar und punkten mit einem tollen Blick auf das Oasenstädtchen. Nach weiteren 3 km beginnt rechts die **Quebrada del Diablo** (Teufelsschlucht), deren gewundener einspuriger Trail ein Traum für Mountainbiker ist.

4300 m über dem Meeresspiegel befindet sich mit dem berühmten **El Tatio** (95 km nördlich der Stadt; 10 000 Ch$; ⏲6–18 Uhr) das höchstgelegene Geysirfeld der Welt. Bei Sonnenaufgang scheint man hier durch ein riesiges Dampfbad zu gehen: Umringt von Vulkanen schießen die 64 gurgelnden Geysire und zahllosen gashaltigen Fumarolen Dampf in den klaren, blauen Himmel über dem Altiplano. Die wirbelnden Dampfsäulen umhüllen Besucher wie in einer infernalen Vision Dantes; das Blubbern, Spritzen und Zischen klingt, als käme es aus einer Großküche voller fröhlich kochender Kessel. Wenn die Sonne steigt, krönen ihre gebündelten Strahlen die umliegenden Vulkane und erleuchten den wirbelnden Dampf. Unbedingt nach dem Zwiebelprinzip kleiden: In der Morgendämmerung ist es extrem kalt!

Der Sonnenuntergang im herrlichen **Valle de la Luna** (3000 Ch$; ⌚9–18 Uhr) ist ein unvergessliches Erlebnis. Noch hechelnd vom Aufstieg sitzt man hier auf der Spitze einer riesigen Sanddüne und wird Zeuge eines spektakulären Wandels: Der ferne Ring aus Vulkanen, die geriffelte Cordillera de la Sal und die surreale Mondlandschaft des Tales erstrahlen plötzlich in intensiven Violett-, Rosa- oder Goldtönen. Das „Mondtal" verdankt seinen Namen dem mondartigen Terrain, das Wasser- und Winderosion über Jahrmillionen geformt haben. Es liegt am Nordende der Cordillera de la Sal, 15 km westlich von San Pedro de Atacama.

Die zerklüftete Kruste des **Salar de Atacama** wirkt, als ob Gott mit einem Pinsel herumgetupft hätte. Inmitten dieser Kristalle 67 km südlich von San Pedro liegt eine Oase der Aktivität: In der übelriechenden **Laguna Chaxa** (2500 Ch$; ⌚8–20 Uhr), 67 km südlich von San Pedro, leben drei Flamingoarten (James-, Chile- und Andenflamingos), Regenpfeifer, Blesshühner und Enten.

Die vulkanischen Thermalquellen der **Termas de Puritama** (https://termasdepuritama.cl; Erw./Kind 19 500/ 9100 Ch$; ⌚9.30–17.15 Uhr) 30 km nordöstlich der Stadt können mit dem Taxi oder im Rahmen einer geführten Tour erkundet werden. Die Wassertemperatur liegt bei ca. 33 °C und es gibt mehrere Becken und Wasserfälle.

Iquique

☎057 / 192 000 EW.

Vor den gelbbraunen Bergen der Küste wirkt das ins Meer hinausragende Iquique, als würde es auf einer Bühne präsentiert. Und tatsächlich hat die Stadt einige Dramen mitgemacht: Man lebte hier ursprünglich von Guano. Im 19. Jh. konnte die Stadt dank des lukrativen Nitrat-Booms herausgeputzt werden; danach verlor sie an Schwung. Heute setzt Iquique auf Kommerz und Tourismus – zu sehen an der zollfreien Mega-Shoppingzone, dem Glamour des funkelnden Kasinos und der allgegenwärtigen Strandhotelbauwut. Die wahren Highlights sind jedoch die hübsche Architektur einiger Häuser im georgianischen Stil, die tollen Holzfassaden der Baquedano, der thermische Wind und die super Brandung.

Sehenswertes & Aktivitäten

Museo Corbeta Esmeralda MUSEUM

(www.museoesmeralda.cl; Paseo Almirante Lynch; 3500 Ch$; ⌚Di–So 10–12.15 & 14–17 Uhr) Diese Replik der gesunkenen Esmeralda ist Iquiques neuer ganzer Stolz: Im Salpeterkrieg forderte die Besatzung der kleinen chilenischen Korvette mutig die Panzerschiffe Perus heraus. Kapitän der echten Esmeralda war Arturo Prat (1848–1879), dem heute Hunderte Straßen, Plazas und Institutionen ihren Namen verdanken. Bei Führungen (für Englisch im Voraus buchen) werden das Deck, die Quartiere und der orangefarben beleuchtete Schiffsmotor besichtigt.

Vorab reservieren oder sonntags kommen, wenn es heißt: Wer zuerst kommt, mahlt zuerst.

Plaza Prat PLAZA

Auf Iquiques zentraler Plaza ist die überbordende Pracht, die die Stadt im 19. Jh. prägte, kaum zu übersehen. Der ganze Stolz des Platzes ist der Uhrenturm **Torre Reloj** (Plaza Prat) von 1877, der eher so aussieht, als sei er gebacken und dann mit Zucker glasiert als aus Stein erbaut worden. Der Pfad, der nach Süden zum neoklassizistischen **Teatro Municipal** mit seinen Marmorstufen führt, ist von Springbrunnen gesäumt. In dem Theater werden schon seit 1890 Opern und Theaterstücke aufgeführt. Am Eingang zur Plaza steht eine schöne restaurierte **Straßenbahn** (Baquedano, Ecke Tarapaca & Thompson), die in der Hauptsaison ab und zu die Av Baquedano hinuntertuckert.

Centro Cultural Palacio Astoreca HISTORISCHES GEBÄUDE

(O'Higgins 350; ⌚Di–Fr 10–14 & 15–18, Sa 11–14 Uhr) GRATIS Das Herrenhaus im georgianischen Stil hat mehrere Balkone und wurde im Jahr 1904 für einen Nitratbaron gebaut. Heute ist es ein Kulturzentrum und birgt die zeitgenössischen Werke einheimischer Künstler. In den opulenten Innenräumen mit hohen Decken gibt's u. a. Holzarbeiten, Kronleuchter und einen riesigen Billardtisch zu sehen.

Iquique

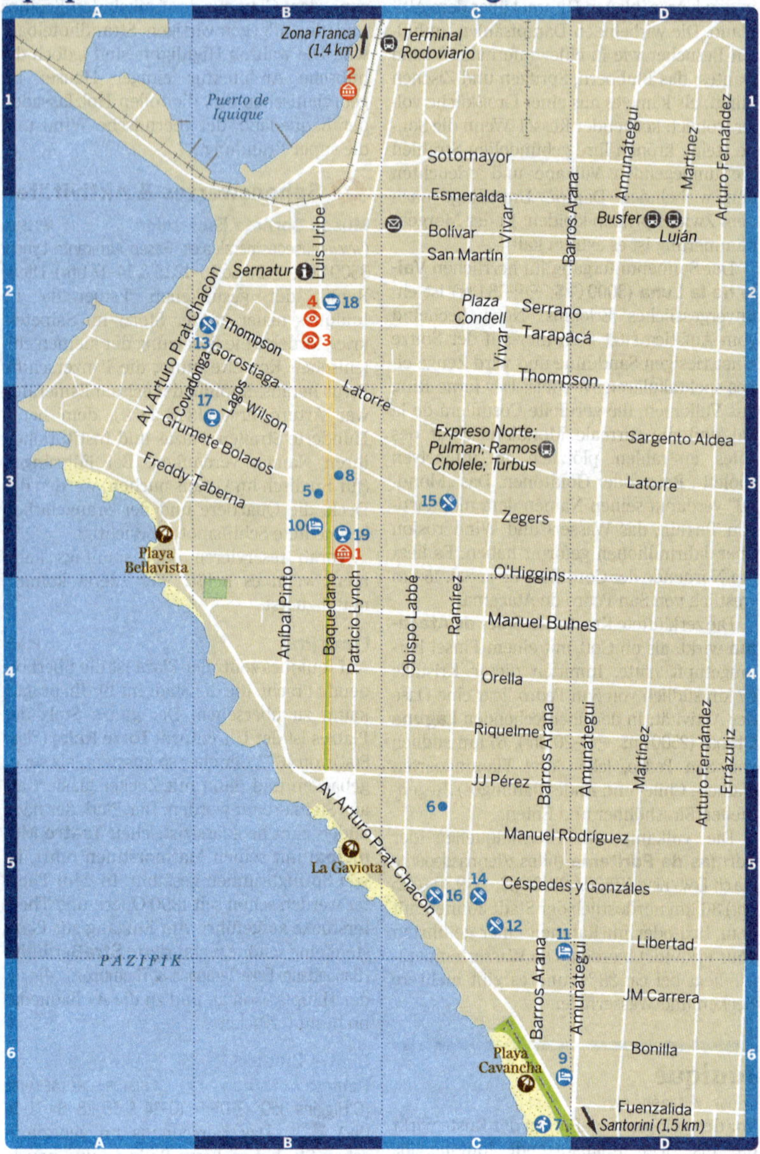

Playa Cavancha STRAND
Iquiques beliebtester Strand bietet gute Bade- und Bodyboarding-Möglichkeiten. Am besten sind die Bedingungen fürs Surfen und Bodyboarden im Winter, wenn die Wellen aus Norden kommen, aber diese Sportarten ausüben kann man auch zu anderen Jahreszeiten. Weniger Konkurrenz um die Brecher am frühen Morgen herrscht am nördlichen Ende der Playa Cavancha.

Vertical SURFEN
(☎57-237-6031; Av Arturo Prat 580) Dies ist der örtliche Surfertreff, der Ausrüstung sowohl

Iquique

Sehenswertes
1 Centro Cultural Palacio Astoreca B3
2 Museo Corbeta Esmeralda B1
3 Plaza Prat B2
4 Torre Reloj B2

Aktivitäten, Kurse & Touren
5 Magical Tour Chile B3
6 Mistico Outdoors C5
7 Playa Cavancha C6
8 Show Travel B3
Vertical .... (siehe 16)

Schlafen
9 Backpacker's Hostel Iquique C6
10 Plaza Kilantur B3
11 Virgilio B&B C5

Essen
12 El Guru C5
13 El Wagón B2
14 La Mayor Sandwicheria C5
15 M.Koo C3
16 Monorganiko C5

Ausgehen & Nachtleben
17 Bar the Clinic B3
18 Club Croata B2
19 Radicales B3

verkauft als auch verleiht. Für einen Neoprenanzug und ein Brett muss man 12 000 Ch$ (2 Std.) berappen; braucht man nur eines von beidem, werden noch 8000 Ch$ fällig. Privatunterricht gibt's ab 24 000 Ch$ (1½ Std.). Vertical bietet auch Surftouren außerhalb der Stadt sowie **Sandboarding** im Cerro Dragón an, das mit 25 000 Ch$ (3 Std.) zu Buche schlägt.

Geführte Touren

Da viele Attraktionen in der Umgebung mit öffentlichen Verkehrsmitteln nur schwer erreichbar sind, bieten sich geführte Touren an. Im Sommer bewerben Agenturen ihre beliebtesten Angebote an Straßenständen an der Prat und der Baquedano. Beliebte Optionen sind Tagesausflüge zu den Oasenstädtchen **Pica**, **La Tirana** und **Matilla**, im Rahmen derer man auch die alten Nitratminen **Humberstone** und **Santa Laura** besucht (etwa 25 000 Ch$). Bei einer weiteren coolen Exkursion winkt ein Bad im Thermalwasser von **Mamiña** (27 000 Ch$).

Magical Tour Chile TOUR
(☎ 57-276-3474; www.magicaltour.cl; Baquedano 997; pro Pers. Ruta del Sol 23 000 Ch$, Aventura Isluga 45 000 Ch$; ⏱ Mo–Sa 10.30–20 Uhr) Bietet die ganze Palette von Touren, darunter einen ganztägigen Ausflug auf der Ruta del Sol zum Geoglyphen Gigante de Atacama, zur Geisterstadt Humberstone und zur Oase Pica. Weitere Touren führen zu Geysiren (Aventura Isluga) und zu malerischen Seen im Altiplano.

Mistico Outdoors OUTDOOR
(☎ Handy 9-9541-7762; www.chileresponsibleadventure.com; Eleuterio Ramírez 1535; ganztägige Tour ab 61 000 Ch$) Der kleine Veranstalter hat einen soliden Ruf dank seiner maßgeschneiderten Touren und Exkursionen, die von einem halben Tag bis zu drei Wochen dauern. Angeboten werden z. B. sechstägige Trips in den Parque Nacional Lauca, 10-tägige Klettertouren zu den Ojos del Salado und ganztägige Ausflüge nach Altos de Pica.

Mindestens vier Tage vorher reservieren!

Show Travel ABENTEUERTOUR
(☎ Handy 9-7264-1556; www.showtravel.cl; Baquedano 1035; ⏱ Mo–Fr 9.30–20, Sa 10.30–17 Uhr) Neben den üblichen Touren gibt's hier auch Abenteuertouren zu Orten abseits gebahnter Pfade, darunter zum Ökocamp El Huarango in der Nähe von La Tirana.

Schlafen

Taxifahrer erhalten Provisionen von einigen *residenciales* und Hotels – also standhaft bei seiner Entscheidung bleiben! Wankelmütige gehen besser zu Fuß.

Backpacker's Hostel Iquique HOSTEL $
(☎ Handy 9-6172-6788; www.hosteliquique.com; Amunátegui 2075; B ab 8000 Ch$, DZ 28 000 Ch$, EZ/DZ/3BZ ohne Bad 15 000/23 000/24 000 Ch$; 📶) Das geschäftige Hostel, eine der besten Budget-Optionen in Iquique hat viele Pluspunkte: schön ausgestattete Zimmer, freundliches Personal und eine tolle Lage nahe der Playa Cavancha. Es gibt eine Cafébar und eine kleine Vorderterrasse, wo man mit anderen Travellern ins Gespräch kommen kann. Das Hostel organisiert auch Exkursionen und Aktivitäten (Sandboarden, Gleitschirmfliegen, Surfunterricht).

Virgilio B&B PENSION $
(☎ Handy 9-7513-8035; saavedra.ivan@hotmail.fr; Libertad 825; B/EZ/DZ ohne Bad 14 000/18 000/33 000 Ch$; 📶) In guter Lage in kur-

zer Gehentfernung zum Strand bietet diese kleine einladende Pension ordentliche Zimmer, eine überdachte Vorderterrasse und eine Lounge, in der man nach einem Tag voller Erkundungen entspannen kann. Die billigsten Zimmer sind aber sehr klein, und es gibt durchgehend nur Gemeinschaftsbäder.

Plaza Kilantur HOTEL $
(Hotel de la Plaza; ☎57-241-7172; Baquedano 1025; EZ/DZ 25 000/35 000 Ch$;) Das Gebäude im georgianischen Stil liegt am Fußgängerstreifen und gehört zu den besten Angeboten in seiner Preiskategorie. Das Hotel hat ein einladendes Foyer mit großem Oberlicht. Die komfortablen, mittelgroßen Zimmer verteilen sich um einen schmalen Patio mit einer hohen Kiefer.

Essen

El Guru CHILENISCH $
(Libertad 732; Mittagsmenüs ca. 3000 Ch$, Hauptgerichte 4000–6000 Ch$; Mo–Fr 12–16 & 19.30–23, Sa 12–16 Uhr) Die Einheimischen strömen zu diesem gemütlichen Lokal wegen seiner guten und günstigen klassischen Küche. Plätze gibt's nur draußen. Zu den wechselnden Mittagsmenüs, bestehend aus gegrilltem Fisch, Steak oder Schweinefleisch mit allen Beilagen sollte man möglichst früh kommen.

Monorganiko CAFÉ $
(Prat 580; Sandwichs 3000–4000 Ch$; Mo–Sa 9–14.30 & 16–21 Uhr;) Das winzige Café, das sich in einem Surfshop versteckt, serviert mit den besten Kaffee in Iquique. Der Barista bereitet ihn wie gewünscht – mit der V60, der Aeropress oder der Chemex – oder auch als Flat White, Latte oder Espresso zu. An der Theke gleich daneben gibt's schmackhafte Acai-Schüsseln, Smoothies, Wraps, Sandwichs und Desserts.

M.Koo SÜSSSPEISEN $
(Ramírez 949; Snacks ab 600 Ch$; Mo–Sa 9–20.30 Uhr) Der farbenfrohe Eckladen ist berühmt für seine bröckeligen *chumbeques* – süße Kekse mit einer Füllung aus Mangos, Zitronen, Guaven, Passionsfrucht, *manjar* (Milchkonfitüre) und anderen Geschmacksrichtungen. Eine große Packung kostet 1500 Ch$.

La Mayor Sandwicheria BURGER $
(Céspedes y González 717; Hauptgerichte 4500–7800 Ch$; Mo–Do 18.30–1, Fr & Sa ab 13.30 Uhr;) Der kleine Laden, in dem oft Rockmusik läuft, tischt nahe dem Strand Surfern nach dem Wellenreiten heiße Gourmet-Burger und schäumendes Kleinbrauereibier auf. Besonders zu loben: die köstlichen Beläge (iberischer Schinken, Spiegelei, karamellisierte Zwiebeln), die ausgezeichneten Fritten, das riesige Biersortiment und ein gutes vegetarisches Angebot (Quinoa-Puffer). Die Portionen sind mächtig, Essbesteck muss man mitbringen.

★ **Santorini** FUSION $$
(☎57-222-5392; www.santorinirestobar.cl; Aeropuerto 2808; Hauptgerichte 8000–14 000 Ch$; Mo 18.30–23, Di–Fr 13–15.30 & 19–23.30, Sa 13–1, So 13–17 Uhr;) Eine überraschende Entdeckung in Iquique: Das Santorini serviert eine große Auswahl authentisch griechischer Gerichte, die man am besten auf dem mit Bougainvilleen geschmückten hinteren Patio verspeist. Abgesehen von *saganaki* (gebratenem Käse) und Souvlaki findet man hier Pastagerichte, im Ganzen gegrillte Fische, Pizza mit dünnem Boden und langsam gegartes zartes Lamm aus dem Holzofen. Zum Abschluss gibt's ein sahniges Dessert (z. B. griechischen Joghurt) und einen starken griechischen Mokka.

Das Lokal befindet sich rund 4 km südöstlich der Plaza Prat.

★ **El Wagón** CHILENISCH $$$
(☎57-234-1428; Thompson 85; Hauptgerichte 9000–17 000 Ch$; Mo–Sa 13–16 & 20–2 Uhr) Das Restaurant mit seinem rustikal eingerichteten Speisesaal hat es sich fast im Alleingang zur Aufgabe gemacht, die kulinarischen Traditionen der Region aufrechtzuerhalten. Serviert wird eine fantastische Auswahl an Seafood-Platten, deren Rezepte ihre Inspirationen mal aus Omas Kochbuch, mal von der typischen Hafen- und Minenarbeiterkost bekommen. Teuer, aber lohnend.

Ausgehen & Nachtleben

Iquique hat ein lustiges Nachtleben mit einigen entspannten Restobars im Zentrum sowie Clubs und Kneipen am Ufer südlich der Stadt.

Radicales BAR
(Baquedano 1074; Mo–Do 16–2.30, Fr & Sa bis 5 Uhr) Die energiegeladene zweistöckige Bar an der Fußgängermeile Baquedano umfasst eine Reihe kreativ dekorierter Räume, die man mit einem gut gemixten tropischen Cocktail in der Hand inspizieren kann. Im Obergeschoss gibt's einen Balkon und vorne

an der Gasse Plätze im Freien – beides sind wirklich prima Orte, um in die Nacht zu starten.

Club Croata CAFÉ

(Serrano 343; ⌚ Mo–Sa 10–18 Uhr;) Das Restaurant an der Plaza ist an gewölbten Fenstern, dem kroatischen Wappen und einer Reihe von Tischen vor der Tür zu erkennen. Es ist ein netter Ort für einen nachmittäglichen Magentröster.

Bar the Clinic BAR

(www.facebook.com/bartheclinicиquque; Lagos 881; ⌚ Mo 12.30–17, Di–Di bis 1, Fr bis 4, Sa 20–4 Uhr) Die holzverkleideten Innenräume geben dieser Bar den Charme einer Berghütte und dienen als nette Kulisse für Drinks und Snacks. An den meisten Wochenenden gibt's hier Livemusik; die Bands legen gegen 22 Uhr los. In der Regel wird kein Eintritt verlangt.

Praktische Informationen

Es gibt viele Geldautomaten in der Innenstadt und der *zona franca*. Mehrere Wechselstuben tauschen Geld und lösen Reiseschecks ein.

Hospital de Iquique Dr. Ernesto Torres Galdames (☎ 57-240-5700; www.hospitaliquique.cl; Av Héroes de la Concepción 502) Zehn Blocks östlich der Plaza Condell.

Post (Bolívar 458; ⌚ Mo–Fr 9–18, Sa 10–12 Uhr)

Sernatur (☎ 57-241-9241; www.sernatur.cl; Pinto 436; ⌚ Mo–Fr 9–18, Sa 10–14 Uhr) Das Büro hat Infos für Touristen, kostenlose Stadtpläne und Broschüren.

An- & Weiterreise

BUS

Die meisten Busse starten vom **Terminal Rodoviario** (☎ 57-242-7100; Lynch); die meisten Busunternehmen haben Ticketbüros rund um den Mercado Centenario. Mehrere Busunternehmen, darunter **Expreso Norte** (☎ 57-242-3215; www.expresonorte.cl; Barros Arana 881), **Pullman** (☎ 57-242-6522; www.pullman.cl; Barros Arana 825), **Ramos Cholele** (☎ 57-247-1628; Barros Arana 851) und **Turbus** (☎ 57-273-6161; www.turbus.cl; Barras Arana 869, Mercado Centenario) bieten Verbindungen in den Norden Chiles und nach Santiago.

Busfer (☎ Handy 9-9561-8050; Esmeralda 951) fährt viermal täglich nach La Paz in Bolivien (6000–10 000 Ch$, 14 Std.); auch **Luján** (Esmeralda 999) fährt mehrmals täglich dorthin. Wer nach Peru möchte, fährt nach Arica und steigt dort um.

Busse ab Iquique

ZIEL	PREIS (CH$)	DAUER (STD.)
Antofagasta	16 000	6
Arica	7000	4
Calama	10 000	6
Copiapó	30 000	14
La Serena	35 000	18
Santiago	45 000	24

FLUGZEUG

Der **Aeropuerto Diego Aracena** (☎ 57-247-3473; www.aeropuertodiegoaracena.cl) liegt 41 km südlich des Stadtzentrums und ist über die Ruta 1 zu erreichen.

LATAM (☎ 600-526-2000; www.latam.com; Pinto 699; ⌚ Mo–Fr 9–13.30 & 15.30–18.15, Sa 10.30–13 Uhr) hat täglich mehrere Flüge nach Santiago(ab 55 000 Ch$, 2½ Std.), ebenso **Sky** (☎ 600-600-2828; www.skyairline.cl; ab 30 000 Ch$). **Amaszonas** (www.amaszonas.com) fliegt mehrmals pro Woche in die bolivianischen Städte La Paz und Santa Cruz sowie nach Salta in Argentinien.

Östlich von Iquique

Landeinwärts von Iquique sprenkeln Geisterstädte die Wüste. Es sind gruselige Überreste einst blühender Bergbausiedlungen, deren Bewohner das weiße Gold der Atacama abbauten: Nitrat. Unterwegs zeugen außerdem prähispanische Erdzeichnungen davon, dass hier vor Jahrhunderten schon Menschen waren. Noch weiter landeinwärts tauchen dann mehrere malerische Dörfer mit Thermalquellen in der Ödnis auf.

Falls man nur eine Attraktion außerhalb von Iquique besucht, sollte dies **Humberstone** (www.museodelsalitre.cl; Erw./Kind inkl. Oficina Santa Laura 4000/2000 Ch$; ⌚ Dez.–März 9–19 Uhr, April–Nov. bis 18 Uhr) 45 km weiter östlich sein: Seit dem Ende des Nitrat-Booms vor langer Zeit ist diese Geisterstadt von 1872 nur noch ein gespenstisches Gerippe. Während ihrer Blütezeit in den 1940er-Jahren traten im hiesigen Theater Schauspieler aus Santiago auf, und Arbeiter konnten sich in einem riesigen gusseisernen Schwimmbecken erholen, das aus dem Rumpf eines geborgenen Schiffswracks angefertigt war. Hinzu kamen viele weitere Einrichtungen, die es bis heute in den wenigsten Kleinstädten gibt. Die Entwicklung synthetischer Nitrate führte 1960 zur endgültigen Schließung der *oficina*. Manche

Gebäude sind heute renoviert, andere aber instabil – also bitte vorsichtig erkunden! Wegen der Empfindlichkeit des noch Vorhandenen ist der Ort mittlerweile als UNESCO-Welterbestätte geschützt. Die skelettartigen Überreste der **Oficina Santa Laura** liegen 30 Gehminuten südwestlich. Ab der Ostseite des Mercado Centenario in Iquique fahren *colectivos* Richtung Pozo Almonte nach Humberstone; um zurück zu kommen, einfach zur Bushaltestelle am Ortseingang gehen und einen beliebigen Bus mit Kennzeichnung „Iquique" nehmen (2200 Ch$)!

Rund 14 km östlich von Huara ziert eine gigantische Erdzeichnung die Hänge des Cerro Unita: Mit 86 m ist **El Gigante de Atacama** (Riese der Atacama) die weltgrößte archäologische Darstellung eines Menschen; Experten datieren die Figur auf ca. 900 n. Chr. Aus dem blockartigen Kopf des mächtigen Schamanen scheinen Strahlen auszutreten; die dünnen Gliedmaßen umklammern einen Pfeil und einen Medizinbeutel. Den besten Blick auf die Figur hat man vom Fuß des Berges in einigen Hundert Metern Entfernung. Hierher geht's per Taxi oder geführter Tour.

Inmitten der trostlosen Atacama-Pampa säumen weitläufige Haine aus Tamarugos *(Prosopis tamarugo)* die Panamericana südlich von Pozo Almonte. Solche Wälder bedeckten einst Tausende Quadratkilometer, wurden aber beim Minenbau fast ganz abgeholzt. Heute stehen die Bäume unter dem Schutz der **Reserva Nacional Pampa del Tamarugal**. Dort gibt es außerdem an einem Hang bei **Pintados** (Erw./Kind 4000/2000 Ch$; ⏲Di–So 9.30–17 Uhr) 420 restaurierte Erdzeichnungen von Menschen, Lamas und geometrischen Mustern zu sehen. Pintados ist ein verfallener Nitratbahnhof mit Gebäuderuinen und rostendem Fuhrpark. Es liegt rund 4,5 km westlich der Panamericana am Ende einer Schotterpiste, die fast genau gegenüber der östlichen Abzweigung nach Pica beginnt.

Wie ein grüner Tupfen auf einer staubigen Leinwand erstreckt sich **Pica** etwa 113 km südöstlich von Iquique. Berühmt ist die Oase wegen ihrer Pica-Limetten, deren säuerlicher Saft in jeden leckeren Pisco Sour gehört. Mit einem frischen Fruchtdrink in der Hand können Tagesausflügler vergnügt im Süßwasserschwimmbad **Cocha Resbaladero** (Termas de Pica; General Ibáñez; Eintritt 3000 Ch$; ⏲8–20 Uhr) planschen.

Rund 125 km östlich von Iquique – allerdings nicht an der Straße in Richtung Pica – liegt **Mamiña** mit Thermalquellen (Cruce A-653; 3000 Ch$; ⏲9–16 Uhr), einer Kirche aus dem 17. Jh. und der präkolumbischen Festung **Pukará del Cerro Inca**. Das gestufte Dorf besteht aus einem oberen und einem unteren Teil: Ersterer umgibt den Felsen mit der **Iglesia de San Marcos** von 1632; der Bereich mit den Thermalquellen liegt dagegen tief drunten im Tal.

Arica

☎058 / 221 000 EW.

Das gemächliche Tempo in Arica ist einfach angenehm. Das ganze Jahr über ist es warm und sonnig, es gibt eine coole Fußgängermeile, wo man nach Sonnenuntergang herumschlendern kann, und ordentliche Strände mit weichem, braunem Sand liegen in kurzer Gehentfernung vom Stadtzentrum. Dann gibt's da noch hervorragende Surfwellen und ein cooles Schlachtfeld aus dem Salpeterkrieg in El Morro oben auf der Klippe. So bleibt man gern noch ein, zwei Tage, bevor man sich zum nahegelegenen Parque Nacional Lauca aufmacht, oder nimmt sich einen Tag „strandfrei", um das Azapa-Tal zu besuchen, in dem einige der ältesten bekannten Mumien der Welt entdeckt wurden.

Sehenswertes & Aktivitäten

★Museo de Sitio Colón 10 MUSEUM

(Colón 10; Erw./Kind 2000/1000 Ch$; ⏲Jan. & Feb. Di–So 10–19 Uhr, März–Dez. Di–So bis 18 Uhr) Das Minimuseum unterhalb von El Morro zeigt 32 ausgegrabene Chinchorro-Mumien an deren originalem Fundort. Sie wurden entdeckt, als ein Architekt dieses ehemalige Wohnhaus kaufte und es in ein Hotel umwandeln wollte. Unter einem Boden aus Glas sind die Körper exakt so ausgestellt, wie sie im Sand entdeckt wurden – in verschiedenen Positionen mit Mumienhüllen, Fellen und Seevogelfedern.

Ferrocarril Arica-Poconchile ZUG

(http://trenturistico.fcalp.cl; Av Brasil 117; Erw./Kind hin & zurück 9000/7000 Ch$; ⏲Ticketbüro Mo–Fr 9–14 & 15–18.30 Uhr) Ein Teil der alten Bahnlinie, die Arica mit La Paz, Bolivien, verband, wurde restauriert. Nun fährt hier einmal pro Woche ein Touristenzug von Arica zum rund 37 km nordöstlich im Lluta-Tal gelegenen Poconchile. Die Züge aus den 1950er- Jahren starten samstags um 10.30 Uhr in Arica, haben eine Stunde Aufenthalt in Poconchile und kommen um 15.30 Uhr wieder in Arica an.

Der Zug fährt vom Bahnhof in Chinchorro, rund 3 km nordöstlich des Zentrums.Vorher sollte man anrufen oder sich von der Touristeninformation bestätigen lassen, dass der Zug auch wirklich fährt. Außerhalb der Hauptsaison (Dez.–Mitte März) fährt er in der Regel nur zweimal im Monat.

El Morro de Arica AUSSICHTSPUNKT

Der imposante, kaffeefarbene Felsbrocken erhebt sich 110 m oberhalb der Stadt. Hier kann man die Stadt, den Hafen und das Meer von oben sehen und sich dabei einen tollen Überblick über die Umgebung verschaffen. An dieser Landzunge am Pazifik fand 1880 eine entscheidende Schlacht im ein Jahr später zu Ende gehenden Salpeterkrieg statt. Dabei griff die chilenische Armee El Morro an und eroberte es in weniger als einer Stunde von den peruanischen Truppen.

Catedral de San Marcos KIRCHE

(San Marcos 260, Plaza Colón; ⌚ Mo–Fr 8.30–21, Sa 11–13, So 9–13 & 19.30–21 Uhr) Die Kirche im gotischen Stil ist gleich für drei Dinge bekannt. Erstens wurde sie von dem Pariser Ingenieur Alexandre Gustave Eiffel entworfen, noch bevor dieser mit seinem Eiffelturm berühmt wurde. Zweitens wurde sie in den 1870er-Jahren in Eiffels Werkstatt in Paris hergestellt (auf Bestellung des peruanischen Präsidenten) und dann kurzerhand einmal um die Welt geschifft, um hier aufgestellt zu werden. Noch kurioser ist der Bau selbst: Die gesamte Kirche wurde aus Gusseisen gestanzt und geformt und dann mit Farbe lackiert.

Cuevas de Anzota NATURDENKMAL

(Av Comandante San Martín) Rund 10 km südlich des Zentrums weichen die heiteren Strände einem Gebiet mit schroffen Klippen, felsigen Küsten und Höhlen, die von der Chinchorro-Kultur vor etwa 9000 Jahren genutzt wurden. Ein neuer Küstenweg führt einen durch das Gebiet, Treppen führen zu Aussichtspunkten, von denen man die spektakuläre Küstenlinie überblickt. Dabei sollte man die Augen nach Seelöwen, *chungungos* (Seeottern) und den vielen Meeresvögeln offenhalten.

Hierher fahren keine öffentlichen Verkehrsmittel, man muss also ein Taxi nehmen.

Museo Arqueológico San Miguel de Azapa MUSEUM

(http://masma.uta.cl; Camino Azapa, Km 12; Erw./Kind 2000/1000 Ch$; ⌚ Jan. & Feb. 9–20 Uhr, März–Dez. 10–18 Uhr) Dieses Museum 12 km östlich von Arica beherbergt eine der ältesten bekannten Mumien der Welt. Zu den Exponaten zählen hervorragende archäologische Funde aus der Region und Zeugnisse des kulturellen Erbes. Für den Gang durch die Ausstellung gibt's einen praktischen Audioguide auf Englisch. Hin gelangt man mit *colectivos* (1200 Ch$) von der Kreuzung der Chacabuco mit der Patricio Lynch.

Geführte Touren

Raíces Andinas ÖKOTOUR

(Ecotour Expediciones; ☎ 9-5111-7797; www.ecotourexpediciones.cl; Héroes del Morro 632; ⌚ Mo–Sa 9–12 & 15–18 Uhr) Dieses gut organisierte Unternehmen ist auf mindestens zweitägige Touren spezialisiert – und diese sind sehr zu empfehlen, da sie ein besseres Verständnis hiesiger Kultur fördern. Im Angebot sind u. a. Expeditionen nach Sajama in Bolivien (über Lauca) oder Abenteuertrips zum Salar de Uyuni.

Mayuru OUTDOOR

(☎ 9-8582-1493; www.mayurutour.com; Baquedano 411, Putre) Der Veranstalter genießt einen guten Ruf für seine ausgezeichneten Touren durch die Region. Am besten verzichtet man auf den eintägigen Kurzbesuch im Parque Nacional Lauca und entscheidet sich stattdessen für einen mehrtägigen Ausflug, bei dem man die Naturwunder des Altiplano richtig kennenlernt.

Das Büro befindet sich in Putre, man sollte vor dem Hinfahren anrufen oder eine E-Mail schicken.

Schlafen

Sunny Days PENSION $

(☎ 58-224-1038; http://sunny-days-arica.cl; Tomas Aravena 161; EZ/DZ 20 000/32 000 Ch$, B/EZ/DZ ohne Bad 11 000/17 000/28 000 Ch$; P @ wifi) Wenn man nichts dagegen hat, außerhalb des Zentrums zu wohnen, ist diese einladende, entspannte Pension nahe der Playa de Chinchorro, die einen bunten Mix von Travellern anlockt, eine ansprechende Option mit angenehmen Zimmern, freundlichem, Englisch sprechenden Personal und einem geräumigen Loungebereich. Die Gäste können Küche und Waschküche benutzen, und es gibt einen Fahrradverleih (8000 Ch$/Tag).

Arica Surfhouse HOSTEL $

(☎ 58-231-2213; www.aricasurfhouse.cl; O'Higgins 661; B 10 500 Ch$, EZ/DZ 25 000/33 000 Ch$, ohne Bad 20 000/27 000 Ch$; @ wifi) Eines der besten Hostels in der Stadt und zugleich der örtliche Surfertreff. Es gibt eine Reihe von sauberen Zimmern, einen tollen Gemeinschaftsbereich im Freien, rund um die Uhr warmes Wasser und einen Wäscheservice. Im Winter wird sogar ein Shuttle-Service zum Strand angeboten und das Personal kann Surfkurse und Leihausrüstung vermitteln.

Hostal Jardín del Sol HOTEL $
(☎58-223-2795; www.hostaljardindelsol.cl; Sotomayor 848; EZ/DZ 23 000/30 000 Ch$; 📶) Dieses Hotel gibt es schon seit Jahr und Tag und dennoch wird es seinem Ruf als eine der besten Budgetoptionen der Stadt weiterhin gerecht. Die Zimmer sind klein, aber makellos sauber und haben Ventilatoren. Auf der grünen Veranda, in der Gemeinschaftsküche und im Wohnzimmer trifft man immer einige Gäste an. Es gibt einen Büchertausch und viele Infos für Traveller.

Petit Clos PENSION $
(☎58-232-3746; www.lepetitclos.cl; Colón 9; DZ 32 000–36 000 Ch$) Das von Belgiern geführte Gästehaus nahe den Stufen, die auf den Morro de Arica führen, ist eine tolle Ausgangsbasis zur Erkundung der Stadt. Die Zimmer sind nett möbliert, es gibt eine Terrasse mit schöner Aussicht (auf der das Frühstück serviert wird) sowie Tee und Kaffee, wann immer man will.

Essen & Ausgehen

Traditionelle Mittagsgerichte mit Meeresfrüchten gibt's an der **Muelle Pesquero**, dem Fischerkai Aricas. Achtung: Das Leitungswasser der Stadt ist voller Chemie – darum immer Mineralwasser kaufen! Viele der angesagtesten Bars und Discos säumen die Playa Chinchorro.

Mata-Rangi SEAFOOD $
(Muelle Pesquero; Hauptgerichte 5000–7000 Ch$; ⏲Do–Di 12.30–16 Uhr) In liebenswürdiger Bretterbuden-Atmosphäre am Hafen beim Fischerkai serviert das Mata-Rangi hervorragende Meeresfrüchtegerichte. Überall im luftigen Speisesaal und auf der kleinen Terrasse über dem Meer hängen Windspiele. Wer nicht auf einen Tisch warten möchte, sollte früh da sein.

Cafe del Mar CAFETERIA $
(https://cafedelmararica.cl; 21 de Mayo 260; Hauptgerichte 4200–6000 Ch$; ⏲Mo–Sa 9–23 Uhr; 📶) An der munteren Fußgängergasse hat das stets beliebte Cafe del Mar eine große Auswahl an Salaten, Crêpes, Burgern und Sandwichs sowie erstklassigen Kaffee. Von den Tischen vorne vor der Tür kann man prima die Leute beobachten.

★ **Los Aleros de 21** CHILENISCH $$
(☎58-225-4641; 21 de Mayo 736; Hauptgerichte 8000–13 500 Ch$; ⏲Mo–Sa 12–15.30 & 20–23.30 Uhr; 📶) Das Restaurant ist eines der besten in Arica und serviert in einem holzgetäfelten, altmodischen Ambiente ausgezeichnetes Grillfleisch und Meeresfrüchtegerichte. Der Service ist generell recht gut, und es gibt auch eine ordentliche Weinkarte.

Baristta Coffee CAFÉ
(18 de Septiembre 295, 2. OG; ⏲Mo–Fr 8.30–23, Sa ab 11 Uhr; 📶) Aricas bester Kaffee wird in diesem hippen Café im Obergeschoss ausgeschenkt, das über einen geräumigen Patio aus wiederverwertetem Holz verfügt. Man bestellt den gewünschten Zubereitungsstil – mit V60, Chemex, Syphon oder Aeropress – oder einfach einen Espresso. Es gibt auch Mittagsgerichte (4000 Ch$), belegte Croissants und Frühstücksgerichte.

EINREISE NACH PERU & BOLIVIEN

Von Arica nach Tacna (Peru) gelangen Traveller per Zug, Bus oder *colectivo*. Der Übergang bei Tacna (geöffnet Mo–Do 8–24, Fr–So 24 Std.) wird von Bussen mit internationalen Routen angefahren, die hier einfach über die Grenze fahren. Langstrecken bucht man am besten direkt in Tacna – da ist es günstiger. Zugpassagiere erledigen die Einwanderungs- und Zollformalitäten in den Bahnhöfen. Wichtig: Reisepass und Touristenkarte griffbereit halten. Es ist verboten, Obst oder Gemüse über die Grenze mitzunehmen. Peru liegt zeitmäßig eine Stunde hinter Chile.

Die beliebteste Route von Chile nach Bolivien führt über den Parque Nacional Lauca bzw. den Grenzübergang Chungara–Tambo Quemado (Einreisestelle 8–21 Uhr geöffnet). Die meisten internationalen Busse starten morgens. Alternativ nimmt man ein chilenisches Taxi von Putre nach Chungara, geht zu Fuß über die Grenze und sucht sich ein bolivianisches Nahverkehrsmittel in Tambo Quemado.

Así Sea Club BAR
(San Marcos 251; ⌚ Fr & Sa 21 Uhr–Open End) Das schicke Refugium in einem großzügigen historischen Stadthaus besteht aus einer Reihe eleganter Räume mit originalen Details und einem Patio nach hinten. Im Angebot sind Cocktails und ausschließlich chilenische Weine, dazu plätschert die Stimmungsmusik.

ℹ Praktische Informationen

In der Fußgängerzone (21 de Mayo) gibt's zahlreiche rund um die Uhr funktionierende Geldautomaten sowie *casas de cambio* (die US-Dollars, peruanische Soles, Bolivianos, argentinische Pesos und Euro tauschen).

Arica ist zwar eine sehr sichere Stadt, aber Taschendiebe treiben dennoch ihr Unwesen. Besondere Vorsicht ist an Busbahnhöfen und den Stränden geboten.

Hospital Dr. Juan Noé (☎ 58-220-4592; 18 de Septiembre 1000) Ein kurzes Stück östlich der Innenstadt.

Post (Prat 305; ⌚ Mo–Fr 9–18, Sa 10–12.30 Uhr) In einer Fußgängerpassage zwischen der Pedro Montt und der Prat.

Sernatur (☎ 58-225-2054; infoarica@sernatur.cl; San Marcos 101; ⌚ Mo–Fr 9–18, Sa 10–14 Uhr) Das hilfreiche Büro hat Infos zu Arica und der umliegenden Region.

ℹ An- & Weiterreise

BUS

Arica hat zwei Hauptbusbahnhöfe: Vom **Terminal Rodoviario de Arica** (Terminal de Buses; ☎ 58-222-5202; Diego Portales 948) starten die meisten Unternehmen, die weiter südlich gelegene Ziele in Chile bedienen. Gleich nebenan fahren vom **Terminal Internacional de Buses** (☎ 58-224-8709; Diego Portales 1002) Busse zu Zielen im Ausland sowie zu einigen regionalen Zielen. Zu den Busbahnhöfen gelangt man mit dem *colectivo* 8 von der Maipú oder der San Marcos; die Fahrt mit dem Taxi kostet rund 3000 Ch$.

Verschiedene Unternehmen, die Ziele Richtung Süden bis nach Santiago bedienen, haben ihre Büros im Terminal Rodoviario de Arica. Zu den größeren Anbietern zählen Pullman, Flota Barrios, Ramos Cholele und Turbus.

Buses La Paloma (☎ 58-222-2710; www.translapaloma.cl; Diego Portales 948) betreibt einen Direktbus nach Putre (4500 Ch$, 1½ Std., 7 Uhr). Nach Tacna in Peru fahren halbstündlich Busse vom Internationalen Busbahnhof (2000 Ch$); die Fahrt mit einem *colectivo* kostet 4000 Ch$. Den bequemsten und schnellsten Service nach La Paz in Bolivien (ab 9000 Ch$, 9 Std.) hat **Chile Bus** (☎ 58-226-0505; Diego Portales 1002), doch **Trans Salvador** (☎ 58-222-8547; www.trans-salvador.com; Diego Portales 1002) ist im Internationalen Busbahnhof mit billigeren Bussen vertreten. Die Busse auf dieser Route können Passagiere im Parque Nacional Lauca absetzen, allerdings muss trotzdem der volle Fahrpreis nach La Paz bezahlt werden.

Buses Géminis (☎ 58-235-1465; www.geminis.cl; Diego Portales 948) fährt dienstags, freitags und sonntags über Calama nach Salta und Jujuy in Argentinien.

Busse ab Arica

ZIEL	PREIS (CH$)	DAUER (STD.)
Antofagasta	18 000	10
Calama	15 000	10
Copiapó	24 000	18
Iquique	7000	5
La Paz, Bolivien	9000	9
La Serena	25 000	23
Santiago	30 000	27

FLUGZEUG

Der **Aeropuerto Internacional Chacalluta** (☎ 58-221-3416; www.chacalluta.cl; Av John Wall) liegt 18 km nördlich von Arica. **LATAM** (☎ 600-526-2000; www.latam.com; Arturo Prat 391) hat täglich Direktflüge nach Santiago (ab 46 000 Ch$, 2½ Std.), ebenso **Sky** (☎ 600-600-2828; www.skyairline.cl) zu etwas günstigeren Preisen (ab 40 000 Ch$, 2½ Std).

ZUG

Von der **Estación Ferrocarril Arica-Tacna** (☎ Handy 9-7633-2896; Av Máximo Lira, gegenüber Chacabuco) nahe dem Hafen fahren täglich um 9 und 19.15 Uhr Züge nach Tacna (3800 Ch$, 1½ Std.).

Bei der Reise nach Peru nicht vergessen, die Uhr um eine Stunde zurückzustellen!

Ruta 11 & Putre

Rund 10 km nördlich von Arica kreuzt die Panamericana die asphaltierte Chile 11, die den Verkehr ostwärts das Tal des Río Lluta hinauf nach Poconchile und weiter nach Putre und zum Parque Nacional Lauca führt. An der Straße gibt's einige lohnende Zwischenstopps, wenn man die Fahrt unterbrechen will. Vorsicht: Auf der stark befahrenen, kurvenreichen Straße nach La Paz in Bolivien sind pro Tag rund 500 Trucks unterwegs.

An den kahlen Hängen des Tals finden sich Geoglyphen, **Poconchile** mit seiner vom Erdbeben zerrütteten Kirche aus dem

17. Jh., Browningia-Kakteen (die nur einmal im Jahr für 24 Stunden blühen) und am Rand eines Abgrunds die Ruinen der aus dem 12. Jh. stammenden Festung **Pukará de Copaquilla**.

In Poconchile lohnt ein Abstecher zum leicht surrealen Hare-Krishna-„Ökodorf" **Eco-Truly** (Handy 9-9776-3796; http://vrindaarica.cl/eco-truly-arica; Sector Linderos, Km 29; Stellplatz/Hütte 4000/8000 Ch$ pro Pers., Zi. mit Frühstück 8000 Ch$) mit einer Yogaschule und einem ausgiebigen vegetarischen Mittagessen (4000 Ch$).

Das Aymara-Dorf **Putre** (1450 Ew.; 3530 m) liegt 150 km nordöstlich von Arica und ist ein netter Zwischenstopp, um sich zu akklimatisieren. Im Ort gibt's ein Postamt mit Telefonbüro, aber nur eine Bank, man sollte also ausreichend Bargeld aus Arica mitbringen. Die Hauptstraße ist die Baquedano.

Man kann hier zwischen den antiken, mit Steinen eingefassten Terrasen mit Alfalfa und Oregano herumwandern und das dörfliche Ambiente genießen. Zu den kolonialzeitlichen Bauten zählt die restaurierte, 1670 aus Lehmziegeln erbaute **Iglesia de Putre**. Während des ausgelassenen **Karnevals** (Feb.) gibt's Livemusik und explodierende Mehlbomben.

Flavio von **Terrace Lodge & Tours** (58-223-0499; www.terracelodge.com; Circunvalación 25) veranstaltet eine Reihe wundervoller geführter Touren zu einigen versteckten Stellen in der unmittelbaren Gegend um Putre sowie weiter im Norden. Das stilvolle, umweltfreundliche **Terrace Lodge & Cafe** (58-223-0499; www.terracelodge.com; Circunvalación 25; EZ/DZ 37 000/43 000 Ch$; @) ist eine nette Bleibe für einige Tage. Budgetunterkünfte bietet das **Pachamama Hostel** (Handy 9-6353-5187; www.hostalpachamama.cl/serv.php; abseits der Baquedano; B/EZ/DZ ohne Bad 10 000/14 000/25 000 Ch$, Apt. 40 000 Ch$;), dessen ordentliche Zimmer mit Lehmziegelwänden um einen sonnigen Hof liegen.

An der Hauptplaza bietet das zwanglose **Cantaverdi** (Canto 339; Hauptgerichte 4000–7500 Ch$; 10–15 & 18.30–22 Uhr;) *humitas* (Maisklöße) und Hausmannskost, ein knisterndes Kaminfeuer und WLAN. An einer Ecke der Plaza serviert das **Rosamel** (Ecke Carrera & Latorre; Hauptgerichte 4500–7500 Ch$, 3-Gänge-Mittagsmenü 4000 Ch$; 8–22 Uhr;) eine große Auswahl von Gerichten aus den Anden, darunter *lomo de alpaca con papas fritas* (Alpakafleisch mit Fritten).

Während der Regenzeit (Mitte Dez.–Ende Feb.) ist in Putre so gut wie gar nichts los.

Buses La Paloma (S. 539) fährt täglich nach Putre. Die Busse starten um 7 Uhr und kehren um 14 Uhr zurück (4500 Ch$). Einige internationale Busse zwischen Arica und La Paz halten in der Nähe von Putre; für Anschlussfahrten nach Bolivien muss man sich aber mit den Ticketbüros im Busbahnhof von Arica abstimmen.

Parque Nacional Lauca

Diesige Höhen, verschneite Vulkane, einsame Thermalquellen und schimmernde Seen machen diesen Nationalpark (1380 km², Höhendifferenz 3000–6300 m) zu einem echten Juwel. Hier, ungefähr 160 km nordöstlich von Arica, tummeln sich Vikunja-Herden, Viscachas (hasenähnliche Nagetiere) und Vogelarten wie Flamingos, Riesenblesshühner oder Andenmöwen. Hinzu kommen eindrucksvolle kulturelle und archäologische Wahrzeichen.

Die hiesige Hauptattraktion ist der schimmernde, flache **Lago Chungará** (4517 m), der durch erkaltete Lavaströme entstanden ist, die das Schmelzwasser vom **Volcán Parinacota** (6350 m) aufstauen. Dessen herrlich verschneiter Kegel ragt unmittelbar nördlich des Sees empor. Die **Laguna Cotacotani** wurde inzwischen teilweise von Chiles nationaler Elektrizitätsgesellschaft trocken gelegt. Dennoch sieht man an ihren Ufern bis heute viele Vogelarten und vereinzelte Haine von *queñoa* (einer jener Bäume, die noch in extremsten Höhen wachsen). **Parinacota** lädt mit Kopfsteinpflasterstraßen und weiß verputzten Lehmziegelhäusern zum Bummeln ein. Mit etwas Glück besorgt der Guide auch den Schlüssel für die unbestrittene Zier des schmucken Aymara-Nests – die kolonialzeitliche Kirche aus dem 17. Jh., die im Jahr 1789 wieder aufgebaut wurde.

Der Aussichtspunkt von **Las Cuevas** am westlichen Parkeingang wird durch eine Skulptur markiert, eine Art *zampoña* (Panflöte), die auf einer Treppe zu balancieren scheint. Im Rahmen von Touren kann man kurz in den hübschen **Termas Jurasi** (Erw./Kind 2500/1000 Ch$, Sonnenaufgang–Sonnenuntergang) planschen, deren Thermalquellen und Schlammbäder sich rund 11 km nordöstlich von Putre in der Felslandschaft finden.

Ab Arica bieten einige Tourveranstalter auch kurze Tagesausflüge mit spätem

Abendessen in Putre an (ab 20 000 Ch$, hin ca. 7.30 Uhr, zurück ca. 20.30 Uhr). Doch Vorsicht: Da Arica auf Meereshöhe liegt, sind solche Blitztrips eine Garantie für die Höhenkrankheit (*soroche*). Häufig wird einem beim Aufsteigen auf hohe Höhenlagen ohne angemessene Akklimatisierung schlecht. Am Vortag und am Reisetag selbst sind Rauchen, Alkohol oder übermäßiges Essen zu vermeiden. Wegen der längeren Akklimatisierungszeit stellen Touren mit mindestens einer Übernachtung in Putre eine deutlich bessere Option dar. Selbstfahrer brauchen Frostschutzmittel und genügend Reservesprit.

ZENTRALES CHILE

Viele Traveller lassen das chilenische Kernland mit seinen vielen Obstgärten und Weinbergen auf dem Weg in fernere Gefilde links liegen. Befände sich diese Region aber irgendwo anders auf der Welt, bekäme sie wohl deutlich mehr Aufmerksamkeit: Die überreichen Ernten im fruchtbaren Valle Central füllen Lebensmittelauslagen von Anchorage bis Tokio. Zudem winken hier Weinproben, tolle Ski- und Surfmöglichkeiten und unberührte Nationalparks.

Valle de Colchagua

Mit rund 20 Weingütern, die ihre Kellertüren für Besucher öffnen, ist das Colchagua-Tal die größte und etablierteste Weinbauregion des Landes. Mächtige Lehmböden, jede Menge Wasser, trockene Luft, strahlende Sonne und kühle Nächte lassen hier einige der besten roten Weintrauben Chiles sprießen. Viele Traveller auf Weinprobentour übernachten in Santa Cruz.

Santa Cruz

☎72 / 37 900 EW.

Chiles Winzerei- und Weintourenzentrum ist ein recht verschlafenes Städtchen mit einem malerischen Hauptplatz, das während der munteren **Fiesta de la Vendimia de Colchagua** (Plaza de Armas; ⏱März), die die Weinlese feiert, richtig auflebt.

In der Stadt sollte man sich das große **Museo de Colchagua** (☎72-282-1050; www.museocolchagua.cl; Errázuriz 145; Erw./Kind 7000/3000 Ch$; ⏱10–19 Uhr) anschauen. Es zeigt präkolumbische anthropomorphe Keramiken aus ganz Lateinamerika, Waffen, religiöse Artefakte, Silberarbeiten der Mapuche und Ausrüstung der *huasos* (Cowboys). Für viele Chilenen ist die Ausstellung *El Gran Rescate* (die große Rettung) besonders interessant: Sie zeigt Objekte, Fotos und Filme zu der Rettung der 33 Bergleute, die im Oktober 2010 in einer Tiefe von 700 m in einer Mine nahe Copiapó verschüttet worden waren.

Ruta del Vino (☎72-282-3199; www.rutadelvino.cl; Plaza de Armas 298; ⏱9–19 Uhr) am Hauptplatz bietet Informationen über die Weingüter in der Region und veranstaltet Verkostungstouren (Hinweis: Im Grundpreis ist der Transport zu den Weingütern nicht enthalten; für eine komplette Tour inklusive Mittagessen und Transport zahlt man mehr als 66 000 Ch$). Wer sich mit den Weingütern in der näheren Umgebung der Stadt begnügt, kann dorthin mit dem Taxi fahren. In Santa Cruz gibt's keine Autovermietungen. Ein Option ist, in Santiago ein Auto zu mieten und damit ins Weinland zu fahren – selbst dann, wenn man sich dort einer geführten Tour anschließen will.

Der **Busbahnhof** (Rafael Casanova 478) liegt vier Blocks westlich der Plaza der Stadt. **Buses Nilahue** (www.busesnilahue.cl; Rafael Casanova 478, Terminal de Buses Santa Cruz) und andere Unternehmen bieten stündlich Fahrten von Santa Cruz nach Pichilemu (3000 Ch$, 2 Std.) und Santiago (5000 Ch$, 3 Std.).

Weingüter im Valle de Colchagua

Weingüter der Spitzenklasse kann man im Rahmen einer geführten Tour mit Ruta del Vino (S. 541) besuchen oder auf eigene Faust, indem man für den Besuch vorab reserviert. Ein Besuch bei **Viu Manent** (☎2-2379-0020; www.viumanent.cl; Carretera del Vino, Km 37; Verkostung 13 000 Ch$, Führung 16 000 Ch$; ⏱Führungen 10.30, 12, 15 & 16.30 Uhr) in der Nähe von Santa Cruz umfasst auch eine Kutschfahrt durch die Weinberge. Neben Verkostungen und Workshops zur Weinherstellung (tgl. 12.30 Uhr, 33 000 Ch$) bietet das preisgekrönte Weingut **MontGras** (☎72-282-2845; www.montgras.cl; Camino Isla de Yáquil s/n, Palmilla; Verkostung ab 9000 Ch$, Tour ab 15 000 Ch$; ⏱Mo–Fr 9–17.30, Sa & So bis 17 Uhr, Nov.–April nur So; 👪) Ausritte, Wanderungen und Mountainbiketouren. **Viña Casa Silva** (☎72-291-3117; www.casasilva.cl; Hijuela Norte s/n, San Fernando; Verkostung pro Glas 1500–6000 Ch$, Führung ab 16 000 Ch$; ⏱10–18 Uhr), eines der ältesten Weingüter des Lan-

Zentrales Chile

des, veranstaltet informative Führungen und besitzt ein ausgezeichnetes Restaurant neben einem Poloplatz.

Pichilemu

☎72 / 16 400 EW.

Wellengötter und -göttinnen surfen ganzjährig in der eiskalten Brandung vor Chiles inoffizieller Surferhauptstadt. Normalsterbliche Strandliebhaber zieht es hingegen nur von Dezember bis März an die langen schwarzen Sandstrände. Pichilemus entspannte Atmosphäre und wunderbare Wellen lassen einen schnell begreifen, warum so viele Surfer hierherkommen.

„Pichis" westlichster Teil ragt hinaus ins Meer und bildet mit **La Puntilla** den am nächsten gelegenen Surfspot. Die **Escuela de Surf Manzana 54** (☎Handy 9-9574-5984; www.manzana54.cl; Eugenio Díaz Lira 5; Tagesmiete Surfbrett & Ausrüstung 7000–8000 Ch$, 2-stündiger Gruppen-Surfkurs 10 000 Ch$) bietet hier Kurse und Leihausrüstung an. Richtung Nordosten säumt die **Playa Principal** (der Hauptstrand) das Zentrum. Die längere, rauere **Playa Infiernillo** in Richtung Süden ist für schnelle Strömungen und gefährlichere Wellen bekannt. Die besten lokalen Surfmöglichkeiten bietet die **Punta de Lobos** in 6 km südlicher Luftlinie zu Pichi; dorthin muss man jedoch selbst fahren oder trampen.

Im Ort ist **Eco Camping La Caletilla** (☎72-284-1010; www.campingpichilemu.cl; Eugenio Suarez 905; Stellplatz 7000–8000 Ch$/Pers.; 📶) ein toller Campingplatz mit windgeschützten Stellplätzen und Recycling-Materialien. Im Sommer findet man in der Stadt auch jede Menge günstige *residenciales* (Budgetunterkünfte). Die aus Holz erbaute **Surf Lodge Punta De Lobos** (☎Handy 9-8154-1106; www.surflodgepuntadelobos.com; Catrianca s/n; DZ/3BZ/4BZ ab 56 000/60 000/64 000 Ch$; 📶🏊) strahlt mit ihrem hippen Design und jeder Menge Ferien-Spielzeug für Erwachsene (Brettspiele, Hängematten, Schaukeln) jugendliche Energie aus.

Unten bei den Brechern buhlen mehrere Hostels um Kundschaft, darunter das **Pichilemu Surf Hostal** (Handy 9-9270-9555; www.surfhostal.com; Eugenio Diaz Lira 164; B/EZ/DZ mit Frühstück 15 000/30 000/45 000 Ch$;). Dort gibt's im **El Puente Holandés** (Handy 9-9270-0955; Eugenio Díaz Lira 167; Hauptgerichte 8000–10 000 Ch$; 13–16 & 19–23 Uhr) gutes Meeresfrüchte-Ravioli und gegrillten Wolfsbarsch; auf der Terrasse kann man auch prima ein Bier trinken.

In der Stadt serviert das **Pulpo** (72-284-1827; Ortúzar 275; Hauptgerichte 4000–8000 Ch$; Di–Sa 12–1, So 13–16.30, Mo 19.30–0.30 Uhr;) Pizza mit knusprig-dünnem Boden. **La Casa de las Empanadas** (Aníbal Pinto 268; Empanadas 1800–2500 Ch$; 11–23 Uhr) ist eine fröhliche Imbisstheke mit mächtigen Gourmet-Empanadas, z. B. mit *machas y queso* (Muscheln und Käse).

Vom **Terminal de Buses** (72-298-0504; Ecke Av Millaco & Los Alerces) am Stadtrand von Pichilemu fahren Busse häufig nach Santiago (7000 Ch$, 4 Std.), Santa Cruz (3000 Ch$, 2 Std.) und San Fernando (5000 Ch$, 3½ Std.), wo man Anschluss in Richtung Norden und Süden hat.

Curicó

75 / 147 000 EW.

Das entspannte Curicó lockt Besucher an, die sich für örtliche Weingüter und die herrliche Reserva Nacional Radal Siete Tazas interessieren. Die Stadt selber ist vor allem für ihre bilderbuchschöne **Plaza de Armas** mit Chilenischen Araukarien und Palmen, einem auffälligen schmiedeeisernen Musikpavillon aus dem frühen 20. Jh. und einer Holzstatue des Mapuche-Häuptlings Toqui Lautaro berühmt. Leider fielen bis zu 90 % der älteren Gebäude im historischen Zentrum von Curicó im Februar 2010 einem Erdbeben zum Opfer.

Curicó erwacht bei der **Fiesta de la Vendimia de Curicó** (Weinfest; http://vendimiachile.cl; Plaza de Armas; März), die die Weinlese feiert, so richtig zum Leben. **Ruta del Vino Curíco** (75-232-8972; www.rutadelvinocurico.cl; Carmen 727, Hotel Raíces; Tour 87 000 Ch$; Mo–Fr 10–13 & 15.30–19 Uhr) arrangiert Touren zu den Weingütern in der Gegend.

Der englischsprechende Inhaber der Pension **Homestay in Chile** (75-222-5272; www.homestayinchile.cl; Argomedo 448; EZ/DZ/3BZ 65/85/108 US$;) einen Block südlich der Plaza de Armas empfängt seine Gäste so freundlich wie niemand sonst in Curicó. Die Kissen sind blütenweiß, das WLAN ist schnell, und zum Frühstück gibt's auch echten Kaffee und frische Säfte.

Der **Terminal de Buses** (Ecke Prat & Maipú) und der **Bahnhof** (600-585-5000; www.trencentral.cl; Maipú 657; Ticketbüro Mo–Fr 9.30–14.30, Sa 9–13, So 12.30–20. 30 Uhr) liegen fünf Blocks westlich der Plaza de Armas. Drei Züge fahren täglich nach Santiago (8100 Ch$, 2¼ Std.) und Chillán (9100 Ch$, 2½ Std.). **Andimar** (75-231-2000; www.andimar.cl; Terminal de Buses) bietet zahlreiche Busse nach Santiago (5000 Ch$, 2½ Std., alle 15 Min.). **Pullman del Sur** (2-2776-2424; www.pdelsur.cl; Terminal de Buses) ist billiger (3500 Ch$), hat aber täglich nur drei Fahrten.

Um zur Reserva Nacional Radal Siete Tazas zu gelangen, nimmt man einen Bus nach Molina (600 Ch$, 35 Min., alle 5 Min.) von **Aquelarre** (75-232-6404; Terminal de Buses Rurales, gegenüber dem Hauptbusbahnhof). Die Busse fahren vom Terminal de Buses Rurales gegenüber dem Hauptbusbahnhof. In Molina gibt's im Januar und Februar zahlreiche Anschlüsse zum Park.

Valle del Maule

Das Maule-Tal ist eine äußerst bedeutende Weinregion Chiles, aus der ein großer Teil der Weine stammt, die das Land exportiert. Die hiesige Spezialität ist vollmundiger Cabernet Sauvignon, besonders interessant sind aber die alten Rebsorten Carignan und País.

Viele Besucher nutzen Talca als Ausgangsbasis zur Erkundung der Weingüter und der nahegelegenen Reserva Nacional Altos de Lircay. Die bei Sernatur (S. 544) in Talca erhältliche kostenlose Broschüre *Región del Maule* bietet (auch auf Englisch) tolle Infos zu empfohlenen Wanderungen, Tips zur Region und einen Führer zur regionalen Flora und Fauna.

Talca

71 / 220 400 EW.

Das 1690 gegründete Talca ist äußerst geschichtsträchtig: Hier wurde 1818 Chiles Unabhängigkeitserklärung unterzeichnet. Heute kennt man es vor allem als praktischen Ausgangspunkt für Touren zum Weinbaugebiet des Maule-Tals oder zur herrlichen Reserva Nacional Altos de Lircay. Vor Ort gibt's ein gutes Angebot an Dienstleistungseinrichtungen für Reisende (z. B. Unterkünfte, Restaurants) und wer mittags die sonnenverwöhnte Fußgängerzone entlangschlendert, darf sich über einen tollen Blick auf die Anden freuen.

Vier Blocks abseits der Plaza de Armas hat **Cabañas Stella Bordestero** (71-223-6545; www.turismostella.cl; 4 Poniente 1 Norte 1183; Hütte EZ/DZ mit Frühstück 30 000/48 000 Ch$;) gemütliche, gut ausgestattete Schindelhütten in einem grünen Garten. Auf dem Land außerhalb der Stadt ist die hübsche **Casa Chueca** (71-197-0097; www.casa-chueca.com; Viña Andrea s/n, Sector Alto Lircay; B 13 500 Ch$, DZ 49 000–75 000 Ch$, Hütte für 4 Pers. 122 000 Ch$;) schon für sich allein einen Besuch wert. Die kundigen Besitzer können bei der Planung von Wanderungen und Ausritten ins Naturschutzgebiet Altos de Lircay helfen. Wer abgeholt werden möchte, ruft vorher an.

Das zentral gelegene **La Buena Carne** (www.parrilladaslabuenacarne.cl; Ecke 6 Oriente & 1 Norte; Hauptgerichte 3500–7500 Ch$; Mo–Sa 12–23 Uhr) ist ein modernes Steakhaus mit freundlicher Bedienung, offenen Weinen und klassischen chilenischen Gerichten.

Reiseinfos findet man beim hilfreichen **Sernatur** (71-222-6940; www.chile.travel; 1 Oriente 1150; Mo–Fr 8.30–17.30 Uhr, Dez.–Feb. länger) am Hauptplatz.

Nord-Süd-Busse halten an Talcas **Hauptbusbahnhof** (71-220-3992; 2 Sur 1920, Ecke 12 Oriente) 11 Blocks östlich der Plaza oder am nahegelegenen **Turbus-Busbahnhof** (600-660-6600; www.turbus.cl; 3 Sur 1960). Busse fahren u. a. nach Chillán (4000 Ch$, 2½ Std.), Puerto Montt (14 000 Ch$, 12 Std.) und Santiago (5000 Ch$, 3 Std.). Für Anschluss nach Pichilemu nimmt man den Bus nach Curicó (1800 Ch$). **Buses Vilches** (Handy 9-5703-0436; 2 Sur 1920, Terminal de Buses de Talca) hat täglich mindestens drei Busse nach Vilches Alto (1900 Ch$, 2 Std.), dem Tor zur Reserva Nacional Altos de Lircay. Vom **Bahnhof** (600-585-5000; www.trencentral.cl; 11 Oriente 900; Ticketbüro 7–12 & 15–20 Uhr) fahren täglich drei Tren Central-Züge nach Santiago (8100 Ch$, 3½ Std.) und südwärts nach Chillán (9100 Ch$, 2 Std.).

Weingüter im Valle del Maule

Viele kann man auf eigene Faust oder mit einer der Touren von **Ruta del Vino** (www.valledelmaule.cl; Talca) besuchen. Im Boutique-Weingut **Viña Gillmore** (73-197-5539; www.gillmore.cl; Camino Constitución, Km 20; Führung mit 2 Proben 6000 Ch$, nur Verkostung 2000 Ch$; Mo–Sa 9–17 Uhr), das auf Bio umstellt, kann man mehr tun, als Wein probieren (obschon der Vigno Carignan hervorragend ist). Hier gibt's auch schöne Wanderwege, eine zum Thema Wein dekorierte Lodge (Zi. ab 140 000 Ch$) und ein Spa mit diversen Wein-Therapien. Das besucherfreundliche **Viña Balduzzi** (73-232-2138; www.balduzzi.com; Av Balmaceda 1189, San Javier; Führung inkl. 4 Proben 9000 Ch$, nur Verkostung 4500 Ch$; Mo–Sa 9–18 Uhr; San Javier Directo) ist ein Weingut in der vierten Generation, das von großzügigen Gartenanlagen und kolonialen Bauten umgeben ist.

Chillán

42 / 184 700 EW.

Erdbeben haben Chillán in seiner turbulenten Geschichte mehrfach getroffen; das Beben von 2010 war ein weiterer Schlag. Die beständig im Wiederaufbau befindliche Stadt ist nicht besonders interessant, aber das Sprungbrett zu eindrucksvollen Skigebieten und im Sommer zu Wanderungen in den nahegelegenen Bergen.

Zur Hilfe angesichts der Verwüstungen durch das Erdbeben von 1930 spendete Mexiko der Stadt die **Escuela México** (Av O'Higgins 250; Spende erbeten; Mo–Fr 10–12.30 & 15–18 Uhr). Auf Vorschlag Pablo Nerudas schufen die mexikanischen Maler David Alfaro Siqueiros und Xavier Guerrero spektakuläre Wandmalereien, die indigene und historische Persönlichkeiten darstellen. Die Schule wird immer noch genutzt; Spenden von Besuchern sind willkommen.

Der **Mercado de Chillán** (Maipón 773; Mittagsmenüs ab 2500 Ch$; Mo–Fr 7.30–20, Sa bis 18, So bis 15 Uhr) gehört zu Chiles besten Märkten und ist eine prima Adresse für ein billiges Mittagessen – *longaniza* (Schweinswürstchen) sind eine örtliche Delikatesse.

Schlafen & Essen

Hotel Canadá PENSION $
(42-232-9481; Bulnes 240; EZ/DZ 30 000/40 000 Ch$; P) Von der Straße zurückgesetzt findet man hier in einem friedlichen Garten eine Zeile mit acht sauberen und komfortablen Zimmern.

Arcoiris VEGETARISCH $
(42-233-0722; El Roble 525; Buffet 7000 Ch$, Hauptgerichte 4000 Ch$; Mo–Sa 9–17 Uhr;) Ein gutes vegetarisches Restaurant

ABSTECHER

SIETE TAZAS & ALTOS DE LIRCAY

In der üppig grünen **Reserva Nacional Radal Siete Tazas** (☎71-222-4461; www.conaf.cl/parques/parque-nacional-radal-siete-tazas; Erw./Kind 5000/2500 Ch$; ⌚Jan. & Feb. 9–19.30 Uhr, März–Dez. bis 17.30 Uhr) strömt das Wasser in sieben Basaltbecken und stürzt dann in einem spektakulären Wasserfall 50 m in die Tiefe. Am **Camping Los Robles** (☎75-222-8029; parque.radalsietetazas@conaf.cl; Stellplatz 3000 Ch$/Pers.) beginnen zwei gut markierte Wanderwege: der 1 km lange **Sendero el Coigüe** und der 7 km lange **Sendero Los Chiquillanes** mit tollem Ausblick ins Valle del Indio (insgesamt sollte man 4 Std. einplanen). Die Conaf betreibt zwei **Campingplätze** (☎75-222-8029; parque.radalsietetazas@conaf.cl; Parque Inglés; Stellplatz 3000 Ch$/Pers.) mit kaltem Wasser im Parque Inglés. Der Park ist 65 km von Curicó entfernt. Im Januar und Februar betreibt Buses Hernández vom Terminal de Buses in Molina vier Busse zum Parkabschnitt Parque Inglés (3000 Ch$, 2½ Std.).

Rund 65 km östlich von Talca kann man in der **Reserva Nacional Altos de Lircay** (☎Handy 9-9064-3369 www.conaf.cl/parques/reserva-nacional-altos-de-lircay; Erw./Kind 5000/2500 Ch$; ⌚9–13 & 14–17 Uhr) sehr gut wandern, während Felsensittiche und andere heimische Papageienarten schnatternd über einen hinwegflattern. Hier in den Andenausläufern gibt ein hilfsbereites Ranger-Team der Conaf-Parkverwaltung detaillierte Tipps zum Wandern und Campen vor Ort. Die wohl beste Wanderroute in ganz Zentral-Chile ist die Tageswanderung **Sendero Enladrillado**, die hinauf zu einem einzigartigen Basaltplateau (2300 m) mit atemberaubender Aussicht führt. Alternativ geht's auf dem kürzeren **Sendero Laguna** zu einem großartigen Bergsee (Laguna del Alto) auf 2000 m Höhe. Das Casa Chueca (S. 544) außerhalb von Talca bietet tolle geführte Tageswanderungen an.

Rund 500 m hinter ihrem Verwaltungsbüro (*administración*) am Río Lircay betreibt die Conaf den ausgezeichneten **Camping Antahuara** (☎Handy 9-9064-3369; Stellplatz 3000 Ch$/Pers.). Etwa 5 km weiter liegt Vilches Alto, wohin Buses Vilches mehrmals täglich ab Talca fährt. Ab Talca braucht man mit dem Auto etwa eineinhalb Stunden zum Park.

mitten in Chiles Provinz? Unglaublich, aber wahr! Im Zimmer hinten gibt's mittags ein sättigendes Buffet mit Linsen, Bulgur und dergleichen, während im vorderen Teil Sandwichs und Kuchen serviert werden. Im Hintergrund hört man das Klirren von Windspielen und Entspannungsmusik.

★ **Fuego Divino** STEAKS $$
(☎42-243-0900; www.fuegodivino.cl; Gamero 980; Hauptgerichte 8000–15 000 Ch$; ⌚Di–Do 12.30–15.30 & 19.30–22.30, Fr & Sa bis 24 Uhr) Stilvolle Restaurants sind in Chillán rar; vielleicht sind deshalb die hiesigen glänzenden schwarzen Tische an den Wochenenden immer reserviert. Vielleicht liegt es aber auch einfach an den hervorragend zubereiteten Steaks von Rindern aus Osorno.

ℹ Praktische Informationen

Es gibt viele Geldautomaten und Gratis-WLAN in den Fußgängerpassagen im Zentrum.

Hospital Herminda Martín (☎42-258-6400; www.hospitaldechillan.cl; Francisco Ramírez 10; ⌚24 Std.) Öffentliches Krankenhaus an der Ecke der Av Argentina.

Sernatur (www.biobioestuyo.cl; 18 de Septiembre 455; ⌚Mo–Fr 9–13 & 15–18, Sa 10–14 Uhr) Das freundliche Personal verteilt Stadtpläne und gibt Auskunft zu Unterkünften und Verkehrsmitteln.

ℹ An- & Weiterreise

Chillán besitzt zwei Fernbusbahnhöfe. Vergleichsweise zentral liegt der **Terminal del Centro** (Av Brasil 560) fünf Blocks westlich der Plaza de Armas. Von dort fährt **Línea Azul** (www.buseslineaazul.cl; Av Brasil 560, Terminal del Centro) regelmäßig nach Santiago (8000 Ch$, 6 Std.) und Concepción (3000 Ch$, 2 Std.).

Alle anderen Anbieter von Fernbussen nutzen den **Terminal María Teresa** (O'Higgins 010) nördlich der Av Ecuador, darunter **Turbus** (☎600-660-6600; www.turbus.cl; O'Higgins 010, Terminal María Teresa) mit seinen Bussen nach Talca (4000 Ch$, 3 Std.), Santiago (8000 Ch$, 6 Std.), Valparaíso (10 000 Ch$, 8 Std.) und Temuco (8000 Ch$, 5 Std.).

Regional- und Ortsbusse starten vom **Terminal de Buses Rurales** (Terminal Paseo La Merced; Maipón 890), auch als Terminal Paseo La Merced bekannt.

Nevados de Chillán & Valle Las Trancas

Die südlichen Hänge des 3122 m hohen Volcán Chillán bilden die hinreißende Kulisse für das **Nevados de Chillán Ski Center** (42-220-6100; www.nevadosdechillan.com; Camino Termas de Chillán, Km 85; Skipass pro Tag Erw./Kind 48000/38000 Ch$). Das Skigebiet mit 40 Pisten wartet mit einer Reihe von Superlativen auf: Es besitzt die längste Piste Südamerikas (die 13 km lange Las Tres Marías), den längsten Sessellift und einige der größten und besten Möglichkeiten abseits der Pisten. An Sommerwochenenden tummeln sich hier die Wanderer, aber werktags ist es in der Nebensaison ruhig. Dann sollte man ein Picknick mitbringen und nicht damit rechnen, dass Hotels geöffnet sind. Auch sollte man ausreichend Bargeld aus Chillán mitbringen.

In den Thermalquellen von **Valle Hermoso** (www.nevadosdechillan.com; Camino Termas de Chillán, Km 83; Thermalquellen Erw./Kind 8000/6000 Ch$, Zeltplatz für bis zu 5 Pers. 30000 Ch$; Thermalquellen Mo–Do 8.30–17, Fr–So bis 21 Uhr) kann man wunderbar entspannen. Das **Chil'in Hostel** (Handy 9-9368-2247; www.chil-in.com; Camino Termas de Chillán, Km 72; B/DZ ohne Bad 10500/32000 Ch$;) im Stil einer Skihütte fungiert als Hostel und Pizzeria. Die fantastischen Container von **Ecobox Andino** (42-242-3134; www.ecoboxandino.cl; Camino a Shangri-Lá, Km 0,2; Hütte für 2–5 Pers. 40000–130000 Ch$, DZ mit Frühstück 40000–80000 Ch$;) bieten eine höherklassige Übernachtungsoption. Die Après-Ski-Szene trifft sich im **Snow Pub** (42-221-3910; Camino Termas de Chillán, Km 71; Hauptgerichte 5000–7000 Ch$; Mo–Sa 13 Uhr–Open End, So bis 20 Uhr).

Vom Terminal de Buses Rurales in Chillán fährt **Rembus** (42-222-9377; www.busesrembus.cl; Maipón 890, Terminal de Buses Rurales) mindestens zehnmal täglich nach Valle Las Trancas (2200 Ch$, 1½ Std.), einige Busse fahren weiter nach Valle Hermoso (3300 Ch$, 1½ Std.).

Concepción

41 / 223600 EW.

Concepción ist eine bedeutende, arbeitsame Hafenstadt, die für ihre Universitäten und ihre Musikszene (viele der besten Rockbands Chiles kamen hier groß raus) bekannt ist. Es gibt eine energiegeladene, jugendliche und linksgerichtete Kunst-, Musik- und Kulturszene. „Conce" liegt am Nordufer des Río Biobío, Chiles einzigem befahrbaren Fluss von größerer Bedeutung. Die Stadt scheint gar nicht mehr aufzuhören: schätzungsweise 950000 Menschen leben im Großraum um die Stadt.

Sehenswertes

La Casa del Arte MUSEUM
(41-220-3835; http://extension.udec.cl/pinacoteca; Ecke Avs Chacabuco & Paicaví, Barrio Universitario; Di–Fr 10–18, Sa 11–17, So 11–14 Uhr) GRATIS Das riesige, höchst politische Wandbild *La Presencia de América Latina* ist das Highlight des universitären Kunstmuseums La Casa del Arte. Es stammt von dem mexikanischen Künstler Jorge González Camarena, einem Schützling des legendären Wandmalers José Clemente Orozco, und preist die indigene Bevölkerung Lateinamerikas sowie die Unabhängigkeit von kolonialen und imperialistischen Mächten.

Schlafen & Essen

Hostal B&B Concepción PENSION $
(41-318-9308; www.hostalboutiqueconcepcion.com; Ongolmo 62; EZ/DZ/3BZ mit Frühstück 18500/32500/40000 Ch$;) Die Pension in erstklassiger Lage nahe der Plaza Peru bietet außergewöhnlich saubere Zimmer mit bequemen Betten. Angesichts der leckeren Kuchen und des guten Kaffees in dem hippen Café im Haus wäre allerdings zu wünschen, dass das Frühstück großzügiger wäre.

Hotel Alborada BOUTIQUEHOTEL $
(41-291-1121; www.hotelalborada.cl; Barros Arana 457; DZ mit Frühstück ab 56000 Ch$;) Ein überraschend stilvolles, auf coole Weise minimalistisches neues Hotel in zentraler Lage. Die Gemeinschaftsbereiche sind in Weiß mit viel Glas und Spiegeln gehalten und eleganter als die Zimmer selbst, die zwar groß und komfortabel, aber dennoch eher standardmäßig sind.

Deli House INTERNATIONAL $
(www.delihouse.cl; Av Diagonal Pedro Aguirre Cerda 1234; Hauptgerichte 3500–6500 Ch$; Mo–Fr 9.30–23.30, Sa ab 12, So 12.30–16.30 Uhr;) An den von viel Grün umgebenen Tischen am Straßenrand kann man entspannt Kaffee, Empanadas oder Gourmetpizza genießen oder zur Happy Hour abhängen und einen Blick auf das unkonventionelle universitäre Treiben werfen.

ABSTECHER

LAGUNA DEL LAJA & NAHUELBUTA

Das Prunkstück im **Parque Nacional Laguna del Laja** (☎ Handy 9-6642-6899; www.conaf.cl/parques/parque-nacional-laguna-del-laja; Erw./Kind 3000/1500 Ch$; ⏲ Dez.–April 8.30–20 Uhr, Mai–Nov. bis 18.30 Uhr) ist der hohe schneebedeckte Kegel des Volcán Antuco (2985 m). Der fantastische Wanderweg **Sendero Sierra Velluda** führt um seinen Fuß herum. Für die gesamte Strecke braucht man drei Tage, aber auch bei einer Tageswanderung erhält man einen guten Eindruck. Im privat geführten Komplex des **Centro Turistico** (☎ Handy 9-8221-2078; www.parqueantuco.cl; 1 km hinter dem Parkeingang; Stellplatz 5000 Ch$/Pers., Hütte für 4/6/7 Pers. 45000/60000/70000 Ch$;) gibt's in einem Tal am Eingang des Parks gut ausgestattete zweistöckige Nurdachhütten aus Holz und Stein, von denen man einen beeindruckenden Blick auf die sich auftürmenden Berge hat. Vom Terminal de Buses Rurales in Los Ángeles fahren Nahverkehrsbusse (2000 Ch$, 2 Std., tgl. 6-mal) zum Dorf El Abanico, 11 km vor dem Parkeingang. Der letzte Bus zurück nach Los Ángeles verlässt Abanico um 20 Uhr.

Die grünen Hänge des **Parque Nacional Nahuelbuta** (www.conaf.cl/parques/parque-nacional-nahuelbuta; Erw./Kind 5000/3000 Ch$; ⏲ 8.30–18 Uhr), eines schönen Ziels für Wanderer und Mountainbikes, sind mit eindrucksvollen, bis zu 50 m hohen und einen Durchmesser von 2 m erreichenden Chilenischen Araukarien (Andentannen) bedeckt. Bei **Camping Pehuenco** (www.conaf.cl/parques/parque-nacional-nahuelbuta; Stellplatz für 6 Pers. 16000 Ch$) kann man sein Zelt aufstellen. Vom Terminal de Buses Rurales im 35 km östlich gelegenen Angol fahren Busse nach Vegas Blancas (1700 Ch$, 1½ Std.). Einige Buslinien fahren montags, mittwochs und freitags, die anderen an wechselnden Tagen. Generell fahren die Busse um 18 Uhr aus Vegas Blancas zurück – unbedingt prüfen, damit man nicht dort festsitzt.

★ **Lo que más quiero** CHILENISCH $$
(☎ 41-213-4938; Lincoyán 60; Hauptgerichte 6000–11000 Ch$; ⏲ Mo–Fr 11–15 & 18.30–24 Uhr) Conces Spitzenrestaurant ist so locker wie die Stadt, zeigt eine launige Gestaltung mit viel Holz und besitzt hinten einen lauschigen Garten. Auf der Karte steht die größte Auswahl an Salaten, die wir überhaupt je in Chile entdecken konnten, außerdem kreative Fleischgerichte, leckere Sandwichs und frische Säfte. Ohne Reservierung braucht man hier gar nicht erst aufzukreuzen.

ℹ Praktische Informationen

Conaf (☎ 41-262-4046; www.conaf.cl; Rengo 345; ⏲ Mo–Do 8.30–16.30, Fr bis 15.30 Uhr) Hat einige Informationen zu nahegelegenen Nationalparks und Schutzgebieten.

Hospital Regional (☎ 41-272-2500; www.hospitalregional.cl; Ecke San Martín & Av Roosevelt; ⏲ 24 Std.) Öffentliches Krankenhaus.

Sernatur (☎ 41-274-1337; www.biobioestuyo.cl; Pinto 460; ⏲ Jan. & Feb. Mo–Fr 9–20, Sa bis 16 Uhr, März–Dez. Mo–Fr 8.30–13 & 15–18 Uhr) Das Büro an der Plaza Independencia hat Infos und Broschüren über die Region.

ℹ An- & Weiterreise

Die Fernbusse nutzen den **Terminal de Buses Collao** (Tegualda 860) 3 km östlich des Zentrums von Concepción. Der separate **Terminal Camilo Henríquez** (Camilo Henríquez 2565) liegt nordöstlich an der Verlängerung der Bulnes.

Täglich fahren Dutzende Busse nach Santiago (8000 Ch$, 6½ Std.), u. a. von **Eme Bus** (☎ 41-232-0094; www.emebus.cl; Tegualda 860, Terminal de Buses Collao), **Pullman Bus** (☎ 600-320-3200; www.pullmanbus.cl; Tegualda 860, Terminal de Buses Collao) und **Turbus** (☎ 600-660-6600; www.turbus.cl; Tucapel 530). Letzteres Unternehmen fährt auch nach Valparaíso und südwärts nach Temuco (8500 Ch$, 4 Std.), Valdivia (12000 Ch$, 6 Std.) und Puerto Montt (10000 Ch$, 8 Std.). **Línea Azul** (☎ 42-203-800; www.buseslineaazul.cl; Tegualda 860, Terminal de Buses Collao) fährt häufig nach Chillán (2500 Ch$, 2 Std.).

Los Ángeles

☎ 43 / 202 300 EW.

Los Ángeles, 110 km südlich von Chillán gelegen, ist ein praktischer Ausgangspunkt für Touren zum Parque Nacional Laguna del Laja. Ansonsten fungiert die Stadt nur als reizloses Dienstleistungszentrum für Industrie und Landwirtschaft.

Wenn man hier nicht gerade frühmorgens einen Bus nehmen will, bieten die ländlichen Gästehäuser gleich außerhalb der

Stadt einen viel angenehmeren Aufenthalt. Im Stadtzentrum gibt's viele zwanglose Café, zu empfehlen ist das **Cafe Francés** (☎43-223-4461; www.facebook.com/cafefrances; Colo Colo 696; Hauptgerichte 3000–4500 Ch$; ⊙Mo-Sa 10–21 Uhr; 📶).

In einer prächtigen ländlichen Umgebung 19 km nördlich von Los Ángeles ist das von US-Amerikanern geführte **Residencial El Rincón** (☎Handy 9-9082-3168; www.elrinconchile.cl; Sector El Olivo s/n; Zi. mit Frühstück 48000–61000 Ch$, ohne Bad 38000 Ch$; 📶) ein entspannender Ort, wenn man einmal abschalten will.

Die Fernbusse starten vom **Terminal Santa María** (Av Sor Vicenta 2051) am nordöstlichen Stadtrand. In der Nähe liegt auch der Busbahnhof von **Turbus** (☎43-240-2003; www.turbus.cl; Av Sor Vicenta 2061, Turbus Terminal). Der Bus zum 11 km vom Eingang des Parque Nacional Laguna del Laja entfernten Dorf El Abanico fährt vom **Terminal de Buses Rurales** (Terminal Vega Techada; Villagrán 501).

SEENGEBIET

Je weiter man nach Süden kommt, desto grüner wird es. Schließlich erreicht man schneebedeckte Vulkane, die über grünen Hügeln und Seen thronen. Die idyllische Region ist ein perfektes Refugium – ideal, um mal einen Gang herunter zu schalten. Die nach den Chilenischen Araukarien benannte Region Araucanía ist das geografische Zentrum der Mapuche-Kultur. Das in den 1850er-Jahren von Deutschen kolonisierte Seengebiet weiter südlich hat sich bis heute einige deutsche Züge bewahrt.

Draußen vor den Türen der schindelgedeckten Häuser wartet jede Menge Abenteuer: Man kann raften oder klettern, wandern oder in Thermalquellen hopsen, in Kolonialstädtchen *onces* mampfen oder mit einheimischen Siedlern Mate trinken. Gastfreundschaft ist die große Stärke der *sureños* (Südchilenen). Um diese zu genießen, sollte man sich Zeit nehmen. Auch wenn sie die Einkaufszentren lieben, sind die meisten Stadtbewohner – etwa die Hälfte der Bevölkerung – von ihren ländlichen Wurzeln geprägt. Holzhacken und Marmeladekochen gehören nach wie vor zu ihrem Alltag. Hinter den Stadtgrenzen lockt die grüne Natur, deren Ruf man sich nicht entziehen sollte.

Die letzten Ausbrüche des Volcán Villarrica und des Volcán Calbuco könnten immer noch Auswirkungen auf die Aktivitäten rund um Pucón und Ensenada haben.

Temuco

☎045 / 282400 EW.

Eine grüne Plaza voller Palmen, ein netter Mercado Municipal und enge Verbindungen zur Mapuche-Kultur: Temuco ist die attraktivste Arbeiterstadt in Sur Chico. Sowie die frühere Heimat von Pablo Neruda, der zu den einflussreichsten Dichtern des 20. Jhs. zählte und einst von einer lokalen Atmosphäre à la Wilder Westen sprach. Temuco ist kein Touristenziel an sich. Dennoch verbringen die meisten Traveller hier einen Aufenthalt (und wenn auch nur aufgrund der guten Verkehrsverbindungen).

Sehenswertes

Museo Regional de La Araucanía MUSEUM
(www.museoregionalaraucania.cl; Av Alemania 084; ⊙Di–Fr 9.30–17.30, Sa 11–17, So 11–14 Uhr) GRATIS Das kleine, aber feine Regionalmuseum zählt zu den besten in Sur Chico. In einem schmucken Haus im Wild-West-Stil (erb. 1924) zeigt es Dauerausstellungen zur Geschichte der araukanischen Völker vor, während und nach der spanischen Invasion. Zur kürzlich überarbeiteten Sammlung im Untergeschoss gehört auch ein eindrucksvolles Einbaum-Kanu der Mapuche.

Monumento Natural Cerro Ñielol HISTORISCHE STÄTTE
(www.conaf.cl/parques/monumento-natural-cerro-nielol; Calle Prat; Erw./Kind Chilenen 1000/frei, Andere 2000/1000 Ch$; ⊙8–19 Uhr) GRATIS Der Cerro Ñielol ist eine kleine, grüne Oase in einem 90 ha großen Naturwald. Auf dem Hügel blüht von März bis Juli die chilenische Nationalblume *copihue* (Chilenische Wachsglocke). Cerro Ñielol ist auch von historischer Bedeutung: Hier traten 1881, unter den Bäumen von La Patagua, Mapuche-Häuptlinge ihr Land an die Kolonisten ab und ermöglichten so die Gründung Temucos.

Schlafen & Essen

Die Billigabsteigen im Bereich des Bahnhofs und der Feria Pinto können vor allem für Frauen unsichere Plätze sein. Das Viertel zwischen Plaza und Universität ist daher vorzuziehen.

Hospedaje Tribu Piren PENSION $
(☎45-298-5711; http://tribupiren.com; Prat 69; Zi. ohne Bad 20000 Ch$/Pers.; P@📶) Bis zu sei-

nem tragischen und viel zu frühen Tod leitete ein begeisterter Extremsportler zehn Jahre lang diese einladende Pension. Der Vater führt das schlichte Haus nun im Sinne seines Sohnes weiter, spricht im Gegensatz zu diesem aber leider kein Englisch. Nichtsdestotrotz ist hier alles weiterhin sauber und top in Schuss. Die Zimmer mit Kabel-TV und Zentralheizung grenzen teilweise an eine kleine Terrasse.

Hospedaje Klickmann PENSION $
(☎45-274-8292; www.hospedajeklickmann.cl; Claro Solar 647; Zi. mit/ohne Bad pro Pers. 20800/16800 Ch$; P @) Eine freundliche Familie betreibt diese saubere Pension mit neuen, modernen Bädern. In der Nähe liegen die Büros von mehreren Busunternehmen.

★ **Tradiciones Zuny** CHILENISCH $
(Tucapel 1374; Gerichte 5000 Ch$; ⊙Mo–Sa 12.30–17 Uhr) Das bestgehütete Geheimnis von Temuco ist dieser Einheimischentreff im Keller eines im indigenen Stil gestalteten Hauses, der auf frische und einfache Landkost spezialisiert ist. Das Restaurant ist nicht leicht zu finden. Am besten, man hält nach der bunten Ente/dem Basketball-Wandbild Ausschau. Die preiswerte Bio-Fusion-Küche mit Mapuche-Touch ist die Mühe wert. Hereinspaziert!

Feria Pinto MARKT $
(Av Barros Arana; Gerichte 2000–3000 Ch$; ⊙Mo–Sa 7.30–17.30, So 8–15 Uhr) Der bunte Markt mit Lebensmitteln und Mapuche-Produkten erstreckt sich über mehrere Blocks entlang der Barros Arana. Am Straßenrand gibt's hier Gebrauchsartikel, während in der eigentlichen *feria* z.B. Äpfel, handgemachter Käse, Honig und Beutel voller *merkén* (scharfe, geräucherte Chilischoten im Mapuche-Stil) zu haben sind.

ℹ Praktische Informationen

Rund um die Plaza de Armas Aníbal Pinto gibt's viele Geldautomaten und Wechselstuben.

Banco de Chile (www.bancochile.cl; Plaza de Armas Aníbal Pinto) Geldautomat.

BBVA (www.bbva.cl; Ecke Claro Solar & Vicuña MacKenna) Geldautomat.

CorreosChile (www.correos.cl; Ecke Diego Portales & Prat; ⊙Mo–Fr 9–19, Sa bis 13 Uhr)

Hospital Hernán Henríquez Aravena (☎45-255-9000; www.hhha.cl; Manuel Montt 115; ⊙24 Std.) Sechs Blocks westlich und einen Block nördlich der Plaza de Armas Aníbal Pinto.

Sernatur (☎45-240-6214; www.sernatur.cl; Ecke Bulnes & Claro Solar; ⊙Mo–Do 9–14 & 15–17.30, Fr bis 16.30 Uhr) Staatliche Touristeninformation mit gutem Angebot.

Touristen-Informationskiosk (☎Handy 9-6238-0660; www.temuco.cl; Plaza de Armas; ⊙Mo–Fr 9–18, Sa bis 14 Uhr, im Winter kürzer) Hier starten kostenlose Stadtspaziergänge (Di, Fr & Sa 9.45 Uhr), für die man per E-Mail (ofiturplaza@gmail.com) reservieren sollte.

Touristen-Informationskiosk (☎45-297-3628; www.temuco.cl; Centro Mercado Modelo; ⊙Mo–Sa 9–18t, So 10–14 Uhr, im Winter kürzer).

ℹ An- & Weiterreise

BUS

Der Fernbusbahnhof **Terminal Rodoviario** (☎45-222-5005; Pérez Rosales 01609) liegt an der nördlichen Zufahrtsstraße zur Stadt. Die meisten Busunternehmen haben auch im Zentrum Ticketbüros. Vom **Terminal de Buses Rurales** (☎45-221-0494; Av Pinto 32) verkehren Lokal- und Regionalbusse. Um in den Parque Nacional Conguillío zu gelangen, nimmt man eine Verbindung von **Nar-Bus** (☎45-240-7740; www.igillaima.cl; Balmaceda 995) nach Melipeuco (1900 Ch$, 2 Std., 5–8-mal tgl.). **Buses JAC** (☎45-246-5463; www.jac.cl; Ecke Av Balmaceda & Aldunate) hat die häufigsten Verbindungen nach Villarrica und Pucón; auch Lican Ray und Coñaripe werden bedient. **Buses Bio Bio** (☎045-265-7876; www.busesbiobio.cl; Lautaro 854) rollt regelmäßig nach Angol, Los Ángeles, Concepción, Curacautín und Lonquimay.

Busse ab Temuco

ZIEL	PREIS (CH$)	DAUER (STD.)
Chillán	8500	4
Concepción	8500	4½
Curacautín	1500	2
Neuquén (Argentinien)	19000	9
Osorno	5500	4
Pucón	2900	2
Puerto Montt	6500	5
Santiago	12000	9
Valdivia	4000	3

FLUGZEUG

Temucos funkelnder, moderner **Aeropuerto de la Araucanía** (☎45-220-1900; www.aeropuertoaraucania.cl; Longitudinal Sur, Km 692) liegt 20 km südlich der Stadt bei Freire. **LATAM** (☎600-526-2000; www.latam.com; Bulnes 687; ⊙Mo–Fr 9–13.30 & 15–18.30, Sa 10–13 Uhr), Sky Airline (www.skyairline.com) und JetSmart (www.jetsmart.com) schicken Maschinen ab Santiago hierher.

Seengebiet

0 50 km
ARGENTINIEN
PAZIFIK
Región del Biobío (VIII)
Región de La Araucanía (IX)
Cordillera de los Andes
Río Biobío
Volcán Callaqui (3164 m)
Parque Nacional Tolhuaca
Termas Malleco
Reserva Nacional Malalcahuello-Nalcas
Volcán Tolhuaca (2806 m)
Volcán Lonquimay (2865 m)
Lonquimay
Malalcahuello
Curacautín
Parque Nacional Conguillío
Volcán Llaima (3125 m)
Liucura
Lago Gualletué
Paso Pino Hachado (1884 m)
Paso Icalma (1298 m)
Lago Aluminé
Melipeuco
Cunco
San Pedro
Lago Colico
Lago Caburgua
Parque Nacional Huerquehue
El Cañi
Lago Villarrica
Pucón
Villarrica
Curarrehue
Volcán Villarrica (2847m)
Parque Nacional Villarrica
Lago Quillén
Lago Tromen
Termas Geométricas
Paso Mamuil Malal (1207 m)
Rahué
RP 13
RP 23
119
201
Lican Ray
Litrán
Coñaripe
Calafquén
Pullinque
Panguipulli
Lago Calafquén
Lago Panguipulli
Liquiñe
Lanco
Loncoche
Queule
Nueva Toltén
Gorbea
Pitrufquén
Freire
Río Toltén
Teodoro Schmidt
Lago Budi
Puerto Saavedra
Lobería
Carahue
Nueva Imperial
Temuco
Chol Chol
Lautaro
Vilcún
Cherquenco
Perquenco
Galvarino
Panamericana
Victoria
Inspector Fernández
San Gregorio
Ercilla
Collipulli
5
Los Sauces
Lumaco
Traiguén
Capitán Pastene
Púren
Contulmo
Lago Lanalhue
Monumento Natural Contulmo
Lago Lleu Lleu
Isla Mocha

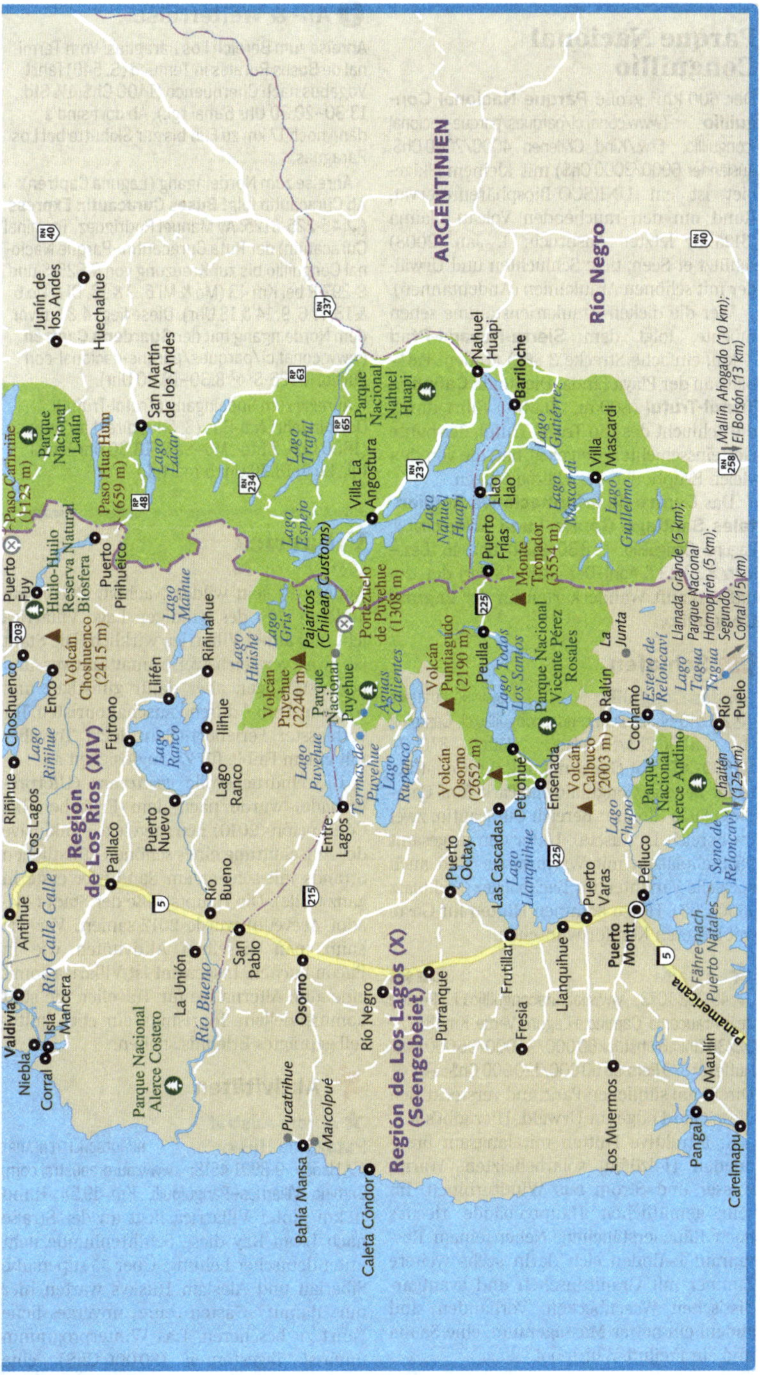
ARGENTINIEN
Río Negro
Región de Los Ríos (XIV)
Región de Los Lagos (Seengebiet)
Valdivia
Niebla
Corral
Isla Mancera
Antihue
Río Calle Calle
Los Lagos
Riñihue
Lago Riñihue
Choshuenco
Enco
Puerto Fuy
Huilo-Huilo Reserva Natural
Volcán Choshuenco (2415 m)
Paso Carirriñe (1123 m)
Parque Nacional Lanín
Puerto Pirihueico
Paso Hua Hum (659 m)
San Martín de los Andes
Lago Lácar
Junín de los Andes
Huechahue
Paillaco
Futrono
Lago Ranco
Puerto Nuevo
Llifén
Lago Maihue
Riñinahue
Ilihue
Río Bueno
La Unión
Río Bueno
Parque Nacional Alerce Costero
San Pablo
Osorno
Pucatrihue
Maicolpué
Bahía Mansa
Caleta Cóndor
Río Negro
Purranque
Entre Lagos
Lago Puyehue
Termas de Puyehue
Aguas Calientes
Parque Nacional Puyehue
Lago Rupanco
Volcán Puyehue (2240 m)
Pajaritos (Chilean Customs)
Lago Gris
Lago Huishé
Portezuelo de Puyehue (1308 m)
Lago Espejo
Lago Trafúl
Villa La Angostura
Parque Nacional Nahuel Huapi
Lago Nahuel Huapi
Nahuel Huapi
Bariloche
Lago Gutiérrez
Llao Llao
Puerto Frías
Monte Tronador (3554 m)
Lago Mascardi
Villa Mascardi
Lago Guillelmo
Volcán Puntiagudo (2190 m)
Peulla
Lago Todos Los Santos
Parque Nacional Vicente Pérez Rosales
Volcán Osorno (2652 m)
Puerto Octay
Las Cascadas
Lago Llanquihue
Petrohué
Ensenada
Volcán Calbuco (2003 m)
Ralún
La Junta
Cochamó
Estero de Reloncaví
Lago Chapo
Parque Nacional Alerce Andino
Lago Tagua Tagua
Río Puelo
Llanada Grande (5 km); Parque Nacional Hornopirén (5 km); Segundo Corral (15 km)
Chaitén (125 km)
Seno de Reloncaví
Pelluco
Puerto Varas
Puerto Montt
Frutillar
Llanquihue
Fresia
Los Muermos
Fähre nach Puerto Natales
Panamericana
Maullín
Pangal
Carelmapu
Mallín Ahogado (10 km); El Bolsón (13 km)
RN 40
RN 237
RP 63
RP 65
RN 234
RN 231
RP 48
RN 258
203
215
225
5

Parque Nacional Conguillío

Der 600 km² große **Parque Nacional Conguillío** (www.conaf.cl/parques/parque-nacional-conguillio; Erw./Kind Chilenen 4000/2000 Ch$, Ausländer 6000/3000 Ch$) mit kleinem Skigebiet ist ein UNESCO-Biosphärenreservat. Rund um den rauchenden Volcán Llaima (3125 m; letzter Ausbruch: 1. Jan. 2008) schützt er Seen, tiefe Schluchten und Urwälder mit schönen Araukanien (Andentannen).

Wer die dicken Araukarienstämme sehen möchte, folgt dem **Sierra-Nevada-Pfad** (7 km, einfache Strecke 3 Std.) ab dem Parkplatz an der Playa Linda. Die Route **Cañadon Truful-Truful** (800 m, 30 Min.) führt durch die Schlucht des Río Truful-Truful, der bunte Gesteinsschichten freigelegt hat, die von den vielen Eruptionen des Llaima zeugen.

Das **Centro de Informaciónes Ambientales Santiago Gómez Luna** (www.conaf.cl; Laguna Conguillío; ⏲8.30–21.30 Uhr; 16. Dez.–März 8.30–13 & April–Dez. 14.30–18 Uhr) der Conaf verkauft Wanderkarten an der **Laguna Conguillío**.

Schlafen

Sendas Conguillío CAMPING, HÜTTEN $

(☎2-2840-6852; www.sendasconguillio.cl; Camping ab 23 000 Ch$/Stellplatz, Hütte 87 000–115 000 Ch$) Mit Genehmigung der Conaf betreibt Sendas Conguillío im Park fünf Campingplätze (drei im Bereich Curacautín, zwei im Bereich La Caseta). Unter den insgesamt 98 Stellplätzen mit Warmwasser sind auch spezielle Varianten für Backpacker (Stellplatz 7500 Ch$). Hinzu kommen Hütten für Gäste mit höheren Komfortwünschen.

★ **La Baita** LODGE $$$

(☎45-258-1073; www.labaitaconguillio.cl; Región de la Araucanía, Camino a Laguna Verde, Km 18; EZ/DZ/3BZ inkl. Frühstück 60 000/93 000/96 000 Ch$, Hütte für 5/9 Pers. ab 60 000/120 000 Ch$; 🚭) Direkt am südlichen Parkrand versteckt sich diese Öko-Lodge im Urwald. Hier gibt's u. a. acht attraktive Hütten mit langsam brennenden Holzöfen, solarbeheiztem Warmwasser und Strom aus Windturbinen. Im sehr gemütlichen Hauptgebäude riecht's nach Räucherstäbchen. Neben einem Restaurant befinden sich darin sechs weitere Zimmer mit Granitduschen und avantgardistischen Waschbecken. Vorhanden sind zudem ein netter Massageraum, eine Sauna und ein Freiluft-Whirlpool.

An- & Weiterreise

Anreise zum Bereich Los Paraguas: Vom Terminal de Buses Rurales in Temuco (S. 549) fährt Vogabus nach Cherquenco (1400 Ch$, 1½ Std., 13.30–20.30 Uhr 6-mal tgl.). Ab dort sind's dann noch 17 km zu Fuß bis zur Skihütte bei Los Paraguas.

Anreise zum Nordeingang (Laguna Captrén): Ab Curacautín folgt **Buses Curacautín Express** (☎45-225-8125; Av Manuel Rodríguez, Terminal Curacautín) der Ruta Curacautín–Parque Nacional Conguillío bis zur Kreuzung von R-925-S und S-297-R bei Km 43 (Mo & Mi 6, 9 & 18, Di & Do 6 & 18, Fr 6, 9, 14 & 18 Uhr). Diese liegt 4,8 km vor dem Nordeingang mit der **Guardería Captrén** (www.conaf.cl/parques/parque-nacional-conguillio; R-925-S; ⏲8.30–18.30 Uhr).

Anreise zum Südeingang (Truful-Truful): Dorthin fährt Nar-Bus (S. 549) direkt ab Temuco (1900 Ch$, 2 Std., Mo–Sa 8–18.30 Uhr 8-mal tgl., So 9–18.30 Uhr 5-mal tgl.).

Villarrica

☎045 / 52 000 EW.

Anders als sein wilder Nachbar Pucón am anderen Ufer des windigen Lago Villarrica lebt und atmet Villarrica wirklich: Die Stadt ist zwar vergleichsweise unattraktiver und bodenständiger, aber dafür günstiger und frei vom Trubel durch Pauschaltouristen. Ihr verblasster Ferienort-Glanz lockt Traveller mit einem Faible für Zwanglosigkeit an.

Die eindrucksvolle *costanera* (Uferpromenade) wurde nach dem Erdbeben bei Concepción (2010) neu angelegt – inklusive der Aufschüttung eines schönen künstlichen Strands mit schwarzem Sand (der erste in ganz Chile). Die Hauptstraße der Stadt (Aviador Acevedo) wurde 2017 saniert. Vor Ort kann man dieselben Aktivitäten wie in Pucón buchen. Insgesamt ist Villarica somit eine gute Alternative für Traveller, die statt kommerziellem Tourismus ein eher kulturell geprägtes Erlebnis suchen.

Aktivitäten

★ **Aurora Austral Patagonia Husky** HUNDESCHLITTENFAHRT

(☎Handy 9-8901-4518; www.auroraaustral.com; Camino Villarrica–Panguipulli, Km 19,5) Rund 19 km hinter Villarrica liegt an der Straße nach Lican Ray diese Schlittenhundezucht unter deutscher Leitung. Über 55 supersüße Siberian und Alaskan Huskys warten hier nur darauf, Gästen eine unvergessliche Fahrt zu bescheren. Das Winterprogramm umfasst Tagestouren (80 000 Ch$), eine wahrhaft legendäre Andenüberquerung (7 Tage, 2400000 Ch$ alles inklusive) und mehrtägige Trips mit Übernachtung in Hütten bzw. Zelten.

Im Sommer gibt's Rollschlitten-Fahrten mit optionalem Grillen (6 km; 33000–39000 Ch$) und Husky-Trekking am Volcán Villarrica (48000 Ch$). Auf dem Gelände stehen zudem vier höchst attraktive Hütten für übernachtungswillige Hundefreaks (40000–70000 Ch$).

Die Inhaber akzeptieren auch freiwillige Helfer (Engagements für 4–12 Wochen).

Schlafen

Über ein halbes Dutzend Campingplätze säumt die Straße von Villarrica nach Pucón.

La Torre Suiza PENSION $

(☎45-241-1213; Bilbao 969; B 11 000 Ch$, EZ/DZ ab 20000/25000 Ch$; P📶) Die hölzerne Berghütte war früher ein Backpacker-Paradies – genauer gesagt Villarricas führendes Traveller-Hostel mit radsportbegeisterten Inhabern aus der Schweiz. Nach einem Besitzerwechsel ist das Ganze nun eine Pension unter chilenischer Leitung und bei reisenden Montagearbeitern sehr beliebt. Die charmante, altmodische Atmosphäre mit schlichten Zimmern und knarrenden Holzböden ist aber erhalten geblieben. Zudem bemühen sich die freundlichen Neubetreiber sehr um den Traveller-Vibe.

Hostal Don Juan GASTHOF $

(☎45-241-1833; www.hostaldonjuan.cl; General Körner 770; EZ/DZ 34000/44000 Ch$, ohne Bad 25000/34000 Ch$, Frühstück zzgl. 3500 Ch$; P📶) Das Don Juan lockt Traveller u.a. mit freundlichem Service und einem großen Freiluftgrill (*parrilla*), den der sympathische Inhaber selbst gebaut hat. Die Quartiere sind einfach, aber gemütlich. Manche Zimmer im zweiten Stock punkten mit super Aussicht auf den Vulkan.

Essen & Ausgehen

★ **Travellers** INTERNATIONAL $

(www.facebook.com/travellersrestobar; Letelier 753; Hauptgerichte 4950–7950 Ch$; ⏲Mo–Sa 12–2 Uhr; 📶) Chinesisch, mexikanisch, thailändisch, indisch, italienisch: Dieser Traveller-Treff in Form einer schwulenfreundlichen Restaurantbar schickt den Gaumen auf Weltreise – nicht grandios, aber auch nicht übel. Seit einer brandbedingten Renovierung regiert hier die Popkultur: Der bunte Deko-Mix umfasst u.a. Postkarten und Bierdeckel von *amigos* aus aller Welt. Über dem Tresen hängt ein Bild der New Yorker Skyline bei Nacht.

El Sabio PIZZA $

(www.elsabio.cl; Zegers 393; Pizza 6700–7600 Ch$; ⏲Mo–Sa 13–16 & 19–22.30 Uhr; 📶) Hier hält ein freundliches argentinisches Paar den Laden am Laufen. Es gibt fantastische längliche Pizza auf Schneidebrettern, die einen Vorurteile gegen Pizzerien in Chile vergessen lässt.

Delirium Tremens CRAFT-BIER

(Bravía Villarrica; www.facebook.com/cerveceriadtrb; Letelier 836; Bierkrug 2990 Ch$; ⏲Di–Do 17.30–4, Fr & Sa bis 5 Uhr) In Villarricas einziger Quelle für Craft-Bier laufen tolle regionale Gebräue aus insgesamt fünf Zapfhähnen – u.a. selbstgebrautes Bravía in drei Varianten (American Amber, Dry Stout und hell). Unter den extern produzierten Sorten ist z.B. hervorragendes Alásse aus Catripulli. Die Räumlichkeiten im Wohnzimmer-Stil grenzen an eine einladende Terrasse.

Shoppen

In Villarrica gibt's jede Menge *artesanías* (Kunsthandwerk). Besonders attraktiv sind dabei Gegenstände aus Laurel- und Rauli-Holz (z.B. Mapuche-Figuren, Schüsseln). Der **Mercado Fritz** (www.facebook.com/Mercadofritz; Acevedo 612; ⏲10–19 Uhr) und das **Centro Cultural Mapuche** (Feria Wenteche Map; Ecke Pedro de Valdivia & Zegers; ⏲10–23 Uhr) zählen zu den besseren Quellen.

Praktische Informationen

Nahe der Ecke Pedro Montt und Av Pedro de Valdivia gibt's viele Banken mit Geldautomaten.

Banco de Chile (www.bancochile.cl; Ecke Pedro Montt & Av Pedro de Valdivia) Geldautomat.

BCI (www.bci.cl; Ecke Alderete & Av Pedro de Valdivia) Geldautomat.

Hospital de Villarrica (https://villarrica.araucaniasur.cl; San Martín 460; ⏲24 Std.)

Información Turística (☎45-220-6618; www.visitvillarrica.cl; Av Pedro de Valdivia 1070; ⏲Jan. & Feb. 8.30–23 Uhr, März–Dez. Mo–Fr 8.30–18, Sa & So 9–13 & 14.30–17.30 Uhr) Städtische Touristeninformation mit hilfsbereitem Personal und vielen Broschüren. Auch an der **Plaza de Armas** (☎45-241-9819; www.visitvillarrica.cl; Plaza de Armas; ⏲Mo–Fr 8.30–13 & 14.30–18 Uhr) vertreten.

An- & Weiterreise

Nahe Villarricas **Hauptbusbahnhof** (Terminal Villaraca; Av Pedro de Valdivia 621) betreiben ein paar private Busfirmen separate Büros.

Buses JAC (☎45-246-7775; www.jac.cl; Bilbao 610; ⊙Mo–Fr 6–21.40, Sa ab 6.30, So ab 7.30 Uhr) fährt alle 15 Minuten nach Pucón (900 Ch$, 45 Min.) und Temuco (1800 Ch$, 1 Std.). **Buses Coñaripe** (☎Handy 9-6168-3803; Av Pedro de Valdivia 621, Terminal Villarrica; ⊙8–21 Uhr) bedient den ganzen Tag über Lican Ray (1500 Ch$, 45 Min.) und Coñaripe (2100 Ch$, 1 Std.). Am Hauptbusbahnhof starten noch andere Firmen zu denselben Zielen.

Vom Busbahnhof geht's auch nach Argentinien: **Igi Llaima** (☎45-241-2753; www.igillaima.cl; Av Pedro de Valdivia 621, Terminal Villarrica; ⊙Mo–Fr 9–13.30 & 17.30–20, Sa 9–19, So 12–21 Uhr) fährt jeden Morgen nach San Martín de los Andes (13 000 Ch$, 5 Std.), wo Anschluss gen Norden und Süden besteht.

Pucón

☎045 / 22 100 EW.

Am wunderschönen Lago Villarrica liegt Pucón unter dem rauchenden Kegel des gleichnamigen Vulkans. Die Stadt war früher ein Sommerdomizil von Chiles Oberschicht und ist heute ein international bekanntes Mekka für Abenteuersportler: Ganzjährig gibt's hier Adrenalinkicks für jeden Geldbeutel, was stets für Betrieb sorgt. Vor allem im Februar ist Pucón hoffnungslos überlaufen – dann besser wegbleiben! Unter den zahllosen Besuchern sind Pauschaltouristen, Urlauber aus Santiago, Snowboard-Einsteiger aus Brasilien, abenteuerlustige Backpacker, New-Age-Spiritualisten und frühere Polit-Aktivisten, die nun ein ruhigeres Leben als Öko-Pioniere führen.

Pucóns Beliebtheit mag einerseits abschrecken. Andererseits finden Touristen hier die beste kleinstädtische Infrastruktur südlich von Costa Rica: gute Unterkünfte, effiziente Reisebüros bzw. Tourveranstalter, zahllose (organisierte) Aktivitäten, vegetarische Restaurants (u.a. mit Falafel) und Kleinbrauereien. So leben vor Ort auch Hunderte Auswanderer aus allerWelt.

Aktivitäten

Wandern & Trekken

Der hoch aufragende Volcán Villarrica ist definitiv das beliebteste Abenteuer-Ziel in Pucón – aber auch potenziell gefährlich: Am 3. März 2015 brach das örtliche Wahrzeichen um ca. 3 Uhr morgens aus und spuckte Lava bis zu 3 km hoch in die Luft. Dieses kurze, aber spektakuläre Feuerwerk war in der ganzen Stadt zu sehen. Sofort danach wurden alle Aufstiege am Vulkan ausgesetzt.

Zum Recherchezeitpunkt konnte man den Kegel wieder erklimmen. Dennoch ist es ratsam, die aktuelle Situation rechtzeitig vor einem potenziellen Besuch zu ermitteln – sowohl über seriöse Tourveranstalter als auch über den nationalen geologischen Dienst **Sernageomin** (www.sernageomin.cl), der landesweit alle Feuerberge überwacht. Wenn der Villarrica gesperrt ist, können nur die nahegelegenen Vulkane Quetrupillán, Llaima und Lanín bestiegen werden.

Falls der Aufstieg erlaubt sein sollte: in Angriff nehmen! Beim Tourveranstalter sollte man jedoch sehr wählerisch sein. Denn von den ca. 30 Firmen mit Vulkanwanderungen sind nur etwa sechs empfehlenswert. Unseriöse Anbieter sind vor allem daran zu erkennen, dass sie den Aufstieg als sehr leicht beschreiben und/oder behaupten, dass der Trip auch problemlos mit nagelneuen (d.h. nicht eingelaufenen) Wanderstiefeln zu meistern sei. In solchen Fällen grundsätzlich Finger weg und weitersuchen!

Eine Garantie für das Erreichen des Gipfels gibt's nicht. Bei Wetterumschwüngen kehren verantwortungsbewusste Veranstalter sofort um und lassen diesbezüglich keine Diskussionen zu. Wer dann trotzdem auf eigene Faust weiterkraxeln will, riskiert sein Leben! Zum Recherchezeitpunkt arbeitete der Verband der lokalen Abenteuer-Anbieter gerade an einer Satzungsänderung. Diese sieht vor, dass alle laufenden Aufstiege sofort abzubrechen sind, wenn 50 % der Tourfirmen die aktuellen Bedingungen als unsicher erachten. Jedes Jahr erklimmen fast 20 000 Touristen den Volcán Villarrica (einigen Experten zufolge viel zu viele).

Die Moral von der Geschicht': Ein Aufstieg am Vulkan ist unvergesslich – im positiven Sinne aber nur mit einem sorgsam gewählten Tourveranstalter. Dabei gilt grundsätzlich, dass Qualität ihren Preis hat: Es lohnt sich definitiv, 5000 bis 10 000 Ch$ mehr für zusätzliche Sicherheitsmaßnahmen und eine Versicherung auszugeben. Bei den geringsten Bedenken in puncto Sicherheitsstandards sofort eine andere Firma suchen! Eine große Hilfe bei der Auswahl ist das offizielle Libro de Reclamos (Beschwerdebuch für Touristen), das bei der Oficina de Turismo (S. 558) in Pucón öffentlich ausliegt.

Klettern

Bei **Cerduo** am Fuß des Volcán Villarrica beginnen 40 Kletterrouten (Schwierigkeitsgrad 5,8–5,12d), die durch Naturwälder führen. Darunter sind sowohl traditionelle Strecken

Pucón

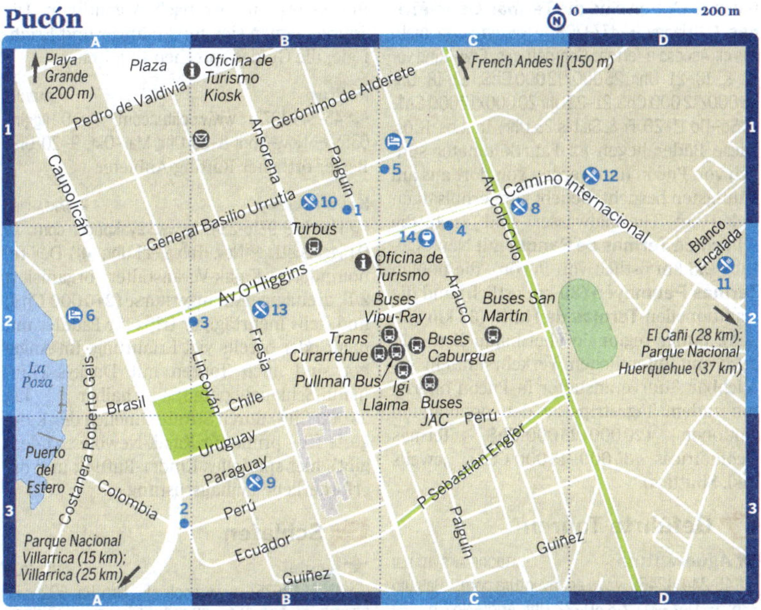

Pucón

Aktivitäten, Kurse & Touren
1 Aguaventura B1
2 Bike Pucón A3
3 Kayak Pucón B2
4 Politur C2
5 Summit Chile C1

Schlafen
6 Chili Kiwi A2
7 iécole! C1

Essen
8 Just Delicious C1
9 La Picada B3
10 Latitude 39° B1
11 Lider Express D2
12 Menta Negra D1
13 Trawen B2

Ausgehen & Nachtleben
Madd Goat Coffee Roasters .... (siehe 8)
14 Mama's & Tapas C2

als auch Optionen für Sportkletterer. Für anspruchsvolleres bzw. anstrengenderes Kraxeln empfiehlt sich eine dreistündige Wanderung zu **Las Peinetas:** Nahe der argentinischen Grenze starten dort Routen mit fünf oder sechs Seillängen (Abschnitten; bis zu 12 Std., Guide empfohlen). Die Firma **Summit Chile** (☎ 45-244-3259; www.summitchile.org; Urrutia 585; ⏲ Nov.–März 10–20 Uhr, April–Okt. bis 18 Uhr) beschäftigt erfahrene Führer mit Zertifikat und bietet auch Optionen für Fortgeschrittene an. Bei Cerduo hat Inhaber Claudio Retamal zudem selbst fünf Kletterrouten für alle Erfahrungsstufen erschlossen.

Mountainbiken

In ganz Pucón können Mountainbikes zu verhandelbaren Preisen ausgeliehen werden (10 000–14 000 Ch$/Tag, sofern kein brandneues Fully).

Die beliebteste Route ist der **Ojos de Caburgua Loop** am anderen Ufer des Río Trancura. Dorthin geht's ca. 4 km östlich der Stadt über die Abzweigung zum Flughafen.

Rafting & Kajakfahren

Pucón ist für Sport auf Fließgewässern und seine tolle Infrastruktur im Rafting- oder Kajakbereich bekannt. Die umliegenden Flüsse sind (angegeben ist auch die jeweilige Klassifizierung der Stromschnellen): Unterer Trancura (III), Oberer Trancura (IV), Liucura (II–III), Puesco (V) und Maichín (IV–V).

Thermalquellen

Im Bereich von Pucón und La Araucanía gibt's überall Themalquellen. Die beste und teuerste Option sind die **Termas Geométricas** (☎ Handy 9-7477-1708; www.termasgeometricas.cl; Acceso a Termas Geométricas; Erw./Kind vor 12 & 18–21 Uhr 25 000/12 000 Ch$, 12–18 Uhr 28 000/12 000 Ch$, 21–23 Uhr 20 000/12 000 Ch$; ⊙ So–Do 11–20, Fr & Sa bis 23 Uhr) in Los Ríos. Diese Bäder liegen 82 Fahrtkilometer südlich von Pucón und werden von dort aus am häufigsten besucht. Beliebt zum erholsamen Aalen im Thermalwasser sind auch die schlichten **Termas de Panqui** mit New-Age-Vibe (56 km östlich von Pucón), die noblen **Termas Peumayén** (30 km östlich) und die traditionellen **Termas de Huife** (35 km östlich). Einige regionale Thermalquellen sind auch mit öffentlichen Verkehrsmitteln erreichbar. Tourveranstalter in Pucón offerieren zudem Tagestrips zu den populärsten Optionen (20 000–25 000 Ch$, Termas Geométricas 35 000–45 000 Ch$; jeweils inkl. Shuttles).

Geführte Touren

★ Aguaventura OUTDOOR-AKTIVITÄTEN
(☎ 45-244-4246; www.aguaventura.com; Palguín 336; ⊙ Dez.–März 8.30–22 Uhr, April–Nov. bis 20 Uhr) Die freundliche Firma unter französischer Leitung organisiert alle erdenklichen Abenteuer-Aktivitäten – darunter z. B. Wintersport, Kajakfahren oder Vulkantreks mit höchst kompetenten Guides und Bier nach der Tour. Zudem gibt's hier komplette Leihausrüstungen für Berg-, Wasser- und Wintersportler (inkl. GoPro-Kameras). Die Betreiber legen sehr viel Wert auf Sicherheit. Zum Recherchezeitpunkt war Mitinhaber Vincent Vorsitzender des lokalen Touranbieter-Verbands.

Bike Pucón MOUNTAINBIKEN
(☎ Handy 9-9579-4818; www.bikepucon.com; Ecke Caupolicán & Perú; halbtägige Touren inkl. Leihfahrrad ab 75 000 Ch$; ⊙ Dez.–März 10–14 & 17–21 Uhr) Diese Firma veranstaltet aufregende Downhills (17–20 km) auf insgesamt sechs Trails. Darunter sind alte Feuerschneisen, Single Tracks und rutschige Routen über vulkanisches Terrain. Die Touren sind nichts für Anfänger: Mit begrenzter Erfahrung kann man zwar mitradeln, muss aber unterwegs mit mehreren Stürzen rechnen.

Antilco REITEN
(☎ Handy 9-9713-9758; www.antilco.com; Carhuello, Km 7) Die Pferdetreks der sehr empfehlenswerten Firma erkunden das Liucura-Tal, den Parque Nacional Huerquehue und mehrere Mapuche-Reservate. Manche Optionen führen bis hinüber nach Argentinien. Die Touren eignen sich für Anfänger und Erfahrene; die Guides sprechen Englisch.

Politur RAFTING
(☎ 45-244-1373; www.politur.com; Av O'Higgins 635; ⊙ Nov.–April 8–23 Uhr, Mai–Okt. 9–20 Uhr) Bester örtlicher Rafting-Anbieter.

Kayak Pucón KAJAKFAHREN
(☎ Handy 9-9716-2347; www.kayakpucon.com; Av O'Higgins 211; ⊙ Nov.–Feb. 9–21 Uhr; 👪) Der renommierte Kajak-Veranstalter organisiert z. B. dreitägige Anfängerkurse (240 000 Ch$) und (teils mehrtägige) Trips für Paddler mit mehr oder bereits viel Erfahrung. Im Angebot sind auch Touren mit Duckys (Einmann-Schlauchbooten; halber Tag 25 000 Ch$) durch Stromschnellen der Kategorie III – prima für Kajak-Newbies. Zudem gibt's hier spezielles Kinder-Rafting und die erforderliche Leihausrüstung.

Schlafen

★ ¡école! HOSTEL $
(☎ 45-244-1675; www.ecole.cl; Urrutia 592; Zi. 32 000–58 000 Ch$, EZ/DZ ohne Bad 20 000/24 000 Ch$, B mit/ohne Bettwäsche 12 000/9000 Ch$; P @ 📶) 🍃 Eine Reiseerfahrung für sich: Das ruhige, künstlerisch angehauchte und ökobewusste Hostel ist schon lange die interessanteste Bleibe in Pucón. Verantwortungsbewusste Traveller steigen hier gerne ab. Die kleinen, sauberen und komfortablen Zimmer haben dünne Wände. Auch draußen auf dem grünen Gelände sind Stimmen stets deutlich zu vernehmen. Wilde Partys sind hier somit tabu.

Chili Kiwi HOSTEL $
(☎ 45-244-9540; www.chilikiwihostel.com; Roberto Geis 355; B ab 10 000 Ch$, Zi. ohne Bad ab 34 000 Ch$; 📶) 🍃 Pucóns geselligstes Hostel liegt wunderschön am Seeufer. Das engagierte Inhaberpaar (neuseeländisch-niederländisch) ist weit gereist und kennt somit die spezifischen Bedürfnisse von Travellern genau. Die Betten in den verschiedenen Schlafsälen haben teilweise zwei Steckdosen. Unter den zusätzlichen Privatquartieren sind umgebaute Kleinbusse, (Stelzen-)Hütten und Quonset-Hütten mit hochwertiger Bettwäsche. Zudem gibt's viele Küchen und Bäder mit Designer-Details.

French Andes II HOSTEL $
(☎ 45-244-3324; www.french-andes.com; Pasaje Luck 795; B für 1/2 Pers. 14 000/24 000 Ch$, Zi. ohne Bad 45 000 Ch$; P @ 📶) 🍃 Das Hostel

unter französischer Leitung hat viele Pluspunkte. Darunter sind z. B. Recycling-Maßnahmen, ein toller Hinterhof mit Feuerstelle, super Aussicht auf den Vulkan und Schlafkapseln im japanischen Stil (EZ oder DZ). Diese bieten mehr Privatsphäre als die normalen Schlafsäle mit Gepäckaufbewahrung vor der Tür (in abschließbaren Kästen bzw. Gitterboxen). Die Gemeinschaftsbäder sind hellrot gestrichen und haben zumindest etwas Charakter.

Mitinhaber Vincent gehören auch 50% der Outdoor-Firma Aguaventura (S. 556) – abenteuerlustige Gäste sind hier also in guten Händen. Etwas weiter unten an der Straße liegt das originale **French Andes I** mit einem spaßigen Apartment in einem umgebauten Schiffscontainer. Das „II" gefällt uns aber insgesamt besser.

Essen

Just Delicious NAHÖSTLICH $

(www.facebook.com/JDpucon; O'Higgins 717, Local 7, Patagonia Blvd; Mo–Sa 13–22, So 17–22 Uhr;) In seinem Lokal stellt der israelische Auswanderer Tal alles frisch her und verwendet dabei oft importierte Zutaten aus seiner Heimat. Ergebnis sind nahöstliche Köstlichkeiten wie Hummus, Falafel, *shakshuka* (Eier mit pikanter Tomatensauce), Baba Ghanoush oder Baklava. Besonders lecker schmeckt das Falafel-Sandwich (Hummus, Krautsalat, Tahini, pikantes *matbukha*) in selbst gebackenem Fladenbrot. Auch Tals selbst eingelegtes Gemüse ist super. Nur Barzahlung.

La Picada CHILENISCH $

(Paraguay 215; Festpreismenüs mittags 4500 Ch$; 12–16 Uhr, März–Nov. So geschl.) Ein lokales Geheimnis wird gelüftet: In irgendjemandes Wohnzimmer serviert dieses Underground-Restaurant mit neuer Freiluftterrasse seine schlichten Mittagsmenüs – z. B. Salate, *pastel de choclo* (Maisauflauf), *cazuelas* (Eintöpfe) und Pasta. Ein Schild gibt's nicht; Gäste müssen an die Tür klopfen.

Latitude 39° AMERIKANISCH $

(Urrutia 436, Local 2; Hauptgerichte 5900–7800 Ch$; 12–23.30 Uhr, im Winter kürzer;) Die Inhaber dieses Lokals stammen aus Kalifornien und besetzen in Pucón eine offenbar sehr gefragte Gringo-Nische. Die saftigen Burger im US-Stil sind ein Hit – vor allem die Varianten Grand Prix (karamellisierte Zwiebeln, Speck, Erdnussbutter) und Buddha (Sriracha-Mayo, asiatischer Krautsalat, frittierte Garnelen). Ansonsten gibt's hier z. B. üppige Frühstücks-Burritos, Fischtacos oder Wraps mit Chicken Wings.

Menta Negra CAFÉ $

(www.facebook.com/emporiomentanegra; O'Higgins 772; Festpreismenüs 6900 Ch$; 9–24 Uhr, April–Nov. So geschl.;) Das künstlerisch angehauchte Menta Negra serviert gute Hausmannskost. Es empfiehlt sich die Freiluftterrasse, von der man auf Natur – und nicht auf Beton – schaut (in Pucón eine Seltenheit).

Lider Express SUPERMARKT $

(www.lider.cl; Pasaje Las Rosas 635; Mo–Sa 8.30–22, So 9–21 Uhr) Bestes internationales Markensortiment in Pucón.

★ **Trawen** CHILENISCH, FUSION $$

(45-244-2024; www.trawen.cl; Av O'Higgins 311; Hauptgerichte 6200–16 800 Ch$; 8.30–24 Uhr;) Unter Pucóns Restaurants bietet das alteingesessene, beliebte Trawen eins der besten Preis-Leistungs-Verhältnisse: Das stets frisch zubereitete Essen punktet mit innovativen Aroma-Kombinationen. Unter den Highligts sind z. B. Wild im Speckmantel, Tintenfisch-Risotto mit *merkén* oder super Ravioli mit Räucherforellen-Füllung und Spinat-Sahne-Sauce. Die Salate stammen aus dem hauseigenen Bio-Garten mit Zertifikat (der erste in Süd-Chile). Dazu gibt's passende Weine aus biologisch-dynamischem Anbau. Bei Künstlertypen sehr beliebt.

Ausgehen & Nachtleben

Mama's & Tapas BAR, CLUB

(Av O'Higgins 597; Cocktails ab 3500–5500 Ch$; Dez.–März 22–4 Uhr, April–Nov. ab 18 Uhr) Der schlicht als „Mama's" bekannte Laden ist seit Langem Pucóns populärste Ausgehadresse. Das Innere wurde von einem Akustikingenieur entworfen (Wand und Decke sind komplett aus Holz), was das Klangerlebnis natürlich unvergleichlich macht. Vor Mitternacht ist hier tote Hose, danach geht's aber in echter Clubmanier zur Sache.

Madd Goat Coffee Roasters CAFÉ

(www.facebook.com/patagoniaroast; O'Higgins 717, Local 3, Patagonia Blvd; Kaffee 1600–4000 Ch$; Mo–Fr 9–21, Sa 10–19 Uhr;) Nach 20 Jahren hat guter Kaffee in trendigen Varianten endlich auch Pucón erreicht: Dieser Repräsentant der „dritten Kaffeewelle" sorgt nun dafür, dass die koffeingierigen Massen hier nicht mehr unter einer Überdosis Nescafé leiden müssen. Der US-amerikanische Inhaber Scott Roberts röstet eigenhändig lateinamerikanische Bohnen und betreibt eine stilvolle Pavoni-Espressomaschine aus Italien.

Praktische Informationen

Vom allem im Uferbereich kommt es in Pucón zunehmend zu Diebstählen. Geklaut werden hauptsächlich Fahrräder und Rucksäcke. Darum immer vorsichtig sein und niemals etwas im Auto zurücklassen (besonders nachts)!

An der Av O'Higgins gibt's mehrere Banken mit Geldautomaten (Transaktionsgebühren bei der Banco do Estado am niedrigsten).

CorreosChile (www.correos.cl; Fresia 183; Mo–Fr 9–13 & 14.30–18, Sa 9–12.30 Uhr)

Hospital San Francisco (www.hospitalpucon.cl; Uruguay 325; 24 Std.)

Oficina de Turismo (45-229-3001; Ecke Av O'Higgins & Palguín; 8.30–22 Uhr, April–Okt. bis 19 Uhr) Das Personal (meist spricht jemand Englisch) verteilt Broschüren. In der Hauptsaison wird auch ein **Kiosk** (Urlaubswochenenden & Juli 11.30–19 Uhr, Mitte Dez.–Mitte Feb. 8.30–22 Uhr) an der Plaza de Armas geöffnet.

An- & Weiterreise

Pucón bietet regelmäßig Busverbindung nach/ab Santiago (13000–25000 Ch$, 9½ Std.). Diesbezüglich empfehlen sich **Turbus** (45-268-6119; www.turbus.com; Av Bernardo O'Higgins 448B, östl. der Stadt; 7.30–21.30 Uhr) und **Pullman Bus** (45-244-3331; www.pullman.cl; Palguín 555, Stadtzentrum; 7.30–21.30 Uhr), die auch viele andere Ziele bedienen.

Buses JAC (045-299-3183; www.jac.cl; Ecke Uruguay & Palguín; Mo–Sa 7–19, So 9–21 Uhr) fährt nach Puerto Montt (9800 Ch$, 5 Std.), Valdivia (4700 Ch$, 3 Std.) und Temuco (3500 Ch$, 2 Std., alle 30 Min.). Vom selben Terminal starten **Buses Vipu-Ray** (Handy 9-6835-5798; Palguín 550) und **Trans Curarrehue** (Handy 9-9273-1043; Palguín 550) regelmäßig gen Villarrica (1000 Ch$, 30 Min.). Buses JAC und **Buses Caburgua** (Handy 9-9838-9047; Palguín 555) steuern den Parque Nacional Huerquehue an (2000 Ch$, 45 Min.). Mit **Buses San Martín** (45-244-2798; Uruguay 627; Mo–Fr 9–13 & 15.30–19.45, Sa 9–12, So 16.30–19.45 Uhr) und **Igi Llaima** (45-244-4762; www.igillaima.cl; Ecke Palguín & Uruguay; 7–13.30 & 15–21 Uhr) geht's über Junín nach San Martín de los Andes in Argentinien (jeweils 14000 Ch$, 5 Std., mind. 2-mal wöchentl.).

Rund um Pucón

Río-Liucura-Tal

Östlich von Pucón führt der Camino Pucón–Huife durch ein grünes Tal mit zahllosen Thermalquellen, einem Naturschutzgebiet und Aussicht auf das silberne Band des Río Liucura.

Das Naturschutzgebiet **Santuario El Cañi** (www.santuariocani.cl; Pichares, Km 21; mit/ohne Guide 15000/4000 Ch$; Zugang nur 8–12 Uhr) wurde von Einheimischen eingerichtet, um der Holzindustrie einen Strich durch die Rechnung zu machen. Auf ca. 500 ha wachsen hier spektakuläre Naturwälder mit uralten Araukarien. Besucher können über einen steilen Pfad zu einem tollen Aussichtspunkt hinaufwandern (einfache Strecke 9 km, 3 Std.) und vor Ort im **La Loma Pucón** (Handy 9-8882-9845; www.tocatierra.cl/tocatierra4.html; Santuario El Cañi; Zeltplatz 5000 Ch$/Pers.) zelten. ¡école! (S. 556) in Pucón organisiert geführte Touren nach El Cañi.

Curarrehue

Curarrehue ist die letzte größere Siedlung vor dem Paso de Mamuil Malal (Paso-Tromen-Pass), der 40 km weiter westlich nach Argentinien hinüberführt. Das kleine Pueblo wird zu 80% von Mapuche bewohnt. Es wirkt zwar optisch nicht sehr attraktiv (bis auf seine schicke neue Plaza de Armas), macht sich aber so langsam einen Namen: Neben einem Museum für Mapuche-Kultur warten hier auch zahllose Möglichkeiten für Ethno-Touristen.

Das kleine, interessante **Museo Intercultural Trawupeyüm** (Héroes de la Concepción 21; Eintritt 1000 Ch$; Jan. & Feb. Mo–Fr 9–20, Sa & So ab 11 Uhr, März–Dez. Mo–Fr 9.30–17.30, Sa 10–17 Uhr) beleuchtet die Kultur der Mapuche. Curarrehues Hauptattraktion ist jedoch das **Anita Epulef Cocina Mapuche** (Mapu Lyagl; Handy 9-8788-7188; anita.epulef@gmail.com; Camino al Curarrehue; Probiermenüs 7500 Ch$; Dez.–Feb. 13.30–17.30 Uhr, April–Nov. nur nach Reservierung;), wo ein Küchenchef mit Mapuche-Wurzeln saisonale Zutaten zu abenteuerlichen vegetarischen Probiermenüs verwandelt.

Im Ort selbst lädt das **Hostal Quechupehuén** (Handy 9-8505-7438; www.quechupehuen.cl; O'Higgins 470; Zi. ohne Bad 18000 Ch$/Pers.; P) zum Übernachten ein. Alternativ lockt 5 km weiter nördlich das schwulen- und haustierfreundliche **Ko Panqui** (Handy 9-9441-5769; www.facebook.com/kopanqui; Camino a Panqui, Km 4,9; Hütte/Suite 76000/102000 Ch$; P) in ländlicher Idylle. Dieser ökobewusste Mix aus Lodge und Künstler-Refugium ist das Lebenswerk von Claudio Ansorena (Enkel von Pucóns Gründer).

CHILE SEENGEBIET

An Curarrehues Hauptstraße liegt eine kleine, unbeschilderte, aber hilfreiche **Touristeninformation** (☎45-292-2059; www.curarrehue.cl; O'Higgins s/n; ⏰Mo–Fr 9–19 Uhr).

Parque Nacional Huerquehue

Nur 35 km von Pucón entfernt erstreckt sich der 125 km² große **Parque Nacional Huerquehue** (☎Handy 9-6157-4089; www.conaf.cl/parques/parque-nacional-huerquehue; Erw./Kind Chilenen 3000/1500, Ausländer 5000/3000 Ch$) mit rauschenden Flüssen, Wasserfällen, Bergseen und Andentannen. Am Eingang bekommt man Infos und Karten beim **Centro de Informaciones Ambientales** (☎Handy 9-6157-4089; www.conaf.cl; ⏰10.30–14.30 & 16.30–19.30 Uhr), das von der Conaf betrieben wird.

Conaf-Campingplätze gibt's am **Lago Tinquilco** (☎Handy 9-6157-4089; parque.huerquehue@conaf.cl; Zeltplatz Chilenen/Ausländer 15 000/18 000 Ch$) und in **Renahue** (☎Handy 9-6157-4089; parque.huerquehue@conaf.cl; Stellplatz 15 000 Ch$). Am unteren Anfang des Wegs zum Lago Verde wartet das hervorragende **Refugio Tinquilco** (☎Handy 9-9539-2728; www.tinquilco.cl; Stellplatz/B 20 000/16 000 Ch$, DZ mit/ohne Bad 42 900/34 900 Ch$, Hütte 75 000 Ch$; jeweils inkl. Frühstück; ⏰Juni–Aug. geschl.) u. a. mit einer Waldsauna, Kaffee aus der Stempelkanne und Mahlzeiten (10 500 Ch$) auf. Alternativ können Gäste der luxuriösen Lodge aber auch selbst kochen.

Buses Caburgua (S. 558) fährt ab Pucón hierher (2000 Ch$, 1 Std., 3-mal tgl.). Ansonsten gibt's auch geführte Touren zum Park.

Der Rundwanderweg **Los Lagos** (7 km, hin & zurück 4 Std.) schlängelt sich durch dichte Wälder mit Lenga-Südbuchen zu einigen ursprünglichen, von Andentannen gesäumten Seen. Der **Cerro San Sebastián** (16 km, hin & zurück 7 Std.) gilt als beste Wanderung in der Region La Araucanía. Vom Eingang des Parks geht es von 700 m hinauf auf 2000 m. Bei klarer Sicht hat man von oben Ausblick auf acht Vulkane und 14 Lagunen.

Parque Nacional Villarrica

Dieses herrliche Fleckchen Erde mit Vulkanen und Seen gehört zu den beliebtesten Parks Chiles. Die Highlights des 63 000 ha großen Nationalparks sind seine drei Vulkane: der Villarrica (2847 m), der Quetrupillán (2360 m) und ein Teil des Lanín (3747 m) an der Grenze zu Argentinien.

Lago Calafquén

Schwarze Sandstrände und Gärten locken Traveller zu diesem mit Inseln gesprenkelten See, der in der Nachsaison wie ausgestorben wirkt. Es gibt hier zwei Ortschaften: das schicke **Lican Ray** (30 km südlich von Villarrica) und das bodenständigere **Coñaripe** (22 km östlich von Lican Ray). Lican Ray ist winzig, mit einigen Campingplätzen rundherum. An der Hauptplaza in Coñaripe steht ein Touristenkiosk mit freundlichem Personal. Vom nördlichen Ortsrand führt eine Straße zu ein paar Thermalbädern, z. B. den Termas Geométricas (S. 556). Buses JAC (S. 558) schickt täglich mehrere Busse von Villarrica via Lican Ray (700 Ch$, 30 Min.) nach Coñaripe (1200 Ch$, 1½ Std.).

Valdivia

☎063 / 166 100 EW.

Seit 2007 ist Valdivia die Hauptstadt von Chiles zweitjüngster Region namens Los Ríos (alias Región XIV). Zuvor hatten separatistische Stimmen jahrelang bemängelt, dass die Stadt trotz geografischer, geschichtlicher und kultureller Unterschiede in das Seengebiet integriert worden war. Valdivia ist das wichtigste Universitätszentrum im südlichen Chile. Entsprechend findet man hier viel Kunst und eine erfrischende Dosis jugendlicher Energie – ebenso viele Hostels, Cafés, Restaurants und Bars mit studentenfreundlichen Preisen. Von den deutschen Wurzeln der Stadt zeugt u. a. die lokale Craft-Bier-Szene (die beste in ganz Süd-Chile).

Sehenswertes & Aktivitäten

Lokaler Lebensmittelpunkt ist die Av Costanera Arturo Prat. Die bedeutendsten öffentlichen Gebäude stehen aber an der Plaza de la República.

Cervecería Kunstmann BRAUEREI
(☎63-229-2969; www.cerveza-kunstmann.cl; Ruta T-350 950; Bierkrug 3100–3500 Ch$, Hauptgerichte 6600–10 600 Ch$; ⏰Mo–Sa 12–24, So bis 22 Uhr) An der Straße nach Niebla (Km 5) steht auf der Isla Teja die beste Großbrauerei Süd-Chiles. Bei den Standard-Führungen (8000 Ch$, 45 Min., 12.15–20 Uhr stündl.) bekommt man in einem Glaskrug zum Mitnehmen (300 ml) eine exklusive Kostprobe: naturtrübes Torobayo direkt aus dem Lagertank. Alternativ gibt's längere Touren, deren Teilnehmer mit einem Elektro-Kombi durch

Valdivia

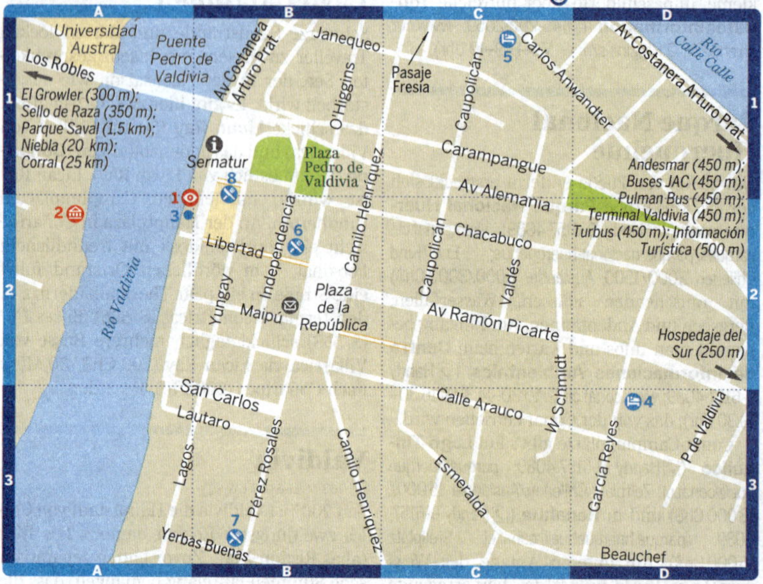

Valdivia

Sehenswertes
1 Feria Fluvial A2
2 Museo Histórico y Antropológico A2

Aktivitäten, Kurse & Touren
3 Reina Sofía A2

Schlafen
4 Airesbuenos Hostel & Permacultura ... D3
5 Hostal Totem C1

Essen
6 Café Moro B2
7 La Última Frontera B3
8 Mercado Municipal B1

das Werk fahren und fünf Biersorten probieren (12 000 Ch$, 1½ Std., tgl. 12.15, 14, 16 & 18 Uhr; Zeiten teils wechselnd).

Feria Fluvial MARKT
(Av Prat s/n; ⏲7–15.30 Uhr) Südlich der Valdivia-Brücke gibt's Frischfisch, Fleisch und Agrarprodukte auf diesem belebten Markt am Fluss. Seelöwen haben hier ein Paradies auf Erden entdeckt: Die Tiere lassen sich den ganzen Tag lang am Ufer treiben und warten darauf, dass ihnen Touristen und Fischhändler die Reste des Fangs direkt vor die Nase werfen. Menschliche Marktbesucher können sich wiederum an frischer Ceviche (1500 Ch$) laben.

Museo Histórico y Antropológico MUSEUM
(www.museosaustral.cl; Los Laureles; Eintritt Erwachsener/Kind 1500/300 Ch$; ⏲Jan & Feb. 10–20 Uhr, März–Dez. Di–So 10–13 & 14–18 Uhr) Dieses Museum in einer schmucken Villa am Ufer auf der Isla Teja gehört zu den besten seiner Art im Land. Es zeigt eine große, gut beschilderte Sammlung von der präkolumbischen Zeit bis in die Gegenwart mit hervorragenden Ausstellungen zu indigenen Artefakten der Mapuche, feiner Silberware und Haushaltsgegenständen aus frühen deutschen Siedlungen.

Reina Sofía BOOTSFAHRT
(☎63-220-7120; Puerto Fluvial, unteres Ende der Arauco; 20 000 Ch$/Pers.; ⏲Abfahrt 13.30 Uhr) Empfehlenswerter (wenn auch penetranter) Anbieter von Stamndard-Bootsrundfahrten.

Feste & Events

Bierfest BIER
(http://bierfestkunstmann.cl; Parque Saval; ⏲Feb.) Wird von der Cervecería Kunstmann organisiert.

Noche de Valdivia KULTUR
(www.nochevaldiviana.cl; ⌚3. Sa im Feb.) Größtes örtliches Fest mit Feuerwerk und geschmückten Flussbooten.

Schlafen

Während des Semesters belegen Studenten die hiesigen Budgetunterkünfte. Im Sommer stehen die Chancen besser.

★ Airesbuenos Hostel & Permacultura HOSTEL $
(☎63-222-2202; www.airesbuenos.cl; García Reyes 550; B Inkl. Frühstück 10000–12000; EZ 32000/38000 Ch$; @📶) Das beste Hostel der Stadt wird von einem freundlichen Amerikaner aus Nordkalifornien betrieben, der diesen alteingesessenen Traveller-Favoriten in die umweltfreundlichste Übernachtungsoption in Sur Chico verwandelt hat. Dazu gehören Duschen mit von der Sonne erwärmtem Wasser, Regenwasserauffangbehälter, Permakultur, vertikale Gärten, ein Kompost und ägyptische Bambushandtücher. Das Hostel ist aber nicht nur nachhaltig, sondern hat auch komfortable, bunte Schlafsäle und einfache, schön hergerichtete Privatzimmer, die allerdings etwas klein ausgefallen sind.

Hospedaje del Sur B&B $
(☎Handy 9-8391-3169; franco.silvacampos@gmail.com; José Martí 301; EZ/DZ/3BZ inkl. Frühstück 22000/36000/50000 Ch$; P📶) Neben dem Busbahnhof findet man dieses B&B mit super Preis-Leistungs-Verhältnis im 3. Stock eines Wohnhauses. Der junge Inhaber Franco (hauptberuflich Rechtsanwalt) und dessen Familie empfangen einen mit typisch chilenischer Gastfreundschaft. Die geräumigen Zimmer (Sommer/übriges Jahr 3/1 verfügbar) haben behaglich wirkende Decken aus Holz. Darin gibt's Kabel-TV auf großen Flachbild-Fernsehern von Samsung. Das Frühstück überrascht mit Bäckerbrot, Süßgebäck, Käse und Aufschnitt.

Hostal Totem PENSION $
(☎63-229-2849; www.turismototem.cl; Carlos Anwandter 425; EZ/DZ/3BZ inkl. Frühstück 28000/33000/ 39000 Ch$; @📶) Unter den vielen Optionen entlang der von Wohnhäusern gesäumten Durchgangsstraße Carlos Anwandter bietet diese Pension das beste Preis-Leistungs-Verhältnis. Obwohl sich die Holzböden des alten Hauses mit ihrem Quietschen alle Mühe geben, sucht man antiquierten Charme hier vergebens. Die elf sauberen Zimmer, der freundliche Besitzer (er spricht Englisch und Französisch) und der sonnendurchflutete Frühstücksraum sind echte Pluspunkte.

Essen & Ausgehen

Die **Isla Teja** am gegenüberliegenden Flussufer gilt gerade als angesagtestes Restaurantviertel. Im obersten Stock des **Mercado Municipal** (Prat s/n; Hauptgerichte 300–8000 Ch$; ⌚9–21 Uhr) gibt's herzhafte Hausmannskost mit Seafood.

La Última Frontera SANDWICHS $
(Pérez Rosales 787; Sandwichs 3000–5300 Ch$; ⌚Mo–Sa 10–2 Uhr; 📶✎) Die ruhige Restaurantbar mit deutlich spürbarem Künstler-Vibe ist ein Traum für Traveller: In einer restaurierten Villa gibt's hier allerlei ungewöhnliche Sandwichs, frisch gepresste Säfte und regionale Craft-Biere. Darunter sind ca. 15 Sorten vom Fass (z.B. Cuello Negro, Totem, Valtare, Duende) und ein paar weitere Varianten in Flaschen.

Café Moro CHILENISCH $
(Paseo Libertad 174; Festpreismenüs 3900 Ch$; ⌚Mo–Fr 9.30–22, Sa ab 11 Uhr; 📶) Das Moro serviert Mittagsmenüs mit super Preis-Leistungs-Verhältnis und verwandelt sich zu späterer Stunde in eine Bar. Sein bunt gemischtes Publikum besteht aus Gästen allen Alters. Darunter sind z.B. intellektuelle Hipster und Wissenschaftler, die am örtlichen Centro de Estudios Científicos für den WWF (World Wildlife Fund) forschen.

Sello de Raza CHILENISCH $$
(☎63-222-6262; www.restaurantselloderaza.cl; Las Encinas 301; Hauptgerichte 8900–15900 Ch$; ⌚Di–Fr 19–1, Sa ab 12.30, So 12.30–17 Uhr; 📶) Das vornehme Sello de Raza ist einerseits eine renommierte *parrilla* (Steakhaus), punktet aber auch mit typischen Köstlichkeiten à la Chile: Der *pastel de choclo* (Maisauflauf) zählt zu den besten im ganzen Land. Ebenso empfehlenswert sind z.B. der *chupe de jaiba* (Krabbenauflauf) oder der *guatitas a la chilena* (Kutteleintopf).

★ El Growler CRAFT-BIER
(www.elgrowler.cl; Saelzer 41; Bierkrug 2800–4000 Ch$; ⌚Mo–Do 12–24, Fr & Sa bis 2, So bis 23 Uhr; 📶) Ein ausgewanderter Braumeister aus Oregon und dessen chilenischer Partner betreiben zusammen die beste Craft-Bier-Quelle in Sur Chico. Hier gibt's u.a. 15 selbst produzierte Sorten vom Fass: IPAs, Red Ales, Stouts, Porters und experimentelle Gebräue

(jeweils etwa gleich viele) – stets ergänzt durch mindestens einen Apfelwein. Hinzu kommen extern hergestellte Gerstensäfte, die aus der übrigen Region und gelegentlich auch aus den USA stammen. Bei Schönwetter ist die Freiluftterrasse immer rappelvoll.

Praktische Informationen

Im Zentrum gibt's viele Geldautomaten und Internetcafés.

Clínica Alemana (http://portal.alemana.cl; Beauchef 765; ⏲24 Std.) Besser, schneller und näher gelegen als das öffentliche Krankenhaus.

CorreosChile (www.correos.cl; O'Higgins 575; ⏲Mo–Fr 9–19, Sa 9.30–13 Uhr)

Información Turística (☎63-222-0498; www.valdiviaturismo.cl; Anfión Muñoz 360, Terminal Valdivia; ⏲8–22 Uhr) Am Busbahnhof (Bereich B).

Sernatur (☎63-223-9060; www.turismolosrios.cl; Prat s/n; ⏲9–21 Uhr) Sehr nützliche Infos und Tipps.

An- & Weiterreise

BUS

Am **Terminal Valdivia** (☎63-222-0498; www.terminalvaldivia.cl; Anfión Muñoz 360) besteht Linienverbindung zu Zielen zwischen Puerto Montt und Santiago – z. B. mit **Turbus** (☎63-221-2430; www.turbus.cl; Anfión Muñoz 360, Terminal Valdivia) oder **Pullman Bus** (☎63-220-4669; www.pullman.cl; Anfión Muñoz 360, Terminal Valdivia). **Buses JAC** (☎63-233-3343; www.busjac.cl; Anfión Muñoz 360, Terminal Valdivia) fährt von hier aus nach Villarrica, Pucón und Temuco. **Andesmar** (☎63-220-7948; www.andesmarchile.cl; Anfión Muñoz 360, Terminal Valdivia) bedient Bariloche in Argentinien.

Busse ab Valdivia

Hinweis: Die Tabelle nennt Startpreise, die je nach Jahreszeit, Bustyp und -klasse variieren.

ZIEL	PREIS (CH$)	DAUER (STD.)
Bariloche (Argentinien)	23 000	8
Castro (Chiloé)	9300	7
Osorno	4000	2
Panguipulli	3300	1¾
Pucón	4700	3
Puerto Montt	5000	3½
Santiago	20 600	12
Temuco	3800	2¼
Valparaíso/Viña del Mar	27 400	13
Villarrica	4500	1¾

FLUGZEUG

Der **Aeropuerto Pichoy** (☎63-227-2294; San José de la Mariquina, Mariquina) liegt 32 km nordöstlich von Valdivia an der Ruta 5. **LATAM** (☎600-526-2000; www.latam.com; Maipú 271; ⏲Mo–Fr 9.30–13.30 & 15.30–18.30, Sa 10–13 Uhr) fliegt ab Santiago hierher (1-mal tgl.). **JetSmart** (www.jetsmart.com) und **Sky Airline** (www.skyairline.com) bieten weitere Verbindungen.

Osorno

☎064 / 161 000 EW.

Das belebte Osorno (nicht mit dem gleichnamigen Vulkan verwechseln!) ist das kommerzielle Zentrum der umliegenden Agrarregion und ein wichtiger Verkehrsknotenpunkt: Die Stadt liegt an der Hauptroute zwischen Puerto Montt, Santiago und den Huilliche-Gemeinden an der regionalen Küste. Die meisten Traveller verweilen hier nur kurz. Jedoch hat lokal aufkommendes Hipstertum inzwischen den einstigen Mangel an gutem Essen und Trinken in Osorno beendet: Vor Ort findet man heute einige coole Cafés, anständige Restaurants und attraktive Bars. Bei Bedarf ist somit genügend Abwechslung für ein paar Tage geboten.

Schlafen & Essen

Hostel Vermont HOSTEL $
(☎64-224-7030; www.hostelvermont.cl; Toribio Medina 2020; B 15 000 Ch$, EZ/DZ ohne Bad 25 000/37 000 Ch$, Hütte 50 000 Ch$; jeweils inkl. Frühstück; ⏲April–Okt. geschl.; @📶) Osornos erstes anständiges Hostel gehört einer Snowboarderin, die zwei Sprachen spricht und das Ganze nach ihrer zeitweiligen Heimat im US-Bundesstaat Vermont benannt hat. Das freundliche, saubere und gut ausgestattete Haus bietet alles, was Traveller brauchen. Es hat aber auch Schattenseiten – darunter alte knarrende Fußböden und lärmende Mitgäste, die einem mitunter nachts den Schlaf rauben.

Hotel Villa Eduviges HOTEL $$
(☎64-223-5023; www.hoteleduviges.cl; Eduviges 856; EZ/DZ/3BZ ab 28 000/48 000/58 000 Ch$; 📶) Eine komfortable Mittelklasseoption, die einen ganz entscheidenden Vorteil hat: Sie ist eine der wenigen Unterkünfte in der Región X, in der man auch als Alleinreisender in einem Doppelbett schlafen kann, ohne dafür den Preis eines Doppelzimmers bezahlen zu müssen. Es befindet sich in ruhiger Lage in einer Wohngegend südlich des Bus-

bahnhofs und bietet große, wenn auch etwas altmodische Zimmer mit eigenen Bädern. Auch das Management ist sehr nett.

Café Central CAFÉ $
(O'Higgins 610; Sandwichs 1950–6500 Ch$; ⏲ Mo–Sa 8–24, So 12–22 Uhr) Das zweistöckige Café an der Plaza ist eher ein chilenischer Diner. Guter Kaffee, riesige Burger, leckere Sandwichs und Hot Dogs *completísimo* (sprich: mit Sauerkraut, Avocado, Mayo) bescheren dem Laden stets viele Gäste. Die Mitnahmetheke ist praktisch für Alleinreisende.

Mercado Municipal CHILENISCH $
(Ecke Prat & Errázuriz; ⏲ 6–21 Uhr) Die große, moderne Markthalle beherbergt diverse *cocinerías* (Imbissstände) mit gutem und günstigem Essen.

★ **El Galpón** STEAK $$$
(☎ 64-223-4098; www.hotelwaeger.cl; Cochrane 816; Steaks 13 000–18 500 Ch$; ⏲ Mo–Sa 12.30–15 & 19.30–23 Uhr; 📶) Seitlich hinter dem Hotel Waeger versteckt sich dieses Lokal mit rustikalem Scheunen-Ambiente. Die dunklen Holzfußböden und die Lampenschirme aus altmodischen Metalleimern passen prima zur Spezialität des Hauses: Hier gibt's perfekt gegrillte Steaks (u. a. sehr üppige Filetstücke) für überzeugte Fleischfans – gegart auf einer *parrilla*, die mit ihrem hohen Holzstapel an einen offenen Kamin erinnert. Statt Wein bestellen sich viele Gäste einen der starken Pisco Sours zum Essen.

ℹ An- & Weiterreise

BUS

Fünf Blocks von der Plaza de Armas entfernt brechen Fernbusse am **Terminal de Buses de Osorno** (Hauptbusbahnhof; ☎ 64-221-1120; Errázuriz 1400) zu Zielen in Chile und Argentinien auf. Unter den vielen Betreiberfirmen sind z. B. **Pullman Bus** (☎ 64-223-0808; www.pullman.cl) und **Turbus** (☎ 64-220-1526; www.turbus.cl). Die meisten Nordverbindungen entlang der Panamericana starten in Puerto Montt; nach Santiago geht's größtenteils über Nacht.

Queilen Bus (☎ 64-226-0025; www.queilenbus.cl) empfiehlt sich für Trips nach Coyhaique oder Punta Arenas. **Andesmar** (☎ 64-223-5186; www.andesmar.com) und **Via Bariloche** (☎ 64-226-0025; www.viabariloche.com.ar) bedienen täglich Bariloche und andere Ziele in Argentinien.

Lokal- und Regionalbusse nutzen das **Terminal Mercado Municipal** (Errázuriz zw. Prat & Colón), das zwei Blocks westlich vom Hauptbusbahnhof liegt. Von hier fährt **Expreso Lago Puyehue** (☎ Handy 9-8838-9527; www.expresolagopuyehue.wix.com/buses-expreso) nach Termas Puyehue/Aguas Calientes (2200 Ch$, 1½ Std., stündl.), **Buses Río Negro** (☎ 64-223-6748) startet gen Caleta Cóndor (1200 Ch$, 45 Min.).

Ab der **Feria Libre Rahue** (Ecke Chillán & Temuco) rollen Minibusse zu den Huilliche-Gemeinden von San Juan de la Costa (Bahía Mansa, Pucatrihue, Maicolpué; 1800 Ch$, 1¾ Std., stündl.). Dorthin geht's auch mit Buslinie 1, 6 oder 10 ab der nordöstlichen Ecke von Errázuriz und Cristóbal Colón (400 Ch$).

ABSEITS DER ÜBLICHEN PFADE

DIE KÜSTE DER HUILLICHE

Die indigenen Huilliche an Osornos herrlicher Küste sitzen quasi auf einer ethno-touristischen Goldmine: Erst seit ein paar Jahren heißen ihre Gemeinden gezielt Besucher willkommen. Die Basis hierfür bilden die Ergebnisse einer zehnjährigen Studie, die der World Wildlife Fund (WWF) zum nachhaltigen Tourismus betrieben hat.

Bei mehrtägigen Touren kann wunderbar man in die hiesige Lebensart eintauchen. Unter den Trips sind auch Treks durch Valdivianische Regenwälder sowie Abstecher zu ein paar von Chiles schönsten Stränden. Übernachtet wird dabei in ländlichen Homestays rund um San Juan de la Costa und im **Territorio Mapa Lahual**. Dieses Schutzgebiet mit indigenen Bewohnern reicht südwärts bis in die Provinz Río Negro hinein. Es umfasst auch die Caleta Cóndor, die landesweit zu den schönsten entlegenen Zielen zählt.

Die fünf herrlichen *caletas* (Buchten) rund um San Juan de la Costa sind mit dem Auto erreichbar und eignen sich bei Zeitmangel auch als Tagesziele ab Osorno. Unmittelbar vor der Küste der Dörfer **Bahía Mansa**, **Pucatrihue** und **Maicolpué** tummeln sich Delfine und Seelöwen, die bis an den Strand schwimmen, zwischen dessen Felsen Frauen nach den beiden Seetangarten *luga* und *cochayuyo* suchen, die dabei helfen, die lokale Wirtschaft zu unterstützen. Die beiden schönsten *caletas* sind **Manzano**, 20 km nördlich von Bahía Mansa, und **Tril-Tril**, 7 km südlich von Bahía Mansa.

Busse ab Osorno

ZIEL	PREIS (CH$)	DAUER (STD.)
Ancud	6200	4
Bariloche (Argentinien)	17000	5
Concepción	17000	9
Coyhaique	40000	20
Pucón	8400	4
Puerto Montt	2000	1¼
Punta Arenas	35000	28
Santiago	30000	12
Temuco	5500	3½
Valdivia	3600	1¾

FLUGZEUG

Das **Aeródromo Cañal Bajo – Carlos Hott Siebert** (ZOS; ☎64-224-7555; abseits der Ruta CH-215) liegt 7 km östlich der Stadt. Mit **LATAM** (☎600-526-2000; www.latam.com; Eleuterio Ramírez 802; ⊙Mo–Fr 9–13 & 15–18.30, Sa 9.30–13 Uhr) besteht Verbindung nach Santiago (Di, Fr & So jeweils 1-mal tgl.).

Parque Nacional Puyehue

Einen Tag nach dem Erdbeben von 1960 sprengte der Volcán Puyehue (2240 m) seine Spitze ab, was die dichten, immergrünen Feuchtwälder an seinen Hängen in eine Einöde aus Dünen und Lavaströmen verwandelte. 2011 brach der nahegelegene Cordon Caulle aus, wobei Asche bis nach Buenos Aires getragen wurde. Heute schützt der 1070 km² große **Parque Nacional Puyehue** (www.conaf.cl/parques/parque-nacional-puyehue; Ruta Internacional 215, Puyehue) GRATIS die großartige Landschaft der Gegensätze. Hier findet man u.a. ein schlichtes Thermalbad namens **Termas Aguas Calientes** (☎64-233-1785; www.termasaguascalientes.cl; Ruta 215, Camino Antillanca, Km 76; Tagesticket Hallenbad/Freiluftbecken 11000/4500 Ch$, inkl. Mittagessen 17000/10500 Ch$) und die **Pocitos Termas** (Eintritt frei). Diese liegen ca. 80 m hinter der Colgante-Brücke, die am Conaf-Parkplatz beginnt.

Rund 18 km hinter Aguas Calientes liegt das kleine Skigebiet **Centro de Esquí Antillanca** (☎64-261-2070; www.antillanca.cl; Ruta U-485; Liftpass 35000 Ch$, komplette Leihausrüstung Erw./Kind 33000/22000 Ch$) an den Hängen des Volcán Casablanca (1990 m). Im Sommer führt ein Pfad hinauf zu dessen Krater, wo ein Aussichtspunkt mit Blick auf die Bergkette aufwartet.

Etwa 17 km nordwestlich der Abzweigung nach Aguas Calientes beginnen viele Wanderwege bei **Anticura**. Zwei nette kurze Pfade führen hier zu einem Aussichtspunkt und zum Wasserfall Salto del Indio. Rund 2 km weiter westlich markiert das Privatgelände des Resorts **El Caulle** den südlichen Routen-Startpunkt der bekannten und beliebten **Puyehue Traverse** (3–4 Wandertage). **Patagonia Expeditions** (☎Handy 9-9104-8061; www.anticura.com; Ruta Internacional 215, Km 90) bietet geführte Wanderungen im Nationalpark an. An ihrem örtlichen Sitz betreibt die Firma zudem den **Camping Catrué** (☎Handy 9-9104-8061; www.anticura.com; Ruta Internacional 215, Km 90; Zeltplatz für 1/2 Pers. 5000/9000 Ch$, Hütte für 2/4/6 Pers. 45000/52000/60000 Ch$; 📶) mit 15 Stellplätzen und voll ausgestatteten Hütten.

Frutillar

☎065 / 18400 EW.

Frutillars geheimnisvoller Nimbus wurzelt im Erbe der im 19. Jh. eingewanderten Deutschen, das bis heute erhalten geblieben ist. Hierher kommt man, um die Atmosphäre eines einfacheren Lebens aufzusaugen, im See zu schwimmen, hausgemachten Kuchen zu essen und in Zimmern mit Spitzenvorhängen an den Fenstern zu schlafen. Manchen ist Frutillar für einen längeren Aufenthalt zu ruhig, andere sehen die Idylle als Alternative zum chaotischeren Puerto Varas.

Der Ort besteht aus zwei Teilen: Frutillar Alto ist eine schmucklose Arbeitersiedlung, während Bajo am Seeufer alle Touristenattraktionen birgt. Das **Teatro del Lago** (Teatro del Lago; ☎65-242-2900; www.teatrodellago.cl; Av Philippi 1000; ⊙Abendkasse 10–18 Uhr) ist ein Zentrum der Darstellenden Künste von Weltklasse und auf Pfählen über dem Wasser erbaut. Hier finden exzellente Livekonzerte statt. Das mitten in hübschen Gärten gelegene **Museo Historíco Alemán** (www.museosaustral.cl; Ecke Pérez Rosales & Prat; Eintritt 2500 Ch$; ⊙9–19.30 Uhr) ist ein rekonstruiertes Landgut mit Mühle und Schmiede.

Viele Traveller besuchen Frutillar per Tagestrip ab Puerto Varas: Budget-Bleiben sind rar. Auf einer Lavendelfarm gleich außerhalb der Stadt lockt die beliebte **Lavanda Casa de Té** (☎Handy 9-9458-0804; www.lavandacasadete.cl; Camino a Quebrada Honda, Km 1,5; Festpreismenüs 15000 Ch$; ⊙Dez.–März 13–20 Uhr) mit Tee, hochwertigen Lavendelprodukten und Mittagessen aus frischen Produkten vom Bauernhof. Das Steakhaus **Cocina Frau Holle** (☎ 65-242-1345; www.frauholle-frutillar.cl; Varas 54; Steaks 9400–11 500 Ch$; ⌚13–15.30 & 19.30–22.30 Uhr, Mai geschl.; 📶) grillt großartiges Rindfleisch perfekt über chilenischem Eichenholz.

Nahe der Av Philippi starten Minibusse von einem kleinen Parkplatz an der Pedro Montt in Richtung Puerto Varas (1200 Ch$, 30 Min.), Puerto Montt (1600 Ch$, 45 Min.) und Osorno (1500 Ch$, 45 Min.).

Puerto Varas

☎ 065 / 44 600 EW.

Wie Soldaten dräuen zwei verschneite Vulkane über dem malerischen Puerto Varas. Die Stadt liegt nur 23 km von Puerto Montt entfernt, ist aber in puncto Charme, Landschaft und Service-Einrichtungen eine ganz andere Welt. Sie wurde schon als das „nächste Pucón" beworben und bietet tolle Wassersportoptionen, vor allem Rafting und Kajakfahren. Doch auch klettern, angeln, wandern und Ski fahren kann man hier. Im Sommer herrscht Hochbetrieb, imWinter ist es still.

Sehenswertes & Aktivitäten

Bei einem gemütlichen Spaziergang lässt sich die deutsche Architektur aus dem 19. Jh. bewundern. Im Sommer können am See SUP-Bretter und Kajaks geliehen werden. Die Broschüren der Touristeninformation empfehlen einen Stadtspaziergang namens **Paseo Patrimonial**, der an zehn denkmalgeschützten Häusern vorbeiführt.

Geführte Touren

La Comarca Puelo Adventure
MOUNTAINBIKEN

(☎ Handy 9-9799-1920; www.pueloadventure.cl; Av Vicente Pérez Rosales 1621) Dieser Veranstalter ist Spezialist für spektakuläre, individuelle Fahrrad-Abenteuer in eher unbekannten Regionen. Dabei werden beispielsweise Teile des Río-Puelo- oder des Río-Cochamó-Tals erkundet. Eins der hiesigen Highlights sind Langstreckenfahrten durch Chile und Argentinien (per MTB oder Rennrad) – darunter ein einzigartiger Single-Track-Trip von Bariloche nach Puerto Varas (12 Tage). Super ist auch die Wein- und Käsetour zu einem Aussichtspunkt (900 m) am Arco Iris in La Junta. Die spaßige Option Bike & Beer (30 km) führt entlang des Seeufers zu Chester Beer (S. 568), wo Craft-Bier verkostet werden kann.

Die Gruppen bestehen jeweils aus maximal zwölf Teilnehmern. Das ganze Team gibt alles, um Kunden ein einzigartiges und unkonventionelles Erlebnis zu bescheren. Die Firma verleiht auch Rennräder, E-Bikes und vollgefederte Mountainbikes für Touren auf eigene Faust.

Ko'Kayak
RAFTING, CANYONING

(☎ 65-223-3004; www.kokayak.cl; San Pedro 311; ⌚8.30–19 Uhr) Alteingesessene Firma mit halbtägigen Rafting-Touren (35 000 Ch$, 2-mal tgl.), Seekajak-Trips (ganzer Tag/2 Tage 70 000/165 000 Ch$) und Canyoning-Abenteuern.

TurisTour
OUTDOOR-AKTIVITÄTEN

(☎ 65-222-8440; www.turistour.cl; Del Salvador 72; ⌚Mo–Sa 7.30–20, So bis 17 Uhr) Dieser Anbieter veranstaltet neben diversen Tagestrips durch die Region auch die Cruce Andino – eine kombinierte Bus- und Bootstour, die über majestätische Seen, herrliche Berge und den Pérez-Rosales-Pass nach Bariloche in Argentinien führt (bzw. in Gegenrichtung). Der Gesamtpreis liegt bei 280 US$; Backpacker und Radfahrer bezahlen jeweils 120 US$. Saisonal gibt's jedoch Rabatt. Kinder bekommen 50 % Ermäßigung.

Die Cruce Andino wird das ganze Jahr über täglich angeboten und erfordert stets Reservierung (spätestens am Vortag). Alternativ sind Tickets dafür auch am Bootsanleger in Petrohué erhältlich. Allen Proviant für den ersten Reiseabschnitt am besten selbst mitbringen: Auf dem Katamaran nach Peulla sowie in Peulla selbst gibt's potenziell nur schlechtes, überteuertes Essen. Hinweis: Die Zugangsgebühr für den Parque Nacional Nahuel Huapi in Argentinien (23 AR$) ist separat zu entrichten (in AR$, Ch$, US$, € oder brasilianischen R$; nur Barzahlung möglich).

Schlafen

Hostel Melmac Patagonia
HOSTEL $

(☎ 65-223-0863; www.melmacpatagonia.com; Santa Rosa 608, Interior; B 10 000–14 000 Ch$, EZ/DZ ab 35 000/42 000 Ch$; P @ 📶) In perfekter Lage oberhalb der Innenstadt punktet dieses lauschige Hostel mit allen modernen Schikanen. So gibt's hier z. B. einen Freiluft-Whirlpool (10 000 Ch$/Pers.) und einen extra Kühlschrank mit selbst gebrautem Craft-Bier (erste Flasche gratis!), das auf der Veranda vor dem Haus besonders gut schmeckt. Ständiger Mitbewohner ist Wall-E, ein Saugroboter von Roomba.

Puerto Varas

Puerto Varas

Aktivitäten, Kurse & Touren
1 Ko'Kayak C3
2 TurisTour D4

Schlafen
3 Compass del Sur B1
4 Galpón Aíre Puro B1
5 Hostel Melmac Patagonia C4
6 Mapatagonia A4

Essen
7 Costumbrista B4
8 El Humedal D2
9 Mesa Tropera D2

Ausgehen & Nachtleben
10 Caffé El Barista D3
11 Pub Puerto Varas D3

Mapatagonia HOSTEL $
(☎65-223-7695; www.mapatagonia.com; Purísima 681; B 7500–12 000 Ch$, EZ/DZ ohne Bad 24 000/32 000 Ch$; P @) Das große historische Wohnhaus von 1932 steht unter Denkmalschutz und ist das netteste Hostel der Stadt. Seine Zimmer und Bäder sind ruhiger, viel größer und preiswerter als die der meisten anderen Unterkünfte. Zudem gibt's hier noch jede Menge französisch-chilenische Gastfreundschaft. Die großen, hellen Schlafsäle haben nur neun Betten.

Casa Azul HOSTEL $
(☎65-223-2904; www.casaazul.net; Manzanal 66; B/DZ 10 000/37 000, EZ/DZ ohne Bad 20 000/29 000 Ch$; P @) Bei diesem tadellos geführten Hostel unter deutsch-chilenischer Leitung gibt's kaum etwas zu kritisieren: Gleich außerhalb der Innenstadt steht das Haus in einem ruhigeren Wohnviertel. Der herrlich idyllische Garten mit Koi-Teich und Bonsais beruhigt gestresste Gemüter. Die Bäder der geräumigen Zimmer wurden kürzlich frisch gefliest. Die große Gemein-

schaftsküche grenzt an einen Aufenthaltsbereich mit coolen Möbeln aus Baumästen.

Compass del Sur B&B $$
(☎65-233-2044; www.compassdelsur.cl; Klenner 467; Zeltplatz 10000 Ch$, B 14000 Ch$, EZ/DZ 34000/46000 Ch$, ohne Bad 29000/39000 Ch$; P@令) Ein bezauberndes Haus im kolonialen Stil mit skandinavischem Touch und sehr freundlichen Angestellten oberhalb der Innenstadt, das über einen Fußweg mit zahlreichen Treppenstufen zu erreichen ist. Es bietet komfortable Betten und einige neue Regenduschen, die bei den Flashpackern, die man hier vorwiegend antrifft, äußerst gut ankommen.

Galpón Aíre Puro PENSION $$
(☎Handy 9-9979-8009; www.galponairepuro.cl; Ecke Decher & Independencia; EZ/DZ inkl. Frühstück 39000/58000 Ch$, Suite 78000 Ch$; P@令) Vicki Johnson ist Köchin, Chocolatière und Expertin für die schönen Dinge des Lebens. Die amerikanische Auswanderin hat diese riesige Scheune aus den 1920er-Jahren (einst ein Kartoffellager) in ihre eigene Oase des guten Geschmacks verwandelt. Inzwischen ist auch ihr Laden mit handgemachter Schokolade und angeschlossenem Café hierher umgezogen (inkl. Erweiterung). Die acht großen Gästezimmer sind etwas für Individualisten und liegen über einer Reihe cooler Mietbüros.

Essen

★ Costumbrista CHILENISCH $
(☎Handy 9-6237-2801; Del Salvador 547B; Hauptgerichte 5000–6000 Ch$; ⊙Mo–Sa 13–16 & 19–21.30 Uhr; 令) Die kleine, unscheinbare *cocinería* (Küche) mit gerade mal acht Tischen und Gerichten im Chiloé-Stil gilt unter lokalen Gourmets als Geheimtipp. Zwischen Wänden mit aquamarinblauen Fliesen kredenzen die beiden Betreiber eine begrenzte Auswahl an herzhaften Gerichten. Darunter sind z.B. perfekte Schweinskoteletts, Ossobuco und Fisch wie appetitlicher Lachs oder *meluza* (Seehecht). Für seine hohe Qualität ist das kompetent zubereitete Essen extrem günstig.

★ La Gringa AMERIKANISCH $
(Imperial 605; Hauptgerichte 4800–11 900 Ch$; ⊙Mo–Fr 8–23, Sa ab 9 Uhr; 令) Dieses sympathische Lokal erinnert an ein Café an der nordwestlichen US-Pazifikküste an einem regnerischen Tag. Die nette Inhaberin stammt aus Seattle und serviert selbstgemachte Köstlichkeiten – darunter Brot, Gebäck und herzhafte Sandwichs (z.B. mit Pulled Pork und Krautsalat). Auf der Karte stehen auch herzhafte Hauptgerichte (z.B. gegrillte Schweinerippchen mit pikantem Püree) und großartige Festpreismenüs (7300 Ch$; 13–16 Uhr außer Feb.).

Puelche BURGER $
(www.hotelpuelche.cl; Imperial 695; Burger 6500–7500 Ch$; ⊙Di–So 12.30–16 & 19.30–23 Uhr; 令) Dank eines cleveren Managers ist das gleichnamige Hausrestaurant des hippen Hotels nun die beste örtliche Quelle für eine zeitlos klassische Kombination: Burger, Pommes und Gerstensaft. Die üppigen Burger mit 160 g Rindfleisch sind für chilenische Verhältnisse zwar vergleichsweise kleiner und leichter vertilgbar, verursachen beim Essen aber dennoch ein kleines Schlachtfeld. Tolle selbstgemachte Pommes, eigenhändig eingelegte Gurken und kaltes Craft-Bier runden das kulinarische Erlebnis ab.

El Humedal FUSION $$
(☎65-223-6382; www.humedal.cl; Turismo 145; Hauptgerichte 7000–11000 Ch$; ⊙Di–Sa 12.30–23, So bis 17 Uhr; 令) Auf einem Hügel über Puerto Varas ist dieses behagliche Restaurant mit seltsamem Namen (Übersetzung: „Feuchtgebiet“) in einem attraktiven Wohnhaus untergebracht. Die Mittagsgerichte zählen zu den besten der Stadt und sind jeweils eigene Interpretationen – z.B. von asiatischen Speisen (Currys, Ramen-Nudeln, Gebratenes aus dem Wok), mexikanischen Klassikern (Enchiladas, Burritos) oder Fish & Chips. Die Desserts schmecken gleichsam lecker.

Mesa Tropera PIZZA $$
(www.mesatropera.cl; Santa Rosa 161; Hauptgerichte 6200–7900 Ch$; ⊙Mo–Sa 10–2 Uhr; 令) Das Original dieser Kleinbrauerei mit angeschlossener Pizzeria befindet sich in Coyhaique. Der örtliche Ableger ist ebenso beliebt: Hier tummeln sich zahllose Familien und Bierfans in fröhlicher Atmosphäre. Dank der traumhaften Lage auf einem Steg über dem Lago Llanquihue schauen Gäste an klaren Tagen gleichzeitig auf drei Vulkane. Statt der Pizzen empfiehlt sich die zweite Spezialität des Hauses: hervorragende Tatar-Varianten auf Toast (z.B. mit Rindfleisch, Tintenfisch, Lachs, Artischocken). Das selbstgebraute Craft-Bier vom Fass ist das beste in ganz Puerto Varas. Unter den zwölf Sorten (2000–3700 Ch$) sind seltene Double IPAs, Brown Ales und obergärige Gerstensäfte im belgischen Stil.

ABSTECHER

PARQUE TAGUA-TAGUA

Rund 15 km östlich von Puelo liegt Süd-Chiles neuester Naturpark: der **Parque Tagua-Tagua** (☎ 65-256-6646; www.parquetaguatagua.cl; Erw./Kind 5000/3500 Ch$) mit unberührten Valdivianischen Regenwäldern. Eine Privatinitiative (finanziert von der Universidad Mayor in Santiago) schützt hier u. a. ein 30 km² großes Areal mit besonders hohen Patagonischen Zypressen (Alerce)– ebenso zwei Seen (Lago Alerce und Quetrus) inmitten von Granitbergen. Wandern und Klettern sind hier sehr beliebt.

Vor Ort gibt's drei einfache, aber gute *refugios* (rustikale Schutzhütten) aus Alerce-Holz. Deren Ausstattung umfasst jeweils Bäder, Solarzellen und Holzöfen.

Parkbesuche erfordern stets eine Reservierung. Ab Puerto Montt (7.45 Uhr) bzw. Puerto Varas (8.20 Uhr) fährt pro Tag ein Bus zum Lago Tagua-Tagua – abgestimmt auf die Fähre, die zum anderen Seeufer schippert. Dort wird man dann von Rangern per Boot abgeholt und zum Park gebracht (10 Min.; rechtzeitig vorher anrufen!).

Ausgehen & Nachtleben

★ Chester Beer Brewing Company — CRAFT-BIER

(www.chesterbeer.cl; Línea Nueva 93, Campo Molino Viejo; Bierkrug 2500 Ch$; ⏲ Mo–Fr 10–17, Sa 12–19 Uhr) Der US-Amerikaner Derek Way (alias Chester) hat seine örtliche Kleinbrauerei im Jahr 2006 eröffnet – also schon lange vor dem Beginn des aktuellen Craft-Bier-Trends in Chile. Der tolle Laden in ländlicher Lage ist rustikal aus alten Schiffscontainern zusammengeschustert und ein echtes Bierparadies: Aus vier Zapfhähnen laufen hier experimentelle „Einzelauflagen" vom Fass. Hinzu kommen Dereks Standardsorten in Flaschen (IPA, Summer Ale, APA, Stout).

Die Brauerei ist mit normalen öffentlichen Verkehrsmitteln nicht erreichbar. Radfahrer bekommen hier jedoch 50 % Rabatt. Alternativ nimmt man den speziellen Beer Bus (Dez.–März Do–Sa 14 & 16 Uhr) ab dem alten Bahnhof in Puerto Varas.

2019 soll das Ganze in einen neuen Schuppen an der Línea Nueva (Llanquihue; 1,5 km gen Nordosten) umziehen. Auf 220 m² Fläche will Derek dort auch Kneipenessen zu seinem Bier servieren. Zudem sind Food-Truck-Besuche geplant – ebenso Picknicktische mit eigenen *parrillas*, auf denen Gäste selbst mitgebrachtes Fleisch grillen können.

★ Caffé El Barista — CAFÉ

(www.elbarista.cl; Martínez 211; Kaffee 1400–3200 Ch$; ⏲ Mo–Do 8–1, Fr & Sa bis 2, So 12–1 Uhr, im Winter kürzer; 📶) Das stilvolle Café im italienischen Stil serviert Sur Chicos besten Espresso (kommt aus einer Maschine von La Marzocco). Zudem gibt's hier gesundes Frühstück und Mittagessen: Zur Auswahl stehen z. B. super *menús del dia* (6800 Ch$), diverse leckere Sandwichs (3600–6200 Ch$) und Spiegeleier aus der Gusseisenpfanne. Abends verwandelt sich der Laden in eine nette Bar.

Pub Puerto Varas — BAR

(www.facebook.com/pubpuertovaras; Santa Rosa 068, 2. Stock; Bierkrug 3000 Ch$; ⏲ Mo–Sa 12–2, So 13–1 Uhr; 📶) 2017 haben zwei Hostel-Veteranen diese Bar mit unmissverständlichem Namen eröffnet und damit ein jahrzehntelanges Manko von Puerto Varas beseitigt: Endlich hat die Stadt nun ein Lokal, das ausschließlich dem Bechern geweiht ist – daher auch das Hausmotto Drink & Drink (statt Food & Drink). Die zwölf Fassbiersorten sind größtenteils regionale Craft-Gebräue (z. B. Chester, Morchela). Die Cocktails enthalten handgebrannte Spirituosen aus Lateinamerika. Und die offenen Weine werden mit einem Belüfter von Vinturi dekantiert.

Praktische Informationen

Im Zentrum gibt's viele Geldautomaten.

Clínica Puerto Varas (www.clinicapv.cl; Otto Bader 810; ⏲ 24 Std.) Nahe der Stelle, an der die Del Salvador gen Südwesten aus der Stadt hinausführt.

Parque Nacional Pumalín (Besucherbüro; ☎ 65-225-0079; www.parquepumalin.cl; Klenner 299; ⏲ Mo–Fr 9–18 Uhr) Obwohl dieser Nationalpark in Patagoniens Norden liegt, befindet sich sein offizielles Besucherbüro in Puerto Varas. Auf dem Eingangsschild steht Tompkins Conservation.

Touristeninformation (☎ 65-236-1175; www.ptovaras.cl; Del Salvador 320; ⏲ Dez.–Feb. Mo–Fr 8.30–21, Sa & So 9–21 Uhr, März–Nov. Mo–Fr 8.30–19, Sa & So 10–14 & 15–19 Uhr)

An- & Weiterreise

Die meisten Fernbusse starten in Puerto Montt. Vor Ort gibt's zwei Busbahnhöfe: Das **Terminal**

Cruz del Sur (☎ 65-223-6969; www.busescruzdelsur.cl; San Francisco 1317; ⌚ Büro 7–22 Uhr) eignet sich am besten für Trips nach Chiloé und Punta Arenas. Von hier aus fährt zudem **Bus Norte** (☎ 65-223-4298; www.busnortechile.cl; Andrés Bello 304, 2. Stock; ⌚ Büro Mo–Fr 10–13 & 15–21, Sa & So 11–13 & 14.30–21 Uhr) nach Bariloche in Argentinien. Das **Terminal Turbus** (☎ 65-223-3787; www.turbus.cl; Del Salvador 1093; ⌚ Büro Mo–Fr 7–22.30, Sa & So 7–14 & 16–22.30 Uhr) wird auch von JAC und Condor genutzt. Hier brechen viele Busse gen Norden auf (z. B. nach Santiago).

An der Ecke Walker Martínez und San Bernardo halten Minibusse nach/ab Ensenada (1200 Ch$, 1 Std.), Petrohué (2500 Ch$, 1½ Std.), Puerto Montt (800 Ch$, 15 Min.), Cochamó (2500 Ch$, 1½ Std.) und Río Puelo (4000 Ch$, 3 Std.). Busse nach Frutillar (1200 Ch$, 30 Min.) starten nahe der San Bernardo an der Av Gramado.

Busse ab Puerto Varas

ZIEL	PREIS (CH$)	DAUER (STD.)
Ancud	5000	2½
Bariloche (Argentinien)	18 000	6
Castro	6500	4½
Osorno	2000	1¼
Pucón	9300	5½
Punta Arenas	50 000	18
Santiago	25 000	12
Temuco	6500	6
Valdivia	4500	3½

Ensenada

An einer malerischen Küstenstraße taucht 45 km hinter Puerto Varas das rustikale Ensenada auf. Hier gibt's kaum mehr als ein paar Restaurants, *hospedajes* und Abenteuer-Anbieter. Wem aber frische Luft wichtiger ist als ein schickes Zimmer, der übernachtet sicher gern in der schönen Landschaft mit Blick auf den Volcán Osorno und den Volcán Calbuco. Ein toller Stützpunkt ist das gemütliche **Hamilton's Place** (☎ Handy 9-8466-4146; hamiltonsplace.com; Camino a Ensenada, Km 42; B 17 000 Ch$, EZ/DZ 40 000/ 50 000 Ch$, ohne Bad 30 000/35 000 Ch$, April–Okt. geschl. 📶), das von einer herzlichen brasilianisch-kanadischen Familie geführt wird und in dem es auch exzellentes Abendessen gibt. Wer den Osorno erklimmen oder an seinen Hängen Skifahren möchte, gewinnt durch eine Übernachtung hier eine Stunde Schlaf.

Der Ausbruch des Volcán Calbuco im April 2015 hat dessen Erscheinungsbild verändert und die Umgebung mit einer Asche- und Schlackeschicht bedeckt. Mittlerweile werden aber die meisten touristischen Aktivitäten wieder angeboten.

Parque Nacional Vicente Pérez Rosales

In diesem Park voller blauer Seen und hoch aufragender Vulkane sind der Lago Todos Los Santos und der Volcán Osorno die Attraktionen. Doch es gibt noch viel mehr: Ein See folgt auf den nächsten, und auf beiden Seiten der sagenumwobenen Andenpassage dominieren Feuerberge das Panorama.

Die 251 000 ha des **Parque Nacional Vicente Pérez Rosales** schützen u. a. die schneebedeckten Vulkane Osorno (2652 m), Puntiagudo (2190 m) und Monte Tronador (3554 m). Die Ruta 225 endet 50 km östlich von Puerto Varas in Petrohué. Zum dortigen Parkeingang bestehen im Sommer regelmäßige Minibusverbindungen ab Puerto Varas (übriges Jahr nur 2-mal tgl.).

Rund 6 km vor **Petrohué** donnern die **Saltos del Petrohué** (www.conaf.cl/parques/parque-nacional-vicente-perez-rosales; Erw./Kind Chilenen 2000/1000 Ch$, Ausländer 4000/ 2000 Ch$; ⌚ 9–18 Uhr) über Basaltfelsen in die Tiefe. Im Dorf selbst findet man Strände und den Anleger für die Cruce-de-Lagos-Bootstouren nach Peulla. Zudem beginnen hier einige Wanderwege: Gleich hinter dem gebührenpflichtigen Parkplatz betreibt die Conaf den bewaldeten Camping Playa Petrohué mit kostenlosen Parkmöglichkeiten. Von dort führt eine unbefestigte Piste zum langen, schwarzen Sandstrand der **Playa Larga**. Diese markiert wiederum den Anfang des **Sendero Los Alerces**, der weiter westlich auf den **Sendero La Picada** trifft. Über diesen sandigenWeg geht's dann hinauf zum Paso Desolación am Volcán Osorno, wo ein herrlicher Panoramablick auf den See und die Vulkane wartet. Da keine Straße rund um den See führt, sind die landeinwärts verlaufenden Pfade nur per Boot erreichbar.

Der Ausgangspunkt zum Wandern oder Skifahren am **Volcán Osorno** liegt in der Nähe von Ensenada. Das **Centro de Ski y Montaña Volcán Osorno** (☎ Handy 9-9158-7337; www.volcanosorno.com; Ruta V-555, Km 12, Volcán Osorno; Liftpass halber/ganzter Tag 20 000/26 000 Ch$; ⌚ 10–17.30 Uhr) hat zwei

Lifte für Wintersportler und Ausflügler sowie einen Ski- und Snowboardverleih. Auch außerhalb der Hauptsaison kann man per Skilift hinauffahren (16 000 Ch$), um das unglaublich malerische Panorama zu genießen (alternativ hinaufwandern).

Unterhalb der Pisten bietet das renovierte **Refugio Teski** (☎065-256-6622; www.teski.cl; Ruta V-555, Km 12, Volcán Osorno; B mit Bettwäsche/Schlafsack 17 000/15 000 Ch$, Zi. mit/ohne Bad 54 000/42 000 Ch$;) den bestmöglichen Zugang zum Berg. Nach Voranmeldung (24 Std.) kann man sich hier einen Whirlpool am Hang mieten (40 000 Ch$/3 Std. inkl. Pisco Sour und Fingerfood), während der Happy Hour zwei Sundowner zum Preis von einem genießen und dann bis in die Nacht weiterbechern.

Die Hänge sind nur mit dem eigenen Fahrzeug oder im Rahmen einer Pauschaltour zu erreichen. Um das Skigebiet und das *refugio* zu erreichen, die Straße von Ensenada nach Puerto Octay bis zum Schild nehmen (ca. 3 km), dann der Nebenstrecke 10 km folgen.

Puerto Montt

☎065 / 245 900 EW.

Puerto Montt ist nicht nur die Hauptstadt des Seengebiets, sondern auch das staugeplagte, schnell wachsende Wirtschaftszentrum und die Verkehrsdrehscheibe der Region. Seine bemerkenswertesten Qualitäten sind die vielen Optionen zur Weiterreise. Ob per Flugzeug, Fähre, Bus oder Mietwagen – eine fast endlose Reihe toller Ziele ist von hier aus schnell und stressfrei zu erreichen. Mancher Traveller hat aber auch schon Gefallen an Puerto Montts ungehobelter chilenischer Arbeiter-Atmosphäre gefunden.

Sehenswertes

Catedral de Puerto Montt — KIRCHE

(Urmeneta s/n) Ältestes Gebäude der Stadt ist die Kathedrale, die 1856 komplett aus Patagonischer Zypresse erbaut wurde. Sie steht an der Plaza de Armas und ist eines der wenigen attraktiven Gebäude hier.

Casa del Arte Diego Rivera — GALERIE

(www.culturapuertomontt.cl; Quillota 116; ⏲Mo–Fr 9–13 & 15–18.30 Uhr) GRATIS Dieses mexikanisch-chilenische Gemeinschaftsprojekt zeigt seit 1964 in der Sala Hardy Wistuba im Obergeschoss die Werke einheimischer Künstler, Bildhauer und Fotografen. Die Galerie hat auch ein kleines Café sowie eine exzellente Boutique.

Stände an der Av Angelmó — MARKT

(Av Angelmó) Entlang der belebten und abgasgeplagten Av Angelmó liegt eine schwindelerregende Mischung aus Kunsthandwerksständen, touristischen Seafood-Restaurants mit quäkenden Kellnern, die die Gäste an ihre Tische lotsen, und Straßenständen, die Werkzeuge, geräucherte Muscheln, *cochayuyo* (eine essbare Meerespflanze) oder mysteriösen Nippes verkaufen. Man kann den Wahnsinn auf sich wirken lassen, sollte aber nicht zu lange stehen bleiben …

Essen und Kunsthandwerk von besserer Qualität finden sich 3 km weiter westlich des Zentrums am Ende der Straße im malerischen Fischereihafen Angelmó. Er ist leicht mit einem der häufig fahrenden Stadtbusse oder mit *colectivos* zu erreichen.

Schlafen

Hospedaje Vista al Mar — PENSION $

(☎065-225-5625; www.hospedajevistaalmar.cl; Vivar 1337; EZ/DZ 23 000/35 000 Ch$, ohne Bad 16 000/30 000 Ch$; @) Dieser familiengeführte Traveller-Favorit ist eine der nettesten Privatpensionen und verfügt über gepflegte Holzelemente, saubere Bäder, einen tollen Blick auf die Bucht und Kabel-TV in den Zimmern. Eliana sorgt für eine familiäre und freundliche Atmosphäre (sie ist hilfsbereit bis zum Gehtnichtmehr) und für chilenische Verhältnisse ist das Frühstück top, mit Joghurt, Vollkornbrot, Kuchen, Muffins und Filterkaffee.

Casa Perla — PENSION $

(☎65-226-2104; www.casaperla.com; Trigal 312; Stellplatz 7000 Ch$/Pers., B/Zi. ohne Bad 11 000/26 000 Ch$; jeweils inkl. Frühstück; @)

Puerto Montt

Sehenswertes
1 Casa del Arte Diego Rivera F2
2 Catedral de Puerto Montt F1

Schlafen
3 Casa Perla B2
4 Hospedaje Vista al Mar A2

Essen
5 Chile Picante A1
6 El Bosque F1

Ausgehen & Nachtleben
7 Cirus Bar B3

Puerto Montt

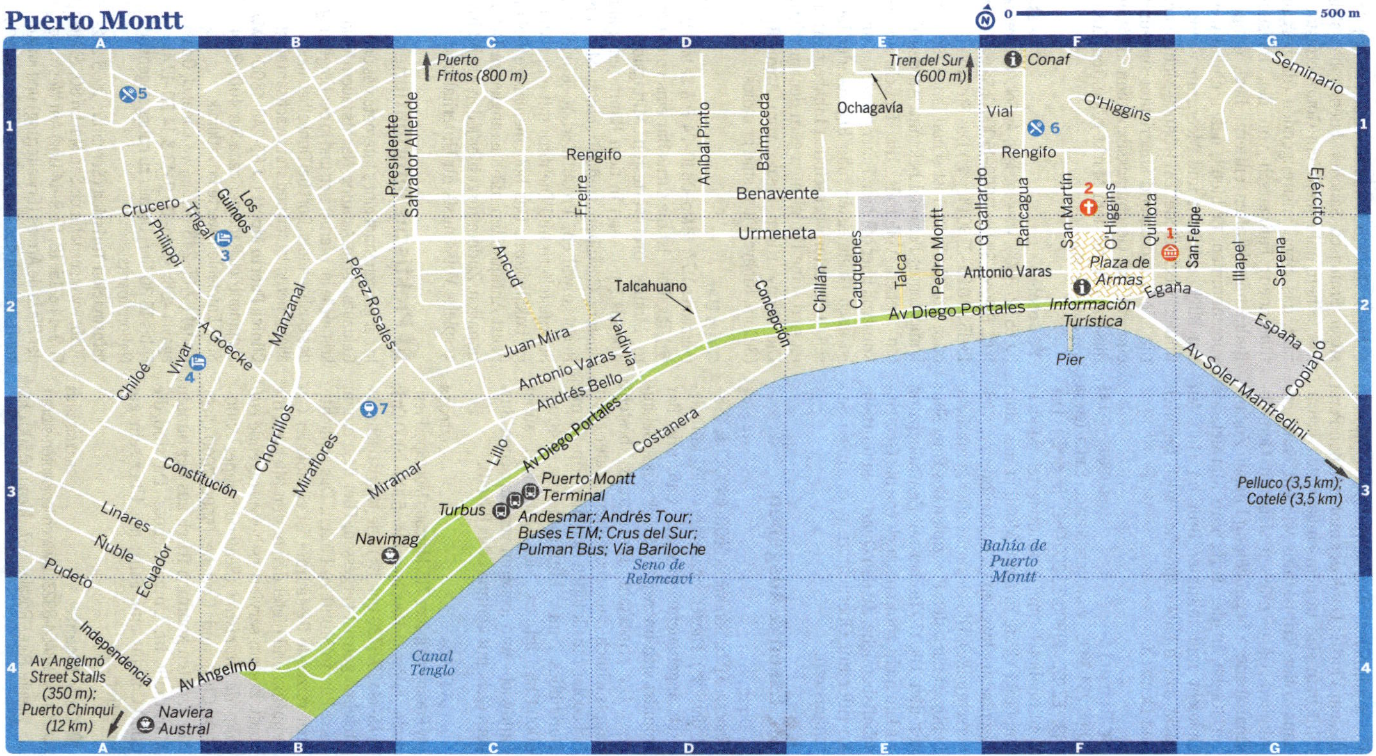

Die gemütlichste und schrulligste Option in diesem Viertel: Dank der mütterlichen Perla fühlt man sich in dem einladenden Privathaus voller Krimskrams wie ein Familienmitglied. Gäste müssen sich mit Gemeinschaftsbädern begnügen und haben Zugang zur Küche, in der Perla ihre Marmeladen einkocht und mitunter Brot im Holzofen backt. Die Inhaber sprechen auch Englisch und Deutsch.

★ Tren del Sur BOUTIQUEHOTEL **$$**
(☎ 65-234-3939; www.trendelsur.cl; Santa Teresa 643; EZ/DZ 39 900/53 200 Ch$; P @ 📶) Das Boutiquehotel im Altstadtviertel Modelo empfängt Gäste mit viel Mobiliar aus alten Eisenbahnschwellen (z. B. Kopfbretter, Kleiderschränke). Die elegante, aber gemütliche Lobby ist nach den Prinzipien des Feng Shui gestaltet. Die 17 Zimmer mit Zentralheizung wirken nicht ganz so schick wie die Gemeinschaftsbereiche. Zu den Quartieren führt ein Korridor mit Oberlichtern und großen Seitenfenstern.

Essen & Ausgehen

El Bosque CAFÉ, BAR **$**
(Rancagua 293; Sandwichs 5600–6400 Ch$; ⌚ 8–21 Uhr; 📶) Dieser charaktervolle, künstlerisch angehauchte Mix aus Café und Bar befindet sich im zweiten Stock eines Gebäudes. Die rustikale Einrichtung besteht hauptsächlich aus recycelten Materialien. Bei cooler Musik laben sich hier Hipster mit Durchblick an Mittagsmenüs (4000–6000 Ch$; tgl. ca. vier Optionen), super Sandwichs und leckeren vegetarischen Burgern (z. B. mit Quinoa oder Pilzen).

Puerto Fritos SEAFOOD **$**
(Av Presidente Ibáñez 716, Mercado Municipal Presidente Ibáñez; Hauptgerichte 5300–9900 Ch$; ⌚ Mi–Mo 10–17.30 Uhr; 📶) Die touristische Av Angelmó getrost vergessen: Hier liegt einem ganz Puerto Montt zu Füßen! Das schlichte, aber reizende Restaurant ist ein lokaler Geheimtipp und bietet den besten Blick auf die Stadt. Zudem serviert es hervorragende *caldillo de mariscos* (Seafood-Suppe; 5300–9900 Ch$) und Ceviche (5500–7600 Ch$). Alle Zutaten kommen frisch aus der bunten Markthalle im Untergeschoss. Da sind die 2000 Ch$ für eine Fahrt mit Uber sehr gut investiert.

★ Chile Picante CHILENISCH **$$**
(☎ Handy 9-8454-8923; www.chilepicanterestoran.cl; Vicente Pérez Rosales 567; Menú 10 500 Ch$; ⌚ Mo–Sa 11.30–15.30 & 19.30–22.30 Uhr; 📶) Besitzer Francisco Sánchez Luengo hat sich mit seinem anheimelndem Gourmetrestaurant, das einen anstrengenden (da bergan führenden) Fußmarsch von den meisten Budgetunterkünften entfernt liegt, einiges vorgenommen. Er bietet, neben einem weiten Blick auf Stadt und Meer, nur wenige, immer wechselnde Drei-Gänge-Menüs an, die alle hervorragend angerichtet sind und eine wahre Geschmacksexplosion der an diesem Tag auf dem Markt gekauften Zutaten versprechen.

★ Cotelé STEAK **$$$**
(☎ 65-227-8000; www.cotele.cl; Av Soler Manfredini 1661, Pelluco; Steaks 11 000–15 000 Ch$; ⌚ Mo–Sa 13–15.30 & 20–23.30 Uhr; 📶) Das Steakhaus mit *quincho* (Grillhütte) ist schon lange für sein kompetentes Personal bekannt: An den Rosten stehen Vollprofis, die Fleisch höchst kunstvoll über offenem Feuer garen. Darunter ist auch Grillmeister Julio Elgueta, der hier seit 2002 unter wechselnden Inhabern arbeitet und seine Fähigkeiten gern demonstriert. Die hochwertigen Steaks vom Angus-Rind (Sirloin, Ribeye, Filet) sind grandios.

Cirus Bar BAR
(Miraflores 1177; ⌚ Mo–Do 10–24, Fr & Sa bis 1 Uhr; 📶) Tagsüber ist die Cirus Bar eins von Puerto Montts preiswertesten Mittagslokalen. Abends kann man in dem Raum „ein paar finstere Gestalten treffen": einen Mix aus Rechtsanwälten, Prostituierten, Künstlern, Schriftstellern und Dichtern mit einer Menge Lokalkolorit. Das bohememäßige Dekor paart Antiquitäten mit ausrangierten Devotionalien. Zudem sorgt hier jeden Abend live gespielte Volksmusik für Unterhaltung.

Praktische Informationen

In der ganzen Stadt gibt's Internetcafés und Geldautomaten. Achtung: Nachts lauern Kleinkriminelle im Uferbereich und in der Umgebung des Busbahnhofs. Dort bei Dunkelheit nicht alleine herumlaufen und stets wachsam sein!

Clínica Puerto Montt (☎ 65-248-4800; www.clinpmontt.cl; Panamericana Sur 400; ⌚ 24 Std.) Empfehlenswerte Privatklinik.

Conaf (☎ 65-248-6115; www.conaf.cl; Ochagavía 458; ⌚ Mo–Do 9–13 & 14.30–17.45, Fr bis 16.30 Uhr) Details zu nahegelegenen Nationalparks.

Información Turística (Sernatur; ☎ 65-222-3016; www.sernatur.cl; San Martín 80; ⌚ Mo–Fr 9–14 & 15–18, Sa 9–14 Uhr) Am Westrand der Plaza de Armas (Erweiterung) und im Ankunftsbereich des **Flughafens** (El Aeropuerto

Internacional El Tepual, San Antonio; ⌚ Mo–Fr 9–17.50 Uhr) vertreten. Das Personal verteilt viele Broschüren, spricht aber kaum Englisch.

An- & Weiterreise

BUS

Der renovierte **Busbahnhof** (☎ 65-228-3000; www.terminalpm.cl; Ecke Av Diego Portales & Lillo) am Ufer ist Puerto Montts größte Verkehrsdrehscheibe. Im Sommer sind Touren nach Punta Arenas und Bariloche (Argentinien) oft ausgebucht – rechtzeitig reservieren!

Minibusse fahren nach Puerto Varas (900 Ch$, 25 Min.) und Frutillar (1600 Ch$, 1 Std.). Alle Busse nach Cochamó (3000 Ch$, 2½ Std., 3-mal tgl.) rollen jeweils weiter nach Río Puelo (4500 Ch$).

Cruz del Sur (☎ 65-248-3144; www.busescruzdelsur.cl) startet häufig gen Chiloé. **Turbus** (☎ 65-249-3402; www.turbus.cl; Boletería 4) bedient täglich Valparaíso/Viña del Mar. Diese beiden Firmen sowie **Buses ETM** (☎ 65-225-6253; www.etm.cl; Boletería 14) und **Pullman Bus** (☎ 65-225-4399; www.pullman.cl; Boletería 30) fahren auch über diverse Großstädte nach Santiago.

Via Bariloche (☎ 65-223-3633; www.viabariloche.com.ar; Boletería 47) und **Andesmar** (☎ 65-228-0999; www.andesmar.com; Boletería 46) bedienen täglich Bariloche und Cruz del Sur.

Busse ab Puerto Montt

ZIEL	PREIS (CH$)	DAUER (STD.)
Ancud	4000	2½
Bariloche (Argentinien)	18 000	6
Castro	6000	4
Concepción	17 100	10
Coyhaique	40 000	22
Osorno	2200	1½
Pucón	9800	5½
Punta Arenas	35 000	32
Quellón	8000	6
Santiago	11 900	13
Temuco	6700	5
Valdivia	5200	3½
Valparaíso/Viña del Mar	12 000	15

FLUGZEUG

Der **Aeropuerto El Tepual** (PMC; ☎ 65-229-4161; www.aeropuertoeltepual.cl; V-60, San Antonio) liegt 16 km westlich der Stadt. Von hier aus fliegt **LATAM** (☎ 600-526-2000; www.latam.com; O'Higgins 167, Local 1-B; ⌚ Mo–Fr 9–13.15 & 15–18.30, Sa 10–13.30 Uhr) nach Punta Arenas (2- bis 4-mal tgl.), Balmaceda/Coyhaique (2-mal tgl.) und Santiago (bis zu 10-mal tgl.). Verbindung nach Castro (Chiloé) besteht aber nur ab der Hauptstadt. Der Flughafen wird auch von den Billiganbietern **JetSmart** (www.jetsmart.com) und **Sky Airline** (www.skyairline.com) angesteuert.

Andrés Tour (☎ Handy 9-9647-2210; www.andrestur.com; Ecke Av Diego Portales & Lillo, Puerto Montt Terminal, Stellplatz 38) bedient den Flughafen ab dem Busbahnhof (2500 Ch$).

SCHIFF/FÄHRE

Puerto Montt ist der Haupthafen in Richtung Patagonien. Das **Terminal de Transbordadores** (www.empormontt.cl; Av Angelmó 2187) beherbergt Ticketschalter und Warteräume der Fährgesellschaften **Navimag** (☎ 2-2869-9900; www.navimag.com; Av Diego Portales 2000; ⌚ Büro Mo–Fr 9–13 & 14.30–18.30, Sa 15–18 Uhr) und **Naviera Austral** (☎ 65-227-0430; www.navieraustral.cl; Av Angelmó 1673; Sitzplatz/Fahrzeug 17 300/95 100 Ch$; ⌚ Büro Mo–Fr 9–14.45 & 15–18.45, Sa 10–12.45 Uhr). Am populärsten ist die Navimag-Fähre **Evangelistas**, die durch Chiles Fjorde von Puerto Montt nach Puerto Natales schippert (Fr hin, Di zurück). Dieser Trip mit drei Übernachtungen an Bord lässt sich online sowie bei den Navimag-Büros Santiago, Puerto Montt und Puerto Natales buchen.

Hauptsaison ist von November bis März (Nachsaison April–Okt.). Die Ticketpreise beinhalten Vollpension; auf Wunsch gibt's auch vegetarisches Essen. Der Tarif pro Nase variiert je nach Aussicht und Badoption (eigenes oder Gemeinschaftsbad). Die Palette reicht dabei von AAA-Kabinen auf dem Oberdeck (2100 US$/2 Pers., eigenes Bad) bis hinunter zur schlichten C-Klasse ohne Aussicht (400 US$, Gemeinschaftsbad). Die Ausreisesteuer (10 US$) und Auto-, Fahrrad- oder Motorradtransport kosten jeweils extra. Die Südroute passiert herrlich fotogene Gletscher wie den Pio XI, der so groß wie Santiago und in Südamerika der mächtigste seiner Art ist.

CHILOÉ

Beim Anblick der verkannten Isla Grande de Chiloé im Morgennebel weiß man sofort: Dies ist ein Terrain der anderen Art. Auf Südamerikas fünftgrößter Insel lebt ein Seefahrervolk mit ausgeprägten Unabhängigkeitsdrang.

Die Unterschiede zu Architektur und Küche des Festlands sind auf den ersten Blick zu erkennen: an den *tejuelas* (die berühmten Holzschindeln der Chilote), *palafitos*

Chiloé

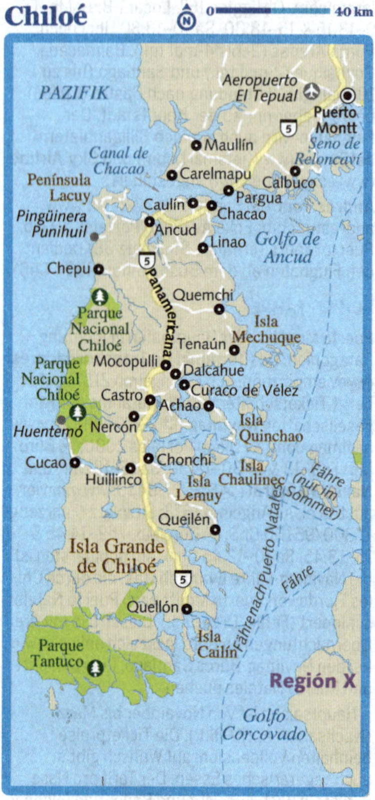

(Uferhäuser auf Stelzen), die regionaltypischen Holzkirchen (16 davon Welterbestätten) und dem bekannten *curanto*-Eintopf (Fleisch, Kartoffeln, Seafood). Beim genaueren Hinsehen offenbart sich dann eine tief spirituelle Kultur, die auf einer ureigenen Mythologie mit Hexen, Geisterschiffen und Waldwichteln beruht.

All dies findet man in einer feuchten, stürmischen und üppig grünen Landschaft mit sanften Hügeln, dichten Wäldern und entlegenen, wilden Nationalparks – eine Gesamtkombination, die Chiloés Charakter in ganz Südamerika einzigartig macht.

Ancud

☎65 / 39 000 EW.

Das belebte Ancud ist eine urbane, urig verwitterte Basis für Touren zu den Pinguinkolonien und für Wander- oder Seekajaktouren an der stürmischen, herrlichen Nordküste.

Sehenswertes

★ Centro de Visitantes Inmaculada Concepción MUSEUM
(www.iglesiasdechiloe.cl; Errázuriz 227; empfohlene Spende 500 Ch$; ⌚ Jan. & Feb. 9.30–13 & 14.30–18 Uhr, Mo–Fr März–Nov. bis 18 Uhr) Auf keinen Fall sollte man auch nur eine der von der UNESCO gelisteten Kirchen Chiloés besuchen, ohne vorher in diesem hervorragenden Museum vorbeigeschaut zu haben. Es ist im ehemaligen Convento Inmaculada Concepción de Ancud von 1875 untergebracht und beherbergt maßstabsgetreue Holzmodelle aller 16 Kirchen, die die aufwendigen Holzarbeiten in deren Innern zeigen.

★ Museo Regional de Ancud Aurelio Bórquez Canobra MUSEUM
(Museo Chilote; www.museoancud.cl; Libertad 370; ⌚ Jan. & Feb. 10–19.30 Uhr, März–Dez. Di–Fr 10–17, Sa & So bis 13.30 Uhr) GRATIS Das besuchenswerte Museum (auch Museo Chiloé genannt) zeigt interessante Ausstellungen zur Inselgeschichte. Unter den Exponaten sind das vollständige Riesenskelett eines Blauwals und ein originalgetreuer Nachbau der *Ancud*. Diese fuhr einst durch die tückischen Fjorde der Magellanstraße, um Chiles südlichste Regionen in Besitz zu nehmen.

Fuerte San Antonio FESTUNG
(Ecke Lord Cochrane & Baquedano; ⌚ Mo–Fr 8.30–21, Sa & So 9–20 Uhr) GRATIS Während der Unabhängigkeitskriege war diese Festung aus dem frühen 19. Jh. der letzte spanische Außenposten in Chile. In ihren Ruinen kann man noch die Kanonenstellungen aus der späten Kolonialzeit sehen, die an der nordwestlichen Ecke der Stadt über dem Hafen liegen. Es gibt hier auch einen relativ abgelegenen Strand, die Playa Gruesa hinter der Nordmauer.

Geführte Touren

Viele Einheimische bieten Minibustouren zu den Pinguinen des Monumento Natural Islotes de Puñihuil an (15 000–17 000 Ch$).

Austral Adventures OUTDOOR-AKTIVITÄTEN
(☎065-262-5977; www.austral-adventures.com; Av Costanera 904) 🍃 Die beste Adresse für englischsprachige Touren ab Ancud, die alle einen stark ökologischen Einschlag haben und tiefgründiger sind als die normalen Standardangebote. Auf dem Programm stehen u. a. ausgedehnte Ausflüge in die Natur (z. B. Pinguin-, und Vogelbeobachtungen oder Kajaktouren in der Bucht). Der

US-Amerikaner Britt Lewis ist der Besitzer und unfassbar nett und kompetent.

Schlafen

★13 Lunas Hostel HOSTEL $

(☎65-262-2106; www.13lunas.cl; Los Carrera 855; B ab 11500 Ch$, EZ/DZ 22000/30000 Ch$; P@📶) Das 13 Lunas liegt direkt gegenüber vom Hauptbusbahnhof und ist die beste Option für Backpacker auf der Durchreise. Inhaber Claudio und dessen Mitarbeiter aus aller Welt sind jung, engagiert und sprechen Englisch. Das eigentliche Hostel wirkt sehr gemütlich. Hierfür sorgen helles Hartholz, viel Tageslicht, Bäder auf Hotel-Niveau, eine grüne Rasenfläche und eine tolle Aussichtsterrasse. Vom örtlichen Ökobewusstsein zeugen Recyclingmaßnahmen und solarbeheiztes Warmwasser.

Chiloé Turismo Rural HOMESTAYS $

(www.chiloeturismorural.cl) Chiloés Verband für Agrotourismus organisiert Touren zu Bauern- und Fischergemeinden. Zudem arrangiert er Aufenthalte in privaten Homestays, die in diversen Kleinstädten und entlegenen Dörfern mit Kost und Logis aufwarten. Ein entsprechendes Verzeichnis gibt's bei der Sernatur-Touristeninformation in Ancud.

Camping Arena Gruesa CAMPING $

(☎65-262-3428; www.hotelarenagruesa.cl; Av Costanera Norte 290; Stellplatz 7000 Ch$/Pers., EZ/DZ inkl. Frühstück ab 38000/49000 Ch$; @📶) Eine bessere Aussicht beim städtischen Camping ist wohl kaum möglich: Das grasbewachsene, gut gepflegte Gelände liegt auf einer Klippe im Norden der Stadt. Einen Katzensprung vom Strand entfernt gibt's hier Strom, Warmwasser am Abend, winzige *refugios* (rustikale Schutzhütten) für Regentage und helle, überraschend saubere Waschräume.

Hostal Mundo Nuevo HOSTEL $$

(☎65-262-8383; www.newworld.cl; Costanera 748; B/EZ/DZ/4BZ 14000/39000/52000/64000 Ch, EZ/DZ ohne Bad 29000/42000 Ch$; @📶) Diese Mittelklasseoption unter Schweizer Leitung ist nur dem Namen nach ein Hostel. Einen Steinwurf vom Busbahnhof Cruz del Sur entfernt schaut man hier auf den Sonnenuntergang über der Bucht von Ancud. Eigens dafür steht auf der Vorderveranda eine große, bequeme Bank. Die 13 Privatzimmer (darunter zwei neue, größere Varianten) werden durch einen Schlafsaal mit sechs Betten ergänzt.

Essen & Ausgehen

Café Blanco CAFÉ $

(www.facebook.com/cafeblancoancud; Ramírez 359; Hauptgerichte 3700–6900 Ch$; ⏲Mo–Sa 9.30–20.30, So 16.30–19.30 Uhr; 📶) Eine willkommene Erweiterung von Ancuds Gastro-Szene: Das gemütliche Café ist ein Ableger eines Restaurants in Castro. Untergebracht ist es in einem großen, farbenfrohen Oldtimer-Wohnhaus im Chilote-Stil. Im Angebot sind u.a. leckere Sandwichs, Salate, Kuchen und Torten (1500–3100 Ch$). Der angeschlossene Laden verkauft regionale Bio-Produkte.

Café Amaranthine CAFÉ $

(www.amaranthinechiloe.com; Lord Cochrane 412; Hauptgerichte 4500–5500 Ch$; ⏲Dez.–Feb. Mo–Sa 10–21 Uhr, März–Nov.ab 15 Uhr; 📶) Chiloés erstes vegetarisches Bio-Lokal wurde 2017 von der renommierten Küchenchefin Sandra Echegaray aus Peru eröffnet. Das wunderbare Café paart rustikalen Chic mit bunten Stühlen aus Schmiedeeisen, zusammengewürfelten Retro-Sofas und einem verschärften Kitschfaktor im Stile des alten Ancud. Zur Auswahl stehen hier u.a. leckere Kaffeevarianten, Teesorten und Smoothies. Das Essen (Quinoa-Burger, Gemüse-*pichangas, Käsekuchen mit Maqui*-Beeren) bietet eine nette Abwechslung zu den üblichen chilenischen Stadardgerichten.

Cocinerías Mercado Gastronómico MARKT $

(Dieciocho; Gerichte 2500–7000 Ch$; ⏲9–21 Uhr) Abseits der Dieciocho verstecken sich hier einige schlichte Marktstände, die *cazuela* (Gemüseintopf mit Fleisch), *chupe* (Fischauflauf) und Mittagsmenüs zu Festpreisen (2500–7000 Ch$) verkaufen.

Club Social Baquedano BAR

(Baquedano 469; Bier 2000–3000 Ch$; ⏲Mo–Do 13–1, Fr & Sa bis 2 Uhr; 📶) Ein restauriertes Schindelhaus im Chilote-Stil beherbergt Ancuds vornehmste Bar. In den 1960er- und 1970er-Jahren traf sich darin der gleichnamige Gesellschaftsclub. Heute gibt's hier Craft-Bier vom Fass (Cuello Negro, Kross) und bequeme Sofas im viktorianischen Stil.

Praktische Informationen

Vor Ort gibt's einen Geldautomaten der **Banco de Chile** (Libertad 621).

Conaf (☎65-262-7520; www.conaf.cl; Errázuriz 317; ⏲Mo & Mi 8.30–12.50 & 14.30–17.30, Fr bis 18.30 Uhr) Infos zu Nationalparks.

Hospital de Ancud (www.hospitalancud.gov.cl; Almirante Latorre 301, Ecke Pedro Montt; ⌚24 Std.)

Informaciones Turísticas (www.muniancud.cl; Ruta 5; ⌚10–17 Uhr) Nützliche kommunale Touristeninformation am Stadteingang.

Sernatur (☎65-262-2665; www.sernatur.cl; Libertad 669; ⌚Dez.–Feb. Mo–Fr 8.30–19, Sa & So ab 9.30 Uhr, März–Nov. Mo–Do 8.30–17.30, Fr bis 16.30 Uhr; 📶) Chiloés einzige staatliche Touristeninformation mit Broschüren, Stadtplänen, WLAN, Unterkunftsverzeichnissen und hilfsbereitem Personal.

An- & Weiterreise

Cruz del Sur (☎65-262-2265; www.busescruzdelsur.cl; Ecke Los Carreras & Cavada, Terminal de Buses; ⌚Mo–Sa 6–23, So 7–23 Uhr) ist Eigentümer und Betreiber von Ancuds **Terminal de Buses** (Hauptbusbahnhof). Fünf Gehminuten von Meer und Zentrum entfernt besteht hier fast stündlich Verbindung zu weiter südlich gelegenen Zielen auf Chiloé. Bedient werden auch Santiago (30 000 Ch$, 16 Std., 2-mal tgl.) und andere Großstädte an der Panamericana gen Norden.

Zu ländlicheren Ecken in Chiloés Osten geht's ab dem kleineren Regionalbusbahnhof, der oberhalb des Bigger-Supermarkts an der Colo Colo liegt (Tickets jeweils direkt an Bord kaufen).

Castro

☎65 / 43 800 EW.

Castro ist Chiloés hübsche und sehr eigene Hauptstadt. Der Lachs-Boom der letzten zehn Jahre hat das schlichte Inselleben vor Ort um moderne Mega-Supermärkte und Boutiquehotels bereichert. Manchmal wirkt diese Arbeiterstadt rau und wild; trotz komfortabler touristischer Infrastruktur ist ihr lokaltypischer Chilote-Charakter irgendwie erhalten geblieben. Dank der Lage im Herzen der Hauptinsel ist Castro eine ideale Basis für Touren zu weiter entfernten Attraktionen.

Sehenswertes

Unbedingt besichtigen sollte man die typischen *palafitos*, die bis heute von Castros bescheidenen Anfängen im Jahr 1567 zeugen. Von der Straße aus betrachtet scheinen sie ganz normale Häuser zu sein. Ihre aufs Wasser hinausragenden Rückseiten stehen jedoch auf Stelzen, die bei Flut auch zum Festmachen von Booten dienen. Die *palafitos* säumen vor allem die Costanera Pedro Montt nördlich der Stadt.

★ Iglesia San Francisco de Castro KIRCHE

(San Martín; ⌚Jan. & Feb. 9.30–22 Uhr, März–Dez. 9.30–12.30 & 15.30–22.30 Uhr) Der Italiener Eduardo Provasoli wählte für sein Design der aufwendigen Iglesia San Francisco, einem der UNESCO-Juwele Chiloés, eine Mischung aus neugotischer und klassischer Architektur. Sie wurde 1912 fertiggestellt und ersetzte eine frühere Kirche, die niedergebrannt war (welche wiederum eine andere Kirche ersetzt hatte, die ebenfalls abgebrannt war).

Museo Regional de Castro MUSEUM

(Esmeralda 255; ⌚Jan. & Feb. Mo–Fr 9.30–19, Sa bis 18.30, So 10.30–13 Uhr, März–Dez. Mo–Fr 9.30–13 & 15–18.30, Sa 9.30–13 Uhr) GRATIS Das einen halben Block von der Plaza de Armas entfernte Museum zeigt eine gut organisierte Sammlung aus Artefakten der Huilliche, Musikinstrumenten, traditionellen landwirtschaftlichen Geräten, Modellen von Chilote-Holzbooten sowie Ausstellungsstücke zur Entwicklung der Ortschaften auf Chiloé. Die Schwarzweißfotos des Erdbebens von 1960 helfen dabei, die Ausmaße dieses tragischen Ereignisses besser zu verstehen.

Feria Alcalde José Sandoval Gomez MARKT

(Feria Yumbel; Yumbel 863; ⌚8–20 Uhr, Winter bis 18 Uhr) Castros beliebter Frischwarenmarkt (eröffnet 2017) liegt etwas ab vom Schuss. Doch die Anfahrt lohnt sich: In dem bunten Gebäude sind viele heimische Köstlichkeiten (z. B. Kartoffeln, Frischfisch und -käse) sehr appetitlich und ordentlich auf Verkaufsständen aufgereiht. Der zweite Stock beherbergt ein halbes Dutzend *cocinerías* mit Hausmannskost (2500–5500 Ch$).

Ab dem Zentrum geht's mit Buslinie 1B, 2 oder 4 in Richtung Galvarino Riveros hierher.

Geführte Touren

★ Chiloétnico OUTDOOR-AKTIVITÄTEN, KULTUR

(☎65-263-0951, Handy 9-4042-1505; www.chiloetnico.cl; Los Carrera 435; ⌚9–20 Uhr, im Winter kürzer) Die sehr empfehlenswerte Agentur organisiert die richtigen Dinge an den richtigen Orten. So gibt's hier z. B. Wander- und MTB-Touren (optional mit E-Bikes), die den Parque Nacional Chiloé, den Parque Tantauco und nahegelegene Eilande erkunden. Auch im Angebot sind Ausflüge mit einem Fokus auf Flora und Fauna – ebenso Kulturexkursionen zu ein paar von Chiloés unbekannteren Kirchen auf weniger touristischen Nebeninseln.

Die Firma verleiht zudem Campingausrüstung und Fahrräder. Das Personal spricht fließend Spanisch, Englisch und Deutsch.

★ **Chiloé Natural** KAJAKFAHREN
(☎ 65-253-4973, Handy 9-6319-7388; www.chiloe natural.com; Blanco Encalada 100; Touren ab 55 000 Ch$/2 Pers.; ⏰ Mo–Sa 10–21, So bis 14 Uhr, Winter kürzere Öffnungszeiten) Die extrem freundliche Agentur mit Ökobewustsein ist auf Seekajak-Touren und ungewöhnliche Ausflüge (u. a. mit Kochkursen oder Messerschmieden) spezialisiert. Die halb- oder mehrtägigen Trips erkunden neben Castro und Umgebung auch weiter entfernte Ecken. Unter den Optionen sind z. B. herrliches Morgenpaddeln in Chepu (265 000 Ch$/ Pers.; ein Muss!) und eine dreitägige Exkursion zu Inselkirchen mit Welterbe-Status (240 000 Ch$ inkl. Mittagessen).

Schlafen

Hostal Cordillera PENSION $
(☎ 65-253-2247; www.hostalcordillera.cl; Barros Arana 175; EZ/DZ 36 000/54 000 Ch$, Zi. ohne Bad 15 000 Ch$/Pers.; @ 📶) Wenn einen das Wetter so richtig runterzieht, kommt die aufgedrehte Besitzerin dieses Traveller-Treffs, überschüttet einen mit mütterlicher Liebe und zaubert einem das Lächeln ins Gesicht zurück. Dazu gibt's Meerblick, große Bäder (im Obergeschoss wurden kürzlich zwei Bäder frisch renoviert), bequeme Betten, elektrische Heizkörper und Kabel-TV.

Palafito Waiwen HOSTEL $$
(☎ 65-263-3888; www.palafitowaiwen.com; Riquelme 1236; B/EZ/DZ inkl. Frühstück 15 000/ 45 000/55 000 Ch$; @ 📶) Das tolle Waiwen in Pfahlbauweise (*palafito*) ist gleichzeitig erschwinglich, stilvoll, hostelmäßig und familienfreundlich. Im Untergeschoss liegen zwei Schlafsäle mit je vier Betten, Schließfächern, Zentralheizung und eigenen Bädern. Zudem gibt's dort eine Gemeinschaftsküche sowie eine Terrasse mit Grill und Meerblick. Die Privatzimmer im Obergeschoss punkten mit Hotel-Niveau und heimischer Kunst. Gerettete Antiquitäten (z. B. Kinosessel, Transistorradios) zieren das ganze Haus. Das Verhältnis von Stil zu Preis ist eins der besten in Castro.

Palafito Hostel HOSTEL $$
(☎ 65-253-1008; www.palafitohostel.com; Ernesto Riquelme 1210; B/EZ/DZ inkl. Frühstück 17 000/42 000/58 000 Ch$; P @ 📶) Das Flashpacker-Hostel auf den Palafitos Gamboa hat Castro revolutioniert: Seine Eröffnung (2008) war der Katalysator für einen Prozess, der die Stadt zu einem angesagten Traveller-Ziel gemacht hat. Die Schlafsaalbetten sind hier teurer als anderswo. Die Qualität (auch der Schließfächer), das tolle Frühstück, die herrliche Aussicht und der coole Hütten-Vibe entschädigen aber für den Mehrpreis.

Palafito del Mar BOUTIQUEHOTEL $$
(☎ 65-263-1622; www.palafitodelmar.cl; Pedro Montt 567; Zi. inkl. Frühstück ab 60 000 Ch$; 📶) Unter Castros eleganten *palafito*-Optionen bietet das minimalistische Boutiquehotel im Norden der markanten Pfahlbautensiedlung einen entscheidenden Bonus: Alle sieben Zimmer haben attraktive Terrassen mit Voll- oder Teilblick aufs Meer – super, um bei einer Flasche Carmenere zu relaxen. Für den richtigen Stilfaktor sorgen u. a. behagliche Duschen und helles Holz (*mañio, tepú*) im ganzen Haus.

Essen & Ausgehen

Sanguche Patito SANDWICHES $
(www.facebook.com/sanguchepatito; San Martín 718; Sandwichs 2500–3200 Ch$; ⏰ Mo–Sa 13–21.30 Uhr) Der abgeliebte Sandwich-Schuppen nahe dem städtischen Busbahnhof zeugt von viel Liebe zu gutem Essen. Gäste entscheiden sich zuerst für eine Basis: Pilze, Hähnchen-, Rind- oder (geräuchertes) Schweinefleisch. Für deren individuelle Verfeinerung stehen dann 18 Belagzutaten und neun Saucen zur Verfügung (max. drei Optionen auswählbar). Das Ganze landet schließlich auf angeröstetem Brot und wird zur kulinarischen Offenbarung.

Hostalomera CHILENISCH $
(www.hostalomera.cl; Blanco Encalada 159; Festpreismenüs 3500 Ch$, Hauptgerichte 4500–5500 Ch$; ⏰ Mo–Do 10–18, Fr bis 3, Sa 20.30–3 Uhr; 📶) Das künstlerisch angehauchte Lokal kredenzt jeden Mittag drei außergewöhnliche Festpreismenüs mit Hausmannskost (inkl. Vorspeise und Fruchtsaft). Auf der normalen Speisekarte stehen chilenisch interpretierte Pasta-Varianten (z. B. Ravioli mit *cochayuyo*-Algen) und aufwendigere Gerichte mit Fleisch oder Fisch. Der Barbetrieb geht freitags und samstags bis 3 Uhr.

★ **Cazador** CHILENISCH $$
(☎ 65-253-1770; www.facebook.com/marycanela chiloe; Ernesto Riquelme 1212; Hauptgerichte

7000–14 000 Ch$; ⌚Mo–Sa 13–15 & 20–22, So 20–22 Uhr, im Winter kürzer; 📶) Der Vorgänger dieses innovativen *palafito*-Bistros war das großartige und ebenso einfallsreiche Mar y Canela. Dessen Küchenchefin und deren neuer Partner (ein Weinkenner) haben es tatsächlich geschafft, den Laden unter anderem Namen noch zu verbessern. Der Schwerpunkt liegt hier nun auf herzhafteren Gerichten (viele davon mit Wildbret), die oft in gusseisernen Pfännchen serviert werden.

Mercadito CHILENISCH $$
(☎65-253-3866; www.elmercaditodechiloe.cl; Pedro Montt 210; Hauptgerichte 7200–10 000 Ch$; ⌚Mo–Sa 13–15.30 & 19.30–22.30 Uhr; 📶) Das herrlich schrullige Mercadito zählt zu Castros Feinschmeckerlokalen. Die Zutaten für die einfallsreichen Gerichte stammen von regionalen Bauernhöfen. Unter den hervorragenden Kreationen auf der Speisekarte sind z. B. Thunfisch mit Püree aus Kartoffeln und gelben Paprika oder Seehecht mit Koriander-Kruste und Kichererbsen-Curry. Seafood (z. B. Austern) gibt's hier nur während der jeweiligen Saison. Auf den Tischen liegt hochwertiges Besteck von Laguiole.

★ **Palafito Patagonia** CAFÉ
(www.facebook.com/palafitopatagonia; Pedro Montt 651; ⌚12–21 Uhr, im Winter kürzer; 📶) Der großartige Mix aus Café und Kunstgalerie nimmt Koffeingetränke sehr wichtig: Die verwendeten Bohnen stammen von Intelligentsia und Blue Bottle (zwei der besten Marken Nordamerikas) sowie von Lama und We Are Four (jeweils in Santiago geröstet). Daraus werden dann Espresso, V60- und Chemex-Gebräue, zu denen man sich leichte Snacks bestellen kann. Die helle Lounge und die luftige Terrasse punkten mit super Aussicht. Der Laden liegt im immer schicker werdenden Norden des *palafito-Viertels*.

Almud Bar BAR
(www.facebook.com/almudbar; Serrano 325; ⌚Di–Do 18.30–1, Fr 19.30–3.30, Sa 20.30–3.30 Uhr) Castros beste waschechte Bar ist nach Chiloés Maßeinheit für Kartoffeln benannt. Zu einer großen Auswahl an Cocktails (3000–7500 Ch$), Craft-Bieren (3000–4500 Ch$) und Sekt bekommt man ein paar Barsnacks.

ℹ Praktische Informationen

Im Bereich der Plaza gibt's Geldautomaten.

Conaf (☎65-253-2501; www.conaf.cl; Gamboa 424; ⌚Mo–Fr 9–13 & 14–17.45 Uhr) Offizielles Büro der chilenischen Nationalparkverwaltung; liefert begrenzte Infos (spanisch, englisch) zum Parque Nacional Chiloé.

Hospital de Castro (www.hospitalcastro.gov.cl; Freire 852)

Información Turistica (☎65-254-7706; www.visitchiloe.cl; Plaza de Armas; ⌚Jan. & Feb. 10–21 Uhr, März–Dez. bis 18 Uhr) Großer Kiosk mit einigen hilfreichen Broschüren und Karten.

Parque Tantauco (Besucherbüro; ☎65-263-3805; www.parquetantauco.cl; Panamericana Sur 1826; ⌚Jan. & Feb. tgl. 9–18 Uhr, März–Dez. nur Mo–Fr)

ℹ An- & Weiterreise

BUS

Das zentral gelegene Castro ist Chiloés größte Verkehrsdrehscheibe. Am **Terminal de Buses Municipal** (San Martín) starten neben ein paar Fernbussen die meisten Linien zu kleineren Zielen auf der Insel. Von hier aus geht's z. B. nach Mocopulli (800 Ch$), Dalcahue (800 Ch$), Chonchi (800 Ch$), zur Isla Quinchao (1800 Ch$) und nach Tenaún (1600 Ch$). Der Busbahnhof von **Cruz del Sur** (☎65-263-5152; www.busescruzdelsur.cl; San Martín 486) bedient vor allem Quellón und Ancud und hat mehr Fernverbindungen. Ziele sind u. a. Ancud (2000 Ch$, 1½ Std.), Puerto Montt (6200 Ch$, 4 Std.) und Temuco (12 000 Ch$, 10 Std.).

FLUGZEUG

Das Aerodrómo Mocopulli liegt 20 km nördlich von Castro und bietet kommerzielle Flugverbindungen. Ab Santiago schickt **LATAM** (☎600-526-2000; www.latam.com; Blanco 180; ⌚Mo–Fr 9–13.15 & 15–18.30, Sa 10–13.15 Uhr) Maschinen über Puerto Montt hierher.

SCHIFF/FÄHRE

Fähren von **Naviera Austral** (☎65-263-5254; www.navieraustral.cl; Chacabuco 498) bedienen die Route Quellón–Chaitén (So 18.30, Do 5.15 Uhr, Sitzplatz/Fahrzeug 13 000/71 000 Ch$).

Dalcahue & Isla Quinchao

Rund 20 km nordöstlich von Castro liegt Dalcahue mit der UNESCO-geschützten Kirche **Nuestra Señora de Los Dolores** aus dem 19. Jh. Der berühmte **Kunsthandwerksmarkt** (Pedro Montt; ⌚Dez.–Feb. 9–18 Uhr, März–Nov. So 9–17 Uhr) hat das authentischste Angebot der Insel – gewebte Pullis, Socken und Hüte aus *oveja* (Schafswolle), die mit Naturpigmenten aus Wurzeln, Blättern und eisenreichem Schlamm gefärbt sind. Der Markt hat jeden Tag geöffnet, für einen Besuch empfiehlt sich aber der Sonntag. Das **Hostal Encanto Patagon** (☎65-264-1651; www.hostalencantopatagon.blogspot.com; Freire 26; B 10 000 Ch$/Pers., Zi. ohne Bad 12 000 Ch$/Pers.; P @ 📶) hat Zimmer in einem bezaubernden, über 100 Jahre alten Chilote-Wohnhaus und serviert echte Hausmannskost.

Auf halber Strecke zwischen Dalcahue und Achao liegt **Curaco de Vélez** (gegr. 1660). Neben toller Chilote-Architektur gibt es dort eine großartige Freiluft-Austernbar am Strand. In Curaco halten Busse auf dem Weg zwischen Achao und Dalcahue.

Südöstlich von Dalcahue liegt mit der Isla Quinchao eins der am leichtesten zugänglichen Eilande. Ein Tagestrip hierher lohnt sich: In der Hauptsiedlung namens **Achao** steht Chiloés älteste Kirche – die **Iglesia Santa María de Loreto**, die von Holzdübeln statt Nägeln zusammengehalten wird. Als Unterkunft empfiehlt sich das freundliche, familiengeführte **Hospedaje Plaza** (☎65-266-1283; Amunátegui 20; EZ/DZ inkl. Frühstück 9000/18 000 Ch$, DZ ohne Bad 16 000 Ch$; 📶). Einen Block hinter dem Pier liegt das **Restaurante El Medan** (Serrano; Gerichte 2800 Ch$; ⏱Mo–Sa 12.30–16 Uhr, April–Nov. Fr geschl.) ohne Speisekarte: Gäste bekommen hier das, was gerade frisch auf dem gegenüberliegenden Fischmarkt angeboten wird. Einen Block südlich der Kirche besteht am **Busbahnhof** (Ecke Miraflores & Zañartu) täglich Verbindung nach Dalcahue (1400 Ch$) und Castro (1800 Ch$; jeweils alle 15–30 Min.).

Parque Nacional Chiloé

Rund 54 km westlich von Castro liegt dieser 430 km² große **Nationalpark** (☎65-297-0724; www.conaf.cl/parques/parque-nacional-chiloe; Erw./Kind Chilenen 2000/1000 Ch$, Ausländer 4000/2000 Ch$; ⏱Dez.–März Mo–Do 9.30–19.30, Fr–So bis 18 Uhr, April–Nov. Mo–Do 9.30–17.30, Fr–So bis 16.30 Uhr), der herrliche immergrüne Wälder mit braungrauen Sandstränden am endlosen, donnernden Pazifik paart. Hier leben diverse Vogelarten, Darwin-Füchse und scheue Pudus (kleinste Hirsche der Welt). Besucher sind den Pazifikstürmen ausgesetzt und müssen mit viel Regen rechnen.

Als Tor zum Park fungiert das Nest **Cucao**, wo gerade immer mehr Einrichtungen entstehen. Dahinter liegt der Bereich **Chanquín**, wo ein **Besucherzentrum** (www.conaf.cl/parques/parque-nacional-chiloe; ⏱Dez.–März Mo–Do 9.30–19.30, Fr–So bis 18 Uhr, April–Nov. Mo–Do 9.30–17.30, Fr–So bis 16.30 Uhr) der Conaf mit Infos aufwartet. Vorbei an umgestürzten Baumstämmen schlängelt sich der **Sendero Interpretivo El Tepual** (1 km) durch dichte Wälder. Über den **Sendero Dunas de Cucao** (2 km) geht's zu einer Reihe von Dünen hinter einem langen Strand mit weißem Sand. Am beliebtesten ist der **Sendero Chanquín–Cole Cole** (25 km), der entlang der Küste und vorbei am Lago Huelde zum Río Cole Cole führt. Ab dort setzt er sich gen Norden (8 km) zum Río Anay fort und durchquert dabei mehrere Myrtenhaine.

Schlafen & Essen

Die meisten Unterkünfte und Restaurants liegen hinter der Brücke, die Cucao mit Chiloé verbindet.

Camping y Cabañas del Parque CAMPING $
(www.parquechiloe.cl; Stellplatz 5000 Ch$/Pers., Hütte ab 35 000 Ch$; P 📶) Etwa 100 m hinter dem Besucherzentrum liegt im Park dieser gut ausgestattete Campingplatz mit Schlafsälen (nur Nachsaison) und überraschend attraktiven Hütten. Diese punkten mit stilvollem Mobiliar, fließendem Wasser, Warmwasserduschen, Feuerholz und allen modernen Extras. Zum Recherchezeitpunkt hatte die Conaf allerdings noch keinen neuen Pächter gefunden – daher ist die Anlage eventuell geschlossen.

Falls nicht, kann man sich im kleinen örtlichen **Café** (Parque Nacional Chiloé, Sector Chanquín; Hauptgerichte 1500–7900 Ch$; ⏱15. Dez.–März 9–18.30 Uhr, April–14. Dez. 10–18 Uhr; 📶) prima nach dem Wandern stärken. Das Lokal dient meist auch als Rezeption.

★ **Palafito Cucao Hostel** HOTEL $$
(☎65-297-1164; www.hostelpalafitocucao.cl; Camino Rural Cucao, Sector Chanquín; B/EZ/DZ/3BZ inkl. Frühstück 18 000/52 000/65 000/77 000 Ch$; P @ 📶) Das Schwesterhotel des Palafito 1326 und des Palafito Hostel in Castro ist so schick wie seine beiden Familienmitglieder. Besser und komfortabler kann man in Cucao nicht übernachten: Am Lago Cucao warten elf stilvolle Privatzimmer und ein attraktiver Schlafsaal mit sechs Betten. Unter den Gemeinschaftseinrichtungen sind ein gemütlicher Aufenthaltsbereich, eine Gästeküche und eine umlaufende Terrasse, die mit super Aussicht und einem Whirlpool aufwartet.

An- & Weiterreise

Zwischen Castro und Cucao verkehren Linienbusse (2000 Ch$, 1 Std., meist mehrmals tgl.).

Quellón

065 / 27 200 EW.

Wer am Ende der Carretera Panamericana einen Regenbogen und einen Goldtopf erwartet, wird von dieser hässlichen Hafenstadt enttäuscht sein. Die meisten Besucher kommen nur wegen der Fähren nach Chaitén hierher. Zudem sind empfehlenswerte Unterkünfte vor Ort rar. Eine davon ist das **Patagonia Insular** (65-268-1610; www.hotelpatagoniainsular.cl; Av Juan Ladrilleros 1737; EZ/DZ inkl. Frühstück ab 62 000/68 000 Ch$;) – zwar keinesfalls luxuriös, aber modern, freundlich und sein Geld vollauf wert. Im **Isla Sandwich** (Av Juan Ladrilleros 190; Sandwichs 4000–7000 Ch$; 10–22 Uhr, Winter kürzere Öffnungszeiten;) und in der **Sandwichería Mitos** (www.mitoschiloe.cl; Jorge Vivar 235; Sandwiches 4000–9000 Ch$; Mo–Fr 8.30–22, Sa ab 11, So 11–16 Uhr;) kann man sich mit leckeren Sandwichs stärken.

Ab dem **Busbahnhof** (65-268-1284; www.busescruzdelsur.cl; Pedro Aguirre Cerda 052) fahren Cruz del Sur und Transchiloé nach Castro (2000 Ch$, 2 Std., regelm.). **Naviera Austral** (65-268-2207; www.navieraustral.cl; Pedro Montt 355; Mo–Sa 9–13 & 15–19, So 15–18.30 Uhr) schippert nach Chaitén (So 18.30, Do 5.15 Uhr, Sitzplatz/Fahrzeug 13 000/71 000 Ch$).

NÖRDLICHES PATAGONIEN

Ein Netz aus Flüssen, Gipfeln und Gletschern bildete lange eine natürliche Grenze zwischen dem nördlichen Patagonien und dem Rest der Welt. Erst zur Zeit der Pinochet-Diktatur in den 1980er-Jahren wurde diese abgelegene Region effektiv durch die **Carretera Austral** (Hwy 7) ans übrige Land angebunden. Die Abgeschiedenheit hat dafür gesorgt, dass die Einheimischen sehr autark und im Einklang mit der Natur leben. *Quien se apura en la Patagonia pierde el tiempo* – wer sich in Patagonien beeilt, verschwendet seine Zeit, erklären die Einheimischen. In diesem Niemandsland jenseits des Seengebiets ist das Wetter der entscheidende Faktor. Also gar nicht erst hektisch werden: Verpasste Flüge, verspätete Fähren und Überflutungen gehören hier zum Alltag! Da sollte man es wie die Einheimischen machen – noch einen Mate-Tee aufsetzen und sich nett unterhalten.

Die Carretera Austral beginnt südlich von Puerto Montt und verbindet die weit verstreuten Ortschaften und Weiler bis hinunter nach Villa O'Higgins – eine Strecke von insgesamt etwas mehr als 1200 km. In der Hauptsaison (Mitte Dez.–Feb.) sind die Transportmöglichkeiten und Verbindungen wesentlich besser als im restlichen Jahr. Mit Bus- und Fährtouren lernt man die Region am besten kennen. Im Folgenden wird der Abschnitt zwischen dem Parque Pumalín und dem Lago General Carrera vorgestellt, es gibt jedoch noch viel mehr zu entdecken. Man sollte nicht zögern, die ausgetretenen Pfade zu verlassen: Die kleinen Dörfer entlang der Straße und die entlegenen Weiler Cochrane, Caleta Tortel und Villa O'Higgins lohnen auf jeden Fall eine Erkundungstour.

Parque Nacional Pumalín

Der 2889 km² große **Nationalpark** (www.parquepumalin.cl) GRATIS paart weitläufige gemäßigte Regenwälder mit Küstenlandschaften und klaren Flüssen. Grün und ursprünglich lockt dieses bemerkenswerte Waldschutzprojekt viele Besucher aus aller Welt an. Das Gelände reicht grob von Hornopirén bis zu einem Punkt südlich von Chaitén. Der US-Amerikaner Doug Tompkins gründete Pumalín als einen der weltweit größten Privatparks. Nach dem Tod des Philanthropen (2015) schenkte die Tompkins Coservation das Areal im Jahr 2017 dem chilenischen Staat. Seitdem ist dies ein vorbildlicher Nationalpark mit gut gepflegten Straßen bzw. Wanderwegen und umfassender Infrastruktur – und zwar so angelegt, dass die hiesige Natur nur minimal beeinträchtigt wird. Der Zugang ist kostenlos: Die Carretera Austral teilt Pumalín in zwei Teile. Somit wäre es nämlich schwierig, Parkbesucher von reinen Durchreisenden zu unterscheiden.

Nach dem spektakulären Ausbruch des Volcán Chaitén (2008) war der Park mehrere Jahre geschlossen. Heute führt ein Wanderpfad hinauf zu einem dramatischen Aussichtspunkt am rauchenden Krater.

Pumalíns entlegener Norden ist momentan nur per Boot erreichbar. Ein paar Tourfirmen in Puerto Varas organisieren Boots- bzw. Kajaktrips auf den regionalen Fjorden. Dabei werden auch ansonsten unzugängliche Thermalquellen besucht. **Chaitur** (65-273-7249, Handy 9-7468-5608; www.chaitur.com; O'Higgins 67; wechselnde Öffnungszeiten) in Chaitén informiert über einheimische Gui-

Carretera Austral

des, die Gruppenwanderungen zum Vulkan anführen.

Die Infozentren und die Website des Parks liefern Details zu allen lokalen Campingplätzen und Hütten (teils an Startpunkten von Wegen gelegen). Offenes Feuer ist im gesamten Schutzgebiet verboten.

Praktische Informationen

Im Park gibt's fast keinen Handy-Empfang. Das **Centro de Visitantes Caleta Gonzalo** (www.parquepumalin.cl; Caleta Gonzalo; Mo–Sa 9–19, So 10–16 Uhr) und das **Centro de Visitantes El Amarillo** (www.parquepumalin.cl; El Amarillo; Mo–Sa 9–19, So 10–16 Uhr) warten jeweils mit Broschüren, Fotos und Infos zur örtlichen Natur auf. Beide Zentren verkaufen auch regionales Kunsthandwerk.

Tompkins Conservation (in den USA 1-415-229-9339; www.tompkinsconservation.org) liefert Infos zu allen (lokalen) Projekten der US-Naturschutzorganisation.

An- & Weiterreise

Fähren von **Naviera Austral** (65-221-7266; www.taustral.cl; Fährhafen) verbinden Caleta Gonzalo mit Hornopirén (Passagier/Auto 6000/34000 Ch$, 5–6 Std., Hauptsaison 2-mal tgl.). Im Rahmen von Bus-Boot-Kombitouren zwischen Puerto Montt und Chaitén können sich Besucher auch am Park absetzen lassen.

Futaleufú

65 / 2600 EW.

Futaleufú mit seinen gerade mal 20 pastellfarbenen Häuserblocks liegt 155 km südöstlich von Chaitén. Das kalte, minzgrüne Wildwasser des gleichnamigen Flusses hat es berühmt gemacht. Doch das schlichte Bergstädtchen ist nicht nur ein Kajak- und Rafting-Mekka: Besucher können auch wandern, reiten und fliegenfischen. Bessere Straßen und immer mehr Pauschaltouristen bedeuten allerdings, dass dies kein Geheimtipp mehr ist – man beachte nur das Verhältnis von Teva-Trekkingsandalen zu wollenen *mantas*! Dennoch bietet Futaleufú immer noch eine Menge Spaß.

Geführte Touren

Einige Flussabschnitte des anspruchsvollen Futaleufú (kurz „Futa" oder „Fu") eignen sich nur für erfahrene Raftingsportler. Je nach gewähltem Anbieter und Leistungsumfang liegt der Startpreis für halbtägige Raftingtrips auf dem Abschnitt Bridge to Bridge (Stromschnellen der Kategorie IV–IV+) bei 50000 Ch$ pro Person. Ab 60000 Ch$ pro Nase gibt's kurze, aber heftige Ganztagstouren von Bridge nach Macul – wegen zweier zusätzlicher Stromschnellen der Kategorie V ist das aber nur etwas für Experten!

Der Río Espolón mit Stromschnellen der Kategorie III ist dagegen ideal für Familien. Auf diesem Fluss und dem Lago Espolón sind auch Schlauchboottrips für Kajakanfänger im Angebot.

Bio Bio Expeditions OUTDOOR-AKTIVITÄTEN

(2-2196-4258; www.bbxrafting.com) Ein echter Pionier in der Region. Die ökologisch orientierte Gruppe organisiert Touren auf dem Fluss, Ausritte und vieles mehr. Das Angebot ist immer stark nachgefragt, manchmal bekommt man aber auch noch was, wenn man einfach spontan auftaucht.

Carpintero Negro WANDERN & TREKKEN

(Handy 9-5825-4073; www.carpinteronegro.com; Cerda 439; Öffnungszeiten variieren) Zu den vielen tollen Wandermöglichkeiten im Bereich von Futaleufú gibt's nur relativ wenig Infos. So sind die halb- und mehrtägigen Treks dieser Guiding-Firma (per WhatsApp kontaktieren) ein willkommenes Angebot.

Schlafen & Essen

Las Natalias HOSTEL $

(Handy 9-6283-5371; www.hostallasnatalias.cl; B/3BZ 15000/50000 Ch$, DZ mit/ohne Bad 36000/32000 Ch$; Nov.–April) Seinen Namen verdankt dieses freundliche Hostel seinen vier Generationen von Natalias. Ein gutes Angebot für Backpacker mit Tipps zu Outdoor-Aktivitäten. Es gibt genügend Gemeinschaftsbäder, einen großen Gemeinschaftsbereich, Bergblick und eine Gästeküche. Das Hostel befindet sich zu Fuß zehn Minuten vom Zentrum entfernt. Einfach die Cerda entlanggehen und den Schildern in die nordwestlichen Vororte folgen. Las Natalias liegt hinter dem Anstieg auf der rechten Seite.

Aldea Puerto Espolón CAMPING $

(Handy 9-5324-0305; www.aldeapuertoespolon.cl; Ruta 231; Stellplatz 7000 Ch$/Pers., Hütte 9000 Ch$; Jan.–März;) Kurz vor dem Ortseingang flankieren Berge den herrlich gelegenen Platz am sandigen Flussufer. Hier gibt's u. a. Warmwasserduschen, eine überdachte Freiluftküche mit Gasherden und Hütten (geodätische Kuppeln auf Plattformen; eigener Schlafsack erforderl.) für Gästegruppen.

Pizzas de Fabio PIZZA $$
(Handy 9-6485-1412; Carnicer 280; Pizzen ab 7500 Ch$; 12–15 & 18.30–22 Uhr;) Der argentinische Küchenchef Fabio hat der Haute Cuisine den Rücken gekehrt, um seine eigene Pizzeria mit Takeout zu eröffnen. In fröhlicher Shabby-Chic-Atmosphäre gibt's hier rundum empfehlenswerte Pizza (u.a. vegan).

Praktische Informationen

Genug Bares mitbringen: Hier gibt's nur einen Geldautomaten der **BancoEstado** (Ecke O'Higgins & Manuel Rodríguez; Mo–Fr 9–14 Uhr), der zudem nur Mastercard akzeptiert. Die hilfreiche **Touristeninformation** (65-223-7629; www.futaleufu.cl; O'Higgins 536; 9–21 Uhr) liefert Details zu regionalen Wandermöglichkeiten.

An- & Weiterreise

Buses Becker (65-272-1360; www.busesbecker.com; Ecke Balmaceda & Prat; 9–13 & 15–19 Uhr) fährt nach Coyhaique (24000 Ch$, 10 Std., nur So), wobei der Weg jeweils über Villa Santa Lucía (1½ Std.), La Junta und Puyuhuapi führt. **Bus D&R** (65-238-0898, Handy 9-9883-2974; http://busesdyr.cl; Manuel Rodríguez s/n; 9–12 & 15–19 Uhr) startet fast täglich gen Chaitén (2200 Ch$, 3 Std., 6 Uhr). **Buses Jerry** (Lautaro s/n) bedient Palena (2500 Ch$, 2 Std., 3-mal wöchentl.).

Buses Apsa fährt nach Puerto Montt (18000 Ch$, 10 Std., Di & Fr 7.30 Uhr); Tickets gibt's bei der lokalen **Post** (65-223-7629; Balmaceda 501; Mo–Fr 9–13 & 15–19 Uhr).

Internationale Busse (65-272-1458; Cerda 436) rollen zur argentinischen Grenze (2500 Ch$, Mo & Fr 9 & 19 Uhr). Am **Grenzübergang Futaleufú** (Ruta Internacional s/n; 8–20 Uhr) geht die Ausreise schneller und effizienter vonstatten als in Palena, das gegenüber des argentinischen Grenzorts Carrenleufú liegt.

Puyuhuapi

Inspiriert von den Abenteuern des Forschungsreisenden Hans Steffen gründeten 1935 vier deutsche Auswanderer diesen entlegenen Außenposten im Regenwald. Ihre landwirtschaftliche Kolonie wuchs durch den Zuzug von Textilarbeitern aus Chiloé, deren Fähigkeiten zum Erfolg der **Fábrica de Alfombras** (Handy 9-9359-9515; www.puyuhuapi.com; Aysen s/n; Mo–Fr 9–12 & 15–18.30 Uhr) beitrugen. Diese Teppichweberei war 1947 ebenfalls von Deutschen gegründet worden und ist bis heute aktiv. Rund 6 km südlich von Puyuhuapi liegt das ruhige Thermalbad **Termas del Ventisquero** (Handy 9-7966-6805; www.termasventisqueropuyuhuapi.cl; Eintritt 18000 Ch$; Dez.–Feb. 9–23 Uhr, im Winter kürzer). Bei **Experiencia Austral** (Handy 9-8744-8755 od. 9-7766-1524; http://experienciaustral.com; Av Otto Uebel 36; 9–13 & 14–19 Uhr) gibt's Leihfahrräder, Kajaktrips auf dem Fjord und geführte Wanderungen durch den Parque Nacional Queulat.

Im **Los Maños del Queulat** (Handy 9-9491-1920; www.losmaniosdelqueulat.cl; Circunvalación s/n; DZ inkl. Frühstück mit/ohne Bad 45000/35000 Ch$;) bekommen Übernachtungswillige am meisten für ihr Geld. Die historische **Casa Ludwig** (67-232-5220; www.casaludwig.cl; Av Otto Uebel 202; EZ/DZ 28000/54000 Ch$, ohne Bad ab 20000/30000 Ch$; Okt.–März) punktet mit eleganter Behaglichkeit. Das **El Muelle** (Handy 9-7654-3598; Av Otto Uebel s/n; Hauptgerichte 8000 Ch$; Di–So 12–22 Uhr) serviert mittags frisches Seafood in üppigen Portionen.

Die hilfreiche **Touristeninformation** (Av Otto Uebel s/n; 9–21 Uhr) liefert Details. Auf der Route Coyhaique–Chaitén können Buspassagiere in Puyuhuapi aussteigen (Rückfahrttickets frühestmöglich reservieren!). **Buses Becker** (67-223-2167; www.busesbecker.com; Av Otto Uebel s/n) fährt mehrmals täglich nach Chaitén und Futaleufú. **Terra Austral** (67-225-4335; Av Otto Uebel s/n, Supermarkt Nido de Puyes) bedient Coyhaique (tgl. 6 Uhr).

Parque Nacional Queulat

Im rauen, 1540 km² großen **Parque Nacional Queulat** (www.conaf.cl/parques/parque-nacional-queulat; Eintritt 4000 Ch$; 8.30–17.30 Uhr) schlängeln sich Flüsse durch dichte Farn- und Scheinbuchenwälder. Langsam fließende Gletscher flankieren die steilen Fjordhänge des Parks. Vom **Centro de Información Ambiental** (8.30–17.30 Uhr) führt eine Wanderung (3 km) zu einem Aussichtspunkt mit Blick auf den **Ventisquero Colgante**, einen bläulichen Hängegletscher.

Gleich nördlich des Südeingangs bei Pudú (Km 170) führt ein dunstverhangener Pfad durch den dichten Wald im Tal des **Río de las Cascadas** bergauf. Er endet an einem Granitbecken, wo ein halbes Dutzend Wasserfälle von Gletschern herabplätschern.

Coyhaique

67 / 57800 EW.

Das regionale Zentrum des ländlichen Aysén, Coyhaique, ist urban genug, um die neuesten Discos, Technik- und Shoppingtrends bieten zu können. Die inzwischen groß gewordene Rancher-Stadt liegt vor Felskuppen und verschneiten Gipfeln inmitten einer sanft gewellten Bergkette. Für Besucher ist sie der Startpunkt zu Abenteuern in der Einsamkeit – sei es Fliegenfischen, Eiswandern oder Reisen bis zum Ende der Carretera Austral. Wer frisch aus der Regenwaldwildnis des nördlichen Aysén kommt, empfindet Coyhaique eventuell als garstigen Rückfall in die Welt der Sattelschlepper und Wohnsiedlungen. Landarbeiter kommen, um in der Holz- oder Lachsindustrie zu arbeiten und verstärken so die wachsende städtische Masse.

Sehenswertes & Aktivitäten

Lago Elizalde SEE

Dieser See ist einer von mehreren idyllischen Bergseen rund um Coyhaique, die sich hervorragend zum Forellenangeln, Kajakfahren oder Relaxen am Ufer eignen. Er liegt 33 km von Coyhaique entfernt und ist per Bus ab dem Busbahnhof erreichbar (S. 585).

Reserva Nacional Coyhaique NATURSCHUTZGEBIET

(☎67-221-2109; www.conaf.cl/parques/reserva-nacional-coyhaique; Erw./Kind 3000/1500 Ch$; ⌚8.45–17 Uhr) Lenga-, Coihue- und Antarktische Scheinbuchen prägen dieses Naturreservat (21,5 km²), in dem auch kleine Seen und der Cerro Cinchao (1361 m) liegen. Rund 5 km außerhalb von Coyhaique (ca. 1½ Wanderstd.) schaut man hier auf den Ort und die mächtigen Basaltsäulen des fernen Cerro Mackay. Zugang ab Coyhaique: Der Av General Baquedano nordwärts folgen, die Brücke überqueren und dann die Schotterpiste zur Rechten nehmen. Für diesen steilen Anstieg empfiehlt sich ein Allrad-Antrieb.

Geführte Touren

GeoSur Expediciones ABENTEUER-AKTIVITÄTEN

(☎Handy 9-9264-8671; www.geosur.com; Simón Bolívar 521; ⌚Mo–Fr 9–17 Uhr) Die empfehlenswerte Firma ist Spezialist für Aktiv-Abenteuer und Touren mit Fokus auf der Regionalkultur. Etwa 57 km südlich von Coyhaique bietet das hauseigene Abenteuer-Zentrum u. a. Individualtrips entlang der Carretera Austral an – ebenso Tagesausflüge (z. B. mit Kajakfahren, Wandern, Bauernhof-Besuchen) und mehrtägige Treks zum Cerro Castillo oder Naturreservat Jeinimeni-Chacabuco.

Schlafen

Huella Patagónica HOSTEL $

(☎67-223-0002, Handy 9-4410-1571; www.huellapatagonica.cl; Serrano 621; B/DZ inkl. Frühstück 18 000/49 000 Ch$; P 📶) Eine willkommene Neueröffnung: In einem dreistöckigen Wellblechbau warten hier attraktive, moderne Zimmer mit wirkungsvoller Fußbodenheizung und Stockbetten (jeweils mit eigenen Steckdosen und Leselampen). Man spürt, dass die Inhaber namens Mauricio und Gabriella über lange Berufserfahrung im regionalen Tourismus verfügen. Das öffentlich zugängliche Hauscafé serviert Espresso und Snacks.

Patagonia House BOUTIQUEHOTEL $$$

(☎67-221-1488, Handy 9-7659-9963; www.patagonia-house.com; Campo Alegre s/n; EZ/DZ/Suite 110/120/160 US$, Hütte für 3 Pers. 160 US$; 📶) Abseits vom Trubel in Coyhaiques Zentrum (3 km) überzeugt dieses ländliche Boutiquehotel mit Komfort, Ökobewusstsein und modernem Understatement in Sachen Stil. Von den großen Zimmern mit schönen Fotos an den Wänden schaut man auf einen Garten mit Freiluft-Whirlpool. Zudem gibt's üppiges Frühstück und leckeres Abendessen (17 000 Ch$), das nach einem langen Tag auf staubigen Straßen höchst willkommen ist.

Essen

Mamma Gaucha PIZZA $

(☎067-221-0721; www.mammagaucha.cl; Paseo Horn 47; Hauptgerichte 5000–10 000 Ch$; ⌚Mo–Sa 10–1.30 Uhr) Das Mamma Gaucha kombiniert regionales Ambiente, ein anspruchsvolles Angebot und vernünftige Preise. Hier wird der müdeste Krieger wieder munter. Decken aus Schilfrohr und Wände aus weiß getünchten Scheunenbrettern sorgen für ein bodenständiges Ambiente. Als Einstieg empfehlen sich Limonade mit frischer Minze, Bio-Wein oder ein La-Tropera-Bier. Highlight ist die Pizza aus dem Lehmziegelofen, ebenso gut sind aber die hausgemachte Pasta und die Salate mit heimischen Zutaten.

Café de Mayo CAFÉ $

(☎67-227-3020; 21 de Mayo 543; Hauptgerichte 4000–6000 Ch$; ⌚9–22 Uhr; 📶) Das beliebte, gemütliche Café mit Teekannen-Deko und offenem Kamin hat auch einige schattige Freilufttische. Hier gibt's Espresso, Frühstück mit Eiern vom Bauernhof und üppige Standardgerichte wie *pastel de choclo* (Maisauflauf) – ebenso Sandwichs, Käseplatten und selbstgebackene Kuchen.

Café Holzer CAFÉ $

(www.holzer.cl; Dussen 317; Kuchen 2000 Ch$; ⌚ Di–Fr 9.30–21, Sa & So 10–21 Uhr; 📶) Das winzige Café mit einer grasbewachsenen Veranda vor dem Haus ist bei den Einheimischen für seine süßen und koffeinhaltigen Angebote äußerst beliebt. Die Kuchen und Torten werden aus einer renommierten Bäckerei in Santiago eigens eingeflogen. Neben echtem Bohnenkaffee und toller heißer Schokolade kann man hier auch Mate-Tee probieren. Dann weiß man auch endlich, warum alle so viel Aufsehens darum machen.

Adobe BURGER $

(☎ 67-224-0846; Av General Baquedano 9; Hauptgerichte 7000 Ch$; ⌚ Mo–Mi 13–1, Do–Sa bis 2 Uhr) Das Lokal im Raststätten-Stil serviert z.B. XL-Cheeseburger mit Bacon und fluffigen Brötchen. Ebenfalls zur Auswahl stehen Sandwichs mit Lamm und überraschend gute Burger mit geröstetem Gemüse. Der Küchenbetrieb geht bis ml Uhr. In angenehmer Atmosphäre kann man hier auch Fußballübertragungen verfolgen und dabei ein Bier oder einen Pisco mit Maqui-Beerensirup trinken.

Carnes Queulat GRILL $$

(☎ 67-225-0507; Ramón Freire 327; Hauptgerichte 6000–9000 Ch$; ⌚ 13–15.30 & 19.30–23 Uhr) In einer kleinen Schotterstraße versteckt sich dieses freundliche, schlichte Restaurant, das die besten Steaks der Gegend serviert. Die Spezialität des Hauses, *carne a las brasas*, wird sorgsam über dem Holzfeuer gegrillt. Dazu passen am besten einige feurigscharfe hausgemachte Empanadas und ein Pisco sour nach Geheimrezept.

ℹ Praktische Informationen

An der Condell gibt's neben Internetcafés auch Geldautomaten, die Visa-Karten akzeptieren – entlang der Carretera Austral generell eine Seltenheit. Darum bei Bedarf hier mit genügend Bargeld eindecken!

Conaf (☎ 67-221-2109; Av Ogaña 1060; ⌚ Mo–Fr 8.30–13 & 14.30–17.30 Uhr) Infos zu regionalen Nationalparks und Naturschutzgebieten.

Hospital Regional (☎ 67-221-9100; www.hospitalregionalcoyhaique.cl; Ibar 68; ⌚ Notaufnahme 24 Std.)

Post (☎ 67-223-0013; Lord Cochrane 226; ⌚ Mo–Fr 9–18.30, Sa 9.30–13.30 Uhr) Nahe der Plaza de Armas.

Sernatur (☎ 67-224-0298; www.recorreaysen.cl; Bulnes 35; ⌚ Mo–Fr 9–18.30, Sa 10–18 Uhr; 📶) Hilfreiches Büro mit Regionalinfos und Verzeichnissen (Aktivitäten, Unterkünfte, Verkehrsmittel inkl. Preise).

ℹ An- & Weiterreise

BUS

Die meisten folgenden Verbindungen starten am **Busbahnhof** (☎ 67-225-8203; Lautaro 109; ⌚ 8–19 Uhr). Ein paar wenige Busse brechen jedoch an separaten Firmen-Terminals auf. Die Fahrpläne ändern sich ständig – darum aktuelle Infos bei Sernatur (S. 585) einholen!

Ziele im Norden bedienen u. a. **Águilas Patagónicas** (☎ 67-221-1288; www.aguilaspatagonicas.cl; Busbahnhof; ⌚ Mo–Sa 8.30–13 & 14.15–17 Uhr), **Transaustral** (☎ 67-223-2067; Busbahnhof; ⌚ 8.30–13 & 15–18 Uhr), **Buses Becker** (☎ 67-223-2167; www.busesbecker.com; General Parra 335), **Transportes Terra Austral** (☎ 67-225-4355; Busbahnhof; ⌚ 9.30–13 & 15.30–17.30 Uhr) und **Queilen Bus** (☎ 67-224-0760; www.queilenbus.cl; Busbahnhof; ⌚ Mo–Sa 11.30–13.30 & 14.30–18.30 Uhr). Gen Süden geht's z. B. mit **Acuario 13/Buses Sao Paulo** (☎ 67-224-0990; Busbahnhof; ⌚ Mo–Fr 8.30–18, Sa bis 10 Uhr) und **Buses Don Carlos** (☎ 67-223-1981; Cruz 63).

Busse ab Coyhaique

ZIEL	PREIS (CH$)	DAUER (STD.)
Chaitén	15 000	9–11
Chile Chico	6000	3½ mit Fähre
Cochrane	14 000	7–10
Futaleufú	20 000	8–9
Puerto Montt	40 000	23
Puyuhuapi	8000	5

FLUGZEUG

Der **Flughafen Balmaceda** (Balmaceda) liegt 57 km südlich der Stadt. **LATAM** (☎ 600-526-2000; General Parra 402; ⌚ Mo–Fr 9–13 & 15–18.30, Sa 9.30–13 Uhr) startet hier mehrmals täglich (meist morgens) gen Puerto Montt (60 000 Ch$) und Santiago (180 000 Ch$). In Chile gekaufte Tickets sind mitunter deutlich günstiger.

Mit Zwischenlandung in Balmaceda fliegt **Sky Airline** (www.skyairline.cl; Flughafen Balmaceda) von Santiago nach Punta Arenas.

Lago General Carrera

Der riesige See (224 000 ha) See gehört halb zu Argentinien (wo er Lago Buenos Aires genannt wird) und halb zu Chile. Er wirkt wie ein windgepeitschtes grünblaues Meer inmitten der Steppe Patagoniens. Auf den holprigen, kurvenreichen Straßen, die den See umgeben, fühlt man sich winzig und scheint nur im Schneckentempo voranzu-

NICHT VERSÄUMEN

PARQUE NACIONAL PATAGONIA

Der **Parque Nacional Patagonia** (Patagonia National Park; www.parquepatagonia.org; Valle Chacabuco) GRATIS liegt 18 km nördlich von Cochrane und ist eine umgestaltete *estancia* (Ranch mit Weidevieh), auf deren Land Flamingos, Guanakos, *huemul* (bedrohter Andenhirsch), Pumas, Viscachas und Füchse leben. Conservacion Patagonica ist jene Nichtregierungsorganisation, die hinter dem Nationalpark-Projekt steht und die Initiative 2004 ins Leben rief. Valle Chacabuco umfasst eine Fläche von 69 000 ha und wird auch die Serengeti der Südhalbkugel genannt. Hier findet man patagonische Steppen, Wälder, Berge, Seen und Lagunen. Der Park erstreckt sich vom Río Baker bis zur argentinischen Grenze. Wer mit dem eigenen Fahrzeug unterwegs ist, kann hier am Paso Roballos nach Argentinien einreisen.

kommen. Eine tolle Route ist die Carretera Austral ab Coyhaique gen Süden, die um das westliche Seeufer herumführt.

Aus Richtung Coyhaique kommend stößt man kurz vor Balmaceda auf eine Abzweigung mit dem Schild „Cochrane", die nach rechts zum **Parque Nacional Cerro Castillo** führt. Umgeben von Gletschern ragen dort die Spitzen des Cerro Castillo über ca. 1800 km² Scheinbuchenwald mit prima Wandermöglichkeiten empor. Im nahegelegenen Villa Cerro Castillo betreibt **Senderos Patagonia** (Handy 9-6224-4725; www.aysensenderospatagonia.com; Carretera Austral s/n; Stellplatz 5000 Ch$/Pers., B 8000–10 000 Ch$, Ausritte 40 000 Ch$; WLAN) ein neues Hostel und eine tolle Guiding-Firma, deren Wanderführer zwei Sprachen sprechen.

Am **Puerto Río Tranquilo** (Westufer) startet **Destino Patagonia** (Handy 9-9158-6044; www.destinopatagonia.cl; Flores 208; Tagestouren ab 150 000 Ch$/Pers.; 10–21 Uhr) zu Tagestrips, die den atemberaubenden Glaciar San Rafael besuchen. Bei ausreichend ruhigem Wasser beginnen hier auch Bootsausflüge zu den großartigen Höhlen der **Capilla de Mármol** (Marmorkapelle; 5 Pers. 50 000 Ch$). Nördlich des Orts führt eine Holperstraße vorbei an Gletschern zum **Parque Nacional Laguna San Rafael** und dann weiter zur Küste. Das reizende B&B **El Puesto** (Handy 9-6207-3794; www.elpuesto.cl; Pedro Lagos 258; EZ/DZ/3BZ/4BZ inkl. Frühstück 127/168/225/266 US$; WLAN) wird von einem Profi-Guide geleitet und fungiert als Basiscamp für Aktiv-Abenteuer. **Camping Pudu** (Handy 9-8920-5085; https://es-la.facebook.com/campingpudu; Stellplatz 8000 Ch$/Pers.; Mitte Nov.–März) vermietet super Stellplätze direkt am Ufer.

Rund 13 km östlich von Cruce El Maitén gibt's Benzin und Proviant in **Puerto Guadal**. Dort liegt in ländlicher Umgebung auch ein reizendes Refugium: das Hostel **Destino No Turístico** (Handy 9-7392-5510; www.destino-noturistico.com; Camino Laguna La Manga, Km 1,5; Stellplatz 5500 Ch$/Pers., B/DZ 25 000/60 000 Ch$), das zugleich Öko-Camp ist und begeisterte Kritiken erntet.

Chile Chico

67 / 4600 EW.

Vorbei an Gold- und Silberminen führt eine achterbahnartige Straße von Puerto Guadal nach Chile Chico. Der kleine Ort ist eine sonnige Oase mit Obstgärten und windgepeitschten Pappeln. Hier besteht Busverbindung nach Los Antiguos und zur Ruta 40 in Richtung südargentinisches Patagonien. Die 60 km entfernte **Reserva Nacional Lago Jeinimeni** ist ein echtes Juwel mit Flamingos und türkisfarbenen Bergseen. Bis auf einige Vehikel von Touranbietern fahren aber kaum Verkehrsmittel dorthin. Eine gute Adresse hierfür ist **Patagonia Xpress** (Handy 9-9802-0280; www.patagoniaxpress.com; O'Higgins 333, Galería Municipal No 8; Tagestreks 80 US$; 9–13 & 15–19 Uhr).

In Chile Chico gibt's eine hilfreiche **Oficina de Información Turística** (67-241-1751; www.chilechico.cl; Ecke O'Higgins & Blest Ghana; Mo–Do 8–13 & 14–17, Fr bis 16 Uhr) sowie eine **BancoEstado** (González 112; Mo–Fr 9–14 Uhr) mit Umtauschservice und Geldautomat (akzeptiert nur Mastercard).

Übernachtungswillige bekommen im **Ñandu Camp** (Handy 9-6779-3390; www.nanducamp.com; O'Higgins 750; B 14 000 Ch$, EZ/DZ ohne Bad 20 000/30 000 Ch$, 4BZ 45 000 Ch$; WLAN) hilfreiche Trekking-Infos. Umgeben von Gärten vermietet die **Hostería de la Patagonia** (67-241-1337, Handy 9-8159-2146; www.hosteriadelapatagonia.cl; Camino Internacional s/n; Stellplatz 5000 Ch$/Pers., Zi. inkl. Frühstück ohne Bad 20 000 Ch$/Pers., EZ/DZ/3BZ 45 000/62 000/76 000 Ch$, Hütte 50 000 Ch$; WLAN) zauberhafte Zimmer in einem belgischen Bauernhaus.

An- & Weiterreise

Über den Lago General Carrera schippern Fähren von **Somarco** (☎ 67-241-1093; www.barcazas.cl/barcazas/wp/region-de-aysen/lago-general-carrera; Muelle Chile Chico; Passagier/Auto 2300/19 750 Ch$) fast täglich nach Puerto Ingeniero Ibáñez, was bei Trips nach Coyhaique sehr viel Zeit spart.

Früher fuhren Busse über die Grenze nach Los Antiguos in Argentinien (9 km gen Osten). Zum Recherchezeitpunkt ruhten diese Verbindungen aber gerade wegen einer Gebührenerhöhung der argentinischen Behörden – was sich nun wieder geändert haben könnte (vor Ort nachfragen!). Falls nicht, muss man ab Chile Chico ein Taxi zum chilenischen Grenzposten nehmen (6000 Ch$) und von dort aus zu dessen argentinischem Pendant laufen (1 km). Dann folgt noch ein Fußmarsch bis Los Antiguos (1,5 km), wo Verkehrsmittel nach El Chaltén starten.

Die Busanbieter und Fahrpläne ändern sich in Chile Chico jedes Jahr. **Seguel** (☎ 67-243-1214; Av O'Higgins s/n) und **Buses Eca** (☎ 67-243-1224; Av O'Higgins s/n, Busbahnhof) bedienen Puerto Guadal (8000 Ch$, 2½ Std., Mo–Fr 16 od. 17 Uhr). Mit **Costa Carrera** (☎ Handy 9-8739-2544; Av O'Higgins s/n, Busbahnhof) geht's nach Puerto Río Tranquilo (15 000 Ch$, 4 Std., 2-mal wöchentl.)

Mit **Buses Acuña** (☎ 67-225-1579; Rodríguez 143) und **Buses Carolina** (☎ 67-241-1490; Fährterminal) gelangt man per Bus und Fähre über Puerto Ibáñez nach Coyhaique (5000 Ch$, 4½ Std. inkl. Fährpassage). Das Schiffsticket ist dabei jeweils extra zu bezahlen.

Gen Süden bis Villa O'Higgins

Das verträumte **Cochrane** ist ein alter Viehzucht-Außenposten und südlicher Verkehrsknotenpunkt der Carretera Austral. Der Ort selbst ist kein Touristenziel, fungiert aber als Tor zum neuen Parque Nacional Patagonia. Zum Übernachten empfiehlt sich hier das **Residencial Cero a Cero** (☎ 67-252-2158, Handy 9-7607-8155; http://residencialceroace.wixsite.com/residencialceroacero; Lago Brown 464; EZ/DZ inkl. Frühstück 25 000/40 000 Ch$, Zi. ohne Bad 13 000 Ch$/Pers.; WLAN) in einem großen Blockhaus. Das **Café Tamango** (☎ Handy 9-9158-4521; Esmeralda 464; Hauptgerichte 5000 Ch$; ⌚ Mo–Sa 9–21 Uhr; vegetarisch) serviert gute Sandwichs, herzhafte vegetarische Gerichte (z. B. Linsen-Burger) und selbstgemachte Maronen-Eiscreme. Guides für Trips zum nahegelegenen Calluco-Gletscher gibt's bei **Lord Patagonia** (☎ Handy 9-8425-2419; www.lordpatagonia.cl; Tagestreks 50 000 Ch$). Der **Touristenkiosk** (www.municochrane.cl; Plaza de Armas; ⌚ Jan. & Feb. 9–13 & 14–21 Uhr) an der Plaza hat außer Busfahrplänen wenig zu bieten.

Potenziell kan man einen ganzen Tag damit verbringen, die knarrenden Bohlenwege von **Caleta Tortel** zu erkunden. An der Mündung des Río Baker säumt das sagenumwobene Fischernest (nun ein Nationaldenkmal) eine steile Felswand zwischen zwei Eisfeldern. Unterhalb davon färbt Gletschermilch das Wasser des Meeresarms. Am Ortsrand endet die Straße an einem hilfreichen **Touristenkiosk** (☎ Handy 9-6230-4879; www.municipalidaddetortel.cl; ⌚ Di–So 10–22 Uhr) mit Karten, Unterkunfts- und Businfos.

Das **Brisas del Sur** (☎ Handy 9-5688-2723; valerialanderos@hotmail.com; Sector Playa Ancha; DZ 45 000 Ch$, Zi. ohne Bad 20 000 Ch$/Pers.; jeweils inkl. Frühstück; WLAN) hat gemütliche Zimmer. Bei größerem Geldbeutel empfiehlt sich die stilvolle Lodge **Entre Hielos** (☎ Handy 9-9579-3779; www.entrehielostortel.cl; EZ/DZ inkl. Frühstück 118/150 US$; WLAN), die auch Gletschertrips mit Privatbooten arrangiert. Im Bereich Rincon starten Wassertaxis zu vergleichsweise günstigeren Rundfahrten durch die Bucht (10 000 Ch$).

Busse verbinden Cochrane u. a. mit Coyhaique (14 000 Ch$, 10 Std., tgl.), Chile Chico (via Puerto Guadal; 3-mal wöchentl.) und Caleta Tortel (10 000 Ch$, 3 Std., mehrmals tgl.).

Águilas Patagónicas (☎ 67-252-2020; www.aguilaspatagonicas.cl; Las Golondrinas s/n, Busbahnhof; ⌚ 10–13 & 15–20 Uhr) fährt nach Villa O'Higgins (8000 Ch$, 6 Std., Mo, Mi & Sa 8 Uhr).

Villa O'Higgins

Rauschende Flüsse und unberührte Waldstücke flankieren Teile der kurvigen Straße südlich von Caleta Tortel. Bei **Puerto Yungay** bringt eine kostenlose staatliche Fähre (www.barcazas.cl) Passagiere und Autos über den Mitchell Fjord zu den letzten 100 km der Carretera Austral. Die berühmte Straße endet im abgelegenen Dörfchen Villa O'Higgins, wo ein weiterer Ausbau bisher durch die gewaltige Gletscherbarriere des Südpatagonischen Eisfelds verhindert wurde. Das hält Hartgesottene jedoch nicht davon ab, per Fähre, zu Fuß und wieder mit der Fähre nach El Chaltén (Argentinien) weiterzureisen.

Das **Entre Patagones** (☎ Handy 9-9498-0460; www.entrepatagones.cl; Carretera Austral s/n; Schlafkuppel 90 000 Ch$, Hütte für 2/4 Pers.

DURCH DIE HINTERTÜR NACH ARGENTINIEN

Ab Villa O'Higgins können hartgesottene Traveller entlang des Südpatagonischen Eisfelds (Campo de Hielo Sur) nach Argentinien reisen, um El Chaltén und den Parque Nacional Los Glaciares zu besuchen (1–3 Tage; nur 1. Nov.–30. April möglich). Dabei ist stets mit Verzögerungen wegen schlechten Wetters oder Bootsproblemen zu rechnen. Somit braucht man nicht nur Regenausrüstung und seinen Reisepass, sondern auch einen ausreichenden Extra-Vorrat an Proviant (komplett selbst mitzubringen!) und Bargeld in chilenischer sowie argentinischer Währung. Reiseroute:

- Ab Villa O'Higgins per Bus zum Hafen Puerto Bahamondez fahren (2500 Ch$, 8 Uhr).
- Dort den von **Robinson Crusoe** (☎ 67-243-1811; www.robinsoncrusoe.com; Carretera Austral s/n; ⏲ Büro Nov.–März Mo–Sa 9–13 & 15–19 Uhr) betriebenen Katamaran *La Quetru* nehmen, der nach Candelario Mansilla am Südufer des Lago O'Higgins schippert (36 000 Ch$, 4 Std., 1- bis 3-mal wöchentl., meist Mo, Mi & Sa).
- Alternative: An den meisten Tagen ohne Katamaran-Verbindung betreibt **Ruedas de la Patagonia** (☎ Handy 9-7604-2400; www.turismoruedasdelapatagonia.cl; Padre Antonio Ronchi 28; ⏲ 9–21 Uhr) ein vergleichsweise schnelleres, kleineres Boot zwischen Puerto Bahamondez und Candelario Mansilla (35 000 Ch$ inkl. Shuttle ab Villa O'Higgins, 1 Std. 40 Min.).
- In Candelario Mansilla gibt's einfache Unterkünfte plus mietbare Reit- und Packpferde (jeweils 30 000 Ch$). Hier werden die chilenischen Zoll- und Ausreiseformalitäten erledigt.
- Per pedes oder Pferd geht's dann über die Laguna Redonda (2 Std.; Camping verboten) und die Laguna Larga (1½ Std.; Camping verboten) zum Nordufer des Lago del Desierto (1½ Std.; Camping erlaubt). Hier werden die Zoll- und Einreiseformalitäten für Argentinien erledigt.
- Vom Nordufer des Lago del Desierto nimmt man nun eine Fähre zu dessen Südufer (60 US$, 2¼ Std.; aktuellen Fahrplan bei den argentinischen Zöllnern erfragen). Die Alternative ist eine Uferwanderung (15 km, 5 Std.; Camping erlaubt).
- Am Südufer fahren dann Shuttlebusse nach El Chaltén (27 US$, 1 Std. bzw. 37 km).

Weitere Infos liefert das Rancho Grande Hostel (S. 185) auf der argentinischen Seite. In Chile bietet Robinson Crusoe den ganzen Trip zum Pauschalpreis (103 000 Ch$) an.

35 000/45 000 Ch$) am Dorfrand vermietet geodätische Kuppelhütten mit hölzernen Whirlpools auf Privatterrassen. Weiter drinnen im Ort wartet **El Mosco** (☎ 67-243-1819, Handy 9-7658-3017; Carretera Austral, Km 1240; Stellplatz 5000 Ch$/Pers., B 12 000 Ch$, inkl. Frühstück DZ 45 000 Ch$, EZ/DZ ohne Bad 18 000/30 000 Ch$, Hütte für 4 Pers. 55 000 Ch$; 📶) mit netten Zimmern und aktuellen Lokalinfos für Wanderer auf.

Villa O'Higgins Expediciones (☎ 67-243-1821, Handy 9-8210-3191; www.villaohiggins.com; Teniente Merino s/n) offeriert Leihfahrräder plus geführte Wanderungen und Ausritte (es ist jeweils rechtzeitiges Reservieren erforderlich). Unbedingt genügend Bares mitbringen: Hier gibt's nämlich keinen Geldautomaten.

Águilas Patagónicas (S. 587) schickt Busse nach Cochrane (8000 Ch$, 6 Std., Di, Do & So 8 Uhr, Nachsaison seltener).

SÜDLICHES PATAGONIEN

Starke Stürme aus Westen, karge Küsten und die schroffen Spitzen der Torres del Paine sind die drei wichtigsten Sinnbilder für Patagonien. Die Provinzen Magallanes und Última Esperanza versprühen eine ursprüngliche Atmosphäre, die man sonst vielleicht nur im tiefsten Amazonien oder in Alaskas Einsamkeit findet. Lange vor der menschlichen Besiedelung Südamerikas formten Gletscher die großartigen Landschaften der Region. Heute warten hier Top-Abenteuer wie Steppenritte, Wanderungen durch die Wildnis oder das Beobachten riesiger Pinguin-Kolonien.

Der Parque Nacional Torres del Paine zählt zu Südamerikas schönsten Nationalparks. Als regionale Hauptattraktion lockt er jedes Jahr zahllose Besucher, die mitunter sogar Rollkoffer ziehen (nicht zu empfehlen!). Zudem bietet Süd-Patagonien überall die lohnende Möglichkeit, leicht zwischen Argentinien und Chile zu pendeln.

Punta Arenas

☎061 / 131 600 EW.

Wenn diese sturmgepeitschten Straßen nur sprechen könnten: Die frühere Strafkolonie hat schon Bergleute, Robbenjäger, Seemänner, ausgehungerte Pioniere und durch den Wolle-Boom reich gewordene Dandys beherbergt. In den 1980er-Jahren begann hier die Ausbeutung einer der weltgrößten Kohlenwasserstoffreserven; daraus hat sich eine florierende petrochemische Industrie entwickelt. Heute ist Punta Arenas ein touristischer Mix aus Rauheit und Pracht.

Sehenswertes

Plaza Muñoz Gamero PLATZ

Der zentrale Platz mit herrlichen Koniferen ist von opulenten Villen umgeben. An der Nordseite steht die **Casa Braun-Menéndez** (☎61-224-1489; ⏲Di–Fr 10.30–13 & 17–20.30, Sa 10.30–13 & 20–22, So 11–14 Uhr) GRATIS, in der der private Club de la Unión untergebracht ist, der auch die Kneipe im Untergeschoss nutzt (öffentlich). Nicht weit entfernt steht ein **Denkmal**, das an den 400. Jahrestag der Seereise Magellans erinnert und 1920 vom Wollbaron José gestiftet wurde. Etwas weiter östlich steht das Gebäude der früheren **Sociedad Menéndez Behety**, das heute Turismo Comapa beherbergt. Die **Kathedrale** steht weiter westlich.

Museo Regional de Magallanes MUSEUM

(Museo Regional Braun-Menéndez; ☎061-224-4216; www.museodemagallanes.cl; Magallanes 949; ⏲Mi–Mo 10.30–17 Uhr, Mai–Dez. bis 14 Uhr) GRATIS Die opulente, schön erhaltene Villa zeugt vom Aufstieg einer Pionierfamilie, die im späten 19. Jh. durch Schafzucht zu Reichtum gelangte. Gezeigt werden exquisite Originalmöbel im französischen Jugendstil, von aufwendig gearbeiteten Intarsienfußböden aus Holz bis hin zu chinesischen Vasen, und eine Ausstellung zur Regionalgeschichte (nach Broschüren in Englisch fragen). In den ehemaligen Bedienstetenquartieren lädt das Café im Untergeschoss dazu ein, bei einem Pisco Sour die Pracht auf sich wirken zu lassen.

★ **Cementerio Municipal** FRIEDHOF

(Haupteingang an der Av Bulnes 949; ⏲7.30–20 Uhr) GRATIS Einer der faszinierendsten Friedhöfe Südamerikas mit schlichten Einwanderergräbern, die direkt neben Prachtmausoleen wie dem des Wollbarons José Menéndez (laut Autor Bruce Chatwin eine maßstabsgetreue Replik des Nationaldenkmals für Viktor Emanuel II. in Rom) liegen. Hinter dem Tor des Haupteingangs verschafft man sich an einem Lageplan einen Überblick.

Das Gelände nordöstlich der Plaza erreicht man problemlos in 15 Minuten zu Fuß oder mit allen *taxi colectivos* (geteilte Taxis mit bestimmter Route) die vor dem Museo Regional de Magallanes an der Magallanes abfahren.

Geführte Touren

Lohnende Tagestrips könnten zu den ersten örtlichen Siedlungen bei Fuerte Bulnes und Puerto Hambre führen. Wenn man mehr Zeit zur Verfügung hat, ist das Monumento Natural Los Pingüinos mit seinen bestens gedeihenden Kolonien von Magellanpinguinen einen Besuch wert.

Kayak Agua Fresca KAJAKFAHREN

(☎Handy 9-5411-2369; www.kayakaguafresca.com; 4½-stündige Touren 70 000 Ch$) Tage mit wenig Wind und ruhigem Wasser sind selten in Punta Arenas. Doch dann können Seekajak-Trips hier spektakulär sein – z. B. mit diesem Veranstalter, der auch Touren mit Zodiac-Schlauchbooten anbietet. Die Firma unterhält aber vor Ort kein Büro (für Infos s. Website).

Solo Expediciones BOOTSTOUREN

(☎61-271-0219; http://soloexpediciones.com; Nogueira 1255; ⏲Mo–Fr 9–18 Uhr) Die Tourfirma besucht die Pinguine auf der Isla Magdalena per Fähre oder mit schnelleren, halbstarren Kleinbooten (besser!). Das übrige Angebot umfasst beispielsweise eintägige Walbeobachtungen im Parque Marino Francisco Coloane.

Schlafen

Hostel Entrevientos HOSTEL $

(☎61-237-1171; www.hostelentrevientos.cl; Jorge Montt 0690; B/DZ/3BZ inkl. Frühstück 18/66/80 US$; 📶) Nahe dem glitzernden Wasser findet man dieses große, liebevoll gepflegte Hostel in Dreiecksform. Der zweite Stock beherbergt einen supergemütlichen Aufenthaltsbereich mit herrlichem Meerblick. Im Untergeschoss befinden sich eine geräumige Gästeküche, Schlafsäle und behagliche Privatzimmer. Die Inhaber verleihen auch Fahrräder (7000 Ch$/Tag). Ab dem Stadt-

Punta Arenas

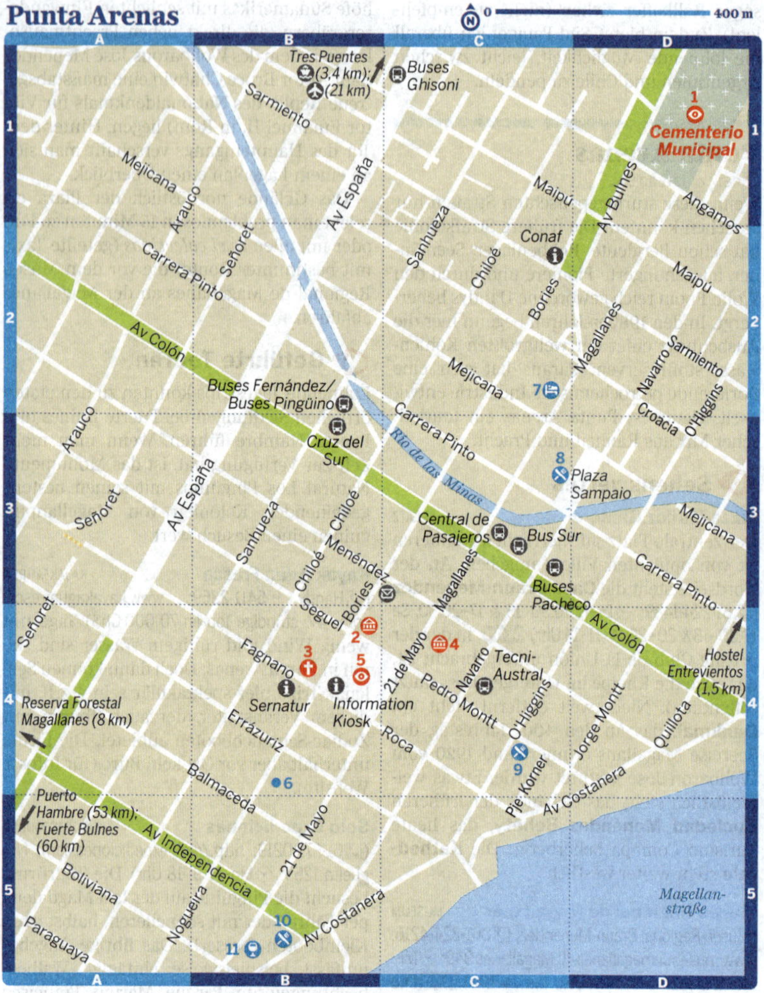

zentrum geht's per Bus hierher (alternativ 25 Min. laufen).

Hospedaje Magallanes B&B **$**
(☎61-222-8616; www.hospedaje-magallanes.com; Magallanes 570; DZ 60 000 Ch$; B/DZ ohne Bad 20 000/45 000 Ch$; @ 📶) Diese tolle, günstige Option mit nur ein paar ruhigen Zimmern wird von einem deutsch-chilenischen Paar geleitet, das auch geführte Touren in Torres del Paine anbietet und vor Ort ein Reisebüro betreibt. Abends wird oft zusammen gegessen oder man grillt im Hinterhof neben der Kletterwand. Zum Frühstück gibt's dunkles Brot und starken Kaffee.

Essen & Ausgehen

Das hiesige Seafood ist eine wahre Gaumenfreude – vor allem die *centolla* (Königskrabben) und *erizos* (Seeigel).

La Mesita Grande PIZZA **$**
(☎61-224-4312; O'Higgins 1001; Hauptgerichte 4000–9000 Ch$; ⏲Mo–Sa 12–23, So 13–20 Uhr) In einem modernen Bau aus unverputztem Backstein gibt's hier Pizzen à la Brooklyn: dünnkrustige, klebrige Kreationen mit Bio-Belägen. Im Angebot sind auch Regionalbiere, toller Caesar's Salad und selbstgemachte Eiscreme. Das gleichnamige Originalrestaurant befindet sich in **Puerto**

Punta Arenas

Natales (☎61-241-1571; www.mesitagrande.cl; Arturo Prat 196; Pizza 4000–9000 Ch$; ⌚13–15.30 & 19–23.30 Uhr).

Mercado Municipal MARKT $

(21 de Mayo 1465; Hauptgerichte 3000–6000 Ch$; ⌚8–15 Uhr) Der Fisch- und Gemüsemarkt empfiehlt sich für günstiges Seafood: Im zweiten Stock gibt's ein paar preiswerte *cocinerías* (Esslokale).

La Marmita CHILENISCH $$

(☎61-222-2056; www.marmitamaga.cl; Plaza Sampaio 678; Hauptgerichte 8000–12 000 Ch$; ⌚Mo–Sa 12.30–15 & 18.30–23.30 Uhr; ✎) Das beliebte klassische Bistro ist für sein verspieltes Ambiente sowie das leckere Essen bekannt. Neben Salaten und noch warmem Brot kommt auch Herzhaftes wie Aufläufe oder Meeresfrüchte auf den Tisch, das an die gute Hausmannskost chilenischer Großmütter erinnert. Es gibt auch gute vegetarische Optionen und Gerichte zum Mitnehmen.

★ **Bodega 87** BAR

(☎61-237-1357; 21 de Mayo 1469; ⌚Di–Do 20–1.30, Fr & Sa bis 2.30 Uhr) Die freundliche und belebte Bar (erst kürzlich eröffnet) ist eine tolle Erweiterung des lokalen Nachtlebens. Zur Auswahl stehen hier Regionalbiere und leckere, von Hand gemixte Cocktails (Tipp: der mäßig süße Mojito mit Berberitzensaft).

Praktische Informationen

Vor Ort gibt's viele Internetcafés und Geldautomaten.

Conaf (☎61-223-0681; Av Bulnes 0309; ⌚Mo–Fr 9–17 Uhr) Details zu regionalen Nationalparks sowie zu den Naturschutzgebieten.

Hospital Regional (☎61-229-3000; http://hospitalclinicomagallanes.cl; Av Los Flamencos 1364; ⌚24 Std.) Große Regionalklinik.

Post (Bories 911; ⌚Mo–Fr 9–18.30, Sa 10–13 Uhr) Einen Block nördlich der Plaza Muñoz Gamero.

Sernatur (☎61-224-1330; www.sernatur.cl; Fagnano 643; ⌚Mo–Fr 8.30–18, Sa 10–16 Uhr, in der Nachsaison kürzer) Das freundliche, kompetente Personal (spricht mehrere Sprachen) führt Verzeichnisse mit Unterkünften und Verkehrsmitteln.

Touristen-Informationskiosk (☎61-220-0610; Plaza Muñoz Gamero; ⌚Dez.–Feb. Mo–Sa 8–19, So 9–19 Uhr) Am Südrand der Plaza

An- & Weiterreise

Die Touristeninformation verteilt eine nützliche Broschüre mit allen örtlichen Verkehrsverbindungen.

BUS

Busse starten an firmeneigenen Terminals, von denen die meisten maximal zwei Blocks von der Av Colón entfernt liegen. Tickets sollten spätestens einige Stunden (besser Tage) vor Abfahrt gekauft werden. Der **Central de Pasajeros** (☎61-224-5811; Ecke Magallanes & Av Colón) kommt einem zentralen Buchungsbüro am nächsten.

Für Trips nach Puerto Natales empfehlen sich **Buses Fernández** (☎61-224-2313; www.busesfernandez.com; Sanhueza 745) und **Bus Sur** (☎61-261-4224; www.bus-sur.cl; Av Colón 842).

Buses Ghisoni (☎61-224-0646; www.busesbarria.cl; Av España 264), **Buses Pacheco** (☎61-224-2174; www.busespacheco.com; Av Colón 900) und **Tecni-Austral** (☎61-222-2078; Navarro 975) sind prima Optionen gen Argentinien.

Gut zum Seengebiet geht's mit **Cruz del Sur** (☎61-222-7970; www.busescruzdelsur.cl; Sanhueza 745).

Beispiele für tägliche Busverbindungen:

ZIEL	PREIS (CH$)	DAUER (STD.)
Osorno	35 000	30
Puerto Natales	7000	3
Río Gallegos	20 000	5–8
Río Grande	30 000	7
Ushuaia	35 000	10

FLUGZEUG

Der Flughafen Punta Arenas (PUQ) liegt 21 km nördlich der Stadt.

Von November bis März startet hier **Aerovías DAP** (☎ 61-261-6100; www.aeroviasdap.cl; Ignacio Carrera Pinto 1015) gen Porvenir (hin & zurück 55 000 Ch$, Mo–Sa mehrmals tgl.) und Puerto Williams (hin & zurück 143 000 Ch$, Mo–Sa 10 Uhr). Das Gepäck ist dabei jeweils auf 10 kg beschränkt.

Sky Airline (www.skyairline.cl), **LATAM** (☎ 600-526-2000; www.latam.com; Montalva 1110, Local 3; ⌚10.30–20.30 Uhr) und **Jet-Smart** (www.jetsmart.com) bedienen Puerto Montt und Santiago. **Aerolineas Argentinas** (www.aerolineas.com.ar) fliegt gelegentlich nach Argentinien. Zum Recherchezeitpunkt waren auch neue LATAM-Flüge nach Ushuaia in Aussicht.

SCHIFF/FÄHRE

Transbordador Austral Broom (☎ 61-272-8100; www.tabsa.cl; Av Bulnes 05075) Schickt insgesamt drei Fähren nach Tierra del Fuego: Die Auto- und Passagierfähre nach/ab Porvenir (Passagier/Auto 6200/39 800 Ch$, 2½–4 Std.) legt meist um 9 Uhr ab, startet aber teils auch nachmittags (s. Online-Fahrplan). Vergleichsweise kürzer ist die Überfahrt ab Primera Angostura (Passagier/Auto 1700/15 000 Ch$, 20 Min., 8.30–23.45 Uhr alle 90 Min.) nordöstlich von Punta Arenas. Zudem schippert Broom nach Puerto Williams auf der Isla Navarino (Liegesitz/Koje 108 000/151 000 Ch$ inkl. Essen, 30 Std., hin/zurück Do/Sa, ca. 6-mal monatl.).

Unterwegs vor Ort

Vor Ort verkehren *taxi colectivos* auf festen, nummerierten Routen (Einzelfahrt ca. 500 Ch$, spätnachts & So geringer Aufpreis). Im Vergleich zu Bussen kostet diese Option etwas mehr, ist aber auch viel schneller und bequemer.

Der Nationalpark Torres del Paine lässt sich prima per Auto erkunden. Internationale Versicherungsauflagen machen Argentinientrips mit chilenischen Leihwagen jedoch teuer.

Puerto Natales

☎ 61 / 21 500 EW.

Die pastellfarbenen Wellblechhäuser von Puerto Natales stehen dicht nebeneinander am Seno Última Esperanza (Última-Esperanza-Sund). In dem einst düsteren Fischereihafen tummeln sich heute Gore-Tex tragende Traveller auf dem Weg zum Top-Nationalpark des Kontinents. Die Stadt selbst ist zwar kein Ziel an sich, aber eigentlich ist es hier ganz nett: Das Flair des Südens ist wunderbar, und die örtlichen Besuchereinrichtungen werden auch immer besser.

Sehenswertes & Aktivitäten

Museo Histórico MUSEUM

(☎ 61-241-1263; Bulnes 285; Eintritt 1000 Ch$; ⌚Mo–Fr 8–19, Sa & So 10–13 & 15–19 Uhr, Mai–Nov. kürzer) Archäologische Artefakte, historische Fotos, Bolas der Tehuelche und ein Kanu der Yaghan sorgen hier für einen lohnenden Schnellkurs in Lokalgeschichte.

Mirador Dorotea WANDERN

(Ruta 9; 5000 Ch$) Eine Tageswanderung durch einen auf privatem Land gelegenen Wald mit Lenga-Südbuchen und einem traumhaften Blick auf Puerto Natales und das Gletschertal. Liegt weniger als 10 km von Natales entfernt. Dorotea ist der große Felsvorsprung gleich an der Ruta 9.

Geführte Touren

Antares/Big Foot Patagonia ABENTEUER-AKTIVITÄTEN

(☎ 61-241-4611; www.antarespatagonia.com; Costanera 161, Av Pedro Montt; Kajaktouren auf dem Lago Grey 66 000 Ch$) Als Spezialist für Torres del Paine veranstaltet Antares individuelle Trips durch den Nationalpark und besorgt bei Bedarf auch Genehmigungen für Kletterer. Die Partnerfirma Big Foot unterhält im Park ein Basiscamp und hat die offizielle Konzession für alle Aktivitäten im Bereich des Lago Grey (z. B. Kajaktouren, Eiswandern am Grey-Gletscher).

Baqueano Zamora REITEN

(☎ 61-261-3530; www.baqueanozamora.cl; Baquedano 534; ⌚10–13 & 15–19 Uhr) Empfehlenswerte Reittouren im Nationalpark Torres del Paine (optional mit Beobachtung von Wildpferden).

Erratic Rock ABENTEUER-AKTIVITÄTEN

(☎ 61-241-4317; www.erraticrock.com; Baquedano 955; ⌚10–13 & 14–23 Uhr) Die Hardcore-Abenteuer dieses Veranstalters erkunden u. a. den Nationalpark Torres del Paine, zu dem es hier auch eine super Infoveranstaltung gibt (tgl. 13 Uhr). Die Firma besucht zudem unbekanntere Trekking-Ziele (z. B. Cabo Froward, Isla Navarino) und verleiht Ausrüstung.

Schlafen

Viele lokale Hostels verleihen Outdoor-Ausrüstung und organisieren Shuttles zum Nationalpark.

Puerto Natales

Puerto Natales

Sehenswertes
1 Museo Histórico B2

Aktivitäten, Kurse & Touren
2 Antares/Big Foot Patagonia A1
3 Baqueano Zamora D3
4 Erratic Rock D4
5 Turismo 21 de Mayo C2

Schlafen
6 Singing Lamb D4
7 Vinn Haus C2
8 We Are Patagonia B2
9 Wild Patagonia C2

Essen
10 Cafe Kaiken D3
La Forestera .... (siehe 8)
11 La Guanaca B2
12 La Mesita Grande C2

Ausgehen & Nachtleben
13 Base Camp D3
14 Last Hope D2

★ **Vinn Haus** BOUTIQUEHOTEL $
(Handy 9-8269-2510; http://vinnhaus.com; Bulnes 499; B/DZ inkl. Frühstück 24/80 US$; Sept.–Mai;) Das Vinn unter chilenisch-finnischer Leitung hebt Übernachten in Schlafsälen auf ein neues Level: Alle Stockbetten haben eigene USB-Anschlüsse und Steckdosen für verschiedene Steckertypen. Ein großartiges Retro-Designkonzept mit alten Koffern, antiken Fliesen und Leder ziert das ganze Hotel. Das Hauscafé mit Weinbar kredenzt super Koffeingetränke. Weitere Pluspunkte sind der attraktive Innenhof und das Frühstücksbuffet.

★ **Wild Patagonia** HOSTEL $
(Handy 9-7715-2423; www.wildhostel.com; Bulnes 555; DZ 85 US$, B/DZ ohne Bad 21/70 US$; je-

weils inkl. Frühstück; ⌚ Sept.–April; 📶) Das fröhliche Hostel vermietet nette Quartiere in blechverkleideten Hütten, die rund um einen Innenhof mit Feuerstelle stehen. Zum Frühstück gibt's hier frisches Brot, Joghurt und Marmelade. Das Hauscafé serviert super Burger mit regionalem Rindfleisch. Es ist ab 13 Uhr öffentlich zugänglich und bietet abends oft Livemusik. Die Inhaber sprechen viele Sprachen und helfen Gästen zudem beim Organisieren von Aktivitäten im Nationalpark.

Singing Lamb HOSTEL $
(☎ 61-241-0958; www.thesinginglamb.com; Arauco 779; B inkl. Frühstück 23–28 US$, DZ 80 US$; @📶) 🍃 Das saubere, ökologisch geführte Hostel betreibt Recycling (inkl. Kompostierung von Biomüll), sammelt Regenwasser und nutzt Taschen aus Leinen. Die Preise für die Schlafsäle richten sich nach der Zahl der Betten (max. 9). Die Gemeinschaftsbereiche sind groß und es gibt nette Extras wie eine Zentralheizung und hausgemachtes Frühstück. Um hierherzukommen, hinter der Plaza O'Higgins einfach der Raimírez einen Block folgen.

We Are Patagonia HOSTEL $
(☎ Handy 9-7389-4802; www.wearepatagonia.com; Barros Arana 155; B inkl. Frühstück 25 US$; 📶) Das kleine Hostel paart Kunst charmant mit skandinavischem Minimalismus und einem grasbewachsenen Hinterhof. Daunendecken liegen auf den insgesamt 30 Betten der gemischten Schlafsäle. Zudem gibt's hier vier Gemeinschaftsbäder, eine kleine offene Küche, Leihfahrräder (2000 Ch$/Std.) und eine rund um die Uhr geöffnete Rezeption.

Essen & Ausgehen

La Forestera BURGER $
(☎ Handy 9-7389-4802; Barros Arana 155; Hauptgerichte 6900 Ch$; ⌚ Mo–Sa 13–15 & 19.30–23 Uhr) Dieses Lokal serviert tolle Gourmet-Burger, die zum Herunterschlingen verführen: Auf luftigen Brioche-Brötchen landen hier sowohl Rinder- und Lammhack als auch Linsenbratlinge und Rote Rüben. Das übrige Angebot umfasst feurige Chicken Wings, knusprige Zwiebelringe und prima passende Regionalbiere. Der Laden hat nur ein paar wenige Tische; das Essen gibt's aber auch zum Mitnehmen.

Cafe Kaiken CHILENISCH $$
(☎ Handy 9-8295-2036; Baquedano 699; Hauptgerichte 7800–11 000 Ch$; ⌚ Di–So 13–15.30 & 18.30–23 Uhr) Das Kaiken ist maximal gemütlich: Hier bekocht, bedient und unterhält ein Ehepaar seine Gäste an gerade mal fünf Tischen. Die Inhaber sind aus dem hektischen Santiago nach Puerto Natales geflüchtet und geben tolle Empfehlungen. Das Essen (z.B. Ceviche mit Pilzen, langsam geschmortes Lamm, selbstgemachte Ravioli) ist die Wartezeit wert. Früh erscheinen, um noch einen Tisch zu ergattern!

La Guanaca PIZZA $$
(☎ 61-241-3245; Magallanes 167; Hauptgerichte 5000–16 000 Ch$; ⌚ Mo–Sa 12.30–22 Uhr; 🖉) Ob knusprige Holzofenpizza, Crêpes oder Vorspeisen mit marinierten Pilzen: Alle Gerichte des traditionellen Restaurants sind reichhaltig und lecker. Auf der Speisekarte stehen auch verschiedene XL-Salate (z.B. mit Quinoa und Röstgemüse). Dazu gibt's Craft-Bier und allerlei Weine.

★ **Last Hope** BRENNEREI
(☎ Handy 9-7201-8585; www.lasthopedistillery.com; Esmeralda 882; ⌚ Dez.–März Mi–So 17–2 Uhr, April–Nov. Sa & So 20–2 Uhr) Zwei urlaubende Australier warfen eines Tages ihre Alltagsjobs hin, um am Ende der Welt Whiskey und Gin zu brennen. Ihre gesellige Bar beglückt Einheimische wie Touristen mit wechselnder Auswahl an grandiosen Cocktails. Spezialität des Hauses ist ein Gin & Tonic mit Berberitzensaft. Vor dem winzigen Laden steht oft eine Warteschlange – darum warm genug anziehen!

Base Camp BAR
(☎ 61-241-4658; Baquedano 731; ⌚ Nov.–April 18–2 Uhr) In dem belebten Gringo-Treff kann man mit seinen Nationalpark-Abenteuern angeben und gutes Kneipenessen vertilgen. Quizabende und gelegentliche Livemusik sorgen für Unterhaltung.

Praktische Informationen

Die meisten Banken haben Geldautomaten.

Die Conaf betreibt das beste zweisprachige Online-Portal zur Region (www.parquetorresdelpaine.cl).

Conaf (☎ 61-241-1438; www.parquetorresdelpaine.cl; Baquedano 847; ⌚ Mo–Fr 8.30–12.45 & 14.30–17.30 Uhr) Büro der Nationalparkverwaltung, das Online-Buchungen für Conaf-Campingplätze (Reservierung erforderl.) in Torres del Paine entgegennimmt.

Städtische Touristeninformation (☎ 61-261-4808; Busbahnhof; ⌚ Di–So 8.30–12.30 & 14.30–18 Uhr) Führt Unterkunftsverzeichnisse für die ganze Region.

Sernatur (☎ 61-241-2125; infonatales@sernatur.cl; Costanera 19, Av Pedro Montt; ⊙ Mo–Fr 9–19, Sa & So 9.30–18 Uhr) Verteilt nützliche Stadtpläne und Regionalkarten; in der Hauptsaison auch an der Plaza vertreten.

An- & Weiterreise

BUS

Busfirmen verkaufen ihre Tickets direkt am **Rodoviario** (Busbahnhof; ☎ 61-241-2554; Av España 1455; ⊙ 6.30–24 Uhr) am Stadtrand und in eigenen Büros im Zentrum. Vor allem Trips am frühen Morgen sollten spätestens am Vortag gebucht werden. In der Nachsaison ist das Verbindungsangebot stark reduziert. Mehrere Firmen bedienen Punta Arenas. Für Fahrten nach Argentinien empfehlen sich **Turismo Zaahj** (☎ 61-241-2260; www.turismozaahj.co.cl; Arturo Prat 236/270), **Cootra** (☎ 61-241-2785; http://cootra.com.ar; Baquedano 244), **Bus Sur** (☎ 61-242-6011; www.bus-sur.cl; Baquedano 668) oder **Buses Pacheco** (☎ 61-241-4800; www.busespacheco.com; Ramírez 224).

Buses Fernández (☎ 61-241-1111; www.busesfernandez.com; Ecke Esmeralda & Ramírez), **Buses Gomez** (☎ 61-241-5700; www.busesgomez.com; Arturo Prat 234), **Buses JBA** (☎ 61-241-0242; Arturo Prat 258), Turismo Zaahj und weitere Unternehmen schicken Busse zum Nationalpark Torres del Paine (2- bis 3-mal tgl., meist 7, 8 & 14.30 Uhr). Wer in der Nachsaison zur Mountain Lodge Paine Grande will, nimmt am besten den Morgenbus, der auf den Katamaran abgestimmt ist. Da die Tickets teils auch für Shuttles innerhalb des Parks gelten, sollte der Kontrollabschnitt stets sorgfältig aufbewahrt werden. Generell ändern sich die Fahrpläne oft – daher die aktuellen Zeiten noch einmal vorab checken!

Beispiele für Busverbindungen:

ZIEL	PREIS (CH$)	DAUER (STD.)
El Calafate	17 000	5
Punta Arenas	7000	3
Torres del Paine	8000	2
Ushuaia	38 000	13

SCHIFF/FÄHRE

Eine Fahrt mit der **Navimag-Fähre** (☎ 61-241-1421, Rodoviario 61-241-1642; www.navimag.com; Costanera 308, Av Pedro Montt; ⊙ Mo–Fr 9–13 & 15–19 Uhr) durch Chiles spektakuläre Fjorde ist für viele Traveller ein Highlight ihres Trips. Diese Fahrt gen Norden (vier Tage, drei Nächte) ist so beliebt, dass sich eine rechtzeitige Reservierung empfiehlt. Die genauen Ankunfts- und Abfahrtszeiten sollten ein paar Tage vor dem geplanten Start bei Navimag oder **Turismo Comapa** (☎ 61-241-4300; www.comapa.com; Bulnes 541; ⊙ Mo–Fr 9–13 & 15–19, Sa 10–14 Uhr) erfragt werden. Navimag ist auch am Rodoviario (Busbahnhof; S. 595) vertreten.

Transbordador Austral Broom (TABSA) betreibt die neue **Puerto-Yungay-Fähre** (Cruz Australis; ☎ 61-241-5966; www.tabsa.cl; Costanera s/n; Passagier/Fahrrad 125 000/10 500 Ch$) auf der Route Puerto Natales–Puerto Yungay (über Puerto Eden; 41 Std.). Dieses Schiff verbindet zwei patagonische Gebiete ohne Straßenanschluss miteinander und verkehrt pro Monat unterschiedlich häufig (Hauptsaison ca. 10-mal monatl.).

Aktuell trifft es meist spätnachts in Puerto Eden und Puerto Yungay ein. Dortige Unterkünfte daher jeweils rechtzeitig reservieren – und eine Taschenlampe fürs Hinlaufen mitbringen!

Unterwegs vor Ort

Viele Hostels verleihen Fahrräder. Mietwagen sind nur begrenzt verfügbar und obendrein teuer – in Punta Arenas oder Argentinien sind die Tarife besser.

Parque Nacional Torres del Paine

Fast senkrecht ragen die Granitnadeln der Torres del Paine (Türme von Paine) über 2000 m hoch aus der patagonischen Steppe. Sie dominieren die Landschaft des wohl schönsten Nationalparks (www.parquetorresdelpaine.cl; NS/HS 21 000/11 000 Ch$) in Südamerika – 1810 km² groß und seit 1978 ein Biosphärenreservat der UNESCO. Die meisten Traveller kommen wegen der Hauptattraktion hierher; nach ihrer Ankunft stellen sie jedoch fest, dass hier noch mehr Highlights warten, die gleichermaßen eindrucksvoll sind (und obendrein weniger stark besucht): azurblaue Seen, gewundene Pfade durch smaragdgrüne Wälder, rauschende Flüsse mit wackligen Brücken und ein großer, strahlend blauer Gletscher.

Der Park beheimatet u. a. straußenartige Nandus, Andenkondore, Flamingos und viele weitere Vogelarten. Der größte Schutzerfolg besteht aber zweifellos darin, dass hier Guanakos in der offenen Steppe grasen, wo sich Pumas nicht unbemerkt anschleichen können. Nach über zehn Jahren des effektiven Schutzes vor Wilderern zucken diese großen und immer weiter wachsenden Herden nicht einmal mehr zusammen, wenn sich ihnen Menschen oder Autos nähern.

An klaren Tagen genießt man überall Panoramablicke. Das Wetter ist aber unbere-

Parque Nacional Torres del Paine

Parque Nacional Torres del Paine

Aktivitäten, Kurse & Touren

1 Hotel Las Torres C2
2 Navegación Glaciar Grey B3
3 Rundweg C2
4 Das „W" B3

Schlafen

5 Campamento Británico B2
6 Campamento Italiano B2
7 Campamento Lago Dickson B1
8 Campamento Los Perros B1
9 Campamento Paso A2
10 Campamento Serón C1
11 Campamento Torres C1
12 Camping Chileno C2
13 Camping Francés B2
14 Camping Grey A2
15 Camping Las Torres C2
16 Camping Los Cuernos B2
Camping Paine Grande .... (siehe 4)
17 Camping Pehoé B3
18 Camping Río Serrano B4

chenbar, sodass die Gipfel auch stunden- oder tagelang in Wolken gehüllt sein können. Manche sagen, dass hier vier Jahreszeiten an einem Tag herrschen. Plötzliche Unwetter mit heftigsten Böen gehören zum rauen Begrüßungsritual. Somit sind hochwertige Schlechtwetterkleidung, ein synthetischer Schlafsack und eventuell ein gutes Zelt vonnöten. Für Übernachtungen in Hotels oder rustikalen Schutzhütten (*refugios*) muss rechtzeitig reserviert werden. Wer hier richtig wandern oder die anderen Aktivitäten ausprobieren will, sollte mindestens drei bis sieben Tage Aufenthalt einplanen.

Ende 2011 vernichtete ein verheerender Brand über 160 km² teilweise alten Waldes, tötete Tiere und zerstörte mehrere Parkgebäude. Ein ausländischer Besucher wurde dafür verantwortlich gemacht, da er die Katastrophe versehentlich beim illegalen

Anzünden eines Lagerfeuers ausgelöst haben soll. Das betroffene Gebiet erstreckt sich größtenteils zwischen Pehoé und dem Refugio Grey. Dort verläuft fast die ganze Westroute der „W"-Wanderung. Obwohl der Panoramablick noch derselbe ist, wird der Wald Jahrhunderte zur Erholung brauchen. Bitte unbedingt verantwortungsvoll handeln und möglichst wenig Spuren hinterlassen! Denn man selbst ist nur einer von Hunderttausenden, die jährlich hierherkommen.

Aktivitäten

Wandern & Trekken

Zahllose Wanderer aus aller Welt pilgern zu den 2800 m hohen Granitgipfeln der Torres del Paine. Die meisten genießen einfach das Panorama an der Rund- oder „W"-Route und lassen andere schöne Pfade links liegen. Für die Rundroute (das „W" plus die Rückseite der Berge) braucht man sieben bis neun Tage. Das „W" allein dauert vier bis fünf Tage (der Name rührt übrigens vom groben Streckenverlauf her). Hinzu kommen noch ein bis zwei Tage für An- und Abreise.

Tourveranstalter in Puerto Natales offerieren geführte Treks, die alle Mahlzeiten und das Übernachten in *refugios* oder Hotels beinhalten. Für eine Tageswanderung, marschiert man von der Guardería Pudeto an der Hauptstraße des Parks zum mächtigen Wasserfall **Salto Grande** zwischen den Lagos Nordenskjöld und Pehoé. Eine weitere leichte Route (1 Std.) führt zum **Mirador Nordenskjöld**, einem Aussichtspunkt mit großartigem See- und Bergblick.

Das „W" — WANDERN

Diese mehrtägige Wanderung ist der Klassiker schlechthin und schließt die Highlights des Parks ein: den **Mirador Las Torres**, das **Valle Francés** und den **Lago Grey**. Wer das „W" im Westen beginnen möchte, nimmt den Katamaran über den Lago Pehoé bis zur Mountain Lodge Paine Grande, marschiert den ersten Teil bis zum Lago Grey und dreht dort zurück in Richtung Osten ab (zweiter Teil des „Ws"). Von West nach Ost ist die Wanderung ca. 71 km lang.

Rundroute — WANDERN

Die längere Rundroute von 112 km ist top für alle, die die Einsamkeit lieben, eine traumhafte Aussicht suchen und vor ihren Kameraden, die „nur" den „W"-Kurs ablaufen, angeben wollen. Neben dem „W" umfasst die Rundroute auch die Rückseite des „Ws" zwischen dem Refugio Lago Grey und dem Refugio Las Torres. Dieser Abschnitt führt über den anspruchsvollen Paso John Gardner (1214 m; saisonal geschl.). Die Landschaft hier ist einsam und trostlos und dennoch wunderschön.

Kajakfahren

Per Kajak lassen sich die Gletscher super aus nächster Nähe bewundern. **Big Foot Patagonia** (☎ 61-241-4611; www.bigfootpatagonia.com; Kajakfahren/Eiswandern 66 000/105 000 Ch$; ⏲ Okt.–April) bietet im Sommer Paddeltouren (2½ Std.) zwischen den Eisbergen des Lago Grey an.

Reiten

Ausritte von Baqueano Zamora (S. 592) besuchen die Laguna Azul, das Valle Frances, den Dickson-Gletscher und weiter entfernte Ziele. Wer im Bereich der Torres reiten will, kontaktiert das Tourbüro im **Hotel Las Torres** (☎ 61-271-0050; www.lastorres.com; Estancia Cerro Paine).

Gletscherwanderungen

Dies ist eine hervorragende Möglichkeit, ohne große Erfahrung durch die wunderbaren Eisformationen zu wandern. Antares/Big Foot Patagonia (S. 597) ist der einzige Anbieter, der die Genehmigung hat, im Park Gletscherwanderungen auf dem Grey-Gletscher anzubieten. Ausgangspunkt ist das Conaf-Haus (ehem. Refugio Grey). Die fünfstündige Tour ist zwischen Oktober und April verfügbar. In der Hauptsaison geht's dreimal täglich los.

Schlafen

Im Park gibt's Gratis-Zeltplätze und kostenpflichtige Campingplätze mit ein paar Einrichtungen. Gemäß den neuen Conaf-Bestimmungen erfordern alle kostenlosen Zeltplätze (jeweils max. 1 Übern.) nun rechtzeitiges Buchen: Ohne Camping-Reservierung sind im Park nur noch Tageswanderungen erlaubt.

Alle *refugios* und manche *domos* (Jurten) verleihen auch Ausrüstung (pro Übern. Zelt/Schlafsack/Isomatte 25/17/7 US$). Da deren Qualität aber teils zu wünschen übrig lässt, empfiehlt sich eigenes Equipment. Einige Campingplätze haben kleine Kioske, die Nudeln, Fertigsuppen und Flüssiggas zu hohen Preisen verkaufen. Mancherorts gibt's auch überdachte Kochstellen, die bei Schlechtwetter sehr praktisch sind.

Die *refugios* warten mit Schlafsälen (jeweils 4–8 Stockbetten), Küchenbenutzung (nur zu bestimmten Zeiten), Warmwasserduschen und Essen auf. Bei Überbuchung stellt das Personal die nötige Campingausrüstung bereit. Die meisten *refugios* schließen Ende April. Alternativ gibt's im Park nun immer mehr *domos* (Jurten). Gebucht wird direkt bei den Unterkunftsbetreibern:

Vertice Patagonia (www.verticepatagonia.com) verwaltet die Optionen **Camping Paine Grande** (Stellplatz ohne/mit VP pro Pers. 10/60 US$), **Camping Grey** (Stellplatz ohne/mit VP pro Pers. 8/58 US$), **Campamento Lago Dickson** (Stellplatz 8 US$/Pers.; ca. Nov.–März) und **Campamento Los Perros** (Stellplatz 8 US$/Pers.; ca. Nov.–März).

Fantastico Sur (www.fantasticosur.com) gehören **Camping Las Torres** (Stellplatz ab 13 000 Ch$/Pers., Deluxe-Campingplattform EZ/DZ 50/80 US$, inkl. VP 130/240 US$), **Camping Chileno** (Deluxe-Campingplattform EZ/DZ inkl. VP 130/240 US$), **Camping Francés** (Stellplatz 13 000 Ch$/Pers., Deluxe-Campingplattform EZ/DZ 50/80 US$, inkl. VP 130/240 US$; Okt.–April), **Camping Los Cuernos** (Stellplatz inkl. VP ab 70 000 Ch$/Pers.) und das **Campamento Serón** (Stellplatz ab 13 000 Ch$/Pers.; Okt.–April).

Privat betrieben werden ansonsten z. B. auch der **Camping Pehoé** (in Punta Arenas 61-224-9581; http://campingpehoe.com; Stellplatz 11 000 Ch$/Pers., Schlafkuppel EZ/DZ inkl. Frühstück 60 000/90 000 Ch$) und der **Camping Río Serrano** (gebührenfrei 600-510-0000; www.cajalosandes.cl/turismo-y-recreacion/centros-turisticos/rio-serrano; Stellplatz für 6 Pers. ab 3000 Ch$, Stellplatz für Wohnmobil 50 000 Ch$).

Die Conaf-Zeltplätze an den Wanderrouten (Infos unter www.parquetorresdelpaine.cl) sind kostenlos, aber sehr einfach: Dort gibt's jeweils weder Duschen noch Leihausrüstung. Dies gilt u. a. für die Campamentos **Británico** GRATIS, **Italiano** GRATIS, **Paso** GRATIS und **Torres** GRATIS sowie für den **Camping Guardas**.

Zum Einchecken braucht man überall seinen Reisepass bzw. eine Fotokopie davon. Achtung: Auf den Campingplätzen treiben sich Nagetiere herum. Darum Vorräte nicht im Zelt oder Rucksack lagern, sondern immer an einen Baum hängen!

Praktische Informationen

Die **Portería Sarmiento** (Sonnenaufgang–Sonnenuntergang) ist der Haupteingang mit Kasse. Rund 37 km dahinter liegt die **Parkverwaltung** (Administración; 61-236-0496; Villa Monzino; 8.30–20 Uhr) mit dem **Conaf Centro de Visitantes** (Dez.–Feb. 9–20 Uhr), das gute Infos zur örtlichen Natur und zum aktuellen Wegzustand liefert. Auf der Website von Erratic Rock (S. 592) stehen prima Equipment-Empfehlungen für Backpacker.

Anreise & Unterwegs vor Ort

An der Laguna Amarga, am Katamaran-Anleger in Pudeto und an der Administración kann man sich jeweils von Shuttlebussen (4000 Ch$) absetzen bzw. -holen lassen.

Der Katamaran **Hielos Patagónicos** (61-241-1133; www.hipsur.com; Pudeto; einfache Strecke/hin & zurück 30/50 US$; Sept.–April) verbindet Pudeto mit der Mountain Lodge Paine Grande.

Für Wanderer empfiehlt sich auch die **Navegación Glaciar Grey** (Grey-Gletscher-Kreuzfahrt; 61-271-2100; www.lagogrey.com; Erw./Kind einfache Strecke 70 000/35 000 Ch$, hin & zurück 80 000/40 000 Ch$; Okt.–April), bei der man zwischen dem Refugio Grey und dem Hotel Lago Grey auf den gleichnamigen Gletscher schaut.

FEUERLAND (TIERRA DEL FUEGO)

Feuerland ist neblig, windig und feucht. Der chilenische Teil umfasst die Hälfte der Hauptinsel Isla Grande, die südlich davon gelegene Isla Navarino und eine Gruppe kleinerer Inseln, von denen viele unbewohnt sind. Mit nur 8500 Einwohnern ist dies die am dünnsten besiedelte Region Chiles. Porvenir gilt als wichtigste Stadt Feuerlands, sofern bei dieser Siedlung überhaupt von Stadt die Rede sein kann. Das Land jedenfalls hat einen rauen und wilden Charme: Wer sich bis in diese Breiten vorwagt, genießt die Einsamkeit am Ende der bewohnten Welt.

Isla Navarino

Ushuaia kann man getrost vergessen: Das Ende der Welt ist hier! Fohlen springen auf der Hauptstraße umher, und Jachten auf der Umrundung des Kap Hoorn suchen hier Zuflucht. Mit mehr als 150 km an Wanderwegen ist die Isla Navarino ein raues Backpackerparadies mit abgelegenen schiefergrauen Seen, Wäldern voller moosbewachsener *lenga*-Scheinbuchen und den zerklüfteten Felsnadeln der **Dientes de Navarino**. Die einzige Stadt ist die Marinesiedlung **Puerto Williams** (1680 Ew.), der offizielle Zugangshafen für Frachtschiffe auf dem Weg zum Kap Hoorn und zur Antarktis.

Sehenswertes & Aktivitäten

Museo Martín Gusinde MUSEUM
(☎61-262-1043; www.museomartingusinde.cl; Ecke Araguay & Gusinde; Spende erbeten; ⌚Di–Fr 9.30–13 & 15–18.30, Sa & So 14.30–18.30 Uhr, in der Nachsaison kürzer) Das attraktive Museum ehrt den österreichischen Priester und Ethnografen, der von 1918 bis 1923 bei den Yaghan arbeitete. Die Exponate mit Schwerpunkt auf Naturgeschichte und Ethnografie sind nur auf Spanisch beschriftet. In der Bibliothek gibt's öffentliches WLAN. Die Facebook-Seite informiert über aktuelle Sonder- und Wechselausstellungen.

★ **Explora Isla Navarino** ABENTEUER-AKTIVITÄTEN
(☎Handy 9-9185-0155; www.exploraislanavarino.com; Centro Comercial 140B; ⌚Mo–Fr 10–13 & 15–19 Uhr) Diese super Outdoor-Firma benutzt als Basislager einen coolen umgebauten Bus. Ihr Angebot umfasst Radtouren, Querfeldeinläufe und Kajaktrips auf einer geschützten Bucht – ebenso ein- oder mehrtägige Wanderungen (z. B. entlang der Dientes-Rundroute). Die Guides sprechen Englisch, sind in Erster Hilfe ausgebildet und haben Satellitentelefone dabei. Die Touren finden jeweils in Kleingruppen statt und liefern auch Infos zur Regionalgeschichte.

Dientes de Navarino WANDERN
Dieser Rundweg wartet mit sagenhaften Blicken auf die schroffen, sturmumtosten Felsnadeln der Isla Navarino auf. Ausgangspunkt ist der *virgen*-Altar gleich außerhalb des Ortes. Die 53,5 km lange Route windet sich durch spektakuläre Natur und vorbei an abgeschiedenen Seen. Wer körperlich fit ist, schafft die Wanderung in den (relativ) trockenen Sommermonaten in vier Tagen. Der Weg ist nur minimal beschildert: GPS und eine Karte mit dem eingezeichneten Weg sind für die Navigation äußerst hilfreich.

Schlafen & Essen

Das Personal vieler örtlicher Unterkünfte bietet auch Mahlzeiten an und organisiert Inseltouren sowie Flughafen-Shuttles. Ein paar teure Supermärkte verkaufen Proviant.

Hostal Pusaki PENSION $
(☎Handy 9-9833-3248; pattypusaki@yahoo.es; Piloto Pardo 222; DZ 75 US$, Zi. ohne Bad 28 US$/Pers.; jeweils inkl. Frühstück) Patty empfängt einen mit ihrer fast schon legendären Herzlichkeit. In ihrem gemütlichen Haus warten komfortable Zimmer mit Teppichböden. Beim leckeren gemeinschaftlichen Abendessen mit frischem Seafood sind auch Speisegäste willkommen.

Refugio El Padrino HOSTEL $
(☎61-262-1136, Handy 9-8438-0843; Costanera 276; Stellplatz 25 US$/Pers., B inkl. Frühstück 13 US$) Die quirlige Cecilia betreibt dieses freundliche, gesellige und saubere Selbstversorger-Hostel. Neben kleinen Schlafsälen gibt's hier auch Zeltstellplätze, einen netten Aufenthaltsbereich, eine Küche und Warmwasserduschen. Ein paar Blocks von der uferseitigen Copec-Tankstelle entfernt steht das Haus direkt am Kanal an einer Gasse.

Diente de Navarino KOLUMBIANISCH $$
(☎Handy 9-7586-7840; Centro Comercial s/n; Hauptgerichte 4000–12 000 Ch$; ⌚Di–Sa 11–24 Uhr) Tropische Rhythmen pulsieren in diesem kolumbianischen Café mit üppigen Sandwichs, *arepas* (Maismehl-Kuchen) und Eintöpfen. Das *bandeja paisa* stillt den großen Hunger mit bunten Bohnen, Reis, Eiern, gebratenen Kochbananen und zähem Fleisch.

Praktische Informationen

Touristeninformation (www.ptowilliams.cl/turismo.html; Centro Comercial; ⌚Mo–Fr 9–13 & 14.30–18, Sa 9–13 Uhr) In einem kleinen Kiosk gibt's hier u. a. Stadtpläne und Karten für Tageswanderungen. Das Personal erteilt auch aktuelle Infos (Wetter, Wegzustand) für Treks zum Lago Windhond und Dientes de Navarino.

Turismo Shila (☎Handy 9-7897-2005; www.turismoshila.cl; O'Higgins 220; ⌚Mo–Sa 9–13.30 & 16–20 Uhr) Outdoor-Laden, der auch Tickets für Boote nach Ushuaia verkauft und Bootstrips mit Gletscher-Sightseeing arrangiert.

An- & Weiterreise

Puerto Williams ist per Flugzeug oder Schiff erreichbar. **Aerovías DAP** (☎61-262-1052;

ABSTECHER

PARQUE NACIONAL BERNARDO O'HIGGINS

Der extrem entlegene Nationalpark mit Gletschern ist bislang ausschließlich per Boot erreichbar. Ab Puerto Natales bietet **Turismo 21 de Mayo** (☎61-261-4420; www.turismo21demayo.com; Eberhard 560; ⌚Okt.–März 8–22 Uhr) Tagestrips zum Fuß der örtlichen Glaciar Serrano an (90 000 Ch$ inkl. Mittagessen).

www.aeroviasdap.cl; Centro Comercial s/n; ⌚ Mo–Fr 9–13 & 14.30–18.30, Sa 10–13.30 Uhr) fliegt nach Punta Arenas (einfache Strecke 75 000 Ch$, 1¼ Std., Nov.–März Mo–Sa tgl., im Winter seltener).

Transbordador Austral Broom (☎ 61-272-8100; www.tabsa.cl) schippert von Punta Arenas (Bereich Tres Puentes) nach Puerto Williams (Liegesitz/Koje inkl. Essen 108 000/151 000 Ch$, 32 Std., ca. 6-mal monatl.).

Porvenir

Lust auf ein traditionelles Stück Feuerland? Dann auf zu diesem Dorf mit verrosteten, blechverkleideten Häusern im viktorianischen Stil: Hier kann man in einen beschaulichen Alltag eintauchen und die Landschaften mit ihren Buchten erkunden. Die lokale Königspinguin-Kolonie wird meist per Tagestrip ab Punta Arenas besucht. Fürs Übernachten vor Ort empfiehlt sich das tolle **Yendegaia House** (☎ 61-258-1919; http://yendegaiahouse.com; Croacia 702; EZ/DZ/3BZ inkl. Frühstück 67/100/120 US$; 📶): In einem historischen Wohnhaus à la Magellan gibt's hier üppiges Frühstück, Aussicht auf die Meerenge und große Zimmer mit dicken Daunendecken.

RAPA NUI (OSTERINSEL)

Die Osterinsel (Rapa Nui, wie sie von der einheimischen polynesischen Bevölkerung genannt wird) ist mit keinem anderen Ort der Welt zu vergleichen. Mit ihrer spannenden Geschichte, ihrer faszinierenden Kultur und ihrer magischen Landschaft erscheint die winzige Insel fast so, als stamme sie aus einer anderen Welt. Rapa Nui ist ein wunderbar isoliertes, unverdorbenes Juwel, das nicht nur gefühlt furchtbar weit von Chile entfernt liegt (3700 km) – ganz zu schweigen vom Rest der Welt. Hier ist man als Traveller größtenteils alleine mit dem indigoblauen Meer und den geheimnisvollen *moai* (Riesenstatuen), die überall in der gespenstischen Landschaft stehen.

Der niederländische Admiral Jakob Roggeveen landete hier am Ostersonntag 1722 und gab der Insel ihren europäischen Namen. Die Insel wurde 1888 von Chile annektiert, aber weiterhin als private Schaffarm verpachtet, während die Ureinwohner, die Rapa Nui, sich bis 1953 nur in Hanga Roa frei bewegen durften. Erst in den 1960er-Jahren erhielten sie wieder Zugang zur gesamten Insel. Die heutigen Insulaner sprechen Spanisch und Rapa Nui, einen ostpolynesischen Dialekt. Zu den wichtigsten Phrasen zählen *iorana* (willkommen), *maururu* (danke), *pehe koe* (wie geht's dir?) und *riva riva* (gut).

Mit dem aufwendigen, farbenfrohen Festival **Tapati Rapa Nui** wird jedes Jahr im Februar die Kultur der Insel gefeiert. Die touristische Hauptsaison fällt in die Monate Januar bis März, die auch die wärmsten sind. In der Nebensaison geht es relativ ruhig zu. Für die Besichtigung der wichtigsten Stätten sollte man mindestens drei Tage einplanen. Wer vom chilenischen Festland aus nach Rapa Nui reist, muss die Uhren zwei Stunden zurückstellen, die Differenz zur Mitteleuropäischen Zeit beträgt im Sommerhalbjahr der südlichen Hemisphäre sechs Stunden, im Winterhalbjahr acht Stunden.

ℹ An- & Weiterreise

LATAM (☎ 600-526-2000; www.latam.com; Av Atamu Tekena s/n; ⌚ Mo–Fr 9–16.30, Sa bis 12.30 Uhr) bedient die Osterinsel als einzige Fluggesellschaft. Hierbei besteht u. a. Verbindung nach/ab Santiago (Economy Class hin & zurück 450–900 US$, tgl.) und Papeete (Tahiti; 1-mal wöchentl.).

ℹ Unterwegs vor Ort

Insular Rent a Car (☎ 32-210-0480; www.rentainsular.cl; Av Atamu Tekena s/n; Fahrrad/Motorrad/Auto ab 15 000/30 000/50 000 Ch$; ⌚ 9–20 Uhr) verleiht auch Motorroller und -räder.

Hanga Roa

☎ 32 / 7750 EW.

Hanga Roa ist die einzige Siedlung auf Rapa Nui. Hier befinden sich fast alle Hotels, Restaurants, Läden und Dienstleister der Insel.

Sehenswertes

Museo Antropológico Sebastián Englert MUSEUM
(☎ 32-255-1020; www.museorapanui.cl; Bereich Tahai; ⌚ Di–Fr 9.30–17.30, Sa & So bis 12.30 Uhr) GRATIS Das gut organisierte Museum bietet einen perfekten Einstieg in die Geschichte und Kultur der Insel. Zu sehen gibt's hier Angelhaken aus Basalt, Waffen (z. B. Speerspitzen aus Obsidian), Felsbilder, Steinsärge, einen seltenen *moai*-Frauenkopf und bienenkorbförmige Rundhütten. Ebenfalls aus-

Rapa Nui (Osterinsel)

gestellt sind Repliken von Rongorongo-Tafeln voller winziger Symbole (erinnern an Hieroglyphen).

Caleta Hanga Roa BUCHT

Seine ersten *moai* sieht man wohl auf der **Ahu Tautira** (Av Policarpo Toro) oberhalb der Caleta Hanga Roa. An dieser Bucht liegt Hanga Roas Fischereihafen am unteren Ende der Av Te Pito o Te Henua. Dort gibt's neben vielen Tauchanbietern auch ein paar Restaurants und Cafés mit Meerblick.

Aktivitäten

Wanderer, Segler und Radfahrer haben hier hervorragende Möglichkeiten. Die ungehinderte Unterwassersicht und die spektakuläre Meereslandschaft machen die Osterinsel auch zu einem tollen Revier zum **Tauchen**. Empfehlenswert ist das **Mike Rapu Diving Center** (032-255-1055; www.mikerapu.cl; Caleta Hanga Roa s/n; Mo–Sa 8–18.30 Uhr). Alle Anbieter haben Schnorcheltouren nach Motu Nui im Programm.

Es gibt auch eine Reihe von Wegen, die zu einigen der schönsten Stätten führen und im Rahmen eines Ausrittes erkundet werden können. Dabei werden für eine Halbtagstour etwa 30 000 Ch$ fällig. Ein verlässlicher Veranstalter ist **Pantu** (032-210-0577; www.pikerauri.com; Sector Tahai s/n; Tour halber/ganzer Tag 35 000/75 000 Ch$; tgl. nach Reservierung).

Geführte Touren

Viele lokale Tourveranstalter besuchen die Hauptattraktionen der Insel (halber/ganzer Tag meist 25 000/45 000 Ch$). Zu den renommierten Anbietern zählen **Aku Aku Turismo** (32-210-0770; www.akuakuturismo.cl; Av Tu'u Koihu s/n; 8.30–17 Uhr) und **Kia Koe Tour** (32-210-0852; www.kiakoetour.cl; Av Atamu Tekena s/n; halber/ganzer Tag 15 000/20 000 Ch$; Mo–Fr 8–18, Sa & So 9–11 Uhr).

★ **Kava Kava Tours** KULTUREXKURSION

(Handy 9-4066-9236; www.kavakavatours.com; Tagestouren ab 90 US$/Pers.) Ein junger, kompetenter Oster-Insulaner leitet diese Firma, die private Individualtouren und tolle Wanderungen über die Poike-Halbinsel anbietet. Die Website liefert auch praktische Lokalinfos.

Schlafen

Wer in der Hauptsaison hier übernachten will, muss rechtzeitig reservieren. Die hiesigen Unterkünfte bieten normalerweise Flugplatz-Shuttles an.

Tipanie Moana CAMPING, HOSTEL $

(www.camping-tipaniemoana.cl; abseits der Av Tu'u Koihu; Stellplatz mit/ohne Zelt 7000/6500 Ch$, B

14 500 Ch$, DZ mit/ohne Bad 35 000/25 000 Ch$; 📶) Der supersaubere Campingplatz punktet mit blitzblanken Bädern, großen Gemeinschaftsküchen und Trockenständern für nasse Klamotten. Zudem gibt's hier auch ein paar Schlafsäle und private Budgetzimmer mit super Preis-Leistungs-Verhältnis. Die recht belebte Atmosphäre ist prima für gesellige Naturen, für Frühaufsteher aber potenziell suboptimal.

★ **Cabañas Christophe** BUNGALOW $$
(☎ 32-210-0826; www.cabanaschristophe.com; Av Policarpo Toro s/n; DZ 90 000–150 000 Ch$; FZ 150 000 Ch$; 📶) Diese bezaubernde Unterkunft bietet zweifellos das beste Preis-Leistungs-Verhältnis von Hanga Roa und besticht durch Charakter und Komfort. Es gibt vier schöne Bungalows mit Holzverkleidung und Vulkansteinen. Sie sind groß, gut ausgestattet – mit übergroßen Betten, Kochnischen und einer privaten Terrasse – und bieten viel Tageslicht. Cabañas Christophe liegt am Anfang des Orongo-Weges, etwa 1,5 km vom Zentrum entfernt. Weit im Voraus buchen.

Hostal Tojika PENSION $$
(☎ Handy 9-9215-2167; www.tojika.com; Av Apina s/n; DZ/3BZ/4BZ 55 000/65 000/75 000 Ch$; 📶) Eine anständige Budget-Pension mit Gemeinschaftsküche, Meerblick und ziemlich verschiedenartigen Zimmern. Diese bieten teils nur wenig Privatsphäre, erfüllen aber ihren Zweck. Frühstück wird hier nicht serviert; am Eingang zum Gelände gibt's jedoch ein kleines Restaurant.

Essen

Selbstversorger finden an der Av Atamu Tekena ein paar Supermärkte.

★ **Ariki o Te Pana – Tia Berta** CHILENISCH $
(Av Atamu Tekena s/n; Hauptgerichte 3000–10 000 Ch$; ⏲ Mo–Sa 10–22 Uhr) Spartanisches Lokal mit köstlichen Seafood-Empanadas wie bei Muttern.

★ **Te Moai Sunset** SEAFOOD, CHILENISCH $$$
(☎ Handy 9-4241-8603; www.facebook.com/temoaisunset; Bereich Tahai; Hauptgerichte 12 000–16 000 Ch$; ⏲ Mo–Sa 12.30–22.30 Uhr; 📶) Das schicke neue Restaurant besucht man am besten spätnachmittags: Gleich unterhalb der Freilufttische mit Sitzschaukeln aus Rattan erheben sich die *moai* von Tahai vor dem Sonnenuntergang. Identisch grandiose Aussicht bieten die Fenstertische im zweiten Stock. Serviert werden hier chilenische Klassiker in einfallsreichen Varianten (z. B. perfekt gewürzte *ceviche*).

Praktische Informationen

Banco Santander (Av Policarpo Toro; ⏲ Mo–Fr 8–13 Uhr) Tauscht Fremdwährungen um und zahlt Bares gegen Vorlage einer Kreditkarte aus (Reisepass erforderl.). Die beiden Geldautomaten akzeptieren Visa und MasterCard.

Farmacia Cruz Verde (Av Atamu Tekena; ⏲ Mo–Sa 8.30–22, So 9.30–21 Uhr) Große Apotheke mit gutem Sortiment.

Hospital Hanga Roa (☎ 32-210-0215; Av Simón Paoa s/n) Kürzlich modernisierte Klinik mit Notaufnahme (pauschal 25 000–30 000 Ch$ zzgl. aller Behandlungskosten).

Sernatur (☎ 32-210-0255; www.chile.travel/en; Av Policarpo Toro s/n; ⏲ Mo–Fr 8.30–17 Uhr) Verteilt Karten, Unterkunftsverzeichnisse und diverse Broschüren. Ein Teil des Personals spricht gut Englisch.

Parque Nacional Rapa Nui

Dieser **Nationalpark** (https://parquenacionalrapanui.cl; Erw./Kind 54 000/27 000 Ch$) strotzt nur so vor Höhlen, *ahu* (Steinplattformen), umgestürzten *moai* und Felsbildern. Er bedeckt den Großteil Rapa Nuis und umfasst alle archäologischen Stätten. Die Zugangsgebühr kann in Hanga Roa oder bereits bei Ankunft am Flughafen bezahlt werden. Bitte die Stätten stets respektieren: Betreten der *ahu* und/oder Entfernen bzw. Versetzen der Steine von archäologischen Strukturen sind absolut tabu! Wer sich respektvoll verhält, wird von den *moai* mit einem Lächeln belohnt.

Der Zeremonienkomplex **Ahu Tahai** liegt einen kurzen Fußmarsch nördlich von Hanga Roa. Seine drei restaurierten *ahu* wirken zu Sonnenuntergang besonders schön. Rund 4 km nördlich stößt man auf den **Ahu Tepeu** mit mehreren umgestürzten *moai* und einem Dorf. Die Höhle **Ana Kakenga** ganz in der Nähe an der Küste hat zwei Fenster zur Seeseite. Die sieben *moai* des **Ahu Akivi** sind zum Meer hin ausgerichtet und damit unüblich. Gleichzeitig wachen sie aber auch über ein Dorf – und zur Sonnwende starren sie genau in die untergehende Sonne hinein.

Weißer Sand, Wasser und Palmen prägen den Traumstrand von Anakena, der an zwei archäologische Stätten grenzt: den **Ahu Nau Nau** und den **Ahu Ature Huki**. Letzteren rekonstruierte der norwegische Ethnograf

Thor Heyerdahl zusammen mit einem Dutzend Inselbewohner.

Der beeindruckend große **Ahu Tongariki** ist der mächtigste seiner Art, der je am tobenden Meer gebaut wurde. 1960 demolierte ein Tsunami einige der 15 *moai* und spülte deren Haarknoten landeinwärts. Die japanische Firma Tadano behob den Schaden jedoch in den frühen 1990er-Jahren.

Die halb behauenen, verschütteten *moai* von **Rano Raraku** geben ein mystisches Bild ab. Dieser Ort wird auch „Kinderstube" genannt, da man die Statuen hier aus dem Hang des erloschenen Vulkans schlug. Es lohnt sich, durch das Puzzle aus 600 unvollendeten *moai* (bis 21 m hoch) zu laufen. Der schilfige Kratersee wird von einem Amphitheater aus stattlichen Köpfen umgeben.

Pflicht für Besucher sind der **Rano Kau** und sein Kratersee, ein Kessel mit *tortora*-Schilf. Rund 400 m höher findet sich die **Zeremonienstätte Orongo** (⌚9–17.30 Uhr) auf einer Klippe. Hier fanden früher Rituale des Vogelkults statt – die Petroglyphen stellen den Vogelmann Tangata Manu und Make Make, den Gott der Inselbewohner, dar. Zum Rano Kau kann man laufen (7 km) oder radeln, sollte aber Trinkwasser mitnehmen.

CHILE VERSTEHEN

Chile aktuell

In Chile bewegt sich seit geraumer Zeit sehr viel – womit aber keine Erdbeben gemeint sind: Vom lokalen Lebensstil bis hin zur Globalisierung verändert sich das Land rapide. Das hiesige Durchschnittseinkommen pro Haushalt ist aktuell das höchste in ganz Lateinamerika. Ende 2017 wurde der Millionär Sebastián Piñera zum zweiten Mal zum chilenischen Staatspräsidenten gewählt. Bei seinem Amtsantritt versprach er infrastrukturelle Modernisierungen und Steuersenkungen für Unternehmen, um die nationale Wirtschaft weiter anzukurbeln. Mit Piñeras Wahl folgte Chile auch dem neuen rechtsgerichteten Polit-Trend in Südamerika.

Chile verändert sich

Selbst bei Trips über Patagoniens entlegenste Nebenstrecken ist die Wahrscheinlichkeit recht hoch, auf haitianisches Ladenpersonal oder beliebte Straßencafés unter venezolanischer Leitung zu stoßen. Denn auch fern der kosmopolitischen Hauptstadt wandelt sich Chile grundlegend: Früher hatte das Land eine recht niedrige Einwanderungsquote. Diese ist jedoch in den letzten zehn Jahren stark gestiegen und nun etwa so hoch wie in Großbritannein (jeweils im Verhältnis zur Bevölkerungszahl). Die aktuell ca. 500 000 Einwanderer stellen nur 3 % von Chiles Gesamtbevölkerung, dennoch verändern sie die hiesige Kultur, was die Einheimischen teils mit Sorge betrachten.

Während des Wahlkampfs im Jahr 2017 schlugen alle antretenden Parteien einen nationalistischen Ton an. Chiles Einwanderungsgesetze aus den 1970er-Jahren gelten im rechten wie im linken Polit-Lager des Landes heute als längst revisionsbedürftig. Piñeras Amtsvorgängerin Michelle Bachelet zufolge könnten die Neuankömmlinge jedoch wichtige Personallücken schließen, wenn Pensionäre aus dem nachwuchsschwachen Arbeitsmarkt des Landes ausscheiden. Der Großteil der Einwanderer ist vor Armut und wirtschaftlichem Zusammenbruch geflüchtet.

Auf der nationalen Agenda steht auch sozialer Fortschritt: Im Januar 2015 legalisierte Chile nichteheliche Lebensgemeinschaften für gleichgeschlechtliche und unverheiratete Paare. Aktuell wird an einem Gesetz zur Anerkennung der Rechte von Transsexuellen gearbeitet. In den letzten Jahren gab in Chile zudem diverse Straßendemonstrationen gegen die Benachteiligung von Frauen, wobei auch Mord oder Abtreibung thematisiert wurden. Früher hatte das Land eins der strengsten Abtreibungsgesetze der Welt. 2017 legalisierte es jedoch Abtreibungen nach Vergewaltigung sowie bei lebensbedrohlichen Schwangerschaften und nicht lebensfähigen Föten. Weiterer Fortschritt in puncto Frauenrechte wird hier vielfach gewünscht. Es war und ist aber keinesfalls einfach, die erzkonservativen Wurzeln des katholischen Chile nachhaltig zu erschüttern.

Geschichte

Frühgeschichte

Der ca. 12 500 Jahre alte, am Monte Verde in der Nähe von Puerto Montt entdeckte Fußabdruck ist das älteste bekannte Zeugnis menschlicher Besiedlung in Chile. Im Norden lebten die Völker der Aymara und der Atacameño schon vor der Inka-Epoche als Bauern und Hirten. Auch die Vertreter der

El-Molle- und der Tiwanaku-Kultur, die mit ihren Erdzeichnungen Spuren hinterlassen haben, gehören zu den in der Frühgeschichte dieser Region verwurzelten Völkern, ferner das Fischervolk der Chango an der Nordküste und die Diaguita, die in den Flusstälern im Landesinneren lebten.

Die Mapuche lebten von Wanderfeldbau in den südlichen Wäldern. Als einzige indigene Volksgruppe schafften sie es, sich der Herrschaft der Inka zu entziehen. Unterdessen lebten die Cunco als Fischer und Ackerbauern auf Chiloé und dem Festland. Im Süden mieden die Gruppen der Selk'nam und der Yaghan lange den Kontakt zu Europäern, die schließlich doch für deren fast völlige Vernichtung verantwortlich waren.

Kolonialzeit

1541 durchquerte der Konquistador Pedro de Valdivia mit seinen Männern die raue Atacama-Wüste und gründete im fruchtbaren Mapocho-Tal Santiago. Sie begründeten die berüchtigten *encomiendas:* ein Zwangsarbeitssystem, mit dem die relativ große sesshafte Bevölkerung im Norden ausgebeutet wurde. Im Süden gab es eine derartige Einverleibung nicht. Über 300 Jahre lang setzten sich die Mapuche gegen die Unterjochung durch die Europäer zur Wehr. Als die *encomiendas* an Bedeutung verloren, nahmen landwirtschaftlich geprägte Haziendas oder *fundos* (Farmen) ihren Platz ein. Bewirtschaftet wurden sie von Spaniern, die bereits in Südamerika geboren waren. Die *latifundios* (Landgüter) blieben teilweise bis in die 1960er-Jahre erhalten und wurden zur bestimmenden Kraft in der Gesellschaft.

Revolutionskrieg & Entstehung der Republik

Die spanische Kontrolle über den Handel im Vizekönigreich Peru provozierte in den Kolonien wachsenden Unmut. Überall in Südamerika entstanden Unabhängigkeitsbewegungen. 1818 gelang es dem Revolutionär José de San Martín, mit seiner Armee Santiago zu befreien. San Martín setzte in Chile eine nationale Regierung ein und erklärte den Chilenen Bernardo O'Higgins, den unehelichen Sohn eines Iren, zum *director supremo*, den mit diktatorischen Mitteln ausgestatteten ersten Führer eines unabhängigen Chile.

Die ersten fünf Jahre nach der Unabhängigkeit dominierte O'Higgins das politische Geschehen. Er setzte Reformen in Politik, Sozial- und Bildungswesen und Religion durch, verärgerte aber mit seinen radikalen und liberalen Maßnahmen die Großgrundbesitzer, die ihn schließlich zum Rücktritt zwangen. Danach regierte Diego Portales, Geschäftsmann und Sprecher der Großgrundbesitzer, bis zu seiner Ermordung 1837 quasi diktatorisch. Seine 1833 verabschiedete autoritäre Verfassung auf der Grundlage des Gewohnheitsrechts bündelte die Macht in Santiago und machte den Katholizismus zur Staatsreligion.

Expansion & Entwicklung

Chiles Expansion begann mit dem Sieg über Peru und Bolivien im sogenannten Salpeterkrieg (1879–1883), in dessen Folge die Atacama-Wüste mit ihren Nitratvorkommen chilenisches Territorium wurde. Durch Verträge mit den Mapuche gelangten auch die südlichen Seengebiete unter die Kontrolle Chiles, das 1888 auch die abgelegene Rapa Nui (Osterinsel) annektierte.

Mithilfe von britischem, nordamerikanischem und deutschem Kapital verwandelte sich die Atacama-Wüste in eine wahre Goldgrube und der durch den Nitratabbau entstandene Reichtum kam auch dem Staatshaushalt zugute. Die Hafenstädte Antofagasta und Iquique, von denen aus das Nitrat verschifft wurde, boomten. Nachdem allerdings 1914 der Panamakanal eröffnet worden war, ließ der Schiffsverkehr rund ums Kap Hoorn nach. Die Erfindung von Düngern auf Erdölbasis tat ihr Übriges: Mineralnitrate waren zur Herstellung von Düngern überflüssig geworden.

Der Bergbau förderte die Entstehung einer Arbeiterklasse und einer Neureichenschicht, die beide die Macht der Großgrundbesitzer infrage stellten. Der 1886 gewählte Präsident José Manuel Balmaceda versuchte, das Problem der ungleichen Verteilung von Reichtum und Macht zu lösen, und entzündete damit eine Rebellion im Kongress. Es folgte ein Bürgerkrieg, der 10 000 Todesopfer forderte – darunter auch Balmaceda, der Selbstmord beging.

Umkämpfter Weg in die Moderne

Noch in den 1920er-Jahren lebten fast 75 % der Landbevölkerung auf den *latifundios*, in deren Besitz sich 80 % des nutzbaren Bodens befanden. Mit dem Ausbau der Industrie und des Dienstleistungssektors verbesserte sich die Lage der Arbeiter in den Städten, während sich die der Landarbeiter zuspitzte. Als Tagelöhner strömten diese dann in die Städte. Die Zeit zwischen 1930 und 1970 war von einem vielgesichtigen Kampf um eine Landreform geprägt.

Damals waren die Kupferminen, ein späterer Eckpfeiler der chilenischen Wirtschaft, noch in der Hand nordamerikanischer Unternehmen. Der 1964 gewählte reformerische Präsident Eduardo Frei Montalva setzte die Verstaatlichung dieses Wirtschaftszweigs durch. Der chilenische Staat erhielt einen Anteil von 50 % an den von US-Firmen kontrollierten Minen.

Die Regierung des Christdemokraten Frei war der politischen Rechten zu reformfreudig, der politischen Linken aber zu konservativ. Zu den vielen Gegnern Freis gehörten auch gewaltbereite Gruppen wie die linke Revolutionsbewegung MIR, die bei den Kohlekumpeln und den städtischen Tagelöhnern Unterstützung fand. Die Unruhen erfassten auch die Bauernschaft, die eine Landreform forderte. Und so gingen die chilenischen Christdemokraten, die letztlich an den Reformerwartungen in der Gesellschaft scheiterten, geschwächt in die Wahlen des Jahres 1970.

Die Präsidentschaft Allendes

Die Unidad Popular (Volksfront oder UP) des sozialistischen Präsidentschaftskandidaten Salvador Allende versprach einen radikalen Wandel, die vollständige Verstaatlichung der Industrie und die Enteignung der *latifundios*. 1970 mit knapper Mehrheit gewählt, stellte Allende viele Privatunternehmen unter staatliche Kontrolle und initiierte eine massive Umverteilung der Einkommen. Doch Bauern, angesichts schleppender Agrarreformen in Aufruhr versetzt, besetzten Land – und die Verhältnisse in Chile destabilisierten sich zunehmend: Ernteausfälle, die Verstaatlichungspolitik und die freundlich gesinnte Haltung Chiles gegenüber Kuba provozierten die Einmischung der USA. 1972 schließlich legten von Christdemokraten und der Nationalpartei unterstützte Streiks Chile lahm.

Nach einem zunächst gescheiterten Militärputsch im Juni 1973 sammelten die Widerständler ihre Kräfte. Doch am 11. September 1973 gelang dem bis dato relativ unbekannten General Augusto Pinochet ein *golpe de estado*. Bei dem Putsch kamen Allende (angeblich durch Freitod) und Tausende seiner Anhänger ums Leben. Tausende Politiker und Sympathisanten aus dem linken Lager wurden interniert, in Santiagos Nationalstadion öffentlich verprügelt, gefoltert und ermordet. Hunderttausende flohen ins Exil.

Die Pinochet-Diktatur

Von 1973 bis 1989 stand General Pinochet an der Spitze einer brutalen Junta, die das Parlament auflöste, fast alle politischen Aktivitäten verbot und per Dekret regierte. 1980 stimmte Chile für eine neue Verfassung, die Pinochets Präsidentschaft bis 1989 verlängerte. Unter seiner fortgesetzten Herrschaft erlebte Chile wieder ein stabiles Wirtschaftswachstum. 1988 scheiterte der Diktator jedoch, als die Wähler seine Präsidentschaft nochmals bis 1997 verlängern sollten. Vor den Wahlen im Jahr 1989 vereinigten sich 17 Partien zum Bündnis für Demokratie (Concertación de los Partidos por la Democracia; CPD), dessen Kandidat Patricio Aylwin haushoch siegte. Aylwins Präsidentschaft war aber in das Korsett der Pinochet-Verfassung gezwungen, die es unmöglich machte, den Diktator für seine Verbrechen zu belangen. Immerhin erschien unter Aylwin der Rettig-Bericht, der das Schicksal Tausender chilenischer Opfer des Pinochet-Regimes dokumentierte.

Im September 1998 verhaftete die britische Polizei General Pinochet in London; zuvor hatte Spanien, das gegen den Diktator wegen Ermordung und Verschleppung spanischer Staatsbürger ermittelte, einen Auslieferungsantrag gestellt. Doch allen internationalen Protesten zum Trotz erklärten das britische Berufungssgericht (2000) und der Oberste Gerichtshof (2002) Pinochet für verhandlungsunfähig. Dieser kehrte nach Chile zurück, wo er 2006 starb. Sein Vermächtnis spaltet die Chilenen bis heute.

Die neue Kräfteverteilung

Im 21. Jh. verschoben sich in ganz Südamerika die politischen Kräfte nach links. In Chile spiegelte sich diese Tendenz 2000 in der Wahl des gemäßigten Linken Ricardo Lagos wider. Seine Nachfolgerin war 2005 Michelle Bachelet, die erste Frau auf dem Stuhl des chilenischen Staatspräsidenten, noch dazu als alleinerziehende Mutter, die vom Pinochet-Regime interniert und gefoltert worden war – plötzlich sah das konservative Chile entschieden progressiver aus.

Die erste Präsidentschaft Bachelets war jedoch von Spannungen innerhalb ihrer Regierungskoalition (CPD) geprägt, die eine erfolgreiche Durchsetzung von Reformen erschwerten. Krisen wie das Chaos infolge der Einführung eines neuen Transportsystems in Santiago, Korruptionsskandale und massive Studentenproteste kennzeichneten Bachelets schwierige erste Amtszeit.

Nach 20 Jahren liberaler CPD-Herrschaft, wählte das Land 2010 den konservativen Milliardär und Geschäftsmann Sebastián Piñera von der rechtsgerichteten Alianza por Chile. Obwohl Piñera zu Anfang seiner Amtszeit mit der erfolgreichen Abwicklung der Rettungsaktion bei Copiapó, bei der 33 verschüttete Bergleute befreit wurden, punkten konnte, stürzte seine Beliebtheit nach den von Studenten angeführten Bildungsprotesten (der „Chilenische Winter") im Jahr 2011 rapide ab. Seine Zustimmungsrate fiel teilweise sogar auf 26% und damit auf den niedrigsten Wert einer Regierung überhaupt seit Ende der Diktatur.

Politisches Erdbeben

Am frühen Morgen des 27. Februar 2010 bebte die Erde vor Zentralchiles Küste mit einer der höchsten jemals gemessenen Stärke: 8,8 auf der Richterskala. Das Beben richtete gewaltige Verwüstungen an, forderte 525 Todesopfer und löste Tsunamis aus, die den Archipiélago Juan Fernández und Teile der Küste trafen. Viele Wohnhäuser und Überlandstraßen wurden zerstört; Versicherungsgesellschaften veranschlagten einen Milliardenschaden. Nach anfänglichen Plünderungen in den betroffenen Gebieten wurde die Ordnung schnell wieder hergestellt. Bei Chiles alljährlicher Spendenaktion Teletón kamen beispiellose 39 Mrd. US$ für die Erdbebenopfer zusammen. Insgesamt wurde die Regierung für ihre schnelle Hilfeleistung gelobt; die Solidaritätswelle im chilenischen Volk stärkte den Nationalstolz.

Schöne neue Welt

Im ersten Jahrzehnt des 21. Jhs. stieg Chile dank der Rekordpreise für sein wichtigstes Exportgut Kupfer als Stern am Wirtschaftshimmel auf. Als die Weltwirtschaftskrise zuschlug, konnte Chile seine gute Stellung behaupten. Es war das erste Land Lateinamerikas, das ein Freihandelsabkommen mit den USA abschloss, obwohl China die USA als wichtigsten Handelspartner mittlerweile abgelöst hat. So sehr sich Chile auch um eine breitere Streuung bemüht: Kupfer macht immer noch stolze 60% seiner Exporte aus, wobei die Nachfrage aus China mittlerweile deutlich zurückgeht, was den einst unerschütterlichen Kurs des Peso ins Wanken bringt.

Durch die erneute Wahl Michelle Bachelets zog Chile 2013 die Reißleine. Die Wahlbeteiligung war dabei bemerkenswert niedrig, was darauf zurückzuführen ist, dass es die erste Präsidentschaftswahl war, bei der der Gang zur Urne nicht gesetzlich vorgeschrieben war. Durch die Wahl zogen auch junge Reformkandidaten wie Camila Vallejo und Giorgio Jackson – ehemalige Anführer der Studentenproteste – in den Kongress ein.

Auf dem beschwerlichen Weg zwischen finanziellen Höhen und nationalen Tiefen wird Chile wohl eine Neuausrichtung benötigen, um die wachsenden sozialen, ökologischen und wirtschaftlichen Probleme in den Griff zu bekommen. Solche Herausforderungen sind auf dem Weg des Fortschritts allerdings unumgänglich. Im Dezember 2017 wurde Piñera wieder gewählt.

Kultur

Chile hatte jahrhundertelang kaum Kontakt zur Außenwelt und stand gleichzeitig sehr stark unter dem Einfluss der römisch-katholischen Kirche. Dies führte zu einem hohen Maß von kultureller Konformität und Konservatismus und die Unterdrückung und Zensur in der Diktatur Pinochets verschlimmerten diese Isolation weiter. Die radikalen sozialen Veränderungen, die sich in Chile gerade abspielen, machen die nationale Mentalität jedoch so agil wie nie zuvor.

Selbst die katholische Kirche bleibt von diesen Entwicklungen nicht unbeeindruckt und die ganze Gesellschaft öffnet sich dem Fortschritt: Es werden liberale Gesetze erlassen und die konservativen Werte infrage gestellt. Nirgendwo ist dieser Trend offenkundiger als unter der urbanen Jugend, den Generationen Y und Z. Diese jungen Menschen sind die ersten, die ohne Zensur, Ausgangssperre oder sonstige Einschränkungen einer Diktatur aufgewachsen sind. Als Folge davon sind sie viel kritischer und lassen sich von möglichen Konsequenzen ihres Handels nicht so leicht entmutigen. Die Politik mag dies als eine Bedrohung ansehen, doch Chiles Jugend bezieht nun Stellung.

Diese Dynamik ist auch auf andere Regionen übergesprungen: Vor allem in den Provinzen Magallanes und Aysén gibt es mittlerweile Proteste gegen höhere Kosten und eine allgemeine Vernachlässigung durch die Zentralregierung.

Bevölkerung

Die meisten Chilenen haben spanisch-indigene Wurzeln. Doch auch die Einwanderer kleinerer Zustromwellen sind hier heimisch geworden – vor allem Briten, Iren, Franzosen, Italiener, Kroaten und Palästinenser. Ab 1848 kamen zudem Deutsche ins Land und drückten dem Seengebiet ihren Stempel auf. In den nördlichen Anden leben rund 69 200 indigene Aymara und Atacameño; mit ca. 620 000 ist die Zahl der Mapuche fast zehnmal so hoch. Die etwa 3800 Rapa Nui der Osterinsel sind polynesischer Herkunft. Über ein Drittel der schätzungsweise 18 Mio. Chilenen wohnt in der Hauptstadt und deren Vororten.

Lebensart

Wer aus Peru oder Bolivien herüberkommt, wird sich vielleicht wundern, wohin das „stereotype Südamerika" verschwunden ist. Auf den ersten Blick wirkt der chilenische Lebensstil recht europäisch. Zwischen den höchsten und den niedrigsten Einkommen klafft jedoch eine gewaltige Lücke. Dies führt zu höchst unterschiedlichen Lebensstandards und einem überzogenen Klassenbewusstsein. Santiagos *cuicos* (Oberschichtler) leben mit mehreren Bediensteten komfortabel in schicken Apartmentblocks. Am anderen Ende der Skala stehen dagegen baufällige Buden ohne fließendes Wasser.

Chilenen haben eine hohe Arbeitsmoral, sind aber stets für eine gute *carrete* (Party) zu haben. Die jungen Leute bleiben während ihrer Studenten- bzw. Ausbildungszeit meist von den Eltern abhängig und wohnen auch als Twens noch zu Hause.

Südamerikas berüchtigter *machismo* ist in Chile allgemein recht schwach ausgeprägt; Frauen genießen hier überall sehr viel Respekt. In puncto Schwule und Lesben gibt sich das Land jedoch immer noch ziemlich konservativ – alternative Lebensformen werden kaum öffentlich unterstützt.

Religion

Rund 55% aller Chilenen sind Katholiken, 13% sind Protestanten, 7% gehören anderen Religionen an und 25% sind Konfessionslose.

Kunst

Literatur

Das Land der Dichter verdankt seinen Ruf den Literaturnobelpreisträgern Gabriela Mistral und Pablo Neruda. Vicente Huidobro gilt als Mitbegründer der modernen spanischsprachigen Lyrik; Nicanor Parra führte diese Tradition bis zu seinem Tod 2018 fort.

International am bekanntesten ist die zeitgenössische Schriftstellerin Isabel Allende, die viele ihrer Geschichten in ihrer Heimat Chile spielen lässt. Zu den bedeutenden Literaten gehört auch José Donoso, dessen Roman *Die Toteninsel* das Leben unter der Diktatur durch die Augen eines heimgekehrten Exilanten erzählt. Antonio Skármeta schrieb den Roman *Mit brennender Geduld*, auf dem der oscarprämierte Film *Der Postmann* (1994) basiert. Von Luis Sepúlveda (geb. 1949) stammt Herausragendes wie *Patagonia Express* oder die Novelle *Der Alte, der Liebesromane las*.

Marcela Serrano (geb. 1951) gilt als beste Vertreterin der aktuellen lateinamerikanischen Literatur. Pedro Lemebel (1952–2015) widmete sich Homosexualität, Geschlechtsumwandlungen und anderen umstrittenen Themen mit hohem Schockpotenzial. Weltweit wird Roberto Bolaño (1953–2003) als einer der besten Schriftsteller Lateinamerikas gefeiert. Die posthume Veröffentlichung seines fünfbändigen Romans *2666* machte ihn endgültig zum Kulthelden.

Kino

In den letzten Jahren hat sich das chilenische Kino dynamisch und vielfältig gezeigt. Sebastián Silvas sozialkritischer Film *La nana – Die Perle* gewann 2009 zwei Sundance Awards. Der damals knapp über 20-jährige Nicolás López erfreute sein junges Publikum in *Promedio rojo* (2005) mit schwarzem Humor und Comic-Kultur. *Mi mejor enemigo* (2004) spielt während des Gebietsstreits mit Argentinien (1978) und erzählt von Feinden, die sich in Feuerland ziemlich nahe kommen. Andrés Woods Hit *Machuca, mein Freund* (2004) zeichnet das Erwachsenwerden im klassengeprägten, turbulenten Jahr 1973 nach. Der bejubelte Dokumentarfilmer Patricio Guzmán widmet sich den gesellschaftlichen Folgen der Diktatur z.B. mit dem faszinierenden Werk *La Memoria obstinada* (1997).

Der im Stil eines Dokumentarfilms gedrehte Streifen *180° South* (2010) erzählt von der Erkundungsreise eines Surfers durch Patagonien und macht dabei gleichzeitig auf Umweltprobleme aufmerksam. Im Jahr 2012 gewannen gleich zwei chilenische Streifen renommierte Preise beim Sundance Film Festival: *Violeta Parra* (Andrés Wood) porträtiert das Leben der gleichnamigen Folklorekünstlerin. *Joven y Alocada* ist eine provokante Geschichte über das Erwachsenwerden und das Regiedebüt von Marialy Rivas.

Michael Medavoy (u.a. Black Swan) produzierte 2015 den Film *69 Tage der Hoffnung* über die Rettung der verschütteten chilenischen Bergleute (Los 33). Mit *Eine fantastische Frau* gewann Sebastián Lelio im Jahr 2018 den Oscar für den besten fremdsprachigen Film. Dessen Hauptdarstellerin Daniela Vega feierte gleich zwei Oscar-Premieren: Bei der Verleihung war sie auch die allererste offen transsexuelle Hauptdarstellerin am Academy-Rednerpult.

Essen & Trinken

Chilenische Küche

Die chilenische Küche basiert auf großartigem Ausgangsmaterial: Das Angebot auf den hiesigen Märkten reicht von Ziegenkäse, Avocados und frischen Kräutern bis hin zu sensationellem Seafood. Mit Brötchen, Marmelade und Instantkaffee oder Tee fällt das Frühstück recht mager aus. Im Laufe des Tages werden Essen und Trinken aber immer wichtiger: Schon mittags kann man bei einem herzhaften, günstigen *menú del día* (Tagesessen) wieder auftanken. Auf eine Suppe folgt dabei ein Hauptgericht mit Fisch oder Fleisch nebst Reis oder Gemüse. Die Märkte sind super, um diese traditionellen Menüs zu probieren. Auch in den schlichtesten Lokalen kann man das Bestellte mit scharfen Saucen und jeder Menge frischer Zitronenspalten aufpeppen.

Zu den beliebtesten Sandwichs gehören der reichhaltige *completo* (Hotdog mit Mayo, Avocado und Tomate) oder der *churrasco* (Steakbrötchen mit Avocado und Tomate). Bei den allgegenwärtigen Empanadas reicht die Palette von der klassischen Füllung mit *pino* (Rindfleisch) bis hin zu den köstlichen Seafood-Varianten an der Küste. Und auch ein paar von Chiles leckersten Spezialitäten gibt es am Strand – darunter *machas a la parmesana* (Amerikanische Schwertmuscheln, in Parmesan und Weißwein gebacken) oder aromatische Seafood-Eintöpfe wie *paila marina* und *caldillo de congrio* (Pablo Nerudas Lieblingsessen). Beim *chupe de mariscos* werden Krustentiere mit Butter, Brotkrumen und Käse überbacken.

Landesweit bekommt man herzhafte Klassiker wie *lomo a lo pobre* (Spiegeleier mit Pommes auf Steak), *pastel de choclo* (Maisauflauf) oder die Cholesterinbombe *chorrillana* (Zwiebeln, Spiegelei und gebratenes Rindfleisch auf einem Pommesberg).

Getränke

Chile und Peru behaupten von sich jeweils, neben dem starken Traubenweinbrand Pisco auch den berühmten Cocktail Pisco Sour (Pisco mit Zucker und frischem Zitronensaft) erfunden zu haben. Mit diesem säuerlichen Aperitif beginnen viele Chilenen ein gediegenes Mittag- oder Abendessen. Junge Chilenen schlürfen auf Partys gerne Piscolas (Pisco mit Cola).

Viel Sonne und gemäßigte Temperaturen machen Chile auch zum idealen Weinbauterrain. Cabernet Sauvignon rangiert hier immer noch ganz oben. Viele Traveller schwören jedoch auf einen anderen Roten: den Carménère, der ursprünglich aus Frankreich stammt und heute fast ausschließlich in Chile wächst. Mehr zu den hiesigen Weinregionen und -sorten erfährt man im Internet unter www.winesofchile.org.

Kunstmann und Austral sind die besten Biermarken des Landes; Fassbier wird *schop* genannt. Auf *bebidas* (Softdrinks)* fahren alle Chilenen ab. Mit *mote con huesillo* verkaufen Straßenhändler einen erfrischenden Nektar aus Gerstenwasser und Pfirsichen – ein einzigartiger Flüssigsnack, den man unbedingt einmal probiert haben sollte.

Instant-Nescafé ist eine landesweite Plage, jedoch bieten mittlerweile immer mehr Cafés *cafe en grano* („echten" Bohnenkaffee) an.

Sport

Fútbol (Fußball) ist der Zuschauersport mit den fanatischsten Fans. Bei der WM 2014 hat das chilenische Nationalteam erst gezeigt, was in ihm steckt. Seit den olympischen Medaillen von Nicolás Massú (Gold 2004) und Fernando González (Gold 2004, Silber 2008) ist aber auch Tennis immer beliebter geworden. Junge Chilenen mit dem entsprechenden Kleingeld frönen begeistert Individualsportarten wie Skifahren, Surfen oder Mountainbiken. Zur sommerlichen Rodeozeit treten auffällig gekleidete *huasos* (Cowboys) überall in halbmondförmigen Arenen gegeneinander an.

Natur & Umwelt

Geografie

Das Festland Chiles erstreckt sich über 4300 km von Peru bis zur Magellanstraße und ist durchschnittlich weniger als 200 km breit. Während die Küsten auf der Höhe des Meeresspiegels liegen, sind die Andengipfel über 6000 m hoch. Vulkane prägen das ganze Land, durch das in der Mitte eine Senke, das Valle Central, verläuft.

Das Festland Chiles hat eindeutig abgrenzbare Temperaturzonen und geografische Zonen, die von Norden nach Süden verlaufen und von Wüsten bis hin zu Eisfeldern reichen. Norte Grande erstreckt sich von der peruanischen Grenze bis nach Chañaral. Die Region wird von der Atacama-Wüste und dem *altiplano* (Hochebene der Anden) beherrscht. Norte Chico reicht von Chañaral bis zum Río Aconcagua. Hier gibt's Buschland und dichtere Wälder mit häufigen Niederschlägen, und der Bergbau weicht der Landwirtschaft, die in den großen Flusstälern betrieben wird.

Die breiteren Flusstäler von Zentralchile reichen vom Río Aconcagua nach Concepción und zum Río Biobío. Dies ist die Hauptregion für Landwirtschaft und Weinanbau. Die Verwaltungsregionen La Araucanía und Los Lagos (das Seengebiet) erstrecken sich südlich vom Río Biobío bis nach Palena. Das Gebiet ist von ausgedehnten Urwäldern und Seen geprägt. Dichte Wälder und ein Flickenteppich aus Weideland kennzeichnen Chiloé, die größte Insel des Landes. Patagonien hat nur schwer bestimmbare Grenzen. Für manche beginnt es mit der Carretera Austral, für andere im Aysénfjord. Von dort erstreckt es sich nach Süden zu den Campos de Hielo, den kontinentalen Eisfeldern, um an der Magallanstraße und bei Feuerland zu enden.

Flora & Fauna

Das von Ozean, Wüste und Bergen eingefasste Land bietet eine einzigartige Natur, die sich größtenteils eigenständig entwickelt und eine Reihe von endemischen Arten hervorgebracht hat.

In den Wüstenausläufern im Norden wachsen Kandelaberkakteen, die über den Nebel (*camanchaca*) Wasser aufnehmen. Zu den hier lebenden Tieren gehören Guanakos, Vikunjas und deren domestizierte Formen, die Lamas und Alpakas. Andere ungewöhnliche Tiere sind die schlaksigen Nandus (südamerikanische Straußenvögel) und die pummeligen, zottelschwänzigen Viscachas (entfernte Verwandte der Chinchillas). Auch Vögel gibt es in Hülle und Fülle – von Andenmöwen und Riesenblesshühnern bis hin zu drei Flamingo-Arten.

Die Wälder im Süden sind bekannt für ihre Chilenischen Araukarien (Anden-Tannen, *pehuén*) und *alerces* (Patagonische Zypressen), von denen ein Exemplar der zweitälteste Baum der Welt sein soll. Zur vielfältigen Flora im Valdivianischen Regenwald gehört die *nalca* (Mammutblatt); die im Aussehen dem Rhabarber ähnliche Pflanze ist die größte ihrer Art. In den Anden streifen Pumas herum. Daneben gibt es im Süden einen schwindenden Bestand von *huemuls* (Andenhirschen). Die winzigen *pudú*-Hirsche leben in dichtem Wald, *bandurrias* (Weißhalsibisse) stelzen über die südlichen Weiden, und am Wegesrand zwitschern *chucaos* (Rotkehltapaculos). Humboldt- und Magellan-Pinguine bevölkern saisonal die Nordwestküste Chiloés.

Vom Seengebiet bis zur Provinz Magallanes ziehen sich grüne Hochwälder mit *nothofagus* (Scheinbuchen). Aufgrund der zurückgegangenen Regenfälle in den östlichen Ebenen von Magallanes und in Feuerland sind ausgedehnte Grasflächen entstanden. Inzwischen leben im Nationalpark Torres del Paine auch wieder die geschützten Guanakos, Punta Arenas ist die Heimat von Magellan-Pinguinen und Kormoranen. Vor der langen Küste Chiles tummeln sich diverse Meeressäuger wie Seelöwen, Otter, Pelzrobben und Wale.

Nationalparks

Über 100 Naturschutzgebiete, Nationalparks und -monumente schützen zusammen ca. 29 % der chilenischen Landesfläche. Diese Reservate zählen zu Chiles international bekannten Hauptattraktionen und verzeichnen jedes Jahr mehr als 3 Mio. Touristen – in den letzten zehn Jahren hat sich die Besucherzahl verdoppelt. Die berühmtesten

Parks wie Torres del Paine werden alljährlich geradezu überrannt. Die meisten anderen Schutzgebiete Chiles sind aber nach wie vor ursprünglich und kaum erschlossen. Die Gesamtverwaltung obliegt der unterfinanzierten **Nationalen Forstbehörde** (Corporación Nacional Forestal, Conaf; Karte S. 482; ☎2-2663-0000; www.conaf.cl; Paseo Bulnes 265, Centro, Santiago; ⌚Mo–Do 9.30–17.30, Fr bis 16.30 Uhr; Ⓜ La Moneda). Deren Schwerpunkt liegt nicht auf dem Tourismus, sondern vielmehr auf Forst- und Landwirtschaft. Bei der Conaf-Zentrale in Santiago bekommt man jedoch ein paar Broschüren und günstige Karten.

Zudem gibt's landesweit ca. 133 private Schutzgebiete mit fast 4000 km² Gesamtfläche. Unter den Highlights sind dabei El Cañi bei Pucón (Chiles erstes Privat-Reservat) und der Parque Tantauco auf Chiloé (vom aktuellen Präsidenten Sebastián Piñera eingerichtet).

Im Folgenden sind ein paar beliebte, gut zu erreichende Nationalparks und Naturschutzgebiete aufgelistet:

Alerce Andino Bewahrt *alerce*-Bestände (Patagonische Zypressen) nahe Puerto Montt.

Altos del Lircay Reservat mit Blick auf die Andensenke und einem Rundweg zum Nationalpark Radal Siete Tazas.

Chiloé Bietet viele Sandstrände, Lagunen und sagenumwobene Wälder.

Conguillío Mischwälder mit Araukarien, Zypressen und Scheinbuchen im Umkreis des schneebedeckten aktiven Volcán Llaima.

Huerquehue In der Nähe von Pucón führen Wanderwege durch Araukarienwälder und gewähren einen tollen Blick auf den Volcán Villarrica.

Lauca Östlich von Arica liegt das Gebiet mit aktiven und inaktiven Vulkanen, klaren, blauen Seen, vielen Vögeln, *altiplano*-Dörfern und ausgedehnten Steppen.

Los Flamencos In und rund um San Pedro de Atacama; Reservat mit geschützten Salzseen und hoch gelegenen Lagunen, Flamingos, unheimlich anmutenden Wüstenlandschaften und Thermalquellen.

Nahuelbuta In der hoch gelegenen Küstengebirgskette stehen die größten noch vorhandenen Araukarienwälder *(pehuén)* unter Schutz.

Nevado Tres Cruces Östlich von Copiapó. Hier finden sich auch der namengebende 6330 m hohe Gipfel und der 6893 m hohe Ojos del Salado.

Puyehue Der Nationalpark in der Nähe von Osorno hat viele tolle Thermalquellen und ein Familien-Skiresort zu bieten. Ein beliebter Wanderweg führt durch vulkanische Wüste den Krater hinauf zu einem Gelände mit Thermalquellen und Geysiren.

Queulat An der Carretera Austral erstrecken sich mehr als 70 km unberührter Nadelwälder, Berge und Gletscher.

Torres del Paine Chiles Vorzeige-Nationalpark nahe Puerto Natales hat ein ausgezeichnetes Netz von Wanderwegen mit den berühmtesten Aussichtspunkten des Landes.

Vicente Pérez Rosales Zu Chiles zweitältestem Nationalpark gehören der spektakuläre Lago Todos los Santos und der Volcán Osorno.

Villarrica Die symmetrischen rauchenden Vulkankegel des Volcán Villarrica ziehen Wanderer, Snowboarder sowie Skifahrer an.

Umweltprobleme

Der Wirtschafts-Boom der letzten Jahren hat Chile sehr viele Umweltprobleme beschert. Santiago gehört zu den am stärksten verschmutzten Städten Amerikas. Weiter draußen werden Plantagen mit schnellwachsenden Exoten (z. B. Eukalyptus, Monterey-Kiefer) zunehmend zur Gefahr für die Wälder. Während des Tauziehens um ihren ökologischen und ökonomischen Wert sind zudem viele einheimische Baumarten stark durch Abholzung dezimiert worden. Wegen der vielen Flüsse und heftigen Regenfälle gilt Südchile als ideale Region für Staudammprojekte. Deshalb bekämpfen sich dort Baufirmen und Naturschützer, während die Regierung zwischen den Fronten steht.

Die fortwährende Erweiterung der südchilenischen Lachsfarmen verschmutzt Gewässer, vernichtet deren Ökosysteme und verdrängt andere Fischarten. 2017 erlebte Chile die schlimmsten Waldbrände seiner Geschichte (elf Todesopfer, 2024 km² Wald zerstört). Die Ursache für deren Ausmaß sehen manche Stimmen in der Liberalisierung der Forstindustrie unter Pinochet.

PRAKTISCHES

Allgemeine Informationen

AKTIVITÄTEN

Wer grenznahe Gipfel (z. B. Pallachatas, Ojos del Salado) erklimmen will, braucht dafür eine Genehmigung der chilenischen **Grenzbehörde** (Dirección de Fronteras y Limites, Difrol; Karte S. 488; ☎ 2-2827-5900; www.difrol.cl; 7. Stock, Teatinos 180, Santiago). Über deren Website lässt sich das Dokument schon vor der Reise beantragen.

BOTSCHAFTEN & KONSULATE

Alle ausländischen Botschaften befinden sich in Santiago (sofern nicht anderweitig vermerkt).

Argentinien (☎ 2-2582-2606; http://csigo.cancilleria.gov.ar; Av Vicuña Mackenna 41, Centro; ⌚ Mo–Fr 9–14 Uhr; Ⓜ Baquedano)

Bolivien (☎ 2-2520-1704; www.consuladodebolivia.cl; Av Santa María 2796, Providencia; ⌚ Mo–Fr 8.30–12.30 Uhr; Ⓜ Tobalaba)

Deutschland (☎ 2-2463-2500; www.santiago.diplo.de; Las Hualtatas 5677, Vitacura; ⌚ Mo–Fr 9–12 Uhr)

Österreich (☎ 2-2223-4774; www.bmeia.gv.at/oeb-santiago-de-chile/; 3. Stock, Barros Errazuriz 1968, Providencia

Peru (☎ 2-2860-6700; www.consulado.pe/es/santiago; Antonio Bellet 444, Oficina 104, Providencia; ⌚ Mo–Fr 8.30–14.30 Uhr; Ⓜ Pedro de Valdivia)

Schweiz (☎ 2-2928-0100; www.eda.admin.ch/countries/chile/de/home/vertretungen/botschaft.html; 14. Stock, Américo Vespucio Sur 100, Las Condes)

ESSEN

Die folgenden Preisangaben gelten jeweils für ein normales Hauptgericht.

**$** unter 7000 Ch$

**$$** 7000–12 000 Ch$

**$$$** über 12 000 Ch$

FEIERTAGE & FERIEN

An den folgenden nationalen Feiertagen haben Behörden und Geschäfte geschlossen:

Año Nuevo (Neujahr) 1. Januar

Semana Santa (Osterwoche) März oder April

Día del Trabajo (Tag der Arbeit) 1. Mai

Glorias Navales (Gedenktag zur Seeschlacht von Iquique) 21. Mai

Corpus Christi (Fronleichnam) Mai oder Juni

Día de San Pedro y San Pablo (St. Peter & Paul) 29. Juni

Asunción de la Virgen (Mariä Himmelfahrt) 15. August

Día de Unidad Nacional (Tag der Nationalen Einheit) Immer am 1. Montag im September

Día de la Independencia Nacional (Unabhängigkeitstag) 18. September

Día del Ejército (Tag der Streitkräfte) 19. September

Día de la Raza (Tag des Kolumbus) 12. Oktober

Todo los Santos (Allerheiligen) 1. November

Inmaculada Concepción (Tag der Unbefleckten Empfängnis) 8. Dezember

Navidad (Weihnachten) 25. Dezember

FREIWILLIGENARBEIT

Experiment Chile (www.experiment.cl) kombiniert zweiwöchige Freiwilligenprogramme mit Sprachunterricht. Auch Schüler von Sprachschulen können sich oft ehrenamtlich engagieren. Die gemeinnützige Organisation **Un Techo Para Chile** (www.untechoparachile.cl) baut landesweit Wohnungen für einkommensschwache Familien.

GEFAHREN & ÄRGERNISSE

Verglichen mit anderen Ländern in Südamerika und dem Großteil Nordamerikas ist Chile bemerkenswert sicher. In größeren Städten, an Busbahnhöfen und in Touristenhochburgen (z. B. Strandorten im Sommer) ist Kleinkriminalität jedoch ein Problem. Daher immer sorgsam auf Hab und Gut aufpassen! Jegliche Aufnahmen von militärischen Einrichtungen sind in Chile strengstens verboten.

GELD

Chiles Währung ist der Peso (Ch$). Banknoten gibt's zu 500, 1000, 2000, 5000, 10 000 und 20 000 Ch$. Auf dem Land lassen sich größere Scheine ab 5000 Ch$ eventuell nur schwer wechseln. Wer Kleineres braucht, macht dann am besten ein entschuldigendes Gesicht und fragt *¿Tiene suelto?* (Können Sie wechseln?).

Santiago hat die besten Wechselkurse und einen florierenden Markt für europäische Währungen. Der Peso war in den letzten Jahren recht stabil und eignet sich sehr gut für Transaktionen aller Art. In der touristischen Hauptsaison sinkt die örtliche Kaufkraft des US-Dollars.

Bargeld

Einige Banken tauschen Bargeld um (meist nur US-Dollar) – ebenso *casas de cambio* (Wechselstuben) in Santiago und bekannteren Touristenzielen.

Geldautomaten

Über Chiles viele Geldautomaten *(redbanc)* bekommt man Bares am schnellsten und bequemsten. Aufgrund der hohen Bearbeitungsgebühr pro Transaktion (teils bis zu 10 US$) ist es jedoch ratsam, immer gleich größere Beträge auf einmal abzuheben. Die meisten Geräte sind auch auf Englisch bedienbar – hierfür einfach zu Beginn des Vorgangs die Option *tarjeta extranjera* bzw. *foreign card* wählen. Achtung: In San Pedro de Atacama, Pisco Elqui, Bahía Inglesa oder patagonischen Kleinstädten niemals auf Geldautomaten verlassen!

Kreditkarten

Die meisten etablierten Geschäfte akzeptieren Kreditkarten (vor allem Visa und MasterCard). Dann wird jedoch oft ein Aufpreis (bis zu 6%) fällig, mit dem das Geschäft die von ihm zu entrichtende Transaktionsgebühr kompensiert. Kreditkarten können auch nützlich sein, um vor der Einreise in andere südamerikanische Länder „ausreichende Geldmittel" nachzuweisen.

Trinkgeld

Restaurants 10% sind üblich (sofern die Rechnung nicht schon eine *servicio* bzw. Servicegebühr enthält).

Taxis Die Chaffeure erwarten kein Trinkgeld; Passagiere können aber den Fahrtpreis aufrunden.

GESUNDHEIT

Die medizinische Versorgung in Santiago und anderen Städten ist im Allgemeinen gut, in abgelegenen Regionen kann es jedoch mitunter schwierig sein, ärztliche Betreuung zu erhalten. Obwohl Chile recht gute öffentliche Krankenhäuser hat, werden sich Traveller in privaten *clínicas* am besten aufgehoben fühlen. Außer in der Atacama-Wüste kann Leitungswasser ruhigen Gewissens getrunken werden. Im Norden gibt's am häufigsten Probleme mit Höhenkrankheit und Dehydrierung. Durch das Ozonloch im Süden steigt die Sonnenbrandgefahr – gerade dort unbedingt immer Sonnenschutzmittel verwenden und eine Sonnenbrille aufsetzen.

Für die Einreise nach Chile sind keine Schutzimpfungen nötig.

INTERNETZUGANG

In den meisten Regionen gibt es hervorragende Internetverbindungen und WLAN-Zugang zu vernünftigen Preisen. In ländlichen Gebieten kann das WLAN teilweise recht langsam sein.

KARTEN & STADTPLÄNE

Das **Instituto Geográfico Militar** (☎2-2410-9300; www.igm.cl; Santa Isabel 1651, Centro; ⏲Mo–Fr 8.30–13 & 14–17 Uhr; Ⓜ Toesca) nahe der Metrostation Toesca in Santiago verkauft seine topografischen Regionalkarten (Maßstab 1:50 000) auch online. Dieses Material ist zwar teils veraltet, für Wanderer aber bestens geeignet. Bei der Conaf in Santiago kann man Nationalparkkarten fotokopieren. Die Regionen- und Wanderkarten von JLM Mapas (Maßstab 1:50 000–1:500 000) sind zwar nützlich, aber nicht hundertprozentig genau.

Potenziell praktisch für Selbstfahrer sind die Copec-Straßenkarten von Compass (www.mapascompass.cl), die man bei Copec-Tankstellen bekommt.

LGBT+-REISENDE

Chile ist ein sehr konservatives und katholisch eingestelltes Land, wobei die Toleranz in letzter Zeit etwas an Boden gewinnen konnte. Seit 2015 gibt es in Chile den Acuerdo de Unión Civil, eine Art eingetragene Partnerschaft für gleichgeschlechtliche Paare. Santiago hat eine aktive Schwulenszene, die sich auf das Barrio Bellavista konzentriert. **Movil H** (Bewegung für die Integration und Befreiung Homosexueller; www.movilh.cl) setzt sich für die Rechte von Schwulen und Lesben ein. **Guia Gay Chile** (www.guiagay.cl) ist ein Verzeichnis mit Infos zu Clubs in Santiago.

ÖFFNUNGSZEITEN

Die folgenden allgemeinen Öffnungszeiten gelten jeweils für die Hauptsaison. In vielen Provinzstädten haben Restaurants und Dienstleister sonntags geschlossen. Außerhalb der Hauptsaison sind dort Touristeninformationen oft nicht besetzt.

Banken Mo–Fr 9–14, teils auch Sa 10–13 Uhr

Behörden & Unternehmen Mo–Fr 9–18 Uhr

Einzelhandel 10–20 Uhr, teils 13–15 Uhr geschl.

Museen Mo oft geschl.

Postfilialen Mo–Fr 9–18, Sa bis 12 Uhr

Restaurants 12–23 Uhr, oft 16–19 Uhr geschl.

POST

Correos de Chile (☎600-950-2020; www.correos.cl) Die chilenische Post ist relativ zuverlässig, aber mitunter ziemlich langsam. Innerhalb des Landes lassen sich Pakete per *encomienda* (Postbus) vergleichsweise verlässlicher und schneller verschicken.

RECHTSFRAGEN

Chiles *carabineros* (Polizisten) gelten als höfliche Profis mit einem sehr hohem Berufsethos – daher bitte nie versuchen, einen Beamten zu bestechen! Bei Ordnungswidrigkeiten liegen die Bußgelder auf europäischem Niveau. Jeglicher Drogenbesitz, -konsum oder -handel gilt jedoch als schwere Straftat; auch bei weichen Drogen wie Cannabis ist mit strengen Geld- und Haftstrafen zu rechnen. Da die Polizei jederzeit Personenkontrollen durchführen kann, muss der Reisepass stets mitgeführt werden. Den Polizeinotruf erreicht man landesweit gratis unter ☎133.

TELEFON

Telefonstuben mit Einzelkabinen werden landesweit nun zunehmend von Internetcafés mit Skype verdrängt.

Chiles Ländercode lautet ☎56. Telefonnummern sind hier meist siebenstellig und haben nur in der Metropolregion Santiago jeweils acht Stellen. Ausnahmen sind auch Notrufnummern und bestimmte Gratis-Hotlines (weniger bzw. mehr Ziffern).

Chilenische Handynummern sind neunstellig und beginnen mit ☎9. Diese ist bei reinen Mobilfunkverbindungen stets erforderlich, entfällt aber bei Festnetztelefonaten auf Handys. Handy-Anrufe ins Festnetz erfordern die jeweilige Ortsvorwahl ohne ☎0 am Anfang. Diese ist wiederum bei reinen Festnetzverbindungen immer mitzuwählen.

Bei Handytelefonaten in Chile bezahlt stets der Anrufer. Mobilverbindungen ins Festnetz sind hier sehr teuer und verbrauchen Prepaid-Guthaben daher sehr schnell.

Wer ein eigenes Handy mitbringen möchte, braucht ein SIM-entsperrtes Gerät mit US-Standard (850 oder 1900 MHz). In dieses kann dann eine SIM-Karte eines chilenischen Anbieters (z. B. Entel oder Movistar) eingesetzt werden. Passende Guthabenkarten gibt's bei Kiosken, Drogerien und Supermärkten (Kassenbereich). In Patagonien ist die Netzabdeckung von Entel am besten.

TOILETTEN

Toilettenpapier wird nach Benutzung im Mülleimer entsorgt. Da es in öffentlichen Toiletten fast nie Toilettenpapier gibt, sollte man immer selbst welches dabeihaben.

TOURISTENINFORMATION

Die staatliche Touristeninformation **Sernatur** (www.sernatur.cl) ist in Santiago und den meisten anderen Großstädten vertreten. Die kommunalen Infobüros vieler Kleinstädte sind meist am Hauptplatz oder Busbahnhof zu finden.

UNTERKUNFT

In Chile gibt es Übernachtungsoptionen für jeden Geldbeutel. Die Beschreibungen in diesem Kapitel sind unter Berücksichtigung des Preis-Leistungs-Verhältnisses nach Autorenpräferenzen geordnet. Sofern nicht anders angegeben, gelten die Preise in der Hauptsaison für Zimmer mit Frühstück und eigenem Bad. Manchmal bezahlt man für die Einzelbelegung eines Zimmers genauso viel wie für die Doppelbelegung. Zwischen Zimmern mit zwei Einzelbetten und Zimmern mit einem Doppelbett kann es auch Preisunterschiede geben, dabei ist letztere Variante oft teurer. WLAN ist weit verbreitet.

In Touristenorten können sich die Preise während der Hauptsaison (Ende Dez.–Mitte März) verdoppeln. Um Weihnachten, Silvester und Ostern steigen die Preise oft noch mehr an. Wer einen Rabatt aushandeln oder nach einem preiswerteren Zimmer fragen möchte, sollte dies bereits bei der Reservierung tun. Es ist nicht üblich und sogar verpönt, nach Ankunft billigere Preise herausschlagen zu wollen.

PREISKATEGORIEN: SCHLAFEN

Die folgenden Angaben gelten jeweils für ein Doppelzimmer in der Hauptsaison. Der Preis beinhaltet stets Frühstück und ein eigenes Bad (sofern nicht anderweitig vermerkt).

**$** unter 50 000 Ch$

**$$** 50 000–78 000 Ch$

**$$$** über 78 000 Ch$

In vielen Hotels der Mittel- und Spitzenklasse kann man durch die Bezahlung in US-Dollar (bar oder mit Kreditkarte) auf ganz legale Weise die nervigen 19 % IVA (*impuesto de valor agregado*; Mehrwertsteuer) umgehen. Falls unklar sein sollte, ob sich eine Preisangabe inklusive oder exklusive Mehrwertsteuer versteht, sollte man unbedingt vor dem Bezahlen nachfragen. Manche Hotels ziehen die Steuer erst von der Rechnung ab, wenn man ausdrücklich darauf drängt. Theoretisch ist dieser Rabatt aber ausschließlich Gästen vorbehalten, die mit Dollar oder Kreditkarte bezahlen.

Wer ein Zimmer reservieren möchte, sollte wissen, dass kleine Unterkünfte in Chile oft nicht sehr schnell bei der Beantwortung von E-Mails sind. Schneller geht's per Telefon.

VERSICHERUNG

Eine gute Reiseversicherung mit umfassendem Schutz bei Verlust, Diebstahl und medizinischen Problemen sollte auch in Chile selbstverständlich sein. Achtung: Manche Policen schließen Abenteuersportarten von vorn herein aus! Daher immer das Kleingedruckte sorgfältig lesen und falls nötig den Vertrag entsprechend erweitern!

Die weltweit gültige Reiseversicherung unter www.lonelyplanet.com/travel-insurance kann jederzeit online abgeschlossen, erweitert und in Anspruch genommen werden – sogar, wenn man schon unterwegs ist.

VISA

- Mit einem gültigen Reisepass können EU-Bürger und Schweizer visumfrei nach Chile einreisen.
- Der Pass ist hier auch für weitere Ausweiszwecke (z. B. Einchecken in Hotels, Einlösen von Reiseschecks) obligatorisch und stets mitzuführen: Die chilenische Polizei kann jederzeit die Vorlage verlangen.
- Verlust bzw. Diebstahl des Reisepasses sollte man daher sofort bei der nächsten Polizei-

wache melden und sich dort eine offizielle Verlustbestätigung ausstellen lassen. Anschließend heißt's schnellstmöglich eine diplomatische Vertretung des eigenen Heimatlandes kontaktieren, um Ersatz zu beschaffen.

ZEIT

Über den Großteil des Jahres liegt Chile fünf Stunden hinter der MEZ. Da die chilenische Sommerzeit (Mitte Dez.–Ende März; genauer Zeitraum jährlich wechselnd) und ihr europäisches Pendant aber nicht identisch beginnen bzw. enden, bestehen dann teilweise nur drei Stunden Unterschied. Dies ist in Süd-Patagonien sogar ganzjährig der Fall. Die Osterinsel liegt zwei Stunden hinter Santiago zurück.

An- & Weiterreise

EINREISE

Die meisten Kurzzeit-Traveller fliegen nach Santiago. Wer einen ausgedehnten Südamerikatrip macht, erreicht Chile dagegen oft per Bus (ab Peru), Geländewagen (ab Bolivien) oder Bus und Schiff (ab Argentinien). Die Einreise geht normalerweise fix vonstatten, sofern der Pass bei Ankunft noch mindestens sechs Monate lang gültig ist.

Im Norden grenzt Chile an Peru und Bolivien. Mit Argentinien teilt sich das Land seine endlos lange Ostgrenze. Deren zahlreiche Übergänge werden aber nur vereinzelt von öffentlichen Verkehrsmitteln angefahren. Die meisten internationalen Busse starten am Terminal de Buses in Santiago.

Die Einreise nach Argentinien ist am unkompliziertesten: Mit einem Auslandsbus geht's einfach über die Grenze – kein Umsteigen, keine Gebühren. Obwohl die Grenzposten eigentlich nur tagsüber geöffnet haben, fahren einige Fernbusse auch nachts hinüber.

Flüge, Autos und Touren können online unter lonelyplanet.com/bookings gebucht werden.

AUTO & MOTORRAD

Für Fahrten nach Argentinien muss man eine spezielle Versicherung (ca. 20 000 Ch$/7 Tage) haben, die bei allen möglichen Agenturen abgeschlossen werden kann. Die Mietwagenausfuhr aus Chile ist eventuell mit Zusatzgebühren und verwirrendem Papierkram verbunden – am besten den jeweiligen Verleiher um Hilfe bitten!

BUS

Argentinien

Zwischen Chile und Argentinien gibt's 19 Grenzübergänge. Beliebte Routen sind folgende:

- Von Calama nach Jujuy und Salta
- Von La Serena nach San Juan
- Von Santiago oder Valparaíso nach Mendoza und Buenos Aires
- Von Temuco nach San Martín de los Andes
- Von Osorno nach Bariloche (über den Paso Cardenal Samoré)
- Von Puerto Ramírez nach Esquel
- Von Puerto Natales nach Río Turbio und El Calafate

Bolivien

Der befestigte Highway von Arica nach La Paz verbessert mittlerweile die Straßenverbindung zwischen Chile und Bolivien. Die Strecke Iquique–Colchane ist auch asphaltiert, deren Fortsetzung nach Oruro jedoch nicht. Auf beiden Routen verkehren Busse (mehr auf Ersterer).

Brasilien

Ab Santiago fahren entsprechende Fernbusse. Die Tour von São Paulo nach Santiago dauert mörderische 55 Stunden.

Peru

Die einzige Überlandroute (Tacna–Arica) ist per Bus, *colectivo*, Taxi oder Zug befahrbar.

FLUGZEUG

In Chile landen Flieger aus Europa, den USA oder den Nachbarländern. Internationale Verbindungen innerhalb Südamerikas sind meist teuer. Mitunter gibt's aber günstige Tickets (inkl. Rückflug) für Trips zwischen Santiago und Buenos Aires oder Lima.

Größter Flughafen des Landes ist der **Aeropuerto Internacional Arturo Merino Benítez** (Santiago International Airport, SCL; ☎2-2690-1796; www.nuevopudahuel.cl) in Santiago. An manchen Regionalflughäfen besteht Verbindung in die Nachbarländer. Die Osterinsel (Rapa Nui) wird nur von LATAM bedient. DAP Airlines pendelt zwischen Patagonien und Tierra del Fuego.

Unterwegs vor Ort

AUTO & MOTORRAD

Mit einem eigenen Fahrzeug erreicht man entlegene Nationalparks und die meisten anderen Ziele abseits der Touristenpfade. Dies gilt vor allem in der Atacama-Wüste, entlang der Carretera Austral und auf Rapa Nui (Osterinsel). Trotz recht geringer Sicherheitsprobleme ist es ratsam, das Auto immer abzuschließen und keine Wertsachen darin zurückzulassen.

Führerschein

Zusätzlich zum nationalen Führerschein (obligatorisch) empfiehlt sich eine internationale Fahrerlaubnis (International Driving Permit; IDP). Diese wird von manchen Autovermietern jedoch nicht verlangt.

BUS

Chiles Busnetz ist großartig: Zahllose Firmen buhlen mit verschiedenen *ofertas* (Saisonangeboten), Rabatten und Extras wie Videos an Bord um Passagiere. Die hiesigen Fernbusse sind komfortabel, schnell und pünktlich; alle haben Bordtoiletten und sichere Gepäckräume.

Als größte Gesellschaft bedient Turbus (S. 496) pünktlich alle Ecken Chiles. Auch der Hauptkonkurrent Pullman Bus (S. 496) hat ein Liniennetz in ganz Chile.

Pachamama by Bus (☎ 02-2688-8018; www.pachamamabybus.com; Agustinas 2113, Barrio Brasil, Santiago) zielt speziell auf Backpacker ab: Entlang der beiden Langstreckenrouten durch Nord- bzw. Südchile kann beliebig aus- und zugestiegen werden. Das ist nicht gerade günstig, bringt einen aber direkt zu vielen entlegenen Nationalparks und anderen Attraktionen, die mit öffentlichen Verkehrsmitteln nicht erreichbar sind.

FAHRRAD

Wer in Chile radeln will, braucht ein *todo terreno* (Mountainbike). Solche Drahtesel sind in touristischeren Groß- und Kleinstädten auszuleihen. Das Klima kann für Radler eine echte Herausforderung sein. Chilenische Autofahrer sind normalerweise rücksichtsvoll. Dennoch geht auf schmalen, zweispurigen Highways ohne Seitenstreifen durchaus eine Gefahr von überholenden Autos aus. Abseits der Carretera Austral gibt's in den meisten Siedlungen Fahrradwerkstätten.

FLUGZEUG

Zeitsparende Inlandsflüge sind erschwinglicher geworden und manchmal sogar billiger als Fahrten mit den komfortablen Fernbussen. Chiles größte Inlandsfluggesellschaften heißen **LATAM** (S. 497) und **Sky** (www.skyairline.com). Sky ist oft etwas günstiger.

GEFÜHRTE TOUREN

Abenteuertouranbieter sind in Chile wie Pilze aus dem Boden geschossen. Der Großteil davon ist in Santiago sowie saisonal an den jeweiligen Veranstaltungsorten der Trips vertreten. Das kompetente Personal vom **Chilean Travel Service** (CTS; ☎ 02-251-0400; www.ctsturismo.cl; Antonio Bellet 77, Providencia) spricht mehrere Sprachen. Über örtliche Reisebüros organisiert es Unterkünfte und geführte Touren im ganzen Land.

NAHVERKEHR

Taxis in Groß- und Kleinstädten haben Gebührenzähler oder Fixpreise zu bestimmten Zielen. Auf festen Routen verkehren entsprechend markierte *colectivos* (Sammeltaxis; Einzelfahrt ca. 400 Ch$). *Micros* sind deutlich nummerierte und gekennzeichnete Stadtbusse. Santiagos schnelle und benutzerfreundliche Metro verbindet die stark besuchten Viertel miteinander.

SCHIFF/FÄHRE

Katamarane und Auto-/Passagierfähren verbinden Puerto Montt mit Zielen an der Carretera Austral, darunter Caleta Gonzalo (Chaitén) und Coyhaique. Es gibt auch Katamarane und Fähren von Chaitén nach Quellón und Castro auf Chiloé.

Ein echtes Highlight ist die Fahrt von Puerto Montt nach Puerto Natales an Bord einer Navimag-Fähre. Tickets sollten bereits weit im Voraus über **Navimag** (S. 573) gebucht werden. Achtung: Dies ist kein Kreuzfahrtkahn, sondern ein für Touristen umgebauter Frachter.

Die malerische Kombitour Cruce de Lagos (12 Std.) führt per Schiff und Bus von Petrohué in Chile nach Bariloche in Argentinien.

ZUG

Ende des 19. Jhs. erlebte Chiles staatliche Eisenbahn (Empresa de los Ferrocarriles del Estado; EFE) ihre Blütezeit. Die meisten Strecken sind aber inzwischen stillgelegt oder in schlechtem Zustand. Allerdings verkehren noch einige Passagierzüge in Zentral-Chile. Zudem fahren Santiagos Stadtbahnen *(MetroTren)* bis hinaus nach San Fernando. Die Websites von EFE (www.efe.cl) und TrenCentral (S. 497) liefern Fahrplan- und Preisinfos.

Ecuador

16,9 MIO. EW.

Inhalt ➡

Gut essen

- Seaflower Lateneus (S. 687)
- Moliendo Café (S. 667)
- Tiki Limbo (S. 697)
- El Jardín (S. 682)

Schön übernachten

- Hostería Mandála (S. 693)
- Pepe's House Hostal (S. 666)
- Masaya Hostel (S. 627)
- Casa Blanca (S. 713)

Auf nach Ecuador!

Kolonialzeitliche Stadtzentren, Wellen, die sich an weißen Stränden brechen, Kichwa-Dörfer, Amazonas-Regenwald und die Anden – eine berauschende Vielfalt an Natur- und Kulturwundern erwartet Besucher in diesem kleinen Land.

Schmucke Plazas, Kirchen und Klöster aus dem 17. Jh. und schön restaurierte Stadthäuser finden sich in den historischen Zentren von Quito und Cuenca. Außerhalb der Städte entfaltet sich die ecuadorianische Landschaft in ihrer ganzen berückenden Vielfalt. Da sind Andendörfer, die für ihre farbenfrohen Textilien und Märkte berühmt sind, afroecuadorianische Orte und abgelegene Siedlungen im Amazonasbereich, wo Schamanen immer noch wie ihre Vorväter traditionelle Heilkräuter im Regenwald sammeln.

Die berühmten Galápagosinseln mit ihren vulkanischen Landschaften locken Naturfreunde magnetisch an. Der Amazonas-Regenwald bietet weitere Möglichkeiten, eine ganz andere Tier- und Pflanzenwelt zu erleben, und der Nebelwald von Mindo ist ein Paradies für Vogelbeobachter.

Reisezeit

Quito

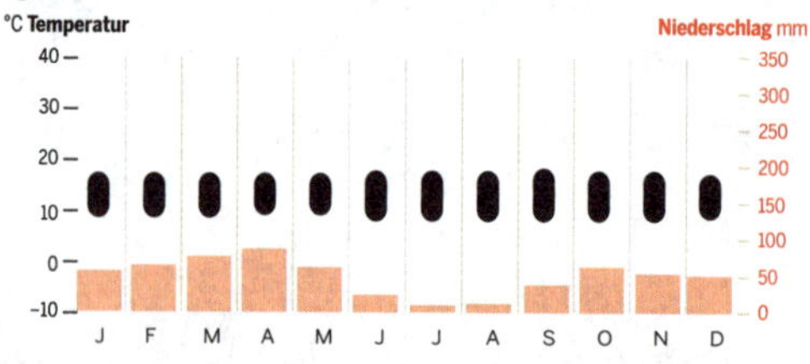

Juni Beim indigenen Fest Inti Raymi im nördlichen Hochland *chicha* (indigenes Maisbier) schlucken.

Sept. Prozessionen, Kostüme, Tanz und Musik bei der Fiesta de la Mamá Negra in Latacunga.

Dez. Eine Woche voller Partys in der Hauptstadt anlässlich der Gründung Quitos.

Einreise

Wichtige Grenzübergänge nach Peru gibt's in Tumbes/Aguas Verdes (bei der Küste), bei Macará und bei La Balsa (südlich von Vilcabamba); Traveller mit Zeit können über den Nuevo Rocafuerte nach Peru reisen. Der sicherste Grenzübergang nach Kolumbien (und der einzige empfehlenswerte) ist Tulcán–Ipiales, nordwestlich von Ibarra.

REISEROUTE (ZWEI WOCHEN)

Die Reise beginnt in Quito, wo man zwei Tage lang die Altstadt erkundet. Danach geht's 2½ Stunden nordwärts nach Otavalo zu dem berühmten Markt (der samstags am interessantesten ist).Dort übernachtet man und unternimmt eine Wanderung zur Laguna de Cuicocha oder den Lagunas de Mojanda. Am vierten Tag fährt man (über Quito) zu den Nebelwäldern von Mindo. Man übernachtet in einer Lodge an einem Fluss oder auf einem Berg und kehrt dann nach Quito zurück, wo ein Flug nach Cuenca folgt. Zwei Tage lang werden nun die 500 Jahre alten Kirchen besichtigt und die Landschaft im 30 km westlich gelegenen Parque Nacional Cajas erkundet. Wenn der Zeitplan es zulässt, stattet man den Inkaruinen von Ingapirca einen Besuch ab, bevor es nach Guayaquil zum Flug auf die Galápagosinseln weitergeht. Dort folgen vier Tage voller Naturbeobachtungen. Zur letzten Etappe des Ecuador-Abenteuers geht es dann mit dem Flugzeug zurück nach Guayaquil und (über Quito) weiter nach Coca, dem Tor zum Amazonas. Hier verbringt man drei Tage in einer Dschungellodge am Unteren Río Napo.

Essen & Trinken

Canelazo *Aguardiente* (Zuckerrohrschnaps) mit heißem Cider und Zimt, destilliert und erwärmt – gut für Anden-Nächte.

Ceviche Ecuadors Version von Sushi, aber nicht ganz roh.

Chifle Wer mag keine Bananenchips?

Chugchucara Zu viel Schwein für einen allein?

Pajaro Azul Mit Kräutern aromatisierter *aguardiente*.

Top-Tipps

- Vor Wanderungen in großer Höhe unbedingt aklimatisieren. Am besten verbringt man, ein paar Tage in Quito.
- Ecuadorianer essen ihre Hauptmahlzeit meist mittags. Daher gibt's *almuerzos* (Mittagsmenüs) schon für ein paar Dollar.
- Bei Busfahrten sollte man seine Habseligkeiten auf dem Schoß haben und für Geld und Dokumente einen Geldgürtel tragen. Größere Gepäckstücke gegen Quittung ins Gepäckfach unten im Bus geben.
- Wenn der Bus den Busbahnhof im Zielort nicht anfährt, sollte man dem Fahrer sagen, wo man aussteigen möchte. Manche Busse halten in einigen Orten nur direkt am Highway.

KURZINFOS

Geld Geldautomaten gibt's in Städten und größeren Orten; Kreditkarten werden nur in Spitzenhotels und -Restaurants akzeptiert.

Hauptstadt Quito

Notfall 911 (nur in Großstädten); 101 (Polizei)

Sprache Spanisch

Visa Für Bürger der meisten Staaten nicht erforderlich.

Währung US-Dollar (US$)

Wechselkurse

Eurozone	1 €	1,10 US$
	1 US$	0,91 €
Schweiz	1 SFr	1 US$
	1 US$	1SFr

Aktuelle Wechselkurse findet man unter www.xe.com.

Tagesbudget

- Budgetpension pro Pers.: 10–20 US$; DZ in Mittelklassehotel: 40–90 US$
- Mittagsmenü: 2,50–3,50 US$; Abendessen für 2 Pers. in einem guten Restaurant: 20–30 US$

Infos im Internet

Lonely Planet (www.lonelyplanet.com)

Ministry of Tourism Ecuador (http://ecuador.travel)

Latin American Network Information Center (http://lanic.utexas.edu/la/ecuador)

Life in Ecuador (www.life-in-ecuador.com)

Highlights

1 Quito (S. 620) In die malerische Altstadt eintauchen, deren Kopfsteinpflasterstraßen eines der schönsten kolonialen Stadtzentren Lateinamerikas durchziehen

2 El Oriente (S. 675) In einer Dschungellodge übernachten, Tierbeobachtungsexkursionen unternehmen und indigene Dörfer besuchen

3 Galápagosinseln (S. 705) Mit Seelöwen schnorcheln, Pinguine beobachten und Riesenschildkröten ins Auge blicken

4 Otavalo (S. 644) Auf einem der größten Freiluftmärkte in Südamerika um handgearbeitete Schätze feilschen

5 Mindo (S. 642) Im Nebelwald wandern, sich unter Wasserfällen abkühlen und an Seilrutschen über die Baumkronen fliegen

6 Quilotoa-Loop (S. 652) Hoch oben in den Anden an topasblauen Seen und friedlichen Dörfern vorbeiwandern

7 Parque Nacional Machalilla (S. 693) Riesige Buckelwale bei ihrer jährlichen Wanderung beobachten

0
100 km
KOLUMBIEN
Pasto
Maldonado
Lita
Tufiño
Ipiales
Tulcán
Reserva Ecológica El Ángel
Reserva Ecológica Cotacachi-Cayapas
San Gabriel
Puerto Asis
Río San Miguel
Río Putumayo
Laguna
Ibarra
Cotacachi
4 Otavalo
Río Aguarico
Lago Agrio
Äquator
Mundo
Cayambe
Tabacundo
Cuyabeno
Reserva de Producción Faunística Cuyabeno
Calderón
1 Quito
Reserva Ecológica Cayambe-Coca
Reserva Biológica Limoncocha
Limoncocha
Papallacta
Parque Nacional Sumaco Napo-Galeras
Coca
Baeza
Parque Nacional Cotopaxi
2 La Oriente
Río Napo
Volcán Cotopaxi (5897 m)
Reserva Ecológica Antisana
Río Tiputini
Latacunga
Tena
Nuevo Rocafuerte
Pantoja
Puerto Napo
Misahuallí
San Miguel de Salcedo
Jatun Sacha Biological Reserve
Río Nashiño
Ambato
Parque Nacional Llanganates
Parque Nacional Yasuní
Volcán Tungurahua (5016 m)
Puyo
Río Curaray
El Altar (5319 m)
Río Pimoyacu
Río Conambo
Parque Nacional Sangay
Río Capahuari
Río Pastaza
PERU
Macas
Sucúa
Méndez
Río Tigre
Limón (General Leonidas Plaza Gutiérez)
Río Zamora
Encuentros
Río Santiago
Río Moron
Río Cenepa
90°W
85°W
80°W
Äquator
3 Galápagos-inseln
PAZIFIK
QUITO
ECUADOR
300 km

QUITO

02 / 1,6 MIO. EW. / 2800 M

Ecuadors Hauptstadt Quito liegt dramatische hoch in den Anden, eingezwängt zwischen Berggipfeln, deren grüne Vegetation vom nachmittäglichen Nebel verdeckt wird. Moderne Apartmentgebäude und bescheidene Einfamilienhäuser aus Beton kriechen ein Stück die Hänge hinauf, und geschäftige, von Läden gesäumte und unter dem Verkehr erstickende Hauptstraßen verwandeln sich sonntags in friedliche Alleen. Die freundlich-entspannte traditionelle Kultur des ecuadorianischen Hochlands mit überfließenden Marktständen, schamanistischen Heilern und Hutmachern in der vierten Generation vermischt sich hier mit einer lebendigen und raffinierten kulinarischen Szene und einem anregenden Nachtleben.

Das Kronjuwel Quitos ist die Altstadt, eine UNESCO-Welterbestätte voller kolonialzeitlicher Monumente und architektonischer Schätze. Die hübsch restaurierten Blocks mit Häuserfassaden aus dem 17. Jh., die malerischen Plazas und die prächtigen Kirchen voller Kunstschätze, bilden keine sterile Museumsmeile, sondern sind pulsierende Stätten des Alltagslebens. Traveller, aber auch viele Einheimische, zieht es ins „Gringolandia" Mariscal Sucre, ein kompaktes Viertel mit Pensionen, Reisebüros, multikulturellen Restaurants und munteren Bars.

Sehenswertes

Altstadt

Mit seinen schmalen Straßen, restaurierten kolonialzeitlichen Bauten und belebten Plazas ist Quitos Centro Histórico ein wundervoller Ort für einen Spaziergang. Die vor Jahrhunderten von indigenen Künstlern und Arbeitern erbauten Kirchen, Konvente, Kapellen und Klöster der Stadt sind von Legenden umwoben und tief in der Geschichte

Großraum Quito

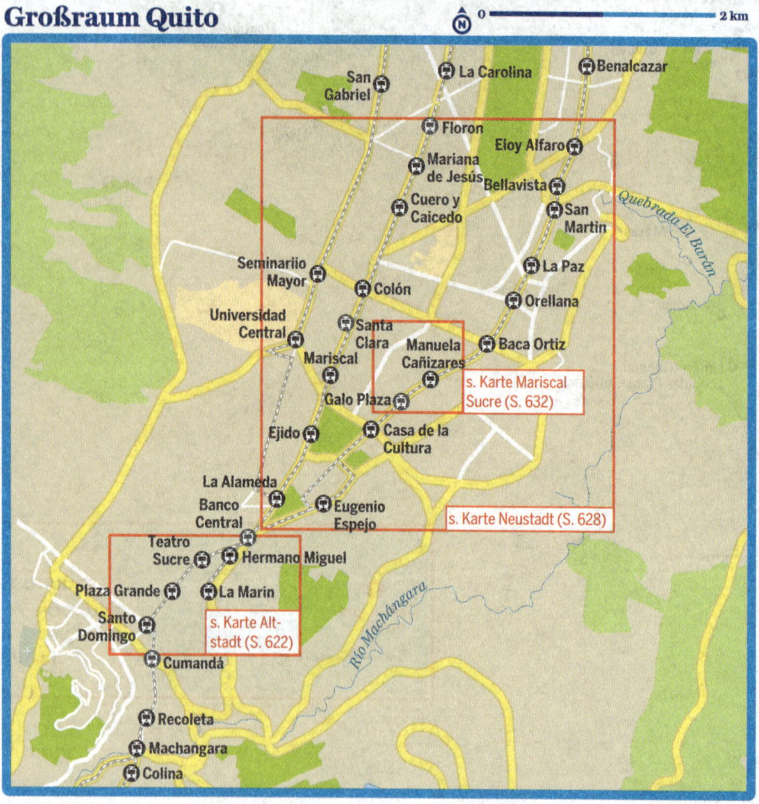

verwurzelt. In dem geschäftigen Viertel wimmelt es von lautstark ihre Ware anpreisenden Verkäufern, schlendernden Flaneuren, hupenden Taxis, keuchenden Bussen und Polizisten, die mit ihren Trillerpfeifen versuchen, den Verkehr in den schmalen Einbahnstraßen zu dirigieren. Das Gebiet ist wahrhaft magisch: Je mehr man schaut, umso mehr entdeckt man.

★Iglesia de la Compañía de Jesús KIRCHE

(Karte S. 622; www.fundacioniglesiadelacompania.org.ec; García Moreno & Sucre, Altstadt; Erw./Student 5/2,50 US$; ⏲ Mo–Do 9.30–18.30, Fr bis 17.30 Uhr, Sa bis 16 Uhr, So 12.30–16 Uhr) Mit ihren grüngoldenen Kuppeln ist die La Compañía de Jesús Quitos schmuckvollste Kirche und sticht aus der barocken Pracht der Altstadt heraus. Im Rahmen kostenloser Führungen auf Englisch oder Spanisch bekommen Besucher die einzigartigen Merkmale der Kirche erklärt, darunter ihre maurischen Elemente, die perfekte Symmetrie (bis zur *trompe l'oeil*-Treppe auf der Rückseite), die symbolischen Elemente (leuchtend rote Wände zum Gedenken an das Blut Christi) und ihren Synkretismus (ecuadorianische Pflanzen und indigene Gesichter, die sich entlang der Säulen verstecken).

Plaza Grande PLAZA

Im Rahmen von Rundgängen durch das koloniale Quito kommt man höchstwahrscheinlich einige Male an der Plaza Grande vorbei. Auf den Bänken kann man wunderbar die Morgensonne in den Anden genießen und das allgemeine Gewusel beobachten. Montags um 11 Uhr findet auf der Plaza der Wachwechsel statt.

Bei dem weißen Gebäude mit der über ihm wehenden Nationalfahne an der Nordwestseite der Plaza handelt es sich um den **Palacio de Gobierno** (Carondelet-Palast; Karte S. 622; www.presidencia.gob.ec/palacio-de-gobierno; Ecke Espejo & García Moreno, Plaza Grande; ⏲ Führung Di–Fr 9–18, Sa bis 20, So bis 21 Uhr) GRATIS, den Sitz des ecuadorianischen Staatspräsidenten. An der Südwestseite erhebt sich Quitos **Kathedrale** (Karte S. 622; Plaza Grande, Altstadt; Kathedrale Erw./Kind 3/2 US$, Kathedrale & Kuppel nur Erw. 6 US$; ⏲ Mo–Sa 9–17 Uhr).

Casa del Alabado MUSEUM

(Karte S. 622; ☎ 02-228-0940; www.alabado.org; Cuenca N1-41 nahe Bolívar, Altstadt; Erw./Kind 6/1 US$; ⏲ 9.30–17.30 Uhr) Dieses private, modern gestaltete Museum in einem eleganten Haus aus der Kolonialzeit präsentiert eine beeindruckende Sammlung vorkolumbischer Kunstwerke. Die Ausstellungsstücke sind nach Themen geordnet, z. B. „Schamanen“, „Farben“ oder „Jenseits“, und mit Erklärungen auf Englisch und Spanisch versehen (Audioguides erhältlich). Letztere erläutern die Ansichten der Ureinwohner, die in den schön gearbeiteten Keramiken und Schmuckstücken zum Ausdruck kommen.

Museo de la Ciudad MUSEUM

(Karte S. 622; ☎ 02-228-3883; www.museociudadquito.gob.ec; García Moreno S1-47 nahe Rocafuerte, Altstadt; Erw./Kind 3/1,50 US$; ⏲ Di–So 9–17 Uhr) Das erstklassige Museum zeigt das Alltagsleben in Quito im Verlauf der Jahrhunderte u. a. mit Dioramen, Modellen indigener Wohnhäuser und kolonialer Küchen. Schon das 1563 errichtete Gebäude (ein früheres Hospital) ist für sich allein ein Kunstwerk. Es gibt auch eine Reihe von Wechselausstellungen. Am letzten Sonntag im Monat ist der Eintritt frei.

Plaza San Francisco PLAZA

(Karte S. 622) Tritt man aus den engen kolonialen Straßen der Altstadt auf diese offene Plaza, zeigt sich eine der schönsten Sehenswürdigkeiten in Ecuador: ein weiter, kopfsteingepflasterter Platz vor der Kulisse des fernen Volcán Pichincha und den langen, weiß getünchten Mauern von Ecuadors ältester Kirche und deren Zwillingstürme.

Museo Franciscano MUSEUM

(Museo Fray Pedro Gocial; Karte S. 622; www.museofraypedrogocial.com; Cuenca 477 nahe Sucre, Plaza San Francisco, Altstadt; Erw./Kind 3/1 US$; ⏲ Mo–Sa 9–17.30, So bis 13 Uhr) Rechts vom Haupteingang der Iglesia de San Francisco und innerhalb des Geländes des Monasterio de San Francisco befindet sich dieses Museum, welches einige der schönsten Kunstwerke der Kirche, z. B. Gemälde, Skulpturen und Möbelstücke aus dem 16. Jh., die teilweise fantastisch gearbeitet und mit Tausenden kleinen Perlmuttstückchen verziert sind, zeigt. Der Eintrittspreis beinhaltet Führungen in englischer oder spanischer Sprache.

Parque Itchimbia PARK

(Karte S. 622; Altstadt; ⏲ 5–18 Uhr) Der grasbewachsene Park auf einem Hügel hoch über der Altstadt bietet einen prächtigen Blick hinunter auf die Stadt, Lauf- und Radwege sowie einen Kinderspielplatz. Der Park ist ideal, um mittags ein Picknick zu machen, die Sonne zu genießen und das Panorama auf sich wirken zu lassen. Aus dem Viertel

Altstadt

San Blas hat man einen steilen Weg vor sich: Man geht die Elizalde hinauf, von dort führen Stufen hinauf zum Park.

El Panecillo AUSSICHTSPUNKT

(General Melchor Aymerich, Altstadt; Inneres Erw./Kind 1/0,50 US$; ⌚ Mo–Do 9–18, Fr–So bis 21 Uhr) Der von einer 41 m hohen, aus Aluminiumstückchen gefertigten und 1976 fertiggestellten Statue der Virgen de Quito (mit Sternenkrone, Engelsflügeln und einem angeketteten Drachen) bekrönte Hügel südlich der Altstadt heißt El Panecillo („das Brötchen") und ist ein wichtiges Wahrzeichen von Quito. Vom Gipfel hat man einen herrlichen Blick auf die ausgedehnte Stadt und die umliegenden Vulkane. Klimmt man die Stufen bis zum Sockel der Marienstatue hinauf, reicht die Aussicht noch weiter.

La Ronda STRASSE

(Karte S. 622; Altstadt; ⌚ 24 Std.) La Ronda ist eine farbenfrohe Kopfsteinstraße mit kolonialzeitlichen Häusern, die sorgfältig für den Tourismus restauriert wurden und in denen heute überwiegend Souvenirläden, Bars und Restaurants residieren. Die Bauten stammen meist aus dem 17. Jh.; Schilder an den Mauern erläutern Aspekte der Geschichte der Straße.

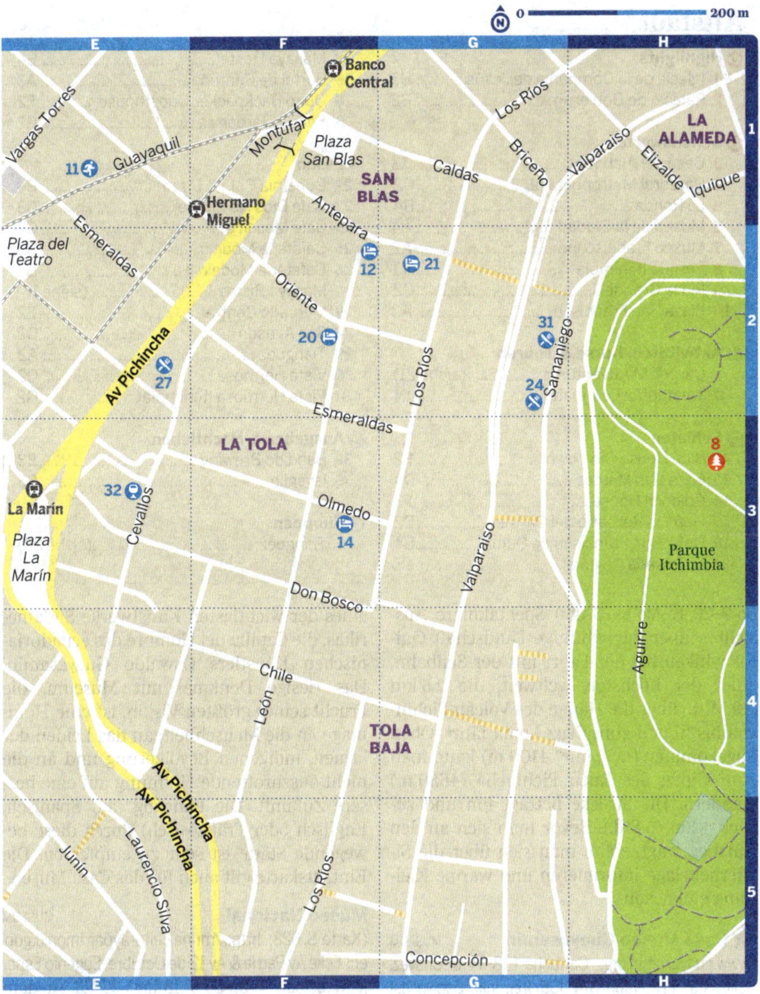

Cumandá Parque Urbano KULTURZENTRUM
(☎02-257-3645; www.facebook.com/quitocumanda; Av 24 de Mayo, Altstadt; ⏲Di–Fr 7–20, Sa & So 8–18 Uhr) GRATIS Der alte Busbahnhof in der Altstadt wurde in ein funkelndes, überdachtes Kulturzentrum und einen Sportkomplex mit Volleyballhof, Fußballplatz, Kletterwand, Yogastudios und mehreren kleinen Pools verwandelt. Der Eintritt zu allen Anlagen ist frei. Wer seinen Kreislauf nicht durch sportliche Betätigung in Schwung bringen will, kann hier wechselnde Kunstausstellungen, Theatervorstellungen, Livemusik und andere kulturelle Events erleben. Man erreicht das Gelände über die Straße La Ronda.

Centro de Arte Contemporáneo MUSEUM
(CAC, www.centrodeartecontemporaneo.gob.ec; Dávila & Venezuela, Altstadt; ⏲Di–So 10–18 Uhr) GRATIS In einem schön restaurierten ehemaligen Militärkrankenhaus zeigt dieses tolle Museum hochmoderne Multimediaexponate sowie erstklassige moderne Kunstausstellungen, die in die Stadt kommen. Ein Café gibt es ebenfalls.

Neustadt

★ TelefériQo SEILBAHN
(https://teleferico.com.ec; Av Occidental nahe Av La Gasca, Neustadt; Erw./Kind 8,50/6,50 US$; ⏲Di–

Altstadt

Do 9–20, Fr–Mo 8–20 Uhr) Spektakuläre Aussichten über die gebirgige Landschaft Quitos winken bei der Fahrt mit der Seilbahn, einer der höchsten weltweit, die 2,5 km (10 Min.) über die Hänge des Volcán Pichincha bis hinauf zum Cruz Loma fährt. Oben angekommen (auf „nur“ 4100 m) kann man zum Gipfel des Rucu Pichincha (4680 m) wandern. Die Strecke beträgt hin und zurück 4 km (5 Std.). Bevor man sich an den Aufstieg wagt, sollte man sich über die Sicherheitslage informieren und warme Kleidung einpacken.

★ Casa Museo Guayasamín — MUSEUM

(www.guayasamin.org; Calvache E18-94 & Chávez, Bellavista; Erw./Kind 8/4 US$/frei, inkl. Capilla del Hombre; ⏲10–17 Uhr) Das Museum im früheren Wohnhaus des berühmten Malers Oswaldo Guayasamín (1919–1999) zeigt die größte Sammlung seiner Werke. Guayasamín war selbst leidenschaftlicher Sammler; das Museum präsentiert seine außergewöhnliche Sammlung von präkolumbischer Keramik, Knochen und Metallteilen. Der Eintritt gilt auch für die Galerie Capilla del Hombre.

★ Capilla del Hombre — GALERIE

(Chapel of Man; www.guayasamin.org; Calvache E18-94 & Chávez, Bellavista; Erw./Kind inkl. Casa Museo Guayasamín 8/4 US$; ⏲10–17 Uhr) Neben der Casa Museo Guayasamín (S. 624) steht eines der wichtigsten Kunstwerke Südamerikas, die Capilla del Hombre des ecuadorianischen Künstlers Oswaldo Guayasamín. Das riesige Denkmal mit Museum, die Frucht seiner größten Vision, ist eine Hommage an die Menschheit, an das Leiden der armen, indigenen Bevölkerung und an die nicht auszurottende Hoffnung auf eine bessere Zukunft. Die Führung (auf Spanisch, Englisch oder Französisch) durch diese bewegende Stätte ist sehr zu empfehlen. Die Eintrittskarte gilt auch für das Casa Museo.

Museo Nacional — MUSEUM

(Karte S. 628; http://muna.culturaypatrimonio.gob.ec; Ecke Av Patria & Av 12 de Octubre, Eugenio Espejo, Neustadt; ⏲Di–So 9–18 Uhr) GRATIS In dem auffälligen runden, verglasten Gebäude der Casa de la Cultura befindet sich eine der landesweit größten Sammlungen ecuadorianischer Kunst mit hervorragenden präkolumbischen Werken und religiöser Kunst aus der Kolonialzeit. Die Sammlung umfasst allein mehr als 1000 Keramiken aus der Zeit zwischen 12 000 v. Chr. und 1534 n. Chr. Zu den Highlights gehören die „Pfeifenflaschen“ der Chorrera-Kultur, Figuren, die die von der Machalilla-Kultur praktizierte Schädeldeformation zeigen, Schalen mit wild bewegten Schlangen der Jama-Coaque-Kultur und keramische Darstellungen von *tzantzas* (Schrumpfköpfen).

Jardín Botánico GARTEN
(Karte S. 628; www.jardinbotanicoquito.com; Parque La Carolina, Neustadt; Erw./Kind 3,50/2 US$; ⌚Mo–Fr 8–16.45, Sa & So 9–16.45 Uhr) Die beliebteste Attraktion im Parque La Carolina ist dieser beschauliche botanische Garten mit Pflanzen aus verschiedenen einheimischen Habitaten wie dem *páramo* (grasbewachsenes Hochland der Anden), dem Nebelwald und den Feuchtgebieten sowie einem *orquideario* (Orchideenhaus), einem ethnobotanischen Garten (mit Infos zu den von indigenen Völkern genutzten Pflanzen) und einem Amazonas-Gewächshaus. Über eine Brücke gelangt man zu einem Kinderspielplatz/Entdeckungsgelände für Kids, einem japanischen Garten und einer Sammlung von mehr als 100 Bonsaibäumen.

Mindalae – Museo Etnográfico de Artesanía de Ecuador MUSEUM
(Karte S. 628; www.mindalae.com.ec; Reina Victoria N26-166 nahe La Niña, Colón, Neustadt; Erw./Kind 3/1,50 US$; ⌚Mo–Sa 9.30–17.30 Uhr) Das lohnende Museum gleich nördlich von Mariscal Sucre hat Ausstellungen zu den Glaubensvorstellungen und -praktiken, zur Kunst, zu den Trachten und Gerätschaften der indigenen Einwohner Ecuadors. Am besten beginnt man oben im 4. Stock mit der Ausstellung zum Schamanismus und arbeitet sich über die Wendeltreppe in der Mitte des ungewöhnlich gekrümmten Gebäudes nach unten vor. Das Museum wird von der Fair-Trade-Organisation Fundación Sinchi Sacha betrieben; es gibt einen ausgezeichneten Shop, der indigenes Kunsthandwerk aus ganz Ecuador verkauft.

Observatorio Astronómico de Quito MUSEUM
(Karte S. 628; ☎02-257-0765; http://oaq.epn.edu.ec; Parque La Alameda, Eugenio Espejo, Neustadt; Erw./Kind 2/1 US$; ⌚Mo–Sa 9–17 Uhr) Die 1864 von Präsident García Moreno eröffnete vierseitige Sternwarte ist die älteste auf dem Kontinent. Sie beherbergt auch ein Museum mit Pendeln, Sextanten, Chronometern und anderen historischen Instrumenten aus dem 19. Jh. Von Februar bis Mai und im Juli und August kann man hier dienstags, mittwochs und donnerstags den nächtlichen Sternenhimmel beobachten (3 US$; vorab reservieren!). Das Observatorium befindet sich im kleinen Parque La Alameda.

Santuario de Guápulo KIRCHE
(Plaza de Guápulo, Guápulo, Neustadt; Erw./Kind 2/1 US$; ⌚Mo–Fr 8–11.30 & 14.30–17.30 Uhr) Auf einem eleganten Platz in Guápulo erhebt sich das Kernstück des Viertels, das von Hängen umgebene Santuario de Guápulo aus dem 17. Jh. In der Kirche gibt es eine ausgezeichnete Sammlung von Gemälden und Skulpturen von Künstlern der Schule von Quito sowie eine schöne Kanzel des Holzschnitzers Juan Bautista Menacho aus dem 18. Jh.

Aktivitäten

Radfahren

Die örtlichen Mountainbiking-Veranstalter verleihen Räder und bieten tolle Touren, darunter Tagestouren durch den *páramo* (hochgelegenes Grasland der Anden) im Parque Nacional Cotopaxi sowie Abfahrten und Trips, die an den Thermalquellen von Papallacta stoppen. Zweitägige Touren führen zum Cotopaxi und Chimborazo oder zum Cotopaxi und Quilotoa. Tagestouren kosten rund 60 US$. Ehe man sich für einen bestimmten Veranstalter entscheidet, sollte man die Preise und Touren vergleichen.

Biking Dutchman RADFAHREN
(Karte S. 628; ☎02-256-8323; www.bikingdutchman.com; La Pinta E-731 nahe Reina Victoria, Neustadt; Tagestour ab 59 US$; ⌚Büro Mo–Fr 9.30–17.30 Uhr) Der Pionier unter Ecuadors Mountainbiking-Veranstaltern hat gute Räder und Guides und einen hervorragenden Ruf. Angeboten werden ein- bis achttägige Touren. Das Büro liegt gleich nördlich von Mariscal Sucre.

Arie's Bike Company RADFAHREN
(☎02-238-5712; www.ariesbikecompany.com) Das Unternehmen eines niederländisch-ecuadorianischen Paars organisiert mehrtägige Mountainbiketouren in ganz Ecuador.

Kurse

Salsa

Quito ist ein guter Ort, um Salsa zu lernen oder seine Fähigkeiten aufzufrischen. Zu den besten Schulen gehören die **Academia Salsa & Merengue** (Karte S. 632; ☎02-222-0427; www.facebook.com/tropicaldancing; Foch E4-256 nahe Av Amazonas, Mariscal Sucre, Neustadt; Gruppenunterricht 10 US$/Std.; ⌚Mo–Fr 10–20 Uhr) und **Ritmo Tropical** (Karte S. 632; ☎02-255-7094; www.ritmotropicalsalsa.com; Av Amazonas N24-155 nahe Calama; Privat-/Gruppenunterricht 10/6 US$; ⌚Mo–Fr 9–20 Uhr).

Sprachkurse

Ecuador ist ein toller Ort, um Spanisch zu lernen. Man kann dabei in der Regel bei

Gastfamilien wohnen, an organisierten Aktivitäten teilnehmen und Freiwilligenarbeit leisten. Zu denen, die wir besonders empfehlen, gehören **Colourful Ecuador** (Karte S. 632; ☎02-223-1595; www.colourfulecuador.com; García E6-15 nahe Mera, Mariscal Sucre, Neustadt), **Vida Verde** (Karte S. 628; ☎02-252-4333; www.vidaverde.com; Madrid E13-137 nahe Lugo, La Floresta, Neustadt) und **Simon Bolivar** (Karte S. 632; ☎02-254-4558; www.simon-bolivar.com; Foch E9-20 nahe Av 6 de Diciembre).

Geführte Touren

Quito ist einer der Orte in Ecuador, in denen sich eine geführte Tour am leichtesten arrangieren lässt, ob es sich nun um eine Galápagoskreuzfahrt, eine Klettertour, einen Trip zu einer Lodge im Amazonasgebiet, eine Radtour oder um Wildwasser-Rafting handelt. Die angebotenen Abenteuer können einen Tag, aber auch mehrere Wochen dauern und für kleine Gruppen maßgeschneidert werden. Viele Veranstalter bieten Standardtouren zu nahegelegenen Orten, z. B. zum Mitad del Mundo oder zum Pululahua, oder weiter hinaus nach Otavalo, Mindo, zum Cotopaxi oder nach Baños. Da viele Büros am Wochenende geschlossen sind, sollte man werktags vorbeischauen. Bei längeren Trips sollte man versuchen, den Guide vorab kennenzulernen.

CarpeDM Adventures — GEFÜHRTE TOUREN

(Karte S. 626; ☎02-295-4713; www.carpedm.ca; Antepara E4-70 nahe Los Rios, San Blas, Altstadt; Tagestour 50 US$/Pers.) Das CarpeDM bekommt sehr gute Noten für seine tollen Preise und das breite Tourangebot. Was die Agentur aber wirklich von vielen anderen abhebt, ist der Service. Für Leute mit wenig Zeit gibt es Tagestouren nach Cotapaxi, Otavalo und Mindo.

Condor Trekk — ABENTEUERTOUR

(Karte S. 632; ☎02-222-6004; https://condortrekkexpeditions.com/; Reina Victoria N24-281 nahe Rodriguez, Mariscal Sucre, Neustadt; ⏲Mo–Fr 9.30–18, Sa & So bis 12 Uhr) Der angesehene Veranstalter von Bergtouren bietet ein- und mehrtägige geführte Kletterpartien und anspruchsvolle Wanderungen auf die meisten ecuadorianischen Gipfel und um sie herum. Am besten sucht man das Büro auf und unterhält sich darüber, was einem vorschwebt.

Happy Gringo — TOUREN

(☎02-512-3486; www.happygringo.com; Aldaz N34-155 nahe Portugal, Edificio Catalina Plaza, 2. Stock, La Carolina, Neustadt) Das Unternehmen in britischer und dänischer Hand ist auf Traveller mit mittlerem Budget ausgerichtet und organisiert wochen- bis monatelange individuelle Touren durch das Land, von den Galápagosinseln bis zum Amazonas. Das professionell geführte Happy Gringo ist eines der besten Touristikunternehmen der Stadt mit englischsprachigen Führern und privaten Fahrern.

Eos Ecuador — TOUR

(Karte S. 632; ☎02-601-3560; www.eosecuador.travel; Av Amazonas N24-66 nahe Pinto, Mariscal Sucre, Neustadt) Eos bietet eine große Palette von Touren (Bergsteigen, Wandern, Galápagos- und Amazonas-Touren) sowie Aufenthalte bei gemeindebasierten Tourismusinitiativen.

Gulliver — TOUR

(Karte S. 632; ☎02-252-9297; www.gulliver.com.ec; Foch E7-38 nahe Reina Victoria, Reina Victoria Bldg, Mariscal Sucre, Neustadt; 4-tägige Ecuador-Tour ab 1699 US$; ⏲Mo–Fr 8.30–17.30 Uhr) Der renommierte Veranstalter bietet Wander-, Bergsteige- und Mountainbiketouren sowie Ausritte in den Anden. Die Touren starten täglich.

Sierra Nevada Expeditions — ABENTEUERTOUR

(Karte S. 632; ☎02-255-3658; http://sierranevada.ec; Pinto E4-150 nahe Cordero, Mariscal Sucre, Neustadt) Das lange bestehende Unternehmen bietet diverse Bergsteige- und Raftingtouren. Der Inhaber Freddy Ramirez ist ein bekannter Bergführer mit sehr gutem Ruf.

Feste & Events

Karneval — KARNEVAL

(www.quitocultura.info; ⏲Feb.) Der Mittelpunkt des hiesigen Karnevals in den Tagen vor Aschermittwoch ist die Mascarada Andina, ein farbenfroher Umzug durch die Straßen der Altstadt mit maskierten Teilnehmern, Musik und Tanz. Es gibt in der ganzen Stadt auch heftige Wasserschlachten, von denen niemand verschont bleibt – selbst Reisende beteiligen sich mit Badeschaum und Wasserpistolen.

Festival Verano de La Floresta — ESSEN & TRINKEN

(Sommerfest von La Floresta; La Floresta, Neustadt; ⏲Aug.) Beim Sommerfest in La Floresta am ersten Augustwochenende gibt's Livemusik, und an der Straße werden Stände mit Essen, Getränken und örtlichem Kunsthandwerk aufgebaut.

Schlafen

Die **Altstadt** mit ihrer zum UNESCO-Welterbe zählenden Architektur ist die naheliegende Wahl. Mehrere Hostels finden sich im Altstadtviertel San Blas, einem gewöhnlichen Arbeiterviertel östlich der Av Pichincha, zu/von dem man nachts ein Taxi nehmen muss.

Internationale Hotelketten wie Marriott, Best Western, Swissôtel und Hilton sind in der ganzen Stadt vertreten, besonders aber in der großen, modernen Neustadt. Die meisten Ausländer steigen dort im Viertel Mariscal Sucre mit seinen Hostels, touristischen Bars und Restaurants ab, das ansprechendste Viertel in der Neustadt ist aber das ruhige und elegante La Floresta.

Altstadt

Masaya Hostel HOSTEL $
(Karte S. 622; ☎ 02-257-0189; www.masaya-experience.com/en/hostel-quito; Ecke Rocafuerte & Venezuela; B in Schlafsaal für 8/4 Pers. 11/14 US$, DZ mit Frühstück ab 55 US$; WLAN) Das den größten Teil eines Häuserblocks einnehmende Hostel stellt mit seinen Zimmern mit Holzböden, großzügigen Gemeinschaftsbereichen, einem umschlossenen Hofgarten mit Hängematten und in der Mitte einem Ceiba-Baum mit umlaufendem Gerüst die meisten Spitzenklassehotels der Stadt in den Schatten. Kaum zu glauben, dass diese hervorragenden Unterkünfte gleichzeitig zu den günstigsten Betten gehören, die in der Altstadt zu bekommen sind!

Blue House Old Town HOSTEL $
(Karte S. 622; Antepara e4-27 nahe Leon, San Blas; B/EZ/DZ/3BZ mit Frühstück ab 9/20/25/36 US$) Das berühmte **Blue House** (Karte S. 632; ☎ 02-222-3480; www.bluehousequito.com; Pinto E8-24 nahe Almagro, Mariscal Sucre, Neustadt; B/EZ/DZ/3BZ ab 9/20/25/36 US$; @ WLAN) aus Mariscal Sucre ist in ruhiger, entspannter Form auch in der Altstadt vertreten. Man findet hier saubere Zimmer mit Holzböden und eine nette Dachterrasse. Das Gratis-Frühstück ist großzügig; ein kostenloser Stadtspaziergang ist im Preis inbegriffen.

Secret Garden HOSTEL $
(Karte S. 622; ☎ 02-295-6704; www.secretgardenquito.com; Antepara E4-60 nahe Los Ríos, San Blas; B 10–12 US$, DZ mit/ohne Bad 38/28 US$; @ WLAN) In dem seit ewig beliebten Hostel herrscht unverkennbar Partystimmung; Mauerblümchen oder Leute, die Privatsphäre brauchen, sollten woanders absteigen. Langzeitreisende, die in Quito als Barkeeper arbeiten, und Leute auf Südamerikarundreise tauschen auf der Dachterrasse mit magischem Ausblick auf die Altstadt bei einem Bier Geschichten aus. Es gibt hier auch schlichte, aber saubere Zimmer mit Holzboden.

La Posada Colonial PENSION $
(Karte S. 622; ☎ 02-228-2859; www.laposadacolonial.com; Paredes S1-49 nahe Rocafuerte; EZ/DZ ab 14/27 US$/Pers., 3BZ ohne Bad 35 US$; @ WLAN) Perfekt für alle, die eine zwanglose, günstige Unterkunft in der Altstadt suchen, die kein Hostel ist – sie liegt sogar in Stolpernähe zu La Ronda! Die Zimmer haben hohe Decken und Holzböden sowie meist mehrere Betten, was toll für Gruppen ist. Die Bäder sind eher kompakt. Es gibt eine kleine Dachterrasse und eine Küche zur Mitbenutzung.

Quito Backpacker Guesthouse PENSION $
(Karte S. 622; ☎ 995-157-338 02-316-0264; www.quitobackpackerguesthouse.com; Oriente E3-108 nahe Léon, San Blas; B/Zi. ohne Bad mit Frühstück ab 9/20 US$; WLAN) Eine gute Wahl für alle, die die Atmosphäre einer familiengeführten Pension zu Hostelpreisen suchen: Dieses große umgebaute koloniale Wohnhaus im Viertel San Blas hat auf mehreren Stockwerken geräumige Zimmer mit hohen Decken und Holzböden. Es gibt eine Küche auf jeder Etage und eine große Dachterrasse mit Blick auf die Altstadt, ferner Tischtennis, Tischfußball, einen Billardtisch, einen Grill und einen Raum, in dem Filme gezeigt werden.

Colonial House HOSTEL $
(Karte S. 622; ☎ 02-316-1810; www.colonialhousequito.com; Olmedo E-432 nahe Los Ríos, La Tola; B 10 US$, Zi. mit/ohne Bad 25/20 US$; @ WLAN) Hinter der kolonialzeitlichen Fassade findet sich ein Labyrinth von 13 bunt angestrichenen Räumen, die teils als Schlafsäle, teils als Doppelzimmer mit oder ohne eigenes Bad dienen. Es gibt ein Spielezimmer mit einem Billardtisch und hinten einen Garten mit Hängematten, einem Grillbereich und Kaninchen. Die Gästezimmer sind verschieden gestaltet und unterschiedlich ansprechend, aber alle haben (schiefe) Holzböden.

Hotel San Francisco de Quito HOTEL $$
(Karte S. 622; ☎ 02-228-7758; www.sanfranciscodequito.com.ec; Sucre Oe3-17, nahe Guayaquil; EZ/DZ mit Frühstück 45/73 US$; @ WLAN) Ohne Übertreibung: Tritt man durch die mittelalterlich anmutende Eingangstür in den hellen, üppig bepflanzten Innenhof des historischen

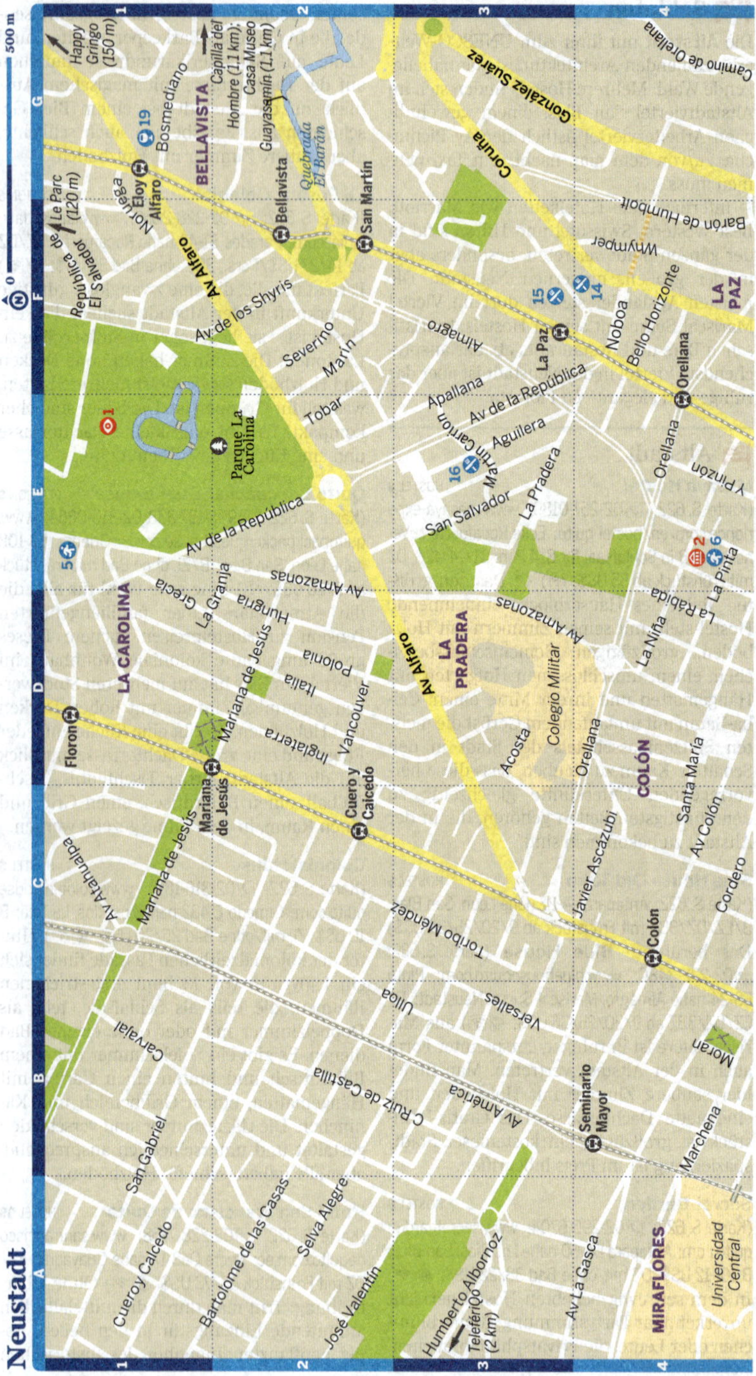
Neustadt
0
500 m
Happy Gringo (150 m)
Le Parc (120 m)
Capilla del Hombre (1,1 km); Casa Museo Guayasamín (1,1 km)
Teleférico (2 km)
BELLAVISTA
LA CAROLINA
LA PRADERA
COLÓN
LA PAZ
MIRAFLORES
Parque La Carolina
Quebrada El Batán
Colegio Militar
Universidad Central
Av Alfaro
Eloy Alfaro
Bellavista
San Martín
La Paz
Orellana
Floron
Mariana de Jesús
Cuero y Caicedo
Colón
Seminario Mayor
Av de los Shyris
Av de la República
Av Amazonas
González Suárez
Coruña
Camino de Orellana
Barón de Humbolt
Whymper
Bello Horizonte
Noboa
Almagro
Apallana
Martín Carrion
Aguilera
San Salvador
La Pradera
Severino
Marín
Tobar
República de El Salvador
Noruega
Bosmediano
Y Pinzón
La Rábida
La Pinta
La Niña
Santa María
Av Colón
Cordero
Acosta
Javier Ascázubi
Grecia
La Granja
Hungría
Polonia
Italia
Inglaterra
Vancouver
Av Atahualpa
Toribo Méndez
Ulloa
Versalles
Carvajal
C Ruiz de Castilla
Av América
Moran
Marchena
San Gabriel
Cuero y Caicedo
Bartolome de las Casas
Selva Alegre
José Valentín
Humberto Albornoz
Av La Gasca
1
2
3
4
5
6
14
15
16
19
A
B
C
D
E
F
G

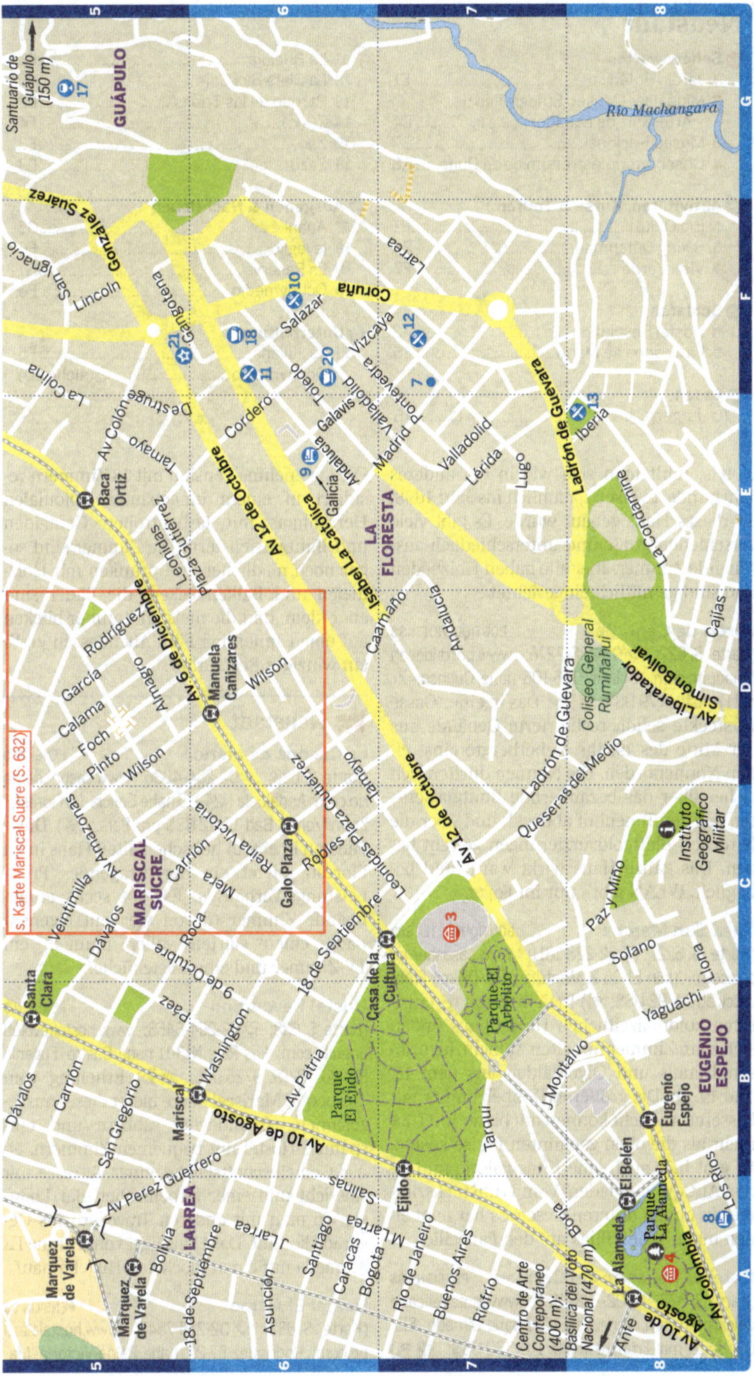
s. Karte Mariscal Sucre (S. 632)
Santuario de Guápulo (150 m)
17
GUÁPULO
Río Machangara
Gonzalez Suárez
San Ignacio
Lincoln
Coruña
Larrea
Gangotena
Salazar
Vizcaya
21
18
10
11
20
12
7
9
13
Toledo
Galavis
Valladolid
Pontevedra
Andalucía
Galicia
Madrid
Valladolid
Lérida
Lugo
Ladrón de Guevara
Iberia
La Condamine
Cajías
La Colina
Av Colón
Destruge
Tamayo
Cordero
Av 12 de Octubre
Isabel La Católica
LA FLORESTA
Baca Ortiz
Leonidas Plaza Gutiérrez
Rodríguez
Av 6 de Diciembre
Manuela Cañizares
Wilson
Caamaño
Andalucía
García
Calama
Foch
Pinto
Almagro
Wilson
Av Amazonas
Veintimilla
Dávalos
MARISCAL SUCRE
Carrión
Reina Victoria
Mera
Roca
Galo Plaza
Robles
Leonidas Plaza Gutiérrez
Tamayo
Av 12 de Octubre
Ladrón de Guevara
Coliseo General Rumiñahui
Av Libertador Simón Bolívar
Queseras del Medio
Instituto Geográfico Militar
Paz y Miño
Solano
Llona
Yaguachi
3
Parque El Arbolito
Casa de la Cultura
18 de Septiembre
9 de Octubre
Páez
Washington
Santa Clara
Dávalos
Carrión
San Gregorio
Mariscal
Av Patria
Parque El Ejido
Av 10 de Agosto
Av Perez Guerrero
Tarqui
J Montalvo
EUGENIO ESPEJO
Eugenio Espejo
El Belén
Los Ríos
8
Parque La Alameda
La Alameda
4
Av Colombia
Av 10 de Agosto
Ante
Marquez de Varela
Marquez de Varela
Bolivia
LARREA
18 de Septiembre
J Larrea
Asunción
Santiago
Caracas
Bogotá
Salinas
Ejido
M Larrea
Rio de Janeiro
Buenos Aires
Riofrío
Borja
Centro de Arte Conteporáneo (400 m); Basílica del Voto Nacional (470 m)

Neustadt

Sehenswertes
1 Jardín Botánico ... E1
2 Mindalae – Museo Etnográfico de Artesanía de Ecuador ... E4
3 Museo Nacional ... C7
4 Observatorio Astronómico de Quito ... A8

Aktivitäten, Kurse & Touren
5 BiciQuito ... E1
6 Biking Dutchman ... E4
7 Vida Verde ... F7

Schlafen
8 Hostel Revolution ... A8
9 La Casona de Mario ... E6

Essen
10 Jürgen Cafe ... F6
11 La Briciola ... F6
12 La Cleta Bici Café ... F7
13 Parque de las Tripas ... E8
14 Z(inc) ... F4
15 Zao ... F3
16 Zazu ... E3

Ausgehen & Nachtleben
17 Ananké ... G5
18 Isveglio ... F6
19 La Reserva ... G1
20 Ochoymedio ... F6

Unterhaltung
21 La Juliana ... F5
Ochoymedio ... (siehe 20)

Hotels, fühlt man sich wie in ein anderes Jahrhundert versetzt, nämlich ins Jahr 1698, als dieses Haus gebaut wurde. Es gibt viele verschieden große und unterschiedlich aussehende Zimmer, aber alle haben Holzböden und sind gemütlich eingerichtet.

Portal de Cantuña BOUTIQUEHOTEL $$
(Karte S. 622; ☎02-228-2276; www.portaldecantunaquito.com; Bolívar OE6-105 nahe Cuenca; Zi. mit Frühstück 79 US$; 📶) Das in einer Gasse versteckte schön restaurierte Gebäude aus der Mitte des 19. Jhs. beherbergte einst einen Nonnenorden. Die Nonnen dürften sich sicher über das bezaubernde Buntglasfenster, das den Innenhof abdeckt, und über die barocken Blattgoldverzierungen gefreut haben. Das ganze Haus wirkt warm und behaglich. WLAN gibt's nur im Foyer.

Casa San Marcos BOUTIQUEHOTEL $$$
(Karte S. 622; ☎02-228-1811; www.casasanmarcos.com; Junín E1-36 & Montúfar; EZ/DZ mit Frühstück ab 70/92 US$; 📶) In dem schön restaurierten kolonialzeitlichen Herrenhaus finden sich zehn Zimmer mit alten Möbeln, luxuriösen Details und Ölgemälden aus dem 18. und 19. Jh. Die größeren Doppelzimmer mit besserer Aussicht können um bis zu 100 US$ mehr als die oben genannten Preise kosten. Es gibt hier auch eine Kunstgalerie und einen Antiquitätenladen. Vom Frühstückszimmer in einem unteren Geschoss hat man einen malerischen Blick auf den Panecillo.

Hotel El Relicario del Carmen PENSION $$$
(Karte S. 622; ☎02-228-9120; www.hotelrelicariodelcarmen.com; Venezuela 1041 nahe Olmedo; EZ/DZ/Suite mit Frühstück 89/110/130 US$; @📶) Die angenehme Pension mit 18 Zimmern residiert in einem umgebauten kolonialen Herrenhaus mit farbenfrohen Gemälden und Buntglasfenstern. Die Zimmer sind sogar noch niedlicher und prunken mit Holzdielen und Balkendecken; die Bäder sind aber klein, und die meisten Zimmer blicken auf einen Innenhof. Fürs Abendessen gibt's ein winziges Restaurant.

Neustadt

La Casona de Mario PENSION $
(Karte S. 628; ☎02-254-4036; www.casonademario.com; Andalucía N24-115 nahe Galicia, La Floresta; Zi. mit/ohne Bad 15/12 US$ pro Pers.; 📶) Diese Pension in einem hübschen alten Haus in La Floresta bietet ein hervorragendes Preis-Leistungs-Verhältnis. Es gibt sechs anheimelnde Zimmer (davon vier mit eigenem Bad), einen Garten voller Blumen, ein TV-Zimmer und eine Gästeküche.

Hostel Revolution PENSION $
(Karte S. 628; ☎02-254-6458; www.hostelrevolutionquito.com; Los Ríos N13-11 nahe Castro, Eugenio Espejo; B/DZ 9/25 US$; @📶) Erholung vom Treiben in Mariscal Sucre bietet dieses ausgezeichnete, freundliche, saubere und entspannte Hostel mit bequemen Zimmern, einer Gemeinschaftsküche, einer Terrasse mit Aussicht und einer farbenfrohen Bar/Lounge, wo man mit anderen Travellern ins Gespräch kommt. Das Haus liegt vom Parque La Alameda nur einen Block den Hügel hinauf.

Hostal El Arupo PENSION $$
(Karte S. 632; ☎02-255-7543; www.hostalelarupo.com; Rodríguez E7-22, nahe Reina Victoria, Ma-

riscal Sucre; EZ/DZ/2BZ inkl. Frühstück 30/45/48 US$; @ 📶) Eine gemütliche und heimelige Zuflucht vor dem Chaos auf der nahen Plaza Foch: Das zur Pension umfunktionierte Haus ist makellos, nett dekoriert und hat vorn einen hübschen Hof. Die Zimmer besitzen dunkle Holzböden und feste Betten. Zudem gibt es eine tolle Gemeinschaftsküche, in der Frühstück serviert wird, und eine kleine Lounge.

Le Parc BUSINESSHOTEL **$$$**
(☎ 02-227-6800; https://en.leparc.com.ec; Ecke Av República de El Salvador N34-349 & Irlanda, Parque La Carolina; Suite mit Frühstück ab 174 US$; P @ 📶) Wer eine moderne und stilvolle Unterkunft sucht, die atmosphärisch den größten Abstand zu Quitos Centro Histórico hält, ist im Le Parc genau richtig. Das Haus hat sich das kühne Ziel gesteckt, Ecuadors luxurioseste Adresse zu sein: Die 30 schicken Designer-Suiten prunken mit Loungebereichen, Schreibtischen, Minibars und LED-TVs, einige sogar mit Hydromassage-Badewannen.

Essen

Ecuadors kulinarische Hauptstadt ist ein toller Ort, um die klassischen Gerichte aus den Anden und anderen Gebieten des Landes kennenzulernen. Die reiche und vielfältige Restaurantszene hält aber auch eine gute Auswahl internationaler Kost parat. Hier gibt's etwas für jeden Geldbeutel und jeden Geschmack, von modernen Sushi-Restaurants bis zu italienischen Trattorias.

Altstadt

★ **Masaya Bistro** BISTRO **$**
(Karte S. 622; www.masaya-experience.com/en/hostel-quito; Ecke Venezuela & Rocafuerte; Hauptgerichte 3–8 US$; ⏰ 7–24 Uhr; 📶 🌱 👪) Die langen Holztische dieses einladenden Bistros stehen nicht nur in dem großen, mit unverputzten Backsteinsäulen versehenen Innenraum, sondern auch draußen in dem friedlichen Garten des zugehörigen Masaya Hostel (S. 627). In dem zwanglos-entspannten Ambiente wird ecuadorianisch-internationale Kost serviert, z. B. Rindfleisch in *chimichurri*-Sauce, Quinoa-Kroketten, Ceviche auf ecuadorianische Art, Burger, Wraps und Pasta.

★ **Cafetería Modelo** ECUADORIANISCH **$**
(Karte S. 622; www.facebook.com/cafeteriamodelocentrohistorico; Sucre 391 nahe García Moreno; Hauptgerichte 4–6,25 US$; ⏰ Mo–Sa 8–19.30, So 9–18 Uhr) Das 1950 eröffnete Modelo ist eines der ältesten Cafés der Stadt und ein toller Ort, um traditionelle Snacks wie *empanadas de verde* (Empanadas aus Kochbananenmus), *quimbolitos* (süße, kuchenartige Maisklöße) und Tamales zu probieren. Auch das Eis hier ist beliebt. Das lustige, leicht kitschige ecuadorianische Anno-Dazumal-Dekor macht das Warten auf das Essen interessanter.

Die nahegelegene **Cafetería Modelo II** (Karte S. 622; Sucre OE4-48, nahe Venezuela; Hauptgerichte 4–6,25 US$; ⏰ Mo–Do 9–18.30, Fr & Sa bis 19.30, So bis 17.30 Uhr) bietet ein ähnliches Ambiente und freitags zwischen 17 und 19 Uhr Livemusik.

Bohemia Cafe & Pizza PIZZA **$**
(Karte S. 622; www.facebook.com/bohemia.pizzeria; La Ronda Oe3-108 nahe Venezuela; Pasta 6–8 US$, Pizzas 14–16 US$; ⏰ Mo–Do 12–24, Fr & Sa bis 3 Uhr) In diesem einladenden, entspannten Lokal begrüßt einen der wunderbar agile Inhaber wie ein zurückgekehrtes Familienmitglied.

Auf der Karte stehen ausgezeichnete Pizzas (*albondigas* – mit Fleischbällchen – fanden wir besonders gut) und geschichtete Nachos mit hausgemachten Maischips. Zum Herunterspülen bestellt man ein großes *michelada*, eine Mischung aus Bier, Zitronensaft und Salz; dazu gibt's diverse Salsas.

Mercado Central MARKT **$**
(Karte S. 622; Av Pichincha, nahe Esmeraldas, La Tola; Gerichte 1,50–4 US$; ⏰ 7–17 Uhr) Auf dem Mercado Central zwischen Esmeraldas und Manabí reihen sich Stände mit traditionellem Essen aneinander – einer billiger als der andere. Hier gibt es alles von *locro de papas* (Kartoffelsuppe mit Avocado und Käse) und Meeresfrüchten bis zu *yaguarlocro* (Kartoffel- und Blutwurstsuppe) und *fritada* (frittierte Schweinefleischstücke mit Maismehl).

San Agustín ECUADORIANISCH **$$**
(Karte S. 622; ☎ 02-228-5082; http://heladeriasanagustin.net; Guayaquil N5-59 nahe Mejia; Hauptgerichte 5,50–12,50 US$; ⏰ Restaurant 10–15 Uhr, Eisdiele 10–17 Uhr; 📶) Kitschige religiöse Bilder und alte Radios schmücken dieses Lokal alter Schule, das die Werktägigen mittags mit ecuadorianischer Kost versorgt.

Zu empfehlen sind das erstklassige *seco de chivo* (Ziegen-Schmortopf), *corvina* (Seebarsch) oder *arroz marinero* (Reis mit Meeresfrüchten) – die Karte ist so groß, dass man ewig brauchen würde, sie ganz zu studieren. Zum Abschluss gönnt man sich altmodisches *helados de paila:* hausgemachtes Eis in großen Kupferschalen.

Café Dios No Muere CAJUN-KÜCHE **$$**

(Karte S. 622; Ecke Junín & Flores; Hauptgerichte 7,50–12,50 US$; ⏲Mo–Sa 8.30–22 Uhr) Der aus Louisiana stammende Inhaber dieses exzentrisch gestalteten Restaurants neben einem Kloster aus dem 17. Jh. ist stolz auf die Qualität der Zutaten, die in der in eine Ecke des Erdgeschosses hineingequetschten Küche verwendet werden. Das Lokal füllt sich schnell, weil es auf den beiden winzigen Etagen nur wenige Tische gibt und ein paar weitere draußen in der Gasse.

Tianguez ECUADORIANISCH **$$**

(Karte S. 622; Plaza San Francisco; Hauptgerichte 9–14,50 US$; ⏲9–18.30 Uhr; 📶) Versteckt in den Steinbögen unter der Iglesia y Convento de San Francisco serviert dieses ausgezeichnete Café schmackhafte ecuadorianische Vorspeisen (Tamales, Suppen, Quinoa-Salate) und herzhaftere Hauptgerichte. Das Frühstück und vor allem der Kaffee sind hervorragend, und die Tische auf der Plaza ideal, um das Treiben zu beobachten. Gleich daneben befindet sich der Kunsthandwerksladen Tianguez (S. 632).

Café Mosaico INTERNATIONAL **$$$**

(Karte S. 622; ☎02-254-2871; https://cafemosaicoecuador.com; Samaniego N8-95 nahe Antepara, Parque Itchimbia; Hauptgerichte 15–17 US$; ⏲Mo–Mi 16–23, Do–Sa 13–23, So 13–22.30 Uhr) Das von Weinranken bedeckte Restaurant nahe dem Parque Itchimbia serviert einen Mix ecuadorianischer, griechischer und mexikanischer Gerichte und ist bekannt für seine prachtvolle Aussicht. Die zu den Seiten offene Terrasse ist ideal für einen Drink bei Sonnenuntergang, und man findet hier eine sehr gute Auswahl von kleinen Gerichten, an denen man beim Schauen knabbern kann. Es gibt auch vegane Angebote und freitags und samstags ab 20.30 Uhr Livemusik.

Vista Hermosa INTERNATIONAL **$$$**

(Karte S. 622; ☎02-295-1401; http://vistahermosa.ec; Mejía 453, 5. OG; Hauptgerichte 13–28 US$;

Mariscal Sucre

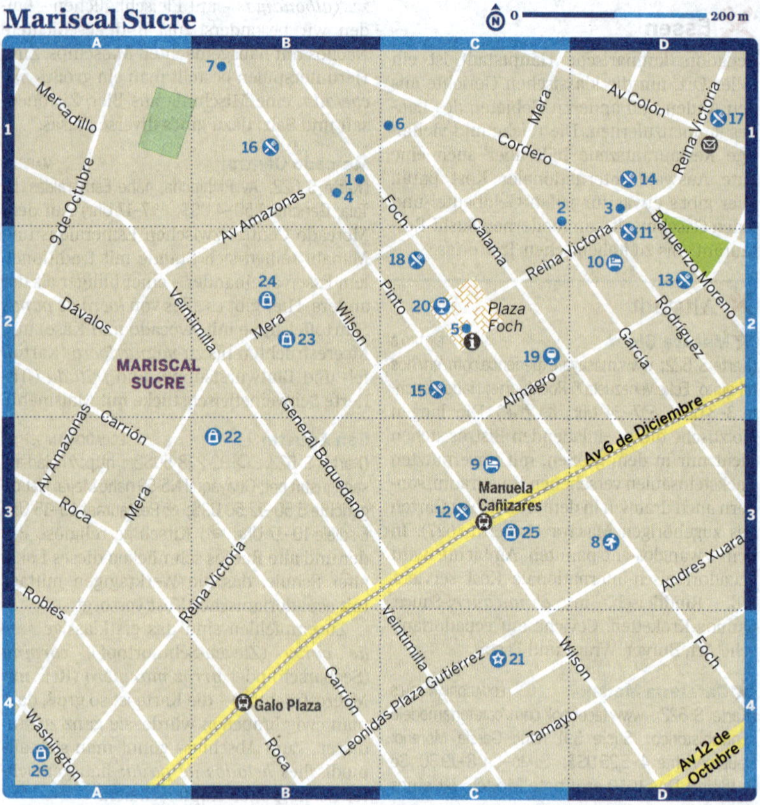

(⏲ Mo–Sa 13–24, So 12–20 Uhr) Das beliebte Lokal in El Centro wird seinem Namen, der „schöne Aussicht" bedeutet, mit einem Panoramablick über die Altstadt von der offenen Dachterrasse aus wirklich gerecht. Zu den hiesigen ecuadorianischen Spezialitäten gehört *seco de chivo* (Ziegenschmortopf). Freitags und samstags trägt Livemusik ab 22 Uhr zu der zauberhaften Stimmung bei. Man sollte früh kommen, um dem Massenandrang zu entgehen.

Ein zweites **Vista Hermosa** (Karte S. 622; https://vistahermosa.ec/; Samaniego s/n, Parque Itchimbia; Hauptgerichte 13–28 US$; ⏲ Mo–Sa 15–24 Uhr) oben beim Parque Itchimbia serviert ähnliches Essen und bietet ebenfalls eine eindrucksvolle Aussicht (sogar von einem noch höheren Standort aus).

La Mariscal

Fried Bananas ECUADORIANISCH $

(Karte S. 632; ☎ 02-223-5208; www.newfriedbananas.com; Foch E4-150, Mariscal Sucre, Neustadt; Hauptgerichte 6–10 US$; ⏲ Mo–Sa 12.30–20 Uhr) Wer rund um Mariscal Sucre innovative ecuadorianische Gerichte zu vernünftigen Preisen sucht, sollte dieses stimmungsvolle Restaurant besuchen, in denen die Bananen, die der Name verspricht, z. B. in Form von Shrimps mit gebratenen Bananen und Wodka oder als flambierte Bananen mit Honig und Zimt auf den Tisch kommen. Aber auch die Pasta und Salate sind gut.

El Maple VEGETARISCH $

(Karte S. 632; ☎ 02-290-0000; www.elmaple.com; Pinto E7-68 nahe Almagro, Mariscal Sucre, Neustadt; Hauptgerichte 4,50–8,50 US$; ⏲ Mo & Di 11–22, Mi–Sa bis 22.30, So 10–18 Uhr; 🖉) Das beliebte Restaurant serviert gute vegetarische Kost mit Einflüssen aus aller Welt (Burritos, *thalis,* asiatische Nudelgerichte, cremige Pasta, Burger, Sandwiches und Salate). Es gibt einen lustigen Speisesaal mit dem Wandbild eines Ahornbaums und Bücherregalen, und draußen Tische in einem hübschen Hof.

El Cafecito CAFÉ $

(Karte S. 632; ☎ 02-223-4862; www.cafecito.net; Cordero 1124, Mariscal Sucre, Neustadt; Snacks & kleine Mittagsgerichte 3–8 US$; ⏲ Mo–Sa 8–22, So bis 20 Uhr; 📶) Das Café in einem gelben kolonialzeitlichen Haus ist bekannt für seinen Charme und serviert Frühstück, Sandwiches und tolle hausgemachte Desserts. Der hiesige Kaffee wird in Mindo produziert und vor Ort geröstet; auch weitere Kaffeespezialitäten können probiert werden.

La Union BÄCKEREI $

(Karte S. 632; Ecke Reina Victoria & Av Colón, Mariscal Sucre, Neustadt; Sandwiches & Kuchen 2–4 US$; ⏲ 6–22 Uhr) Das betriebsame La Union ist immer gut besucht. In den Glasauslagen liegen Croissants, Beerentorten und Eis, außerdem gibt es sättigende Sandwiches.

Cosa Nostra ITALIENISCH $$

(Karte S. 632; ☎ 02-252-7145; https://pizzeriacosanostra.ec; Ecke Baquerizo Moreno & Almagro, Mariscal Sucre, Neustadt; Hauptgerichte 11–18 US$; ⏲ Mo–Mi 12.30–15.30 & 18–23, Do & Sa 12.30–16 & 18–23, Fr 12.30–16 & 18–23.30, So 12.30–15.30 & 18–22 Uhr; 📶) Das Restaurant mit italienischen Besitzern hat eine hübsche Terrasse

Mariscal Sucre

Aktivitäten, Kurse & Touren

1 Academia Salsa & Merengue ... B1
2 Colourful Ecuador ... C1
3 Condor Trekk ... D1
4 Eos Ecuador ... B1
5 Gulliver ... C2
6 Ritmo Tropical ... C1
7 Sierra Nevada Expeditions ... B1
8 Simon Bolivar ... D3

Schlafen

9 Blue House ... C3
10 Hostal El Arupo ... D2

Essen

11 Achiote ... D2
12 Baalbek ... C3
13 Cosa Nostra ... D2
14 El Cafecito ... D1
15 El Maple ... C2
16 Fried Bananas ... B1
17 La Union ... D1
18 Magic Bean ... C2

Ausgehen & Nachtleben

19 Bungalow 6 ... C2
Dirty Sanchez ... (siehe 15)
20 Q ... C2

Unterhaltung

21 Café Libro ... C4

Shoppen

22 Ag ... B3
23 Casa Mariscal ... B2
24 Galería Latina ... B2
25 Librería del Fondo Carlos Fuentes ... C3
26 Mercado Artesanal La Mariscal ... A4

vorn, einen gemütlichen Speisesaal und fast drei Dutzend Sorten großzügig belegte Pizzas aus dem Backsteinofen, die unserer Meinung nach die besten in der Stadt sind. Ferner erhält man gute Gnocchi und andere Pasta, sowie zum Nachtisch Tiramisu.

Magic Bean INTERNATIONAL **$$**
(Karte S. 632; ☎02-256-6181; www.facebook.com/TheMagicBeanQuito; Foch E5-08 nahe Mera, Mariscal Sucre, Neustadt; Frühstück 3–9 US$, Hauptgerichte 8–15 US$; ⏲8–22 Uhr; 📶) Das Magic Bean lockt die Gäste mit seinem großzügigen Frühstück auf US-amerikanische Art, mit Mittagsgerichten, schaumigen Säften, Kaffees und Desserts, die man am besten auf der überdachten Terrasse vorne genießt. Besonders zu empfehlen sind die Smoothies, der Obstsalat mit Müsli und die große Burger-Auswahl.

Baalbek NAHÖSTLICH **$$$**
(Karte S. 632; ☎02-255-2766; http://restaurantbaalbek.com/wp/; Av 6 de Diciembre N23-103 nahe Wilson, Mariscal Sucre, Neustadt; Hauptgerichte 7–25 US$; ⏲So–Di 12–17, Mi–Sa bis 22.30 Uhr) In dem komfortablen, modernen Speisesaal mit nahöstlichem Soundtrack und ebensolcher Deko wird flott authentische, aber teure libanesische Kost aufgetragen. Die meisten Gerichte auf der Karte können als halbe oder ganze Portion bestellt werden, sodass man sich zu zweit vielleicht am besten einen Meze-Teller (15–25 US$) teilt.

Achiote ECUADORIANISCH **$$$**
(Karte S. 632; ☎02-250-1743; http://achiote.com.ec; Rodriguez 282 nahe Reina Victoria, Mariscal Sucre, Neustadt; Hauptgerichte 12,50–30 US$; ⏲12–21.45 Uhr) Ecuadorianische Gerichte mit spezieller Note in modernem Ambiente mit stimmungsvoller Beleuchtung. Die Empanadas, *ceviches*, Meeresfrüchteeintöpfe und *llapingachos* (Pfannkuchen aus Kartoffelpüree mit Käse) sind erste Sahne. Livemusik gibt's Freitag- bis Montagabend.

La Floresta & Umgebung

Parque de las Tripas STREET FOOD **$**
(Imbissstände im Parque Navarro; Karte S. 628; Ecke Ladrón de Guevara & Iberia, La Floresta, Neustadt; Hauptgerichte 2–4 US$; ⏲16–23 Uhr) Um einige der authentischsten und traditionellsten Gerichte von Quito zu probieren, sollte man diesen hübschen Park in La Floresta aufsuchen, wo jeden Abends Imbissstände frisch zubereitete *tripa mishqui* (gegrillte Kuhinnereien), *seco de pollo* (Hühnereintopf), Empanadas und *morocho* (ein gewürzter Maisbrei) anbieten. Die Standinhaber lassen einen vor dem Kauf gern probieren.

Jürgen Cafe NIEDERLÄNDISCH **$$**
(Karte S. 628; www.jurgencafe.com; Ecke Coruña & Valladolid, La Floresta, Neustadt; Hauptgerichte 3,75–19 US$; ⏲Mo–Sa 7–20, So bis 14.30 Uhr) Das von dem Niederländer Jürgen Spelier, einem Bäcker in vierter Generation, betriebene und geführte zwanglos-raffinierte Restaurant mit klaren Linien und hellem Holzdekor serviert besonders gute Frühstücksgerichte und Brunchs; traditionelle niederländische Pfannkuchen, Hähnchen und Waffeln zählen zu den Highlights. Der Kaffee und die bunte Auswahl an Backwaren können einen verführen, länger zu bleiben.

Zao ASIATISCH **$$**
(Karte S. 628; ☎02-252-3496; www.zaoquito.com; Rivet N30-145 nahe Whymper, Neustadt; Hauptgerichte 8–22 US$, Menü 15 US$; ⏲Mo–Sa 12.30–16 & 19–23.30, So 12.30–15.30 Uhr) Das mit geschnitzten Holz-Wandschirmen und an Samurai erinnernde Figuren geschmückte Zao ist ein stets gut besuchtes Lokal, das asiatische Fusionsgerichte wie Sushi, Reisnudeln, Frühlingsrollen und Currys auf thailändische Art serviert.

La Cleta Bici Café CAFÉ **$$**
(Karte S. 628; ☎02-223-3505; www.facebook.com/lacleta.bicicleta; Lugo N24-250 nahe Guipuzcoa, La Floresta, Neustadt; Pizza 6–14 US$; ⏲Mo–Do 11–23, Fr bis 23.45, Sa 17.30–23 Uhr; 📶) Fahrradfans sollten dieses kleine, clever gestaltete Caférestaurant, wo fast alles (Stühle, Hocker, Tische, Hängelampen) aus Fahrradteilen fabriziert ist, nicht verpassen. Auf der radförmigen Karte stehen u.a. Pizzas, Sandwiches, toller Kaffee, Wein und andere Getränke.

La Briciola ITALIENISCH **$$**
(Karte S. 628; ☎02-254-5157; http://labriciola.com.ec; Ecke Isabel La Católica & Salazar, La Floresta, Neustadt; Hauptgerichte 11–17 US$; ⏲12–24 Uhr) Das seit langem beliebte Lokal residiert in einem riesigen, aber attraktiv gestalteten Raum und bietet eine vielseitige Auswahl an Pasta und Pizza sowie weiteren beliebten italienischen Gerichten. Die Portionen sind großzügig, und die italienischen, chilenischen und argentinischen Weine gibt's zum fairen Preis. Reservierung empfohlen.

Z(inc) INTERNATIONAL **$$$**
(Karte S. 628; ☎02-256-2846; www.zincquito.com; Rivet N30 nahe Whymper, Neustadt; Hauptgerichte

13–22 US$; ⌚Di–Do 12–24, Fr 12–2, Sa 19–2, So 10.30–15.30 Uhr) Das Z(inc) ist zu gleichen Teilen Restaurant und Bar und zeigt auf mehreren Etagen ein Design im Industrieschick mit unbehandeltem Holz, dunklem Metall und unverputzten Ziegeln. Hier lässt sich ein gut gekleidetes Publikum sehen. Man nimmt einen Lychee-Cocktail auf der Terrasse vorn und speist dann drinnen Pizzas mit dünnem Boden aus dem Steinofen, Burger, Tempura-Garnelen und andere Gerichte, die sich gut teilen lassen.

La Pradera

★Zazu FUSION **$$$**

(Karte S. 628; ☎02-254-3559; www.zazuquito.com; Aguilera 331, La Pradera, Neustadt; Hauptgerichte 13–25 US$, Probiermenü 70 US$; ⌚Mo–Fr 12.30–15.30 & 18.30–23, Sa 18.30–23 Uhr) Das Zazu gehört zu den besten Restaurants in Quito und serviert wundervoll zubereitete Meeresfrüchtegerichte, Grillfleisch und Ceviche in einem stilvollen Ambiente aus hellem Backstein, mit Electronica als Hintergrundmusik und einer von hinten beleuchteten Theke. Die Karte enthält Highlights der ecuadorianischen Küche mit Gerichten wie Anden-Getreide mit Gemüse, Empanadas mit Meerschweinchen-Confit sowie Meeresfrüchte-Tamales.

Ausgehen & Nachtleben

Ein großer Teil des *farra* (Nachtlebens) von Quito konzentriert sich in und rund um Mariscal Sucre. Einen nächtlichen Bummel am Wochenende über die La Ronda, eine von Bars und Restaurants gesäumte Kopfsteingasse in der Altstadt, sollte man nicht auslassen. Entspanntere, gemütliche Treffs sind die besseren Lokale in La Floresta, Guápulo oder Benalcázar. Kürzlich haben in der Stadt auch einige Kleinbrauereien aufgemacht.

Isveglio CAFÉ

(Karte S. 628; www.isveglio.com; Isabel La Católica N24-682 nahe La Coruña, La Floresta, Neustadt; Kaffee & Snacks 2–6 US$; ⌚Mo–Fr 9–20.30, Sa 11–20.30, So 14–20 Uhr) Das Kaffee-Niveau verbessert sich in Quito, und das Isveglio ist eine Speerspitze dieser Bewegung. Der Laden ist Café, Kaffee-Informationszentrum und Baristaschule in einem und serviert Bio-Kaffee aus Ecuadors verschiedenen Kaffee-Anbauregionen sowie einige Bohnen aus anderen Ländern.

Die Baristas laden einen ein, die Bohnen, die sie benutzen, zu riechen und zu schmecken, und sie informieren über deren Herkunft. All dies geschieht in einem belebten, modernen Raum mit einer Terrasse vor der Tür. Es gibt auch eine Filiale von **Isveglio** (Karte S. 622; Venezuela N3-157 nahe Espejo, Altstadt; ⌚Mo–Sa 9.30–19.30, So 10.30–18 Uhr) in der Altstadt.

Ochoymedio CAFÉ

(Karte S. 628; www.ochoymedio.net; Ecke Valladolid N24-353 & Vizcaya, La Floresta, Neustadt; Drinks & Snacks 2–6 US$; ⌚15–21 Uhr) Das farbenfrohe Café mit seiner blumengeschmückten Terrasse an einer ruhigen Kreuzung ist das munterste in La Floresta, und macht offensichtlich vieles richtig. Das Lokal ist an das gleichnamige Kino angeschlossen und vor allem ein Ort, um vor der Filmvorstellung etwas zu trinken, z. B. einen Espresso, einen Likör-Kaffee (der Kaffee stammt von der eigenen Bio-Farm) oder auch ein Glas Wein.

Bandido Brewing KLEINBRAUEREI

(Karte S. 622; http://bandidobrewing.com; Olmedo E1-136 nahe Cevallos, San Blas, Altstadt; ⌚Mo–Fr 16–23, Sa 14–23 Uhr) Die Typen aus Oregon brauen ihre eigenen kreativen Biere, z. B. das La Gran Calabaza Imperial Pumpkin Ale (aromatisiert mit Zimt, Nelken und Kürbis) oder das La Gua.Pa (ein American Pale Ale mit *guayusa,* einer Teepflanze, die im Amazonasgebiet Ecuadors heimisch ist). Mit Steinwänden, Holzbänken und sogar einer kleinen Kapelle wirkt die Bar leicht gotisch. Auf der Karte stehen frisch gebackene Pizzas und Barsnacks; dienstags gibt's ab 19 Uhr Livemusik. Happy Hour ist von 16 bis 19 Uhr.

Q BAR

(Karte S. 632; Foch E6-11 nahe Reina Victoria, Plaza Foch, Mariscal Sucre, Neustadt; ⌚Mo–Do 16–24, Fr & Sa bis 3, So 12–22 Uhr; 📶) Typen aus der Modebranche versammeln sich unter der Woche zu Cocktails in diesem hippen Barrestaurant, dessen Deckendekoration an die Vegetation des Amazonas erinnern soll („Q" steht für *quinde*, das spanische Wort für Kolibri). Der Service ist toll, an den meisten Abenden gibt's Livemusik, und samstags legt ein DJ Lounge-Musik auf.

Ananké BAR

(Karte S. 628; www.anankeguapulo.com; Camino de Orellana 781, Guápulo, Neustadt; ⌚Mo–Do 18–24, Fr & Sa bis 1 Uhr) Die stilvolle, warm beleuchtete Bar/Pizzeria mit kleinen, farbenfroh dekorierten Räumen in einem alten zweistöckigen Haus lohnt die Anfahrt. Es gibt eine kleine Terrasse (mit Feuerstelle) und mehrere nette Ecken, in die man sich mit einem Bier und ein paar Freunden zurückziehen kann. Wenn sich der Nebel lichtet, ist der Blick über Guápulo herrlich.

Dirty Sanchez LOUNGE
(Karte S. 632; www.dirtysanchezbar.com; Pinto E7-38 nahe Reina Victoria, Mariscal Sucre, New Town; ⌚Mo–Mi 15–24 Uhr, Do–Sa bis 2.30 Uhr) Die Lounge mit dem frechen Namen und der unkonventionellen Atmosphäre ist mit vielen Kunstwerken geschmückt. Mit den guten Cocktails (und anständigem Kaffee), der besseren Musik und dem lockeren Publikum hebt sie sich von der Masse ab.

Bungalow 6 CLUB
(Karte S. 632; www.bungalow6ecuador.com; Almagro N24-151 & Calama, Mariscal Sucre, Neustadt; ⌚ Mi–Sa 19–3 Uhr) Das Bungalow 6 ist der beliebteste Club bei Travellern wie Einheimischen, weswhalb sich am Wochenende oft Schlangen bilden. Mittwochs ist Ladies' Night (Mädels trinken bis 22 Uhr gratis). Es läuft ein guter Musikmix, die Tanzfläche ist klein, aber belebt, und oben gibt es viele bunt dekorierte Räume mit Kicker- und Billardtischen sowie eine kleine Terrasse.

La Reserva KLEINBRAUEREIBIER
(Karte S. 632; Ecke Roca & Bosmediano, Bellavista, Neustadt; ⌚Di–Sa 17–24 Uhr) Hier werden 30 der besten Craft-Biere Ecuadors sowie diverse Teller zum Teilen (6–9 US$) angeboten.

☆ Unterhaltung

Quitos Theater bringen eine große Menge Dramatik, Tanztheater und Konzerte auf die Bühne – man sollte also vorab schauen, was gerade ansteht. Ausschau halten sollte man auch nach Auftritten örtlicher Musiker, die alles von Salsa und Merengue bis zu Rock, Jazz und Blues spielen. In mehreren Bars und Restaurants in der Altstadt und in Mariscal Sucre gibt's abends regelmäßig Livemusik.

> **FUSSBALL**
>
> Das im nördlichen Teil der Stadt nahe dem Einkaufszentrum Quicentro gelegene **Estadio Olimpico Atahualpa** (Ecke 6 de Diciembre & Naciones Unidas) ist das wichtigste Fußballstadion der Stadt und hat 37 750 Plätze. Hier spielen Ecuadors Nationalmannschaft sowie Deportivo Quito (www.deportivoquito.com) und El Nacional (www.elnacional.ec). Um hinzukommen, nimmt man den Ecovia-Bus bis zur Haltestelle Estadio.

★ Ochoymedio KINO
(Karte S. 628; ☎02-292-4720; www.ochoymedio.net; Ecke Valladolid N24-353 & Vizcaya, La Floresta, Neustadt) Dieses Filmtheater in La Floresta zeigt anspruchsvolle Filme (oft auf Englisch) und bietet gelegentlich auch Tanzdarbietungen, Theater und Livemusik. Ein tolles Café (S. 635) ist an das Kino angeschlossen.

La Juliana LIVEMUSIK
(Karte S. 628; www.lajuliana.com.ec; Av 12 de Octubre N24-722 nahe Coruña, La Floresta, Neustadt; Eintritt inkl. Getränk 25 US$; ⌚Fr & Sa 21–2.30 Uhr) In dem bunten Saal in einem umgebauten alten Haus sorgt ein guter Mix von Bands (Rock, Salsa, Merengue) in den meisten Wochenendnächten für Leben auf der Tanzfläche.

Café Libro LIVEMUSIK
(Karte S. 632; ☎02-250-3214; www.cafelibro.com; Leonidas Plaza Gutiérrez N23-56 nahe Wilson, Mariscal Sucre, Neustadt; Grundpreis 5–10 US$; ⌚Mo 12.30–14.30, Di–Do 12.30–14.30 & 17–24, Fr 12.30–14.30 & 18–2, Sa 18–2 Uhr) Livemusik, Lesungen, Diskussionen, zeitgenössischer Tanz, Tango, Jazz und andere Veranstaltungen locken das künstlerisch angehauchte Publikum in diese seit langem bestehende Veranstaltungsstätte. Es gibt regelmäßig Tangokurse (10 US$) sowie am Mittwoch- und Samstagabend *milongas* (Tango-Sessions).

Shoppen

Es gibt einige ausgezeichnete Kunsthandwerksläden in Mariscal Sucre. Beim Kauf an Straßenständen sollte man feilschen; in den schickeren Läden gibt es in der Regel Festpreise. Souvenirs sind außerhalb Quitos etwas billiger, wenn man Lust und Zeit hat, danach zu stöbern.

Die *centros comerciales* (Shoppingmalls) ähneln denen in Nordamerika und verkaufen internationale Marken.

★ Tianguez KUNSTHANDWERK
(Karte S. 622; www.tianguez.org; Plaza San Francisco, Altstadt; ⌚9–18 Uhr) Neben dem Café Tianguez (S. 636) verkauft dieser Fair-Trade-Laden eine große Auswahl handgefertigten Kunsthandwerks aus ganz Ecuador. Die Stücke sind nach Region geordnet, und man erhält Hinweise zur Herstellungstechnik.

Ag SCHMUCK
(Karte S. 632; Mera 614 nahe Carrión, Mariscal Sucre, Neustadt; ⌚Mo–Fr 10–13.30 & 14.30–21.30, Sa

14.30–18.30 Uhr) Die Auswahl an seltenem, handgefertigtem Silberschmuck aus ganz Südamerika ist hervorragend. Man findet hier auch Antiquitäten.

Librería del Fondo Carlos Fuentes BÜCHER
(Karte S. 632; ☎02-254-9817; www.fce.com.ec; Av 6 de Diciembre N24-04 nahe Wilson, Mariscal Sucre, Neustadt; ⏰Mo–Fr 10–20, Sa bis 19, So bis 14 Uhr) Einer der besten Buchläden Ecuadors befindet sich in der ehemaligen Villa von Galo Plaza Lasso, der von 1948 bis 1952 Präsident Ecuadors war. Das ausgezeichnete Büchersortiment steht in Räumen mit holzgetäfelter Decke und Kronleuchtern, sogar die Kamine blieben erhalten. Über eine weite Treppe gelangt man in einen Galerieraum, und es gibt hier auch ein friedliches Gartencafé.

Casa Mariscal KUNSTHANDWERK
(Karte S. 632; Mera N23-54 nahe General Baquedano, Mariscal Sucre, Neustadt; ⏰Mo–Sa 10–19 Uhr) Die Kunsthandwerkergenossenschaft verkauft schönen handgefertigten Schmuck, Drucke, Handtaschen, Textilien und anderes Kunsthandwerk.

Galería Latina KUNSTHANDWERK
(Karte S. 632; www.galerialatina-quito.com; Mera N23-69 nahe General Banquedano, Mariscal Sucre, Neustadt; ⏰Mo–Sa 10–19, So 11–18 Uhr) Die Galería Latina ist einer der besten Kunsthandwerks- und Klamottenläden in der Stadt und bietet eine große Auswahl wunderschön gearbeiteter Teile: Tagua-Schnitzereien, bunte Websachen aus den Anden, Textilien, Schmuck, Pullover und handgemachte Kleidung aus ganz Lateinamerika. Die Preise sind hoch, aber so ist das eben mit der Handwerkskunst.

Mercado Artesanal La Mariscal KUNSTHANDWERK
(Karte S. 632; Washington zw. Mera & Reina Victoria, Mariscal Sucre, Neustadt; ⏰Mo–Sa 8–19, So bis 18 Uhr) An den mehr als 200 Ständen, die einen halben Block einnehmen, wird Kunsthandwerk unterschiedlicher Qualität zu günstigen Preisen angeboten – prima, um nach Souvenirs zu stöbern.

ℹ Praktische Informationen

GEFAHREN & ÄRGERNISSE

Raubüberfälle und Kleinkriminalität sind in Quito durchaus vorhanden, die Gefahr lässt sich aber durch ein paar Vorsichtsmaßregeln minimieren.

➡ Mariscal Sucre bleibt ein Gebiet, in dem Straßenräuber und Taschendiebe ihr Unwesen treiben, doch zeigt die Polizei auf der Plaza Foch und in den umliegenden Straßen inzwischen deutlich Präsenz. Wer nach Einbruch der Dunkelheit größere Strecken zurücklegen muss, sollte ein Taxi nehmen.

➡ Weil die meisten Läden und Restaurants in der Altstadt abends geschlossen sind, können einige schummrig beleuchtete Blocks am Rand recht zwielichtig werden. Man sollte hier also keinesfalls allein unterwegs sein. Taschendiebstahl, der altmodische „Kleckertrick" (jemand bekleckert einen mit irgendwas, bietet Hilfe bei der Reinigung an und erleichtert einen dabei um die Brieftasche) sowie Handtaschenraub kommen hier vor, man sollte also vorsichtig sein.

➡ Man sollte Geldautomaten nur tagsüber benutzen – und zwar nur die an belebten Orten –(Einkaufszentren, Banken usw.) und beim Verlassen der Einrichtung besonders aufmerksam sein.

➡ Taschendiebe sind ein Problem in den Trolleybussen – man sollte diese Busse im Berufsverkehr und nach Einbruch der Dunkelheit meiden und ansonsten während der Fahrt wachsam sein. Die Tasche immer geschlossen (auf dem Schoß) festhalten; das Aufschlitzen von Taschen (selbst wenn man sie zwischen seinen Beinen/unter dem Sitz abgestellt hat oder auf dem Rücken trägt) ist eine gängige Praxis der Diebe.

GELD

Es gibt einige wenige *casas de cambio* (Wechselstuben) in der Neustadt an der Avenida Amazonas zwischen der Avenida Patria und der Orellana und Dutzende von Banken im gesamten Stadtgebiet.

Banco de Guayaquil (Av Amazonas nahe Veintimilla, Mariscal Sucre, Neustadt)

Banco de Guayaquil (Av Colón nahe Reina Victoria, Mariscal Sucre, Neustadt)

Banco del Pacífico (Ecke Guayaquil & Chile, Altstadt)

Banco del Pacífico (Ecke Av 12 de Octubre & Coruña, La Floresta, Neustadt)

Banco del Pichincha (Guayaquil nahe Manabí, Altstadt)

Western Union (Av de la República 450 nahe Martin Carrión, La Pradera, Neustadt)

Western Union (Av Colón 1333 nahe Foch, Colón, Neustadt)

MEDIZINISCHE VERSORGUNG

Zur Deckung eventuell anfallender medizinischer Kosten sollte man vor Reiseantritt eine Reisekrankenversicherung abschließen. Viele Ärzte und Krankenhäuser erwarten eine Bezahlung in bar.

Hospital Metropolitano (☎02-399-8000; www.hospitalmetropolitano.org; Mariana de Jesús nahe Arteta, San Gabriel, Neustadt)

VOM FLUGHAFEN INS ZENTRUM

Die Taxipreise ins Stadtzentrum sind fix und kosten 26 US$ nach Mariscal Sucre oder in die Altstadt. Hinter dem Ausgang der Zollabfertigung gibt's einen kleinen Kiosk, an dem die Preise angeschlagen sind. Je nach Tageszeit und Verkehrslage dauert die Fahrt zwischen 45 und 75 Minuten.

Halbstündlich unternimmt der Shuttlebus **Aeroservicios** (☎02-604-3500; www.aeroservicios.com.ec; Ecke Av Amazonas s/n & Av La Prensa; einfache Strecke 8 US$; ⏲Mo–Fr 3.30–23.30, Sa & So 4–22.30 Uhr) die 30-minütige Fahrt zwischen dem Flughafen und dem Parque Bicentenario (dem alten Flughafen) am nördlichen Ende der Avenida Amazonas. Von dort ist die Taxifahrt ins nur 9 km entfernte Mariscal Sucre oder die 15 km entfernte Altstadt billiger.

Die billigste, aber auch unbequemste Alternative ist der öffentliche Bus (2 US$) vom/zum **Busbahnhof Río Coca** (Río Coca nahe Las Hiedras) nördlich von Mariscal Sucre.

Hospital Voz Andes (☎02-397-1000; www.hospitalvozandes.org; Villalengua Oe2-37 nahe Av 10 de Agosto, La Carolina, Neustadt)

Dr. John Rosenberg (☎099-973-9734, 02-252-1104; rosenberg.john@gmail.com; Foch 476 nahe Almagro)

NOTFALL

Polizeiwache (☎02-244-7070; Amazonas N35-115, Parque La Carolina, Neustadt; ⏲24 Std.) Am westlichen Rand des Parque La Carolina

Servicio de Seguridad Turística (Touristenpolizei; ☎02-295-5785; Chile zw. Moreno & Venezuela, Plaza Grande, Altstadt; ⏲10–18 Uhr)

POST

Post (Karte S. 632; www.correosdelecuador.gob.ec; Ecke Reina Victoria & Av Colón, Mariscal Sucre, Neustadt; ⏲Mo–Fr 8–18, Sa & So bis 12 Uhr)

TOURISTENINFORMATION

Instituto Geográfico Militar (IGM; Karte S. 628; ☎02-397-5100; www.igm.gob.ec; Seniergues E4-676 nahe Gral Telmo Paz y Miño, Eugenio Espejo, Neustadt; ⏲Landkartenverkaufsraum Mo–Do 7.30–16.30, Fr 7–15 Uhr) Gut für Landkarten von verschiedenen Gebieten Ecuadors.

Quito Tourism (Corporación Metropolitana de Turismo; Karte S. 622; ☎02-257-2445; www.quito-turismo.gob.ec; Venezuela nahe Espejo, Plaza Grande, Altstadt; ⏲Mo–Sa 9–18, So 9.30–16.30 Uhr; 📶)

Touristeninformation (☎02-281-8363; Flughafen @auito-tourismo.gob.ec; Aeropuerto Internacional Mariscal Sucre) Am Flughafen.

Touristeninformation (☎02-382-4815; quitumbre @quito-turismo.gob.ec; Terminal Terrestre Quitumbre) Am Terminal Terrestre Quitumbre.

Touristeninformation (Karte S. 632; Ecke Reina Victoria & Foch; ⏲Mo–Sa 9–18 Uhr) Kleiner Kiosk an der Plaza Foch in Mariscal Sucre.

An- & Weiterreise

BUS

Quito besitzt zwei Hauptbusbahnhöfe (und einen kleineren dritten), die Ziele im ganzen Land bedienen. Alle liegen weit außerhalb des Zentrums. Für die Anfahrt braucht man mit öffentlichen Verkehrsmitteln mindestens eine Stunde und mit dem Taxi 30 Minuten oder mehr.

Terminal Terrestre Quitumbe

Vom 10 km südwestlich der Altstadt gelegenen **Terminal Terrestre Quitumbe** (Ecke Cóndor Ñan & Sucre) fahren Busse in die zentralen und südlichen Anden, in die Küstengebiete und den Oriente (z. B. nach Baños, Cuenca, Guayaquil, Coca und – abgesehen von Otavalo und Mindo – zu den meisten Zielen, die Traveller interessieren könnten). Um hinzukommen, nimmt man den Trole-Bus Richtung Süden bis zur Endhaltestelle. Die Taxifahrt kostet ca. 12 bis 15 US$. An diesem Busbahnhof gibt's auch eine Touristeninformation.

Terminal Terrestre Carcelén

Der im Norden gelegene **Terminal Terrestre Carcelén** (Av Eloy Alfaro s/n) bedient Otavalo, Ibarra, Mindo, Santo Domingo, Tulcán und andere Ziele im Norden. Um hinzukommen, nimmt man den Trole-Bus Richtung Norden bis zur Endhaltestelle Carcelén. Die Taxifahrt kostet ca. 10 bis 15 US$.

Terminal Terrestre La Ofelia

Der im Norden gelegene **Terminal Terrestre La Ofelia** (Ecke Vásquez de Cepeda & de los Arupos) bedient Ziele nordwestlich von Quito wie Nanegalito und Mindo sowie Cayambe. Um hinzukommen, nimmt man den Metrobus Richtung Norden bis zur Endhaltestelle. Die Taxifahrt kostet ca. 10 US$.

FLUGZEUG

Der **Aeropuerto Internacional Mariscal Sucre** (☎02-395-4200; www.aeropuertoquito.aero) liegt 37 km nordöstlich des Zentrums von

Quito in einem breiten Tal nahe Tababela. Der moderne Flughafen besitzt die längste Rollbahn Südamerikas und (nach Cancun) den zweithöchsten Kontrollturm; der Terminal ist aber beträchtlich kleiner als der in Guayaquil. Es gibt einen Touristeninformationskiosk (S. 638) in der Ankunftshalle. Am Terminal ist auch ein Hotel, das **Wyndham Quito Airport** (☎02-395-8000; www.wyndhamquito.com; Terminal Aeropuerto Internacional Mariscal Sucre; Zi. ab 120 US$; 📶).

ZUG

Nach massiven Investitionen in das ecuadorianische **Bahnnetz** (☎1-800-873-367; http://tren-ecuador.com; Ecke Guayllabamba & Sincholagua, Estación de Ferrocarril Chimbacalle, Chimbacalle) werden wieder Passagiere in langsamer Fahrt durch eine atemberaubende Berglandschaft transportiert. Zu den angebotenen Strecken gehören der **Tren de los Volcanes** (☎1-800-873-637; www.trenecuador.com; Erw./Kind 53/37 US$; ⏲Fr–So 8–17.30 Uhr), der nach El Boliche im Parque Nacional Cotopaxi und zurück fährt, und der luxuriöse **Tren Crucero** (☎1-800-873-637; www.trenecuador.com; Erw./Kind 1650/1485 ; ⏲Di–Fr), eine vier Tage und vier Nächte dauernde Luxuszugfahrt von Quito nach Guayaquil.

Die Züge starten an Quitos schön renovierter **Estación de Ferrocarril Chimbacalle** (Bahnhof Chimbacalle; Ecke Guayllabamba & Sincholagua) 2 km südlich der Altstadt. Tickets bucht man online oder am Buchungsschalter von Quito Tourism (S. 638).

Unterwegs vor Ort

BUS

Stadtbusse (0,25 US$) fahren zwischen 6 und 21 Uhr und sind praktisch, weil man nicht nur an den markierten Haltestellen, sondern praktisch an jeder Straßenecke aus- oder einsteigen kann. Es gibt keine Liniennummern, aber die Abfahrts- und Endhaltestelle stehen an der Windschutz-

BUSSE AB QUITO

ZIEL	PREIS (US$)	DAUER (STD.)	HÄUFIGKEIT (TGL.)
Ambato	3–4	2½	alle 10 Min.
Atacames	9–10	7	6-mal
Baños	4–5	3–4	alle 30 Min. oder in Ambato umsteigen
Cayambe	2–3	2	alle 10 Min.
Coca	11–12	6 (über Jondachi), 9–10 (über Lago Agrio)	5-mal direkt oder in Lago Agrio umsteigen
Cuenca	11–13	9–10	alle 30 Min.
Esmeraldas	9	6–7	alle 30 Min.
Guayaquil	10–14	8	stündl.
Huaquillas	17	11	stündl.
Ibarra	4	2½-3	alle 15 Min.
Lago Agrio	10	7–8	alle 45 Min.
Latacunga	2	2	alle 10 Min.
Loja	18–21	14–15	stündl. oder in Cuenca umsteigen
Machala	13–14	10	stündl.
Manta	12	8–9	stündl.
Mindo	3	2	Mo–Fr 5-mal, Sa & So 9-mal
Otavalo	3	2	stündl.
Portoviejo	11	7	stündl.
Puerto López	12–13	10–11	3-mal
Puyo	8–9	5½	24-mal
Riobamba	5–6	4	alle 20 Min.
San Lorenzo	10–11	6½	5-mal
Santo Domingo	5–6	3	alle 15 Min.
Tena	7–8	5	alle 1½ Std.
Tulcán	7–8	5	alle 30 Min.

scheibe. Unbedingt sorgsam auf seine Taschen, auch die Hosentasche, achten! Die grünen Busse bedienen Außenbezirke und Vorstädte.

FAHRRAD

Das städtische Fahrrad-Sharing-Programm **BiciQuito** (Karte S. 628; ☎ 02-395-2300; www.biciquito.gob.ec; Av Amazonas N33-299 nahe Inglaterra, 1. OG, Agencia Metropolitana de Tránsito, Parque La Carolina, Neustadt; ⌚ Mo–Fr 7–19, Sa & So 8–15 Uhr) ist kostenlos, man muss sich aber bei der Agencia Metropolitana de Tránsito on Avendia Amazonas mit einem ausgefüllten (von der Website herunterzuladenden) Antragsformular und einer Farbfotokopie der Personenseite seines Reisepasses und der Seite mit dem ecuadorianischen Einreisestempel registrieren. Danach kann man sich ein Fahrrad von jeder der Verleihstationen holen.

In Quito gibt's sonntags *ciclopaseos*, bei denen wichtige Durchfahrtsstraßen für den Autoverkehr gesperrt werden.

METRO

Die erste Linie von Quitos neuer U-Bahn, der Metro de Quito (www.metrodequito.gob.ec), war zum Zeitpunkt der Recherche im Bau. Die Metro soll Quitumbe im Süden über 15 Bahnhöfe, darunter Plaza San Francisco, La Almeda, El Ejido und La Carolina, in nur 34 Minuten mit El Labrador im Norden verbinden.

TROLE, ECOVÍA & METROBUS

Quito bietet drei elektrische, rollstuhlgerechte Buslinien (0,25 US$), genannt Trole, Ecovía und Metrobus. Jede verkehrt auf einer der drei Nord-Süd-Hauptdurchgangsstraßen durch Quito und verfügt über markierte Haltestellen. Diese Linien sind dank Busspuren schnell und effizient.

Trole Fährt auf der Maldonado und Avenida 10 de Agosto mitten durchs Zentrum. Die Strecke verbindet den Busbahnhof Carcelén im Norden mit dem Busbahnhof Quitumbe südwestlich der Altstadt. In der Altstadt fahren die Trole-Busse Richtung Süden die westliche Strecke über die Guayaquil, die Trole-Busse Richtung Norden hingegen über die Flores und Montúfar.

Ecovía Fährt weiter östlich auf der Avenida 6 de Diciembre zwischen Río Coca (wo man Anschluss zu einem Bus zum Flughafen hat) im Norden und dem Busbahnhof Quitumbe (Süden).

Metrobus Fährt auf der Avenida América zwischen dem Busbahnhof La Ofelia (Norden) und dem Busbahnhof Quitumbe (Süden).

RUND UM QUITO

☎ 02

Quito ist ein großartiger Ausgangspunkt zur Erkundung der herrlichen Landschaft und Artenvielfalt in der Region, die man bei ausgezeichneten Tagesausflügen zu Vulkanen und abgelegenen Waldschutzgebieten erkunden kann. Auf langen Tagesausflügen lassen sich auch Südamerikas legendärster Markt (Otavalo), der Vulkan Cotopaxi, die Nebelwälder rund um Mindo und die Thermalquellen von Papallacta (auf dem Weg in den Oriente) besuchen.

La Mitad del Mundo

Vielleicht wegen des Kinderglaubens, dass dort wirklich eine Linie um den Erdball gezogen wurde, oder weil ein Besuch am Äquator einfach ein Punkt auf der Wunschliste ist, der abgearbeitet werden muss wie ein Fallschirmsprung oder eine Bootstour nach Antarktika, hat sich die sogenannte „Mitte der Welt“ zu einem zirkusartigen Touristenziel entwickelt. Es gibt hier Stände mit Essen und Kunsthandwerk, Menschenmassen an den Wochenenden und eine Reihe von Attraktionen, von denen die meisten nichts mit dem Äquator zu tun haben.

Sehenswertes

Mitad del Mundo WAHRZEICHEN

(Mitte der Welt; www.mitaddelmundo.com; Av Galarza, Km 13,5; Erw./Kind 5/2,50 US$; ⌚ 9–18 Uhr) Im Zentrum von Mitad del Mundo steht die Hauptattraktion des Parks: ein 30 m hohes, trapezförmiges **Monument** aus Stein, das von einem Messingglobus mit einer Aussichtsplattform und einem Museum bekrönt wird, das mithilfe von Dioramen, Trachten und Fotos eine gute Einführung in die indigenen Völker Ecuadors vermittelt. In den unteren Etagen finden sich neue interaktive Ausstellungen zu den wissenschaftlichen Fakten, die hinter den Mythen über den Äquator stehen.

Museo Solar Inti Ñan MUSEUM

(http://museointinan.com.ec/en/; Erw./Kind 4/2 US$; ⌚ 9.30–17 Uhr) Ein paar hundert Meter nördlich ds Eingangs zum Hauptkomplex von Mitad del Mundo bietet dieses amüsante Museum im Gelände verteilte Exponate zu astronomischen Aspekten der Geografie und Erklärungen zur Bedeutung der geografischen Lage Ecuadors. Eines der Highlights ist der „Sonnenchronometer“, ein 1865 gebautes einmaliges Instrument, das die genaue astronomische Zeit und die Normalzeit sowie den Monat, den Tag und die Jahreszeit nur mithilfe der Sonnenstrahlen anzeigt.

ABSTECHER

PAPALLACTA

Im dampfenden, heilkräftigen Wasser der Bäder in diesem winzigen Dorf kann man die müden Muskeln entspannen und die Kälte der großen Höhe bekämpfen. Mehr als ein Dutzend funkelnde Pools bieten in den Termas de Papallacta das luxuriöseste Thermalbad-Erlebnis des Landes. Der Haupt-Spa-Komplex liegt 3 km oberhalb des Dorfs Papallacta und ist einen guten Tagesausflug, d.h. 67 km (2 Std.), von Quito entfernt. Man muss sich auf kalte Nächte und intensive Sonnenstrahlung einstellen.

Die **Termas de Papallacta** (06-289-5060; www.termaspapallacta.com) sind die hiesige Hauptattraktion, aber auch die folgenden Orte (sortiert ab der Quito–Baeza-Straßenkreuzung im Dorf Papallacta) haben Thermalpools: **La Choza de Don Wilson** (06-289-5027; www.hosteriachozapapallacta.com; Hauptgerichte 5–9 US$; 8–22 Uhr;), die **Hostería Pampallacta Thermales** (06-289-5014; www.pampallactatermales.com; EZ/DZ mit Frühstück ab 36/75 US$;) und das **Hostal Antisana** (06-289-5016; EZ/DZ mit Frühstück 20/40 US$;).

Aus Quito fahren gelegentlich Direktbusse nach Papallacta, aber alle Busse, die aus Quito in Richtung Baeza, Tena oder Lago Agrio fahren, können einen in dem kleinen Dorf absetzen.

An- & Weiterreise

Quito dehnt sich fast die gesamten 22 km nordwärts bis nach La Mitad del Mundo aus. Man kommt leicht mit öffentlichen Verkehrsmitteln hin: Aus der Stadt fährt man mit dem Metrobus (0,25 US$) nordwärts bis zur Endstation am Busbahnhof Ofelia und steigt dort in den deutlich gekennzeichneten Bus nach Mitad del Mundo (0,40 US$) um. Die gesamte Fahrt dauert eine bis 1½ Stunden.

Volcán Pululahua

Die 3383 ha große **Reserva Geobotánica Pululahua** (Ecke Kingman & Galarza; 8–17 Uhr) GRATIS liegt rund 4 km nordwestlich von La Mitad del Mundo. Der interessanteste Teil des Schutzgebiets ist der Krater des erloschenen Vulkans Pululahua. Das Gebiet bildete sich in uralter Zeit, als der Kegel des Vulkans kollabierte und einen riesigen Krater von etwa 400 m Tiefe und einem Durchmesser von 5 km hinterließ.

Der ebene, fruchtbare Boden des Kraters wird landwirtschaftlich genutzt. Der Krater ist nach Westen hin offen, sodass feuchte Winde vom Pazifik spektakulär in ihn hineinblasen; manchmal ist wegen der herumwirbelnden Nebel- und Dunstschwaden kaum etwas von dem Krater zu sehen. Die feuchten Winde schaffen in Verbindung mit den steilen Kraterwänden verschiedene Mikroklimazonen, weshalb die Vegetation an den fruchtbaren Vulkanhängen nicht nur üppig, sondern auch vielfältig ist. Es gibt hier viele Blumen- und auch diverse Vogelarten.

Am einfachsten lässt sich der Eingang der Reserva Geobotánica Pululahua (gleich vor dem Mirador de Ventanillas) im Rahmen einer günstigen organisierten Tour erreichen Die meisten machen die Tour ab Quito, die dann auch einen Besuch von Mitad del Mundo einschließt, doch lassen sich solche Touren auch direkt in Mitad del Mundo arrangieren. Ein Taxi von Mitad del Mundo kostet rund 5 US$. Die öffentlichen Busse, die nach San Miguel de los Bancos fahren, können einen in einer Entfernung von 20 Gehminuten zum Eingang des Schutzgebiets absetzen.

NÖRDLICHES HOCHLAND

Man folgt der sich schlängelnden Panamericana vorbei am blumenübersäten Cayambe zu der munteren Marktstadt Otavalo und den umliegenden indigenen Dörfern. Während der Hauptkamm der Anden nördlich von Quito abknickt, findet man von Vulkangipfeln unterbrochene Täler, in denen Blumenfarmen und Zuckerrohrfelder liegen. Dies ist das pulsierende Herz von Ecuador und eine Wiege der Andenkultur: Kunsthandwerker produzieren ihre Waren hier nach Verfahren, an denen sich seit Jahrhunderten nichts geändert hat. Besucher finden hier einige der besten Angebote des Landes, von Lederwaren bis zu traditionellen Webarbeiten.

Im Westen gehen die Landschaften des Hochlands in feuchtheißes Tiefland über. In dieser reichen Übergangszone blühen Kaffeeplantagen im spektakulären, aber politisch umkämpften Valle de Intag. Weiter südlich ist das entspannte Mindo eine Ausgangsbasis für Vogelbeobachtungstouren, Wanderungen und Flussfahrten. Wer tiefer in die Natur vordringen will, findet überall abgelegene Dschungel-Lodges. In diesem Gebiet kann man Abenteuer abseits gebahnter Pfade erlegen und nachhaltige, gemeindebasierte Tourismusinitiativen und Gelegenheiten zu Freiwilligenarbeit sind ganz in der Nähe.

Mindo

☎02 / 4000 EW. / 1250 M

In Mindo dreht sich eigentlich alles um Vögel. Am Ortseingang begrüßt Besucher die Statue eines Andenklippenvogels und auf der zentralen Plaza ist ein gigantischer gemalter Kolibri zu sehen. Vogelfreunde aus aller Welt kommen, um die vielen verschiedenen Vogelarten in diesem sehr besonderen Tal und drum herum zu bewundern.

Mit seiner hübschen Lage inmitten bewaldeter Berge ist das kleine *pueblo* (Kleinstadt) zu einem zu Recht beliebten Ziel für Backpacker geworden. Mindo liegt bequem gleich abseits der Hauptstraße zwischen Quito und Esmeraldas; eine kurvenreiche Straße führt hinunter in das ziemlich zusammengewürfelte, aber absolut liebenswerte Ortszentrum. Dort erwarten einen sinnliche Genüsse von aromatischen Kaffees bis zu Schokoladen, die die Geschmacksnerven kitzeln und in der Nase prickeln (Thementouren werden zu beidem angeboten). Wanderer und Wochenendurlauber strömen nicht nur aus Quito hierher, und die Einheimischen bieten eine erstaunliche Palette von Aktivitäten (Rafting, Tubing, Seilrutschen) an, mit denen man den umliegenden Nebelwald auch sportlich genießen kann.

Sehenswertes & Aktivitäten

Tarabita SEILBAHN

(Straße nach Cascada de Nambillo; 5 US$; ⏲Di–So 8.30–16 Uhr) Diese einmalige, kleine, von einem Automotor (von einem Nissan von 2002) angetriebene Seilbahn bringt einen hoch über ein üppig grünes Flussbecken und über dichten Nebelwald hinüber zum Bosque Protector Mindo-Nambillo, wo man zu einer Reihe von Wasserfällen wandern kann. Dabei gleitet der Drahtkorb an Stahlseilen in 152 m Höhe über dem Boden dahin – nichts für Leute mit Höhenangst! Zum Ticket erhält man eine Karte mit den Wanderrouten. Die Cascada Nambillo ist der am nächsten (2 km) gelegene Wasserfall, aber wirklich lohnend ist die Serie der sechs Wasserfälle Ondinas, Guarumos, Colibrí, Madre, Maderos und Reina.

Mariposario de Mindo SCHMETTERLINGSFARM

(☎099-920-2124; www.mariposasdemindo.com; Via al Mariposario; 7,50 US$; ⏲9–16 Uhr; P 🚸) Mindos bester Schmetterlingsgarten wirkt wie eine Farbenfabrik mit langsam schwingenden Fächern – ein herrliches Kaleidoskop. Man sollte in den wärmsten Stunden, (gegen 11 Uhr) kommen, weil dann die Schmetterlings am aktivsten sind. Bei Regen ruhen sie, und man darf mit seinem Ticket an einem anderen Tag wiederkommen. Kinder lieben es, auf die Beobachtungstürme zu klettern und die riesigen Koi zu füttern.

Mindo Canopy Adventure ABENTEUERSPORT

(☎099-453-0624; www.mindocanopy.com; Via las Cascadas, Km 2,5; 2½-std. Rundkurs pro Erw./Kind 20/12 US$) Auf halber Strecke die Straße zur *tarabita* (Seilbahn) hinauf bietet dieser lange existierende costarikanische Veranstalter zehn verschiedene Seilrutschen von 20 bis 400 m Länge, an denen man über die Bäume sausen kann – bei Regen rutscht es sich schneller.

Vogelbeobachtung

Mit mehr als 500 Vogelarten ist das Gebiet um Mindo zu einem wichtigen Ziel für Vogelbeobachter geworden. Wer aber einen Rotkopftschatschalaka nicht von einer Rotstirnwachtel unterscheiden kann und sich auch nur beiläufig für Vögel interessiert, kann auf eigene Faust die Wege von der Casa Amarilla (Gelbes Haus) aus erkunden, die sich ein paar Blocks vom *parque central* entfernt befindet. Neben vielen verschiedenen Vogelarten wollen Einheimische hier schon Pumas, Brillenbären und Affen erspäht haben.

Wissen sollte man, dass Vögel zu beobachten eine Aktivität für Frühaufsteher ist und zwischen 6 und 10 Uhr stattfindet. Die besten Vogelbeobachtungen kann man zudem nicht in Mindo selbst, sondern in privaten Schutzgebieten machen, die meist Eintritt erheben und sich über die Gegend verteilen. Um zu ihnen zu gelangen, muss man teils nur ein Stück wandern, teils sind sie aber auch bis zu zwei Fahrtstunden entfernt.

Vor Ort gibt's viele kompetente professionelle Führer. Die meisten berechnen mindestens 50 bis 75 US$ je nach Gruppengröße und dem jeweiligen Schutzgebiet; die Summe kann bis auf 100 US$ und mehr pro Tag steigen.

Irman Arias (099-170-8720; www.mindobirdguide.com)

Julia Patiño (098-616-2816; www.mindobirdwatching.wordpress.com)

Danny Jumbo (099-328-0769; www.mindobirding.com)

Schlafen & Essen

Caskaffesu PENSION $

(099-386-7154, 02-217-0100; www.caskaffesu.net; Sixto Duran Ballen nahe Av Quito; Zi. mit Frühstück 25–30 US$/Pers.;) Das von einem freundlichen Ecuadorianer geführte Caskaffesu ist ist ein hübsch entspanntes Refugium gleich abseits der Hauptstraße im Ortszentrum. Die zweistöckigen, bunt angestrichenen Adobe-Zimmer haben eine leicht mediterrane oder koloniale Anmutung und umgeben einen kleinen, begrünten Hof. In dem Komplex gibt's auch ein behindertengerecht ausgestattetes Zimmer mit Zugangsrampe und Dusche.

★ **El Monte Sustainable Lodge** LODGE $$$

(02-217-0102, 099-308-4675; www.ecuadorcloudforest.com; Hütte inkl. Mahlzeiten & Aktivitäten 140 US$/Pers.;) Das von einem freundlichen und kenntnisreichen US-amerikanisch-ecuadorianischen Ehepaar geführte El Monte ist ein schönes, umweltbewusstes Refugium mit sechs privaten Hütten am Fluss, die mit viel Holz und natürlichen Farbtönen zeitgenössisch gestaltet sind. Drei Hütten bieten Platz für bis zu vier Personen und verfügen über Badewannen. Die Anlage liegt 3 km südlich von Mindo an einer kurvenreichen unbefestigten Piste; man erreicht sie mit einer *tarabita* über den Río Mindo.

★ **Casa Divina** HÜTTE $$$

(099-172-5874; www.mindocasadivina.com; EZ/DZ mit Frühstück & Abendessen 140 US$;) Der kleine Komplex aus zweistöckigen Holzhütten 2 km außerhalb des Ortes empfiehlt sich durch Abgeschiedenheit und Beschaulichkeit mit einem Hauch von Luxus. Von den Hängematten auf den Veranden kann man die Vögel beobachten und dank der Wege auf dem Gelände sein Beobachtungsgebiet auch bequem ausweiten. Die Inhaber sind führend an der örtlichen Initiative für nachhaltigen Tourismus beteiligt, sparen aber nicht am Komfort, wie das köstliche Frühstück mit Bananenpfannkuchen und Yucca-Brot beweist.

Essen

★ **Mishqui Quinde Heladería** CAFÉ $

(Vicente Aguirre Ecke Gallo de la Peña, „Gourmet Avenue"; Eiscreme 2 US$; Mi–Mo 11.30–19 Uhr) Oswaldo ist von seinem alten Van in ein Lokal umgezogen, aber immer noch dreht sich alles um Quinoa: in den Burgern (4–5 US$), im Pudding, im hausgemachten Sorbet und den Shakes, die man z. B. mit Brombeere, Schokolade oder Passionsfrucht aromatisiert bekommt. Der Drink Cuicocha Lake mit fünf Säften ist ein Hit, der Schokoladenlikör aber auch nicht zu verachten.

★ **Yumbo's Chocolate** CAFÉ $

(098-000-4417, 099-063-6345; www.yumboschocolate.com; Av Quito; 8–21 Uhr) Der Inhaber Claudio Ponce arbeitet mit Mujeres Para El Futuro (Frauen für die Zukunft) zusammen, einer nur aus Frauen bestehenden Kooperative von Kakao-Bäuerinnen in der Nähe von Timbiré, und bringt so die Hitze der Pazifikküste mit der wohlschmeckendsten *chocolate caliente* in Mindo direkt in den Trinkbecher. Im Laden gibt's eine kurze Schoko-Führung (8 US$) auf Spanisch oder Englisch und sogar ein Schoko-Stout von der Pileus-Brauerei in Quito.

El Quetzal ECUADORIANISCH $$

(www.elquetzaldemindo.com; Av 9 de Octubre; Hauptgerichte 7–12 US$; 8–21 Uhr;) Das entspannte Café und Restaurant ist mit Abstand das größte vor Ort (was immer das auch heißen mag) und verkauft (an einem praktischen Probiertisch) Kaffeebohnen und Schokolade aus regionaler Produktion. Das Lokal serviert hervorragenden Kaffee, Frühstücksgerichte und Sandwiches sowie einige ecuadorianische Hauptgerichte. Besonders stolz ist die US-amerikanische Betreiberin auf ihre berühmten Brownies.

Praktische Informationen

Der Geldautomat von San Miguel de los Bancos akzeptiert die meisten Mastercard- und Maestro-, aber keine Visa-Karten. Der Geldautomat der Banco Pichincha an der Plaza akzeptiert Visa- und auch die meisten anderen ausländischen Karten.

An- & Weiterreise

Die Cooperativa Flor de Valle betreibt täglich mehrere Busse nach Quito (3,10 US$, 2½ Std., Mo–Fr 6.30, 11, 13.45, 15 & 17 Uhr), die vom

Busbahnhof an der Av Quito (von der Hauptplaza ein paar Blocks den Hügel hinauf) starten – man kann mit diesen Bussen auch bis Nanegalito (1,50 US$) und dort mit einer *camioneta* (Pickup oder Kleinlastwagen) zu anderen Zielen in der Gegend fahren.

Taxis, die reguliert zu Festpreisen fahren, reihen sich an der Hauptplaza direkt neben dem riesigen Kolibri. Die Fahrt nach Quito kostet 60 US$, zum Flughafen 80 US$ und nach Otavalo im Nordosten 150 US$.

Otavalo

☎06 / 48 700 EW. / 2550 M

Der Markt von Otavalo ist legendär, sollte aber nicht der einzige Grund sein, in diese bezaubernde Kleinstadt in den Anden zu fahren. Der muntere kleine Ort, dessen Bürgersteige in den Farben der Landesfahne rot, gelb und blau gepflastert sind, ist eine perfekte Ausgangsbasis für Wanderungen in der Region (Cotacachi, Peguche) oder für Zugfahrten (Ibarra, Salinas) und hat auch genug interessante Restaurants und Cafés, um die Geschmacksnerven ein paar Tage zu beschäftigen. Jede Woche wird es zwei Tage lang auf dem Friedhof munter, wenn die Einwohner ihre verstorbenen Verwandten mit bunten Blumen und herzhaften Mahlzeiten ehren. In der Stadt gibt's auch eine Brauereikneipe und ein paar lustige Wochenend-Bars. Oh, ja, und dann ist da natürlich noch der Markt.

Sehenswertes

Der **Markt** (Plaza de Ponchos) ist der Grund, weshalb alle in die Stadt strömen. Seit Jahrhunderten ist Otavalo Standort eines der wichtigsten Märkte in den Anden, einer wöchentlich stattfindenden Fiesta zu Ehren der Götter des Handels. Die Händler verhökern eine schwindelerregende Masse von Kunsthandwerk, aber auch immer mehr gefälschte Importware. Samstag ist der große Tag, aber der Markt läuft eigentlich die ganze Woche.

Kunsthandwerksmarkt MARKT
(Plaza de Ponchos; 👪) Jeden Tag bieten Verkäufer auf der Plaza de Ponchos, dem Zentrum des Kunsthandwerksmarktes, Wollwaren an, z.B. Teppiche, Wandteppiche, Decken, Ponchos, Pullover, Schals, Handschuhe und Hüte, sowie bestickte Blusen, Hängematten, Schnitzereien, Perlen, Gemälde, gewebte Matten und Schmuck aus der Taguanuss (auch bekannt als Steinnuss) an. Wirklich spannend wird es am Samstag, dem offiziellen Markttag, wenn sich der Markt in die angrenzenden Straßen und im halben Stadtzentrum ausbreitet.

Kurse

Mundo Andino SPRACHE
(☎06-2921-864; www.mandinospanishschool.com; Bolívar 816 nahe Calderon, 3. OG; Einzel-/Gruppenkurs 7,75/5,75 US$ pro Std.) Die ausgezeichnete Sprachschule bietet von Montag bis Freitag Kurse, Unterbringungen bei örtlichen Gastfamilien und langfristige Arbeitsgelegenheiten für Freiwillige, bei denen man sein Spanisch so richtig lernen und anwenden muss. Die Schule veranstaltet auch Exkursionen rund um Otavalo.

Geführte Touren

★ **Runa Tupari Native Travel** KULTUR, OUTDOOR
(☎06-292-2320, 099-728-6756; www.runatupari.com; Sucre 14–15 zw. Quito & Quiroga; ⏲Mo–Sa) 🍃 In Zusammenarbeit mit ländlichen indigenen, Mestizen- und afroecuadorianischen Gemeinden (Mestizen sind Personen mit gemischter indigener und spanischer Abkunft) bietet der zu Recht renommierte und respektierte Veranstalter eine Reihe von Sightseeing-, Wander-, Reit- und Fahrradtouren. Ländliche Privatunterkünfte gibt's für 35 US$ pro Nacht, dazu diverse Optionen für Freiwilligenarbeit (mind. 15 Tage; 15 US$/Tag inkl. Zi. und VP).

Feste & Events

Fiesta del Yamor KULTUR
(⏲Sep.) Otavalos bekanntestes Festival findet in den ersten zwei Septemberwochen oder auch etwas länger zu Ehren der Herbsternte statt. Eine gewählte Königin überwacht Prozessionen, es gibt Livemusik, Tanz und Feuerwerk. Die feiernde Meute trinkt jede Menge *chicha de yamor* – sieben Sorten Mais werden langsam zusammen erhitzt, um dieses ungewöhnliche nichtalkoholische Getränk herzustellen (noch länger fermentierte Versionen enthalten Alkohol).

Schlafen

★ **Hostal Riviera-Sucre** PENSION $
(☎06-292-0241; www.rivierasucre.com; Ecke García Moreno 380 & Roca; EZ/DZ/3BZ/4BZ 25/40/60/75 US$; @📶) Die Preise sind ein wenig gestiegen, aber Freddys charmante Zimmer

Otavalo

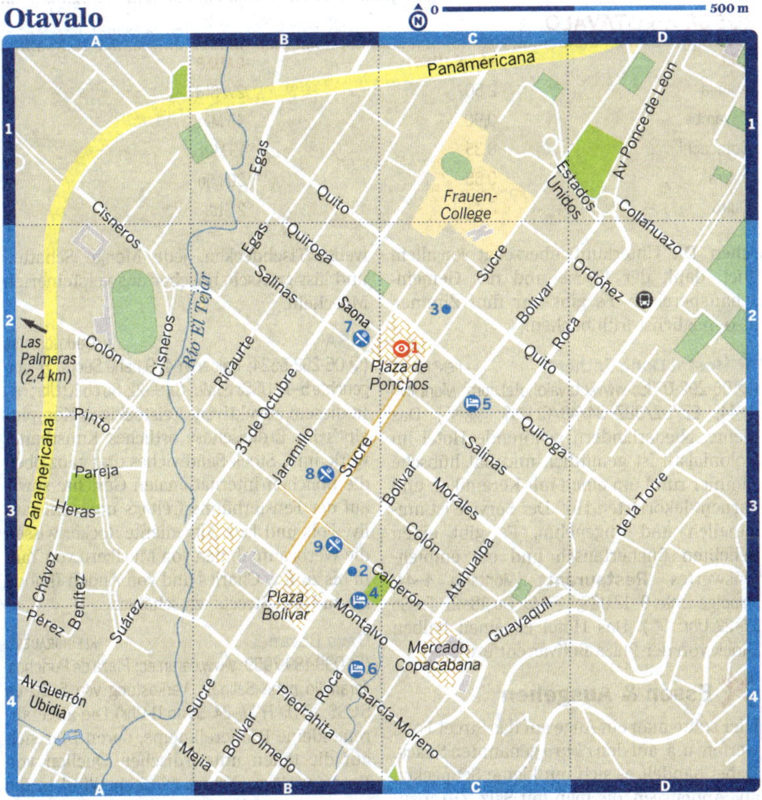

Otavalo

Sehenswertes
1 Kunsthandwerksmarkt C2

Aktivitäten, Kurse & Touren
2 Mundo Andino B3
3 Runa Tupari Native Travel C2

Schlafen
4 Hostal Doña Esther B3
5 Hostal El Andariego C2
6 Hostal Riviera-Sucre B4

Essen
Árbol de Montalvo .... (siehe 4)
7 La Cosecha Coffee Shop B2
8 Oraibi B3
9 SISA B3

Ausgehen & Nachtleben
Cava Caran .... (siehe 7)

Shoppen
Markt .... (siehe 1)

mit Holzböden und hohen Decken sind immer noch zu empfehlen. Sie liegen um einen schönen Innenhof mit einem schönen Springbrunnen in der Mitte, einem prächtigen Arupa-Baum und Hängematten. Mahlzeiten und Kaffee kann man sich in der Gemeinschaftsküche zubereiten und anschließend im blumengeschmückten Garten genießen. An Wochenenden ist eine Reservierung unerlässlich.

Hostal El Andariego HOSTAL $
(☎ 62-924-510, 099-594-1029; Bolívar zw. Salinas & Quiroga; Zi. mit/ohne Bad 13/11 US$; 📶) In einem *hostal* (kleines, günstiges Hotel) direkt über einem Büro des Roten Kreuzes kann man sich nur sicher fühlen. Diese neue Unterkunft in Otavalo ist sauber, kompakt und freundlich. Die glatten Zedernholzböden sind etwas rutschig, die Betten aber bequem, und es gibt auch Warmwasserdu-

BUSSE AB OTAVALO

ZIEL	PREIS (US$)	DAUER
Apuela	2,50	2½ Std.
Cayambe	0,90	45 Min.
Cotacachi	0,35	15 Min.
Ibarra	0,55	30 Min.
Quito	2	2 Std.

schen. Die Unterkunft überzeugt vor allem auch dank der Küche und des Gemeinschaftsbereichs. Es gibt nur fünf Zimmer, also möglichst früh buchen!

★ Hostal Doña Esther PENSION **$$**
(☎06-292-0739; www.otavalohotel.com; Montalvo 4-44; EZ/DZ/3BZ 34/49/61 US$; @📶) Das kleine, Niederländern gehörende Hotel im Kolonialstil ist gemütlich und hat hübsche Zimmer rund um einen mit Keramiken und Farnen dekorierten Hof. Der Service ist umgänglich und angenehm. Es gibt einen beliebten Büchertausch und ein empfehlenswertes **Restaurant** (Montalvo 4-44; Hauptgerichte 9-12 US$; ⏲Mo-Do 18-21, Fr-So 12-22 Uhr; 🖉). Das Hotel ist einen halben Block von der Plaza Bolívar entfernt.

Essen & Ausgehen

Hier sollte man ein Auge auf das Street Food werfen, u. a. auf den *churo* genannten Snack. Dabei handelt es sich um kleine Schnecken aus Andenseen, die man mit Salz, Zitronensaft und Zwiebeln in kleinen Beuteln erhält und als Imbiss aus den Schalen saugt.

★ La Cosecha Coffee Shop CAFÉ **$**
(www.lacosechaec.com; Jaramillo nahe Salinas; Plaza de Ponchos; Sandwiches 4-8 US$; ⏲Mo-Sa 9-20, So bis 18.30 Uhr; 📶) Das moderne Café mit Backsteinmauern im Santa-Fe-Stil und minimalistischem Design gehört einem amerikanischen Expat und würde in einem coolen Viertel von NYC nicht auffallen (es gibt sogar Bagels!). Sandwiches aus hausgemachter Focaccia werden mit lokalen Zutaten belegt; die Cappuccinos und die heißen Schokoladen sind wirklich gut.

Oraibi VEGETARSCH **$**
(Ecke Sucre & Colón; Hauptgerichte 5-11 US$; ⏲Mi-Sa 17-23 Uhr; 🖉) Im Innenhof einer alten Hacienda mitten im Zentrum findet man diese charmante Vegetarier-Oase. Im schick-rustikalen Ambiente kommen hier Pizzas, Sandwiches, Salate und Tortillas auf den Tisch. Draußen im großen Garten gibt's weiße Tischdecken, jede Menge Schatten und lässige Aschenbecher aus versteinerten Muscheln.

SISA INTERNATIONAL **$$**
(☎06-292-5624; Calderón 4-9 nahe Sucre; Hauptgerichte 5-12 US$; ⏲Mo-Sa 9-22, So ab 10 Uhr; 📶) In diesem attraktiven dreistöckigen Komplex gibt's im Erdgeschoss örtliches Kunsthandwerk, im 1. Stock Sandwiches und ganz oben die üblichen internationalen Gerichte sowie auf der Fensterbühne freitags und samstags live Folk und Jazz. Altgediente Rocker wissen die Werbeaufnahmen von Musikern von Yanni bis zu Ray Charles und von Anden-Ikonen bis zu Dire „Streets" zu schätzen.

Cava Caran KLEINBRAUEREI
(☎099-189-7959; www.caran.ec; Plaza de Ponchos, Jaramillo nahe Salinas; Verkostung von 5 Bieren 5 US$; ⏲Di-Fr 17-24, Sa ab 11 Uhr) Die abgefahrene kleine Brauereikneipe, deren Bier sich auf die tiefen unterirdischen Quellen von Ibarra verlässt, bringt frischen Wind in die gastronomische Szene von Otavalo. Weiße Lehmziegelwände, Wandmalereien und minimalistisch Holzmöbel machen die Kneipe zu einem coolen Treff für Einheimische und Reisende, und alle paar Wochen geht's beim „Rave Andino" so richtig ab.

An- & Weiterreise

Otavalo ist gut an Quito angebunden und zugleich der wichtigste Transportknoten für die kleineren Ortschaften und Dörfer im nördlichen Hochland. Der geschäftige **Busbahnhof** (Ecke Atahualpa & Ordóñez) liegt an der Atahualpa und der Ordóñez, nur ein paar Blocks von der Plaza de Ponchos entfernt.

Um nach Tulcán und zur kolumbianischen Grenze zu gelangen, fährt man nach Ibarra und steigt dort in einen anderen Bus um.

Rund um Otavalo

☎06 / 48700 EW.

Das rechteckige Muster grüner Felder zieht sich an den steilen Flanken der Berge hinauf, die Otavalo umgeben und für Besucher eine kreislaufanregende Anstrengung bereithalten, die mit einer weiten Aussicht belohnt wird. Wanderer sollten sich die spektakulären **Lagunas de Mojanda** nicht entgehen lassen. Das 17 km südlich von Otavalo gelegene Gebiet wurde 2002 unter Schutz gestellt und ist seither zu einem beliebten Ziel von sonntäglichen Familienausflügen geworden. Wer übernachten will, sollte an der Südseite des größten Sees, der Laguna Grande, sein Zelt aufschlagen oder sich in der schlichten Schutzhütte aus Stein einrichten (Schlafsack und Verpflegung mitbringen). Die Tourveranstalter in Otavalo organisieren Kajakausflüge hierher. Die meisten Leute ziehen es aber vor, um die funkelnden Gewässer zu wandern.

Versteckte Haziendas, die einst die prächtigen Mittelpunkte des kolonialen Lebens waren, laden heute Traveller ein, ihre ausgedehnten Anwesen zu erkunden. Dann findet man hier noch die **Laguna de San Pablo**, Ecuadors größten See, ein eher domestiziertes Ambiente mit Tretbooten und Hotels am gepflegten Ufer. Kunden äußern sich begeistert über die Ausritte und therapeutischen Maßnahmen mit Pferden, die das Deutschen gehörende **4 Volcanoes** (www.4volcanoes.com; San Pablo del Lago) anbietet.

Die nordöstlich von Otavalo gelegenen Dörfer Peguche, Agato und Ilumán sind bekannt für ihre Weber-Werkstätten; Ilumán zudem für seine 120 Mitglieder zählende Schamanen-Vereinigung. Nur 6 km weiter lohnt Atuntaqui einen Besuch nur wegen des **Museo Fábrica Textil Imbabura** (☎06-253-0240; Abdon Calderon Ecke Junin, La Parroquia de Andrade Marín; Erw./Kind 3/1,50 US$; ⊙Mi–Fr 9–17, Sa & So 10–18 Uhr). Die genannten Dörfer lassen sich bequem mit einem Tourveranstalter in Otavalo erkunden, denn die Touren kosten nicht viel mehr als eine lange Taxifahrt. Die meisten Dörfer sind aber auch recht leicht mit öffentlichen Bussen zu erreichen.

Schlafen

★La Luna PENSION $$

(☎099-829-4913, 099-315-6082; www.lalunaecuador.info; Stellplatz 8 US$, B 14 US$, EZ/DZ 30/47 US$, ohne Bad 22/38 US$; P) Hinter Reihen von Maisfeldern 4,5 km südlich von Otavalo an dem langen Weg aufwärts zu den Lagunas bietet das La Luna budgetbewussten Travellern eine unbezahlbare Aussicht. Die Gäste speisen im gemütlichen Haupthaus, wo sich die Abende rund um den Kamin abspielen. Die Duschen haben Warmwasser, und zwei der Doppelzimmer ein eigenes Bad und einen Kamin. Für Wanderungen können Lunchpakete bereitgestellt werden.

★Hostería La Mirage HOTEL $$$

(☎06-291-5237; www.mirage.com.ec; 10 de Agosto Prolongacion; Zi./Suite mit Frühstück & Abendessen 295/350 US$; P) Eines der feinsten Hotels Ecuadors liegt hinter einer unbefestigten Zufahrtsstraße, Eisengittern, weißen Kuppeln und säulenbestandenen Eingängen, hinter denen Pfauen auf dem Rasen stolzieren. Wer sich ernsthaft in einem schönen Anden-Ambiente verwöhnen lassen will, ist im La Mirage richtig. Man findet hier exquisites Louis-XIV-Dekor mit originalen Gemälden, Himmelbetten, Blumenbouquets und Luxusbettwäsche.

★Casa Mojanda HÜTTEN $$$

(☎098-033-5108, 06-304-9253; www.casamojanda.com; Via Lagunas de Mojanda; EZ/DZ/3BZ/4 BZ mit Frühstück 115/134/164/176 US$, mit Kamin 10 % Aufschlag; P) An der Straße zu den Lagunas de Mojanda liegt dieser liebenswerte Gasthof mit prächtiger Aussicht ins steile andine Farmland. Die netten Lehmziegelhütten sind mit elektrischen Heizgeräten und Badezimmern mit Warmwasser ausgestattet. Nach einem mit Wandern oder Ausreiten verbrachten Tag kann man sich draußen in den Whirlpool setzen. Eine hübsche Hütte ist als Bibliothek/Arbeitszimmer ausgewiesen, eine andere ist ideal für Familien.

An- & Weiterreise

San Miguel hat eine reguläre Busverbindung von/nach Otavalo. Einige der Lodges liegen aber etwas abseits vom Schuss , so dass man, wenn man über kein eigenes Auto verfügt, nur mit dem Taxi hinkommt. Taxis sind zwar billig, doch empfehlen sich diese Unterkünfte eher, wenn man ein eigenes Transportmittel zur Verfügung hat.

Ibarra

☎06 / 156 800 EW. / 2225 M

Die größte Stadt nördlich von Quito wirkt *urban* und bewegt sich im Alltagsrhythmus seiner Einwohner, die sich aus Afroecuadorianern (am ersten Oktobersonntag feiert die Stadt den landesweiten Día Nacional del Pueblo Negro Ecuatoriano), *indígenas* und Mestizen zusammensetzen. Ibarra ist als *la*

ABSTECHER

RESERVA ECOLÓGICA COTACACHI-CAYAPAS

Die **Reserva Ecológica Cotacachi-Cayapas** GRATIS schützt ein großes Gelände in den westlichen Anden. Wegen der großen Höhenunterschiede (vom Volcán Cotacachi bis hinunter in den Tieflandregenwald) findet sich hier eine gewaltige Artenvielfalt. Aufgrund der dichten Vegetation ist es fast unmöglich, aus den Hochland- in die Tieflandgebiete des Parks zu gelangen; die meisten Reisenden besuchen entweder das Tiefland von San Miguel am Río Cayapas aus oder das Hochland ab Cotacachi.

Weniger als eine Fahrtstunde weiter östlich liegen die beliebten **Thermalquellen von Chachimbiro**, ein Disney-artiger Komplex mit Pools für jeden Geschmack und mit spektakulärer Aussicht. Ein Taxi ab Cotacachi kostet 50 US$ (hin & zurück inkl. mehrere Stunden Aufenthalt). Weiter westlich im *páramo* (hochgelegenes Grasland der Anden) befindet sich die **Laguna de Piñán** mit herrlichem Ausblick und Wanderwegen; für organisierte Touren dorthin wendet man sich an Runa Tupari (S. 644) in Otavalo.

ciudad blanca (die weiße Stadt) bekannt. Die meisten ihrer Häuser wurden zu Läden verwandelt, sodass eine lebhafte kommerzielle Atmosphäre herrscht. Mehrere schöne Plazas mit hohen Palmen und barocken Kirchen sorgen für prächtige Eleganz.

In der Nähe ragt der Volcán Imbabura in die Höhe, und nur 3 km nordöstlich liegt die Laguna de Yahuarcocha (was auf Kichwa „Blutsee" bedeutet – eine Anspielung auf die fast 30 000 Caranqui-Krieger, die hier von den Truppen des Inkaherrschers Huayna Capac getötet wurden). Heute tummeln sich Jogger, Radfahrer und Tretbootfahrer am Ufer. Weiter erwarten einen hier noch ein paar kleine interessante Museen, eine lohnende Zugfahrt und gute Cafés. Da auch noch Otavalo und indigene Dörfer ganz in der Nähe liegen, ist das weitgehende Fehlen einer touristischen Infrastruktur ziemlich verwunderlich.

Aktivitäten

★ Tren Ecuador ZUG

(☎1-800-873-637, Bahnhof Ibarra 06-295-0390; www.trenecuador.com; Rundfahrt Erw./Kind 33/29 US$; ⏲Büro Mo–Sa 8–17, So bis 13 Uhr;) Die kürzlich restaurierte Strecke verläuft zwischen Ibarra und dem im Tiefland gelegenen afroecuadorianischen Dorf Salinas. Der eindrucksvolle, funkelnde neue Bahnhof, gleich neben dem berühmten Obelisken, scheint hauptsächlich von Bahnangestellten bevölkert zu sein (es gibt auch noch einen coolen Souvenirladen). Der Fahrbetrieb nach Otavalo wurde 2017 aufgenommen, später aber wegen Gleisschäden ins nahe San Roque umgeleitet, was zum Zeitpunkt der Recherche immer noch der Fall war. Die Fahrt wird von Stopps mit Kulturveranstaltungen und Tanzdarbietungen unterbrochen.

Schlafen & Essen

Backpackers Hostel HOSTEL $

(☎099-657-3989; Flores zw. Salinas & Maldonado; B/EZ/DZ/3BZ/4BZ 10/12/18/24/30 US$;) Neu in Ibarra ist diese günstige Unterkunft mit kleiner Gemeinschaftsküche, verlässlichem WLAN, hübsch gefliesten Zimmern, modernen Stockbetten und Flachbild-TVs. Das Haus ist mehr als 150 Jahre alt, aber Nady kümmert sich so um ihre Gäste, wie man das heute erwarten darf. Neben der Küche liegt ein schöner Hof. Dieses Hostel ist die beste Budgetunterkunft vor Ort.

★ Hostería Cananvalle HÜTTEN $$

(☎098-260-9132; www.hosteria-cananvalle.com; EZ mit Frühstück 50 US$, DZ mit Frühstück 60–70 US$, FZ 130 US$; P) Die Farm in Familienbesitz liegt buchstäblich jenseits der Schienenstränge, nämlich 5 km außerhalb des Zentrums auf einem beschaulichen Anwesen mit einer Schlucht und Blick in die Berge. Das Haupthaus ist von Weinranken bedeckt, dazu kommen mehrere freistehende Hütten mit spanischen Ziegeldächern und Lehmziegelwänden. Die Zutaten für das hiesige Essen stammen teilweise aus eigenem Anbau; die Besitzer backen köstliches Brot und rösten ihren eigenen Kaffee.

El Quinde Café CAFÉ $

(Sucre zw. Flores & Garcia Moreno, Parque Pedro Moncayo; Hauptgerichte 2–2,50 US$; ⏲Mo–Fr 11.30–21 Uhr;) Das von einem kolumbianischen Paar geführte charmante kleine Lokal am Parque Pedro Moncayo serviert Kaffee aus lokalem Anbau, Kuchen und Gebäck. Die kleine Empore oben ist prima, um sich mit einem Buch oder seinem Laptop niederzulassen. Das Café ist esoterisch angehaucht, aber nicht prätentiös und prunkt mit dem hübschesten Badezimmer in Ecuador. Es soll bald auch mehr vegetarische Optionen (Empanadas, Quiches) hier geben.

☆ Unterhaltung

Café Arte LIVEMUSIK, FILM

(Salinas No 5-43; ⌚Do 17–24, Fr & Sa bis 2 Uhr) Überraschenderweise findet man hier in Ibarra eine der besten Adressen für Livemusik in Ecuador. Die Bands stammen teilweise aus so fernen Ländern wie Kuba und Spanien. Das Programm reicht von Jazz und Flamenco bis zu Rock. Die Shows beginnen freitags und samstags gegen 22 Uhr. Kinoabende, Tanzkurse und Kunstausstellungen finden hier ebenfalls regelmäßig statt.

Shoppen

Feria de Zuleta KUNSTHANDWERK

(Feria de Bordados de Zuleta; ☎099-335-9213; Plaza Zuleta, Gemeindezentrum; ⌚Sa 8–17 Uhr) Die zweimal im Monat in diesem idyllischen Dorf zwischen Ibarra und Otavalo stattfindende Feria ist eine kleinere Alternative zu dem Gedränge auf dem Markt in Otavalo. Zur Feria haben sich 30 Kunsthandwerkerfamilien indigener und gemischter Abkunft aus Zuleta und La Esperanza zusammengeschlossen, die hier Kunsthandwerk, darunter Webarbeiten, anbieten. Die Termine erfährt man in der Touristeninformation von Ibarra. Nach Zuleta fahren Busse aus Ibarra und Cayambe (30 Min.).

ℹ Praktische Informationen

Touristeninformation (iTur; ☎098-123-2789, 06-260-8489; www.ibarraesturismo.wordpress.com; Ecke Oviedo & Sucre, Plazoleta de Coco; ⌚Mo–Fr 8–17, Sa bis 16 Uhr) Die sehr hilfsbereiten zweisprachigen Angestellten können Gemeindetourismus-Aktivitäten sowie Bergsteige- und Wandertouren organisieren. In den Festivalwochen können die Öffnungszeiten variieren. Ab 12.30 Uhr macht das Büro rund 90 Minuten Mittagspause.

ℹ Anreise & Unterwegs vor Ort

Ibarras moderner Busbahnhof ist der **Terminal Terrestre** (Av Teodoro Gomez nahe Espejo). Ein Taxi vom/zum Zentrum kostet 1 US$. Rund alle 10 Minuten fahren Busse nach Quito.

Die Busse zum Dorf La Esperanza (0,25 US$, 25 Min.) starten von der Nordseite des Parque German Grijalva im Zentrum.

Wer das Gebiet auf eigene Faust erkunden will, kann in Ibarra nur bei **Explorer Rentacar** (☎06-295-1668; www.rentacarecuador.net; Mariano Acosta 10–06, gegenüber dem Bahnhof) ein Auto mieten (ab 38 US$/Tag).

ZENTRALES HOCHLAND

Das Dach Ecuadors bietet pro Quadratmeter mehr Abenteuer als die meisten anderen Orte auf Erden. Diese große, von Feuer und Eis geformte Region, inspiriert die Einbildungskraft und bietet eine bemerkenswerte Reise tief in die Mythen und Schönheit der Anden. Es gibt hier herrliche Vulkane, mit Gletschern bedeckte Gipfel, grasbedeckte Hochebenen, überraschend idyllische Kolonialstädte, beschauliche Haziendas und abschüssige grüne Täler, die einen aus dem Hochland an Wasserfällen und indigenen

ℹ EINREISE NACH KOLUMBIEN

Die geschäftige Hochland-Stadt Tulcán ist der letzte Halt in Ecuador für Traveller, die auf dem Landweg nach Kolumbien reisen wollen.

Der Grenzübergang Rumichaca (tgl. 6–24 Uhr) liegt 6 km außerhalb von Tulcán. Selbst Tagesausflügler nach Ipiales brauchen einen Einreisestempel im Pass.

Von der Kreuzung der Venezuela mit der Bolívar am Parque Ayora in Tulcán (nahe der Konzertmuschel) fahren Minibusse zur Grenze (0,75 US$/Pers.); sie starten, sobald sie voll besetzt sind.

Auf der kolumbianischen Seite sind die Einreiseformalitäten schnell absolviert. Beim **kolumbianischen Konsulat** (☎06-298-0559, 06-225-2458; http://tulcan.consulado.gov.co; Olmedo, Ecke 10 de Agosto, Edificio La Catedral Mezzanine, Plaza de Independencia; ⌚Mo–Fr 8–13 & 14.30–15.30 Uhr) kann man erfahren, welche Nationalitäten ein Visum benötigen. Die Visa gelten 30 bis 90 Tage.

Zum Zeitpunkt der Recherche strömten täglich Hunderte und manchmal Tausende Flüchtlinge aus Venezuela über Tulcán nach Ecuador. Das verursachte teilweise mehrstündige Verzögerungen bei der Abfertigung. Man sollte die Lage im Auge behalten, wenn man hier von Kolumbien aus einreisen will.

Dörfern vorbei bis hinunter in die schwüle Lebenswelt des Amazonasbeckens geleiten.

Bei den meisten Touren in der Gegend wird man ein paar Tage in den Nationalparks und Schutzgebieten dieser Region verbringen, z.B. in Los Ilinizas, Cotopaxi, Llanganates, Chimborazo oder Sangay. Der Quilotoa-Loop bringt Wanderer durch traditionelle indigene Gemeinden zu einem unglaublich tiefen Kratersee. Zudem erwarten einen hier aufregende Zugfahrten und Kunsthandwerksmärkte sowie viele tropische Erlebnisse in dem grünen Tal, das hinunter in die allzeit beliebte Stadt Baños führt.

Parque Nacional Cotopaxi

☎ 03

Obwohl man den **Volcán Cotopaxi** (auf Kichwa „Leuchtender Gipfel") von mehreren Provinzen aus sehen kann, gewinnen seine majestätische Masse und sein symmetrischer Kegel in den Grenzen des **Parque Nacional Cotopaxi** (⊙8–17 Uhr, letzter Einlass 15 Uhr) ganz andere Dimensionen. Das Eis auf dem Gipfel weicht an den Hängen goldgrünem *páramo;* eine Landschaft, in der Wildpferde, Lamas, Füchse, Hirsche, Andenkondore und die sehr seltenen Brillenbären leben.

Man sollte früh kommen, um die beste Aussicht zu genießen. Mit einem Führer oder auf eigene Faust kann man zu den präkolumbischen Ruinen rund um die Seen in der Gegend und auf den Parkstraßen wandern oder mountainbiken. Ein Aufstieg zum Gipfel ist ein einmaliges Erlebnis, das sich kein fitter Abenteurer entgehen lassen sollte.

Der 32 000 ha große Park ist im Rahmen eines Tagesausflugs ab Latacunga oder Quito leicht erreichbar.

Aktivitäten

★ **Volcán Cotopaxi** BERGSTEIGEN

Gipfelbesteigungen lassen sich in Quito und Latacunga arrangieren. Der Aufstieg ist – abgesehen von ein paar einfachen Spaltüberquerungen und Rutschpartien auf eingestürzten Séracs – technisch nicht schwer, aber physisch anstrengend, kalt und für nicht Schwindelfreie problematisch.

Mountainbiken

Rundfahrten auf den vergleichsweise ebenen unbefestigten Parkstraßen sind beliebt, ebenso auch die Abfahrt vom Parkplatz des *refugio* (Schutzhütte) hinunter zum Control Caspi. Die Veranstalter in Latacunga und Quito, z.B. Biking Dutchman (S. 625), können Touren arrangieren.

Schlafen

★ **Hacienda Los Mortiños** LODGE $$

(☎02-334-2520; www.losmortinos.com; B/EZ/DZ/Suite mit Frühstück 30/80/103/151 US$; 📶) Die tolle Unterkunft nicht weit vom Control Norte an der Nordseite des Parks ist ein modernes, neu errichtetes Gebäude, keine alte Hazienda. Sie bietet komfortable Privatzimmer, schöne Bäder, schräge Decken, Schlafsäle für 6 bis 16 Personen und eine atemberaubende Aussicht auf die benachbarten Vulkane.

★ **Tambopaxi** PENSION $$$

(☎02-600-0365; www.tambopaxi.com; Stellplatz 16 US$/Pers., B 24 US$, EZ/DZ/3BZ mit Frühstück 92/115/140 US$; 📶) 🍃 Das innerhalb der Grenzen des Nationalparks liegende Tambopaxi liegt fast im Schatten des nahen Cotopaxi und ist ein zertifiziertes nachhaltiges Tourismusprojekt, das örtliche Arbeitskräfte beschäftigt. Das Anwesen hat eine perfekte Lage für Wanderer, doch könnte man leicht den ganzen Tag damit verbringen, durch die Fenster der mit Öfen beheizten Hauptlodge den Vulkan zu betrachten und die Wildpferde und Lamas zu beobachten. Das hiesige Restaurant ist ganztägig geöffnet; ein Mittagsmenü kostet 17,50 US$.

Praktische Informationen

Zu den Risiken, die man hier beachten muss, gehören die ernsthafte Gefahr der Höhenkrankheit und Bullen. Die erste Gefahr lässt sich vermeiden, indem man sich einige Tage lang in Quito akklimatisiert, viel Wasser trinkt und Sonnenschutzmittel verwendet. Gegen die zweite hilft nur, Abstand zu wahren.

An- & Weiterreise

An der Control-Caspi-Ausfahrt von der Panamericana kann man Busse von/nach Quito, Machachi und Latacunga heranwinken bzw. sich dort absetzen lassen. Vom Highway sind es noch 15 km bis zum Parkeingang. Dort kann man einen Pickup anheuern, der einen zum Refugio José Rivas (einfache Strecke /hin & zurück 30/50 US$) bringt. Unbedingt ganz deutlich machen, dass man wirklich die ganze Strecke bis zum Refugio José Rivas fahren will!

Latacunga

☎ 03 / 77 000 EW. / 2800 M

Viele Traveller kommen in Latacunga auf dem Weg zum Quilotoa-Loop oder zum Parque Nacional Cotopaxi durch. Wer sich etwas umschaut, kann in Latacunga ein ruhiges, freundliches historisches Zentrum entdecken, von dem Teile mehrere Ausbrüche des Cotopaxi überlebt haben. Man kann kaum glauben, dass sich eine derart charmante Stadt hinter dem lauten und verschmutzten Viertel verbirgt, das einen an der Panamericana begrüßt.

Der Volcán Cotopaxi, dessen drohende Gestalt man an klaren Tagen über der Stadt aufragen sieht, brach 1742 und 1768 heftig aus und zerstörte jedes Mal große Teile von Latacunga. Die hartnäckigen Überlebenden bauten es wieder auf, doch 1877 legte ein gewaltiger Vulkanausbruch die Stadt erneut in Trümmer. 2015 war Latacunga wieder einmal von der Asche des Cotopaxi bedeckt; glücklicherweise blieb die Stadt dieses Mal aber von Lavaströmen verschont.

Mit einer der prächtigsten und berühmtesten Fiestas in Ecuador, der Fiesta de la Mama Negra, feiern die Menschen von Latacunga ihr reiches indigenes und katholisches Erbe.

Geführte Touren

In den letzten Jahren sind eine Reihe von Tourveranstaltern entstanden. Tagesausflüge zum Cotopaxi und nach Quilotoa kosten rund 40 US$ pro Person, wobei der Preis von der Größe der Gruppe abhängt. Man kann noch eine Fahrradabfahrt vom Cotopaxi für 15 US$ dranhängen. Zweitägige Klettertouren zum Los Ilinizas, zum Cayambe und zum Volcán Cotopaxi (sofern zugänglich) kosten rund 250 US$ pro Person. Das Hostal Tiana ist ein guter Ort, um Leute für eine Gruppe zusammenzubekommen.

Feste & Events

Fiesta de la Mama Negra FIESTA

(Ende Sept. & Anfang Nov.) Latacungas größtes jährliches Fest ehrt die Virgen de las Mercedes (Schutzmantelmadonna). Allgemein ist es aber als Fiesta de la Mama Negra bekannt. Das Fest bringt Prozessionen, Kostüme, Feuerwerk, Tanz in den Straßen und andine Musik. Es ist eines jener Feste, die zwar oberflächlich christlich, aber von starken indigenen Einflüssen geprägt und darum umso sehenswerter sind.

Schlafen & Essen

Das klassische Gericht von Latacunga ist *chugchucara,* eine schmackhafte, aber schwere Platte mit *fritada* (gebratene Stücke vom Schwein mit *mote* – Maismehl), *chicharrón* (gebratener Schweinekruste), Kartoffeln, gebratenen Bananen, *tostado* (getoastetem Mais), Popcorn und Käse-Empanadas. Viele preiswerte *leñadores* (Garküchen mit Holzöfen) braten Hähnchen an der Amazonas zwischen der Salcedo und der Guayaquil. Zu den beiden netten vegetarischen Optionen vor Ort gehört **Kipi** (099-813-7160; https://kipinaturalposta.blogspot.com/; Quijano y Ordonez 6-73 & Guayaquil; Mo–Fr 6–21, So 8–19 Uhr) nahe dem historischen Zentrum.

Hotel Rodelu HOTEL $

(03-280-0956; www.rodelu.com.ec; Quito 16-31; EZ/DZ 20/38 US$;) Das bei Reisegruppen beliebte, aber immer noch bodenständige Hotel nimmt auch gern unabhängige Traveller auf. Rodelu steht für „Republica Oriental del Uruguay", den offiziellen Namen des südamerikanischen Landes, weil der Hotelbesitzer von dort stammt. Das Hotel hat stark parfümierte Zimmer im Business-Stil der Anden mit hellorangefarbenen Bettdecken, granitverkleideten Bädern und Flachbild-TVs. Die Zimmer in der obersten Etage sind noch etwas preiswerter.

Das zugehörige **Restaurant** (Quito 16-31; Hauptgerichte 10–14 US$, Mittagsmenü 3,80 US$, Abendmenü 4,90 US$; Mo–Fr 7.30–21, Sa bis 15.30 Uhr) serviert schmackhafte Pizzas und gute, günstige Mittagsmenüs.

Hostal Tiana HOSTEL $

(03-281-0147; www.hostaltiana.com; Vivero 1-31; B/EZ/DZ 11/25/32 US$, ohne Bad 16/25 US$; @) Hier gibt's alles, was ein gutes Hostel haben muss: tolle Stimmung, coole Gemeinschaftsbereiche, um Geschichten auszutauschen, eine Küche, kostenloses Internet, Büchertausch, saubere Zimmer und Bäder, kostenlose Gepäckaufbewahrung, hilfreiche Informationen und Frühstück. Die Kolonialstil-Atmosphäre ist cool, doch wenn es um warmes Wasser zum Duschen geht, lassen die alten Rohre zu wünschen übrig.

Pollos Jimmy's LATEINAMERIKANISCH $

(Quevedo 8-85, nahe Valencia; Hauptgerichte 4–5 US$; 10.30–22 Uhr) Hier gibt's leckere Grillhähnchen mit Reis, Kartoffeln und Hühnersuppe. Ein halbes Hähnchen mit Fritten und Salat (7 US$) reicht gut für zwei. Kein Wunder, dass das Lokal seit 1969 gut im Geschäft ist.

★**El Alabado** ARGENTINISCH $$

(www.facebook.com/chefgustavozarate; Maldonado 41-25 nahe Quijano y Ordoñez; Hauptgerichte 4,50–12 US$; Di–Fr 18–22, Sa 12–22 Uhr;)

Das historische Gebäude von 1668 wurde in ein schickes Restaurant mit moderner Einrichtung umgewandelt. Der argentinische Chefkoch tischt hochwertige Rindersteaks und Gerichte wie Schweinefleisch in würziger Passionsfruchtsauce auf, hat aber auch Typisches aus seinem Heimatland, z.B. *choripan* (argentinisches Wurst-Sandwich) und *mate*-Tee im Angebot. Es gibt auch eine ordentliche Weinkarte.

Praktische Informationen

Banco Guayaquil (Maldonado 7-20)
Banco Pichincha (Quito, nahe Salcedo)
Hospital (Hermanas Páez, nahe 2 de Mayo)
Post (Quevedo, nahe Maldonado)

An- & Weiterreise

BUS

Die Busse aus Quito setzen einen nur am **Busbahnhof** (Panamericana) ab, wenn Latacunga ihre Endstation ist. Wenn sie nach Ambato oder Riobamba weiterfahren, wird man an der Kreuzung der Avenida 5 de Junio und der Cotopaxi abgesetzt, rund fünf Blocks westlich der Panamericana und 10 Gehminuten vom Zentrum entfernt. Manche Busse setzen ihre Passagiere sogar einfach an der Panamericana ab, von wo man ein Taxi nehmen kann (1–1,50 US$).

Busse nach Quito (2,15 US$, 2 Std.) und Ambato (1,15 US$, 1 Std.) starten vom Busbahnhof und von der Kreuzung der Avenida 5 de Junio mit der Cotopaxi. Nach Riobamba ist es das einfachste, an der Ecke einen südwärts Richtung Cuenca fahrenden Bus zu nehmen.

TAXI

Taxis und Pickups zum Besuch des Parque Nacional Cotopaxi (Parkinneres 30 US$, Eingang Control Caspi 20 US$) heuert man an der Plaza Chile (auch Plaza El Salto genannt) an.

Quilotoa-Loop

☎03

Der Quilotoa-Loop ist eine schlaglochübersäte Ringstraße, die von der Panamericana weit ins Hinterland der Provinz Cotopaxi führt. An der Strecke trifft man auf farbenfrohe indigene Märkte, einen kristallblauen See, der nach dem Glauben der Einheimischen bodenlos tief ist, eine Gemeinde von Malern, die die Legenden der Anden hüten, und uralte Wege im Schatten schneebedeckter Vulkangipfel. Auf dieser abgelegenen Rundreise kommt man in Kontakt zu vielen Kichwa sprechenden Indigenen und ihrer jahrhundertealten Lebensweise.

Auf dem Loop wandern

Für viele Traveller ist der Quilotoa-Loop eines der Highlights ihrer Ecuador-Reise. Die Wandermöglichkeiten sind fantastisch. Führer sind günstig, und sie zu engagieren, ist eine gute Art, die hiesige Wirtschaft zu unterstützen. In vielen *hostales* (kleinen, günstigen Hotels) und Pensionen gibt's aber auch Landkarten für Wanderer, die auf eigene Faust losziehen wollen. Besonders gute Informationen bekommt man im Llullu Llama in Isinliví.

Der Loop ist die Kurzbezeichnung für die Rundstraße, die von der Panamericana im Uhrzeigersinn über Tigua, Zumbahua, Quilotoa, Chugchilán, Sigchos und Saquisilí führt; man kann aber auch in Saquisilí beginnen und die Strecke gegen den Uhrzeigersinn in Angriff nehmen. Isinliví liegt abseits der Hauptstraße zwischen Chugchilán und Sigchos.

Wanderer begnügen sich in der Regel mit einem zwei- bis viertägigen Abschnitt der Strecke. Sigchos ist ein guter Ausgangspunkt für eine dreitägige Wanderung, bei der man in Isinliví und Chugchilán übernachtet und die Wanderung in Quilotoa beendet. Die Wanderung in dieser Richtung zu absolvieren, beinhaltet übrigens ein paar Steigungen mehr (was gut für die Akklimatisierung, aber für die Beine anstrengender ist). Eine weitere Option ist, von Tigua über Quilotoa nach Chugchilán zu marschieren.

Die Transportmittel fahren selten, sodass man bei begrenzter Zeit etwas planen muss. Es empfiehlt sich, Regenkleidung, Wasser und viele Snacks für lange Wartezeiten und Wanderstrecken mitzunehmen, doch sollte man sein schweres Gepäck möglichst irgendwo unterbringen und nur mit Tagesgepäck losziehen; das Hostal Tiana (S. 651) in Latacunga hat eine Gepäckaufbewahrung.

Viele Traveller berichten von Problemen mit Hunden auf der Strecke. Wenn sie angreifen, sollte man nicht wegrennen, sondern seinen Platz behaupten, einen Felsbrocken aufnehmen und vorgeben, damit zu werfen. Auch die Mitnahme eines Wanderstocks ist aus diesem Grund eine gute Vorsichtsmaßregel.

Schlafen & Essen

Es gibt einige wundervolle Budget- und Mittelklasseunterkünfte am Loop, vor allem in Isinliví und Chugchilán. Die Unterkünfte können vor allem an Wochenenden komplett belegt sein, darum sollte man mög-

NICHT VERSÄUMEN

LAGUNA QUILOTOA

Einen erstaunlichen Anblick bietet die **Laguna Quilotoa** (2 US$). Vom Aussichtspunkt an dem abschüssigen Rand des Kratersees hat man einen herrlichen Blick auf den 400 m tiefer liegenden grünen spiegelglatten See und die schneebedeckten Gipfel des Cotopaxi und des Iliniza Sur in der Ferne. Wenn man die Einheimischen fragt, wie tief der See sei, erhält man unweigerlich die Antwort, er hätte keinen Grund, was angesichts seiner erhabenen Erscheinung auch glaubwürdig wirkt. Geologen sagen, der See sei 250 m tief.

Fitte Wanderer können den Weg am Kraterrand in rund sechs Stunden bewältigen; ein anderer Weg führt im Zickzack hinunter zum See. Unten angekommen, kann man mit einem Kanu oder Kajak auf den See hinausfahren (3 US$/30 Min.).

lichst vorab buchen. Bei den Hostels sollte man die aktuellen Busfahrpläne checken oder eine private Abholung vereinbaren. An der Strecke gibt's keine Geldautomaten, und die meisten Unterkünfte akzeptieren nur Barzahlung, daher sollte man ausreichend Geld mitnehmen.

Die meisten Hostels und Gästehäuser entlang des Loop bereiten Frühstück und Abendessen, viele können auf Anfrage auch ein Lunchpaket bereitstellen. Es gibt aber nur wenige Restaurants und Läden, daher sollte man viel Trinkwasser und Snacks mitnehmen.

★ Llullu Llama PENSION $

(☎098-317-7845, 099-367-8165; www.llullullama.com; B/Zi./Cottage mit Frühstück & Abendessen ab 19/24/40 US$ pro Pers.) Das Llullu Llama zwei Blocks westlich der Plaza ist ein bezauberndes altes Farmhaus mit dicken Lehmziegelwänden, farbenfrohen Zimmern und einem Holzofen. Das Haus punktet mit toller Stimmung, freundlichen Gastgebern und einer spektakulären Umgebung. Die Cottages mit freiliegenden Holzbalken, Kaminen, großen Betten und riesigen Duschen lohnen den Aufpreis. Die Zimmer im Haupthaus haben Gemeinschaftsbäder.

Hostal Chukirawa HOSTEL $

(☎03-305-5808; www.hostalchukirawa.com; EZ/DZ/3BZ mit Frühstück & Abendessen 33/55/72 US$; @ 📶) Das direkt gegenüber dem Aussichtspunkt am See gelegene helle und einladende Hostal Chukirawa gehört zu den ansprechenderen Unterkünften in Quilotoa. Die Zimmer liegen rund um einen zentralen Loungebereich mit Hängematten und Holzofen, und im 1. Stock gibt's ein gemütliches Restaurant und eine große Lounge.

★ Black Sheep Inn LODGE $$

(☎03-270-8077; www.blacksheepinn.com; B 35 US$, EZ/DZ 100/160 US$, ohne Bad 70/120 US$ jeweils mit VP; 📶) Das wunderbar rustikale, von der Gemeinde geführte Anwesen liegt 100 m nördlich von Chugchilán über dem Tal und bietet eine spektakuläre Aussicht. Die Zimmer wirken mit Ofenheizung, gefliesten Böden, freiliegenden Holzbalken und halb offenen Bädern wie gemütliche Hütten. Zu den hier praktizierten Umweltschutzmaßnahmen gehören Komposttoiletten, das Sammeln von Regenwasser, die Müllverwertung und eine mit Holz beheizte Sauna. Im Preis sind drei vegetarische Mahlzeiten pro Tag inbegriffen.

Posada de Tigua HAZIENDA $$

(☎03-305-6103, 099-161-2391; posadadetigua@yahoo.com; Vía Latacunga–La Maná, Km 46; B/Zi. mit Frühstück & Abendessen 30/42 US$ pro Pers.) Die Posada de Tigua gehört zu einer bewirtschafteten Milchfarm. Das Farmhaus stammt aus den 1890er-Jahren und ist heute ein rustikales und gemütliches Gästehaus. Die Zimmer haben meterdicke Wände, moderne Bäder und Kuhfell-Teppiche. Bei den Mahlzeiten gibt's Käse und Joghurt von der Farm (man kann bei der Herstellung helfen) sowie selbst angebaute Kartoffeln und Mohrrüben.

Shalalá LODGE $$

(☎03-280-0215, 099-537-4750; www.quilotoashalala.com; Shalalá; Stellplatz 5 US$, Zi. mit Frühstück 35 US$/Pers., Mahlzeiten 5–7 US$) Die hübscheste Unterkunft am See ist 7 km nördlich der Straße nach Quilotoa diese von der Gemeinde betriebene Ökolodge mit nur drei Hütten, die schön mit Travertin-Fliesen und Bettkopfteilen aus Hartholz gestaltet sind. Die gewölbten Decken und freiliegenden Holzbalken geben den neuen Gebäuden einen rustikalen Touch. Ein Plus ist die ruhige, abgeschiedene Lage in waldiger Umgebung.

ℹ An- & Weiterreise

Keiner der Busse fährt den gesamten Loop. Von Latacunga fahren sie nur bis Chugchilán und nehmen entweder die südliche Straße über Zumbahua und Quilotoa oder die nördliche über Saquisilí und Sigchos. Tigua wird von regelmäßigen Bussen bedient, die zwischen Latacunga und Quevedo verkehren. Wer Lust auf ein Abenteuer hat, fährt in einem *lechero* (Milchlaster) mit. Wer schnell unterwegs sein will, kann in Latacunga ein Taxi chartern (ab ca. 60 US$).

Baños

☎03 / 14 700 EW. / 1800 M

Baños bietet eine bunte Mischung. Die Umgebung ist hinreißend: Man kann Wasserfälle bewundern, durch üppige Wälder wandern, seine Knochen in dampfenden Thermalquellen entspannen, in unmöglich steile Schluchten hinunterkraxeln, mit dem Fahrrad oder Boot bis ins Amazonasbecken fahren und die gelegentlichen Ausbrüche des nahegelegenen Volcán Tungurahua bestaunen. Der Ort selbst ist etwas überladen mit aufdringlichen Tourveranstaltern, Spas mit Kampfpreisen und Budgetunterkünften. Die puzzleartig rot, gelb und blau gepflasterten Bürgersteige sind aber breit genug zum Herumspazieren, und abends bieten die in verschiedenen Farben angestrahlten Kirchen an den Plazas einen hübschen Anblick.

Von Stimmung und Ambiente einmal abgesehen ist der Ort das herausragende Ziel zum Mountainbiken, Wandern, Raften und Partymachen im zentralen Hochland. Und wenn auch manchen das Erscheinungsbild des Städtchens nicht zusagen mag, wird doch fast jeder zufrieden wieder abreisen und tolle Geschichten von seinen Abenteuern zu erzählen haben.

In Baños wurde der Actionfilm *Lebenszeichen – Proof of Life* (2000) gedreht.

Aktivitäten

Thermalbäder

★ **Termas de La Virgen** THERMALBÄDER
(Montalvo; Erw./Kind 2/1 US$, nach 18 Uhr 3/1,50 US$; ⏲5–16 & 18–21.30 Uhr) Diese Bäder sind die einzigen Thermalbecken die sich im Ort selbst befinden. Die Anlage wurde im Jahr 1928 als ein Gemeindeprojekt gebaut und nach der Jungfrau Maria benannt, die hier ihre Füße gebadet haben soll. Einige Becken haben kaltes, andere warmes und eines sogar 42 °C heißes Wasser. Von den Pools auf der Dachterrasse hat man einen schönen Blick auf einen nahegelegenen Wasserfall. Die Anlage verteilt sich auf zwei Standorte: die alten Pools am oberen Ende der Straße und das neuere Gebäude weiter unten, das mittwochs bis sonntags geöffnet ist (6/3 US$).

Termas El Salado THERMALBÄDER
(Salado; Erw./Kind 3/1,50 US$; ⏲5–20 Uhr) Diese wunderbaren Thermalbäder liegen in einem grünen Canyon 2,5 km außerhalb der Stadt. Es gibt hier heiße, lauwarme und kalte Becken, umgeben von baumbewachsenen Hügeln. Man hört das beruhigende Rauschen eines nahen, schnell strömenden Flusses. Eine Badekappe ist vorgeschrieben. Von der Haltestelle an der Rocafuerte (S. 657) fahren Busse (0,25 US$, 10 Min.).

Wandern

In der Touristeninformation (S. 657) erhält man eine nützliche Landkarte, in die einige der Wanderwege rund um das Städtchen eingezeichnet sind. Die Zahl der gemeldeten Überfälle auf Wanderer ist in den letzten Jahren zurückgegangen. Gleichwohl empfiehlt es sich, nur so viel Bargeld mitzunehmen, wie unbedingt nötig, und den teuren Fotoapparat und andere technische Geräte im Hotel zu lassen.

Bergsteigen

Die Bedingungen am Tungurahua (5016 m) sind naturgemäß in ständiger Veränderung, da es sich um einen aktiven Vulkan handelt. Zum Zeitpunkt der Recherche war der Aufstieg zum Gipfel erlaubt, aber nur mit einem lizenzierten Führer. Der Aufstieg dauert für Leute in bester Kondition sechs Stunden, wer nicht so fit ist, sollte zwei Tage einplanen und unterwegs in der Schutzhütte übernachten. Erfahrene Bergführer hat z. B. **Andean Summit Adventure** (☎968-959-533; www.andeansummitadventure.com; Ambato & Reyes).

Mountainbiken

Mehrere Unternehmen vermieten Mountainbikes ab ca. 7 US$ pro Tag (ein Rad mit Scheibenbremsen und Federung kostet 15 US$), man sollte aber überprüfen, ob Rad, Helm und Schloss angemessen gewartet sind oder besser noch vor dem Mieten auf einer kurzen Testfahrt bestehen. Die beliebteste Route ist die an einer Reihe von Wasserfällen vorbeiführende dramatische Abfahrt auf der Straße nach Puyo, einem 61 km östlich gelegenen Ort im Dschungel. Es gibt noch verschiedene andere Mountainbike-Routen, über die einem die Veranstalter gern Auskunft geben.

Zum Thema Sicherheit: Die Straße Baños–Puyo führt durch mehrere schmale,

Baños

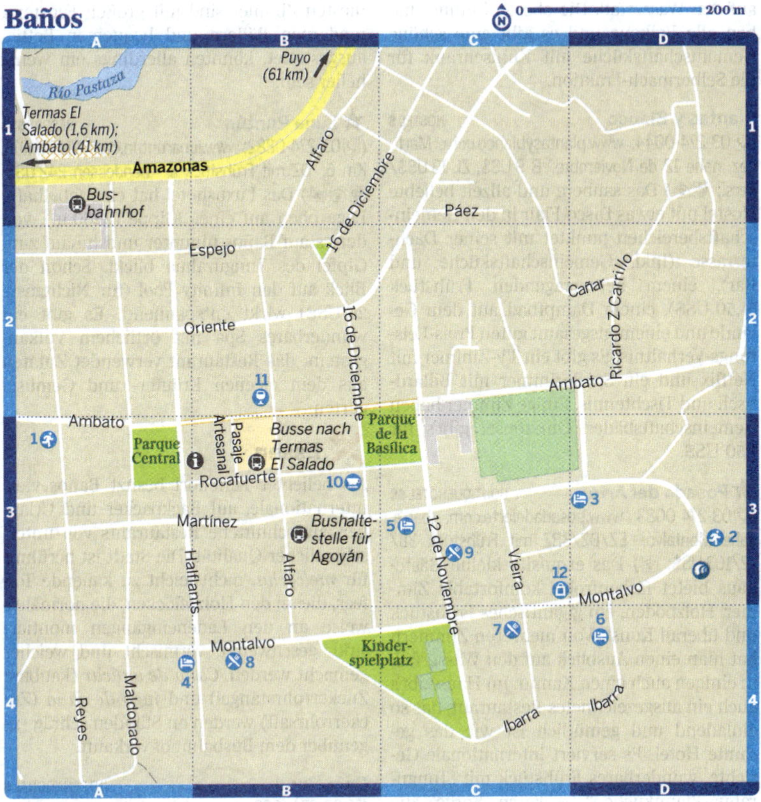

Baños

Aktivitäten, Kurse & Touren
- 1 Andean Summit Adventure A3
- 2 Termas de La Virgen D3

Schlafen
- 3 Hostal Chimenea D3
- 4 La Floresta A4
- 5 Plantas y Blanco C3
- 6 Posada del Arte D4

Essen
- 7 Cafe Hood C4
- 8 Cafe Mariane B4
- 9 La Tasca de Baños C3

Ausgehen & Nachtleben
- 10 La Tostaduria B3
- 11 Mocambo B2

Shoppen
- 12 Maki Awashka C3

lange und pechschwarze Tunnel. Radfahrer sollten diese Tunnel unbedingt auf den markierten Wegen umfahren, die um die Tunnel herumführen.

Schlafen

Die Preise sind an den Wochenenden und in der Ferienzeit, wenn alle Hotels ausgebucht sein können, am höchsten.

Hostal Chimenea HOSTEL $
(☎ 03-274-2725; www.hostalchimenea.com; Martínez nahe Vieira; B/EZ/DZ ab 9/16/20 US$; @) Die ziemlich düstere Rezeption lässt nicht vermuten, dass dieses Hostel die beste Budgetunterkunft in der Stadt ist. Die hellen und sauberen Zimmer und Schlafsäle sind mit Bettdecken in Regenbogenfarben ausgestattet, und von der Terrasse im Obergeschoss hat man einen wunderbaren Blick

auf den Wasserfall. Die oberen Zimmer haben alle Balkone und es gibt eine schöne Gemeinschaftsküche mit Kühlschrank für die Selbermach-Fraktion.

Plantas y Blanco HOSTEL $
(☎ 03-274-0044; www.plantasyblanco.com; Martínez, nahe 12 de Noviembre; B 9 US$, Zi. 13 US$/Pers.; @ 📶) Das saubere und allzeit beliebte Hostel mit etwas Disco-Flair in den Gemeinschaftsbereichen punktet mit seiner Dachterrasse (inkl. Gemeinschaftsküche und Bar), einem hervorragenden Frühstück (4,50 US$), einem Dampfbad auf dem Gelände und einem insgesamt guten Preis-Leistungs-Verhältnis. Es gibt ein TV-Zimmer mit Netflix und ein Spielezimmer mit Billardtisch und Tischtennis. Einige Zimmer haben Gemeinschaftsbäder. Ohrstöpsel gibt's für 1,50 US$.

★ **Posada del Arte** BOUTIQUEHOTEL $$
(☎ 03-274-0083; www.posadadelarte.com; Ibarra, nahe Montalvo; EZ/DZ/3BZ mit Frühstück 38/72/103 US$; 📶) Das exquisite kleine Gästehaus bietet farbenfrohe, komfortable Zimmer, Holzböden, ein gigantisches Frühstück und überall Kunst. Von mehreren Zimmern hat man einen Ausblick auf den Wasserfall, in einigen auch einen Kamin. Im Haus gibt's auch ein ausgezeichnetes Restaurant, das so einladend und gemütlich ist wie das gesamte Hotel. Es serviert internationale Gerichte, wunderbares Frühstück mit „Tungurahua-Pfannkuchen" – keine Sorge, die explodieren nicht – sowie kleine Teller mit Snacks.

La Floresta HOTEL $$
(☎ 03-274-1824; www.laflorestahotel.com; Ecke Montalvo & Halflants; DZ/3BZ/Suite inkl. Frühstück 89/125/130 US$; @ 📶) Der komfortable Gasthof liegt rund um einen hübschen Innenhofgarten mit genügend Möglichkeiten, um sich zur Entspannung zurückzuziehen. Das Personal ist freundlich. Die geräumigen, gefliesten Zimmer sind mit großen Fenstern, modernen Bädern und bequemen Betten ausgestattet, könnten allerdings ein wenig heller sein.

★ **Luna Runtún** RESORT $$$
(☎ 03-274-0882; www.lunaruntun.com; Vía Runtún, Km 6; DZ mit Frühstück & Abendessen 242 US$; @ 📶 🏊) Das Luxushotel hat eine fabelhafte Lage oben auf einer Klippe (2260 m), von der es auf Baños hinunter und hinauf zum Gipfel des Tungurahua blickt. Schon der Blick auf den Infinity Pool (für Nichtgäste 20 US$) wirkt entspannend. Es gibt ein wunderbares Spa mit örtlichem Vulkangestein; das Restaurant verwendet Zutaten aus dem eigenen Kräuter- und Gemüsegarten.

Essen

Als beliebter Ferienort besitzt Baños viele internationale, auf Backpacker und Urlauber zugeschnittene Restaurants von unterschiedlicher Qualität. Die Stadt ist berühmt für *melcocha*, nicht leicht zu kauende Toffees, die an den Holzpflöcken, die normalerweise an den Ladeneingängen montiert sind, geschwenkt, vermischt und weicher gemacht werden. *Caña de azúcar* (kaubare Zuckerrohrstängel) und *jugo de caña* (Zuckerrohrsaft) werden an Ständen schräg gegenüber dem Busbahnhof verkauft.

Cafe Hood INTERNATIONAL $
(☎ 03-274-1609; www.cafehoodecuador.com; Montalvo & Rafael Viera; Hauptgerichte 4–8 US$; ⏰ 12–22 Uhr; 📶 🌿) Das nach dem Inhaber Ray Hood, einem seit langem im Ort ansässigen US-Amerikaner, benannte ausgezeichnete Café bietet preiswerte *almuerzos* (Mittagsmenüs) sowie asiatische und südamerikanische Gerichte. Das Café ist ein einladender Ort, um sich mit Freunden zu treffen oder allein abzuhängen. Wer bleiben will, findet hinten ein gemütliches *hostal* mit schöner Aussicht.

AUF DER RUTA DE LAS CASCADAS RADELN

Die Straße von Baños nach Puyo ist eine der spektakulärsten und trägt den Spitznamen „La Ruta de las Cascadas" (Straße der Wasserfälle). Sie schmiegt sich an die Schlucht des Río Pastaza und führt beständig abfallend von Baños auf 1800 m Höhe hinunter nach Puyo auf 950 m Höhe. Auf der Strecke passiert sie mehr als ein Dutzend Wasserfälle. Die Busfahrt ist eindrucksvoll, aber die Abfahrt mit einem Mountainbike noch um Längen besser. Das erste Drittel der Strecke führt meist bergab, es gibt aber auch einige ansteigende Partien, man sollte also trainiert sein. Die gesamte Strecke hat eine Länge von rund 61 km. Mountainbikes kann man in Baños mieten.

★ La Tasca de Baños SPANISCH $
(12 de Noviembre nahe Montalvo; Tapas 3,50–6 US$; ⌚Mi–Fr 18.30–22.30, Sa & So 12.30–16.30 & 18.30–22.30 Uhr) Es könnte schwierig werden, einen Tisch in diesem winzigen Tapasrestaurant zu finden. Die Auswahl von kleinen Gerichten ist ausgezeichnet und umfasst neben den üblichen Lieblingsgerichten wie *tortilla española* (spanisches Omelett) auch andalusische Fleischbällchen und Meeresfrüchte. Am besten mehrere zum Teilen bestellen!

Café Mariane FRANZÖSISCH $$
(☎03-274-1947; Montalvo; Hauptgerichte 10–15 US$; ⌚11–23 Uhr) Die französisch-mediterrane Küche des Mariane sticht in Baños heraus. Die Käse- und Fleischfondues sind üppig – sogar für zwei Personen – und die Pasta- und Fleischgerichte sind ausgesprochen edel.

Ausgehen & Nachtleben

Mocambo BAR
(☎03-274-1329; Alfaro nahe Ambato; ⌚20–24 Uhr) Wer die ewige *bachata* leid ist, findet hier Abwechslung, denn der Inhaber hat auf seinem Laptop immer eine klassische Rock-Playlist von Guns N' Roses bis Metallica, untermischt mit ein paar älteren Stücken, und berücksichtigt auch gern entsprechende Wünsche seiner Gäste. In aller Regel hört man die Bar schon, bevor man sie sieht. Ein Schild an der Theke sagt: „Kein WLAN. Unterhaltet euch gefälligst miteinander."

La Tostaduria KAFFEE
(Ecke 16 de Diciembre & Rocafuerte; ⌚So, Mo, Mi & Do 8–12 & 16–21, Fr & Sa bis 22 Uhr) Kaffee-Junkies kommen in diesem kleinen Lokal auf ihre Kosten. Die Bohnen aus Loja, Pichincha und Imbabura werden gleich hier geröstet.

Shoppen

★ Maki Awashka KUNSTHANDWERK
(Montalvo, nahe Santa Clara; ⌚8–19 Uhr) Die Familie aus Salasaca, der dieser Laden gehört, webt viele der prächtigen Wollteppiche und Wandbehänge selber in ihrer Werkstatt im Obergeschoss. Man findet außerdem ein gutes kunsthandwerkliches Sortiment von Tischtüchern, Schals und Decken.

Praktische Informationen

GEFAHREN & ÄRGERNISSE

Ausbrüche des Tungurahua zwingen ungefähr alle fünf Jahre zur Evakuierung der Stadt. In den letzten Jahren war der Vulkan ziemlich aktiv. Die Situation wird aber sehr genau überwacht und gibt daher auch keinen Anlass zu größerer Sorge. Beim Hotelpersonal sollte man sich aber dennoch sicherheitshalber nach dem Evakuierungsprozedere im Fall eines Vulkanausbruchs erkundigen.

Die Zahl der Raubüberfälle auf den Wanderwegen außerhalb von Baños ist zurückgegangen. Wer einen Wanderführer engagiert, hilft der örtlichen Wirtschaft und reduziert sein eigenes Risiko.

Polizei (☎03-274-0251)

GELD

Banco del Pacifico (Ecke Halflants & Rocafuerte)

Banco Pichincha (Ecke Ambato & Halflants)

MEDIZINISCHE VERSORGUNG

Hospital (☎03-274-0301; Montalvo) In der Nähe der Pastaza; Apotheken finden sich an der Ambato.

TOURISTENINFORMATION

Touristeninformation (☎03-274-0483; www.facebook.com/gadbanosdeaguasanta; Halflants nahe Rocafuerte; ⌚8–12 & 14–17 Uhr) Viele Infos, kostenlose Landkarten und Hinweise zur Evakuierung im Notfall.

An- & Weiterreise

Der **Busbahnhof** (Amazonas) von Baños liegt in kurzer Gehweite zu den meisten Hotels. Transportes Baños bietet häufige Direktbusse nach Quito (4,45 US$, 3½ Std.). Alle 30 Minuten fahren Busse nach Salasaca (0,50 US$, 30 Min.) und Ambato (1,10 US$, 1 Std.); nach Latacunga (2 US$, 1½ Std.) nimmt man einen Bus Richtung Quito. Täglich fahren auch Busse nach Guayaquil (9 US$, 7 Std.).

Auf der Straße Baños–Riobamba über Penipe hat man unterwegs eine herrliche Aussicht auf den Vulkan. Täglich fahren sechs Busse nach Riobamba (2 US$, 1½ Std.); wo man in einen Bus nach Cuenca oder Guayaquil (wenn man den in Baños verpasst hat) umsteigen kann.

In Richtung Oriente fahren Busse regelmäßig nach Puyo (2 US$, 2 Std.), Tena (4 US$, 5 Std.), Coca (10 US$, 10 Std.) und Macas (7,50 US$, 4 Std.).

Unterwegs vor Ort

Nahverkehrsbusse Richtung Westen starten von der Rocafuerte hinter dem Mercado Central. Sie haben die Zielangabe „El Salado" und fahren zu den Piscinas El Salado (0,25 US$, 10 Min.). **Nahverkehrsbusse Richtung Osten** fahren von der Alfaro, Ecke Martinez, zur Pailón del Diablo (0,50 US$).

Taxis zur Pailón del Diablo (hin & zurück 20 US$) fahren vom Busbahnhof.

Guaranda

☎03 / 25 000 EW. / 2650 M

In Guaranda besteht der halbe Spaß schon in der Anreise. Die 99 km lange Straße von Ambato ist mit Höhen von über 4000 m im wahrsten Sinne des Wortes ein „Highway" und führt in einem Abstand von gerade einmal 5 km am Gletscher des Volcán Chimborazo (6263 m) vorbei. Von dort sieht der Berg fast leicht zu besteigen aus. Guaranda, die Hauptstadt der Provinz Bolívar, ist klein und langweilig, aber durchaus schon eine Stadt mit dem entsprechenden Auto- und Fußgängerverkehr. Dass sie inmitten von sieben steilen Hügeln liegt, hat ihr den Spitznamen „Rom der Anden" eingetragen – ihren kulturellen Angeboten verdankt sie diese Bezeichnung bestimmt nicht. Einen Besuch lohnen der mittwochs und samstags auf der Plaza 15 de Mayo stattfindende Markt und der Karneval im Februar, bei dem es Wasserschlachten, Tänze, Umzüge und Pájaro Azul („Blauer Vogel") gibt, einen Likör mit Kräutern aus der Region.

Schlafen & Essen

Hostal Bolívar HOTEL $
(☎03-298-0547; hbguaranda@gmail.com; Sucre 7-04, nahe Rocafuerte; EZ/DZ 20/35 US$; P Wi-Fi) Das Hotel ist eine gute Option für anspruchsvolle Traveller. Die Zimmer sind einladend und sauber, wenn auch etwas betagt. Das einzig Neue sind die Flachbild-TVs, die aber nicht in allen Zimmern zu finden sind. Es gibt einen angenehmen Hof. Das Frühstück kostet 2,80 US$. Das Hotel liegt zwei Blocks südlich des Parque Simón Bolívar.

Los 7 Santos CAFÉ $
(Cafe y Galeria; ☎03-298-0612; www.facebook.com/los7santosgda; Convención de 1884, nahe 10 de Agosto; Sandwiches 1,50–3,25 US$; ⏲Mo–Do 10–22, Fr & Sa bis 2 Uhr) Einen halben Block vom Parque Simón Bolívar den Hügel hinab bietet das Los 7 Santos alles, was man von einem künstlerisch angehauchten Café in einer viel größeren Stadt erwarten würde. Am Morgen gibt's Frühstück (4 US$) und den ganzen Tag über kleine Sandwiches und *bocaditos* (Snacks). Während man auf seine Bestellung wartet, lohnt sich ein Blick auf die Kunstwerke und Wandgraffitis. Freitags und samstags gibt's manchmal Livemusik.

Praktische Informationen

Banco Pichincha (Azuay, nahe 7 de Mayo)

Clínica Bolívar (☎03-298-3310) Eine von mehreren Kliniken und Apotheken nahe der Plaza Roja südlich des Hospitals.

Hospital Alfredo Noboa Montenegro (☎03-298-0110; Cisneros, nahe Selva Alegre)

Anreise & Unterwegs vor Ort

Guarandas Busbahnhof ist einen strammen 20-minütigen Fußmarsch vom Stadtzentrum entfernt; die Anfahrt mit dem Taxi kostet 1,25 US$.

Busse fahren stündlich nach Ambato (2,50 US$, 2 Std.) und Quito (5 US$, 5 Std.). Fast genauso häufig gibt's auch Busse nach Guayaquil (4,50 US$, 4 Std.). Täglich fahren zahlreiche Busse nach Riobamba (2,75 US$, 2 Std.); diese Route führt am Eingang zum Chimborazo-Park und an der Zufahrtsstraße zu den Berghütten vorbei und gewährt außerdem einen tollen Blick auf den Volcán Chimborazo.

Sammeltaxis nach Salinas (0,50 US$, 45 Min.) fahren häufig von der Plaza Roja; sie starten, sobald sie voll besetzt sind.

Salinas

☎03 / 5550 EW. / 3550 M

Das abgelegene Dorf Salinas liegt ungefähr 35 km nördlich von Guaranda. Es ist umgeben von *páramo* und befindet sich am Fuß einer spektakulär abschüssigen Klippe. Der Ort ist berühmt für ländliche Entwicklung (Käse!); hier kann man erleben, worum es bei erfolgreichem gemeindebasierten Tourismus wirklich geht. Oberhalb des Dorfes führt ein Wanderweg hinauf auf die Spitze der Klippe.

Schlafen

Hostal La Minga HOSTAL $
(☎098-626-7586, 03-221-0255; www.laminga-hostal.com; Guayamas, zw. Salinerito & Tomabelas; Zi. mit Frühstück 15 US$/Pers.; Wi-Fi) Das freundliche Haus hat die besten Unterkünfte im Dorf. Die hellen Zimmer bieten Laken aus Vlies und feste Betten; sie liegen um ein mit Pflanzen geschmücktes Atrium in der Mitte.

Drinnen befindet sich auch die **Pizzeria Casa Nostra** (Guayamas, zw. Salinerito & Tomabelas; Hauptgerichte 6–10 US$; ⏲Mo–Fr 15–22, Sa & So 11–21 Uhr).

Praktische Informationen

Die **Oficina de Turismo Comunitario** (☎099-563-2095, 03-221-0234; www.salinasmatiavi.com; El Salinerito, nahe Guayamas; ⏲8–17 Uhr) befindet sich an der Hauptplaza. Hier erhält man auch das Passwort für das kostenlose WLAN auf der Plaza.

Im Dorf sind keine Geldautomaten vorhanden.

An- & Weiterreise

Sammeltaxis nach Guaranda fahren häufig von der Calle Los Tomabelas, von der Hauptplaza einen Block den Hügel hinunter (1 US$, 45 Min.).

Riobamba

03 / 156 700 EW. / 2750 M

In Riobamba zeigt sich die starke indigene Präsenz besonders farbenfroh beim Samstagsmarkt, während der Stadtgrundriss, die großen, von Arkaden gesäumten Plazas und die Bauten imposante Hinterlassenschaften der spanischen Kolonisierung sind. Das kolonialzeitliche Zentrum ist ein Labyrinth aus Kirchen und schmalen Straßen, wirkt aber auch urban und erstickt in Dieselschwaden. Wenig erfreulich wirkt auch die „Amerikanisierung" des Zentrums durch Fast-Food-Ketten wie KFC.

Sehenswertes

An der nordöstlichen Seite des hübschen, mit Bäumen bestandenen **Parque Maldonado** (Primera Constituyente, zw. Espejo & 5 de Junio) erhebt sich Riobambas **Kathedrale**. Ein paar Blocks südöstlich befindet sich am **Parque La Libertad** (Primera Constituyente, zw. Alvarado & Benalcazar) in der Nähe der Alvarado die neoklassizistische **Basilika** (Veloz nahe Velasco), die als die einzige Rundkirche Ecuadors berühmt ist. Sie ist oft geschlossen, aber sonntags oder abends nach 18 Uhr hat man vielleicht Glück. Gleich nördlich des Stadtzentrums gibt's im **Parque 21 de Abril** (Ecke Orozco & Ángel León) eine Aussichtsplattform mit Blick auf die umliegenden Berge.

Geführte Touren

Dank Riobambas Nähe zum Chimborazo, dem höchsten Gipfel des Landes, finden sich in der Stadt einige der landesweit besten Bergführer und Veranstalter von Bergtouren. Zweitägige Gipfeltouren kosten ab ungefähr 260 US$ pro Person und beinhalten Führer, Ausrüstung, Transport und Mahlzeiten.

Eintägige Mountainbiketouren kosten ab 45 US$ pro Person. Die Abfahrten von der Schutzhütte am Chimborazo sind dank der hervorragenden Aussicht sehr beliebt.

Julio Verne Travel ABENTEUERTOUREN

(03-296-3436; www.julioverne-travel.com; Brasil 22-40, nahe Léon Borja; Büro 8.30–13 & Mo–Fr 15–18 Uhr) Eine empfehlenswerte Agentur mit holländisch-ecuadorianischen Besitzern, die erschwingliche Zwei-Tages-Gipfeltouren auf den Chimborazo und andere Gipfel sowie mehrtägige Wanderungen anbietet. Außerdem gibt es Downhill-Mountainbiking am Chimborazo.

Pro Bici FAHRRADTOUREN

(03-294-1880, 03295-1760; www.probici.com; 2. Stock Primera Constituyente 23-51, nahe Larrea; Büro Mo–Sa 8.30–20 Uhr) Durch das Textilgeschäft gelangt man im 2. Stock zum Büro eines der besten Mountainbike-Tourveranstalters des Landes mit vieljähriger Erfahrung und ausgezeichneten Erfahrungsberichten von Kunden. Man kann Mountainbikes ausleihen (15–25 US$/Tag); geboten werden außerdem hervorragende Karten, eine gute Sicherheitseinweisung und faszinierende Tagestouren (45–70 US$) zum Chimborazo, nach Atillo und Colta.

Schlafen

★ **Hostal Oasis** PENSION $

(03-296-1210; www.oasishostelriobamba.com; Veloz 15-32, nahe Almagro; EZ/DZ 18/30 US$; P @) Wenn es um Freundlichkeit, Preis-Leistungs-Verhältnis und Gemütlichkeit geht, ist diese Perle von einem Gästehaus kaum zu überbieten. Die Zimmer und Apartments liegen um einen Garten herum, durch den zutrauliche Katzen streunern und es gibt eine Gemeinschaftsküche. Der einzige Haken ist, dass das *hostal* weit von der Innenstadt entfernt ist.

La Moya Community Tourism AGROTURISMO $

(099-875-2686; Calpi, Comunidad La Moya; mit Frühstück 15 US$/Pers.) Bei diesem neuen Projekt des Gemeindetourismus erfährt man, wie die Dorfbewohner verschiedene Pflanzen ernten (und traditionell nutzen), wie sie wundervolle Kleidungsstücke aus Alpaka-Wolle weben und wie das Alltagsleben am Berg aussieht. Zu den relativ neuen, 2016 geschaffenen Unterkünften gehören zwei Doppelzimmer und eine Wohneinheit für eine Gruppe. Alle Räume bieten kleine Heizgeräte, glänzende Badarmaturen und schlichte Betten. Es werden verschiedene Touren angeboten (10 US$/Führer).

Ein Taxi von Riobamba kostet 6 US$. Es gibt einen kleinen Geschenkeladen mit

Riobamba

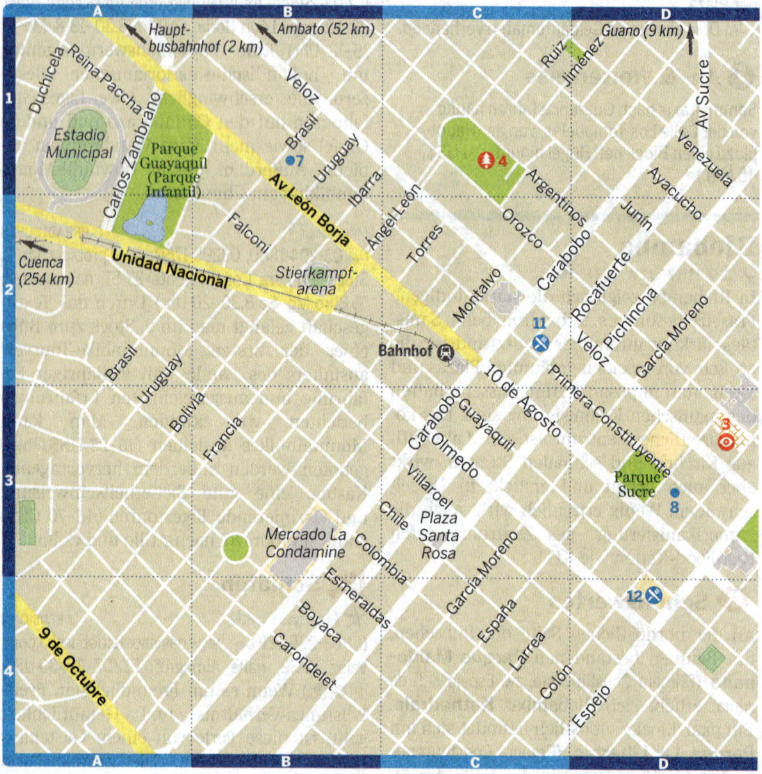

Kunsthandwerk und ein Museum zur La-Moya-Kultur.

Essen

Riobamba ist nicht gerade für seine Gastronomie berühmt, es gibt aber durchaus viele Restaurants, in denen man eine ordentliche Mahlzeit bekommt. Die örtliche Spezialität *hornado* (im Ganzen gebratenes Schwein) kann man auf dem **Mercado La Merced** (Mercado Mariano Borja; Guayaquil, zw. Espejo & Colón; Hauptgerichte 3 US$; Mo–Sa 7–17.30, So bis 17 Uhr) probieren.

★ El Delirio ECUADORIANISCH $$
(03-296-6441; Primera Constituyente 28-16, nahe Rocafuerte; Hauptgerichte 8–12 US$; Di–So 12–22 Uhr) Die nach einem Gedicht des großen Freiheitshelden Simón Bolívar benannte ehemalige Hazienda (die heute im Stadtzentrum liegt) serviert *comida típica* (traditionelle ecuadorianische Kost) in einem von Kerzen erhellten Speisesaal. Das offene Feuer, die Sitzecken aus Holz, die Antiquitäten und die mit Kunstwerken bedeckten Wände sorgen für eine einladende Atmosphäre. Der Service ist langsam, aber die *almuerzos* (Mittagsmenüs; 10 US$) sind ausgezeichnet, und die Terrasse ist einfach wunderschön. An den Wochenenden gibt's abends Livemusik.

Cayfruts ECUADORIANISCH $$
(Casa Rubio; 03-294-1018; Veloz 18-27, nahe Velasco; Hauptgerichte 8–12 US$; Mo–Sa 8.30–21.30 Uhr;) Das freundliche Restaurant ist eine gute Adresse fürs Frühstück, für Sandwiches und Burger zum Mittagessen und abends für ein ausgiebiges Mahl. Das Lokal ist ganztägig geöffnet, sodass man auch gut nachmittags auf einen Kaffee mit *humita* (einem örtlichen Snack aus Maismehl) oder auf ein Glas Bier oder Wein vorbeischauen kann. Das Dekor verrät, dass die Inhaber 15 Jahre lang in Spanien gelebt haben.

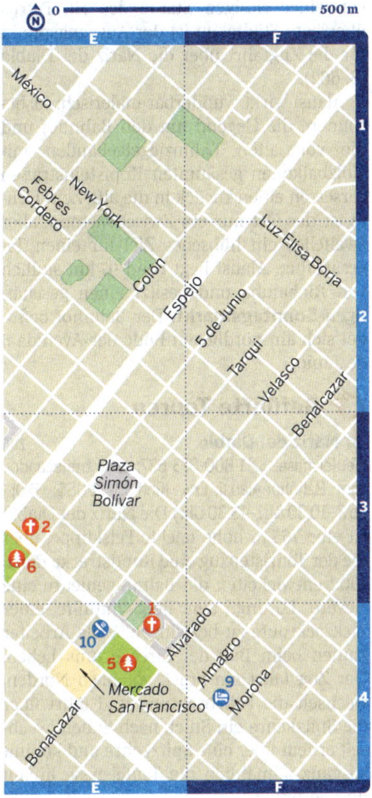

Riobamba

Sehenswertes
1 Basilika E4
2 Kathedrale E3
3 Feria Artesanal D3
4 Parque 21 de Abril C1
5 Parque La Libertad E4
6 Parque Maldonado E3

Aktivitäten, Kurse & Touren
7 Julio Verne Travel B1
8 Pro Bici D3

Schlafen
9 Hostal Oasis F4

Essen
10 Cayfruts E4
11 El Delirio C2
12 Mercado La Merced D4

Shoppen

Der samstägliche **Markt** (Plaza de la Concepción; ⌚ Sa 6–17 Uhr) ist ein toller Ort, um nach Kunsthandwerk zu stöbern. Beim Umherschlendern sollte man die Augen nach vor Ort hergestellten *shigras* (kleinen Einkaufsnetzen), Steinnuss-Schnitzereien und *totora*-Körben und Matten offen halten, die die indigenen Colta aus dem Schilf an den Ufern der nahen Laguna de Colta weben.

An- & Weiterreise

Vom modernen **Hauptbusbahnhof** (Av León Borja, nahe Av de la Prensa) rund 2 km nordwestlich des Zentrums fahren stündlich Busse nach Quito (4,60 US$, 4 Std.) und zu den auf dem Weg liegenden Ortschaften. Ferner gibt's Busse nach Guayaquil (5,65 US$, 4½ Std.), Cuenca (6 US$, 6 Std.) und Alausí (2,35 US$, 2 Std., 5–20 Uhr mind. stündl.).

Flota Bolívar betreibt morgens und nachmittags Busse nach Guaranda (2,50 US$, 2 Std.), von denen einige weiter nach Babahoyo fahren. Die Busse nach Guaranda kommen an der Zufahrtsstraße zum Chimborazo und zu den Berghütten vorbei. Stündlich fahren Busse nach Baños (2 US$), Puyo (6 US$) und Macas (5 US$).

Volcán Chimborazo

Der von der indigenen Bevölkerung in der Region „Taita" (Vater) genannte Volcán Chimborazo ist mit 6263 m der höchste Berg des Landes, ein gewaltiger Riese mit einer massiven Eiskappe. Wegen der elliptischen Gestalt der Erde ist der Gipfel des Chimborazo der am weitesten vom Erdmittelpunkt entfernte Ort der Erde und derjenige, der den Sternen auf Erden am nächsten liegt.

Das Gebiet zwischen dem Chimborazo und dem kleineren, zerklüfteteren Volcán Carihuairazo (5020 m) im Nordosten, zwischen denen das Tal des Río Mocha liegt, ist sehr abgelegen und nahezu einsam. Es gibt hier nur einige wenige indigene Gemeinden.

Der Chimborazo und der Carihuairazo liegen innerhalb der **Reserva de Producción de Fauna Chimborazo** (☎ 03-202-7358; http://areasprotegidas.ambiente.gob.ec; Vía Riobamba-Guaranda, Km 45; ⌚ 8–16 Uhr) GRATIS, die als „Tierzucht-Schutzgebiet" bezeichnet wird, weil hier Tausende von Vicuñas (eine Kamelart) leben. Diese Art war früher in Ecuador ausgerottet, aber in den 1980er-Jahren spendeten Chile und Bolivien Tiere für eine Wiederansiedlung. Die Population gedeiht, sodass man heute die schlanken Silhouetten dieser grazilen Kamele bei einer Busfahrt zwischen Guaranda und Riobamba leicht im Dunst entdecken kann.

Die Besteigung des Chimborazo oder Carihuairazo ist ein nur für gut akklimatisierte, erfahrene Bergsteiger mit der nötigen Ausrüstung für Schnee und Eis geeignetes Abenteuer (man sollte Bergführer in Riobamba oder Quito kontaktieren). Von Riobamba aus kann man Tagesausflüge organisieren, die einen auf den Chimborazo bis zum **Refugio Whymper** (Edward-Whymper-Schutzhütte) GRATIS auf 5000 m Höhe oder ein kleines Stück weiter bis zur Laguna Cóndor Cocha auf 5100 m Höhe bringen.

Wer körperlich anstrengende Aktivitäten rund um den Chimborazo und Carihuairazo plant, sollte sich gut akklimatisieren. Mit Tourveranstaltern in Riobamba kann man von den hochgelegenen Schutzhütten startende Mountainbike-Abfahrten arrangieren.

Die kleine indigene Gemeinde **Pulinguí San Pablo** (3900 m) an der Straße Riobamba–Guaranda lohnt einen Nachmittagsbesuch; Bergsteiger und Wanderer können in der schlichten **Gemeinde-Lodge** (☎ 099-032-5984; www.geocities.ws/projet_cooperation_chimborazo/documents/Depliant_touristique_v1.5v5.pdf; Pulinguí San Pablo; mit Frühstück & Abendessen 25 US$/Pers.) übernachten.

Vom Hauptbusbahnhof in Riobamba fahren täglich mehrere Busse über eine asphaltierte Straße nach Guaranda. Rund 45 Minuten hinter Riobamba (1,50 US$) passiert der Bus Pulinguí San Pablo und nach weiteren ca. 7 km die beschilderte Abfahrt (4370 m) zu den Chimborazo-*refugios* am Parkeingang (S. 661). Von der Abzweigung sind es noch 8 km auf der Straße bis zum Parkplatz beim **Refugio Carrel** (☎ 03-296-5820, 03-295-1389; refugioschimborazo@gmail.com; mit Frühstück & Abendessen 30 US$/Pers.) und 1 km weiter (zu Fuß) bis zum **Refugio Whymper** (☎ 03-295-1389, 03-296-5820; refugioschimborazo@gmail.com; mit Frühstück & Abendessen 30 US$/Pers.). Falls man auf dieser Straße zu Fuß wandern will, muss man mehrere Stunden bis zum Erreichen der *refugios* einplanen.

Die meisten Hotels in Riobamba können ein Taxi besorgen, dass einen auf dieser Strecke zum Refugio Carrel bringt. Ein Taxi, welches einen dort absetzt und an einem vereinbarten späteren Tag wieder abholt, kostet ca. 60 US$, die einfache Strecke ca. 40 US$.

Alausí

☎ 03 / 10 200 EW. / 3340 M

Das schwindelerregend am Rand der Schlucht des Río Chanchán liegende und von einer riesigen Statue des Hl. Petrus überragte Städtchen ist der Ausgangspunkt für die Zugfahrt über die Nariz del Diablo (S. 662).

Alausí wirkt wunderbar malerisch; insbesondere die Gegend um den Bahnhof und die von alten Lehmziegelgebäuden mit Holzbalkonen gesäumten Kopfsteinstraßen versetzen einen zurück in die alte Zeit. Heute ist der Ort nur ein Zwischenstopp, aber zweifellos ein hübsches Ziel für einen Tagesausflug. Alausí liegt rund 97 km südlich von Riobamba und besitzt einen geschäftigen **Sonntagsmarkt**. Der Bahnhof befindet sich am nördlichen Ende der Avenida 5 de Junio.

Geführte Touren

★ Nariz del Diablo ZUG

(Teufelsnase; ☎ 1-800-873-637; www.trenecuador.com; Bahnhof Alausí; Erw./Kind 33/21 US$; ⏲ Di–So 8–10.30 & 11–13.30 Uhr) Die Nariz del Diablo ist eine 765 m hohe nackte Felsklippe, über die der Touristenzug eine Rundstrecke fährt. 1902 entwickelten die Bahningenieure eine clevere Lösung, den Berg mithilfe einer Zickzackroute zu bezwingen. Viele Arbeiter kamen beim Bau der Strecke ums Leben. Der Zug fährt ein Stück vor nach Norden, wechselt die Fahrtrichtung und fährt über die Spitzkehre ein Stück nach Süden, wechselt erneut über eine Spitzkehre und kommt so ganz allmählich die Teufelsnase hinauf und herunter.

Schlafen

Hostería La Quinta HOTEL $$$

(☎ 03-293-0247; www.hosteria-la-quinta.com; Eloy Alfaro 121; EZ/DZ/Suite mit Frühstück 55/92/150 US$; WLAN) Nur 300 m vom Bahnhof hügelaufwärts liegt dieses 120 Jahre alte Familienhaus mit schönen Holzbalken und noch schönerer Aussicht. Viele Möbel sind noch original, und die Zimmer sind mit Familienfotos und Antiquitäten bestückt. Die Zimmer variieren in der Größe, sind aber alle bezaubernd. Am schönsten ist die Familiensuite mit eigener Terrasse.

An- & Weiterreise

Der Busbahnhof befindet sich an der Avenida 5 de Junio. Stündlich starten Busse nach Riobamba (2,35 US$, 2 Std.), von denen rund die Hälfte weiter nach Quito fahren. Wer sonst nach Quito will, kann auch in Riobamba umsteigen. Zehn Busse fahren täglich nach Cuenca (6,25 US$, 4 Std.).

SÜDLICHES HOCHLAND

Lässt man die atemberaubenden Gipfel, Gletscher und aktiven Vulkane des Nordens hinter sich, zeigt sich eine lieblichere Landschaft. Das immer noch bergige, aber doch weniger menschenfeindliche Gelände am Südkamm der ecuadorianischen Anden lockt unermüdliche Traveller hinunter in üppige Täler, in denen sich pastellfarbene kolonialzeitliche Städte und Dörfer verbergen, in denen die indigene Kultur gedeiht.

Von kühlem Elfen-Waldland bis hinunter in schwülheiße Tieflandwälder bietet diese Region eine große Vielfalt von Landschaften, Flora und Fauna; man sollte sich die Zeit nehmen, zumindest einen der Nationalparks in der Region zu besuchen.

Die meisten Reisen beginnen in Cuenca, einem typischen südamerikanischen Travellerziel mit einem der am besten erhaltenen kolonialzeitlichen Stadtzentren auf dem Kontinent. Von dort kann man sich aussuchen, auf welcher abenteuerlichen Route man durch selten besuchte uralte Siedlungen und einsame Wildgebiete ins lebenssprühende Loja mit seinen vielen Museen sowie ins milde Vilcabamba fährt. Von dort aus führen Vorstöße in kräftig ockerfarbenes Hügelland, an dessen grünen Hängen Ecuadors bester Kaffee wächst, und weiter hinunter in schwüle, schon halb tropische Wälder.

Cuenca

07 / 332 000 EW. / 2530 M

Nach Quito ist Cuenca die wichtigste und schönste kolonialzeitliche Stadt Ecuadors. Die Einheimischen sind aber überzeugt, dass ihre Stadt mit ihrer entspannten Kultur, den saubereren Straßen und dem besseren Wetter die Hauptstadt locker in die Tasche steckt.

Das aus dem 16. Jh. stammende historische Zentrum von Cuenca ist eine UNESCO-Welterbestätte mit einer Skyline aus mächtigen Rotunden und hohen Spitztürmen. Hier scheint die Zeit stehengeblieben zu sein: Nonnen marschieren über die Kopfsteinpflasterstraßen, Kinder in den Uniformen katholischer Schulen springen hinter den historischen Kirchen herum, und alte Frauen blicken von ihren mit Geranien geschmückten Balkonen hinunter auf promenierende Liebespaare.

Die Stadt ist ein Zentrum vieler kunsthandwerklicher Traditionen. Hier werden Keramiken, Metallarbeiten und die international bekannten Panamahüte hergestellt. Noch mehr Kunsthandwerk entsteht in den nahegelegenen Dörfern.

Sehenswertes

Museo del Banco Central „Pumapungo" MUSEUM

(07-283-1521; www.pumapungo.org; Larga zw. Arriaga & Huayna Capac; Di–So 8–17.30 Uhr) GRATIS Eines der bedeutendsten Museen der Stadt. Unten beherbergt Pumapungo tolle moderne Kunst, aber das Highlight findet man im 1. Stock. Hier beginnt eine umfangreiche Reise durch Ecuadors vielfältige indigene Kulturen, mit farbenfroh gestalteten Dioramen und Rekonstruktionen typischer Häuser von Afroecuadorianern aus der Provinz Esmeraldas, cowboymäßig lebenden *montubios* (Küstenfarmer) aus dem westlichen Tiefland, verschiedenen Volksgruppen aus dem Regenwald und allen größeren Hochlandgruppen.

Museo de las Culturas Aborígenes MUSEUM

(07-284-1540; www.museodelasculturasaborigenes.com; Larga 5-24; Erw./Student 4/2 US$; Mo–Fr 9–18, Sa bis 14 Uhr) Das Museum der indigenen Kulturen besitzt mehr als 5000 archäologische Fundstücke von mehr als 20 präkolumbischen Kulturen, die bis zu 15 000 Jahre zurückreichen. Besonders lohnend ist hier die informative selbstgeführte Tour, bei der man Dinge wie Kämme, Obsidianspiegel und Kochgerät sieht und Erläuterungen zu den auffälligen Mustern erhält. In dem friedlichen Café im Hof kann man mit einem verteufelt starken Kaffee auftanken.

Museo de Arte Moderno MUSEUM

(Ecke Mariscal Sucre & Talbot; Eintritt gegen Spende; Mo–Fr 9–17 Uhr, Sa & So bis 13 Uhr) Das amüsante Museum an der Südseite der Plaza de San Sebastián war früher eine Irrenanstalt. Heute beherbergt es eine hoch angesehene Sammlung ecuadorianischer und lateinamerikanischer Kunst.

Museo de la Ciudad MUSEUM

(Ecke Gran Colombia & Benigno Malo; Mo–Fr 8–13 & 15–18, Sa & So 10–14 Uhr) GRATIS Das schön erhaltene kolonialzeitliche Gebäude, in dem früher die Escuela Central la Inmaculada residierte, wurde innen schick in schlanken, modernen Linien umgebaut, um in seinen Sälen Kunstausstellungen aufzunehmen. Besonders interessant ist die faszinierende,

Cuenca

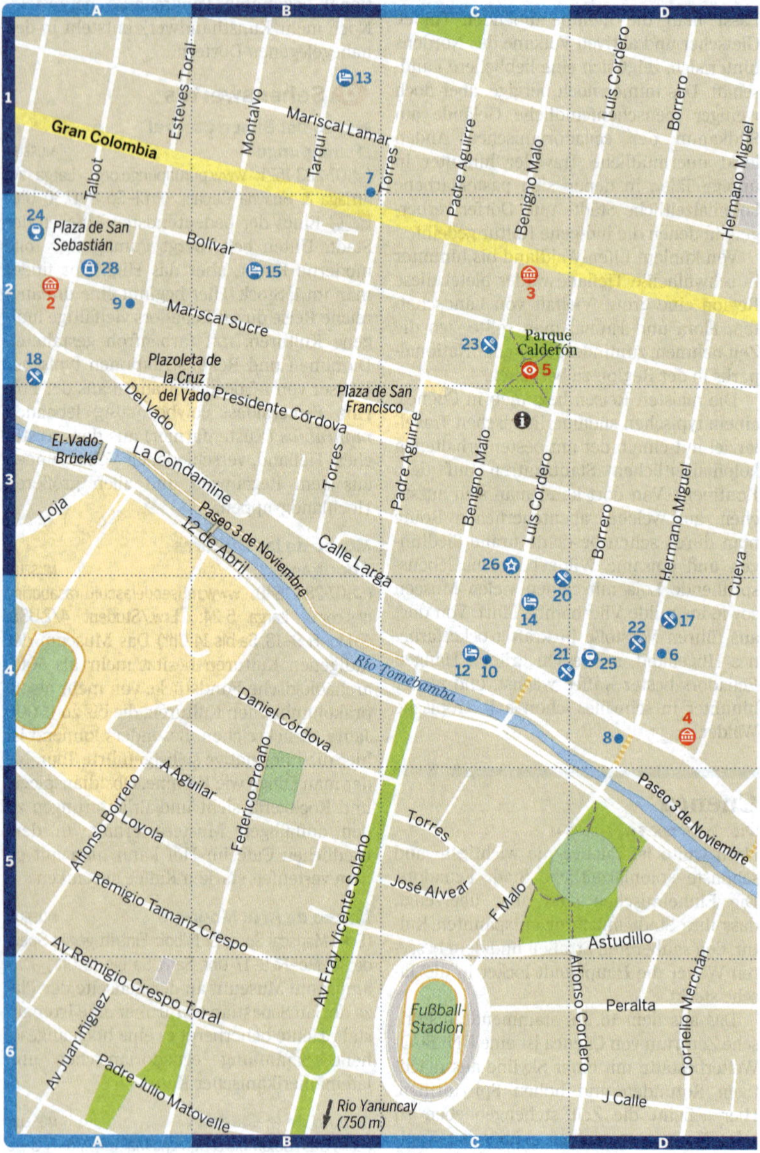

zum Nachdenken anregende Videokunst, die oft umstrittene Themen aufgreift.

Parque Calderón PLAZA

Der Parque Calderón ist der zentrale Park der Stadt, ein beliebter Treffpunkt und ein schöner Ort zum Entspannen.

Kurse

Sampere SPRACHKURS

(☎07-282-3960; www.sampere.com; Hermano Miguel 3-43) Eine sehr zu empfehlende, gut besuchte Sprachschule mit spanischen Inhabern.

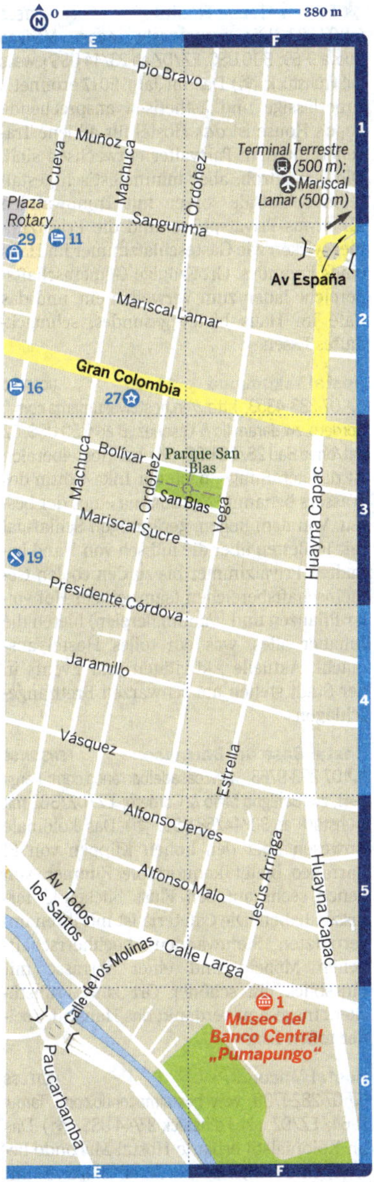

Cuenca

Highlights
1 Museo del Banco Central „Pumapungo" ... F6

Sehenswertes
2 Museo de Arte Moderno ... A2
3 Museo de la Ciudad ... C2
4 Museo de las Culturas Aborígenes ... D4
5 Parque Calderón ... C2

Aktivitäten, Kurse & Touren
6 Arutam Ecotours ... D4
7 Centers for Interamerican Studies ... B1
Expediciones Apullacta ... (siehe 7)
8 Sampere ... D4
9 Simón Bolívar Spanish School ... A2
10 Terra Diversa Travel Center ... C4

Schlafen
11 El Cafecito ... E2
12 Hostal Casa del Barranco ... C4
13 Hostal Macondo ... B1
14 Hostal Yakumama ... C4
15 Mansión Alcázar ... B2
16 Pepe's House Hostal ... E2

Essen
17 Café Ñucallacta ... D4
18 Café Ñucallacta II ... A2
Casa Alonso at Mansión Alcázar ... (siehe 15)
19 Fabiano's ... E3
20 Govinda's ... C4
21 Goza Espresso Bar ... C4
22 Moliendo Café ... D4
23 Raymipampa ... C2

Ausgehen & Nachtleben
24 Jodoco Belgian Brew ... A2
25 La Compañía ... D4
Wunderbar ... (siehe 8)

Unterhaltung
26 Jazz Society Café ... C3
27 La Mesa Salsoteca ... E2

Shoppen
28 MAKI ... A2
29 Mercado 9 de Octubre ... E2

Simón Bolívar Spanish School SPRACHKURS
(☎07-283-2052, 07-283-9959; www.bolivar2.com; Mariscal Sucre 14-21, zw. Toral & Talbot; Einschreibegebühr 35 US$, Kurs 1/2/mehr Pers. 9/6,50/6 US$ pro Std.) Bietet Unterbringung bei Gastfamilien, Exkursionen, Salsa- (kostenlos) und Kochkurse (3 US$), wenn man sich für einen Sprachkurs einschreibt. Einwöchiger Einzelunterricht kostet ab 285 US$.

Centers for Interamerican Studies SPRACHKURS
(CEDEI; ☎07-283-9003; www.cedei.org; Ecke Gran Colombia 11-02 & General Torres, 2. Stock; pro Se-

mester inkl. Unterkunft, Mahlzeiten und Ausflüge 14 000 US$) Eine gemeinnützige Schule, die kurze und längere Kurse in Spanisch, Kichwa und Portugiesisch anbietet.

Geführte Touren

★ Expediciones Apullacta ABENTEUERTOUR
(☎07-283-7815; www.apullacta.com; Gran Colombia 11-02, 2. OG; ⌚Mo–Fr 8.30–13 & 14.30–18.30, Sa 9–12 Uhr) Der große Veranstalter organisiert Tagestouren u.a. nach Ingapirca (50 US$), zum Parque Nacional Cajas (50 US$) und nach Ingapirca und Chordeleg (60 US$). Angeboten werden auch Wanderungen auf dem Camino del Inca (3 Tage, 2 Nächte 519 US$) sowie Canyoning-Tagestouren (80 US$) mit international zertifizierten zweisprachigen Führern und ausgezeichneter Ausrüstung.

Arutam Ecotours KULTUR
(☎098-197-0361; www.arutamecotours.com; Ecke Vásquez & Miguel) Das kleine Unternehmen ist auf Kleingruppentouren zu örtlichen Gemeinden spezialisiert. Die Touren beziehen die örtliche Bevölkerung mit ein, führen zu nahegelegenen indigenen Dörfern, u.a. denen der Shuar, und bemühen sich um ein authentisches, nicht ausgrenzendes Erlebnis.

Terra Diversa Travel Center GEFÜHRTE TOUREN
(☎07-282-3782, 099-920-4832; www.terradiversa.com; Calle Larga nahe Cordero) Das Unternehmen ist auf eintägige Radtouren (ab 54 US$) und Ausritte (ab 75 US$) spezialisiert und bietet auch Reitwanderungen mit Übernachtung auf Haziendas oder Campen am Camino del Inca nördlich von Ingapirca an. Die Touren nach Ingapirca gibt's auch als Radtour oder mit Besuchen in auf dem Weg liegenden Kunsthandwerkerdörfern. Der dreistündige Stadtspaziergang durch Cuenca kostet 24 US$.

Schlafen

★ El Cafecito HOSTEL $
(☎07-411-4765; www.elcafecito.net; Cueva 11-28, nahe Lamar; B/EZ/DZ 10/20/30 US$;) Das smarte, schön dekorierte Gebäude an der Plaza gegenüber dem Mercado 9 de Octubre ist ein gut etablierter Treff für Flashpacker und Backpacker. Es bietet eine wunderbare Dachterrassenbar, ruhige Zimmer sowie Schlafsäle mit Holzböden und jeweils mit eigenem Bad.

★ Pepe's House Hostal HOSTEL $
(☎07-283-3135; www.pepeshouse.com; Mariano Cueva 9-69; B 10 US$, EZ/DZ ab 23/44 US$ jeweils mit Frühstück;) Das im Jahr 2017 eröffnete, superlässige und ästhetisch ansprechende Pepe's House ist *das* Hostel für all jene Traveller, die dem Partyalter entwachsen sind. Die farbenfroh, aber minimalistisch gestalteten Schlafsäle sorgen mit Trennwänden für etwas Privatsphäre, und die Privatzimmer wirken wie Gästeschlafzimmer im Haus eines Freundes. Großzügige Gemeinschaftsbereiche laden zum Verweilen ein, und das Café im Haus bietet gesundes, schmackhaftes Essen.

Hostal Yakumama HOSTEL $
(☎07-283-4353; http://en.hostalyakumama.com/; Cordero, zw. Jaramillo & Vásquez; B ab 6,50 US$, DZ mit/ohne Bad 28/20 US$;) Im Hostelbereich ist das geräumige, nach der Inka-Göttin des Wassers benannte Yakumama eines der besten. Von dem hellen, geräumigen Schlafsaal mit 10 Betten über die hübsch von Hand bemalten Privatzimmer bis zu den coolen Gemeinschaftsbereichen (samt einem Hof voller Pflanzen und Wandmalereien) bieten die Inhaber alles, was ein tolles Hostel ausmacht. Aktuelle Aktivitäten und Events in der Stadt stehen am schwarzen Brett angeschlagen.

Hostal Casa del Barranco PENSION $$
(☎07-283-9763; www.casadelbarranco.com; Larga 8-41, zw. Benigno Malo & Cordero; EZ/DZ/3BZ mit Frühstück ab 30/44/58 US$;) Das koloniale Anwesen über den hohen Klippen von El Barranco bietet komfortable Zimmer, von denen sechs auf den Fluss blickende Terrassen haben. Die Cafeteria ist mit ihren unverputzten Steinwänden, hochherrschaftlichen Möbeln und einer Terrasse mit Flussblick ein schöner Ort zum Frühstücken. Insgesamt verdankt das Haus alles seiner tollen Lage.

Hostal Macondo HOTEL $$
(☎07-282-1700; www.hostalmacondo.com; Tarqui 11-64; EZ/DZ inkl. Frühstück 27/44 US$;) Das im Kolonialstil erbaute Hostal Macondo besitzt einen älteren vorderen Bereich mit blitzsauberen, etwas dunklen, palastartigen Zimmern und kleine, aber gemütliche Räume am Rand eines großen Gartens hinten. Dies ist eine der besten Unterkünfte der Stadt im mittleren Preissegment. Wer länger bleibt, freut sich über den Zugang zur gut ausgestatteten und sauberen Gästeküche.

Darüber hinaus liebt jeder das kontinentale Frühstück mit viel Kaffee.

★ Mansión Alcázar HISTORISCHES HOTEL **$$$**
(☎07-282-3889, 07-282-3918; http://mansionalcazar.com; Bolívar 12-55; EZ/DZ/Suite mit Frühstück 145/251/359 US$; P@📶) Mit einem unvergleichlichen Service und individuell thematisch dekorierten Zimmern ist das Alcázar die beste Spitzenklasseunterkunft in Cuenca. Im Innenhof befindet sich ein Springbrunnen mit frischen Blumen, und der prächtige Garten, die Bibliothek und das internationale Restaurant zeugen alle von der unermüdlichen Aufmerksamkeit, die hier selbst den kleinsten Details entgegengebracht wird. Hinten gibt es fünf neuere Zimmer rund um einen Garten, und mehrere Suiten sind ebenfalls vorhanden.

Essen

★ Moliendo Café KOLUMBIANISCH **$**
(Vásquez 6-24; Hauptgerichte 4,50–8 US$; ⏲9–21 Uhr; 📶) Dies ist eines der besten kleinen Lokale in Ecuador und dementsprechend immer gerammelt voll. Die herzhaften *arepas* (Maispfannkuchen, ab 4,50 US$), belegt mit allem Möglichen von Bohnen und Käse bis zu langsam gegartem Schweinefleisch, sind hier eine Spezialität, auch wenn diese eigentlich aus Ecuadors nördlichen Nachbarländern stammen. Ein tolles Angebot sind auch die leckeren und sättigenden *almuerzos* (Mittagsmenüs; 2,50 US$).

★ Café Ñucallacta CAFÉ **$**
(http://cafenucallacta.com; Hermano Miguel 5-62, zw. Honorato Vasquez & Juan Jaramillo; Snacks/kleine Gerichte 2–5 US$; ⏲Mo–Sa 8–18, So 9–13 Uhr; 📶) Das beste Café in Cuenca punktet in erster Linie mit dem eigens gerösteten ecuadorianischen Kaffee, der hier serviert wird. Dank der kundigen Inhaber erhält man aber zugleich auch einen Einblick in Ecuadors Kaffeeindustrie. Darüber hinaus gibt's nettes Frühstück und Kuchen, sodass die Tische in diesem winzigen, einladenden Lokal morgens immer schnell besetzt sind.

Die Betreiber haben noch ein zweites **Café** (Talbot s/n, Plaza El Otorongo; Snacks/kleine Gerichte 2–5 US$; ⏲Di–Sa 8–18 Uhr) an der Plaza El Otorongo.

Govinda's INTERNATIONAL **$**
(Jaramillo 7-27; Hauptgerichte 2,50–4 US$; ⏲Mo–Sa 12–16 Uhr; 📶✍) Pizzas, Linsenburger und zum Herunterspülen ein bisschen gutes Karma. Dies ist eines der nettesten Hare-Krishna-Restaurants in Ecuador. Das Mittagsbüfett kostet 2,50 US$.

Fabiano's PIZZA **$$**
(☎07-282-4517; Ecke Presidente Córdova & Cueva; Pizzas 6–18 US$; ⏲Mo–Do 12–22, Fr & Sa bis 23 Uhr; 📶) Das umgängliche, familienfreundliche Fabiano's ist ein altbewärter Gringo-Treff, der aber auch unter Ecuadorianern treue Stammkunden hat. Die Pizzas sind großzügig und schmackhaft, obwohl wegen des großen Andrangs der Service manchmal ein wenig zu wünschen übrig lässt. Ein sättigendes Mahl ist die Lasagne-Pizza – wenn etwas übrig bleibt, kann man sich den Rest gerne einpacken lassen und mit nach Hause nehmen.

Raymipampa ECUADORIANISCH **$$**
(Benigno Malo 8-59; Hauptgerichte 6,50–12 US$; ⏲Mo–Fr 8.30–23, Sa & So 9.30–22 Uhr; 📶) Diese Institution mit Aussicht auf den Parque Calderón und langen Öffnungszeiten ist bei Einheimischen und Travellern beliebt. Kulinarisch bewegt man sich hier zwischen ecuadorianischer Hausmannskost und Diner. Wer sich eine Bank auf der Empore sichert, kann einen Blick auf die ganze Bandbreite der ecuadorianischen Kochkunst werfen.

Goza Espresso Bar CAFÉ **$$**
(www.gozaespresso.com; Ecke Borreo 4-11 & Larga; Frühstück 4–7 US$, Hauptgerichte 8–15 US$; ⏲So–Mi 8–22.30, Do–Sa bis 24 Uhr) Die trendige Cafébar europäischer Art an einem verkehrsberuhigten Abschnitt der Borreo überzeugt mit fabelhaftem internationalen Frühstück (Eggs Benedict oder Obst mit Müsli), tollem Kaffee und abendlichen Drinks (Cocktails wie der *maracuyá*-Daiquiri sind besonders verführerisch). Zu essen gibt's internationale Standardkost (Cheeseburger, Steaks, Chicken Nuggets).

Casa Alonso at Mansión Alcázar INTERNATIONAL **$$$**
(http://mansionalcazar.com/casa-alonso; Bolívar 12-55; Hauptgerichte 16–30 US$; ⏲7–10, 12.30–15 & 15.30–22 Uhr) Das einladende Restaurant am schönen Innengarten des Mansión Alcazar hat das gleiche hervorragende Niveau wie das ganze Hotel: Es ist prunkvoll möbliert und punktet mit erstklassigem Service. Zum Abendessen gibt's beispielsweise Wolfsbarsch in einer Kruste aus grünen Kochbananen, geschmorte Ente oder Lachs in Bourbonsauce. Alle Speisen hier sind einfach delikat.

Ausgehen & Nachtleben

★ Jodoco Belgian Brew KLEINBRAUEREIBIER
(http://jodocobelgianbrew.com; Sucre, neben der Kirche San Sebastián; Bier 3,90–18 US$; ⏲ Di 16–24, Mi–Sa ab 11 Uhr; 📶) Die ansprechende Bar an der Plaza mit Plätzen auf der Terrasse schenkt wunderbar authentisches, in Cuenca gebrautes belgisches Bier aus und serviert nette Bistrokost. In dem sauberen, stimmungsvollen Innenraum kann man bei Jazzmusik aus der Anlage prima ein Kleinbrauereibier genießen. Uns gefiel das Petit Belge, das sich zwar nicht gerade aufdrängt, aber mit seiner subtilen Würze genau die richtige Erfrischung nach einem Sightseeing-Tag parat hält.

La Compañía BRAUEREI
(☎ 099-887-4099; Ecke Borrero & Vásquez; ⏲ Mo–Mi 16–23.30, Do–Sa bis 2 Uhr) Cuencas erste Kleinbrauerei ist immer noch eine der besten der Stadt. Es versorgt das junge, Rock liebende Publikum mit ordentlichen, handwerklich gebrauten Stouts, Irish Red Ales und goldenen Gebräuen. Und wer nicht so sehr auf Bier steht, erhält hier auch tolle Cocktails.

Wunderbar BAR
(Escalinata 3-43; ⏲ Mo–Do 12–24 Uhr, Fr bis 2, Sa 15–2 Uhr) Dieser Laden in österreichischem Besitz ist wirklich wunderbar für alle, die mit Freunden an den großen Holztischen einer klassischen Bar sitzen möchten. Es gibt Essen und auch eine Happy „Hour" von 12 bis 18 Uhr, außerdem einen Poolbillardtisch und Großbildschirme für Sportübertragungen.

Unterhaltung

★ Jazz Society Café JAZZ
(☎ auf Englisch 093-934-2714, auf Spanisch 099-588-8796; www.facebook.com/JazzSocietyCafe; 5-101 Cordero, nahe Jaramillo; ⏲ Mi–Sa 18.30–22 Uhr) Die Veranstaltungsstätte der Jazz Society of Ecuador sorgt für gute Musik mit ecuadorianischen Musikern und internationalen Künstlern. Die Jazz Society fördert auch junge örtliche Talente, deswegen sollte man, auch wenn meist kein Eintritt verlangt wird, eine bescheidene Spende von 5 US$ beisteuern – was angesichts der Qualität der Musik eigentlich viel zu wenig ist. Livejazz gibt's hier jeden Abend während der Öffnungszeiten.

La Mesa Salsoteca TANZ
(www.facebook.com/lamesasalsayson; Gran Colombia 03-35; ⏲ Mi 21–24, Fr bis 3 Uhr) Das ist der angesagte Ort, um sein Salsa-Können zu zeigen oder zu perfektionieren. Richtig Stimmung kommt aber erst später am Abend auf.

Shoppen

Mercado 9 de Octubre MARKT
(Plaza Cívica 9 de Octubre; ⏲ 8–19 Uhr) Der hinreißende Obst- und Gemüsemarkt findet in einem überdachten Gebäude an der Plaza Cívica 9 de Octubre (auch Plaza Rotary genannt) statt.

MAKI KUNSTHANDWERK
(☎ 07-282-0529; maki@fairtrade.ec; Sucre 14-96, nahe Talbot; ⏲ Mo–Fr 10–19, Sa & So bis 17 Uhr) Der Fair-Trade-Laden ist ein wundervolles Schaufenster voller Souvenirs, die man unbedenklich kaufen kann. U. a. gibt's hochwertige Textilien, Körbe, Kleidung, Schmuck und Keramik.

Praktische Informationen

Banco de Guayaquil (Mariscal Sucre nahe Borrero) Bank mit Geldautomat.

Banco del Pichincha (Ecke Solano & 12 de Abril) Große Filiale mit Geldautomaten.

Clínica Hospital Monte Sinaí (☎ 07-288-5595; www.hospitalmontesinai.org; Ecke Av Solano & Miguel Cordero) Eine ausgezeichnete Klinik, in der manche Mitarbeiter Englisch sprechen.

Touristeninformation (iTur; ☎ 07-282-1035; Mariscal Sucre, nahe Luís Cordero; ⏲ Mo–Fr 8–20, Sa 9–16, So 8.30–13.30 Uhr) Das Büro am Parque Calderón ist freundlich und hilfsbereit, und die Mitarbeiter sprechen auch Englisch.

An- & Weiterreise

BUS

Cuencas Hauptbusbahnhof, der **Terminal Terrestre** (Av España) liegt etwa 1,5 km außerhalb des Stadtzentrums schräg gegenüber der Straße zum Flughafen. Täglich fahren hier Busse nach Ingapirca und Gualaceo, Chordeleg und Sígsig.

Zwei Routen führen nach Guayaquil: die kürzere über den Parque Nacional Cajas und Molleturo (8 US$, 4 Std.) und die längere über La Troncal und Cañar (8 US$, 5 Std.).

Beide Routen werden häufig von Bussen bedient.

FLUGZEUG

Der **Aeropuerto Mariscal Lamar** (☎ 07-286-7120, 07-286-2095; www.aeropuertocuenca.ec; Av España) liegt 2 km außerhalb des Zentrums von Cuenca und nur 500 m vom Busbahnhof

NICHT VERSÄUMEN

DER CAMINO DEL INCA NACH INGAPIRCA

Zwar kommen zum Camino del Inca (auch als Inkatrail bekannt) nach Ingapirca nur ein Bruchteil der Besucher, die den bekannteren Inkatrail nach Machu Picchu einschlagen, aber die dreitägige Wanderung nach Ingapirca ist durchaus beliebt. Auf ungefähr 40 km folgt die Strecke der originalen Inka-Straße, die Cuzco mit Tomebamba (auf dem Gebiet des heutigen Cuenca) und Quito verband.

Die Wanderung beginnt in **Achupallas**, 23 km südöstlich von Alausí. Man braucht ein GPS und drei topografische Karten (*Alausí, Juncal & Cañar) im Maßstab* 1:50 000, die beim IGM (S. 638) in Quito erhältlich sind. Man muss darauf vorbereitet sein, unterwegs ständig von Kindern angebettelt zu werden.

Um nach Achupallas zu kommen, nimmt man einen der täglich verkehrenden Busse von Alausí oder chartert (die zuverlässigere Version) für 10 bis 15 US$ pro einfache Strecke einen Taxi-Pick-up. Ansonsten kann man auch ab Alausí einen Bus nehmen, der auf der Panamericana Richtung Süden verkehrt und Fahrgäste in La Moya (auch als Guasuntos bekannt) absetzt; dort wartet man dann auf einen Lastwagen nach Achupallas, 12 km über eine schmale, bergauf führende Straße entfernt. In Achupallas kann man für etwa 30 bis 40 US$ pro Tag einen Führer anheuern, aber auch der Reiseveranstalter **Julio Verne** (S. 659) bietet in Riobamba Touren für ungefähr 320 US$ pro Nase an. Wer auf eigene Faust loszieht, sollte einen Wanderführer mitnehmen, z. B. *Ecuador: Climbing and Hiking Guide* von Rob Rachowiecki und Mark Thurber.

Terminal Terrestre entfernt. **TAME** (☎ 07-286-6400, 07-286-2193; www.tame.com.ec; Aeropuerto Mariscal Lamar; ⏲ Mo–Fr 7–20, Sa 8–12, So 18–20 Uhr) hat täglich Flüge nach Quito (99–131 US$) und Guayaquil (73–150 US$).

ℹ Unterwegs vor Ort

Ein Taxi zwischen der Innenstadt und dem Flughafen oder Busbahnhof kostet rund 2 US$ – zu Fuß braucht man 20 Minuten. Vor dem Terminal Terrestre starten regelmäßig Busse ins Stadtzentrum (0,25 US$). Vom Zentrum aus kann man von den Haltestellen an der Padre Aquirre nahe dem Blumenmarkt zum Busbahnhof jeden Bus mit der Aufschrift „Terminal" nehmen.

Die Nahverkehrsbusse nach Turi (0,25 US$) 4 km südlich des Zentrums fahren über die Avenida Solano; die Taxifahrt nach Turi kostet 5 US$.

Rund um Cuenca

☎ 07

Cuenca ist eine praktische Ausgangsbasis für Tagesausflüge zu den indigenen Dörfern in der umliegenden Gegend. Viele beteiligen sich an gemeindebasiertem Tourismus, so dass man die Einheimischen durch das Engagieren von Führern und durch das Kaufen von Kunsthandwerk unterstützen kann. Gualaceo, Chordeleg und Sigsig kann man alle an einem Tag besuchen, während der Parque Nacional Cajas und die Ruinen von Ingapirca jeweils einen ganzen Tag beanspruchen.

Ingapirca

☎ 07 / 3150 M

Ecuadors am besten erhaltene archäologische Stätte, **Ingapirca** (☎ 07-221-7115; http://patrimoniocultural.gob.ec/complejo-arqueologico-ingapirca; Eintritt inkl. optionaler Führung 2 US$; ⏲ 8–17.30 Uhr), liegt ungefähr 1 km über dem gleichnamigen Dorf und kann kaum den Vergleich mit den großen archäologischen Stätten im Nachbarland Peru aushalten. Die kleine Stätte mit ihrem gut erhaltenen Tempel, grasenden Lamas und offenen Feldern lohnt aber auf alle Fälle einen Zwischenstopp, wenn man in der Gegend ist. Und Wanderer sollten sich keinesfalls die dreitägige Wanderung auf dem Camino del Inca entgehen lassen.

Busse von Cooperativa Cañar (3,50 US$, 2 Std.) fahren vom Hauptbusbahnhof in Cuenca direkt nach Ingapica (Mo–Fr 9 & 12.20, Sa & So 9 Uhr; Rückfahrt ab Ingapirca Mo–Fr 13 & 15.45 Uhr, Sa & So 13 Uhr). Halbstündlich fahren von Cuenca auch Busse nach El Tambo, 8 km unterhalb von Ingapirca. Von El Tambo fahren ungefähr halbstündlich Busse nach Ingapirca; die Taxifahrt von dort kostet ca. 5 US$.

Gualaceo, Chordeleg & Sigsig

Wer früh aufbricht, kann problemlos den Sonntagsmarkt in allen drei traditionellen Dörfern besuchen und zur Happy Hour wieder zurück in Cuenca sein. Der Besuch dieser Märkte ist zurecht einer der beliebtesten Tagesausflüge ab Cuenca. Auf den Märkten findet man viel traditionelles Kunsthandwerk: Flechtkörbe, fein gearbeiteten Gold- und Silberschmuck, Holzarbeiten, Töpferwaren, Gitarren und *ikat*-Textilien, bei denen gebatikte Fäden mit einer präkolumbischen Technik verwebt werden.

Vom Terminal Terrestre in Cuenca fahren halbstündlich Busse nach Gualaceo (0,90 US$, 1 Std.), Chordeleg (1 US$, 1 Std.) und Sigsig (1,50 US$, 1½ Std.). Zwischen den Dörfern verkehren Busse (0,50 US$), die man an der Hauptstraße heranwinken kann. Nach Sigsig muss man vielleicht in Gualaceo umsteigen.

Parque Nacional Cajas

Der nur 30 km westlich von Cuenca gelegene **Parque Nacional Cajas** (☎07-237-0126; http://areasprotegidas.ambiente.gob.ec/es/areas-protegidas/parque-nacional-cajas; ⏲8–16.30 Uhr) GRATIS umfasst 2854 km² goldgrünen, an Heidelandschaften erinnernden *páramos* (Grasland in den Anden), der mit Hunderten kalter Seen durchsetzt ist, die sich wie Edelsteine von der rauen, außerirdisch wirkenden Landschaft abheben.

Dieses extrem feuchte und neblige Gebiet speist Flüsse, die in den Río Cuenca münden, und gilt als ein wichtiges Naturschutzgebiet für Vögel, Säugetiere und Pflanzen: Tatsächlich ist dies der biologisch vielfältigste Abschnitt des *páramo* in den gesamten Anden.

Besonders wichtig sind die kleinen Wälder aus *Polylepis*-Bäumen, die in geschützten Talkesseln und natürlichen Senken zu finden sind. *Polylepis*-Bäume haben sich an ein Leben in größeren Höhen angepasst als fast alle anderen Bäume und bilden so mit die höchsten Wälder auf der Erde. Wandert man in einem dieser dichten Wälder mit den zwergenhaften Bäumen fühlt man sich wie in ein Märchen der Brüder Grimm versetzt.

Vom Terminal Terrestre in Cuenca nimmt man einen Bus von Transportes Occidental Richtung Guayaquil bis zum Nationalpark (1,25 US$, 1 Std., tgl. 6.15, 7, 8, 10, 12, 13.30, 14.30, 16.10 & 17.45 Uhr). Zur Rückkehr nach Cuenca kann man jeden vorbeifahrenden Bus in dieser Richtung heranwinken.

Busse nach Soldados (1,50 US$, 1¼ Std.) und Angas (2 US$, 1¾ Std.) starten in Cuenca um 6 Uhr von der El-Vado-Brücke und kehren nachmittags zurück.

Saraguro

☎07 / 9000 EW. / 2520 M

Das von smaragdgrünen Hügeln, auf denen seit Jahrtausenden Wurzelgemüse und Getreide angebaut werden, umgebene Saraguro, 165 km südlich von Cuenca, ist der Mittelpunkt der indigenen Saraguro-Kultur. Dieses wohlhabende und stolze indigene Volk lebte einst nahe dem Titicacasee in Peru und gelangte in den 1470er-Jahren durch das im Inkareich herrschende System der zwangsweisen Umsiedlung (*mitimaes*) in diese Gegend.

Saraguros ausgezeichnete gemeindebasierte Tourismusprojekte sind ein Vorbild für ganz Ecuador – nur an wenigen Orten in Südamerika kann man so abtauchen und authentisch die indigene Hochlandkultur erleben.

Aktivitäten

Die Dörfer um Saraguro, von denen die meisten im Umkreis einer halbstündigen Wanderung oder einer zehnminütigen Busfahrt (0,20 US$) liegen, bieten viele Outdoor- und Kulturaktivitäten. Busse zu allen diesen Dörfern fahren vom Hauptplatz vor der Kathedrale; Infos über die besten angebotenen Aktivitäten erhält man bei der **Touristeninformation** (Ecke 10 de Marzo & Loja; ⏲Mo–Fr 8–17 Uhr).

Schlafen & Essen

★ Hostal Achik Wasi HOTEL $$
(☎07-220-0058; Intiñan, Barrio La Luz; EZ/DZ mit Frühstück 23/40 US$; P 📶) Das große *hostal* aus Lehmziegeln und Holz rund 10 Gehminuten über und außerhalb der Stadt (Taxi 1 US$) ist die bei weitem beste Unterkunft vor Ort. Sie hat komfortable, saubere Zimmer mit dicken Wolldecken und Balkendecken. Der tolle Ausblick und der freundliche Service sind weitere große Pluspunkte. Das Haus ist Teil eines gut geführten Tourismusprojekts, das der Gemeinde zugutekommt.

★ ShamuiCo Espai Gastronòmic FUSIONKÜCHE $$
(☎07-220-0590; shamuicorestaurant@gmail.com; Ecke Loja & 10 de Marzo; kleine Gerichte 3–8 US$; ⏲Mi–So 10–21 Uhr) Eine überraschende Entdeckung in Saraguro: Diese unprätentiös-raffinierte Lokal wird von einem örtlichen Chefkoch geführt, der in einigen der besten Restaurants in Europa gelernt hat. Seine wa-

gemutige Küche bietet Tapas mit europäischen Akzenten sowie Einflüssen aus dem ecuadorianischen Hochland und lässt sich von den Getreidesorten, die rund um Saraguro wachsen sowie von marktfrischem Obst und Gemüse inspirieren. Alles wird zu schmackhaften, aber unkomplizierten Gerichten verarbeitet.

An- & Weiterreise

Jeder Bus, der aus Cuenca Richtung Loja fährt, kann Fahrgäste einen Block von der Hauptplaza von Saraguro (5 US$, 3 Std., stündl.) entfernt absetzen. Busse nach Loja (2–3 US$, 1½ Std.) fahren tagsüber ungefähr stündlich. In beiden Richtungen halten die Busse an der Azuay zwischen der El Oro und der 10 de Marzo. Den Fahrschein kauft man im Bus.

Loja

☎07 / 181000 EW. / 2100 M

Vor langer Zeit war Loja die blühende Ausgangsbasis, von der aus die spanischen Konquistadoren den Dschungel gleich hinter den Bergen erkundeten, aber heute besteht der Hauptreiz der Stadt in ihrer Nähe zu einem der vielfältigsten Schutzgebiete des Landes, dem großen Parque Nacional Podocarpus (S. 673) südlich der Stadt.

Lojas Stadtzentrum ist aber ebenfalls sehr reizvoll. Die Küche, die musikalischen Traditionen und die Universität der Stadt sind in ganz Ecuador und darüber hinaus bekannt. Ihre zum Teil verkehrsberuhigten Straßen mögen nach Cuenca auf den ersten Blick etwas fad erscheinen, bieten aber tatsächlich mehr Einblicke in die lokale Kultur als die des berühmteren Rivalen im Norden. Die Stadt liegt spektakulär am Grund des Valle de Cuxibamba; die Hänge rund um Loja sind von den bedeutendsten Kaffeeplantagen des Landes gesäumt, und mehrere *miradores* (Aussichtspunkte) gewähren einen unvergesslichen Blick auf die Stadt.

Schlafen

Hotel Londres HOSTEL $
(☎07-256-1936; Sucre 07-51; Zi. ohne Bad 6 US$/Pers.; 📶) Mit knarrenden Holzböden, durchgelegenen Betten und an Zellen erinnernden Zimmern ist das Hotel Londres zwar sehr schlicht, aber ein erprobter Favorit unter Travellern. Das Haus ist durch einen Korridor von der Straße abgesetzt und bietet saubere Gemeinschaftsbäder und freundliche Inhaber.

Hosteria Quinta Montaña HÜTTEN $$
(☎099-343-4739, 07-254-0851; Batalla de Tarqui, Barrio Colinas del Norte; EZ/DZ 25/45 US$; P 📶 🏊) Liegt zwar in der Stadt, fühlt sich aber trotzdem an als sei man auf dem Land: 2 km nördlich vom Busbahnhof sprenkeln die gepflegten Hütten der entspannten Hosteria Quinta Montaña einen steilen Hang. Auf dem Gelände gibt's ein hübsches Restaurant, einen unbeheizten Swimmingpool und eine Sauna. In der Hängematte zu schaukeln, mag im Urwald ganz normal zu sein, aber in Loja ist dieses Privileg mit Blick ins üppige Grün Gästen der Hosteria vorbehalten.

Essen & Ausgehen

El Tamal Lojano ECUADORIANISCH $
(Ecke 18 de Noviembre 05-12 & Samaniego; Gerichte 1,50–4,50 US$, Mittagsmenüs ab 2 US$; ⏲Mo–Fr 8–21, Sa & So 8.30–12 & 15.30–20 Uhr) Die *almuerzos* (Mittagsmenüs) sind gut, aber der eigentliche Grund zum Kommen sind die leckeren *quimbolitos, humitas, empanadas de verde* und *tamales lojanos* – alles kulinarische Klassiker der Gegend um Loja. Nicht versäumen sollte man unter den vielen Frühstücksoptionen die *tigrillos*: Kochbananenbrei mit Speckchips und Mozzarella. Man bestellt an der Theke.

★ **Riscomar** SEAFOOD $$
(☎07-258-5154; www.riscomarloja.com; Ecke Rocafuerte & 24 de Mayo; Hauptgerichte 8–16 US$; ⏲Mo–Sa 9–16 & 19–22.30, So 9–16 Uhr) Die Meeresfrüchte des Riscomar gehören zu den besten in Loja. In dem zivilisierten Speisesaal wird köstliches Ceviche auf ecuadorianische Art serviert. Sehr zu empfehlen ist das Seebarschfilet (*corvina*) in einer reichhaltigen *salsa de mariscos* (Meeresfrüchtesauce); der Service ist hervorragend.

★ **Zarza Brewing Company** KLEINBRAUEREI
(☎07-257-1413; www.zarzabrewing.com; Ecke Puerto Bolívar & Esmeraldas; Gerichte 3,50–21 US$; ⏲Mo–Mi 16–24, Do–Sa bis 2 Uhr) Die Brauereikneipe im Viertel El Valle ist bei Einheimischen genauso beliebt wie bei in Loja ansässigen Ausländern. Der Inhaber ist Texaner und kennt sich daher mit Bierbrauen und mexikanischem Essen gut aus. Es gibt hier auch für Ecuador ungewöhnliche Biere wie belgisches Lambic und Witbier, und zu essen eine verführerische Auswahl von geräuchertem Fleisch. Die Anfahrt mit dem Taxi kostet ca. 1,40 US$.

EINREISE NACH PERU

Der Grenzübergang nach Peru über Macará ist viel ruhiger als der in Huaquillas, aber belebter als der in Zumba. Macará liegt ungefähr 3 km vom tatsächlichen Grenzübergang entfernt, dem *puente internacional* (internationale Brücke). Die meisten Traveller kaufen in Loja Tickets für die Fahrt nach Piura (Peru). **Transportes Loja Internacional** (☎07-269-4058; Vaca & Jaramillo) und **Unión Cariamanga** (☎07-269-4047; Ecke Loja & Manuel E Rengel) fahren zweimal täglich von Macará nach Piura (4 US$, 3 Std.). Die Busse halten an der Grenze, warten, bis die Passagiere die Ein- und Ausreiseformalitäten erledigt haben, und fahren dann weiter nach Piura.

Praktische Informationen

Banco de Guayaquil (Eguiguren, nahe Valdivieso) Bank mit Geldautomat.

Banco de Pichincha (Ecke Bernado Valdivieso & 10 de Agosto) Ist mit Geldautomaten ausgestattet.

Clinica San Augustin (☎07-257-0314; www.hospitalclinicasanagustin.com; Ecke 18 de Noviembre & Azuay; ⌚24 Std.) Für Ausländer empfohlenes Krankenhaus.

Ministerio del Medio Ambiente (☎Anschluss 109 07-257-7125; Sucre 4-35, 3. OG; ⌚Mo–Fr 8–17 Uhr) Verantwortlich für die Verwaltung des Parque Nacional Podocarpus; bietet Informationen zum Park, hat aber nur selten Landkarten parat.

Polizei (☎07-257-5606; Valdivieso zw. Imbabura & Quito) Gleich nördlich vom Stadtzentrum.

Touristeninformation (iTur; ☎07-257-0485, 07-258-1251; Ecke Bolívar & Eguiguren; ⌚Mo–Fr 8–13 & 15–18, Sa 8–16 Uhr) Hilfreich und hat auch einige Landkarten vorrätig.

An- & Weiterreise

Loja wird vom **Aeropuerto Ciudad de Catamayo** bedient, der sich, wie der Name verrät, in Catamayo 35 km westlich von Loja befindet. Die Busse in Richtung Macará halten dort (1,30 US$).

TAME (☎07-257-0248; www.tame.com.ec; Av Ortega, nahe 24 de Mayo; ⌚Mo–Fr 8.30–13 & 14.30–18, Sa 9–12.15 Uhr) fliegt täglich von/nach Quito und Guayaquil.

Fast alle Busse fahren vom rund 2 km nördlich des Stadtzentrums gelegenen **Busbahnhof** (Terminal Terrestre Reina del Cisne; Av 8 de Diciembre). Vilcabambaturis hat schnelle Minibusse nach Vilcabamba (1,30 US$, 1¼ Std., 5.45–20.45 Uhr alle 30 Min.), die vom Eingang des Hauptterminals aus gesehen rechts hinten im Busbahnhof abfahren. Schneller geht's mit einem *taxi colectivo* (Sammeltaxi; 2 US$, 45 Min.) von der Avenida Universitaria, rund 10 Blocks südlich der Mercadillo in Loja; man lässt sich von einem örtlichen Taxifahrer zum **Taxistand** (Ecke Aguirre & Mercadillo) an der Ruta 11 de Mayo bringen.

Huaquillas, den Hauptgrenzübergang nach Peru, erreicht man mit einem Bus (10 US$, 7 Std.), der um 17 Uhr vom Busbahnhof abfährt – damit vermeidet man eine Rückfahrt nach Machala. Loja ist auch ein Startpunkt für Busse zu südlichen Grenzübergängen nach Peru über Macará und Zumba. (Inzwischen besteht eine Direktverbindung zwischen Loja und Jaén in Peru).

Man kann von Loja aus direkt nach Piura (Peru) fahren, ohne in Macará Halt machen zu müssen. Dieser Busdienst (14 US$, 9 Std.) wird von **Loja International** (☎07-257-9014, 07-257-0505; Busbahnhof) angeboten. Tickets kauft man mindestens einen Tag vor der Fahrt.

Es gibt häufige Busverbindungen zu den meisten größeren Zielen.

Zamora

☎07 / 13 400 EW. / 970 M

Die heiße, schwüle Hauptstadt der Provinz Zamora-Chinchipe ist teils Oriente teils Sierra. Eingezwängt zwischen diesen beiden Regionen in den Ausläufern der Anden, lockt Zamora Siedler aus Gemeinden der im Hochland lebenden Saraguros und der Shuar aus dem Amazonasbecken an. Zamora preist sich selbst als „Stadt der Vögel und Wasserfälle" an. Davon ist in der etwas langweiligen Stadt allerdings nichts zu sehen, aber der ganze Tourismus dreht sich hier um den nahegelegenen Parque Nacional Podocarpus.

Jahrzehnte der Kolonisierung durch Bergleute und das Anwachsen zu einem Provinzzentrum haben zu einem Stadtzentrum aus völlig uninteressanten Betonbauten geführt. Durch die Renovierung von Brücken, einen herausgeputzten Busbahnhof und einen schönen *malecón* (Uferpromenade) am Río Zamora hat die Stadt aber dann doch eine gewisse Renaissance erlebt. Und wer wissen möchte, wie spät es gerade ist, braucht nur aufzublicken: an dem großen Hügel oberhalb des Busbahnhofs prangt eine riesige Uhr.

Schlafen

★ Copalinga LODGE **$$$**
(☎099-347-7013, 099-710-1535, in Quito 02-250-5129; www.fjocotoco.org; Vía al Podocarpus km 3; Hütte mit VP ab EZ/DZ 98/162 US$) Vogelbeobachter, äh, *schwärmen* zu diesem ruhigen Schutzgebiet, das sichere Sichtungen exotischer Vogelarten verspricht. Aber auch alle anderen werden sich über die Orchideensammlung, die Futterspender für Kolibris, die Wege und das beschauliche Ambiente freuen. Man trifft seine Wahl aus den rustikalen oder luxuriösen Hütten und lässt sich von dem rauschenden Fluss in den Schlaf wiegen. Die ganze Anlage wird mit Wasserkraft gespeist, und die Mahlzeiten sind großzügig und schmackhaft.

Praktische Informationen

Banco del Austro An der Plaza; hat einen funktionierenden Geldautomaten.

Ministerio del Ambiente (☎07-260-6606, 07-260-5318; Sevilla de Oro nahe Orellana; ⏲Mo–Fr 8.30–16.30 Uhr) Informationen zum Parque Nacional Podocarpus.

An- & Weiterreise

Der **Busbahnhof** (Ecke Av Heroés de Paquisha & Amazonas) liegt von der großen Uhr aus auf der anderen Straßenseite.

Zwischen 3 und 23 Uhr fahren fast stündlich Busse nach Loja (3 US$, 2 Std.). Täglich fahren fünf Busse nordwärts nach Gualaquiza (3,50 US$, 4 Std.). Nach Cuenca (7 Std.), Guayaquil (11 Std.) oder Quito (16 Std.) fährt man nach Loja, wo es häufige Verbindungen zu allen drei Zielen gibt.

Parque Nacional Podocarpus

Der **Parque Nacional Podocarpus** (Refugios 3 US$) GRATIS füllt einen großen Teil des Dreiecks zwischen Loja, Zamora und Vilcabamba aus und umfasst außerdem auch noch einen breiten Streifen im Südosten. Wegen der großen Höhenunterschiede innerhalb der Parkgrenzen (von ungefähr 900 m im Tieflandsektor bis zu mehr als 3600 m im Hochlandsektor) bietet der Podocarpus eine Vielfalt an Tieren und Pflanzen wie kaum ein anderer Park auf Erden. Rund 40 % der geschätzten 3000 Pflanzenarten existieren nirgendwo sonst auf der Welt, und es wurden hier annähernd 600 Vogelarten festgestellt. Zu den seltenen Säugetieren gehören Füchse, Hirsche, Pumas, Bergtapire und Bären.

Hochlandsektor

Der Zugang zum Hochlandsektor des Parks erfolgt über den **Kontrollpunkt Cajanuma** ca. 10 km südlich von Loja. Von dort führt eine unbefestigte Piste 8,5 km bergauf zum Parkbüro und dem angrenzenden **Refugio** (Hütte 3 US$/Pers.), die sieben schlichte Cabañas mit Matratzen und einen Campingbereich umfasst.

Vom *refugio* führen mehrere Wege, die man auf eigene Faust begehen kann, durch den Nebelwald. Am anstrengendsten und abwechslungsreichsten ist der 5 km lange Rundweg **Los Miradores**, eine vierstündige Wanderung durch den Nebelwald bis in den *páramo* (Grasland) hinein – auf starke Winde einstellen! Ein anderer, von diesem Rundweg abzweigender Trail führt 14, 5 km weit zu den **Lagunas de los Compadres** – die meisten Wanderer brauchen für den Trail zu diesen Hochlandseen hin und zurück drei Tage.

Tieflandsektor

Der Hauptzugang zum Tieflandsektor ist der **Kontrollpunkt Bombuscaro** 6 km südlich von Zamora, der über eine unbefestigte, dem Lauf des Río Bombuscaro folgende Straße zu erreichen ist. Vom Parkplatz am Ende der Straße marschiert man auf einem breiten Weg eine halbe Stunde bergauf bis zum Kontrollpunkt.

Es gibt hier mehrere kurze, gewartete (aber manchmal morastige) Wege, die in den Wald führen. Der beliebteste führt zur **Cascada Poderosa** und zur **Cascada Chismosa**. Der 6 km lange Weg **Los Higuerones** verläuft ebenso wie der fünfstündige Weg **El Campesino** mitten im Urwald. Wer sehr fit ist, kann eine Stunde einen Weg bergauf bis zum **El Mirador** marschieren, während ein anderer Weg zu einer tiefen (aber reißenden) Badestelle, der sogenannten *área fotográfica*, am Río Bombuscaro führt.

Ein weiterer, selten benutzter Eingang befindet sich in dem winzigen Dorf **Romerillos** rund 25 km südlich von Zamora, das über eine andere Straße zu erreichen ist.

Vilcabamba

☎07 / 5000 EW. / 1700 M

Oh, Vilcabamba: Hier ragen die Berge verführerisch über die Stadt, und die laue Luft ist gleichbedeutend mit Langlebigkeit – die Stadt ist für die hohe Zahl ihrer Hundertjährigen berühmt, seit *Reader's Digest* 1955 darüber eine Reportage brachte. Wer hierher gerät, wird bleiben, manchmal für Monate, manchmal für Jahre …

Die schöne Landschaft in der Gegend, das milde Wetter und die entspannte Stimmung locken scharenweise Besucher herbei, Backpacker ebenso wie Pensionäre aus Nordamerika und Europa. Wandern, Reiten und Meditieren sind beliebte Aktivitäten. In den Hügeln stehen viele große, neue Häuser, und an der Plaza der Stadt finden sich viele von hier lebenden Ausländern geführte Geschäfte. Die „Gringoisierung" führt zu Spannungen wegen steigender Immobilienpreise und Lebenshaltungskosten, aber dafür gibt's jetzt mehr Jobs denn je in der Tourismus- und Baubranche. Vilcabamba ist deshalb das seltene Beispiel einer ecuadorianischen Kleinstadt, in der die jungen Leute kaum davon träumen, in die Metropole abzuwandern.

Aktivitäten

Vilcabamba bietet das ideale Wetter zum Wandern und Ausreiten sowie Zugang zu den abgelegeneren Abschnitten des Parque Nacional Podocarpus, ist aber auch ein prima Ort zum Chillen. Unzählige Spezialisten stehen bereit, um die Entspannung zusätzlich mit günstigen Massagen, Pediküren und Meditationssitzungen zu erleichtern.

Die meisten Führer von Naturwanderungen und Ausritten verlangen ca. 15 US$ für ein bis zwei, 25 US$ für vier Stunden und 35 US$ für einen ganzen Tag.

Caballos Gavilán REITEN
(☎07-264-0415, 098-133-2806; gavilanhorse@yahoo.com; Sucre 10-30; ab 15 US$/Std.) Gavin ist ein Neuseeländer, der hier schon seit Jahren lebt. Der sehr empfehlenswerte Führer veranstaltet Reitausflüge von einer Länge zwischen einer Stunde und drei Tagen; bei letzteren übernachtet man in seiner Schutzhütte nahe dem Park.

Schlafen

★ **Rumi-Wilco Ecolodge** LODGE $
(https://rumiwilco.com/; Stellplatz 5 US$/Pers., Zi. ohne Bad ab 10 US$/Pers., Hütten EZ/DZ ab 18/36 US$;) Zehn Gehminuten vom Busbahnhof entfernt umfasst die Ökolodge an einem Weg, der über den Fluss führt, eine Reihe von abgelegenen Häusern, Hütten und Stellplätzen auf dem immergrünen Gelände des 40 ha großen Rumi Wilco Nature Reserve. Die Lehmziegelhäuser bieten attraktive Zimmer mit gut ausgestatteten Gemeinschaftsküchen (ideal für kleine Gruppen), uns gefielen aber die – ebenfalls mit sehr eindrucksvollen Küchen versehenen – rustikalen Hütten auf Stelzen noch ein bisschen besser.

Hostería y Restaurante Izhcayluma RESORT $
(☎07-302-5162; www.izhcayluma.com; Mindestaufenthalt 2 Nächte B 9,50 US$, EZ/DZ 29/38 US$, ohne Bad ab 20/26 US$, Hütten EZ/DZ 39/49 US$;) Das kultivierte Hügel-Refugium liegt 2 km südlich der Stadt. Die deutschen Besitzer servieren im Außenbereich deutsch-ecuadorianische Küche bei beeindruckendem Panoramablick. Im „ganzheitlichen Wellness-Raum" werden Massagen und andere Behandlungen angeboten. Die Hütten und Zimmer sind ruhig und geräumig, es gibt eine Bar und einen Swimmingpool.

Essen

Mestizo CAFÉ $
(kleine Gerichte ab 3,50 US$; ⊙Mo–Sa 8–20, So bis 18 Uhr;) Dieses schöne Café mit einer Terrasse zum Leute beobachten direkt an der Plaza ist der beste Ort für einen Kaffee (der Inhaber ist Argentinier und weiß, wie man einen guten brüht), Smoothies (am besten einen mit den Zutaten nehmen, die zum eigenen Sternzeichen passen) und Heißhunger weckende kreative Sandwiches, Muffins und Kuchen.

UFO NAHÖSTLICH $
(United Falafel Organization; www.facebook.com/unitedfalafel; Fernando de la Vega 09-18; Hauptgerichte 4–8 US$; ⊙Mi, Do & So 11–20, Fr & Sa bis 20.30 Uhr;) Abgesehen von dem cleveren Namen und der beneidenswerten Lage neben der Kirche verdankt das von Türken geführte Lokal seine Beleibtheit den preiswerten und schmackhaften Frühstücksgerichten, nahöstlichen Spezialitäten, glutenfreien Desserts, dem fantastischen Kaffee und der Auswahl an vegetarischen und veganen Optionen. Der Service ist freundlich, und man kann in dem hübschen Garten hinter dem Haus speisen.

La Baguette BÄCKEREI $
(Ecke Eterna Juventud & Vaca de la Vega; Snacks ab 2 US$; ⊙Mi–Sa 7–17, So bis 16 Uhr) Hier gibt's herrliche französische Leckereien – *pains*

EINREISE NACH PERU

Transportes Nambija betreibt einen direkten Nachtbus von Loja über Zumba nach Jaén in Peru (von wo *colectivos*/Busse nach Chachapoyas fahren).

Busse u.a. von Transportes Nambija (10 US$, 6–7 Std.) und Cooperativa Cariamanga fahren von Loja nach Zumba, alle halten unterwegs etwa eine Stunde nach dem Verlassen Lojas in Vilcabamba.

Von Zumba starten *rancheras* (an den Seiten offene Pritschenwagen) um 8, 10.30 und 17.30 Uhr zum Grenzübergang in La Balsa (ca. 3 US$, 1½–2½ Std.), wo man seinen Ausreisestempel (oder, wenn man aus Peru kommt, seinen Einreisestempel) erhält. Der Zustand der Straße zwischen Zumba und La Balsa variiert sehr, je nachdem, wie das Wetter in den letzten Tagen war. Von der anderen Seite der „internationalen Brücke" fahren Taxi-*colectivos* (*combis*) nach San Ignacio (9 S/3 US$, 1½ Std.), wo man übernachten kann. Geld lässt sich in La Balsa oder in San Ignacio wechseln.

Von San Ignacio fahren regelmäßig Minibusse ab 4 Uhr nach Jaén (3,50 US$, 3 Std.). In Jaén nimmt man ein *mototaxi* (Motorradtaxi) zum *colectivo*-Halteplatz und steigt in ein *colectivo* nach Bagua Grande (1 Std.). Dort nimmt man schließlich den Bus nach Chachapoyas (3 Std.), der ersten größeren Ortschaft.

au chocolat (Schokocroissants), Quiches und mittwochs sogar glutenfreies Brot, außerdem guten Kaffee. Man nimmt das Bestellte mit oder isst es gleich an einem der wenigen Tische.

Praktische Informationen

GEFAHREN & ÄRGERNISSE

Um 2012 herum gab es einige Raubüberfälle am Wanderweg auf den Cerro Mandango, aber gegenwärtig ist die Sicherheitslage unproblematisch. Bei iTur (S. 675) kann man sich nach der aktuellen Lage erkundigen. Als Vorsichtsmaßnahme sollte man seine Wertsachen im Hotel lassen.

Polizei (☎ 07-264-0896; Agua de Hierro nahe Bolívar)

GELD

Man sollte sich vor Anreise nach Vilcabamba mit Bargeld eindecken. Es gibt zwar ein paar Geldautomaten, aber eben auch viele Besucher für einen so kleinen Ort.

Banco de Guayaquil (Ecke Bolívar & Diego de la Vaca) Nur Geldautomat.

Banco del Austro (Zentrale Plaza) Geldautomat an der Plaza.

TOURISTENINFORMATION

Touristeninformation (iTur; ☎ 07-264-0090; Ecke Bolívar & Diego Vaca de la Vega; ⏲ 9–13 & 15–18 Uhr) Das hilfreiche Büro hat gute Infos und Karten von Wanderwegen in der Gegend.

An- & Weiterreise

Transportes Vilcamixtos (☎ 07-264-0044) ist eine Taxi-Truck-Genossenschaft an der Hauptplaza (die grün-weißen Trucks sind nicht zu übersehen). Fahrten zu den meisten nahegelegenen Zielen kosten zwischen 1,50 und 4 US$.

Busse, Kleinbusse und Taxis fahren von dem winzigen **Busbahnhof** (Eterna Juventud & Jaramillo). **Taxis colectivos** (2 US$, 45 Min.) starten häufig nach Loja, sobald sich vier Passagiere ins Fahrzeug gezwängt haben; die Minibusse von Vilcabambaturis (1,30 US$, 1 Std.) fahren zur vollen Stunde.

Die Busse aus Loja halten in Vilcabamba auf ihrem Weg südwärts nach Zumba (9 US$, 4–5 Std.) und zur peruanischen Grenze, wo man einen Anschlusstransport nach Chachapoyas in Peru findet.

EL ORIENTE

Der große Landstreifen, der vor Ort auch als Amazonía bekannt ist, birgt mehr Dramatik als eine Sturzflut oder ein krachendes Gewitter. Reißende Flüsse strömen auf ihrem Weg ins Amazonasbecken aus den Anden in den dichten, schwülheißen Regenwald. An den Flussufern hausen uralte indigene Stammesvölker, und man kann eine erstaunlich vielfältige Tierwelt beobachten. Wer das Glück hat, die abgelegeneren Dschungellodges zu erreichen, die sich mehrere Stunden stromabwärts von der nächsten Siedlung befinden, kann in stillen Schwarzwasserseen nach Piranhas fischen, dem drohend klingenden Geschrei der Brüllaffen lauschen, nachts die blitzenden Augen eines Kaimans erspähen und vielleicht auch eines jener hier lebenden scheuen großen Säugetiere entdecken, z.B. einen Tapir oder einen Jaguar.

Die Erkundung des Oriente gibt einem die unvergleichliche Gelegenheit, die Natur hautnah zu erleben. Diese Region besteht aber nicht nur aus Dschungel. Hier locken auch das beste Thermalbad, der spektakulärste Wasserfall, die aktivsten Vulkane und die anspruchsvollsten Stromschnellen des gesamten Landes.

Lago Agrio

☎ 06 / 57 700 EW.

Die schmutzige, graue Stadt lebt mit und von der Ölindustrie und besitzt einen chaotischen Markt, staubige Straßen, dichten Verkehr und schmuddelige Kneipen. Hier gibt's allerlei Unschönes, darunter viel Prostitution und Kriminalität, die mit der nahegelegenen kolumbianischen Grenze zu tun hat. Besucher kommen nach Lago in erster Linie, weil die Stadt das Sprungbrett zur spektakulären Reserva de Producción Faunística Cuyabeno ist, wo sich wilde Tiere so gut beobachten lassen wie kaum irgendwo sonst in Ecuador.

Die andauernden Unruhen im benachbarten Kolumbien haben Grenzstädte wie Lago Agrio zu Anlaufstellen für kolumbianische Guerrilleros, paramilitärische Verbände, die gegen die Rebellen kämpfen, und Drogenschmuggler gemacht. Man sollte von hier aus nicht nach Kolumbien einreisen. In der Stadt selbst können Bars ein Risiko und Seitenstraßen unsicher sein. Man sollte sich also (besonders abends) an die Hauptstraße halten und ein Taxi nehmen, wenn man weiter draußen gelegene Restaurants besuchen will. Touristen bekommen allerdings nur selten Probleme.

Flüge sollte man früh buchen, weil sie schnell von den Gästen der Dschungellodges und von Ölarbeitern, die fürs Wochenende nach Hause reisen, ausgebucht sind.

TAME (☎ 06-283-0982; Orellana nahe 9 de Octubre) bietet tägliche Direktflüge zwischen Quito und Lago Agrio.

Der Flughafen liegt rund 3 km östlich von Lago Agrio; Taxis dorthin (das sind gelbe oder weiße Pickups) kosten rund 3 US$.

Die Fahrt vom Dschungel in die Anden (oder umgekehrt) ist spektakulär und schön und sollte bei Tageslicht unternommen werden. Am Busbahnhof rund 2 km nordwestlich des Stadtzentrums findet man ein großes Angebot von Routen und Optionen. Außerdem fahren auch Busse von Transportes Putumayo durch die Dschungelorte Dureno und Tarapoa. Sie sind für Traveller geeignet, die zu dem am Río Aguarico gelegenen Teil des Cuyabeno-Reservats gelangen wollen – es ist jedoch viel lohnender, sich einer geführten Tour anzuschließen. Die Busse fahren jeden Tag und relativ häufig.

Reserva Producción Faunística Cuyabeno

Dieses schöne **Schutzgebiet** ist ein einzigartiger, überfluteter Regenwald und umfasst 6034 km² rund um den Río Cuyabeno. Der saisonal überflutete Wald ist das Zuhause vieler im Wasser lebender Tierarten und vieler Vögel, dazu von Amazonasdelfinen, Seekühen, Kaimanen und Anakondas, mehreren Affen- und Katzenarten, Tapiren, Pekaris und Agutis. Die Wipfel von Macrolobium- und Ceiba-Bäumen ragen aus dem im Wasser liegenden Wald hervor und bieten einen verblüffenden Anblick. Die Schwarzwasserflüsse, die aufgrund sich zersetzender Blätter reich sind an Tannin, bilden ein Labyrinth von Kanälen und speisen die Seen.

Wegen der Abgelegenheit des Reservats und um die in ihm lebenden Gemeinden zu schützen, sollten Traveller die Gegend nur im Rahmen von geführten Touren besuchen – die zudem erheblich billiger sind und oft mehr Tierbeobachtungen ermöglichen als die Touren im Parque Nacional Yasuní.

Bei den geführten Touren ist der Transport zum, vom und auf dem Wasser im Preis enthalten. Die Trips zum Cuyabeno-Schutzgebiet beginnen generell am Flughafen von Lago Agrio.

Schlafen

Jamu Lodge DSCHUNGELLODGE $$$
(www.jamulodge.com; EZ/DZ 4 Tage & 3 Nächte mit VP 501/668 US$ pro Pers.; WLAN) Totenkopfäffchen tollen über den Laufwegen dieser hoch bewerteten Lodge, in der der Dschungel greifbar nah wirkt. Zu dem eindrucksvollen Naturerlebnis tragen Ausflüge in Einbäumen, Märsche durch knietiefe Sümpfe, bei denen man möglicherweise Anakondas oder Amazonasdelfine erblickt, Bäder in den Lagunen und denkwürdige nächtliche Exkursionen bei.

Cuyabeno Lodge LODGE $$$
(☎ in Quito 02-292-6153; www.cuyabenolodge.com.ec; EZ/DZ 4 Tage & 3 Näche mit VP ab 480/760 US$) Diese sehr zu empfehlende Unterkunft

arbeitet eng mit dem örtlichen Volksstamm der Siona zusammen. Die strohgedeckten Hütten und die Türme mit den Warmwasserbädern und Solarstrom verteilen sich über einen (nie überfluteten) Hügel. Die modernisierten Turmzimmer sind geräumiger und haben eigene Balkone. Die zweisprachigen Führer, die die Gäste in die Natur bringen, heimsen von ihnen hervorragende Bewertungen ein.

El Coca (Puerto Francisco de Orellana)

☎06 / 45 200 EW.

El Coca, der unvermeidliche Ausgangspunkt vieler faszinierender Touren in den Dschungel Ecuadors, hat im Lauf der Jahre viele Transformationen erlebt und sieht derzeit besser aus als früher. El Coca ist seit 1999 Hauptstadt der Provinz Orellana und heißt offiziell Puerto Francisco de Orellana. Der Ort ist die letzte wirkliche Stadt, bevor der Río Napo einen tief in den Regenwald zum Parque Nacional Yasuní und weiter hinein ins Amazonasbecken bringt.

El Coca ist für sich genommen bestimmt kein Reiseziel, aber auch nicht länger ein völlig reizloser Transportknoten. Ein attraktiver kleiner Park schmückt das Stadtzentrum, und ein hübscher *malecón* (Uferpromenade) ziert das Flussufer, dessen Glanzstück das 2016 eröffnete ausgezeichnete **Museo Arqueológico Centro Cultural de Orellana** (www.macco.ec; 9 de Octubre, zw. Espejo & Malecón Chimborazo; 3 US$; ⏲Di–Fr 8–12 & 14–18, Sa & So 9–12 & 14–17 Uhr) ist. Heute überspannt eine eindrucksvolle Hängebrücke den Río Napo und leitet den Verkehr über die Via Auca Richtung Tiguino (einem weiteren Ausgangspunkt für Vorstöße in den Regenwald).

Geführte Touren

Amazon Camping Expeditions OUTDOOR
(http://amazoncampingexpeditions.com; 10-tägige Flussfahrt 5000 US$/Pers.) Die mehrtägigen abenteuerlichen Bootstouren des erfahrenen Führers Fausto Andi starten in Coca und führen den Río Napo hinunter in Richtung Nuevo Rocafuerte und zur peruanischen Grenze. An diesen Abschnitten des Flusses, die kaum ein Ausländer je zu Gesicht bekommt, sind die Chancen, Wildtiere zu erspähen, wesentlich größer. Gecampt wird am Ufer. Andere Touren, z. B. nach Limoncocha, können auf Anfrage vereinbart werden.

Amazon Wildlife Tours TIERE & PFLANZEN
(☎098-266-5506, 098-041-1985; www.amazonwildlife.ec; Ecke Quito & Bolivar; 135–200/Pers. & Tag) Dieser Veranstalter ist ein guter Grund, eine Dschungeltour in Coca zu buchen: Die erfahrene Agentur bietet eine Reihe von Naturbeobachtungstouren, beispielsweise eine spezielle Jaguar-Expedition in den Parque Nacional Yasuní, Touren zur Beobachtung von Amazonasdelfinen und allgemeine Tierbeobachtungs-Ausflüge in die Reserva Biológica Limoncocha. Yasuní-Touren mit zwei Übernachtungen kosten ab 272 US$ pro Person.

Schlafen & Essen

An der Calle Quito zwischen der Rocafuerte und der Espejo servieren jeden Abend gut aufgelegte Straßenhändler Fleisch, das direkt vor den Augen der Kunden gegrillt wird – ein fantastischer, sehr geselliger Ort für ein preiswertes Essen.

Hotel La Misión HOTEL $$
(☎06-288-0260; hlamision@hotmail.com; Camilo de Torrano; EZ/DZ 37/54 US$; P ❄ 📶 ≋) Diese seit langem beliebte Unterkunft in El Coca erinnert mit ihren rostenden Metalltreppen und öffentlichen Bereichen an eine ausgemusterte, auf den Strand gesetzte Fähre. Das Hotel nutzt die Lage direkt am Ablegedock zum Parque Nacional Yasuní optimal. Einige der sauberen, aber abgewetzten Zimmer haben einen Blick auf den Río Napo, und alle bieten Kabel-TV, Kühlschränke und moderne Bäder. Wer zu einer Tour in den Nationalpark aufbrechen will, findet keine bequemer gelegene Bleibe.

Papees Grill GRILL $$
(www.facebook.com/papeesgrill; abseits der Espejo; Hauptgerichte 12–17 US$; ⏲Mo–Sa 10–23.30, So bis 18 Uhr) Das saubere, unprätentiöse Lokal abseits des westlichen Endes der Espejo liegt nahe der Mündung des Río Payamino in den Río Napo und serviert ausgezeichnetes Grillfleisch. Dies ist mit Abstand das beste Restaurant auf sehr lange Zeit.

Praktische Informationen

Banco del Austro (☎06-289-1900; Ecke Chimborazo & Quito; ⏲Mo–Fr 9–16.30 Uhr) Verfügt über Geldautomaten.

Banco del Pichincha (Ecke 6 de Diciembre & Bolívar) Verfügt über Geldautomaten.

EINREISE NACH PERU

Für viele Menschen ist **Nuevo Rocafuerte** nur ein ferner Punkt auf der Landkarte, und der Ort an der peruanischen Grenze wird auch sein Geheimnis nicht so schnell verlieren. Backpacker mögen zwar begeistert davon träumen, auf dem Río Napo bis nach Peru und zum Amazonas zu schippern, aber nur wirklich hartnäckige raffen sich zu dieser Tour auch wirklich auf.

Nuevo Rocafuerte liegt 8 bis 10 Stunden von Coca entfernt am Río Napo und ist ein regulärer Grenzübergang nach Peru, auch wenn keine regelmäßigen Passagierboote über die Grenze fahren und die Unterkünfte sehr einfach sind.

Wer nach Peru weiterfahren will, erkundigt sich bei der **Coop de Transportes Fluviales Orellana** (093-925-5654, 06-288-2582; Malecón Chimborazo, an den Docks; Bürozeiten Mo & Do 7–8 & 9–12.45, Mi 7–8, 9–12.45 & 15–17.45, So 7–12 & 14–17.45 Uhr) in Coca, wenn man sein Ticket für die Bootsfahrt stromabwärts kauft, gleich nach den Telefonnummern von Frachtschiffen, die vielleicht nach Pantoja/Iquitos fahren. Das Timing ist allerdings Glückssache, und es ist sehr wahrscheinlich, dass man unterwegs irgendwo hängen bleibt. Man sollte daher vorbereitet sein und einen ausreichenden Vorrat an Wasserreinigungstabletten, Insektenschutz und Essen mitbringen. Auch sollte man sich besser schon in Quito mit peruanischem Geld eindecken.

Um nach Iquitos in Peru zu gelangen (von wo Boote weiter nach Brasilien und Kolumbien fahren), reist man am besten stromabwärts über die Grenze nach Pantoja. (Kanus lassen sich für 60 US$ pro Bootsladung mieten.)

Eine abenteuerliche Reise dieser Art ist vergnüglicher, wenn man die Dienste eines Führers (der auch das Boot stellt) in Anspruch nimmt. Damit ist auch garantiert, dass man von Coca über Nuevo Rocafuerte hinaus wirklich nach Peru gelangt und sich einen langen Aufenthalt in Nuevo Rocafuerte spart.

Nuevo Hospital Francisco de Orellana (06-286-1521; Ecke Arazá & Palmito) Nördlich des Stadtzentrums nahe der Kreuzung der Hwys E45A und E20.

Touristeninformation (06-288-0532; www.orellanaturistica.gob.ec; Malecón Chimborazo 83-04; Mo–Fr 7.30–16.30, Sa 8–14 Uhr;) Hilfreiches Büro am Malecón Chimborazo.

Anreise & Unterwegs vor Ort

BUS

Neben vielen anderen positiven Neuerungen verfügt El Coca jetzt auch über einen der besten neuen Busbahnhöfe Ecuadors, den **Terminal Terrestre de Coca E P Francisco de Orellana** (Río Guataraco s/n) 3 km nördlich der Stadt. Ein Taxi dorthin kostet ca. 2–2,50 US$. Alle wichtigen Ziele werden von hier aus angefahren.

Rancheras (auch *chivas* genannt; an den Seiten offene Busse oder Trucks, in die unbequem schmale Bänke montiert sind) starten vom Markt an der Alejandro Labaka zwei Blocks vom Fluss entfernt zu verschiedenen, zwischen El Coca und Lago Agrio gelegenen Zielen sowie nach Río Tiputini im Süden. Pick-ups und Taxis der **Cooperativa Camionetas Río Napo** bieten Verbindungen innerhalb und rund um die Stadt.

Busse fahren nach Tena (8,75 US$, 4 Std.), wo man zu Zielen weiter südlich im Oriente umsteigen kann, nach Lago Agrio (3,75 US$, 2 Std.) und Quito (11–12 US$, 6 Std. über Jondachi oder 10 Std. über Lago Agrio).

FLUGZEUG

Der **Aeropuerto Francisco de Orellana** liegt fast 2 km nördlich der Stadt links der Straße nach Lago Agrio. Die fünfminütige Anfahrt mit dem Taxi kostet ca. 2 US$.

TAME (06-288-0786; Ecke Quito N29-11 & Castillo; Mo–Fr 8–13 & 14–18, Sa & So 8–14 Uhr) fliegt dreimal täglich zwischen El Coca und Quito.

SCHIFF/FÄHRE

Die meisten Yasuní-Lodges nutzen die Anlegestelle **Puerto La Misión** in der Hostería La Misión. Teilnehmer einer geführten Tour erfahren weit im Voraus, wo ihr Boot ablegt.

Coop de Transportes Fluviales Orellana betreibt ein Passagierboot den Fluss hinunter nach Nuevo Rocafuerte (18,75 US$, 8–10 Std., Mo, Mi & Do 7 Uhr) an der peruanischen Grenze und wieder zurück (12–14 Std., Abfahrt in Nuevo Rocafuerte Mi, Sa & So 5 Uhr).

Parque Nacional Yasuní

Mit 9820 km² an Feuchtgebieten, Marschen, Sümpfen, Seen, Flüssen und tropischem Regenwald ist der **Parque Nacional Yasuní** (2 US$) der größte Park auf dem ecuadorianischen Festland. Wegen der unglaublichen Artenvielfalt wurde das Gebiet von der UNESCO zum Internationalen Biosphärenreservat erklärt und bald danach (1979) zum Nationalpark erhoben. Weil diese Nische des Lebens von der letzten Eiszeit unberührt blieb, gediehen hier jahrhundertelang viele Arten, darunter mehr als 600 Vogelarten, auch einige, die anderswo unbekannt waren. Zu den hier lebenden Tieren gehören einige scheue, kaum zu erspähende Dschungelbewohner wie Jaguare, Harpyien, Pumas und Tapire. Die Pauschalangebote der Uferlodges und Tourveranstalter beinhalten den Transport per Boot und manchmal auch die Abholung vom Flughafen. El Coca ist das Sprungbrett in den Park; in der Tour ist grundsätzlich der Rücktransport nach El Coca enthalten.

Tena

06 / 23 300 EW. / 598 M

Für einen Verkehrsknotenpunkt im Dschungel ist Tena ein ungewöhnlich attraktiver Ort, wo viele Traveller zufrieden einige Tage vor oder nach einer Tour in den Regenwald bleiben. Zwar wird die Stadt nicht so bald einen Architekturpreis gewinnen, aber die Bewohner sind freundlich, der Ort hat eine prächtige Lage inmitten dschungelbedeckter Hügel, einen munteren *malecón* und viele Einrichtungen für Backpacker. Wildwasserfans aus aller Welt kommen, um sich auf den vielen umliegenden Flüssen auszutoben, weshalb es hier auch viele erfahrene und sehr empfehlenswerte Veranstalter von Kajaktouren gibt.

Um die Stimmung in Tena kennenzulernen, empfiehlt sich ein Spaziergang am *malecón* (Uferpromenade), der ein paar Blocks weit am Ufer des Río Tena in Ost-West-Richtung verläuft. Tenas neuere (südlichste) Fußgängerbrücke, die hinüber in den Parque Amazónico La Isla führt, hat einen futuristisch anmutenden *mirador* (Aussichtsturm). Man kann den Fluss auf dieser Brücke überqueren und dann über die etwas weiter nördlich gelegene alte Fußgängerbrücke zurückkehren. Der Markt findet freitags und samstags statt.

Aktivitäten

Tena ist Ecuadors Zentrum des Wildwasser-Raftens, das an der Spitze der hiesigen Aktivitäten steht. Angeboten werden aber auch Kajakfahren, Wandern und Abseilen. Wegen des Bergbaus rund um die Stadt müssen die Veranstalter aber mit ihren Gruppen ziemlich weit fahren, um einen sauberen Fluss zu finden.

★River People RAFTING

(06-286-5197, 099-544-0234; http://riverpeopleecuador.com; Vla a Inchillaqu; 65 US$/pro Pers. & Tag) Das Unternehmen der englischen Familie Dent ist ein erstklassiger Veranstalter, der beständig begeisterte Kritiken erntet. River People ist Pionier in Sachen Erschließung zuvor nicht befahrener Flussabschnitte in der Region. Das Unternehmen bietet Touren für erfahrene Rafter auf dem fernen Río Hollín an, bei denen die Teilnehmer nachts in unberührtem Regenwald kampieren.

Eine beliebte Tour ist die anstrengende zweitägige Abenteuerfahrt auf dem nahen Río Quijos, wo 2005 die Rafting-WM ausgetragen wurde.

Raft Amazonía RAFTING

(099-874-0170; www.raftamazonia.com; 15 de Noviembre & Rueda; ab 55 US$/Pers. & Tag) Das von einer örtlichen indigenen Familie geführte Raft Amazonía veranstaltet Rafting- und Kajaktouren mit freundlichen, erfahrenen, lizenzierten Führern (die von Teilnehmern ausgezeichnete Bewertungen einheimsen). Im Angebot sind auch Höhlenwanderungen und Kulturtouren.

Schlafen

★Hostal Pakay HOSTEL $

(06-284-7449; http://en.ecuadorpakaytours.com; oberhalb der Av Perimetral; B 14 US$, EZ/DZ 28/34 US$, ohne Bad 22/32 US$ jeweils mit Frühstück; P) Das umweltfreundliche Hostal Pakay ist von Wald umgeben, sodass man sich hier eher wie in einer Dschungellodge als in einem städtischen Hostel fühlt. Die aus Holz errichteten Zimmer sind sauber und ordentlich (mit eigener oder geteilter Öko-Toilette); Kajakfahrer und Backpacker lieben die zum Chillen geeignete Terrasse, und der ansässige **Tourveranstalter** (06-284-7449, 099-090-6633; www.ecuadorpakaytours.com; 30–75 US$/Pers. & Tag) gewinnt immer mehr an Ansehen. Das Obst fürs Frühstück stammt überwiegend direkt von dem üppigen Anwesen.

La Casa Blanca HOSTEL $

(099-549-8228, 06-231-0456; www.casablancatena.com; Ecke Churiyuyo & Ishpingo; B/EZ/DZ 13/25/40 US$) 1,5 km nordwestlich der Innenstadt strebt die idyllische, schmucke Casa Blanca danach, müde Rucksackreisende mit all dem zu verwöhnen, was sie in Hostels anderswo vergeblich suchten. Die traumhaft ausgestattete Küche, große Zimmer mit Otavalo-Wandbehängen, eisgekühltes Bier, das man sich nehmen darf, wenn man dafür Geld liegen lässt, der Extraraum zum Bootsäubern, die Reiseagentur im Haus… Gary und Michelle haben den Nagel auf den Kopf getroffen!

Brisa del Río PENSION$
(☎06-288-6208, 099-837-1578 Orellana, nahe Pano; EZ/DZ ab 10/17 US$, ❄📶🏊) Selten sind Backpackerherbergen dermaßen sauber und günstig gelegen wie diese hier, die direkt am Fluss steht und mit einer Gästeküche und einem winzigen Badebecken aufwarten kann. Die Gemeinschaftsbäder sind sehr sauber, die Zimmer mit eigenem Bad haben auch eine Klimaanlage.

Essen & Ausgehen

★ Café Tortuga INTERNATIONAL $
(Orellana; Snacks 2–7,25 US$; ⌚Mo–Fr 7–19.30, Sa bis 20.30, So bis 1.30 Uhr; 📶) Alle Leute in der Stadt scheinen bei diesem immens beliebten, von einem Schweizer geführten Café am Fluss vorbeizuschauen, sei es wegen des großen Frühstücksangebots, der köstlichen *batidos* (Frucht-Shakes) oder wegen des Sortiments von Salaten, Sandwiches und Kuchen. Besonders beliebt ist das Tortuga bei Backpackern, weil man hier andere Traveller kennenlernen kann. Es gibt auch eine gute Büchertauschecke.

Vagabundo DEUTSCH $
(www.facebook.com/vagabundotena; Ecke 9 de Octubre & Tarqui; Hauptgerichte 7–9 US$; ⌚16–24 Uhr) Das stimmungsvollste Restaurant in der Stadt serviert deutsch angehauchte Gerichte in einem an den Seiten offenen Lokal, dessen Mittelpunkt die bunte, gut bestückte Bar bildet. Zu den Highlights im Vagabundo gehören gute Nudelgerichte, Currywurst und Frikadellen mit Pilzsauce sowie die Weine aus Chile und Argentinien. Außerdem gibt's immer eine Salsa, bei der selbst an Gewürze gewöhnte Lateinamerikaner in Schweiß ausbrechen.

Guayusa Lounge LOUNGE
(Olmedo, nahe Sucre; Cocktails 4 US$, Hauptgerichte 3–7,50 US$; ⌚Di–Sa 17–24 Uhr) Ob drinnen oder draußen, das Ambiente dieser hippen Lounge ist überall einladend cool. Der Innenraum wirkt mit seinen großen Fenstern geräumig und industriell auf Dschungel-Art, und auch die Terrasse draußen ist angenehm. Hier gibt's mit Amazonas-Kräutern wie *guayusa* und *ishpingo* (wilder Zimt) gemixte Cocktails und erfrischend abwechslungsreiche Reisgerichte, Pizzas, Salate, Hummus und Vorspeisen.

La Araña Bar Coctelería BAR
(unterhalb der Hauptplaza; ⌚Mo–Do 17–24, Fr & Sa bis 2 Uhr) Der beliebteste Ort zum Bechern ist die raubeinige „Spinne" am anderen Flussufer am Ende der Fußgängerbrücke. Die Cocktailliste ist abwechslungsreich, abends herrscht viel Betrieb, und an den Wochenenden ist die Uferterrasse gerammelt voll mit Einheimischen und Travellern. Der Kater ist garantiert.

ℹ Praktische Informationen

Banco del Austro (15 de Noviembre nahe Piñeda) Hat einen Geldautomaten.

Banco Pichincha (15 de Noviembre) Schräg gegenüber der Tankstelle; hat die verlässlichsten Geldautomaten.

Touristeninformation (iTur; ☎06-268-6536; Rueda; ⌚Mo–Fr 8.15–17 Uhr) Freundliches Personal.

ℹ An- & Weiterreise

Der **Busbahnhof** (Terminal Terrestre; 15 de Noviembre) liegt am südlichen Ende der Stadt. Das Café Tortuga (S. 680) führt eine sehr nützliche vollständige Liste der aktuellen Bus-Abfahrtzeiten. Busse fahren häufig zu allen genannten Zielen.

ZIEL	PREIS (US$)	DAUER (STD.)
Ambato	7–8	4½
Baños	5–6	3½
El Coca	8,75	4
Puyo	3,15	2
Quito über Baeza	7–8	5

Misahuallí

☎06 / 5100 EW

Misahuallí (mi-sa-wa-*jie*), einst eine wichtige Durchgangsstation für Reisende, die über den Fluss aus El Coca kamen, versank mit dem Bau der El Coca und Tema verbindenden Loreto-Straße in Bedeutungslosigkeit. Der Ort liegt buchstäblich am Ende der Straße zwischen zwei größeren Flüssen und hat einen hübschen Sandstrand, eine berühmtberüchtigte Affenhorde, die Besuchern die Sonnenbrillen stibitzt und darüber hinaus nicht viel.

Da in der Gegend aber der die Region bedienende **Aeropuerto Jumandy** liegt, kommen Besucher, die aus Quito einfliegen, in der Regel auf dem Weg nach Tena über Misahuallí. Viele bevorzugen das kleine, aber muntere Dorf auch gegenüber Tena als Ausgangsbasis zur Erkundung des Dschungels am Río Napo. Es gibt gute Einrichtungen für Traveller, darunter mehrere angesehene Tourveranstalter.

Das Gebiet um den Ort ist aber seit Jahrzehnten besiedelt, sodass man hier nicht mehr viel Tiere zu sehen bekommt.

Sehenswertes

Sinchi Warmi KULTURZENTRUM
(☎096-950-2486, 06-306-3009; www.facebook.com/SinchiWarmis) Das von einer Gruppe von Kichwa-Frauen gegründete, erbaute und geführte Gemeindezentrum vermittelt Besuchern bei Aktivitäten wie Dschungelwanderungen, Demonstrationen der traditionellen Schokoladenherstellung und Tanzvorführungen einen Einblick in die indigene Kultur. Man kann hier Kichwa-Gerichte (Mahlzeiten 3–10 US$) essen und übernachten (*cabañas* ab 15 US$/Pers.); die Einnahmen unterstützen diese Frauen bei ihrer nachhaltigen Arbeit, die es ihnen gestattet, an ihrem traditionellen Lebensstil festzuhalten.

Geführte Touren

★ **Teorumi** ÖKOTOUR
(☎06-289-0203; www.teorumitours.com; Arteaga s/n Tour 65 US$/Pers. & Tag; ⏲7–19.30 Uhr) Der Veranstalter arbeitet mit indigenen Gemeinden zusammen und ist daher eine ausgezeichnete Wahl für all jene, die sich nicht nur für die Natur, sondern auch für die Kultur der indigenen Bevölkerung interessieren. Die Touren können auf die individuellen Interessen der Teilnehmer zugeschnitten werden, bei den meisten stehen aber Vogelbeobachtungen, Angeln, das Kennenlernen von Heilpflanzen und Urwaldwanderungen im Mittelpunkt. Weitere Aktivitäten sind Goldwäsche und Ausritte. Man spricht Englisch und Französisch. Das Büro ist am Hauptplatz.

Ecoselva Pepe Tapia ÖKOTOUR
(☎099-789-8900, 06-289-0019; http://ecoselvapepetapia.com; Tour ab 45 US$/Tag) Pepe Tapia González veranstaltet nette ein- bis zehntägige Touren, darunter Naturwanderungen und Kanuausflüge, mit Übernachtung in seiner rustikalen Lodge oder in Dschungelcamps. Er spricht fließend Englisch, ist studierter Biologe und kennt sich gut mit Pflanzen, Vögeln und Insekten aus. Das Büro befindet sich an der Hauptplaza.

Selva Verde ÖKOTOUR
(☎099-821-5710, 06-289-0165; www.selvaverde-misahualli.com; Ecke Napo & Tandalia; Tour 60–95 US$/Person am Tag) Luís Zapata, ein Englisch sprechender Führer mit jahrelanger Erfahrung in der Region, betreibt diese empfohlene Touragentur. Spezialität sind Touren auf den Flüssen und Besuche in indigenen Dörfern.

Schlafen & Essen

Hotel El Paisano PENSION $$
(☎06-289-0027; www.hostalelpaisano; Ecke Rivadeneyra & Tandalia; EZ/DZ inkl. Frühstück 25/40 US$/Pers.; P @ ☜) Die beliebte Travellerunterkunft gehört zu den charmanteren Herbergen der Stadt. Sie bietet helle Zimmer, Holzböden, Moskitonetze, Wäschedienst, morgens guten Kaffee bei einem sehr guten Frühstück und einen Büchertausch. Der liebenswerte Besitzer spricht Spanisch, Französisch und Englisch.

Río Napo Lodge LODGE $$
(☎06-289-0071; www.rionapolodge.com; Zi. mit Frühstück 33,50 US$/Pers.; ☜) Die friedliche, von einer örtlichen indigenen Familie, die auch Kakao anbaut, geführte Lodge am Südufer des Río Napo ist ein ruhiges Refugium außerhalb des Ortes. Die Zimmer bestehen aus holzgezimmerten Duplex-Hütten mit Veranden und Hängematten inmitten eines hübschen, üppigen Gartens. Zum Zeitpunkt der Recherche sollte gerade ein Pool gebaut werden.

Misahuallí Amazon Lodge HOTEL $$$
(☎06-289-0063, in Quito 02-224-9651; www.misahualliamazonlodge.com; EZ/DZ mit Frühstück ab 60/90 US$, EZ/DZ mit Klimaanlage ab 75/115 US$; ☜ ☒) Dieses Hotel wirkt wie die fein aufgemachte Version eines Dschungelcamps und ist bei ecuadorianischen Familien beliebt. Es hat eine tolle Lage mit Blick auf den Fluss und auf Misahuallí (von wo man kostenlos mit dem Kanu abgeholt wird). Die neueren, hotelartigen Zimmer und Hütten liegen um einen hübschen Pool und sind elegant, bieten aber wenig Atmosphäre und sind bei Gästen nicht so beliebt.

El Bijao ECUADORIANISCH $
(Plaza; Hauptgerichte 5 US$; ⏲ mittags & abends) Das Lokal an der Hauptplaza ist der richtige Ort, um *maito* zu probieren, eine ecuadorianische Dschungelspezialität, bei der *tilapia* (Flussfisch) oder Hühnchen in Blätter gewickelt und gegrillt und mit Reis, Maniok und *guayusa* (Amazonas-Kräutertee) serviert wird. Besonders frisch ist das Gericht, wenn man um die Mittagszeit kommt. Das Lokal bleibt auf, bis das letzte Essen verkauft ist.

El Jardín ECUADORIANISCH $$
(☎ 06-289-0219; Hauptgerichte 9–14 US$; ⏲ Mo–Sa 12–16 & 18–22 Uhr; P 📶) Jenseits der Brücke, etwa nach 200 m an der Straße nach La Punta, befindet sich das El Jardín, eine erfreuliche Neuerscheinung in der hiesigen Restaurantszene. Im namensgebenden Garten voller Blumen werden riesige Platten mit teurem, aber bestens zubereitetem Fleisch, *tilapia* und Meeresfrüchten aufgetragen.

Praktische Informationen

In Misahuallí gibt's keine Banken und keine Post. Bei Bus-, Bootsfahrten und Touren in der Region sollte man seinen Pass dabei haben und für Bootsfahrten auch einen Stapel kleiner Geldscheine.

An- & Weiterreise

Tagsüber fahren ungefähr stündlich Busse ab der Plaza; der letzte Bus startet um 18 Uhr. Die meisten fahren nach Tena (1 US$, 1 Std.), wo man zu weiter entfernten Zielen umsteigen muss.

Die **Compañía Trans Dumbiki** (☎ 06-289-0051) betreibt, ebenfalls ab der Plaza, *camionetas* zu nahegelegenen Zielen sowie nach Tena und darüber hinaus.

Reserva Biológica Jatun Sacha

Die 25 km² große biologische Forschungsstation mit Regenwald-Schutzgebiet liegt am Südufer des Río Napo 23 km östlich von Puerto Napo. Die Reserva wird von der gemeinnützigen ecuadorianischen **Fundación Jatun Sacha** (6 US$) betrieben, die sich der Erforschung und Erhaltung des Regenwalds widmet und die Menschen für seine Bedeutung sensibilisieren will.

Die Mitarbeiter der Forschungsstation und andere Gäste wohnen gleich hinter dem Eingang an der Straße Misahuallí–La Punta in rustikalen **Hütten** (mit VP 30 US$/Pers.) mit Gemeinschaftsbädern. Das Warmwasser wird mit Solarstrom bereitet, und die Mahlzeiten sind im Preis inbegriffen. Das Restaurant beim Büro am Reservatseingang serviert gesunde ecuadorianische und internationale Mahlzeiten.

Man kann auf Vogelbeobachtungstour gehen oder auf den Wegen durch den umliegenden Wald streifen und sich an das Pflanzenerhaltungszentrum und den botanischen Garten anschauen. Man kann auch Klettergeschirr ausleihen und den schwindelerregenden, 30 m hohen Beobachtungsturm mitten im Schutzgebiet erklimmen. Für Reisegruppen und Studenten gibt's Rabatt und für große Gruppen auch Führungen (40 US$).

Puyo

☎ 03 / 36 600 EW.

Puyo ist ein Rätsel: Während die meisten Städte Anstrengungen unternehmen, um ihre Zentren aufzuhübschen und die Vororte dem Verfall oder Wilwuchs überlassen, tut man hier das Gegenteil. Die Stadt zeigt als Hauptort der Provinz Pastaza zwar ein gewisses Leben, ist aber sonst nur eine zusammengewürfelte Siedlung mit wenig, was Besucher anlocken könnte. Aber fast alle Traveller, die im südlichen Oriente unterwegs sind, kommen hier durch. Der dichte grüne Dschungel reicht fast bis an die Stadtgrenze, und es gibt – zum Teil dank der Traveller aus Baños, die die stundenlange Anfahrt für einen Abstecher in den Regenwald nicht scheuen – auch viele gute Unterkünfte und einige Dschungeltourveranstalter mit bester Reputation.

Sehenswertes

Jardín Botánico las Orquídeas GARTEN
(☎ 03-253-0305; www.jardinbotanicolasorquideas.com; 5 US$; ⏲ 8–18 Uhr) Besucher sind begeistert von diesem privaten botanischen Garten, der 15 Minuten südlich von Puyo kurz hinter dem Ortsteil Pindo Chico gleich abseits der E45 nach Macas liegt. Der engagierte Besitzer Omar Taeyu führt die Besucher über das Gelände mit üppig grünen Hügeln und Fischteichen und zeigt ihnen seine prächtigen Pflanzen und zahlreichen seltenen Orchideen. Wer sich den Garten ansehen will, sollte vorab telefonisch Bescheid sagen.

Parque Etnobotánico Omaere PARK
(https://omaere.wordpress.com; Erw./Kind 3/1,50 US$; ⌚ Di–So 9–17 Uhr) Weniger als 1 km nördlich der Stadt bietet dieser ethnobotanische Park ein- bis zweistündige Touren (im Eintrittspreis inbegriffen) unter Leitung von überwiegend indigenen Führern, bei denen man etwas über die Pflanzen des Regenwalds, indigene Behausungen und ökologische Abfallentsorgung erfährt. Der Park wird von dem Biologen Chris Canaday geführt, der eine Fundgrube des Wissens über Dschungelpflanzen, ökologische Trockentoiletten und die in der Gegend ansässigen indigenen Volksgruppen der Shuar und Waorani ist.

Geführte Touren

Papangu Tours TOUR
(☎ 03-288-7684, 099-550-4983; www.papangutours.com.ec; Orellana, nahe Manzano; 3-tägige Tour ab 45 US$/Pers.; ⌚ Mo–Fr) Papangu Tours ist eine von Indigenen geführte Agentur mit einem Schwerpunkt auf Gemeindetourismus. Die sehr zu empfehlenden Ausflüge führen zur Kichwa-Gemeinde Sarayaku und zur Shuar-Gemeinde Cueva de los Tayos. Die indigenen Führer sprechen Kichwa und Spanisch, ein Teil der Einnahmen geht an die beteiligten Gemeinden. Das Büro befindet sich vor dem Eingang zur Hostería Turingia.

Schlafen

Hostal Las Palmas PENSION $
(☎ 03-288-4832; www.hostallaspalmaspuyo.com; Ecke 20 de Julio & 4 de Enero; EZ/DZ mit Frühstück ab 15/33 US$; @ 📶) Die Unterkunft in einem großen, gelben, kolonialen Haus richtet sich an eine gehobene Backpacker-Klientel. Man findet hier hübsche Gartenanlagen, plappernde Papageien, Statuen von Tieren des Regenwalds, Hängematten und im 3. Stock eine Terrasse für den Drink zum Sonnenuntergang. Die Zimmer sind ordentlich und hell. Das Frühstück wird in einem niedlichen Café serviert, und der Service ist sehr freundlich. Die einfachen Zimmer sind klein; die größeren (EZ/DZ 30/45 US$) im Obergeschoss sind viel schöner und bieten viel mehr Platz.

Posada Real PENSION $$
(☎ 03-288-5887; www.posadarealpuyo.com; Ecke 4 de Enero & 27 de Febrero; EZ/DZ mit Frühstück ab 35/55 US$; P 📶) Wenn man nicht gerade eine wohlhabende Großmutter in Puyo hat, ist das Wohnen in diesem makellos gepflegten Haus die nächstbessere Option. Nur zwei Blocks vom Hauptplatz liegt die Pension von der Straße zurückgesetzt auf einem ruhigen Gelände. Die geräumigen Zimmer haben behagliche Leselampen und alte Möbel; die meisten bieten auch einen Balkon. Das Frühstück in der noblen Cafeteria ist ein Vergnügen.

★ **Huella Verde Rainforest Lodge** DSCHUNGELLODGE $$$
(☎ 03-278-7035; http://huella-verde.org; EZ/DZ ab 70/100 US$; 📶) Das Huella Verde an einer einsamen Flussbiegung des Río Bobonaza ca. 45 km südlich von Puyo stellt selbst die größeren Yasuní-Lodges mit faszinierenden Exkursionen in einen genauso unberührten Dschungel für den Bruchteil des Preises, den man dort zahlt, in den Schatten. Im Angebot (nicht im Unterkunftspreis enthalten) sind ethnobotanische Dschungelwanderungen, Demonstrationen der Schokoladeherstellung und Kanu-Abenteuer mit Kichwa-Führern.

Essen

EscoBar ECUADORIANISCH $
(Ecke Atahualpa & Marín; Hauptgerichte 4,50–9,50 US$; ⌚ 9 Uhr–open end) Die Kette hat sich in Quitos coolsten Vierteln niedergelassen und damit *palapas* (rustikale Strohhütten) in Ecuador salonfähig gemacht. In diesem zweistöckigen, an den Seiten offenen Bar-Restaurant gibt's ecuadorianische Craft-Biere, Cocktails und zum Essen *patacones* (gebratene Bananen), Maniok oder Salate mit Fleisch. Der Service ist so schnell wie ein Kanu ohne Motor, das stromaufwärts paddelt, doch trotzdem ist dies das angesagte Lokal zum Abhängen.

★ **El Jardín** ECUADORIANISCH $$
(☎ 03-289-2253, 099-140-9096; Paseo Turístico, Barrio Obrero; Hauptgerichte 8–14 US$; ⌚ Mo–Sa 12–16 & 18–22 Uhr; 📶) Wahrscheinlich wird nirgendwo im Oriente so gut gekocht wie in diesem stimmungsvollen Haus am Fluss auf dem Gelände des gleichnamigen Hotels (www.eljardinpuyo.com; Paseo Turístico, Barrio Obrero; EZ/DZ mit Frühstück 45/78 US$; @ 📶 P), 1 km nördlich der Stadt. Die preisgekrönte Chefköchin und Inhaberin Sofia bereitet ein leckeres *pollo ishpingo* (Zimthähnchen; *ishpingo* ist eine aus dem Oriente stammende Zimtart) zu, dessen feine, extravagante Note die Geschmacksknospen jubeln lässt.

Praktische Informationen

Banco de Guayaquil (Marín, nahe Av 20 de Julio)

Banco del Austro (Atahualpa, nahe 27 de Febrero)

Hospital General Puyo (www.hgp.gob.ec; Ecke 9 de Octubre & Feicán)

IESS Hospital (03-288-5378; Ecke Marín & Curaray)

iTur (03-288-5937, 03-288-5122, Anschluss 227; Ecke Orellana & 27 de Febrero; Mo–Fr 8.30–12.30 & 15–18 Uhr) Im Rathaus. Entweder ist der Kiosk im Erdgeschoss oder das Büro im Obergeschoss geöffnet.

iTur (099-426-5163; Ecke Marín & Atahualpa; Mo–Sa 8–17 Uhr) Kleiner, zentral an der Escobar gelegener Kiosk.

An- & Weiterreise

Der Busbahnhof liegt 1 km südwestlich der Stadt. Täglich fahren mehrere Busse nach Baños (3–4 US$, 2 Std.), Quito (9 US$, 5½ Std.), Macas (5 US$, 2½ Std.) und Tena (3–4 US$, 2 Std.).

Macas & Umgebung

07 / 19 000 EW.

Bienvenidos (willkommen) in einer Dschungelstadt mit wenigen offensichtlichen Touristenfallen. Lärmende Märkte, *huecos* (einfache kleine Ladenlokale) und Häuser aus Glas und Beton bestimmen den ersten Eindruck von Macas. Aber es wird dann doch viel besser. Dank ein paar guten Hotels und Restaurants ist das Städtchen der beste Ausgangspunkt für Touren in die am wenigsten erkundeten Ecken des ecuadorianischen Regenwalds – wobei man auch Gelegenheit zum Besuch in Dörfern der indigenen Shuar und Achuar hat. Der längste ununterbrochene Wildwasserlauf des Landes lockt Kajakfahrer hierher. Die Natur in der Nähe ist zwar weitgehend unberührt, aber Macas selbst ist die unverstellt moderne Hauptstadt der Provinz Morona-Santiago. Stammesangehörige tragen traditionelle Glasperlen über Nike-T-Shirts, und bis zum Bersten mit Produkten aus dem Dschungel beladene Trucks hupen in den vom Verkehr überlasteten Straßen, sodass keine Gedanke an die nahen Flüsse aufkommt. Die Stadt ist laut und raubeinig, aber real.

Sehenswertes

Nahe Limón Indanza, 112 km südwestlich von Macas, führt ein Weg zu dem ausgedehnten Coangos-Höhlensystem, zu dem viele mit Stalaktiten und Stalagmiten gespickte Höhlen gehören. Das System lässt sich auf 5 km erkunden. Auf dem Weg liegt auch die spektakuläre **Cueva de los Tayos**, die mit 185 m die größte öffentlich zugängliche Höhle in Ecuador ist. Für einige Höhlenwanderrouten braucht man technische Ausrüstung; auf einer Route muss sogar ein senkrechter Abstieg von 65 m bewältigt werden. Auf anderen Routen warten unterirdische Flüsse auf abenteuerlustige Entdecker.

Geführte Touren

Macas ist der richtige Ort, um Touren in den südlichen Oriente zu buchen. Es gibt zwar kein so umfassendes Angebot wie oben im Norden, aber dank mehr unberührtem Regenwald und weniger anderer Reisenden sind die Abenteuer hier authentischer. Die Shuar wünschen keine unbegleiteten Besucher in ihren Dörfern, und in manchen Dörfern sind Besucher gänzlich unerwünscht. Aus diesem Grund ist es entscheidend, einen professionellen Führer zu engagieren, der einem Zugang verschaffen kann und mit der Einstellung der Shuar zum Tourismus sensibel und verständnisvoll umgeht. Die Veranstalter in Tena haben mehr Angebote für Raftingtouren auf den Flüssen rund um Macas.

Tsuirim Viajes TOUR
(099-737-2538, 07-270-1681; leosalgado18@gmail.com; Ecke Don Bosco & Sucre; Tour ab 30–75 US$/Pers. & Tag) Der Veranstalter bietet eine Palette von Dschungeltouren, darunter Besuche in Shuar-Gemeinden und bei schamanistischen Ritualen, Canyoning, Höhlenwanderungen, Raften, Tubing und Dschungelwanderungen. Der Inhaber Leo Salgado wuchs in einer Shuar-Gemeinde auf und kennt die Gegend gut. Zu seinen einmaligen Angeboten gehören auch der Besuch von Shuar-Hochzeiten und -Erneuerungen des Eheversprechens sowie mehrtägige Höhlenwanderungs-Expeditionen mit erfahrenen lizenzierten Führern.

Schlafen & Essen

★ **Casa Upano B&B** PENSION $$
(07-252-5051; www.casaupano.com; Av la Ciudad s/n; EZ/DZ mit Frühstück 50/80 US$;) Vielleicht ist dies ein Vorgeschmack auf die Zukunft von Macas: ein beschauliches Traveller-Refugium abseits der chaotischen Stadt. Vier Zimmer mit Balkonen blicken hinaus auf einen zum Río Upano abfallen-

ECUADOR EL ORIENTE

den Garten voller Obstbäume. Die Englisch sprechenden Inhaber servieren ein Frühstück mit authentisch lokalen Zutaten (nämlich aus dem eigenen Garten oder dem eines Nachbarhauses).

La Maravilla ECUADORIANISCH $
(Soasti nahe Sucre; Hauptgerichte 3–9 US$; ⌚Fr & Sa 12–2, So bis 22, Mo bis 24, Di–Do 11–23 Uhr) Die blaue *casita* ist mit Abstand die charmanteste Lokalität vor Ort. Hier steht von den blinkenden Lichtern auf der Veranda bis hin zu den roten Polstersesseln ganz das Ambiente im Vordergrund. Bei den *tablas* (Schneidebrettern) mit Fleisch, Käse und *yuca*- (Maniok-)Pommes kann man prima entspannen. Am Wochenende gibt's Livemusik aus den Anden, wodurch das Lokal auch die beste Option in der Stadt in Sachen Unterhaltung ist.

An- & Weiterreise

Der 2018 neu eröffnete **Busbahnhof** (Terminal Terrestre de Macas Dr Roberto Villareal V; Av Luis Felipe Jaramillo s/n) ist der zweiteindrucksvollste in Ecuador (nach dem Quitumbe-Busbahnhof in Quito). Von hier aus fahren Busse u. a. nach Quito (10–12 US$, 8–9 Std.), Puyo (5 US$, 2½ Std.) und Riobamba (6 US$, 4 Std.).

PAZIFIKKÜSTE & TIEFLAND

Ecuador – das Land der lebhaften Andenmärkte, der Amazonasabenteuer und ... der von Palmen gesäumten Strände? Die ecuadorianische Küste steht zwar bei den meisten Reisenden nicht sehr weit oben auf der To-do-Liste, doch mit ihrer Mischung aus Surferstädten, verträumten Fischerdörfern, den Walbeobachtungsmöglichkeiten im Süden und afroecuadorianischer Kultur im Norden ist sie einen Besuch wert. Allerdings sollte man das Wetter im Blick behalten: Regenzeit ist von Dezember bis Mai. Doch dies ist auch die sonnigste Zeit; die Sonne strahlt vor und nach den nachmittäglichen Schauern. Von Juni bis Ende November sind die Tage wärmer (bei kühlen Nächten), es ist aber oft bedeckt.

Esmeraldas

☎06 / 161 900 EW.

Esmeraldas ist ein Hotspot: wortwörtlich, kulturell und bildlich gesprochen. Der Stadt ist der urbane Mittelpunkt der afroecuadorianischen Bevölkerung, und mit etwas Glück erlebt man elektrisierenden Marimba- und Tanzvorstellungen. In Las Palmas wurde 2016 ein neuer *malecón* gebaut, der ein luftiger Ort für ein paar Cocktails oder ein Mittagessen mit Meeresfrüchten ist.

Das **Kulturzentrum** (Bolívar 427; ⌚Di–Fr 9–17, Sa & So 10–16 Uhr) GRATIS beleuchtet die verschiedenen indigenen Kulturen aus der Zeit vor der spanischen Kolonialzeit. Gelegentlich gibt's auch Konzerte mit afroecuadorianischen Rhythmen.

REISEWARNUNG FÜR ESMERALDAS

Vorsicht ist geboten: Das US-amerikanische Außenministerium gab im April 2018 nach der Entführung und Ermordung dreier kolumbianischer Journalisten eine Reisewarnung für die Provinz Esmeraldas heraus. Wegen der Nähe zur Grenze sind Drogen und Gewalt ein Thema, allerdings vor allem weiter nördlich in San Lorenzo. Andererseits verspricht ein vorsichtiges Eintauchen in dieses kulturell reiche Gebiet dennoch unvergessliche Erlebnisse.

Geführte Touren

Mandagua Tours TOUR
(☎098-130-9935, 098-145-6235; pandafinu@hotmail.com; Centro Artesenal) Javier Valencia veranstaltet Touren zu Orten in der gesamten Provinz Esmeraldas. Er ist eine Fundgrube von Infos über die afroecuadorianische Kultur der Stadt und kann einen zu Marimba- und Tanzproben sowie Shows bringen, ebenso zu traditionellen afrikanischen Reinigungszeremonien oder Aura-Lesezeremonien samt Zigarre. Wenn man Zeit hat, kann man bei ihm auch eine Tour den Río Cayapas hinauf ins ländliche Afro-Ecuador buchen.

Schlafen

Hotel Perla Verde BUSINESSHOTEL $$
(☎099-501-2909; www.hotelperlaverde.ec; Piedrahíta, zw. Olmedo & Sucre; EZ/DZ mit Frühstück 50/60 US$; P ❄ 📶) Das beste Hotel der Stadt punktet mit seiner zentralen Lage und geräumigen, sehr komfortablen Zimmern; nur die schummrigen Korridore und die wirklich scheußliche Kunst an den Wänden sind gewöhnungsbedürftig. Das Personal ist

freundlich und das Restaurant im Erdgeschoss empfehlenswert.

Anreise & Unterwegs vor Ort

TAME (☎06-272-6863; www.tame.com.ec; Centro Comercial, Av Maldonado nahe Manabi; ⌚Mo–Sa 10–20, So bis 19 Uhr) bietet täglich Flüge nach Quito (einfache Strecke 75 US$), Guayaquil (einfache Strecke 138 US$, mit einem Zwischenstopp) und Cali in Kolumbien (einfache Strecke/hin & zurück 196/240 US$; Tickets für die einfache Strecke werden nur an Kolumbianer verkauft).

Das neue Terminal Terreste liegt 4 km vom Zentrum entfernt an der Straße nach Atacames. Von hier fahren oft Busse nach Quito (9,25 US$, 6 Std., tgl. 6-mal) und Santo Domingo (4,25 US$, 3 Std., tgl. mehr als 10-mal). Ein Taxi vom Busbahnhof ins Zentrum kostet 3 US$.

Atacames

☎06 / 15 500 EW.

Es fällt schwer, Atacames zu kapieren. Der Strand ist gerade mal mittelmäßig, die Stadt dreckig und furchtbar überfüllt, aber dennoch lieben sie die *serranos* (Leute aus dem Hochland) wegen der Partyszene, der Ceviche-Stände am Ufer und den leicht erreichbaren Stränden in den Nähe. Wer ganze Nächte mit Reggaeton und billigen Drinks verbringen will, ist hier richtig. Wem das nicht reicht, der findet weiter südlich bessere Strände, größere Wellen und mehr Entspannung.

Alle Busse halten am Stand der *taxis ecológicos* (Motorradtaxis mit zweisitzigem Anhänger) an der Hauptstraße von/nach Esmeraldas. Die Busse nach Esmeraldas (1 US$, 1 Std.) starten in der Regel in Súa. Die meisten Busse von Esmeraldas nach Atacames fahren weiter nach Súa (10 Min.), Same (20 Min.) und Tonchigüe (25 Min., jeweils ca. 0,50 US$). *Ecovias* (Motorradtaxis) berechnen 2 US$ nach Súa und 7 US$ nach Same.

Busunternehmen wie **Transportes Occidentales** (☎06-276-0547; Ecke Prado & Cuarta), **Trans Esmeraldas** (Ecke Vargas Torres & Juan Montalvo) und **Aerotaxi** (Cuarta) fahren täglich nach Quito (9 US$, 7 Std.) und Guayaquil (11–12 US$, 8 Std.).

Súa

☎02 / 3100 EW.

Gruppen von Fregattvögeln mit scherenförmigen Schwänzen wiegen sich über der aufgewühlten Brandung von Súa, einem mehr auf Familien ausgerichteten, ruhigeren und weniger überlaufenen Strandort, als es das benachbarte Atacames ist. Entsprechend sind hier auch die Hotelpreise am Wochenende vernünftiger. Allerdings dröhnt auch hier die Musik aus den Cocktailbars am Strand, sodass man hier nicht unbedingt mit Idylle rechnen sollte. Von Juni bis September kann man vor der Küste Buckelwale beobachten. Man kann von Atacames aus am Strand bis hierher laufen, muss dabei aber den Gezeitenstand beachten. Auch sollte man die Strandwanderung nicht nachts machen (sondern ein *ecovia* nehmen).

Das am Strand liegende freundliche, windumtoste **Hotel Chagra Ramos** (☎06-247-3106; hotelchagraramos@hotmail.com; Nordseite des Malecón; Zi. 13 US$/Pers.; P 📶) ist die beliebteste Unterkunft im Ort. Die Zimmer sind sauber, wenn auch etwas verwittert, und haben antiquierte Bäder, ganz weiche Matratzen und eine hervorragende Aussicht. Es gibt kein Warmwasser, aber ein gutes und preiswertes Restaurant. Die in ihren Achtzigern stehende Inhaberin Aida ist genauso ein Original wie die alte französische Bulldogge.

Busse von/nach Esmeraldas fahren ungefähr alle 15 Minuten. Von Súa brauchen sie 10 Minuten nach Atacames (0,30 US$) und rund eine Stunde nach Esmeraldas (1 US$).

Same & Tonchigüe

☎06

Same ist als Ferienort eine gemischte Veranstaltung. Der Ort hat einen schönen Strand und strahlt eine freundliche Atmosphäre aus, wird aber von einem riesigen Komplex von Ferienwohnungen namens Casablanca dominiert. Der Strand selbst ist zwar schön, aber alles andere als unberührt und könnte von einer gemeindeweiten Anstrengung, ihn sauber zu halten, durchaus profitieren – wie es sie z. B. in Mompiche gibt.

Immerhin hat die Gemeinde etwas getan und durch private Kräfte die Sicherheitslage an der kleinen Straße zum Strand verbessert. Same ist ein echtes Vergnügen im Vergleich zu Atacames, vor allem wesentlich ruhiger. Man kann Stehpaddelbretter (10 US$/Std.) am Strand mieten, und man findet hier eine überraschende Zahl feiner, kleiner Restaurants. Die morgendlichen Winde sorgen für ordentliche Surfbedingungen.

Tonchigüe ist ein winziges Fischerdorf rund 3 km westlich von Same am gleichen Strandabschnitt. Wer am frühen Morgen kommt, kann zusehen, wie die Fischer ihren Fang entladen.

Schlafen & Essen

El Acantilado HÜTTEN $$
(☎06-302-7620; www.elacantilado.net; Stellplatz 20 US$, EZ/DZ 45/90 US$, *cabañas* für bis zu 6 Pers. 120 US$; P) Auf einer Klippe über den krachenden Wellen bietet das El Acantilado von seinen Zimmern einen unverstellten Blick aufs Meer, sodass es zwischen Juni und September ein gutes Standquartier für Walbeobachtungen ist. Die rustikalen Zimmer stehen den Elementen offen; nur Fliegengitter trennen sie von ihren privaten Gärten und dem Blick auf den Strand und das dahinter liegende Meer. Es gibt hier auch Stellplätze.

★ **Seaflower Lateneus** SEAFOOD $$$
(☎06-247-0369; Same; Hauptgerichte 20–25 US$; ⊙14–22 Uhr) Das Restaurant wird von einem der besten Chefköche an der Nordküste geleitet (er stammt von hier, hat aber in Europa gelernt) und serviert leckere gegrillte Meeresfrüchte (empfehlenswert sind die *spaghetti marinera*). An den Wochenenden, wenn das Lokal oft mit Cocktails nippenden schicken Ausflüglern voll besetzt ist, lohnt es sich, einen Tisch zu reservieren. Das Lokal ist zugleich die beste Bar in Same und mit hängenden Flaschen dekoriert (Kopf einziehen!). Und auch Zimmer werden hier vermietet – eines wird sogar als „Suite" bezeichnet! An der Theke gibt's auch Champagner (Flasche 50 US$).

An- & Weiterreise

Busse, die Richtung Nordosten nach Esmeraldas und Richtung Süden nach Muisne fahren, nehmen in Same und Tonchigüe Passagiere auf oder setzen sie dort ab. *Rancheras* (auch chivas genannt; an den Seiten offene Busse oder Trucks mit einmontierten, unbequem schmalen Bänken) fahren von Esmeraldas nach Tonchigüe. Um im Ort herumzufahren, stehen am Ortseingang gleich neben der Bushaltestelle *ecovias* (Autorikschas) bereit (1,50 US$/Fahrt, 5 US$/Std.).

Mompiche

☎05 / 28 000 EW.

Das kleine Fischerdorf , berühmt für seine Weltklasse-Wellen und den herrlichen, 7 km langen unberührten grauen Sandstrand, ist schon lange bei Backpackern und Surfern wegen seiner tollen Wellen und seiner günstigen Lokale und Unterkünften beliebt. Mompiche hatte bis zum Bau der neuen, guten Straße vor fast einem Jahrzehnt kaum Kontakt zur modernen Welt, und auch jetzt noch kennt jeder jeden und der Autoverkehr hält sich in Grenzen. Neben dem fabelhaften, von Palmen gesäumten Sandstrand gibt's in Mompiche wenig (noch nicht einmal einen Geldautomaten), und gerade darin liegt die Schönheit des Ortes.

Wie große Teile der Region wurde auch Mompiche hart von dem Erdbeben von 2016 getroffen und ist noch dabei, sich zu erholen. Infolge des Anstiegs des Meeresspiegels reicht das Wasser bei Flut jetzt bis an die Ufermauer, sodass es ein Viertel des Tages keinen Strand gibt und der Landzugang zu den nördlich liegenden Strandhotels abgeschnitten ist. Für einen so kleinen Ort ist der Geräuschpegel erstaunlich hoch.

Aktivitäten

Von November bis Ende Februar herrschen die besten Surfbedingungen. Die Wellen erreichen dann eine Höhe von bis zu 2 m, während das Meer sonst ziemlich ruhig ist. Es gibt eine Flusswelle nördlich der Stadt und eine steile Point Break (für Experten) südlich des Ortes. Zwei freundliche Anbieter verleihen Surfbretter im Ort und geben Surfunterricht; die Preise sind gleich. Jefferson Panezo von der **La Peña Escuela de Surf** (☎096-727-4255; La Fosforera; ⊙8–17 Uhr) ist einer der beiden.

Am Strand kann man Walbeobachtungstouren sowie Ausflüge zur Isla Portete, nach Muisne, zu nahegelegenen Mangroven und einer Reihe einsamer Strände vereinbaren. Boote kosten, abhängig von der Zahl der Mitfahrenden, rund 25 US$ pro Person und Stunde. Im Banana Hotel (☎099-739-6244) kann man nach Ramon fragen, der beliebte Dschungeltouren veranstaltet.

Schlafen & Essen

Mudhouse HOSTAL $
(☎093-911-2203; www.the-mud-house.com; Via a Mompiche; B 9 US$, DZ 25–30 US$, Hütte für Familien 50–60 US$; P) Die recht neue Unterkunft in Mompiche wird von einem freundlichen ortsansässigen US-amerikanischen Ehepaar geführt und bietet für Einzelpersonen, Paare und Familien private Zimmer und Schlafsäle, von denen die schönsten aus Stein gemauerte Freiluftduschen haben. In Mendys praktischem Spiral-Notizblock stehen jede Menge Infos über örtliche Aktivitäten. Es gibt eine Gemeinschaftsküche.

La Chocolata ARGENTINISCH $

(Hauptgerichte 6–8 US$, Desserts 3 US$; ⏲18–22 Uhr) Ariceli, die auch Mompiches beste Yogalehrerin ist, ist bekannt für ihre tollen Desserts wie Lemon Pies, vegane Krümelkuchen, und Trüffel aus Schoko-Mousse, Erdnussbutter und Dulce de leche. Manchmal sieht man sie im Ort auch beim Ausliefern einer Geburtstagstorte. Die Pastagerichte sind gut, aber eigentlich will man hier gleich zum *postre* (Dessert) kommen.

La Facha INTERNATIONAL $

(www.lafachahostel.com; 100 m nördlich der T-Kreuzung, gegenüber dem La Casona; Hauptgerichte 5–8 US$; ⏲8–22 Uhr) Das freundliche Team aus jungen Einheimischen (die alle begeisterte Surfer sind und im gleichen Haus auch das Hostel betreiben) serviert leckere Burger, Salate und Sandwiches. Das Lokal liegt an der Calle Fosforeras, die parallel zum *malecón* verläuft. Man kann hier auch ordentliche Zimmer mieten (Zi. mit Gemeinschaftsbad/eigenem Bad 13–15/20 US$).

An- & Weiterreise

Busse fahren ein paar Mal täglich über Sames und Atacames von/nach Esmeraldas (5 US$, 3½ Std.). Wenn man aus Süden kommt, muss man an der *entrada* (Eingang; dem Fahrer genau Bescheid sagen!) von Mompiche aus dem Bus aussteigen und von dort ein Taxi in den Ort nehmen (1 US$).

Canoa

☎05 / 6900 EW.

Canoa, ein verschlafenes Dorf mit einem Herz aus Gold, hat einen hübschen Strand, der nach Norden von malerischen Klippen abgeschlossen wird, während er nach Süden mit dem Horizont verschmilzt. Trotz wachsender Beliebtheit bei Sonnenanbetern und Surfern bleibt das Dorf entspannt; Kinder spielen in der Abenddämmerung in den Gassen, und Fischer fahren in den späten Nachtstunden vor Sonnenaufgang aufs Meer hinaus. Abends erwachen die Strandbars und Pensionen zum Leben, wenn Traveller bei Rumcocktails Reisegeschichten austauschen. Canoa ist nicht so lärmig wie Atacames, aber an den Wochenenden braucht man auch hier in den Strandhotels seine Ohrstöpsel.

In der Hauptsaison (Jan.–März), wenn die Wellen mehr als 2 m hoch und Unterkünfte zur Mangelware werden, finden internationale Surfwettbewerbe statt. Einen einst „geheimen" Strand 9,6 km nördlich von Canoa kann man nun über eine unbefestigte Straße erreichen.

Zum Zeitpunkt der Recherche war Canoa noch dabei, sich vom Erdbeben von 2016 zu erholen.

Aktivitäten

Da die Gezeiten hier stark ausgeprägt sind, sollte man in der Nähe des Strandes bleiben. Bei Ebbe kann man am nördlichen Ende des Strandes Höhlen erreichen, in denen Hunderte von Fledermäusen nisten. Eine beliebte Radtour bringt einen über einen Radweg in rund einer Stunde von hier nach Bahía de Caráquez. **Surf Shak** (Malecón; ⏲So–Do 8–23, Fr & Sa bis 1 Uhr; 📶) bietet Kajaktouren zu Meereshöhlen (25 US$, 3 Std.), Gleitschirmfliegen (45 US$, 20 Min.) und Surfunterricht (25 US$, 1½ Std.).

Schlafen & Essen

★ **Hotel Bambu** HOTEL $

(☎05-258-8017; www.hotelbambuecuador.com; Malecón, nördliches Ende; B/EZ/DZ 13/30/50 US$, Stellplatz 25 US$; 🅿📶) Das hübscheste Hotel vor Ort hat ein tolles Bar-Restaurant mit Sandboden, Hütten mit freiliegenden Dächern aus Zuckerrohr, mit Holz umrahmten Fenstern, Moskitonetzen und wundervollen Warmwasserduschen. Nur wenige bieten einen Blick aufs Meer, aber die meisten bekommen die Brise ab und bleiben kühl. Eine neuere Zugabe ist der gute und günstige, komplett ausgestattete Campingplatz mit Strom und Bettplattformen. Es gibt auch Tischtennis- und Billardtische.

★ **Casa Shangri-La** PENSION $

(☎099-146-8470; www.casashangrila.com; Antonio Aviega; Stellplatz/Zi. 7,50/11 US$ pro Pers.; 📶🏊) Diese fantastische Bleibe gehört dem freundlichen Niederländer Jeroen, der hier einen entspannten Surfertreff mit großem Garten, einem Tauchbecken, sehr netten Zimmern und superrelaxter Stimmung geschaffen hat. Es gibt eine Bar, eine Bibliothek und Surfbretter, die man ausleihen kann. Das Anwesen liegt einen kurzen Fußmarsch (100 m) nördlich des Ortes an der Hauptstraße, so ass man hier nicht die ganze Nacht vom Ufer Reggaeton dröhnen hört.

Amalur SPANISCH $

(www.amalurcanoa.com; Ecke Francisco Aviega & San Andres, im Amalur Hotel; Hauptgerichte 7–12 US$; ⏲8–22 Uhr; 📶) Das adrett-minimalistische Restaurant ist um Längen besser als die durchschnittlichen ecuadorianischen

Kleinstadtlokale und gehört einer spanischen Chefköchin (Amalur bedeutet auf Baskisch „Mutter Erde“).

Auf der Kreidetafel stehen die Spezialitäten des Tages – z. B. frische Calamari *a la plancha* (vom Grill), *pulpo a la Gallega* (gekochter Tintenfisch mit Paprika), selbst angebaute und fein gewürzte Auberginen mit Salsa oder bemerkenswert zarter Seebarsch.

Praktische Informationen

In Canoa gibt's keine Banken (die nächsten Geldautomaten befinden sich in San Vicente).

An- & Weiterreise

Die Busse, die zwischen Bahía de Caráquez (1 US$, 45 Min.) und Pedernales oder Esmeraldas fahren, halten in Canoa. Das Büro von Coachtur befindet sich rund drei Blocks landeinwärts vom Hotel Bambu und bietet stündlich Busverbindungen nach Portoviejo (4 US$, 2½ Std.), Manta (6 US$, 3 Std.) und Guayaquil (9 US$, 6 Std.). Um Ziele nördlich von Pedernales zu erreichen, nimmt man einen Bus nach dort oder nach Chamanga und steigt um.

Bahía de Caráquez

☎05 / 20900 EW.

Glänzend weiße Hochhäuser und rote Ziegeldächer bestimmten einst das Bild der auf einer Halbinsel liegenden geschäftigen Stadt. Mit dem Río Chone auf der einen und dem Pazifik auf der anderen Seite lag die ehemalige Hafenstadt in der Sonne und verströmte ein wundervoll entspanntes Flair.

Die Stadt wurde durch das Erdbeben von 2016 verwüstet, und viele Geschäfte wurden zerstört. Nach zwei Besuchen in jüngster Zeit müssen wir feststellen, dass sich die touristische Infrastruktur noch nicht erholt hat. Die größeren Bauten, die heute existieren sind renovierte schicke Eigentumswohnungen von nicht hier lebenden wohlhabenden Leuten aus Quito, die das Geld und/oder eine Versicherung für den Wiederaufbau hatten.

Ein Besuch lohnt sich trotzdem, und sei es nur für einen der besten Ceviche-Stände des Landes. Vogelbeobachter freuen sich über die sehr günstigen Touren zur und rund um die Isla Corazon, nur 7 km hinter der Brücke nach San Vicente.

Sehenswertes & Aktivitäten

In San Vicente kann man Bootstouren zur herzförmigen Isla Corazón und Walbeobachtungstouren (25 US$/Std.) unternehmen.

Isla Corazón INSEL

(☎05-267-4836; www.islacorazon.com; San Vicente oder Puerto Portovelo; pro Pers. inkl. 2-stündiger Führung 12–15 US$) Vogelbeobachter sollten sich einen Besuch der Isla Corazon nicht entgehen lassen. Dort kann man an geführten Touren durch die Mangroven auf der Suche nach Fregattvögeln, Reihern und anderen Vogelarten teilnehmen. Die Insel liegt 7 km östlich von San Vicente, das per Bus (0,50 US$) oder Taxi (5 US$) erreichbar ist. Wegen Touren wendet man sich an Francisco Reyes (99-938-4425) oder Oscar Ortiz (98-471-0814, www.sanplaya.com). Die Abholung aus einem örtlichen Hotel kostet zusätzlich 10 US$.

Schlafen & Essen

Die Hotelszene von Bahía ist noch dabei, sich vom Erdbeben von 2016 zu erholen. Mehr Übernachtungsmöglichkeiten findet man weiter die Küste hinunter.

Casa Ceibo LUXUSHOTEL $$$

(☎05-239-9399, 099-470-3622; www.casaceibo.com; Av Sixto Durán Ballén; DZ/Suite mit Frühstück ab 110/240 US$; P ❄ 📶 🏊) Wer sich in abgeschiedener Lage richtig verwöhnen lassen will, ist in dieser nach außen abgeschlossenen Luxushotelanlage 4 km außerhalb des Zentrums von Bahía (an der aus der Stadt führenden Straße, gleich hinter dem Busbahnhof) genau richtig. Mit noblen, sehr komfortablen Zimmern, minimalistisch gestalteten öffentlichen Bereichen und großen gepflegten Gärten, die sich bis hinunter zum Fluss erstrecken, ist dies definitiv die schickste Unterkunft der Stadt.

Hermanacho CEVICHE $

(☎05-269-2483; Malecón; Ceviche 5–12 US$; ⏲8–15.30 Uhr) Die Leute kommen bis aus Canoa angereist, um die schon lange bestehende, sehr beliebte *cevicheria* zu besuchen. Man kann auch eine halbe Portion von Pedro Avilas gemischten Garnelen- und Hummer-Ceviche (5–6 US$) bestellen, Hungrige sollten sich aber für eine ganze Portion (8–12 US$) entscheiden. Das Lokal liegt an der Uferpromenade, von D'Camaron aus über die Straße.

D'Camaron SEAFOOD $$

(www.dcamaron.com.ec; Bolívar zw. Plaza Acosta & Leannen; Hauptgerichte 8–11 US$; ⏲Mo–Do 8.30–18, Fr–So bis 19 Uhr) Wie der Name schon verrät (*camaron* bedeutet „Garnele“), sind Garnelen die Spezialität dieses zwanglosen

Freiluftlokals in Ufernähe. Man bestellt sie gegrillt und mit einem Cocktail und genießt die Meeresbrise. Zur Abwechslung kann man auch *arroz marinera* bestellen, Reis mit vielen verschiedenen Meeresfrüchten.

An- & Weiterreise

Eine Brücke über den Río Chone verbindet Bahía mit San Vicente (und der übrigen Nordküste).

Der Busbahnhof liegt 4 km außerhalb des Zentrums am *malecón* auf dem Weg nach Chone. Von ihm fahren normale und Busse der Klasse *ejecutivo* (1. Klasse) über Santo Domingo (normal/*ejecutivo* 5/6 US$) nach Quito (normal/*ejecutivo* 10/12 US$, 8 Std., tgl. 4-mal), außerdem auch Busse nach Guayaquil (7,50 US$, 6 Std., tgl. 7-mal), Manta (3 US$, 3 Std., tgl. 3-mal) und Canoa (1,25 US$, 45 Min., alle 30 Min.).

Manta

☎05 / 217 500 EW.

Manta, die größte Stadt der Provinz (und fünftgrößte Ecuadors), ist eine geschäftige, prosperierende Hafenstadt mit Hochhäusern und ein paar städtischen Stränden, die hauptsächlich von inländischen Touristen besucht werden.

Als wichtiges Zentrum der Fischerei und der Verarbeitung von Thunfischen gehört Manta zu den Orten, die man schon riecht, bevor man sie sieht. Das skurrilste Denkmal vor Ort ist die riesige Statue eines Thunfischs (mit Blechdose). Viele Gründe zum Herkommen gibt es wahrlich nicht – die Strände sind anderswo an der Küste weit besser –, aber die Stadt ist ein wichtiges Verkehrskreuz und hat ein munteres Nachtleben. Auf dem Weg in die Kunsthandwerksstadt Montecristi kommt man wahrscheinlich hier durch.

Sehenswertes

Playa Murciélago STRAND

(Malecón, zwischen Calle 30 & Calle 19) Dieser Strand ist weniger geschützt als die meisten Strände der Region und hat größere Wellen, die (auch wenn sie nicht riesig sind) doch einen starken Brandungssog erzeugen. Die Playa Murciélago ist der beliebteste Strand der Stadt, befindet sich ein paar Kilometer nordwestlich des Zentrums (nahe dem Hotel Balandra) und ist gesäumt von Snackbars, Restaurants und Sonnenschirmverleihen.

Tarqui-Strand STRAND

(Malecón) Am östlichen Ende dieses Sandstrands geht es früh am Morgen so emsig zu wie in einem Bienenstock, weil dann zahlreiche Fischverkäufer Hai, Thunfisch, Schwertfisch, Doraden und andere Fische feilbieten (deren Größe allerdings mit jedem Jahr weiter abnimmt). Hier befindet sich auch der sogenannte Parque del Marisco: jede Menge Stände, die direkt am Strand eine große Auswahl frischer Meeresfrüchtegerichte verkaufen, darunter auch die laut Einheimischen besten *ceviches* des Landes.

Museo Arqueológico del Banco Central MUSEUM

(Malecón, zw. Calle 9 & Av 2; 1 US$; ⏲Mo–Fr 8.30–17 Uhr) Das komplett modernisierte städtische Museum wurde im Jahr 2009 am gegenwärtigen Standort eröffnet und zeigt wertvolle Artefakte der präkolumbischen Manta-Kultur, eine Auswahl ecuadorianischer Gemälde und skurrile Zeugnisse des Fischfangs.

Schlafen & Essen

Manakin PENSION $$

(☎05-262-0413; hostalmanakin@hotmail.com; Ecke Calle 17 & Av 21; EZ/DZ mit Frühstück 55/70 US$; ❄📶) Nahe dem Zentrum des Nachtlebens herrscht in dem umgebauten einstöckigen Haus eine angenehm entspannte Atmosphäre. Die schmalen, gut angeordneten Zimmer sind nett möbliert, und im Haus gibt's auch schöne Plätze zum Chillen, darunter die vordere Terrasse. Und da das Haus in der Nähe der Mall liegt, fehlt einem hier wirklich gar nichts. Bei Barzahlung gibt's Rabatt.

Hotel Balandra HOTEL $$$

(☎05-262-0545; www.hotelbalandra.com; Av 7 nahe Calle 20; EZ/DZ 124/172 US$, Deluxe-Zi. 185 US$; ❄@📶🏊) Das kleine, aber gehobene Hotel in Hügellage bietet schön möblierte Luxuszimmer und Hütten mit zwei Schlafzimmern, die teilweise über Balkone mit Blick aufs Meer verfügen. Draußen findet man Formschnitt-Sträucher, einen kleinen Fitnessraum, eine Sauna, einen Swimmingpool und einen Spielplatz. Wegen gruppenweise einfallender Familien kann der Aufenthalt an den Wochenenden weniger entspannend sein.

Trovador Café CAFÉ $

(☎05-262-9376; Av 3 & Calle 10, Pasaje Hermanos Egas Miranda; Hauptgerichte 2–5 US$; ⏲Mo–Fr 6–18, Sa bis 15 Uhr) An einer angenehmen Fußgängergasse ein kurzes Stück abseits des *malecón* (und des Parque de la Madre) bie-

Manta

tet dieses liebenswerte Café schaumigen Cappuccino, Sandwiches und preiswerte Mittagsgerichte. Man kann auch draußen vor dem alten kolonialzeitlichen Wohnhaus sitzen.

Parrillada La Vacanisima GRILL $$
(am Oh Mar; Ecke Avs 20 & Flavio Reyes; Hauptgerichte 9–13 US$; ⏲ Mo–Sa 12–24 Uhr) Der aufgeschlossene Grill im Zentrum von Mantas Nachtleben ist ein toller Ort für eine sättigende *parillada* (Teller mit Grillfleisch für 1 Pers., reicht aber für 2) und ein Glas guten argentinischen Rotwein. Mit der kürzlichen Umgestaltung ging der Wechsel des Namens zur „Super-Kuh" einher, aber die Botschaft ist geblieben: Vegetarier sind hier an der falschen Adresse. Zur Abwechslung gibt's aber mehrere Fischgerichte.

ℹ Anreise & Unterwegs vor Ort

TAME (☎ 05-261-0008; Malecón de Manta zw. Avs 13 & 14, Edificio El Vigia; ⏲ Mo–Fr 8.30–17.30 Uhr) hat täglich einen oder zwei Flüge von/nach Quito (einfache Strecke ab 86 US$, 30 Min.).

Der Flughafen liegt rund 3 km östlich von Tarqui, die zehnminütige Anfahrt mit dem Taxi kostet ca. 2 US$.

Die meisten Fernbusse fahren vom neuen **Terminal Terrestre** (Terminal Luis Valdiviezo Morán; ☎ 05-262-1081; www.terminalmanta.gob.ec; Parque Tohali) nahe dem Flughafen.

Busse fahren nach Jipijapa (0,90 US$, 1 Std.), Canoa (4 US$, 3½–4 Std.), Bahía de Caráquez (3 US$, 3 Std.), Guayaquil (5 US$, 4 Std.), Esmeraldas (7 US$, 6 Std.) und Ambato (8 US$, 10 Std.).

Ejecutivo-Busse nach Quito (10 US$, 9 Std.) und Guayaquil (7,50 US$, 4 Std.) starten tagsüber von einem kleineren, nahegelegenen Busbahnhof am *malecón*.

Manta

Sehenswertes
1 Museo Arqueológico del Banco Central D3
2 Playa Murciélago A1

Schlafen
3 Hotel Balandra A2
4 Manakin A2

Essen
5 Parrillada La Vacanisima A2
6 Trovador Café D3

Montecristi

☎ 05 / 46 300 EW.

Montecristi produziert die feinsten Strohhüte der Erde, auch wenn diese fälschlicherweise als Panamahüte bezeichnet werden. Hier verlangt man einen *sombrero de paja toquilla*, der aus einem feinen, faserreichen Stroh hergestellt wird, das nur in dieser Region vorkommt. Hutläden säumen die in die Stadt führende Straße und die Plaza, die meisten angebotenen Waren sind aber billig und nur lose verwebt.

Die Stadt wurde um 1628 gegründet, als Einwohner Mantas ins Binnenland flohen, um den häufigen Raubzügen von Piraten zu entgehen. Heute wirkt der Ort mit seinen vielen nichtrestaurierten kolonialzeitlichen Häusern recht verfallen und gespenstisch. Die Hauptattraktion sind die Hutgeschäfte, doch sehenswert ist auch die schöne **Kirche** (Calle Sucre, La Madre Parque) an Montecristis Hauptplaza, auf der eine angeblich wundertätige Marienstatue sowie eine Statue des in der Stadt geborenen Eloy Alfaro steht, der zweimal Ecuadors Präsident war. Sein Grabmal befindet sich im Rathaus, und auf dem Hügel gibt es ein relativ neues **Museum** (Centro Cívico Ciudad Alfaro; ☎05-231-1210; www.ciudadalfaro.gob.ec; Prolongacion 10 de Agosto; ⏲8.30–17 Uhr) GRATIS zu seinen Ehren.

Vom Terminal Terrestre in Manta fahren tagsüber häufig Busse nach Montecristi (0,50 US$, 45 Min.).

Puerto López

☎05 / 16 000 EW.

Ein langer, breiter Strand und die Nähe zu den Wundern des Parque Nacional Machalilla haben das früher ruhige Fischerdorf in ein Standquartier für Traveller an der ecuadorianischen Küste verwandelt. Besonders in der Walbeobachtungssaison spazieren Reisende über den schicken neuen *malecón* (der zwischen 2015 und 2017 gebaut wurde) und schauen sich in den staubigen Straßen um, wo es eine überraschende Zahl guter Unterkünfte, Cafés und Restaurants gibt. In den frühen Morgenstunden – ehe die Tourgruppen zu Tagesausflügen aufbrechen und die wenigen Sonnenanbeter Position auf dem Sandstrand beziehen – entladen die Fischer ihren Fang am Strand und Scharen von Fregattvögeln, Pelikanen und Geiern schwirren herum und tauchen nach den Fischabfällen.

Kurse

Tentáculo Clases y Cultura KOCHEN
(☎098-336-0849; www.facebook.com/Tentaculoclasesycultura; Malecón Julio Izurieta zw. Hostería Nantu & Cabañas Playa Sur) Die kalifornische Lehrerin Kelly hat sich in Ecuador neu erfunden und bietet eine Vielzahl cooler kultureller Aktivitäten, bei denen sie die „Tentakel" weit ausspannt. So gibt's Kurse zur Zubereitung von Ceviche, Spanischunterricht (8 US$/Std.), und Gemeindeaktivitäten wie eine jeden Sonntag stattfindende Strandsäuberungsaktion. Auch ein Zimmer wird vermietet. Das Haus ist an dem Kraken auf der Wand zu erkennen.

Geführte Touren

Zahlreiche Anbieter veranstalten Touren zur Isla de la Plata oder zum festländischen Teil des Parks. Auch Wander-, Reit-, Mountainbike- und Angeltouren sind verfügbar. Von Juni bis September sind Walbeobachtungstouren, verbunden mit einem Besuch der Isla de la Plata, beliebt (ab 45 US$). Lizenzierte Veranstalter findet man an der Córdova und am Malecón Julio Izurieta. Außerhalb der Walbeobachtungssaison werden ähnliche Touren zur Insel angeboten, bei denen man Meeresvögel, Seelöwen und vielleicht auch Delfine zu Gesicht bekommt.

Machalilla Tours ABENTEUERTOUR
(☎093-984-5839; www.machalillatours.org; Malecón Julio Izurieta; Touren ab 45 US$; ⏲9.30–17.30 Uhr) Bietet Standardtouren, Ausritte, Kajakfahrten, Mountainbiketouren, Gleitschirmfliegen sowie Ausflüge zum Strand Los Frailes und nach Agua Blanca.

Exploramar Diving TAUCHEN
(☎02-256-3905; www.exploradiving.com; Malecón Julio Izurieta; 2 Tauchgänge ab 140 US$, Schnorcheln 40 US$; ⏲8–18 Uhr) Das Tauchcenter mit PADI-Zertifikat am *malecón* veranstaltet Tauchgänge und Schnorcheltouren vor der Küste.

Schlafen

Wenn viel Betrieb herrscht, also in der Walbeobachtungssaison und während der Hauptsaison an der Küste (Ende Dez.–April) sollte man vorab reservieren. In der Nebensaison sinken die angegebenen Preise; wenn es nur wenig Gäste gibt, sollte man sich nach Rabatt erkundigen.

Hostal Yemayá HOSTEL $
(☎05-230-0122, 098-864-6118; www.facebook.com/YemayaPuertoLopez; General Córdova & Cristo del Consuelo; B 10 US$, Zi. 15–20 US$/Pers.; ❄📶) Das ein paar Minuten vom Strand entfernte Hostel bietet ein gutes Preis-Leis-

tungs-Verhältnis. Die Handvoll Zimmer sind meist mit Ventilatoren, ein paar auch mit einer Klimaanlage ausgestattet. Alle haben Warmwasser, einige einen TV und alle sind schlicht und sauber. Es gibt einen netten Innenhof mit Pflanzen, Tischen und Stühlen. Miguel, der freundliche, Englisch sprechende Besitzer veranstaltet auch **Aktivtouren** (☎099-957-0396, 098-864-6618; www.facebook.com/travesiasurfnbikes; 2-stündiger Kurs 30 US$), und in dem winzigen angeschlossenen Café erhält man den besten Kaffee der Stadt.

Hostería Mandála HÜTTEN **$$**
(☎05-230-0181; www.hosteriamandala.info; DZ ab 35–155 US$; @ 📶 P) Die Anlage am Strand nördlich vom *malecón* ist sicher die netteste Unterkunft im Ort. Die riesige, winkende Regenbogen-Walfischflosse kann man gar nicht verpassen. Die Hütten verteilen sich über einen üppigen Blumengarten. Die Zimmer sind rustikal, aber elegant eingerichtet. Holz, Bambus und farbenfrohe Stoffe machen sie zu zauberhaften, gemütlichen Refugien.

Essen

Cafe Madame CAFÉ **$**
(☎098-436-7851; Malecón Julio Izurieta; Crêpes ab 2,50 US$, Hauptgerichte ab 5 US$; ⏲8–19 Uhr; 📶 🖉) Das Bio-Café mit Strandbar hat eine schattige Veranda und Holztische. Man erhält Crêpes, Eiscreme, Kaffee, Fruchtsmoothies, Sandwiches, Omelettes und Salate, und kann an diesem hübschen Plätzchen auch einen Drink zum Sonnenuntergang genießen.

Restaurant Carmita SÜDAMERIKANISCH **$$**
(☎099-372-9294; Malecón Julio Izurieta; Hauptgerichte 6–14 US$; ⏲10–21.30 Uhr; 📶) Die Tische auf der Terrasse in diesem beliebten ecuadorianischen Restaurant am *malecón* sind ein guter Ort, um die Leute zu beobachten. Es gibt hier günstige Fischgerichte, Ceviche, gemischte Reis- und Hühnchengerichte. Den Tintenfisch in Knoblauchsauce sollte man probieren. Beim Mittag- und Abendessen nach dem Angebot des Tages fragen!

Bellitalia ITALIENISCH **$$**
(☎099-617-5183; Juan Montalvo; Hauptgerichte 9–12 US$; ⏲Mo–Sa 18–22 Uhr) Das nette Lokal fällt nicht ins Auge, sondern versteckt sich in einer Nebenstraße einen Block abseits des Strandes, lohnt aber einen Besuch wegen der hochwertigen italienischen Gerichte, die man in einem romantischen Gartenambiente genießt. Insbesondere an den Wochenenden sollte man vorab reservieren.

Praktische Informationen

Banco del Pichincha (Malecón Julio Izurieta; ⏲Mo–Fr 9–16 Uhr) Hat einen verlässlichen Geldautomaten.

Touristeninformation (☎099-480-4886; Av Machalilla & Atahualpa; ⏲wechselnde Öffnungszeiten) Das Büro befindet sich an einer Seitenstraße der Ruta del Spondylus, ist aber oft nicht besetzt. Alternativ erhält man lokale Infos bei den Pensionen und Tourveranstaltern.

Anreise & Unterwegs vor Ort

Alle Busse nutzen jetzt den neuen **Busbahnhof** (Terminal Terrestre; Ruta del Spondylus) 2,5 km nördlich der Stadt. Die Fahrt mit einem Motorradtaxi vom/zum Stadtzentrum sollte rund 1 US$ kosten.

Carlos Aray Ejecutivo Betreibt Busse nach Quito (14 US$, 10 Std., 5.05, 9.15 & 19 Uhr) über Jipijapa, Portoviejo, Chone und Santo Domingo. Alternativ nimmt man einen Bus nach Portoviejo oder Manta und steigt dort zum gewünschten Ziel um.

Reina de Camino (☎05-303-6002; 📶) Hat die komfortabelste Verbindung nach Quito (14 US$, 10 Std.); ein Bus 1. Klasse fährt um 20 Uhr.

Cooperativa Manglaralto Betreibt Busse über Montañita (2,50 US$) nach Santa Elena (4 US$, 1½ Std., 4–19 Uhr alle 20 Min.).

Ruta Spondylus

Der früher als Ruta del Sol bekannte Küstenabschnitt hat viel mehr zu bieten als nur Sonne und Sand. Die Geografie zeigt die ganze Palette von trockenem Land mit Gesträuch und Kakteen über üppige Bergnebelwälder bis hin zu schönen Stränden und der Küste vorgelagerten Inseln mit einer einmaligen Flora und Fauna. Das Gebiet ist gut mit Bussen erschlossen, die aus Guayaquil im Süden nach Puerto López und Manta im Norden fahren.

Parque Nacional Machalilla

☎05

Ecuadors einziger Küstennationalpark ist ein Überbleibsel der Landschaft, die einst an großen Teilen der zentral- und südamerikanischen Pazifikküste zu finden war. Mittlerweile ist sie fast verschwunden und hier befindet sich einer der am meisten gefährdeten tropischen Wälder der Welt. Der 1979 geschaffene Park bewahrt einen kleinen Teil der schnell verschwindenden Küstenhabitate des Landes und schützt rund 50 km Strand, rund 400 km^2 tropischen Trocken- und Nebelwald sowie rund 200 km^2 Meeresgebiet (einschließlich vorgelagerter Inseln, von denen die Isla de la Plata die bedeutendste ist).

Abgesehen von seltenen exotischen Arten beherbergt der Park auch eine wichtige archäologische Stätte aus der Zeit der Manta-Kultur, die etwa um 500 n. Chr. begann und bis zur spanischen Eroberung Bestand hatte. Es finden sich hier außerdem Zeugnisse der viel älteren Machalilla- und Chorrera-Kultur aus der Zeit zwischen ca. 800 und 500 v. Chr. sowie der Salango-Kultur (ca. 3000 v. Chr.).

Sehenswertes

Im Park sind Kakteen, verschiedene Arten von Feigen und ein riesiger Kapokbaum zu finden.

Die herrliche **Playa Los Frailes** liegt ungefähr 10 km nördlich von Puerto López, kurz vor der Stadt Machalilla. Umgeben von Landzungen, ist dieser Bilderbuchstrand einer der schönsten Ecuadors. Die Busse halten in der Nähe der Ranger-Station, von der aus eine 3 km lange Straße und ein 4 km langer Wanderweg zum Strand führen. Es gibt jede Menge Seevögel. Campen ist erlaubt.

Die öde, von der Sonne versengte **Isla de la Plata**, ist ein Highlight des Parks, besonders von Mitte Juni bis September, wenn Buckelwale sich vor der Küste paaren und man dies von den Ausflugsbooten aus mit ziemlicher Sicherheit beobachten kann. Zur Walbeobachtungstour gehört meist eine geführte Wanderung. Auf der Insel selbst gibt es Nistplätze von Seevögeln.

Vom Eingang auf der Festlandseite, 6 km nördlich von Puerto López, führt eine 5 km lange Schotterstraße nach **Agua Blanca** (☎ 098-161-0095; www.comunidadaguablanca.com; Eintritt 5 US$; ⏲ 8–17 Uhr). Der Eintritt beinhaltet den Besuch im faszinierenden kleinen **archäologischen Museum** (☎ 099-443-4864; www.comunidadaguablanca.com; ⏲ 8–17 Uhr), gefolgt von einem Spaziergang durch den Ort zu einem schwefelhaltigen Teich. Dort kann man ins Wasser springen und sich mit heilendem Schlamm einreiben. Längere Trekking- und Reitausflüge, auch mit Übernachtung, können ebenfalls arrangiert werden.

An- & Weiterreise

Bootstouren zur Isla de la Plata lassen sich über Tourveranstalter in Puerto López und Hostels und Hotels entlang der Küste arrangieren.

Busse fahren auf der Ruta de Spondylus zwischen Puerto López und Jipijapa (hi-pi-*ha*-pa) mindestens alle 20 Minuten (1 US$, 4 Min.) die Küste hinauf und hinunter. Die Hauptstraße führt direkt durch den Park, sodass man keine Schwierigkeit damit hat, sich an jeder beliebigen Stelle absetzen zu lassen und einen anderen Bus heranzuwinken, wenn man wieder weiter will. Allerdings kann das Warten in der Hitze lange dauern. Wer fit ist, kann die 5 km in die Stadt auch zurück laufen (Trinkwasser mitbringen). Am vernünftigsten ist es jedoch, in Puerto López ein Taxi (hin & zurück ca. 15–20 US$) zu chartern oder im Ort einen Führer mit Transportmittel anzuheuern.

Salango, Las Tunas & Ayampe

An der Küste finden sich dort, wo der Río Ayampe ins Meer mündet (starke Unterströmungen machen das Schwimmen hier schwierig) und die üppig grünen Hügel bis an den Strand reichen, die verschlafenen Ortschaften Salango, Las Tunas und Ayampe. Wer sich von den Menschenmassen entfernen will, findet in den hiesigen Gästehäusern Beschaulichkeit, Frieden und Ruhe. Nur 6 km südlich von Puerto López liegt das kleine Fischerdorf Salango. Hier kann man ein Fischerboot hinaus zur 2 km vor der Küste liegenden Isla Salango anheuern, die eine Anlaufstelle für Vogelbeobachtung (darunter Blaufußtölpel, Pelikane und Fregattvögel) ist und zudem gute Schnorchelmöglichkeiten bietet.

Sehenswertes & Aktivitäten

Museo Arqueológico de Salango MUSEUM
(☎ 05-257-4304; www.salango.com.ec/museo-arqueologico-salango.php; Calle Balseros del Sur; Erw./Kind 2,50/1,50 US$; ⏲ 9–17 Uhr) Hier wird eine faszinierende Sammlung von mehr als 245 Keramiken gezeigt. Die Objekte entstanden in der Zeit zwischen 3000 v. Chr. und 1500 n. Chr. und stammen aus den Siedlungen der Valdivia-, Machalilla-, Chorrera-, Engoroy-, Bahia- und Guangala-Kultur. Die Archäologen machen hier vor Ort immer weitere Entdeckungen, und es gibt auf dem Gelände auch ein Forschungslabor. Das Museum hat elf Hütten (15 US$/Pers.) am Strand für Besucher, die bleiben und sich an archäologischen Projekten und For-

schungen beteiligen wollen (nur nach vorheriger Vereinbarung).

Mirador de Salango OBSERVATORIUM
(Sonnenaufgang–Sonnenuntergang) GRATIS Von diesem aus Holz gezimmerten Beobachtungsturm auf einer ins Meer vorspringenden Landzunge zwischen Las Tunas und Salango hat man einen herrlichen Blick auf den Sonnenuntergang über Salango, der Isla Salango und dem Río Chico.

Ruta de Colibri VOGELBEOBACHTUNG
(www.fjocotoco.org/ayampe.html; zw. Ayampe & Puerto López) Bei der hübschen, leicht hügelauf durch die örtlichen Gemeinden führenden Wanderung kann man eine große Zahl von Vogelarten beobachten (fast 400 sind hier vertreten), darunter mit Glück auch die scheue, gefährdete Esmeraldaselfe, die mit einer Länge von 6,4 cm zu den kleinsten Kolibriarten der Welt gehört.

Die Route mit einer Gesamtlänge von 12 km führt kreuz und quer durch das Río Ayampe Reserve der Fundación de Conservación Jocotoco. Gelegentlich werden auf der Strecke auch Radrennen abgehalten. An der Strecke vermietet das **Jardin de la Diversidad** (099-033-9264; www.classicmototravel.com; Zi. mit Frühstück 25 US$/Pers.) einfache Zimmer.

Abel Muñoz BOOTSFÜHRER
(Joe Salango Tour; 099-399-8515; www.salangotour.com; Calle Balseros del Sur; 15–20 US$/Pers., Walbeobachtung 25 US$) Der örtliche Guide und Bootsführer Abel Muñoz bietet 1½-stündige Bootstouren zur Isla Salango, auf der man den unberührten Strand besuchen und Pelikane, Tölpel und andere Wildtiere beobachten kann. Abel stellt auch Schnorchelausrüstung zur Verfügung (im Preis inbegriffen). Sein Büro liegt etwa drei Häuser die Straße weiter hinter dem Ortseingang (der Name des Unternehmens bezieht sich auf Abels Sohn Joe).

Schlafen & Essen

Finca Punta Ayampe HÜTTEN $$
(099-189-0982; www.fincapuntaayampe.com; Ayampe; Zi. 55–60 US$;) Die von Regenwald umgebene idyllische Anlage wirkt wie ein Versteck ganz am Ende der Straße. Die aus Bambus gefertigten Zimmer im Haupthaus haben hohe Decken und sind lichtdurchflutet, genauso wie die *cabañas*. Es gibt einen großen Loungebereich mit klobigen Holztischen und spektakulärem Meerblick. Surf-, Tauch-, Kajak- und Vogelbeobachtungstouren lassen sich arrangieren; das gute Restaurant serviert frisches Ceviche, Burritos, Fischgerichte, Pasta, Salate und Sandwiches.

La Buena Vida PENSION $$
(099-486-3985; www.surflabuenavida.com; nahe Ruta del Spondylus, Ayampe; Zi. mit Frühstück 30–35 US$/Pers.;) Das von einem ecuadorianisch/US-amerikanischen Ehepaar geführte La Buena Vida hat sieben farbenfrohe Zimmer mit Ventilator und Meerblick. Die Unterkunft ist beliebt dank freundlicher Gastgeber, guten Frühstücks und des einladenden, an den Seiten offenen Cafés mit Bar, in der man prima einen Drink zum Sonnenuntergang genießen kann. Es gibt auch Surfunterricht und Pauschalangebote (ab 25 US$). Für eine Reservierung wird eine Kaution von 50 % Prozent verlangt.

Azuluna Eco-Lodge LODGE $$$
(05-234-7093, 099,951-0542; www.azuluna-ecuador.com; abseits Ruta del Spondylus, Las Tunas; DZ ab 79–109 US$;) Abgeschlossen auf einem Hügel gegenüber dem eigentlichen Las Tunas stehen diese strohgedeckten Bungalows aus Bambus, Holz und Palmblättern. Alle haben einen Balkon mit Hängematte, von der aus man den hypnotisierenden Blick aufs Meer genießen kann. Zu den durchdachten Details gehören Wandmalereien mit Naturmotiven, Fenster mit Buntglas und Badezimmer mit gefliesten Böden.

Delfin Mágico SEAFOOD $$
(05-2574-4291, 09-9951-3938; www.delfinmagico.com.ec; Salango; Hauptgerichte 12–25 US$; Mo–Fr 12–20, Sa & So ab 9 Uhr;) In Salango lohnt sich ein Besuch in diesem mit Unterwasserthematik dekorierten Restaurant, das hervorragende Meeresfrüchte serviert. Man kann hier Zackenbarsch oder Umberfisch, Tintenfisch, Garnelen oder Seebarsch bestellen, alle mit köstlichen Saucen mariniert und auf örtliche oder spanische Art zubereitet. Am besten kommt man früh, um lange Wartezeiten zu vermeiden. Zu trinken gibt's samtigen, in der Region gerösteten Kaffee aus dem nahegelegenen Jipijapa, der unter dem Markennamen Cafe Salango verkauft wird.

An- & Weiterreise

Grüne Manglaralto-Busse flitzen (wirklich!) auf der Ruta de Spondylus zwischen Montañita und Puerto López rund alle 20 Minuten die Küste hinauf und hinunter – man kann sie überall an der Strecke heranwinken. Alternativ kosten Fahrten mit örtlichen Taxis und Motorradtaxis zwischen den einzelnen Ortschaften zwischen ca. 2 und7 US$.

Olón

Das ein paar Kilometer nördlich von Montañita gelegene Küstendorf Olón prunkt mit einem langen Strand (mit Surfwellen für Anfänger) und einem Hinterland, in dem sich ein dramatischer Wechsel von dem trockenen Buschland weiter südlich ankündigt. Der hier beginnende üppige Nebelwald überzieht die Cordillera Chongón-Colonche, einen niedrigen Küstengebirgszug. Olón ist einer der wenigen Orte auf Erde, wo ein Strand und ein Nebelwald in so enger Nachbarschaft existieren; im Wald leben Jaguare, Brüllaffen und die gefährdeten Großen Soldatenaras.

Nach einem Tag in Montañita oder Guayaquil fühlt man sich in Olón so richtig einsam.

Schlafen

La Mariposa HOTEL $

(☎04-278-8120; www.lamariposahostal.com; Calle 13 de Diciembre, nahe Rosa Mística; DZ 30–35 US$; ❄📶) Zwei Minuten vom Strand entfernt bietet das von Italienern geführte entspannende und einladende Hotel Zimmer mit Meerblick (in den oberen Stockwerken), einen netten Hof mit Hängematten und schöne Gartenanlagen mit Kokospalmen. Es gibt kontinentales Frühstück (ab 3,50 US$) und für 5 US$ extra auch eine Klimaanlage.

Samaí Lodge PENSION $$$

(☎099-462-1316; www.samailodge.com; EZ/DZ mit Frühstück ab 54/114 US$; ❄📶🏊) Die den Wald überblickende Samaí Lodge wirkt wie eine idyllische Oase. Zwölf Hütten verteilen sich über das Anwesen; viele haben Fensterwände und Hängematten, in denen man den Blick bis hinunter zur Küste genießen und gleichzeitig von einer Stelle aus Wale und Affen beobachten kann.

Es gibt hier auch einen Whirlpool, Yogasitzungen, ein Spa, einen Pool und leckeres Essen.

An- & Weiterreise

Komfortable **CLP-Busse** (☎04-293-3001, 04-293-3009, 04-294-4322; http://libertadpeninsular.com) starten gleich nördlich von Olón an der Hauptstraße nach Guayaquil (6,25 US$, 2½–3 Std., tgl. 5- bis 6-mal). Die Busse auf dieser Strecke halten auch in Montañita.

Um zu Zielen im Norden bis einschließlich Manta zu gelangen, winkt man am Highway einen grünen Manglaralto-Bus heran. Diese kommen alle 20 Minuten mit beängstigender Geschwindigkeit vorbei.

Montañita

☎04 / 1200 EW.

Das Stranddorf Montañita ist ein Party-Ort mit Surfer-Schlagseite. Es gibt einen beständigen Zustrom kosmopolitischer Backpacker, unter denen genauso viele Südamerikaner wie Gringos sind. Wegen der preiswerten Unterkünfte und der Rasta-Atmosphäre schlagen einige Traveller hier zeitweilig Wurzeln und halten sich in dieser Zeit mit dem Flechten von Haaren, dem Anfertigen von Schmuck und der Arbeit in Gästehäusern über Wasser. Montañita ist ideal für Leute, die sich, gleich welchen Alters, gegen die typische Kleiderordnung von Restaurants stemmen, denn barfuß und ohne Hemd aufzukreuzen ist hier der Normalfall.

Ein Wirrwarr von Ständen prägt das Ortszentrum, das mehr an einen nahöstlichen Markt als an einen pazifischen Strandort erinnert; die Einflüsse aus Argentinien, Peru und Israel sind hier deutlich sichtbar. Die umherziehenden Händler haben den Platz am Flussufer, den ihnen die Verwaltung anbot, nie bezogen. Der steht leer, während an der alten Stelle ein Miniatur-Babylon bis in den dritten und vierten Stock gewachsen ist, von dem man glauben könnte, dass es bald einstürzt.

Aktivitäten

Die Wellen am Strand eignen sich die meiste Zeit im Jahr zum Surfen (die besten Bedingungen herrschen von Dez.–Mai), aber Anfänger sollten beachten, dass die Wellen hier recht hoch sein können und Brandungsrückströmungen sehr häufig sind. Echte Surf-Experten reiten die Welle am nördlichen Ende des Strands, einen Right Hander, der bei guter Strömung 2 bis 3 m erreichen kann.

Machalilla Tours ABENTEUERTOUR

(☎099-169-4213; ⏲9–18 Uhr) An der Hauptstraße nahe der Banco Bolivariano bietet dieser Veranstalter eine große Palette von Aktivitäten, darunter Wandertouren durch den Regenwald (35 US$), Radtouren

(35 US$), Ausritte (45 US$), Gleitschirmfliegen (40 US$) und Parasailing (35 US$).

Kurse

Montañita Spanish School SPRACHE
(☎ 09-9758-5207; www.montanitaspanishschool.com; nahe Ruta Del Spondylus; 20-stündiger Sprach-Gruppenkurs/Einzelunterricht 170/240 US$, 5-tägiger Surfunterricht 80 US$) Die über der Stadt liegende Montañita Spanish School ist der angesagte Ort für Sprachkurse und bietet eine Kombination aus Spanisch- und Surfunterricht. Die Schule liegt an einer namenlosen Straße östlich der Hauptsiedlung von Montañita und abseits der Ruta del Spondylus. Um hinzukommen, fragt man einen Einheimischen, ruft bei der Schule an, um sich eine Wegbeschreibung geben zu lassen oder schaut beim Aussteigen aus dem Bus einfach den Hügel hinauf.

Schlafen

Hostal Mamacucha PENSION $
(☎ 099-402-9356; B ab 7 US$, Zi. ab 10 US$/Pers.; ❄ 📶) Das mit Wandmalereien und bunten Wänden geschmückte, sehr freundliche Hostel bietet seinen Gästen ein gutes Preis-Leistungs-Verhältnis. Die schlichten Zimmer liegen um einen kleinen Gartenhof. Die Badezimmer verfügen über Warmwasser, es gibt einen Billardtisch und ein TV-Zimmer, Moskitonetze sowie kostenlosen Tee und Kaffee. Oft bereiten die Gäste wie eine Familie gemeinsam das Abendessen zu. Auch Radtouren, Surfunterricht und nächtliche Naturwanderungen sind zu günstigen Preisen im Angebot.

★ **Hostal Kundalini** HOSTEL $$
(☎ 09-5950-5007; www.hostalkundalini.com.ec; Zi. mit Frühstück 42–105 US$; ❄ 📶) Das am Strand vor einer Surfwelle liegende Kundalini war früher einmal nicht mehr als ein strohgedecktes Gebäude mit vier Zimmern auf einer Rasenfläche. Heute ist es ein smartes Hostel/Boutiquehotel mit 22 Zimmern und Tropenthema, einem hochklassigen Restaurant am Strand und außergewöhnlich gestalteten Zimmern mit Bett-Kopfteilen aus Bambus.

Selina Hostal HOSTAL $$
(www.selina.com; B/Zi./Suite ab 8/38/71 US$; ❄ 📶 🏊) Lateinamerikas immer weiter expandierendes Boutique-*hostal*-Imperium ist (mit Standorten in Quito, Cuenca und Baños) in Ecuador angekommen, und das ist auch gut so. Das Selina setzt einen neuen Standard bei Unterkünften für *mochilleros* (Backpacker). Es bietet, was kein anderes *hostal* tut, ein Kino vor Ort und ein „Business-Büro“, ohne am Traveller-Erlebnis Abstriche zu machen. Von Schlafsälen bis zu Suiten ist für jeden hier etwas dabei.

Essen & Ausgehen

Restaurant Surf Food ECUADORIANISCH $
(Sonderangebote ab 3,50 US$; ⏲ 8–24 Uhr) Das stets mit Einheimischen voll besetzte Café hat null Atmosphäre (es ist ein sehr schlichter Laden mit einfachen Tischen und Stühlen), ist aber der beste Ort für eine zufriedenstellende und preiswerte ecuadorianische Mahlzeit. Zu den ordentlichen Gerichten gehören panierte Garnelen oder Fisch in Kokossauce, begleitet von Reis, Linsen und Kochbananen. In den Sonderangeboten sind eine Suppe und ein Getränk enthalten. Das Angebot wechselt täglich.

★ **Tiki Limbo** INTERNATIONAL $$
(☎ 099-954-0607, 04-206-0019; www.tikilimbo.com; Hauptgerichte 8–15 US$; ⏲ 8.30–24 Uhr; 📶 🍸) Mitten in der Innenstadt bietet Montañitas bestes Restaurant eine bunte Palette von Gerichten aus aller Welt (Fajitas, Falafel, hausgemachte Burger, Garnelen in Sesamkruste, Meeresfrüchteteller), die in einem charmanten Ambiente mit gepflegtem Bambusmobiliar und blütenweißen Sitzkissen aufgetragen werden. Zum Abschluss des Mahls empfehlen sich Milchshakes mit Nutella und Vanilleeis oder die Bananen-Toffee-Waffeln. Es gibt hier auch eine gute Auswahl von Frühstücksgerichten.

Das Restaurant ist an das gleichnamige Hotel angeschlossen, das durch Renovierungen immer auf dem neusten Stand bleibt. Wer alles aus einer Hand haben will, kann hier also auch wohnen.

★ **Montañita Brewing Company** BRAUEREI
(www.montanitabrewingcompany.com; ⏲ 12–22 Uhr, Juni & Juli Mi geschl.) Am nördlichen Ende des Strands und mit Blick auf den Sand findet sich die einzige Kleinbrauerei an Ecuadors Küste. Sie bietet Amazonas-IPA, Schoko-Stout, helle Biere mit Brombeere, Jalapeño und Passionsfrucht sowie tropische Cider (mit Mango, Zitrone, Ingwer). Alles kommt frisch aus dem Fass. Die hervorragenden Biere und Cider werden nicht exportiert, man kann sie also nur hier in Montañita probieren.

Praktische Informationen

Frauen sollten nachts nicht allein am Strand herumlaufen, weil es hier schon zu Überfällen gekommen ist.

Im Ort verfügen die Banco Bolivariano, die Banco de Guayaquil und die Banco Pichincha (nahe dem Taxistand) über Geldautomaten.

An- & Weiterreise

Die CLP-Busse (S. 696) sind die komfortabelste Option (nach unserer Erfahrung sind das die besten Busse in Ecuador, mit einem Komfort-Standard wie in Nordamerika). Diese Busse starten in Olón und halten auf ihrem Weg Richtung Süden nach Guayaquil (6,25 US$, 2½–3 Std., tgl. 6-mal) auch in Montañita. Andere Busse halten hier rund alle 20 Minuten auf dem Weg nach Santa Elena (3 US$, 2 Std.) oder La Libertad (2,50 US$, 1¾ Std.) sowie in Richtung Norden nach Puerto López (2,50 US$, 1¼ Std.). Dabei handelt es sich um die grünen Manglaralto-Busse, die mit beängstigender Geschwindigkeit durch die Kurven der Bergstraße flitzen. Der **Hauptbusbahnhof** (04-266-0203; Segundo Rosales, nahe Ruta Spondylus) und das Ticketbüro befinden sich an der Hauptstraße.

Die beiden örtlichen Taxiunternehmen **Montañisol S.A** (093-914-0192, 098-279-5312, 04-206-0217; montanisol@gmail.com; 24 Std.) und **Montañisol Compañía De Taxis** (096-891-1333; www.montanisol.com). haben ihren Sitz gleich abseits des Highway und bieten Transport bis hin nach Puerto López (25 US$) und Guayaquil (80 US$).

Guayaquil

04 / 2,7 MIO. EW.

Guayaquil ist nicht nur das wirtschaftliche Zentrum Ecuadors, sondern auch eine quicklebendige, ausufernde Stadt, die immer mehr an Selbstbewusstsein gewinnt. Ein halbes Dutzend Hochhäuser geben ihr ein großstädtisches Profil, und mehrere Hügel sind von bunten Favelas überzogen, aber die Stadt identifiziert sich vor allem mit ihrem *malecón* am Río Guayas, dem großen Stadtplatz am Flussufer.

Das malerische, über dem Fluss thronende Viertel Las Peñas bildet geografisch und historisch den Anker der Stadt, während die Hauptdurchfahrtstraße der Innenstadt, die Avenida 9 de Octubre, Büroangestellte, Einwohner und Einkaufslustige in ihren steten Strom zieht. Neben wiederbelebten Plätzen, Parks und Stadterneuerungsprojekten besitzt Guayaquil eine wachsende Theater-, Film- und Kunstszene sowie muntere Bars, die teilweise auch wegen mehrerer in der Stadt ansässiger Universitäten florieren.

Alle Flüge zu den Galápagosinseln starten in Guayaquil oder legen hier einen Zwischenstopp ein, sodass sich hier, abgesehen von Quito, die beste Gelegenheit bietet, einen Trip dorthin zu organisieren.

Sehenswertes

Zentrum

Museo Antropológico y de Arte Contemporáneo MUSEUM
(MAAC; 04-230-4000, 04-230-9385; Ecke Malecón Simón Bolívar & Loja; Di–Fr 8.30–16.30, Sa & So 10–16 Uhr) GRATIS Das Ende der Uferpromenade markiert das moderne MAAC, ein Museum für Anthropologie und Archäologie mit einer herausragenden ständigen Sammlung präkolumbischer Artefakte und Videos, die künstlerische Techniken alter Völker zeigen. Auf Wechselausstellungen werden Werke zeitgenössischer ecuadorianischer Künstler vorgestellt, die zum Nachdenken anregen. Im MAAC gibt es auch ein modernes **Theater** (04-230-9400; www.culturaypatrimonio.gob.ec/cartelera-maac-cine; Av Malecon & Loja, Malecon 2000; Eintritt 2 US$) mit 350 Plätzen, das für Theateraufführungen, Konzerte und Filmvorführungen genutzt wird.

Malecón 2000 PLATZ
(Malecón Simón Bolívar; 6–23 Uhr) Der Malecón 2000 ist eines der umfangreichsten Stadterneuerungsprojekte Südamerikas und bietet Denkmäler, Spielplätze, Skulpturen, Parks und schöne Ausblicke auf den Fluss. Vom südlichsten Punkt am Mercado Sur bis nach Cerro Santa Ana und Las Peñas im Norden erstreckt sich das Gelände über rund 2,5 km längs des Ufers des breiten Río Guayas. Es handelt sich um einen abgesperrten, überwachten öffentlichen Raum mit Restaurants, einem Museum, einer Veranstaltungsfläche, einem Filmtheater und einem Einkaufszentrum.

Museo de los Equipos del Astillero MUSEUM
(04-207-5054; Santa Ana, Edificio Astillero # 3; Mi–So 10–18 Uhr) GRATIS Das Museum ist eine mit Fotos und Trophäen bestückte Hommage an die beiden großen rivalisierenden Fußballclubs von Guayaquil: Barcelona und Emelec. Das Museum ist streng nach den Vereinsfarben unterteilt: die gelbe Seite befasst sich mit Barcelona, die blaue mit Emelec.

Balcon Mirador Cerro Paraiso AUSSICHTSPUNKT
(abseits der Jorge Perrone Galarza; ⏲6–21.30 Uhr) Wenn man sich abseits der Massen auf dem Cerro Santa Ana halten will, bietet dieser wenig bekannte Aussichtspunkt ebenfalls einen herrlichen Blick auf Guayaquil. Man blickt u.a. auf das Zentrum, den Río Guayas, das Finanzviertel, Urdesa und die bunten Favelas im Westen. In einem kleinen Laden gibt's Getränke, Snacks und Toiletten.

Las Peñas & Cerro Santa Ana

Diese beiden historischen Viertel gehören zu den ältesten von Guayaquil; einige Teile blieben unberührt von den vielen Feuersbrünsten, die die Stadt immer wieder mal heimsuchten. Die Straßen und Gebäude thronen seit mehr als 400 Jahre auf den Hügeln und wurden inzwischen durch Restaurierung zu einer idealisierten Version eines idyllischen südamerikanischen Hügeldorfs mit bunt angestrichenen Wohnhäusern und Kopfsteingassen. Die Aussicht von oben ist spektakulär, insbesondere nachts. Kleine, zwanglose, familiengeführte Restaurants und Nachbarschaftsbars säumen die Treppen, die dank freundlicher Sicherheitskräfte, die dafür sorgen, dass der Fußgängerverkehr auf den steilen Treppen ungehindert fließt, auch ungefährlich sind.

Cerro Santa Ana GEBIET
Eine der berühmtesten Sehenswürdigkeiten von Guayaquil ist diese Enklave auf dem Hügel mit ihren bunt angestrichenen Wohnhäusern, Cafés, Bars und Souvenirläden. Auf einem gewundenen Pfad gelangt man über 444 Stufen zum **Fortín del Cerro** (Fort auf dem Hügel; Cerro Santa Ana) oben auf dem Hügel. Kanonen, die einst Guayaquil vor Piraten schützten, zielen über die Brüstung auf den Fluss – bei Feierlichkeiten werden sie auch heute noch abgefeuert.

Vom **Leuchtturm** (Cerro Santa Ana; ⏲10–22 Uhr) GRATIS bietet sich ein spektakulärer Panoramablick auf die Stadt und ihre Flüsse. Schräg gegenüber dem Leuchtturm kann man in eine kleine Kapelle eintreten.

Geführte Touren

Die Preise für Galápagos-Kreuzfahrten sind hier nicht günstiger als in Quito, doch Flüge zu den Inseln sind hier ein wenig billiger. Für Stadtführungen durch Guayaquil und längere Touren ist My Trip to Ecuador sehr zu empfehlen.

My Trip to Ecuador TOUR
(☎09-8727-3727; http://mytriptoecuador.net; Victor Emilio Estrada 727 nahe Guayacanes, Luis Antonio Bldg, 2. OG, Büro 2; Tour ab 65 US$/Pers.) Das von dem enthusiastischen Guide Mario geleitete Unternehmen ist vielleicht der beste Tourveranstalter im gesamten Land. Marios Begeisterung für sein Heimatland wirkt ansteckend. Er ist charmant, kenntnisreich und flexibel und bietet alles von schnellen Führungen durch seine Heimatstadt Guayaquil bis zu wochenlangen Ausflügen zu den Galápagosinseln und ins Amazonasgebiet. Er spricht auch Englisch und Portugiesisch und maßgeschneiderte Touren und Transfers werden ebenfalls von ihm angeboten.

Trips & Dreams TOUR
(☎099-235-1335; www.tripsanddreams.com; Quisquis 305 nahe Rumichaca) Dieser Veranstalter teilt sich den Raum und das Management mit dem **Hostal Suites Madrid** (☎04-230-7804; www.hostalsuitesmadrid.com; Junín/Quisquis 305, nahe Rumichaca; Zi. mit Ventilator/Klimaanlage ab 23/25 US$; P ❄ @ 📶). Man wendet sich an Christopher Jimenez, den sehr kundigen und freundliche Hotelmanager. Hier können alle Arten von Touren, darunter auch Trips zu den Galápagosinseln und ins Amazonasgebiet, arrangiert werden.

Schlafen

★ **NucaPacha** HOSTEL $
(☎04-261-0553; www.nucapacha.com; Bálsamos Sur 308; B 11,50 US$, EZ/DZ 22/35 US$, ohne Bad 18/29 US$; @ 📶 🏊) An einer friedlichen Straße in Urdesa liegt dieses ansprechende Gästehaus mit einem Pool, einer Terrasse und von Mango- und Papayabäumen sowie tropischem Grün umrahmten Hängematten. Die Zimmer sind schlicht und haben Ventilatoren, einige auch farbenfrohe Kunstwerke. Es gibt auch eine saubere Gemeinschaftsküche (mit gefiltertem Trinkwasser) und kostenlose Wandertouren. Das Personal ist freundlich, und die Preise sind günstig. Eine Klimaanlage ist nicht vorhanden.

★ **Manso Boutique Hotel** HOTEL $$
(☎04-252-6644, in den USA 786-245-4973; www.manso.ec; Ecke Malecón Simón Bolívar & Aguirre; B 15 US$, EZ/DZ/3BZ mit Frühstück ab 50/60/70 US$, ohne Bad 35/43/51 US$; ❄ @ 📶) 🌿 In unvergleichlicher Lage am *malecón* residiert dieses Hostel und Boutiquehotel in einem stimmungsvollen historischen Anwesen. Die Zimmer variieren in Komfort und

Guayaquil – Zentrum

Stil, die besten sind hell, haben hohe Decken und eingerahmte Bilder und hie und da einen Farbtupfer. In der Anlage herrscht Boheme-Flair; es gibt Holzplastiken, Fotoausstellungen und gelegentlich Lesungen oder Musik auf dem Dach. Das zugehörige Fischrestaurant ist ansprechend.

El Escalon PENSION **$$**
(☎04-238-8239; www.escalonhotel.com; Manuel Rendon 419, nahe Circunvalación Sur; EZ/DZ ab 60/85 US$; P ❄ 📶) In einer ruhigen Wohnstraße unweit des Getümmels in Urdesa bietet diese einladende, überwachte Villa makellos gestaltete Zimmer und einen

Guayaquil - Zentrum

entspannenden Garten, der an die Mangroven grenzt. Die Zimmer sind mit TVs, Warmwasser, Schreibtischen und Kühlschränken ausgestattet. In der gemütlichen Lounge mit Spielen und Büchern kann man gut abhängen.

★ Mansion del Rio HOTEL $$$
(☎04-256-6044; www.mansiondelrio-ec.com; Numa Pompilio Llona 120, Las Peñas; EZ 70 US$, DZ ab 177 US$ jeweils mit Frühstück; ❄@📶) Das Hotel in einem liebevoll restaurierten Wohnhaus aus den 1920er-Jahren versteckt sich in Las Peñas in einer kopfsteingepflasterten Uferstraße . Die Zimmer sind schön mit sorgsam ausgewählten alten Möbeln und vielen originalen Details (Kronleuchtern, altmodischen Tapeten, Messingarmaturen) ausgestattet. Von der Dachterrasse hat man eine tolle Aussicht, und das Einzelzimmer ist ein richtiges Schnäppchen, wenn man allein unterwegs ist.

Essen

Die *Guayaquileños* lieben ihre *encebollado,* eine schmackhafte Suppe mit Fisch, Maniok und Zwiebeln, die mit Popcorn und *chifles* (knusprig gebratenen Bananenscheiben) garniert wird. Die besten *encebollados* findet man in preiswerten, familiengeführten Lokalen, wo meist mittags schon alles ausverkauft ist. *Cangrejo* (Krabben) sind eine weitere beliebte örtliche Spezialität. Viele der besten Restaurants liegen in der Vorstadt Urdesa 4 km nordwestlich vom Stadtzentrum.

Palo Ceviches CEVICHE $
(☎04-604-8223; Calle 11B NO; *ceviche* ab 7,50 US$; ⏲Di–Fr 10–17, Sa & So 9–17 Uhr) Frische, würzige *ceviche* wird in diesem zwanglosen, modernen Lokal in Urdesa in Glaskrügen (garniert mit Kochbananenscheiben) serviert. Man sitzt drinnen oder draußen und futtert die Garnelen-, Fisch-, Tintenfisch- oder Meeresfrüchte-*ceviche* mit der hauseigene Spezialsauce. Als Beilagen gibt's knusprige Calamari, Kochbananenschnitzel und scharfe Salsa.

Zentro FUSION $
(Cocina Agroecologico; ☎04-252-6644; Ecke Malecón Simón Bolívar & Aguirre; Hauptgerichte 7–9 US$; ⏲8–22 Uhr; 📶🌶) Im lässigen Manso Boutique Hotel (S. 699) serviert dieses farbenfrohe Café schmackhafte Bio- und vegetarische Kost, darunter Quinoa-Tortillas, sättigende Bohnen-Burger und schmackhaften Fisch in Kokossauce. Der Name wurde kürzlich geändert, aber es gibt immer noch wundervolles, gesundes Essen.

Picanteria La Culata SEAFOOD $
(Córdova zw. Mendiburo & Martínez; Hauptgerichte 5–12 US$; ⏲Mo–Do 8–24 Uhr, Fr & Sa bis 2 Uhr) La Culata bringt einen Hauch Küste in die große Stadt und serviert exzellente *ceviches*, *encocados* (Garnelen oder Fisch in einer reichhaltigen, pikanten Kokossauce) und Reisgerichte mit Meeresfrüchten. Es ist ein entspanntes, halb offenes Restaurant (mit Wandbildern, die ein *cabaña*-Ambiente am Strand vortäuschen), das zu jeder Tages- und Nachtzeit gut besucht ist.

Sweet & Coffee CAFÉ $
(Ecke Carbo & Luque; Snacks 0,60–3,50 US$; ⏲Mo–Fr 7.30–20.30, Sa ab 9, So 12–18 Uhr; ❄📶) Ecuadors Antwort auf Starbucks ist dieses beliebte, mit dunklem Holz gestaltete Café, in dem es auch ausgezeichneten Kuchen und Quiches gibt (die *torta de jamón y queso* ist wirklich gut). Es gibt noch viele weitere Filialen in Guayaquil, darunter auch folgende **Filiale** (Ecke 9 de Octubre & José de Antepara; Snacks 0,60–3,50 US$; ⏲Mo–Fr

POP-UP-THEATER

Ein immer häufigeres Phänomen sind Einakter, die in kleinen Bars und Restaurants (*mini-teatro*, nur auf Spanisch) z. B. in La Bota am Malecon del Salado aufgeführt werden. Für eine 15-minütige Vorstellung zahlt man 5 US$.

7.30–20.30, Sa ab 9, So 12–18 Uhr) nahe Oro de Verde.

Cocolon ECUADORIANISCH $$
(☎04-263-4181; Av Francisco de Orellana; Hauptgerichte 8–14 US$; ⏲12–23 Uhr) Das Restaurant nahe des Hilton Colon Guayaquil und der Mall del Sol hat ein modernes, lustiges Interieur mit roten Stühlen und Fotos an den Wänden. Das Lokal ist gut bekannt wegen seiner ecuadorianischen Gerichte: *La ultima cena* (gegrillte Lende mit Reis, Bohnen und Beilagen) ist ein Klassiker. Wer sich auf ein kulinarisches Abenteuer einlassen will, bestellt *guatita* (ein Eintopf aus Kaldaunen und Kartoffeln in einer würzigen Erdnusssauce).

★**Lo Nuestro** ECUADORIANISCH $$$
(☎04-462-7233; Estrada 903; Hauptgerichte 15–40 US$; ⏲12–23 Uhr) Das in einer mit Fensterläden aus Holz und Stilmöbeln ausgestatteten, hundert Jahre alten Stadtvilla residierende Lo Nuestro ist eines der stimmungsvollsten Lokale in Guayaquil, wenn man *ceviche*, Zackenbarsch mit Krabben und andere Meeresfrüchte speisen will. An den Wochenendabenden spielen Musiker, dann empfiehlt sich eine Reservierung. Man sollte beim Essen Platz lassen für die hausgemachten Kuchen vom Servierwagen. Es gibt auch eine gute Weinkarte.

Ausgehen & Nachtleben

Las Peñas, das Viertel auf dem Hang nördlich des Zentrums, ist der richtige Ort, um eine Sangria oder ein Glas Wein zu genießen, während man schickere Bars in der nördlichen Vorstadt Urdesa und im Gebiet von Samborondón findet. Das an Las Peñas anschließende Puerto Santa Ana ist ein neuerer Treff, wo man auf den Fluss blicken und über den *malecón* spazieren kann; es herrscht hier eine gekünstelt an Miami Beach erinnernde Yuppie-Atmosphäre.

La Paleta BAR
(en Las Rocas; www.facebook.com/lapaleta.enlasrocas; Numa Pompilio Llona 180; ⏲Di–So 20–3 Uhr) In der kleinen Lounge-Bar La Paleta mit ihren höhlenartigen Nischen, dem Hipster-Volk und der Ambient-Musik im Hintergrund lässt sich gut ein ganzer Abend verbringen. Es gibt Bier und Edel-Cocktails sowie Tapas.

Frutabar SAFTBAR
(☎04-230-0743; www.frutabar.com; Malecón Simón Bolívar 504; Säfte ab 1,75 US$, Hauptgerichte 5–7 US$; ⏲Mo–Do 9–24, Fr & Sa bis 1, So 15–22.30 Uhr) Dieses Lokal mit Surferthema serviert schmackhafte Gourmetsandwiches, Snacks und leckere tropische Fruchtsäfte und Cocktails. Bei Reggae und lässiger Musik aus der Anlage kann man hier prima etwas trinken. Es gibt noch zwei weitere Filialen in der Stadt, aber diese hat die beste Lage.

Praktische Informationen

GEFAHREN & ÄRGERNISSE

Guayaquil hat seinen Anteil an Armut und städtischen Missständen, aber besonders fürchten muss man sich hier nicht. Die wichtigsten touristischen Gebiete (die Avenida 9 de Octubre, der Malecón 2000, Las Peñas und die Restaurantmeile in Urdesa) sind absolut sicher. Ein verbreiter Anblick sind Wachleute in Sicherheitswesten vor Restaurants und Angehörige der Touristenpolizei in den Straßen, aber dies ist kein Alarmzeichen, sondern sie sind hier immer im Einsatz. Das Gebiet unmittelbar nördlich und südlich des Parque del Centenario kann nachts zwielichtig wirken. Ansonsten sollte man einfach

BUSSE AB GUAYAQUIL

ZIEL	UNTERNEHMEN	DAUER (STD.)	HÄUFIGKEIT	PREIS
Chiclayo	CIVA	15	tgl. 21 Uhr	25– 32 US$
Lima	Cruz del Sur	24	tgl. im Wechsel 9 oder 14 Uhr	90–100 US$
Lima	Expreso Internacional Ormeño	26	tgl., unterschiedliche Abfahrtzeiten	90 US$
Máncora	Cruz del Sur	8	tgl. im Wechsel 9 oder 14 Uhr	41 US$
Trujillo	Cruz del Sur	18	tgl. im Wechsel 9 oder 14 Uhr	60–80 US$

VOM FLUGHAFEN UND BUSBAHNHOF IN DIE STADT

Der **Flughafen** (GYE; ☎04-216-9000; www.tagsa.aero; Av de las Américas) liegt rund 5 km nördlich der Innenstadt. Ein **Taxi** (☎04-282-3333; www.fastline.com.ec) kostet in beide Richtungen rund 5 US$ und braucht etwa 20 Minuten.

Will man den Bus nehmen, überquert man die Straße vor dem Flughafen und nimmt die grüne Buslinie **Metrovia** (☎04-259-7680; http://metrovia-gye.com.ec) ins Zentrum (0,30 US$). Die Fahrt dauert etwa 45 Minuten.

Der Busbahnhof (S. 668) ist rund 2 km vom Flughafen entfernt. Ein Taxi zwischen Flughafen und Busbahnhof kostet ungefähr 3 US$, man kann aber auch einen Metrovia-Bus (0,30 US$) Richtung Norden zum **Terminal Río Daule** gegenüber dem Busbahnhof nehmen.

Aus dem Zentrum fahren zwei praktische Metrovia-Buslinien zum Terminal Río Daule. Ein Taxi vom/zum Stadtzentrum kostet ca. 5 US$.

seinem gesunden Menschenverstand vertrauen und die Vorsichtsmaßregeln beachten, die beim Besuch jeder Großstadt angebracht sind.

GELD

Größere Banken und einzelne Geldautomaten finden sich überall im Stadtzentrum von Guayaquil, besonders rund um die Plazas.

MEDIZINISCHE VERSORGUNG

Eine Reihe rund um die Uhr geöffneter Apotheken findet sich an der Avenida 9 de Octubre. Die **Clínica Kennedy** (☎1-800-536-6339, 04-228-9666; www.hospikennedy.med.ec; Av del Periodista nahe Callejon 11A NO; ⊙24 Std.) ist ein rund um die Uhr geöffnetes Krankenhaus.

POST

Post (Ecke Carbo & Aguirre; ⊙Mo–Fr 8–18, Sa bis 12 Uhr) Postsendungen ins In- und Ausland.

TOURISTENINFORMATION

Dirección Municipal de Turismo (☎04-259-4800; www.turismo.gob.ec/coordinacion-zonal-5; Ecke Pichincha & Ballén, Museo Nahim Isaias; ⊙Mo–Fr 9–17 Uhr) Das kleine Büro für städtische und regionale Touristeninformationen ist freundlich, die meisten Mitarbeiter sprechen aber nur Spanisch.

An- & Weiterreise

BUS

Der riesige **Terminal Terrestre** (☎04-213-0166; http://ttg.ec; Av Benjamin Rosales) gleich nördlich des Flughafens ist nicht nur ein Busbahnhof, sondern auch ein ausgedehntes Einkaufszentrum mit Läden, Restaurants und Internetcafés. Die kleinen Büros von mehr als 100 Busunternehmen reihen sich an einer Seite im Erdgeschoss des Gebäudes. Die Büros sind nach Regionen geordnet, und meistens sind die Ziele und Abfahrtzeiten deutlich angegeben. Die Busse fahren von der 2. und 3. Etage.

Die meisten Busunternehmen verkaufen Tickets im Vorverkauf, womit man einen garantierten Platz hat. Alternativ kann man auch einfach zum Busbahnhof gehen und wird in der Regel einen Bus zum gewünschten Ziel finden, der noch am selben Tag abfährt. Am Freitagabend und während der Ferien könnten Busse ausgebucht sein.

Die besten Verbindungen nach Quito sind die abendlichen Direktbusse von **Panamericana** (☎04-213-0638; www.panamericana.ec; Terminal Terreste; 10 US$, 8 Std.). Nach Cuenca fahren Busse vom Terminal Terrestre sowohl über El Cajas (8,25 US$, 4 Std.) als auch – ein Umweg – über La Troncal (7,25 US$, 5 Std.).

Vom Terminal Terrestre fahren auch Busse nach Peru.

FLUGZEUG

Es gibt viele Inlandsflüge in alle Teile des Landes. Das häufigste Flugziel ist Quito (1 Std.); dorthin fliegen **Avianca** (☎1-800-003-434; www.avianca.com; Av Francisco de Orellana), **LAN** (☎04-259-8500; www.lan.com; Aeropuerto José Joaquín de Olmedo) und **Tame** (☎04-256-0728; www.tame.com.ec; Av 9 de Octubre 424, Gran Pasaje; ⊙Mo–Fr 9–18 Uhr). Einfache Tickets kosten ab 78 US$. Die beste Aussicht beim Flug nach Quito hat man von einem Fensterplatz auf der rechten Seite.

Tame fliegt jeden Tag nach Cuenca (hin & zurück ab 85 US$, 50 Min.) und Loja (hin & zurück ab 96 US$, 1 Std.) sowie nach Manta und Esmeraldas. Avianca, Tame und LAN starten täglich nach Baltra (hin & zurück ab 278 US$, 2 Std.) und San Cristóbal (hin & zurück ab 256 US$, 2 Std.) auf den Galápagosinseln.

MINIVAN

Ruta del Sol (☎04-294-2060; www.rutadelsol.com.ec; Panama 501 nahe Orellana) betreibt direkte Kleinbusse nach Salinas (ca. 12 US$, 2½ Std., 6–20 Uhr stündl.), die hinter dem Hotel

Ramada am *malecón* starten; am besten reserviert man vorab seinen Platz.

Coturcip (04-239-6439; Pichincha & Carbo) hat stündlich Kleinbusse ab der Innenstadt nach Machala (ca. 10 US$, 3 Std.) sowie Transfers vom Flughafen in Machala zum Flughafen von Guayaquil (rund 60 US$, 3 Std.).

Machala

07 / 241 800 EW.

Machala ist von Bananenplantagen umgeben – *oro verde* (grünes Gold) lautet der Slogan der Region – und ist die wirtschaftliche und Verwaltungshauptstadt der Provinz El Oro. Die staubige Stadt ist ein Verkehrskreuz, und es gibt hier nicht viel zu sehen, sie ist aber auch ein bequemer Zwischenstopp südlich von Guayaquil, wo man auf dem Weg zur peruanischen Grenze auftanken und pausieren kann, oder nach einem Zwischenstopp in die östlich gelegenen Berge aufbricht. Das nur 7 km entfernte Puerto Bolívar ist der örtliche internationale Hafen und ein Zentrum für Meeresfrüchte.

Der Parque Juan Montalvo ist die Hauptplaza im Zentrum von Machala. Die Busbahnhöfe, die meisten Hotels und Restaurants liegen in einem Umkreis von sechs Blocks um ihn herum. Bei der **Feria mundial de Banana** (07-370-0300; www.facebook.com/feriabananoec) feiert die Stadt in der dritten Septemberwoche alles, was mit Ba-

EINREISE NACH PERU

Man kann die Grenze auf der Straße (mit Bus oder Auto) und zu Fuß (über die Fußgängerbrücke) passieren, aber nur an der Straße gibt's offizielle Büros.

Am einfachsten kommt man auf der Straße mit einer der internationalen Buslinien nach Peru, die von Guayaquils Hauptbusbahnhof starten. Folgende Unternehmen betreiben tägliche Busse nach Lima: **Cruz del Sur** (www.cruzdelsur.com.pe), **CIVA** (http://civa.com.pe), **Expreso Internacional Ormeño** (04-214-0487; www.grupo-ormeno.com.pe/contacto.html; Centro de Negocios El Terminal, Bahia Norte, Office 34, Bloque C; Mo–Sa 8–18, So bis 13 Uhr) und **Rutas de America** (04-265-5373; La Garzota, Camilo Nevarez Vasquez, hinter der großen RTS-Antenne). Diese Verbindungen sind sehr praktisch, weil der Bus bis zur ecuadorianischen Einreisestelle fährt und wartet, bis die Grenzformalitäten erledigt sind.

Alternativ befindet sich der Grenzübergang für Fußgänger im Zentrum von Huaquillas am Río Zarumilla. Die internationale Fußgängerbrücke führt über das meist ausgetrocknete Flussbett und verbindet Huaquillas mit Aguas Verdes in Peru. Die Wachtposten und Polizisten an der Brücke halten einen nicht mit Formalitäten auf. Man kann hier unkontrolliert hinüber und herüber marschieren, darf aber nicht vergessen, dass man ohne einen Ausreisestempel aus Ecuador und einen Einreisestempel nach Peru Probleme haben wird, Peru über einen anderen offiziellen Grenzübergang oder einen Flughafen zu verlassen.

Die offizielle **ecuadorianische Einreisestelle** (24 Std.) und die peruanische Einreisestelle befinden sich in neuen Komplexen rund 4 km nördlich der Brücke am North Panamerica Hwy. All Ein- und Ausreiseformalitäten (inkl. die Stempel im Pass) werden hier erledigt. Wenn man mit einem Bus kommt, der die Grenze nicht überquert, steigt man am besten in Huaquillas aus und nimmt ein Taxi zur Einreisestelle. Die Taxifahrt kostet hin und zurück rund 5 US$.

Hinter der Fußgängerbrücke fahren in Aguas Verdes *colectivos* (Kleinbusse; 3 US$) sowie Motorradtaxis (5 US$) nach Tumbes in Peru, wo es viele Hotels und Verkehrsverbindungen Richtung Süden gibt. **Transportes Flores** (http://floreshnos.pe) fährt viermal täglich von der peruanischen Seite der Grenze Richtung Süden nach Lima (30 US$, 20 Std.) und zu Zielen, die an der Strecke liegen. Für ein paar Dollar mehr erwischt man vielleicht auch einen komfortableren Premium-Bus.

Wer von Peru nach Ecuador kommt, steht nach der Überquerung der internationalen Brücke auf der mit Marktständen überfüllten Hauptstraße, die sich durch ganz Huaquillas erstreckt. Hier nimmt man ein Taxi (5 US$5; doppelter Preis, wenn man den Fahrer bittet, zu warten und einen in den Ort zurückzubringen) zu den ecuadorianischen und peruanischen Grenzstellen. Um weiter nach Norden zu fahren, muss man erst einmal nach Huaquillas zurückkehren, von wo die Busse und Minibusse starten.

nanen zu tun hat. Das eindrucksvollste öffentliche Denkmal ist – wie sollte es anders sein? – das Monumento al Bananero („Der Bananenpflücker").

Schlafen & Essen

Hotel Bolívar Internacional HOTEL $
(☎07-293-0727, 02-293-887; Ecke Bolívar & Colón; EZ 20 US$, DZ 30–33 US$; P ❄ 📶) Das saubere, freundliche Hotel ist nur einen kurzen Spaziergang von mehreren Busunternehmen entfernt. Einige der gefliesten Zimmer haben Fenster mit Blick auf einen kleinen Parks, einige haben auch Kabel-TV. Im Haus gibt's ein Restaurant und ein Konferenzzentrum.

★ **Zona Refrescante** INTERNATIONAL $$
(☎07-296-2977; Guayas, nahe Pichincha; Hauptgerichte 6–12 US$; ⏲9–22.30 Uhr; ❄) Das beste Restaurant in der Stadt ist dieses einladende, klimatisierte Lokal, das sich auf Grillfleisch spezialisiert hat. Das *seco de pollo* (Passionsfrucht-Hähnchen) ist köstlich und wird mit frischer Avocado, Reis, Kochbananen und Fritten serviert. Zu den weiteren Angeboten zählen kubanische Sandwiches, Schweinefleisch und Hühnchen vom Grill (mit Salat, Salsa, Fritten und Kochbananen) sowie *churrasco ecuatoriano* (Steaks in Knoblauch und Kreuzkümmel mit Fritten und Salat).

Praktische Informationen

Eine Handvoll größerer Banken mit Geldautomaten haben ihren Sitz rund um den Parque Juan Montalvo, darunter die **Banco Pichincha** (Guayas nahe Rocafuerte).

Touristeninformation (Ecke Av 25 de Junio & Av 9 de Mayo, Carrera Central; ⏲Mo–Sa 8–13 & 14.30–17.30 Uhr) Hat Stadtpläne und Landkarten. Die Mitarbeiter sprechen nur Spanisch.

An- & Weiterreise

Tame (☎07-293-2710; www.tame.com.ec; Montalvo, nahe Pichincha; ⏲Mo–Fr 9–18 Uhr) fliegt vom 40 Minuten südlich von Machala gelegenen Santa Rosa Airport nach Quito (ab 27 US$, 1¼ Std.). Um zum Flughafen zu kommen, kann man jeden beliebigen Bus Richtung Huaquillas (dem Busfahrer Bescheid sagen, dass man am Flughafen aussteigen will) oder ein Taxi (30 US$) nehmen.

Machala hat keinen zentralen Busbahnhof, die meisten Busunternehmen liegen aber dicht beieinander rund fünf Blocks südöstlich des Parque Juan Montalvo.

Die Busfahrpläne ändern sich häufig. Für Fahrten zu unbekannteren Orten oder zu Zielen im Ausland sollte man besser vorab reservieren.

GALÁPAGOSINSELN

Die Galápagosinseln könnten einen dazu bringen, anders über die Welt zu denken. Die Lebewesen, die auf diesen Inseln zu Hause sind, und von denen viele nirgendwo sonst auf der Erde vorkommen, verhalten sich, als seien die Menschen nichts weiter als mäßig lästige Zaungäste.

Diese Inseln sind nicht die Bahamas und auch kein typisches Tropenparadies. Tatsächlich fehlt auf den meisten Inseln die Vegetation, und manche erinnern mehr an eine Mondlandschaft als an Hawaii. Doch leben hier tatsächlich mehr Menschen, als man gemeinhin annimmt, und die Ortschaften auf den Inseln sind bemerkenswert gut erschlossen – vornehmlich im Blick auf die blühende Tourismusindustrie.

Diese isolierte Gruppe von Vulkaninseln und ihr extrem fragiles Ökosystem haben eine fast mythischen Status als Schaufenster der Artenvielfalt. Man muss aber kein Evolutionsbiologe oder Ornithologe sein, um einen der wenigen Orte auf Erden zu schätzen, wo der Mensch kaum einen Einfluss ausgeübt hat.

Überblick

Die Inseln liegen im Pazifik auf dem Äquator, rund 90° westlich von Greenwich. Zum Archipel gehören 13 größere Inseln (mit einer Fläche von 14–4588 km²), sechs kleine Inseln (von 1–5 km²) und unzählige Inselchen, von denen nur einige Namen tragen.

Fünf der Inseln sind bewohnt. Ungefähr die Hälfte der Einwohner leben in Puerto Ayora auf der Isla Santa Cruz in der Mitte des Archipels. Puerto Baquerizo Moreno auf der Isla San Cristóbal (der östlichsten Insel) nimmt in Hinblick auf den Tourismus den zweiten Rang hinter Puerto Ayora ein.

Die weiteren bewohnten Inseln sind die Isla Isabela (die größte Insel, die allein die Hälfte der Landmasse des Archipels ausmacht) mit der kleinen, immer beliebter werdenden Ortschaft Puerto Villamil, die Isla Baltra und schließlich die Isla Floreana mit der Ortschaft Puerto Velasco Ibarra. Die übrigen Inseln sind nicht bewohnt, werden aber im Rahmen von Touren besucht.

Die meisten Inseln haben zwei oder manchmal auch drei Namen. Die frühesten

Galápagosinseln

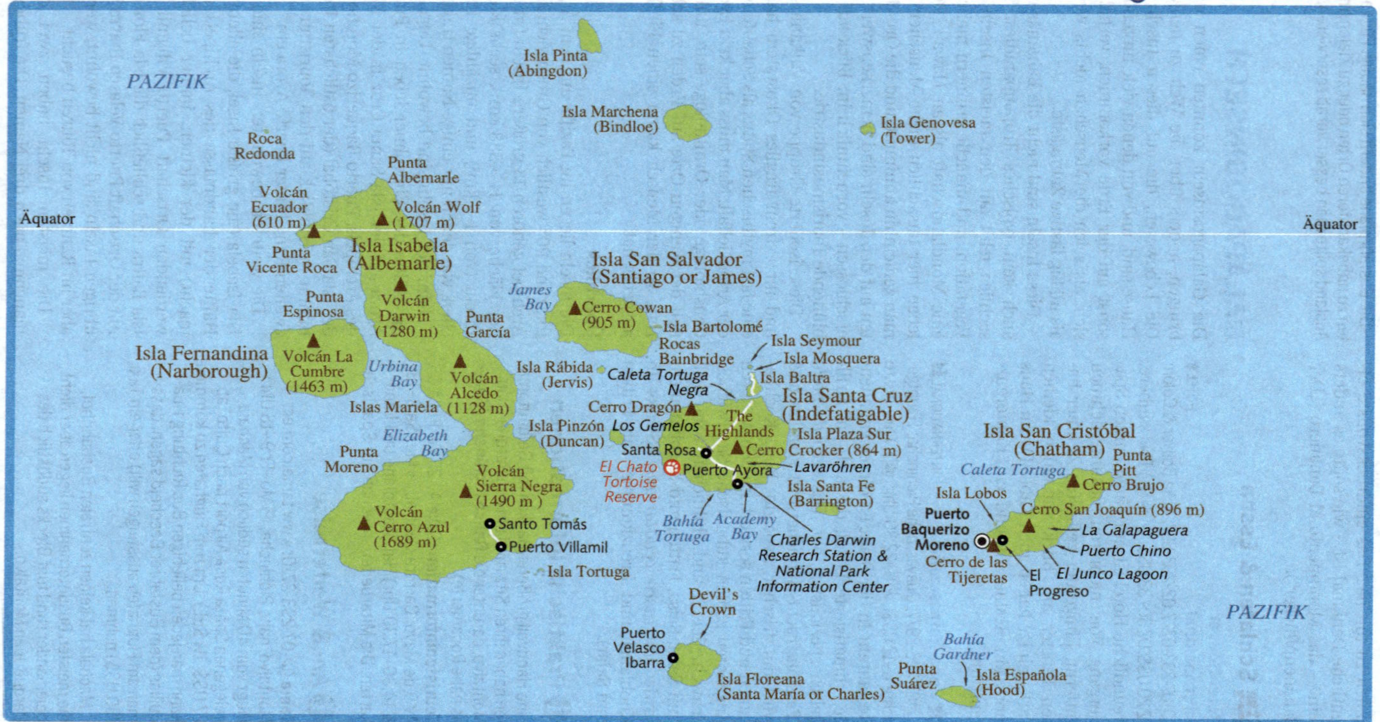

Seekarten gaben den Inseln spanische und englische Namen (von denen sich viele auf Piraten oder englische Adlige bezogen); die ecuadorianische Regierung legte 1892 offizielle Namen fest, die hier in den meisten Fällen verwendet werden.

Geführte Touren

Es gibt grundsätzlich drei Arten von Galápagos-Touren: Am verbreitetsten und besonders zu empfehlen sind Bootstouren mit Übernachtung an Bord. Ihr Vorteil liegt in der relativ geringen Beeinträchtigung der Umwelt und in der Vielfalt der Landschaften und Tiere, die man beobachten kann. Daneben gibt's auch Tagestouren, bei denen man jeden Abend zur gleichen Insel zurückkehrt, und um Hotels herum organisierte Touren, bei denen man auf verschiedenen Inseln übernachtet.

Bootstouren

Die meisten Besucher kommen zu den Galápagosinseln im Rahmen von Bootstouren, bei denen sie an Bord übernachten. Die Touren können von drei Tagen bis zu drei Wochen dauern, am üblichsten sind fünf- bis achttägige Touren. Bei einer Tour, die weniger als eine Woche dauert, kann man den Galápagosinseln kaum gerecht werden, doch fünf Tage sind gerade noch akzeptabel. Wenn man auch die vorgelagerten Inseln Isabela und Fernandina besuchen will, empfiehlt sich eine Kreuzfahrt von acht oder mehr Tagen. Am ersten Tag einer Tour kommt man mit dem Flugzeug vom Festland kurz vor Mittag an, sodass dies eigentlich nur ein halber Tag ist, und am letzten muss man morgens am Flughafen sein. Bei einer fünftägigen Tour hat man also eigentlich nur drei volle Tage für die Inseln.

Reiserouten

Boote gibt es zu fast jeder Insel, allerdings braucht man mehr Zeit, eine der abgelegeneren zu erreichen. Die Boote haben festgelegte Routen, man muss also nachfragen und planen, wenn man eine Tour zu einer ganz bestimmten Insel haben will. Unbedingt sollte man sicherstellen, dass die Tour nicht mehr als eine Nacht oder einen halben Tag in Puerto Ayora oder Puerto Baquerizo Moreno beinhaltet, weil man immer ein paar Tage auf eigene Faust am Beginn oder Ende anfügen kann.

Der Tagesplan auf fast allen Booten besteht aus der morgendlichen Überfahrt vom Boot mit einer *panga* (kleines Boot, um Passagiere von einem größeren Schiff an Land zu bringen) zu einer Stelle an Land, wo man Vögel und Wildtiere beobachtet und anschließend in der Nähe schnorchelt. Das Mittagessen und Snacks werden serviert, während das Boot eine andere Insel oder eine andere Stelle ansteuert, wo sich dann am Nachmittag das gleiche Spiel wiederholt. In der Regel hat man vor dem Abendessen ein paar Stunden zum Ausruhen oder für Geselligkeit, und vor oder nach dem Essen gibt's ein Briefing darüber, was am folgenden Tag auf dem Programm steht. Die standardisierte Routine mag jenen missfallen, die an die Flexibilität des eigenständigen Reisens gewöhnt sind, andererseits ist es sehr entlastend, dass alles geplant ist, denn der Trip erweist sich am Ende immer als erstaunlich anstrengend.

Hotelbasierte Touren

Diese Touren führen von Insel zu Insel, und man übernachtet dabei in Hotels auf drei oder vier verschiedenen Inseln: auf Santa Cruz, San Cristóbal, Isabela und Floreana. Diese Touren dauern typischerweise fünf Tage und vier Nächte und kosten zwischen ca. 1000 und 3000 pro Person zuzüglich Flugticket und Parkgebühr. Mehrere Reiseveranstalter in Puerto Ayora und Puerto Baquerizo Moreno bieten solche Touren an; zu empfehlen sind die **Red Mangrove Aventura Lodge** (☎05-252-6564; www.redmangrove.com; Av Darwin; Zi. mit Frühstück ab 350 US$; ❄@📶) in Puerto Ayora und **Galakiwi** (☎05-252-1770; www.facebook.com/Galakiwi; Av Darwin; ⏲9–17 Uhr) in Puerto Baquerizo Moreno.

Tagestouren

Tagestouren per Boot starten von Puerto Ayora und Puerto Baquerizo Moreno. Mehrere Stunden werden dabei mit der An- und Abfahrt zu/von den Stätten zugebracht, die besucht werden sollen, sodass nur einige wenige, zentral liegende Inseln machbare Besuchsziele sind. Einige Touren können auch den Besuch anderer Stätten auf der Isla Santa Cruz bzw. der Isla San Cristóbal beinhalten.

Einer der Nachteile dieser Touren ist auch, dass man die Inseln so nicht am frühen Morgen oder späten Abend erkunden kann. Die billigsten Boote können langsam und überfüllt, die Aufenthaltszeit kann zu kurz bemessen, die Führer können uninformiert sein, und die Bootsbesatzung kann leichtfertig mit der Umwelt umgehen –

gleichwohl sind solche Tagesausflüge durchaus nicht zu verachten, wenn der Zeitplan sehr eng und das Reisebudget extrem beschränkt ist.

Die Reiseveranstalter in Puerto Ayora und Puerto Baquerizo Moreno berechnen für Tagestouren zwischen 100 und 200 US$ pro Person und Tag, abhängig von dem angebotenen Ziel und der Qualität des Bootes und der Führer.

Praktische Informationen

GEBÜHREN & STEUERN

Die Gebühr für den Galápagos-Nationalpark beträgt 100 US$. Sie muss in bar nach der Ankunft auf einem der Flughäfen oder vorab bei der Buchung der Tour bezahlt werden. Vor dem Bezahlen der Gebühr darf man den Flughafen nicht verlassen. Zusätzlich muss auf den Flughäfen in Quito bzw. Guayaquil eine Transitkontrollgebühr von 20 US$ am Schalter des Instituto Nacional Galápagos gleich neben dem Ticketschalter bezahlt werden; diese Gebühr ist im Preis vieler vorab arrangierter Bootstouren bereits enthalten. Bei einem Flug zur Isla Isabela müssen Touristen bei der Ankunft eine Gebühr von 10 US$ entrichten.

GELD

Verglichen mit dem ecuadorianischen Festland bekommt man auf den Galápagosinseln viel weniger für sein Geld. Viele Restaurants und Läden und sogar einige Unterkünfte akzeptieren keine Kreditkarten, sondern bestehen auf Barzahlung.

➡ Man sollte vom Festland ausreichend Bargeld mitbringen, da möglicherweise die Kreditkarte nicht akzeptiert wird und es auch passieren kann, dass den Geldautomaten das Bargeld ausgeht.

➡ Geldautomaten gibt es nur in Puerto Ayora und Puerto Baquerizo Moreno – wer nach Isabela oder Floreana will, sollte sich vorher mit Bargeld eindecken.

➡ Am besten sind kleine Scheine, idealweise im Nennwert von 5 und 10 US$; die meisten Stellen akzeptieren keine Scheine mit einem höheren Nennwert als 20 US$.

➡ MasterCard und Visa sind noch die am meisten akzeptierten Kreditkarten; nur wenige Geschäfte akzeptieren auch American Express. Einige Geschäfte schlagen bei Kreditkartenzahlung eine Gebühr von 5 bis 10 % auf.

➡ Reiseschecks werden kaum angenommen, man sollte also bei Bargeld und Kreditkarten bleiben.

An- & Weiterreise

Die Flüge vom Festland landen auf zwei Flughäfen: auf der Isla Baltra gleich nördlich von Santa Cruz sowie auf der Isla San Cristóbal. Es gibt ungefähr genauso viel Flüge nach Baltra wie nach San Cristóbal.

Die drei Fluglinien zu den Galápagosinseln sind Tame (www.tame.com.ec), Avianca (www.avianca.com) und LAN (www.latam.com). Alle bieten täglich morgens zwei Flüge von Quito über Guayaquil zum Flughafen auf der Isla Baltra (2 Std.), der mit öffentlichen Verkehrsmitteln nur etwas mehr als eine Stunde von Puerto Ayora entfernt ist. Die Unternehmen bieten ferner täglich morgens einen oder zwei Flüge zum Flughafen auf San Cristóbal (1½ Std.). Die Rückflüge finden am frühen Nachmittag des gleichen Tages statt.

Hin- und Rückflüge ab Guayaquil kosten ab ca. 300 US$ und ab Quito ab ca. 340 US$; letztere beinhalten eine Zwischenlandung in Guayaquil, bei der man aber das Flugzeug nicht verlassen muss. Es ist auch möglich, von Quito zu den Inseln und zurück nach Guayaquil (oder auch umgekehrt) zu fliegen; oft ist es auch bequemer, auf Baltra zu landen und ab San Cristóbal (oder umgekehrt) zurückzufliegen. Wenn man über einen Reisveranstalter schon vorab ein Boot gebucht hat, wird dieser wahrscheinlich alles passend arrangieren. Bei Flügen zu den Galápagosinseln besteht bei aufgegebenem Gepäck ein Gewichtslimit von 20 kg pro Person.

Unterwegs vor Ort

Die meisten Besucher kommen auf den Inseln im Rahmen einer organisierten Bootstour herum, es ist aber leicht möglich, die bewohnten Inseln auch auf eigene Faust zu besuchen. Auf den Inseln Santa Cruz, San Cristóbal, Isabela und Floreana gibt's Unterkünfte und tägliche Bootsverbindungen von Insel zu Insel (einfache Strecke 30 US$). Außerdem gibt's auch teurere Flüge von Insel zu Insel zwischen Santa Cruz, San Cristóbal und Isabela.

Isla Santa Cruz (Indefatigable)

Auf Santa Cruz liegt der größte und am weitesten entwickelte Ort auf den Galápagosinseln; fast jeder Besucher der Inseln verbringt hier mindestens einige Zeit, und sei es nur, um vom Flughafen auf der nahegelegenen Isla Baltra zu seinem Kreuzfahrtschiff im Hafen von Puerto Ayora zu gelangen. Für alle, die länger bleiben, ist Santa Cruz aber mehr als eine Zwischenstation oder ein Ort, an dem man sich mit der modernen, vom Menschen gestalteten Welt verbunden fühlt. Denn die Insel ist selbst ein Reiseziel voller lohnender Besuchsziele, leicht erreichbarer Strände und abgelegener Hochlandgebiete im Inselinneren. Sie ist zudem eine Ausgangsbasis für Abenteueraktivitäten fern ausgetretener Touristenpfade.

Puerto Ayora

☎05 / 20 000 EW.

Das saubere, kleine Puerto Ayora ist das wichtigste Zentrum der Galápagosinseln und das Herz der Tourismusindustrie. In dem freundlichen Städtchen kann man ein paar angenehme Tage verbringen, außerdem ist es der beste Ort auf den Inseln, um eine Bootstour zu arrangieren.

Sehenswertes

Charles Darwin Research Station NATURSCHUTZGEBIET
(☎05-252-6146; www.darwinfoundation.org; Av Darwin; ⏲7.30–12 & 14–17.30 Uhr) GRATIS Gleich nordöstlich von Puerto Ayora liegt dieses berühmte Naturschutzgebiet, in dem sich über 200 Wissenschaftler und Freiwillige mit Forschung und Naturschutz befassen. Das bekannteste Projekt ist ein Zuchtprogramm für Riesenschildkröten. Pfade durch die Trockenzonenvegetation führen an Schildkrötengehegen vorbei, in denen sich die Riesen aus der Nähe betrachten lassen. Es gibt auch ein **Babyschildkrötenhaus** mitsamt Brutkästen (sobald die Schildkröten 1,5 kg wiegen oder vier Jahre alt sind, werden sie auf ihren Heimatinseln ausgesetzt).

Tortuga Bay STRAND
Wenn es um endlosen, schönen weißen Strand geht, ist dieser Sandstreifen einer der besten in Südamerika. Er befindet sich am Ende eines 2,5 km langen geteerten Pfads südwestlich von Puerto Ayora. Neben der Möglichkeit, zu schwimmen (eine Landzunge schützt vor der starken und gefährlichen Strömung auf der dem offenen Meer ausgesetzten Seite), zu surfen oder sich einfach nur zu sonnen, können auch Haie, Meerechsen, Pelikane und vereinzelt auch Flamingos beobachtet werden. Es gibt weder Trinkwasser noch andere Annehmlichkeiten.

Geführte Touren

Scuba Iguana TAUCHEN
(☎05-252-6497; www.scubaiguana.com; Av Darwin; ⏲Mo–Fr 9–12 & 15–18, Sa & So 15–18 Uhr) Das Unternehmen wird von zwei der erfahrensten Tauchern auf den Inseln geführt.

Moonrise Travel GEFÜHRTE TOUREN
(☎05-252-6402; www.galapagosmoonrise.com; Av Darwin) Die Agentur wird von einer Familie von Galápagosexperten und -führern betrieben, die Übernachtungen im Zelt auf ihrer privaten Ranch im Hochland arrangieren sowie Bootsausflüge und Tauchausflüge mit Übernachtungen an Bord oder in Hotels.

Schlafen

Hotel Sir Francis Drake HOTEL $$
(☎05-252-6221; www.sirfrancisdrakegalapagos.com; Ecke Av Baltra & Binford; DZ ab 42–65 US$; ❄📶) Das Sir Francis Drake hinter einem kleinen Kaufhaus ist für den Preis eines der hochwertigeren Hotels im Ort. Am besten sind die Zimmer ganz hinten im Erdgeschoss, sie verfügen nämlich über große Fenster, durch die viel natürliches Licht hineindringt. Als Gemeinschaftsbereiche dienen lediglich ein Innenhof ohne Sitzgelegenheit und ein einzelner Balkon.

Galapagos Native PENSION $$
(☎05-252-4730; www.galapagosnative.com.ec; Berlanga nahe Av 12 de Febrero; Zi. ab 25–45 US$) Die neue Unterkunft bietet für den Preis recht gute und saubere Zimmer mit Lehmziegelwänden. Die drei besten Zimmer sind hell und luftig und haben einen Balkon.

Hostal Gardner HOSTEL $$
(☎05-252-6979; www.hostalgardnergalapagos.com; Berlanga; EZ/DZ ab 25/45 US$; ❄📶) Das preisgünstige Gardner hat einfache Zimmer und eine überdachte Dachterrasse mit Liegesesseln und Hängematten.

Essen

Mehr als ein halbes Dutzend beliebte Imbissbuden bieten preiswerte, herzhafte Gerichte – hauptsächlich Meeresfrüchte – an der Charles Binford gleich östlich der Avenida Baltra an. Besonders munter geht's abends und ganz besonders an den Wochenenden zu, wenn an den auf der Straße aufgestellten Tischen ausgelassene Stimmung herrscht.

Galápagos Deli DELI, PIZZERIA $$
(Berlanga; Hauptgerichte 4,50–10 US$; ⏲Di–So 7–21.45 Uhr; 📶) Wer von den typischen *almuerzos* (Mittagstisch) genug hat, kann sich in diesem eleganten und modernen Lokal eine Pizza aus dem Ziegelofen (klein 6,50–9,75 US$) oder ein erstklassiges Deli-Sandwich (4,70–8,75 US$) holen. Es gibt auch Fish & Chips, Espresso und leckeres Eis. Da sich der Laden in einem ruhigen Block versteckt, ist er so was wie ein Geheimtipp.

Casa del Lago Café Cultural CAFÉ $$
(Ecke Moisés Brito & Montalvo; Hauptgerichte 7–11 US$; ⌚Di–Sa 7–19 Uhr; 📶✍) Das szenige Café hat drinnen und draußen ein paar Tische stehen. Es gibt tolles Frühstück, Sandwiches, Empanadas und Salate sowie selbst gemachte Kuchen, Obstdrinks und Filterkaffee.

ℹ Praktische Informationen

Es gibt zwei Geldautomaten nahe dem Pier und vor dem Proinsular Supermarket.

Banco del Pacífico (Av Darwin nahe Isla Floreana; ⌚Mo–Fr 8–15.30, Sa 9.30–12.30 Uhr) Hat einen Geldautomaten und löst Reiseschecks ein.

i-Tur (Av Darwin, Eingang zur Anlegestelle der Wassertaxis) Der kleine Kiosk bietet Broschüren, Landkarten und grundlegende Infos zu Hotels und Reiseveranstaltern.

ℹ An- & Weiterreise

Lanchas (Schnellboote) legen täglich um 7 und 14 Uhr zu den Inseln Isabela (30 US$, 2–2¼ Std.) und San Cristóbal (30 US$, 2 Std.) ab. Es gibt auch eine Bootsverbindung nach Floreana (30 US$, 1¾ Std.) um 8 Uhr, die aber nicht immer fährt.

Interisland Boat Pier Hier legen die Boote zu anderen Inseln ab – man sollte spätestens 30 Minuten vor Abfahrt zur Stelle sein.

Interisland Boats Die Schnellboottickets bucht man in einem von mehreren Büros nahe dem Pier.

Rund um Puerto Ayora

Sehenswertes & Aktivitäten

★ El Chato Tortoise Reserve WILDSCHUTZGEBIET
(3 US$; ⌚8–17 Uhr) Südlich von Santa Rosa liegt das Schildkrötenreservat El Chato, in dem man Riesenschildkröten in freier Wildbahn beobachten kann. Es ist schon ein eindrucksvoller Anblick, wenn diese scheinbar unbeweglichen Urzeittiere plötzlich ihren langen Hals ausfahren, um zu fressen. In dem Schutzgebiet hat man auch gute Chancen Galápagos-Ohreulen, Darwinfinken, Goldwaldsänger, Galápagos-Rallen und Goldschnabel-Sumpfhühner zu beobachten (wobei die beiden letztgenannten Arten im langen Gras schwer zu entdecken sind). Das Schutzgebiet ist Teil des Nationalparks; ein Führer ist vorgeschrieben.

Rancho Primicias NATURSCHUTZGEBIET
(Eintritt 5 US$; ⌚8–17 Uhr) Neben El Chato befindet sich diese private Farm der Familie Devine. Hier leben Dutzende Riesenschildkröten, und man kann ungehindert umherstreifen. Der Eingang liegt hinter Santa Rosa, abseits der Hauptstraße, die Einheimischen kennen den Weg. Nicht vergessen, jedes Gatter, durch das man geht, auch wieder zu schließen! In einem Café werden kalte Getränke und heißer Tee verkauft, der besonders willkommen ist, wenn einen der Nebel des Hochlands bis ins Mark abgekühlt hat.

Lavaröhren TUNNEL
(⌚8–17 Uhr) GRATIS Die beeindruckenden unterirdischen Tunnel südöstlich des Ortes Santa Rosa sind über 1 km lang und entstanden, als die äußere Haut eines Lavastroms erstarrt. Als der Lavastrom schließlich verebbte, floss die geschmolzene Lava im Innern weiter und ließ eine feste Hülle in Form von Tunneln zurück. Da sie sich auf privatem Gelände befinden, können die Röhren ohne offiziellen Führer besichtigt werden. Die Tunnel sind elektrisch beleuchtet (man kann auch Taschenlampen oder Fackeln ausleihen). In Puerto Ayora werden geführte Touren angeboten.

Las Grietas SEE
Diese mit Wasser gefüllte Felsschlucht eignet sich gut zum Schwimmen und Schnorcheln. Talentierte und unerschrockene Einheimische klettern die fast senkrechten Felswände hinauf, um von oben ins Wasser zu springen. Mit dem Wassertaxi (0,80/Pers. 6–19 Uhr) geht's bis zur Anlegestelle des Restaurants Angermeyer Point, dann gelangt man am Finch Bay Hotel und an einer interessanten Salzgrube vorbei zu einem von Lavasteinen gesäumten Pfad, der zum See führt. Von der Anlegestelle sind es 700 m zu Fuß.

Isla San Cristóbal (Chatham)

Einige einheimische Werleute erklären, San Cristóbal sei die Hauptstadt des Paradieses, und da die Hafenstadt Puerto Baquerizo Moreno der Verwaltungssitz für die gesamten Galápagosinseln ist, trifft das zumindest offiziell auch zu. San Cristóbal ist die einzige Insel mit Süßwasser und einem Flughafen im Ort, und die Insel hat mehrere leicht zugängliche Besucherziele, weshalb der Tourismus hier auch, mit Ausnahme Santa Cruz, von allen Inseln am stärksten entwickelt ist. San Cristóbal ist die fünftgrößte Insel des

DIE TIERWELT DER GALÁPAGOSINSELN

Galápagosseelöwe Die ca. 50 000 Seelöwen, die auf allen Inseln leben, sind die Lieblingssäugetiere der meisten Besucher. Die hübschen Tiere lagern oft auf Sandstränden und schwimmen manchmal sogar mit Schnorchlern und Schwimmern mit. **Ort** Überall.

Galápagosseebär Der zurückgezogener lebende Verwandte des Seelöwen, der nur auf den Galápagosinseln vorkommt, hat eine dicke, isolierende Fellschicht. Im 19. Jh. wurde er fast bis zur Ausrottung gejagt, doch der Bestand erholte sich überraschend gut. Inzwischen gibt es ca. 30 000 Tiere. **Ort** Santiago (Puerto Egas), Genovesa.

Riesenschildkröte Das berühmteste Reptil des Archipels ist die Galápagosriesenschildkröte (Galápagos ist das spanische Wort für Sattel), nach der die Inseln benannt sind. Die Tiere können mehrere Hundert Jahre alt werden. **Ort** Santa Cruz (Hochland), Isabela (Urbina Bay), San Cristóbal (Galapaguera).

Darwinfinken Alle Finken auf den Inseln sollen von einem gemeinsamen Vorfahren abstammen. Sie entwickelten sich zu 13 ungewöhnlichen Arten auseinander, darunter zum blutsaugenden Vampirfinken. **Ort** Santa Cruz (Los Gemelos; Media Luna), Española (Punta Suárez), Genovesa.

Fregattvögel Die erstaunlichen Flugkünstler gleiten hoch über den Küstenklippen auf thermischen Schichten dahin. Manchmal jagen sie kleinere Meeresvögel, bis diese ihre Beute fallen lassen, und schnappen sie sich noch in der Luft. **Ort** North Seymour, Genovesa, San Cristóbal (Punta Pitt).

Blaufußtölpel Der Blaufußtölpel ist eine von vier Tölpelarten auf den Inseln. Während der Balz legt er einen hinreißenden, wenn auch etwas ungeschickt wirkenden Tanz aufs Parkett. **Ort** Española (Punta Suárez), Genovesa, San Cristóbal (Punta Pitt).

Galápagosscharbe Abgesehen von den Pinguinen ist diese Scharbe der einzige flugunfähige Meeresvogel weltweit; er ist nur auf den Galápagosinseln zuhause, wo es noch etwa 700 Brutpaare gibt. **Ort** Fernandina (Punta Espinoza), Isabela (Tagus Cove; Urbina Bay).

Galápagospinguin Heute sind die Galápagospinguine die am weitesten nördlich lebenden Pinguine der Welt und gehören der einzigen Pinguinart an, die in den Tropen lebt. **Ort** Isabela, Fernandina, Bartolomé.

Galápagosflamingo Der auffällige, unverkennbare Vogel mit dem hübschen rosa Federkleid gehört zur größten der fünf existierenden Flamingoarten. Sie leben in kleinen Gruppen in den flachen Brackwasserlagunen der Inseln und belaufen sich auf nicht mehr als 500 Tiere. **Ort** Floreana (Punta Cormorant), Rábida, Isabela (Puerto Villamil).

Galápagoslandleguan Ungeachtet seiner Größe und seiner furchteinflößenden Erscheinung ist der Landleguan, auch Drusenkopf genannt, ein harmloser Pflanzenfresser. Männliche Tiere verteidigen ihre Territorien in Kopfstoßkämpfen. **Ort** South Plaza, Isabela, Santa Cruz (Cerro Dragón), Fernandina, Baltra und North Seymour.

Lavaeidechsen Die verschiedenen Arten der Lavaeidechsen sind die Reptilien, die man am häufigsten auf den Inseln sieht. Oft huschen sie über Felsen, und manchmal lassen sie sich sogar auf dem Rücken von Leguanen nieder. **Ort** Überall.

Archipels und hat die zweithöchste Bevölkerungszahl. Die San-Cristóbal-Spottdrossel, die auf dieser Insel sehr häufig ist, kommt nirgendwo sonst vor.

Puerto Baquerizo Moreno

☎05 / 7000 EW.

Trotz der vielen Restaurants und Hotels hat sich Puerto Baquerizo Moreno den verschlafenen Charakter eines Fischerdorfs bewahrt, in dem die Zeit stillzustehen scheint. Zwar beginnen oder enden hier immer mehr Touren, aber der Ort steht dennoch im Schatten der größeren und stärker ausgebauten Schwesterstadt Puerto Ayora. Die Surfbedingungen sind erstklassig, und man kann vom Ort aus viele Stellen auf der Insel auf eigene Faust erkunden.

Sehenswertes & Aktivitäten

Das moderne **Informationszentrum** (☎05-252-0021; https://galapagos.unc.edu/gsc; Av Alsacio Northia; ⌚Mo–Sa 8.30–17.30 Uhr) GRATIS an der Nordseite der Bucht erläutert die Geschichte und Bedeutung der Galápagosinseln besser als irgendeine andere Stätte auf den Inseln. Die leicht verständlichen Ausstellungen behandeln die Biologie, Ökologie, Geologie und die menschliche Besiedlungsgeschichte der Inseln und lohnen definitiv einen Besuch, auch wenn man von den Guides auf den Tourbooten bereits mit Fakten überschüttet wurde.

Vom Zentrum aus verlaufen mehrere gut markierte, asphaltierte Wege rund um den mit Strauchwerk bedeckten **Cerro de las Tijeretas** (Fregattvogel-Hügel, oberhalb des Bahia Tijeretas). Ein Weg führt über den Hügel zu der kleinen Bucht von Las Tijeretas, wo es ausgezeichnete **Schnorchelmöglichkeiten** gibt. Da ein Strand fehlt, steigt man hier einfach von den Felsen aus ins Wasser. Andere Wege führen zu **Aussichtspunkten** mit atemberaubendem Panoramablick, und einer führt hinunter zur malerischen **Playa Baquerizo** (vom Aussichtspunkt einfache Strecke 2 km). Auf der zweiten Hälfte dieser Strecke marschiert man über große, scharfkantige Felsbrocken, braucht also gutes Schuhwerk.

Direkt vor dem Informationszentrum liegt die **Playa Mann**, ein kleiner, bei Einheimischen wie Touristen gleichermaßen beliebter Strand, der zum schönen Sonnenuntergang und an Wochenenden besonders stark besucht wird. In dem großen Gebäude auf der anderen Straßenseite residiert das Galápagos Academic Institute for the Arts & Sciences, eine Außenstelle der Universidad San Francisco de Quito, in der ausländische Studenten Gastsemester verbringen und die Programme zur Meeresökologie und Freiwilligenprogramme anbietet.

Am Ende der unbefestigten Straße, die vor dem Informationszentrum vorbeiführt, beginnt ein kurzer Weg zur **Playa Punta Carola**, einem schmalen Strand, der wegen der schützenden Mangroven, hinter denen man sich verbergen kann, den Spitznamen „Playa del Amor“ (Liebesstrand) erhalten hat. Die ansässigen Seelöwen interessiert es nicht, was die Menschen hier treiben. Ganz in der Nähe gibt's eine ausgezeichnete Surfstelle.

Surfen

Baquerizo Moreno hat die mit Abstand besten Surfbedingungen auf den Galápagosinseln. Von Dezember bis März bringt eine nördliche Strömung Wellen von Weltklasse, weshalb Hunderte von Surfern, vor allem Brasilianer, im Januar hierher anreisen. Man kann hier das ganze Jahr auf den Wellen reiten, aber die besten Bedingungen herrschen zwischen Dezember und April. Erstklassige Riffbrecher nahe dem Ort sind **El Cañon** und **Tongo Reef**, die man beide über einen Weg durch die militärische Sperrzone erreicht. Wenn man ein Surfbrett dabei hat und seinen Pass vorzeigt, lassen die Wachtposten einen durch. **La Lobería** und **Punta Carola** sind ebenfalls ausgezeichnete Stellen mit Riffbrechern. **Lava Wave Surf** (☎05-252-1815; www.lavawavesurf.com; Wolf nahe Av Darwin) vermietet Surfbretter (20 US$/Tag) und gibt halbtägigen Surfunterricht (ca. 60 US$/Pers.).

Tauchen

Es gibt mehrere gute Tauchstellen in der Nähe. Eulenrochen, Meeresschildkröten, Seelöwen, Hammer- und Weißspitzen-Hochseehaie tummeln sich am León Dormido (Kicker Rock). Schulen von Stachelmakrelen, Eulenrochen, Stachelrochen und Seepferdchen sieht man rund um Stephanie's Rock. Roca Ballena ist eine Höhle in rund 23 bis 24 m Tiefe mit Korallen, Papageifischen und Rochen – wegen starker Strömungen ist diese Stelle nur für erfahrene Taucher geeignet. Es gibt auch mehrere Stellen, an denen man zu Wracks tauchen kann, darunter zu dem 100 m langen Frachtschiff *Caragua*. Die Stätte befindet sich nahe der Stelle, wo die gestrandete *Jessica* 1971 eine Ölpest auslöste. Mehrere Unternehmen im Ort bieten Tauchgänge an.

Sharksky Tours SCHNORCHELN, TAUCHEN
(☎05-252-1188; www.sharksky.com; Av Darwin nahe Wolf; ⌚Mo–Sa 8–18, So bis 12 Uhr) Dieser Veranstalter bietet vier- bis achttägige Abenteuersporttouren von Insel zu Insel an und arrangiert längere Kreuzfahrten auf den vielen Ausflugsbooten auf den Galápagosinseln.

Schlafen

★ **Casa de Laura Hostal** HOSTEL $
(☎05-252-0173, 098-771-4689; hostalcasadelaura@hotmail.com; Av de la Armada Nacional; Zi. 20 US$/Pers.; ❄@📶) Das freundliche, familiengeführte Haus ist eine der preiswertesten Unterkünfte der Stadt. Das zweistöckige Gebäude aus Lehmziegeln hat moderne Zimmer mit Warmwasseranschluss. Außerdem gibt es einen hübsch angelegten Hof und Hängematten im winzigen Kakteengar-

ten vor dem Haus. Die Casa de Laura liegt am westlichen Ende der Av Darwin.

★**Casa Blanca** HOTEL $$
(☎05-252-0392; www.casablancagalapagos.com; Ecke Av Darwin & Melville; Zi. inkl. Frühstück ab 70–120 US$, Suite 150 US$; ❄📶) Die beste Unterkunft im ganzen Ort: Das Gebäude aus weiß getünchten Lehmziegeln hat zauberhaft eingerichtete Zimmer mit Fliesenböden und liegt dazu noch am *malecón*, direkt gegenüber der Passagieranlegestelle. Somit hat man von den Zimmern mit Balkonen zum Meer hin eine traumhafte Aussicht. Es gibt sogar unter der Dachkuppel eine Suite mit eigenem Balkon.

Isla Isabela (Albemarle)

Isabela ist mit 4588 km² die größte Insel des Archipels, aber trotz ihrer Größe und der imposanten Skyline aktiver Vulkane ist für Besucher vor allem der Anblick der hoch in den Wolken fliegenden Fregattvögel und der vorsichtig über die Klippen watschelnden Pinguine besonders lohnend.

Die relativ junge Insel besteht aus einer Kette von fünf mit Unterbrechungen aktiven Vulkanen. Einer davon, der Volcán Sierra Negra, rührte sich das letzte Mal Ende 2005 und sandte eine 20 km hohe Rauchsäule gen Himmel. Der Volcán Wolf ist mit 1707 m (nach anderen Quellen 1646 m) der höchste Punkt auf den Galápagosinseln. Älter ist der kleine Volcán Ecuador (610 m).

Durch Bejagung aus der Luft und am Boden haben die Charles Darwin Research Station und der Galápagos-Nationalparkdienst Zehntausende wildlebende Ziegen ausgerottet, die eine Bedrohung für das gesamte Ökosystem und die schwindende Schildkrötenpopulation insbesondere rund um den Volcán Alcedo (1097 m) darstellten.

Sehenswertes & Aktivitäten

Nahe der Ortschaft gibt's ein paar gute Breaks für erfahrene Surfer, von denen einige nur per Boot erreichbar sind. Surfbretter verleiht **Isabela Discovery** (☎05-252-9303; jacibruns@hotmail.com; Ecke Av Gil & Los Petreles; ⏲9–19 Uhr oder nach Vereinbarung).

Pozo Villamil TIERSCHUTZSCHUTZGEBIET
(⏲Pfad 6–18 Uhr) Hinter dem Dorf und westlich davon liegt die **Lagune Villamil** (⏲Weg 6–18 Uhr), die bekannt ist für ihre Meerechsen und Zugvögel, besonders die Watvögel – über 20 Arten wurden hier gesichtet. Ein 1 km langer Weg beginnt gleich hinter dem Hotel Iguana Crossing. Der hölzerne Steg führt vorbei an Mangroven und dichter Vegetation über die Lagune und endet im **Centro de Crianza de Tortugas** (Brutzentrum für Riesenschildkröten).

★**Los Túneles** SCHNORCHELN
Eine rund 30- bis 40-minütige Bootsfahrt von Puerto Villamil entfernt liegt diese hervorragende Schnorchelstelle, bestehend aus verwickelten Lavaformationen zwischen den Mangroven und dem offenen Meer. In den flachen Gewässern erblickt man Weißspitzen-Hochseehaie, Mantas, Eulenrochen, Seelöwen, Schildkröten und sogar Seepferdchen. Die Veranstalter in Puerto Villamil bieten hierher täglich fünfstündige Touren an (ca. 90 US$).

Schlafen & Essen

In Puerto Villamil finden sich einige der besten Strandhotels und Gästehäuser auf den Galápagosinseln. Weiter vom Strand entfernt verstecken sich mehrere bescheidene Unterkünfte in den verschlafenen Straßen der Ortschaft.

An der Avenida Antonio Gil gibt's mehrere Restaurants. Meeresfrüchtegerichte kosten hier zwischen 10 und 20 US$.

Praktische Informationen

Auf der Insel gibt's keinen Geldautomaten, der ausländische Karten akzeptiert, man muss also alles erforderliche Bargeld mitbringen.

Isla Floreana (Santa María oder Charles)

Die sechstgrößte Insel des Archipels ist nicht nur für die intensiv rosa leuchtenden Kubaflamingos und erstklassige Schnorchelstellen, sondern auch für die mysteriöse Geschichte der ersten Siedler bekannt: eine Gruppe von Deutschen und Österreichern, die sich in Machtkämpfe verwickelten, bis einige unter mysteriösen Umständen verschwanden und vermutlich ermordet wurden.

Viele Tourveranstalter in Santa Cruz bieten Tagestouren nach Floreana an. Wer eine solche Tour in Erwägung zieht, sollte wissen, dass von den Einnahmen fast nichts der Gemeinde zugutekommt, und man eine ermüdende, mehr als vierstündige Schnellbootfahrt in Kauf nimmt. Sehr viel lohnender ist es, im Dorf Puerto Velasco

Ibarra, wo es ansprechende Unterkünfte gibt, zu übernachten und die faszinierende Insel genauer zu erkunden.

ECUADOR VERSTEHEN

Ecuador aktuell

Unter der Führung des charismatischen Ex-Präsidenten Rafael Correa investierte Ecuador in neue Straßen, Hospitäler, Schulen und Sozialprogramme. Ecuadors großer Reichtum an Öl und Bodenschätzen spielte bei diesen Infrastrukturprojekten eine Schlüsselrolle. Als die Ölpreise im Jahr 2008 einbrachen, nahm Correa große Schulden auf, um den Wirtschaftsaufschwung in Gang zu halten. Heute zahlt das Land den Preis in Form von Öl- und Bergbaukonzessionen an die Geberländer, vor allem die VR China, der das Land Milliarden schuldet. Anfang 2018 ersetzte der neue Präsident Lenín Moreno zweimal hintereinander seinen Finanzminister.

Der damalige Präsident Correa beschrieb die großen Veränderungen, die über Ecuador hereinbrachen, als eine „Bürgerrevolution", und die Verbesserungen, die viele Einwohner in der Regierungszeit von Correa erlebten, lassen sich kaum leugnen. Die Kindersterblichkeitsrate ist niedrig, und dank des Baus neuer Schulen und Universitäten haben immer mehr Menschen Zugang zu Bildung.

Angesichts dieser Entwicklungen kann es nicht überraschen, dass Correa in seiner ersten Amtszeit sehr beliebt war. Während seiner zweiten Amtszeit schadeten jedoch Angriffe auf die Presse und die Umwelt sowie ein fortgesetzter Medienkrieg mit seinem späteren Nachfolger Moreno seinem Ruf.

Nach seinem Ausscheiden aus dem Amt im Jahr 2017, begab sich Correa nach Europa. Der ecuadorianische Kongress klagte ihn im Juni 2018 wegen seiner angeblichen Verwicklung in die Entführung seines politischen Gegners Fernando Balda im Jahr 2012 an. Anfang 2018 verwarfen die Wähler des Landes ein Referendum, nachdem es den Präsidenten erlaubt werden sollte, mehr als nur für zwei Amtszeiten zu kandidieren und erteilten damit Correas Rückkehr eine Absage.

Das Wachstum der öffentlichen Ausgaben wurde durch den weltweiten Durst nach Öl ermöglicht. Ecuador ist in dieser Hinsicht bestens versorgt, denn es besitzt (nach Venezuela und Brasilien) die drittgrößten Erdölvorkommen in Südamerika.

Das Öl füllt zweifellos Ecuadors Kassen, bringt aber große Bedrohungen für die Ökologie des Landes mit sich. Im Parque Nacional Yasuní, einem unberührten Gebiet im Amazonasbecken, schlummert eines der größten Erdölvorkommen des Landes – schätzungsweise 846 Mio. Barrel (was ungefähr 7 Mrd. US$ entspricht). Aber hier findet sich auch eine weltweit nahezu einzigartige Artenvielfalt, und hier leben auch isolierte indigene Volksgruppen. Versuche von Umweltschutzorganisationen, ein Referendum gegen die Ausbeutung der Ölvorkommen im Park anzustrengen, wurden von der Regierung abgeschmettert, und seit Anfang 2016 bohrt die staatliche Erdölgesellschaft Petroamazonas in dieser UNESCO-Welterbestätte nach Öl.

Geschichte

Das Land aus Feuer und Eis hat eine turbulente Geschichte hinter sich. Seit seiner Unabhängigkeit 1830 hat Ecuador unzählige Regierungswechsel und 20 Verfassungen gehabt (die letzte wurde 2008 entworfen). Verschärft wird die Unsicherheit des Staats durch Rivalitäten, intern (das konservative, von der Kirche getragene Quito gegen das liberale, weltliche Guayaquil) wie extern (Grenzstreitigkeiten mit Peru und Kolumbien).

Die frühen Kulturen

Die ältesten Werkzeuge, die in Ecuador gefunden wurden, stammen von 9000 v. Chr. Schon während der Steinzeit lebten also Völker in der Region. Die wichtigsten frühen Gemeinschaften bildeten sich entlang der Küste, in einer Landschaft, die sich eher zum Leben eignete als das karge Hochland. Die erste Kultur, die dauerhaft in Ecuador siedelte, war die Valdivia-Kultur. Sie entstand vor fast 6000 Jahren entlang der Küste der Halbinsel Santa Elena.

Bis zum 11. Jh. hatten sich in Ecuador zwei Hauptkulturen entwickelt: die expansionswütige Cara-Kultur an der Küste und die friedliebende Quitu-Kultur im Hochland. Die beiden Gruppen verschmolzen und wurden bekannt als die Quitu-Cara- oder Shyris-Zivilisation. Diese war bis ins

14. Jh. hinein die treibende Kraft im Hochland, dann wurden die Puruhá aus dem zentralen Hochland immer mächtiger. Die dritte wichtige Gruppe waren die Cañari, die weiter südlich siedelten. Auf diese drei Kulturen trafen die Inka, als sie begannen, sich vom heutigen Peru aus Richtung Norden auszubreiten.

Das Land der vier Himmelsrichtungen

Bis Anfang des 15. Jhs. konzentrierte sich das Inka-Reich rund um Cusco in Peru. Das änderte sich während der Herrschaft des Inkas Pachacutec dramatisch, dessen expansionistische Politik die Erschaffung des riesigen Inka-Imperiums Tahuantinsuyo in Gang setzte. In Quechua (oder Quichua, wie die Sprache auch noch genannt wird) bedeutet dieser Name „Land der vier Himmelsrichtungen". Als die Inka Ecuador erreichten, war Tupác Yupanqui, Pachacutecs Nachfolger, ihr Herrscher. Sie trafen auf heftigen Widerstand sowohl der Cañari als auch der Quitu-Cara. In einem Kampf metzelten die Inka Tausende Cara nieder und warfen sie in der Nähe von Otavalo in einen See, dessen Wasser sich daraufhin rot gefärbt haben soll. Er wurde deshalb Laguna Yaguarcocha genannt: Blutsee.

Der Norden war viele Jahre lang unterjocht. Der Inka Tupac bekam einen Sohn mit einer Cañari-Prinzessin. Dieser Sohn, Huayna Capac, wuchs in Ecuador auf und folgte seinem Vater auf den Inka-Thron. Huayna Capác hatte seinerseits zwei Söhne: Atahualpa, der in Quito aufwuchs, und Huáscar, der in Cusco erzogen wurde.

Als Huayna Capác 1527 starb, vermachte er sein Reich nicht nach alter Sitte einem Sohn, sondern beiden. Zwischen den Söhnen entstand eine Rivalität, die schließlich in einen Bürgerkrieg mündete. Nach mehreren Jahren des Kampfes besiegte Atahualpa seinen Bruder Huáscar in der Nähe von Ambato im zentralen Ecuador. So regierte Atahualpa ein geschwächtes und noch immer geteiltes Inka-Reich, als Francisco Pizarro 1532 in Peru landete.

Das schmutzige Spiel der Spanier

Pizarros Vorstoß war schnell und dramatisch: Er instrumentalisierte die Zwietracht innerhalb des Inka-Reichs und zog viele ethnische Gruppen auf seine Seite, die nicht zu den Inka gehörten, sondern erst vor Kurzem von ihnen unterworfen worden waren. Das Ausschlaggebende aber war der Ausrüstungsunterschied der Gegner: Die Inka-Krieger kämpften zu Fuß gegen die berittenen, gepanzerten Conquistadores. Erstere waren Letzteren nicht gewachsen und wurden zu Tausenden abgeschlachtet. Innerhalb von drei Jahren erlangten die Spanier die Kontrolle über das ehemalige Inka-Reich – auch, indem sie die Inka-Herrscher bei mehreren Gelegenheiten betrogen.

Die neue Heimat

Ab 1535 verlief die Kolonialzeit ohne größere Aufstände der einheimischen Ecuadorianer. 1540 machte Francisco Pizarro seinen Bruder Gonzalo zum Gouverneur von Quito. In der Hoffnung, weiteres Gold zu finden, schickte Gonzalo seinen Leutnant Francisco de Orellana los, das Amazonasgebiet zu erkunden. Am Ende schipperten dieser und seine Mannen bis zum Atlantik und waren damit die ersten, die den gesamten Amazonas hinunterfuhren und den Kontinent durchquerten. Noch heute gedenkt man in Ecuador dieser Fahrt, die fast ein ganzes Jahr dauerte.

Während der ersten Jahrhunderte der Kolonialherrschaft war Lima in Peru der Regierungssitz Ecuadors. Ecuador war ursprünglich eine *gobernación* (Provinz) und wurde 1563 zur Real Audiencia de Quito (Königliche Audienz von Quito), wodurch es politisch bedeutender wurde. Die Audiencia gehörte zum Vizekönigreich Peru, 1739 wurde sie dann dem Vizekönigreich Kolumbien zugeführt, das damals Nueva Granada hieß.

Ecuador blieb während dieser Jahrhunderte eine friedliche Kolonie, in der Landwirtschaft und Künste florierten. Auf jedem heiligen Fleck der ursprünglichen Einwohner wurden Kirchen und Klöster erbaut und mit einzigartigen Schnitzereien und Malereien verziert, die das Ergebnis eines spanisch-indigenen Kunstmixes waren. Die sogenannte Escuela Quiteña (Quito-Schule) wird noch heute von den Besuchern Ecuadors bewundert. Sie hat sowohl die Kolonialgebäude dieser Zeit als auch Ecuadors einzigartige Kunstgeschichte sehr stark geprägt.

Die Kolonialherren führten ein angenehmes Leben, aber die indigenen Einwohner – und später die *mestizos* (Menschen mit spanischen *und* indigenen Wurzeln) – wurden unter deren Herrschaft schlecht behandelt. Das System der Zwangsarbeit wurde nicht nur geduldet, sondern noch unterstützt. Und so überrascht es nicht, dass die indigenen Gruppen im 18. Jh. mehrere Aufstände gegen die herrschenden Klassen der Spanier anzettelten. Soziale Unruhen und die Einrichtung von Kakao- und Zuckerplantagen im Nordwesten veranlassten Grundbesitzer, afrikanische Arbeitssklaven zu importieren. Der Großteil der reichen afro-ecuadorianischen Kultur, die man heute in der Provinz Esmeraldas findet, ist ein Erbe aus dieser Zeit.

Adiós, Spanien!

Der erste ernsthafte Versuch, sich von den Spaniern zu befreien, fand am 10. August 1809 statt. Er wurde von einer von Juan Pío Montúfar angeführten Partisanengruppe unternommen. Diese nahm Quito ein und installierte dort eine Regierung, aber die königstreuen Truppen erlangten innerhalb von nur 24 Tagen wieder die Kontrolle.

Ein Jahrzehnt später befreite Simón Bolívar, ein venezolanischer Nationalheld, auf seinem Marsch südwärts von Caracas Kolumbien. Bolívar unterstützte die Bewohner von Guayaquil, als sie am 9. Oktober 1820 ihre Unabhängigkeit erklärten. Es dauerte jedoch weitere zwei Jahre, bis Ecuador sich endgültig von der spanischen Herrschaft befreien konnte. Die entscheidende Schlacht fand am 24. Mai 1822 statt, als einer der besten Generäle Bolívars, Mariscal (Feldmarschall) Sucre, die Royalisten bei Pichincha besiegte und Quito einnahm.

Bolívars idealistischer Traum war es, ein vereintes Südamerika zu bilden. Er begann, Venezuela, Kolumbien und Ecuador zum unabhängigen Staat Großkolumbien zu verbinden. Der hatte aber nur acht Jahre Bestand, und im Jahr 1830 erlangte Ecuador die vollständige Unabhängigkeit. Im selben Jahr wurde ein Vertrag mit Peru unterzeichnet, der die Grenze zwischen den beiden Nationen festlegte.

Liberale gegen Konservative

Nachdem Ecuador von Spanien unabhängig war, nahm die Geschichte ihren Lauf: Die typisch lateinamerikanischen politischen Kämpfe zwischen Liberalen und Konservativen begannen. Quito entwickelte sich zum Hauptzentrum der kirchlich unterstützten Konservativen, während Guayaquil traditionell als liberal und sozialistisch angesehen wurde. Die Rivalität zwischen diesen Gruppen eskalierte oft und extrem gewalttätig: 1875 wurde der konservative Präsident García Moreno erschossen, und der liberale Präsident Eloy Alfaro wurde 1912 in Quito von Demonstranten getötet und öffentlich verbrannt. Die Rivalität zwischen den beiden Städten besteht auf sozialer Ebene noch heute. Mit der Zeit übernahm das Militär die Kontrolle, sodass Ecuador im 20. Jh. länger unter militärischer Herrschaft stand als unter ziviler.

Krieg mit Peru

1941 brach wegen Grenzstreitigkeiten ein Krieg mit Peru aus. Minister aus ganz Amerika trafen sich 1942 zu einer Konferenz und legten im Protokoll von Rio de Janeiro schließlich die Grenze neu fest. Ecuador hat diese Grenze nie anerkannt, und das führte immer wieder zu kleineren Auseinandersetzungen mit dem Nachbarland. Die ernsthafteste war ein kurzer Krieg Anfang 1995, als mehrere Dutzend Soldaten auf beiden Seiten getötet wurden. Nach weiteren Kampfhandlungen im Jahr 1998 legten Peru und Ecuador den Konflikt schließlich bei, und Peru behielt den Großteil des strittigen Landes.

Jüngste politische Entwicklungen

Die jüngste demokratische Phase in Ecuador begann 1979 mit der Wahl von Präsident Jaime Roldos Aguilera. In den folgenden 20 Jahren wechselten sich Liberale und Konservative mit dem Regieren ab.

Aus der Wahl von 1998 ging Jamil Mahuad, ein ehemaliger Bürgermeister von Quito, als Sieger hervor und wurde auch sofort auf die Probe gestellt. Die verheerenden Folgen von El Niño und der schwächelnde Ölmarkt von 1997 und 1998 brachte die Wirtschaft 1999 ins Trudeln. Der Sucre, die ehemalige Währung von Ecuador, sackte bis Januar 2000 von etwa 7000 für 1 US$ auf 25 000 ab.

Als Mahuad seinen Plan vorstellte, die nationale Währung gegen den US-Dollar auszutauschen, brach im Land heftiger Protest aus. Am 21. Januar 2000 legten Demonstrationszüge die ganze Hauptstadt lahm. Sein Nachfolger Noboa setzte die „Dollarisierung" fort, und im September 2000 wurde der US-Dollar offizielle Landeswährung.

Präsidenten kommen und gehen

2002 folgte auf Präsident Noboa Lucio Gutiérrez, einst ein Anführer von Protesten. 2004 entließ er zudem einen großen Teil des Obersten Gerichtshofs. Auf diese Weise wurde er seine Rivalen bei Gericht los und konnte die Verfassung so ändern, dass die Korruptionsvorwürfe gegen seinen früheren Verbündeten, den allgemein verachteten Ex-Präsidenten Antonio Bucaram, fallengelassen wurden. Als Konsequenz kam es in der Hauptstadt zu Protesten. Im April 2005 wählte der Kongress Gutiérrez schließlich ab und ersetzte ihn durch seinen Vizepräsidenten Alfredo Palacios. Aus dem Amt und ins Exil getrieben, kehrte Gutiérrez 2005 überraschend nach Ecuador zurück und erhob Anspruch, der rechtmäßige Führer des Landes zu sein. Seine politischen Tage waren jedoch gezählt. 2006 wurde Rafael Correa, in den USA ausgebildeter Ökonom und Finanzminister unter Palacios, zum Präsidenten gewählt.

Nachdem er die Macht angetreten hatte, leitete Correa eine Reihe großer sozialer Veränderungen ein. Die neue, durch eine Volksabstimmung gebilligte Verfassung von 2008 schuf die Grundlage für eine neue gesellschaftliche Architektur, die höhere Ausgaben für die Gesundheitsvorsorge und für die Armen, mehr Rechte für indigene Gruppen, mehr Schutz für die Umwelt und sogar das Recht auf eingetragene Lebenspartnerschaften für schwule Paare vorsah.

Das Leben nach Correa

Am Ende hinterließ Correas zehnjährige Regierungszeit eine gemischte Bilanz. Er schloss das Land mit neuen Straßen und Kommunikationswegen enger zusammen, erreichte dies aber zu großen Teilen durch die Aufnahme von Schulden in der Höhe von Milliarden von US-Dollars, nachdem der Preis für Erdöl im Jahr 2008 eingebrochen war.

Lenín Moreno, der frühere Vizepräsident Correas, wurde im Mai 2017 zum Präsidenten gewählt. Er war weltweit das erste Staatsoberhaupt, das im Rollstuhl ins Amt gelangte, da er seit er 1998 Opfer eines Raubüberfalls wurde, gelähmt ist. Seit seiner Amtsübernahme verfolgt Moreno eine Einschränkung der großzügigen Ausgabenpolitik seines Vorgängers; die einstigen Weggefährten sind inzwischen politisch verfeindet.

Kultur

Bevölkerung

Von allen Ländern Südamerikas hat Ecuador die höchste Bevölkerungsdichte – etwa 58 Menschen leben auf 1 km². Trotzdem wirkt das Land noch immer sehr unberührt, denn mehr als 30 % der Bevölkerung leben auf engstem Raum in den Städten Quito und Guayaquil und weitere 30 % in anderen urbanen Gegenden Ecuadors. Fast die Hälfte der Menschen wohnt an der Küste (einschließlich der Galápagosinseln), und etwa 45 % im Hochland. Der Rest lebt im Oriente, wo die Besiedlung langsam fortschreitet.

Mestizos sind etwa 72 % der Ecuadorianer, 15 % haben indigene Wurzeln, 6 % sind weiß, und 3 % sind Nachfahren von Afrikanern. Andere ethnische Gruppen machen 3 % aus. Die meisten Menschen indigener Herkunft sprechen Quichua und leben im Hochland. Einige kleinere Gruppen sind im Tiefland anzutreffen.

Lebensart

Wie ein Ecuadorianer lebt, hängt von der Geografie und der Zugehörigkeit zu einer bestimmten Ethnie und Klasse ab. Eine arme *campesino-* (Kleinbauern-)Familie, die den mageren Vulkanboden im steilen Hochland bestellt, lebt ganz anders als eine Fischerfamilie an der Küste, die zwischen Mangroven in der Provinz Esmeraldas wohnt, und wieder anders als eine Familie aus den Slums von Guayaquil. Eine indigene Saraguro-Familie, die im südlichen Hochland Vieh aus Gemeinschaftsbesitz hütet, führt ein völlig anderes Leben als eine *quiteño* (Leute aus Quito) Familie aus der Oberschicht, die drei Hausangestellte, alle neuesten Elektrogeräte und einen teuren Wagen in der Garage haben mag.

Etwa 22 % der Ecuadorianer leben unterhalb des Existenzminimums. Die permanenten Sorgen der meisten Ecuadorianer gelten Brennmaterial und Nahrungsmitteln. Aber fast alle Traveller, die zum ersten Mal herkommen, stellen mit Erstaunen fest, dass selbst die ärmsten Ecuadorianer eine Offenheit ausstrahlen, eine Großzügigkeit und Zufriedenheit, die man in hoch entwickelten Ländern nur selten findet. Fiestas feiern alle mit Eifer, und manchmal kriegt man nachts kein Auge zu, weil nebenan lautstark eine Geburtstagsparty stattfindet.

Religion

Die römisch-katholische Konfession dominiert (74 % der Bevölkerung gehören ihr an), daneben gibt's eine kleine Minderheit aus anderen Kirchen. Die indigenen Völker vermischen den Katholizismus gerne mit ihrem eigenen traditionellen Glauben.

Kunst

Musik

Die *música folklórica* (traditionelle Musik aus den Anden) hat einen unverwechselbaren, eindringlichen Klang. Im westlichen Kulturkreis wurde sie durch Songs wie Paul Simons Version von *El Cóndor Pasa (If I Could)* populär. Die außerweltlich wirkende Qualität entsteht durch die Verwendung einer pentatonischen (Fünfton-)Tonleiter und präkolumbischer Blas- und Schlaginstrumente. Sie vermitteln einen Eindruck vom Leben im windgepeitschten *páramo* (hochgelegene Andenwiesen). Am besten hört man sich das Ganze in einer *peña* (Volksmusikverein oder Aufführung des Repertoires eines solchen) an.

Der Nordwesten Ecuadors, vor allem die Provinz Esmeraldas, ist berühmt für Marimba-Musik, ursprünglich der Sound der afro-ecuadorianischen Bevölkerung. Heute wird es immer schwieriger, sie live zu hören, denn viele Afro-Ecuadorianer sind auf Salsa oder andere Musikrichtungen umgestiegen.

Wenn es eine Musikform gibt, der man nicht entkommt, ist es Cumbia. Ihr Rhythmus erinnert an ein dreibeiniges trabendes Pferd. Ursprünglich stammt sie aus Kolumbien; die ecuadorianische Version klingt rauer, fast amateurhaft und melancholisch, und wird von einem elektronischen Keyboard dominiert. Busfahrer lieben das Zeug, vielleicht, weil es die Fahrten über die Nebenstraßen der Anden so seltsam schön untermalt.

Obwohl die meisten bei Ecuador eher an Folklore *(folklórica)* denken, ist der *pasillo* die populärste Volksmusik des Landes. Er hat sich aus dem Walzer heraus entwickelt. Seinen Anfang nahm der *pasillo* im 19. Jh., als Ecuador noch ein Teil von Gran Colombia (Großkolumbien) war. Die ergreifenden Lieder mit ihren melancholischen Melodien behandeln oft Themen, wie Enttäuschung, verlorene Liebe und die unstillbare Sehnsucht nach vergangenen Tagen. Die bekannteste Stimme des *pasillo* war Julio Jaramillo (1935–1978), der die Musikrichtung in ganz Lateinamerika bekannt gemacht hat.

In Sachen Jugendkultur ist der aus der Karibik stammende Reggaeton (eine Mischung aus puertoricanischem *bomba*, Dancehall und Hip-Hop) zu erwähnen – hierzu tanzen die Clubgänger in der Stadt. In Ecuador gibt's außerdem eine Reihe Latino-Pop-Künstler. Sänger wie der Teenie-Star Fausto Miño dominieren das Programm, das über den Äther ausgestrahlt wird.

Architektur

Viele Kirchen in Quito wurden während der Kolonialzeit erbaut, und die Architekten ließen sich von der Escuela Quiteña inspirieren. Außerdem lassen die Kirchen oft maurische Einflüsse erkennen, besonders was die Innendekoration betrifft. Der als *mudéjar* bekannte Stil spiegelt eine Bauweise wider, die sich zu Beginn des 12. Jhs. in Spanien entwickelte. Insgesamt ist die Architektur der kolonialen Kirchen überaus prunkvoll – Barock eben.

Viele Häuser aus der Kolonialzeit sind zweistöckig und haben verzierte Balkone am oberen Stockwerk. Die Wände sind weiß getüncht und die Dächer mit roten Ziegeln gedeckt. Die Altstädte von Quito und Cuenca sind von der UNESCO anerkannte Weltkulturdenkmäler. In beiden Orten gibt es wunderbar erhaltene koloniale Architektur in Hülle und Fülle.

Bildende Künste

Die religiöse Kunst der Kolonialzeit ist in vielen Kirchen und Museen zu bewundern, besonders in Quito. Sie stammt von indigenen Künstlern, die bei den spanischen Conquistadores in die Schule gingen. Sie übernahmen die religiösen Ideen der Spanier, ließen aber ihre eigenen Glaubensvorstellungen einfließen. So entstand eine einzigartige religiöse Kunst, bekannt als Escuela Quiteña. Die Quito-Schule ging mit der Unabhängigkeit verloren.

Das 19. Jh. wird als republikanische Periode bezeichnet. Typisch für die Kunst dieser Zeit ist der Formalismus. Lieblingsthemen waren Helden der Revolution, wichtige Mitglieder aus der High Society der neuen Republik und blühende Landschaften.

Im 20. Jh. entstand die indigene Schule, deren Leitthema die Unterdrückung der indigenen Bevölkerung von Ecuador ist. Wichtige Künstler der sogenannten *indigenista* sind Camilo Egas (1889–1962), Oswaldo Guayasamín (1919–1999), Eduardo Kingman (1913–1997) und Gonzalo Endara Crow (1936–1996). Besucher können (und sollten!) sich die Werke dieser Künstler in den Galerien und Museen von Quito ansehen. Die ehemaligen Wohnhäuser von Egas und Guayasamín (auch in Quito) sind heute Museen, die ihre Arbeiten ausstellen.

Natur & Umwelt

Geografie

Ecuador ist klein, doch auch eines der Länder mit der größten geografischen Vielfalt weltweit. Es lässt sich in drei Regionen aufteilen: Das Rückgrat bilden die Anden, westlich der Berge liegt das Küstentiefland, und im Osten schließt die Region Oriente den Regenwald des oberen Amazonasbeckens ein. Innerhalb von nur 200 km (so weit wie ein Kondor fliegt) kann man von Meeresspiegelhöhe auf schneebedeckte Gipfel klettern, die 6 km über dem Meeresboden liegen, und dann auf der Ostseite des Landes in den Regenwald hinabsteigen. Die Galápagosinseln liegen am Äquator, 1000 km westlich der ecuadorianischen Küste, und bilden eine der 21 Provinzen des Landes.

Tiere & Pflanzen

Ecuador ist eines der artenreichsten Länder der Welt und wird von Ökologen als *megadiversity hot spot* bezeichnet. Mehr als 20 000 Pflanzenarten kennt man hier, und jedes Jahr werden noch immer neue entdeckt. In ganz Nordamerika gibt es nur 17 000 Pflanzenarten. In den Tropen sind im Allgemeinen viel mehr Arten heimisch als in gemäßigten Zonen, doch ein weiterer Grund für die Artenvielfalt Ecuadors ist ganz einfach, dass es hier viele verschiedene Lebensräume gibt. Es liegt auf der Hand, dass in den Anden ganz andere Arten leben als im tropischen Regenwald, und mit den dazwischen liegenden Lebensräumen und den Küstengebieten ergeben sich sehr unterschiedliche Ökosysteme, eine Anhäufung von Leben, die Naturliebhaber aus der ganzen Welt fasziniert.

Vogelbeobachter strömen in Scharen wegen der großen Vielfalt der Vogelarten nach Ecuador – es sind um die 1600 Arten und damit etwa doppelt so viele, wie in Nordamerika, Europa oder Australien verzeichnet sind. Und Ecuador ist nicht nur ein Land der Vögel: Etwa 300 Säugetierarten kennt man hier, von den Affen am Amazonas bis hin zu den seltenen Brillenbären im Andenhochland.

Nationalparks & Naturschutzgebiete

In Ecuador gibt's mehr als 30 Parks und Reservate, die unter dem Schutz der Regierung stehen. Neun davon sind Nationalparks; außerdem stehen viele Naturschutzgebiete unter privater Leitung. Insgesamt liegen 18 % des Landes in Schutzgebieten. Ecuadors erster *parque nacional* waren die Galápagosinseln, eingerichtet im Jahr 1959. Verstreut über das Festland von Ecuador befinden sich acht weitere Nationalparks. Zu den am stärksten besuchten gehören (von Norden nach Süden):

Parque Nacional Cotopaxi (S. 650) Mit seinem gewaltigen, eisbedeckten Gipfel ist der Volcán Cotopaxi das ganze Jahr über ein eindrucksvolles Ziel für Wanderer und Bergsteiger.

Parque Nacional Yasuní (S. 678) Steht für den Amazonasregenwald, große Flüsse und Lagunen. Mit seinen Kaimanen, Affen, Vögeln, Faultieren und vielen anderen Arten ist der Wald das ganze Jahr über einen Besuch wert.

Parque Nacional Machalilla (S. 693) Ein Trockenwald an der Küste. Die Strände und Inseln bzw. das Meer rundherum sind der Lebensraum von Walen, Seevögeln, Affen und Reptilien. Tolle Wandermöglichkeiten und Strände!

Parque Nacional Cajas (S. 670) Mit seinen schimmernden Seen und dem heidelandähnlichen *páramo*-Gebiet ist dieser Park im Hochland ein ideales Ziel für einen Abenteuerausflug von Cuenca aus.

Parque Nacional Podocarpus (S. 673) Hat alle Facetten vom Nebelwald bis zum Regenwald. Den malerischen Park im Süden erkundet man am besten von Loja, Zamora oder Vilcabamba aus.

In vielen Parks leben indigene Stämme, die schon lange da waren, bevor man das Gebiet zu einem Park erklärt hat. Bei den Oriente-Parks führten die indigenen Jagdgepflogenheiten (die sich noch stärker auswirken, weil die Gruppen in kleinere Gebiete zurückgedrängt und ihre Ressourcen beschnitten wurden) zum Konflikt mit den Parkschützern. Wie man diese Gebiete vor Öl- und Bauholzgewinnung oder Bergbau schützen, aber zugleich die Rechte der indigenen Bevölkerung wahren soll, ist immer noch eine sehr schwierige Frage.

Der Eintritt zu allen Nationalparks mit Ausnahme der Galápagosinseln (Eintritt 110 US$) ist kostenlos.

Umweltprobleme

Ökologen zufolge hat Ecuador die höchste Abholzungsrate. Im Hochland ist fast der gesamte Waldbestand verschwunden, nur ein paar Fleckchen sind geblieben, meist in Naturschutzgebieten in privater Hand. Entlang der Küste sind die einst zahlreichen Mangrovenwälder beinahe ganz verschwunden, um künstlichen Garnelenbecken Platz zu machen.

Etwa 95% der Wälder an den Westhängen und im Flachland wurden in landwirtschaftliche Flächen, meist Bananenplantagen, umgewandelt.

Große Teile des Regenwalds am ecuadorianischen Amazonas stehen zwar noch, sind aber stark von der Zerstückelung bedroht. Seit hier Öl entdeckt wurde, werden immer mehr Straßen angelegt, Kolonisten kommen, und die Zerstörung des Waldes hat exponentiell zugenommen. Die Hauptmotoren der Zerstörung sind Holzeinschlag, Viehhaltung und die Gewinnung von Öl und Mineralien.

Die indigenen Bewohner der Regenwälder – die von ihren Trinkwasser- und Nahrungslieferanten, den Flüssen, abhängig sind – sind ebenfalls erheblich betroffen: Ölrückstände, Chemikalien für die Ölbearbeitung, Erosion und Dünger verseuchen die Gewässer, töten die Fische und vergiften das zuvor trinkbare Nass. *Crude*, eine Dokumentation unter der Regie des US-Filmemachers Joe Berlinger, zeichnet ein verstörendes Porträt dieses Problems.

PRAKTISCHES

ℹ Allgemeine Informationen

AKTIVITÄTEN

Vom Besuch antiker historischer Stätten und abgelegener indigener Gemeinden im Amazonasgebiet über Gleitschirmfliegen an der Küste, Surfen in entspannten Strandorten, Wanderungen zu Vulkanen und unberührten Nationalparks bis hin zur Begegnung mit einmaligen Tierarten auf den Galápagosinseln hat das vielfältige Ecuador alles zu bieten.

BOTSCHAFTEN & KONSULATE

Die Öffnungszeiten sind kurz und ändern sich regelmäßig, deshalb empfiehlt es sich, vorher anzurufen.

Deutsche Botschaft (☎ 02-297-0820; www.quito.diplo.de; Naciones Unidas E10-44 nahe República de El Salvador, Edificio Citiplaza, 14. OG, Parque La Carolina, Neustadt, Quito; ⌚ Mo–Do 8–13 & 14–16, Fr 8–13 Uhr)

Deutsches Konsulat (☎ 04-220-0316; www.quito.diplo.de; Av. Las Monjas 10 y C. J. Arosemena, Edificio Hamburgo, 2. OG, Guayaquil; ⌚ Mo–Fr 9–16 Uhr)

Kolumbianische Botschaft (☎ 02-333-0268; http://quito.consulado.gov.co; Catalina Aldaz N34-131 nahe Portugal, 2. OG, La Carolina, Neustadt; ⌚ Mo–Sa 8–13.30 Uhr)

Kolumbianisches Konsulat (☎ 04-263-0674; http://guayaquil.consulado.gov.co; Francisco de Orellana 111, World Trade Center, Tower B, 11. OG, Guayaquil)

Kolumbianisches Konsulat (☎ 06-225-2458, 06-225-0317, http://tulcan.consulado.gov.co; Calle Olmedo y 10 de Agosto. Gebäude La Catedral Mezzanine, Tulcán; ⌚ 8–13 & 14.30–15.30 Uhr)

Österreichisches Konsulat (☎ 04-603-5430; Puerto Azul, Mz. MG Va. 16, Guayaquil)

Österreichisches Konsulat (☎ 02-380-1150; www.consulado-quito.at; Site Center Torre 1 - Oficina 4, Calle del Establo, Sector Santa Lucia, Cumbayá alta, Quito)

Peruanische Botschaft (☎ 02-246-8410; www.embajadadelperu.org.ec; Av República de El Salvador N34-361 nahe Irlanda, Parque La Carolina, Neustadt, Quito; ⌚ 9–12 & 14–16 Uhr)

Peruanisches Konsulat (☎ 04-263-4014, 04-263-4035, 04-228-0114; www.consulado.pe/es/Guayaquil/Paginas/Inicio.aspx; Av Francisco de Orellana 501, Kennedy Norte, 13. OG, Guayaquil; ⌚ Mo–Fr 9–17 Uhr)

Schweizerische Botschaft (☎ 02-243-4949; www.eda.admin.ch/quito; Av. Amazonas N35-17 y Juan Pablo Sanz, Gebäude Xerox, 2. OG, Quito; ⌚ Mo–Fr 9–12 Uhr)

Schweizerisches Konsulat (☎ 04-268-1997; www.eda.admin.ch/quito; Av Juan Tanca Marengo, Km 1,8 & Santiago Castillo, Gebäude Conauto, 5. OG, Guayaquil)

ESSEN

Ecuador bietet Essen für fast jeden Gaumen, insbesondere in Guayaquil und Quito, wo man internationale Küche, Fast Food und Gerichte aus den meisten südamerikanischen Ländern findet.

Die ecuadorianischen Spezialitäten unterscheiden sich von Region zu Region, aber eine Sache ist sicher: das ganze Land liebt Kochbananen. Ein typisches Essen besteht aus Fleisch oder Fisch, diversen Sättigungsbeilagen sowie Gemüsen oder Salat. Zu den meisten Gerichten gibt's zwei Sättigungsbeilagen (üblicherweise Reis mit Bohnen, Linsen, Kochbananen oder Kartoffeln).

Ecuador hat eine große Auswahl an örtlichen und internationalen Getränken. Außer an Feiertagen und während Festen reicht es meist aus, einen Tisch am gleichen Tag zu buchen, bei Spitzenrestaurants sollte man das aber im Vorfeld tun.

Restaurants Die Palette reicht von Essensständen am Straßenrand bis zu noblen, klimatisierten Etablissements mit Sicherheitsleuten vor der Tür. Die meisten Restaurants haben südamerikanische Küche, in den größeren Städten gibt's auch internationale Cuisine.

Cafés In vielen Lokalen erhält man leider Instantkaffee, man sollte also vor der Bestellung fragen, ob es echten gemahlenen Bohnenkaffee gibt. Die meisten Cafés haben WLAN und sind von frühmorgens bis zum frühen Abend geöffnet. Vor allem braucht man Geduld – es dauert oft lange, bis der Kaffee vor einem steht.

Hotels Viele Hotels haben Restaurants, aber nur internationale Ketten wirklich herausragende.

PREISKATEGORIEN ESSEN

Die folgenden Preiskategorien beziehen sich auf den Preis für ein übliches Hauptgericht. In besseren Lokalen werden in der Regel die Steuer (12 %) und die Servicegebühr (10 %) auf die Rechnung aufgeschlagenl.

**$** weniger als 8 US$

**$$** 8–15 US$

**$$$** mehr als 15 US$

FEIERTAGE & FERIEN

An den wichtigeren Feiertagen haben Banken, Büros und andere Institutionen geschlossen, und die öffentlichen Verkehrsmittel sind oft sehr voll, Busfahrkarten also im Voraus kaufen! Große Feiertage werden manchmal mehrere Tage lang um das eigentliche Datum herum gefeiert. Fällt ein Feiertag auf ein Wochenende, sind die Büros manchmal am vorangehenden Freitag oder am folgenden Montag geschlossen.

Neujahr 1. Januar
Dreikönig 6. Januar
Semana Santa (Osterwoche) März/April
Tag der Arbeit 1. Mai
Schlacht von Pichincha 24. Mai
Geburtstag von Simón Bolívar 24. Juli
Unabhängigkeitstag von Quito 10. August
Unabhängigkeitstag von Guayaquil 9. Oktober
Kolumbustag/Día de la Raza 12. Oktober
Allerheiligen 1. November
Allerseelen 2. November
Unabhängigkeitstag von Cuenca 3. November
Heiligabend 24. Dezember
1. Weihnachtstag 25. Dezember

FRAUEN UNTERWEGS

Im Allgemeinen werden weibliche Traveller Ecuador als sicher und angenehm wahrnehmen, trotz des immer noch vorherrschenden Machismo. Ecuadorianische Männer verwenden oft Anmachsprüche, die man am besten einfach ignoriert.

An der Küste kann die Anmache aufdringlicher werden. Frauen, die allein unterwegs sind, sollten hier Vorsichtsmaßnahmen ergreifen, z. B. ein Taxi nehmen, statt zu laufen. Von Fremden keine Getränke annehmen und den eigenen Drink nicht unbeaufsichtigt stehen lassen – es gibt gelegentlich Berichte, dass Drogen hineingetan wurden.

Lonely Planet hat Berichte von Frauen erhalten, die bei einer organisierten Tour belästigt wurden. Frauen, die allein unterwegs sind, sollten einige Recherchen anstellen, ehe sie sich einer Tour anschließen. Dazu gehört, herauszufinden, wer die Tour leitet, welche anderen Reisenden mitkommen usw. In einigen wenigen Fällen gibt's auch Touren nur für Frauen und weibliche Guides.

FREIWILLIGENARBEIT

Zahlreiche Organisationen beschäftigen Freiwillige; die große Mehrheit davon verlangt aber zumindest Grundkenntnisse im Spanischen, die Verpflichtung für einige Wochen oder Monate sowie Gebühren (zwischen 10 US$/Tag bis zu 700 US$/Monat), um die Kosten für Unterkunft und Verpflegung zu decken. Freiwillige können bei Naturschutzprojekten mitarbeiten, Straßenkindern helfen, Naturpfade bauen, Websites einrichten, im Gesundheitsbereich oder in der Landwirtschaft mithelfen – die Möglichkeiten sind schier endlos. Auch viele Regenwald-Lodges akzeptieren Freiwillige, aber nur für längere Aufenthalte. Um die Kosten gering zu halten, schaut man sich am besten nach der Ankunft in Ecuador vor Ort um.

Unter „Classified Ads" auf Ecuador Explorer (www.ecuadorexplorer.com) findet man eine lange Liste von Organisationen, die Freiwillige suchen.

Lonely Planet verbürgt sich für keine Organisation, mit der es nicht direkt zusammenarbeitet, und wir empfehlen Travellern dringend, hinsichtlich Freiwilligenarbeit eigene Recherchen anzustellen, um zu ermitteln. ob die entsprechende Stelle für sie geeignet ist.

AmaZOOnico (www.selvaviva.ec/en/amazoonico) Akzeptiert Freiwillige für die Versorgung kranker und verletzter Tiere.

Andean Bear Conservation Project (www.andeanbear.org) Trainiert Freiwillige als Bärensucher. Man wandert durch abgelegene Nebelwälder auf der Suche nach den scheuen Brillenbären, deren Vorliebe für süßen Mais ihr Verhalten in freier Wildbahn verändert. Weitere Jobs hier betreffen die Unterhaltung von Wanderwegen und die Arbeit mit örtlichen Bauern an der Wiederherstellung von Maisfeldern, die von Bären geplündert wurden (um die Bauern davon abzuhalten, auf Bärenjagd zu gehen).Freiwillige können schon für nur eine Woche kommen, empfohlen wird aber ein Monat (700 US$).

Bosque Nublado Santa Lucia (www.santaluciaecuador.com) Das gemeindebasierte Ökotourismusprojekt in den Nebelwäldern des nordwestlichen Ecuador engagiert regelmäßig Freiwillige für Arbeit z. B. bei der Wiederaufforstung, beim Unterhalt von Wegen, bei Bauprojekten oder als Englischlehrer.

Jatun Sacha Foundation (www.jatunsacha.org) Diese Stiftung unterhält vier biologische Forschungsstationen in vier Zonen Ecuadors: an der Küste, im Hochland, im Amazonasgebiet und auf den Galápagosinseln. Freiwillige, die sich mindestens zwei Wochen verpflichten, werden in allen Forschungsstationen angenommen.

Merazonia (www.merazonia.org) Ein Asyl für verletzte Tiere im zentralen Hochland.

New Era Galápagos Foundation (www.neweragalapagos.org) Die gemeinnützige Organisation bietet Stellen für Freiwillige, wobei der Schwerpunkt auf der Unterstützung von Gemeinden und auf nachhaltigem Tourismus auf den Galápagosinseln liegt. Die Freiwilligen leben und arbeiten auf der Isla San Cristóbal.

Progreso Verde (www.progresoverde.org) Akzeptiert Freiwillige u. a. bei Aufforstungs- und Bio-Landbauprojekten sowie als Lehrer.

Reserva Biológica Los Cedros (www.reservaloscedros.org) Dieses Naturschutzgebiet in den Nebelwäldern der westlichen Andenhänge sucht oft Freiwillige.

Río Muchacho Organic Farm (☎05-302-0487; www.riomuchacho.com; über Canoa Jama, Km 10, Troncal del Pacifico, nordöstlich von Canoa) Freiwillige und Einheimische packen hier gemeinsam beim Erlernen nachhaltiger Anbaumethoden an. Es gibt Kurzprogramme von ein bis drei Tagen sowie wochen- bis monatelange Kurse (300–1200 US$). Man kann hier Freiwilligenarbeit für 300 US$ pro Monat leisten. Die meisten Besucher kommen im Rahmen einer drei Tage und zwei Nächte dauernden Tour für 179 US$ pro Person (mit Rabatt bei größeren Gruppen). Die Unterkünfte bestehen aus sehr rustikalen Hütten mit Gemeinschaftsduschen und Komposttoiletten. Begehrt ist ein Schlafplatz im Baumhaus. Die tropische Bio-Farm liegt am gleichnamigen Fluss und ist über eine 7 km lange raue, unbefestigte Piste zu erreichen, die nördlich von Canoa von der Straße in Richtung Binnenland abzweigt.

Siempre Verde (☎Anschluss 1460 in den USA 404-262-3032; www.siempreverde.org; N 0 22' 18) Kurz vor Santa Santa Rosa verlässt man die Straße und marschiert zwei Stunden bis zu Siempre Verde, einer kleinen gemeindebetriebenen Forschungsstation, die sich mit ausgezeichneten Wanderungen und Vogelbeobachtungstouren der Aufklärung über die Erhaltung des Waldes widmet. Studierende und Forscher sind bei vorheriger Vereinbarung willkommen.

Yanapuma Foundation (Karte S. 622; ☎02-228-7084; www.yanapuma.org; Guayaquil E9-59 nahe Oriente, Altstadt) Freiwillige können sich hier als Englischlehrer, als Helfer beim Bau von Häusern in abgelegenen Gemeinden, bei Wiederaufforstungsprojekten oder bei Säuberungsaktionen an der Küste beteiligen. Weitere Infos erhält man in der Zentrale der Organisation in Quito, die zugleich eine Sprachschule ist.

GEFAHREN & ÄRGERNISSE

Zu großen Befürchtungen besteht kein Anlass; die meisten unangenehmen Vorfälle lassen sich mit Einsatz des gesunden Menschenverstands vermeiden.

Wenn es vermeidbar ist, sollte man keine Wertsachen auf Tageswanderungen mitnehmen, vor allem nicht in Gebieten, die häufig von Touristen besucht werden.

Dass man Opfer eines Raubüberfalls wird, ist höchst unwahrscheinlich. Sollte der Fall dennoch eintreten, sollte man umgehend bei der Polizei Anzeige erstatten. Das ist die Voraussetzung für alle Ansprüche an seine Versicherung; dass die Polizei das geraubte Eigentum aufspüren kann, ist jedoch höchst unwahrscheinlich.

Sehr selten treten in städtischen Gebieten auch Fälle von Express-Kidnapping *(secuestro exprés)* auf. Dabei zwingen bewaffnete Räuber (die in der Regel ein unlizenziertes Taxi nutzen) ihr Opfer, Geld von einem Geldautomaten abzuheben, und setzen dieses dann irgendwo am Stadtrand ab. Um dieses Risiko zu vermeiden, sollte man sich vom Hotel oder dem Restaurant ein Taxi rufen lassen. Man kann ein Taxi auch mit der App Easy Taxi bestellen.

Gefährliche Gebiete

Aufgrund gelegentlicher bewaffneter Konflikte im Nachbarland Kolumbien sind die Gebiete längs der kolumbianischen Grenze (insbesondere im nördlichen Oriente) potenziell gefährlich. Touren in den Oriente sind generell sicher, doch kam es schon zu vereinzelten Raubüberfällen.

Im Norden der Provinz Esmeraldas sind unzufriedene Guerrilleros der Rebellengruppe FARC, die aus Kolumbien eingesickert sind, und der grenzüberschreitende Drogenschmuggel ein Problem.

GELD

Ecuadors offizielle Währung ist der US-Dollar. Abgesehen von Euros, peruanischen Soles und kolumbianischen Nuevos Soles ist es sehr schwer, in Ecuador ausländisches Geld zu tauschen.

Geldautomaten

Geldautomaten sind der leichteste Weg, an Bargeld zu kommen. Man findet welche in den meisten Städten und sogar in kleineren Ortschaften, obwohl sie gelegentlich außer Betrieb sind (oder das Geld ausgegangen ist). Wichtig ist, dass man eine nur vierstellige PIN hat, denn viele ecuadorianische Geldautomaten erkennen längere nicht.

Kreditkarten

Visa, MasterCard und Diners Club sind die Karten, die am meisten akzeptiert werden. Kaufleute, die eine Kreditkartenzahlung akzeptieren, schlagen oft 5 bis 10 % auf den Preis auf – Barzahlung ist also häufig günstiger.

Geld wechseln

Am besten wechselt man Geld in den Großstädten Quito, Guayaquil und Cuenca, wo die Kurse am günstigsten sind. Da die Banken begrenzte Öffnungszeiten haben, sind manchmal *casas de cambio* (Wechselstuben) die einzige Option, Geld einzuwechseln. Diese sind in der Regel montags bis freitags von 9 bis 18 und samstags mindestens bis 12 Uhr geöffnet.

GESUNDHEIT

Empfohlene Impfungen

Bei Reisen ins Amazonasgebiet sollte man eine Impfung gegen Gelbfieber in Erwägung ziehen. Diese ist hocheffektiv und bleibt mindestens 10 Jahre wirksam, muss aber spätestens 10 Tage vor der Anreise verabreicht werden.

Auch Impfungen gegen Typhus und Hepatitis A sowie Hepatitis B sind für Ecuador empfohlen. Die Typhus-Impfung muss mindestens zwei Wochen vor der Anreise erfolgen.

Im Zweifel erkundigt man sich bei seinem Arzt, welche Impfung für einen angezeigt sind.

Verfügbarkeit von medizinischer Versorgung

Medizinische Hilfe ist in der Regel in größeren Städten verfügbar, aber in ländlichen Gebieten manchmal schwer zu finden. Die Apotheken heißen in Ecuador *farmácias*. Es kann schwierig sein, importierte pharmazeutische Artikel aufzutreiben. Notwendige Arzneien und Hygieneartikel bringt man besser mit, da diese in Ecuador generell teurer sind.

Höhenkrankheit

Die Höhenkrankheit kann bei Travellern auftreten, die schnell in Höhen von mehr als 2500 m aufsteigen; das gilt auch für Traveller, die direkt nach Quito fliegen. Zu den möglichen Symptomen gehören Kopfschmerzen, Schwindel, Erbrechen, Benommenheit, Unwohlsein, Schlaf- und Appetitlosigkeit. In schweren Fällen kann sich Flüssigkeit in der Lunge ansammeln (Höhenlungenödem) oder das Hirn anschwellen (Höhenhirnödem). Die häufigste Todesursache aufgrund großer Höhe sind Höhenlungenödeme.

Zur Vorbeugung gegen die Höhenkrankheit empfiehlt es sich, schrittweise in größere Höhen vorzudringen, Überanstrengungen zu vermeiden, leichte Mahlzeiten zu essen und auf Alkohol und Koffein zu verzichten.

Leitungswasser

Generell ist davon abzuraten, irgendwo in Ecuador Leitungswasser zu trinken. Wasser in Flaschen ist weithin verfügbar, und einige auf Ausländer ausgerichtete Hotels und Pensionen stellen Gästen, die ihre eigenen Wasserflaschen füllen wollen, gereinigtes Wasser *(agua purificada)* zur Verfügung.

INTERNETZUGANG

WLAN ist allgegenwärtig. Die Gästehäuser im ganzen Land stellen (in der Regel kostenlos) einen WLAN-Zugang zur Verfügung. In den öffentlichen Bereichen einiger Städte gibt's ebenfalls kostenloses WLAN. Das WLAN-Symbol weist darauf hin, wo ein Zugang verfügbar ist.

Internetcafés verschwinden in Ecuador, obwohl es in den meisten größeren Ortschaften noch ein paar gibt. Dort bezahlt man ca. 1,50 US$ pro Stunde. Einige Hotels haben auch einen oder zwei Computer für Gäste. Unterkünfte mit einem Computer mit Internetzugang sind mit dem Internetsymbol gekennzeichnet.

LGBT+-REISENDE

Gleichgeschlechtliche Paare sollten in Ecuador ihre Zuneigung nicht offen zur Schau stellen. Gleichgeschlechtliche Lebenspartnerschaften sind seit der Verfassung von 2008 geschützt, und für die meisten Ecuadorianer sind Schwulenrechte kein politisches Thema. Aber offiziell war Homosexualität bis 1998 strafbar, und Vorurteile gegen Schwule existieren immer noch.

Es gibt mehrere Fiestas in Ecuador mit Umzügen, bei denen sich Männer als Frauen verkleiden. Das ist als Spaß gemeint und kein Zeichen für eine offene Akzeptanz anderer geschlechtlicher Orientierungen, gibt aber trotzdem allen (Schwulen und Heteros) die Gelegenheit, sich in einer populären kulturellen Situation und in einem akzeptierenden Umfeld auszuleben.

ÖFFNUNGSZEITEN

Öffnungszeiten sind angegeben, wenn sie sich von den folgenden Standardzeiten unterscheiden:

Restaurants Mo–Sa 10.30–23 Uhr
Bars Mo–Do 18–24, Fr & Sa bis 2 Uhr
Läden Mo–Fr 9–19, Sa 9–12 Uhr
Banken Mo–Fr 8–14 oder 16 Uhr
Post Mo–Fr 8–18, Sa 8–13 Uhr
Telefonzentren tgl. 8–22 Uhr

Viele Geschäfte und Behörden machen eine einoder zweistündige Mittagspause (ca. 12–14 Uhr); einige Restaurants schließen zwischen der Zeit für das Mittag- und das Abendessen.

POST

Die ecuadorianische Post ist recht verlässlich, aber teuer (Postkarte nach Europa: 3 US$). Man muss mit mindestens zwei Wochen rechnen, bis ein Brief oder ein Päckchen sein Ziel erreicht. Kurierdienste wie FedEx, DHL oder UPS sind in größeren Ortschaften gut vertreten, aber der Service ist kostspielig.

RECHTSFRAGEN

Ecuador verfolgt eine Null-Toleranz-Politik in Bezug auf den Besitz illegaler Drogen gleich welcher Menge. Früher zog der Besitz von bis zu 10 g Cannabis und bis zu 2 g Kokain keine Anklage nach sich, aber das ist nicht länger der Fall: Der Gebrauch oder der Handel mit Drogen ist ein Verbrechen, das mit einer Gefängnisstrafe geahndet werden kann, wobei in der Strafzumessung zwischen Nutzern, Kleinhändlern und Großdealern unterschieden wird.

Autofahrer sollten ihren Pass und ihren Führerschein dabei haben. Im Fall eines Unfalls sollten die Fahrzeuge, außer bei kleinsten Bagatellschäden, nicht bewegt werden, bis die Polizei kommt und einen Bericht macht. Dieser ist entscheidend für alle Versicherungsansprüche. Wenn es bei einem Unfall einen Verletzten gibt und man selbst unverletzt geblieben ist, sollte man das Opfer, insbesondere wenn es sich um einen Fußgänger handelt, sofort zu einem Ort bringen, wo es medizinische Hilfe erhalten kann. Autofahrer sind laut Gesetz für Verletzungen von Fußgängern verantwortlich und werden eingesperrt, wenn sie nicht bezahlen, selbst wenn der Unfall nicht ihre Schuld war. Defensiv fahren!

In Ecuador ist das Autofahren ohne Versicherung ein Vergehen, das mit Gefängnis bestraft werden kann. Unversicherte Fahrer, die in Unfälle verwickelt sind, machen sich daher leider oft aus dem Staub.

REISEN MIT BEHINDERUNG

Leider ist die Infrastruktur für behinderte Traveller in Ecuador begrenzt. Rollstuhlrampen sind eine Seltenheit, und die Bürgersteige sind oft mit Löchern durchsetzt. Die Badezimmer und Toiletten sind oft für Rollstühle zu schmal. Bezeichnungen in Blindenschrift und Telefone für Hörgeschädigte sind hier praktisch unbekannt.

Trotzdem kommen Menschen mit Behinderung in Ecuador weiter, oft mit Hilfe anderer. Es ist z. B. nicht wirklich ungewöhnlich, wenn ein Traveller mit Gehbehinderung in einen Bus getragen wird. Busse sind (laut Gesetz) verpflichtet, behinderte Traveller kostenlos zu befördern. Stadtbusse, die bereits überfüllt sind, tun das nicht, aber Fernbusse manchmal schon. Traveller mit Behinderungen sind bei Inlandsflügen berechtigt, einen Rabatt von 50 % zu verlangen.

Im Unterkunftsbereich finden sich die einzigen wirklich behindertengerechten Zimmer in den internationalen Kettenhotels in Quito und Guayaquil.

Unter http://lptravel.to/Accessible-Travel kann man die kostenlosen Accessible-Travel-Führer von Lonely Planet herunterladen.

SPRACHKURSE

Ecuador ist eines der besten Länder, um in Südamerika Spanisch zu lernen. Das ecuadorianische Spanisch ist klar und deutlich und ähnelt dem mexikanischen und zentralamerikanischen Spanisch. Die Preise für Sprachkurse sind günstig. Quito (S. 625) und Cuenca (S. 664) sind die am besten geeigneten Standorte, weil es dort viele Sprachschulen gibt. Für Einzelunterricht zahlt man rund 10 US$ pro Stunde. Eine Unterkunft bei Gastfamilien lässt sich vereinbaren. Wer lieber in eine Kleinstadt möchte, findet Sprachschulen auch in Baños und Otavalo (S. 644).

STROM

Die Stromspannung in Ecuador beträgt 110 V bei 60 Hz Wechselstrom. Die Stecker haben zwei flache Stifte wie in Nordamerika.

TELEFON

Wer keinen Vertrag über Auslandsgespräche mit seinem Handy vereinbart hat, kann in Ecuador problemlos eine Chipkarte mit einer ecuadorianischen Nummer kaufen und installieren (5–10 US$). In den Schaufenster sieht man die Logos von Claro und anderen Mobiltelefon-Providern.

Alle ecuadorianischen Telefonnummern sind siebenstellig (nach der Gebietsvorwahl) – Handynummern sind hingegen zehnstellig, einschließlich der „0" am Anfang.

Ecuadors Landesvorwahl lautet 593. Um eine ecuadorianische Telefonnummer aus dem

Ausland anzurufen, wählt man seinen internationalen Zugangscode, dann die Landesvorwahl Ecuadors, die Gebietsvorwahl ohne die „0" und dann die siebenstellige örtliche Telefonnummer (bzw. die neunstellige Handynummer – wiederum ohne die „0" am Anfang).

WhatsApp hat die Landschaft der internationalen Telefonie verändert, und viele Hotels und Guides lassen sich über diesen Dienst erreichen.

TOILETTEN

Wie überall in Südamerika, ist der Wasserdruck in ecuadorianischen Toilettenspülungen sehr niedrig. Abgesehen von den schicksten Hotels und dem Flughafen von Quito wird benutztes Toilettenpapier in den bereitstehenden Korb entsorgt und nicht in die Toilettenschüssel geworfen, wo es die Spülung verstopft.

Öffentliche Toiletten gibt es fast nur an Busbahnhöfen, auf Flughäfen und in Restaurants. Die Waschräume heißen *servicios higiénicos* und sind in der Regel mit „SS.HH." gekennzeichnet – meist gibt es Toilettenpersonal, dem man für die Benutzung 0,10 oder 0,15 US$ gibt; für eine Ration Toilettenpapier sind 0,05 US$ zusätzlich üblich. In einem Restaurant kann man einfach danach fragen, das *baño* (Bad) zu benutzen. Toilettenpapier ist nicht immer vorhanden; erfahrene Traveller haben stets welches bei sich.

TOURISTENINFORMATION

Die Büros von Ecuadors staatlicher Touristeninformation sind mal so, mal so, werden aber besser. Die Touristeninformationen in Quito und Cuenca sind ausgezeichnet.

In vielen Ortschaften gibt's Touristeninformationen der jeweiligen Stadt oder Provinz; meist können die Angestellten hier aufkommende Fragen gut beantworten.

Ministerio de Turismo (www.ecuador.travel) Zuständig für Touristeninformationen auf Landesebene.

UNTERKUNFT

An Unterkünften herrscht in Ecuador kein Mangel, aber während der wichtigsten Fiestas und am Abend vor einem Markttag kann dennoch schnell alles ausgebucht sein. Man sollte deshalb doch im Voraus planen. Die meisten Hotels haben für Einzelzimmer gesonderte Preise, aber während der Hauptsaison richtet sich in manchen Städten am Strand der Preis nach der Bettenzahl im Zimmer, gleichgültig wie viele Personen einchecken. In den beliebten Resorts sind die Preise in der Hauptsaison (Juni–August, Mitte Dez.–Jan.) ungefähr um 30 % höher als das restliche Jahr über.

In Ecuador gibt's immer mehr Jugendherbergen und günstige *pensiones* (günstige Übernachtungsmöglichkeiten beim Familien).

PREISKATEGORIEN SCHLAFEN

Die folgenden Preiskategorien beziehen sich auf ein Doppelzimmer in der Hauptsaison. Die Zimmerpreise gelten immer für Zimmer mit Bad. Ausnahmen sind bei der jeweiligen Unterkunft erwähnt.

**$** unter 40 US$

**$$** 40 bis 90 US$

**$$$** über 90 US$

In abgelegenen Dörfern ist das Übernachten bei Familien eine Option.

VISA

Besucher aus der EU und der Schweiz benötigen für einen Aufenthalt von weniger als 90 Tagen kein Visum. Den Einreisestempel erhält man direkt am Flughafen oder an der Grenze.

Visaverlängerungen

Durch die neuen Bestimmungen sind Visaverlängerungen ausgesprochen schwierig geworden. Außer bei Reisenden aus Ländern der Andengemeinschaft können Touristenvisa nicht verlängert werden. Wer länger als 90 Tage im Land bleiben will, muss ein 12-IX-Visum beantragen; dies ist auch in Ecuador möglich, aber zeitaufwendiger, als wenn man das Visum vorab in einem ecuadorianischen Konsulat in seinem Heimatland beantragt.

Man holt sich die nötigen Unterlagen für das 12-IX-Visum und zahlt beim **Ministerio de Relaciones Exteriores y Movilidad Humana** (☎ 02-299-3200; www.cancilleria.gob.ec; Carrión E1-76 & Av 10 de Agosto, Quito) die Gebühr von 230 US$. Auf keinen Fall sollte man mit dem Papierkram warten, bis das alte Visum abgelaufen ist, denn eine Überschreitung der Aufenthaltsdauer kann deftige Geldstrafen (200–2000 US$) nach sich ziehen.

ℹ An- & Weiterreise

FLUGZEUG

Ecuador hat zwei internationale Flughäfen:

Aeropuerto Internacional Mariscal Sucre (S. 638) Quitos Flughafen liegt rund 38 km östlich des Zentrums.

Aeropuerto José Joaquín de Olmedo (S. 703) Guayaquils Flughafen ist nur ein paar Kilometer von der Innenstadt entfernt.

TAME (☎ 1-700-500-800; www.tame.com.ec) Ecuadors wichtigste Fluglinie hat in den letzten Jahren eine gute Sicherheitsbilanz. Im Einsatz ist eine moderne Flotte von Boeing-, Airbus- und Embraer-Flugzeugen, hinzu kommen mehrere ATR-Turbopropmaschinen.

LATAM (☎1-800-000-527; www.latam.com) Bietet Auslandsflüge nach New York und zu verschiedenen Städten in Peru, Argentinien, Chile, Brasilien und Bolivien.

AUF DEM LANDWEG

Peru und Kolumbien sind die einzigen Länder, die Landgrenzen zu Ecuador haben. Die Grenzformalitäten bei der Einreise nach oder der Ausreise aus Ecuador sind schnell erledigt, wenn alle Papiere in Ordnung sind. Bei der Ein- oder Ausreise auf dem Landweg werden von Touristen keine Steuern erhoben.

Wenn man die erlaubte Aufenthaltszeit seines T3-Visums (pro Jahr 90 Tage – in Folge oder mit Unterbrechungen –, beginnend mit dem gestempelten Einreisedatum) überschritten hat, muss man eine deftige Geldstrafe bezahlen und wird nach Quito zurückgeschickt. Wer keinen Einreisetempel (*entrada*) vorweisen kann, wird ebenfalls zurückgeschickt.

Zum Zeitpunkt der Recherche stürmten täglich Hunderte von venezolanischen Bürgern die ecuadorianische Grenze mit Kolumbien: Offiziell kamen im Jahr 2018 etwa 50 000 Venezolaner, die Dunkelziffer liegt aber weit höher. Einige Traveller berichteten von mehrstündigen Verzögerungen bei der Abfertigung wegen dieses Andrangs an der Grenze.

Bei Busreisen von Kolumbien oder Peru nach Ecuador geht es an der Grenze zügig voran. In der Regel muss man dabei zu Fuß den Grenzübergang passieren und fährt dann mit einem anderen Bus weiter (in Huaquillas ist es allerdings komplizierter). Einige internationale Busunternehmen bieten direkte Fernbusse aus Großstädten wie Lima oder Bogotá an.

SCHIFF/FÄHRE

Es ist möglich, aber zeitaufwändig, auf dem Río Napo, der bei Iquitos in den Amazonas mündet, von Ecuador aus nach Peru hinunterzuschippern. Die Grenzformalitäten sind dabei minimal, allerdings verkehren Boote nur unregelmäßig auf dieser Route. Rein geografisch ist es auch möglich, auf dem Río Putumayo nach Kolumbien und Peru zu reisen, aber diese Region ist wegen Drogenschmuggel und Terrorismus gefährlich und deshalb nicht empfehlenswert.

ℹ Unterwegs vor Ort

AUTO & MOTORRAD

In Ecuador ein Auto oder Motorrad zu fahren, bringt Herausforderungen mit sich, z. B. Schlaglöcher, uneinsehbare Kurven, mit überhöhter Geschwindigkeit über die Straße bretternde Bus- und Lkw-Fahrer. Aber die Infrastruktur bessert sich dramatisch: Neue Straßen und Brücken werden gebaut und bessere Beschilderungen installiert, sodass man auf den Straßen jetzt viel besser vorankommt. Temposchwellen (die von den Ecuadorianern „schlafende Polizisten" genannt werden) sind manchmal farblich markiert, oft aber auch nicht.

Als Autofahrer muss man in Ecuador seinen Pass und einen Führerschein seines Heimatlands mitführen. Der internationale Führerschein erweist sich als praktisch, wenn man ein Auto mieten will (ist aber offiziell nicht erforderlich).

BUS

Busse sind für die meisten Ecuadorianer das Hauptverkehrsmittel und fahren praktisch überall hin. Busfahrten können aufregend sein, gesellig oder gruselig, die Busse überfüllt, komfortabel oder stinkend, je nachdem, in welcher Stimmung man sich befindet, wie der Fahrer fährt und wo man unterwegs ist.

In den letzten Jahren hat es einige schlimme Busunfälle gegeben. Die meisten Busse haben keine Sicherheitsgurte; wenn sie aber vorhanden sind, sollte man sie auch benutzen.

In den meisten größeren Städten gibt es einen *terminal terrestre* (Hauptbusbahnhof), aber in einigen Städten gibt's auch eine Vielzahl privater Busbahnhöfe, und man muss herausfinden, wo der gewünschte Bus abfährt. Die meisten Busbahnhöfe liegen in Gehweite oder eine kurze Taxifahrt vom Zentrum entfernt. Kleinere Ortschaften werden gelegentlich nur von vorbeifahrenden Bussen bedient, sodass man von der Fernstraße ins Zentrum laufen muss. Die Laufstrecke ist dann aber nicht allzu lang, weil nur die kleinsten Ortschaften keinen speziellen Busbahnhof haben.

Größere Gepäckstücke werden in dem Gepäckraum unter dem Bus verstaut und sind generell sicher. Gestohlen werden eher Gegenstände, die man in den Fahrgastraum mitnimmt. Um nicht bestohlen zu werden, sollte man alles, was man in den Bus mitnimmt, vor sich auf den Schoß nehmen (und nicht auf dem Boden abstellen oder über dem Kopf in der Ablage verstauen).

Durchschnittlich kosten Busfahrten etwas mehr als 1 US$ pro Fahrtstunde. Im Bus sollte man immer seinen Pass griffbereit haben, weil die Busse manchmal angehalten und kontrolliert werden. Besonders im Oriente kommt das häufiger vor.

FLUGZEUG

Abgesehen von Flügen zu den Galápagosinseln sind Inlandsflüge generell recht preiswert und kosten selten mehr als 125 US$ für eine einfache Strecke. Alle Inlandsflüge auf dem Festland dauern weniger als eine Stunde, und oft hat man einen unglaublichen Ausblick auf die Anden.

Die meisten Ziele werden nur von Quito oder Guayaquil aus angeflogen. Folgende Passagierfluglinien sind in Ecuador im Einsatz:

Avianca (☎1-800-003-434; www.avianca.com) Fliegt nach Quito, Guayaquil, Cuenca, Esmeraldas, Isla Baltra (Galápagos), Isla San Cristóbal (Galápagos), Manta und Coca.

Emetebe (☎in Guayaquil 04-230-1277; www.emetebe.com.ec) Die auf den Galápagosinseln ansässige Fluglinie fliegt zwischen der Isla Baltra, der Isla Santa Cruz, der Isla San Cristóbal und der Isla Isabela.

LATAM (S. 727) Fliegt von Quito nach Cuenca, Guayaquil sowie zu den Galápagosinseln (Isla San Cristóbal & Isla Baltra) sowie international nach New York und zu diversen Städten in Peru, Argentinien, Chile, Brasilien und Bolivien.

TAME (S. 727) Fliegt nach Coca, Cuenca, Esmeraldas, Isla Baltra und Isla San Cristóbal (Galápagosinseln), Guayaquil, Lago Agrio, Loja, Manta, Quito und Salinas sowie international nach Bogotá und Cali (Kolumbien), Lima (Peru), New York und Fort Lauderdale (USA).

GEFÜHRTE TOUREN

Wer wenig Zeit hat, organisiert eine Tour am besten in Quito oder Guayaquil. Viele Veranstalter für jeden Geldbeutel organisieren Trips, darunter auch Galápagos-Kreuzfahrten, Kletter- und Wandertouren, Reitausflüge, Dschungeltouren, Mountainbiketrips und Hazienda-Besuche.

Die Kosten für Touren variieren gewaltig, je nachdem, was man haben will. Die billigsten Stadttouren kosten ab ca. 60 US$ pro Person; eine Bananen- und Kakaoplantagentour ab 80 US$ pro Person und Tag, und eine Campingtour ins Amazonasgebiet mit zwei Übernachtungen ab 68 US$ (pro Pers. bei mind. 2 Pers.). Die teuersten Lodges können mehr als 200 US$ pro Person und Nacht inklusive Mahlzeiten und Touren kosten. Vulkan-Wandertouren in Nationalparks kosten ab ca. 75 US$ pro Tag und Person und ab 190 US$ für eine zweitägige Wanderung auf einen Vulkangipfel. Viele Preise für Touren werden günstiger, je größer die Gruppe ist. Galápagos-Bootskreuzfahrten kosten zwischen 3000 und 7000 US$ pro Woche (400–700 US$/Tag), zuzüglich Flugticket, Steuern und Eintrittsgebühren.

LASTWAGEN

In bestimmten Orten, vor allem in ländlichen Gebieten, in denen es viele unbefestigte Straßen gibt, dienen *camionetas* (Pickups) als Taxis. Wenn man von einer Ortschaft zu einem Nationalpark, einer Berghütte oder zum Ausgangspunkt eines Wanderwegs gelangen will, ist es oft das Beste und Leichteste, einen Pickup zu chartern.

In abgelegenen Gebieten fungieren Lkws oft zugleich als Busse. Manchmal handelt es sich um große Pritschenwagen mit Blechdach, offenen Seiten aus Holz und unbequemen Sitzen auf Holzplanken. Diese seltsam aussehenden Busse heißen *rancheras* oder *chivas* und sind häufig an der Küste und im Oriente anzutreffen.

In abgelegenen Teilen des Hochlands werden *camionetas* (normale Lkws oder Pickups) zur Personenbeförderung eingesetzt – man klettert einfach hinten hinein. Bei gutem Wetter genießt man eine fabelhafte Aussicht und lässt sich den erfrischenden Andenwind um die Nase wehen. Wenn das Wetter schlecht ist, verkriecht man sich mit den anderen Passagieren unter einer Plane.

Die Bezahlung wird vom Fahrer festgelegt und ist ein von der Entfernung abhängiger Standardpreis. Man kann sich bei anderen Fahrgästen erkundigen, wie viel sie bezahlen; meist sind die Preise im Truck dieselben wie in einem Bus.

SCHIFF/FÄHRE

Der verbreitetste Bootstyp ist das motorisierte Kanu, das auf den größeren Flüssen im Oriente (insbesondere auf dem Río Napo) und an Teilen der Nordküste als Wassertaxi oder Wasserbus im Einsatz ist. Die meisten Besucher lernen dieses Verkehrsmittel bei einer Tour durch das Amazonasgebiet kennen, weil Motorkanus oft die einzigen Verkehrsmittel zu einer Lodge im Regenwald sind.

Diese Kanus befördern bis zu 36 Passagiere. Generell handelt es sich um langgestreckte Boote mit wenig Komfort. Man sitzt in der Regel auf harten, niedrigen Holzbänken, auf die jeweils zwei Personen passen. Die Boote der meisten am Fluss liegenden Lodges haben gepolsterte Bänke. Wenn man auf einem öffentlichen Kanu fährt, sollte man eine Unterlage mitbringen – ein zusammengefalteter Pullover oder ein zusammengefaltetes Handtuch können die Fahrt sehr viel angenehmer machen.

Auf den Galápagosinseln gibt's alles von kleinen Segelbooten bis zu Kreuzfahrtschiffen mit klimatisierten Kabinen samt eigenem Bad. Die unregelmäßig verkehrenden Passagierfähren zwischen den einzelnen Inseln sind das günstigste Verkehrsmittel, um von einer Insel zu einer anderen zu gelangen. Aber nur Traveller, die die Insel auf eigene Faust (also nicht im Rahmen einer organisierten Kreuzfahrt) besuchen, können diese Verkehrsmittel in Erwägung ziehen.

Im Oriente gibt's neben den Einbaumkanus nur ein Flussboot, die *Anakonda*, auf der man relativ luxuriös den Río Napo hinunterfährt und dabei an Bord übernachtet.

TAXI

Ecuadorianische Taxis gibt's in diversen Formen und Größen, aber alle sind gelb. Die meisten Taxis haben ein beleuchtetes Taxischild auf dem Dach oder einen Taxi-Sticker an der Windschutzscheibe. In Quito und anderen größeren Städten haben lizenzierte Taxis an den Seiten ein orangefarbenes oder orange-gestreiftes Lizenzschild mit der Identifikationsnummer.

Man sollte immer vorab nach dem Preis fragen, um nicht abgezockt zu werden. Taxameter sind außer in Quito, Guayaquil und Cuenca selten. Eine längere Fahrt in diesen Städten sollte selten mehr als 5 US$ kosten (außer bei Fahrten zu Quitos weit vom Zentrum entfernten Busbahnhöfen). Der Grundpreis beträgt fast überall 1,25 US$, und in Quito muss man immer mindestens 1 US$ zahlen, auch wenn auf dem Taxameter nur 0,80 US$ ausgewiesen sind. An Wochenenden und nachts liegen die Preise immer um rund 25 bis 50 % höher.

Ein Taxi für einen Tag kann man für ca. 40 bis 60 US$ mieten. Ein Taxi für ein paar Tagen zu mieten, ist mit dem Mieten eines Autos vergleichbar. Man braucht dabei jedoch nicht selbst zu fahren, muss aber die Verpflegung und Unterkunft des Fahrers bezahlen. Einige Tourveranstalter in Quito vermieten Geländewagen mit erfahrenen Fahrern.

In weniger städtischen Gebieten sieht man auch Autorikschas (dreirädrige Fahrzeuge mit einer kleinen überdachten Kabine für zwei Personen) und *taxis ecológicos* (Motorradtaxis mit zweisitzigem Anhänger).

TRAMPEN

Trampen ist in keinem Land der Welt wirklich sicher, und wir empfehlen es ausdrücklich nicht. Traveller, die sich fürs Trampen entscheiden, müssen wissen, dass sie ein kleines, aber potenziell lebensgefährliches Risiko eingehen. Leute, die das tun, sind zu zweit sicherer unterwegs; auch sollte man jemanden wissen lassen, wohin man fahren will.

Trampen ist aus drei Gründen in Ecuador nicht besonders praktisch: Es gibt wenig Privatautos, öffentliche Verkehrsmittel sind vergleichsweise billig und Lastwägen dienen in abgelegenen Gebieten als öffentliche Verkehrsmittel. Dort einen Lastwagen anzuhalten, um kostenlos mitzufahren, ist genauso erfolgversprechend wie einen Bus mit diesem Ansinnen heranzuwinken. Viele Fahrer gleich was für eines Fahrzeugs werden einen mitnehmen, dafür aber immer eine in der Regel minimale Bezahlung erwarten.

ZUG

Zur großen Freude von Zugenthusiasten wurde Ecuadors Schienennetz endlich instandgesetzt. Leider ist es nicht hilfreich für Reisen, da die Strecken ausschließlich für touristische Tagesausflüge genutzt werden. Die Züge fahren meist am Wochenende auf kurzen Strecken, manchmal mit Rückfahrt per Bus. Am berühmtesten ist die spektakuläre Strecke, die von Alausí aus bergab an La Nariz del Diablo (Teufelsnase) vorbeiführt. Dieses dramatische Stück Schienenstrang gehörte einst zu den Weltwundern des Eisenbahnbaus. Die zweite Strecke ist der Wochenendtrip von Quito zur Area Nacional de Recreación El Boliche bei Cotopaxi.

Weitere Züge fahren ab Durán (bei Guayaquil), Ibarra, Ambato, Riobamba und El Tambo (bei Ingapirca).

Fahrpläne, Fahrpreise und Streckeninformationen gibt es bei **Tren Ecuador** (www.trenecuador.com).

Französisch-Guayana

289 800 EW.

Inhalt ➜

Gut essen

➜ Restaurant Paris Cayenne (S. 733)

➜ Zentraler Markt (S. 732)

➜ La Petite Maison (S. 733)

➜ La Goélette (S. 743)

➜ Sonntagsmarkt (S. 736)

Schön schlafen

➜ Hôtel des Palmistes (S. 733)

➜ Hôtel Le Gros Bec (S. 738)

➜ Auberge des Îles du Salut (S. 739)

➜ Hôtel La Tentiaire (S. 742)

Auf nach Französisch-Guayana!

Französisch-Guayana ist eine entlegene Region Frankreichs, bedeckt mit dichtem Dschungel und reich an Tieren und Pflanzen. Aber hier findet man auch Kolonialarchitektur, samt der unheimlichen Geschichte einer Sträflingskolonie. Französisch-Guayana ist eine seltsame Mischung aus französischem Recht und feuchtem Regenwald. Nur ein paar Ziele entlang der Küste sind leicht erreichbar; das Reisen hier kann schwer und kostspielig sein.

Als französisches Übersee-Département ist Französisch-Guayana eine der wohlhabendsten Gegenden Südamerikas: Frankreich investiert viel Geld in das Raumfahrtzentrum in Kourou. Doch auch eine europäische Supermacht kann den Urwald nicht zähmen: In frisch geteerten Straßen findet man Schlaglöcher, Farne sprießen zwischen Backsteinen und Indianer, Maroons und Hmong-Flüchtlinge führen ein traditionelles Leben, das weit von der *vie métropole* weg ist.

Reisezeit

Cayenne

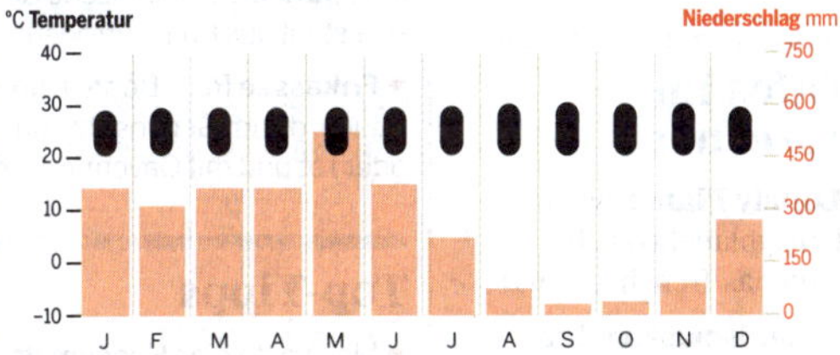

Jan.–Juni In diesen Monaten ist mit Nässe zu rechnen. Die stärksten Regenfälle gibt es im Mai.

Ende Jan.–März Der Karneval wird in Cayenne immer wild und ausgelassen gefeiert (wechselnde Termine).

Juli–Sept. In der Trockenzeit regnet es weniger, doch das ganze Jahr über ist es warm und feucht.

KURZINFOS

Geld Geldautomaten gibt's in den größeren Städten; *cambios* (Wechselstuben) nur in Cayenne. Kreditkarten werden oft akzeptiert.

Hauptstadt Cayenne

Notfall 112

Sprachen Französisch, Kreolisch

Visa Die Bürger der meisten Staaten brauchen für Aufenthalte von bis zu 90 Tagen kein Visum.

Währung Euro (€)

Wechselkurse

Schweiz	1 SFr	0,91 €
	1 €	1,10 SFr

Aktuelle Wechselkurse gibt es unter www.xe.com.

Tagesbudget

- Hängemattenplatz in einem *carbet:* 10 €; Doppelzimmer in einem Mittelklassehotel 85–150 €
- Pho auf dem Zentralmarkt von Cayenne: 4 €; Spitzenmenü in Cayenne: 50 €

Infos im Internet

Lonely Planet (www.lonelyplanet.com/the-guianas/french-guiana)

- **Tourismuskomitee** (www.guyane-amazonie.fr)
- **Guyane 1ère** (http://guyane.la1ere.fr)
- **Guyane.fr** (www.guyane.fr)

Einreise

Französisch-Guayana hat einen Grenzübergang in Saint Georges, wo der Oyapock die Grenze mit Brasilien bildet (seit 2017 ist eine neue Brücke nach Brasilien befahrbar), und in Saint Laurent, wo der Maroni der Grenzfluss mit Suriname ist. Die Grenze nach Suriname überquert man per Boot.

REISEROUTE (ZWEI WOCHEN)

Die erste Woche verbringt man in Cayenne. Sonntags lohnt sich ein Ausflug zum laotischen Markt in Cacao. Zudem sollte man die Îles du Salut und das Centre Spatial Guyanais in Kourou nicht verpassen. Daran schließt sich eine Tour nach Kaw mit zwei Übernachtungen an. Übernachtet wird auf einer schwimmenden Lodge zum Kaimane und Vögel beobachten. Weiter geht's nach Awala-Yalimopo, wo man zur richtigen Jahreszeit Schildkröten bei der Eiablage sehen kann. Zu jeder anderen Jahreszeit kann man den Strand in diesem traditionellen indianischen Dorf genießen. Das Ganze rundet man mit einigen Nächten in St. Laurent du Maroni ab, wo man zwei verlassene Gefangenenlager besuchen und eine Flusstour machen kann, um die Maroon-Kultur kennenzulernen.

Essen & Trinken

- **Pho** Vietnamesische Suppe mit Rinderbrühe, Reisnudeln, vielen aromatischen Kräutern und Fleisch.
- **Mie/Nasi goreng** Gebratener Reis/gebratene Nudeln auf javanische Art.
- **Gibier** Wild, z. B. Capybara, Wildschwein und Aguti, wird legal gejagt; das Fleisch findet sich auf vielen Speisekarten.
- **Pizza** In vielen großen Städten gibt's köstliche Holzofenpizzas mit knusprig-dünnem Boden nach französischer Art.
- **Jamais goûté** Ein delikater Süßwasserfisch, der am besten in Bananenblättern gedämpft zubereitet wird.
- **Ti'punch** Das karibische Getränk (wörtlich „kleiner Punsch") – besteht aus Rum, Zitronensaft und Zuckerrohrsirup.
- **Frikassee** Reis, Bohnen und sautiertes Fleisch in einer Sauce, die im Gegensatz zum französischen Frikassee braun oder rot und mit Cayenne-Pfeffer gewürzt ist.

Top-Tipps

- Man sollte eine Hängematte dabei haben, um in einem *carbet* (einer überdachten Hütte mit Lehm-, Kies- oder Betonboden) übernachten zu können – billiger geht's nicht. Darüber hinaus kann man sich selbst versorgen oder an Markt- oder Straßenständen essen – und so noch mehr sparen.
- Wer das meiste aus seinem Aufenthalt machen möchte, muss etwas tiefer in die Tasche greifen: Zuallererst für einen Mietwagen und dann für eine Dschungeltour, um das größte Wunder des Landes – die Regenwälder – zu erkunden.

Highlights

1 Îles du Salut (S. 738) Dem Festland entfliehen, Sand und Palmen genießen und eine alte Strafkolonie erkunden

2 Centre Spatial Guyanais (S. 737) Einen der weltweit meistgenutzten Weltraumbahnhöfe besuchen

3 Cacao (S. 735) In diesem entlegenen Bergdorf laotische Leckereien schlemmen und Stickereien bewundern

4 Awala-Yalimopo (S. 743) In diesem indianischen Dorf den Lederschildkröten bei der Eiablage zusehen

5 Les Palmistes (S. 733) Im besten Café von Cayenne ein kaltes Bier genießen und die Leute beobachten

6 Camp de la Transportation (S. 740) In St. Laurent du Maroni mit einer Tour die ehemaligen Strafkolonie besuchen

7 Kaw-Naturschutzgebiet (S. 736) Die Nacht auf einer schwimmenden Lodge inmitten von Dschungel, Kaimanen und einer bunten Vogelwelt verbringen

Cayenne

57 600 EW.

In Cayenne begegnen sich die Karibik, Südamerika und Europa. Es ist eine Stadt mit unzähligen Kulturen, umgeben auf allen Seiten von den Geräuschen, Gerüchen und Farben der Tropen. Kolonialzeitliche Häuser mit schmiedeeisernen Balkonen mit Fensterläden in verblassten Rosa-, Gelb- und Türkistönen säumen die Straßen. Über all dem thront die alte Festung der Stadt, eine stimmungsvolle, windgepeitschte Ruine, die auf die Palmen des eleganten Hauptplatzes der Stadt hinunter blickt.

Obwohl die Stadt heruntergekommen – und in einigen Teilen sogar schlichtweg arm – aussieht, beherbergt Cayenne lebendige Märkte und ausgezeichnete brasilianische, kreolische, französische und chinesische Restaurants. Außerhalb des Zentrums erinnern Schnellstraßen und Vorstadtsiedlungen jedoch sofort daran, dass man auch hier im 21. Jh. angekommen ist: *La France métropolitaine* ist auch hier auf dem Vormarsch.

Sehenswertes

Cayenne last sich problemlos an einem einzigen Tag zu Fuß erkunden. Das Zentrum des Geschehens bildet die Place des Palmistes, die von diversen kolonialzeitlichen Gebäuden mit Holzfassaden gesäumt und mit Palmen übersät ist. Die westlich davon gelegene Place Léopold Héder (auch Place Grenoble genannt) ist der älteste Teil der Stadt. Nach der Siesta sollte man sich auf der Avenue du Général de Gaulle umsehen, der Haupteinkaufsstraße, um Cayenne von seiner quirligsten Seite kennenzulernen. Die Place des Amandiers nahe der Küste ist ideal, um bei *pétanque* und Domino zu entspannen.

★ Zentraler Markt MARKT

(Ecke Brassé & Ste Rose; Mi, Fr & Sa 6–13.30 Uhr) Auf dem Markt von Cayenne finden Kauflustige Unmengen indianischer Korbwaren, afrikanisch beeinflusster Malereien und Schnitzereien, preiswerter Gewürze und Suppenstände, an denen man das beste vietnamesische *pho* (ab 4 €) der gesamten Guayanas bekommt. Die endlosen Gänge mit Obst- und Gemüseständen voller Daikon-Rettiche, Pok Choi und Bohnensprossen muten aber eher südostasiatisch als südamerikanisch an.

Fort Cépérou RUINEN

(Ecke Blanc & Chandon) GRATIS Abseits der als Garten angelegten Place Léopold Héder befinden sich die Überreste des Fort Cépérou, das auf Land thront, das dem Stamm der Galibi im Jahr 1643 von den ersten französischen Kolonisten abgekauft wurde. Der Großteil der Stätte ist heute allerdings militärisches Sperrgebiet. Man kann aber trotzdem die Ruinen erkunden und den schönen Ausblick auf Cayenne und den Fluss genießen.

Geführte Touren

Ohne erfahrenen Führer ist der unberührte Dschungel Französisch-Guayanas undurchdringlich und gefährlich. In Cayenne ansässige Agenturen veranstalten geführte Touren und heuern oft Guides aus dem ganzen Land an.

JAL Voyages GEFÜHRTE TOUREN

(0594-316820; www.jal-voyages.com; 26 Av du Général de Gaulle; Mo–Fr 8.30–12 & 15–18, Sa 9.30–12 Uhr) Bietet alles, von Tagesausflügen zu den Îles du Salut (Inseln des Heils) und einer beliebten Tour mit Übernachtung auf einem schwimmenden *carbet* (Hütte) in Kaw zu viertägigen Reisen flussabwärts auf dem Maroni u.v.m.

Feste & Events

QUERCarnaval KARNEVAL

(Feb. oder März, wechselnde Termine) Der Karneval ist ein gigantisches, farbenfrohes Event. Die Festivitäten beginnen in der ganzen Region am Dreikönigstag und gipfeln in einer mehrtägigen rauschenden Party vor Aschermittwoch.

Schlafen

Cayenne hält nur wenige Optionen für Budgettraveller bereit. Die Preise für Mittelklasseunterkünfte beginnen bei 90 € für eine halbwegs anständige Bleibe.

Oyasamaïd PENSION $

(0594-315684, 0694-418530; www.oyasamaid.com; abseits Rte de la Madeleine; Zi. 65–90 €; Rezeption 10–15.30 & 18–20.30 Uhr;) Diese französische Familienpension *à la Guianese* mit vier Zimmern ist freundlich, hell und makellos sauber. Die großen Zimmer sind mit Whirlpool-Badewannen ausgestattet und es gibt auch einen Pool. Vom Zentrum muss man ein kurzes Stück fahren, benötigt also ein Auto. Die Pension ist an der Route de la Madeleine ausgeschildert; die Schilder stehen in der Nähe des Kreisverkehrs und des Supermarkts Géant.

★ **Hôtel des Palmistes** HOTEL $$
(☎0594-300050, 0694-030598; www.palmistes.com; 12 Av du Général de Gaulle; Zi. ab 130 €; ❄📶) Das in einem herrlich restaurierten Kolonialgebäude untergebrachte Boutiquehotel mit Blick auf Cayennes Hauptplatz bietet die besten Zimmer der Stadt (Zimmer 1 ist besonders toll). Die Zimmer haben hohe Decken, geräumige Badezimmer und bieten Annehmlichkeiten wie Nespresso-Maschinen und Körperpflegemittel von L'Occitane. Leider kann es abends laut werden, da sich im Erdgeschoss ein unglaublich beliebtes Restaurant befindet; zudem ist die Rezeption fast immer verwaist.

Hôtel des Amandiers HOTEL $$
(☎0594-289728; www.hoteldesamandiers.com; Pl Auguste Horth; Zi. 90 €; ❄📶) Ein toller Neuzugang in der Riege der Mittelklasseunterkünfte in einer Stadt, in der nur wenige Bleiben ein gutes Preis-Leistungs-Verhältnis bieten. Das Amandiers ist außerdem das einzige Hotel in der Stadt, das sich an der Promenade befindet, auch wenn das bräunliche karibische Wasser vor Ort keinen Postkartendruck wert ist. Die Zimmer sind eher klein, aber modern und sauber. Viele sind mit Lavazza-Kaffeemaschine, Kühlschrank, Safe und Balkon ausgestattet. Im Erdgeschoss gibt es ein charmantes Café.

Central Hôtel HOTEL $$
(☎0594-256565; www.centralhotel-cayenne.fr; Ecke Molé & Becker; EZ/DZ 75/90 €; ❄📶) Das zweckmäßige Central hat zwar nichts Außergewöhnliches zu bieten, ist aber mit seinen recht bequemen und sauberen Zimmern, der Toplage und dem guten Service dennoch eine der besten Optionen der Stadt in dieser Preisklasse.

Essen

Am günstigsten kommt man weg, wenn man tagsüber auf dem zentralen Markt (S. 732) eine Nudelsuppe löffelt oder abends die **Imbissstände** (Mahlzeit ab 5 €) an der Place des Palmistes abklappert. Kleine chinesische Lokale, die Essen zum Mitnehmen anbieten, sowie diverse Lebensmittelgeschäfte machen die Selbstversorgung zu einem Kinderspiel. Die besseren Restaurants in Cayenne bieten nicht selten hervorragende Küche – sind allerdings oft auch entsprechend teuer.

Les Palmistes FRANZÖSISCH $$
(12 Av du Général de Gaulle; Pizzas ab 12 €, Hauptgerichte ab 20 €; ⏲Mo–Sa 6.30–1, So 10–23 Uhr; 📶) Das Les Palmistes ist der beste Ort an der palmengesäumten Place des Palmistes, um Leute zu beobachten. Das Restaurant bietet ein perfektes karibisch-französisches Ambiente. Auf der Holzterrasse mit ihrem schmiedeeisernen Geländern werden fantastische Salate, Crêpes, Pizzen und klassische französisch-kreolische Gerichte serviert. Dazu passt natürlich ein kühles Bier. Alternativ versucht man, einen der Tische in dem riesigen Hinterhof zu ergattern. Die unglaubliche Beliebtheit des Restaurants ist ein Grund dafür, dass die Servicequalität manchmal zu wünschen übrig lässt.

★ **Restaurant Paris Cayenne** FRANZÖSISCH $$$
(☎0594-317617; www.pariscayenne.fr; 59 Lalouette; Hauptgerichte 23–36 €; ⏲Di–Fr 12–15 & 20–22.30 Uhr, Mo–Sa 20–22.30 Uhr; 📶) Cayennes schickstes Restaurant vereint geschäftiges Treiben mit weißer-Tischtuch-Eleganz. Wer ins Paris Cayenne hinein möchte, muss zuerst den elektrischen Türöffner betätigen. Von der anfänglichen Dunkelheit in der hufeisenförmigen, hölzernen Bar sollte man sich keinesfalls abschrecken lassen: Gäste werden schnell in den Essbereich hinten geführt, der mit seinen abstrakten Gemälden an den Wänden die Atmosphäre eines privaten Clubs verströmt. Das Essen ist himmlisch.

★ **La Petite Maison** KREOLISCH $$$
(☎0594-385839; 23 Eboué; Hauptgerichte 17–36 €; ⏲Mo–Fr 12–14.30 & 19–23, Sa 19–23 Uhr; 📶) Mit Abstand einer der charmantesten Orte in Cayenne zum Mittag- oder Abendessen. Das Restaurant macht seinem Namen alle Ehre: Es befindet sich in einem kleinen, alten, traditionellen Haus, das heimelig eingerichtet ist und dennoch eine elegante Atmosphäre verströmt. Auf der Karte stehen innovative kreolische Gerichte, z. B. gehackte Auberginen, Garnelen-*moqueca* (Eintopf), Schweinefleisch in Honigsauce und sagenhafte hausgemachte Eiscreme.

Ausgehen & Nachtleben

In den Bars und Clubs überall in Cayenne gibt's Livemusik, Bier und Rumpunsch in rauen Mengen. Reggae ist in einigen kleinen Clubs im Village Chinois angesagt. An der Avenue de la Liberté gibt's ein paar brasilianische und dominikanische Bars.

Cayenne

Cafe de la Gare BAR
(42 Av Léopold Héder; ⌚ Di–Sa 19.30–1 Uhr) Fröhliche Bar (trotz vieler Regeln) und Livemusik, z. B. Jazz, Salsa und Rockabilly.

Le Cosmopolitan BAR
(118 Av du Général de Gaulle; ⌚ Mo–Sa 17–1 Uhr) Beliebtes Nachtlokal, in dem ein junges, gemischtes Publikum sich von Reggaeton und anderer karibischer Musik einheizen lässt.

ℹ Praktische Informationen

GELD

Banken und Geldautomaten gibt's überall in der Stadt, aber Reiseschecks und Geld können nur in *cambios* (Wechselstuben) getauscht werden.

Global Transfer (64 Av du Général de Gaulle; ⌚ Mo–Fr 7.30–11 & 15–18, Sa 7.30–11 Uhr) zentral gelegen.

TOURISTENINFORMATION

Comité du Tourisme de la Guyane (☎ 0594-296500; www.tourisme-guyane.com; 12 Lalouette; ⌚ Mo–Mi & Fr 7.30–13 Uhr, Di & Do 7.30–13 & 14–15 Uhr) Die Touristeninformation hat jede Menge Broschüren, Karten und Infos, allerdings vor allem zu Französisch-Guayana insgesamt und weniger speziell zu Cayenne. Es sind immer Mitarbeiter da, die Fragen beantworten. Ein Infoschalter am Flughafen ist theoretisch auch noch spät abends besetzt, wenn dann noch Flugzeuge landen.

Office du Tourisme (☎ 0594-396883; 1 Rue de Rémire; ⌚ Mo–Fr 8.30–12.30 & 14–17, Sa 9–13 Uhr) Eine Touristeninformation mit Infos zu Cayenne. Zum Zeitpunkt der Recherche waren die Mitarbeiter jedoch weder besonders kenntnisreich noch hilfsbereit.

ℹ An- & Weiterreise

FLUGZEUG

Alle ausländischen und inländischen Flüge heben vom **internationalen Flughafen Félix Eboué** (Rochambeau; ☎ 0594-299700) ab, von wo aus es nach Paris, Paramaribo, Belem und Pointe-à-Pitre geht.

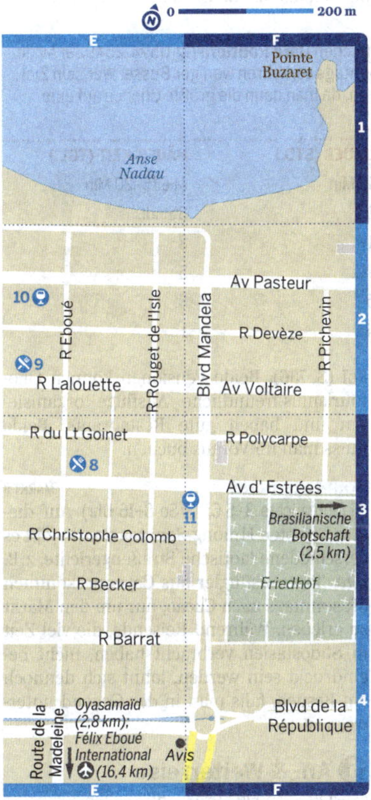

Cayenne

Highlights
1 Zentraler Markt B4

Sehenswertes
2 Fort Cépérou A3

Aktivitäten, Kurse & Touren
3 JAL Voyages C3

Schlafen
4 Central Hôtel C3
5 Hôtel des Amandiers D1
6 Hôtel des Palmistes C3

Essen
7 Imbissstände C2
8 La Petite Maison E3
Les Palmistes .... (siehe 6)
9 Restaurant Paris Cayenne E2

Ausgehen & Nachtleben
10 Cafe de la Gare E2
11 Le Cosmopolitan F3

SAMMELTAXI

Taxis collectifs (Minibusse) fahren, sobald sie voll sind, vom Gare Routière (S. 736) in der Avenue de la Liberté ab (tgl. bis 18 Uhr). Von der Ecke Rue Molé fahren sie nach Matoury (2 €, 15 Min., 10 km) und St. Laurent (35 €, 4 Std., 250 km). Von der Ecke Rue Malouet starten sie nach Kourou (8 €, 1 Std., 60 km) und St. Georges (15 €, 2 Std., 100 km). Fahrpreise sollten im Voraus ausgehandelt werden. Am besten ist man um 8 Uhr morgens da, um einen Platz zu ergattern. Man sollte vorsichtig sein, da von Diebstählen durch Fahrer berichtet wurde. Am besten fragt man Einheimische oder das Office du Tourisme (S. 734) nach einem verlässlichen Fahrer.

Unterwegs vor Ort

BUS

Es gibt ein gutes Busnetzwerk mit sechs Linien, die Cayenne und die umliegenden Vororte bedienen. Bushaltestellen sind deutlich also solche gekennzeichnet und die Fahrtziele ebenfalls deutlich angeschrieben. Fahrkarten kosten 1,10 € für die Linien 1 bis 5 und 2 € für die Linie 6, die Cayenne mit Rémire-Montjoly verbindet. Informationen zu den Strecken gibt es auf www.ville-cayenne.fr/transports-lignes-horaires-tarifs.

VOM/ZUM FLUGHAFEN

Der internationale Flughafen Félix Eboué (S. 734) liegt ca. 13 km südwestlich vom Zentrum von Cayenne. Am schnellsten und bequemsten kommt man vom Flughafen zum Zentrum und vom Zentrum zum Flughafen mit einem Taxi (35–50 €, 20 Min.), da auf dieser Strecke keine öffentlichen Verkehrsmittel unterwegs sind. Tagsüber kann man jedoch Geld sparen, indem man ein Taxi in die nahe gelegene Stadt Matoury nimmt und dort in ein *collectif* nach Cayenne umsteigt (2 €, 10 km, 15 Min.).

TAXI

Die Grundgebühr für eine Taxifahrt beträgt 2 €; jeder gefahrene Kilometer kostet 0,85 €, an Sonn- und Feiertagen sowie von 19–6 Uhr wird dann 1 € pro Kilometer fällig. Ein Taxistand befindet sich an der Südostecke der Place des Palmistes.

Cacao

950 EW.

Cacao liegt ungefähr 75 km südwestlich von Cayenne und ist ein kleines Stück Laos in den Hügeln Französisch-Guayanas. Es wartet mit sauberen Bächen, Gemüsefeldern

BUSSE AB CAYENNE

Minibusse fahren montags bis freitags vom provisorischen **Gare Routière** (☎0594-254929; Av de la Liberté) ab, sobald sie voll sind. Samstags und sonntags verkehren weniger Busse. Wer sein Ziel pünktlich erreichen will, sollte früh morgens losfahren, da man dann die größte Chance auf eine Abfahrt hat.

ZIEL	PREIS (€)	DAUER (STD.)	HÄUFIGKEIT (TGL.)
Rémire-Montjoly	2	15 Min.	Alle 15–20 Min.
Kourou	15	1¼	Stündl.
Regina	20	1½	8
Sinnamary	15	2½	5
St. Georges	30	5	8
St. Laurent	30	4	1

und schlichten Holzhäusern auf Stelzen auf. Die Hmong, die in den 1970er-Jahren als Flüchtlinge aus Laos herkamen, schufen sich hier eine sichere, friedvolle neue Heimat. Für die Einheimischen aus Cayenne ist Cacao heute ein beliebtes Wochenendausflugsziel. Der Sonntag (Markttag), ist am besten für eine Stippvisite geeignet, wenn man auf der Suche nach Stick- und Webarbeiten der Hmong ist und sich an unzähligen laotischen Leckereien satt essen möchte. Äußerst sehenswert ist auch das exzellente **Naturkundemuseum** (☎0594-270034; cleplaneurbleu@wanadoo.fr; Erw./Kind bis 12 J. 12 €/frei; ⏲So 9–13 & 14–16 Uhr & nach Vereinbarung), wo man sowohl lebendige als auch tote Schmetterlinge und Spinnen zu Gesicht bekommt. Besonders Wagemutige können hier sogar mit einer lebendigen Tarantel auf Tuchfühlung gehen. Wanderfans werden ebenfalls gern hierher kommen, da hier der ausgezeichnete **Sentier Molokoï** (Cacao-Molokoï-Naturpfad) beginnt, einer der am leichtesten zugänglichen Wanderwege durch den tiefen Regenwald Französisch-Guayanas, der ohne Führer unternommen werden kann.

Schlafen & Essen

In Cacao ist **Quimbe Kio** (☎0596-270122; www.quimbekio.com; Cacao; Hängemattenplätze 40 €, mit Hängematte 45 €, DZ 80 €, alle inkl. HP; ᯤ) die beste Unterkunftsoption. Quimbe Kio bietet auch jede Menge Aktivitäten an. Eine andere Option, etwas entfernt vom Zentrum, ist die rustikal-schicke **Auberge des Orpailleurs** (☎0970-447855, 0594-270622; www.aubergedesorpailleurs.com; PK62, RN 2; Hängemattenplätze 40 €/Pers., Zi. ab 55 €/Pers., alle inkl. VP; ⏲Rezeption Fr–Mo 8–18, Do 12–18, Di 8–16 Uhr) an der Hauptstraße Richtung Osten am äußersten Ende des Sentier Molokoï (S. 736). Beide Pensionen können Ökotourismus-freundliche Ausflüge organisieren und haben gute Restaurants. Beide muss man im Voraus buchen.

Sonntagsmarkt MARKT $

(Hauptgerichte 3–6 €; ⏲So 8–16 Uhr) Auf diesem belebten Hmong-Sonntagsmarkt gibt es verschiedene laotische Straßengerichte, z. B. *pho*. Tagesausflügler aus Cayenne kommen oft sonntags nach Cacao, nur um den Markt zu erleben. Während Reisende, die viel Zeit in Südostasien verbracht haben, nicht beeindruckt sein werden, lohnt sich dennoch ein Besuch, falls man in der Gegend unterwegs ist.

ℹ An- & Weiterreise

Es gibt keinen öffentlichen Bus nach Cacao, daher braucht man seinen eigenen fahrbaren Untersatz, um hierher zu kommen. Alternativ nimmt man ein Taxi.

Trésor- & Kaw-Naturschutzgebiete

Das **Trésor-Naturschutzgebiet** GRATIS beherbergt einen der am leichtesten zugänglichen Primärregenwälder Französisch-Guayanas. Bei einer Wanderung auf dem 1,75 km botanischen Pfad kann man die unglaubliche Artenvielfalt des Naturschutzgebietes erleben. Trésor grenzt an die geheimnisvollen Wälder und Sümpfe des Kaw-Naturschutzgebietes, in dem man Kaimane und spektakuläre Wasservögel, z. B. den Roten Ibis, beobachten kann.

Patawa (☎0972-412382; patawa2@gmail.com; Kaw; Hängemattenplatz 10 €, Hängemattenmiete 15 €, EZ/DZ/3BZ 26/34/46 €; ⏲Fr–Mi) bietet gepflegte Hütten in einer hübschen Anlage, von der aus Gäste bequem die nahegelegenen Naturschutzgebiete erkunden können. Leider ist das Management etwas kleinkariert: Alle Gäste müssen Vollpension bestellen – dafür fallen täglich zusätzlich 43 € an.

Kourou

26 200 EW.

Auf einer kleinen Halbinsel mit Blick auf den Atlantischen Ozean und den riesigen Fluss Kourou liegt diese kleine Stadt aus modernen Wohnblöcken. Früher diente Kourou nur als Versorgungsstation für das Festland und die Strafkolonien vor der Küste; heute scheint die Stadt fast ausschließlich der der Versorgung des Raumfahrtzentrums Centre Spatial Guyanais zu dienen. In der Anlage, in der Satelliten gebaut und zwei Drittel der kommerziellen Satelliten der Welt ins All gestartet werden, arbeiten Tausende von Menschen. Im äußersten Osten der Stadt befinden sich ein paar Strände, an denen man sich sonnen kann. Darüber hinaus legen hier täglich Katamarane ab, die die dramatischen Îles du Salut (Inseln des Heils) besuchen. Die meisten Besucher kommen jedoch wegen des Raumfahrtzentrums hierher und – wer Glück hat – kann den Start einer Rakete miterleben. Wer Kourou besuchen möchte, sollte seine Reise im Voraus planen: Wenn eine Rakete startet, wird das Raumfahrtzentrum drei Tage lang für Besucher geschlossen; auch Boote zu den Îles du Salut verkehren in dieser Zeit nicht.

Sehenswertes

★ **Centre Spatial Guyanais** RAUMFAHRTZENTRUM
(CSG, Raumfahrtzentrum Guayana; ☎0594-326123, 0594-335384; www.cnes-csg.fr; 7 €; ⏲geführte Touren Mo–Do 8 & 13, Fr 8 Uhr) GRATIS Ein Besuch des Centre Spatial Guyanais und (falls man Glück hat) die Beobachtung eines Raketenstarts sind zwei der Highlights eines jeden Besuchs von Französisch-Guayana. Beide Ereignisse müssen jedoch sorgfältig geplant werden. Um das CSG besuchen zu können, muss man sich mindestens 48 Stunden im Voraus online oder telefonisch anmelden und dabei seine Passnummer angeben. Die dreistündige Bustour des Raumfahrtzentrums, inklusive eines Besuchs der Abschussrampe, ist faszinierend – einen Raketenstart zu beobachten, ist aber schlichtweg ein unvergessliches Erlebnis. Aufgrund seiner Lage in der Nähe des Äquators und abseits von Tropensturmrouten und Erdbebenzonen sowie wegen seiner geringen Bevölkerungsdichte wurde Kourou 1964 als Standort des Centre Spatial Guyan ausgewählt. Inzwischen sind drei Startrampen in Betrieb und die Zahl der Starts ist auf über ein Dutzend pro Jahr gestiegen; das macht es leichter, den Besuch mit einem Raketenstart zu koordinieren.

Das Weltraumzentrum liegt näher am Äquator als jedes andere weltweit (in einer Entfernung von weniger als fünf Breitengraden); hier wirkt die Erddrehung wesentlich stärker als weiter im Norden oder Süden, sodass man den „Katapulteffekt" als Schubkraftverstärker nutzen kann – die Energieeffizienz beim Start ist deshalb um 17% besser als bei Startrampen, die weiter vom Äquator entfernt sind. Seit 1980 werden zwei Drittel aller kommerziellen Satelliten von Französisch-Guayana aus in die Erdumlaufbahn gebracht. Das Zentrum wird vom Centre National d'Études Spatiales (CNES; www.cnes.fr) in Zusammenarbeit mit der Europäischen Raumfahrtbehörde (ESA; www.esa.int) und mit Arianespace (www.arianespace.com) betrieben.

Auf der Website der ESA erfährt man, wann Raketenstarts angesetzt sind. Hier kann man seinen Platz an einer von mehreren Beobachtungsstellen innerhalb des Raumfahrtzentrums reservieren. Dazu meldet man sich einfach weit im Voraus per E-Mail bei csg-accueil@cnes.fr mit vollem Namen, Adresse, Telefonnummer und Alter an. Die Beobachtung ist kostenlos, doch dürfen Jungendliche unter 16 Jahren sich nicht im Umkreis von 6 km um die Startrampe aufhalten, Kinder unter acht Jahren nicht im Umkreis von 12 km. Man kann die Starts auch ohne jede Reservierung erleben, wenn man sich an den Stränden von Kourou oder am 15 km westlich vom Stadtzentrum gelegenen Aussichtspunkt Carapa unter die Einheimischen mischt.

Egal ob man einem Raketenstart beiwohnt oder nur das Raumfahrtzentrum besucht und an einer geführten Tour teilnimmt, auf jeden Fall muss man seinen Pass mitbringen. Einige Tourguides sprechen Englisch oder Deutsch (bei der Buchung fragen). Hinweis: Im Falle eines Raketenstarts ist das Raumfahrtzentrum drei Tage geschlossen (am Tag vor, während und nach dem Start). Wird ein Start verschoben, wird die Schließung verlängert. Während eines

ABSTECHER

RÉMIRE-MONTJOLY

Rémire-Montjoly, nur 8 km von Cayenne gelegen, besteht eigentlich aus zwei separaten Ortschaften, fungiert aber als ein Ort. Die langen Strände hier gehören zu den besten des Landes. Die Stadt ist aber vor allem deshalb beliebt, weil sie mit ihren großen, mit Toren versehenen Häusern und dicht bewaldeten Hügeln mit Meerblick eine entspannte und hübsche Alternative zu Cayenne bietet.

Wer die überteuerten Hotels in Cayenne meiden möchte, kann Rémire-Montjoly zur Basis machen; wer das vorhat, benötigt allerdings ein Auto.

kurzen Aufenthalts das Raumfahrtzentrum zu besuchen und einen Start mitzuerleben ist daher nicht einfach. Besucher sollten daher unbedingt vorausplanen und viel Zeit mitbringen, wenn sie sowohl einen Start sehen als auch das Raumfahrtzentrum besichtigen wollen.

Musée de l'Espace MUSEUM
(Space Museum; Erw./Kind 7/4 €; ⌚ Mo–Fr 8–18, Sa 14–18 Uhr) Das hervorragende Musée de l'Espace im Centre Spatial Guyanais (S. 737) sollte man sich nicht entgehen lassen. Die informativen Ausstellungen sind auf Englisch und Französisch erklärt.

Schlafen & Essen

In Kourou gibt's leider nur wenige preiswerte Unterkünfte. In beiden Budgetunterkünften ist die Rezeption nur selten besetzt, daher sollte man seine Ankunft planen und – falls möglich – im Voraus buchen.

Das farbenfrohe Vieux Bourg an der Avenue Général de Gaulle ist mit Abstand das vielfältigste Viertel von Kourou und der beste Ort für günstige indische, kreolische, chinesische, marokkanische, französische und andere Gerichte.

Hotel Ballahou PENSION $
(☎ 0694-236237; www.hotel-ballahou.com; 1-3 Martial; DZ/Apt. 57/65 €; ❄ 📶) Dieser gesicherte Komplex mit seinen einfachen Studiozimmern liegt nur einen kurzen Fußweg von den Stränden entfernt. Die günstigsten Optionen umfassen nur ein Zimmer; für nur wenig mehr kann man jedoch bereits ein Studio mit eigener Küchenzeile bekommen. Hier gibt es kein Restaurant, aber die Promenade mit ihren Cafés ist gut zu Fuß zu erreichen.

★ **Hôtel Le Gros Bec** HOTEL $$
(☎ 0594-329191; www.hotel.legrosbec.com; 56 Rue du Docteur Floch; EZ/DZ/3BZ ab 80/89/96 €; ❄ 📶) Neben dem Vieux Bourg liegt – etwas versteckt – dieses Hotel. (Der Eingang befindet sich hinter einem elektrischen Tor in einer Seitenstraße mit Blick auf den Flussarm). Innen ist das Hotel sogar sehr hübsch, mit geräumigen Studios auf zwei Ebenen mit gut ausgestatteten Küchen, großen Badezimmern und Veranden. Man sollte im Voraus buchen.

ℹ Praktische Informationen

Es gibt zwei Touristenbüros in Kourou. Das **Office de Tourisme** (☎ 0594-329833; www.tourisme-kourou.fr; Av de l'Anse; ⌚ Mo–Fr 9–17 Uhr) befindet sich an der Promenade und hat hilfsbereite englischsprachige Mitarbeiter. Ein kleiner **Point Information Tourisme** (☎ 0594-329833; Ponton des Balourous; ⌚ Di–Sa 8–8.45, Di & Do 16.45–18 Uhr) befindet sich dort, wo die Boote zu den Îles du Salut (Inseln des Heils) ablegen.

ℹ An- & Weiterreise

In Kourou gibt es keinen Busbahnhof, aber Busse verkehren stündlich von 6 bis 18 Uhr zwischen Kourou und Cayenne (10 €, 1¼ Std.) und viermal täglich nach St. Laurent (25 €, 3 Std.). Das Office de Tourisme bietet Infos zu Fahrtzeiten. Die Busse halten am Rathaus (la mairie).

Alternativ hat das Office de Tourisme auch Telefonnummern verlässlicher Fahrer von *taxis collectifs* (Minibussen) zur Hand, die 10 € pro Person nach Cayenne und 30 € pro Person nach St. Laurent verlangen.

Verschiedene Katamarane und Segelboote bringen Tagesausflügler jeden Morgen von Kourous Ponton des Balourous zu den Îles du Salut. Fahrkarten gibt's im Office de Tourisme.

Îles du Salut

Die „Inseln des Heils" bedeuteten für die Häftlinge, die seit der Zeit Napoleons III. vom französischen Staat hierher verbannt wurden, genau das Gegenteil: Die drei winzigen Inseln liegen 15 km nördlich von Kourou in rauen, von Haien bevölkerten Gewässern, und galten daher als fluchtsicher und besonders geeignet für politische Häftlinge. Hier wurde u. a. Alfred Dreyfus gefangen gehalten, der französische Militäroffizier, der wegen Spionage zu Hochverrat verurteilt wurde, und dessen berüchtigtes Gerichtsverfahren und harte Strafe einen Meilenstein in der Geschichte des Antisemitismus darstellen. Zwischen 1852 und 1947 starben auf den berüchtigten Inseln 80000 Gefangene an Krankheiten, unmenschlicher Behandlung oder unter dem Fallbeil der Guillotine.

In den letzten 70 Jahren haben sich die Inseln in ein Erholungsparadies verwandelt, einen Ort, zu dem man flieht – anstatt von ihm zu fliehen.

Sehenswertes

Die Inseln sind von einer überraschend reichen Artenvielfalt geprägt: Hier leben z.B. Grünflügelaras, Agutis, Kapuzineräffchen und Meerschildkröten.

Île Royale — INSEL

Auf der Île Royale, dem ehemaligen Verwaltungssitz des Straflagers, gibt's mehrere restaurierte Gefängnisgebäude, darunter eine schöne Kapelle, die von Gefangenen erbaut wurde, und ein Gasthaus, in den man sehr gut Mittagessen und sogar übernachten kann. Das Centre Spatial Guyanais unterhält hier eine riesige Infrarotkamera.

Das alte **Haus des Direktors** (Île Royale; Di–So 14–16 Uhr) GRATIS beherbergt eine interessante englischsprachige Ausstellung zur Geschichte der Inseln. Von hier aus starten auch die kostenlosen zweistündigen Führungen (in der Regel auf Französisch) der Insel.

Île St. Joseph — INSEL

Die Île St. Joseph beherbergt gespenstische Isolationszellen und einen Wärterfriedhof. Sie ist mit Kokosnusspalmen bewachsen, hat aber einen guten weißen Sandstrand, der sich perfekt zum Schwimmen eignet.

Île du Diable — ISLAND

Die von Palmen übersäte, felsige Île du Diable (Teufelsinsel) beherbergte einst die berühmtesten Gefangenen, z.B. Alfred Dreyfus. Leider halten die meisten Tagesausflugsboote hier nicht, dabei eignet sich die Insel hervorragend für eine Wanderung, falls man die Möglichkeit dazu hat. Mehrere historische Gebäude wurden restauriert.

Schlafen & Essen

An den paradiesischen Ufern der Île Royale kann man kostenlos campen. Zu diesem Zweck sollte man aber unbedingt Moskitospray, ein Moskitonetz und wasserfeste Kleidung mitbringen. Eine weitaus komfortablere Option ist die atmosphärische, wenngleich auch einfache Auberge des Îles du Salut, in der man sehr gut eine Nacht verbringen kann.

★ Auberge des Îles du Salut — INN $$

(☎ 0594-321100; www.aubergedesiles.fr; Hängemattenplatz 10 €, Zi. 60–70 €, Haus des Direktors EZ/DZ 188/299 €) Der Empfangsbereich hat sich seit jenen Tagen, als hier die Häftlinge eintrafen, kaum verändert, aber die Zimmer in dem kunstvoll renovierten Haus des Direktors erinnern gleichwohl an einen schmissigen Bogart-Film. Wer eher die Erlebnisse von Papillon (S. 739) nachempfinden will, kann auch in den einfacheren Zimmern in den alten Wachquartieren (manche mit Terrasse) nächtigen oder aber seine Hängematte in den sanierten und frisch ge-

PAPILLON: FLUCHTKÜNSTLER ODER HOCHSTAPLER?

Von allen Gefangenen, die auf der berüchtigten Île du Diable (Teufelsinsel) einsaßen, erlangte lediglich der Franzose Alfred Dreyfus (der 1894 zu Unrecht wegen Landesverrats verurteilt wurde) annähernd den Bekanntheitsgrad von Henry Charrière. Charrière wurde berühmt-berüchtigt wegen seiner unglaublichen Erzählung über seine neun bemerkenswerten Fluchtversuche aus der verrufenen Strafkolonie in Französisch-Guayana. Charrière, der aufgrund eines Tatoos auf der Brust den Spitznamen Papillon (Schmetterling) trug, behauptet in seiner Autobiografie, dass er, nachdem er unschuldig wegen Mordes verurteilt und auf die Îles du Salut gebracht worden war, von dort flüchten konnte, indem er sich auf einem Sack voller Kokosnüsse ans Festland treiben ließ und sich dann mutig durch den malariaverseuchten Urwald Richtung Osten durchschlug. So machte er sich selbst zu einem weltberühmten, geheimnisumwitterten Helden, der unter amerikanischen Ureinwohnern gelebt haben wollte und schließlich venezolanischer Staatsbürger wurde. Hollywood verfilmte Charrières Lebensgeschichte mit Steve McQueen in der Hauptrolle. Seine Autobiografie gilt heute allerdings weithin als Zusammenstellung aus eigenen Erlebnissen und aus Geschichten anderer Insassen, die ihm im Gefängnis erzählt wurden.

WENIGER ZIELLOS UNTERWEGS SEIN

Das freundliche, englischsprachige Office du Tourisme (S. 743) vermietet Fahrräder, verteilt sehr gute, kostenlose Karten für selbst geführte Wandertouren und bietet Informationen zu der gesamten Palette an Aktivitäten, die man in dieser Gegend unternehmen kann.

strichenen Schlafsälen des ehemaligen Gefängnisses aufhängen.

Man sollte keinesfalls abreisen, ohne zumindest einmal im hiesigen Restaurant (Komplettmenü 26 €) gegessen zu haben: Denn hier gibt's wirklich die beste Fischsuppe (10 €) jenseits der Provence! Kochgelegenheiten stehen zwar nicht zur Verfügung, aber wer ausreichend Picknickvorräte mitbringt (und außerdem viel Trinkwasser, denn das Wasser auf den Inseln ist ungenießbar), lebt hier recht günstig.

An- & Weiterreise

Bequeme, abgasfreie Katamarane und Segelboote brauchen etwa 1½ bis 2 Stunden von Kouro bis zu den Inseln. Alle Boote fahren gegen 8 Uhr vom *ponton des pêcheurs* (Fischerdock, am Ende der Av Général de Gaulle) in Kourou zu den Inseln ab und kehren zwischen 16 und 18 Uhr zurück. Auf der Tour bleibt man meistens über Mittag auf der Île Royale und besucht dann nachmittags die Île Saint Joseph, ehe es zurück nach Kourou geht. Man kann im Office de Tourisme (S. 738) 48 bis 72 Stunden im Voraus telefonisch einen Platz reservieren und einfach gleich bei den Tourveranstaltern in Cayenne oder Kourou buchen.

Albatros (☎ 0694-263954; albatros@gmx.fr)

Guyavoile (☎ 0594-321132; www.guyavoile.fr; Tagesausflug/mit Übernachtung 49/70 €)

La Hulotte (☎ 0594-323381; www.lahulotte-guyane.fr; Tagesausflug/mit Übernachtung 48/63 €)

Tropic Alizés (☎ 0694-402020, 0594-251010; www.ilesdusalut-guyane.com; Tagesausflug/mit Übernachtung 50/66 €)

St. Laurent du Maroni

50 800 EW.

St. Laurent wurde 1857 von der französischen Regierung als eine Strafkolonie nach dem britischen Modell in Australien errichtet. In etwas weniger als 90 Jahren wurden 70 000 Häftlinge von Frankreich hierher transportiert und in Gefangenenlagern entlang des Maroni-Beckens untergebracht. Die Lager wurden 1946 geschlossen, aber die gesamte Geschichte der Stadt ist von ihrer brutalen und traurigen Vergangenheit geprägt.

Heute beherbert St. Laurent ein paar der schönsten kolonialzeitlichen Bauten des Landes. Noch immer prägen die Gefängnisbauten und die Geister ihrer Insassen diesen Ort. St. Laurent liegt am Ufer des Maroni (oder Marowijne), der die Grenze zu Suriname bildet, und ist daher auch ein Ausgangspunkt für Bootsausflüge zu Siedlungen von Marrons (auch Maroons genannt) und indigenen Völkern. Der Ort ist besser auf den Tourismus eingestellt als jeder andere im Land – Cayenne eingeschlossen. Wer mit der Zeit etwas frustriert ist, dass das Reisen in Französisch-Guayana so kompliziert ist, findet hier endlich auch einmal einen Ort, wo sich diverse Aktivitäten wirklich erfrischend einfach organisieren lassen.

Sehenswertes

Wer beide Lager in St. Laurent besuchen möchte, sollte am Wochenende hierher kommen. Zurzeit ist das Camp de la Relégation nur von Freitag bis Sonntag geöffnet. Kombitickets für das Camp de la Transportation und das Camp de la Relégation können im Office du Tourisme (S. 743) gekauft werden (12 €).

★ Camp de la Transportation
HISTORISCHE STÄTTE

(Rue du Lieutenant-Colonel Chandon; geführte Tour 6 €/Pers., Eintritt zur Ausstellungshalle 8 €; ⏲ Tourenzeiten ändern sich) Das gespenstische Camp de la Transportation, ein Durchgangslager, war das größte Gefängnis Französisch-Guayanas. Die Häftlinge kamen nach der zwanzigtägigen Überfahrt über den Atlantik erschöpft hier an und wurden von hier aus in die anderen Lager gebracht. Man kann den halben Komplex alleine besichtigen, der Eintritt ist kostenlos. Der Eintritt zu den Ausstellungshallen, die gute interaktive Ausstellungen zur Geschichte des Lagers (auf Französisch) zeigen, kostet 8 €.

Die Touristeninformation bietet 1½-stündige, sehr empfehlenswerte Führungen des Komplexes an. Die meisten Führer sprechen allerdings nur ganz wenig Englisch. In einer Zelle ist der Name „Papillon" (S. 739) eingeritzt, doch ob dies wirklich seine Zelle war, ist reine Spekulation.

St. Laurent du Maroni

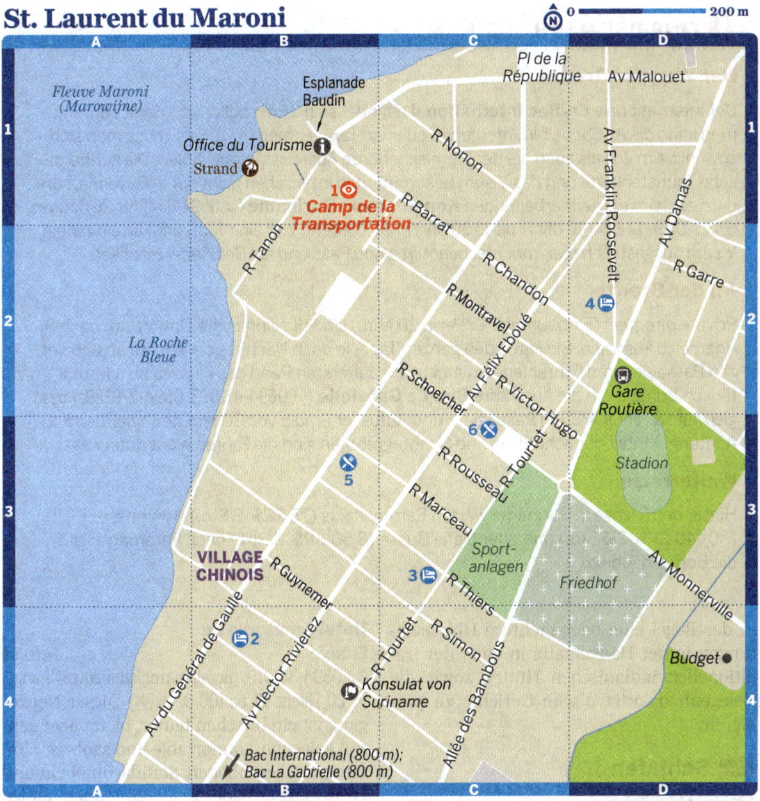

Camp de la Relégation

HISTORISCHE STÄTTE

(St. Jean; 8 €/Pers.; ⌚ geführte Touren Fr, Sa & So 15.30 Uhr) Das Camp de la Relégation (oder einfach St. Jean), 17 km von St. Laurent entfernt, ist ein weiteres ehemaliges Straflager. Besuchen kann man es im Rahmen einer der zweistündigen Führungen, die an den Wochenenden von verschiedenen Tourveranstaltern angeboten werden (Buchung im Office du Tourisme). In den Gebäuden lebten einst Gefangene, die wegen mehrmaliger Bagatelldelikte verurteilt wurden und mehr Freiheiten als andere Gefangene genossen. Daher ist die Atmosphäre hier nicht ganz so bedrückend wie in den anderen Lagern, aber ein Besuch in diesem Camp ist dennoch ein faszinierendes und beeindruckendes Erlebnis.

Fleuve de Maroni

FLUSS

(Tour ca. 50 €/halber Tag) Bei den Touren erkundet man indianische und Maroon-Dörfer am Ufer des großen Flusses und in der Regel auch jene Insel, auf der die in *Papillon* erwähnte Leprakolonie untergebracht war; außerdem steht eine Wanderung durch den Dschungel an. Das Office du Tourisme weiß, welcher der örtlichen Veranstalter gerade Flusstouren anbietet und kann einem auch Führer nennen, die Englisch sprechen. Längere Touren geben Gelegenheit zu ausführlicheren Erkundungen. Sie beinhalten

St. Laurent du Maroni

Highlights

1 Camp de la Transportation B1

Schlafen

2 Amazonie Accueil B4
3 Hotel Amazonia du Fleuve C3
4 Hôtel La Tentiaire D2

Essen

5 Chez Félicia B3
6 Marché de Saint Laurent C3

EINREISE NACH SURINAME

Der Weg zur Grenze

Der internationale Kai **Bac International** befindet sich 2 km südlich von Saint Laurent; man kann die Av Eboué hinuntergehen oder ein Taxi nehmen (4 €). Hier muss man sich sowohl beim Zoll als auch bei der Einreisebehörde Ausreisestempel holen. Die surinamische Touristenkarte und das Visum bekommt man inzwischen nicht nur in Cayenne, sondern auch im effizient arbeitenden **Konsulat von Suriname** (0594-344968; 26 Catayée; Mo–Do 9–12 & 14–16 Uhr Fr bis 15.30 Uhr) in St. Laurent. Wer eine Touristenkarte oder ein Visum ausgestellt haben möchte, benötigt einen Pass und ein Gelbfieberzertifikat.

An der Grenze

Private *pirogues* (Einbäume; 3 €/Pers., 10 Min.) sind die einfachste Option, um nach Suriname zu kommen. Sie legen den ganzen Tag – je nach Nachfrage – am Kai ab und setzen Passagiere am Fähranleger in Albina am äußersten Rand des Flusses ab. Viermal täglich bringt auch die Autofähre **Bac La Gabrielle** (0694-411093, 0594-279129; Passagier/Auto & Fahrer 4/35 €) Passagiere und Autos innerhalb von 30 Minuten über den Fuß. Achtung: Mittwochnachmittag und Sonntagmorgen sind die Fähren nicht unterwegs.

Weiterreise

Hinter der Grenze in Suriname warten Sammeltaxis (75 SR$, 2 Std.), Minibusse (30–40 SR$, 2½ Std.) und öffentliche Busse (8,50 SR$, 3 Std.) nach Paramaribo auf die Boote in Albina.

in der Regel eine oder mehrere Übernachtungen in der Hängematte in einer der traditionellen indianischen Hütten sowie die Gelegenheit, ortstypische Gerichte zu probieren.

Schlafen

★ Hôtel La Tentiaire HOTEL $

(0594-342600; tentiaire@wanadoo.fr; 12 Av Franklin Roosevelt; Zi. ab 70–85 €; P) Das restaurierte Verwaltungsgebäude des Straflagers beherbergt edle Zimmer mit Holzakzenten und ist die beste Unterkunft im Zentrum. Einige Zimmer bieten einen Balkon mit Blick auf den angrenzenden Park. Andere sind auf zwei Stockwerke verteilt und bieten bequem Platz für vierköpfige Familien. Das Frühstücksbuffet ist qualitativ hochwertig; hinten befindet sich ein hübscher Pool.

Amazonie Accueil HÄNGEMATTEN-LODGE $

(0594-343612, 0694-412350; am.ac@orange.fr; 3 Barrat; Plätze 10 €, mit Hängematte 15 €;) In der zentral gelegenen, freundlichen Lodge kann man seine Hängematte aufhängen (oder eine ausleihen, falls man keine hat). Die Hängematten-Lodge hat einen Kiesboden und Platz für fünf Personen. Es gibt einen Frühstücksbereich und Gemeinschaftsbäder.

Hotel Amazonia du Fleuve HOTEL $$

(0594-341010; hotelamazoniadufleuve@orange.fr; 20 Thiers; Zi. ab 100 €;) Dieser Neuzugang ist ein bisschen teurer, bietet aber zentral gelegene, komfortable und saubere Zimmer mit Fliesenböden, Standardmöbeln und großzügigen Bädern. Es gibt auch einige barrierefreie Zimmer. Die Mitarbeiter sprechen auch Englisch.

Essen

Mehrere kleine Lebensmittelgeschäfte und ein mittelgroßer Markt bieten alles, was Selbstversorger brauchen. Die Stände auf dem wunderschönen **Marché de Saint Laurent** (Markt mit Ess- und Kunsthandwerksständen; Av Félix Eboué; Mi & Sa 5–13 Uhr) bieten großzügige Portionen *bami goreng* (gebratene Nudeln), *pho* und französischen Quiche (alles um die 5 €).

Chez Félicia KREOLISCH $

(23 Av du Général de Gaulle; Hauptgerichte 10–15 €; 12–14 & 18–23 Uhr, Sonntagabend geschl.) Das bei Einheimischen beliebte Restaurant mit karierten Tischtüchern, einer freundlichen Bedienung und zufriedenen Stammgästen bietet schmackhafte kreolische Gerichte (auch mit Bushmeat). Die Portionen sind riesig; man kann sie sich auch teilen.

★ La Goélette KREOLISCH $$

(☎ 0594-342897; Hauptgerichte 16–23 €; ⏲ Di–So 14 & 18.30–23 Uhr; 📶) Das beste Restaurant in St. Laurent. Der „Schoner" wurde in der Tat wie ein Boot über den Fluss gebaut und bietet Tische mit frischer Brise und tollem Blick Richtung Suriname. Das Essen ist ausgezeichnet: Serviert werden Meeresfrüchte- und Fleischgerichte sowie eine vegetarische Platte. Das Restaurant befindet sich etwas außerhalb der Stadt – am besten kommt man mit einem Taxi hierher.

Praktische Informationen

GELD

Banken mit Geldautomaten verteilen sich über die Stadt, aber keine davon tauscht Geld oder löst Reiseschecks ein. Wer Geld wechseln will, muss nach Cayenne fahren.

TOURISTENINFORMATION

Office du Tourisme (☎ 0594-342398; www.ot-saintlaurentdumaroni.fr; Esplanade Baudin; ⏲ Di–Sa 8–12.30 & 14.30–18, Mo 14.30–18, So 8.30–12.30 Uhr) Hier lässt sich alles organisieren, was man in St. Laurent besichtigen oder unternehmen kann, z. B. Fahrräder mieten, sowie geführte Touren und Tickets für verschiedene Veranstaltungen buchen. Die Mitarbeiter sprechen Englisch und verteilen kostenlose Stadtpläne.

An- & Weiterreise

Busse nach Cayenne (25 €, 4 Std.) fahren zweimal täglich vom **Gare Routière** (Busbahnhof) im Stadtzentrum ab. Der erste Bus fährt um 4 Uhr und der zweite zwischen 11 und 13 Uhr, je nachdem, wann er voll ist. Für 5 € extra wird man vom Fahrer an einem beliebigen Punkt in Cayenne abgesetzt.

Wer den Bus verpasst: Ein *taxi collectif* (Minibus) kostet 35 € und kann vom Office du Tourisme (S. 743) organisiert werden. Alternativ mietet man bei **Budget** (☎ 0594-340294; www.budget-guyane.com; 328 Av Gaston Monnerville) ein Auto. Für Einwegmieten mit Autoabgabe in Cayenne zahlt man 100 € extra. Das Budget-Büro liegt an einer Straße außerhalb der Stadt Richtung Cayenne.

Mana & Awala-Yalimopo

600 EW.

Etwa 50 km nordöstlich von St. Laurent befindet sich das rustikale Dorf Mana mit seiner besonders malerischen Promenade am gleichnamigen breiten Fluss. Leider ist Mana selbst in keinem sehr guten Zustand: Die einst wunderschönen kolonialzeitlichen Gebäude sind am Einstürzen und wurden um weitaus weniger hübsche neuzeitliche Gebäude ergänzt.

22 km nordwestlich von Mana an einem Strand liegt die indianische Siedlung Awala-Yalimopo, die vor allem wegen des Plage Les Hattes (S. 743) bekannt ist, einer der weltweit bekanntesten Brutstätten der riesigen Lederschildkröten.

Sehenswertes

★ Plage Les Hattes STRAND

(Awala-Yalimopo) Dieser langgezogene Strand ist eine bedeutende Brutstätte der Leder-

EINREISE NACH BRASILIEN

Französisch-Guayana hat eine Landgrenze bei St. Georges, wo der Fluss Oyapock die Grenze zu Brasilien bildet. Eine brandneue Brücke nach Brasilien wurde 2017 eröffnet.

Wer in St. Georges übernachten muss, sollte sich für das beliebte **Chez Modestine** (☎ 0694-370013; modestine@wanadoo.fr; Place du Village, Elie-Elfort; Zi. 60 €; ❄) auf dem Hauptplatz oder das ruhigere **Caz-Calé** (☎ 0694-455182, 0694-125496; Elie Elfort; EZ/DZ/3BZ ab 60/70/75 €; ❄📶) gleich die Straße runter entscheiden. Die meisten Reisenden fahren jedoch direkt nach Cayenne oder nach Brasilien weiter.

Der Weg zur Grenze

Minibusse fahren, sobald sie voll sind, von Cayenne nach St. Georges (30 €, 5 Std.) an der Grenze zu Brasilien. Man muss vielleicht in Regina umsteigen. Dies ist die einzige Möglichkeit, mit öffentlichen Verkehrsmitteln zur Grenze zu kommen.

An der Grenze

Sobald man die Brücke nach Brasilien überquert hat, muss man sich den Pass stempeln lassen, ehe es weiter Oiapoque geht, von wo aus täglich Busse (160 R$, 11–14 Std., morgens und nachmittags) und Flugzeuge nach Macapá starten.

schildkröten, die bis zu 600 kg schwer werden können. Die Weibchen kommen zwischen April und Juli an Land; ihre Jungen schlüpfen zwischen Juli und September und kriechen dann ins Wasser.

Maison de la Reserve Natural l'Amana NATURSCHUTZGEBIET
(☎0594-348404; Awala-Yalimopo; Erw./Kind 2 €/ frei; ⊙Mo, Mi, Fr & Sa 8–12 & 14–18, Di & Do 14–18 Uhr) Das Reservat hat ein kleines Museum, das Informationen zur Biologie der Schildkröten bietet und zwei Naturlehrpfade, die auf dem Grundstück beginnen.

Schlafen & Essen

Es gibt ein komfortables **Hotel** (☎0594-278667; hotellesamana@orange.fr; 18 Aubert, Mana; DZ/Studio 60/65 €; P❄🛜) in Mana sowie mehrere einfache Pensionen am Strand in Awala-Yalimopo, die man bei einem Spaziergang am Ufer entdecken kann. Die Pensionen eignen sich besonders gut, falls man Schildkröten beobachten möchte.

Es gibt einige einfache Restaurants in Mana und Awala-Yalimopo. Auf keinen Fall verpassen sollte man die französische Küche mit guyanischem Touch im **Le Buffalo** (☎0594-344280; 36 rue Javouhey, Mana; Hauptgerichte 15–25 €; ⊙Di–So 9.30–15 & 19–22 Uhr). In Awala-Yalimopo sollte man versuchen, für ein französisch-indianisches Mittag- oder Abendessen im **Yalimalé** (☎0594-343432; Awala-Yalimopo; Hauptgerichte 25 €; ⊙Di–Sa 8–14 & 16–20, So 16–20 Uhr) zu reservieren; außerhalb der Schildkrötensaison ist das Lokal aber nur selten geöffnet.

An- & Weiterreise

Mana und Awala-Yalimopo sind nur mit dem Auto zu erreichen, daher muss man entweder mit dem Taxi oder mit dem Mietwagen hierherkommen. Wer von hier aus Richtung Osten nach Cayenne fährt, sollte daran denken, dass sich die letzte Tankstelle vor Kourou in Mana befindet, daher sollte man dort tanken.

FRANZÖSISCH-GUAYANA VERSTEHEN

Französisch-Guayana aktuell

Die Entwicklungen im Centre Spatial Guyanais (Raumfahrtzentrum Guayana) in Kourou beherrschen die Schlagzeilen in Französisch-Guayana. 2017 wurde der gesamte Komplex von einer Gruppe Demonstranten besetzt – ein Raketenstart musste deshalb verschoben werden. Die Gruppe, die sich selbst die „500 Brüder" nannte, demonstrierte unter dem Motto *„pou lagwiyann dekole"* (kreolisch für „Lass Guayana abheben") gegen den niedrigen Lebensstandard und die hohen Lebenshaltungskosten in dem Übersee-Département. Viele Einheimische haben den Eindruck, dass Frankreich hohe Summen in das Raumfahrtzentrum investiert, sich aber kaum um die Einwohner Französisch-Guayanas kümmert. Das schien augenscheinlich auch dadurch belegt zu werden, dass Frankreichs Präsident Emmanuel Macron die Region als „Insel" bezeichnete, ein Fauxpas, der die Einheimischen verwunderte und ärgerte.

2010 hatte sich die Bevölkerung in einem Referendum jedoch gegen eine stärkere Autonomie von Frankreich ausgesprochen – das Land wird also vermutlich auf absehbare Zeit ein Übersee-Département bleiben. Das bedeutet, dass europäische Gelder weiterhin in das Land fließen und seine Position als wohlhabendste und fortschrittlichste Region der Guyanas festigen werden. Dies steht jedoch in krassem Gegensatz dazu, wie viele Einheimische die Situation sehen. Die Bedingungen in der Industrie in Französisch-Guayana sind seitdem angespannt; es gibt regelmäßige Streiks, Demonstrationen und Proteste gegen soziale Ausgrenzung, schlechte Ausbildungschancen und Arbeitslosigkeit.

Besonders im östlichen Grenzgebiet zu Brasilien hat der Goldabbau im Land zugenommen. Die Regierung geht gegen die riesige illegale Goldindustrie vor, die z. B. tonnenweise umweltschädliches Quecksilber in die einst unberührten Flüsse Französisch-Guayanas kippt, und hat dabei auch einige Erfolge zu verzeichnen. Die langen, entlegenen und von Dschungel bedeckten Grenzen zu Suriname und Brasilien machen diesen Kampf aber außerordentlich schwierig.

Geschichte

1643 gründeten die Franzosen die erste Siedlung in Cayenne. Tropenkrankheiten und eine indianische Bevölkerung, die sich gegen die Kolonialisierung mit aller Kraft wehrte, behinderten jedoch die Entwicklung von Plantagen. Nach diversen Konflikten mit den Niederländern und den Briten – und einer achtjährigen Besetzung durch Brasilien und Portugal – gewann Frankreich schließlich wieder die Oberhand. Kurz danach wurde die Sklaverei in Paris abgeschafft (1848), was für viele Plantagen in der Kolonie den Ruin bedeutete.

Ungefähr zur selben Zeit entschied sich Frankreich, in Guayana Sträflingslager aufzubauen. Dadurch, so meinte man, würden die Kosten der heimischen Gefängnisse gesenkt und die Weiterentwicklung der Kolonie vorangetrieben werden. Auf Befehl von Napoleon III. wurden 1852 die ersten Verurteilten hierher geschickt. Alle, die nach Ende ihrer Strafe noch am Leben waren, sollten noch genauso viele Jahre als Exilanten hier ausharren, wie ihre Strafe betragen hatte. Weil aber 90 % der Verurteilten an Malaria oder Gelbfieber starben, trug diese Maßnahme nur wenig zum erhofften Bevölkerungswachstum und zur Weiterentwicklung der Kolonie bei. Französisch-Guayana war allgemein berüchtigt für seinen brutalen und korrupten Strafvollzug. Das letzte Straflager wurde 1953 geschlossen.

1946 erhielt Guayana den Status eines französischen Übersee-Départements. Im Jahre 1964 begannen schließlich die Arbeiten am Centre Spatial Guyanais, was dem Land einen Zustrom von Wissenschaftlern, Ingenieuren, Technikern und Servicepersonal aus Europa und der ganzen Welt bescherte. So entwickelte sich Kourou zu einer modernen Stadt von beträchtlicher Größe, die 15 % des Wirtschaftsaufkommens des gesamten Landes einbringt. Die ersten Hmong-Flüchtlinge aus Laos trafen 1975 hier ein und siedelten sich hauptsächlich in den Ortschaften Cacao und Javouhey an. Heute machen sie etwa 1,5 % der gesamten Bevölkerung aus und bilden das Rückgrat der hiesigen Landwirtschaft: Rund 80 % aller landwirtschaftlichen Erträge des Übersee-Départements werden von ihnen erwirtschaftet.

Aufeinanderfolgende französische Regierungen schufen staatliche Arbeitsplätze und stellten Subventionen in Höhe von mehreren Milliarden Euro bereit. Deshalb herrscht in einigen Gebieten ein höherer Lebensstandard, viele städtische Gebiete rund um Cayenne sind jedoch immer noch bitterarm. Ländliche Dörfer leiden ebenfalls unter Armut, während viele Indianer und Maroons im Hinterland noch immer von der Jagd leben.

Kultur

Französisch-Guayana bietet eine faszinierende Mischung aus lebendiger Vergangenheit, verschiedenartigen Küchen und französisch-großstädtischen Vorstellungen dazu, wie die Dinge zu tun sind; dies alles vor dem Hintergrund der majestätischen Weite der amazonischen Wildnis. Auch wenn das Leben in Cayenne und Kourou fast schon europäische Annehmlichkeiten bietet, haben die meisten Menschen im Land mit finanziellen Problemen zu kämpfen und führen ein recht bescheidenes Leben.

Die Einwohner sind stolz auf ihre multikulturelle, von vielen verschiedenen Einflüssen geprägte Welt. Rund 30 Sprachen werden in einer Region gesprochen, die kleiner ist als Island. Rund 38 % der Bevölkerung haben einen gemischten afrikanischen (oder kreolischen) Hintergrund, 8 % sind Franzosen, 8 % Haitianer, 6 % Surinamer, 5 % stammen von den Französischen Antillen, 5 % sind Chinesen und 5 % Brasilianer. Die übrigen Einwohner verteilen sich auf Hmong, indianische sowie andere südamerikanische Ethnien.

Das Land ist vorwiegend katholisch geprägt, aber Maroons und Indianer folgen ihren eigenen religiösen Traditionen. Nach der Abschaffung der Sklaverei im Jahr 1834 weigerten sich die Afrikaner, gegen Bezahlung auf den Plantagen zu arbeiten; viele gründeten ihre eigenen Dörfer im Busch und wurden als „Maroons" bekannt. Die Hmong sind vorwiegen römisch-katholisch. Dies geht auf den Einfluss der Ordensschwester Anne-Marie Javouhey zurück, die sie in den 1970er-Jahren nach Französisch-Guayana brachte.

Natur & Umwelt

Französisch-Guayana grenzt im Osten und im Süden an Brasilien; die Flüsse Maroni und Litani bilden die Grenze zu Suriname im Westen. Der Großteil der Einwohner lebt an der Atlantikküste, wo auch die meisten der wenigen Straßen des Landes zu finden sind. Mangrovensümpfe säumen fast die gesamte Küste, unterbrochen von ein paar Sandstränden. Das Wasser an der Küste ist in der Regel unappetitlich braun, wegen der vielen riesigen Flüsse, die hier am Amazonasbecken in den Atlantik münden. Falls das noch nicht Grund genug ist, nicht ins Wasser zu gehen, wurde 2018 das Schwimmen an den Stränden um Cayenne aufgrund von Verschmutzung durch Abwasser untersagt. Französisch-Guayana ist also kein Ziel für einen Strandurlaub, obwohl es hier eine aktive und gut geschützte Schildkrötenpopulation gibt, die ihre Eier jedes Jahr zwischen April und Juni an den Stränden um Mana ablegt. Das dicht bewaldete Landesinnere steigt langsam bis zu den Tumac-Humac-Bergen an der brasilianischen Grenze an. Es ist wenig bevölkert und Heimat einer unglaublichen Artenvielfalt, die von illegalem Goldsuchen und Abholzen bedroht ist.

PRAKTISCHES

Allgemeine Informationen

AKTIVITÄTEN

Vögel beobachten, Wandern und Kanufahren sind beliebte Aktivitäten in Französisch-Guayana. An den Stränden von Montjoly und Kourou sind Wassersportarten wie Windsurfen, Kitesurfen oder Segeln beliebte Freizeitvergnügen, doch kann man praktisch nirgendwo die erforderliche Ausrüstung mieten.

BOTSCHAFTEN & KONSULATE

Französisch-Guayana beherbergt nur diplomatische Missionen der Nachbarländer. Wer diplomatische Hilfe benötigt, muss in den meisten Fällen die Botschaft seines Landes in Paris kontaktieren.

Brasilianische Botschaft (☎ 0594-296010; 444 Chemin St. Antoine, Cayenne)

Konsulat von Suriname (☎ 0594-282160; 3 Av Léopold Héder; ⏲ Mo–Fr 9–14 Uhr) Oft sehr voll, doch wenn man Glück hat, erhält man innerhalb weniger Minuten eine Touristenkarte. Ein kleineres und weniger überlaufenes Konsulat in St. Laurent du Maroni (S. 742) bietet die gleichen Leistungen an.

Deutsche Botschaft Paris (☎ 33-1-53834500; 24 Rue Marbeau, 75116 Paris; ⏲ Mo–Do 8.30–16.45, Fr 8.30–14 Uhr (Straßenanschrift); BP 30 21, 75364 Paris CEDEX 08 (Postadresse)

PREISKATEGORIEN: ESSEN

Die folgenden Preiskategorien beziehen sich auf einen üblichen Hauptgang einschließlich Service.

$ weniger als 12 €

$$ 12–20 €

$$$ mehr als 20 €

Österreichische Botschaft Paris (☎ 33-1-40633090; 6, rue Fabert, 75007 Paris)

Schweizerische Botschaft Paris (☎ 33-1-49556700; 142, rue de Grenelle, 75007 Paris)

FEIERTAGE

Neujahr 1. Januar

Aschermittwoch Februar/März

Karfreitag/Ostermontag März/April

Tag der Arbeit 1. Mai

Französischer Nationalfeiertag 14. Juli

Allerheiligen 1. November

Allerseelen 2. November

Gedenktag des Ersten Weltkriegs (Veteranentag) 11. November

1. Weihnachtstag 25. Dezember

GEFAHREN & ÄRGERNISSE

In den größeren Ortschaften ist nachts Wachsamkeit geboten. In den letzten Jahren haben Gewalttaten und Drogenhandel überall im Land zugenommen, daher errichtet die Polizei oft Straßensperren an Küstenstraßen und durchsucht Autos und Gepäck.

➡ Die Einheimischen trampen zwar im Gebiet um Cayenne und aus dem Westen nach St. Laurent. Für Traveller ist das allerdings riskanter, da sie für leichte, mit Geld beladene Opfer gehalten werden könnten. Niemals nachts und nie auf der Straße von Régina nach St. Georges trampen, die gefährlich und abgelegen ist. Per Anhalter zu fahren ist in keinem Land der Welt besonders sicher. Reisende, die per Anhalter unterwegs sind, sollten wissen, dass sie ein potentiell ernstes Risiko eingehen. Trampen ist sicherer, falls man zu zweit unterwegs ist und jemanden wissen lässt, wohin man unterwegs ist.

ESSEN

Französisch-Guayana bietet eine beneidenswerte Kombination aus kulinarischer Präzision, dank der Franzosen, und einer beeindruckenden Vielfalt an Zutaten und Gewürzen – dank der ethnischen Gruppen der Region. In Cayenne gibt es einige ausgezeichnete Restaurants; andernorts sind die Dinge etwas weniger kultiviert, aber man isst dennoch gut. Die meisten Speisekarten werden von Fisch und Meeresfrüchten dominiert.

GELD

Französisch-Guayana gehört zur Eurozone. Die einzigen *cambios* (Wechselstuben) für den Tausch von Devisen sind in Cayenne, aber Geldautomaten gibt's in den meisten mittleren und größeren Ortschaften.

Kreditkarten werden weithin akzeptiert. Mit einer Visa oder MasterCard kann man an *guichets automatiques*, die an die Netzwerke von Plus oder Cirrus angeschlossen sind, Bargeld abheben. Und auch mit Eurocard oder Carte Bleu gibt's kaum Probleme.

GESUNDHEIT

Im Landesinneren gibt es chloroquinresistente Malariastämme. Französisch-Guayana gilt auch als Gelbfieberregion. Das Zika-Virus ist ebenfalls präsent; Schwangere sollten daher vorsichtig sein und den Regenwald insgesamt meiden. Die medizinische Versorgung im Land ist ausgezeichnet, aber nur wenige Ärzte sprechen Englisch. In größeren Ortschaften ist das Leitungswasser von guter Qualität, anderorts solle man auf abgefülltes oder abgekochtes Wasser zurückgreifen.

INTERNETZUGANG

In allen städtischen Hotels gibt es (mal mehr, mal weniger gutes) WLAN. Die Geschwindigkeit ist generell niedrig und die Verbindungen kommen und gehen. Der einfachste Weg, online zu sein (und zu bleiben) ist der Kauf einer lokalen SIM-Karte samt Datenpaket.

LANDKARTEN

Frankreichs Institut Géographique National veröffentlicht eine Karte von Französisch-Guayana im Maßstab 1:500 000, einschließlich guter Stadtpläne von Cayenne und Kourou sowie detaillierter Karten der bewohnten Küstengebiete. Topografische Karten im Maßstab 1:25 000 und verschiedene Touristenkarten sind im ganzen Land erhältlich.

ÖFFNUNGSZEITEN

Viele Geschäfte schließen während der Mittagshitze. Die üblichen Öffnungszeiten sind von 8 bis 12 und von 14 bis 18 Uhr. Restaurants haben oft bis 14 Uhr geöffnet und dann nochmal von 19 bis 22 Uhr oder später. Sonntags und hier und da auch montags kommt das gesamte Land zum Stillstand. Nachtclubs und Bars öffnen gegen 22 Uhr.

POST

Die Post ist sehr verlässlich. Alle Sendungen gehen jedoch über das französische Mutterland; Postsendungen zu außereuropäischen Zielen können daher eine Weile dauern.

SPRACHE

Die offizielle Landessprache von Französisch-Guayana ist Französisch, die die meisten Einwohner auch fließend beherrschen. Die kreolische Bevölkerung spricht untereinander das auf dem Französischen basierende *créole guyanais*, aber auch andere Kreolsprachen, die sich in der Umgangssprache vermischen. Die Hmong verwenden untereinander ihre angestammte Hmong-Sprache. Diverse indianische Sprachen sind bei den verschiedenen indigenen Stämmen in Gebrauch, und an der Grenze zu Suriname sprechen viele Maroons Sranantongo (die Verkehrssprache von Suriname).

PREISKATEGORIEN: SCHLAFEN

Die folgenden Preiskategorien beziehen sich auf ein Doppelzimmer mit Bad außerhalb der Karnevalssaison (Jan.–Feb./März). Wenn nicht anders angegeben, sind alle Steuern – im Gegensatz zum Frühstück– enthalten.

$ weniger als 85 €

$$ 85–150 €150

$$$ mehr als 150 €

STROM

Die Stecker sind dreipolige europäische Stecker. Die Netzspannung beträgt 220/127 V, 50 Hz.

TELEFON

SIM-Karten von Digicel, Orange und SFR gibt es in Cayenne, Kourou und St. Laurent für 15 € (inkl. 5 € Guthaben). In Französisch-Guayana gibt es keine Ortsvorwahlen. Alle Nummern haben zehn Ziffern und beginnen entweder mit 0594 (Festnetz) oder 0694 (Handy).

TOURISTENINFORMATION

Fast jede größere und kleinere Stadt in Französisch-Guayana hat eine Touristeninformation, auch wenn es vielleicht nur ein kleiner, selten bemannter Kiosk ist. Sogar winzige Dörfer bieten hilfreiche öffentliche Karten mit Verzeichnissen von Geschäften, Sehenswürdigkeiten und Wanderrouten.

UNTERKUNFT

Die Hotels in Französisch-Guayana sind in der Regel teuer, aber durchaus komfortabel. In den meisten Hotels gibt es Mitarbeiter, die auch etwas Englisch sprechen.

Zu den günstigsten Optionen gehören *gîtes* (Pensionen; Näheres erfährt man bei den Touristeninformationen) für Langzeitgäste in Cayenne, Kourou und St. Laurent du Maroni und rustikale *carbets* (offene Hütten) für Hängematten in den ländlichen Gegenden.

VISA

Reisende brauchen einen Reisepass, außer man kommt aus Frankreich, dann reicht der Personalausweis. Auch der Nachweis über eine Gelbfieberimpfung muss unbedingt mitgeführt werden. Für Aufenthalte bis zu 90 Tagen brauchen EU-Bürger und Schweizer kein Visum.

Offiziell müssen alle Besucher, selbst Franzosen, ein Rückflug- oder Weiterreiseticket sowie den Nachweis über ausreichende Geldmittel für die Zeit des Aufenthalts vorlegen können, was jedoch nur selten nachgeprüft wird.

An- & Weiterreise

FLUGZEUG

Alle internationalen Passagiere müssen über den internationalen Flughafen Félix Eboué (S. 734) einreisen. Die folgenden Fluggesellschaften haben Schalter am Flughafen:

Air Caraïbes (☎ 0820-835835; www.aircaraibes.com) Fliegt nach Paris.

Air France (☎ 0594-298700; www.airfrance.gf) Fliegt nach Paris, Fort-de-France, Pointe-à-Pitre und Miami.

Air Guyane (☎ 0594-293630; www.airguyane.com) Fliegt von Cayenne zu vier Inlandszielen, darunter St. Laurent du Maroni.

Suriname Airways (☎ 0594-293000; www.flyslm.com) Fliegt nach Belem und Paramaribo.

SCHIFF/FÄHRE

Von St. Laurent du Maroni (im Westen) fahren Boote und Autofähren nach Suriname, außerdem verkehren Boote von St. Georges de l'Oyapock (im Osten) nach Brasilien. Darüber hinaus gibt es seit 2017 auch noch eine gewaltige Hängebrücke.

Unterwegs vor Ort

Rundreisen ohne eigenes Auto sind in Französisch-Guayana viel schwieriger und kostspieliger als im französischen Mutterland, wo öffentliche Verkehrsmittel viel verbreiteter sind. So teuer das Mieten eines Autos auch ist, um das Land zu sehen ist es hier dennoch die kostengünstigste Möglichkeit.

AUTO & MOTORRAD

Falls zwei oder mehr Personen zusammen reisen, ist es oft billiger, ein Auto zu mieten, als öffentliche Verkehrsmittel zu benutzen. Einige Agenturen haben Büros in Kourou, St. Laurent du Maroni und am Flughafen (einige berechnen für die Abholung am Flughafen bis zu 25 € extra). Für einen Kompaktwagen ohne Kilometerbegrenzung zahlt man mindestens 35 €. Achtung: Mit Mietwägen dürfen keine Landesgrenzen überquert werden. Und nochmal Achtung: Man sollte in Cayenne volltanken, da es im restlichen Land nur sehr wenige Tankstellen gibt.

Avis (☎ 0594-302522; www.avis.fr; 58 Blvd Mandela) Hat auch eine Filiale am Flughafen.

Budget (☎ 0694-279780; www.budget-guyane.com; internationaler Flughafen Félix Eboué) Die Filiale befindet sich in der Zone Galmot in den Außenbezirken von Cayenne, gleich abseits der Av Galmot; darüber hinaus gibt es eine Filiale am Flughafen.

Sixt (☎ 0594-298042; www.sixt.fr; 11 Rue du Capitaine Bernard) Die Autovermietung hat eine bequem gelegene Filiale im Zentrum und eine am Flughafen. Zum Zeitpunkt der Recherche war darüber hinaus die Eröffnung einer Filiale in St. Laurent du Maroni geplant.

FLUGZEUG

Von Cayenne fliegen Kleinmaschinen von Air Guyane (S. 748) zu verschiedenen kleinen Orten tief im Dschungel, die nicht leicht auf dem Landweg zu erreichen sind.

SAMMELTAXIS

Taxis collectifs (Minibusse) sind die zweitbeste Option auf Rädern. Sie fahren, sobald sie voll sind, von Cayenne, Kourou, St. Laurent und St. Georges ab und können oft von Touristeninformationen organisiert werden, die Listen mit verlässlichen Fahrern unterhalten.

SCHIFF/FÄHRE

Geführte Touren nutzen häufig den Wasserweg. Wer auf eigene Faust unterwegs ist, kann versuchen, in Kaw oder Saint Laurent ein Boot zu bekommen. Katamarane fahren von der Stadt Kouru aus zu den Îles du Salut.

Guyana

782 000 EW.

Inhalt ➡

Gut essen

- Backyard Café (S. 756)
- Aagman Indian Restaurant (S. 756)
- Shanta's (S. 755)
- Bistro Cafe & Bar (S. 754)

Schön übernachten

- King's Hotel & Residence (S. 753)
- Iwokrama River Lodge & Research Center (S. 760)
- Rewa Eco-Lodge (S. 761)
- Pakaraima Mountain Inn (S. 761)
- Karanambu Lodge (S. 762)

Auf nach Guyana!

Nur wenige Orte auf dieser Erde haben so viel echtes Abenteuer zu bieten wie das dicht bewaldete Guyana. Das Land ist geprägt von einer schwierigen Geschichte, politischer Instabilität und ethnischen Spannungen. Doch ungeachtet der Korruption und Misswirtschaft ist die multikulturelle Bevölkerung hier fröhlich und motiviert, ihr Land zum besten Geheimtipp in Sachen Ökotourismus zu machen.

Die heruntergekommene Kolonialhauptstadt Georgetown ist durch und durch karibisch. Sie hat ein faszinierendes Flair, ein pulsierendes Nachtleben und einige tolle Restaurants. Weitab vom Hauptstadtrummel gehört das Landesinnere mit den Dörfern der Ureinwohner und der einzigartigen Tier- und Pflanzenwelt eindeutig zu Amazonien. Man sieht Eiablageplätze von Meeresschildkröten, genauso wie Affen und Jaguare im Regenwald und Ameisenbären in den südlichen Savannen – Guyana ist eine Reise wert, trotz des Schlamms, der Schlaglöcher und der Hitze.

Reisezeit

Georgetown

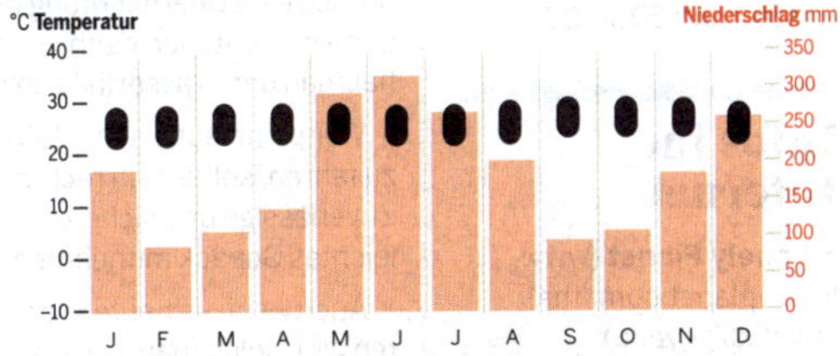

Mitte Nov.–Mitte Jan. Regenzeit an der Küste; viele im Ausland lebende Guyaner kommen heim.

Mai–Aug. Die Regenzeit im Inland und eine zweite an der Küste machen viele Straßen unpassierbar.

Ende Dez. Nur noch vereinzelt Regen im Landesinneren, der für angenehme Temperaturen sorgt.

KURZINFOS

Geld Nicht alle Geldautomaten akzeptieren ausländische Karten. Zahlung mit Kreditkarte ist außer in den besseren Hotels in Georgetown nur selten möglich.

Hauptstadt Georgetown

Notruf 911 (Polizei)

Sprache Englisch

Visa Angehörigen der meisten Nationen wird ein Aufenthalt von 90 Tagen gewährt.

Währung Guyana-Dollar (G$)

Wechselkurse

Eurozone	1 €	228 G$
	100 G$	0,42 €
Schweiz	1 SFr	209 G$
	100 G$	0,46 SFr

Aktuelle Wechselkurse gibt es unter www.xe.com.

Tagesbudget

- DZ im Budgethotel: 6000 G$; im Mittelklassehotel: 10 000 G$
- Snack: 200 G$; Gericht in einem mittelteurer Restaurant: 2000 G$

Infos im Internet

- **Lonely Planet** (www.lonelyplanet.com/the-guianas/guyana)
- **Guyana Tourism** (www.guyana-tourism.com)
- **Stabroek News** (www.stabroeknews.com)
- **Explore Guyana** (www.exploreguyana.org)

Einreise

Die einzigen legalen Grenzübergänge nach Guyana sind South Drain (Suriname) und Bonfim (Brasilien). Beide sind gut mit Kleinbussen erreichbar. Obwohl Guyana im Westen eine lange Grenze zu Venezuela hat, ist der Grenzübertritt wegen langjähriger Grenzstreitigkeiten überall verboten und auch nicht zu empfehlen.

REISEROUTE (EINE WOCHE)

Nach einer Übernachtung in Georgetown fliegt man für einen Tag zu den fantastischen Kaieteur Falls. Dann geht es per Flieger oder auf vier Rädern weiter ins Landesinnere, wo man für zwei Nächte im Ureinwohnerdorf Surama bleibt. Danach führt die Reise auf Straße und Fluss entweder zum Caiman House, um die Kaiman-Forscher zu unterstützen, oder nach Lethem, um die Wasserfälle und Dörfer der nahe gelegenen Berge, Wasserfälle und Dörfer zu erkunden. Am letzten Tag erfolgt der Rückflug von Lethem nach Georgetown – mit einem überwältigenden Blick von oben auf den Regenwald.

Essen & Trinken

Pepperpot (Pfeffertopf) Herzhafter Fleischeintopf mit Zimt und Maniok.

Cook-up Rice (Reisgericht) Eine Mischung aus Reis, Fleisch, Kokosmilch und vielen Kräutern.

El-Dorado-Rum Eine der weltweit besten Rumsorten.

Roti Weiches indisches Fladenbrot.

Cow Heel Soup (Rinderfußsuppe) Eine Suppe mit Schälerbsen, Gemüse, Klößchen und Rinderfüßen.

Top-Tipps

- Auf keinen Fall verpassen darf man die Kaieteur Falls, das unbestrittene Highlight des Landes. Es ist sogar zu erwägen, ob sich eine Übernachtung dort nicht lohnt – das wäre ein echtes Abenteuer, denn wenn alle Touri-Gruppen weg sind, hat man den Wasserfall ganz für sich allein.
- Wer plant, auf einem Motorrad durch die Region Rupununi zu fahren, sollte sich rechtzeitig um einen Fahrer kümmern. Zuverlässige und sichere Fahrer gibt es nur wenige. Und: nur leichtes Gepäck mitnehmen!
- Auch wenn es heute in den meisten Städten Geldautomaten gibt, sollte man sich niemals darauf verlassen und sich nach Möglichkeit mit einem guten Vorrat an Bargeld versorgen. Die meisten der abgelegeneren Urwald-Lodges sind sehr weit von funktionierenden Geldautomaten entfernt.

Highlights

1 Kaieteur Falls (S. 758) Über den Rand des höchsten einstufigen Wasserfalls der Welt blicken

2 Rupununi-Savanne (S. 761) Zwischen Riesenottern in wildreichen Graslandschaften umherpaddeln

3 Dadanawa Ranch (S. 763) Auf dieser historischen Ranch gemeinsam mit den *vaqueros* (Cowboys) das Vieh zusammentreiben

4 Iwokrama (S. 759) Tief in den unberührten Regenwäldern dieses Naturparks Vögel und andere Tiere beobachten

5 Shell Beach (S. 758) Auf dem Weg zu Guyanas bestem Strand durch Reisbauerndörfer fahren und Flüsse voller Tiere überqueren

6 Rewa Eco-Lodge (S. 761) In dieser abgelegenen River Lodge kann man die riesigen Arapaimas, die weltweit größten Süßwasserfische, bestaunen

7 Saddle Mountain (S. 763) Durch diese traumhafte Ecke der südlichen Rupununi reiten und nach Ameisenbären Ausschau halten

Georgetown

240 000 EW.

Georgetown liegt an der Mündung des gewaltigen Flusses Demerara in den Atlantik. Es ist mit Abstand die größte Stadt Guyanas und der Ort, an dem alle Besucher zumindest einen Teil ihrer Zeit verbringen werden. Mit seiner maroden Architektur, den ungepflegten Parks und dem pulsierenden Leben in den Straßen verströmt Georgetown mancherorts ein entspanntes Flair und einen beachtlichen Charme, auch wenn es außer einer Menge Museen, Kirchen und kolonialer Kuriositäten nur wenig zu sehen gibt. Georgetown ist heute Sitz der Wirtschaftsgemeinschaft Caricom und damit eine Art Brüssel der Karibik. Es geht hier also ganz und gar nicht provinziell zu, und das zeigt sich auch an all den Restaurants und dem lebendigen Nachtleben, die dem quirligen Chaos dieser modernen guyanischen Stadt einen ausgesprochen kosmopolitischen Touch verleihen.

Sehenswertes

Georgetown lässt sich bequem in wenigen Tagen erkunden; es gibt mehrere interessante Museen und ein paar hübsche Parks. Die schönsten Gebäude aus dem 19. Jh. finden sich an der Main St und vor allem an der Ave of the Republic, gleich östlich des Flusses Demerara.

St. George's Cathedral ARCHITEKTUR

(North Rd) Das eindrucksvollste Gebäude der Stadt ist die weiße, im gotischen Stil erbaute Kathedrale St. George, die angeblich das höchste Holzgebäude der Welt sein soll. Beim Bau der 1892 fertiggestellten Kirche kam hartes Grünherzholz aus der Region zum Einsatz. Zum Zeitpunkt der Recherche wurde sie gerade renoviert – ist aber trotzdem geöffnet – und wird danach bestimmt sehr schön aussehen.

Stabroek Market MARKT

(Water St; ⏲ 24 Std.) Der Stabroek Market, die gusseiserne Markthalle mit dem riesigen Uhrenturm aus Wellblech, gehört zu den markantesten Wahrzeichen der Stadt. Dieser hektische, farbenfrohe Markt existiert schon seit Ende des 18. Jhs., die heutige Markthalle wurde allerdings erst 1880 errichtet. Der Besuch des Marktes ist ein Muss, aber man sollte keine Wertsachen bei sich tragen und seine Tasche immer schön festhalten.

Castellani House MUSEUM

(Ecke Vlissengen Rd & Homestretch Ave; ⏲ Mo–Fr 10–17, Sa 14–16 Uhr) GRATIS In dem prachtvollen Holzhaus von 1877 ist die Nationalgalerie untergebracht. In Wechselausstellungen werden hier oft Werke von Künstlern aus der Region ausgestellt. Um vom Botanischen Garten aus herzukommen, kann man eine Abkürzung durch die Kaserne nehmen, um nicht an der Hauptstraße entlanglaufen zu müssen – einfach die Wache fragen, ob sie es erlaubt!

Promenade Garden GARTEN

(Ecke Middle & Carmichael St; ⏲ 7.30–18 Uhr) Tagsüber ist der Promenade Garden in Cummingsburg ein ruhiges Plätzchen, wo man relaxen, lesen oder sich an den schönen Blumen und den tropischen Vögeln erfreuen kann. Die friedliche Ruhe steht in starkem Kontrast zu der Rolle des Platzes im 19. Jh., als an dieser Stelle Sklaven exekutiert wurden, die sich an der Demerara-Revolte, einem Sklavenaufstand im Jahr 1823, beteiligt hatten. Heute stehen hier eine Statue von Gandhi und ein sehr viktorianisch aussehender Musikpavillon.

Botanical Gardens GARTEN

(Regent Rd) GRATIS Der Botanische Garten von Georgetown ist eine freundliche, offene anlage mit einer Fülle tropischer Pflanzen, Bäume und Blumen, darunter die *Victoria amazonica*, die Nationalblume Guyanas. Das Ganze ist mit Teichen, Musikpavillons, Laufstegen und Lauben sehr reizvoll angelegt. Auf dem Gelände befinden sich auch der kleine **Zoo** von Georgetown (Ecke Regent & Vlissengen Rd; Erw./Kind 200/100 G$; ⏲ 7.30–17.30 Uhr) und das Mausoleum von Forbes Burnham, dem langjährigen Präsidenten von Guyana.

Walter Roth Museum of Anthropology MUSEUM

(61 Main St; ⏲ Mo–Fr 8–16.30 Uhr) GRATIS Das kleine Museum in einem luftigen, alten Gebäude zeigt viele Artefakte von Guyanas Ureinwohnern.

Demerara Distillers BRAUEREI

(☎ 256-5019; www.theeldoradorum.com; Plantation Diamaon, East Bank Demerara; Führung 3000 G$; ⏲ Führung Mi & Do 9 & 13 Uhr & nach Vereinbarung) Hier wurde Guyanas berühmtester Exportschlager, der einzigartige Eldorado-Rum, im Jahr 1670 erstmals hergestellt. Heute wird er hier nicht mehr gebrannt, aber die Anlage ist nun ein sehr schönes Museum. Im Rahmen der einstündigen Führungen sieht man die Brennerei (mit dem weltweit letzten Coffey-Destillationsgerät, das noch in Gebrauch ist), das Warenlager, das Heritage Center und den Souvenirladen.

Geführte Touren

★ Wilderness Explorers ABENTEUERTOUREN
(☎227-7698; www.wilderness-explorers.com; 141 4th St; ⊙Mo–Fr 8–17 Uhr) Der schon seit Langem existierende, zuverlässige Veranstalter hat massenweise Touren kreuz und quer durchs ganze Land im Programm, darunter auch Spezialtouren zum Angeln und Wandern in abgelegenen Gebieten, Tagesausflüge zu den Kaieteur Falls (ab 36 700 G$/Pers.), Dschungelexpeditionen und Stadtrundfahrten in Georgetown (10 000 G$/Pers.). Die Mitarbeiter können nach vorheriger Anfrage so ziemlich alles organisieren, einschließlich Transfers, Flüge und Aufenthalte in abgelegenen Lodges.

Evergreen Adventures ABENTEUERTOUREN
(☎222-0264, 222-2525; www.evergreenadventuresgy.com; Ogle Aerodrome, Ogle, ECD; ⊙Mo–Fr 8–17, Sa bis 12 Uhr) Die hervorragenden Touren werden individuell zusammengestellt. Da der Veranstalter außerdem Trans Guyana Airways (TGA) betreibt, können hier auch verlässlich Flüge und Lodges im ganzen Land gebucht werden. Zum Standardprogramm gehören Tagestouren zum Fluss Essequibo (20 000 G$/Pers.) und zu den Kaieteur Falls (30 000 G$/Pers.) oder auch längere Expeditionen durch den Iwokrama-Urwald und eine Tour zu den „Must-sees" von Guyana.

Dagron Tours GEFÜHRTE TOUREN
(☎227-1174, 223-7921; www.dagron-tours.com; 91 Middle St; ⊙Mo–Fr 8–17 Uhr) Dieser Veranstalter hat eine Vielzahl interessanter Tagestouren in Guyana im Programm, darunter einige, die von den meisten anderen Veranstaltern nicht angeboten werden. Dazu gehören eine Bootsfahrt auf dem Demerara, Steel-Pan-Touren mit dem Musikpionier Roy Geddes und eine Rum-Tour. Außerdem werden Ausflüge zu den Kaieteur Falls (ab 40 000 G$/Pers.) und entlang des Essequibo (ab 16 000 G$/Pers.) angeboten.

Schlafen

Rima Guest House PENSION $
(☎225-7401; rima@networksgy.com; 92 Middle St; EZ/DZ/Zi. ohne Bad 6300/8400/10 000 G$; 📶) Die bei Backpackern beliebte familienbetriebene Pension verfügt über zehn freundliche, gemütliche Zimmer mit Gemeinschaftsbad und zwei Toiletten in einem großen Haus aus der Kolonialzeit im Stadtzentrum von Georgetown. Die Inhaber sind freundlich und hilfsbereit und bieten auf Wunsch auch Essen an. Das Frühstück kostet 6 US$. Nur Barzahlung!

> **DER WEG INS ZENTRUM**
>
> **Cheddi Jagan International Airport** Die allerbeste Möglichkeit, vom Flughafen Cheddi Jagan ins Zentrum von Georgetown zu gelangen, ist immer noch das Taxi (5000–6000 G$, 1 Std.). Die öffentlichen Verkehrsverbindungen von beiden Flughäfen sind chaotisch, die Verkehrsmittel überfüllt und oft ausgesprochen unsicher, und Platz für Gepäck gibt es selbstverständlich auch nicht.
>
> **Ogle International Airport** Ein Taxi ins Zentrum (20–30 Min.) kostet zwischen 1000 und 1500 G$.

★ Rainforest B&B B&B $$
(☎227-7800; www.rainforestbbguy.com; 272 Forshaw St; EZ/DZ/3BZ 14 700/18 900/23 000 G$; ❄📶) Das großartige Wohnhaus mit fünf Zimmern ist eine Mischung aus Galerie und botanischem Garten. Dabei ist diese Oase der Ruhe im Chaos von Georgetown sehr günstig gelegen und nur einen Katzensprung von allem entfernt. Die bezaubernden Besitzer Saeyeda und Jerry sind leidenschaftliche Tierschützer und Liebhaber der lokalen Kunst und des Handwerks und sorgen dafür, dass ihre Gäste mit einem köstlichen Frühstück in den Tag starten.

Sleepin International Hotel HOTEL $$
(☎227-3467, 227-3452; www.sleepininternationalhotel.com; 24 Brickdam St; Zi. inkl. Frühstück ab 14 300 G$; ❄📶🏊) Das Sleepin hat drei Standorte in der Stadt; dies ist das beste Mittelklassehotel mit einem großen Pool zum Entspannen und einem Restaurant. Die Zimmer sind sauber, freundlich und modern eingerichtet, der Service ist professionell. Die Zimmer unterscheiden sich allerdings ziemlich stark in der Qualität.

★ King's Hotel & Residence HOTEL $$$
(☎226-1684; www.kingshotel.gy; 176 Middle St; DZ/2BZ/Suite ab 27 000/31 000/42 000 G$; ❄📶) Die cleverste Wahl in der Innenstadt von

Georgetown

Georgetown, mit einem eleganten Ambiente und moderner Einrichtung, weißen Baumwolllaken auf allen Betten und einigen tollen Ausblicken auf die beiden nahen Parks. Das Haus ist sicher und liegt zentral; das Personal ist freundlich. Die Suiten sind mit Küchen, Sitzecken und Esstischen ausgestattet, und im Erdgeschoss befindet sich das **Bistro Cafe & Bar** (☎225-8634; 176 Waterloo St; Hauptgerichte 2000–3500 G$; ⌚7.30–22 Uhr; 📶).

Cara Lodge HOTEL $$$
(☎225-5301; www.carahotels.com; 294 Quamina St; EZ/DZ ab 27 300/31 400 G$; ❄📶) Dies ist

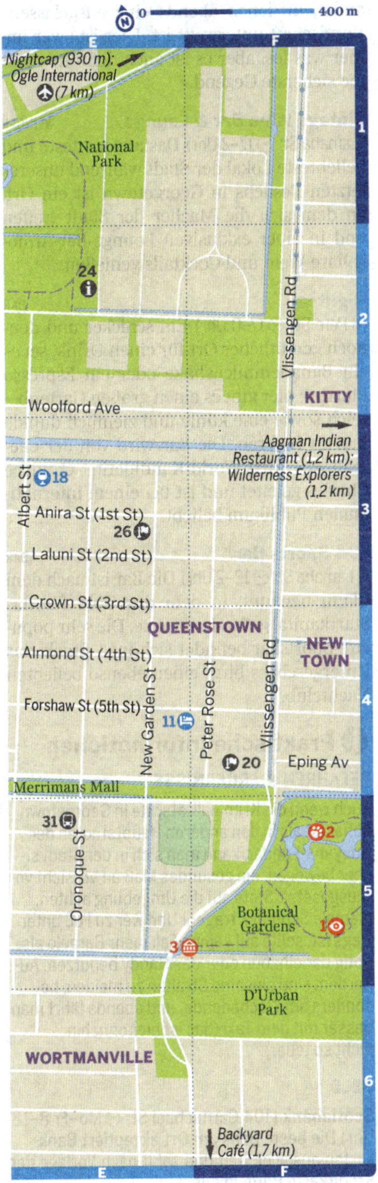

Georgetown

Sehenswertes

1	Botanical Gardens	F5
2	Botanical Gardens Zoo	F5
3	Castellani House	E5
4	Promenade Garden	B3
5	St. George's Cathedral	B4
6	Stabroek Market	A5
7	Walter Roth Museum of Anthropology	B3

Aktivitäten, Kurse & Touren

8	Dagron Tours	B4

Schlafen

9	Cara Lodge	C4
10	King's Hotel & Residence	B4
11	Rainforest B & B	E4
12	Rima Guest House	B3
13	Sleepin Guesthouse	D4
14	Sleepin International Hotel	B6

Essen

	Bistro Cafe & Bar	(siehe 10)
15	Cafe Bellvana	B4
16	House of Flavors	C5
17	Shanta's	C3

Ausgehen & Nachtleben

18	704 Sports Bar	E3
19	Vintage Wine Bar & Lounge	C3

Praktisches

20	Brasilianische Botschaft	F4
21	Britisches Hochkommissariat	B3
22	Kanadische Botschaft	B2
23	Iwokrama Rainforest Conservation and Development Office	B2
24	Nationalparkskommission	E2
25	Scotiabank	B3
26	Surinamische Botschaft	E3
27	Tourism & Hospitality Association of Guyana	B3
28	US-Botschaft	B2

Transport

29	BD Express	D5
30	Caribbean Airlines	B5
31	Carly's	E5
32	Copa Airlines	C3
33	P&A Bus Services	D4
34	Suriname Airlines	B2

das traditionsreichste Hotel von Georgetown, wobei das in diesem Fall auch wirklich „alt" bedeutet. Es hat einen altmodischen Ballsaal, eine Patiobar um einen 100 Jahre alten Mangobaum und ein stilvolles Restaurant im Erdgeschoss, das auch den Reichen und Schönen gefallen würde. Die Zimmer können da nicht mithalten und sind mit übermäßig viel Rattan ausgestattet.

Essen

★ **Shanta's** INDISCH $
(225 Camp St; Gerichte ab 500–1000 G$; ⏲8–18 Uhr) Schon seit mehr als einem halben Jahr-

hundert bewirtet das einfache Shanta's ganz Georgetown mit den besten Rotis, Currys und *chokas* (geröstetes Gemüse) außerhalb Indiens. Unglaublich, dass so leckeres Essen so günstig sein kann – unbedingt alles probieren!

House of Flavors KARIBISCH $
(177 Charlotte St; Gerichte ab 250 G$; ⌚Mo–Sa 6–21, So bis 16 Uhr; ✍) In dem vegetarischen Rastafari-Restaurant gibt's nur ein Gericht: hausgemachten Reis mit Bohnen, Gemüse und Mango-*achar* (mit Gewürzen sauer eingelegte Mango) in einem Flaschenkürbis. Das Lokal ist zugleich ein Musikladen, und die Gäste stehen auch schon mal Schlange.

Cafe Bellvana CAFE $$
(☎231-8749; Middle St; Hauptgerichte 1500 G$; ⌚Mo–Fr 8–17, Sa bis 15 Uhr; 📶✍) Dieses brandneue Lokal serviert guten Kaffee, hausgemachte Kuchen und auch verschiedene kalte Getränke. Es gibt ein gutes Frühstück (1200 G$) und drei reichhaltige Tagesgerichte, von denen eines immer vegetarisch ist.

★ **Backyard Café** GUYANISCH $$$
(☎663-5104; Rose St, West Ruimveldt; Mahlzeiten 3000–5000 G$) Dieses unvergleichliche Kulturerlebnis hat sich in Georgetown in kürzester Zeit zu einem echten Phänomen entwickelt, sodass jeder, der sich für die guyanische Küche interessiert, im Hinterhof von Delven Adam essen will. Er kocht außergewöhnlich variantenreich und kreativ, beeinflusst durch langjährige Arbeit in Restaurants in den USA, bevor er wieder nach Guyana zurückkehrte. Für Tischreservierungen mindestens 24 Stunden im Voraus anrufen! Ein Essen hier ist auf jeden Fall ein fantastisches Erlebnis.

★ **Aagman Indian Restaurant** INDISCH $$$
(☎291-0161, 654-7693; www.aagmanrestaurant.com; 28 Sherif St, Campbellville; Hauptgerichte 2000–3500 G$; ⌚12–15 & 18–22.30 Uhr; 📶✍) Das beste indische Essen der Stadt ist ziemlich weit vom Zentrum entfernt, aber es ist die Taxifahrt durchaus wert. Die Speisekarte ist riesengroß und bietet alle Klassiker, darunter Tandur-Gerichte, vegetarische Spezialitäten und unzählige Currys. Der attraktive Speisesaal erinnert an ein indisches Märchen und gehört zu den schönsten der Stadt. Auch Lieferservice möglich.

Ausgehen & Unterhaltung

In der Sheriff St im Osten von Newtown reihen sich Bars, Diskos und Nachtclubs aneinander, in denen abends eine ausgelassene Kundschaft unterwegs ist. Hier ist zwar immer was los, aber es ist auch definitiv nicht die sicherste Gegend.

Vintage Wine Bar & Lounge WEINBAR
(Lamaha St; ⌚17–2 Uhr) Das angesagteste und beliebteste Lokal der Stadt während unseres letzten Besuchs in Georgetown ist ein Ort, an dem sich die Macher der Stadt treffen und in einer exklusiven Lounge-Bar-Atmosphäre Wein und Cocktails genießen.

Nightcap BAR
(8 Pere St; ⌚17–0 Uhr) Ein schicker und dennoch gemütlicher Ort für einen Drink, sei es ein Bananenmilchshake oder ein Espresso Martini; hier gibt es einen großen Gartenbereich sowie eine kühle und ziemlich dunkle Bar im Inneren. Die Bar wird von der ehemaligen Miss-World-Kandidatin Candace Charles geleitet und ist bei einem internationalen Publikum beliebt.

704 Sports Bar BAR
(1 Lamaha St; ⌚12–2 Uhr) Die Bar ist nach dem Claim benannt, in dem das Gold für das Startkapital gefunden wurde. Die sehr populäre Sportsbar befindet sich im 1. Stock, das Untergeschoss birgt einen ebenso beliebten Nachtclub.

Praktische Informationen

GEFAHREN & ÄRGERNISSE

Auch wenn die Kriminalitätsrate in Georgetown höher ist als in den anderen Hauptstädten der Guayana-Länder, kann man sich in der Stadt sicher bewegen, ein gesundes Maß an Vorsicht vorausgesetzt: Stets auf die Umgebung achten, niemals Schmuck tragen! Und wer zu Fuß unterwegs ist, sollte auf keinen Fall mehr Bargeld als nötig dabeihaben oder das Handy benutzen. Außerdem sind einsame Straßen zu meiden, besonders am Wochenende, und abends fährt man besser mit dem Taxi (das ist hier ohnehin nicht so teuer).

GELD

Scotiabank (104 Carmichael St; ⌚Mo–Fr 8–18 Uhr) Die beste Bank am Ort akzeptiert Bankkarten aus aller Welt und zahlt nach Vorlage der Kreditkarte Bargeld aus.

TOURISTENINFORMATION

Tourism & Hospitality Association of Guyana (THAG; ☎225-0807; www.exploreguyana.org; 157 Waterloo St; ⌚Mo–Fr 8–17 Uhr) Die Vereinigung gibt den hilfreichen Reiseführer *Explore Guyana* heraus und hält Karten und Broschüren bereit.

EINREISE NACH SURINAME

Der Weg zur Grenze

Die Minibusse von **Champ** (☎629-6735; 9000 G$) fahren von Georgetown bis zur Grenze (5000 G$, 4–6 Std.) und auch weiter bis nach Paramaribo in Suriname (9000 G$, 9–12 Std.). Die Fahrgäste werden gegen 5 Uhr morgens abgeholt.

An der Grenze

Die Canawaima-Fähre nach Suriname (tgl. 10 & 12 Uhr; 25 Min.; einfache Strecke/hin & zurück pro Pers. 3500/4500 G$; 30 Min.) legt am Moleson Creek ab und schippert über den Corantijn nach South Drain, 45 Minuten südlich von Nieuw Nickerie. Man sollte spätestens eine Stunde vor Abfahrt der Fähre da sein, um alle Pass- und Zollformalitäten zu erledigen. Es werden keine Gebühren verlangt. Die Öffnungszeiten des Einreisebüros sind auf die Abfahrt und Ankunft der Fähren abgestimmt. Für die Einreise nach Suriname benötigen die meisten Reisenden eine Suriname Tourist Card oder ein Visum, das von einem Konsulat oder der Botschaft Surinames ausgestellt wurde. Diese sind an der Grenze nicht erhältlich, also rechtzeitig planen; in Georgetown gibt es eine surinamische Botschaft (S. 767).

Weiterreise

Am Fähranleger in Suriname stehen Minibusse, die nach Nieuw Nickerie und Paramaribo fahren. Am besten tauscht man die Guyana-Dollar vor der Ausreise um, falls sie einem auf der anderen Seite des Flusses niemand abkaufen will. Vor dem Umtausch aber auf jeden Fall über den aktuellen Wechselkurs informieren!

Achtung: Suriname ist Guyana um eine Stunde voraus!

An– & Weiterreise

AUTO

Bei **Dolly's Auto Rental** (☎225-7126; www.dollysautorental.com; 272 Bissessar Ave) und **Sleepin Guesthouse** (☎231-7667, 223-0991; www.sleepinguesthouse.com; 151 Church St; ❄ 📶) kann man Autos mieten (ab 7000 G$/Tag), doch wegen der schlechten Straßen voller Weidetiere und der Kamikaze-Fahrer entscheiden sich nur wenige Leute, in Guyana selbst Auto zu fahren. Wer sich trotzdem dazu entschließt, braucht eine Fahrerlaubnis, die kostenlos beim Ankunfts-Terminal im Cheddi Jagan International Airport (S. 757) erhältlich ist.

BUS & MINIBUS

Die preiswerten, stets überfüllten und im halsbrecherischen Fahrstil gesteuerten Minibusse fahren vom Stabroek Market zu den Orten an der Küste. Es gibt keine festen Abfahrzeiten (sie fahren los, wenn sie voll sind). Sogar das Einsteigen kann eine anstrengende Erfahrung sein, wenn sechs Schlepper einen drängen, ihren Bus zu nehmen!

Wenn man mit dem Bus ins Landesinnere fahren will, ist man auf den Übernachtbus nach Lethem angewiesen, der die ganze Strecke auf der Hauptstraße des Landes fährt, einer Schotterpiste durch den Urwald. Die lange, laute, holprige, staubige Fahrt ist nichts für Feiglinge und umfasst einen Zwischenstopp, bei dem man ein paar Stunden in einem Hängemattenlager schläft (Leihhängematte 500 G$), eine Fähre um 6 Uhr morgens am Kurukupari Crossing und mehrere Polizeikontrollen – also auf jeden Fall warme Kleidung, den Pass und Geduld mitbringen! Die Busse halten auf Wunsch entlang der Hauptstraße und nehmen Leute mit, solange sie freie Plätze haben (was oft nicht der Fall ist – wer fahren will, sollte vorher Mitarbeiter der Unterkunft darum bitten, anzurufen und einen Platz zu reservieren. Das gilt für alle Stationen außer Lethem und Georgetown.

FLUGZEUG

Der 41 km vom Stadtzentrum Georgetowns entfernte **Cheddi Jagan International Airport** (GEO; ☎600-7022; www.cjairport-gy.com; Timeri, East Bank Demerara) ist ein sehr altmodischer internationaler Flughafen, der zum Zeitpunkt der Recherche gerade modernisiert wurde, aber auch nach seiner Fertigstellung wird er wahrscheinlich kein besonders komfortabler Knotenpunkt zum An- und Abreisen sein. Denn außer ein paar Cafés und einem Geldautomaten gibt es dort nichts.

11 km vom Stadtzentrum von Georgetown entfernt liegt der **Ogle International Airport** (OGL; Eugene F. Correira International Airport; Ogle Flugfeld Road, Ogle), eine Reihe von kleinen Terminals, die an eine Landebahn angrenzen. Die ist nur groß genug, um von einheimischen und einigen regionalen Fluggesellschaften angeflogen

zu werden. Auch dort gibt es nichts außer ein paar Cafés und einem Geldautomaten.

Unterwegs vor Ort

TAXI

Im Zentrum von Georgetown ist man am einfachsten und sichersten in einem Taxi unterwegs; die Fahrt kostet 300 bis 500 G$ – auch nachts. Vom Personal des eigenen Hotels kann man sich bei einem verlässlichen Unternehmen ein Taxi bestellen lassen. Wer selbst ein Taxi heranwinkt, sollte nur in ein registriertes gelbes Taxi (Nummernschilder registrierter Taxis beginnen immer mit einem „H") steigen, das möglichst an der Seite mit dem Logo des jeweiligen Unternehmens gekennzeichnet ist. Empfehlenswerte Anbieter sind **GR Taxi Service** (☎ 225-7878) und **Cyril's Taxi Service** (☎ 227-1700).

Nordwestküste

Die wenig bereiste Nordwestküste Guyanas, die am Westufer des Demerara gegenüber von Georgetown beginnt und sich weit über den Essequibo hinaus bis zur Grenze zu Venezuela erstreckt, bietet mehrere interessante Sehenswürdigkeiten, Möglichkeiten zur Tierbeobachtung und das eine oder andere Naturwunder, um Besucher zu beschäftigen, falls sie sich in diese Richtung auf den Weg machen. Hinter dem Essequibo ist die Region rau und weitgehend unbewohnt, ohne Straßen und Infrastruktur. Daher empfiehlt es sich, mit einem erfahrenen Reiseveranstalter zu reisen, statt zu versuchen, allein loszuziehen.

Bei Bartica trifft der Essequibo auf den Mazaruni und die **Marshall Falls**, eine Reihe von Stromschnellen mit Wasserfall, die man nach einem Marsch durch den Regenwald erreicht. In der Nähe befindet sich das **Arrowpoint Nature Resort** (☎ 225-9650; ab 45 000 G$/Pers. inkl. VP & Aktivitäten; 📶), eine zwar etwas teure, aber sehr schöne Unterkunft in diesem Teil des Landes.

Vom Essequibo aus Richtung Westen führt eine Küstenstraße vorbei an malerischen Reismühlen und Bauerndörfern bis zu der rund 50 km entfernten Ortschaft Charity. Von dort aus braucht man ein Boot, um weiterzukommen – durch Flusslandschaften voller Vögel, Mangrovensümpfe und Savannen schippert man bis zum **Shell Beach**. Der „Muschelstrand" erstreckt sich ungefähr 140 km an der Küste in Richtung der Grenze nach Venezuela und ist ein Eiablagegebiet für vier der acht Meeresschildkrötenarten, die es in Guyana gibt. Der Waini Point befindet sich in der Nähe der Ortschaft Mabaruma und ist ein bei Vogelbeobachtern beliebter Ort, weil sich hier Scharlachsichler blicken lassen.

Von Georgetown aus kann man über die Brücke über den Demerara bis zu der Ortschaft Parika fahren. Von dort aus geht's per Speedboat südwärts zum lebendigen Bergwerksort Bartica (2500 G$, 1 Std., stündl.) am Zusammenfluss von Mazaruni und Essequibo sowie zum Westufer des Essequibo (1000 G$, 45 Min.; Sonnenaufgang–Sonnenuntergang, Abfahrt bei Vollbelegung) nach Supernam. Tourveranstalter in Georgetown helfen Travellern bei der Organisation einer Exkursion durch das Gebiet und organisieren Flüge oder Bootsfahrten.

Kaieteur National Park

Der 627 km² große Kaieteur National Park ist wahrscheinlich der Publikumsmagnet Guyanas – mit den eindrucksvollen Kaieteur-Fällen als wichtigster Attraktion – und zweifellos ein nationales Wahrzeichen. Abgesehen von den beeindruckenden Wasserfällen finden sich in dem Park eine winzige Gruppe von Ureinwohnern und die unendliche Artenvielfalt des Guayana-Schilds, einer massiven geologischen Formation, die mit unberührtem Regenwald, rauschenden Flüssen und weitläufiger Savanne bedeckt ist. Und das ist es doch, was Traveller in Guyana suchen.

Fast jeder, der das Land besucht, macht von Georgetown aus einen Tagesausflug mit dem Flugzeug in den Kaieteur National Park, oft kombiniert mit einem zweiten Stopp an den nahe gelegenen **Orinduik Falls**, wo man übrigens tatsächlich ins Wasser springen und schwimmen kann. Das eigentliche Abenteuer – abgesehen davon, dass man, wenn man Glück hat, hier ganz allein sein kann – besteht allerdings darin, in dieser atemberaubenden Naturkulisse eine Übernachtungsmöglichkeit zu organisieren …

Sehenswertes

★ Kaieteur Falls WASSERFALL

Egal, ob man schon bei den Wasserfällen von Salto Ángel oder Iguazú war, die Niagarafälle gesehen hat oder sich überhaupt nicht für Wasserfälle interessiert, der Kaieteur-Fall ist ein Muss. Mit rund 1140 t Wasser, die über eine 250 m hohe Klippe stür-

DIE TRAGÖDIE VON JONESTOWN

Am 18. November 1978 starben 913 Menschen (darunter mehr als 270 Kinder) in einer entlegenen Ecke des Regenwalds im Nordwesten von Guyana durch erzwungenen Selbstmord. Das schreckliche Ereignis, das als Jonestown-Massaker bekannt wurde, wirft bis heute einen dunklen Schatten auf den Ruf Guyanas.

In den 1950er-Jahren hatte Jim Jones, ein charismatischer Amerikaner, in Indiana eine religiöse Vereinigung namens „Peoples Temple" gegründet. Die Utopien Jones' von einer egalitären, landwirtschaftlich geprägten Kommune zogen Hunderte Anhänger an, doch in den 1960er-Jahren, als er seine Kirche nach San Francisco umsiedelte, wurde Jim Jones zunehmend paranoider, und die Glaubensgemeinschaft ähnelte mehr und mehr einer Sekte. Der nächste Schritt des Anführers war die Umsiedlung der Gemeinschaft in den Busch Guyanas, und im Jahr 1977 berichteten geflohene Mitglieder, dass Jones die Siedlung mit fragwürdigen Methoden leitete.

Daraufhin stattete der US-Kongressabgeordnete Leo Ryan Jones zusammen mit Journalisten und besorgten Angehörigen einen Besuch ab. Die Besucher trafen auf mehrere verängstigte Mitglieder, die fliehen wollten, und Ryan, der Jones' Gefährlichkeit unterschätzte, wollte einige von ihnen mitnehmen. Daraufhin wurden er und vier Begleiter von Anhängern des Amerikaners auf dem Flugfeld von Jonestown erschossen. In der folgenden Nacht befahl Jones seinen Anhängern, ein mit Zyankali versetztes Gebräu zu trinken. Viele nahmen das Gift, andere wurden erschossen oder mit durchgeschnittenen Kehlen aufgefunden. Jones erschoss sich dann entweder selbst oder gab jemandem den Befehl, dies zu tun.

zen, gilt er als der höchste einstufige Wasserfall. Und es ist wirklich ein unvergessliches Erlebnis, dieses Schauspiel mitten im dichtesten Urwald zu beobachten – und zwar ganz in Ruhe, ohne große Touristenmassen.

Je nach Jahreszeit ist der Wasserfall zwischen 76 und 122 m breit. Auf dem Weg zum Wasserfall lassen sich leuchtend rote Tiefland-Felsenhähne und winzige goldgelbe Frösche erspähen, die ein tödliches Gift produzieren und vor allem frühmorgens und in der Regenzeit zu beobachten sind.

Schlafen

Es gibt zwei sehr rustikale Lodges in der Nähe der Wasserfälle, die beide über die **Nationalparkskommission** (☎226-7974, 226-8082; Thomas Rd, Georgetown; ⊙Mo–Fr 8–12.30 & 14–17 Uhr) gebucht werden müssen. Hängematte und Bettzeug sind mitzubringen, aber hier zu übernachten ist ein unglaubliches Erlebnis, bei dem man die Wasserfälle und den umliegenden Regenwald manchmal ganz für sich allein hat.

An- & Weiterreise

In Georgetown bieten mehrere Tourveranstalter Tagesausflüge mit kleinen Flugzeugen zum Wasserfall an. Diese muss man frühzeitig buchen und dennoch flexibel sein. Am günstigsten ist der Flug direkt zum Wasserfall mit **Air Services Limited** (S. 770). Täglich starten zwei Flieger, sodass man sich – mit einem Guide – zwei Stunden lang am Wasserfall aufhalten kann. Hin- und Rückflug kosten zusammen 30 000 G$. Die Touren der meisten Veranstalter führen gegen einen Aufpreis wahlweise auch zu den Orinduik Falls (S. 758) oder zum Baganara Resort (auf einer Insel mit weißen Sandstränden mitten im Fluss Essequibo).

Iwokrama-Regenwald

Das Iwokrama Centre for Rain Forest Conservation and Development umfasst eine riesige Fläche von 3710 km² unberührten Urwalds; es ist ein einzigartiges, lebendiges „Labor", um zur Bewirtschaftung des tropischen Waldes und zur sozioökonomischen Entwicklung der Ureinwohner zu forschen. In dieser außergewöhnlichen Region, die 1996 zum Naturschutzgebiet erklärt wurde, leben die größte Wildkatze Südamerikas, der Jaguar, die weltweit größte Anzahl von Fisch- und Fledermausarten, aber auch der größte Süßwasserfisch der Welt, die größten Otter, Flussschildkröten, Ameisenbären, Schlangen, Nagetiere, Adler und Kaimane. Allerdings lassen sich all diese Tiere nur selten blicken. Der **Canopy Walkway** (www.iwokramacanopywalkway.com; Tagespass 5000 G$) inmitten des Naturschutzgebiets ist ein Highlight für Vogelbeobachter. Die beiden großen Lodges hier bieten Exkursionen in den Urwald an, bei denen man die Bewohner der Region näher kennenlernen kann.

Zwischen Georgetown und Lethem fahren Übernachtbusse (S. 757) durch das Regenwaldgebiet, und man kann auf dem Weg einen netten Zwischenstopp in einer der Lodges einlegen.

Schlafen

Iwokrama River Lodge & Research Center LODGE $$

(Hängematte 5000 G$, Hütte EZ/DZ 24 000/30 000 G$;) Im Hauptquartier des Iwokrama gibt es drei Arten von Unterkünften. Die geräumigen Holzbungalows auf Stelzen bieten einen herrlichen Blick auf eine Schleife des Essequibo, die billigeren Unterkünfte haben Gemeinschaftseinrichtungen, keine Aussicht und liegen näher am lärmenden Generator. Für Rucksacktouristen ist das noch günstigere Hängematten-Camp ideal. In einem achteckigen Holzgebäude sind auf zwei Etagen das Restaurant und Büros untergebracht.

Mix-and-Match-Touren umfassen Besuche in Dörfern der amerikanischen Ureinwohner, Waldwanderungen und nächtliche Kaimanbeobachtungen; jede Aktivität kostet zwischen 2000 G$ und 20 000 G$.

Atta Rainforest Lodge LODGE $$$

(227-7698; www.iwokramacanopywalkway.com; EZ/DZ inkl. VP & Aktivitäten 36 600/48 000 G$;) Diese freundliche und komfortable Lodge direkt an der Hauptstraße in der Mitte des Regenwaldes ist nur einen kurzen Fußmarsch vom Canopy Walkway (S. 759) entfernt. Hier kann man viel Zeit mit Wanderungen im Wald verbringen und dabei

AUF EIGENE FAUST DURCH DIE RUPUNUNI-SAVANNE

Da es immer mehr Unterkünfte an den wichtigsten öffentlichen Verkehrsverbindungen gibt, wird es zunehmend einfacher, diese spektakuläre Gegend wesentlich preisgünstiger zu erkunden. Die folgende Tour mit Minibussen von Georgetown nach Lethem und zurück kann auch in umgekehrter Richtung unternommen werden. Um böse Überraschungen zu vermeiden, sollte man alle Unterkünfte im Voraus buchen.

Georgetown–Kurukupari Crossing

Nach einer langen Nacht im Minibus bieten sich an diesem Fähranleger gleich zwei Unterkünfte an: Die beste Budgetoption, **Michelle's Island** (261-6454; experienceguyananow@gmail.com; Zi./Hängematte inkl. Frühstück 21 000/4200 G$), liegt direkt am Fluss und hat eine eigene Badestelle. Am anderen Ufer des Essequibo befindet sich das Iwokrama River Lodge & Research Center, das mehr Komfort zu höheren Preisen bietet.

Kurukapari Crossing–Annai

Annai ist nur 50 km vom Fähranleger in Kurukupari entfernt und bietet wiederum zwei Optionen: Das **Oasis** (226-5412; Annai; Bungalow/Hängematte 10 500/1000 G$;) ist eigentlich eine Raststätte für Fernfahrer, hat aber günstige Hängematten zum Schlafen, zwei einfache Bungalows und erschwingliches Essen. Eventuell kann man hier sogar ein Motorrad mieten. Neuer und ein bisschen malerischer ist das Pakaraima Mountain Inn (S. 761).

Annai–Lethem

Lethem ist der größte Ort der Rupununi-Savanne und liegt 120 km von Annai entfernt an der brasilianischen Grenze. Hier hat man die Wahl zwischen dem beliebten Takutu Hotel (S. 764) mit einfachen Hängematten oder dem etwas teureren Adventure Guianas Guesthouse (S. 764).

Südliche Rupununi

Im Süden von Lethem kann man recht viel unternehmen. Zur Auswahl stehen Camping- und Trekking-Touren in die nahen Kanuku Mountains (ab 12 500 G$/Pers.) und Tagestouren in ein Dorf der amerikanischen Ureinwohner. Dort kann man auch in kleinen, wenig besuchten Lodges übernachten, die von den Dorfbewohnern geführt werden. Ausführliche Infos zu den Unterkünften erteilt **Visit Rupununi** (772-2228, 772-2227; www.visitrupununi.com; Büro von Conservation International; Mo–Fr 9-16 Uhr). Dort kann man auch Zimmer buchen.

Vögel, Tiere und Pflanzen bewundern. Die acht Zimmer sind in komfortablen reetgedeckten Backsteincottages mit Solarstrom rund um die Uhr untergebracht; das Personal ist freundlich und sympathisch.

An- & Weiterreise

Es gibt ein **Flugfeld** in der Ortschaft Fairview ganz in der Nähe des Iwokrama River Lodge & Research Center und von Michelle's Island (S. 760). Trans Guyana Airways (S. 770) bietet Linienflüge von Georgetown (33 000 G$, 1 Std.) an, aber nur am Montag, Mittwoch, Freitag und Sonntag und nur, wenn mindestens drei Passagiere zusammenkommen.

Alternativ gibt es den Georgetown-Lethem-Übernachtbus (S. 757), der durch den Iwokrama-Regenwald fährt. Wenn man die Fahrer freundlich bittet, kann man sich an einer der Lodges absetzen lassen.

Das **Iwokrama Rainforest Conservation and Development Office in Georgetown** (☎ 225-1504; www.iwokrama.org; 77 High St, Georgetown; ⌚ Mo–Fr 9–12 & 14–17.30 Uhr) kann einen bequemen, aber teuren Privattransfer zu seinen beiden Lodges arrangieren.

Nördliche Rupununi-Savanne

Die **nördliche Rupununi-Savanne** ähnelt den weitläufigen Ebenen Afrikas. Hier finden sich vereinzelte Dörfer der Ureinwohner, kleine Urwald-„Inseln" und eine unglaublich artenreiche Flora und Fauna. Die von goldfarbener Graslandschaft und Termitenhügeln geprägten Ebenen werden durchschnitten von Flüssen, in denen gewaltige Kaimane leben und die weltweit größten Wasserlilien (*Victoria amazonica*, die Nationalblume Guyanas) gedeihen. Dazu gesellen sich die unzähligen Vögel, die am Himmel hin und her schwirren. Die Kulisse bilden die Pakaraima Mountains, die zwar eher grüne Hügel sind als eindrucksvolle Gipfel, der Landschaft aber dennoch einen Hauch von Dramatik verleihen. Unter den Bewohnern der nördlichen Rupununi-Savanne herrscht ein starkes Gemeinschaftsgefühl vor, auch wenn sie über ein riesiges Gebiet verteilt leben – jeder kennt hier jeden, und auch Fremde sind überall herzlich willkommen. Im Zentrum der nördlichen Rupununi-Savanne befindet sich das Dorf Annai, ein Treffpunkt der indigenen Völker. Hier finden Traveller einige Übernachtungsmöglichkeiten vor, und ein Flugfeld gibt es ebenfalls.

Schlafen

Pakaraima Mountain Inn LODGE $
(☎ 644-3145, WhatsApp 662-7235; pakarminn@gmail.com; Annai; Hängematte/Zi. ohne Bad pro Pers. 2100/6300 G$, Zi. mit Bergblick 15 200 G$/Pers.; WLAN) Diese schöne, einfache Lodge ist von der Hauptstraße aus gut ausgeschildert und liegt 15 km westlich von Annai. Es gibt zwei Arten von Übernachtungsmöglichkeiten: einfache Unterkünfte in Stockbetten und Hängematten mit Gemeinschaftsbad unten im Haupthaus sowie zwei helle und schöne separate Zimmer auf halber Höhe am Berg mit fantastischem Ausblick. Zu essen gibt es hausgemachte Gerichte (1500–2100 G$). Außerdem werden auch Aktivitäten und Touren organisiert.

Rewa Eco-Lodge LODGE $
(www.rewaguyana.com; Rewa; Hängematte/EZ/DZ ab 5200/8400/12 100 G$; WLAN) 80 km flussaufwärts von der Hauptstraße am Rupununi steht diese zauberhafte Lodge mitten im Urwald. Nur einen kurzen Fußmarsch entfernt befindet sich das hübsche, kleine Dorf Rewa mit seinen strohgedeckten Hütten. Zu den Aktivitäten gehören hier vor allem Sportangeln und die Beobachtung von Arapaimas, aber auch Wanderungen und Dorfbesichtigungen. Vollpension kostet 9000 G$ extra pro Person und Tag.

Caiman House LODGE $$
(www.rupununilearners.org; Yupukari; Hängematte/Zi. pro Pers. inkl. VP 14 700/24 000 G$; WLAN) Diese fantastische Lodge bietet die seltene Möglichkeit, mitten in einem Dorf der hiesigen Ureinwohner zu übernachten. Die geräumigen Zimmer im Stil einer Ranch sind mit fließend Wasser und Solarstrom ausgestattet. Am Anfang war die Lodge nur eine Station zur Erforschung der Kaimane, doch mittlerweile wird die Forschungsarbeit mit den Einnahmen aus dem Tourismus finanziert. Besucher können (in der Trockenzeit) nachts dabei helfen, die Kaimane einzufangen und zu markieren.

Wanderungen und Bootsfahrten auf dem Fluss werden ebenfalls angeboten, und es gibt auch Touren zur Beobachtung von Vögeln und Ameisenbären.

Rock View Lodge LODGE $$
(☎ 614-1060, 645-9675; www.rockviewlodge.com; Annai; EZ/DZ 14 600/25 100 G$; WLAN, Pool) Die elegante Lodge im Stil einer Hazienda steht direkt an der schön in die Landschaft eingebetteten Landebahn von Annai. Dort kann

es immer mal passieren, dass sich Kolibris in die Zimmer verirren. Das Rock View, das Herzensprojekt von Colin Edwards, einem Briten, der Jahrzehnte seines Lebens dem guyanischen Tourismus gewidmet hat, hat sichtlich gelitten, seit die Linienflüge nach Annai eingestellt wurden, aber es ist mit Sicherheit eines der reizvollsten Fleckchen in der Region Rupununi. Colin ist eine echte Fundgrube für Informationen über die Gegend und kann Wanderungen, Dorfbesichtigungen und Reitausflüge in die umliegende Landschaft organisieren.

Karanambu Lodge LODGE $$$
(☎ 643-4110; www.karanambutrustandlodge.org; EZ/DZ inkl. VP & Aktivitäten 52 300/94 100 G$; 📶) 🍃 Diese ehemalige Ranch wird heute als Ökotourismus-Destination betrieben. Das extrem gastfreundliche Team setzt die Arbeit der legendären Diane McTurk fort, die sich ganz der Rettung der riesigen Flussotter verschrieben hatte. In den geräumigen Unterkünften, einer Mischung aus Ranch und den typischen Hütten der Ureinwohner, gibt es Moskitonetze und jede Menge Bücher. Die Aktivitäten reichen von Vogelbeobachtung über das Aufspüren von Riesenottern und Ameisenbären bis zum Schwimmen im nahen Rupununi.

Der Transfer vom Flugfeld in Lethem kostet 350 US$ pro Fahrzeug.

Surama Eco Lodge LODGE $$$
(☎ 653-7160; https://suramaecolodge.com; Surama; einfache Hütte inkl. VP & Aktivitäten ab 39 000 G$/Pers.; 📶) 🍃 Etwas außerhalb des gleichnamigen indigenen Dorfes hat das Surama eine üppige Regenwald- und Vogelwelt zu bieten – tatsächlich nisten Gelbbürzelkassike (hiesige Singvögel) direkt vor den vier einfachen Hütten, die um das eindrucksvolle zweistöckige Restaurant und die Vogelplattform herum angeordnet sind. Die Zimmer haben einen Wasseranschluss und werden mit Solarstrom versorgt. Nicht weit davon gibt es auch noch einige preisgünstigere Hütten.

Das Dorf Surama, dem die Lodge gehört, beeindruckt mit seinem Totempfahl und dem innovativen Ansatz in Sachen Tourismus. Einheimische Guides zeigen den Besuchern das hiesige tägliche Leben, einschließlich der Maniokverarbeitung und der Verwendung von Heilpflanzen. Es werden auch viele Wanderungen, Vogelbeobachtungen und sogar Einbaum-Kanutouren angeboten.

ℹ An- & Weiterreise

Ab Georgetown (S. 757) und Lethem (S. 764) fahren jeden Abend zwischen 17 und 18 Uhr Busse, die beide die nördliche Rupununi-Savanne, einschließlich der Stadt Annai passieren. Der Bus aus Georgetown kommt am nächsten Morgen in der nördliche Rupununi-Savanne an, nachdem er den Essequibo um 6 Uhr morgens bei Kurukupari Crossing überquert hat. Der Bus aus Lethem kommt gegen 20 Uhr an.

Es gibt ein Flugfeld in Annai, aber derzeit werden nur Charterflüge angeboten, da die TGA für den Linienflug zwischen Georgetown und Lethem, der früher oft in Annai zwischenlandete, jetzt ein zu großes Flugzeug benutzt, um hier zu landen.

Südliche Rupununi-Savanne

Die südliche Rupununi-Savanne ist der wildeste, abgelegenste und am wenigsten entwickelte Teil des riesigen Rupununi-Graslands, und hier wird jede Tour garantiert zum Abenteuer. Die Fahrt unter dem weiten Himmel auf roten unbefestigten Pisten durch die Savanne, mit Hügeln und bläulichen Bergen in der Ferne, ist ein unvergessliches Erlebnis. Hier trifft man Dutzende Einheimische, von indigenen Dorfvorstehern bis hin zu echten Cowboys, die ihren Lebensunterhalt auf den riesigen Rinderfarmen verdienen, die immer noch die Landschaft prägen. Viele von ihnen haben sich inzwischen auf den Tourismus verlegt, und ein Aufenthalt auf einer solchen Farm gehört sicherlich zu den Highlights in Guyana. Zwischendurch kann man, wenn man Glück hat, riesige Ameisenbären und Riesenotter erspähen, zu den Wasserfällen wandern, die reiche Vogelwelt bestaunen und die Traditionen und Bräuche der Menschen kennenlernen, die in dieser Wildnis zu Hause sind.

Aktivitäten

★ Rupununi Trails OUTDOOR-AKTIVITÄTEN
(www.rupununitrails.com; Wichabai Ranch) Dieser sehr empfehlenswerte Ökotourismus-Veranstalter mit Sitz auf der Wichabai Ranch (S. 763) organisiert seit etwa 20 Jahren Touren in Guyana. Rupununi Trails ist ideal für Vogelbeobachter und Tierfotografen und hat sich auf Flussreisen in abgelegene Regionen, Abenteuertourismus und Vogelbeobachtung spezialisiert. Die Preise sind abhängig von Gruppengröße und Aktivitäten, beginnen aber bei 18 880 G$ pro Nase und Tag.

Schlafen

Wichabai Ranch RANCH $$

(www.wichabai.com; Zi. inkl. VP 16 700–33 500 G$/Pers.) Diese neu erbaute Ranch mit drei Doppelzimmern und viel Platz für Hängematten ist ein Projekt der Besitzer der Dadanawa Ranch (S. 763). Die Anlage ist eine der komfortabelsten in der Gegend und wurde speziell für den Tourismus entwickelt. Die Mahlzeiten werden aus Erzeugnissen der Ranch und aus den Früchten des Gartens zubereitet, und es werden coole Aktivitäten wie Reiten, Vogelbeobachtung, Naturwanderungen, Kanufahren und Wandern angeboten.

Das Beste aber ist, dass es einen Badesee gibt. Es sind noch zwei separate Pensionen in der Nähe des Haupthauses geplant.

Saddle Mountain RANCH $$

(☎604-5600; a.kenyon47@yahoo.com; inkl. Mahlzeiten & Aktivitäten 21 000 G$/Pers.; ⊙Mai–Aug. geschl.; 📶) Diese kleine Rinderfarm, 80 km von Lethem entfernt, ist wunderschön am Fuß des gleichnamigen Hügels gelegen, umgeben von Savannen, Flüssen und Bergen. Als Unterkünfte für Besucher dienen zwei Backsteinhütten mit Strohdächern, jeweils mit einem Einzel- und einem Doppelbett. Der Schwerpunkt liegt hier auf Reiten. Die Besitzer Tommy und Joan kochen ausgezeichnet und sind warmherzige und freundliche Gastgeber. Man sieht überall Wildtiere und wird schnell in die täglichen Arbeiten auf der Ranch einbezogen.

Manari Ranch RANCH $$

(☎668-2006; manariranch@gmail.com; inkl. Mahlzeiten 25 100 G$/Pers.; 📶) Diese stilvolle Ranch hat viel Atmosphäre und ist deutlich weniger rustikal als andere, seit sie von der tatkräftigen Besitzerin Lisa Melville renoviert wurde. Da sie nur 15 Minuten Autofahrt nördlich von Lethem liegt, ist die Ranch auch eine gute Alternative zum Aufenthalt in der Stadt. Hier kann man gemeinsam mit OJ, dem adoptierten Riesenotter, der hier lebt, in dem herrlichen Teich planschen und die extrem entspannte Atmosphäre genießen. Die angebotenen Aktivitäten reichen von Reiten bis Kanufahren. Jedes Jahr im Februar findet hier das Rupununi Music & Arts Festival statt. Eine Taxifahrt von Lethem aus kostet 3000 G$.

Dadanawa Ranch RANCH $$

(☎668-8562; www.rupununitrails.com; Hängematte/B 6000/14 000 G$, Zi. pro Pers. inkl. Mahlzeiten & Aktivitäten 36 600 G$) 🍃 Die abgelegene Ranch der DuFrietas zu Füßen der Kanuku Mountains sieht aus, als stünde sie für ein Foto im *National Geographic* Modell. In drei Holzhäusern mit Blick auf das Kanuku-Gebirge in der Ferne stehen Gästen einfache Zimmer mit Moskitonetzen zur Verfügung, die aber den Charme von Cowboy-Romantik besitzen und außerdem mit Solarstrom versorgt werden. Hier verbringt man den Tag damit, nach Harpyien, Jaguaren, Riesenameisenbären, Anakondas und dem Kapuzenzeisig Ausschau zu halten. Abenteuerlustigere können sich den Rangern bei der Rancharbeit anschließen oder sogar bei einem Viehtrieb nach Lethem mitmachen. Wer nur die Hängematte oder ein Schlafsaalbett gebucht hat, bezahlt fürs Frühstück 1000 G$ und fürs Abendessen 2000 G$ – ein Schnäppchen!

Unterwegs vor Ort

Alle Ranches bieten den Gästen Transfers mit Geländewagen ab Lethem an, obwohl diese wegen der hohen Benzinkosten hier unten nicht gerade billig sind. Es gibt einige Verbindungen mit dem Minibus von Lethem zu den Dörfern in der Umgebung, aber keiner davon fährt zu den Ranches. Als einzige Alternative zu einem Transfer gibt es die Möglichkeit, ein Motorrad mit Fahrer zu mieten, womit man etwas Geld sparen kann, wenn auch nicht sehr viel. Am besten mindestens 24 Stunden vorher in Lethem herumfragen!

Lethem

3000 EW

Das verschlafene Lethem ist die „Hauptstadt" der Rupununi; hier kommen Busse und Flüge von Georgetown an, und es gibt ein akzeptables Angebot von Dienstleistungen für alle, die auf ihrem Weg zu den verschiedenen Ranches und in die nähere Umgebung hier durchkommen. Auf den roten Schotterpisten rund um das Flugfeld treffen lokale *vaqueros* (Cowboys) und Brasilianer aufeinander, die zum Einkaufen kommen. Hier ist nur sehr wenig los, obwohl die Stadt ein wichtiges Zentrum in einer Region ist, die ansonsten praktisch aus Wildnis besteht. Eine großartige Zeit für einen Besuch ist das Osterwochenende, wenn das jährliche Rodeo stattfindet, zu dem Tausende Menschen strömen.

Geführte Touren

Bushmasters ABENTEUERTOUREN

(☎682-4175; www.bushmasters.co.uk; Lethem) Neben dem ein- oder zweiwöchigen Überlebenstraining im Urwald sind auch Cowboy-

Urlaube, Reiterferien und Safaris in die Rupununi-Savanne im Angebot.

Schlafen & Essen

Nach Lethem kommt niemand wegen des Essens, aber wer gern Fleisch isst, ist hier genau richtig – in den Städten gibt es mehrere brasilianische *churrascarias*, die Grillfleisch servieren. Auch Fisch gibt es reichlich, aber Vegetarier werden sich hier eher schwertun.

Takutu Hotel HOTEL $
(☎772-2034; takutuhotel@gmail.com; Takutu Dr, Lethem; Hängematte/DZ 1000/6000–20 000 G$; ❄📶) Das Angebot im besten Hotel in Lethem reicht von preiswerten, sauberen Doppelzimmern mit Klimaanlage bis hin zu schicken Suiten und einer *benab*-Hütte mit Palmblätterdach, in der man für 1000 G$ in der Hängematte schlafen kann. Es gibt ein Restaurant und eine Bar, in der jeden Mittwochabend lautstarkes Karaoke stattfindet.

Adventure Guianas Guesthouse PENSION $
(☎227-4713, 673-0039; 3 Tabatinga Drive; Zi. 5000 G$; ❄📶) Die Zimmer sind hier eher klein und dunkel, aber vollkommen in Ordnung, sodass dies in Lethem die beste Option für Leute mit kleinerem Geldbeutel ist. Im Haus gibt es eine Bar und ein Restaurant, und Adventure Guianas kann auch Touren und Transfers organisieren.

Information

Man sollte möglichst das gesamte Bargeld mitbringen, das für den Besuch der südlichen Rupununi-Savanne erforderlich ist. Der einzige Ort, an dem man Geld ziehen kann, ist die **GBTI Bank** (⏲24 Std.) in Lethem.

GUYANA VERSTEHEN

Guyana aktuell

Öl ist heutzutage das große Gesprächsthema in Guyana – genauer gesagt, wie sich die Bemühungen um die Förderung der beeindruckenden Ölvorkommen des Landes auf die marode Wirtschaft (das Land ist derzeit das drittärmste Land der westlichen Hemisphäre) sowie auf seinen Status als eines der letzten echten Wildnisgebiete der Welt auswirken werden.

Im Jahr 2017 gab ExxonMobil bekannt, dass es 193 km von der Küste entfernt Offshore-Reserven von rund 3,2 Mrd. Barrel Öl entdeckt hat. Mit der Förderung soll 2020 begonnen werden. Guyana rüstet sich für einen sozialen Wandel, da eine beispiellose Einnahmequelle im Land zu sprudeln beginnt.

EINREISE NACH BRASILIEN

Anreise nach Lethem

Nach Lethem fliegen von Georgetown (30 000 G$, 1 Std.) aus mehrmals täglich Flugzeuge von Trans Guyana Airways (S. 770) und Air Services Limited (S. 770). Dies ist auch die Endstation für die sagenhafte, aber extrem unbequeme und holprige Busfahrt ab Georgetown (10 000–14 000 G$, 15–20 Std.). Die Busse starten sowohl in Lethem als auch in Georgetown jeden Abend gegen 17 oder 18 Uhr und fahren über Nacht, um am nächsten Tag gegen Mittag anzukommen (je nachdem, wie viel Regen es gegeben hat). Die wichtigsten Anbieter sind **Carly's** (☎616-5984, 699-1339; Ecke Robb & Oronoque St; einfache Strecke Georgetown–Lethem 14 000 G$), **P&A Bus Services** (☎628-6001, 225-5058; 75 Church St) und **BD Express** (☎678-9998; 36/37 Cummings St).

An der Grenze

Die von Brasilien gebaute Grenzbrücke – mit genialem Spurwechselsystem vom Linksverkehr in Guyana zum Rechtsverkehr in Brasilien – führt von Lethem über den Fluss Takutu ins brasilianische Bonfim. In den Einreisebüros auf beiden Seiten muss jeweils der Ausreise- bzw. Einreisestempel in den Pass. Gebühren gibt es keine, die Büros sind täglich von 7 bis 19 Uhr geöffnet.

Weiterreise

Zwischen 7 und 14 Uhr fahren täglich fünf Busse nach Boa Vista (20 R$, 1¼ Std.). Die brasilianischen Zollbeamten sind sehr freundlich und geben gern Auskunft über die genauen Abfahrtszeiten. In Boa Vista starten Flugzeuge und Busse ins ganze Land.

Die Regierung ist besorgt angesichts des Schicksals anderer Staaten, in denen Öl entdeckt wurde, und versucht sicherzustellen, dass der Öl-Boom dem gesamten Land zugute kommt. Dies bedeutet, dass Staatsfonds eingerichtet und dringend erforderliche Investitionen in die Infrastruktur getätigt werden müssen, damit sich nicht nur ausländische Investoren und einige lokale Oligarchen bereichern. Die Herausforderung bleibt jedoch enorm, wenn man bedenkt, dass über 60 % der Bevölkerung Guyanas außerhalb des Landes leben, zu denen aber gleichzeitig die überwiegende Mehrheit der Guyaner mit Hochschulbildung gehört, deren Fähigkeiten so wichtig sind, um die Umwandlung des Landes in eine wohlhabende Ölnation zu stemmen. Es wurden bereits Anstrengungen unternommen, patriotische Guyaner wieder nach Hause zu holen, aber bisher ohne viel Erfolg.

Bei der Wahl von 2015 wurde David A. Granger zum Präsidenten ernannt. Er hat sich die Bekämpfung von Geldwäsche, eine Verfassungsreform und die Verbrechensbekämpfung auf die Fahnen geschrieben, was viele Menschen auf eine bessere Zukunft für das Land hoffen ließ. Zwar wurde unter seiner Leitung nicht alles eingehalten, was er versprochen hat, aber es gibt Belege dafür, dass das Ausmaß der vor zehn Jahren grassierenden Korruption zurückgegangen ist, obwohl internationale wie nationale Beobachter übereinstimmen, dass das Land noch einen langen Weg vor sich hat.

Guyana ist seit 1973 Sitz der Caricom (Karibische Gemeinschaft, eine Wirtschaftsunion mit 15 Mitgliedern und einem gemeinsamen Markt) und unterhält enge Beziehungen zu anderen karibischen Nationen, insbesondere zu Trinidad und Tobago sowie zu Barbados. Ein seit Langem bestehender Streit mit dem benachbarten Venezuela über die Grenze zwischen den beiden Ländern dauert jedoch an, sodass die Beziehungen derzeit angespannt sind und es keinen offiziellen Grenzübergang gibt. Venezuela und Guyana verbindet eine umstrittene Grenze in der Region Guayana Esequiba, um die es bereits seit Ende des 19. Jhs. Streit gibt. Trotz Vermittlungsbemühungen wurde nie ein Abkommen zwischen den beiden Ländern geschlossen, und das Territorium wird weiterhin von Guyana kontrolliert. Im Jahr 2018 wurde der Streitfall vom Generalsekretär der Vereinten Nationen an den Internationalen Gerichtshof verwiesen, und es überrascht vermutlich nicht, dass die venezolanische Seite noch entschlossener geworden ist, die Kontrolle über das Gebiet zurückzugewinnen, seit die Ölfunde bekannt wurden.

Der Gold- und Bauxitabbau sowie die Holzproduktion brachten der Oberschicht Guyanas in den letzten Jahren großen Nutzen, aber der Wohlstand ist nicht bis zur breiten Masse durchgedrungen. Straßen warten noch immer darauf, gepflastert zu werden, und Gebiete mit extremer Armut geraten durch groß angelegte Wohnbauprojekte für die Neureichen unter heftigen Druck. Guyana steht heute an der Schwelle zu einem großen Wandel, aber es bleibt abzuwarten, ob er erfolgreich bewältigt wird oder nicht.

Geschichte

Bevor die Niederländer Ende des 16. Jhs. nach Guyana kamen, bevölkerten die Kariben und Arawak das Land. Die Niederländer bauten hier eine Plantagenwirtschaft auf, die auf der Ausbeutung afrikanischer Sklaven beruhte. 1763 kam es zu einer Massenrevolte, die als Sklavenaufstand von Berbice in die Geschichte einging. Der Anführer der Rebellion, Kofi, ist bis heute ein Nationalheld in Guyana, obwohl der Aufstand der Sklaven zur Erlangung ihrer Freiheit letztlich scheiterte.

1796 übernahmen die Briten die Kontrolle über das Gebiet, und 1831 wurden die drei kolonialen Siedlungen Essequibo, Demerara und Berbice unter dem Namen „Britisch-Guyana" zusammengefasst. Nach Abschaffung der Sklaverei im Jahr 1834 weigerten sich die Afrikaner, gegen Entlohnung auf den Plantagen weiterzuarbeiten. Stattdessen gründeten viele ehemalige Sklaven ihre eigenen Dörfer im Busch und sind heute als Marrons bekannt. Die Plantagen mussten geschlossen oder zusammengelegt werden, die Zuckerindustrie konnte nur überleben, weil Vertragsarbeiter aus Portugal, Indien, China und anderen Ländern geholt wurden. Dies veränderte die Bevölkerungsstruktur erheblich.

Bis 1953 wurde Britisch-Guyana mehr oder weniger als Kolonie verwaltet, dann hat man die Selbstverwaltung eingeführt und Wahlen abgehalten. 1966 wurde die Region unter dem Namen „Guyana" ein unabhängiger Staat im britischen Commonwealth. Seit 1970 schließlich ist Guyana eine Republik mit einem gewählten Präsidenten.

Für einige Jahrzehnte nach der Unabhängigkeit waren die meisten wichtigen Posten von Afro-Guyanern besetzt, aber in den letzten 20 Jahren wurden Indo-Guyaner in einflussreiche Positionen berufen, was die ethnischen Spannungen zwischen Gruppen afrikanischer und ostindischer Abstammung verschärfte. Cheddi Jagan, der erste gewählte Präsident Guyanas, starb 1997 im Amt und wurde durch seine in den USA geborene Frau Janet ersetzt, was zu anhaltenden politischen Querelen führte. 1999 zog sich Janet Jagan aus gesundheitlichen Gründen aus dem Präsidentenamt zurück und ernannte Bharrat Jagdeo zu ihrem Nachfolger.

Nach den wegen Unregelmäßigkeiten verschobenen Wahlen von 2001 setzten die Anhänger der Opposition in Georgetown ganze Häuserblocks in Brand. Es folgten wochenlange Straßenschlachten zwischen Demonstranten und Polizei. Zum Glück ist es zu solchen Gewaltausbrüchen in der Hauptstadt seitdem nicht mehr gekommen, doch die ethnischen Spannungen bestimmen weiterhin das Leben und die Politik in Guyana. Allerdings zeigen die Bemühungen der Schulen um mehr Toleranz erste Erfolge bei den Jugendlichen des Landes, und auch immer mehr Erwachsene erkennen inzwischen, dass die Rassenkonflikte nur durch die Zusammenarbeit aller überwunden werden können.

Guyanas Wirtschaft basiert auf dem Export von Rohstoffen, in erster Linie Bauxit, aber auch von Gold, Holz, Zucker, Reis und Shrimps.

Kultur

Die Kultur in Guyana ist von der Plantagenwirtschaft der Kolonialzeit geprägt. Durch die unwürdigen Bedingungen, unter denen die afrikanischen Sklaven leben mussten, wurde ihre Kultur – bis auf wenige Überreste – zerstört. Dagegen konnten die indischen Arbeiter, die später unter besseren Vorzeichen ins Land kamen, ihr kulturelles Erbe weitgehend bewahren. Die größten Gruppen indigener Ureinwohner wie die Arawak, Kariben, Macushi und Wapishana, leben in ihren weit verstreuten Siedlungen im Landesinneren noch immer von dem, was das Land für sie bereithält. Besonders im Wahlkampf kochen das Misstrauen und die Spannungen zwischen den ethnischen Gruppen hoch. Dazu kommt der zunehmende Argwohn gegenüber den Brasilianern, die sich angeblich den Zugang zu den reichen Bodenschätzen Guyanas sichern wollen. Gemäß der letzten Volkszählung sind etwa 40 % der Bevölkerung indischer, 29 % afrikanischer und 20 % gemischter Herkunft, 10,5 % sind amerikanische Ureinwohner und 0,5 % sonstiger Abstammung.

Rund 500 000 Guyaner leben im Ausland, die meisten in Kanada, Großbritannien, den USA und Trinidad und Tobago. Viele Guyaner befürchten daher – wohl zu Recht – die steigende Abwanderung von Fachkräften ins Ausland.

Die meisten Afro-Guyaner sind Christen und gehören in der Regel der anglikanischen Kirche an. Eine kleine Minderheit sind Muslime. Die Indo-Guyaner sind zumeist Hindus, eine recht große Minderheit unter ihnen aber Muslime. Die ansonsten üblichen Spannungen zwischen Hindus und Muslimen sind hier unbekannt. Seit der Unabhängigkeit bemüht sich das Land, die Feiertage aller großen Religionen zu berücksichtigen.

Natur & Umwelt

Durch Guyana fließen viele Flüsse; die drei wichtigsten Wasserwege sind (von Osten nach Westen) der Berbice, der Demerara und der Essequibo. In dem schmalen Tieflandstreifen an der Küste, an der es fast keine Sandstrände gibt, leben 90 % der Bevölkerung, obwohl das Gebiet nur 4 % der Gesamtfläche des Landes ausmacht. Die Niederländer rangen das Küstensumpfland einst mithilfe von Entwässerungsgräben und Deichen dem Atlantik ab und machten es für die Landwirtschaft nutzbar.

Tropischer Regenwald bedeckt den größten Teil des Landesinnern, doch gibt es im Südwesten Guyanas, zwischen dem Fluss Rupununi und der brasilianischen Grenze, auch ausgedehnte Savannen.

Guyana ist die Heimat von über 2000 Tierarten, und die Wahrscheinlichkeit, einige der größeren und bekannteren – wie Mohrenkaimane, Große Ameisenbären, Brüllaffen, Nabelschweine, Capybaras, Riesenotter oder Tapire – zu erblicken, ist ziemlich groß. Höchstwahrscheinlich wird man eine ganze Menge Affen zu sehen bekommen und mit Glück einen Jaguar oder eine Harpyie.

PRAKTISCHES

Allgemeine Informationen

AKTIVITÄTEN

Im Landesinneren und an der Küste gibt es unzählige Möglichkeiten für Outdoor-Abenteuer, von Rafting, Trekking und Vogelbeobachtung bis hin zu Wildtierbeobachtung und Angeln. Der Gemeindetourismus wird immer beliebter, vor allem in der Rupununi-Savanne. Die meisten Traveller organisieren ihre Abenteuer über die Reisebüros in Georgetown, aber auch Touren auf eigene Faust sind möglich – obwohl es sich wirklich lohnt, im Voraus zu planen, da viele Lodges und Ranches einfach nicht auf spontanen Besuch eingestellt sind.

Was man in Guyana jedoch nirgendwo erwarten kann, sind markierte Wanderwege – überall, wo man sich bewegt, ist man wahrhaftig in der Wildnis. Deshalb ist es immer besser (und oft zwingend notwendig), mit einem lokalen Guide zu wandern, statt allein loszuziehen. Ein besonderes Highlight ist die expeditionsähnliche Wanderung zu den Kaieteur Falls, die in der Regel in der Goldgräberstadt Mahdia beginnt und drei volle Tage dauert. Es ist eine herausfordernde, aber landschaftlich reizvolle Wanderung durch den Regenwald, bei der mehrere Strecken mit dem Boot auf dem Fluss und manchmal sogar schwimmend zurückgelegt werden.

Einer der wenigen markierten Wanderwege im Land ist der Panorama Nature Trail am Rand des Ortes Annai in der nördlichen Rupununi-Savanne. Diese kurze, aber ziemlich anspruchsvolle Wanderung, die etwa einen halben Tag dauert, bietet einige hervorragende Möglichkeiten zur Vogelbeobachtung.

BOTSCHAFTEN & KONSULATE

Die Botschaften und Konsulate der meisten Länder befinden sich in Georgetown. Allerdings haben viele Nationen überhaupt keine Vertretung in Guyana. Das gilt auch für Deutschland, dessen Konsulat in Trinidad und Tobago auch für Guyana zuständig ist, und für Österreich – das durchaus existierende Honorarkonsulat des Landes in Guyana ist derzeit nicht besetzt.

Brasilien (☎ 225-7970; http://georgetown.itamaraty.gov.br/en-us; 308–309 Church St) Die Ausstellung eines Visums dauert drei bis sieben Tage

Deutschland (☎ +1 868 628 16 30; http://www.port-of-spain.diplo.de; 19 St. Clair Avenue, St. Clair, Port of Spain, Trinidad, W.I.) Sitzt in Trinidad & Tobago.

Schweiz (☎ +58 212 267 95 85; Centro Letonia, Torre Ing-Bank, Piso 15, Av Eugenio Mendoza y San Felipe, La Castellana, Caracas 1060, Venezuela) Die Vertretung der Schweiz sitzt in Venezuela.

Suriname (☎ 226-9844; 54 New Garden St; ⊙ Mo–Do 8–12 & 13–15 Uhr, Fr bis 14.30 Uhr) Die Ausstellung eines Visums dauert einen bis fünf Tage, Touristenkarten werden am selben Tag ausgestellt.

FEIERTAGE

Der Tag der Republik im Februar ist der wichtigste Feiertag und das größte Kulturevent. Von Bedeutung sind aber auch die hinduistischen und muslimischen Feiertage.

Neujahr 1. Januar

Tag der Republik (zum Gedenken an den Sklavenaufstand von 1763) 23. Februar

Phagwah (hinduistisches Neujahrsfest) März/April

Karfreitag/Ostermontag März/April

Tag der Arbeit 1. Mai

Emancipation Day (Tag der Sklavenbefreiung) 1. August

Diwali (hinduistisches Lichterfest) Oktober/November

1. Weihnachtsfeiertag 25. Dezember

2. Weihnachtsfeiertag 26. Dezember

Eid-al-Fitr Ende des Ramadan (Datum variiert)

FRAUEN UNTERWEGS

Der Ruf Guyanas als nicht besonders sicheres Land sollte Frauen, die dort unterwegs sind, in besondere Alarmbereitschaft versetzen. Am besten ist es, in den Städten nachts nicht allein auszugehen, und wenn doch, ist ein Taxi immer die sicherste Option. Wenn man tagsüber allein in Georgetown unterwegs ist, ist es weniger riskant, sich in Gegenden mit vielen Menschen aufzuhalten. Im Landesinneren ist das Reisen allein kaum ein Problem. Frauen müssen bedenken, dass das Zika-Virus in Guyana verbreitet ist; wenn also die Möglichkeit einer Schwangerschaft besteht, sollten sie Vorsichtsmaßnahmen gegen Moskitostiche treffen.

GEFAHREN & ÄRGERNISSE

Das Landesinnere von Guyana ist ruhig und sicher, aber die Stadt Georgetown ist bekannt für hohe Kriminalität. Dieser Ruf mag übertrieben sein, aber eine gute Portion Vorsicht und gesunder Menschenverstand sind dennoch geboten.

- In den Städten sollte man es vermeiden, teure Gegenstände und Schmuck offen zu zeigen, und auf andere Fußgänger achten.
- Traveller sollten nur zugelassene Flughafentaxis und Fahrer mit amtlichem Ausweis (an den Hemdtaschen befestigt) anheuern. Bei der Anreise vom Flughafen sollte man darauf achten, dass man nicht von seinem Koffer oder Rucksack getrennt wird.
- Von Trampen wird dringend abgeraten – die Gefahr, ausgeraubt und körperlich verletzt zu werden, ist durchaus real.

GELD

Der Guyana-Dollar (G$) ist stabil und an den US-Dollar gekoppelt, der weitgehend ebenfalls akzeptiert wird. In Reiseagenturen in Georgetown kann man auch seine Euro loswerden. In gehobeneren Hotels und Restaurants kann man mit Kreditkarte zahlen (meist zzgl. 5 % Service-Gebühr), an Tankstellen und auch andernorts ist das normalerweise nicht möglich. Wer mit der Kreditkarte Bares abheben will, geht am besten zur Scotiabank; deren Geldautomaten sind auch die einzigen, die ausländische Karten akzeptieren.

Geld wechseln kann man in Banken; allerdings gibt es in *cambios* (Wechselstuben) bessere Wechselkurse und weniger bürokratischen Papierkram. Gegen eine kleine Gebühr kann man manchmal auch in Hotels Geld umtauschen.

GESUNDHEIT

Für eine angemessene medizinische Versorgung ist in Georgetown gesorgt, zumindest in den Privatkliniken. In anderen Landesteilen gibt es allerdings nur wenige medizinische Einrichtungen. Die Kosten sind im Allgemeinen niedrig.

Guyana gilt als Gelbfieberregion; wer anschließend in ein anderes Land reist, muss oft eine Schutzimpfung vorweisen – das gilt auch bei der Einreise nach Guyana. Zudem werden Schutzimpfungen gegen Typhus, Hepatitis A, Diphtherie/Tetanus und Polio empfohlen.

Die chloroquinresistente Malaria ist in Guyana endemisch, weitere Gefahren sind das Denguefieber und das Chikungunya-Fieber, vor allem im Landesinneren und sogar in Georgetown – Traveller sollten sich daher unbedingt vor Stechmücken schützen und überlegen, ob sie eine Malariaprophylaxe vornehmen. Das Zika-Virus ist in Guyana verbreitet, weshalb Schwangere derzeit nicht hierher reisen sollten. In Gegenden mit mangelnder Hygiene kam es schon zu Cholera-Ausbrüchen. Vorsichtsmaßnahmen sind daher überall geboten.

Leitungswasser sollte man lieber nicht trinken, vor allem nicht in Georgetown, am besten nur in Flaschen abgefülltes Wasser.

INTERNETZUGANG

WLAN ist weit verbreitet und meist ziemlich zuverlässig. In den Hotels, Restaurants und Cafés in Georgetown ist es kostenlos. Außerhalb von Georgetown sieht das ganz anders aus. Allerdings haben auch die entlegensten Lodges und Ranches mittlerweile WLAN, das allerdings ermüdend langsam ist. Oft muss man auch dafür bezahlen.

LGBT+-REISENDE

Guyana ist das einzige Land Südamerikas, in dem Homosexualität heute noch illegal und mit hohen Strafen verbunden ist, wobei sogar lebenslange Freiheitsstrafen noch immer möglich sind. Die Stimmung ändert sich jedoch allmählich, trotz des Widerstands der zutiefst konservativen religiösen Gruppen im Land, und Präsident David Granger hat sich sogar öffentlich für die Entkriminalisierung ausgesprochen. Im Jahr 2018 veranstaltete Guyana seine erste Gay Pride Parade, an der Hunderte teilnahmen und die ohne Verhaftungen oder Gewalt ablief. LGBTIQ+-Reisende sollten vorsichtig und diskret sein, sich aber nicht davon abhalten lassen, das Land zu besuchen, auch wenn es in einigen Hotels problematisch sein könnte, ein Doppelzimmer zu buchen.

ÖFFNUNGSZEITEN

Die meisten Geschäfte öffnen gegen 8.30 Uhr und schließen gegen 16 Uhr, samstags sind die Läden nur den halben Tag oder gar nicht offen. Sonntags ist alles dicht – dann wirkt Georgetown wie eine Geisterstadt. Frühstück gibt es in Hotels und Cafés, und viele Restaurants servieren zwischen 11.30 und 15 Uhr Mittagessen und zwischen 18.30 und 22 Uhr Abendessen.

POST

Auf die Post ist hier wenig Verlass, sodass man ihr höchstens die eine oder andere Postkarte anvertrauen sollte. Bei wichtigen Sendungen sollte man sich daher an folgende große Versandagenturen mit Sitz in Georgetown halten: **UPS** (Mercury Couriers; ☎ 227-1853; 210 Camp St) und **DHL** (USA Global Export; ☎ 225-7772; 50 E 5th St, Queenstown).

REISEN MIT BEHINDERUNG

Guyana ist ein schwieriges Ziel für Menschen mit eingeschränkter Mobilität oder anderen Schwierigkeiten beim selbstständigen Reisen. Während man in Georgetown noch recht einfach zurechtkommen kann, sind Ausflüge ins Landesinnere wahrscheinlich unmöglich, wenn man keine Möglichkeit hat, Ranches, Hotels oder Reisebüros rechtzeitig vorher zu kontaktieren. Die kostenlosen Reiseführer von Lonely Planet zum Thema barrierefreies Reisen können hier heruntergeladen werden: http://lptravel.to/AccessibleTravel.

STROM

In Guyana werden die zweipoligen Stecker der USA (auch als Typ A bekannt) verwendet. Die Netzspannung beträgt 127 V bei 60 Hz.

TELEFON

Im Allgemeinen sind in Hotels und Restaurants kostenlose Ortsgespräche möglich. In Guyana gibt es keine Ortsvorwahlen. Für Gespräche im Inland muss man nur die siebenstellige Nummer wählen. Für Auslandsgespräche wählt man 00, dann die Landesvorwahl und die vollständige Telefonnummer einschließlich Vorwahl, jedoch ohne die erste Null.

SIM-Karten sind von den regionalen Anbietern Digicel und GT&T erhältlich. Die Netzabdeckung ist in Georgetown und an der Küste gut, aber außerhalb größerer Städte im Landesinneren sehr unzuverlässig.

TOURISTENINFORMATION

- **Tourism & Hospitality Association of Guyana** (S. 756) Die Regierung hat keinen offiziellen Tourismusbeauftragten im Ausland, aber diese Organisation arbeitet sehr engagiert daran, Guyana für Besucher attraktiv zu machen und ihnen nach ihrer Ankunft behilflich zu sein.
- **Iwokrama Rainforest Conservation and Development Office** (S. 761) Eine weitere nützliche Adresse in Georgetown.
- **Nationalparkskommission** (S. 759) Ebenfalls in Georgetown.

UNTERKUNFT

In Georgetown gibt es auf jeden Fall gute, saubere Pensionen, in denen man ein Zimmer mit Gemeinschaftsbad zu Preisen ab rund 6000 G$ bekommt. Die Lodges im Regenwald und die Ranches in der Savanne wirken auf den ersten Blick vielleicht teuer, doch sind häufig die Verpflegung und Aktivitäten im Preis enthalten. Im Landesinneren ist die günstigste Option die Hängematte, und wer keine eigene Matte hat, kann vor Ort eine bekommen.

VISA

EU-Bürger und Schweizer benötigen für die Einreise nach Guyana kein Visum (sicherheitshalber noch mal in der nächstgelegenen Botschaft oder im Konsulat nachfragen!), wohl aber einen Reisepass, der noch mindestens sechs Monate gültig ist. Bitte darauf achten, dass er bei der Einreise gestempelt wird! Wenn Neuankömmlinge ihr Rückreiseticket vorlegen, erhalten sie automatisch eine Touristenkarte mit 90 Tagen Gültigkeit. Österreichische Touristenkarten sind schon auf 30 Tage begrenzt worden, daher auf das handschriftliche Datum im Stempel achten!

Auch ein internationaler Impfpass mit dem Nachweis einer Gelbfieberschutzimpfung ist erforderlich (auch wenn man wahrscheinlich gar nicht danach gefragt wird). Traveller sollten sich außerdem rechtzeitig um sämtliche anderen Schutzimpfungen kümmern.

An- & Weiterreise

Flugreisende nach Guyana landen auf dem Cheddi Jagan International Airport (S. 757) südlich der Hauptstadt. Einige regionale Fluggesellschaften nutzen den Ogle International Airport (S. 757), der näher an der Stadt liegt und von kleineren Fliegern angeflogen wird. Es gibt keine Transatlantikflüge ab Guyana. Georgetown wird von folgenden Airlines bedient:

> **PREISKATEGORIEN: SCHLAFEN**
>
> Wenn nicht anders angegeben, gelten die folgenden Preise für ein Doppelzimmer mit eigenem Bad. Das Frühstück ist nicht inbegriffen, sofern es nicht anders angegeben ist.
>
> **$** unter 12 000 G$
>
> **$$** 12 000–30 000 G$
>
> **$$$** über 30 000 G$

Caribbean Airlines (☎1800-744-2225; www.caribbean-airlines.com; 91-92 Ave of the Republic; ⏲Mo–Fr 8–15.30, Sa 8:30–12 Uhr) Drei oder vier Direktflüge täglich nach Port-of-Spain in Trinidad und Tobago (70 Min.) mit guten Anschlüssen weiter in die Karibik und die USA.

Copa Airlines (☎231-2491; www.copa.com; 212 Camp St) Fliegt nach Panama City, Panama (3½ Std., 4-mal wöchentl.).

Fly Jamaica (☎222-0227; www.fly-jamaica.com; Cheddi Jagan International Airport) Fliegt nach Kingston, Jamaica (4 Std., 4-mal wöchentl.).

LIAT (☎222-725; www.liat.com; Ogle International Airport) Fliegt vom Ogle Airport nach Port-of-Spain, Trinidad und Tobago (70 Min., tgl.) und Barbados (3½ Std., tgl.).

Suriname Airlines (☎225-4249, Büro im Cheddi Jagan Airport 261-2292; www.flyslm.com; Ecke Duke & Barrack Sts) Fliegt nach Paramaribo, Suriname (40 Min., 3-mal wöchentl.) und Miami, USA, (3½ Std., 3-mal wöchentl.).

Unterwegs vor Ort

AUTO & MOTORRAD

Mietwagen bekommt man in Georgetown, aber nicht am Flughafen (zumindest nicht zum Zeitpunkt unserer Recherchen). Zum Mieten benötigt man eine Fahrerlaubnis, die man sich kostenlos in der Ankunftshalle des Cheddi Jagan International Airport besorgen kann (ein internationaler Führerschein ist nicht ausreichend!). In Guyana herrscht Linksverkehr.

Wer allein unterwegs ist, kann sich preiswerter mit dem Motorrad rumkutschen lassen. Dafür muss man aber einen Einheimischen finden, der bereit ist, einen Reisenden mitzunehmen, wobei die Lodges gern behilflich sind. Dann darf man nur so wenig Gepäck haben, dass man es entweder auf dem Rücken tragen oder aufs Motorrad packen kann. Und schließlich sollte man einen sehr stabilen und gesunden Rücken haben, denn die Straßen sind extrem holprig. Pro Person kostet eine solche Fahrt von Lethem nach Dadanawa 15 000 G$ und von Caiman House nach Karanambu 10 000 G$. Für einen ganzen Tag mit dem Motorrad bezahlt man, einschließlich Fahrer und Sprit, rund 60 000 GS.

BUS

Busse sind die wichtigsten Verkehrsmittel für Einheimische, und auch wenn eine Busfahrt ein faszinierendes kulturelles Erlebnis ist, sind die Fahrzeuge doch auch unbequem, überfüllt, lärmig und in vielen Fällen geradezu gefährlich, weil die Fahrer sich wenig um die Sicherheit von Fahrgästen oder Fußgängern zu sorgen scheinen, die Straßenverhältnisse geradezu grauenhaft sind und die Gefahr, von Taschendieben beklaut zu werden, allgegenwärtig ist.

Der wichtigste Knotenpunkt des Landes ist Georgetown, und von hier aus fahren billige lokale Busse in rasendem Tempo zwischen Stationen in der ganzen Stadt und den Vororten hin und her. Minibusfahrten zu Zielen an der Küste kosten bis zu 1500 G$.

Die wichtigste Fernbusroute durch das Land ist die legendäre Übernachtungsfahrt auf der einzigen Hauptstraße des Landes – der unbefestigten Piste, die sich über Linden, Iwokrama und Annai bis Lethem durch den Regenwald zieht. Zwischen Georgetown und Lethem kostet eine einfache Fahrt 10 000 bis 14 000 G$ (15–20 Std., tgl., 18 Uhr, kann während der Regenzeit ausfallen). Die bekanntesten Busunternehmen sind Carly's (S. 764), P&A Bus Services (S. 764) und BD Express (S. 764), aber es gibt noch viel mehr.

FLUGZEUG

Vom Ogle International Airport in Georgetown (S. 757) gehen Linienflüge zu Zielen im Landesinneren wie Annai, Kaieteur und Iwokrama. Tickets sind meist nicht online zu buchen und können am einfachsten über ein Reisebüro vor Ort besorgt werden. **Air Services Limited** (☎ 222-1234; www.aslgy.com; Ogle Aerodrome) und **Trans Guyana Airways** (TGA; ☎ 222-2525; www.transguyana.net; Ogle International Airport) bedienen die Route Georgetown-Lethem-Georgetown zweimal täglich. Ein einfaches Ticket kostet 30 000 G$. Beide Airlines sowie **Roraima Airways** (☎ 225-9648; www.roraimaairways.com; Flugfeld Ogle) arrangieren Charterflüge zu verschiedenen Flugfeldern im Land.

SCHIFF/FÄHRE

Regelmäßig überqueren Fähren den Essequibo zwischen Charity und Bartica mit Zwischenstopp in Parika (von Georgetown über eine asphaltierte Straße erreichbar). Es existieren auch häufiger verkehrende Schnellboote (Wassertaxis), die Passagiere von Parika nach Bartica bringen.

TAXI

Viele Taxiunternehmen sind zwischen Georgetown und Orten an der Küste unterwegs. Fahrten mit ihnen sind viel teurer als Busse und Minibusse, können sich aber rechnen, wenn man in einer Gruppe reist.

Kolumbien

49 464 700 EW.

Inhalt ➡

Gut essen

- Mini-Mal (S. 782)
- Leo (S. 782)
- Platillos Voladores (S. 849)
- El Boliche (S. 819)
- Gringo Mike's (S. 798)
- Restaurante Itaca (S. 833)

Schön übernachten

- San Pedro Hotel Spa (S. 818)
- Casa de François (S. 855)
- Hotel Click-Clack (S. 781)
- Casa del Farol (S. 803)

Auf nach Kolumbien!

Hohe Andengipfel, unberührte Karibikküste, mysteriöser Amazonasregenwald, rätselhafte archäologische Ruinen und idyllische Orte aus der Kolonialzeit: Kolumbien bietet alles, was Südamerika so verlockend macht – und mehr.

Dank seiner Landschaft ist das Land ein Tummelplatz für Outdoor-Fans, die hier tauchen, klettern, raften, trekken und bergsteigen. Die Outdoor-Hauptstadt ist San Gil, doch herrliche Natur lockt überall in Kolumbien.

Zahlreiche antike Zivilisationen hinterließen in ganz Kolumbien faszinierende Stätten. Die zwischen dem 11. und 14. Jh. erbaute Ciudad Perdida (einstige Hauptstadt der Tayrona) ist eine der mysteriösesten antiken Städte des Kontinents nach Machu Picchu.

Ebenso reizvoll ist die historische Architektur. Kolumbien ist eine Schatztruhe voller fotogener Städte, die aus einem anderen Jahrhundert zu stammen scheinen. Die schönste von allen ist Cartagenes mit seiner gut erhaltenen Altstadt.

Reisezeit

Bogotá

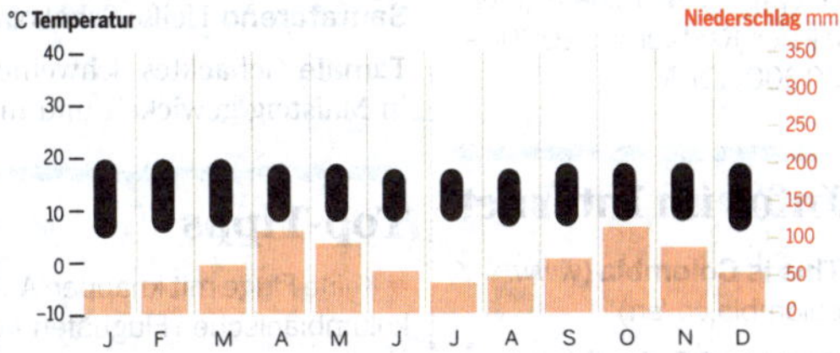

Dez.–Feb. Im Amazonasgebiet ist es trocken, die Preise sind aber im ganzen Land jetzt am höchsten.

März–Sept. In Bogotá, Medellín und Cali regnet es im April und Mai sehr viel.

Okt. & Nov. Wegen des niedrigen Wasserstands die beste Zeit zum Wandern am Amazonas; niedrige Preise.

KURZINFOS

Geld Geldautomaten sind weit verbreitet. Viele Hotels und Lokale nehmen Kreditkarten.

Hauptstadt Bogotá

Notfall 123

Sprachen Spanisch; in San Andrés & Providencia Englisch

Visa Für touristische Aufenthalte brauchen EU-Bürger und Schweizer kein Visum.

Währung Kolumbianischer Peso (KOL$)

Wechselkurse

Euro-zone	1€	3760 KOL$
	1000 KOL$	0,26 €
Schweiz	1 SFr	3439 KOL$
	1000 KOL$	0,29 SFr

Aktuelle Wechselkurse finden sich unter www.xe.com.

Tagesbudget

- B im Schlafsaal: 25000–50000 KOL$; DZ im Mittelklassehotel: 80000–120000 KOL$
- *Comida corriente* (Mittagsmenü): 8000–15000 KOL$; Hauptgericht in einem guten lokalen Restaurant: 20000–30000 KOL$

Infos im Internet

This is Colombia (www.colombia.co/en)

Proexport Colombia (www.colombia.travel/en)

Colombia Reports (www.colombiareports.co)

Lonely Planet (www.lonelyplanet.com/colombia)

Einreise

Wichtige Landübergänge nach Venezuela sind Maicao im trockenen Guajira und Cúcuta am anderen Ende der Cordillera Oriental. Der wichtigste Grenzübergang nach Ecuador liegt bei Ipiales in der südlichen Region Nariños.

Weiter im Süden, im Amazonasgebiet, gibt es in Leticia Grenzübergänge nach Brasilien und Peru.

Es gibt keinen Landweg von Panama nach Kolumbien, man kann aber von Cartagena oder Capurganá aus mit einem Schiff oder einer privaten Yacht nach Panama fahren.

REISEROUTE (ZWEI WOCHEN)

In Bogotá, Kolumbiens Gotham City, verbringt man einen oder zwei Tage, bewundert La Candelaria, das beste der vielen Museen der Stadt, und genießt die Restaurants und das Nachtleben von Weltformat. Den Kater überwindet man ein paar Stunden weiter nördlich in den ruhigen, malerischen Kolonialstädtchen Villa de Leyva und Barichara. Dann folgt eine Tageswanderung auf dem historischen El Camino Real nach Guane. Mit dem Bus geht es weiter nach San Gil, wo die lange Busfahrt nach Santa Marta beginnt. Die Stadt ist der Ausgangspunkt zum Parque Nacional Natural (PNN) Tayrona, an dessen tollen Stränden man ein paar Tage verweilt. Dann geht es weiter an der Karibikküste entlang nach Cartagena – die alte Stadt ist voller kolonialer Romantik. Eine zweite lange Busfahrt führt nach Medellín, wo eine geballte Dosis Kolumbien wartet: Kultur, Cuisine und Bier. Begeistert von der Gastfreundschaft der Kolumbianer begibt man sich zurück nach Bogotá und auf die Rück- oder Weiterreise.

Essen & Trinken

Ajiaco Eintopf aus den Anden mit Huhn, Mais, Kartoffeln und einem regionalen Kraut namens *guasca*

Aguardiente Alkoholisches Getränk mit Anisgeschmack

Bandeja paisa Platte mit verschiedenen Fleischsorten, Avocado, Ei, Kochbananen und Reis

Santafereño Heiße Schokolade, serviert mit Käse und Brot

Tamale Gehacktes Schweinefleisch mit Reis und Gemüse in Maisteig gewickelt und in Bananenblättern gedämpft

Top-Tipps

- Keine Flüge mit knappen Anschlüssen buchen – an kleinen kolumbianischen Flughäfen werden Flüge häufig annulliert!
- Vor dem Buchen von Flügen und Busfahrten die Preise checken – manchmal sind die Preisunterschiede erheblich.
- Unbesorgt Street-Food genießen – man bekommt frisches Obst und köstliche *arepas* (Maiskuchen) am Straßenrand.
- Mit einer kolumbianischen SIM-Karte hat man fast überall in Kolumbien schnelles Internet.

BOGOTÁ

☎1 / 7,4 MIO. / 2640 M

Bogotá ist Kolumbiens pulsierendes Herz, eine faszinierende, lebendige Hauptstadt, die im Schatten der eisigen Gipfel der Anden liegt und niveauvolle urbane Coolness verströmt. Das kulturelle Zentrum der Stadt ist La Candelaria, das historische Zentrum mit seinen Kopfsteinpflasterstraßen, in das es die meisten Traveller zieht. Die zahlreichen sorgfältig erhaltenen Kolonialgebäude beherbergen Museen, Restaurants, Hotels und Bars, die zwischen 300 Jahre alten Häusern, Kirchen und Klöstern stehen. Hier, rund um die Plaza de Bolívar und den prächtigen Cerro de Monserrate gleich östlich davon, befinden sich fast alle historischen Sehenswürdigkeiten der Stadt.

Der Süden und der Südwesten sind die schäbigeren Viertel der Stadt, wo die Barrios der Arbeiterklasse weiter gegen ihren (leider verdienten) Ruf als Hort von Drogen und Kriminalität kämpfen. Im wohlhabenderen Norden findet man Boutiquehotels und trifft auf betuchte Einwohner, die in schicke Unterhaltungsviertel wie die Zona Rosa und die Zona G strömen. Wenn sich die untergehende Sonne malerisch orange in den Fenstern der Wohnhäuser der Oberschicht am Fuß der Anden widerspiegelt, ist das der Auftakt zum wilden Nachtleben der Stadt.

Sehenswertes

★ Museo del Oro — MUSEUM

(www.banrepcultural.org/museo-del-oro; Carrera 6 No 15-88; Erw./Kind Mo–Sa 4000 KOL$/frei, So Eintritt frei; ⏲Di–Sa 9–18, So 10–16 Uhr) Das Goldmuseum, das berühmteste der Stadt und eines der faszinierendsten Südamerikas, beherbergt über 55 000 Exponate aus Gold sowie andere Exponate, die aus allen bedeutenden prähispanische Kulturen Kolumbiens stammen. Die Sammlung folgt auf drei Etagen einer logischen Themenfolge und ist auf Spanisch und Englisch beschildert.

★ Museo Botero — MUSEUM

(www.banrepcultural.org/museo-botero; Calle 11 No 4-41; ⏲Mo & Mi–Sa 9–19, So 10–17 Uhr) GRATIS Auch wer noch nie von Fernando Botero gehört hat, wird einige seiner sehr markanten Bilder mit pummeligen Gestalten wiedererkennen, darunter zwielichtige Diktatoren, leichtfüßige Tänzer, Hunde und Vögel. Kolumbiens berühmtester lebender Künstler ist zudem ein produktiver Bildhauer, dessen Bronzestatuen ebenso üppig sind.

★ Iglesia de San Francisco — KIRCHE

(www.templodesanfrancisco.com; Ecke Av Jiménez & Carrera 7; ⏲Mo–Fr 6.30–22.30, Sa 6.30–11.30 & 16–18.30, So 7.30–13.30 & 16.30–19.30 Uhr) Die zwischen 1557 und 1621 erbaute Kirche des hl. Franziskus ist die älteste erhaltene Kirche der Stadt. Im stimmungsvollen Inneren zieht der vergoldete u-förmige Altar aus dem 17. Jh., der größte und prächtigste seiner Art in Bogotá, die Aufmerksamkeit auf sich.

Plaza de Bolívar — PLAZA

(zw. Calle 10 & Calle 11) Die Plaza de Bolívar, das Herzstück der Altstadt, ist der natürliche Ausgangspunkt, um Bogotá zu erkunden. Was ihr an Grün fehlt, macht sie durch Grandiosität wieder wett. In der Mitte des Platzes steht eine Bronzestatue von Simón Bolívar (gegossen 1846). Das Werk des italienischen Künstlers Pietro Tenerani war das erste öffentliche Denkmal der Stadt.

Casa Museo Quinta de Bolívar — MUSEUM

(www.quintadebolivar.gov.co; Calle 20 No 2-91 Este; Erw./Kind 4000/2000 KOL$, So Eintritt frei; ⏲Di–Fr 9–17, Sa & So 10–16 Uhr) Das Museum in einem charmanten historischen Wohnhaus mit Garten am Fuß des Cerro de Monserrate bringt einen ländlichen Hauch ins moderne Bogotá mit seinen Hochhäusern. Die 1800 gebaute Villa wurde 1820 Simon Bolívar als Dank für seine Dienste in der Freiheitsbewegung zum Geschenk gemacht. Er verbrachte hier im Lauf von neun Jahren 423 Tage. In den Räumen sind Gegenstände aus dieser Zeit zu sehen, darunter Bolívars Schwert. Über die spätere Nutzung des Hauses als Nervenheilanstalt erfährt man weniger.

Museo Nacional — MUSEUM

(National Museum; www.museonacional.gov.co; Carrera 7 No 28-66; Erw./Kind 4000/2000 KOL$, So Eintritt frei; ⏲Di–Sa 10–18, So bis 17 Uhr) GRATIS Das Museum befindet sich in einem großen Gebäude namens El Panóptico, das den Grundriss eines griechischen Kreuzes hat (1874 vom englischen Architekten Thomas Reed als Gefängnis entworfen). Archäologische, historische und ethnologische Exponate sowie Kunstwerke illustrieren Kolumbiens Vergangenheit. Die Sammlungen verteilen sich auf 17 Säle, die irgendwann eine thematische Ordnung haben werden – momentan finden Modernisierungsarbeiten statt, die bis Ende 2023 andauern.

Museo Santa Clara — KIRCHE

(www.museocolonial.gov.co; Carrera 8 No 8-91; Erw./Kind 4000/2000 KOL$; ⏲Di–Fr 9–17, Sa & So

Highlights

1. **Cartagena** (S. 814) Durch die bezaubernden, hervorragend erhaltenen Straßen dieser Kolonialstadt schlendern
2. **Bogotá** (S. 773) Die großartigen Museen, gemütlichen Bars und pulsierenden Diskos besuchen
3. **Parque Nacional Natural Tayrona** (S. 807) An den spektakulären, von Urwald gesäumten Stränden Sonne tanken
4. **Ciudad Perdida** (S. 810) Durch den dichten Urwald der Sierra Nevada zu diesen mysteriösen Ruinen wandern
5. **Manizales** (S. 841) Sich auf einer bewirtschafteten Farm in der Zona Cafetera als Kaffeepflücker versuchen

6 Amazonasbecken (S. 861) Durch überflutete Wälder paddeln und nach Amazonasdelfinen Ausschau halten

7 Parque Nacional Natural El Cocuy (S. 794) Eine Tageswanderung mit Blick auf die Gletscher unternehmen

8 Medellín (S. 828) Mit der Seilbahn hoch über der Stadt fahren und danach einige der vielen Bars und Restaurants besuchen

9 San Agustín (S. 854) Durch die herrliche, mit antiken Stätten und Statuen gespickte Landschaft galoppieren

10–16 Uhr) Die Kirche Santa Clara, eine der am prächtigsten dekorierten Kirchen der Stadt, ist zugleich ihre älteste (neben der Iglesia de San Francisco). Sie wurde 1968 säkularisiert und von der Regierung erworben und ist heute ein Museum, das Gemälde einiger der berühmtesten kolumbianischen Barockkünstler zeigt. Früher gehörte die Kirche zu einem angrenzenden Franziskanerkloster, das Anfang des 20. Jhs. abgerissen wurde.

Plazoleta del Chorro de Quevedo PLAZA

(Ecke Carrera 2 & Calle 12B) Man ist sich nicht einig, wo genau das heutige Bogotá gegründet wurde: Einige sagen, dass es an der Catedral Primada auf der Plaza de Bolívar war, andere meinen, es sei hier gewesen, an dieser winzigen Plaza, die von Cafés, einer kleinen weißen Kirche und vielen alternativen Straßenverkäufern (oder Footbag-Spielern) gesäumt wird.

Kurse

International House Bogotá SPRACHE

(☎1-744-1993; www.ihbogota.com; Carrera 13 No 72-23; ⏲Mo–Fr 7–20, So bis 13 Uhr) Bietet an seinem neuen Standort gleich nördlich von Chapinero Spanischkurse (4 Std. vormittags an 5 Tagen 230 US$/Woche zzgl. 40 US$ für Unterrichtsmaterialien). Privatunterricht kostet 30 US$ pro Stunde.

Geführte Touren

★ **Breaking Borders** KULTURELL

(☎Diana 321-279-6637, Jaime 304-686-0755; Plaza del Chorro del Quevedo) Bogotás faszinierendste Tour führt durch den Barrio Egipto. Begleitet wird sie von Mitgliedern der Gang La 10ma, die für diese kulturtouristische Initiative, die die Universidad Externado de Colombia in Zusammenarbeit mit Impulse Travel (S. 776) gestartet hat, ihr kriminelles Leben aufgegeben haben.

★ **Bogotá Bik e Tours** RADFAHREN

(☎312-502-0554; www.bogotabiketours.com; Carrera 3 No 12-72; geführte Tour ab 4000 KOL$, Verleih pro Std./Tag 9000/45 000 KOL$) Dies ist die beste Fahrradagentur der vielleicht radfahrerfreundlichsten Stadt Südamerikas. Man kann einfach ein Fahrrad ausleihen und das 375 km umfassende Radwegenetz nutzen oder aus einer Vielzahl von Touren auswählen, die manchmal auch in Stadtviertel führen, die ansonsten tabu wären. Die Touren starten täglich um 10.30 und 13.30 Uhr am Büro in La Candelaria.

Bogota & Beyond GEFÜHRTE TOUREN

(☎319-686-8601, 304-455-9723; www.bogotaandbeyond.com; Carrera 3 No 12C-90; geführte Touren ab 20 000 KOL$; ⏲Mo 12–17, Mi–Sa 12.30–2130, So 12.30–19 Uhr) Die von zwei freundlichen Australiern geführte Agentur organisiert eine ausgelassene „Septima Challenge" (ein Wettrennen, bei dem die Teilnehmer in Teams in zwei Stunden so viele Aufgaben wie möglich erledigen und unterwegs auf der Ciclovía-Route ihre Spanischkenntnisse an arglosen Einheimischen ausprobieren) und andere fröhliche Touren.

Aventure Colombia GEFÜHRTE TOUREN

(☎1-702-7069; www.aventurecolombia.com; Av Jiménez No 4-49, Oficina 204; ⏲Mo–Sa 8–17 Uhr) Das von einem charmanten französischen Auswanderer geführte Aventure Colombia hat sich auf entlegene Ziele abseits der ausgetretenen Pfade im ganzen Land spezialisiert, darunter die faszinierenden Cerros de Mavecure, der Parque Nacional Natural (PNN) El Tuparro und der Caño Cristales (Juli–Nov.) in Los Llanos, Punta Gallinas auf der Guajira-Halbinsel sowie indigene Homestays in der Sierra Nevada de Santa Marta.

Impulse Travel GEFÜHRTE TOUREN

(☎1-753-4887; www.impulsetravel.co; Calle 65 No 16-09; ⏲Mo–Fr 9–17 Uhr) Die erfahrenen Stadtführungsexperten von Destino Bogotá haben ihr Angebot auf ganz Kolumbien ausgedehnt und sich in Impulse Travel umbenannt. Die Agentur organisiert großartige zwei- bis fünftägige Touren ab Bogotá zu unverzichtbaren Highlights wie dem Caño Cristales und dem PNN Tayrona, aber auch fröhliche Unternehmungen in der Stadt und ihrer Umgebung, darunter Salsa-Kurse, *tejo*-Abende (ein Geschicklichkeitsspiel, bei dem man Metallplatten in hölzerne Zielkisten wirft) und kulinarische Touren sowie soziale Exkursionen wie die sehr empfehlenswerte Tour „Breaking Borders" (S. 776) in den Barrio Egipto.

Bogotá Graffiti Tour GEFÜHRTE TOUREN

(☎321-297-4075; www.bogotagraffiti.com; ⏲Touren 10 & 14 Uhr) GRATIS Die Bogotá Graffiti Tour ist ein faszinierender, zweieinhalbstündiger Stadtspaziergang zu den zahlreichen und beeindruckenden Street-Art-Werken, der am Parque de los Periodistas beginnt. Die Führung ist zwar eigentlich kostenlos, ein kleines Trinkgeld von 20 000 bis 30 000 KOL$ für den Guide ist aber auf jeden Fall angebracht.

NICHT VERSÄUMEN

CERRO DE MONSERRATE

Der weiße, von einer Kirche gekrönte, 3150 m hohe Berg **Cerro de Monserrate** ist das stolze Symbol Bogotás und sein geografischer Referenzpunkt. Von den meisten Gegenden der Stadt ist er auf der anderen Seite der Sabana de Bogotá (Savanne von Bogotá, manchmal „das Tal" genannt) zu sehen. Vom Gipfel bietet sich ein herrlicher Blick auf das 1700 km^2 große Stadtgebiet. An klaren Tagen erkennt man sogar den symmetrischen Kegel des Nevado del Tolima, der Teil der Vulkankette des 135 km westlich liegenden Parque Nacional Natural (PNN) Los Nevados in der Cordillera Central ist.

Die **Kirche** auf dem Gipfel ist wegen ihrer Altarstatue des Señor Caído (Gefallener Jesus) aus den 1650er-Jahren, der viele Wunder zugeschrieben wurden, ein bedeutendes Pilgerziel. Die Kirche wurde gebaut, nachdem die ursprüngliche Kapelle 1917 bei einem Erdbeben zerstört worden war. Auf dem Berg gibt es auch zwei Restaurants (Santa Clara und San Isidro) und ein Café, sodass man dem Cerro de Monserrate einen ganzen Tag widmen kann.

Der steile **Aufstieg mit 1500 Stufen** zum Gipfel (60–90 Min.) führt vorbei an Imbissständen und ist täglich außer dienstags ab 5 Uhr geöffnet. Am Wochenende kommen viele *bogotanos* her. Früher war der Aufstieg an Werktagen, weil es regelmäßig zu Diebstählen kam, doch die verstärkte Polizeipräsenz hat diese erheblich eingedämmt. Wer allein unterwegs ist oder keine Lust hat, zu Fuß zu gehen, kann mit dem *teleférico* (Seilbahn) oder der Standseilbahn vom **Bahnhof Monserrate** (www.cerromonserrate.com; Sendero Peatonal Monserrate; hin & zurück Mo–Sa ab 20 000 KOL$, So 12 000 KOL$; ⏲ Mo–Sa 5.30–23.30, So bis 18.30 Uhr) auf den Berg fahren. Beide Bahnen verkehren abwechselnd: In der Regel fährt die Standseilbahn bis zwölf Uhr (So bis 15 Uhr) und danach die Seilbahn.

Zur Station der Standseilbahn gelangt man, wenn man von der Iglesia de las Aguas am Nordostrand von La Candelaria 20 Minuten bergauf geht (auf dem gepflasterten Gehweg mit den Brunnen, an der Universidad de los Andes vorbei). Auch auf diesem Weg hat sich die Sicherheitssituation verbessert, am besten ist es aber, ihn am Wochenende zu gehen, wenn viele Pilger unterwegs sind – möglichst vormittags.

Feste & Events

Festival de Cine de Bogotá FILM
(☎ 1-545-6987; www.bogocine.com; ⏲ Okt.) Das Filmfestival der Stadt, das auf eine fast 35-jährige Geschichte zurückblicken kann, zeigt Filme aus aller Welt, wobei Lateinamerika meist mit einer besonders guten Auswahl vertreten ist.

Rock al Parque MUSIK
(www.rockalparque.gov.co; Parque Metropolitano Simón Bolívar; ⏲ Aug.) Dreitägiges Musik-Event mit (überwiegend südamerikanischen) Rock-/Metal-/Funk-/Reggaebands im Parque Metropolitano Simón Bolívar. Der Eintritt ist frei, und es wimmelt nur so von Musikfans.

Schlafen

Boutique- und Businesshotels liegen verstreut nördlich der Calle 65, viele von ihnen in Gehweite zu den belebten Ausgehvierteln der Zona G, Zona Rosa und des Parque 93. In La Candelaria befinden sich die meisten Sehenswürdigkeiten und Budgetunterkünfte Bogotás, darunter viele empfehlenswerte Hostels.

★ **Masaya Bogotá Hostel** HOSTEL $
(☎ 747-1848; www.masaya-experience.com; Carrera 2 No 12-48; B ab 40 000 KOL$, Zi. mit/ohne Bad ab 170 000/120 000 KOL$; @ 📶) In diesem Hostel, das Franzosen gehört, wird Flashpacker-Luxus auf ein neues Niveau gehoben: Die bemerkenswert komfortablen Schlafsäle sind mit Vorhängen, Sitzsäcken und weichen Kissen und Bettdecken ausgestattet; die Privatzimmer haben Hotelqualität und verfügen über erstklassige Kleiderschränke und Flachbild-TVs. Außerdem gibt's tolle Gemeinschaftsbereiche, richtig heiße Duschen mit hohem Wasserdruck und viele kulturelle Aktivitäten, z. B. Kochkurse.

★ **Cranky Croc** HOSTEL $
(☎ 1-342-2438; www.crankycroc.com; Calle 12D No 3-46; B 36 000–54 000 KOL$, EZ/DZ 110 000/140 000 KOL$, ohne Bad 75 000/110 000 KOL$; @ 📶) 🍃 Das seit Langem beliebte Cranky Croc wird von einem freundlichen Australier als Backpackerhostel geführt und ist mit

Bogotá

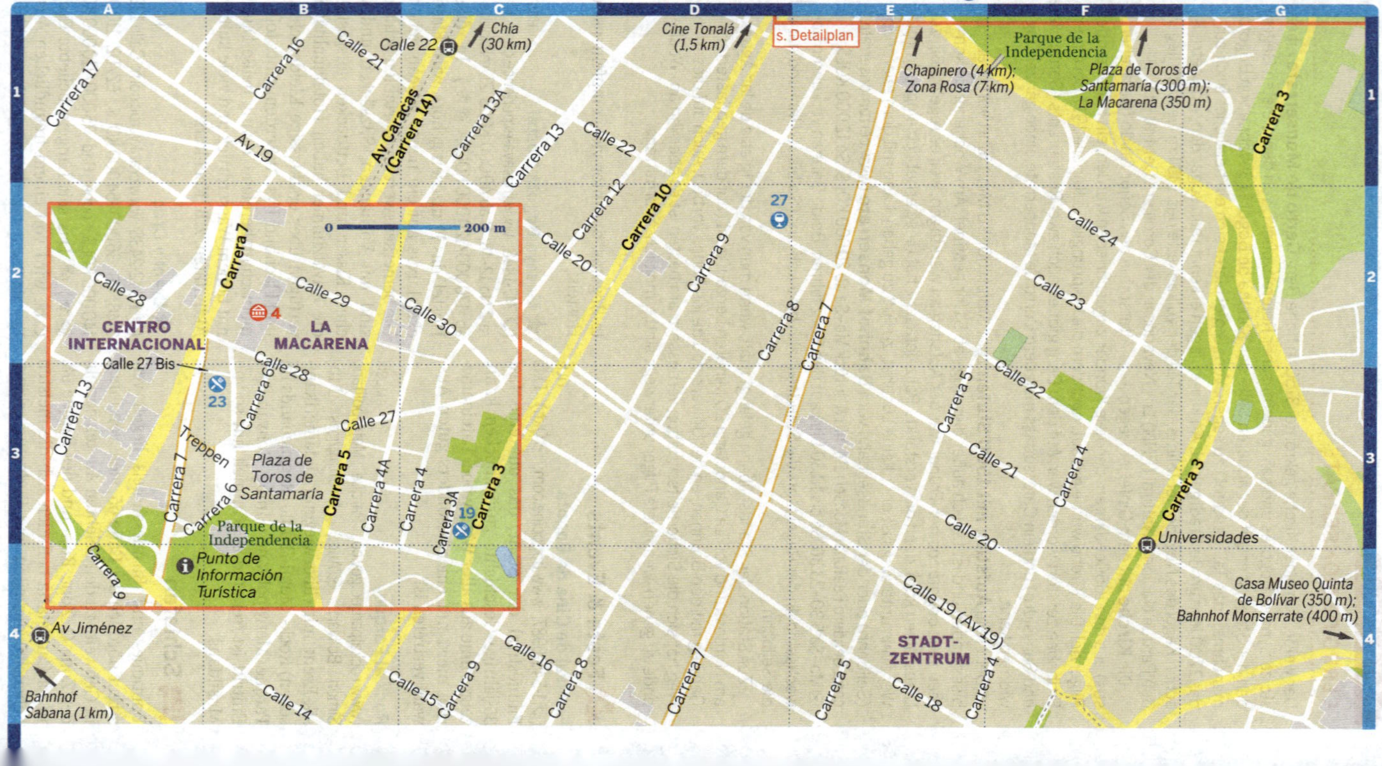
0 360 m
A
B
C
D
E
F
G
1
2
3
4
Carrera 17
Carrera 16
Calle 21
Calle 22
Chía (30 km)
Cine Tonalá (1,5 km)
s. Detailplan
Chapinero (4 km); Zona Rosa (7 km)
Parque de la Independencia
Plaza de Toros de Santamaría (300 m); La Macarena (350 m)
Carrera 3
Av 19
Av Caracas (Carrera 14)
Carrera 13A
Carrera 13
Calle 22
Carrera 12
Calle 20
Carrera 10
27
Carrera 9
Carrera 8
Carrera 7
Calle 24
Calle 23
Calle 22
Carrera 5
Calle 21
Carrera 4
Calle 20
Universidades
Calle 19 (Av 19)
STADT-ZENTRUM
Casa Museo Quinta de Bolívar (350 m); Bahnhof Monserrate (400 m)
0 200 m
Carrera 7
Calle 28
Calle 29
Calle 30
4
CENTRO INTERNACIONAL
LA MACARENA
Calle 27 Bis
Calle 28
Carrera 6
23
Carrera 13
Calle 27
Treppen
Plaza de Toros de Santamaría
Carrera 7
Carrera 6
Carrera 5
Carrera 4A
Carrera 4
Carrera 3A
19
Carrera 3
Parque de la Independencia
Punto de Información Turística
Carrera 9
Av Jiménez
Bahnhof Sabana (1 km)
Calle 14
Calle 15
Carrera 9
Calle 16
Carrera 8
Carrera 7
Carrera 5
Calle 18
Carrera 4

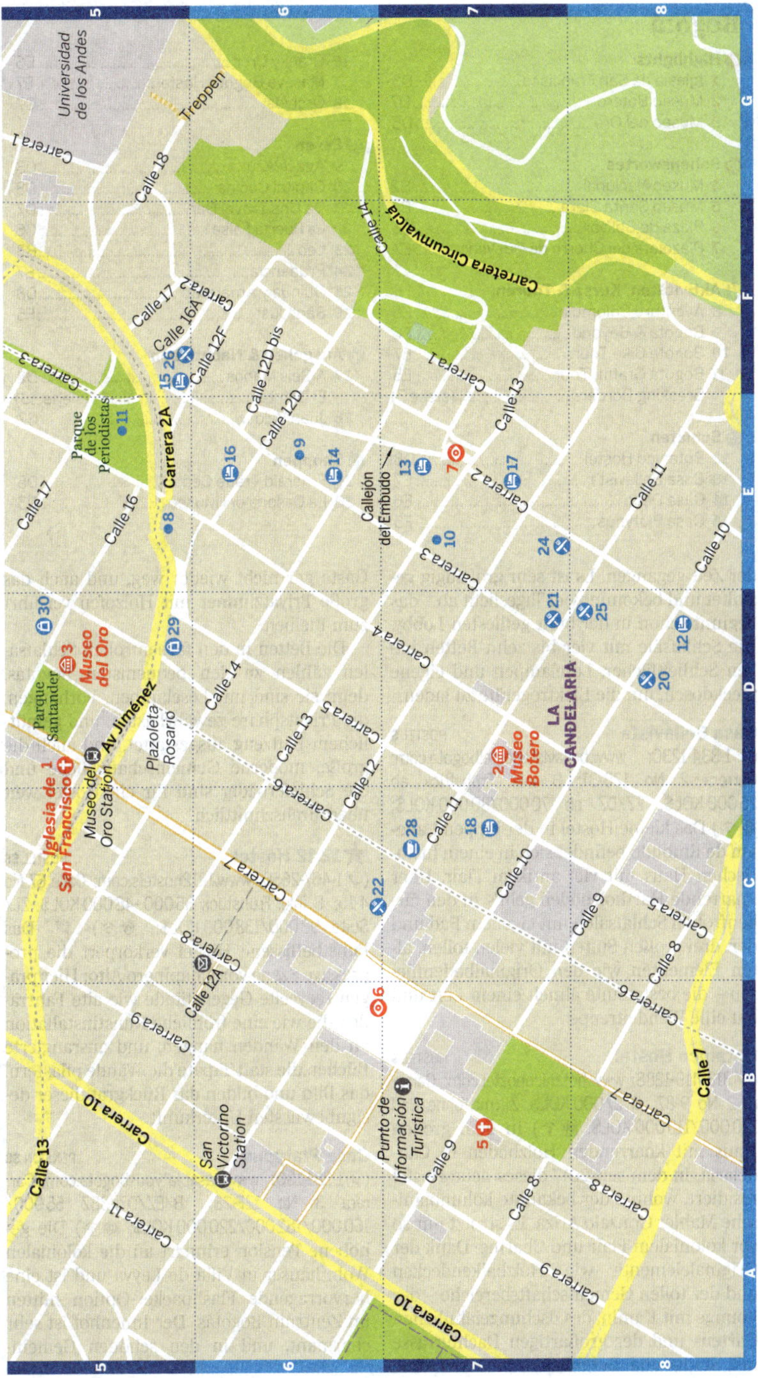
Universidad de los Andes
Treppen
Carrera 1
Calle 18
Carretera Circumvalacia
Calle 14
Calle 17
Carrera 2
Calle 16A
Calle 12F
Carrera 3
Calle 12D bis
Calle 12D
Parque de los Periodistas
Carrera 2A
Callejón del Embudo
Calle 13
Calle 17
Calle 16
Carrera 3
Calle 11
Calle 10
Museo del Oro
Parque Santander
Av Jiménez
Calle 14
Carrera 4
LA CANDELARIA
Plazoleta Rosario
Carrera 5
Calle 13
Museo Botero
Iglesia de San Francisco
Museo del Oro Station
Carrera 6
Calle 12
Calle 11
Carrera 7
Calle 10
Carrera 8
Calle 12A
Calle 9
Carrera 5
Calle 8
Carrera 6
Carrera 9
Punto de Información Turística
Calle 7
Carrera 10
Carrera 7
San Victorino Station
Calle 13
Calle 9
Calle 8
Carrera 8
Carrera 11
Carrera 9
Carrera 10

Bogotá

Highlights
1 Iglesia de San Francisco ... D5
2 Museo Botero ... D7
3 Museo del Oro ... D5

Sehenswertes
4 Museo Nacional ... B2
5 Museo Santa Clara ... B7
6 Plaza de Bolívar ... B6
7 Plazoleta del Chorro de Quevedo ... E7

Aktivitäten, Kurse & Touren
8 Aventure Colombia ... E5
9 Bogota & Beyond ... E6
10 Bogotá Bike Tours ... E7
11 Bogotá Graffiti Tour ... E5
Breaking Borders ... (siehe 7)

Schlafen
12 Botanico Hostel ... D8
13 Casa Bellavista ... E7
14 Casa Deco ... E6
15 Casa Platypus ... F5
16 Cranky Croc ... E6
17 Masaya Bogotá Hostel ... E7
18 Orchids ... C7

Essen
19 Agave Azul ... C3
20 Capital Cocina ... D8
21 De Una Travel Bar ... D7
22 La Puerta Falsa ... C6
23 Leo ... B3
24 Prudencia ... E7
25 Quinua y Amaranto ... D8
26 Sant Just ... F5

Ausgehen & Nachtleben
27 A Seis Manos ... D2
El Bembe ... (siehe 23)
28 Juan Valdez ... C7

Shoppen
29 Emerald Trade Center ... D5
30 La Casona del Museo ... D5

der Zeit gegangen. Es ist sehr großzügig gestaltet und bekommt viel Tageslicht ab – das beginnt schon in der bunt gefliesten Lobby. Die Schlafsäle mit vier bis zehn Betten haben Schließfächer, Leselampen und eigene Steckdosen, um die Elektrogeräte zu laden.

Casa Bellavista HOSTEL $
(☎1-334-1230; www.bellavistahostelbogota.com; Carrera 2 No 12B-31; B inkl. Frühstück ab 25 000 KOL$, EZ/DZ ab 70 000/80 000 KOL$; @📶) Das kleine Hostel in der hippen Callejón de Embudo befindet sich in einem historischen Haus mit viel antikem Flair. Über knarrende Hartholzböden geht's zu den farbenfrohen Schlafsälen mit eigenem Bad und den drei großen Suiten mit vielen tollen, alten Elementen wie den Originalbodenfliesen – die beste Suite ähnelt einem Loft und hat eine Wendeltreppe.

Botanico Hostel HOSTEL $
(☎313-419-1288; www.botanicohostel.com; Carrera 2 No 9-87; B 27 000 KOL$, Zi. mit/ohne Bad 130 000/110 000 KOL$; @📶) In dem großen Haus mit knarrenden Holzböden in Candelaria, in dem seit 2017 dieses neue Hostel residiert, wohnte der bekannte kolumbianische Mahler Gonzalo Ariza. Es strotzt nur so vor kolonialem Flair und Charme. Dank der Originalelemente wie Holzbalkendecken und der tollen Gemeinschaftsbereiche – der Lounge mit Kamin, des dschungelähnlichen Gartens und der großartigen Dachterrasse mit Stadt- und Bergblick – möchten viele Gäste gar nicht wieder weg, und auch das große Privatzimmer mit Holzofen verführt zum Bleiben.

Die Betten in den farbenfrohen Schlafsälen zählen zu den bequemsten Bogotás, denn sie sind mit Leselampen, Vorhängen, die Privatsphäre gewährleisten, und gemütlichem Bettzeug ausgestattet, und auch die große, moderne Gemeinschaftsküche und die Schieferbäder sind für ein Hostel weit überdurchschnittlich.

★ **12:12 Hostel** HOSTEL $$
(☎1-467-2656; www.1212hostels.com; Calle 67 No 4-16; B inkl. Frühstück 35 000–48 000 KOL$, Zi./Suite 98 000/138 000 KOL$; @📶) Das kunstbeflissene Hostel verkörpert die progressive Szene von Chapinero Alto: Hier prägen recycelte Gegenstände wie alte Fahrräder, die wie eine fröhliche Kunstinstallation an den Wänden hängen, und ausrangierte Bücher, die statt Tapete die Wände pflastern, das Bild und bilden das Rückgrat dieser designbewussten Unterkunft.

Casa Platypus PENSION $$
(☎1-281-1801; www.casaplatypusbogota.com; Carrera 3 No 12F-28; B/EZ/DZ/3BZ 55 000/160 000/182 000/220 000 KOL$; @📶) Die gehobene Pension erinnert an die kolonialen Wohnhäuser in Villa de Leyva und ist eine hervorragende Flashpacker-Option mitten im Zentrum Bogotás. Der Innenhof ist sehr charmant, und in den schönen Gemein-

schaftsbereichen – einem schicken Frühstücksraum und einer entspannten Terrasse – kommt man leicht mit den anderen Gästen ins Gespräch. In den kleinen, aber ordentlichen Zimmer stehen bequeme Betten mit luxuriösen Kopfteilen.

★ Hotel Click-Clack BOUTIQUEHOTEL **$$$**
(☎1-743-0404; www.clickclackhotel.com; Carrera 11 No 93-77; Zi. inkl. Frühstück 379 000–688 000 KOL$; ❄@📶) Dieses Boutiquehotel, ein Mekka des anspruchsvollen Designs, erfreut sich bei Kolumbiens Trendsettern großer Beliebtheit. Historische Fernseher und Kameras bilden den thematischen Rahmen der niveauvollen Gestaltung. Die Zimmer kommen in fünf Größen daher, von sehr klein bis groß. Am besten sind die mittelgroßen Zimmer im 2. Stock, die sich zu geräumigen Innenhöfen mit kleinen Rasenflächen und einem vertikalen Garten hin öffnen.

Es gibt kein Spa oder Fitnesscenter: Hier geht es nicht um Ruhe und Erholung, sondern hier ist alles auf Spaß ausgerichtet, vom Apache, der eleganten Miniburger-Bar auf dem Dach mit fantastischer Aussicht, bis zum 100 Grams, dem trendigen Restaurant im Erdgeschoss, wo alles in 100-g-Portionen (entspricht in etwa größeren Tapas) serviert wird. In jedem Zimmer gibt's ein Lust-Set und ein Kater-Set – je nachdem, wie sich die Dinge entwickeln.

Casa Legado BOUTIQUEHOTEL **$$$**
(☎318-715-9519; www.casalegadobogota.com; Carrera 8 No 69-60; Zi. inkl. Frühstück 650 000–1 300 000 KOL$; P@📶) Wer dieses renovierte Jugendstilhaus aus den 1950er-Jahren in Quinta Camacho gefunden hat, wird sich sofort in die Gastgeberin Helena und ihr wunderschönes Hotel mit sieben Zimmern verlieben. Der exotische Obstgarten, der efeuberankte Innenhof, der Speiseraum und die Gemeinschaftsküche passen perfekt zu den stilvollen Zimmern, die sehr individuell nach den Vorstellungen von Helenas Nichten und Neffen gestaltet wurden.

Orchids BOUTIQUEHOTEL **$$$**
(☎1-745-5438; www.theorchidshotel.com; Carrera 5 No 10-55; Zi./Suite inkl. Frühstück 360 000/680 000 KOL$; @📶) Hinter einer zartlila Fassade versteckt sich die anspruchsvollste und nobelste Unterkunft La Candelarias, ein kleines Boutiquehotel mit sechs Zimmern und großartigem historischem Ambiente. Die sechs großzügigen Zimmer sind ganz unterschiedlich gestaltet, z. B. mit Antiquitäten (die teils aus der historischen Villa stammen), Himmelbetten, Porzellanwaschbecken und Massivholzschreibtischen.

Casa Deco BOUTIQUEHOTEL **$$$**
(☎1-282-8640; www.hotelcasadeco.com; Calle 12C No 2-36; EZ/DZ inkl. Frühstück ab 210 000/252 000 KOL$; @📶) Das von einem italienischen Smaragdhändler geführte Schmuckstück mit 22 Zimmern ist eine ganze Klasse besser als die meisten der zahlreichen Hotels in der Gegend.

Die in sieben hellen Farben gestalteten Zimmer sind mit maßgeschneiderten Jugendstil-Holzmöbeln, Schreibtischen, Futonbetten und neuerdings auch Lärmschutzfernstern und -türen ausgestattet.

Essen

Fusion heißt die Parole vieler städtischer Restaurantbetreiber, die typische kolumbianische Gerichte mit mediterranen, italienischen, kalifornischen oder asiatischen Einflüssen servieren. Doch auch die neu interpretierte kolumbianische Küche ist im Kommen.

Die Zona Rosa, Nogal und die Zona G haben die besten Restaurantszenen, doch auch die alternativ angehauchte Gastroszene in La Macarena gleich nördlich vom La Candelaria ist empfehlenswert.

Arbol de Pan BÄCKEREI **$**
(www.facebook.com/panaderiaarboldelpan; Calle 66 No 4A-35; Backwaren 2500–7800 KOL$; ⏲Mo–Fr 8–20, Sa bis 18 Uhr; 📶) Beim Frühstück in dieser Biobäckerei und -konditorei fühlt man sich, als wäre man noch gar nicht aus seinen süßen nächtlichen Träumen erwacht. Hier gibt's diverse frisch gebackene Brote und köstliches Gebäck, aber auch herzhaftere Frühstücksgerichte (9000–15 000 KOL$) wie großartigen, in Schinken gehüllten Spargel und das bewährte Hipster-Frühstück: Avocado und pochiertes Ei auf Toast.

La Puerta Falsa FAST FOOD **$**
(www.restaurantelapuertafalsa.inf.travel; Calle 11 No 6-50; Snacks 6000–8000 KOL$; ⏲Mo–Sa 7–21, So 8–19 Uhr) Wenn es funktioniert, dann lass' es, wie es ist! Vielleicht ist das der Grund dafür, dass „die falsche Tür" nach 200 Jahren immer noch erfolgreich die gleiche einseitige Speisekarte mit Snacks aus zwei Epochen präsentiert: *tamales* und das quasi heilige *chucula y almojábanas*, ein schlich-

ter Teller mit süßem Brot und Weichkäse, serviert mit einer Tasse heißer Schokolade. In der Regel muss man morgens in dem winzigen zweistöckigen Café mit Bäckerei gleich abseits der Plaza de Bolívar geduldig auf einen Tisch warten. Drinnen zieht man sich einen Hocker an einen noch kleineren Tisch und genießt ein köstliches Stückchen Bogotá-Geschichte.

Canasto Picnic Bistró KOLUMBIANISCH $$
(www.facebook.com/canastopicnicbistro; Calle 88 No 13A-51; Frühstück 4100–15 900 KOL$, Hauptgerichte 16 100–34 000 KOL$; Mo 12–22, Di–Sa 7–22, So 7–18 Uhr;) Das künstlerisch und nachhaltig ausgerichtete Bistro nahe dem Parque El Virrey ist gerade total angesagt. Zu den Frühstücksgerichten wie Avocado-Toast mit geräucherter Forelle und den zahlreichen, vielfältigen Speisen mit Bio-Eiern schmeckt der starke Espresso, der in blauen Keramiktassen von Santa Paloma in Chía serviert wird.

★ Mini-Mal KOLUMBIANISCH $$
(1-347-5464; www.mini-mal.org; Carrera 4A No 57-52; Hauptgerichte 27 900–38 000 KOL$; Mo–Do 12–15 & 19–22, Fr & Sa 12–23 Uhr;) Eine kreativere kolumbianische Speisekarte als die des großartigen und schwer angesagten Mini-Mal in Chapinero Alto dürfte schwer zu finden sein. Es hat einige der interessantesten regionalen Zutaten des Landes aus der Versenkung geholt und der modernen kolumbianischen Küche neues Leben eingehaucht. Dabei legt es viel Wert auf nachhaltige und handwerkliche Produktion. Die Karte offeriert spannende Gerichte aus der Karibik, den Anden und dem Urwald.

Sant Just FRANZÖSISCH $$
(314-478-1460; www.santjustbogota.com; Calle 16A No 2-73; Hauptgerichte 20 000–37 000 KOL$; Mo–Mi 11–16, Do & Fr bis 20, Sa 11.30–16.30 Uhr;) In diesem wunderbaren Café mit französischen Besitzern gibt's eine täglich wechselnde Auswahl französischer Gerichte mit kolumbianischem Einschlag. Was immer gerade im Angebot ist – frische Säfte, nachhaltig gefangene Meeresfrüchte, wunderbares Lamm mit schon fast aus der Mode geratenen Gemüsesorten wie *cubio* (eine Wurzel der Andenregion) –, es ist klasse, sowohl die Präsentation als auch das Essen selbst. Wartezeit einplanen!

De Una Travel Bar SÜDAMERIKANISCH $$
(1-806-6791; www.deunatravelbar.com; Calle 11 No 2-98; Hauptgerichte 15 000–23 000 KOL$; Mo–Sa 10.30–22, So bis 20 Uhr;) Das Speisenangebot wird auf einen Koffer geschrieben, der an der Tür hängt, drinnen liegen zerlesene Reiseführer herum – kein Wunder, dass dieses winzige Café bei Travellern beliebt ist! Aus dem offenen Küchenbereich kommen schöne Kostproben südamerikanischer Küche, begleitet von kaltem Bier, guten Cocktails und hervorragendem Service.

Quinua y Amaranto VEGETARISCH $$
(www.quinuayamaranto.com.co; Calle 11 No 2-95; Mittagsmenü 17 000 KOL$; Di–Fr 8.30–19, Mo & Sa bis 16 Uhr;) Das von Frauen geführte hübsche Restaurant mit offener Küche serviert leckere Mittagsmenüs sowie Empanadas, Salate und Kaffee. Werktags gibt es nur vegetarische Speisen, am Wochenende oft aber auch *ajiaco* (Hühnersuppe mit Mais und Kartoffeln). Im Angebot sind zudem eine kleine Auswahl an Cocablättern, Backwaren und verführerischer, traditionell produzierter Käse (nur Sa).

Capital Cocina KOLUMBIANISCH $$
(Calle 10 No 2-99; Hauptgerichte 23 000–34 000 KOL$; Mo 12.15–15 & 18.45–21, Di–Fr bis 22, So 12.15–15 & 18–22 Uhr;) Gut möglich, dass man um einen Tisch in diesem hübschen Café kämpfen muss. Es serviert einige Varianten schlichter kolumbianischer Hausmannskost – Fisch des Tages, Schweinekotelett, Steak, *pollo suprema* –, die tatsächlich alles andere als schlicht sind. Das Tagesmenü mit drei Gängen (20 500 KOL$) ist angesichts der Kochkünste des Küchenchefs Juan Pablo ein echtes Schnäppchen, dazu gibt's Craftbiere sowie gute Weine und Kaffees aus einem einzigen Anbaugebiet.

★ Leo KOLUMBIANISCH $$$
(1-286-7091; http://restauranteleo.com; Calle 27B No 6-75; Hauptgerichte 52 000–87 000 KOL$; Mo–Sa 12–15.30 & 19–23 Uhr;) Die Köchin Leo Espinosa ist der kulinarische Hohepriester in Sachen innovativer kolumbianischer Spitzenküche. Ihr großartiges Probiermenü mit zwölf Gängen (210 000 KOL$), gepaart mit den passenden Weinen und edlen Getränken (280 000 KOL$) ist eine mehrstündige Reise durch exotische regionale Zutaten, von denen viele von den meisten kolumbianischen Küchen ignoriert werden. Das Essen mit den kräftigen Farben und den markanten, völlig neuen Aromen ist ein Erlebnis. Hinterher muss man allerdings den Gürtel lockern.

2018 schaffte es das Leo als einziges kolumbianisches Restaurant auf die prestigeträchtige Liste „World's Best Restaurants", die von der Zeitschrift *Restaurant* gesponsert wird, auf Platz 99.

★ Andrés Carne de Res KOLUMBIANISCH $$$
(☎1-861-2233; www.andrescarnederes.com; Calle 3 No 11A-56, Chía; Steaks 49 600–59 000 KOL$, Gedeck Fr & Sa 21 000 KOL$; ⌚Do–Sa 11–3, So bis 24 Uhr; 📶) Mit seinem knalligen, fröhlichen Ambiente haut das legendäre Steakhaus einfach jeden Besucher – auch Wiederholungstäter – vom Hocker. Auf der total überwältigenden, 75 Seiten dicken Speisekarte stehen neben Klassikern wie *arepas* (Maiskuchen) und *ceviches* seitenweise saftige Steaks (einige in Portionen für bis zu sieben Personen). Wer sich nicht entscheiden kann, sollte Steak *al trapo* (Rinderfilet vom Holzkohlegrill) bestellen.

★ Prudencia INTERNATIONAL $$$
(☎1-394-1678; www.prudencia.net; Carrera 2 No 11-34; Festpreismenü 45 000–56 000 KOL$; ⌚Mo–Sa 12–16 Uhr; 📶✎) 🍃 Mario und Meghan, ein kolumbianisch-amerikanisches Ehepaar, führen dieses Restaurant, das mit erstklassigem Essen und Design punktet. Das Glasdach, das viel Sonne durchlässt, und die ungewöhnliche Kombination von Bambus und Stahl – für das Design war der bekannte Architekt Simón Vélez verantwortlich – bilden einen tollen Rahmen für die wöchentlich wechselnden Menüs mit vier Gängen (vegetarisch oder nicht-vegetarisch) mit lokalen Zutaten und internationalem Flair.

Agave Azul MEXKANISCH $$$
(☎315-277-0329; www.restauranteagaveazul.blogspot.com.co; Carrera 3A No 26B-52; Probiermenü 75 000 KOL$; ⌚Di–Fr 12–15 & 18.30–22, Sa 13–16 & 19–22 Uhr; 📶) Dieses herausragende Restaurant ermöglicht einen Einblick in die wirklich authentische mexikanische Küche mit Abstechern nach Chicago, New York und Oaxaca. Köchin Tatiana Navarro hat keine feste Karte, sondern nur ein tägliches Probiermenü. Auch ein Schild gibt es nicht – das Agave Azul versteckt sich in einem Wohnhaus in La Macarena. Es gibt nur ein paar Tische, dafür ist der Service aber sehr persönlich. Unbedingt reservieren!

Ausgehen & Nachtleben

In La Candelaria locken stimmungsvolle, 300 Jahre alte Wohnhäuser mit Eckkaminen und alten Fliesenböden. Weiter nördlich finden sich viele Kneipen und Bars, besonders in Chapinero Alto, der Zona Rosa und dem Parque 93. In den trendigen Barrios westlich der Av Caracas wie Parkway in La Soledad sind zuletzt die Craft-Bier-Brauereien und andere Hipster-Trends angekommen.

★ Azahar Café CAFÉ
(www.azaharcoffee.com; Calle 93B No 13-91; Kaffee 4000–16 000 KOL$; ⌚Mo–Fr 7–20, Sa & So 9–20

RESTAURANTKETTEN IN BOGOTÁ

In Bogotá gibt's erstaunlich viele empfehlenswerte Restaurantketten. Viele von ihnen waren mit ihrer Spezialität schon vor dem Aufkommen neuer Trends wie dem Third-Wave-Kaffee, den Gourmet-Burgern und Craft-Bier führend. Die mit großem Abstand beste Kette ist **Wok** (www.wok.com.co; Calle 93B No 12-28, Parque 93; Hauptgerichte 15 900–34 900 KOL$; ⌚Mo–Sa 12–22.30, So bis 21 Uhr; 📶), dessen hervorragend zubereitete asiatische Fusion-Gerichte aus nachhaltiger Erzeugung zu den besten ganz Südamerikas gehören. Andere interessante in Bogotá gegründete Ketten sind **El Corral** (www.elcorral.com; Calle 85 No 13-77; Burger ab 19 900 KOL$; ⌚24 Std.; 📶) mit hervorragenden Fast-Food-Burgern, **Crepes & Waffles** (www.crepesywaffles.com.co; Carrera 9 No 73-33; Hauptgerichte 10 900–28 400 KOL$; ⌚Mo–Do 11.45–21.30, Fr & Sa bis 22, So bis 21 Uhr; 📶), Restaurants im Diner-Stil mit großer Auswahl, die **Bogotá Beer Company** (www.bogotabeercompany.com; Calle 85 No 13-06; Pint Bier 16 900 KOL$; ⌚So–Mi 12.30–2, Do–Sa bis 3 Uhr; 📶) mit eigenen Craft-Bier-Pubs und **Juan Valdez** (www.juanvaldezcafe.com; Centro Cultural Gabriel García Márquez, Carrera 6 No 11-20; Kaffee 3600–7900 KOL$; ⌚Mo 8–20, Di–Sa 7–20, So 9–18 Uhr; 📶), eine Café-Kette im Stil von Starbucks. Doch das sind noch lange nicht alle: Burger gibt es z. B. auch bei La Hamburguesería, authentische italienische Pizza bei Julia und Kaffee und Backwarebei Tostao'.

Filialen finden sich in den meisten Stadtvierteln, besonders im Norden der Stadt, und einige Ketten haben sogar internationale Filialen. Sie sind eine verlässliche Adresse, um schnell etwas zu essen oder ein Bier oder einen Kaffee zu trinken.

NICHT VERSÄUMEN

CICLOVÍA – BOGOTÁS FAHRRAD-HIT

Wenn es einen Bereich gibt, in dem Bogotá weltweit führend ist, dann ist es das Fahrradfahren in der Großstadt. Der Stadt gebührt die Ehre, 1974 die erste **ciclovía** (www.idrd.gov.co) ins Leben gerufen zu haben. Jeden Sonntag zwischen 7 und 14 Uhr werden 120 km der großen Hauptstraßen für den motorisierten Verkehr gesperrt. Das vielfach nachgeahmte Zweirad-Event zieht regelmäßig bis zu 2 Mio. Teilnehmer an, das sind 25 % der Einwohner der Stadt.

Heute hat sich die *ciclovía* zur größten Straßenparty Bogotás entwickelt. In den Hauptstraßen wimmelt es von Saftständen, Imbissverkäufern *(Obleas! Majorca! Canelazo!)*, Straßenkünstlern, Reparaturständen, Fahrradschulen für Kinder und unzähligen Rädern in allen Formen und Größen.

Die *ciclovía* ist nicht nur für Fahrräder geöffnet, sondern auch für Fußgänger, Kinderwagen, Rollstuhlfahrer, Roller, Skateboards und alles, was sich sonst noch ohne Motor vorwärts bewegt.

Uhr; 📶) 🍃 Das unlängst vergrößerte Azahar ist der vielleicht schönste Kaffeetempel Kolumbiens und punktet mit Geschmack, Expertise und seiner ungebrochenen Leidenschaft für das zweitberühmteste Agrarprodukt des Landes (hinter Kokain). Hinter der riesigen Theke wirbeln geschäftige Baristas wie Alchimisten in einem Chemielabor und experimentieren mit Pressstempelkannen, Chemex, Filtern und Expresso. Der Geschmack verrät die Liebe zum Detail!

★El Mono Bandido PUB

(www.elmonobandido.com; Carrera 10A No 69-38; Pint Bier 9500–10 500 KOL$; ⌚Mo–Mi 16–24, Do–Sa bis 1, So 12–20 Uhr; 📶) Das El Mono Bandido hat eine Villa in Quinta Camacho in einen der malerischsten Pubs Bogotás verwandelt, der mit seiner fantastischen Atmosphäre besticht. Gäste können sich die hausgebrauten Biere drinnen auf zwei Stockwerken schmecken lassen und dabei die Inneneinrichtung mit den vielen im Nichts endenden Rohren der tollen Beleuchtung bewundern oder im Garten an einem der von Öllampen erhellten Tische sitzen.

★Cine Tonalá CLUB

(www.cinetonala.co; Carrera 6A No 35-37; Film 7000 KOL$; ⌚Di & Do–Sa 12–2.30, Mi bis 20 Uhr; 📶) Das einzige Independent-Kino Bogotás zeigt lateinamerikanische und kolumbianische Streifen sowie internationale Kultfilme. Doch das ist nicht alles. Das vielseitige Kulturzentrum in einer renovierten Villa aus den 1930er-Jahren in La Merced ist auch ein Refugium für Künstler, die die ausgesprochen hippe Barszene, das großartige mexikanische Essen und die aufregenden Clubabende (Do–Sa) lieben.

Amor Perfecto CAFÉ

(www.amorperfectocafe.net; Carrera 4 No 66-46; ⌚Mo–Sa 8–21, So 10–19 Uhr; 📶) In diesem hippen Café in Chapinero Alto wählt man einen sortenreinen regionalen kolumbianischen Spezialkaffee aus, entscheidet sich für die Zubereitungsmethode (Chemex, Syphon, AeroPress oder Pressstempelkanne), und den Rest erledigen die überaus fachkundigen Baristas, die die Landesmeisterschaften in ihrem Beruf gewonnen haben. Man kann auch zu einer Kaffeeprobe und zum Essen kommen.

Theatron SCHWULE

(www.theatron.co; Calle 58 No 10-32; ⌚Do–Sa 21–5 Uhr) Das berühmte Theatron in einer kleinen Straße zwischen den Carreras 9 und 13 im Herzen von Chapinero war früher ein riesiges Filmtheater. Heute ziehen seine acht verschiedenen Bereiche (einige davon sind Männern vorbehalten) Homosexuelle und Heteros gleichermaßen an – an den Wochenenden kommen bis zu 3000 Besucher hierher.

Taller de Té TEEHAUS

(www.tallerdete.com; Calle 60A No 3A-38; Tee 4000–10 000 KOL$; ⌚Mo–Sa 10–20 Uhr; 📶) 🍃 Dieses hinreißende Café, ein Unikum in Bogotá, ist etwas für leidenschaftliche Teetrinker. Die Besitzerin Laura bezieht über 70 Teesorten und Aufgussgetränke von Plantagen aus aller Welt und mischt diese mit heimischen Kräutern, Blüten, Gewürzen, Tees und traditionellen Pflanzen. Zudem serviert sie biologisch erzeugte, vegetarische und vegane Snacks aus traditioneller Herstellung, die aus vertrauenswürdigen Quellen in ganz Kolumbien stammen und hervorragend zu den Tees passen.

A Seis Manos BAR

(www.aseismanos.com.co; Calle 22 No 8-60; ⏲ Mo–Sa 12–23.30 Uhr; 📶) Die coole, moderne Kombination aus Kulturzentrum und Bar im industriellen Stil, die an ein Lagerhaus erinnert, lockt kunstinteressierte Gäste an, die sich an den Gemeinschaftstischen versammeln. Sie essen, trinken, arbeiten, lesen, flirten und relaxen bei guten Mojitos und französisch-kolumbianischen Gerichten. Die Bar bietet ein abwechslungsreiches Veranstaltungsprogramm, darunter Livemusik, Stand-up-Comedy und Buchvorstellungen.

El Bembe BAR

(www.facebook.com/elbembebar; Calle 27B No 6-73; Eintritt Fr & Sa 25000 KOL$; ⏲ Mo–Mi 12–21, Do bis 1, Fr & Sa bis 3 Uhr) Zwischen Kuba und Kolumbien besteht eine lose kulturelle Verbindung, besonders, was die Musik angeht, wie dieses kleine Stück *tropicalia* gekonnt beweist. Von einer Kopfsteinpflasterstraße in La Macarena führt eine bunte Treppe hinauf in diese Bar mit Rum und Salsa, Livebands und starken Mojitos (25000–42000 KOL$). Am meisten ist freitags los. Das Essen kann man sich schenken.

Armando Records CLUB

(www.armandorecords.org; Calle 85 No 14-46; Eintritt Do–Sa 17000–30000 KOL$; ⏲ Di–Do 20.30–2.45, Fr & Sa ab 20 Uhr) Mehrere Jahre nach seiner Eröffnung ist dieser beliebte Club mit mehreren Ebenen noch immer ein Hotspot in Bogotá. Das Armando All Stars in der zweiten Etage zieht mit Crossover-Musik ein jugendliches Publikum an und hat auch einen beliebten Biergarten. Auf der Retro-Dachterrasse im 4. Stock prägt die Musik – etwa LCD Soundsystem oder Empire of the Sun – die Atmosphäre.

☆ Unterhaltung

In Bogotá gibt's etablierte Kunst-, Theater- und Musikszenen. Die besten Theater der Stadt befinden sich in La Candelaria, Livemusik-Locations eher im Norden, vom schäbig-trendigen Chapinero bis zu Mainstream-Veranstaltungsorten in der Zona Rosa.

ABSTECHER

ZIPAQUIRÁ

Der bei Weitem beliebteste Tagesausflug von Bogotá führt ins 50 km weiter nördlich gelegene Zipaquirá, die Stadt der **Salzkathedrale** (☎ 315-760-7376; www.catedraldesal.gov.co; Parque de la Sal; Ausländer/Kolumbianer 55000/34000 KOL$; ⏲ 9–17.45 Uhr). Diese unterirdische, aus dem Salz gegrabene Kathedrale ist eine von nur drei derartigen Bauwerken (die anderen beiden befinden sich in Polen).

In den Bergen ca. 500 m südwestlich von Zipaquirá befinden sich zwei Salzkathedralen. Die erste wurde 1954 eröffnet und 1992 aus Sicherheitsgründen geschlossen. Heute kann man aber ihren atemberaubenden Nachfolger besichtigen. Zwischen 1991 und 1995 wurden etwa 250000 t Salz abgebaut, um das stimmungsvolle, ätherische unterirdische Heiligtum zu schaffen, das viele für eine der größten architektonischen Errungenschaften Kolumbiens halten. Besucher steigen 180 m in die Tiefe hinab und kommen dabei durch 14 kleine Kapellen, die die Stationen des Kreuzwegs, des Leidenswegs Jesu, darstellen. Jede Kapelle ist ein stimmungsvoll beleuchteter Triumph des Symbolismus und des Bergbaus. Dennoch trifft es einen völlig unvorbereitet, wenn der Weg im Hauptkreuzgang vor einem riesigen, von unten beleuchteten Kreuz (dem größten Kreuz der Welt in einer unterirdischen Kirche) endet. Die Tradition der Kombination von Religion und Salz hat ganz pragmatische Gründe: Die Arbeit in den Minen war gefährlich, darum wurden Altäre geschaffen.

Alle Besucher müssen sich einer der regelmäßig beginnenden einstündigen Gruppenführungen anschließen, sobald die Gruppen drinnen sind, kann man sich aber abseilen.

Vom TransMilenio-Bahnhof Portal del Norte in der Calle 170, etwa 45 Fahrminuten vom Stadtzentrum, verkehren Busse nach Zipaquirá (5400 KOL$, 45 Min.). Sie fahren bis 23.30 Uhr ca. alle vier Minuten am Buses-Intermunicipales-Bahnsteig des Bahnhofs ab. Eine Alternative ist der Zug **Turistren** (☎ 1-316-1300; www.turistren.com.co; Parque la Esperanza; hin & zurück Erw./Kind 58000/50000 KOL$; ⏲ Sa & So), der Samstag und Sonntag um 8.15 Uhr von Bogotás Hauptbahnhof, dem **Bahnhof Sabana** (Estación de la Sabana; Calle 13 No 18-24) abfährt, um 9.05 Uhr am Bahnhof Usaquén hält und um 11.05 Uhr in Zipaquirá ankommt.

Estadio El Campín STADION
(☎1-315-8728; Carrera 30 No 57-60) Bogotás größtes Fußballstadion ist das Estadio El Campín, das sich zwei Teams der Categoría Primera A teilen: Independiente Santa Fe und sein großer Rivale Millonarios FC. Spiele finden mittwochabends und sonntagnachmittags statt. Tickets kann man vor den Spielen im Stadion kaufen.

Shoppen

Die Einheimischen in Bogotá lieben Einkaufszentren – die besten sind das **Centro Comercial El Retiro** (www.elretirobogota.com; Calle 81 No 11-84; ⏲Mo–Do 10–20, Fr & Sa 10–21, So 12–19 Uhr) und das **Centro Comercial Andino** (www.centroandino.com.co; Carrera 11 No 82-71; ⏲Mo–Do 8–22, Fr–So 7–15 Uhr). Einladender sind aber die sonntäglichen Flohmärkte. In der Carrera 9, südlich der Calle 60, sind Chapineros Antiquitätengeschäfte zu finden. In der Carrera 7 in Chapinero, zwischen der Calle 54 und der Calle 55, verkaufen Boutiquen topaktuelle kolumbianische Mode.

★ **Artesanías de Colombia** KUNST & KUNSTHANDWERK
(www.artesaniasdecolombia.com.co; Calle 86A No 13A-10; ⏲Mo–Sa 10–19, So 11–17 Uhr) In diesem eleganten Geschäft gibt es hochwertiges Kunsthandwerk, u.a. Artikel rund ums Wohnen sowie Taschen, Spielzeug, Hängematten und Kleidung. 70 % der Einnahmen gehen direkt an die Künstler in den Dörfern. Die Kette hat sieben Filialen (drei in Bogotá).

La Casona del Museo KUNST & KUNSTHANDWERK
(www.facebook.com/LaCasonaDelMuseo; Calle 16 No 5-24; ⏲Mo–Sa 9–19, So 10–17 Uhr) Das alte Gebäude in der Nähe des Museo del Oro beherbergt eine Art Einkaufszentrum im Kolonialstil mit einer bunten, fröhlichen Ansammlung von Souvenirständen, die von Smaragden bis zu Fußballschals einfach alles verkaufen. Erfrischen kann man sich in zwei halboffenen Cafés: Das La Fuente befindet sich oben neben einem sprudelnden Brünnlein und hat den besten Kaffee.

Praktische Informationen

GELD

Im **Emerald Trade Center** (Av Jiménez No 5-43; ⏲Mo–Fr 7.30–19, Sa 8–17 Uhr) gibt es zwei Wechselstuben, am besten ist es aber, einen der vielen Geldautomaten zu nutzen.

Banco de Bogotá (Calle 11 No 5-60)

Bancolombia (Carrera 8 No 12B-17; ⏲Mo–Fr 9–16 Uhr)

Western Union (www.westernunion.com; Calle 28 No 13-22, Local 28; ⏲Mo–Fr 9–17.30, Sa bis 13 Uhr)

NOTFALL

Krankenwagen	125
Polizei	112
Feuerwehr	119

POST

Kolumbiens Postdienstleister heißt **4-72** (www.4-72.com.co).

4-72 (Carrera 8 No 12A-03; ⏲Mo–Fr 8–18, Sa 9–12 Uhr)

4-72 (Ecke Av Chile & Carrera 15 ⏲Mo–Fr 8–18, Sa 9–13 Uhr)

TOURISTENINFORMATION

Kolumbiens engagiertes **Instituto Distrital de Turismo** (☎1-800-012-7400; www.bogotaturismo.gov.co; Carrera 24 No 40-66; ⏲Mo–Fr 7–16.30 Uhr) sorgt dafür, dass sich Besucher willkommen fühlen. Es betreibt mehrere an zentralen Orten in Bogotá ansässige Touristeninformationen namens Puntos de Información Turística (PIT) mit freundlichen Mitarbeitern, die Englisch sprechen. Einige Filialen bieten kostenlose Stadtspaziergänge an (teils auf Englisch, teils auf Spanisch). PITs gibt es an allen Flughafenterminals und an verschiedenen Orten im Zentrum, u. a. hier:

Casa de Las Comuneros (PIT; ☎1-555-7627; www.bogotaturismo.gov.co; Carrera 8 No 9-83, Casa de Las Comuneros; ⏲Mo–Sa 8–18, Sa, So bis 16 Uhr)

Centro Internacional (PIT; ☎1-800-012-7400; www.bogotaturismo.gov.co; Carrera 7 No 26-07; ⏲Mo–Do & Sa 9–17, Fr 13–20 Uhr)

Terminal de Transportes (PIT; ☎1-800-012-7400; www.bogotaturismo.gov.co; Diagonal 23 No 69-60, La Terminal, Módulo 5; ⏲Mo–Sa 7–19.30, So 8–16 Uhr)

An- & Weiterreise

BUS

Bogotás Hauptbusbahnhof, **La Terminal** (☎1-423-3630; www.terminaldetransporte.gov.co; Diagonal 23 No 69-11), liegt etwa 5 km westlich des Stadtzentrums im blitzsauberen, auf dem Reißbrett entstandenen Stadtvierteil Salitre. Er ist einer der besten, effizientesten und sichersten Busbahnhöfe Südamerikas, befindet sich in einem riesigen, bogenförmigen roten Ziegelgebäude und ist in fünf *módulos* (Module) unterteilt. Busse nach Süden fahren vom westlichen Ende des *módulo 1* (gelb), Busse nach Osten und Westen von *módulo 2* (blau) und Busse nach Norden von *módulo 3* (rot). *Colectivo*-Vans in einige nahe gelegene Städte wie Villavicencio

SICHERHEIT IN BOGOTÁ

Seit Mitte der 1990er-Jahre gab es in Bogotá viele bedeutende positive Entwicklungen. So ging die Mordrate von 80 Morden je 100 000 Einwohner im Jahr 1993 auf 15,8 Morde im Jahr 2016 zurück. Auch in Sachen Handydiebstahl gingen die Zahlen im Vergleich zum Vorjahr um 20 % zurück. Die Statistik spiegelt den Rückgang der Mordrate in ganz Kolumbien in diesem Jahr wider, die damals den niedrigsten Stand in vier Jahrzehnten erreichte. Heute ist Bogotá eine der sichersten Großstädte Südamerikas, so sicher, dass Papst Franziskus die Stadt 2017 besuchte.

2016 vereinbarten die kolumbianische Regierung und die Fuerzas Armadas Revolucionarias de Colombia (FARC; Revolutionäre Streitkräfte Kolumbiens) einen historischen Waffenstillstand. Daher sind Bombenanschläge in Bogotá heute seltener als auf dem Höhepunkt des bewaffneten Konflikts in Kolumbien, doch das bedeutet nicht, dass sie völlig aufgehört haben. 2017 tötete eine Explosion im Centro Comerical Andino drei Menschen. (Das Attentat wurde einer kleineren städtischen Guerillagruppe zugeschrieben, die unter dem Namen Movimiento Revolucionario del Pueblo bzw. MRP bekannt ist; dies war ihr erster Anschlag, der Menschenleben kostete.) Bei einem weiteren Anschlag im selben Jahr wurden in La Macarena 29 Menschen verletzt, darunter 26 Polizisten. Es gab zwar keine Verhaftungen, doch es wird nach bekannten Mitgliedern der Nationalen Befreiungsarmee (Ejército de Liberación Nacional; ELN) gefahndet. Traveller sind zwar nicht das Ziel von Anschlägen, doch es kann gut sein, dass sie in der Gegend sind, wenn etwas passiert. Der Ende 2017 mit der kolumbianischen Regierung vereinbarte Waffenstillstand mit der ELN hielt leider nicht: Im Januar 2019 starben bei einem Anschlag auf die Polizeischule in Bogotá mindestens 21 Menschen. Alle Verhandlungen mit der ELN wurden daraufhin abgebrochen.

Hostelbesitzer berichten von einem beträchtlichen Rückgang von Raubüberfällen in La Candelaria, das tagsüber generell sicher ist, nachts aber immer noch zwielichtig sein kann. Man sollte immer aufmerksam registrieren, was ringsum vor sich geht. Wer in der Nähe des Straßenrands sein Handy oder Smartphone benutzt, sollte sich bewusst sein, dass Diebe auf Motorrädern und Fahrrädern vorbeifahren und es sich schnappen könnten; das ist in der Vergangenheit schon passiert. Wenn man in La Candelaria übernachtet, sollte man die Unterkunft auch in Hinblick auf die Sicherheit auswählen. Es ist keine gute Idee, nachts mit Wertsachen durch die Gegend zu laufen; heute ist die Polizeipräsenz nachts zwar höher als früher, doch sie ist nicht annähernd so stark wie tagsüber.

In der Calle 9 weiter oben in Richtung des armen Viertels Barrio Egipto, das nach wie vor ein krimineller Hotspot ist, kommt es häufig zu Raubüberfällen. Inzwischen werden zwar sogar Führungen durch den Barrio Egipto angeboten, man sollte aber auf keinen Fall auf eigene Faust dort herumspazieren und auch niemals weiter als bis zur Carrera 1 gehen. Im Parque de los Periodistas am nördlichen Rand des Barrio Egipto beschäftigen die Universitäten privates Sicherheitspersonal (man sieht dort Sicherheitsleute mit Hunden patrouillieren), sodass es dort viel sicherer ist als früher.

Alleinreisende sollten auf der Straße zwischen der Universidad de Los Andes und Monserrate immer Vorsicht walten lassen, auch wenn die Polizei ab 6 Uhr auf den Bergwegen präsent ist, was zu einem starken Rückgang von Vorfällen geführt hat.

Auch in La Macarena ist die Polizei heute viel stärker präsent, dennoch ist es nach wie vor eine gute Idee, mit dem Taxi fahren und sich auf die bekannten Restaurantmeilen zu beschränken – der Barrio La Perseverancia nördlich von La Macarena hat einen miesen Ruf, und wer sich in der Gegend nicht auskennt, kann leicht unwissentlich dort landen.

fahren am *módulo 4* (grün) ab. Alle Busse nach Bogotá kommen am *módulo 5* (am östlichen Ende des Busbahnhofs) an.

FLUGZEUG

Bogotás schicker Flughafen, der Aeropuerto Internacional El Dorado (S. 879), liegt 13 km nordwestlich vom Stadtzentrum. Hier starten und landen fast alle Inlands- und internationalen Flüge. Für eine Modernisierung im Jahr 2014 und einen Ausbau im Jahr 2017; um zusätzliche 12 Mio. Passagiere im Jahr abfertigen zu können, wurde die enorme Summe von 900 Mio. US$ investiert.

Am Terminal T1, das das alte Terminal El Dorado ersetzt, starten und landen alle internationa-

BUSSE AB BOGOTÁ

ZIEL	PREIS (KOL$)	DAUER	MÓDULO (NR.)	BUSUNTERNEHMEN
Armenia	43 000–68 000	7 Std.	gelb (1)	Bolivariano, Magdalena, Velotax
Barranquilla	80 000–100 000	17–20 Std.	rot (3) & blau (2)	Brasilia, Continental Bus, Ochoa
Bucaramanga	60 000–70 000	8–9 Std.	rot (3)	Autoboy, Berlinas, Copetran & others
Cali	60 000–70 000	8–10 Std.	gelb (1)	Bolivariano, Magdalena, Palmira, Velotax
Cartagena	100 000–110 000	12–24 Std.	rot (3)	Autoboy, Berlinas, Brasilia, Copetran
Cúcuta	90 000–115 000	15–16 Std.	rot (3) & blau (2)	Berlinas, Bolivariano, Copetran, Cotrans, Ormeño
Ipiales	148 000	22 Std.	gelb (1) & r rot (3)	Bolivariano, Brasilia, Continental Bus, Ormeño
Manizales	50 000–64 000	8–9 Std.	gelb (1), blau (2) & grün (4)	Bolivariano, Palmira, Tax La Feria, Tolima
Medellín	60 000–80 000	9 Std.	blau (2)	Arauca, Bolivariano, Brasilia, Magdalena
Neiva	30 000–50 000	5–6 Std.	gelb (1)	Bolivariano, Coomotor, Cootranshuila, Magdalena, Taxis Verdes, Tolima
Pasto	120 000–140 000	18–20 Std.	gelb (1) & blau (2)	Continental Bus, Cruz del Sur
Pereira	50 000–75 000	7–9 Std.	gelb (1)	Bolivariano, Magdalena, Velotax
Popayán	95 000–110 000	12 Std.	gelb (1)	Continental Bus, Cruz del Sur, Velotax
Ráquira	22 000	3–4 Std.	rot (3)	El Carmen, Coflonorte, La Verde
Riohacha	100 000–107 000	18–19 Std.	rot (3)	Copetran
San Agustín	65 000	9–10 Std.	gelb (1)	Coomotor, Taxis Verdes
San Gil	50 000	6–7 Std.	rot (3)	Omega
Santa Marta	80 000–90 000	16–17 Std.	rot (3)	Berlinas, Brasilia, Copetran
Tunja	22 000	3 Std.	rot (3) & grün (4)	Autoboy, Los Muiscas, Nueva Flota Boyaca
Villa de Leyva	25 000	4 Std.	blau (2) & rot (3)	Aguila, Alianza, El Carmen, Cundinamarca & andere
Villavicencio	26 000	3 Std.	blau (2)	Arimena, Autollanos, Bolivariano, Macarena, Velotax

len Flüge, die wichtigsten Inlandflüge von Avianca (von/nach Barranquilla, Cali, Cartagena, Medellín und Pereira) sowie Inlandsflüge anderer Fluggesellschaften.

Terminal T2 (gemeinhin Puente Aéreo genannt) befindet sich 1 km westlich von Terminal T1, ist per Shuttle-Bus zu erreichen und wird von allen anderen Inlandsflügen von Avianca genutzt (von/nach Armenia, Barrancabermeja, Bucaramanga, Cúcuta, Florencia, Ibagué, Leticia, Manizales, Montería, Neiva, Pasto, Popayán, Riohacha, San Andrés, Santa Marta, Valledupar, Villavicencio und Yopal).

Unterwegs vor Ort

FAHRRAD

Bogotá hat eines der größten Radwegnetzte der Welt: Es gibt 375 km abgetrennter, klar gekennzeichneter Fahrradwege, die CicloRuta heißen. Die PIT-Touristeninformationen verteilen kostenlose Stadtpläne, auf denen die CicloRuta-Radwege eingezeichnet sind.

VOM/ZUM FLUGHAFEN

Das günstigste und effizienteste Verkehrsmittel vom Flughafen in die Stadt ist TransMilenio (S. 789). Vor der Fahrt kauft man bei den Mitarbeitern mit den blau-gelben Jacken draußen vor Puerta 8 der Ankunftshalle eine *tarjeta tullave*; die Busse fahren direkt daneben ab.

Taxi Imperial (☎ 317-300-3000; www.taxiimperial.com.co) betreibt die Flotte der weißen Airport-Taxis – auf die Mitarbeiter mit den orangefarbenen Jacken achten! Sie sind teurer (aber komfortabler – und die Gurte funktionieren!) als reguläre Taxis, mit denen man ebenso gut fahren kann. Die Fahrt vom Flughafen nach La Candelaria kostet schätzungsweise 30 000 bis 32 000 KOL$, nach Chapinero 35 000 bis 37 000 KOL$ und in die Zona Rosa 35 000 bis 38 000 KOL$.

TAXI

Bogotás Taxiflotte ist beeindruckend. Die gelben Taxis wurden in Korea gebaut und sind ein sicheres, zuverlässiges und relativ preiswertes Verkehrsmittel für die Stadt. Mitte 2018 war die Stadt dabei, von traditionellen Taxametern zu einem digitalen Preissystem überzugehen, das dem von Taxi-Apps wie Uber ähnelt.

TRANSMILENIO

Der **TransMilenio** (www.transmilenio.gov.co) trägt einen ambitionierten Namen. Er ist nach dem Modell eines ähnlichen bahnbrechenden Systems im brasilianischen Curitiba konzipiert und hat seit seiner Einführung im Jahr 2000 den öffentlichen Nahverkehr Bogotás revolutioniert.

Im Prinzip handelt es sich um ein Busnetz, das wie eine U-Bahn organisiert ist. Eine Flotte von 2000 Bussen bedient zwölf Linien mit einer Gesamtlänge von 112 km, an denen 147 spezielle Haltestellen liegen. Dieses System sorgt dafür, dass es überall geordnet und sicher zugeht, und einige Haltestellen haben sogar WLAN. Die Busse fahren auf separaten Busspuren abseits des übrigen Straßenverkehrs.

Die Busse kann man mit einer Vielfahrer-Chipkarte, der **tarjeta tullave** (www.tullaveplus.com; 5000 KOL$, aufladbar mit bis zu 322 000 KOL$) benutzen. Diese Karte wird an allen Portal-Haltestellen sowie an einigen anderen Haltestellen verkauft, aufladen kann man sie an allen Haltstellen sowie in einigen Lebensmittelgeschäften, Apotheken und *papelerías* (Schreibwarenläden). Eine Liste findet sich unter www.tullaveplus.com/web/public/puntos-de-recarga.

Auf den Streckennetzkarten, die an den Haltestellen aushängen, sind die Linien farblich markiert. Die unterschiedlichen Busnummern sagen aus, welche Haltestellen die Busse anfahren.

NÖRDLICH VON BOGOTÁ

Villa de Leyva

☎ 8 / 17 500 EW. / 2140 M

In Villa de Leyva, einer der schönsten Kolonialstädte Kolumbiens, scheint die Zeit stehen geblieben zu sein. Der malerische Ort wurde 1954 zum Nationaldenkmal erklärt und wurde komplett in seinem ursprünglichen Zustand mit den Kopfsteinpflasterstraßen und weiß getünchten Häusern erhalten.

Die Schönheit Villas und das milde, trockene Klima ziehen schon lange Besucher an. Die Stadt wurde 1572 von Hernán Suárez de Villalobos gegründet und war anfänglich in erster Linie ein Refugium für Armeeoffiziere, Beamte und Adlige.

Durch den Einfluss reicher Touristen und Auswanderer hat sich dieses einst versteckte Juwel in den vergangenen Jahren stark verändert. Viele der familienbetriebenen *hosterías* (Gasthof) wurden von Boutiquehotels, Gourmetrestaurants, kitschigen Souvenirläden und Cafés verdrängt, und damit ging auch ein Teil der Authentizität verloren. An den Wochenenden verstopfen Tagesbesucher aus Bogotá die schmalen Gassen. Doch zum Glück verwandelt sich Villa de Leyva werktags wieder in ein friedliches, idyllisches Dorf.

Sehenswertes

Villa de Leyva ist sehr friedlich und wie geschaffen für Spaziergänge durch die hüb-

Villa de Leyva

Villa de Leyva

Highlights
1 Plaza Mayor B3

Sehenswertes
2 Casa de Juan de Castellanos C2
3 Casa Museo de Luis Alberto Acuña B2
4 Casa Quintero B3
5 Casona La Guaca C2

Aktivitäten, Kurse & Touren
6 Ciclotrip C2

Schlafen
7 Hospedaje La Cajita B2

Essen
8 Mercado Municipal C3
9 Tavolo Hamburguesería B2

Ausgehen & Nachtleben
10 Café Los Gallos C3

schen Kopfsteinpflasterstraßen, bei denen man die Kirchenglocken läuten hört und den gemächlichen Rhythmus vergangener Tage spürt. Es ist auch für seine vielen **Fossilien** aus der Kreidezeit und dem Mesozoikum bekannt – damals lag diese Gegend unter Wasser. Wer genau hinschaut, wird bemerken, dass Fossilien auch als Baumaterialien für Fußböden, Wände und Bürgersteige verwendet wurden.

Die **Casa de Juan de Castellanos** (Carrera 9 No 13-15), die **Casona La Guaca** (Carrera 9 No 13-57) und die **Casa Quintero** (Ecke Carrera 9 & Calle 12), drei restauriert Kolonialvillen gleich abseits der Plaza, beherbergen heute hübsche Cafés, Restaurants und Geschäfte.

★ Plaza Mayor — PLAZA

Die 120 m mal 120 m große Plaza Mayor ist einer der größten Stadtplätze des amerikanischen Doppelkontinents. Sie ist mit großen Pflastersteinen belegt und wird von prächtigen Kolonialbauten und einer einfachen, hübschen Pfarrkirche gesäumt. Nur der kleine Muedejar-Brunnen in der Mitte, der die Bewohner fast vier Jahrhunderte lang mit Wasser versorgte, unterbricht die Leere des Platzes. In den meisten kolumbianischen Städten ist der Hauptplatz nach einem historischen Helden benannt, doch dieser Platz heißt traditionell und unverändert Plaza Mayor.

Casa Museo de Luis Alberto Acuña MUSEUM
(☎ 8-732-0422; Plaza Mayor; Erw./Kind 6000/4000 KOL$; ⏲ 9–18 Uhr) Villa de Leyvas bestes Museum zeigt Werke eines der einflussreichsten Maler, Bildhauer, Schriftsteller und Historiker Kolumbiens: Luis Alberto Acuña (1904–1993). Ihn inspirierten ganz unterschiedliche Quellen, von der Mythologie der Muisca bis hin zu moderner Kunst. Eingerichtet in der Villa, in der Acuña in seinen letzten 15 Lebensjahren wohnte, ist dieses Museum die umfangreichste Sammlung seiner Werke in ganz Kolumbien.

Aktivitäten

In Villa de Leyva und dessen Umgebung kann man wandern, Rad fahren, reiten und schwimmen, es locken aber auch ungewöhnlichere Sportarten wie Abseilen, Canyoning und Caving.

Geführte Touren

Am Busbahnhof bieten Taxis Rundfahrten zu den Sehenswürdigkeiten in der Umgebung an – pro Attraktion zahlt man einschließlich Wartezeit etwa 25 000 bis 30 000 KOL$. Da viele Sehenswürdigkeiten aber höchstens 12 km vom Stadtzentrum entfernt sind, spart man Geld, wenn man läuft oder sich ein Fahrrad ausleiht.

Wer mehr über die einzelnen Sehenswürdigkeiten erfahren möchte, kann an einer geführten Tour teilnehmen. Die Standardtour der örtlichen Tourveranstalter beinhaltet El Fósil (S. 793), die **Estación Astronómica Muisca** (El Infiernito; Erw./Kind 8000/6000 KOL$; ⏲ Di–So 8–17 Uhr) und den Convento del Santo Ecce Homo (S. 793; 145 000 KOL$). Der Preis, in dem der Transport, der Guide und die Versicherung (aber nicht die Eintrittspreise) enthalten sind, gilt für zwei Personen, bei größeren Gruppen wird das Ganze billiger.

Ciclotrip RADFAHREN
(☎ 320-899-4442; www.ciclotrip.com; Carrera 9 No 14-101; ⏲ Mo–Fr 9–18, Sa & So 8–20 Uhr) Der sehr empfehlenswerte Fahrradveranstalter organisiert geführte Touren zu allen beliebten Ausflugszielen, aber auch zu weniger bekannten Wasserfällen und Bergrouten. Der Besitzer Francisco hat eine Erste-Hilfe- und eine Bergretter-Ausbildung. Geführte Tagestouren kosten 120 000 bis 300 000 KOL$. Sehr beliebt ist auch die Halbtagstour zum Wasserfall Periquera (130 000 KOL$).

Ciclotrip verleiht auch Fahrräder (90 000 KOL$/Tag), die eine Klasse besser sind als die, die sonst in der Stadt verliehen werden. Die Mitarbeiter helfen bei der Routenplanung, und man bekommt eine markierte Karte und sogar ein Handy, damit man im Fall einer Panne Unterstützung anfordern kann.

Colombian Highlands ÖKOTOUR
(☎ 310-552-9079, 8-732-1201; www.colombianhighlands.com; Av Carrera 10 No 21-Finca Renacer) Der Biologe Oscar Gilède, zugleich Besitzer des Renacer Guesthouse (S. 791), leitet diese Agentur, die verschiedene eher ungewöhnliche Touren im Programm hat, darunter Ökotouren, Exkursionen in die Berge, Nachtwanderungen, Vogelbeobachtung, Abseilen, Canyoning, Höhlentouren und Wanderungen. Er verleiht auch Fahrräder und Pferde. Hier wird Englisch gesprochen.

Schlafen

In Villa de Leyva gibt es viele Hotels in allen Preislagen. An den Wochenenden steigen die Preise, dann kann es auch schwierig werden, überhaupt ein Zimmer zu finden. In der Hauptsaison, einschließlich der Semana Santa und des Zeitraums vom 20. Dezember bis zum 15. Januar, können sich die Preise mehr als verdoppeln, also sollte man vorausplanen. Camping kostet in der Gegend um die 20 000 KOL$ pro Person.

★ **Renacer Guesthouse** HOSTEL $
(☎ 8-732-1201, 311-308-3739; www.renacerhostel.com; Av Carrera 10 No 21-Finca Renacer; Stellplatz pro Pers. ab 18 000 KOL$, B ab 32 000 KOL$, EZ/DZ ab 70 000/90 000 KOL$; @ 📶 🍴) Dieses hinreißende „Boutiquehostel" liegt etwa 1,2 km nordöstlich der Plaza Mayor und ist ein Projekt des Biologen und außergewöhnlichen Tourguides Oscar Gilède von Colombian Highlands (S. 791). Hier fühlt man sich überall wie zu Hause – im gepflegten Garten, den Hängematten umringen, in der Gemein-

schaftsküche im Freien mit Pizzaofen und in den blitzsauberen Schlafsälen und Zimmern. Die Mitarbeiter geben den Gästen zum Kochen sogar Kräuter aus dem Garten.

Hospedaje La Cajita B&B $$
(☎310-618-2819; Calle 13 No 10-80; DZ/3BZ/4BZ 140 000/260 000/280 000 KOL$; 📶) Die sichere, kleine Privatunterkunft, die vom wundervollen, aus der Stadt stammenden Paar Julio und Julia betrieben wird, liegt einen Block vom Hauptplatz entfernt. Die großen Zimmer in klarem Weiß und kräftigem Orange sind mit rotbraunen Fliesenböden und moderner Kunst ausgestattet. In einigen Zimmern stehen Stockbetten. Das WLAN funktioniert sehr gut, zum ausgewogenen Frühstück gibt's auch Obst, und die Atmosphäre ist ruhig und angenehm.

★ **Suites Arco Iris** BOUTIQUEHOTEL $$$
(☎311-254-7919; www.suitesarcoiris.com; Km 2 Vila la Colorada; Zi. mit Berg-/Stadtblick inkl. Frühstück ab 260 000/280 000 KOL$; 📶) Das romantische Hotel mit 26 Zimmern steht inmitten eines schönen Gartens auf einem Hügel oberhalb der Stadt und ist hinsichtlich des Ambientes wohl das schönste in Villa de Leyva. Die riesigen, schicken Zimmer sind alle farbenfroh, verströmen viel Flair und sind mit Kunstwerken geschmückt, davon abgesehen sind sie aber alle einzigartig. Sie verfügen über Whirlpools, Kamine und Fliesenmosaike in den Bädern. Die Aussicht, sowohl auf die Berge als auch die Stadt, ist fantastisch.

Essen & Ausgehen

Villa ist das Gourmet-Mekka Boyacás. In der Stadt gibt's einige Feinschmecker-Food-Courts, wobei die Casa Quintero (S. 790) und die Casona La Guaca (S. 790) die besten und vielfältigsten Angebote haben.

In der Nebensaison bieten viele der teureren Restaurants günstige Mittagsmenüs an, doch sobald die Besucherhorden in die Stadt einfallen, verschwinden diese wieder.

★ **Mercado Municipal** KOLUMBIANISCH $$$
(☎318-363-7049; Carrera 8 No 12-25; Hauptgerichte 24 000–65 000 KOL$; ⏲Mo–Sa 13–22, So bis 21 Uhr) Dieses vom Küchenchef geführte Restaurant im Garten eines alten Kolonialhauses (erbaut 1740) ist auf dem Weg zu einem der interessanten kulinarischen Erlebnisse Boycacás. Es hat alte Techniken der Fleischzubereitung wieder ausgegraben: Das Fleisch wird 1 m unter der Erde in einem Holzfeuer-*barbacoa* (Barbecue) gegart. Zu den so zubereiteten Spezialitäten zählen reichhaltige Schweinerippen in einer Aprikosen-Barbecue-Sauce, deren Fleisch sich mühelose vom Knochen lösen lässt.

ABSTECHER

TUNJA

Tunja, die Hauptstadt Boyacás und eine lebhafte Studentenstadt, wurde 1539 von Gonzalo Suárez Rendón an der Stelle der präkolumbischen Muisca-Siedlung Hunza gegründet. Von der indigenen Siedlung blieb fast nichts erhalten, dafür kann man aber heute noch viele Bauten aus der Kolonialzeit bewundern. Besonders bekannt ist Tunja für seine Kirchen aus der Kolonialzeit – mehrere imposante Kirchen aus dem 16. Jh. sind fast unverändert erhalten. In der Stadt gibt's einen beeindruckenden zentralen Platz, die Plaza de Bolívar, und elegante Villen, die mit einigen der ungewöhnlichsten Kunstwerken Südamerikas geschmückt sind.

In mehreren Kolonialvillen, darunter die **Casa del Fundador Suárez Rendón** (Carrera 9 No 19-68; ⏲Di–So 8–12 & 14–17 Uhr) GRATIS und die **Casa de Don Juan de Vargas** (☎313-208-6176; Calle 20 No 8-52; 3000; ⏲Di–Fr 9–11.30 & 14–16.30, Sa & So 9–15.30 Uhr), befinden sich mit Gemälden geschmückte Decken, deren Motive einen merkwürdigen Mischmasch aus verschiedenen Traditionen bilden. Dargestellt sind u. a. mythologische Szenen, Menschen, Tiere, Wappen und architektonische Elemente.

Im preiswerten, ein wenig klösterlich wirkenden **Hotel Casa Real** (☎8-743-1764; www.hotelcasarealtunja.com; Calle 19 No 7-65; EZ/DZ/2BZ 66 000/80 000/85 000 KOL$; 📶) in der Nähe des Busbahnhofs werden Gäste freundlich empfangen.

Der Busbahnhof befindet sich in der Av Oriental, ein kurzes, hügeliges Stück südöstlich von der Plaza de Bolívar. Alle zehn bis 15 Minuten fahren Busse nach Bogotá (19 000 KOL$, 2½–3 Std.). Zwischen 6 und 19 Uhr fahren regelmäßig Minibusse nach Villa de Leyva (7000 KOL$, 45 Min.).

Tavolo Hamburguesería BURGER $$
(☎320-337-3761; Carrera 10 No 12-09; Burger 17 000–29 000 KOL$; ⌚Mo, Di, Do & So 19.30–22, Fr & Sa bis 23 Uhr) In diesem neuen Gourmet-Burger-Restaurant am Hauptplatz gibt's zu den innovativen Burgern, die auf Mini-Brotschneidebrettern serviert werden, den schönen Blick auf die Plaza gratis dazu. Wer sich nicht entscheiden kann, sollten den *de la tierrita* wählen, eine mehrschichtige Kombination aus gebratenem Ei, Wurst und Rindfleisch. Neben Burgern sind auch Forelle, Rippchen und Schweinefilet im Angebot.

Café Los Gallos CAFÉ
(☎300-851-4714; Carrera 8 No 13-2; ⌚Do–Di 8–20 Uhr) Das Los Gallos serviert den besten Kaffee der Stadt. Dazu kann man sich etwas Süßes vom Kuchenbüfett gönnen, z. B. die Apfeltorte mit *arequipe* (Creme aus süßer Milch), ein köstliches Dessert, das einen kulinarischen Oskar verdient.

Praktische Informationen

An der Südwestseite der Plaza befinden sich mehrere Geldautomaten, u. a. an der **Banco de Bogota** (Carrera 9 No 11-2) und an der **Bancolombia** (Carrera 9 No 11-25; ⌚Mo–Fr 8–113.0 & 14–16.30, Sa 9–13 Uhr).

Oficina de Turismo (☎8-732-0232; Carrera 9 No 13-11; ⌚8–12 & 14–18 Uhr) Die hilfreiche Touristeninformation gleich abseits der Plaza hat kostenlose Stadtpläne, Broschüren und Infos auf Spanisch.

An- & Weiterreise

Der **Busbahnhof** (Ecke Carrera 9 & Calle 9) liegt drei Blocks südwestlich der Plaza Mayor an der Straße nach Tunja. Minibusse zwischen Tunja und Villa de Leyva fahren zwischen 5 und 19.45 Uhr alle 15 Minuten (7000 KOL$, 45 Min.). Zwischen 4.30 und 17 Uhr gibt es mehr als zwölf Direktbusse nach Bogotá (25 000 KOL$, 4 Std.), ansonsten kann man auch einen Bus nach Tunja nehmen und dort umsteigen.

Wer nach San Gil will, steigt am besten in Tunja um. Die Route über Arcabuco ist zwar etwas kürzer, es kann aber passieren, dass man lange am Straßenrand wartet, ehe ein Bus kommt.

Busse von Villa nach Santa Sofía (4000 KOL$, 1 Std.) fahren um 6.45, 8, 9, 10, 13.15, 15, 16,15 und 17.45 Uhr.

Rund um Villa de Leyva

Zu den Attraktionen in der Umgebung des malerischen Kolonialstädtchens Villa de Leyva gehören archäologische Relikte, Bauwerke aus der Kolonialzeit, Felsmalereien, Höhlen, Seen und Wasserfälle. Die Gegend mit ihren sanften, idyllischen Feldern und den vielen ruhigen Landstraßen ist ideal zum Wandern und Radfahren.

Sehenswertes

Casa de Barro ARCHITEKTUR
(Casa Terracotta; Via Sáchica; Erw./Kind 10 000/5000 KOL$; ⌚9–18 Uhr) Eines der prächtigsten Bauwerke Villa de Leyvas ist die an Gaudí erinnernde Casa de Barro. Das Kunstwerk wurde komplett aus Ton gebaut, der in Handarbeit in mehreren Phasen gebrannt wurde, um ein durchgängiges Terrakottagebäude zu schaffen. Es ist durchgängig ornamental verziert; die Fenster schmücken hinreißende schmiedeeiserne Verzierungen. Im Garten stehen surrealistische Skulpturen, einige aus recycelten Materialien.

Convento del Santo Ecce Homo KIRCHE
(5000 KOL$; ⌚Di–So 8–17 Uhr) Das 1620 von Dominikanern gegründete Kloster ist ein großer Stein- und Lehmziegelbau mit einem riesigen, nahezu majestätischen Hof. Die Böden sind mit Steinen aus der Region gepflastert, sodass sie Ammoniten und Fossilien enthalten, darunter Versteinerungen von Mais und Blumen. Auch der Sockel einer Statue in der Kapelle enthält Fossilien.

Centro de Investigaciones Paleontológicas MUSEUM
(CIP; ☎321-978-9546, 314-219-2904; info@centropaleo.com; Erw./Kind 9000/5000 KOL$; ⌚Do–Di 8–12 & 14–17, Fr–So 8–17 Uhr) Gleich auf der anderen Seite der Hauptstraße gegenüber der berühmten Stätte El Fósil (S. 793) steht dieses schicke Zentrum, eine Forschungseinrichtung, die eine Sammlung imposanter Fossilien präsentiert, darunter ein erstaunlicher vollständiger Plesiosaurus (ein Meeresreptil aus der Jurazeit), das älteste bekannte Schildkrötenfossil und der einzige Zahn eines Säbelzahntigers, der je in Kolumbien entdeckt wurde. Alles ist in englischer Sprache beschriftet.

El Fósil ARCHÄOLOGISCHE STÄTTE
(☎310-629-1845; Erw./Kind 8000/5000 KOL$; ⌚8–18 Uhr) Dieses imposante, 120 Mio. Jahre alte Fossil eines Baby-Kronosaurus ist das am vollständigsten erhaltene Exemplar dieses prähistorischen Meeresreptils. Es ist 7 m lang – der Kronosaurus war etwa 12 m lang, doch der Schwanz blieb nicht erhalten – und

befindet sich genau an dem Ort, wo es 1977 gefunden wurde. Die Mitarbeiter können erklären, wie das Fossil gefunden wurde und Besucher auf andere paläontologische Exemplare im Museum hinweisen.

An- & Weiterreise

Zu den am nächsten gelegenen Sehenswürdigkeiten kann man ab Villa de Leyva laufen oder – sehr zu empfehlen – mit dem Rad fahren oder reiten. Man kann auch ein Taxi nehmen oder eine Tour bei einer der Agenturen in Villa de Leyva arrangieren. Wenn man ein Taxi nimmt, sollte man unbedingt vorher mit dem Fahrer einen Preis ausmachen und vereinbaren, welche Attraktionen man besuchen will. Eine Rundtour mit dem Taxi (für bis zu 4 Pers.) von Villa de Leyva zur Stätte El Fósil (S. 793), zur Estación Astronómica Muisca (S. 791) und zum Kloster Ecce Homo (S. 793) sollte inklusive Wartezeit um die 75 000 KOL$ kosten.

Nahverkehrsbusse kommen in der Nähe einiger Sehenswürdigkeiten vorbei, aber nicht besonders regelmäßig, darum sollte man sich unbedingt den Busfahrplan anschauen, ehe man aufbricht.

Santuario de Iguaque

Hoch über dem umliegenden Tal liegt in Nebel gehüllt eine unberührte Wildnis, die bei den Muisca als der Geburtsort der Menschheit gilt. Einer Legende der Muisca zufolge stieg die schöne Göttin Bachué mit einem männlichen Baby aus der Laguna de Iguaque. Als der Junge zum Mann reifte, heirateten die beiden einander, bekamen Kinder und bevölkerten die Erde. Als sie alt wurden, verwandelten sich beide in Schlangen und glitten zurück in den heiligen See.

Sehenswertes

Santuario de Flora y Fauna de Iguaque NATIONALPARK
(Ausländer/Kolumbianer 46 500/17 500 KOL$; ⌚8–17 Uhr) Dieser einzigartige, 67,5 km² große *páramo* (Hochgebirgsebene), ein neotropisches Ökosystem, in dem Hunderte Tier- und Pflanzenarten leben, ist am besten für Frailejón (für das Hochland typische Strauchart) bekannt. Im Nationalpark gibt es insgesamt acht kleine Bergseen, die auf einer Höhe zwischen 3550 und 3700 m liegen, der einzige Besuchern zugängliche See ist aber die **Laguna de Iguaque**.

Pro Tag dürfen nur 50 Personen das Schutzgebiet besuchen. Der Zugang zum Nationalpark ist nur bis 10 Uhr möglich, danach wird man am Tor wieder weggeschickt, selbst wenn man eine Unterkunftsreservierung hat.

Vom **Besucherzentrum** (B 50 000 KOL$, Stellplatz 10 000 KOL$/Pers.; ⌚8–17 Uhr) führt ein gut ausgeschilderter, 4,7 km langer Wanderweg zur Laguna de Iguaque, dabei geht es 800 Höhenmeter hinauf. Man kann die etwa drei Stunden dauernde Wanderung problemlos allein unternehmen. Hin und zurück sollte man in entspanntem Tempo fünf bis sechs Stunden einplanen. Alle Wanderer erhalten vor dem Start eine recht akribische Einweisung. Wer will, kann für 150 000 KOL$ einen Guide anheuern.

An- & Weiterreise

In Villa de Leyva nimmt man einen Bus nach Arcabuco (Abfahrt 6, 7 & 8 Uhr) und sagt dem Fahrer, dass man an der Casa de Piedra (auch Los Naranjos genannt; 4000 KOL$) bei Km 12 aussteigen möchte. Von dort sind es bis zum Besucherzentrum (S. 794) noch 3 km zu Fuß auf einer unbefestigten Straße. Am besten nimmt man den Bus um 6 Uhr, denn er fährt näher an der Zugangsstraße vorbei.

Auf dem Rückweg sollte man darauf achten, dass man spätestens um 16 Uhr wieder an der Casa de Piedra ist, damit man den letzten Bus nicht verpasst. Colombian Highlands (S. 791) organisiert Tagestouren von Villa de Leyva, die für zwei Personen 170 000 KOL$ kosten; bei größeren Gruppen wird es günstiger. Alternativ kann man auch mit einem Taxifahrer in Villa de Leyva einen Preis aushandeln.

Parque Nacional Natural El Cocuy

Im riesigen, 306 000 ha großen **Parque Nacional Natural El Cocuy** (Ausländer/Kolumbianer 61 000/30 500 KOL$) befinden sich einige der beeindruckendsten Landschaften Kolumbiens. Er ist die Hauptattraktion der Region Sierra Nevada del Cocuy. 15 seiner Gipfel sind über 5000 m hoch, der höchste ist der Ritacuba Blanco mit 5330 m.

Früher war der Park wegen der Sicherheitssituation tabu, doch heute kann man ihn ohne Bedenken besuchen. Allerdings ist der Zugang immer noch kompliziert. 2013 wurde die Hauptattraktion des Parks, der Rundwanderweg Güicán–El Cocuy, auf unbestimmte Zeit gesperrt, und 2016 war der Park komplett geschlossen, während die Regierung mit den indigenen Gemeinschaften in der Umgebung verhandelte. 2017 wurde er wiedereröffnet, aber mit noch mehr Einschränkungen. Es ist nicht mehr erlaubt, Gletscher zu berühren, sodass man die Gipfel nicht mehr besteigen kann, und man darf auch nicht mehr im Park übernachten. Man sollte sich unbedingt vor dem Besuch informieren, ob sich etwas an der Situation geändert hat!

Aktivitäten

Die Berge des PNN El Cocuy sind recht kompakt und leicht zu erreichen. Die komplette Rundwanderung Güicán–El Cocuy, die auch zur großartigsten Attraktion des Parks, der Laguna de la Plaza, führt und bei der man Pässe überquert, die ihre größte Höhe bei Boquerón de la Sierra (4650 m) erreichen, war zur Zeit der Recherche auf unbestimmte Zeit nicht möglich. Es gibt aber drei kürzere Tageswanderungen, die Besucher bis an den Rand der Gletscher bringen. Von der nördlichen Parkgrenze dauert die Wanderung bis zur Schneelinie nur drei Stunden.

Spezielle Erfahrung ist nicht erforderlich. Wegen der Höhenlage und des schwierigen Terrains verlangt die Nationalparkbehörde nun aber, dass alle Besucher einen einheimischen Führer engagieren. Außerdem sollte man zumindest schon etwas Trekkingerfahrung haben und in gutem Gesundheitszustand sein. Kinder unter zehn Jahren dürfen den Park nicht betreten, und schwangeren Frauen und Menschen mit Herz- oder Lungenproblemen wird vom Besuch abgeraten.

Die Ausgangspunkte für Wanderungen im PNN El Cocuy sind die rivalisierenden Dörfer Güicán und El Cocuy. Alle Beucher des Nationalparks müssen sich zuerst in einem der Büros des PNN El Cocuy melden, entweder in **Güicán** (☎8-789-7280; cocuy@parquenacionales.gov.co; Transversal 4A No 6-60; ⏲7–11.45 & 13–16.45 Uhr) oder in **El Cocuy** (☎8-789-0359; cocuy@parquesnacionales.gov.co; Calle 5A No 4-22; ⏲7–11.45 & 13–16.45 Uhr). Dort muss man die geplante Tour sowie Namen und Telefonnummer des Führers hinterlegen, einen Versicherungsnachweis vorweisen und den Eintritt bezahlen (Ausländer/Kolumbianer 61000/30500 KOL$). Dann erhält man ein Dokument, in dem der Parkzutritt genehmigt wird und das man am Ausgangspunkt der Wanderwege bei den Ranger-Kontrollpunkten vorlegen muss. Das Dokument ist ab dem ersten Besuch des Parks vier Tage lang gültig, man kann also alle drei geöffneten Wanderwege absolvieren und muss den Eintritt nur einmal bezahlen.

Nach der Wanderung muss man zwingend wieder auschecken: Wenn man sich nicht zum vereinbarten Datum zurückmeldet, starten die Nationalparkmitarbeiter eine Such- und Rettungsaktion.

Aseguicoc WANDERN

(Asociacion de Servicios Turisticos de Guican y El Cocuy; ☎311-255-1034, 314-252-8977; aseguicoc@gmail.com) Dies ist eine sehr empfehlenswerte, gemeindebasierte, lizenzierte Gemeinschaft von Führern, die auch die am höchsten gelegenen *cabañas* innerhalb der Parkgrenzen bei der Laguna Pintada betreibt. Sie organisiert Wanderführer und Träger für Touren in den Park und kann außerdem eine Reihe anderer Aktivitäten außerhalb des Parks arrangieren, etwa Ausritte und mehrtägige Wanderungen mit Übernachtung in Zelten.

Sie hat kein eigenes Büro, arbeitet jedoch mit den meisten örtlichen Hotels zusammen.

An- & Weiterreise

Von Bogotá fahren Direktbusse über Tunja in die Region. Alle Busse halten zunächst in El Cocuy und fahren dann weiter nach Güicán.

San Gil

☎7 / 44600 EW. / 1110 M

Für eine so kleine Stadt ist in San Gil eine Menge los. Dies ist die Outdoor-Hauptstadt Kolumbiens und ein Mekka für Extremsportler. Am bekanntesten ist die Gegend für Wildwasser-Rafting. Andere beliebte Aktivitäten sind Gleitschirmfliegen, Caving, Abseilen und Trekking. San Gil hat einen stattlichen, 300 Jahre alten Stadtplatz und den Parque El Gallineral (S. 795), ein schönes Naturschutzgebiet am Ufer des Río Fonce.

San Gil mag nicht der hübscheste Ort Kolumbiens sein, doch wer etwas unter die Oberfläche schaut, wird eine wunderbare Stadt voller Naturschönheiten und herzlicher, gastfreundlicher Einwohner entdecken. Ihrem Motto „La Tierra de Aventura" (Das Land des Abenteuers) wird die Stadt garantiert gerecht.

Sehenswertes

Parque El Gallineral PARK

(☎7-724-4372; Ecke Malecón & Calle 6; mit/ohne Schwimmen 10000/6000 KOL$; ⏲8–18 Uhr) San Gils Besuchermagnet ist der heilsame

ABSEITS DER ÜBLICHEN PFADE

MONGUÍ

Monguí wurde einst zum schönsten Dorf Boyacás gewählt und ist Welten entfernt von der Industrielandschaft Sogamosos, obwohl es nur 14 km östlich davon liegt. Etwa um 1555 erschienen die ersten Missionare in der Region, doch die Stadt wurde erst 1601 gegründet. Später wurde sie zu einem Katechetik-Zentrum der Franziskanermönche; davon zeugt heute noch das markanteste Gebäude des Ort, der **Convento de los Franciscanos** (Plaza Principal; Ausländer/Kolumbianer 12 000/7000 KOL$; ⏲ Di–Fr 10–12 & 14–16, Sa & So 9–16 Uhr), der die wunderschöne Plaza beherrscht.

Heute wartet das Dorf mit einer einheitlichen grün-weißen, an Weihnachten erinnernden Architektur auf, die nur wenig von modernen Ziegelbauten unterbrochen wird, die an englische Landhäuser denken lassen. Üppig bunte, duftende Geranien und Efeu zieren die Fassaden. Es ist ein wirklich zauberhaftes *pueblo*, das leidenschaftlich seinem unverfälschten Stil treu bleibt.

Monguí ist der Ausgangsort für einige schöne, aber selten unternommene Wanderungen in großer Höhe. Von hier aus kann man z. B. die 18 km lange Wanderung durch die einzigartige alpine Tundra des **Páramo de Ocetá** in Angriff nehmen. Weil es Konflikte mit den örtlichen Landbesitzern gibt, sollte man diese Wanderung unbedingt mit einem einheimischen Guide unternehmen, der weiß, welche Areale zugänglich sind. **Monguí Travels** (☎ 313-424-8207; www.monguitravels.com; Plaza Principal, Ecke Carrera 4 & Calle 5; ⏲ 7–20 Uhr) bietet tolle geführte Wanderungen an.

Das **Mongui Plaza Hotel** (☎ 313-209-0067; monguiplaza@gmail.com; Carrera 4 No 4-13; EZ/DZ inkl. Frühstück ab 60 000/120 000 KOL$; P 📶) punktet mit der tollen Lage am Hauptplatz und befindet sich in einer Kolonialvilla, die im für die Stadt typischen Grün, Rot und Gold verziert ist.

Minibusse nach Sogamoso (4000 KOL$, alle 20 Min.) fahren von der Nordwestecke der Plaza der Stadt ab. Täglich gibt es auch zwei Busse nach Bogotá, mit dem *super directo* ab Sogamoso ist man aber besser beraten.

Parque El Gallineral, ein 4 ha großer Park auf einer dreieckigen Insel zwischen zwei Armen der Quebrada Curití und des Río Fonce. Viele der 1900 Bäume sind mit den langen, silbrigen Wedeln der Tillandsie *barbas de viejo* (Altmännerbart) überwuchert, die von den Zweigen hängen und mit dem Laub einen lichtdurchlässigen Vorhang bilden, der das Sonnenlicht filtert. Der Anblick erinnert an J. R. R. Tolkiens Mittelerde.

Cascadas de Juan Curi WASSERFALL
(9000 KOL$; ⏲ 6–17 Uhr) An diesem spektakulären, 180 m hohen Wasserfall kann man in dem natürlichen Badebecken am unteren Ende schwimmen oder auf den Felsen relaxen. Adrenalinjunkies können sich auch die blanken Felsen hinunter abseilen; diese Aktivität kann man bei einem der Tourveranstalter buchen. Juan Curi liegt 22 km von San Gil an der Straße nach Charalá. Busse nach Charalá (6300 KOL$, 1 Std.) starten zweimal stündlich am Busbahnhof.

Aktivitäten

Mehrere Tourveranstalter in San Gil veranstalten Wildwasser-Rafting auf den Flüssen der Umgebung. Die 10 km lange Tour auf dem Río Fonce (Kategorien I–III) kostet 45 000 KOL$ pro Nase und dauert anderthalb Stunden. Erfahrene Rafter können den Río Suárez (130 000 KOL$, bis Kategorie V) in Angriff nehmen. Die meisten Veranstalter haben auch Gleitschirmfliegen, Caving, Reiten, Abseilen, Mountainbiken, Bungee-Jumping und Öko-Wanderungen im Programm.

Macondo Adventures ABENTEUERSPORT
(☎ 7-724-8001; www.macondohostel.com; Carrera 8 No 10-35) Ein Abenteuersportveranstalter mit großem Angebot. Der professionell geführte Tourenschalter im Hostel Macondo (S. 797) organisiert eine breite Palette von Abenteueraktivitäten, u. a. Rafting, Gleitschirmfliegen, Mountainbiken, Kajakfahren und Caving. Die hilfsbereiten Mitarbeiter haben alle Aktivitäten selbst ausprobiert und können je nach Interesse und Risikobereitschaft diverse Optionen empfehlen.

Geführte Touren

★ **Colombian Bike Junkies** MOUNTAINBIKEN
(☎ 316-327-6101; www.colombianbikejunkies.com; Tagestouren ab 270 000 KOL$) Dieser Veranstal-

ter von Extrem-Mountainbiking nach dem Vorbild des bolivianischen Gravity hat ecuadorianisch-kolumbianische Besitzer und bietet eine 50 km lange, adrenalingeschwängerte Downhill-Tour auf zwei Rädern durch den Cañon del Río Suárez (mit Stopp in Barichara) oder durch den gleichermaßen spektakulären Cañon de Chicamocha an. Die Ganztagstour führt durch unglaublich schöne Landschaften. Das Mittagessen ist im Preis enthalten, ein Bier zum Feiern ist ein Muss.

Colombia Rafting Expeditions RAFTING
(☎7-724-5800; www.colombiarafting.com; Carrera 10 No 7-83; Rafting ab 130 000 KOL$; ⏲8–17 Uhr) Der Rafting-Spezialist für den Río Suárez bietet auch Hydrospeeding und Kajakfahren an.

Schlafen

Im Zentrum San Gils gibt's zahlreiche Unterkünfte zu guten Preisen, gerade im Budgetbereich. In den meisten Hostels sind die Privatzimmer so komfortabel, dass es sich meist nicht lohnt, mehr Geld für eine Mittelklasseunterkunft auszugeben. Viele einfache und günstige Hotels stehen in der Calle 10. Wer sich nach Luxus sehnt, sollte sich die Resorts am Stadtrand in der Vía Charalá und der Vía Mogotes anschauen oder sich nach Bogotá aufmachen.

★ **Macondo Guesthouse** HOSTEL $
(☎7-724-8001; www.macondohostel.com; Carrera 8 No 10-35; B 22 000–28 000 KOL$, DZ 100 000 KOL$, EZ/DZ ohne Bad 65 000 KOL$; @📶) Dieses entspannte, aber sichere (Videoüberwachung) Hostel ist und bleibt das beste der Stadt. Man fühlt sich ein wenig wie zu Besuch bei Freunden. Es hat einen wunderbaren grünen Hof mit einem Whirlpool für zehn Personen und verschiedene Schlafsäle und Privatzimmer, darunter drei modernisierte Doppelzimmer, die außerhalb der Hostel-Liga spielen.

Hostal de la Nueva Baeza PENSION $
(☎7-724-2606; hostaldelanuevabaeza@hotmail.com; Calle 9 No 8-49; Zi. mit/ohne Klimaanlage 50 000/40 000 KOL$; ❄📶) Frühaufsteher, die ein sehr komfortables Zimmer in einem ruhigen Haus suchen, sollten diese Pension mit zehn Zimmern in Erwägung ziehen. Das recht neue Gebäude wurde geschickt im Kolonialstil errichtet. Viel Service wird nicht geboten, doch die Zimmer haben gewölbte Bambusdecken, neue Flachbildfernseher und sehr schöne Bäder. Eine Klasse besser als andere Budgetunterkünfte!

Sam's VIP HOSTEL $$
(☎7-724-2746; www.samshostel.com; Carrera 10 No 12-33; B 30 000, EZ/DZ 85 0000/110 000 KOL$, ohne Bad 65 000/90 000 KOL$; @📶🏊) Nicht viele Hostels können mit einem VIP-Service aufwarten, doch das Sam's schon – zumindest sorgt es dafür, dass sich die Gäste wie ein VIB (Very Important Backpacker) fühlen. Der dunkle Garageneingang am Hauptplatz ist zwar nicht sehr vielversprechend, aber wenn man die beiden Treppen bezwungen hat und die sonnige Terrasse mit Blick auf die Plaza betritt, die zugleich als Lobby und als Lounge fungiert, dann sieht alles schon wesentlich freundlicher aus.

La Posada Familiar PENSION $
(☎301-370-1323, 7-724-8136; laposadafamiliar@hotmail.com; Carrera 10 No 8-55; Zi. 40 000 KOL$/Pers.; @📶) Señora Esperanza betüddelt ihre Gäste in dieser sehr kolumbianischen Unterkunft, einer reizenden Pension mit sechs Zimmern, die um einen mit Pflanzen und einem sprudelnden Brunnen geschmückten Innenhof liegen. Die gepflegten Zimmer sind recht schlicht, haben aber moderne Bäder mit warmem Wasser, außerdem gibt's eine kleine, aber nette Gästeküche mit einem Holzwaschbecken.

Essen

San Gil ist keine Gourmet-Destination, doch einige Restaurants servieren lokale Hausmannskost, und es gibt auch gute internationale Küche. Selbstversorger können bei **Autoservice Veracruz** (Calle 13 No 9-24; ⏲Mo–Sa 8–21, So bis 14 Uhr) auf der Plaza (besonders gut für frisches Obst und Gemüse) oder bei **Metro** (⏲So–Fr 8–21, Sa bis 22 Uhr), San Gils größtem Lebensmittelgeschäft im modernen Einkaufszentrum **Centro Comercial El Puente** (www.elpuente.com.co; Calle 10 No 12-184; ⏲9–21 Uhr), einkaufen.

★ **El Maná** KOLUMBIANISCH $
(Calle 10 No 9-42; Menüs 15 000 KOL$; ⏲Mo–Sa 11–15 & 18–20.30, So bis 15 Uhr) Es hat sich herumgesprochen, dass dies das beste kolumbianische Restaurant der Stadt ist, und es ist zu Recht beliebt. Man merkt den fantastischen Menüs – um die sieben stehen täglich zur Auswahl – an, dass sie mit Liebe gekocht sind. Sie bestehen aus traditionellen Gerichten wie Hühnchen in Pflaumensauce, *estofado de pollo* (Hühnereintopf) und gegrillter Bergforelle. Leider schließt es sehr früh, und wer einen Tagesausflug macht, kommt möglicherweise zu spät.

Coffee House CAFÉ $
(Calle 10 No 8-44; Frühstück 6200–10900 KOL$; ⌚Mo–Sa 7.30–12.30 & 16–21, So 7.30–12.30 Uhr;) Das recht neue Café mit dem schlichten Namen Coffee House hat sich zu einem der besten Frühstücksrestaurants der Stadt gemausert. Frühstück, von Müsli und Joghurt über Obstsalate bis zu Schinkensandwiches, wird ganztägig serviert. Abends sind Burritos, Quesadillas und Burger sowie verschiedene vegetarische Gerichte im Angebot.

★**Gringo Mike's** AMERIKANISCH $$
(7-724-1695; www.gringomikes.net; Calle 12 No 8-35; Burger 18500–24500 KOL$; ⌚8–23 Uhr;) Hier schmeckt einfach alles! Das Restaurant mit britisch-amerikanischen Besitzern befindet sich in einem stimmungsvollen, von Kerzen erhellten Hof. Mit seinen in üppigen amerikanischen Portionen servierten Gourmet-Burgern, Sandwiches mit reichlich Schinken, Frühstücks-Burritos und dem Kaffee aus der Pressstempelkanne ist es ein Magnet für heimwehkranke Traveller. Wahrscheinlich benötigt man Messer und Gabel, um dem scharfen Jalapeño-Burger und dem mexikanischen Burrito mit Rinderfilet zu Leibe zu rücken.

Ausgehen & Nachtleben

La Habana BAR
(300-407-5138; Calle 8 No 10-32; ⌚Mo–Do 15–24, Fr &Sa bis 1, So 9–1 Uhr) In dieser unauffälligen Bar mit Blick auf den *malecón* (Uferpromenade), die sich im 2. Stock versteckt, entspannen sich die Extremsportler der Stadt – oder bringen sich in Stimmung fürs nächste Abenteuer. An den Wänden prangen Che Guevarea und die Beatles. Wer mit zu vielen kolumbianischen Bussen gefahren ist, in denen Lokalradio lief, wird die coole Reggae-, Rock- und Bluesmusik lieben.

Praktische Informationen

GELD

Rund um die Plaza gibt's mehrere Geldautomaten (den störanfälligen der Banco Agrario meidet man besser).

Bancolombia (Calle 12 No 10-44)

BBVA (Carrera 10 No 12-23)

Davivienda (Ecke Carrera 10 & Calle 11)

TOURISTENINFORMATION

Auf www.sangil.com.co sind Hotels und Tourveranstalter aufgelistet.

Punto Información Turística (Malecón contiguo a Parque Gallineral; ⌚10–17 Uhr)

An- & Weiterreise

San Gil hat zwei Busbahnhöfe, die beide mehrere Namen tragen, die meisten Traveller kommen aber am **Intercity-Busbahnhof** (Terminal Principal; Vía San Gil-Bogotá) an, der 3 km westlich des Zentrums an der Straße nach Bogotá liegt. Nahverkehrsbusse pendeln regelmäßig zwischen dem Busbahnhof und dem Stadtzentrum, die Taxifahrt kostet 4000 KOL$.

Minibusse fahren von 4 bis 20 Uhr alle halbe Stunde über den Parque Nacional del Chicamocha nach Bucaramanga (16000 KOL$, 2½ Std.), danach kann man auch mit Fernbussen mitfahren, die durch die Stadt kommen.

NICHT VERSÄUMEN

TEJO

Schießpulver, Bleigewichte und Alkohol – das ist überall auf der Welt eine Traumkombination, und in Kolumbien ist sie völlig legal. *Tejo,* eine ländliche Tradition, die ihre Wurzeln in Boyacá hat, ist ein lautes, ausgelassenes Spiel. Dabei werden 2 kg schwere Gewichte, die einem Puck ähneln, in eine Sandgrube geworfen und sollen einen *bocin* genannten Ring treffen, der von dreieckigen, mit Schießpulver gefüllten Wachspapiertaschen *(mechas)* umgeben ist, die nur darauf warten, zu explodieren.

Die Mitarbeiter des Macondo Guesthouse (S. 797) in San Gil veranstalten jeden Dienstag um 20 Uhr einen *tejo*-Abend. Sie blockieren ein paar Bahnen auf dem **Comite Municipal de Tejo** (7-724-4053; Carrera 18 No 26-70; ⌚16–22.30 Uhr) und organisieren einen Guide, der den Spielern die Regeln erklärt und aufpasst, dass nichts explodiert, was nicht explodieren soll. Hostelgäste können gratis mitspielen, alle anderen sind willkommen, wenn genug Platz ist, und zahlen 10000 KOL$ pro Teilnehmer für den Guide. Normalerweise steht am Spielfeldrand kistenweise billiges Bier bereit.

Ausländische Besucher, die sich gut benehmen, sind zwar auch an anderen Wochentagen willkommen (mittwochs und freitags stehen die Chancen auf ein freies Spielfeld am besten). Mitspielen ist aber nicht zu empfehlen, wenn man sich nicht wirklich auskennt.

Busse über Tunja (25 000 KOL$, 4 Std.) nach Bogotá (35 000 KOL$, 7 Std.) fahren häufig. Weniger häufig verkehren Direktbusse nach Barranquilla (70 000 KOL$, 13 Std.), Cartagena (80 000 KOL$, 15 Std.), Santa Marta (70 000 KOL$, 12 Std.) und Medellín (80 000 KOL$, 12 Std.).

Vom **Busbahnhof Cotrasangil** (Terminalito; ☎7-724-2155; www.cotrasangil.com; Ecke Calle 17 & Carrera 10) fahren zwischen 6 und 18.45 Uhr häufig Busse nach Barichara (5000 KOL$, 45 Min.).

Barichara

☎7 / 7100 EW. / 1336 M

Barichara ist die Art von Stadt, von der Hollywoods Filmemacher träumen. Die stimmungsvolle spanische Kolonialstadt wartet mit gepflasterten Straßen und weiß getünchten Häusern mit roten Ziegeldächern auf, die fast so neu wirken, als wären sie gerade erst und nicht vor etwa 300 Jahren gebaut worden. Kein Wunder, dass hier viele spanischsprachige Filme und *telenovelas* gedreht wurden! Das filmreife Antlitz verdankt die Stadt den beträchtlichen Sanierungsanstrengungen, die unternommen wurden, seit die Stadt 1978 als Nationaldenkmal klassifiziert wurde.

Barichara liegt 20 km nordwestlich von San Gil hoch über dem Río Suárez. Es wurde 1705 gegründet und zieht mit seiner herrlichen Natur, dem gemäßigten Klima und dem unkonventionellen Lebensstil der Menschen schon seit Langem Besucher an. In den vergangenen Jahren entwickelte sich Barichara zu einem Besuchermagneten für reiche Kolumbianer. Verglichen mit Villa de Leyva ist Barichara nobler, aber weniger touristisch. Es ist zweifellos eine der schönsten kleinen Kolonialstädte Kolumbiens.

Aktivitäten

Ein Muss ist die spektakuläre Wanderung zum Weiler Guane auf dem historischen Camino Real. Die alte, mit Steinen gepflasterte Straße wurde vom indigenen Volk der Guane gebaut und im Verlauf der Jahrhunderte ständig erneuert. Sie wurde 1988 zum Nationaldenkmal erklärt.

Die einfache, 9 km lange Wanderung von Barichara dauert etwa zwei Stunden. Es geht überwiegend bergab, unterwegs überquert man gelegentlich die moderne Straße nach Guane. Zu Beginn der Wanderung steigt man in eine Schlucht hinunter und durchquert ein Tal voller Kakteen und Bäume. Gelegentlich begegnet man grasenden Ziegen oder Kühen, selten aber anderen Menschen. In der Steinstraße sind viele Fossilien eingebettet.

Die meisten Besucher wandern nur den kurzen Abschnitt zwischen Barichara und Guane. Es ist aber auch möglich, die Tour zu einer mehrtägigen Abenteuerwanderung zu erweitern: Von Guane geht es weiter nach Villanueva, dort hinunter in den Cañon de Chicamocha und bis zur winzigen Stadt Jordán am Grund des Canyons und schließlich wieder hinauf nach Mesa de los Santos.

Der Camino Real beginnt in Barichara am Nordende der Calle 4, der Startpunkt ist mit einem Schild markiert. Wer die gesamte Strecke wandern will, sollte sein Gepäck in San Gil oder Barichara unterstellen, um nicht so viel überflüssiges Gewicht in den Canyon zu schleppen. Einen Hut, Sonnenschutz und viel Wasser mitnehmen!

Schlafen & Essen

★ Tinto Hostel HOSTEL $

(☎7-726-7725; www.tintohostel.com; Carrera 4 No 5-39; B 23 000–27 000 KOL$, EZ/DZ ab 80 000–120 000 KOL$; @📶🏊) Baricharas bestes Hotel befindet sich in einem tollen Haus mit mehreren Etagen und einem fruchtbaren Garten. Es gibt drei Schlafsäle und fünf Privatzimmer mit guten Bädern, Gewölbedecken und warmem Wasser. Die Gemeinschaftsbereiche – eine Gästeküche mit künstlerischer Keramik, eine Lounge, einen Hängemattenbereich, eine Terrasse und einen kleinen Pool mit Blick auf Barichara – sind allesamt hinreißend.

Color de Hormiga Hostel HOSTEL $$

(☎315-297-1621; Carrera 7 No 7-78; B 38 000 KOL$, DZ 135 000–160 000 KOL$; P📶) Der Name dieses gut geführten Hotels, das unlängst in ein stattliches Kolonialhaus im Stadtzentrum umgezogen ist, bezieht sich auf Baricharas Leidenschaft für Ameisen. Das Haus verfügt über rötliche Fliesenböden, schwere dunkle Möbel und schöne, dicke, weiß getünchte Wände.

Es bietet einen Schlafsaal mit fünf Betten und mehrere Privatzimmer.

7 Tigres PIZZA $$

(☎312-521-9962; Calle 6 No 10-24; Pizzas 19 000–21 000 KOL$; ⏰12–15 & 18–22 Uhr) Die Kolumbianer lieben ihre knusprigen, dünnen *pita*-Pizzas. Hier werden sie mit frischen Zutaten belegt und direkt, bevor sie in den Ofen geschoben werden, sautiert. Auch die Lasagne ist klasse. Das halb offene Restaurant hat eine offene Küche und ist mit auffälliger Kunst dekoriert.

Shambalá VEGETARISCH $
(Carrera 7 No 6-20; Hauptgerichte 20000–30000 KOL$; ⏲Do–Di 12.30–16 & 18–21.30 Uhr;) Das auf Retro gemachte, beliebte Café bereitet leckere, überwiegend vegetarische Gerichte auf Wunsch zu. Zur Wahl stehen Wraps, Reisgerichte und Pasta auf mediterrane, indische oder Thai-Art, optional zusätzlich mit Hühnchen oder Shrimps. Als Begleitung gibt's tolle Säfte und Tees.

Restaurante Las Cruces KOLUMBIANISCH $$
(☎7-726-7577; www.tallerdeoficiosbarichara.com; Carrera 5 No 4-26; Hauptgerichte 20000–40000 KOL$; ⏲Mo–Do 12–15, Fr–So 12–15 & 19–21.30 Uhr;) Diese altehrwürdige Kochschule befindet sich in einer der größeren Kolonialvillen der Stadt und serviert in einem grünen Innenhof von den Lehrlingen zubereitetes Essen. Man kann ganz im Freien oder auf der langen Terrasse sitzen. Die Karte wechselt häufig, den Schwerpunkt bilden aber kolumbianische Gerichte mit kleineren internationalen Variationen.

Hier kann man Spezialitäten aus Santander wie *carne oreada* (sonnengetrocknetes Steak), *mute santandereano* (eine dünne Suppe mit Fleisch und Gemüse) und Barichara Klassiker, in *salsa de hormigas colunas* (Sauce mit gerösteten Ameisen) gekochtes Fleisch probieren. Der Service ist manchmal langsam, aber immer gewissenhaft, und das von den kreativen jungen Köchen inspirierte Essen ist fast immer sehr gelungen. Es gibt auch ein kleines Café.

Praktische Informationen

Punto Información Turística (☎315-630-4696; Carrera 5, Salida San Gil; ⏲Mi–Mo 9–17 Uhr)

An- & Weiterreise

Busse pendeln zwischen 5 und 18.45 Uhr alle 30 Minuten zwischen Barichara und San Gil (5000 KOL$, 30 Min.). Sie starten am **Cotrasangil-Büro** (☎8-726-7132; www.cotrasangil.com; Carrera 6 No 5-70) an der Haupt-Plaza. Zwischen 5.30 und 17.45 Uhr fahren zehn Busse nach Guane (2300 KOL$, 15 Min.)

Cañon del Chicamocha

Auf halbem Weg zwischen San Gil und Bucaramanga erstreckt sich der spektakuläre, tiefe Canyon des Río Chicamocha, ein kaffeebrauner Fluss, der inmitten einer trockenen Landschaft voller majestätischer Berge liegt. Die Straße zwischen den beiden Städten wird von Felsen gesäumt und ist eine der schönsten (und kurvenreichsten) Routen Santanders.

Sehenswertes

Parque Nacional del Chicamocha FREIZEITPARK
(☎7-639-4444; www.parquenacionaldelchicamocha.com; Km 54, Vía Bucaramanga-San Gil; Erw./Kind 25000/18000 KOL$; ⏲Mi–Fr 10–18, Sa & So 9–19 Uhr;) Vom Namen sollte man sich nicht täuschen lassen: Der von den Einheimischen „Panachi" genannte Parque Nacional del Chicamocha ist kein Nationalpark im üblichen Sinne, sondern eher ein etwas kitschiger Freizeitpark, der in spektakulärer Berglandschaft errichtet wurde. Wanderwege gibt es hier nicht, aber einen *mirador* (Aussichtspunkt) mit herrlichem Rundblick. Das Highlight des Parks ist die 6,5 km lange, 30-minütige Fahrt mit dem **Teleférico** (Seilbahn; hin & zurück inkl. Parkeintritt Erw./Kind 50000/32000 KOL$; ⏲Mi–Fr 10.30–11, 12.30–13, 14.30–15 & 16.30–17 Uhr, Sa & So 9–18 Uhr;) hinunter in den Grund der Schlucht und dann auf der anderen Seite wieder nach oben.

Außerdem gibt's eine verrückte Schaukel und eine Seilrutsche. Im Park befinden sich auch das ganz nette **Museum of Guane Culture** (mit vielen Keramikartefakten der präkolumbischen Guane), mehrere Restaurants, ein 4D-Kino, ein Spielplatz, eine uninteressante Straußenfarm und das ungewöhnliche, aber beeindruckende *Monumento a la Santandereanidad*, eine riesige Skulptur mit vielen Figuren zu Ehren des revolutionären Geistes der Bewohner der Provinz Santander. Kommentare auf Spanisch und Englisch laufen stetig.

Die neueste Ergänzung ist ein 6 Mio. US$ teurer Wasserpark (Eintritt inkl. Parkeintritt Erw./Kind 38000/32000 KOL$), der nicht so recht hierher passt und angesichts der Tatsache, dass er oben auf einer trockenen Bergkette steht, wo regelmäßig schwere Dürren herrschen, umso befremdlicher wirkt. In den Park gelangt man durch einen unterirdischen Straßentunnel.

An- & Weiterreise

Alle Busse zwischen San Gil (10000 KOL$, 1 Std.) und Bucaramanga (12000 KOL$, 1¾ Std.) können Besucher am Eingang des Parque Nacional del Chicamocha absetzen. Wer zurück in eine der beiden Städte will, hält an der Bushaltestelle einfach einen vorbeifahrenden Bus an.

In anderen Bereichen des Canyons an der Hauptstraße gibt's kaum sichere Stellen, an denen man aussteigen kann: Ein Bürgersteig existiert nicht, und gleich neben der Straße geht es steil in die Tiefe.

Der Startpunkt für Gleitschirmflüge befindet sich südlich vom Park gleich abseits der Hauptstraße; wenn man einen Flug bucht, organisieren aber die Veranstalter den privaten Transport.

Bucaramanga

☎7 / 528 500 EW. / 960 M

In Santanders Hauptstadt, auch „Stadt der Parks" genannt, gibt es einige schöne Grünanlagen. Hier kann man wunderbar die Batterien wieder aufladen. Abends erwacht die Stadt zum Leben: Dann beginnen Dutzende Clubs, Hunderte Bar und die Studenten von zehn Universitäten zu feiern.

Buca, wie es von den Einheimischen genannt wird, ist mit Wolkenkratzern gespickt und eine der größten Städte Kolumbiens – in der Metropolregion leben etwa 1 Mio. Menschen. Die von Bergen umringte Stadt ist vielleicht nicht die aufregendste des Landes, doch sie ist auch nicht von Touristen überlaufen und ermöglicht es, die Kultur der Region kennenzulernen.

Bucaramanga wurde 1622 gegründet und breitete sich rund um den heutigen Parque García Rovira aus. Die meisten Kolonialbauten sind aber lange verschwunden. Im Lauf der Jahrhunderte verlagerte sich das Stadtzentrum weiter nach Osten, und heute ist der Parque Santander das Herz der Stadt. Weiter östlich liegen neuere, schickere Stadtviertel mit Hotels und Nachtleben.

Sehenswertes & Aktivitäten

Museo Casa de Bolívar MUSEUM

(☎7-630-4258; www.academiadehistoriadesantander.org; Calle 37 No 12-15; 2000 KOL$; ⏲Mo–Fr 8–12 & 14–18, Sa 8–12 Uhr) Das leicht angestaubte Museum, ein weiteres Puzzleteilchen (Kolumbien ist voll davon) des Lebens Simón Bolívars, ist in einer Kolonialvilla untergebracht, in der der *libertador* 1828 für zwei Monate wohnte. Ein Raum ist Bolívar und seinen Heldentaten gewidmet, die anderen erzählen die Geschichte der Provinz Santander und des Guane-Volks, das einst hier lebte. Man sollte sich ein bisschen Zeit für all die archäologischen Exponate, Waffen, vergilbten Dokumente, verblichenen Gemälde und beängstigend realistischen Mumien nehmen.

Colombia Paragliding GLEITSCHIRMFLIEGEN

(☎312-432-6266; www.colombiaparagliding.com; Km 2, Via Mesa Ruitoque; 15-/30-minütige Tandemflüge 80 000/150 000 KOL$) Hier kann man der beliebtesten Sportart Bucaramangas, dem Gleitschirmfliegen, nachgehen und einen Tandemflug machen, allein fliegen oder sich zum Gleitschirmpiloten mit internationaler Lizenz ausbilden lassen: Zwölftägige Kurse inklusive Unterkunft kosten ab 3 400 000 KOL$. Die Flüge und Kurse finden oberhalb der Ruitoque-Mesa, des Gleitschirmflug-Zentrums von Buca, statt.

Schlafen

Kasa Guane Bucaramanga HOSTEL $

(☎7-657-6960; www.kasaguane.com; Calle 11 No 26-50, Barrio Universidad; B 35 000 KOL$, EZ/DZ ab 65 000/75 000 KOL$; @📶) Bucaramangas bestes Hotel bietet neben freundlichen Schlafsälen auch helle Zimmer, die mit Wandbildern mit Guane-Motiven dekoriert sind und über Kabelfernsehen und Bäder mit warmem Wasser verfügen. Es hält jede Menge Informationen bereit und organisiert Aktivitäten aller Art, inklusive Gleitschirmflügen, doch das eigentliche Highlight ist die große Bar auf dem Dach, auf der man prima mit Einheimischen abhängen kann.

Nest HOSTEL $$

(☎7-678-2722; www.thenesthostel.com; Km 2, Vía Mesa Ruitoque; B 40 000 KOL$, EZ/DZ ab 60 000/90 000 KOL$; @📶🏊) Dieses Hostel befindet sich auf einem Hügel mit fantastischem Blick auf die Stadt neben einem der besten Gleitschirmflug-Startplätze vor Ort, eine 20-minütige Fahrt vom Zentrum entfernt. Die meisten Gäste sind Gleitschirm-Schüler (S. 801), doch das Nest ist auch eine gute Wahl für alle anderen, die Ruhe und Frieden suchen.

Essen & Ausgehen

★ **Penelope Casa Gastronómica** INTERNATIONAL $$

(☎7-643-1235; Carrera 27A No 48-15; Hauptgerichte 20 000–35 000 KOL$; ⏲11.30–22.30 Uhr) Dieses von talentierten jungen Köchen geführte kleine, aber sehr angesagte Restaurant bietet eine vielfältige Palette internationaler Gourmet-Gerichte, darunter *naan* (indisches Brot) mit Lammfleisch und gebackenem Gemüse, *causa limena* (ein pikanter peruanischer Kartoffelkuchen) und Hühnchen-*tikka* mit Mandelreis und Kichererbsen. Alle Speisen werden spektakulär präsentiert und warten mit vielen subtilen Aromen auf.

★ **Mercagán** STEAK $$
(☎7-632-4949; www.mercaganparrilla.com; Carrera 33 No 42-12; Steak 21500–47500 KOL$; ⏲ Mo & Do–Sa 11.30–23, Di & Mi bis 15, So bis 16 Uhr) Die Steaks dieser traditionellen *parrilla* (Grillfleischrestaurant) unter der Leitung von vier Brüdern werden oft als die besten Kolumbiens angepriesen. Tatsächlich sind sie so gut wie ihr Ruf. Perfekte Scheiben Fleisch von der Farm der Brüder à 200, 300 oder 400 g (viel Glück damit!) werden brutzelnd auf Eisenplatten serviert.

Vintrash BAR
(Calle 49 No 35A-36; Eintritt Fr & Sa 10000 KOL$; ⏲ Mo–Mi 16–23, Do bis 24, Fr & Sa bis 3 Uhr; 📶) Mit ihren alten Ölfässern, den aufgehängten Fahrrädern und ein bisschen *street credibility* ist diese Bar ein Magnet für coole, alternativ gesinnte Jugendliche und für Fans toller Musik und der alternativen Szene. Aus den Boxen kling hauptsächlich Electronica, es gibt gutes Essen und natürlich wird getanzt! Einlass erst ab 21 Jahren.

ℹ Praktische Informationen

GELD

An Geldautomaten herrscht keine Mangel. Viele konzentrieren sich in der Calle 35 in der Nähe des Parque Santander sowie in Sotomayor in der Carrera 29.

Bancolombia (Carrera 18 No 34-28; ⏲ 24 Std.)
BBVA (Ecke Carrera 19 & Calle 36; ⏲ 24 Std.)
Davivienda (Ecke Calle 49 & Carrera 29)

MEDIZINISCHE VERSORGUNG

Clínica Foscal (☎7-638-2828; www.foscal.com.co; Av El Bosque No 23-60) Das beste private Krankenhaus in der Region.

TOURISTENINFORMATION

Oficina de Turismo (☎7-634-1132, App. 112; www.imct.gov.co; Calle 30 No 26-117, Biblioteca Pública Gabriel Turbay, Piso 4; ⏲ Mo–Fr 8–12 & 13–17 Uhr) Haupttouristeninformation.

ℹ An- & Weiterreise

BUS

Bucaramangas **Terminal TB** (☎7-637-1000; www.terminalbucaramanga.com; Transversal Central Metropolitana) befindet sich südwestlich vom Stadtzentrum auf halbem Weg nach Girón; Stadtbusse mit der Aufschrift „Terminal" fahren häufig von der Carrera 15 (2100 KOL$) her. Taxis kosten um die 10000 KOL$.

Copetran (☎7-644-8167; www.copetran.com.co; Terminal de Transporte) ist hier die große Busgesellschaft. Sie fährt in die meisten großen Städte, darunter Bogotá (60000–80000 KOL$, 10 Std.), Cartagena (80000 KOL$, 13 Std.), Medellín (95000 KOL$, 8 Std.) und Santa Marta (70000 KOL$, 12 Std.). Im Stadtzentrum gibt's ein praktisches **Ticketbüro** (☎7-685-1389; Calle 49 No 28-64; ⏲ Mo–Sa 8–12 & 14–18 Uhr).

Cootrasangil (www.cotrasangil.com; Terminal de Transporte) lässt Busse über den Parque Nacional del Chicamocha (10000 KOL$, 1½ Std.) nach San Gil (16000 KOL$, 3 Std.) fahren. Meist geht es schneller, wenn man an der Bushaltestelle Papi Quiero Piña am Stadtrand in der Nähe von Floridablanca in den Bus nach San Gil steigt, statt den ganzen Weg zum Busbahnhof zu fahren.

FLUGZEUG

Der **Flughafen Palonegro** (BGA; Lebrija) liegt 20 km westlich vom Zentrum in Lebrija auf einer *meseta* (Plateau) hoch über der Stadt. Die Landungen sind hier ziemlich atemberaubend. Es gibt Direktflüge nach Bogotá, Barranquilla, Medellín, Cali und Cartagena sowie internationale Flüge nach Panama City.

Colectivo-Taxis (Parque Santander; ⏲ Mo–Sa 6–18 Uhr) zum Flughafen (11000 KOL$) parken abseits des Parque Santander in der Carrera 20 und starten zwischen 6 und 18 Uhr alle 15 Minuten. Der Festpreis vom Stadtzentrum zum Flughafen beträgt 32000 KOL$.

Wer aus San Gil kommt, steigt an der Haltestelle Papi Quiero Piña aus und nimmt von dort ein Taxi zum Flughafen.

KARIBIKKÜSTE

Kolumbiens spektakuläre, sonnengeküsste, kulturreiche Karibikküste bildet die krönende Spitze des Landes. Sie wartet mit zahlreichen Ökosystemen auf, von den dichten Urwäldern des Tapón del Darién an der Grenze zu Panama bis zur gespenstisch-schönen Wüste La Guajira in der Nähe Venezuelas.

Das Juwel dieser Küste ist die Kolonialstadt Cartagena, deren Schönheit und Romantik in ganz Kolumbien unübertroffen sind, ungeachtet der vielen Besucher. Eine noch untouristische Version dieser Stadt ist das wunderbar isoliert gelegene Mompós im Landesinneren, ein schläfriges Städtchen im Wald, das gerade im Kommen ist. Die Natur wartet mit weiteren Attraktionen auf: dem PNN Tayrona, einem traumhaften Streifen Land mit perfekten Stränden und unberührtem Regenwald, und der faszinierenden, nur mühsam zu erreichenden Ciudad Perdida (Verlorene Stadt), wo neugierige Abenteurer in einer grandiosen Gebirgslandschaft die Überreste einer antiken Zivilisation entdecken können.

Santa Marta

☎5 / 450 000 EW.

Santa Marta ist die älteste von Europäern gegründete Stadt Südamerikas und die zweitwichtigste Kolonialstadt an der kolumbianischen Karibikküste. Trotz ihrer langen Geschichte und des hübschen Stadtzentrums fühlen sich viele Traveller hier nicht wohl, was vor allem an der urbanen Zersiedelung und dem schrecklichen Verkehr liegt. Der Trick ist, sich als Besucher auf das zu konzentrieren, worin die Stadt gut ist: Hotels, Restaurants und Bars; tagsüber macht man sich dann zu den großartigen Zielen in der Umgebung auf. Nach beeindruckenden Aktivitäten zur Verschönerung des kolonialen Zentrums ist Santa Marta selbst aber charmanter als früher, und es kann durchaus passieren, dass man länger bleibt als geplant. Es ist zwar heiß, doch die Luft ist trockener als in Cartagena, und abends nach Einbruch der Dunkelheit weht vom Meer eine kühle Brise in die Stadt.

Sehenswertes

★ Quinta de San Pedro Alejandrino MUSEUM

(☎5-433-1021; www.museobolivariano.org.co; Av Libertador; Ausländer/Kolumbianer 21 000/15 000 KOL$; ⏲9–16.30 Uhr) Auf dieser Hazienda verbrachte Simón Bolívar 1830 seine letzten Tage, ehe er starb – an Tuberkulose oder an einer Arsenvergiftung, je nachdem, wem man glaubt. Die Hazienda gehörte einem spanischer Unterstützer der kolumbianischen Unabhängigkeit, der Bolívar einlud, sich hier vor seiner Reise ins europäische Exil auszuruhen, doch Bolívar starb, ehe er diese Reise antreten konnte.

Museo del Oro MUSEUM

(Calle 14 No 1-37; ⏲Di–Sa 9–17, So 10–15 Uhr) GRATIS Mit *oro* (Gold) beschäftigt sich nur eine Hälfte dieses fabelhaften Museums. Es befindet sich in der großartig restaurierten Casa de la Aduana (Zollhaus), das in Gabriel García Márquez' Erzählung *Der Oberst hat niemand, der ihm schreibt* vorkommt. Neben den faszinierenden Keramik- und Schmuck-Sammlungen aus der Nahuange- und Tayrona-Periode wird die umfangreiche Geschichte der Metallarbeit in der präkolumbianischen Sierra Nevada erzählt.

Geführte Touren

Im Mittelpunkt des Tourenangebots von Santa Marta stehen Wanderungen zur Ciudad Perdida, doch die Veranstalter, die sie anbieten, können auch diverse andere Wanderungen, Vogelbeobachtung, Mountainbiken und Besuche in den Nationalparks Minca und Tayrona organisieren. Sehr empfehlenswerte Anbieter von Touren in der Umgebung sind z. B. **Magic Tours** (☎5-421-5820, 317-679-2441; www.magictourcolombia.com; Calle 16 No 4-41) und **Expotur** (☎5-420-7739; www.expotur-eco.com; Carrera 3 No 17-27).

Schlafen

★ Masaya Santa Marta HOSTEL $

(☎5-423-1770; www.masaya-experience.com; Carrera 14 No 4-80; B 40 000–50 000 KOL$, Zi. inkl. Frühstück 120 000–200 000 KOL$; ❄@📶🏊) Dieses fabelhafte Hostel im Stadtzentrum ist kaum zu toppen. In der clever und stilvoll umgebauten mehrstöckigen, alten Villa gibt's mehrere supergünstige Schlafsäle und wunderschöne Privatzimmer. Außerdem bietet das Hostel drei Tauchbecken, eine gut besuchte Dachbar, eine große Küche im Freien, Billardtische und einen Kinoraum.

La Brisa Loca HOSTEL $$

(☎317-585-9598, 5-431-6121; www.labrisaloca.com; Calle 14 No 3-58; B mit/ohne Klimaanlage ab 45 000/30 000 KOL$, Zi. mit/ohne Bad 150 000/120 000 KOL$; ❄@📶🏊) Die „Verrückte Brise" ist das Hostel der Wahl bei jungen, partyfreudigen Gästen, die sich hier auf etwa 100 Betten ausbreiten. In den Schlafsälen schlafen jeweils zwischen vier und zehn, außerdem gibt's verschiedene Privatzimmer. Alle Zimmer haben feste Matratzen, hohe Decken, alte Fliesen und Schließfächer, in denen man sein Handy sicher laden kann, während man unterwegs ist.

★ Casa del Farol BOUTIQUEHOTEL $$$

(☎5-423-1572; www.lacasadelfarol.com; Calle 18 No 3-115; Zi./Suite inkl. Frühstück ab 275 000/330 000 KOL$; ❄📶🏊) Hinter der schlichten roten Fassade des großartigen Hotels, das man fast als Highlight des Stadtzentrums beschreiben könnte, versteckt sich Luxus in vielen kleinen Ausprägungen. Die großen, cool-modernen Zimmer sind nach verschiedenen Städten benannt und thematisch ge-

Santa Marta

Santa Marta

Sehenswertes
1 Museo del Oro B2

Aktivitäten, Kurse & Touren
2 Expotur C4
3 Magic Tours D3

Schlafen
4 Casa del Farol C4
5 Casa Verde D4
6 La Brisa Loca C2
7 Masaya Santa Marta D3

Essen
8 Ikaro C4
9 La Canoa C4
10 Ouzo B4
11 Restaurante LamArt B3

Ausgehen & Nachtleben
12 Crabs C4

staltet (besonders gut: Beijing und New York). Die freundlichen, höflichen Mitarbeiter sind so hilfreich wie Tourguides.

Casa Verde HOTEL $$$
(☎313-420-7502, 5-431-4122; www.casaverdesantamarta.com; Calle 18 No 4-70; DZ/Suite inkl. Frühstück 254 000/315 000 KOL$;) Wenn man zu denen gehört, die der entspannte, aufmerksame, hier lebende Besitzer „Backpacker im Ruhestand" nennt, dann ist man in diesem hübschen, kleinen Hotel richtig. Die neun makellosen, weiß gestrichenen Zimmer sind intelligent gestaltet, hübsch dekoriert und haben schicke Bäder und strahlend weiße Bettwäsche. Man kann sich im Pool nahe der Lobby erfrischen oder von der neuen Dachterrasse den Blick auf die Stadt genießen.

Essen

In Santa Marta gibt's einige der besten Gerichte an der gesamten Küste. Durch den Einfluss lateinamerikanischer und südamerikanischer Köche sind die Speisekarten schlichter geworden, der Fokus liegt nun stärker auf Ambiente, traditioneller Kochkunst und stilvoller Präsentation. Das Herz der Restaurantszene ist der Parque de los Novios.

★ **Ikaro** VEGETARISCH $$
(☎5-430-5585; www.ikarocafe.com; Calle 19 No 3-60; Hauptgerichte 12 000–28 000 KOL$; ⊙Mo–Sa 8–21, So 9–21 Uhr;) Mit seinem Kaffee aus Mikroröstung und dem frisch gebackenen Brot lockt das Ikaro Gäste an und verführt sie dann mit seinen gigantischen Lounge-Betten (ideal, um es sich mit Kopfhörern bequem zu machen) und den grünen Pflanzenwänden drinnen zum Bleiben. Das Menü ist vegetarisch, wird aber auch Fleischessern zusagen. Es gibt auch vegane Speisen und Craft-Bier.

La Canoa FRANZÖSISCH $$
(☎5-421-7895; www.canoacafe.com; Calle 18 No 3-75; Hauptgerichte 15 000–37 000 KOL$; ⊙Mo, Mi & Fr 9–21, Do bis 22, Sa bis 23, So 11–23 Uhr;) Ein Fusion-Restaurant mit französischem Anstrich, aber völlig unprätentiös: Das La Canoa ist eine im Himmel geschlossene Verbindung zwischen Frankreich und Kolumbien und bietet Kühle (starke Klimaanlage), einen ordentlichen Koffeinschub (starker Kaffee) und schnellen Internetanschluss (starkes WLAN).

Restaurante LamArt INTERNATIONAL $$
(☎5-431-0797; www.lamart.com.co; Carrera 3 No 16-36; Frühstück 16 000 KOL$, Abendessen 25 000–36 000 KOL$; ⊙Mo–Fr 9–22.30, Sa 11–23.30, So 17–22.30 Uhr) Santa Martas stimmungsvoller Callejón del Correo (Carrera 3) lockt gerade abends Gäste an, und es gibt keinen besseren Start in den Abend, als im LamArt würzige *ceviche*, hausgemachte Pasta und starken Kaffee zu genießen. Der ambitionierten Küche gelingt das Kunststück, es fast allen recht zu machen, denn das Angebot reicht von Thai-Currys bis zu galizischem Oktopus.

Ouzo MEDITERRAN $$
(☎5-423-0658; www.ouzosantamarta.com; Carrera 3 No 19-29; Hauptgerichte 26 000–44 000 KOL$; ⊙Mo–Do 12–22.30, Fr & Sa bis 23 Uhr;) Das Ouzo hat eine übersichtliche, klassische griechische und italienische Karte, auf der erstklassige Holzofenpizza und gute Weine stehen. Der Tintenfisch wird zwei Stunden langsam in einer Brühe mit Knoblauch gegart und dann auf dem Grill scharf angebraten, um den Geschmack zu erhalten. Hier gibt's tollen Service, zudem sorgt die fantastisch gestaltete Inneneinrichtung dafür, dass die Hitze in der Küche bleibt.

Ausgehen & Nachtleben

Crabs BAR
(Calle 18 No 3-69; ⊙Mi–Sa 20–3 Uhr) Im skurril dekorierten Crabs, das als eine der besten Rock- und Bluesbars Kolumbiens gilt, geht es weniger um Krustentiere als um Rock'n' Roll. Hier gibt's kühles Bier, freundliche Mitarbeiter, an den meisten Abenden Livemusik, einen Billardtisch und sogar ein Bad, in dem man sitzen kann. Die Wände zieren Bilder vieler Ikonen.

Praktische Informationen

Aviatur (☎5-423-5745; www.aviatur.com; Calle 15 No 3-20; ⊙Mo–Fr 8–12 & 14–16 Uhr) Das Reisebüro im PNN Tayrona vermittelt Unterkünfte.

Parques Nacionales Naturales de Colombia (☎5-423-0758; www.parquesnacionales.gov.co; Calle 17 No 4-06) In diesem Büro der Nationalparkverwaltung bekommt man grundlegende Infos über den PNN Tayrona.

An- & Weiterreise

BUS

Der **Busbahnhof** (Calle 41 No 31-17) befindet sich am südöstlichen Stadtrand. Von der Carrera 1C im Zentrum fahren häufig Minibusse hierher, man kann aber auch ein Taxi (6000 KOL$) nehmen.

Die großen Busgesellschaften fahren alle mehrmals täglich in die folgenden Städte:

ZIEL	PREIS (KOL$)	DAUER (STD.)
Barranquilla	14 000	2
Bogotá	80 000–90 000	16–17
Bucaramanga	70 000	9–2
Cartagena	35 000	4
Medellín	126 000	15
Riohacha	20 000	2½
Tolú	51 000	7

Nach Palomino kommt man mit dem Mamatoco-Bus, der am Markt in Santa Marta (9000 KOL$, 2 Std.) abfährt.

FLUGZEUG

Der **Aeropuerto Internacional Simón Bolívar** (☎5-438-1360; http://smr.aerooriente.com.co; Vía Ciénaga Santa Marta, Km 18) liegt 16 km südlich der Stadt an der Straße von Barranquilla und Bogotá und dürfte einer der wenigen Flughäfen der Welt sein, die sich direkt am Strand befinden. Stadtbusse mit der Kennzeichnung „El Rodadero Aeropuerto" fahren von der Carrera 1C in 45 Minuten zum Flughafen, von dem u. a. Flüge nach Bogotá und Medellín starten.

Minca

☎5 / 1200 EW.

Der kleine Bergort Minca, der über Santa Marta auf 600 m Höhe in der Sierra Nevada liegt, ist für seinen Biokaffee, die artenreiche Vogelwelt und – was angesichts der sengenden Hitze weiter unten vielleicht am wichtigsten ist – die viel kühleren hiesigen Temperaturen bekannt. Die wundervolle Stadt ist von dichtem Nebelwald und hohen Gipfeln umgeben und war bis vor ein paar Jahren nur über eine unbefestigte Straße zu erreichen. Sie ist zwar seit den 1980er-Jahren ein UNESCO-Biosphärenreservat, doch zu einem beliebten Travellerziel hat sich Minca erst in den vergangenen Jahren gemausert. Inzwischen gibt's hier zahlreiche neue Hostels und Hotels.

Mittlerweile hat sich das kleine Örtchen fest auf der touristischen Landkarte etabliert. Es hat sich auf einsame, abgelegene Traveller-Refugien spezialisiert, die verstreut in den steilen Bergen zu finden sind. Minca ist ein wunderbarer Ausgangsort für Mountainbiketouren, Wanderungen und für Vogelbeobachtung und besticht auch mit seinen absolut warmherzigen Einwohnern, die sich ehrlich über Besucher zu freuen scheinen.

Sehenswertes

Finca La Candelaria FARM

(☎321-588-7985; www.fincacarpediem.com/activities/finca-la-candelaria; Führungen 20 000 KOL$; ⏲9–17 Uhr) Die kleine, familiengeführte Biofarm baut Kaffee, Kakao und Obst an. Besucher sind eingeladen, bei Führungen die verschiedenen Stadien des Anbaus, der Ernte und der Verarbeitung zu erleben. Die thematischen Führungen dauern etwa eine Stunde. Die Fahrt mit dem *mototaxi* kostet 20 000 KOL$; es folgen zehn Gehminuten.

Geführte Touren

Vogelbeobachtung, Wandern und Mountainbiken sind in Minca beliebte Aktivitäten, die von fast jedem Hostel oder Hotel organisiert werden können. Minca ist zudem ein günstiger Ausgangspunkt für die Wanderung zur Ciudad Perdida (S. 810), und davor und danach kann man hier hervorragend entspannen.

Jungle Joe Minca Adventures GEFÜHRTE TOUREN

(☎317-308-5270; www.junglejoeminca.com) Wer wenig Zeit hat oder einen tieferen Einblick in die vielen Facetten Mincas bekommen möchte, kann sich an Joe Ortiz wenden, der Englisch spricht und eine großartige Tour mit Besuch einer Kaffeefarm, Kakaoherstellung, Wandern, lokalem Mittagessen und Baden in der Nähe eines Wasserfalls organisiert – alles für sehr günstige 130 000 KOL$. Im Angebot sind auch speziellere Tubing- und Vogelbeobachtungstouren.

Schlafen & Essen

Minca ist in den vergangenen Jahren aufgeblüht und wartet nun mit einigen der besten Hotels an der Küste auf, die mit ihrer tollen Aussicht bestechen. In der Stadt selbst gibt's zahlreiche Hotels, am schönsten wohnt man aber in den Bergen, die oft nur per Motorradfahrt zu erreichen sind.

★ **Casa Elemento** HOSTEL $

(☎313-587-7677, 311-655-9207; www.casaelemento.co; Hängematte/B 25 000/40 000 KOL$, Cabañas ab 150 000 KOL$;) Die Angabe „oberhalb von Minca" trifft es auf den Punkt: Allein die Anreise hierher ist ein Abenteuer, das dafür sorgt, dass nur die Unerschrockenen herkommen. Das von einem internationalen Team geschaffene und geführte Casa Elemento ist fantastisch gelegen, bietet eine außergewöhnliche Aussicht und ist perfekt, um der

Welt zu entfliehen. Von Minca kommt man mit dem Motorrad her, die Fahrt dauert 30 Minuten und kostet 25000 KOL$.

Minca Ecohabs CABAÑAS $$
(☎317-586-4067; www.mincaecohabs.com; Zi. inkl. Frühstück ab 196000 KOL$; P Wi-Fi) Das alteingesessene Hotel auf einem steilen Hügel mit Blick in Richtung Karibik und Santa Marta wurde kürzlich von einem Hotelier übernommen, der versucht hat, es wiederzubeleben. Die zweistöckigen Zimmer wurden komplett mit natürlichen Materialien ausgestattet und verfügen über Fensterläden, Balkone, Ventilatoren, Strom und Kühlschränke. Perfekt, um Mincas einzigartige Lage auszukosten!

Lazy Cat INTERNATIONAL $
(Calle Principal Diagonal; Hauptgerichte 13000–20000 KOL$; ⏲9–21 Uhr; Wi-Fi) Im Lazy Cat kann man seinen Hunger und Durst zu jeder Tageszeit stillen. Das Angebot reicht von Frühstück (8000–10000 KOL$) bis zu ausgezeichnetem lokalem Kaffee, Smoothies, Sandwiches, Burgern und Quesadillas. Vom hübschen Balkon schaut man auf das Tal tief unten, und meist lungert die namensgebende Katze irgendwo herum.

An- & Weiterreise

Colectivos (Sammeltaxis, Minivans oder mittelgroße Busse) und Sammeltaxis von/nach Santa Marta 8000 KOL$, 30 Min.) fahren den ganzen Tag vom Stadtzentrum ab und kommen dort auch an, und es dauert selten länger als 20 Minuten, bis sie voll sind und losfahren. Ein Taxi nach Santa Marta kostet um die 40000 KOL$.

In Santa Marta fahren *colectivos* und Sammeltaxis nach Minca vor dem Markt an der Ecke Calle 11 und Carrera 12 ab. Schneller kommt man fürs gleiche Geld mit *mototaxis* nach Minca, diese fahren allerdings von Yubal, einem Viertel am Stadtrand, ab, sodass man erst mit dem Taxi für 6000 KOL$ von Santa Marta nach Yubal gurken muss.

Parque Nacional Natural Tayrona

Der **Parque Nacional Natural Tayrona** (www.parquetayrona.com.co; Ausländer/Kolumbianer 54500/23000 KOL$; ⏲8–17 Uhr) ist eine märchenhaft schöne Ecke der kolumbischen Karibikküste. Kokospalmen und dichter Regenwald säumen die fantastischen Sandstrände. Dahinter erheben sich die steilen Berge der Sierra Nevada de Santa Marta, des höchsten Küstengebirges der Welt. Der Park zieht sich von der Bahía de Taganga in der Nähe von Santa Marta 35 km an der Küste entlang bis zur Mündung des Río Piedras. Er umfasst etwa 12000 ha Land und 3000 ha korallenreiches Meer.

In der Hauptsaison (Dez. & Jan.) ist der Park sehr überfüllt, und an den meisten der traumhaften Strände kann man wegen der gefährlichen Strömungen nicht schwimmen. An einigen wenigen Stränden, die sicherer sind, kann man immerhin – sehr vorsichtig! – ein wenig baden und schnorcheln. Trotz dieser Einschränkungen ist der Nationalpark unglaublich schön, und seine Erkundung ist aufregend und lohnend.

Sehenswertes

Von El Zaíno führt eine 4 km lange asphaltierte Nebenstraße Richtung Nordwesten nach **Castilletes**, zum längsten Strand des Parks und dem ersten Ort, an dem man übernachten kann. Ständig fährt ein Van die Straße hoch und runter, die Fahrt kostet nur 3000 KOL$. Einige Kilometer weiter die Straße entlang erreicht man **Cañaveral**, das ebenfalls am Strand liegt. Hier gibt's einen Zeltplatz, teure *cabañas* und ein Restaurant. Von hier kann man weiter zu allen Stränden und nach **Pueblito** laufen. Dieses kleine indigene Dorf liegt mitten im Wald.

★ **Cabo San Juan del Guía** STRAND
Cabo San Juan del Guía ist ein wunderschönes Kap mit einem Traumstrand. Dies ist auch der am stärksten besuchte Teil des Parks, obwohl es keine Straße gibt, was Tagesbesucher abschreckt. In der Gegend gibt's ein **Restaurant** und einen **Campingplatz** (☎333-356-9912; www.cabosanjuantayrona.com; Cabo San Juan del Guía; Stellplatz 20000 KOL$, Hängematte 40000–50000 KOL$, Leihzelt 60000 KOL$, Hütte 200000 KOL$) mit Hängematten und Hütten an einem spektakulären Aussichtspunkt auf einem Felsen in der Mitte des Strandes. Hier kann man eine sehr stimmungsvolle Nacht verbringen. Baden ist meist erlaubt, man sollte aber nicht tief ins Wasser gehen.

Schlafen

Im Park gibt's mehrere Unterkünfte, in denen man eine oder zwei Nächte verbringen kann, sie sind aber entweder sehr teuer oder sehr einfach. In **Castilletes** (☎300-405-5547, 313-653-1830; www.campingcastilletespnntayrona.blogspot.com; Stellplatz/Zelt pro Pers. 20000/

Parque Nacional Natural Tayrona

30 000 KOL$, Hängematte 25 000 KOL$, Hütte 110 000 KOL$; P), dem ersten Ort, den man von El Zaíno kommend erreicht, gibt's einen friedlichen Campingplatz mit Meerblick, in Cañaveral (S. 807) finden sich gehobenere Unterkünfte, und nach **Arrecifes** und Cabo San Juan del Guía (S. 807) zieht es die meisten Backpacker.

★ **Ecohostal Yuluka** HOSTAL $$
(☎310-361-9436; www.aviatur.com; Via Santa Marta, Km 28; inkl. Frühstück B 40 000 KOL$, Zi. ab 160 000 KOL$;) Die wunderbare Unterkunft richtet sich an anspruchsvolle Backpacker, die den Park erkunden wollen, ohne auf allen Komfort zu verzichten. Sie ist rustikal, aber die Zimmer sind mit großen Bädern ausgestattet und die geräumigen Schlafsäle äußerst komfortabel. Am Pool gibt's sogar eine Rutsche. Alle Betten sind mit Moskitonetzen versehen; das Essen ist großartig.

Von Santa Marta kommend liegt es direkt vor dem Hauptparkeingang El Zaíno an der Hauptstraße.

★ **Finca Barlovento** HOTEL $$$
(☎314-626-9789; http://barloventotayrona.com; Via Riohacha, Km 33; EZ/DZ/3BZ inkl. HP ab 330 000/450 000/695 000 KOL$) Das Finca Barlovento ist das vielleicht schönste Fleckchen in der ganzen Gegend. Es liegt gleich außerhalb des PNN Tayrona direkt am Strand an der Playa Los Naranjos. An der Stelle, wo der Río Piedras aus der Sierra Nevada kommt und ins Karibische Meer fließt, steht dieses architektonisch einmalige Wohnhaus an einer Felswand.

Der Komplex besteht aus dem Originalhaus und dem *maloka*, einem strohgedeckten Bauwerk im indigen Stil, das in mehrere Privatzimmer unterteilt ist. Beide Häuser haben mit Liegen bestückte Terrassen, die über das Meer hinausragen. Das Essen ist einfach sensationell.

ℹ Praktische Informationen

Der PNN Tayrona hat mehrere Eingänge. An jedem Eingang muss man den Parkeintritt zahlen (Ausländer/Kolumbianer 54 500/23 000 KOL$). Er ist bis zum Verlassen des Parks gültig, man darf den Park aber bis 17 Uhr desselben Tages mit dem Ticket auch an einem Eingang verlassen und an einem anderen wieder betreten. Alkohol und Glasflaschen sind im Park verboten, und Besucher werden möglicherweise kontrolliert.

ℹ An- & Weiterreise

Busse mit dem Ziel Palomino fahren regelmäßig am Markt von Santa Marta ab und halten auch in El Zaíno (7000 KOL$, 1 Std.); man muss den Fahrer nur wissen lassen, wo man aussteigen möchte. Dort angekommen, steigt man entweder in einen der Jeeps, die zwischen Cañaveral und dem Parkeingang hin und her fahren (3000 KOL$, 10 Min.), oder man geht die 2,5 km zu Fuß.

Palomino

☎5 / 6000 EW.

Wenn man auf der Hauptstraße von Santa Marta nach Riohacha an Palomino vorbeifährt, sieht Letzteres nicht besonders anziehend aus. Doch auf der einen Seite des zersiedelten Ortes lockt einer der schönsten Strände Kolumbiens, und auf der anderen erheben sich die spektakulären Berge der Sierra Nevada, eine Region, die die einhei-

mische indigene Bevölkerung noch immer sorgfältig vor Fremden schützt. Palomino ist ein toller Ausgangsort, um beide Gebiete zu erkunden, und bietet mehrere tolle Unterkünfte und ein Backpacker-Flair wie nur wenige andere Orte an der Küste.

An den von Palmen gesäumten Stränden sieht man heute noch Fischer, die die traditionellen Netze benutzen, und die indigenen Stämme im bergigen Hinterland leben so, wie sie es seit Jahrhunderten getan haben. Da sich zwischen dem Strand und den Gletschern der Sierra Nevada sieben verschiedene Ökosysteme befinden, überrascht es nicht, dass der Ökotourismus hier allmählich Fahrt aufnimmt und dass sich Palomino als schon fast obligatorisches Ziel auf der Reiseroute durch Kolumbien etabliert hat.

Schlafen

In Palomino finden sich einige der besten Traveller-Hostels und der entspanntesten Strandhotels Kolumbiens. Viele der folgenden Unterkünfte stehen am Strand, das Personal organisiert aber Touren in die Berge zum Wandern, Tubing oder Wildwasser-Rafting und andere Aktivitäten.

★ Tiki Hut Hostel Palomino HOSTEL $
(☎314-794-2970; www.tikihutpalomino.co; B/DZ inkl. Frühstück 40 000/160 000 KOL$;) Das Tiki Hut ist ein Paradies für wenig Geld. Es wirkt, als hätte man ein Backpackerhostel an einem tropischen Strand gebeamt. Die schön gestaltete Anlage erstreckt sich um einen großen Pool und hat charmante Mitarbeiter und rustikale, aber komfortable Zimmer mit Moskitonetzen und farbigen Kunstwerken. Nicht so toll sind die nicht ganz umschlossenen Toiletten in den großen Schlafsälen.

Finca Escondida HOSTEL $
(☎310-456-3159, 315-610-9561; www.fincaescondida.com; Hängematte 30 000 KOL$, B 40 000 KOL$, DZ 170 000–210 000 KOL$;) Angesichts des Fußballplatzes, des Fitnessbereichs im Freien, der Yogakurse und der Surfschule könnte man denken, dass dieser große Komplex am Strand von Fitnessfreaks betrieben wird. Doch auch Gäste, die Ruhe suchen, sind hier gut aufgehoben: Es gibt friedliche Gärten, nette Hängematten und recht große Zimmer mit schönen, massiven Betten und psychedelischen Wandbildern. Das Ambiente ist rustikal – die Holzhäuser verteilen sich auf einem Gelände mit vielen Obstbäumen.

Dreamer Hostel HOSTEL $$
(☎300-609-7229, 320-556-7794; www.thedreamerhostel.com; B/DZ inkl. Frühstück ab 45 000/180 000 KOL$;) Mit seinem nierenförmigen Pool, dem großen, blühenden Garten und dem Restaurant, das gute Pizzas auftischt, ist das Dreamer Hostel eine Art Ferienresort für Backpacker. Die supergesellige Atmosphäre erinnert an eine Standparty, zudem werden zahlreiche Aktivitäten angeboten. Die gefliesten Schlafsäle mit Strohdach sind zwar nicht gerade luxuriös, aber geräumig und mit Ventilatoren ausgestattet.

Aité Eco Hotel HOTEL $$$
(☎321-782-1300; www.aite.com.co; DZ/Cabaña/Bungalow inkl. Frühstück ab 511 000/430 000/610 000 KOL$;) Verglichen mit den anderen Backpackerbleiben Palominos ist das Aité etwas erwachsener und gepflegter. Es befindet sich auf einem abgeschiedenen Hügel mit kurz geschnittenem Rasen und gepflegten Pflanzen und hat 15 Zimmer. Die Gemeinschaftsbereiche liegen auf einem kleinen Bergkamm. Die hübschesten Quartiere sind aber zweifellos die *cabañas* am Strand.

An- & Weiterreise

Palomino hat keinen Busbahnhof, auf der Hauptstraße kommen aber regelmäßig Busse in beide Richtungen vorbei. Sie fahren u. a. nach Santa Marta (9000 KOL$, 2 Std.), zum PNN Tayrona (6000 KOL$, 1 Std.) und nach Riohacha (8000 KOL$, 1½ Std.). Am besten kann man am oberen Ende der Carrera 6 einsteigen.

Nach der Ankunft in Palomino kann man die 500 m zum Strand laufen oder mit einem *mototaxi* fahren (2000 KOL$). Busse und Motorräder fahren den ganzen Tag und bis in die Nacht – keine schlechte Idee, wenn man Gepäck hat.

INSIDERWISSEN

TAGANGA

Einst war Taganga ein winziges Fischerdorf, doch als es sich Anfang der 2000er-Jahre zu einem großen Backpackerziel entwickelte, schien der Ort den Jackpot gezogen zu haben. Er wurde zu einem Magneten sowohl für einheimische Touristen als auch für Traveller und erlebte einen stillen Boom. Die Hostels und Restaurants florierten angesichts des schier endlosen Besucherstroms.

Heute ist Taganga allerdings ein Negativbeispiel für die Überentwicklung einer Kleinstadt: In den vergangenen Jahren wurde aus dem fast obligatorischen Stopp auf der Backpackerroute ein recht deprimierender Ort, wo Armut grassiert und dessen Attraktionen, die ihn ursprünglich bekannt machten, verschwunden sind. Dennoch kommen immer noch einige Traveller her, um billig zu übernachten, zu feiern und zu tauchen, und es gibt auch Besucher, die die Nähe zum Parque Nacional Natural (PNN) Tayrona, der nur eine kurze Bootsfahrt entfernt ist, schätzen. Die Hostelbesitzer der Stadt sind zäh und kämpfen entschlossen darum, Taganga wieder zu seinem einstigen Glanz zu verhelfen.

Einer der besten Gründe für den Besuch Tagangas sind die Tauchmöglichkeiten. Das **Poseidon Dive Center** (☎5-421-9224, 314-889-2687; www.poseidondivecenter.com; Calle 18 No 1-69) bietet Minikurse, bei denen Anfänger bis zu 12 m tief tauchen können (300 000 KOL$), PADI-Open-Water-Kurse (1150 000 KOL$) und Tauchexkursionen mit zwei Tauchflaschen (240 000 KOL$) an. An den meisten Tagen fahren morgens Boote in die unberührten Gewässer im PNN Tayrona und dessen Umgebung.

Taganga ist leicht zu erreichen: Von den Carreras 1C und 5 in Santa Marta fahren häufig Minibusse (1600 KOL$, 15 Min.) her. Ein Taxi kostet 10 000 KOL$. Von Taganga fährt täglich ein Boot zum Cabo San Juan del Guía (S. 807) im PNN Tayrona (einfache Strecke 50 000 KOL$, 1 Std.).

Ciudad Perdida

Kaum etwas ist so faszinierend wie eine verlassene Stadt. Die Ciudad Perdida (Verlorene Stadt) verschwand etwa zur Zeit der spanischen Eroberung im Dschungel und wurde erst in den 1970er-Jahren „entdeckt". Sie liegt tief in den Bergen der Sierra Nevada de Santa Marta, und nach wie vor kann man sie nur zu Fuß erreichen, doch die Wanderung ist eine der aufregendsten und atemberaubendsten in ganz Kolumbien. In der Region ist die Stadt unter ihrem indigenen Namen Teyuna bekannt. Sie wurde vom Volk der Tayrona an den Nordhängen der Sierra Nevada de Santa Marta erbaut und ist eine der größten präkolumbischen Städte Nord- und Südamerikas. Heute ist sie das Ziel der beliebtesten mehrtägigen Trekkingtour Kolumbiens. Die Wanderung ist ein fantastisches Erlebnis, für das man weder besonders stark sein noch viel Erfahrung mitbringen muss. Die Landschaften und das Gefühl der Abgeschiedenheit werden noch lange nachhallen.

Aktivitäten

Morgens trifft sich die Tourgruppe (obligatorisch) in Santa Marta. Danach wird man hinauf zum Dorf El Mamey (auch Machete genannt) am Ende der von Santa Marta kommenden Straße gefahren, wo es vor dem Aufbruch ein entspanntes Mittagessen gibt. Die Wanderung hinauf zur Ciudad Perdida dauert in der Regel anderthalb Tage. Dann verbringt man den Vormittag des dritten Tages dort und läuft einen ganzen Tag – verteilt auf zwei Tage – wieder hinunter. Die gesamte Wanderung ist knapp 45 km lang, sie kommt einem aber sehr viel länger vor, wenn man bergauf kraxelt, bergab durch Matsch rutscht und seine Muskeln insgesamt ziemlich strapaziert. In der trockenen Jahreszeit kann die Routenplanung abweichen, man sollte beim Veranstalter nach einem detaillierten Plan fragen. Hin und zurück geht es auf demselben Weg. Die Tourveranstalter verhandeln weiterhin mit den indigenen Wiwa um den Zugang zu einer anderen Route für den Rückweg, doch verständlicherweise sind die Wiwa sehr darauf bedacht, ihr Land zu schützen.

Die normale Wanderung ist anstrengend, aber durchaus machbar. Man läuft zwar jeden Tag nur wenige Kilometer, es geht aber fast immer steil bergauf oder bergab. Wer noch nie gewandert ist, wird zu kämpfen haben, doch selbst absolute Wanderneulinge, die nicht besonders fit sind, schaffen die Tour. Manchmal kraxelt man an steilen

Flussufern entlang und hält sich an Weinranken fest; viele Wanderer haben festgestellt, dass ein Stock sehr nützlich ist, um das Gleichgewicht zu bewahren. Die Regenzeit bringt eigene Schwierigkeiten mit sich, z. B. die starke Strömung der Flüsse, schweren Matsch, der an den Schuhen klebt, und eingestürzte Balkenwege.

Unterwegs gibt es längere Aufstiege, die in der Regenwaldhitze echt brutal sein können. Wenn die Sonne nicht knallt, ist es wahrscheinlich matschig, dann schwitzt man zwar nicht so, findet aber auch nicht so gut Halt. Am trockensten ist es von Anfang Dezember bis Ende Februar oder Anfang März. Am dritten Tag muss man mehrmals den Río Buritaca durchqueren, wo das Wasser je nach Jahreszeit an manchen Stellen hüfthoch sein kann. Den Abschluss bildet der Aufstieg auf der mystischen, aber rutschigen, moosbewachsenen Treppe mit 1260 Stufen, die zur Ciudad Perdida führt.

Unterwegs gibt es erstaunlich gutes Essen und komfortable Unterkünfte, die oft an Flüssen liegen, in denen man in natürlichen Becken baden kann. Die Landschaft ist atemberaubend: Bei dieser Wanderung ist der Weg mindestens so schön wie das Ziel.

Es ist wichtig, immer im Hinterkopf zu behalten, dass die Berge den hier lebenden indigenen Gruppen heilig sind, darum darf man keinen Abfall wegwerfen (und wenn man unterwegs welchen findet, sollte man ihn unbedingt aufheben) und sollte sich in der Ciudad Perdida respektvoll benehmen.

ℹ Praktische Informationen

Früher hatte nur eine Agentur, Turcol, Zugang zur Ciudad Perdida. 2008 hat das kolumbianische Militär aber die Paramilitärs in der Gegend vertrieben, und seitdem hat sich ein gesunder Wettbewerb um die Touren zur Ciudad Perdida entwickelt. Inzwischen gibt es sechs Agenturen mit entsprechender Lizenz, die ihren Sitz alle in Santa Marta (S. 803) haben und die vier- bis sechstägige geführte Gruppenwanderungen anbieten. Auf eigene Faust oder mit einem unabhängigen Führer darf man die Tour nicht machen. Wer sich unsicher ist, ob der Führer oder die Agentur die nötige Lizenz hat, sollte sich das Zertifikat Operación de Programas Turísticos (OPT) zeigen lassen, das entscheidende Dokument, das alle Führer benötigen.

Seit der Öffnung des Marktes 2008 kam es zu einem Preiskampf, der dazu führte, dass die Preise, aber auch die Qualität sanken. Daraufhin schritt die Regierung ein und regulierte die Preise und Leistungen – der offizielle Preis der Tour beträgt nun 950 000 KOL$.

Im Preis enthalten sind der Transport, das Essen, die Unterkunft (meist Matratzen mit Moskitonetzen; bei einigen Agenturen schläft man auch eine Nacht in Hängematten), Träger für das Essen, die Guides (die nur Spanisch sprechen) und alle nötigen Genehmigungen. Wenn man die Wanderung in weniger Tagen zurücklegt, wird es nicht billiger. Die meisten Gruppen unternehmen die Tour in vier Tagen, doch Traveller, die nicht ganz so fit sind und es lieber langsamer angehen lassen, nehmen sich oft fünf Tage Zeit. Das Maximum sind sechs Tage, was wirklich nur nötig ist, sollte man sehr langsam oder schnell erschöpft sein – wir empfehlen, die Wanderung an vier Tagen zu machen.

Man sollte den stärksten Mückenschutz mitnehmen, den man auftreiben kann, und ihn alle paar Stunden neu auftragen. Die regionale Marke Nopikex ist hervorragend und wirkt besser als viele stärkere ausländische Mittel. Unbedingt eine lange Hose und ein langärmliges T-Shirt für die Ciudas Perdida selbst mitnehmen, wo die Mücken besonders aufdringlich sind!

Die Gruppen sind vier bis 15 Personen groß. Die Touren beginnen das ganze Jahr über, sobald eine ausreichend große Gruppe beisammen ist, in der Hauptsaison in der Regel täglich. In der Nebensaison bilden die Agenturen oft eine gemeinsame Gruppe, auch wenn jede Agentur weiterhin ihre eigenen Führer mitschickt. Andere Unternehmen handeln nur als Agenten für diese Agenturen, darum gibt es keinen Grund, bei ihnen zu buchen.

Den größten Teil des Septembers ist der Zugang zur Ciudad Perdida geschlossen, weil sich die indigenen Gruppen an der Stätte treffen, um Reinigungszeremonien durchzuführen; dann starten auch keine Wanderungen.

Guajira-Halbinsel

Englische Piraten, holländische Schmuggler und spanische Perlentaucher versuchten alle, die Guajira-Halbinsel – das karge, sandige, weite Gebiet, das Kolumbiens Nordspitze bildet – zu erobern, doch sie alle scheiterten an den indigenen Wayuu, die klugerweise mit den Eindringlingen Handel betrieben oder sie bekriegten. Ihre komplexen und autonomen politischen und wirtschaftlichen Strukturen ermöglichten es den Wayuu, ihr Land standhaft zu verteidigen – zu Pferd und mit Schusswaffen.

Selbst heute erinnert diese staubige Landschaft stark an *Mad Max*. Leider sind die kleinen Städte im Westen der Halbinsel stark vermüllt – das Symbol des heutigen Guajira könnte eine Plastiktüte sein, die sich in einem kahlen Strauch verfangen hat. Zum Glück wird der Abfall weniger, wenn man weiter nach Osten reist, bis man Punta Gallinas erreicht, ein Paradies am Ende der Welt, in dem sich unberührte Wüstendünen und die hohen Meereswellen begegnen.

An- & Weiterreise

Auf die Guajira-Halbinsel fährt man in der Regel über Riohache. Ins mittlere und obere Guajira geht es über die Kleinstadt Uribia, die ein Verkehrsknotenpunkt für die Bewohner der Halbinsel ist. Es gibt keine regulären Busse. Das einzige Transportmittel sind Jeeps mit Allradantrieb, die abfahren, sobald sie voll besetzt sind. In diesem Teil Kolumbiens sollte man sich aber besser nicht auf öffentliche Verkehrsmittel verlassen, stattdessen ist es empfehlenswert, sich einer geführten Tour anzuschließen, bei der der Transport inbegriffen ist.

Riohacha

☎5 / 278 000 EW.

Riohacha lag traditionell am Ende der Straße und ist das Tor in die nördliche, semiaride Wüstenregion La Guajira. Noch heute hat sie die Atmosphäre einer Grenzstadt. Als sich in den vergangenen Jahren auf der Halbinsel der Tourismus entwickelte, wurde Riohacha überraschend zu einer Art Traveller-Zentrum. Möglicherweise verbringt man hier eine Nacht auf dem Weg zu einsameren und schöneren Gegenden Kolumbiens. In der Stadt gibt es zwar nicht viel zu tun, sie ist aber recht nett und hat einen 5 km langen Strand mit Palmen und einen langen Pier, der 1937 gebaut wurde und zu einem hübschen Abendspaziergang einlädt. Tagsüber kann die Hitze in Riohacha drückend sein, doch abends kommt vom Karibischen Meer meist eine kühle Brise.

Schlafen & Essen

Bona Vida Hostel Tercera HOSTEL $
(☎314-637-0786; www.bonavidahostel.com; Calle 3 No 10-10; B inkl. Frühstück 30 000–38 000 KOL$, DZ mit/ohne Bad 110 000/95 000 KOL$; ❄📶) La Bona Vida ist so gut, dass es schon ein Jahr nach der Eröffnung des ersten Hostels im Jahr 2017 ein zweites eröffnen musste. Hinter der türkisfarbenen Kolonialfassade bietet das kleine, aber gut geplante Hostel Schlafsäle mit durch Vorhänge abgeteilten Stockbetten und individuellen Ventilatoren und private Doppelzimmer mit Klimaanlage und – tataaa! – Netflix.

Lima Cocina Fusión FUSION $$
(☎5-728-1313; Calle 13 No 11-33; Hauptgerichte 15 000–35 000 KOL$; 📶) Der coole Innenraum dieses eleganten Restaurants wirkt auf hungrige Passanten wie ein Magnet. Der Name ist zwar etwas irreführend – viele peruanische Gourmet-Gerichte gibt es hier eigentlich nicht –, doch das Essen und der Service müssen den Vergleich mit Lima nicht scheuen. Auf der Karte stehen hauptsächlich *pitas* (Mini-Pizza mit dünnem Boden) sowie großartige Salate, die in Kolumbien ihresgleichen suchen.

An- & Weiterreise

Der **Busbahnhof** (Ecke Calle 15 & Carrera 11a) ist ca. 1 km vom Zentrum entfernt; eine Taxifahrt ab dem Zentrum kostet 5000 KOL$.

Busse von **Expreso Brasilia** (☎5-727-2240; Terminal de Transporte Riohacha) fahren etwa alle halbe Stunde nach Santa Marta (20 000 KOL$, 2½ Std.) und Barranquilla (31 000, 5 Std.), stündlich nach Cartagena (42 000 KOL$, 7 Std.) und alle 45 Minuten nach Maicao (10 000 KOL$, 1 Std.) an der Grenze zu Venezuela. Täglich um 15 Uhr gibt's einen Bus nach Bogotá (100 000–107 000 KOL$, 18 Std.), der über Valledupar (30 000 KOL$, 4 Std.) fährt.

Cootrauri (☎5-728-0000; Terminal de Transporte Riohacha) betreibt *colectivos*, die täglich zwischen 5 und 18 Uhr nach Uribia (14 000 KOL$, 1 Std.) fahren, sobald sie voll sind. Dort beginnt der letzte Abschnitt der Fahrt nach Cabo de la Vela (12 000–18 000 KOL$, 2½ Std.).

Cabo de la Vela

☎5 / 1500 EW.

Bis vor Kurzem war das 180 km nordwestlich von Riohacha gelegene Fischerdorf Cabo de la Vela nur ein entlegenes Örtchen auf dem Land, dessen Einwohner, die indigenen Wayuu, in traditionellen, aus Kakteen gefertigten Hütten direkt am Meer lebten. Doch in den vergangenen Jahren hat sich Cabo zu einem Hotspot des Ökotourismus und des Kitesurfens entwickelt und bietet nun Unterkünfte im indigenen Stil. Nichtdestotrotz ist es immer noch nicht ans Stromnetz angeschlossen – Strom wird nur per Generator erzeugt. Es gibt auch kaum Festnetztelefonverbindungen und Internet bestenfalls sporadisch.

Die Gegend ist ein Highlight des oberen Guajira und zählt mit ihrer spröden Schönheit zu den eindrucksvollsten Orten Kolumbiens. Das Kap, nach dem Ort benannt ist, besteht aus sandigen Felsen, von Stränden gesäumt und vor einer Kulisse aus ockerfarbener Wüste und aquamarinblauem Meer.

Wer Ruhe und Frieden sucht, sollte Cabo um Ostern und im Dezember und Januar meiden.

Sehenswertes & Aktivitäten

Playa del Pilón STRAND

Die Playa del Pilón, der mit Abstand schönste Strand Cabos, ist ein leuchtend orangefarbener Sandstrand mit überraschend kühlem Wasser, der von niedrigen, felsigen Klippen gesäumt wird. Seine Farben sind zu jeder Tageszeit spektakulär, besonders aber bei Sonnenauf- und -untergang. In der feuchten Jahreszeit sorgt die Wüstenvegetation für einen noch malerischeren Anblick.

Pilón de Azúcar AUSSICHTSPUNKT

Vom Pilón de Azúcar, der sich über dem gleichnamigen Strand erhebt, bietet sich die schönste Aussicht der Gegend: Der Blick reicht über das gesamte Alta Guajira (oberes Guajira) und bis zu den fernen Bergen. Auf dem höchsten Punkt des Hügels steht eine Statue der Schutzheiligen Cabos, der Virgen de Fátima, die 1938 von spanischen Perlentauchern errichtet wurde.

Awalayúu Kite School KITESURFEN

(☎314-439-9427; Brettverleih pro Std./Tag 100 000/300 000 KOL$) Bietet personalisierte Kurse mit einem Lehrer pro Schüler und inklusive aller Ausrüstung (150 000 KOL$/ Std.) sowie Ausrüstungsverleih. Die Schule liegt in der Nähe der **Posada Pujuru** (☎310-659-4189, 300-279-5048; posadapujuru@gmail.com; Hängematte/Chinchorros 15 000/20 000 KOL$, Zi. 30 000 KOL$/Pers.) am Meer, in einem für die Wayuu typischen eingezäunten Gelände.

Schlafen

Im Rahmen eines von der Regierung geförderten Ökotourismusprojekts wurden in Cabo 60 rustikale *posadas* (Pensionen) eröffnet. Die meisten Unterkünfte sind Hütten aus *yotojoro*, dem Kern der Kaktuart Cardón, die hier in der Wüste wächst. Man kann zwischen kleineren Hängematten, größeren und wärmeren *chinchorros* (traditionelle Hängematte aus der Region) oder Betten mit eigenem Bad (Achtung: Fließendes Wasser ist die Ausnahme!) übernachten. Ein Handtuch muss man selbst mitbringen.

Rancheria Utta PENSION $

(☎312-678-8237, 313-817-8076; www.rancheriautta.com; Hängematte/Chinchorro/Cabaña pro Pers. 20 000/30 000/45 000 KOL$) Die beste *ranchería* befindet sich am hinteren Ende des Dorfes, in Gehweite zum Leuchtturm El Faro. Die angrenzenden Zimmer, die aus den traditionell von den Wayuu genutzten Kakteen gebaut wurden, sind mit ein paar Farbtupfern wie bunten Decken als Wandbehang verziert. Pluspunkte sind das große, saubere Lokal und der sehr gastfreundliche Besitzer.

Punta Gallinas

☎5 / 20 EW.

Punta Gallinas ist der nördlichste Punkt Südamerikas und zählt zu den faszinierendsten Landschaften des Kontinents. Man erreicht Punta Gallinas über die Bahía Hondita, eine smaragdgrüne Bucht mit einem breiten Strand, den rote Klippen säumen. Hinter ihm lebt eine große Kolonie von Rosaflamingos. Ansonsten sind in der Bucht nur acht Wayuu-Familien zu Hause. Sie leben in einer außergewöhnlich unwirtlichen Umgebung, die nur hier und da von leuchtend grünen Pflanzen aufgelockert wird und die sie mit Ziegenherden und Heuschreckenschwärmen teilen.

Wo der Kontinent endet und die Karibik beginnt, türmen sich am Strand 60 m hohe Dünen auf, die wie ein fünf Stockwerke hoher Sand-Tsunami wirken. Das ist die Playa Taroa, vielleicht Kolumbiens schönster, auf jeden Fall aber sein ruhigster Strand. Man erreicht ihn, indem man eine Sanddüne herunterrutscht, die direkt am Wasser endet.

Barranquilla

☎5 / 1,2 MIO. / 10 M

Kolumbiens viertgrößte Stadt, die quirlige Hafenstadt Barranquilla, liegt am Delta des gewaltigen Río Magdalena und bildet einen langen Streifen, der zwischen den Mangroven und dem Karibischen Meer unter der grellen Sonne glüht. Der Geburtsort der kolumbischen Göttin Shakira ist vor allem für seinen Karneval bekannt: Dann stellt die Stadt die Arbeit ein, wirft sich in Schale und schmeißt die größte Party des Landes.

Zu Mardi Gras zieht Barranquilla unzählige Menschen an, doch im Rest des Jahres sind nur wenige Besucher in der Stadt, und viele Traveller lassen sie ganz aus. Verglichen mit anderen Orten an der Küste gibt's hier nicht viel zu sehen. Wer dennoch kommt, besucht eine Stadt, die stolz darauf ist, die Heimat der *costeño-* (Küstenbewohner-)Kultur zu sein und viele Restaurants, Bars und ein paar gute Museen zu bieten hat.

Schlafen & Essen

★ **Pizzeria the Meeting Point** PIZZA $$

(☎5-310-8581; Carrera 61 No 68-100; Pizzas 12 000–32 000 KOL$; ⏱17.30–23 Uhr; 📶📝) Mit den einfachen Hockern und Tischen auf der abgeschirmten Terrasse erinnert das von Italienern geführte Restaurant eher an einen Imbiss als an eine Pizzeria, doch man sollte nicht zu schnell urteilen. Die Pizzas sind fraglos die besten der Stadt: frisch, pikant und authentisch neapolitanisch, von der schlichten Pizza Margherita bis zur üppigen *disco volante*, auf der sich Roastbeef und verschiedene Gemüse türmen.

Der Service hat fast Lichtgeschwindigkeit, und das Restaurant betreibt auch eine florierende Take-away-Theke. Direkt daneben befindet sich das gleichnamige **Hostel** (☎320-502-4459, 5-318-2599; www.themeetingpoint.hostel.com; Carrera 61 No 68-100; B/Zi. ab 30 000/90 000 KOL$; ❄📶).

An- & Weiterreise

Der **Busbahnhof** (www.ttbaq.com.co; Ecke Carerra 14 & Calle 54, Soledad) liegt sehr ungünstig 7 km vom Stadtzentrum entfernt. Die Fahrt mit dem Stadtbus zum Busbahnhof dauert bis zu einer Stunde. Schneller geht es mit dem Taxi (25 000 KOL$, 30 Min.). Vom Busbahnhof fahren mindestens stündlich Busse nach Bogotá (ab 89 000 KOL$, 18 Std.), Medellín (ab 118 000 KOL$, 12 Std.), Santa Marta (14 000 KOL$, 2 Std.), Riohacha (31 000 KOL$, 4 Std.) und Cartagena (ab 14 000 KOL$, 2 Std.). Weitere Busse steuern u. a. täglich Tolú (40 000 KOL$, 5 Std., morgens stündl.) und Mompós (38 000 KOL$, 6 Std., 7.30 Uhr) an.

Nach Cartagena und Santa Marta geht es schneller und günstiger von den sehr viel zentraler gelegenen Busbahnhöfen von **Berlinas** (☎5-385-0030; www.berlinasdelfonce.com; Ecke Calle 93 & Carrera 47) und **Marsol** (☎5-369-0999; www.transportesmarsol.net; Ecke Calle 93 & Carrera 47), die beide in der Calle 93 zwischen der Carrera 47 und der Carrera 49C liegen. Von hier fahren flotte Direktbusse ohne Zwischenhalte, und länger als 15 Minuten wartet man selten auf den nächsten Bus.

Cartagena

☎5 / 971 500 EW.

Cartagena de Indias ist die unumstrittene Königin der Karibikküste. Die wunderbar erhaltene historische Stadt ist von 13 km langen Steinmauern aus der Kolonialzeit umringt. Cartagenas Altstadt, eine UNESCO-Stätte, ist ein Labyrinth aus Kopfsteinpflastergassen mit Balkonen voller Bougainvilleen und riesigen Kirchen, die an schattigen, begrünten Plätzen stehen.

Ob tagsüber oder abends – hier sollte man seine gewohnte Routine in Sachen Stadtbesichtigung vergessen, sich einfach durch die Altstadt treiben und die Atmosphäre auf sich wirken lassen. Unterwegs kann man in vielen tollen Bars und Restaurants eine Pause einlegen, um der Hitze und der Luftfeuchtigkeit zu entfliehen.

Cartagena weiß sich im Wettbewerb um die bezauberndste und am besten erhaltene historische Stadt Südamerikas gegen Ouro Preto in Brasilien und Cuzco in Peru zu behaupten. Es ist eine Stadt, von der man sich nur schwer losreißen kann. Sie nimmt Besucher gefangen und lässt sie nicht mehr los.

Sehenswertes

Cartagenas Hauptattraktion ist zweifellos die **Altstadt**, besonders die historischen Viertel El Centro und San Diego, die innerhalb der Stadtmauern liegen. In El Centro im Westen lebte traditionell die Oberschicht, San Diego im Nordosten war früher eine Domäne der Mittelschicht. In beiden Altstadtvierteln gibt's zahlreiche koloniale Kirchen, Klöster und Plätze sowie Paläste und Villen mit Balkonen und schattigen Innenhöfen voller leuchtend bunter Blumen.

Die schlichte Architektur von Getsemaní direkt außerhalb der Stadtmauer ist auf den ersten Blick weniger beeindruckend. Doch das Viertel hat einen viel stärkeren Wohncharakter und ist nicht so steril. Es ist sehr stimmungsvoll – die Erkundung lohnt sich. In den vergangenen Jahren hat es sich zu einem Backpacker-Zentrum entwickelt und wurde erstaunlich schnell aufgewertet. Heute gibt es hier viele trendige Restaurants, rammelvolle Cocktailbars und Salsa-Clubs sowie fast so viele Boutiquehotels wie innerhalb der Mauern. Eine schöne Promenade entlang der **Muelle Turístico de los Pegasos** verbindet Getsemaní mit der Altstadt.

Die Altstadt ist von **Las Murallas** umgeben, den dicken Mauern, die zum Schutz vor Feinden errichtet wurden. Mit ihrem Bau begann man gegen Ende des 16. Jhs. nach einer Belagerung durch Sir Francis Drake – bis dahin war Cartagena fast völlig ungeschützt. Wegen wiederholter Beschädigungen durch Stürme und Piratenangriffe dauerte es fast 200 Jahre, bis die Mauern fertig waren. 1796, nur 25 Jahre vor der Vertreibung der Spanier, war es dann soweit.

★ Castillo de San Felipe de Barajas — FESTUNG

(Av Arévalo; Erw./Kind 25 000/10 500 KOL$; ⏲8–18 Uhr) Dies ist die größte Festung, die die Spanier je in einer ihrer Kolonien errichtet haben. Noch immer dominiert das Castillo de San Felipe de Bajaras einen gesamten Stadtteil. Es sollte auf jeden Fall die Nummer eins unter den Festungen sein, die man besucht. Das ursprüngliche Gebäude war noch recht klein. Es wurde 1630 in Auftrag gegeben, und 1657 begann man mit dem Bau auf dem 40 m hohen Hügel San Lázaro. 1762 wurde die Festung umfangreich erweitert, sodass die mächtige Bastion nun den gesamten Hügel einnahm.

Palacio de la Inquisición MUSEUM

(Plaza de Bolívar; Erw./Kind 20 000/17 000 KOL$; ⏲ Mo–Sa 9–18, So 10–16 Uhr) Heute mag der Palast der Inquisition eines der schönsten Gebäude der Stadt sein, doch in der Vergangenheit beherbergte er die berüchtigte Inquisition, deren blutige Aufgabe es war, im kolonialen Cartagena die Ketzerei auszurotten. Der Palast ist inzwischen ein Museum, das die Folterinstrumente der Inquisitoren ausstellt, von denen einige wirklich grauenvoll sind. Außerdem zeigt es präkolumbische Keramik und zeichnet mithilfe von Waffen, Gemälden, Möbeln und Kirchenglocken den Lauf der Stadtgeschichte nach.

Catedral KIRCHE

(Calle de los Santos de Piedra) Mit dem Bau der Kathedrale Cartagenas wurde 1575 begonnen, doch 1586, noch während der Bauarbeiten, wurde sie von Francis Drakes Kanonen teilweise zerstört. Das Gebäude, dessen offizieller Name Basilica Santa Catalina de Alejandría ist, wurde erst 1612 fertiggestellt. Die markante Terrakottakuppel, die in der ganzen Stadt zu sehen ist, wurde aber erst später angebaut. Im 20. Jh. ließ der erste Erzbischof Cartagenas weitere Änderungen vornehmen: Die gesamte Kirche wurde verputzt und so gestrichen, dass sie wirkt, als wäre sie aus Marmor.

Convento & Iglesia de San Pedro Claver MUSEUM

(☎ 5-664-4991; Plaza de San Pedro Claver; Erw./Kind 13 000/8000 KOL$; ⏲ 8–17.30 Uhr) Gegründet von Jesuiten als Convento San Ignacio de Loyola in der ersten Hälfte des 17. Jhs., wurde es später wurde es zu Ehren des in Spanien geborenen Mönchs Pedro Claver (1580–1654) umbenannt, der im Kloster lebte und starb. Er wurde „Apostel der Schwarzen" und „Sklave der Sklaven" genannt und widmete sein Leben den Sklaven, die aus Afrika hergebracht wurden. Eine Reihe von Gemälden beschreibt im Inneren des Gebäudes das Leben Clavers.

Plaza de Bolívar PLAZA

Die grüne, schattige Plaza, die frühere Plaza de Inquisición, wird von einigen der elegantesten, mit Balkonen versehenen Kolonialbauten der Stadt gesäumt. Sie ist eine der schönsten Plazas Cartagenas und bietet Erholung von der karibischen Hitze. In der Mitte steht eine Statue von Simón Bolívar, nach dem der Platz benannt ist.

Puerta del Reloj TOR

Das ursprünglich Boca del Puente genannte Tor war das Haupttor in die innerhalb der Stadtmauern liegende Innenstadt. Von Getsemaní führte eine Zugbrücke über den Festungsgraben zum Tor. Die Seitenbogen, die heute offene Fußwege sind, wurden früher als Kapelle und Waffenkammer genutzt. 1888 kam der mit einer vierseitigen Uhr versehene Turm im republikanischen Stil hinzu.

Convento de la Popa KIRCHE

(Erw./Kind 11 000/8000 KOL$; ⏲ 8–18 Uhr) Auf dem höchsten Punkt der Stadt, einem 150 m hohen Hügel, erhebt sich dieses Kloster. Der Blick von hier über die gesamte Stadt ist grandios. Der Name des Klosters bedeutet wörtlich übersetzt „Kloster des Hecks" und bezieht sich auf die Ähnlichkeit des Hügels mit dem Heck eines Schiffes. Es wurde 1607 von Augustiner-Patern gegründet und war ursprünglich nur eine kleine Holzkapelle, doch als der Hügel zwei Jahrhunderte später befestigt wurde, ersetzte man diese durch ein massiveres Bauwerk.

Aktivitäten

Cartagena hat sich dank der großen Korallenriffe vor der Küste zu einem wichtigen Tauchzentrum entwickelt. Der Strand La Boquilla ist auch bei Kitesurfern beliebt.

Diving Planet TAUCHEN

(☎ 310-657-4926, 320-230-1515; ⏲ Mo–Sa 8–18 Uhr; www.divingplanet.org; Calle Estanco del Aguardiente No 5-09) Die Fünf-Sterne-PADI-Tauchschule bietet Tauchgänge mit zwei Flaschen vor den Islas del Rosario, die inklusive Transport, Ausrüstung, Mittagessen und Tauchlehrer 408 000 KOL$ kosten. Bei Barzahlung gibt's 10 % Rabatt.

Sico RADFAHREN

(☎ 300-339-1728; www.sicobikerental.com; Calle Puntales 37-09; ⏲ 9–22 Uhr) Der freundliche Veranstalter von Fahrradtouren bietet zweistündige geführte Touren durch die Stadt und ihre Umgebung. Außerdem verleiht er hochwertige Hybridräder und Mountain-

Cartagena (Altstadt)

Cartagena (Altstadt)

Highlights
1 Altstadt C5

Sehenswertes
2 Catedral C4
3 Convento & Iglesia de San Pedro Claver C5
4 Las Murallas C2
5 Muelle Turístico de los Pegasos D5
6 Palacio de la Inquisición B5
7 Plaza de Bolívar B5
8 Plaza de los Coches C5
9 Puerta del Reloj C5

Aktivitäten, Kurse & Touren
10 Diving Planet C3
11 Sico D3

Schlafen
12 Bantú D3
13 Casa Gastelbondo B4
14 El Viajero Cartagena D3
15 Friends to Be E5
16 Hotel Casa San Agustin C4
17 Media Luna Hostel E5
18 San Pedro Hotel Spa E3

Essen
19 Beer & Laundry F5
20 Beiyu E6
21 Caffé Lunático F5
22 El Boliche D3
23 El Santísimo D2
24 Espíritu Santo C4
25 La Cevichería D2

Ausgehen & Nachtleben
26 Alquímico C4
27 Café Havana E5
28 Donde Fidel C5

Shoppen
29 Ábaco B4

bikes (halber Tag 24 000 KOL$). Die mehrsprachigen zweistündigen Stadttouren beginnen täglich um 8 und 16.30 Uhr.

Schlafen

Cartagena hat eine Riesenauswahl an Unterkünften, aber alles, was besser als ein Hostel oder ein sehr einfaches Mittelklassehotel ist, geht richtig ins Geld. Die Spitzenhotels richten sich an reiche Kolumbianer und US-Amerikaner, die auf Wochenendtrips nach Cartagena kommen, und verlangen astronomische Preise. Es gibt unglaublich viele schön restaurierte Boutiqueunterkünfte in Kolonialhäusern. Die meisten Budgetbleiben findet man in Getsemaní, besonders in der Calle de la Media Luna.

El Viajero Cartagena HOSTEL **$$**
(5-660-2598; www.elviajerohostels.com; Calle de los 7 Infantes No 9-45; B inkl. Frühstück 50 000–56 000 KOL$, DZ 220 000 KOL$, ohne Bad 175 000 KOL$;) Das megabeliebte, große Backpacker-Hostel ist sowohl das am zentralsten gelegene als auch eines der geselligsten Quartiere in der Innenstadt. Alle Zimmer haben eine Klimaanlage – angesichts der Hitze ein Traum, vor allem bei diesem Preis. Die Matratzen sind fest, die Küche ist gut organisiert und blitzsauber, und im netten offenen Innenhof geht es gesellig zu.

Media Luna Hostel HOSTEL **$$**
(5-664-3423; www.medialunahostel.com; Calle de la Media Luna No 10-46; B/Zi. inkl. Frühstück 45 000/160 000 KOL$;) Cartagenas ultimatives Partyhostel ist für die einen ein Paradies und für die anderen zu laut. Das unbestrittene Zentrum der Backpackerszene in Getsemaní verströmt grandioses koloniales Flair und ist und ein guter Ort, um andere Traveller zu treffen. Tolle Extras sind der große Innenhof, der Billardtisch und eine Dachterrasse, wo mittwochabends Fiestas gefeiert werden.

Friends to Be BOUTIQUEHOTEL **$$**
(5-660-6486; www.friends-to-be.hotels-cartagenacolombia.com; Calle del Espíritu Santo No 29-101; B 40 000 KOL$, EZ/DZ inkl. Frühstück 160 000/180 000 KOL$;) Das charmante Hotel ist eine der besten Mittelklasseunterkünfte in Getsemaní und erinnert mit seinem großen, rustikalen Innenhof, der sich hinter den Wänden der Kolonialvilla versteckt, an eine Hazienda. Die beiden beeindruckendsten Zimmer befinden sich im vorderen Teil des Hauses und erstrecken sich über zwei Etagen; eines davon bietet vier Personen Platz und hat eine private Dachterrasse.

★ **San Pedro Hotel Spa** BOUTIQUEHOTEL **$$$**
(5-664-5800; www.sanpedrohotelspa.com.co; Calle San Pedro Mártir No 10-85; Zi. inkl. Frühstück ab 460 000 KOL$;) Dem San Pedro, einem faszinierenden Boutiquehotel mit sieben Zimmern in einer stattlichen Kolonialvilla, gelingt die richtige Balance zwischen authentischen historischen Elementen und echtem modernem Luxus. Das beginnt beim mit Mosaiken verzierten Pool im Atrium und reicht bis zu den großen Gästezimmern mit chinesischen Wandschirmen, antiken Betten und eleganten Sesseln. Die Dachterrasse mit dem Tauchbecken und der ruhigen, zum Lesen einladenden Lounge ist ebenso spektakulär wie der Service.

Hotel Casa San Agustin LUXUSHOTEL **$$$**
(5-681-0621; www.hotelcasasanagustin.com; Calle de la Universidad; Zi. inkl. Frühstück ab 1 350 000 KOL$;) Das Casa San Agustin hat sich fest als bestes Hotel der Stadt etabliert. Die wundervolle Lage wäre schon allein toll, doch dieses einzigartige Gebäude (über dessen rechteckigen Pool der ehemalige städtische Aquädukt verläuft) hat ein ungewöhnliches, stimmungsvolles Ambiente, von den unglaublich engagierten und höflichen Mitarbeitern und der clubähnlichen Atmosphäre ganz zu schweigen.

Bantú HOTEL **$$$**
(5-664-3362; www.bantuhotel.com; Calle de la Tablada No 7-62; EZ/DZ inkl. Frühstück 550 000–630 000 KOL$;) Zwei wundervoll restaurierte Wohnhäuser aus dem 15. Jh. bilden dieses zauberhafte, luftige Boutiquehotel mit 28 Zimmern, das mit gemauerten Bogen, den Originalsteinwänden und üppigem Grün aufwartet. Die elegant ausgestatteten Zimmer zieren viele künstlerische Akzente, die sich gut an den Stil des Gebäudes anpassen. Außerdem gibt es einen Dachpool, einen Springbrunnen und eine Schaukel an einem hohen Mangobaum im Hof.

Casa Gastelbondo BOUTIQUEHOTEL **$$$**
(5-660-8978; www.casagastelbondo.com; Calle Gastelbondo No 2-101; Zi. inkl. Frühstück ab 400 000 KOL$;) Dieses romantische Hotel nur für Erwachsene befindet sich in einem restaurierten Kolonialgebäude, in dem alte und neue Elemente nahtlos miteinander verschmelzen, und bietet seinen Gästen Opulenz und Authentizität. Die Zimmer sind clever gestaltetet und nicht überladen. Der gesamte Komplex wirkt sehr großzügig und hat zwei Pools und Klimaanlagen, die gegen die hohe Luftfeuchtigkeit helfen. Die professionellen Mitarbeiter bieten freundlich, aber diskret ihren Service an – und da es nur vier Zimmer gibt, haben sie immer Zeit, wenn man ein Anliegen hat.

Essen

In Cartagena gibt's gutes Street-Food: Viele Snackbars in der ganzen Altstadt servieren lokale Snacks wie *arepas de huevo* (frittierte Maisteigtaschen gefüllt mit einem Ei), *dedos de queso* (frittierte Käsesticks), Empanadas und *buñuelos* (frittierte Maisbällchen mit

Käse). Die süßen Verführungen der Region kann man an den Süßwarenständen probieren, die das Portal de los Dulces an der Plaza de los Coches säumen.

Beer & Laundry PIZZA $
(www.beerandlaundry.com; Calle de la Media Luna No 10-113; Pizzas ab 12 000 KOL$; ⏲ Mo–Sa 8–19 Uhr; 📶) Alle Backpacker treibt die Frage um, wie man mit minimalem Aufwand seine Wäsche waschen lassen kann. Hier ist die Antwort: Man gibt sie in dieser Wäscherei-Bar in Getsemaní bei den freundlichen, Englisch sprechenden Mitarbeitern ab und lässt sich ein Bier und eine Pizza schmecken, während man wartet (maximal 2 Std.). Es ist die vielleicht beste Pizza in Cartagena – auf jeden Fall aber die beste Wäscherei!

Espíritu Santo KOLUMBIANISCH $
(Calle del Porvenir No 35-60; Hauptgerichte 16 000 KOL$; ⏲ 11.30–15.30 Uhr) Wer in einer Stadt voller Touristen mal unter Einheimischen sein möchte, kommt hierher, denn hier sitzen Hunderte von ihnen. Von außen wirkt das Restaurant klein, doch drinnen ist es erstaunlich groß. Man wählt die Hauptspeise und drei Beilagen aus, und ganz im Geist des *comida corriente* (Tagesmenü) steht es im Handumdrehen auf dem Tisch.

Caffé Lunático TAPAS $$
(☎ 320-383-0419; Calle Espíritu Santo No 29-184; Tapas 12 000–20 000 KOL$, Hauptgerichte 26 000–53 000 KOL$; ⏲ 11–15 & 19–23 Uhr; 📶 ✎) Dieses künstlerisch gesinnte kleine Café im Hostelviertel Gestemanís hat nichts Lunatisches an sich. Ein riesiges Porträt von Amy Winehouse nimmt fast eine ganze Wand ein. Das Lunático ist ideal, wenn einen mittags der Hunger packt, man nachmittags Appetit auf Kuchen bekommt oder am frühen Abend Lust auf einen Cocktail hat. Es serviert diverse kleine Gerichte und Desserts, die alle ausgesprochen gut sind.

Beiyu CAFÉ $$
(Calle del Guerrero No 29-75; Frühstück 10 000–13 000 KOL$; ⏲ Mo–Sa 7–21, So 9–18 Uhr; 📶 ✎) 🍃 Das schlichte, kleine Café ist ein kleines Paradies der Biokost und der Nachhaltigkeit im Herzen Getsemanís. Es serviert hervorragenden kolumbianischen Kaffee, frische Säfte, komplettes Frühstück und kreative Mittags- und Abendgerichte. Es ist ideal, wenn man nach einer langen Nacht wieder auf die Beine kommen will. Die Portion sind ausgesprochen üppig. Nicht verpassen: die *açaí*-Bowl!

★ **El Boliche** CEVICHE $$$
(☎ 5-660-0074, 310-368-7908; Cochera del Hobo No 38-17; Hauptgerichte 48 000–60 000 KOL$; ⏲ Mo–Sa 12.30–15 & 19–23 Uhr; 📶) Das kleine, zauberhafte El Boliche ist nicht so bekannt, dass es überlaufen wäre, und fühlt sich wohl damit. Wer auf rohen Fisch lieber verzichtet, bekommt hier auch warme und kalte *ceviche* mit ungewöhnlichen, abenteuerlichen Zutaten wie Tamarinde, Kokosmilch und Mango. Im schönen Innenraum mit sechs Tischen gibt's einen gläsernen Wasserfall und eine Bar, die erstklassige Mojitos mixt.

La Cevichería SEAFOOD $$$
(☎ 5-664-5255; Calle Stuart No 7-14; Hauptgerichte 39 000–120 000 KOL$; ⏲ Mi–Mo 12–23 Uhr; 📶) Einst war dies ein von den Einheimischen gepriesenes, wenig bekanntes Lokal, doch durch eine Episode in Anthony Bourdains TV-Show *Eine Frage des Geschmacks* erlangte es 2008 Bekanntheit und ist nun immer gut besucht. Zum Glück ist das Essen aber so hervorragend wie früher. Jedes Gericht wird mit viel Verve zubereitet. Der Oktopus in Erdnusssauce ist unglaublich gut, ebenso wie der schwarze Reis mit Tintenfischtinte und die peruanische *ceviche*.

El Santísimo KOLUMBIANISCH, FUSION $$$
(☎ 5-660-1531, 314-541-2117; www.elsantisimo.com; Calle del Torno No 39-62; Hauptgerichte 45 000–60 000 KOL$; ⏲ 12–23 Uhr) Ein familienfreundliches Restaurant, in dem sich auch verliebte Pärchen wohlfühlen: Das Santísimo ist sehr kreativ im Recyceln: Die Kronleuchter bestehen aus leeren Weinflaschen, die Wände und die Decke sind mit Holz von Kisten verkleidet. Doch das Essen ist alles andere als recycelt: Es ermöglicht mit ungewöhnlichen Kombinationen von Zutaten und Neuinterpretationen von Klassikern eine Reise durch die kolumbianische Cuisine.

Ausgehen & Nachtleben

Die alteingesessene Barszene rund um die **Plaza de los Coches** in El Centro bietet Salsa und Vallenato, die meisten angesagteren und hipperen Treffs finden sich dagegen im pulsierenden Getsemaní, wo die Läden größer und die Gäste jünger sind. Am Wochenende ist am meisten los, richtig lebhaft wird's aber erst nach Mitternacht.

★ **Alquímico** COCKTAILBAR
(☎ 318-845-0433; www.alquimico.com; Calle del Colegio No 34-24; ⏲ So–Do 17–2, Fr & Sa bis 3.30 Uhr) Alle, die auch nur im Entferntesten hip

sind, zieht es in diese Altstadtbar mit Apothekenthema. Sie befindet sich in einem prächtigen Kolonialgebäude und erstreckt sich über drei Etagen. Die elegante, schummrige Lounge im Erdgeschoss ist ideal für einen Aperitif, darüber gibt's eine Küche und einen Billardtisch, und in der obersten Etage lockt die immer gut besuchte Dachterrassenbar, die kreative Cocktails auf Aguardiente-Basis mixt.

★ **Café Havana** CLUB

(Ecke Calle del Guerrero & Calle de la Media Luna; Eintritt 30 000 KOL$; ⏲ Do–Sa 20.30–4, So 17–2 Uhr) Das Café Havana punktet in jeder Hinsicht: Es gibt hier Live-Salsa von kubanischen Blasmusikern, starke Drinks, eine herrliche hufeisenförmige Bar, an der geniale Exzentriker sitzen, und kreisende Deckenventilatoren. Es ist zwar kein Geheimtipp mehr, lohnt aber immer noch einen Besuch. Wer hier um 1 Uhr morgens Salsa tanzen will, sollte sich auf verschwitztes Gedränge und den einen oder anderen Ellenbogen in den Rippen gefasst machen.

Donde Fidel BAR

(☎ 5-664-3127; El Portal de los Dulces No 32-09; ⏲ 11–2 Uhr) Ältere Herrschaften und junge Salsatänzer treffen sich in dieser meist vollen und immer lauten, hell erleuchteten Altstadtbar. Die Wände zieren unzählige Fotos, die den Besitzer Fidel mit seinen Gästen zeigen – lateinamerikanische Berühmtheiten von A- bis D-Promis. Am besten bestellt man gleich eine ganze Flasche Rum mit einem Eiskühler und alkoholfreien Getränken zum Mixen und sucht sich einen Tisch.

Shoppen

Ábaco BÜCHER

(☎ 5-664-8338; Ecke Calle de la Iglesia & Calle de la Mantilla; ⏲ Mo–Sa 8–22, So 10–20 Uhr; 📶) In dem kleinen Buchladen mit Café herrscht eine Atmosphäre ernsthafter Gelehrsamkeit. Mit der Leiter erreicht man auch die oberen Regale. Wer sich Zeit nimmt, findet Bände mit den Werken von Cervantes, englischsprachige Bücher und so ziemlich alles, was Gabriel García Márquez je geschrieben hat. Außerdem gibt's italienisches Bier, spanischen Wein und starken Espresso.

Praktische Informationen

GELD

Casas de cambio (Wechselstuben) und Banken sind im historischen Zentrum allgegenwärtig, besonders rund um die Plaza de los Coches und die Plaza de la Aduana. Vor dem Umtausch sollte man die Wechselkurse vergleichen. In ganz Cartagena bieten viele „Geldwechsler" auf der Straße fantastische Wechselkurse an. Sie sind aber alle ohne Ausnahme gewiefte Betrüger – man sollte also nicht einmal daran denken, auf der Straße Geld zu tauschen. In El Centro und San Diego gibt's kaum Geldautomaten, in der Av Venezuela aber umso mehr.

MEDIZINISCHE VERSORGUNG

Hospital Naval de Cartagena (☎ 8-655-4306; Carrera 2 No 14-210; ⏲ 24 Std.) Hat eine Dekompressionskammer.

TOURISTENINFORMATION

Die größte Touristeninformation (Turismo Cartagena de Indias; ☎ 5-660-1583; www.turismocartagenadeindias.com; Plaza de la Aduana; ⏲ Mo–Sa 9–12 & 13–18, So 9–17 Uhr) mit freundlichen, hilfreichen Mitarbeitern, die Englisch sprechen, befindet sich an der Plaza de la Aduana. Außerdem gibt's kleine Infoschalter an der Plaza de San Pedro Claver und der Plaza de los Coches.

An- & Weiterreise

BUS

Nach Barranquilla oder Santa Marta kommt man am einfachsten vom **Berlinastur-Terminal** (☎ 318-724-2424, 318-354-5454; www.berlinastur.com), das eine kurze Taxifahrt von der Altstadt entfernt ist. Von dort fahren von 5 bis 20 Uhr alle 20 Minuten klimatisierte Minibusse nach Barranquilla (20 000 KOL$, 2 Std.) und weiter nach Santa Marta (40 000 KOL$, 4 Std.).

Eine noch bessere, aber teurere Option auf dieser Strecke ist der Bus von **MarSol** (☎ 5-656-0302; Carrera 2 No 43-111) nach Santa Marta (50 000 KOL$, 3 Std.). Täglich verkehren zwei Busse, die Sitzplätze reserviert man einen Tag vorher telefonisch.

Nach Bogotá und Medellín fahren den ganzen Tag über Busse mehrerer Unternehmen, darunter solche von Copetran (www.copetran.com) nach Bogotá (ab 110 000 KOL$, 21 Std., 6-mal tgl.) und solche von **Unitransco** (☎ 5-663-2067, 5-663-2665; Terminal de Transportes de Cartagena, Calle 1A No 3-89) nach Barranquilla (14 000 KOL$, 2½ Std., stündl.) und weiter nach Santa Marta (35 000 KOL$, 4 Std., stündl.). Außerdem startet um 7.30 Uhr ein Bus nach Mompós (46 000 KOL$, 6 Std., tgl.), und stündlich verkehren Busse nach Montería (40 000 KOL$, 5 Std., tgl.). Nach Riohacha (42 000 KOL$, 8 Std.) auf der Guajira-Halbinsel fahren stündlich Busse von Expreso Brasilia und von **Rápido Ochoa** (☎ 312-843-1249, 5-693-2133; Terminal de Transportes de Cartagena, Calle 1A No 3-89). Busse von Rápido Ochoa steuern zudem Medellín (125 000 KOL$, 13 Std.) an.

ABSTECHER

TAGESAUSFLÜGE AB CARTAGENA

Playa Blanca

Die Playa Blanca macht ihrem Namen alle Ehre – sie ist wirklich ein schöner, puderweißer Sandstrand und einer der schönsten Strände rund um Cartagena. Allerdings rückt die Bebauung immer näher, und ständig wird man von Strandverkäufern bedrängt, zudem ist der Strand in der Hauptsaison und am Wochenende überfüllt. Am besten besucht man ihn man also werktags und nicht gerade im Januar oder Februar.

Der Strand liegt 20 km südwestlich von Cartagena auf der Isla de Barú. Die Boote, die zu den Islas del Rosario (S. 821) fahren, halten hier in der Regel unterwegs an. Wenn sie ankommen, strömen Scharen von Händlern heran, die alles Mögliche anbieten, von Strandstühlen bis zu Massagen – und fast alles extrem überteuert. Es kann eine echte Herausforderung sein, sich diese Leute vom Hals zu halten. Das Einzige, dessen Kauf sich lohnt, ist *cocada*, eine Süßigkeit aus Kokosraspeln in verschiedenen Geschmacksrichtungen. An der Playa Blanca kann man auch gut schnorcheln – wenn man sich nicht von den Jetskis abschrecken lässt.

Islas del Rosario

Die Islas del Rosario, ein Inselarchipel etwa 35 km südwestlich von Cartagena, bestehen aus 27 kleinen Koralleninseln, einige davon winzig. Die Inseln sind von Korallenriffen umringt, daher leuchtet das Wasser in einem unglaublichen Hellblau-Türkis. Die gesamte Gegend wurde zum Nationalpark, dem PNN Corales del Rosario y San Bernardo, erklärt. Leider haben warme Wasserströmungen zur Erosion der Riffe geführt, sodass das Tauchen hier nicht mehr so schön ist wie früher. Wassersport ist aber nach wie vor sehr beliebt, und auf den beiden größten Inseln, der Isla Grande und der Isla del Rosario, gibt es Lagunen im Inselinneren und ein paar touristische Einrichtungen wie Hotels und ein Resort. Von Cartagena kann man eine Tagestour zu den Inseln unternehmen, wer aber dem Andrang entfliehen will, sollte erwägen, eine oder zwei Nächte zu bleiben.

Volcán de Lodo El Totumo

Etwa 50 km nordöstlich von Cartagena liegt einige Kilometer landeinwärts ein faszinierender, 15 m hoher **Hügel** (Schlammbäder 10 000 KOL$; ⏲ Sonnenaufgang–Sonnenuntergang), der wie ein Minivulkan aussieht. Dieser spuckt allerdings keine Lava und Asche aus, sondern lauwarmen, cremigen Schlamm. Besucher können in den Krater klettern und ein Schlammbad nehmen. Der Schlamm enthält Mineralien, die für ihre Heilwirkung bekannt sind. Danach kann man sich in der nur 50 m entfernten Lagune waschen.

Für die Einheimischen, die einen während des Besuchs umsorgen, sollte man genug kleine Geldscheine als Trinkgeld mitnehmen (5000 KOL$): Sie massieren die Besucher (nicht sehr gekonnt), spülen sie ab, halten die Kamera und machen Fotos. Alles in allem eine sehr vergnügliche und zu Recht beliebte Tagestour ab Cartagena!

Wer über Land nach Panama reisen will, nimmt einen der stündlich verkehrenden Busse nach Montería (40 000 KOL$, 5 Std.) und steigt dort in einen der Busse nach Necocli (25 000 KOL$, 2½ Std.) und Turbo (35 000 KOL$, 3½ Std.) um, die ebenfalls stündlich abfahren.

Die **Busse zur Playa Blanca** (Calle de la Magdalena Concolón; 1500 KOL$, 70 Min.) sind eine Alternative zu den Bootstouren (S. 821) und fahren den ganzen Tag über.

FLUGZEUG

Alle großen kolumbianischen Fluggesellschaften fliegen von und zum Flughafen Cartagenas, dem **Aeropuerto Internacional Rafael Núñez** (☎ 5-693-1351; www.sacsa.com.co; Calle 71 No 8-9), der 3 km vom Zentrum entfernt in Crespo liegt. Flüge von **Avianca** (☎ 5-655-0287; www.avianca.com; Av Venezuela No 8B-05; ⏲ Mo–Fr 8–12.30 & 14–18, So 8–13 Uhr) steuern Bogotá, Cali, Medellín, San Andrés und andere große Städte an. **Copa** (☎ 5-655-0428; www.copaair.com; Calle 71 No 8-9; ⏲ Mo–Fr 8–18, Sa & So bis 17 Uhr) fliegt nach Panama City, American Airlines nach Miami und JetBlue Airways nach New York. Saisonal gibt es Flüge nach Toronto mit Air Canada Rouge.

Im Terminal gibt es vier Geldautomaten und eine *casa de cambio* (Wechselstube, im Ankunftsbereich der Inlandsflüge), und im

Terminalgebäude sowie in unmittelbarer Nähe befinden sich zahlreiche Autovermietungen.

SCHIFF/FÄHRE

Segelboote sind eine beliebte Option, um nach Panama überzusetzen und eine einzigartige Möglichkeit, die San-Blas-Inseln zu besuchen. Verschiedene Boote fahren von Cartagena über den San-Blas-Archipel nach Panama und zurück; der Fahrplan wird ein paar Monate im Voraus erstellt. Fast jeden Tag fahren in beide Richtungen Boote. Die Fahrt dauert normalerweise fünf Tage und beinhaltet drei Tage auf den San-Blas-Inseln, um zu schnorcheln und andere Inseln zu besuchen. Die Touren kosten in der Regel um die 550 US$ pro Person, schwanken aber zwischen 450 bis 650 US$, da der Preis von vielen verschiedenen Faktoren abhängt.

Die meisten Boote kommen in Panama in den Häfen Porvenir, Puerto Lindo und Portobello an. Von allen drei Häfen gelangt man problemlos nach Panama City.

In den vergangenen Jahren wurde dieser Geschäftszweig von **Blue Sailing** (☎ 310-704-0425, 300-829-2030; www.bluesailing.net; Calle San Andrés No 30-47; 5-tägige Touren 450–650 US$; ⏲ Mo–Sa 9–17 Uhr) transformiert. Die kolumbianisch-amerikanisch geführte Agentur hat versucht, eine bis dahin nicht regulierte Branche zu legalisieren. Blue Sailings vertritt über 22 Boote und stellt sicher, dass diese mit der nötigen Sicherheitsausrüstung für Fahrten übers offene Meer ausgestattet sind. Es überwacht den Standort der Boote und setzt nur lizenzierte Kapitäne ein. Daher ist es unbedingt empfehlenswert, ein Boot bei Blue Sailing zu buchen, denn so ist eine sichere und legale Fahrt garantiert.

Andere Agenturen und Hostels in Cartagena bieten ebenfalls Bootstouren an, man sollte sich aber nach der Sicherheitsausrüstung und der Lizenz des Kapitäns erkundigen. Idealerweise liest man im Internet Bewertungen des Boots und der Crew, ehe man bucht.

Jede Woche fahren verschiedene Boote ab. Man kann sich mit dem gewünschten Abfahrtsdatum per E-Mail an einen Anbieter wenden, dieser wird versuchen, einen an das Boot zu vermitteln, das den eigenen Wünschen am besten entspricht. Es ist wichtig, rechtzeitig im Voraus zu buchen, besonders von Dezember bis Ende März, da die Boote in der Regel schon Wochen vor der Abfahrt ausgebucht sind.

Die Segelboottouren zu den San-Blas-Inseln sind selbst bei Besuchern beliebt, die ursprünglich gar nicht vorhatten, nach Panama zu reisen. Einige Fluggesellschaften haben billige Flüge von Panama City zurück nach Kolumbien, z. B. Wingo, Air Panama und Avianca.

Für Passagiere mit eigenem Fahrzeug bieten mehrere Reedereien Sammelcontainer oder einen *Roll-on-roll-off*-Service zwischen Cartagena und Colón (700–1200 US$, 6–8 Tage inkl. Verladen/Entladen) an. Die Passagiere können mit dem Segelboot fahren und ihr Fahrzeug in Colón abholen. Von Puerto Lindo und Portobello gelangt man schnell und preiswert nach Colón.

Für Aufenthalte in Panama von bis zu 90 Tagen ist in der Regel kein Visum erforderlich.

Mompós

☎ 5 / 44 000 EW. / 33 M

Mompós ist eine der am besten erhaltenen Kolonialstädte Kolumbiens. Die Stadt (auch unter ihrem ursprünglichen spanischen Namen Mompox bekannt) liegt tief im Landesinneren am Ufer des Río Magdalena und befand sich stetig im Niedergang, seit sich der Flusstransport Mitte der 19. Jh. veränderte und sie zu einem Provinznest degradiert wurde. Sie ähnelt auffallend García Márquez' fiktionaler Stadt Macondo und ist ein viel schönerer Ort, um die Atmosphäre von *Hundert Jahre Einsamkeit* zu erleben als Aracataca, die nahe gelegene Geburtsstadt des Schriftstellers. Im 21. Jh. ist diese vergessene Perle nun wieder im Aufwind begriffen – in den vergangenen Jahren öffneten stetig neue Boutiquehotels und Restaurants. Es ist die wohl charmanteste Stadt Nordkolumbiens. Mit seinen verwitterten Fassaden und bunten Kirchen erinnert Mompós stärker an die Altstadt Havannas als ans geschliffene, aufgemotzte Cartagena.

Schlafen & Essen

★ **Casa Amarilla** BOUTIQUEHOTEL $$
(☎ 310-606-4632, 5-685-6326; www.lacasaamarillamompos.com; Carrera 1 No 13-59; Zi. inkl. Frühstück 135 000–250 000 KOL$; ❄📶) Ein britischer Journalist und seine aus Momposina stammende Frau richteten dieses schöne Hotel in einer restaurierten Villa aus dem 17. Jh. mit Blick auf den Fluss ein. Es hat mehrere wunderbar stimmungsvolle Zimmer sowie geräumige Suiten im Obergeschoss – perfekt für ein paar romantische Tage! Das Frühstück wird an einem langen Tisch mit Blick auf den Hofgarten serviert.

El Fuerte San Anselmo EUROPÄISCH $$$
(☎ 5-685-6762, 314-564-0566; www.fuertemompox.com; Carrera 1 No 12-163; Hauptgerichte ab 40 000 KOL$; ⏲ 18.30–23 Uhr) Mit seinem wunderschön gestalteten Innenraum und dem großen, luftigen Garten, den eine hohe Bananenpflanze überragt, ist das El Fuerte ein richtiges Highlight der Stadt. Empfehlens-

wert sind die ausgezeichnete Pizza aus dem Holzofen, die liebevoll zubereitete Pasta und die großartige Gazpacho. Wer einen Tisch im Garten haben will, muss früh da sein!

An- & Weiterreise

Es stimmt zwar, dass Mompós abgelegen ist, doch von Cartagena und mehreren anderen größeren Städten fahren Direktbusse her. Die meisten Traveller kommen mit dem Bus von Unitransco (www.unitransco.co) aus Cartagena (46 000 KOL$, 6 Std., tgl. 7.30 Uhr).

Auch in Bucaramanga (65 000 KOL$, 7 Std., 10 & 21-45 Uhr) und Bogotá (90 000 KOL$, 15 Std., 3-mal tgl.) starten Busse nach Mompós, die alle von Copetran betrieben werden.

Von Mompós gibt's direkte Tür-zu-Tür-Verbindungen nach Barranquilla, Cartagena und Santa Marta. Die Fahrzeit dauert bei allen zwischen fünf und sechs Stunden, die Fahrt kostet zwischen 75 000 und 85 000 KOL$. Wer diesen Service nutzen möchte, bittet das Hotel darum, dass es die Abholung bucht.

Golfo de Urabá

Necocli

4 / 15 400 EW.

Seit der Einführung der neuen täglichen Bootsverbindung nach Capurganá erlebt Necocli eine Renaissance. In seinen Sträßchen, die eine ruhige, afrokaribische Atmosphäre verströmen, stehen Holz- und Betonhäuser. Früher war die Dschungelstadt im Daríen nur über die schäbige Hafenstadt Turbo zu erreichen. Necocli ist ein sehr angenehmes Städtchen, um vor der morgendlichen Weiterfahrt mit dem Boot über den Golfo de Urabá eine Nacht zu verbringen.

Schlafen & Essen

Hotel Punta de Águila HOTEL **$$**
(4-821-5500; www.hotelpuntadeaguila.co; Calle 50 No 46-10; EZ/DZ/3BZ inkl. Frühstück 70 000/100 000/140 000 KOL$;) Die einfachen Zimmer sind sicher, freundlich und solide – alles, was man benötigt, wenn man vor oder nach der Bootsfahrt eine Nacht in Necocli verbringt. Zudem reservieren die Mitarbeiter das Bootsticket für die Gäste schon im Voraus und bereiten am Abreisetag ein vorzeitiges Frühstück zu.

Zion Beach Bar SEAFOOD **$$**
(321-642-6522; Ecke Calle 51 & Carrera 51; Hauptgerichte 20 000 KOL$; 12–22 Uhr) Gegrillter Fisch auf dem Teller, Sand zwischen den Zehen, ein kaltes Bier in Reichweite und Bob Marley aus der Anlage – an den Tischen vor dieser Strandhütte im karibischen Stil, ein paar Blocks vom Hauptplatz Necoclis entfernt, kann man es sich bequem machen und die gemächliche Atmosphäre der Karibikküste auf sich wirken lassen.

An- & Weiterreise

Zwischen Necocli und Montería (35 000 KOL$, 2½ Std., stündl.) verkehren reguläre Busse, einige davon fahren täglich weiter nach Cartagena (80 000 KOL$, 8 Std.).

In die andere Richtung steuern täglich Dutzende Busse Turbo (10 000 KOL$, 1 Std.) und Medellín (56 000 KOL$, 10 Std.) an.

Die Busse starten an der Kreuzung der Fernstraße, des Hwy 90, mit der Calle 51.

Kombitickets für Boot und Bus kann man im Büro von **El Caribe SAS** (315-687-4284; www.maritimaelcaribe.com; Calle 46 No 43-44; 6–8 Uhr) kaufen.

Capurganá & Sapzurro

4 / 2200 EW.

Kolumbiens Karibikküste, die sich von der Wüste bis zum Regenwald zieht, endet schwungvoll: mit den idyllischen, entspannten Dörfern Capurganá und Sapzurro und ihren Stränden, die in einer halb vergessenen Ecke im Nordwesten Kolumbiens liegen, nur einen Spaziergang von der Grenze zu Panama entfernt. Hinter den Dörfern erstrecken sich mit Urwald bewachsene Berge, während vorn das herrliche azurblaue Wasser lockt. Die Dörfer selbst sind so bunt und eigenwillig, wie es für abgelegene Siedlungen in der Wildnis typisch ist. Autos sind verbannt, der Strom wird fast täglich abgestellt und Geldautomaten sind etwas aus der fernen Großstadt, das man nur vom Hörensagen kennt.

Die Anreise ist schon ein Teil des Abenteuers, denn beide Dörfer erreicht man nur nach einer rauen Bootsfahrt von Turbo oder Necoclí aus, die anderthalb bis zweieinhalb Stunden dauert, oder aber mit einem winzigen Flugzeug ab Medellín. Darum sind die Strände auch angenehm wenig berührt, und der Regenwald ist wunderbar undurchdringlich. Einige Kolumbianer, die Bescheid wissen, und ein paar ausländische Backpacker haben die Gegend zwar schon für sich entdeckt, doch die Atmosphäre hier ist immer noch ausgesprochen entspannt, gemächlich und von der lokalen Lebensweise geprägt.

Aktivitäten

Sendero Ecoturístico Capurganá-Sapzurro WANDERN

Die einzigen anderen Verkehrsteilnehmer, denen man auf der „Hauptstraße" zwischen Capurganá und Sapzurro begegnen dürfte, sind Tukane, Brüllaffen und Tausende riesiger Ameisen. Dieser alte Urwaldweg wurde unlängst ausgebaut und verfügt nun über hölzerne Treppen (die auf steile Kämme führen und wieder hinunter), ordentliche Toilettenblöcke und Infoschilder, die über die vielen Vögel und anderen Tiere informieren.

Die Wanderung ist wunderschön, auch wenn der Weg noch matschig und teilweise steil ist. Er endet an einem neu gebauten Aussichtspunkt auf der halben Strecke.

Der Weg ist 3,6 km lang (4 km, wenn man durch Sapzurro weiter bis zur panamaischen Grenze läuft) und gut ausgeschildert. Man braucht gute Schuhe und viel Wasser – wegen der Hitze und der hohen Luftfeuchtigkeit kommt einem die Strecke viel länger vor. In Sapzurro folgt man der Küste bis ins Dorfzentrum, das aus einer winzigen Kirche am Bootsanleger besteht. Wer von der Hitze des Regenwalds erschöpft ist, bekommt in einer kleinen Hütte gleich unterhalb des Aussichtsturms bei ein paar einheimischen Verkäufern Getränke (auch Bier!).

Dive & Green TAUCHEN

(☎316-781-6255, 311-578-4021; www.diveandgreen.com; Capurganá; 1/2 Tauchgänge 140 000/210 000 KOL$) Das einzige PADI-zertifizierte Tauchzentrum in der Gegend befindet sich direkt am Bootsanleger in Capurganá, dort, wo die ankommenden Boote anlegen. Es bietet ein große Auswahl von Kursen und Zertifikaten. Open-Water-Kurse kosten ab 950 000 KOL$ und eintägige Kennenlernkurse ab 190 000 KOL$. Dive & Green wurde von PADI außerdem für seine umweltfreundliche Arbeitsweise mit dem Green Star Award ausgezeichnet.

Geführte Touren

San Blas Adventures GEFÜHRTE TOUREN

(☎321-505-5008; www.sanblasadventures.com; Capurganá) Bietet häufig empfohlene viertägige Touren zu den San-Blas-Inseln an, die in Carti in Panama enden. Von dort kann man mit einem Jeep nach Panama City fahren. Die Touren starten in Sapzurro und kosten ab 400 US$. Die Teilnehmer müssen mindestens einen Tag vorher in Capurganá eintreffen.

Professionelle, Englisch sprechende Führer treffen die Teilnehmer am Bootsanleger in Capurganá; die Firma hat dort ein Büro.

Schlafen & Essen

Capurganá

Hostal Capurganá HOSTEL $

(☎318-206-4280, 316-482-3665; www.hostalcapurgana.net; Calle de Comercio; EZ/DZ/FZ inkl. Frühstück 75 000/125 000/225 000 KOL$; 📶) Diese hervorragende Unterkunft in der Hauptstraße, fast direkt hinter dem Hafen, hat sechs Privatzimmer und ein paar Sechs-Bett-Zimmer, jedes mit Ventilator, eigenem Bad und Zugang zu einem hübschen Hofgarten. Sie ist die einzige Einrichtung der Stadt, die Kreditkarten akzeptiert. Die wundervollen Besitzer Silvio und Beatriz betreiben vom Hostel aus ein **lokales Reisebüro** (☎4-824-3173).

Hier kann man US-Dollar wechseln.

★**Posada del Gecko** PENSION $$

(☎314-525-6037, 314-629-1829; www.posadadelgecko.com; Capurganá; EZ/DZ/3BZ/4BZ 30 000/80 000/110 000/140 000 KOL$; ❄📶) Die unglaublich beliebte Pension hat einfache Holzzimmer mit tollem Preis-Leistungs-Verhältnis, aber auch schickere Zimmer mit Klimaanlage und eigenem Bad. Das Gecko ist für sein Gartenrestaurant mit Bar bekannt, das authentische italienische Pizzas und Pasta serviert. Ein schöner Ort, um etwas zu trinken, und auch die Musik ist etwas subtiler als der in Capurganá übliche Reggaeton, bei dem einem fast die Ohren abfallen!

★**Josefina's** SEAFOOD $$

(Capurganá; Hauptgerichte 22 000–40 000 KOL$; ⏲12–21.30 Uhr) An der ganzen Küste wird man keine besseren Meeresfrüchte – und keine herzlichere Begrüßung – finden als bei Josefina's. Ihr mittelgroßer *pargo* (Roter Schnapper) füllt praktisch den ganzen Teller und ist ein saftiger Genuss, serviert mit Kokosreis, pikantem Salat und knusprigen *patacones* (Kochbananen-Chios). Die *crema de camerón* (Garnelencremesuppe) ist fast genauso gut.

Sapzurro

★**La Posada** HOSTEL $$

(☎310-410-2245; www.sapzurrolaposada.com; Zi. inkl. Frühstück 75 000–95 000 KOL$/Pers., Stellplatz od. Hängematte 15 000–20 000 KOL$/Pers.;

EINREISE NACH PANAMA

Auf dem Landweg kann man nicht von Kolumbien nach Panama reisen, die Panamaricana endet vor den Sümpfen des Tapón del Darién. Verschiedene tollkühne Verrückte haben die Gefahren ignoriert und versucht, die restlichen 87 km in Geländefahrzeugen und selbst zu Fuß zu bewältigen, und dabei Begegnungen mit Guerillas, Paramilitärs und Drogendealern riskiert – das sollte man auf keinen Fall tun.

Panama lässt sich aber zumindest überwiegend auf dem Landweg erreichen, lediglich ein paar kurze Bootsfahrten und ein kurzer Flug sind nötig. Zur Zeit der Recherche war die folgende Route sicher und ruhig. Ehe man aufbricht, sollte man sich aber immer über die aktuelle Sicherheitslage informieren und sich immer an die Küste halten.

Zunächst geht es nach Turbo oder (viel besser) nach Necocli. Die Busstrecke von Medellín nach Turbo (70 000 KOL$, 8 Std.) ist heute sicher, trotzdem ist es ratsamer, tagsüber zu fahren. Von Cartagena geht es zunächst nach Montería (50 000 KOL$, 5 Std.), wo man in einen Bus nach Necocli (35 000 KOL$, 2½ Std.) umsteigt. Zwischen 7 und 17 Uhr fahren regelmäßig Busse, man sollte in Cartagena aber bis 11 Uhr abfahren, damit man nicht in Montería übernachten muss. Eine Nacht muss man entweder in Turbo oder in Necocli verbringen, weil die Boote nach Capurganá morgens fahren. Necocli ist netter.

Danach setzt man mit dem Boot von Turbo oder Necocli nach Capurganá über. Die Bootsfahrten kosten auf beiden Strecken 70 000 KOL$, obwohl die Fahrt von Necocli (1½ Std.) eine Stunde kürzer ist als von Turbo. Man sollte mindestens eine Stunde früher am Bootsanleger sein, um garantiert ein Ticket zu bekommen. Die Gepäckgrenze beträgt 10 kg, für jedes weitere Kilo werden 1000 KOL$ Übergewichtsgebühr berechnet, dazu kommen 2600 KOL$ Hafensteuer.

Von Capurganá nimmt man ein Boot nach Puerto Olbaldía in Panama (35 000 KOL$, 30 Min.). Am Tag vor der Abreise besorgt man sich bei **Migración Colombia** (☎ 311-746-6234; www.migracioncolombia.gov.co; Capurganá; ⏰ Mo–Fr 8–17, Sa & So 9–12 Uhr) in der Nähe des Hafens von Carpuganá den kolumbianischen Ausreisestempel, denn zur Abfahrtszeit ist das Büro nicht geöffnet. Die Boote legen in Capurganá täglich um 7.30 Uhr ab, um 7 Uhr sollte man an der Anlagestelle sein. Auch dies kann je nach den Bedingungen auf See eine raue Überfahrt sein. Wichtig zu wissen: Pro Boot kostet die Fahrt mindestens 100 000 KOL$, und wenn es keine weiteren Passagiere gibt, muss man den vollen Betrag bezahlen.

Bei der panamaischen Einreisebehörde in Puerto Olbaldía muss man sich den Einreisestempel für Panama holen, dafür benötigt man zwei Passkopien. Falls man die nicht hat, kann man in der Nähe Kopien machen lassen. Von Puerto Olbaldía gehen dienstags, donnerstags und sonntags Flüge zum Inlandsterminal Albrook in Panama City (115 US$, 1 Std.). Puerto Olbaldía hat Touristen sehr wenig zu bieten, man sollte hier nicht länger bleiben als nötig und sich direkt nach Panama City aufmachen.

❄📶) Die komfortabelste und am besten geführte Unterkunft Sapzurros hat hübsche Gärten mit blühenden Guaven, Kokospalmen und Mangobäumen, Freiluftduschen für Campinggäste und schöne, luftige Zimmer mit Holzböden, Balken und Hängematten auf den Balkons. Der Besitzer Mario spricht sehr gut Englisch. Seine Frau Lena bereitet das Essen zu (Hauptgerichte 20 000–35 000 KOL$ – wer hier essen möchte, sollte das telefonisch ankündigen).

Zingara Hospedaje PENSION $
(☎ 320-687-4678, 313-673-3291; www.hospedajesapzurrozingara.com; Zi. inkl. Frühstück 45 000–55 000 KOL$/Pers; 📶) Die Besitzerin Clemencia sorgt dafür, dass man sich in dieser rustikalen Pension sofort willkommen fühlt. Die Zimmer liegen auf der urwaldbewachsenen Bergseite und haben eigene Bäder, Moskitonetze und von Obstbäumen umringte Balkone. Das Zimmer oben für fünf Personen ist das beste: Vom riesigen Balkon bietet sich ein herrlicher Ausblick.

ℹ Praktische Informationen

Man sollte daran denken, dass es weder in Capurganá noch in Sazurro Geldautomaten gibt, und genug Bargeld für den Aufenthalt mitbringen. Im Notfall gewährt das Hostal Capurganá (S. 824) einen Bargeldvorschuss auf die Kreditkarte. In diesem und einigen anderen Hotels kann man auch US-Dollar tauschen, beide Transaktionen sind aber nicht gerade billig.

An- & Weiterreise

FLUGZEUG

ADA (☎1-800-051-4232; www.ada-aero.com) fliegt täglich von Medellín in die Stadt Acandí (einfache Strecke 140 000–320 000 KOL$), von wo es problemlos per Boot nach Capurganá (30 000 KOL$/Pers., 20 Min.) geht; wer viel Gepäck hat, wird allerdings einen Esel mieten wollen (5000 KOL$), der es vom Flughafen zum Bootsanleger bringt. Wer Hilfe bei der Buchung von Flügen oder Transfers benötigt, kann sich an Capurganá Tours (S. 824) wenden.

Ansonsten befinden sich die nächsten Flughäfen in Montería (gefolgt von einer kombinierten Bus- und Bootsfahrt über Necocli) und Apartado (Bus-Boot-Kombination über Turbo).

SCHIFF/FÄHRE

Es gibt zwei Hauptrouten, um per Boot nach Capurganá zu kommen.

Mit Abstand am besten ist die Fahrt ab **Necocli** (70 000 KOL$, 1½ Std.). Sie ist relativ kurz, die Boote sind schnell und effizient, und Necocli ist eine angenehme Stadt am Strand mit vielen guten Unterkünften. Ganzjährig fährt täglich um 8 Uhr ein Boot in Necocli ab und um 10 Uhr von Capurganá zurück. In der Hauptsaison verkehren mehrere weitere Boote. Am besten reserviert man einen Tag vorher im Büro von Caribe SAS. Im Januar und Februar kann die Überfahrt sehr rau sein. Einheimische Verkäufer verkaufen Müllsäcke (1000 KOL$), damit das Gepäck trocken bleibt.

Die Fahrt ab **Turbo** (70 000 KOL$, 2½ Std.) ist weniger empfehlenswert. Die Bootsfahrt dauert eine Stunde länger, und Turbo ist eine zwielichtige Stadt und nicht annähernd so angenehm wie Necoclo, um die Nacht zu verbringen. Von Montería und Cartagena aus dauert die Busfahrt nach Turbo zudem länger, von Medellín aus liegt es aber näher. Von Turbo fahren täglich um 7 Uhr Boote, von Capurganá nach Turbo um 8 Uhr; in der Hauptsaison gibt es mehr Fahrten.

Auf der Fahrt nach Capurganá muss man in Necocli oder Turbo übernachten, weil die Boote früh am Morgen starten. Auf der Rückfahrt kann man es an einem Tag nach Cartagena oder Medellín schaffen. Kombitickets für die Bus- und Bootsfahrt kann man bei Capurganá Tours (S. 824) buchen.

Neben dem Bootsticket werden 2600 KOL$ Hafensteuer und 1000 KOL$ pro Kilo für Übergewicht fällig.

SAN ANDRÉS & PROVIDENCIA

Der Archipel von San Andrés und Providencia liegt geografisch in der Nähe Nicaraguas, hat historische Verbindungen zu Großbritannien und gehört politisch zu Kolumbien. Er lockt mit einsamen Stränden, unbeschädigten Korallenriffs und einer reizvollen Inselatmosphäre. Wer etwas unter die Oberfläche schaut, stößt auf die 300 Jahre alte Raizal-Kultur, in der ein auf dem Englischen basierendes Kreolisch gesprochen wird.

San Andrés, die größte Insel und das Verwaltungszentrum des Archipels, zieht viele kolumbianische Touristen an, die zum zollfreien Einkaufen herkommen. Es ist aber leicht, den Massen zu entfliehen.

Providencia hat ebenfalls türkisblaues Meer und große Korallenriffe zu bieten, ist aber viel weniger kommerziell. Sein koloniales Erbe blieb in Weilern mit farbenfrohen Holzhäusern erhalten, die sich auf der ganzen Insel verteilen.

Auf beiden Inseln spielt sich das Leben viel gemächlicher ab, und die lange Anreise lohnt sich auf jeden Fall.

San Andrés

☎8 / 70 000 EW.

Die Insel San Andrés, deren Form an ein Seepferdchen erinnert, liegt nur 150 km östlich von Nicaragua und etwa 800 km nordwestlich von Kolumbien und ist vor allem als Wochenendziel der Kolumbianer vom Festland bekannt, die es lieben, hier zu trinken, zollfrei einzukaufen, sich zu sonnen und zu feiern. Das Zentrum des Geschehens ist die Stadt San Andrés. Postkartenmotive mag sie nicht zu bieten haben, aber sie hat eine hübsche Strandpromenade und in den vergangenen Jahren ein paar Verschönerungsversuche eingeleitet.

Von seiner hübschesten Seite zeigt sich San Andrés abseits des Trubels im Zentrum. Ob man nun eine Bootstour zu einer der idyllischen Inselchen vor der Küste übernimmt, die großartigen Möglichkeiten zum Tauchen und Schnorcheln nutzt oder die 30 km lange, landschaftlich reizvolle Straße um die Insel entlangfährt – am Ende verzaubert diese merkwürdige Insel, auf der sich die anglo-karibische Raizal-Kultur und die erst in jüngerer Zeit hierher importierte kolumbianische begegnen, ihre Besucher oft.

Aktivitäten

Wegen der schönen Korallenriffs überall ringsum ist San Andrés ein wichtiges Tauchzentrum mit über 35 Tauchspots. Ansonsten tummeln sich die meisten Besucher an den

Stränden, unternehmen Tagesausflüge zu verschiedenen Inseln, treiben Wassersport und feiern in der Stadt San Andrés.

Banda Dive Shop TAUCHEN

(☎8-513-1080, 315-303-5428; www.bandadiveshop.com; Hotel Lord Pierre, Av Colombia, Stadt San Andrés; ⏲Mo–Sa 8–18 Uhr) Super freundlicher Tauchladen, der Tauchgänge mit zwei Flaschen für 235 000 KOL$ und PADI-Open-Water-Kurse für 1 300 000 KOL$ anbietet. Einer der professionellsten Anbieter in der Stadt.

Schlafen & Essen

★ **Cocoplum Hotel** HOTEL $$$

(☎8-513-2121; www.cocoplumhotel.com; Via San Luis No 43-39; EZ/DZ inkl. Frühstück 362 000/500 000 KOL$;) Das farbenfrohe, ruhige Strandresort an einem traumhaften privaten weißen Sandstrand ist architektonisch im karibischen Stil gestaltet. Das Restaurant serviert den ganzen Tag lang frisches Essen und ist auch für Nichtgäste geöffnet. In der Nähe liegt die Rocky Cay, ein guter Schnorchelspot.

Donde Francesca SEAFOOD $$$

(San Luis; Hauptgerichte 30 000–60 000 KOL$; ⏲10–18 Uhr;) Das luftige Donde Francesca direkt am Strand ist eigentlich nicht viel mehr als eine Strandhütte, doch es serviert köstliche karibische Küche, z. B. *langostinos al coco* (panierte Langusten, frittiert mit Kokosnuss), *pulpo al ajillo* (in Knoblauch gekochter Oktopus) und Tempura-Calamares. Noch besser sind die Duschen und Umkleidekabinen, denn so kann man das Essen mit einem Bad im Meer kombinieren.

Restaurante La Regatta SEAFOOD $$$

(☎317-744-3516; www.restaurantelaregatta.com; Club Náutico, Av Newball, Stadt San Andrés; Hauptgerichte 30 000–100 000 KOL$; ⏲12–15 & 18.30–23 Uhr;) La Regatta, das beste Restaurant der Insel, befindet sich auf einem hölzernen Ponton über dem Meer beim Club Náutico. Zwar mangelt es nicht an Piratenkitsch, doch die weißen Tischtücher schaffen eine förmliche Atmosphäre, und das Essen ist einfach göttlich. Die *langosta regatta* (Hummerschwanz mit drei Saucen) ist schlicht und ergreifend perfekt. Abends sollte man reservieren.

Praktische Informationen

Touristeninformation (Secretaría de Turismo; ☎8-513-0801; Av Newball, Stadt San Andrés; ⏲Mo–Fr 8–12 & 14–18 Uhr) Die Mitarbeiter sprechen Englisch und sind sehr hilfsbereit. Am Strand gibt es auch einen **Touristeninformationskiosk** (Ecke Avs Colombia & 20 de Julio; ⏲8–18 Uhr).

An- & Weiterreise

FLUGZEUG

Der **Gustavo Rojas Pinilla International Airport** (☎8-512-6112) liegt mitten im Stadtzentrum, die Startbahn endet am Strand. Wer nach San Andrés fliegt, muss vor dem Flug auf dem Festland eine Touristenkarte (105 000 KOL$) kaufen. Diese wird am Abflug-Gate verkauft – und ohne wird man ohnehin nicht ins Flugzeug gelassen. Zu den Fluggesellschaften mit Verbindungen nach San Andrés (und Büros im Flughafen) gehören **Avianca** (☎8-512-3216; www.avianca.com), **Latam** (☎1-800-094-9490; www.latam.com) und **Copa** (☎8-512-7619; www.copaair.com). Direktflüge nach San Andrés starten u. a. in Bogotá, Barranquilla, Cali, Cartagena, Medellín und auch in Panama City.

Satena (☎8-512-1403; www.satena.com) bietet in der Nebensaison täglich zwei Flüge zwischen San Andrés und Providencia (hin & zurück 600 000 KOL$) und bis zu sechs pro Tag in der Hauptsaison.

SCHIFF/FÄHRE

Conocemos Navegando (☎gebührenfrei 01-8000-111-500; www.conocemosnavegando.com; Centro Comercial New Point L.111, Av Providencia; einfache Strecke/hin & zurück 213 000/378 000 KOL$; ⏲Mo–Fr 8–12.30 & 14–18, Sa 8–13 Uhr) bietet täglich außer dienstags einen teuren Katamaran-Service zwischen San Andrés und Providencia und zurück an. Der Katamaran legt um 8 Uhr am **Muelle Toninos** (Tonino Marina) ab und fährt am selben Tag um 14.30 Uhr zurück. Passagiere müssen anderthalb Stunden vor der Abfahrt zur Registrierung eintreffen. Die Fahrt dauert drei Stunden, und das Meer kann extrem rau sei. Man kann zwar auf diese Weise einen Tagesausflug nach Providencia unternehmen, hätte dort aber nur sehr wenig Zeit. Die Sitzplätze sind oft ausverkauft, selbst in der Nebensaison, darum unbedingt vorher buchen!

Providencia

☎8 / 5000 EW.

Providencia liegt 90 km nördlich von San Andrés und ist eine herrlich entlegene, traditionelle Karibikinsel mit atemberaubender Landschaft, traumhaften goldenen Sandstränden, freundlichen Bewohnern und großartigen Tauchmöglichkeiten. Und das Beste: Sie ist extrem schwierig zu erreichen, sodass man dieses kleine Paradies nur mit wenigen anderen unerschrockenen Travellern teilt, die bereit sind, in ein klappriges Flugzeug mit 20 Plätzen einzusteigen oder die oft raue dreistündige Fahrt mit dem Katamaran auf sich zu nehmen.

Providencia hat keine direkte Verbindung zum kolumbianischen Festland. Daher hat es dessen kulturelle Invasion in viel geringerem Ausmaß erlebt als San Andrés und sich seine Traditionen und Sitten fast vollständig bewahrt. Überall auf der Insel hört man die örtliche anglokreolische Sprache, und auf den Straßenschildern stehen öfter die alten englischen Ortsnamen als die spanischen. Hinzu kommen die wunderschöne Landschaft und das türkisblaue Meer – Providencia kann zu Recht behaupten, ein ganz eigenwilliges Paradies zu sein.

Sehenswertes

Das Highlight Providencias sind seine Strände. Die besten sind die **Bahía Suroeste** (Südwestbucht), die **Bahía Aguadulce** (Süßwasserbucht) und die **Bahía Manzanillo** (Manchinelbucht) im Inselsüden, es gibt aber viele andere hübsche Flecken zum Baden.

Schlafen & Essen

Mr. Mac CABAÑAS $$

(☎316-567-6526, 318-695-9540; posadamistermack@hotmail.com; Aguadulce; Bungalow/Apt. pro Pers. 100 000/110 000 KOL$; ❄) Die billigste Unterkunft der Insel ist auch eine der freundlichsten – Gäste werden herzlich von Gastgeberin Laudina begrüßt. Das grüne Holzhaus mit Hängematten auf der Veranda erhebt sich über dem Meer. Man kann vom Garten aus im Meer baden, zum Strand sind es nur fünf Gehminuten. Kein WLAN.

★ **Café Studio** SEAFOOD $$$

(☎8-514-9076; Bahía Suroeste; Hauptgerichte 30 000–60 000 KOL$; ⏲Mo–Sa 11–22 Uhr) Providencias beliebtestes Restaurant wird von einer Kanadierin und ihrem Ehemann, einem Raizal, betrieben. Das Essen ist großartig und zugleich für Providencia vergleichsweise günstig. Abends herrscht hier Hochbetrieb – dann kommen nicht nur viele Gäste, sondern auch Mücken. Insektenschutz ist also ein Muss. Am besten zeitig da sein, um einen Tisch zu ergattern oder mittags kommen, wenn weniger los ist!

An- & Weiterreise

Satena (S. 827) bietet in der Nebensaison täglich zwei Flüge zwischen San Andrés und Providencia (hin & zurück ab 600 000 KOL$), in der Hauptsaison sind es mehr. In der Hauptsaison muss man im Voraus buchen. Wegen der kleinen Flugzeuge, die auf dieser Route fliegen, ist die Gepäckmenge auf 10 kg begrenzt. Für alles darüber zahlt man extra; Übergepäck ist aber nicht teuer und in der Regel kein Problem.

Der Katamaran von Conocemos Navegando (S. 827) verkehrt täglich außer dienstags zwischen Providencia und San Andrés (hin & zurück 378 000 KOL$, 3 Std.).

NORDWESTLICHES KOLUMBIEN

Medellín

☎4 / 2 MIO. / 1495 M

Medellín, das in einem schmalen Tal liegt, hat für seine Größe eine Menge zu bieten. Seine Wolkenkratzer – Apartmenthochhäuser und Bürogebäude – ragen hoch auf und sind in jeder Himmelsrichtung von zerklüfteten Bergen umgeben. Ihren Spitznamen, Stadt des ewigen Frühlings, verdankt Medellín dem gemäßigten Klima, das dafür sorgt, dass die Einheimischen alles sehr schwungvoll machen, ob sie nun gehen, arbeiten oder sich amüsieren. Die geschäftige Stadt ist ein Industrie- und Handelszentrum, in dem besonders die Textilproduktion und der Export von Schnittblumen eine große Rolle spielen. An den Wochenenden ist die Stadt in Partystimmung und in den Diskos tummeln sich viele schöne Menschen.

Die Stadt breitet sich im Norden und Süden entlang des Talkessels aus, die Slums liegen weiter oben in den Hügeln. Ganz im Geiste seiner Wurzeln in der Kultur der *paisa* (Bewohner Antioquias) zeigt sich Medellín dem restlichen Kolumbien gegenüber gleichgültig, verströmt weltstädtisches Flair und holt sich seine Inspirationen für die nächsten grandiosen Projekte im Ausland.

Sehenswertes

Plazoleta de las Esculturas PLAZA

(Plaza Botero; Karte S. 830; Plazoleta de las Esculturas) Auf diesem öffentlichen Platz vor dem Museo de Antioquia (S. 829) stehen 23 große, kurvige Bronzeskulpturen des bekannten örtlichen Künstlers Fernando Botero, darunter ein paar seiner ikonischen Werke.

Cerro Nutibara AUSSICHTSPUNKT

(☎4-260-2416, 4-385-8017; ⏲6–23 Uhr; 🚇1, 2) Auf dem Gipfel dieses 80 m hohen Hügels

2 km südwestlich vom Zentrum steht das kitschige **Pueblito Paisa**, eine Miniaturversion einer typischen Antioquia-Siedlung inklusiver billiger Souvenirstände. Die Aussicht von der angrenzenden Plattform über die Stadt ist an schönen Tagen grandios. Mit dem Taxi (oder mit einem Metroplus-Bus zur Haltestelle Nutibara) kommt man bis ganz oben und kann sich auf dem Weg nach unten den Parque de las Esculturas mit ein paar modernen abstrakten Skulpturen südamerikanischer Künstler anschauen.

Neben dem Aussichtspunkt steht das kleine **Museo de la Ciudad** (2000 KOL$; ⏲10–18 Uhr; 🚌1, 2), das sich der Stadtgeschichte widmet und oft alte Fotos zeigt.

★ Museo de Antioquia — MUSEUM

(Karte S. 830; ☎4-251-3636; www.museodeantioquia.co; Carrera 52 No 52-43; Erw./Student 18 000/9000 KOL$; ⏲Mo–Sa 10–17.30, So bis 16.30 Uhr) Kolumbiens zweitältestes Museum (das älteste ist das Museo Nacional in Bogotá) befindet sich im Palacio Municipal, einem prächtigen Art-déco-Bau, und beherbergt eine der bedeutendsten Kunstsammlungen des Landes. Die Dauerausstellung umfasst Werke aus dem 19. Jh. und kolumbianische Gegenwartskunst sowie präkolumbische Kunst. Das Highlight ist der 3. Stock mit vielen Skulpturen und Gemälden von Fernando Botero, einem Sohn der Stadt, sowie Werken anderer Künstler aus Boteros persönlicher Sammlung. Unbedingt die herrlichen Wandbilder von Pedro Nel Gómez um die Ecke vom Gebäude anschauen!

Parque Arví — PARK

(www.parquearvi.org; Veredas Mazo & Piedras Blancas, Santa Elena; Metrocable Línea L) 🍃 Der Parque Arví, den man mit der fantastischen Seilbahn Metrocable Linea L von der Umsteigestation Santo Domingo erreicht (einfache Strecke 4850 KOL$, 15 Min.), ist ein großes Stück Wildnis mitten in Santa Elena. Bei den Einheimischen erfreut es sich großer Beliebtheit, besonders am Wochenende. In dem 17,61 km^2 große Schutzgebiet führen Wanderwege durch Kiefern- und Eukalyptuswald, vorbei an Seen und Aussichtspunkten. Außerdem gibt es Seilrutschen und ein *mariposario* (Schmetterlingshaus). Die Attraktionen verteilen sich weitläufig, darum sollte man zeitig kommen.

Jardín Botánico — BOTANISCHER GARTEN

(www.facebook.com/JardinBotanicoMedellin; Calle 73 No 51D-14; ⏲9–16.30 Uhr; Ⓜ Universidad) GRATIS In dem 14 ha großen Botanischen Garten, einer der schönsten Grünflächen Medellíns, wachsen 600 Baum- und Pflanzenarten, außerdem gibt es einen See, ein Herbarium und ein Schmetterlingsareal. Am Orquideorama – einem organisch wachsenden Flechtwerk aus Ästen und Blumen – finden oft Events statt.

Museo Casa de la Memoria — MUSEUM

(☎4-385-5555; www.museocasadelamemoria.gov.co; Calle 51 No 36-66; ⏲Di–Fr 9–18, Sa & So 10–16 Uhr) GRATIS Dieses schockierende Museum widmet sich dem Drogenkonflikt in Medellín und ist ein Muss für alle Besucher, die die Stadt (und Kolumbien) wirklich verstehen wollen. Es zeigt interessante Ausstellungen zu den geopolitischen Wurzeln des Konflikts, am bewegendsten sind aber die lebensgroßen Videowände, in denen Überlebende von ihren Erlebnissen berichten, als ob sie direkt vor einem stünden, und draußen die Wand der Erinnerung, mit der Einwohner der Stadt geehrt werden, die bei den gewaltsamen Auseinandersetzungen getötet wurden – ihre Namen sind hier verzeichnet.

La Comuna 13 — STADTVIERTEL

(🚌221i, 225i) Eines der gefährlichsten Viertel Medellíns, La Comuna 13, das sich oberhalb der Metrostation San Javier den Berg hochzieht, hat zuletzt eine beeindruckende Verwandlung erlebt. Heute gilt der Besuch des Viertels als ungefährlich. Das Zentrum für Besucher der *comuna* bildet die Gegend um die *escaleras electricas*, die Rolltreppen im Freien, mit denen man heute unkompliziert in die Barrios gelangt, die früher von der Stadt im Tal isoliert waren. Eine Taxifahrt ab der Metro kostet 5500 KOL$.

Aktivitäten

Dance Free — TANZEN

(Karte S. 832; ☎4-204-0336, WhatsApp 316-288-7063; www.dancefree.com.co; Calle 10A No 40-27; Einzelunterricht 65 000 KOL$/Std., Gruppenunterricht 100 000 KOL$/Monat) Die beliebte Schule veranstaltet in großen Räumlichkeiten in El Poblado Salsa- und Bachata-Kurse. Die Lehrer sind enthusiastisch und professionell. Einzelunterricht ist ebenso möglich wie Gruppenunterricht. Nachts verwandelt sich das Dance Free in eine Disko, in der man die gelernten Schritte gleich ausprobieren kann.

Zona de Vuelo — GLEITSCHIRMFLIEGEN

(☎4-388-1556, 301-535-8330; www.zonadevuelo.com; Km 5,6, Via San Pedro de los Milagros) Der

Medellín

Medellín

Highlights
1 Museo de Antioquia B1

Sehenswertes
2 Plazoleta de las Esculturas B2

Ausgehen & Nachtleben
3 Salon Malaga B4

Unterhaltung
4 Teatro Lido D2

erfahrene Veranstalter Zona de Vuelo offeriert 15- und 20-minütige Tandemflüge (130 000/ 160 000 KOL$) mit Gleitschirmen. Für 40 000 KOL$ zusätzlich bekommt man als Kunde noch Fotos und/oder Videos des Fluges. Außerdem wird ein 15-tägiger Kurs angeboten. Auch der Transport von Medellín zum Startpunkt der Flieger in San Felix wird arrangiert (max 6 Pers. 90 000 KOL$).

Kurse

Universidad EAFIT SPRACHKURSE
(☎4-261-9500; www.eafit.edu.co; Carrera 49 No 7 Sur-50; 38-Std.-Kurs 1 250 000–1 600 000 KOL$) Die private Universität veranstaltet Intensiv- und Halbintensivkurse in Spanisch in Gruppen. Einzelunterricht ist ebenfalls möglich.

Geführte Touren

★ **Bicitour** RADFAHREN
(Karte S. 832; ☎312-749-2581, 312-512-0690; www.bicitour.co; Carrera 36 No 7-10, Casa Kiwi; geführte Tour 70 000 KOL$) Bicitour veranstaltet Fahrradtouren durch Medellín, die in die Tiefe gehen. Auf der 19 km langen Route durch verschiedene Stadtviertel besucht man interessante Orte, die in der Geschichte, Politik und Kultur der Stadt eine wichtige Rolle spielen. Auf umweltfreundliche und gesunde Weise sieht man so eine Seite der Stadt, die einem sonst vielleicht entgehen würde. Die Touren beginnen und enden in El Poblado.

★ Real City Tours STADTSPAZIERGANG
(☎ 319-262-2008; www.realcitytours.com) Das von enthusiastischen, jungen Einheimischen geführte Unternehmen veranstaltet einen kostenlosen Spaziergang durchs Zentrum mit ausführlichen englischsprachigen Erläuterungen zur Geschichte vieler interessanter Punkte. Da wird auf jeden Fall ein Trinkgeld fällig. Man muss online reservieren, um sich einen Platz zu sichern.

Comuna 13 Graffiti Tour STADTSPAZIERGANG
(Karte S. 832; www.comuna13tours.com; Calle 10; 70 000 KOL$; ⏲ 10 & 16 Uhr) Diese sehr informative und unterhaltsame Tour führt durch den berüchtigten früheren Barrio La Comuna 13. Der Führer berichtet von der schwierige Zeit, als im Barrio Drogenbanden regierten, erläutert die bemerkenswerte Verwandlung des Viertels und zeigt einige erstaunliche Graffiti.

Feste & Events

Feria de las Flores KULTUR
(www.feriadelasfloresmedellin.gov.co; ⏲ Aug.) Dieses einwöchige Fest ist mit unzähligen Paraden und Konzerten das spektakulärste Event der Stadt. Das Highlight ist der Desfile de Silleteros, bei der 400 *campesinos* (Bauern) aus den Bergen in die Stadt strömen und mit *silletas* (großen Körben) voller Blumen auf dem Rücken in einer Parade durch die Straßen ziehen.

Schlafen

Die meisten Traveller steigen in El Poblado ab, das in der Nähe der Bars und Restaurants liegt und in der Regel sicher ist, selbst spät am Abend.

Wer ein weniger steriles Medellín erleben möchte, fühlt sich vielleicht im wilderen, raueren Stadtzentrum wohler. Dort sollte man nach Einbruch der Dunkelheit aber immer mit dem Taxi fahren.

Dazwischen liegt die Gegend um Laureles/La Setenta: Sie ist nicht so schick wie Poblado, aber ordentlicher als das Zentrum.

In El Poblado gibt's mehrere kleinere Viertel mit unterschiedlichem Unterkunftsangebot. Die meisten Hostels in den Blocks rund um den Parque Lleras sind „Party-Hostels" – also die Ohrstöpsel nicht vergessen! Die Gegend Patio Bonito liegt näher an der Metro, ist entspannter und hat ruhigere Unterkünfte. Und schließlich gibt es noch Manila mit mehreren guten Hostels, die zwischen hippen Restaurants und Bars liegen.

Wandering Paisa HOSTEL $
(☎ 4-436-6759; www.wanderingpaisahostel.com; Calle 44A No 68A-76; B 25 000–29 000 KOL$, Zi. 75 000 KOL$; @📶) Das dynamische Hotel in unmittelbarer Nähe zu den Bars und Restaurants der „La 70" ist eine tolle Wahl für alle, die die goldene Mitte zwischen den hellen Lichtern von El Poblado und dem Stadtzentrum suchen. Es gibt eine kleine Bar und eine Dachterrasse, außerdem organisiert das enthusiastische Management ständig Events und Gruppenausflüge. Mit den Leihrädern kann man die Umgebung erkunden.

YOLO Hostel HOSTEL $$
(Karte S. 832; ☎ 4-583-1373; www.facebook.com/yolohostelmedellin; Carrera 32D No 7a-77; B/EZ/DZ/3BZ 38 000/70 000/110 000/150 000 KOL$; 📶) Das Hostel liegt günstig am Rand von El Poblado und punktet mit der tollen, herzlichen Begrüßung durch die Mitarbeiter, den komfortablen Stockbetten in Schlafsälen mit Ventilator, den Frühstücks-Bowls im benachbarten Betty's Bowls (S. 833) und Gemeinschaftsveranstaltungen wie Barbecues, bei denen sich auch Alleinreisende verbunden fühlen, sowie interessanten Stadtführungen. Hier ist der Name Programm!

Garden of Blues Hostel HOSTEL $$
(Karte S. 832; ☎ 300-736-2160; Carrera 34 No 7-46; B 35 000–39 000 KOL$, Zi. 80 000 KOL$; 📶) Die Besitzer dieses zauberhaften, kleinen Hostels haben sich für ein Garten-Thema entschieden. Im paradiesisch grünen Innenhof kann man chillen, von den Decken sprießen Pflanzen, und auf Wandbildern wachsen Bäume die Wände hoch. Die Betten sind komfortabel, die Mitarbeiter hilfsbereit, und die Lage in El Poblado ist top für Erkundungen.

Rango HOSTEL $$
(Karte S. 832; ☎ 4-480-3180; www.hostelrango.com; Calle 8 No 42-25; B 59 000–64 000 KOL$, 2BZ/DZ 236 000/247 000 KOL$; 📶) Böden aus poliertem Beton und Holzelemente prägen diese Kombination aus Hostel und Hotel im Stil des Industrial -Schick am Parque La Presidenta. Die komfortablen Schlafsäle sind toll ausgestattet, z. B. mit großen Schließfächern, und die Privatzimmer haben Hotelcharakter und verfügen sogar über Minibars. Eine Gästeküche gibt es nicht, doch das Fusion-Restaurant unten wird von Einheimischen wie Touristen begeistert gelobt.

In House Hotel HOTEL $$
(Karte S. 832; ☎ 4-444-1786; www.inhousethehotel.com; Carrera 34 No 7-109; EZ/DZ/3BZ inkl.

El Poblado

El Poblado

Aktivitäten, Kurse & Touren

1 Bicitour ... D3
2 Comuna 13 Graffiti Tour ... A1
3 Dance Free ... C2

Schlafen

4 Garden of Blues Hostel ... D3
5 In House Hotel ... D3
6 Los Patios ... B1
7 Rango ... C2
8 YOLO Hostel ... D3

Essen

9 Arte Dolce ... D3
10 Bao Bei ... D2
Betty's Bowls ... (siehe 8)
11 Osea ... B2
12 Tal Cual ... B1

Ausgehen & Nachtleben

13 Cervecería Maestre ... C2
14 Pergamino ... D2

Frühstück 156 500/174 000/258 000 KOL$; 📶) Das kleine Hotel mit tollem Preis-Leistungs-Verhältnis ragt im geschäftigen El Poblado aus der Masse heraus. Die stilvollen, hellen Zimmer sind mit Kiefermöbeln, Schreibtischen und großen Fenstern versehen. Der Service ist freundlich und professionell; ein kontinentales Frühstück ist im Preis enthalten. Die Zimmer vorn haben Balkone, die zur Rückseite sind ruhiger.

★ **Los Patios** HOSTEL $$$

(Karte S. 832; ☎ 305-323-9897; www.lospatioshb.com; Carrera 43E No 11-40; B 62 400–71 400 KOL$, Zi./3BZ 195 000/234 000 KOL$; 📶) Dieses große Hostel in Manila setzt den Standard für Flashpacker-Komfort: Es ist im Stil des Industrial-Schick gestaltet und hat einige der schönsten Gemeinschaftsbereiche, denen man auf der Reise begegnen wird. Von der Küche hat man einen tollen Blick auf die Stadt, doch noch schöner ist der Blick von der Lounge im Obergeschoss und von der phänomenalen Dachterrasse. Die modernen Schlafsäle verfügen über Vorhänge für Privatsphäre und getrennte Bäder für Männer und Frauen.

Essen

In El Poblado gibt's zahlreiche Restaurants für jeden Geschmack und jeden Geldbeutel. Im Viertel Provenza oberhalb des Parque Lleras finden sich viele Spitzenrestaurants. In Manila am nördlichen Rand El Pobladoas gibt's eine hippe Gastroszene mit Cafés und Restaurants.

Im Viertel Laureles südwestlich vom Zentrum liegen rund um die Av Nutibara viele unprätentiöse Lokale.

★ Betty's Bowls VEGETARISCH $

(Karte S. 832; ☎305 469 6582; www.bettysbowls.com; Carrera 32D No 7a-77; Hauptgerichte 10 000–12 000 KOL$; ⌚Mo–Sa 8–18, So bis 14 Uhr;) Betty's Bowls hat bei Einheimischen, Expats und den Backpackern El Poblados hohe Wellen geschlagen. Das Konzept ist einfach: schön präsentierte Müsli-Schüsseln mit verschiedenen Obstkombinationen, die alle so farbenfroh wie ein winziger Paradiesgarten sind, und dazu frische Säfte und *tostadas* mit Avocado, Käste oder Honig. Auch der Kaffee und der Service sind klasse.

★ Arte Dolce EISCREME $

(Karte S. 832; ☎4-352-0881; www.facebook.com/artedolcemde; Carrera 33 No 7-167; Eis 4500–8000 KOL$; ⌚Mo 12–20, Di–Sa 8.30–21.30, So 8.30–19 Uhr) Das fabelhafte Eis wird in diesem kleinen Laden direkt vor Ort hergestellt. Dem Konditor Lorenzo gelingt es, seinem Eis den Geschmack und die Textur italienischer *gelatos* zu geben. Unsere Lieblingssorte ist „Mediterran" mit Pistazie, karamellisierten Mandeln, Zitrone, Orange und Olivenöl.

★ Restaurante Itaca KOLUMBIANISCH $

(☎4-581-8538; www.facebook.com/Restauranteltaca; Carrera 42 No 54-60, Boston; Mittagsmenü 14 000 KOL$, Hauptgerichte 16 000–33 000 KOL$; ⌚Mo–Sa 12–15 & 18–22, So 12–17 Uhr;) Das winzige Restaurant am Rand des Zentrums bereitet fantastische Gourmet-Gerichte zu, die vor Aroma nur so strotzen, und das zu fairen Preisen. Mittags sind einige Menüs im Angebot. Abends gibt es überhaupt keine Karte: Der freundliche Koch Juan Carlos sagt den Gästen, was es gibt. Wenn es geht, sollte man eine *picada* (gemischter Grillteller) bestellen.

Osea FUSION $$

(Karte S. 832; ☎4-268-3964; www.oseamed.co; Calle 9 No 43B-28, El Poblado; Hauptgerichte 28 000–40 000 KOL$; ⌚Di–Sa 12–14.30 & 19–22, Mo 19–22 Uhr) Dieses ordentliche, kleine Restaurant gleich abseits des Parque Poblado ist ein echter Hit. Es hat eine kleine, wechselnder Karte mit kreativen, modernen Gerichten zu vernünftigen Preisen. Ein Team aus jungen Köchen bereitet in der offenen Küche interessante Speisen wie gegrillten Oktopus mit Salsa Verde zu. Es gibt nur sechs Tische, daher reserviert man am besten.

Bao Bei ASIATISCH $$

(Karte S. 832; ☎304-396-2418; www.facebook.com/baobeicolombia; Carrera 36 No 8A-123; Hauptgerichte 23 000–27 000 KOL$; ⌚Di–So 12–15 & 18–22 Uhr) Vielleicht muss man in diesem winzigen Restaurant, das von einem philippinischen Koch und seiner kolumbianischen Frau geführt wird, auf einen Tisch warten – aber das Warten lohnt sich. Das Speisenangebot ist eine vielseitige chinesisch-koreanisch-japanische Mischung. Doch die Spezialität des Bao Bei, die *bao* (gefüllte gedämpfte Brötchen), sind leicht, locker und lecker, und die koreanischen Hähnchenflügel entfachen im Mund ein herrliches Feuer.

★ Tal Cual FUSION $$$

(Karte S. 832; ☎316-478-4555; www.talcualrestaurante.com; Calle 12 No 43D-12, Manila; Hauptgerichte 27 000–56 000 KOL$; ⌚12–15 & 18–22 Uhr;) Ein unprätentiöses Restaurant in Manila mit legerem, künstlerischem Ambiente und kreativer Fusion-Küche zu vernünftigen Preise. Auf der umfangreichen Karte stehen Meeresfrüchte, ein paar tolle peruanische Gerichte sowie Pasta, Risotto, Steaks und Rippchen. Alle Speisen sind köstlich und werden schön präsentiert, doch die *ceviches* und das Thunfisch-*tataki* sind herausragend. Auch der Service ist super.

Ausgehen & Nachtleben

Medellíns *zona rosa* (Ausgehviertel) liegt rund um den Parque Lleras in El Poblado. Dicht an dicht drängen sich hier gehobene Restaurants, Bars und Clubs. Einige der exklusivsten Bars der Stadt befinden sich in der Av El Poblado. Im Viertel Laureles sind die Bars weniger protzig. Wer es unkonventioneller mag, sollte sich rund um den Parque del Periodista im Zentrum umschauen.

★ Salon Malaga BAR

(Karte S. 830; ☎4-231-2658; www.salonmalaga.com; Carrera 51 No 45-80; ⌚8–1 Uhr) Der Salon Malaga ist mehr als eine Bar, er ist eine Institution der Stadt und ein Kulturerlebnis. Mit den Schwarz-Weiß-Fotos längst verstorbener Sänger an den Wänden und einer erstaunlichen Sammlung alter Grammophone ist er ein Fest für die Augen. Doch eigentlich dreht sich hier alles um die Musik: Erfahrene DJs legen klassische Tangos und Boleros aus einer alten Plattensammlung auf.

★ Pergamino CAFE

(Karte S. 832; ☎4-268-6444; https://us.pergamino.co; Carrera 37 No 8A-37; ⌚Mo–Fr 8–21, Sa 9–21,

So 10–19 Uhr) Das Anstehen in diesem beliebten Café lohnt sich, denn der Kaffee ist der beste der Stadt. Es gibt eine große Auswahl an warmen und kalten Getränken, die alle mit erstklassigen Bohnen von kleinen Farmen aus der ganzen Welt zubereitet werden. Man kann auch Kaffee in Tüten zum Mitnehmen kaufen.

Cervecería Libre KLEINBRAUEREI
(☎ 314-615-4688; www.cervecerialibre.com; Carrera 44 No 25-31; ⏲ Mi & Do 17–24, Fr & Sa bis 2 Uhr) Vier Freunde mit einer Leidenschaft für Bier gründeten diese Kleinbrauerei, die noch immer selbst braut und jederzeit vier eigene Biere vom Fass ausschenkt: ihr preisgekröntes Pasión (mit einem Hauch Maracuja), ein APA, ein IPA und ein Stout.

3 Cordilleras KLEINBRAUEREI
(☎ 4-444-2337; www.3cordilleras.com; Calle 30 No 44-76; ⏲ Do 17.30–21, Fr 18.30–23 Uhr; Ⓜ Industriales) Bierkenner sollten sich die unterhaltsame Brauereiführung in der Kleinbrauerei 3 Cordilleras, die schon seit über zehn Jahren floriert, nicht entgehen lassen. Die Führung endet mit einem Set von fünf Bieren – ein APA, ein süßes Stout, ein Weizenbier, ein Amber Ale und ein köstliches Rosé – und tollen Livebandes, die den Abend abrunden.

Cervecería Maestre PUB
(Karte S. 832; ☎ 313-626-0281; www.facebook.com/cerveceriamaestre; Carrera 40 No 10-47; ⏲ Di–Do 16–24, Fr & Sa bis 3 Uhr) 2017 erschien dieser freundliche Brauerei-Pub auf der Bildfläche. Serviert werden Biere örtlicher Kleinbrauereien, darunter Madre Monte, Sierra Blanca, Libre und 4 Sur, und Besitzer Mario hat vor, sein eigenes Bier zu brauen.

Son Havana CLUB
(☎ 311-339-7175; www.facebook.com/sonhavana; Carrera 73 No 44-56; Eintritt 8000 KOL$; ⏲ Mi–Sa 20–3 Uhr) Gleich abseits der „La 70" herrscht in der beliebten, kubanisch anmutenden Bar eine tolle, irgendwie tropische Stimmung – toll für leidenschaftliche Fans von *son*, *la tima* und *la charanga*. Die kleine Tanzfläche füllt sich so schnell, dass die meisten Gäste zwischen den Tischen tanzen. Es ist ziemlich dunkel, daher muss man sich keine Sorgen machen, wenn man nicht weiß, wie Salsa richtig getanzt wird.

☆ Unterhaltung

Medellíns Theaterszene ist die lebendigste außerhalb Bogotás. Die Veranstaltungsorte konzentrieren sich im Zentrum und im Viertel Boston. Tanzfans sollten unbedingt eine Vorstellung in einem der Tango-Zentren der Stadt besuchen. Der Tango war einst der Lieblingstanz der *paisas*, die sich ja eigentlich gar als richtige Kolumbianer sehen, und hat sich nun in der Erinnerung der älteren Generation und aller Nostalgiker festgesetzt.

Teatro Lido KINO, THEATER
(Karte S. 830; ☎ 251-5334; www.facebook.com/LidoTeatroMedellin; Carrera 48 Nr. 54-20) Das renovierte Theater am Parque de Bolívar bietet manchmal kostenlose Vorführungen von Dokumentionen und Filmen an und veranstaltet Konzerte und andere Events.

Shoppen

Artesanías Caballo de Troya GESCHENKE & SOUVENIRS
(☎ 4-448-3479; www.artesaniascaballodetroya.com; Km 16, Via Las Palmas; ⏲ 8–19 Uhr) Toller Laden mit großem Angebot an der Straße zum Flughafen (an der Strecke über Las Palmas). Er verkauft hochwertiges Kunsthandwerk aus dem ganzen Land, das man in den konventionelleren Souvenirgeschäften nicht mehr findet.

ℹ Praktische Informationen

GEFAHREN & ÄRGERNISSE

➡ Im Großen und Ganzen ist Medellín für Besucher eine sichere Stadt, doch Raubüberfälle sind nichts Unbekanntes. Im Zentrum sollte man nach Einbruch der Dunkelheit, wenn die Angestellten und Ladenbesitzer nach Hause gehen und die Straßen sich schnell leeren, besonders vorsichtig sein.

➡ In Bussen und in der Metro wurde von Taschendiebstählen berichtet, man sollte auf seine Sachen also immer gut aufpassen.

GELD

Banco Popular (Carrera 50 No 50-14) Geldautomaten im Stadtzentrum.

Bancolombia (Carrera 39 No 8-100) Geldautomat in der Nähe des Parque Lleras.

MEDIZINISCHE VERSORGUNG

Clínica Las Vegas (☎ 4-315-9000; www.clinicalasvegas.com; Calle 2 Sur No 46-55; ⏲ 24 Std.) Die professionelle Privatklinik ist die beste Option, wenn man schnell einen Arzt benötigt. Die Mitarbeiter sprechen etwas Englisch.

TOURISTENINFORMATION

In Medellín kommen Besucher leicht an Infos, denn in der Stadt gibt es PIT-Filialen (Punto Información Turísticas), in denen fachkundige, höfliche zweisprachige Angestellte arbeiten.

PIT Cerro Nutibara (Calle 30A No 55-64; ⌚ Mo–Fr 8.30–18 Uhr)
PIT Parque Arví (⌚ Di–So 9.30–17.30 Uhr)
PIT Parque de Las Luces (Karte S. 830; Ecke Calle 44 & Carrera 54; ⌚ Mo–Sa 9–17.30 Uhr)
PIT Plaza Mayor (☎ 4-261-7277; www.medellin.travel; Calle 41 No 55-80; ⌚ Mo–Fr 8–18 Uhr)

Weitere Filialen gibt es in den beiden Flughäfen und in den Busbahnhöfen.

ℹ An- & Weiterreise

BUS

Medellín hat zwei Busbahnhöfe. Vom **Terminal del Norte** (www.terminalesmedellin.com; Autopista Norte; Ⓜ Caribe), 3 km nördlich vom Stadtzentrum, fahren Busse in den Norden, Osten und Südosten. Von El Poblado erreicht man ihn leicht mit der Metro (an der Station Caribe aussteigen!) oder mit dem Taxi (15 000 KOL$). Busse fahren u. a. in folgende Städte:

ZIEL	PREIS (KOL$)	DAUER (STD.)
Bogotá	66 000–70 000	9–10
Cartagena	139 000–149 000	13½–14
Neiva	80 000–100 000	11–12¼
Santa Fe de Antioquia	11 000–15 000	1½–2
Santa Marta	11 000–15 000	16

Vom **Terminal del Sur** (www.terminalesmedellin.com; Carrera 65 No 8B-91), 4 km südwestlich vom Zentrum, fahren alle Busse Richtung Westen und Süden. Die kurze Taxifahrt von El Poblado kostet 6500 KOL$. Busse fahren u. a. zu folgenden Zielen:

ZIEL	PREIS (KOL$)	DAUER (STD.)
Armenia	45 000–49 000	6
Cali	63 000	8
Ipiales	123 000–132 000	22
Manizales	37 000–40 000	5
Pasto	100 000	22–24
Pereira	40 000	5
Popayán	70 000	10

FLUGZEUG

In Medellín gibt es zwei Flughäfen. Alle internationalen Flüge (nach Miami, Fort Lauderdale, Lima, Madrid, Panama City, Caracas) und die meisten Inlandsflüge in größere Städte (Bogotá, Cartagena, Santa Marta, San Andrés) starten am **Aeropuerto Internacional José María Córdova** (☎ 4-402-5110; www.aeropuertorionegro.co; Rionegro), 35 km südöstlich des Zentrums nahe der Stadt Rionegro.

Zwischen dem Stadtzentrum und dem Flughafen pendelt alle 15 Minuten Busse (9500 KOL$, 1 Std., 5–21 Uhr). Die **Bushaltestelle** (Karte S. 830; Carrera 50A No 53-13) befindet sich im Stadtzentrum hinter dem Hotel Nutibara, man kann aber auch in der Nähe des Centro Commercial San Diego zusteigen. Die Taxis von **Acoa Taxi** (☎ 2-261-1616; www.acoataxiaeropuerto.com.co) – weiß mit blauen Streifen – bedienen den Flughafen, die Fahrt zum Flughafen kostet 70 000 KOL$, vom Flughafen in die Stadt 60 000 KOL$.

Der kleinere **Aeropuerto Olaya Herrera** (EOH; ☎ 4-403-6780; http://aeropuertoolayaherrera.gov.co; Carrera 65A No 13-157) liegt in der Stadt neben dem Busbahnhof Terminal del Sur. Hier starten regionale Inlandsflüge, u. a. nach Bogotá, Armenia, Manizales und Pereira.

ℹ Unterwegs vor Ort

BUS

Medellín hat ein gutes Busnetz. Für die meisten Besucher reichen die Metro und Taxis aber völlig aus. Die meisten Busrouten beginnen in der Av Oriental und am Parque Berrío. Die Busse fahren bis ca. 22 oder 23 Uhr.

FAHRRAD

Medellín hat ein praktisches, großräumiges, kostenloses öffentliches Fahrradverleihsystem namens Encicla (www.encicla.gov.co). Zuerst muss man sich registrieren und sich eine „Civica"-Card holen, die man an den folgenden Metro-Bahnhöfen bekommt: Niquía, San Antonio, Itagüí und San Javier. Ein Radwegnetz verbindet viele Metro-Bahnhöfe miteinander.

METRO

Medellíns **Metro** (www.metrodemedellin.gov.co; einfache Strecke 2400 KOL$; ⌚ Mo–Sa 4.30–23, So 5–22 Uhr) ist der einzige Pendlerzug ganz Kolumbiens. Sie wurde 1995 eröffnet und besteht aus der 23 km langen Nord-Süd-Strecke Linea A, die von El Centro nach El Poblado führt, und der 6 km langen Ost-West-Strecke Linea B. Bis auf einen 5 km langen Abschnitt im Stadtzentrum, wo die Metro als Hochbahn verkehrt, verlaufen alle Strecken ebenerdig.

Die Metro betreibt auch vier Seilbahnen, Metrocable genannt, die gebaut wurden, um bessere Verbindungen in die armen Barrios in den umliegenden Hügeln und am Parque Arví in Santa Elena zu schaffen. Zwei weitere Seilbahnstrecken waren zur Zeit der Recherche im Bau.

TAXI

In Medellín fahren zahlreiche Taxis (☎ 4-444-4444), alle mit Taxametern. Der Mindestfahrpreis beträgt 5500 KOL$. Eine Fahrt vom Zentrum nach El Poblado kostet 10 000 bis 12 000 KOL$. Mitfahrer-Apps gibt's auch.

Jardín

4 / 14 200 EW. / 1750 M

Jardín, das sich selbst als schönste Stadt Antioquias preist, macht seinem Namen alle Ehre. Die Stadt schmückt sich mit viel Grün, und ihre bunt gestrichenen zweistöckigen Häuser liegen inmitten kleiner Kaffeeplantagen, die sich die unglaublich steilen Hänge der majestätischen Berge hinaufziehen.

Das Zentrum des städtischen Lebens bildet die luftige, gepflasterte Plaza, die von der mächtigen neogotischen Basilica Menor de la Inmaculada Concepción beherrscht wird. Auf der Plaza stehen viele bunte Holztische und -stühle, an denen Obsthändler leckere Cocktails verkaufen und Senioren bei einem gemächlichen Kaffee schwatzen. Abends scheint die ganze Stadt herauszukommen, um sich auf einen Drink zu treffen. An den Wochenenden strömen Besucher aus Medellín in die Stadt, doch werktags verströmt sie noch ihren kolonialen Charme.

Hinter der Kleinstadt erstreckt sich eine spektakuläre Landschaft mit versteckten Höhlen, Wasserfällen, großartigen Gelegenheiten zur Vogelbeobachtung und vielen verschiedenen Abenteuersportmöglichkeiten.

Sehenswertes

★ **Cueva del Esplendor** HÖHLE

(316-515-2000; Eintritt 7000 KOL$) In dieser spektakulären Höhle, die inmitten einer herrlichen Landschaft auf 2200 m liegt, strömt ein 10 m hoher Wasserfall durch ein großes Loch in der Decke. Sie ist Jardíns berühmteste Attraktion. Die Höhle erreicht man nur zu Fuß auf einem an manchen Stellen schmalen Bergpfad. Die Wanderung von Jardín zum Eingang dauert etwa drei Stunden. Seit 2017 ist die Zahl der Besucher auf 40 Personen pro Tag begrenzt, und nur ein Veranstalter darf geführte Touren durchführen, darum sollte man im Voraus buchen.

★ **Cerro Cristo Rey** AUSSICHTSPUNKT

(Via Jardín-Tamesis) Diesen Aussichtspunkt mit der weißen Christus-Statue kann man vom Zentrum der Stadt sehen. Hinauf geht es mit der modernen Seilbahn (hin & zurück 5000 KOL$). Oben bietet sich ein fantastischer Blick auf die Stadt und die Berge dahinter. Auf dem Gipfel verkauft ein Geschäft kaltes Bier und Snacks.

Cueva de los Guácharos HÖHLE

Eine tolle Alternative zu Exkursionen zur Cueva El Esplendor ist diese seltener besuchte Höhle. Die Rundtour ab Jardín dauert sechs Stunden. Zunächst fährt einen der Führer bis zum Cerro de Cuchillion. Von dort wandert man anderthalb Stunden auf einem mäßig schwierigen, aber matschigen Weg durch herrlichen Regenwald zu einem spektakulären Wasserfall, der durch eine felsige Schlucht an der Höhle vorbeidonnert. Am besten fragt man in der Unterkunft nach einem guten Wanderführer.

Geführte Touren

Condor de los Andes ABENTEUER

(310-379-6069; condordelosandes@colombia.com; Calle 10 No 1A-62) Dieser Abenteuerveranstalter hat seinen Sitz im gleichnamigen Hostel und bietet eine Reihe aufregender Aktivitäten in der Umgebung der Stadt an, darunter Canyoning in der **Cascada La Escalera** (Via Jardín-Tamesis; 80 000 KOL$).

ABSTECHER

RESERVA NATURAL CAÑON DE RÍO CLARO

Drei Fahrstunden östlich von Medellín und fünf Stunden westlich vom Bogotá liegt 2 km südlich der Fernstraße zwischen beiden Städten die **Reserva Natural Cañon de Río Claro** (4-268-8855, 313-671-4459; www.rioclaroelrefugio.com; Km 152, Autopista Medellín-Bogotá; 15 000 KOL$; 8–18 Uhr), ein kleines Naturschutzgebiet, das jeder Besucher auf der Liste der Highlights Kolumbiens haben sollte. Der kristallklare Río Claro strömt hier durch eine faszinierenden, von grünem Wald gesäumten Marmorschlucht. Die beiden größten Attraktionen des Schutzgebiets sind ein Besuch der **Caverna de los Guácharos** (geführte Tour 20 000 KOL$), einer spektakulären Höhle neben dem Fluss, und eine Rafting-Tour auf dem Fluss.

Badekleidung, Handtuch und Taschenlampe mitbringen! An den Wochenenden kommen viele kolumbianische Urlauber ins Schutzgebiet, werktags geht es ruhiger zu.

Das Schutzgebiet liegt 24 km westlich von Doradal, wo es in der Nähe des Hauptplatzes einige Budgethotels und Geldautomaten gibt.

Schlafen & Essen

★ **Condor de los Andes** HOSTEL $
(☎310-379-6069; www.facebook.com/CondordelosandesHostalViajesyAventuras; Calle 10 No 1A-62; B inkl./ohne Frühstück 32000/27000 KOL$, EZ/DZ inkl. Frühstück 65000/99000 KOL$; 📶) Das fantastische Hostel ist die beste Budgetunterkunft Jardíns und bietet eine großartige Aussicht und absolute Ruhe. Es befindet sich nur einen Block von der städtischen Plaza entfernt in einem Kolonialhaus und hat verschiedene komfortable Zimmer mit warmem Wasser. Von der Steinterrasse öffnet sich der Blick auf die majestätischen Berge. Gäste können die Küche und einen schönen Gemeinschaftsbereich im Freien nutzen.

Cafe Europa ITALIENISCH $$
(☎302-235-3100; www.facebook.com/cafeeuropacolombia; Calle 8 No 4-02; Pasta ab 15000 KOL$, Pizzas 16000–20000 KOL$; ⏲17–22 Uhr; 🖉) In diesem Eckcafé, das eine kleine Auswahl köstlicher Pizzas und Nudeln zu Schnäppchenpreisen serviert, muss man vielleicht eine Weile auf einen Tisch warten. Es ist sehr gemütlich und gehört einem deutschen Reiseschriftsteller und -fotografen. Die Wände zieren europäische Zeitungsausschnitte und kolumbianische Fotoausstellungen. Weine werden flaschen- und glasweise serviert. Tolles Preis-Leistungs-Verhältnis!

Ausgehen & Nachtleben

★ **Cafe Macanas** CAFÉ
(☎313-657-5979; www.facebook.com/Macanasjardin; Parque Principal; ⏲8–20.30 Uhr) In diesem außergewöhnlichen Café am Hauptplatz holt man sich eine Tasse des fantastischen Kaffees aus lokalem Anbau und ein Stück Kuchen und setzt sich damit hinten auf die mit Blumen geschmückte Terrasse direkt neben der Kirche. Auch drinnen in dem Kolonialhaus gibt's gemütliche Plätze, falls es regnet. Das Café verkauft abgepackten Kaffee von Don Darío's zum Mitnehmen.

Praktische Informationen

Punto Informacíon Turística (☎350-653-6185; piteljardin@gmail.com; Ecke Carrera 3 & Calle 10; ⏲8–12 & 14–17 Uhr) Hilfreiche Touristeninformation bei der Kirche um die Ecke.

An- & Weiterreise

Täglich fahren etwa ein Dutzend Busse (22000–26000 KOL$, 3 Std.) von Jardín zum Terminal del Sur in Medellín. Die Busse starten in Jardín in der Calle 8 von den Büros von **Rapido Ochoa** (☎4-845-5051, 312-286-9768; www.rapidoochoa.com; Calle 8 No 5-24) und **Transportes Suroeste Antioqueño** (☎4-845-5505; Calle 8 No 5-21). Zu Spitzenzeiten sind die Busse ausverkauft, darum sollte man sein Hin- und Rückfahrticket im Voraus kaufen.

Wer weiter zur Eje Cafetero (Kaffee-Achse) in Kolumbiens Kaffeeanbauzone Zona Cafetera will, kann um 6.30 Uhr mit einem Direktbus von **Cotransrio** (☎311-762-6775; Calle 8 No 5-24) von Jardín nach Manizales (42000 KOL$, 6 Std.) fahren. Alternativ nimmt man um 8 oder 15 Uhr (Sa um 12 Uhr) den Bus nach Ríosucio (20000 KOL$, 3 Std.) und steigt dort in einen Bus nach Manizales um.

Santa Fe de Antioquia

☎4 / 25300 EW. / 550 M

Die schläfrige Kolonialstadt, die 1541 von Jorge Robledo gegründet wurde, ist die älteste Siedlung der Region und war einst die Hauptstadt Antioquias. 1926, als die Regierung nach Medellín umzog, blieben die Uhren in der Stadt stehen. Weil sie so lange im Schatten der 80 km südöstlich gelegenen Nachbarstadt stand, fiel das koloniale Zentrum nie der Abrissbirne zum Opfer und sieht heute nicht viel anders aus als im 19. Jh. Die schmalen Straßen säumen weiß getünchte einstöckige Häuser, die oft um schöne Höfe gebaut sind. Viele Fenster und Türen sind mit für Antioquia typischen kunstvollen Holzschnitzereien verziert.

Von Medellín aus kann man eine tolle Tagestour in die Stadt unternehmen. Unbedingt *pulpa de tamarindo probieren*, die heiß geliebte säuerliche Süßigkeit mit Tamarinde aus dem umliegenden Tal.

Sehenswertes

Puente de Occidente BÜCKE
(Km 5, Via Santa Fe de Antioquia-Liborina) Diese ungewöhnliche, 291 m lange Brücke über den Río Cauca liegt 5 km östlich der Stadt. Sie wurde 1895 fertiggestellt und war damals eine der ersten Hängebrücken in Amerika. Ihr Designer José María Villa war auch an der New Yorker Brooklyn Bridge beteiligt. Der 45-minütige Abstieg hinunter zur Brücke ist langweilig. Besser fährt man mit dem Fahrrad oder einem *mototaxi* (hin & zurück 15000 KOL$). Der Fahrer wartet, während man über die Brücke geht.

Iglesia de Santa Bárbara KIRCHE
(Ecke Calle 11 & Carrera 8; ⏲Mo–Sa 7-8.30 & 18–19.30 Uhr, So 6–7.30 & 18–19.30 Uhr) Die interes-

santeste Kirche der Stadt, die Mitte des 18. Jhs. erbaute Iglesia de Santa Bárbara, hat eine schöne Barockfassade. Bemerkenswert, wenn auch vom Zahn der Zeit gezeichnet, ist der Altaraufsatz über dem Hochaltar.

Museo Juan del Corral MUSEUM
(☎ 4-853-4605; Calle 11 No 9-77; ⌚ Mo, Di, Do & Fr 9–12 & 14–17.30, Sa & So 10–17 Uhr) GRATIS Die Ausstellungen in dieser gut erhaltenen Kolonialvilla widmen sich der Geschichte der Region, von der Vorgeschichte bis zur Unabhängigkeit von Spanien. Außerdem werden hier wechselnde Ausstellungen zeitgenössischer kolumbianischer Kunst gezeigt und regelmäßig kulturelle Events veranstaltet.

Feste & Events

Fiesta de los Diablitos KULTURELL
(⌚ 22.–31. Dez.) Das beliebteste Festival der Stadt findet jedes Jahr in der letzten Woche des Jahres statt, und das schon seit 1653. Es gibt Konzerte, Stierkämpfe, Tanzveranstaltungen, Paraden – und wie fast überall in Kolumbien – einen Schönheitswettbewerb.

Schlafen & Essen

★ **Hotel Mariscal Robledo** HOTEL $$$
(☎ 4-853-1563; www.hotelmariscalrobledo.com; Ecke Carrera 12 & Calle 10; Zi. inkl. Frühstück 335 000–390 000 KOL$; P ❄ @ ☎ ≋) Santa Fes schönstes Hotel hat einen tollen Standort am Parque de la Chinca und verströmt viel Charakter. Die geräumigen Zimmer sind von schlichter kolonialer Eleganz und voller Antiquitäten, von denen die meisten zum Verkauf stehen. Das Hotel hat eine Dachterrasse mit Ausblick, einen fantastischen großen Pool und einen hübschen Hof. Der größte Nachteil sind die elektrischen Duschen.

★ **La Casa Solariega** INTERNATIONAL $$$
(☎ 4-853-1530; Ecke Calle 11 & Carrera 8; Hauptgerichte 32 000–42 000 KOL$; ⌚ Fr 9–17, Sa & So 11–22 Uhr) Das mit Pflanzen verzierte Kolonialhaus ist teils Galerie, teils Restaurant und serviert Gerichte wie Lasagne mit Hühnchen und Pilzen, Pizzas und Nudeln sowie eine großartige Auswahl an Bieren, darunter viele belgische Sorten. Der gesellige Besitzer Oliver spricht fünf Sprachen. Dies ist ein Slow-Food-Restaurant, daher sollte man Zeit für ein geruhsames Essen mitbringen.

An- & Weiterreise

Stündlich fahren Busse (11 000 KOL$, 2 Std.) und Minivans (15 000 KOL$, 1½ Std.) zum Terminal del Norte in Medellín. Der letzte Minivan vom **Busbahnhof** (Carretera Medellín-Urabá) zurück nach Medellín fährt um 19.30 Uhr, danach kann man an der Fernstraße aber einen aus Turbo (in Urabá) kommenden Fernbus anhalten.

Guatapé

☎ 4 / 5500 EW. / 1925 M

Der hübsche Ferienort Guatapé liegt am Ufer des Embalse Guatapé, eines großen künstlichen Sees. Am bekanntesten ist er für die wandbildartigen Fassadenmalereien der traditionellen Häuser. Die farbenfrohen gemalten Reliefs in der unteren Hälfte vieler Wohnhäuser stellen Menschen, Tiere und Ornamente dar.

Nach Guatapé kann man von Medellín aus eine tolle Tagestour unternehmen, denn mit dem Bus sind es nur zwei Stunden. Wer aber Lust auf eine längere Pause von der Großstadt hat, auf den warten hier genug Outdoor-Aktivitäten für einen längeren Aufenthalt. Am Wochenende drängen sich zahlreiche kolumbianische Touristen in der Stadt und sorgen für eine fröhliche Atmosphäre, werktags kann man die umgebende Natur in gemächlicherem Tempo erleben.

Sehenswertes & Aktivitäten

Eine hydraulische **Seilrutschte** (Calle 32; 15 000 KOL$/Fahrt; ⌚ Mo–Fr 13–18, Sa & So 9–18 Uhr) führt vom Seeufer auf einen Berg nahe dem Ortsanfang. Großer Beliebtheit erfreut sich auch Klettern an der Südseite der Piedra del Peñol, außerdem werden Gleitschirmflüge, Kajaktouren und andere Aktivitäten angeboten. Die meisten Unterkünfte können den Kontakt zu lokalen Guides herstellen.

★ **Piedra del Peñol** AUSSICHTSPUNKT
(abseits der Via El Peñol; Besteigung 18 000 KOL$; ⌚ 8–18 Uhr) Wegen der erbitterten Rivalität zwischen den beiden Städten, die an seinen Flanken liegen, wird dieser 200 m hohe Granitfelsen, der nahe dem Ufer des Embalse Guatapé aufragt, auch El Peñon de Guatapé genannt. Eine Ziegeltreppe mit 659 Stufen führt durch eine Spalte im Fels. Von oben bietet sich eine herrliche Aussicht auf die Region mit ihren herrlichen grünen Bergen und den See mit den langen, schmalen Buchten. Busse, die zwischen Medellín und Guatapé verkehren, setzen Fahrgäste bei „La Piedra" ab.

Schlafen & Essen

Die Stadt hat eine gute Auswahl an Hostels und Hotels. Die einladendsten und erholsamsten Unterkünften befinden sich außerhalb der Stadt auf dem Land. Von vielen Landhotels hat man einen schönen Blick auf die Piedra del Peñol.

★ **Hostal Casa de Mamá** HOSTEL $
(Mom's House Hostel; ☎320-207-0707; www.facebook.com/momshousehostel; Calle 32 Carrera 23-27, Vereda El Roble; B 20 000 KOL$;) Die mütterliche Gloria wacht über dieses in psychedelischen Farben gestrichenen Hostel und sorgt dafür, dass es seinem Namen alle Ehre macht. Zu Fuß erreicht man es in zehn bis 15 Minuten. Es ist ein ruhiges Refugium, wo die Katze sich beim Yoga zugesellt, die Stockbetten Vorhänge haben und sich die Gäste beim Abendessen angeregt unterhalten.

★ **Oak Tree House** PENSION $$
(☎320-417-2497; Vereda El Roble; Zi. 114 000–230 000 KOL$, 3BZ/FZ 300 000/360 000 KOL$;) Wenn man vom eigentlichen Guatapé über die Brücke geht, erreicht man nach nur zehn Minuten diese wunderbare Pension. Sie punktet mit ihren freundlichen Mitarbeitern, die sich für die Gäste ein Bein ausreißen. Dazu kommen blitzsaubere Zimmer (teils mit Berg-, teils mit Gartenblick) und einladende Gemeinschaftsbereiche mit Schaukeln und Hängematten – das Oak Tree House ist einfach ein Hit!

★ **Pizzeria de Luigi** PIZZA $$
(☎320-845-4552; Calle 31 No 27-10; Pizzas 22 000–30 000 KOL$; ⊙Mi–Sa 18.30–22.30, So 12.30–14.30 & 18.30–22.30 Uhr;) Die besten Pizza Guatapés – ach was, der Region! – gibt's bei diesem freundlichen Italiener in der Nähe des Sportplatzes. Die frisch gebackenen Leckereien mit lockerem Boden und hochwertigen Zutaten, der gute Wein, der fantastische Service – hier zu essen ist in jeder Hinsicht ein Genuss.

An- & Weiterreise

Wer für einen Tag aus Medellín kommt, steigt am besten schon auf dem Hinweg an der Piedra del Peñol aus und besteigt sie, denn nachmittags kann es wolkig und regnerisch sein. Busse von und nach Medellín (13 500 KOL$, 2 Std.) fahren etwa stündlich. Zwischen dem Abzweig zur Piedra del Peñol und Guatapé pendeln häufig *colectivos* (2000 KOL$, 10 Min.), alternativ nimmt man ein *mototaxi* zum Eingang (10 000 KOL$).

Der letzte Bus zurück nach Medellín fährt werktags um 18.30 Uhr, am Wochenende und zu Spitzenzeiten um 19.45 Uhr. Wer am Wochenende von Guatapé nach Medellín zurückfahren will, sollte das Ticket für die Rückfahrt gleich nach der Ankunft kaufen, denn die Busse sind schnell voll. Das Ticketbüro liegt am **Terminal de Transporte** (Ecke Carrera 30 & Calle 32) am Ufer.

Manizales

☎6 / 357 800 EW. / 2107 M

Manizales, der nördlichste Punkt der Eje Cafetero (Kaffee-Achse), ist eine mittelgroße, angenehm kühle, hügelige Universitätsstadt, die auf allen Seiten von Bergen umgeben ist. Die Hauptstadt des Departamento Caldas wurde 1849 von einer Gruppe Kolonialisten aus Antioquia gegründet, die dem damaligen Bürgerkrieg entfliehen wollten. Zwei Erdbeben (1875 und 1878) und ein Brand im Jahr 1925 behinderten die Entwicklung der Stadt, sodass es kaum historische Sehenswürdigkeiten gibt – die eigentlichen Attraktionen sind die Aktivitäten in der Natur und das pulsierende Nachtleben.

Sehenswertes

★ **Monumento a Los Colonizadores** DENKMAL
(Av 12 de Octobre, Chipre; ⊙10–18 Uhr) GRATIS Das massive Denkmal zu Ehren der Stadtgründer befindet sich auf einem Hügel im Viertel Chipre. Es wurde aus 50 t Bronze geschaffen, die von Schlüsseln und anderen Gegenständen stammt, die von Einwohnern gespendet wurden. Das Denkmal ist beeindruckend, doch noch eindrucksvoller ist der Blick über die Stadt und zum PNN Los Nevados. Von der Carrera 23 fahren Busse mit der Aufschrift „Chipre" her.

★ **Catedral de Manizales** KIRCHE
(☎320-683-5618; Carrera 22 No 22-15; Tou inkl. Turmzugang Erw./Kind 10 000/7000 KOL$; ⊙9–20 Uhr) Die Südseite der Plaza de Bolívar wird von der seltsamen, aber eindrucksvollen Catedral de Manizales dominiert. 1929 begonnen und aus Stahlbeton erbaut, ist sie eine der ersten Kirchen dieser Art in Lateinamerika. Der Hauptturm ist 106 m hoch – der höchste Kirchturm des Landes! Wenn man die schier endlos lange Wendeltreppe hochsteigt, hat man einen tollen Blick auf die Stadt. Das geht aber nur bei einer geführten Tour, die rund 75 Minuten dauert.

Geführte Touren

Ecosistemas ABENTEUER
(☎312-705-7007, 6-880-8300; www.ecosistemastravel.com.co; Carrera 20 No 20-19; ⊙Mo–Fr 8–12 & 14–18, Sa 8–12 Uhr) Der erfahrene, professio-

nelle Veranstalter bietet Exkursionen und mehrtägige Touren zum PNN Los Nevados an, die Wanderungen zum Gipfel des Nevado de Santa Isabel und des Nevado del Tolima beinhalten. Er ist der einzige Veranstalter von regulären Tagestouren in den Nationalpark (160 000 KOL$) und hat sich außerdem auf Besuche örtlicher Kaffeefarmen spezialisiert.

Schlafen & Essen

★ Finca Mirador Morrogacho B&B $$
(☎317-661-6117; www.miradorfincamorrogacho.com; Morrogacho Villa Jordan, Enseguida Padres Salvatorianos, Calle 2; inkl. Frühstück B/EZ/DZ ab 42 000/110 000/140 000 KOL$, Apt. ab 198 000 KOL$;) An einem Berghang am Rand der Stadt liegt dieses fantastische, kleine Hotel mit phänomenaler Aussicht. Es bietet verschiedene geräumige, helle, elegante Unterkünfte an, in denen edle Holzelemente Akzente setzen. Einige haben Gästeküchen. Vom Zentrum fahren die Busse 601 und 619 mit der Aufschrift „Morrogacho" (2000 KOL$, 20 Min.) her. Ein Taxi von der Cable Plaza kostet ca. 10 000 KOL$.

Das Frühstück ist herzhaft, und es gibt auch vegetarische Menüs (20 000 KOL$).

Auf dem zauberhaften Grundstück voller Blumen tummeln sich viele Kolibris. Neben dem Komplex führt ein Pfad durch Kaffeefarmen hindurch hinunter zu einem Wasserfall und einem malerischen Yoga-Areal.

★ Mirador Andino HOSTEL $$
(☎310-609-8141, 6-882-1699; www.miradorandino-hostel.com; Carrera 23 No 32-20; B/Zi. 52 000/170 000 KOL$;) Dieses Hostel auf einem Hügel über dem Rand der Innenstadt ist eine großartige Budgetunterkunft. Die Zimmer sind blitzsauber, die Aussicht von der schönen Bar auf dem Dach ist erstaunlich, und die Mitarbeiter sind wundervoll entgegenkommend und unglaublich hilfsbereit. Die Schlafsäle haben sogar eigene Bäder.

La Condesa Cantina MEXIKANISCH $
(☎300-613-2218; www.facebook.com/LaCondesaCantinaManizales; Carrera 23 No 73-09; Speisen 12 000–15 000 KOL$; ⊙Mo–Do 12–15 & 17–22, Fr bis 23, Sa 12–23 Uhr;) Das freundliche, kleine mexikanische Restaurant am Rand der Restaurantmeile Milan serviert großartige Tacos, Quesadillas und *elotes* (mexikanische gegrillte Maiskolben) mit Schwung und mit sehr pikanter Salsa. Dazu bestellt man am besten eine kalte *cerveza michelada* oder eine Margarita in XXL-Größe.

★ El Jardín de las Delicias INTERNATIONAL $$
(☎313-658-8991; www.facebook.com/eljardindelasdelicias.rest; Carrera 25 No 68-19; Hauptgerichte 27 000–36 000 KOL$; ⊙Mo–Do 12–21.30, Fr & Sa bis 22 Uhr) Die modernen kolumbianischen Gerichte mit internationalem Touch werden liebevoll von Koch Pablo, der in Paris erlernte Kochtechniken mit lokalen Zutaten kombiniert, zubereitet und sind jeden Cent wert. Die Gäste können Gerichte wie Forelle mit *patacones*, Lamm-Ossobuco und Mousse aus Bitterschokolade mit gesalzenem Karamell draußen auf der sonnigen Terrasse genießen. Das Restaurant röstet auch seinen eigenen Kaffee.

Anreise & Unterwegs vor Ort

BUS & SEILBAHN

Der funkelnde, neue **Busbahnhof** (☎6-878-7858; www.terminaldemanizales.com.co; Carrera 43 No 65-100) befindet sich südlich vom Zentrum. Eine effiziente **Seilbahn** (www.cableaereomanizales.gov.co; Carrera 23; einfache Strecke 1800 KOL$; ⊙6–22 Uhr) mit toller Aussicht auf die Stadt verbindet ihn mit dem Zentrum. Eine zweite Seilbahn führt vom Busbahnhof über das Tal hinüber nach Villa María auf der anderen Talseite. Wer an der Cable Plaza übernachtet, kommt von dort einfacher mit dem Taxi (7000 KOL$) zum Busbahnhof.

Busse fahren nach Cali (40 000 KOL$, 4½ Std.), Bogotá (56 000–70 000 KOL$, 8 Std.) und Medellín (40 000–50 000 KOL$, 4–5 Std.).

Minibusse nach Pereira (11 000 KOL$, 1¼ Std.) und Armenia (17 500 KOL$, 1½ Std.) verkehren etwa alle 15 Minuten.

FLUGZEUG

Der **Aeropuerto La Nubia** (☎6-874-5451; Carrera 37) liegt 8 km südöstlich vom Stadtzentrum. Hier starten täglich mehrere Flüge nach Bogotá sowie ein paar nach Medellín. Man nimmt den Stadtbus nach La Enea und läuft dann noch fünf Minuten zum Terminal oder fährt mit dem Taxi (14 000 KOL$). Verspätungen und Flugausfälle wegen Nebels sind nicht ungewöhnlich, man sollte sich also nicht darauf verlassen, dass man knappe Anschlüsse erreicht.

Rund um Manizales

In den grünen Bergen rund um Manizales finden sich einige der schönste Landschaften Kolumbiens und zahlreiche Möglichkeiten für Abenteuer und Entspannung. Innerhalb einer einstündigen Fahrt von der Stadt erreicht man heiße Thermalbäder, Vulkankrater, bewirtschaftete Kaffeefarmen und

Naturschutzgebiete mit einer vielfältigen Vogelwelt.

Sehenswerts

★ Hacienda Venecia PLANTAGE

(☎6-870-3034, 320-636-5719; www.haciendavenecia.com; Vereda el Rosario, San Peregrino; Führung Erw./Kind 12–15 Jahre 50 000/40 000 KOL$; ⌚Führungen 9.30 Uhr) Diese Hacienda hat viele Preise für ihren Kaffee gewonnen. Es gibt eine Führung in englischer Sprache, die eine Präsentation über kolumbianischen Kaffee, eine Einführung in die Kaffeeverkostung, Unterricht in Kaffeezubereitung und einen Spaziergang durch die Plantage umfasst. Danach kann man den Pool nutzen, und für etwa 15 000 KOL$ wird ein typisches Mittagessen serviert. Der Transport von und zum Hotel in Manizales ist im Preis der Tour enthalten. Es gibt sogar Barista-Kurse.

Hacienda Guayabal PLANTAGE

(☎314-772-4856, 317-280-4899; www.haciendaguayabal.com; Km 3 Via Peaje Tarapacá, Chinchiná; Führungen spanisch/englisch 35 000/40 000 KOL$; ⌚Führungen 8–17 Uhr) Die friedliche Kaffeeplantage in der Nähe von Chinchiná ist ein wunderbarer Ort, um in *cafetero*-Flair zu entspannen. Es gibt dort großartige Führungen, die dem Prozess der Kaffeeproduktion von der Pflanze bis zur Tasse folgen und mit einem Verkostungs-Workshop enden. Um zur Plantage zu gelangen, fährt man mit einem Autolujo-Bus von Manizales nach Chinchiná (3500 KOL$, 30 Min.). Ein Taxi von Chinchiná direkt vor die Tür kostet 10 000 KOL$.

Recinto del Pensamiento NATURSCHUTZGEBIET

(☎6-889-7073; www.recintodelpensamiento.com; Km 11 Via al Magdalena; 17 000 KOL$; ⌚Di–So 9–16 Uhr) In diesem Naturpark 11 km vor Manizales im Nebelwald gibt es ein schönes *mariposario* (Schmetterlingshaus), mehrere kurze Wanderwege durch eindrucksvollen Wald voller Orchideen, einen Heilkräutergarten sowie Pflanzungen von *guadua* und *chusqué* (zwei kolumbianische Bambusarten). Mit einer *telesilla* – einer Art Sessellift – gelangt man auf den Berg, auf dem sich der Park befindet. Von der Cable Plaza in Manizales nimmt man einen Bus mit der Aufschrift „Sera Maltería" oder ein Taxi (12 000 KOL$).

Schlafen

★ Termales del Ruiz SPA-HOTEL $$$

(☎310-455-3588; www.hoteltermalesdelruiz.com; Paraje de Termales, Villa Maria, Caldas; EZ/DZ inkl. Frühstück ab 315 000/335 000 KOL$;) In diesem Thermalbadkomplex, der inmitten herrlicher Landschaften gleich außerhalb des PNN Los Nevados auf 3500 m Höhe liegt, kann man prima entspannen. Die Zimmer haben das Flair einer Berghütte und sind nicht sehr groß, aber komfortabel. Den großen Thermalpool draußen säumen bizarre Pflanzen des *páramo* (Hochlandsteppe). Man erreicht das Hotel nur mit einem eigenen fahrbaren Untersatz.

Parque Nacional Natural Los Nevados

2600–5325 M

Dieser **Nationalpark** (☎6-887-1611; www.parquesnacionales.gov.co; Ausländer/Kolumbianer 43 500/15 500 KOL$, südlich vom Park 29 500/10 500; ⌚8–15.30 Uhr) liegt zwischen Manizales, Pereira und Ibagué und erstreckt sich entlang eines Kamms schneebedeckter Vulkangipfel. Er wartet mit einigen der atemberaubendsten Gebiete der kolumbianischen Anden auf. In unterschiedlichen Höhen finden sich zahlreiche Ökosysteme, von feuchtem Nebelwald und *páramo* (Hochlandsteppe) bis zu Gletschern ganz oben.

Im Park entspringen 37 Flüsse, die 3,5 Mio. Menschen in vier Departomentos mit Wasser versorgen. Die Gletscher im Park schrumpfen jedoch; aktuelle wissenschaftliche Untersuchungen sollen den Einfluss auf die Umwelt messen.

Zu den Highlights des Parks zählen die schöne Laguna del Otún und die Besteigungen dreier schneebedeckter Vulkane, des Nevado del Ruiz, des Nevado de Santa Isabel und des Nevado del Tolima.

Die besten Monate, um im Park Schnee zu sehen, sind der Oktober und der November sowie die Zeit von März bis Mai. In den anderen Monaten herrscht häufiger trockenes, windiges, klares Wetter, das sich gut zum Wandern eignet.

Pereira

☎6 / 440 100 EW. / 1410 M

Die betriebsame Stadt Pereira ist kein typisches Touristenziel – eigentlich ist sie überhaupt kein Touristenziel. Alle Besucher kommen mit nur einem Ziel in die Stadt: um Geschäfte zu machen und Geld zu verdienen. Das 1863 gegründete Pereira ist die Hauptstadt Risaraldas und das wirtschaftliche und kommerzielle Zentrum der Zona Cafetera. Am bekanntesten ist es für sein pulsierendes Nachtleben. Viele Attraktionen hat die Stadt nicht zu bieten, doch wer einmal eine dynamische, freundliche kolumbianische Stadt mit guter Restaurantszene abseits der Travellerrouten sehen möchte, ist hier richtig. Pereira ist auch das Tor zu den beiden großartigen Naturschutzgebieten Parque Ucumarí und Santuario Otún Quimbaya sowie zu den entspannenden Thermalquellen von Santa Rosa und San Vicente.

Schlafen & Essen

★ **Kolibri Hostel** HOSTEL $

(☎321-646-9275, 6-331-3955; www.kolibrihostel.com; Calle 4 No 16-35; B ab 23 000 KOL$, Zi. mit/ohne Bad 90 000/60 000 KOL$; 📶) Klasse Hotel mit toller Lage abseits der zentralen *zona rosa*. Es ist gesellig, aber kein Party-Hostel. Neben komfortablen Zimmern gibt's eine tolle Terrasse mit Bergblick, einen coolen Barbereich am Straßenrand und Kaffee von der Familien-Finca eines der Besitzer. Das holländisch-kolumbianische Paar arrangiert gern Gleitschirmflüge, Kaffee- und Radtouren.

★ **Leños y Parrilla** GRILL $$

(☎6-331-4676; www.facebook.com/lenosyparrilla; Carrera 12 No 2-78; Hauptgerichte 24 000–34 000 KOL$; ⏲12–22 Uhr) Gleich abseits der Av Circunvalar begeistert dieses beliebte Paradies für Rindfleischfans seine Gäste mit der riesigen Auswahl dünn oder dick geschnittener Steaks. Sie sind rauchig und perfekt auf heißer Kohle gegart, und die T-Bone-Steaks haben knusprige Fettstreifen. Das Lokal ist groß, wird aber trotzdem – darum früh kommen oder reservieren!

Anreise & Unterwegs vor Ort

Der **Busbahnhof** (☎6-321-5834; www.terminalpereira.com; Calle 17 No 23-157) liegt 1,5 km südlich vom Zentrum. Viele Stadtbusse fahren zum Busbahnhof; das dauert keine zehn Minuten. Taxis vom Zentrum oder von der Av Circunvalar haben einen Mindestpreis (4500 KOL$).

Nach Bogotá (48 000–69 000 KOL$, 9 Std.) fahren regelmäßig Busse. Einige Busse steuern auch Medellín (34 000–46 000 KOL$, 6 Std.) und Cali (25 000–32 000 KOL$, 4 Std.) an. Minibusse nach Armenia (6000–8000 KOL$, 1 Std.) und Manizales (11 000 KOL$, 1¼ Std.) fahren jede Stunde.

Armenia

☎6 / 315 300 EW. / 1483 M

Armenia wirkt eher wie eine Großstadt als wie eine Provinzhauptstadt. Hier spielt sich das Leben aber viel gemächlicher ab als in Manizales und Pereira, den beiden anderen Städten im Kaffeeanbaugebiet. Bei ihrer Gründung im Jahr 1889 wurde die Ortschaft Villa Holguín genannt, im frühen 20. Jh. aber aus Solidarität mit den armenischen Opfern des Völkermords durch das Osmanische Reich in Armenia umbenannt. 1999 zerstörte ein Erdbeben, von dessen Folgen sich Armenia nie ganz erholt hat, große Teile des Zentrums. Die Innenstadt wurde provisorisch wiederaufgebaut, was man bei der eilig aus vorgefertigten Betonteilen neu errichteten Kathedrale gut sehen kann. Im Prinzip hat sich das Zentrum nach Norden zur Av Bolívar verlagert.

Die meisten Traveller werden nur kurz in Armenia sein, um hier in einen anderen Bus umzusteigen. Die Stadt hat aber einige Sehenswürdigkeiten, die für einen interessanten Tag sorgen.

Sehenswertes

In der Stadt gibt's das Museo del Oro Quimbaya und den großartigen **Parque de la Vida** (Ecke Av Bolívar & Calle 7N; 1500 KOL$; ⏲7–19 Uhr).

Das ausgezeichnete **Museo del Oro Quimbaya** (☎6-749-8169; www.banrepcultural.org/armenia/museo-del-oro-quimbaya; Av Bolívar 40N-80; ⏲Di–Sa 9–17 Uhr) GRATIS präsentiert gute Werke präkolumbischer Quimbaya-Goldschmiede sowie schöne Keramik und zeremonielle Objekte. Die Ausstellung wird durchgängig von Erläuterungen der Quimbaya-Kultur in englischer Sprache begleitet. Das Museum befindet sich 5 km nordöstlich vom Stadtzentrum im Centro Cultural. Man erreicht es von der Av Bolívar mit einem Bus der Linie 8 oder 12 Richtung Norden.

Schlafen

Wanderlust Hostel HOSTEL $$

(☎314-588-0182, 6-735-8686; www.wanderlustarmenia.com; Carrera 14 No 1-24; B 25 000–30 000 KOL$, Zi. 90 000 KOL$; 📶) Freundliches Hostel mit tollen Einrichtungen und großartigem Service der Englisch sprechenden Mitarbeiter. In den hellen, komfortablen Schlafsälen stehen hochwertige Betten. Das Beste sind aber die schönen Gemeinschaftsbereiche, darunter ein großer Hof mit Hängematten auf der Rückseite und ein moderner Lounge- und Arbeitsbereich. Die Privatzimmer im vorderen Teil des Gebäudes sind dem Straßenlärm ausgesetzt.

ABSTECHER

TERMALES SAN VICENTE

In einem schmalen, von eindrucksvollen Bergen umringten Tal liegen 18 km östlich von Santa Rosa de Cabal die **Termales San Vicente** (☎320-693-3707; www.sanvicente.com.co; Km 17, Via Laguna del Otún y Parque Natural Los Nevados; Erw./Kind 3–10 Jahre 50 000/22 000 KOL$; ⏲8–24 Uhr), ein Thermalbadkomplex mit sieben Becken, darunter ein kleines *pozos de amor* für zwei Personen. Ein Spa bietet eine breite Palette an Anwendungen, u. a. Schlammpackungen, Gesichtsbehandlungen, Peelings und Massagen. Am besten kommt man werktags her, dann herrscht weniger Betrieb als am Wochenende.

Tagestouren ab Pereira kosten inklusive des Hin- und Rücktransport für Erwachsene/Kinder von 3 bis 8 Jahren 80 000/55 000 KOL$. Sie finden freitags, samstags und sonntags statt (bei entsprechender Nachfrage auch täglich) und starten um 9 Uhr am **Büro der Termales San Vicente** (☎6-333-6157; Av Circunvalar No 15-62; ⏲Mo–Sa 8–18, So bis 12 Uhr); zurück geht es um 18.30 Uhr. Man sollte einen Tag vorher reservieren. Im Preis der Touren sind der Eintritt, das Mittagessen und eine Erfrischung enthalten.

Die meisten Besucher tummeln sich in Hauptbecken in der Nähe des Restaurants, doch auch das Naturbad **Piscina de las Burbujas**, das in der Nähe des Haupteingangs im Grünen liegt, lohnt einen Besuch. Ein kurzer Fußweg weiter talabwärts führt zum erfrischenden **Rio Termal**, wo sich das Thermalwasser und das Wasser des rauschenden Flusses in einem erstaunlichen natürlichen Becken mischen, umringt von dichtem Wald.

Zum Komplex gehören auch Natursaunen, die über 80 bis 90 °C heißen Thermalquellen gebaut wurden. Außerdem gibt es Abenteueraktivitäten wie eine Baumkronen-Seilrutsche hoch über dem Tal (25 000 KOL$) und das Abseilen in einem Wasserfall (40 000 KOL$) sowie zwei reizvolle Wanderwege.

Die im Komplex angebotenen Übernachtungsmöglichkeiten reichen von komfortablen, holzgetäfelten Zimmern (EZ/DZ inkl. Frühstück ab 188 000/288 000 KOL$) bis zu Camping mit Zugang zu den Thermalbecken (88 000/Pers.).

An- & Weiterreise

Pereiras **MegaBús** (www.megabus.gov.co; einfache Strecke 2000 KOL$) fährt quer durch die Stadt und hinaus nach Dosquebradas. Er ähnelt Bogotás TransMilenio und Cali's MIO, nur in kleinerem Maßstab. Für Traveller, die in der Nähe der Av Circunvalar übernachten, ist er aber nicht besonders hilfreich.

Salento

☎6 / 7250 EW. / 1895 M

Die kleine Stadt, die 24 km nordöstlich von Armenia inmitten grüner Berge liegt, lebt vom Kaffeeanbau, der Forellenzucht und den Touristen, die wegen der traditionellen Straßen, der typischen *paisa*-Architektur und der Nähe zum spektakulären Valle de Cocora herkommen. Sie wurde 1850 gegründet und ist die älteste Stadt Quindíos.

In der Hauptstraße, der Calle Real (Carrera 6), gibt's zahlreiche *artesanías* (Kunsthandwerksstände) und Restaurants. Am Ende der Straße führen Treppen hinauf zum Alto de la Cruz, einem Hügel, auf dessen Gipfel ein Kreuz steht. Von hier kann man das grüne Valle de Cocora und die umliegenden Berge sehen. Bei klarem Himmel (meist nur morgens) sieht man am Horizont sogar die schneebedeckten Vulkangipfel.

Aktivitäten

★ **Mountain Bike Salento Colombia** MOUNTAINBIKEN
(☎311-333-5936, 316-535-1792; www.salentocyclingcom; Calle 7 No 1-04, Plantation House; Touren 130 000–250 000 KOL$) Bietet tolle Mountainbiketouren an, die bis hinauf zur Kontinentalscheide in den Anden führen. Von dort radelt man auf der anderen Seite hinunter zum größten Quindio-Wachspalmenwald der Region und wird dann mit einem Truck wieder hinauf zum Gipfel gebracht, von wo es mit dem Mountainbike den Berg hinunter nach Salento geht. Ein Mittagspicknick mit großartiger Aussicht ist im Preis enthalten.

Geführte Touren

★ **Finca El Ocaso** GEFÜHRTE TOUREN
(☎310-451-7329, 310-451-7194; www.fincaelocasosalento.com; Km 3,8, Vereda Palestina; geführte Tour 15 000–65 000 KOL$) Die beste Kaffeeführung Salentos findet auf einer großen Farm mit schönen Kaffeesträuchern und einem hübschen Bauernhaus statt. Man besucht die

Plantage und verfolgt danach den Prozess der Vorbereitung der Kaffeebohnen für den Markt. Die Touren dauern 90 Minuten und werden zwischen 9 und 16 Uhr stündlich angeboten. Von der Plaza fahren stündlich Jeeps (3000 KOL$) zur Finca.

Schlafen

★ El Mocambo Hostel HOSTEL $
(☎ 312-660-0371; www.facebook.com/elmocambo boquia; Km 1,5, Camino Nacional, Via a Toche Antigua Finca Pilones; B 23 000 KOL$, Zi. mit/ohne Bad 74 000/57 000 KOL$; 📶) 15 Gehminuten südlich von Salento liegt dieses friedliche Hostel, das von der mütterlichen, gastfreundlichen Soledad geführt wird, die dafür sorgt, dass sich ihre Gäste wirklich wie zu Hause fühlen. Schwer zu sagen, was uns am meisten gefällt: ihre Gastfreundschaft, die feurigen Sonnenuntergänge, die Ruhe und die Glühwürmchen am Abend oder die Queensize-Betten in den Schlafsälen. Stündlich fahren Jeeps her (3000 KOL$).

★ Coffee Tree Hostel HOSTEL $$
(☎ 318-390-4415; www.coffeetreebh.com; Carrera 9 No 9-06; B/Zi. ab 38 000/230 000 KOL$; 📶) Das Coffee Tree hat den Titel „Boutiquehostel" wirklich verdient. Von den großen, schön dekorierten Zimmern auf drei Etagen bietet sich ein toller Blick auf die Berge. Außerdem gibt's einen hellen, hohen Gemeinschaftsbereich. Die freundlichen Mitarbeiter sprechen sehr gut Englisch und das umfangreiche Frühstücksbüfett liefert die Energie für Outdoor-Abenteuer.

★ Reserva El Cairo BOUTIQUEHOTEL $$$
(☎ 321-649-3439; www.reservaelcairo.com; Km 3, Via Cocora, Vereda La Playa; Zi./FZ ab 222 000/ 400 000 KOL$) Eine schönere Unterkunft wird man im Kaffeeanbaugebiet kaum finden. Die eleganten, komfortablen Zimmer befinden sich in einem charmanten traditionellen Bauernhaus mit üppigen Gärten, und im umliegenden Naturschutzgebiet finden sich einige der letzten Primärwaldgebiete des Tals. Hier kann man sowohl großartig Vögel beobachten als auch aufregendere Aktivitäten wie Gleitschirmfliegen unternehmen. Das Hotel liegt 3 km von Salento entfernt in Richtung Valle Cocora.

Essen & Ausgehen

★ Rincón del Lucy KOLUMBIANISCH $
(Carrera 6 No 4-02; Frühstück 7000, Mittag- & Abendessen 9000 KOL$; ⏲ 7–20 Uhr) Wir lieben Lucy wegen der üppigen Gerichte mit dem besten Preis-Leistungs-Verhältnis der Stadt: Fisch, Rindfleisch oder Hühnchen serviert mit Reis, Bohnen, Kochbananen und Suppe. Man sitzt an Gemeinschaftstischen neben Fremden, die zu Freunden werden können. Hier kann man auch prima vor einer Wanderung reichhaltig frühstücken.

★ Café Bernabé Gourmet FUSION $$
(☎ 315-596-1447; Ecke Carrera 6 & Calle 3; Hauptgerichte 17 000–36 000 KOL$; ⏲ 13–22 Uhr; 🖉) Dieses Restaurant, das die kulinarischen Grenzen der kleinstädtischen Restaurantszene erweitert, hat viel Liebenswertes: ambitionierte Kombinationen (Lachs mit Kaffee und Maracuja-Reduktion), wunderbar gebratene Steaks, die besten Cocktails der Stadt (und vielleicht sogar der Region) und super Kaffee. Kompliment an den Koch!

★ Café Jesús Martín CAFÉ
(☎ 300-735-5679; www.cafejesusmartin.com; Carrera 6 No 6-14; ⏲ Mo 7.30–21, Di–So ab 7 Uhr) Die fachkundigen Baristas servieren in diesem Café spitzenmäßigen Espresso, Drip und Filterkaffee aus jenen Kaffeebohnen, die in der Fabrik des Besitzers geröstet und verarbeitet werden. Hier ist eindeutig die Oberklasse zu Hause, einheimischen Bauern wird man hier weniger begegnen. Wein, Bier und leichte Gerichte gibt es ebenfalls. Man kann sich auch nach den anspruchsvollen Kaffeeverkostungstouren erkundigen.

An- & Weiterreise

Minibusse fahren alle 20 Minuten von/nach Armenia (4500 KOL$, 45 Min., 5.20–20 Uhr). Busse nach Armenia fahren erst durch die Stadt und vorbei an der Plaza, danach zum **Salento-Transportbüro** (Carrera 2 No 4-30) und von dort weiter. An den Wochenenden muss man aber direkt zum Salento-Transportbüro gehen. Die Taxifahrt von Armenia nach Salento dauert 30 Minuten und kostet 85 000 KOL$.

Vom Busbahnhof in Pereira fahren Direktbusse nach Salento (6500 KOL$, 1½ Std.).

Täglich fahren vier Express-Vans von **Flota Occidental** (☎ 310-449-4444; www.flotaocciden tal.com; Carrera 2 No 4-40) von Medellín direkt nach Salento (47 000 KOL$, 7 Std.) und zurück.

Valle de Cocora

In einem Land, in dem es unzählige schöne Landschaften gibt, ist Cocora eine der überwältigendsten. Das breite, grüne Tal, das von schroffen Gipfeln gesäumt wird, erstreckt sich östlich von Salento bis in die unteren Regionen des PNN Los Nevados. Überall sieht man die *palma de cera* (Quindio-Wachspalme), die größte Palme der Welt, die bis zu 60 m hoch wird. Sie ist der Nationalbaum Kolumbiens und wirkt zwischen den nebligen grünen Bergen wunderschön. Das Tal steht als Teil der UNESCO-Welterbestätte „Kolumbianische Kaffeekulturlandschaft" unter Schutz.

Die beliebteste Wanderung in der Gegend ist die vier- bis fünfstündige Rundwanderung vom Weiler Cocora zum **Reserva Natural Acaime** (☎321-636-2818; inkl. Erfrischungen 5000 KOL$) und weiter zum ebenfalls unter UNESCO-Schutz stehenden Tal der *palma de cera*. In der Regel unternimmt man die Wanderung entgegen dem Uhrzeigersinn, denn sonst würde man die Quindio-Wachspalmen gleich am Anfang sehen, und dann wäre der Spaß verdorben.

An- & Weiterreise

Vom Hauptplatz in Salento fahren um 6.10, 7.30, 9.30, 11.30, 14 und 16 Uhr Willys-Jeeps nach Cocora (3800 KOL$, 30 Min.) und kehren eine Stunde später wieder zurück. Für 35000 KOL$ kann man auch einen eigenen Jeep chartern.

SÜDWESTLICHES KOLUMBIEN

Cali

☎2 / 2,4 MIO. / 969 M

Cali ist eine heiße, schmutzige Stadt, deren unglaubliche Lebensfreude viele Besucher überwältigt – was noch lange nachhallt, wenn man die Stadt längst wieder verlassen hat. Abgesehen von ein paar Kirchen und Museen gibt es nicht viele Sehenswürdigkeiten – die Hauptattraktion der Stadt ist ihre berauschende, pulsierende Atmosphäre. Man muss sich nur etwas umschauen: Es gibt hier nicht nur ein tolles Nachtleben und gute Lokale, sondern auch viel zu unternehmen, besonders abends, wenn kühler Wind aus den Bergen die Hitze des Tages vertreibt.

Cali verfügt über ein reiches afrokolumbianisches Erbe – nirgendwo sonst ist die ethnische Vielfalt und Harmonie des Landes so sichtbar wie hier. Die ganze Stadt, von den verarmten Barrios zu den großen, glitzernden Clubs, folgt einem gemeinsamen Rhythmus – dem Salsa. In der Salsa-Hauptstadt der Welt ist Musik mehr als nur Unterhaltung: Es ist das verbindende Element, das die Stadt zusammenschweißt.

Sehenswertes

Museo de Arte Moderno La Tertulia GALERIE
(☎2-893-2939; www.museolatertulia.com; Av Colombia No 5 Oeste-105; Erw./Student 10000/7000 KOL$; ⏲Di–Sa 10–19, So 14–18 Uhr) Präsentiert Wechselausstellungen mit zeitgenössischer Malerei, Bildhauerei und Fotografie einheimischer und südamerikanischer Künstler. Darunter sind Werke kolumbianischer Künstler wie Hugo Zapata und Beatriz Gonzáles. Das Haus ist zugleich Calis wichtigstes Kulturzentrum und veranstaltet regelmäßig anspruchsvolle Filmvorführungen, Lesungen und Konzerte. Es liegt 15 Gehminuten vom Zentrum entfernt am Río Cali.

Museo Arqueológico la Merced MUSEUM
(☎2-885-4665; Carrera 4 No 6-59; Erw./Kind 4000/2000 KOL$; ⏲Mo–Sa 9–16, So 10–16 Uhr) In einem im 18. Jh. errichteten Anbau des früheren Klosters La Merced zeigt dieses Museum eine Sammlung präkolumbischer Töpferwaren, die bedeutende Kulturen wie die Tierradentro-, die Tolima- und die San-Agustín-Kultur hinterlassen haben. Zu den Highlights gehören Figuren der Tumaco-Kultur und kunstvoll bemalte Gefäße der Quimbaya.

★**Iglesia de la Merced** KIRCHE
(Ecke Carrera 4 & Calle 7; ⏲6.30–10 & 16–19 Uhr) 1545 gegründet, ist diese die älteste Kirche der Stadt. Das schöne, weiß getünchte Gebäude im spanischen Kolonialstil ist eine schlichte Holz- und Gipskonstruktion mit einem langen, schmalen Schiff. Den vergoldeten barocken Hochaltar krönt die Virgen de las Mercedes, die Schutzheilige der Stadt.

Iglesia de la Ermita KIRCHE
(Ecke Av Colombia & Calle 13; ⏲Öffnungszeiten variieren) In der markanten neogotischen Kirche am Río Cali befindet sich das Gemälde *El señor de la caña* (Jesus mit dem Zuckerrohr) aus dem 18. Jh., das mehrere große Erdbeben überstanden hat. Dem Bild werden verschiedene Wunder (darunter sein eigenes Überdauern) zugeschrieben.

Museo del Oro Calima MUSEUM
(☎2-684-7755; Calle 7 No 4-69; ⏲Di–Fr 9–17, Sa 10–17 Uhr) GRATIS Das gute Museum einen Block östlich der Iglesia de la Merced präsentiert über 600 aufwendige Schmuckstücke aus Gold sowie Keramiken, die bei Schama-

Cali

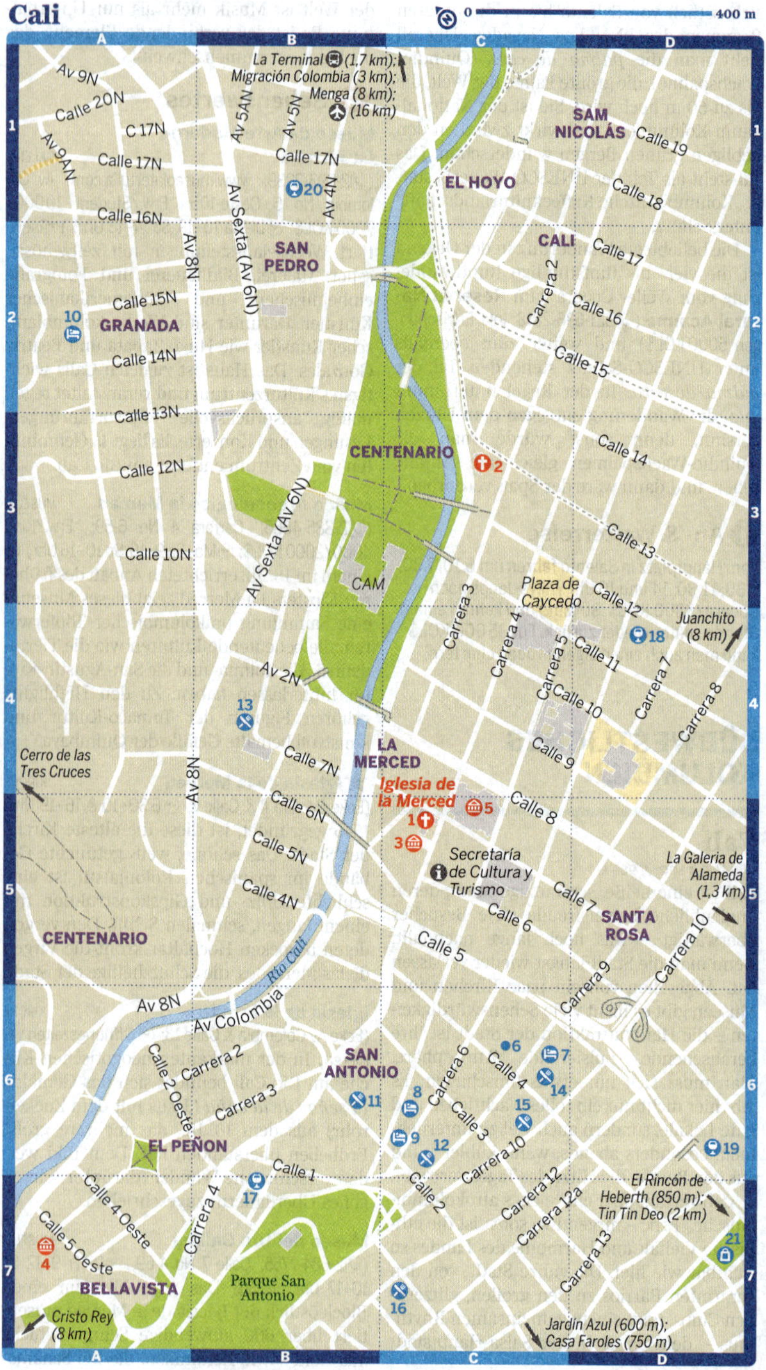
0
400 m
A
B
C
D
1
2
3
4
5
6
7
La Terminal (1,7 km);
Migración Colombia (3 km);
Menga (8 km);
(16 km)
Av 9N
Calle 20N
C 17N
Av 9AN
Calle 17N
Calle 16N
Av 5AN
Av 5N
Calle 17N
20
Av 4N
Av Sexta (Av 6N)
Av 8N
SAN PEDRO
SAN NICOLÁS
Calle 19
EL HOYO
Calle 18
CALI
Calle 17
Carrera 2
Calle 16
Calle 15
Calle 15N
10
GRANADA
Calle 14N
Calle 13N
Calle 12N
CENTENARIO
2
Calle 14
Calle 13
Calle 10N
Av Sexta (Av 6N)
CAM
Carrera 3
Plaza de Caycedo
Calle 12
Carrera 4
Carrera 5
Calle 11
18
Juanchito (8 km)
Carrera 7
Av 2N
Calle 10
Carrera 8
13
Calle 9
Cerro de las Tres Cruces
Calle 7N
LA MERCED
Av 8N
Iglesia de la Merced
5
Calle 8
Calle 6N
1
3
Calle 5N
Secretaría de Cultura y Turismo
La Galeria de Alameda (1,3 km)
Calle 4N
Calle 7
Calle 6
SANTA ROSA
CENTENARIO
Calle 5
Carrera 10
Río Cali
Av 8N
Carrera 9
Av Colombia
6
7
Calle 2 Oeste
Carrera 2
SAN ANTONIO
Calle 4
14
Carrera 6
Carrera 3
11
8
Calle 3
15
EL PEÑON
9
12
Carrera 10
19
Calle 1
Carrera 12
El Rincón de Heberth (850 m);
Tin Tin Deo (2 km)
17
Calle 2
Calle 4 Oeste
Carrera 4
Carrera 12a
Calle 5 Oeste
4
21
Carrera 13
BELLAVISTA
Parque San Antonio
16
Cristo Rey (8 km)
Jardín Azul (600 m);
Casa Faroles (750 m)

Cali

Highlights
1 Iglesia de la Merced ... C5

Sehenswertes
2 Iglesia de la Ermita ... C3
3 Museo Arqueológico la Merced ... C5
4 Museo de Arte Moderno La Tertulia ... A7
5 Museo del Oro Calima ... C5

Aktivitäten, Kurse & Touren
6 Salsa Pura ... C6

Schlafen
7 Casa Alegre Art Gallery ... C6
8 El Patio Hostel ... C6
9 La Casa Café ... C6
10 La Sucursal Hostel ... A2

Essen
11 El Buen Alimento ... B6
12 Pargo Rojo ... C6
13 Platillos Voladores ... B4
14 Waunana ... C6
15 Zahavi ... C6
16 Zea Maiz ... C7

Ausgehen & Nachtleben
17 La Colina ... B7
18 Pérgola Clandestina ... D4
19 Topa Tolondra ... D6
20 Zaperoco ... B1

Shoppen
21 Parque Artesanal Loma de la Cruz ... D7

nenritualen und im täglichen Leben benutzt wurden. Sie stammen aus der Calima-Kultur, die etwa von 200 v. Chr. bis 400 n. Chr. in dem Tal nordwestlich von Cali blühte.

Cerro de las Tres Cruces AUSSICHTSPUNKT
(Av 10 Norte) Von diesen drei Kreuzen in den Bergen bietet sich ein super Blick auf die Stadt, und die Wanderung hier hinauf erfreut sich bei den gesundheitsbewussten *caleños* (Einwohner Calis) großer Beliebtheit. Am besten kommt man am Wochenende frühmorgens, wenn viele Leute unterwegs sind, aber ohne Wertsachen – die Gegend ist abgeschieden, Raubüberfälle kommen vor.

Kurse

★ **Sabor Manicero** TANZ
(☎315-289-4040; https://salsa-classes-in.cali-colombia.co; Calle 5 No 39-71, 3er Piso; ⊙Salsa-Kurse Mo–Fr 16.30–18.30 & 19–21, Sa 14–16 Uhr) Eine der größten Tanzschulen des Landes. Es gibt Salsa-Gruppenkurse für Tänzer aller Niveaus. Wer will, die Hüften auch zum Rhythmus von Bachata und Merengue zu schwenken.

Salsa Pura TANZ
(☎310-493-9660; www.facebook.com/salsapurabailesinfronteras; Calle 4 No 6-61; ⊙Mo–Fr 9–20, Sa 10–18 Uhr) In der Salsa-Schule im Herzen San Antonios geben erfahrene, enthusiastische Lehrer Einzel- und Gruppenunterricht für Tänzer aller Levels. Sie reagieren rasch auf Anfragen und sind bei Travellern beliebt.

Feste & Events

Festival Petronio Álvarez MUSIK
(https://petronio.cali.gov.co; Calle 9C, Canchas Panamericanas; ⊙Aug) Ein Festival für pazifische Musik, das stark von afrikanischen Rhythmen beeinflusst ist, die die vielen Sklaven mitgebracht haben, die einst die Pazifikküste bevölkerten. Die *caleños* kommen scharenweise, um rund um die Uhr zu tanzen, bei Open-Air-Konzerten in Wettstreit zu treten und jede Menge *arrechón* (ein süßes alkoholisches Getränk) zu trinken.

Festival Mundial de Salsa TANZ
(www.mundialdesalsa.com; ⊙Sept.) Bei diesem leidenschaftlichen Salsa-Wettbewerb treten erstaunliche Tänzer jedes Alters aus Cali und der ganzen Welt in bunten Kostümen auf. Das Finale findet auf der Plaza de Toros statt.

Schlafen

San Antonio hat zahlreiche Hostels und weist Spuren der kolonialen Vergangenheit der Stadt auf. Das benachbarte Wohnviertel Miraflores ist ruhiger, aber immer noch in Gehweite zur Action. Wer auf Luxus und Nachtleben Wert legt, ist in Granada richtig.

★ **El Patio Hostel** HOSTEL $
(☎316-617-5276; www.facebook.com/elpatiohostel; Carrera 5 No 2-1; B 27000–32000 KOL$, EZ mit/ohne Bad 63500/48000 KOL$, DZ mit/ohne Bad 75000/65000 KOL$; 📶) Mitten im Viertel San Antonio liegt dieses Hostel, dessen herzliche, gastfreundliche Besitzer Adriana und Fabio zu Recht viel Lob erhalten. Das farbenfrohe Haus hat einen herrlichen Innenhof zum Chillen, ausreichend Bäder, eine Küche und viele Tipps für Traveller.

La Casa Café HOSTEL $
(☎2-893-7011; www.lacasacafecali.blogspot.com; Carrera 6 No 2-13; B 25000 KOL$, EZ/DZ 50000/80000 KOL$, ohne Bad 40000/60000 KOL$; 📶)

Eine traditionelle, schlichte Backpackerbleibe mit preiswerten Schlafsälen und Privatzimmern im 2. Stock eines Kolonialhauses und einer Café-Bar. Ein großes Plus ist die charmante Besitzerin Paola, die sich großartig um ihre Gäste kümmert. Das Café serviert Kaffee von kleinen Farmen im Valle de Cauca.

★ **Casa Alegre Art Gallery** BOUTIQUEHOTEL $$
(☎ 2-893-8444; www.casaalegreartgallery.com; Carrera 9 No 4-28; EZ/DZ ab 120 000/150 000 KOL$;) Das charaktervolle umgebaute Kolonialhaus mit einem schön begrünten Innenhof und einem himmlischen Pool liegt in einer Gegend San Antonios, in der man gut essen gehen und Salsakurse besuchen kann. Die geräumigen Zimmer sind mit dunklen Holzmöbeln, hochwertigen Betten, bunten Fliesenböden und einer leisen Klimaanlage ausgestattet. Der Strom wird von Solarzellen erzeugt. Die Mitarbeiter geben viele hilfreiche Tipps.

★ **La Sucursal Hostel** HOSTEL $$
(☎ 301-576-2474; www.facebook.com/lasucursalhostel; Av 9AN No 14-61; B 23 000–25 000 KOL$, EZ/DZ 80 000/160 000 KOL$) Der großartige José, der sich für seine Gäste schier ein Bein ausreißt, führt dieses große, bunte Hostel, das sehr gesellig, aber kein Partyhostel ist. Es punktet mit kostenlosem Salsa-Unterricht, einer tollen Bar im Freien mit Hängematten und Lounge-Bereichen, vielen Tipps zur Stadt und ordentlichen, bunt gestrichenen Zimmern auf mehreren Etagen.

★ **Jardín Azul** BOUTIQUEHOTEL $$
(☎ 2-556-8380; www.jardinazul.com; Carrera 24A No 2A-59; Zi./3BZ 96 000/150 000 KOL$;) Das tadellose, kleine Hotel in einem umgebauten Haus auf einem Hügel in der Nähe des Kolonialviertels im Zentrum hat geräumige, helle Zimmer mit großen Betten und importierten Baumwolllaken. Einige Zimmer verfügen über eigene Balkone mit Blick auf die Stadt. Der kleine Pool liegt im hübschen Garten, wo auch gefrühstückt wird.

Casa Faroles HOTEL $$
(☎ 2-376-5381; www.facebook.com/HotelFaroles; Carrera 24B No 2-48 Oeste; Zi. 86 000–105 000 KOL$;) In diesem kleinen Hotel mit großartigem Preis-Leistungs-Verhältnis, das von einem freundlichen ehemaligen Polizisten aus New York und seiner Frau, einer *caleña*, geführt wird, werden die Gäste herzlich empfangen. Die Zimmer sind groß, blitzsauber und gut ausgestattet, und es gibt eine schöne Terrasse mit weitem Blick. Das Hotel liegt auf einem Hügel in einer ruhigeren Gegend, aber immer noch fußläufig zu San Antonio und zum Parque del Perro.

Essen

Das beste, günstigste Essen findet man um die und in der **La Galeria de Alameda** (Ecke Calle 8 & Carrera 26; Mahlzeiten ab 7000 KOL$; ⏲ 7–15 Uhr), einem bunten Markt mit vielen kleinen Mittagstheken, die Meeresfrüchte und *comidas tipicas* (typische Speisen) servieren. Calis weitgehend kolumbianisch geprägte Restaurantszene wurde in jüngster Zeit um einige kreative internationale Restaurants ergänzt, die für einen beträchtlichen Anstieg des Niveaus gesorgt haben.

Zea Maiz KOLUMBIANISCH $
(Arepas Cuadradas; ☎ 311-846-2774; Carrera 12 No 1-21 Oeste; Arepas 2000–9000 KOL$; ⏲ Di–So 17.30–22.30 Uhr;) Bilden wir es uns nur ein oder schmecken die *arepas* (Maiskuchen) wirklich besser, wenn sie quadratisch sind? In diesem bunten Lokal im Untergeschoss in San Antonio werden sie mit allen möglichen Zutaten gefüllt und mit vier hausgemachten Saucen serviert – besonders lecker ist *mango picante*. Hier sollen schon unbelehrbare *arepa*-Gegner bekehrt worden sein.

Zahavi BÄCKEREI $
(☎ 2-893-8797; www.zahavigourmet.com; Carrera 10 No 3-81; Frühstück 7400–13 000 KOL$, Sandwiches 10 500–23 000 KOL$; ⏲ Mo–Sa 8–19.30, So bis 18 Uhr;) Diese schicke Bäckerei in San Antonio serviert guten Kaffee, üppige Brownies und köstliche Sandwiches. Sie ist auch für ihren edlen Brunch bekannt.

★ **Waunana** KOLUMBIANISCH $$
(☎ 2-345-0794; www.waunana.com; Calle 4 No 9-23; Hauptgerichte 25 000–37 000 KOL$; ⏲ Mo–Do 12–22, Fr bis 23, Sa 17–22 Uhr;) Für das „Wau“ im Namen sorgt in erster Linie die Kreativität des Kochs, doch man muss auch die gewagten, oft spektakulären Kombinationen regionaler Zutaten (herausragend: Seebarsch-*ceviche* mit tropischen Früchten), die perfekte Präsentation, die leckeren Cocktails und die originelle Note in der kolumbianischen Cuisine erwähnen. Am besten bestellt man das Probiermenü mit vier Gängen (auch vegetarisch erhältlich) und macht sich auf eine Überraschung gefasst.

Pargo Rojo SEAFOOD $$
(☎ 2-893-6949; www.facebook.com/elpargorojocali; Carrera 9 No 2-09; Menü 13 000 KOL$, Hauptgerichte ab 20 000 KOL$; ⏲ Mo–Sa 12–15.30 Uhr, Fr &

Sa auch 17–22 Uhr) Dieses einfache Eckrestaurant mit nur sechs Tischen serviert ausgezeichnete, typisch kolumbianische Meeresfrüchtegerichte, z. B. zart gegrillten Tilapia mit knusprigen *patacones* (gebratene Kochbananen) und pikanter, würziger Salsa. Zum Mittagsmenü kommen auch eine Fischsuppe und ein großer Krug Limo auf den Tisch.

El Buen Alimento VEGETARISCH$$
(☎2-375-5738; www.facebook.com/elbuenalimentovegetariano; Calle 2 No 4-53; Menüs 12 000 KOL$, Hauptgerichte 15 000–25 000 KOL$; ⏲So & Mo 8–17, Di–Sa bis 22 Uhr; ✎) In diesem geschäftigen vegetarischen Restaurant kommen herzhafte, fleischfreie Versionen kolumbianischer Klassiker auf den Tisch, aber auch ambitionierte Fusion-Küche, z. B. eine mexikanische Lasagne (eher interessant als großartig). Die Falafel-Wraps und dergleichen werden mit mehr Enthusiasmus als kulinarischem Können zubereitet. Die frischen Säfte in riesigen Gläsern dagegen sind super. Gutes Preis-Leistungs-Verhältnis.

★ **Platillos Voladores** FUSION $$$
(☎2-668-7750; www.platillosvoladores.com.co; Av 3N No 7-19; Hauptgerichte 30 000–55 000 KOL$; ⏲Mo–Fr 12–15 & 19–23, Sa 13–16 Uhr; ✎) Calis bestes Spitzenrestaurant hat eine interessante, vielfältige Speisekarte: Das Angebot reicht von *ceviche mixto* über Tofu in grünem Curry bis zu mexikanischer *sopa de tortilla*. Die schön präsentierten Gourmet-Gerichte zeichnen sich durch eine großartige Kombination aus asiatischen, europäischen und afrokolumbianischen Einflüssen und überwiegend regionalen Zutaten aus.

Ausgehen & Nachtleben

Viele *caleños* gehen nicht aus, um etwas zu trinken, sondern um zu tanzen. Wer Lust auf einen ruhigen Abend hat, findet am Parque del Perro zahlreiche kleine Bars. In Menga gleich nördlich von Cali gibt's viele große Diskos. Noch weiter draußen, im legendären Juanchito, sind mehrere große *salsatecas* (Salsa-Clubs), doch so viele Besucher wie früher kommen heute nicht mehr.

★ **Zaperoco** SALSACLUB
(☎315-520-1370; www.facebook/zaperocobar; Av 5N No 16-46; Eintritt 20 000 KOL$; ⏲Do–Sa 20–4 Uhr) Wer nur eine einzige Salsa-Bar in Cali besucht, sollte unbedingt das Zaperoco ansteuern. Hier legen die erfahrenen DJs *salsa con golpe* („Salsa mit Schlag") von alten Schallplatten auf, während Industrieventilatoren vergeblich versuchen, für Kühle zu sorgen. Irgendwo unter den Massen der sich bewegenden Glieder muss die Tanzfläche sein – wo genau, ist schwer zu sagen.

El Rincón de Heberth BAR
(☎310-409-7229; www.facebook.com/elrincon.deheberth; Carrera 24 No 5-32; ⏲Do–Sa 20–4 Uhr) Diese Salsa-Bar in einem Laden in einer Einkaufsmeile ist eine Institution der Stadt und zieht Scharen von lebhaften *caleños* an, die die großartige Musik und die legere Atmosphäre mögen. Die meisten Gäste sitzen draußen in dem eingezäunten Bereich auf dem Bürgersteig, wo es kühler ist – bis ein bestimmter Song sie wieder hinein auf die dampfende Tanzfläche lockt. Kein Eintritt.

Topa Tolondra BAR
(☎323-597-2646; www.facebook.com/Latopabar; Calle 5 No 13-27; Eintritt 10 000 KOL$; ⏲Mo–Mi 19–1, Do–Sa 20–4 Uhr) In der bei Einheimischen wie Travellern beliebten großen Salsabar nahe dem Loma de la Cruz ist immer etwas los. Die Tische wurden an die Wände geschoben, sodass viel Platz zum Tanzen ist. Regelmäßig treten Livemusiker auf.

La Colina BAR
(Calle 2 Oeste No 4-83; ⏲18–24 Uhr) Schon seit über 70 Jahren gibt's diese freundliche Kombination aus Geschäft und Bar in San Antonio. Zum billigen Bier gibt es hier klassischen Salsa und Bolero. Die Bar ist ein beliebter Treffpunkt der *caleños*, die hier den Abend einläuten, ehe sie weiterziehen, um bis in den frühen Morgen zu tanzen.

Pérgola Clandestina CLUB
(www.lapergola.co; Carrera 6 No 11-48; ⏲Fr & Sa 21 Uhr–open end) In dieser Open-Air-Bar in der obersten Etage eines Hochhauses im Zentrum legen die DJs gute Crossover-Musik auf, dazu werden tolle Cocktails mit hochwertigen Zutaten serviert, und selbst ein Pool ist vorhanden. Der Club ist bei jungen, wohlhabenden *caleños* beliebt, oft bildet sich aber eine Schlange, und die Mitarbeiter sind leider nicht immer sehr freundlich. Schick machen!

Tin Tin Deo CLUB
(☎315-594-4712; www.facebook.com/tintindeocali; Calle 5 No 38-71; Eintritt 15 000 KOL$; ⏲Do–Sa 20–3 Uhr) Die große, unprätentiöse, aber berühmte *salsateca* im 2. Stock hat eine große Tanzfläche und ist mit Postern berühmter Salsasänger dekoriert. Manchmal – besonders donnerstags – wirkt sie zwar wie ein Expat-Treff, doch gerade Anfänger können sich

hier auf die Fläche wagen und lernen, Salsa im Cali-Stil zu tanzen. Samstags ist *pachanguero*-Nacht (Party bis zum Morgen).

Unterhaltung

★ Delirio DARSTELLENDE KÜNSTE
(☎2-893-7610; www.delirio.com.co; Carrera 26 No 12-328; Tickets 115 000–240 000 KOL$; ⊙jeden 2. Freitag) Man muss sorgfältig planen, wenn man Calis legendären Salsa-Zirkus erleben möchte, doch der Aufwand lohnt sich. Man stelle sich eine Mischung aus Straßenzirkus und funkelndem Nachtclub vor, dann bekommt man eine Vorstellung von dieser explosiven Show, die die *caleña*-Kultur feiert. Sie findet zweimal im Monat in einem großen Saal an der Fernstraße von Cali nach Yumbo statt. Einlass nur für Erwachsene.

Shoppen

Parque Artesanal Loma de la Cruz MARKT
(Loma de la Cruz; ⊙10–20 Uhr) Dieser Markt für *artesanía* (Kunsthandwerk) gehört zu den besseren Kolumbiens. Hier findet man handgearbeitete Waren vom Amazonas, der Pazifikküste, den südlichen Anden und sogar aus Los Llanos. Man sollte aber schon wissen, wonach man sucht, damit man es im Meer der Traumfänger und des anderen Tinnefs aus Massenproduktion auch findet.

Praktische Informationen

GEFAHREN & ÄRGERNISSE

Tagsüber herrscht im Stadtzentrum Leben, und in den Straßen wimmelt es von Straßenhändlern und Passanten, doch nach Einbruch der Dunkelheit und sonntags wird die Gegend zwielichtig. Das Gebiet östlich der Calle 5 und entlang des Río Cali sollte man nachts meiden. Am besten fährt man mit dem Taxi. Immer auf das Geschehen ringsum achten und besonders sorgfältig auf die Sachen aufpassen!

GELD

Banco de Bogotá (Carrera 5 No 10-39) Geldautomat.

MEDIZINISCHE VERSORGUNG

Centro Medico Imbanaco (☎2-682-1000, 2-382-1000; www.imbanaco.com; Carrera 38bis No 5B2-04; ⊙24 Std.) Eines der führenden privaten Krankenhäuser des Landes.

TOURISTENINFORMATION

Secretaría de Cultura y Turismo (☎2-885-6173; www.cali.gov.co/turista; Ecke Calle 6 & Carrera 4; ⊙Mo–Fr 8–12 & 14–17, Sa 10–14 Uhr) Städtische Touristeninformation.

An- & Weiterreise

BUS

Der Hauptbusbahnhof, **Terminal de Transporte** (La Terminal; www.terminalcali.com; Calle 30N No 2AN-29), liegt 2 km nördlich vom Zentrum. Der Fußweg ist in der Hitze sehr anstrengend, am besten nimmt man ein Taxi (8000 KOL$).

Busse fahren regelmäßig nach Bogotá (49 000–81 000 KOL$, 10–12 Std.), Medellín (42 000–64 000 KOL$, 8–9 Std.) und Pasto (45 000–85 000 KOL$, 7–9 Std.).

Nach Popayán (15 000–28 000 KOL$, 2–3 Std.) verkehren regelmäßig Minibusse. Außerdem gibt's Verbindungen nach Armenia (20 000–36 000 KOL$, 3 Std.), Pereira (24 000–32 000 KOL$, 2½–4 Std.) und Manizales (40 000–47 000 KOL$, 4–6 Std.).

FLUGZEUG

Der **Aeropuerto Alfonso Bonilla Aragón** (Aeropuerto Palmaseca; www.aerocali.com.co; Via Palmira) liegt 16 km nördlich vom Stadtzentrum abseits der Straße nach Palmira. Minibusse pendeln bis 20 Uhr etwa alle zehn Minuten zwischen dem Flughafen und dem Busbahnhof (10 000 KOL$, 45 Min.). Taxis kosten etwa 55 000 KOL$. Von Cali gehen Direktflüge nach Miami, Panama City und Lima sowie mehrmals täglich nach Bogotá. Daneben starten einige Inlandflüge nach Cartagena, Medellín, Pasto und in andere kolumbianische Städte.

Unterwegs vor Ort

Calis Busnetz **MIO** (www.mio.com.co; einfache Strecke 1900 KOL$;) ähnelt dem TransMilenio in Bogotá. Die Busse sind klimatisiert. Die Hauptroute führt vom Busbahnhof Richtung Norden am Fluss entlang, durchs Zentrum und die gesamte Av Quinta (Av 5) entlang. Andere Busrouten verbinden das Zentrum mit den Außenbezirken. Fahrgäste benötigen für die Nutzung der öffentlichen Verkehrsmittel eine MIO-Karte, die es an den Haupthaltestellen gibt – das lohnt sich aber nur, wenn man in Granada und Umgebung wohnt und die Sehenswürdigkeiten im Zentrum besuchen möchte.

Es gibt viele Taxis, die recht billig sind. Der Mindestfahrpreis beträgt 5000 KOL$, nachts kommt ein Zuschlag von 1100 KOL$ hinzu. Aus Sicherheitsgründen benutzt man am besten eine App wie Uber, Easy Taxi oder Tappsi.

Popayán

☎2 / 285 700 EW. / 1760 M

Die kleine Kolonialstadt, die für ihre weißen Fassaden bekannt ist (ihr Spitzname ist La Ciudad Blanca, „Weiße Stadt"), ist – nur von Cartagena übertroffen – die zweitschönste Kolonialstadt Kolumbiens. Sie steht inmitten hoher Berge im Valle de Pubenza und war jahrhundertelang die Hauptstadt Südkolumbiens, ehe Cali zur Hauptstadt wurde.

Popayán wurde 1537 von Sebastián de Belalcázar gegründet und entwickelte sich zu einem wichtigen Zwischenstopp an der Straße zwischen Cartagena und Quito. Sein mildes Klima lockte reiche Zuckerfamilien aus der heißen Region Valle de Cauca an, die im 17. Jh. begannen, Villen, Schulen, Kirchen und Klöster zu bauen. Im März 1983, nur Minuten, bevor die Gründonnerstagsprozession aufbrechen wollte, gab es ein starkes Erdbeben, bei dem das Dach der Kathedrale einstürzte und Hunderte Menschen starben.

In Popayán gibt es mehrere Universitäten, und tagsüber sind die Straßen des alten Stadtzentrums voller Studenten.

Sehenswertes & Aktivitäten

Jeden letzten Freitag im Monat veranstaltet Popayán die Noche de Museos (Museumsnacht). Dann wird das historische Zentrum für den Verkehr geschlossen und Imbiss- und Kunsthandwerksstände säumen die Straßen. Viele der städtischen Museen bleiben lange geöffnet, und der Eintritt ist frei.

★ Casa Museo Negret & MIAMP MUSEUM
(☎ 2-824-4546; www.facebook.com/casamuseonegret; Carrera 9 No 4-29; 3000 KOL$; ⏲ 8–12 & 14–18 Uhr, Di & Do nur 14–18 Uhr) In diesem Haus aus dem 18. Jh. lebte der weltbekannte kolumbianische Künstler Edgar Negret, dessen abstrakte Eisenskulpturen im ganzen Land Plätze schmücken. Das Museo Iberoamericano de Arte Moderno de Popayán (MIAMP) zeigt hier bemerkenswerte Werke kolumbianischer und südamerikanischer Künstler aus der Zeit von 1940 bis 1990.

★ Iglesia de San Francisco KIRCHE
(Ecke Carrera 9 & Calle 4; ⏲ Öffnungszeiten variieren) Die größte Kolonialkirche der Stadt ist auch ihre schönste. Sie stammt aus dem späten 18. Jh. und hat einen hübschen Hochaltar und sieben einzigartige Seitenaltäre. Beim Erdbeben von 1983 öffnete sich das Beinhaus und sechs nicht identifizierte Mumie kamen zum Vorschein. Zwei sind noch erhalten, wer sie sehen möchte, fragt im Büro rechts vom Eingang nach.

Casa Museo Mosquera MUSEUM
(Calle 3 No 5-38; Erw./Kind 2000/1000 KOL$; ⏲ Di–So 9–12 & 14–18 Uhr) Dieses interessante Museum befindet sich in einer Villa aus dem 18. Jh., in der einst General Tomás Cipriano de Mosquera lebte, der zwischen 1845 und 1867 viermal kolumbianischer Präsident war. Die französischen Kronleuchter im Esszimmer wurden größtenteils mit dem Maultier nach Popayán gebracht. In der Urne in der Wand wird Mosqueras Herz aufbewahrt. Es gibt eine Führung auf Englisch.

Geführte Touren

Get Up and Go Colombia STADTSPAZIERGANG
(☎ 301-701-6240; www.getupandgocolombia.org; Parque Caldas) Enthusiastische Universitätsstudenten leiten diesen kostenlosen Stadtspaziergang durch das historische Zentrum, der um 10 und 16 Uhr vor der Touristeninformation am Parque Caldas beginnt. Sie freuen sich über ein Trinkgeld. Abends veranstalten sie kostenlosen Salsa-, Merengue- und Bachata-Kurse an und sonntags um 10 Uhr Wanderungen sowie Mountainbiketouren (60 000 KOL$; nur nach Reservierung).

Popayán Tours ABENTEUERSPORT
(☎ 2-831-7871; www.popayantours.com) Das professionell von den Schotten Kim und Tony geführte Unternehmen bietet verschiedene Abenteuertouren in der ländlichen Umgebung an, z. B. Besuche auf Kaffeefarmen, eine Downhill-Mountainbike-Tour ab der Thermalquelle Coconuco, geführte Ausflüge zum Markt in Silvia, nächtliche Besuche der nahen Thermalquellen (60 000 KOL$), Besteigungen des Vulkans im PNN Puracé (130 000 KOL$) und mehrtägige Touren nach Tierradentro.

Schlafen

In Popayán gibt's eine gute Auswahl an Hostels, Pensionen und Hotels, die sich oft in stimmungsvollen Kolonialbauten befinden. Die meisten Unterkünfte liegen im Stadtzentrum im Umkreis einiger weniger Blocks vom Parque Caldas.

★ Le Soleil Hostel HOSTEL $
(☎ 310-611-6037; www.facebook.com/lesoleilhostel; Calle 1 No 2-29; B/Zi./3BZ 27 000/62 000/103 000 KOL$; 📶) Dieses unglaublich gemütliche Hostel anderthalb Blocks vom Parque del Morro entfernt macht so ziemlich alles richtig: Die Betten sind bequem, die gefliesten Zimmer blitzsauber, die Gemeinschaftsbereiche cool, die Mitarbeiter sprechen zwei Sprachen, und es gibt im Verhältnis zur Gästezahl reichlich Bäder. Manchmal wird ein gemeinschaftliches Abendessen veranstaltet. Das gute Frühstücksbüfett kostet 6000 KOL$.

Popayán

Highlights
1 Casa Museo Negret & MIAMP A2
2 Iglesia de San Francisco A2

Sehenswertes
3 Casa Museo Mosquera C2

Aktivitäten, Kurse & Touren
4 Get Up and Go Colombia B2

Schlafen
5 Hostal Casona Tulcán D1
6 Hostel Trail A2
7 Hotel Los Balcones B2
8 Le Soleil Hostel D2

Essen
9 Carmina B1
10 La Fresa A2
11 Mora Castilla D2
12 Tequila's A2
13 Tienda Regional del Macizo D1

Ausgehen & Nachtleben
14 La Iguana Afro Video Bar A2
15 Togoima Café Ancestral C2

Hostal Casona Tulcán HOSTEL $
(☎304-337-5442; www.casonatulcan.com; Calle 1N No 2-25; B/EZ/DZ/3BZ 40 000/50 000/70 000/90 000 KOL$;) Der Besitzer Santiago hat viel Liebe und Sorgfalt in dieses Hostel gesteckt, und das sieht man. Die Zimmer funkeln regelrecht, die Betten sind bequem und mit farbenfroher Bettwäsche versehen, und die kostenlosen Yoga- und Salsa-Kurse sorgen dafür, dass sich die Gäste wie ein Teil der Familie fühlen. Ein tolles Hostel für Alleinreisende, die andere kennenlernen wollen.

Hostel Trail HOSTEL $
(☎2-831-7871; www.hosteltrailpopayan.com; Carrera 11 No 4-16; B 27 000, EZ/DZ 55 000/75 000 KOL$, ohne Bad 40 000/62 000 KOL$; @) Das freundliche, moderne Hostel am Rand des kolonialen Zentrums ist eine beliebte Budgetunterkunft, die alles bietet, wonach sich erschöpfte Traveller sehnen: schnelles Internet, Expresswäsche, eine komplett ausgestattete Küche, Mitarbeiter, die sich bestens in der Stadt auskennen und kostenlosen Kaffee. Nur ein richtiger Gemeinschaftsbereich fehlt.

Hotel Los Balcones HOTEL $$
(☎2-824-2030; www.hotellosbalconespopayan.com; Carrera 7 No 2-75; EZ/DZ 130 000/ 207 000 KOL$;) In diesem prächtigen Haus aus dem 18. Jh. führen 200 Jahre alte Steinstufen nach oben in geräumige Zimmer. Mit den alten

Holzmöbeln, den ausgestopften Adlern und dem Labyrinth der Gänge wirkt es fast ein wenig mittelalterlich. In der Lobby hängen Grafiken von M. C. Escher neben einer Vitrine mit antiker Keramik sowie üppigen Ledersofas. Die Zimmer im Obergeschoss sind ruhiger. Das WLAN zickt manchmal.

Essen

Man sollte typische regionale Snacks wie *empanadas de pipián* (gebratene Kartoffelbällchen mit einer würzigen Erdnusssauce im Satay-Stil), *champus* (ein Getränk auf Maisbasis mit *lulo* und Ananas) oder *salpicón payanese* (ein eiskaltes Brombeergetränk) probieren. In Popayán gibt's sowohl kolumbianische als auch internationale Restaurants.

★ Carmina MEDITERRAN $

(☎310-515-4934; Calle 3 No 8-58; Hauptgerichte 8000–20000 KOL$; ⏰Mo–Sa 12–15 & 18.45–22 Uhr; ✍) Das hübsche, kleine Café in einem ruhigeren Teil des historischen Stadtzentrums wird von Katalanen geführt und serviert eine großartige Auswahl überwiegend mediterraner Gerichte wie spanische Omeletts, Pasta, Lasagne und mit Nutella gefüllte Crêpes sowie andere leckere Köstlichkeiten. Die Desserts, darunter Tiramisu, sind großartig.

★ Mora Castilla CAFÉ $

(☎2-838-1979; www.moracastilla.com; Calle 2 No 4-44; Snacks 2400–4000 KOL$; ⏰10–19 Uhr) In diesem gut besuchten Café im Obergeschoss finden sich immer viele lebhafte Einheimische ein. Serviert werden ausgezeichnete frische Säfte und traditionelle Snacks, darunter *salpicón payanese, champus,* Tamales und *carantantas* (eine Art getoastete Maischips). Wer danach noch Hunger hat, kann nebenan im Doña Chepa die berühmten *aplanchados* (Teigtaschen) probieren.

La Fresa CAFÉ $

(Calle 5 No 8-89; Snacks 400–3000 KOL$; ⏰7–19 Uhr) Der schäbige Eckladen mit ein paar Plastiktischen ist in ganz Popayán für seine köstlichen *empanadas de pipián* (Kartoffel-Empanadas mit pikanter Erdnusssauce) bekannt. Die Einheimischen trinken dazu in der Regel ein *malta* (alkoholfreies Getränk auf Malzbasis).

Tienda Regional del Macizo KOLUMBIANISCH $

(Carrera 4 No 0-42; Mahlzeiten 6000 KOL$; ⏰8–16 Uhr) Das kleine Café ist Teil einer Organisation, die die Bauern im Macizo Colombiano bei der Erschließung neuer Märkte unterstützt. Die unglaublich günstigen Mittagsgerichte sind natürlich mit ganz frischen Zutaten zubereitet. Hier kann man auch abgepackten Kaffee kaufen.

Tequila's MEXIKANISCH $$

(☎2-822-2150; Calle 5 No 9-25; Hauptgerichte 15000–25000; ⏰Mo–Sa 15–22 Uhr; ✍) Preiswerte mexikanische Hausmannskost bietet dieses kleine Restaurant im Zentrum, das von einem eingewanderten Mexikaner und seiner kolumbianischen Frau geführt wird. Einige authentische Zutaten sind zwar in dieser Kleinstadt schwer aufzutreiben, doch die Salsa ist scharf und die *enchiladas de mole poblano* sind rundum eine Freude.

Ausgehen & Nachtleben

★ Togoima Café Ancestral CAFÉ

(☎310-257-1219; Carrera 5 No 3-34; ⏰Mo–Fr 8–19.30, Sa 9–19, So 10–18 Uhr) Dies ist eines der besten Cafés der Stadt. Hier gibt's eine große Auswahl heißer und kalter Kaffeegetränke aus hochwertigem kolumbianischem Kaffee. Es sind so viele Kombinationen im Angebot, dass man bei jedem Besuch etwas anderes trinken kann.

La Iguana Afro Video Bar BAR

(☎316-281-0576; www.facebook.com/LaIguanaAfroVideoBar; Calle 4 No 9-67; ⏰Mo–Mi 19–1, Do–Sa bis 3 Uhr) *Die* Bar schlechthin im Zentrum, um auf der kleinen Tanzfläche sein Salsa-Talent zu präsentieren. Manchmal spielen auch Bands – mal sind sie gut und mal nicht so sehr. Das Motto der Bar könnte lauten: „Trinken, nicht unterhalten!".

Praktische Informationen

Rund um den Parque Caldas gibt's viele Geldautomaten.

Banco de Bogotá (Parque Caldas)

Banco de Occidente (Parque Caldas)

An- & Weiterreise

BUS

Der **Terminal de Transporte Popayán** (www.terminalpopayan.com; Panamericana) liegt 1 km nördlich vom Zentrum. Nach Cali (23000 KOL$, 3–4 Std.) fahren häufig Busse. Die Direktbusse nach Bogotá (110000 KOL$, 12–14 Std.) und Medellín (98000 KOL$, 11 Std.) starten abends.

Nach San Agustín (37000 KOL$, 5 Std.) verkehren regelmäßig Minibusse. Bei den meisten Busunternehmen muss man unterwegs umsteigen, doch **Sotracauca** (☎319-7170-503) bietet vier Direktverbindungen pro Tag.

Busse nach Tierradentro (26 000 KOL$, 5 Std.) fahren um 5.30, 8.30, 10.30, 13 und 15 Uhr; der Bus um 10.30 Uhr fährt weiter bis zum Eingang des Museo Arqueológico.

Nach Pasto (37 000 KOL$, 6 Std.) und Ipiales (42 000 KOL$, 8 Std.) verkehren stündlich Busse. Am besten reist man tagsüber, damit man die herrliche Aussicht genießen kann.

FLUGZEUG

Der **Aeropuerto Guillermo León Valencia** (Panamericana) liegt 1 km nördlich vom Stadtzentrum. Täglich gibt es vier Flüge nach Bogotá mit Avianca (www.avianca.com) und EasyFly (www.easyfly.com.co).

San Agustín

☎8 / 9500 EW. / 1695 M

Diese schöne, kleine Kolonialstadt, in der das ganze Jahr über erfrischendes, frühlingshaftes Wetter herrscht, ist das Tor zu einer der bedeutendsten präkolumbischen archäologischen Stätten ganz Südamerikas.

Vor 5000 Jahren lebten in den angrenzenden Tälern des Magdalena und des Cauca zwei indigene Kulturen. Da zwischen den Tälern unbezwingbare Gipfel aufragen, waren die Flüsse die Hauptverkehrswege, und hier in der Nähe San Agustíns begegneten sich beide Zivilisationen, um Handel zu treiben, ihre Religion auszuüben und ihre Toten zu begraben.

Das Vulkangestein, das die inzwischen erloschenen Vulkane in der Nähe ausgespuckt hatten, erwies sich als unwiderstehlich für die damaligen Bildhauer, die daraus über 500 fantastische Statuen schufen, die sich über die grünen Hügel verteilen.

Über die Bewohner San Agustíns ist wenig bekannt. Sie hatten keine Schriftsprache und verschwanden schon mehrere Jahrhunderte vor dem Eintreffen der Europäer. Doch sie hinterließen einen mystischen Ort in einer spektakulären Landschaft, und es lohnt sich, dafür einen Umweg in Kauf zu nehmen.

Sehenswertes & Aktivitäten

★ **Parque Arqueológico** ARCHÄOLOGISCHE STÄTTEN

(☎1-444-0544; www.icanh.gov.co; Via San Agustín; Erw./Student 25 000/10 000 KOL$; ⏲8–16 Uhr) Der 78 ha große archäologische Park liegt 2,5 km westlich der Stadt San Agustín. Im Park befinden sich über 130 Statuen, die entweder hier oder in anderen Gegenden gefunden wurden. Darunter sind einige der besten Beispiele von San-Agustín-Statuen mit menschlichen oder tierischen Zügen bzw. einer Mischung aus Mensch und Tier. Auch die verzierten Gräber sind sehr sehenswert. Renommierte Führer versammeln sich rund ums Museum.

Das **Museo Arqueológico** am Eingang zum Park zeigt kleinere Statuen, Keramik, Gegenstände, Schmuck und andere Exponate und liefert interessante Hintergrundinformationen über die San-Agustín-Kultur.

Hinter dem Eingang passiert man zunächst die von Statuen gesäumte **Bosque de las Estatuas** und steigt dann hinauf zu den vier Grabhügeln, den *mesitas* A, B, C1 und C2 mit ihren Gräbern und Statuengruppen. Viele Statuen sind menschenförmig – einige realistisch, andere ähneln eher maskierten Monstern. Manche Statuen stellen auch heilige Tiere dar, z. B. Adler, Jaguare und Frösche. Archäologen haben zudem viele Keramikwaren entdeckt. Am bekanntesten sind die Statuen der *mesita* B.

Neben den *mesitas* befindet sich die **Fuente de Lavapatas**, die in das felsige Flussbett gehauen wurde. Sie besteht aus einem komplexen Labyrinth von Kanälen und kleinen, terrassierten Becken, die mit Bildern von Schlangen, Echsen und Menschen verziert sind. Archäologen glauben, dass die Bäder für rituelle Reinigungen und die Anbetung von Wassergottheiten genutzt wurden.

Von hier führt der Pfad hinauf auf den **Alto de Lavapatas**, die älteste archäologische Stätte San Agustíns mit ein paar von Statuen bewachten Gräbern und einer Panoramaaussicht auf die Landschaft.

★ **Francisco „Pacho" Muñoz** REITEN

(☎311-827-7972; Finca El Maco) Dieser Guide für Ausritte zu den archäologischen Stätten und noch weiter wird häufig empfohlen. Eine Tagestour kostet für eine Person etwa 70 000 KOL$. Die Pferde sind sanftmütig und eignen sich auch für Anfänger. Pacho findet man meistens in der Nähe der Finca El Maco (S. 855), wo er der „hauseigene" Guide ist.

Magdalena Rafting RAFTING

(☎Handy & WhatsApp 311-271-5333; www.magdalenarafting.com; Calle 5 No 15-237) Auf dem Río Magdalena kann man anspruchsvolle Wildwasser-Rafting-Touren durch großartige Landschaften unternehmen. Magdalena Rafting bietet anderthalbstündige Touren (65 000 KOL$/Pers.) mit Stromschnellen der

San Agustín

Klassen II bis III für Anfänger und Touren mit Stromschnellen der Klasse V für Profis mit viel Erfahrung. Die Mindestteilnehmerzahl pro Gruppe beträgt vier Personen. Kajakunterricht ist ebenfalls möglich.

Schlafen

★ Finca El Maco HOSTEL $$
(☎ 320-375-5982; www.elmaco.ch; Vereda El Tablón via Parque Arqueológico; B 27 000 KOL$, EZ/DZ/Suite ab 67 000/92 000/293 000 KOL$; P @ 🛜) Das ruhige Hostel hat komfortable Hütten mit heißem Wasser und bequemen Betten in einem hübschen Garten. Der Schlafsaal befindet sich in einem traditionellen *maloka* (Lehmhaus).

Um zum Hostel zu kommen, nimmt man die Straße zum Parque Arqueológico und biegt am Hotel Yalconia rechts ab, dann sind es noch 400 m bergauf (mit dem Taxi 7000 KOL$).

★ Casa de François HOSTEL $$
(☎ 314-358-2930, 8-837-3847; www.lacasadefrancois.com; Via El Tablón; B 30 000 KOL$, Zi. 80 000–85 000 KOL$, Cabaña 130 000–160 000 KOL$; 🛜) 🍃 In einem zauberhaften Garten direkt oberhalb der Stadt mit Blick auf die Berge steht dieses kreative, umweltbewusste Hostel. Es wurde aus Naturmaterialien wie Holz und Stein gebaut und hat auch mit Glasflaschen gespickte Wände aus gestampftem Lehm. Vom luftigen, erhöhten Schlafsaal bietet sich eine fantastische Aussicht. Außerdem gibt's eine geräumige Gemeinschaftsküche. Auf dem Gelände verteilen sich mehrere großartige private *cabañas* mit Holzfußboden und Terrasse mit Blick auf die Berge.

★ Hotel Monasterio BOUTIQUEHOTEL $$$
(☎ 311-277-5901; www.monasteriosanagustin.com; Vereda La Cuchilla; Zi./Suite inkl. Frühstück 290 000/485 000 KOL$; ❄ 🛜) Dieses im Klosterstil gestaltete Boutiquehotel mit deutschen Besitzern, das außerhalb der Stadt liegt, ist San Agustíns schickstes Hotel. Die Zimmer verströmen mit ihren schweren Holzbalken und den tollen Bädern viel Flair. Zudem haben sie Terrassen mit Hängematten und Blick auf die Kaffeeplantagen sowie einen eigenen Kamin, der abends von einem Angestellten angezündet wird. Das Restaurant serviert kolumbianisch-mediterrane Fusion-Gerichte und ein ausgezeichnetes Frühstücksbüfett.

Essen

★ Humusapiens NAHÖSTLICH $$
(☎ 317-733-6465; Carrera 13 No 3-06; Hauptgerichte ab 15 000 KOL$; ⏲ Fr–Mi 10–22 Uhr; 🖉) Mit den Düften, Bildern und Geräuschen des

Nahen Ostens verzaubert dieses kleine Restaurant am Hauptplatz. Dicker, pikanter Rote-Beete-Hummus! Cilantro-Hummus! Shakshuka-Eier auf gebratenem Filet, gefüllt mit einer aromatischen Mischung aus Tomaten und Kräutern! Warme, würzige Falafel! All das wird hier gut und authentisch zubereitet – ein Genuss für Feinschmecker, ob Veggie oder nicht.

★ **Donde Richard** KOLUMBIANISCH $$
(☎ 312-432-6399; Via Parque Arqueológico; Hauptgerichte 25 000 KOL$; ⌚ Mi–Mo 8–18 Uhr) Das Essen dieses Grillrestaurants an der Straße zum Parque Arqueológico gehört zum besten der Stadt. Der verführerische Duft gegrillten Fleischs und die pikanten *patacones* ziehen viele Gäste an, die sich auf dem Rückweg vom Park befinden.

Praktische Informationen

Touristeninformation (☎ 320-486-3896; Ecke Calle 3 & Carrera 12; ⌚ Mo–Fr 8–12 & 14–17 Uhr) Zahlreiche Reisebüros tun so, als wären sie Touristeninformationen, doch die echte ist diese hier in der *alcaldía* (Rathaus). Sie hilft beim Organisieren von Aktivitäten in der Gegend.

An- & Weiterreise

Die Busunternehmen befinden sich an der Ecke der Calle 3 und der Carrera 11 (Cuatro Vientos genannt). Nach Popayán (37 000 KOL$, 5 Std.) und Cali (42 000 KOL$, 8 Std.) fahren regelmäßig Minibusse. Die besten Verbindungen nach Popayán bietet **Sotracauca** (☎ 314-721-2243; www.sotracauca.com; Cuatro Vientos; 30 000 KOL$). Auf dieser Strecke sollte man nicht nachts unterwegs sein, denn in den entlegenen Berggegenden ist die Sicherheit nach wie vor ein Thema.

Coomotor (☎ 315-885-8563; www.coomotor.com.co; Cuatro Vientos) und **Taxis Verdes** (☎ 314-330-0518; www.taxisverdes.net; Cuatro Vientos) haben am frühen Morgen und abends mehrere Busse nach Bogotá (65 000–87 000 KOL$, 9–9½ Std.). Coomotor bietet um 15 Uhr auch eine Direktverbindung nach Medellín (120 000 KOL$, 17½ Std.) in einem großen, komfortablen Bus.

Wer nach Tierradentro möchte, fährt nach Pitalito und steigt dort in einen Bus nach La Plata (25 000 KOL$, 2½ Std.) um, von wo Busse und *colectivos* nach San Andrés (13 000 KOL$, 2 Std.) fahren.

Bei der Ankunft aus Popayán setzen Busse mit wenigen Fahrgästen diese an einer Kreuzung 5 km außerhalb der Stadt ab und zahlen ihnen den Preis für ein Taxi nach San Agustín. Die Taxifahrer steuern dann oft direkt ein Hotel an, mit dem sie zusammenarbeiten, man sollte also energisch auf dem gewünschten Fahrtziel bestehen.

Unterwegs vor Ort

In San Agustín gibt's etwa ein Dutzend Taxis, die Festpreise verlangen – man sollte den Fahrpreis aber festlegen, ehe man einsteigt.

Zum 2 km entfernten archäologischen Park fährt von der Ecke der Calle 5 und der Carrera 14 alle 15 Minuten ein Bus (1500 KOL$).

Tierradentro

☎ 2 / 1750 M

Tierradentro ist die zweitwichtigste archäologische Stätte Kolumbiens (nach San Agustín), dennoch kommen erstaunlich wenig Besucher her. Es liegt abseits der Hauptrouten und ist nur über unbefestigte Straßen zu erreichen, ist aber ein friedlicher Ort mit freundlichen Einwohnern und Ehrfurcht erregenden archäologischen Wundern. Während San Agustín für seiner Statuen bekannt ist, sind an der UNESCO-Welterbestätte Tierradentro die aufwendig gestalteten unterirdischen Gräber bemerkenswert. Sie wurden von den Menschen geschaffen, die zwischen 500 und 900 v. Chr. hier lebten. Bisher haben Archäologen etwa 100 dieser ungewöhnlichen Begräbnistempel gefunden. Sie sind die einzigen dieser Art in ganz Amerika. Ein großartiger Fußweg führt durch die herrliche Gebirgslandschaft zu allen wichtigen Gräbern.

Sehenswertes

★ **Parque Arqueológico** ARCHÄOLOGISCHE STÄTTE
(Archäologischer Park ; ☎ 311-390-0324; www.icanh.gov.co; Erw./Student/Kind unter 12 Jahren 25 000/10 000 KOL$/frei; ⌚ 8–16 Uhr, jeden 1. Di im Monat wegen Wartungsarbeiten geschl.) Tierradentros Parque Arqueológico liegt in der Nähe der kleinen Stadt San Andrés de Pisimbalá in den Hügeln. Zum Park gehören vier Grabstätten, eine oberirdische Statue und zwei Museen. Tickets bekommt man im Museumskomplex, 25 Gehminuten von der Stadt entfernt. Besucher erhalten einen „Pass“, der an zwei aufeinanderfolgenden Tagen für alle Stätten gültig ist. Diese liegen entlang eines 14 km langen Fußwegs. Die Museen sollte man unbedingt am Anfang besuchen, denn an den Stätten selbst gibt es kaum Erklärungen.

Die Gräber haben einen Durchmesser von 2 bis 7 m und sind aus dem weichen Vulkangestein gehauen worden, aus dem die Hügel der Region bestehen. Sie befinden sich unterschiedlich tief unter der Erde – manche direkt unter der Oberfläche, andere liegen bis zu 9 m tief und sind über steile Treppen zu erreichen. Die Kuppeldecken der größten Gräber werden von Säulen gestützt. Viele Decken sind mit roten und schwarzen geometrischen Mustern auf weißem Untergrund verziert, andere mit Menschen- und Tierfiguren.

Über die Menschen, die die Gräber und die Statuen errichteten, ist wenig bekannt. Die Páez (oder Nasa), die heute in der Gegend leben, haben vermutlich keine Verbindung zu den Ruinen. Am wahrscheinlichsten ist, dass die damaligen Schöpfer zu verschiedenen Kulturen gehörten, wobei die „Gräber-Kultur" der Kultur vorausging, die die Statuen schuf. Einige Forscher ordnen die „Gräber-Kultur" irgendwann im 7. bis 9. Jh. v. Chr. ein. Die Gräber waren für die Elite bestimmt, die flachen Gruben für ihre Diener. Die „Statuen-Kultur" scheint mit der Spätphase der San-Agustín-Kultur verbunden zu sein und existierte schätzungsweise 500 Jahre später.

Schlafen

Entlang des 500 m langen Abschnitts, der vom Parque Arqueológico bergauf führt, befinden sich sechs einfache Unterkünfte, von denen viele von liebenswerten Senioren geführt werden (18 000–25 000 KOL$/Pers.).

Mehr Komfort und besseres Essen bekommt man in San Andrés de Pisimbalá, 25 Gehminuten bergauf vom Zugang zum Parque Arqueológico.

★ La Portada PENSION $$

(☎310-405-8560, 311-601-7884; http://laportadahotel.com; San Andrés de Pisimbalá; EZ/DZ 70 000/90 000 KOL$, ohne Bad 45 000/70 000 KOL$; 📶) Direkt an der Bushaltestelle steht diese einfache, elegante Pension, die mit viel Bambus gestaltet ist. Oben befinden sich große, saubere Zimmer mit Warmwasserbädern, unten einfachere Zimmer mit Gemeinschaftsbad (nur kaltes Wasser). Im Restaurant (Mahlzeiten 6000–11 000 KOL$) gibt's das beste Essen der Stadt, zudem ist dies das einzige Hotel vor Ort, das WLAN bietet.

An- & Weiterreise

Bei der Fahrt nach Tierradentro setzen die meisten Busse ihre Fahrgäste am El Crucero de San Andrés ab, von wo es 25 Gehminuten zu den Museen Tierradentros und weitere 25 Gehminuten bis nach San Andrés sind. Sehr unregelmäßig fahren auf dieser Route *colectivos* (1500 KOL$). Auch *mototaxis* sind schwer zu finden – falls man Glück hat, kostet die Fahrt 3500 KOL$.

Von Popayán (26 000 KOL$, 4 Std.) fährt um 10.30 Uhr ein Direktbus nach San Andrés de Pisimbalá. Er kommt an den Museen vorbei und fährt um 6 Uhr zurück. Nach Popayán verkehren noch weitere Busse, in der Regel um 8, 13 und 16 Uhr. Wegen des schlechten Straßenzustands können sich die Fahrpläne aber ändern.

Wer aus San Augustín kommt, kann um 6 Uhr den Bus nach Bogotá nehmen, steigt in Garzón (2 Std.) aus, fährt mit dem Bus weiter nach La Plata und nimmt um 10.30 Uhr den Bus nach San Andrés de Pisimbalá (2½ Std.).

Falls man lieber eine geführte Tour mit einem eigenen Fahrzeug mit Allradantrieb unternehmen möchte, kann man dies bei Popayán Tours (S. 851) in Popayán arrangieren.

Desierto de la Tatacoa

Auf halbem Weg zwischen Bogotá und San Agustín liegt die Tatacoa-Wüste, eine ungewöhnliche Landschaft mit erodierten roten Felsen und Schluchten, die vom sporadischen Regen geformt wurden.

Tatacoa ist keine echte Wüste, auch wenn man das angesichts der Temperaturen glauben würde, die bis auf 50 °C steigen. Streng genommen ist es ein semiarider tropischer Trockenwald mit 1070 mm Niederschlag im Jahresdurchschnitt. Die Region ist von Bergen umgeben, und der Großteil des heranziehenden Niederschlags bleibt an den Gipfeln rund um den Nevado de Huila (5750 m) hängen, sodass es im 33 km² großen Tatacoa trocken bleibt. Das Ergebnis ist ein Ökosystem, das in Kolumbien einzigartig ist: Es gibt Skorpione und Wiesel, Kakteen, die Früchte tragen, und mindestens 72 Vogelarten.

Auf der Fahrt nach Tatacoa kommt man in jedem Fall durch **Neiva**, die Hauptstadt des Departamentos Huíla und eine Hafenstadt am Río Magdalena. Von Neiva fahren *colectivos* nach Villavieja, das eine Stunde weiter nordwestlich liegt. Übernachten kann man in Villavieja oder in der Wüste.

Man sollte robuste Schuhe tragen (auf dem Boden liegen Kaktusstacheln) und eine Taschenlampe mitbringen.

Sehenswertes

Desierto de Tatacoa WÜSTE

Eigentlich handelt es sich nicht um eine Wüste, sondern um eine Landschaft aus ro-

ABSTECHER

SILVIA

Silvia, eine malerische Bergstadt 53 km nordöstlich von Popayán, ist das Zentrum der Guambiano-Region. Die insgesamt etwa 12 000 Guambiano leben nicht in Silvia selbst, sondern in den kleinen Bergdörfern Pueblito, La Campana, Guambia und Caciques.

Die Guambiano gelten als die traditionellste indigene Gruppe Kolumbiens. Sie sprechen ihre eigene Sprache, kleiden sich traditionell und nutzen noch immer althergebrachte Landwirtschaftstechniken. Dienstags, am Markttag, kommen Guambiano aus ihren Dörfern hinunter nach Silvia, um Obst, Gemüse und Kunsthandwerk zu verkaufen. Dies ist der beste Tag für einen Besuch der Stadt. Der Markt ist kein Touristenmarkt, das Markttreiben prägen Obst und Gemüse, rohes Fleisch, billige Kleidung und Haushaltsgegenstände, und doch findet man hier vielleicht einen schönen Poncho oder einen gewebten Rucksack. Die Hauptattraktion sind die Guambiano selbst in ihrer traditionellen Kleidung.

Fast alle Guambiano machen sich extra zurecht: Die Männer tragen blaue Röcke mit einem rosa Saum und Bowlerhüte, die Frauen, die eifrig Wolle spinnen, handgewebte Kleidung und Perlenketten. Sie reisen in *chivas* (farbenfrohe traditionelle Busse) und versammeln sich rund um den Hauptplatz. Die Guambiano mögen keine Kameras und könnten beleidigt sein, wenn man sie fotografieren möchte – man sollte vor dem Fotografieren immer fragen und respektieren, wenn es jemand ablehnt.

Von Popayán fahren etwa stündlich Busse (6000 KOL$, 1½ Std.) und *colectivos* (7000 KOL$, 1 Std.), dienstags werden am frühen Morgen zusätzliche Busse eingesetzt. Wer aus Cali kommt, fährt mit einem Bus in Richtung Popayán bis nach Piendamó (15 000 KOL$, 2 Std.) und steigt dort in einen anderen Bus nach Silvia (3000 KOL$, 30 Min.) um.

ten und grauen Felsen, die von uralten Flüssen geschaffen wurde. In jedem Fall ist die „Wüste" Tatacoa eines der einzigartigen Ökosysteme Kolumbiens. Sie liegt 4 km östlich von Villavieja und kann zu Fuß oder mit dem Fahrrad erkundet werden.

Hinter Villavieja kommt man durch den **Bosque del Cardón**, einen kleinen Kakteenwald. Etwa 4 km von Villavieja entfernt befindet sich El Cusco mit dem **Observatorio Astronómico de la Tatacoa** (☎313-319-5106; www.facebook.com/oatastrotatacoa; El Cusco; Sternenbeobachtung 10 000 KOL$).

Von einem Aussichtspunkt auf der anderen Straßenseite gegenüber vom Observatorium bietet sich eine eindrucksvolle Aussicht, die bei Sonnenuntergang besonders reizvoll ist. Unterhalb des Aussichtspunkts befinden sich die **Laberintos del Cusco** (Cusco-Labyrinthe), eine ungewöhnliche labyrinthische Landschaft aus hügeligen roten Felsformationen, die im tropischen Kolumbien völlig fehl am Platz wirkt.

Der Aussichtspunkt **Ventanas** (Fenster), 4 km hinter dem Observatorium, wurde nach seinem imposanten Blick auf die Wüste benannt. Viele Felsformationen erinnern an Tiere. Nach weiteren 5 km erreicht man **Los Hoyos** mit einem von einer natürlichen Quelle gespeisten Badebecken, das tief in einem kargen, grauen Tal liegt.

★ **Observatorio Astronómico Astrosur** OBSERVATORIUM
(☎310-465-6765; www.tatacoa-astronomia.com; Tigre de Marte, Tatacoa; Sternenbeobachtung Erw./Kind unter 10 Jahren 5000/3000 KOL$; ⏲7–21 Uhr) Der frühere ständige Astronom des Observatoriums von Tatacoa, Javier Rua Restrepo, betreibt nun etwa 1 km weiter von der Stadt entfernt sein eigenes Observatorium. Er ist ein leidenschaftlicher Lehrer, der seine Arbeit sehr liebt, und hat mehrere hochwertige Teleskope. Täglich um 18.30 Uhr finden Vorträge in spanischer Sprache statt.

ℹ An- & Weiterreise

Mototaxis in Villavieja verlangen für die Fahrt zum Observatorio Astronómico de la Tatacoa und zu Pensionen in der Nähe 16 000 KOL$ für bis zu drei Personen. **Tatacoa Bicitour** (☎300-287-6696, 316-748-2213; www.tatacoabicitour.com; Calle 7 No 2-59; ⏲Fahrradverleih 10 000 KOL$/Std.) in Villavieja vermietet Fahrräder. Man kann die 4 km auch zu Fuß gehen, allerdings gibt es auf dem Weg weder Schatten noch Unterstände oder Wasser.

Pasto

☎2 / 382 200 EW. / 2527 M

Die nette Stadt Pasto liegt nur zwei Stunden von Ecuador entfernt in einem fruchtbaren

Tal und ist das Tor zur Grenze. In der Stadt gibt's mehrere schöne Kolonialbauten und Museen. Naturfreunde könnten auch einen längeren Aufenthalt erwägen, denn Pasto liegt in einer spektakulären Landschaft und ist eine gute Ausgangsbasis für Besuche der Laguna de la Cocha, der Laguna Verde und des unruhigen Volcán Galeras.

Das Wetter ist hier kühl – so kühl, dass *helado de paíla* frisch auf der Straße hergestellt wird. Die traditionelle Eiscreme wird in einer Kupferschale zubereitet, die auf einer Plattform aus Eis steht.

Schlafen

★ Lucho Libre HOSTEL $$

(☎ Tel. & WhatsApp 321-375-7079; www.lucho-libre.com; Calle 8 No 22-20; EZ/DZ/3BZ 35 000/79 000/119 000 KOL$;) Eine echte Bereicherung der Backpackerszene ist dieses Hostel, zu dem man vom Stadtzentrum zehn Minuten geht. Ob man auf der luftigen Dachterrasse den Blick auf die Stadt bewundert, es sich in einem handgearbeiteten *guadua*-Doppelstockbett gemütlich macht oder mit anderen Travellern in der Küche bei einem kostenlosen Kaffee Reisegeschichten austauscht – das Lucho Libre ist eine tolle Basis für die Erkundung der Gegend.

★ Hotel Casa Lopez HOTEL $$$

(☎ 2-720-8172; hcasalopez@gmail.com; Calle 18 No 21B-07; Zi./3BZ/4BZ ab 214 000/249 000/284 000 KOL$;) Das familiengeführte Hotel in einem perfekt restaurierten Kolonialhaus im Stadtzentrum spielt in einer eigenen Liga, was den Komfort, den Service und die Liebe zum Detail angeht. Das Haus liegt um einen hübschen, mit vielen Pflanzen geschmückten Hof und hat charmante Zimmer mit Parkettböden und antiken Möbeln.

An- & Weiterreise

BUS

Der **Busbahnhof** (☎ 2-730-8955; www.terminaldepasto.com; Carrera 6) befindet sich 2 km südlich vom Stadtzentrum. Nach Ipiales fahren häufig Busse, Minibusse und *colectivos* (9000 KOL$, 1½–2 Std.); die schönste Aussicht hat man auf der linken Seite. Außerdem fahren Pick-up-Laster und *colectivos* über den spektakulären und manchmal angsteinflößenden Trampolín de la Muerte (35 000 KOL$, 6 Std.) nach Mocoa; am besten fährt man frühmorgens. Viele Busse sind auch auf der spektakulären Straße nach Cali (32 000–40 000 KOL$, 9 Std.) unterwegs. Sie halten unterwegs in Popayán (30 000 KOL$, 6 Std.). Über ein Dutzend Busse steuert zudem täglich Bogotá (140 000 KOL$, 20 Std.) an.

FLUGZEUG

Vom **Aeropuerto Antonio Nariño** (Chachagüí, Panamericana), der 33 km nördlich der Stadt an der Straße nach Cali liegt, starten jeden Tag mehrere Flüge nach Bogotá sowie einer nach Cali. Von der Plaza de Nariño an der Ecke der Calle 18 und der Carrera 25 fahren *colectivos* (11 000 KOL$, 45 Min.) zum Flughafen. Ein Taxi kostet um die 40 000 KOL$.

LOS LLANOS

Caño Cristales

☎ 8 / 33 000 EW. / 233 M

Caño Cristales, eine Gruppe entlegener Flüsse, Wasserfälle und Ströme in der Wildnis

EINREISE NACH ECUADOR: IPIALES

Anreise zur Grenze Zwischen 5 und 20 Uhr fahren häufig Sammeltaxis (3000 KOL$, 15 Min.) die 2,5 km von Ipiales nach Rumichaca. Sie starten am Busbahnhof und am Marktbereich nahe der Ecke der Calle 14 und der Carrera 8. Ein privates Taxi kostet 10 000 KOL$.

An der Grenze Die Passformalitäten werden am Grenzübergang in Rumichaca erledigt, das 3 km südwestlich von Ipiales und 8 km östlich vom ecuadorianischen Tulcán liegt. Der Grenzübergang ist rund um die Uhr geöffnet, und die Prozedur ist recht unkompliziert. Aus Kolumbien ist man vielleicht in nur 15 Minuten ausgereist, doch wegen der gegenwärtigen humanitären Krise in Venezuela und der venezolanischen Flüchtlinge, die nach Ecuador fliehen, kann die Einreise nach Ecuador an die fünf Stunden dauern.

Weiterreise Die Grenze überquert man zu Fuß. Danach geht es mit einem anderen *colectivo* nach Tulcán (2000 KOL$, 6 km). Den Fahrpreis kann man mit kolumbianischem oder mit ecuadorianischem Geld bezahlen. Vom Terminal Terrestre in Tulcán starten Fernbusse in zahlreiche ecuadorianische Städte.

des Parque Nacional Natural Sierra de La Macarena (S. 860), wurde schon mit vielen Beinamen bedacht, vom „Fluss der fünf Farben“ bis zum „flüssigen Regenbogen“. Der Grund dafür ist ein einzigartiges biologisches Phänomen, das zwischen Juli und November einige Monate lang auftritt: Durch explosives Algenwachstum bildet sich unter Wasser ein leuchtend roter Teppich. Dadurch verwandelt sich das kristallklare Wasser in einen Fluss aus Rotwein, der einen magischen Kontrast zur mondähnlichen Landschaft mit ihrem uralten ausgewaschenen Flussgestein und der Savanne in der Umgebung bildet.

Der Weg hierher ist mit einigen Kosten, langen, schweißtreibenden Fußmärschen und ziemlich langweiligem Essen in der Stadt **La Macarena** verbunden, doch der Lohn für diese Unbilden ist großartig. Bis 2009 war die gesamte Region wegen Aktivitäten der Fuerzas Armadas Revolucionarias de Colombia (FARC; Revolutionäre Streitkräfte Kolumbiens) gesperrt. Seit 2010 kamen allmählich Traveller hierher, dennoch fühlt sich der Besuch dieses farbenfrohen Ökoparks immer noch wie ein ganz besonderes Privileg an.

Sehenswertes

Parque Nacional Natural Sierra de La Macarena NATIONALPARK
(www.parquesnacionales.gov.co; Ausländer/Kolumbianer 92 000/60 000 KOL$) Der fast unberührte PNN Sierra de La Macarena ist einer der am besten geschützten Nationalparks Kolumbiens. Hier befinden sich die fantastischen Flüsse, Ströme und Wasserfälle, die gemeinsam Caño Cristales genannt werden. Die wichtigsten Wasserfälle und Badestellen sind die **Piscina del Turista**, die **Piscina de Carol Cristal**, die **Cascada del Aguila**, die **Cascada de Piedra Negra** und der **Caño la Virgen**. Den Park erreicht man nur von der Stadt La Macarena, die gleich südlich davon auf der anderen Seite des Río Guayabero liegt. Besucher können den Park nur im Rahmen von geführten Touren betreten, und um die Beeinträchtigungen durch den Tourismus gering zu halten, werden Gruppen auf verschiedene Gebiete des Caño Cristales verteilt.

NATIONALPARKREGELN

Der Zugang zum Parque Nacional Natural (PNN) Sierra de La Macarena wird von den Parkbehörden genau kontrolliert, und es gelten strenge Regeln, die alle Besucher befolgen müssen. Die wichtigste Regel ist, dass Besucher vor dem Betreten des Parks keinen Sonnenschutz und kein Mückenspray benutzen dürfen, da diese chemische Bestandteile enthalten, die das ansonsten saubere Wasser verschmutzen könnten und das einzigartige Ökosystem, das für die außergewöhnlichen Farben des Flusses verantwortlich ist, negativ beeinflussen könnten. Besucher dürfen auch keine Plastikflaschen mitbringen und keine Sandalen und kurzen Hosen tragen. Parkranger sorgen für die Einhaltung der Regeln und kontrollieren die Besucher am Eingang.

Geführte Touren

Den Caño Cristales kann man nicht auf eigene Faust besuchen, den Nationalpark darf man nur mit einem offiziellen Führer besuchen. Das gilt auch, wenn man es allein nach La Macarena geschafft hat. Die meisten Touren beinhalten den Flug nach La Macarena, das Hotel, die Mahlzeiten und die Führer. Normalerweise werden Gruppen von bis zu zwölf Personen gebildet, die mit mehreren einheimischen Führern unterwegs sind. Tagsüber hält man sich im Nationalpark auf, abends übernachtet man in La Macarena.

★ **Cristales Aventura Tours** OUTDOOR-AKTIVITÄTEN
(☎300-693-9988, 313-294-9452; www.cano-cristales.com; Calle 5 No 7-35, La Macarena) Die freundlichen, Englisch sprechenden Experten von Cristales Aventura Tours sind den Umgang mit ausländischen Besuchern gewohnt und bieten eine flexible Palette von Tourpaketen, die allen Interessen gerecht wird. Man kann auf eigene Faust nach La Macarena reisen und sich dort mit ihnen treffen, man kann aber auch ein All-inclusive-Paket ab Bogotá, Medellín, Calí oder Villavicencio buchen.

Cristales Macarena OUTDOOR-AKTIVITÄTEN
(☎313-499-6038; www.viajescristalesmacarena.com; Carrera 7 No 8-50, La Macarena) Doris Mora betreibt ihr eigenes Reisebüro und hat Touren zum Caño Cristales im Programm. Sie organisiert nicht nur die üblichen Touren im Nationalpark, sondern auch Reisen von anderen Teilen Kolumbiens sowie Camping und Vogelbeobachtung im Nationalpark.

Ihr Büro hat Doris im **Hotel La Fuente** (☎313-496-7701, 312-365-5107; www.hotellafuen

ABSEITS DER ÜBLICHEN PFADE

IN DEN URWALD EINTAUCHEN

Die winzige Urwald-Lodge **Calanoa Amazonas** (☎ 350-316-7210; www.calanoaamazonas.com; Stellplatz/Hütte pro Pers. 135/165 US$) mit nur sechs großartig gestalteten Hütten ist wahrhaftig ein kleines Paradies, und eine der wenigen Unterkünfte im Amazonasbecken, wo Besucher stilvoll entspannen können. Im Preis sind zwei Aktivitäten pro Tag enthalten. Das Angebot reicht von Urwald- über Nachtwanderungen und Kanutouren bis zu Besuchen bei indigenen Gemeinden in der Nähe, die die Lodge unterstützt.

Wer den Regenwald noch intensiver erleben möchte, kann in einem hängenden Zelt mit schützendem Dach aus Weinreben und Gemeinschaftsbad im Freien übernachten. Die leckeren Mahlzeiten bestehen überwiegend aus Zutaten, die im Garten der Lodge wachsen.

Ein Übersetzer für Gäste, die kein Spanisch sprechen, kostet pro Tag und Gruppe 70 US$. Für den privaten Transfer von Leticia mit dem Schnellboot werden inklusive Abholung vom Flughafen für die einfache Strecke/Hin- & Rückfahrt 150/300 US$ (max. 4 Gäste) fällig. Alternativ kann man das öffentliche Boot nehmen.

tejn.com; Carrera 7 No 8-50, La Macarena; 80 000 KOL$/Pers.;) stationiert.

Schlafen

In der Stadt La Macarena, wo alle Besucher des Caño Cristales übernachten, gibt's zahlreiche Hotels. Das Angebot reicht von komfortablen Mittelklassehotels bis zu recht einfachen Pensionen, doch da man ohnehin den ganzen Tag im Park verbringt, reichen diese völlig aus. Bei Gruppen werden die Unterkünfte recht wahllos verteilt. Wer in einem bestimmten Hotel übernachten möchte, sollte dies ausdrücklich verlangen.

Hotel Punto Verde HOTEL **$$**
(☎ 310-341-8899; Carrera 9 No 4-12, La Macarena; 90 000 KOL$/Pers.;) Dies ist das beste Hotel der Stadt. Wer hier übernachten will, muss aber eine Tour bei **Ecoturismo Sierra de La Macarena** (☎ 8-664-8400, 311-202-0044; www.ecoturismomacarena.com; Aeropuerto Vanguardia, Villavicencio; ⏲ Mo–Fr 8–18, Sa bis 13 Uhr) buchen, denn in der Touristensaison von Juni bis November mietet dieser Veranstalter das gesamte Haus. Das Hotel hat einen großen Pool, herrliche tropische Gärten und ein gutes Café.

An- & Weiterreise

Die meisten Tourpakete beinhalten Charter- oder Linienflug zum **La Macarena Airport** ab Bogotá, Medellín oder Villavicencio, es ist aber auch problemlos möglich, sich selbst um die Anreise zu kümmern und eine Tour zu arrangieren, die am Flughafen beginnt.

Easy Fly (☎ Bogotá 1-414-8111; www.easyfly.com.co) hat in der Hauptsaison (Juli–Nov.) wöchentlich drei Direktflüge ab Bogotá (300 000 KOL$). Alternativ kann man auch die unkomplizierte Busfahrt von Bogotá nach Villavicencio machen, von wo täglich Flüge nach La Macarena starten (250 000 KOL$).

Ecoturismo Sierra de La Macarena (S. 861) arrangiert täglich Flüge ab Villavicencio (520 000–550 000 KOL$), darunter samstags recht abenteuerliche Reisen in einer alten DC-3 mit 16 Sitzen.

Kaum jemand versucht, über Land nach La Macarena zu fahren. Es gibt aber Geländefahrzeuge, die mehrmals pro Woche von San José del Guaviare herfahren (80 000 KOL$, 7 Std.) – einfach in San José del Guaviare herumfragen!

AMAZONASBECKEN

Amazonas – schon das Wort beschwört Bilder von unberührtem Urwald, der unglaublichen Tierwelt und natürlich dem weltberühmten Fluss herauf. Die von den Kolumbianern Amazonia genannte Region ist ein gigantisches, 643 000 km² großes Stück Regenwald, etwa so groß wie Kalifornien, das ungefähr ein Drittel der Gesamtfläche Kolumbiens ausmacht. Amazonia verteilt sich auf acht *departamentos*. Hier gibt es keine Straßen, nur schnell fließende Wasserwege und riesige Wildnisgebiete, in denen der Mensch – bisher zumindest – kaum in die Natur eingegriffen hat und in denen die indigenen Gruppen, die tief im Urwald leben, ihre Kulturen bewahren konnten.

Der Tourismus steckt hier noch in den Kinderschuhen. Der wenige Tourismus, den es gibt, konzentriert sich auf die Städte Leticia und Puerto Nariño und ihre Umgebung.

Doch gerade wegen dieser geringen touristischen Erschließung ist der Besuch ein einzigartiges Erlebnis – von aufregenden Wanderungen durch den Regenwald bis zur schlichten Siesta in der Hängematte, umgeben von den Geräuschen des Waldes.

Leticia

☎8 / 29 700 EW. / 95 M

Leticia, die Hauptstadt der Provinz Amazonas, ist die größte Stadt im Umkreis von 100 km, und dennoch wirkt sie wie eine kleine Grenzstadt. Sie liegt 800 km von der nächsten kolumbianischen Fernstraße entfernt dort, wo sich Kolumbien, Brasilien und Peru am Amazonas treffen. Die geschäftige Stadt, in der viele Motorräder durch die Straßen düsen, hat ein paar kleinere Sehenswürdigkeiten zu bieten, für die man sich einen oder zwei Tage Zeit nehmen kann.

Trotz der drückenden Hitze, der lähmenden Luftfeuchtigkeit und der nervtötenden Mücken ist Leticia durchaus eine angenehme Stadt. Sie ist aber kein eigenes Reiseziel, sondern eine Durchgangsstation, um in den tropischen Regenwald zu gelangen, der direkt vor der Tür liegt und dessen Lodges und indigene Gemeinschaften man nach einer kurzen Bootsfahrt auf dem Amazonas erreicht.

Leticia liegt an der kolumbianisch-brasilianischen Grenze. Direkt auf der anderen Seite der Grenze befindet sich die ähnlich große brasilianische Stadt Tabatinga.

Sehenswertes & Aktivitäten

★ **Mundo Amazónico** GARTEN

(☎8-592-6087, 321-472-4346; www.mundoamazonico.com; Km 7,7, Via Tarapacá; Führungen 10 000 KOL$; ⏲Mo–Sa 8–15 Uhr) Dieses 29 ha große Schutzgebiet fungiert zugleich als Zentrum für Umweltbildung und botanischer Garten, in dem man etwas über die Pflanzen und Tiere des Waldes erfahren kann, ehe man zu einer Expedition aufbricht. In dem weitläufigen botanischen Garten wachsen etwa 700 Pflanzenarten, die auf vier verschiedenen thematischen Führungen (zu den Schwerpunkten botanischer Garten, nachhaltige Prozesse, Kultur und das Aquarium) entdeckt werden können. Die Führungen dauern 30 bis 45 Minuten und beginnen bis 14 Uhr stündlich.

Museo Etnográfico Amazónico MUSEUM

(☎8-592-7783; Carrera 11 No 9-43; ⏲Mo–Fr 8.30–18, Sa 9–13 Uhr) GRATIS Das winzige Museum hat eine kleine, aber farbenfrohe Sammlung indigener Artefakte. Besucher erfahren etwas über *malocas* (traditionelle Langhäuser) und *chagras* (indigene Produktionssysteme) und sehen Musikinstrumente, Textilien, Werkzeuge, Keramik, Waffen und viele Zeremonienmasken. Die Exponate sind auf Englisch beschildert und dienen als gute Einführung in die indigenen Kulturen der Region, etwa die der Huitotos, Yukunas und der Ticunas.

Geführte Touren

Der echte Urwald beginnt schon lange vor dem eigentlich Amazonas und erstreckt sich entlang seiner kleineren Nebenflüsse. Je tiefer man eindringt, desto größer sind die Chancen, Tiere in relativ unbeschädigten Habitaten zu beobachten und indigene Siedlungen zu entdecken. Dafür benötigt man Zeit und Geld, es kann aber eine unglaublich bereichernde Erfahrung sein, und zahlreiche Tourveranstalter und Führer warten geradezu auf Besucher, die sie dort hinbringen können.

Amazon Jungle Trips GEFÜHRTE TOUREN

(☎321-426-7757; www.amazonjungletrips.com.co; Av Internacional No 6-25) Mit über 25 Jahren Erfahrung bei Angeboten für Backpacker ist Amazon Jungle einer der ältesten und verlässlichsten Tourveranstalter Leticias. Der Besitzer Antonio Cruz Pérez spricht fließend Englisch und arrangiert maßgeschneiderte Touren, darunter Trips zu zwei sehr unterschiedlichen Schutzgebieten, die er selbst verwaltet: **Zacambú** (290 000 KOL$ pro Tag & Pers., alles inkl.) und zum **Tupana Arü Ü**.

Selvaventura GEFÜHRTE TOUREN

(☎8-592-3977, 311-287-1307; www.selvaventura.org; Carrera 9 No 6-85) Der Besitzer Felipe Ulloa spricht Englisch, Spanisch und Portugiesisch und kann verschiedene Urwaldtouren (darunter auch Touren auf dem Amazonas) in den Ökosystemen Hochwald und *igapó* (Überschwemmungswald) arrangieren. Außerdem verkauft er Tickets für verschiedene Flusstouren nach Peru und Brasilien. Die Agentur nutzt das Regenwaldcamp Maloka und das weniger abgelegene Agape (bei Km 10).

Schlafen

★ **Piranita Hostel** HOSTEL $

(☎313-209-2671; Calle 8 No 6-42; B/EZ/DZ 24 000/65 000/75 000 KOL$; ❄📶) Der „Kleine

Leticia

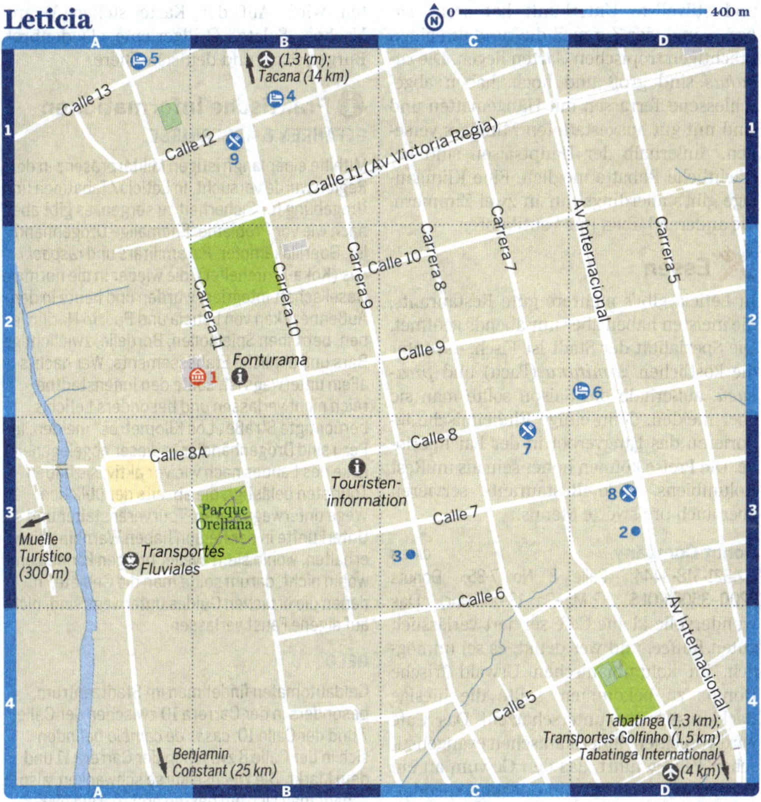

Piranha" ist gesellig, aber kein Party-Hostel, in dem die Gäste sturzbetrunken sind. Überall ziert der berühmte Fisch die blitzsauberen Zimmer und die schön begrünten Gemeinschaftsbereiche. Die Klimaanlage ist im feuchtwarmen Leticia ein echtes Plus, und die freundlichen Besitzer, die zwei Sprachen sprechen, organisieren gern Gruppenaktivitäten, von Grillen bis zu Urwaldtouren. Die Wände sind allerdings recht dünn.

★ Hostel Casa de las Palmas HOSTEL $
(☎321-435-2114; www.casadelaspalmasleticia.com; Carrera 11 No 13-110; B/Zi. 25 000/65 000 KOL$; 📶 🍳) Dieses freundliche Hostel wurde mit Rücksicht auf die Bedürfnisse von Backpackern gestaltet und bietet mehrere gemütliche, blitzsaubere Zimmer, einen wunderbaren Pool und einen Gartenbereich hinterm Haus, frisches Obst und Kaffee zum Frühstück und viele hilfreiche Tipps von den Mitarbeitern. Die Gäste sind auch von den Regenwaldtouren begeistert.

Leticia

Sehenswertes
1 Museo Etnográfico Amazónico B2

Aktivitäten, Kurse & Touren
2 Amazon Jungle Trips D3
3 Selvaventura C3

Schlafen
4 Amazon B & B B1
5 Hostel Casa de las Palmas A1
6 Pirañita Hostel D2

Essen
7 Donut Company C3
8 El Cielo D3
9 El Santo Angel B1

★ Amazon B & B B&B $$$
(☎8-592-4981; www.amazonbb.com; Calle 12 No 9-30; EZ/DZ inkl. Frühstück 165 000/228 000 KOL$, Cabaña DZ/3BZ/FZ 280 000/350 000/420 000 KOL$; ❄ 📶) Leticias charmanteste

und stilvollste Unterkunft hat sechs *cabañas* und vier Zimmer, die rund um einen prächtigen tropischen Garten liegen. Die *cabañas* sind groß und hoch, haben abgeschlossene Terrassen mit Hängematten und sind mit gut ausgestatteten Minibars versehen. Außerhalb der Hauptsaison sind beträchtliche Rabatte möglich. Eine Klimaanlage gibt's allerdings nur in zwei Zimmern, die anderen haben nur Ventilatoren.

Essen

In Leticia gibt's mehrere gute Restaurants, die meisten haben aber nur abends geöffnet. Die Spezialität der Stadt ist Fisch, darunter die köstlichen *gamitana* (Pacu) und *pirarucú*, außerhalb der Saison sollte man sie aber meiden, denn einige Einheimische ignorieren das Fangverbot in der Laichperiode. Die Preise können höher sein als im Rest Kolumbiens, viele Restaurants servieren aber auch preiswerte Menüs.

Donut Company CAFÉ $
(☎ 321-318-3444; Calle 8 No 7-35; Donuts 2200–3500 KOL$; ⏲ Mo–Sa 13–21 Uhr) Das wundervolle kleine Café serviert verlässlich guten Kaffee, und wer denkt, es sei unmöglich, im kolumbianischen Urwald frische Donuts zu bekommen, sollte die hiesige Backkunst nicht unterschätzen! Das Café wird von einem amerikanischen evangelistischen Paar geführt, das den Gewinn an ein Waisenheim in Benjamin Constant spendet.

★ **El Cielo** AMAZONAS-KÜCHE $$
(☎ 320-454-4569; Av Internacional No 6-11; Hauptgerichte 17 000–33 000 KOL$; ⏲ Mo & Mi–Sa 16–23, So 11–17 Uhr; 📶) Der Höhepunkt kulinarischer Raffinesse in Leticia ist dieses coole, kreative Restaurant, das *casabes* (Minipizzas mit Yucca anstelle von Mehl) mit fantasievollen Toppings wie *pirarucú* (ein beliebter regionaler Fisch) und *tucupi* (ein Maniok-Extrakt) serviert. Das Lokal liegt zwar an der belebten Hauptstraße, doch im hübsch beleuchteten Garten sitzt man ausgesprochen nett.

★ **El Santo Angel** INTERNATIONAL $$
(☎ 8-592-3866; www.facebook.com/elsantoangeld; Carrera 10 No 11-119; Hauptgerichte 15 000–37 000 KOL$; ⏲ Di–So 16–24 Uhr; 📶) Das Santo Angelo hat die wohl vielfältigste und interessanteste Speisekarte der Stadt und wird gern zum Abendessen besucht. Die Tische erstrecken sich bis auf die Straße, wo oft Livemusik (in moderater Lautstärke) geboten wird. Auf der Karte stehen Wraps, Nachos, Salate, Grillgerichte, Fladenbrot, Burger, Pizza und deutsche Biere.

Praktische Informationen

GEFAHREN & ÄRGERNISSE

Mithilfe einer langfristigen Militärpräsenz in der Region wurde versucht, in Leticia/Tabatinga und Umgebung für Sicherheit zu sorgen, es gibt aber nach wie vor Probleme. Ehemalige Drogenhändler, Guerillakämpfer, Paramilitärs und *raspachines* (Koka-Erntehelfer), die wieder in die normale Gesellschaft integriert wurden und heute in den Außenbezirken von Leticia und Puerto Nariño leben, betreiben Spielhöllen, Bordelle, zwielichtige Bars und ähnliche Etablissements. Wer nachts allein unterwegs ist, sollte den Innenstadtbereich nicht verlassen und besonders Leticias berüchtigte Straße „Los Kilometros" meiden. In Peru sind Drogenhändler in dieser abgelegenen Ecke des Landes nach wie vor aktiv; sie haben Touristen belästigt, die abseits der üblichen Wege unterwegs waren. Tourveranstalter und Unterkünfte in der Region haben Warnhinweise erhalten, wohin sie Traveller bringen können und wohin nicht, darum sollte man die Gebiete, in denen die örtlichen Guides unterwegs sind, nicht auf eigene Faust verlassen.

GELD

Geldautomaten findet man im Stadtzentrum, besonders in der Carrera 10 zwischen der Calle 7 und der Calle 10, *casas de cambio* befinden sich in der Calle 8 zwischen der Carrera 11 und dem Markt. Die Wechselkurse schwanken, also schaut man sich am besten erst mal ein bisschen um.

MEDIZINISCHE VERSORGUNG

San Rafael de Leticia Hospital (☎ 8-592-7826; www.esehospitalsanrafael-leticia-amazonas.gov.co; Carrera 10 No 13-78) Grundlegende medizinische Versorgung; bei allen ernsthaften Gesundheitsproblemen fliegt man am besten nach Bogotá.

Es wird empfohlen, sich zehn Tage vor der Ankunft gegen Geldfieber impfen zu lassen; das Gelbfieber-Impfzertifikat sollte man unbedingt mitbringen.

TOURISTENINFORMATION

Leticias kleine **Touristeninformation** (Secretaría de Turismo y Fronteras; ☎ 8-592-4162; Calle 8 No 9-75; ⏲ Mo–Fr 8–12 & 14–17, Sa 8–13 Uhr) ist hilfsbereit und freundlich.

Fonturama (Fondo de Promoción y Desarrollo Turístico del Amazonas; ☎ 8-592-4162; www.fonturamazonas.org; Carrera 11 No 9-04; ⏲ Mo–Sa 9–12 & 14–19 Uhr) hat diverse Informationen über nachhaltigen Tourismus in dieser Region.

EINREISE NACH BRASILIEN & PERU

Brasilien

Vom Porto Fluvial in Tabatinga legen mittwochs und samstags gegen 14 Uhr langsame Boote nach Manaus in Brasilien ab. Ein Platz für die Hängematte (die man in Leticia kaufen kann) kostet 400 R$, eine enge, muffige Kabine für zwei Personen kostet 1620 R$. Die Reise dauert vier Tage mit drei Übernachtungen. Man sollte sich frühzeitig einen guten Platz für die Hängematte suchen, denn die Belüftung ist wichtig. Das Ticket kauft man ein oder zwei Tage vor der Abfahrt direkt auf dem Boot. Einfache Mahlzeiten sind im Preis enthalten, die Qualität des Essens lässt allerdings sehr zu wünschen übrig. Wer lieber schneller ankommt, kann dienstags, donnerstags, samstags und sonntags auch morgens das Aioto-Schnellboot nach Manaus (600 R$, 36 Std.) nehmen. Es ist zwar nicht so stimmungsvoll, dafür gibt's auf dem Boot aber recht bequeme Flugzeugsitze und Fernseher.

Peru

Zwischen Tabatinga und Iquitos (Peru) verkehren Hochgeschwindigkeitsboote von **Transtur** (in Iquitos 51 6529-1324; www.transtursa.com; Jirón Raymondi 384) und **Transportes Golfinho** (in Iquitos 51 65-225-118; www.transportegolfinho.com; Marechal Mallet 306, Tabatinga). Die Boote fahren täglich gegen 5 Uhr (brasilianische Zeit!) von der Isla Santa Rosa ab und kommen etwa zehn Stunden später in Iquitos an. Nicht vergessen, sich am Tag vor der Abreise am Flughafen von Leticia im Büro von Migración Colombia (S. 825) den kolumbianischen Ausreisestempel zu besorgen! Tickets für die Boote kann man in Leticia bei Selvaventura (S. 862) kaufen, die Transportunternehmen haben alle kein Büro in der Stadt.

Die Fahrt kostet einschließlich Frühstück und Mittagessen in beide Richtungen 75 US$ (nur Geldscheine in tadellosem Zustand; alternativ 225 000 KOL$).

Von Iquitos gibt es keine Straßen in den Rest des Landes. Weiter kommt man nur per Flugzeug oder mit dem Flussboot nach Pucallpa (5–7 Tage), wo es Straßenverbindungen nach Lima gibt.

Wer ein Visa für Peru benötigt, wendet sich ans **Peruanische Konsulat** (8-592-7755; Calle 11 No 5-32; Mo–Fr 8–12 & 14–16 Uhr) in Leticia.

Anreise & Unterwegs vor Ort

FLUGZEUG

Bei der Ankunft am Flughafen Leticias, dem **Aeropuerto Internacional Alfredo Vásquez Cobo** (Carrera 10) im Norden der Stadt, müssen alle Ausländer 32 000 KOL$ Touristensteuer zahlen. Taxis in die Stadt kosten etwa 10 000 KOL$; wer wenig Gepäck hat, kann ein *mototaxi* nehmen.

Avianca (www.avianca.com) und Latam (www.latam.com) fliegen mehrmals täglich nach Bogotá.

Vom Tabatinga International Airport gibt es täglich Flüge mit Azul (www.voeazul.com.br) nach Manaus. Der Flughafen liegt 4 km südlich von Tabatinga; aus Leticia kommende *colectivos* (Sammeltaxis, Minivans oder mittelgroße Busse) mit der Aufschrift „Comara" setzen Passagiere in der Nähe ab. Am Flughafen muss man sich den kolumbianischen Ausreisestempel holen und, falls benötigt, ein Visum für Brasilien.

Alle Ausländer, die vom Flughafen Leticia abfliegen, müssen zur **Migración Colombia** (8-592-7189; www.migracioncolombia.gov.co; Aeropuerto Internacional Alfredo Vásquez Cobo; Mo–Fr 7–18, Sa & So 7–22 Uhr) gehen, ehe sie die Sicherheitskontrolle passieren, ganz egal, ob sie Kolumbien verlassen oder nicht. Wer das noch nicht getan hat, wird nach dem Check-in dorthin geschickt. Das Verfahren ist unkompliziert, kostenlos und dauert nur ein paar Sekunden.

SCHIFF/FÄHRE

Tickets für Boote nach Puerto Nariño und zu anderen Orten weiter stromaufwärts verkaufen drei Agenturen im **Transportes Fluviales** (311-486-9464, 311-532-0633; Malecon Plaza, Carrera 12 No 7-36). Die Boote nach Puerto Nariño fahren um 7, 9, 12 und 14 Uhr vom **Muelle Turístico** in Leticia ab (31 000 KOL$, 2 Std.). Man sollte rechtzeitig vor der Abfahrt da sein, denn der Bootsanleger ist gar nicht so einfach zu finden.

Wer in Tabatinga abfährt, sollte daran denken, dass es dort eine Stunde später ist als in Leticia – da passiert es mitunter leicht, dass man das Boot verpasst!

Parque Nacional Natural Amacayacu

Der fast 3000 km² große **Parque Nacional Natural Amacayacu** (☎8-520-8654; www.parquesnacionales.gov.co) ist ideal, um sich den Amazonas-Regenwald mit seiner außerordentlichen biologischen Vielfalt und den vielen Tieren aus der Nähe anzuschauen. Katastrophale Überschwemmungen haben 2012 die Infrastruktur des Nationalparks schwer beschädigt, und die Einrichtungen des Parks sind noch immer geschlossen. Es ist aber möglich, den Park zu betreten und Touren mit örtlichen indigenen Gruppen zu arrangieren. Wer den Park besuchen möchte, wendet sich an einen Tourveranstalter in Leticia.

Puerto Nariño

☎8 / 5500 EW. / 110 M

Das Amazonasdorf Puerto Nariño, 75 km flussaufwärts von Leticia, ist ein inspirierendes Beispiel für die friedliche Koexistenz von Mensch und Natur. Autos sind hier verboten (die einzigen beiden Fahrzeuge sind ein Krankenwagen und ein Laster, der wiederverwertbaren Müll abholt), das Regenwasser wird in Zisternen gesammelt und zum Wäschewaschen und Gießen im Garten verwendet, und der Strom wird vom energieeffizienten Generator der Stadt produziert, der nur bis Mitternacht läuft. Jeden Morgen ziehen Bürgertruppen los, um die landschaftlich gestalteten Gehwege der Stadt zu reinigen, und Puerto Nariños ehrgeiziges Recycling- und Biomüllprogramm würde die meisten Städte der Welt beschämen. Der Kontrast zum dreckigen und verschmutzten Leticia könnte kaum größer sein.

Die meisten Einwohner Puerto Nariños gehören den indigenen Gruppen der Ticuna, Cocoma und Yagua an. Ihr gemeinschaftliches ökologisches Experiment hat den Ökotourismus als wichtige Einnahmequelle erschlossen. Der friedliche Ort ist zudem eine tolle Ausgangsbasis, um den schönen Lago Tarapoto und das Amazonasbecken insgesamt zu besuchen.

Sehenswertes & Aktivitäten

Das Highlight ist hier das Naturerlebnis. Man kann für etwa 15 000 KOL$ ein Kajak ausleihen und sich auf die Suche nach Flussdelfinen machen oder geführte Tages- oder Nachtwanderungen im Regenwald unternehmen. Die Unterkünfte können bei der Organisation dieser Aktivitäten helfen.

★ Lago Tarapoto LAKE

Der 10 km westlich von Puerto Nariño liegende Lago Tarapoto ist ein schöner See, der vom Amazonas gespeist wird und in dem Rosadelfine, eine kleine Seekuhpopulation und riesige Wasserlilien beheimatet sind. Eine Halbtagstour von Puerto Nariño in einem *peque-peque* (flaches Holzboot) kostet für vier Personen und ca. vier Stunden um die 50 000 KOL$ und ist die Hauptattraktion für die meisten Besucher, die meistens auch im herrlich klaren Wasser baden. Man kann hier auch Piranhas angeln.

Schlafen & Essen

★ Alto de Aguila – Cabañas del Fraile CABAÑAS $

(☎314-201-3154, 311-502-8592; altodelaguila@hotmail.com; B 20 000 KOL$, Zi. pro Pers. mit/ohne Bad 30 000/25 000 KOL$) Bruder Hector José Rivera und seine hinreißenden Affen führen im Regenwald am Rand des Dorfes dieses auf einem Hügel gelegene Refugium mit Blick auf den Amazonas. Zum Komplex gehören mehrere einfache Hütten, Gemeinschaftsbäder und ein Aussichtsturm. Auf dem Gelände tummeln sich Affen, Truthähne, Hunde und Aras, Gäste können die Kanus kostenlos für eine Fahrt auf dem Amazonas nutzen, und das Gefühl der Abgeschiedenheit ist einfach überwältigend.

★ Maloca Napü PENSION $

(☎314-437-6075, 315-607-4044; www.malocanapu.com; Calle 4 No 5-72; B 20 000 KOL$, Zi. pro Pers. mit/ohne Balkon 30 000/25 000 KOL$; @) Die vielleicht charmanteste Pension Puerto Nariños liegt in einem dicht bewaldeten Garten und verströmt die Atmosphäre einer Baumhausfestung. Die einfachen, aber komfortablen Zimmer sind mit Ventilatoren ausgestattet und teilen sich Gemeinschaftsbäder mit sehr erfrischenden Regenduschen und eine komplett ausgestattete Küche. Alle Mitarbeiter sind unglaublich freundlich.

Las Margaritas KOLUMBIANISCH $$

(☎311-276-2407; Calle 6 No 6-80; Festpreismahlzeiten 15 000 KOL$; ⏲12–15 Uhr) Das beste Restaurant der Stadt hat nur mittags geöffnet und befindet sich direkt hinter dem Fußballplatz unter einer *palapa* (Strohdach). Allerdings ist es für hiesige Verhältnisse recht teuer und voll auf Besuchergruppen eingestellt. Die Mahlzeiten im Stil eines *All-you-*

can-eat-Büfetts mit Fisch, Hühnchen, *patacones* (gebratene Kochbananen) und Salat sind ausgesprochen lecker.

Praktische Informationen

In Puerto Nariño gibt es weder Banken noch Geldautomaten, und auch Kreditkarten werden nicht überall akzeptiert. Wer Exkursionen in den Regenwald unternehmen möchte, sollte sich in Leticia mit reichlich Bargeld eindecken, denn hier kommt leicht einiges an Ausgaben zusammen.

Touristeninformation (Ecke Carrera 6 & Calle 5; Mo–Fr 8–12 & 14–17 Uhr) In der *alcaldía* (Rathaus).

An- & Weiterreise

Vom Bootsanleger in Leticia fahren täglich um 7, 9, 12 und 14 Uhr Hochgeschwindigkeitsboote nach Puerto Nariño (30 000 KOL$, 2 Std.); zurück nach Leticia geht es um 7, 10, 13.30 und 15.30 Uhr.

Tickets bekommt man bei **Transportes Fluviales** (8-592-6752; Muelle Turistico). In Leticia werden die Boote sehr voll, daher sollte man die Tickets rechtzeitig vor der Abfahrt oder am Vortag kaufen.

KOLUMBIEN VERSTEHEN

Kolumbien aktuell

Kolumbien hat die Instabilität und die Gewalt, unter denen das Land seit der Mitte des 20. Jhs. litt, weitgehend überwunden, und seine Wirtschaft ist heute eine der dynamischsten und am schnellsten wachsenden Lateinamerikas. Weil es von der Rezession verschont blieb, die viele lateinamerikanische Länder in den vergangenen Jahren traf – und teilweise auch wegen der hohen Preise für seine natürlichen Ressourcen (Öl und Kohle) –, sieht alles danach aus, dass sich das Wirtschaftswachstum in der näheren Zukunft in beeindruckendem Tempo fortsetzen wird. Für viele Arme auf dem Land muss sich das Leben zweifellos noch deutlich verbessern, doch Kolumbien ist in rasantem Tempo auf dem Weg, eines der angesagtesten und aufregendsten Länder Südamerikas zu werden, und der Tourismus spielt dabei eine wachsende Rolle. Seit Menschengedenken war das kolumbianische Selbstbewusstsein nicht so ausgeprägt wie heute.

Der Weg dorthin war natürlich mühsam, und die Dämonen der Vergangenheit suchen das Land noch heute heim: Die Erinnerungen an die Aufstände der Fuerzas Armadas Revolucionarias de Colombia (FARC; Revolutionäre Streitkräfte Kolumbiens, heute auch „Fuerza Alternativa Revolucionaria del Común"), an die paramilitärischen Gruppen und an die gewalttätigen Drogenkartelle sind bei den Einheimischen noch ganz frisch. Doch der Prozess der Heilung hat begonnen, und die kolumbianische Regierung bleibt der Sicherung eines langfristigen Friedens verpflichtet – nie zuvor in der Geschichte des Landes gab es so viel Anlass zu Optimismus.

Geschichte

Die Zeit vor Kolumbus

Die Ureinwohner Kolumbiens hinterließen drei wichtige prähistorische Stätten: San Agustín, Tierradentro und die Ciudad Perdida, zusammen mit den herrlichsten Goldarbeiten des Kontinents. Sie waren äußerst begabte Gold- und Metallschmiede. Ihre Leistungen können in ganz Kolumbien in den *museos del oro* (Goldmuseen) bestaunt werden. Das beste befindet sich in Bogotá.

Die über die ganze Andenregion und die Pazifik- und Karibikküste verteilten präkolumbischen Kulturen entwickelten sich unabhängig voneinander. Die wichtigsten waren die Calima-, Muisca-, Nariño-, Quimbaya-, San-Agustín-, Sinú-, Tayrona-, Tierradentro-, Tolima- und Tumaco-Kulturen.

Die Konquistadoren sind da!

Alonso de Ojeda war 1499 der erste Konquistador, der seinen Fuß auf kolumbianischen Boden setzte und feststellte, dass die Einheimischen Objekte aus Gold benutzten. Zwar wurden einige kurzlebige Siedlungen gegründet, doch erst 1525 legte Rodrigo de Bastidas den Grundstein zu Santa Marta, der ersten Stadt mit Bestand. 1533 gründete Pedro de Heredia Cartagena, das sich bald zum wichtigsten Handelszentrum entwickelte.

1536 stießen die Spanier ins Landesinnere vor, und zwar sowohl von Norden als auch von Süden. Jiménez de Quesada startete in Santa Marta, zwei Jahre später gründete er Santa Fe de Bogotá. Auf dem Weg dahin eroberte er Muisca, ein Schlag, der letztendlich den Untergang der alten Zivilisationen einläuten sollte.

Inzwischen desertierte Sebastián de Benalcázar aus Francisco Pizarros Armee, die das Inkareich eroberte, und startete von Ecuador aus eine Expedition. Er unterwarf den Südteil von Kolumbien und gründete unterwegs Popayán und Cali, bevor er schließlich 1539 Bogotá erreichte.

Unabhängigkeitskriege

Ende des 18. Jhs. artete die Unzufriedenheit mit der spanischen Herrschaft in Proteste aus und mündete schließlich – vor dem Hintergrund der Revolutionen in Frankreich und Nordamerika – in eine offene Rebellion. Als Napoléon 1808 Spanien einnahm und seinen eigenen Bruder auf den spanischen Thron setzte, weigerte sich die Kolonie, den neuen Monarchen anzuerkennen. Eine kolumbianische Stadt nach der anderen erklärte ihre Unabhängigkeit.

1812 landete Simón Bolívar, der zum Helden des Unabhängigkeitskampfs werden sollte, in Cartagena, wo er die Spanier angriff. In einem brillanten Feldzug zur Eroberung Venezuelas gewann er zwar sechs Schlachten, konnte aber Caracas nicht halten, weshalb er nach Cartagena zurückweichen musste. Zwischenzeitlich erlitt Napoléon sein Waterloo, und Spanien hatte den Rücken frei, um seine Kolonien zurückzuerobern. 1817 wurde das Kolonialrecht wiederhergestellt.

Doch der Flächenbrand war nicht mehr zu löschen. Bolívar dachte gar nicht daran, die Waffen niederzulegen. Nachdem er eine Reiterarmee venezolanischer Llaneros (vergleichbar den Gauchos Argentiniens) rekrutiert hatte, marschierte er unterstützt von einer britischen Legion über die Anden nach Kolumbien. Die Unabhängigkeit wurde am 7. August 1819 in Boyacá gewonnen.

Unabhängigkeit & Bürgerkrieg

Zwei Jahre nach Erlangen der Unabhängigkeit setzten sich die Revolutionäre in Villa del Rosario (nahe Cúcuta) zusammen, um einen Plan für das neue Land auszutüfteln. Bereits hier kamen die beiden gegensätzlichen Strömungen der nächsten Jahre, Zentralismus versus Föderalismus, zum Vorschein. Bolívar, Verfechter einer zentralistischen Republik, konnte seinen Willen zunächst durchsetzen: Groß-Kolumbien, zu dem das heutige Ecuador, Kolumbien, Venezuela und Panama gehörten, entstand, und Bolívar wurde zum ersten Präsidenten des neuen Staates gewählt.

Doch schon mit dessen Gründung begann der Zerfall. Schnell zeichnete sich ab, dass eine zentrale Regierung nicht in der Lage war, ein solch großes und von vielen Unterschieden geprägtes Land zu regieren. Und so kam es, wie es kommen musste: 1830 teilte sich Groß-Kolumbien in drei separate Länder auf, Kolumbien formierte sich zu einem selbstständigen Staat.

Die zentralistische und die föderalistische Bewegung organisierten sich 1849 in zwei politischen Parteien: Die Konservativen gehörten der zentralistischen Ausrichtung an, die Liberalen der föderalistischen. Kolumbien wurde Schauplatz eines intensiv ausgefochtenen Konkurrenzkampfs zwischen den beiden Lagern, der im kompletten Chaos endete. Das Land taumelte von einer Unruhe zur nächsten. Acht Bürgerkriege brachen im 19. Jh. aus, zwischen 1863 und 1885 sah sich die Regierung mehr als 50 Aufständen gegenüber.

1899 verwandelte sich eine Revolte der Liberalen in einen ausgewachsenen Bürgerkrieg, dem „Krieg der 1000 Tage". Das Blutbad endete mit einem Sieg der Konservativen, 100 000 Menschen bezahlten ihn mit dem Leben. 1903 nutzten die USA die innere Zwietracht des Landes. Sie schürten eine Sezessionsbewegung in Panama, damals eine kolumbianische Provinz. Hintergrund: Mit der Gründung der neuen Republik kamen die USA dem Ziel näher, einen Kanal durch die mittelamerikanische Landenge zu bauen.

La Violencia

Nach einer kurzen Friedenszeit brach der Kampf zwischen Liberalen und Konservativen 1948 erneut aus. La Violencia, der grausamste von vielen Bürgerkriegen, blickt auf die erschreckende Bilanz von 300 000 Toten: Nachdem am 9. April 1948 Jorge Eliécer Gaitán, der charismatische, beliebte Führer der Liberalen, bei einem Attentat ermordet worden war, brachen in Bogotá Unruhen aus, die sich bald über das ganze Land ausbreiteten. Überall griffen die Liberalen zu den Waffen.

Bis 1953 hatten einige Gruppen liberaler Anhänger einen bedrohlichen Grad an Unabhängigkeit erreicht – der Partisanenkonflikt nahm revolutionäre Tendenzen an. Die Spitzen sowohl der Liberalen als auch der Konservativen Partei griffen zum letzten Mittel und unterstützten einen Staatsstreich, um das Heft wieder in die Hand zu bekommen und das Land zu befrieden. Der Putsch von General Gustavo Rojas Pinilla 1953 blieb die einzige militärische Intervention des 20. Jhs.

Und seiner Diktatur war keine allzu lange Lebensdauer beschieden: 1957 unterzeichneten die Vorsitzenden der beiden Parteien einen Pakt, ihre Macht zu teilen. Gleichzeitig unterdrückten sie alle politische Aktivität außerhalb der beiden Parteien und leisteten damit letztlich dem Entstehen neuer Guerillagruppen Vorschub.

Die Geburt von FARC & die Paramilitärs

Während der späten 1950er- und frühen 1960er-Jahre wurden in Kolumbien viele Guerillagruppen gegründet. Jede hatte ihre eigene Ideologie und ihre eigenen politischen und militärischen Strategien. Zu den wichtigsten – und gefährlichsten – gehören die FARC, die Ejército de Liberación Nacional (ELN; Nationale Befreiungsarmee) und das Movimiento 19 de Abril (M-19; Bewegung 19. April).

Bis 1982 wurden die Guerillas als Problem für die öffentliche Ordnung angesehen und von der Armee verfolgt. Präsident Belisario Betancur (1982–1986) war der erste, der direkte Verhandlungen mit den Guerillas eröffnete, in einem Versuch, sie in das politische Leben der Nation zu reintegrieren. Die Verhandlungen scheiterten jedoch, und die Guerillas der M-19 stürmten im November 1985 den Justizpalast der Hauptstadt. Dabei kamen über 100 Menschen ums Leben.

Die liberale Regierung unter Präsident Virgilio Barco (1986–1990) konnte die M-19 schließlich dazu bewegen, ihre Waffen niederzulegen und beteiligte sie am politischen Geschehen.

In den 1980er-Jahren formierte sich noch eine weitere Gruppe, die Autodefensas Unidas de Colombia (AUC; paramilitärische Gruppen Kolumbiens). Sie besteht aus paramilitärischen Todesschwadronen, die sich wiederum aus reichen Kolumbianern zusammensetzen, die ihren Landbesitz schützen wollen. Die AUC war für Dutzende Massaker verantwortlich. Sie soll sich während Uribes zweiter Amtszeit (2006–2010) aufgelöst haben – viele Beobachter, u.a. auch von Human Rights Watch, glauben jedoch, dass die Abrüstung nur eine Täuschung war.

Gewalttaten wurden und werden von allen Seiten verübt. Dem UN-Flüchtlingsbeauftragten zufolge gibt es in Kolumbien 7 Mio. Binnenflüchtlinge. Der Grund liegt darin, dass die arme Landbevölkerung immer wieder ins Kreuzfeuer zwischen Guerillas, den Neoparamilitärs und der Armee gerät.

Weißes Gold

Die Kokain-Mafia entwickelte sich von ihren eher kleinen Anfängen in den frühen 1970er-Jahren in kürzester Zeit zu einer gigantischen Industrie mit ihren eigenen Plantagen, Labors, Logistik und Schutzdiensten.

So richtig boomte das Geschäft dann Anfang der 1980er-Jahre. Das Medellín-Kartell, geführt von Pablo Escobar, wurde zur führenden Organisation, deren Bosse unbescholten in Saus und Braus lebten. Sie gründeten sogar ihre eigene politische Partei und zwei Zeitungen, 1982 wurde Escobar in den Kongress gewählt.

1983 startete die Regierung schließlich eine Kampagne gegen den Drogenhandel, die sich nach und nach in einen regelrechten Krieg verwandelte. Im August 1989 erreichte der Krieg einen blutigen Höhepunkt, als Luis Carlos Galán, der Präsidentschaftskandidat der Liberalen für die Wahl 1990, ermordet wurde.

Die Wahl des liberalen Präsidenten César Gaviria (1990–1994) bescherte dem gebeutelten Land eine kurze Phase der Hoffnung. Nach längeren Verhandlungen, während derer auch ein Verfassungszusatz das Verbot der Auslieferung von Kolumbianern neu regelte, gaben Escobar und die restlichen Kartellbosse auf, und der Drogenterrorismus ließ nach. Escobar entkam jedoch seinem palastartigen Gefängnis, nachdem die Regierung auf stümperhafte Art versucht hatte, ihn an einen besser gesicherten Ort zu bringen. Eine Spezialeinheit mit 1500 Elitesoldaten jagte Escobar 499 Tage lang, bis man ihn am 2. Dezember 1993 in Medellín stellte und auf der Flucht erschoss.

Trotzdem ging der Drogenhandel ungestört weiter. Das von den Brüdern Rodríguez Orejuela geführte Cali-Kartell besetzte schnell die Lücke, die das Medellín-Kartell hinterlassen hatte, und wurde Kolumbiens größter Händler. Das Spiel wiederholte sich, als die Top-Bosse des Kartells 1995 gefangen genommen wurden. Auch danach blühte der Drogenhandel weiter; andere regionale Drogenkartelle, Paramilitärs und vor allem Guerillas, übernahmen die Rolle, die die beiden Mafiagruppen vorgegeben hatten.

1999 startete Präsident Andrés Pastrana den *Plan Colombia*, den die USA unterstützten. Dessen Ziel war es, die Kokapflanze in Kolumbien mit Pestiziden aus der Luft komplett auszurotten. Obwohl das Programm anfänglich auf dem Papier einige Erfolge erzielte (denn in der Anfangsphase wurde das kultivierte Land um etwa die Hälfte reduziert), brachte es auch fatale Auswirkungen auf die Umwelt mit sich. Verarmte Kokafarmer beispielsweise verlegten ihre Felder in Nationalparks, in denen das Sprühen von Pestiziden verboten ist.

Der Drogen-Kampf in Kolumbien ist eine Sisyphusarbeit. Trotz der US-amerikanischen Hilfe von um die 8 Mrd. US$ zeigen neueste Zahlen, dass die Kokain-Produktion wieder ansteigt und Kolumbien immer noch Produzent Nummer eins in der Welt ist.

Präsident Álvaro Uribe

Der rechtspolitische Hardliner Álvaro Uribe wurde 2002 zum Präsidenten gewählt. Er erbte ein Land am Rand des Zusammenbruchs, einen Schurkenstaat, geplagt von Sicherheitsproblemen. Viele Straßen im Land wurden von Rebellen blockiert und kontrolliert. Uribe versprach dem Volk entschiedene Militäraktionen gegen die Guerrillas und hielt Wort. Plötzlich waren die Straßen wieder offen, voller Militärs und sicher.

Überaus populär, trat Uribe 2006 seine zweite Amtszeit an, nachdem er eine Verfassungsänderung durchgeboxt hatte, die ihm eine Wiederwahl ermöglichte. Uribe wurde als Nationalheld gefeiert, doch schließlich wurde auch seine Präsidentschaft von Skandalen überschattet. 2008 wurden 60 Kongressmitglieder verhaftet oder wegen vermeintlicher „Parapolitik" (Verbindungen mit Paramilitärs) befragt.

Der größte Skandal ereignete sich im Oktober 2008, als Journalisten aufdeckten, dass Armeeangehörige Zivilisten getötet, ihnen Rebellenuniformen anzogen und sie als Kampfopfer ausgegeben hatten, um Beförderungen oder Sonderurlaub zu bekommen. Schätzungen behaupten, dass die kolumbianische Armee während Uribes Präsidentschaft 3000 junge, ungebildete, sogenannte *falsos positivos* (falsche Positive) bzw. *campesinos* (Kleinbauern) umgebracht hat, was der UN-Sonderberichterstatter Philip Alston als außergerichtliche, willkürliche Hinrichtungen und als „systematisch" beschrieben hat. Als der Skandal offenkundig wurde, startete Uribe eine Säuberungsaktion in der Armee, aber Strafverfolgungen waren rar.

Anfang 2009 geriet das Uribe-Regime in weitere Schwierigkeiten, als das Magazin *Semana* berichtete, dass die Geheimpolizei des Landes, das Departamento Administrativo de Seguridad (DAS), die Telefone von Richtern, oppositionellen Politikern, Journalisten und Menschenrechtlern abgehört hatte.

FARC: Verhandlungen & Frieden

Die letzten zehn Jahre waren eine verheerende Zeit für die FARC. Die bewaffnete Truppe hat die Hälfte ihrer Kämpfer und viele wichtige Führungspersonen durch eine Kombination aus Verlusten im Kampf und Ausstiegen aus der FARC verloren.

2008 wurde das Hauptdruckmittel der Rebellen, die französisch-kolumbianische Präsidentschaftskandidatin Ingrid Betancourt, die sechs Jahre zuvor gekidnappt worden war, in einem waghalsigen und gesetzlich fragwürdigen Überraschungsangriff von der Armee aus einem Lager im Regenwald befreit.

Aber den größten Schlag erlebte die Organisation im November 2011, als Soldaten den FARC-Führer und Chefideologen Alfonso Cano im ländlichen Cauca erschossen. Nur Tage nach dem Tod von Cano übernahm Rodrigo Londoño Echeverry, alias Timochenko, die Kontrolle über die Organisation und verkündete, dass der Kampf an allen Fronten weitergeführt werde. Hinter den Kulissen jedoch begann die ernsthaft geschwächte FARC Vorgespräche mit der Regierung, und ein Jahr später saßen sie bei Friedensverhandlungen an einem Tisch.

Als Präsident Juan Manuel Santos, ein Harvard-Absolvent, 2012 in Havanna die stark umstrittenen Verhandlungen mit Vertretern der FARC-Rebellen leitete, war die kolumbianische Gesellschaft gleichzeitig überwältigt und empört. Santos, der sich während seiner Wahlkampagne 2010 als leidenschaftlicher Gegner der FARC positioniert hatte, wurde für diesen mutigen Schritt heftig kritisiert, nicht zuletzt von seinem Mentor und Vorgänger Álvaro Uribe.

2016 wurde eine Friedensabkommen mit der FARC bei einer Volksabstimmung mit einer winzigen Mehrheit abgelehnt: 50,2 % der Wähler stimmten gegen das Abkommen, 49,8 % dafür. Santos kehrte an den Verhandlungstisch zurück und nahm in 50 Punkten Nachbesserungen vor. Das neue Friedensabkommen konnte direkt vom Kongress gebilligt werden. Dies geschah am 30. November 2016 – sowohl der Kongress als auch der Senat billigten das Gesetz einhellig.

Eine der Bedingungen des Abkommens war, dass die FARC ihre Waffen abgab, ein Prozess, der im August 2017 abgeschlossen war. Im Gegenzug – dies war für die meisten Kolumbianer der umstrittenste Punkt des Abkommens – konnten die Führer der FARC in die Politik gehen und gründeten eine Partei, die ebenfalls FARC heißt.

Kultur

Jeder aufgeschlossene Traveller, der Kolumbien bereist, stellt fest: Die Kolumbianer sind unglaublich freundlich und hilfsbereit.

Mit 49,5 Mio. Einwohnern hat Kolumbien nach Brasilien und Mexiko die drittgrößte Bevölkerung Lateinamerikas, und die Zahl der Einwohner wächst rasch. Jede kolumbianische Stadt hat ihre eigene kulturelle Mischung, sodass die Reise durchs Land so wunderbar vielfältig ist wie ein reichhaltiger *sancocho* (Suppe). In Medellín leben viele europäische Einwanderer, in Cali dagegen stammen zahlreiche Bewohner von ehemaligen Sklaven ab. In Bogotá und Umgebung gab es viele Ehen zwischen europäischen Kolonisten und Ureinwohnern, und an der Karibik- und der Pazifikküste ist der Großteil der Einwohner afrokolumbianisch. Die indigenen Gruppen Kolumbiens sprechen etwa 65 Sprachen und fast 300 Dialekte, die zu verschiedenen Sprachfamilien gehören.

Die Spanne zwischen reich und arm ist in Kolumbien groß. Die vermögendsten 10% des Landes kontrollieren 45% des Reichtums des Landes, während die ärmsten 10% die Kontrolle über 1% ausüben. Obwohl die wachsende Wirtschaft der Nation eine Armutsminderung bewirkt hat, lebt fast immer noch etwa ein Drittel der Kolumbianer unterhalb der Armutsgrenze.

Kolumbianische Familien sind eng verbunden und helfen sich gegenseitig, und wie in den meisten südamerikanischen Ländern liebt man hier Kinder. Die meisten Paare, die zusammen leben, sind verheiratet, aber auch das ändert sich langsam.

Die Mehrzahl der Kolumbianer ist römisch-katholisch. Aber in den letzten zehn Jahren haben sich verschiedene protestantische Gemeinden ausgedehnt und es vor allem in ländlichen Gegenden geschafft, Millionen von Kolumbianern zu „bekehren".

Kunst

Literatur

Während der Zeit der Unabhängigkeit und bis zum Zweiten Weltkrieg brachte Kolumbien nur wenige international bedeutsame Schriftsteller hervor, beispielsweise José Asunción Silva (1865–1896), den wahrscheinlich besten Dichter des Landes, der zudem auch als Vorreiter der Moderne in Lateinamerika gilt.

Ein Literatur-Boom nach dem Krieg katapultierte viele große lateinamerikanische Schriftsteller in die internationale Szene, darunter den Kolumbianer Gabriel García Márquez (aka Gabo; 1927–2014). Sein 1967 veröffentlichter Roman *Hundert Jahre Einsamkeit* wurde ein weltweiter Bestseller. Er vermischt Mythen, Träume und Realität und verblüfft den Leser mit einer neuen Form, den die Kritiker *realismo mágico* (Magischer Realismus) tauften. 1982 erhielt „Gabo" den Nobelpreis für Literatur.

Beachtung verdienen auch mehrere spätere Künstler, darunter der Dichter, Romancier und Maler Héctor Rojas Herazo und Álvaro Mutis, ein enger Freund Gabos. Zu den bemerkenswerten Schriftstellern der jüngeren Generation gehört Fernando Vallejo, ein sehr geschätzter Bilderstürmer, der in Interviews die Ansicht vertreten hat, dass García Márquez ein schlechter Schriftsteller sei, dem es an Originalität mangele. Der beliebte, noch junge Santiago Gamboa, der im Ausland lebt, hat Reisebücher und Romane geschrieben. Mario Mendoza verfasst düstere, moderne Großstadtliteratur, und Laura Restrepo legt den Fokus darauf, wie Gewalt Menschen und die Gesellschaft beeinflusst. Diese Autoren sind produktive Schriftsteller, die in den vergangenen Jahren bedeutende Werke geschaffen haben.

Musik

Die Kolumbianer lieben Musik, und sie ist bei jeder Reise durch das Land omnipräsent. Direkt nach dem Aufstehen wird die Musik, die so vielseitig ist wie das Land selbst, voll aufgedreht.

Die Karibikküste ist die Wiege des *vallenato*, der (für manche Geschmäcker zu sehr) auf das europäische Akkordeon setzt. Es ist die beliebteste Musikrichtung in Kolumbien und wird in Fernbussen nonstop in ohrenbetäubender Lautstärke gespielt. Außerdem vibriert die Region von afrikanisch beeinflussten Rhythmen wie Cumbia (Kolumbiens berühmtestem Musikexport), *mapalé* und *champeta* (afro-elektronische Fusion).

Die Musik der Pazifikküste, etwa der *currulao*, ist noch mehr durch afrikanische Elemente beeinflusst und weist einen starken melodischen Trommel-Beat auf, der von der *marimba de chonta*, auch bekannt als „Piano des Urwalds", herrührt.

Salsa liebt hier jeder, und sie ist nirgendwo beliebter als in Cali, das diese Musikrichtung einfach als eigene annektiert und viele großartige *salseros* hervorgebracht hat.

Die kolumbianische Andenmusik ist eindeutig von spanischen Rhythmen und Instrumenten beeinflusst und unterscheidet sich deutlich von den peruanischen und bolivianischen Entsprechungen.

Bildende Künste

Die Kolonialzeit in Kolumbien wurde von der religiösen Kunst Spaniens dominiert. Der bekannteste koloniale Künstler war der in Bogotá geborene Gregorio Vásquez de Arce y Ceballos, der mehr als 500 Werke schuf, die in verschiedenen Kirchen und Museen im Land zu bewundern sind.

Seit dem Ende des Zweiten Weltkriegs gehören zu den wichtigsten modernen Künstlern: Pedro Nel Gómez, bekannt für seine Wand- und Ölgemälde sowie Skulpturen, Luis Alberto Acuña, ein Maler und Bildhauer, der Motive aus der präkolumbischen Zeit verwendet, Alejandro Obregón, ein Maler mit Hang zu abstrakten Formen, Rodrigo Arenas Betancourt, Kolumbiens berühmtester Schöpfer von Denkmälern, und Fernando Botero, der international bekannteste kolumbianische Künstler. Jede korpulente Statue und jedes Porträt eines beleibteren Menschen in Kolumbien ist sehr wahrscheinlich von Botero.

Die vergangene Periode wurde durch das Aufkommen zahlreicher neuer Schulen, Trends und Techniken geprägt. Interessante Künstler sind u.a. Bernardo Salcedo (konzeptuelle Skulpturen und Fotografie), Miguel Ángel Rojas (Malerei und Installationen), Lorenzo Jaramillo (expressionistische Malerei), María de la Paz Jaramillo (Malerei), María Fernanda Cardozo (Installationen), Catalina Mejía (abstrakte Malerei) und Doris Salcedo (Skulpturen und Installationen).

Sport

Fußball *(fútbol)* und Radsport sind die beliebtesten Publikumssportarten in Kolumbien. Kolumbianische Sportler nehmen in diesen zwei Bereichen regelmäßig an internationalen Wettkämpfen teil, beispielsweise der Fußballweltmeisterschaft und der Tour de France, und konnten schon einige Erfolge erzielen. In der nationalen Fußballliga finden das ganze Jahr über Spiele statt. Baseball wird eigentlich nur an der Karibikküste gespielt.

Tejo ist ein typisch kolumbianischer Sport, bei dem große Metallscheiben auf Papiertüten voller Schießpulver geworfen werden: jeder Treffer ein Knall. Begleitet wird das Ganze normalerweise von unglaublichen Mengen Bier.

Umwelt

Kolumbien ist 1138910 Mio. km² groß, etwa so groß wie Frankreich, Spanien und Portugal zusammen. Es nimmt den nordwestlichen Teil des Kontinents ein und ist das einzige südamerikanische Land, das sowohl eine Pazifikküste (1448 km lang) als auch eine Karibikküste (1760 km lang) hat. Kolumbien grenzt an Panama, Venezuela, Brasilien, Peru und Ecuador.

Kolumbiens Geografie ist unglaublich vielfältig. Der Großteil der Bevölkerung lebt im westlichen Teil, der bergig und von drei Andenketten durchzogen ist (Cordillera Occidental, Cordillera Central und Cordillera Oriental), die ungefähr parallel von Norden nach Süden verlaufen. Mehr als die Hälfte des Gebiets liegt östlich der Anden und ist weites Tiefland, das in zwei Regionen unterteilt ist: die savannenartigen Los Llanos im Norden und das vom Regenwald bedeckte Amazonasbecken im Süden.

In keinem anderen Land gibt's mehr Pflanzen- und Tierarten pro Flächeneinheit als in Kolumbien. Diese Vielfalt spiegelt Kolumbiens zahlreiche Klimazonen und Mikroklimate wider, die verschiedene Lebensräume und biologische Inseln entstehen ließen, in denen sich Tiere und Pflanzen unabhängig voneinander entwickeln konnten.

Kolumbien ist die Heimat für Jaguare, Ozelots, Pekaris (Nabelschweine), Tapire, Rotwild, Gürteltiere, Brillenbären und viele verschiedene Affenarten – nicht zu vergessen die ungefähr 350 weiteren Säugetierarten. Es gibt 1870 verzeichnete Vogelarten (fast ein Viertel der weltweit bekannten Arten), vom riesengroßen Andenkondor bis hin zum klitzekleinen Kolibri. Und auch Kolumbiens Pflanzenwelt weiß zu beeindrucken: Sie kann allein schon mit 3500 Orchideenarten aufwarten. Die nationalen Herbarien haben mehr als 130000 Pflanzen klassifiziert.

PRAKTISCHES

Allgemeine Informationen

AKTIVITÄTEN

Alle Wanderer, die abgelegene Nationalparks besuchen wollen (inkl. PNN El Cocuy), müssen ihre Reiseroute vor Beginn ihrer Trekkingtour beim Büro der **Parques Nacionales** (www.parquesnacionales.gov.co) registrieren lassen.

ARBEITEN IN KOLUMBIEN

➡ Wer in Kolumbien eine bezahlte Beschäftigung ausüben möchte, muss das entsprechende Visum bei Migración Colombia beantragen, der Arbeitgeber muss den Visumsantrag unterstützen. Dies ist eher möglich, wenn man die entsprechenden Qualifikationen mitbringt und zu einer längerfristigen Verpflichtung bereit ist.

➡ Die Nachfrage nach qualifizierten Englischlehrern in Kolumbien steigt. Einige Schulen sind einverstanden, für eine kurzzeitige Beschäftigung den Lohn bar zu zahlen, doch wer längerfristig als Englischlehrer arbeiten möchte, muss eine Schule finden, die bereit ist, sich um ein Arbeitsvisum zu kümmern. Reich kann man allerdings mit dem Unterrichten von Englisch nicht werden: In der Regel verdient man nur ein paar Millionen Pesos im Monat, meist jedoch viel weniger.

➡ Als Faustregel gilt: Je beliebter eine Stadt bei Reisenden ist, desto schwerer wird es, Arbeit zu finden.

BOTSCHAFTEN & KONSULATE

Die meisten Länder, die diplomatische Beziehungen mit Kolumbien pflegen, haben ihre Botschaften und Konsulate in Bogotá, einige Länder auch in anderen kolumbianischen Städten.

In Barranquilla:

Panamanisches Konsulat (☎5-360-1870; Carrera 57 No 72-25, Edificio Fincar 207-208)

Venezolanisches Konsulat (☎5-368-2207; www.barranquilla.consulado.gob.ve; Carrera 52 No 69-96; ⏲Mo–Do 8–12 & 13.30–15.30, Fr 8–12 Uhr)

In Bogotá:

Brasilianische Botschaft (☎1-635-1694; http://bogota.itamaraty.gov.br; Calle 93 No 14-20, Piso 8)

Ecuadorianische Konsulat (☎1-212-6512; www.colombia.embajada.gob.ec; Calle 89 No 13-07)

Deutsche Botschaft (☎1-423-2600; www.bogota.diplo.de; Calle 110 No 9-25, Edificio Torre Empresarial Pacific, Piso 11)

Österreichische Botschaft (☎1-745-2086; Cra. 9 No 73-44, Of. 402; www.bmeia.gv.at/oeb-bogota)

Panamanische Botschaft (☎1-257-5067; www.embajadadepanama.com.co; Calle 92 No 7A-40)

Peruanische Botschaft (☎1-746-2360; www.embajadadelperu.org.co; Calle 80A No 6-50)

Schweizer Botschaft (☎1-349-7230; Cra. 9 No 74-08, Piso 11, Edificio Profinanzas, www.eda.admin.ch/bogota)

Venezolanische Botschaft (☎1-644-5555; http://colombia.embajada.gob.ve; Carrera 11 No 87-51, Edificio Horizonte, Piso 5)

In Cali:

Österreichisches Konsulat (☎2-883-4950; Carrera 13 No. 14-27, Barrio San Pascual)

Panamanisches Konsulat (☎2-486-1116; Av 6 No 25-58, Piso 3)

Schweizer Konsulat (☎2-668-6693; Av 6° Bis No 35N-100, Of. 802, Edificio Centro Empresarial Chipichape)

In Cartagena:

Panamanisches Konsulat (☎5-655-1055; Carrera 1 No 10-10)

Venezolanisches Konsulat (☎5-665-0382; Edificio Centro Executivo, Carrera 3 No 8-129, Piso 14)

In Medellín:

Panamanisches Konsulat (☎4-312-4590; Calle 10 No 42-45, Oficina 266; ⏲Mo–Fr 9.30–23.30 Uhr)

Venezolanisches Konsulat (☎4-444-0359; www.consulvenemedellin.org; Calle 32B No 69-59; ⏲Mo–Fr 8.30–23.30 Uhr)

ESSEN

➡ Obwohl sicher niemand wegen des Essens nach Kolumbien reist, ist es hier leicht, gut zu essen, vor allem wegen der vielen regionalen Spezialitäten.

➡ Vielfalt gehört leider nicht zu den Eigenschaften des einfachsten Menüs *(comida corriente)*. Das Zwei-Gänge-Menü besteht aus einer *sopa* (Suppe) und einer *bandeja* (Hauptspeise). Ein *seco* (wortwörtlich „trocken") ist nur die Hauptspeise ohne Suppe. Mittags (12–14 Uhr) nennt sich das Ganze *almuerzo*, abends (nach

PREISKATEGORIEN: ESSEN

Die folgenden Preiskategorien beziehen sich auf die Kosten eines typischen Hauptgerichts beim Mittag- und Abendessen.

**$** weniger als 15 000 KOL$

**$$** 15 000–30 000 KOL$

**$$$** mehr als 30 000 KOL$

18 Uhr) wird es zur *comida*, aber es gibt dasselbe wie mittags. *Almuerzos* und *comidas* sind die preiswerteste Art, den Hunger zu bekämpfen und kosten meistens zwischen 7000 und 10 000 KOL$. Das Frühstück ist nicht gerade aufsehenerregend, normalerweise gibt es *arepa* (gegrillter Maismehlfladen) und Eier.

➡ Typische Gerichte an der Karibikküste enthalten meist Fisch, Kochbananen und Reis mit Kokosnuss, im Landesinneren sind Fleisch, Kartoffeln und Bohnen die Regel.

➡ Kolumbianisches Essen bietet nicht viel Auswahl an Gemüse. In vielen Städten gibt's aber engagierte vegetarische Restaurants, und die lokalen Märkte quellen über vor tollen frischen Produkten – vor allem die unglaublichen Früchte, von denen man manche nirgendwo anders finden wird, sollte man nicht verpassen. Unbedingt empfehlenswert: *guanábana* (Annone), *lulo*, *curuba*, *zapote*, *mamoncillo* (spanische Limette), *uchuva*, *granadilla*, *maracuyá* (Passionsfrucht), *tomate de árbol*, *borojó* (Tamarillo), *mamey* und *tamarindo* (Tamarinde).

➡ Kaffee ist das Getränk Nummer eins – allerdings wird die Qualität in den meisten Lokalen echte Liebhaber nicht überzeugen. *Tinto*, eine kleine Tasse (schwachen) schwarzen Kaffee, gibt's überall. Andere Kaffeegetränke sind *perico* oder *pintado*, ein kleiner Milchkaffee, und *café con leche*, größer und mit mehr Milch.

➡ Bier ist beliebt, billig und generell nicht schlecht. Kolumbianischen Wein dagegen sollte man meiden. In ländlichen Gegenden sollte man selbstgemachte *chicha* und *guarapo* (vergorene Mais- oder Zuckerrohr-Drinks) probieren.

FEIERTAGE & FERIEN

Folgende Feiertage werden überall gefeiert.

Año Nuevo (Neujahr) 1. Januar

Los Reyes Magos (Heilige Drei Könige) 6. Januar*

San José (Hl. Josef) 19. März

Jueves Santo & Viernes Santo (Gründonnerstag und Karfreitag) März/April (Ostern). Der darauffolgende Montag ist ebenfalls Feiertag.

Día del Trabajao (Tag der Arbeit) 1. Mai

La Ascensión del Señor (Christi Himmelfahrt) Mai/Juni*

Corpus Cristi (Fronleichnam) Mai/Juni*

Sagrado Corazón de Jesús (Herz Jesu) Juni*

San Pedro y San Pablo (Peter und Paul) 29. Juni*

Día de la Independencia (Unabhängigkeitstag) 20. Juli

Batalla de Boyacá (Schlacht von Boyacá) 7. August

La Asunción de Nuestra Señora (Mariä Himmelfahrt) 15. August*

Día de la Raza (Entdeckung Amerikas) 12. Oktober*

Todos los Santos (Allerheiligen) 1. November*

Independencia de Cartagena (Unabhängigkeit von Cartagena) 11. November*

Inmaculada Concepción (Unbefleckte Empfängnis Mariä) 8. Dezember

Navidad (Weihnachten) 25. Dezember

Die mit einem Stern gekennzeichneten Feiertage werden – sofern sie nicht ohnehin auf einen Montag fallen – auf den darauffolgenden Montag verlegt. So wird ein langes Wochenende daraus, genannt *puente* (Brücke).

FRAUEN UNTERWEGS

➡ Frauen, die durch Kolumbien reisen, werden kaum Probleme haben.

➡ Natürlich gelten die üblichen Grundregeln: den gesunden Menschenverstand nutzen, nicht nach Einbruch der Dunkelheit allein in zwielichtigen Gegenden herumlaufen und den Drink immer im Auge behalten.

➡ Frauen sind auch stärker gefährdet, Opfer von Diebstahl oder Raub zu werden, da die Täter mit einer geringeren Gegenwehr rechnen.

➡ Bei Taxifahrten nach Einbruch der Dunkelheit sollten Frauen besonders vorsichtig sein, es gab schon Berichte von einzelnen Frauen, die von Taxifahrern vergewaltigt wurden.

FREIWILLIGENARBEIT

In Kolumbien gibt es eine gute Auswahl von Plätzen für Freiwillige in den Bereichen Bildung, Umwelt und Sozialarbeit. Viele große, internationale Freiwilligenorganisationen haben Länderlisten mit Adressen.

Eine gute lokale Organisation ist Goals for Peace (www.goalsforpeace.com) in Bucaramanga, bei der Freiwillige Englisch unterrichten, als Sporttrainer arbeiten, Workshops für Kunst und Kunsthandwerk geben und bei den Hausaufgaben helfen können.

Einige Hostels bieten Travellern „Freiwilligenjobs" im Gegenzug für kostenlose Verpflegung und Übernachtung an, dies ist aber illegal, weil sie so den Einheimischen Jobs wegnehmen.

GEFAHREN & ÄRGERNISSE

Wenn man seinen gesunden Menschenverstand benutzt, zwielichtige Stadtteile meidet und nach Einbruch der Dunkelheit besonders vorsichtig ist, wird man in Kolumbien keine Probleme haben.

➡ Man sollte nicht in unbekannten Gegenden herumlaufen, besonders, wenn man sich nicht vorher über die Sicherheitslage informiert hat.

➡ Vorsicht bei der Benutzung von Geldautomaten nach Einbruch der Dunkelheit; in menschenleeren Straßen sollte man sie möglichst gar nicht benutzen.

➡ Für den Fall eines Raubes hat man am besten ein Bündel kleiner Banknoten griffbereit.

- Drogentourismus geht man möglichst aus dem Weg.
- Vorsicht, wenn Fremde oder neue „Freunde" Getränke oder Zigaretten anbieten.
- Manchmal geben sich Kriminelle als Polizisten in Zivil aus – nicht drauf reinfallen!
- Die Grenzstädte Cúcuta und Maicao besucht man wegen der anhaltenden Krise in Venezuela am besten gar nicht.

Drogen

Kokain und Marihuana sind in den kolumbianischen Großstädten billig und weit verbreitet. Trotzdem ist es keine gute Idee, Drogen zu kaufen und zu konsumieren. Vielen Kolumbianern, besonders in kleineren Städten, ist der Drogentourismus ein Dorn im Auge. Man sollte sich bewusst sein, dass die meisten Kolumbianer keine Drogen nehmen, und viele glauben, dass der ausländische Drogenhandel für die Jahrzehnte der Gewalt in Kolumbien verantwortlich ist. Wer also nach Drogen fragt oder in der Öffentlichkeit Drogen nimmt, kann sich viel Ärger einhandeln. Es ist übrigens illegal, Drogen zu kaufen oder zu verkaufen, egal in welcher Menge.

Ein weiterer beunruhigender Trend ist die jüngste Zunahme von Travellern, die nach Kolumbien kommen, um *ayahuasca* (oder *yagé*, wie es in Kolumbien oft genannt wird) zu konsumieren. Die halluzinogene Droge, die aus verschiedenen Pflanzen des Regenwalds gewonnen wird, wird von indigenen Gruppen seit Jahrhunderten bei Zeremonien benutzt. Sie wirkt abführend und verursacht neben unglaublich starken Halluzinationen auch Erbrechen. 2014 starb ein 19 Jahre alter britischer Rucksacktourist in der Nähe von Putumayo, als er die Droge probierte. Wir raten stark davon ab.

Manchmal werden Touristen auf der Straße, in einer Bar oder in einer Disko Drogen angeboten; diese sollte man aber immer ablehnen. Es ist gut möglich, dass die Verkäufer den Käufern eine Falle stellen und sie an die Polizei verraten oder das später Komplizen auftauchen, die falsche Polizeipapiere vorweisen und mit dem Gefängnis drohen, falls man sich weigert, sie zu bezahlen.

Es gab auch Berichte, dass Travellern Drogen heimlich zugesteckt wurden, darum sollte man immer wachsam sein. Wenn Fremde einen am Flughafen bitten, ihr Gepäck im Rahmen des erlaubten Fluggepäcks mit ins Flugzeug zu nehmen, sollte man immer ablehnen.

Guerrilla- & paramilitärische Aktivitäten

Trotz des Friedensabkommens zwischen der Regierung und den Fuerzas Armadas Revolucionarias de Colombia (Revolutionäre Streitkräfte Kolumbiens; FARC) gibt es immer noch einzelne Gegenden in abgelegenen Teilen des Landes, in denen Guerillas aktiv sind, und in manchen Gebieten operieren Dissidenten der FARC und der Ejército de Liberación Nacional (Nationale Befreiungsarmee; ELN), die noch in Friedensverhandlungen mit der Regierung steckt und noch nicht entwaffnet wurde.

Noch besorgniserregender sind die neuen paramilitärischen Gruppen, die im Drogenhandel tätig sind und die ihre Aktivitäten im Land nach dem Rückzug der FARC ausgeweitet haben – ihre Gebiete zu identifizieren, ist viel schwieriger.

Wer in abgelegene Gebiete abseits der Touristenrouten reist, sollte unbedingt größte Vorsicht walten lassen. Die meisten bewaffneten Gruppen greifen zwar Touristen nicht mehr gezielt an, doch sie sind gegenüber unangekündigten Besuchern in ihrem Territorium äußert misstrauisch – Verwechslungen haben schon zu Entführungen und Todesfällen geführt.

Große Teile Kolumbiens fehlen im Lonely Planet völlig, weil die Sicherheitslage unklar ist und keine touristische Infrastruktur vorhanden ist. Dies betrifft den Großteil des Westens des Landes, entlegene Gebiete an der Grenze zu Venezuela und Teile der Amazonasregion (wobei der Teil der Amazonasregion, die im Buch vorkommt, extrem sicher ist).

GELD

- Kolumbiens Währung ist der Kolumbianische Peso (KOL$).
- Geldscheine gibt es zu 1000, 2000, 5000, 10 000, 20 000, 50 000 und 100 000 KOL$. Die gebräuchlichsten Münzen sind die 100-, 200-, 500- und 1000-Peso-Münzen; die 50-Peso-Münze sieht man außer im Supermarkt kaum, und manchmal wird sie nicht akzeptiert.
- Falschgeld ist in Kolumbien ein großes Problem, oft kontrollieren die Kassierer Geldscheine sehr gründlich, ehe sie das Wechselgeld herausgeben. Für Besucher ist es natürlich schwierig, gefälschte Geldscheine zu erkennen, doch wenn man einen Schein bekommt, der alt oder sehr abgenutzt ist oder der einem irgendwie komisch vorkommt, sollte man ihn sofort zurückgeben und um einen anderen bitten.

Geldautomaten

Fast alle großen Banken haben Geldautomaten, die ausländische Karten normalerweise problemlos akzeptieren – die einzige störrische Ausnahme ist bei einigen Karten Bancolombia. Sehr zuverlässig sind die Geldautomaten von Banco de Bogotá/ATH und von BBVA.

Geldwechsel

- In Kolumbien ist es günstiger, Geld von Geldautomaten abzuheben, da man dort einen viel besseren Wechselkurs bekommt.
- Die einzige ausländische Währung, bei der sich der Tausch von Bargeld in Kolumbien eventuell lohnt, ist der US-Dollar.
- Nicht alle Banken wechseln Geld; in Großstädten und in Grenzregionen gibt es meistens mehrere *casas de cambio* (Wechselstuben).

Kreditkarten

Kreditkarten sind in Kolumbien weit verbreitet und werden in großen Städten häufig benutzt.

GESUNDHEIT

Kolumbien hat die besten medizinischen Einrichtungen in Südamerika, aber die sind keineswegs billig. Viele Privatkliniken fangen nicht mit der Behandlung an (außer in Notfällen), bis die Versicherung gezahlt hat oder eine Anzahlung getätigt wurde. Versicherungsunterlagen bereithalten! Öffentliche Krankenhäuser sind immer überfüllt und sind nur die letzte Wahl.

In großen Städten kann man das Leitungswasser trinken, aber auf dem Land sollte man das Wasser abkochen oder mit Tabletten desinfizieren.

Gelbfieberimpfungen sind erforderlich für diejenigen, die verschiedene Nationalparks besuchen wollen, und können nach dem Besuch in Kolumbien auch am nächsten Reiseziel benötigt werden.

INTERNETZUGANG

➡ Kolumbien ist komplett verkabelt – es gibt überall Internet. Aus den größeren Städten sind die Internetcafés zwar verschwunden, doch in abgelegeneren Orten findet man sie noch.

➡ Das ambitionierte, viel gepriesene Regierungsprogramm Plan Vive Digital hat in fast jede Kleinstadt und entlegenere Gegend kostenloses Internet gebracht. In der Regel kann man in der städtischen Bibliothek, im Park oder im Kulturzentrum ins Internet gehen.

➡ Fast alle Hostels und Hotels bieten kostenloses WLAN an. Auch in den Einkaufszentren gibt's oft kostenloses WLAN, ebenso wie in den meisten Restaurants und Cafés. Auf den großen Flughäfen ist WLAN ebenfalls verfügbar, allerdings sind die Internetverbindungen meistens sehr schlecht.

KARTEN

Das größte Angebot an kolumbianischen Karten wird vom **Instituto Geográfico Agustín Codazzi** (IGAC; ☎1-369-4000; www.igac.gov.co; Carrera 30 No 48-51), dem kartografischen Institut der Regierung, verkauft und herausgegeben. Es hat seinen Hauptsitz in Bogotá und unterhält in den Hauptstädten aller Departamentos Zweigstellen.

ETIKETTE

Außer mit engen Freunden sprechen die Kolumbianer selten über Politik, und Besucher sollten es ihnen gleichtun. Das Land ist durch den Konflikt polarisiert, und viele Kolumbianer haben Gewalt hautnah erlebt. Man weiß auch nie wirklich, mit wem man sich unterhält oder wer dem Gespräch zuhört, daher könnte man leicht jemanden verletzen, wenn man anfängt, über die Regierung oder die Guerillas zu schimpfen.

LGBTI+-TRAVELLER

➡ Anders als in einigen anderen lateinamerikanischen Ländern wird Homosexualität generell gut toleriert (sie wurde 1981 durch die Regierung legalisiert).

➡ In den Großstädten gibt es eine Szene, und solange man sich in der Öffentlichkeit zurückhaltend benimmt, wird man kaum belästigt.

➡ Die meisten Kontakte werden heute im Internet geknüpft, z. B. über Grindr.

➡ 2011 beauftragte das kolumbianische Verfassungsgericht den Kongress, bis Juni 2013 ein Gesetz zur Frage der gleichgeschlechtlichen Ehe zu verabschieden. Andernfalls sollte von diesem Zeitpunkt an für alle gleichgeschlechtlichen Paare das gleiche Eherecht wie für verheiratete Paare gelten. Der Kongress schaffte es nicht, ein entsprechendes Gesetz vorzulegen, und am 24. Juli 2013 fand in Kolumbien die erste gleichgeschlechtliche Hochzeit statt. 2016 entschied das Verfassungsgericht, dass der Staat der Verfassung zufolge gleichgeschlechtliche Eheschließungen vornehmen und anerkennen müsse, damit wurde bestätigt, dass gleichgeschlechtliche Paare die gleichen Rechte genießen wie alle anderen Paare.

➡ Adressen und Anlaufstellen für Schwule und Lesben finden sich auf der Website www.guiagaycolombia.com.

ÖFFNUNGSZEITEN

Banken Mo–Fr 9–16, Sa 9–12 Uhr
Bars 18–ca. 3 Uhr
Cafés 8–22 Uhr
Geschäfte Mo–Fr 9–17, Sa 9–12 od. 17 Uhr; einige Geschäfte schließen über Mittag
Nachtclubs Do–Sa 21 Uhr–open end
Restaurants morgens ab 8, mittags ab 12, abends bis 21 od. 22 Uhr

POST

Kolumbiens offizieller Postdienstleister heißt **4-72** (www.4-72.com.co). Er hat die von einer erdrückenden Pensionslast und Ineffizienz geplagte frühere staatliche Post des Landes, Adpostal (2006 eingestellt) in ein profitables und effizientes Unternehmen verwandelt.

RECHTSFRAGEN

Wer inhaftiert wird, hat das Recht auf einen Anwalt. Wer keinen hat, bekommt einen vom Staat gestellt, der diesen auch bezahlt. Generell gilt die Unschuldsvermutung, und die Gerichtsverfahren werden in der Regel schnell abgewickelt.

Am häufigsten kommen Reisende wegen Drogendelikten mit dem Gesetz in Konflikt. 2012 entkriminalisierte das kolumbianische Verfassungsgericht den Besitz geringer Mengen Kokain (1 g od. weniger) und Marihuana (20 g od. weniger) für den Eigenbedarf, und 2016 wurde die gesetzliche Mengenbeschränkung für Drogen für den Eigenbedarf ganz aufgehoben. Das heißt jedoch nicht, dass es eine gute Idee ist, Drogen bei sich zu haben. Es gibt zwar keine Strafverfolgung mehr, die Polizei kann einem aber trotzdem das Leben schwer machen und je nach Schwere der Drogenvergiftung eine ärztliche oder psychologische Behandlung anordnen.

REISEN MIT BEHINDERUNG

Kolumbien bemüht sich sehr, die Barrierefreiheit zu verbessern, bleibt aber dennoch für Reisende mit Behinderung ein schwieriges Ziel. Das progressive Medellín ist für Menschen mit eingeschränkter Mobilität wohl am besten geeignet, gefolgt von anderen Großstädten wie Bogotá, Bucaramanga und Cali.

Die Gehwege sind oft uneben. Zwar werden immer mehr Rampen gebaut, doch nicht überall. Auto- und Motorradfahrer sind es gewohnt, um die Ecken zu düsen, ohne für die Straße überquerende Passanten anzuhalten.

Viele Restaurants und Hotels haben keine Rampen für Menschen mit eingeschränkter Mobilität. In Häusern großer Hotelketten gibt es möglicherweise (wenige) barrierefreie Zimmer und öffentliche Bereiche. In großen Einkaufszentren sind in der Regel Rampen und Fahrstühle vorhanden.

Die meisten größeren öffentlichen Verkehrsnetze, darunter der TransMilenio in Bogotá und die Metro in Medellín, haben barrierefreie Bahnhöfe und Fahrzeuge, doch weil sie oft überfüllt sind, kann das Reisen trotzdem schwierig und unangenehm sein. Die meisten kolumbianischen Taxis sind kleine Kombilimousinen, in die man nicht leicht hineinkommt und die wenig Platz für Rollstühle oder ähnliche Gegenstände bieten.

SPRACHKURSE

Kolumbien eignet sich gut, um Spanisch zu lernen. Das Spanisch, das in Kolumbien gesprochen wird, ist deutlich und leicht zu verstehen. In den großen Städten gibt es Sprachschulen.

Am intensivsten lernt man in den fachsprachlichen Kursen an einer von Kolumbiens größeren Universitäten. Dort können Langzeitvisa organisiert werden. Private Sprachschulen kosten oft mehr, erfordern aber weniger Einsatz.

STROM

In Kolumbien werden US-amerikanische Stecker mit zwei flachen Stiften verwendet. Aus der Steckdose kommen 110 V bei einer Frequenz von 60 Hz.

REISEFÜHRER FÜR BARRIEREFREIES REISEN

Lonely Planet bietet kostenlose Führer für barrierefreies Reisen, die man unter http://lptravel.to/AccessibleTravel herunterladen kann.

TELEFON

Kolumbiens Telefonsystem ist modern; sowohl ins Inland als auch ins Ausland kann man sehr gut telefonieren. Das Mobilfunknetz hat eine große Reichweite, und Handytelefonate sind billig.

Mobiltelefone

Die Kolumbianer lieben ihre Handys, in den Städten hat fast jeder mindestens eines. Die drei größten Anbieter sind Claro (www.claro.com.co), Movistar (www.movistar.co) und Tigo (www.tigo.com.co). Claro hat die landesweit beste Abdeckung. Alle Netze bieten günstige Pakete für Internet und Telefon an. ETB, einer der kleineren Anbieter, gilt als der Provider mit der höchsten Internetgeschwindigkeit. Handys sind billig, und viele Traveller kaufen sich früher oder später eines – ein einfaches Gerät ohne Extras kostet rund 130 000 KOL$.

Alternativ kann man auch sein eigenes Handy mitbringen und eine kolumbianische SIM-Karte kaufen, die in der Regel zwischen 2000 und 5000 KOL$ kostet. Um bei einem Mobilfunkanbieter eine SIM-Karte zu kaufen, benötigt man einen Pass oder Ausweis. Man kann sie auch bei Drittanbietern erwerben, muss sich aber trotzdem beim Betreiber anmelden, sonst besteht die Gefahr, dass das Handy gesperrt wird.

Kolumbianische Mobilfunkanbieter berechnen nur für ausgehende Telefonate Gebühren, nicht für eingehende.

Vorwahlen

Auf vielen kolumbianisches Festnetzlinien sind keine Anrufe zu Handys möglich.

Vom Handy ins Festnetz	03 + Ortsvorwahl + siebenstellige Telefonnummer
Aus dem Ausland ins kolumbianische Festnetz	57 + Ortsvorwahl + siebenstellige Telefonnummer
Aus dem Ausland ins kolumbianische Handynetz	57 + zehnstellige Telefonnummer

TOURISTENINFORMATION

➡ In fast allen Städten, die von Travellern besucht werden, gibt es einen Punto Información Turística (PIT), einen Informationskiosk oder ein Tourismusbüro, zu erkennen am Logo mit dem roten „i". Oft befinden sie sich in der Nähe des Hauptplatzes sowie an Bahnhöfen, Busbahnhöfen und Flughäfen.

➡ Zahlreiche gute regionale und nationale kolumbianische Websites bieten Informationen (manchmal auf Englisch) über Aktivitäten und Unterkünfte.

➡ Das Hauptinternetportal des Landes ist die hervorragende Website www.colombia.travel.

UNTERKUNFT

Die Zahl von Backpackern in Kolumbien wächst täglich, und einhergehend damit gibt es auch immer mehr entsprechende Einrichtungen. Sogar kleinere, weniger besuchte Städte bieten jetzt Hostels mit Schlafsälen, Internet, WLAN, Wäscheservice und Reisetipps. Auf www.colombianhostels.com sind einige der beliebtesten Hostels in jeder Stadt genannt.

Während Schlafsäle die preiswerteste Übernachtungsmöglichkeit für Budgetreisende darstellen, sind die Privatzimmer in den Hostels in Kolumbien meist schicker und teurer als die auf Einheimische ausgerichteten Budgetoptionen. In den lokalen *hospedajes*, *residencias* und *posadas* ist es eigentlich immer möglich, billigere Zimmer zu finden, wenn auch mit weniger Komfort.

Hotels haben meist einen höheren Standard, und fast alle bieten Zimmer mit Bad, während es in den *residencias*, *hospedajes* und *posadas* häufig Gemeinschaftseinrichtungen gibt.

Motels vermieten Zimmer stundenweise. Sie sind eher am Stadtrand zu finden und normalerweise auffallend beschildert. Viele Kolumbianer leben bis zur Ehe zu Hause, darum checken Paare hier gern für ein paar Stunden Leidenschaft und Privatsphäre ein.

Campen gewinnt an Popularität, da es in Kolumbien immer sicherer wird. Dabei muss man aber beachten, dass der private Gebrauch von Armeeausrüstung verboten ist.

VERANTWORTUNGSBEWUSST REISEN

Beim Besuch von Nationalparks sollte man Führer aus der nächsten Gemeinde buchen, so schafft man nicht nur Jobs, man erfährt auch bedeutend mehr über das Gebiet als bei einer von der Stadt aus geplanten Tour.

PREISKATEGORIEN: SCHLAFEN

Die folgenden Preiskategorien beziehen sich auf ein Doppelzimmer ohne Berücksichtigung von Rabatten und Steuern.

**$** weniger als 75 000 KOL$

**$$** 75 000–175 000 KOL$

**$$$** mehr als 175 000 KOL$

Die lokale Kultur und die Traditionen sollte man unbedingt respektieren – Leute erst fragen, bevor man sie fotografiert, und sich zu Gruppen nur dazugesellen, wenn man auch ausdrücklich eingeladen wurde! Einheimische Kunsthandwerker kann man unterstützen, indem man ihre Produkte direkt bei ihnen kauft, von Erzeugnissen aus Korallen, Schildkröten und Fossilien sollte man aber unbedingt die Finger lassen.

VISA

Deutsche, schweizerische und österreichische Staatsbürger brauchen für die Einreise nach Kolumbien derzeit kein Visum. Bei der Reiseplanung empfiehlt es sich aber, das noch einmal nachzuprüfen, da sich die Visa-Bestimmungen immer wieder ändern.

Bei der Ankunft erhalten alle ausländischen Besucher einen Einreisestempel in den Pass und bekommen ein für 90 Tage gültiges Touristenvisum. Den Einreisestempel sollte man sofort überprüfen, weil sich manchmal Fehler einschleichen.

Wer über Land reist, sollte sichergehen, dass er den Einreisestempel bekommt, sonst könnte es später Probleme geben. Die Überschreitung der Aufenthaltsdauer kann zu hohen Geldstrafen führen und manchmal sogar zur Folge haben, dass einem die zukünftige Einreise in Kolumbien verweht wird. Bei der Ausreise muss man auch darauf achten, dass man den Ausreisestempel erhält, damit es bei einer späteren Einreise keine Schwierigkeiten gibt.

Visumsverlängerungen

Für die Verlängerung von Touristenvisa ist **Migración Colombia** (Centro Facilitador de Servicios Migratorios; www.migracioncolombia.gov.co; Calle 100 No 11B-27; ⏲ Mo–Fr 7.30–15.30 Uhr) zuständig, das im ganzen Land Büros unterhält, die sogenannten Centros Facilitadores de Servicios Migratorios. Besucher mit einem Touristenvisum können dieses bis zu 90 Tage verlängern, wobei die Entscheidung bei der Behörde liegt. Bei der Beantragung einer Visumsverlängerung, *permiso temporal de permanencia* genannt, muss man seinen Pass, zwei Fotokopien des Passes (Passbildseite und Einreisestempel) und in den meisten Fällen das Rückflugticket aus Kolumbien einreichen. Die Gebühr von 96 000 KOL$ kann per Kredit- oder Debitkarte in den Büros von Migración Colombia bezahlt werden.

Barzahlungen müssen oft auf das Bankkonto der Regierung eingezahlt werden, häufig bei Banco de Occidente, das hängt jedoch von der Stadt ab, in der die Visumsverlängerung beantragt wird. Zunächst füllt man die Formulare aus, dann wird man zu einer Bank in der Nähe geschickt, um die Gebühr zu bezahlen.

Man kann die Visumsverlängerung auch online beantragen und bezahlen und geht dann nach der Bewilligung der Verlängerung in ein Büro von Migración Colombia, um sich den Stempel zu holen.

Wer den Verlängerungsantrag in einem Büro stellt, sollte einen ganzen Vormittag oder Nachmittag dafür einplanen. Dies ist in allen Centros Facilitadores de Servicios Migratorios in Kolumbien möglich. Zweigstellen gibt es in allen Großstädten und in einigen Kleinstädten; auf der Website von Migración Colombia befindet sich eine Liste. Manchmal (aber nicht immer) wird die Visumsverlängerung sofort ausgestellt.

Die Gebühren für die Überschreitung der Aufenthaltsdauer liegen – je nach der Länge der Überschreitung – zwischen einem halben Mindestmonatslohn und sieben Mindestmonatslöhnen; 2018 mussten Reisende, die ihren Aufenthalt um einige Tage überzogen hatten, mindestens 450 000 KOL$ zahlen.

An- & Weiterreise

Kolumbien erreicht man mit dem Flugzeug, auf dem Landweg und per Schiff auf Flüssen oder über das Meer. Die meisten Besucher fliegen und landen auf einem der wichtigsten Flughäfen – in Bogotá, Medellín, Cartagena oder Cali.

Kolumbien grenzt an Panama, Venezuela, Brasilien, Peru und Ecuador, hat aber nur zu Venezuela und Ecuador Straßenverbindungen. Hier gibt es die unkompliziertesten und beliebtesten Grenzübergänge, allerdings hat die politische Krise in Venezuela dazu geführt, dass die Übergänge nur unregelmäßig geöffnet sind.

Im Dreiländereck von Kolumbien, Peru und Brasilien bei Leticia kann man auch die Grenzübergänge nach Santa Rosa in Peru und nach Tabatinga in Brasilien nutzen. Zwischen Kolumbien und Panama fahren private Charterjachten, und von Tumaco aus verkehren regelmäßig lokale Boote nach Ecuador.

Flüge, Mietwagen und geführte Touren können online auf lonelyplanet.com/bookings gebucht werden.

AUSREISESTEUER

Für internationale Flüge wird eine Ausreisesteuer von 115 200 KOL$ oder 38 US$ erhoben. Diese wurde früher an einem separaten Schalter bezahlt, ist inzwischen aber in der Regel im Ticketpreis enthalten.

Theoretisch sind Besucher, die weniger als 60 Tage in Kolumbien bleiben, von der Ausreisesteuer befreit, und bei Hin- und Rückflügen aus dem Ausland nach Kolumbien und zurück sollte keine Ausreisesteuer erhoben werden.

FLUGZEUG

Kolumbiens größter internationaler Flughafen ist der frisch renovierte **Aeropuerto Internacional El Dorado** (☎1-266-2000; www.eldorado.aero; Av El Dorado) in Bogotá. Eine zweite Phase der Flughafenerweiterung läuft gerade.

Weitere wichtige Flughäfen mit internationalen Verbindungen:

Aeropuerto Internacional José María Córdova (S. 835) Flüge von/nach Medellín.

Aeropuerto Internacional Rafael Núñez (S. 821) In Cartagena.

Aeropuerto Alfonso Bonilla Aragón (S. 850) Flüge von/nach Cali.

Kolumbiens nationale Fluggesellschaft ist **Avianca** (☎1-8000-953 434, 5-330-2030; www.avianca.com). In puncto Service und Zuverlässigkeit zählt sie zu den besseren Fluggesellschaften in der Region.

ÜBER FLÜSSE & MEER

Reguläre Flussschiffe verbinden Keticia am kolumbianischen Amazonas mit Iquitos (Peru) und Manaus (Brasilien).

Zwischen Colón in Panama und Cartagena in Kolumbien fahren ein Passagierschiff und viele

FLUGGESELLSCHAFT	INFOS IM INTERNET	HAUPTZIELFLUGHÄFEN
Avianca	www.avianca.com	26 größere Städte im ganzen Land
Easyfly	www.easyfly.com.co	Armeia, Bogotá, Bucaramanga, Cali, Cartagena, Cúcuta, Ibague, Manizales, Medellín, Neiva, Pereira, Popayán, Quibdó, Valledupar, Yopal
Latam	www.latam.com	Barranquilla, Bogotá, Bucaramanga, Cali, Cúcuta, Leticia, Medellín, Pereira, San Andrés, Santa Marta, Valledupar, Yopal
Satena	www.satena.com	Bahía Solano, Bogotá, Cali, Guapi, Ipiales, La Macarena, Medellín, Nuquí, Pasto, Pitalito, Providencia, Puerto Asis, San Andrés, San José del Guaviare
Viva Colombia	www.vivaair.com	Bogotá, Bucaramanga, Cartagena, Leticia, Medellín, Montería, Pereira, San Andrés, Santa Marta
Wingo	www.wingo.com	Barranquilla, Bogotá, Cali, Cartagena, San Andrés

private Segelboote. Man kann auch von Capurganá/Sapzurro aus mit einem kleinen Boot von Kolumbien in die Region San Blas in Panama übersetzen.

AUF DEM LANDWEG

Fast alle Reisenden, die die Grenze zwischen Ecuador und Kolumbien überqueren, tun dies am Grenzübergang an der Carretera Panamericana zwischen Ipiales und Tulcán.

An der Grenze zwischen Kolumbien und Venezuela gibt es mehrere Grenzübergänge; wegen politischer Spannungen kam es in jüngerer Zeit allerdings zu Grenzschließungen – vor der Reise also über die aktuelle Lage informieren!

Die bei Travellern beliebteste Route über die Grenze führt über Cúcuta und San Antonio del Táchira an der Hauptstraße von Bogotá nach Caracas. Ein weiterer wichtiger Grenzübergang befindet sich in Paraguachón an der Straße von Maicao nach Maracaibo. Zwischen Maicao und Maracaibo fahren Sammeltaxis, zwischen Caragena und Caravas Direktbusse.

Einen Landweg von Kolumbien und Panama gibt es nicht, es ist aber möglich, ein Auto auf einem Frachtschiff zwischen beiden Ländern zu verschiffen. Die Lade- und Entladehäfen sind Colón und Cartagena.

Unterwegs vor Ort

AUTO & MOTORRAD

➡ Autos und Motorräder eignen sich, wenn man im eigenen Tempo reisen möchte oder Regionen besucht, in denen es kaum öffentliche Verkehrsmittel gibt. In vielen Großstädten kann man Autos mieten, billig ist das in der Regel allerdings nicht.

➡ Noch wichtiger ist, dass die Sicherheitssituation in entlegenen und ländlichen Regionen Kolumbiens weiterhin problematisch ist. Dadurch gibt es ein erhöhtes Risiko für Fahrzeugdiebstahl, was die Versicherungsprämien in die Höhe treibt. Ehe man in abgelegene Gebiete fährt, sollte man unbedingt auf der Website der Regierung nachschauen, ob es amtliche Warnungen gibt.

➡ In den Städten ist der Verkehr auf der anderen Seite dicht, chaotisch und verrückt. Die Fahrweise ist wild und unvorhersehbar. Es dauert eine ganze Weile, bis man sich an kolumbianischen Fahrstil gewöhnt hat. Das gilt natürlich auch, wenn man mit dem Motorrad unterwegs ist.

➡ In Kolumbien wird rechts gefahren, und es gilt Gurtpflicht, man sollte sich also anschnallen, sonst riskiert man eine Geldstrafe. Die Geschwindigkeitsbegrenzung beträgt in der Stadt 60 km/h und auf der Fernstraße 80 km/h. Die landesweite Telefonnummer der Verkehrspolizei ist 767.

➡ Wer in Kolumbien Auto fahren will, muss den Führerschein mitbringen. In der Regel reicht der nationale Führerschein aus. Nur wenn der Führerschein nicht im lateinischen Alphabet ausgestellt ist, benötigt man auch einen Internationalen Führerschein.

BUS

Busse sind das Hauptverkehrsmittel für Fahrten innerhalb Kolumbiens. Die Bustypen reichen von eng besetzten *colectivos* (Sammel-Minibusse oder -Taxis) bis zu komfortablen, klimatisierten Fernbussen. Fast jede Stadt des Landes ist ans Busnetz angebunden. Busse sind das wichtigste Verkehrsmittel, um von einer Stadt in eine andere zu reisen und fahren fast überall hin. Die meisten Intercity-Fernbusse sind komfortabler als ein durchschnittlicher Flugzeugsitz, und Nachtbusse haben manchmal spezielle Sitze in Businessclass-Größe. In den besseren Bussen ist WLAN mittlerweile praktisch schon Standard, allerdings ist das oft Netz lückenhaft oder funktioniert gar nicht. Eine kleine Warnung: Viele kolumbianische Busfahrer drehen die Klimaanlage so stark auf, dass eisige Temperaturen herrschen, darum sollte man einen Pullover, eine Mütze und Handschuhe tragen oder eine Decke mitnehmen. Die Busfahrer drehen auch gern die Musik und/oder die Actionfilme im Fernseher auf volle Lautstärke, selbst mitten in der Nacht, Ohrstöpsel sind daher hilfreich.

Busse halten häufig bei *requisas* (Kontrollpunkte des Militärs), auch in tiefster Nacht. Die Soldaten fordern alle Fahrgäste auf, auszusteigen, überprüfen ihre Ausweispapiere und tasten sie ab. Eventuell schauen sie auch ins Gepäck, Ausländer werden aber oft einfach ignoriert.

FLUGZEUG

In Kolumbien gibt es mehrere große Linienfluggesellschaften und viele kleine Fluglinien und Charterfluggesellschaften. Auf stark frequentierten Routen fliegen moderne Düsenflugzeuge. In entlegenen Regionen kommen unterschiedlichste Flugzeuge zum Einsatz, von winzigen Dreisitzern mit einem Propeller bis zu sowjetischen Düsenmaschinen und selbst Flugzeugen vom Typ DC-3 aus der Zeit des Zweiten Weltkriegs!

Satena (☎1-8000-912-034, 1-605-2222; www.satena.com), die kommerzielle Fluggesellschaft der FAC (Colombian Air Force; Kolumbianische Luftwaffe) fliegt zum Amazonasbecken, nach Los Llanos und an die Pazifikküste; die Flugzeuge steuern viele Kleinstädte und Dörfer an, die ansonsten praktisch von der Außenwelt abgeschnitten wären.

Paraguay

6,9 MIO. EW

Inhalt ➡

Gut essen

- Paulista Grill (S. 888)
- La Cabrera (S. 889)
- Milord (S. 895)
- Hiroshima (S. 895)

Schön übernachten

- Casa de la Y Bed & Breakfast (S. 893)
- Mbaracayú Eco-lodge (S. 903)
- Pro Cosara (S. 900)
- IDEAL Eco-hostel (S. 898)
- Santa María Hotel (S. 900)

Auf nach Paraquay!

Das selten besuchte und kaum bekannte Paraguay ist ein häufig missverstandenes Land. Obwohl es in der Mitte des Kontinents liegt, wird es von Reisenden allzu oft übergangen, weil sie glauben, dass es ohne „Mega-Attraktionen" nichts zu sehen gäbe. Jedoch ist das Land ideal für alle, die das authentische Südamerika abseits von Gringopfaden suchen.

Paraguay ist ein Land mit bemerkenswerten Gegensätzen: Es ist sowohl ländlich als auch hochentwickelt. Die Nation ist stolz auf ihre spektakulären Naturreservate und die gewaltigen Staudämme; Pferde und Karren teilen sich die Straßen mit den Fahrzeugen mit dem Stern, und kleine Handwerksläden grenzen an glitzernde Einkaufszentren. Selbst die Ruinen der Jesuitenmissionen liegen nur wenige Kilometer von interessanten Kolonialstädten entfernt. Der dampfige, subtropische Atlantische Regenwald im Osten bildet einen starken Kontrast zur trockenen, dornigen Wildnis des Chaco, der Heimat der isolierten Mennoniten-Kolonien.

Reisezeit

Asunciona

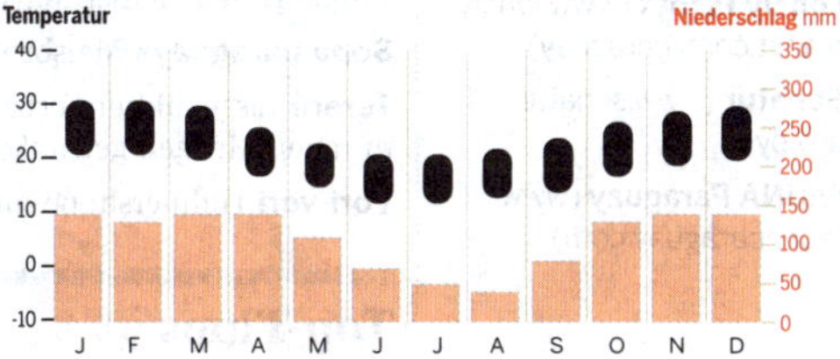

Feb. Völlig losgelöst den Karneval in Encarnación feiern.

Juni Tolle Möglichkeit, um während der Fiesta de San Juan traditionelle Speisen zu kosten.

Dez. Zum Día del Virgen pilgern Tausende nach Caacupé.

KURZINFOS

Geld Geldautomaten sind weit verbreitet. Die meisten Hotels und Restaurants akzeptieren auch Kreditkarten.

Visa Kanadier, Neuseeländer und US-Amerikaner brauchen ein Visum, alle anderen nur einen gültigen Reisepass.

Währung Guaraní (G)

Wechselkurse

Eurozone	1 €	6895 G
	1000 G	0,15 €
Schweiz	1 SFr	6297 G
	1000 G	0,16 SFr

Aktuelle Wechselkurse gibt es unter www.xe.com.

Tagesbudget

- B im Hostel: 80 000 G; DZ in einem Mittelklassehotel: 200 000 G
- Fastfood: 25 000 G; Gericht in einem Mittelklasse-Restaurant: 80 000 G

Infos im Internet

Lonely Planet (www.lonelyplanet.com/paraguay)

Senatur (www.senatur.gov.py)

FAUNA Paraguay (www.faunaparaguay.com)

Einreise

Internationale Flüge landen in Asunción. Paraguays Hauptgrenzübergänge auf dem Land- oder Wasserweg sind: von Foz do Iguaçu (Brasilien) nach Ciudad del Este, von Posadas (Argentinien) nach Encarnación, von Clorinda (Argentinien) nach Asunción und über die Ruta Trans-Chaco von Bolivien aus. Zu den kleineren Grenzübergängen zählen die Fährüberfahrt zwischen Ciudad del Este und Puerto Iguazú (Argentinien) und die Bootsfahrt von Pilar nach Puerto Cano (Argentinien). Bei keinem Grenzübergang gibt's eine Gebühr.

REISEROUTE (ZWEI WOCHEN)

Zunächst erkundet man das historische Asunción und macht Tagesausflüge nach Yaguarón (wegen der Franziskanerkirche), nach Caacupé (wegen der Basilika) und nach San Bernardino (um sich unter die High Society zu mischen). Von hier geht's nach Osten zur Dschungellodge im Mbaracayú-Biosphärenreservat. Wieder zurück in der Zivilisation in Ciudad del Este folgt eine Shoppingtour oder man besucht den nahen Itaipú-Staudamm. Nur einen Tagestrip entfernt liegt der Wasserfall Salto del Monday, und man hat auch noch Zeit für einen Sprung über die Grenze nach Brasilien und Argentinien, um ihn mit den Iguazú-Wasserfällen zu vergleichen. Die Übernachtung im Wald im Hotel Tirol bereitet einen auf einige Tage Vogelbeobachtung im Parque Nacional San Rafael vor. Nachdem man so viel auf Achse war, kann man am Strand des Río Paraná entspannen und die Restaurants von Encarnación genießen. Die Stadt ist ein guter Ausgangspunkt für einen Besuch der nahe gelegenen Jesuitenmissionen Trinidad und Jesús. Wer einen Ortswechsel möchte, überquert einfach die Brücke nach Posadas in Argentinien.

Essen & Trinken

Asado Dicke Scheiben gegrillten Rind- und Schweinefleischs, die zu jedem gesellschaftlichen Ereignis gehören.

Chipa Käsebrötchen aus Maniokmehl.

Chipa guasú Heißer Maiskuchen mit Käse und Zwiebeln.

Sopa paraguaya Maisbrot mit Käse und Zwiebeln.

Tereré Eisgekühlter Yerba-Maté-Tee, der permanent und in rauen Mengen getrunken wird.

Vori-vori Hühnersuppe mit Maismehlbällchen.

Top-Tipps

- Das Trinken von *tereré* ist *der* Zeitvertreib in Paraguay.
- Der beliebte Snack *chipa* wird überall verkauft, aber im Süden ist er am besten (Coronel Bogado ist die *chipa*-Hauptstadt).
- Im schwül-heißen Paraguay lohnt sich der Aufpreis für eine Klimaanlage. Achtung: In den Bussen wird's oft eiskalt, denn die Fahrer drehen die Klimaanlage meist voll auf!

Highlights

1. **Karneval** (S. 893) Im hedonistischen Encarnación bis zum Morgengrauen mitfeiern
2. **Der Chaco** (S. 905) Einen im Schatten faulenzenden Jaguar beobachten und unter dem Sternenzelt schlafen
3. **Pilar** (S. 898) Mit Freiwilligenarbeit bei wissenschaftlichen oder sozialen Projekten in der idyllischen kolonialen „Stadt der Vögel" ein Zeichen setzen
4. **Parque Nacional San Rafael** (S. 900) In Paraguays artenreichstem Naturschutzgebiet Vögel beobachten
5. **Jesuitenmissionen** (S. 899) Die Überreste einer einzigartigen Kultur erkunden
6. **Itaipú-Staudamm** (S. 902) Das Meisterwerk der Ingenieurbaukunst bestaunen
7. **Pantanal Paraguayo** (S. 904) Die Tiere im paraguayischen Teil des Feuchtbiotops erspähen
8. **Yaguarón** (S. 891) Das prunkvolle Innere der Franziskanerkirche bewundern

ASUNCIÓN

021 / 2,2 MIO. EW.

Asunción ist nur schwer zu begreifen. Eigentlich ist die Stadt sehr schön und schlicht, mit original erhaltenen Gebäuden aus der Kolonialzeit und im Stil der Beaux Arts, schattigen Plätzen, Restaurants mit internationaler Küche und freundlichen Einwohnern. Auf der anderen Seite sind da die schicken Vororte, protzigen Einkaufszentren und vornehmen Nachtclubs. Trotz des starken Verkehrs und der vielen Abgase in der Altstadt ist Asunción eine der grünsten und liebenswertesten Hauptstädte Südamerikas, in der man sich rasch orientieren kann

Sehenswertes

Stadtzentrum

Casa de la Independencia MUSEUM

(www.casadelaindependencia.org.py; 14 de Mayo; Mo–Fr 8–18, Sa bis 13 Uhr) GRATIS Die Casa de la Independencia stammt von 1772 und hier erklärte Paraguay 1811 als erstes Land des Kontinents seine Unabhängigkeit. Die Zimmer sind mit Stilmöbeln eingerichtet. Die Ausstellungen zeigen Dinge aus dem Besitz bedeutender Personen der unblutigen Revolution.

Panteón de los Héroes HISTORISCHES GEBÄUDE

(Plaza de los Héroes; Mo–Sa 6–18.30, So bis 12 Uhr) GRATIS Asuncións unverkennbarstes Gebäude ist das imposante Panteón de los Héroes, in dem die sterblichen Überreste von Mariscal Francisco Solano López und anderen Schlüsselfiguren aus Paraguays historischen Konflikten ruhen. Regelmäßig findet eine Wachwechselzeremonie mit all dem üblichen Pomp statt.

Cabildo HISTORISCHES GEBÄUDE

(www.cabildoccr.gov.py; Plaza de Armas; Di–Fr 9–19, Sa & So 10–17 Uhr) GRATIS In Ufernähe nördlich der Plaza de los Héroes steht das rosafarbene *cabildo*, das ehemalige Rathaus, in dem die Kolonialregierung ihren Sitz hatte. Heute ist es ein bedeutendes Kulturzentrum und Treffpunkt der unkonventionellen Intelligenz, in dem regelmäßig kulturelle Veranstaltungen und Ausstellungen einheimischer Künstler, Historiker und anderer Wissenschaftler stattfinden.

Palacio López PALAST

(Paraguayo Independiente) Der imposante rosafarbene Palast ist der Sitz der Regierung. In den ersten Jahren der Unabhängigkeit konnte man bereits erschossen werden, wenn man das Gebäude nur von außen betrachtete! Heutzutage sind die Wachen wesentlich entspannter, auch wenn das Gebäude als Regierungssitz noch immer nicht öffentlich zugänglich ist. Die besten Fotos schießen sich von der Flussseite aus.

Catedral Metropolitana CHRISTLICHE STÄTTE

(021-449512; Independencia Nacional am Plaza Constitución; Mo–Sa 8–12, Di–Fr 14–18 Uhr) GRATIS An der Ostseite der Plaza Constitución steht die unscheinbare Kathedrale mit ihrem ebenso unscheinbaren Museum.

Estación Ferrocarril MUSEUM

(Plaza Uruguaya; Mo–Fr 7–17 Uhr) GRATIS Die Eisenbahnstrecke Asunción–Encarnación war die erste in Südamerika. In dem alten Bahnhof ist einer der ersten Züge ausgestellt, die auf dieser Strecke unterwegs waren. Daneben gibt es noch andere Dinge aus jener Zeit zu sehen, die elegant vor sich hin verrotten.

Inzwischen wird der Bahnhof eher für Konzerte, Theateraufführungen und Vorträge genutzt. Infos zum Veranstaltungsprogramm findet man draußen an den Plakatwänden.

Manzana de la Rivera MUSEUM

(Ayolas 129; 7–21 Uhr) GRATIS Genau gegenüber vom Palacio López (S. 884), auf der anderen Straßenseite, liegt das Manzana de la Rivera, ein Komplex aus neun farbenfrohen, restaurierten Häusern. Das Älteste ist die Casa Viola (1750), wo das **Museo Memoria de la Ciudad** die Geschichte von Asuncións städtischer Entwicklung präsentiert.

Vororte

Museo del Barro MUSEUM

(www.museodelbarro.net; Grabadores del Cabichui s/n; Mi–Sa 9–12 & 15.30–20 Uhr) GRATIS Das Museo del Barro ist jedermanns Liebling – es stellt alles, von moderner Malerei über vorkoloniale und indigene Werke bis zu politisch angehauchten Karikaturen prominenter Paraguayaner, aus.

Jardín Botánico GARTEN

(www.jbza.org; Av Primer Presidente; Fahrzeuge 7000 G; 7–19 Uhr; Museen Di–Fr 9–18, Sa & So bis 16 Uhr; 24, 35) GRATIS Vom Zentrum aus führt die Av Artigas auf etwa 6 km Länge zum Jardín Botánico. Der frühere Sitz der regierenden López-Dynastie beherbergt heute den **Zoo** der Stadt, ein kleines **Natur-**

reservat und eine Reihe historischer Gebäude: Carlos Antonio López' bescheidenes Kolonialhaus und die ehemalige Villa seines Sohnes Francisco Solano López.

Vom Cerro Corá aus fahren die Busse der Linien 24 und 35.

Cementerio de la Recoleta FRIEDHOF
(Av Mariscal López) GRATIS Der 3 km östlich vom Zentrum an der Av Mariscal López gelegene Friedhof ist ein Labyrinth aus Mausoleen, weil die Reichen von Asunción versuchen, sich mit der Pracht ihrer letzten Ruhestätten gegenseitig auszustechen.

Conmebol MUSEUM
(www.conmebol.com; Av Sudamericana Km 12, Luque; ⌚Mo–Fr 9–12 & 15–18 Uhr) Das Hauptquartier der südamerikanischen Fußball-Konföderation Conmebol befindet sich in Luque an der Straße zum Flughafen und beherbergt ein eindrucksvolles Museum zur Geschichte des Sports auf diesem Kontinent.

Aktivitäten

Intercultural Experience FREIWILLIGENARBEIT
(☎021-44-3630; www.ie.org.py; Caballero 1102) Hat Freiwilligenjobs rund um den Kulturaustausch.

Kurse

IDIPAR SPRACHE
(☎021-44-7896; www.idipar.com.py; Manduvirá 963, ⌚Mo–Fr 8–20, Sa bis 12 Uhr) Spanisch- und Guaraní-Kurse mit möglicher Unterbringung bei Gastfamilien.

Centro Cultural Paraguayo-Americano SPRACHE
(☎021-22-4831; www.ccpa.edu.py; Av España 352) Das CCPA hat immer viel zu bieten, darunter Englisch- und Spanischkurse, gesellige Events und Paraguayer, die gern Englisch mit einem reden wollen.

Alianza Francesa SPRACHE
(☎021-21-0503; www.alianzafrancesa.edu.py; Estigarribia 1039, ⌚Mo–Fr 9–19, Sa 8.30–16 Uhr) Treffpunkt für Frankophile oder Leute, die Französischkurse besuchen wollen.

Instituto Cultural Paraguayo Alemán SPRACHE
(☎021-20-9060; www.icpa-gz.org.py; Juan de Salazar 310; ⌚Mo–Fr 9–19, Sa bis 13.30 Uhr) Das deutsche Kulturinstitut veranstaltet Deutschkurse und andere Events zu deutschen Themen.

DER POMBERO

Das Volk der Guaraní kennt viele schillernde mythologische Figuren, doch keine scheint so real und allgegenwärtig zu sein wie der Pombero. Der bösartige Wicht soll klein gewachsen, muskulös und behaart sein. Da er vor allem nachts auftaucht, will er auch nur als Karai Pyhare (Herr der Nacht) bezeichnet werden. Ob merkwürdige Geräusche, verschwundene Gegenstände oder unglückliche Missgeschicke, für alles wird er verantwortlich gemacht. Der Pombero soll eine Vorliebe für junge Frauen, allein oder in Begleitung, haben und kann vom Objekt seiner Begierde nur mit einem Gläschen *caña* (Rum) oder Zigaretten abgelenkt werden. Deshalb die Gaben einfach am Straßenrand abstellen und schnellstmöglich verschwinden.

Geführte Touren

DTP TOUREN
(☎021-22-1816; www.dtp.com.py; Brúguez 353; ⌚Mo–Fr 8–18 Uhr) Verlässlicher Tour- und Reiseveranstalter, der Trips im ganzen Land organisiert.

Feste & Events

AcervaPy BIER
(www.acervapy.com; ⌚wechselt) Die nationale Kleinbrauervereinigung organisiert regelmäßig Veranstaltungen rund ums Bier, darunter auch diese alljährliche Party, bei der die Brauer ihre kreativen Erzeugnisse präsentieren. Dazu gibt's viel Livemusik und traditionelles paraguayisches Essen.

Schlafen

Die Unterkünfte sind hier teurer als anderswo im Land, aber es ist unwahrscheinlich, dass die Kosten das Budget sprengen.

Stadtzentrum

Isla Francia HOSTEL $
(☎0983-39-3424; Eligio Ayala 1036; B/Zi. 50 000/140 000 G;) Wie viele Hostels haben einen Pool UND ein Solarium? Dieses hier befindet sich in einem klassischen alten Gebäude mit schmiedeeisernen Balkonen und Dekor im Landhausstil. Das Personal des Isla Francia ist äußerst aufmerksam.

Asunción

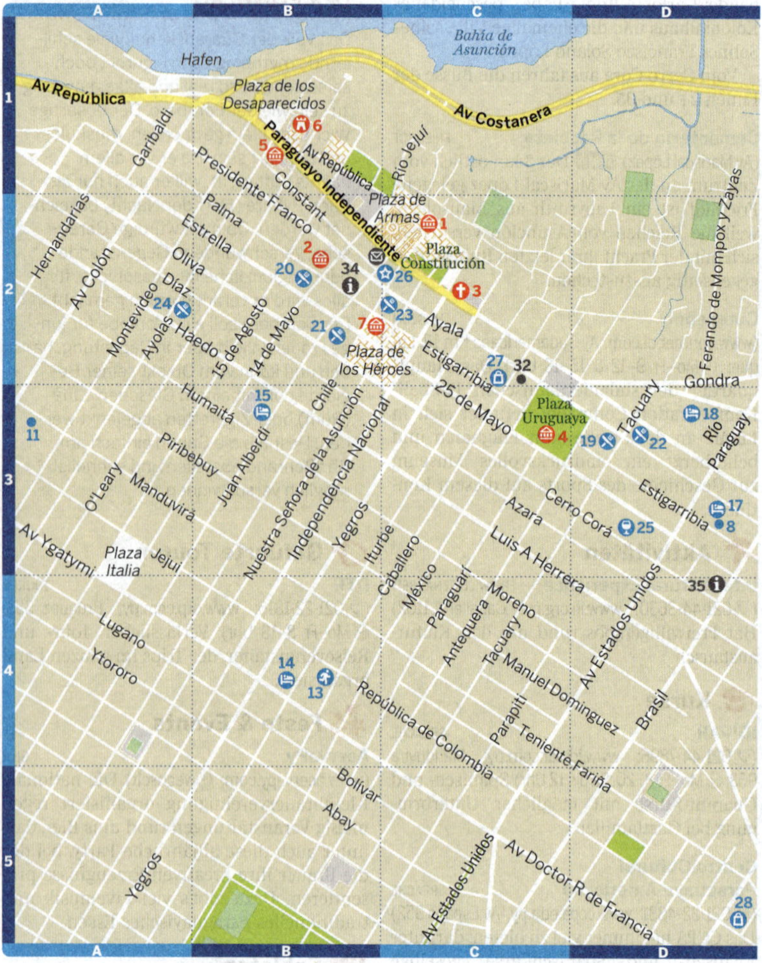

Palmas del Sol HOTEL $$
(☎021-44-9485; www.hotelpalmasdelsol.com; Av España 202; EZ/DZ 170 000/231 000 G;) Obwohl es in einer lauten Straße im Zentrum steht, ist das Hotel eine Oase der Ruhe, nicht zuletzt dank des ruhigen Innenhofs. Die funktionalen Zimmer sind geschmackvoll eingerichtet, und das Frühstück ist ein echter Genuss. Auf den Liegen am Pool kann man herrlich entspannen und fühlt sich meilenweit weg von der Straße und ihren Abgasen.

El Nómada HOSTEL $$
(☎0992-27-2946; www.hostel-asuncion-paraguay.com; Iturbe 1156; B/EZ/DZ 55 000/106 000/157 000 G;) Das farbenfrohe, nette Hostel mit rustikalem, kolonialem Stil hat eine tolle Lage im Zentrum der Stadt.

El Viajero Hostel & Suites HOSTEL $$
(☎021-44-4563; www.elviajerohostels.com; Alberdi 734; B/EZ/DZ 60 000/150 000/185 000 G;) Das Hostel in einem kolonialzeitlichen Herrenhaus gehört zu einer südamerikanischen Kette und bietet klimatisierte Schlafsäle, einen großen Garten und einen Pool.

Gran Hotel del Paraguay HOTEL $$$
(☎021-20-0051; www.granhoteldelparaguay.com.py; Ecke De la Residenta & Pucheu; EZ/DZ 460 000/

Asunción

Sehenswertes
1 Cabildo C2
2 Casa de la Independencia B2
3 Catedral Metropolitana C2
4 Estación Ferrocarril C3
5 Manzana de la Rivera B1
6 Palacio López B1
7 Panteón de los Héroes B2

Aktivitäten, Kurse & Touren
8 Alianza Francesa D3
9 Centro Cultural Paraguayo-Americano E3
10 DTP F4
11 IDIPAR A3
12 Instituto Cultural Paraguayo Alemán E3
13 Intercultural Experience B4

Schlafen
14 El Nómada B4
15 El Viajero Hostel & Suites B3
16 Gran Hotel del Paraguay F3
17 Isla Francia D3
18 Palmas del Sol D3

Essen
19 Bar San Roque D3
20 Bellini B2
21 Confitería Bolsi B2
22 La Flor de la Canela D3
23 Lido Bar C2
24 Taberna Española A2

Ausgehen & Nachtleben
25 Britannia Pub D3

Unterhaltung
26 Teatro Municipal C2

Shoppen
27 Folklore C2
28 Mercado Cuatro D5
Markt .... (siehe 7)

Praktisches
29 Argentinische Botschaft F3
30 Brasilianische Botschaft F4
31 Französische Botschaft F3
32 Einwanderungsbüro C2
33 Instituto Geográfico Militar F2
34 Senatur B2
35 Touring y Automóvil Club Paraguayo D4

590 000 G; P ❄ @ 📶 ≋) Der pompöse Luxus der Kolonialzeit ist nicht jedermanns Sache, doch in diesem alten Hotel soll im Juli 1860 erstmals die Nationalhymne des Landes erklungen sein. Die Preise fallen im Winter.

Vororte

Portal del Sol HOTEL $$
(☎ 021-60-9395; www.portaldelsol.com; Roa 1455; Sta Teresa; EZ/DZ 245 000/290 000 G; P ❄ @ 📶 ≋) Hier gibt es geräumige Zimmer, ein riesiges Frühstück, einen netten Pool, ein gutes Restaurant und Flughafentransfer. Nahe des Shopping del Sol in einer vornehmen Wohngegend gelegen, ist dieses Hotel bei Gruppenreisenden sehr beliebt, man sollte also vorab buchen.

La Misión Hotel Boutique BOUTIQUEHOTEL $$$
(☎ 021-62-1800; www.lamision.com.py; Estígarribia 4990, Villa Morra; Zi. ab 980 000 G; ❄ @ 📶 ≋)

Das Boutiquehotel im charismatischen Jesuiten-Stil liegt in der Nähe des Einkaufszentrums Mariscal López. Die individuelle Ausstattung der Zimmer reicht von minimalistisch über klassisch und gemütlich bis zum Blümchendekor der achteckigen Zimmer. Am Wochenende gibt's 25% Ermäßigung auf alle Zimmer.

Posada del Cielo HOTEL **$$$**
(021-66-4882; www.hotelposadasdelcielo.com.py; Del Maestro 1416, Villa Morra; EZ/DZ 250 000/300 000 G;) Das farbenfrohe Posada del Cielo gibt seinen Gästen das Gefühl, in einem Privathaus zu wohnen und verstärkt dies mit individuell dekorierten Zimmern. Einige Zimmer sind aber etwas eng, man sollte sich also vorher mehrere zeigen lassen.

Essen

Asuncións Gastronomie reflektiert die kulturelle Vielfalt der Stadt: Man findet hier eine gehobene einheimische, asiatische und internationale Küche und auch für Vegetarier ist gesorgt. Fleischesser werden aber den allgegenwärtigen All-you-can-eat-Grillrestaurants kaum widerstehen können. Natürlich gibt es auch im Zentrum einige gute Adressen, aber Asuncións feinste Restaurants haben sich in den östlichen Vororten angesiedelt, besonders in Villa Morra.

Stadtzentrum

Typische paraguayische Mahlzeiten findet man überall südlich des Zentrums entlang der Av Figueroa, vor Ort ist diese auch bekannt als La Quinta Avenida. Oder man probiert sich durch die *asadito*-Verkaufsstände (Mini-Fleischkebabs mit Maniok: 3000 G) in den Straßen.

Lido Bar FEINKOST **$**
(Ecke Chile & Palma; Hauptgerichte 7000–35 000 G) Asuncións historisches Diner ist bekannt wegen seiner Sitzgelegenheiten auf dem Gehweg gegenüber vom Panteón de los Héroes, was es zum beliebtesten Treffpunkt der Stadt macht. Zwar werden hier einige paraguayische Spezialitäten in großzügigen Portionen serviert, aber die Lokalität selbst macht deutlich mehr her als das Essen.

Bellini ITALIENISCH **$$**
(Palma auf Höhe 15 de Agosto; 35 000–45 000 G; 12–15 & 7–24 Uhr) Die in einer langen Schlange anstehenden Gäste suchen sich die Zutaten aus und schauen dann den Köchen zu, wie sie daraus leckere Gerichte mit frischer Pasta zubereiten. Völlig zu Recht ist dieses Restaurant äußerst beliebt.

Bar San Roque INTERNATIONAL **$$**
(Ecke Tacuary & Ayala; Hauptgerichte 30 000–80 000 G; Mo–Sa 8–15 & 18–0, So 10–15 Uhr) In dem freundlichen Wahrzeichen der Stadt herrscht eine Atmosphäre wie zu Beginn des 20. Jhs. In der Theke werden die frischen Produkte vom Bauernhof der Familie präsentiert. Die Weinkarte ist ebenso beeindruckend wie die leckeren Fisch- und Fleischgerichte. Auch der Service ist erstklassig, und für viele Einheimische ist das Lokal ein kulinarisches Muss.

Confitería Bolsi INTERNATIONAL **$$**
(Estrella 399; Hauptgerichte 25 000–85 000 G; 24 Std.;) Mehr als nur eine *confitería* (Café-/Snackbar): Das traditionelle Lokal gibt's schon seit 1960 und serviert alles von Sandwiches bis Kaninchen-Ragout und Knoblauchpizza. Sehr zu empfehlen ist das *surubí cosa nostra*, ein köstliches Fischgericht.

Taberna Española SPANISCH **$$$**
(Ayolas 631; Hauptgerichte 33 000–195 000 G; Mo–Do & So 11–14.30 & 19–23.30; Fr & Sa bis 1 Uhr) Ein bisschen Spanien mitten in Paraguay. Die quirlige Atmosphäre des „Ess-Museums", an dessen Decke Flaschen, Kochutensilien und Glocken baumeln, bildet die Kulisse für Tapas und Paellas, die ihr Geld wert sind.

La Flor de la Canela PERUANISCH **$$$**
(Tacuary 167; Hauptgerichte 40 000–95 000 G) Das peruanische Essen ist authentischer als die unechten Inkastatuen des netten Lokals vermuten lassen. Auf der Speiskarte dominieren Fischgerichte und *mariscos* (Meeresfrüchte), und auch das *ceviche* (marinierte rohe Meeresfrüchte) ist gut.

Vororte

Sonntags geht man zum Essen am besten in eines der riesigen Einkaufszentren wie Mariscal López (S. 890), Shopping del Sol (S. 890) oder Paseo La Galería (S. 890), die alle einen großen Food Court haben.

★ **Paulista Grill** BRASILIANISCH **$$$**
(Av San Martín nahe Spano, Villa Morra; Büfett werktags/Wochenende 85 000/100 000 G) Das Grilllokal ist eines der berühmtesten All-you-can-eat-Restaurants der Stadt. Neben über

PARAGUAY ASUNCIÓN

15 verschiedenen leckeren Fleischarten gibt's Salat-, Pasta- und Sushi-Theken sowie einfallsreiche Nachspeisen. Außerdem ist das Personal sehr aufmerksam.

Ciervo Blanco BARBECUE $$$
(☎ 021-21-4514; Ecke Flores & Radio Operadores del Chaco, Barrio Pinozá; Hauptgerichte 45 000–75 000 G; ⊙ Abendessen Di–Sa) Wer das traditionelle Paraguay kennenlernen will, ist in diesem Restaurant südöstlich der Innenstadt genau richtig. Zu saftigem *asado* (Barbecue) sorgen traditionelle Musik und Flaschentänze für Unterhaltung.

Le Sommelier FRANZÖSISCH $$$
(Roa nähe Av Santa Teresa; Hauptgerichte 55 000–90 000 G) Bei Weitem nicht so hochtrabend wie der Name vermuten lässt, ist dies ein kleines, gemütliches Restaurant mit einer sehr kreativen Speisekarte.

Hacienda Las Palomas MEXIKANISCH $$$
(Guido Spano 1481, Villa Morra; Hauptgerichte 55 000–80 000 G; ⊙ 7–24 Uhr) In der Hazienda sind die starken Farben Mexikos ebenso präsent wie die stark gewürzten Gerichte. Diese werden in riesigen Portionen von freundlichen Bedienungen in dem erstklassigen, aber recht lässigen Restaurant serviert.

La Cabrera ARGENTINISCH $$$
(☎ 0984-50-5178; Av Sta Teresa 2495; Fleisch ab 50 000 G; ❄ 📶) Das weithin beliebte argentinische Grillrestaurant serviert deliziöse Fleischgerichte und eine erstaunliche Vielzahl von kleinen Salaten, Saucen und Garnierungen. Man kann sich gar nicht alles merken. Für sonntags, vor allem fürs Mittagessen, sollte man im Voraus reservieren. Hier wird's schnell voll!

Ausgehen & Nachtleben

Einige Bars und alle Discos verlangen von Männern Eintritt (Frauen haben in der Regel freien Zutritt), wenn sie nach 22 Uhr kommen. Im Zentrum gibt es nur begrenzte Möglichkeiten zum Ausgehen und die meisten Glitzerschuppen liegen eine kurze Taxifahrt östlich der Innenstadt. Die anspruchsvollere (und natürlich teurere) Szene findet man im Paseo Carmelitas an der Av España.

Palo Santo Brewing Co. CRAFT-BIER
(Del Maestro; ⊙ Di–So 17–1 Uhr) Diese alteingesessene Bar in einer Brauerei war einer der Vorreiter in der paraguayischen Craft-Bier-Szene und hat mit die beste Auswahl regionaler Biere in Asunción.

Sacramento Brewing Co. CRAFT-BIER
(Av Santísimo Sacramento 655; Bier ab 15 000 G; ⊙ Di–So 18–1 Uhr) Die nur Fassbiere anbietende Bar hat einfallsreiche, regional gebraute Craft-Biere. Hier geht's wirklich lebhaft zu und man kann gut die Craft-Biere probieren.

Britannia Pub PUB
(Cerro Corá 851; ⊙ Di–So) Auf lässige Art hip, klimatisiert, mit internationalem Ambiente und mit Terrasse – das ist der „Brit Pub". Hier gibt's auch gute Snacks und deshalb ist er bei Ausländern und Einheimischen gleichermaßen beliebt. Er hat sogar seine eigene Biermarke.

Seven CLUB
(Shopping del Sol, Av Aviadores del Chaco; Grundpreis 30 000 G) Das Seven ist eine wummernde Disco-Bar, wo die Jungen und Ungestümen zu Techno und House bis Sonnenaufgang Party machen.

☆ Unterhaltung

Asunción hat mehrere Veranstaltungsorte bzw. Bühnen für Livemusik und Theater, z. B. das **Teatro Municipal** (Ecke Presidente Franco & Alberdi) und die Estación Ferrocarril (S. 884); die Saison läuft von März bis Oktober. Große internationale Konzerte finden in der Regel im **Jockey Club** (www.jcp.com.py/index.php/galeria/27-conciertos/84-calendario-de-conciertos; Hipódromo de Asunción, Curupay) statt.

In den großen Einkaufszentren von Asunción gibt es auch Multiplex-Kinos. Die Filme werden oft auf Englisch mit spanischen Untertiteln gezeigt. Kinokarten kosten etwa ab 25 000 G, am Wochenende oft mehr. Das Kinoprogramm ist unter www.cines.com.py zu finden.

Shoppen

Nirgens in Paraguay lassen sich Souvenirs besser besorgen als in Asunción. Ein für Paraguay typisches Souvenir ist ein Set aus *matero, bombilla* und *termo* (Becher, Trinkhalm und Flasche) für *tereré* (gekühlten Kräutertee). Diese Dinge findet man wirklich überall in verschiedenen Güteklassen. Im Erdgeschoss der Touristeninformation Senatur (S. 890) gibt's *artesanías* (Kunsthandwerk) aus dem ganzen Land, von filigranem Silberschmuck aus Luque bis hin zu feiner *ñandutí* (Spitze).

Ein kleiner **Antiquitätenmarkt** findet sonntags an der Palma statt.

EINREISE NACH ARGENTINIEN

Die Brücke San Ignacio de Ayolas verbindet Puerto Falcón mit Clorinda in Argentinien. An beiden Enden der Brücke befinden sich Zollstationen (die 24 Std. geöffnet sind). Stadtbusse mit dem Fahrtziel Falcón fahren stündlich vom Mercado Cuatro (S. 890) ab und halten auch an der Haltestelle Av República Argentina vor dem Busbahnhof Asunción (S. 890). Es gibt keine organisierten Pauschaltouren für die Fahrt über die Grenzbrücke, und die Fähre nach Clorinda ist für Traveller nicht zu empfehlen.

Paseo La Galería MALL
(Av Sta Teresa) Die Malls von Paraguay sind mehr als nur Einkaufszentren; hier ist das Shoppen fast ein Statussymbol. Dies ist Asuncións neueste und schillerndste Mall.

Mercado Cuatro MARKT
Der lebhafte Markt erstreckt sich über mehrere Häuserblocks zwischen der Av Francia und der Av Pettirossi. Hier wird von Lebensmitteln bis zu chinesischen Importwaren alles nur Denkbare verkauft.

Shopping del Sol EINKAUFSZENTRUM
(Ecke Aviadores del Chaco & González) Dies ist eines der größten und etabliertesten Einkaufszentren von Asunción.

Shopping Mariscal López EINKAUFSZENTRUM
(Ecke Quesada & Charles de Gaulle;) Das trendige Einkaufsparadies ist auch ein bedeutendes Wahrzeichen der Stadt.

Folklore KUNSTHANDWERK
(Ecke Caballero & Estigarribia) Eine gute Adresse für hochwertiges paraguayisches Kunsthandwerk – wenn auch nicht gerade billig.

Markt MARKT
(Plaza de los Héroes) Mit *ao po'i* oder *lienzo* (grob gewebter Baumwollstoff, Leinen), Bekleidung und anderer Handwerkskunst der Urbevölkerung im Angebot, dehnt sich der Markt am Wochenende beträchtlich aus.

Praktische Informationen

GEFAHREN & ÄRGERNISSE

Obwohl Asunción eine vergleichsweise sichere Stadt ist, sollte man seine Siebensachen immer im Auge behalten, das gilt insbesondere auch für den Busbahnhof. Sonntags ist das Stadtzentrum wie ausgestorben. An der Plaza Uruguaya und in den Straßen rund um die Palma sind nachts Prostituierte unterwegs, die einen eventuell ansprechen werden. Von der Uferstraße *costanera* werden gelegentliche Raubüberfälle gemeldet.

GELD

An der Palma und in den Nebenstraßen kommt man alle paar Meter an einem Geldwechsler vorbei, der „cambio" schreit; bessere Wechselkurse bieten allerdings die vielen *casas de cambio* (Wechselstuben) und Banken entlang dieser Straße. Geldautomaten und Wechselstuben gibt's auch am Busbahnhof und am Flughafen.

MEDIZINISCHE VERSORGUNG

Die Privatkrankenhäuser in Paraguay sind erstaunlich gut ausgestattet und arbeiten effizient, öffentliche Krankenhäuser hingegen nicht.

Hospital Bautista (021-688-9000; Av República Argentina) Empfehlenswertes Privatkrankenhaus.

POST

Hauptpost (Alberdi nahe Constant; Mo–Fr 7–19 Uhr) Befindet sich in einem historischen Kolonialgebäude. Damit die Post vielleicht auch ankommt, alles immer per *certificado* (Einschreiben) versenden.

TOURISTENINFORMATION

Senatur gibt regelmäßig den *Quick Guide* mit Infos über anstehende Events heraus. Erhältlich ist er in Hotels und in der **Touristeninformation** (021-45-0965; www.senatur.gov.py; Palma 468; 7–19 Uhr).

SEAM (021-287-9000; www.seam.gov.py; Av Madame Lynch 3500; Mo–Fr 7–13 Uhr) Ist zuständig für die Unterhaltung der Nationalparks.

An- & Weiterreise

BUS

Asuncións **Busbahnhof** (021-55-1740; http://toa.asuncion.gov.py; Av República Argentina) liegt mehrere Kilometer südöstlich vom Zentrum. Die Stadtbusse 8 und 31 fahren über die Oliva zum Busbahnhof, die Busse 14, 18.2 und 38 über die Haedo.

Fahrkarten für Fernbusse kauft man in den Büros der jeweiligen Busunternehmen im zweiten Stock des Busbahnhofs. Keinesfalls sollte man sich von den lautstark ihre Ziele anpreisenden Verkäufern irritieren lassen, sondern in aller Ruhe das passende Unternehmen auswählen.

Busse ab Asunción

ZIEL	PREIS (G)	DAUER (STD.)
Buenos Aires (Argentinien)	300 000–350 000	18–21
Ciudad del Este	60 000–90 000	4½–6
Concepción	55 000–70 000	4½–6
Encarnación	60 000–95 000	6–7
Filadelfia	110 000	8
Pilar	60 000–65 000	5–6
Rio de Janeiro (Brasilien)	450 000	30
Santa Cruz (Bolivien)	350 000–450 000	20–24
São Paulo (Brasilien)	300 000–400 000	18–20

FLUGZEUG

Asuncións winziger Flughafen, der **Aeropuerto Internacional Silvio Pettirossi** (☎ 021-64-5600; Autopista Silvio Pettirossi, Luque; 📶), liegt im Vorort Luque, 20 km östlich der Stadt.

Unterwegs vor Ort

BUS

Lärmende Stadtbusse ohne Stoßdämpfer fahren im Kamikazestil (für 2200 G) beinahe überall hin, aber nur wenige auch nach 22 Uhr. Busse mit Klimaanlage sind teurer und fahren seltener (3600 G). Fast alle Stadtbusse beginnen ihre Route am westlichen Ende der Oliva und zeigen ihre Ziele an der Windschutzscheibe an.

ZUM/VOM FLUGHAFEN

Busse mit einem „Aeropuerto"-Schild fahren entlang der Av Aviadores del Chaco zwischen Flughafen und Zentrum (2200 G). Taxis sind teuer (ab 100 000 G zum Stadtzentrum), aber wer sich auf der Straße eines heranwinkt, zahlt die Hälfte.

TAXI

Taxis kosten annehmbare Gebühren, aber in der Nacht und sonntags wird ein Aufpreis fällig. Für ein Taxi vom Zentrum zum Busbahnhof bezahlt man rund 50 000 G.

RUND UM ASUNCIÓN

Circuito de Oro

In den verschlafenen Dörfern rund um die Hauptstadt geht das Leben noch seinen althergebrachten, traditionellen Gang. Es gibt keine festgelegte Reiseroute für den Besuch der von der Tourismusindustrie „Circuito de Oro" bzw. „Circuito Central" genannten historischen Satellitendörfer rund um Asunción. Dabei handelt es sich um eine Reihe kleiner, bescheidener Dörfer, die von Häusern aus der Kolonialzeit und der traditionell langen Siesta geprägt sind. Ab und zu rumpelt ein Ochsen- oder Pferdekarren über die staubigen Straßen und stört die Ruhe.

Sehenswertes

★ Kirche von Yaguarón KIRCHE
(Ruta Mariscal López) GRATIS Diese Franziskanerkirche aus dem 18. Jh. ist ein Wahrzeichen kolonialer Architektur, das man einfach gesehen haben muss! Hinter der schlichten Außenfassade mit dem freistehenden Glockenturm aus Holz verbirgt sich ein prachtvolles Interieur mit wunderschönen Malereien und Schnitzereien, dank derer die Kirche ein Meisterwerk religiöser Kunst und eines der schmuckvollsten Gotteshäuser in ganz Südamerika ist.

San Buenaventura betreibt stündlich einen Bus vom Busbahnhof Asunción (Bussteig 30) nach Yaguarón (5000 G, 1 Std.).

Basilica de Caacupé KIRCHE
(O'Leary) GRATIS Paraguays Gegenstück zum Vatikan will so gar nicht in diese ruhige Provinzstadt passen. Die gewaltige Basilika ist zwar modern, aber dennoch beeindruckend. Ein schöner, von Wandbildern gesäumter Treppenaufgang führt hinauf zum Glockenturm.

Caacupé liegt 54 km östlich von Asunción (7000 G, 2 Std.). Das Busunternehmen Empresa Villa Serrana hat alle zehn Minuten einen Bus vom Untergeschoss des Busbahnhofs Asunción (S. 890; Bussteig 35) nach Caacupé.

Itauguá
Die Frauen von Itauguá sind berühmt für ihre einzigartige Spinnennetz-Webtechnik von bunt gemusterten *ñandutí* (Spitze – *ñandú* bedeutet „Spinne" auf Guaraní). Die Größe dieser exquisiten Stücke reicht von kleinen Platzdeckchen bis zu großen Tagesdecken. Während die kleineren nur ein paar Dollar kosten, zahlt man für die größeren ab 250 000 G. Im Juli feiert die Stadt ihr jährliches **Festival de Ñandutí**.

Die Busse der Firma La Itagueña starten etwa stündlich vor dem Busbahnhof Asunción (S. 890) zum 32 km entfernten Itauguá.

Areguá

Das Dorf ist bekannt für seine Keramik, die massenweise in der Hauptstraße präsentiert wird. In den alten kopfsteingepflasterten Gassen stehen prächtige Kolonialhäuser, und auf einem Hügel thront die Dorfkirche mit traumhaftem Blick auf den **Lago Yparacai**.

Die Busse der Firma La Aregueña ins 27 km entfernte Areguá fahren alle halbe Stunde vor dem Busbahnhof Asunción (S. 890) ab.

In der Hauptsaison verkehren Fähren (30 000 G, 25 Min.) zwischen San Bernadino und Areguá.

Piribebuy DORF

Der ländliche Ort war im Tripel-Allianz-Krieg (1865–1870) für kurze Zeit die Hauptstadt von Paraguay. Als Asunción eingenommen wurde, kam es 1869 zur berühmten Belagerung der Stadt, bei der sich eine Armee von Kindern unter Führung des Dorfschullehrers tapfer dem Überfall der Brasilianer widersetzte. Diese Heldentat ist in einem kleinen **Museum** (Mariscal Estigarribia Ecke Yegros, Piribebuy; ⏲Mo–Fr 7.30–12 & 14–18 Uhr) dokumentiert.

Empresa Piribebuy hat alle 45 Minuten einen Bus vom *subsuelo* (Untergeschoss) des Busbahnhofs Asuncion (Bussteig 35) ins 75 km entfernte Piribebuy.

San Bernardino

☎0512 / 9 500 EW

Als bevorzugter Erholungsort der wohlhabenden Einwohner von Asunción ist das friedliche „San Ber" ein schicker Ort zum Entspannen und Feiern: Bars und Discos, teure Hotels und Restaurants säumen die schattigen Kopfsteinpflasterstraßen am Ostufer des Lago Ypacaraí. Obwohl es recht nobel ist, lohnt es sich auch für Budgetreisende. In der Hauptsaison fahren **Ausflugsboote** auf dem See. Zum Baden ist er leider nicht geeignet, denn das Wasser ist stark verschmutzt.

AventuraXtrema (Peatonal Ecke Hassler) organisiert adrenalingeladene Abenteuertouren und verkauft Fährtickets.

Schlafen & Essen

Hostal Brisas del Mediterraneo HOSTEL $$

(☎0512-23-2459; Callejón Brisas 7; Campen 70 000 G, B/DZ 110 000/300 000 G; ⏲Mai–Sept. geschl.; P❄☒) Das Hostel am Ufer des Sees hat eine herrliche Lage. Manche Zimmer sind besser als die anderen – man sollte sich aus diesem Grund ein paar der Zimmer zeigen lassen.

Hotel del Lago HOTEL $$$

(☎0512-23-2201; Weiler 411; EZ/DZ 240 000/310 000 G; P❄@☒) Das Hotel an der Seeseite der Plaza ist abgewetzt, auf romantische Weise viktorianisch und vollgestopft mit antiken Möbeln. Jedes Zimmer ist anders, und auch das Restaurant ist nicht schlecht.

Walterio INTERNATIONAL $$

(Balbuena; Picadas ab 45 000 G) Entspanntes und zwangloses Lokal, das im Sommer wegen seiner *picadas* (Fingerfood) und Craft-Biere beliebt ist.

An- & Weiterreise

Von Asunción aus fahren Cordillera-de-los-Altos-Busse stündlich am Gleis 35 ab (500 G, 1½ Std.).

SÜDLICHES PARAGUAY

In der südlichsten Ecke Paraguays, östlich des Río Paraguay, finden sich einige der wichtigsten historischen Stätten des Landes. Die Jesuitenruinen, die Nationalparks und der verrückte Karneval machen diese Region zu einem facettenreichen Reiseziel.

Auf dem Weg von Asunción nach Encarnación passiert man die Stadt **Coronel Bogado**. Sie ist bekannt als „Capital de Chipa" (*chipa* ist ein Brot aus Maniokmehl, Eiern und Käse), und nirgends bekommt man das beliebte Nationalgericht besser zubereitet als hier. Und dazu muss man noch nicht einmal aussteigen: Die Verkäufer bringen die Leckerei (2000 G) direkt an den Bus.

Encarnación

☎071 / 127 500 EW.

„La Perla del Sur" (die Perle des Südens) ist die schönste Stadt Paraguays. Nach Fertigstellung der neuen *costanera* (Uferpromenade) mit einem tollen Strand am Fluss bezeichnet sich die „Hauptstadt des Karnevals" auch, recht ehrgeizig, als Antwort auf Rio de Janeiro. Vor allem in den drückend heißen Sommermonaten wird die Stadt immer mehr zum festen Bestandteil im Besuchsprogramm der Urlauber.

Deutlich weniger stolz ist die Stadt darauf, dass hier der Diktator Alfredo Stroessner geboren wurde. Sein ehemaliges Wohn-

KARNEVAL IN ENCARNACIÓN

Der paraguayische Carnaval ist bestimmt nicht so toll und berühmt wie der in Rio, doch junge Leute, die wild auf Party sind, haben hier vermutlich mehr Spaß. Viel nackte Haut, laute Musik und die ausgelassenen Menschenmassen sorgen für eine verrückte Partynacht. Ausgestattet mit *lanzanieves* (Sprühschnee) und einer Sonnenbrille (um das Zeug nicht in die Augen zu kriegen) sucht man sich einen Platz auf der Tribüne und lässt sich von der ungeheuren Feierlaune der Einheimischen anstecken.

Das genaue Datum des Karnevals ist von Jahr zu Jahr verschieden, gewöhnlich aber ist im Februar fast jedes Wochenende Karneval. Der Sambadromo (S. 893), die Tribünenstraße für den Karnevalsumzug, ist an der Av Costanera, der nächtlichen Amüsiermeile von Encarnación. Eintrittskarten (ab 60 000 G) werden im Vorverkauf überall in der Stadt, an den Schaltern vor dem Sambadromo oder, mit kleinem Aufschlag, abends von Schwarzmarkthändlern verkauft. Einlass ist ab 21 Uhr, aber so richtig los geht's erst gegen 23 Uhr. Um 2 Uhr morgens ist dann alles vorbei und die Massen strömen in die Discos.

haus (S. 893) ist heute eine private Universität.

Sehenswertes & Aktivitäten

Das Zentrum ist für einen Bummel eigentlich ganz nett, aber ansonsten gibt's hier nicht viel zu sehen. Besser man geht gleich an den Fluss und mischt sich unter die Sonnenanbeter, Biertrinker oder Beachvolleyball-Spieler.

★ Costanera & Strand STRAND
(Av Costanera) Rein in die Flip-Flops und runter zu Encarnacións Flussstrand direkt an der schicken Uferpromenade, wo man sich ein gutes Plätzchen sucht. In den Sommermonaten ist hier immer viel los – angefangen von lokalen Theateraufführungen bis hin zu Sportveranstaltungen oder sogar Rockkonzerten. Hierher kommt man in Paraguay, um gesehen zu werden.

Wem es hier zu voll ist, der kann mit dem Taxi (30 000 G) zum ruhigeren Strand Quiteria fahren.

Sambadromo Carnaval DENKMAL
(Av Costanera) Der Sambadromo (Karneval-Festplatz) an der Av Costanera ist das Zentrum des Nachtlebens in Encarnación. Außerhalb des Karnevals wird das Gelände für andere Veranstaltungen genutzt.

Escalinata San Pedro DENKMAL
(Av Costanera) GRATIS Ein Gaudí-mäßig verzierter Treppenaufgang in einem Wohnviertel am Ende der Av Costanera.

Ehemaliges Stroessner-Haus BEDEUTENDES GEBÄUDE
(Ecke Memmel & Carlos Antonio Lopez) Das ehemalige Wohnhaus des Diktators Alfredo Stroessner ist heute eine Privatuniversität gleich hinter dem Busbahnhof.

Geführte Touren

FAUNA Paraguay TOUREN
(☎0985-74-6866; www.faunaparaguay.com; Ruta 1 Km 7,5) FAUNA Paraguay ist der beste Tourveranstalter in Sachen Ökotourismus. Die Touren zu den Nationalparks, Jesuitenmissionen und zum Beobachten von Tieren in freier Natur werden von professionellen Biologen geführt. Reservierungen per E-Mail.

Karumbés TOUR
(Cabañas; 10 000 G/Pers.) Die *karumbés*, gelbe Pferdekutschen, die einst als City-Taxis dienten, eignen sich gut für Rundfahrten. An den Wochenenden sind sie kostenlos. Abfahrt ist am Busbahnhof (S. 896).

Schlafen

Im Karneval vorab buchen: Die Preise steigen deutlich, und ein billigeres Zimmer zu finden, ist so gut wie ausgeschlossen.

★ Casa de la Y Bed & Breakfast B&B $
(☎0985-77-8198; http://casadelay.wix.com/casa-de-la-y; Lara Castro 422; DZ/3BZ 180 000/250 000 G; P❄@🛜) In der winzigen Privatunterkunft wird man von Inhaberin Doña Yolanda herzlich aufgenommen und mit leckeren, hausgemachten *comida típica* (25 000 G) verwöhnt. Im herrlichen Blumengarten kann man die Sonne bei einem Glas *tereré* genießen. Es gibt nur ein sehr großes, geschmackvolles Zwei- bis Dreibettzimmer mit gigantischem Bad und ein ebenfalls sehr großes, traditionell ausgestattetes Familien-

Südliches & östliches Paraguay

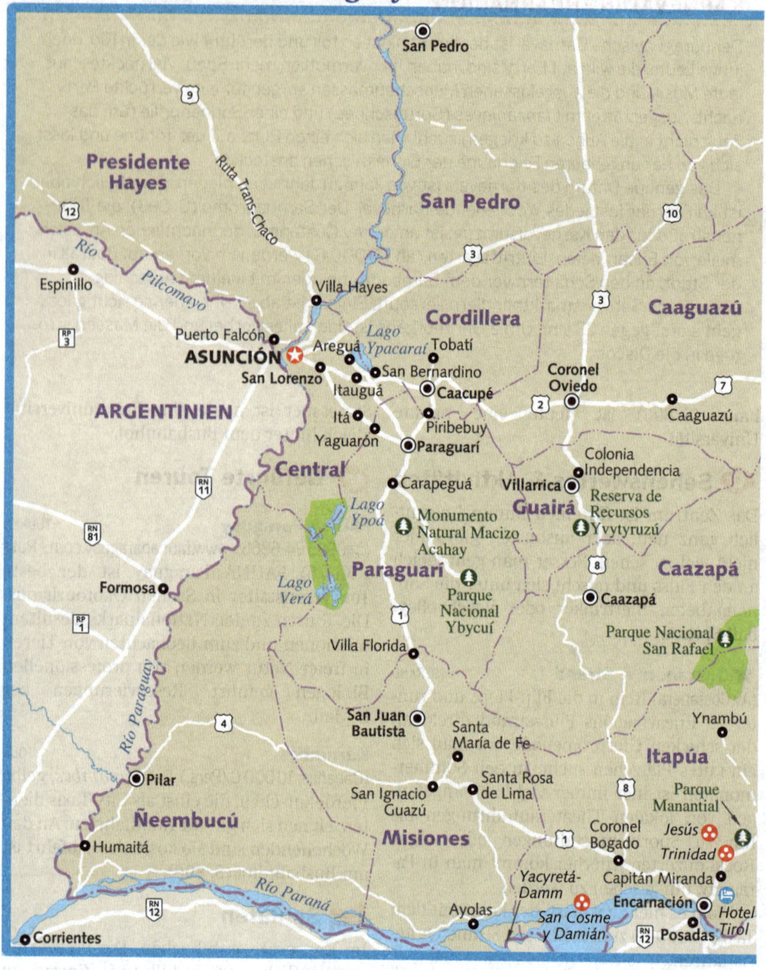

zimmer. Die Zimmer können nur per E-Mail gebucht werden.

Hotel Germano HOTEL $

(☎ 071-20-3346; Cabañas; EZ/DZ 130 000/200 000 G, ohne Bad 50 000/100 000 G; ❄ 📶) Das Hotel direkt gegenüber vom Busbahnhof hat für Spätankömmlinge eine ideale Lage. Es handelt sich zwar um eine Budgetunterkunft, doch mit der Aufbesserung vieler Zimmer haben die Leute hier ganz ordentliche Arbeit geleistet. Die billigeren Zimmer haben nur einen Deckenventilator – im Sommer zahlt man für eine Klimaanlage aber liebend gern etwas mehr!

St Mallorquín HOSTEL $$

(☎ 0984-90-0492; Mallorquín 950; B/EZ/DZ 75 000/140 000/200 000 G) Das Hostel befindet sich in günstiger Lage um die Ecke vom Busbahnhof und bietet verschiedene, spärlich dekorierte Schlafsäle sowie ein paar private Zimmer, die allerdings etwas klein sind. Den Gästen steht noch eine Küche zur Verfügung.

Hotel de la Costa HOTEL $$$

(☎ 071-20-5694; Ecke Av Francia & Cerro Corá; EZ/DZ/Suite 220 000/400 000/620 000 G; P ❄ @ 📶 🏊) Das Megahotel an der *costanera* hat einen einladenden Pool und eine tolle Lage

nahe dem Strand. Die Suite mit Whirlpool ist ihr Geld wert, aber einige der Standardzimmer sind recht klein.

Essen & Ausgehen

Gute Lokale häufen sich am Paseo Gastronómico, nahe dem Kreisverkehr an der Av Costanera.

Heladería Mako EIS $
(Av Caballero 590; Eiscreme 50 000 G/kg) Neben traditionell hergestellter Eiscreme gibt es hier auch köstliche Backwaren, hervorragenden Kaffee und Zeitschriften. Dafür lohnt sich der weiteste Weg!

Habib's FASTFOOD $
(Av Irrazábal; Lomito Árabe 15 000 G) Hier schmeckt die lokale Spezialität *lomito árabe* – ein Kebabgericht auf paraguayische Art, das von eingewanderten Arabern erfunden wurde – am besten.

★ Hiroshima JAPANISCH $$
(Ecke 25 de Mayo & Lomas Valentinas; Hauptgerichte 25 000–100 000 G) Hier gibt's erstklassiges japanisches Essen: Unglaubliche Udon, leckeres Sushi und verführerische Tofugerichte machen es zu Recht zu einem Liebling der Einheimischen. Das passende Essen für einen japanischen Kronprinzen.

La Piccola Italia ITALIENISCH $$
(Ecke Ruta 1 & Av Caballero; Hauptgerichte 12 000–40 000 G; Di–So; P ❄ 🖉) Tolle Pizzas und riesige Portionen von Nudeln werden in echt mediterranem Ambiente serviert. Dies dürfte eine gute Adresse sein, um für wenig Geld gut zu essen.

Churrasquería Novo Rodeio BRASILIANISCH $$$
(☎ 071-20-4665; Galeria San Roque, Ruta Internacional; Büfett 95 000 G/Pers.) Beim angesehensten brasilianischen Büfett der Stadt kann man so viel Fleisch, Salate und Pasta essen, wie man will. Das Personal ist sehr aufmerksam, und am Wochenende gibt's Musik dazu. Hier fühlt man sich wie im Schlaraffenland und man muss richtig aufpassen, um sich nicht zu überfressen! Es befindet sich in einem kleinen Einkaufszentrum an der Straße nach Argentinien.

Milord EUROPÄISCH $$$
(☎ 071-20-6235; milord.com.py; Ecke Av de Francia & 25 de Mayo; Hauptgerichte 40 000–110 000 G; ❄ 📶 🖉) Der Küchenchef hat in Paris gelernt, die Kellner sind formell gekleidet und die Atmosphäre ist etwas kultivierter als in anderen Restaurants – das Milord gilt als Adresse für ein feines Abendessen. Die Speisekarte ist abwechslungs- und einfallsreich, und trotz des leicht höheren Preisniveaus hat man nicht das Gefühl, zu viel auszugeben.

Peltzer Artesanal BIERGARTEN
(Av Francia; Fassbier ab 15 000 G, Sandwich 40 000 G) In dem reizenden Biergarten bekommt man leckere regionale Craft-Biere vom Fass und riesige Sandwiches.

Praktische Informationen

Die meisten Banken befinden sich im Umkreis der Plaza de Armas; alle haben Geldautoma-

Encarnación

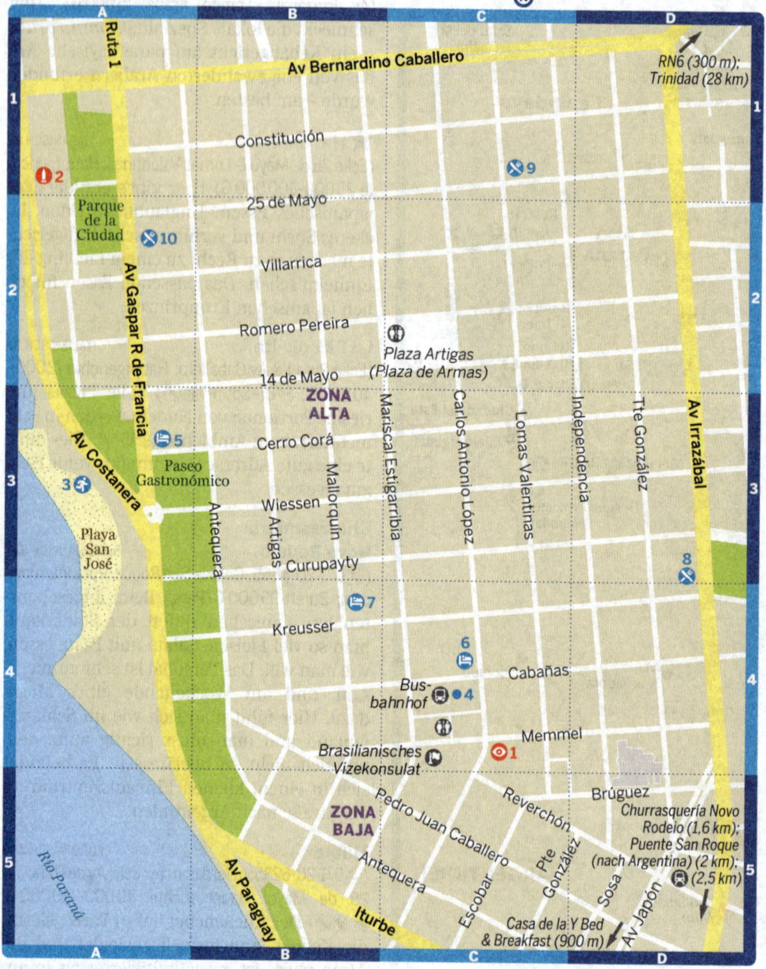

ten. Geldwechsler findet man am Busbahnhof (S. 896) und an der Grenze; vorher aber über den aktuellen Kurs informieren!

Touristische Infos bekommt man bei **Senatur** (☎ 071-20-5335; Ecke Ruta 1 & Padre Bolik; ⏲ Mo–Fr 8–18, Sa & So bis 12 Uhr) in einem großen Gebäude am Westende der Av Costanera nahe dem Ortseingang.

An- & Weiterreise

Der **Busbahnhof** (☎ 071-2412; Cabañas) liegt ein paar Blocks nördlich der Av Costanera. Zwischen Encarnación und Asunción (60 000–95 000 G, 5½ Std.) fahren regelmäßig Busse, La Encarnacena und Nuestra Señora de la Asunción haben den besten Service. Letztere bieten zum gleichen Preis auch einen Minibus-Service an. Beinahe stündlich fahren Busse nach Osten bis Ciudad del Este (60 000–90 000 G, 6 Std.), allerdings halten sie häufig und die Fahrt ist fast schon schmerzhaft langsam.

Rund um Encarnación

Die Stadt ist ein hervorragendes Basislager für die Erkundung des südlichen Landesteils. Obwohl natürlich vor allem die Jesuitenmissionen locken, gibt es noch vieles mehr, was man hier unternehmen kann.

Encarnación

Highlights
1 Ehemaliges Stroessner-Haus ... C4
2 Sambadromo Carnaval ... A1

Aktivitäten, Kurse & Touren
3 Costanera & Strand ... A3
4 Karumbés ... C4

Schlafen
5 Hotel de la Costa ... A3
6 Hotel Germano ... C4
7 St Mallorquín ... B4

Essen
8 Habib's ... D3
9 Hiroshima ... C1
10 Milord ... A2

Aktivitäten

Yerba-Fabriken in Bella Vista TOUREN
(☎0767-24-0724; Mallorquín) Nach ein paar Tagen in Paraguay begreift man, welch hohen Stellenwert der Yerba Maté (paraguayischer Tee) in der hiesigen Kultur hat. Bei einer Führung durch eine Yerba-Maté-Fabrik erfährt man alles darüber, vom Anbau auf den Plantagen über die Verarbeitung und Verpackung bis hin zur Zubereitung und Verkostung des fertigen Tees. Für einen Besuch bieten sich die Fabriken **Selecta** (25 000 G) und **Pajarito** (Eintritt frei) an; erstere beinhaltet auch einen Trip ins eigene **Naturschutzgebiet**.

Die Touren werden über Mate Roga arrangiert, der Touristeninformation an der Hauptstraße der Hauptstadt des Yerba-Maté-Tees, Bella Vista del Sur, 45 km östlich von Encarnación. Mit der riesigen *guampa* (Becher) und dem *bombilla* (Trinkhalm) davor kann man es gar nicht übersehen!

Parque Manantial RESORT
(☎0775-23-2250; Hohenau; Eintritt 20 000 G, Pool 20 000 G, Campen 50 000 G, EZ/DZ 150 000/250 000 G; ⏲Di–So 9–20 Uhr) Eine bewaldete Oase für Traveller, die Abstand von allem brauchen. Der Parque Manantial liegt 35 km außerhalb von Encarnación abseits der Ruta 6, nahe der Ortschaft Hohenau. Man kann hier campen oder auch in dem reizenden Hotel absteigen. Den Großteil des Jahres hat man die 200 ha Waldgebiet mit Schwimmbecken und Wanderwegen mehr oder weniger für sich allein.

Es gibt hier auch die Möglichkeit zum Reiten, Seilrutschen und zum Paddeln auf dem Fluss.

Schlafen

Hotel Tirol HOTEL $$
(☎071-20-2388; www.hoteltirol.com.py; Ruta 6 Km 20, in Capitán Miranda; EZ/DZ 300 000/400 000 G; Rabatt für längere Aufenthalte; P ❄ @ ☜ ≋) Das zeitlose Lieblingshotel des spanischen Königs besteht aus rotem Backstein und ist von 20 ha Feuchtwald umgeben. Doch nicht nur deshalb ist es ein schönes Ziel für einen Tagesausflug von Encarnación aus. Hier können mehr als 300 nachgewiesene Vogelarten beobachtet werden, und nach

EINREISE NACH ARGENTINIEN

Vor dem Busbahnhof (S. 896) in Encarnación starten die Fernbusse (5000 G), die über den Puente San Roque nach Posadas in Argentinien fahren. Man muss an beiden Enden der internationalen Brücke aussteigen, um sich jeweils beim Einreisebüro (24 Std. geöffnet) den erforderlichen Ein- oder Ausreisestempel zu holen. Nicht immer warten die Busse – daher sollte man unbedingt sein Gepäck und den Fahrschein mitnehmen, um mit dem nächsten Bus weiterfahren zu können.

Am schnellsten überquert man die Brücke mit dem klimatisierten **Zug** (Av Von Winkel; 7000 G; ⏲tgl. 6–17.30 Uhr), der von der Av Von Winkel in der Nähe der internationalen Brücke abfährt. Die Ein- und Ausreiseformalitäten werden zusammen in dem Einreisebüro auf der argentinischen Seite der Grenze erledigt.

Alternativ macht man eine malerische Fährfahrt (5000 G) über den Río Paraná vom Ostende der *costanera* in Encarnación bis zur *costanera* in Posadas.

Als Gruppe kann man mit dem Taxi für rund 40 000 G bis zur paraguayischen Zollstelle fahren, doch für die Weiterfahrt mit dem Taxi über die Brücke steigt der Preis rasant, da sich hier häufig lange Schlangen bilden. Die Fahrt mit dem Bus ist vielleicht nicht die bequemste, dafür fährt man an der Schlange vorbei.

der Wanderung auf einem der herrlichen *senderos* (Naturpfaden) laden gleich vier Pools zur Abkühlung ein (Nichtgäste bezahlen 10 000 G).

Wer hier auch übernachten möchte, sollte in der Hochsaison (Okt.–Dez.) unbedingt im Voraus buchen. Zu allen anderen Zeiten sind dagegen oft Zimmer frei. Zum Hotel fährt der örtliche Bus 1y2 (nach Capitán Miranda) in der Av Artigas in Encarnación ab und endet direkt vor dem Eingang zum Hotel. Zudem fahren Busse in Richtung Trinidad und Ciudad del Este am Hotel vorbei.

Pilar

☎0786 / 29 000 EW.

Verborgen in der äußersten südwestlichen Ecke Paraguays, umgeben von den Feuchtgebieten von Ñeembucú, liegt das hübsche Kolonialstädtchen Pilar. Wiedergeboren als „Stadt der Vögel" steht Pilar für ein friedliches, traditionelles Leben seiner Einwohner, in deren Wortschatz das Wort „Eile" einfach nicht vorkommt. Angesichts der nahe gelegenen fantastischen Strände am Flussufer, der tollen Möglichkeiten zur Beobachtung von Tieren in freier Natur in der unmittelbaren Umgebung und der ruhigen Lage am Río Paraguay könnte man hier viel länger verweilen als geplant.

Sehenswertes

Cabildo Histórico HISTORISCHES GEBÄUDE
(Plaza Mariscal López) In diesem zweistöckigen Gebäude aus Holz und Lehmziegeln an der grünen Plaza hatte früher die Lokalverwaltung ihren Sitz.

Basilica Menor de Nuestra Señora del Pilar KIRCHE
(Plaza de los Héroes) GRATIS Charmante kleine Kirche, die innen mit Marmor und Holz gestaltet ist. Dies ist das einzige Gotteshaus in Paraguay, das offiziell zur Basilika erklärt wurde, ein besonderes päpstliches Privileg.

Aktivitäten

Para La Tierra FREIWILLIGENARBEIT
(☎0985-26-0074; www.paralatierra.org; Centro IDEAL, Estigarribia Ecke Capurro; Freiwilligenarbeit ab 700 US$/Monat) Preisgekröntes Unternehmen mit Jobs im Umwelt- und Naturschutz und im sozialen Bereich.

Caminata de las Aves STADTSPAZIERGANG
GRATIS Verteilt über die Stadt findet man auffällige Statuen von heimischen Vögeln, die der hiesige Künstler Ramón Vásquez angefertigt hat. Der Spaziergang umfasst nur ein paar Kilometer, man lernt dabei aber das hübsche Städtchen kennen, kommt an den größten Sehenswürdigkeiten vorbei und sieht auch mehrere schöne Wandbilder zu Paraguays Geschichte. Start ist an der Plaza.

Die im IDEAL Eco-hostel erhältliche Broschüre (nur auf Spanisch) erklärt die kulturelle und ökologische Bedeutung der dargestellten Vogelarten.

Lobope Kayaking KAJAKFAHREN
(☎0972-28-7610; Mazzei; 10 000 G/Std., geführte Tour ab 50 000 G) Facundo Zarnikowsky ist ein einheimischer Kajakführer. Schickt man ihm eine Nachricht, erläutert er seine Angebote.

Geführte Touren

Fábrica de Textiles TOUREN
(Mello; mit englischsprachigem Führer 25 000 G/Pers., ohne Führer Eintritt frei; nach Vereinbarung) Pilar ist berühmt für seine Textilien. Eine Führung durch eine Textilfabrik mag zunächst nicht interessant klingen, dennoch ist es erstaunlich, wie unterhaltsam die Mischung aus modernen und traditionellen Techniken sein kann. Arrangiert werden die Führungen durch das IDEAL Eco-hostel.

Feste & Events

Hawaiana MUSIK
(Anf. Jan.) Das riesige Musikfest ist eines der am besten gehüteten Geheimnisse Paraguays. Die Open-Air-Party geht die ganze Nacht.

Schlafen

IDEAL Eco-hostel HOSTEL $
(☎0985-26-0074; https://ecohostelideal.wixsite.com/idealeco-hostel; Centro IDEAL, Estigarribia Ecke Capurro; B/Zi. 70 000/150 000 G; @ 📶 🐾) Internationales Hostel und Kulturzentrum in einem. Hier im Centro IDEAL ist immer etwas los. Es wird von der gemeinnützigen Organisation Para La Tierra (S. 898) betrieben; alle Einnahmen gehen an Sozial- und Umweltprojekte in der Gegend.

Hotel Las Garzas HOTEL $$
(☎0786-23-3130; Cabañas Ecke Antequera; EZ/DZ 190 000/250 000 G; P ❄ 📶) Das komfortable Mittelklassehotel ist schick und dennoch erschwinglich. Manche Zimmer sind allerdings etwas beengt.

PARAGUAY SÜDLICHES PARAGUAY

Essen & Ausgehen

Corona PARAGUAYISCH $
(14 de Mayo Ecke Saavedra; Menú del dia 10 000–15 000 G, Hauptgerichte ab 20 000 G; ❄) Preiswertes Lokal mit Tagesmenüs und am Dienstagabend Pizza, so viel man essen kann. Das sättigende Menü mit großzügig portionierten Gerichten ist genau das Richtige für den großen Hunger!

Rincón Saludable VEGETARISCH $
(Rios Ecke 14 de Mayo; Veggie-Burger ab 20 000 G; ✎) Hier gibt's zuckerfreie Obstsäfte, Haferflocken-Cookies, Salate und Veggie-Burger, die man in dem Sitzbereich im Freien genießen kann.

Tim's Texas Cantina TEX-MEX $$
(14 de Mayo Ecke Rios; Picadas 50 000 G; ❄) Eine Mischung aus texanischer, mexikanischer und (natürlich auch) paraguayischer Kost mit einem starken Hang zu Fingerfood vom Grill und Tortillas.

Home BAR
(Estigarribia Ecke Capurro; Miniburger 5000–10 000 G; ⌚Fr & Sa 19–2 Uhr; 📶) 🍃 Heimelige Bar im Centro IDEAL mit Billardtisch, einfallsreichen, nach heimischen Tieren benannten Cocktails, regionalen Bieren und den wohl besten Miniburgern, die man je auf Reisen bekommen hat.

Praktische Informationen

Als Touristeninformation fungiert das Centro IDEAL, in dem auch das IDEAL Eco-hostel (S. 898) untergebracht ist. Hier sind immer viele junge Leute aus aller Welt; dementsprechend ist auch immer was los. Die Angestellten wissen genau, welche Veranstaltungen anstehen, und organisieren auch Trips und Touren in die Umgebung.

An- & Weiterreise

Ab Asunción fahren etwa alle zwei Stunden Busse hierher (6 Std., 60 000 G), darunter Busse der Unternehmen Ñeembucú (7.15, 11.15 & 23.30 Uhr), Ciudad de Pilar (14, 18 & 20.50 Uhr) und La Encarnacena (12 & 22.30 Uhr). Ab Encarnación haben nur Ñeembucú (9 Uhr) und Ciudad de Pilar (16 Uhr) Direktbusse hierher. Alle Busse ab Pilar fahren durch die Ortschaft San Ignacio, wo es häufigere Verbindungen nach Asunción und Encarnación gibt.

Jesuitenmissionen

Die imposanten Steinkirchen von Trinidad und Jesús de Tavarangüe, die 1993 von der UNESCO zum Weltkulturerbe erklärt wurden, gehören zum Besten, was die Jesuitenarchitektur hervorgebracht hat.

Auf einem üppig grünen Hügel, 28 km nordöstlich von Encarnación, liegt **Trinidad** (25 000 G; ⌚8 Uhr–Sonnenuntergang, bei Lightshow bis 21 Uhr). Paraguays besterhaltene Jesuiten-*reducción* (Siedlung) wurde mit rotem Stein aus dem nahe gelegenen Steinbruch bei **Ita Cajón** (Parque Ecológico Ita Cajón; 10 000 G) erbaut und zieht von allen *reducciónes* bei Weitem die meisten Besucher an. **Jesús de Tavarangüe** (25 000 G; ⌚8–20 Uhr) befindet sich 12 km weiter nördlich und ist eine fast vollständig fertiggestellte Kirche der Jesuitenmission, deren Bau mit der Vertreibung der Jesuiten 1767 abgebrochen wurde.

Nach Einbruch der Dunkelheit wird in beiden Stätten eine stimmungsvolle Lightshow gezeigt. In Begleitung von eindringlichen religiösen Klängen wird mit an die Wände der Kirchen projizierten Bildern eine Geschichte erzählt. An beiden Stätten tummeln sich in der Nähe des Eingangstors Spanisch sprechende Führer. Großzügiges Trinkgeld wird erwartet!

Schwieriger zu erreichen ist **San Cosme y Damián**, 27 km südlich vom etwa 57 km westlich von Encarnacion gelegenen Kilometerstein 308 der Hauptstraße nach Asunción. Die Mühe lohnt sich allerdings, denn dies war der Standort eines astronomischen Observatoriums.

In Trinidad kann man in der charmanten kleinen **Posada María** (☎0985-76-9812; Mujer Paraguaya, Trinidad; EZ/DZ 80 000/140 000 G; P 📶) übernachten, die nur einen Steinwurf von der *reducción* entfernt ist.

Praktisch ist die Website www.turismojesusytrinidad.com.py. mit Infos für Traveller.

Von Encarnación fahren zwischen 6 und 19 Uhr regelmäßig Busse nach Trinidad (5000 G, 1 Std.), aber auch alle Busse, die auf

EINREISE NACH ARGENTINIEN

Wer die Einreise nach Argentinien mit einem kleinen Abenteuer verbinden will, nimmt die Fähre, die zweimal am Tag (7 & 13 Uhr) nach Puerto Cano übersetzt (20 000 G, 20 Min.). In dem Ort selbst gibt's nicht viel zu tun, außer den Bus nach Corrientes, Formosa oder Resistencia zu nehmen.

ABSTECHER

SANTA MARÍA DE LA FE

Wer sich für die Geschichte der Jesuiten und ihre Missionen interessiert, muss unbedingt das **Museum für jesuitische Kunst** (☎0781-28-3311; Mariscal López; 10 000 G; ⏲wegen Öffnungszeiten anrufen) in Santa María de la Fe besuchen. Die indigenen Künstler, die die wunderbaren Schnitzereien schufen, lernten ihr Handwerk bei einem Jesuiten. Der Meister schnitzte ein Modell im Miniaturformat, das von den Schülern dann in voller Größe kopiert wurde. In dem Museum sind sowohl die Modelle als auch die fertigen Kunstwerke mit all ihren Unzulänglichkeiten zu sehen. Den Schlüssel zum Museum verwahrt das Santa María Hotel.

In Santa María lebte auch der berühmte französische Botaniker Aimé Bonpland, an den ein kleines Denkmal auf dem Dorfplatz erinnert. Die Brüllaffen, die in den Bäumen herumturnen, sind überraschend zutraulich.

Das hübsche **Santa María Hotel** (☎0781-28-3311; www.santamariahotel.org; Francia; EZ/DZ/3BZ/4BZ 100 000/180 000/250 000/320 000 G/Pers., VP 35 000 G; P ❄ 📶) im Stil der Jesuiten steht am Dorfplatz. Die stimmungsvoll eingerichteten Zimmer schmücken Nachbildungen der jesuitischen Schnitzereien. Die sachkundigen Besitzer sind auch als Fremdenführer in der Region tätig und führen ihre Gäste durch das Jesuitenmuseum. Zudem engagieren sich die Hotelbesitzer in einer Reihe ausgezeichneter Sozialprojekte mit Schwerpunkt auf der Gleichberechtigung für Frauen. Diese Projekte stellen sie ihren Gästen gern und ausführlich vor.

Es ist nicht ganz einfach, Santa María mit öffentlichen Verkehrsmitteln zu erreichen. Am besten fährt man mit einem der Busse, die zwischen Asunción und Encarnación verkehren, und steigt in San Ignacio aus. Von dort geht's mit dem Taxi weiter. Oder man fährt mit dem einzigen Direktbus (40 000 G, 5 Std.) von Mariscal López, der um 11.45 Uhr in Asunción startet.

der Ruta 6 in Richtung Osten nach Ciudad del Este oder Hohenau fahren, kommen hier vorbei. Sobald das Kraftwerk auf der rechten Seite in Sicht kommt, muss man aussteigen.

Ohne eigenes Fahrzeug ist es schwer, von Encarnación nach Jesús zu kommen, doch manchmal erwischt man sogar ein Taxi (15 000 G/Pers.). Ansonsten geht man 100 m an der *ruta* (Autobahn) entlang bis zur Kreuzung mit der Abfahrt nach Jesús und wartet auf den Bus von Jesús nach Obligado, der theoretisch stündlich fährt (3000 G).

Parque Nacional San Rafael

Im großartigen Nationalpark San Rafael wird der letzte große Abschnitt des Atlantischen Regenwalds von Süd-Paraguay geschützt. In dieser üppig-grünen, leicht zugänglichen Wildnis leben nachweislich mehr als 430 Vogelarten sowie jede Menge gefährdete Arten. Ein Paradies für Vogelbeobachter!

San Rafael ist ein wundervoller Ort, um die Natur zu genießen, und es gibt hier viele Wanderwege und komfortable Unterkünfte. Mit einem Guide bekommt man viel mehr Tiere zu Gesicht als ohne.

FAUNA Paraguay (S. 893) organisiert empfehlenswerte drei- bis viertägige All-inclusive-Touren zur Vogelbeobachtung ab Encarnación, inklusive Abstecher zu den Lodges Pro Cosara und Kangüery.

Schlafen & Essen

Pro Cosara LODGE $

(☎0985-71-0900; http://procosara.org/en; Parque National San Rafael; Zi. ohne VP 180 000/90 000 G pro Pers.; 📶) 🍃 Die bezaubernde Lodge der freundlichen Familie Hostettler liegt mitten im Dschungel am Südende des Nationalparks. Hier befindet sich auch die Zentrale der örtlichen Umweltschutzorganisation Pro Cosara, die eine unerschöpfliche Informationsquelle zum Naturschutzgebiet ist. Die Anlage besteht aus gemütlichen Holzhütten mitten in einem Wald mit wunderbaren Wanderwegen und einem herrlichen See zum Baden.

Kangüery LODGE $$

(Guyra Reta; ☎021-22-9097; www.guyra.org.py; Parque Nacional San Rafael; Zi. 100 000 G/Pers., Mahlzeiten nach Vereinbarung 80 000 G/Pers.; P) 🍃 Die Lodge Guyra Reta liegt tief im Nationalpark San Rafael inmitten des Kangüery-Graslands und bietet verschiedene Schlafsäle. Den Besuch sollte man weit im Voraus über Guyra Paraguay (S. 917) in Asunción arrangieren, vor allem, wenn man auch Verpflegung wünscht.

An- & Weiterreise

Empresa Pastoreo hat täglich zwei Busse von Encarnación nach Ynambú (25 000 G, 3 Std., 8 & 11.30 Uhr). Wer auf eigene Faust anreist, muss sich im Voraus darum kümmern, hier abgeholt zu werden. Die Rückfahrt startet gegen 13 Uhr, je nachdem, wie der Fahrer drauf ist.

ÖSTLICHES PARAGUAY

Das heute als Alto Paraná bekannte Gebiet war früher von undurchdringlichen Wäldern voller Tiere und Pflanzen bedeckt. Doch durch den Bau des zweitgrößten Damms der Welt, dem Itaipú (S. 902), hat sich hier alles verändert: Riesige Flächen unberührten Waldes wurden überflutet, Wasserfälle, vergleichbar mit den Iguazú-Fällen, verschwanden. Der Damm führte zur Erschließung der Region: Die Stadt mit dem Namen Ciudad del Este wurde gegründet und unzählige Bauern kamen ins Land mit der Absicht, die Reste der uralten Wälder in Sojafelder zu verwandeln.

Ciudad del Este

☎061 / 294 000 EW.

Die „Stadt des Ostens" hieß ursprünglich Puerto Presidente Stroessner zu Ehren des früheren Diktators des Landes. Ihren Spitznamen „Supermarkt Südamerikas" verdankt sie dem schwunghaften Handel mit Schmuggelware. Der Teil der Stadt, der sich direkt an der verkehrsreichen Grenze zu Brasilien befindet, ist sehr chaotisch und vermittelt einen eher abschreckenden ersten Eindruck von Paraguay. Doch allen, die über diese Grenze einreisen, sei versichert, dass dies für den Rest des Landes nicht zutrifft. Schon Ciudad del Este selbst ist überraschend angenehm und bietet einige interessante Sehenswürdigkeiten in der Umgebung.

Schlafen

Die meisten Unterkünfte der Stadt sind für Geschäftsreisende mit Spesenkonto gedacht. Die Unterkünfte der mittleren Preisklasse sind ihr Geld aber durchaus wert, vor allem angesichts der gigantischen Frühstücksbüfetts, die im Preis inbegriffen sind.

Hotel Tía Nancy HOTEL $

(☎50-2974; Cruz del Chaco; EZ/DZ. mit Ventilator/ Klimaanlage 80 000/100 000 G; ❄) Die Zimmer des freundlichen Hotels in der Nähe des Busbahnhofs sind zwar recht dunkel, aber ruhig und ideal für einen Zwischenstopp, wenn man nicht viel bezahlen möchte.

Hotel Austria HOTEL $$

(☎061-0883; www.hotelaustriarestaurante.com; Fernández 165; EZ/DZ 220 000/245 000 G; P❄@📶) Das saubere Hotel im europäischen Stil hat geräumige Zimmer mit großem Bad und noch größerem Frühstück. Im ebenfalls hervorragenden Restaurant werden deutsche und österreichische Spezialitäten aufgetischt.

Hotel Munich HOTEL $$

(☎061-50-0347; Fernández 71; EZ/DZ 200 000/ 240 000 G; P❄@📶) Das solide Mittelklasse-Hotel ist nur einen Katzensprung von der Grenze entfernt. Die großen, gemütlichen Zimmer haben auch Kabel-TV.

EINREISE NACH BRASILIEN ODER ARGENTINIEN

Den Grenzübergang nach Brasilien (Foz do Iguaçu) bildet der Puente de la Amistad (Brücke der Freundschaft). An beiden Enden der Brücke befinden sich Einreisebüros (24 Std. geöffnet). Zwischen Ciudad del Este und dem Busbahnhof in Foz do Iguaçu fahren in regelmäßigen Abständen Busse (3 R$, 6–19.30 Uhr alle 10 Min.). Da Traveller im Gegensatz zu den Einheimischen ihren Pass an der Grenze vorlegen müssen, sollte man den Fahrer bitten, bei den Einreisebüros anzuhalten, damit man aussteigen kann.

Eine Autofähre (10 000 G, Mo–Sa 8.30–17 Uhr stündl.) setzt direkt von Puerto Presidente Franco nach Puerto Iguazú in Argentinien über. Von dort ist es nur ein kleiner Fußweg bergauf bis zur Stadt. Oder man fährt mit der Fähre zuerst nach Brasilien und reist auf dem Landweg nach Argentinien ein – was allerdings mit doppelten Zollformalitäten verbunden ist. Für die Einreise nach Brasilien braucht man kein Visum, es sei denn, man will länger bleiben.

Essen

Besonders günstig isst man an den Ständen entlang der Capitán Miranda und der Av Monseñor Rodriguez. Die Av del Lago hingegen ist gesäumt mit *rodízio*-Restaurants brasilianischen Stils, in denen dicke Fleischstücke serviert werden und man essen kann, bis man (fast) platzt.

SAX BISTRO **$$**
(Av San Blás; Bistro ab 25 000 G, Pizza ab 60 000 G) Auf der Speisekarte des ungewöhnlichen Restaurants über dem trendigen SAX-Kaufhaus stehen Pizza, Sushi und Bistro-Gerichte.

Gugu's CHINESISCH **$$**
(Ecke Boquerón & Av Jára; Hauptgerichte 27 000–55 000 G; ⌚ Mo–Sa; ❄ ✍) Die schmackhaften Gerichte des guten chinesischen Restaurants sind ihr Geld durchaus wert, zumal die Portionen locker für zwei reichen.

Praktische Informationen

Fliegende Geldwechsler tummeln sich rund um das Gebäude der Pioneros del Este nahe der Grenze. Banken mit Geldautomaten säumen die Av Jara.

Senatur (☎ 061-50-8810; Puente de la Amistad; ⌚ 24 Std.) Die Touristeninformation hat eine praktische Lage an der internationalen Brücke.

An- & Weiterreise

Der kleine **Aeropuerto Guaraní** (Ruta 7, Minga Guazú) liegt an der Ruta 2, 30 km westlich der Stadt. Bei entsprechendem Bedarf legen die Flugzeuge auf dem Weg von Asunción nach Brasilien hier einen Stopp ein.

Der **Busbahnhof** (☎ 061-51-0421; Chaco Boreal) befindet sich etwa 2 km südlich des Zentrums. Stadtbusse (3500 G) verbinden ihn regelmäßig mit dem Zentrum und fahren weiter zur Grenze. Regelmäßig starten Busse nach Asunción (60 000–90 000 G, 4½–6 td.) und Encarnación (60 000–90 000 G, 6 Std.). Pluma- und Sol-del-Paraguay-Busse verkehren täglich nach São Paulo (Brasilien 250 000 G, 17 Std.).

Taxis sind ziemlich teuer – sie kosten ungefähr 40 000 bis 50 000 G für eine Fahrt ins Stadtzentrum.

Rund um Ciudad del Este

Abgesehen von den Einkaufszentren befinden sich die meisten Sehenswürdigkeiten von Ciudad del Este außerhalb der Stadt.

Sehenswertes & Aktivitäten

Itaipú-Staudamm DAMM
(☎ 061-599-8040; www.itaipu.govv.py; Super Carretera Itaipú; ⌚ Mo-Fr 7.30–17.30, Sa & So bis 16.30 Uhr) Paraguays Medien präsentieren gern ganze Fluten von Fakten und Zahlen zum Wasserkraftwerk Itaipú, dem zweitgrößten Staudamm der Welt (nach Chinas Drei-Schluchten-Damm). Itaipús Generatoren erzeugen fast 80 % des in Paraguay benötigten Stroms und liefern 25 % des brasilianischen Bedarfs. Befürworter des Kraftwerks geraten angesichts dieser Errungenschaft ins Schwärmen, lassen dabei aber die Kosten von 25 Mrd. US$ gern außer Acht und vermeiden es auch, die Folgen für die Umwelt zu erwähnen. Der 1350 km² große, 220 m tiefe Stausee hat nämlich die Sete Quedas überschwemmt, eine Reihe von Wasserfällen, die noch größer waren als die Iguazú-Fälle.

Kostenlose **Führungen** starten am Besucherzentrum nördlich von Ciudad del Este nahe der Ortschaft Hernandarias – Pass mitbringen! Alle Busse mit der Aufschrift „Hernandarias" (3500 G, alle 15 Min.) passieren den Staudamm. Die einfache Strecke mit dem Taxi kostet etwa 60 000 G (hin & zurück 90 000 G), inklusive Wartezeit.

Monumento Bertoni DENKMAL
(Puerto Bertoni; 20 000 G; ⌚ Di–So 9–17 Uhr) Der Schweizer Moisés Bertoni ließ sich mit seiner Familie Ende des 20. Jhs. im Dschungel Paraguays nieder und gründete dort eine Forschungsgemeinschaft. Jedem seiner Kinder übertrug er die Erforschung eines bestimmten Bereichs. So leisteten die Bertonis einen wichtigen Beitrag zur Entwicklung der (zugegeben recht überschaubaren) wissenschaftlichen Forschungen im Paraguay jener Zeit. Die Gedenkstätte umfasst das ehemalige Wohnhaus der Familie, in dem ein Museum die Leistungen der Bertonis dokumentiert, Wanderwege in den umliegenden Wald am Ufer des Río Paraná und die letzte Ruhestätte von Vater Moises.

Der berühmteste Nachkomme Bertonis dürfte sein Sohn Winkelried sein. Dieser veröffentlichte als weltbekannter Biologe unermüdlich eine Publikation nach der anderen, bis er mit Anfang 30 entschied, dass Wissenschaft nicht wirklich sein Ding sei, und aus dem Dschungel nach Asunción zog, um in einer Bank zu arbeiten.

Bei Senatur (S. 902) erhält man Infos, wie man die Stätte im Dschungel besuchen kann.

Salto del Monday WASSERFALL
(Parque Saltos del Monday; 25 000 G; ⌚7–19 Uhr) Der beeindruckende 80 m hohe Wasserfall liegt 10 km südlich von Ciudad del Este, steht aber völlig im Schatten der nahe gelegenen Iguazú-Wasserfälle jenseits der Grenze. Dabei ist der Monday (sprich: Monda-Uh) durchaus einen Besuch wert, vor allem in der Dämmerung, wenn sich Zehntausende von Mauerseglern dort sammeln, bevor sie sich zu ihren Schlafplätzen auf den glitschigen Felsen hinter dem Wasserfall begeben.

Das ganze Gelände steht jetzt unter der Verwaltung von Aqua Paraná Tour, die auch viele Abenteueraktivitäten anbieten, darunter Seilrutschen, Baumkronenpfade und einen Panorama-Aufzug. Die Taxifahrt hin und zurück kostet inklusive Wartezeit etwa 80 000 G.

Mbaracayú-Biosphärenreservat

Der WWF zeichnete es als einen der 100 weltweit wichtigsten Orte für die Artenvielfalt aus: Das 70 000 ha große Mbaracayú-Biosphärenreservat ist einer von Paraguays Naturschätzen. Es besteht zu etwa gleichen Teilen aus unberührtem Atlantischen Regenwald sowie *cerrado* (Savanne) und beheimatet mehr als 400 Vogelarten und eine ganze Reihe großer Säugetiere. Vogelbeobachter werden nach dem Nacktkehl-Glockenvogel (Paraguays Nationalvogel), dem seltenen Wellenohrspecht und dem gefährdeten Schwarzmaskenguan (*Pipile jacutinga*) Ausschau halten.

Das beispielhafte Naturschutzgebiet wird von der in Asunción ansässigen Fundación Moisés Bertoni (S. 917) geleitet. Man braucht einen Geländewagen, wenn man selbst hinfahren möchte, oder man nimmt ab Asunción den Canindeyú-Bus um 11.30 oder 23.30 Uhr nach Villa Ygatimi (70 000 G, 8 Std.) und lässt sich von hier abholen (die Abholung im Voraus arrangieren!). Der Bus zurück nach Asunción startet um 7 bzw. 19 Uhr.

Die **Mbaracayú Eco-lodge** (☎0985-26-1080; reservasmbaracayu@gmail.com; Jejui-Mi; EZ/DZ VP 265 000/420 000 G P ❄ 🛜) 🍃 ist die beste Öko-Lodge in Paraguay. Sie ist Teil eines innovativen Tourismusprojekts, das Bildung, Naturschutz, Frauenförderung und Tourismus miteinander verbindet. Geführt wird die Lodge von den Studentinnen der Fakultät für Ökologie, die an der Rezeption sitzen, kochen, bedienen und putzen, um einen Abschluss als Hotelfachfrau zu erwerben.

NÖRDLICHES PARAGUAY

Die meisten Reisenden haben das nördliche Paraguay nicht auf dem Plan, aber die Kolonialstadt Concepción ist der beste Ort, um auf ein Schiff zu gelangen, das nordwärts den Río Paraguay entlangfährt. Diese abgelegene Gegend ist voller Naturwunder und die Straße östlich von Pozo Colorado nach Concepción ist berühmt für ihren großen Tier- und Pflanzenreichtum.

Concepción

☎0331 / 77 000 EW.

Die „Perle des Nordens" ist eine friedvolle Stadt am Río Paraguay – mit hübschen Gebäuden aus dem frühen 20. Jh. und einem entspannten Ambiente. „Action" bedeutet in dieser Gegend, wenn ein Pferd mit einem Wagen voller Wassermelonen vorbeitrottet oder ein Schiff im Hafen einläuft. Flussfahrten sind Concepcións Magnet für Reisende – von kurzen Trips mit Einheimischen im Rahmen von Wochenendausflügen an die nahen Sandstrände bis hin zu abenteuerlichen Odysseen gen Norden und nach Brasilien.

Sehenswertes

An der Estigarribia stehen einige fantastische **Herrenhäuser**, in denen heute die Stadtverwaltung residiert.

Museo del Cuartel de la Villa Real MUSEUM
(Ecke Estigarribia & Carlos A. López; ⌚Mo–Sa 8–12 Uhr) GRATIS Das Museum in den wunderschön restaurierten Kasernen präsentiert historische Gegenstände und Kriegsutensilien. Von hier ging während des Tripel-Allianz-Kriegs der Angriff aufs brasilianische Mato Grosso aus.

Schlafen & Essen

Unterkünfte in Concepción sind teuer und oft das Geld nicht einmal wert.

Am besten isst man auch im Hotel, es sei denn, man ist süchtig nach Brathähnchen. In diesem Fall geht man in eines der vielen Lokale in der Calle Presidente Franco.

ABSEITS DER ÜBLICHEN PFADE

AUF DEM RÍO PARAGUAY IN DEN PANTANAL

Nördlich von Concepción windet sich der Río Paraguay langsam in Richtung des Pantanal Paraguayo. Im Gegensatz zum brasilianischen Pantanal verirrt sich kaum ein Reisender in diesen Teil des riesigen Sumpfgebiets. Und so sind die Leute auf dem Boot und die wilden Tiere die einzige Gesellschaft auf dieser Reise. Für die Bootsfahrt sollte man eine Hängematte und ein Moskitonetz mitbringen und sich schnell ein gutes Plätzchen sichern, denn die Boote sind immer voller Einheimischer, die darauf auch übernachten. Auf einigen Booten gibt es auch einfache Kabinen (100 000 G/Nacht), die aber lang im Voraus gebucht werden müssen. Essen muss man ebenfalls selber mitbringen.

Die Standardrouten führen von Concepción über Vallemí nach Fuerte Olimpo (letzte Möglichkeit, einen Ausreisestempel zu bekommen; besser und sicherer ist es, den Stempel schon in Asunción zu holen) und ins winzige Städtchen Bahía Negra an der Grenze zu Bolivien und Brasilien. Ein Ausreisestempel ist nur für die Weiterreise in Richtung Norden nach Brasilien oder Bolivien erforderlich.

Zu den Booten, die von Concepción flussaufwärts nach Vallemí (65 000 G, 30 Std.) und weiter bis nach Bahía Negra (110 000 G, 3 Tage) fahren, gehören die *Aquidabán* (Abfahrt Di 11 Uhr, Rückfahrt Fr) und die unregelmäßig verkehrende *Guaraní*, die nur alle zwei Wochen montagnachmittags über Vallemí bis nach Fuerte Olimpo schippert und donnerstags wieder zurückkehrt. Über den Fahrplan und die Verfügbarkeit der Boote sollte man sich im Voraus informieren (☎0331-24-2435), denn das ändert sich die ganze Zeit.

Hotel Francés HOTEL **$$**
(☎0331-24-2383; Ecke Franco & Av López; EZ/DZ 100 000/190 000 G; ❄@☒) Das in einem alten kolonialen Herrenhaus untergebrachte Hotel hat Persönlichkeit und ein ordentliches Preis-Leistungs-Verhältnis im unteren Segment der Preisklasse, auch wenn es würdevoll altert.

Concepción Palace HOTEL **$$$**
(☎0331-24-1858; www.concepcionpalace.com.py; Mariscal López 399; EZ/DZ 390 000/490 000 G; P❄@☒☒) Das bei Weitem vornehmste Hotel in Concepción! Die stilvollen Zimmer in Holz und Leder sind dermaßen anspruchsvoll, dass sie die staubigen Straßen draußen vergessen lassen. Ein beeindruckender Pool und das beste Restaurant der Stadt runden das Bild ab.

ℹ Praktische Informationen

Die Banken entlang der Presidente Franco haben Geldautomaten, die ausländische Karten annehmen. Wer weiter nach Norden ins Pantanal reisen will, hat hier die letzte Möglichkeit, Geld abzuheben.

ℹ An- & Weiterreise

BUS

Der **Busbahnhof** (☎0331-24-2744; Asunción Flores) befindet sich acht Straßen nördlich der Stadtmitte.

Die besten Verbindungen nach Asunción (90 000 G, 4½–6 Std.) bieten La Santaniana und La Concepciónera. Ihre Busse fahren aber auch nach Pedro Juan Caballero (35 000 G, 4 Std.) und Filadelfia (100 000 G, 6 Std.). Die Busse von NASA starten täglich um 12.30 und 20 Uhr nach Ciudad del Este (100 000 G, 9 Std.).

Bahía Negra & der paraguayische Pantanal

Der paraguayische Pantanal (Pantanal Paraguayo) ist abgelegen, einsam und kaum besucht, doch wer bereit ist, die Anstrengung auf sich zu nehmen und mehr dafür zu bezahlen als im brasilianischen Teil, wird mit einer faszinierenden Landschaft, einem Abenteuer weit abseits der üblichen Pfade und einer ungeheuren Vielfalt an Tieren und Pflanzen belohnt. Da es hier so gut wie keine touristischen Einrichtungen gibt, ist man ganz auf sich alleine gestellt. Selbst einheimische Führer sucht man vergeblich.

Die wichtigste Zugangsmöglichkeit ist Bahía Negra. Hier gibt es zwar nicht viel zu sehen außer einer Militärbasis, doch der Besuch ist ein notwendiges Übel, um Bootsreisen am Río Negro entlang zu organisieren. Wilde Tiere gibt's hier im Überfluss, Greif- und Wasservögel fliegen vom Flussufer auf, Sumpfhirsche grasen im Röhricht, und Kaimane und Wasserschweine sonnen sich auf freiliegenden Sandbänken.

Schlafen & Essen

Aufgrund der Abgeschiedenheit sind die Unterkünfte in der Ortschaft Bahía Negra dünn gesät und überteuert. Die Bruchbuden an der Hauptstraße kassieren rund 50 000 G pro Person.

Auch Essen ist schwer zu bekommen (sogar in den Läden). Wer mehr als nur fettige Burger oder schlechte Pizza will, muss sich selber etwas mitbringen.

Tres Gigantes LODGE **$$**
(☎021-22-9097; EZ/DZ 120 000 G/240 000 G ohne Verpflegung) Das hübsche Holzhaus mit Ventilatoren und Blick auf den Río Negro ist die einzige Unterkunft im Pantanal. Die Bootsfahrt zu der westlich von Bahía Negra gelegenen Lodge dauert gut eine Stunde. Bei der Buchung über Guyra Paraguay in Asunción (S. 917) sollte man auch gleich die Bootsfahrt organisieren. Strom wird mit einem Generator erzeugt (25 000 G/Std.).

Bei der Buchung sollte man sich auch nach der Verpflegung erkundigen. Ist diese vor Ort nicht möglich, muss man alles selber mitbringen, kann aber zumindest die Küche benutzen.

An- & Weiterreise

Am einfachsten kommt man mit einem Tourveranstalter ins Pantanal. Wer jedoch unabhängig reisen will, hat folgende Optionen:

Die einfachste, aber teuerste Art, nach Bahía Negra zu gelangen, ist ein Flug mit Grupo de Transporte Aéreo (S. 919) ab Asunción (hin & zurück 580 000 G, Mi 6 Uhr, manchmal zusätzl. auch Fr). Viel unbequemer ist die Fahrt mit dem einmal pro Woche verkehrenden Bus der Firma Stel Turismo (S. 918) von Asunción nach Bahía Negra (200 000 G, 18 Std., Do 19 Uhr, Rückfahrt je nach Wetterlage Sa oder So). Die Fahrt dauert zugegebenermaßen lange, dafür sieht man unterwegs ein paar Tiere. Verpflegung und Wasser mitnehmen!

Wer viel Zeit zur Verfügung hat, kann ab Concepción mit dem Boot herfahren.

Von Bahía Negra gelangt man nur mit dem Motorboot zu den besten Tierbeobachtungsgebieten – und das ist nicht billig, zumal Benzin in dieser abgeschiedenen Gegend sehr teuer ist. Tres Gigantes bietet einen Motorboot-Transfer für vier Personen zu 800 000 G an.

DER CHACO

Der Chaco ist immer noch eine faszinierende Landschaft mit einer besonders artenreichen Tierwelt. Die weite Ebene, die sich fast über die ganze westliche Hälfte Paraguays bis weit nach Argentinien und Bolivien hinein erstreckt, lässt sich grob in die sumpfigen Palmensavannen des Feuchten Chaco (die ersten 350 km westlich von Asunción) und die dornigen Buschwälder des Trockenen Chaco (der Rest) unterteilen.

Mitten hindurch führt die **Ruta Trans-Chaco**, von der man leicht Schwärme von Wasser- und Raubvögeln beobachten kann. Obwohl der Chaco mehr als 60 % der Gesamtfläche Paraguays einnimmt, leben hier nur 3 % der Bevölkerung. Waren dies früher vor allem indigene Jäger und Sammler, so ist der Mittlere Chaco heute von Siedlungen der Mennoniten geprägt.

Die Mennoniten-Kolonien

Von den drei mennonitischen Siedlungen im zentralen Chaco sind nur zwei der Dörfer mit öffentlichen Verkehrsmitteln zugänglich: **Filadelfia** und **Loma Plata**. Viele Besucher sind überrascht, wie klein diese beiden Städte sind. Zwar gibt's hier nicht viel mehr zu tun, als die einmalige Atmosphäre zu genießen, aber eine interessante kurze Pause ist damit garantiert. Die Siedlungen sind zudem ein guter Ausgangspunkt, um die Umgebung zu erkunden.

Etwa 15 000 Mennoniten leben im Chaco. Laut ihrer eigenen Geschichtsschreibung wurden einst Mennoniten aus Kanada eingeladen, sich auf diesem Land, das sie als üppig grün erachteten, niederzulassen und es zu bewirtschaften; im Gegenzug bekamen sie ihre Grundrechte zugesagt: Religionsfreiheit, Befreiung vom Militärdienst, eine unabhängige Verwaltung ihrer Gemeinden, das Recht, Deutsch zu sprechen und ihre religiösen Bräuche auszuüben. Die harte Realität im unwirtlichen, trockenen Chaco war jedoch ein Schock für sie und ein großer Teil der ursprünglichen Siedler erlag Krankheiten, Hunger und Durst, während sie versuchten, hier Fuß zu fassen.

Auch anderswo in Paraguay findet man Mennoniten-Gemeinden, aber die Kolonien im Chaco sind für ihre Ausdauer, die sie in der „grünen Hölle" an den Tag legen, ebenso bekannt wie für ihren wirtschaftlichen Erfolg. So produzieren ihre Kooperativen u.a. den Großteil der Milchprodukte des Landes.

Heute gibt's drei Hauptkolonien im Chaco. Die älteste, **Menno**, wurde im Jahr 1927 von den ersten Siedlern gegründet und erstreckt sich um Loma Plata herum, **Fernheim** (Hauptstadt: Filadelfia) wurde 1930 von Flüchtlingen aus der Sowjetunion gegründet, und 1947 gründeten Deutsch-Ukrainer die Kolonie **Neuland** (Hauptstadt: Neu-Halbstadt).

An- & Weiterreise

Es gibt nur einen Weg in den Chaco und das ist der lange, schnurgerade Trans-Chaco-Highway. Busse zu den Mennoniten-Siedlungen Loma Plata und Filadelfia fahren ab Asunción (110 000 G, 8 Std.) und Concepción (100 000 G, 6 Std.).

Es gibt zwei Busse am Tag von Filadelfia nach Loma Plata.

Filadelfia

0491 / 9700 EW. (KOLONIE)

Filadelfia ist die größte der Mennoniten-Siedlungen und das Verwaltungszentrum der Kolonie Fernheim. Es wirkt wie ein Münchner Vorort inmitten einer Sandwüste. Die staubige Av Hindenburg ist die Hauptstraße, aber ein richtiges Zentrum sucht man hier vergebens. Das Herz der Ortschaft ist eine riesige Molkereigenossenschaft.

Sehenswertes

Kolonistenmuseum
MUSEUM

(Av Hindenburg; Mo–Fr 7–11.30 Uhr) GRATIS Das knarrende Holzhaus, das dieses Museum beherbergt, war früher das Hauptquartier der Kolonie. Man findet darin von allem etwas: von Infos über die mennonitische Geschichte über selbstgebastelte Flammenwerfer zur Heuschreckenbekämpfung bis hin zu den bunten Kopfbedeckungen der Nivaclé.

Jakob Unger Museum
MUSEUM

(Av Hindenburg; Mo–Fr 7–11.30 Uhr) GRATIS Das nach dem berühmten Mennoniten-Naturforscher benannte Naturkundemuseum präsentiert ausgestopfte Tiere und gehört zum eindrucksvollen **Museumskomplex Filadelfia**.

Schlafen & Essen

Hotel Florida
HOTEL $$$

(0491-43-2151; www.hotelfloridachaco.com; Av Hindenburg 984; EZ 200 000–250 000 G, DZ 280 000–400 000 G; P) Das ordentliche und effizient betriebene Florida ist die bei Weitem schönste Unterkunft in Filadelfia. Die verschiedenen Zimmerpreise rühren von dem Unterschied zwischen „neuen" und „alten" Zimmern her: Die neueren sind hübscher und etwas größer. Das Restaurant ist nicht schlecht.

Meshin
CHINESISCH $$

(0981-81-2700; Av Central; Büfett 40 000 G/kg; 11–13.30 & 19–23 Uhr; P) Das Meshin ist eine echte Wohltat und angesichts der Lage draußen in der Nähe des Flugfelds auch eine kleine Überraschung, denn es hat das wohl beste chinesische Büfett des ganzen Landes.

EINREISE NACH BOLIVIEN

Die Busse nach Bolivien fahren nicht durch die Mennoniten-Siedlungen. Insofern ist es sicher weniger stressig, zuerst nach Asunción zurückzufahren und von dort einen Direktbus zu nehmen. Wer aber von Filadelfia oder Loma Plata aus zur Grenze will, hat zwei Möglichkeiten: Entweder man sucht sich eine Mitfahrgelegenheit zur Ruta Trans-Chaco und wartet dort auf einen vorbeifahrenden Bus nach Santa Cruz (die kommen in den frühen Morgenstunden hier durch) oder man schlägt sich bis zur Stadt Mariscal Estigarribia durch. Dort erledigt man die paraguayischen Zollformalitäten (24 Std. geöffnet) und steigt dann in einem Hotel ab, in dem man sich rechtzeitig für den Bus (der irgendwann zwischen 3 und 5 Uhr hier abfährt) wecken lässt.

Mittwochs um 5 Uhr fährt ein Minibus von Filadelfia direkt nach Mariscal, wo man dann einen ganzen Tag totschlagen muss. Alternativ nimmt man den unkomfortablen und ziemlich unvorhersehbaren Bus, der täglich um 6 Uhr in Asunción losfährt, gegen 14 Uhr durch Loma Plata und gegen 15 Uhr durch Filadelfia kommt und gegen 17 Uhr (wenn alles gut läuft) Mariscal erreicht. Das **Hotel La Estancia** (0494-24-7250; gegenüber der Militärbasis; EZ/DZ 170 000/220 000 G; P) ist die beste Bleibe in Mariscal, zumal man hier auch ein genießbares Abendessen bekommt.

Der bolivianische Zoll befindet sich in Ibibobo (theoretisch rund um die Uhr geöffnet), in einiger Entfernung zur Grenze, und ist nicht viel mehr als eine Ansammlung von Hütten.

Girasol BRASILIANISCH $$
(Unruh; Büfett 75 000 G) Das All-you-can-eat-Büfett besteht aus leckeren brasilianischen Grillgerichten.

Shoppen

Cooperativa Fernheim SUPERMARKT
(Unru; Mo–Sa 7–12 & 14–19 Uhr) Der riesige, gut ausgestattete Cooperativa-Mennonita-Supermarkt lohnt den Besuch – es ist bemerkenswert, wie viel unter dieses Dach passt. Traveller sind aber wahrscheinlich die einzigen, die hier bezahlen – die Mennoniten kaufen eher auf Kredit als dass sie in harter Währung zahlen.

Praktische Informationen

Touristeninformation (0491-41-7380; Av Hindenburg 131; Mo–Fr 7–11.30 Uhr) Hat Infos auf Englisch, Deutsch und Spanisch und organisiert mit ein wenig Vorlauf Touren in die Kolonien. Walter Ratzlaff ist ein einheimischer Guide, der sich gut auskennt und mehrere Sprachen spricht.

An- & Weiterreise

Es gibt zwei Busse pro Tag von Filadelfia nach Loma Plata (10 000 G, 30 Min., 7.15 & 13 Uhr).

Loma Plata

0492 / 5500 EW. (KOLONIE)

Loma Plata ist die älteste und traditionellste der Mennoniten-Siedlungen. Abgesehen vom Besuch in dem kleinen historischen Museo Loma Plata gibt's hier nicht viel zu tun.

Es lohnt sich auch ein Bummel durch den weitläufigen **Cooperativa Supermarket** (Av Central; Mo–Fr 7–12 & 14–18, Sa 7–12 Uhr), um einen Einblick in den mennonitischen Alltag zu erhalten.

Schlafen & Essen

Hotel Mora HOTEL $$
(0492-25-2255; Sand Strasse 803; EZ/DZ 120 000/180 000 G; P) Reizende, makellose Zimmer auf einem mit Gras bewachsenen Gelände. Im Chaco gibt's nichts in der unteren Preisklasse, doch im Vergleich ist das Mora so gut wie jedes andere Hotel, kostet aber etwas weniger.

Loma Plata Inn HOTEL $$
(0492-25-3235; Ayala; EZ/DZ 200 000/250 000 G; P) Das Loma Plata Inn ist komfortabel, wird professionell betrieben und ist eher funktional als mondän. Es ist die beste Bleibe in der Stadt.

NICHT VERSÄUMEN

DIE TRANSCHACO RALLY

Die dreitägige, internationale **Transchaco Rally** (http://rally.com.py; Sept.) in Chaco gilt als eines der härtesten Autorennen der Welt. Die Unterkunft muss man lange im Voraus buchen.

Chaco's Grill GRILL $$$
(0983-25-0621; Gondra; Büfett 97 000 G/kg; 12–14.30 & 19–23 Uhr) Grillfleisch in Hülle und Fülle; die Salatbar ist nur Beigabe. Hier wird gut gegessen – diese Kalorienbomben sind nichts für Zaghafte.

An- & Weiterreise

Alle Busse Richtung Filadelfia fahren durch Loma Plata. Ab Asunción gibt's fünf Busse pro Tag (110 000 G, 7 Std. 30 Min.).

Rund um die Mennoniten-Kolonien

Ohne eigenes Fahrzeug oder einen Mietwagen lässt sich die Gegend außerhalb der mennonitischen Städte kaum erkunden. Wer es dennoch versucht, wird mit fantastischen Naturerlebnissen belohnt.

Sehenswertes & Aktivitäten

Chaco Lodge TIERSCHUTZGEBIET
(0981-22-3974; 100 000 G/Auto) Die Chaco Lodge ist ein Waldschutzgebiet rund um einen großen, für seine Flamingos berühmten Salzsee, der immer als einer der letzten in der Gegend trocken wird. Der See ist nur bei trockenem Wetter erreichbar. Man kann hier hervorragend campen; und Norbert Epp, der Eigentümer, kann private Trips arrangieren.

Fortín Boquerón MUSEUM
(5000 G, Trinkgeld wird erwartet; Di–Sa 8–18 Uhr) Fortín Boquerón war der Schauplatz einer entscheidenden Schlacht im Chaco-Krieg (1932–1935). Heute befinden sich dort ein Museum, ein Soldatenfriedhof und ein riesiges Denkmal, das aus den damaligen Verteidigungsanlagen und Schützengräben errichtet wurde. Die Anlage ist 65 km südlich der Abfahrt Cruce Los Pioneros von der Ruta Trans-Chaco.

Besonders bemerkenswert ist der ausgehöhlte *palo-borracho*-Baum, in dem sich die Scharfschützen versteckten. Von vorne sieht man nur eine Art Spechtloch, und obwohl der Baum schon vor mehr als 70 Jahren ausgehöhlt wurde, lebt er immer noch.

Laguna Capitán TIERBEOBACHTUNG

Mehrere saisonal trockenfallende Salzseen östlich von Loma Plata sind ein wichtiger Lebensraum für Zugvögel. Auch wenn einzelne Seen jahrelang ausgetrocknet sind, bevor sie sich erst nach starken Regenstürmen wieder füllen, finden die Vögel sie irgendwie. Die Laguna Capitán ist einer der am besten zugänglichen Seen hier.

Von Mai bis September ist es hier am schönsten, denn dann tummeln sich Scharen von Enten und Flamingos im See. Von Oktober bis Dezember sowie im März und April machen Wat- und Stelzvögel hier Station. Übernachten kann man in **Schlafsälen** (☎0983-34-4463; B 50 000 G; P @ ᯤ), die im Voraus gebucht werden müssen. Eine Küche steht auch zur Verfügung (100 000 G/Tag).

Fortín Toledo TIERBEOBACHTUNG

(www.cccipy.org; 20 000 G) In Fortín Toledo sind zwar noch die Schützengräben des Chaco-Krieges zu sehen, aber viel interessanter ist hier das Aufzuchtprojekt **Proyecto Taguá**. Der Taguá oder Chaco-Pekari sieht aus wie ein kleines Wildschwein und galt bis zur Wiederentdeckung in den 1970er-Jahren als ausgestorben. Das vom Zoo in San Diego initiierte Projekt dient der Zucht und Auswilderung der extrem scheuen und vom Aussterben bedrohten Tierart.

Außerdem leben hier noch die netten Halsbandpekaris und die gefährlich aussehenden Weißbartpekaris. So hat man die einmalige Gelegenheit, alle drei Arten von Nabelschweinen auf einmal zu sehen und miteinander vergleichen zu können. Auch der seltene Schwarzbauchspecht lässt sich manchmal blicken und vor allem hören.

Fortín Toledo erreicht man über die Abfahrt bei Km 475 der Ruta Trans-Chaco. Danach folgt man noch für etwa 5 km den Pekari-Schildern. Es gibt eine **Unterkunft** (☎0981-26-0378; 80 000 G/Pers.).

Nationalparks im Nordwesten

Die Auwälder des **Parque Nacional Defensores del Chaco** waren einst die Heimat der nomadisch als Jäger und Sammler lebenden Ayoreo. Sein höchster Punkt ist der einsam aufragende Cerro León (500 m). In dem dichten Dornenwald leben große Wildkatzen wie Jaguare und Pumas sowie Tapire und Herden von Pekaris. Die kostenlos zur Verfügung stehenden Unterkünfte sind furchtbar; außerdem muss man Essen und Trinken sowie Benzin für den Generator mitbringen. Der „Defensores" ist von Asunción 830 km weit entfernt. Die Straßen dorthin sind für normale Autos nicht passierbar und reguläre öffentliche Verkehrsmittel fahren auch nicht. Ohne Guide aufzubrechen, ist schon eine blöde Idee – und ohne Geländewagen wäre dämlich! FAUNA Paraguay (S. 893) organisiert empfehlenswerte Trips.

Besser zugänglich ist der **Parque Nacional Teniente Enciso**, der eine bessere Infrastruktur zu bieten hat – es gibt ein Informationszentrum sowie ein Besucherhaus mit Küche und einigen klimatisierten Zimmern. Auch hier muss man Lebensmittel und Wasser selbst mitbringen.

Etwas weiter nördlich liegt der **Parque Nacional Médanos del Chaco**, in dem keine Unterkünfte zur Verfügung stehen und den man auch nicht ohne Führer besuchen sollte. Die Landschaft hier ist offener als im Enciso. Vogelbeobachter können sich auf die Suche nach heimischen Arten wie dem Schmucksteißhuhn und dem Tropfenfalken begeben.

Die NASA betreibt einmal in der Woche einen einzigen Minibus von Filadelfia (Mi 5 Uhr) über Mariscal Estigarribia (7 Uhr) nach Enciso (60 000 G, 6 Std.), der am selben Nachmittag zurückfährt (15 Uhr).

PARAGUAY VERSTEHEN

Paraguay aktuell

Die Wahlen von 2018 wurden schon im Vorfeld vergiftet durch den Versuch von Horacio Cartes, die konstitutionelle Beschränkung auf eine einzige Amtszeit aufzuheben, um sich erneut zur Wahl als Präsident zu stellen. Diese Beschränkung hatte seit dem Ende der Diktatur gegolten. Cartes' Vorstoß löste sofort gewalttätige Demonstrationen in der Hauptstadt aus. Bei Straßendemonstrationen wurde der führende liberale Kandidat Efraín Alegre mit Gummigeschossen attackiert, ein junger Wahlkämpfer der Liberalen wurde von der Polizei unter mysteriösen Umständen im Parteigebäude erschossen, und das Kongressgebäude wurde von den Protestierenden erstürmt und in Brand gesteckt.

Zwar ließ Cartes schließlich sein Ansinnen fallen, aber der von ihm auserkorene Kandidat für die Vorwahlen der Colorados, der junge und praktisch unbekannte Wirtschaftswissenschaftler Santiago Peña, wurde weithin als sein Strohmann betrachtet. Bei den parteiinternen Vorwahlen der Colorados unterlag Peña haushoch Mario Abdo Benítez (Marito), dem gleichnamigen Sohn des engsten Kumpans von Alfredo Stroessner. Im April 2018 schlug Marito schließlich Efraín Alegre in einem der engsten Rennen um die Präsidentschaft in der paraguayischen Geschichte, das von den üblichen Anschuldigungen hinsichtlich Wahlbetrugs begleitet war.

Marito steht nun an der Spitze eines Landes, das im letzten Jahrzehnt einen Wirtschaftsboom erlebt, aber es nicht verstanden hat, den wirtschaftlichen Erfolg für eine nachhaltige soziale Entwicklung zu nutzen. Die Wirtschaft ist gesund, auch wenn einige Nachbarländer in der Krise sind, und der Guaraní ist seit den frühen 2000er-Jahren stark und stabil, obwohl die Lebenshaltungskosten in derselben Zeit exponentiell gestiegen sind. Paraguay ist für ausländische Besucher immer noch ein recht billiges Land, aber wer zum ersten Mal hierher kommt, könnte die Preise höher empfinden als erwartet.

Paraguay ist immer noch eine entlang der Klassengrenzen gespaltene Gesellschaft, in der die Reichsten alles tun, um ihre Beute nicht mit der in Armut gehaltenen Mehrheit zu teilen. Die Städte prunken oft mit Modernität. Doch neue Bauprojekte zielen in aller Regel auf die Reichen ab, während die Bedürfnisse der armen Landbewohner ignoriert werden. Die Rechte der Indigenen, die Landrechte der *campesino* (Bauern) und die Umweltthemen stehen alle weit hinter der Ideologie des freien Marktes zurück, die die politische und gesellschaftliche Szene in Paraguay prägt. Dabei nimmt die Ungleichheit weiter zu.

In ökologischer Hinsicht befindet sich Paraguay in einer Krise. Die Entwaldung des Chaco, des am schnellsten verschwindenden Waldhabitats der Erde, setzt sich mit rasender Geschwindigkeit fort. Geschichten über genetisch veränderte Sojabohnen, die unter den harschen Klimabedingungen des Chaco wachsen könnten, begeistern die Landwirtschaft, aber entsetzen die Umweltschützer, die darin einen möglichen Nagel im Sarg dieses einmaligen Habitats sehen. Wie wenig Bedeutung Umweltfragen haben, zeigten im Jahr 2015 aufgekommene Vorschläge, den höchsten Punkt im Chaco, den Cerro León, in die Luft zu sprengen – offiziell, um Gestein für den Straßenbau zu gewinnen. Vielleicht ging es aber in Wahrheit um das Uran, das angeblich in dem *cerro* schlummern soll. Dabei ist dieser Berg nicht nur das Kernstück des Parque Nacional Defensores del Chaco, sondern auch von religiöser Bedeutung für die in dieser Gegend lebenden Guaraní-Stämme und der letzte Rückzugsraum des gefährdeten Chaco-Pekaris. Die Öffentlichkeit reagierte entsetzt auf diese Missachtung des Umweltschutzes und stoppte mit Demonstrationen und Widerspruch diese Pläne. Der damalige Präsident Cartes jedoch zeigte seine Verachtung für die Sorgen der Öffentlichkeit und scherzte, seine Regierung würde den Pekari zu seinem Schutz „in einen Käfig“ stecken.

Geschichte

Die Indigenen & die Europäer

Historisch gesehen war Paraguay von den indigenen Guaraní bewohnt, den als Jäger und Sammler lebenden Volksstämmen, die kulturell eng mit den Tupí aus Brasilien verwandt sind. 17 ethnische Gruppen, die zu fünf Sprachfamilien gehören, bewohnen Paraguay. Die bedeutendsten Gruppen im Chaco sind die nomadisch lebenden Nivaclé, Lengua, Ayoreo und Chamacoco, während die Aché und Mbyá die wichtigsten Volksgruppen im östlichen Paraguay sind.

Asunción wurde 1537 bei der Expedition von Pedro de Mendoza gegründet und war für die nächsten 50 Jahre, bis Buenos Aires aufblühte, die wichtigste spanische Kolonialstadt östlich der Anden. Ihre Bedeutung ging zurück, als sich der lebensfeindliche Chaco als ein Hindernis für einen Landweg zur sagenumwobenen „Stadt aus Gold“ im heutigen Peru erwies.

Im frühen 17. Jh. gründeten jesuitische Missionare *reducciones*, in denen die indigenen Guaraní und die Europäer gemeinsam neue Handwerkstechniken, Feldfrüchte und Anbaumethoden entwickelten. Als sie 1767 von den Spaniern, die fürchteten, die Macht der Jesuiten könne ihre eigene gefährden, vertrieben wurden, hatte sich der Einfluss der Jesuiten bereits ins heutige

Bolivien, Brasilien und Argentinien ausgeweitet.

Unabhängigkeit, Auf- & Abschwung

Die unblutige Revolution vom Mai 1811 brachte Paraguay die Ehre ein, als erstes südamerikanisches Land die Unabhängigkeit von Spanien zu erklären. Seit der Unabhängigkeit wurde die paraguayische Geschichte jedoch von einer Reihe von Diktatoren beherrscht, die die Richtung des Landes beeinflussten.

Dr. José Gaspar Rodríguez de Francia war der erste Diktator des unabhängigen Paraguay. „El Supremo" wurde als stärkstes Mitglied der Próceres de Mayo (Gründungsväter) ausgewählt, zögerte jedoch ursprünglich, das Kommando zu übernehmen und bestand darauf, die Rolle nur solange zu akzeptieren, bis jemand Besseres gefunden wäre. Dieser Jemand tauchte jedoch nie auf und so regierte er bis zu seinem Tod im Jahr 1840. Francia riegelte die Landesgrenzen ab, um die wirtschaftliche Unabhängigkeit voranzubringen, enteignete Landbesitzer, Händler und selbst die Kirche und setzte den Staat als alleinige politische und wirtschaftliche Macht durch. Obwohl seine Herrschaft umstritten war, wurde Paraguay unter ihm zur vorherrschenden Macht auf dem Kontinent.

Bis Anfang der 1860er-Jahre hatte Francias Nachfolger Carlos Antonio López Paraguays Isolation beendet, indem er Eisenbahnstrecken, ein Telegrafensystem, eine Schiffswerft und eine starke Armee aufbaute. Als er starb und die Macht an seinen Sohn Francisco Solano López überging, befand Paraguay sich in einer wichtigen Position. Verführt von seiner europäischen Erziehung, wollte Mariscal (Marshal) López unbedingt als Napoléon des amerikanischen Kontinents gesehen werden. Ihm zur Seite stand seine irische Kurtisane Eliza Lynch, die ihre eigenen Vorstellungen von der französischen High Society hatte. Ihr Traum, Asunción zu einem „Paris in Amerika" zu machen, verwandelte sie in eine unbeliebte Marie-Antoinette-Gestalt, und unter ihrer gemeinsamen Herrschaft verschlechterte sich der Zustand des Landes rapide.

Tripel-Allianz-Krieg

Als Brasilien 1865 in Uruguay einmarschierte, wollte López die Gelegenheit ergreifen, sein militärisches Genie unter Beweis zu stellen und das deutlich kleinere Land vor dem Gegner zu retten. Um seine Armee zu Hilfe zu schicken, verlangte er die Erlaubnis, argentinisches Territorium zu durchqueren. Als Argentinien diese Erlaubnis verweigerte, erklärte er ihm ebenfalls den Krieg. Während Uruguay von den Brasilianern rasch überwältigt wurde, befand sich Paraguay plötzlich mit gleich drei seiner Nachbarn im Krieg. Der verheerende Krieg des Dreibunds hatte begonnen und Paraguays Geschichte war an einem Wendepunkt angelangt. Die alliierten Kräfte waren den Paraguayern zehn zu eins überlegen, und am Ende des Feldzugs kämpften zwölfjährige Jungen an der Front, nur mit Ackergeräten bewaffnet. Letztendlich hatte Paraguay die Hälfte seiner Bevölkerung und 26 % seines Staatsgebiets verloren.

Der Chaco-Krieg

Der nächste Krieg ließ nicht lange auf sich warten. Anfang des 20. Jhs., Paraguay hatte gerade mit politischen Umbrüchen zu kämpfen, begann Bolivien langsam in den Chaco einzudringen, was 1932 zum Ausbruch von Feindseligkeiten im großen Stil führte. Über die genauen Ursachen für den Chaco-Krieg wird gestritten, aber Boliviens Wunsch nach einem Seehafen (über den Río Paraguay) und Gerüchte über Ölvorkommen in der Gegend werden oft als Gründe genannt.

Im strapaziös heißen, trockenen Chaco war der Zugang zu Wasser der Schlüssel für den militärischen Erfolg, und der Krieg drehte sich um die Einnahme und Verteidigung der Trinkwasserquellen. Paraguay profitierte überdies von einer Bahnlinie, die die Briten erbaut hatten und die ihnen ermöglichte, die Truppen mit Nachschub aus Asunción zu versorgen. Die Briten hatten Bolivien schon früher davor gewarnt, sich mit einem Angriff auf die Bahnlinie einen weitaus gefährlicheren Feind zu machen. Demzufolge gelang es den paraguayischen Truppen, den zahlenmäßig überlegenen bolivianischen Kräften standzuhalten und sogar bis zur südbolivianischen Stadt Villamontes vorzudringen. Als die Sinnlosigkeit des Krieges immer offensichtlicher wurde, kam es 1935 zu einem Waffenstillstand. Es gab keinen klaren Sieger, aber 80 000 Tote.

Diktatur

Im folgenden Jahrzehnt versank Paraguay im Chaos, bevor ein kurzer Bürgerkrieg 1949 die Colorado-Partei an die Macht brachte. Nach einem Putsch 1954 wurde General Alfredo Stroessner Präsident. Seine brutale, 35 Jahre andauernde Militärherrschaft war gekennzeichnet von Unterdrückung und Terror und ist die längste Diktatur der südamerikanischen Geschichte. Vermeintliche politische Gegner wurden verfolgt, gefoltert und „verschwanden", Wahlen wurden gefälscht und Korruption wurde eine Art Industriezweig. Als Stroessner durch einen weiteren Staatsstreich entmachtet wurde, hatten 75% der Paraguayer nie einen anderen Präsidenten kennengelernt.

Rückkehr zur Demokratie

Stroessner wurde schließlich am 3. Februar 1989 ins Exil getrieben und im gleichen Jahr fanden in Paraguay die ersten demokratischen Wahlen statt. Sieger war der Colorado-Kandidat Andrés Rodríguez, der führende Kopf hinter dem Staatsstreich. Die Colorados gewannen auch alle folgenden Wahlen, bis ihre Macht schließlich durch die historischen Ereignisse vom April 2008 gebrochen wurde, bei denen Erzbischof Fernando Lugo, ein Mann ohne jede politische Erfahrung, zum Präsidenten der Republik gewählt wurde. Im Wahlkampf warb er für soziale Reformen, ein Ende der Korruption und Chancengleichheit für alle. Seine Machtbasis kam aus den zahlenmäßig überlegenen unteren Klassen – sein Wahlslogan „Paraguay Para Todos" (Paraguay für Alle) traf bei den Wählern den richtigen Ton. Die Colorado-Partei versank im Chaos und so entstand zumindest das Gefühl, dass Korruption und soziale Ungerechtigkeit tatsächlich im Mülleimer der Geschichte landen könnten.

Präsident Lugos Regierung betrachtete sozialen und wirtschaftlichen Fortschritt als ein- und dasselbe und bemühte sich tatkräftig um engere Handelsbeziehungen zu den Nachbarländern. Lugos Verbindung zu Evo Morales und dem inzwischen verstorbenen Hugo Chávez brachte ihm die Kritik seiner Gegner ein, aber deutliche innenpolitische Verbesserungen hielten die Kritiker in Schach. Im Jahr 2010 war die Wirtschaft Paraguays die am drittschnellsten wachsende der Welt, eine Neuverhandlung der überaus nachteiligen Verträge zum Bau des Itaipú-Staudamms war zu einem guten Abschluss gebracht worden und stellte jetzt sicher, dass Brasilien Paraguay einen fairen Preis für seinen Stromverbrauch zahlte, und schließlich war das Land dabei, sich aus dem roten Bereich der internationalen Korruptionstabellen zu entfernen.

Amtsenthebungsverfahren

Lugos Amtszeit war von innenpolitischen Streitigkeiten überschattet. Im Jahr 2012 entzogen die Liberalen Lugo ihre Unterstützung und verbündeten sich mit ihren traditionellen Rivalen, den Colorados, um den Präsidenten seines Amtes zu entheben. Zu den offiziellen Gründen, die für diese Entscheidung angegeben wurden, zählten der Zusammenbruch von Sicherheit und Ordnung und das Versagen, angemessen auf die mit der Frage der Landrechte verbundenen Probleme zu reagieren. Mehr als 80% des paraguayischen Grund und Bodens gehört gerade mal 1% der Bevölkerung. Lugo hatte versprochen, dieses über Jahrzehnte gewachsene Ungleichgewicht anzugehen und landlosen *campesinos* Land zur Verfügung zu stellen. Dieses Versprechen hatte die landbesitzenden Klassen in Wut versetzt: Sie beschuldigten ihn, ihre Interessen zu verraten, während gleichzeitig *campesino*-Gruppen mobil machten, die ihre Rechte respektiert sehen wollten und fehlende Fortschritte bei der Umsetzung des Versprechens beklagten. So lag Lugos Zukunft in den Händen eines Senats, in dem eben jene Parteien, die ihn vertreiben wollten, die Mehrheit hatten. Nach einem Schnellverfahren wurde Lugo am 22. Juni 2012 schuldig gesprochen und abgesetzt. Noch am selben Tag wurde der bisherige Vizepräsident Franco als neuer Präsident vereidigt.

Die Kürze des Verfahrens, das in noch nicht einmal 24 Stunden durchgezogen wurde, sorgte international für Befremden, während die Nachbarstaaten dem Senat Paraguays antidemokratischen Machtmissbrauch vorwarfen. Der Mercosur, die Wirtschaftsunion südamerikanischer Staaten, der auch Paraguay angehört, erklärte, die Ereignisse offiziell zum Staatsstreich, und die Handelspartner Argentinien, Brasilien und Uruguay weigerten sich, Franco als legitimen Präsidenten anzuerkennen. Bis zur Abhaltung freier Wahlen im April 2013 wurde Paraguays Mitgliedschaft im Mercosur suspendiert, einer Position, der sich die Union de Naciones Suramericanas (Unasur) später einstimmig anschloss. Verteidiger des Amtsenthebungsverfahrens behaupteten, Paraguay habe nur seine demokrati-

BÜCHER

At the Tomb of the Inflatable Pig (2003) von John Gimlette ist ein amüsanter Reisebericht mit sozialkritischen Kommentaren.

In der *Chronik der Guayaki* (1972) beschreibt Pierre Clastres dieses Nomadenvolk aus anthropologischer Sicht.

Historical Dictionary of Paraguay (2015) von Andrew Nickson ist das Standardwerk zur Geschichte des Landes.

Der eindrückliche Roman *Ich, der Allmächtige* (1974) über Paraguays Diktator Francia gilt allgemein als das beste Buch von Augusto Roa Bastos.

In seinem Fantasy-Roman *Land Without Evil* (2000) erzählt Matthew Pallamary vom Entstehen einer modernen Guaraní-Kultur und ihrem Kampf ums Überleben.

The Liberation of Little Heaven and Other Stories (1999) von Mark Jacobs ist eine Sammlung von Kurzgeschichten über Paraguay.

Der historische Roman *Die französische Geliebte: Eine Geschichte aus Paraguay* (2004) von Lily Tuck bezieht sich auf die Beziehung von Präsident Mariscal López zu Eliza Lynch und ihre Auswirkungen auf das Land.

Mehr über die zahlreichen Kriege Paraguays erfährt man in *Rebirth of the Paraguayan Republic* (1985) von Harris Gaylord Warren.

In *Menschensohn* (1988) erläutert der bekannteste paraguayische Autor Augusto Roa Bastos die konfliktreiche Geschichte seines Landes.

The Stroessner Era (1990) von Carlos R. Miranda behandelt Zeit und Person des Diktators.

schen und souveränen Rechte gemäß seiner Landesverfassung wahrgenommen, und nannten die Missbilligung seitens der Nachbarstaaten eine moderne Neuauflage der Tripel-Allianz, womit sie auf jenen verhängnisvollen Konflikt anspielten, der Paraguays Geschichte einschneidend und verhängnisvoll geprägt hatte.

Neueste Entwicklungen

Francos Herrschaft war kurz und von Anschuldigungen wegen finanzieller Unregelmäßigkeiten überschattet. Bei den Wahlen im Jahr 2013, die von der Verfassung vorgeschrieben waren, unterlagen die Liberalen den wiedererstarkten Colorados deutlich. Den Liberalen fehlten nämlich jetzt die Verbündeten, welche ihren Sieg bei den vorangegangenen Wahlen ermöglicht hatten. Neuer Präsident wurde Horacio Cartes, ein millionenschwerer Geschäftsmann, Besitzer des Fußballclubs Libertad und Tabakmagnat.

Der politische Neuling kündigte einen „neuen Weg" für Paraguay an; die Infrastruktur sollte verbessert und der ökonomische Aufschwung durch ausländische Investitionen gefestigt werden. Schon bald kamen aber Zweifel hinsichtlich seiner Absichten auf, als Cartes öffentlich multinationale Konzerne einlud, Paraguay zu „nutzen und auszunutzen". Angesichts der ständigen Korruptionsskandale wegen der Verwicklung prominenter Politiker in den Drogenhandel (für die die Presse den Begriff „Narcopoliticos" erfand), der beschleunigten Entwaldung des Chaco und der vielen Einschnitte in die von Präsident Lugo eingeführten Sozialprogramme muss man feststellen, dass die Regierung von Cartes die Erfüllung ihrer Wahlversprechen seit der Amtsübernahme schuldig geblieben ist.

Menschen & Kultur

Etwa 95 % der Paraguayer gelten als *mestizos* (Menschen teils indigener, teils spanischer Abstammung). Spanisch ist die Geschäftssprache und in den größeren Städten vorherrschend, in der *campaña* (auf dem Land) dagegen wird mehr Guaraní gesprochen. Außerdem wird *Jopará* (eine Mischung aus beiden Sprachen) in manchen Medien verwendet. Etwa 5 % der Bevölkerung sind Abkömmlinge europäischer Einwanderer (hauptsächlich Ukrainer und Deutsche), mennonitische Bauern und indigene Stämme. Es gibt auch kleine, aber augenfällige asiatische, arabische und brasilianische Gemeinschaften und zwar besonders im Süden und Osten des Landes.

Mehr als 95% der Bevölkerung leben im östlichen Paraguay, nur die Hälfte in urbanen Gegenden. Laut UNICEF liegt die Alphabetisierungsrate bei 99%, die Kindersterblichkeit bei 1,8% und die durchschnittliche Lebenserwartung bei 72 Jahren. Das jährliche Bevölkerungswachstum beträgt 2,6%.

Statistisch gesehen ist Paraguay das zweitärmste Land Südamerikas, doch wer durch die Städte wandelt, wird das vielleicht kaum glauben können. Reihenweise flitzen aufgemotzte Daimler umher, Nobelrestaurants sind zum Bersten voll und es gibt allerhand palastgroße Häuser. Im krassen Gegensatz dazu steht jedoch das Leben der armen Landbevölkerung: Die landlosen *campesinos* leben von der Hand in den Mund und werden von Landbesitzern ausgebeutet, die die *latifundio*- (großer Landbesitz) Modelle anwenden, die schon seit langer Zeit einen schlechten Ruf haben. Dies ist weiterhin die größte soziale Problematik des Landes.

Paraguayische Städte tragen häufig den Spitznamen „Hauptstadt der/des...“ – je nach ihren auffallendsten Merkmalen oder Produkten. Encarnación z. B. wird auch „Capital de Carnaval“ genannt, Coronel Bogado „Capital de Chipa“ und Itauguá „Capital de Ñandutí“.

Paraguayer sind bekanntermaßen locker und zu Recht berühmt für ihre Warmherzigkeit und Gastfreundschaft. Der angenehme Teil des Tages besteht darin, bei 40°C im Schatten *tereré* (eisgekühlter Kräutertee) zu schlürfen und gemütlich zu plaudern. Die *siesta* ist obligatorisch und erstreckt sich in manchen Gemeinden von mittags bis Sonnenuntergang. Der frühe Vormittag und die Abenddämmerung sind damit der geschäftigste Teil des Tages.

Auch wenn die Lage sich verbessert hat: Korruption ist immer noch alltäglich. Für Reisende zeigt sich das am ehesten in Gestalt der Polizei, die bei Gringos gern Schmiergeld oder höhere Preise fordert.

Offiziell sind 90% der Bevölkerung römisch-katholisch, aber es gibt viele Varianten des Volksglaubens, und Evangelikale sind auf dem Vormarsch. Die meisten Angehörigen der Urbevölkerung haben ihre Religionen bewahrt oder nur leicht angepasst, auch wenn sie nominell als Katholiken oder Evangelikale gelten.

Kunst

Viele Intellektuelle und Künstler beklagen, dass Kunst und Kultur von der paraguayanischen Regierung nur wenig unterstützt werden. Viele Künstler, Musiker und Maler haben das Land deshalb verlassen, um anderswo aufzutreten und zu arbeiten. Trotzdem hat Paraguay einige bekannte Namen aufzuweisen.

Zu Paraguays größten Literaten gehören die Poetin und Essayistin Josefina Plá (1903–1999) und der Romanautor Augusto Roa Bastos, der 1990 den Cervantespreis gewann. Bastos starb 2005 im Alter von 87 Jahren. Obwohl er viele Jahre im Exil verbracht hat, konzentrierte sich Bastos auf paraguayische Themen und Geschichte und konnte dabei auch aus seinen persönlichen Erfahrungen schöpfen. Zeitgenössische Autoren sind z. B. Nila López, der Dichter Jacobo A. Rauskin, Luis María Martínez, Ramón Silva Roque Vallejos, Delfina Acosta und Susy Delgado.

Sport

Die Paraguayer sind verrückt nach *fútbol*. Nicht selten sieht man in den Bars große Gruppen von Männern, die sich beim Bier gemeinsam die Copa Libertadores im TV anschauen. Die beiden beliebtesten Fußballmannschaften, Olimpia und Cerro Porteño, sind die ewigen Konkurrenten im Land. Die Nationalmannschaft erreichte bei der Weltmeisterschaft von 2010 das Viertelfinale und wurde bei der Copa América 2011 Zweite, ist aber seitdem wieder auf dem absteigenden Ast. Die südamerikanische Fußball-Konföderation Conmebol (S. 885) hat ihren Hauptsitz in Luque an der Straße zum Flughafen. In dem Gebäude befindet sich auch ein beeindruckendes Museum zur Geschichte des südamerikanischen Fußballs.

Tennis, Basketball, Volleyball, Jagen und Angeln sind ebenfalls beliebte Sportarten.

Natur & Umwelt

Das Land besteht aus zwei ganz unterschiedlichen Regionen, nämlich den Gebieten östlich und westlich des Río Paraguay. Das östliche Paraguay war, historisch gesehen, eigentlich ein Mosaik aus Atlantischem Regenwald und *carrado*, dem absolut einzigartigen Sumpfgebiet im Süden des Landes. Ein großer Anteil des ursprünglichen Habitats wurde in Ackerflächen umgewandelt, besonders in den Bezirken Itapúa und Alto Paraná, auch wenn Teile dieses unberührten und dennoch gefährdeten Gebiets noch übrig sind. Im Westen befindet sich der Gran Chaco mit einer üppigen Palmensavanne im unteren Teil (nasser Chaco) und einem trockenen, dürren, dornigen Wald (trockener Chaco) weiter nördlich und westlich. Der nördöstliche Chaco stellt den südlichen Ausläufer des großen Pantanal-Feuchtgebiets dar.

Tiere & Pflanzen

Die Flora und Fauna Paraguays ist sehr vielfältig. Im Osten des Landes setzt jedoch die immer höhere Dichte der ländlichen Bevölkerung der Tierwelt zu. Die recht einfach zu erspähenden Säugetiere sind am stärksten im größtenteils unbesiedelten Chaco vertreten, darunter verhältnismäßig viele Ameisenbären, Gürteltiere, Mähnenwölfe, Riesenottern, Flachlandtapire, Jaguare, Pumas – und Chaco-Pekaris, eine Nabelschweinart, von der man bislang immer nur subfossile Überreste gefunden hatte, bis sie Mitte der 1970er-Jahre vollkommen wohlauf im Chaco entdeckt wurde. Jahrhundertelang hatten sich die Tiere hier erfolgreich versteckt.

Auch die Vogelwelt ist ganz schön bunt: In Paraguay leben 713 verschiedene Vogelarten. Der Nationalvogel ist der Nacktkehl-Glockenvogel, er wurde benannt nach seinem auffallenden Lockruf. Aber ambitionierte Vogelbeobachter werden wahrscheinlich eher nach bedrohten, weniger verbreiteten Arten wie der Weißflügel-Nachtschwalbe, dem Gilbstärling, dem Wachtelsteißhuhn, dem Wellenohrspecht und dem Schwarzmaskenguan Ausschau halten. Auch Reptilien wie Kaimane und Anakondas sind recht weit verbreitet. Am ehesten wird man vermutlich auf die riesige Rokoko-Kröte stoßen, die, vom Licht angelockt, sogar bis in Stadtgebiete vordringt.

Nationalparks

Die Nationalparks in Paraguay sind meistens sehr abgelegen und in der Regel unzureichend geschützt. Der Parque Nacional Teniente Enciso und der Parque Nacional Defensores del Chaco sind die wichtigsten Nationalparks im Chaco (S. 908), dennoch fehlen hier weitgehend Einrichtungen für Besucher. Auch muss man Essen und Trinken selber mitbringen. Die größte Artenvielfalt in einem Schutzgebiet mit Atlantischem Regenwald findet sich im Parque Nacional San Rafael (S. 900). Außerdem gibt es noch eine Reihe exzellenter und gut geführter privater Naturschutzgebiete im ganzen Land, von denen wohl das Mbaracayú-Biosphärenreservat (S. 903), ein weiteres großes Stück Atlantischer Regenwald, das beste ist.

Umweltprobleme

Das Verschwinden des Atlantischen Regenwalds im Osten ist alarmierend. Der Wald wird für den Getreideanbau, vor allem Soja und Weizen, abgeholzt, und profitiert haben davon zumeist reiche Großgrundbesitzer. Der Bau des Wasserkraftwerks von Itaipú war heftig umstritten, und ein zweiter Damm bei Yacyretá in der Nähe von Ayolas hat die Galeriewälder der südlichen Landesgrenze für immer verändert.

Das drängendste Umweltproblem des Landes ist aber die rasante Abholzung der unberührten Wälder des Chaco. Die wirtschaftliche Stabilität des Landes und der technische Fortschritt ermöglichen Viehhaltung auch unter den schwierigen Bedingungen dieser Landschaft, und so nutzen die reichen Farmer die günstigen Grundstückspreise im Westen des Landes, um immer weitere *estancias* (Viehfarmen) aufzubauen. Die daraus resultierende Abholzung schreitet rapide voran und sorgt für internationale Schlagzeilen.

Des Weiteren stellt die Arbeit an der Entwicklung von Sojabohnen, die im rauen Klima des Chaco gedeihen, eine ernsthafte Gefährdung der verbleibenden natürlichen Lebensräume für viele Tiere und Pflanzen dar. Denn der Anbau äußerst profitabler Monokulturen würde das empfindliche Ökosystem dauerhaft aus dem Gleichgewicht bringen.

PRAKTISCHES

ℹ Allgemeine Informationen

AKTIVITÄTEN

Die außerordentliche Artenvielfalt macht Paraguay zu einem Paradies für Ökotouristen und vor allem für Vogelbeobachter. Besonders gut lassen sich Vögel und andere Tiere im Parque Nacional San Rafael (S. 900), im Mbaracayú-

Biosphärenreservat (S. 903) und an der Laguna Capitán (S. 908) im Chaco beobachten.

Trotz des großen, offenen Geländes gestaltet sich das Wandern und Campen schwierig, denn der Großteil des Grund und Bodens ist in Privatbesitz und selbst in den Nationalparks gibt es nur ein beschränktes Wegenetz. Auf keinen Fall sollte man ohne einen einheimischen Guide im Chaco campen. Jedes Jahr verschwinden hier Menschen.

BOTSCHAFTEN & KONSULATE

Die aktuelle Liste aller diplomatischen Vertretungen in Paraguay ist im Internet zu finden unter: www2.mre.gov.py/index.php/representaciones/representaciones-extranjeras-acreditadas-en-paraguay2.

Argentinien (☎ 021-21-2320; Av España & Ecke Perú, Asunción; ⏲ Mo–Fr 9–17 Uhr)

Bolivien (☎ 021-21-1430; Israel 309 nahe Rio de Janeiro, Asunción; ⏲ Mo–Fr 9–17 Uhr)

Brasilianische Botschaft (☎ 021-24-8400; Ecke Irrazábal & Eligio Ayala; ⏲ Mo–Fr 8–17 Uhr)

Brasilianisches Konsulat (☎ 061-50-0984; Pampliega 205, Ciudad del Este; ⏲ Mo–Fr 7–12 Uhr)

Brasilianisches Vizekonsulat ☎ 071-20-6335; Memmel 452, Encarnación; ⏲ Mo–Fr 8–15 Uhr).

Deutschland (☎ 021-21-4009; Av Venezuela 241, Asunción; ⏲ Mo–Fr 8–11 Uhr)

Österreich (Konsulat; ☎ 021-22-5022; Av Espana 1522, Ecke Gral Santos)

Schweiz Keine diplomatische Vertretung in Paraguay, bei konsularischen Fragen ist die Botschaft in Buenos Aires (Arg) zuständig.

ESSEN

Rindfleisch gibt's hier überall; es ist saftig und kann sich mit dem argentinischen messen. Am besten sind *tapa de cuadril* (Rumpsteak) und *corte americano* (T-Bone-Steak), häufiger (und billiger) sind aber das fettige *vacío* (Hüfte) und die zähen, aber schmackhaften *costillas* (Rippchen).

Getreide, vor allem Mais, ist eine übliche Zutat in traditionellen Speisen, und *mandioca* (Maniok) ist die übliche Beilage bei jedem Essen. *Chipa* (eine Art Brot aus Maniokmehl, Eiern und Käse) wird überall verkauft; das beste chipa gibt's aber in der im Süden gelegenen Stadt Coronel Bogado. Empanadas sind immer lecker. Typische Gerichte der paraguayischen Küche in Restaurants zu bekommen, ist aber nicht immer einfach, denn die Einheimischen essen solche Gerichte in der Regel nur zu Hause, wo die Rezepte von Generation zu Generation weitergegeben werden.

Die Paraguayer konsumieren jede Menge Yerba Maté (eine Art Tee), üblicherweise als erfrischenden eiskalten *tereré* (gekühlten Maté) und großzügig gewürzt mit *yuyos* (Heilkräutern). Das nationale Suchtgetränk bekommt man in allen Lebensmittelläden; man muss sich aber dafür zuerst eine *guampa* (Becher) und eine *bombilla* (Trinkhalm) besorgen. Es gibt zahllose Marken und Sorten von Yerba im Supermarkt; als *tereré* erfrischen am meisten die Sorten mit Minze oder Citrus. Kurupí, Campesino, Selecta und Pajarito sind die gängigsten Marken.

FEIERTAGE & FERIEN

An den folgenden Feiertagen bleiben Läden und Ämter geschlossen:

Año Nuevo (Neujahr) 1. Januar

Cerro Corá (Tag der Helden) 1. März

Semana Santa (Ostern) März/April

Día de los Trabajadores (Tag der Arbeit) 1. Mai

Independencia (Unabhängigkeitstag) 15. Mai

Paz del Chaco (Ende des Chaco-Kriegs) 12. Juni

Fundación de Asunción (Tag der Gründung von Asunción) 15. August

Victoria de Boquerón (Schlacht von Boquerón) 29. September

Día de la Virgen (Tag der Unbefleckten Empfängnis) 8. Dezember

Navidad (Weihnachten) 25. Dezember

FRAUEN UNTERWEGS

Paraguay ist zwar auch für Frauen ein einigermaßen sicheres Land, doch junge Frauen ohne Begleitung werden von paraguayischen Männern häufig angemacht, vor allem, wenn Alkohol im Spiel ist. Wer sich belästigt fühlt, sollte freundlich, aber bestimmt darauf reagieren. Paraguayische Frauen zeigen in der Regel nicht viel Haut, und ein allzu offenherziges Auftreten kann zu Missverständnissen führen.

FREIWILLIGENARBEIT

Freiwilligenarbeit ist noch relativ neu in Paraguay, setzt sich aber immer mehr durch. Zu den Pionieren auf diesem Gebiet gehört Para la Tierra (S. 898) mit Sitz in Pilar, das für sozial engagierte und umweltbewusste Besucher ein preisgekröntes Programm für Freiwillige und Volontäre auf die Beine gestellt hat. Wer sich für die Förderung von Frauen interessiert, sollte den Santa María Education Fund (S. 900) in Santa María de Fe kontaktieren. Intercultural Experience (S. 885) hat seinen Sitz in Asunción.

PREISKATEGORIEN: ESSEN

Die folgenden Preise gelten jeweils für ein normales Hauptgericht.

$ unter 15 000 G

$$ 15 000–55 000 G

$$$ über 55 000 G

GEFAHREN & ÄRGERNISSE

Trotz anders lautender Meinungen, meist von Menschen, die noch nie in diesem Land waren, ist Paraguay für Reisende eines der sichersten Länder auf dem Kontinent.

➡ Mit Ausnahme von Ciudad del Este und der *costanera* (Uferstraße) in Asunción kann man gefahrlos durch die Städte bummeln und das sogar abends.

➡ Der Chaco ist unwirtlich und seine Infrastruktur ist nicht gut ausgebaut; hier wird dringend empfohlen, einen Guide zu engagieren.

➡ Vorsicht beim Schwimmen: Manche Flüsse haben starke Strömungen.

GELD

Es gibt Banknoten im Wert von 2000, 5000, 10 000, 20 000, 50 000 und 100 000 G. Die zunehmend nutzlosen Münzen haben einen Wert von 50, 100, 500 und 1000 G. Dennoch sollte man immer möglichst viel Wechselgeld und kleine Banknoten bei sich haben.

Geldautomaten & Kreditkarten

➡ Die Geldautomaten in den größeren Ortschaften und Städten akzeptieren Karten von Visa, MasterCard und Cirrus, allerdings wird dabei oft eine Nutzungsgebühr (25 000 G) berechnet.

➡ Außerhalb der Mennoniten-Kolonien gibt es im Chaco keine Geldautomaten.

➡ Kreditkarten werden außerhalb der größeren Städte nur selten angenommen; manchmal auch nur gegen Aufpreis.

➡ An den meisten Geldautomaten liegt das Tageslimit für Barabhebungen bei 1 500 000 G.

Geld wechseln

➡ In den größeren Städten gibt's jede Menge *casas de cambio* (Wechselstuben), sodass sich ein Kursvergleich lohnt.

➡ Die Geldwechsler auf der Straße bieten einen etwas besseren Kurs und können einem am Wochenende echt das Leben retten – allerdings sollte man vorher genau ausrechnen, wie viel man bekommen muss!

➡ Außerhalb von Asunción sind die Wechselkurse für britische Pfund schlecht.

➡ Alle nicht verbrauchten Guaraní vor der Abreise aus Paraguay umtauschen, denn sonst wird man sie nicht mehr los!

GESUNDHEIT

In Paraguay gibt's für Besucher relativ wenig gesundheitliche Probleme.

➡ Gelegentlich gibt's kleinere Ausbrüche von Dengue-Fieber, aber keine Malaria.

➡ Sonnenschutz, Hut und viele Wasserflaschen gehören in die Ausrüstung.

➡ Billige Kondommarken sollte man meiden.

➡ In den Städten ist das Wasser trinkbar, auf dem Land sollte man es meiden. Im Chaco ist es mit Sicherhiet zu salzig.

Verfügbarkeit & Kosten

Private Krankenhäuser sind besser als staatliche – am besten sind die in Asunción, Ciudad del Este und Encarnación. Wer ärztliche Behandlung benötigt, geht besser in ein Krankenhaus in einer dieser Städte anstatt in einer kleineren Stadt.

INTERNETZUGANG

In den größeren Städten ist das Internet weit verbreitet, in den kleineren Orten jedoch nicht. Eine Stunde Surfen kostet zwischen 3000 und 6000 G. WLAN ist in den größeren Städten allgemein üblich und steht in allen Hotels und den meisten Restaurants und Bars zur Verfügung (es ist aber oft mit einem Passwort geschützt).

LANDKARTEN

Wer detailliertere Landkarten vom Landesinneren Paraguays haben will, bekommt im **Instituto Geográfico Militar** (☎021-20-6344; Artigas 988, Asunción; ⏲Mo–Fr 7–17.30 Uhr) topografische Karten von fast allen Regionen des Landes.

Der **Touring y Automóvil Club Paraguayo** (☎021-217-0000; www.tacpy.com.py; 25 de Mayo nahe Brasil, Asunción; ⏲Mo–Fr 8–17 Uhr) gibt eine Reihe von Straßenkarten und Stadtplänen für Traveller heraus, die oft an Tankstellen erhältlich sind.

LGBT+-REISENDE

Paraguay ist ein altmodisches Land mit konservativen Ansichten. Auch wenn die LGBT-Bewegung stetig wächst, haben hochrangige Politiker (einschließlich des scheidenden Präsidenten) deutlich gemacht, dass eine Reform der Gesetze zur Gleichberechtigung nicht ganz oben auf ihrer Agenda steht. So ist hier auch die öffentliche Zurschaustellung von Zuneigung zwischen gleichgeschlechtlichen Paaren unüblich. Mittlerweile gibt es in Asunción Schwulenbars, doch generell wird Homosexualität weitgehend noch nicht akzeptiert.

ÖFFNUNGSZEITEN

Banken Mo–Sa 8–13 Uhr; *casas de cambio* (Wechselstuben) länger

Behörden Mo–Fr 7–13 oder 14 Uhr

Restaurants 12–15 & 18–23 Uhr, viele haben Mo geschl.

Läden Mo–Fr 8–12 & 14–19 Uhr & Sa morgens

POST

Die paraguayische Post (*correo*) rühmt sich zwar, die beste des Kontinents zu sein, doch in Wahrheit gehen regelmäßig Sendungen verloren. Wichtige Briefe sollte man gegen eine geringe Zusatzgebühr als *certificado* (Einschreiben) versenden. Pakete müssen offen zur Post gebracht werden, damit der Inhalt überprüft werden kann. Erst danach darf man sie verschließen (die Materialien dazu selber mitbringen).

Die Hauptpost (S. 890) befindet sich in Asunción.

REISEN MIT BEHINDERUNG

Eine Infrastruktur für Reisende mit Behinderungen ist so gut wie nicht vorhanden. Ein echtes Problem sind die unebenen Bürgersteige.

Bei Lonely Planet kann man sich unter http://lptravel.to/AccessibleTravel kostenlos den Reiseführer *Accessible Travel* herunterladen.

SPRACHKURSE

In den Kulturzentren kann man sich nach privaten Sprachkursen erkundigen. Infos zu Sprachkursen gibt's auf S. 885.

STROM

Stecker müssen zwei runde oder flache Pole und keinen Erdungspol haben. Die Stromspannung beträgt 220 V/50 Hz.

TELEFON

Private *locutorios* (Telefonstuben) gibt's nicht mehr so häufig wie früher; die meisten haben allerdings auch Internet. Auslandsgespräche sind teuer.

Handys

Handytelefonate im Inland sind sehr günstig. Es gibt kostenlose SIM-Karten und sehr preiswerte Prepaid-SIM-Karten mit einem *saldo* (Guthaben) drauf. Die Nutzung von hiesigen SIM-Karten ist um vieles günstiger als mit der heimischen SIM-Karte zu telefonieren (Roaming). Allerdings kann man dann keine Auslandstelefonate tätigen, sondern diese nur empfangen.

Die besten Mobilfunkanbieter sind Tigo, Personal und Claro; ihre *tarjetas* (Karten zum Aufladen des Guthabens) gibt es an jedem Zeitungskiosk. Man kann das Guthaben aber auch in Läden, die mit dem entsprechenden Symbol gekennzeichnet sind, über *minicarga* aufladen lassen. Die SIM-Karten von Claro können so formatiert werden, dass sie auch in Brasilien und Argentinien funktionieren. Die Handyvorwahl beginnt in der Regel mit der 09.

TOILETTEN

➡ Die Toiletten in Hotels, Restaurants und an Tankstellen sind in der Regel recht sauber.

➡ Öffentliche Toiletten sind relativ selten. An den meisten Busbahnhöfen gibt es eine – die Benutzung dieser meist stinkenden Toilette und etwas (oft zu wenig) Papier kostet einen kleinen Obolus.

➡ Am besten hat man immer sein eigenes Toilettenpapier dabei, das man nach Gebrauch aber in den dafür vorgesehenen Eimer und nicht in die Toilette wirft!

➡ Die meisten Busse haben eine Bordtoilette (nur fürs kleine Geschäft!), die Busse der billigeren Unternehmen und in entlegeneren Gebieten aber nicht.

TOURISTENINFORMATION

Die staatliche Tourismusbehörde Senatur (S. 890) war in den letzten Jahren ziemlich aktiv, und so gibt es in Asunción und in anderen größeren Städten jetzt gute Touristeninformationen.

SEAM (S. 890) Ist verantwortlich für die Unterhaltung der Nationalparks.

FAUNA Paraguay (S. 893) Liefert Infos über Ökotouren und den Besuch der Nationalparks.

UNTERKUNFT

Hotels und Hostels in den Städten haben in der Regel ein gutes Preis-Leistungs-Verhältnis und bieten Zimmer mit Klimaanlage, eigenem Bad und WLAN. *Residenciales* (Pensionen) und *hospedajes* (Herbergen) liegen am unteren Ende der Preisklasse und ziehen oft ein zwielichtiges Publikum an – es lohnt sich, für eine andere Unterkunft mehr auszugeben. Campingeinrichtungen sind dünn gesät. Da Grund und Boden meist in Privatbesitz ist, kann man auch nicht einfach ohne Genehmigung ein Zelt aufstellen. Im Chaco muss man außerhalb der größeren Ortschaften Essen, Trinken und Bettzeug selber mitbringen.

VERANTWORTUNGSBEWUSSTES REISEN

➡ Erzeugnisse aus heimischen Hölzern (wie *lapacho* und *palo santo*) oder aus Wildtieren sollte man nicht kaufen.

➡ Besucher, die sich für Naturgeschichte und Naturschutz interessieren, können sich an Para la Tierra (S. 898), die **Fundación Moisés Bertoni** (☎ 021-60-8740; www.mbertoni.org.py; Argüello 208, Villa Morra) oder **Guyra Paraguay** (☎ 021-22-9097; www.guyra.org.py; Bobeda, Parque Ecológico Capital Verde, Asunción) wenden.

VISA

Kanadier, Neuseeländer und US-Amerikaner brauchen ein Visum, Staatsbürger anderer Länder nur einen gültigen Reisepass. Visa werden bei der Einreise am Flughafen erteilt; manchmal

PREISKATEGORIEN: SCHLAFEN

Die folgenden Preiskategorien gelten für ein Doppelzimmer mit Bad in der Hauptsaison. Wenn nicht anderes angegeben ist, ist das Frühstück inbegriffen.

$ unter 150 000 G

$$ 150 000–300 000 G

$$$ über 300 000 G

kommt es aber zu Komplikationen. Weitere Informationen gibt es u. a. unter www.auswaertiges-amt.de.

Bei den meisten paraguayischen Konsulaten im Ausland wird das Visum in der Regel noch am Tag der Antragstellung erteilt, doch die Bestimmungen und die Kosten hängen vom Ort der Antragstellung ab. Normalerweise braucht man zwei Passfotos und jeweils zwei Kopien des Reisepasses, des Nachweises der Weiterreise und des Nachweises ausreichender Mittel.

Bei der **Einreisebehörde** (☎021-44-2840; Ecke Ayala & Caballero, Asunción; ⊙Mo–Fr 7–14.30 Uhr) erhält man aktuelle Infos über Einreisestellen, Ein- und Ausreisestempel und die Formalitäten bei der Visaerteilung.

Die Ein- und Ausreise ist in Paraguay unkompliziert, wenn man seine Passstempel hat. Achtung: Oft halten die Busse, die Ländergrenzen überqueren, nicht am Zoll, da dies für die Einheimischen nicht nötig ist. Traveller müssen aber am Zoll vorbei – deshalb unbedingt dem Busfahrer rechtzeitig Bescheid geben, dass er am Zoll halten muss!

An- & Weiterreise

FLUGZEUG

Der größte internationale Flughafen von Paraguay ist der Aeropuerto Internacional Silvio Pettirossi (S. 891) in Luque, einer Satellitenstadt von Asunción. Der Aeropuerto Guaraní (S. 902) in Ciudad del Este bietet Verbindungen nach Asunción und in die größeren Städte Brasiliens. Alle Fluglinien haben Büros am Flughafen Silvio Pettirossi.

Internationale Fluglinien mit Flügen von/nach Asunción:

Aerolíneas Argentinas (☎021-23-3000; www.aerolineas.com.ar; Av España 2028, Asunción) Bedient nur Buenos Aires.

Air Europa (☎021-66-0777; www.aireuropa.com; Av San Martín 1672, Asunción) Fliegt viermal pro Woche nach Madrid.

Amaszonas (☎021-60-5905; www.amaszonas.com; Senador Long 515, Asunción) Fliegt mehrere Ziele in Brasilien und Argentinien sowie Santa Cruz in Bolivien an.

Avianca (www.avianca.com; Ecke Av España & Feliciángeli, Asunción) Hat Direktflüge nach Lima (Mi, Do & Fr).

Copa Airlines (☎021-61-4300; www.copaair.com; Ecke Nudelmann & Boggiani, Asunción) Bedient Panama-Stadt.

Gol (☎021-23-3000; www.voegol.com.br; Av España 2028, Asunción) Fliegt nach São Paulo und über Ciudad del Este weiter zu anderen Zielen in Brasilien.

LATAM (☎021-45-1535; www.latam.com; Av Venezuela, Asunción) Fliegt nach Lima, Miami, Buenos Aires, São Paulo und Santiago de Chile.

AUF DEM FLUSS

Von Argentinien setzen Fähren nach Ciudad del Este und Encarnación über. Mit viel Geduld, Hartnäckigkeit, Verhandlungsgeschick und reichlich Geld kommt man auch von Bahía Negra inoffiziell über den Fluss nach Brasilien oder Bolivien. Abenteurer probieren vielleicht die Überfahrt vom kolonialen Pilar zu dem winzigen Nest Puerto Cano in Argentinien.

AUF DEM LANDWEG

Das Passieren der paraguayischen Landesgrenzen kann nervig sein: rein in den Bus, raus aus dem Bus, wieder rein in den Bus usw. Vorsicht bei der Einreise aus Brasilien oder Argentinien! Unbedingt den Busfahrer bitten, dass er am Einreisebüro Halt macht (für die Einheimischen ist das oft nicht notwendig), und sicherstellen, dass alle Papiere in Ordnung sind. Wer bei der Einreise seinen Pass nicht abstempeln lässt, kassiert bei der Ausreise eine Geldstrafe.

Stel Turismo (☎021-551-647; Ecke Av República Argentina & Av de la Mora, Asunción) betreibt täglich um 20 Uhr einen Bus von Asunción nach Santa Cruz in Bolivien. Der Bus am Freitag ist neuer und besser und dementsprechend auch teurer.

Unterwegs vor Ort

Das wichtigste Verkehrsmittel sind Busse, die recht preiswert und zuverlässig sind. Eine Fahrt zwischen den größeren Städten des Landes dauert in der Regel nie länger als acht Stunden.

AUTO & MOTORRAD

Autovermietung

In Paraguay ein Auto zu mieten (oder gar zu kaufen) ist recht teuer, kann sich für eine Gruppe aber lohnen. Der große Vorteil ist die Flexibilität, wobei die meisten Orte, die per Auto erreichbar sind, auch von Bussen angefahren werden. Abseits der großen *rutas* ist ein Fahrzeug mit Allradantrieb erforderlich (rund 100 US$/Tag). Allerdings sind im Mietpreis oft nur 100 Freikilometer enthalten und Benzin kostet gut die Hälfte mehr als in den Nachbarländern. Etwas günstiger wird es bei einer längeren Mietdauer. Achtung: Immer Scheinwerfer anschalten!

Führerschein

Die meisten Autovermieter erkennen ausländische Führerscheine an. Es kann aber trotzdem nicht schaden, sich zusätzlich einen internationalen Führerschein zu besorgen, denn wenn man keinen vorweisen kann, wird schon mal ganz gern ein kleines Schmiergeld verlangt.

BUS

Die Qualität der Busse ist sehr unterschiedlich. Es gibt Luxusbusse mit TV, Klimaanlage und bequemen Liegesitzen, aber auch „Sardinenbüchsen" mit schlechten Stoßdämpfern, Fenstern, die sich nicht öffnen lassen, und Gängen voller Fahrgäste, die unterwegs noch aufgelesen wurden. In der Regel bekommt man das, wofür man bezahlt. Die besten Busse sind allerdings nur ein wenig teurer, sodass es eigentlich keinen Grund zum Knausern gibt.

In den größeren Ortschaften gibt es zentrale Busbahnhöfe mit separatem Büro für jedes Busunternehmen. Gewöhnlich wird man von Schleppern angesprochen, die einem die Zielorte zurufen. Man sollte sich aber Zeit nehmen und sich das richtige Busunternehmen aussuchen.

FLUGZEUG

Paraguay ist ein relativ kleines Land, und Inlandsflüge sind recht dünn gesät. Für Traveller am nützlichsten ist wohl der Flug mit **Grupo de Transporte Aéreo** (☎ 0983-11-7964; Aeropuerto Internacional Silvio Pettirossi, Autopista Silvio Pettirossi) nach Bahía Negra und ins Pantanal Paraguayo.

Am neuen Flughafen von Encarnación, dem **Aeropuerto Teniente Amín Ayub González** (Capitán Miranda), landen unregelmäßig Charterflüge von **Sol del Paraguay** (☎ 021-22-4555; www.viajaconsol.com; Aeropuerto Internacional Silvio Pettirossi, Autopista Silvio Pettirossi) aus Asunción. Allerdings liegt der Flughafen weit außerhalb der Stadt in der Nähe der Ortschaft Capitán Miranda und ist schlecht zu erreichen.

AUSREISESTEUER

Auf alle abgehenden Flüge wird eine Flughafensteuer von 40 US$ erhoben. Diese ist in der Regel im Flugpreis inbegriffen. Wenn nicht, zahlt man die Steuer an dem Schalter neben dem Eingang zur Abflughalle und erhält zum Nachweis einen Aufkleber auf das Flugticket.

Es gibt Flüge zwischen Asunción und brasilianischen Städten über Ciudad del Este.

SCHIFF/FÄHRE

Man kann mit einem Boot den Río Paraguay hinauf nach Concepción und Bahía Negra schippern. Wer die Pantanal-Region erkunden will, muss einen ortskundigen Bootsführer anheuern. Das kann ziemlich kostspielig sein.

TAXI

Die Taxen in Asunción haben Taxameter (wenn sie keines haben, steigt man besser gar nicht erst ein), in anderen Städten gibt's aber oftmals keine. Eine Fahrt innerhalb des Stadtbezirks sollte in Ciudad del Este eigentlich nicht mehr als 50 000 G und in anderen Städten nicht mehr als 40 000 G kosten (meist zahlt man jedoch weniger). Zwischen 22 und 5 Uhr nachts sowie an Sonn- und Feiertagen sind die Taxifahrer in Asunción berechtigt, einen *recargo* (Zuschlag) von 30 % zu berechnen.

Peru

31,8 MIO. EW.

Inhalt ➜

Gut essen

➜ Central (S. 936)
➜ Maido (S. 939)
➜ Inti-Mar (S. 943)
➜ La Patarashca (S. 1026)
➜ Cicciolina (S. 975)

Schön übernachten

➜ Villa Barranco (S. 934)
➜ La Xalca (S. 1022)
➜ Hotel Casona Solar (S. 956)
➜ Sol y Luna (S. 982)

Auf nach Peru!

Peru ist so komplex wie seine exquisiteste Webkunst. Feste erwecken uralte Riten zum Leben, die städtische Avantgarde ist innovativ und die Natur begeistert durch ihre Vielfalt.

Die Besucher strömen nach Machu Picchu, doch dieser Ort ist nur ein winziger Teil einer 5000 Jahre alten Geschichte. Willkommen an einem Ort mythischen Glaubens, an dem traditionelle Festzüge zur Melodie dröhnender Blaskapellen durch die Straßen ziehen.

Den Besucher erwarten aber auch zahlreiche Abenteuer. Riesige Sanddünen, schroffe Gipfel und Pazifik-Breaks in fast direkter Nähe zum geschäftigen Treiben der Großstadt: Dieses riesige Land ist ein Paradies für alle, die im Urlaub auch ein bisschen Action brauchen. Am besten nimmt man eines nach dem anderen in Angriff und lässt sich dafür ausreichend Zeit. Festivals können einen tagelang in ihren Bann ziehen. Und genau hier beginnt das Abenteuer!

Reisezeit

Lima

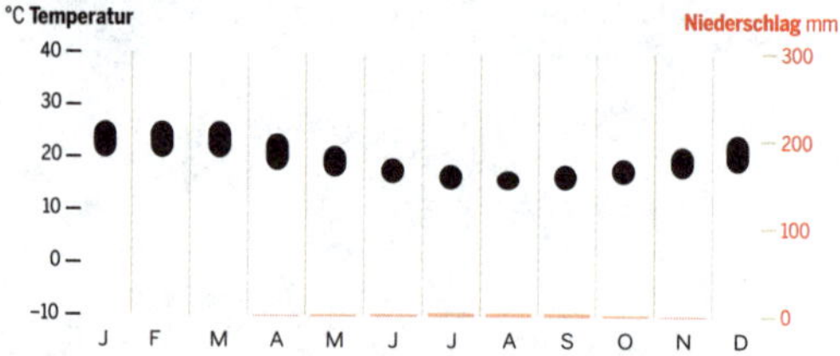

Juni–Aug. Trockenzeit im Hochland der Anden und im Regenwald im Osten. Gut für Feste und Sport im Hochland.

Sept.–Nov. & März–Mai Wenige Touristen. September bis November sind gut für Trekkingtouren im Regenwald.

Dez.–Feb. Regenzeit im Hochland. Hochsaison für die Küste und Aktivitäten am Strand.

Einreise

Über die Grenze kommt man über Tacna nach Arica (Chile), Huaquillas, Guayaquil und Macará (alle Ecuador), die von der Nordküste und vom Hochland über Tumbes, La Tina und Jaén zu erreichen sind, Copacabana und Desaguadero (Bolivien) am Titicacasee und in verschiedenen brasilianischen und bolivianischen Städten und Flusshäfen im Amazonasgebiet.

REISEROUTE (EINE WOCHE)

Los geht's in Lima. Übernachtet wird im Viertel Barranco, wo man sich auch ein Ceviche-Restaurant für ein Mittagessen mit Meeresfrüchten und einem Gläschen Pisco (Weinbrand) sucht. Dann steht ein Besuch in den Museen in Limas Zentrum oder ein Ausflug mit Leihfahrrädern an.

Früh am nächsten Tag geht der Flieger nach Cusco. Dort fährt man ins untere Heilige Tal weiter, um sich zu akklimatisieren. Dann den Markt und der Ruinen von Pisac besuchen. Nun wählt man das alte Ollantaytambo als Ausgangspunkt, nimmt den Zug nach Aguas Calientes und widmet sich dort der Erkundung von Machu Picchu. Von dort geht's mit dem Zug weiter zur Estación Poroy, denn der letzte Tag ist den Museen, Kunsthandwerksläden und tollen Restaurants in Cusco gewidmet.

Nachdem man wieder am Flughafen in Lima gelandet ist, folgt der Endspurt (z. B. kulinarisch), bevor am letzten Abend noch die Clubszene der Stadt ausgekostet wird.

Essen & Trinken

Arroz chaufa Gebratener Reis ist überall zu finden.

Ceviche Roher Fisch und Meeresfrüchte mariniert in Limette mit Zwiebeln, scharfen Paprikastückchen u. a.

Chicha Getränk, das meist aus vergorenem blauen Mais hergestellt und getrunken wird, bevor es fermentiert.

Cuy Meerschweinchen sind eine verbreitete Delikatesse.

Kartoffeln Mit abwechslungsreichen Zubereitungsformen.

Top-Tipps

- Im Gebiet rund um Cusco startet man am besten im unteren Heiligen Tal und Machu Picchu und arbeitet sich dann langsam bis nach Cusco und zu anderen höher gelegenen Attraktionen vor. So fällt die Akklimatisierung leichter.
- Den Rundflug über die Nazca-Linen am besten im Voraus buchen. Wenn möglich, entscheidet man sich für einen frühen Flug, da die Wetterbedingungen dann besser sind.
- Mehrere Geldautomaten testen, da die Gebühren variieren.
- Wer in höher gelegenes Gebiet reist, sollte Wanderungen erst allmählich in Angriff genommen werden.
- Den Flug nach Cusco am besten für den Vormittag buchen, nachmittags werden sie oft wegen starkem Wind abgesagt.
- Aus Sicherheitsgründen nicht die billigsten Busse buchen.

KURZINFOS

Geld Geldautomaten sind in größeren Orten und Städten weit verbreitet. Kreditkarten werden in den meisten Einrichtungen akzeptiert.

Hauptstadt Lima

Notfall 105 (Polizei)

Sprachen Spanisch, Quechua, Aymara

Visa Bei der Einreise nach Peru als Traveller nicht erforderlich.

Währung Nuevo Sol (S)

Wechselkurse

Eurozone	1 €	3,70 S
	1 S	0,27 €
Schweiz	1 SFr	3,39 S
	1 S	0,29 SFr

Aktuelle Wechselkurse gibt es unter www.xe.com.

Tagesbudget

- Preiswertes Hotel oder Bett im Schlafsaal: 28–165 S; Doppelzimmer in einem Mittelklassehotel: 85–435 S
- Mittagsmenü: unter 15 S; Hauptgericht in einem Mittelklasse-Restaurant: 40 S

Infos im Internet

Lonely Planet (www.lonelyplanet.com/peru)

Living in Peru (www.livinginperu.com)

Peruvian Times (www.peruviantimes.com)

Expat Peru (www.expatperu.com)

Highlights

1 Machu Picchu (S. 986) Den Initiationsritus bestehen und auf einem atemberaubenden Trek zu den im Nebelwald versteckten alten Inka-Ruinen wandern

2 Cusco (S. 968) Mitten in den Anden über koloniale Kopfsteinpflasterstraßen schlendern, historische Museen besuchen und zwischen den einstigen Hügeln der Inka wandeln

3 Arequipa (S. 950) Die von eindrucksvollen Vulkanen und tiefen Schluchten umgebene historische Stadt erkunden

4 Huaraz (S. 1009) Mit dieser Trekkingmetropole als Ausgangspunkt die Cordillera Blanca erwandern, eine der spektakulärsten Bergketten Südamerikas

5 Titicacasee (S. 961) Die Märcheninseln des Sees besuchen, der als der größte Hochgebirgssee der Welt gilt und sich über die peruanisch-bolivianische Grenze erstreckt

6 Kuélap (S. 1023) Diese riesige, im Nebelwald verborgene Festung erkunden, die weit abseits der ausgetretenen Pfade liegt

LIMA

☎01 / 9,75 MIO. EW.

Die weitläufige Stadt, die sich über einer Küste aus zerklüfteten Klippen erhebt, ist nach Kairo die zweittrockenste Hauptstadt der Welt. Am besten kann man sie genießen, wenn man sich dem Chaos ergibt und die hoch aufragenden, neben präkolumbischen Tempeln erbauten Apartmenthäuser und die rasanten Pazifikwellen, die auf die vom Verkehr geplagte Stadt zurollen, einfach auf sich wirken lässt. Irgendwie ist es eine Mischung aus Südkalifornien und einer gewaltigen Prise *America Latina*.

Lima ist auch durchaus kultiviert, mit einer Zivilisation, die mehrere Jahrtausende alt ist. In prunkvollen Museen werden großartige Töpferwaren ausgestellt, Galerien zeigen kantige Werke junger Künstler, feierliche religiöse Prozessionen katapultieren einen zurück ins 18. Jh. und überfüllte Nachtclubs erbeben unter tropischen Beats. Keinesfalls sollte man sich die kulinarische Genialität der Hauptstadt entgehen lassen, die Teil einer gastronomischen Revolution ist, die seit mehr als 400 Jahren stattfindet.

Das ist Lima. Umgeben von Geschichte (und manchmal von Nebel), herrlich chaotisch und voller ästhetischer Freuden. Lima auf der Reise auszulassen ist keine Option!

Geschichte

Lima hat im Lauf seiner Geschichte apokalyptische Erdbeben, Kriege und den Aufstieg und Fall von Zivilisationen überlebt. Und nach jeder Zerstörung wurde diese robuste Stadt wiedergeboren. In vorspanischer Zeit diente das Gebiet in verschiedenen Epochen als urbanes Zentrum für die Kulturen der Lima, Wari, Ichsma und Inka.

Als der spanische Eroberer Francisco Pizarro 1535 die Grenzen seiner „Stadt der Könige“ festlegte, lebten in der Gegend rund 200 000 Indigene. Im 18. Jh. war das baufällige, aus Lehm und Holz errichtete Dorf der Spanier einer vizeköniglichen Hauptstadt gewichen, in der Schiffsflotten anlegten, um die vergoldeten Früchte der Eroberung nach Europa zu bringen. Nach einem verheerenden Erdbeben, das 1746 einen Großteil der Stadt zerstörte, wurde sie mit prächtigen Barockkirchen und großzügigen *casonas* (großen Häusern) wieder aufgebaut. Nach der Unabhängigkeit 1821 begann die Bedeutung Limas zu schwinden und andere urbane Zentren wurden zu Hauptstädten der neuen unabhängigen Staaten gekürt.

Im Jahr 1880 wurde Lima während des Pazifikkrieges (1879–1883) vom chilenischen Militär geplündert und besetzt. Während dieser Besatzung erbeuteten die Chilenen auch Tausende von Büchern aus der Nationalbibliothek (die 2007 zurückgegeben wurden). Als Folge der Expansion nach dem Krieg war Lima in den 1920er-Jahren von einem Netz breiter Boulevards durchzogen, die vom Pariser Städtebau inspiriert waren. Als 1940 ein weiteres verheerendes Erdbeben die Stadt heimsuchte, musste sie erneut aufgebaut werden.

Mitte des 19. Jhs. wuchs die Bevölkerung exponentiell an. Ein Zustrom von Menschen aus ländlichen Gebieten führte dazu, dass das Stadtgebiet von 661 000 Einwohnern im Jahr 1940 auf 8,5 Mio. im Jahr 2007 stieg. Besonders intensiv war die Migration in den 1980er-Jahren, als bewaffnete Konflikte in den Anden viele Menschen vertrieben. In der Stadt schossen Slums wie Pilze aus dem Boden, die Kriminalität stieg und die Stadt erlebte eine Zeit des Zerfalls. Im Jahr 1992 zündete die Terrorgruppe Sendero Luminoso (Leuchtender Pfad) tödliche, in Lastwagen deponierte Sprengsätze im bürgerlichen Miraflores und markierte damit eine der dunkelsten Stunden Limas.

Heute hat sich Lima auf erstaunliche Weise erholt. Aufgrund einer robusten Wirtschaft und vielfältiger Verbesserungen dank großer Mühen auf städtischer Ebene sind die Straßen neu asphaltiert, die Parks gepflegt und die öffentlichen Bereiche viel sicherer – wodurch das kulturelle Leben und die Gastroszene neu erblühten.

Sehenswertes

Die meisten Museen befinden sich in der belebten Innenstadt El Centro. Wer ein paar Tage hier verbringt, sollte versuchen, die Museen am Wochenende morgens zu besuchen, wenn nicht ganz so viel los ist. Die Viertel Miraflores und Barranco können komplett zu Fuß erkundet werden und es gibt überall hübsche Parks und Promenaden am Meer, die einen Rückzugsort bieten, wenn man genug von den städtischen Attraktionen hat.

★ Museo Larco MUSEUM

(Karte S. 925; ☎01-461-1312; www.museolarco.org; Bolívar 1515, Pueblo Libre; Erw./Kind unter 15 Jahren 30/15 S; ⏲9–22 Uhr) Dieses Museum in der Villa eines Vizekönigs aus dem 18. Jh. beherbergt eine der größten und besten Keramikausstellungen in Lima. Es wurde 1929

Großraum Lima

von dem Sammler präkolumbischer Gegenstände Rafael Larco Hoyle gegründet und zeigt mehr als 50 000 Töpfe und Keramiken der Cupisnique-, Chimú-, Chancay-, Nazca- und Inka-Kulturen. Zu den Höhepunkten gehören die grandiosen Moche-Porträtgefäße, die in schlichten, aber dramatisch beleuchteten Vitrinen ausgestellt sind, und eine Wari-Webarbeit in einer der hinteren Galerien, die aus 398 Fäden pro Zoll besteht - ein Rekord.

Plaza de Armas PLATZ

(Karte S. 926) Limas große Plaza de Armas, auch Plaza Mayor genannt, war nicht nur das Herz der Siedlung, die Francisco Pizarro im 16. Jh. gründete, sondern auch ein Zentrum des Spanischen Reichs, das sich über den ganzen Kontinent erstreckte. Auch wenn kein einziges Originalgebäude erhalten geblieben ist, steht in der Mitte des Platzes ein imposanter Bronzebrunnen, der 1650 errichtet wurde.

Monasterio de San Francisco KLOSTER

(Karte S. 926; ☎01-426-7377, ext 300; www.museocatacumbas.com; Ecke Lampa & Ancash; Erw./Kind unter 15 Jahren 15/3 S; ⏲9–20 Uhr) Dieses leuchtend gelbe Franziskanerkloster mit Kirche ist für seine von Knochen gesäumten **Katakomben** (die die Überreste von geschätzt 70 000 Menschen enthalten) und die bemerkenswerte **Bibliothek** bekannt, die 25 000 antike Texte umfasst, die teilweise aus der Zeit vor der Eroberung stammen. Im Eintritt ist eine 30-minütige Führung auf Englisch oder Spanisch enthalten, die beginnt, sobald genug Besucher versammelt sind.

★El Circuito Mágico del Agua SPRINGBRUNNEN

(Karte S. 928; Parque de la Reserva, Av Petit Thouars, cuadra 5; 4 S; ⏲Mi–So 15–22.30 Uhr) Diese ausschweifende Serie von beleuchteten Springbrunnen ist so übertrieben, dass man selbst als hartgesottener Reisezyniker gar nicht anders kann, als in Staunen zu ver-

Centro Histórico

0 400 m

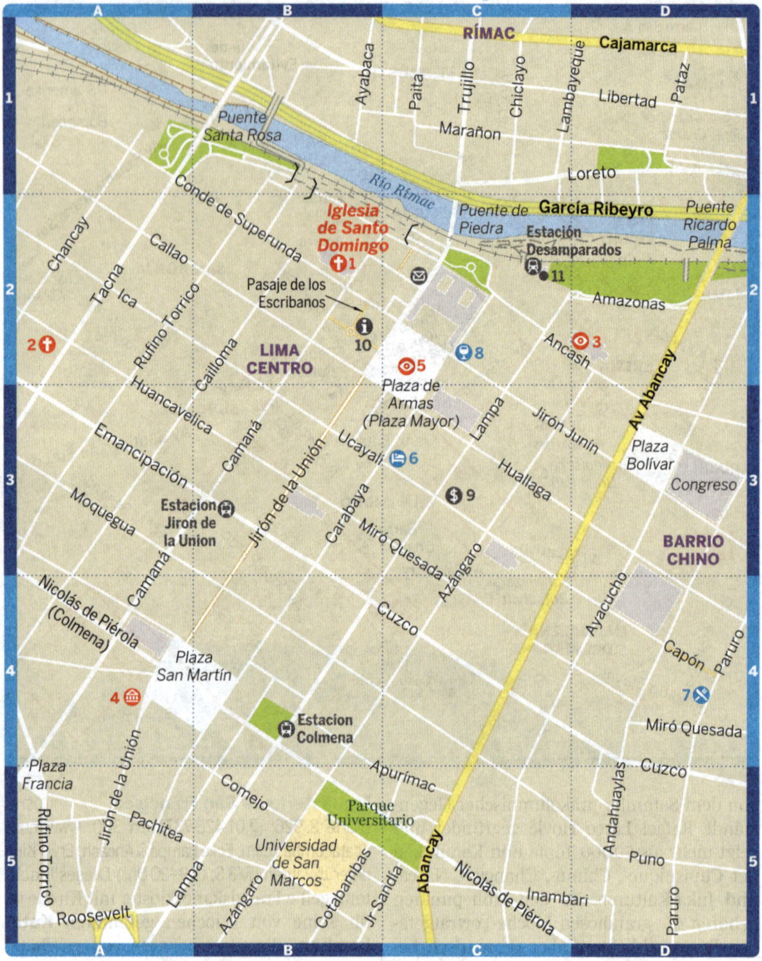

Centro Histórico

fallen. Es gibt ein Dutzend verschiedener Brunnen, den Höhepunkt bildet aber eine Laserlichtshow an der 120 m langen Fuente de la Fantasía (Fantasiebrunnen). Die gesamte Vorführung ist auf ein Medley aus Melodien ausgerichtet, das alles von peruanischen Walzern bis hin zu ABBA umfasst. Man muss es sehen, um es zu glauben.

★ Fundación Museo Amano MUSEUM

(Karte S. 930; ☎ 01-441-2909; www.museoamano.org; Retiro 160; ⌚10–17 Uhr) GRATIS Das gut gestaltete Museum hat eine gute private Sammlung von Keramikarbeiten und konzentriert sich vor allem auf Stücke der Chimú- und Nazca-Kultur. Es bietet auch eine bemerkenswerte Auswahl an Spitzenarbeiten und anderen Textilien, die von der an der Küste beheimateten Chancay-Kultur hergestellt werden. Wer möchte, kann sich einer 90-minütigen Führung anschließen (Englisch, Portugiesisch oder Spanisch).

★ Iglesia de Santo Domingo KIRCHE

(Karte S. 926; ☎ 01-427-6793; Ecke Camaná & Conde de Superunda; Kirche frei, Kloster 7 S; ⌚ Mo–Sa 9–13 & 17–19.30 Uhr) Die Iglesia de Santo Domingo mit dem weitläufigen **Kloster** gehört zu den historischsten religiösen Stätten Limas und ist auf einem Grundstück erbaut, das dem dominikanischen Mönch Vicente de Valverde zugesprochen wurde, der Pizarro während der Eroberung begleitete und ihn maßgeblich davon überzeugte, den gefangenen Inka Atahualpa hinzurichten. Die beeindruckende rosafarbene Kirche wurde ursprünglich im 16. Jh. fertiggestellt und seitdem zu verschiedenen Zeitpunkten wieder auf- und umgebaut.

Impakto GALERIE

(Karte S. 930; ☎01-368-7060; www.galeria-impakto.com; Av Santa Cruz 857, Miraflores; ⌚Mo–Fr 12–20, Sa 9–17 Uhr) Dieses Museum für zeitgenössische Kunst ist im ersten Stock eines hoch aufragenden, dunklen Bürogebäudes untergebracht. Die Glasfassade gibt gerade genug von seinem in Weiß gehaltenen Inneren preis, um die Neugierde zu wecken. Es werden sowohl nationale als auch internationale Künstler ausgestellt, die vielfältige und doch immer neue Perspektiven eröffnen.

★ Monumental Callao KULTURZENTRUM

(www.monumentalcallao.com; Jirón Constitución 250; ⌚11–18 Uhr) Das raue Viertel rund um die Casa Ronald, ein architektonisches Meisterwerk von 1920, wurde mithilfe von berühmten Graffiti-Künstlern wiederbelebt. Das Monumental Callao ist heute ein Zentrum für Kreative. Es umfasst Restaurants und Künstlerateliers sowie Galerien, wobei die Mieter ihre Zeit gelegentlich in den Dienst der Gemeinschaft stellen. Jedes Wochenende finden hier Partys mit DJs auf der Dachterrasse, live gespielte Salsa-Konzerte und sogar Modeschauen auf den bunten spanischen Fliesen statt.

Museo Andrés del Castillo MUSEUM

(Karte S. 926; ☎ 01-433-2831; www.madc.com.pe; Jirón de la Unión 1030; 10 S; ⌚ Mo–Sa 9–18, So 10–18 Uhr) Dieses lohnenswerte Privatmuseum ist in einem tadellos erhaltenen Herrenhaus aus dem 19. Jh. mit spanischen Fliesenböden untergebracht und zeigt eine riesige Sammlung von Mineralien sowie atemberaubend in Szene gesetzte Nazca-Textilien sowie Chancay-Töpferhandwerk, darunter einige bemerkenswerte Darstellungen Peruanischer Nackthunde.

★ Museo de Arte de Lima MUSEUM

(MALI; Karte S. 928; ☎ 01-204-0000; www.mali.pe; Paseo Colón 125; Erw./Kind 30/15 S; ⌚ Di, Do & Fr 10–19, Sa & So bis 17 Uhr) Limas wichtigstes Museum für bildende Kunst wird in der Stadt nur MALI genannt und ist in einem imposanten Beaux-Arts-Gebäude untergebracht, das 2015 renoviert wurde. Die Ausstellungen reichen von präkolumbischer bis hin zu zeitgenössischer Kunst. Außerdem werden zu den Sonderausstellungen Führungen angeboten. Sonntags kostet der Eintritt nur 1 S. In Barranco entsteht derzeit ein Schwestermuseum.

Huaca Pucllana RUINEN

(Karte S. 930; ☎01-617-7138; Ecke Borgoño & Tarapacá; Erw./Kind 12/6 S; ⌚9–16.30 Uhr; 🐾) Diese *huaca*, eine restaurierte, aus Lehm erbaute Zeremonienstätte der Lima-Kultur, befindet sich in der Nähe des Óvalo Gutiérrez und stammt aus dem Jahr 400 n. Chr. 2010 gelang mit vier Wari-Mumien, die von Plünderern verschont geblieben waren, ein bedeutender Fund. Obwohl die Ausgrabungen weiter andauern, kann die Anlage regelmäßig im Rahmen einer Führung auf Spanisch (und gegen Trinkgeld) besucht werden. Neben einem winzigen **Museum** verfügt die Stätte auch über ein gefeiertes **Restaurant** (Karte S. 930; 01-445-4042; ww.resthuacapucllana.com; Gral Borgoño cuadra 8; Hauptgerichte 24–72 S; ⌚Mo–Sa 12.30–16.30, So bis 16 Uhr), das einen unglaublichen Ausblick auf die bei Nacht erleuchteten Ruinen bietet.

Lima District & La Victoria

Lima District & La Victoria

Highlights
1 El Circuito Mágico del Agua C3
2 Museo de Arte de Lima B1

Schlafen
3 1900 Backpackers B1

Unterhaltung
4 Brisas del Titicaca Asociacion Cultural B1
5 Centro Cultural de España C3

Praktisches
6 Conadis C3
7 Oficina de Migraciónes A1

Transport
8 Civa C2
9 Móvil Tours C2

Aktivitäten

Radfahren

Dank der Radwege entlang der Küste und der ausgewiesenen Fahrradspuren in Miraflores ist dieses Gebiet ideal zum Radfahren. Eine beliebte Radwanderung von Lima aus ist etwa die 31 km lange Fahrt nach **Pachacamac** (☎01-321-5606; http://pachacamac.cultura.pe; Antigua Carr Panamericana Sur, Km 31,5, Lurín; Erw./Kind 15/5 S; ⊙Di–Sa 9–17, So bis 16 Uhr), wo es zwischen April und Dezember gute Trails gibt. Fortgeschrittene können sich Infos zu der hervorragenden Downhill-Strecke von Olleros nach San Bartolo südlich von Lima holen. Allgemeine Infos zum Radfahren (auf Spanisch) sind bei der **Federación Deportiva Peruana de Ciclismo** (Karte S. 930; ☎01-480-7390; www.fedepeci.pe; Av Aviación S/n puerta 13, La Videna San Luis; ⊙Mo–Fr 9–13 & 15–17 Uhr) oder auf der Facebook-Seite von Ciclismo Sin Fronteras Miraflores erhältlich.

Mirabici RADFAHREN
(Karte S. 930; ☎01-673-3908; www.mirabiciperu.pe; Costanera S/n, Miraflores; Verleih 23 S/Std.; ⊙9–19 Uhr) Dieser Fahrradverleih an der Küste verleiht auch Tandems und bietet Touren durch Barranco, Miraflores und San Isidro.

Gleitschirmfliegen

Vom „Paraport“ im Parque Raimondi auf den Klippen in Miraflores starten Tandemflüge (10 Min. 260 S), bei denen man die Wolkenkratzer am Meer und die Surfer im Wasser beobachten kann.

Peru Fly PARAGLIDING
(Karte S. 930; ☎959-524-940, 01-444-5004; www.perufly.com; Parque del Amor, Miraflores; ⊙10–18

Uhr) Eine Paragliding-Schule, die auch Tandemsprünge in Miraflores anbietet.

Schwimmen & Wassersport

In den Sommermonaten (Jan.–März) zieht es die *limeños* in Scharen an die Strände – trotz aller Warnungen vor verschmutztem Wasser. Die **Playa Costa Verde** in Miraflores (mit dem Spitznamen Waikiki) ist ein Favorit der lokalen Surfer und bietet ganzjährig gute Breaks. Die Wellen an den Stränden von Barranco sind besser für Longboards geeignet. Miraflores hat sieben weitere Strände, in Barranco gibt's weitere vier. Erfahrene Surfer können es auch an der **Playa La Herradura** in Chorrillos probieren, an der bei gutem Seegang bis zu 5 m hohe Wellen locken. Diebstahl ist hier ein Problem, deshalb sollte man nie etwas unbeobachtet liegen lassen.

Geführte Touren

Andean Photo Expeditions GEFÜHRTE TOUR
(☎960-724-103; www.andeanphotoexpeditions.com) Exzellente Fototouren durch Lima unter der Leitung französischer und peruanischer Fotografen mit maßgeschneiderten Optionen. Es gibt kein Büro, man trifft sich im Parque Kennedy oder im Zentrum von Lima.

Feste & Events

El Señor de los Milagros RELIGION
(Herr der Wunder; ⌚Okt.) Während dieser riesigen religiösen Prozession durch das Centro Historico am 18. Oktober zu Ehren des Christus der **Iglesia de las Nazarenas** (Karte S. 926; ☎01-423-5718; Ecke Tacna & Huancavelica; ⌚7–13 & 16–20.30 Uhr) kleidet sich die Stadt in Lila. An den anderen Sonntagen im Oktober finden kleinere Prozessionen statt.

Schlafen

Von familiengeführten *pensiónes* bis zu Glastürmen bietet Lima jegliche Art von Bleibe. Es ist zwar eines der teuersten Reiseziele im Land, deshalb gibt es aber auch einen gewissen Überfluss an Unterkünften und so finden sich teilweise auch Optionen mit gutem Preis-Leistungs-Verhältnis, besonders unter den Mittelklasseunterkünften.

Wer nachts ankommt, sollte sich vorab mit seinem Hotel in Verbindung setzen, um die Abholung am Flughafen zu organisieren. Selbst Budgetunterkünfte können diesen Service organisieren und man bezahlt manchmal sogar etwas weniger als für den offiziellen Flughafenservice.

Lima Centro

Die Angebote in der verstopften Innenstadt können nicht mit denen anderer Stadtteile mithalten. Die Luxusunterkünfte sind in den letzten Jahren aus Limas Zentrum abgewandert und haben sich mittlerweile nach San Isidro und Miraflores verlagert.

1900 Backpackers HOSTEL $
(Karte S. 928; ☎01-424-3358; www.1900hostel.com; Av Garcilaso de la Vega 1588; B 26–43 S, EZ/DZ inkl. Frühstück 86/112 S; @📶) Diese alte, von Gustave Eiffel entworfene Villa im Zentrum ist äußerst beliebt und wurde in modernem Design renoviert, wobei die Marmorböden und anderer Prunk aus dem vergangenen Jahrhundert erhalten geblieben sind. Für ein Hostel ist es schlicht umwerfend: Die Zimmer sind einfach, aber schick, mit dicht an dicht stehenden Stockbetten.

Es gibt eine winzige Küche und coole Gemeinschaftsbereiche, z. B. das Billardzimmer mit Bar und rotem Kronleuchter.

Hotel Maury HOTEL $$
(Karte S. 926; ☎01-428-8188; www.hotelmaury.hoteles; Ucayali 201; DZ/3BZ inkl. Frühstück 227/263 S; ❄@📶) Ein alteingesessener Favorit in Lima, der dafür bekannt ist, in den 1930er-Jahren einen neumodischen Cocktail mit dem Namen Pisco Sour (Cocktail aus Traubenbrand) erfunden zu haben. Während in den öffentlichen Bereichen die ursprüngliche schnörkelreiche Verzierung erhalten wurde – etwa mit vergoldeten Spiegeln und Möbel im viktorianischen Stil –, sind die 76 einfachen Zimmer moderner, und einige verfügen über Whirlpools und Tresore. Kreditkarten werden akzeptiert.

Miraflores

Das bei Travellern bevorzugte Viertel ist Miraflores, das viele Hostels, Pensionen und gehobene Hotelketten sowie wachsame Sicherheitsdienste bietet.

Die Straßen hier befinden sich in Meeresnähe, sind fußgängerfreundlich und voller Cafés, Restaurants, Hotels, Hochhäuser, Geschäfte und Nachtclubs, die von Disco-Musik bis *cumbia* (kolumbianische salsaähnliche Tanzmusik) alles spielen. Es gibt auch viele ruhigere Straßenzüge.

★ **Quinta Miraflores** BOUTIQUEHOTEL $
(Karte S. 930; ☎01-446-5147; www.quintamiraflores.com; Av 28 de Julio 844; Zi. inkl. Frühstück 120–180 S; 📶) Dieses schöne Haus im mediterra-

Miraflores

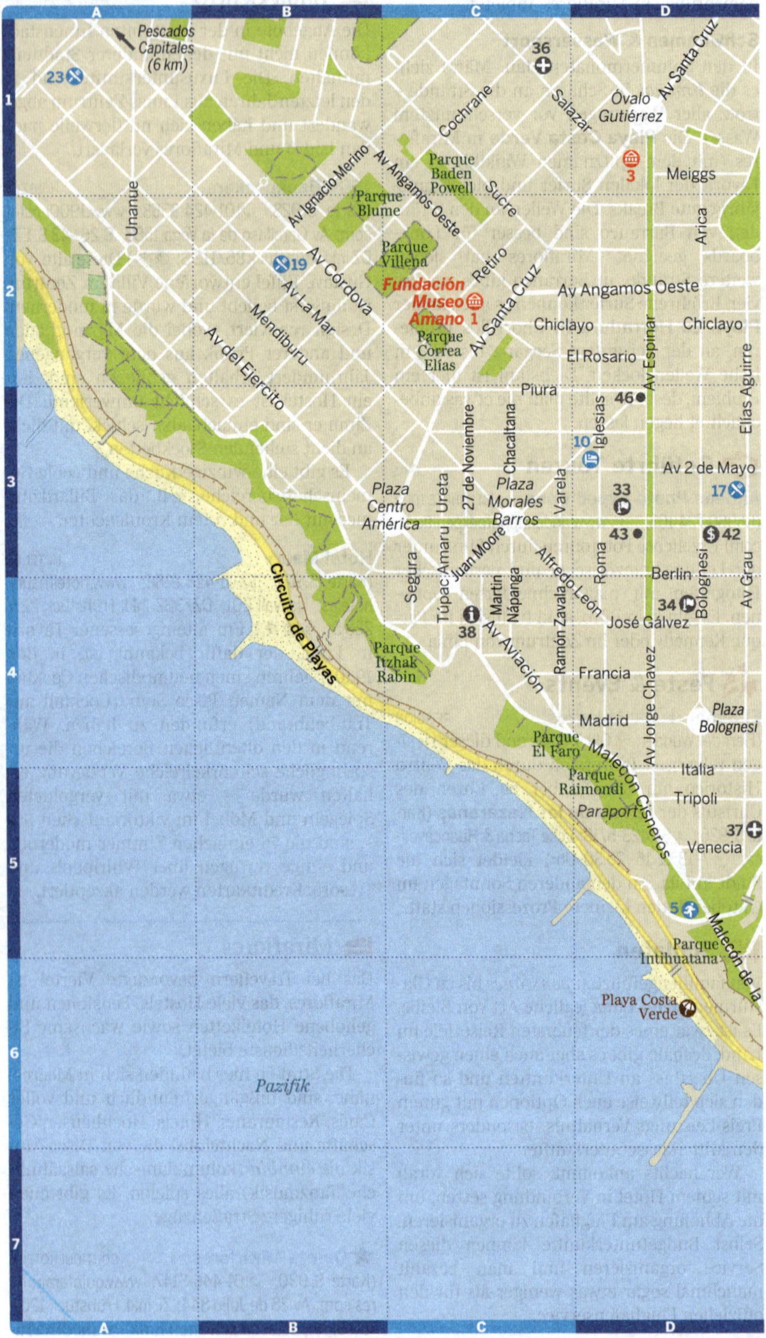

PERU LIMA

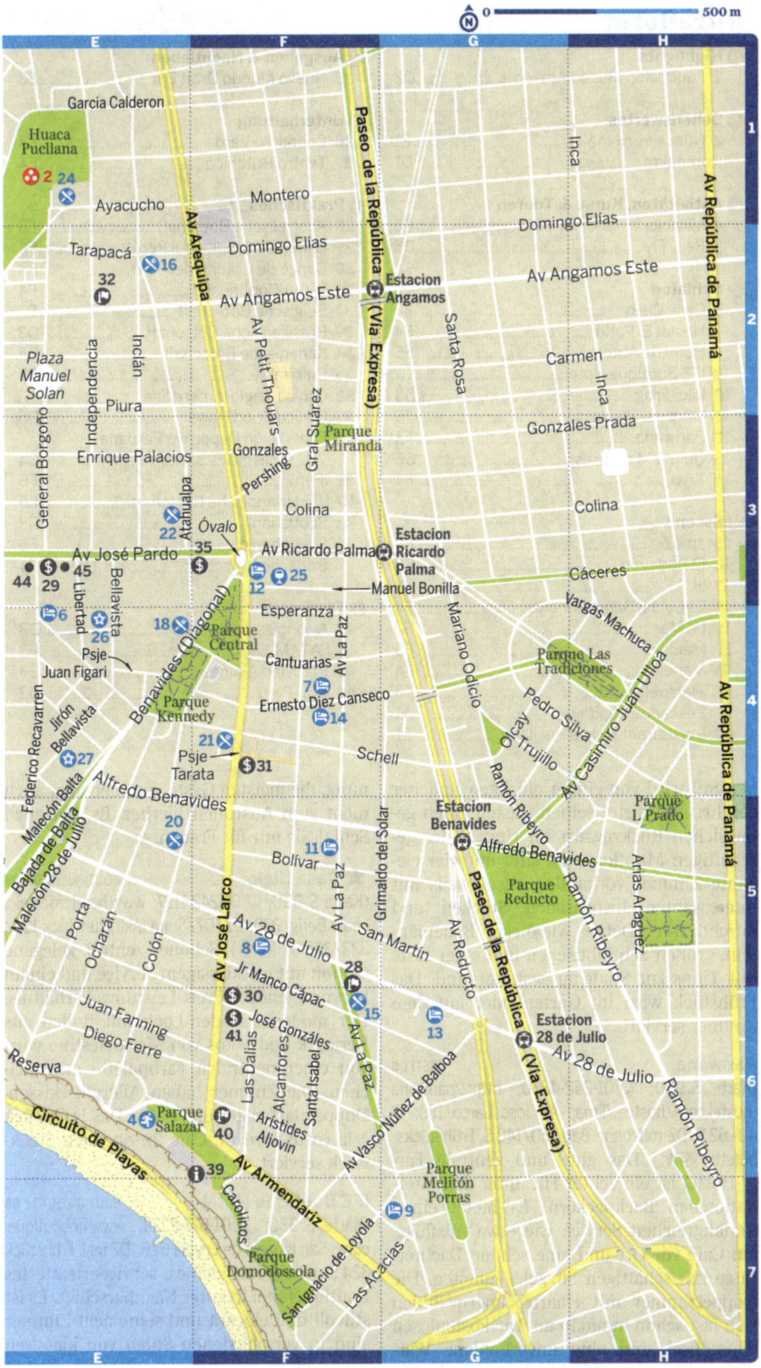
0
500 m
N
E
F
G
H
1
2
3
4
5
6
7
Garcia Calderon
Huaca Pucllana
2
24
Ayacucho
Montero
Tarapacá
16
32
Domingo Elías
Av Angamos Este
Av Arequipa
Paseo de la República
(Vía Expresa)
Estacion Angamos
Domingo Elías
Av Angamos Este
Inca
Av República de Panamá
Plaza Manuel Solan
Independencia
Inclán
Piura
Av Petit Thouars
Gral Suárez
Santa Rosa
Carmen
Inca
Gonzales Prada
Parque Miranda
General Borgoño
Enrique Palacios
Gonzales
Pershing
Colina
Colina
Atahualpa
22
Óvalo
35
Av José Pardo
Av Ricardo Palma
Estacion Ricardo Palma
Cáceres
44
29
45
Libertad
Bellavista
12
25
Manuel Bonilla
Esperanza
6
26
18
Parque Central
Benavides (Diagonal)
Av La Paz
Mariano Odicio
Vargas Machuca
Psje Juan Figari
Cantuarias
Parque Las Tradiciones
7
Ernesto Diez Canseco
14
Parque Kennedy
Federico Recavarren
Jirón Bellavista
Pedro Silva
Av Casimiro Juan Ulloa
Olcay
Trujillo
21
Psje Tarata
31
Schell
27
Malecón Balta
Alfredo Benavides
Ramón Ribeyro
Parque L Prado
Estacion Benavides
20
11
Bajada de Balta
Malecón 28 de Julio
Bolívar
Grimaldo del Solar
Alfredo Benavides
Parque Reducto
Arias Araguez
Porta
Ocharán
Colón
Av José Larco
Av 28 de Julio
8
Av La Paz
San Martín
Av Reducto
Paseo de la República
Ramón Ribeyro
28
Jr Manco Cápac
30
15
13
Juan Fanning
41
José Gonzáles
Estacion 28 de Julio
Diego Ferre
Av 28 de Julio
Reserva
Las Dalias
Alcanfores
Santa Isabel
Av La Paz
Av Vasco Núñez de Balboa
(Vía Expresa)
Ramón Ribeyro
Circuito de Playas
4
Parque Salazar
40
Arístides Aljovin
39
Av Armendariz
Parque Melitón Porras
9
Carolinos
San Ignacio de Loyola
Las Acacias
Parque Domodossola

Miraflores

nen Stil wird von einem quirligen Italiener geführt und bietet seinen Gästen einen gemütlichen Rückzugsort im Herzen des geschäftigen Miraflores. Es sind nur vier elegante Zimmer vorhanden, die jeweils mit interessanten historischen Stücken und durchdachten Details wie dicken Bademänteln, großen Schreibtischen und einer Liste mit Tipps zur Stadt ausgestattet sind. Das Frühstück wird im Garten oder auf dem Zimmer serviert.

Pariwana HOSTEL **$**
(Karte S. 930; ☎01-242-4350; http://pariwana-hostel.com/hostels/lima; Av Jose Larco 189; B 40–62 S, DZ mit/ohne Bad 160/140 S, Frühstücksbüfett; @ 📶) Das gute und zentrale Party-Hostel ist ein echter Hit unter den internationalen Backpackern. Es bietet einen umfangreichen Service wie etwa Ausflüge, ein Café vor Ort und eine schöne Dachterrasse mit schattigen Sitzgelegenheiten. Die Doppelzimmer mit Haartrocknern fühlen sich fast schon mondän an. Die kostenlosen Ohrstöpsel sind eine unverhohlene Warnung, die meisten Gäste kommen aber auch nicht zum Ausruhen hierher. Es gibt auch Schlafsäle nur für Frauen.

★ **Casa Cielo** BOUTIQUEHOTEL **$$**
(Karte S. 930; ☎01-242-1127; www.hotelcasacielo.com; Berlin 370; EZ/DZ/Suite inkl. Frühstück 198/333/396 S; P 📶) Schöne, zentral gelegene Option mit erstklassigem Service und einem hervorragendes Preis-Leistungs-Verhältnis. Der moderne Anden-Look mit Bullen aus Keramik und Fotos von Mario Testino wird von einer neutralen Farbpalette unterstrichen. Die Zimmer haben Allergikerkissen, Doppelglasfenster und Safes. Das Frühstück à la carte wird im Café im obersten Stockwerk serviert.

IFE Boutique Hotel BOUTIQUEHOTEL **$$**
(Karte S. 930; ☎01-677-2229; www.ifeboutique.com; San Ignacio de Loyola 646; DZ inkl. Frühstück 324 S; ❄ 📶) Ein kleines, serviceorientiertes Boutiquehotel in guter Nachbarschaft. Es ist stilvoll und elegant und seine acht Zimmer sind in verschiedenen Stilen von klassisch

bis Pop-Art eingerichtet. Die französischen und King-Size-Betten haben luxuriöse Bettwäsche. Das Personal ist hilfreich und zu den Annehmlichkeiten zählen LCD-TVs, Minibar, iPod-Dockingstationen und Tresore.

Tryp DESIGNHOTEL **$$**
(Karte S. 930; ☎ 01-571-8100; www.melia.com/en/hotels/peru/lima/tryp-lima-miraflores; Av Ernesto Diez Canseco 344; DZ/Suite 310/450 S; P ❄ 📶 🏊) Dieser Vertreter der internationalen Melia-Hotelkette bietet zusätzlich noch jede Menge Hipster-Annehmlichkeiten: einen schicken, modernen Stil, Leihfahrräder und Bluetooth-Lautsprecher. Die 140 Zimmer verteilen sich auf zehn Etagen und sind mit Safe, Minibar und großem Flachbild-TV ausgestattet. Es gibt auch einen 24-Stunden-Zimmerservice, ein Fitnessstudio und einen beheizten Pool auf dem Dach. In der Lobby aus Glas gibt's auch ein Restaurant.

Libre DESIGNHOTEL **$$**
(Karte S. 930; ☎ 01-209-0900; https://librehotel.pe; Av La Paz 730; EZ/DZ inkl. Frühstück 345/414 S; 📶) Das 2018 neu erbaute Designhotel ist ein weiterer Beweis dafür, dass die Erneuerung von Miraflores auf einem guten Weg ist. Die Gäste werden bei der Ankunft von einem verspielten Wandbild von Jade Rivera begrüßt. Die Zimmer sind klein, aber gut ausgestattet, mit Doppelglasfenstern, die den Straßenlärm abhalten, zusammenpassender Bettwäsche, Duschen mit Glaswand und großen Flachbild-TVs. Es gibt eine Dachterrasse im 8. Stock, ein Restaurant und einen 24-Stunden-Zimmerservice.

Hostal El Patio PENSION **$$**
(Karte S. 930; ☎ 01-444-2107; www.hostalelpatio.net; Ernesto Diez Canseco 341A; EZ/DZ/3BZ inkl. Frühstück ab 149/182/248 S; @ 📶) Dieses Juwel unter den Pensionen liegt in einer ruhigen Nebenstraße nur wenige Schritte vom Parque Kennedy entfernt und wurde nach seinem von Blumen überfüllten Garten mit plätscherndem Brunnen benannt. Die fröhlichen Besitzer sprechen Englisch und Französisch und bieten kleine, makellose Zimmer mit gusseisernen Betten und Kunst im Kolonialstil. Ein paar Zimmer haben Küchenzeilen und Minikühlschränke. Auf der Website gibt's Sonderangebote.

Inka Frog HOTEL **$$**
(Karte S. 930; ☎ 01-445-8979; www.inkafrog.com; Iglesias 271; EZ/DZ/3BZ inkl. Frühstück 188/228/264 S; @ 📶) Diese dezente, freundliche Unterkunft richtet sich an den bereits reiferen Hostel-Gänger, der gern im privaten Zimmer übernachtet. Es verfügt über großzügige und makellose moderne Zimmer mit Ventilatoren und Flachbild-TVs. Die Quartiere auf der reizenden Dachterrasse haben eine Klimaanlage (ohne Aufpreis). Achtung: Die Bäder zweier Zimmer liegen auf dem Flur. Das Personal ist hilfsbereit und die Straße erfrischend ruhig.

★ **Hotel de Autor** B&B **$$$**
(Karte S. 930; ☎ 01-681-8074; http://autor.pe; Av 28 de Julio 562B, Quinta Bustos; DZ inkl. Frühstück 545 S; P ❄ 📶) Warum kann nicht jedes Hotel sein wie dieses? Es bietet einen persönlichen Service, ein sättigendes Frühstück und einen modernen Stil. Überall sind authentische Reisesouvenirs zu sehen, die als Inspiration für die restliche Perureise dienen können. Die Zimmer sind geräumig und alle haben King-Size-Betten, luxuriöse Bettwäsche und Schreibtische. Die Balkons und Badewannen mit Klauenfüßen geben dieser ruhigen, zentral gelegenen Unterkunft in einer Sackgasse eine Prise Romantik.

Barranco

Zu Beginn des 20. Jhs. war dies das Sommerdomizil der Oberschicht. In den 1960er-Jahren entwickelte sich Barranco zu einem Zentrum der Bohème-Szene. Heute ist es vollgepackt mit Restaurants und lebhaften Bars und seine anmutigen Herrenhäuser wurden in Boutiquehotels umgewandelt. Barranco ist mit seinen vielen Gartenanlagen und kolonialer Architektur zweifellos eines der Viertel, die am besten zu Fuß erkundet werden können.

Casa Nuestra B&B **$$**
(Karte S. 934; ☎ 01-248-8091; www.casanuestraperu.com; Jirón Tumbes 270; EZ/DZ/3BZ inkl. Frühstück 132/165/198 S; @ 📶) Das schöne Gebäude in einer ruhigen, schattigen Seitenstraße punktet mit cooler Deko, Wandmalereien und Kunst auf Retro-Postern. Es ist eine gute Basis für die Erkundung Barrancos und bietet Rabatte für alle, die länger bleiben. Am besten sind die Zimmer im 2. Stock. Die Optionen im 1. Stock sind nicht so neu renoviert. Es gibt eine Gemeinschaftsküche und eine hübsche Dachterrasse. Reservierung erforderlich.

★ **Second Home Perú** B&B **$$$**
(Karte S. 934; ☎ 01-247-5522; www.secondhomeperu.com; Domeyer 366; DZ/Suite inkl. Frühstück 446/545 S; @ 📶) Diese reizende *casona* im

Barranco

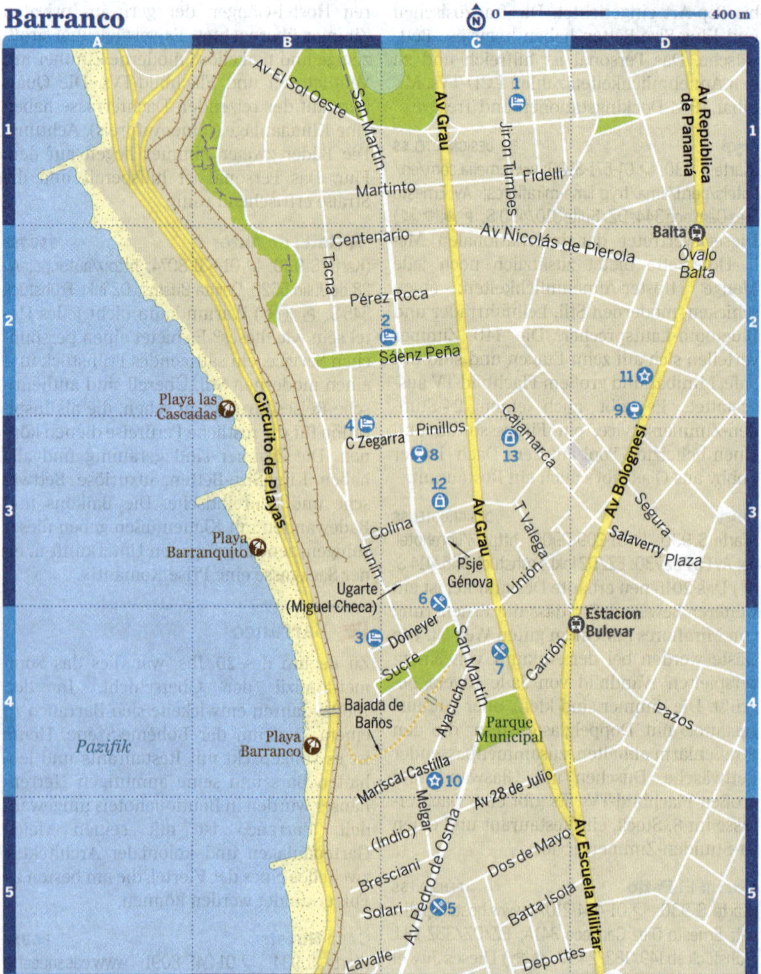

bayrischen Stil versprüht mit ihren fünf Zimmern eine märchenhafte Atmosphäre. Sie punktet mit Badewannen mit Klauenfüßen, Eisenskulpturen, einem Pool und einem unglaublichen Blick aufs Meer. Das B&B wird von den Kindern des Künstlers Victor Delfín geführt und bietet eine private Gartenanlage, in denen Delfíns Stierskulpturen und Werke anderer Künstler zu sehen sind. Das Bildhaueratelier kann gemietet werden. Kreditkarten werden akzeptiert.

★ Villa Barranco BOUTIQUEHOTEL **$$$**
(Karte S. 934; ☎01-396-5418; www.ananay-hotels.com/branches/villa-barranco; Calle Carlos Zegarra 274; DZ inkl. Frühstück 1706 S;) Die Villa Barranco ist diese Art von mühelos schönem, aber komfortablem alten Haus, in dem man sofort das Gefühl hat zuhause zu sein. Das Boutiquehotel in Barranco strotzt nur so vor Stil. Dafür sorgen nicht zuletzt die raffinierte Einrichtung und der Garten voller Kolibris, die die Heckenkirsche in Beschlag nehmen. Die Zimmer sind geräumig, einige sind mit Badewannen mit Klauenfüßen ausgestattet, und es gibt einen Zugang zum Garten. Das Beste aber ist die wunderschöne Dachterrassenbar, in der man sich mit Freunden einen Pisco Sour genehmigen kann.

Barranco

Schlafen		Ausgehen & Nachtleben	
1 Casa Nuestra	C1	8 Dada	C3
2 Hotel B	C2	9 Red Cervecera	D2
3 Second Home Perú	B4	**Unterhaltung**	
4 Villa Barranco	B3	10 Microteatro Lima	C4
Essen		11 Sargento Pimienta	D2
5 Central	C5	**Shoppen**	
6 Isolina	C3	12 El Cacaotal	C3
7 La Panetteria	C4	13 Las Pallas	C3

Hotel B BOUTIQUEHOTEL $$$

(Karte S. 934; ☎01-206-0800; www.hotelb.pe; Sáenz Peña 204; DZ 990–1584 S; @📶) Dieses renovierte Herrenhaus verbindet moderne mit klassischen Aspekten und erzielt damit eine dramatische Wirkung. Es gibt 17 vielseitige Zimmer (einige können etwas überfüllt wirken), die um einen Innenhof angeordnet und von einer Wand aus Feigen umgeben sind. Die nette Bar ist auch bei Nicht-Gästen beliebt und auf Gin Tonic und Gatsby-Flair spezialisiert. Vom Dach aus hat man einen tollen Blick aufs Meer.

Essen

Wa Lok CHINESISCH $$

(Karte S. 926; ☎01-447-1314; Paruro 878; Hauptgerichte 15–80 S; ⏲Mo–Sa 9–23, So bis 22 Uhr; 🖉) Das Wa Lok serviert die frischesten, leichtesten Meeresfrüchte und gebratenen Reis, und das brutzelnde Fleisch kommt auf dampfenden Tellern an den Tisch. Es gehört zu den besten *chifas* (chinesischen Restaurants) in Chinatown. Auf der 16-seitigen kantonesischen Karte stehen Klöße, Nudeln, Wokgerichte und eine gute Auswahl vegetarischer Optionen (den Tofu-Schmortopf sollte man probieren). Die Portionen sind riesig – bloß nicht zu viel bestellen.

San Isidro

★ **Barra Chalaca** CEVICHE $$

(Karte S. 925; ☎01-422-1465; Av Camino Real 1239; Hauptgerichte 14–39 S; ⏲11–17 Uhr) Das Erfolgsgeheimnis dieser lässigen *ceviche*- und Meeresfrüchte-Bar ist die Kombination aus meisterhafter Küche und unkonventioneller Atmosphäre. Vom Barhocker aus kann man zuschauen, wie die Köche *curatodo* (etwa „heilt alles“) zubereiten, eine Schale mit Fisch, tropischen Säften und frischen Kräutern. Es gibt leckere *tiradito chichuito* (Sashimi mit Kapern, Avocado und Knoblauch), knackige, in dünnem Teig ausgebackenen *pejerrey* (Ährenfisch) und frittierten Reis mit Meeresfrüchten, der süchtig macht.

★ **Astrid y Gastón Casa Moreyra** FUSION $$$

(Karte S. 936; ☎01-442-2775; www.astridygaston.com; Av Paz Soldan 290; Hauptgerichte 53–89 S; ⏲Mo–Sa 13–15 & 19–23 Uhr) Das französisch inspirierte Vorzeigerestaurant von Gastón Acurio ist ein Vorreiter der *Novoandina*-Küche in Lima. Es wird von dem in Lima geborenen Diego Muñoz geführt und ist und bleibt eine kulinarische Meisterleistung. Auf der saisonalen Speisekarte stehen traditionelle peruanische Gerichte, es sind aber die exquisiten Fusion-Spezialitäten, die das Moreyra zu einem überragenden Esserlebnis machen. Das 28-gängige Verkostungsmenü gibt einen Einblick in die sich eröffnenden Möglichkeiten. Nicht lange überlegen, einfach zuschlagen.

Miraflores

La Lucha Sanguachería SANDWICHES $

(Karte S. 930; ☎01-241-5953; Benavides 308; Sandwiches 12–21 S; ⏲So–Do 8–1, Fr & Sa bis 3 Uhr) Der bis in die Puppen geöffnete Sandwichladen an der Ecke ist die perfekte Adresse für einen Mitternachtssnack. *Lechón a la leña* (gebratenes Schweinefleisch) ist seine Spezialität, es gibt aber auch gebratenes Huhn oder Schinken im luftigen Brötchen. Auch die Säfte werden direkt hier gemischt.

Manolo CAFÉ $

(Karte S. 930; ☎01-444-2244; www.manolochurros.com; Av José Larco 608; Churros 4 S; ⏲So–Do 7–1, Fr & Sa bis 2 Uhr) Dieses bis in die Nacht hinein geöffnete, florierende Café am Straßenrand ist vor allem für seine frischen Churros bekannt, die hervorragend zu einer *chocolate caliente espeso* (dickflüssige heiße Schokolade) passen. Perfekt zum Eintau-

San Isidro

San Isidro

Essen

1 Astrid y Gastón Casa Moreyra D2

Praktisches

2 Bolivianische Botschaft A2
3 Chilenische Botschaft C1
4 Kolumbianische Botschaft C2
5 Ecuadorianische Botschaft C2
6 iPerú C2
7 Scotiabank B1
8 Spanisches Konsulat D2

chen! Natürlich, gibt's hier auch die typische Cafe´-Kost.

★ ámaZ AMAZONISCH $$
(Karte S. 930; ☎01-221-9393; www.amaz.com.pe; Av La Paz 1079; Hauptgerichte 20–65 S; ⏲Mo–Sa 12.30–23.30, So bis 16.30 Uhr; ✎) Das wunderbare Lokal von Chefkoch Pedro Miguel ist ganz der Vielfalt des Amazonasgebiets gewidmet. Zuerst bestellt man die übergroßen *tostones* (Kochbananenchips) und einen säuerlichen Cocktail aus Dschungelfrüchten. Wraps aus Bananenblättern, auch *juanes* genannt, enthalten Schätze wie etwa aromatische Peking-Ente mit Reis. Es gibt außerdem ausgezeichnete *encurtido* (eingelegtes Gemüse) und das großzügige vegetarische Menü für zwei Personen ist eine köstliche Möglichkeit, die Vielfalt zu kosten.

★ El Bodegón BISTRO $$
(Karte S. 930; ☎01-444-4704; www.elbodegon.com.pe; Av Tarapaca 197; Hauptgerichte 28–39 S; Mo–Sa 12–24, So 11–21 Uhr) Mit ihrer schummrigen Beleuchtung, dem poliertem Hartholz und dem flottem Service fühlt sich diese Ecktaverne eher nach Buenos Aires als nach Lima an. Zum Glück befindet sie sich genau hier. Das Bistro von Gastón Acurio erweckt die peruanische Hausmannskost wieder zum Leben. Es lohnt sich, sich mehrere Gerichte zu teilen, um sein Geld breit gefächert anzulegen. Besonders lecker sind u.a. der cremige, geröstete Blumenkohl am Stück und das unfassbar köstliche *rocoto relleno* (gefüllte Paprika) mit einer nussigen, reichhaltigen Sauce.

Matsuei JAPANISCH $$
(Karte S. 930; ☎981-310-180; www.matsueiperu.com.pe; Atahualpa 195; Hauptgerichte 16–70 S; ⏲Mo–Sa 12.30–15.30 & 19.30–23 Uhr) Der verehrte japanische Superkoch Nobu Matsuhisa war einst Miteigentümer dieser Sushi-Bar. Sein neues Lokal ist schick und stimmungsvoll. Die Gäste bekommen einige der spektakulärsten Sashimi und *maki* (Sushi-Rollen) serviert, die es in Lima gibt. Ein Muss ist das *acevichado*, eine mit Garnelen und Avocado gefüllte Rolle, die mit einer hausgemachten Majo aus *ceviche*-Brühe übergossen wird. Eine echte Geschmacksexplosion.

★ Central PERUANISCH $$$
(Karte S. 934; ☎01-242-8515; centralrestaurante.com.pe; Av Pedro de Osma 301; Hauptgerichte 52–95 S; ⏲Sitzplätze Mo–Sa 12.45–13.15 & 19.45–20.30 Uhr) Teils Restaurant, teils Labor – das Central erfindet die Anden-Küche neu und rettet uralte peruanische Nahrungsmittel, die man nirgendwo sonst findet. Ein Essen hier ist ein Erlebnis, das zeigen schon die zarten einheimischen Kartoffeln, die in essbarem Lehm serviert werden. Koch Virgilio Martinez möchte, das man die Anden

wirklich schmeckt. Er hat in Europa und Asien in den besten Küchen gelernt, aber es ist seine kreative Arbeit hier, die wahrhaft verzaubert.

La Mar SEAFOOD $$$

(Karte S. 930; ☎ 01-421-3365; www.lamarcebicheria.com; Av La Mar 770; Hauptgerichte 39–79 S; ⏱ Mo–Fr 12–17, Sa & So 11.45–17.30 Uhr) Eine gemütliche *cevichería* (*ceviche*-Restaurant) mit hervorragendem Service und traumhaftem *ceviche* und *tiraditos* (die japanische Version von *ceviche*). Ebenfalls im Angebot ist ein leichter und frischer *chifon chaufa* (gebratener Reis). Dieser Außenposten von Gastón Acurio ist im Endeffekt nicht viel mehr als eine Terrasse aus poliertem Zement voller VIPs. Unbedingt den grandiosen Bloody *Locho* bestellen, eine Variation des Bloody Mary inklusive Muschelschalen. Auch die Desserts enttäuschen nicht. Es werden keine Reservierungen entgegengenommen.

IK PERUANISCH $$$

(Karte S. 930; ☎ 01-652-1692; www.ivankisic.pe; Elías Aguirre 179; Hauptgerichte 45–75 S; ⏱ Mo–Sa 18–23 Uhr) Der Anspruch, alte Traditionen mit der peruanischen Avantgarde molekularer Gastronomie zu kombinieren, ist ziemlich ambitioniert, die meisten Gäste würden aber zustimmen, dass das IK dies mit Stil bewältigt. Das Restaurant ist eine Hommage an einen bekannten lokalen Koch und die erholsame Atmosphäre mit jeder Menge Pflanzen, Naturgeräuschen und Lichtprojektionen macht das Essen zu einer gänzlich neuen Erfahrung. Die Gerichte sind ausgewogen und sorgfältig angerichtet.

Pescados Capitales CEVICHE $$$

(Karte S. 930; ☎ 01-421-8808; www.pescadoscapitales.com; Av La Mar 1337; Hauptgerichte 39–70 S; ⏱ 12.30–17 Uhr) An einer Straße, die einst von lärmenden Autowerkstätten gesäumt war, serviert dieses industriell-zeitgenössische Lokal eines der besten *ceviche* der Stadt. Zu empfehlen ist das *ceviche capital*, eine Mischung aus Flundern, Lachs und Thunfisch mariniert mit roten, weißen und grünen Zwiebeln an einer Creme aus drei verschiedenen Chilisorten. Eine neunseitige Weinkarte bietet eine überzeugende Auswahl an chilenischen und argentinischen Jahrgängen.

Barranco

La Panetteria BÄCKEREI $

(Karte S. 934; ☎ 01-469-8260; www.facebook.com/lapanetteriabarranco; Av Grau 369; Hauptgerichte 8–22 S; ⏱ Di–So 8–21 Uhr; 📶) Diese Bäckerei ist im ganzen Viertel beliebt und serviert eine Vielzahl von Broten, von traditionellen Baguettes und französischen Brötchen bis hin zu abenteuerlichen Experimenten wie Pesto- oder *aji*-Brot (*aji* ist Perus leicht scharfe Paprika) sowie herrliches Gebäck. Am Wochenende ist hier während des Brunchs jede Menge los (Eier stehen nicht auf der Speisekarte, man kann sie aber bestellen).

★ **Isolina** PERUANISCH $$$

(Karte S. 934; ☎ 01-247-5075; www.isolina.pe; Av San Martín 101; Hauptgerichte 35–78 S; ⏱ Mo & Di 12–22, Mi–Fr bis 23, Sa 9–17, So 9-21 Uhr) Hier wird Tradition groß geschrieben. Auf den Tisch kommt beste hausgemachte *criol-*

NICHT VERSÄUMEN

MEERESFRÜCHTE IN LA PUNTA

La Punta ist ein ruhiges Wohnviertel mit herrlichem Meerblick und eignet sich hervorragend für ein gemütliches Mittagessen. Der leutselige Besitzer von **Caleta la Punta** (☎ 01-453-1380; Malecón Pardo 180, Callao; Hauptgerichte 40–65 S; ⏱ 10–17.30 Uhr; 🖉) lockt seine Gäste mit einer kostenlosen Tasse kalter *chicha* (blauer Maissaft). Das Mango-*ceviche* hat beim renommierten Mistura Food Festival sogar einen Preis gewonnen. Meeresfrüchte-Liebhaber stehen hier für das frische *ceviche* und den ganzen gebratenen Fisch mit Knoblauch Schlange.

Das stilvolle, direkt am Wasser gelegene **La Rana Verde** (☎ 973-752-959; Parque Gálvez s/n, Chorrillos; Hauptgerichte 42–59 S; ⏱ 12–18 Uhr) bietet sich für ein sonntägliches Abendessen mit Blick auf die Isla San Lorenzo an. Alle Gerichte werden sorgfältig zubereitet und der *pulpo al olivo* (Tintenfisch in Olivenöl) ist einer der besten in Lima. Das Restaurant befindet sich am Pier im Club Universitario de Regatas.

Wenn man schon einmal hier ist, sollte man sich auch gleich die Galerien und Straßenkunst rund um das nahe gelegene Monumental Callao (S. 927) ansehen.

lo-Küche (würzige peruanische Gerichte mit spanischen und afrikanischen Einflüssen). Das Isolina scheut sich nicht davor, Kutteln und Nieren zu servieren – auf seiner von Hand geschriebenen Speisekarte stehen aber auch liebevoll zubereitete, saftigen Rippchen, *causa escabechada* (Kartoffelpüree mit marinierten Zwiebeln) und frische grüne Salate. Die Familienportionen kommen in altmodischen Dosen auf den Tisch, man kann sich aber auch eine leichtere Mahlzeit aus Vorspeisen wie marinierten Muscheln oder *ceviche* zusammenstellen.

Ausgehen & Nachtleben

★ Dada COCKTAILBAR
(Karte S. 934; www.dada.com.pe; Av San Martín 154; ⌚ Di & Mi 19–1, Do–Sa bis 3 Uhr) Dieses schicke Herrenhaus mit Themenzimmern und einer schönen Terrasse ist Barrancos neuester Hot Spot. Es gibt diese Orte, die man nicht als Ort, sondern eher als ein Gefühl beschreiben würde, etwa so, wie wenn man einen alten Freund umarmt. Genau solch ein Ort ist das Dada. Schicke Kleidung und ein gut gefülltes Portemonnaie sind hier Pflicht. Die Cocktails sind nicht billig, aber sehr lecker. Außerdem gibt es Calypso-, Jazz- und Rock-Konzerte.

★ Museo del Pisco BAR
(Karte S. 926; ☎ 99-350-0013; www.museodelpisco.org; Jirón Junin 201, Lima Centro; ⌚ 10–24 Uhr) Es mag der „lehrreiche" Aspekt dieser tollen Bar sein, warum man hierher kommt. Es sind aber die angenehme Atmosphäre und die hervorragenden originellen Cocktails, die dafür sorgen, dass man bleibt. Besonders lecker ist der *asu mare*, ein Pisco-Martini mit Ingwer, Gurke, Melone und Basilikum. Die Schwesterbar des beliebten Originals in Cusco ist hier in der Casa del Oidor untergebracht, eine *casona* aus dem 16. Jh.

Nuevo Mundo Draft Bar CRAFT-BIER
(Karte S. 930; ☎ 01-241-2762; Calle Manuel Bonilla 103, Miraflores; ⌚ Mo–Do 12–1, Fr & Sa bis 3, So 17–1 Uhr) Nuevo Mundo war eine der ersten Craft-Bier-Brauereien in Lima und ist mittlerweile mit ihrer großen Auswahl an nationalen Craft-Bieren vom Fass aus der hiesigen Kneipenszene nicht mehr wegzudenken. Das Lokal ist mit sogenannter *chicha*-Kunst (Schlagwörter in auffälligen Neonfarben) dekoriert und eine tolle Adresse, um in ungezwungener Atmosphäre einen Happy-Hour-Drink zu genießen oder ein Fußballspiel anzuschauen.

Red Cervecera BIERGARTEN
(Karte S. 934; ☎ 01-396-7944; www.redcervecera.com; Av Francisco Bolognesi 721, Barranco; ⌚ Mo 11–20, Di–Do bis 1, Fr & Sa bis 3 Uhr; 👪🐾) In der Red Cervecera werden alle glücklich: Bierkenner ebenso wie Laien. Ein gut sortierter Laden am Eingang bietet alle Zutaten und Hardware, die man zum Brauen des eigenen Craft-Biers benötigt. Die Bar im hinteren Teil serviert die Hausbiere und andere peruanischen Biere vom Fass.

★ Unterhaltung

Brisas del Titicaca Asociacion Cultural TRADITIONELLE MUSIK
(Karte S. 928; ☎ 01-715-6960; www.brisasdeltiticaca.com; Heroes de Tarapacá 168, Lima Centro; Eintritt ab 30 S; ⌚ 12–15 & 21–0.30 Uhr) Hier wird in einem riesigen Saal in der Nähe der Plaza Bolognesi im Zentrum eine viel gelobte *folklórica*-Show geboten.

Centro Cultural de España KUNSTZENTRUM
(CCELIMA; Karte S. 928; ☎ 01-330-0412; www.ccelima.org; Natalio Sánchez 181, Plaza Washington; ⌚ Di–So 12–22 Uhr) Dieses Kunstzentrum bietet ein umfassendes Angebot und hat u. a. eine geräumige Galerie im ersten Stock, in der einige der faszinierendsten zeitgenössischen Kunstausstellungen Limas gezeigt werden. Es gibt auch eine Bibliothek (geöffnet bis 19 Uhr).

Cocodrilo Verde LIVEMUSIK
(Karte S. 930; ☎ 01-444-2381; www.cocodriloverde.com; Francisco de Paola 226; ⌚ Mo–Sa 19–3 Uhr) Tolle Bands, von Popmusik über Jazz bis zu Bossa Nova – diese trendige Lounge ist ein Garant für eine gelungene Nacht. Mindestverzehr 25 S.

Microteatro Lima THEATER
(Karte S. 934; ☎ 01-252-8092; www.microteatrolima.com; Jirón Batallón Ayacucho 271) In diesem winzigen Veranstaltungsort ist Theater alles andere als trocken und auch nicht nur für die High Society gemacht. Jede Woche sind ein anderer Regisseur und andere Schauspieler an der Reihe, die 15 Minuten langen Stücke auf einer 15 m² großen Bühne vor einem Publikum aus 15 Personen aufführen. In Kombination mit der lebhaften Bar verspricht ein Abend hier ein einzigartiges Erlebnis zu werden. Die Stücke sind auf Spanisch.

Sargento Pimienta CLUB
(Karte S. 934; ☎ 01-247-3265; www.sargentopimienta.com.pe; Av Bolognesi 757, Barranco; Eintritt ab 15 S; ⌚ Di & Do–Sa 22–4 Uhr) Eine zuverlässi-

ge Adresse in Barranco. Der Name bedeutet „Sergeant Pepper" und dieser scheunenartige Club veranstaltet verschiedene Motto-Abende und bietet gelegentlich Livebands.

Teatro Británico THEATER
(Karte S. 930; ☎01-615-3636; www.britanico.edu.pe; Bellavista 527, Miraflores) Dieses Theater ist Schauplatz vieler interessanter Produktionen, darunter auch Stücke auf Englisch.

Shoppen

In Lima findet man Kleidung, Schmuck und Kunsthandwerk aus ganz Peru. Die Preise in den Läden sind normalerweise zwar hoch, Schnäppchenjäger können auf Handwerksmärkten aber feilschen, was das Zeug hält. Teilweise kann mit Kreditkarte und Reiseschecks bezahlt werden, dafür muss man aber einen gültigen Lichtbildausweis vorlegen.

Qualitativ hochwertiger Pisco ist am Flughafen vor dem Abflug im Duty-Free-Shop erhältlich.

★Las Pallas KUNST & KUNSTHANDWERK
(Karte S. 934; ☎01-477-4629; Cajamarca 212, Barranco; ⌚Mo–Sa 10–19 Uhr) Wer ein besonderes Geschenk sucht, ist in diesem Handwerksladen mit einer Auswahl der hochwertigsten Produkte aus ganz Peru goldrichtig. Sogar Sotheby's hat den Laden schon für sich entdeckt. Wenn das Tor während der Öffnungszeiten geschlossen ist, einfach klingeln.

★El Cacaotal SCHOKOLADE
(Karte S. 934; ☎937-595-812; www.elcacaotal.com; Colina 108, 1. Stock; ⌚Mo–Do & Sa 11–20, Fr bis 19, So bis 18 Uhr) Ein nachhaltiger Schoko-Laden mit leckeren Riegeln und fachkundigem Personal. Es ist die perfekte Gelegenheit, um ein Mitbringsel für Freunde und Familie zu Hause zu kaufen, und es bietet eine Fair-Trade-Kompensationszahlung für Kleinbauern in Peru an. Die Produkte sind nach Regionen geordnet und Porträts der Bauern zieren die Wände. Im angrenzenden Schokoladenlabor werden auch Verkostungen und ausgezeichnete Workshops auf Englisch angeboten.

Praktische Informationen

GEFAHREN & ÄRGERNISSE

Wie jede andere südamerikanische Großstadt ist auch Lima ein Ort mit sehr armen und sehr reichen Menschen. Hier sind Verbrechen der Stoff, aus dem Legenden werden. Doch die Stadt hat sich seit den gesetzlosen 1980er-Jahren stark zum Positiven verändert und die meisten Reisenden haben einen sicheren Aufenthalt. Man sollte dennoch stets wachsam sein.

NICHT VERSÄUMEN

NIKKEI-NIRVANA

Dank seiner wahren Kunstfertigkeit und der exquisiten Aromen ist das **Maido** (Karte S. 930; ☎01-446-2512; www.maido.pe; San Martín 399; Hauptgerichte 26–110 S; ⌚Mo–Sa 12.30–16 & 19.30–23, So 12.30–16 Uhr) eine ausgezeichnete Adresse für erstklassige *nikkei*-Kost (japanisch-peruanische Aromen), die das Maido auf die Liste der weltweit besten Restaurants katapultiert hat. Die Speisekarte des Küchenchefs Mitsuharu „Micha" Tsumura reicht von Sushi bis hin zu zarten, 50 Stunden lang gegarten Rippchen, *okonomiyaki* (herzhafter japanischer Pfannkuchen) und Ramen mit peruanischer Note. Desserts wie das Yucca-Mochi oder ein Ei aus weißer Schokolade mit Sorbet als Eidotter sind ein Genuss. Das Lokal unterstützt nachhaltige Fischerei.

GELD

Wer auf Nummer sicher gehen möchte, verwendet Geldautomaten in Banken (im Gegensatz zu denen auf der Straße oder in Supermärkten). Bei der Eingabe der PIN stets die Tastatur verdecken und einmal über alle Tasten streichen, damit die PIN hinterher nicht mit Infrarotgerät ausgelesen werden kann. Wenn möglich Geld nicht spät in der Nacht abheben.

Banco de Crédito del Perú (BCP; Karte S. 930; www.viabcp.com; EckeAv José Larco & José Gonzales) Hat 24-Stunden-Geldautomaten für Visa und Plus, führt Bargeldauszahlungen für Visa-Karten durch und tauscht Reiseschecks von Amex, Citicorp und Visa. Die Filiale im **Zentrum von Lima** (Karte S. 926; ☎01-427-5600; www.viabcp.com; Ecke Lampa & Ucayali) hat eine atemberaubende Decke mit Buntglasfenstern. Eine weitere Niederlassung findet sich in **José Pardo** (Karte S. 930; ☎01-445-1259; www.viabcp.com; Av José Pardo 491).

BBVA Continental (Karte S. 930; ☎01-595-0000; www.bbvacontinental.pe; Av José Larco 631) Eine Vertretung von Visa; an den Geldautomaten kann man aber auch mit Cirrus, Plus und MasterCard abheben.

Citibank (Karte S. 930; ☎01-215-2000; www.citibank.com.pe; Av José Pardo 127) Hat 24-Stunden-Geldautomaten in Miraflores, die Cirrus, Maestro, MasterCard und Visa nehmen.

Es werden auch Reiseschecks von Citicorp getauscht.

Scotiabank (Karte S. 936; ☎01-311-6000; www.scotiabank.com.pe; Av 2 de Mayo 1510-1550) 24-Stunden-Geldautomaten akzeptieren Karten von MasterCard, Maestro, Cirrus, Visa und Plus und geben Nuevos Soles und US-Dollar aus. Hat auch Filialen in **Miraflores Larco** (Karte S. 930; ☎01-311-6000; www.scotiabank.com.pe; Av José Larco 1119, Larco) und **Miraflores Pardo** (Karte S. 930; ☎01-311-6000; www.scotiabank.com.pe; Ecke Av José Pardo & Bolognesi, Pardo).

MEDIZINISCHE VERSORGUNG

Clínica Anglo-Americana (Karte S. 930; ☎01-616-8990; www.clinicaangloamericana.pe; Calle Alfredo Salazar 350; ⏲24 Std.) Ein renommiertes (aber teures) Krankenhaus in San Isidro.

Clínica Good Hope (Karte S. 930; ☎01-610-7300; Malecón Balta 956; ⏲Mo–Fr 8.30–20, So bis 13 Uhr) Qualitativ hochwertige Versorgung zu einem guten Preis. Es gibt auch eine zahnärztliche Sprechstunde.

NOTFALL

Krankenwagen	117
Polizei	105
Feuerwehr	116

POST

Hauptpost (Karte S. 926; ☎01-511-5000; www.serpost.com.pe; Pasaje Piura, Zentrum Lima; ⏲Mo–Sa 8–21 Uhr) Hier kann man Postlagerndes abholen, aber der Service ist nicht 100 % zuverlässig. Ausweis mitbringen.

TOURISTENINFORMATION

Die Federación Deportiva Peruana de Ciclismo (S. 928) hat einige allgemeine Informationen (auf Spanisch) über Radfahren und Veranstaltungen.

iPerú (☎01-574-8000; www.peru.travel/iperu; Aeropuerto Internacional Jorge Chávez; ⏲24 Std.) Die seriöse Touristeninformation der Regierung hält Stadtpläne sowie gute Tipps bereit und kann bei Beschwerden helfen. Das **Büro in Miraflores** (Karte S. 930; ☎01-445-9400; www.peru.travel/iperu; LarcoMar; ⏲11–13 & 14–20 Uhr) ist winzig, am Wochenende aber sehr nützlich. Es gibt eine weitere Niederlassung in **San Isidro** (Karte S. 936; ☎01-421-1627; www.peru.travel/iperu; Jorge Basadre 610; ⏲Mo–Fr 9–18 Uhr).

Städtische Touristeninformation (Karte S. 926; ☎01-632-1300; www.munlima.gob.pe; Pasaje de los Escribanos 145, Lima Centro; ⏲Mo–Fr 9–17, Sa & So 11–15 Uhr) Begrenzt hilfreich. Auf der Webseite finden sich eine kurze Auflistung einiger lokaler Veranstaltungen und Informationen über kostenlose Führungen in der Innenstadt.

ℹ An- & Weiterreise

BUS

In Lima gibt's keinen zentralen Busbahnhof. Jedes einzelne Unternehmen hat jeweils ein eigenes Büro und eigene Haltestellen. Einige der Unternehmen haben mehrere Terminals, sodass man beim Kauf des Tickets auf jeden Fall klären sollte, von wo aus ein Bus startet. Am meisten ist in der Semana Santa (die Woche vor Ostersonntag) und in den Wochen um die Fiestas Patrias (28. & 29. Juli) los. Dann verlassen Tausende von *limeños* die Stadt und die Unternehmen verdoppeln ihre Fahrpreise. Zu diesen Zeiten muss man unbedingt möglichst weit im Voraus buchen.

Ganz in der Nähe des Flughafens befindet sich der **Gran Terminal Terrestre** (Terminal Plaza Norte; ☎945-018-248; www.granterminalterrestre.com; Ecke Av Tomás Valle & Av Túpac Amaru, Plaza Norte Panamericana Norte; ⏲6–24 Uhr), der größte Busbahnhof der Stadt. Hier starten Busse zu internationalen Zielen sowie kleinere Unternehmen in den Norden und Süden Perus.

Einige Haltestellen liegen in rauen Gegenden. Wenn möglich, sollte man sein Ticket im Voraus kaufen und ein Taxi nehmen, wenn man Gepäck dabei hat.

Civa (Karte S. 928; ☎01-418-1111; www.civa.com.pe; Paso de la Republica 569) Fährt nach Arequipa, Cajamarca, Chachapoyas, Chiclayo, Cusco, Ilo, Máncora, Nazca, Piura, Puno, Tacna, Tarapoto, Trujillo und Tumbes. Das Unternehmen bietet auch luxuriösere Schlafbusse unter dem Namen **Excluciva** (www.excluciva.com) zu verschiedenen Küstenzielen an.

Cruz del Sur (Karte S. 925; ☎01-225-3748; www.cruzdelsur.com.pe; Av Javier Prado Este 1109) Eines der größten Unternehmen, das mit drei verschiedenen Busklassen die Küste – und Städte im Landesinneren wie Arequipa, Cusco, Huancayo und Huaraz – bedient: die günstigere Ideal und die luxuriöseren Optionen Imperial und Cruzero.

Móvil Tours (Karte S. 928; ☎01-716-8000; www.moviltours.com.pe; Paseo de la República 749) Fährt nach Chachapoyas, Chiclayo, Huancayo, Huaraz und Tarapoto.

Oltursa (Karte S. 925; ☎01-708-5000; www.oltursa.pe; Av Aramburu 1160, Surquillo) Wenige Kilometer von San Isidro entfernt liegt die wichtigste Haltestelle dieses sehr angesehenen Unternehmens. Oltursa klappert die Haltestellen Abancay, Arequipa, Chiclayo, Ica, Máncora, Nazca, Paracas, Piura, Tacna, Trujillo und Tumbes ab.

Busse ab Lima

ZIEL	PREIS* (S)	DAUER (STD.)
Arequipa	80/170	16–18
Ayacucho	75/110	9–11
Cajamarca	90/150	16
Chiclayo	50/130	12–14
Cusco	110/185	22-23
Huancayo	40/80	7–8
Huaraz	30/150	8
Ica	30/85	4½–5½
Nazca	50/120	6–8
Piura	90/150	16
Puno	150/170	22
Tacna	120/180	18–22
Trujillo	40/125	9–10
Tumbes	100/200	20

*Hierbei handelt es sich um ungefähre Preise für normale und Luxusbusse

FLUGZEUG

Limas **Aeropuerto Internacional Jorge Chávez** (☎ 01-517-3500, Flugpläne 01-511-6055; www.lima-airport.com; Callao) bietet die üblichen Einrichtungen sowie eine Pisco-Boutique, ein Postamt und eine Gepäckaufbewahrung. Im 1. Stock gibt's Internetzugang.

Die Ausreisesteuer ist bereits im Ticketpreis enthalten. Im Internet oder am Telefon kann man Infos zu Flügen abfragen, Tickets kaufen und Flüge bestätigen, bei Ticketänderungen oder Problemen ist es jedoch am besten, persönlich im Büro der Fluggesellschaft vorbeizuschauen.

Die folgenden Fluggesellschaften fliegen Lima an:

Avianca (Karte S. 930; ☎ 01-511-8222; www.avianca.com; Av José Pardo 831, Miraflores; ⏲ Mo–Fr 8.30–19, Sa 9–14 Uhr) Fliegt nach Cusco, Arequipa, Juliaca, Puerto Maldonado und Trujillo.

LATAM (S. 1050) Bedient Arequipa, Chiclayo, Cusco, Iquitos, Juliaca, Piura, Puerto Maldonado, Tacna, Tarapoto und Trujillo. Zudem bietet es Verbindungen zwischen Arequipa und Cusco, Arequipa und Juliaca, Arequipa und Tacna, Cusco und Juliaca sowie Cusco und Puerto Maldonado. Hat auch Auslandsflüge im Angebot.

LC Perú (S. 1050) Fliegt mit kleineren Turboprop-Maschinen von Lima nach Andahuaylas, Ayacucho, Cajamarca, Huánuco, Huaraz, Iquitos und Huancayo (Jauja).

Peruvian Airlines (S. 1050) Hat Arequipa, Cusco, Piura, Iquitos, Jauja, Pucallpa, Tarapoto, Tacna und (international) La Paz, Bolivien im Angebot.

Star Perú (S. 1050) Fliegt nach Ayacucho, Cusco, Huanuco, Iquitos, Pucallpa, Puerto Maldonado und Tarapoto.

Viva Air (S. 1050) Schickt seine Billigflieger nach Arequipa, Cusco, Iquitos, Piura und Tarapato.

ZUG

Die Züge von **Ferrocarril Central Andino** (Karte S. 926; ☎ 01-226-6363; www.ferrocarrilcentral.com.pe; Estación Desamparados; hin & zurück Erw./Kind 12 Jahre oder jünger Touristenklasse 600/300 S, Standardklasse 450/225 S) fahren von der **Estación Desamparados** (Karte S. 926; ☎ 01-263-1515; Ancash 203) in Lima ins Landesinnere nach Huancayo. Dabei schrauben sie sich von der Stadt am Meer auf 4829 m – die zweithöchste Bahnstrecke für Personenzüge der Welt – bevor sie wieder hinunter nach Huancayo (3260 m) fahren.

ℹ Unterwegs vor Ort

BUS

El Metropolitano (www.metropolitano.com.pe), ein modernes System mit elektrischen Bussen, das sich über ganz Lima erstreckt, bildet die schnellste und effizienteste Möglichkeit, ins Zentrum zu gelangen. Bisher gibt es nur wenige Routen, das Netz wird aber bereits auf den Norden der Stadt ausgeweitet. Die Ruta Troncal (2,50 S) führt durch Barranco, Miraflores und San Isidro zur Plaza Grau im Zentrum von Lima. Passagiere müssen sich eine *tarjeta intelligente* (Smartcard; 4,50 S) kaufen, die dann pro Nutzung belastet wird.

Alternativ rasen Karawanen von Minivans durch die Straßen und blockieren den Verkehr. Dabei lehnt sich ein *cobrador* (Kartenabreißer) aus der Tür und brüllt einem die Haltestellen entgegen. Das Fahrtziel ist außerdem auf die Windschutzscheibe geklebt. Am besten schaut man vorab nach, welches die nächste große Kreuzung oder der nächste Orientierungspunkt in der Nähe der gewünschten Haltestelle ist (z. B. Parque Kennedy) und nennt dies dem *cobrador*. Er wird einem sagen, ob man richtig ist oder nicht. *Combis* sind im Allgemeinen langsam und überfüllt, aber unglaublich billig: die Preise reichen von 1 bis 3 S, je nach Länge der Fahrt.

Die nützlichsten Routen verbinden das Zentrum Limas entlang der Av Arequipa oder des Paseo de la República mit Miraflores. Minibusse entlang der Garcilaso de la Vega (auch Av Wilson genannt) und der Av Arequipa sind mit „Todo Arequipa" oder „Larco/Schell/Miraflores" beschriftet, wenn sie nach Miraflores fahren, und entsprechend mit „Todo Arequipa" und „Wilson/Tacna", wenn sie aus Miraflores ins Zentrum von Lima fahren. Man kann entlang der Av José Larco oder Av Arequipa in Miraflores einsteigen.

Wer nach Barranco möchte, kann entlang der Av Arequipa nach einem Bus mit der Aufschrift „Chorrillos/Huaylas/Metro" Ausschau halten (auf einigen Schildern steht auch „Barranco"). Die Busse fahren auch auf der Diagonal, gleich westlich des Parque Kennedy in Miraflores.

Die nützlichsten Routen verbinden das Zentrum entlang der breiten *avenidas* (z. B. Av Tacna, Av Garcilaso de la Vega oder Av Arequipa) mit San Isidro und Miraflores. Diese Viertel sind auch durch die kurze Autobahn Paseo de la República und die Vía Expresa (informell auch *el zanjón* (der Graben) genannt) ans Zentrum angebunden.

VOM/ZUM FLUGHAFEN

Der Flughafen befindet sich in der Hafenstadt Callao, etwa 12 km westlich der Innenstadt und 20 km nordwestlich von Miraflores. In einem privaten Taxi benötigt man von San Isidro, Miraflores oder Barranco aus mindestens eine Stunde zum Flughafen. Mit dem *combi* (Minibus) dauert die Fahrt mindestens zwei Stunden, da unterwegs ständig angehalten wird. Vor 6.30 Uhr ist der Verkehr am geringsten.

TAXI

Limas Taxis haben keine Taxameter, deshalb sollte man den Preis unbedingt aushandeln, bevor man einsteigt. Die Preise variieren je nach Fahrtdauer, Verkehrssituation, Tageszeit (abends ist es teurer) und den Spanischkenntnissen der Passagiere. Registrierte Taxis oder Taxis, die vor Touristenattraktion angehalten werden, verlangen höhere Preise. Als (sehr) grober Anhaltspunkt kann man sagen, dass eine Fahrt innerhalb von Miraflores etwa 8 bis 10 S kostet. Von Miraflores bis ins Zentrum von Lima sind es 20 bis 25 S, nach Barranco zwischen 10 und 12 S und nach San Isidro zwischen 15 und 20 S. Man kann versuchen, über den Fahrpreis zu verhandeln, in der Hauptverkehrszeit ist das aber schwieriger.

DIE SÜDKÜSTE

Diese wilde und einsame Küste bringt die Fantasie ihrer Besucher mit wogenden Sanddünen, grünen Wüstenoasen, vergessenen Fischerdörfern, alten Bodenzeichnungen und schroffen Weiten zum Blühen.

Die Gegend ist ein karges, trockenes Fleckchen Erde, das zwischen den Anden und dem Meer eingepfercht ist. Es erwacht nur in den fruchtbaren Flusstälern mit Wein- und Obstanbau zum Leben und bietet den Besuchern dort eine flüchtige Verschnaufpause von der unerbittlichen, braunen, trostlosen Einöde.

Die meisten Abenteuer folgen einem bewährten Pfad, der Rafting in Lunahuaná, Tierbeobachtung auf den Islas Ballestas, Sandboarding in Huacachina und einen Pflichtstopp bei den mysteriösen Linien und seltsamen Geoglyphen umfasst, die den leeren Wüstenboden vor Nazca schmücken. Um die unberührten Surfspots, lebendigen Bauerndörfer und die temperamentvolle und bescheidene Kultur der Gegend kennenzulernen, muss man jedoch die ausgetretenen Gringo-Pfade verlassen.

Paracas & die Islas Ballestas

☎056 / 7000 EW.

Das Hauptdorf der Halbinsel Paracas, El Chaco (oft auch nur „Paracas" genannt), ist der wichtigste Ausgangspunkt für Ausflüge zu den Islas Ballestas und der Reserva Nacional de Paracas. Nördlich und südlich des eigentlichen Dorfes stehen neue Eigentumswohnungen und Luxushotels. Es ist ein angenehmer Ort mit einer lebhaften Traveller-Szene. Am meisten los ist auf dem *malecón* (Promenade), wo zahlreiche Restaurants und Bars zu finden sind. Seine Natur und die langen Strände heben sich von den meisten Zielen an der Südküste ab, und viele Reisende verbringen hier am Ende mindestens zwei oder drei Nächte, sodass eine Tagestour zu den Inseln, Zeit am Strand und ein ausgedehnter Streifzug über die Halbinsel möglich sind.

Sehenswertes & Aktivitäten

Die meisten Besucher machen eine Bootsfahrt zu den Islas Ballestas (ein Muss!) und verbringen dann noch einen Tag auf der kahlen, verlassenen Paracas-Halbinsel. Hauptanziehungspunkt sind die Vögel und Meeressäuger der Region, sie ist aber auch eine der bedeutendsten archäologischen Stätten Perus, besonders dank der Schätze aus der Zeit vor den Inkas, die von einem der wichtigsten Archäologen des Landes, Julio Tello, in den 1920er-Jahren entdeckt wurden.

Islas Ballestas INSEL

(Touren 35–40 S, Parkeintritt nur Inseln 11 S, Inseln & Halbinsel 17 S) Die vollmundig als „Galápagos des kleinen Mannes" bezeichneten Inseln versprechen einen unvergesslichen Ausflug. Die einzige Möglichkeit, hierher zu kommen, ist im Rahmen einer Bootsfahrt. Diese wird von vielen Reisebüros, Schleppern und Hotels angeboten. Die Touren starten um 8, 10 und 12 Uhr von der **Marina Turística de Paracas** (Malecón s/n, El Chaco).

Das ruhigste Meer und die beste Aussicht auf die Tierwelt hat man in der Regel bei der Tour um 8 Uhr.

Bei den zweistündigen Touren legt man zwar nicht auf den Inseln an, kommt aber erstaunlich nahe an eine beeindruckende Vielfalt von Wildtieren heran.

Reserva Nacional de Paracas PARK
(Carr Punta Pejerrey, Km 27; nur Halbinsel 11 S, Inseln & Halbinsel 17 S) Dieses riesige Wüstenreservat nimmt den größten Teil der Península de Paracas ein und beherbergt abgelegene Strände, dramatische Trockenlandschaften und viele wunderbare Tierarten. Vor dem **Centro de Interpretación** (Reserva Nacional de Paracas; ⌚7–18 Uhr) GRATIS in der Nähe des Parkeingangs gibt's einen Aussichtspunkt, von dem aus man chilenische Flamingos in der Bucht unten sehen kann. Weiter südlich liegt **La Mina** (Reserva Nacional de Paracas), der beste Strand des Reservats mit ruhigem Wasser und perfekten Badebedingungen. Westlich von La Minay, an der Punta Arquillo, lebt eine beachtliche Seelöwenkolonie.

Geführte Touren

Paracas Explorer GEFÜHRTE TOUR
(☎056-53-1487; www.paracasexplorer.com; Av Libertadores s/n; ⌚7–19 Uhr) Dieses geschäftige lokale Reisebüro hat zwei Büros im gleichen Block und bietet die üblichen Touren zu den Inseln und zum Reservat sowie Touren nach Tambo Colorado (200 S) und mehrtägige Ausflüge an, bei denen es nach Ica und Nazca geht (ab 200 US-Dollar/Pers.). Kann auch Flüge über die Nazca-Linien von den Flughäfen in Pisco oder Ica buchen.

Schlafen & Essen

Paracas Backpackers House HOSTEL $
(☎056-53-6700; www.paracasbackpackershouse.com.pe; Av Libertadores S/n; B 20–30 S, EZ ohne Bad 45 S, DZ mit/ohne Bad 85/55 S; 📶) Von den mehreren „Backpackers-Hostels" entlang der Straße ist dies das Original und immer noch am beliebtesten. Die meisten Zimmer haben ein eigenes Bad und blicken auf die Terrasse mit Hängematte und Loungebereich. Die Schlafsäle bieten Platz für sieben bis zehn Personen.

★**Hotel Paracas** RESORT $$$
(☎056-58-1333; www.luxurycollection.com/hotelparacas; Av Paracas 178; Zi. 2221–2421 S, Suite 2555–3122 S, alle inkl. Frühstück; P❄@📶🏊) Das Starwood Resort ist wie eine Traumwelt aus einer Tourismusbroschüre mit weichen Kissen, permanent lächelndem Personal, exzellenten Kindereinrichtungen und einem luxuriösen geharkten Strand – und es ist die beste Spitzenklasseunterkunft der Stadt. Die Zimmer im *cabaña*-Stil haben eigene Balkone und riesige Bäder. Leider ist der Meerblick von vielen Zimmern aus eingeschränkt. Es gibt drei Hotels, zwei Pools und das Resort hat einen eigenen Bootsanleger.

★**Inti-Mar** SEAFOOD $$
(www.inti-mar.com; Contiguo Puerto General San Martín, Punto Pejerrey; Hauptgerichte 25–45 S; ⌚10.30–15.30 Uhr) Dieses luftige Plätzchen auf der anderen Seite der Bucht ist eine der schönsten und besten Essensoptionen an der Küste. Es handelt sich um eine arbeitende Jakobsmuschelfarm mit einer Handvoll Tischen direkt am Wasser. Serviert wird eine Reihe verschiedener Gerichte mit Meeresfrüchten, die frischen Jakobsmuscheln *natural*, die nur mit Zitrone und Olivenöl serviert werden, sind aber einfach unschlagbar.

Praktische Informationen

iPerú (☎056-638-216; iperunasca@promperu.gob.pe; Av Libertadores s/n; ⌚Mi–So 9–16 Uhr) Dieser Infoschalter ist im kommunalen Gebäude untergebracht und ganz nützlich, um eine objektive Reiseberatung zu Zielen in Paracas und darüber hinaus zu bekommen.

An- & Weiterreise

Der schnellste Weg nach Paracas führt über den neuen **Flughafen** in Pisco, obwohl Cuscos Flughafen zum Zeitpunkt der Recherche noch das einzige regelmäßig angebotene Ziel war.

Zwischen Lima und El Chacos Strandbezirk Paracas (45–68 S, 3½ Std.) verkehren täglich mehrere Busse, die anschließend zu anderen Zielen im Süden weiterfahren.

Cruz del Sur (☎056-53-6636; www.cruzdelsur.com.pe; Av Libertadores s/n, Ingreso El Chaco) Fährt von seinem schicken Busbahnhof am nördlichen Stadtrand ab und hat die häufigsten Verbindungen (7.30, 12.30, 13.30, 15, 16 & 19.10 Uhr). Außerdem gibt es einen Bus von Paracas nach Ica und Nazca (7.25, 10.30, 10.40, 11.10, 17.10 & 17.40 Uhr).

Oltursa (☎056-53-6636; www.oltursa.com.pe; Av Libertadores s/n) Schickt täglich einen komfortablen Bus nach Lima. Dieser fährt um 9.50 Uhr vor dem Büro an der Hauptstraße ab. Ein Bus nach Süden nach Ica, Nazca und Arequipa startet um 10 15 Uhr.

Peru Bus (☎056-22-3687; www.perubus.com.pe; Av Libertadores s/n) Hat die günstigsten täglichen Verbindungen nach Lima (10.25 & 16.40 Uhr).

Die meisten Agenturen in El Chaco, darunter auch Paracas Explorer, verkaufen Bustickets.

Ica

056 / 131 000 EW. / 420 M

Gerade wenn man denkt, die Landschaft sei trocken genug für einen Marsianer, taucht Ica vor einem auf. Perus landwirtschaftliches „Wunder in der Wüste" bringt Rekordernten an Spargel, Baumwolle und Obst hervor und behauptet von sich, der führende (und beste) Weinproduzent der Nation zu sein. Ica, wie auch Pisco, wurde vom Erdbeben 2007 schwer getroffen. Die anmutige Kathedrale und zwei weitere Kirchen wurden erheblich beschädigt und werden aufwendig renoviert.

Die meisten Reisenden, die es bis hierhin geschafft haben, übernachten im viel schöneren Huacachina 4 km westlich, aber auch Ica hat einiges zu bieten. Hier findet man das beste Museum der Südküste (außerhalb von Arequipa) und das wohl beste Weingut Perus. Wem der Zirkus in Nazca selbst missfällt, kann den Trip zu den Nazca-Linien auch von Ica aus organisieren. Die Wüstenzeichnungen liegen 1½ Stunden südlich der Oasenstadt.

Sehenswertes & Aktivitäten

Museo Regional de Ica MUSEUM

(Ayabaca cuadra 8; 7,50 S; Mo–Fr 8–19, Sa & So 8.30–18.30 Uhr) Im Vorstadtviertel San Isidro spielt Ica seinen Trumpf aus: ein Museum, das auch einer dreimal so großen Stadt gut zu Gesicht stehen würde. Was Aufmachung und Design betrifft, kann es vielleicht nicht mit dem Smithsonian mithalten, aber dieses unaufdringliche Juwel präsentiert die beiden Schlüsselzivilisationen an Perus Südküste aus der Vor-Inka-Zeit: die Paracas- und die Nazca-Kultur. Erstere ist für ihre Textilien berühmt, Letztere für ihre Keramiken mit großem Wiedererkennungswert.

Bodega Lazo WEIN

(056-40-3430; San Juan de Bautista; Mo–Fr 9–13, Sa & So bis 15 Uhr) GRATIS Diese Bodega ist eines der besten Weingüter in der Nähe von Ica und setzt bei der Herstellung seines traditionellen Piscos noch immer auf handwerkliche Prozesse. Besucher können den gesamten Prozess verfolgen und anschließend das Ergebnis auch probieren.

Bodega Tacama WEIN

(056-58-1030; www.tacama.com; Camino Real s/n, Tinguiña; Di–So 9.30–16.30 Uhr) GRATIS Vielleicht das professionellste und meistgefeierte Weingut in Ica: Tacama residiert in einer weitläufigen Hacienda, in deren Hintergrund sich die Reihen der Weinreben erstrecken. Die Winzer meiden Perus Vorliebe für klebrig-süße Weine und produzieren ziemlich gute Chardonnays und Malbecs, die die Chilenen eines Tages womöglich in die Schranken weisen könnten.

Schlafen

★ **El Carmelo** HISTORISCHES HOTEL $$

(056-23-2191; www.elcarmelohotelhacienda.com; Carr Panamericana Sur Km 301; EZ/DZ/3BZ/4BZ ab 135/190/280/350 S;) Dieses romantische Hotel an der Straße ist in einer herrlichen 200 Jahre alten Hacienda mit unbestreitbarem rustikalem Charme am Stadtrand untergebracht. Die Zimmer strahlen eine klassische Eleganz aus, sind aber auch modisch und sehr komfortabel. Das echte Highlight ist jedoch das Gelände mit mehreren Innenhöfen, einem wunderschönen Pavillon aus Holz und Rohrstock und einem Lagerfeuer für kalte Wüstennächte.

Auf dem Areal gibt's auch ein gutes Restaurant und ein Weingut. Vom Zentrum aus nimmt man am besten ein Taxi (5 S).

Hotel Sol de Ica HOTEL $$

(056-23-6168; www.hotelsoldeica.com; Lima 265; EZ/DZ/3BZ inkl. Frühstücksbüfett 199/249/299 S;) Das fünfstöckige Hotel im Zentrum liegt versteckt in einer langen, dunklen Passage hinter der Rezeption und bietet mehr, als es anfangs verspricht. Die ziemlich kleinen Zimmer haben natürliche Holzakzente und sind mit schlichten beigefarbenen Gardinen und Tagesdecken ausgestattet, das gewisse Etwas fehlt ihnen aber. Dafür gibt es einen großen Garten und einen Pool, der eine Art Oase inmitten der Hektik der Stadt ist.

Essen

Helena PERUANISCH $

(056-22-1844; www.helena.pe; Cajamarca 139; Artikel 4 S; 9.30–20 Uhr) Einen halben Block von der Plaza entfernt liegt dieses Lokal, das im ganzen Land für seine Pralinen und traditionellen Süßigkeiten bekannt ist. Man sollte unbedingt die *tejas* (mit Karamell ummantelte Nascherei mit Früchten, Nüssen etc.) probieren.

El Cordón y La Rosa PERUANISCH $$

(056-21-8012; Los Maestros, Frente Hotel Real; Hauptgerichte 35–55 S; 11–23, So bis 19 Uhr) Es lohnt sich, die kurze Taxifahrt vom Zentrum auf sich zu nehmen, um in diesem modernen peruanischen Bistro zu essen, das sich auf Meeresfrüchte spezialisiert hat, aber auch sonst eine große Karte hat. Es ist sehr beliebt, sodass die Tische recht eng aneinander stehen. Im makellosen offenen Küchenbereich – er könnte direkt aus einer Kochsendung stammen – kann man die Köche in ihren ordentlichen Uniformen und mit Headsets ausgestattet beobachten, wie sie blitzschnell die Teller über den Tresen reichen.

Praktische Informationen

GEFAHREN & ÄRGERNISSE

In Ica kommt es schon mal zu kleineren Diebstählen. Man sollte also die üblichen Vorsichtsmaßnahmen treffen, vor allem rund um Busbahnhöfe und Märkte.

GELD

Banco de la Nación (Grau 161) Gebührenfreier Geldautomat.

BCP (Plaza de Armas) Hat Geldautomaten für Visa und MasterCard und wechselt US-Dollar.

MEDIZINISCHE VERSORGUNG

Hospital Regional de Ica (☎ 056-23-4798; www.hrica.gob.pe; Prolongación Ayabaca S/n; ⌚ 24 Std.) Bei Notfällen.

An- & Weiterreise

Ica ist ein Hauptziel für Busse an der Panamericana Sur. Es ist also einfach, von hier nach Lima oder Nazca zu gelangen und umgekehrt. Die meisten Busunternehmen finden sich in einem Gebiet mit hoher Kriminalitätsrate am westlichen Ende der Salaverry und auch entlang der Manzanilla westlich von Lambayeque.

Sojus (☎ 056-22-4138; www.soyuzonline.com.pe; Manzanilla 130), manchmal auch als Peru Bus bezeichnet, fährt über Chincha und Cañete nach Lima (alle 15 Min.). Es gibt auch oft Busse nach Süden nach Nazca über Palpa. Man sollte bei Soyuz unbedingt ein Auge auf sein Gepäck haben, besonders wenn Menschen in den Bus ein- bzw. aussteigen, da Kleindiebstahl weit verbreitet ist.

Flores (☎ 056-21-2266; Manzanilla 152) bietet günstige Busse nach Lima und Verbindungen nach Nazca. Achtung: Die Busse nach Süden fahren von einem einen Block entfernten Terminal.

Cruz del Sur (☎ 0801-11111; www.cruzdelsur.com.pe; Fray Ramon Rojas 189) schickt Luxusbusse nach Norden und Süden.

Huacachina

☎ 056 / 200 EW.

Man stelle sich vor es ist 18 Uhr und man sitzt auf einer riesigen windgeformten Sanddüne und beobachtet den Sonnenuntergang, wie er die goldgelbe und rostrote Landschaft in ein psychedelisches Licht taucht. 200 m tiefer liegt eine verträumte Wüstenlagune, die von exotischen Palmen gesäumt und mit einer Reihe von rustikalen, aber doch passend eleganten Hotels ausgestattet ist. Der Weg nach oben zu diesem Aussichtspunkt dauert anstrengende 20 Minuten, aber mit einem gut gewachsten Sandboard, auf das man sich bäuchlings legt, ist man in kaum einer Minute wieder unten.

Huacachina, 4 km westlich von Ica gelegen, ist die perfekte Wüstenoase fürs Auge. Es ist zwar nicht so berühmt wie Nazca im Süden, aber zu Recht ein fester Bestandteil der gut ausgebauten Gringo-Route im Süden Perus. Sandboarding, Fahrten mit dem Dünen-Buggy und Faulenzerei stehen hier auf der To-do-Liste. Huacachina ist eine Backpacker-Hochburg, man darf sich also auf lange Partynächte und internationales Essen gefasst machen. Viele Traveller verbringen hier nur eine Nacht und buchen für den nächsten Tag eine Dünentour; ein paar entspannte Tage mit Spaziergängen und Dünenwanderungen können aber für einen Schub an Lebensenergie sorgen.

Aktivitäten

Für 5 bis 8 S pro Stunde kann man überall im Ort einfache Sandboards leihen und damit über die Dünen rutschen, surfen oder purzeln. Dabei bahnt sich der Sand seinen Weg an alle möglichen Stellen des Körpers. Mit Snowboarden hat das hier aber nichts zu tun. Es gibt nämlich keine Schlepp- oder Sessellifte. Stattdessen muss man für den 45 Sekunden langen Adrenalinschub die Dünen selbst hinaufstapfen. Unbedingt darauf achten, dass man beim Mieten auch Wachs bekommt (meist in Form einer alten Kerze), da so ein Brett ohne regelmäßiges Einreiben ziemlich nutzlos ist. Zu Beginn sollte man sich an den kleineren Pisten versuchen und sich nicht zu sehr in Sicherheit wiegen. Es gab schon schwere Verletzungen weil Traveller die Kontrolle über ihre Sandboards verloren haben. Die meisten legen sich am Ende mit dem Bauch nach unten auf ihr Brett und spreizen – als Notbremse – ihre Beine hinten ab. Ach ja: Mund schließen nicht vergessen!

Schlafen & Essen

Huacachina ist nicht viel mehr als eine Ansammlung von Hotels und Hostels. Die Auswahl an Unterkünften ist also ziemlich groß.

Allerdings ist die Oase auch ein sehr beliebtes Ziel, sodass man unbedingt im Voraus reservieren sollte.

Hostería Suiza HOTEL $$
(☎056-23-8762; www.hosteriasuiza.com.pe; Balneario de Huacachina; EZ/DZ/3BZ inkl. Frühstück 152/249/309 S;) Dieses formelle Hotel am nordwestlichen Ende der Lagune bietet seinen Gäste eine angenehme Ruhe und hat mit seinen hohen Decken und einer architektonischen Mischung aus maurischem und Hacienda-Stil eines der besten Preis-Leistungs-Verhältnisse in Huacachina. Am besten sind die Zimmer mit Blick auf den Garten und den Poolbereich. Sie haben grüne Tagesdecken und neu gestaltete moderne Badezimmer.

★ **Banana's Adventure** HOSTEL $$
(☎056-23-7129; bananasadventure@hotmail.com; Av Perotti s/n; Zi. pro Person inkl. Frühstück & Ausflug 75–110 S;) Diese gechillte Absteige an der Nordseite der Lagune bietet nur Pakete an. Sie umfassen ein Zimmer für die Nacht – man kann aus Vierbettzimmern mit sehr festen Matratzen oder eleganten Privatzimmern mit Glas an allen Seiten und moderner Ausstattung wählen – sowie einen Ausflug inklusive Dünenbuggy-Fahrt und Sandboarding am folgenden Tag.

Desert Nights INTERNATIONAL $
(Blvd de Huacachina; Hauptgerichte 15–25 S;) Die Speisekarte gleicht zwar vielen anderen entlang des „Banana-Pancake-Trails", aber in diesem dem Hostel gleichen Namens vorgelagerten Café-Restaurant hat man einen hervorragenden Blick von der Dachterrasse und kann zudem prima andere Reisende kennenlernen.

Praktische Informationen

Huacachina ist zwar sicherer als Ica, dennoch sollte man auch hier auf seine persönliche Sicherheit und auf seine sieben Sachen achten. Einige Pensionen haben den Ruf, Traveller abzuzocken und junge Frauen mit sexuellen Annäherungsversuchen zu belästigen. Bevor man sich für ein Zimmer entscheidet, sollte man alle Optionen sorgfältig prüfen. Die wenigen kleinen Geschäfte rund um die Lagune haben zwar viele Souvenirs im Sortiment, wirklich wichtige Basics sind aber oft ausverkauft. Man sollte also alles Notwendige dabei haben.

An- & Weiterreise

Von Ica aus ist Huacachina nur mit dem Taxi zu erreichen (8–10 S einfache Fahrt).

Nazca & Umgebung

☎056 / 26 700 EW. / 590 M

Der Begriff „Nazca-Linien" bezieht sich auf die alten geometrischen Linien und rätselhaften tierischen Geoglyphen, die die Nazca-Wüste durchziehen. Man nimmt an, dass sie von einer Prä-Inka-Zivilisation zwischen 450 und 600 n. Chr. stammen. Wie alle großen unerklärlichen Geheimnisse ziehen diese Bodenzeichnungen in der Pampa eine bunte Fangemeinde aus Archäologen, Wissenschaftlern, Geschichtsliebhabern, New-Age-Mystikern, neugierigen Touristen und Pilgern an, die auf dem Weg von oder nach Machu Picchu hier vorbeikommen.

Noch immer sind einige Fragen darüber, wie und von wem sie angefertigt wurden, nicht zufriedenstellend beantwortet, und die Antwortversuche sind ebenso oft Wissenschaft wie Spekulation (Außerirdische? Oder prähistorische Ballonfahrer?). Die Linien wurden 1939 erstmals vom nordamerikanischen Wissenschaftler Paul Kosok dokumentiert und 1994 zum UNESCO-Weltkulturerbe erklärt. Sie sind heute die größte Touristenattraktion an der Südküste, sodass man sich in der kleinen, sonst unbedeutenden Wüstenstadt Nazca teilweise wie im Zirkus fühlt.

Sehenswertes

Nazca-Linien

Die bekanntesten **Linien** finden sich in der Wüste, 20 km nördlich von Nazca, und der bei weitem beste Weg, sie zu betrachten, ist ein *sobrevuelo* (Überflug), der einen Blick aus der Vogelperspektive ermöglicht. Die Preise für einen 30-minütigen Standardflug, bei dem man zwölf der Figuren zu sehen bekommt, liegen meist bei ca. 90 US$, können aber je nach Nachfrage steigen und fallen. Es gibt auch längere Flüge, bei denen man mehr Linien sieht und die Umwege zu anderen archäologischen Stätten in der Region, etwa den Aqueductos de Cantalloc, beinhalten.

In der Hauptsaison ist es ratsam, Flüge rechtzeitig entweder online oder über ein Reisebüro zu reservieren, da sie schnell ausgebucht sein können. In der Nebensaison kann man einfach am Flugplatz auftauchen und sich umhören.

Abseits gelegene Stätten

Aqueductos de Cantalloc ARCHÄOLOGISCHE STÄTTE
(10 S; ⏲9–18 Uhr) Etwa 4 km südöstlich der Stadt befinden sich die über 30 unterirdi-

schen Cantalloc-Aquädukte, von denen viele noch funktionstüchtig und für die Bewässerung der umliegenden Felder unerlässlich sind. Die beeindruckenden Stein- und Holzkanäle sowie spiralförmigen Zugangswege wurde von den Nazca zwischen 200 und 900 n. Chr. erbaut und gelten als eines der besten Beispiele für prähispanische Ingenieurskunst. Laut der Einheimischen ist das Wasser noch immer trinkbar.

Friedhof von Chauchilla ARCHÄOLOGISCHE STÄTTE
(8 S; ⏲8–17.30 Uhr) Wer das dringende Bedürfnis verspürt, sich alte Knochen, Schädel und Mumien anzusehen, der kann sich der überaus beliebten Tour anschließen und diesen Friedhof 28 km südlich von Nazca besuchen. Die Mumien, die auf die Ica-Chincha-Kultur um 1000 n. Chr. zurückgehen, lagen ursprünglich achtlos über die Wüste verstreut, wo sie von plündernden Grabräubern zurückgelassen wurden. Heute sind sie wieder in etwa einem Dutzend Gräbern sorgfältig angeordnet, dennoch säumen Tuchfragmente, Keramikscherben und Knochenreste noch immer den Boden abseits des abgegrenzten Weges.

Schlafen

★Hotel Oro Viejo HOTEL $$
(☎056-52-2284; www.hoteloroviejo.net; Callao 483; EZ/DZ/3BZ/Suite inkl. Frühstücksbüfett 150/200/240/450 S; P❄@🛜🏊) Dieses ausgezeichnete Mittelklassehotel versprüht ein orientalisches Flair und lockt mit offenen Gärten und flimmerndem Pool. Hier und da zieren landwirtschaftliche Artefakte die Gemeinschaftsbereiche und die Lounge, während die wunderbar duftenden Zimmer gemütlich, ruhig und entspannt sind. Die Zimmer im Erdgeschoss des ursprünglichen Gebäudes sind etwas eng; am besten nach einem Zimmer nach hinten raus fragen.

Kunan Wasi Hotel HOTEL $$
(☎056-52-4069; www.kunanwasihotel.com; Arica 419; EZ/DZ/3BZ 70/90/120 S; @🛜) Ein sehr sauberes und helles, ruhiges Hotel, dessen Zimmer alle ein anderes Farbschema verfolgen. Die Angestellten sprechen Englisch und sind superfreundlich und alles ist makellos

ÜBERSICHT RUNDFLÜGE

Der Ruf der Nazca-Linien wurde 2010 durch Negativschlagzeilen schwer beschädigt, als innerhalb von acht Monaten zwei Kleinflugzeuge mit Reisenden an Bord abstürzten, die *sobrevuelos* (Überflüge) gebucht hatten. Insgesamt waren 13 Tote zu beklagen. Die Abstürze folgten auf einen ebenso tragischen Unfall 2008, bei dem fünf französische Touristen ums Leben kamen, sowie einen weiteren Zwischenfall, bei dem 2009 ein Flugzeug auf der Panamericana Sur notlanden musste. Als Reaktion auf die Vorfälle wurden einige Änderungen vorgenommen. Alle Flugzeuge fliegen heute mit zwei Piloten, es gibt gründlichere Sicherheitsinspektionen und die Preise sind gestiegen, um sicherzustellen, dass die Unternehmen nicht sparen, indem sie schlecht gewartete oder überfüllte Flugzeuge einsetzen.

Dennoch zahlt es sich immer noch aus, bei der Wahl des Anbieters die Sicherheit über den Preis zu stellen. Anbietern, deren Preise deutlich unter denen der Konkurrenz liegen, sollte man mit Vorsicht begegnen und sich auch nicht scheuen, die Unternehmen nach ihren Sicherheitsvorkehrungen und Flugrichtlinien zu fragen. **Aeroparacas** (☎016-41-7000; www.aeroparacas.com; Lima 169) ist eines der besseren Unternehmen. Weitere langjährige Anbieter sind **Aerodiana** (☎014-47-6824; www.aerodiana.com.pe; Aeropuerto Maria Reiche Neuman) und **Alas Peruanas** (☎056-52-2444; www.alasperuanas.com; Lima 168). Einige Länder, darunter Großbritannien, warnen auf den Internetseiten ihres Auswärtigen Amtes weiterhin vor diesen Rundflügen.

Wer sich für einen Flug entscheidet, sollte wissen, dass die kleinen Bänke rechts und links im Flugzeug den Magen ganz schön auf die Probe stellen können. Wer also unter Reisekrankheit leidet, sollte die Einnahme von Medikamenten in Betracht ziehen. Bei leichter Übelkeit kann es helfen, den Blick auf den Horizont zu richten. Im Allgemeinen ist es am besten, morgens zu fliegen, wenn es weniger windig ist.

Die meisten Fluggesellschaften nutzen den **Aeropuerto Maria Reiche Neuman** (NZC; ☎56-52-3731; Panamericana s/n), 4 km südwestlich von Nazca. Man kann aber auch in Pisco und Ica starten und damit die lange Busfahrt nach Nazca umgehen. Zusätzlich zur Tourgebühr erhebt der Flughafen in Nazca in der Regel eine Abfluggebühr von 30 S.

Nazca

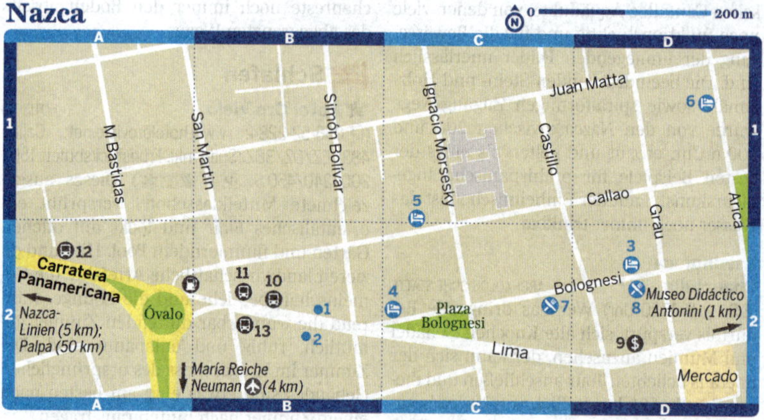

Nazca

Aktivitäten, Kurse & Touren
1 Aeroparacas ... B2
2 Alas Peruanas ... B2

Schlafen
3 Casa Andina ... D2
4 DM Hoteles Nazca ... C2
5 Hotel Oro Viejo ... C1
6 Kunan Wasi Hotel ... D1

Essen
7 La Encantada Cafe ... C2
8 La Kasa Rustika ... D2

Praktisches
9 Banco de la Nacion ... D2

Transport
10 Civa ... B2
11 Cruz del Sur ... B2
12 Flores ... A2
13 Soyuz ... B2

sauber. Geführte Touren können vor Ort arrangiert werden und die Dachterrasse ist bei Gästen sehr beliebt. Willkommen in diesem perfekten Nazca-Schnäppchen.

Casa Andina HOTEL $$$
(☎012-13-9718; www.casa-andina.com; Bolognesi 367; EZ/DZ inkl. Frühstücksbüfett 396/451 S; ❄@☎≋) Dieses Hotel einer peruanischen Kette liegt zwischen den Busbahnhöfen und der Plaza de Armas. Es ist mit zeitgenössischen andinen Akzenten wie Lampenschirmen aus Leder und Bettläufern aus Stoff ausgestattet und bietet damit in der Kategorie der gehobenen Hotels ein solides Preis-Leistungs-Verhältnis. Der palmengesäumte Innenhof und der angrenzende Poolbereich sind klein, aber fein.

DM Hoteles Nazca HOTEL $$$
(☎016-14-3900; www.dmhoteles.pe; Bolognesi 147; DZ/3BZ/Suite inkl. Frühstück 474/507/697 S; P❄@☎≋) Dieses gelobte Hotel ist für seine Lage im Zentrum außergewöhnlich ruhig. Es ist um einen großen Innenhof mit schönem Pool und Springbrunnen angeordnet. Zu den stilvollen Akzenten gehören Fliesen und Bögen, die an Südspanien erinnern, ein hauseigenes Planetarium (mit täglichen Shows), eine gemütliche Lounge und ein effizienter, aber unaufdringlicher Service.

Essen

La Kasa Rustika PERUANISCH, INTERNATIONAL $$
(Bolgnesi 372; Hauptgerichte 18–40 S; ⏲7–23 Uhr) La Kasa Rustika ist eines der besten Restaurants an der Hauptstraße und bietet eine große Auswahl an peruanischen und internationalen Gerichten, die auf einer einladenden offenen Terrasse serviert werden. Zur Wahl stehen Steaks, Meeresfrüchte, Pasta und Pizza. Die Portionen sind groß, die Preise angemessen und der Service erstklassig.

La Encantada Cafe INTERNATIONAL $$
(☎056-52-4216; Bolognesi 282; Hauptgerichte 20–60 S; ⏲10–22.30 Uhr) Einer der besten Läden auf dem „Boulevard" (Bolognesi). Das La Encantada erstrahlt in Nazcas staubigem Zentrum mit hellen und modernen Essbereichen, großartigem Kaffee und höflichem,

freundlichem Personal. Auf der Speisekarte stehen europäisch angehauchte Gerichte (Pasta etc.) sowie peruanische Klassiker.

Praktische Informationen

GELD

Banco de la Nacion (Lima 465) Gebührenfreie Geldautomaten im Zentrum der Stadt.

TOURISTENINFORMATION

iPerú (☎016-16-7300, Durchwahl 3042; Aerodromo Maria Reiche Neuman; ⌚7–16 Uhr) Staatlich betriebener Infoschalter am Flugplatz.

An- & Weiterreise

In Nazca landen keine Linienmaschinen, da der kleine Flughafen (S. 947) nicht über die Einrichtungen verfügt, um größere kommerzielle Flüge abzufertigen.

Nazca ist ein wichtiges Ziel für Busse auf der Panamericana Sur und ist von Lima, Ica oder Arequipa aus leicht zu erreichen. Die meisten Busunternehmen finden sich am westlichen Ende der Calle Lima, in der Nähe des *óvalo* (Hauptkreisverkehr). Busse mit dem Ziel Arequipa kommen oft aus Lima, und um einen reservierten Platz zu bekommen, muss man möglicherweise den Fahrpreis ab Lima bezahlen.

Die meisten Fernverbindungen fahren am späten Nachmittag oder Abend los. **Cruz del Sur** (☎0801-11111; www.cruzdelsur.com.pe; Av Los Incas) und **Civa** (☎056-52-4390; www.civa.com.pe; Lima 155; ⌚6–2 Uhr) schicken ein paar Luxusbusse nach Lima. Zwischenstopps wie Ica und Pisco werden schneller von kleineren *económico* (billigen) Busunternehmen wie **Flores** (Panamericana s/n) und **Sojus** (☎056-52-1464; San Martín 142) bedient, deren Busse jede halbe Stunde an der Av Los Incas nach Ica starten. Diese halten auch in Palpa (3 S, 1 Std.).

Tacna

☎052 / 262 700 EW. / 460 M

In Tacna, Perus südlichster Siedlung, ist der Patriotismus förmlich greifbar. Die Stadt gehörte bis 1929 zu Chile (der junge Salvador Allende verbrachte hier 8 Jahre seiner Kindheit), heute ist sie aber stolz und unverkennbar peruanisch. Für den Fall, dass man diesen Umstand doch für einen Moment vergessen sollte, findet jeden Sonntagmorgen auf dem Hauptplatz eine ernste Zeremonie statt, bei der die Flagge gehisst wird. Zudem gibt's überall heroische Statuen, grüne Alleen und etwas übertriebene Museumsexponate, die der glorreichen Vergangenheit Perus gewidmet sind.

Schlafen & Essen

Dorado Hotel HOTEL **$$**
(☎052-41-5741; www.doradohoteltacna.com; Av Arias Aragüez 145; EZ/DZ/3BZ inkl. Frühstück ab 144/187/230 S; @ 🛜 ❄) Das Dorada präsentiert sich gern als Tacnas edelstes Hotel und ist eines dieser Häuser mit schweren Gardinen. In der Lobby glänzen blitzblanke Geländer und ein Page trägt das Gepäck aufs Zimmer. Es reicht zwar nicht ganz an die exklusive Klasse eines Großstadthotels heran, aber das Dorado gibt sich wirklich alle Mühe, und das mit einigem Erfolg.

★**Muelle Sur** SEAFOOD **$$**
(☎052-24-5106; www.muellesur.com; Los Alamos 1995; Hauptgerichte 29–70 S) Das Muelle Sur gilt weithin als das beste Restaurant in Tacna und wird diesem Ruf mit seinen Gerichten mit Meeresfrüchten, die im Freien serviert werden, auch gerecht. Am Wochenende wird es von chilenischen Besuchern belagert, die sich am *ceviche* laben. Während *ceviche* und *tiraditos* (japanische Version von *ceviche*) die Stars sind, gibt es hier auch Fisch- und Reisgerichte von normaler Größe sowie preiswerte ganze Hummer und Rindfleisch vom Grill. Reservierung empfohlen.

Praktische Informationen

EINREISE

Oficina de Migraciones (Einwanderungsbehörde; ☎052-24-3231; Circunvalación s/n, Urb Él Triángulo; ⌚Mo–Fr 8–16 Uhr)

GELD

Banco de la Nacion (San Martín 321) Gebührenfreie Geldautomaten im Zentrum.

TOURISTENINFORMATION

iPerú (☎052-42-5514; San Martín 491; ⌚Mo–Sa 8.30–18, So bis 13 Uhr) Nationales Touristenbüro mit kostenlosen Informationen und Broschüren. Weitere Filialen gibt es an der Grenze, am Flughafen und am Busbahnhof.

An- & Weiterreise

Die meisten Langstreckenbusse starten vom **Terminal Terrestre** (Hipólito Unánue) am nordöstlichen Stadtrand, außer ein paar Bussen nach Juliaca, Desaguadero und Puno, die vom **Terminal Collaysuyo** (Av Emancipación) im Stadtteil Alta Alianza im Norden der Stadt abfahren.

Häufige Busse (12 S) nach Arica, Chile, fahren zwischen 5 und 19 Uhr vom **internationalen Busbahnhof** gegenüber dem *terminal terrestre* ab, wo auch die Terminalsteuer (2 S) bezahlt werden muss.

EINREISE NACH CHILE ÜBER TACNA

Die Grenzformalitäten sind relativ unkompliziert. Es gibt drei Haupttransportmöglichkeiten: Zug, öffentlicher Bus oder *colectivo (Sammeltaxis)*, wobei sich Letzteres als das effektivste Transportmittel erwiesen hat. Die Fünf-Personen-Taxis werden von professionellen Unternehmen betrieben, die im internationalen Busbahnhof in Tacna einen Schalter haben. Sie verlangen ca. 25 S für die 65 km nach Arica in Chile, mit Halt an beiden Grenzposten. Der Großteil des Papierkrams wird erledigt, bevor man ins Auto steigt. An einem guten Tag sollte man ca. 1 Stunde für die Reise brauchen. Öffentliche Busse sind billiger (12 S), aber auch langsamer, da man warten muss, bis alle Passagiere ausgestiegen und durch den Zoll gegangen sind.

Beide Zollstellen sind 24 Stunden geöffnet.

San Martín (☎952-524-252; Terminal Collaysuyo s/n) hat Nachtbusse (*económico*- und Luxusvariante), die über Desaguadero nach Puno an der bolivianischen Grenze und weiter nach Cusco fahren. Diese starten meist am Abend vom Terminal Collaysuyo.

Die üblichen Verdächtigen fahren zu allen Zielen im Norden, einschließlich Cruz del Sur, Civa Oltursa und das günstigere Flores.

AREQUIPA & DAS CANYONLAND

Die Provinz Arequipa ist Perus Kombi-Ticket zu allen möglichen Attraktionen, von authentischer historischer Spurensuche über dramatische Anden-Abenteuer bis zu einer atemberaubenden Landschaft. So findet man den kulturellen Reichtum einer der schönsten historischen Städte Südamerikas nur wenige Autostunden von den beiden tiefsten Schluchten der Welt entfernt – nur als kleiner Vorgeschmack auf die dramatischen Kontraste, die die Region bereithält. In Arequipa, der künstlerischen, unerschütterlichen und unverwüstlichen Metropole im Schatten des Vulkans El Misti, findet man reichlich urbane Abwechslung. Im Nordwesten liegen die Colca- und die Cotahuasi-Schlucht. Ihre beeindruckende Tiefe ist bloße Statistik, die Andenkondore, epische Wanderungen und die seit Langem bestehenden spanischen, Inka- und Prä-Inka-Traditionen, die in ihnen verborgen liegen, sind da schon greifbarer. Andere ungewöhnliche Attraktionen sind das lavabedeckte Valle de los Volcanes, die bewegenden Petroglyphen von Toro Muerto und der karge Paso de Patopampa, dessen Hauptstraße bis auf 4910 m ansteigt, höher als jeder Punkt in Westeuropa oder Nordamerika.

Arequipa

☎054 / 969300 EW. / 2350 M

Die Bewohner anderer Regionen in Peru scherzen, dass man zur Einreise in die zweitgrößte Stadt des Landes einen anderen Pass brauche. Arequipa ist nur ein Zehntel so groß wie Lima, steht der Hauptstadt aber in Sachen Gastronomie, historischer Bedeutung und Selbstbewusstsein in nichts nach.

Die wunderbare Umgebung der Stadt, die von drei Vulkanen bewacht wird, ist die ideale Ausgangsbasis für Trekking, Rafting und den Besuch des Cañón del Colca. Das zum Weltkulturerbe der UNESCO gehörende Zentrum ist von barocken Gebäuden aus *sillar*-Stein (weißem Vulkangestein) gesäumt, was Arequipa den Spitznamen „Ciudad Blanca“ (Weiße Stadt) eingebracht hat. Sein Herzstück, eine majestätische Kathedrale mit dem traumhaften **El Misti** im Hintergrund, ist allein schon einen Besuch wert.

Abgesehen vom hübschen Stadtbild spielte Arequipa eine grundlegende Rolle in Perus gastronomischer Renaissance. Ein Essen hier – ob in kommunalen *picantería*-Lokalen oder raffinierten Fusionsrestaurants – ist ein echtes Highlight.

Die Stadt hat einen der einflussreichsten lateinamerikanischen Schriftsteller hervorgebracht, Mario Vargas Llosa. Juanita, die eiskonservierte, geopferte Inka-Mumie, ist ein weiterer Schatz der Stadt.

Sehenswertes

Die barocken, aus *sillar* (weißem Vulkangestein) errichteten Bauten der Stadt beweisen immer wieder ihre Widerstandsfähigkeit, indem sie bisher dem größten Teil der seismischen Aktivität, der sie in der Vergangenheit ausgesetzt waren, standhielten. Zu den kolonialen *sillar*-Kirchen rund um das Zntrum gehören die Iglesia de San Francisco, die Iglesia de San Agustín, die Iglesia de La Merced und die Iglesia de Santo Domingo.

★Monasterio de Santa Catalina KLOSTER
(☎054-22-1213; www.santacatalina.org.pe; Santa Catalina 301; 40 S; ⏲9–17 Uhr, Di & Mi bis 19.30 Uhr, letzter Einlass 1 Std. vor Schließung) Dieses Kloster sollte man nicht verpassen, auch wenn man schon eine Überdosis Kolonialgebäude intus hat. Es nimmt einen ganzen Block ein, wird von imposanten, hohen Mauern geschützt und gehört zu den faszinierendsten religiösen Gebäuden in Peru. Aber es ist nicht nur ein religiöses Gebäude: Die 20 000 m² große Anlage gleicht fast einer Zitadelle inmitten der Stadt. Sie wurde 1580 von der reichen Witwe doña María de Guzmán gegründet. Der Eingang ist an der Südostecke.

★Museo Santuarios Andinos MUSEUM
(☎054-28-6613; www.ucsm.edu.pe/museo-santuarios-andinos; La Merced 110; Erw. 20 S, Kind (5–17 Jahre) 10 S; ⏲Mo–Sa 9–18, So bis 15 Uhr) Dieses theatralisch präsentierte Museum, das dem konservierten Körper einer gefrorenen „Mumie" gewidmet ist, und die obligatorische Tour (kostenlos, aber am Ende wird ein Trinkgeld erwartet) haben durchaus etwas Dramatisches an sich. Spoiler-Alarm: Der Höhepunkt ist der vage makabre Anblick der armen Juanita, ein 12-jähriges Inka-Mädchen, das in den 1450er-Jahren den Göttern geopfert wurde und nun unheimlich konserviert in einem gläsernen Kühlschrank ruht. Die Touren dauern rund eine Stunde und werden auf Spanisch, Englisch und Französisch angeboten.

★Museo de la Catedral BASILIKA
(☎054-21-3149; www.museocatedralarequipa.org.pe; Santa Catalina, Plaza de Armas; Eintritt & Führung 10 S; ⏲Mo–Sa 10–17 Uhr) Die enthaltene zweisprachige Führung (45 Min.) durch dieses „Museum" ist ein absolutes Muss für Besucher, die etwas mehr über Arequipas **Kathedrale** erfahren wollen (☎054-23-2635; ⏲Mo–Sa 7–10 & 17–19, So 11–12 Uhr) GRATIS. Man erhält dabei einen Einblick in das Innenleben der Basilika. Es gibt Erläuterungen zur beeindruckenden Kirchenorgel mit ihren 1000 Pfeifen sowie den Symbolen und den Farben, die in den religiösen Gemälden und Ornamenten des Gotteshauses verwendet wurden. Ein tolles Extra ist der Blick über die Dächer und aus *sillar* errichteten Gebäude Arequipas.

Monasterio de la Recoleta KLOSTER
(☎054-27-0966; La Recoleta 117; 10 S; ⏲tgl. 9–17, Mi & Fr nach Termin) Bücherfreunden wird die riesige Bibliothek dieses vermoderten Klosters gefallen, die mehr als 20 000 verstaubte Bücher und Landkarten umfasst; der älteste Band stammt aus dem Jahr 1494. Das Studium war ein wichtiger Bestandteil des Franziskanerordens. Die Bibliothek ist für beaufsichtige Besuche geöffnet, einfach am Eingang fragen.

Zudem findet man auf dem Gelände ein bekanntes Museum mit Artefakten aus dem Amazonasgebiet (inklusive konservierter Dschungeltiere), die von den Missionaren zusammengetragen wurden, und einer umfassenden Sammlung mit Artefakten und religiöser Kunst der *escuela cuzqueña* (Cusco-Schule) aus Zeiten vor der Eroberung.

Aktivitäten

Arequipa ist das Zentrum für eine Reihe von Outdoor-Aktivitäten im Hochland östlich und nördlich der Stadt. Trekking, Bergsteigen und Aktivitäten auf dem Fluss sind die beliebtesten Optionen, es gibt aber noch viel mehr.

Wandern & Bergsteigen

Der Bergführerverband Perus warnt davor, dass viele Guides weder zertifiziert noch ausreichend geschult sind. Deshalb sollten sich Bergsteiger gut mit medizinischen Notfällen und Survival in der Natur auskennen. Die meisten Agenturen bieten Bergtouren-Pakete an, die den Transport bereits beinhalten. So variieren die Preise je nach Berg und Größe der Gruppe stark, die Kosten für einen Guide allein liegen jedoch bereits bei etwa 85 US-Dollar pro Tag.

Das Gebiet rund um den Cañón del Colca ist viel besucht und die Wanderungen sind beliebt und einfach. Deshalb machen sich viele Traveller auf eigene Faust auf den Weg. Wer aber ohne Guide ein ungutes Gefühl hat oder auch etwas abgelegenere Routen in Angriff nehmen möchte, der findet in Arequipa Dutzende von Touranbietern, die geführte Wanderungen organisieren können.

★Naturaleza Activa ABENTEUERSPORT
(☎968-969-544; naturactiva@yahoo.com; Santa Catalina 211; ⏲Mo–Sa 11–19 Uhr) Ein Favorit bei allen, die das Abenteuer in der Natur suchen. Hier gibt es eine große Auswahl an Trekking-, Kletter- und Mountainbike-Optionen. Ein großer Vorteil gegenüber einem Reisebüro ist, dass man hier mit den tatsächlich qualifizierten Guides und nicht nur mit Verkäufern spricht. Daher werden alle Fragen kompetent beantwortet. Man spricht Englisch, Französisch und Deutsch.

Carlos Zárate Adventures ABENTEUERSPORT
(☎054-20-2461; www.zarateadventures.com; Jerusalén 505A) Dieses hochprofessionelle Unternehmen bietet verschiedene Wanderungen und das Besteigen aller lokalen Gipfel an. Es wurde 1954 von Carlos Zárate, dem Urgroßvater des Bergsteigens in Arequipa gegründet. Heute wird es von einem seiner Söhne, dem erfahrenen Guide Carlos Zárate Flores, geleitet. Miguel, einer weiterer Sohn von Zárate, war 1995 gemeinsam mit Archäologen für die Ausgrabung von „Juanita, der Jungfrau aus dem Eis" auf dem Berg Ampato verantwortlich.

Pablo Tour WANDERN & TREKKEN
(☎054-20-3737; www.pablotour.com; Jerusalén 400 AB-1; ⏲Büro 8.30–20 Uhr) Die Guides von Pablo Tour, ein Anbieter, der von Reisenden durchweg gute Bewertungen bekommt, sind Experten für Trekking- und Kulturreisen in der Region und können Wanderer mit der notwendigen Ausrüstung und topographischen Karten ausstatten.

Rafting

Arequipa ist einer von Perus wichtigsten Ausgangspunkten für Rafting und Kajaktouren. Viele Ausflüge sind in der Regenzeit (Dez.–März) nicht machbar, da dann der

Arequipa

Highlights
1 Monasterio de Santa Catalina ... B2
2 Museo de la Catedral ... B4
3 Museo Santuarios Andinos ... B4

Sehenswertes
4 La Catedral ... B3

Aktivitäten, Kurse & Touren
5 Carlos Zárate Adventures ... D1
6 Naturaleza Activa ... B2
7 Pablo Tour ... D2
8 Peru Adventures Tours ... B2
9 ROCIO ... D2

Schlafen
10 Casablanca Hostal ... A4
11 Hostal las Torres de Ugarte ... B2
12 Hostal Núñez ... D1
13 Hotel Casona Solar ... B5
14 Hotel La Posada del Monasterio ... B2
15 La Hostería ... B1
16 Orkkowasi Casa de Montaña ... B5

Essen
17 Chicha ... B2
18 Crepísimo ... B2
19 Salamanto ... B3
20 Zig Zag ... C2

Ausgehen & Nachtleben
21 Casona Forum ... C2
22 Chelawasi Public House ... D1
23 Déjà Vu ... C2
24 Museo del Pisco ... B3

Unterhaltung
25 Café Art Montréal ... B2

Shoppen
26 Claustros de la Compañía ... B4

Praktisches
27 BCP ... C4
28 iPerú ... B4
29 Policía de Turismo ... C2

Transport
30 LAN ... B3
31 LCPeru ... B3
32 Sky Airline ... A4

Wasserstand gefährlich hoch sein kann. Weitere Informationen und Tipps bekommt man unter www.peruwhitewater.com.

Der **Río Chili**, etwa 7 km von Arequipa entfernt, ist der meistbefahrene Fluss der Gegend. Jeden Tag wird eine Halbtagestour für Anfänger (April–Nov., ab 40 US$) angeboten. Etwas weiter entfernt lockt der **Río Majes**, in den der Río Colca mündet, mit recht einfachen Touren. Zu den meistbefahrenen Strecken gehören die Stromschnellen der Klassen II und III.

Mountainbiken

Das Gebiet rund um Arequipa bietet zahlreiche Möglichkeiten zum Mountainbiken. Viele der Unternehmen, die Bergsteigen oder Trekkingtouren anbieten, organisieren auch Downhill-Mountainbiketouren an den Vulkanen **Chachani** und **El Misti** und können maßgeschneiderte Touren arrangieren. Wer über Erfahrung und das nötige Equipment verfügt, kann sich bei diesen Agenturen auch qualitativ hochwertige Fahrräder mieten. Außerdem bieten sie kompetente Beratung bei der Tourenplanung, sodass man auf eigene Faust losziehen kann. **Peru Adventures Tours** (054-22-1658; www.peruadventurestours.com; Zela 209; Mo–Sa 8–17 Uhr) organisiert Radtouren rund um El Misti (halber Tag 50 US$) inklusive Transport, Markenfahrräder, Helm, Handschuhe und Snacks. Auf Anfrage werden auch Sauerstoff und ein Erste-Hilfe-Kit zur Verfügung gestellt.

Geführte Touren

Dutzende Reisebüros in Santa Catalina und Jerusalén bieten nahezu identische Touren ins Canyonland an. Die meisten starten täglich. Auch unspektakuläre Stadtführungen sind im Angebot. Einige der Reisebüros arbeiten professionell, es gibt aber auch viele Schwindler, die etwas vom Kuchen abhaben wollen. Es empfiehlt sich also, sich aufmerksam umzuhören. Zudem sollte man sich nie eine Tour von einem Schlepper auf der Straße aufschwatzen lassen und alles, wenn möglich, in bar bezahlen, da es gelegentliche Berichte über Kreditkartenbetrug gibt.

Die zweitägige Standardtour zum Cañón del Colca (S. 959) kostet je nach Saison, Gruppengröße und Hotelkategorie in Chivay zwischen 65 und 225 S pro Person. Manchmal verkaufen verschiedene Agenturen Tickets für die gleichen Touren. Auch hier sollte man sich vorher etwas umhören. Alle Touren starten in Arequipa zwischen 7 und 9 Uhr. Zu den Stationen gehören die Reserva Nacional Salinas y Aguada Blanca, Chivay, die **heißen Quellen von La Calera** (Eintritt 5–15 S; 5–18 Uhr), eine abendliche *peña* (Bar oder Club mit live gespielter

Arequipas Canyonland & Titicacasee

Volksmusik; gegen Aufpreis) sowie ein Besuch am Cruz del Cóndor (S. 960).

Die eintägige Tour zum Cañón del Colca (eigentlich geht's vor allem zum Cruz del Cóndor) wird zwar heftig beworben, in Wahrheit verbringt man aber den Großteil des Tages in einem Van und hat dadurch fast keine Zeit, die Orte am Canyon zu besichtigen. Ein anstrengender Tag, der bereits am selben Abend wieder in Arequipa endet. Die Abfahrt ist zu einer unchristlichen Zeit (ca. 2 Uhr).

Kurse

Peruvian Cooking Experience KOCHEN
(054-213-975; www.peruviancookingexperience.com; San Martín 116, Vallecito; 3-stündiger Kurs 23,50 US$; Mo–Sa 11 & 15 Uhr) Eine beliebte Option für peruanische Kochkurse. Hier kann man die Kunst der *ceviche*-Zubereitung erlernen oder auch vegetarische Rezepte ausprobieren. Die Kurse werden auf Spanisch oder Englisch gegeben. Die maximale Gruppengröße liegt bei sechs Personen. Die Kurse werden im Hotel Casa de Avila (S. 955) abgehalten, vier Blocks südwestlich der Plaza de Armas.

Rocio SPRACHE
(054-22-4568; www.spanish-peru.com; Ayacucho 208) Diese Sprachschule mit Unterkunftsmöglichkeiten berechnet 6 US$ pro Stunde für Einzelunterricht in Spanisch, während der Unterricht in Kleingruppen 116 US$ pro 20-Stunden-Woche kostet. Einfach bei Nummer 21 am Gemeinschaftseingang klingeln.

Feste & Events

Semana Santa RELIGION
(Karwoche; März oder April) Fragt man einen *Arequipeño*, so wird er sicher der Auffassung sein, dass die Feierlichkeiten anlässlich der Semana Santa in der Woche vor Ostern den feierlichen und traditionellen spanischen Kirchenfesten in Sevilla in nichts nachstehen. Die Prozessionen am Gründonnerstag, Karfreitag und Karsamstag sind

besonders bunt. Am Ende steht manchmal die Verbrennung eines Judas-Bildnisses.

Schlafen

Am bequemsten ist es, in der Nähe der Plaza de Armas zu übernachten. Am Wochenende geht es rund um die Bars in der San Francisco jedoch recht laut zu. Viele Unterkünfte sind in attraktiven *sillar*-Gebäuden (weißes Vulkangestein) untergebracht, durch deren dicke Wände viele Funk- und Wirelesssignale abgeschirmt werden. Kabel-TV und kostenloses WLAN sind praktisch selbstverständlich, ebenso wie das Frühstück, das in günstigen Bleiben allerdings nur aus Brot, Marmelade und Kaffee besteht. Selbst während der Hauptsaison (Juni–Aug.) können die Preise stark schwanken.

Hostal Núñez HOSTEL $

(☎054-21-8648; www.hotel-nunez.de; Jerusalén 528; EZ/DZ/3BZ 59/79/156 S; 📶) In einer Straße voller nicht ganz so toller Pensionen ist dieses sichere, freundliche Hostel immer voll von Gringos. Die bunten Zimmer mit orangener Einrichtung aus der Vergangenheit haben Kabel-TV. Die Einzelzimmer sind etwas eng.

★ **Casa Arequipa** BOUTIQUEHOTEL $$

(☎054-28-4219; www.arequipacasa.com; Av Lima 409, Vallecito; Zi. inkl. Frühstück ab 70 US$; 📶) Dieses koloniale Herrenhaus in Pasetellrosa befindet sich im Vorort Vallecito und ist von einem Garten umgeben. Es beherbergt ein schwulenfreundliches B&B mit über einem halben Dutzend Gästezimmern mit schicken Designakzenten wie reich bemalten Wänden, freistehenden Waschbecken, alten handgefertigten Möbeln und Decken aus Alpakawolle. In der Lobby gibt's eine gesellige Cocktailbar.

Casablanca Hostal HOTEL $$

(☎054-22-1327; www.casablancahostal.com; Puente Bolognesi 104; EZ/DZ/3BZ inkl. Frühstück 111/190/235 S; @📶) Angesichts dessen, was man hier für sein Geld bekommt, kann man schon mal ins Staunen geraten. Die Ecklage an der Haupt-Plaza ist perfekt (vom Straßenlärm mal abgesehen) und die schönen Zimmer mit unverputzten *sillar*-Ziegelwänden sind groß genug, um ein Pferd darin zu halten (oder auch zwei). Der Service ist diskret und das Frühstück wird in einem hübschen, sonnendurchfluteten Café serviert.

Casa de Avila HOTEL $$

(☎054-21-3177; www.casadeavila.com; San Martín 116, Vallecito; EZ/DZ/3BZ inkl. Frühstück 151/188/271 S; @📶) Wenn der großzügige Garten im Innenhof einen nicht überzeugen kann, dann die sympathischen und aufmerksamen Angestellten. Dies hier ist kein Kettenhotel mit steifem Service. Das braune Dekor und die bequemen Betten verstärken das heimelige Gefühl noch weiter. In der Casa de Avila werden auch dreimal wöchentlich Spanischkurse und ein Kochkurs im sonnigen Garten angeboten.

Hostal las Torres de Ugarte HOTEL $$

(☎054-28-3532; www.torresdeugarte.com; Ugarte 401A; EZ/DZ/3BZ inkl. Frühstück 163/196/232 S; @📶) Ein freundliches Hostel in ruhiger Lage hinter dem Monasterio de Santa Catalina, das mit kleinen, aber hellen modernen Zimmern aufwartet, die mit Verdunkelungsvorhängen, bunten Wolldecken und Flachbild-TVs ausgestattet sind. Allerdings muss man die grässlich widerhallenden Flure ignorieren – oder sich einfach auf einen der

INSIDERWISSEN

YANAHUARA

Das friedliche **Viertel** (Ecke Cuesta del Angel & Av Lima) bietet sich für einen netten Ausflug an und ist gut zu Fuß zu erkunden. In seinem Zentrum befindet sich ein *mirador* (Aussichtspunkt), der durch mit Gedichten beschriftete Bögen einen ausgezeichneten Blick auf Arequipa und El Misti bietet. Um hierher zu gelangen, geht man auf der Av Puente Grau nach Westen und über die gleichnamige Brücke und biegt dann in die erste Straße rechts ein, die Av Francisco Bolognesi, die am Park entlang verläuft. Nimmt man hier die erste Straße zur Linken (Cuesta del Ángel) und folgt dieser vier Blocks, ist auch schon die Plaza Yanahuara mit ihrer Kirche und ihrem *mirador* erreicht.

Liegestühle auf der Dachterrasse verziehen. In der Nebensaison fallen die Preise beträchtlich.

Orkkowasi Casa de Montaña HOSTEL **$$**
(054-21-4518; Álvarez Thomas 208; B 29 S, DZ/3BZ 88/130 S, DZ ohne Bad 72 S;) Der enge Eingang zu diesem Hostel in der Nähe der Plaza de Armas mag etwas abschreckend wirken. Die ruhigen Zimmer oben sind aber sauber und geräumig und mit Sofas, Schreibtischen, Flachbild-TVs und bequemen Betten (keine Federn, die sich einem in den Rücken bohren) ausgestattet. Wo es drauf ankommt, sind sie modern – nämlich bei den (kleinen) Bädern und beim schnellen WLAN. Es gibt eine Küche und einen Aufenthaltsbereich auf dem Dach.

★**Hotel Casona Solar** HOTEL **$$**
(054-22-8991; www.casonasolar.com; Consuelo 116; EZ/DZ/Suite 199/319/389 S;) Dieser schöne „geheime Garten", liegt – unglaublich, wenn man die Ruhe bedenkt – nur drei Blocks vom Hauptplatz Arequipas entfernt. Die grandiosen Zimmer aus dem 18. Jh. sind aus mächtigen *sillar*-Steinen (weißer Vulkanstein) gehauen, einige mit Mezzanin-Schlafbereich. Die Extras (Wäscheservice am selben Tag, Busreservierungen, kostenloser Airline-Check-in) sind ebenso zauberhaft. Eines der besten Hotels der Stadt.

★**Hotel La Posada del Monasterio** HOTEL **$$$**
(054-40-5728; www.hotelessanagustin.com.pe; Santa Catalina 300; EZ/DZ/3BZ inkl. Frühstücksbüfett ab 377/429/514 S;) Das Hotel in erstklassiger Ecklage ist in einem anmutigen Gebäude untergebracht, das das Beste aus den europäischen und südamerikanischen Architekturstilen vereint. Die komfortablen, modernen Zimmer haben die erwartbare Ausstattung. Vom Balkon auf dem Dach kann man ins Kloster Santa Catalina auf der anderen Straßenseite blicken. Auf Anfrage erhält man Zugang zur Terrasse der Wäscherei. Von dort hat man einen beeindruckenden Blick auf den Vulkan. Es ist besonders bei europäischen Reisegruppen beliebt.

★**La Hostería** HOTEL **$$$**
(054-28-9269; www.lahosteriaqp.com.pe; Bolívar 405; EZ/DZ/3BZ inkl. Frühstück 66/75/83 US$;) Das malerische Kolonialhotel mit seinem blumengeschmückten Innenhof, den hellen und ruhigen Zimmern (mit Minibar), den sorgfältig ausgewählten Antiquitäten, einer Sonnenterrasse und einem Loungebereich ist jeden Sol wert. Da in einigen Zimmern der Straßenlärm recht laut ist, bittet man am besten um eines, das nach hinten raus geht. Die Suiten im Apartmentstil in den oberen Stockwerken bieten einen tollen Blick auf die Stadt.

Essen

Arequipa ist bekannt für schmackhafte Gerichte wie *rocoto relleno* (gefüllte würzige rote Paprika), die man am besten in einem traditionellen *picantería*-Restaurant probiert. Gehobene Trendlokale säumen die San Francisco nördlich der Plaza de Armas, während touristische Straßencafés an der Pasaje Catedral zu finden sind. Gute Restaurants befinden sich auf dem belebten Mercado an der San Camilo südöstlich der Plaza.

Crepísimo CAFÉ **$**
(www.crepisimo.com; Alianza Francesa, Santa Catalina 208; Hauptgerichte 15–34 S; 8–23 Uhr;) Das Crepísimo vereint alle wesentlichen Komponenten eines großartigen Cafés – Essen, Umgebung, Service, Ambiente. Es ist in Arequipas französischem Kulturzentrum untergebracht. In diesem schicken kolonialen Ambiente werden einfache Crêpes mit 100 verschiedenen Füllungen angeboten, von chilenischer Räucherforelle über südamerikanisches Obst bis zu zahlreichen vegetarischen Optionen. Der Kaffee in Pariser Qualität wird von lässigen Kellnern serviert.

★**La Nueva Palomino** PERUANISCH **$$**
(054-25-2393; Leoncio Prado 122; Hauptgerichte 22–69 S; Mo–Sa 12–17, So 7.30–12 Uhr;)

Die alteingesessene *picantería* – ein echter Liebling der Einheimischen – wartet mit einem formalen Service der alten Schule und einer ungezwungenen Atmosphäre auf, die sogar unter der Woche richtig stürmisch wird, wenn größere Familien einfallen, um im Hof die großzügigen Portionen an lokalen Spezialitäten zu genießen und Unmengen *chicha de jora* (vergorenes Maisbier) zu trinken. Wer alleine is(s)t, wird das exzellente *ricoto relleno* (mit Fleisch gefüllte Paprika) kaum schaffen.

★ Zig Zag PERUANISCH **$$**

(☎054-20-6020; www.zigzagrestaurant.com; Zela 210; Hauptgerichte 36–50 S; ⏲12–23 Uhr; 🖉) Gehoben, aber nicht abgehoben teuer: Das Zig Zag ist ein peruanisches Restaurant mit europäischen Einflüssen. Es befindet sich in einem zweistöckigen Kolonialgebäude mit einer Eisentreppe, die von Gustave Eiffel entworfen wurde (wow, der Mann muss echt viel zu tun gehabt haben). Der Klassiker auf der Karte ist eine Fleischauswahl, die auf einem einzigartigen Vulkanstein-Grill mit verschiedenen Saucen serviert wird. Die Fondues sind ebenfalls gut.

★ Salamanto PERUANISCH **$$$**

(☎979-394-676; www.salamanto.com; San Francisco 211; Hauptgerichte 48–57 S, 5-Gang-Verkostungsmenü 85 S; ⏲Mo–Sa 12.30–15.30 & 18.30–22.30 Uhr; 📶) Die innovativen, wunderbar zu Teller gebrachten zeitgenössischen peruanischen Kreationen des Salamanto stärken Arequipas Ruf als Ziel für Feinschmecker. Die aus fünf Gängen bestehende Degustation sollte man sich nicht entgehen lassen. Serviert werden dabei Pilz- und Pistazienmousse, Forellencarpaccio und ein auf kunstvollen Steinplatten angerichtetes Alpakasteak mit Pisco-Senf (Senf mit peruanischem Traubenbrand). Zur Wahl stehen nur drei Weine (argentinisch und peruanisch), die jedoch sorgfältig ausgewählt wurden.

★ Chicha PERUANISCH, FUSION **$$$**

(☎054-28-7360; www.chicha.com.pe; Santa Catalina 210; Hauptgerichte 44–69 S; ⏲Mo–Sa 12–23, So bis 20 Uhr; 📶🖉) Der Besitzer dieses experimentellen Lokals ist Perus berühmtester Koch, Gastón Acurio. In der Speisekarte spiegeln sich deutlich die inka-spanischen Wurzeln Perus wider. Ein saisonales Highlight (April–Dez.) sind die Flussgarnelen. Acurio bereitet die peruanischen Klassiker aber mit derselben Begeisterung zu und hat zudem zarte Alpakaburger und Nudeln auf der Speisekarte stehen. Die Mitarbeiter unterstützen gern bei der Auswahl eines zum Essen passenden Pisco-Cocktails (mit peruanischem Traubenbrand) oder offenen Weins.

Ausgehen & Nachtleben

★ Chelawasi Public House KLEINBRAUEREI

(www.facebook.com/chelawasi; Campo Redondo 102; Biere 15–18 S; ⏲Mo–Fr 16–23, Sa ab 12 Uhr) Arequipas erste Bar speziell für Craft-Bier ist eine moderne, und dennoch unprätentiöse Kneipe im dorfähnlichen Viertel San Lázaro. Die Burger, Hähnchenflügel und handgemachten Pommes frites helfen dabei, etwas länger durchzuhalten. Keine Ahnung von Craft-Bier? Die freundlichen kanadisch-peruanischen Besitzer führen gern durch die besten Biere aus Perus Mikrobrauereien und geben obendrein lokale Reisetipps. Außerdem kann man sich nett mit anderen Gästen unterhalten, die alleine da sind.

Déjà Vu COCKTAILBAR

(San Francisco 319B; ⏲9 Uhr–open end; 📶) Das Déjà Vu ist beliebt wie eh und je. Es gibt eine Dachterrasse mit Blick auf die Iglesia de San Francisco, eine lange Liste von verrückten Cocktails und eine allabendliche verhängnisvolle Happy Hour. Jeden Abend legen hier auch einige der besten DJs von Arequipa Electro und House auf, richtig voll wird's aber nur am Wochenende.

Casona Forum CLUB

(www.casonaforum.com; San Francisco 317; ⏲Nachtclubs Do–Sa 21 Uhr–open end, Bars & Restaurant tgl. ab 19 Uhr) Hier sprechen gleich sieben gute Gründe für eine lange Nacht an einem einzigen Ort: Dieses *sillar*-Gebäude (weißes Vulkangestein) beherbergt eine Kneipe (Retro), eine Billardhalle (Zero), eine Sofa-Bar (Chill Out), ein Restaurant (Terrasse) und mehrere Nachtclubs (Forum, Club 80s und Latino Salsa Club).

Museo del Pisco COCKTAILBAR

(www.museodelpisco.org; Ecke Santa Catalina & Moral; Getränke 16–32 S, Verkostung 37 S/Pers.; ⏲So–Do 17–24, Fr & Sa bis 1 Uhr) Draußen steht „Museum", die Designerelemente aus Stein und Glas, plus die Getränkekarte mit über 100 Piscosorten (peruanischer Traubenbrand) verraten aber: Eigentlich handelt es sich hier um eine Cocktailbar. Seinen persönlichen Favoriten kann man im Rahmen einer Verkostung von drei kleinen Craft-Piscos ermitteln. Dazu gibt's von den sachkundigen Mitarbeitern Erläuterungen auf Englisch. Danach kann man seinen eigenen Cocktail (26 S) hinter der Theke mischen. Dazu passen die Gourmet-Burger und Humus.

☆ Unterhaltung

Café Art Montréal LIVEMUSIK
(Ugarte 210; ⌚ Mo–Mi 18.30–24, Do–Sa bis 2 Uhr) In dieser intimen kleinen Bar spielen hinten auf der Bühne Livebands (Donnerstag bis Samstag). Sie würde auch als Treff für die Studenten-Bohème am Rive Gauche in Paris eine gute Figur abgeben.

Shoppen

Claustros de la Compañía EINKAUFSZENTRUM
(118 General Morán; ⌚ die meisten Geschäfte 9–21 Uhr) Eines der elegantesten Einkaufszentren Südamerikas mit Weinbar, Eisdiele, zahlreichen Alpaka-Wollläden und schicken Cafés und Restaurants. Der prunkvolle Doppelhof ist von Kreuzgängen umgeben, die von mit kunstfertigen Schnitzereien versehenen Säulen aus *sillar* (weißem Vulkangestein) gestützt werden. Auf den oberen Etagen sieht man zahlreiche Paare, die die romantische Umgebung und den Blick nach Süden genießen.

ℹ Praktische Informationen

GEFAHREN & ÄRGERNISSE

➡ Kleinere Diebstähle werden in Arequipa oft gemeldet. Deshalb sollten Reisende ihre Wertsachen nie offen tragen und in Bars, Cafés und Restaurants ihre Sachen im Auge behalten.
➡ Besondere Vorsicht ist im Parque Selva Alegre, nördlich des Zentrums geboten, da dort häufiger Überfälle passieren.
➡ Abends sollte man keine Taxis am Straßenrand anhalten. Stattdessen bittet man besser seine Unterkunft oder den Tourveranstalter, ein offizielles Taxi zu rufen. Die größere Sicherheit ist die Wartezeit und den höheren Preis wert.
➡ Touren sollten ausschließlich in anerkannten Reisebüros bezahlt werden. Nie den Schleppern auf der Straße vertrauen. Diese schaffen es überraschend häufig, Traveller übers Ohr zu hauen.

GELD

BCP (San Juan de Dios 123; ⌚ Mo–Fr 9–18, Sa & So bis 13 Uhr) Wechselt US-Dollar und hat einen rund um die Uhr zugänglichen Visa-Geldautomaten.

MEDIZINISCHE VERSORGUNG

Clínica Arequipa (☎ 054-599-000; www.clinicarequipa.com.pe; Bolognesi, nahe Puente Grau; ⌚ Mo–Fr 8–20, Sa bis 12.30 Uhr) Arequipas beste und teuerste Klinik. Hat eine rund um die Uhr geöffnete Apotheke.

NOTFALL

Policía de Turismo (Touristenpolizei; ☎ 054-28-2613; Jerusalén 315-317; ⌚ 24 Std.) Kann helfen, wenn man einen offiziellen Diebstahlbericht für einen Versicherungsanspruch braucht. Einige Polizisten sprechen auch Englisch.

POST

Serpost (Moral 118; ⌚ Mo–Fr 8–20, Sa bis 19 Uhr) Hauptniederlassung der peruanischen Post in Arequipa.

TOURISTENINFORMATION

Indecopi (☎ 054-42-7495; www.indecopi.gob.pe; Ecke Calle 1 & Cultura Tiahuanaco, Urb La Esperanza; ⌚ Mo–Fr 8.30–16.30 Uhr) Nationale Agentur für Touristenschutz.
iPerú (☎ 054-22-3265, 24-Std.-Hotline 574-8000; iperuarequipa@promperu.gob.pe; Portal de la Municipalidad 110, Plaza de Armas; ⌚ Mo–Sa 9–18, So bis 13 Uhr) Die englischsprachigen Mitarbeiter halten ausgezeichnete Informationen über lokale und regionale Sehenswürdigkeiten bereit. Hat auch eine Filiale am **Flughafen** (☎ 054-44-4564; 1. Stock, Haupthalle, Aeropuerto Rodríguez Ballón; ⌚ 10–19.30 Uhr).

ℹ An- & Weiterreise

BUS

Die meisten Unternehmen fahren am Terminal Terrestre oder am kleineren Terrapuerto-Busbahnhof ab, die beide an der Av Andrés Avelino Cáceres, weniger als 3 km südlich vom Zentrum, liegen. Ein Taxi hierher kostet 7 S. Man sollte vorab genau prüfen, von welchem Terminal der eigene Bus abfährt, und seine Sachen während der Wartezeit immer im Blick behalten. An beiden Busbahnhöfen wird eine Abfahrtsgebühr von 1,50 S fällig, die an einem separaten Stand bezahlt werden muss. In beiden Busbahnhöfe gibt's Geschäfte, Restaurants und Gepäckaufbewahrungen. Der chaotischere Terminal Terrestre bietet auch einen internationalen Geldautomaten.

Dort haben auch Dutzende von Busunternehmen ihre Büros. Es lohnt also, sich umzuhören. Es gibt deutliche Preisunterschiede zwischen den superluxuriösen Unternehmen **Cruz del Sur** (☎ 054-42-7375; www.cruzdelsur.com.pe) und **Ormeño** (☎ 054-42-3855; www.grupo-ormeno.com.pe/destinos.html; Terminal Terrestre), deren Schlafsitze (*cama*) um 180° neigbar sind, und dem einfachen **Flores** (Transportes Flores Hermanos; ☎ 054-43-2228, 01-480-0725; www.floreshnos.pe; Terminal Terrestre), das eine größere Zahl an Zielen ansteuert, wie etwa Mollendo, Moquegua und Ilo.

Busse ab Arequipa

ZIEL	PREIS (S)	DAUER (STD.)
Cabanaconde	17	5
Camaná	12–55	2,5
Chivay	13	3½
Cotahuasi	30	10
Cusco	25–135	10
Ica	75–160	11–15
Juliaca	20–80	5
Lima	50–140	14–17
Mollendo	12–15	2–2½
Moquegua	20–30	6½
Nazca	50–120	10–12
Pisco	40–144	15
Puno	20–82	5
Tacna	30–40	6

FLUGZEUG

Arequipas **internationaler Flughafen Rodríguez Ballón** (Aeropuerto Internacional Alfredo Rodríguez Ballón, AQP; ☎054-34-4834; Cerro Colorado) liegt etwa 8 km nordwestlich vom Stadtzentrum.

LAN (☎054-20-1100; Santa Catalina 118C; ⏲Büro 9–19, Sa bis 14 Uhr) fliegt täglich nach Lima und Cusco. **LCPeru** (☎054-21-4746; www.lcperu.pe; Moral 225; ⏲Büro Mo–Fr 9–19, Sa bis 13 Uhr) fliegt auch täglich nach Lima. **Sky Airline** (☎054-28-2899; www.skyairline.cl; La Merced 121) startet nach Santiago de Chile.

ℹ Unterwegs vor Ort

Combis (Kleinbusse) fahren entlang der Bolívar und der Cruz Verde in südlicher Richtung zum Terminal Terrestre (1 S, 20 Min.), der neben dem Busbahnhof Terrapuerto liegt. Dabei sollte man unbedingt fragen, ob sie *directo* (direkt) fahren oder ob es eine langsame, 35-minütige Fahrt über den Markt wird. Ein Taxi kostet etwa 7 S.

Cañón del Colca

Es sind nicht nur die Weite und Tiefe des Colca-Canyon, die ihn so fantastisch machen, es sind auch seine verschiedenen Stimmungen. Entlang des 100 km langen, vom Fluss Colca geschaffenen Canyon gibt es mehr Landschaftswechsel als in den meisten Ländern Europas: von der kargen Steppe Sibayos über das alte terrassenförmige Farmland von Yanque und Chivay bis zu den Kondoren, die auf den warmen Luftströmungen segeln, und dem steilen Canyon selbst, der hinter Cabanaconde liegt und erst in den 1980er-Jahren grundlegend erforscht wurde. Der Colca ist der zweittiefste Canyon der Welt, nur ein klitzekleines bisschen flacher als sein direkter Nachbar, der Cotahausi, und doppelt so tief wie der berühmtere Grand Canyon in den USA. Aber dessen nicht genug steckt er auch noch voller Geschichte, Kultur, Ruinen und Tradition und strahlt, ähnlich wie Machu Picchu, die nicht greifbare Magie Perus aus.

ℹ An- & Weiterreise

Die meisten Reisenden rasen auf den klassischen zweitägigen Touren durch die Region, verbringen die Nacht in Chivay und kommen nicht einmal am Cruz del Condór vorbei. Von Arequipa aus kommt man ganz einfach mit einem großen, komfortablen Bus zum Cañón del Colca. Dafür steigt man in Chivay (13 S, 3½ Std.) oder in Cabanaconde (17 S, 5 Std.) aus. Häufige Verbindungen werden von **Andalucía** (☎054-44-5089) vom Terminal Terrapuerto und von **Reyna** (☎054-43-0612; www.reyna.com.pe) vom Terminal Terrestre angeboten. Unterwegs gibt's keine Pausen, die Busse haben aber Toiletten an Bord. Bei der Fahrt in große Höhen wird es in den Bussen schnell empfindlich kalt.

Chivay

☎054 / 7700 EW. / 3630 M

Rund um Chivay lockt der zugänglichste und beliebteste Abschnitt des Cañón del

ℹ BOLETO TURÍSTICO

Wer die Stätten in der Colca-Schlucht besuchen will, braucht ein *boleto turístico* (Touristenticket; 70 S), das an einem Kiosk an der Straße nach Arequipa gleich außerhalb von Chivay erhältlich ist. Die Preise für organisierte Touren beinhalten in der Regel keine zusätzlichen Gebühren. Deshalb muss man das Geld für das Ticket dem Guide am Kiosk in bar bezahlen. Wer alleine reist, kann sich auch in den meisten öffentlichen Bussen auf der Fahrt nach oder aus Chivay oder in Cabanaconde ein Ticket kaufen. Ziemlich sicher wird einem aber schon am Cruz del Cóndor ein Ticket angeboten. Die eine Hälfte der Einnahmen aus den Ticketverkäufen kommt Arequipa für die allgemeine Instandhaltung und Erhaltung der lokalen Touristenattraktionen zugute, während die andere Hälfte an die nationale Tourismusagentur geht.

Colca, eine von der Landwirtschaft dominierte Landschaft mit einigen der am stärksten terrassierten Hängen der Welt. Das üppige Grün und die einfache Erreichbarkeit haben die Gegend zur meistbesuchten Region des Canyons gemacht, und der Großteil des Geschäfts wird im kleinen Städtchen Chivay gemacht. Der traditionsbewusste Ort ist das ungeniert unordentliche Zentrum des Colca-Canyon und hat sich dem Tourismus zwar geöffnet, seinen zerzausten Hochlandcharakter bisher aber erhalten. Möge es noch lange so bleiben!

Rund um den Markt und auf dem Hauptplatz bekommt man die reich geschmückte Kleidung der lokalen Colca-Frauen zu sehen. Die Stadt selbst bietet einen bezaubernden Blick auf schneebedeckte Gipfel und terrassenförmig angelegte Hänge und ist die perfekte Basis, um die kleineren Orte weiter talaufwärts zu erkunden.

Aktivitäten

Wandern

Chivay ist ein guter Ausgangspunkt für kurze, aber auch längere Canyon-Wanderungen. Am nördlichen Stadtrand beginnt der mit tollen Ausblicken gesegnete 7 km lange Weg nach **Corporaque** auf der Nordseite des Canyons. Man biegt links auf die Straße zu den heißen Quellen von La Calera ab, überquert die Puente Inca und folgt den fruchtbaren Feldern bis zum Dorf. Anstatt den gleichen Weg zurückzugehen, geht's von Corporaque an ein paar **kleinen Ruinen** vorbei bergab und hinunter zur orangefarbenen Brücke über den Río Colca in Richtung Yanque. Von Yanque am Südufer fahren Busse und *colectivos* (Sammeltaxis) die 7 km lange Strecke nach Chivay zurück. Alternativ geht man zu Fuß an der Straße entlang. Wer's etwas eiliger hat, mietet sich in Chivay ein Mountainbike.

Wer weiter nach Westen vordringen will, wandert auf der Nordseite des Canyons von Corporaque bis zu den Dörfern **Ichupampa**, **Lari** und schließlich **Madrigal**. Gelegentlich werden diese Dörfer auch von *combis* (Minibussen) angesteuert. Sie fahren rund um den Markt in Chivay ab. Eine weitere Option ist ein Spaziergang entlang des Wegs, der nordöstlich der Puente Inca beginnt und am Fluss entlang bis zu den Dörfern Tuti und Sibayo führt.

Ziplining

Bei der neuesten Sportart des Canyons baumelt man beängstigend hoch über dem Río Colca und unterhält dabei die Badegäste der heißen Quellen von La Calera, die sich unten entspannen. Der Startpunkt liegt direkt hinter den heißen Quellen, 3,5 km von Chivay entfernt, es ist aber auch möglich, das Abenteuer über eine Agentur in der Stadt oder direkt über **Colca Zip-Lining** (☎95-898-9931; www.colcaziplining.com; 2/4/6 Fahrten 50/100/150 S; ⏲Mo–Sa ab 9, So ab 10.30 Uhr) zu organisieren.

Schlafen & Essen

★ La Casa de Anita HOTEL $$
(☎958-911-869; www.facebook.com/hotellacasadeanitacolca; Plaza de Armas 785; EZ/DZ/3BZ 80/120/160 S; @📶) Auf dieses Hotel hat Chivay lange gewartet! Die Casa de Anita liegt direkt an der Plaza de Armas und bietet saubere, große Zimmer mit kuscheliger Baumwollbettwäsche, makellosen modernen Bädern und tragbaren Heizungen, die für wohlige Wärme sorgen. Mit dem angeschlossenen Restaurant, das gute Mahlzeiten und kostenlosen Tee serviert, und dem sachkundigem Personal (einschließlich Chivays ehemaligem Bürgermeister!), fühlt sich hier alles weitaus schicker an, als der Preis vermuten lässt.

El Balcon De Don Zacarias BÜFETT $$
(Ecke Av 22 de Agosto & Trujillo; Büfett 35 S; ⏲11–15 Uhr; 📶✎) Es gibt unzählige Lokale, die Büfetts für willenlose Reisegruppen anbieten, dieses große Restaurant an einer Ecke der Plaza de Armas zeichnet sich aber durch die Frische seiner Gerichte, etwa Alpakasteaks, und die Fülle an fleischlosen Optionen, etwa *pastel de papa andina* (Kartoffel-Lasagne) und gefüllte Auberginen, aus.

Cruz del Cóndor

Der berühmte Aussichtspunkt **Cruz del Cóndor** (Chaq'lla; Carr al Colca; Eintritt mit boleto turístico) ist für viele der Höhepunkt ihrer Reise zum Cañón del Colca. An dem Felsvorsprung nistet eine große Gruppe von Andenkondoren. Mit viel Glück kann man die prächtigen Vögel gelegentlich dabei beobachten, wie sie mühelos auf den thermischen Luftströmungen, die aus dem Canyon nach oben steigen, und tief über die Köpfe der Zuschauer gleiten. Es ist ein faszinierender Anblick, der durch das spektakuläre, 1200 m tiefe Gefälle zum Fluss hin und den Blick auf den **Nevado Mismi** auf der anderen Seite der Schlucht noch verstärkt wird.

Viele gehypte Reiseziele sind bei Tageslicht betrachtet eine echte Enttäuschung, dieses gehört aber nicht dazu. In letzter Zeit ist es aber schwieriger geworden, die Kondore zu Gesicht zu bekommen, vor allem aufgrund der Luftverschmutzung (u.a. durch die Lagerfeuer von Besuchern sowie die Abgase von Reisebussen). Die Kondore lassen sich auch bei Regen eher selten blicken (im Jan. und Feb. sind sie meist gar nicht zu sehen), sodass sich die Trockenzeit am besten für einen Besuch eignet. In der entsprechenden Hauptsaison stehen pünktlich zur „Show" morgens um 8 Uhr einige Hundert Leute parat.

Wer nicht mit einer Reisegruppe unterwegs ist, kann einen der großen Milagro-Busse (8 S) nehmen, die um 7.30 Uhr vom Busbahnhof in Chivay abfahren und auf dem Weg nach Cabanaconde hier vorbeikommen. Danach sind die Minivans (5 S), mit denen die Frauen, die *artesanías* (Kunsthandwerk) verkaufen, gegen 11 Uhr morgens fahren, die einzigen öffentlichen Transportmittel nach Cabanaconde. Ansonsten ist es ein langer Fußmarsch von 12,5 km, oder man wartet eine gefühlte Ewigkeit, bis der nächste Bus aus Cabanaconde zurückkommt.

Cabanaconde

☎054 / 2400 EW. / 3290 M

Die schmale untere Schlucht, die grob gesagt von Cabanaconde nach Huambo führt, ist der tiefste Abschnitt des Colca-Canyon, aber nur etwa 20% der Besucher dringen bis ins heruntergekommene Cabanaconde vor, da die meisten organisierten Routen am Cruz del Cóndor umdrehen. Für die, die es schaffen, sind die Vorzüge offensichtlich: weniger Menschen, mehr Authentizität und mehr Ruhe. Hier wartet die *echte* Canyon-Erfahrung.

Der Colca-Canyon ist hier deutlich tiefer mit steilen, im Zickzack verlaufenden Wegen, über die die Starken und Mutigen die 1200 m zum gleichnamigen Fluss hinabsteigen können. Rund um Tapay und Sangalle finden sich einige Obstbäume, ansonsten gibt es im Canyon aber keine echten wirtschaftlichen Aktivitäten.

Das echte Colca-Erlebnis ist nur vollkommen, wenn man zu Fuß in den Canyon hinabsteigt. Westlich von Madrigal gibt's sowieso keine andere Option. Der kürzeste Weg ist die spektakuläre zwei- bis dreistündige Wanderung von Cabanaconde hinunter ins von Blumen übersäte **Sangalle** (bekannt als „die Oase") am Grund des Canyons.

Ebenso schön und ebenso abgelegen sind die ruhigen und authentischen Siedlungen **San Juan de Chuccho**, **Tapay** und **Lluhar**.

Das **Hotel Kuntur Wassi** (☎054-66-4016; www.arequipacolca.com; Cruz Blanca S/n; EZ/DZ/Suite inkl. Frühstück 121/140/250 S; @📶) ist eine bezaubernde Bleibe und die gehobenste Option in Cabanaconde. Es ist in den Hang über der Stadt gebaut und verfügt über Steinbäder, trapezförmige Fenster mit Blick auf den Garten und ein modern-rustikales Ambiente. Die Suiten sind mit riesigen Badewannen ausgestattet. Außerdem gibt's eine Bar, ein Restaurant, eine Bibliothek, eine Waschküche und eine Wechselstube. Das Essen ist erstklassig und kann mit jedem Restaurant in der Stadt mithalten.

In Cabanaconde gibt es keine Geldautomaten. Man muss also genügend Bargeld mitbringen.

TITICACASEE

In den Anden heißt es, im Titicacasee wurde die Sonne geboren. Er liegt an der Grenze zwischen Peru und Bolivien und ist der größte See Südamerikas sowie das am höchsten gelegene schiffbare Gewässer der Welt. Hier wechseln sich strahlend helle Tage mit kalten Nächten ab. Der faszinierende, tiefblau schillernde See ist seit Menschengedenken das verbindende Glied zwischen den Hochlandkulturen, die hier bis heute an ihren alten Traditionen festhalten.

Lang vor den Inka hinterließen Pukara, Tiwanaku und Colla überall in der Region ihre Spuren in der Landschaft. Heute findet man hier eine Mischung aus bröckelnden Kathedralen, kargem *altiplano* (Andenhochplateau) und schachbrettartig angelegten Feldern vor der Kulisse hoher Andengipfel. Getreide wird in diesem Teil der Welt noch immer von Hand gepflanzt und geerntet. Die *campesinos* (Bauern) tragen Sandalen aus recycelten Lkw-Reifen, die Frauen arbeiten in Reifröcken und Melonenhüten und die Lamas sind zahm wie Haustiere.

Auf den ersten Blick wirkt die Region vielleicht öde, aber die traditionellen Feste werden ausgelassen gefeiert. Umzüge mit aufwendigen Kostümen und Blaskapellen sorgen für tagelange Ausnahmezustände.

Juliaca

☎051 / 245700 EW. / 3826 M

Der einzige Verkehrsflughafen der Region macht Juliaca, die größte Stadt des Altiplano, zu einem unumgänglichen Verkehrsknotenpunkt. Wegen der praktischen Lage nicht weit von der bolivianischen Grenze wird in der Stadt eifrig gehandelt (und geschmuggelt). Raubüberfälle bei Tag und Betrunkene auf den Straßen sind nichts Ungewöhnliches. Da Juliaca touristisch wenig zu bieten hat, ist es ratsam, im nahen Lampa zu übernachten oder gleich nach Puno weiterzureisen.

Viele Hotels, Restaurants, *casas de cambio* und Internetcafés liegen an der San Román in der Nähe der Plaza Bolognesi.

Eine hervorragende, wenn auch teure Übernachtungsoption ist das **Royal Inn Hotel** (☎051-32-1561; www.royalinnhoteles.com; San Román 158; EZ/DZ/3BZ inkl. Frühstück 315/330/420 S). In dem Hochhaus warten gut gepflegte, moderne Zimmer mit warmen Duschen, Heizung und Kabel-TV sowie eines der besten Restaurants von Juliaca mit einem üppigen Frühstücksbüfett (Hauptgerichte ab 20 S).

Geldautomaten und Banken findet man entlang der benachbarten Nuñez.

Der **Flughafen** (Inca Manco Capac International Airport; JUL; ☎051-32-4248) liegt 2 km westlich der Stadt. **LAN** (☎051-32-2228; San Roman 125; ⌚Büro Mo–Fr 8–19, Sa bis 16 Uhr) fliegt täglich nach Lima, Arequipa und Cusco. **Avianca** (☎051-827-4951; www.avianca.com; Centro Comercial Real Plaza, Tumbes 391, Local LC-105; ⌚Mo–Fr 11–20, Sa & So bis 18 Uhr) fliegt ebenfalls nach Lima.

Im **Terminal Terrestre** (San Martín bei Av Miraflores) haben die Unternehmen mit Langstreckenbussen ihre Büros. Es gibt u. a. Verbindungen nach Cusco (5–23 Uhr, alle 2 Std.) und Arequipa (2.30–23.30 Uhr, alle 2 Std.).

Puno

☎051 / 149 100 EW. / 3830 M

Mit einer majestätischen Plaza, Betonklötzen und bröckelnden Ziegelbauten, die sich in den Ausläufern der umliegenden Hügel verlieren, hat Puno durchaus seine guten und schlechten Seiten. Es dient als Ausgangspunkt für Ausflüge zum Titicacasee und ist für Reisende zwischen Cusco und La Paz ein praktischer Zwischenstopp. Mit seinem ausgelassenen Charme erobert es die Herzen vieler Besucher.

Perus *capital folklórica* (Folklorehauptstadt) wartet mit beeindruckenden Paraden zum Fest der Virgen de la Candelaria (S. 964) auf, die sogar landesweit im Fernsehen übertragen werden. Die dazugehörigen Trinkorgien bieten jede Menge Stoff für Legenden. Das Zentrum kann verschmutzt und kühl wirken, aber seine Einwohner sind fröhliche, freche Menschen, die alles stehen und liegen lassen, wenn es daran geht, eine Party zu feiern.

Puno ist ein wichtiger Handelsplatz für Waren (und Schmugglergut). Seine alte Architektur, die farbenfrohe traditionelle Kleidung, die noch von vielen Bewohnern getragen wird, und die zahlreichen jungen Kadetten auf den Straßen zeugen aber auch von seiner Kolonial-Vergangenheit und ihrem Status als Hafenstadt.

Sehenswertes

Museo Carlos Dreyer — MUSEUM

(Conde de Lemos 289; Eintritt mit Englisch sprechendem Guide 15 S; ⌚Mo–Fr 9–19, Sa bis 13 Uhr) Dieses kleine Museum zeigt eine tolle Sammlung archäologischer Artefakte und Kunstwerke aus der Region, aus der Vor-Inka-, der Inka-, der Kolonialzeit und der ersten Ära der República. In der oberen Etage sind drei Mumien und eine *chullpa* (Grabturm) in Originalgröße aus Glasfaser ausgestellt.

Es liegt ganz in der Nähe der Casa del Corregidor (S. 962). Die Guides sind meist nur bis eine Stunde vor Schließung da.

Casa del Corregidor — HISTORISCHES GEBÄUDE

(☎051-35-1921; www.casadelcorregidor.pe; Deustua 576; ⌚Mo–Sa 9–21 Uhr) GRATIS Dieses Gebäude aus dem 17. Jh. ist eine Attraktion für sich und zählt zu Punos ältesten Wohnhäusern. Das ehemalige Gemeindezentrum beherbergt heute einen kleinen Fair-Trade-Laden für Kunsthandwerk und ein Café.

Geführte Touren

Es lohnt sich, mehrere Reiseveranstalter zu vergleichen. Es gibt zahlreiche Agenturen und der Wettbewerb ist hart. Das führt zu aufdringlichen Schleppern in den Straßen und Busbahnhöfen, unhaltbaren Versprechungen und niedrigen Preisen, mit denen das Bezahlen fairer Löhne unmöglich ist. Einige der günstigeren Agenturen haben den Ruf, die Inselbewohner von Amantaní und Taquile auszunehmen, bei denen die Reisenden übernachten und deren Lebenskultur eines der wichtigsten Verkaufsargumente dieser Touren ist.

Inseltouren können aber auch mit den besseren Reisebüros enttäuschend sein: Da möglichst viele Gäste mitgenommen werden und die Guides immer dasselbe erzählen, wirken die Ausflüge oft formelhaft und

Puno

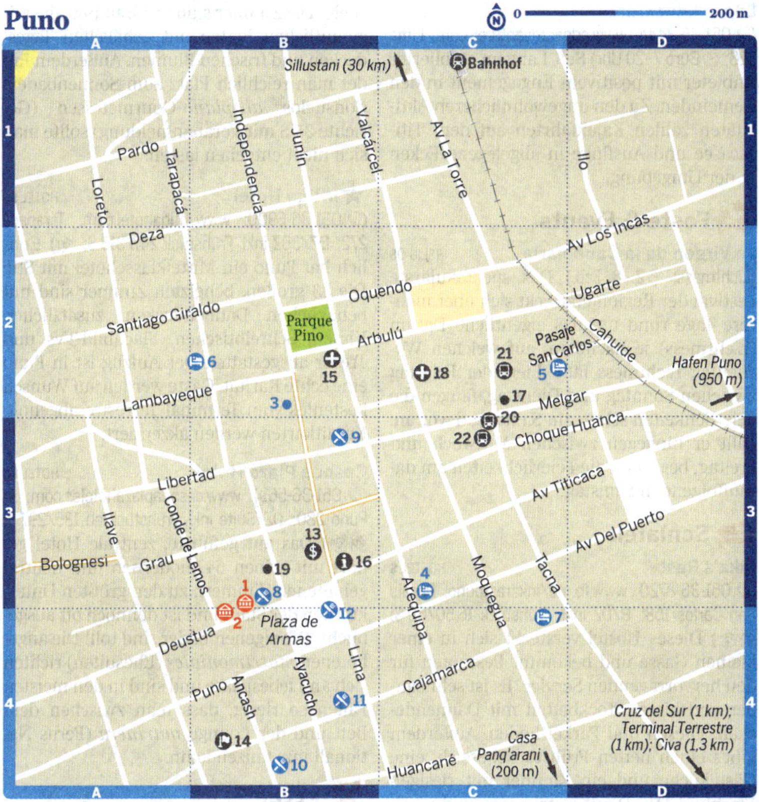

Puno

Sehenswertes
1 Casa del Corregidor B3
2 Museo Carlos Dreyer B4

Aktivitäten, Kurse & Touren
3 Edgar Adventures B2

Schlafen
4 Casona Plaza Hotel C3
5 Inka's Rest C2
6 Intiqa Hotel B2
7 Puma Hostel Puno C4

Essen
8 La Casa del Corregidor B3
9 La Choza de Oscar B3
10 La Table del Inca B4
11 Mareas Ceviche y Más B4
12 Mojsa B4

Praktisches
13 BCP B3
14 Bolivianisches Konsulat B4
15 Botica Fasa B2
16 iPerú B3
17 LAN C2
18 Medicentro Tourist's Health Clinic C2
19 Oficina de Migraciónes B3

Transport
20 Rossy Tours C3
21 Tour Perú C2
22 Turismo Mer C3

langweilig und sind unflexibel im Ablauf. Wer aber nur einen oder zwei Tage Zeit hat, dem kann eine Tour mit einem verantwortungsbewussten Anbieter einen guten ersten Einblick verschaffen, den man so sonst vielleicht nicht bekommen würde. Hat man hingegen genügend Zeit, sollte man die Inseln auf eigene Faust erkunden. Dann kann man dorthin gehen, wo man will, und länger an den Orten bleiben, die einem gefallen.

Edgar Adventures KULTUR
(☎051-35-3444; www.edgaradventures.com; Lima 328; ⏰Büro 7–20 Uhr) Seit Langem etablierter Anbieter mit positivem Engagement in den Gemeinden. Zu den ungewöhnlicheren Aktivitäten zählen Kajakfahrten auf dem Titicacasee und Ausflüge in abgelegene Ecken in der Umgebung.

Feste & Events

La Virgen de la Candelaria RELIGIÖS
(Lichtmess; ⏰2.–8. Feb.) Das spektakulärste Festival der Region erstreckt sich über mehrere Tage rund um das eigentliche Datum (Lichtmess) je nachdem, auf welchen Wochentag Lichtmess fällt. Liegt der Feiertag zwischen Sonntag und Dienstag, fangen die Feierlichkeiten schon am Samstag davor an. Fällt er hingegen zwischen Mittwoch und Freitag, beginnen die Feierlichkeiten am darauffolgenden Samstag.

Schlafen

Inka's Rest HOSTEL $
(☎051-36-8720; www.fb.me/inkarestpuno; Pasaje San Carlos 158; B/DZ inkl. Frühstück 16,50/60 S; @📶) Dieses Hostel versteckt sich in einer kleinen Gasse und bekommt Bestnoten für den hervorragenden Service. Es ist sehr sauber und bietet Stockbetten mit Daunendecken, Fliesen und Parkettboden. Außerdem gibt's einen netten Frühstücksbereich, eine Gästeküche und ein Zimmer mit riesigen Flachbild-TVs. Die Privatzimmer sind weniger ansprechend. Man wird per Gegensprechanlage reingelassen, wer nachts ankommt, sollte sich ein Taxi nehmen.

Puma Hostel Puno HOSTEL $
(☎051-36-5300; Cajamarca 154; B/DZ/3BZ inkl. Frühstück 23/47/60 S; 📶) Mit seiner unechten Holzvertäfelung sieht das Puma ein bisschen aus, wie ein Business-Hotel aus den 1980er-Jahren, das um ein paar Familienbetten aufgestockt wurde. Es ist aber sauber und komfortabel und bietet für ein Hostel in der Nähe der Plaza ein hervorragendes Preis-Leistungs-Verhältnis.

★ **Casa Panq'arani** B&B $$
(☎051-36-4892, 951-677-005; www.casapanqarani.com; Jr Arequipa 1086; EZ/2BZ/DZ inkl. Frühstück 80/135/145 S; 📶) Dieses hübsche, traditionelle Puno-Haus mit Garten voller Blumen lockt mit einladenden Zimmern, die einen Balkon im 2. Stock säumen. Das wahre Highlight ist aber die unglaubliche Gastfreundschaft der Besitzer Adgar und Consuelo. Die Zimmer sind großräumig, alle mit gemütlichen Betten mit gehäkelten Tagesdecken und frischen Blumen. Außerdem findet man reichlich Platz zum Sonnenbaden. Consuelos *altiplano*-Gourmetessen (Gerichte 35 S mit Vorabanmeldung) sollte man sich nicht entgehen lassen.

★ **Intiqa Hotel** HOTEL $$
(☎051-36-6900; www.intiqahotel.com; Tarapacá 272; DZ/3BZ inkl. Frühstück 247/313 S; 📶) Endlich hat Puno ein Mittelklassehotel mit Stil. Die 33 großen, beheizten Zimmer sind mit behaglichen Daunendecken, zusätzlichen Kissen, Schreibtischen, Flachbild-TVs und Tresor ausgestattet. Der Aufzug ist in Puno eine echte Rarität. Gäste werden auf Wunsch kostenlos vom Terminal Terrestre abgeholt. Kreditkarten werden akzeptiert.

Casona Plaza Hotel HOTEL $$
(☎051-36-5614; www.casonaplazahoteles.com; Jr. Puno 280; DZ/Suite inkl. Frühstück ab 135/297 S; @📶) Das gut geführte, zentrale Hotel gehört mit seinen 64 modernen und neutral gehaltenen Zimmern zu den größten Unterkünften der Stadt und ist dennoch oft ausgebucht. Die eigenen Bäder sind toll! Die angebotenen *matrimoniales* (Ehesuiten) richten sich an Liebespaare und sind in den meisten Fällen so riesig, dass man zwischen dem Bett und der Lounge *marinera* (Perus Nationaltanz) tanzen kann.

Essen

La Choza de Oscar HÄHNCHEN $
(☎051-35-1199; www.lachozadeoscar.com; Libertad 354; Hähnchengericht 11 S; ⏰Mo–Sa 14–22 Uhr) Das peruanische *pollo a la brasa* (Brathähnchen) ist außen würzig und knusprig und dieses Lokal an der Rückseite eines Restaurants hat den Dreh raus. Vegetarier können sich abends am beliebten Salatbüfett bedienen. Zwischen 19.30 und 21 Uhr wird im Restaurant vorn sogar eine Tanzshow aufgeführt, bei der man auch als Gast im Choza de Oscar zuschauen darf. Ein Trinkgeld ist aber gern gesehen.

La Casa del Corregidor CAFÉ $$
(http://cafebar.casadelcorregidor.pe; Deustua 576; Hauptgerichte 24–34 S, Getränke 6,50–14 S; ⏰Mo–Sa 9–22 Uhr; 📶🖊) Das nicht weit von der zentralen Plaza entfernte Café wirkt wie aus einer anderen Zeit – wenn nicht gar einer anderen Welt. An den Wänden hängen Vinylplatten einstiger peruanischer Hits und auf den Tischen stehen Brettspiele und

Teekannen aus Keramik. In dem freundlichen gelben Hof kommt die ganze Schönheit des historischen Gebäudes zum Vorschein. Zu empfehlen sind die frischen Kräutertees oder gegrillte Alpaka-Spieße.

★ La Table del Inca FUSION $$

(☎994-659-357; www.fb.me/latabledelinca; Ancash 239; Hauptgerichte 26–40 S, 3-Gänge-Menü mit Wein 80 S; ⏲Mo–Do 12–14 & 18–21.30, Sa & So 18–21.30 Uhr; 📶) Wer einen Grund sucht, um sich mal wieder herauszuputzen, hat ihn hiermit gefunden. Dieses Fusion-Restaurant liegt etwas abseits des Trubels und stellt an seinen Wänden Bilder lokaler Künstler aus. Das Essen ist nicht weniger farbenfroh angerichtet. Die peruanischen Gerichte wie *lomo saltado* (Rindfleischpfanne mit Kartoffeln und Chili) können es problemlos mit den europäisch-peruanischen Kreationen wie Quinoarisotto, Alpaka-Carpaccio mit *huacatay* (Gewürzkräuter aus der Region) und französischen Desserts aufnehmen.

Mareas Ceviche y Más CEVICHE $$

(www.fb.me/mareassocialpage; Cajamarca 448; Hauptgerichte 13–35 S; ⏲9–16 Uhr; 📶) Dieses Restaurant in einem familienfreundlichen Hof bereitet Dutzende verschiedener Variationen von *ceviche* und Meeresfrüchten zu. Wer sich nicht zwischen Seafood-Pasta, gebratenem Reis mit Tintenfisch, Forellen-Ceviche oder *ceviche palteado* (mit Avocado) entscheiden kann, der bestellt einfach ein *combinado* aus gemischten *ceviches*, *chaufa* (gebratenem Reis) und paniertem Fisch.

★ Mojsa PERUANISCH $$

(☎051-36-3182; Jr. Lima 635; Hauptgerichte 22–30 S; ⏲12–21.30 Uhr; 📶✎) Das Mojsa ist bei Einheimischen und Travellern gleichermaßen beliebt und macht seinem Namen – Aymara für „köstlich" – alle Ehre. Essen mit Blick auf die Plaza: Die Karte mit peruanischen und internationalen Gerichten ist sehr gut durchdacht, beispielsweise innovative Forellen-Kreationen und Salat zum selber Zusammenstellen. Vor allen Gerichten werden frisches Brot und eine Schüssel mit lokalen Oliven serviert. Abends sind knusprig gebackene Steinofenpizzas im Angebot.

ℹ Praktische Informationen

EINREISE

Bolivianisches Konsulat (☎051-20-5400; www.consuladopuno.simplesite.com; Cajamarca 664; ⏲Mo–Fr 8–16 Uhr) Kann bei der Ausstellung bolivianischer Visa helfen.

Oficina de Migraciónes (Einwanderungsbehörde; ☎051-35-7103; www.migraciones.gob.pe; Ayacucho 270-280; ⏲Mo–Fr 8–13 & 14–16 Uhr) Hilfreich bei Studenten- und Geschäftsvisa; Touristenvisa werden nicht verlängert.

GEFAHREN & ÄRGERNISSE

In den Hügeln über der Stadt gibt's malerische Aussichtspunkte (Inka, Condor), da es aber immer wieder zu Angriffen und Überfällen gekommen ist (selbst bei Gruppen), empfiehlt sich ein Besuch dort oben nicht, bevor sich die Sicherheitslage nicht erheblich verbessert hat.

GELD

BCP (Lima 444) BCP hat Niederlassungen und Geldautomaten entlang der Lima.

MEDIZINISCHE VERSORGUNG

Botica Fasa (☎051-36-6862; Arequipa 314; ⏲24 Std.) Eine gut sortierte, rund um die Uhr geöffnete Apotheke. Nachts muss man einmal kräftig gegen die Tür klopfen.

Medicentro Tourist's Health Clinic (☎951-62-0937, 051-36-5909; Moquegua 191; ⏲24 Std.) Die Hausärzte sprechen teilweise Englisch und Französisch und können Patienten in ihren Unterkünften besuchen.

TOURISTENINFORMATION

iPerú (☎051-36-5088; Plaza de Armas, Ecke Lima & Deustua; ⏲Mo–Sa 9–18, So bis 13 Uhr) Die geduldigen Angestellten sprechen Englisch und halten hilfreiche Infos parat. Eine gute erste Anlaufstelle bei der Ankunft in Puno. Weitere iPerú-Büros gibt's am Terminal Terrestre und am Flughafen in Juliaca.

ℹ An- & Weiterreise

BUS

Der **Terminal Terrestre** (☎051-36-4737; Primero de Mayo 703) liegt drei Blocks von der El Sol entfernt an der Ricardo Palma. Hier sitzen alle Anbieter von Fernstreckenverbindungen. Der Terminal hat einen Geldautomaten und erhebt eine Abfahrtssteuer von 1,50 S, die man vor der Abreise an einem separaten Schalter bezahlen muss.

Es gibt u. a. Busse nach Cusco (4–22 Uhr, alle 2–3 Std.) und Arequipa (2–22 Uhr, alle 3–4 Std.). **Cruz del Sur** (☎in Lima 01-311-5050; www.cruzdelsur.com.pe; Terminal Terrestre) bietet zu beiden Zielen die besten Verbindungen. Auch die Busse von **Turismo Mer** (☎051-36-7223; www.turismomer.com; Tacna 336; ⏲Büro 8–13 & 15–20 Uhr) mit dem Ziel Cusco sind komfortabel. **Civa** (☎051-365-882; www.civa.com.pe; Terminal Zonal) fährt nach Lima und Arequipa. **Tour Perú** (☎051-35-2991; www.tourperu.com.pe; Tacna 285 No 103) steuert um 22 Uhr Cusco an und täglich um 7 Uhr starten Busse über Copacabana nach La Paz in Bolivien.

EINREISE NACH BOLIVIEN

Es gibt zwei gute Routen, die entlang des Titicacasees von Puno nach La Paz führen. Der Weg am Nordufer liegt abseits der ausgetretenen Pfade und wird nur selten genutzt. Am Südufer gibt es zwei Optionen: Yunguyo und Desaguadero. Für Desaguadero sollte man sich nur entscheiden, wenn man wenig Zeit hat. Die Yunguyo-Route ist sicherer, schöner und weitaus beliebter. Sie führt durch die entspannte bolivianische Stadt Copacabana am Ufer des Titicacasees. Von dort kann man die Isla del Sol besuchen, die wohl bedeutendste Stätte in der andinen Mythologie.

Wer von Peru nach Bolivien reist, muss seine Uhr eine Stunde vorstellen.

Über Yunguyo

Am schnellsten und einfachsten ist die Reise nach Bolivien mit einem Busunternehmen wie Tour Perú, das Fahrten über die Grenze anbietet. Tickets sollte man mindestens einen Tag im Voraus am Terminal Terrestre oder dem praktischer gelegenen Büro von Tour Perú im Zentrum von Puno kaufen.

Alternativ entscheidet man sich für lokale *micros* (Kleinbusse), die vom Terminal Zonal abfahren. Yunguyo liegt ganz am Ende der Route. Nach Kasani kommt man mit einem *triciclo* (Lastenrad mit drei Rädern) oder zu Fuß. Zuerst geht's zur peruanischen Polizei und anschließend zum Control Migratorio (Einwanderungsbehörde) auf der linken Seite. Ein *combi* (Minibus) nach Copacabana kostet 3 Bs.

Über Desaguadero

Wer direkt von Puno nach La Paz fahren will, kann über das fragwürdige Desaguadero ausreisen. Es ist schneller, etwas billiger und direkter als die Route über Yunguyo.

In Desaguadero angekommen, erhält man in der peruanischen Dirección General de Migraciones y Naturalización den Ausreisestempel für Peru. Anschließend erledigt man im Gebäude mit der Kennzeichnung „Migraciones Desaguadero" (links neben der Brücke) die Einreiseformalitäten für Bolivien.

Von dort geht's mit einem *triciclo* (dreirädriges Fahrrad) zum bolivianischen Transportterminal, von wo aus *combis* (Minibusse; 30 Bs/16 S) in 3½ Stunden nach La Paz fahren.

FLUGZEUG

Der nächste Flughafen liegt etwa eine Stunde entfernt in Juliaca. Im Hotel kann man sich für ca. 15 S einen komfortablen und sicheren Shuttlebus bei **Rossy Tours** (☎051-36-6709; www.rossytours.com; Tacna 308; ⏲Büro 9–20 Uhr) buchen lassen. Der erste Bus am Tag ist genau so getaktet, dass einem genug Zeit zum Einchecken für den frühesten Flug bleibt. Eine Übernachtung in Juliaca ist also nicht nötig. In Puno gibt's auch ein Büro von **LAN** (☎051-36-7227; Tacna 299).

ZUG

Es gibt zwei Zugverbindungen. Der luxuriöse *Belmond Andean Explorer* ist ein Nachtzug, in dem drei Mahlzeiten und Cocktails (alles im Preis inbegriffen) serviert werden. Für diesen Fünf-Sterne-Service muss man aber auch ganz schön tief in die Tasche greifen. Das Angebot von PeruRail Titicaca ist günstiger und fährt tagsüber.

Reservierungen sind online auf www.perurail.com möglich.

Die Züge von Andean Explorer starten von Punos **Bahnhof** (☎051-36-9179; www.perurail.com; Av La Torre 224; ⏲Büro am Bahnhof Mo–Fr 6.30–12 & 16–18, Sa 6.30–14.30 Uhr) jeden Mittwoch um 12 Uhr und erreichen Cusco am nächsten Tag gegen 7.40 Uhr. Tickets kosten ab 480 US$ pro Person.

PeruRail Titicaca fährt nicht über Nacht. Der Zug startet montags, donnerstags und samstags um 7.30 Uhr, Ankunft in Cusco ist am selben Tag um 17.50 Uhr. Ein Ticket kostet 260 US$.

Rund um Puno

Sillustani

Zwischen den sanften Hügeln der Halbinsel am Lago Umayo liegen die *chullpas* (Grabtürme) von **Sillustani** (Erw./Kind 15/2 S), die man schon aus weiter Entfernung aus einer trostlosen Altiplanolandschaft aufragen sieht. Das alte Volk der Colla, das einst die Gegend rund um den Titicacasee beherrschte, sprach Aymara und war ein kriegerischer Stamm, der später das Inka-Reich im Südosten verteidigte. Sie bestatteten ihren Adel in diesen Türmen, die weit verstreut auf den Hügeln der Region zu sehen sind.

Inseln im Titicacasee

Die Inseln im Titicacasee sind weltberühmt für ihre friedvolle Schönheit und die lebendige traditionelle Agrarkultur, die bis in präkolumbische Zeiten zurückgeht.

Die menschgemachten Schilfinseln, die Islas Uros, sind beliebt wie eh und je und empfangen die meisten Besucher. Die verschlafene Isla Taquile wartet mit einer einzigartigen Kultur auf. Abends kann es oft zu spontanen Festen kommen, wenn die Bewohner anfangen, ihre lokalen Tänze zu tanzen. Auf die **Isla Amantaní** kommen die wenigsten Touristen, denn hier muss man die Nacht in einer Privatunterkunft verbringen. Dafür bietet sie den wohl tiefsten und lohnenswertesten Einblick in das Leben ihrer Bewohner. Die luxuriöse **Isla Suasi** ist die einzige Insel in privater Hand. Auf ihr befindet sich ein Boutiqueresort.

Nicht alle Inselbewohner sind vom Tourismus begeistert. Das ist auch nur verständlich, bedenkt man, dass längst nicht jeder davon profitiert. Manche empfinden die neugierigen Blicke der Urlauber als Eindringen in ihrem Alltag und als störend. Besucher sollten unbedingt die Privatsphäre der Einwohner respektieren und sich höflich verhalten.

Die Uros-Inseln

Nur 7 km östlich von Puno liegen diese schwimmenden Inseln, die die größte Attraktion des Titicacasees sind. Ihre Bauweise macht sie einzigartig. Sie wurden und werden vollständig aus dem elastischen *totora*-Schilf geschaffen, das in Hülle und Fülle am Ufer des Sees wächst. Das Leben der Uros ist untrennbar mit diesem Schilf verwoben. Es ist teilweise essbar (schmeckt wie Zuckerrohr, nur nicht süß) und wird auch zum Bau von Hütten, Booten und für Handwerksgegenstände verwendet. Die Inseln bestehen aus zahlreichen *totora*-Schichten, die ständig von oben aufgefüllt werden, da sie von unten her verrotten – so ist der Boden immer weich und federnd.

Die Uros-Inseln sind leicht zu erreichen, man muss sich also nicht unbedingt einer organisierten Tour anschließen. Allerdings verpasst man dann die geschichtlichen Erläuterungen der Guides. Bei den günstigsten Touren, bei denen der Eintritt inbegriffen ist, spart man zudem gerade einmal 10 S. Fähren nach Uros (hin & zurück 10 S) legen am **Hafen von Puno** (Puerto de Puno; Av Titicaca) ab, der sich östlich der Plaza de Armas an der Jirón Puno befindet, die in die Avenida Del Puerto übergeht. Los geht's, wenn die Fähren voll sind, zwischen 6 und 16 Uhr aber mindestens einmal stündlich. Die von den Gemeinden betriebenen Fähren steuern abwechselnd zwei der Inseln an. Auch die Fähren nach Taquile und Amantaní können Passagiere auf den Islas Uros absetzen.

Isla Taquile

Die bereits seit vielen tausend Jahren besiedelte Isla Taquile erinnert mit ihrer wunderschönen Landschaft an die Mittelmeerregion. Im intensiven Licht der Sonne kontrastiert die tiefrote Erde mit dem stechenden Blau des Sees vor dem glänzenden Hintergrund von Boliviens schneebedeckter Cordillera Real auf der anderen Seeseite. Auf mehreren Hügeln befinden sich Terrassen und kleine Ruinen aus der Zeit der Inkas.

Fähren nach Taquile (hin & zurück 25 S; Inseleintritt 5 S) legen um 7.35 Uhr am Hafen von Puno (östlich der Plaza de Armas entlang der Av Del Puerto) ab und halten unterwegs auch auf den Islas Uros. Deshalb muss dort auch Eintritt bezahlt werden. Die Fähre zurück nach Puno legt um 14 Uhr ab, das kann sich aber ändern, also am besten schon bei der Ankunft auf Taquile beim Kapitän nachfragen.

CUSCO & DAS HEILIGE TAL

Für die Inkas war Cusco der Nabel der Welt. Ein Besuch der Stadt und der nahe gelegenen Ruinen versetzt den Besucher zurück in die Blütezeit einer alten andinen Kultur, die niederging, sich mit dem kolonialen Glanz der spanischen Eroberer mischte und schließlich eine Renaissance als Touristenmekka erlebte. Die Hauptstadt Cusco dient dabei nur als Tor ins Heilige Tal, in eine Andenlandschaft voller hoch gelegener Dörfer und Ruinen, von denen Pfade und Schienenstränge zur Hauptattraktion des Kontinents führen: Machu Picchu.

Alte Traditionen werden hier nicht vergessen. Bunte Textilien halten die Vergangenheit lebendig, ebenso wie die wilden Feste und Karnevale, bei denen einheimische Traditionen auf feierliche katholische Rituale treffen. Eine atemberaubende Landschaft erstreckt sich von den Andengipfeln über orchideenreiche Nebelwälder bis hin zum Amazonastiefland. Man kann sie zu Fuß, mit dem Fatbike, beim Rafting auf tosenden Flüssen oder einfach mit den lokalen Bussen erkunden, die einen in die abgelegenen und staubigen Ecken dieser weitläufigen, kulturell reichen Region bringen.

Cusco

☎ 084 / 427 000 EW. / 3326 M

Cusco ist die unbestrittene archäologische Hauptstadt des amerikanischen Doppelkontinents und zugleich seine älteste durchgehend bewohnte Siedlung. Zudem ist es das Tor nach Machu Picchu. Das kosmopolitische Cusco (auch Cuzco oder Qosq'o auf Quechua) ist ein florierender Ort voller Gegensätzlichkeiten. Über Inka-Tempeln ragen prunkvolle Kathedralen auf, in den Kopfsteinpflastergassen bieten geschäftstüchtige Einheimische lautstark Massagen an und Frauen in traditionellen andinen Kleidern versorgen ihre Streichellamas mit abgefülltem Trinkwasser, während in den edelsten Boutiquen Strickwaren aus Alpakawolle für viel Geld unter die Leute gebracht werden.

Kein Ort in Südamerika verfügt über ein reicheres Erbe als die Inka-Hauptstadt, allerdings sind die Begleiterscheinungen des allgegenwärtigen Trubels des 21. Jhs. mitunter etwas verstörend. Dazu gehört nicht zuletzt der hinter Inka-Mauern verborgene McDonald's. Einheimische werden aufgrund steigender Mieten rund um die Plaza de Armas und im angesagten San Blas zunehmend in die Außenbezirke verdrängt. Ausländische Besucher genießen eine gewisse Narrenfreiheit, weshalb es umso wichtiger ist, dieser bedeutenden Kultur auch in ihrer heutigen Form mit Respekt zu begegnen.

Geschichte

Der Legende nach wurde der erste *inca* (König), Manco Capac, im 12. Jh. vom Sonnengott Inti angewiesen, einen Ort zu finden, an dem er einen goldenen Stab so weit in den Boden schieben könne, bis dieser verschwände. An dieser Stelle, dem Nabel der Welt (auf Quechua *qosq'o*), gründete Capac Cusco, die Stadt, die zur blühenden Hauptstadt des mächtigsten Imperiums auf dem amerikanischen Kontinent werden sollte.

Seine größte Ausdehnung erfuhr das Inka-Reich in den hundert Jahren bevor 1532 die europäischen Eroberer ins Land kamen. Damals reichte das Reich von Quito in Ecuador bis südlich von Santiago in Chile. Kurz vor der Ankunft der Europäer hatte Huayna Cápac sein Reich geteilt und den nördlichen Teil an seinen Sohn Atahualpa, den südlichen Teil mit Cusco an einen anderen Sohn, Huascar, übergeben.

Währenddessen landete Francisco Pizarro im Norden Perus und marschierte südwärts. Atahualpa war zu sehr mit einem Bürgerkrieg beschäftigt, als dass ihn die kleine Gruppe Fremder beunruhigt hätte. 1532 kam es in Cajamarca jedoch zu einem verhängnisvollen Treffen mit dem Spanier, das den Lauf der südamerikanischen Geschichte veränderte. Der Inka-Führer wurde von ein paar Dutzend bewaffneter Konquistadoren überfallen, die es schafften, ihn gefangen zu nehmen. Darüber hinaus töteten sie Tausende indigener Stammesangehöriger und verjagten weitere Zehntausende.

Um seine Freiheit wiederzuerlangen, bot Atahualpa ein hohes Lösegeld: einen Raum voller Gold und zwei Räume voller Silber, darunter Gold, das von den Tempelwänden von Qorikancha entfernt worden war. Nachdem Pizarro Atahualpa jedoch einige Monate lang gefangen gehalten hatte, ermordete er ihn trotzdem und marschierte bald weiter nach Cusco.

Pizarro betrat Cusco am 8. November 1533. Zuvor hatte er Manco, einen Halbbruder von Huascar und Atahualpa, als neuen Marionettenherrscher ernannt. Nach einigen Jahren des Gehorsams rebellierte der bis dahin fügsame König jedoch. 1536 machte sich Manco Inka daran, die Spanier aus seinem Reich zu vertreiben und belagerte Cusco mit einer Armee aus schätzungsweise weit über hunderttausend Männern. Die Spanier bäumten sich in ihrer Verzweiflung ein letztes Mal auf und wurden durch eine brutale Schlacht bei Sacsayhuamán vor der kompletten Vernichtung bewahrt.

Daraufhin war Manco Inka gezwungen, sich nach Ollantaytambo und schließlich in den Dschungel nach Vilcabamba zurückzuziehen. Nachdem Cusco wieder sicher erobert, geplündert und besiedelt war, wandten sich die spanischen Seefahrer der neu gegründeten Kolonialhauptstadt Lima zu. Cusco verlor schnell an Bedeutung und war fortan nur noch eine weitere koloniale Provinzstadt.

Sehenswertes

Während sich die Stadt immer weiter ausdehnt, sind die für Besucher interessanten Bereiche meist zu Fuß erreichbar, auch wenn es einige steile Hügel zu bezwingen gibt. Das Zentrum liegt rund um die Plaza de Armas, während die notorisch verstopfte Av El Sol ganz in der Nähe die Hauptverkehrsader der Stadt ist. Geht man von der Plaza nur ein paar Blocks nach Norden oder Osten, findet man sich in steilen, verwinkelten Kopfsteinpflasterstraßen wieder, die sich seit Jahrhunderten kaum verändert haben. Die flacheren Gebiete im Süden und Westen sind das kommerzielle Zentrum Cuscos.

★ Planetarium Cusco MUSEUM

(☎974-877-776, 084-23-1710; www.planetariumcusco.com; Carr Sacsayhuamán, Km 2; mit Abholung 75 S/Pers.; ⏲Vorführungen 18 Uhr) Eine ausgezeichnete Möglichkeit, die Weltanschauung der Inka kennenzulernen. Sie definierten sowohl Sternbilder aus Licht als auch aus Dunkelheit, sie benutzten die Astronomie, um Wettervorhersagen zu treffen, und sie entwarfen die Hauptstraßen von Cusco so, dass sie zu bedeutenden Zeiten in Bezug zu den Sternbildern standen. Nach einer Vorstellung drinnen auf Englisch und Spanisch wird der Nachthimmel draußen mit einem leistungsstarken Teleskop beobachtet. Reservierungen sind Pflicht. Die Preise variieren je nach Gruppengröße und beinhalten die Abholung und den Rücktransport. Besucher werden um 17.40 Uhr vom Kleinbus des Planetariums an der Plaza Regocijo abgeholt.

Iglesia de La Compañía de Jesús KIRCHE

(Plaza de Armas; 10 S; ⏲Mo–Sa 9–17, So 9–10.30 & 12.45–17 Uhr) Die Kirche wurde 1571 von Jesuiten auf dem Palast von Huayna Cápac erbaut, dem letzten *inca*, der ein ungeteiltes, unbesetztes Reich regierte. Nach dem Erdbeben von 1650 wurde sie wieder aufgebaut. Zwei große Leinwände in der Nähe der Haupteingangstür zeigen frühe Hochzeiten in Cusco in wunderbaren historischen Details. Lokale Guides (im Regelfall Studenten) stehen bereit, um Besuchern die Kirche und die klapprigen Stufen hinauf zum Chorraum im 1. Stock zu zeigen, von dem man einen großartigen Blick hat. Trinkgelder werden dankbar angenommen.

La Catedral KIRCHE

(Plaza de Armas; Erw./Student 25/12,50 S; ⏲10–17.45 Uhr) Die Kathedrale ist eine Art Hausbesetzer auf dem Gelände von Viracochas Inka-Palast. Sie wurde aus Blöcken gebaut, die von der nahegelegenen Inka-Stätte Sacsayhuamán gestohlen wurden. Ihr Bau begann im Jahr 1559 und dauerte fast ein Jahrhundert. Rechts daneben steht die 1536 erbaute **Iglesia del Triunfo** (Triunfo s/n), zur Linken erhebt sich die **Iglesia de Jesús María** von 1733.

Museo de Arte Precolombino MUSEUM

(☎084-23-3210; www.map.museolarco.org/museo.html; Plazoleta Nazarenas 231; 20 S; ⏲8–22 Uhr) Dieses dramatisch präsentierte, präkolumbische Kunstmuseum ist in einer spanischen Kolonialvilla untergebracht und zeigt eine atemberaubend vielfältige, wenn auch eher kleine Ausstellung archäologischer Artefakte, die zuvor in den riesigen Lagerräumen des Museo Larco in Lima verschüttet lagen. Sie stammen aus der Zeit zwischen 1250 v. Chr. und 1532 n. Chr. und zeugen von den künstlerischen und kulturellen Errungenschaften vieler antiker Kulturen Perus. Die Exponate sind auf Spanisch, Englisch und Französisch beschriftet.

★ Museo Machu Picchu MUSEUM

(Casa Concha; ☎084-25-5535; Santa Catalina Ancha 320; Erw./Kind 20/10 S; ⏲Mo–Fr 8–19, Sa 9–17 Uhr) In diesem noch relativ neuen Museum sind 360 Stücke aus Machu Picchu ausgestellt, die von den Expeditionen Hiram Binghams stammen und kürzlich von der Universität von Yale zurückgegeben wurden, darunter Steinwerkzeuge und Metalle, Keramikwaren und Knochen. Die Sammlung zeigt ein beeindruckendes Spektrum an hochwertigem Kunsthandwerk und Keramiken, die aus dem gesamten Inka-Reich zusammengetragen wurden. Aufschlussreiche Dokumentationen (mit Untertiteln) vermitteln auch gutes Hintergrundwissen zu den Bingham-Expeditionen. Alles ist auf Englisch und Spanisch beschriftet.

Plaza de Armas PLATZ

Zu Inka-Zeiten hieß dieser Platz Plaza Huacaypata oder Aucaypata und war das Herz der Hauptstadt. Heute ist er das Nervenzentrum einer modernen Stadt. Normalerweise sind hier zwei Flaggen gehisst: die rot-weiße peruanische Flagge und die Regenbogen-Flagge von Tahuantinsuyo. Sie ist leicht mit der internationalen Regenbogenfahne der Schwulenbewegung zu verwechseln, repräsentiert aber die vier Teile des Inka-Reichs.

Cusco

Qorikancha RUINE

(☎ 084-24-9176; Plazoleta Santo Domingo; Eintritt 15 S oder *boleto turístico*; ⌚ Mo–Sa 8.30–17.30, So 14–17 Uhr) Wer in Cusco nur eine einzige Inka-Stätte besucht, sollte sich für diese entscheiden, denn ihre Überreste bilden das Fundament der Kolonialkirche mit Kloster Santo Domingo. Heute ist von dem ehemals reichsten Tempel des Inka-Imperiums leider nur noch das gewaltige Mauerwerk zu sehen. Qorikancha wurde Mitte des 15. Jhs. während der Herrschaft des zehnten *inca* Túpac Yupanqui erbaut. Nach seinem siegreichen Feldzug überließ Francisco Pizarro den Tempel seinem Bruder Juan, der ihn wiederum den Dominikanern vermachte, in deren Besitz er sich bis heute befindet.

Aktivitäten

In Cusco gibt es zahllose Veranstalter, die Outdoorabenteuer wie Trekking, Rafting und Mountainbiken, aber auch Bergsteigen, Reiten und Gleitschirmfliegen anbieten. Die Preiskämpfe zwischen den Anbietern lassen die Einheimischen als Verlierer zurück, mit unterbezahlten Guides und überfüllten Fahrzeugen. Grundsätzlich gilt: Je günstiger die Tour desto größer ist die Gruppe und desto weniger gut ausgebildet ist der Guide.

Cusco

Highlights
1 Museo Machu Picchu ... C3

Sehenswertes
2 Iglesia de La Compañía de Jesús ... C3
3 Iglesia del Triunfo ... C2
4 La Catedral ... C2
5 Museo de Arte Precolombino ... C2
6 Plaza de Armas ... C2
7 Qorikancha ... D4

Aktivitäten, Kurse & Touren
8 Alpaca Expeditions ... B3
9 Amazon Trails Peru ... C1
10 Apus Peru ... C4
11 Bonanza Tours ... B2
12 Excel Language Center ... B4
13 Llama Path ... C5
Marcelo Batata Cooking Class ... (siehe 34)
14 Pantiacolla Tours ... B3
15 Proyecto Peru ... A2
16 SAS Travel ... B3
17 Wayki Trek ... B4

Schlafen
18 Casa Cartagena ... C2
19 El Mercado ... A2
20 Inkaterra La Casona ... C2
21 Intro Hostel ... A2
22 Mama Simona ... A3
23 Ñawin Cusco ... C1
24 Niños Hotel ... A2
25 Tambo del Arriero ... A3
26 Tocuyeros Boutique Hotel ... D2

Essen
27 Bojosan ... D3
28 Cicciolina ... C2
29 Gato's Market ... C3
30 La Bodega 138 ... C2
31 La Bohème Crepería ... C1
32 Le Soleil ... D3
33 Limo ... C2
34 Marcelo Batata ... C2
35 Mega ... B4
36 Monkey Cafe ... D1
37 Mr. Soup ... A2

Ausgehen & Nachtleben
38 Limbus ... D1
39 Museo del Pisco ... C3

Unterhaltung
40 Ukuku's ... B2

Shoppen
41 Center for Traditional Textiles of Cuzco ... D4
42 Inkakunaq Ruwaynin ... D3

Praktisches
43 BCP ... C3
44 DIRCETUR ... B3
45 Dirección Regional de Cultura Cusco ... C3

Transport
46 Avianca ... D5
Belmond Andean Explorer ... (siehe 33)
47 Inca Rail ... B2
48 iPerú ... B2
49 LATAM ... D5
Peru Rail ... (siehe 33)
50 Peruvian Airlines ... D5
51 Star Perú ... D5

Wandern

Das *departamento* Cusco ist ein wahres Paradies für Wanderfans. Die Ökosysteme in diesen riesigen Gebirgszügen reichen von Regenwald bis zu hochalpinem Gelände. Wanderer stoßen unterwegs auf abgelegene Dörfer und im Unterholz verborgene Ruinen. Da unterwegs große Höhenunterschiede zu bewältigen sind, muss man sich vor Beginn eines Ausflugs jedoch unbedingt ausreichend akklimatisieren.

Natürlich kommen die meisten Besucher, um auf dem berühmten Inka-Trail nach Machu Picchu zu wandern, obwohl es noch viele weitere „Inkawege" gibt. Ausgedacht haben sich den Namen Inka-Trail clevere Tourismusbeamte und Reiseveranstalter. Dabei handelt es sich beim Inka-Trail um nur einen von Dutzenden Fußpfaden, die die Inka bauten, um Machu Picchu zu erreichen, und es gibt noch Tausende anderer Wege, die sich einst durch das Reich der Inka zogen. Noch heute graben Archäologen im Dschungel neue Wege aus, über die die Inka über Land reisten. Viele weitere wurden für den Tourismus erschlossen und immer mehr Wanderer ziehen sie dem Inka-Trail vor.

In der Nähe von Cusco gibt es mehrtägige Trekkingrouten im Heiligen Tal, die weit abseits ausgetretener Pfade zu wenig besuchten Dörfern und Ruinen führen.

Empfehlenswert sind auch die etwas abgelegeneren Wandertouren nach Lares und zum Ausangate und zu den archäologischen Stätten Choquequirao und Vilcabamba.

Rafting

Rafting ist in Peru nicht reguliert, was bedeutet, dass praktisch jeder ein Rafting-Unternehmen gründen kann. Hinzu kommt, dass der extreme Preisdruck dazu geführt hat, dass es viele günstigere Anbieter mit der Sicherheit nicht mehr so genau nehmen. Das Risiko kann jedoch nicht oft genug betont werden, denn jedes Jahr sterben beim Rafting mehrere Menschen. Veranstalter, deren Touren bereits vorab online gebucht werden können, sind in der Regel sicherer (und teurer) als die Anbieter in Cusco, die nur ein Ladengeschäft betreiben.

Bei der Wahl des Anbieters sollte man sich vorab unbedingt nach der Beschaffenheit und dem Alter der (Sicherheits-)Ausrüstung und der Qualifikation der Guides erkundigen und die Bewertungen anderer Traveller prüfen. Man sollte ausschließlich bei hochprofessionellen Anbietern buchen, deren Guides viel Erfahrung sowie eine Erste-Hilfe-Ausbildung und Kenntnisse im Bereich der Wildwasserrettung vorweisen können. Besondere Vorsicht ist bei neuen Anbietern ohne nachweisliche Erfahrung geboten.

Es gibt mehrere Flüsse, die für eine Rafting-Tour infrage kommen. Bei Flüssen, die weiter von Cusco entfernt liegen, kann es im Falle von Krankheit oder eines Unfalls Tage dauern, bis Hilfe eintrifft.

Mountainbiken

Mountainbiken rund um Cusco wird immer beliebter und das Terrain eignet sich hervorragend dafür, allerdings sind die Mieträder von schlechter Qualität und meist nur mit *rígida* (Einzelaufhängung) ausgestattet. Nach der Talfahrt auf so einem Teil spürt man garantiert jeden Knochen. Gute neue oder gebrauchte Fahrräder sind in Cusco auch käuflich nur schwer zu erstehen. Ambitionierte Fahrer bringen am besten ihr eigenes Rad von zu Hause mit. Am Ende der Reise lässt es sich in Cusco gewinnbringend verkaufen.

Kurse

★ Marcelo Batata Cooking Class KOCHKURS

(☎984-384-520; www.cuzcodining.com; Calle Palacio 135; 4-stündiger Kurs 297 S; ⊙14 Uhr) Wer die peruanische Küche für sich entdeckt hat, für den lohnt sich dieser vierstündige Kochkurs. Dank der mit allen Marktzutaten ausgestatteten Speisekammer kann man hier den Aromen der Region ihre Geheimnisse entlocken. Die Küche ist ausreichend groß und komfortabel. Der Kurs beinhaltet eine Vorspeise, eine Pisco-Verkostung und einen Hauptgang. Auf Englisch, Spanisch oder Portugiesisch verfügbar. Auch für Vegetarier geeignet und es gibt auch private Kurse.

Proyecto Peru SPRACHKURS

(☎084-24-0278; www.proyectoperucentre.org; Seite Cuartones 290; ⊙Mo–Fr 8–18 Uhr) Bietet Quechua-Unterricht sowie Kurse für Business- und medizinisches Spanisch an. Auf Wunsch kann bei Familien übernachtet werden.

Excel Language Center SPRACHKURS

(☎084-23-5298; www.excelspanishperu.info; Cruz Verde 336; ⊙Mo–Fr 8–13 & 16–21, Sa 9–12 Uhr) Ein Spanischkurs, der aufgrund seiner Professionalität gern weiterempfohlen wird. Vermittelt auch Unterkünfte.

Geführte Touren

Es gibt in Cusco Hunderte registrierter Reiseagenturen, deshalb fragt man am besten andere Traveller nach Empfehlungen. Viele der kleinen Agenturen rund um die Procuradores und die Plateros bekommen Provisionen, wenn sie Touren von anderen Veranstaltern verkaufen, was zu einem organisatorischen Durcheinander führen kann. Wenn das Reisebüro auch Ponchos verkauft, Geld wechselt und eine Internetkabine in der Ecke stehen hat, ist die Wahrscheinlichkeit groß, dass es die Tour nicht selbst veranstaltet.

★ Alpaca Expeditions WANDERN

(☎084-25-4278; www.alpacaexpeditions.com; Heladeros 157, Piso 2 No 24; ⊙Mo–Fr 9–19.30, Sa & So 16.30–19.30 Uhr) Ein beliebter Anbieter für den Inka-Trail, für Wanderungen im Heiligen Tal, zum Salkantay und nach Choquequirao. Es ist eines der wenigen Unternehmen, die vorwiegend weibliche Guides und Trägerinnen beschäftigen. Alpaca Expeditions bietet tragbare Toiletten, pflanzt Bäume und beteiligt sich an Säuberungsaktionen rund um die Trails.

★ Apus Peru WANDERN

(☎084-23-2691; www.apus-peru.com; Cuichipunco 366; ⊙Mo–Sa 9–13 & 15–19 Uhr) Ein empfehlenswerter Anbieter für den Inka-Trail und andere Aktivitäten, der auch konventionelle Touren im Programm hat. Er ist verantwortungsbewusst und bei Travellern sehr beliebt. Angeboten wird auch der Choquequirau-Trek in Verbindung mit dem Inka-Trail. Die neuntägige Tour führt durch eine spektakuläre Landschaft und an zahlreichen beeindruckenden Inka-Ruinen vorbei, bis man schließlich Machu Picchu erreicht.

Alain Machaca Cruz GEFÜHRTE TOUREN
(☎984-056-635; www.alternativeincatrails.com; Belen s/n, Paruro) Dieser unabhängige Guide sitzt außerhalb von Cusco. Er bietet Wanderungen zur Laguna Yanahuara sowie mehrtägige Treks nach Choquequierao, Vilcabamba und in andere Gebiete an. Außerdem organisiert er empfehlenswerte Ausflüge in das Dorf Paruro, wo man *chicha* (fermentiertes Maisbier) herstellen oder eine *cuy*-Farm (Meerschweinchenfarm) besuchen kann. Alain spricht Quechua und Englisch. Es gibt keine geregelten Öffnungszeiten, deshalb sollte man ihn vorab kontaktieren.

Feste & Events

Inti Raymi KULTUR
(Sonnenfest; ⏲24. Juni) Dies ist das wichtigste Fest in Cusco. Es lockt Besucher aus dem restlichen Peru und der ganzen Welt in die Stadt, die sich unter die Einheimischen mischen und bei den Straßentänzen und Paraden mitfeiern. Höhepunkt ist die Nachstellung der Wintersonnenwendenfeier der Inka in Sacsayhuamán. Trotz der Kommerzialisierung ist der Prunk in der Stadt und Sacsayhuamán doch sehenswert.

Q'oyoriti KULTUR
(Ausangate; ⏲Mai/Juni) Die traditionelleren Anden-Riten dieses Fests, das am Dienstag vor Fronleichnam – Ende Mai oder Anfang Juni – am Fuß des Ausangate abgehalten wird, sind weit weniger bekannt als das spektakuläre Inti Raymi im Juni.

Schlafen

In Cusco gibt es Hunderte Unterkünfte jeglicher Art und Preiskategorie und mit die höchsten Übernachtungspreise im ganzen Land. In der Hochsaison (Juni–Aug.) und besonders während der zehn Tage vor Inti Raymi (24. Juni) und den Fiestas Patrias (Unabhängigkeitstag; 28. & 29. Juli) sollte man weit im Voraus buchen.

Die Preise unterliegen je nach Saison und Nachfrage großen Schwankungen. Hier angegebene Beträge beziehen sich auf die Hauptsaison.

Bei Vorabreservierungen bieten die meisten Hotels ein kostenloses Flughafenshuttle.

★ **Wild Rover** HOSTEL $
(☎084-22-7546; www.wildroverhostels.com; Cuesta Santa Ana 782; B 28–50 S, DZ/Suite 120/160 S, alle inkl. Frühstück; @ 📶) An seinem neuen, hermetisch abgeriegelten Standort oben auf einem Hügel ist das Wild Rover eine völlig autarke Insel (oder Blase) und als solche bei vielen Reisenden extrem beliebt. Mit seiner nagelneuen Anlage im Stil eines Resorts, seinen 201 Betten und dem abgetrennten, schalldichten Irish Pub legt es die Messlatte für Hostels in Cusco deutlich höher. Angesichts höchster und modernster Standards, regelmäßiger Partys und strenger Sicherheitsvorkehrungen gehört der Kulturschock der Vergangenheit an.

Mama Simona HOSTEL $
(☎084-26-0408; www.mamasimona.com; Ceniza 364; B 36–46 S, DZ mit/ohne Bad 126/102 S; @ 📶) Hipster-Hostel mit Samtsofa und exzentrischem Dekor. Auf den Betten liegen weiche Daunendecken bereit und die Gemeinschaftsküche mit ihren Picknicktischen ist irgendwie niedlich. Es gibt auch ein nettes dazugehöriges Café, das ein hervorragendes preiswertes Frühstück anbietet. Das stilvolle, komfortable und saubere Mama Simona liegt zwei Blocks nordöstlich der Plaza San Francisco.

Intro Hostel HOSTEL $
(☎084-22-3869; www.introhosteles.com; Cuesta Santa Ana 515; B 28–48 S, DZ mit Bad 112 S, alle inkl. Frühstück; 📶) Das Hostel in einem alten Kolonialhaus hat dieselben Besitzer wie das 1900 Backpackers in Lima. Alles ist sehr sauber und der Service ist gut, es gibt einen großzügigen Hof und hübsche Zimmer. Die Gemeinschaftsbäder sind gut in Schuss und es gibt einen überdachten Kochbereich im Freien, Billardtische und ein kleines Reisebüro. Die Rezeption ist rund um die Uhr geöffnet. Zu späterer Stunde sollte man besser ein Taxi nehmen.

★ **Niños Hotel** HOTEL $$
(☎084-23-1424; www.ninoshotel.com; Meloc 442; EZ ohne Bad 99 S, DZ ohne/mit Bad 198/182 S; @ 📶) Dieses Hotel ist seit Langem beliebt und wird wärmstens empfohlen. Es wird von einer niederländischen gemeinnützigen Stiftung geführt, die weniger privilegierten Kindern in Cusco hilft. Das Niños ist in einem weitläufigen Kolonialbau mit sonnigem Innenhof untergebracht. Die renovierten Zimmer mit Deckenüberwürfen und tragbaren Heizern schmücken helle Zierleisten. In den kältesten Monaten kann man sich eine Wärmflasche mit ins Bett nehmen. Ein Schwesterhotel steht in der Fierro 476.

Ñawin Cusco APARTMENT $$
(☎ 968-586-106; www.nawincusco.com; Tandapata 357; DZ 215–248 S;) In einer ruhigen Ecke von Tandapata gelegen fühlt man sich in diesen kleinen Apartments mit Garten gleich wie zu Hause. Die gemütlichen Zimmer sind mit Kochnischen ausgestattet und bieten weiche Bettdecken, andine Webarbeiten, handgemachte Seifen und Tees. Es gibt kleine Heizöfen, TVs und gutes WLAN. Die aufmerksamen Besitzer legen einen Plan von Cusco mit ihren ganz persönlichen Lieblingsplätzen bereit.

Nur mit Reservierung.

Tambo del Arriero HOTEL $$
(☎ 084-26-0709; www.tambodelarriero.com; Nueva Alta 484; EZ/DZ/Suite inkl. Frühstück 297/396/495 S; @) Die Zimmer dieses geräumigen ruhigen Hotels mit Hof punkten mit Blumendesign, Handtuchwärmern und Daunendecken. Einige haben auch eine Badewanne. Gäste kommen in den Genuss von Frühstücksbüfetts und kostenlosen Stadtspaziergängen. Wer es gern geräumig mag, bekommt hier ein gutes Preis-Leistungs-Verhältnis, das Viertel ist bei Reisenden jedoch (noch) nicht so richtig angesagt.

★ **Casa Cartagena** BOUTIQUEHOTEL $$$
(☎ in Lima 01-242-3147; www.casacartagena.com; Pumacurco 336; Suite inkl. Frühstück ab 825 S; @) In diesem eleganten Boutiquehotel in italienischer Hand verschmelzen moderner und kolonialer Stil. Die 16 Suiten mit ihren von übergroßen Streifen übersäten Wänden verfügen über riesige Betten, iPod-Dockingstationen, Bouquets mit langstieligen Rosen und ausladende Badewannen, die von Kerzen beleuchtet werden. Vor Ort gibt's ein hübsches Spa und der Zimmerservice ist kostenlos.

★ **Inkaterra La Casona** BOUTIQUEHOTEL $$$
(☎ in Lima 01-610-0400; www.inkaterra.com/inkaterra/inkaterra-la-casona; Atocsaycuchi 616; Suite inkl. Frühstück ab 1779 S; @) Dieses großartige renovierte Kolonialgebäude auf der winzigen Plazoleta Nazarenas ist einfach charmant und findet die perfekte Balance zwischen gemütlich und stylish. Hier trifft rustikal auf majestätisch! Überall sind originelle Elemente wie überdimensionale geschnitzte Türen zu sehen und die grob bearbeiteten Balken und Steinkamine werden durch strahlende Böden, glitzernde Kerzenständer, Plüschsofas und wunderschöne andine Textilien ergänzt.

★ **Tocuyeros Boutique Hotel** BOUTIQUEHOTEL $$$
(☎ 084-26-2790; www.tocuyeros.com; Tocuyeros 560; DZ inkl. Frühstück ab 825 S;) Die schicke neue Unterkunft in San Blas ist ein verborgenes Kleinod abseits der Straße und kann nur durch einen langen Tunnel aus Stein erreicht werden. Die gerade einmal neun Zimmer des Boutiquehotels punkten mit einem modernen andinen Stil. Alle haben Doppelglasfenster, Zentralheizung, Kaffeemaschinen und einen Flachbild-TV inklusive Netflix. Es gibt eine traumhafte Dachterrasse und ein ungezwungenes Restaurant mit Bar.

El Mercado DESIGNHOTEL $$$
(☎ 084-42-1777; www.elmercadohotel.com; Seite Cuartones 306; DZ/Suite inkl. Frühstück 594/772 S; @) In dem Hotel, das mit bemalten Schaukelpferden und Einkaufswägen dekoriert ist, trifft die Moderne auf die Kolonialzeit. Zentrum des Geschehens ist der offene Innenhof mit Liegesesseln und abendlichen Lagerfeuern. Die großen Zimmer im zweiten Stock verfügen über Heizkörper – ein Luxus in dieser Gegend – sowie über Kamine. Das Frühstück ist vielseitig und beinhaltet nach Wunsch zubereitete Säfte, die aus einem altmodischen Wagen serviert werden. Es gibt einen Aufzug.

Essen

Cuscos Restaurantszene mit Gerichten aus aller Welt hält für jeden Geschmack und jeden Geldbeutel etwas bereit. Dank seiner geographischen Lage hat Cusco Zugang zu einer schier unglaublichen Vielfalt an Obst und Gemüse, von Hochlandkartoffeln und Quinoa bis zu Avocados, Urwaldfrüchten und *ají picante* (scharfe Chili).

Zu den kleinen, überteuerten Lebensmittelgeschäften nahe der Plaza de Armas gehören **Gato's Market** (☎ 084-23-4026; Santa Catalina Ancha 377; ⏲ 9.30–23 Uhr) und **Mega** (Ecke Matará & Ayacucho; ⏲ Mo–Sa 10–20, So bis 18 Uhr).

★ **Monkey Cafe** CAFÉ $
(☎ 084-59-5838; Tandapata 300; Hauptgerichte 15–20 S; ⏲ Mi–Mo 8–20 Uhr) Das coolste Café Cuscos versteckt sich in einem winzigen Lokal oben am Hügel von San Blas. Alle Espresso-Variationen werden mit der doppelten Menge an original peruanischen Bohnen zubereitet. Es gibt auch sehr leckere Süßspeisen und herzhafte Frühstücksangebote von gesund bis Kalorienbombe.

La Bohème Crepería CRÊPES $
(084-23-5694; www.labohemecusco.com; Carmen Alto 283; Hauptgerichte 10–17 S; 8–22 Uhr;) Die authentischen Crêpes in diesem französischen Café (die Besitzerin stammt aus Marseille) sind immer die richtige Wahl. Verfeinert werden sie mit bunt gemischten Zutaten. Von der kleinen Terrasse hat man einen traumhaften Blick und abends brennt hier ein Kaminfeuer. Das Menü ist ein tolles Schnäppchen. Als Dessert bietet sich die Spezialität des Hauses an: ein Crêpe mit gesalzener Butter und Karamell.

★ **Bojosan** JAPANISCH $$
(084-24-6502; San Agustin 275; Hauptgerichte 20–26 S; 12.30–22 Uhr;) Dieses Nudellokal im Tokio-Stil macht ganz viele Dinge richtig. Von Barhockern kann man den Köchen dabei zuschauen, wie sie die Udon-Nudeln ganz frisch in Handarbeit herstellen. Die riesigen Suppen bestehen aus einer kräftigen Brühe, die Proteine (Ente, Hühnchen oder vegetarisch) wählt man selbst aus. Hinzu kommt noch eine Prise der authentischen Pfeffermischung. Dazu schmeckt ein lokales Craft-Bier aus der Flasche. Betreiber ist das hoch angesehene Le Soleil (S. 975) gleich nebenan.

★ **Cicciolina** INTERNATIONAL $$
(084-23-9510; www.cicciolinacuzco.com; Triunfo 393, 2. St.; Hauptgerichte 38–59 S; 8–23 Uhr) Das Cicciolina befindet sich im 2. Stock einer Kolonialvilla mit Hof und ist wahrscheinlich Cuscos bestes Restaurant. Das vielfältige, stilvolle Essen ist göttlich. Als Vorspeise gibt's im Haus marinierte Oliven, dann folgen Polenta-Scheiben mit geräuchertem Hasen, riesige grüne Salate oder geschwärzter Oktopus sowie höchst befriedigende Hauptgerichte wie Lachsforelle in Kokosnussmilch, Rote-Beete-Ravioli und zartes Lamm. Der Service ist makellos und der Speisesaal warm beleuchtet.

★ **La Bodega 138** PIZZA $$
(084-26-0272; www.labodega138.com Herrajes 138; Hauptgerichte 26–37 S; Mo–Fr 11–22.30, Sa & So ab 10 Uhr;) Manchmal hat man Heimweh nach schöner Atmosphäre, unkomplizierten Speisekarten und Craft-Bier – und hier ist La Bodega, ein fantastisch entspanntes Lokal, das im ehemaligen Zuhause der gastgebenden Familie untergebracht ist. Die Pizzas haben dünne Ränder und werden im Steinofen frisch und in Hülle und Fülle zubereitet, und das zu anständigen Preisen. Mit Brunch am Wochenende. Ein echtes Fundstück. Nur Barzahlung.

★ **Limo** SEAFOOD $$
(084-24-068; www.cuscorestaurants.com/restaurant/limo; Portal de Carnes 236, 1. Stock; Hauptgerichte 20–60 S; Mo–Sa 11–23 Uhr) Wer gerade Lust auf Meeresfrüchte hat, ist in diesem eleganten Nikkei-Restaurant (japanisch-peruanisch) an der richtigen Adresse. Auf keinen Fall verpassen sollte man den hausgemachten Pisco Sour mit scharfem Ingwer und einer ganzen Chili als Deko. Die *tiraditos* (roher Fisch in einer aromatischen Sauce) zergehen förmlich auf der Zunge, aber auch das *causas* (ein cremiges Kartoffelgericht) und die knusprigen Shrimps-Brötchen mit Avocado und geräucherter Paprika erfreuen sich großer Beliebtheit. Der Service ist äußerst aufmerksam.

★ **Marcelo Batata** PERUANISCH $$
(084-22-2424; www.cuscodining.com/marcelo-batata; Palacio 121; Hauptgerichte 43–56 S; 12.30–23 Uhr) Eine zuverlässige Wahl für köstliche Andenküche mit besonderem Touch. Marcelo Batata interpretiert traditionelle Zutaten neu und holt dabei das Beste aus ihnen heraus, wie etwa aus der bescheidenen *tarwi*-Erbse, aus der er einen göttlichen Humus zaubert. Die Hühnersuppe mit *hierba Luisa* (einem lokalen Kraut) schmeckt vorzüglich. Dazu passen ein sättigendes Rüben-*quinotto* (wie Risotto), zartes Alpakafleisch und zweimal gebackene, knusprig-cremige Andenkartoffeln.

Mr. Soup INTERNATIONAL $$
(084-38-6073; Saphi 448; Hauptgerichte 20–28 S; Di–So 12–22 Uhr) Manchmal ist alles, was man braucht, eine riesige Schüssel mit Suppe. Das Erfolgsrezept des kleinen Ladens setzt sich aus einem recht authentischen Udon-Curry, thailändischer *tom kha* (Kokossuppe), andiner Quinoa-Suppe und anderen Leckereien zusammen. Familienrezepte sorgen für den hausgemachten Touch. Richtig günstig ist die Tagessuppe (15 S).

★ **Le Soleil** FRANZÖSISCH $$$
(084-24-0543; www.restaurantelesoleilcusco.com; San Agustín 275; Hauptgerichte 38–89 S; Do–Di 12.30–15 & 19–23.30 Uhr) Das romantische Restaurant mit den weißen Tischdecken gilt als die Adresse für traditionelle französische Küche in Cusco, denn hier wird nichts dem Zufall überlassen. Als Vorspeise empfiehlt sich die Forelle an einem pikanten Mango-Ingwer-Konfit, während die zweimal

gekochte Ente à l'orange als Hauptgang einfach göttlich schmeckt. Man kann sich natürlich auch für das Probiermenü (ab 145 S) entscheiden. Es gibt zudem eine wunderbare Auswahl an französischen Weinen und traumhaften Desserts. Schokoladenfondant ist die offensichtlichste, aber keinesfalls die schlechteste Wahl.

Ausgehen & Nachtleben

Das Nachtleben Cuscos hat einiges zu bieten, von gesitteten Dinnershows bis zu Clubs, in denen bis tief in die Nacht gefeiert wird. Es gibt auch viele Bars, die eigentlich fast jeden Geschmack bedienen. In den europäischen Kneipen, die alle Satelliten-TV haben, laufen fast durchgängig die einschlägigen Sportkanäle, auf denen auch alle wichtigen Fußballspiele gezeigt werden.

★ Limbus DACHTERRASSENBAR

(☎ 084-43-1282; www.limbusrestobar.com; Pasñapakana 133; ⊙ Mo–Sa 8–1, So 12–24 Uhr) Das Limbus wirbt mit dem besten Ausblick in Cusco, und er ist tatsächlich atemberaubend (besonders nach dem Aufstieg nach San Blas). Zu den Stoßzeiten hat man beim Anstehen vor der Tür glücklicherweise genügend Zeit, um wieder zu Atem zu kommen. Mit seinen traumhaften Cocktails und den Glaswänden für noch mehr Panorama war dies zum Zeitpunkt der Recherche die angesagteste Ausgeh-Location der Stadt.

★ Museo del Pisco BAR

(☎ 084-26-2709; www.museodelpisco.org; Santa Catalina Ancha 398; ⊙ 12–1 Uhr) Wer erst einmal genug von kolonialer religiöser Kunst hat, stattet diesem Pisco-Museum einen Besuch ab, in dem die Wunder des Nationalgetränks angepriesen, verherrlicht und – natürlich – verkostet werden. Diese Museumsbar mit Tapas-Lounge wurde von einem begeisterten Expat eröffnet und führt Neulinge in die Welt des Pisco ein. Am besten sichert man sich frühzeitig einen Platz, um die sensationelle Livemusik (21–23 Uhr) aus nächster Nähe miterleben zu können.

Unterhaltung

★ Ukuku's LIVEMUSIK

(☎ 084-24-2951; Plateros 316; ⊙ 18–2 Uhr) Dieser Laden ist in der Stadt allzeit beliebt. Das Ukuku spielt eine gewinnende Mischung aus Publikumslieblingen – Latin und Western Rock, Reggae und *reggaetón*, Salsa und Hip-Hop – und hat oft Livebands zu Gast. Nach Mitternacht platzt es meist aus allen Nähten, dann zählt man hier genauso viele Peruaner wie Ausländer. Die ideale Wahl für einen schweißtreibenden, spaßigen Tanzmarathon. Happy Hour ist von 20 bis 22.30 Uhr.

Shoppen

San Blas (Plaza San Blas, Cuesta San Blas, Carmen Alto und Tandapata) ist Cuscos bestes Shoppingrevier. In dem traditionellen Handwerkerviertel gibt's noch ein paar Werkstätten und Ausstellungsräume für lokale Kunsthandwerker. Schmuckläden und eigenwillige Boutiquen mit Designer-Einzelstücken sind ein schöner Beweis dafür, dass sich das Ästhetikempfinden der Einheimischen nicht auf bunte Ponchos und Darstellungen von Machu Picchu auf Schaffell beschränkt.

Centro de Textiles Tradicionales del Cusco KUNST & KUNSTHANDWERK

(☎ 84-228-117; Av El Sol 603; ⊙ 7.30–20 Uhr) Diese gemeinnützige Organisation wurde 1996 gegründet und kämpft für das Überleben der traditionellen Webkunst. Mit etwas Glück sieht man im Laden eine Demonstration, die verschiedene Webtechniken mit all ihren Finger verknotenden Feinheiten vorstellt. Die erhältlichen Produkte sind sehr hochpreisig.

Inkakunaq Ruwaynin KUNST & KUNSTHANDWERK

(☎ 084-26-0942; im CBC, Tullumayo 274; ⊙ Mo–Sa 9–19 Uhr) Auf der gegenüberliegenden Seite des Innenhofs befindet sich diese Weberkooperative aus zwölf Berggemeinden zwischen Cusco und Apurímac.

Praktische Informationen

GEFAHREN & ÄRGERNISSE

➡ Taschen, die an öffentlichen Plätzen über Stuhllehnen gehängt oder im Gepäckfach von Nachtbussen deponiert werden, sind einfache Diebesbeute.

➡ Am besten verlässt man sein Hotel mit so wenig Bargeld und Wertsachen wie möglich. Wer seine Tasche auf dem Schoß behält und in überfüllten Straßen, an Verkehrsterminals und auf Märkten auf Taschendiebe achtet, wird in Cusco wahrscheinlich kein Opfer von Verbrechen.

➡ Zudem sollte man es vermeiden, spät in der Nacht oder sehr früh am Morgen alleine unterwegs zu sein. Wer spät abends aus einer Bar kommt, ist ebenso wie Wanderer, die vor Sonnenaufgang zum Inka-Trail aufbrechen, am häufigsten von Überfällen betroffen, bei denen die Täter ihre Opfer würgen und sich dann die Beute schnappen.

GELD

BCP (☎ 01-458-1230; Av El Sol 189; ⏲ Mo– Do 9–18.30, Fr bis 19.30, Sa bis 13 Uhr) Hat einen Geldautomaten.

MEDIZINISCHE VERSORGUNG

Clinica Pardo (☎ 084-24-0997; Av de la Cultura 710; ⏲ 24 Std.) Gut ausgestattet und teuer – perfekt, wenn man eine Reiseversicherung hat.

Hospital Regional (☎ 084-23-9792, Notfälle 084-22-3691; Av de la Cultura s/n; ⏲ 24 Std.) Öffentliches, kostenloses Krankenhaus mit potenziell langen Wartezeiten und nicht immer der besten Versorgung.

POST

Serpost (☎ 084-22-5232; Av El Sol 800; ⏲ Mo–Sa 8–20 Uhr) Postlagerndes (*poste restante*) wird hier im Hauptpostamt gelagert; Ausweis mitbringen.

TOURISTENINFORMATION

iPerú (☎ 084-59-6159; www.peru.travel; Portal de Harinas 177, Plaza de Armas; ⏲ Mo–Fr 9–19, Sa bis 13 Uhr) Effizient und hilfsbereit. Ausgezeichnete Quelle für touristische Informationen für die Region und auch für das ganze Land. In einem angeschlossenen Bereich stehen überwachte Geldautomaten. Am Flughafen ist eine Zweigstelle (☎ 084-23-7364; ⏲ 6–17 Uhr).

ℹ An- & Weiterreise

BUS & TAXI

Auslandsverbindungen

Alle Busse zu Zielen außerhalb Perus starten am **Terminal Terrestre** (☎ 084-22-4471; Vía de Evitamiento 429), etwa 2 km außerhalb der Stadt in Richtung Flughafen. Ein Taxi (30 S) nehmen oder über die Av El Sol zu Fuß hingehen. Sobald diese in die Alameda Pachacutec übergeht, können Fußgänger den Mittelstreifen nutzen. Gleich hinter dem Turm und der Statue von Pachacutec nach rechts abbiegen und den Schienen in eine Seitenstraße folgen. Nach fünf Minuten ist der Busbahnhof erreicht.

Wer nach Bolivien will, wendet sich an folgende Unternehmen, die tägliche Verbindungen nach Copacabana (10 Std.) und La Paz anbieten: **Transporte Copacabana** (☎ 084-40-2953; www.transcopacabanasa.com.bo; Vía de Evitamiento 429, Terminal Terrestre; ⏲ 9–18 Uhr), **Tour Peru** (☎ 084-23-6463; www.tourperu.com.pe; Vía de Evitamiento 429, Terminal Terrestre; ⏲ 9–18 Uhr), **Transzela** (☎ 084-23-8223; www.transzela.com; Vía de Evitamiento 429, Terminal Terrestre; ⏲ 9–19 Uhr) und **Titicaca** (☎ 084-22-9763; Vía de Evitamiento 429, Transporte Terrestre; ⏲ 10–17 Uhr).

Fernverbindungen

Busse in alle größeren Städte fahren am Terminal Terrestre ab. Busse zu ungewöhnlicheren Zielen starten an anderen Punkten. Man muss sich vorab also unbedingt informieren.

Die entspannteste Alternative, um nach Puno zu gelangen, sind die luxuriösen Touristenbusse, die entlang der Ruta del Sol fahren. **Inka Express** (☎ 084-63-4838; www.inkaexpress.com; Av Alameda Pachacuteq 499; 165 S; ⏲ Mo–Fr 9–13 & 15–19, Sa 9–13 & 16–18 Uhr) und **Turismo Mer** (☎ 084-24-5171; www.turismomer.com; El Óvalo, Av La Paz A3; Touristenservice inkl. Eintrittsgelder 198 S; 📶) fahren jeden Morgen. Im Preis sind ein Mittagessen und ein Englisch sprechender Tourguide inbegriffen, der Infos zu den vier Sehenswürdigkeiten bereithält, an denen die Busse unterwegs kurz anhalten: Andahuaylillas, Raqchi, Abra la Raya und Pucará. Die Fahrt dauert rund acht Stunden. Vorab überprüfen, ob die Eintrittsgelder im Buspreis enthalten sind.

Fahrten nach Arequipa starten meist zwischen 6 und 7 sowie zwischen 19 und 21.30 Uhr. **Ormeño** (☎ 969-933-579; Vía de Evitamiento 429, Terminal Terrestre; ⏲ 9–19 Uhr) bietet um 9 Uhr eine Deluxe-Verbindung an.

Cruz del Sur (☎ 084-74-0444; www.cruzdelsur.com.pe; Av Industrial 121) und **CIVA** (☎ 084-24-9961; www.civa.com.pe; Vía de Evitamiento 429, Terminal Terrestre; ⏲ 9–18 Uhr) haben recht stressfreie Verbindungen nach Lima im Angebot.

Julsa (☎ 951-298-798; Vía de Evitamiento 429, Terminal Terrestre) bietet Direktbusse nach Tacna an der chilenischen Grenze.

Busse ab Cusco

ZIEL	PREIS* (S)	DAUER (STD.)
Abancay	30/50	5
Arequipa	40/135	10
Ayacucho	65/95	16
Copacabana (Bolivien)	60/90	10
Ica	100/155	16
Juliaca	35/40	5
La Paz (Bolivien)	80/120	12
Lima	100/160	21
Nazca	100/150	13
Puerto Maldonado	50/90	10
Puno	40/70	6
Quillabamba	25/35	4½
Tacna	80/120	15

*Hierbei handelt es sich um ungefähre Preise für normale und Luxusbusse

FLUGZEUG

An Cuscos **Aeropuerto Internacional Alejandro Velasco Astete** (CUZ; ☎084-22-2611) werden nationale und internationale Flüge abgefertigt. Die meisten Maschinen landen morgens, da die Bedingungen am Nachmittag Start und Landung erschweren.

Avianca (☎0800-18-2222; www.avianca.com; Av El Sol 602; ⌚Mo–Fr 8.30–19, Sa 9–14 Uhr) Fliegt montags bis samstags nach/ab Lima und hat Direktflüge nach Bogota in Kolumbien.

LATAM (☎084-25-5555; www.latam.com; Av El Sol 627B; ⌚Mo–Fr 9–19, Sa bis 13 Uhr) Direktflüge nach Lima, Arequipa, Juliaca und Puerto Maldonado sowie Santiago de Chile.

Peruvian Airlines (☎084-25-4890; www.peruvianairlines.pe; Av El Sol 627-A; ⌚Mo–Sa 9–19, So bis 12 Uhr) Fliegt nach Lima und La Paz in Bolivien.

Star Perú (☎01-705-9000; www.starperu.com; Av El Sol 627, Oficina 101; ⌚Mo–Sa 9–13 & 15–18.30, So 9–12.30 Uhr) Fliegt nach Lima.

Viva Air (☎Call-Center 084-64-4004; www.vivaair.com) Billigfluglinie mit Onlinebuchung.

ZUG

Cusco hat zwei Bahnhöfe. Von der **Estación Huanchac** (Wanchaq; ☎084-58-1414; Av Pachacutec s/n; ⌚Mo–Fr 7–17, Sa & So bis 24 Uhr) nahe dem Ende der Avenida El Sol geht's nach Juliaca und Puno am Titicacasee. Züge ab der 20 Minuten östlich der Stadt gelegenen **Estación Poroy** (Calle Roldan s/n, Carretera Cusco-Urubamba) fahren nach Ollantaytambo und Machu Picchu.

Ein Paradebeispiel an altmodischer Romantik ist der **Belmond Andean Explorer** (☎084-58-1414; www.perurail.com; Estación Huanchac; nach Puno/Arequipa ab 5754/13 393 S; ⌚Mo–Fr, 7–17, Sa bis 12 Uhr). Der prachtvolle Luxus-Zug mit Schlafwagen bietet sogar einen von Glas umgebenen Aussichtswaggon. Er fährt über das Andenplateau (*altiplano*) nach Puno und weiter nach Arequipa. Abfahrt ist jede Woche donnerstags, die Ankunft in Puno ist noch am selben Tag, Arequipa erreicht der Luxusliner am Samstag.

Peru Rail (☎084-58-1414; www.perurail.com; Estación Poroy; ⌚Mo–Fr 7–17, Sa bis 12 Uhr) hat auch regelmäßige Verbindungen nach Puno am Titicacasee im Angebot (859 S, 10½ Std.). Seine Flagschiff-Verbindung nach Aguas Calientes wird mehrmals täglich ab der Estación Poroy angeboten. Es gibt drei Preiskategorien: Expedition (einfache Strecke ab 232 S), Vistadome (einfache Strecke ab 347 S) und die Luxus-Klasse Hiram Bingham (einfache Strecke ab 1736 S).

Inca Rail (☎084-25-2974; www.incarail.com; Portal de Panes 105, Plaza de Armas; einfache Strecke 231–330 S; ⌚Mo–Fr 8–21, Sa 9–19, So bis 14 Uhr) bietet täglich drei Fahrten ab Ollantaytambo in vier verschiedenen Preisklassen.

ℹ Unterwegs vor Ort

Lokale Fahrten mit öffentlichen Verkehrsmitteln kosten nur 1 S, allerdings ist es einfacher, zu Fuß zu gehen oder ein Taxi zu nehmen als zu versuchen herauszufinden, wohin ein bestimmtes *combi* fährt.

VOM/ZUM FLUGHAFEN

Der Flughafen liegt etwa 6 km südlich vom Zentrum. Die *combi*-Linien Imperial und C4M (0,80 S, 20 Min.) fahren von der Av El Sol bis unmittelbar vor den Flughafen. Ein Taxi vom Flughafen ins Stadtzentrum oder andersherum kostet rund 30 S. Ein offizielles Funktaxi von innerhalb des Flughafengeländes kostet 40 S. Bei Vorabreservierungen bieten viele Hotels einen kostenlosen Abholservice an.

TAXI

Es gibt keine Taxameter, die Preise sind aber festgesetzt. Zum Zeitpunkt der Recherche kosten Fahrten innerhalb der Innenstadt 8 S und zu weiter entfernten Zielen wie etwa El Molino 12 S.

AloCusco (☎084-22-2222) ist ein verlässliches Ruftaxiunternehmen.

Rund um Cusco

Sacsayhuamán

Sacsayhuamán (*boleto turístico* Erw./Stud. 130/70 S; ⌚7–17.30 Uhr), die gewaltige Anlage von sowohl religiöser als auch militärischer Bedeutung, ist die beeindruckendste Ruine in Cuscos näherer Umgebung. Der lange Quechua-Name bedeutet „zufriedener Falke", auch wenn viele Touristen ihn sich lieber mit der Eselsbrücke „sexy woman" merken. Besucher sehen heute nur noch etwa 20% der Originalbauten. Bald nach der Eroberung rissen die Spanier viele Wände ein und benutzten die Steine, um ihre eigenen Häuser in Cusco zu errichten. Die größten und eindrucksvollsten ließen sie stehen, vor allem die wichtigsten Abschnitte der Festungsmauer.

Im Jahre 1536 war die Festung Schauplatz einer der erbittertsten Schlachten der spanischen Eroberung. Über zwei Jahre nachdem Francisco Pizarro Cusco zum ersten Mal betreten hatte, eroberte der rebellische Manco Inka das nur leicht bewachte Sacsayhuamán zurück und nutzte es als Basis für die Belagerung der Konquistadoren in Cusco. Manco stand kurz davor, die Spanier zu besiegen, als es 50 Reitern der spanischen Kavallerie in einem letzten verzweifelten Angriff unter der Führung von Juan Pizarro, dem Bruder von Francisco Pizarro, gelang, Sacsayhuamán zurückzuerobern und die Rebellion zu beenden. Manco Inka überlebte und zog sich nach Ollantaytambo zurück, der Großteil seiner Streitkräfte wurde jedoch getötet. Nach der Niederlage des *inca* lagen Tausende Tote auf dem Gelände, was Schwärme von aasfressenden Andenkondoren anlockte. An die Tragödie erinnern die acht Kondore in Cuscos Wappen.

Die Anlage besteht aus drei verschiedenen Bereichen. Am auffälligsten ist die großartige dreistufige, im Zickzack verlaufende Befestigungsanlage. Fast unvorstellbar: Einer der Steine wiegt über 300 t. Der neunte *inca,* Pachacutec, hatte sich Cusco in Form eines Pumas mit Sacsayhuamán als Kopf vorgestellt. Die 22 zackigen Wände verkörpern die Zähne der Raubkatze. Die Mauern bildeten auch einen äußerst effektiven Schutzmechanismus, der die Angreifer zwang, beim Versuch der Erstürmung den Verteidigern ihre Flanken zuzuwenden.

Gegenüber liegt der Hügel Rodadero mit Stützmauern, polierten Felsen und einer fein gemeißelten Reihe von Steinbänken, die als Inka-Thron bekannt sind. Über diesen Mauern standen einst drei Türme. Heute sind nur noch die Fundamente erhalten, der Durchmesser von 22 m des größten Turms, Muyuc Marca, lässt aber erahnen, wie groß sie gewesen sein müssen. Mit seinen perfekt geformten Leitungen aus Stein wurde dieser Turm vermutlich als riesiger Wassertank für die Garnison genutzt. Andere Gebäude innerhalb der Stadtmauern boten Nahrung und Schutz für schätzungsweise 5000 Krieger. Die meisten dieser Gebäude wurden von den Spaniern und späteren Bewohnern Cusco abgerissen.

Zwischen den Zickzack-Wällen und dem Hügel liegt ein großer, flacher Paradeplatz, der für die farbenfrohen Inti-Raymi-Zeremonien (S. 973) genutzt wird, ein Touristenspektakel, das jedes Jahr am 24. Juni stattfindet. Der Weg von der Plaza de Armas hinauf zur Anlage dauert 30 bis 50 Minuten, man muss sich also unbedingt ausreichend akklimatisiert haben, bevor man sich auf den Weg macht. Im Morgengrauen hat man die Stätte fast für sich alleine, Alleinreisende sollten zu dieser Tageszeit aber nicht ohne Begleitung hierher kommen.

Tambomachay

Tambomachay (☎84-227-037; *boleto turístico* Erw./Student 130/70 S; ⏱7.30–17.30 Uhr), auch El Baño del Inca (Das Bad des Inka) genannt, ist ein zeremonielles Steinbad, in dem aus Brunnen Quellwasser sprudelt und das auch zu Zeiten der Inka geschaffen wurde. Es wird angenommen, dass es Teil eines Inka-Wasserkultes war. Tambomachay befindet sich 8 km nordöstlich von Cusco.

Das Heilige Tal

Zwischen den gewaltigen gelbbraunen Gebirgsausläufern erstreckt sich das traumhafte Tal des Río Urubamba, bekannt als El Valle Sagrado (Das Heilige Tal). Es liegt etwa 15 km Luftlinie nördlich von Cusco und ist über eine schmale Straße voller Haarnadelkurven zu erreichen. Es lohnt sich unbedingt, diese friedliche, bezaubernde Ecke der Anden mit ihren hübschen Kolonialstädtchen und Webergemeinden zu erkunden. Besondere Highlights sind die Märkte und erhabenen Inka-Zitadellen in Pisac und Ollantaytambo, es gibt aber noch zahlreiche weitere lohnenswerte Inka-Stätten. Immer größerer Beliebtheit erfreuen sich auch die tollen Wanderrouten und Aktivitäten von Rafting bis Klettern, die für einen konstant hohen Adrenalinspiegel sorgen.

Viele Reisebüros in Cusco veranstalten schnelle Touren durch das Tal mit Stopps auf den Märkten und an den wichtigsten Ruinen. Es lohnt sich aber auch eine ausführlichere Erkundung der Gegend. Die archäologischen Stätten von Pisac, Ollantaytambo und Chinchero können mit dem *boleto turístico* besichtigt werden, das vor Ort verkauft wird.

Pisac

☎084 / 9440 EW. / 2715 M

Willkommen auf dem internationalen Flughafen für Kosmos-Reisende (so der O-Ton eines betagten Einheimischen). Das charmante, sonnige Pisac wickelt Besucher schnell um den Finger, nicht zuletzt mit der spektakulären Inka-Festung, die hoch über dem quirligen, schnell wachsenden Kolonialdorf auf einem Felssporn thront. Seine Anziehungskraft reicht aber noch weiter und so haben sich hier in den letzten Jahren immer mehr Ausländer und New-Age-Jünger auf der Suche nach einem Shangri-La in den Anden niedergelassen. Die hiesige Tourismusindustrie hat auf diese spirituellen Pilger mit einem breit gefächerten Angebot von Yoga-Retreats über spirituelle Reinigungen bis hin zu geführten halluzinogenen

Rund um Cusco

Trips reagiert. Pisac lohnt jedoch auch für ganz „normale“ Urlauber einen Besuch, dafür sorgen Ruinen, ein wunderbarer Markt und sehenswerte Weberdörfer. Eine asphaltierte Straße führt von Cusco in das nur 33 km nordöstlich gelegene Örtchen, das sich auch als Ausgangspunkt für die Entdeckungstour durchs Heilige Tal anbietet.

Sehenswertes

Ruinen von Pisac RUINEN

(*boleto turístico* Erw./Student 130/70 S; ⏲7–18 Uhr) Diese Inka-Zitadelle auf dem Hügel ist ein wirklich fantastischer Ort, den nur relativ wenig Traveller besuchen. Die Ruinen liegen hoch über dem Dorf auf einem dreieckigen Plateau mit einer tiefen Schlucht auf beiden Seiten. Für die Erkundung sollte man mehrere Stunden Zeit einplanen. Eine gute Option ist es, mit dem Taxi hinauf zu fahren und zu Fuß zurückzugehen (4 km). Am eindrucksvollsten sind die terrassenförmig angelegten Felder, die sich in anmutigen großen Bögen um die Süd- und Ostflanken des Berges schlängeln und kaum durch Stufen unterbrochen sind.

Schlafen

★ **Pisac Quishu** PENSION $$

(☎084-509-106, 942-664-132; www.pisacinca.com; Calle Huayna Picchu F-5; EZ/DZ inkl. Frühstück 130/210 S; 📶🍽) Wenn dies nur kein Fall von Rivalität unter Geschwistern ist – denn diese hervorragende neue Unterkunft liegt genau neben dem Pisac Inca Guesthouse, das von derselben Familie betrieben wird. In diesem hier haben die quirligen Schwestern Tatiana und Libertad das Sagen und es wird ein etwas größerer Fokus auf Design gelegt, mit wunderschönen Zimmern in gewagten Farbtönen, die um einen Garten in einem ruhigen Innenhof liegen. Zum Frühstück gibt's u. a. Obst sowie vegane und glutenfreie Optionen. Aktuell wird eine Keramikwerkstatt angebaut, die man auch besichtigen kann.

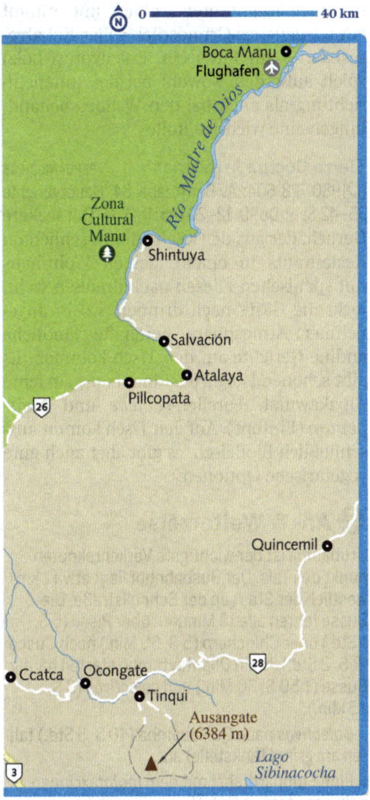

La Casa del Conde PENSION $$
(☎084-78-7818; Andenes de Chihuanco s/n; EZ/DZ inkl. Frühstück 205/264 S; 📶) Die Gäste schwärmen von dieser hübschen Land-Pension, die sich in die von Blumen übersäten Hügel schmiegt. Das familiengeführte Haus strotzt vor Persönlichkeit und die hübschen Zimmer bieten Daunendecken, Heizungen und Kabel-TV. Es ist nicht mit einem Auto zu erreichen. Von der Plaza aus dauert der Fußweg bergauf 15 Minuten, aber *mototaxis* (dreirädrige Motorrad-Rikscha-Taxis) können Passagiere an der fünf Minuten entfernten Kapelle absetzen.

Pisac Inca Guesthouse PENSION $$
(☎084-50-9106; www.pisacinca.com; Huayna Picchu s/n; EZ/DZ inkl. Frühstück 153/198 S; 📶) Diese weitläufige Pension ein paar Blocks vom Zentrum entfernt ist ein echtes kleines Juwel. Die eleganten, einfachen Zimmer sind um eine große Grasfläche mit Loungesesseln angeordnet und teils mit Küchenzeilen ausgestattet. Einige haben eine Kochnische. Außerdem gibt's eine Dachterrasse mit Ausblick und einen gläsernen Frühstücksraum. Die herzliche Betreiberfamilie leitet auch das Hotel Pisac Quishu.

Essen

Doña Clorinda PERUANISCH $$
(☎084-20-3051; Urb San Luis, La Rinconada; Hauptgerichte 18–35 S; ⏲9–17 Uhr) In einem reizenden Wohnhaus im Kolonialstil ist dieses alteingesessene Lokal mit herzhafter Andenkost untergebracht. Am besten bestellt man hausgemachte *chicha morada* (blauer Maissaft), die hervorragend zu den üppigen Portionen *arroz chaufa* (peruanischer gebratener Reis), Forelle, Rind und *rocoto relleno* (gefüllte Paprika) mit *kapchi* passt. Ein echter Klassiker.

Mullu FUSIONSKÜCHE $$
(☎084-20-3073; www.mullu.pe; San Francisco s/n, 1. Stock, Plaza Constitución; Hauptgerichte 30–56 S; ⏲9–21 Uhr) Der Balkon dieses legeren, freundlichen Restaurants bietet die wohl beste Aussicht auf das Markttreiben der darunterliegenden Plaza. Auf der Speisekarte stehen verschiedenste Fusionsgerichte (etwa Thai beim Date mit dem Amazonasgebiet und einem kurzen Seitensprung ins peruanische Hochland). Das traditionelle Lammgericht ist unbeschreiblich zart, die Suppen, Alpaka-Burger und mit Wasser gemischten Säfte machen aber auch glücklich. Auch wer eine besondere Ernährung einhalten muss, ist hier in guten Händen. Lecker sind auch die hausgemachte Schokolade und das ganztägig angebotene Frühstück (29 S).

An- & Weiterreise

Busse nach Urubamba (5–7 S, 1 Std.) fahren regelmäßig zwischen 6 und 20 Uhr an der Brücke im Zentrum ab. **Minibusse nach Cusco** (Amazonas s/n; 5 S, 1 Std.) starten an der Calle Amazonas, sobald sie voll sind. Viele Reisebüros in Cusco schicken auch Reisebusse nach Pisac, vor allem an Markttagen.

Nahe der Plaza starten regelmäßig Minivans (hin & zurück 60 S) zu den Ruinen von Pisac. Alternativ mietet man sich in der Nähe der Brücke im Zentrum ein **Taxi** für die 7,5 km lange Fahrt auf asphaltierter Straße.

Urubamba

☎084 / 17 800 EW. / 2870 M

Das geschäftige, schmucklose Städtchen ist ein wichtiger Verkehrsknotenpunkt und von idyllischen Gebirgsausläufern mit schneebedeckten Gipfeln umgeben. Urubamba liegt nicht ganz so hoch und relativ nahe an Machu Picchu, sodass es sowohl bei Luxusreisenden als auch bei Pauschaltouristen beliebt ist. Historisch gesehen ist die Stadt kaum von Interesse, sie wartet aber mit einer schönen Landschaft und gutem Wetter auf und eignet sich dadurch als Ausgangspunkt, um die außergewöhnlichen Salinen von Salineras und die Terrassen von Moray zu erkunden.

Aktivitäten

★ Cusco for You REITEN

(☎ 987-417-250, 987-841-000; www.cuscoforyou.com; Carr a Salineras de Maras, Pichingoto; 1-stündiger Ausritt 238 S) Dieser Veranstalter von Reit- und Trekkingexkursionen zwischen einem und acht Tagen ist sehr zu empfehlen. Die Tagesausflüge hoch zu Ross führen nach Moray, zu den Salinen und zu anderen Zielen in der Region. Familien und Gruppen bekommen oft Preisnachlässe. Einfach nachfragen. Wer möchte, kann den Transportservice zur Farm in Anspruch nehmen. Hier kann man auch übernachten und essen.

Schlafen & Essen

★ Sol y Luna BOUTIQUEHOTEL $$$

(☎ 084-20-1620; www.hotelsolyluna.com; Fundo Huincho lote A-5; DZ/3BZ inkl. Frühstück ab 1492/1848 S; @ ᯤ) Das Luxushotel von Relais & Chateaux scheint einem Märchen entsprungen zu sein und wartet mit zahllosen verspielten Elementen auf. Liebhaber volkstümlicher Kunst werden begeistert sein: Original-Wandmalereien und große, witzige Skulpturen des bekannten peruanischen Künstlers Federico Bauer zieren die 43 *casitas* (Hütten). Das verspielte Ambiente wird durch kräftige Tropenfarben, geschnitzte Holzbetten, freistehende Badewannen und filigrane Kronleuchter abgerundet.

Tambo del Inka LUXUSHOTEL $$$

(☎ 084-58-1777; www.libertador.com.pe; Carretera Urumbamba-Ollantaytambo; DZ inkl. Frühstück ab 1000 S; @ ᯤ) Ebenso wie Hogwarts verfügt auch das Tambo del Inca über einen eigenen Bahnhof – besonders praktisch, wenn man morgens früh nach Machu Picchu aufbrechen möchte. Das Hotel mit LEED-Zertifikat (es hat eine eigene Wasseraufbereitungsanlage und UV-Luftfilter) bietet einen imposanten Anblick und nimmt ein weitläufiges Grundstück voller Eukalyptusbäume am Fluss ein. Eukalyptus(-holz) spielt außerdem sowohl bei der Inneneinrichtung als auch bei den Wellnessbehandlungen eine wichtige Rolle.

Tierra Cocina Artesanal PERUANISCH $$

(☎ 980-728-604; Av Berriozabal 84; Hauptgerichte 35–42 S; ⏲ Do–Di 12–20 Uhr;) Der leckere Geruch, der aus der Küche dieses schlichten Restaurants in einem kleinen Wohnhaus mit spanischen Fliesen nach draußen weht, lockt die Gäste nach drinnen, wo in angenehmer Atmosphäre herzhafte ländliche andine Gerichte auf den Tisch kommen. Es gibt schonend gegartes Rind, hausgemachte Alpakawurst, Forellen-*ceviche* und Maispepian (Eintopf). Auf den Tisch kommt ausschließlich Biofleisch, es gibt aber auch gute vegetarische Optionen.

An- & Weiterreise

Urubamba ist der wichtigste Verkehrsknotenpunkt des Tals. Der Busbahnhof liegt etwa 1 km westlich der Stadt an der Schnellstraße. Die Busse fahren alle 15 Minuten über Pisac (5 S, 1 Std.) oder Chinchero (5 S, 50 Min.) nach Cusco (7 S, 2 Std.). Nach Ollantaytambo starten häufig Busse (1,50 S, 30 Min.) und *colectivos* (3 S, 25 Min.).

Colectivos nach Quillabamba (40 S, 5 Std.) fahren am *grifo* (Tankstelle) ab.

Eine Standardfahrt mit dem *mototaxi* innerhalb der Stadt kostet 2 S.

Ollantaytambo

☎ 084 / 2848 EW. / 2800 M

Das malerische Dorf Ollantaytambo, kurz auch Ollanta genannt, wird von zwei massiven Inka-Ruinen beherrscht und ist das beste erhaltene Beispiel für die Stadtplanung der Inka, mit engen Kopfsteinpflasterstraßen, die seit dem 13. Jh. durchgängig bewohnt sind. Nachdem am späten Morgen die Horden, die auf dem Weg nach Machu Picchu hier einfallen, das Städtchen wieder verlassen haben, ist Ollanta ein wunderschöner Ort, um etwas Zeit zu verbringen. Hier kann man, vorbei an Steinhäusern und plätschernden Bewässerungskanälen, gemütlich durch die verwinkelten, engen Seitensträßchen schlendern und fühlt sich dabei wie auf einer Zeitreise in die Vergangenheit. Es ist auch ein toller Ausgangspunkt für Wanderungen und Radtouren in der Umgebung.

Sehenswertes

Ruinen von Ollantaytambo RUINEN
(*boleto turístico* Erw./Schüler 130/70 S; 7–17 Uhr) Diese spektakulären Inka-Ruinen – Festung und Tempel in einem – erheben sich über Ollantaytambo und eignen sich hervorragend für einen Halbtagesausflug. (Eintritt mit der Touristenkarte *boleto turístico*, die 10 Tage lang und für 16 weitere Sehenswürdigkeiten in der Region gültig ist.) Die riesigen, steilen Terrassen, die die spektakulären Inka-Ruinen von Ollantaytambo bewachen, sind einer der wenigen Orte, an denen die spanischen Konquistadoren eine große Schlacht verloren haben.

Schlafen

★ **Mama Simona** HOSTEL $
(084-436-757; www.mamasimona.com/es/ollanta.php; Av Quera Oqllo s/n; B/EZ/DZ inkl. Frühstück 46/117/124 S) Viele Unterkünfte kommen und gehen, diese hier zählt aber nach wie vor zu den besten in Ollanta. Sie wartet mit einem Garten mit Hängematten und Papayabäumen direkt am Flussufer auf. Die Schlafsäle haben alle ein eigenes Bad und jedes Bett hat sein eigenes Licht. Heizlüfter können für 10 S gemietet werden. Zudem gibt's eine große, freundliche Gästeküche, eine gemütliche TV-Ecke und gefiltertes Trinkwasser. Es könnte jedoch nicht schaden, wenn die Angestellten etwas mehr Begeisterung zeigten. Das Hostel liegt am Rande des Zentrums.

★ **Apu Lodge** PENSION $$
(084-79-7162; www.apulodge.com; Lari s/n; EZ/DZ/4BZ inkl. Frühstück 215/248/330 S; @) Diese moderne Lodge mit dem weitläufigen Garten und den Ruinen als Kulisse ist eine echte Oase. Dafür sorgen auch die freundlichen Angestellten, der hilfsbereite schottische Besitzer und das üppige Frühstück. Die Lodge ist auch eine tolle Adresse für Familien. Die großen gemütlichen Zimmer bieten kräftige Warmwasserduschen, die den Muskelkater im Nu verschwinden lassen, und im Gemeinschaftsbereich gibt's WLAN und gefiltertes Wasser.

★ **El Albergue Bed & Breakfast** B&B $$
(084-20-4014; www.elalbergue.com; Estación de Tren; DZ/3BZ inkl. Frühstück 359/393 S; @) Dieses romantische Hotel direkt am Bahngleis versprüht andinen Charme. Das Gebäude aus dem frühen 20. Jh. ist von grünen Rasenflächen mit üppigen Blumenbeeten umgeben. Die geschmackvollen, gefliesten Zimmer sind mit Elementen aus dunklem Hartholz, Wandteppichen und hochwertiger Bettwäsche ausgestattet. Es gibt tragbare Heizkörper, Spiele für Kinder und eine Sauna. Die *albergue* liegt 800 m vom Dorfzentrum entfernt (alles bergauf), vor Ort gibt's als Entschädigung aber ein ausgezeichnetes Restaurant (S. 983).

Samanapaq PENSION $$
(999-583-243, 084-20-4042; www.samanapaq.com; Ecke Principal & Alameda de las Cien Ventanas; EZ/DZ inkl. Frühstück 254/277 S, Superior DZ 340 S;) Kinder können sich auf dem Rasen dieser Anlage ordentlich austoben. Außerdem gibt's herrlich behagliche Gemeinschaftsbereiche (mit WLAN), 20 Zimmer mit Motelkomfort und Massagebrausen sowie ein leckeres Frühstücksbüfett.

Essen

★ **El Albergue Restaurante** INTERNATIONAL $$
(084-20-4014; Estación de Tren; Hauptgerichte 29–45 S; 5.30–10, 12–15 & 18–21 Uhr;) Das Café ist ideal für einen kurzen Boxenstopp. Es serviert geschmackvolle peruanische Gerichte zu günstigen Preisen. Die offene Küche, üppig gefüllten Obstschalen und Kerzen auf den mit Tischdecken versehenen Tischen sorgen für eine gastfreundliche Atmosphäre. Als Vorspeise bieten sich *causas* (ein Kartoffelgericht) oder Biogemüse aus dem eigenen Garten an. Herausragend sind auch die Lammmedaillons mit *chimichurri* (Kräutersauce) und das *molle*-Pfeffersteak (das Gewürz stammt von dem Baum vor dem Haus). Ins Restaurant gelangt man über den Bahnsteig.

Chuncho PERUANISCH $$
(084-20-4014; www.chuncho.pe; Ventidierio; Hauptgerichte 27–47 S; 12–23 Uhr) Das Konzept-Restaurant bringt Gästen die Vielfalt der indigenen andinen Essenstradition näher. Zugegebenermaßen sind die meisten Zutaten Knollenfrüchte, die Idee ist aber hervorragend. Es gibt traditionelle Suppen, Kartoffelgerichte, *tarwi*-Bohnen-Salate und leckere Alpaka- und *cuy*-Variationen. Um alles probieren zu können, entscheidet man sich am besten für die Bankett-Option. Von der halben Portion (65 S) werden problemlos zwei Leute satt. Das eigentliche Highlight sind aber die Craft-Cocktails mit Caña Alta, einem in der Umgebung hergestellten Zuckerrohrschnaps.

An- & Weiterreise

Von 6 bis 17 Uhr verkehren *combis* und *colectivos* zwischen Urubamba und Ollantaytambo (2 bzw. 3 S, 30 Min.). **Busse** fahren vor dem Obst- und Gemüsemarkt ab.

Wer nach Cusco will, steigt am besten in Urubamba um, obwohl auch hin und wieder Busse vom Bahnhof in Ollantaytambo direkt zur Puente Grau (*combis* 15 S, 2 Std.; *colectivos* 15 S, 1½ Std.) in Cusco fahren.

Aguas Calientes

084 / 1600 EW. / 2410 M

Diese Stadt ist auch als Machu Picchu Pueblo bekannt und liegt in einer tiefen Schlucht unterhalb der Ruinen. Wie eine Insel ist Agauas Calientes von sämtlichen Straßen abgeschnitten und von steinernen Klippen, hoch aufragenden Nebelwäldern und zwei reißenden Flüssen förmlich eingekreist. Trotz dieser grandiosen Lage war Aguas Calientes schon immer eine Goldrauschstadt mit großer Wanderbevölkerung, nachlässigem Service, der auf einmalige Kunden eingestellt ist, und einer architektonischen Tradition aus Beton und unfertigem Zement. Die Händler sind sehr aufdringlich, und das Ganze kann einem schnell zu viel werden. Am besten kommt man ohne große Erwartungen hierher.

Schlafen

Die Unterkünfte hier sind chronisch überteuert. Sie kosten meist gut zwei Drittel mehr als vergleichbare Unterkünfte in touristisch weniger attraktiven Orten. Es gibt einige Mittelklassehotels, aber auch Luxus- und Budgetoptionen sind zu finden. Je früher man bucht, desto größer die Auswahl.

★ Mama Simona HOSTEL $

(936-579-801; www.mamasimona.com; Calle Amuraypa Tikan 104; B 46–52 S, 2BZ/DZ 146/163 S, alle inkl. Frühstück;) Der stilvolle Newcomer in einem nagelneuen Gebäude ist das beste Hostel am Ort. Es hat gemischte und reine Frauenschlafsäle (bis zu 6 Betten) mit rustikalen Holzelementen, Schließfächern, eigenen Bädern und TVs. Es ist picobello sauber und gut geführt. Neben einer gut ausgestatteten Gästeküche und gefiltertem Wasser gibt es ab 4 Uhr Frühstück. Bietet auch Gepäckaufbewahrung.

Gringo Bill's HOTEL $$

(084-21-1046; www.gringobills.com; Colla Raymi 104; DZ/3BZ inkl. Frühstück ab 268/471 S;) Das freundliche Bill's mit seinen eleganten Zimmern ist in einem mehrstöckigen Gebäude untergebracht und war eine der ersten Unterkünfte in Aguas Calientes. Es gibt dicke Baumwollsteppdecken und große Bäder. Die luxuriösen Suiten punkten mit Badewannen mit Massagedüsen und TVs. Der Minipool bietet Platz für zwei Personen. Für Familien sind die größeren Suiten eine gute Option.

★ Machu Picchu Pueblo Hotel LODGE $$$

(in Lima 01-610-0400; www.inkaterra.com; DZ in einer *casita* ab 838 US$, Villa ab 1036 US$;) Diese Hütten im andinen Stil (viele mit eigenem Pool) sind geradezu verschwenderisch und liegen inmitten tropischer Gärten. Sie sind durch Steinwege miteinander verbunden und ein purer Genuss. Hier wird viel Wert auf Details gelegt: Es gibt iPod-Dockingstationen, dezentes, stilvolles Dekor und Duschen mit Glaswänden, die auf eine üppige Vegetation hinausblicken. Das hauseigene Spa verfügt über eine Bambus-Eukalyptus-Sauna, das Beste sind aber die im Preis enthaltenen geführten Ausflüge.

Essen

Die Essensoptionen reichen von einfachen Lokalen bis zu Spitzenrestaurants. Schlepper auf den Straßen versuchen Reisende in die Restaurants zu locken. Bei der Wahl sollte man sich Zeit lassen. Die Qualität lässt in den meisten Lokalen zu wünschen übrig. Wer ein Restaurant wählt, das nicht hier aufgeführt ist, überprüft am besten erst einmal die Sauberkeit. Da es teilweise an Kühlmöglichkeiten mangelt, ist man in günstigen Lokalen mit vegetarischen Gerichten auf der sicheren Seite.

★ Indio Feliz FRANZÖSISCH $$

(084-21-1090; Lloque Yupanqui 4; Hauptgerichte 34–48 S; 11–22 Uhr) Gastfreundschaft ist die Stärke des französischen Kochs Patrik in diesem vielfach preisgekrönten Restaurant, aber auch das Essen enttäuscht nicht. Beginnen kann man mit einer *sopa a la criolla* (milde, cremige Nudelsuppe mit Rindfleisch und Paprika). Auch die französische Küche zeigt ihren Einfluss – Tomaten Provençal, perfekt knusprige Knoblauch-Kartoffeln oder Apfelkuchen, der auf der Zunge zergeht.

Mapacho CAFÉ $$

(984-759-634; Av Imperio de los Incas 614; Hauptgerichte 20–48 S; 10–22 Uhr) Das freundliche Straßencafé ist besonders bei Backpackern sehr beliebt. Das mag vielleicht

Aguas Calientes

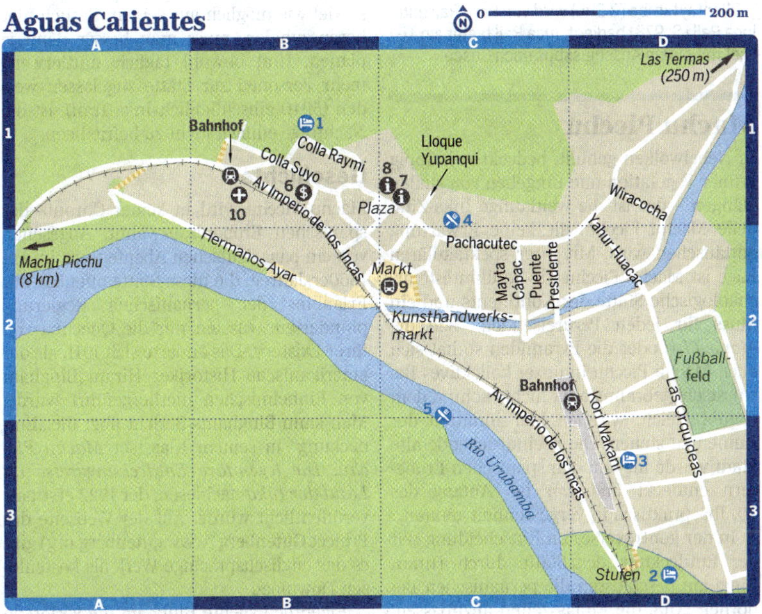

Aguas Calientes

Schlafen
1 Gringo Bill's B1
2 Machu Picchu Pueblo Hotel D3
3 Mama Simona D3

Essen
4 Indio Feliz C1
5 Mapacho C2

Praktisches
6 Banco La Nacion B1
7 Centro Cultural C1
8 iPerú C1
9 Bus-Tickets & -Haltestelle für Machu Picchu C2
10 Medical Center B1

an den vielen Craft-Bier-Sorten und den Burgen liegen, die auf der Speisekarte stehen. Lecker sind der *arroz chaufa* (gebratener Reis) und der *lomo saltado* (Rinderstreifen mit Zwiebeln, Tomaten, Kartoffeln und Chili in einer Pfanne angebraten).

Praktische Informationen

GELD

Banco La Nacion (⏲24 Std.) Geldautomat.

MEDIZINISCHE VERSORGUNG

Medizinisches Zentrum (☎084-21-1005; Av Imperio de los Incas s/n; ⏲Notfälle 24 Std.) An den Bahngleisen.

TOURISTENINFORMATION

iPerú (☎084-21-1104; Av Pachacutec, Cuadra 1; ⏲Mo–So 9–18 Uhr) Das hilfsbereite Personal bietet umfangreiche Infos zu Machu Picchu.

An- & Weiterreise

BUS

Aguas Calientes ist nicht an das Straßennetz angebunden. Die einzigen Busse fahren zwischen 5.30 und 16 Uhr von der Bushaltestelle im Ort (wo auch die Tickets verkauft werden) den Berg hinauf nach Machu Picchu (hin & zurück 80 S, 25 Min.). Der letzte Bus fährt um 18 Uhr zurück.

ZUG

Um nicht in Aguas Calientes zu stranden, sollte man gleich ein Ticket für die Hin- und Rückfahrt besorgen. Die Züge aus dem Ort heraus sind viel schneller ausgebucht als die hinein. Alle Zugunternehmen unterhalten Ticketschalter am Bahnhof. Aktuelle Fahrpläne und Onlinetickets gibt's auch auf den Webseiten.

Wer nach Cusco (3 Std.) will, reist mit Peru Rail (S. 978) nach Poroy und nimmt dort ein Taxi in die Stadt (20 Min.).

Ollantaytambo (2 Std.) wird von Peru Rail und Inca Rail (S. 978) bedient. Inca Rail bietet ein Ticket mit einem Anschlussbus nach Cusco.

Machu Picchu

In Nebelwolken gehüllt, bedeckt von üppig grüner Vegetation und umgeben von steilen Hängen – das ist die weitläufige Inka-Zitadelle Machu Picchu, die keine Erwartung enttäuschen wird. Mit ihrer spektakulären Lage ist Machu Picchu die berühmteste archäologische Stätte des Kontinents und ein Muss für jeden Perureisenden. Wie die *Mona Lisa* oder die Pyramiden so hat sich auch Machu Picchu in unser kollektives Bewusstsein gebrannt, aber nichts kommt dem Gefühl gleich, wirklich hier inmitten der Ruinen zu stehen. Die beeindruckende alte Stadt wurde nie von den spanischen Eroberern entdeckt und war bis Anfang des 20. Jhs. praktisch in Vergessenheit geraten.

In der kontroversesten Entscheidung seit der Entdeckung der Stätte durch Hiram Bingham beschlossen die peruanischen Behörden 2018, die Einlasszeiten anzupassen, sodass Besucher nun nicht mehr den ganzen Tag in der Stätte verbringen dürfen, sondern sich für ihren Besuch zwischen Vormittag und Nachmittag entscheiden müssen. Um so viel wie möglich aus seinem Besuch hier herauszuholen, muss man besser denn je planen. Und obwohl täglich mittlerweile mehr Personen zur Stätte zugelassen werden (5940 einschließlich Inka-Trail), ist die Nachfrage einfach nicht zu befriedigen.

Geschichte

Machu Picchu wird in keiner Chronik der spanischen Eroberer erwähnt. Abgesehen von ein paar deutschen Abenteurern in den 1860er-Jahren, die diese Stätte offenbar mit Erlaubnis der peruanischen Regierung plünderten, wussten nur die Quechua von ihrer Existenz. Das änderte sich 1911, als der amerikanische Historiker Hiram Bingham von Einheimischen hierhergeführt wurde. Man kann Binghams Bericht über die „Entdeckung" in seinem Klassiker *Machu Picchu: Die legendäre Entdeckungsreise im Land der Inka* nachlesen, der 1922 erstmals veröffentlicht wurde. Auf der Webseite des Project Gutenberg (www.gutenberg.org) gibt es das englischsprachige Werk als kostenlosen Download.

Eigentlich suchte Bingham die verlorene Stadt Vilcabamba, das letzte Bollwerk der Inka, und hielt Machu Picchu fälschlicherweise dafür. Inzwischen weiß man, dass die abgeschiedenen, viel tiefer im Urwald gele-

TICKETS FÜR MACHU PICCHU KAUFEN

Man sollte meinen, dass ein Besuch der Touristenattraktion Nummer eins des Kontinents nicht allzu schwer sein sollte. Weit gefehlt. Momentan können Eintrittskarten für Machu Picchu online (www.machupicchu.gob.pe) gekauft werden, wobei nicht alle ausländischen Kreditkarten funktionieren. Wer online ein Ticket reserviert, aber nicht mit Karte bezahlen kann und zufällig bereits vor Ort in Cusco ist, der kann den fälligen Betrag innerhalb von drei Stunden bei einer Filiale der Banco de la Nación einzahlen. Danach meldet man sich auf der Webseite an, um sein Ticket auszudrucken.

Tickets können auch in Cusco in der **Dirección Regional de Cultura Cusco** (DIRCETUR; ☎084-58-2030; www.dirceturcusco.gob.pe; Maruri 340; ⏲Mo–Sa 7.15–18.30 Uhr) oder in der **DIRCETUR-Verkaufsstelle** (☎084-58-2030, Durchwahl 2000; www.dircetur cusco.gob.pe; Garcilaso s/n, Museo Historico Regional; ⏲Mo–Sa 7–19.30 Uhr) gekauft werden. Beide Anlaufstellen akzeptieren peruanische Soles, Visa und Mastercard. Wer das Risiko liebt, kann sich sein Ticket auch erst im **Centro Cultural** (☎084-21-1196; Av Pachacutec s/n; ⏲5.30–20.30 Uhr) in Aguas Calientes kaufen. Dort kann allerdings nur mit peruanischen Soles bezahlt werden. Den Geldautomaten in Aguas Calientes geht regelmäßig das Bargeld aus. Schüler- und Studententickets können nur persönlich und unter Vorlage eines entsprechenden gültigen Ausweises mit Lichtbild gekauft werden. Gegen eine angemessene Gebühr kann man die Tickets auch über Reisebüros erwerben. Dies wird von einigen Lesern empfohlen.

Um Machu Picchu betreten zu dürfen, ist das Mitführen eines gültigen Lichtbildausweises notwendig.

Die Abläufe für den Ticketkauf können sich jederzeit ändern, iPeru (S. 977) weiß aber immer über den aktuellen Stand Bescheid. Viel Glück!

genen Ruinen bei Espíritu Pampa die tatsächlichen Überreste Vilcabambas sind. Ursprünglich war Machu Picchu von der Vegetation völlig überwuchert, sodass sich Binghams Team mit einer groben kartografischen Erfassung zufrieden geben musste. Der Historiker kehrte 1912 und 1915 zurück, um die schwierige Aufgabe zu übernehmen und die Ruinen vom Dickicht des Urwalds zu befreien. Dabei stieß er auf einige Überreste des sogenannten Inka-Trails. Der peruanische Archäologe Luis E. Valcárcel stellte hier 1934 Forschungen an, ebenso wie eine peruanisch-amerikanische Expedition unter Paul Fejos in den Jahren 1940 und 1941.

Trotz vieler neuerer Studien bleiben die Erkenntnisse zu Machu Picchu lückenhaft. Archäologen können nach wie vor nur Vermutungen über den Zweck der Festung anstellen. Manche glauben, die Zitadelle sei in den letzten Jahren des Inka-Reichs als Versuch gegründet wurde, die Kultur zu erhalten oder ihre Vorherrschaft wiederzubeleben. Andere gehen davon aus, dass sie bereits zur Zeit der Eroberung verlassen und vergessen war. Eine neuere Theorie besagt, dass es sich bei der Stätte um einen königlichen Rückzugsort oder den ländlichen Palast von Pachacutec handelte, der zum Zeitpunkt der spanischen Invasion bereits verlassen war. Der Direktor von Machu Picchu hält die Stadt für ein politisches, religiöses und administratives Zentrum. Ihre Lage und die acht Zugangswege, die bisher entdeckt wurden, deuten darauf hin, dass es sich um einen wichtigen Handelspunkt zwischen Amazonien und dem Hochland handelte.

Zweifellos zeugen die außergewöhnlich hochwertigen Steinarbeiten und die vielen Verzierungen von der einstigen großen Bedeutung Machu Picchus als zeremonielles Zentrum. Auf gewisse Weise ist es das bis heute: Die Amtseinführung von Alejandro Toledo, des ersten indigenen Präsidenten Perus, wurde hier 2001 eindrucksvoll vollzogen.

Sehenswertes

Wer nicht den Inka-Trail geht, betritt die Ruinenstadt durch ein offizielles Eingangstor auf der Südseite von **Machu Picchu** (www.machupicchu.gob.pe; Erw./Schüler 152/77 S; 6–18 Uhr). Ein etwa 100 m langer Fußweg führt zum labyrinthartigen Haupteingang von Machu Picchu. Von hier blickt man zum ersten Mal auf die Ruinen, die durch eine Reihe von Plätzen grob in zwei Bereiche unterteilt sind.

Die Namen der einzelnen Ruinen sind reine Spekulationen über ihre frühere Verwendung. In Wirklichkeit ist vieles unbekannt. Um sich einen schnellen Überblick über die Anlage zu verschaffen und um das typische Postkartenfoto zu schießen, steigt man unmittelbar nach dem Betreten des Komplexes die im Zickzack verlaufende Treppe auf der linken Seite hinauf, die zur Hütte des Verwalters führt.

Hütte des Verwalters des Grabfelsens — RUINEN

(Machu-Picchu-Anlage) Dies ist ein ausgezeichneter Aussichtspunkt mit Blick über die gesamte Anlage. Die Hütte ist eines der wenigen Gebäude, das mit einem Strohdach restauriert wurde, und daher ein guter Unterschlupf bei Regen. Der Inka-Trail mündet genau unterhalb in die Ruinenstadt. Der behauene Fels hinter der Hütte diente möglicherweise der Mumifizierung des Adels. Daher auch der Name.

Intihuatana — RUINEN

(Machu-Picchu-Anlage) Grob übersetzt bedeutet dieses Quechua-Wort „Ort, an dem die Sonne angebunden wird" und bezieht sich auf den behauenen Felsen auf dem Intihuatana-Hügel, der fälschlicherweise oft als Sonnenuhr bezeichnet wird. Mithilfe der diversen Kanten und Winkel dieses Steins konnten die Inka-Astronomen die Sonnenwenden vorhersagen. So konnten sie geltend machen, die Kontrolle über die Rückkehr der wieder länger werdenden Sommertage zu besitzen. Die genaue Verwendung des Steins bleibt unklar, aber seine elegante Schlichtheit und das große handwerkliche Geschick, mit dem er gefertigt wurde, machen ihn zu einem Highlight.

Intipunku — TOR

(Checkpoint ab ca. 15 Uhr geschl.) Der Inka-Trail endet nach dem letzten Abstieg vom Intipunku (Sonnentor), einer kleinen Öffnung am Horizont. Blickt man beim Betreten der Ruinen zurück auf den Hügel hinter sich, kann man sowohl den Pfad als auch Intipunku sehen. Der Hügel wird Machu Picchu (Alter Gipfel) genannt und gibt dem Ort seinen Namen.

Haupttempel — RUINEN

(Machu-Picchu-Anlage) Der „Tempel" verdankt seinen Namen der massiven Robustheit und der Perfektion seiner Konstruktion. Die Beschädigungen an der hinteren rechten Ecke sind die Folge einer Absenkung des Bodens

Machu Picchu

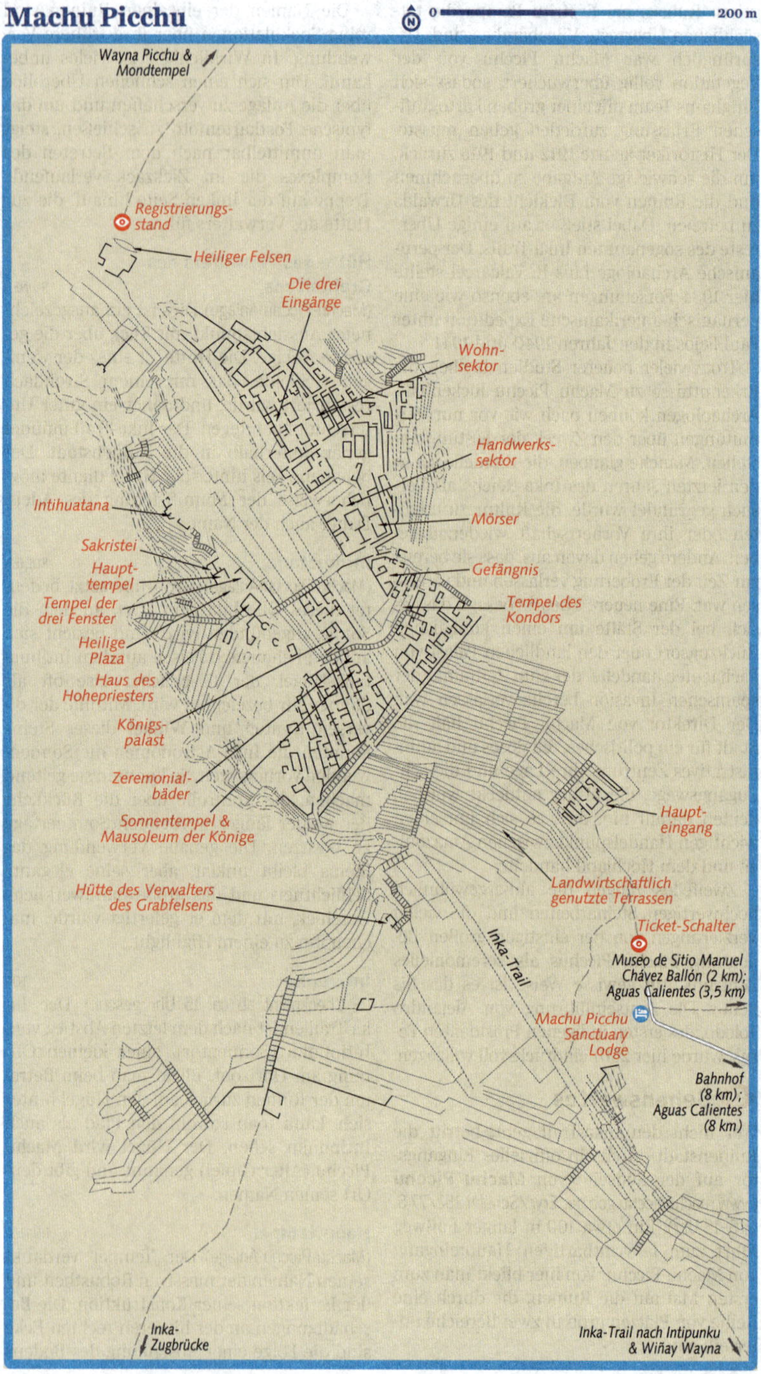

darunter und nicht einer inhärenten Schwäche des Mauerwerks selbst.

Sakristei RUINEN

(Machu-Picchu-Anlage) Hinter dem Haupttempel, mit dem es auch verbunden ist, liegt dieses berühmte kleine Gebäude. In ihm finden sich viele hervorragend gemeißelte Nischen, die möglicherweise für die Aufbewahrung von Zeremonialobjekten verwendet wurden, sowie eine behauene Steinbank. Die Sakristei ist besonders für die beiden Felsen bekannt, die ihren Eingang flankieren. Jeder soll 32 Ecken besitzen. Wer jedoch nachzählt, kommt garantiert jedes Mal auf eine andere Zahl.

Sonnentempel RUINEN

(Machu-Picchu-Anlage) Direkt oberhalb und links der Zeremonialbäder steht das einzige runde Gebäude der Anlage, ein sich verjüngender Turm mit bildschönem Mauerwerk. Es befindet sich außerhalb des zugänglichen Bereichs und ist am besten von weiter oben zu betrachten.

Tempel der drei Fenster RUINEN

(Machu-Picchu-Anlage) Die noch erhaltenen drei Seiten der Heiligen Plaza werden von bedeutenden Gebäuden gesäumt. Der Tempel der drei Fenster verfügt über riesige trapezförmige Fenster, die dem Gebäude seinen Namen geben.

Aktivitäten

Wayna Picchu WANDERN

(48 S) Der steile Berg Wayna Picchu am Ende der Ruinen ist in den berühmtesten Aufnahmen von Machu Picchu stets zu sehen. Dank der ausgezeichneten Inka-Technik ist der Weg nicht ganz so hart, wie er aussieht, festes Schuhwerk und eine gute Fitness sollte man jedoch dennoch haben. Zudem ist ein separates Ticket erforderlich, das man mit der Eintrittskarte für die Stätte kaufen muss. Diese Plätze sind in der Nebensaison eine Woche im Voraus, in der Hochsaison einen Monat im Voraus ausverkauft. Man muss also gut planen.

An- & Weiterreise

Busse von Aguas Calientes nach Machu Picchu (hin & zurück 80 S, 25 Min.) starten regelmäßig zwischen 5.30 und 15.30 Uhr an einem Ticketbüro an der Hauptstraße. Oben an der Ruine wird mit der Rückfahrt gewartet, bis alle Plätze besetzt sind. Die letzte Talfahrt erfolgt um 17.45 Uhr. Es gibt Überlegungen, dass der Bus irgendwann einmal durch eine Trambahn ersetzt werden soll. Eine Entscheidung wird aber wohl noch lange auf sich warten lassen.

Zu Fuß benötigt man für die 8 km etwa 1½ Stunden. Der Weg führt über eine steile, schmale und kurvenreiche Bergstraße. Die ersten 20 Minuten von Aguas Calientes zur Puente Ruinas, wo die Straße über den Río Urubamba führt (in der Nähe des Museums) sind eben. Danach geht's dann auf einem steilen, aber gut ausgeschilderten Pfad hinauf nach Machu Picchu. Für diese zweite Etappe (2 km) braucht man eine Stunde, der Rückweg geht schneller.

Der Inka-Trail

Der viertägige Inka-Trail ist die berühmteste Wanderroute in Südamerika. Der alte, von den Inkas angelegte Pfad vom Heiligen Tal nach Machu Picchu ist zwar nur 39 km lang, er windet sich aber die Berge hinauf, hinab und um sie herum und überquert dabei drei hohe Andenpässe. Die Aussicht auf die verschneiten Gipfel, entfernten Flüsse, erhabenen Gebirgszüge und orchideenübersäten Nebelwälder ist atemberaubend, und der

DEN INKA-TRAIL BUCHEN

Wer den Inka-Trail zwischen Mai und August in Angriff nehmen möchte, sollte mindestens sechs Monate im Voraus buchen. Außerhalb dieses Zeitraums genügen vielleicht auch nur wenige Wochen, um eine Genehmigung zu erhalten – genau voraussagen lässt sich das aber nur schwer. Wandergenehmigungen werden nur an lizenzierte Anbieter vergeben, die allgemeine Verfügbarkeit kann aber unter www.camino-inca.com überprüft werden.

Wer nicht hetzen will und mehr Tiere und Ruinen sehen möchte, trifft mit der fünftägigen Wanderung eine gute Wahl. Weitere Vorteile sind weniger überfüllte Zeltplätze und die Möglichkeit, am dritten Abend auf dem Phuyupatamarka (3600 m) im landschaftlich reizvollsten Camp von allen zu übernachten.

Es zahlt sich aus, alle Optionen gründlich zu recherchieren. Am besten schaut man sich einige Anbieter genauer an, bevor man sich entscheidet. Sehr wichtig ist auch der Abschluss einer internationalen Reiseversicherung, die Abenteueraktivitäten abdeckt.

Inka-Trail

Weg von einer an den Fels gebauten präkolumbischen Ruine zur nächsten eine mystische, unvergessliche Erfahrung.

Die Wanderung

Die meisten Trekkingveranstalter fahren mit Bussen zum Startpunkt des Trails an der Zugstrecke nach Aguas Calientes, auch bekannt als Piscacucho oder Km 82.

Nachdem man den Río Urubamba (2600 m) überquert und die Anmeldeformalitäten erledigt hat, führt der Pfad langsam parallel zum Fluss nach oben zur ersten archäologischen Stätte des Weges, **Llactapata** (Stadt auf den Terrassen), bevor er nach Süden durch ein Seitental des Río Cusichaca abfällt. (Wer bei Km 88 mit der Wanderung beginnt, hält sich nach der Überquerung des Flusses Richtung Westen, um die wenig besuchte, etwa 1 km entfernte Stätte **Q'ente** (Kolibri) zu besichtigen. Anschließend geht's gen Osten zurück auf den Hauptweg nach Llactapata.)

Der Weg führt 7 km weiter nach Süden zur Siedlung **Wayllabamba** (Grasebene; 3000 m), wo viele Gruppen ihr Lager für die erste Nacht aufschlagen. Vor Ort kann man Getränke in Flaschen und kalorienreiche Snacks kaufen und beim Verschnaufen den Ausblick auf den schneebedeckten **Nevado Verónica** (5750 m) genießen.

Wayllabamba liegt in der Nähe der Gabelung der Flüsse Llullucha und Cusichaca. Zunächst führt der Weg über den Río Llullucha und steigt dann steil am Fluss entlang an. Die Gegend ist als **Tres Piedras** (Drei Steine; 3300 m) bekannt, obwohl besagte Felsblöcke heute nicht mehr zu sehen sind. Von dort aus geht's drei lange, steile Kilometer durch ein feuchtes Waldgebiet nach oben.

Der Weg führt schließlich auf den hohen, kahlen Bergrücken von **Llulluchupampa** (3750 m). Dort gibt es Wasser und Zeltstellplätze; allerdings wird es nachts empfindlich kalt. Am ersten Tag sollte man spätestens an dieser Stelle sein Lager aufschlagen.

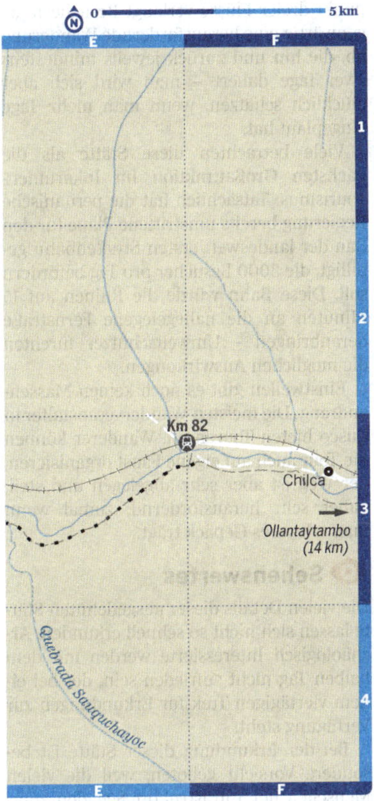

Inka-Trail

Sehenswertes

1 Hütte des Verwalters des Grabfelsens A1
2 Inka-Tunnel B3
Intihuatana .... (siehe 5)
3 Intipata A2
4 Intipunku B1
5 Machu Picchu A1
6 Phuyupatamarka B2
Haupttempel .... (siehe 5)
7 Q'ente D3
8 Runkurakay B3
Sakristei .... (siehe 5)
9 Sayaqmarka B3
Sonnentempel .... (siehe 5)
Tempel der drei Fenster .... (siehe 5)
10 Wiñay Wayna A2

Aktivitäten, Kurse & Touren

11 Llactapata D3
12 Wayna Picchu A1

Viele Gruppen verbringen hier sogar bereits die zweite Nacht.

Von Llulluchupampa aus führt auf der linken Talseite ein guter Weg zwei bis drei Stunden hinauf zum Pass **Warmiwañusca**, auch bekannt unter dem blumigen Namen „Pass der toten Frau". An diesem höchsten Punkt der Route (4200 m) ringen selbst erfahrende Wanderer nach Luft. Von Warmiwañusca aus sieht man weit unten den Río Pacamayo (Río Escondido) und auf halber Höhe des nächsten Berges jenseits des Flusses die Ruine von Runkurakay.

Nun folgt ein langer Abstieg zum Fluss, unter dem die Knie ganz schön ächzen werden. Unten findet man bei **Paq'amayo** mehrere große Zeltplätze. Auf einer Höhe von etwa 3600 m führt eine kleine Fußgängerbrücke über den Fluss. Anschließend steigt der Weg für etwa eine Stunde in Richtung **Runkurakay** (Eierförmiges Gebäude) an. Die runde Ruine auf 3750 m bietet eine herrliche Aussicht.

Oberhalb von Runkurakay passiert der Weg einen Vorgipfel, bevor er dann an zwei kleinen Seen vorbei zum zweiten Pass auf 3950 m Höhe mit Blick auf die schneebedeckte Cordillera Vilcabamba führt. Beim Abstieg wird die Landschaft immer grüner, denn jetzt hat man den östlichen Amazonashang der Anden erreicht. Es geht weiter hinab bis zur Ruine von **Sayaqmarka** (Herrschende Stadt), einer dicht bebauten Anlage, die auf einem kleinen Bergvorsprung thront und eine unglaubliche Aussicht bietet, und noch weiter, bis ein oberer Nebenfluss des Río Aobamba (Wellenförmige Ebene) überquert wird.

Der Weg führt nun über einen Inka-Damm und einen sanften Anstieg hinauf durch einen schönen Nebelwald und einen in den Fels geschlagenen **Inka-Tunnel**. Dieser Abschnitt ist relativ flach. Deshalb erreicht man bald den dritten Pass auf knapp 3600 m Höhe mit herrlichem Blick auf das Urubamba-Tal. Vor Ort gibt es auch Zeltplätze, wo einige Gruppen ihre letzte Nacht verbringen, weil man dort einen spektakulären Sonnenuntergang mit toller Aussicht erlebt. Dafür muss man morgens aber bereits um 3 Uhr aufstehen, um das Sonnentor rechtzeitig vor Sonnenaufgang zu erreichen. Wer hier übernachtet, sollte morgens vorsichtig sein, da die steilen Stufen dann rutschig sind.

Unmittelbar unterhalb des Passes, auf etwa 3570 m Höhe, liegt die wunderbare und schön restaurierte Ruine von **Phuyupatamarka** (Ort über den Wolken). Die Anlage umfasst sechs zeremonielle Bäder, durch die

Wasser fließt. Von Phuyupatamarka führt der schwindelerregende Pfad über hervorragend gebaute, mehrere hundert Stufen lange Inka-Treppen steil in den Nebelwald hinunter. Das kann zu früher Stunde ganz schön an den Nerven zehren. Eine Stirnlampe kann da hilfreich sein. Nach zwei oder drei Stunden geht es schließlich im Zickzack hinunter zu einem eingestürzten weißen Gebäude mit rotem Dach und dem Zeltplatz für die letzte Nacht.

Hinter einer ehemaligen Kneipe verläuft ein 500 m langer Pfad zur exzellenten kleinen Inka-Stätte **Wiñay Wayna** (Huiñay Huayna), für deren Namen es unterschiedliche Übersetzungen gibt: „Ewige Jugend", „junge Erde pflanzen" oder „jung werden". Laut Peter Frost bezieht sich der Quechua-Ausdruck auf eine Orchidee *(Epidendrum secundum)*, die hier das ganze Jahr über blüht. Der halbtropische Zeltplatz der Stätte bietet einen der atemberaubendsten Ausblicke der Wanderung, besonders bei Sonnenaufgang. Ein holpriger Weg führt von dort zu einer weiteren spektakulären, in Terrassenform angelegten Ruine mit dem Namen **Intipata**. Wer sie besichtigen möchte, tut dies am besten an dem Tag, an dem man Wiñay Wayna erreicht und spricht sich dazu mit dem Guide ab.

Vom Wachposten in Wiñay Wayna windet sich der Inka-Trail ohne große Höhenunterschiede durch den spannenden Nebelwald. Nach etwa zwei Stunden ist **Intipunku** (das Sonnentor) erreicht, die vorletzte Station der Wanderung. Während man darauf wartet, dass die Sonne über den umliegenden Bergen aufgeht, ist dies traditionell der Ort, von dem aus man den ersten Blick auf das majestätische Machu Picchu erhascht.

Der letzte Abstieg, bei dem sich unweigerlich ein leichtes Triumphgefühl einstellt, dauert fast eine Stunde. Normalerweise kommt man lange vor den vielen Tagestouristen an, die völlig ausgeruht aus den ersten Zügen aus Cusco strömen. Auf diese Weise kann man die Stätte mit einem erschöpften, aber glücklichen Hochgefühl genießen, ohne sich durch die Massen drängen zu müssen.

Choquequirao

Die abgelegenen, spektakulären und immer noch nicht gänzlich freigelegten Ruinen von Choquequirao werden oft als die kleine Schwester von Machu Picchu beschrieben. Die atemberaubende Stätte am Schnittpunkt dreier Flüsse verlangt Besuchern gegenwärtig eine herausfordernde Wanderung ab, die hin und zurück jeweils mindestens zwei Tage dauert – man wird sich aber glücklich schätzen, wenn man mehr Tage eingeplant hat.

Viele betrachten diese Stätte als die nächsten Großattraktion im Inkaruinen-Tourismus. Tatsächlich hat die peruanische Regierung bereits umstrittene Pläne für den Bau der landesweit ersten Straßenbahn gebilligt, die 3000 Besucher pro Tag befördern soll. Diese Bahn würde die Ruinen auf 15 Minuten an die nahegelegene Fernstraße heranbringen – Umweltschützer fürchten die möglichen Auswirkungen.

Einstweilen gibt es noch keinen Massenandrang. Die meisten Wanderveranstalter in Cusco bieten Touren an. Wanderer können die Tour auch auf eigene Faust organisieren, der Weg ist aber sehr abgelegen und steil, daher sehr herausfordernd, zumal wenn man schweres Gepäck trägt.

Sehenswertes

Die vielen Details dieser ausgedehnten Stätte lassen sich nicht so schnell erkunden. Archäologisch Interessierte werden mit dem halben Tag nicht zufrieden sein, der bei einem viertägigen Trek für Erkundungen zur Verfügung steht.

Bei der Erkundung dieser Stätte ist besondere Vorsicht geboten, weil die vielen Menschen der Infrastruktur Schaden zufügen können und nur wenig Mittel für die Erhaltung zur Verfügung stehen.

Die Wanderführer geben nicht immer detaillierte Informationen. Es lohnt sich daher, ein Exemplar von Gary Zieglers Buch *Machu Picchu's Sacred Sisters: Choquequirao & Llactapata* mitzubringen. Auch Peter Frosts *Exploring Cusco* ist nützlich.

Aktivitäten

Wandern

Die Veranstalter in Cusco bieten geführte viertägige Wanderungen (durchschnittlich 500–750 US$/Pers.). Zu den Veranstaltern mit gutem Ruf gehören Alpaca Expeditions (S. 972), Apus Peru (S. 972), **Journey Experience** (JOEX; ☎084-24-5642; www.joextravel.com; Av Tupac Amaru V-2-A, Progreso; ⏲9–18 Uhr), **Llama Path** (☎084-24-0822; www.llamapath.com; Cuichipunco 257; ⏲Mo–Sa 9–13 & 15–20, So 16–20 Uhr), **Peru Eco Expeditions** (☎084-60-7516, 957-349-269; www.peruecoexpeditions.com; Urb San Judas Chico II D-13; ⏲Mo–Fr

9–16 Uhr) 🍃, **SAS Travel** (☎084-24-9194; www.sastravelperu.com; Calle Garcilaso 270; ⌚Mo–Sa 8–20 Uhr) und **Wayki Trek** (☎084-22-4092; www.waykitrek.net; Quera 239; ⌚Mo–Fr 9–19, Sa bis 13 Uhr) 🍃. Die Kosten für eine Tour auf eigene Faust können vergleichbar sein. Packtiere kann man in Cachora mieten (50 S/Tag für ein Pferd oder ein Maultier zzgl. 50 S für den Maultiertreiber); dabei sollte man überprüfen, ob die Tiere in gutem Zustand sind, was nicht immer der Fall ist. Wanderstöcke sind sehr zu empfehlen.

Wer auf eigene Faust wandert, findet Rastplätze mit organisierten Stellplätzen, Toiletten und einigen kalten Duschen, teurem Wasser in Flaschen, Getränken und einfachen Gerichten oder Proviant (z. B. Nudeln oder Instantsuppe). Man muss einen Wasserfilter mitnehmen, weil das Wasser, das man unterwegs findet, nicht trinkbar ist. Überhaupt sollte man viel Wasser mitnehmen, weil es nur hier und da Quellen gibt.

An- & Weiterreise

Die zweitägige Wanderung zu den Ruinen beginnt in Capuliyoc, das 12 km (2–3 Wanderstunden) hinter Cachora liegt, der letzten Ortschaft mit Dienstleistungen und öffentlichen Verkehrsmitteln, und über eine schattenlose, unbefestigte Piste zu erreichen ist. Für Gruppen kann es sich lohnen, von Cusco aus ein Taxi (300 S) zu nehmen.

Die organisierten Touren beginnen in Capuliyoc.

ZENTRALES HOCHLAND

Wer auf seiner Reise atemberaubende antike Ruinen bewundern oder in unberührte Wildnis eintauchen will, sollte das felsige, abgelegene Zentrale Hochland nicht außer Acht lassen. Das kann in dieser Hinsicht und noch in vielen anderen Dingen durchaus mit Perus besser bekannten Reisezielen mithalten – doch andere Traveller sind hier praktisch nicht vorhanden.

In diesem Abschnitt der Anden ist Peru am peruanischsten, was sich vor allem bei den vielen Fiestas zeigt, die zwischen Ostern und Juli stattfinden. Hier zu reisen, ist nichts für Kleinmütige, aber Abenteuerlustige erhalten hier einen besseren Einblick ins örtliche Leben als irgendwo sonst. Man kann mit den anderen Passagieren in den rumpelnden Bussen Kontakte anknüpfen, oder wandert in den Hügeln des Hochlands zu wenig besuchten Inkapalästen.

Das Leben in dieser unwirtlichen, aber schönen Region hängt vom Land ab. Auf den Straßen sind oft mehr Esel als Autos unterwegs, und in den Gemeinden, aus denen Perus bestes Kunsthandwerk kommt, herrschen die bunten Kostüme der indigenen Einwohner vor. Es scheint, als wollten die hohen Berge, zwischen denen immer wieder Seen liegen, das Zentrale Hochland gegen das 21. Jh. abschirmen.

Ayacucho

☎066 / 181 000 EW. / 2750 M

Traveller sind gerade erst dabei, die Schätze von Ayacucho wiederzuentdecken. Reich verzierte Kirchen und pfirsich- und pastellfarbene kolonialzeitliche Gebäude mit Holzbalkonen bestimmen das belebte Stadtbild. Ayacucho bietet neben zahlreichen anderen Fiestas Perus größte Semana-Santa-Festivitäten, und in den Bergen der Umgebung finden sich einige der bedeutendsten archäologischen Attraktionen des Landes.

Sehenswertes

Die **Plaza de Armas** (Plaza Mayor de Huamanga; Plaza de Armas) von Ayacucho ist einer der schönsten Stadtplätze Perus und der geeignete Ausgangspunkt für die Erkundung der Stadt. Die vier Seiten der Plaza sind (vom Osten aus im Uhrzeigersinn) das Portal Municipal, das Portal Independencia, das Portal Constitución und das Portal Unión. Rund herum finden sich viele prächtige kolonialzeitliche Stadtpaläste, darunter die **Prefectura** (Jirón 28 de Julio) GRATIS. In der Touristeninformation erfährt man, welche Gebäude wie besichtigt werden können. Die weiteren Sehenswürdigkeiten in Ayacucho bestehen vor allem aus Kirchen und Museen.

★ Kathedrale KIRCHE

(Portal Municipal; ⌚10-12 & 16-18 Uhr) GRATIS Diese spektakuläre Kathedrale auf der Plaza de Armas stammt aus dem 17. Jh. und beherbergt im Inneren ein Museum für religiöse Kunst. Die düstere Fassade bereitet einen nicht wirklich auf das aufwendig gestaltete Innere vor. Es präsentiert einen prächtigen Blattgold-Altar, der zu den besten Beispielen des Barock-*churrigueresque*-Stils gehört, bei dem Friese und andere kunstfertige, spanisch inspirierte Elemente mit Einflüssen aus den Anden vermischt werden, die sich oft in der dargestellten Tier- und Pflanzenwelt zeigen.

★ **Museo de Arte Popular** MUSEUM
(Portal Independencia 72; ⌚Mo–Fr 8–13 & 14–16.15 Uhr) GRATIS Die gezeigte populäre Kunst deckt das gesamte *ayacucheño-* (Ureinwohner von Ayacucho) Spektrum ab: Silberarbeiten, gewebte Textilien und Wandteppiche, Stein- und Holzschnitzereien, Keramiken (Kirchenmodelle sind besonders beliebt) und die berühmten *retablos* (ornamentale religiöse Dioramen). Letztere sind bunte Holzkästen in verschiedenen Größen, die aufwendig gestaltete Pappmaché-Modelle enthalten, meist Szenen peuranischen Landlebens oder Jesus in der Krippe. Es gibt aber auch sehr interessante Versionen mit politischen oder sozialkritischen Statements. Fotografien zeigen, wie sich Ayacucho im 20. Jh. verändert hat. Die Öffnungszeiten ändern sich hier beinahe so häufig.

★ **Museo de la Memoria** MUSEUM
(Prolongación Libertad 1229; S2; ⌚Mo–Fr 9–13 & 15–18, Sa 9–13 Uhr) Ayacuchos erschütterndstes Museum erinnert an die Auswirkungen, die der Sendero Luminoso (Leuchtender Pfad) auf Peru hatte – in der Stadt, die am stärksten von dem Konflikt betroffen war. Die schlichte Ausstellung (auf Spanisch) ist sehr bewegend. Sie umfasst Augenzeugenberichte zu den Schrecken, die sich damals zutrugen, und eine sehr ergreifende Fotomontage von Müttern, deren Kinder während der Kämpfe getötet wurden.

Ruinen von Wari RUINEN
(3 S; ⌚8–17.30 Uhr) Die ausgedehnten Ruinen von Wari erstrecken sich auf mehreren Kilometern längs einer von vielen Kakteen umgebenen Straße. Wari war die Hauptstadt des gleichnamigen Reiches, das den Inka um fünf Jahrhunderte vorausging. Die Stätte hat eine schöne, friedliche Lage auf einem Hügel. Ein kleines **Museum** erläutert (nur auf Spanisch) anhand von Artefakten die große Bedeutung dieser Prä-Inka-Kultur. Sehenswert sind die auffälligen **Wari-Keramiken**. Bei der Rückkehr sollte man nicht zu spät aufbrechen: Am Nachmittag sind die Verkehrsmittel hoffnungslos überfüllt.

Feste & Events

Semana Santa RELIGION
(⌚März oder April) Die Karwoche in Ayacucho ist Perus schönstes religiöses Fest und lockt Besucher aus dem ganzen Land herbei. An jedem Tag gibt's feierliche, aber farbenfrohe Prozessionen und katholische Zeremonien. Zur Semana Santa in Ayacucho gehören auch Kunstausstellungen, Volkstanzwettbewerbe, Konzerte örtlicher Musiker, Straßenevents, Sportereignisse (meist Pferdesport), Landwirtschaftsmessen und die liebevolle Zubereitung traditioneller Gerichte.

Schlafen

Hostal Tres Máscaras PENSION $
(☎066-31-2921; hoteltresmascaras@yahoo.com; Tres Máscaras 194; EZ/DZ 60/80 S, ohne Bad 30/50 S) Der nette ummauerte Garten und der freundliche Inhaber sorgen für einen angenehmen Aufenthalt. Die auf den Garten blickenden Zimmer sind geräumig. Warmwasser gibt's morgens sowie später auf Anfrage. Ein Zimmer mit TV kostet 5 S mehr. Es gibt kontinentales (8 S) und amerikanisches (10 S) Frühstück. Mit all diesen Vorteilen ist das Haus bei länger hier bleibenden Backpackern sehr beliebt.

Hostal Florida PENSION $
(☎066-31-2565; Cusco 310; EZ/DZ 40/70 S) Dieses travellerfreundliche *hostal* (Pension) mit entspanntem Garten bietet saubere Zimmer (die oben sind besser) mit Bad und TV, Warmwasser am Morgen und später auf Anfrage. Eine schlichte Cafeteria und einen Wäscheservice gibt's auch.

Via Via Alameda HOTEL $$
(☎066-31-7040; http://viavia.world/en/south-america/ayacucho; Bolognesi 720, Parque Alameda; EZ/DZ mit Frühstück 100/130 S; P) Das kolonialzeitliche Gebäude in ruhiger, netter Lage hat Zimmer mit schönen Möbeln und einen grasbewachsenen Gartenhof, in dem man sitzen und das wunderbare Essen des hiesigen Restaurants genießen kann. Das Hotel gehört jetzt zum bekannten Via Via an der Plaza und ist ungefähr 700 m vom Zentrum entfernt – beim abendlichen Rückweg muss man durch einige dunkle Viertel.

Hotel La Crillonesa HOTEL $
(☎066-31-2350; www.hotelcrillonesa.com; Nazareno 165; EZ/DZ ab 60/85 S; 📶) Ein beliebtes Hotel mit hilfsbereitem Personal, das eine Dachterrasse mit malerischem Ausblick sowie TV-Raum, Tourinformationen und rund um die Uhr Warmwasser bietet. Die recht kleinen, sauberen Zimmer haben gemütliche Betten und meist funktionierendes Kabel-TV. Die besten sind die ganz oben.

★ **Via Via Plaza** HOTEL $$
(☎066-31-2834; http://viavia.world/en/south-america/ayacucho; Portal Constitución 4; EZ/DZ 130/190 S; 📶) Das Via Via ist eine der ein-

fallsreicheren Unterkünfte im Zentrum von Ayacucho. Die Lage an der Plaza ist beneidenswert und die cool, aber lebendig eingerichteten Zimmer widmen sich jeweils einem anderen Land oder Kontinent. Hier fühlt man sich, als wäre man in einer echten Oase gelandet: Alles spielt sich rund um einen vor Pflanzen überbordenden Innenhof ab. Das Personal spricht Englisch und Niederländisch und das beliebte Restaurant im 2. Stock ist das Tüpfelchen auf dem I.

DM Hoteles Ayacucho HOTEL $$$
(☎066-31-2202; Fax 066-31-2314; 9 de Diciembre 184; DZ/Suite mit Frühstück 345/511 S; P 📶) Das Innere dieses eindrucksvollen kolonialzeitlichen Gebäudes hat einen gewissen Charme, aber angesichts des hohen Preises sind die Zimmer ziemlich kahl und höchstens angemessen. Die besseren Zimmer haben Balkone (man sollte eines mit Balkon verlangen) und einige einen Ausblick auf die Plaza. Das Hotel galt einst als das beste der Stadt, und nur wenige zentral gelegene Spitzenklassehotels machen ihm, was Größe oder Einrichtungen betrifft, bislang Konkurrenz.

Essen

Das Niveau ist hoch, und viele regionale Spezialitäten sind im Angebot. Es gibt einige hochwertige Restaurants an der Plaza de Armas und stimmungsvolle, wenn auch etwas touristische, Lokale im **Centro Turístico Cultural San Cristóbal** (Jirón 28 de Julio 178). Echte Feinschmeckerrestaurants liegen an der **Plaza Moré** (Jirón 28 de Julio 262), die ein Zeichen sein könnten, dass sich Ayacucho verändert. Wie viele Städte in den Anden haben schon ein eigenes „Barrio Gastronómico" (Gastronomieviertel)?

Ausgehen & Nachtleben

Yaku BAR
(Portal Unión 30; ⌚11–23.30 Uhr) Das mit Begeisterung geführte Yaku ist nicht nur eine Bar mit einem hübschen Balkon und Blick auf die Plaza de Armas, sondern zugleich noch eine Musikstätte und ein Restaurant. Das Lokal braut sein eigenes Bier, es gibt Tischfußball, und die Eigentümer entwickeln immer neue Pläne. Es gibt hier auch Burger (15–20 S), die zu den besten in Ayacucho zählen, sehr zu empfehlen ist der „Cancún" (mit Guacamole).

Museo COCKTAILBAR
(Ecke 9 de Diciembre & Av Cáceres; ⌚18–3 Uhr) Hier gibt's ein faszinierendes Cocktailsortiment, DJs sorgen an den meisten Abenden für Musik (*reggaetón*, Salsa), und es herrscht immer Trubel.

Shoppen

Ayacucho ist ein berühmtes Zentrum des Kunsthandwerks; ein Besuch im Museo de Arte Popular (S. 994) vermittelt eine Vorstellung von den hiesigen Produkten. Die Touristeninformation (S. 995) kann örtliche Kunsthandwerker empfehlen, deren Werkstätten man besuchen kann. Besonders bekannt für sein Kunsthandwerk ist der Barrio Santa Ana.

In der Nähe des Stadtzentrums gibt's einen ziemlich ruhigen **Kunsthandwerksmarkt** (Quinua s/n).

Praktische Informationen

GELD

BBVA Banco Continental (Portal Unión 28)

MEDIZINISCHE VERSORGUNG

Clínica de la Esperanza (Hospital Regional de Ayacucho; ☎066-31-7436; www.hospitalregionalayacucho.gob.pe; Independencia 355; ⌚8–20 Uhr) Die Mitarbeiter sprechen auch Englisch.

TOURISTENINFORMATION

iPerú (☎066-31-8305; Ecke Cusco & Asamblea; ⌚Mo–Sa 9–18, So bis 13 Uhr) In dem Büro gibt's hilfreiche Ratschläge auch auf Englisch.

Anreise & Unterwegs vor Ort

BUS

Die meisten Fernbusse (zu Zielen im Norden und Süden, darunter auch nach Lima) nutzen den pompös benannten **Terrapuerto Libertadores de America** (Terminal Terrestre; Ende der Perez de Cuellar) nördlich des Zentrums, die Tickets kann man aber immer noch in den Büros der Busgesellschaften in der Innenstadt kaufen.

Die Busse nach Lima fahren über den vergleichsweise schnellen und spektakulären Hwy 24, der über Rumichaca nach Pisco die Anden durchquert.

Nordwärts nach Huancayo (30–40 S, 7 Std.) ist die Straße schlecht und führt über gefährlich steile, kaum gesicherte Abhänge – eine halsbrecherische, spektakuläre Anden-Busfahrt alter Schule.

Die Busse nach Cusco starten vom Terrapuerto Libertadores de America, aber nach Andahuaylas ist die beste Option, einen *combi* (Minibus) von der Pasaje Cáceres im Zentrum von Ayacucho zu nehmen. Diese Fahrten führen durch eine fantastische Landschaft, weshalb man sie besser tagsüber unternimmt.

Cruz del Sur (☎ Info 066-31-2813, Reservierung 01-311-5050; www.cruzdelsur.com.pe; Cáceres s/n, zw. Libertad & Sucre) Ein erstklassiger Busdienst. Die *executivo*-Busse bieten komfortable Sitze und Mahlzeiten. Sie fahren von einem eigenen Busbahnhof ab; gegenüber befindet sich eine Bäckerei, wo man sich mit Snacks versorgen kann. Die Ticketpreise variieren, je nachdem, wann und wie man seine Fahrkarte kauft, kosten aber immer ab 70 S.

Expreso Molina (☎ 066-31-9989; Universitaria 160) Das gute Unternehmen fährt von seinem eigenen Busbahnhof, der nicht zu weit vom Zentrum entfernt ist. Die Busse sind zwar nicht die komfortabelsten, bedienen aber Lima (tagsüber 2-mal, nachts 7-mal), Huancayo (tagsüber 1-mal, nachts 5-mal) und Huancavelica (nur nachts).

Expreso Turismo Los Chankas (☎ 066-31-2391; Terrapuerto Libertadores de America) Gegenwärtig einer der wenigen Anbietern von Direktverbindungen nach Cusco (ansonsten muss man in Andahuaylas umsteigen); die Busse fahren um 7.30 (Mo–Sa) und 20.30 Uhr (tgl.). Auch wenn die Straße inzwischen asphaltiert ist, empfiehlt es sich, in Andahuaylas eine Pause einzulegen.

Turismo Libertadores (☎ 962-889-142; Manco Cápac, zw. Calle de la Vega & 9 de Diciembre) Mit Tickets von 40 bis 60 S ist dies einer der besten Anbieter preiswerter Verbindungen nach Lima (tagsüber 1-mal, nachts 4-mal).

FLUGZEUG

Der **Flughafen** liegt 3,5 km außerhalb des Zentrums. Die Taxifahrt dorthin kostet ca. 10 S. Die Abflugzeiten oder Fluglinien können sich ohne Vorankündigung ändern, die aktuellen Flugpläne findet man auf den Websites der Fluglinien. **LC Peru** (☎ 066-31-2151; Jirón 9 de Diciembre 139; ⏲ Mo–Fr 9–19, Sa bis 13 Uhr) fliegt täglich nach Lima, wobei die Abflugzeiten an verschiedenen Tagen mal frühmorgens oder nachmittags liegen. Sonntags starten zwei Maschinen, eine morgens und eine am Nachmittag.

NORDKÜSTE

Diese wilde Küste punktet mit Surfwellen, die zu den besten der Welt gehören, weshalb einem hier viele sonnengebräunte Traveller Gesellschaft leisten. Es gibt hier aber auch atemberaubende archäologische Stätten, kolonialzeitliche Städte und Wüstenlandschaften, die direkt aus *Mad Max* entsprossen sein könnten. In diesem Land aus Felsen und Wüstensand liegen aber auch einige wenige grüne Täler, und ganz im Norden kämpfen Perus einzige Mangrovenwälder ums Überleben.

Es gibt hier viele Superlative: eine der längsten linksbrechenden Wellen der Welt für erfahrene Surfer in Puerto Chicama, Südamerikas älteste städtische Siedlung für archäologisch Interessierte in Caral und schließlich die massiven präkolumbischen Ruinen in Chan Chan, das einst die größte Stadt Südamerikas war.

Die Backpackerzentren Máncora und Huanchaco schalten von November bis März komplett in den Partymodus, während Besucher die Ruhe und Abgeschiedenheit suchen, einzigartige Abenteuer in Fischerdörfern wie Zorritos und Cabo Blanco finden.

Trujillo

☎ 044 / 709 500 EW.

Vom richtigen Standpunkt aus wirken die glanzvollen Straßen des alten Trujillo, als hätte sich hier seit Jahrhunderten kaum etwas verändert. Natürlich gibt's jetzt hupende Taxis, aber die Stadt präsentiert sich mit ihren vielen kolonialzeitlichen Kirchen und polychromen Gebäuden so eindrucksvoll wie eh und je. Die meisten Traveller kommen hierher, um sich die nahegelegenen archäologischen Stätten aus der Zeit vor den Inka anzuschauen, und gönnen sich nur die Zeit für einen kurzen Bummel durch das kompakte Zentrum.

Die Chimú-Hauptstadt Chan Chan (S. 1000) liegt in der Nähe. Sie war die größte präkolumbische Stadt auf dem amerikanischen Doppelkontinent und ist damit die Hauptattraktion der Region. Andere Chimú-Stätten liegen in der umliegenden Wüste unter der heißen Sonne, darunter die mächtigen, eindrucksvollen, bis zu 1500 Jahre alten Stufenpyramiden der Huaca del Sol und der Huaca de la Luna (S. 1001). Strandfans können nur 20 Minuten die Straße hinauf in dem entspannten Surferdorf Huanchaco (S. 1002) absteigen.

Sehenswertes

Trujillos großzügige Plaza wirkt wie geleckt und ist sicher der sauberste Hauptplatz einer südamerikanischen Stadt und definitiv einer der schönsten. An ihm erheben sich farbenfrohe kolonialzeitliche Gebäude und eine eindrucksvolle, der Arbeit, der Kunst und der Freiheit gewidmete Statue. Man findet jede Menge eleganter Stadtpaläste, darunter das Hotel Libertador (S. 998).

Trujillo

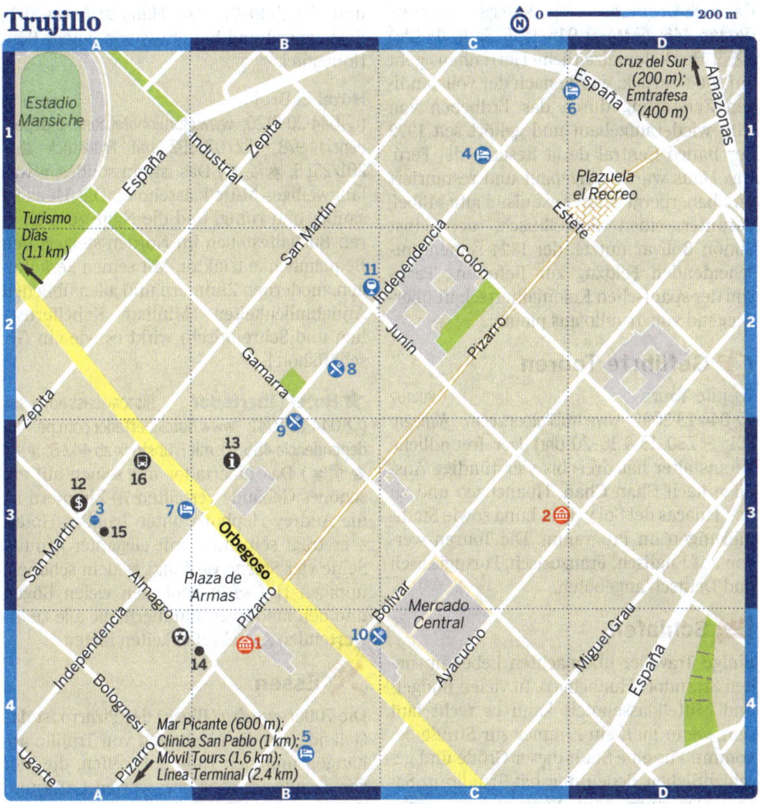

Trujillo

Sehenswertes
1 Casa de Urquiaga B4
2 Museo de Arqueología C3

Aktivitäten, Kurse & Touren
3 Trujillo Tours A3

Schlafen
4 Hospedaje El Mochilero C1
5 Hotel Chimor B4
6 Hotel El Brujo D1
7 Hotel Libertador A3

Essen
8 Casona Deza B2
9 El Celler de Cler B3
10 Jugería San Augustín B4

Ausgehen & Nachtleben
11 Café Bar Museo B2

Praktisches
12 Banco de la Nacion A3

Transport
13 iPerú B3
14 LATAM B4
15 LC Perú A3
16 Línea (Ticketbüro) A3

Museo de Arqueología MUSEUM

(Junín 682; 5 S; ⌚Mo 9–14.30, Di–Sa bis 16.30 Uhr) Dieses gute Museum bietet einen Überblick über die Geschichte Perus von 12 000 v. Chr. bis heute, mit Schwerpunkt auf den Moche-, Chimú- und Inka-Zivilisationen sowie den unbekannteren Cupisnique- und Salinar-Kulturen. Ein Besuch lohnt sich schon wegen des Gebäudes an sich: Die restaurierte Villa aus dem 17. Jh. ist als La Casa Risco bekannt und verfügt über imposante Säulen aus Zedernholz und schön bemalte Hofmauern.

Casa de Urquiaga HISTORISCHES GEBÄUDE
(Pizarro 446; ⏲Mo–Fr 9.15–15.15, Sa 10–13 Uhr) GRATIS Das kolonialzeitliche Herrenhaus geht auf 1604 zurück, wurde nach der vollständigen Zerstörung durch das Erdbeben von 1619 wiederaufgebaut und gehört seit 1972 der Banco Central de la Reserva del Perú. Das Haus wurde umgebaut und restauriert und beherbergt seither exquisite alte Möbel, darunter einen Schreibtisch, den einst Simón Bolívar nutzte, der 1824 seinen entscheidenden Feldzug zur Befreiung Perus von der spanischen Kolonialherrschaft überwiegend von Trujillo aus plante.

Geführte Touren

Trujillo Tours KULTUR
(☎044-23-3091; www.trujillotours.com; Almagro 301; ⏲7.30–13 & 16–20 Uhr) Der freundliche Veranstalter hat drei- bis vierstündige Ausflüge nach Chan Chan, Huanchaco und zu den Huacas del Sol y de la Luna sowie Stadtführungen im Programm. Die Touren werden auf Englisch, Französisch, Portugiesisch und Deutsch angeboten.

Schlafen

Einige Traveller übernachten lieber im nahen Strandort Huanchaco. In vielen Budget- und Mittelklassehotels kann es recht laut sein, wenn man ein Zimmer zur Straße bekommt. Für eine Stadt dieser Größe und geschichtlichen Bedeutung hat Trujillo in Sachen Designer- und Boutiquehotels sehr wenig zu bieten.

Hospedaje El Mochilero HOSTEL $
(☎044-29-7842; elmochileroperu@gmail.com; Independencia 887; B/EZ/DZ ab 25/35/50 S; 📶) Mehr als jede andere Unterkunft vor Ort erinnert diese an eine Jugendherberge. Draußen hinter dem Haus gibt's Hängematten, dann drei große Schlafsäle für je 10 bis 12 Personen (Ohrenstöpsel mitbringen), eine Gästeküche und coole Gemeinschaftsbereiche zum Chillen. Wer in freier Luft schlafen will, findet hinten noch einfache Hütten aus Zuckerrohr. Insgesamt herrscht eine gute Atmosphäre.

Hotel Chimor HOTEL $$
(☎044-20-2252; www.hotelchimor.com; Almagro 631; EZ/DZ/3BZ 110/160/220 S; 📶) Hinsichtlich Komfort und Modernität ist dieses Hotel eine sehr solide Mittelklasseoption. In den zeitgemäß gestalteten Zimmern kann es etwas heiß werden, aber sie sind recht stilvoll und haben eingebaute Schreibtische und Flachbild-TVs. Das Haus ist freundlich, liegt zentral und hat etwas von einem Boutiquehotel.

Hotel El Brujo HOTEL $$
(☎044-20-8120; www.elbrujohotel.com; Independencia 978; EZ/DZ/3BZ mit Frühstück 151/201/251 S; ❄@📶) Das ist ein solides, etwas langweiliges Mittelklassehotel. Das Haus ist sauber und ruhig, und die Nähe zu mehreren Bushaltestellen im Norden steigert den Bequemlichkeitsfaktor. Mit seinen geräumigen, modernen Zimmern und allen üblichen Annehmlichkeiten (Minibar, Kabelfernsehen und Schreibtisch) wirkt es wie ein Geschäftshotel.

★**Hotel Libertador** HISTORISCHES HOTEL $$$
(☎044-23-2741; www.hotellibertador.com.pe; Independencia 485; Zi. mit Frühstück ab 442 S; P❄@📶🏊) Das Libertador mit seinen auf ein schönes Gebäude verteilten 79 Zimmern ist die Audrey Hepburn unter Trujillos Hotels – es trägt sein Alter mit eleganter Anmut. Seine vier Sterne verdankt es dem schönen, üppigen Hof samt Pool, den vielen Bögen und den modernen Zimmern, die alle zu erwartenden Annehmlichkeiten bieten.

Essen

Die 700er-*cuadra* (Block) der Pizarro ist das Gelände, wo die Mächtigen von Trujillo abhängen und sich Familien treffen, die hier von trendigen, aber preiswerten Cafés und Restaurants versorgt werden. Einige der besten Restaurants von Trujillo liegen eine kurze Taxifahrt außerhalb des Zentrums.

Am Montag sollte man hier nach *shambar* Ausschau halten, eine traditionelle Suppe mit Weizen, Gemüse, Zwiebeln, Schweinefleisch und Kräutern, die dann in der ganzen Stadt angeboten wird.

Jugería San Augustín SANDWICHES $
(Bolívar 526; Sandwiches 3,50–7,50 S; ⏲Mo–Sa 8.30–13 & 16–20, So 9–13 Uhr) Dieser Laden ist dank der praktisch ununterbrochen bestehenden Schlange, die im Sommer bis um die Ecke reicht, leicht zu erkennen. Einheimische lieben die frischen Säfte, bei denen einem das Wasser im Munde zusammenläuft. Aber das ist noch nicht alles: Von den Sandwiches mit Hähnchen oder *lechón* (Spanferkel) und allem Drum und Dran berichtet man Freunden zu Hause gern.

★**El Celler de Cler** PERUANISCH $$
(☎044-31-7191; Ecke Gamarra & Independencia; Hauptgerichte 38–58 S; ⏲18–1 Uhr) Dieses stim-

mungsvolle Lokal ist der einzige Ort in Trujillo, an dem man das Abendessen (und einen der unglaublichen Cocktails) auf einem Balkon im 2. Stock genießen kann. Er reicht einmal rundum und stammt aus dem frühen 19. Jh. Das Essen ist gehoben, u.a. Pasta und Grillgerichte, und wirklich köstlich. Die Einrichtung bestimmen Antiquitäten, die von einer amerikanischen Registrierkasse aus den 1950er-Jahren bis zu einer außergewöhnlichen Lampe aus Großbritannien aus der Zeit der Industriellen Revolution reichen.

★ Mar Picante PERUANISCH **$$**

(www.marpicante.com; Húsares de Junín 412; Hauptgerichte 20–40 S; ⏲10–17 Uhr) Das sehr beliebte Restaurant wurde erst kürzlich renoviert und präsentiert sich nun mit poliertem Beton und industriellen Metallstützen, das Essen ist aber so hervorragend wie eh und je. Wer in Trujillo war, ohne das *ceviche mixto* mit irgendeiner würzigen Beilage probiert zu haben, hat etwas versäumt.

Casona Deza PERUANISCH **$$**

(Independencia 630; Hauptgerichte 23–46 S; ⏲Mo–Sa 17.30–23.30 Uhr; 📶) 🌿 In dem geräumigen Café, das in einem der schönsten restaurierten kolonialzeitlichen Wohnhäuser der Stadt residiert, erwarten einen ausgezeichneter Espresso, hausgemachte Desserts sowie schmackhafte Pizzas und Pastagerichte, oft mit Bio-Zutaten.

Ausgehen & Nachtleben

★ El Tragsu BAR

(Las Hortencias 588; ⏲Mo–Sa 21–4 Uhr) Das beliebte Lokal südlich des Zentrums ist eine der besten Kneipen Perus. Vorn gibt's einen thematisch gestalteten Raum mit Elfendekoration, und einen eleganten Holztresen, an dem man diskutieren kann. Im Zwischengeschoss gibt's einen dampfenden Bandsaal, in dem Partystimmung angesagt ist.

Café Bar Museo BAR

(Ecke Junín & Independencia; ⏲Mo–Sa 17 Uhr–open end) Das Lieblingslokal der Einheimischen sollte kein Geheimnis bleiben. Künstlerische Plakate schmücken die hohen, holzgetäfelten Wände, und die klassische Marmortheke wirkt wie für eine Kreuzung aus englischem Pub und Rive-Gauche-Café. Das ist die mit Abstand interessanteste Bar in Trujillo. Wer länger bleiben will, findet auch ein begrenztes Angebot von Barsnacks.

Praktische Informationen

GELD

Banco de la Nacion (Ecke San Martin & Almagro) Bank mit gebührenfreien Geldautomaten.

MEDIZINISCHE VERSORGUNG

Clinica San Pablo (☎044-48-5244; www.sanpablotrujillo.com.pe; Húsares de Junin 690; ⏲24 Std.) Diese moderne Klinik gilt als eine der besten der Stadt und bietet auch ambulante Versorgung und eine Notaufnahme.

NOTFALL

Policía de Turismo (☎044-29-1705; Almagro 442; ⏲8–23 Uhr) Schockierend hilfsbereit. Die Touristenpolizei trägt weiße Hemden und ist in der Stadt immer präsent. Ein paar Beamte sprechen Englisch, Italienisch und/oder Französisch.

TOURISTENINFORMATION

iPerú (☎044-29-4561; www.peru.travel; Independencia 467, oficina 106; ⏲Mo–Sa 9–18, So bis 13 Uhr) Hat touristische Informationen, Stadtpläne und eine Liste der zertifizierten Guides und Reiseveranstalter.

An- & Weiterreise

BUS

Die Busse sind oft voll, wenn sie Trujillo verlassen, es empfiehlt sich also, etwas früher vorab zu buchen. Mehrere Unternehmen, die Ziele im Süden anfahren, haben Busbahnhöfe an der Panamericana Sur, der südlichen Verlängerung der Moche und der Ejército; beim Ticketkauf sollte man darauf achten, wo genau der Bus abfährt.

Línea hat Busse zu den meisten Zielen, die für Traveller von Interesse sind, und gehört zu den Busgesellschaften mit recht komfortablen Bussen.

Cruz del Sur (☎080-11-1111; www.cruzdelsur.com.pe; Amazonas 437) Eines der größten und teuersten Busunternehmen in Peru. Das Unternehmen betreibt täglich sechs Busse nach Lima und montags bis samstags abends Busse nach Guayaquil.

Emtrafesa (☎044-48-4120; www.emtrafesa.com; Tupac Amaru 185) Fährt regelmäßig nach Chiclayo und zu Zielen weiter nördlich.

Línea (☎044-29-7000; www.linea.pe) Das **Buchungsbüro** (☎044-24-5181; www.linea.pe; Ecke San Martín & Obregoso; ⏲Mo–Sa 8–21 Uhr) des Unternehmens liegt praktisch im historischen Zentrum, während die Busse alle vom eigenen **Busbahnhof** (☎044-29-9666; Panamerica Sur 2857) an der Panamericana Sur abfahren (Anfahrt per Taxi 6 S). Busse von Línea fahren nach Lima (tgl. 9-mal 9–22.45

Uhr), Piura (13.30 & 23 Uhr), Cajamarca (10.30, 13, 22, 22.30 & 22.40 Uhr) und Huaraz (9.30 & 21.30 Uhr).

Móvil Tours (☎ 017-16-8000; www.moviltours.com.pe; Panamerica Sur 3955) Ist auf sehr komfortable Langstreckenbusse für Touristen spezialisiert. Es gibt einen Bus nach Lima um 22 Uhr sowie um 21.40 und 22.10 Uhr Busse nach Huaraz, von denen der erste noch nach Caraz weiterfährt. Um 16 Uhr fährt ein Bus nach Chachapoyas und um 15 Uhr einer nach Tarapoto. Ein Taxi zu diesem Busbahnhof kostet 6 S, alternativ nimmt man einen *combi* (California/Esperanza) an der Av España und steigt am Ovalo Larco aus.

Turismo Días (☎ 044-20-1237; www.turdias.com; Nicolás de Piérola 1079) Fährt täglich nach Cajamarca (10, 13.15, 22 & 23 Uhr) und Cajabamba (20 & 21 Uhr).

Busse ab Trujillo

ZIEL	PREIS (S)	DAUER (STD.)
Cajabamba	25–35	12
Cajamarca	25–80	6–7
Caraz	50–65	8
Chachapoyas	70–90	15
Chiclayo	20–45	3–4
Chimbote	12–60	2
Guayaquil (Ecuador)	130–200	18
Huaraz	45–65	5–9
Lima	30–120	8–9
Máncora	40–90	8–9
Otuzco	8	2
Piura	35–80	6
Tarapoto	90–120	18
Tumbes	40–95	9–12

FLUGZEUG

Der **Flughafen** (TRU) liegt ungefähr 10 km nordwestlich der Stadt. **LATAM** (☎ 044-22-1469; www.latam.com; Almagro 480) fliegt dreimal täglich zwischen Lima und Trujillo. **Avianca** (☎ 080-01-8222; www.avianca.com; Real Plaza, César Vallejo Oeste 1345; ⏲10–21 Uhr) bedient zweimal täglich die gleiche Route und **LC Perú** (☎ 044-29-0299; www.lcperu.com; Almagro 305; ⏲9–20 Uhr) hat abends einen Flug nach Lima.

ℹ Unterwegs vor Ort

Der Flughafen liegt etwa 10 km nordwestlich von Trujillo und ist günstig mit dem *combi* nach Huanchaco zu erreichen, wobei man allerdings zum Schluss 1 km weit laufen muss. Das dauert rund 30 Minuten. Ein Taxi aus dem Stadtzentrum kostet 20 S.

Eine kurze Taxifahrt in der Stadt kostet rund 4 S. Für Sightseeingtouren berechnen die Taxis ca. 30 S pro Stunde in der Stadt und ca. 40 S pro Stunde bei Fahrten ins Umland.

Rund um Trujillo

Fünf größere archäologische Stätten lassen sich von Trujillo aus leicht mit Nahverkehrsbussen oder dem Taxi erreichen. Zwei dieser Stätten stammen hauptsächlich von der Moche-Kultur (ca. 250 v. Chr.–850 n. Chr.), die drei anderen von der Chimú-Kultur (850–1500). Die erst vor relativ kurzer Zeit freigelegte Moche-Ruine der **Huaca el Brujo** (www.elbrujo.pe; Eintritt für Stätte & Museum 10 S; ⏲9–17 Uhr) lässt sich ebenfalls besichtigen, ist aber nicht ganz so bequem erreichbar.

Die Moche- und die Chimú-Kultur hinterließen die deutlichsten Zeugnisse in der Gegend um Trujillo, sie waren aber keineswegs die einzigen Kulturen in dieser Region. In einem im März 1973 in *National Geographic* erschienenen Artikel erklärten die Forscher M.E. Moseley und C.J. Mackey, von mehr als 2000 Stätten im Tal des Río Moche zu wissen, und inzwischen sind noch viele mehr entdeckt worden.

Chan Chan

Das gegen 1300 n. Chr. erbaute, 20 km² einnehmende **Chan Chan** (www.chanchan.gob.pe; Eintritt 10 S, Führer für Gruppen von 1–5 Pers. 40 S; ⏲9–16 Uhr, Museum Mo geschl.) ist die größte präkolumbische Stadt des amerikanischen Doppelkontinents und die größte aus Lehmziegeln erbaute Stadt der Welt. Zu ihrer Zeit muss sie einen beeindruckenden Anblick geboten haben, aber verheerende El-Niño-Überflutungen und starke Regenfälle haben große Teile der äußeren Ränder der Stadt stark erodiert. Man kann aber immer noch den eindrucksvoll restaurierten Komplex des Palacio Nik An, die weiten Plazas, die Grabkammern der Herrscher und die feinen noch vorhandenen Verzierungen bestaunen.

Auf dem Höhepunkt der Macht des Chimú-Reichs lebten in Chan Chan ungefähr 60 000 Menschen, und die Stadt barg große Schätze an Gold, Silber und Keramik. Der Reichtum blieb im Wesentlichen auch noch an Ort und Stelle, als die Inkas die Stadt eroberten. Sobald aber die Spanier auf der Bühne erschienen, setzten die Plünderungen ein. Innerhalb weniger Jahrzehnte war wenig mehr als nur Goldstaub übrig.

Die Überreste dessen, was gefunden wurde, kann man in Museen in der Nähe sehen.

Die Chimú-Hauptstadt bestand aus zehn ummauerten Zitadellen oder königlichen Bezirken. Jeder enthielt eine Begräbnisstätte der Herrscher mit reichen Grabbeigaben, darunter auch Dutzenden geopferter junger Frauen und Kammern voller Keramik, Webarbeiten und Schmuck.

Der (nach einem Schweizer Wissenschaftler auch als Tschudi-Komplex bezeichnete) **Palacio Nik An** ist der einzige Teil von Chan Chan, der teilweise restauriert wurde. Zeltkonstruktionen schützen einzelne Partien der Stätte vor weiterer Erosion. Möglicherweise werden auch andere Bereiche der Stadt später einmal öffentlich zugänglich gemacht, solange sie aber noch nicht überwacht und ausgeschildert sind, läuft man, wenn man sich dort umschaut, das Risiko, überfallen und ausgeraubt zu werden.

Am Palacio Nik An werden im Eingangsbereich die Tickets sowie Souvenirs und Getränke verkauft. Hier findet man auch Toiletten. Ein Café gibt es nicht mehr, man sollte also Snacks mitbringen. Führer warten neben dem Ticketbüro.

Die beste Option für einen Besuch ist, sich in Trujillo einer geführten Tour anzuschließen oder vor Ort einen Guide zu engagieren, da die Ausschilderung äußerst dürftig ist. Üblicherweise sind Guides verfügbar, die Englisch, Französisch, Deutsch oder Italienisch sprechen. Wer alleine losziehen will, hält sich an die fischförmigen Hinweispfeile, die den Weg markieren. An der Ticketkontrolle kann man eine kleine Broschüre (2 S) kaufen, die eine Beschreibung der einzelnen Bereiche des Komplexes und einen Lageplan enthält.

Das zugehörige **Museum** (www.chanchan.gob.pe; Eintritt frei mit Chan-Chan-Ticket; ⌚ Di–So 9–16 Uhr) der Stätte liegt draußen an der Hauptstraße rund 500 m vor der Hauptabzweigung nach Chan Chan und zeigt Exponate zu Chan Chan und der Chimú-Kultur. Es gibt einige wenige Erläuterungen auf Spanisch und Englisch, aber ein Führer ist auch hier hilfreich. Die Luftaufnahmen und Lagepläne, die die gewaltige Ausdehnung von Chan Chan zeigen, sind faszinierend, zumal Touristen nur einen winzigen Teil der Stätte besichtigen können.

Combis und Busse nach Chan Chan (1,50 S) fahren aus Trujillo alle paar Minuten; sie passieren die Kreuzungen der España mit der Ejército und der España mit der Industrial. Sie setzen ihre Passagiere an der Abzweigung ab, von der man 10 Minuten bis zum Ticketbüro laufen muss. Von Huanchaco aus kann man jedes Transportmittel Richtung Trujillo nehmen.

Die Anfahrt mit einem Taxi aus Trujillo oder Huanchaco kostet rund 12 S.

Huaca del Sol & Huaca de la Luna

Die Tempel der Sonne und des Mondes, die der Moche-Kultur zugeschrieben werden, sind mehr als 700 Jahre älter als Chan Chan, doch Teile des **Komplexes** (www.huacasdemoche.pe; ⌚ 9–16 Uhr) sind bemerkenswert gut erhalten. Die Hauptattraktion der Stätte am Südufer des Río Moche ist die **Huaca de la Luna** mit ihren eindrucksvollen vielfarbigen Friesen. Im Eintrittspreis enthalten ist eine englischsprachige Führung; einzelne Traveller müssen warten, bis eine Gruppe zusammengekommen ist. Die größere **Huaca del Sol** ist für Besucher nicht zugänglich.

Archäologen glauben, dass die Huaca de la Luna das religiöse und zeremonielle Zentrum und die Huaca del Sol das Verwaltungszentrum der Moche-Hauptstadt war. Die beiden Gebäude sind durch 500 m offene Wüste voneinander getrennt, auf der sich einst die Behausungen und anderen Gebäude der Einwohner erhoben.

Die Huaca de la Luna ist kleiner als ihr Nachbar, was beweist, dass, zumindest bei Moche-Pyramiden, Größe nicht das entscheidende Kriterium ist. Das Gebäude ist mit Räumen durchzogen, die Keramiken und Edelmetalle enthielten und immer noch mit schönen polychromen Friesen geschmückt sind, für die die Moche-Kultur bekannt ist. Die *huaca* wurde im Verlauf von sechs Jahrhunderten bis zum Jahr 600 n. Chr. errichtet, wobei sechs Generationen die Anlage erweiterten und den Vorgängerbau vollständig überbauten.

Archäologen, die an ausgewählten Stellen Schicht um Schicht freilegten, fanden in jeder Ebene Friese mit stilisierten Figuren; einige sind durch die vollständige spätere Überbauung perfekt erhalten.

Wenn es eine archäologische Stätte in der Region gibt, die man gesehen haben muss, dann diese hier. Engagierte örtliche Führer begleiten einen durch die verschiedenen Teile des Komplexes und erläutern die reich kolorierten Motive, die Moche-Gottheiten und zoomorphe Figuren darstellen, ehe zum spektakulären Abschluss die prächtige, reich verzierte Außenwand in Augenschein genommen wird. Man sollte hier auf keinen Fall früher gehen. Viele Führer sind Freiwillige, ein Trinkgeld wird gern gesehen.

Von der Stätte der Huaca de la Luna hat man einen guten Blick auf die Huaca del Sol, das immer noch größte präkolumbische Einzelgebäude Perus ist, obwohl rund ein Drittel von ihm durch Erosion und Plünderungen verloren gegangen ist.

Rund 600 m vom Parkplatz der Huaca de la Luna entfernt steht das faszinierende, gut gestaltete **Museo Huacas de Moche** (☎044-60-0457; Eintritt 5 S; ⊙9–16 Uhr), das in drei Sälen Objekte zeigt, die in der Stätte gefunden wurden. Die Erläuterungen sind auf Spanisch und Englisch. Besucher müssen zunächst hier ein Ticket kaufen und sich für eine Führung anmelden, ehe es hinüber zur Huaca de la Luna geht. Der Eintritt ins Museum kostet zusätzliche 5 S; es lohnt sich, in das Museum hineinzuschauen, während man auf den Beginn seiner Führung wartet.

Combis (1,50 S) zu den Huacas del Sol y de la Luna starten rund alle 15 Minuten von der Av Los Incas in Trujillo; die Anfahrt mit dem Taxi kostet 15 S.

Huanchaco

☎044 / 68100 EW.

Das einst ruhige Fischerdorf 12 km außerhalb von Trujillo fand sich eines Tages als dick unterstrichene Zwischenstation auf dem peruanischen Gringo Trail wieder. Seinen Ruhm verdankt es zu großen Teilen den langen, schmalen Schilfbooten, die man aufgereiht am *malecón* sieht. Einige wenige örtliche Fischer nutzen immer noch diese zeitlosen Wasserfahrzeuge, und vielleicht sieht man sogar, wie eines mit dem Fang des Tages anlandet. Bilder von Huanchaco gingen zwar gut als Postkarten durch, die das Leben in der alten Zeit zeigen, aber der Strand ist nur mittelmäßig. Gleichzeitig zieht das geruhsame Leben aber einen bestimmten Typ von Strandfans an, und der Ort hat sich seinen dörflichen Charme weitgehend bewahrt.

Huanchaco hat heute viele Unterkünfte und Restaurants sowie tolle Wellen für angehende Surfer zu bieten. Im Sommer strömen Legionen von peruanischen und ausländischen Besucher hier an die Gestade, und der schnell wachsende Ferienort ist auch eine tolle Ausgangsbasis zur Erkundung der Ruinen rund um Trujillo.

Aktivitäten

Der kurvenförmige graue Sandstrand ist im Sommer (Dez.–April) gut zum Baden geeignet, aber im übrigen Jahr ist das Wasser wirklich kalt. Die gute Brandung ist ideal für Surf-Anfänger und findet viele Anhänger, sodass man auf den Straßen jede Menge blondierter Surfer mit Brettern unter dem Arm zu sehen bekommt. Ordentliche Wellen gibt's hier das ganze Jahr über.

Surfausrüstung (Surfbrett & Neoprenanzug 35 S/Tag) kann man in verschiedenen Läden an der Hauptstraße ausleihen. Es gibt auch Surfunterricht (ca. 70 S/1½–2 Std.).

Muchik Surf School SURFEN
(☎044-63-3487; www.escueladetablamuchik.com; Independencia 100) Diese Surfschule ist die am längsten bestehende in Huanchaco und gilt als die verlässlichste. Wer es am Ende nicht schafft, auf den Brettern zu stehen, braucht auch nichts zu bezahlen.

Schlafen

Die meisten Pensionen finden sich am südlichen Ende der Ortschaft in den kleinen Straßen, die senkrecht auf den Strand zulaufen. Außerhalb der Festival- und Ferienzeit kann man bis zu 50 % Rabatt erhalten, wenn man fragt.

★**Naylamp** PENSION $
(☎044-46-1022; www.hostalnaylamp.com; Larco 1420; Camping mit/ohne gemietetes Zelt 18/15 S, B/EZ/DZ ab 20/40/60 S; @ WLAN) Am Nordrand von Huanchaco und die beste unter den Budgetoptionen. Das Naylamp besteht aus einem Gebäude am Wasser und einem zweiten, größeren Haus dahinter. Die Budgetzimmer teilen sich eine große Terrasse mit Meerblick und der grüne Campingplatz bietet den perfekten Ausblick bei Sonnenuntergang. Zudem gibt's eine Küche, Wäscheservice, Hängematten und ein Café.

Moksha HOSTEL $
(☎973-713-628; La Ribera 224; B/EZ/DZ ab 15/45/50 S; WLAN) Das gleich gegenüber der Uferstraße stehende geräumige Hostel wird von einem hippen jungen Paar geführt und ist ein toller Ort zum Abhängen. Die Zimmer sind schlicht, aber gemütlich, und es finden sich viele Gemeinschaftsbereiche zum Chillen, darunter eine Terrasse mit Meerblick und einen Hinterhof mit einer offenen Gästeküche. In der Anlage werden Surf- und Yogakurse angeboten und es gibt ein vegetarisches Café.

Hotel Bracamonte HOTEL $$
(☎044-46-1162; www.hotelbracamonte.com.pe; Los Olivos 160; EZ/DZ mit Frühstück ab 120/165 S; @📶🏊) Das beliebte, freundliche, einladende und durch hohe Mauern und ein verschlossenes Tor geschützte Bracamonte ist eines der älteren unter den schöneren Hotels in Huanchaco und nach wie vor eine der besten Optionen. Hübsche Gartenanlagen, ein Spielezimmer, ein Grillbereich, ein Restaurant, eine Bar und ein Kinderspielplatz machen es zu einer sehr guten Wahl für Familien, und die Executive-Zimmer sind wahrscheinlich die gepflegtesten in Huanchaco.

Hotel Caballito de Totora BOUTIQUEHOTEL $$
(☎044-46-2636; www.hotelcaballitodetotora.com.pe; La Ribera 348; EZ/DZ/3BZ mit Frühstück 145/205/290 S; ❄@📶🏊) Helle, moderne Zimmer um einen einladenden Poolbereich machen dieses professionell geführte Hotel zu einer Spitzenoption. Die Suiten sind die besten Zimmer in Huanchaco und in modernen Motiven gestaltet, die auch in Miami nicht fehl am Platze wären. Sie bieten Meerblick, Whirlpools, 100-cm-TVs und private Terrassen.

Essen

Huanchaco besitzt, was nicht weiter überrascht, jede Menge Meeresfrüchterestaurants, vor allem nahe den *caballitos de tortora* (traditionellen indigenen Schilfbooten) am nördlichen Ende des Strands.

Umi Sushi SUSHI $
(☎976-361-624; Las Orquideas 317; Sushi 10,50–23 S; ⏲Di–So 19–23 Uhr) Viele der besseren Restaurants in Huanchaco schließen früh, aber dieses tolle kleine Sushilokal, das sich in einer ruhigen Seitenstraße am südlichen Ende der Stadt versteckt, sorgt für Besucher, die etwas Besonderes wollen. Es serviert Gourmet-*makis* mit peruanischem Einschlag – zu empfehlen ist das „Spicy Kani" mit Avocado und Garnelen in Krabbensauce.

★Restaurante Mococho PERUANISCH, SEAFOOD $$
(www.facebook.com/restaurantemococho; Bolognesi 535; Hauptgerichte 36 S, ganzer Fisch 110 S/kg; ⏲13–15 Uhr, Mo geschl.) Das winzige Lokal liegt abgeschieden in einem ummauerten Garten, wo die Legende von Chefkoch Victor dank seiner Witwe und seinem Sohn Wen weiterlebt. Die Gerichte sind nicht billig, aber frisch und ausgezeichnet. Die Spezialität ist gedünsteter ganzer Fisch in Sauce – davon werden gut drei Personen satt. Man sollte früh kommen, denn das Lokal schließt, sobald der frische Fisch ausgegangen ist.

★Restaurante Big Ben PERUANISCH $$$
(☎044-46-1378; www.bigbenhuanchaco.com; Larco 1184; Hauptgerichte 49–70 S; ⏲11.30–17.30 Uhr; 📶) Das raffinierte Meeresfrüchtelokal am nördlichen Ende der Stadt ist auf *ceviche* zur Mittagszeit spezialisiert und das beste Restaurant der Stadt für erstklassige Meeresfrüchte. *Ceviche* ist zwar die Hauptattraktion, auf der Karte stehen aber auch viele Gerichte mit frischem Fisch und Garnelen sowie *sudados* (Meeresfrüchteeintöpfe). Am schönsten speist man auf der Terrasse im 3. Stock mit Blick aufs Meer.

An- & Weiterreise

Einige Busunternehmen haben Ticketverkäufer in Huanchaco, die Busse starten aber in Trujillo. Von Trujillo fahren häufig *combis* sowie gelbe und rote *micro*-Busse nach Huanchaco (2 S). Zur Rückfahrt wartet man einfach an der Strandstraße, bis ein Bus vom nördlichen Ende der Ortschaft zurückkommt.

Ein Taxi von Trujillo nach Huanchaco kostet 18 bis 20 S, in der umgekehrten Richtung sollte ein günstigerer Preis drin sein, weil die Fahrer darauf aus sind, schnell dorthin zurück zu kommen, wo sie schnell neue Fahrgäste finden.

Chiclayo

☎074 / 553 200 EW.

Spanische Missionare gründeten hier im 16. Jh. eine kleine Landgemeinde, die entweder durch Glück oder Hilfe von oben schnell aufblühte. Schlau hatten die Missionare einen Ort in der Mitte der lebenswichtigen Handelsrouten zwischen der Küste, dem Hochland und dem Dschungel gewählt. So konnte Chiclayo zum wirtschaftlichen Zentrum des Distrikts werden und andere, einst wichtige Orte in der Region überflügeln.

Die Ciudad de la Amistad (Stadt der Freundschaft) begrüßt müde Traveller mit ausgestreckter Hand und gibt ihnen einmalige regionale Gerichte zu kosten. Die Stadt selbst hat herzlich wenige Touristenattraktionen zu bieten, aber die Dutzende von Gräbern der Moche- und der Chimú-Kultur sind archäologische Schätze, die man sich nicht entgehen lassen sollte.

Schlafen

Hostal Sicán HOTEL $
(☎074-20-8741; hsican@hotmail.com; Izaga 356; EZ/DZ/3BZ inkl. Frühstück 45/70/100 S; 📶) Die-

ses ansprechende Haus erschafft mit poliertem Holz und gusseisernen Akzenten eine Illusion von Grandesse. Die Zimmer sind klein, gemütlich und kühl. Alle sind holzverkleidet und mit geschmackvoller Kunst und TVs ausgestattet. Eine tolle Wahl in einer der charmantesten Ziegelpflasterstraßen von Chiclayo.

Hotel Mochiks BOUTIQUEHOTEL **$$**
(☎074-20-6620; www.hotelmochiks.com; Tacna 615; EZ/DZ mit Frühstück 165/210 S; ❄@📶) Der glänzende Neuzugang hinterließ sofort seinen Eindruck auf die Hotelszene der Stadt und verdankte seinen Erfolg vor allem einem Stilgefühl, das zuvor hier unbekannt war. Das hohe, schmale Gebäude, die Lobby, das Café und die Bar im 2. Stock präsentieren sich in Chrome- und gedeckten Rottönen und bieten einen schönen Kontrast zu den recht kleinen Zimmern in ruhigen Beigetönen.

Casa Andina Select Chiclayo HOTEL **$$$**
(☎074-23-4911; www.casa-andina.com; Villarreal 115; Zi./Suite mit Frühstück 803/1071 S; P❄@📶🏊) Die peruanische Boutiquehotelkette Casa Andina schnappte sich dieses alternde Haus, das frühere Gran Hotel Chiclayo. Es handelt sich um eine Art Businesshotel mit Anden-Flair. Es gibt eine angenehme Terrasse und einen Poolbereich, ein Spa, ein Fitnesscenter und ein Restaurant. Die funkelnd neuen Zimmer sind modern und sauber.

Essen

Chiclayo ist eine der besten kulinarischen Adressen an der Nordküste. *Arroz con pato a la chiclayana* (Ente und Reis in Koriander-Biersauce) und *tortilla de manta raya* (Stachelrochen-Omelette) gelten als besondere Delikatessen. Zum Dessert sollte man eine örtliche, auf den Straßen angebotene Süßigkeit namens King Kong probieren: einen großen Keks mit einer süßen, aus Milch und Zucker hergestellten Karamellcreme. Dieser Snack ist hier überall zu haben.

El Pescador SEAFOOD, PERUANISCH **$**
(San José 1236; Hauptgerichte 15–20 S; ⌚11.30–17.30 Uhr) Dieses kleine Geheimnis der Einheimischen lockt mit hervorragenden Meeresfrüchten und regionalen Spezialitäten zu fantastischen Preisen Gäste in Scharen an. Die *ceviches* sind genauso gut wie in Lokalen, die das Doppelte oder Dreifache verlangen. Die Sonderangebote am Wochenende, etwa *cabrito con frijoles* (Ziege mit Bohnen; Sa) und *arroz con pato* (Ente mit Reis; So) sind echte Schnäppchen.

Mi Tia BURGER **$**
(Aguirre 662; Burger 2–5 S, Hauptgerichte 13–44 S; ⌚8–22 Uhr) Lange Schlangen von Sparfüchsen stehen am Burgerstand vor diesem schlichten peruanischen Lokal, an dem es Burger und Sandwiches zum Mitnehmen für einen Spottpreis gibt. Drinnen sind die Sandwiches etwas teurer (5–12 S), doch gibt's dazu auch noch Salat und Fritten auf den Teller. Das freundliche Personal serviert hier außerdem eine große Palette landestypischer Gerichte.

★ **Cafe 900** PERUANISCH **$$**
(www.cafe900.com; Izaga 900; Hauptgerichte 25–32 S; ⌚Mo–Do 8–23, Fr & Sa 13–1 Uhr; 📶) Livemusik, langsam rotierende Deckenventilatoren, unverputzte Wände und Lehmziegel, die einen mit den Elementen verbinden, sind die Markenzeichen dieser besten Mischung aus Bar, Café und Restaurant in Chiclayo. Das Lokal punktet mit einem tollen Ambiente, und das Essen ist schlicht, einfach, unprätentiös und günstig.

Fiesta Chiclayo Gourmet PERUANISCH **$$$**
(☎074-20-1970; www.restaurantfiestagourmet.com; Salaverry 1820; Hauptgerichte 40–90 S) Weniges ist so befriedigend wie die letzten leicht angebrannten Reiskrümel aus der Eisenpfanne zu kratzen und alles zu schmecken, was an einem Reisgericht wie *arroz con pato a la chiclayana* so toll ist. Hier werden nur Enten vom Bauernhof verwendet, die nicht älter als drei Monate sein dürfen.

Praktische Informationen

GELD

BCP (Balta 630) Hat einen rund um die Uhr funktionierenden Geldautomaten, der Visa und MasterCard akzeptiert.

NOTFALL

Policía de Turismo (Touristenpolizei; ☎074-23-8658; Saenz Peña 830; ⌚24 Std.) Nützlich, um Probleme zu melden.

TOURISTENINFORMATION

iPerú (Edificio Municipal, Ecke San José & Balta; ⌚Mo–Sa 9–18, So bis 13 Uhr) Die beste Stelle für touristische Infos in der Stadt. Es gibt noch weitere Büros am Flughafen und am Museo Tumbas Reales de Sipán (S. 1005) in Lambayeque. Wenn das Büro geschlossen sein sollte, wendet man sich an die Tourveranstalter.

Anreise & Unterwegs vor Ort

BUS

Cruz del Sur, Móvil Tours, Línea, Ittsa und Oltursa haben in der Regel die komfortabelsten Busse und fahren von eigenen Busbahnhöfen.

Cruz del Sur (080-11-1111; www.cruzdelsur.com.pe; Bolognesi 888) Fährt nach Lima (tgl. 4-mal, 8–20 Uhr).

Línea (074-23-2951; Bolognesi 638) Hat einen komfortablen Bus nach Lima (19.30 Uhr) sowie Busse nach Piura (alle paar Stunden), Cajamarca und Jaén.

Móvil Tours (01-716-8000; www.moviltours.com.pe; Bolognesi 199) Bietet gute Busse nach Lima (18.20, 18.30 & 19 Uhr), ferner Busse nach Tarapoto (17 & 18.30 Uhr), Cajamarca (22.30 Uhr), Jaén (23 Uhr) und Chachapoyas (21 Uhr).

FLUGZEUG

Der Flughafen (CIX) liegt 1,5 km östlich der Stadt; die Anfahrt mit dem Taxi kostet 6 S. **LATAM** (074-27-4875; www.latam.com; Izaga 770) fliegt 5-mal täglich zwischen Lima und Chiclayo (beide Richtungen), **LC Peru** (074-27-1478; www.lcperu.pe; Tacna 578; Mo–Fr 9–19, Sa bis 13 Uhr) etwas weniger häufig, aber oft günstiger.

Rund um Chiclayo

Das Land rund um Chiclayo birgt eine immense Fülle archäologischer Stätten, von denen viele noch nicht vollständig ausgegraben sind. Viele Ruinen sind zwar nicht so eindrucksvoll wie an anderen Stätten im Norden, die Reichtümer, die aus den Gräbern geborgen wurden, sind aber absolut prachtvoll und heute in mehreren fantastischen Museen zu bewundern.

Das geschäftige Chiclayo ist sicher die bequemste Ausgangsbasis zur Erkundung der Region, es gibt aber auch mehrere ruhigere Optionen, darunter die Kette der drei, nur eine kurze Fahrt entfernten friedlichen Strandorte Puerto Etén, Santa Rosa und Pimentel.

Lambayeque

074 / 47 900 EW.

Das rund 11 km nördlich von Chiclayo gelegene Lambayeque war früher die bedeutendste Stadt in der Gegend, spielt aber heute nach Chiclayo die zweite Geige. Es handelt sich um einen recht angenehmen Ort mit engen Straßen und einigen verfallenen kolonialen Gebäuden, der Hauptgrund für einen Halt sind aber die erstklassigen Museen in der Stadt, die zu den besten Perus gehören.

Das im November 2002 eröffnete **Museo Tumbas Reales de Sipán** (Museum der Herrschergräber von Sipán; 074-28-3978, 074-28-3977; www.museotumbasreales.com; Vizcardo y Guzman 895; 10 S; Di–So 9–17 Uhr) ist der ganze Stolz des nördlichen Peru, und das zu Recht. Das burgunderrote pyramidenförmige Gebäude erhebt sich unaufdringlich aus dem Boden; dieses Weltklasse-Museum wurde eigens für die Ausstellung der prächtigen Funde aus **Sipán** (Huaca Rajada; 978-977-622; museohrsipan@gmail.com; 8 S; 9–17 Uhr) erbaut. Fotografieren ist verboten, alle Taschen werden überprüft.

Das **Museo Brüning** (074-28-2110; www.museobruning.com; Huamachuco Cuadra 7; 8 S; Di–So 9–17 Uhr), früher die archäologische Schatzkiste der Region, steht heute im Schatten des Museo Tumbas Reales de Sipán, beherbergt aber immer noch eine ausgezeichnete Sammlung von Artefakten der Inka-, Chimú-, Moche-, Lambayeque-, Vicús- und Chavín-Kultur, die von Hans Heinrich Brüning zusammengetragen wurde, nach dem das Museum benannt ist. Hier erhält man einen guten Überblick über die Völker und Kulturen, die einst die Region prägten.

Ferreñafe

Das prächtige **Museo Nacional Sicán** (074-28-6469; Av Batangrande Cuadra 9, ; 8 S; Di–So 9–17 Uhr) zeigt Nachbildungen der 12 m tiefen Gräber, die in der Sicán-Stätte Batán Grande entdeckt wurden und zu den größten Grabanlagen Südamerikas zählen. Die Begräbnisriten sind rätselhaft: Der Herrscher von Sicán wurde in Fötus-Stellung mit den Füßen nach oben und abgetrenntem Kopf bestattet. Neben ihm fanden sich die Körper zweier Frauen und zweier Jugendlicher. Roter, beim Einatmen giftiger *sinabrio*-Staub schützte die Anlage vor Grabräubern.

Túcume

Die rund 30 km nördlich von Lambayeque an der Panamericana liegende archäologische Stätte von **Túcume** (www.tucume.com; einzelner/kombinierter Rundweg 8/12 S; 8–16.30 Uhr) ist nicht besonders bekannt, birgt aber die eindrucksvollsten Ruinen in der Region. Das große Gebiet mit mehr als 200 ha voller Mauerreste, Plazas und 26 Pyramiden war die letzte Hauptstadt der Sicán-Kultur, nachdem diese gegen 1050 n. Chr. ihre Hauptstadt im nahegelegenen Batán Grande aufgrund der Verwüstungen durch El Niño aufgegeben hatten.

Piura

☎073 / 755 500 EW.

Nach mehreren Stunden taucht in der öden Weite der Sechura-Wüste Piura wie eine in wabernde Hitzeschwaden gehüllte Fata Morgana am Horizont auf. Die gnadenlose Umwelt weckt das Gefühl des einsamen Auf-Sich-Selbst-Angewiesen-Seins; so wie die ersten Siedler betrachten sich auch die heutigen Einwohner dieser Stadt in erster Linie als Piuraner, nicht als Peruaner.

Da die Stadt weit im Binnenland liegt, sucht man in den heißen Sommermonaten nach kühlen Treffs mit Klimaanlage, um etwas Erholung zu finden. Die Stadt ist nicht besonders hübsch, und daran hat sich durch eine große Überflutung im Jahr 2017, die einige Gebiete der Stadt beschädigte, gewiss nichts verbessert. Immerhin entschädigen einige Kopfsteinstraßen und ein paar eindrucksvolle kolonialzeitliche Häuser dafür, dass es für Besucher hier praktisch nichts zu tun gibt.

Da Piura aber das Verkehrskreuz für die Ortschaften im Norden ist, wird man sich hier wahrscheinlich einige Zeit aufhalten.

Sehenswertes

Jirón Lima, einen Block östlich der Plaza de Armas, hat den kolonialen Charakter besser bewahrt als die meisten anderen Viertel in Piura.

Schlafen & Essen

Los Portales HISTORISCHES HOTEL $$$
(☎073-32-8887; www.losportaleshoteles.com.pe/hotel-piura; Libertad 875; Zi. mit Frühstück 440–660 S;) Das schöne, vollständig renovierte kolonialzeitliche Gebäude an der Plaza de Armas besticht mit exquisiten Details. Schöne öffentliche Bereiche mit schmiedeeisernem Gitterwerk und im Schachbrettmuster schwarzweiß gemusterte Böden führen zu einem Restaurant am Pool und Zimmern mit Kabel-TV, Minibar und hervorragenden Betten.

★**Bottega Capuccino** CAFÉ $$
(Santa Maria 287, Santa Isabel; Frühstück 11–21 S, Hauptgerichte 18–40 S; ⏲Mo–Sa 9–23, So 17–22 Uhr;) Eine prima Adresse: Das helle, moderne Café im quirligen Santa Isabel, eine 10-minütige Taxifahrt vom Stadtzentrum, bietet gesundes Frühstück sowie Gourmetsandwiches und Salate, die mittags genau das Richtige sind. Abends gibt's hier auch aufwendigere Gerichte, zu denen man sich eine Flasche Wein gönnt. Koffeinsüchtige finden hier einen der besten Espressos (6,50 S) in Piura.

Anreise & Unterwegs vor Ort

BUS

Mehrere Unternehmen haben Büros im *cuadra* 1100 der Sánchez Cerro; um nach Cajamarca und anderen Orten in den nördlichen Anden zu gelangen, fährt man aber am besten nach Chiclayo und nimmt dort einen Anschlussbus.

Civa (☎073-33-1944; www.civa.com.pe; Loreto 1400) Betreibt Busse nach Lima (16.15, 17 & 17.30 Uhr), Chulucanas (häufig) und Huancabamba (10 & 18 Uhr); letztere fahren vom **Terminal Terrestre Castilla** (Terminal El Bosque; Av Guardia Civil).

Cruz del Sur (☎073-33-7094; www.cruzdelsur.com.pe; Ecke Bolognesi & Lima) Hat komfortable Busse nach Lima (15, 17.30, 18.30 & 19.30 Uhr) sowie einen Bus nach Trujillo (15 Uhr).

Eppo (☎073-30-4543; www.eppo.com.pe; Panamericana Manzana 243) Fährt von einem eigenen riesigen Busbahnhof hinter der Real Plaza an der Panamericana zwischen 5.30 und 19.15 Uhr halbstündlich nach Máncora.

Linea (☎073-30-3894; www.linea.pe; Cerro 1215) Hat Busse nach Chiclayo (5–20 Uhr stündl.) und Trujillo (13.30 & 23 Uhr).

Oltursa (☎073-32-6666; www.oltursa.pe; Bolognesi 801) Fährt von seinem eigenen zentral gelegenen Busbahnhof mit sehr komfortablen Bussen zwischen 16 und 21.15 Uhr regelmäßig nach Lima.

FLUGZEUG

Der Flughafen (PIU) liegt am südöstlichen Ufer des Río Piura 2 km außerhalb des Stadtzentrums. Die Flugpläne ändern sich häufig. Ein offizielles Taxi in die Stadt kostet 15 S. Die Taxis, die vor dem Flughafen herumstehen, verlangen etwa 10 S, wir raten aber davon ab, ein solches inoffizielles Taxi zu nehmen.

LATAM (☎073-39-4379; www.latam.com; Centro Commercial Open Plaza, Tienda 51, 1era Nivel; ⏲Mo–Fr 10–22, Sa bis 14 Uhr) fliegt zwischen 5 und 19.40 Uhr 6-mal täglich von Lima nach Piura und in der Gegenrichtung zwischen 7 und 22 Uhr. **Peruvian Airlines** (☎073-32-4206; www.peruvian.pe; Libertad 777; ⏲Mo–Fr 9–19, Sa bis 14 Uhr) hat morgens und nachmittags je einen Flug zwischen beiden Städten und ist oft günstiger.

Máncora

☎073 / 12 600 EW.

Máncora ist *der* angesagte Ort an der peruanischen Küste, um zu sehen und sich sehen zu lassen. Im Sommer hängen hier sonnenverbrannte Ausländer mit dem peruanischen Jetset ab. In der sonnigsten Region des Landes erstrecken sich Perus beste Sandstrände über mehrere Kilometer, und Dutzende schicker Resorts und günstigere Unterkünfte bieten Zimmer, die nur einige Schritte von den Wellen entfernt sind. An Land konzentriert sich das Geschehen weitgehend auf die laute Hauptstraße, an der es viele gute Meeresfrüchte- und internationale Restaurants gibt.

Das badewannenwarme Wasser und die beständig guten Wellen locken jede Menge Surfer mit von der Sonne ausgebleichten Haaren an, und das lärmende Nachtleben hält die Besucher auf Trab, nachdem die Sonne als Feuerball im Meer versunken ist.

Da das ganze Jahr die Sonne scheint, ist Máncora einer der wenigen Ferienorte an der Küste, die sich nicht in der Nebensaison in eine Geisterstadt verwandelt.

Aktivitäten

Die Surfbedingungen sind hier von November bis Februar am besten; es gibt aber das ganze Jahr gute Wellen und dementsprechend auch Surfer.

Mehrere Läden am Südende des Strands vermieten in Máncora Surfbretter (10/20 S pro Std./Tag) – der vor dem Del Wawa liegt am praktischsten. Surfunterricht gibt's überall vor Ort (50–60 S/Std. inkl. Ausrüstung).

EINREISE NACH ECUADOR

La Tina

Im peruanischen Grenzort La Tina gibt's keine Unterkünfte, wohl aber in der ecuadorianischen Stadt Macará (3 km hinter der Grenze). La Tina erreicht man den ganzen Tag über mit *colectivos* (Sammeltaxis; 12 S, 2½ Std.), die in Sullana, 40 km nördlich von Piura, starten. Eine bessere Alternative sind die beiden täglichen Busse von **Transporte Loja** (☎073-33-3260; Loreto 1241, Adentro Terminal Ronco), die von Piura (13 & 21 Uhr) direkt zur Grenze und weiter nach Loja (48 S, 8 Std.) fahren.

Die eigentliche Grenze ist die rund um die Uhr geöffnete internationale Brücke über den Río Calvas. Die Formalitäten sind schnell erledigt, sofern alle Papiere in Ordnung sind. Es gibt keine Banken, aber Geldwechsler an der Grenze sowie in Macará. Die peruanische und die ecuadorianische Einreisebehörde teilen sich ein Gebäude auf der Brücke, weshalb alles praktisch und schnell abläuft.

Traveller, die nach Ecuador einreisen, finden Taxis (1 US$) und *colectivos* (0,50 US$) zur Weiterfahrt nach Macará.

Aguas Verdes

Es gibt zwei integrierte Grenzabfertigungseinrichtungen, die 3 km voneinander entfernt zu beiden Seiten der Grenze in Pocitos/Huaquillas liegen. Die Einrichtungen werden als Centro Binacional de Atención de Frontera (CEBAF) bezeichnet. Bei der Ausreise aus Peru braucht man am CEBAF auf peruanischer Seite nicht zu halten, sondern begibt sich direkt zum **CEBAF auf ecuadorianischer Seite** (24 Std.) jenseits des Flusses, wo einem die dort eingesetzten peruanischen Beamten den Ausreisestempel geben. Dann geht man ein paar Meter weiter zu deren ecuadorianischen Kollegen, von denen man den Einreisestempel für Ecuador in den Pass erhält.

Nur Bürger einiger weniger Staaten benötigen ein Visum, offiziell werden aber ein Ausreiseticket und ausreichende Mittel (20 US$/Tag) für den Aufenthalt verlangt. Nachfragen danach sind aber selten. Touristen dürfen sich offiziell nur 90 Tage im Jahr in Ecuador aufhalten, wenn sie nicht in einem Konsulat eine Aufenthaltsverlängerung beantragt haben.

Es ist dringend zu empfehlen, mit dem Direktbus eines Fernbusunternehmens wie **Cruz del Sur** (☎072-52-6200; www.cruzdelsur.com.pe; Tumbes 319), **Civa** (☎072-52-5120; www.civa.com.pe; Tumbes 518) oder **Cifa** (☎972-894-619; www.cifainternacional.com; Tumbes 572) die Grenze zu passieren. Etwas preiswerter ist es, ein *colectivo* oder einen Nahverkehrsbus zur Grenze zu nehmen und nach dem Passieren der Einreisestelle mit einem anderen Bus weiterzufahren.

Von Mai bis Ende September kann man in Máncora am besten kitesurfen; mehrere Schulen gibt's am südlichen Ende des Orts.

★ Pacifico Adventures WALBEOBACHTUNG
(☎998-391-428; www.pacificoadventures.com; Rivera del Mar, 150 m Sur Del Muelle, Los Organos) Der professionelle Veranstalter betreibt Walbeobachtungstouren, die von Los Organos, eine kurze Fahrt südlich von Máncora, starten. Die Boote sind gut und führen Unterwassermikrofone mit, dank derer man dem Walgesang lauschen kann. Außerdem sind Vogelbeobachtungstouren im Angebot.

Schlafen

★ Loki del Mar HOSTEL $$
(☎073-25-8484; www.lokihostel.com; Piura 262; B 28–39 S, Zi. 96 S, alle inkl. Frühstück;) Gesellige Traveller strömen in Scharen in die Mutter aller Strandhostels. Eigentlich ist das Loki del Mar eher ein Selbstversorger-Resort, das sich als Backpacker-Treff ausgibt. Das weißgetünchte Gebäude beherbergt geräumige Schlafsäle mit extrabreiten Betten und minimalistische Privatzimmer für alle, die Hostelflair mögen, aber auf gemeinschaftliches Schnarchen verzichten wollen.

Aloha Lina PENSION $$
(☎982-732-284; linamollehuanca@gmail.com; 8 de Noviembre s/n; Zi. 50–100 S;) Die kleine Pension an einer ruhigen Gasse nur ein paar Schritte vom Hauptstrand ist gut und günstig. Sie hat 11 makellose, frisch gestrichene Zimmer mit Ventilator, die sich auf zwei Etagen um einen Hof verteilen. Die Zimmer 6 bis 8 in der obersten Etage sind die besten: Ihre Zimmer gehen nach beiden Seiten, lassen die Brise hinein und erlauben ein wenig Ausblick aufs Meer.

★ Sunset Hotel BOUTIQUEHOTEL $$$
(☎073-25-8111; www.sunsetmancora.com; Antigua Panamericana 196; Zi./3BZ mit Frühstück 320/480 S;) Das anheimelnde Boutiquehotel könnte das Cover eines Hochglanzmagazins zieren. Es hat schön möblierte Innenräume und Felsskulpturen zum Thema Meereswelt. Die großen Zimmer bieten solide Matratzen, Warmwasserduschen, Balkone und einen Blick auf den Ozean.

Casa de Playa RESORT $$$
(☎073-25-8005; www.casadeplayamancora.net; Antigua Panamericana, Km 1217, Playa Los Pocitas; Zi. mit Frühstück 495–560 S;) Das elegante, freundliche Resort ist bei wohlhabenden Peruanern beliebt und bietet moderne, schicke Zimmer mit Bambusdecken und warmen Farbtönen, die sich zu privaten Balkonen öffnen. Die Hälfte der Zimmer präsentieren sich in poliertem Sichtbeton, der einen schönen Kontrast zu den vielen farbenfrohen Gemeinschaftsbereichen bildet. Alle liegen an schicken Korridoren, die mit vielen Pflanzen geschmückt sind.

Essen

Meeresfrüchte bilden das Rückgrat der Küche in Máncora. Andere Zutaten sind wegen der Transportkosten in der Regel teurer. An der Hauptstraße gibt's mehrere Minimärkte für Selbstversorger.

Green Eggs & Ham FRÜHSTÜCK $
(The Bird House Centro Comercial, Pasaje 8 de Noviembre; Gerichte 12–18 S; ⏲7.30–16.30 Uhr) Dieses von dem US-amerikanischen Autor Dr. Seuss inspirierte Frühstückscafé ist kein bisschen albern. Gringos lieben es, weil das Frühstück (Pfannkuchen, French Toast, Bratkartoffeln) auch das schlimmste Heimweh heilt. Das schmeckt zwar alles lecker,

ABSEITS DER ÜBLICHEN PFADE

COLÁN

Wer einmal ein paar Tage in einem authentischen peruanischen Strandort zubringen möchte, den die Ausländer noch nicht für sich entdeckt haben, ist im 15 km nördlich von Paita, Piuras wichtigstem Hafen, gelegenen Colán richtig.

Paita selbst ist eine staubige, verfallene und unattraktive Hafenstadt, die organisch der Wüste entsprungen zu sein scheint und eine gewisse Wildwestatmosphäre ausstrahlt. Sobald man aber von der Hauptautobahn abgefahren ist und Colán in Sicht kommt, stellt sich das selten gewordene Gefühl einer Entdeckung ein.

In Colán steht die älteste koloniale Kirche Perus (die aus einem Roman von Cormac McCarthy stammen könnte); der lange Strand ist im Sommer ein angesagtes Ziel des peruanischen Jetsets und die übrige Zeit so gut wie verlassen. Die kurvenförmige Bucht hat einen flachen Strand, der sich hervorragend zum Baden eignet.

aber der wahre Clou ist die Terrasse im 2. Stock – mit einer Aussicht durch das hohe Palmendach auf die brandenden Wellen.

★ Donde Teresa PERUANISCH $$
(☎073-25-8702; Antigua Panamericana, Km 1217, Hotelier; Hauptgerichte 28–38 S; ⏲12–21 Uhr; 📶) Vor Gastón Acurio war Teresa Ocampo die bekannteste unter Perus Promi-Köchen – sie war schon berühmt, ehe Perus Küche berühmt wurde. Heute lebt sie in Texas, aber ihr Sohn Javier führt in dem Lokal über dem Strand Los Pocitas mit Gourmet-Varianten peruanischer Klassiker ihre kulinarische Tradition weiter.

★ La Sirena d'Juan PERUANISCH $$
(☎073-25-8173; Piura 316; Hauptgerichte 40–45 S; ⏲Mi–Mo 12–15 & 18–23 Uhr; 📶) Gut gemacht, Junge! Der einheimische Juan hat sein kleines Fischrestaurant an der Hauptstraße in das beste Restaurant Nordperus verwandelt. Das Highlight hier ist der Gelbflossenthunfisch frisch aus den Gewässern Máncoras, egal, ob als *tiradito* (eine Art peruanisches Sashimi) in gelbem Curry oder gegrillt mit einem Chutney aus Mango, *rocoto* und roter Paprika.

ℹ Praktische Informationen

Oficina de Turismo (Piura s/n, Edificio Municipal; ⏲8–15.45 Uhr) Das Büro der Ortsverwaltung hat kaum Ressourcen und ist nicht so nützlich wie die staatlichen iPerú-Touristeninformationen, die Mitarbeiter bemühen sich aber nach Kräften, Fragen zu beantworten.

ℹ An- & Weiterreise

Im Ortszentrum befinden sich die Büros vieler Busunternehmen, die meisten Fahrten Richtung Süden starten aber in Tumbes.

Cifa (☎941-816-863; www.cifainternacional.com; Grau 313) Hat täglich günstige Busse nach Guayaquil (65 S) und Cuenca (65 S) in Ecuador.

Civa (☎014-18-1111; www.excluciva.pe; Piura 472) Betreibt einen günstigen Bus nach Lima um 15.30 Uhr und komfortablere um 17.30 und 18.30 Uhr sowie mitternachts einen Bus nach Guayaquil.

Cruz del Sur (☎0-801-11111; www.cruzdelsur.com.pe; Grau 208) Bietet *bus-cama* (Busse mit Liegesitzen) nach Lima (17 & 17.30 Uhr), ferner Busse nach Trujillo und Chimbote (Di, Mi, Fr & Sa 22.30 Uhr). Man kann auch den Bus dieses Unternehmens von Lima (Mo, Di, Do & Sa 9 Uhr) nach Guayaquil nehmen.

El Dorado (☎073-25-8161; www.transporteseldorado.com.pe; Grau 198) Bietet Busse nach Piura (tgl. 6-mal 9.30–21.30 Uhr), Chiclayo (9.30, 21.30, 23.30 & 24 Uhr) und Trujillo (9.30, 21.30 & 23 Uhr). Siebenmal täglich nimmt auch ein Bus nach Tumbes Passagiere auf.

Oltursa (☎017-08-5000; www.oltursa.pe; Grau 505; 📶) Bietet *bus-cama* (mit WLAN) nach Lima (17 & 17.30 Uhr), sowie einen Direktbus nach Trujillo (22 Uhr).

HUARAZ & DIE KORDILLEREN

Die Kordilleren sind Perus Tummelplatz für Abenteuer und Outdoor und eines der bedeutendsten Gebiete für Wanderer und Backpacker in Südamerika. Wohin das Auge auch schaut, erblickt man allzeit vereiste, weiße Gipfel inmitten weitläufiger grüner Täler. In den Hochtälern und Sätteln dieser gewaltigen Bergriesen verbergen sich unberührte jadegrüne Seen, Eishöhlen und reißende Wildbäche. Die Cordillera Blanca ist eine der höchsten Gebirgsketten der Welt außerhalb des Himalaja, woran die 18 Gipfel von mehr als 6000 m Höhe nicht den geringsten Zweifel aufkommen lassen.

Huaraz

☎043 / 127 000 EW. / 3091 M

Huaraz ist die ruhelose Hauptstadt dieses Abenteuer-Reichs in den Anden. Von den Dächern hat man einen atemberaubenden Panoramablick auf ihren Herrschaftsbereich, eine der eindrucksvollsten Gebirgsketten der Erde. Huaraz wurde durch das Erdbeben von 1970 nahezu ausgelöscht und wird so schnell keinen Wettbewerb um den Titel der schönsten Stadt in den Anden gewinnen, hat aber seine eigene, weit ausgreifende Persönlichkeit.

In allererster Linie ist Huaraz eine Trekking-Metropole. Während der Hauptsaison sieht man Hunderte von Backpackern und Abenteurern, die frisch von anstrengenden Wanderungen zurück sind oder ihre nächsten Expeditionen planen, in einer der vielen netten Kneipen der Stadt verschwinden. Dutzende Veranstalter helfen bei der Planung von Trips, vermieten Ausrüstung und organisieren Abenteuersport fast jeder Art. Eine endlose Reihe guter Restaurants und munterer Bars sorgt fürs leibliche Wohl und für Betrieb bis spät in die Nacht. In der Nebensaison können die Abenteuer in den Bergen gleichermaßen lohnend sein, nur ist

Huaraz & die Kordilleren

dann die Stimmung gedämpfter, und manche Läden gehen in den Winterschlaf, sobald die Regenfälle einsetzen.

Sehenswertes

Monumento Nacional Wilkahuaín RUINEN

(Erw./Student 5/2 S; Di–So 9–17 Uhr) Diese kleine Wari-Ruine 8 km nördlich von Huaraz ist erstaunlich gut erhalten und stammt aus der Zeit zwischen 600–900 n. Chr. Sie ist ein Nachbau des Tempels von Chavín im Tiwanaku-Stil (rechteckige Tempel auf erhöhten Ebenen). „Wilkahuaín" bedeutet „Haus des Enkels" auf Quechua. Der dreistöckige Tempel beherbergt auf jeder Etage sieben Räume, die ursprünglich Mumien-Bündel beherbergten. Die Leichen wurden mittels eines ausgeklügelten Systems aus Lüftungsschächten trocken gehalten. Das Museum, das sich in nur einem Raum befindet, bietet wesentliche Hintergrundinformationen auf Englisch und Spanisch.

Aktivitäten

Wandern & Bergsteigen

Ob man eine Bergexpedition oder nur eine Tageswanderung unternehmen will, Huaraz ist der geeignete Ausgangspunkt: Die Stadt ist das Zentrum zum Planen und Organisieren örtlicher Abenteuer in den Anden. Viele Veranstalter können Trips vorher organisieren, sodass man nur zur richtigen Zeit am richtigen Ort erscheinen muss. Viele Besucher begeben sich aber auch auf eigene Faust zum Campen, Wandern und Klettern in die Berge. Wer über genug Erfahrung verfügt, kann das auch tun. Man darf aber nicht vergessen, dass es wesentlich anstrengender ist, einen Rucksack voller Ausrüstung über einen Pass in 4800 m Höhe zu schleppen, als eine Wanderung in niedrigeren Gefilden zu unternehmen.

★ **Quechuandes** WANDERN

(943-386-147; www.quechandes.com; Santa Gadea 995; Mo–Sa 9–20, So ab 11 Uhr) Dieser sehr gut organisierte Veranstalter erntet für seine guten Führer und seinen verantwortlichen Ansatz bei Trekkingtouren begeisterten Zuspruch. Die Leute überprüfen genau, wie leistungsfähig jemand ist, bevor sie ihn die Berge lassen oder Ausrüstung vermieten und stellen so sicher, dass ihre Kunden den auf sie zukommenden Aufgaben gewachsen sind. Neben Treks, Gipfelexpeditionen und Kursen im Bergsteigen werden auch Klettertouren mit Experten angeboten.

★ **Eco Ice Peru** TREKKING
(www.ecoice-peru.com; Figueroa 1185; 3-/4-Tagestreks ab 249 US$; ⏲ 8–18 Uhr) Diese Agentur wird von einem geselligen, leidenschaftlichen jungen Führer geleitet und erhält von Travellern Bestnoten für ihren Kundenservice, ihre Führer, *arrieros* (Mauleseltreiber) und das Essen. Die Wanderungen enden oft mit einem Abendessen im Haus des Besitzers in Huaraz.

Andean Kingdom ABENTEUERTOUR
(☎ 944-913-011; www.andeankingdomhuaraz.com; Parque Ginebra; Klettertour ab 120 S; ⏲ Mo–Sa 9–21 Uhr) Der entspannte, aber engagierte Veranstalter bietet Tageskurse für angehende Bergsteiger, logistische Unterstützung für Experten und die üblichen Tagesausflüge mit einem Schwerpunkt auf Klettertouren (Los Olivos und Hatun Machay stehen besonders hoch im Kurs).

Klettern

Klettern ist eines der größten Freizeitvergnügen in der Cordillera Blanca und wird immer beliebter. Huaraz ist ein idealer Ort, um Exkursionen zu planen, Ausrüstung zu mieten und Tagesausflüge zu unternehmen. Gute Kletterbedingungen für Anfänger finden sich in Chancos, während das Gebiet um Los Olivos die vielfältigsten Routen bietet und in bequemer Nähe zu Huaraz liegt. Eifrige Kletterer finden grob vorbereitete Wände zum Sportklettern in Recuay und Hatun Machay, 30 bzw. 70 km südlich von Huaraz. Wer richtige Kletterwände sucht, die einen tagelang in Atem halten, ist am berühmten Torre de Parón richtig, den man vor Ort als „die Sphinx" kennt. Die meisten Trekkingtourveranstalter haben auch Klettertouren für Anfänger und für Experten in ihrem Repertoire. Viele vermieten auch Ausrüstung. Jeder ernsthafte Kletterer sollte ein Exemplar von *Huaraz: The Climbing Guide* (2014) von David Lazo und Marie Timmermans in seinem Gepäck haben. Das Buch enthält detaillierte Beschreibungen von mehr als 1000 Kletterrouten, hinterlegt mit Fotos und farbkodierten Landkarten.

Mountainbike fahren

★ **Mountain Bike Adventures** MOUNTAINBIKEN
(☎ 972-616-008; www.chakinaniperu.com; Lúcar y Torre 530, 2. St.; 2-Tages-Tour ab 380 US$; ⏲ 9–13 & 15–20 Uhr) Mountain Bike Adventures ist schon seit gut einem Jahrzehnt im Geschäft und wird von Mountainbikern dank seiner guten Auswahl an Rädern, dem ebenso kompetenten wie freundlichen Personal und der guten Sicherheitsbilanz immer wieder gern gewählt. Das Unternehmen bietet geführte Touren an, die von leichten fünfstündigen Fahrten bis zu 12-tägigen Routen durch die Cordillera Blanca reichen.

Der engagierte Inhaber Julio lebt sein gesamtes Leben in Huaraz, spricht Englisch und organisiert ganz auf die individuellen Bedürfnisse zugeschnittene Touren. Keiner kennt die Single-Track-Möglichkeiten in der Region besser als er.

☞ Geführte Touren

Für alle Aktivitäten innerhalb des Parque Nacional Huascarán – ob Bergsteigen oder Wandern – ist offiziell die Begleitung durch einen zertifizierten Führer vorgeschrieben, obwohl in der Praxis an den meisten Parkeingängen nicht darauf bestanden wird. Dennoch lohnt es sich selbst für technisch nicht anspruchsvolle Aktivitäten einen Führer zu engagieren, weil sich die Bedingungen in den Bergen sehr schnell ändern können und die Höhenkrankheit selbst erfahrene Wanderer plötzlich außer Gefecht setzen kann. Zudem wird einen ein guter Führer auf interessante Dinge hinweisen, die man alleine vielleicht übersehen hätte.

Alle Führer müssen von den peruanischen Behörden lizenziert und bei der Nationalparkverwaltung registriert sein. Bergsteiger und Wanderer sollten die Casa de Guías (S. 1015) kontaktieren, die Zentrale der Asociación de Guías de Montaña del Perú (Peruanischen Bergführervereinigung). Sie führt eine Liste ihrer international zertifizierten Bergführer, die alle ein rigides Ausbildungsprogramm absolviert haben. Allerdings ist ein internationales Zertifikat keine Voraussetzung für die Arbeit im Park; es gibt hier auch ausgezeichnete unabhängige Führer von anderen Vereinigungen, die für die Arbeit in der Region zertifiziert sind.

Viele Veranstalter arrangieren komplette Trekking- und Bergsteige-Expeditionen, bei denen Führer, Ausrüstung, Verpflegung, Köche, Träger und Verkehrsmittel enthalten sind. Je nach der Zahl der Teilnehmer, der Länge der Tour und dem Umfang der enthaltenen Leistungen zahlt man zwischen weniger als 100 S für einen leichten Tagesausflug und bis zu 750 S pro Person und Tag für eine Tour auf technisch anspruchsvolleren Bergen. Man sollte seine Entscheidung wenn irgend möglich nicht allein vom Preis abhängig machen, denn oft gilt hier wirklich, dass Qualität ihren Preis hat. Recherchen sind unerlässlich: Die Dinge sind im Fluss, und die Qualität der Veranstalter ändert sich schnell zum Besseren oder Schlechteren.

Eine der besten Quellen zu Führern in Huaraz sind Traveller, die gerade von einer Tour zurückkommen und ausgehend von ihren aktuellen Erfahrungen Führer empfehlen oder von ihnen abraten können. Eine sehr gute Quelle für Infos und Landkarten ist auch der South American Explorers Club in Lima.

Schlafen

El Jacal Backpacker HOSTAL $

(☎ 043-23-2924; www.eljacalhostel.com; 28 de Julio 1066; B 40 S, DZ 130 S, EZ/DZ ohne Bad 65/100 S; P 📶) Diese Unterkunft, ein Zwischen-

Huaraz

ding aus einem *hostal* (Herberge) und einem Hostel, wird von der gleichen Familie geführt wie das wunderbare **El Jacal Classic** (☎043-42-4612; José Sucre 1044; EZ/DZ mit Frühstück 80/105 S; 📶). Auch hier wird man herzlich empfangen und findet pieksaubere Zimmer mit schlichter, aber sehr komfortabler Einrichtung. Es gibt hier Schlafsäle, aber auch einige Doppelzimmer mit eigenem Bad, ferner eine hübsche Lounge, eine moderne Küche und kostenlose Parkplätze.

★ Albergue Churup HOSTEL $$
(☎043-42-4200; www.churup.com; Figueroa 1257; B S45, EZ/DZ mit Frühstück 120/185 S; @📶) Das äußerst beliebte, von einer Familie geführte Hostel hat pieksaubere, helle und geräumige Zimmer mit starken Farbakzenten sowie einladend komfortable Lounge-Bereiche in jeder Etage. Ganz oben befindet sich ein riesiger Gemeinschaftsraum mit Kamin und einem prächtigen 180°-Blick auf die Kordilleren.

Hotel San Sebastián HOTEL $$
(☎043-42-6960; www.sansebastianhuaraz.com; Italia 1124; EZ/DZ mit Frühstück 180/218 S; @📶) Das vierstöckige Hotel mit weißen Wänden und rotem Dach ist ein echtes städtisches Refugium und ein neokoloniales architektonisches Schmuckstück. Die Balkone und Bögen blicken auf einen grasbewachsenen Garten und einen Innenhof mit einem Ruhe ausstrahlenden Springbrunnen. Alle Zim-

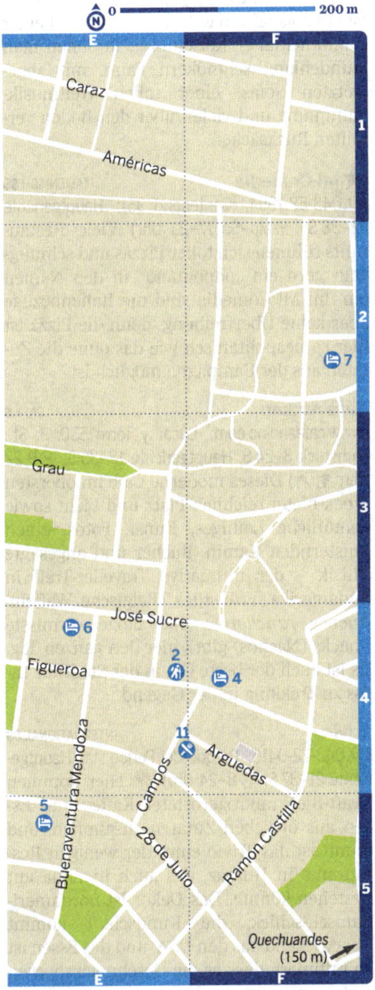

Huaraz

Aktivitäten, Kurse & Touren
1 Andean Kingdom C3
2 Eco Ice Peru E4
3 Mountain Bike Adventures C2

Schlafen
4 Albergue Churup F4
5 El Jacal Backpacker E5
6 El Jacal Classic E4
7 Hotel San Sebastián F2
8 La Aurora C5

Essen
Café Andino .... (siehe 3)
9 California Café B4
10 Chili Heaven C3
11 La Casona Huaracina E4
12 Manka D3
13 Rinconcito Mineiro C2
14 Trivio C3

Ausgehen & Nachtleben
Los 13 Buhos .... (siehe 10)

Praktisches
15 Banco de la Nacion C3
16 Casa de Guías C3
17 iPerú C4
18 Polizei C4
19 Parque Nacional Huascarán (Büro) B5
Policía de Turismo .... (siehe 17)

Transport
20 BCP C3
21 Cruz del Sur D2
22 Interbank C3
23 LC Perú B5
24 Línea D2
25 Movil Tours D2
26 Oltursa D1

mer haben einen Schreibtisch, gute Betten, Warmwasserduschen und Kabel-TV. Die meisten bieten auch Balkone. Wer nach einer Wanderung in Huaraz etwas Stilvolleres sucht als das Übliche, ist hier richtig.

La Aurora HOTEL $$
(☎043-42-6824; www.hotelaurorahuaraz.com; Luzuriaga 915; EZ/DZ/3BZ mit Frühstück ab 120/220/310 S; 📶) Das bei Travellern sehr beliebte Mittelklassehotel setzt einen angenehmen Schlusspunkt unter einen Wandertrip. Hier kann man sich (mit Warmwasser) den Staub aus den Haaren waschen und in ein dringend begehrtes weiches, komfortables Bett sinken. Die hellen, renovierten Zimmer haben Holzböden, luxuriöse Bäder mit Marmorwaschbecken und ortstypischen Details wie Lampenschirmen aus Stroh und gewebten Bettdecken.

★**Cuesta Serena** BOUTIQUEHOTEL $$$
(☎981-400-038; www.cuestaserena.pe; über Carhuaz, Anta; Zi. inkl. 2 Mahlzeiten ab 870 S) Das Spitzenklassehotel draußen nahe dem Flughafen ist eine tolle Unterkunft, wenn man dem Lärm in Huaraz entgehen und doch in bequemer Nähe zu Transportmöglichkeiten und den örtlichen Attraktionen bleiben will. Die eleganten Zimmer mit subtilen peruanischen Details befinden sich in hübsch gepflegten Gartenanlagen und bieten einen fantastischen Blick auf den Nevado Huascarán und andere Berge in den Kordilleren. Luxus und Gemütlichkeit sind hier perfekt ausgewogen.

★**Lazy Dog Inn** LODGE $$$
(☎943-789-330; www.thelazydoginn.com; Km 3, Cachipampa Alto; EZ 79–139 US$, DZ 99–159 US$ jeweils mit Frühstück & Abendessen; @📶) 🍃 Die von den rauen und stolzen Kanadiern Diana und Wayne geführte, eng mit nachhaltigem und gemeindebasiertem Tourismus verbundene Ökolodge liegt am Eingang der Quebrada Llaca 8 km östlich von Huaraz. Das Haus besteht aus Lehmziegeln und wurde vollständig von Hand erbaut. Man wohnt entweder in den komfortablen Doppelzimmern in der Hauptlodge oder in schickeren privaten Hütten mit Kaminen und Badewannen.

Essen

★**Manka** PERUANISCH, ITALIENISCH $
(☎043-23-4306; Bautista 840; Menú 10 S; ⏲8.30–23 Uhr) Wer schon immer wissen wollte, was geschieht, wenn peruanische auf italienische Küche trifft, kann sich hier schlau machen. Dass sich die Kombination lohnt, beweist dieses schlicht aufgemachte Restaurant: Als Vorspeise der zusammengewürfelten Mahlzeit gibt's beispielsweise Bruschetta, als Hauptgang *lomo saltado* (in der Pfanne gebratene Rindfleischstreifen mit Zwiebeln, Tomaten, Kartoffeln und Chilli) und köstliche Schokoladen-Mousse zum Dessert.

California Café FRÜHSTÜCK $
(www.huaylas.com; Jiron 28 de Julio 562; Frühstück 15–25 S; ⏲7.30–18.30, So bis 14 Uhr; 📶✎) Der von einem Kalifornier geleitete hippe Traveller-Magnet bietet den ganzen Tag Frühstück, dazu leichte Mittagsgerichte und Salate. Es ist ein abgefahren entspannter Ort mit einer Bibliothek alter Reiseführer, in denen man stundenlang schmökern kann, mit abgewetzten Sofas, einer tollen Weltmusik-Sammlung und vielen über den Boden verteilten Rucksäcken.

★**Mi Comedia** ITALIENISCH $$
(☎043-58-7954; Centenario 351; Hauptgerichte 22–38 S; ⏲Mo–Sa 17–23 Uhr) Viele Restaurants rühmen sich toller Pizzas und schmuggeln gern ein „napolitano" in den Namen ein. Im Mi Comedia sind die Italienbezüge aber keine Übertreibung, denn die Pizza ist hier so neapolitanisch wie das ohne die Zutaten aus der Campagna möglich ist.

Café Andino CAFÉ $
(www.cafeandino.com; Lúcar y Torre 530, 3. St.; Frühstück 8–24 S, Hauptgerichte 18–35 S; ⏲9-22 Uhr; 📶✎) Dieses moderne Café im obersten Stock bietet reichlich Platz und Licht sowie gemütliche Lounges, Kunst, Fotos, einen knisternden Kamin, Bücher und angesagte Musik – der ultimative Traveller-Treff in Südamerika. Frühstück (Belgische Waffeln, *huevos rancheros*) und lange vermisste Snacks (Nachos) gibt's hier den ganzen Tag. Es ist auch der beste Ort in der Stadt für Infos zu Trekking in der Gegend.

Trivio INTERNATIONAL $$
(☎043-22-0416; Parque del Periodista; Hauptgerichte 21–37 S; ⏲8–24 Uhr) 🍃 Hier kommen Craft-Bier, mikrogerösteter Kaffee und Essen aus örtlichen Zutaten zusammen, und damit ist das Trivio eines der wenigen Restaurants in Huaraz, das auch in Lima gut bestehen könnte. Das Dekor ist nordamerikanisch-schick, die Kundschaft kommt überwiegend aus den USA, und das Essen ist so raffiniert, dass es die Geschmacksnerven

kitzelt, und so sättigend, dass man sich nach einer viertägigen Wanderung gestärkt fühlt.

Chili Heaven INDISCH, THAILÄNDISCH $
(Parque Ginebra; Hauptgerichte 17–35 S; ⌚12–23 Uhr) Egal, ob man Indisch oder Thailändisch essen möchte, die feurigen Currys in diesem angesagten Laden lassen die Geschmacksknospen sofort explodieren und schütteln sie gewaltig durcheinander – bis man glaubt, man sei gestorben und in den Chili-Himmel (daher der Name) aufgefahren.

Rinconcito Mineiro PERUANISCH $$
(Morales 757; Menú 8–16 S, Hauptgerichte 12–35 S; ⌚7–23 Uhr; 📶) Dieses beliebte Restaurant ist der Ort für traditionelle, günstige peruanische *menús* (feste Menüs). Auf der Tageskarte stehen rund zehn Optionen, etwa das ausgezeichnete *lomo saltado* (gebratene Rinderstreifen mit Zwiebeln, Tomaten, Kartoffeln und Chili), gegrillte Forelle, *tacu-tacu* (ein peruanisches Fusion-Gericht mit Reis, Bohnen und einem Protein) und Ähnliches.

La Casona Huaracina PERUANISCH $$$
(☎43-39-6420; Campos 735; Hauptgerichte 22–42 S; ⌚11–22 Uhr) Der koloniale Architekturstil ist in Huaraz bemerkenswert abwesend, bis man das funkelnd neue Huaracina betritt, dessen clevere Innenarchitekten sich von den anmutigen Gebäuden in Arequipa inspirieren ließen. Das Lokal besteht aus drei miteinander verbundenen Räumen: einer smarten Loungebar, einer *pasteleria* (Konditorei) und dem Restaurant, die alle mit genauer Aufmerksamkeit auf Details gestaltet sind.

Ausgehen & Nachtleben

★ **Los 13 Buhos** BAR
(Parque Ginebra; ⌚11–2 Uhr) Viele, die mit einem 15 kg schweren Rucksack gerade die halbe Wegstrecke über irgendeinen monströsen Andenpass hinter sich gebracht haben, träumen plötzlich vom 13 Buhos mit seinem Luchos-Craft-Beer, dem Billardtisch und den leckeren „Snacks" am Nachmittag.

Praktische Informationen

GEFAHREN & ÄRGERNISSE

Man muss sich Zeit für die Akklimatisierung nehmen! In den ersten Tagen kann man wegen der Höhe außer Atem gelangen oder Kopfschmerzen bekommen und sollte sich nicht überanstrengen. Wer sich nicht zunächst ein paar Tage zur Akklimatisierung in Huaraz nimmt, wird in den umliegenden Bergen ein Opfer der Höhenkrankheit werden.

Huaraz ist generell eine sichere Stadt, in der wenig Verbrechen geschehen. Allerdings hat es in den letzten Jahren einen kleinen Anstieg der Raubüberfälle auf Traveller in der Peripherie der Stadt gegeben, insbesondere im Bereich des Mirador de Retaqeñua und der Ruinen von Wilkahuaín. In diesen Gebieten sollte man wachsam sein, nicht allein herumlaufen oder ein Taxi nehmen, um Probleme zu vermeiden.

Bei der Ankunft in der Stadt sollte man sich über die aktuelle Sicherheitslage informieren. Nachfragen kann man bei der **Policìa de Turismo** (☎043-42-1341; Luzuriaga 724; ⌚24 Std.) und in den iPeru-Büros.

GELD

Die folgenden Banken haben Geldautomaten und Tauschen US-Dollar und Euros.

Banco de la Nación (Luzuriaga 653; ⌚Mo–Fr 8–17.30, Sa 9–13 Uhr)

BCP (Luzuriaga 691; ⌚Mo–Fr 9–18, Sa bis 13 Uhr)

Interbank (José Sucre 320; ⌚Mo–Fr 9–18, Sa bis 13 Uhr)

NOTFALL

Polizei (28 de Julio)

MEDIZINISCHE VERSORGUNG

Clínica San Pablo (☎043-42-8811; Huaylas 172; ⌚24 Std.) Diese Klinik nördlich der Stadt bietet die beste medizinische Versorgung in Huaraz. Einige Ärzte sprechen Englisch.

TOURISTENINFORMATION

Casa de Guías (☎043-42-1811; www.agmp.pe; Parque Ginebra 28G; ⌚Mo–Fr 9–13 & 16–20, Sa 8–12 Uhr) Bietet Bergsicherheits- und Bergrettungskurse an und hält eine Liste mit international zertifizierten Führern bereit. Führt außerdem Rettungsaktionen durch, wenn Kletterer in Not geraten. Wer einen riskanten Aufstieg plant, sollte zuerst mit ihnen reden.

iPerú (☎043-42-8812; iperuhuaraz@promperu.gob.pe; Pasaje Atusparia, Oficina 1, Plaza de Armas; ⌚Mo–Sa 9–18, So bis 13 Uhr) Allgemeine Touristeninformation, wenig Trekking-Hinweise.

An- & Weiterreise

BUS

Huaraz hat keinen zentralen Busbahnhof. Die Busse starten von den Büros der verschiedenen Unternehmen, die überwiegend an oder rund um die Raimondi und die Bolívar ein paar Blocks nördlich der Plaza de Armas liegen.

Viele Busunternehmen fahren nach Lima; hinsichtlich Komfort und Verlässlichkeit sind Cruz del Sur, Oltursa, Linea und Movil Tours die besten.

Viele kleine Unternehmen überqueren mit betagten, altersschwachen Bussen die Cordillera Blanca auf dem Weg in Ortschaften östlich von Huaraz.

Cruz del Sur (☎043-42-8726; Bolívar 491) Die beiden Luxusbusse sind die komfortabelste und verlässlichste Busverbindung nach Lima (35–75 S, 8 Std., 11 & 22 Uhr).

Línea (☎043-42-6666; Bolívar 450) Hat ausgezeichnete Busse nach Lima (35–80 S, 8 Std., tgl. 2-mal) und Trujillo (30–55 S, 7 Std., tgl. 1-mal).

Movil Tours (www.moviltours.com.pe; Bolívar 452) Betreibt vom eigenen **Busbahnhof** (☎043-42-2555; www.moviltours.com.pe; Confraternidad Internacional Oeste 451) 1,5 km nordwestlich der Plaza de Armas Busse nach Lima (35–135 S, 8 Std., tgl. 10-mal), Chimbote (40–60 S, 5 Std., tgl. 1-mal) und Trujillo (45–75 S, 7 Std., tgl. 2-mal).

Oltursa (☎043-42-3717; www.oltursa.pe; Raimondi 825) Bietet täglich einen sehr komfortablen Bus nach Lima (60–90 S, 8 Std., 12.15 Uhr).

FLUGZEUG

Der **Flughafen** (ATA) liegt in Anta, 23 km nördlich von Huaraz. Ein Taxi kostet rund 40 S.

LC Perú (☎043-42-4734; www.lcperu.pe; Luzuriaga 904; ⏲Mo–Fr 9–19, Sa bis 18 Uhr) ist gegenwärtig die einzige Passagierfluglinie mit Flügen von/nach Lima (120 US$, 1 Std., Di, Do & Sa). Die Flüge starten morgens, werden aber häufig kurzfristig abgesagt.

Parque Nacional Huascarán

Der peruanische Bergsteigern César Morales Arnao regte in den frühen 1960er-Jahren als erster an, die Flora, Fauna und archäologischen Stätten der Cordillera Blanca unter Schutz zu stellen, aber das geschah erst 1975 mit der Gründung des Nationalparks. Dieser 3400 km² große Park umfasst praktisch das gesamte Gebiet der Cordillera Blanca oberhalb von 4000 m, darunter mehr als 600 Gletscher und fast 300 Seen und schützt so außergewöhnliche und gefährdete Arten wie die riesige Pflanze *Puya raimondii*, den Brillenbär und den Andenkondor.

Parkbesucher können sich im **Parkbüro** (☎043-42-2086; www.sernanp.gob.pe; Sal y Rosas 555; ⏲Mo–Fr 8.30–13 & 14.30–18 Uhr) in Huaraz registrieren (Pass mitbringen) und die Parkgebühr bezahlen, doch werden an den meisten Haupteingängen des Parks ebenfalls Tickets verkauft. Die Gebühren betragen 30 S pro Person für einen Tagesbesuch, 60 S für einen dreitägigen Besuch und 150 S für einen Monat.

Dieser Park schließt die Cordillera Huayhuash nicht mit ein, die ein separates Schutzgebiet bildet.

Aktivitäten

★ Santa Cruz Trek WANDERN

(Nationalparkpass 60 S) Der Santa Cruz Trek ist eine der klassischen mehrtägigen Wanderungen in Südamerika: eine leicht begehbare Strecke, spektakulär vom Anfang bis zum Ende und für alle geeignet, die einigermaßen fit sind und sich ausreichend Zeit zur Akklimatisierung genommen haben. Der Weg führt 45 km zwischen den Dörfern Vaqueria und Cashapampa durch die Cordillera Blanca. Man wandert längs der grünen Quebrada Huarípampa, dann über den wortwörtlich schwindelerregenden Punta-Union-Pass (4760 m) und hinunter durch die tiefe Schlucht der Quebrada Santa Cruz.

Anders als beim Inka-Trail gibt's für den Santa Cruz Trek kein Genehmigungssystem, und man kann die Wanderung sogar allein ohne Führer unternehmen (obwohl viele Veranstalter in Huaraz die Tour im Programm haben). Man kann die Strecke in beide Richtungen angehen, aber leichter und empfehlenswerter ist es, in Ost-West-Richtung von Vaqueria nach Cashapampa zu marschieren. Mit dem Beginn in Vaqueria vermeidet man einen strapaziösen, schweißtreibenden und staubigen Aufstieg gleich am Beginn der Wanderung, und wenn man schließlich in Cashapampa ankommt, findet man dort auch mehr Transportmöglichkeiten.

Zu den hinreißenden Attraktionen unterwegs gehören smaragdgrüne Seen, der sensationelle Blick auf viele Gipfel der Cordillera, Wiesen voller bunter Hochgebirgs-Wildblumen und kleine Polylepsis-Wäldchen.

★ Laguna Churup WANDERN

Der Weiler Pitec (3850 m) gleich oberhalb von Huaraz ist der offizielle Ausgangspunkt der Wanderung (hin & zurück 7 km) zur einfach wunderschönen Laguna Churup (4450 m) am Fuß des Nevado Churup.

Laguna 69 WANDERN

Der von schneebedeckten Gipfeln umgebene leuchtend blaue See ist das Juwel der Kordilleren. Die Wanderung zu dem See auf 4600 m erfordert eine Akklimatisierung;

ABSTECHER

LAGUNA PARÓN

Stille Ehrfurcht zeigt sich in den Mienen der Menschen, wenn sie über die **Laguna Parón** (5 S) sprechen. Der See, der über eine holprige Straße zu erreichen ist, liegt 25 km östlich von Caraz auf 4185 m Höhe und ist von schneebedeckten Gipfeln umgeben. Viele halten ihn für den schönsten See in der Cordillera Blanca – der größte ist er auf jeden Fall, obwohl sein Wasserspiegel Mitte der 1980er-Jahre von 75 auf 15 m abgesenkt wurde, um einen Einsturz der Moräne des Huandoy zu verhindern.

Von mächtigen Gipfeln umgeben, gewährt der Parón einen nahen Blick auf die Pirámide de Garcilaso (5885 m), den Huandoy (6395 m), den Chacraraju (6112 m) und mehrere 1000 m hohe Wände aus Granitgestein. Hier findet sich auch die herausfordernde, als Sphinx bezeichnete Kletterwand des Torre de Parón.

Ein Weg zieht sich auf flachem Gelände zwei Stunden lang am Nordufer des Sees hin und führt dann das Tal hinauf zu einem weiteren kleineren See und zum Fuß des Artesonraju. Es gibt auch einen steilen Aufstieg zu einem Aussichtspunkt, der schwierig werden könnte, wenn man sich nicht richtig an die dünne Luft akklimatisiert hat. Wer auf eigene Faust loszieht, muss wissen, dass es nicht möglich ist, den ganzen See zu umrunden: Der Weg an der Nordseite ist gut, aber an der Südseite gibt es einen sehr gefährlichen Abschnitt, an dem der Weg praktisch verschwindet und die schlüpfrige Vegetation direkt an die Flanke des Berges stößt. Die Absturzgefahr ist hier groß, und Ausländer sind schon bei dem Versuch, die Stelle zu überwinden, zu Tode gekommen.

Die meisten Besucher erleben den See im Rahmen einer organisierten Tour ab Huaraz oder Caraz (ab 50 S). Wer allein losziehen will kann in Caraz ein Taxi chartern (hin & zurück inkl. Wartezeit ca. 150 S). Die Anfahrt aus Caraz dauert 1½ Stunden und führt über eine unbefestigte Straße.

Die Laguna Parón liegt zwar innerhalb des Nationalparks, unterliegt aber eigenen Gesetzen und wird von einer Gemeindegruppe verwaltet, die einen Eintritt von 5 S erhebt.

wir empfehlen, zunächst eine leichtere Höhenwanderung zu unternehmen. Die Laguna 69 wird meistens im Rahmen eines Tagesausflugs ab Huaraz besucht, der in den letzten Jahren immer beliebter geworden ist. Daher darf man nicht erwarten, den See, in dem das Baden verboten ist, für sich alleine zu haben.

Los Cedros-Alpamayo WANDERN

Dies ist einer der schwindelerregendsten und anspruchsvollsten Treks in der Cordillera Blanca und eine Alternative zum epischen Huayhuash-Rundweg weiter südlich. Es gibt zahlreiche Varianten im Umfang von 90 bis 120 km und von sieben bis vierzehn Tagen. Bevor man loszieht, sollte man die Optionen genau studieren.

NÖRDLICHES HOCHLAND

Weite Strecken unerforschten Dschungels und nebelverhangener Bergketten hüten die Geheimnisse des nördlichen Hochlands. Hier erstrecken sich Andengipfel und üppige Wälder von der Küste bis in die tiefsten Dschungel des Amazonasbeckens. Dazwischen finden sich die Relikte von Inkakönigen und die dschungelbedeckten Ruinen der Nebelwaldkrieger; die Verbindungen zu diesen Außenposten werden gerade erst sichtbar.

Die kopfsteingepflasterten Straßen von Cajamarca bezeugen den Anfang vom Ende des einst mächtigen Inkareichs, und Überreste der Arbeit der einst berühmten Steinmetze der Anden sind immer noch vorhanden. Die dunstigen Wälder von Chachapoyas haben erst kürzlich ihre archäologischen Schätze enthüllt: Sehenswert ist die hochgelegene Steinfestung Kuélap, die sich an einen zerklüfteten Kalksteingipfel klammert. In Tarapoto, dem Tor zum Dschungel, wartet der Amazonas geduldig am Rand, wie schon seit Jahrhunderten mit seiner Schönheit und einem ganzen Füllhorn an Flora und Fauna.

Cajamarca

☎076 / 249 000 EW. / 2750 M

Die elegante, aber eigenwillige Stadt Cajamarca liegt in einem milden Tal, das in alle Richtungen von den steinigen Hängen

Cajamarca

wuchtiger Berge umgeben ist. Die mit roten Ziegeln gedeckten Lehmziegelbauten der wichtigsten Stadt im nördlichen Hochland scheinen den geheimen Wunsch zu verraten, an den dörflichen Wurzeln Cajamarcas festzuhalten. Fruchtbares Farmland bedeckt das gesamte Tal, und die Straßen der Stadt gehören genauso den breitkrempige Hüte tragenden, in bunte Schultertücher gehüllten *campesinos* (Bauern) wie den jungen Städtern, die die hiesigen Boutique-Restaurants und Bars bevölkern.

Im kolonialzeitlichen Zentrum stehen majestätische Kirchen an der weiträumigen Plaza de Armas. Von hier gehen schmale Straßen mit einst prunkvollen barocken Stadtpalästen aus, in denen heute vielfach elegante Hotels und feine Restaurants residieren. Cajamarca ist bekannt für seinen Käse, sein Gold (eine der weltweit größten Goldminen liegt in der Nähe), für seine Barockkirchen und als die Stadt, in der der Inkaherrscher Atahualpa den spanischen Konquistadoren gegenübertrat. Kurz: eine anregende Mischung.

Sehenswertes

El Complejo de Belén — HISTORISCHES GEBÄUDE

(Ecke Belén & Comercio; 5 S; ⏲ Di & Mi 9–13 & 15–20, Do–Sa 9–20, So 9–13 Uhr) Der gewaltige kolonialzeitliche Klosterkomplex, der aus einer Kirche und einem Hospital besteht, wurde zwischen 1627 und 1774 ganz aus Vulkangestein errichtet. Das Hospital wurde von Nonnen geführt, ihre 31 winzigen, zellenartigen Schlafräume säumen die Wände des T-förmigen Gebäudes. Die Barockkirche nebenan ist eine der schönsten in Cajamarca und hat eine auffällige Kuppel sowie eine schöne, geschnitzte Kanzel. Im Inneren finden in der Regel Kunstausstellungen statt.

El Cuarto del Rescate — RUINEN

(Lösegeld-Kammer; Puga; 5 S; ⏲ Di & Mi 9–13, Do–Sa 9–20, So 9–13 Uhr) In der Cuarto del Rescate, dem einzigen Inka-Gebäude, das in Cajamarca noch steht, war der Inkaherrscher Atahuala inhaftiert. Das kleine Zimmer hat drei trapezförmige Türen und einige ähnlich geformte Nischen in den inneren Mauern – der typische Inka-Baustil. Besucher dürfen die Kammer nicht betreten, aber von draußen kann man die rote Linie sehen, die die ursprüngliche Decke des Raums markiert – und bis zu der er mit Schätzen gefüllt werden musste, um Atahualpas Freilassung zu erwirken.

Iglesia de San Francisco — KIRCHE, MUSEUM

(Calle 2 de Mayo; 5 S; ⏲ Museum 10–14 & 16–18 Uhr, Kirche 10–14 & 17–20 Uhr) Mit eindrucksvollen Steinreliefs und prunkvollen Altären stellt diese aufwendige Kirche die Kathedra-

Cajamarca

le an der Plaza de Armas deutlich in den Schatten. Anders als andere glanzvolle Kirchen in Cajamarca hat die Iglesia de San Francisco zwei Glockentürme. Sie beherbergt in dem leicht verstaubten **Museo de Arte Religioso** viele religiöse Gemälde, die im 17. Jh. von indigenen Künstlern geschaffen wurden. Ins Museum einbezogen sind auch die gruseligen **Katakomben**: in einem Raum erblickt man die geordneten Grabstätten der Mönche, in einem anderen Skelette von indigenen Menschen, die hier offenbar nackt und ohne weitere Zeremonien verscharrt wurden.

Feste & Events

Karneval FEST

Der Karneval ist in ganz Peru ein ausgelassenes Fest vor Beginn der Fastenzeit meist im Februar. Doch auch in Peru geht es nicht überall gleichermaßen hoch her. Fragt man Einheimische, wo am meisten los ist, wird unweigerlich Cajamarca genannt. Neun Tage lang gibt's hier Tanz, Essen, Gesang, Party, Kostüme, Umzüge und ausuferndes Chaos.

Schlafen

Hotel Sol de Belén HOTEL $$

(☎076-36-2196; www.hotelsoldebelen.com; Belén 636; EZ/DZ mit Frühstück 100/135 S; P 📶) Das Hotel bietet schicke Zimmer mit Cajamarca-Altstadt-Atmosphäre und eine ideale Lage an einer verkehrsberuhigten Straße gegenüber dem Complejo de Belén (S. 1018). Die ruhigen Zimmer sind von der Straße zurückgesetzt und bieten neben eigens entworfener Bettwäsche und Handtüchern auch eine gute Lichtstimmung. Ein Extra ist der kleine Fitnessraum im obersten Stock.

Hospedaje los Jazmines HOTEL $$

(☎076-36-1812; Amazonas 775; EZ/DZ/3BZ 60/90/120 S, ohne Bad 50/70/90 S; @📶) 🍃 In einem Land, in dem koloniale Höfe allgegenwärtig sind, zeichnet sich diese freundliche Herberge durch einen besonders schönen aus. Verglichen mit den größeren Stadthäusern in Cajamarca wirkt das Jazmines etwas schlichter, intimer und bewohnter. Die kleinen Zimmer rund um den üppigen Garten sind einfach, aber komfortabel. Die Einnahmen des Hotels tragen zum Unterhalt eines Waisenhauses für Kinder mit besonderem Förderungsbedarf in Los Baños del Inca bei.

Hotel Cajamarca HISTORISCHES HOTEL $$$

(☎076-36-2532; www.hotelcajamarca.com.pe; Calle 2 de Mayo 311; EZ/DZ mit Frühstück 180/250 S; @📶) Der prachtvolle überdachte, mit weichen Polsterbänken ausgestattete Hof bietet eine perfekte Einstimmung, und die schicken Zimmer mit Parkettböden, frischen Bettdecken und funkelnden Bädern bestätigen den ersten Eindruck. Das Haus wurde offenbar von jemandem mit Sinn für Funktion und Geschichte gestaltet und wahrt geschickt die Balance zwischen Modernität und kolonialer Anmutung.

Essen

★**Cascanuez Café Bar** CAFÉ $

(☎076-36-6089; Puga 554; Kuchen 7,50 S; ⏲7.30–22 Uhr; 📶) Jede Stadt braucht ein solches Café, wo man um 16 Uhr zum Tee oder zur *merienda* (Vesper) kommen kann und ein Kellner mit Krawatte das heiße Getränk und die süße Zwischenmahlzeit bringt. In Cajamarca gibt's keinen Tee, sondern *cafe pasado* (Kaffee aus einer Mischung von dicker Kaffeeessenz mit kochendem Wasser) und eine Auswahl von neun Varianten von *tres leches* (Kuchen aus Sahne, Kondensmilch und gezuckerter Kondensmilch).

El Marengo PIZZA $

(Junín 1201; Pizzas 11–20 S; ⏲19–23 Uhr) Das Marengo ist die kleinste, angesagteste und

ABSTECHER

TAGESAUSFLÜGE AB CAJAMARCA

Die Plaza de Armas ist von Tourveranstaltern umringt, die alle mehr oder weniger die gleichen halb- und ganztägigen Ausflüge anbieten. Viele Unternehmen behaupten, Englisch sprechende Guides zu haben, da aber die meisten Touristen in dieser Gegend Peruaner sind, sieht die Realität ein bisschen anders aus.

Die Touren (20 S) nach Cumbemayo finden täglich von 9 bis 13.30 Uhr statt, sodass man nachmittags noch gut den Ausflug (17 S; 15.30–19 Uhr) zu den Ventanillas de Otuzco unternehmen kann. Die Touren (70 S) zu den Ruinen von Kuntur Wasi dauern den ganzen Tag, werden aber seltener durchgeführt. Man sollte die Termine vorab überprüfen.

Es gibt noch mehrere andere halbtägige Touren zu Käsereien, Mini-Zoos (die meist Haustiere zeigen) und Seen in der Umgebung, die alle um die 20 S kosten.

Ventanillas de Otuzco (5 S; ⌚9–18 Uhr) Diese Nekropole aus der Prä-Inka-Zeit besteht aus unzähligen Grabnischen, die wie *ventanillas* (Fenster) in den Hügelhang geschlagen wurden. Die in einer bezaubernden Landschaft 8 km nordöstlich von Cajamarca liegende Stätte ist zu Fuß leicht von Cajamarca oder Los Baños del Inca (sich eine Wegbeschreibung geben lassen) aus erreichbar. Alternativ kann man die *combis* (Minibusse) nehmen, die oft von der Kreuzung der Jirón Los Gladiolos mit der Jirón Tayabamba nördlich der Plaza de Armas in Cajamarca zu den Ventanillas de Otuzco (1 S, 20 Min.) abfahren.

Kuntur Wasi (Erw./Kind 5/1 S; ⌚Di–So 9–17.30 Uhr) Die auf einem Berg über der Kleinstadt San Pablo stehenden, selten besuchten Ruinen aus der Zeit vor den Inkas lohnen definitiv einen Ausflug aus Cajamarca. Die Stätte gilt als eine der Wiegen der Andenkultur: Vier verschiedene Kulturen nutzten das Areal für ihre Zeremonien; die ersten Bauten wurden gegen 1100 v. Chr. errichtet. Das bedeutendste Gebäude ist ein großer, U-förmiger Tempel, der aus drei erhöhten Plattformen besteht, um die herum zahlreiche Grabstätten liegen.

Cumbemayo (8 S) Cumbemayo (abgeleitet von dem Quechua-Ausdruck *kumpi mayo*, „gut gemachter Kanal") ist eine erstaunliche Leistung des Ingenieurbaus aus der Prä-Inka-Zeit. Diese vollkommen glatten Aquädukte wurden vor rund 2000 Jahre geschaffen und ziehen sich mit rechteckigen Abknickungen über 9 km im Zickzack dahin. Der eigentliche Zweck ist noch unbekannt, da es in Cajamarca keinen Mangel an Wasserquellen gibt. Andere Felsformationen wurden so behauen, dass sie an Altäre oder Throne erinnern. In nahegelegenen Höhlen finden sich Petroglyphen, darunter einige, die an Wollhaarmammute erinnern. Die Stätte befindet sich rund 20 km südwestlich von Cajamarca.

lustigste unter den Pizzerien in den Blocks westlich der Plaza de Armas. Mit einem Raum von der Größe eines Zahnarztwartezimmers, in den sechs Holztische und der Backsteinofen hineingequetscht wurden, wirkt das Lokal eher wie eine Schmiede als wie ein Restaurant. Man hat die Wahl zwischen 14 verschiedenen Pizzas.

Paprika PERUANISCH **$$$**
(☎076-36-2472; www.costadelsolperu.com; Cruz de Piedra 707; Hauptgerichte 25–50 S; ⌚12–23 Uhr) Cajamarcas nobelstes Restaurant liegt im elegantesten Hotel der Stadt und hat auch die einfallsreichste Küche. Durch große Fenster blickt man auf den Hauptplatz, gestärkte weiße Tischwäsche sorgt für förmliche Eleganz, und das Essen wird kunstvoll arrangiert auf Schieferplatten, Brettern, Löffeln und manchmal sogar Tellern aufgetragen.

Ausgehen & Unterhaltung

★**Usha-Usha** BAR
(Puga 142; Mindestverzehr 5 S; ⌚21 Uhr–open end) Wer gern eine etwas intimere lokale Erfahrung machen möchte ist in dieser kleinen Kneipe richtig, die von dem exzentrischen einheimischen Musiker Jamie Valera geführt wird, der den winzigen Laden mit viel Charisma ausgestattet hat. Er singt sich mit seinen Musikerfreunden die Seele aus dem Leib und die Gäste gehen anschließend mit unvergesslichen Reiseerinnerungen nach Hause.

Praktische Informationen

GELD

Scotiabank (Amazonas 750; ⌚Mo–Fr 8–18, Sa 9–12 Uhr) Nützliche kanadisch geführte Bank mit Geldautomat.

TOURISTENINFORMATION

iPerú (☎076-36-5166; Cruz de Piedra 601; ⏲Mo–Sa 9–18, So bis 13 Uhr)

An- & Weiterreise

BUS

Cajamarca ist nach wie vor ein Verkehrsknotenpunkt, von dem aus Busse in alle vier Himmelsrichtungen fahren. Die meisten Busbahnhöfe liegen in der Nähe von *cuadra* (Block) 3 der Atahualpa (nicht zu verwechseln mit der Atahualpa im Zentrum), rund 1,5 km südöstlich des Stadtzentrums an der Straße nach Los Baños del Inca.

Cruz del Sur (☎076-36-2024; Atahualpa 884) Betreibt einen guten Bus mit Liegesitzen (*bus-cama*) und Bildschirmen in der Kopfstütze nach Lima (100–120 S, 16 Std., 18.30 Uhr).

Línea (☎076-34-0753; www.linea.pe; Atahualpa 316) Hat einen komfortablen Bus mit Liegesitzen (*bus-cama*) nach Lima (120–140 S, 15 Std., 18 Uhr) und Busse nach Chiclayo (25–46 S, 6 Std., 10.45, 13.30, 22.50 & 23 Uhr) und Trujillo (25–50 S, 6 Std., 10.30, 13, 22, 22.15, 22.30 & 22.40 Uhr).

Movil Tours (☎076-28-0093; www.moviltours.com.pe; Av Atahualpa 686) Fährt täglich nach Lima (90–110 S, 15 Std., 15.50 Uhr) und über Chiclayo nach Piura (50–70 S, 8 Std., 20.45 Uhr).

FLUGZEUG

Der **Flughafen** liegt 4 km außerhalb der Stadt abseits der Straße nach Otuzco.

LC Perú (☎076-36-3115; www.lcperu.pe; Jirón del Comercio 1024; ⏲Mo–Fr 9–19, Sa bis 13 Uhr) Die günstigste, aber unzuverlässigste Fluglinie fliegt zweimal täglich nach Lima (100 US$, 1¼ Std., 7.15 & 17 Uhr).

LATAM (www.latam.com; Centro Commercial El Quinde; ⏲10–22 Uhr) Fliegt zwei- oder dreimal täglich von Cajamarca nach Lima (135 US$, 1¼ Std.)

Chachapoyas

☎041 / 29 000 EW. / 2335 M

Das über Jahrhunderte abgelegen in den Nebelwäldern des nördlichen Peru schlummernde entspannte Chachapoyas scheint als Reiseziel kurz vor dem Durchbruch zu stehen. Für altbewährte Traveller ist das wachsende Interesse sicher keine Überraschung, denn die Stadt in der Übergangszone zwischen den Hochanden und dem Amazonasbecken ist mit ihrer Umgebung so etwas wie eine Schatzkiste, die ausgegraben werden will.

Chachapoyas wurde in der Frühzeit der spanischen Eroberung als eine Basis gegründet, von der aus die Erschließung des Amazonasbeckens vorangetrieben wurde. Das heutige Chachapoyas ist eine relativ unscheinbare Kleinstadt, bestehend aus einem engen Raster weiß getünchter Häuser mit roten Ziegeldächern. Nur wenige Einwohner sind indigen und sprechen Quechua. Die eigentlichen Juwelen liegen im Umland. In den nebelverhüllten Bergen und Tälern finden sich kolossale Wasserfälle, eine bemerkenswerte Vogelwelt und mysteriöse Ruinen aus der Zeit vor den Konquistadoren und vor den Inka, von denen die Hälfte noch vom Dschungel überwuchert sind.

Aktivitäten

Treks zu den zahlreichen eindrucksvollen Sehenswürdigkeiten und Ruinen rund um Chachapoyas werden immer beliebter und lassen sich in der Stadt leicht arrangieren. Die beliebteste Wanderung ist der vier- oder fünftägige **Gran Vilaya Trek** von Choctámal zur Schlucht des Marañón, durch unberührten Nebelwald und an mehreren Ruinen vorbei ins himmlische Valle de Belén. Ein weiteres beliebtes Abenteuer ist die dreitägige Tour (zu Fuß und zu Pferd) von Leimebamba zur **Laguna de los Cóndores**.

Zu den möglichen Zielen von Tageswanderungen, die man auf eigene Faust unternehmen kann, gehören der Gocta-Wasserfall (S. 1023), der **Inka-Trail** von oder nach Levanto (und **Yalape** GRATIS), der alte Camino Herradura (S. 1024) hinauf nach Kuélap (S. 1023) und die lange Wanderung von Yerbabuena zu den Felsgräbern von **Revash** (Eintritt 10 S; ⏲Ticketbüro 8–13 & 14–17 Uhr).

Geführte Touren

Alle Anbieter von preiswerten Touren haben ihren Sitz an oder nahe der Plaza de Armas. Bevor man sich für einen Veranstalter entscheidet, sollte man sich bei anderen Travellern erkundigen. Bei mehrtägigen Treks zahlt man zwischen 100 und 150 S pro Person (etwas mehr bei Gruppen von weniger als 4 Pers.) und für Tagestouren zwischen 50 und 80 S.

Zu den üblichen Tagestouren gehören Kuélap für 100 S, von **Karajía** (Eintritt 10 S) zur **Caverna de Quiocta** (Eintritt 5 S; ⏲8–17 Uhr) für 100 S, Gocta für 60 S und die Tour von Revash nach Leimebamba für 120 S. Die genannten Preise stellen allerdings nur Richtwerte dar.

Turismo Explorer TOUREN
(☎041-47-8162; www.turismoexplorerperu.com; Grau 549) Dieses Unternehmen genießt einen guten Ruf unter Travellern und bietet kurze Touren und mehrtägige Wanderungen an. Die professionellen Führer sprechen hervorragend Englisch.

Schlafen

★ **Chachapoyas Backpackers** HOSTEL $
(☎041-47-8879; www.chachapoyasbackpackers.com; Calle 2 de Mayo 639; DZ 70 S, B/EZ/DZ ohne Bad 20/35/45 S; @ 📶) In einer Gegend, in der Hostels dünn gesät sind, ist dieser Travellertreff ein Glücksfall, weil er die Erwartungen noch übertrifft. Man findet hier saubere, großzügige Zimmer und Schlafsäle, die mit Farbtupfern aufgehübscht sind, eine gut bestückte Gemeinschaftsküche und Warmwasserduschen. Das Haus mit seinen engagierten, mehrsprachigen Angestellten fungiert zudem als Anlaufstelle für Infos zur Gegend.

★ **La Xalca** HOTEL $$$
(☎041-47-9106; www.laxalcahotel.com; Grau 940; EZ/DZ/3BZ mit Frühstück 290/360/530 S; P 📶) Die eleganten Wände und Balkone aus Holz und Lehmziegeln dieses hübschen Gebäudes im Kolonialstil wirken so authentisch, dass man nicht glauben mag, dass alles erst vor wenigen Jahren neu gebaut wurde. Das Hotel verbindet modernen Minimalismus mit altbewährter Tradition und bietet viele einladende Gemeinschaftsbereiche mit bequemen Sofas, handgeschnitzten Möbeln und interessanter Kunst. Es ist ohne jeden Zweifel die beste Unterkunft vor Ort.

Essen

Café Fusiones CAFÉ $
(www.cafefusiones.com; Ayacucho, Plaza de Armas; Frühstück 8–11 S, kleine Gerichte 6–17 S; ⌚7–22 Uhr; 📶 🖉) 🍃 Das ist eines jener komfortablen Cafés am „Gringo Trail“, wo der seiner Erdnussbutter beraubte US-Backpacker alles findet, was ihn glücklich macht: vegetarische Omelettes, einen mehrsprachigen Büchertausch, Pearl Jam in der Dauerschleife, Bio-Kaffee und Werbezettel, die das nächste Yoga-Studio anpreisen. Wenn man Gringos sucht, wird man sie hier finden. Das Café ist auch eines der wenigen vor Ort, die den ganzen Tag geöffnet sind.

★ **Amazonas 632** CAFÉ, INTERNATIONAL $$
(☎979-877-031; Amazonas 632; Hauptgerichte 10–22 S; ⌚7.30–14.30 & 17–23 Uhr; 📶) Das smarte neue zwanglose Café lockt einen Mix aus Laptop-Nutzern (kostenloses WLAN und Steckdosen) und Einheimischen an, die sich die dicken, saftigen Burger – die besten vor Ort – schmecken lassen. Es gibt hier starken Kaffee, riesige Obstsalate und kleine, aber ungewöhnlich aromatische Pizzas. Das Eulenmotiv gibt dem Laden trotz des ansonsten Starbucks-artigen Dekors eine gewisse freundliche Skurrilität.

Candela PIZZA $$
(☎961-867-428; Calle 2 de Mayo 728; Pizzas 14–28 S; ⌚18–23 Uhr) In diesem Lokal treffen die farbenfrohe Chachapoyas-Kultur (die Wandmalereien im indigenen Stil) und eine ordentliche, italienisch beeinflusste Küche zusammen. Den Mittelpunkt bildet der riesige Pizzaofen, der vom hart arbeitenden Koch fleißig beschickt wird und knusprige Pizzas mit dünnem Boden und großzügigem Belag auswirft. Für Unterhaltung sorgt das Personal, von dem sich einige gern als Tänzer beweisen.

★ **El Batan de Tayta** AMAZONAS-KÜCHE $$
(☎959-865-539; La Merced 604; Hauptgerichte 20–46 S; ⌚So–Do 11–23, Fr & Sa bis 24 Uhr) Exotik ist hier angesagt, vom Dekor (Amazonas-Schlingpflanzen, Sonnenschirm-Tische aus Bambus und Sitzbezüge aus Fell) über das Essen („betrunkenes“ Meerschweinchen, Ente und essbare Ameisen in einem Vanille-Cognac-Cocktail) bis zum Essgeschirr (Modellboote, kleine Trommeln oder eine Terrakotta-Fliese). Abgesehen von der Theatralik ist das Essen reichlich und gut zubereitet.

Zu empfehlen sind das *arroz shutito con bife y chica de jora* (cremiger Reis mit Rinderlende und einem Schuss Maisschnaps) und die Spezialität des Hauses: *cuy borracho* („betrunkenes Meerschweinchen“ mit Anden-Kartoffeln und Kräutersauce).

Wer sich mit Insekten und alkoholisierten Nagetieren nicht anfreunden kann, findet auf der Karte auch einige langweilige Angebote, z. B. Pasta.

Praktische Informationen

GELD

Banco de la Nación (Ecke Ayacucho & Calle 2 de Mayo; ⌚Mo–Fr 8–17.30, Sa 9–13 Uhr) Hat einen Geldautomaten, der Visa und MasterCard akzeptiert.

BCP (Plaza Burgos; ⌚Mo–Fr 9–18, Sa bis 13 Uhr) Tauscht US-Dollar und hat einen Geldautomaten.

ABSEITS DER ÜBLICHEN PFADE

DER MÄCHTIGE WASSERFALL VON GOCTA

Die 771 m hohe **Catarata de Gocta** (1/beide Fälle 10/20 S; ⌚8–17 Uhr) entging irgendwie der Aufmerksamkeit der peruanischen Regierung, der internationalen Entdecker und aus dem All herunterspähender Satelliten, bis im Jahr 2005 der Deutsche Stefan Ziemendorff und eine Gruppe von Einheimischen eine Expedition zur Kartierung der Fälle unternahmen. Die unterschiedlichen Behauptungen, dass es sich um den dritt- oder nur fünfzehnthöchsten Wasserfall auf Erden handeln würde, sorgten für lebhafte international Diskussionen. Welchen Rang der Wasserfall auch hat, sehr eindrucksvoll ist er allemal und dank eines Netzes gut markierter Waldwege inzwischen auch recht gut zugänglich.

Um von Chachapoyas aus zum Wasserfall zu gelangen, nimmt man einen *combi* (Minibus) von **ETSA** (☎950-046-809; Terminal Terrestre) in Richtung Pedro Ruíz (3 S, 45 Min.) und steigt in Cocahuayaco (bei einer Brücke an der Hauptstraße) aus. Hier warten für gewöhnlich *mototaxis* (dreirädrige Motorradrikschataxis), die Wanderer für 10 S zu den Dörfern Cocachimba (5,3 km) oder San Pablo (6 km) bringen. Alternativ kann man auch bis zu einem dieser Dörfer wandern. San Pablo bietet den besten Zugang zur oberen Stufe des Wasserfalls, während Cocachimba der Ausgangspunkt zur unteren Stufe ist. In beiden Dörfern gibt's Touristenbüros der Gemeinde, in denen man seine Eintrittsgebühr bezahlt. Cocachimba besitzt mehr Unterkünfte und Lokale.

Bei einem ganztägigen Ausflug kann man die untere und die obere Stufe auf einem 15 km langen Rundweg besuchen. Vom Dorf San Pablo führt ein 6 km langer Weg zum Fuß der 231 m hohen oberen Stufe des Wasserfalls. Anschließend geht's auf dem gleichen Weg 1,8 km zurück und dann nach links den Berg hinunter zu einem fantastischen Aussichtspunkt mit freiem Blick auf den gesamten Wasserfall. Nun führt eine Hängebrücke zum Fuß der mächtigeren, 540 m hohen unteren Stufe. Für den Rückweg nimmt man nun den Hauptweg nach Cocachimba (6,2 km), von wo man mit einem *mototaxi* nach Cocahuayco zurückkehren kann. An der Straßenbrücke kommen alle 30 Minuten *combis* nach Chachapoyas vorbei.

Abgehärtete Athleten, die den gesamten Rundweg mit Start und Ziel in Cocahuaycos bewältigen wollen, müssen sich auf eine 26 km lange Wanderung durch hügeliges, stellenweise sumpfiges Gelände einstellen und müssen früh aufbrechen.

TOURISTENINFORMATION

iPerú (☎041-47-7292; Ortiz Arrieta 582; ⌚Mo–Sa 9–18, So bis 13 Uhr) Das Büro an der Plaza de Armas ist, wie die meisten iPerú-Stellen, äußerst hilfreich und bietet ausgezeichnete Stadtpläne und Karten, Infos zu Verkehrsverbindungen und Broschüren.

ℹ An- & Weiterreise

Alle städtischen und regionalen Busse nutzen in Chachapoyas den ungepflegt-chaotischen **Busbahnhof** (Triunfo cuadra 2) 1 km östlich der Plaza de Armas. Die Express-Fernbusse fahren hingegen von den privaten Busbahnhöfen der einzelnen Unternehmen überall in der Stadt.

Movil Tours (☎041-47-8545; www.moviltours.com.pe; La Libertad 464) hat sehr komfortable Busse nach Lima (130–165 S, 22 Std., 16 Uhr), Chiclayo (55–75 S, 9 Std., 20 Uhr), Trujillo (65–85 S, 14 Std., 19.30 Uhr) und Jaén (50 S, 4 Std., 4.30 Uhr).

Ins Amazonasbecken kommt man mit den weniger komfortablen Kleinbussen von **Turismo Selva** (☎961-659-443; Terminal de Transporte) nach Tarapoto (35 S, 8 Std., 6.30, 8.30, 10.30 & 12.30 Uhr) über Moyobamba (24 S, 6 Std.).

Turismo Kuélap (Terminal Terrestre) betreibt häufige Minibusse vom Hauptbusbahnhof in Chachapoyas zur Talstation der Seilbahn in Nuevo Tingo (7 S, 1 Std.). Die Fahrzeuge starten ungefähr halbstündlich, sobald sie voll sind.

Kuélap

Die 700 m lange, ovale Festung **Kuélap** (Erw./Kind 20/10 S; ⌚8–17 Uhr) wurde zwischen 900 und 1100 n.Chr. aus unglaublich gewaltigen Mengen bemerkenswert gut erhaltenen Steinen erbaut und 1843 wiederentdeckt. Die Festung von der Form eines riesigen Ozeandampfers thront in 3000 m Höhe auf einem Felskamm aus Kalk und Ton und ist von einer imposanten, nahezu undurchdringlichen Mauer umgeben, die an einzelnen Stellen bis zu 20 m hoch aufragt. Nur drei tiefe, schmale, sich wie Trichter verjüngende Tore gewähren Zugang – ein ausgeklügeltes Sicherheitssystem, weil so

Feinde nur einzeln eindringen konnten und damit leicht zu überwältigen waren.

Den Haupteingang **Acceso 3** erreicht man, indem man an der Ostseite der Festung entlang geht. Ein Plankenweg führt Besucher auf einer gewundenen Route durch die Anlage, wo neu angebrachte Tafeln einfache Erläuterungen auf Spanisch und Englisch geben. Zunächst gelangt man zum erhöht liegenden **Pueblo Alto** mit dem 7 m hohen **Torreón** (Turm), der die Nordseite von Kuélap überwacht Der Turm hatte aber wahrscheinlich eine rituelle und keine militärische Funktion, da in seinem Inneren Gräber entdeckt wurden. Ganz in der Nähe befindet sich die **Callanca**, eines der wenigen rechteckigen Gebäude in dem Komplex, der vielleicht eine Herberge war oder für bestimmte Riten genutzt wurde. In dem Gebäude wurden Keramiken gefunden, die stilistisch von den Inkas beeinflusst sind.

In der Mitte der Festung befinden sich die Reste von mehr als 400 kreisrunden Gebäuden. Einige sind mit Friesen in Zickzackmustern oder rhombischen Formen dekoriert, und alle hatten einst hohe Strohdächer. Diverse Bäume wachsen in den Ruinen und um sie herum; viele sind schwer mit Epiphyten überwachsen, die Hunderte hungrige Kolibris anlocken.

Das eindrucksvollste und rätselhafteste Gebäude, das als **Templo Mayor** oder El Tintero (das Tintenfass) bezeichnet wird, liegt nahe des südlichen Endes von Kuélap und hat die Form eines großen, umgedrehten Kegels. Da man hier in einer unterirdischen Kammer die Überreste von Tieropfern fand, glauben die Archäologen, dass das Gebäude wohl eine religiöse Funktion hatte. Der in Kuélap ansässige Archäologe Alfredo Narvez hat jetzt rund um El Tintero Gräber und Lamaskelette ausgegraben, um seine Theorie weiter zu untermauern. Ein Team von der University of San Diego stellte 1996 dagegen die These auf, das Gebäude sei ein Sonnenkalender gewesen.

Seit 2017 ist der Zugang zu den Ruinen durch die **Telecabinas** (www.telecabinaskuelap.com; hin & zurück 20 S; ⏲8–15.30 Uhr) wesentlich leichter geworden. Die acht Plätze umfassenden Gondeln der Seilbahn bringen Besucher in 20 Minuten über ein V-förmiges Flusstal und an einem steilen, baumlosen Hang hinauf zur 20 Gehminuten von den Ruinen entfernten Bergstation. Die Talstation befindet sich gleich oberhalb des Dorfs Nuevo Tingo. Vom Dorf bringen Minibusse die Besucher über die 3 km lange Straße hinauf zum Startpunkt der Seilbahn. An der Bergstation befinden sich eine **Cafeteria** (Snacks 7–10 S; ⏲8–17 Uhr), ein Informationszentrum sowie das Ticketbüro für die Stätte. Ein Steinpfad (1½ km) führt von der Bergstation, wo man auch Guides der Gemeinde engagieren kann (50 S), direkt zu den Ruinen. Um die Ruinen einigermaßen in Augenschein zu nehmen, braucht man mindestens 2 Stunden.

Reisegruppen kommen in der Regel gegen 11.30 Uhr bei den Ruinen an und fahren bis 15 Uhr wieder ab; wer dem Massenansturm entgehen will, sollte also gegen 8 Uhr in Chachapoyas aufbrechen.

Man kann immer noch auf dem 9 km langen **Camino Herradura** von Tingo Viejo zu den Ruinen hinauf (oder von ihnen hinunter) wandern. Der Pfad hinunter beginnt vor dem alten Ticketbüro vor Acceso 1, der hinauf an der Flussbrücke in Tingo Viejo.

ℹ An- & Weiterreise

Nach Kuélap kann man jetzt von Chachapoyas aus leicht in einem Tagesausflug (auf eigene Faust oder im Rahmen einer Tour) gelangen.

Mehrere Busunternehmen, darunter Turismo Kuélap (S. 1023), fahren mit häufigen Kleinbussen vom Hauptbusbahnhof in Chachapoyas zur Talstation der Seilbahn in Nuevo Tingo (7 S, 1 Std.). Die Fahrzeuge starten ungefähr halbstündlich, sobald sie voll besetzt sind.

Tarapoto

☎042 / 144 200 EW. / 356 M

Das heiße, laute, von *mototaxis* überfüllte Tarapoto liegt in den Ausläufern der Anden und bildet das unwahrscheinliche Einfallstor in die ausgedehnten Dschungel im östlichen Peru. Die schwüle Regenwald-Metropole steht mit einem Fuß im Amazonasbecken und klammert sich mit der Nabelschnur einer langen, asphaltierten Straße an das übrige Peru und die Zivilisation. Besucher kommen hierher wegen der Attraktionen rund um die Stadt und nicht wegen dieser selber, obwohl sie durchaus kein unangenehmer Ort ist. Von Tarapoto aus kann man tiefer ins Amazonasbecken vordringen oder sich mit dem zugänglichen Vorgeschmack auf den Dschungel vor ihrer Haustür begnügen. Man findet hier viele Unterkünfte und Restaurants sowie verlässliche Verbindungen zur Küste. In der Nähe kann man eine Reihe von Naturattraktionen, von Wasserfällen bis zu Seen, erkunden. Abenteuerlustige unternehmen von hier auch Flussfahrten.

Geführte Touren

Dutzende von lizenzierten Veranstaltern verkaufen fast identische, hauptsächlich auf peruanische Touristen ausgerichtete Touren. Die Preise sind niedrig und ziemlich gleich, die Guides sprechen aber in aller Regel nur Spanisch.

Zu den beliebten halbtägigen Touren gehören Ausflüge nach **Lamas** und zu den **Cataratas de Ahuashiyacu** (Carr Yurimaguas, Km 13). Beide kosten rund 35 S und werden an den meisten Tagen angeboten. An ganztägigen Touren gibt's z. B. Ausflüge zur **Laguna Azul** (85 S) und Trips auf dem Fluss **Alto Mayo** (120 S).

Martín Zamora Tours TOUREN
(☎042-52-5148; Morey 247; ⏲8–13 & 16–19.30 Uhr) Der Anbieter in Tarapoto für Tagestouren, Kulturexpeditionen und längere Trips zu örtlichen Seen und Wasserfällen.

Schlafen

Schon kurz außerhalb der Stadt befindet man sich in üppigem Dschungel. Es gibt eine Reihe von Natur-Lodges an den Ufern des Río Shilcayo gleich nördlich vom Stadtzentrum.

Die Unterkünfte in der Stadt sind weniger exotisch.

El Mirador PENSION $
(☎042-52-2177; www.elmiradortarapoto.com; San Pablo de la Cruz 517; EZ/DZ mit Frühstück 60/80 S, mit Klimaanlage 100/150 S; ❄📶) Traveller schwärmen von dieser Budgetunterkunft. Die Inhaberfamilie begrüßt ihre Gäste so freundlich wie niemand sonst in Tarapoto, und das ausgezeichnete Frühstück wird auf einer Terrasse mit Hängematten und Blick in den Dschungel serviert. Die Zimmer im Haupthaus sind schlicht, weiß gestrichen und haben Deckenventilatoren, jene im neueren Anbau sind hell und bieten Klimaanlagen und sehr gelb gestaltete Bäder.

Sol de Selva HOTEL $$
(☎042-52-4817; Pedro de Urzúa 161; EZ/DZ/3BZ mit Frühstück 80/100/150 S; ❄📶) Hinter der Schwelle des ruhigen, gesammelten und sauberen Hotels fühlt man sich gleich fern der lauten, staubigen Straßen der Stadt. Die Zimmer bieten moderne Klimaanlagen, Shampoo, das jeden Tag nachgefüllt wird, und Möbel in blassgelben und orangefarbenen Tönen. Die Betreiberfamilie ist freundlich, und die Frühstückssandwiches sind deutlich schmackhafter als durchschnittliche peruanische Omelettes.

Tucan Suites HOTEL $$$
(☎042-52-8383; www.tucansuites.com; Calle 1 de Abril 315; Apt. ab 439 S; ❄@📶🏊) Das schicke Apartmenthotel im *barrio* (Viertel) Banda de Shilcayo ist die einzige Vier-Sterne-Unterkunft in Tarapoto. Die geräumigen Suiten mit ein oder zwei Schlafzimmern haben verchromte Küchen und schallsicheres Glas – eine sehr willkommene Neuerung in dieser Stadt. Acht der zweistöckigen Apartments sind mit Freiluftküchen ausgestattet, und das Restaurant reicht hinaus auf die sich über drei Ebenen erstreckene Terrasse am Pool. Angenehmer als hier kann man in der Stadt nicht übernachten.

Essen

Man sollte Tarapoto nicht verlassen, ohne *inchicapi* (Hühnersuppe mit Erdnüssen, Koriander und Maniok) oder *juanes* (mit Hühner- oder Schweinefleisch und Reis gefüllte Bananenblätter) probiert zu haben.

In der Stadt gibt's eine wachsende Zahl experimenteller Restaurants mit neuen Gourmetgerichten, darunter das **Natural** (☎042-60-1741; Lamas 142; Mahlzeiten 35–56 S; ⏲Mo–Sa 18–23 Uhr) – Tarapotos erstes Bio-Lokal.

Café Plaza CAFÉ $
(San Martín 109; kleine Gerichte 6–12 S; ⏲7.30–23 Uhr; 📶) Das klassische Eckcafé an der zentralen Plaza ist voller Leute, die Espresso trinken, das Rauchverbot missachten und an den Holztischen Geschäftsabschlüsse besprechen. Das zur Straße hin offene Lokal bietet den besten Ausblick auf das Treiben in Tarapoto. Es gibt Kaffee, Kuchen, Snacks und Milchshakes.

Suchiche AMAZONAS-KÜCHE $$
(☎042-52-7554; www.lapatarashca.com; Lamas 245, La Patarashca Hotel; Hauptgerichte 11–20 S; ⏲7–23 Uhr) Das relativ neue Lokal unter den Bars und Clubs an der Jirón Lamas und drum herum verortet sich als Restobar mit gutem Essen von peruanisch-japanisch (Amazonas-Sushi bzw. *maki*) bis peruanisch-italienisch (Pasta mit *lomo saltado*). An der langen, schönen Theke gibt's Kaffee, Craft-Bier, Pisco Sour und frisch gemixte Säfte.

★ **La Patarashca** AMAZONAS-KÜCHE $$
(www.lapatarashca.com; Lamas 261, La Patarashca Hotel; Hauptgerichte 26–44 S; ⌚12–23 Uhr; 📶) Das Patarashca verspricht ein kulinarisches Amazonas-Erweckungserlebnis. In diesem holzverkleideten, an den Seiten offenen Restaurant mit viel präkolumbischer Ikonografie bekommt man herausragende regionale Küche serviert. Nicht entgehen lassen sollte man sich den Salat mit *chonta* (dünnen Palmenherzstreifen) und Avocados sowie das *patarashcas,* Fisch mit Tomaten, Chilis, Zwiebeln, Knoblauch und Koriander in einem *bijao*-Blatt.

ℹ Praktische Informationen

GELD

Scotiabank (Hurtado 215; ⌚Mo–Fr 9.15–18 Uhr) Löst Reiseschecks ein und verfügt über einen Geldautomaten.

MEDIZINISCHE VERSORGUNG

Clínica San Martín (San Martín 274; ⌚24 Std.) Die beste medizinische Versorgung, die man vor Ort bekommen kann.

TOURISTENINFORMATION

Touristeninformation (☎042-52-6188; Hurtado s/n; ⌚7.30–23 Uhr) Die städtische Touristeninformation befindet sich an der Plaza Mayor.

ℹ An- & Weiterreise

BUS

Mehrere Unternehmen fahren, in der Regel zwischen 8 und 16 Uhr, auf der asphaltierten Straße Richtung Westen über Moyobamba, Chiclayo und Trujillo nach Lima. All diese Unternehmen befinden sich im gleichen *cuadra* (Block) der Salaverry und in deren Querstraßen im Viertel Morales; die Anfahrt mit einem *mototaxi* aus dem Stadtzentrum kostet 3 S.

Civa (☎042-52-2269; www.civa.com.pe; Salaverry 840) Hat einen komfortablen Bus um 12.45 Uhr über Chiclayo und Trujillo nach Lima (100–120 S, 30 Std.).

Movil Tours (☎042-52-9193; www.moviltours.com.pe; Salaverry 880) Hat Luxus-Expressbusse nach Lima (120–170 S, 29 Std., 8 & 13 Uhr) sowie Busse nach Trujillo (90–120 S, 17 Std., 15 Uhr), Chiclayo (80–105 S, 13 Std., 16 Uhr), Piura (80–105 S, 14 Std., 17 Uhr) und Pucallpa (75–95 S, 11 Std., 15.45 Uhr).

Turismo Selva (☎042-52-5682; Alfonso Ugarte 1130) Betreibt häufig fahrende Kleinbusse nach Yurimaguas (15 S, 2¾ Std.), Moyobamba (10 S, 2 Std.) und Chachapoyas (35 S, 8 Std.).

FLUGZEUG

Der **Flughafen** (TPP; ☎042-53-1165) liegt 3 km südwestlich des Zentrums, einen 30-minütigen Fußmarsch oder eine 5 S teure *mototaxi*-Fahrt entfernt.

LATAM (☎042-52-9318; www.latam.com; Hurtado 183) fliegt täglich vier- oder fünfmal nach Lima (60 US$, 1¼ Std.).

Star Perú (☎042-52-1056; www.starperu.com; Plaza Mayor 325; ⌚Mo–Fr 9–19, Sa bis 17 Uhr) fliegt einmal täglich nach Lima (60 US$, 1¼ Std.) und Iquitos (80 US$, 1 Std.).

Peruvian (www.peruvian.pe; Hurtado 277; ⌚9–19 Uhr) fliegt dreimal täglich nach Lima (50 US$, 1¼ Std.).

AMAZONASBECKEN

0–1800 M

Der am besten geschützte Abschnitt des artenreichsten Waldes der Erde, der peruanische Teil des Amazonasbeckens, der ein seltsames, schwülheißes, verführerisches Land innerhalb des Landes bildet, verändert sich. Lange haben die Größe und Undurchdringlichkeit der Region ihre indigenen Gemeinden und die vielfältige Tierwelt vor der Außenwelt geschützt. Hier leben Volksstämme, die noch nie Kontakt zur Zivilisation da draußen hatten, und man findet hier auf einem Hektar Regenwald mehr Flora und Fauna als in jedem europäischen Land.

Doch während das 21. Jh. diese aufregende Wildnis erreicht, droht die Ausbeutung der scheinbar unerschöpflichen Ressourcen des Regenwalds ihn irreversibel zu schädigen. Das peruanische Amazonasgebiet bietet zweifellos phänomenale Gelegenheiten zur Wildtierbeobachtung, Vorstöße aus den besten Dschungellodges in ungezähmte Wildnis und dazu auch ungebändigtes städtisches Leben. Es verlangt aber gleichzeitig nach unausgesetztem Schutz. Wenn man sich über raue Straßen und tobende Flüsse seinen Weg bahnt, sollte man nicht vergessen, dass man den Entdeckern folgt, die als erste der Region internationale Aufmerksamkeit bescherten.

Um beste Chancen für Wildtierbeobachtungen zu haben, sollte man während der Trockenzeit (Juli–Okt.) kommen.

Puerto Maldonado

☎082 / 56 000 EW. / 250 M

Das sichtlich durch seine Straßenverbindung zur Außenwelt aufblühende Puerto

Maldonado, die Hauptstadt des südlichen Dschungels, gibt seinen chaotischen zentralen Straßen voller hupender *mototaxis* (dreirädriger Motorradrikschas) einen immer schickeren Anstrich.

Die Nähe der Stadt zu dem am leichtesten zu besuchenden tierreichen Dschungelabschnitt im gesamten Amazonasbecken bringt Geld und ist für die Stadt gleichzeitig Segen und Fluch: Zwar kommen die Traveller, sie ziehen aber schnell zu den Lodges und Wildtieren an die nahegelegenen Flüsse weiter.

Dabei verführt Puerto Maldonados träges, entspanntes Ambiente durchaus zum Verweilen. Das schwüle Klima und die vielen Moskitos sind zwar erst einmal ein Schock, aber die schöne Plaza, die zunehmenden Unterkunftsoptionen und das muntere Nachtleben sind durchaus Gründe, etwas zu bleiben.

In erster Linie ist die Stadt für Traveller aber ein Sprungbrett zu Fahrten auf dem Río Tambopata und dem Río Madre de Dios, die hier zusammenkommen: Diese Wasser-Wunderwelten sind die zugänglichsten Urwaldgebiete im ganzen Land.

Geführte Touren

Die meisten Besucher kommen im Rahmen vorher vereinbarten Touren und übernachten in einer Dschungellodge – das ist bequem, aber keineswegs die einzige Möglichkeit. Man kann eine Tour genauso gut nach der Ankunft in den Büros der Lodges in der Stadt vereinbaren und wird wahrscheinlich einen beträchtlichen Rabatt gegenüber dem erhalten, was die Tour in Lima oder Cusco gekostet hätte.

Man kann sich auch nach einen unabhängigen Guide umschauen. Um in die Reserva Nacional Tambopata (einschließlich dem Lago Sandoval und alle Gebiete stromaufwärts vom Puesto Control El Torre am Río Tambopata) gehen zu können, brauchen aber alle Führer Lizenzen, die sie nur erhalten, wenn sie mit einer Lodge oder einem registrierten Tourveranstalter zusammenarbeiten (ob sie die Lizenz haben, sollte man unbedingt überprüfen).

Von den besten Führern mit offiziellen Lizenzen des Ministerio de Industria y Turismo arbeiten fast alle vollzeitig für eine der Dschungellodges in dem Gebiet. Die Führer verlangen 120 bis 200 S pro Person und Tag, abhängig vom Ziel und der Anzahl der Teilnehmer.

Die meisten Touren, gleichgültig ob von einer Lodge organisiert oder mit einem unabhängigen Guide, starten an der **Fähranlegestelle am Río Madre de Dios** (Puerto Capitanía) und führen entweder auf dem Río Madre de Dios stromabwärts oder auf dem Río Tambopata stromaufwärts (ein großer Teil der Kosten einer Dschungeltour entfällt auf das Benzin, das das Boot verbraucht).

Schlafen

Wasai Hostel HOSTEL $

(☎082-57-2290; www.wasai.com; Ecke Billinghurst & Arequipa; B 39–52 S, Zi. mit Frühstück 98–117 S;) Für ein Hostel ist dieses recht teuer, aber auch nett. Es hat eine erstklassige zentrale Lage, außerdem einen Pool auf dem Gelände, einen Tourveranstalter, der Dschungeltouren anbietet, und das schöne Restaurant El Faro (S. 1028). Im Zimmerpreis ist das Frühstück enthalten, beim Preis für ein Bett im Schlafsaal hingegen nicht.

★ **Anaconda Lodge** LODGE $$

(☎982-611-039, 082-79-2726; http://anacondajunglelodge.com; Ecke Prolongación La Joya/ Av Aeropuerto & Elmer Faucett; EZ/DZ/3BZ 100/160/220, EZ/DZ ohne Bad 50/80 S;) Ist dies das originellste Flughafenhotel in Südamerika? Diese Lodge schmiegt sich in den Kokon ihres eigenen Gartens und Thai-Restaurants und fühlt sich abgeschiedener an, als ihre Lage vermuten lassen würde. Es gibt acht Zwei-Zimmer-Bungalows mit Gemeinschaftsbad und vier Luxusbungalows mit privaten Bädern. Alle haben Moskitonetze.

Paititi Hostal HOTEL $$

(☎082-57-4667; Prada 290; EZ/DZ mit Frühstück 90–120/120–140 S;) Das relativ schicke, zentral gelegene Hotel hat eine Reihe geräumiger, luftiger Zimmer, von denen viele mit hübschen alten Holzmöbeln, Telefon und Kabel-TV ausgestattet sind. Das kontinentale Frühstück ist im Preis inbegriffen, und es gibt – für die Amazonasregion eine seltene Ausnahme – sogar nachts Warmwasser. Die höheren Preise gelten für Zimmer mit Klimaanlage.

Essen

Zu den regionalen Spezialitäten gehören *juanes* (mit Hühner- oder Schweinefleisch und Reis gefüllte Bananenblätter), *chilcano* (eine Brühe aus Fischstückchen mit Koriander) und *parrillada de la selva* (gegrilltes mariniertes Fleisch – oft Wild – in einer Pa-

Puerto Maldonado

Puerto Maldonado

Sehenswertes
1 Río Madre de Dios Ferry Dock D2

Schlafen
2 Paititi Hostal B3
3 Wasai Hostel C1

Essen
4 Burgos's Restaurante D2
El Faro at Wasai Lodge .... (siehe 3)
5 La Semilla C2

Ausgehen & Nachtleben
6 Discoteca Witite C1

Praktisches
7 iPeru C1

Transport
8 LAN B3
9 Star Perú B3

ranusssauce). *Plátano* (Kochbanane) wird als Beilage zu vielen Gerichten serviert.

Weitere kulinarische Optionen bieten das El Faro (das Restaurant der Wasai Lodge) und die Anaconda Lodge mit köstlichen thailändischen Gerichten.

★ **La Semilla** VEGETARISCH $
(Arequipa, zw. Carrión & Loreto; kleine Gerichte 10–20 S; ⌚Mo–Sa 10–13 & 16–21, So 10–13 Uhr; ✍) Drei Treppen hoch findet sich dieses einladende, an den Seiten offene vegetarische Restaurant mit Blick über die Plaza de Armas. Hier bekommt man den vielleicht besten Kaffee der Stadt, *pie de maracuya* (so ähnlich wie Zitronenbaiser, nur eben mit Maracuya) und liebevoll zubereitete Salate.

★ **Burgos's Restaurante** PERUANISCH $$
(Ecke 26 de Diciembre & Loreto; Hauptgerichte 19–38 S; ⌚11–23 Uhr; ✍) Dieses Restaurant hat sich schnell zum besten in Puerto Maldonado entwickelt. Es bezeichnet sich selbst als Vertreter der Novo Amazonica Cuisine – so ähnlich wie Novo Andino, nur mit mutigen kulinarischen Varianten der Urwald-Gerichte –, aber trotz aller klangvoller Bezeichnungen gibt's hier hauptsächlich peruanische Amazonas-Klassiker, die vor allem perfekt zubereitet und nicht unbedingt große Innovationen sind.

El Faro in der Wasai Lodge PERUANISCH $$
(Ecke Billinghurst & Arequipa; Hauptgerichte 25 S; ⌚7–21.30 Uhr) Das angenehme und beliebte kleine Restaurant nimmt leicht überdurch-

schnittliche Preise für sehr deutlich überdurchschnittliche Amazonas-Kost. Darunter gibt's auch ein paar Überraschungen, beispielweise das himmlische Ceviche mit Camu-Camu-Frucht. Das Lokal blickt auf die kleine Plaza mit der Statue des *faro* (Leuchtturms).

Ausgehen & Nachtleben

Discoteca Witite CLUB
(Velarde 151; ⏲Fr & Sa 21 Uhr–open end) Nun, uns gefiel das grellbunte Schindelhaus besser, aber die neue, aufgebesserte Version ist immer noch *der* angesagte Ort für eine Party nach Dschungelart, und die Party geht die ganze Nacht. Der Club liegt an einer verkehrsberuhigten Straße nahe der Plaza.

Praktische Informationen

iPeru (☎082-57-1830; Loreto 390; ⏲Mo–Sa 9–18, So bis 13 Uhr) Zentral gelegene Touristeninformation.

Sernanp (☎082-57-1247; www.sernanp.gob.pe; Cajamarca zw. Ancash & Madre de Dios) Das Büro des Nationalparks hält Informationen bereit und kassiert die Eintrittsgebühren (in fast allen Fällen organisieren die Führer das). Der übliche Eintrittspreis zur Schutzzone der Reserva Nacional Tambopata kostet 30 S pro Tag bzw. 65 S für zwei oder drei Tage. Die Website ist nur auf Spanisch.

An- & Weiterreise

BUS

Der **Terminal Terrestre** (Av Circunvalación Nte s/n) liegt 6 km nordwestlich des Zentrums. Von dort fahren Busse auf der Carr Interocéanica Richtung Südwesten nach Cusco und Richtung Nordosten nach Rio Branco in Brasilien. Zahlreiche Busunternehmen fahren morgens oder abends (gegen 20 Uhr) nach Cusco (35–70 S, 10 Std.). Am teuersten sind Busse mit voll rückstellbaren Sitzen. Zu den weiteren Zielen im Südwesten gehören Juliaca (35 S, 12 Std.) und Arequipa (50 S, 17 Std.), die beide von **Transportes Julsa** (☎951-751-246; Terminal Terrestre) angefahren werden. Die Verbindungen vom Terminal Terrestre nach Río Branco (100 S, 9–10 Std.) sind seltener, und die Busse fahren nicht jeden Tag. Man sollte sein Ticket so weit wie möglich im Voraus kaufen.

FLUGZEUG

Der **Flughafen** (PEM) liegt 7 km außerhalb der Stadt. **LAN** (LATAM; ☎082-57-3677; Velarde 503; ⏲Mo–Fr 9–19, Sa bis 13 Uhr) und **Star Perú** (☎082-57-3564; Velarde 505; ⏲Mo–Sa 8.30–19 Uhr) haben täglich fahrplanmäßige Flüge von/nach Lima über Cusco. Die Flugpläne und Fluglinien ändern sich von einem Jahr zum anderen, aber die Büros der Fluglinien und die Reiseveranstalter im Stadtzentrum kennen die aktuellen Details.

Parque Nacional Manu

Dieser gewaltige **Nationalpark** (Eintritt für 1/2–3/4 und mehr Tage 30/60/150 S) im Amazonasbecken umfasst fast 20 000 km² und ist einer besten Orte in Südamerika, um eine erstaunliche Vielfalt tropischer Tiere und Pflanzen zu sehen. Mit einer progressiven Einstellung zum Naturschutz erklärte die UNESCO das Gebiet 1977 zum Biosphärenreservat und 1987 zu einer Stätte des Weltnaturerbes. Das Betreten ist mit einer Genehmigung und einem Führer erlaubt.

Einer der Gründe, warum der Park so erfolgreich dabei ist, einen so großen Abschnitt jungfräulichen Dschungels und seiner Flora und Fauna zu schützen, sind seine Abgelegenheit und schlechte Zugänglichkeit für Menschen. So blieb er von Kautschukzapfern, Holzfällern, Ölgesellschaften und Jägern verschont.

An der **Cocha Salvador**, einem der größten und schönsten Seen des Parks, findet man Campingmöglichkeiten, kann geführte Wanderungen unternehmen und wunderbar Wildtiere beobachten.

Mit Geduld lassen sich in den meisten Gebieten Wildtiere erspähen. Während einer einwöchigen Tour darf man erwarten, unzählige verschiedene Vogelarten, mehrere Affenarten und ein paar andere Säugetiere zu sehen.

Seinen Besuch legt man am besten in die Trockenzeit (Juni–Nov.); während der regnerischsten Monate sind große Teile des Parks möglicherweise unzugänglich oder gesperrt (Jan.–April). Eine Tour (S. 1030) mit einer Gruppe arrangiert man am besten in Cusco, wo fast täglich Touren starten, oder über einen internationalen Reiseveranstalter.

Pucallpa

☎061 / 205 000 EW. / 154 M

Die geschäftige Hafenstadt Pucallpa erlebt eine Art Renaissance. Sie besitzt einen attraktiven verkehrsberuhigten Boulevard, und ist Ausgangspunkt für das spektakuläre Abenteuer einer Flussfahrt Richtung Norden nach Iquitos – und, wenn man Zeit und Lust hat, weiter nach Brasilien und bis zum Atlantik.

GEFÜHRTE TOUREN IM PARQUE NACIONAL MANU

Es ist verboten, die *zona reservada* (Schutzzone) des Parks ohne einen Führer zu betreten, und gleichzeitig schwierig, auf eigene Faust eine Tour selbst in die *zona cultural* (Kulturzone) zu arrangieren, bei der man gute Chancen auf Wildtierbeobachtungen hätte. Geführte Gruppentouren lassen sich in Cuzco oder mit internationalen Tourveranstaltern arrangieren.

Der Trip ist teuer: Budgettraveller sollten ihre Tour in Cuzco arrangieren und bei ihrer Reiseplanung flexibel sein. Traveller berichten oft, dass sie erst mit mehrtägiger Verspätung aus dem Nationalpark zurückkehrten. Also keinen internationalen Flug für den ersten Tag nach dem Abstecher in den Park buchen!

Hier einige Tourveranstalter:

Amazon Trails Peru (☎084-43-7374; www.amazontrailsperu.com; Tandapata 660; 2 Nächte & 3 Tage ab 540 US$)

Bonanza Tours (☎084-50-7871, 985-371-500; www.bonanzatoursperu.com; Suecia 343; 3 Nächte & 4 Tage ab 510 US$/Pers.; ⏲8–17 Uhr)

InkaNatura (☎084-25-5255, 084-23-1138, 984-691-838; www.inkanatura.com; Ricardo Palma J1 Urb Santa Mónica & Plateros 361)

Pantiacolla Tours (☎084-23-8323; www.pantiacolla.com; Garcilaso 265 interior, 2. OG, Cuzco; ⏲Mo–Sa 8–18 Uhr)

Die zum Betreten des Parks erforderlichen Genehmigungen werden von den Tourveranstaltern beschafft. Der Transport, die Unterkünfte, das Essen und die Guides sind in der Tourpauschale enthalten. Die meisten Touren dauern eine Woche, doch lassen sich auch nur drei Übernachtungen in einer Lodge vereinbaren.

Allerdings wirkt die Stadt entschieden weniger dschungelartig als andere Orte im Amazonasbecken. Obwohl sie ein wichtiges Distributionszentrum für die Güter ist, die auf dem breiten, braunen Río Ucayali befördert werden, der auf seinem Weg zur Vereinigung mit dem Amazonas an der Stadt vorbeifließt, wirkt der Regenwald in Pucallpa sehr fern. Wenn man nach vielen tropischen Reisekilometern hier ankommt, wirkt der Ort enttäuschend, und die hastige moderne Bautätigkeit im Stadtzentrum kann kaum über die schlichten Barackensiedlung hinwegtäuschen, die sich ein paar Blocks weiter draußen zeigt.

Aber jenseits der Vorstädte findet sich für Besucher dann doch ein Grund zum Verweilen: der hübsche Altwassersee Yarinacocha, an dem es für Traveller Lodges zum Entspannen gibt und in dessen Nähe sie interessante indigene Gemeinden besuchen können.

Schlafen & Essen

★Manish Hotel Ecológico HÜTTEN $$
(☎061-57-7167; www.manishhotel.com.pe; Jirón Vargas Guerra s/n; EZ/DZ/Suite mit Frühstück 180/230/270 S, Bungalow für 4 Pers. mit Frühstück 420 S; P❄📶🏊) Auf diesem heiteren, ausgedehnten grünen Gelände, über das sich Hütten mit gefliesten Dächern verteilen, kann man den staubigen Straßen Pucallpas entkommen. Familien können einen der Bungalows mieten: Die Eltern sitzen gemütlich auf der Terrasse, während die Kids zwischen den Palmen und dem Pool herumtoben.

La Plaza Bar & Grill AMAZONAS-KÜCHE $$
(Sucre 198, Ecke Atahualpa; Hauptgerichte 20–30 S; ⏲6–23 Uhr) Außerhalb der Zeit, wenn die meisten Hotelgäste essen, ist es im Restaurant des Hotels **Casa Andina Select** (☎061-58-6600; P❄📶🏊) ruhig, aber das schicke, moderne Lokal bereitet sehr leckeres *ceviche* und andere schmackhafte Klassiker aus dem peruanischen Amazonasgebiet.

An- & Weiterreise

BUS

In der Trockenzeit braucht ein Direktbus nach Lima (65–90 S) 18 bis 20 Stunden; man kann die Fahrt in Tingo María (20 S, 6 Std.) oder Huánuco (25 S, 8 Std.) unterbrechen.

FLUGZEUG

Pucallpas recht großer **Flughafen** liegt 5 km westlich der Stadt. Die beste Verbindung bietet **Star Perú** (☎061-59-0585; 7 de Junio 865; ⏲Mo–Fr 8.30–18.30, Sa bis 17 Uhr) mit einem Direktflug, der um 7.15 Uhr in Lima startet und von Pucallpa nach Iquitos weiterfliegt. Der Flug von Pucallpa nach Lima startet um 12.15 Uhr. Eine weitere Option ist **LAN** (LATAM; Tarapacá 805) mit täglich drei (teureren) Flügen nach Lima.

SCHIFF/FÄHRE

Flussboote befahren den Río Ucayali von Pucallpa nach Iquitos (80–100 S, inkl. einfache Mahlzeiten, Hängematte selber mitbringen, 3–5 Tage).

Yarinacocha

Yarinacocha ist ein schöner Altwassersee rund 10 km nordwestlich des Zentrums von Pucallpa, von wo aus man Bootsfahrten unternehmen, Wildtiere beobachten und indigene Gemeinden besuchen kann. Der See war früher ein alter Lauf des Río Ucayali, ist inzwischen aber von Land umschlossen; nur in der Regenzeit verbindet ein kleiner Kanal die beiden Gewässer.

Das am See liegende Dorf **Puerto Callao** bietet willkommene Erholung nach dem Chaos in der Innenstadt von Pucallpa. Der Ort ist immer noch ziemlich behelfsmäßig mit nur einer unbefestigten Straße am geschäftigen Ufer. Bussarde hüpfen zwischen Fußgängern herum, und *peki-pekis* (Kanus, die von einem Zweitakter-Motorrollermotor mit langem Propellerschaft angetrieben werden) landen den ganzen Tag an oder fahren zu ihren verschiedenen Zielen ab. Traveller kommen, um Wildtiere zu beobachten oder die *ayahuasca*-Zeremonien (bei denen ein Halluzinationen hervorrufender Dschungelwein eingesetzt wird) zu besuchen, für die die Gegend um Yarinacocha bekannt ist.

In Puerto Callao findet man einige Unterkünfte und das beste Essen im zentralen Amazonasgebiet. Man kann auch Boote chartern, um den See zu erkunden. Insgesamt lohnt es sich schon, hier ein paar Tage zuzubringen.

Geführte Touren

Man wird geschnappt, sobald man bei den Schleppern und den Besitzern der *peki-pekis* auftaucht, die sofort versuchen, einen auf ihr Boot zu locken. Man sollte bei der Auswahl aber sehr vorsichtig vorgehen Zu den Wildtieren, die man hier beobachten kann, gehören Amazonasdelfine, Faultiere und meterlange Grüne Leguane sowie Vögel wie das seltsam langzehige Rotstirn-Blatthühnchen oder der metallisch grüne Amazonasfischer.

EINREISE NACH BRASILIEN & BOLIVIEN

Brasilien

Eine gute asphaltierte Straße, die zur Carretera Transoceánica gehört, führt von Puerto Maldona 170 km weit nach **Iberia** (wo es sehr schlichte Hotels gibt) und erreicht nach weiteren 70 km das Dorf **Iñapari** an der brasilianischen Grenze.

Die peruanischen Grenzformalitäten können in Iñapari erledigt werden. Die Läden rund um die Haupt-Plazas akzeptieren und wechseln peruanisches und brasilianisches Geld. Wenn man Peru verlässt, ist es das beste, hier alle Nuevos Soles umzutauschen. Von Iñapari überquert man die neue Brücke nach **Assis Brasil**, wo es bessere Hotels gibt (Zi. ab ca. 15 US$/Pers.).

Von Assis Brasil sind's 325 km (6–7 Std.) auf einer asphaltierten Straße zu der bedeutenden brasilianischen Stadt Rio Branco: unterwegs passiert man Brasiléia (100 km, 2 Std.).

Bolivien

Der einfachste Weg nach Bolivien führt über Brasiléia in Brasilien, wo man den Río Acre per Fähre oder über die Brücke überquert und im bolivianischen Ort **Cobija** ankommt, in dem es Hotels, Banken, einen Flugplatz mit gelegentlichen Flügen zu anderen Städten in Bolivien und eine raue Schotterstraße gibt, auf der man nach mehreren Flussüberquerungen die Stadt **Riberalta** (7–12 Std. je nach Jahreszeit) erreicht.

Alternativ chartert man ein Boot, dass einen von der Anlagestelle Madre de Dios in Puerto Maldonado zur peruanisch-bolivianischen Grenze bei **Puerto Pardo** bringt. Eine Bootsfahrt von wenigen Minuten bringt einen nun von Puerto Pardo nach **Puerto Heath**, einem kleinen Ort und Militärposten auf bolivianischer Seite.

Ein sehr empfehlenswerter Führer ist **Gilber Reategui Sangama** (☎ Anrufbeantworter 936-508-090; http://ayakruna.com; Puerto Callao; 40 S/Std.), dem das Boot *La Normita* in Yarinacocha gehört. Man sollte ihn vorab kontaktieren, um eine Tour zu vereinbaren.

Beliebt sind auch Bootsausflüge zu den Shipibo-Dörfern **San Francisco** (auch über die Straße erreichbar) oder **Santa Clara** (mehr zu empfehlen, nur mit einem Boot erreichbar). Für kurze Trips verlangen die Bootsführer ca. 30 S pro Stunde. Der Preis gilt für das ganze Boot, auf dem mehrere Personen mitfahren können.

An- & Weiterreise

Jeder vorbeifahrende *mototaxi*-Fahrer im Zentrum von Pucallpa bringt einen für 6 S nach Puerto Callao.

Iquitos

☎065 / 472 000 EW. / 130 M

Iquitos ist die größte Stadt der Welt, die nicht auf dem Landweg, sondern nur per Flugzeug oder Boot erreichbar ist. Die wohlhabende, lebenssprühende Dschungelmetropole ist die wichtigste Stadt im nördlichen Amazonasbecken und wimmelt von den üblichen, süchtig machenden Sonderbarkeiten dieser Region. Ungezähmter Dschungel breitet sich jenseits der Stadt in Sichtweite der klimatisierten, eleganten Restaurants aus, die das Flussufer säumen, motorisierte Dreiräder flitzen mit verrückter Geschwindigkeit durch die Straßen, während die Einheimischen über die zentralen Plazas trödeln und dabei Eis essen, als hätten sie alle Zeit der Welt. Lehmhütten stehen neben prächtig gefliesten Villen, winzige Einbäume fahren neben kolossalen Kreuzfahrtschiffen auf dem Fluss. Man mag mit der Absicht ankommen, in Iquitos gleich zum größeren Abenteuer einer Fahrt den Amazonas hinunter aufzubrechen, aber die Regenwald-Küche, das muntere Nachtleben und einer der faszinierendsten Märkte Perus in der schwimmenden Barackensiedlung Belén werden einen dazu bringen, ein wenig länger in dieser spannenden Stadt zu bleiben.

Sehenswertes

★ Belén Mercado MARKT

GRATIS Am Südostrand der Stadt befindet sich die schwimmende Hüttenstadt Belén, die aus unzähligen auf Flößen erbauten Hütten besteht, die sich mit dem Fluss heben und senken. In den Monaten mit Niedrigwasser liegen die Flöße im Flussschlamm, aber die meiste Zeit des Jahres schwimmen sie im Fluss – ein ebenso bunter wie chaotischer Anblick. 7000 Menschen leben hier, und Kanus fahren von Hütte zu Hütte, um Produkte aus dem Urwald zu verkaufen und Handel zu betreiben.

★ Historisches Schiffsmuseum MUSEUM

(Plaza Castilla; 10 S; ⌚8–20 Uhr) Vertäut unter der Plaza Castilla findet sich das Historische Schiffsmuseum auf einem Amazonas-Flussboot von 1906, der prachtvoll restaurierten *Ayapua* mit drei Decks. Die Ausstellungen spiegeln die bunte Vergangenheit am Fluss wieder, man erfährt einiges über Entdecker, indigene Stämme, Kautschukbarone und die Dreharbeiten von Werner Herzogs Film *Fitzcarraldo* (1982). Im Eintrittspreis ist eine halbstündige historische Bootsfahrt auf dem Fluss (vom Río Itaya bis zum eigentlichen Amazonas) enthalten.

Malecón AUSSICHTSPUNKT

(Malecón Maldonado & Malécon Tarapaca) Der Anblick von Iquitos' eleganter Uferpromenade, die von schicken Bars und Restaurants gesäumt und doch von der übrigen Welt durch Hunderte Kilometer von Regenwald am Fluss getrennt ist, wirkt spektakulär und zugleich surreal. Touren werden angepriesen und an Imbissständen wird Dschungelkost verkauft, während unten verrottende alte Flussboote liegen und die auf Stelzen stehenden Hütten der unteren Stadt von der Gnade des sich schnell ändernden Wasserstands auf dem Fluss abhängen.

Geführte Touren

Eine Kreuzfahrt auf dem Amazonas ist ein teures Vergnügen: noch die kürzesten Trips können bereits über 1000 US$ kosten. Es ist zudem ein beliebtes Vergnügen, weshalb oft Reservierungen notwendig sind (die oft auch mit Rabatt verbunden sind). Die Kreuzfahrten konzentrieren sich naturgemäß auf den Río Amazonas, sowohl stromabwärts (Richtung Nordosten) zur brasilianisch-kolumbianischen Grenze als auch flussaufwärts nach Nauta, wo sich der Río Marañón mit dem Río Ucayali vereinigt. Hinter Nauta führen die Touren beide Flüsse hinauf weiter zur Reserva Nacional Pacaya-Samiria. Touren lassen sich aber auch auf den drei Flüssen unternehmen, die Iquitos umgeben: dem Itaya, dem Amazonas und dem Nanay. Die Betreiber geben ihre

Preise in US-Dollars an. Eine nützliche Buchungs-Website ist www.amazoncruise.net.

★ **Dawn on the Amazon Tours & Cruises** BOOTSFAHRT
(☎ 065-22-3730; www.dawnontheamazon.com; Malecón Maldonado 185; Tagesausflug inkl. Mittagessen 85 US$/Pers., mehrtägige Bootsfahrten ab 1225 US$/Tag) Dieser kleine Laden hat ein gutes Angebot für unabhängige Traveller. Die Amazon I ist ein wunderschönes, 11 m langes Holzboot mit moderner Ausstattung, das wahlweise zu Tagestouren oder Flussfahrten von bis zu zwei Wochen aufbricht. Zweisprachige Führer, alle Mahlzeiten und die Transfers sind inbegriffen.

Feste & Events

San Juan TRADITIONELLE MUSIK
(⌚ 22.–27. Juni) Dieses Fest ist die große jährliche Party, die sich um den Tag von San Juan Bautista (Johannes dem Täufer) am 24. Juni (der Hauptfesttag) herum entwickelt hat. Das Fest wird in den meisten Städten der Amazonasregion gefeiert, aber Iquitos ehrt den Heiligen besonders inbrünstig mit Tanzen, Schmausen und Frivolität.

Juanes sind die typische Festspeise. In der Nacht des 23. Juni tauchen die Einheimischen in den Fluss, weil es heißt, dass an die Tag das Wasser des Itaya Heilkräfte besäße.

Schlafen

★ **Boulevard 251 Riverside Apartments** APARTMENTS $$
(☎ 965-730-491; www.iquitosapartments.com; Malecón Maldonado 251; Apt. 157–230 S; ❄ 📶) Wir sagen es klar und deutlich: eine bessere Unterkunft in Iquitos gibt es nicht. Das gilt sowohl für die einzigartige Lage hoch über dem Flussufer als auch für das schicke Ambiente in der Anlage. Es gibt hier drei Kategorien von Unterkünften, aber wir empfehlen die zum Fluss gerichteten Apartments in den oberen Etagen, von denen aus man einen tollen Blick auf den Fluss genießt.

Casa Morey BOUTIQUEHOTEL $$$
(☎ 065-23-1913; www.casamorey.com; Loreto 200; EZ/DZ mit Frühstück 230/310 S; ❄ 📶 🏊) Dieses ehemalige Herrenhaus des Kautschukbarons Luis F. Morey stammt aus dem Jahr 1910 und hat durch die Renovierung seine frühere Eleganz zurückerhalten. Man findet hier 14 extravagant große Suiten, viele originale *azulejos* (handgearbeitete, aus Portugal importierte Fliesen), gewaltige Badezimmer mit Badewannen, Ausblick auf den Fluss, einen Hof mit einem kleinen Pool und eine Bibliothek mit einer beeindruckenden Sammlung von Literatur zum Amazonas.

Essen

★ **Belén Mercado** MARKT $
(Ecke Próspero & Jirón 9 de Diciembre; *menús* ab 5 S) Auf den Märkten von Iquitos kann man prima essen, vor allem auf dem *mercado* in Belén, auf dem ein *menú* inklusive *jugo especial* („Dschungelsaft") nur 5 S kostet. Man sollte auch die Augen nach Spezialitäten offen halten – z. B. fleischigen Amazonaswürmern, *ishpa* (gedünstete Sábalo-Fischinnereien und -fett) oder *sikisapa* (gebratene Blattschneiderameisen; der Unterleib ist angeblich am leckersten) – und immer auf seine Wertsachen achten. Ein weiterer guter Markt mit günstigem Essen ist der **Mercado Central** (Lores cuadra 5; Snacks ab 1 S).

Dawn on the Amazon Café INTERNATIONAL $$
(http://dawnontheamazoncafe.com; Malecón Maldonado 185; Hauptgerichte 10–30 S; ⌚ Mo–Sa 7.30–22 Uhr; 📶) Dieser Traveller-Magnet auf dem Malecón mit verlockenden Tischen am Straßenrand bietet eine in Nordamerika, Peru, Spanien und China unterteilte Speisekarte. Man kann reisen, wohin sich die Geschmacksknospen sehnen. Der gedämpfte Fisch ist sehr gut. Alle Zutaten sind ohne Glutamat, und auch für Gäste mit Glutenunverträglichkeit ist gesorgt.

ChillOut Carnes y Pescados CEVICHE $$
(Napo 834; Hauptgerichte 20–32 S; ⌚ So–Di 10–17, Do–Sa 19–22 Uhr; ❄) Dies ist unser Kandidat für den ersten Preis in der heiß umkämpften Schlacht um den Titel der besten *cevichería* (*ceviche*-Restaurant) der Stadt. Das Lokal bietet einen klimatisierten Innenraum, einen kleinen Hof zur Straße und (das ist das Entscheidende) große Teller mit köstlichem *ceviche*.

Al Frio y al Fuego FUSION $$
(☎ 965-607-474; www.facebook.com/alfrioyalfuegorestaurante; Embarcadero Av La Marina 138; Hauptgerichte 40–50 S; ⌚ Mo–Sa 12–23, So bis 18 Uhr; 👪) Man kann mit dem Boot zu diesem schwimmenden Gourmet-Paradies fahren, das mitten in der Mündung des Río Itaya liegt, und das beste Essen der Stadt genießen. Der Schwerpunkt ist Fisch (etwa köstliche *doncella*), aber die *parrillas* (Grill-

Iquitos

gerichte) sind auch sehr verlockend. Die angegebene Adresse ist die Bootsanlegestelle.

Ausgehen

Arandú Bar BAR

(Malecón Maldonado 113; ⏲ open end) Die beste von mehreren dröhnenden Malecón-Bars, vollgestopft mit irrer Kunst und absolut perfekt zum Leutebeobachten. Hier gibt's immer laute Rock'n'Roll-Klassiker auf die Ohren.

Musmuqui BAR

(Raimondi 382; ⏲ So–Do 17-24, Fr & Sa bis 3 Uhr) Bei Einheimischen beliebte Bar auf zwei Ebenen mit einer großen Auswahl aphrodisierender Cocktails, die aus seltsamen, wundersamen Amazonas-Pflanzen gemixt werden.

Praktische Informationen

BOTSCHAFTEN & KONSULATE

Bei der Einreise nach oder der Ausreise aus Brasilien oder Kolumbien erhält man den Ein-/Ausreisestempel an der Grenze.

Brasilianisches Konsulat (☎ 065-23-5151; Lores 363; ⏲ Mo–Fr 9–13 Uhr)

Kolumbianisches Konsulat (☎ 065-23-1461; Moore 249, Ecke Calvo de Aurajo)

Iquitos

Highlights

Sehenswertes

Aktivitäten, Kurse & Touren

Schlafen

Essen

Ausgehen & Nachtleben

Praktisches

Oficina de Migraciónes (065-23-5173; Mariscal Cáceres cuadra 18; Mo–Fr 8–16, Sa bis 12 Uhr)

GEFAHREN & ÄRGERNISSE

Vor Ort belästigen einen Schlepper oder selbsternannte Dschungelführer mit aggressiven, hartnäckigen und meist betrügerischen Geschäftsmaschen. Sie erhalten normalerweise Provisionen von Durchschnittsunterkünften. Somit wählt man am besten eigenständig und kontaktiert Hotels, Lodges oder Touranbieter direkt. Besondere Vorsicht bedingt das bitterarme Belén, wo Bagatelldiebstähle recht häufig sind. Nichtsdestotrotz kennt Iquitos fast keine Gewaltkriminalität.

GELD

Mehrere Banken haben Geldautomaten, darunter die BCP, deren Geldautomaten sicher sind.

BCP (Próspero & Putamayo)

MEDIZINISCHE VERSORGUNG

Clínica Ana Stahl (065-25-2535; www.facebook.com/caas.iquitos; La Marina 285; 24 Std.) Privatklinik; 2 km nördlich vom Zentrum.

Happydent (Putumayo 786) Zahnarzt.

InkaFarma (Próspero 397, Ecke Morona; 7–24 Uhr) Verlässliche Apotheke.

TOURISTENINFORMATION

iPerú (065-23-6144; Napo 161; Mo–Sa 9–18, So bis 13 Uhr) Am Flughafen (065-26-0251; Haupthalle, Flughafen Francisco Secada Vignetta; wann immer Flüge landen/starten) gibt's auch eine Zweigstelle.

An- & Weiterreise

FLUGZEUG

Auf Iquitos' **Flughafen**, 7 km vom Zentrum, landen Maschinen aus Lima, Pucallpa und Tarapoto.

Die Charterflugunternehmen am Flughafen fliegen mit fünfsitzigen Passagiermaschinen fast alle Orte im Amazonasgebiet an, wenn man ein paar hundert US-Dollar übrig hat.

LATAM (LAN; 065-23-2421; Próspero 232; Mo–Fr 9–18.30, Sa bis 13 Uhr) Fliegt täglich direkt nach Lima, außerdem gibt's Flüge nach Cusco (Mo, Mi & Sa).

Star Perú (065-23-6208; Napo 260; Mo–Fr 8.30–18.30, Sa bis 17.30 Uhr) Fliegt zweimal täglich von/nach Lima: der Morgenflug macht eine Zwischenlandung in Pucallpa, der Nachmittagsflug in Tarapoto. Der Preis beträgt ca. 70 US$ nach Lima und 60 US$ nach Pucallpa oder Tarapoto.

SCHIFF/FÄHRE

Von **Puerto Masusa** (Los Rosales) rund 3 km nördlich des Zentrums legen die Frachtschiffe nach Yurimaguas (stromaufwärts; 3–6 Tage) und Pucallpa (stromaufwärts; 4–7 Tage) ab; doch diese Fahrten unternimmt man besser in der anderen Richtung, also mit der Strömung. Die Preise liegen bei 80 bis 100 S für einen Hängemattenplatz und 130 bis 180 S für eine winzige, oft wie eine Zelle wirkende Kabine. Die Boote starten zu beiden Orten an den meisten Tagen: Zu den näheren, auf dieser Strecke liegenden Zielen fahren noch mehr Boote. Für Reisen nach Yurimaguas haben die Boote von Eduardo den besten Ruf.

Von Puerto Masusa fahren auch Schiffe stromabwärts in Richtung der peruanischen Grenze mit Brasilien und Kolumbien. Pro Woche starten zwei oder drei Schiffe zu der zweitägigen Fahrt (80 S/Pers.).Die Boote legen unterwegs in Pevas (Hängemattenplatz 40 S, ca. 15 Std.) und anderen Häfen an.

Näher beim Stadtzentrum starten vom besser organisierten **Henry Boats Port** (Av La Marina 1640; 7–19 Uhr) Schiffe, die die Route Iquitos–Pucallpa bedienen.

EINREISE IN DIE GRENZZONE PERU-KOLUMBIEN-BRASILIEN

Selbst mitten im Amazonasgebiet achten die Grenzbeamten streng auf die Formalitäten und lassen keine Traveller durch, deren Dokumente nicht in Ordnung sind. Mit einem gültigen Pass, Visum oder der Touristenkarte ist die Grenzüberquerung hingegen kein Problem. Man sollte sich unbedingt vorab informieren, welche Reisedokumente für Leute mit der eigenen Staatsangehörigkeit gelten, bevor man an der Grenze aufkreuzt.

Verlässt man Peru in Richtung Brasilien oder Kolumbien, erhält man vom peruanischen Beamten unmittelbar vor der Grenze den Ausreisestempel (die Boote stoppen lange genug; den Kapitän informieren).

Die Häfen im Dreiländereck liegen mehrere Kilometer auseinander und sind mit öffentlichen Fähren verbunden. Sie sind auf dem Luft- und Wasserweg, aber nicht über Straßen erreichbar.

An dieser Stelle gehört das Südufer des Flusses zu Peru, wo Strömungen ständig zu Verschiebungen des Uferverlaufs führen. Perus „Grenzstadt" ist das winzige Dorf Santa Rosa, wo sich die peruanische Einreisestelle befindet.

Von hier setzen Motorkanus in rund 15 Minuten nach Leticia in Kolumbien über. Der größte, hübscheste Grenzort Leticia besitzt die bei weitem besten Hotels und Restaurants sowie ein Hospital. Fast täglich gibt's Linienflüge von Leticia nach Bogotá.

Die beiden kleinen Häfen in Brasilien sind Tabatinga und Benjamin Constant; in beiden gibt's einfache Hotels. Tabatinga hat einen Flugplatz mit Flügen nach Manaus.

Oft kann man schon an Bord schlafen, während das Schiff auf die Abfahrt wartet; das gibt einem die Möglichkeit, sich den besten Platz für die eigene Hängematte zu ergattern. Man sollte sein Gepäck nie unbeaufsichtigt lassen; am besten lässt man es einschließen, während man schläft.

Reserva Nacional Pacaya-Samiria

Mit 20 800 km² ist die **Reserva Nacional Pacaya-Samiria** (30 S/Pers. & Tag, 150 S inkl. Eintrittsgebühr, Führer, Essen & Unterkunft) das größte Schutzgebiet Perus. Der Park versorgt die örtlichen Bevölkerung mit Nahrung und einem Obdach und schützt ökologisch wichtige Habitate. Schätzungsweise 42 000 Menschen leben in dem Schutzgebiet oder in seiner Umgebung; die rund 30 Ranger sind dafür zuständig, die Bedürfnisse der Einwohner mit dem Schutz der Natur unter einen Hut zu bringen. Die Mitarbeiter unterrichten die Einwohner auch darin, wie sie die erneuerbaren natürlichen Ressourcen am besten für sich nutzen können, ohne die üppige Tier- und Pflanzenwelt zu beeinträchtigen.

Im Schutzgebiet leben Wasserbewohner wie die Amazonas-Manatis, die Amazonasdelfine und Amazonas-Sotalias, zwei Arten von Kaimanen, große südamerikanische Flussschildkröten und viele weitere Tier- und Vogelarten.

Lagunas ist der westliche Zugangspunkt zum Reservat; von Iquitos/Nauta aus kann man auch die östliche Seite des Schutzgebiets erreichen. Das Gebiet in der Nähe von Lagunas ist von Raubbau betroffen; man sollte sich mehrere Tage nehmen, um tief in die unberührtesten Gebiete zu gelangen. In 15 Tagen kann man den Lago Cocha Pasto erreichen, wo man recht gute Chancen hat, Jaguare und andere größere Säugetiere zu erspähen. Andere sehenswerte Stellen im Reservat sind u. a. die Quebrada Yanayacu, wo das Wasser des Flusses von sich zersetzenden Pflanzen schwarz ist, der Lago Pantean, wo man Kaimane beobachten und sich auf die Suche nach Heilpflanzen begeben kann, sowie Tipischa de Huana, wo man *Victoria amazonica* bestaunen kann – Seerosen von einer Größe, dass ein kleines Kind auf ihnen schlafen kann, ohne ins Wasser zu versinken.

Offizielle Informationen erhält man bei den Veranstaltern, die in Iquitos und Lagunas Touren ins Reservat anbieten.

Die beste Art, das Reservat zu besuchen ist, ab Lagunas in einem Einbaum samt Führer loszufahren und mehrere Tage zu campen und die Gegend zu erkunden. Alternativ sind auch Besuche mit komfortableren Schiffen ab Iquitos möglich.

Von Lagunas aus ist Santa Rosa der wichtigste Zugang, an dem auch die (oft im Tourpreis enthaltene) Parkgebühr bezahlt werden muss.

Am besten besucht man das Schutzgebiet in der Trockenzeit, weil dann die Chance größer ist, an den Uferbänken Tiere zu sehen. Die Regenfälle lassen Ende Mai nach; nach einem Monat sind die Wasserstände gefallen, sodass der Juli und August die geeignetsten Monate für einen Besuch sind (mit ausgezeichneten Möglichkeiten zum Angeln). Die Zeit zwischen September und November ist noch ganz gut, denn der stärkste Regen kommt im Januar. Besonders ungeeignet sind die Monate von Februar bis Mai. Zwischen Februar und Juni ist es besonders heiß, und Tiere sieht man ehesten am frühen Morgen oder späten Nachmittag.

Traveller sollten viel Insektenschutzmittel und Plastiksäcke (zum Abdecken des Gepäcks) mitbringen und darauf vorbereitet sein, im Freien zu campieren.

PERU VERSTEHEN

Peru aktuell

Von der geschäftigen Hauptstadt Lima bis zu kopfsteingepflasterten Andendörfern präsentiert sich Peru als ein Land von unglaublicher Vielfalt, einer geschäftigen Wirtschaft und Innovationskraft. Es gibt immer noch Missstände – Umweltprobleme, zunehmender Drogenhandel und politische Unsicherheit – aber im Großen und Ganzen ist Peru dabei, seinen Weg zu finden.

Im letzten Jahrzehnt war Peru eine der am schnellsten wachsenden Volkswirtschaften in der Region. Nach den Zahlen der Weltbank lag das Wachstum bei durchschnittlich 5,9 %. Das ist keine geringe Leistung. In nur einem Jahrzehnt wurde die Armutsquote halbiert. Allerdings haben die Zuwächse nicht alle Menschen im Land erreicht: In ländlichen Gebieten leben 44 % der Menschen immer noch unter der Armutsgrenze, wobei die indigenen Bevölkerungsgruppen und das Anden-Hochland am stärksten betroffen sind.

Mit dem Preisverfall für Kupfer, den Hauptexportartikel des Landes, hat sich das Wachstum in Peru zwischen 2014 und 2017 verlangsamt. Viele glauben aber, dass die Wirtschaft schnell wieder Fahrt aufnehmen wird und zwar in der Industrie u.a. dank wachsender Gewinne im Bergbau sowie durch Investitionen in die Infrastruktur. Auch der Tourismus ist ein wichtiger Wirtschaftsfaktor: Die Zahl der ausländischen Peru-Besucher hat sich in den Jahren von 2003 bis 2014 von 1,3 auf 3,2 Mio. nahezu verdreifacht.

Als während der Hauptsaison Mitte 2018 zwei Touristenzüge kollidierten, wobei 15 Menschen verletzt wurden, zeigten sich erstmals die gefährlichen Konsequenzen des Touristen-Runs auf Machu Picchu. Innerhalb von fünf Jahren sind die Besucherzahlen dieser Stätte um 38 % auf 1,3 Mio. Besucher im Jahr 2016 angestiegen. Eines der Neuen Sieben Weltwunder zu werden, hat offensichtlich seinen Preis.

Die UNESCO fordert seit langem eine bessere Kontrolle des Zugangs zur Stätte. Im Juli 2017 führte Machu Picchu zeitlich jeweils auf den Morgen oder den Abend befristete Eintrittstickets ein. Einige verantwortliche Tourveranstalter in Cusco reagieren auf die Probleme, indem sie eine größere Auswahl von Touren ins Programm aufnehmen, um den Massenandrang besser zu verteilen. Viele Verantwortliche im Tourismussektor fürchten die Folgen einer übermäßigen Nutzung der Stätte.

Geschichte

Frühe Kulturen

Die Kultur der Inka ist nur die Spitze des archäologischen Eisbergs Peru.

Die ersten Einwohner des Landes waren lose verbundene Gruppen nomadischer Jäger, Fischer und Sammler, die in Höhlen lebten und furchterregende – heute ausgestorbene – Tiere wie Riesenfaultiere, Säbelzahntiger und Mastodons töteten. Die Domestizierung des Lamas, des Alpakas und des Meerschweinchens begann zwischen 7000 und 4000 v. Chr. Um 3000 v. Chr. wurden verschiedene Formen der Kartoffel zur Kulturpflanze – Peru rühmt sich, 4000 Arten zu besitzen.

Die Chavínperiode, wie sie in Chavín de Huántar bei Huaraz sichtbar wird, dauerte von etwa 1000 bis 300 v. Chr. Gekennzeichnet war sie durch weit verstreute, miteinander in geistigem Austausch stehende Siedlungen, ein gut entwickeltes Handwerk und kulturelle Vielfalt. Dennoch verschwand die Chavínkultur aus unerklärlichen Gründen um 300 v. Chr. Die nächsten 500 Jahre sahen Aufstieg und Niedergang der Paracaskultur südlich von Lima, die während ihres Bestehens einige der feinsten Textilgewebe in Amerika hervorbrachte.

Zwischen 100 und 700 n. Chr. erreichten Keramik, Metallverarbeitung und Textilproduktion neue Höhen der technischen Entwicklung. Die Moche erbauten ihre riesigen Pyramiden in der Gegend um Trujillo und in Sipán bei Chiclayo. Etwa zu dieser Zeit scharrten auch die Nazca ihre Linien in die Wüste, die heute noch ganze Armeen von Archäologen vor Rätsel stellen.

Von etwa 600 bis 1000 entstand das erste Reich, das nicht mehr regional begrenzt war, sondern eine weitreichende Eroberungspolitik verfolgte. Der Einfluss der Wari (Huari) aus dem Norden von Ayacucho ist bis heute fast überall in Peru sichtbar.

Im Lauf der nächsten vier Jahrhunderte erblühten mehrere Kulturen, darunter die der Chimú, die die Stadt Chan Chan bei Trujillo erbauten, und die der Chachapoyas, die die steinerne Festung von Kuélap errichteten. Am Titicacasee (Lago Titicaca) lebten mehrere kleinere kriegerische Hochlandstämme, die beispielsweise in Sillustani und Cutimbo beeindruckende runde Grabtürme hinterließen.

Das Inka-Reich & Die spanische Eroberung

Trotz ihres glorreichen Aufstiegs übten die *inca* (Könige) ihre Vorherrschaft nur ca. 100 Jahre lang aus. Die ersten acht Herrscher regierten vom 12. bis zum frühen 15. Jh. Doch erst der neunte *inca* namens Pachacutec brachte das Reich erstmals auf den blutigen Geschmack der Expansion. Um 1438 führte wachsende Eroberungsgier das benachbarte Hochlandvolk der Chanka bis vor die Tore Cuscos. Der Inka Wiraqucha floh daraufhin in dem Glauben, dass sein kleines Reich verloren sei. Sein Sohn Pachacutec scharte jedoch die Inka-Armee um sich und vertrieb die Chanka in einer verzweifelten Schlacht.

Ermutigt durch diesen Sieg startete Pachacutec daraufhin eine erste Expansionswelle und unterwarf dabei auf Anhieb den Großteil der zentralen Anden. In den nächsten 25 Jahren wuchs das Inka-Reich immer weiter. Schließlich reichte es von den heutigen Grenzen zu Ecuador und Kolumbien bis zu den Wüsten Nordchiles. Parallel entstanden viele großartige Bergfestungen, darunter auch Machu Picchu.

Als die Europäer in die Neue Welt kamen, griffen Seuchen wie die Pocken von Mittelamerika und der Karibik nach Südamerika über. 1527 fiel der elfte *inca* namens Huayna Capác einer solchen Epidemie zum Opfer. Zuvor hatte er das Reich zwischen seinen beiden Söhnen geteilt: Atahualpa war der Sohn einer Mutter aus Quito und erhielt den Norden. Der rein inkaische Cuzqueñan Huáscar bekam dagegen Cusco und den Süden. Diese Konstellation führte schließlich zu einem Bürgerkrieg, der den langsamen Niedergang des Inka-Reichs einläutete.

Um 1526 zog Francisco Pizarro von Panama aus Richtung Süden und stieß dabei schon bald auf die reichen Küstensiedlungen der Inka. So reiste er zurück nach Spanien, um Männer und Geld für die Eroberung aufzutreiben. Dann segelte er nach Ecuador und marschierte über Land ins peruanische Herz des Inka-Reichs. Als Pizarro 1532 nach Cajamarca kam, hatte Atahualpa gerade seinen Halbbruder Huáscar besiegt.

Das Aufeinandertreffen von Pizarro und Atahualpa sollte den Verlauf der südamerikanischen Geschichte verändern. Wenige Dutzend bewaffneter Konquistadoren lockten den Herrscher in einen Hinterhalt, nahmen ihn gefangen und töteten Tausende seiner unbewaffneten Gefolgsleute. Für seine Freilassung bot der *inca* ein Lösegeld in Form von Gold und Silber aus Cusco an – darunter auch die goldenen Wandverkleidungen des Coricancha-Tempels.

Doch Pizarro hielt Atahualpa monatelang gefangen und erhöhte die Lösegeldforderungen immer weiter. Schließlich ließ er ihn nach einem Scheinprozess hinrichten und drang auf Cusco vor. Mit ihren Rüstungen und Stahlschwertern war die spanische Kavallerie praktisch nicht zu stoppen. Trotz gelegentlicher Aufstände musste sich das Inka-Reich immer tiefer in die Berge und den Dschungel zurückziehen. Seine einstige Macht und Größe sollte es niemals wieder erreichen.

Das kolonialzeitliche Peru

1535 gründete Pizarro die Hauptstadt Lima. Jahrzehnte des Aufruhrs folgten: Die Peruaner wehrten sich gegen ihre Eroberer, während diese untereinander um die Kontrolle über die reiche Kolonie kämpften. 1541 wurde Pizarro vom Sohn des Konquistadoren Diego de Almagro getötet, dessen Hinrichtung er drei Jahre zuvor befohlen hatte. 1536 hatte Manco Cápac II. fast das ganze Hochland wieder unter seine Kontrolle gebracht. 1539 zog er sich jedoch in sein Regenwaldversteck Vilcabamba zurück, wo man ihn 1544 ermordete. Der *inca* Túpac Amaru versuchte 1572 noch einmal, die Spanier zu vertreiben. Doch auch er wurde besiegt und exekutiert.

Für die nächsten 200 Jahre war Lima das politische, soziale und wirtschaftliche Zentrum der Anden, während Cusco zur tiefsten Provinz verkam. Das System der *encomienda* beutete die indigenen Peruaner aus, indem es Land und Sklaven an Siedler verteilte. 1780 führte dies zu einem Aufstand unter der Führung des selbsternannten *inca* Túpac Amaru II. Die Revolte wurde jedoch niedergeschlagen und endete mit der grausamen Hinrichtung der Anführer.

Die Unabhängigkeit

Im frühen 19. Jh. war rebellisches Gedankengut auch unter den Kolonialherren verbreitet. Gründe dafür waren die hohen Steuern, die Spanien erhob, und der Wunsch, die reichen Rohstoffquellen des Landes selbst zu kontrollieren, angefangen bei *guano* (Exkremente von Seevögeln), das als Dünger genutzt wird.

Der Wandel kam aus zwei Richtungen. Nachdem er Argentinien und Chile von der spanischen Herrschaft befreit hatte, kam José de San Martín nach Lima und proklamierte 1821 die Unabhängigkeit Perus. Simón Bolívar hatte inzwischen Venezuela, Kolumbien und Ecuador befreit. San Martín und Bolívar trafen sich in Ecuador, und das Ergebnis dieses Treffens war, dass Bolívar weiter nach Peru zog. In Junín und Ayacucho wurden 1824 noch zwei weitere entscheidende Schlachten geschlagen, 1826 ergaben sich die Spanier endgültig.

Peru gewann 1866 einen kurzen Krieg gegen Spanien und verlor einen längeren mit Chile um die nitratreiche nördliche Atacamawüste (1879–1883). Chile annektierte einen beträchtlichen Teil der Küste im Süden Perus, gab aber einige Gebiete 1929 wieder zurück. Ein Jahrzehnt später kam es wegen eines anderen Grenzkonflikts zu einem Krieg mit Ecuador. Der Vertrag von 1942 gestand Peru das Gebiet nördlich des Río Marañón zu, doch Ecuador focht diesen an, und es kam alle paar Jahre zu kleineren Scharmützeln. Erst 1998 brachte ein Friedensvertrag ein Ende der Feindseligkeiten.

Moderne Zeiten

Auch wenn es in Peru gelegentlich Zeiten ziviler Herrschaft gab, sind doch Putsche und Militärdiktaturen das hervorstechende Merkmal der peruanischen Geschichte im 20. Jh.

In den späten 1980er-Jahren erlebte das Land eine Phase ernster sozialer Unruhen. Demonstrationen gegen die verhängnisvolle Wirtschaftspolitik von Präsident Alan García Pérez waren an der Tagesordnung – die Inflationsrate erreichte irgendwann 10 000 %! Seine erste Amtszeit war überschattet von terroristischen Anschlägen der maoistischen Organisation Sendero Luminoso (Leuchtender Pfad), die einen Guerillakrieg führte, dessen traurige Bilanz den Tod oder das „Verschwinden" von mindestens 40 000 Menschen – vor allem in den mittleren Anden – verzeichnet.

1990 wurde Alberto Fujimori, Sohn japanischer Einwanderer, zum Präsidenten gewählt. Seine strengen, halbdiktatorischen Regierungsmaßnahmen führten zu nie gekannten wirtschaftlichen Verbesserungen. Dank seiner großen Beliebtheit wurde Fujimori 1995 erneut gewählt (nachdem er die Verfassung rasch geändert hatte, um sich erneut zur Wahl stellen zu können), aber 1998 ließ die Unterstützung in der Bevölkerung nach. Im September 2000 wurde ein Video veröffentlicht, das Fujimoris Sicherheitschef dabei zeigt, wie er einen Kongressabgeordneten besticht. Fujimoris zehnjährige Präsidentschaft geriet in unkontrolliertes Schleudern. Mitten in diesem Skandal wurden ihm darüber hinaus Menschenrechtsverletzungen vorgeworfen, während er sich auf einer Staatsreise durch Asien befand. Er versteckte sich in Japan, das sich weigerte, die wiederholten Auslieferungsforderungen Perus zu erfüllen. 2005 wurde er während eines Aufenthalts in Chile verhaftet und 2007 an Peru ausgeliefert, wo er für die Anordnung illegaler Durchsuchungen sofort angeklagt und zu sechs Jahren Haft verurteilt wurde. 2009 wurde Fujimori für Verbrechen gegen die Menschlichkeit zu weiteren 25 Jahren Haft verurteilt. Er wurde des Mordes, der körperlichen Verletzung und der zweimaligen Entführung schuldig gesprochen.

Trotz des Schandflecks in der Familiengeschichte wurde Fujimoris Tochter Keiko im Jahr 2006 in einem Erdrutschsieg in den peruanischen Kongress gewählt. Als sie 2011 für das Präsidentenamt kandidierte, verlor sie jedoch knapp die Stichwahl gegen den früheren Armeeoffizier Ollanta Humala.

Humala hielt man zunächst für einen Populisten in bester Hugo-Chávez-Tradition (die Limaer Börse stürzte ab, als er gewählt wurde), aber seine Regierung hat sich als äußerst geschäftsfreundlich erwiesen. Auch wenn die Wirtschaft unter seiner Führung gut funktionierte, gerieten seine Beliebtheitswerte 2012 nach dem misslungenen Angriff auf ein Sendero-Luminoso-Lager im Hochland ins Trudeln. Erstaunlicherweise hat sich Humalas Zustimmungsquote im August 2015, in seinem letzten Jahr an der Macht, jedoch wieder erholt, obwohl (oder gerade weil) er als Reaktion auf einen gewalttätigen Konflikt zwischen lokalen Bauern und den Truppen der Kupfermine Tía María das Kriegsrecht für die Südküste ausrief.

Bei den Präsidentschaftswahlen 2016 setzte sich Pedro Pablo Kuczynski von der liberal-konservativen Partei Peruanos por el Kambio in einer Stichwahl gegen Keiko Fujimori durch und trat am 28. Juli des Jahres die Nachfolge von Humala an.

Kultur

Mit seiner Geografie (Wüste, Hochland und Dschungel) wird Peru gnadenlos als Land der Gegensätze beworben. Kontraste prägen auch das Leben der Einheimischen: Hier stößt man auf einen Mix aus Arm und Reich, Modern und Uralt, Ländlich und Urban, Indigen und Europäisch. Der Alltag in diesem Land kann hart oder richtig reich sein – so ist das seit Jahrhunderten.

Bevölkerung

Peru ist im Grunde eine bikulturelle Gesellschaft, die aus einem indigenen und einem europäisch beeinflussten Bevölkerungsteil besteht. Ein Teil der Peruaner spricht Spanisch und orientiert sich an der Tradition der *criollos* (Spanier, die hier während der Kolonialzeit geboren wurden). Diese Menschen sind entweder Weiße (15% der Gesamtbevölkerung) oder *mestizos,* also Menschen mit einer indigen-europäischen Abstammung (37%).

Rund 45% der Einheimischen sind *indígenas* (rein indigene Menschen); damit gehört Peru zu den drei südamerikanischen Ländern mit dem höchsten indigenen Bevölkerungsanteil. Überproportional viele *indígenas* bewohnen ländliche Andenregionen und arbeiten in der Landwirtschaft. Die meisten davon sprechen Quechua und sind im Andenhochland zu Hause. Ein kleinerer Anteil spricht Aymara und lebt im Umkreis des Titicacasees. Das riesige Amazonasgebiet beheimatet weitere ethnische Gruppen mit einer Vielzahl von Sprachen.

Etwa 3% der Peruaner sind afrikanischer oder asiatischer Abkunft. Die Vorfahren der Afro-Peruaner wurden einst als Sklaven von spanischen Konquistadoren hierher verschleppt.

Lebensart

Auch wenn der wirtschaftliche Aufschwung im 21. Jh. dem Land genutzt hat, herrscht immer noch eine gewaltige Diskrepanz zwischen Reich und Arm. Der monatliche Mindestlohn beträgt 284 US$. Rund 22% der Bevölkerung leben nach Angaben von INEI, dem statischen Amt Perus, unter der Armutsgrenze. Während die Arbeitslosenrate offiziell lediglich 6,7% beträgt, herrscht besonders in Lima und anderen Großstädten eine weit verbreitete Unterbeschäftigung.

Im ländlichen Raum kommen viele Arme nur per Subsistenzwirtschaft über die Runden; ihre traditionellen Lehmziegel- oder Wellblechhäuser haben oft keine Strom- und Wasserleitungen. In den Großstädten bleiben den Ärmsten der Armen nur Slumsiedlungen, während die Unter- und Mittelschicht in kleinen freistehenden Häusern oder Betonbunkern mit Mietwohnungen lebt. Die großen Einzelhäuser betuchterer Großstädter sind oft von hohen Mauern umgeben.

Für alle Gesellschaftsschichten gilt, dass meist mehrere Generationen unter einem Dach wohnen.

Religion

Über 81% der Peruaner sind römisch-katholisch (offizielle Religion). Viele *indígenas* geben sich äußerlich als Katholiken, kombinieren aber Kirchenfeste und heilige Zeremonien oft mit ihren traditionellen Glaubenselementen. Der Protestantismus hat heute einen Bevölkerungsanteil von etwa 13%.

Sport

Obwohl sich Perus Nationalmannschaft seit 1982 nicht mehr für die Weltmeisterschaft qualifizieren konnte, hat *fútbol* (Fußball) hier viele fanatische Fans. Die berühmtesten Teams stammen fast alle aus der Hauptstadt: Beim traditionellen *clásico* (Klassiker) spielt Alianza Lima gegen Universitario (La U). Saison ist von Ende März bis November.

Auch Stierkämpfe sind Teil der Landeskultur: Die Plaza de Acho in Lima zieht internationale Torero-Talente an. Bei Festivals in entlegenen Andenregionen werden Kondore auf den Rücken von Bullen gebunden – ein Symbol des indigenen Kampfs gegen die spanischen Eroberer.

Kunst

Als früherer Teil indigener und europäischer Großreiche hat Peru eine vielfältige Kunst- und Kulturtradition. Ganz oben rangieren dabei wohl Musik (u.a. indigen), Malerei und Literatur. Letztere erregte 2010 viel Aufmerksamkeit, als der peruanische Romanautor Mario Vargas Llosa den Nobelpreis erhielt.

Musik

Wie die Peruaner selbst ist auch ihre Musik ein interkontinentaler Mix. Sie vereint vorkoloniale Bambusflöten mit spanischen Saiteninstrumenten und einem fließend-perkussiven Rhythmus-Rückgrat aus Afrika. Im Großen und Ganzen ist der Sound meist recht regional geprägt: An der Küste hört man hauptsächlich afrikanisch beeinflusste *landós* mit pulsierenden Bass-Beats; parallel sind dort *criollo*-Walzer ein Muss auf jeder Tanzparty. Bei den indigenen *huaynos* der Anden erklingen vor allem hohe Töne aus Bambus-Blasinstrumenten.

Über die letzten paar Jahrzehnte hat sich der *huayno* mit Surfgitarren und der kolumbianischen Tanzmusik *cumbia* (ursprünglich afro-karibisch) zur ebenso tanzbaren *chicha* vermischt. Dieser Sound ist typisch für die Amazonasregion; zu den bekannten *chicha*-Bands gehören beispielsweise Los Shapis und Los Mirlos. Reine *cumbia* ist ebenfalls beliebt und wird u.a. von der aktuell angesagten Grupo 5 aus Chiclayo gespielt.

Die gitarrenlastige *música criolla* (*criollo*-Musik) der Küste hat ihre Wurzeln in Spanien und Afrika. Als berühmteste Variante peitscht der *vals peruano* (peruanische Walzer) viele komplexe Gitarrenmelodien im schnellen Dreivierteltakt voran. Unter den Legenden des Genres sind z.B. Lucha Reyes (1936–1973), Arturo „Zambo" Cavero (1940–2009) oder die Sängerin und Komponistin Chabuca Granda (1920–1983). Vor allem Cavero wird für seine raue Stimme und seine schwermütigen Interpretationen verehrt. Der *landó* ist nah mit diesem Musikstil verwandt, umfasst aber zusätzlich Frage-Antwort-Arrangements. Zu seinen bekanntesten Vertretern gehören die Sängerinnen Susana Baca (geb. 1944) und Eva Ayllón (geb. 1956).

Bildende Kunst

Während Perus berühmtester Kunstperiode (17.–18. Jh.) erschufen indigene und *mestizo*-Vertreter der Cusco-Schule zahllose religiöse Malereien – allerdings größtenteils anonym. Solche *cuzqueña*-Gemälde sind der Stolz vieler Hochlandkirchen.

Traditionelles Kunsthandwerk

Die Produktion von Kunsthandwerk und Folklorekunst in außergewöhnlichen Ausführungen hat in Peru eine lange Tradition. Interessant sind beispielsweise:

Religiöses Kunsthandwerk In allen Regionen massenhaft vorhanden; am spektakulärsten sind jedoch die *retablos* (3D-Ornamentik-Dioramen) aus Ayacucho.

Textilien Landesweit findet man komplexe Webstoffe mit kunstvollen Menschenfiguren oder Geometriemustern. Ein paar der schönsten Exemplare gibt's im Gebiet rund um Cusco.

Töpferwaren Die großartigsten Töpfereierzeugnisse folgen der Tradition des präkolumbischen Moche-Volks, das an der Nordküste lebte. Sehr schön sind aber auch rundliche Chancay-Figuren aus sandfarbenem Ton (erhältlich auf Kunsthandwerksmärkten in Lima).

Literatur

Perus berühmtester Romanautor ist zweifellos Mario Vargas Llosa (geb. 1936), der 1990 ohne Erfolg für das Präsidentenamt kandidierte und 2010 den Literaturnobelpreis gewann. Seine komplexen Werke (z.B. *Die Stadt und die Hunde;* 1962) tauchen tief in die Gesellschaft, Politik und Kultur des Landes ein.

César Vallejo (1892–1938) gilt als Perus größter Poet. Er schrieb das Buch *Trilce* mit 77 avantgardistischen, existentialistischen Gedichten und war bekannt dafür, die Grenzen des Spanischen auszuloten: Wenn ihm vorhandene Worte nicht ausreichten, erfand er welche.

José María Arguedas (1911–1969) und Ciro Alegría (1909–1967) wurden durch ihre Darstellungen indigener Dorfgemeinschaften bekannt. Die Starkarriere des peruanisch-amerikanischen Newcomers Daniel Alarcón (geb. 1977) begann 2007 mit seinem Erstlingsroman *Lost City Radio*.

Natur & Umwelt

Außer Peru haben nur wenige Länder eine derart wilde, unwirtliche und vielfältige Geografie. Südamerikas drittgrößte Nation (1285 220 km²) ist fünfmal so groß wie Großbritannien, fast doppelt so groß wie Texas und erreicht etwa ein Sechstel der Fläche Australiens. In den Tropen südlich des Äquators vereint Peru drei höchst unterschiedliche geografische Zonen: die trockene Pazifikküste, die schroffen Anden und ein gutes Stück des Amazonasbeckens.

Geografie

Der Küstenstreifen besteht vor allem aus Wüste, unterbrochen von Städten und Flüssen, die aus den Anden kommen und landwirtschaftlich nutzbare Oasen bilden. Die beste Straße des Landes, die Carr Panamericana, führt an der gesamten Küste Perus entlang – von Grenze zu Grenze.

Die Anden steigen von der Küste bereits 100 km landeinwärts schnell zu spektakulären Höhen von über 6000 m auf. Die meisten Berge sind zwischen 3000 und 4000 m hoch, und zerklüftete Gebirgsketten werden durch tiefe, Schwindel erregende Schluchten getrennt. Der Huascarán ist mit 6768 m Perus höchster Berg.

Die östlichen Anden bekommen mehr Regen ab als die trockenen westlichen Abhänge und sind deshalb mit Nebelwald bedeckt, der in den Regenwald des Amazonasbeckens übergeht.

Tiere & Pflanzen

Mit seinen riesigen Wüsten, den von Gletschern bedeckten Bergketten, dem tropischen Regenwald und fast jedem nur vorstellbaren Lebensraum dazwischen darf es nicht verwundern, dass Peru über eine große Vielfalt von Tieren und Pflanzen verfügt.

Vögel und Meerestiere kommen an der Küste zahlreich vor. Hier leben Seelöwenkolonien, Humboldtpinguine, chilenische Flamingos, peruanische Papageien, Inkaseeschwalben und endemische braune Tölpel. Zu den bemerkenswerten Vögeln gehören der majestätische Andenkondor, der Schmalschnabelsichler und eine Vielzahl von Kolibris. Das Hochland ist auch die Heimat der Kameloiden wie Lamas, Alpakas, Guanakos und Vikuñjas, während man im Nebelwald Jaguare, Tapire und die bedrohten Brillenbären findet.

Weiter unten, Richtung Amazonas, kann man mit etwas Glück die berühmten tropischen Vögel sehen: Papageien, Aras, Tukane und viele andere. Mehr als ein Dutzend Affenarten leben in Amazonien, außerdem Flussdelfine, Frösche und unzählige Fische sowie Insekten. Und Schlangen? Keine Panik. Es leben zwar viele Arten hier, aber meistens verstecken sie sich vor Menschen.

TOP-SPOTS FÜR TIERBEOBACHTUNGEN

Parque Nacional Manu (S. 1029) Der abgelegene Dschungel bietet die beste Chance, Jaguare, Tapire und Affen zu beobachten.

Islas Ballestas Das Küstenschutzgebiet ist Heimat von Pinguinen, Flamingos und Seelöwen.

Iquitos Baumwipfelpfade, Dschungellodges und Fahrten mit Flussbooten.

Parque Nacional Huascarán Andenkondore und *vicuñas*.

Puerto Maldonado Capybaras und Aras.

Cañón del Colca Die beste Stelle zum Beobachten von Andenkondoren.

Yarinacocha Heimat von Amazonasdelfinen, mächtigen Leguanen und unzähligen Vogelarten.

Reserva Nacional Pacaya-Samiria (S. 1036) Am besten im Einbaum zu erkunden.

Machu Picchu (S. 986) Über 400 seltene und endemische Vogelarten.

Nationalparks

Perus reiche Tierwelt wird in einem System aus Nationalparks und Naturreservaten geschützt; die 60 Gebiete nehmen rund 15% der Landesfläche ein. Ihnen mangelt es jedoch dramatisch an der nötigen Infrastuktur und es wird immer wieder illegal gejagt und geangelt, Bäume gefällt und Bergbau betrieben.

Zu den Highlights gehören der Parque Nacional Huascarán, das perfekte Ziel für Wanderungen in der Cordillera Blanca, und der Parque Nacional Manu, der zu den artenreichsten Regenwäldern der Welt gehört und nordwestlich von Cusco liegt. Aber auch andere Schutzgebiete oder *reservas nacionales* und Naturparks – etwa der Cañon del Colca und der Titicacasee – sind einen Besuch wert.

Nach Jahrzehnten des Wartens wurde die Schutzzone Sierra del Divisor 2015 endlich zu Perus jüngstem Nationalpark ernannt. Darin werden 15 000 km² Regenwald an der brasilianischen Grenze mit all seiner einzigartigen Flora und Fauna und seinen indigenen Gemeinden geschützt.

Umweltprobleme

Beim Verwalten seiner natürlichen Ressourcen steht Peru vor großen Herausforderungen. Die schwache Exekutive und die unzugängliche Geografie begünstigen die hiesigen Umweltprobleme – vor allem Entwaldung, Erosion, Landschaftszersiedelung und industriebedingte Verschmutzung. Parallel wird fortwährend versucht, Kokaplantagen auf Andenhängen teilweise mit giftigen Entlaubungsmitteln zu zerstören. Zudem bedroht der Interoceanic Highway potentiell Tausende Quadratkilometer Regenwald im Herz des Amazonasgebiets.

ENTWALDUNG & WASSERVERSCHMUTZUNG

Perus Hochland wird wegen des Bedarfs an Feuerholz gerodet, der Regenwald für die Gewinnung wertvoller Harthölzer. Durch Landwirtschaft, Bergbau und Ölindustrie büßen beide Gebiete noch mehr Bewuchs ein. Diese Entwaldung hat jeweils zu sehr starker Bodenerosion geführt. Das Hochland leidet stark unter der Abholzung bzw. Überweidung seiner Wälder und *puna*-Graslandschaften in den Anden; so verschlechtert sich die Bodenqualität dort sehr schnell. Das Roden des Amazonas-Regenwalds lässt Indikatorarten (z.B. Frösche) verschwinden, was ebenfalls in Erosion resultiert. Letztere senkt auch die Wasserqualität in dieser Region: Die Mikroorganismen am unteren Ende der Nahrungskette können nicht in verschlammtem Nass leben.

Weitere Probleme schafft z.B. die Wasserverschmutzung durch den Hochlandbergbau. Wegen gesundheitsschädlicher Abwässer herrscht heute oft Schwimmverbot an den Stränden in der Umgebung einiger Küstenstädte. Im Süden haben Wasserverschmutzung und Überfischung den Bestand an Humboldt-Pinguinen kontinuierlich dezimiert (seit den 1980er-Jahren um mehr als ein Drittel).

SCHUTZMASSNAHMEN

Ende 2014 unterzeichnete Peru ein Abkommen mit Norwegen und Deutschland, seine waldabhängigen Emissonen zu reduzieren und den Versuch zu unternehmen, bis 2021 kohlenstoffneutral zu werden. Norwegen hat zugesagt, bei nachweisbaren Ergebnissen bis zu 300 Mio. US$ zu zahlen.

Im Zuge dessen werden bereits einige positive Maßnahmen getroffen, um die Umwelt des Landes zu schützen. Beispielsweise haben sich die peruanische Regierung und private Interessenten innerhalb der Tourismusindustrie zusammengetan, um nachhaltige Reiseprojekte im Amazonasgebiet zu entwickeln.

PRAKTISCHES

Allgemeine Informationen

AKTIVITÄTEN

Die meisten Aktivitäten sind das ganze Jahr über möglich, doch manche Zeiten eignen sich besser als andere. Die Hauptsaison für die meisten Outdoor-Aktivitäten ist die Trockenzeit im Winter (Juni–Aug.). Trekking im Hochland ist in der Regenzeit – besonders von Dezember bis März, wenn der meiste Regen fällt – eine ziemlich schlammige Angelegenheit. Die heißeren Sommermonate eignen sich dagegen am besten fürs Schwimmen und Surfen an der Pazifikküste.

Aus Sicherheitsgründen sollte man die billigsten Agenturen und Ausstatter meiden. Für spezielle Aktivitäten ist es am besten, selbst gute Ausrüstung mitzubringen.

Für all jene, die gern Vögel beobachten, sind das Amazonasbecken, die Islas Ballestas und der Cañón del Colca gute Startpunkte.

Zum Thema Klettern: Der Huascarán (6768 m), Perus höchster Berg, ist nur etwas für Profis, aber in der Nähe von Huaraz und Arequipa gibt's auch viele einfacher zu bezwingende Gipfel. Fels- und Eisklettertouren kann man vor allem rund um Huaraz unternehmen.

Gute Downhills gesucht? Um Huaraz, Cusco und Arequipa gibt's sowohl einfache als auch schwierige Strecken für Mountainbiker.

Auch Paragliding ist in Peru im Kommen, besonders in Lima.

Wildwasserrafting-Agenturen in Cusco und Arequipa bieten eine Vielzahl von Tagesausflügen und längeren Unternehmungen (Kategorien III–IV und Stromschnellen) an. Es ist schon zu einigen tödlichen Unfällen gekommen – vorher also genau überlegen, welchem Anbieter man sein Leben anvertrauen möchte. Der beste Ort für Anfänger ist Lunahuaná.

Es ist kein Problem, Pferde zu leihen. Wer etwas Besonderes will, sollte einen Ritt auf den anmutigen peruanischen Paso-Fino-Pferden in der Nähe von Urubamba in Betracht ziehen.

Surfen hat in Peru viele Fans. Es gibt im Norden einige schöne Wellen, berühmt sind die bei Huanchaco, Máncora und gleich südlich von Lima. Etwas ganz anderes ist es, die gigantischen Dünen der Küstenwüste bei Huacachina und Nazca hinunter zu surfen.

Trekker, Stiefel einpacken! Der Abwechslungsreichtum der Trails in Peru ist umwerfend. Die Cordillera Blanca ist wegen ihrer Gipfel unübertroffen, ebenso überwältigt einen die Cordillera Huayhuash. Von einem Trek in Peru hat aber fast jeder gehört – dem weltberühmten Inka-Trail nach Machu Picchu. Nur: Eben weil dieser bekannt ist wie ein bunter Hund, sollte man überlegen, ob man nicht eine alternative Strecke nach Machu Picchu wählt. Der spektakuläre Ausangate-Rundgang und die alten Ruinen im Nebelwald bei Chachapoyas gehören zu den weiteren interessanten Zielen. Noch eine Option stellen die tiefsten Canyons der Welt dar – der Cañón del Cotahuasi und der Cañón del Colca.

ARBEITEN IN PERU

Es wird zunehmend schwieriger, Aufenthalts- und Arbeitsgenehmigungen für Peru zu erhalten, und ebenso, Jobs ohne ein richtiges Arbeitsvisum zu bekommen. Einige Sprachschulen fordern für Englischlehrer vielleicht keines, aber das ist illegal. Gelegentlich suchen Schulen per Anzeige nach Lehrern, aber häufiger erfährt man davon durch Mundpropaganda. Schulen suchen nur Leute mit Englisch als Muttersprachen, und die Bezahlung ist schlecht. Wer schon als Lehrer gearbeitet hat, hat bessere Chancen.

US-amerikanische und britische Schulen in Lima stellen manchmal Lehrer für Mathematik, Biologie und andere Fächer ein, aber in der Regel nur, wenn man sich vorab beworben hat. Sie zahlen viel mehr als die Sprachschulen und können einem auch bei der Beschaffung eines Arbeitsvisums helfen, wenn man bleiben will. In Lima könnten der South American Explorers Club und internationale Kulturzentren Kontakte zu Schulen haben, die nach Lehrern suchen.

Die meisten anderen Jobs erhält man über Mundpropaganda (z. B. als Barkeeper, Hostelmitarbeiter oder Dschungelguide), aber die Möglichkeiten sind begrenzt. Freiwilligenorganisationen haben Praktika und kurzzeitige Arbeitsgelegenheiten.

BOTSCHAFTEN & KONSULATE

Die meisten ausländischen Botschaften haben ihren Sitz in Lima. In einigen touristischen Zentren wie Cusco gibt's auch Konsulate.

Man muss sich klar darüber sein, was die eigene Botschaft für einen tun kann, wenn man in Schwierigkeiten geraten ist. Die Botschaft wird nichts dagegen tun, dass man für ein Verbrechen, dass man begangen hat, ins Gefängnis kommt, selbst wenn das Vergehen im eigenen Land straffrei sein mag. Wenn einem das ganze Geld und die Papiere gestohlen wurden, kann einem die Botschaft einen neuen Pass ausstellen.

Man sollte die Öffnungszeiten vorab telefonisch nachprüfen oder einen Termin vereinbaren. Die meisten Botschaften und Konsulate arbeiten zwar während der regulären Geschäftszeiten, die Öffnungszeiten für den Publikumsverkehr sind aber häufig kürzer. Kontaktnummern, an die man sich außerhalb der Öffnungszeiten und im Notfall wenden kann, finden sich auf den jeweiligen Websites.

In den *Oficinas de migraciónes* (Einreisebüros) erhält man üblicherweise den Ausreisestempel oder beschafft sich eine neue Einreisekarte, was sonst auch online über die Website erledigt werden kann.

Bolivianische Botschaft (Karte S. 936; ☎ 01-440-2095; www.boliviaenperu.com; Los Castaños 235, San Isidro; ⏲ Mo–Fr 8.30–12.30 Uhr) Es gibt auch ein Konsulat in Puno (S. 965).

Brasilianische Botschaft (Karte S. 930; ☎ 01-512-0830; www.embajadabrasil.org.pe; Av José Pardo 850, Miraflores; ⏲ Mo–Fr 8.15–16 Uhr)

Chilenische Botschaft (Karte S. 936; ☎ 01-710-2211; www.chile.gob.cl/peru; Javier Prado Oeste 790, San Isidro)

Deutsche Botschaft (Karte S. 925; ☎ 01-203-5940; www.lima.diplo.de; Av Dionisio Derteano 144, 7. & 8. OG, San Isidro; ⏲ Mo–Do 8–16.30, Fr bis 13.30 Uhr)

Ecuadorianische Botschaft (Karte S. 936; ☎ 01-212-4027; www.peru.embajada.gob.ec; Las Palmeras 356, San Isidro; ⏲ Mo–Fr 8.30–16 Uhr) Es gibt ein Konsulat in **Tumbes** (☎ 072-52-5949; Bolívar 129, 3. OG, Plaza de Armas).

Kolumbianische Botschaft (Karte S. 936; ☎ 01-201-9830; http://peru.embajada.gov.co/embajada; Av Víctor Andrés Belaúnde 340, San Isidro; ⌚ Mo–Fr 8–13 & 14–17 Uhr) Es gibt ein Konsulat in Iquitos (S. 1034).

Österreichische Botschaft (☎ 01-442-0503; www.bmeia.gv.at/oeb-lima/; 5. Stock, Av Republica de Colombia 643, San Isidro, Lima 27)

Schweizer Botschaft (Karte S. 925; ☎ 01-264-0305; www.eda.admin.ch/lima; Av Salaverry 3240, San Isidro; ⌚ Mo–Do 8–13 & 14–16.30, Fr 8–14 Uhr)

ESSEN

In Peru gehört „Fusion" schon lange zum kulinarischen Alltag. In den letzten 400 Jahren haben sich hier z. B. Eintöpfe nach Andenart mit asiatischen Woktechniken vermischt; spanische Reisgerichte sind auf amazonische Aromen getroffen. Das Ergebnis dieser mehrfachen Vermischung ist Perus berühmte *criollo* (kreolische) Küche. Über die letzten zehn Jahre hat eine Generation von jungen und experimentierfreudigen Innovatoren die lokaltypische Kost in gastronomische Höhen gehoben: Ihr *novoandina*-Ansatz interpretiert peruanische Gerichte mit den Mitteln der Haute Cuisine.

Das hiesige Essen ist eher pikant gewürzt; *ají* (Chilipulver) wird jedoch separat serviert. Wer's konventioneller mag, kann sich in eine *chifa* (chinesisches Lokal) oder *pollería* (Grillrestaurant) flüchten. Vegetarier finden ein immer größeres Angebot; auch die vielen einfallsreichen Kartoffelgerichte sind probierenswert. Die meisten Restaurants offerieren normalerweise mittags ein *menú del día* (Tagesmenü; 8–22 S) mit Suppe, Hauptgericht und oft auch Nachtisch. *Canchita* (peruanisches Popcorn) begleitet häufig den ersten Gang.

Incluye impuesto (IGV) bedeutet, dass die Rechnung eine Servicegebühr enthält. Bessere Restaurants addieren 18 % Steuer und 10 % Trinkgeld.

Getränke

Die wichtigsten Limomarken sind verfügbar, aber die Einheimischen bevorzugen Inca Kola – ein Getränk, das wie Kaugummi schmeckt und eine auffällig giftig-gelbe Farbe hat. Frische Fruchtsäfte sind ebenfalls beliebt, ebenso traditionelle Getränke wie *chicha morada*, ein erfrischendes, nichtalkoholisches Gebräu aus *maiz morado* (lilafarbenem Mais) und Gewürzen.

Peru ist zwar ein Kaffeeexportland, aber viele Peruaner trinken Instantkaffee; einige Restaurants tischen Nescafé-Päckchen oder eine tintenschwarze Kaffee-Reduktion auf, die mit heißem Wasser aufgegossen wird. In kosmopolitischen und touristischen Gebieten gibt's aber jede Menge Cafés, in denen man Espresso und Cappuccino erhält. Es gibt auch Tees und *matés* (Kräutertees), z. B. *manzanilla* (Kamille), *menta* (Minze) und *mate de coca* (Tee aus Coca-Blättern). Der Tee aus Cocablättern macht einen nicht high, hilft aber gegen Magenbeschwerden und soll die Akklimatisierung an die Höhe erleichtern.

> **ACHTUNG!**
>
> Speisen, die aus ehemals oder aktuell bedrohten Tieren zubereitet wurden, sollte man ablehnen. Manchmal werden in Urwaldgebieten *chanco marino* (Delfin), *huevos de charapa* (Schildkröteneier), *paiche* (der größte Süßwasserfisch), Kaiman, *motelo* (Schildkröte) oder sogar *mono* (Affe) serviert.

FEIERTAGE & FERIEN

Größere Festtage können mehrere Tage rund um den eigentlichen Termin gefeiert werden.

Die Fiestas Patrias (Nationalen Unabhängigkeitstage) sind die bedeutendsten Landesfeiertage, bei denen praktisch das ganze Land auf Achse ist.

Neujahrstag 1. Januar
Karfreitag März/April
Tag der Arbeity 1. Mai
Inti Raymi 24. Juni
St. Peter & Paul 29. Juni
Nationale Unabhängigkeitstage 28–29. Juli
Fiesta de Santa Rosa de Lima 30. August
Tag der Schlacht von Angamos 8. Oktober
Allerheiligen 1. November
Fest der unbefleckten Empfängnis 8. Dezember
Weihnachten 25. Dezember

FRAUEN UNTERWEGS

Der Machismo ist in Lateinamerika weiter allgegenwärtig. Die meisten weiblichen Traveller werden in Peru kaum mehr als ein zugerufenes *mi amor* oder einen anerkennenden Pfiff erleben. Blondinen müssen aber damit rechnen, ungewollt im Zentrum der Aufmerksamkeit zu stehen.

> **PREISKATEGORIEN: ESSEN**
>
> Restaurants der mittleren und hohen Preisklasse schlagen eine Servicegebühr von 10 % und 19 % Steuern auf. Die folgenden Preiskategorien beziehen sich auf ein Hauptgericht.
>
> **$** weniger als 20 S
>
> **$$** 20–60 S
>
> **$$$** mehr als 60 S

Peruanische Männer glauben, dass ausländische Frauen eine lockere Moral hätten und leichter zu erobern wären als Peruanerinnen. Deswegen müssen alleinreisende Frauen mit Anmachesprüchen rechnen.

Unerwünschte Aufmerksamkeit Anstarren und Hinterherpfeifen ist in den Straßen nicht selten und sollte am besten einfach ignoriert werden. Die meisten Männer lassen ihrem Geschwätz normalerweise kein aggressiveres Verhalten folgen, außer sie fühlen sich von der Frau in ihrer Männlichkeit verletzt. Alle Provokationen zu ignorieren und geradeaus zu schauen ist in der Regel die beste Reaktion. Wenn jemand allzu aufdringlich wird, kann ein Satz wie *soy casada* (ich bin verheiratet) das Feuer dämpfen. Wer Einheimische um Hilfe bittet, wird bemerken, dass die meisten Peruaner sich schützend vor alleinreisende Frauen stellen und mit Staunen und Besorgnis darauf reagieren, wenn man ihnen erzählt, ohne Mann oder Familie unterwegs zu sein.

Bricheros In touristischen Städten wie Cusco drängen sich oft zungenfertige Charmeure an Frauen aus Nordamerika oder Europa heran. Diese in Peru als *bricheros* bezeichneten jungen Casanovas sind in den meisten Fällen auf eine Einladung zum Essen aus, man sollte also allen Schwüren von unsterblicher Liebe mit äußerster Skepsis begegnen. Auch Männer werden auf diese Weise angemacht.

Erster Eindruck Wenn man mit Männern an öffentlichen Orten zusammentrifft, sollte man den gesunden Menschenverstand walten lassen. In Peru ist es außerhalb von Großstädten selten, dass eine Frau zum Biertrinken in eine Bar geht, und die, die das tun, sind in der Regel Prostituierte. Frauen, die Lust auf einen abendlichen Cocktail haben, sollten sich für ein Restaurant entscheiden. Starkes Trinken bei Frauen kann von manchen Männern als Anzeichen von Promiskuität missdeutet werden. Wenn man jemanden kennenlernt, sollte man sehr deutlich machen, wenn man auf nicht mehr als Freundschaft aus ist. Das gilt erst recht bei Guides von Touren und anderen Aktivitäten. Wenn man jemandem das erste Mal begegnet, sollte man auch nicht verraten, wo man wohnt, bis man sicher ist, dass die Person vertrauenswürdig ist.

FREIWILLIGENARBEIT

Generell sind Sprachschulen eine gute Anlaufstelle, wenn man Freiwilligenarbeit sucht. In der Regel kennen sie dort mehrere Programme, die für ihre Schüler geeignet sind. Sowohl gemeinnützige als auch gewinnorientiere Organisationen können Freiwilligenstellen bereitstellen, wenn man sie vorab kontaktiert.

Action Without Borders (www.idealist.org) Online-Datenbank von Jobs im sozialen Bereich, Praktika und Freiwilligenstellen.

Cross-Cultural Solutions (www.crossculturalsolutions.org) Bildungs- und Sozialprojekte in Lima und Ayacucho; die Gebühren für die Programme enthalten professionelle Unterstützung im Land.

Earthwatch Institute (www.earthwatch.org) Mit dem Geld werden Wissenschaftler bei archäologischen sowie ökologischen Projekten und Expeditionen im Amazonasbecken und den Anden unterstützt.

GEFAHREN & ÄRGERNISSE

Auch in Peru kann es Belästigungen und Ärger geben. Vieles davon kann man aber durch vernünftiges Verhalten vermeiden.

Das häufigste Problem ist Diebstahl, meist Trickdiebstahl oder einfaches Wegreißen. Gewalttätige Überfälle sind selten, kommen aber auch vor. Vorsicht vor „Würgern und Greifern", vor allem in archäologischen Anlagen. Raubüberfälle und -morde gab es schon selbst auf bekannten Trekkingstrecken, besonders rund um Huaraz.

Nicht lizenzierten „Piraten"-Taxis sollte man mit Vorsicht begegnen, denn es ist schon vorgekommen, dass sie an „Express"-Entführungen beteiligt waren. Ratsam ist es auch, anstatt der billigen Übernachtbusse eher die teureren und besseren Busse zu nehmen, um so das Risiko eine Unfalls oder einer Entführung zu mindern.

Um Drogen unbedingt einen großen Bogen machen! Gringos, die sich darauf eingelassen haben, saßen für lange Zeit in peruanischen Gefängnissen ein. Jeder Tatverdächtige wird so lange für schuldig befunden, bis er seine Unschuld beweisen kann (das gilt auch bei Autounfällen, egal ob man der schuldige Fahrer ist oder nicht).

Während der Terrorismus in Peru ein Problem ist, ist der Drogenhandel weiterhin ein bedeutendes Geschäft. Um folgende Regionen, in denen sich der illegale peruanische Drogenanbau im Wesentlichen abspielt, sollte man einen großen Bogen machen: das Tal des Río Huallaga zwischen Tingo María und Juanjui und das Tal des Río Apurímac in der Nähe von Ayacucho. Derzeit sollte man keinesfalls Vilcabamba, Ivochote, Kiteni und dahinter liegende Gebiete besuchen; die Situation kann sich allerdings jederzeit ändern.

Nicht alle Minen und Blindgänger entlang der ecuadorianischen Grenze sind beseitigt worden. Darum nur die offiziellen Grenzübergänge benutzen und in Grenzgebieten die offiziellen Wege nicht verlassen.

Die *soroche* (Höhenkrankheit) kann tödlich enden. Weitere Informationen zur Höhenkrankheit auf S. 1152.

GELD

Die Landeswährung ist der Nuevo Sol („Neue Sonne"); Geldscheine gibt's im Nennwert von 10, 20, 50, 100 und (selten) 200 S.

Geldautomaten

➡ In fast jeder größeren oder kleineren Stadt in Peru gibt's Geldautomaten, außerdem an den größeren Flughäfen, Busbahnhöfen und in Einkaufszentren.

➡ Die Geldautomaten sind an die internationalen Plus- (Visa) und Cirrus- (Maestro/MasterCard) Systeme angeschlossen, auch American Express und andere Karten werden akzeptiert.

➡ Die Karte sollte eine vierstellige PIN haben. Um Probleme zu vermeiden, sollte man seine Bank informieren, dass man seine Karte im Ausland einsetzen will.

➡ Wenn die eigene Karte von der Banco de la Nación akzeptiert wird, könnten deren Automaten die beste Lösung sein, weil – jedenfalls zum Zeitpunkt der Recherche – hier keine Gebühren verlangt wurden.

➡ Peruanische Geldautomaten geben sowohl Nuevos Soles als auch US-Dollars aus.

➡ Die eigene Bank erhebt möglicherweise Gebühren auf jede Transaktion an einem ausländischen Geldautomaten.

➡ Die Geldautomaten sind normalerweise rund um die Uhr im Einsatz.

➡ Aus Sicherheitsgründen sollte man nur Geldautomaten nutzen, die in von Wachleuten geschützten Banken stehen, und zwar möglichst tagsüber. Bei der PIN-Eingabe das Eingabefeld abdecken!

Geld wechseln

Am leichtesten lassen sich US-Dollars tauschen, aber auch der Euro wird in den größeren touristischen Zentren getauscht. Auch andere harte Währungen lassen sich tauschen, was aber mit Schwierigkeiten verbunden sein kann und nur in den größten Städten möglich ist. Alle ausländischen Banknoten, die man umtauschen will, müssen in einwandfreiem Zustand sein.

Cambistas (Geldwechsler) hängen an den Straßenecken in der Nähe von Banken und *casas de cambio* (Wechselstuben) herum und tauschen zu konkurrenzfähigen Kursen (viel Verhandlungsspielraum gibt's allerdings nicht), sie sind aber nicht immer ehrlich. Offiziell sollten sie sich mit einer Weste und einem Abzeichen als lizenziert ausweisen. Diese Geldwechsler sind nach Geschäftsschluss und an Grenzübergängen nützlich, wenn es keine anderen Optionen gibt.

Kreditkarten

Mittel- und Spitzenklassehotels und Läden akzeptieren *tarjetas de crédito* (Kreditkarten) gegen einen Aufschlag von 7 % (oder mehr). Auch die eigene Bank kann einen Aufschlag erheben und dazu auch Gebühren für jede ausländische Transaktion. Die in Peru am weitesten akzeptierten Karten sind Visa und MasterCard.

INTERNETZUGANG

➡ Die meisten Regionen haben ausgezeichnete Internetverbindungen zu vernünftigen Preisen; Hotels und Hostels haben in aller Regel WLAN oder internetfähige Computer.

➡ Von Familien geführte Herbergen, vor allem außerhalb städtischer Gebiete, hinken in dieser Hinsicht zurück.

➡ Internetcafés sind weit verbreitet.

LANDKARTEN

Die beste Straßenkarte von Peru ist die von Lima 2000 herausgegebene *Mapa Vial* im Maßstab 1:2 000 000, die in besseren Buchhandlungen erhältlich ist. Die von International Travel Maps herausgegebene topografische Karte *Peru South and Lima* im Maßstab 1:1 500 000 deckt das Gebiet südlich einer Linie, die in Ost-West-Richtung durch Tingo María führt, detailliert ab.

LGBTI+-REISENDE

Peru ist ein sehr konservatives, katholisches Land. Zwar glauben die meisten, dass gleichgeschlechtliche Lebenspartnerschaften bald legalisiert werden dürften, doch sind Initiativen dazu in der Vergangenheit auf Widerstand im peruanischen Kongress gestoßen, auch wenn Nachbarstaaten auf dem Südkegel inzwischen derartige Regelungen haben. Während viele Peruaner im Umgang mit ausländischen Travellern Homosexualität stillschweigend tolerieren, ist der Kampf um die Rechte von Schwulen, Lesben, Bi- und Transsexuellen noch in vollem Gang. Viele Peruaner bekennen sich daher auch nicht offen zu ihrer sexuellen Orientierung.

Einen öffentlichen Austausch von Zärtlichkeiten zwischen gleichgeschlechtlichen Partnern sieht man hier kaum. Außerhalb von Schwulenclubs ist es ratsam, sich zurückzuhalten. Lima ist Schwulen gegenüber noch am aufgeschlossensten, und auch die touristischen Städte Cusco, Arequipa und Trujillo sind tendenziell etwas toleranter als sonst im Land üblich. Über die Social-Media-Plattformen Tinder und Grindr können Traveller Kontakt zur Schwulenszene aufnehmen.

Ein Hinweis: Die Regenbogenflaggen, die man rund um Cusco und in den Anden sieht, hat nichts mit der Schwulenbewegung zu tun – es handelt sich hierbei um die die Fahne des Inkareichs.

ÖFFNUNGSZEITEN

Die Öffnungszeiten sind variabel und unterliegen Veränderungen, insbesondere in kleinen Ortschaften. Die hier angegebenen Öffnungszeiten dürfen also nur als Richtwerte verstanden werden. Lima hat die meisten lange geöffneten Serviceeinrichtungen. In anderen größeren Städten wissen die Taxifahrer oft, wo sich spätabends geöffnete Läden und Apotheken befinden.

Ämter & Verwaltungsbüros Mo–Fr 9–17 Uhr

Banken Mo–Fr 9–18 Uhr, manche auch Sa 9–18 Uhr

Läden 9–18 Uhr, nicht alle sind samstags geöffnet

Museen Montags oft geschlossen

Restaurants 10–22 Uhr, oft unterbrochen von einer Pause von 15–18 Uhr

POST

Serpost (www.serpost.com.pe) ist die privatisierte Post des Landes. Ihre Dienste sind zwar recht effizient und verlässlich, aber auch überraschend teuer. Die Beförderung von Postsendungen ins Ausland dauert ab Lima rund zwei Wochen und aus den Provinzen länger.

RECHTSFRAGEN

Rechtshilfe Wenn man in Peru mit dem Gesetz in Konflikt gerät, kann die eigene Botschaft wenig tun – man gilt hier als schuldig, bis die Unschuld bewiesen ist. Wenn man selber das Opfer ist, kann die *policía de turismo* (Touristenpolizei; Poltur) vielleicht helfen, doch verstehen die Beamten wenig Englisch. Poltur-Stationen finden sich in den größeren Städten.

Polizei Wenn man von einem angeblichen Polizisten in Zivil angehalten wird, sollte man diesem weder Dokumente noch Geld aushändigen. Niemals in ein Fahrzeug von jemandem einsteigen, der behauptet, ein Polizist zu sein, sondern darauf bestehen, zu Fuß zur nächsten Polizeiwache zu gehen.

REISEN MIT BEHINDERUNG

Peru bietet nur wenig Einrichtungen für Traveller mit Behinderungen. Hinweiszeichen in Blindenschrift oder Telefone für Hörgeschädigte gibt es praktisch nicht, und Rollstuhlrampen und Aufzüge auch nur hie und da. Die Bürgersteige weisen oft Schlaglöcher oder Risse auf. Die meisten Hotels haben keine rollstuhlfahrergerechten Zimmer, zumindest keine, die explizit also solche ausgewiesen sind. Die Bäder sind oft so klein, dass kaum ein Mensch ohne Behinderung hineinpasst, geschweige denn ein Rollstuhl.

Gleichwohl kommen auch Peruaner mit Behinderung vom Fleck, allerdings meist mit der Hilfe von anderen.

Apumayo Expediciones (☎ 914-169-665; www.apumayo.com; Jr Ricardo Palma Ñ-11, Urb Santa Monica Wanchaq, Cusco; ⏲ Mo–Fr 9–18 Uhr) Dieser Veranstalter von Abenteuertouren bringt Reisende mit Behinderungen nach Machu Picchu und zu anderen historischen Stätten im Valle Sagrado.

Conadis (Karte S. 928; ☎ 01-332-0808; www.conadisperu.gob.pe; Av Arequipa 375, Santa Beatriz, Lima; ⏲ Mo–Fr 8–17 Uhr) Die staatliche Stelle bietet Infos (auf Spanisch) und Hilfe für Menschen mit Behinderungen.

Emerging Horizons (www.emerginghorizons.com) Reisemagazin für Bewegungseingeschränkte mit praktischem Ratgeber und aktuellen Infos.

Mobility International (☎ USA 541-343-1284; www.miusa.org; 132 E Broadway, Suite 343, USA; ⏲ Mo–Fr 9–16 Uhr) Berät Traveller mit Behinderungen in Mobilitätsfragen und betreibt ein Austauschprogramm.

SPRACHKURSE

In Peru findet man Sprachschulen in Lima, Cusco, Arequipa, Huaraz, Puerto Maldonado und Huancayo. In diversen Sprachschulen in Lima, Cusco und Huancayo kann man auch Privatunterricht in Quechua nehmen.

STROM

Perus Stromnetz arbeitet mit 220 V und 60 Hz Wechselstrom. In die üblichen Steckdosen passen oft auch europäische Stecker. Es gibt aber auch Dualspannungssteckdosen, in die nur flache Kontaktstifte passen. Auf alle Fälle sollte man einen Adapter mit Überspannungsschutz verwenden.

TELEFON

Ein paar öffentliche Telefone von Movistar und Claro sind vor allem in kleinen Orten immer noch im Einsatz. Sie funktionieren mit Münzen oder Telefonkarten, die man in Supermärkten und Lebensmittelläden kaufen kann. Internetcafés haben häufig Einrichtungen wie Skype, mit denen man kostenlos Ferngespräche führen kann.

Handys

In Lima und anderen größeren Städten kann man SIM-Karten für entsperrte Handys für rund 15 S kaufen. Aufladeguthaben kauft man in Drogerien und Supermärkten. In den Bergen und im Dschungel kann die Netzabdeckung schlecht sein.

Vorwahl

Wenn man aus dem Ausland in Peru anruft, wählt man zunächst die internationale Vorwahl des Landes, in dem man sich befindet, dann die Landesvorwahl für Peru (51), dann die Gebietsvorwahl ohne die 0 und schließlich die Telefonnummer. Von Peru aus geht das genauso.

In Peru ist jede Telefonnummer, die mit einer 9 beginnt, eine Handynummer. Nummern, die mit 0800 beginnen, sind gebührenfrei, häufig aber nur, wenn sie von einem Privatanschluss angerufen werden. Um einen Anruf mit Kreditkarte oder ein R-Gespräch mit AT&T zu führen, wählt man die ☎ 0800-50288. Ein Online-Telefonbuch findet man unter www.paginasamarillas.com.pe.

TOILETTEN

Die peruanischen Sanitäranlagen lassen zu wünschen übrig. Selbst kleinste Mengen Toilettenpapier können das ganze System zum Erliegen bringen – deshalb sind für die Entsorgung des Papiers gewöhnlich kleine Plastikbehälter bereitgestellt. Außer in Museen, Restaurants, Hotels und Busbahnhöfen sind öffentliche Toiletten in Peru selten. Man sollte auch immer Toilettenpapier bei sich haben.

TOURISTENINFORMATION

➡ Das Ministerium für Kultur und Tourismus unterhält ein Netz von Touristeninformationen im ganzen Land.

➡ iPeru (www.peru.travel) ist ein tolle Infoquelle für Traveller. Man findet hier Fahrpläne für öffentliche Verkehrsmittel und Infos zu Unterkünften und Attraktionen.

UNTERKUNFT

Lima und das Touristenmekka Cusco sind die teuersten Orte in Peru. In der Hochsaison (Juni–Aug.), an den wichtigen Feiertagen und bei Festen sind die Unterkünfte meist voll und die Preise können sich verdreifachen. Ansonsten sind die Hochsaisonpreise, die hier angegeben sind, verhandelbar.

Von ausländischen Besuchern wird meist die Umsatzsteuer in Höhe von 10 % nicht verlangt. *Incluye impuesto* (IGV) bedeutet, dass der Servicezuschlag mit eingeschlossen ist. In den besseren Hotels können Steuern und Servicezuschlag zusammen 28 % betragen. Budgethotels haben normalerweise zumindest gelegentlich warme (häufiger: laue) Duschen. Zu den Betten in Schlafsälen gehören Gemeinschaftsbäder, während Einzel- und Doppelzimmer auch in *hostales* – also Pensionen, die nicht mit Backpackerhostels gleichzusetzen sind – eigene Bäder haben (sofern nichts anderes angegeben ist).

VERANTWORTUNGSBEWUSSTES REISEN

Archäologen liefern sich mit den *guaqueros* (Grabräubern) eine Schlacht, die sie wohl vor allem an der Küste leider verlieren werden. Man sollte auf keinen Fall original präkolumbische Artefakte kaufen und sich auch nicht an der Ausrottung der Wildtiere beteiligen, indem man Fleisch bedrohter Arten verzehrt oder Souvenirs kauft, die aus Häuten, Federn, Horn oder Schildkrötenpanzer gemacht sind.

Manche indigenen Gemeinden leben vom Tourismus; sie zu besuchen, kann ihre Projekte unterstützen, aber auch ihre traditionelle Kultur aushöhlen. Wer eine organisierte Tour mitmacht, sollte sich vergewissern, dass der Anbieter einen Bezug zur Region hat, und danach fragen, ob die Touren auch in irgendeiner Weise den besuchten Orten nutzen.

VISA

Touristen ist ein nicht verlängerbarer Aufenthalt von 183 Tagen gestattet. Der Termin wird in den Pass und in die „Anden-Einreisekarte" (Tarjeta Andina de Migración) genannte Touristenkarte gestempelt, die man bei der Einreise erhält und bei der Ausreise wieder abgibt. Falls man die volle Zeit im Land bleiben will, sollte man den Beamten an der Einreisestelle darauf hinweisen, weil sie gern auch nur Aufenthalte für 30 oder 90 Tage ausstellen.

Wer nach Peru über den Flughafen von Lima oder mit einem Kreuzfahrtschiff einreist, erhält keine Touristenkarte; die Daten werden online erfasst.

Wenn man seine Touristenkarte verliert, wendet man sich wegen Ersatz an die **Oficina de Migraciónes** (Einreisebüro; Karte S. 928; ☎ 01-200-1000; www.migraciones.gob.pe; Prolongación España 734, Breña, Lima; ⏲ Mo–Fr 8–13 Uhr) oder beschafft ihn sich über die Website. Erläuterungen auf Englisch finden sich im Netz. Aufenthaltsverlängerungen sind offiziell nicht mehr möglich.

Jeder, der in Peru arbeiten, eine Schule besuchen oder wohnen will, muss sich vorab ein Visum besorgen. Man tut dies über die Botschaft oder das Konsulat Perus im eigenen Heimatland.

Den Pass und die Touristenkarte muss man stets mit sich führen, besonders in abgelegenen Gebieten (auf dem Inka-Trail ist das sogar gesetzlich vorgeschrieben). Sicherheitshalber sollte man von beiden Dokumenten Fotokopien machen und diese getrennt von den Originalen verwahren.

PREISKATEGORIEN: SCHLAFEN

Lima, Cusco & Valle Sagrado

$ weniger als 165 S

$$ 165–435 S

$$$ mehr als 435 S

In den Provinzen

$ weniger als 85 S

$$ 85–250 S

$$$ mehr als 250 S

An- & Weiterreise

BUS, AUTO & MOTORRAD

Die wichtigsten Grenzübergänge: Tacna nach Chile; Tumbes, La Tina oder Jaén nach Ecuador; Copacabana oder Desaguadero am Titicacasee nach Bolivien. Brasilien erreicht man (wenn auch nicht so leicht) über Iñapari oder verschiedene andere Städte und Flusshäfen im Amazonasgebiet.

FLUGZEUG

Limas in der Hafenstadt Callao gelegener Aeropuerto Internacional Jorge Chávez (S. 941) hat

Terminals mit vielen Läden und Dienstleistungen. Der Flughafen ist ein großes Luftkreuz mit Flügen aus Nord-, Zentral- und Südamerika sowie zwei regelmäßigen Direktflügen aus Europa (Madrid bzw. Amsterdam).

SCHIFF/FÄHRE

Ab Iquitos folgen Flussboote dem Río Napo nach Coca (Ecuador; eine ziemlich langwierige Reise!) und dem Amazonas nach Leticia (Kolumbien) oder Tabatinga (Brasilien). Von Puerto Maldonado aus ist Bolivien mit einem Flussboot nur schwer erreichbar.

ZUG

Es gibt preiswerte, zweimal täglich fahrende Züge zwischen Tacna und Arica in Chile.

Unterwegs vor Ort

Flüge und Busse verbinden in Peru ständig die Orte im Land. Die Routen durch den Dschungel werden dramatisch verbessert. Allerdings können wegen schlechten Wetters Flüge und Busfahrten ausfallen. Zudem können auch Streiks das Reisen im Land behindern. Am besten erkundigt man sich bei Experten nach den Routen, die man nehmen möchte.

Wer auf dem Landweg reist, sollte seinen Pass und seine Touristenkarte griffbereit haben und sie nicht im Gepäck verstauen, da die Busse Kontrollstellen der Polizei passieren.

AUTO & MOTORRAD

Mit Ausnahme der Carr Panamericana und der neuen Straßen, die von der Küste ins Landesinnere führen, sind die Straßenverhältnisse im Allgemeinen ziemlich mies. Dazu kommen große Entfernungen und hohe Kosten für einen Mietwagen. Man sollte nie vergessen, dass die Beschilderung mangelhaft ist und die meisten Straßen bei alledem noch mautpflichtig sind. Für Langstrecken ein Privattaxi zu mieten, kostet unterm Strich nur wenig mehr als ein Leihwagen und hilft, viele Fallen zu umschiffen. Ein Motorrad zu leihen, lohnt sich vor allem in Urwaldstädten; in Cusco gibt's dafür ein paar Spezialisten.

Führerschein

Ein Führerschein aus dem eigenen Land genügt, um ein Auto zu mieten. Der Internationale Führerschein wird nur verlangt, wenn man in Peru länger als 30 Tage ein Auto fahren möchte.

BUS

Busse sind für die meisten Peruaner und viele Traveller das übliche Verkehrsmittel. Die Preise sind günstig und die wichtigsten Fernstrecken werden häufig bedient. Die Busse sind allerdings von unterschiedlicher Qualität. Man sollte nicht immer die preiswerteste Option wählen, sondern erst einmal prüfen, wie es um die Sicherheit der Busse des jeweiligen Unternehmens bestellt ist. Auf abgelegenen, ländlichen Routen sind oft ältere, abgenutzte Fahrzeuge im Einsatz. Hinten im Bus machen sich Schlaglöcher besonders bemerkbar.

Viele Städte haben keinen Hauptbusbahnhof. Die Busse fahren selten pünktlich, die durchschnittlichen Fahrtzeiten sollte man daher nie als den Regelfall ansehen. Während der Regenzeit können Busse große Verspätungen haben, insbesondere im Hochland und im Dschungel. Zwischen Januar und April können sich die Fahrtzeiten wegen schlechten Straßenzustands oder Erdrutschen verdoppeln, falls die Strecken nicht gar ganz gesperrt werden müssen.

Unfälle mit Toten und Verletzten sind in Peru nicht selten.

Wenn möglich, sollte man Nachtbusse vermeiden, weil hier die Gefahr von Raubüberfällen größer ist.

FLUGZEUG

Die meisten Fluglinien fliegen von Lima aus in die größeren Städte der Regionen, aber Direktverbindungen zwischen Provinzstädten sind selten.

LATAM (Karte S. 930; ☎ 01-213-8200; www.latam.com; Av José Pardo 513, Miraflores) Das verlässliche Unternehmen fliegt von Lima nach Arequipa, Chiclayo, Cusco, Iquitos, Juliaca, Piura, Puerto Maldonado, Tacna, Tarapoto und Trujillo. Zusätzlich gibt es Verbindungen zwischen Arequipa und Cusco, Arequipa und Juliaca, Arequipa und Tacna, Cusco und Juliaca, Cusco und Puerto Maldonado sowie internationale Flüge.

LC Perú (Karte S. 925; ☎ 01-204-1300; www.lcperu.pe; Av Pablo Carriquirry 857, San Isidro; ⏰ Mo–Fr 9–19, Sa bis 17 Uhr) Fliegt mit kleineren Turboprop-Maschinen von Lima nach Andahuaylas, Arequipa, Ayacucho, Chachapoyas, Chiclayo, Cajamarca, Huánuco, Huaraz, Iquitos, Trujillo und Huancayo (Jauja), erntet aber schlechte Bewertungen wegen häufiger Flugausfälle und Problemen bei der fälligen Rückerstattung des Ticketpreises.

Peruvian Airlines (Karte S. 930; ☎ 01-715-6122; www.peruvianairlines.pe; Av José Pardo 495, Miraflores; ⏰ Mo–Fr 9–19, Sa bis 17 Uhr) Fliegt nach Arequipa, Cusco, Piura, Iquitos, Jauja, Pucallpa, Tarapoto, Tacna sowie nach La Paz in Bolivien.

Star Perú (Karte S. 930; ☎ 01-213-8813; www.starperu.com; Av Espinar 331, Miraflores; ⏰ Mo–Fr 9–18.45, Sa bis 13 Uhr) Die Inlandsfluglinie fliegt nach Ayacucho, Cusco, Huanuco, Iquitos, Pucallpa, Puerto Maldonado und Tarapoto.

Viva Air (☎ 01-705-0107; www.vivaair.com; Aeropuerto Internacional Jorge Chávez; ⏰ variierende Öffnungszeiten) Budgetflüge nach Arequipa, Piura, Cusco, Iquitos und Tarapoto.

GEFÜHRTE TOUREN

Einige geschützte Gegenden, etwa der Inka-Trail und der Parque Nacional Manu, können nur im Rahmen einer geführten Tour besucht werden. Weitere Outdoor-Aktivitäten, z. B. Wanderungen in den Anden oder Naturbeobachtungen am Amazonas, versprechen mit einem erfahrenen Führer ziemlich sicher noch lohnendere Erfahrungen.

NAHVERKEHR

Taxis haben meist keine Taxameter, weshalb man sich am besten bei den Einheimischen nach den üblichen Preisen erkundigt und dann mit den Fahrern verhandelt. Manche verlangen bei arglosen Ausländern oft den doppelten oder gar dreifachen Preis. Eine kurze Fahrt kostet in den meisten Städten 3 bis 5 S, in Lima 5 bis 8 S. Straßenhändler verkaufen überall in Peru fluoreszierende Taxiaufkleber, die sich jeder an die Windschutzscheibe kleben kann. Manche Fahrer dieser unerlaubten „Piraten"-Taxis haben sich als Komplizen von Verbrechern erwiesen, die die Passagiere überfallen und ausrauben; besonders häufig kommt so etwas in Arequipa vor. Sicherer, aber auch teurer ist es, offiziell registrierte Taxis zu nehmen, die telefonisch bestellt werden.

In manchen kleineren Städten sind *mototaxis* (motorisierte Rikschas) üblich. *Colectivos* (Minibusse oder Taxis, die sich mehrere Fahrgäste teilen) und Lastwagen (vor allem im Amazonasgebiet) verkehren zwischen nahegelegenen und nicht mehr ganz so nahegelegenen Zielen.

SCHIFF/FÄHRE

Entlang der peruanischen Küste fahren keine Passagierschiffe. Im Hochland der Anden gibt's Bootslinien auf dem Titicacasee. Kleine Motorboote bringen Passagiere vom Hafen in Puno zu den verschiedenen Inseln im See, während Katamarane nach Bolivien übersetzen.

Im peruanischen Teil des Amazonasbeckens ist die Passagierschifffahrt von größerer Bedeutung. Auf den breiteren Flüssen sind große Boote im Einsatz, während Einbäume mit Außenbordmotoren auf kleineren Flussläufen als Wassertaxis dienen. Die sogenannten *peki-pekis* sind sehr langsam und unglaublich laut. An manchen Orten fahren auch moderne Aluminiumbarkassen.

ZUG

Die privatisierte Bahn, PeruRail (www.perurail.com), hat tägliche Verbindungen zwischen Cusco und Aguas Calientes, alias Machu Picchu Pueblo sowie dreimal wöchentlich zwischen Cusco und Puno an den Ufern des Tititcacasees. Zweimal pro Woche fährt ein Luxus-Passagierzug zwischen Cusco, Puno und Arequipa. Inca Rail (S. 978) bietet auch eine Verbindung zwischen Ollantaytambo und Aguas Calientes.

Suriname

568 300 EW.

Inhalt ➡

Gut essen

- Souposo (S. 1060)
- Bodega & Grill De Waag (S. 1060)
- De Gadri (S. 1060)
- Zus & Zo (S. 1060)

Schön übernachten

- Danpaati River Lodge (S. 1063)
- Gunsi Resort Tei Wei (S. 1063)
- Greenheart Hotel (S. 1059)
- GuestHouse TwenTy4 (S. 1058)
- Awarradum Jungle Lodge & Spa (S. 1063)

Auf nach Suriname!

Warmes Klima, zahlreiche Wasserläufe und viele ethnische Gruppen prägen Suriname, Südamerikas kleinstes Land, das förmlich vor Leben pulsiert. Ob in Paramaribo, der quirligen Hauptstadt aus der niederländischen Kolonialzeit, oder in den Urwäldern im Landesinneren – überall heißen die Nachkommen entkommener afrikanischer Sklaven, niederländischer und britischer Kolonialisten, indischer, indonesischer und chinesischer Gastarbeiter oder amerikanische Ureinwohner Besucher herzlich willkommen.

Paramaribo punktet mit herrlicher Architektur, guten Nachtclubs und einigen Top-Restaurants. Nur ein paar Stunden mit dem Bus oder Boot davon entfernt erstreckt sich jedoch eine Wildnis, die keinen größeren Kontrast zu Paramaribos Verkehrschaos bilden könnte. Das Reisen in diesem flussreichen, bewaldeten Land ist relativ einfach, auch wenn der Sprachenmix zu Verwirrungen führen kann. Das Beste sind die verschiedenen Küchen aus aller Welt, die man hier vorfindet – so wird Essengehen zum Erlebnis.

Reisezeit

Paramaribo

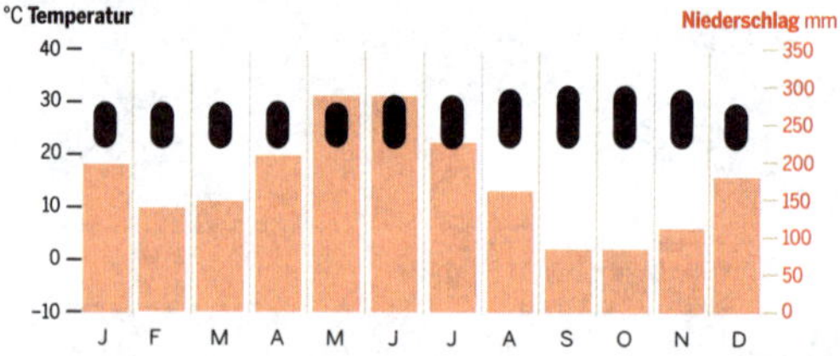

Feb.–April Die erste Trockenzeit ist kühler als die zweite und damit ideal zum Reisen.

Aug.–Nov. In der zweiten, heißeren Trockenzeit geht es lebendiger zu als in der ersten.

Dez.–Jan. In Paramaribo wird eine bombastische Silvesterparty veranstaltet.

Einreise

Surinames Grenzübergänge befinden sich in Corriverton (Guyana) und in St. Laurent du Maroni (Französisch-Guayana). Überquert werden beide per Boot über die riesigen Flüsse ins Karibische Meer. Die Fähren fahren ab Albina (im Osten) und in Nieuw Nickerie via South Drain (im Westen).

REISEROUTE (EINE WOCHE)

Man sollte drei Tage für Paramaribo und Erkundungen der Plantagen am Commewijne per Rad oder zu Fuß einplanen. Eine Nachmittag sollte man für eine Delfintour in den Sonnenuntergang veranschlagen – wer dann noch Energie hat, kann tanzen gehen (Suriname-Style!). Die übrigen Tage verbringt man im Landesinneren, am Oberlauf des Suriname oder im Brownsberg Nature Reserve, um Flora und Fauna zu bewundern und Einheimische zu treffen.

Essen & Trinken

Bakbana Gebratene Kochbananen in Erdnusssauce.

Bojo-Kuchen Ein feuchter Kuchen aus gemahlenem Maniok und Kokosnuss.

Moksi-alesi „Gemischter Reis", gekocht mit gesalzenem Fleisch, Fisch oder Garnelen.

Erdnusssuppe Man sollte Suriname nicht verlassen, ohne das hiesige Grundnahrungsmittel gekostet zu haben.

Roti Gegrilltes Fladenbrot mit würzigem Fleisch, Kartoffeln oder Gemüse.

Top-Tipps

- Reisen in entlegene Camps sollte man im Voraus planen und Reiseveranstalter und/oder Dschungel-Lodges rechtzeitig kontaktieren, da man diesen das genaue Anreisedatum mitteilen muss. Transfers finden nicht jeden Tag statt.
- Wer mit dem Flugzeug ankommt, sollte die Abholung am Flughafen mit dem Hotel vereinbaren, da keiner der beiden Flughäfen per Nahverkehr zu erreichen ist und Taxis nur selten am Flughafen warten. An den Flughäfen gibt es keine Geldautomaten – genug Geld für die Fahrt in die Stadt mitbringen!
- Wer über Land einreist, sollte seine Touristenkarte vor Anreise besorgen. Flugzeugpassagiere können die Touristenkarte bei Ankunft an beiden Flughäfen bekommen.

Tagesbudget

- DZ im Budgethotel: 150–200 SR$; im Mittelklassehotel: 200–500 SR$
- Hühnchen- und Gemüseroti: 25 SR$; Mahlzeit im Mittelklasserestaurant: 50–100 SR$

KURZINFOS

Geld Die Geldautomaten der Republic Bank akzeptieren die meisten ausländischen Karten; Kreditkarten werden nur in Hotels und teureren Restaurants genommen.

Hauptstadt Paramaribo

Notfall ☎112

Sprachen Niederländisch, Sranan Tongo (Surinaams/Taki Taki)

Visa Touristenkarten (35 €) sind 90 Tage gültig und in jeder surinamischen Botschaft oder bei Ankunft an beiden Flughägen von Paramaribo erhältlich.

Währung Suriname-Dollar (SR$)

Wechselkurse

Eurozone	1 €	8,16 SR$
	10 SR$	1,21 €
Schweiz	1 SFr	7,46 SR$
	10 SR$	1,32 SFr

Aktuelle Wechselkurse gibt es unter www.xe.com.

Infos im Internet

Lonely Planet (www.lonelyplanet.com/the-guianas/suriname)

Suriname Tourism Foundation (www.surinametourism.sr)

Suriname Online Tourist Guide (www.surinametourism.com)

Surinam.net (www.surinam.net)

Highlights

1 Oberlauf des Suriname (S. 1062) In die Kultur der Marrons eintauchen, baden und an den Ufern dieses gigantischen Flusses entspannen

2 Central Suriname Nature Reserve (S. 1065) Durch Urwald und Savannen fahren und zum Raleighvallen-Naturschutzgebiet paddeln

3 Paramaribo (S. 1055) An der UNESCO-gelisteten Promenade Kolonialarchitektur bewundern und hervorragende Restaurants besuchen

4 Commewijne (S. 1061) Per Rad oder Boot die historischen Plantagen am Fluss entdecken und dabei vielleicht Amazonasdelfine erspähen

5 Galibi Nature Reserve (S. 1066) An den Stränden Lederschildkröten bei der Eiablage beobachten

6 Brownsberg Nature Reserve & Brokopondo (S. 1064) Die Wälder voller Affen um den künstlichen See in Surinames schönstem Naturschutzgebiet bestaunen

Paramaribo

250 000 EW.

Amsterdam trifft auf den Wilden Westen: Paramaribo ist die lebendigste und beeindruckendste Hauptstadt der Guayanas. Schwarz-weiße niederländische Kolonialgebäude säumen begrünte Plätze, indische Roti-Imbisse verströmen Gewürzaromen, die sich mit dem Chaos des Stadtmarkts vermischen, und vor den düsteren niederländischen Festungen verkaufen Marron-Künstler bunte Bilder.

Die freundlichen, mehrsprachigen Einwohner der Hauptstadt von Suriname, die die Stadt „Parbo" nennen, sind stolz auf ihre überwältigende ethnische Vielfalt und die Tatsache, dass sie in einer Stadt leben, in der Moscheen, Synagogen, Kirchen und Hindu-Tempel einträchtig nebeneinanderstehen. Die Altstadt, eine UNESCO-Welterbestätte, ist eine echte Schatztruhe voller traditioneller Kolonialarchitektur und eignet sich hervorragend, um zwischen Ausflügen in Surinames Regenwald zu relaxen. Willkommen in einer der überraschendsten Städte Südamerikas!

Sehenswertes

Für die Erkundung dieser lebhaften Hauptstadt benötigt man zwei Tage. Wer vom Fort Zeelandia kommend die Waterkant südwestwärts entlangbummelt, kommt an imposanten Kolonialgebäuden vorbei, vorwiegend Kaufmannshäusern, die nach den Bränden von 1821 und 1832 errichtet wurden. In den landeinwärts führenden Straßen – vor allem in der Lim-a-Postraat – stehen viele alte Holzhäuser, von denen einige restauriert wurden, andere hingegen noch immer den Charme des Verfalls ausstrahlen.

St. Peter & Paul BASILIKA

(Henk Arronstraat; Mo–Fr 6–13.30, Sa 8–13, So 8.30–12 Uhr) Die wunderbar restaurierte Kirche ist den meisten als Kathedrale bekannt. Papst Franziskus verlieh ihr 2014 den Ehrentitel Basilica Minor („kleinere Basilika"). Sie gilt als größte Holzkirche der westlichen Hemisphäre und ist mit meisterhaften Holz- und Schnitzkunstwerken ausgestattet. Es finden täglich Gottesdienste statt. Auf Anfrage auch englischsprachige Führungen.

Fort Zeelandia FESTUNG

(Erw./Kind 25/5 SR$; Di–Fr 9–14, Sonntag ab 10 Uhr; Führungen auf Niederländisch So 10.30 & 12 Uhr) Das sternförmige Fort Zeelandia aus dem 18. Jh. steht an der Stelle, an der sich die ersten Kolonisten niederließen. In der restaurierten Festung befindet sich neben dem Baka Foto Restaurant auch das sehenswerte Stichting Surinaams Museum (S. 1055) mit Relikten aus der Kolonialzeit, im Stil der damaligen Zeit eingerichteten Räumen und Wechselausstellungen.

Moschee Keizerstraat MOSCHEE

(Keizerstraat) Die größte Moschee der Karibik wurde 1984 vollendet.

Neveh-Shalom-Synagoge SYNAGOGE

(Keizerstraat; Mo–Do 10–16 Uhr) Die gewaltige niederländisch-israelische Synagoge, die neben der größten Moschee der Karibik in der Keizerstraat steht, wurde 1716 von sephardischen Juden erbaut. Der gegenwärtige Bau wurde 1843 fertiggestellt und umfasst ein kleines Museum, das über die Geschichte der Juden in Suriname informiert.

Hauptmarkt MARKT

(Waterkant; Mo–Sa 5–17 Uhr) Der hektische und faszinierende Hauptmarkt ist in verschiedene Bereiche unterteilt: Im Untergeschoss gibt es Fleisch-, Fisch-, Früchte- und Gemüsestände; im Obergeschoss befinden sich weniger fotogene Klamottenstände. Der Witch's Market (auch „Maroon Market") hat einen separaten Eingang gleich westlich an der Waterkant. Hier werden Kräuter, Knochen, Muscheln und Zaubertränke verkauft. Fotografieren ist allerdings verboten. Die Märkte sollte man möglichst am Vormittag besuchen.

Het Surinaamsch Rumhuis BRENNEREI

(473-344, ext 240; www.rumhuis.sr; Cornelis Jongbawstraat 18; 1½-/2-stündige Tour 60/70 SR$; 2-stündige Tour Di–Fr 10 & 13 od. auf Anfrage) Die Führungen beginnen mit einem kräftigen Schluck Rum, bevor es in die Brennerei, das Rum-Museum und in den Verkostungsraum geht. Dort erfahren Besucher, wie Rum fachmännisch verkostet wird. Zum Abschluss gibt's Cocktails auf der Terrasse. Bei den kürzeren Führungen wird die Brennerei nicht besichtigt.

Stichting Surinaams Museum MUSEUM

(425-871; Erw./Kind 25/5 SR$; Di–Fr 9–14, So ab 10 Uhr, kostenlose Touren auf Niederländisch So 10.30 & 12 Uhr) Das Stichting Surinaams Museum befindet sich im wunderschön restaurierten Fort Zeelandia, einer achteckigen Festung aus dem 17. Jh., das da am Ufer erbaut wurde, wo die ersten Kolonialisten an-

Paramaribo

legten. Das Museum beherbergt Relikte aus der Kolonialzeit, original eingerichtete Räume und zeitgenössische Ausstellungen. Alles ist auf Niederländisch beschriftet. Der Besuch hier ist interessant und von den Festungsmauern hat man einen großartigen Ausblick auf den Fluss.

ReadyTex Art Gallery GALERIE

(Steenbakkerijstraat; ⏲Mo–Fr 8–16.30, Sa 8.30–13.30 Uhr) GRATIS Abseits der chaotischen Straße kann man auf fünf Stockwerken prächtige, farbenfrohe, lokale Skulpturen und Gemälde bewundern die alle zum Kauf stehen. Ein Besuch lohnt auch der Kunsthandwerk- und Souvenirladen ReadyTex (S. 1061) gleich um die Ecke.

Onafhankelijkheidsplein PLATZ

(Unabhängigkeitsplatz) Den zentralen Onafhankelijkheidsplein säumen so unterschiedliche Bauten wie das imposante Präsidentenpalais aus dem 18. Jh. (S. 1056) und die vom Alter gezeichneten Gebäude der einstigen Kolonialregierung Hinter dem Palais befindet sich der Palmentuin (S. 1056), wo man spazieren gehen und dem Chaos der Stadt entfliehen kann.

Präsidentenpalais GEBÄUDE

(Henk Arronstraat) Die offizielle Residenz des Präsidenten von Suriname wurde 1730 errichtet. Das herrliche weiße Kolonialgebäude ist für die Öffentlichkeit nur an Surinames Unabhängigkeitstag (25. Nov.) geöffnet. Im restlichen Jahr kann man das Gebäude nur von außen bewundern.

Palmentuin GÄRTEN

(Van Roseveltkade) GRATIS Der Palmentuin ist eine schattige Oase aus großen Königspalmen, der einige tropische Vogelarten und eine Gruppe von Kapuzineräffchen beherbergt.

Hindu-Tempel TEMPEL

(Henk Arronstraat) Der größte der vielen Hindu-Tempel in Paramaribo ist innen wie au-

Paramaribo

Sehenswertes

1 Hauptmarkt C3
2 Fort Zeelandia E3
3 Hindu-Tempel A1
4 Moschee Keizerstraat C2
5 Neveh-Shalom-Synagoge C2
6 Onafhankelijkheidsplein E3
7 Palmentuin E2
8 Presidentenpalais E3
9 ReadyTex Art Gallery C3
10 St. Peter & Paul (Basilica Minor) D2
Stichting Surinaams Museum .. (siehe 2)

Aktivitäten, Kurse & Touren

Fietsen in Suriname .... (siehe 17)
11 METS C2
12 Orange Suriname F2

Schlafen

13 Greenheart Hotel E1
14 Guesthouse Albergo Alberga D3
15 Guesthouse TwenTy4 .... D2
16 Un Pied A Terre D1
17 Zus & Zo E2

Essen

18 Bodega & Grill De Waag D3
19 De Gadri E3
20 Souposo D1
Zus & Zo .... (siehe 17)

Ausgehen & Nachtleben

21 Club Touché B3

Shoppen

22 ReadyTex Craft & Souvenir Shop C3

Praktisches

23 Vreemdelingenpolitie C2

Transport

24 Caribbean Airlines C2
25 Niederländische Botschaft E2
26 Französische Botschaft B2
27 Guyanische Botschaft C2
28 KLM B2
29 Wassertaxis D3

ßen einer herrlich kunstvoller Ort. Besucher sind willkommen.

Aktivitäten & Geführte Touren

Green Fund Suriname FREIWILLIGENARBEIT
(☎437-533; www.greenfundsuriname.org; Geertruidastraat 24) Diese Naturschutzstiftung ist der Erhaltung der Faultiere und Delfine in Suriname gewidmet und vermittelt Stellen zur Freiwilligenarbeit.

Orange Suriname GEFÜHRTE TOUREN
(☎426-409; www.orangesuriname.com; Van Sommelsdijckstraat; ⌚9–18 Uhr) Die Mitarbeiter dieses professionellen Allround-Veranstalters sind extrem kompetent und hilfsbereit. Orange bietet alles, von Topveranstaltungen wie Tagesausflügen zur Schildkrötenbobachtung (65 €), über Flusskreuzfahrten, zu Besuchen der Ruinen der alten jüdischen Siedlung Jodensavanne (85 €), Zip-Line-Abenteuern und mehrtägigen Dschungeltouren. Der Veranstalter organisiert auch Mietwagen und kann Unterkünfte und Flüge buchen.

Fietsen in Suriname RADFAHREN
(☎520-781; www.fietseninsuriname.com; Zus & Zo, Grote Combéweg 13A; Fahrradmiete 5–25 €/Tag; ⌚8–18 Uhr) Ein toller Veranstalter hinter dem Zus & Zo Guesthouse (S. 1059), der Fahrradtouren veranstaltet und Fahrräder vermietet. Fahrradkarten für selbst geführte

ZWITSCHERWETTBEWERB

Sonntagmorgens vergnügen sich die Einwohner bei Singvogelwettbewerben auf dem Onafhankelijkheidsplein. Die Teilnehmer – überwiegend Männer – bringen ihren Lieblings-*twatwa* (Singvogel) mit, in der Regel Reisknacker, die sie im Landesinneren kaufen. Der Piepmatz mit dem lautesten Gesang trägt den Sieg davon. Dieser Wettbewerb ist eine Art Nationalsport und wirklich sehenswert.

Touren kosten 2 €, und Tagestouren zu den Plantagen beginnen preismäßig bei 50 €.

Waterproof Suriname BOOTS- & ÖKOTOUR

(☎ 896-2927; www.waterproofsuriname.com; Venusstraat 16) Im Angebot sind entspannte Bootsfahrten zur Beobachtung von Amazonasdelfinen (27,50 €; bei denen manchmal auch durch die Plantagen am Commewijne gewandert wird oder Strände besucht werden) sowie Tagesausflüge zur Beobachtungen von Meeresschildkröten in Galibi und in Französisch-Guayana (70 €). Das Unternehmen betreibt sein Geschäft vorwiegend per Telefon und Internet; das Büro kann nur nach Voranmeldung aufgesucht werden.

Cardy Adventures RADFAHREN

(☎ 422-518; www.cardyadventures.com; Cornelis Jongbawstraat 31; Fahrradmiete 3–10 €/Tag; ⏲ Mo–Sa 8–19 Uhr) Cardy Adventures veranstaltet Radtouren zur den nahe gelegenen Plantagen am Commewijne sowie bis zu zehntägige Touren (ohne Fahrrad) ins Landesinnere. Das Unternehmen vermietet auch Apartments in Parbo und bietet verschiedene Tagesausflüge an, z. B. zur Delfinbeobachtung (27 €), nach Brownsberg (65 €) und nach Jodensavanne (85 €).

METS ÖKOTOUR

(Movement for Eco-Tourism in Suriname; ☎ 477-088; www.mets.sr; JF Nassylaan 2; ⏲ Mo–Fr 8–16 Uhr) Die Erlöse der gut organisierten und sehr professionellen Reiseagentur, die sich dem Naturschutz verschrieben hat, fließen in den Erhalt des Urwalds. METS bietet eine breite Palette von Ausflügen, darunter Dschungeltrips ins Landesinnere, etwa nach Palumeu (ab 399 €, 5 Tage) und zum Gran Rio (ab 600 €, 5 Tage).

Stinasu GEFÜHRTE TOUREN

(Stichting Natuurbehoud in Suriname; ☎ 476-597; www.stinasu.sr; Cornelis Jongbawstraat 14; ⏲ Mo–Fr 8–17 Uhr) Die Naturschutzstiftung unterhält (oft reparaturbedürftige) Hütten und organisiert Ausflüge nach Brownsberg (ab 65 SR$), zu den Schildkrötenschutzgebieten Galibi und Matapica (ab 75 SR$) und zum/nach Raleighvallen/Voltzberg/Foengoe Island (250 SR$, 4 Tage).

Schlafen

★ Guesthouse TwenTy4 PENSION $

(☎ 420-751; www.twenty4suriname.com; Jessurunstraat 24; EZ/DZ ab 25/35 €, ohne Bad ab 15/27,50 €; ❄📶) Diese blitzblanke Pension ist die beste Budgetoption in der Stadt. Sie befindet sich in einer ruhigen Straße im Zentrum und hat einen freundlichen Vibe mit schicker Lobby und Gemeinschaftsbereichen, einem Hinterhof zu Relaxen und einer Katze. Das Frühstück kostet 20 SR$, Bier gibt's auch. Die netten Mitarbeiter helfen bei der Planung von Unternehmungen.

Nur wenige Zimmer haben Klimaanlagen, die anderen sind mit Ventilatoren ausgestattet.

Palulu Camping CAMPING $

(☎ 864-5223; www.surinamecamping.com; Zanderij; Hängematte/Zelt pro Pers. 40/60 SR$) 🍃 Die riesigen, künstlerisch gestalteten Übernachtungsstätten bieten viel Privatsphäre. Hier gibt es eine Holzplattform mit Hängematten oder Liegen, eine Küche, eine Feuerstelle und Bäder. Auf den Urwaldspaziergängen auf eigene Faust kann man Wildtiere beobachten, alternativ schwimmt man im erfrischend kühlen Flussarm. Hier lässt es sich unglaublich gut entspannen. Der mit Solarenergie versorgte Campingplatz liegt nur 3 km entfernt vom Johan Pengel International Airport.

Colakreek LODGE $

(☎ 472-621; www.mets.sr; Hütte mit Hängematte/Zelt 90/100 SR$, Hütte 300 SR$) Das wunderschöne, vom METS betriebene „Erholungszentrum", 6 km vom Johan Pengel International Airport, befindet sich an einem sandigen Uferabschnitt am Cola Creek. Es bietet Unterkünfte aller Art, von Hängemattenplätzen und Zelten bis zu schickeren Hütten. Hier kann man vor allem baden und wandern. Wer abends abfliegt, für den lohnt sich eine Tageskarte (12,50 SR$). An Wochenenden und Feiertagen ist hier viel los.

Un Pied A Terre PENSION $

(☎ 470-488, 888-9998; www.guesthouse-un-pied-a-terre.com; Costerstraat 59; Hängematte/EZ/

DZ/3BZ/4BZ ab 10/20/27/38/48 €; ❄📶) Das zauberhafte alte Haus mit abblätternder Farbe, Lammellenjalousien und knarrenden Holzböden gehört ebenfalls zu den Weltkulturerbestätten der UNESCO. Das Personal ist superfreundlich und hilft gern bei der Planung und Buchung von Aktivitäten. Nur die Zimmer im Erdgeschoss haben eigene Bäder und Klimaanlagen. Die schöneren Zimmer sind jedoch die im Obergeschoss, die nur mit Ventilatoren ausgestattet sind und deren Bewohner sich die Bäder teilen.

Zus & Zo PENSION $

(☎520-905; www.zusenzosuriname.com; Grote Combéweg 13A; Zi. ab 17,50 €/Pers.; ❄📶) Das helle und einladende Hostel im obersten Stockwerk eines klassischen Hauses im Kolonialstil verfügt über fünf einfache Zimmer, die sich ein Gemeinschaftsbad mit Warmwasseranschluss teilen. Im Erdgeschoss gibt es ein hervorragendes Restaurant. Die Mitarbeiter können alle erdenklichen Ausflüge in Suriname organisieren.

Guesthouse Albergo Alberga PENSION $

(☎520-050; www.guesthousealbergoalberga.com; Lim-a-Postraat 13; EZ/DZ 20/26 €, mit Klimaanlage 26/38 €; ❄📶🏊) Die alteingesessene Pension befindet sich in einem zauberhaften, wenn auch recht maroden Kolonialgebäude, das in einer fast vollständig erhaltenen Straße aus der Kolonialzeit steht und ebenfalls zum Weltkulturerbe gehört. Einige der Zimmer sind recht geräumig. Der Swimmingpool hinter dem Haus lädt zur Erholung nach einem langen Tag in der Stadt ein. Das Haus verströmt jedoch eine institutionelle Atmosphäre; es gibt viele Regeln und einen furchtbaren Teppichboden.

★ **Greenheart Hotel** $$

(☎521-360; www.greenheart-hotel.com; Costerstraat 68; EZ/DZ/3BZ/FZ inkl. Frühstück ab 48/68/89/109 €; ❄📶🏊) Das hübsche Hotel in einem umgebauten Herrenhaus aus der Kolonialzeit ist mit viel poliertem Hartholz eingerichtet. Viele Zimmer haben Galerien unter dem Dach und eignen sich hervorragend für Familien. Überall gibt es einladende Gemeinschaftsbereiche und freundliche Mitarbeiter. Frühstück und andere Mahlzeiten (auf Anfrage) werden in dem offenen Essbereich hinter dem Haus serviert, wo sich auch ein fantastischer, kleiner Pool befindet. Die Zimmer mit Klimaanlage kosten 5 € extra pro Nacht.

Essen

Es gibt einige fantastische kulinarische Optionen in Parbo. Falls möglich, sollte man die Touristenmeile gegenüber vom Hotel Torarica in der Rietbergplein 1 meiden und stattdessen einige der hier aufgeführten, weniger frequentierten Lokale aufsuchen. Die günstigen Essoptionen im Zentrum sind der hektische Hauptmarkt (S. 1055) und die indonesischen Stände an der Waterkant. *Eating in Suriname* (www.eteninsuriname.com) ist eine nützliche Website mit Infos zu Restaurants in der Hauptstadt.

CY Coffee + Roasters CAFÉ $

(Gompertstraat; Hauptgerichte 15–30 SR$; 🕒Di–So 9.30–23, Mo ab 18 Uhr; 📶) In diesem gigantischen Gebäude aus Holz, Glas und Beton, das in Parbo seinesgleichen sucht, aber den Einrichtungen von Kaffeespezialisten andernorts in der modernen Welt ähnelt, wird hervorragender Kaffee serviert. Hier kann man auch spät frühstücken. Auf der

EINREISE NACH FRANZÖSISCH-GUAYANA

Anreise zur Grenze

Albina ist der letzte Halt vor der Überquerung des Flusses Marowijne nach St. Laurent du Maroni, Französisch-Guayana. Von Paramaribo fahren Sammeltaxis (75 SR$, 2 Std.), Minibusse (30–40 SR$, 2½ Std.) und öffentliche Busse (8,50 SR$, 3 Std.) nach Albina.

An der Grenze

Die **La-Gabrielle-Fähre** (Albina; 20 SR$; 🕒Mo & Di 8 & 10, Mi & Fr 7.30, 8.30 & 9.30, Do 7.30 & 10, Sa 8.30 & 9.30 Uhr) fährt jeden Morgen (außer So) zwei- bis dreimal nach St. Laurent du Maroni. Zur Hauptverkehrszeit nachmittags verkehren manchmal zwei Fähren, aber darauf kann man sich nicht verlassen.

Achtung: In St. Laurent du Maroni gibt es Banken und Geldautomaten, aber keine von diesen tauscht ausländische Währungen oder Reiseschecks um, daher muss man Geld gegebenenfalls vorher in Albina tauschen.

ABSTECHER

JAVANESISCHE SCHLEMMEREIEN

Familienbetriebene javanesische Lokale (die nur abends geöffnet sind) findet man im **Blauwgrond**, einem entspannten Wohnviertel rund zehn Minuten mit dem Taxi vom Zentrum Paramaribos entfernt. Rena, Mirioso, Pawiro und Saoto sind einige der bekannteren Restaurants; alle servieren günstige, köstliche Nudel-, Reis- und Suppengerichte. Die Fahrt lohnt sich schon wegen des Flairs.

Karte stehen jede Menge frisch gebackene Köstlichkeiten und chinesisch angehauchte Gerichte. Hierher nimmt man am besten ein Taxi.

Martin's House of Indian Food INDISCH $
(☎477-535; Hajarystraat 19; Hauptgerichte 25–60 SR$; ⏲11–23 Uhr; 📶✎) Das Martin's im Rainville-Viertel hat eine lange Karte voller leckerer hausgemachter Köstlichkeiten und lohnt die 10 SR$ für das Taxi (ab der Altstadt). Einrichtung und Ambiente sind die Fahrt nicht unbedingt wert, aber die hervorragenden würzigen Gerichte und das herzliche Willkommen von Martin und seiner Familie machen das locker wett.

Zus & Zo INTERNATIONAL $
(Grote Combéweg 13A; Gerichte ab 30 SR$; ⏲9–23 Uhr; 📶) In puncto Essen und Cocktails ist diese Restaurant-Bar eine der besten Adressen in der Stadt. Gegessen wird in einem bezaubernden sandigen Garten, der mit Lichterketten geschmückt ist. Das Angebot reicht von lokalen Suppen zu asiatischen Nudeln, Burgern und Salaten. Gelegentlich gibt's auch Livemusik. Gäste werden herzlich und freundlich willkommen geheißen.

De Gadri KREOLISCH $
(Zeelandiaweg 1; Hauptgerichte 17–45 SR$; ⏲Mo–Sa 11–22) Das ruhige Restaurant im Freien mit Blick auf den Fluss hat das beste kreolische Essen der Stadt, das zudem von superfreundlichem Personal serviert wird. Unbedingt zu empfehlen ist die köstliche Tagessuppe mit Erdnüssen, Maniok oder Kochbanane, zu der es Brathühnchen und den landestypischen Auflauf *pom* gibt.

★**Souposo** FUSION $$
(Costerstraat 20A; Hauptgericht 25–100 SR$; ⏲Di–Sa 10–23 Uhr; 📶) Das Essen hier wäre überall auf der Welt klasse, aber in Parbo ist es Spitzenklasse. Auf der Karte stehen köstliche, täglich wechselnde Suppen sowie Hauptgerichte wie Entenconfit in Masala und unfassbar gute Pesto-Pasta mit hausgeräuchertem *bang bang* (Frischwasserfisch) und getrockneten Tomaten. Zum Brunch gibt's Omelett, frische Säfte und Salate. Für den ebenso exquisiten Rahmen sorgt das wunderschöne, alte Haus in einem hübschen Garten.

★**Bodega & Grill De Waag** INTERNATIONAL $$$
(☎474-514; www.dewaag.sr; Waterkant 5; Hauptgerichte 75–200 SR$; ⏲8–23 Uhr; 📶) Dieser herrliche Newcomer befindet sich in einem alten Gebäude am Wasser, das in einen modernen, eleganten Essbereich mit Bar und Innen- und Außenbereich verwandelt wurde. Auf der fantastischen Karte stehen vor allem Steaks, die alle mit einem Siegel des US-amerikanischen Landwirtschaftsministeriums versehen und die besten der Stadt sind. Es gibt außerdem gute Salate, Tapas, Suppen und Frühstücksoptionen.

Ausgehen & Nachtleben

Casinos gibt's in Paramaribo an fast jeder Ecke, beliebt sind sie bei Einheimischen und niederländischen Travellern. Man sollte sich eines von innen anschauen, um eine andere Seite der Stadt kennenzulernen. Paramaribo ist eine Partystadt, in der mittwochs bis samstags reges Nachtleben herrscht. Wer einen günstigen Drink mit Einheimischen genießen will, ist in den Freiluftläden nahe der Platte Brug an der Waterkant genau richtig.

Havana Lounge CLUB
(☎402-258; Van 't Hogerhuysstraat 13; ⏲18–3 Uhr) In diesem beliebten Club geht es vor allem donnerstags so richtig zur Sache, wenn bis 1 Uhr morgens Salsa und danach Reggae und Hip-Hop gespielt werden. Achtung: Fleischbeschau eines jungen, hippen Publikums!

Club Touché CLUB
(Ecke Waldijkstraat & Dr Sophie Redmondstraat; ⏲Mi–Sa 22–3 Uhr) In diesem Club wird unten Techno und oben Salsa gespielt. Mittwoch geht's hier besonders ab.

Shoppen

Qualitativ gute Kleidungsstücke für superwenig Geld gibt es in der Steenbakkerijstraat und in der Domineestraat. Qualitativ hochwertiges Kunsthandwerk und Schmuck aus Suriname gibt's im Geschenkladen von Zus & Zo (S. 1059).

ReadyTex Craft & Souvenir Shop KUNST & KUNSTHANDWERK
(Maagdenstraat 44-48; Mo–Fr 8–16.30, Sa 8.30–13 Uhr) In diesem großen Geschäft kann man Souvenirs, Kunsthandwerk und vieles mehr kaufen.

Praktische Informationen

GEFAHREN & ÄRGERNISSE

Nach Einbruch der Dunkelheit sollte man unbelebte Straßen und einsame Ecken meiden. Das Gebiet um den Palmentuin und die Watermolenstraat, die im Zentrum von der Waterkant durch die historische Altstadt führt, ist nachts besonders berüchtigt für Drogenhandel und Diebstähle. Rund um den Marktplatz sind auch tagsüber viele Taschendiebe unterwegs.

TOURISTENINFORMATION

Die freundlichen Mitarbeiter des **Touristeninformationszentrums** (532-373; www.surinametourism.sr; Kernkampweg 37) begrüßen Besucher in mehreren Sprachen. Hier kann man eine Karte für Spaziergänge auf eigene Faust und Tipps zu vielen Aktivitäten bekommen. Zum Zeitpunkt der Recherche war das Büro jedoch geschlossen und die Wiedereröffnung unklar.

An- & Weiterreise

BUS & MINIBUS

Minibusse nach Brownsberg und Atjona (50–70 SR$, 3 Std.) fahren an der Ecke Prinsenstraat/Saramacastraat ab, öffentliche Busse nach Nieuw Nickerie (20–40 SR$, 4 Std.) und zu anderen Zielen im Westen den ganzen Tag über an der Ecke Dr. Sophie Redmondstraat/Hofstraat. Wer sich von einem privaten Minibus abholen lassen will, bekommt im Hotel Preislisten der Unternehmen. Nach Albina fahren von der Waterkant am Fuß des Heiligenweg öffentliche Busse (8,50 SR$, 3 Std., 140 km, 1-mal stündl.) und Privatbusse (30 SR$, 3½ Std.), wenn sie voll sind.

FLUGZEUG

Parbo hat zwei Flughäfen: den nahe gelegenen Zorg-en-Hoop (S. 1061) für Inlandsflüge und Flüge ins benachbarte Guyana und den größeren Johan Pengel International Airport (S. 1061), 45 km südlich von Parbo, der im Allgemeinen als „Zanderij" bezeichnet wird. Hier starten und landen alle anderen Flüge ins Ausland.

TAXI

Die schnellen Taxis fungieren oft als Sammeltaxis. Es sind meist Kleinbusse, die bis zu acht Fahrgäste mitnehmen. Morgens sind sie schnell voll. Die Fahrt nach Albina kostet um die 70 SR$ pro Person, nach Nieuw Nickerie um die 100 SR$ pro Nase. Man sollte das Hotel bitten, einen Fahrer zu organisieren.

TRANSPORT INS ZENTRUM

Vom **Johan Pengel International Airport** (Zanderij; 032-5200; www.japi-airport.com; Zanderij) oder „Zanderij", 45 km südlich von Parbo, kann man ein Taxi in die Stadt nehmen (200 SR$, 1 Std.). Flughafen-Shuttles der Hotels kosten normalerweise um die 100 SR$. Minibusse zum und vom Zanderij (7 SR$) vom Heiligenweg sind nur tagsüber verfügbar.

Ein Taxi vom **Zorg-en-Hoop Airport** (401-214; Doekhiweg) kostet rund 35 SR$. Minibusse vom Zorg-en-Hoop (5 SR$) zum Heiligenweg und zurück verkehren nur tagsüber.

Unterwegs vor Ort

FAHRRAD

In guter, alter holländischer Tradition erkunden viele Leute Parbo und die Umgebung, also auch die Plantagen am Ufer des Suriname, mit dem Fiets. Helme trägt man hier selten, sie werden auch kaum vermietet. Fahrräder und Mountainbikes kosten 15 SR$ pro Tag.

TAXI

Unter der Rufnummer 1690 kann man Taxis bestellen. Das Personal der Vermittlungsstellen spricht Englisch. Die Fahrtkosten (mit Taxameter) sind niedrig.

WASSERTAXI

Die schnellen und regelmäßig verkehrenden Wassertaxis legen an der Platte Brug an der Waterkant gleich südlich der Keizerstraat ab. Zum anderen Ufer zahlt man in der Regel 50 SR$.

Commewijne

Gegenüber von Paramaribo sind die Ufer des Commewijne gesäumt von alten Plantagen, die durch Kanäle voneinander getrennt sind. Überall befinden sich Überreste von Gebäuden, in denen einst Kaffee, Kakao und Zuckerrohr verarbeitet wurden. Am besten erkundet man die Gegend mit einem Leihfahrrad entlang der gut markierten Strecken durch die Plantagen. Ein Tagesauflug hierher ist faszinierend und darüber hinaus ein beeindruckender Kontrast zum Chaos der Hauptstadt. Die beliebteste Route führt im Wassertaxi über die Flüsse Suriname und Commewijne nach Frederiksdorp. Der Plantagenkomplex wurde inzwischen liebevoll restauriert und in ein Hotel mit Restaurant verwandelt.

Man muss nicht übernachten, da man nie länger als eine kurze Bootsfahrt von Parbo entfernt ist, aber es gibt mehrere Unterkünfte, darunter das herrliche **Plantage Resort Frederiksdorp** (☎820-0378; www.plantagefrederiksdorp.com; Zi. inkl. VP 197 €/Pers.;).

Sehenswertes

Zu den per Fahrrad erreichbaren Attraktionen gelangt man weniger schweißtreibend auch im Rahmen einer der beliebten Bootstouren. Beliebt sind auch Touren auf dem Commewijne, bei denen – besonders zu Sonnenuntergang – **Flussdelfine** beobachtet werden können. Die meisten Bootstouren zu den Plantagen führen durch delfinreiche Gewässer, um den Passagieren einen Blick auf die Tiere zu ermöglichen.

Peperpot Nature Park NATURSCHUTZGEBIET

Der wunderschöne, aber gespenstisch marode Peperpot Nature Park, rund 10 km von Paramaribo entfernt, auf der anderen Seite der Brücke nach Meerzorg, ist bei Vogelbeobachtern sehr beliebt. Durch den Wald führt ein gut markierter, 3 km langer Weg (obwohl die Wege allgemein in eher schlechtem Zustand sind), an dem man oft viele Affen sieht. Eigenes Wasser und Moskitospray mitbringen und früh hierherkommen, denn dann kann man die meisten Wildtiere erspähen!

Fort Nieuw Amsterdam PLANTAGE

(www.fortnieuwamsterdam.sr; Wilhelminastraat, Nieuw Amsterdam; 15 SR$; ⌚Mo–Fr 9–17, Sa & So 10–18 Uhr) Dieses Freiluftmuseum befindet sich in einem der ältesten erhaltenen niederländischen Gebäude in Suriname (erb. 1747). Bei dem Fort handelt es sich um eine Festung, die am Zusammenfluss des Suriname und des Commewijne steht. Im Inneren befinden sich einige gespenstisch wirkende Artefakte aus der Zeit des Sklavenhandels sowie ein Schleusensystem aus niederländischer Produktion.

Matapica STRAND

Nördlich vom Fort Nieuw Amsterdam befindet sich der ruhige, fast moskitofreie Strand Matapica, an dem zwischen April und August Meeresschildkröten an Land kriechen. Auf Touren kommt man im Allgemeinen mit dem Boot über die Plantagenkanäle und ein Sumpfgebiet mit vielen Vogelarten hierher. Stinasu (S. 1058) betreibt hier ein kleines Camp.

An- & Weiterreise

Um auf diese Seite des Commewijne zu gelangen, kann man entweder über die Brücke nach Meerzorg fahren oder ein Wassertaxi (50 SR$) auf der anderen Seite des Flusses gegenüber von Paramaribos Promenade nehmen.

Cardy Adventures (S. 1058), Fietsen in Suriname (S. 1057) und die Touristeninformation in Paramaribo (S. 1061) haben Karten und Informationen über Radtouren – alternativ kann man sich allein mit dem Fahrrad am Fluss entlang hierher navigieren. Bei einer geführten Tour wird alles durch das Hotel in Paramaribo organisiert.

Oberlauf des Suriname

Dieser schokoladenbraune Fluss bahnt sich seinen Weg mitten durch die schwülwarme Wildnis der Regenwalds, von den Eilerts-de-Haan-Bergen im Süden zum gigantischen Brokopondo-Reservoir. Der Oberlauf des Surinames ist relativ leicht per Flugzeug oder Boot zu erreichen, weshalb viele Besucher hierher kommen, um die Wunder der ungezähmten Natur, die prächtige Flora und Fauna und die vielfältigen Marron-Kulturen zu erleben. Der Tourismus hat hier eine gute Infrastruktur, aber es ist nicht überlaufen. Es gibt gute Einrichtungen und erfahrene Guides, doch kann man noch immer recht leicht in den noch immer weitgehend unberührten Regenwald gelangen und sich fühlen, als hätte man die moderne Welt weit hinter sich gelassen.

Sehenswertes

Maroon Museum MUSEUM

(Marron-Museum Saamaka; Kumalu; 20 SR$; ⌚10–15 Uhr) Geführte Besuche dieses kleinen Museums auf einem weitläufigen Gelände gewähren tolle Einblicke in die lokale Kultur, von Heiratsbräuchen zu Kleiderordnungen, Musik u. v. m. Das Museum ist eine wichtige Institution für die Marron-Kultur und wird im Allgemeinen von Travellern besucht, die in den nahe gelegenen Lodges übernachten und die umliegenden Marron-Dörfer im Rahmen von Tagesausflügen besuchen.

Schlafen

★ Gunsi Resort Tei Wei LODGE $

(☎882-8998, 856-142; bertajaiso@gmail.com; inkl. Vollpension ab 90 SR$) Die Lodge wird von Bewohnern des winzigen, sehr traditionellen und gastfreundlichen Dorfes Gunsi betrieben und ist der beste Ort, um in die Saamaka-Kultur einzutauchen. Die Hütten mit Betten unter Moskitonetzen sind zwar einfach, aber sauber und haben fantastische Terrassen mit Hängematten und Blicken auf den Fluss. Es gibt nur Gemeinschaftsbäder. Wer mag, kann das Dorf besuchen (50 SR$), Kaimane beobachten (100 SR$), Urwaldwanderungen mit Übernachtung und andere Aktivitäten mitmachen.

Eco Resort Pasensie LODGE $

(☎712-4404, 811-6547; www.totomboti.nl/pasensie.html; Pikin Slee; inkl. VP 275 SR$;) Diese winzige Lodge am Fluss liegt bequem gleich außerhalb von Pikin Slee. Das Marron-Museum und einige andere Dörfer sind von hier aus zu Fuß erreichen, und so kann man richtig in die Samaaka-Kultur eintauchen. Hier gibt es nur Gemeinschaftsbäder. Es werden Fahrten zu Museen (40 SR$) sowie halb-/ganztägige Regenwaldtouren (pro Gruppe 80/150 SR$) und andere Aktivitäten angeboten.

Hotel Botopassie LODGE $$

(☎472-224, 896-8157; www.botopasi.com; 3-Tages-Paket 175 €;) Die von Niederländern und Surinamern gemeinsam geführte Dschungel-Lodge ist außergewöhnlich sauber und komfortabel. Sie befindet sich gleich auf der anderen Seite des Flusses gegenüber vom geschäftigen Saamaka-Ort Botopasi. Die sieben *wozu* (traditionellen Marron-Häuser) haben eigene Bäder mit Warmwasser – eine echte Seltenheit in dieser Region – und Moskitonetze. Herzhafte Mahlzeiten werden auf der wunderschönen Terrasse des Haupthauses serviert, von wo man herrliche Ausblicke auf den Fluss hat.

Das 3-Tage-2-Nächte-Paket beinhaltet Kost und Logis, den Transport und Ausflüge.

★ Awarradam Jungle Lodge & Spa LODGE $$$

(☎477-088; www.mets.sr; 4-Tages-Paket ab 390 €) Diese abgelegene Lode auf einer Insel nahe den Awarradam-Stromschnellen eignet sich besonders für all jene, die tief in den Regenwald vordringen und dabei die Saamaka-Kultur erleben möchten. Die Holzhütten auf Stelzen sind sehr komfortabel und mit luftigen Terrassen ausgestattet. In den nahe gelegenen Becken, die von den Stromschnellen geschaffen werden, kann man schwimmen. Alternativ besucht man das Spa.

Das 4-Tage-3-Nächte-Paket beinhaltet Kost und Logis sowie Ausflüge.

> **ABSEITS DER ÜBLICHEN PFADE**
>
> **BEI DEN AMERIKANISCHEN UREINWOHNERN**
>
> Die extrem abgelegene **Palumeu Jungle Lodge** (☎477-088; www.mets.sr; Palumeu; 4- bis 5-tägige All-inclusive-Pauschalangebote ab 399 €) am Ufer des atemberaubenden Boven Tapanahoni befindet sich mitten im Dorf Palumeu der Ureinwohner. Die Lodge wird von der Naturschutzorganisation METS (S. 1058) zusammen mit den Dorfbewohnern betrieben. Übernachtet wird in gemütlichen Hütten mit Strohdach, im Angebot sind geführte Touren durchs Dorf und Wanderungen im Urwald. Erkundungen auf eigene Faust sind nicht gestattet. Die Mindestaufenthaltsdauer beträgt drei Nächte.

★ Danpaati River Lodge LODGE $$$

(☎471-113, 810-9727; www.danpaati.net; 3-Tages-Paket 335 €;) Dieser magische Ort auf einer Insel inmitten von dichtem Regenwald ist nur im Rahmen einer dreistündigen Bootsfahrt ab Atjoni zu erreichen, wo die Straße von Paramaribo endet. Die Unterkünfte befinden sich in verschiedenen Arten von Hütten, darunter luxuriöse mit großen Terrassen, die großartige Blicke auf den Fluss bieten. Die Lage ist einfach überwältigend, die Mitarbeiter sind wunderbar, und gegen Langeweile werden Dutzende Aktivitäten angeboten.

Das 3-Tage-2-Nächte-Paket beinhaltet Kost und Logis und den Transport.

Knini Paati River Resort LODGE $$$

(☎536-5002; www.knini-paati.com; 3-Tages-Paket ab 250 €;) Die einzige Luxus-Lodge, die von der Marron-Regierung betrieben wird, wurde 2017 komplett renoviert und steht nun sehr gut da. Jede der sechs lichtdurchfluteten Hütten ist mit traditionellen Holzmöbeln ausgestattet und bietet Platz für bis zu fünf Personen. Zur Lodge gehört auch ein hervorragendes Restaurant mit Bar und tollen Blicken auf den Fluss.

ABSTECHER

KABELEBO

Im Westen, nahe der Grenze zu Guyana, befindet sich das abgelegene **Kabalebo Nature Resort** (☎426-532; www.kabalebo.com; 3-Nächte-Paket ab 300 US$;) mitten im Urwald. Die Unterkünfte hier reichen von preisgünstigen „Urwaldcamps" bis zu einigen der intimsten und luxuriösesten Rückzugsorte des Landes. Es werde massenweise tolle Aktivitäten angeboten, von angeln bis Tierbeobachtung, von wandern bis Kajak fahren.

Das 3-Tage-2-Nächte-Paket beinhaltet neben Kost und Logis auch den Transport und Ausflüge.

Das Resort-Personal betreibt auch ein Regenwaldcamp, das nach einer anspruchsvollen, aber schönen zweistündigen Wanderung durch den Urwald erreicht wird. Hier übernachten Gäste weitaus dann rustikaler – nämlich in Hängematten –, waschen sich im Fluss und kochen sich ihre Mahlzeiten selbst.

Anaula Nature Resort LODGE **$$$**
(☎410-700; www.anaulanatureresort.com; nahe New Aurora; 3-Tages-Paket 260 €;) Eine weitläufige, gepflegte Anlage und komfortable Hütten mit eigenen Bädern und sogar ein Swimmingpool liegen neben pittoresken Stromschnellen auf einer Urwaldinsel mitten im Fluss Suriname. Die Lodge ist beliebt, bietet aber dennoch Ruhe. Hier kann man entspannen und allem entfliehen, wird jedoch nicht viel von der Saamaka-Kultur mitbekommen. Das 3-Tage-2-Nächte-Paket beinhaltet Kost und Logis, den Transport und Ausflüge.

ℹ An- & Weiterreise

Reisen zum Oberlauf des Suriname beinhalten im Allgemeinen eine Kombination aus Flügen in kleinen Propellermaschinen, holprigen Jeep-Fahrten über Schotterpisten und sehr viel ruhigeren Bootsfahren. Die meisten Lodges fliegen ihre Gäste über einen der vielen Flugplätze in der Region ein und befördern sie dann per Jeep oder Boot an ihr Ziel. Der Transport ist normalerweise im Paketpreis enthalten und wird von jeder Lodge separat organisiert. Die meisten bieten jede Woche mehrere Transfers ab Paramaribo an.

Wassertaxis fahren den Fluss hoch und runter und sind leicht zu kriegen. So kann man eigenständig und ohne Probleme zwischen den Lodges hin- und herreisen. Die Preise sind nicht festgelegt und müssen mit dem Bootsführer vereinbart werden. Die Lodges können dabei helfen.

Brownsberg Nature Reserve & Brokopondo

Das **Brownsberg Nature Reserve** hat seinen Namen von dem 560 m hohen Gipfel in seinem Herzen. Das überwältigende Fleckchen Natur wurde 1969 zum Naturschutzgebiet erklärt und beheimatet auf seinen 112 km² Urwald Dutzende seltener Spezies, von denen viele nur hier in Suriname zu finden sind. Das Naturschutzgebiet grenzt an den riesigen Brokopondo-Stausee. Wer ein wildes, tropisches Abenteuer erleben und fantastische Möglichkeiten zur Beobachtung von Vögeln und anderen Wildtieren erleben möchte, ist hier genau richtig.

Die Parkverwaltung befindet sich auf einem Hochplateau mit Blick auf den Brokopondo-Stausee, 100 km südlich von Paramaribo. Hierher führt eine Schotterstraße. Überall im Park tummeln sich Affen: lärmende Guyana-Brüllaffen und neugierige Satansaffen, die von oben hinunterspähen. Der Parkbetreiber Stinasu (S. 1058) bietet rustikale Hütten (ab 120 SR$) für Gruppen und Campingplätze (50 SR$) sowie Hängemattenplätze (30 SR$) bei der Parkverwaltung an.

Der Brokopondo ist ein künstlicher Stausee. Er entstand 1964, als die Regierung einen Damm am Suriname baute. Der Anblick von Sturmwolken, die über den 1550 km² großen See ziehen, ist atemberaubend. Bei genauerem Hinsehen erkennt man jedoch auch, dass der Stausee eigentlich eine Art Baumfriedhof ist: Wo sich früher Waldboden befand, ragen heute die toten Stämme der Regenwaldriesen aus dem Wasser. Die Parkverwaltung bietet interessante Ausstellungsstücke, die zeigen, wie wegen des Dammprojekts Tausende Menschen, vor allem Marron und Ureinwohner, sowie Hunderttausende Tiere umgesiedelt werden mussten.

Das Brownsberg Nature Reserve kann man recht einfach auf eigene Faust besuchen: In Paramaribo steigt man am Busbahnhof in der Saramacastraat beim Zentralmarkt in einen Bus Richtung Atjoni und sagt dem Fahrer, dass man in Brownsberg (60 SR$, 3 Std.) aussteigen möchte. Von hier aus kann man sich von Stinasu abholen und zum Park bringen lassen (70 SR$, 30 Min., im Voraus buchen). Mehrere Tourveranstalter in Parbo und in Brownsberg bieten den Besuch hier auch als einen (sehr langen) Tagesausflug oder im Rahmen eines (viel entspannteren) zweitägigen Ausflugs mit Übernachtung an.

Central Suriname Nature Reserve

Mit sagenhaften 16 000 km² bedeckt das **Central Suriname Nature Reserve** 12 % von Surinames Landfläche. Das Schutzgebiet wurde 1998 mithilfe einer Spende von Conservation International in Höhe von 1 Mio. US$ gegründet. Rund 40 % der hier heimischen Flora und Fauna sind nur in diesem Teil der Guyanas zu finden. Der Großteil des Schutzgebietes ist von dichter, undurchdringlicher Wildnis bedeckt. Wie zu erwarten, ist der Besuch des Parks eine Herausforderung, aber die lohnt sich. Man kann nur im Rahmen einer geführten Tour hierher kommen.

Wohl am häufigsten besucht werden die langen, recht flachen **Raleighvallen** (Raleigh-Fälle) am oberen Coppename. Sie sind gut zwei Stunden flussaufwärts vom nächsten Marron-Dorf entfernt. Im und am Fluss leben seltene Tiere, z. B. Klammeraffen, Zitteraale und die blutroten Guyana-Klippenvögel. Die gut geführten Stinasu-Lodges (S. 1058) auf **Foengoe Island** liegen unweit der Wasserfälle. Der nahe gelegene **Voltzberg** ist ein 240 m hoher Granitfelsen, zu dem ein zweieinhalbstündiger Marsch durch den Regenwald führt. Der steile Anstieg wird mit einem atemberaubenden Rundumblick belohnt.

Nieuw Nickerie

13 100 EW.

Dieser geschäftige Grenzort mit seinen breiten Straßen war einst ein bedeutender Handelspatz. Hier wurde das Holz des *balata*-Baumes gesammelt, ein einzigartiges Holz, aus dessen Saft Gummi gefertigt wird. Heute ist Nieuw Nickerie vor allem ein Anbaugebiet für Bananen und Reis, mit einem großen Hafen. Der Ort hat für Besucher nur wenig zu bieten, obwohl er wirklich hübsch ist. Als letzter Stopp vor der Einreise nach Guyana kommen dennoch sehr viele Besucher hierher; die meisten ziehen aber zügig weiter und übernachten nur im Notfall. Nieuw Nickerie ist auch der Ausgangspunkt für Erkundungen des **Bigi Pan**, eines Sumpfgebiets, in dem Kaimane, Rote Ibisse und über 100 andere Vogelarten leben.

Die meisten Reisenden versuchen, eine Übernachtung in Nieuw Nickerie zu vermeiden. Wem das nicht gelingt, der ist im **Residence Inn Nickerie** (☎ 210-950; Bharosstraat 84; Zi. inkl. Frühstück 500 SR$; ❄ 📶) gut aufgeboben. Wer aufs Geld schauen muss, kann das **Concord 2000** (☎ 232-345, 210-926; Wilhelminastraat 3; DZ 220 SR$; ❄) ausprobieren.

Alle Busse und Minibusse halten und starten am Markt. Nach Paramaribo fahren täglich zwei staatliche Busse (15 SR$, 4 Std., 6 & 13 Uhr). Sobald der erste Bus weg ist, vergibt ein Privatanbieter (25 SR$) die Plätze seines Busses und fährt los. Ein Taxi ist drei bis vier Stunden unterwegs (100 SR$/ Pers.). Nach South Drain, wo es per Fähre nach Guyana geht, starten Minibusse

EINREISE NACH GUYANA

An der Grenze

Die **Canawaima-Fähre** (☎ 212-332, 212-331; South Drain; 110 SR$/Passagier; ⏲ 1-mal tgl.; einfache Strecke/ hin & zurück 48/65 SR$, 30 Min., 10.30 Uhr tgl.) ab South Drain überquert den Corantijn zur Anlegestelle am Moleson Creek, nahe Corriverton, Guyana. Man muss in der Schlange warten, um seinen Ausreisestempel aus Suriname zu bekommen, ehe man in das Boot steigt. Es gibt viele Geldwechsler, die in der Regel gute Kurse bieten. An der Grenze fallen keine Gebühren an, und die Einwanderungsbehörde hat immer geöffnet, wenn Boote an- oder ablegen.

Weiterreise

Nachdem man nochmals in einer Schlange gewartet hat, um einen Stempel zu bekommen, und durch den Zoll in Guyana gegangen ist, findet man Minibusse Richtung Georgetown. Uhr umstellen: Guyana ist eine Stunde hinter Suriname zurück.

(15 SR$) um 8 Uhr. Am besten reserviert man bereits am Vortag beim Fahrer einen Platz; das Personal der Unterkunft kann dabei helfen.

Galibi Nature Reserve & Coppename Nature Reserve

Das **Galibi Nature Reserve** an Surinames Ostseite, genau gegenüber von Französisch Guayana auf der anderen Seite des Marowijne-Flusses, ist ein Schutzgebiet für unzählige Meerschildkröten (u. a. für die riesige Lederschildkröte, die hier zwischen April und August an den Stränden ihre Eier ablegt). Mit Genehmigung der hiesigen Kariben-Gemeinde kann man im Leihkanu von Lina aus hierher paddeln. Einfacher ist es aber im Rahmen einer von Stinasu (S. 1058). organisierten Tour ab Paramaribo.

Das nur 100 km² große **Coppename Nature Reserve** an der Mündung des Coppename ist die Heimat der vom Aussterben bedrohten Seekühe. Es ist außerdem ein Paradies für Vogelliebhaber, die hierher kommen, um seltene Spezies von Wanderküstenvögeln und verschiedene Reiher zu beobachten. Stinasu organisiert auf Anfrage Ausflüge hierher.

SURINAME VERSTEHEN

Suriname aktuell

Selbst an südamerikanischen Standards gemessen schießt Surinames politische Situation den Vogel ab: Seit 2010 ist Desiré Bouterse Präsident, der von einem niederländischen Gericht wegen Drogenhandels schuldig gesprochen und zu elf Jahren Haft verurteilt wurde (die er antreten muss, sollte er je einen Fuß auf niederländischen Boden setzen). Gegen Bouterse wurde 1999 außerdem ein europäischer Haftbefehl erlassen. Nach dem erfolglosen Versuch, eine Amnestie zu erwirken, empfahl ein surinamisches Gericht im Jahr 2017 darüber hinaus die Verurteilung des Präsidenten zu 20 Jahren Haft wegen seiner Rolle bei den Dezembermorden im Jahr 1982, als 15 Gegner seines Militärcoups in Parbo ermordet wurden.

Während Bouterse die kollektive Verantwortung für die Morde im Jahr 1982 übernommen hat, die unter seinem Befehl geschahen, behauptet er, dass er zum damaligen Zeitpunkt keine Kenntnis von den Morden und persönlich keinen Anteil daran hatte. Im Jahr 2012 verabschiedete das Parlament ein Amnestiegesetz, dass Bouterse vor jeglichem Verfahren wegen der Morde schützt. Als Präsident genießt er darüber hinaus Immunität vor strafrechtlicher Verfolgung, solange er im Amt ist.

Trotz seiner Bemühungen begann im Jahr 2017 ein Gerichtsverfahren, und trotz des Amnestiegesetzes und seiner Immunität sagte er aus und leugnete seine Beteiligung an den Morden. Dem widersprach später sein Mitbeschuldigter Ruben Rozendaal, der aussagte, dass Bouterse bei den Morden präsent gewesen sei und selbst einige der Opfer getötet habe. Rozendaal nahm sich Ende 2017 das Leben, nachdem er wegen Mordes zu zehn Jahren Haft verurteilt worden war.

Vor diesem außergewöhnlichen Hintergrund bleibt Bouterse überraschend beliebt, vor allem bei den jüngeren Generationen, die während des Bürgerkriegs noch nicht auf der Welt waren.

Suriname genießt einen relativ hohen Lebensstandard und hat ein gutes Gesundheits- und Bildungssystem. Die Wirtschaft beruht vor allem auf dem Bauxitabbau, der 70 % der Deviseneinnahmen ausmacht. Die Landwirtschaft (vor allem der Reis- und Bananenanbau) ist ein weiteres wichtiges Standbein, und auch die Fischindustrie wächst stetig.

Das Land gibt sich zudem alle Mühe, den Ökotourismus im Landesinneren zu fördern. Allein im Jahr 2013 wurden 60 vorher noch nie gesehene Spezies im Urwald entdeckt, was Suriname zu einem Traumziel für Naturliebhaber macht.

Geschichte

Über Jahrtausende war Suriname vom Volk der Arawak bevölkert, das vor ungefähr 2000 Jahren vom Volk der Kariben verdrängt wurde; das Landesinnere bewohnten Dutzende kleinerer Völker. Die Europäer kamen im Jahr 1499 hierher, als Amerigo Vespucci an der Ostküste entlangsegelte. Ein Jahr später landete eine Expeditionsmannschaft. Jedoch schlugen die frühen Versuche der Kolonialisierung der Europäer wegen des starken Widerstands der Ureinwohner fehl. Erst 1651 gründete eine Gruppe von britischen Pflanzern hier die erste permanente

Siedlung. Kurz darauf tauschten die Briten das Gebiet gegen das niederländische Dorf New Amsterdam ein, was den Briten schlussendlich die Kontrolle über Manhattan ermöglichte. Gleichzeitig entstand das größte niederländische Territorium in der Karibik. Suriname wurde der Standort ertragreicher Zuckerrohrplantagen, und im 19. Jh. kamen Inder und Indonesier (die von den Einheimischen als „Javaner" bezeichnet wurden) als Gastarbeiter auf die Plantagen, um die lokale Bevölkerung zu ergänzen.

Trotz begrenzter Autonomie blieb Suriname lange Zeit eine Kolonie. Erst 1954 erhielt es den Status eines selbst verwalteten Staates, 1975 wurde es vollständig unabhängig. Der vom Militär Desiré Bouterse angeführte Putsch von 1980 bescherte dem Land eine Diktatur. Später wurde Bouterse angeklagt, die Hinrichtung von 15 prominenten Oppositionellen in Fort Zeelandia angeordnet zu haben. Das Ereignis ging als Dezembermorde von 1982 in die Geschichte ein. 1986 startete die Regierung eine Kampagne, um einen Aufstand der Marrons („Jungle Commando") unter der Führung von Ronnie Brunswijk niederzuschlagen. Viele Rebellen mussten nach Französisch-Guayana fliehen, weil ihre Dörfer zerstört wurden.

Die 1987 gewählte Zivilregierung wurde 1990 infolge eines unblutigen Putsches wieder abgesetzt, ein Jahr später wurde erneut eine Zivilregierung unter Ronald Venetiaan gewählt. 1992 wurde dann ein Friedensvertrag mit dem „Jungle Commando" und weiteren bewaffneten Banden unterzeichnet.

Im Mai 2000 wurde Venetiaan wiedergewählt, er blieb bis 2010 im Amt. In dieser Zeit kämpfte Suriname mit wirtschaftlichen Schwierigkeiten und Unruhen. 2006 lösten Überschwemmungen eine landesweite Katastrophe aus; fast 20 000 Menschen wurden obdachlos. Und 2009 wurden Regierungstruppen in die Goldminengegend bei Albina geschickt, um anti-chinesische und anti-brasilianische Proteste zu unterdrücken.

Kunst & Kultur

Suriname ist allen Kulturen gegenüber offen, seine Einwohner sind unglaublich freundlich und großzügig. In Paramaribo werden Toleranz und friedliches Zusammenleben großgeschrieben, religiös oder rassistisch motivierte Konflikte gibt es kaum. Angesichts der Tatsache, dass hier so viele verschiedene Volksgruppen auf engem Raum zusammenleben, ist dies bemerkenswert. Trotzdem ist das Leben der Marrons und der Ureinwohner im Landesinneren von Armut und geringerer Aussicht auf Bildung geprägt.

Viele Surinamer leben in den Niederlanden oder haben einige Zeit dort gelebt – einerseits wegen der besseren Wirtschaftslage, andererseits, um den Repressionen während der Militärdiktatur zu entgehen. Deshalb sind sie mit europäischen Trends vertraut.

Etwa 40 % der Bevölkerung gehören dem Christentum an, der Rest hängt teilweise traditionellen afrikanischen Glaubensrichtungen an. Hindus machen 26 % der Bevölkerung aus (die meisten stammen aus Ostindien), 19 % sind Muslime (indonesischer oder ostindischer Abstammung). Dazu kommen ein paar Buddhisten, Juden und Anhänger indigener Glaubensrichtungen. 37 % der Bevölkerung sind Inder, 31 % Kreolen, 15 % sind Indonesier, 10 % Marrons, 2 % Indigene, 2 % Chinesen und 1 % Niederländer (die übrigen 2 % sind anderer Abstammung).

Manche Formen der hiesigen Kunst und Kultur stammen von den eingewanderten indonesischen Volksgruppen. Dazu zählt z. B. die Gamelan-Musik, die man bei bestimmten Events hört. Ansonsten erfreuen sich Besucher an den aufwendigen Korbflechtereien der Indigenen und den Holzschnitzereien der Marrons, welche als die fähigsten Schnitzer im tropischen Amerika gelten.

Natur & Umwelt

Suriname besteht aus einer Küstenregion und einem Gebiet mit dichtem Tropenwald und Savannen. Im Westen bildet der Corantijn (in Guyana Corentyne) die in den südlichsten Abschnitten umstrittene Grenze zu Guyana. Der Marowijne (Maroni) und der Litani bilden die Grenze zu Französisch-Guayana.

Die meisten Surinamer leben in der Küstenebene am Atlantik, wo auch die meisten der wenigen Straßen des Landes zu finden sind. Durch den Afobaka-Staudamm ist einer der weltweit größten künstlichen Seen (1550 km²) entstanden, der Brokopondo-Stausee am oberen Flusslauf des Suriname.

In den riesigen Regenwäldern Surinames leben die unterschiedlichsten Tiere, u. a. Jaguare, Mohrenkaimane, Agutis und Totenkopfäffchen; Vogelliebhaber werden ihre Freude an den vielen Vogelarten, etwa Warzenibissen und Harpyien, haben.

PRAKTISCHES

Allgemeine Informationen

AKTIVITÄTEN

Besucher kommen vor allem nach Suriname, um die Natur und die indigenen Kulturen im Landesinneren kennenzulernen. Die Beobachtung von Vögeln und anderen Wildtieren ermöglicht einmalige Erlebnisse, Gelegenheiten zum Bootfahren und Wandern gibt es in Hülle und Fülle. Die sehr offenen Marron-Kulturen sind einzigartig; die meisten Ausflüge ins Landesinnere beinhalten Besuche in Marron-Dörfern.

BOTSCHAFTEN & KONSULATE

Die meisten Botschaften und Konsulate befinden sich in der Hauptstadt Paramaribo, obgleich viele Länder überhaupt keine Botschaften in Suriname unterhalten. Deutschland, Österreich und die Schweiz haben jedoch Konsulate in Suriname:

Brasilianische Botschaft (☎400-200; http://paramaribo.itamaraty.gov.br; Maratakastraat 2, Zorg-en-Hoop)

Französische Botschaft (☎475-222; www.ambafrance-sr.org; Dr. JF Nassylaan 23)

Guyanische Botschaft (☎477-895; guyembassy@sr.net; Henk Arronstraat 82)

Honorarkonsul der Bundesrepublik Deutschland in Suriname (☎44 29 58; paramaribo@hk-diplo.de; Randoe Suriname N.V., Dr. Sophie Redmondstraat 250, Paramaribo).

Konsulat von Österreich in Paramaribo (☎420 468; https://www.botschaft-konsulat.com/at/vertretung/2678/Osterreich-in-Paramaribo).

Schweizer Vertretung in Suriname (☎463 118; suriname@honrep.ch; Coesewijnestraat 19, Nieuw Industriepark, Paramaribo).

> **PREISKATEGORIEN: ESSEN**
>
> Die folgenden Preise gelten für ein normales Hauptgericht. Die meisten Restaurants berechnen eine Service-Gebühr von 10 %. Ist diese Gebühr nicht auf der Rechnung ausgewiesen, sollte man 10 bis 15 % Trinkgeld geben.
>
> **$** unter 25 SR$
>
> **$$** 25–50 SR$
>
> **$$$** über 50 SR$

FEIERTAGE & FERIEN

Neujahr 1. Jan.; größtes Fest des Jahres
Tag der Revolution 25. Feb.
Phagwah/Holi (Hinduistisches Neujahr) März/April
Karfreitag/Ostermontag März/April
Tag der Arbeit 1. Mai
Tag der Freiheit 1. Juli
Unabhängigkeitstag 25. Nov.
1. Weihnachtsfeiertag 25. Dez.
2. Weihnachtsfeiertag 26. Dez.
Eid ul-Fitr (in Indonesien Lebaran od. Bodo) Am Ende des Ramadan, Datum variiert

FRAUEN UNTERWEGS

Besonders alleinreisende Frauen werden immer wieder von Männern belästigt, handfeste Übergriffe sind aber selten. Die ständigen Schnalz- und Schmatzgeräusche können zwar nerven und irritieren, werden aber am besten einfach ignoriert.

ESSEN

In Suriname, wo die verschiedenen Kulturen für eine breite Palette kulinarischer Angebote sorgen, kann man sehr gut essen. Es gibt jede Menge aromatische indische und südostasiatische Einflüsse. Die besten Restaurants finden sich in Paramaribo. Weniger aufregend ist die Küche im tiefsten Regenwald, aber beschweren kann man sich nirgendwo, egal wo man unterwegs ist.

GELD

Obwohl die offizielle Währung der Suriname-Dollar (SR$) ist, geben einige Unternehmen ihre Preise in Euro oder US-Dollar an. Die meisten Banken akzeptieren die wichtigsten internationalen Währungen, aber manchmal ergeben sich Probleme, Guyana-Dollar in brasilianische Real zu tauschen. Die Geldautomaten der Republic Bank nehmen in der Regel ausländische Karten. Einige Banken und Hotels akzeptieren Vorauszahlungen per Kreditkarte. Die meisten Hotels, besseren Restaurants und Reisebüros akzeptieren Kreditkarten, normalerweise ohne Gebühr. Andernorts kann es jedoch schwierig werden.

GESUNDHEIT

Empfohlene Impfungen

Für einen Besuch in Suriname muss man eine Gelbfieberimpfung nachweisen können. Am Flughafen und an Grenzübergängen sollte man seinen Impfpass im Handgepäck griffbereit haben.

Darüber hinaus werden folgende Impfungen empfohlen: Diphterie, Typhus und Polio (Kombi-Impfung) sowie Hepatitis A und B. Reisende, die viel Zeit im Landesinneren oder mit Tieren verbringen wollen, sollten auch eine Tollwutimpfung in Betracht ziehen.

Verfügbarkeit & Kosten der medizinischen Versorgung

Paramaribo verfügt über ausgezeichnete medizinische Einrichtungen, darunter moderne Krankenhäuser, gut bestückte Apotheken und Privatkliniken. Entlang der Küste ist die Situation weniger gut, und im Landesinneren findet man so gut wie gar keine Einrichtungen. Die Behandlung ist, gemessen an internationalen Standards, nicht teuer. In Privateinrichtungen muss man jedoch tief in die Tasche greifen.

Umweltrisiken

In Suriname gibt es den Zika-Virus; schwangere Frauen sollten vorsichtig sein, vor allem bei Reisen ins Landesinnere. Darüber hinaus kommen Fälle von Denguefieber und Chikungunya vor. All diese Krankheiten lassen sich vermeiden, indem man die Haut bedeckt und Mückenspray benutzt.

Leitungswasser

In Paramaribo kann man das Leitungswasser trinken, anderswo nicht.

INTERNETZUGANG

Die meisten Pensionen und Hotels und einige Cafés haben kostenlose WLAN-Hotspots.

LGBTI+-REISENDE

Homosexualität ist in Suriname legal. LGBTI+-Traveller können sich offen zu erkennen geben, genießen aber keinen Rechtsschutz gegen Diskriminierung und kein Recht auf Eheschließung oder eingetragene Partnerschaften. In Parbo gibt es eine sehr kleine Schwulen- und Lesbenszene, aber keine reinen Schwulen-Bars oder Clubs. LGBTI+-Reisende haben nichts zu befürchten, und es sollte nirgendwo im Land ein Problem sein, in Hotels ein Doppelzimmer zu bekommen.

ÖFFNUNGSZEITEN

Die allgemeinen Öffnungszeiten sind werktags von 7.30 bis 15 Uhr; manche Geschäfte haben auch samstags ein paar Stunden geöffnet. Die meisten Restaurants servieren zwischen 11 und 14.30 Uhr Mittagessen und zwischen 18 und 22 Uhr Abendessen. Ein paar Lokalitäten sind auch schon ab 8 Uhr zum Frühstücken geöffnet. Öffnungszeiten sind in den meisten Restaurantbeschreibungen nicht extra aufgeführt, es sei denn, wie weichen extrem von den hier genannten ab.

REISEN MIT BEHINDERUNG

Suriname ist für Menschen mit körperlichen Einschränkungen oder Menschen, die Schwierigkeiten haben, ohne Unterstützung zu reisen, nicht leicht zu erkunden. Während sie in Paramaribo noch relativ einfach zurechtkommen, sind Reisen ins Landesinnere beschwerlich, es sei denn, man kontaktiert Hotels und Hostels im Voraus und informiert sie genau über die Bedürfnisse. *Accessible Travel* von Lonely Planet kann auf http://lptravel.to/AccessibleTravel kostenlos heruntergeladen werden.

PREISKATEGORIEN: SCHLAFEN

Die folgenden Preise gelten für Doppelzimmer mit Bad in der Hauptsaison. Falls nicht anders angegeben, ist das Frühstück nicht enthalten.

$ unter 50 €

$$ 50–100 €

$$$ über 100 €

SPRACHE

Niederländisch ist Amtssprache. Viele Menschen sprechen Sranan Tongo (Kreol, auch Taki Taki genannt), was nach einer Eingewöhnungszeit zu verstehen ist, wenn man Englisch kann. Weitere Sprachen sind Hindi, Urdu, Javanisch, Mandarin, Kantonesisch und mehrere Marron- und Indio-Dialekte. Englisch ist weit verbreitet.

STROM

Benutzt werden europäische Stecker mit zwei runden Stiften. Die Netzspannung beträgt 110/220 V, 60 Hz.

TELEFON

Festnetzverbindungen in Suriname sind verlässlich. Es gibt keine Vorwahlen. Festznetznummern sind sechs-, Handynummern siebenstellig.

Die staatliche Telefongesellschaft heißt Tele-Sur und verkauft SIM-Karten. Allerdings ist der Service bei Digicel besser und der Preis derselbe (20 SR$, inkl. 5 SR$ Guthaben).

TOURISTENINFORMATION

Das Touristeninformationszentrum (S. 1061) in Paramaribo hat alles, was man braucht, bevor man loszieht, darunter eine nützliche Website. Stinasu (S. 1058) bietet ebenfalls jede Menge nützliche Infos

UNTERKUNFT

In Paramaribo gibt es viele erschwingliche Hotels und Pensionen. Die Unterkünfte im Landesinneren reichen von recht rustikalen Übernachtungsoptionen bis zu luxuriösen Öko-Lodges. Aufgrund der instabilen einheimischen Währung geben fast alle Hotels ihre Preise in Euro oder US-Dollar an. Urwald-Lodges bieten in der Regel *All-inclusive*-Pakete (Preis pro Pers. & Tag) an.

VISA

Besucher aus Deutschland, Österreich und der Schweiz brauchen eine gültige Touristenkarte.

Wer länger bleiben oder mehrmals einreisen will, braucht jedoch ein Visum. Reisepässe müssen mindestens noch sechs Monate gültig sein. Aktuelle Infos und Botschaftsadressen finden sich unter www.surinameembassy.org.

Wer ein Visum oder eine Touristenkarte auf dem Postweg beantragt, muss mit einer Bearbeitungszeit von etwa vier Wochen rechnen. Die surinamischen Konsulate in Georgetown (Guyana) und Cayenne (Französisch-Guayana) stellen Touristenkarten entweder direkt oder in ein paar Stunden aus, auf ein Visum muss man bis zu fünf Werktage warten. Es werden ein Passfoto und ein Rückreiseticket benötigt.

Wer länger als 30 Tage in Suriname bleiben möchte, sollte sich innerhalb von acht Tagen nach Einreise bei der **Vreemdelingenpolitie** (Einwanderungsbehörde; ☎403-609; Henk Arronstraat 1; ⏲Mo–Fr 7–14 Uhr) in Paramaribo registrieren lassen.

An- & Weiterreise

FLUGZEUG

Internationale Langstreckenflüge kommen auf dem veralteten Johan Pengel International Airport (oder einfach nur „Zanderij"; S. 1061) an, während Flüge aus dem Inland und aus anderen Ländern Südamerikas zumeist auf dem ähnlich desolaten Zorg-en-Hoop Airport (S. 1061) nahe Paramaribo landen.

Blue Wings (☎434-393; www.bluewingairlines.com; Zorg-en-Hoop Airport) Bietet Linien- und Charterflüge zu vielen Zielen im Inland an.
Caribbean Airlines (☎520-034; www.caribbean-airlines.com; Wagenwegstraat 36) Verbindet Paramaribo mit vielen karibischen Inseln.
Insel Air (☎403-866; www.fly-inselair.com; Van 't Hogerhuysstraat 9-11) Fliegt nach Curacao, wo es Anschlussflüge zu anderen karibischen Inseln gibt.

KLM (☎411-811; www.klm.com; Hofstraat 1) Fliegt viermal pro Woche nach Amsterdam.

Surinam Airways (☎465-700; www.flyslm.com; Dr. Sophie Redmondstraat 219) Bietet Flüge zu allen möglichen Zielen, darunter Georgetown (Guyana), Cayenne (Französisch-Guayana), Port of Spain (Trinidad), Curacao, Aruba, Belem (Brasilien), Miami und Amsterdam.

AUF DEM FLUSS

Surinames Grenzübergänge befinden sich in Corriverton (Guyana) und in St. Laurent du Maroni (Französisch-Guayana). Überquert werden beide per Boot über die riesigen Flüsse, die ins Karibische Meer fließen. Die Fähren kreuzen die Flussgrenzen ab Albina (im Osten von Suriname) und Nieuw Nickerie via South Drain (im Westen). Brasilien grenzt im Süden an Suriname, aber es gibt keine Straßen durch den undurchdringlichen Urwald nach Suriname, daher kann man die Grenze hier nicht passieren.

Unterwegs vor Ort

AUTO & MOTORRAD

In Suriname existieren nur wenige Straßen, und das Navigieren hier ist eine echte Herausforderung. Die Straßen an der Küste und nach Brownsberg sind mit normalen Autos befahrbar, für die Pisten im Landesinneren benötigt man jedoch einen Geländewagen. In Suriname herrscht Linksverkehr. Autofahrer benötigen einen internationalen Führerschein, nationale Führerscheine werden nicht akzeptiert, also unbedingt vor Reiseantritt daran denken, falls man mit dem Gedanken spielt, ein Auto zu mieten!

BUS & MINIBUS

Es gibt verschiedene öffentliche Verkehrsmittel (aufsteigend nach Preisen geordnet): fahrplanmäßig verkehrende staatliche Busse, private Minibusse, die von bestimmten Punkten abfahren, sobald sie voll sind, und Minibusse, die ihre Fahrgäste direkt vom Hotel abholen. Fahrten ins Landesinnere kosten erheblich mehr als die Strecken an der Küste.

FLUGZEUG

Kleine Flugzeuge bringen ihre Passagiere von Paramaribo zu abgelegenen Zielen, u. a. in einige Naturschutzgebiete.

SCHIFF/FÄHRE

Die Flüsse ermöglichen malerische Bootsausflüge in ansonsten unerreichbare Regionen im Landesinneren. Feste Fahrpläne gibt es nicht, die Preise sind verhandelbar. Fähren und Barkassen überqueren einige der großen Flüsse wie den Suriname und den Coppename.

TAXI

Sammeltaxis verkehren auf den Strecken entlang der Küste. Sie sind zwar um ein vielfaches teurer als Minibusse, dafür aber auch viel schneller. Die Taxipreise sind verhandelbar und erschwinglich. Achtung: Erst den Preis aushandeln, dann einsteigen! Die Taxis in Paramaribo haben Taxameter.

Uruguay

3,4 MIO. EW.

Inhalt ➡

Gut essen

- ➡ Café Picasso (S. 1094)
- ➡ Don Joaquín (S. 1085)
- ➡ Resto-Pub 70 (S. 1101)
- ➡ Candy Bar (S. 1078)
- ➡ Escaramuza (S. 1079)

Schön übernachten

- ➡ Estancia Panagea (S. 1073)
- ➡ El Galope Horse Farm & Hostel (S. 1084)
- ➡ La Posadita de la Plaza (S. 1085)
- ➡ Tas D'Viaje Hostel (S. 1097)
- ➡ El Diablo Tranquilo (S. 1100)

Auf nach Uruguay!

Das wie eine Weintraube zwischen Brasiliens riesigem Daumen und Argentiniens langem Zeigefinger eingezwängte Uruguay ist schon immer eine Art Außenseiter gewesen. Doch nach zwei Jahrhunderten im Schatten seiner Nachbarn bekommt Südamerikas kleinstes Land endlich etwas wohl verdiente Anerkennung. Das fortschrittliche, stabile, sichere und kultivierte Uruguay bietet Gelegenheiten, außergewöhnliche Momente zu erleben, egal ob man sich im *gaucho*-Stau auf einer Pistenstraße Richtung Nirgendwo wiederfindet oder mit Einheimischen an Montevideos Promenade entlang flaniert.

Besucher, die nur kurz hier sind, können im weltstädtischen Montevideo, im malerischen Colonia und im feiernden Punta del Este jede Menge erleben. Aber es lohnt sich, über den Tellerrand zu schauen: An der Atlantikküste kann man Tiere beobachten, am Río Uruguay von einer Thermalquelle zur nächsten reisen und im Landesinneren über Felder, die sich wie Ozeane in alle Richtungen erstrecken, reiten.

Reisezeit

Montevideo

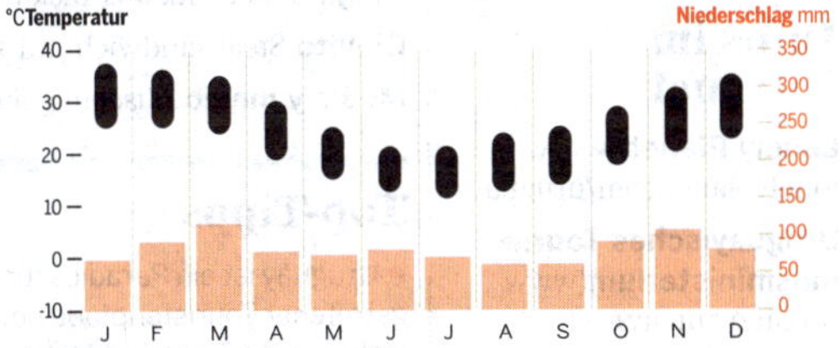

Feb. Straßentheater und Trommelmusik prägen die Straßen Montevideos an Karneval.

März Tacuarembó feiert das *gaucho*-Festival und an der noch immer sonnigen Atlantikküste sinken die Preise.

Okt. In Saltos Quellen entspannen oder an den Días del Patrimonio Uruguays Denkmäler kostenlos erkunden.

KURZINFOS

Geld Geldautomaten gibt's überall; Kreditkarten werden weithin akzeptiert.

Notfall 911

Sprache Spanisch

Visa EU-Bürger und Schweizer brauchen kein Visum.

Währung Uruguayischer Peso (UR$)

Zeit WEZ minus 3 Std.

Wechselkurse

Eurozone	1 €	40,20 $U
	100 $U	2,50 €
Schweiz	1 SFr	36,80 $U
	100 $U	2,70 SFr

Aktuelle Wechselkurse gibt es unter www.xe.com.

Tagesbudget

- Bett im Hostel: 15–25 US$; Doppelzimmer im Mittelklassehotel: ab 75 US$
- *Menu ejecutivo* (Mittagsmenü) 10–15 US$; Mahlzeit im Mittelklasserestaurant mit Getränken: 25 US$

Infos im Internet

Lonely Planet (www.lonelyplanet.com/uruguay)

Uruguayisches Tourismusministerium(www.turismo.gub.uy)

Einreise

Die meisten Besucher, die aus Argentinien einreisen, kommen per Boot, entweder aus Buenos Aires (Richtung Montevideo und Colonia del Sacramento) oder aus Tigre (Richtung Carmelo). Von den argentinischen Städten Colón, Gualeguaychú und Concordia kann man auch auf dem Landweg nach Uruguay einreisen. Der am häufigsten genutzte Grenzübergang zwischen Brasilien und Uruguay ist Chuí/Chuy.

REISEROUTE (EINE ODER ZWEI WOCHEN)

In nur einer Woche kann man nicht alles sehen, aber wer auf Zack ist, kann einige Highlights erleben. Am besten beginnt man im entspannten, malerischen, historischen Flusshafen von Colonia und erkundet anschließend Montevideos Attraktionen. Beide Städte sind mit der Fähre ab Buenos Aires gut zu erreichen. Von Montevideo geht's Richtung Norden an der Atlantikküste weiter, wo einige der besten Strände Uruguays warten: z.B. in der gediegenen Resortstadt Piriápolis mit ihrem 1930er-Jahre-Flair, im glamourösen Punta del Este, im abgeschiedenen Cabo Polonio, im Surferparadies La Paloma oder im gemütlichen Punta del Diablo mit seinen Beachpartys. Alternativ folgt man dem Río Uruguay stromaufwärts zu den Iguazú-Fällen und macht unterwegs in Fray Bentos mit seinem kuriosen Industriemuseum und in Salto mit seinen wunderbaren Thermalquellen halt.

Wer eine Woche dranhängt, absolviert das Programm in gemächlicherem Tempo und macht einen Abstecher in das malerische, wenig besuchte Landesinnere, in dem die Traditionen der *gauchos* (Cowboys) lebendig sind.

Essen & Trinken

Asado Grillplatte mit verschiedenen Fleischsorten, die über einem Holzfeuer gegart werden.

Buñuelos de Algas Herzhafte, frittierte Algen.

Chajá Süßer Mix aus Biskuit, Baiser, Sahne und Obst.

Chivito Steaksandwich mit verschiedenen Garnierungen.

Medio y medio Mischung aus Weiß- und Schaumwein.

Top-Tipps

- Uruguay ist ein Paradies für Reisende, die sich abseits ausgetretener Touristenpfade bewegen wollen. Es lohnt sich, nicht nur die Touristen-Hotspots, sondern die weiten Ebenen, z.B. im Valle del Lunarejo oder bei Cabo Polonio, zu erkunden.
- Reisen in Uruguay ist erfrischend einfach. Das Bussystem ist effizient, Busse fahren häufig, sind bequem und günstig. Fahren auf Uruguays relativ spärlich befahrenen Nebenstraßen ist weniger stressig als anderswo in Südamerika.
- Montevideo möglichst am Wochenende besuchen, wenn Events steigen, z.B. der Antiquitätenmarkt in der Ciudad Vieja.

Highlights

1. **Karneval** (S. 1079) In Montevideo tanzen
2. **Punta del Diablo** (S. 1100) Surfen und feiern
3. **Thermalbäder** (S. 1091) In Saltos Quellen entspannen
4. **Valle del Lunarejo** (S. 1092) In diesem Naturschutzgebiet abseits der Touristenpfade wandern
5. **Colonia del Sacramento** (S. 1083) Sich auf der Stadtmauer sonnen oder am Río de la Plata spazieren gehen
6. **Cabo Polonio** (S. 1098) In den Dünen wandern und die Seelöwen von der Spitze des Leuchtturms beobachten
7. **Museo de la Revolución Industrial** (S. 1089) Uruguays jüngste UNESCO-Stätte in Fray Bentos erkunden
8. **Punta del Este** (S. 1095) Sich tagsüber an den Stränden und nachts in den Clubs tummeln
9. **Tacuarembó** (S. 1092) Die einfachen Freuden des Lebens unter dem Sternenhimmel auf einer *estancia* genießen

MONTEVIDEO

1,3 MIO. EW.

Uruguays Haupt- und größte Stadt ist eines der Lieblingsziele vieler Traveller: klein genug, um die Stadt zu Fuß oder mit dem Fahrrad zu durchstreifen, aber groß genug, um in den Genuss einiger toller Museen und eines turbulenten Nachtlebens zu kommen. Zudem locken entlang des Río de la Plata mehrere eindrucksvolle Strände. Junge *montevideanos* (Bewohner Montevideos) sind sehr stolz auf ihre Stadt, in der es eine besonders ausgeprägte Künstler- und Kunsthandwerkerszene gibt.

Sehenswertes

Die interessantesten Gebäude und Museen Montevideos befinden sich in der Ciudad Vieja (Altstadt), westlich der **Plaza Independencia**, des größten Platzes der Stadt. Zeugnisse der kolonialen Vergangenheit wie die **Puerta de la Ciudadela**, die Überreste eines steinernen Stadttors der Zitadelle aus dem 18. Jh., stehen hier Seite an Seite mit prächtigen Bauten aus der Zeit des Rindfleisch-Booms wie dem wunderbar restaurierten klassizistischen **Teatro Solís** (☎1950-3323; www.teatrosolis.org.uy; Buenos Aires 678; geführte Touren 90 UR$, Mi kostenlos; ⌚geführte Touren Di & Do 16, Mi, Fr & So 11, 12 und 16, Sa 12, 13 und 16 Uhr).

★Mercado del Puerto — MARKT

(Pérez Castellano) Kein Besucher sollte Montevideos altes Marktgebäude am Hafen verpassen, am Fuß von Pérez Castellano: Der beeindruckende schmiedeeiserne Überbau beherbergt jede Menge belebte *parrillas* (Steakrestaurants). Vor allem an den Nachmittagen und Wochenenden verwandelt sich der Markt in einen belebten, farbenfrohen Ort, an dem sich Künstler, Kunsthandwerker und Straßenmusiker tummeln.

Museo del Carnaval — MUSEUM

(☎2916-5493; www.museodelcarnaval.org; Rambla 25 de Agosto 218; 110 $U; ⌚Apr.–Nov. Do–So, Dez.–März tgl. 11–17 Uhr) Dieses Museum beherbergt eine wunderbare Sammlung von Kostümen, Trommeln, Masken, Tonaufnahmen und Fotos, die die über 100-jährige Geschichte des Karnevals in Montevideo (S. 1079) dokumentieren. Hinter dem Museum befinden sich ein Café und ein Hof, wo Besucher in den Sommermonaten Vorstellungen sehen können. Touchscreens sind auch mit ein paar Kommentaren auf Englisch versehen.

Museo de los Andes — MUSEUM

(☎2916-9461; www.mandes.uy; Rincón 619; Eintritt 200 $U; ⌚Mo–Fr 10–17, Sa bis 15 Uhr) Das 2013 eröffnete einzigartige Museum dokumentiert den Flugzeugabsturz in den Anden von 1972 (berühmt geworden ist er durch das Buch *Überleben!*), bei dem 29 Uruguayer ihr Leben verloren, was enorme Auswirkungen auf die nationale Psyche hatte. Es erzählt die Geschichte der 16 Überlebenden, die 72 Tage lang gegen extreme Bedingungen ankämpften, ehe sie lebend zu ihren überwältigten Landsleuten zurückkehrten. Das Museum ist eine Herzensangelegenheit des Direktors Jörg Thomsen, der mit vielen der betroffenen Familien persönlich befreundet ist.

Casa Rivera — MUSEUM

(☎2915-1051; www.museohistorico.gub.uy; Rincón 437; ⌚Mi–So 12–17.45 Uhr) GRATIS Das frühere Wohnhaus von Fructuoso Rivera (Uruguays erster Präsident und Gründer des Partido Colorado), ein klassizistischer Bau aus dem Jahr 1802, bildet das Herzstück des Nationalen Museums der Geschichte. Die Gemälde, Dokumente, Möbel und anderen Exponate der Sammlung zeichnen Uruguays Weg zur Unabhängigkeit im 19. Jh. nach. Mehrere andere historische Wohnhäuser in der Ciudad Vieja ganz in der Nähe gehören offiziell ebenfalls zum Museum, sind aber nur selten für Besucher zugänglich.

★Museo del Gaucho — MUSEUM

(☎2900-8764; Av 18 de Julio 998; ⌚Mo–Fr 10–16 Uhr) GRATIS Im prächtigen Palacio Heber vermittelt dieses Museum eloquent die tiefe Bindung zwischen den Gauchos, ihren Tieren und dem Land. Die großartige Sammlung historischer Exponate umfasst Reitzubehör, Silberarbeiten sowie *maté* (Mate, ein biterer, ritueller Tee) und *bombillas* (Becher und Metall-Strohhalme mit Filter zum Trinken von Mate).

★Museo Nacional de Artes Visuales — MUSEUM

(MNAV; ☎2711-6124; www.mnav.gub.uy; Giribaldi 2283, Parque Rodó; ⌚Di–So 13–18 Uhr) GRATIS Uruguays größte Gemäldesammlung ist in diesem Museum im Parque Rodó untergebracht. In den großen Sälen hängen Werke von Blanes, Cúneo, Figari, Gurvich, Torres García und anderen berühmten Uruguayern. Wer einige dieser Künstler näher kennenlernen will, kann das **Museo Torres García** (☎2916-2663; www.torresgarcia.org.uy;

Sarandí 683; 150 $U; ⌚Mo–Sa 10–18 Uhr), das **Museo Figari** (☎2915-7065; www.museofigari.gub.uy; Juan Carlos Gómez 1427; ⌚Di–Fr 13–18, Sa 10–14 Uhr) GRATIS und das **Museo Gurvich** (☎2915-7826; www.museogurvich.org; Sarandí 524; 180 $U; ⌚Mo–Fr 10–18, Sa 11–15 Uhr) in der Ciudad Vieja sowie das **Museo Blanes** (☎2336-2248; www.blanes.montevideo.gub.uy; Av Millán 4015; ⌚Di–So 12–18 Uhr) GRATIS im Stadtviertel Prado nördlich vom Centro besuchen.

Museo del Fútbol MUSEUM
(☎2480-1259; www.estadiocentenario.com.uy/site/footballmuseum; Estadio Centenario, Av Ricaldoni s/n, Parque José Batlle y Ordóñez; 150 $U; ⌚Mo–Fr 10–17 Uhr, Sa, wenn kein Spieltag) Ein Muss für alle *fútbol*-Fans ist dieses Museum, das Exponate von Uruguays WM-Siegen in den Jahren 1930 und 1950 zeigt. Besucher können sich auch die Tribünen anschauen.

Aktivitäten

Mit einen Leihfahrrad von **Orange Bike** (☎2908-8286; www.orangebike.com.uy; Pérez Castellano 1417; 4/24 Std. 300/600 $U; ⌚Nov.–April 9–19 Uhr, Mai–Okt. 10–17.30 Uhr) kann man der Rambla an der Promenade folgen. Der 20 km lange Weg für Fußgänger, Jogger und Radfahrer führt vorbei am Parque Rodó, einem der beliebtesten Parks der Stadt, und folgt dann dem Ufer bis zu den Stränden östlich der Stadt: Punta Carretas, Pocitos, Buceo, Malvin und Carrasco.

Kurse

Academia Uruguay SPRACHE
(☎2915-2496; www.academiauruguay.com; Juan Carlos Gómez 1408; Gruppenkurse 245 US$/Woche, Einzelunterricht 30 US$/Std.) Spanischkurse mit Schwerpunkt auf Kultur in Form von Einzel- oder Gruppenunterricht. Die Schule vermittelt auch Unterkünfte bei Privatleuten, private Apartments sowie Freiwilligenjobs.

Joventango TANZEN
(☎2908-6813; www.joventango.com; Aquiles Lanza 1290; pro Kurs 250 UR$) Tangokurse für alle Niveaus, von Anfängern bis hin zu Könnern.

Feste & Events

Montevideos mehrwöchiger **Karneval**, das kulturelle Highlight des Jahres, ist viel lebendiger und länger als der in Buenos Aires. Er beginnt schon im Januar und endet manchmal erst im März.

Bei der Semana Criolla, die während der **Semana Santa** (Karwoche/Ostern) im Parque Prado nördlich vom Zentrum stattfindet, führen Gauchos ihre Künste vor, außerdem gibt es *asados* (Barbecues) und ähnliche Events.

Am letzten September- oder ersten Oktoberwochenende, öffnen Museen, Kirchen und historische Wohnhäuser an den **Días del Patrimonio** (Tagen des nationalen Denkmals, die in ganz Uruguay gefeiert werden) ihre Türen kostenlos für die Öffentlichkeit.

Schlafen

★ **Hotel Palacio** HOTEL $
(☎2916-3612; www.hotelpalacio.com.uy; Bartolomé Mitre 1364; Zi. ohne Frühstück & mit/ohne Balkon 47/42 US$;) Falls in diesem alten familiengeführten Hotel einen Block von der Plaza Matriz eines der beiden Zimmer im 6. Stock frei ist, sollte man sofort zuschlagen! Beide verfügen über eine Klimaanlage und Balkone mit herrlichen Blicken über die Dächer der Altstadt. Doch auch die anderen Zimmer bieten mit ihren Holzböden und Antiquitäten, dem historischen Fahrstuhl und traditionellen Service, der an eine altmodische europäische Pension erinnert, ein tolles Preis-Leistungs-Verhältnis.

Ukelele Hostel HOSTEL $
(☎2902-7844; www.ukelelehostel.com; Maldonado 1183; B 18–22,50 US$, 2BZ/DZ 48/60 US$; @) Das schöne Familienwohnhaus aus den 1920er-Jahren, das in eine Pension verwandelt wurde, bietet historische Architekturelemente, einen begrünten Pool und eine Veranda nach Hinten zum Entspannen. Hier gibt es eine gute Mischung aus Schlafsälen und Privatzimmern und zu den einladenden Gemeinschaftsbereichen gehören eine Bar und ein Musikzimmer mit hohen Decken.

Spléndido Hotel HOTEL $
(☎2916-4900; www.splendidohotel.com.uy; Bartolomé Mitre 1314; DZ 38–55 US$, DZ ohne Bad 30–45 US$, EZ ohne Bad 25–35 US$; @) Das etwas verblasste, unkonventionelle Spléndido bietet ein gutes Preis-Leistungs-Verhältnis für Budgettraveller, die Privatsphäre mehr schätzen als die übliche Hostel-Party-Stimmung. Die besseren Zimmer haben 5 m hohe Decken und Fenstertüren, die sich auf Balkone öffnen. Drei Zimmer (106, 220 und 221) blicken direkt auf das Teatro Solís. Andere sind allerdings etwas beengter und weniger einladend – man sollte sich die Zimmer daher ansehen, ehe man „ja" sagt. Die Bars an den Straßen vor der Tür können laut werden.

Montevideo

A
B
C
D
1
2
3
4
5
6
7
Bahía de Montevideo
Dársena 2
Muelle B
Puerto de Montevideo
Dársena 1
Muelle A
Dársena Fluvial
Rambla Franklin D Roosevelt
Rambla 25 de Agosto de 1825
Florida
Ciudadela
Juncal
Bartolomé Mitre
Ituzaingó
Treinta y Tres
Piedras
Cerrito
Solís
Colón
Yacaré
Maciel
Guaraní
25 de Mayo
Washington
Sarandí
Buenos Aires
Cuestas
Pérez Castellano
Alzáibar
Zabala
Misiones
Reconquista
Brecha
Juan Carlos Gómez
Liniers
Mercado del Puerto
Plaza Zabala
CIUDAD VIEJA
Plaza Matriz (Plaza Constitución)
Bacacay
Teatro Solís
Plaza España
Rambla Gran Bretaña
Rambla Francia
1
3
4
5
6
7
8
9
10
11
12
13
15
17
18
19
21
23
24
26
27
28
29
32
35
37
40
42
43

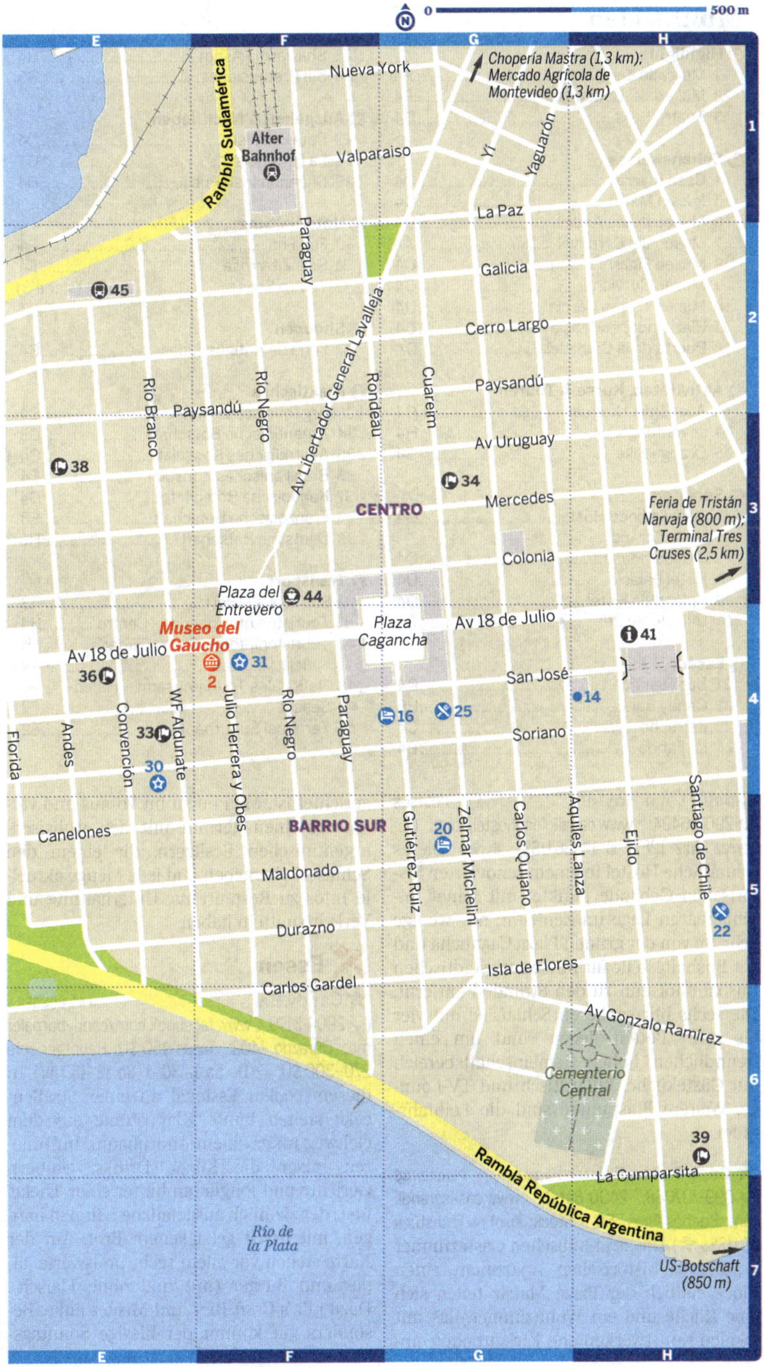

0 500 m
E F G H
1 2 3 4 5 6 7
Nueva York
Chopería Mastra (1,3 km); Mercado Agrícola de Montevideo (1,3 km)
Rambla Sudamérica
Alter Bahnhof
Valparaiso
Yí
Yaguarón
La Paz
Paraguay
Galicia
45
Av Libertador General Lavalleja
Cerro Largo
Río Branco
Río Negro
Rondeau
Cuareim
Paysandú
Av Uruguay
38
34
CENTRO
Mercedes
Feria de Tristán Narvaja (800 m); Terminal Tres Cruses (2,5 km)
Colonia
Plaza del Entrevero
44
Plaza Cagancha
Av 18 de Julio
Museo del Gaucho
2
31
41
36
San José
14
Convención
WF Aldunate
Julio Herrera y Obes
16
25
33
Soriano
Florida
Andes
30
Canelones
BARRIO SUR
Gutiérrez Ruiz
20
Zelmar Michelini
Carlos Quijano
Aquiles Lanza
Ejido
Santiago de Chile
Maldonado
Durazno
22
Isla de Flores
Carlos Gardel
Av Gonzalo Ramírez
Cementerio Central
39
La Cumparsita
Rambla República Argentina
Río de la Plata
US-Botschaft (850 m)

Montevideo

Highlights
1 Mercado del Puerto ... A4
2 Museo del Gaucho ... F4
3 Teatro Solís ... D4

Sehenswertes
4 Casa Rivera ... C4
5 Iglesia Matriz ... C4
6 Museo de los Andes ... D4
7 Museo del Carnaval ... A4
8 Museo Figari ... C4
9 Museo Gurvich ... C4
10 Museo Torres García ... D4
11 Plaza Independencia ... D4
12 Puerta de la Ciudadela ... D4

Aktivitäten, Kurse & Touren
13 Academia Uruguay ... C4
14 Joventango ... H4
15 Orange Bike ... B4

Schlafen
16 Caballo Loco Hostel ... G4
17 Casa Sarandi Guesthouse ... C4
18 Hotel Palacio ... D4
19 Spléndido Hotel ... D4
20 Ukelele Hostel ... G5

Essen
21 Bar Tasende ... D4
22 Candy Bar ... H5
23 Estrecho ... C4
24 La Fonda ... B4
25 Shawarma Ashot ... G4
26 Sin Pretensiones ... B5

Ausgehen & Nachtleben
27 Café Brasilero ... C4
28 La Farmacia ... C3
29 Shannon Irish Pub ... D4

Unterhaltung
30 Fun Fun ... E4
31 Sala Zitarrosa ... F4
Teatro Solís ... (siehe 3)

Shoppen
32 Feria de Antigüedades ... C4

Praktisches
33 Argentinisches Konsulat ... E4
34 Argentinische Botschaft ... G3
35 Australisches Konsulat ... C4
36 Brasilianisches Konsulat ... E4
37 Kanadische Botschaft ... D4
38 Französische Botschaft ... E3
39 Deutsche Botschaft ... H6

Transport
40 Buquebus – Port ... A3
41 Touristeninformation – Centro ... H4
42 Touristeninformation – Ciudad Vieja ... A4
43 Nationales Tourismusamt – Hafen ... A3
44 Seacat ... F3
45 Terminal Suburbana ... E2

Caballo Loco Hostel HOSTEL $
(☎2902-6494; www.caballolocohostel.com; Gutierrez Ruiz 1287; B 17–26 US$; ❄📶) Dieses freundliche Hostel in einem renovierten historischen Gebäude punktet mit seiner unschlagbaren Lage im Zentrum, nur wenige Schritte von der grünen Plaza Cagancha und der Bushaltestelle für Busse zum städtischen Busbahnhof und zu den Stränden entfernt. Die sechs blitzsauberen Schlafsäle mit vier bis zehn Betten liegen rund um einen freundlichen, hohen Gemeinschaftsbereich mit Gästeküche, Billardtisch und TV-Lounge. Weitere Pluspunkte sind die Leihfahrräder.

★ **Casa Sarandi Guesthouse** PENSION $$
(☎099-707068, 2400-6460; www.casasarandi.com; Buenos Aires 558, 3. Stock; Zi. ohne Frühstück 85 US$; 📶) Die zwei hübschen Gästezimmer in diesem historischen Apartment einen Block südlich der Plaza Matriz teilen sich eine Küche und ein Wohnzimmer, das mit lokalen Kunstwerken und Parkettboden eingerichtet ist. Man bucht im Voraus und vereinbart einen Termin mit den walisisch-argentinischen Besitzern, die einem den Schlüssel übergeben und jede Menge aktuelle Infos zu Restaurants, Unterhaltung und Verkehrsmitteln haben.

Essen

★ **Candy Bar** TAPAS, BURGER $
(☎2904-3179; www.facebook.com/candybarpalermo; Durazno 1402; Tapas 150 $U, Hauptgerichte 270–300 $U; ⏲Di–Sa 12.30–1, So 12–15 Uhr) In diesem coolen Esslokal an einer Straßenecke stehen bunte Klappstühle auf dem Gehweg unter einem Ahornbaum. Im Inneren mixen die Köche Drinks, zaubern Gerichte und jonglieren hinter einer Theke, über der ziemlich ausgefallene Lampen hängen, mit frisch gebackenem Brot. Auf der Karte stehen vor allem recht preiswerte Tapas und Burger (mit und ohne Fleisch). Dazu gibt's Craft-Bier und Mixgetränke. Besonders gut kommt der hiesige Sonntagsbrunch an.

El Club del Pan BÄCKEREI $

(www.facebook.com/pg/clubdelpan; Ecke Pablo de María & Muller; ab 30 $U; ⌚ Di–Fr 8.30–19, Sa 10–15 Uhr) Nachdem er sich von Bäckern in aller Welt hatte inspirieren lassen, kehrte Gonzalo Zubirí nach Hause zurück und eröffnete 2017 diese süße Bäckerei an einer Straßenecke einen Steinwurf vom Parque Rodó entfernt. Täglich verlässt hier eine Fülle von himmlischen Bäckereiwaren – von Croissants über *focaccias* zu *pains au chocolat* (Schokoladencroissants) – den Ofen. Mittags gibt es täglich wechselnde Sandwichs (für Fleischfans und Veganer).

Shawarma Ashot MITTLERER OSTEN $

(www.facebook.com/shawarmaashot; Zelmar Michelini 1295; Sandwichs 160–250 $U; ⌚ Mo–Do 11–17, Fr 11–17 & 19.30–24, Sa 12–16 & 19.30–24 Uhr) Jeden Mittag pilgern Horden von treuen Fans zu diesem unauffälligen kleinen Lokal, um die leckeren Klassiker aus dem Mittleren Osten zu genießen, die hier auf den Tisch kommen (z. B. Falafel und Shawarma). Eine Delikatesse ist die Spezialität am Samstag: Uruguayisches Lamm mit Reis-Pilaw (250 $U)!

Bar Tasende PIZZA $

(☎ 2900-2970; Ecke Ciudadela & San José; Pizzastücke 105 $U; ⌚ So–Do 10–1, Fr & Sa bis 2 Uhr) Seit 1931 verwöhnt diese klassische Eckbar mit hohen Decken ihre Gäste mit ihrer Spezialität: *muzzarella al tacho*, einfachen, aber leckeren Pizzastücken mit reichlich Mozzarella, die zu jeder Tageszeit der perfekte Snack zu einem Bierchen sind.

Mercado Agrícola de Montevideo MARKT $

(MAM; ☎ 2200-9535; www.mam.com.uy; José Terra 2220; ⌚ 9–22 Uhr) Eine von Montevideos jüngeren Essattraktionen. Dieses Marktgebäude und nationale Denkmal aus dem frühen 20. Jh. – 2,5 km nördlich des Zentrum – wurde komplett renoviert und 2013 wiedereröffnet. Hier verkaufen über 100 Händler Früchte und Gemüse. Darüber hinaus gibt es Cafés, Restaurants, Delikatessgeschäfte und eine Mikrobrauerei.

★ **Escaramuza** CAFÉ $$

(☎ 2401-3475; www.escaramuza.com.uy; Pablo de María 1185; Hauptgerichte 270–450 UR$; ⌚ Mo–Sa 9–21 Uhr) Dieses Restaurant in einem wunderschön restaurierten Wohnhaus beeindruckt in vielerlei Hinsicht: Sobald man über die Schwelle tritt, entdeckt man einen der schönsten Buchläden Montevideos. Einige Schritte weiter betritt man das Café mit hoher Decke und Restaurant mit Veranda nach Hinten, wo Gäste wunderbar zuberei-

KARNEVAL IN MONTEVIDEO

Wer glaubt, dass Brasilien die einzige Karnevalshochburg Südamerikas ist, hat sich getäuscht! Die *Montevideanos* (Einwohner Montevideos) legen jedes Jahr in großem Stil los, einen ganzen Monat lang erfüllen Musik und Tanz die Stadt.

Nicht verpassen sollte man Anfang Februar den **Desfile de las Llamadas**, einen Umzug der *comparsas* (Karnevalsvereine der Stadtviertel), der an zwei Abenden durch die Straßen der Viertel Palermo and Barrio Sur gleich südöstlich vom Centro führt. Rivalitäten zwischen den Stadtvierteln treten zutage, während die Gruppen von Tänzern nacheinander zu den mitreißenden Rhythmen traditioneller afro-uruguayischer *candombe*-Trommeln umherwirbeln. Das Herzstück der Paradestrecke ist die Isla de Flores zwischen den Straßen Salto und Gaboto. Zuschauer können für einen Stuhl auf dem Bürgersteig bezahlen oder versuchen, einen Platz auf einem der Balkone mit Blick auf die Straße zu ergattern.

Ein weiterer wichtiger Bestandteil des Karnevals in Montevideo sind die *murgas*, organisierte Gruppen mit 15 bis 17 lustig gekleideten Künstlern, darunter drei Schlagzeuger, die originale Musiktheaterszenen aufführen, welche oft satirisch sind und sich um politische Themen drehen. *Murgas* spielen überall in der Stadt und wetteifern den ganzen Februar hindurch auch im **Teatro de Verano** (www.teatrodeverano.org.uy) im Parque Rodó miteinander.

Die faszinierende Geschichte des Karnevals in Montevideo ist sehr schön im städtischen Museo del Carnaval (S. 1074) dokumentiert. Eine andere tolle Möglichkeit, außerhalb der Festzeit den Karneval zu erleben, ist der Besuch einer der informellen *candombe*-Proben, die das ganze Jahr über in den Stadtvierteln stattfinden. Eine Auflistung der Proben (einschließlich Links zu den Facebook-Seiten der teilnehmenden *comparsas*) *gibt es* unter www.descubrimontevideo.uy/es/candombe-por-los-barrios.

INSIDERWISSEN

WARUM DER WIRBEL? URUGUAYS NEUES MARIHUANA-GESETZ

Uruguay ist seit Dezember 2013 das erste Land der Welt, das Cannabis vollständig legalisiert hat. Uruguayer dürfen nun pro Jahr bis zu sechs Marihauana-Pflanzen für den eigenen Gebrauch anbauen und dürfen bis zu 40 g pro Monat in örtlichen Apotheken über das staatliche Verteilungssystem kaufen.

Überall dort, wo das Rauchen von Zigaretten gestattet ist, darf auch Marihuana geraucht werden – auch von Ausländern. Merkwürdigerweise dürfen Ausländer aber kein Gras kaufen. Wer lange genug unterwegs ist, findet jedoch zwangsläufig Einheimische, entweder in einem Hostel, an einem Strand oder in einem örtlichen Park, die gerne teilen.

tete (und relativ preiswerte) uruguayische Spezialitäten mit Biozutaten genießen. Auf der Karte stehen z.B. *milanesas* (panierte Koteletts) mit buttrigem Kartoffelpüree und Kohlsalat!

★ La Fonda VEGAN, BIOESSEN $$
(☎ 2917-1559; www.facebook.com/pg/lafondauy; Pérez Castellano 1422; Hauptgerichte 375–500 $U; ⏲ Mo–Do 11–18.30, Fr bis 23, Sa & So 12–23 Uhr; ✎) Man kann sich einen Tisch in der Fußgängerzone schnappen oder im Innenraum zwischen Ziegelwänden sitzen und den Köchen dabei zuzusehen, wie sie einander bei coolen Jazzklängen necken und dabei hausgemachte Pasta ausrollen, Risotto mit Spargelspitzen garnieren oder Biozutaten aus Kartons räumen. Auf der Tafel, auf der die Gerichte mit Kreide angeschrieben sind, steht immer auch eine vegane Option.

★ Estrecho INTERNATIONAL $$
(☎ 2915-6107; Sarandí 460; Hauptgerichte 350–490 $U; ⏲ Mo–Fr 12–16 Uhr) Wer einen Platz an der langen Theke mit Herd ergattert hat, kann in diesem gemütlichen Mittagsrestaurant in der Ciudad Vieja zusehen, wie die Köche köstliche Tagesgerichte zaubern. Auf der internationalen Karte stehen Baguettes mit Steak oder Räucherlachs, verschiedene Salate, frischer Tagesfisch und himmlische Desserts.

La Pulpería PARRILLA $$
(☎ 2710-8657; www.facebook.com/lapulperiamvdeo; Ecke Lagunillas & Nuñez, Punta Carretas; Hauptgerichte 300–475 UR$; ⏲ Di–Sa 19–24, So 12–16 Uhr) Dieser Inbegriff einer familiären Nachbarschafts-*parrilla* macht keine Werbung. Wer vor 19 Uhr vorbeikommt, wird draußen noch nicht einmal ein Schild vorfinden. Stattdessen konzentriert das Lokal sich darauf, Fleisch bis zur Perfektion zu grillen und verlässt sich ansonsten darauf, dass sich sein guter Ruf von selbst verbreitet. Man kann einen Stuhl am offenen Feuer schnappen oder an einem Tisch auf dem Gehweg Platz nehmen.

Sin Pretensiones CAFÉ $$
(☎ 2916-9972; www.sinpretensiones.com.uy; Peatonal Sarandí 366; Hauptgerichte 290–550 $U; ⏲ Mo–Fr 9.30–18.30 Uhr) Der geschäftstüchtige argentinische Besitzer Guillermina hat diese angenehm einzigartige Café-Boutique in der Hauptfußgängerzone der Ciudad Vieja geschaffen. Die offenen Räume laden Gäste dazu ein, sich mit Frühstücksgebäck, Wein oder *grappamiel* (mit Honig geschwängerter Traubenbrandy), Nachmittagstee, Mate oder leichten Gerichten (ein wirklicher Bonus für ausländische Besucher, die sich noch immer nicht an das extrem späte Abendessen der Uruguayer gewöhnt haben) niederlassen.

Ausgehen & Nachtleben

Montevideo bietet eine faszinierende Mischung aus ehrwürdigen Cafés und angesagten Nachtlokalen. Die Bars befinden sich vor allem an der Bartolomé Mitre in der Ciudad Vieja, südlich der Plaza Independencia im Centro, und nahe der Ecke Canelones und Juan Jackson, wo die Viertel Parque Rodó und Cordón aufeinandertreffen.

★ Café Brasilero CAFÉ
(☎ 2917-2035; www.facebook.com/cafebrasilerouy; Ituzaingó 1447; ⏲ Mo–Fr 9–20, Sa bis 18 Uhr) Das historische Café aus dem Jahr 1877 mit dunkler Holztäfelung und historischen Fotografien an den Wänden ist ein wunderbares Fleckchen für einen Kaffee am Morgen oder einen Tee am Nachmittag. Mittags gibt es gute, günstige *menus ejecutivos* (komplette Tagesmenüs) ab 425 $U.

Baker's Bar BAR
(☎ 092-201829; www.facebook.com/bakersbar; Pablo de María 1198; ⏲ Mo–Do 19–1, Fr & Sa bis 3 Uhr) Die Baker's Bar, ein Neuzugang in Montevideos Lokalszene, befindet sich im Her-

zen des Ausgehviertels Cordón-Parque Rodó. Die Besitzer Santiago Urquhart und Charlie Sarli sorgen für eine coole, zurückhaltende Energie und servieren gute Mixgetränke und leckere Tapas.

Chopería Mastra MIKROBRAUEREI
(www.mastra.com.uy; Mercado Agrícola de Montevideo, Local 17; ⌚11–23 Uhr) Die gesellige Kneipe im Farmermarkt ist das Aushängeschild der beliebten uruguayischen Mikrobrauerei Mastra. Angesichts von Dutzenden Sorten Bier, die hier zur Auswahl stehen, entscheidet man sich am besten für die *tabla degustación* (ein Probierset mit vier Biersorten, das nur wochentags erhältlich ist). Das Mastra hat mehrere Filialen in der Stadt, z. B. in **Pocitos** (www.mastra.com.uy; Ecke 26 de Marzo & Pérez, Pocitos; ⌚Di–Sa 19–2 Uhr) in der Nähe vom Strand.

Shannon Irish Pub PUB
(www.theshannon.com.uy; Bartolomé Mitre 1318; ⌚Mo–Fr 18 Uhr–open end, Sa & So ab 19 Uhr) Im stets gut gefüllten Shannon gibt's eine Auswahl an uruguayischen Bieren aus Mikrobrauereien und eine ganze Palette an anderen Bieren aus über einem Dutzend Ländern. 365 Tage im Jahr gibt es Livemusik, von Rock bis hin zu Irish Folks.

La Farmacia CAFÉ
(Cerrito 550; ⌚Mo–Fr 9–20, Sa 10–16.30 Uhr) Das 2017 eröffnete Café in der Ciudad Vieja befindet sich in einer Apotheke aus dem 19. Jh. (ca. 1870) und verströmt jede Menge historischen Charme. Grüne Marmortischplatten, Zierfliesenböden und Holzeinbauschränke aus dem früheren Leben als Apotheke bilden eine wunderbare Kulisse für einen Kaffee am Morgen oder einen Snack am Nachmittag.

☆ Unterhaltung

★ Fun Fun LIVEMUSIK
(☎2904-4859; www.barfunfun.com; Soriano 922, Centro; ⌚Di–Sa 20–14.30 Uhr) Seit 1895 wird hier das berühmte *uvita* (süßes Weingetränk) serviert, während auf der winzigen Bühne Tango- und andere Musiker auftreten. Zum Zeitpunkt der Recherche befand sich das Lokal vorübergehend in der Calle Soriano, könnte aber inzwischen an seinen traditionellen Standort vier Blocks weiter westlich im Mercado Central zurückgezogen sein.

★ Teatro Solís THEATER
(☎1950-3323; www.teatrosolis.org.uy; Buenos Aires s/n, Ciudad Vieja; Eintritt ab 190) Die renommierteste Bühne der Stadt ist die Heimat von Montevideos Philharmonischem Orchester und veranstalte Klassik-, Jazz-, Tango- und andere Konzerte sowie Musikfestivals, Theater-, Ballett- und Opernaufführungen.

Sala Zitarrosa THEATER
(☎1950-9241; www.salazitarrosa.com.uy; Av 18 de Julio 1012, Centro) Montevideos beste mittelgroße Event-Location, in der berühmte Musiker und Tänzer auftreten, die Tango, Rock, Flamenco, Reggae und *zarzuela* (traditionelles spanisches Musiktheater) auf die Bühne bringen.

Shoppen

Feria de Tristán Narvaja MARKT
(Tristán Narvaja, Cordón; ⌚So 9–16 Uhr) Der farbenfrohe Sonntagsmarkt wurde vor einer Dekade von italienischen Einwanderern ins Leben gerufen. Er erstreckt sich von der Av 18 de Julio entlang der Calle Tristán Narvaja nach Norden und bezieht auch Seitenstraßen mit ein. Hier finden sich viele improvisierte Stände mit gebrauchten Büchern, Musik, Kleidung, lebenden Tieren, Antiquitäten und Souvenirs.

Feria de Antigüedades MARKT
(Antiquitätenmarkt; Plaza Matriz, Ciudad Vieja; ⌚ 8–13 Uhr) Jeden Samstag beherrschen Verkäufer den Hauptplatz in der Ciudad Vieja, wo sie antike Türklopfer, Sattel, Haushaltswaren und so gut wie alles andere, was man sich nur vorstellen kann, feilbieten. Eine kleinere Anzahl an Verkäufern steht manchmal auch wochentags auf der Plaza.

Praktische Informationen

GELD

Banken, Geldautomaten und Wechselstuben, z. B. **Indumex** (☎2408-4060; www.indumex.com; Terminal Tres Cruces; ⌚6–24 Uhr) gibt es überall, z. B. am Flughafen und am Busbahnhof. Im Zentrum befinden sich die meisten in der Avenida 18 de Julio.

MEDIZINISCHE VERSORGUNG

Krankenhaus Británico (☎2487-1020; www.hospitalbritanico.com.uy; Av Italia 2420) Empfehlenswertes Privatkrankenhaus mit englischsprachigen Ärzten, 2,5 km vom Zentrum.

NOTFALL

Krankenwagen	☎105
Polizei	☎911

TOURISTENINFORMATION

Die städtische Touristeninformation bietet Stadtpläne und allgemeine Informationen über Montevideo. Ein Besucherführer zum Download ist auf Englisch, Spanisch und Portugiesisch verfügbar.

Centro (☎1950-1830; www.descubrimontevideo.uy; Ecke Av 18 de Julio & Ejido; ⊙Sa 10–16 Uhr) Touristeninformation im Zentrum, im Erdgeschoss des Rathauses.

Ciudad Vieja (☎2916-8434; www.descubrimontevideo.uy; Piedras 252; ⊙Mo–Sa 10–16 Uhr) Neben dem Mercado del Puerto.

Das nationale Tourismusministerium bietet Informationen zu Montevideo und anderen Reisezielen in ganz Uruguay.

Flughafen Carrasco (☎2604-0386; www.turismo.gub.uy; ⊙8–20 Uhr)

Hafen (☎2188-5111; www.turismo.gub.uy; Rambla 25 de Agosto & Yacaré; ⊙Mo–Fr 9–17 Uhr)

Busbahnhof Tres Cruces (☎2188-5801; Ecke Bulevar Artigas & Av Italia; ⊙Mo–Fr 8–22, Sa & So ab 9 Uhr)

An- & Weiterreise

BUS

Montevideos moderner **Busbahnhof Tres Cruces** (☎2401-8998; www.trescruces.com.uy; Ecke Bulevar Artigas & Av Italia) liegt rund 3 km östlich vom Zentrum. Hier gibt's eine Touristeninformation, Toiletten, Gepäckaufbewahrung, Geldautomaten und ein Einkaufszentrum im Obergeschoss.

> **EINREISE NACH ARGENTINIEN**
>
> Das beliebteste und praktischste Verkehrsmittel, um von Uruguay nach Argentinien zu reisen, sind die Fähren, die u. a. zwischen Montevideo und Buenos Aires, zwischen Colonia del Sacramento und Buenos Aires sowie zwischen Carmelo und Tigre, einem Vorort von Buenos Aires, verkehren. Die Einreiseformalitäten werden im Hafen erledigt, daher sollte man eine Stunde vor der Abfahrt da sein.
>
> Weiter nördlich fahren Nahverkehrsbusse von Fray Bentos, Paysandú und Salto (Uruguay) über den Río Uruguay zu den gegenüberliegenden argentinischen Städten Gualeguaychú, Colón und Concordia. Die Einreiseformalitäten werden oft im Bus abgewickelt, und die Grenzübergänge sind in der Regel rund um die Uhr geöffnet.

Tägliche fahren Busse zu allen Inlandszielen, die meisten davon werden sogar mehrmals am Tag angefahren. Eine kleine *tasa de embarque* (Abfahrtssteuer) wird auf den Fahrkartenpreis noch aufgeschlagen. Die angebenden Fahrtzeiten sind Schätzungen.

EGA (☎2402-5164; www.ega.com.uy) betreibt die meisten Busse, die Ziele in den Nachbarländern ansteuern. Dazu gehören Paraná, Santa Fe und Mendoza (einmal/Woche, freitags) sowie Córdoba und Rosario (viermal/Woche) in Argentinien. Einmal pro Woche (sonntags) steuern EGA-Busse Florianópolis (4985 $U, 18 Std.) und São Paulo (7525 $U, 30 Std.) in Brasilien an; zweimal pro Woche (mittwochs und samstags) Asunción in Paraguay (4550–5555 $U, 20 Std.) und täglich Porto Alegre in Brasilien (2790–3580 $U, 12 Std.).

Busse nach Buenos Aires fahren häufiger; **CITA** (☎2402-5425; www.cita.com.uy) und mehrere andere Unternehmen bieten Übernachtfahrten (1735 $U, 8 Std.).

FLUGZEUG

Montevideos **internationaler Flughafen Carrasco** (☎2604-0329; www.aeropuertodecarrasco.com.uy; Ruta 101, Km 20) liegt 20 km östlich vom Zentrum.

SCHIFF/FÄHRE

Buquebus (☎092-913123, 130; www.buquebus.com.uy) Die Hochgeschwindigkeitsfähre *Francisco*, die nach Papst Franziskus benannt ist, fährt täglich direkt von Montevideo nach Buenos Aires (2¼ Std.). Fahrkarten für die *Turista*-Klasse kosten 4071 $U. Buquebus bietet auch weniger teure Bus-Fähre-Kombinationen von Montevideo nach Buenos Aires über Colonia (1610–2580 $U, 4½ Std.). Alle Fahrkarten sind günstiger, wenn man online und im Voraus bucht. Fahrkarten sind auch an den Buquebus-Schaltern am **Hafen Montevideo** (Terminal Fluvio-Marítima; ⊙9–19.30 Uhr) und am **Busbahnhof Tres Cruces** (Schalter 28 & 29; ⊙Mo–Fr 5.30–23, Sa bis 22, So bis 1 Uhr) erhältlich.

Seacat (☎2915-0202; www.seacatcolonia.com.uy; Río Negro 1400; ⊙Mo–Fr 9.30–18.30 Uhr) und **Colonia Express** (☎2401-6666; www.coloniaexpress.com; Busbahnhof Tres Cruces, Schalter 31A; ⊙5.30–22.30 Uhr) bieten beide etwas günstigere Bus-Fähre-Kombinationen von Montevideo nach Buenos Aires über Colonia (1510–2330 $U).

Cacciola Viajes (☎2407-9657; www.cacciolaviajes.com; Busbahnhof Tres Cruces, Schalter B25; ⊙Mo–Fr 8.30–12.30, Sa bis 22, So 7.30–12.30 Uhr) betreibt eine malerische, zwei- bis dreimal täglich verkehrende Bus-Fähre-Kombination von Montevideo nach Buenos Aires, über die Flussstadt Carmelo und Tigre, einen Vorort

INLANDSBUSSE AB MONTEVIDEO

ZIEL	PREIS ($U)	DAUER (STD.)
Carmelo	514	3¼
Colonia	375	2¾
La Paloma	514	3½
La Pedrera	535	4
Mercedes	599	4
Paysandú	814	4½
Piriápolis	216	1½
Punta del Diablo	642	5
Punta del Este	302	2¼
Salto	1071	6½
Tacuarembó	835	4½

von Buenos Aires (Argentinien). Die siebenstündige Fahrt kostet 900 $U (einfach).

Unterwegs vor Ort

VOM/ZUM FLUGHAFEN

Busse, Shuttlebusse, Taxis und *remises* (Privatautos) bedienen die 20 km lange Strecke vom Flughafen nach Montevideo. Am billigsten sind die lokalen Copsa- und Cutcsa-Busse (63 $U, 45 Min.), die von einer Haltestelle direkt vor der Ankunftshalle starten und auf der Fahrt zum **Terminal Suburbana** (Terminal Baltasar Brum; ☎1975; Ecke Río Branco & Galicia), fünf Blöcke nördlich der Plaza del Entrevero, häufig halten. Schneller und bequemer sind COTs Direktbusse, die zwischen dem Flughafen und dem Busbahnhof Tres Cruces verkehren (187 $U, 30 Min.). Die Haltestelle befindet sich rechts (wenn man aus der Ankunftshalle kommt).

Sammel-Shuttlebusse (mind. 5 Pers.) fahren auch vom Flughafen ins Zentrum (400 $U/Pers.); Fahrkarten gibt es am taxisaeropuerto.com-Taxischalter in der Ankunftshalle.

Flughafentaxis (☎2604-0323; www.taxisaeropuerto.com) mit Festpreis berechnen zwischen 1200 und 1800 $U (je nach Stadtviertel) für die 30- bis 40-minütige Fahrt vom Flughafen nach Montevideo. Eine günstigere und bequemere Art in die Stadt zu kommen ist es, eine *remise* von einem Unternehmen wie **B&B Remises** (☎096-603780; www.bybremises.com) im Voraus zu buchen.

BUS

Montevideos Stadtbusse, die von **Cutcsa** (☎19333; www.cutcsa.com.uy) betrieben werden, fahren für 36 $U pro Fahrt fast überall hin. Informationen zu Busverbindungen und Start- und Endhaltestellen gibt's auf der spanischsprachigen Website Como Ir (www.montevideo.gub.uy/aplicacion/como-ir).

Ein Taxi vom Busterminal ins Zentrum kostet 180 bis 200 $U. Wer Pesos sparen möchte, nimmt den Stadtbus CA1, der direkt vor dem Terminal (auf der Ostseite) ab und über die Avenida 18 de Julio in die Ciudad Vieja fährt (26 $U, 15 Min.).

Für die Strandviertel Punta Carretas und Pocitos nimmt man die Stadtbusse 174 und 183, die vor dem Terminal (36 $U) abfahren. Ein Taxi in diese Stadtteile kosten 180 bis 200 $U.

WESTLICHES URUGUAY

In vielerlei Hinsicht ist erst das Land westlich von Montevideo das echte Uruguay: Zwischen den kleinen Städten am Flussufer erstrecken sich majestätische Pampa und Weizenfelder. Alles ist weit entfernt von ausgelatschten Touristenrouten – bis auf den Superstar der Region, Colonia del Sacramento, dessen Charme Besucher aus der ganzen Welt anzieht.

Colonia del Sacramento

26 200 EW.

Man nehme ein paar kopfsteingepflasterte Straßen und malerische Plazas, füge eine faszinierende Geschichte hinzu und setze das Ganze an einen herrlichen Ort mit Blick auf den Río de la Plata. Das Ergebnis: eine große Touristenattraktion. Das kompakte historische Zentrum der Stadt, eine UNESCO-Welterbestätte, in dem es von netten Restaurants nur so wimmelt, ist ein riesiger Magnet für die an den Wochenenden in Scharen herbeiströmenden Argentinier.

Die Portugiesen gründeten Colonia 1680, um Waren über den Río de la Plata nach Bu-

ABSTECHER

ESTANCIA-URLAUB FÜR KLEINES GELD

Was entsteht, wenn man eine touristische *estancia* (Ranch) und ein Hostel kreuzt? Das kann man in der einzigartigen **El Galope Horse Farm & Hostel** (☎099-105985; www.elgalope.com.uy; Colonia Suiza; B 25 US$, DZ mit/ohne Bad 75/68 US$;), 115 km westlich von Montevideo und 60 km östlich von Colonia herausfinden. Die erfahrenen Weltenbummler Mónica und Miguel bieten ihren Gästen die Chance, einmal alles hinter sich zu lassen und ein paar Tage dem gemächlichen Rhythmus des Landlebens zu folgen.

Die Ausritte für Reiter aller Niveaus (50 US$) werden gekonnt von Miguel selbst geführt. Zudem gibt es eine Sauna (10 US$) und einen kleinen Pool, um am Ende des Tages die schmerzenden Muskeln zu verwöhnen. Das Frühstück ist im Preis enthalten; darüber hinaus gibt's Mittagsgerichte (11 US$), Fondue (16 US$), bis hin zu kompletten *asados* (Grillfleisch). Auf Wunsch werden Gäste mit dem Taxi von der Bushaltestelle im nahen Colonia Valdense abgeholt (10 US$).

enos Aires zu schmuggeln. Es folgte ein Jahrhundert mit Belagerungen und Kämpfen, währenddessen Colonia mehrmals zwischen den Portugiesen und Spanien wechselte. 1777 erhielten die Spanier mit dem Vertrag von San Ildefonso eine etwas solidere Kontrolle über die Stadt und ihre wirtschaftliche Bedeutung nahm ab, da ausländische Waren direkt nach Buenos Aires gebracht werden konnten.

Sehenswertes

Das Barrio Histórico strotzt nur so vor visuellen Highlights. Malerische Fleckchen zum Spazierengehen sind die kopfsteingepflasterte **Calle de los Suspiros** (die Straße der Seufzer) aus dem 18. Jh., die von mit Fliesen und Stuck verzierten Häusern gesäumt ist, der **Paseo de San Gabriel** am westlichen Ufer, der **Puerto Viejo** (Alte Hafen) sowie die beiden Hauptplätze im historischen Zentrum, die weitläufige **Plaza Mayor 25 de Mayo** und die schattige **Plaza de Armas** (Letztere ist auch bekannt als Plaza Manuel Lobo).

Mit einem Kombiticket für 50 $U kann man Colonias acht historische Museen besuchen. Alle haben dieselben Öffnungszeiten, aber unterschiedliche Schließtage. Tickets gibt's im Museo Municipal (S. 1084).

Museo Portugués — MUSEUM

(☎4522-9240; www.museoscolonia.com.uy; Plaza Mayor 25 de Mayo 180; Eintritt im Kombiticket der historischen Museen enthalten, 50 $U; ⏲11.15–16.30 Uhr, Mi & Fr geschl.) In diesem alten Haus am Hauptplatz sind Relikte aus der portugiesischen Zeit zu sehen, darunter Porzellan, Möbel, Karten, der Stammbaum der Familie Manuel Lobos und das alte Steinschild, das einst den Portón de Campo schmückte.

Museo Municipal — MUSEUM

(☎4522-7031; www.museoscolonia.com.uy; Plaza Mayor 25 de Mayo 77; Eintritt im Kombiticket der historischen Museen enthalten, 50 $U; ⏲Mi–Mo 11.45–16.30 Uhr) Beherbergt eine bunte Sammlung von Schätzen, z. B. ein Walskelett, einen nachgebauten kolonialzeitlichen Salon, historische Zeitleisten und ein maßstabsgerechtes Modell der Stadt (ca. 1762).

Faro — LEUCHTTURM

(25 $U; ⏲10.30–13 & 14 Uhr–Sonnenuntergang) Eines der markantesten Wahrzeichen der Stadt, der noch aktive Leuchtturm aus dem 19. Jh., bietet eine tolle Aussicht auf die Altstadt und den Río de la Plata. Er steht inmitten der Ruinen des im 17. Jh. erbauten **Convento de San Francisco** (Plaza Mayor 25 de Mayo), gleich abseits der Südwestecke der Plaza Mayor 25 de Mayo.

Schlafen

An Budgethotels herrscht in Colonia Mangel, doch einige Hostels haben recht preiswerte Privatzimmer.

El Viajero Hostel — HOSTEL $

(☎4522-2683; www.elviajerohostels.com; Washington Barbot 164; B 15–19 US$, EZ/DZ 34–38/45–70 US$;) Dieses Hostel ist heller, schicker und auch irgendwie gemütlicher als die Konkurrenz. Zudem bietet es Leihfahrräder, eine Bar für Gäste, Klimaanlage in allen Räumen, und auch die Lage zwei Blocks östlich der Plaza de Armas könnte nicht besser sein.

Hostel del Río — HOSTEL $

(☎4523-2870; www.hosteldelrio.com; Rivadavia 288; B 16–24 US$, DZ 70–125 US$;) Dieses Hostel in schöner Lage nahe der historischen Altstadt bietet blitzsaubere Vier- bis

Sechsbettschlafsäle und Privatzimmer sowie eine Gästeküche und eine Veranda nach Hinten. Die Atmosphäre ist etwas steril, aber die hellen weißen Schlafsäle bieten ein ausgezeichnetes Preis-Leistungs-Verhältnis (und praktische Extras wie individuelle Leselampen an den Stockbetten). Die Privatzimmer sind weniger überzeugend, vor allem die modrigen Zimmer nach Hinten.

★ La Posadita de la Plaza B&B **$$**
(☎ 4523-0502; www.posaditadelaplaza.com; Misiones de los Tapes 177; Zi. 113–180 US$; 📶) In dieser skurrilen Pension am geschichtsträchtigsten Platz der Stadt hat der brasilianische Fotograf Eduardo seinen kreativen Geist in die Erbauung eines magischen Ortes investiert. Die drei Gästezimmer, die Veranda im Innenhof mit hübschen Blicken auf die Altstadt und die gemütliche Bücherei, die gleichzeitig als Aufenthaltsraum fungiert, sind mit Erinnerungsstücken von Eduardos Weltreisen dekoriert. Auf dem reich gedeckten Frühstückstisch steht auch frisch gepresster Orangensaft.

Remus-Art Hostel B&B **$$**
(☎ 092-066985; www.facebook.com/remusarthostel; 18 de Julio 369; Zi. ohne Bad 80–90 US$) In diesem B&B im Haus der deutschen bildenden Künstlerin Christiane Brockmeyer gibt's drei komfortable, farbenfrohe Zimmer mit Gemeinschaftsbad und Dachterrasse, auf der man sich sonnen, die überhängenden Äste des Ahornbaumes berühren und ein Abendessen bei Kerzenschein genießen kann (25 US$ inkl. Wein/Pers.; zu den Spezialitäten gehören Raclette und Fondue aus der Schweiz).

Essen & Ausgehen

★ Don Joaquín PIZZA **$**
(☎ 4522-4388; www.facebook.com/donjoaquinpizzanapoletana; 18 de Julio 267; Pizzas 165–250 $U; ⏲ Di–So 20–24 Uhr) Nach 13 Jahren in Europa sind Yancí und Pierina mit echter neapolitanischer Pizza im Gepäck in ihre Heimatstadt Colonia zurückgekehrt. Das Ergebnis: ein freundliches Restaurant, in dem die Gäste zuschauen können, wie der Pizzakoch traumhafte Pizza mit dünnem Boden und fantastischen hausgemachten Saucen zubereitet. Besonders lecker sind die Pizza Carbonara mit Käse, Ei und knusprigem Schinken und die Pizza Pescatore mit Muscheln und Shrimps.

La Bodeguita INTERNATIONAL **$$**
(☎ 4522-5329; www.labodeguita.net; Del Comercio 167; Minipizzas 180 $U, Hauptgerichte 340–550 $U; ⏲ Di–Fr 20–24, Sa & So 12.30–15.30 & 20–24 Uhr) Am besten schnappt man sich einen Tisch auf der sonnigen Terrasse mit zwei Ebenen und genießt den weitläufigen Blick auf den Fluss, während man eine Sangria trinkt oder die Minipizzas genießt, für die das Restaurant bekannt ist. Auf der umfassenden Karte stehen außerdem Pasta, Salate, Steaks und *chivitos* (Steaksandwichs mit vielen verschiedenen Garnierungen).

Buen Suspiro URUGUAYISCH **$$**
(☎ 4522-6160; www.facebook.com/bardevinosypicadas; Calle de los Suspiros 92; Picadas für 2 Pers. 360–670 $U; ⏲ Mi–Mo 11–24 Uhr) Das gemütliche Lokal hat sich auf *picadas* (Käse- und Wurstplatten) spezialisiert. Lokale Weine werden in der Flasche oder im Glas serviert und von Tartes, Ricotta- und Walnuss-„Trüffeln", lokalem Käse, Wurst, Suppen und Salaten begleitet. Einen Tisch am Kamin sollte man im Winter im Voraus reservieren, im Sommer kann man auf der heimeligen Veranda nach Hinten den Nachmittag verbringen.

Lentas Maravillas INTERNATIONAL **$$**
(☎ 4522-0636; lentasmaravillas@gmail.com; Santa Rita 61; Hauptgerichte 300–395 $U; ⏲ Mi–Mo 12.30–19.30 Uhr) Hier fühlt man sich als wäre man bei guten Freunden zu Gast. Ein angenehmer Ort, um sich bei Tee und Gebäck zu entspannen oder eine hausgemachte Limonade und Suppe, ein Sandwich oder den Gulasch zu genießen. Hier kann man in einem Kunstbildband aus der persönlichen Bücherecke der Besitzerin Maggie Molnar blättern und die Blicke auf den Fluss genießen.

Barbot MIKROBRAUEREI
(☎ 4522-7268; www.facebook.com/barbotcerveceria; Washington Barbot 160; ⏲ Mo–Do 18–2, Fr–So ab 12 Uhr; 📶) Ein Besuch dieser schicken Brauereikneipe lohnt sich schon allein wegen der ständig wechselnden Auswahl an 15 hausgebrauten Bieren. Wer sich nicht entscheiden kann, sollte sich für das Probierset mit vier verschiedenen Sorten entscheiden.

Ganache CAFÉ
(☎ 4523-5895; www.facebook.com/cafeganacheuy; Real 178; ⏲ April–Okt. 10–20 Uhr, Do geschl.) Dieses Café lädt zu jeder Jahreszeit zu einer Pause ein. Im Sommer werden draußen auf dem Kopfsteinpflaster Tische aufgestellt. Im Winter oder bei Regen lockt das nette Innere mit blumengeschmückten Tischen, Stühlen mit Kissen, Parkettboden und einem of-

Colonia del Sacramento

fenen Kamin, um den kühlen Winden zu trotzen, die vom Río de la Plata hierher wehen.

Praktische Informationen

BBVA (Av General Flores 299; Mo–Fr 13–17 Uhr) Einer von mehreren Geldautomaten an der Avenida General Flores.

BIT Welcome Center (4523-7707; info@coloniaturismo.com; Odriozola 434; 9–18 Uhr;) In einem schicken Gebäude mit Glaswänden gegenüber vom Hafen betreibt Uruguays nationales Tourismusministerium dieses moderne „Willkommenszentrum". Es bietet eine Touristeninformation, Touchscreen-Displays und eine etwas überteuerte „Welcome to Uruguay"-Videopräsentation (50 $U). Hier gibt es außerdem ein Reisebüro und eine Gepäckaufbewahrung.

Touristeninformation (4522-8506; Manuel Lobo 224; April–Okt. 9–18, Nov.–März bis 19 Uhr) Am Rand des Barrio Histórico befindet sich Colonias Touristeninformation, die auch gute **geführte Spaziergänge organisiert** (099-379167; asociacionguiascolonia@gmail.com; geführter Spaziergang in Spanisch/anderer Sprache 150/200 $U), die von Einheimischen veranstaltet werden.

Touristeninformation (Ecke Manuel Lobo & Av FD Roosevelt; April–Okt. 9–18, Nov.–März bis 19 Uhr) Eine weitere Filiale.

An- & Weiterreise

BUS

Colonias moderner **Busbahnhof** (4523-0288; www.terminalcolonia.com.uy; Ecke Manuel Lobo & Av Buenos Aires) befindet sich in der Nähe des Hafens, einen zehnminütigen Spaziergang entfernt vom Barrio Histórico. Hier gibt es eine Touristeninformation und eine Gepäckaufbewahrung, Geldwechselstuben und Internet.

Die folgenden Ziele werden mindestens zweimal täglich von Unternehmen wie **Agencia Central** (4522-4734; www.agenciacentral.com.uy; Busbahnhof; Mo–Fr 5.30–20.30, Sa 5.30–14.30, So 13.30–14.30 & 23–24 Uhr) angefahren:

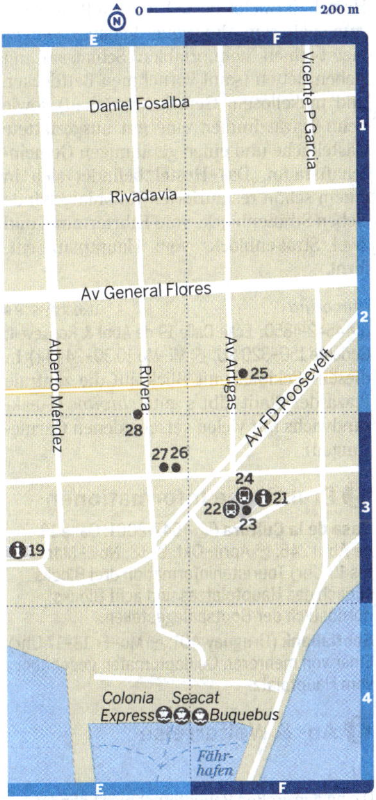

Colonia del Sacramento

Sehenswertes
1 Convento de San Francisco B3
2 Faro B3
3 Iglesia Matríz B2
4 Museo Municipal B3
5 Museo Portugués B3
6 Puerto Viejo B1

Aktivitäten, Kurse & Touren
7 Walking Tours C3

Schlafen
8 El Viajero Hostel C2
9 Hostel del Río C2
10 La Posadita de la Plaza B3
11 Remus-Art Hostel D2

Essen
12 Buen Suspiro B3
13 Don Joaquín C2
14 La Bodeguita B2
15 Lentas Maravillas B2

Ausgehen & Nachtleben
16 Barbot C2
17 Ganache B2

Praktisches
18 BBVA C2
19 BIT Welcome Center E3
20 Touristeninformation – Barrio Histórico C3
21 Touristeninformation – Busbahnhof .. F3

Transport
22 Agencia Central F3
23 Avis F3
24 Busbahnhof F3
25 Europcar F2
26 Motorent E3
27 Multicar E3
28 Punta Car E3
29 Thrifty B2

Carmelo (171 $U, 1¼ Std.)
Mercedes (385 $U, 3¼ Std.)
Montevideo (375 $U, 2¾ Std.)
Paysandú (707 $U, 6 Std.)
Salto (963 $U, 8 Std.)

SCHIFF/FÄHRE

Vom Fähranleger am Fuß der Riviera fahren täglich drei oder mehr **Buquebus**-Schnellboote nach Buenos Aires (☎130; www.buquebus.com.uy; ⏲9–22 Uhr; 1310–2228 $U, 1¼ Std.). Der gleicher Veranstalter betreibt auf derselben Strecke **Seacat**-Fähren (☎4522-2919; www.seacatcolonia.com.uy; ⏲8–21 Uhr), die etwas schneller und oft günstiger sind (1220–1780 $U, 1 Std.).

Ein dritter Anbieter, der ähnliche Dienste bietet, ist **Colonia Express** (☎4522-9676; www.coloniaexpress.com; ⏲9–22 Uhr), der drei Schnellfähren pro Tag betreibt (1049–1349 $U, 1¼ Std.).

Alle drei Unternehmen gewähren Rabatte für Kinder und Senioren sowie bei Vorausbuchungen.

Die Einwanderungsformalitäten für beide Länder werden im Hafen vorm Einsteigen erledigt.

Unterwegs vor Ort

Das kompakte Colonia kann man gut zu Fuß erkunden, aber Motorroller, Fahrräder und gasbetriebene Buggys sind beliebte Alternativen. **Thrifty** (☎1848-8200, 4522-2939; www.thrifty.com.uy; Av General Flores 172; Fahrrad/Roller/Golfwagen pro Std. 6/12/18 US$, pro 24 Std. 24/40/66 US$; ⏲9–19 Uhr) vermietet alles, von qualitativ hochwertigen Fahrrädern über Roller zu Golfwagen. Mehrere andere Agenturen vermieten Autos und Motorräder in der Nähe des Busbahnhofs und des Fähranlegers, z. B.:

Multicar (☎4522-4893; www.multicar.com.uy; Manuel Lobo 505; ⌚9–19 Uhr)

Motorent (☎4522-9665; www.motorent.com.uy; Manuel Lobo 505; ⌚9–19 Uhr)

Punta Car (☎4522-2353; www.puntacar.com.uy; 18 de Julio 496; ⌚9–19 Uhr)

Avis (☎4522-9842; www.avis.com.uy; Busbahnhof, Ecke Manuel Lobo & Av Buenos Aires; ⌚24 Std.)

Europcar (☎4522-8454; www.europcar.com.uy; Av Artigas 152; ⌚Di–Sa 9–19, So bis 13 Uhr)

Die letzten beiden bieten Einweg-Automieten zwischen Colonia und Montevideo an.

Lokale COTUC-Busse fahren von der Avenida General Flores zu den Stränden und zur Stierkampfarena in Real de San Carlos (25 $U).

Carmelo

18 000 EW.

Carmelo, gegründet 1816, ist eine entspannte Stadt mit kopfsteingepflasterten Straßen und niedrigen alten Häusern. Es ist ein Zentrum für Segeln, Angeln und Erkundungen des Paraná-Delta. Das von Weinbergen umgebene Städtchen hat sich außerdem zu einem Zielort für Weintourismus entwickelt. Carmelo erstreckt sich zu beiden Seiten des Arroyo de las Vacas, eines Stromes, der sich kurz unterhalb des Zusammenflusses des Río Uruguay und des Río de la Plata in einen geschützten Hafen öffnet. Das Zentrum, sieben Straßenblöcke nördlich des Arroyo, ist die Plaza Independencia. Südlich des Arroyo, auf der anderen Seite der Brücke, liegt der hübsche Strand Playa Seré, hinter dem sich ein riesiger Park mit offenen Flächen, Camping- und Schwimmmöglichkeiten und einem riesigen Kasino erstreckt. Von Carmelo fahren täglich Boote zum Vorort Tigre von Buenos Aires (Argentinien).

Schlafen & Essen

Camping Náutico Carmelo CAMPING $

(☎4542-2058; dnhcarmelo@adinet.com.uy; Arroyo de las Vacas s/n; Zeltplatz 12 US$) Südlich des Arroyo liegt dieser hübsche, baumbeschattete Campingplatz mit Heißwasserduschen, der vor allem auf Bootstouristen ausgelegt ist, aber auch Ankömmlinge ohne Reservierung annimmt. Die Stellplätze sind groß genug für bis zu vier Personen.

Ah'Lo Hostel Boutique HOSTEL $$

(☎4542-0757; www.ahlo.com.uy; Treinta y Tres 270; B 30–35 US$, DZ 90–135 US$, DZ ohne Bad 75–84 US$, 4BZ 130–150 US$; ❄📶) Dieses Hostel, Carmelos beste Unterkunft im Zentrum, hält sein „Boutique"-Versprechen: Es bietet einen komfortablen Schlafsaal mit sieben Betten (samt vornehmen Bettdecken und makellosem Gemeinschaftsbad) sowie neun Privatzimmer, eine gut ausgestattete Gästeküche und einen geräumigen Gemeinschaftsraum. Das Hostel befindet sich in einem schön restaurierten Kolonialgebäude sieben Straßenblocks vom Fährterminal und zwei Straßenblocks vom Hauptplatz entfernt.

Piccolino URUGUAYISCH $

(☎4542-4850; Ecke Calle 19 de Abril & Roosevelt; Gerichte 150–320 $U; ⌚Mi–Mo 10.30–24 Uhr) In diesem Ecklokal mit Blick auf die zentrale Plaza der Stadt gibt s gute *chivitos* (Steaksandwichs mit vielen verschiedenen Garnierungen).

Praktische Informationen

Casa de la Cultura (☎4542-2001; Calle 19 de Abril 246; ⌚April–Okt. 9–18, Nov.–März bis 19 Uhr) Touristeninformation drei Blocks südlich des Hauptplatzes und acht Blocks nordöstlich der Bootsanlegestellen.

Scotiabank (Uruguay 401; ⌚Mo–Fr 13–17 Uhr) Einer von mehreren Geldautomaten gegenüber vom Hauptplatz.

An- & Weiterreise

BUS

Die beiden großen Bauunternehmen befinden sich an oder in der Nähe der Plaza Independencia: **Berrutti** (☎4542-2504; www.berruttiturismo.com/horarios.htm; Uruguay 337) bietet die häufigsten Verbindungen nach Colonia; **Chadre** (☎4542-2987; www.agenciacentral.com.uy; Calle 18 de Julio 411; ⌚3–4 & 6–23.30 Uhr) die besten Verbindungen zu allen anderen Zielen.

Busse ab Carmelo

ZIEL	KOSTEN ($U)	DAUER (STD.)
Colonia	171	1½
Mercedes	214	2
Montevideo	514	3½
Paysandú	514	5
Salto	771	7

SCHIFF/FÄHRE

Cacciola (☎4542-4282; www.cacciolaviajes.com; Wilson Ferreyra 263; Fähre Carmelo-Tigre, einfache Fahrt, Erw./Kind 800/700 $U; Shuttlebus Tigre-Buenos Aires, 30 $U; ⌚Fahrkartenbüro 3.30–4.30 & 8.30–20 Uhr) Betreibt Boote, die ein- bis zweimal (im Sommer manchmal dreimal) täglich zum Vorort Tigre von Buenos Aires (Argentinien) fahren. Die 2½-stündige Fahrt durch das Paraná-Delta ist die landschaftlich schönste Grenzüberquerung zwischen Uruguay und Argentinien.

Mercedes

42 000 EW.

Die Hauptstadt des Departamentos Soriona ist ein Zentrum der Viehwirtschaft mit kopfsteingepflasterten Straßen und einer kleinen Fußgängerzone rund um eine Kathedrale an der zentralen Plaza Independencia. Der schönste Teil der Stadt ist der begrünte Bereich am Südufer des Río Negro.

Schlafen & Essen

Camping del Hum CAMPING $
(☎4532-2201, Durchwahl 2501; Isla del Puerto; Stellplatz pro Pers./Zelt 1/3 US$) Mercedes' geräumiger Campingplatz, einer der besten der Region, erstreckt sich über die Hälfte der Isla del Puerto am Río Negro. Er ist mit dem Festland über eine Brücke verbunden und bietet Möglichkeiten zum Schwimmen und Angeln sowie Sanitäranlagen.

Martiniano Parrilla Gourmet PARRILLA $$
(☎4532-2649; Rambla Costanera s/n; Gerichte 225–400 $U; ⌚Di–So 11–15 & 19.30–24 Uhr) Lokal in toller Lage am Fluss, am unteren Ende der Avenida 18 de Julio. Auf der vielseitigen Karte finden sich hausgemachte Pasta, Grillfleisch, Fisch, Gourmet-Burger und *chivitos*.

Praktische Informationen

Städtische Touristeninformation (☎4532-2201, Durchwahl 2501; www.sorianoturismo.com; Plaza El Rosedal, Av Asencio, zwischen Colón & Artigas; ⌚Mo–Fr 8–18, Sa & So bis 14 Uhr) Im El Rosedal Park, vier Blocks östlich der Brücke, die zum Campingplatz von Mercedes führt.

ABSTECHER

EIN KLEINER BRÜHWÜRFEL GEHT UM DIE GANZE WELT

Die Liebig's Extract of Meat Company gründete 1865 in der Nähe der Flussstadt Fray Bentos, 35 km westlich von Mercedes, ihre erste Fabrik in Südamerika. Daraus entwickelte sich rasch Uruguays wichtigster industrieller Komplex. Das von Briten geführte Unternehmen El Anglo übernahm den Betrieb in den 1920er-Jahren, und zu Beginn des Zweiten Weltkriegs beschäftigte die Fabrik 4000 Mitarbeiter und schlachtete pro Tag 2000 Rinder.

Wer die verlassene Fabrik heute sieht, würde niemals denken, dass ihr berühmtestes Produkt, der Oxo-Rinderbrühwürfel, einst eine Rolle im Leben von Millionen Menschen auf allen Kontinenten spielte. Oxo-Brühwürfel ernährten während des Zweiten Weltkriegs die Soldaten in den Schützengräben, Jules Vernes sang ihnen in seinem Buch *Reise um den Mond* ein Loblied, Stanley nahm sie mit auf seine Suche nach Livingston, und Scott und Hillary packten sie für ihre Tour in die Antarktis und auf den Mount Everest ein. Mehr als 25 000 Menschen aus über 60 Ländern arbeiteten in der Fabrik, die zu ihrer besten Zeit fast 150 verschiedene Produkte exportierte.

Die frühere Fabrik, die im Juli 2015 zur jüngsten UNESCO-Welterbestätte Uruguays gekürt wurde, beherbergt heute das **Museo de la Revolución Industrial** (www.paisajefraybentos.com/pc/museo-de-la-revolucion-industrial; Barrio Anglo; 50 $U, Führung 120 $U; ⌚Di–So 9.30–17 Uhr). Dutzende bunte Ausstellungsstücke, von listig bis berührend, erwecken die Geschichte der Fabrik zum Leben. Die meisten Ausstellungsstücke sind nur auf Spanisch beschriftet.

Bei den ein- bis zweistündigen Führungen (das Programm wechselt) gelangen die Besucher in das verschachtelte Labyrinth aus Gängen, Gehegen und verlassenen Schlachthäusern hinter dem Museum. Bei den 11-Uhr-Führungen am Donnerstag, Samstag und Sonntag können sie auch die Casa Grande besichtigen, eine Villa, in der früher der Fabrikdirektor lebte.

Die angrenzende Stadt Fray Bentos mit ihrer hübschen Uferpromenade bildet den südlichsten Grenzübergang über den Río Uruguay zu Argentinien. Man erreicht die Stadt mit dem Bus ab Mercedes (64 $U, 45 Min.), ab Paysandú (214 $U, 2 Std.), ab Colonia (471 $U, 4 Std.) oder Buenos Aires (1450 $U, 4 Std.) und ab Montevideo (664 $U, 4½–6½ Std.).

Scotiabank (Giménez 719; ⌚ Mo–Fr 13–17 Uhr) Geldautomat an der Plaza Independencia.

ℹ Anreise & Unterwegs vor Ort

Am modernen, klimatisierten **Busbahnhof** (☎ 4533-0510; www.mercedesshopping.com.uy/terminal.php; Don Bosco 734) starten Busse nach Colonia (385 $U, 3¼ Std.), Montevideo (599 $U, 3½–4½ Std.), Salto (578 $U, 5 Std.) und Buenos Aires (1450 $U, 5 Std.). Die Plaza Independencia liegt zehn Blocks nördlich vom Busbahnhof; man läuft die Colón hinauf (die Plaza Artigas liegt rechter Hand) oder fährt mit dem Nahverkehrsbus.

Paysandú

76 400 EW.

Uruguays drittgrößte Stadt am Ostufer des Río Uruguay ist durch die Puente Internacional General Artigas mit der Ortschaft Colón in Argentinien verbunden. Für Besucher ist sie vor allem als Zwischenstopp auf dem Weg von oder nach Argentinien interessant. Wer die wildere Seite der Stadt erleben will, kommt in der Osterwoche zum alljährlichen **Bierfestival**, wenn es jede Menge Livemusik, Freiluftkino und ein gewisses alkoholisches Getränk in rauen Mengen gibt.

Sehenswertes

Museo Histórico MUSEUM

(☎ 4722-6220, ext 247; Av Zorrilla de San Martín 874; ⌚ Di–Fr 9–17, Sa & So bis 14 Uhr) GRATIS Das historische Museum zeigt faszinierende Bilder von den mehrfachen Belagerungen der Stadt im 19. Jh., darunter welche von der mit Einschüssen übersäten Fassade der Kathedrale und von geflüchteten Frauen, die das Bombardement der Stadt von einer Insel vor der Küste aus beobachten.

Schlafen & Essen

Hotel Rafaela HOTEL $

(☎ 4722-4216; hrafaela@hotmail.com; 18 de Julio 1181; EZ/DZ mit Klimaanlage 39/53 US$, mit Ventilator & ohne Bad 32/38 US$; ❄📶) Eine gute Budgetunterkunft gleich westlich vom Hauptplatz. Die Zimmer sind dunkel, aber geräumig; einige haben kleine Veranden.

Los Tres Pinos PARRILLA $

(☎ 4724-1211; www.facebook.com/losnuevostrespinos; Av España 1474; Hauptgerichte 220–330 $U; ⌚ Mo–Fr 11–15 & 19.30–24 Uhr, Sa bis 1 Uhr, So 11–15 Uhr) Diese *parrilla* ist ausgezeichnet. Fleischfans werden sich im Himmel wähnen, denn hier gibt es alles, von *milanesas* (panierten Koteletts) über *chivitos* bis hin zu Schweine- und anderen Steaks sowie gegrillten Hähnchen. Wer genug Fleisch gegessen hat, kann auch abtrünnig werden und sich eine *morrón relleno* (gefüllte rote Paprika) oder eine vegetarische Lasagne bestellen.

El Bar PIZZA, URUGUAYISCH $$

(☎ 4723-7809; www.facebook.com/elbarpaysandu; Ecke 18 de Julio & Herrera; Hauptgerichte 175–450 $U; ⌚ 20–1 Uhr) Mitten im Herzen der Stadt (einen Block westlich von der Plaza Constitución) offeriert diese Restaurant-Bar in einem Eckhaus den ganzen Tag Pizza, Burger und typisch uruguayische Gerichte. Nach Einbruch der Dunkelheit verwandelt sie sich unmerklich in eine Bar, die besonders freitagabends, wenn Livemusik erklingt, rappelvoll wird.

ℹ Praktische Informationen

Banco Santander (18 de Julio 1139; ⌚ Mo–Fr 13–17 Uhr) Hat einen Geldautomaten.

Scotiabank (18 de Julio 1026; ⌚ Mo–Fr 13–17 Uhr) Hat einen Geldautomaten.

Touristeninformation – Busbahnhof (Bl Artigas 770; ⌚ Mo–Fr 10–22, Sa & So bis 15 & 16–21 Uhr).

Touristeninformation – Zentrum (☎ 4724-1636; www.facebook.com/descubripaysandu; 18 de Julio 1226; ⌚ Mo–Fr 8–19 Sa & So 9–19 Uhr) Die Haupttouristeninformation befindet sich an der Plaza Constitución.

Touristeninformation – Promenade (Av de Los Iracundos; ⌚ 9–17 Uhr) Neben dem Museo de la Tradición.

ℹ An- & Weiterreise

Vom **Busbahnhof** (☎ 4724-4100; www.paysandushopping.com.uy/terminal.php; Bl Artigas 770) fahren Busse nach Colón (145 $U, 45 Min.), Buenos Aires (920 $U, 5½ Std.) und zu mehreren anderen Auslandszielen. Inlandsbusse steuern Montevideo (814 $U, 4½–6 Std.) und Salto (259 $U, 1½–2 Std.) an. Um vom Busbahnhof ins Zentrum zu kommen, läuft man neun Blocks in westlicher Richtung auf der Ituzaingó, und dann drei Blocks in nördlicher Richtung auf der Zorilla de San Martín, oder nimmt einen Bus nach Copay (22 $U).

Salto

104 000 EW.

Salto, Uruguays zweitgrößte Stadt und der nördlichste Grenzübergang nach Argentinien, wurde in der Nähe der Wasserfälle erbaut, wo der Río Uruguay seinen „größten Sprung" (*salto grande* auf Spanisch) macht. Salto ist eine entspannte Stadt mit architektonischen Überbleibseln aus dem 19. Jh. und einer hübschen Promenade. Besucher kommen wegen der nahen Thermalquellen und der Erholungsgebiete oberhalb des riesigen Wasserkraftwerks Salto Grande hierher.

Sehenswertes & Aktivitäten

Museo del Hombre y la Tecnología MUSEUM
(Ecke Av Brasil & Zorrilla; Mo–Fr 14–19 Uhr) GRATIS In einem historischen Marktgebäude zeigt dieses Museum im Obergeschoss hervorragende Ausstellungen zur kulturellen Entwicklung und zur Geschichte und im Erdgeschoss eine kleine archäologische Sammlung.

Schlafen & Essen

Die Unterkünfte bei den nahe gelegenen Thermalquellen sind eine Alternative zur Übernachtung in der Stadt.

Gran Hotel Concordia HOTEL $
(4733-2735; www.facebook.com/granhotelconcordia; Uruguay 749; EZ/DZ 25/49 US$;) Dieses verblasste Überbleibsel aus den 1860er-Jahren ist ein nationales Denkmal und immer noch Saltos stimmungsvollste, zentral gelegene Budgetoption. Eine lebensgroße Figur der tangolegende Carlos Gardel, der einst in Zimmer 32 nächtigte, führt einen Marmorflur hinunter in einen begrünten Innenhof, der mit Wandgemälden und Skulpturen gefüllt und von ältlichen, muffigen Zimmern mit riesigen Fenstertüren umgeben ist.

★ **Art Hotel Deco** BOUTIQUE-HOTEL $$
(4732-8585; www.arthoteldeco.com; Sarandí 145; EZ/DZ/Suite 90/120/150 US$;) Nur wenige Schritte vom Stadtzentrum entfernt befindet sich dieses edle Boutique-Hotel, das alle anderen Schlafoptionen im Zentrum mit Abstand übertrifft. Das liebevoll renovierte historische Gebäude zeigt viele Originalelemente, darunter hohe Decken, polierte Holzböden, Jugendstil-Tür- und Fensterrahmen und einen eleganten Aufent-

NICHT VERSÄUMEN

DIE THERMALQUELLEN VON SALTO

Rund um Salto blubbern etliche Thermalquellen.

Termas San Nicanor (4730-2209; www.sannicanor.com.uy; Ruta 3, Km 475; Stellplatz pro Pers. 9 US$, B 20–30 US$, DZ 110–150 US$, 4-Pers.-Hütten 230 US$;) Das ruhigste der Thermalbäder von Salto liegt in ländlicher Lage inmitten von Feldern, Wasser und Kühen. Es verfügt über zwei riesige Thermalbecken im Freien, ein Restaurant sowie Unterkünfte für jeden Geldbeutel, darunter Stellplätze, einfache Schlafsäle, Hütten für vier Personen und Privatzimmer in einer *estancia* (Ranch) mit hohen Decken. Die Tageskarte (8–22 Uhr, nur Fr & So) kostet 250 UR$. Eine unbefestigte, 12 km lange Straße zweigt 10 km südlich von Salto von der Ruta 3 ab. Wer vorher Bescheid sagt, kann auch einen Shuttletransport zu den Quellen von Salto oder Termas del Daymán bekommen (die Mitarbeiter von Termas San Nicanor haben eine Liste mit Fahrern, die den Dienst anbieten). Es ist jedoch weitaus praktischer, mit einem eigenen fahrbaren Untersatz hierher zu kommen.

Termas de Daymán (4736-9711; www.termasdayman.com; 150 UR$; 7–23 Uhr) Rund 8 km südlich von Salto befindet sich dieses stark ausgebaute Thermalbad im Disneyland-Stil, samt Wasserpark für Kinder. Es ist bei Touristen aus Uruguay und Argentinien beliebt. Komfortable Unterkünfte gleich neben der Quelle bietet **La Posta del Daymán** (Camping 4736-9094, Hotel 4736-9801; www.lapostadeldayman.com; Ruta 3, Termas del Daymán; Stellplatz pro Pers. 7–13 US$, Zi. pro Pers. inkl. Frühstück 45 US$;). Empresa Cossa betreibt stündlich Busse zwischen Salto und den Bädern (32 UR$); sie fahren jede halbe Stunde ab Saltos Hafen über die Avenida Brasil (6.30–22.30 Uhr) und stündlich zurück (7–23 Uhr).

Termas de Arapey (4770-5085; www.termasarapey.com; 150 UR$; 7–22.30 Uhr) Rund 90 km nordöstlich von Salto liegt Uruguays ältestes Thermalbad mit mehreren Pools inmitten von Gärten, Springbrunnen und Spazierwegen am Río Arapey Grande. Das **Hotel Municipal** (4768-2441; EZ/DZ/3BZ 55/74/89 US$;), unten beim Fluss, bietet die besten Unterkünfte und betreibt ein bis zwei Busse täglich ab Salto (220 UR$, 1½ Std.).

haltsraum sowie einen üppigen Garten nach Hinten. Zu den Annehmlichkeiten gehören Bettlaken aus ägyptischer Baumwolle, Kabel-TV, eine Sauna und ein Fitnessraum.

La Caldera PARRILLA $

(☎ 4732-4648; Uruguay 221; Menüs 195–395 $U; ⏲ Di–So 12–15 Uhr & 20–1 Uhr) Die *parrilla* mit sonniger Terrasse und einer lauen Brise, die vom Fluss herüberweht, ist ideal, um ein Mittagessen zu genießen. Abends lockt der behagliche Speiseraum mit dem knisternden Kaminfeuer, das für Stimmung sorgt.

La Trattoria URUGUAYISCH $$

(☎ 4733-6660; Uruguay 754; Gerichte 180–415 $U; ⏲ 12–2 Uhr) Die Einheimischen kommen in Scharen, um in diesem Restaurant mit hoher Decke im Zentrum Fisch, Fleisch oder Pasta zu essen. Man kann im holzgetäfelten Gastraum speisen oder auf dem Bürgersteig an der belebten Calle Uruguay sitzen und Leute beobachten.

Praktische Informationen

BBVA (Av Uruguay 602; ⏲ Mo–Fr 13–17 Uhr) Eine von mehreren Banken an dieser Kreuzung.

Touristeninformation – Busbahnhof (☎ 4732-5194; www.turismo.salto.gub.uy; Salto Shopping Center, Ecke Avs Blandengues & Batlle; ⏲ 8–22 Uhr)

Touristeninformation – Zentrum (☎ 4733-4096; www.turismo.salto.gub.uy; Uruguay 1052; ⏲ Mo–Sa 8–19 Uhr)

Anreise & Unterwegs vor Ort

Saltos **Busbahnhof** (☎ 4733-6200; www.saltoshopping.com.uy/terminal.php; Salto Shopping Center, Av Batlle 2265), befindet sich in einem schicken, modernen Einkaufszentrum 2 km östlich des Zentrums und bietet eine Touristeninformation, Geldautomaten, Internet, kostenlose öffentliche Toiletten und einen Supermarkt.

Vom Hafen am unteren Ende der Avinda Brasil betreibt **Transporte Fluvial San Cristobal** (☎ 4733-2461; Ecke Av Brasil & Rambla Costanera Norte) Boote über den Fluss nach Concordia/Argentinien (160 $U, 15 Min., Mo–Sa).

Auslandsbusse fahren nach Buenos Aires (1225 $U, 7 Std.) und Concordia (146 $U, 1 Std., Mo–Sa). Inlandsbusse fahren nach Montevideo (1071 $U, 6½ Std.) und Paysandú (259 UR$, 1½–2 Std.). Der Nahverkehrsbus Nr. 1 fährt vom Busbahnhof ins Stadtzentrum.

Tacuarembó & Umgebung

54800 EW.

In den sanft geschwungenen Hügeln entlang der Cuchilla de Haedo liegt Tacuarembó. Dies ist *gaucho*-Land – und angeblich der Geburtsort der Tangolegende Carlos Gardel.

Im **Valle Edén**, einem üppigen Tal 24 km südwestlich von Tacuarembó, beleuchtet das **Museo Carlos Gardel** (☎ 099-107303; 25 $U; ⏲ Do–So 9.30–17.30 Uhr) die verschiedenen Facetten des Lebens des Sängers. Es zeigt auch die Geburtsurkunde, die den Uruguayern als Beweis dafür gilt, dass er aus der Gegend stammt – ein Anspruch, den Argentinien und Frankreich bitter bestreiten.

Sehenswertes

Museo del Indio y del Gaucho MUSEUM

(☎ 4633-1545; Ecke Flores & Artigas; ⏲ Di–Sa 10–17 Uhr) GRATIS Die Sammlung des Museums,

ABSTECHER

VALLE DE LUNAREJO

Dieses herrliche Tal 95 km nördlich von Tacuarembó ist ein Ort von großartiger Ruhe und Abgeschiedenheit, wo außer dem Zwitschern der Vögel und dem Plätschern des Wassers kein Geräusch zu hören ist.

Besucher können in der bezaubernden **Posada Lunarejo** (☎ 4650-6400; www.facebook.com/posada.lunarejo.7; Ruta 30, Km 238; Zi. pro Pers. inkl. VP 75 US$) übernachten, einem restaurierten Gebäude aus dem Jahr 1880. Sie liegt 2 km abseits der Hauptstraße, 3 km entfernt vom Fluss und nur wenige Schritte von einer Vogelkolonie, in der es vor *garzas* (Kranichen) und *espátulas rosadas* (Rosalöfflern) nur so wimmelt. Das Personal der *posada* organisiert Wanderungen und Ausritte in der Umgebung.

Am besten kommt man mit den Bussen von **CUT** (www.cutcorporacion.com.uy) ins Valle del Lunarejo. Sie fahren das Tal einmal täglich auf ihrer Fahrt von Montevideo über Tacuarembó nach Artigas an. Abfahrt in Montevideo ist um 12 Uhr (1006 $U, 6½ Std.); Abfahrt in Tacuarembó um 17.10 Uhr (171 $U, 1¼ Std.). Nach vorheriger Absprache kann man sich von der Posada Lunarejo vom Bus abholen lassen.

das den *gauchos* und indigenen Einwohnen Uruguays einen romantischen Tribut zollt, umfasst Stühle aus Pferdeleder und Kuhknochen, elegant gearbeitete Silbersporen und andere Gegenstände im Zusammenhang mit dem ländlichen Leben.

Feste & Events

Fiesta de la Patria Gaucha KULTUR
(www.patriagaucha.com.uy; März) Das farbenfrohe, authentische fünftägige Festival ist das größte *gaucho*-Festival der Welt und zieht Teilnehmer aus Argentinien, Südbrasilien und ganz Uruguay an. Es finden Darbietungen traditioneller *gaucho*-Fertigkeiten, Konzerte und andere Aktivitäten statt. Das Festivalgelände befindet sich nördlich der Stadt im Parque 25 de Agosto.

Schlafen & Essen

Im Zentrum gibt's preiswerte, aber schlichte Zimmer, z.B. im **Hotel Internacional** (4632-3324; Ituzaingó 211; EZ/DZ 42/59 US$). Die nahe gelegenen *estancias* bieten allerdings einen aussagekräftigeren und denkwürdigeren Einblick in die traditionelle Kultur von Tacuarembó.

★ Estancia Panagea ESTANCIA $$
(099-836149, 630-2670; www.panagea-uruguay.blogspot.com.uy; Ruta 31, Km 189; B pro Pers. inkl. VP, Farmaktivitäten, Reiten & Transport 65 US$) Eine spektakuläre Einführung in das uruguayische Landleben bietet diese 970 ha große bewirtschaftete *estancia* 40 km nordwestlich von Tacuarembó. Juan Manuel, der hier geboren wurde und aufwuchs, seine Schweizer Frau Susanne und der Gaucho Bilinga laden die Gäste ein, sich in alle Farmaktivitäten einzubringen, von den profanen bis hin zu den klassischen, etwa dem Hüten und Treiben der Rinder vom Pferderücken aus.

Die Gäste schlafen in einfachen Mehrbettzimmern, bekommen drei hausgemachte Mahlzeiten (darunter Schinken und Eier vom holzbefeuerten Herd in Selbstbedienung), können zum Sonnenuntergang Basketball und Volleyball spielen und versammeln sich nachts an der Feuerstelle. Man sollte vorher anrufen, um den Termin abzustimmen und die Abholung vom Busbahnhof in Tacuarembó zu arrangieren.

★ Yvytu Itaty ESTANCIA $$
(4630-8421, 099-837555; www.viviturismorural.com.uy; EZ/DZ/3BZ/4BZ inkl. VP, Farmaktivitäten & Reiten 85/150/225/300 $U) Pedro und Nahir Clarigets unprätentiöse *estancia* im Ranch-Stil, 50 km südwestlich von Tacuarembó, ermöglicht einen unmittelbaren Eindruck vom echten *gaucho*-Leben. Gäste können Pedro und seine freundlichen Hütehunde auf der 636 ha großen bewirtschafteten Farm begleiten, bei den täglichen Arbeiten mithelfen und bei Sonnenuntergang im Patio Mate trinken, während sie sich auf Nahirs leckere Hausmannskost freuen.

Wer vorher anruft, erhält die Wegbeschreibung oder kann die Abholung vom Busbahnhof in Tacuarembó (hin & zurück 1900 $U, für bis zu 4 Pers.) vereinbaren.

El Mirador Resto-Pub KNEIPENESSEN $
(4634-2491; www.facebook.com/elmiradorrestopubtacuarembo; Sarandí 349; Gericht ab 250 UR$; Mi–So 19–3 Uhr) Dieser schicke Resto-Pub schenkt acht verschiedene Cabesas-Biere aus Tacuarembós vom Zapfhahn aus. Dazu gibt's *chivitos* (Steaksandwichs mit vielen verschiedenen Garnierungen), Pizza, *picadas* (Vorspeisenplatten) und andere Kneipengerichte.

La Rueda PARRILLA $
(4632-2453; W Beltrán 251; Gerichte 170–450 $U; Mo–Sa 12–14.30 & 20–24, So 12–15 Uhr) Die Nachbarschafts-*parrilla* mit Strohdach und *gaucho*-Utensilien an den Wänden erfreut sich bei den Einheimischen unverändert großer Beliebtheit.

Praktische Informationen

Banco Santander (18 de Julio 258; Mo–Fr 13–15 Uhr) Einer von mehrere Geldautomaten nahe der Plaza Colón.

Touristeninformation (4632-7144; www.tacuarembo.gub.uy; Ecke Ruta 5 & Av Victorino Pereira; Mo–Fr 7–20, Sa 8–12 Uhr) Im Busbahnhof.

Anreise & Unterwegs vor Ort

Der **Busbahnhof** (4632-4441; Av Victorino Pereira) befindet sich 1 km nordöstlich der Stadt. Busse fahren nach Montevideo (835 $U, 4½ Std.) und Salto (470–604 $U, 4–4½ Std.). Ein Taxi ins Zentrum kostet rund 80 $U.

ÖSTLICHES URUGUAY

Dies ist das Erholungsgebiet der Uruguayer (und bis zu einem gewissen Grad auch der Argentinier, Brasilianer, Chilenen und Spanier) – ein langer Küstenstreifen mit Stränden, der sich von Montevideo bis zur brasilianischen Grenze zieht und jedem etwas zu bieten hat – ob Partylöwen, Naturliebhabern oder Familien.

Die Konflikte zwischen Spanien und Portugal sowie zwischen Argentinien und Brasilien hinterließen im östlichen Uruguay einige historische Monumente wie die imposante Festung Santa Teresa. Landeinwärts liegt eine abwechslungsreiche Landschaft mit Palmensavannen, Lagunen und vogelreichen Sümpfen.

Im Hochsommer schießen die Preise in die Höhe, und die Strandstädte sind total überlaufen. Den Rest des Jahres ist man dort möglicherweise fast allein.

Piriápolis

8800 EW.

Mit seinem alten Grandhotel und seiner Uferpromenade vor der Kulisse niedriger Berge erinnert Piriápolis an einen mediterranen Strandort und versprüht einen althergebrachten Küstenresortcharme. Die Stadt wurde im 20. Jh. von dem uruguayischen Unternehmer Francisco Piria für den Tourismus erschlossen. Er erbaute das markante Hotel Argentino und eine extravagante Residenz, die unter dem Namen Castillo de Piria bekannt wurde.

Fast die gesamte Action findet an der zehn Blöcke langen Promenade zwischen der Avenida Artigas (der Zugangsstraße von der Ruta 9) und der Avendia Piria statt (wo die Küstenlinie eine breite Kurve in südlicher Richtung macht). Die Straßen hinter der Promenade gehen schnell in Wohngebietet über.

Die umliegende Gegend hält jede Menge interessante Sehenswürdigkeiten parat, darunter zwei der höchsten Gipfel des Landes.

Schlafen & Essen

Hostel de los Colores HOSTEL $
(☎ 4432-6188; www.hosteldeloscolores.com.uy; Simón del Pino 1137; B/DZ an 20/50 US$; @ 📶) Direkt gegenüber vom ziemlich tristen HI-Hostel mit seinen 240 Betten bietet dieses viel kleinere ganzjährig geöffnete Hostel zwei Blocks entfernt vom Strand saubere, farbenfrohe Schlafsäle mit vier und sechs Betten sowie drei Doppelzimmer. Hier kann man Fahrräder (400 $U/Tag) und Kajaks (500 $U/Tag) mieten.

★ **Café Picasso** MEERESFRÜCHTE $$
(☎ 4432-2597; Ecke Rojas & Caseros; Hauptgerichte 290–490 UR$; ⏲ Mai–Nov. So–Do 12–15.30, Fr & Sa 12–15.30 Uhr & 20–23.30 Uhr) Der Koch und Besitzer Carlos, der schon in den Siebzigern ist, hat sein Carport und sein Vorderzimmer in einer Wohnstraße mehrere Blocks vom Strand entfernt in ein informelles, bunt dekoriertes Restaurant mit Freiluftgrill verwandelt. Die Einheimischen lassen sich auf den Plastikstühlen nieder, schwatzen und hören Tango, während Carlos frischen Fisch und hausgemachte Pasta sowie Paella (sonntags, 930 $U/2 Pers.) zubereitet.

Praktische Informationen

Banco de la República (Rambla de los Argentinos 1405; ⏲ Mo–Fr 13–18 Uhr) Praktisch gelegener Geldautomat.

Touristeninformation (☎ 4432-5055; www.costaserrana.uy; Rambla de los Argentinos, Paseo La Pasiva; ⏲ April–Nov. Mi–Mo 10–18, Dez. & März tgl. 9–20 Uhr, Jan. & Feb. bis 24 Uhr) Hilfsbereite Mitarbeiter und öffentliche Toiletten am Ufer nahe des Hotel Argentino.

An- & Weiterreise

Der **Busbahnhof** (Misiones s/n) liegt einige Blocks vom Strand entfernt. Von hier verkehren COT- und Copsa-Busse regelmäßig nach Montevideo (216 $U, 1½ Std.) und Punta del Este (125 $U, 50 Min.).

Rund um Piriápolis

5 km nördlich von Piriápolis führt ein Weg auf den **Cerro Pan de Azúcar** (389 m), Uruguays vierthöchsten „Gipfel". Der Weg (2½ Std. hin & zurück) beginnt am Parkplatz der Reserva de Fauna Autóctona. Nach und nach wird aus der unbefestigten Straße ein steiler Pfad, der mit roten Pfeilen markiert ist. Auf der anderen Seite der Schnellstraße kann man das **Castillo de Piria** (Pirias Burg; ☎ 4432-3268; Ruta 37, Km 7; ⏲ 9–18 Uhr) GRATIS, den exzentrischen, prächtigen ehemaligen Wohnsitz von Francisco Pirias besuchen.

Zurück auf der Interbalnearia (Küstenschnellstraße) erreicht man nach 25 km von der Stadt in Richtung Montevideo das private Naturschutzgebiet **Sierra de las Ánimas** (☎ nur SMS 094-419891; www.sierradelasanimas.com; Ruta 9, Km 86; 150 UR$; ⏲ Sa & So sowie Karneval und Ostern 9 Uhr – Sonnenuntergang, Mai–Okt. ab 10 Uhr) 🍃 mit zwei schönen Wanderwegen. Einer führt zum 501 m hohen Gipfel, der andere zum **Cañadón de los Espejos**, einer Reihe von Wasserfällen und natürlichen Badebecken. Wer mit dem Bus aus Montevideo kommt, bittet den Fahrer, bei

Km 86 auszusteigen und überquert die Schnellstraße. Man sollte vorher eine SMS senden, um sich zu vergewissern, dass geöffnet ist – an kalten oder regnerischen Tagen ist geschlossen.

Punta del Este

9300 EW.

Also, das ist der Plan: den Körper bräunen, wachsen, an Fitnessgeräten trainieren und sich dann in „Punta“ an den Strand fläzen. Und abends geht man dann aus und tanzt in einem der berühmten Clubs der Stadt.

Punta ist ein internationaler Badeort, in dem es vor Promis nur so wimmelt und der von Weihnachten bis zum Karneval von brasilianischen und argentinischen Touristen überlaufen ist. Außerhalb der Saison wirkt er ein wenig wie eine Geisterstadt, doch die Strände rund um die Stadt sind dann immer noch schön.

Sehenswertes

★Casapueblo GALERIE

(☎4257-8041; www.casapueblo.com.uy; Punta Ballena; 10 US$; ⏲10 Uhr–Sonnenuntergang) Die exotische Villa und Kunstgalerie des uruguayischen Künstlers Carlos Páez Vilaró erstreckt sich über neun Stockwerke entlang einer Klippe in Punta Ballena, einer Landzunge 15 km westlich von Punta del Este. Besucher können fünf Räume besuchen, einen Film über Leben und Reisen des Künstlers anschauen und die spektakulären Sonnenuntergänge von der Cafeteria-Bar im oberen Stock genießen. Nebenan befinden sich ein Hotel und ein Restaurant. Die Villa liegt 2 km zu Fuß hinter der Kreuzung, an der der Bus Línea 8 Richtung Codesa die Besucher absetzt.

Isla de Lobos INSEL

Rund 10 km vor der Küste liegt diese kleine Insel, Heimat der weltweit zweitgrößten Südliche-Seelöwen-Kolonie (200 000 Tiere bei der letzten Zählung). Hier leben auch Kolonien von Südlichen Seebären. Außerdem befindet sich hier Südamerika größter Leuchtturm. Die Insel ist geschützt und kann nur im Rahmen einer organisierten Tour besucht werden. Diese können durch Anbieter wie Dimar Tours gebucht werden.

Isla Gorriti INSEL

Etwa alle halbe Stunde (von Dezember bis Karneval tägl., sonst an den Wochenenden) fahren Boote vom Jachthafen Punta del Este in 15 Minuten auf diese nahe Insel, die mit tollen Sandstränden, mehreren Restaurants und den Ruinen der 15 Baterías de Santa Ana, einer im 18. Jh. erbauten Festung, aufwartet.

Aktivitäten

Surfshops wie **Sunvalleysurf** (☎4248-1388; www.sunvalleysurf.com; Parada 3½, Playa Brava; ⏲11–19 Uhr) verleihen Surfbretter und Neoprenanzüge. Im Sommer wird an der Playa Mansa Fallschirmsegeln, Wasserski und Jetski angeboten.

Von Puntas Hafen starten Exkursionen von **Dimar Tours** (☎094-410899; www.isladelobos.com.uy; Puerto; Erw./Kind zur Isla Gorriti 350/250 UR$, zur Isla de Lobos 50/30 US$) zur Isla Gorriti (15 Min.) und zur Isla de Lobos (2–2½ Std.). Die Boote verkehren von Dezember bis zum Karneval täglich (Hochsaison), das restliche Jahr über aber nur an den Wochenenden. Ein Highlight der Isla de Lobos ist das Schwimmen mit Seelöwen. Ein anderer Anbieter ist **Crucero Samoa** (☎099-545847; www.crucerosamoa.com; Puerto), er hat seine Büros in derselben Straße. In der Hochsaison sollte man besser im Voraus buchen.

Schlafen

Zwischen Weihnachten und Karneval ist Punta komplett überlaufen und die Preise erreichen astronomische Höhen. In der Nebensaison pendeln sich die Preise aber dann schließlich wieder auf das Normalniveau ein.

NICHT VERSÄUMEN

DIE HAND IM SAND

Eine riesige **Hand** (Die Hand im Sand; Playa Brava), die an der Playa Brava aus dem Sand ragt, ist Puntas berühmtestes Wahrzeichen. Die Eisen- und Zementskulptur des chilenischen Künstlers Mario Irarrázabal gewann 1982 bei einem Wettbewerb für Monumentalkunst den ersten Preis und ist seither nicht mehr aus Punta wegzudenken. Jahr für Jahr übt die Hand auf Tausende Besucher eine geradezu magnetische Anziehungskraft aus. Man kann hinaufklettern und von den Fingern springen oder für Fotos mit der Hand posieren. Sie befindet sich direkt südöstlich vom Busbahnhof.

Punta del Este

Punta del Este

Highlights
1 La Mano en la Arena D2

Aktivitäten, Kurse & Touren
2 Crucero Samoa A3
Dimar Tours .... (siehe 2)
3 Sunvalleysurf D1

Schlafen
4 Tas D'Viaje Hostel C2

Essen
5 Olivia B3
6 Rustic C2

Ausgehen & Nachtleben
7 Capi Bar C3
8 Moby Dick B3
9 Soho B3

Praktisches
10 Banco de la República Oriental C3
11 Touristeninformation C3
12 Touristeninformation – Playa Mansa C2
13 Nationales Tourismusamt C2

Transport
14 Busbahnhof D2

★ Tas D'Viaje Hostel HOSTEL $
(☎ 4244-8789; www.tasdviaje.com; Calle 24, zwischen Calles 28 & 29; B 16–32 US$, DZ 52–110 US$; ❄@📶) Nur einen Block von der Playa El Emir befindet sich Puntas bestes – und am besten gelegenes – Hotel, dass dank seiner aufmerksamen Besitzer und regelmäßiger Investitionen in die Infrastruktur immer noch besser wird. 2017 wurden alle Schlafsäle mit Klimaanlagen ausgestattet, außerdem gibt es nun eine geräumige neue Veranda, einen Barbereich mit Strohdach nach Hinten und eine Pizzeria nach vorne (neben dem Grill).

Hostel Punta Ballena HOSTEL $
(☎ 4257-7665; www.hostelpuntaballena.uy; Ecke San Francisco & Sierra de la Ballena, Punta Ballena; B 15–30 US$; 📶) In den Hügeln oberhalb von Punta Ballena liegt dieser abgeschiedene Rückzugsort, der ideal für budgetorientierte Traveller ist, die es bevorzugen, mit ein paar Gleichgesinnten am Lagerfeuer zu sitzen, statt in Punta zu feiern. Die Schlafsäle sind Standard (die Dreierstockbetten sind definitiv nichts für Klaustrophobiker), aber die Bar- mit Restaurant lädt zu gemütlichen *parrilla*-Gesprächen ein und der Strand (Playa Portezuelo) liegt nur einen kurzen Spaziergang den Hügel hinunter.

Camping San Rafael CAMPING $
(☎ 4248-6715; www.campingsanrafael.com.uy; Saravia s/n; Stellplatz pro Pers. 10–12,50 US$, pro Fahrzeug 2,40–3 US$; ⏲ Nov. – Ostern) Dieser Campingplatz, nahe der Brücke nach La Barra, bietet gepflegte Einrichtungen in einer bewaldeten Anlage. Hier gibt es einen Laden, ein Restaurant, eine Wäscherei, durchgehend Heißwasser und andere Annehmlichkeiten.

Essen & Ausgehen

Im Sommer ist Punta für seine Clubszene berühmt, die sich 10 km entlang der Strände nach Osten bis nach La Barra zieht. Auch außerhalb der Hauptsaison zwischen Weihnachten und Karneval kann man im **Ocean Club** (www.facebook.com/ocenclubpunta; Parada 12, Playa Brava; ⏲ 1–7 Uhr), einem der wenigen ganzjährig geöffneten Tanzclubs, bis zum Sonnenaufgang am Strand tanzen. Das angesagteste Ausgehviertel der Stadt liegt am Hafen. Bars und Clubs wie das **Soho** (www.facebook.com/sohopuntauy; Rambla Artigas, zw. Calles 10 & 12; ⏲ 11–6 Uhr) und das **Moby Dick** (☎ 4244-1240; www.mobydick.com.uy; Rambla Artigas 650; ⏲ Mo–Do 18–5, Fr 12–5 Uhr) sind das ganze Jahr über geöffnet, wenn genügend Gäste da sind; an Wochenenden gibt's manchmal Livemusik.

ABSEITS DER ÜBLICHEN PFADE

DURCH DIE HÜGEL REITEN

Eine Stunde landeinwärts von La Pedrera bildet die Sierra de Rocha eine hinreißende Landschaft mit grauen Felsklippen, zwischen denen sich üppiges Farmland erstreckt. **Caballos de Luz** (☎ 099-400446; www.caballosdeluz.com; Ausritt pro Pers. mit/ohne Mittagessen ab 72/60 US$, EZ/DZ inkl. Ausritt & VP 160/290 US$) wird vom österreichisch-uruguayischen Paar Lucie and Santiago geleitet und bietet Ausritte durch die hügelige Landschaft, die von 2½ Stunden bis zu einer Woche dauern. Drei köstliche vegetarische Mahlzeiten und die Übernachtung in einer strohgedeckten Hütte, einem Kuppelzelt oder einem privaten Doppelzimmer sind im Preis inbegriffen. Auf Wunsch werden Gäste vom Busbahnhof in Rocha (20 US$) abgeholt, man kann aber auch selbst hinfahren (vom Hwy 9 sind es ca. 30 Min.).

Rustic INTERNATIONAL $$
(☎ 4243-8391, 092-007457; www.facebook.com/rusticbarpuntadeleste; Calle 29, zwischen Juan Gorlero & Calle 24; Hauptgerichte 200–450 $U; ⏲ Dez.–Feb. 11–16 & 20 Uhr–spätabends, März–Nov. tgl. 11–16 und Fr & Sa 20 Uhr–spätabends) Die rustikalen Holztische, unverputzten Ziegelmauern, Retro-Einrichtung und das bezahlbare, schmackhafte Essen machen das Rustic zu einem der besten Mittagsrestaurants der Halbinsel. Die Besitzer eilen mit einem Lächeln im Gesicht und mit *chivitos*, *milanesas*, *quesadillas*, Salaten oder dem Fisch des Tages zwischen den Tischen umher. Es gibt ein täglich wechselndes Mittagsgericht für 200 $U (nur Barzahlung).

Olivia INTERNATIONAL $$
(☎ 4244-5121; Calle 21, zwischen Rambla Artigas & Gorlero; Hauptgerichte 390–570 $U; ⏲ 12–24 Uhr) Das für seine vielfältige Karte und (nach Punta-Standards) moderaten Preisen bekannte helle, kleine Esslokal mit seinen rot-weißen Stühlen serviert Tacos, Salate, Sandwichs sowie Fisch- und Fleischgerichte, Caipis, Mojitos, Sangria und frische Ingwer-Minze-Limonade. Bei gutem Wetter kann man auf der malerischen Dachterrasse sit-

zen und die tolle Aussicht auf den Hafen genießen.

Capi Bar BAR

(www.facebook.com/capipde; Calle 27, zw. Gorlero & Calle 24; ⌚ Mo–Fr 18–3 Uhr, Sa & So 13–3 Uhr) Der erste Brauereipub einer lokalen Kleinbrauerei serviert sein eigenes hausgebrautes Capitán sowie Kleinbiere aus ganz Uruguay. Die traditionelle, schummrig beleuchtete Einrichtung lädt dazu ein, in aller Ruhe recht preiswerte Barsnacks wie Fish & Chips oder *rabas* (frittierte Calamari) zu essen.

ℹ Orientierung

Punta liegt auf einer schmalen Halbinsel zwischen dem Río de la Plata und dem Atlantik. Die Stadt besteht aus zwei Teilen: Nördlich vom Hafen stehen die Hochhäuser des Hotelviertels, der südliche Bereich ist hauptsächlich Wohngebiet. Die Straßen tragen sowohl Namen als auch Nummern. Die Hauptgeschäftsstraße ist die Av Juan Gorlero (Calle 22).

Adressen an den *Ramblas* (Uferboulevards) östlich und westlich der Stadt sind eigens mit *paradas* (nummerierten Schildern) ausgewiesen.

ℹ Praktische Informationen

Puntas viele Banken, Geldautomaten und Wechselstuben befinden sich vorwiegend in der Avenida Juan Gorlero.

Banco de la República Oriental (Ecke Gorlero & Calle 25; ⌚ Mo–Fr 13–18 Uhr) Einer von zwei Geldautomaten an dieser Ecke.

Touristeninformation (☎ 4244-6510; www.maldonadoturismo.com.uy; Plaza Artigas; ⌚ Mitte Dez.–Feb. 8–23 Uhr, restl. Jahr 10–18 Uhr) Die Zweigstelle an Puntas Hauptplatz bietet den vollen Service; hier gibt es ebenfalls einen Schalter, der Hotelbuchungen vornimmt.

Touristeninformation – Playa Mansa (Liga de Fomento; ☎ 4244-6519; www.maldonadoturismo.com.uy; Ecke Calles 18 & 31; ⌚ Mitte-Dez.–März 9–22, restl. Jahr über 10–16 Uhr)

Nationales Tourismusamt (☎ 4244-1218; www.uruguaynatural.com; Gorlero 942; ⌚ Mo–Sa 10–17 Uhr).

ℹ An- & Weiterreise

BUS

Vom **Busbahnhof** (☎ 4249-4042; Ecke Calle 32 & Bulevar Artigas) fahren täglich Dutzende Busse die Küste entlang nach Montevideo (302 $U, 2¼ Std.). Außerdem verkehren täglich zwei COT-Busse (www.cot.com.uy) an der Küste Richtung Nordosten entlang zur brasilianischen Grenze mit Halt in Rocha (228 $U, 1½ Std., Umsteigepunkt zur Weiterfahrt nach La Paloma, La Pedrera und Cabo Polonio) und Punta del Diablo (437 $U, 3 Std.).

FLUGZEUG

Der **Punta del Este International Airport** (Aeropuerto de Punta del Este; ☎ 4255-9777; www.puntadeleste.aero; Ruta Interbalnearia, Km 113) befindet sich in Laguna del Sauce, 20 km westlich von Punta del Este. Internationale Direktflüge gibt es mit Aerolíneas Argentinas zum Aeroparque in Buenos Aires und mit **Latam** (☎ 000-4019-0223; www.latam.com) nach São Paulo.

ℹ Unterwegs vor Ort

Am bequemsten erreicht man den Flughafen von Pune del Este mit den Tür-zu-Tür-**Minivantransfers** (☎ 099-903433; Transfer zw. Flughafen & Busbahnhof od. Hafen 250 $U, zw. Flughafen & Hotel 350 $U). Oder man kann mit allen Bussen nach Montevideo mitfahren und sich dann einfach auf der Hauptschnellstraße (101 $U) am Eingang zum Flughafen, ungefähr 250 m vom Terminal entfernt, absetzen lassen.

Der Bus 14, der von **Codesa** (☎ 4266-9129; www.codesa.com.uy) betrieben wird, fährt von Puntas Busbahnhof über die östlichen Strände nach La Barra (35 $U, 10 Min.) und José Ignacio (74 $U, 50 Min.). Weitere Codesa-Busse fahren das ganze Jahr über zu Zielen im Westen, z. B. nach Punta Ballena.

Cabo Polonio

60 EW.

Nordöstlich von La Paloma bei Km 264,5 an der Ruta 10 liegt die Abzweigung nach Cabo Polonio. Dies ist eine der rauesten Gegenden des Landes und Heimat der zweitgrößten Seelöwen-Kolonie Uruguays. Man stelle sich ein winziges Fischerdorf an einer windumtosten Küste vor, an der ein einsamer **Leuchtturm** (25 $U; ⌚ 10–13 und 15 Uhr bis Sonnenuntergang) thront. 2009 wurde die Region zum Nationalpark erklärt und fällt unter die Zuständigkeit und den Schutz des uruguayischen SNAP-Programms (Sistema Nacional de Áreas Protegidas; www.mvotma.gub.uy/portal/snap). Trotz der zunehmenden Touristenzahlen (und eines schicken Eingangsportals) bleibt Cabo Polonio eines der ursprünglichsten Küstendörfer des Landes. Es gibt keine Banken und Geldautomaten und der begrenzt verfügbare Strom wird durch Generatoren und Solar- und Windenergie erzeugt.

Aktivitäten

★Cabalgatas Valiceras REITEN

(☎099-574685; www.cabalgatasvaliceras.com.uy; Barra de Valizas; Ganztagesausflug 80–95 US$, Vollmondritt 110 US$) Der hervorragende Anbieter mit Sitz im nahen Barra de Valizas bietet Ausritte in den Nationalpark und durch die Dünen und entlang der Strände nördlich von Cabo Polonio, darunter auch Vollmondausritte.

Cabo Polonio Surf School SURFEN

(☎099-212542; Playa Sur; Einzelstunde/5-Stunden 30/125 $; ⊙Weihnachten–Ostern) Die einheimischen Surffans Mario und Ruben betreiben diese empfehlenswerte Surfschule, die von Ende Dezember bis Ostern mindestens zweimal täglich (11 und 17 Uhr) zweistündige Kurse (einschl. Ausrüstung) anbietet. Man sollte im Voraus anrufen, um einen Platz zu reservieren, oder jemanden im Ort nach dem Weg fragen (die Surfschule befindet sich gleich landeinwärts von der Playa Sur).

Schlafen & Essen

Casitas de Marta y Hector MIETSHAUS $

(☎098-533427; Zi. 30–70 US$, Haus April–Nov. 30 US$, Dez.–März 150 US$) Hector und Marta, ein freundliches einheimisches Fischerpaar, vermieten zwei süße Doppelzimmer in einem frei stehenden Haus, in dem bis zu sieben Personen Platz haben. Alle sind mit Herd, Kühlschrank und solarbetriebenen Steckdosen für das Aufladen von Mobiltelefonen ausgestattet. Man sollte nach dem lachsfarbenen Haus mit der grünen Fahne gleich nördlich der Haltestelle für die Trucks Ausschau halten (und nach dem „Hay Pescado"-Schild an den Tagen, an denen hier Fisch verkauft wird!).

Cabo Polonio Hostel HOSTEL $

(☎099-445943; www.cabopoloniohostel.com; B/DZ Mitte-Dez.–Feb 33/100 US$, sonst 18/50 US$; ⊙Okt.–Anfang Mai) Die freundliche Gabi herrscht über dieses rustikale Hotel am Strand. Es ist eine Institution in Polonio. Das Hostel wurde erst kürzlich erweitert und umfasst nun eine größere, hellere Küche und einen Schlafsaal mit Meerblick. Darüber hinaus gibt es hier eine Veranda mit Hängematten und eine Holzofen für stürmische Abende. Der alte Fernseher in den Dünen vor dem Haus und das selbst angefertigte NoFi-Logo versinnbildlichen die Low-Tech-Philosophie des Besitzers Alfredo: Hier sollte man zur Ruhe kommen und offline gehen!

Pancho Hostal del Cabo HOSTEL $

(☎099-307870; B Jan. & Feb. 30 US$, März–Dez. 11 US$) Panchos beliebtes Hostel, das auf zwei Etagen das Nötigste bietet, ist kaum zu verpassen: Man erkennt es am gelben Wellblechdach, das mit riesigen roten Buchstaben versehen ist. Von der Haltestelle der Gelände-Trucks liegt es in Richtung Strand. Nette Extras sind eine geräumige Küche, ein Lounge-Bereich am Strand und der neue Schlafsaal im 2. Stock unter einem Spitzdach, dessen kleine Terrasse direkt aufs Meer geht.

El Club PARRILLA, INTERNATIONAL $$

(☎098-353165; www.facebook.com/elclubcabopolonio; Hauptgerichte 300–480 $U; ⊙Mitte Dez.–Ostern 11 Uhr bis open end) Dieses farbenfrohe, umweltbewusste Esslokal kombiniert die kreativen Arbeiten der kolumbianischen Künstlerin Camila, ihres uruguayischen Freundes Fernando und verschiedener einheimischer Köche. Zu den Spezialitäten gehören Grillfisch, Craft-Bier, Holzofenpizza und Fondue, das auf recycelten Blechdosen zubereitet wird. El Club ist zugleich ein sozialer Treffpunkt, an dem die Leute zusammenkommen, um Schach zu spielen oder Livemusik zu hören. Die *Platos del día* (420 $U) umfassen auch vegetarische Optionen.

Das Lokal befindet sich ungefähr 50 m westlich des Haltepunkts der Gelände-Trucks.

Lo de Dany URUGUAYISCH $$

(Hauptgerichte 180–450 $U; ⊙9–22 Uhr) Diese orangefarbene Imbissbude ohne jeden Schnickschnack in der Nähe der Haltestelle der Gelände-Trucks wird von einer der wenigen Familien betrieben, die das ganze Jahr über hier leben. Eine gastfreundliche, angenehm günstige Essoption, in der von hausgemachten *buñuelos de algas* (frittierte Algen) über *rabas* (frittierte Tintenfische) bis hin zu *chivitos* alles Mögliche auf den Tisch kommt.

An- & Weiterreise

Täglich fahren zwei Busse des Unternehmens Rutas del Sol von Montevideo auf der Ruta 10 bis zum Eingangsportal von Cabo Polonio (642 $U, 3¾ bis 4¾ Std.). Dort steigt man in einen Gelände-Truck ein, der den holprigen Weg durch die Dünen in die Stadt zurücklegt (hin & zurück 230 $U, pro Strecke 30 Min.).

ABSTECHER

LA PALOMA & LA PEDRERA

Die Küstenstädtchen La Paloma and La Pedrera, 225 km östlich von Montevideo, in der schönen ländlichen Provinz Rocha, bieten einige der besten Surfmöglichkeiten des Landes. In La Paloma sorgt die Lage an der Spitze der Halbinsel für bemerkenswert verlässliche Wellen: Wenn die Dünung nicht von links kommt, dann kommt sie von rechts. La Pedrera befindet sich auf einer Klippe mit großartigem Strandblick und ist auch für seine lebhaften Karnevalsaktivitäten berühmt. Beide Städte füllen sich im Sommer mit jungen Uruguayern, sind aber in der Nebensaison ziemlich verschlafene Nester; viele Geschäfte schließen komplett von April bis November.

Der freundliche **Peteco Surf Shop** (☎ 4479-6172; www.facebook.com/petecosurfshop; Av Nicolás Solari, zwischen Avs El Sirio & del Navío; ⏲ Do–Mo 10–20, Di & Mi bis 18 Uhr) in La Paloma verleiht die komplette Ausrüstung (Shortboards, Longboards, Bodyboards, Sandboards, Neoprenanzüge und Kajaks) und kann den Kontakt zu guten einheimischen Surflehrern herstellen. Die besten Surfstrände sind Los Botes, Solari, Anaconda, La Aguada und La Pedrera.

In beiden Städten gibt es im Sommer eine gute Hostelszene. In La Paloma erfreut sich das surferfreundliche **Beach Hostel La Balconada** (☎ 091-063927; www.labalconadahostel.com.uy; Centauro s/n; B 20–38 US$, 2 BZ 40–76 US$, DZ 50–80 US$; 📶) einer beneidenswerten Lage nur wenige Schritte vom Strand entfernt. Das **Hostel Arazá** (☎ 4479-9710; www.facebook.com/hostelarazalapaloma; Orion s/n; B 11–20 US$, DZ 40–80 US$; 📶 🐾) besticht durch seine supergastfreundlichen Besitzer. In La Pedrera befindet sich das **El Viajero Hostel** (☎ 099-470542; www.elviajerohostels.com; Venteveo, zwischen Pirincho & Zorzal; B 14–22 US$, DZ 59–74 US$; ⏲ Mitte Dez.–Mitte März; @ 📶) nur 200 m von der Bushaltestelle und 500 m vom Ufer entfernt.

Busse von COT, Cynsa and Rutas del Sol fahren häufig von Montevideo nach La Paloma (514 $U, 4 Std.) und La Pedrera (535 $U, 4¼Std.). Zusätzliche Busse verkehren zwischen den beiden Städten (62 $U, 15 Min.) und Richtung Nordosten zur Abzweigung nach Cabo Polonio (83 $U, 30–45 Min.).

Punta del Diablo

800 EW.

Das einst verschlafene Fischerdorf hat sich zu einem beliebten Sommerziel für Uruguayer und Argentinier sowie zum Epizentrum der uruguayischen Backpacker-Strandszene entwickelt. Die unkontrollierte Erschließung im Hinterland und entlang der Küste hat dazu geführt, das hier viel gebaut wurde, doch die grandiose Küste und die entspannte Lebensart verströmen einen zeitlosen Reiz. Wer die Massen meiden möchte, sollte außerhalb der Hochsaison (Weihnachten bis Februar) hierher kommen, vor allem nicht in der ersten Januarhälfte, wenn 30 000 Besucher in den Ort strömen.

Vom traditionellen Stadtzentrum, einer sandigen Plaza 200 m landeinwärts vom Meer, führen schmale unbefestigte Straßen in alle Himmelsrichtungen.

Aktivitäten

Tagsüber kann man am Hauptstrand der Stadt Surfboards und Pferde mieten oder eine einstündige Wanderung Richtung Norden zum Parque Nacional Santa Teresa unternehmen. Abends beobachtet man dann den Sonnenuntergang, entzündet spontan ein Lagerfeuer und macht bei Trommelsessions mit – so in etwa könnte hier ein Tag aussehen.

Schlafen & Essen

Im Dorf kann man viele private *cabañas* (Hütten) mieten. Man kann vor Ort danach fragen oder online unter www.portaldeldiablo.com.uy recherchieren. Günstiges Essen gibt's an den **Empanada-Ständen** (Feria Artesanal, Playa de los Pescadores; Empanadas 75 UR$; ⏲ Jan. & Feb. tgl. 10 Uhr–open end, März–Dez. Sa & So 10–16 Uhr) der Aosta-Schwestern in der Nähe des Hafens.

★ **El Diablo Tranquilo** HOSTEL $
(☎ 4477-2647; www.eldiablotranquilo.com; Av Central; Ende-Dez.–Karneval B 25–49 US$, DZ mit/ohne Bad ab 149/100 US$, restl. Jahr B ab 10 US$, DZ mit/ohne Bad ab 69/39 US$; @ 📶) Das teuflische Rot führt zu einem der schönsten Hostels Südamerikas, das unzählige Annehmlichkeiten bietet, darunter Bereiche zum

Chillen, einen Fahrrad- und Surfbrett-Verleih, Yoga- und Sprachkurse sowie Reitausflüge. Im Playa-Suites-Anbau bieten die oberen Zimmer direkten Meerblick und das turbulente Restaurant mit Bar Essen, Strandservice und Partys.

La Casa de las Boyas HOSTEL $
(☎4477-2074; www.lacasadelasboyas.com.uy; Playa del Rivero; B Dez.–März 15–40 US$, DZ Dez.–März 60–150 US$, April–Nov. 50–70 US$;) Nur einen Katzensprung vom Strand und zehn Gehminuten vom Stadtzentrum Richtung Norden lockt dieses Hostel mit einem Pool, zwei Gästeküchen, Schlafsälen (nur im Sommer) sowie Apartments und Lofts (das ganze Jahr über) mit Bädern, Küchenzeilen und Satelliten-TVs. Zu den weiteren Verlockungen gehören ein Restaurant, ein Spielzimmer, ein Fahrrad- und Surfbrett-Verleih sowie Reitausflüge.

★ **Resto-Pub 70** ITALIENISCH $
(☎099-103367; www.facebook.com/pub70; Playa de los Pescadores; Hauptgerichte 275–350 $U; Ende Dez.–März tgl. 12.30–16 & 19.30–23 Uhr, restl. Jahr über Fr–So) Eine italienische Familie aus dem Veneto führt dieses Restaurant am Hafen, das relativ preiswerte, himmlische Pasta-Gerichte, z. B. *lasagne alle cipolle* (vegetarische Lasagne mit Walnüssen und karamellisierten Zwiebeln) und Hauswein (Glas 50 $U) serviert. Nach dem Essen sollte man unbedingt die *cantucci con vino dolce* (Mandelbiskuits, die in Dessertwein getaucht werden) und den *limoncino* (handwerklich hergestellten Likör aus aromatischen uruguayischen Zitronen) probieren.

Cero Stress INTERNATIONAL $$
(☎4477-2220; Av de los Pescadores; Hauptgerichte 320–49s0 $U; 12–16 & 19–23 Uhr;) Der mit Abstand größte Pluspunkt dieses zwanglosen Restaurants ist seine Terrasse mit Meerblick – sie ist einfach perfekt, um zum Sonnenuntergang einen Caipirinha (brasilianischer Cocktail mit Zuckerrohrschnaps) zu trinken, während man Pläne für den Abend schmiedet. Gelegentlich wird hier auch Livemusik gespielt.

ℹ Praktische Informationen

In Punta del Diablo gibt es keine Geldautomaten, mit Ausnahme des temporären **Redbrou ATM** (Paseo del Rivero, Calle 9), der jeden Sommer am Paseo del Rivero aufgestellt wird. Man sollte daher Bargeld mitbringen, da auch nur wenige Geschäfte Kreditkarten akzeptieren und sich die nächsten Banken eine Stunde entfernt in Castillos (40 km südwestlich) oder Chuy (45 km nördlich) befinden.

ℹ Anreise & Unterwegs vor Ort

Rutas del Sol, COT und Cynsa bieten Verbindungen zum trostlosen Busbahnhof von Punta del Diablo, 2,5 km westlich der Stadt. Von hier geht's dann in 5–10 Minuten mit dem Shuttle-Bus (25 $U) oder Taxi (100 $U) in die Stadt.

Täglich steuern mehrere Direktbusse Montevideo (642 $U, 5 Std.) und Chuy (107 $U, 1 Std.) an der brasilianischen Grenze an; wer andere Orte an der Küste besuchen will, muss in der Regel in Castillos (86 $U, 1 Std.) oder Rocha (214 $U, 1½ Std.) umsteigen.

Parque Nacional Santa Teresa

Dieser von der Armee verwaltete **Nationalpark** (☎4477-2101; www.serviciodeparquesdelejercito.com.uy; Ruta 9, Km 302; Dez.–Feb. 8–20 Uhr, März–Nov. 9–18 Uhr) GRATIS, 35 km südlich der brasilianischen Grenze, zieht viele uruguayische und brasilianische Besucher an, insbesondere wegen seiner relativ leeren Strände, z. B. der **Playa Grande**, **Playa del Barco** und der **Playa de las Achiras**.

Die **Capatacía** (Parkverwaltung), 1 km östlich der Ruta 9, hat ein Antel-Telefonbüro, eine Post, einen Laden, eine Bäckerei und ein Restaurant sowie einen sehr kleinen Zoo und ein Gewächshaus.

Die Hauptattraktion des Parks, 4 km nördlich der Parkverwaltung an der Ruta 9, ist die imposante Hügelfestung **Fortaleza de Santa Teresa** (☎4474-6541; 40 UR$; Dez.–Feb. tgl. 10–19 Uhr, April–Nov. Mi–So bis 17 Uhr), die 1762 von den Portugiesen begonnen und 1793 von den Spaniern eingenommen und vollendet wurde.

An der nordöstlichen Ecke des Parks befindet sich der **Cerro Verde**, eine Steilküste und ein bedeutender Lebensraum für Meeresschildkröten. Genau gegenüber vom Parkeingang, an der Westseite der Ruta 9, führt eine 5 km lange Piste, die als Sackgasse endet, zur **Laguna Negra**, einer riesigen Lagune, in der Flamingos, Wasserschweine und andere Wildtiere gesichtet werden können.

Der Park bietet 2000 verstreute Campingstellen in Eukalyptus- und Pinienwäldern sowie ein einfaches Hostel und verschiedene *cabañas*, die Platz für vier bis zehn Personen bieten.

Busse von Punta del Diablo (64 $U, 15 Min.) setzen Besucher am Km 302 an der Ruta 9 ab; von hier aus führt ein 1 km langer ebenerdiger Spaziergang in östlicher Richtung zur Capatacía (Parkverwaltung).

Alternativ kann man von Punta del Diabolo einige Kilometer in nördlicher Richtung am Strand entlanglaufen und gelangt so zum südlichen Rand des Parks an der Playa Grande.

URUGUAY VERSTEHEN

Uruguay aktuell

Aktuelle Themen, über die in Uruguay gesprochen wird, umfassen die weitere Umsetzung des bahnbrechenden Marihuana-Gesetzes des Landes, die Wiederbelebung von Montevideos Ciudad Vieja und die rosigen Aussichten der uruguayischen Fußballnationalmannschaft.

Uruguays Stoßrichtung hin zur Legalisierung von Marihuana, die im Jahr 2013 auf den Weg gebracht wurde, überwand die erste bedeutende Hürde Mitte Juli 2017, als von der Regierung autorisierte Apotheken begannen, Gras an uruguayische Bürger zu verkaufen. Sechzehn Apotheken versorgten über 5000 registrierte Nutzer mit ihren ersten gesetzlich genehmigten wöchentlichen Dosen von 10 g Gras, das in staatlichen Gewächshäusern angebaut wird. Der ursprüngliche Preis für 5 g betrug 187 $U oder rund 4,70 €. Bis Mitte Juli 2018 hatte sich die Zahl der registrierten Nutzer auf 25 000 verfünffacht. Seitdem haben sich Tausende weiterer Uruguayer für einen der beiden anderen legalen Versorgungskanäle entschieden, über die man Marihuana beziehen kann: Eigenes Gras anzupflanzen (maximal 6 Pflanzen/Pers.) oder einem Verein beizutreten (jeder Verein benötigt mind. fünfzehn Mitglieder und darf bis zu 99 Pflanzen unterhalten). Trotz des Booms im privaten Konsum hat Uruguays Regierung bisher jedem Plan widerstanden, ausländischen Touristen den Erwerb von Cannabis zu gestatten.

Montevideos Ciudad Vieja hat in den letzten Jahren eine umfassende Wiederbelebung erfahren, während Bemühungen der örtlichen Regierung, Kleinkriminalität auszumerzen, erste Früchte getragen haben. Mehrere neue Restaurants und Hotels sind in die Stadt gezogen und schwindende Sicherheitsbedenken haben Geschäfte dazu veranlasst, ihre Öffnungszeiten zu verlängern. Das alles hat dazu geführt, dass mehr Touristen das historische Zentrum von Montevideo besuchen.

Unterdessen freuen sich uruguayische Fußballfans über die jüngsten Erfolge ihrer geliebten „Celeste“, die es bei der Weltmeisterschaft 2018 ins Viertelfinale geschafft hat (und dabei nur gegen den letztendlichen Sieger Frankreich verlor). Zu den Stars des Teams gehören Rodrigo Bentancur und José María Giménez, die bereit erscheinen, auch bei der Weltmeisterschaft 2022 in Katar und darüber hinaus mächtig Eindruck zu hinterlassen.

Geschichte

Uruguays Ureinwohner waren die Charrúa an der Küste und die Guaraní nördlich vom Río Negro. Die Charrúa, Jäger und Sammler, stoppten die europäische Kolonialisierung für über ein Jahrhundert, indem sie den spanischen Entdecker Juan de Solís und die meisten seiner Mitreisenden im Jahr 1516 ermordeten. Ohnehin war die Gegend für die Spanier nicht besonders attraktiv, die die Tiefebenen entlang des Río de la Plata hauptsächlich als Zugangsroute zu den tiefer im Inland vermuteten Gold- und anderen Schätzen betrachteten.

Die ersten europäischen Siedler, die sich an der Banda Oriental (Ostküste) niederließen, waren Missionare der Jesuiten in der Nähe des heutigen Soriano am Río Uruguay. Danach kamen die Portugiesen, die das heutige Colonia 1680 als Brückenkopf für den Schmuggel von Waren nach Buenos Aires nutzten. Die Antwort der Spanier war 1726 der Bau einer eigenen Zitadelle in Montevideo. Das folgende Jahrhundert erlebte einen anhaltenden Kampf zwischen Spanien und Portugal um die Kontrolle über das Gebiet am Ostufer des Río de la Plata.

Napoleons Invasion der iberischen Halbinsel im frühen 19. Jh. führte zu einer Schwächung der Macht der Spanier und Portugiesen und zum Aufkommen starker Unabhängigkeitsbewegungen in der gesamten Region. José Gervasio Artigas, Uruguays Nationalheld, versuchte zunächst, mit mehreren Staaten im heutigen Argentinien und Brasilien Allianzen gegen die europäischen Mächte zu schmieden, musste schließlich aber nach Paraguay fliehen. Dort organisierte er den Widerstand neu und bildete die

EINREISE NACH BRASILIEN

Die ziemlich trostlose Grenzstadt Chuy (11 300 Ew., auf der brasilianischen Seite heißt sie Chuí) ist das wichtigste Tor von Uruguay nach Brasilien. Die Av Brasil/Uruguay, eine breite Straße, die von Geldwechslern und Verkäufern von CD-Raubkopien gesäumt wird, bildet die Grenze. Es gibt wenig Grund, hier länger zu verweilen, doch sollte man festsitzen, so ist das **Etnico Hostel** (☎ 4474-2281; www.facebook.com/etnicohostelchuy; Liber Seregni 299; B/EZ/DZ 16/28/46 $U; ❄@📶) die beste Übernachtungsoption.

Die Zollbehörden Uruguays und Brasiliens liegen einige Kilometer voneinander entfernt auf der jeweiligen Seite der Grenze. Fernbusse von TTL (www.ttl.com.br) und EGA (www.ega.com.uy) halten auf ihrer internationalen Fahrt von Montevideo die Atlantikküste hinauf und von Punta del Este nach Porto Alegre, Florianópolis und São Paulo bei beiden Zollämtern.

COT- und Cynsa-Busse nach Punta del Diablo (107 $U, 1 Std.) und Montevideo (728 $U, 5 Std.) fahren in der Nähe der Ecke Brasil und Oliviera ab. Zwei Blocks weiter westlich an der Ecke Brasil und Mauro Silva starten Tureste-Busse landeinwärts nach Treinta y Tres (333 $U, 3 Std., 2-mal tgl.), wo man Anschluss nach Tacuarembó hat (über Melo).

berühmten „33 Orientales", eine streitlustige Bande uruguayischer Patrioten unter Führung von General Juan Lavalleja, der am 19. April 1825 mit argentinischer Unterstützung den Río Uruguay überquerte und eine Kampagne für die Befreiung des heutigen Uruguay von der brasilianischen Kontrolle startete. 1828, nach dreijährigem Kampf, wurde Uruguay unter britischer Vermittlung als kleiner, unabhängiger Pufferstaat zwischen den aufstrebenden Kontinentalmächten Argentinien und Brasilien etabliert.

Sieben Jahrzehnte blieb Uruguays Unabhängigkeit fragil. Es kam zu einem Bürgerkrieg zwischen den beiden neuen politischen Parteien des Landes, den Colorados und den Blancos. Argentinien belagerte von 1838 bis 1851 Montevideo, und Brasilien war eine beständige Bedrohung. Mit der Anerkennung der Unabhängigkeit Uruguays in der gesamten Region und dem Aufkommen einer starken Volkswirtschaft auf der Basis von Rinderzucht und Wollproduktion beruhigte sich die Lage aber schließlich in der zweiten Hälfte des 19. Jhs.

Im frühen 20. Jh. führte der visionäre Präsident José Batlle y Ordóñez große Neuerungen wie Pensionen, Kredite für Farmen, Arbeitslosenunterstützung und den Achtstundentag ein. Die Intervention des Staates führte zur Verstaatlichung zahlreicher Industrien, zur Entstehung neuer Wirtschaftszweige und zu einer Ära des allgemeinen Wohlstands. Batlles Reformen wurden jedoch größtenteils durch die Besteuerung der Viehwirtschaft finanziert, und als die Exporte in der Jahrhundertmitte zurückgingen, bröckelte auch der Wohlfahrtsstaat. In den frühen 1970er-Jahren begann eine Periode der Militärdiktaturen, während der Folter zur Routine wurde und über 60 000 Uruguayer willkürlich inhaftiert wurden, ehe das Land in den 1980er-Jahren in den Schoß der Demokratie zurückkehrte.

Die vergangenen beiden Jahrzehnte haben bemerkenswerte Entwicklungen in der uruguayischen Kultur und Politik gesehen. Nach nahezu zwei Jahrhunderten der abwechselnden Regierung durch die zwei traditionellen Parteien, die Blancos und Colorados, haben die Uruguayer 2004 (und 2009 und 2014) die linke Frente Amplio (Breite Front) in die Regierung gewählt. Seitdem hat die Regierung zahlreiche soziale Veränderungen bewirkt, darunter die Legalisierung von Marihuana, Abtreibung und der gleichgeschlechtlichen Ehe.

Kultur

In einem sind sich alle Uruguayer einig, nämlich darin, dass sie ganz anders sind als die *porteños* (Einwohner von Buenos Aires) auf der anderen Seite des Flusses. Wo die Argentinier manchmal großspurig und sogar arrogant sind, bleiben die Uruguayer bescheiden und entspannt. Waren die einen immer eine regionale Großmacht, so haben die anderen immer im Schatten der Großmächte gelebt. Die Witze darüber, dass Punta del Este ein Vorort von Buenos Aires sei, findet auf dieser Seite der Grenze keiner besonders lustig. Dennoch gibt es jede Menge Gemeinsamkeiten: die allgegenwärtige Kunstbegeisterung, den italienischen Einfluss und das Erbe der *gauchos* (Cowboys).

Die Uruguayer nehmen alles gern etwas leichter und sind auch sehr stolz darauf, gelassen zu sein. Der Sonntag gehört der Familie und den Freunden: Man wirft ein halbes Rind auf die *parrilla* (Grill), lehnt sich entspannt zurück und trinkt Mate (ein bitterer ritueller Tee). Das Bildungsniveau der Uruguayer ist hoch, und die Kluft zwischen Arm und Reich ist längst nicht so groß wie in den meisten anderen lateinamerikanischen Ländern.

Bevölkerung

Mit 3,4 Mio. Einwohnern ist Uruguay das kleinste spanischsprachige Land Südamerikas. Die Bevölkerung ist überwiegend weiß (87,7%); kleinere Prozentzahlen bezeichnen sich als schwarz (4,6%) oder indigen (2,4 %). Die durchschnittliche Lebenserwartung (77,4 Jahre) ist eine der höchsten Lateinamerikas. Auch die Alphabetisierungsrate ist mit 98,5% hoch, während das Bevölkerungswachstum mit 0,27% gering ist. Die Bevölkerungsdichte liegt bei rund 19 Personen pro Quadratkilometer.

Religion

In Uruguay gibt es einen größeren Pro-Kopf-Anteil an selbst erklärten Atheisten und Agnostikern (17%) als in allen anderen Ländern Lateinamerikas. 47% geben an, römisch-katholisch zu sein, 11% gehören anderen christlichen Kirchen an. Außerdem gibt es eine kleine jüdische Minderheit (ca. 20 000 Personen).

Sport

Die Uruguayer sind – wie praktisch alle Lateinamerikaner – total verrückt auf *fútbol* (Fußball). Uruguay gewann zweimal die Weltmeisterschaft, darunter die erste WM überhaupt, die 1930 in Montevideo ausgetragen wurde. Die Fußballnationalmannschaft überzeugt nach wie vor regelmäßig bei internationalen Meisterschaften, gewann 2011 die Copa America, und schaffte es 2014 bei der Weltmeisterschaft ins Achtel- und 2018 ins Viertelfinale.

Die bemerkenswertesten Mannschaften des Landes sind Nacional und Peñarol aus Montevideo. Wer zu einem Spiel einer dieser beiden Mannschaften geht, sollte sich allerdings lieber an die Seite setzen, nicht hinter das Tor, es sei denn, man hat Lust auf handfeste Keilereien.

Asociación Uruguayo de Fútbol (www.auf.org.uy) und Fanáticos Fútbol Tours (www.futboltours.com.uy) in Montevideo bieten Infos zu Spielen und Austragungsorten.

Kunst

Trotz seiner kleinen Bevölkerung weißt Uruguay eine beeindruckende literarische und künstlerische Tradition auf. Zu den berühmtesten Schriftstellern des Landes gehören der Dichter Ida Vitale (Gewinner des angesehenen Cervantes-Literaturpreises im Jahr 2018), Juana de Ibarbourou, Juan Carlos Onetti, Mario Benedetti, Delmira Agustini, Eduardo Galeano and Cristina Peri Rossi. Theater und Film sind ebenfalls beliebt und die Regisseure/Drehbuchautorin Beatriz Flores Silva und der Dramatiker Mauricio Rosencof gehören zu den uruguayischen Künstlern, die internationale Anerkennung gewonnen haben. Der berühmteste Philosoph und Essayist des Landes ist José Enrique Rodó, dessen Essay *Ariel* aus dem Jahr 1900 die nordamerikanische und die lateinamerikanische Zivilisationen gegenüberstellt und ein Klassiker der Literatur Uruguays ist.

Zu den berühmtesten Malern des Landes zählen Juan Manuel Blanes, Pedro Figari und Joaquín Torres García. Jedem von ihnen ist in Montevideo ein eigenes Museum gewidmet. Andere bedeutende Künstler sind der Maler Petrona Viera, der mit der Planismo-Bewegung Uruguays des frühen 20. Jhs. in Verbindung gebracht wird, der Bildhauer José Belloni, dessen lebensgroße Bronzeskulpturen die Parks von Montevideo zieren, und der preisgekrönte Digitalkünstler Agustina Casas Sere-Leguizamon.

Der Tango spielt in Montevideo eine große Rolle: Uruguay beansprucht für sich, dass die Tangolegende Carlos Gardel ein Sohn des Landes ist, und einer der bekanntesten Tangos überhaupt, „La Cumparsita", stammt von dem Uruguayer Gerardo Matos Rodríguez. Während des Karnevals erklingen in den Straßen Montevideos die kräftigen Trommelschläge des *candombe*, eines afrikanischen Rhythmus, den ab 1750 Sklaven nach Uruguay mitbrachten, sowie die Klänge der *murgas*, satirischer Musiktheatergruppen, die in der ganzen Stadt auftreten. Was die zeitgenössische Musikszene angeht, so haben mehrere uruguayische Musiker auf beiden Seiten des Río de la Plata treue Fans, darunter Malena Muyala, Laura Canoura, Buitres und No Te Va Gustar.

Umwelt

Uruguay mag zwar eines der kleinsten Länder Südamerikas sein, doch für europäische Maßstäbe ist es dennoch ziemlich groß – mit einer Fläche von 176 215 km² ist es immerhin größer als England und Wales zusammen oder als der US-amerikanische Bundesstaat Florida.

Die beiden größten Hügelketten im Landesinneren Uruguays sind die Cuchilla de Haedo westlich von Tacuarembó und die Cuchilla Grande südlich von Melo; beide werden nirgends höher als 500 m. Die Gegend westlich von Montevideo ist flacher. Der Río Negro fließt durch die Mitte des Landes und bildet eine natürliche Grenze zwischen Nord und Süd. An der Atlantikküste gibt es beeindruckende Strände, Dünen, Landspitzen und Lagunen. Uruguays Steppen und Wälder erinnern an die argentinische Pampa oder an den Süden Brasiliens. Im Südosten gibt es außerdem kleinere Palmensavannen.

Die Vogelwelt in Uruguay ist sehr vielfältig, besonders an den Küstenlagunen der Provinz Rocha. Die meisten großen Landtiere sind leider verschwunden, doch manchmal flitzt der eine oder andere Nandu über die Steppen im Nordwesten Uruguays. An der Küste sind Wale, Robben und Seelöwen verbreitet.

PRAKTISCHES

Allgemeine Informationen

AKTIVITÄTEN

In Punta del Diablo, La Paloma, La Pedrera und Punta del Este gibt es hervorragende Wellen für Surfer, während man in Cabo Polonio und an den Küstenlagunen der Provinz Rocha großartig Wale bzw. Vögel beobachten kann. Die Strände in Punta del Este bieten Aktivitäten für gehobene Ansprüche wie Parasailing, Windsurfen und Jetskifahren.

Reiten ist im Landesinneren beliebt und kann vielen Touristen-*estancias* gebucht werden.

BOTSCHAFTEN & KONSULATE

Argentinische Botschaft (☎2902-8166; www.eurug.cancilleria.gov.ar; Cuareim 1470; ⏲Mo–Fr 10–18 Uhr).

Argentinisches Konsulat (☎2902-8623; www.cmdeo.mrecic.gov.ar; WF Aldunate 1281; ⏲Mo–Fr 13–15 Uhr).

Brasilianische Botschaft (☎2707-2119; http://montevideu.itamaraty.gov.br; Artigas 1394; ⏲Mo–Fr 10–13, 15–18 Uhr).

Brasilianisches Konsulat (☎2707-2024; http://montevideu.itamaraty.gov.br; Convención 1343, 6. Stock; ⏲Mo–Fr 9–15 Uhr).

Deutsche Botschaft (☎2902-5222; www.montevideo.diplo.de; La Cumparsita 1435; ⏲Mo & Mi–Fr 9–11.30, Di 13–15.30 Uhr)

PREISKATEGORIEN: ESSEN

Die folgenden Preisangaben gelten für ein normales Hauptgericht.

$ unter 300 $U

$$ 300–500 $U

$$$ über 500 $U

ESSEN

In der uruguayischen Küche dreht sich alles um gegrilltes Fleisch. *Parrillas* (Restaurants, in denen große Fleischstücke über einem Holzfeuer gegrillt werden) sind allgegenwärtig und *asados* (Barbecues) haben sich zu einer nationalen Tradition entwickelt. *Chivitos* erfreuen sich riesiger Beliebtheit, genau wie *chivitos al plato* (serviert mit Pommes anstelle von Brot). Auf dem Land bleibt Vegetariern oft nichts als die allgegenwärtige Pizza und Pasta, allerdings gibt es mehr und mehr vegetarier- und veganerfreundliche Restaurants in Städten wie Montevideo und Colonia del Sacramento. Die Meeresfrüchte an der Küste sind ausgezeichnet. Bei den Desserts spielen Baisers, *dulce de leche* (Milchkaramell), Karamellzucker und Vanillesauce eine große Rolle.

Das Leitungswasser kann man fast überall trinken. Die uruguayischen Weine (besonders die Tannats) sind hervorragend und eine kleine, aber wachsende Auswahl an Craft-Bieren tritt nun neben traditionellen massenproduzierten Bieren wie Patricia, Pilsen and Zillertal in Erscheinung.

Die Uruguayer trinken noch mehr Mate als Argentinier. Man sollte auf jeden Fall versuchen, sich an den Geschmack zu gewöhnen, denn es gibt nichts Schöneres, als einen Nachmittag mit neuen Freunden zu verbringen und den Mate im Kreis herumgehen zu lassen.

Die meisten Restaurants verrechnen ein *cubiertos* – eine kleine Grundgebühr, die theoretische für den vor dem Essen angebotenen Brotkorb gedacht ist.

FEIERTAGE

Año Nuevo (Neujahr) 1. Januar

Día de los Reyes (Dreikönigstag) 6. Januar

Viernes Santo/Pascua (Karfreitag/Ostern) März/April (Daten variieren)

Desembarco de los 33* (Rückkehr der 33 Exilanten) 19. April; ehrt die Exilanten, die 1825 mit argentinischer Hilfe nach Uruguay zurückkehren und das Land von den Brasilianern befreiten.

Día del Trabajador (Tag der Arbeit) 1. Mai

Batalla de Las Piedras* (Schlacht von Las Piedras) 18. Mai; gedenkt einer großen Schlacht im Kampf um die Unabhängigkeit.

Natalicio de Artigas* (Artigas' Geburtstag) 19. Juni

Jura de la Constitución (Tag der Verfassung) 18. Juli

Día de la Independencia (Unabhängigkeitstag) 25. August

Día de la Raza* (Tag des Kolumbus) 12. Oktober

Día de los Muertos (Allerseelen) 2. November

Navidad (Weihnachten) 25. Dezember

Feiertage, die mit einem Sternchen gekennzeichnet sind, werden manchmal an dem am nächsten gelegenen Montag gefeiert, um ein *puente* (langes Wochenende) zu schaffen.

FRAUEN UNTERWEGS

Frauen werden generell mit Respekt behandelt, und allein zu reisen, ist hier sicherer als in vielen anderen lateinamerikanischen Ländern.

FREIWILLIGENARBEIT

Uruguayische Organisationen, die Freiwillige beschäftigen, verlangen in der Regel einen Aufenthalt von mindestens einem Monat; viele erwarten zudem grundlegende Spanischkenntnisse.

Internationale Freiwillige, die kürzere Einsätze suchen (mind. 8 Tage) können sich an Karumbé (www.karumbe.org/voluntarios) wenden, die die Erhaltung von Meeresschildkröten im Parque Nacional Santa Teresa fördern.

GELD

Preise sind in uruguayischen Pesos ($U) angegeben, der offiziellen uruguayischen Währung. Im Umlauf sind Geldscheine im Wert von 20, 50, 100, 200, 500, 1000 and 2000 $U sowie Münzen zu 1, 2, 5, 10 und 50 Pesos.

US-Dollar werden in größeren Touristenzentren gemeinhin akzeptiert, oft sind die Unterkunftspreise in US$ angegeben. In Hotels akzeptiert man die Zahlung in Dollar oder Pesos – es lohnt sich, einen Blick auf den Wechselkurs zu werfen: Oft ist es günstiger, in Pesos zu bezahlen. Außerhalb der Touristenzentren kommt man mit Dollar nicht weit.

Uruguay hat keinen Schwarzmarkt, der bessere Wechselkurse für amerikanische oder europäische Geldscheine bietet.

Geldautomaten

In allen Städten, außer vielleicht den ganz kleinen im Landesinneren, bekommt man an Geldautomaten problemlos Geld. Geldautomaten mit dem grünen Banred-Logo und dem blauen Redbrou-Logo akzeptieren alle großen internationalen Bankkarten. An Geldautomaten bekommt man immer ein Mehrfaches von 100 $U. Einige geben auch US-Dollar (ausgewiesen als US$) aus, aber nur als Mehrfaches von 100 US$.

Geldwechsel

In Montevideo, Colonia, den Ferienorten am Atlantik und in Grenzstädten wie Chuy gibt es *casas de cambio* (Wechselstuben). Sie sind in der Regel länger geöffnet als Banken, der Wechselkurs ist oft aber etwas schlechter.

Kreditkarten

Die meisten gehobenen Hotels, Restaurants und Geschäfte akzeptieren Kreditkarten. Visa wird im Allgemeinen akzeptiert, gefolgt von MasterCard. American-Express-Karten sind weniger nützlich.

Trinkgeld

➡ In Restaurants sollte man 10 % der Rechnungssumme geben.

➡ In Taxis rundet man den Fahrpreis um ein paar Pesos auf.

INTERNETZUGANG

In den Städten und größeren Ortschaften sind WLAN-Hotspots allgegenwärtig. Büros der staatlichen Telefongesellschaft Antel verkaufen SIM-Karten mit relativ günstigen Preismodellen für SIM-Lock-freie Handys und bieten oft auch kostenloses WLAN.

LGBT+-REISENDE

Uruguay wird allgemein als das LGBT+-freundlichste Land Lateinamerikas betrachtet. Als erstes lateinamerikanisches Land erkannte es 2008 gleichgeschlechtliche Lebensgemeinschaften an, 2013 wurde die gleichgeschlechtliche Ehe legalisiert. In Montevideo bekommt man die westentaschengroße Friendly Map (www.friendlymap.com.uy), die LGBT+-freundliche Einrichtungen im ganzen Land auflistet.

ÖFFNUNGSZEITEN

Banken Mo–Fr 13–18 Uhr

Bars, Kneipen und Clubs 18 Uhr–open end; normalerweise geht es erst ab Mitternacht so richtig los.

Geschäfte Mo–Sa 9–13 und 15–19 Uhr; in größeren Städten sind viele mittags und/oder sonntags geöffnet.

Restaurants 12–15 und 20–24 Uhr oder später; einige öffnen um 8 Uhr fürs Frühstück.

RECHTSFRAGEN

Uruguays Drogengesetze gehören zu den lockersten Lateinamerikas. Der Besitz kleiner

Mengen Marihuana oder anderer Drogen für den persönlichen Gebrauch ist nicht strafbar, der Verkauf an ausländische Personen ist aber weiterhin verboten.

REISEN MIT BEHINDERUNG

Uruguay ergreift allmählich Maßnahmen für Reisende mit besonderen Bedürfnissen. So gibt es in Montevideo zum Beispiel an viel besuchten Orten wie der Plaza Independencia und dem Teatro Solís neu gebaute Rampen und Behindertentoiletten, die Busse einiger Linien sind behindertengerecht und immer mehr Geldautomaten sind für Sehbehinderte ausgestattet. Die uruguayische Regierungsorganisation Pronadis/Mides (http://pronadis.mides.gub.uy) listet spanischsprachige Quellen für Reisende mit Behinderungen auf ihrer Website auf.

STROM

Uruguay benutzt dieselben Steckertypen wie Argentinien. Die Netzspannung in Argentinien beträgt 220 V (50 Hz). Die meisten Stecker sind entweder rund mit zwei Stiften (wie in Europa) oder dreieckig mit flachen Stiften (wie in Australien).

TELEFON

Uruguays Landesvorwahl ist die 598. **Antel** (www.antel.com.uy) ist die staatliche Telefongesellschaft und hat in jeder Stadt Filialen.

Alle uruguayischen Festnetznummern sind achtstellig und beginnen in Montevideo mit 2, überall sonst mit 4. Handynummern setzen sich aus einer dreistelligen Vorwahl (am häufigsten 099) und einer sechsstelligen Nummer zusammen. Bei Anrufen aus dem Ausland lässt man die Null am Anfang weg.

Handys

In Uruguay gibt es drei Mobilfunkgesellschaften: **Antel** (www.antel.com.uy), **Claro** (www.claro.com.uy) und **Movistar** (www.movistar.com.uy). Da die Roaming-Gebühren in der Regel hoch sind, bringen viele Traveller ein SIM-lock-freies Handy mit (oder kaufen hier ein billiges) und legen eine örtliche Prepaid-SIM-Karte ein. SIM-Karten kann man problemlos in den Antel-Filialen kaufen und in Tankstellen, Einkaufszentren und Straßenkiosken in ganz Uruguay Guthaben nachladen.

TOURISTENINFORMATION

Das nationale Tourismusamt (Ministerio de Turismo y Deporte; www.turismo.gub.uy) hat elf *centros de informes* (Informationszentren) im ganzen Land und gibt ausgezeichnete kostenlose Karten für alle 19 Provinzen Uruguays aus. Außerdem gibt es hier spezielle Informationen zum Tourismus auf *estancias*, zum Karneval, zum Surfen und zu anderen für Reisende interessanten Themen. In den meisten Städten findet sich auch eine städtische Touristeninformation an der Plaza oder am Busbahnhof.

> **PREISKATEGORIEN: SCHLAFEN**
>
> Die folgenden Preiskategorien gelten für ein Doppelzimmer mit Bad in der Hauptsaison (Dez.-Ostern). Das Frühstück ist normalerweise im Preis inbegriffen.
>
> **$** unter 75 US$
>
> **$$** 75–150 US$
>
> **$$$** mehr als 150 US$

UNTERKUNFT

Uruguay hat ein hervorragendes Netzwerk aus Hostels und Campingplätzen, besonders an der Atlantikküste. Andere günstige Unterkünfte sind *hospedajes* (Unterkunft im Haus von Familien) und *residenciales* (Budgethotels).

Posadas gibt es in allen Preisklassen, oft sind sie gemütlicher als Hotels. Hotels werden entsprechend ihrer Ausstattung mit ein bis fünf Sternen klassifiziert.

In ländlichen *estancias turísticas* (mit den blauen Schildern des Nationalen Tourismusministeriums gekennzeichnet) kann man auf Farmen übernachten.

VERSICHERUNG

Weltweite Reiseversicherungen kann man auf www.lonelyplanet.com/travel-insurance abschließen. Sie lassen sich jederzeit online kaufen, erweitern und in Anspruch nehmen, auch während der Reise.

VISA

Deutsche, Österreicher und Schweizer brauchen kein Visum, sondern erhalten automatisch eine 90 Tage gültige Touristenkarte, die noch einmal um 90 Tage verlängert werden kann. Ein gültiger Reisepass ist aber in jedem Fall nötig. Bürger anderer Staaten benötigen möglicherweise ein Visum. Eine offizielle Liste der aktuellen Visabestimmungen nach Land steht auf der Website https://migracion.minterior.gub.uy.

ZEIT

In Uruguay gilt die MEZ minus vier Stunden, wie in Argentinien. Die Sommerzeit wurde 2015 wieder abgeschafft.

ℹ An- & Weiterreise

BUS

➡ Von Montevideo fahren Direktbusse über die Brücke zwischen Fray Bentos und Gualeguaychú nach Buenos Aires, sie sind aber langsamer als die Kombination aus Bus und Fähre über den Río de la Plata. Zwei weitere Brücken am Río Uruguay verbinden Uruguay und Argentinien: von Paysandú nach Colón und von Salto nach Concordia.

➡ Nach Brasilien gibt es viele Grenzübergängen. Der am stärksten frequentierte ist der von Chuy nach Chuí mit Anschluss gen Norden nach Porto Alegre, Florianópolis und São Paulo.

➡ Busse fahren in der Regel direkt über die Grenzübergänge; die Grenzformalitäten werden im Bus durchgeführt.

FLUGZEUG

Montevideos Carrasco International Airport (S. 1082) ist einer der wichtigsten Einreisehäfen. Einige Direktflüge aus Argentinien und Brasilien landen auch auf dem Punta del Este International Airport (S. 1098).

Nach der Pleite einiger Fluggesellschaften hat das Land keine eigene nationale Fluggesellschaft mehr und kommerzielle Inlandsflüge finden nicht statt.

SCHIFF/FÄHRE

Es gibt mehrere Fährverbindungen zwischen Argentinien und Uruguay; die beliebteste ist die einstündige Überquerung des Río de la Plata zwischen Buenos Aires und Colonia del Sacramento. Zu den anderen Routen zählen Buenos Aires nach Montevideo, Tigre nach Carmelo und Concordia nach Salto.

ℹ Unterwegs vor Ort

AUTO & MOTORRAD

Besucher, die weniger als 90 Tage im Land bleiben, müssen nur einen gültigen Führerschein ihres Heimatlandes haben. Die uruguayischen Autofahrer sind sehr rücksichtsvoll, selbst im quirligen Montevideo geht es verglichen mit Buenos Aires geruhsam zu.

Aufgrund gesetzlicher Vorschriften kostet Benzin an allen Tankstellen dasselbe, auch an den allgegenwärtigen staatlichen Ancap-Tankstellen. Für 1 l bleifreies Benzin zahlte man zur Zeit der Recherche 54,95 $U, für Super 57 $U.

BUS

Busse sind komfortabel, die von der Regierung regulierten Fahrpreise angemessen und die Strecken kurz. Viele Busgesellschaften bieten kostenlose WLAN in ihren Bussen. In den wenigen Städten, in denen es keinen Busbahnhof gibt, liegen die Busgesellschaften in fußläufiger Nähe voneinander, in der Regel am Hauptplatz.

Außerhalb der Ferienzeiten ist eine Reservierung nicht nötig. Zu Stoßzeiten fahren manchmal mehrere Busse eines Unternehmens gleichzeitig, dann ist die Busnummer auf dem Ticket ausgewiesen; am besten fragt man nochmal den Fahrer, um sicherzugehen, dass man im richtigen Bus ist – andernfalls findet man sich vielleicht auf dem richtigen Sitz, aber im falschen Bus wieder!

Die meisten Ortschaften mit zentralen Busbahnhöfen haben eine Gepäckaufbewahrung zu erschwinglichen Preisen.

NAHVERKEHR

Die Taxis, *remises* (Privatautos) und Nahverkehrsbusse ähneln den argentinischen. Die Taxis sind mit Taxametern ausgestattet, zwischen 22 und 6 Uhr sowie sonntags und an Feiertagen wird ein Zuschlag von 20 % fällig. Für Gepäck wird eine kleine Zusatzgebühr erhoben und Passagiere runden den Fahrpreis in der Regel auf das nächste Vielfache von 5 oder 10 Pesos auf. Uber und ähnliche Sammeltransportmittel sind in Montevideo weit verbreitet. Das Stadtbusnetz in Montevideo und in anderen urbanen Gebieten ist ausgezeichnet. In kleineren Küstenstädten bilden *micros* (Minibusse) die Hauptsäulen des Nahverkehrs, z. B. in La Paloma.

Venezuela

Inhalt ➡

Kurzinfos

Fläche 912 050 km²

Bevölkerung 32,4 Mio.

Hauptstadt Caracas

Notfall 171

Vorwahl 58

Infos im Internet

Today Venezuela (www.todayvenezuela.com)

El Universal (www.eluniversal.com)

Venezolanische Politik & Menschenrechte (www.venezuelablog.tumblr.com)

Einleitung

Venezuela, ein Land mit einigen der unglaublichsten Landschaften Südamerikas, hat momentan zu Recht ein Imageproblem. Die Hyperinflation hat zu dramatischen Problemen bei der Versorgung mit Grundnahrungsmitteln geführt, gleichzeitig ist es um die persönliche Sicherheit, insbesondere in Caracas, extrem schlecht bestellt. Tausende Venezolaner sind aus dem Land geflohen und haben in ganz Südamerika Zuflucht gesucht (Schätzungen zufolge haben seit 2014 mehr als 2 Mio. Bürger das Land verlassen). Während ein Besuch aufgrund des Schwarzmarktwerts des Dollars/Euro unglaublich billig sein kann, ist die Sicherheit ein ernstes Problem.

Nur wenige Länder der Welt bieten so viel natürliche Schönheit: Andengipfel, karibische Küsten, idyllische Inseln, Ebenen voller Tiere, das dampfende Orinoco-Delta und der höchste Wasserfall der Welt, Salto Ángel. Lonely Planet kann trotzdem zur Zeit Reisen hierher nicht empfehlen.

Reisewarnung

Venezuela ist derzeit ein problematisches Reiseziel. Aus Sicherheitsgründen ist eine Reise hierher im Augenblick keinesfalls zu empfehlen. Einheimische leiden unter dem grundlegenden Mangel an allem Möglichen, es fehlt an Nahrung, Gesundheitsfürsorge und Sicherheit. Als Traveller kommt man hier entsprechend schnell an seine Grenzen, zumal, wenn man sich im Land nicht auskennt.

Wer trotzdem unbedingt reisen möchte, sollte die Reise im Voraus über ein in Venezuela ansässigen Reisebüro organisieren, vor Ort keine inoffiziellen Taxis nutzen, kein Geld bei Fremden wechseln und nur in Hotels übernachten, von deren Sicherheit man überzeugt ist. Man muss sich die Ratschläge vertrauenswürdiger Einheimischer zu Herzen nehmen, und zudem immer eine Kopie des Reisepasses mitsamt Einreisestempel dabeihaben (und nicht den tatsächlichen Reisepass). Schließlich wäre da noch das Bargeldproblem – aufgrund der schwachen Währung wird man viel davon dabeihaben müssen, was man besser sehr diskret macht.

Venezuela

VENEZUELA AKTUELL

Seit dem Tod des früheren Präsidenten Hugo Chávez (März 2013) ist die Lage vor Ort ausgesprochen schlecht: Venezuela war früher ein internationaler Vorreiter in Sachen Sozialismus sowie eine der wohlhabendsten und sichersten Nationen Südamerikas. Heute steht das Land jedoch am Rand des wirtschaftlichen Zusammenbruchs und gehört zweifellos zu den ärmsten und gefährlichsten Regionen des Kontinents. Grassierende Korruption, schwache Regierungsführung, ausufernde Kriminalität, die weltweit höchste Inflationsrate und stets endlose Warteschlangen vor Supermärkten oder Apotheken prägen nun den Alltag. Die Einheimischen schütteln zumeist einfach nur den Kopf, wenn die unvermeidliche Diskussion über Politik beginnt: Auf dieses Thema wird hier oft nur noch mit Verzweiflung (abgemildert durch den typisch trockenen Humor der Venezolaner) reagiert.

Der aktuelle Präsident Nicolás Maduro war zuvor Chávez' Stellvertreter und dessen vorgesehener Nachfolger. Seit dem Tod seines Amtsvorgängers 2013 führt er dessen Politik größtenteils fort – allerdings ganz ohne das typische Charisma, das stets elementar für Chávez' Beliebtheit und Anziehungskraft war.

Tatsächlich hat sich Maduro bisher kaum politisch profiliert. Einzige Ausnahmen waren die Inhaftierung mehrerer politischer Gegner und außenpolitische Provokationen gegen Kolumbien. Letztere wurden 2015 auf dramatische Weise zum Bumerang und ließen einige Kritiker in Südamerika öffentlich an Maduros Eignung für das Präsidentenamt zweifeln.

Sein Steak-und-Zigarren-Dinner mit Starkoch Salt Bae in der Türkei im Jahr 2018 sorgte für Verwunderung und Empörung. Im Jahr zuvor hatte er seinen Bürgern als Maßnahme gegen die Nahrungsmittelknappheit vorgeschlagen, Kaninchen aufzuziehen und zu essen. Im Rahmen des „Plan Conejo" (Kaninchenplans) wurden in diesem Zusammenhang in den armen Vierteln Babykaninchen verteilt, doch viele Venezolaner hielten sich die Kaninchen lieber als Haustiere, und nicht als Nahrungsquelle.

Im September 2015 wurde der Oppositionsführer Leopoldo López wegen Anstiftung zur Gewalt während der Proteste gegen die Regierung im Jahr 2014 zu einer 13-jährige Haftstrafe verurteilt. Tatsächlich landete er zunächst auch hinter Gittern, steht aber seit 2017 größtenteils „nur" unter Hausarrest.

Der Alltag der allermeisten Venezolaner hat sich in den vergangenen Jahren dramatisch verändert: Viele Einheimische verdienen nun schlicht Geld, indem sie vor staatlichen Läden ganztägig für Lebensmittel oder Verbrauchsartikel anstehen und diese dann möglichst gewinnbringend auf dem Schwarzmarkt verkaufen. Diese sogenannten *bachacos* (Ameisen) bilden landesweit endlose Warteschlangen – in Venezuelas heutiger Gesellschaft wird unterschieden zwischen Anstehern und Leuten, die andere fürs Anstehen bezahlen. Die staatlichen Monatsgehälter betragen inzwischen umgerechnet kaum mehr als 30 US$ (Schätzung Stand Ende 2018, und starken Schwankungen unterworfen). So sind Korruption und Schwarzarbeit oft die einzigen Möglichkeiten, um hier noch einigermaßen über die Runden zu kommen.

Selbst die einfachsten medizinischen Leistungen sind schwer zu bekommen, da es an Medikamenten und Versorgungsgütern mangelt und 20 % der Ärzte in den vergangenen fünf Jahren das Land verlassen haben.

Maduro besiegte Anfang 2018 den ehemaligen Gouverneur Henri Falcon und wurde für eine weitere sechsjährige Amtszeit wiedergewählt. Die Wahlen gelten jedoch innerhalb und außerhalb des Landes als weder frei noch fair. So wird beispielsweise offiziell die Wahlbeteiligung mit 46 % angegeben, während laut Opposition lediglich ein Drittel der Wähler ihre Stimme abgegeben hat.

Maduros Regierung führte im August 2018 eine neue Währung ein – den „Bolivar Sovereign" –, um der 32 000-prozentigen Inflation entgegenzuwirken (eigentlich wurden gegenüber dem alten Bolivar Fuerte jedoch lediglich fünf Nullen gestrichen). Die beiden konkurrierenden Währungen sorgten zunächst vor allem für Verwirrung. Der Standardlohn wurde ebenfalls um 6000 % angehoben.

Um den Druck auf die venezolanische Regierung zu verstärken, verhängten die USA im September 2018 Sanktionen gegen Nicolas Maduros Frau und mehrere Mitglieder seines politischen inneren Kreises, beschlagnahmten deren Vermögen in den USA und hinderten sie daran, dort Geschäfte zu machen.

Fünf südamerikanische Staaten forderten zusammen mit Kanada im September 2018 bei den Vereinten Nationen eine Untersuchung der Verbrechen der Maduro-Regierung gegen die Menschlichkeit. Der angebliche Selbstmord des Oppositionspolitikers Fernando Alban während seiner Haft im Oktober 2018 warf einen Schatten auf die Regierung. Die Vereinten Nationen forderten aufgrund der Umstände seines Todes eine vollständige Untersuchung.

Trotz des Widerstands der internationalen Gemeinschaft beging Maduro im Januar 2019 seine Amtseinführung. Einige Tage zuvor übernahm Juan Guaido, ein bis zu jenem Zeitpunk eher unbekanntes Mitglied der sozialdemokratischen Volkspartei, die Führung der Nationalversammlung. Guaido bestritt Maduros Machtanspruch und wurde einige Wochen später bei einer Kundgebung der Opposition zum Interimspräsidenten Venezuelas ernannt.

Obwohl mehrere Länder Guaido offiziell als Führer Venezuelas anerkannt haben, bleibt die Zukunft des Landes ungewiss, da es weiterhin im In- und Ausland Unterstützung für Maduro gibt. Die Venezolaner selbst wünschen sich eine Rückkehr in die Normalität und vor allem wirtschaftliche Stabilität.

GESCHICHTE

Venezuelas unglaublichen natürlichen Reichtümer und seine warmen Gefilde zogen seit jeher Abenteurer, Entdecker und Ausbeuter an. Namen wie Kolumbus, Humboldt und der große Befreier Südamerikas, Simon Bolivar, prägten die aufkommende Republik. Später zog der Ölreichtum die Rockefellers und andere an, und als einer der Gründerstaaten der OPEC (Organization of the Petroleum Exporting Countries – Organisation erdölexportierender Länder) schuf Venezuela ein mächtiges Kartell, das immer noch weltweit Macht ausübt. Die sozialistische Epoche des 21. Jhs. unter Hugo Chávez markierte den Aufschwung der „rosa

Flut" linksgerichteter südamerikanischer Politiker und Regierungen.

Präkolumbische Periode

Es gibt Anzeichen dafür, dass Menschen bereits vor 10 000 Jahren den Nordwesten Venezuelas besiedelten. Um ca. 1000 n. Chr. entstanden dauerhafte landwirtschaftliche Nutzflächen in Verbindung mit den ersten ganzjährig bewohnten Siedlungen. Ehemalige Nomadenvölker entwickelten sich allmählich zu größeren Kulturgemeinschaften. Diese gehörten zu den drei wichtigsten Sprachfamilien: den Kariben, den Arawak und den Chibcha. Während der spanischen Eroberung am Ende des 15. Jhs. bewohnten ca. 300 000 bis 400 000 Angehörige indigener Völker das Gebiet des heutigen Venezuela.

Die Stämme der Timote Cuica (aus der Sprachfamilie der Chibcha) hatten von allen präkolumbischen Völkern Venezuelas auf technologischem Gebiet die Nase vorn. In den Anden entwickelten sie hochmoderne Anbaumethoden mit Bewässerungskanälen und Terrassenfeldern. Aus diversen Fundstücken lässt sich schließen, dass diese Stämme auch äußerst geschickte Handwerker in ihren Reihen hatten. Im ganzen Land zeigen Museen Beispiele für ihre wunderbare Töpferkunst.

Spanische Eroberung

Christoph Kolumbus setzte als erster Europäer seinen Fuß auf venezolanischen Boden. Der Entdecker betrat das südamerikanische Festland einzig und allein hier: Bei seiner dritten Reise zum südamerikanischen Kontinent (1498) ankerte er gleich gegenüber von Trinidad an der Ostspitze der Península de Paria, die er ursprünglich für eine weitere Insel hielt. Die gigantische Mündung des Río Orinoco ließ ihn dann jedoch auf eine weitaus größere Entdeckung schließen.

Ein Jahr später segelte der spanische Eroberer Alonso de Ojeda zusammen mit dem Italiener Amerigo Vespucci zur Península de la Guajira am Westrand des heutigen Venezuela hinauf. Bei der Einfahrt in den Lago de Maracaibo erblickten die Spanier sogenannte *palafitos* (schilfgedeckte Stelzenhäuser) der indigenen Bevölkerung am Seeufer. Vielleicht nicht ganz ohne Sarkasmus nannten sie diese Siedlung „Venezuela" (Klein-Venedig) und gaben damit dem späteren Land seinen Namen. Als erste spanische Siedlung auf venezolanischem Boden entstand Nueva Cádiz um 1500 herum auf der kleinen Insel Cubagua, die gleich südlich der Isla de Margarita liegt. Die älteste noch existierende Stadt Venezuelas heißt Cumaná (gegr. 1521) und liegt unmittelbar südlich der Isla Cubagua auf dem Festland.

Simón Bolívar & die Unabhängigkeit

Während der Kolonialzeit dämmerte Venezuela größtenteils im Schatten des spanischen Weltreichs vor sich hin. Zu Beginn des 19. Jhs. gewann das Land dann aber an Bedeutung, denn es schenkte Lateinamerika einen seiner größten Helden: Simón Bolívar. Der in Caracas geborene Bolívar vertrieb an der Spitze seiner Truppen die spanischen Besatzer endgültig aus Südamerika. Bis heute gilt er als Hauptverantwortlicher für das Ende der Kolonialherrschaft bis zu den Grenzen von Argentinien.

Bolívar schwang sich zum Führer der Revolution auf, die 1806 begonnen hatte (anfangs angeregt und geführt von einem anderen Nationalhelden, Francisco de Miranda). Seine ersten Versuche, die Spanier in seinem Heimatland zu besiegen, scheiterten jedoch. Daher zog sich Bolívar zuerst nach Kolumbien und dann nach Jamaika zurück, um seine letzten Schachzüge zu planen. 1817 führte er 5000 britische Söldner zusammen mit einer Reiterarmee von Los Llanos aus über die Anden und besiegte die Spanier in der Schlacht von Boyacá, wodurch Kolumbien unabhängig wurde. Vier Monate später rief der Kongress von Angostura in der gleichnamigen Stadt (dem heutigen Ciudad Bolívar) einen neuen Staat namens Gran Colombia (Großkolumbien) aus. Er bestand aus Kolumbien (inkl. dem heutigen Panama), Venezuela und Ecuador – obwohl die beiden letzteren noch immer unter spanischer Kontrolle standen.

Im Juni 1821 besiegelte die Schlacht von Carabobo Bolívars endgültigen Sieg über die spanischen Truppen. Dennoch kämpften die Royalisten in den folgenden zwei Jahren von Puerto Cabello aus weiterhin einen ziemlich sinnlosen Kampf. Großkolumbien existierte nur für ein Jahrzehnt, bevor es in drei separate Staaten zerfiel. So wurde Bolívars Traum von einer vereinten Republik bereits vor seinem Tod im Jahr 1830 zerstört.

VENEZUELANISCHE KULTUR

Venezuela ist zutiefst patriotisch und stolz auf seine Geschichte. So werden der Unabhängigkeitskrieg und Simón Bolívars Heldentaten hier immer noch überall im kollektiven Gedächtnis gehalten. Zudem liebt das Land auch den Auftritt auf der Weltbühne: Ob erneuter Gewinn der Miss-Universe-Wahlen oder bedeutender Baseball-Sieg – die Venezolaner lassen garantiert eine lautstarke Party steigen.

Im Gegensatz zu einigen südamerikanischen Nachbarn gibt es jedoch nur wenige bestimmende Attribute typischer, zeitgenössischer venezolanischer Kultur. Viele führen dies auf die Tatsache zurück, dass Venezuela als Ölstaat einen Großteil seiner Geschichte damit verbracht hat, Waren zu konsumieren, die aus dem Ausland importiert wurden, weswegen man selber nicht viel herstellen musste. Aber genau wie das Öl, das aus dem Land gepumpt wird, produziert Venezuela Rohstoffe und Talente, darunter eine große Anzahl von Schönheitsköniginnen und Baseballspielern (sechs Miss Universe-Gewinnerinnen, sowie den aktuellen American League Most Valuable Player und World Series-Gewinner Jose Altuve).

Trotz aller Probleme und Spannungen zeichnen sich die Venezolaner durch Lebensfreude, Humor, Offenheit und Kontaktfreudigkeit aus. Sie erklären Ausländer im Nu zum *chamo* (Kumpel) und unterhalten sich gern – insbesondere auch über die aktuelle Krise im politischen und wirtschaftlichen Bereich. Wer hier einen einzigen Befürworter der Regierungspolitik findet, hat quasi eine bedeutende anthropologische Entdeckung gemacht!

Das Land der Caudillos

Auf seinem Totenbett gab Bolívar diese Erklärung ab: „Amerika ist unregierbar. Wer sich der Revolution verschreibt, pflügt das Meer. Dieses Land wird unweigerlich in die Hände einer enthemmten Masse geraten, um dann an verkappte kleine Tyrannen aller Farben und Rassen zu fallen." Leider lag er mit dieser Prophezeiung alles andere als falsch. Nach der Unabhängigkeit wurde Venezuela beinahe 100 Jahre lang von diversen *caudillos* (Machthabern) regiert. Erst 1947 trat die erste demokratisch gewählte Regierung ihre Amtszeit an.

Der erste *caudillo* namens General José Antonio Páez kontrollierte das Land 20 Jahre lang (1830–1848, 1861-63). Trotz seiner gnadenlosen Herrschaft erreichte er eine gewisse politische Stabilität und stärkte außerdem die schwache Wirtschaft. In der folgenden Periode kam es zu einer nahezu ununterbrochenen Reihe von Bürgerkriegen. Erst ein weiterer Diktator – General Antonio Guzmán Blanco – konnte dem ein Ende bereiten, und er regierte ebenfalls 18 Jahre lang (1870–1888). Er startete u.a. ein groß angelegtes Reformprogramm mit einer neuen Verfassung. Dies sorgte vorübergehend für Stabilität im Land. Dennoch machte er sich mit seinen despotischen Methoden viele Feinde. Als er zurücktrat, begann in Venezuela erneut der Bürgerkrieg. Páez und Blanco starben beide im Exil (New York, beziehungsweise Paris).

Das schwarze Gold

Die erste Hälfte des 20. Jhs. wurde von fünf aufeinander folgenden Militärmachthabern dominiert. Alle stammten aus dem Andenstaat Táchira. Am längsten regierte General Juan Vicente Gómez, der auch am grausamsten war. Er kam 1908 an die Macht und blieb bis zu seinem Tod 1935 im Amt. Gómez entmachtete das Parlament und erstickte auf seinem Weg zur Alleinherrschaft jegliche Opposition im Keim.

Dank einer Reihe von Ölfunden in den 1910er-Jahren konnte das Gómez-Regime die nationale Wirtschaft kräftig ankurbeln. Ende der 1920er-Jahre war Venezuela größter Erdölexporteur der Welt (und wurde später im Jahre 1960 ein Mitbegründer der OPEC), was nicht nur die wirtschaftliche Erholung förderte: Vielmehr konnte die Regierung Venezuelas Auslandsschulden komplett begleichen.

Doch wie in den meisten anderen Erdölländern bekam die Bevölkerung so gut wie nichts von den Profiten ab. Die meisten Einwohner lebten weiterhin in Armut. Durch das schnelle Ölgeld wurde zudem die Landwirtschaft vernachlässigt; stattdessen entstanden andere Produktionszweige. Es war einfacher, nahezu alle Waren aus dem Ausland zu importieren. Dies ging zwar eine Weile gut, erwies sich aber auf Dauer als unzureichend, wie das Land auch im Moment erfahren muss.

Nach einem kurzen Flirt mit der Demokratie und einer neuen Verfassung kam es 1947 zum unausweichlichen Putsch. Es folgte die Ära von Colonel Marcos Pérez Jiménez. Kaum an der Macht, zerschlug er die Opposition. Ölgelder flossen in öffentliche Einrichtungen und die Sanierung von Caracas. Dabei machte sich Jimenéz nicht gerade viele Freunde.

Coups & Korruption

1958 jagte eine Koalition aus Zivilisten und Militäroffizieren den Diktator Jimenéz aus dem Amt. Mit Rómulo Betancourt als gewähltem Präsidenten kehrte das Land zur Demokratie zurück. Betancourt bekam breite Unterstützung von der Bevölkerung und brachte als erstes demokratisch gewähltes Staatsoberhaupt eine komplette fünfjährige Amtszeit hinter sich. Trotz des Übergangs zur Demokratie driftete das Land an den rechten Rand des politischen Spektrums ab.

Die Profite aus dem Ölexport brachten die folgenden Regierungen recht gut durch die 1970er-Jahre. Die Fördermengen wurden ständig erhöht. Noch bedeutender war aber die Vervierfachung des Ölpreises nach dem Arabisch-Israelischen Krieg von 1973. Venezuela zog daraufhin die Spendierhosen an: In Caracas und Maracaibo schossen moderne Wolkenkratzer aus dem Boden, ergänzt durch den Import einer Vielzahl von Luxusgütern. Doch Hochmut kommt vor dem Fall: Am Ende der 1970er-Jahre war die Wirtschaftskrise bereits im vollen Gang. Während der 1980er-Jahre verschlechterte sich die wirtschaftliche Situation des Landes immer mehr.

1989 gab die Regierung vom Internationalen Währungsfonds geforderte Sparmaßnahmen bekannt, und gestiegene Transportkosten führten zu Protesten; diese *caracazo*, eine Serie landesweiter Aufstände, wurden militärisch niedergeschlagen, wobei Hunderte – vielleicht auch Tausende – Zivilisten ihr Leben verloren. Die daraus resultierende Instabilität führte 1992 zu zwei gescheiterten Staatsstreichen. Ein zuvor unbekannter Fallschirmjäger namens Colonel Hugo Chávez Frías führte den ersten Putschversuch im Februar an. Für die zweite Aktion im November waren Nachwuchsoffiziere der Luftwaffe verantwortlich. Bei der filmreifen Luftschlacht über Caracas flogen Kampfflugzeuge zwischen den Hochhäusern hindurch. Beide Putschversuche forderten zahlreiche Todesopfer.

Bis Mitte der 1990er-Jahre hatte die Regierung mit Korruption, Bankkonkursen und Kreditausfällen zu kämpfen. 1995 musste Venezuela die Landeswährung um mehr als 70 % abwerten. Ende 1998 lebten zwei Drittel der 23 Mio. Einwohner unterhalb der Armutsgrenze.

Linksruck

Im Politzirkus gibt es nichts Besseres als ein spektakuläres Comeback. 1998 wurde Hugo Chávez zum Präsidenten gewählt. Der Anführer des ersten Putschversuchs von 1992 war 1994 begnadigt worden und hatte sogleich eine aggressive populistische Kampagne gestartet: Indem er sich selbst mit Bolívar verglich, versprach Chávez den Ärmsten der Armen Unterstützung und Almosen. Außerdem sprach er sich gegen eine freie Marktwirtschaft nach amerikanischem Vorbild aus. Stattdessen stellte er großspurig – wenn auch relativ undurchsichtig – eine „friedliche und demokratische Sozialrevolution" in Aussicht.

Diese „Sozialrevolution" war dann jedoch alles andere als friedlich. Kurz nach der Amtsübernahme nahm Chávez die Umformulierung der Verfassung in Angriff. Das neue Dokument wurde im Dezember 1999 durch eine Volksabstimmung verabschiedet und verlieh dem Präsidenten zusätzliche und weitreichende Machtbefugnisse. 2001 löste die Einführung diverser neuer Justizdekrete wütende Massenproteste aus. Diese weiteten sich im April 2002 zu einem gigantischen und gewalttätigen Streik aus, der schließlich in einem Staatsstreich der Militärführer gipfelte, der von einer Wirtschaftslobby finanziert wurde. Daraufhin sah sich Chávez zum Rücktritt gezwungen – nur um die Regierungsgeschäfte zwei Tage später wieder aufzunehmen. Dies goss weiteres Wasser auf die Mühlen seiner Gegner.

Während die Spannungen in der Bevölkerung wuchsen, rief die Opposition im Dezember 2002 zum Generalstreik auf. Dadurch sollte der Präsident endgültig abgesetzt werden. Der landesweite Streik legte die ganze Nation lahm – darunter auch die lebenswichtige Erdölindustrie und einen

Großteil des privaten Geschäftssektors. Nach 63 Tagen blies die Opposition den Streik schließlich ab. Die Proteste hatten Venezuela 7,6 % seines Bruttoinlandsproduktes gekostet und die Erdölindustrie nachhaltig geschädigt. Chávez erwies sich als Stehaufmännchen und verkündete seinen Sieg.

Sozialismus im 21. Jh.

Die politische Lage blieb weiterhin unsicher, bis Chávez 2004 ein Amtsenthebungsreferendum für sich entscheiden und seine Macht festigen konnte. Seine Wiederwahl im Jahr 2006 gelang relativ mühelos. Im Jahr darauf scheiterte ein Referendum über die unbegrenzte Wiederwahl des Präsidenten. Doch 2009 gewann Chávez schließlich einen Volksentscheid bezüglich einer Verfassungsänderung, die diese ermöglichte.

Chávez erweiterte seinen Einfluss auch über die Grenzen von Venezuela hinaus. So pflegte er beispielsweise gute Beziehungen zu Ölstaaten im Nahen Osten sowie zu China, das allgemein zu einem immer wichtigeren Handelspartner für Südamerika wird. Zudem ging Chávez auf linksgerichtete Regierungschefs auf dem eigenen Kontinent zu und tat sich z. B. mit Fidel Castro (Kuba) oder Evo Morales (Bolivien) zusammen. Parallel läutete er eine diplomatische Eiszeit im Verhältnis zu den USA ein (US-amerikanische und israelische Staatsbürger benötigen inzwischen für die Einreise nach Venezuela kostenpflichte Visa). Bis heute bestehen außerdem Konflikte zwischen Venezuela und dem benachbarten Kolumbien – Grund hierfür sind Anschuldigungen, dass Venezuela die FARC (Fuerzas Armadas Revolucionarias de Colombia; Kolumbiens bedeutendste Rebellenorganisation) unterstützt und deren Guerillas Unterschlupf gewährt habe. Seit 2015 wurde die Grenze mindestens einmal aus diesem Grund geschlossen.

Chávez' Befürworter hoben seine Programme und Projekte für arme Bevölkerungsschichten hervor. Unter diesen waren u. a. die staatlich finanzierten *misiones* (Missionen) mit kostenloser medizinischer Versorgung, subventionierten Lebensmitteln und Bildungsprogrammen für erwachsene Analphabeten. Hinzu kamen Initiativen zur Neuverteilung von Land, wobei große Besitztümer aufgeteilt und Kleinbauern überlassen wurden. Chávez' Gegner kritisierten wiederum die Zentralisierung der Macht, die Intoleranz gegenüber politisch Andersdenkenden, die großzügige Verwendung von Staatsgeldern für die Regierungspartei und die Abschreckung internationaler Investoren durch Verstaatlichung.

Die Zeit nach Chávez

Chávez' Präsidentschaft war von zahlreichen Krisen und dem langsamen Zusammenbruch der nationalen Wirtschaft geprägt. Dennoch schien seine Position nach zehn Jahren an der Macht unantastbar zu sein: Während dieser Zeit hatten praktisch nur „Chavistas" die Chance auf eine politische Karriere. Nach Einführung der unbegrenzten Wiederwahl wurde Chávez 2012 zum dritten Mal zum Präsidenten gewählt – allerdings mit deutlich geringerer Mehrheit und trotz langanhaltender Gerüchte über seine Krebserkrankung. Letztere wurde bereits 2011 diagnostiziert, aber vor der Wahl nicht offiziell bekanntgegeben. Tatsächlich war Chávez im Vorfeld der Wahl kaum öffentlich aufgetreten und hatte sich monatelang in Kuba behandeln lassen. Er musste sogar seine dritte Amtseinführung absagen und starb schließlich am 5. März 2013.

Im April 2013 trat dann der bisherige Vizepräsident Nicolás Maduro (von Chávez kurz vor dessen Tod zum Nachfolger erkoren) das höchste Staatsamt in Venezuela an. Angesichts von Maduros minimalem Vorsprung bei der vorangegangenen Nachwahl wurde deren Fairness vom Gegenkandidaten Henrique Capriles Radonski stark angezweifelt.

Südamerika verstehen

Geschichte

Südamerika blickt auf eine lange und bewegte Geschichte zurück. Hier entstand eines der größten Reiche der Menschheitsgeschichte, dem die Europäer nach ihrer Ankunft ein Ende bereitet haben. Auch wurden Millionen von Männern, Frauen und Kindern als Sklaven aus Afrika hierher gebracht. Der Drang nach Unabhängigkeit befreite den Kontinent zwar von der Fremdherrschaft, trug aber wenig dazu bei, die große Kluft zwischen Arm und Reich zu überbrücken. Noch im späteren 20 Jh. scheiterten Bewegungen für soziale Gerechtigkeit in vielen südamerikanischen Ländern an Militärdiktaturen.

Ureinwohner

Es gibt unterschiedliche Theorien, die erklären zu versuchen, wie die Ureinwohner nach Amerika gekommen sind. Bis vor Kurzem wurde allgemein angenommen, dass die ersten Siedler aus dem heutigen Sibirien über eine Landbrücke über die Bering-Straße nach Alaska gekommen sind. Einige Wissenschaftler datieren diese epische Migration auf eine Zeit vor etwa 14 000 Jahren. In den vergangenen Jahrzehnten fanden sich allerdings Belege, die auf eine wesentlich frühere Besiedlung der südlichen Regionen Südamerikas hindeuten und die die Landbrücken-Theorie in Frage gestellt haben. Womöglich zogen die Steinzeitmenschen vor bereits 23 000 Jahren zu Fuß oder in Booten an der Küste entlang nach Süden. In Monte Verde in Chile haben Wissenschaftler einige der ältesten unstrittigen Beweise menschlicher Besiedlung in Nord- und Südamerika entdeckt. Offenbar waren jene frühen Völker Seeleute (oder zumindest Meeresfrüchte-Fans): Unter den gefundenen Artefakten fanden sich zehn verschiedene Algenarten.

Die Chinchorro mumifizierten ihre Toten schon etwa 2000 Jahre vor den Ägyptern. Die älteste bekannte Mumie stammt aus der Zeit um 5050 v. Chr.

Die Ureinwohner waren nomadische Jäger und Sammler, die in kleinen Gruppen lebten. Die Landwirtschaft entwickelte sich wahrscheinlich um 5000 v. Chr. mit der Kultivierung von Maniok und Süßkartoffeln im Wanderfeldbau. Etwa zur gleichen Zeit begannen Menschen im Hochland, Pflanzen wie Bohnen anzubauen, von denen auch Saatgut für das Folgejahr geerntet wurde; die ersten Tiere, darunter das Lama, wurden domestiziert. Eine der wichtigsten südamerikanischen landwirtschaftlichen Nutzpflanzen ist die genügsame, aber vielseitige Kartoffel,

ZEITLEISTE

14 000–23 000 v. Chr.

In einer der größten Migrationen der Geschichte erreichen Menschen aus Asien, vermutlich über die Bering-Landbrücke, Amerika.

5. Jt. v. Chr.

Die Menschen Südamerikas beginnen mit dem Anbau von Kürbissen und Bohnen und züchten und domestizieren Lamas.

1. Hälfte des 3. Jt. v. Chr.

Mit Caral etwa 200 km nördlich des heutigen Lima wird die älteste bisher bekannte Stadtsiedlung Amerikas bevölkert. Schätzungen zufolge leben hier in ihrer Blütezeit 1000 bis 3000 Menschen.

die im Andenhochland kultiviert wurde. Heute werden dort mehr als 6000 Kartoffelsorten angebaut.

Die ersten komplexeren Gesellschaften entwickelten sich in den Tälern der peruanischen Küsten, allerdings war ihr Wachstum nicht nachhaltig. Es wird vermutet, dass die Bevölkerungszahl in einigen dieser Täler durch die zur Verfügung stehende Anbaufläche begrenzt war. Weitere Expansion war nur dann möglich, wenn sich die Bewohner in die Nachbartäler ausbreiteten. Das setzte voraus, dass diese Gesellschaften sich organisieren und Veränderungen zulassen mussten – und bereit waren, andere Gebiete zu erobern. Und so trat ein, was sich bei der europäischen Kolonisation wiederholen sollte: Aus Eroberern wurden Herrscher, aus Eroberten Untertanen, und es bildeten sich soziale und wirtschaftliche Hierarchien aus.

Daraus gingen große Zivilisationen hervor, z. B. das Wari-Reich im Hochland Perus, die Kultur der Tiahuanaco im Hochland Boliviens und der Chimú an der Nordküste Perus sowie das Inka-Reich von Cuzco.

Auf dem Höhepunkt ihrer Macht herrschten die Inka über mehr als 12 Mio. Menschen, die auf einer Fläche von rund 1 Mio. km² lebten.

Reich der Inka

Der Legende nach wurde die Inka-Kultur geboren, als Manco Cápac und seine Schwester Mama Ocllo, beides Kinder der Sonne, dem Titicacasee entstiegen, um im Cuzco-Tal eine Zivilisation zu erschaffen. Ob Manco Cápac mit einer historischen Person gleichzusetzen ist, ist (zumindest) umstritten. Tatsache ist jedoch, dass die Inka-Zivilisation irgendwann im 12. Jh. in der Gegend von Cuzco gegründet wurde. Die Herrschaft der ersten paar Inka-Könige verläuft weitgehend wenig bemerkenswert, für ein paar Jahrhunderte blieb das Inka-Reich ein kleiner, regionaler Staat.

Das änderte sich im frühen 15. Jh., als es Yupanqui, dem neunten Inka-Herrscher, entgegen allen Widrigkeiten gelang, Cuzco gegen die ein-

SIEDLUNGEN IM AMAZONASBECKEN

Neue Entdeckungen ändern unsere Vorstellungen über präkolumbische Gesellschaften. Bislang hielt man das Amazonasbecken für eine Wildnis, die als nicht geeignet erschien, größeren Bevölkerungsgruppen eine Lebensgrundlage zu bieten. Inzwischen vermutet man jedoch, dass es die Heimat von Moundbuilders (wörtlich: Erdhügelbauer) war, in deren Siedlungen bis zu 100 000 Einwohner gelebt haben könnten. Mindestens 12 % des nicht überschwemmten Amazonaswaldes sind anthropogenen Ursprungs, wurden also direkt oder indirekt durch den Menschen verändert. Beweise für Landwirtschaft im Regenwald reichen bis zu 4000 Jahren zurück. Bis zu 140 verschiedene Pflanzenarten wurden angebaut. Anthropologen haben gar Belege dafür gefunden, dass frühe Völker komplexe Landwirtschaftstechniken anwendeten, um die Erde mit an Mikroorganismen reicher *terra preta* (schwarzer Erde) aufzubessern.

300 v. Chr.–600 n. Chr.
Die Menschen der Nazca-Kultur im heutigen Peru legen in einer der trockensten Gegenden Südamerikas Bewässerungskanäle an und scharren mysteriöse Linien in den Wüstenboden.

1493
Huayna Cápac (11. Inka-König) beginnt seine Herrschaft und dehnt sein riesiges Reich bis nach Kolumbien aus. Sein vorzeitiger Tod 1525 – vermutlich durch Pocken – hinterlässt ein zweigeteiltes Königreich.

1494
Spanien und Portugal unterzeichnen den Vertrag von Tordesillas, in dem sie die kolonisierten Länder Amerikas untereinander aufteilen. Die östliche Hälfte Südamerikas wird Portugal „gehören".

1548
Mit den Missionaren und Konquistadoren gelangen auch Weinreben nach Chile. Heute gibt es in Chile mehr als 120 Weingüter, die ihre Produkte international vermarkten.

dringenden Chanka zu verteidigten. Nach seinem Sieg gab er sich den großspurigen neuen Namen Pachacutec (Weltenveränderer) und verbrachte die folgenden 25 Jahre damit, den Großteil der Anden unter seine Herrschaft zu bringen. An deren Ende hatten sich die Inka von einer kleinen, regionalen Macht im Cuzco-Tal zu einem ca. 10 Mio. Menschen umfassenden Großreich gewandelt, das als Tawantinsuyo (Reich der vier Weltgegenden) bekannt wurde. Das Königreich erstreckte sich über den Großteil des heutigen Perus sowie über Teile von Ecuador, Bolivien und Chile, es überzog die Anden mit einem mehr als 8000 km langen Straßennetz und kontrollierte die Völker von rund 100 verschiedenen Kulturen und 20 verschiedenen Sprachgruppen für etwa ein Jahrhundert. Das ist umso erstaunlicher, bedenkt man, dass das Volk der Inka als eigene Ethnie niemals mehr als etwa 100 000 Menschen umfasste.

Historische Lektüre

Amerika vor Kolumbus: Die Geschichte eines unentdeckten Kontinents (Charles C. Mann)

Last Days of the Incas (Kim MacQuarrie)

Die offenen Adern Lateinamerikas (Eduardo Galeano)

Wir brüllten nach innen: Folter in der Diktatur heute (Jacobo Timerman)

Die Ankunft der Portugiesen

Die Portugiesen waren die ersten Europäer, die auf dem südamerikanischen Kontinent Fuß fassten. Im Jahr 1500 ging eine Flotte von zwölf portugiesischen Schiffen mit fast 1200 Männern nahe dem heutigen Porto Seguro vor Anker. Sie errichteten ein Kreuz und hielten eine Messe in dem Land, das sie Terra da Vera Cruz (Land des wahren Kreuzes) tauften, bevor sie wieder in See stachen. Im Lauf des nächsten Jahrhunderts gründeten die Portugiesen Küstenkolonien im heutigen Salvador, Rio de Janeiro und an anderen Küstenabschnitten. Dort holzten sie *pau brasil* (Brasilholz) ab, einen Baum, der dem Land seinen Namen gab.

In den folgenden Jahrhunderten sah sich die indigene Bevölkerung einem Vier-Fronten-Krieg ausgesetzt, die Angriffe erfolgten auf physischer, territorialer, kultureller und biologischer Ebene. Viele Völker fielen den *bandeirantes* zum Opfer, die im 17. und 18. Jh. das brasilianische Landesinnere erkundeten und dabei die Siedlungen der Einheimischen plünderten und brandschatzten. Wer einem solchen Schicksal entkam, wurde von den Krankheiten niedergestreckt, die mit den Europäern nach Südamerika gelangten und gegen die die einheimische Bevölkerung nicht resistent war. Andere starben auf den Zuckerplantagen.

Der Untergang der Inka

Das riesige Inkareich war in Schwierigkeiten, noch bevor die Spanier ins heutige Peru kamen. Pocken und andere von europäischen Soldaten übertragene Epidemien verbreiteten sich auf dem amerikanischen Kontinent. Tausende Ureinwohner wurden durch die Krankheit getötet – wahrscheinlich auch der Inka-Herrscher Huayna Cápac, der 1525 starb.

Ohne einen klaren Nachfolgeplan hinterließ der vorzeitige Tod des Anführers ein Machtvakuum. Der Wettbewerb wurde zu einem Duell zwischen zwei seiner vielen Kinder: dem in Quito geborenen Atahualpa,

1550

Angesichts eines Mangels an Arbeitskräften (die versklavten Ureinwohner sterben an europäischen Krankheiten) importiert Portugal afrikanische Sklaven nach Brasilien. Überall entstehen Sklavenmärkte.

1568–1773

Der Orden der Jesuiten ist wichtigster Akteur der Missionierung und Hispanisierung der indigenen Bevölkerung. Letztlich gerät er in den Konflikt mit der Krone und wird 1773 vom Papst aufgehoben.

1807

Napoleon besetzt Portugal. Der portugiesische Prinzregent (der spätere João VI.) und sein gesamter 15 000-köpfiger Hofstaat fliehen nach Brasilien. Die königlichen Kassen ergießen ihren Reichtum über Rio.

1819

Simón Bolívar besiegt mit einer Armee aus Venezolanern und Mitstreitern aus Neugranada (heutiges Kolumbien) die spanische Armee bei Boyacá. Die Republik Großkolumbien wird gegründet.

der die Armee seines Vaters im Norden befehligte, und Huáscar, der in Cuzco ansässig war. Der darauffolgende Kampf versetzte das Reich in einen blutigen Bürgerkrieg, der ganze Städte in Schutt und Asche legte. Atahualpa ging im April 1532 als Sieger hervor. Doch der grausame Konflikt hatte den Inka in den gesamten Anden viele Feinde beschert. Deshalb waren einige Stämme bereit, mit den Spaniern zusammenzuarbeiten, als diese nur fünf Monate später eintrafen.

Während die Portugiesen um die Kontrolle über die Osthälfte des Kontinents kämpften, richteten die Spanier ihren Blick auf die Pazifikküste Südamerikas. Gerüchte über goldene Pracht im Landesinneren veranlassten Francisco Pizarro 1528, eine Erkundungsreise zur Nordküste Perus anzutreten. Dort, nahe Tumbes, wurden er und seine Leute von freundlichen Ureinwohnern mit Fleisch, Obst, Fisch und Maisbier empfangen. Zu ihrer Freude stieß die Gruppe in der Stadt schnell auf Silber und Gold in Hülle und Fülle. Zügig fuhren sie nach Spanien zurück, um königliche Unterstützung für eine größere Expedition zu erbitten.

Im September 1532 kehrten sie mit einer Schiffsladung Waffen, Pferden und Sklaven sowie einem Bataillon von 168 Soldaten zurück. Tumbes, die reiche Stadt, die er nur vier Jahre zuvor besucht hatte, war inzwischen von Epidemien und dem jüngsten Inka-Bürgerkrieg verwüstet worden. Atahualpa hatte sich unterdessen von Quito nach Cuzco aufgemacht, um den in zähem Kampf eroberten Thron zu besteigen. Bei der Ankunft der Spanier befand er sich in der Hochlandsiedlung von Cajamarca und genoss die Mineralbäder der Gegend.

Pizarro begriff schnell, dass sich das Reich in einem zerbrechlichen Zustand befand. Er und seine Männer machten sich auf nach Cajamarca und traten Atahualpa mit königlichen Grüßen und dem Versprechen auf Brüderlichkeit gegenüber. Doch den höflichen Ouvertüren folgte schnell ein Überraschungsangriff, dem Tausende Inka zum Opfer fielen und der für Atahualpa in der Gefangenschaft endete. Mit ihren Pferden, ihren Rüstungen und der Wucht ihrer Feuerwaffen und Schwerter waren die Spanier praktisch unbesiegbar für Kämpfer, die nur mit Knüppeln, Schlingen und Helmen aus Korbgeflecht ausgerüstet waren.

In dem Versuch, seine Freiheit wiederzuerlangen, bot Atahualpa den Spaniern Gold und Silber an – der Anfang einer der berühmtesten Lösegeldübergaben der Geschichte. Die Inka versuchten, einen ganzen Raum mit dem kostbaren Zeug zu füllen, um die Gier der Spanier zu befriedigen, doch war diese unstillbar. Die Spanier hielten den 31-jährigen Atahualpa für acht Monate fest, bevor sie ihn mit der Garrotte hinrichteten.

Von dieser Begegnung sollte sich das Reich der Inka nie erholen. Der Ankunft der Spanier folgte ein Zusammenbruch der indigenen Gesellschaft. Schätzungen zufolge schrumpfte die Bevölkerung von etwa 10 Mio. Menschen bei Pizarros Ankunft innerhalb eines Jahrhunderts auf 600 000.

Das mit dem Pulitzer-Preis ausgezeichnete Buch *Arm und Reich. Die Schicksale menschlicher Gesellschaften* von Jared Diamond ist eine umsichtige Untersuchung der Gründe dafür, dass einige europäische Gesellschaften über so viele andere gesiegt haben. Die Schlacht um Cajamarca und Atahualpas Gefangennahme durch die Spanier werden ausführlich besprochen.

In den 1950ern erforschte der Norweger Thor Heyerdahl bei der Überquerung des Pazifiks die Osterinsel; sie wurde zum Kern seiner Thesen zu den südamerikanischen Ursprüngen der polynesischen Zivilisation. Mehr erfährt man in seinen Büchern *Aku-Aku – Das Geheimnis der Osterinsel* und *Kon-Tiki – Ein Floss treibt über den Pazifik*.

1830

Großkolumbien spaltet sich auf in Kolumbien (einschließlich des heutigen Panamas), Ecuador und Venezuela. Bolívar entschließt sich, ins Exil zu gehen; er stirbt in Santa Marta in Kolumbien.

1834–1835

Die HMS *Beagle* ist auf Forschungsreise um Südamerika. Mit an Bord: Charles Darwin. Statt zwei dauert die Expedition fünf Jahre und gibt Darwin Anregungen zu seiner später entwickelten Evolutionstheorie.

1865–1870

Brasilien, das mit Uruguay und Argentinien verbündet ist, führt den Triple-Allianz-Krieg gegen Paraguay. Der blutigste Konflikt Südamerikas fordert unzählige Tote und löscht die Hälfte der Bevölkerung Paraguays aus.

1879–1883

Chile führt wegen reicher Nitratvorkommen in der Atacama-Wüste Krieg gegen Peru und Bolivien. Bolivien verliert im sogenannten Salpeterkrieg seine Küste, Peru seine südlichste Region Tarapacá.

Die dunkle Epoche der Sklaverei

Zwischen 1500 und 1866 fielen rund 12,5 Mio. Menschen in die Hände europäischer Sklavenhändler, etwa 10,7 Mio. überlebten die mörderische Reise von Afrika nach Amerika. Nur ein Bruchteil von ihnen – ungefähr 500 000 – gelangten nach Nordamerika, die Mehrheit wurde hingegen nach Lateinamerika und in die Karibik verschleppt, allein bis zu 6 Mio. nach Brasilien, wo auf die meisten von ihnen die zermürbende Arbeit auf den Zuckerrohrplantagen wartete. Man hatte sie den unterschiedlichsten Stämmen in Angola, Mosambik und Guinea sowie im Sudan und im Kongo entrissen. Doch was auch immer ihre Ursprünge und Kulturen waren, ihr Ziel war immer dasselbe: ein Sklavenmarkt wie Salvadors Pelourinho oder Beléms Mercado Ver-o-Peso. Kleinere Gruppen von Afrikanern wurden nach Peru, Kolumbien, in die Guyanas und in die Karibik gebracht.

Einer der brasilianischen Volkshelden ist Chico Rei, ein afrikanischer König, der versklavt und gezwungen wurde, in den Minen zu arbeiten, dem es aber gelang, seine Freiheit und später die seines Stammes zu erkaufen.

Für all diejenigen, die die Tortur der Verschleppung überlebten, war die Ankunft in Amerika erst der Beginn ihrer Qualen. Das Leben eines Sklaven war bestimmt von Brutalität und Demütigung. Gütige Herren blieben die seltene Ausnahme, die Arbeit auf den Plantagen war hart. Die Sklaven wurden gezwungen, am Tag bis zu 17 Stunden zu schuften, bevor sie in ihre armseligen und schmutzigen *senzala* (Sklavenquartiere) zurückgetrieben wurden, wo sich nicht selten 200 Sklaven eine winzige Unterkunft teilen mussten. Hygiene gab es hier ebenso wenig wie Hoffnung für die Afrikaner, ihre Heimat jemals wiederzusehen. Ruhr, Fleckfieber, Gelbfieber, Malaria, Tuberkulose und Skorbut waren an der Tagesordnung, Unterernährung allgegenwärtig.

Auch die Syphilis plagte die Sklavenbevölkerung, die von ihren Herren nicht nur auf den Feldern, sondern auch sexuell ausgebeutet wurde. Sexuelle Beziehungen zwischen Herren und Sklavinnen waren so gängig, dass bald eine große Bevölkerungsgruppe mit gemischter afrikanisch-europäischer Abstammung entstand. Abseits der Plantagen herrschte Mangel an weißen Frauen, und viele weiße Siedler benutzten schwarze oder indigene Frauen als Sexsklaven.

Die erste *favela* (Slum bzw. Elendsviertel) entstand in Rio im Jahre 1897, doch erst seit 1994 werden diese Gemeinden auf Karten verzeichnet. Heute gibt es über 600 von ihnen.

Nicht selten gelang es Sklaven, ihren Herren zu entfliehen. Sie fanden sich zu *quilombos* zusammen, Siedlungen entlaufener Sklaven, die es bald überall im Land gab. In der bekanntesten dieser Niederlassungen, Palmares, die fast das gesamte 17. Jh. überdauerte, lebten etwa 20 000 Menschen, bevor sie von den Portugiesen zerstört wurde.

Zwischen 1816 und 1831 wurde in den meisten Ländern Südamerikas die Sklaverei verboten, in Brasilien erst 1888. Es überrascht kaum, dass die entsprechenden Gesetze keinen großen, unmittelbaren Unterschied auf das Wohlergehen der 800 000 freigelassenen Sklaven hatte, von denen die meisten ungelernte Arbeiter und Analphabeten waren. Tausende fanden sich ohne jede staatliche Unterstützung auf der Straße wieder.

1888

In Brasilien wird die Sklaverei abgeschafft – und somit auch im letzten Land Südamerikas.

1890er-Jahre

Mit der Abschaffung der Sklaverei öffnet Brasilien seine Grenzen, um seinen Bedarf an Arbeitskräften zu decken. Millionen wandern aus Italien, Portugal, Spanien, Deutschland, Japan und anderen Ländern ein.

1967

Nachdem er es nicht geschafft hat, einen Bauernaufstand in Bolivien zu entfachen, wird der argentinische Revolutionär Ernesto „Che" Guevara im Dorf La Higuera von einem US-Soldaten hingerichtet.

1970

Ein Erdbeben der Stärke 7,7 im Norden Perus kostet fast 80 000 Menschen das Leben, 140 000 sind verletzt, weitere 500 000 verlieren ihr Zuhause.

Viele starben, andere strömten auf der verzweifelten Suche nach Arbeitsplätzen in die brasilianischen Ballungszentren.

Kritiker weisen darauf hin, dass nach Ende der Sklaverei den Menschen, die nun ihre Freiheit erlangten, nicht wirklich Gerechtigkeit zuteil wurde. Grobe Ungleichheiten plagen Südamerika bis heute. Eine brasilianische Studie aus dem Jahr 2015 belegt, dass Schwarze lediglich 59 % dessen verdienen, was Weiße verdienen, und dass jedes Jahr 132 % mehr Afro-Brasilianer als Weiße durch Gewalt ihr Leben verlieren.

Unabhängigkeit

Zu Beginn des 19. Jhs. wuchs in vielen spanischen Kolonien die Unzufriedenheit der *criollos* (in Amerika geborene Nachkommen europäischer Eltern) gegenüber der spanischen Krone. Die fehlenden Möglichkeiten, sich selbst zu verwalten, und die hohen Abgaben Richtung Spanien ließen den Ruf nach Unabhängigkeit auf dem ganzen Kontinent immer lauter werden. Der argentinische Unabhängigkeitskämpfer José de San Martín führte im Jahr 1818 Aufstände in Argentinien und Chile an, bevor er 1821 die Küste entlang nach Lima segelte. Aus der entgegengesetzten Richtung machte sich Simón Bolívar auf den Weg, der Revolutionär und „El Libertador“ (Befreier) von Venezuela, Kolumbien und Ecuador.

Im Jahr 1822 kam es schließlich in Guayaquil in Ecuador zu einer geschichtsträchtigen Begegnung der beiden Revolutionäre: Der eher unpolitische San Martín traf auf Bolívar, der ausgeprägte politische Ambitionen hatte. San Martín erwog aus Sorge, Peru könne zerfallen, die Berufung eines mit großer Macht ausgestatteten Führers oder gar Monarchen, während Bolívar auf eine konstitutionelle Republik bestand. In komplizierten Verhandlungen, die zu Verstimmungen in beiden Lagern führten, setzte sich schließlich Bolívar durch. San Martín kehrte in den Süden zurück. Doch die folgenden Entwicklungen enttäuschten letztlich beide. Rasch breiteten sich *caudillos* (lokale Kriegsherren) aus, ein Vorgeschmack auf das, was im Wesentlichen Südamerikas Geschichte im 19. Jh. bestimmen sollte.

Wie in so vielen Belangen ging Brasilien auch in puncto Unabhängigkeit seinen eigenen Weg. Anders als in seinen Nachbarländern lebte in Brasilien zu Beginn des 19. Jhs. ein europäischer Monarch: Der portugiesischen Königsfamilie war es gelungen, gerade noch rechtzeitig nach Brasilien zu flüchten, bevor Napoleon 1807 Portugal besetzte. Der Prinzregent – und zukünftige König Johann (João) VI. – verliebte sich in die Stadt Rio de Janeiro und machte sie zur Hauptstadt des Vereinigten Königreichs von Portugal, Brasilien und der Algarve. Seine Zuneigung für Brasilien war so stark, dass er auch nach Napoleons Niederlage bei Waterloo (1815) zunächst nicht nach Portugal zurückkehrte; nur sehr widerwillig trat er erst 1821 die Reise zurück nach Europa an. Seinen Sohn

In *Liberators: Latin America's Struggle for Independence* (2002) erläutert Robert Harvey sehr gut lesbar die epische Geschichte des kolonialen Lateinamerika mit seinen Helden und Abenteurern wie O'Higgins, San Martín und Lord Cochrane.

In seinem zauberhaften wie realistischen Roman *Hundert Jahre Einsamkeit* (1967) erzählt Gabriel García Márquez von der Brutalität liberal-konservativer Rivalitäten und Vendettas. Den Rahmen der Geschichte bilden Konflikte, die sich von 1885 bis 1902 im fiktiven Dorf Macondo zutragen.

1970

Chiles Salvador Allende wird der erste demokratisch gewählte marxistische Präsident der Welt. Radikale soziale Reformen folgen. Die Einkommen werden massiv umverteilt, viele private Unternehmen verstaatlicht.

1973–1989

Nach einem Militärputsch übernimmt General Augusto Pinochet in Chile die Macht. Er löst den Kongress auf, verbietet fast alle politischen Aktivitäten und regiert per Dekret.

1976–1983

Unter der Führung von General Jorge Videla übernimmt eine Militärjunta die Kontrolle über Argentinien. Es beginnt der „Schmutzige Krieg“ – innerhalb von sieben Jahren „verschwinden“ ca. 30 000 Menschen.

1992

Zum 500. Jahrestag der Ankunft von Kolumbus verlangen Tausende indigener Demonstranten während eines Protestmarschs in Quito eine Landreform. Nach Verhandlungen erhalten sie 2,5 Mio. ha im Amazonsgebiet.

Peter beließ er allerdings als Regenten in Rio. Als das portugiesische Parlament Brasiliens früheren Status als abhängige Kolonie wiederherzustellen versuchte, weigerte sich Peter, erklärte die Unabhängigkeit Brasiliens vom Mutterland und ernannte sich selbst zum Kaiser Peter I. Portugal war längst zu schwach, gegen sein Lieblingskind in die Schlacht zu ziehen: So erlangte Brasilien 1822 seine Souveränität, ohne dass ein Tropfen Blut vergossen wurde.

Hectór Oliveras Film *Schutziger Kleinkrieg* (*Funny Dirty Little War*; 1983) ist eine zwar beunruhigende, aber gleichzeitig großartige schwarze Komödie, die in einer fiktiven Stadt kurz vor dem Militärputsch 1976 in Argentinien spielt.

Militärdiktatur

Im 20. Jh. erlebte Südamerika turbulente Zeiten, geprägt von politischen Wirren und wirtschaftlichen Krisen, die Militärdiktaturen den Weg ebneten. Die sozialen Unruhen, die der Weltwirtschaftskrise von 1929 folgten, gab der militärischen Führung vieler Ländern die Gelegenheit, die Macht zu ergreifen. In Argentinien putschte sich der profaschistische General José Félix Uriburu 1930 an die Spitze des Staates und begründete damit die Década Infame, das Berüchtigte Jahrzehnt. Ebenfalls in den 1930er-Jahren kam es zu militärischen Staatsstreichen und der Machtübernahme repressiver Regimes in Peru und Chile. In Brasilien begann die Ära des autokratischen Getulio Vargas, oppositionelle Parteien wurden verboten, Medien drangsaliert und Gegner eingesperrt.

Dies war nur der Auftakt, es folgten weit schrecklichere Diktaturen. Besonders die 1960er- und 1970er-Jahre brachten finstere Zeiten für den Kontinent, Militärjuntas herrschten in Argentinien, Bolivien, Brasilien, Chile, Paraguay, Peru, Suriname und Uruguay. Von Studenten und Arbeitern angeführte Bewegungen, die für soziale Gerechtigkeit eintraten, wurden mit zunehmender Brutalität von den Machthabern unterdrückt.

Der Falklandkrieg ist in Argentinien immer noch ein heikles Thema – sollte es zur Sprache kommen, ist es besser den Begriff „Malvinas" anstelle von „Falklandinseln" zu verwenden.

Im Argentinien der späten 1960er- und 1970er-Jahre mündeten Proteste der Bevölkerung in Unruhen. Bewaffnete Guerilla-Organisationen entstanden als radikale Gegner des Militärs, der Oligarchien und des US-amerikanischen Einflusses in Lateinamerika. 1976 erlangte der Armeegeneral Jorge Rafael Videla die Macht. Es folgten sieben blutige Jahre, die als „Schmutziger Krieg" traurige Berühmtheit erlangten. Im ganzen Land gingen Sicherheitskräfte gegen mutmaßliche Linke vor, von denen viele gefoltert und getötet wurden. Bis zu 30 000 Menschen sind während jener Säuberungen „verschwunden" – d.h., sie wurden ermordet.

In Chile keimte mit der Wahl des sozialistischen Kandidaten Salvador Allende im Jahr 1970 neue Hoffnung auf eine bessere Zukunft auf, die aber mit Augusto Pinochets Staatsstreich im Jahr 1973 ihr jähes Ende fand. Er hielt sich bis 1989 an der Macht und sollte Lateinamerikas berüchtigtster Diktator werden. Tausende, die im Verdacht standen, eine linke Gesinnung zu haben, gerieten in Gefangenschaft und wurden gefoltert und hingerichtet. Hunderttausende flohen aus dem Land.

1998
Hugo Chavez wird Präsident von Venezuela. Er investiert in Sozialprogramme, verstaatlicht aber auch Industriezweige, zentralisiert die Macht und unterdrückt gegensätzliche Meinungen.

2001
Infolge einer gewaltigen Finanzkrise erreicht die Arbeitslosigkeit in Argentinien 18,3 %. Die Regierung erklärt zunächst den Staatsbankrott und entwertet weniger später den Argentinischen Peso.

2010
Die Welt folgt dem Schicksal von 33 chilenischen Bergleuten, die in der Nähe von Copiapó (Ecuador) 69 Tage lang 700 m unter der Erde eingeschlossen sind und freut sich mit, als letztendlich alle gerettet werden.

2014
Brasilien ist Ausrichter der FIFA Fußball-Weltmeisterschaft 2014. Für das Ereignis, das in zwölf Städten im ganzen Land stattfindet, werden rund 12 Mrd. US-Dollar investiert.

Unterdessen gaben sich auch in Brasilien zwischen 1964 und 1984 wechselnde Militärdiktatoren die Klinke in die Hand. Wenngleich diese nicht mit der gleichen Brutalität wie ihre Pendants in Chile und Argentinien agierten, so prägten doch auch sie im größten Land Südamerikas eine Periode, in der abweichende Meinungen unterdrückt, Parteien verboten und die Medien gleichgeschaltet wurden. Erst in den frühen 1990er-Jahren kehrte die Demokratie in die meisten Länder Südamerikas zurück – und mit ihr die Hoffnung vieler Menschen auf ein besseren Leben.

Das 21. Jahrhundert

Gegen Ende der 1990er-Jahre und bis ins 21. Jh. hinein zeichnete sich in Südamerika eine bemerkenswerte Besserung der Umstände ab. Eine aufstrebende Mittelschicht, sinkende Armutsraten und starke Volkswirtschaften prägten die frühen 2000er. Mit der politischen Entscheidung vieler auf dem Kontinent, eine eher links-soziale Politik zu unterstützen. gingen die Lohnunterschiede leicht zurück, und soziale Gerechtigkeit schien wichtig zu sein.

Progressive Politiker wie der ehemalige brasilianische Präsident Lula ebneten den Weg und zeigten, dass man sowohl Wirtschaftswachstum fördern als auch Menschen aus der Armut befreien kann. Das in Südamerika allgegenwärtige Machismo-Prinzip musste einen Rückschlag hinnehmen, als die ersten weiblichen Präsidenten in Südamerika dazu beitrugen, genau diese Barrieren abzubauen. Cristina Kirchner in Argentinien, Dilma Rousseff in Brasilien und Michelle Bachelet in Chile führten als Präsidentinnen einige der größten Volkswirtschaften Südamerikas. Auf der politischen Bühne erschienen auch Führer indigener Herkunft, darunter Evo Morales in Bolivien und Alejandro Toledo in Peru.

Andererseits ist Korruption in Südamerika immer noch wesentlicher Teil der politischen Landschaft. In Brasilien hat einer der größten Skandale in der Geschichte des Landes (es ging um Bestechung und Geldwäsche in Höhe von 3 Mrd. US$) viele Politiker und Industriebosse um ihre Posten gebracht und 2016 zur Amtsenthebung von Präsidentin Dilma Rousseff geführt.

In den vergangenen Jahren hatten die südamerikanischen Volkswirtschaften mit sinkenden Währungskursen und einer wachsender Arbeitslosigkeit zu kämpfen. Die Armut auf dem Land bleibt in jedem Land Südamerikas ein gravierendes Problem. Viele Familien ringen noch immer damit, ihre Grundbedürfnissen zu sichern: angemessene Ernährung, Gesundheitsfürsorge und sauberes Wasser. Und immer noch ist jeder siebte von ihnen von extremer Armut betroffen und muss von weniger als 2,50 US$ pro Tag leben.

2015

Papst Franziskus besucht Bolivien und bittet demütig um Vergebung für die schweren Sünden, die im Namen Gottes gegen die indigenen Völker Amerikas begangen wurden.

2016

Rio ist als erste Stadt Südamerikas Gastgeber der Olympischen Sommerspiele. Die Stadt steckt 13 Mrd. US-Dollar in die Vorbereitungen, u. a. in eine neue U-Bahnlinie, eine Stadtbahn und in neue Museen.

2018

Der peruanische Präsident Pedro Pablo Kuczynski tritt angesichts einer Reihen von Skandalen und eines möglichen Amtsenthebungsverfahrens zurück und wird von Vizepräsident Martín Vizcarra abgelöst.

2019

Jair Bolsonaro wird als Präsident Brasiliens vereidigt. Neben Piñera (Chile), Macri (Argentinien) und Duque (Kolumbien) steht er für den Aufstieg ultrakonservativer Populisten und einen drastischen Ruck nach Rechts.

Bevölkerung & Kultur

Die südamerikanische Kultur ist sehr vielschichtig. Die Religion ist ein Schlüsselelement des Kontinent, auf dem Christentum, indigene und afrikanische Glaubensrichtungen die Identität geformt haben. Südamerika ist außerdem der Geburtsort vieler großartiger Musikgenres, darunter Samba, Tango, Andenmusik und zahlreiche andere regionale Musikrichtungen. Religion und Musik vereinen die Bevölkerung zwar über sozioökonomische Grenzen hinweg, doch in der stark gegliederten Gesellschaft herrscht noch immer eine riesige Kluft zwischen Reich und Arm.

Eines der bekanntesten Gesichter aus dem Amazonasgebiet ist Raoni Metuktire, Häuptling der Kayapó. Der 1930 geborene Raoni war ein früher Verfechter der Rechte der Indigenen und des Schutzes des Amazonas. Sein Einsatz und Handeln haben die weltweite Aufmerksamkeit auf die Notlage des Regenwaldes und seiner Bewohner gelenkt.

Multikulturelle Gesellschaften

Südamerika ist erstaunlich vielfältig. Der Kontinent wurde von den Ureinwohnern, den europäischen Kolonialisten und den afrikanischen Sklaven, die auf den Plantagen und in den Minen arbeiteten, geprägt. Ihre Kulturen haben sich von Land zu Land ganz unterschiedlich stark vermischt, und damit ist auch die Bevölkerung entsprechend mehr oder weniger homogen.

Auch Einwanderer haben zur komplexen ethnischen Zusammensetzung Südamerikas beigetragen. Jahrzehntelang waren die USA ein Hauptziel südamerikanischer Migranten. Heute wandern viel mehr Menschen in andere Länder auf dem eigenen Kontinent aus; die größte Zahl an Einwanderern aus den Nachbarländern verzeichnen Brasilien, Argentinien und Chile. Zudem hat jedes der dreizehn Länder Südamerikas seine eigene komplexe Dynamik. Ecuador etwa hat nur 16 Mio. Einwohner, doch ca. 2 Mio. Ecuadorianer leben in den USA, Italien und Spanien (wo sie die größte lateinamerikanische Einwanderergruppe bilden). Andererseits kamen in den 1980er- und 1990er-Jahren auch Kolumbianer, die vor den Konflikten in ihrem Land flohen, sowie Peruaner auf der Suche nach besseren Jobs nach Ecuador. Die Situation ändert sich aber immer wieder: Seit 2008 kehren immer mehr Ecuadorianer aus dem Ausland in die Heimat zurück, weil sich die Arbeitsmöglichkeiten im eigenen Land verbessert haben.

Im 19. Jh. erlebten Brasilien und Argentinien eine Masseneinwanderung aus Europa: Spanier, Italiener, Deutsche und Osteuropäer bildeten die größten Immigrantengruppen, die nach Amerika zogen. Brasilien begrüßte aber auch Einwanderer aus Japan, Portugal und dem Nahen Osten. Sie arbeiteten in vielen Bereichen, von Kaffeeplantagen und Landwirtschaft bis zur Schwerindustrie in den rasant wachsenden Städten des Kontinents. Bis ins 20. Jh. kamen immer wieder neue Einwanderer, darunter Juden auf der Flucht vor der Verfolgung durch die Nationalsozialisten, später Nationalsozialisten, die sich den Kriegsverbrechertribunalen entziehen wollten, aber auch Italiener und andere, die nach dem Krieg ihren zerstörten Heimatstädten den Rücken kehrten.

Im Amazonasregenwald leben noch immer Dutzende unkontaktierte indigene Gruppen. 2007 erschienen in einem Dorf in Pará plötzlich 89 Metyktire – die erste Begegnung seit 1950 mit dieser Gruppe, die man schon für ausgestorben gehalten hatte.

Lebensstile

Fast überall in Südamerika klafft ein gähnender Abgrund zwischen Arm und Reich. Von ihren europäischen Ahnen, den Kolonialisten und Sklavenbesitzern, übernahmen die modernen Südamerikaner eine stark in

Schichten unterteilte Gesellschaft, und die entmutigende Kluft zwischen den Armen und den Wohlhabenden existiert bis heute, sowohl auf dem Land als auch in den Städten. Die unterste Schicht bilden diejenigen, die für Niedriglöhne in den Städten arbeiten oder auf dem Land ein karges Leben fristen und oft kaum genug zu essen haben. Die arme Landbevölkerung ist für die städtische Mittel- und Oberschicht praktisch unsichtbar.

Die Mittel- und Oberschicht lebt in schönen Wohnungen oder Häusern, ausgestattet mit allem Komfort der westlichen Welt, etwa gute Gesundheitsversorgung in Privatkliniken, Autos, Urlaubsreisen und die neuesten elektronischen Geräte (wenngleich iPhones und Laptops hier teurer sind). Wegen der niedrigen Löhne haben viele Haushalte, selbst in der Mittelklasse, ein Dienstmädchen. Wer es sich leisten kann, lebt abgeschottet in streng bewachten Gebäuden oder geschlossenen Wohnanlagen.

Am größten ist diese Kluft in sehr armen Ländern wie Bolivien, wo die Hälfte der Bevölkerung unterhalb der Armutsgrenze lebt. Dort haben viele Menschen weder fließendes Wasser noch Strom oder Heizung, und Kinder sind ständig von Krankheit bedroht – die meisten Todesfälle bei Kindern stehen im Zusammenhang mit Unterernährung und Armut.

Una Mujer Fantástica (Eine fantastische Frau; 2017) des chilenischen Filmemachers Sebastián Lelio handelt von einer Transfrau, die mit den tiefen Vorurteilen der Gesellschaft zu kämpfen hat. Die Hauptrolle spielt Daniela Vega, die als erste offen lebende Trans-Person überhaupt während einer Oscar-Verleihung einen Beitrag anmoderierte.

Religion

Christentum

In Südamerika dominiert die römisch-katholische Kirche, ein Erbe der frühen spanischen und portugiesischen Siedler. Die Zahl der Anhänger ist von Region zu Region unterschiedlich, und auch von Land zu Land ist die Situation komplex. In Argentinien bezeichnen sich etwa 92 % der Bevölkerung als Katholiken, doch nicht einmal 20 % praktizieren den Glauben regelmäßig. Im Durchschnitt sind 70 % oder mehr der Einwohner jedes Landes römisch-katholisch. Ihr Anteil schrumpft von Jahr zu Jahr, und viele Gläubige, besonders in den Städten, kommen nur noch zur Taufe, zur Hochzeit und zur Beerdigung in die Kirche. Nichtsdestotrotz ist der starke Einfluss der Kirche überall unübersehbar. Fast in jeder Stadt und jedem Dorf gibt es eine Hauptkirche oder Kathedrale, und der Kalender ist mit katholischen Feiertagen und Festlichkeiten prall gefüllt.

Gleichzeitig erleben die Kirchen der evangelikalen Christen einen Boom. In ganz Südamerika, vor allem in armen Gegenden, wo die Menschen besonders verzweifelt sind, sind einfache, erst vor Kurzem erbaute Kirchen mit Gläubigen gefüllt. Besonders erfolgreich waren die Evangelikalen bei der Bekehrung von Katholiken, die von der persönlicheren Beziehung zu Gott und dem direkteren Rat in Fragen der Gesundheit, des Arbeitslebens und der moralischen Lebensführung angezogen werden. Viele neue Anhänger hat vor allem die charismatische Pfingstkirche, bei der die Heilung von Kranken durch Gott, die Zungenrede und das Empfangen direkter Botschaften von Gott eine besonders große Rolle spielen. Angesichts des gegenwärtigen Wachstums der evangelikalen Kirchen gibt es schon Schätzungen, dass die meisten Südamerikaner im Jahr 2050 Protestanten sein werden.

Ein peruanischer Priester, Gustavo Gutiérrez, formulierte 1971 als Erster die Prinzipien der Befreiungstheologie, die die christliche Theorie mit sozialer Gerechtigkeit verbindet. Heute lehrt er in den USA.

Indigene Religionen

Unter der indigenen Bevölkerung war der Übertritt zur katholischen Konfession oft ein cleverer Trick, um im Verborgenen ihrem traditionellen Glauben folgen zu können, der nur vordergründig von der Kirche verboten war. In Teilen im Inneren des Kontinents wie dem Amazonasgebiet und der Andenregion florieren Schamanismus und Animismus noch immer. Es gibt auch einen starken Glauben an mächtige Geister, die die natürliche Welt bewohnen – den Himmel, die Berge, Blitz und

Donner und den Wind. Einige Gruppen wie die Aymara in den Anden praktizieren eine Religion des Synkretismus und beten gleichzeitig die indigenen Götter und die katholischen Heiligen an. Sie besuchen vielleicht die Messe, Taufen und katholische Heiligenfeste, erweisen zur Erntezeit aber auch Pachamama (Mutter Erde) die Ehre. Das alte Inka-Fest Inti Raymi (Fest der Sonne) wird in einigen Teilen der Anden mit großer Inbrunst gefeiert. Es findet zum Gedenken an den mythischen Ursprung der Inka zur Zeit der Wintersonnenwende (Ende Juni) statt.

Afrikanische Religionen

Versklavte Menschen brachten alte westafrikanische Religionen mit nach Amerika, die sich im Lauf der Jahrhunderte an die neue Kultur anpassten. Die bekannteste und konventionellste dieser Religionen ist der Candomblé, der mit Sklaven der Volksgruppen Nago, Yoruba und Jeje nach Brasilien kam. Später schlug er in Bahia Wurzeln und wird dort heute noch praktiziert. Das Wort Candomblé bezeichnet einen Tanz zu Ehren der Götter, und tranceähnliches Tanzen ist tatsächlich ein wesentlicher Bestandteil der Religion. Afrobrasilianische Rituale werden von einem/einer Candomblé-Priester/in geleitet, dem *pai de santo* oder der *mãe de santo* (wörtlich „Vater der Heiligen" oder „Mutter der Heiligen"). Der Candomblé wird im *casa de santo* oder *terreiro* (Haus des Gebets) praktiziert.

Im Zentrum der Religion stehen die Orisha. Wie die Götter der griechischen Mythologie hat jede/jeder Orisha eine individuelle Persönlichkeit und Geschichte. Es gibt zwar männliche und weibliche Orishas, einige können sich jedoch von einem Geschlecht ins andere verwandeln, z. B. Logunedé, der Sohn zweier männlicher Götter, oder Oxumaré, der sechs Monate des Jahres männlich ist und die anderen sechs Monate weiblich. (Da überrascht es nicht, dass der Candomblé der Homosexualität und Bisexualität gegenüber viel toleranter ist als andere Religionen).

Die Anhänger des Candomblé glauben, dass über jeden Menschen eine ganz spezielle Gottheit wacht, und sie bringen ihrem/ihrer jeweiligen Orisha Essen und andere Gaben dar.

Musik

Südamerika hat der Welt ein reiches musikalisches Erbe geschenkt: Tango, Samba, Bossa Nova und eindringliche Volksmusik aus den Anden. Und das ist nur eine kleine Auswahl des südamerikanischen Soundtracks, dessen Wurzeln und Rhythmen bis nach Europa, Afrika und den indigenen präkolumbischen Dörfern reichen.

Die vielleicht groovigste der zahllosen peruanischen Musikrichtungen ist die afroperuanische Musik von der Küste. Einen hervorragenden Einstieg in diese Musik bietet das von David Byrne produzierte Sammelalbum *Afro-Peruvian Classics: The Soul of Black Peru*.

Tango

In ganz Südamerika spielt Musik bei Festen eine Schlüsselrolle, und in vielen Städten ist sie auch Dreh- und Angelpunkt des Nachtlebens. Der Tango ist eng mit Buenos Aires verbunden (aber auch mit dem weniger bekannten Montevideo in Uruguay). Er entstand Ende des 19. Jhs. in den argentinischen Bordellen. Salonfähig wurde er jedoch erst in den 1920er- und 1930er-Jahren, nachdem Carlos Gardel mitgeholfen hatte, die Songs populär zu machen. Gardel wurde zwar in Frankreich geboren, doch im Alter von drei Jahren brachte ihn seine mittellose alleinerziehende Mutter nach Buenos Aires. In seiner Jugend unterhielt er mit seinem leidenschaftlichen Gesang die Nachbarn, später machte er erfolgreich als Sänger Karriere und brachte den Tango im Alleingang aus den Wohnzimmern auf die Bühnen der Welt. Auf dem Höhepunkt seiner Karriere kam er tragisch bei einem Flugzeugabsturz ums Leben und wurde weltweit betrauert.

Ein weiterer Pionier der Tangowelt war Astor Piazzolla, der das Genre von den Tanzsälen in die Konzertsäle brachte. Der sogenannte Tango

PROTESTSONGS

Als im 20. Jh. Militärdiktaturen riesige Teile Südamerikas kontrollierten, erlebte der Kontinent eine dunkle Ära. Einige mutige Sänger und Liedermacher erhoben ihre Stimme gegen die Unterdrückung, klagten die begangenen Gräueltaten an und standen an der Spitze des Rufs nach sozialer Gerechtigkeit. Die politisch progressive Volksmusik des *nueva canción* (wörtlich „Neues Lied"), die in den 1960er-Jahren in Lateinamerika entstand, erreichte in Chile unter der Diktatur Pinochets einen Höhepunkt und breitete sich rasch in andere Länder aus. Der Sänger Víctor Jara, der von Frieden und sozialer Gerechtigkeit sang, bezahlte für seine aufrechte Haltung mit dem Leben: Er wurde 1973 vom chilenischen Militär gefoltert und ermordet.

Mercedes Sosa war eine der führenden Persönlichkeiten der Protestbewegung in Argentinien und wurde für ihre mutigen Auftritte als „die Stimme der Menschen ohne Stimme" bekannt. Damit machte sie sich die argentinische Militärführung zum Feind, die sie 1979 aus dem Land verbannte. Sie kehrte 1982 kurz vor dem Zusammenbruch des Militärregimes zurück.

Eine der einflussreichsten Persönlichkeiten der Protestbewegung gegen die Militärdiktatur in Brasilien (die von 1964 bis 1984 herrschte) war Chico Buarque, der als einer der besten Liedermacher des Landes gilt. Seine poetischen Texte waren clever geschrieben und nutzten verschlüsselte Analogien, die die Zensoren des Militärs oft nicht bemerkten. Lieder wie „A Pesar de Você" (Trotz euch) wurden nationale Protestlieder im Kampf für soziale Gerechtigkeit.

Nuevo entstand in den 1950er-Jahren und machte sich mit seiner Mischung aus Jazz und klassischen Elementen und den neuen Formen der melodischen Strukturen einen Namen. Piazzolla ebnete auch dem in den 1970er-Jahren aufkommenden Tango Fusion den Weg, der heute in der Musik von Electrotango-Gruppen wie dem Gotan Project Bajofondo Tango Club und Tanghetto weiterlebt.

Samba & Bossa Nova

Die moderne brasilianische Musik entstand im Wesentlichen mit der Geburt des Samba, der erstmals im frühen 20. Jh. in einem Stadtviertel von Rio in der Nähe des heutigen Viertels Praça Onze erklang. Einwanderer aus Bahia bildeten hier eine enge Gemeinschaft, die die traditionellen afrikanischen Gebräuche pflegte – Musik, Tanz und die Religion Candomblé. Diese Atmosphäre förderte Talente wie Pixinguinha, einen der Gründerväter des Samba, und Donga, einen der Komponisten des ersten aufgenommen Samba-Lieds „Pelo Telefone" (1917), das beim damals noch in den Kinderschuhen steckenden Karneval ein Riesenerfolg war.

Der Samba entwickelte sich in den Wohnhäusern und *botequims* (Nachbarschaftsbars) rund um Rio weiter. Die 1930er-Jahre gelten als das goldene Zeitalter des Samba. Anspruchsvolle Texter wie Dorival Caymmi und Noel Rosa schrieben beliebte, sentimentale Texte, die eher die Melodie als den Rhythmus betonten und damit bereits die Ankunft des coolen Bossa Nova ankündigten. Die 1930er-Jahre waren zugleich die Blütezeit der Sambalieder, die für den Karneval geschrieben wurden.

In den 1950er-Jahren kam der Bossa Nova (wörtlich „neue Welle") auf, der eine neue Ära der brasilianischen Musik einleitete. Seine Begründer, der Songwriter und Komponist Antônio Carlos (Tom) Jobim und der Gitarrist João Gilberto, die mit dem Texter und Dichter Vinícius de Moraes zusammenarbeiteten, verlangsamten das Tempo und änderten den Grundrhythmus des Samba, um einen intimeren, harmonischeren Sound zu schaffen. Der Bossa Nova wurde auch mit der neuen Klasse der Brasilianer mit Universitätsabschluss in Verbindung gebracht. Seine Texte spiegeln die optimistische Stimmung der Mittelklasse in den

Bossa Nova: The Story of the Brazilian Music that Seduced the World von Ruy Castro ist ein großartiges Buch, das die pulsierende Musik vor der Kulisse des Rio der 1950er-Jahre einfängt.

1950er-Jahren wider. Nur ein Jahrzehnt später feierte er riesige internationale Erfolge.

Die Cumbia Villera ist ein relativ neues musikalisches Phänomen: eine Fusion aus Cumbia und Gangsta-Rap-Posen mit Punk- und Reggae-Anklängen. Sie entstand in den Slums von Buenos Aires und ihre aggressiven Texte handeln von Marginalisierung, Armut, Drogen, Sex und der argentinischen Wirtschaftskrise.

Andenmusik

Die schwermütige, heisere Musik, die Gruppen auf der gesamten Westhälfte des Kontinents spielen, von Chile bis hinauf nach Venezuela, entspringt der Volksmusik der Anden. Ihre Wurzeln reichen zurück bis in die Präinkazeit, als Musik hauptsächlich bei religiösen Zeremonien gespielt wurde. Sie galt als eine heilige Kunst mit Beziehungen zur Götterwelt und man ehrte damit die Geister, von denen man glaubte, dass sie die natürlich Welt bewohnen.

Der musikalische Stil variiert von Region zu Region und die Tonleitern umfassen vier, fünf, sechs oder sieben Töne, doch die Instrumente ähneln sich oft. Die allgegenwärtige Panflöte ist meistens aus Bambus gefertigt und besteht aus einer einfachen oder einer Doppelreihe hohler Röhrchen. Es gibt sie in unzähligen Größen. Begleitet wird sie oft von der kleineren, flötenähnlichen *quena*, einer Basstrommel und einem Saiteninstrument (ein europäischer Einfluss) wie dem zehnsaitigen *charango*, das einer Mandoline ähnelt. Ehe die Spanier kamen, prägten Blas- und Schlaginstrumente die Musik, passend zu den feurigen Vulkanen der Region und den schaurigen Stürmen, die über das Hochland fegten.

Praktische Informationen

Allgemeine Informationen

Arbeiten in Südamerika

Abgesehen von Englisch-/Deutschunterricht oder -nachhilfe gibt's in Südamerika nur wenige, schlecht bezahlte und oftmals sogar illegale Arbeitsmöglichkeiten. Sogar Nachhilfe ist trotz guter Stundenlöhne meist wenig lukrativ, weil es einige Zeit dauert, einen Kundenstamm aufzubauen. Die besten Gelegenheiten, Englisch zu unterrichten, bieten sich in den größeren Städten. Obwohl man dabei nicht viel auf die Seite bekommt, kann man den Aufenthalt so zumindest ein wenig in die Länge ziehen. Andere Jobs findet man vielleicht als Fremdenführer oder in Touristenrestaurants und -bars. Viele Leute arbeiten in Lodges und Gasthäusern ausländischer Besitzer.

Hier einige hervorragende Websites zum Thema:

Dave's ESL Café (www.eslcafé.com) Messageboards, Jobbörse, Unterrichtsideen, Informationen, Links und mehr.

Deutsch als Fremdsprache (www.deutsch-als-fremdsprache.de) Internetservice für den Unterricht „Deutsch als Fremdsprache" mit vielen Infos sowie Austausch- und Jobbörsen.

EnglishClub.com (www.englishclub.com) Großartige englischsprachige Quelle für ESL-Lehrer und -Schüler.

TEFL Net (www.tefl.net) Eine weitere nützliche englischsprachige Quelle für Lehrer von den Machern von EnglishClub.com.

Zentralstelle für das Auslandsschulwesen (www.auslandsschulwesen.de) Vermittelt Lehr- und Fachkräfte an Auslandsschulen.

Behinderung, Reisen mit

Reisende mit Handicap haben es in Südamerika schwer. Etwas höhere Barrierefreiheit herrscht im Cono Sur (Südkegel; Sammelbegriff für Argentinien, Chile, Uruguay und Teile von Brasilien bzw. Paraguay) – vor allem in Chile, Argentinien und brasilianischen Großstädten. Langsam verbessert sich die Situation aber mancherorts. Dies gilt vor allem für Ecuador, dessen Präsident selbst im Rollstuhl sitzt. Santiago de Chile hat die besten behindertengerechten Einrichtungen.

Leider sind südamerikanische Billigunterkünfte kaum auf Gäste mit Handicap eingerichtet. Bustrips sind nicht ganz unmöglich, gestalten sich im Vergleich zu Flugreisen aber deutlich schwieriger. Gut erschlossene Attraktionen sind besser zugänglich als Ziele abseits der Touristenströme. Nützliche Infos zum Reisen mit Behinderung und/oder barrierefreie Touren gibt's z.B. hier:

Emerging Horizons (www.emerginghorizons.com) Gute Reiseberichte und regelmäßige Kolumnen mit vielen hilfreichen Tipps.

Go Wheel the World (http://gowheeltheworld.com) Chilenischer Abenteuer-Anbieter mit hervorragenden barrierefreien Touren; die Website umfasst einen inspirierenden Blog-Bereich (inkl. Videos) zu Trips abseits der Touristenpfade.

Lonely Planet (http://lptravel.to/AccessibleTravel) Stellt den englischsprachigen Führer Accessible Travel gratis zum Download bereit.

Mobility International (www.miusa.org) Diese US-amerikanische Organisation bietet Reiseberatung und Bildungsaustauschprogramme für Behinderte an – kein schlechter Weg, Südamerika kennenzulernen.

Mobility International Schweiz (www.mis-ch.ch) Allgemeine Infos.

MyHandicap Deutschland (www.myhandicap.de) Allgemeine Infos.

MyHandicap Schweiz (www.myhandicap.ch) Allgemeine Infos.

Nationale Koordinierungsstelle Tourismus für Alle e. V. (www.natko.de) Allgemeine Infos.

Botschaften & Konsulate

Besucher eines südamerikanischen Landes sollten unbedingt wissen, was die eigene Botschaft (die jenes Landes, dessen Staatsbürgerschaft man besitzt) kann oder nicht kann. Generell bieten Botschaften wenig Hilfe in Notfällen, die auch nur im Entferntesten selbst verschuldet sind. Reisende sollten daher nicht vergessen, dass sie den Gesetzen des besuchten Landes unterliegen. Botschaften haben kein Mitleid mit Touristen, die im Gefängnis landen, weil sie eine Straftat begangen haben, auch wenn der Tatbestand daheim nicht strafbar ist.

In echten Notfällen bekommt man vielleicht etwas Hilfe – aber nur, wenn alle anderen Optionen ausgeschöpft sind. Wem etwa das gesamte Geld und alle Dokumente gestohlen werden, der bekommt Hilfe beim Ausstellen eines neuen Passes. Ein Darlehen für die Weiterreise steht aber außer Frage.

Botschafts- und Konsulatsadressen sowie -telefonnummern sind in den einzelnen Länderkapiteln jeweils im Abschnitt „Allgemeine Informationen" aufgeführt.

Ermäßigungen

Ein internationaler Jugendherbergsausweis (HI Card) kann in Südamerika Bares sparen – vor allem in Brasilien, wo es viele HI-Hostels gibt.

Mit einer ISIC-Karte (Internationaler Studentenausweis) gibt's häufig ermäßigte Eintritte in archäologische Stätten und Museen sowie manchmal verbilligte Bus-, Zug- oder Flugtickets. In weniger entwickelten Ländern sind Studentenrabatte selten, außer für teure Eintritte, z. B. zu Machu Picchu (fast 50 % Ermäßigung für ISIC-Karteninhaber unter 26 Jahren). In manchen Ländern, etwa Argentinien, reicht meist ein Ausweis der Uni, um von Ermäßigungen zu profitieren.

Essen

Südamerikas kulinarische Vielfalt ist riesengroß: Alle Länder haben ihrer eigenen Spezialitäten, die dann je nach Region (z. B. Küste, Landesinneres) noch weiter variieren. Alle Haupt- bzw. Großstädte der Region sind tolle Pflaster für Feinschmecker. Spitzenküche gibt's aber zunehmend auch in kleineren Städten. Auf manchen Märkten lässt es sich ebenfalls ganz vortrefflich speisen.

Frauen unterwegs

In Südamerika wird jede alleinreisende Frau früher oder später zum Objekt der Neugierde – manchmal im positiven, manchmal im negativen Sinne. Unangenehmen Situationen aus dem Weg zu gehen, ist eine einfache und wirkungsvolle Selbstverteidigungsstrategie. In der Andenregion, vor allem in kleineren Orten und ländlichen Gebieten, ist es die Norm, sich bedeckt zu kleiden und ebenso zu verhalten. In Brasilien und den liberaleren Ländern im Süden des Kontinents (Cono Sur) sind die Standards weniger streng (vor allem in Strandorten).

Machista-(Macho-) Attitüden, die Stolz und Männlichkeit betonen sollen, sind unter südamerikanischen Männern weit verbreitet (deutlich weniger aber in der indigenen Bevölkerung). Oft drücken sich solche Einstellungen in Prahlerei und übertriebener Aufmerksamkeit gegenüber Frauen aus. Durch schnippische oder herablassende Kommentare oder andere scharfe Reaktionen auf unerwünschte Annäherungsversuche fühlen sich manche Männer „bedroht" und reagieren eventuell sogar aggressiv. Die meisten Frauen finden es unkomplizierter, einen Ehemann zu erfinden.

Vereinzelt gab es Berichte von Frauen, die von südamerikanischen Männern vergewaltigt wurden. Frauen, die in abgelegenen oder einsamen Gegenden trekken oder an Touren teilnehmen, sollten besonders vorsichtig sein. In einigen Fällen wurden Teilnehmerinnen von ihren Guides bedrängt – es lohnt sich also, Identität und Ruf eines Reiseführers oder -veranstalters doppelt und dreifach zu prüfen. Man sollte auch bedenken, dass Frauen (aber auch Männer) in Bars und anderswo schon Drogen in Form von Getränken, Zigaretten oder Pillen verabreicht bekamen. Die Polizei ist bei Vergewaltigungsdelikten nicht immer hilfreich – wird eine einheimische Frau vergewaltigt, sorgt ihre Familie normalerweise für Rache, und nicht die Polizei. Die Touristenpolizei hat vielleicht etwas mehr Verständnis, aber es ist möglicherweise besser, einen Arzt aufzusuchen und die eigene Botschaft zu informieren, ehe man zur Polizei geht.

Tampons sind in kleineren Ortschaften oft kaum aufzutreiben, deshalb ist es ratsam, sich vor der Abreise oder in größeren Städten damit einzudecken.

Fotos & Video

Der englische Lonely Planet Band *Guide to Travel Photography* enthält viele nützliche Tipps für Reisefotografen.

Einschränkungen

An manchen touristischen Stätten muss fürs Fotografieren eine Gebühr bezahlt werden. Das Fotografieren von militärischen Anlagen, Militärangehörigen und sensiblen Einrichtungen wie Polizeiwachen sollte man tunlichst unterlassen – weil es meist verboten ist und es einen schlimmstenfalls sogar in Lebensgefahr bringen kann. In den meisten Kirchen ist Fotografieren mit Blitz verboten, in manchen ganz untersagt.

Leute fotografieren

Wenn man einzelne Personen fotografieren will, immer vorher um Erlaubnis fragen, vor allem, wenn es sich um Menschen aus der indigenen Bevölkerung handelt. Ob man den Fotografierten etwas

Geld gibt, bleibt einem selbst überlassen. Meistens werden die Personen sagen, was sie für ein Foto verlangen.

Freiwilligenarbeit

Wer Freiwilligenarbeit leisten will, findet unzählige lokale Organisationen, die einen gern vermitteln, doch schaut man sich besser nach der Ankunft im Land selber um. Eine gute Anlaufstelle sind spanische Sprachschulen (vor allem in Quito, Cuenca oder Cuzco); viele davon können für Freiwillige den Kontakt zu den jeweiligen Organisationen herstellen, die Hilfskräfte benötigen.

Wer lieber etwas vor Reiseantritt vereinbaren will, muss beachten, dass die meisten Freiwilligenorganisationen Gebühren erheben, die recht happig sind (manchmal bis zu 1500 US$ für zwei Wochen – ohne Flugkosten). Diese Gebühr dient zur Finanzierung der Unterkunft, des Personals der Organisation, der Pacht, Internetgebühren usw.

Hier ein paar Stellen für den Start der Recherche:

Amerispan (www.amerispan.com/volunteer_intern) Freiwilligenarbeit und Praktika in Argentinien, Bolivien, Brasilien, Chile, Ecuador und Peru.

Cross Cultural Solutions (www.crossculturalsolutions.org) Freiwilligenarbeit mit Fokus interkulturelle Kontakte in Peru.

Europäisch-Lateinamerikanische Gesellschaft (www.elg-online.de) Widmet sich dem Wirtschafts-, Wissenschafts- und Kulturaustausch zwischen Europa und Lateinamerika, vor allem durch das Organisieren von Praktika, Famulaturen, Sprachreisen und anderen Weiterbildungsmaßnahmen.

Go Abroad (www.goabroad.com) Eine umfangreiche Auflistung von Freiwilligenprojekten.

Idealist.org (www.idealist.org) Die Datenbank von Action Without Borders umfasst Tausende von Freiwilligentätigkeiten weltweit. Erstklassige Quelle!

Praktikawelten (www.praktikawelten.de) Praktika und Freiwilligenarbeit in diversen Branchen in Ecuador, Peru und Argentinien, mit Sprachkurs.

Rainforest Concern (www.rainforestconcern.org) Diese gemeinnützige britische Organisation bietet Stellen in Waldregionen südamerikanischer Länder an. Die Freiwilligen müssen eine (erschwingliche) wöchentliche Gebühr zahlen.

Travel Works (www.travelworks.de) Arbeitsurlaube und Freiwilligenarbeit.

Transitions Abroad (www.transitionsabroad.com) Nützliches Portal für bezahlte und unbezahlte Arbeit.

UN Volunteers (www.unv.org) Die Vereinten Nationen vermitteln weltweit Stellen für Freiwillige in Entwicklungs- und Friedensprojekten.

Volunteer Latin America (www.volunteerlatinamerica.com) Interessante Programme in ganz Lateinamerika.

Working Abroad (www.workingabroad.com) Stellen für Freiwillige und Teilnehmerberichte.

Hinweis: Dieses Buch nennt nur Organisationen, mit denen Lonely Planet direkt zusammenarbeitet. Generell empfehlen sich stets persönliche und sorgfältige Vorab-Recherchen, um die individuelle Eignung des jeweiligen Projekts bzw. Anbieters möglichst genau beurteilen zu können.

Gefahren & Ärgernisse

Das Reisen in Südamerika birgt zwar Gefahren, aber wenn man ein paar Vorsichtsmaßnahmen beachtet, kann man ernsthaften Problemen ziemlich sicher aus dem Wege gehen. Die am häufigsten auftretenden Gefahren sind rücksichtslose Autofahrer, die Umweltverschmutzung, das Feuerwerk bei Fiestas sowie herabbaumelnde Objekte, an denen sich Unachtsame den Kopf stoßen können.

Abzocke

Ein beliebter Trick besteht darin, jemanden mit ekligen Substanzen (z. B. Vogelkot, menschliche Exkremente) zu bewerfen oder zu beschmieren. Sogleich kümmert sich eine helfende Hand um den Schaden, während ein anderer das Opfer bestiehlt. In anderen Fällen „findet" jemand Geld auf der Straße und versucht, es einem „zurückzugeben". Angebliche Traveller erzählen einem haarsträubende Geschichten über Missgeschicke, um einem Geld zu entlocken, und falsche Polizisten verhängen an Ort und Stelle zu bezahlende „Geldstrafen". Besondere Vorsicht ist geboten, wenn mehrere „Polizisten" in Zivil das Gepäck durchsuchen, die Personaldokumente, die Reiseschecks oder das Bargeld prüfen wollen. Hier sollte man darauf bestehen, dass eine solche Untersuchung nur in einer offiziellen Polizeiwache oder im Beisein eines uniformierten Polizisten durchgeführt wird, und sich dem Ansinnen widersetzen, in ein Taxi oder Privatauto einzusteigen. Diebe arbeiten oft zu mehreren – die einen lenken ab, die anderen greifen zu. Wachsamkeit ist der beste Schutz.

Diebstahl

Diebstahl kann ein Problem sein, aber man sollte dabei nicht vergessen, dass auch andere Traveller Gauner sein können – wo viele Backpacker unterwegs sind, empfiehlt es sich deshalb, besonders aufzupassen. Hier einige Vorschläge zur Abwehr von Langfingern:

- Ein kleines Schloss eignet sich, um bei Bedarf die Hosteltür und Reißverschlüsse zu sichern. Wer keines zur Hand hat, sichert Reißverschlüsse zur Abschreckung und damit das Öffnen länger dauert mit Drahtverschlüssen, Büroklammern und Sicherheitsnadeln.

- Hoteltüren immer abschließen, auch wenn man kurz den Flur hinuntergeht.
- Geldgürtel und deren Inhalt immer verbergen, am besten unter der Kleidung.
- Wechselgeld immer getrennt vom Reisebudget (Kreditkarten, Reiseschecks, Tickets usw.) aufbewahren.
- In Bussen besteht die Gefahr, dass das Gepäck aufgeschlitzt und der Inhalt entwendet wird. Daher seine Besitzstücke genau im Blick behalten – die Tasche ist unter dem Sitz, über dem Kopf oder zwischen den Beinen nicht sicher untergebracht, sondern sollte auf den Schoß genommen werden. Besondere Vorsicht ist im Gedränge von Märkten oder Busbahnhöfen geboten; das sind die beliebtesten Arbeitsplätze von Taschendieben.
- Bei der Erkundung von Städten empfiehlt es sich, für den notwendigen Krimskrams statt eines kleinen Rucksacks lieber eine Plastiktüte mitzunehmen, die Langfingern weniger interessant erscheint.

Drogen

In manchen Teilen Südamerikas sind Drogen (vor allem Marihuana und Kokain) ein großes Geschäft und vielerorts erhältlich. Aber sie sind auch überall illegal: Erwischte Drogensünder müssen hier mit Haft oder noch schlimmeren Konsequenzen rechnen. In Uruguay darf Marihuana zwar legal konsumiert, aber von Ausländern nicht erworben werden. Generell gilt: Risiken in Verbindung mit Drogen sind am besten vermeidbar, indem man von allen illegalen Substanzen komplett die Finger lässt!

Achtung: Drogen werden manchmal auch eingesetzt, um Traveller zu erpressen oder zu bestechen. Somit ist es sehr ratsam, jeglichen Wortwechsel mit Drogendealern zu vermeiden. In Gegenden mit florierendem Drogenhandel sollte man diesen demonstrativ ignorieren.

In Bolivien und Peru werden Kokablätter traditionell gekaut oder dem *maté de coca* (Tee mit Kokablättern) zugesetzt, um die Symptome der Höhenkrankheit abzumildern. Wer sich darauf einlässt, sollte daran denken, dass Kokablätter nirgendwo über internationale Grenzen ausgeführt werden dürfen!

STAATLICHE REISEINFORMATIONEN

Diese staatlichen Websites geben auch für die südamerikanischen Länder allgemeine Sicherheitstipps und informieren über potenziell gefährliche Gebiete:

Deutschland (www.auswaertiges-amt.de/de/ReiseUndSicherheit)

Österreich (www.bmeia.gv.at/reise-aufenthalt/)

Schweiz (www.eda.admin.ch/eda/de/home.html)

Drogen in Nahrungsmitteln

Lonely Planet-Leser haben berichtet, dass sie Essen von Fremden annahmen, damit unter Drogen gesetzt und anschließend ausgeraubt wurden.

Sehr vorsichtig sollte man in Bars sein – es ist schon vorgekommen, dass Traveller betäubt und anschließend vergewaltigt oder ausgeraubt wurden. Daher immer ein Auge auf sein Getränk haben und beim Schließen von neuen Bekanntschaften umsichtig bleiben!

Entführungen

Wenn man ein Taxi nimmt, ist Vorsicht geboten. In manchen Städten wie La Paz (Bolivien) wächst die Gefahr, Opfer einer Entführung zu werden. Der Fahrgast wird in ein abgelegenes Viertel verschleppt und festgehalten, während Komplizen mit der Kreditkarte das Konto leeren; gelegentlich kommt es auch zu Überfällen. Wo die Gefahr besonders groß ist, ist den einzelnen Länderkapiteln zu entnehmen. Um sicherzugehen, sollte man sich von seiner Unterkunft ein Taxi rufen lassen, statt eines auf der Straße heranzuwinken. Am Flughafen sollte man lieber ein offizielles Taxi nehmen als eines, das draußen auf Kundschaft wartet. Niemals in ein Fahrzeug steigen, in dem schon ein anderer Fahrgast sitzt.

Geführte Touren

Unmengen spannender Aktivitäten sind in Südamerika im Angebot – von Rafting bis hin zu Mountainbiketouren. Man sollte sich aber gründlich über den Veranstalter erkundigen, ehe man sich einer Tour anschließt. Schlecht gewartete Ausrüstung und nachlässige, schlecht vorbereitete Guides haben schon manchen Traveller das Leben gekostet. Es ist nicht klug, seine Entscheidung für einen Anbieter allein vom Preis abhängig zu machen. In Bolivien sind beispielsweise Bergwerkstouren in Potosí, Fahrradausflüge im Umland von La Paz und Jeepexkursionen zum Salar de Uyuni so populär geworden, dass manche Veranstalter alle Sicherheitsstandards in den Wind schlagen. Man sollte mit anderen Travellern sprechen, die gestellte Ausrüstung prüfen und die Führer kennenlernen, ehe man sich einer Tour anschließt.

Krisenherde

Kolumbien ist heute viel sicherer als noch vor einigen Jahren; bestimmte Regionen sollte man dort aber nach wie vor meiden. In Ecuadors nördlicher Grenzregion (besonders der Oriente) besteht Gefahr durch Guerilla-Aktivitäten. Vor allem in Peru kam es an entlegenen oder sogar gut erschlossenen archäologischen Stätten auch schon zu Übergriffen auf Traveller – daher vor dem Start immer die aktuelle Lage sorgsam ermitteln! La Paz (Bolivien), Quito (Ecuador), Rio und São Paulo (Brasilien) sind jeweils berühmt-berüchtigt für Gewalt gegen Touristen.

Naturkatastrophen

Der Pazifische Feuerring zieht sich entlang der Küsten Ostasiens, Alaskas und des gesamten amerikanischen Kontinents entlang bis hinunter nach Feuerland. Damit säumt die gigantische Vulkankette auch die gesamte Pazifikküste Südamerikas. Da sich Vulkanausbrüche oft vorher ankündigen, sind sie in den meisten Fällen kein unmittelbares Sicherheitsrisiko für Reisende. Allerdings ist die seismische Aktivität am Feuerring auch für Erdbeben verantwortlich. Und die sind in Südamerika keine Seltenheit – sie treten hier oft völlig unerwartet auf und können immense Schäden anrichten. Das letzte große Beben der Region (Stärke 7,8) erschütterte Ecuadors Nordküste 2016. Über 600 Menschen kamen ums Leben. In den Anden sind Gebäude größtenteils kaum gegen seismische Aktivität gesichert; besonders empfindlich sind Bauten aus Lehmziegeln. Wer in ein Erdbeben gerät, sollte Schutz unter einem Türsturz oder Tisch suchen – und auf keinen Fall ins Freie flüchten!

Polizei & Militär

Mancherorts wird man erleben, dass Polizisten die unbedeutendsten Regelungen geltend machen, um Schmiergelder einzuheimsen.

Wird man von ein paar „Beamten in Zivil" angehalten, sollte man auf keinen Fall in ihren Wagen steigen, ihnen Dokumente irgendeiner Art aushändigen oder zeigen, wie viel Geld man dabei hat. Falls die Polizisten „echt" zu sein scheinen, sollte man darauf bestehen, zu Fuß zur nächsten Polizeiwache zu gehen.

Das Militär hat oft erstaunlich viel Macht, selbst in Ländern mit Zivilregierung. Am besten ist es, militärische Einrichtungen zu meiden; mitunter wird man Warnhinweise entdecken („Nicht anhalten und nicht fotografieren – die Wache hat Anweisung zu schießen"). Sollte sich ein Staatsstreich oder ein Putsch ereignen, treten Notstandsgesetze in Kraft und die Bürgerrechte werden ausgesetzt. Man sollte nie ohne Ausweis vor die Tür gehen und dafür Sorge tragen, dass ein Angehöriger über den aktuellen Aufenthaltsort informiert ist. Botschaften und Konsulate liefern nützliche Informationen.

Geld

Bargeld

Es ist gut, ein Bündel US-Dollar als Reserve dabeizuhaben (am besten in 20-US$-Scheinen oder kleineren Einheiten; 100-US$-Scheine sind schwer zu wechseln); in ganz Südamerika eignet sich diese Währung am besten zum Tauschen. Wenn man eine Grenze überquert, empfiehlt es sich, direkt ein wenig Bargeld zu wechseln. Ramponierte Scheine werden manchmal nicht angenommen, man sollte versuchen, möglichst neue Noten zu ergattern.

In manchen Ländern, insbesondere in ländlichen Regionen, kann das Thema *cambio* (Geld wechseln) zu einem echten Problem werden. Manche Ladenbesitzer nehmen keine großen Geldscheine an, sei es, dass sie tatsächlich kein Rückgeld haben oder es nicht herausrücken wollen. Deshalb sollte man versuchen, größere Noten in gut besuchten Restaurants oder größeren Geschäften loszuwerden bzw. sie bei Banken gegen kleinere Geldscheine einzutauschen.

Betrug

Leider ist in Brasilien das Klonen von Bankkarten an Geldautomaten ein großes Problem (S. 470) – bevor man sich dessen bewusst wird, ist das Konto leer.

Feilschen

Zu feilschen ist in Südamerika völlig normal, beispielsweise dann, wenn man längere Zeit in ein und demselben Hostel bleiben oder Kunsthandwerk auf einem Markt kaufen möchte. In den Andenländern ist Feilschen beinahe so etwas wie ein Sport, bei dem die Grundregeln Geduld, Humor und respektvolles Verhalten sind. Im Südkegel (Cono Sur) ist Feilschen dagegen weit weniger üblich.

Geldautomaten

In den meisten größeren Ortschaften und Städten gibt's Geldautomaten. Dort Geld zu ziehen, ist meist die bequemste und günstigste Art, an Bares zu kommen. Die Wechselkurse sind normalerweise genauso gut oder schlecht wie in den Banken und Wechselstuben. Viele Geldautomaten gehören zum Cirrus- oder Plus-Netz; üblicherweise wird in den einzelnen Ländern einer dieser beiden Verbunde präferiert. Wird die Bankkarte vom Automaten geschluckt, bleibt einem oft nichts anderes übrig, als die eigene Bank zu kontaktieren, um die Karte sperren zu lassen. Das passiert nur selten, dennoch ist es nicht dumm, für den Fall der Fälle eine zweite Bankkarte dabeizuhaben, die an ein anderes Konto gebunden ist.

Falls möglich, eröffnet man ein Konto bei einer Bank, die keine oder nur geringe Gebühren (1–2 %) für Auslandsabhebungen berechnet. Bevor man sich auf die Reise macht, sollte man seine Bank über die Reisepläne informieren – so verhindert man, dass die Bank Auslandsabhebungen sperrt, während man unterwegs ist.

Viele Geldautomaten verlangen auch bei der Verwendung von Kreditkarten die Eingabe der vierstelligen PIN – man sollte sich diese daher unbedingt einprägen.

Geldwechsler

Reiseschecks und ausländische Währungen können in *casas de cambio* (Wechselstuben) oder Banken getauscht werden. Die Kurse unterscheiden sich kaum, aber die *casas de cambio* sind schneller, weniger bürokratisch und länger geöffnet.

Es empfiehlt sich, mit US-Dollar zu reisen, obwohl *casas de cambio* und Banken in Hauptstädten auch Euro tauschen. Es ist aber in kleineren Städten oder auf der Straße so gut wie unmöglich, Euro zu tauschen.

Kreditkarten

Visa und MasterCard werden in den meisten großen Geschäften, Reisebüros sowie besseren Hotels und Restaurants akzeptiert. Einkäufe mit Kreditkarten kosten oft einen zusätzlichen *recargo* (Aufschlag) in Höhe von 2 bis 10 %, aber solche Aufschläge werden auf dem Kreditkartenkonto normalerweise zu recht günstigen Wechselkursen berechnet. Einige Banken geben Barauszahlungen auf Kreditkarte. Die am breitesten akzeptierte Kreditkarte ist Visa, gefolgt von MasterCard. American Express wird an weniger Orten angenommen.

Reiseschecks

Reiseschecks sind viel unpraktischer als Bankkarten, und man kann Probleme haben, sie einzulösen – selbst in Banken. Darüber hinaus sind die Gebühren hoch (3–10 %). Am ehesten akzeptiert werden American-Express-Reiseschecks, gefolgt von Visa und Citibank. Damit die Schecks im Fall eines Diebstahls ersetzt werden können, sollte man sich die Schecknummern notieren und die Rechnung (im Original) an einem sicheren Ort aufbewahren. Aber selbst wenn man alle Unterlagen beisammen hat, kann es dauern, bis die Schecks ersetzt werden.

Internetzugang

WLAN ist überall weit verbreitet und in vielen Cafés, Hostels oder Pensionen sogar kostenlos. Internetcafés sind eine Seltenheit.

Karten & Stadtpläne

International Travel Maps & Books (www.itmb.com) produziert eine Reihe von ausgezeichneten Mittel- und Südamerikakarten. Für den ganzen Kontinent gibt's eine verlässliche Referenzkarte im Maßstab 1 : 4 000 000 und den Klassiker 1 : 5 000 000 als Jubiläumsausgabe. Die Karten sind für unterwegs zu unhandlich, helfen aber bei der Reiseplanung. Detailkarten gibt's für das Amazonasbecken und jedes Land Südamerikas.

Für ganz Südamerika gibt's unzählige Karten – einfach in einem gut sortierten Karten- oder Reisebuchgeschäft fragen. Landkarten und Stadtpläne gibt's auch im **Landkartenshop** (www.landkartenshop.de).

Kinder

In ganz Südamerika sind Kinder generell herzlich willkommen: Dank der starken regionalen Familienkultur kümmern sich die meisten Einheimischen gern um kleine Reisende. Außerhalb der Großstädte sind kinderspezifische Einrichtungen (z. B. Wickelräume) aber oft rar. Zudem muss man überall mit schadhaften bzw. fehlenden Bürgersteigen rechnen. Tragetücher sind darum deutlich praktischer als normale Kinderwagen – auch, weil Südamerikas Nahverkehrsmittel häufig unter starker Überfüllung leiden. Weitere Tipps zum Reisen mit Kids liefert der englischsprachige Lonely Planet *Travel with Children*.

Praktisch & Konkret

- Einwegwindeln und Pflegeprodukte für Babys gibt's bei großstädtischen Supermärkten – allerdings potenziell in begrenzter Auswahl. Außerhalb von Großstädten sind solche Artikel teils gar nicht erhältlich. Darum am besten genügend Vorrat mitbringen!
- Nur wenige Hotels stellen Kinder- bzw. Gitterbetten zur Verfügung.
- Teurere Restaurants haben oft Hochstühle.
- Bei den meisten bekannten Sehenswürdigkeiten bezahlen Kids keinen Eintritt oder bekommen 50 % Rabatt.

LGBT+

Die tolerantesten Städte sind Buenos Aires, Rio de Janeiro und São Paulo. Aber auch Salvador (Brasilien), Bogotá und (in etwas geringerem Maße) Santiago verfügen über eine lebendige Szene. Andernorts, wo ein Kuss zwischen gleichgeschlechtlichen Partnern eventuell Aufsehen erregt, sollte man es den Einheimischen gleichtun: durch diskretes Verhalten unangenehmen Situationen vorbeugen.

Zwar gibt's immer mehr Publikationen und Websites zum Thema Reisen für Schwule und Lesben, doch nur wenige liefern Tipps speziell für Südamerika. Eine Ausnahme ist **Purple Roofs** (www.purpleroofs.com). Hier stehen Adressen von Unterkünften in Südamerika, in denen Homosexuelle ausdrücklich willkommen sind.

Post

Post ins Ausland ist oftmals teuer. Wichtige Briefe und Pakete sollten per Einschreiben mit Rückschein verschickt werden, sonst gehen sie vielleicht verloren. Pakete zu versenden, kann nervig sein: Oft muss ein *aduana*-(Zoll-) Beamter den Inhalt prüfen, bevor ein Postmitarbeiter das Paket annimmt. Deshalb sollte man es nicht vor der Überprüfung zukleben. Viele Postämter haben Paketschalter, meist mit der Aufschrift *encomiendas* (Pakete). Oft werden Auslandspakete nicht in der Hauptpost, sondern in einem anderen Gebäude aufgegeben.

UPS, FedEx, DHL und andere private Kurierdienste sind in manchen Ländern vertreten, aber um ein Vielfaches teurer.

Rauchen

Argentinien Rauchverbot am Arbeitsplatz und in öffentlich zugänglichen Räumen (inkl. Verkehrsmittel, Behörden, Schulen, Krankenhäuser, Museen, Theater).

Bolivien Rauchverbot in bestimmten öffentlichen Räumlichkeiten (inkl. Verkehrsmittel, Behörden, medizinische Einrichtungen), aber nicht in Restaurants, Cafés, Bars, Büros oder Unterkünften. Dennoch untersagen viele Hotels Qualmen im Zimmer.

Brasilien Rauchverbot in Restaurants und Bars; manche Hotels haben spezielle Raucherzimmer.

Chile Rauchverbot in bestimmten öffentlichen Räumlichkeiten (inkl. Restaurants und Bars), aber nicht in Freiluftbereichen von Lokalen.

Ecuador Rauchverbot in Restaurants und Bars.

Französisch-Guayana Allgemeines Rauchverbot.

Guyana Allgemeines Rauchverbot.

Kolumbien Rauchverbot in geschlossenen öffentlichen Räumlichkeiten (inkl. Restaurants und Bars). Einige Hotels haben belüftete Raucherbereiche; die meisten Unterkünfte sind aber qualmfrei.

Paraguay Rauchverbot in geschlossenen öffentlichen Räumlichkeiten, aber nicht in Freiluftbereichen von Lokalen.

Peru Rauchverbot in geschlossenen öffentlichen Räumlichkeiten; hiervon ausgenommen sind abgetrennte Raucherbereiche in Hotels, Restaurants, Cafés und Bars.

Suriname Strenges allgemeines Rauchverbot.

Uruguay Rauchverbot in geschlossenen öffentlichen Räumlichkeiten (inkl. Restaurants und Bars).

Venezuela Rauchverbot in geschlossenen öffentlichen Räumlichkeiten (inkl. Restaurants und Bars).

Rechtsfragen

Auf städtischen Polizeiwachen sind Englisch sprechende Dolmetscher selten; in den meisten Fällen müssen Reisende entweder die Landessprache sprechen oder sich selbst um einen Übersetzer kümmern. In einigen Städten gibt's einen Service der Touristenpolizei, der oft sehr nützlich ist.

Kopien (besser noch: beglaubigte Kopien) von Pässen und Flugtickets sowie Abschriften von Kreditkarten- und Reiseschecknummern sind von unschätzbarem Wert, wenn Verlorenes ersetzt werden muss. Passersatzanträge werden meist an das Heimatland weitergeleitet, deshalb ist es durchaus sinnvoll, eine Passkopie bei jemandem zu Hause zu deponieren.

Sprachkurse

In ziemlich vielen südamerikanischen Städten werden Spanischkurse angeboten – die besten gibt es in Cuzco und Arequipa (Peru), in Quito und Cuenca (Ecuador) und in Buenos Aires (Argentinien). Portugiesisch lässt sich prima in Rio de Janeiro lernen. Für Quechua und Aymara sind Cochabamba (Bolivien) oder Cuzco die beste Adresse.

Strom

Die Stromspannung ist in Südamerika nicht einheitlich; sie reicht von 100 bis 240 V. Am häufigsten sind Steckdosen für flachpolige Stecker nach amerikanischer Art bzw. für Stecker mit runden Polen nach europäischer Art.

Telefon

Skype und andere Arten der Internettelefonie eignen sich am besten für Auslandsgespräche. Wer das normale Festnetz nutzen will, kommt mit einer Telefonkarte am günstigsten weg.

Eine Alternative sind Direktwahl-Services mit speziellen Zugangscodes, wobei die Gebühren vom Konto zu Hause abgebucht werden. Die Telefongesellschaften in den verschiedenen Ländern haben jeweils andere Zugangscodes. So empfiehlt es sich, beim eigenen Telefonanbieter rechtzeitig ein Verzeichnis mit den entsprechenden Nummern für Südamerika zu besorgen.

Handys

Südamerikanische Handynummern haben oft andere Gebietsvorwahlen als Festnetznummern. Anrufe auf Handys sind überall teurer (teils um ein Vielfaches!) als Gespräche ins Festnetz.

Um hohe Roaming-Kosten zu vermeiden, haben Smartphone-Besitzer am besten einen internationalen Vertrag oder kaufen vor Ort eine einheimische SIM-Karte (jeweils technische Voraussetzungen beachten!). Alternativ lassen sich Auslandsgespräche gratis bzw. sehr günstig über Skype oder einen VoIP-Service (Voice over Internet Protocol) führen.

Toiletten

Es gibt zwei Toilettenregeln für Südamerika: Erstens sollte man immer eigenes Toilettenpapier dabeihaben und nie etwas davon in die Kloschüssel werfen. Nur die Kanalisationen der recht weit entwickelten Länder können das Toilettenpapier verkraften, und in Südamerika müssen alle Papierprodukte in Abfalleimer entsorgt werden. Zweitens sollte man öffentliche Toiletten immer benutzen, wenn es möglich ist – denn man weiß nie, wann sich die nächste Gelegenheit ergibt. Menschen, die vor Toiletten Klopapier anbieten, gibt man Geld dafür.

Unterkunft

Die Preise sind von Land zu Land verschieden; prinzipiell sind die Andenländer (vor allem Bolivien) am günstigsten (ab ca. 10 US$/Nacht), Chile, Brasilien, Argentinien und die Guyanas am teuersten (ab 30 US$).

Hostels

Hostels (regional *albergues* genannt) sind super Traveller-Treffs und werden weltweit immer beliebter – auch in Südamerika. Insgesamt gibt's hier etwa 110 offizielle *albergue juveniles* (Jugendherbergen), bei denen man mit einem internationalen Jugendherbergsausweis (HI Card) kleine Rabatte bekommt.

Hotels

Angebote und Bezeichnungen der hiesigen Hotels variieren enorm. Die teuersten unter ihnen sind die eigentlichen *hoteles* (Hotels). Etwas preiswerter sind die *hostales* (kleine Hotels oder Pensionen). Am billigsten sind *hospedajes*, *casas de huéspedes*, *residenciales*, *alojamientos* und *pensiones*. *Pensiones* bieten Zimmer, die mit einem Bett (inklusive Bettdecke und hoffentlich sauberem Laken), möglicherweise Tisch und Stuhl und manchmal mit Ventilator ausgestattet sind; Duschen und Toiletten teilt man sich in der Regel mit anderen Gästen. Warmwasser gibt es oft nicht. Obwohl die Sauberkeit stark variiert, sind viele Unterkünfte bemerkenswert reinlich. In einigen Gegenden, vor allem in Südchile, sind die preiswertesten Unterkünfte oft die sehr gastfreundlichen *casas familiares*.

In Brasilien, Argentinien und einigen anderen Ländern ist das Frühstück häufig im Preis enthalten.

Die Warmwasserversorgung ist oft unzuverlässig oder auf bestimmte Tageszeiten beschränkt. Es lohnt sich, nachzufragen und gegebenenfalls etwas mehr zu bezahlen – vor allem im Hochland und im tiefsten Süden des Kontinents, wo es definitiv sehr kalt wird.

Beim Duschen sollte man sich vor dem elektrischen Duschkopf in Acht nehmen, einer unschuldig aussehenden Armatur, die kaltes Wasser mit einem elektrischen Element aufheizt. Wer keinen Schlag bekommen will, sollte den Duschkopf und andere Dinge aus Metall auf keinen Fall berühren, während das Wasser läuft. Solche elektrischen Schläge sind zwar nicht stark genug, um einen durchs Zimmer zu schleudern, aber eben auch nicht gerade angenehm. Die Preise in den Abschnitten „Schlafen" beziehen sich auf Zimmer mit Gemeinschaftsbädern oder auf Zimmer mit eigenem Bad. Wo nicht zwischen diesen Optionen unterschieden wird, gehört in der Regel ein eigenes Bad zum Zimmer.

Camping

Camping bietet sich insbesondere in Parks und Schutzgebieten an und ist praktisch und preiswert, besonders wenn man in teureren Ländern wie Chile unterwegs ist. Wer campen will, sollte die erforderliche Ausrüstung mitbringen. In großen Städten kann man zwar Campingausrüstungen kaufen, aber das Angebot ist beschränkt und teuer. In Gegenden, in denen viel gecampt und getrekkt wird (z. B. im argentinischen Seengebiet, in Mendoza und in Huaraz), wird Equipment verliehen, aber die Qualität lässt oft zu wünschen übrig.

Eine Alternative zum Campen ist die Übernachtung in *refugios* (einfache Hütten in Parks und Reservaten), die normalerweise einfache Betten und die Möglichkeit der Küchenmitbenutzung anbieten. Bergsteiger übernachten bei ihrem Gipfelsturm meistens zwangsläufig in einem *refugio*.

Visa & Einreisegebühren

EU-Bürger und Schweizer können visumfrei in die meisten südamerikanischen Läder einreisen, sofern der Aufenthalt rein touristischen Zwecken dient. Voraussetzung hierfür ist generell ein Reisepass mit noch mindestens sechs Monaten Gültigkeit bei Ankunft. Bei visumfreier Einreise wird normalerweise eine Touristenkarte ausgestellt. Dieses Dokument und alle anderen Ein- bzw. Ausreisepapiere immer sorgfältig aufbewahren: Bei Verlust drohen Komplikationen und hohe Bußgelder! Details zu Ein- und Ausreisebestimmungen liefern die jeweiligen Länderkapitel.

Achtung: Bei längeren und/oder nichttouristischen Aufenthalten ist grund-

UNTERKÜNFTE ONLINE BUCHEN

Weitere Unterkunftsbewertungen von Lonely Planet Autoren gibt's unter http://lonelyplanet.com/hotels. Dort findet man unabhängig recherchierte Infos und Empfehlungen zu den besten Adressen. Zudem kann online gebucht werden.

sätzlich vorab ein entsprechendes Visum bei einer diplomatischen Vertretung des jeweiligen Landes zu beantragen! Für eventuelle Visumanträge bzw. -verlängerungen ist es ratsam, mehrere Passfotos mitzuführen. Parallel empfehlen sich Fotokopien des Reisepasses (sorgsam an einem separaten Ort verwahren; alternativ Scans online speichern), um bei Diebstahl oder Verlust die Ersatzbeschaffung bei einer diplomatischen Vertretung des eigenen Heimatlandes zu erleichtern.

Wer für einen visumspflichtigen Grenzübertritt nicht alle erforderlichen Dokumente hat, muss damit rechnen, zum nächsten Konsulat zurückreisen zu müssen. Auch Fluglinien lassen Passagiere ohne ein ggf. benötigtes Visum für das jeweilige Zielland normalerweise nicht an Bord. Ein Visum allein ist übrigens immer noch keine Garantie für eine erfolgreiche Einreise: Ohne „ausreichende Geldmittel" oder ein Rückflug- bzw. Anschlussticket kann es ebenfalls vorkommen, dass einem der Grenzübertritt verweigert wird.

Ausreichende Mittel

Ausreichende Mittel sind rein formell zwar erforderlich, allerdings wird nur selten nach ihnen gefragt. Das Fehlen ausreichender Mittel kann aber dazu führen, dass Beamte die Länge des Aufenthaltes kürzen. Sobald man jedoch in das Land eingereist ist, kann man sein Visum in der Regel durch das Zücken einer Kreditkarte verlängern.

Weiter- oder Rückreisetickets

Viele Länder verlangen ein Rückreiseticket (z. B. Guyana), bevor sie die Ein- und Weiterreise gestatten oder einen Inlandsflug erlauben. Diese Bestimmung kann eine Plage für diejenigen sein, die auf dem Luftweg in ein Land einreisen und auf dem Landweg durch andere Länder weiterreisen möchten. Nicht an jeder Grenze wird auf der Vorlage des Tickets beharrt, an südamerikanischen Binnengrenzen kommt es eher selten vor – oft reicht es schon, gut gekleidet und freundlich aufzutreten.

In jedem Fall gilt aber, dass man sich vor Reiseantritt über die einzelnen Einreisebestimmungen informieren sollte, denn diese können sich kurzfristig ändern. Hilfreiche Websites dazu findet man im Kasten auf S. 1135.

Versicherung

Eine Reiseversicherung, die Diebstahl, Verlust, Unfall und Krankheit abdeckt, ist unbedingt zu empfehlen. Zu vielen Policen gibt's eine Karte mit einer gebührenfreien Nummer, unter der man rund um die Uhr Hilfe erhält; diese sollte man immer bei sich tragen. Einige Policen ersetzen auch fehlgeleitetes oder verloren gegangenes Gepäck. Eine Gepäckversicherung ist ihr Geld wert und sorgt für Seelenfrieden. Reisende sollten sich aber vor allem vergewissern, dass die schlimmsten Schreckensszenarien abgedeckt sind: Notfallbehandlungen, Evakuierungen und Rückführungen. Einige Policen schließen „risikobehaftete Aktivitäten" ausdrücklich aus, z. B. Tauchen, Motorradfahren oder sogar Trekken. Wer solche Sportarten auf der Agenda hat, sollte sich für eine andere Police entscheiden.

Es gibt unzählige Versicherungsvarianten – Reisebüros können meist Empfehlungen dazu abgeben. Die Policen von Studentenreisebüros bieten normalerweise gute Leistungen. Falls eine Police niedrigere und höhere Preisoptionen für medizinische Behandlungen bietet, sollte die niedrigere für Südamerika ausreichen: Medizinische Kosten sind hier nicht annähernd so hoch wie anderswo auf der Welt.

Wer eine Gepäckversicherung hat und einen Schadensfall melden will, wird von der Versicherungsgesellschaft eventuell aufgefordert, nachzuweisen, dass der gestohlene oder verlorene Gegenstand auch wirklich auf der Reise dabei war. Außerdem ist eine Liste der gestohlenen Gegenstände und ihres Wertes anzufertigen. Auf der Polizeiwache wird ein Formular für eine *denuncia* (Anzeige) ausgefüllt, von dem man eine Kopie für die Versicherung erhält.

Eine weltweite Reiseversicherung gibt's z. B. auf www.lonelyplanet.com/bookings. Online kann man diese jederzeit abschließen, Leistungen anfordern und die Versicherung erweitern – und das gilt auch dann noch, wenn man bereits unterwegs ist.

Zeit

Die fünf Zeitzonen Südamerikas liegen zwischen MEZ -3 Std. (z. B. Fernando de Noronha vor Brasiliens Ostküste) und MEZ -6 Std. (z. B. Rapa Nui im Südostpazifik oder Galapagos im Ostpazifik).

Zoll

Die Zollbestimmungen unterscheiden sich leicht von Land zu Land, aber in der Regel können Reisende ihr persönliches Hab und Gut, Kameras, Laptops, tragbare Elektrogeräte und sonstige Reiseausrüstung ohne Probleme mitbringen.

Alle Länder verbieten die Ausfuhr (und die Heimatländer die Einfuhr) von archäologischen Artefakten, und Gütern, die aus Teilen gefährdeter Tierarten bestehen. Traveller sollten außerdem besser keine Pflanzen, Samen, Früchte und Frischfleischprodukte über die Grenzen transportieren.

Verkehrsmittel & -wege

AN- & WEITERREISE

Flüge, Mietwagen und geführte Touren lassen sich online unter lonelyplanet.com/bookings buchen.

Einreise

EU-Bürger und Schweizer können visumfrei in die meisten südamerikanischen Länder einreisen, sofern der Aufenthalt rein touristischen Zwecken dient. Voraussetzung hierfür ist immer ein Reisepass mit ausreichend freien Seiten und noch mindestens sechs Monaten Gültigkeit bei Ankunft. Achtung: Bei längeren und/oder nichttouristischen Aufenthalten ist grundsätzlich vorab ein entsprechendes Visum bei einer diplomatischen Vertretung des jeweiligen Landes zu beantragen! Details zu Einreisebestimmungen liefern die jeweiligen Länderkapitel.

Flugzeug

Flughäfen & Fluglinien

Diverse europäische Fluggesellschaften bieten Linienverbindungen nach/ab Südamerika an.

Argentinien Die größten internationalen Flughäfen sind der **Aeropuerto Internacional Ministro Pistarini** (Ezeiza; ☎011-5480-6111; www.aa2000.com.ar) und der **Aeroparque Jorge Newbery** (Karte S. 66; ☎011-5480-6111; www.aa2000.com.ar; Av Rafael Obligado; 🚌33, 45), die beide in Buenos Aires liegen. Auslandsverbindung gibt es aber auch noch anderswo in Argentinien; Details hierzu liefert Aeropuertos Argentina 2000 (www.aa2000.com.ar). Aerolíneas Argentinas (www.aerolineas.com.ar) ist die Landesfluglinie.

Bolivien Die größten internationalen Flughäfen sind der **El**

REISEN & KLIMAWANDEL

Der Klimawandel stellt eine ernste Bedrohung für unsere Ökosysteme dar. Zu diesem Problem tragen Flugreisen immer stärker bei. Lonely Planet sieht im Reisen grundsätzlich einen Gewinn, ist sich aber der Tatsache bewusst, dass jeder seinen Teil dazu beitragen muss, die globale Erwärmung zu verringern.

Fast jede Art der motorisierten Fortbewegung erzeugt CO_2, doch Flugzeuge sind mit Abstand die schlimmsten Klimakiller – wegen der großen Entfernungen und der entsprechend großen CO_2-Mengen, aber auch, weil sie diese Treibhausgase direkt in hohen Schichten der Atmosphäre freisetzen. Die Zahlen sind erschreckend: Zwei Personen, die von Europa in die USA und wieder zurück fliegen, erhöhen den Treibhauseffekt in demselben Maße wie ein durchschnittlicher Haushalt in einem ganzen Jahr.

Die englische Website www.climatecare.org und die deutsche Internetseite www.atmosfair.de bieten CO_2-Rechner. Damit kann jeder ermitteln, wie viele Treibhausgase seine Reise produziert. Das Programm errechnet den zum Ausgleich erforderlichen Betrag, mit dem der Reisende nachhaltige Projekte zur Reduzierung der globalen Erwärmung unterstützen kann, z. B. Projekte in Indien, Honduras, Kasachstan und Uganda.

Lonely Planet unterstützt gemeinsam mit Rough Guides und anderen Partnern aus der Reisebranche das CO_2-Ausgleichs-Programm von climatecare.org. Alle Reisen von Mitarbeitern und Autoren von Lonely Planet werden ausgeglichen. Weitere Informationen gibt's auf www.lonelyplanet.com.

Alto International Airport (LPB; Héroes, Km 7, El Alto) in La Paz, der **Viru-Viru International Airport** (☎338-5000) in Santa Cruz und der **Jorge Wilstermann International Airport** (☎412-0400; Av Killman s/n) in Cochabamba. Landesfluglinie ist die staatliche Boliviana de Aviación (www.boa.bo), die u.a. Madrid, Barcelona und Miami ansteuert.

Brasilien Die beliebtesten internationalen Flughäfen sind der **Galeão International Airport** (Aeroporto Internacional Antônio Carlos Jobim; ☎21 3004-6050; www.riogaleao.com; Av Vinte de Janeiro) in Rio de Janeiro und der **GRU Airport** (Aeroporto Guarulhos; ☎11 2445-2945; www.gru.com.br; Rod Hélio Smidt s/n) in São Paulo. Ein paar direkte Linienflüge ab Europa bedienen **Salvador** (SSA; ☎71 3204-1010; Praça Gago Coutinho s/n, São Cristóvão) und **Recife** (REC; ☎81 3322-4188). Trotz Hauptsitz in Chile ist LATAM (www.latam.com) die größte internationale Fluggesellschaft Brasiliens.

Chile Größter internationaler Flughafen ist der **Aeropuerto Internacional Arturo Merino Benítez** (Santiago International Airport, SCL; ☎2-2690-1796; www.nuevopudahuel.cl) in Santiago. Die führende internationale Fluggesellschaft des Landes heißt LATAM (www.latam.com).

Ecuador Auslandsflüge landen in **Quito** (☎02-395-4200; www.aeropuertoquito.aero) und **Guayaquil** (GYE; ☎04-216-9000; www.tagsa.aero; Av de las Américas). Gleich hinter der Landesfluglinie TAME (www.tame.com.ec) rangiert die kolumbianische Avianca (www.avianca.com) mit Sitz in Quito.

Guyana, Französisch-Guayana & Suriname Alle drei „Guyanas" sind schwer zu erreichen. Der einzige moderne Flughafen der Region liegt in **Cayenne** (Rochambeau; ☎0594-299700). Dort und in **Paramaribo** (Zanderij; ☎032-5200; www.japi-airport.com; Zanderij) besteht Direktverbindung nach/ab Europa. Suriname bietet den besten Anschluss zu anderen Ländern in Südamerika. Suriname Airways (www.flyslm.com), Air France (www.airfrance.gf) und Air Caraïbes (www.aircaraibes.com) sind die größten Fluglinien vor Ort.

Kolumbien Größter internationaler Flughafen ist der **Aeropuerto Internacional El Dorado** (☎1-266-2000; www.eldorado.aero; Av El Dorado) in Bogotá. Die Landesfluglinie trägt den Namen Avianca (www.avianca.com).

Paraguay Größter internationaler Flughafen ist der **Aeropuerto Internacional Silvio Pettirossi** (☎021-64-5600; Autopista Silvio Pettirossi, Luque; 📶) in Luque (eine Satellitenstadt von Asunción). Paraguay hat keine Landesfluglinie.

Peru Größter internationaler Flughafen ist der **Aeropuerto Internacional Jorge Chávez** (☎01-517-3500, Flugpläne 01-511-6055; www.lima-airport.com; Callao) in Lima. Die chilenische LATAM (www.latam.com) wickelt die meisten In- und Auslandsflüge ab.

Uruguay Größter internationaler Flughafen ist der **Carrasco International Airport** (☎2604-0329; www.aeropuertodecarrasco.com.uy; Ruta 101, Km 20) in Montevideo. Uruguay hat keine Landesfluglinie.

Venezuela Aufgrund der aktuellen Sicherheitslage rät Lonely Planet derzeit dringend von Besuchen ab.

Auf dem Landweg

Aus Nordamerika gelangt man über Land nur bis Panama. Eine Straßenverbindung weiter nach Kolumbien gibt es nicht, denn die Carretera Panamericana endet in der großen Wildnis der Provinz Darién im südöstlichen Panama. Die straßenlose Ecke zwischen Mittel- und Südamerika ist als „Tapón del Darién" (Darién-Hindernis) bekannt. Früher war es schwierig, aber möglich, diese Lücke in einem Trekking-Abenteuer mit einheimischen Führern zu überwinden, doch seit Ende der 1990er-Jahre ist diese Möglichkeit vor allem auf der kolumbianischen Seite zu gefährlich geworden. Die Region wird von Schmugglern überrannt und ist als absolut unsicher einzustufen.

Bus

Am billigsten, aber auch am zeitaufwendigsten passiert man eine Grenze in Südamerika, indem man mit einem regionalen Bus bis zur Grenze fährt, dort die Einreiseformalitäten erledigt und dann auf der anderen Seite mit einem anderen Bus seine Reise fortsetzt. Wenn man ein paar Stunden sparen will, kann es sich anbieten, einen internationalen Bus zu nehmen, der Großstädte in benachbarten Ländern miteinander verbindet.

Grenzübergänge

In Südamerika gibt es viele Grenzübergänge, sodass man auf dem Weg zu seinem Ziel kaum größere Umwege in Kauf nehmen muss. Das gilt ganz besonders für Reisen zwischen Argentinien und Chile, an deren 3500 km langer gemeinsamer Grenze es – vor allem auch in Patagonien – etliche Übergänge gibt. Die meisten Grenzstellen befinden sich an Straßen oder Brücken, es gibt aber auch einige, an denen man mit Fähren übersetzt, z.B. am Río de la Plata zwischen Buenos Aires und Uruguay, an mehreren Seen zwischen Argentinien und Chile sowie am Titicacasee zwischen Bolivien und Peru.

Angesichts der Zunahme von Individualreisenden sind die Grenzpolizisten mittlerweile selbst an abgelegenen Ecken des Kontinents an Backpacker gewöhnt. Gleichwohl tut man sich an den Grenzen immer leichter, wenn man nicht zu verratzt wirkt, die Grenzer mit Respekt behandelt und sie auf

Spanisch oder Portugiesisch grüßt. Falls man auf einen Beamten trifft, der versucht, ein wenig *dinero* (Schmiergeld) für die Erlaubnis zur Einreise abzuzwacken (was gelegentlich vorkommt), sollte man Haltung bewahren. Wenn es sich (wie meist) nur um eine kleine Summe handelt, lohnt es sich nicht, dagegen etwas zu unternehmen. Meist ist die Grenzpolizei aber höflich und bereitet Travellern keine Probleme.

Bevor man sich auf den Weg zu einer Grenze macht, muss man sich immer darüber informieren, ob man ein Visum braucht!

Übers Meer

Einer der beliebtesten Reiseoptionen zwischen Süd- und Mittelamerika sind ausländische Segelboote, die zwischen Cartagena (Kolumbien) und den San-Blás-Inseln verkehren (meist 450–650 US$, ca. 5 Tage). Infos zu Fahrtzeiten und verfügbaren Bordplätzen gibt's bei **Blue Sailing** (Karte S. 817; ☎310-704-0425, 300-829-2030; www.bluesailing.net; Calle San Andrés No 30–47; 5-tägige Törns 450–650 US$; ⌚Mo–Sa 9–17 Uhr) in Cartagena. Vorab unbedingt sorgsam recherchieren: Es gibt auch einige unseriöse Anbieter – es sind sogar schon einige Segelboote gesunken!

Günstiger von Kolumbien nach Panama geht's mit Kleinbooten, die ab Capurgana nach Puerto Obaldia fahren (30 000 KOL$, 30 Min.). Von dort aus kann man einen Inlandsflug nach Panama City nehmen (115 US$, Di, Do & So) oder über die San-Blás-Inseln gen Norden weiterreisen.

Offiziell benötigt man sowohl für Panama, als auch für Kolumbien ein Weiterreise- oder Rückflugticket. In Kolumbien wird das eventuell nicht allzu streng gesehen, wer aber auf Nummer sicher gehen möchte, sollte vor allem auf der panamaischen Seite genug Geldmittel und entsprechende Tickets dabeihaben – Traveller, die das eine oder andere nicht vorweisen konnten, sind schon abgewiesen worden.

Gelegentlich wird über Piratenangriffe vor der südamerikanischen Küste berichtet, meist aus der Karibik.

UNTERWEGS VOR ORT

Auto & Motorrad

Autofahren in Südamerika ist nervenaufreibend und nicht ungefährlich, hat aber seine Vorteile: Mit einem eigenen Fahrzeug können auch abgelegene Orte besucht werden, die mit öffentlichen Verkehrsmitteln nicht erreichbar sind (besonders Nationalparks). In bestimmten Regionen (z. B. Patagonien oder anderen Teilen Chiles oder Argentiniens) lohnt es sich auf jeden Fall, für kurze Zeit ein Auto zu mieten.

Bevor man sich in Südamerika hinters Steuer schwingen kann, gibt's jedoch einiges zu organisieren. Zuallererst sollten sich Autofahrer zusätzlich zu ihrer gültigen Fahrerlaubnis einen internationalen Führerschein besorgen. Auch die Fahrzeugsicherheit kann auf dem ganzen Kontinent zum Problem werden. Wertgegenstände haben auch in (selbstverständlich) abgeschlossenen Autos nichts verloren. Parkplätze sind Mangelware oder gleich gar nicht vorhanden. Traveller sollten auch aufpassen, wo sie ihren fahrbaren Untersatz abstellen – sonst ist der nachher weg. Umsichtig fahren! Bei Unfällen mit Personenschäden wandern die Beteiligten in ganz Südamerika häufig ins Gefängnis, bis der Fall geklärt ist – wer schuld ist, spielt dabei keine Rolle.

Das eigene Auto einführen

Das Verschiffen des eigenen Autos oder Motorrads nach Südamerika ist extrem kostspielig und erfordert sorgfältige Planung. Spätestens einen Monat vor der Abreise sollte die Organisation komplett stehen. Diebe räumen Fahrzeuge mit Vorliebe auf hoher See aus. Deshalb sollten vor dem Verladen sämtliche Anbauteile (Radkappen, Scheibenwischer, Rückspiegel usw.) entfernt werden und der Innenraum völlig leer sein. Fahrzeuge in Containern zu verschiffen, ist sicherer, aber teurer.

Führerschein

Wer in Südamerika fahren möchte, muss einen Internationalen Führerschein bzw. ein Inter-American Driving Permit beantragen (in Uruguay wird nur Letzteres akzeptiert). Gegen Vorlage eines gültigen Führerscheins stellen Automobilclubs das Dokument aus (ca. 15 €).

Kaufen

Bei langen Aufenthalten in Südamerika kann es sich rechnen, ein Auto zu kaufen und vor der Abreise wieder zu verkaufen. Dadurch kommt man oft günstiger weg als mit einem Mietwagen. Andererseits bergen Gebrauchtwagen immer Risiken für Geldbeutel und Gesundheit (vor allem wegen der holperigen Straßen). Außerdem kann einen die mit dem Autokauf verbundene Bürokratie in den Wahnsinn treiben.

Wer sich ein eigenes Fahrzeug zulegen möchte, sollte sich in Argentinien, Brasilien oder Chile umsehen. Aber auch hier schwingt der Amtsschimmel nur langsam die Hufe. Dass man der rechtmäßige Besitzer ist, lässt man sich besser von einem Notar bestätigen, denn die Behörden brauchen eine Weile, um den Fahrzeugbrief umzuschreiben. Wenn's um den Grenzübertritt geht, gibt's mit in Südamerika erworbenen Fahrzeugen manchmal Probleme.

Wer auf dem Festland über die Grenze möchte, braucht

offiziell ein *carnet de passage* (oder *libreta de pasos por aduana*; Zollabfertigungsschein), auch wenn dieses Dokument wahrscheinlich kein Mensch sehen will. Wie man es am besten beantragt, erfährt man bei den großen Automobilverbänden im deutschsprachigen Raum (z. B. ADAC).

Mieten

In den Hauptstädten und Metropolen sowie an den wichtigsten Flughäfen des Kontinents gibt es Niederlassungen internationaler Autovermieter wie Hertz, Avis oder Budget. Die Tarife von kleineren lokalen Anbietern sind jedoch meist günstiger. Um einen Wagen zu mieten, muss der Fahrer mindestens 25 Jahre alt sein sowie einen Führerschein und eine Kreditkarte haben. Manche Firmen verleihen auch Fahrzeuge an unter 25-Jährige, verlangen aber eine Gebühr dafür. Nicht alle Firmen erlauben es, dass man mit ihren Wagen ins Ausland fährt; dieser Punkt muss bei entsprechenden Plänen vorab geklärt werden.

Die Preise variieren stark (ca. 30–60 €/Tag), und es ist generell clever, sich mit ein paar anderen Travellern zusammenzutun, um die Kosten zu teilen. Die vergleichsweise hohen Ausgaben für den Wagen relativieren sich schnell, wenn man ihn nutzt, um zu günstigen Zeltplätzen zu gelangen, besonders in den teureren Cono-Sur-Ländern.

Verkehrsregeln

In Südamerika wird – Guyana und Suriname ausgenommen – auf der rechten Straßenseite gefahren. Verkehrsregeln werden häufig ignoriert, Verstöße so gut wie nie verfolgt. Der Straßenzustand ist oft katastrophal. Viele Fahrer (besonders in Argentinien und Brasilien) verhalten sich äußerst rücksichtslos und fordern Unfälle geradezu heraus. Achtung: Bei Nacht ist es auf der Straße gefährlicher als tagsüber, nicht nur weil es dunkel ist, sondern auch weil dann viele Zeitgenossen unterwegs sind, die übermüdet sind und/oder schon einiges intus haben.

Verkehrsschilder sind entweder nicht vorhanden oder führen Ortsunkundige in die Irre. Da helfen nur Humor und Geduld. In unübersichtlichen Kurven lässt sich das Unfallrisiko durch Hupen reduzieren; auf schmalen Straßen hat meist derjenige Vorfahrt, der bergaufwärts fährt. Wenn Äste oder Felsen auf der Straße liegen, sollte man sofort bremsen: Das kann nämlich bedeuten, dass sich direkt voraus ein Pannenfahrzeug, Erdrutsch oder sonstiges Hindernis befindet. Auch mit Rüttelschwellen muss gerechnet werden. Durchgeschaukelt werden Autofahrer dadurch meist mitten im Stadtzentrum, aber manchmal auch völlig unerwartet irgendwo auf dem Highway.

Versicherung

Die Kfz-Versicherung von zu Hause deckt keine Fahrten mit Mietwagen im südamerikanischen Ausland ab. Kunden von Autovermietungen sollten sich daher vergewissern, dass der Zusatz *seguro* (Versicherung) im Vertrag enthalten ist. Kleine Blechschäden regelt man am besten vor Ort, ohne die Polizei oder die Versicherung einzuschalten.

Bus

Auf dem gesamten Kontinent ist das Busnetz recht dicht. Aber: Die Straßen und die Fahrzeuge sind von sehr unterschiedlicher Qualität … Und das gilt eigentlich auch für die Fahrer.

Der Straßenzustand hängt stark von der Jahreszeit ab: Was in der Trockenzeit eine gewaltige rote Staubwüste ist, verwandelt sich in der Regenzeit in einen riesigen Schlammsee. In Argentinien, Uruguay, Ecuador und im größten Teil von Venezuela sind die Fahrbahnen allgemein in besserem Zustand, ebenso an der Küste und im Süden Brasiliens. Chile und Argentinien haben die besten Straßen und außerdem die komfortabelsten und verlässlichsten Busse in Südamerika.

Die meisten größeren Städte und Siedlungen haben ein *terminal de autobuses* oder *terminal de ómnibus* (Busbahnhof; in Brasilien *rodoviária*, in Ecuador *terminal terrestre* genannt). Häufig liegen Busbahnhöfe am Stadtrand und sind nur mit Nahverkehrsbussen oder Taxis erreichbar. Zu den größten und besten Terminals gehören Restaurants, Läden, Duschen und weitere praktische Einrichtungen. In ihrer (oft hässlichen) Umgebung finden sich meist günstige Unterkünfte und Lokale. Bei „Dorfterminals" in ländlichen Gebieten handelt es sich oft um unbefestigte Flächen, auf denen klapprige Vehikel stehen. Männer kündigen schreiend die Fahrtziele an – da heißt es die Ohren spitzen.

Diverse Städte haben gleich mehrere Busbahnhöfe (für verschiedene Routen), und manchmal besitzt jede Busgesellschaft ihr eigenes Terminal. Dies ist besonders unpraktisch und betrifft vor allem Kleinstädte in Kolumbien, Ecuador und Peru.

Gefahren & Ärgernisse

Jeder, der eine Busreise durch Südamerika unternommen hat, kann Geschichten über haarsträubende Trips und durchgeknallte Fahrer zum Besten geben. Und ja, es kommt gelegentlich zu Unfällen. Selbst Luxusbusse sind dagegen nicht gefeit: Auch die Fahrzeuge renommierter Gesellschaften werden manchmal in Unglücke verwickelt. Einige Straßen – besonders durch die Anden – sind Pisten voller Risiken. Wer sich ein paar

Mal ins Flugzeug setzt, kann sich manche Panikattacke ersparen.

Klassen

Vor allem in den Andenländern tuckern häufig aufs Wesentliche reduzierte Busse auf profillosen Reifen durch die Gegend. Wegen der harten Federung werden vor allem Traveller im hinteren Teil eine aufrüttelnde Fahrt erleben. Wenn alle Plätze besetzt sind, wird anschließend der Mittelgang gnadenlos vollgestopft. Die Ladung auf dem Dach ist meistens noch einmal halb so hoch wie der Bus; ab und zu reisen sogar Ziegen oder Schweine in luftiger Höhe mit. All das mag eine gewisse Skepsis hervorrufen, doch letztendlich kommt man dennoch mit heiler Haut ans Ziel. Verschiedene Busklassen existieren in der Regel nicht (ausgenommen bei Fernbussen); daher müssen Traveller wohl oder übel mit dem fahren, was gerade zur Verfügung steht.

Andererseits rollen echte „Luxusliner" die Hauptrouten entlang (z.B. in Argentinien, Brasilien, Chile, Kolumbien, Uruguay, Venezuela oder sogar Bolivien). Die teuersten Tickets garantieren normalerweise umklappbare Liegesitze, Verpflegung, Getränke und Videofilme. Je nach Land haben die verschiedenen Busklassen sehr unterschiedliche Bezeichnungen. Bei *coche camas* oder *bus-camas* (wörtl. „Busbetten") handelt es sich um luxuriöse Nachtbusse, die auf den meisten Fernreiserouten in Argentinien, Chile und Peru unterwegs sind; in Brasilien heißen diese Gefährte *leito* (Schlafkoje).

Preise

In den Andenländern bezahlen Buspassagiere pro Fahrtstunde ca. 1 US$. Bei höherem Bordstandard (z.B. 1. Klasse oder *coche-cama*) sind Tickets im Vergleich zum Normaltarif teils doppelt so teuer. Nachtbusse erübrigen jedoch Hotelzimmer, was wiederum Bares spart.

Im übrigen Südamerika kostet die Fahrtstunde durchschnittlich ungefähr 2 US$. Die Preise variieren aber je nach Land sehr stark und sind in Französisch-Guayana (ca. 5 US$/Std.) am höchsten.

Reservierungen

Zu den Haupturlaubszeiten sollten Tickets immer im Voraus gekauft werden (im Cono Sur betrifft das die Monate Januar bis März und in ganz Südamerika die Osterwoche und die Ferienwochenenden). Im Idealfall haben Busgesellschaften eigene Ticketschalter in den großen Terminals; Tafeln informieren über Routen, Abfahrtszeiten und Preise. Die Plätze tragen Nummern und können im Voraus gebucht werden. Wenn das nicht der Fall ist, reicht es meist aus, wenn man eine Stunde vor der Abfahrt am Busbahnhof erscheint. Dann lässt sich fast immer ein freies Plätzchen an Bord ergattern.

Fahrrad

Mit dem Drahtesel durch Südamerika zu cruisen, ist eine anstrengende, aber sehr lohnende Alternative zu öffentlichen Verkehrsmitteln. Der bessere Straßenzustand in Argentinien und Chile macht Trips durch die Länder des Cono Sur attraktiv. Zu diesem „Südkegel" gehören neben Argentinien, Chile und Uruguay auch Teile Brasiliens und Paraguays. Aber eigentlich kann der gesamte Kontinent per Fahrrad – genauer gesagt Mountainbike – erkundet werden. Tourenräder eignen sich für befestigte Fahrbahnen, die spektakulären Straßen in den Anden können allerdings nur mit einem *todo terreno* (Mountainbike) in Angriff genommen werden.

Ausgeschilderte Strecken oder feste Routen über Landesgrenzen hinweg sucht man vergeblich. Zähe Mountainbiker haben sich bereits über die kompletten Anden gequält. Verkehrsregeln kann man getrost vergessen – Hauptsache, man schwimmt mit dem Verkehr auf der rechten Fahrbahnseite. Es lohnt sich, gute Karten mit Nebenstrecken aufzutreiben – derart ausgerüstet haben Radler die beneidenswerte Möglichkeit, die ausgetretenen Touristenpfade zu verlassen.

Travellern wird empfohlen, ihr eigenes Gefährt zu verwenden. Südamerikanische Räder geben schnell mal den Geist auf, Importbikes kosten ein Vermögen. Fahrradwerkstätten gibt's sogar im kleinsten Nest – die gerade benötigten Ersatzteile sind aber so gut wie nie auf Lager. Vor der Abreise sollte man sich deshalb alle notwendigen Mechanikerfähigkeiten und Standardersatzteile zulegen. Ein einfaches Reparaturkit enthält u.a. Ersatzspeichen, einen Speichenschlüssel und mehrere Flickpads. Hinzu kommen eine Kettenzange, Schläuche, Ersatzzüge und ein spezielles Multitool für Fahrräder. Manche Radler deponieren ein paar Ersatzreifen bei ihren Angehörigen in der Heimat und lassen sie sich bei Bedarf zuschicken.

Wer Südamerika per Drahtesel erkunden möchte, sollte auf widrige Witterung vorbereitet sein (heftiger Regen, Sturm), außerdem muss man die extreme Höhe in den Anden, schlechte Straßen und rücksichtslose Kraftfahrer – die größte Gefahr für Radler – bedenken. Eine entsprechende Sicherheitsausrüstung (Reflektoren, Rückspiegel, Helm usw.) wird daher dringend empfohlen. Auch Langfinger sind ein großes Ärgernis – Traveller sollten ihr Fahrrad und ihr Gepäck mitnehmen oder abschließen (oder auch jemanden suchen, der gegen Bezahlung darauf aufpasst). Und über Nacht sollte das Bike besser mit ins Hotelzimmer.

Flugzeug

Besonders die Andenländer (Bolivien, Ecuador und Peru) haben ein dichtes Netz von Inlandsflügen mit erfrischend niedrigen Preisen. Nach 18 Stunden Busfahrt über halsbrecherische Hochgebirgsstraßen entscheidet man sich irgendwann fürs Flugzeug.

Doch dabei gibt es ebenfalls Schattenseiten: Die Flughäfen liegen oft weit entfernt vom Stadtzentrum und sind nicht immer mit öffentlichen Verkehrsmitteln zu erreichen. Dann ist man auf Taxis angewiesen – und die Fahrten *zum* Flughafen sind oft wesentlich teurer als die *vom* Flughafen sonstwohin. Und dann wäre da auch noch die Flughafensteuer: Bei Auslandsflügen werden immer höhere Beträge fällig. Und wer Sicherheitsbedenken hegt, schaut sich das Feature „Fatal Events by Airline" auf der Website www.airsafe.com an.

Inlandsflüge sollten besser nicht zu knapp auf anschließende Auslandsflüge abgestimmt werden (und umgekehrt). Am besten lässt man sich sämtliche Flüge 48 Stunden vor der Abreise nochmals bestätigen und plant mehr Zeit vor dem Start am Flughafen ein.

Flugpässe

Inhaber eines Flugpasses können in einem Land oder einer Region innerhalb eines bestimmten Zeitraums zu einem Pauschalpreis eine bestimmte Anzahl von Flügen in Anspruch nehmen. Die Pässe sind eine günstige Option, wenn man in kurzer Zeit lange Strecken zurücklegen möchte, haben jedoch auch Nachteile. Sie lassen einem z.B. mitunter keinerlei Spielräume – hat man den ersten Flug absolviert, ist man an einen festen Reiseplan gebunden. Und Änderungen vorzunehmen, kostet Geld. Manchmal dürfen solche Tickets auch nur genutzt werden, wenn man an Bord eines Fliegers aus dem Ausland im jeweiligen Land ankommt; es ist also nicht möglich, auf dem Landweg einzureisen und den Pass dann erst zu benutzen. Hinzu kommt, dass Bürger mancher Länder vom Kauf eines Flugpasses ausgenommen sind.

FÜR MEHRERE LÄNDER

Es gibt ein paar spezielle Südamerika-Pässe, mit denen man ein bisschen sparen kann – vorausgesetzt, es stört einen nicht, an einen festen Reise- bzw. Flugplan gebunden zu sein. Man kauft eine bestimmte Anzahl Meilen und kann dann innerhalb von ein paar festgelegten Ländern von Stadt zu Stadt fliegen. Die Konditionen sind unterschiedlich, doch meist müssen die Flüge innerhalb eines Zeitraums von 30 Tagen bis zwölf Monaten wahrgenommen werden. Wenn man mit einer anderen Fluggesellschaft nach Südamerika reist als der, die den gewählten Flugpass anbietet, wird man für diesen mehr bezahlen müssen (oder bekommt erst gar keinen).

Gol South America Airpass (www.voegol.com.br) Dieser Flugpass deckt Brasilien, Argentinien, Bolivien, Chile, Paraguay und Uruguay ab.

Lan South American Airpass (www.lan.com) Beinhaltet Flüge zu Zielen in Argentinien, Bolivien, Südbrasilien, Chile, Kolumbien, Ecuador, Peru, Uruguay und Venezuela.

One World Alliance Visit South America Airpass (www.oneworld.com) Für Argentinien, Bolivien, Brasilien, Chile, Kolumbien, Ecuador, Peru, Uruguay und Venezuela.

LATAM South American Airpass Eines der besten Netzwerke des Kontinents, deckt über 124 Flugziele in Argentinien, Bolivien, Brasilien, Chile, Paraguay, Peru, Uruguay und Venezuela ab.

FÜR EINZELNE LÄNDER

Die meisten Flugpässe gelten nur für Flüge innerhalb eines Landes und werden in der Regel mit einem Rundreiseticket durch dieses Land gekauft. Die meisten Flugpässe sind nur außerhalb des entsprechenden Landes erhältlich – in Reisebüros nachfragen! Inlandsflugpässe gibt es in Argentinien, Brasilien und Chile.

Nahverkehr

Ganz Südamerika kann sich dichter und zuverlässiger Regional- und Stadtbusnetze rühmen. In vielen Ländern können Busse einfach auf der Straße angehalten werden. Wer die offizielle Haltestelle findet, ist auf der sicheren Seite, andernfalls kann man dem Fahrer auch ein Zeichen geben, sobald ein Bus in die gewünschte Richtung vorbeifährt. Keine Angst: Die meisten Fahrer sind sehr hilfsbereit und weisen Travellern gern den Weg zum richtigen Bus.

Wie in den meisten größeren Städten treiben auch in Südamerika Langfinger in überfüllten Bussen und Metros ihr Unwesen. In rappelvollen öffentlichen Verkehrsmitteln sollte man daher immer auf der Hut sein. Wer sein ganzes Gepäck dabeihat, macht um überfüllte Nahverkehrsmittel am besten einen großen Bogen.

In den meisten (aber nicht allen) Großstädten sind Taxis mit Taxametern ausgestattet. Fahrgäste sollten darauf bestehen, dass der Fahrer das Gerät auch benutzt. Bei Droschken ohne Taxameter muss der Fahrtpreis grundsätzlich *vor* dem Einsteigen ausgehandelt werden. Neben Fahrten am Sonntag sind auch Trips nach 21 Uhr in der Regel deutlich teurer.

Schiff/Fähre

Südamerika bietet eine Menge Gelegenheiten zum Reisen zu Wasser, von Kreuzfahrten durch die mystischen Fjorde des chilenischen Patagoniens über Flussfahrten den Amazonas hinauf bis hin zu Touren in motorisierten Einbäumen, die durch die Mangrovensümpfe an der Küste Ecuadors schippern. In puncto Sicherheit müssen sich Traveller normalerweise keine Gedanken machen; dies gilt besonders für die renommierten Fährbetreiber und Kreuzfahrtanbieter in Chile und Argentinien. Lediglich mit Touristenbooten auf den Galápagosinseln gab es in letzter Zeit ein paar Probleme. Im Lauf der letzten Jahre sind einige sogar gesunken – man sollte also ein bisschen recherchieren, bevor man eine Bootstour bucht.

Flüsse

Langstreckenfahrten auf Südamerikas großen Strömen (z. B. Amazonas oder Orinoco) sind zwar möglich, wesentlich idyllischer sind jedoch Ausflüge auf kleineren Flüssen (z. B. Mamoré oder Beni) – hier fahren die Boote nahe am Ufer entlang, sodass die Passagiere die einheimische Tierwelt aus nächster Nähe hören und sehen können. Auf dem Amazonas hingegen wird man das Ufer eher selten sehen. Außerdem ist die Gegend am Unterlauf des Stroms dicht besiedelt, während auf dem Oberlauf mittlerweile weniger Passagierboote unterwegs sind als früher. Dies gilt auch für Bolivien, wo Flussfahrten seltener geworden sind; viele Reisende nehmen lieber schnell den Flieger.

Was Größe und Ausstattung angeht, gibt es bei den Flussdampfern gewaltige Unterschiede. Vor dem Ticketkauf lohnt es sich deshalb, die Preise zu vergleichen und die Kähne genau unter die Lupe zu nehmen. Passagiere sollten sich alle Details exakt auf ihrem Ticket auflisten lassen. Flussabwärts geht's zwar schneller voran als gegen die Strömung, flussaufwärts fahrende Schiffe bewegen sich aber meist näher am Ufer, sodass man mehr von der Landschaft sieht. Wie lange die Fahrt von einem zum anderen Hafen dauert, lässt sich so gut wie nicht vorausberechnen; Flusstrips eignen sich daher am besten für Traveller, die es nicht sonderlich eilig haben.

Die Verpflegung – massenhaft Reis mit Bohnen, manchmal etwas Fleisch – ist normalerweise im Ticketpreis enthalten. Es ist aber empfehlenswert, sich zusätzlich mit Trinkwasser in Flaschen, Obst und Snacks einzudecken. Das erste Abendessen an Bord wird häufig separat berechnet. Meistens werden auch an Bord Getränke und Lebensmittel verkauft – allerdings zu Wucherpreisen, was einkalkuliert werden sollte. Auch ein guter Insektenschutz ist wichtig.

Wer nicht in einer Kabine übernachtet, braucht eine Hängematte und ein Seil, um sie aufzuspannen. Vor dem Wind und der Kühle bei Nacht schützt man sich am besten mit einem Schlafsack. Normalerweise gibt's zwei Klassen von Hängemattenplätzen: Die auf dem Oberdeck sind etwas teurer, doch das lohnt sich: Dort ist es viel schöner. Traveller sollten sich mindestens acht Stunden vor dem Auslaufen an Bord einfinden, um einen guten Hängemattenplatz in einiger Entfernung zu Maschinenlärm und Toilettenmief zu ergattern.

Auf den oft überfüllten Schiffen treiben Diebe ihr Unwesen. Auf keinen Fall darf das Gepäck ungesichert in einem Spind verstaut werden – ein eigenes Vorhängeschloss schafft Abhilfe. Außerdem ist es nicht ratsam, sein Gepäck irgendwelchen Mannschaftsmitgliedern anzuvertrauen, es sei denn, man ist sicher, dass es sich auch tatsächlich um welche handelt. Denn mittlerweile haben Betrüger diese Masche für sich entdeckt.

Meer

Die bekannteste und zugleich schönste Meerkreuzfahrt Südamerikas erlebt man an Bord einer Fähre von **Navimag** (www.navimag.com). Sie führt entlang der chilenischen Küste von Puerto Montt hinunter nach Puerto Natales. In manchen Ländern sind kürzere Schiffsreisen zu Inseln in Festlandsnähe möglich, z. B. zur Ilha Grande und Ilha de Santa Catarina (Brasilien), Isla Grande de Chiloé (Chile) oder zur Isla Grande de Tierra del Fuego (Argentinien). Zu weiter entfernten Eilanden wird normalerweise geflogen. In den Mangrovensümpfen an der Küste Ecuadors fungieren motorisierte Einbäume als öffentliche Verkehrsmittel.

Seen

In ganz Südchile und -argentinien sind herrliche (wenn auch teure) Seekreuzfahrten im Angebot. Ausflugskähne sind zwischen Bolivien und Peru unterwegs. Zu den beliebtesten Optionen gehören:

- Von Copacabana (Bolivien) zur Isla del Sol und zur Isla de la Luna im Titicacasee.
- Über den Lago General Carrera (Chile) zwischen Chile Chico und Puerto Ingeniero Ibáñez.
- Von Puerto Montt oder Puerto Varas (Chile) nach Bariloche (Argentinien).
- Von Puno (Peru) zu den Inseln im Titicacasee.

Trampen

Trampen ist nirgendwo auf der Welt wirklich sicher und wird somit von Lonely Planet auch nicht empfohlen. Wer per Anhalter reist, geht stets ein gewisses und potenziell sehr ernstes Risiko ein. Darum niemals alleine und/oder bei Nacht trampen (gilt vor allem für Frauen!) und immer vertrauenswürdige Dritte über die geplante Route informieren!

Reisen per Anhalter ist auf dem ganzen Kontinent möglich, kostenlos kommt man so allerdings nur in Argentinien, Chile, Uruguay und manchen brasilianischen Regionen voran. Auf dem restlichen Kontinent wird Trampen als Variante des Nahverkehrs betrachtet – vor allem dann, wenn Busverbindungen nur unregelmäßig bestehen oder gar nicht vorhanden sind, wird eine Bezahlung fällig. Auf manchen Routen können Traveller quasi zum Festpreis trampen. Am besten erkundigt man sich bei anderen Passagieren, was diese bezahlt haben. Die Beträge entsprechen normalerweise den Buspreisen oder liegen etwas darunter. Wer auf der Rampe eines Lastwagens mitfährt, hat zwar eine tolle Aussicht, sollte aber bei Fahrten über den *altiplano* (Anden-Hochebene mit Peru, Bolivien, Chile und Argentinien) oder durch den *páramo* (feuchte Hochlandsteppe) in warmen Klamotten stecken – sobald nämlich die Sonne untergeht oder sich hinter den Wolken versteckt, wird's hier bitterkalt.

Es ist nicht notwendig, am Straßenrand zu stehen und den Daumen auszustrecken – es sei denn, die Gelegenheit ist gerade günstig. Beinahe jede Siedlung hat einen zentralen Lastwagenhof (oft in Marktnähe), wo man sich nach einem passenden Gefährt umsehen und sich bei den Fahrern nach den Preisen erkundigen kann. Spätestens 30 Minuten vor der vereinbarten Abfahrtszeit sollten Tramper dann bereitstehen. Wer eine Mitfahrgelegenheit sucht, kann sich auch an den *servicentros* (Tankstellen) am Rand der Großstädte auf die Lauer legen. Hier tanken die Fahrer ihre Brummis auf.

Zug

Züge verschwinden langsam aus der südamerikanischen Landschaft, mehrere spektakuläre Routen werden jedoch nach wie vor befahren. Ecuador investiert stark in den Wiederaufbau alter Strecken. Auch Uruguay schickt sich an, alte Strecken zu reaktivieren, doch wird die Umsetzung dieser Pläne noch Jahre dauern.

Eine nostalgische Eisenbahnfahrt durch wundervolle Landschaften versprechen u.a. folgende Strecken:

Curitiba–Paranaguá (Brasilien) Brasiliens schönste Bahnstrecke windet sich über steile Hänge hinunter zur Küstenebene und beschert Passagieren dabei eine unvergessliche Aussicht.

Oruro–Uyuni–Tupiza–Villazón (Bolivien) Wegen defekter Gleise endet die Hauptstrecke ab Oruro momentan in Uyuni. Nach Behebung der Schäden wird sie wieder südwärts durch malerische Schluchten nach Tupiza führen – und von dort aus weiter nach Villazón an der argentinischen Grenze.

Ferroviaria Oriental (Bolivien; www.fo.com.bo) Im Osten Boliviens betreibt diese Bahngesellschaft u.a. eine Strecke zwischen Santa Cruz und Quijarro, wo die brasilianische Grenze in Richtung Pantanal überquert werden kann. Ab Santa Cruz schickt sie zudem unregelmäßig Züge Richtung Süden nach Yacuiba an der argentinischen Grenze.

Lima–Huancayo & Huancayo–Huancavelica (Peru) Diese grandiosen Zugstrecken gehören zu den schönsten in Südamerika. Die seltener bediente Route Lima–Huancayo folgt einer der höchstgelegenen Bahntrassen des Planeten.

Tren Túristico Guaraní (Bolivien; www.ferroviaria-andina.com.bo/turismo) An jedem zweiten Sonntag des Monats verkehrt dieser Touristenzug zwischen El Alto und Tiwanaku.

Puno–Juliaca–Cuzco (Peru) Dieser Zug tuckert während der Hauptsaison vom Ufer des Titicacasees hinauf zu einem Pass auf 4600 m Höhe, jedoch nur, wenn ganze Reisegruppen buchen. Die Abfahrtszeiten lassen sich kaum voraussagen. Wenn der Zug denn fährt, können auch Einzelreisende an Bord gehen.

Riobamba–Sibambe (Ecuador) Einer der immer häufiger werdenden kurzen Zugausflüge für Touristen führt zur berühmt-berüchtigten Nariz del Diablo (Teufelsnase), einer berauschend steilen Abfahrt über enge Spitzkehren.

Salta–La Polvorilla (Argentinien) Beim Aufstieg zur *puna* (Andenhochfläche) überwindet der Tren a las Nubes (Zug zu den Wolken) Spitzkehren, Tunnels und mörderische Brücken. Leider sind die Abfahrtszeiten seeehr flexibel.

Gesundheit

Vorsorge ist bei einem Aufenthalt in Südamerika der Schlüssel zur Gesundheit. Traveller, die sich vor der Reise die empfohlenen Impfungen verabreichen lassen und mit gesundem Menschenverstand Vorkehrungen treffen, bekommen meist höchstens ein bisschen Durchfall.

VOR DER REISE

Alle Medikamente sollten in ihrer Originalverpackung mitgebracht werden. Außerdem ist es sinnvoll, einen unterschriebenen und datierten Brief des Arztes mitzuführen, in dem alle Angaben zum Gesundheitszustand und zu verordneten Medikamenten (mitsamt deren generischen Namen) aufgelistet sind. Wer Spritzen oder Kanülen mitführt, sollte sich deren medizinische Notwendigkeit auf jeden Fall schriftlich von einem Arzt bestätigen lassen.

Krankenversicherung

Weil die normale Krankenversicherung keinen ausreichenden Schutz bietet, ist unbedingt eine Auslandskrankenversicherung nötig. Wichtig ist, zu wissen, ob die Versicherung die medizinischen Leistungen direkt bezahlt, oder ob man das Geld erst einmal auslegen muss und später zurückbekommt. Achtung: In vielen Ländern erwarten Ärzte ihr Honorar in bar!

Empfohlene Impfungen

Die meisten Impfungen sind erst ungefähr zwei Wochen nach der Verabreichung voll wirksam. Traveller sollten ihren Arzt daher mindestens vier bis acht Wochen vor der Abreise aufsuchen, sich beraten lassen und um einen international gültigen Impfpass bitten. In diesem gelben Büchlein sind alle absolvierten Impfungen vermerkt. Das Dokument ist obligatorisch in Ländern, die bei der Einreise auf den Nachweis einer Gelbfieberschutzimpfung bestehen. Aber auch sonst ist das Mitführen des Internationalen Impfpasses auf Reisen grundsätzlich sinnvoll.

Die Gelbfieberschutzimpfung ist die einzige vorgeschriebene Prophylaxemaßnahme, wenn man aus einer afrikanischen oder amerikanischen Gelbfieberregion einreist. Lediglich Französisch-Guayana verlangt von allen Touristen generell eine Gelbfieberimpfung. Zusätzlich sind weitere Impfungen empfehlenswert.

Reiseapotheke

- Antibakterielle Mittel für Schnitt- und Schürfwunden (z. B. Bactroban)
- Antibiotikum gegen Durchfall (z. B. Norfloxacin, Ciprofloxacin oder Azithromycin)
- Antihistaminika (gegen Heuschnupfen und allergische Reaktionen)
- Aspirin oder Paracetamol (in Südamerika besser bekannt als „Acetaminophen“)
- DEET-haltiges Insektenschutzmittel
- Diamox oder ein anderes Acetazolamid gegen die Höhenkrankheit
- „Durchfallstopper“ (z. B. Loperamid)
- Entzündungshemmer (z. B. Ibuprofen)
- Fieberthermometer
- Jodtabletten zur Wasserreinigung
- Permethrinhaltiges Insektenspray für Kleidung, Zelte und Moskitonetze
- Pflaster und Tape für Verbände
- Rehydrationstabletten oder -lösungen
- Scheren, Pinzette, Sicherheitsnadeln
- Steroid- oder Kortisonsalbe gegen allergische, juckende Ausschläge (beispielsweise durch den Kontakt mit Giftefeu)
- Ausreichend Sonnenschutzmittel
- Taschenmesser
- Verbandszeug, Pflaster Mullbinden

Infos im Internet

Im Internet wimmelt es nur so von Informationen zum Thema Gesundheit auf Reisen. Die **Weltgesundheitsorganisation (WHO)** (www.who.int/ith) gibt ein hervorragendes Buch namens *International Travel and Health* heraus, das jährlich überarbeitet wird und im Internet für 12 US$ als Pdf zum Herunterladen zur Verfügung steht. Einige Infos auf Deutsch gibt's z. B. auf der Seite des deutschen, des österreichischen und des schweizerischen Tropeninstituts (www.tropeninstitut.de, www.tropeninstitut.at, www.swisstph.ch). Eine weitere gute Informationsquelle ist **TravelMED** (www.travelmed.de); hier bekommt man umfassende, aktuelle Gesundheitstipps zu sämtlichen Reiseländern.

Ansonsten sollten Traveller auf jeden Fall auch die Hinweise auf den Reiseseiten ihres jeweiligen Gesundheits- oder Außenministeriums beachten:

Deutschland (www.auswaertiges-amt.de)

Österreich (www.bmeia.gv.at)

Schweiz (www.eda.admin.ch)

IN SÜDAMERIKA

Medizinische Versorgung & Kosten

Vernünftige medizinische Einrichtungen sind in kleineren Städten selten und im ländlichen Raum so gut wie gar nicht zu finden. Viele Ärzte und Krankenhäuser erwarten ihr Honorar in bar – ob man nun eine Auslandskrankenversicherung hat oder nicht. Wer lebensbedrohliche Gesundheitsprobleme bekommt, wird sich höchstwahrscheinlich in ein Land mit bestmöglicher medizinischer Versorgung ausfliegen lassen wollen. Dafür kommen schnell Zehntausende Euro zusammen. Deshalb sollten Traveller vor der Abreise unbedingt checken, ob ihre Krankenversicherung die Kosten für Überführungsflüge aus medizinischen Gründen übernimmt. Weitere Infos bekommt man auf den Reiseseiten der Außenministerien.

Infektionskrankheiten

Denguefieber

Beim Denguefieber handelt es sich um eine Virusinfektion, die in ganz Südamerika grassiert. Dengue wird von Gelbfiebermücken übertragen. Diese Insekten stillen ihren Blutdurst vor allem tagsüber und sind normalerweise in der Nähe menschlicher Siedlungen zu finden (oft auch in Gebäuden). Die Moskitos legen ihre Eier gern in künstlichen Wasserbehältern ab (z. B. in Gläsern, Fässern, Dosen, Zisternen, Metalltrommeln, Kunststoffkanistern, ausrangierten Autoreifen usw.). Deshalb tritt Denguefieber besonders häufig in dicht besiedelten Stadtgebieten auf.

Denguefieber äußert sich normalerweise in grippeartigen Symptomen wie Fieber, Muskel-, Gelenk- und Kopfschmerzen, Übelkeit und Erbrechen, oft gefolgt von Ausschlägen. Die körperlichen Beschwerden sind zwar eine Weile lang ziemlich unangenehm, doch die meisten Patienten sind nach ein paar Tagen wieder fit.

Die Behandlungsmöglichkeiten für Denguefieber beschränken sich auf das Verabreichen von Schmerzmitteln (Acetaminophen/Paracetamol oder Tylenol) und eine ausreichende Flüssigkeitszufuhr. In schweren Fällen sind eventuell Krankenhausaufenthalte mit Infusionen und unterstützenden Therapien nötig. Schutzimpfungen gibt's keine; vorbeugen lässt sich am besten durch ausreichenden Schutz vor Insekten.

Man sollte sich immer darüber informieren, ob in dem Gebiet, das man besuchen will, das Fieber aktuell grassiert. Aktuelle Infos liefert die Website des **CDC** (wwwnc.cdc.gov/travel).

Gelbfieber

Gelbfieber ist eine lebensbedrohliche Virusinfektion. Sie wird in Waldgebieten von Moskitos übertragen. Die Krankheit beginnt zunächst mit grippeähnlichen Symptomen wie Fieber, Schüttelfrost, Kopf- und Rückenschmerzen, Muskelkrämpfen, Appetitlosigkeit, Übelkeit und Erbrechen. Normalerweise verschwinden diese Krankheitszeichen nach ein paar Tagen wieder. Bei einem Sechstel aller Patienten kommt es jedoch zu einer zweiten und weitaus gefährlicheren Krankheitsphase: Diese geht mit Fieberanfällen, Erbrechen, Apathie, Gelbsucht, Nierenversagen und Blutstürzen einher. In der Hälfte aller Fälle führt dies zum Tod. Außer einer entsprechenden Prophylaxe gibt es keinerlei Behandlungsmöglichkeiten.

Gelbfieberschutzimpfungen werden ausschließlich in offiziellen Impfzentren verabreicht. Die Eintragung im Internationalen Impfpass (gelbes Büchlein) gilt als offizieller Nachweis. Die Injektion muss mindestens zehn Tage vor der Einreise in ein potenzielles Gelbfiebergebiet erfolgen und schützt für ca. zehn Jahre. Die Nebenwirkungen sind vergleichsweise schwach und beschränken sich auf Kopf- und Muskelschmerzen, leichtes Fieber oder Wundschmerz an der Einstichstelle. In extrem seltenen Fällen kam es zu lebensbedrohlichen Reaktionen. Verglichen mit dem Risiko, das eine Gelbfieberinfektion birgt, ist das Risiko bei Schutzimpfungen verschwindend gering. Deshalb sollten sich Traveller auf jeden Fall pieksen lassen.

Tatsächlich ist der Nachweis einer Gelbfieberimpfung sogar erforderlich für jeden, der aus einem als Gelbfiebergebiet klassifizierten Land Afrikas oder Amerikas einreist, bzw. der Französisch-Guayana besuchen will.

Ein ausreichender Schutz vor Moskitostichen ist dennoch unbedingt nötig.

Hepatitis A

Hepatitis A, eine Virusinfektion der Leber, ist die bei Reisenden am zweithäufigsten auftretende Infektionskrankheit (nach Reisedurchfall). Die Übertragung erfolgt normalerweise durch kontaminiertes Wasser, Nahrungsmittel oder Eis. Hepatitis A kann jedoch auch durch direkten Kontakt mit infizierten Personen übertragen werden. Die Krankheit tritt auf der ganzen Welt auf, ist aber vor allem in Entwicklungsländern verbreitet. Zu den Symptomen gehören Fieber, Unwohlsein, Gelbsucht, Übelkeit, Erbrechen und Bauchschmerzen. In den meisten Fälle heilt die Infektion ohne Komplikationen aus, kann gelegentlich aber schwere Leberschäden verursachen. Es gibt keine Behandlung.

Der Impfstoff gegen Hepatitis A ist äußerst sicher und hochwirksam. Sofern man sechs bis 12 Monate nach der ersten Impfung selbige auffrischt, hält der Schutz mindestens 10 Jahre lang an. Jeder, der in ein Entwicklungsland reist, sollte diese Impfung durchführen.

Malaria

Malaria grassiert in allen Ländern Südamerikas (außer in Chile, Uruguay und auf den Falklandinseln). Die Krankheit wird durch Moskitos übertragen, die ihre Opfer normalerweise bei Dunkelheit heimsuchen. Hauptsympton sind heftigste Fieberanfälle, oft zusammen mit Schüttelfrost, Schweißausbrüchen, Kopf- und Gliederschmerzen, Schwächeanfällen, Erbrechen und Durchfall. In schwerwiegenden Fällen wird das zentrale Nervensystem angegriffen. Das kann über Wahnvorstellungen, Orientierungslosigkeit und Koma bis hin zum Tod führen.

Insgesamt sind drei Malariamedikamente erhältlich, die alle gleichermaßen wirksam sind. Mefloquin (Lariam) muss einmal wöchentlich in einer Dosis von 250 mg eingenommen werden, und zwar von einer bis zwei Wochen vor der Abreise an bis vier Wochen nach der Rückkehr. Das Problem bei diesem Medikament ist, dass ein bestimmter Prozentsatz von Patienten (die Zahl ist umstritten) neuropsychatrische Begleiterscheinungen zeigt, die harmlos bis ernsthaft sein können. Das neue Kombinationsmedikament mit den Wirkstoffen Atovaquon und Proguanil (Malarone) wird einmal täglich zu einer Mahlzeit eingenommen. Die Prophylaxe beginnt zwei Tage vor der Abreise und endet eine Woche nach der Rückkehr. Die Nebenwirkungen sind nur leicht. Die dritte Alternative – Doxycyclin – kann übermäßige Sonnenempfindlichkeit hervorrufen.

Ein ausreichender Schutz gegen Moskitostiche ist mindestens genauso wichtig wie die eigentliche Malariaprophylaxe, denn keines der angegebenen Medikamente ist zu 100 % sicher.

Wer sich auf Reisen fernab aller medizinischen Einrichtungen aufhält, sollte zusätzlich Medikamente zur Eigenbehandlung mitführen. Diese sind ausschließlich für den Notfall bestimmt, wenn sich Malariasymptome (z. B. heftige Fieberanfälle) zeigen und kein Arzt in der Nähe ist. Man kann z. B. drei Tage lang jeweils vier Malarone-Tabletten auf einmal einnehmen. Das geht allerdings nicht, wenn Malarone bereits zur Vorbeugung verwendet wurde. Alternativ kommt eine Kombination aus Chinin (650 mg; 3-mal tgl.) und Doxycyclin (100 mg; 2-mal tgl.) in Frage. Beide Medikamente müssen eine Woche lang eingenommen werden. Bei Selbstmedikamentierung sollte man unbedingt so schnell wie möglich ärztliche Hilfe suchen!

Zum Arzt sollte man auch gehen, wenn nach der Heimkehr Fieberanfälle auftreten (Symptome treten zuweilen erst nach Monaten auf).

Tollwut

Der Tollwutvirus befällt Gehirn und Rückenmark, was so gut wie immer tödlich endet. Er findet sich im Speichel infizierter Tiere und wird meist durch Bisse übertragen. Eine Infektion ist aber auch möglich, wenn verseuchter Tierspeichel in bereits vorhandene Hautwunden eindringt. Die Tollwut kommt in ganz Südamerika vor.

Schutzimpfungen gegen Tollwut sind sicher, aber relativ teuer. Die komplette Prophylaxe besteht aus drei Injektionen und wird hauptsächlich für Tierfreunde und Höhlenforscher empfohlen. Bei Tollwutverdacht wird eine Kombination aus Tollwutimpfstoff und Antikörpern gespritzt. Dieses Notfallmedikament wirkt zuverlässig, muss aber nach einem Biss sofort verabreicht werden. Für die meisten Traveller ist eine Tollwutschutzimpfung überflüssig.

Sämtliche Biss- und Kratzwunden müssen augenblicklich und sorgfältig mit genügend Wasser und Seife ausgewaschen werden. Anschließend entscheidet die örtliche Gesundheitsbehörde, ob weitere Maßnahmen notwendig sind oder nicht.

Typhus

Typhus wird durch Lebensmittel oder Trinkwasser übertragen, die mit einer Salmonellenart namens *salmonella typhi* verseucht sind. Typhus geht fast immer mit Fieber einher. Weitere Symptome sind Kopfschmerzen, Übelkeit, Muskelkrämpfe, Schwindel, Appetitlosigkeit,

Brechreiz und Bauchschmerzen. Hinzu kommen manchmal Durchfall oder Verstopfung. In schweren Fällen können Darmdurchbrüche, innere Blutungen, Verwirrtheit oder Wahnvorstellungen auftreten. Ganz wenige Betroffene fallen anschließend ins Koma.

Wer nicht ausschließlich in großen Hotels und Restaurants essen will, sollte sich gegen Typhus impfen lassen.

Für die Behandlung von Typhus werden normalerweise Antibiotika der Quinolongruppe verwendet, z. B. Ciprofloxacin (Cipro) oder Levofloxacin (Levaquin). Viele Traveller haben diese Medikamente sowieso gegen Durchfallerkrankungen dabei. Wer sich selbst gegen Typhus behandelt, kann gleich noch ein paar Malariapillen einwerfen: Die Symptome beider Krankheiten lassen sich manchmal kaum unterscheiden.

Zika-Virus

Das Zika-Virus wird hauptsächlich von infizierten Mücken übertragen, die üblicherweise von Sonnenauf- bis Sonnenuntergang aktiv sind. Das Virus kann von einer schwangeren Frau auf ihren Fötus übertragen werden. Die Übertragung durch den Menschen kann auch durch ungeschützten Sex und gelegentlich durch Speichel oder Urin erfolgen. Zu den Symptomen zählen leichtes Fieber, Kopfschmerzen, Muskel- und Gelenkschmerzen, Übelkeit, Erbrechen und allgemeines Unwohlsein. Die Symptome können drei bis zu 12 Tage nach dem Stich auftreten.

Die beste Vorbeugung ist, langärmlige Oberbekleidung und lange Hosen zu tragen, Insektenschutzmittel mit 20–30 % DEET-Anteil zu verwenden und während der Dämmerung den Aufenthalt im Freien zu vermeiden, da zu diesen Zeiten die Mücken am häufigsten zustechen. Höhenziele gelten als risikofrei.

Andere Infektionen

CHAGAS-KRANKHEIT

Die Chagas-Krankheit wird von Raubwanzen übertragen. Diese Parasiten siedeln in den Mauern und Dächern heruntergekommener Gebäude in Süd- und Mittelamerika. Nur ganz wenige Traveller erkranken an Chagas. Dennoch ist beim Übernachten in baufälligen Gebäuden Vorsicht geboten – besonders dann, wenn diese aus Lehm, Ziegeln oder Stroh bestehen. In einem solchen Fall schützt man sich am besten mit einem dichten Moskitonetz und einem guten Insektenabwehrmittel.

GNATHOSTOMIASE

Gnathostomiase befällt das Verdauungssystem. Die Parasiten gelangen durch den Genuss von rohem oder unzureichend erhitztem Süßwasserfisch, aber auch von *ceviche* (marinierten rohen Meeresfrüchte) in den Körper.

LEISHMANIOSE

Leishmaniose kommt in den Gebirgsregionen und Urwäldern sämtlicher südamerikanischer Länder (ausgenommen Chile, Uruguay und Falklandinseln) vor. Die Überträger sind Sandfliegen, die nur ca. ein Drittel der Größe von Moskitos erreichen. Bei leichten Formen der Leishmaniose treten an den betroffenen Hautstellen sich langsam ausbreitende Geschwüre auf. Seltener werden zusätzlich auch Rückenmark, Leber und Milz befallen. Impfungen gibt's leider keine. Vor Sandfliegen schützt man sich wie vor Moskitos – mit einer Ausnahme: Die Maschen des Netzes müssen wesentlich dichter sein (min. 7 Löcher/cm).

Gesundheitsrisiken

Durchfallerkrankungen

Es gilt überall: Hände weg von Leitungswasser – es sei denn, es wurde abgekocht, gefiltert, oder chemisch desinfiziert (z. B. mit Jodtabletten)! Früchte oder Gemüse sollten grundsätzlich nur gekocht oder geschält verzehrt werden. Auch von nicht pasteurisierten Milchprodukten geht eine gewisse Gefahr aus. Auf Märkten und an Imbissständen auf der Straße ist besondere Vorsicht geboten.

Akutem Durchfall begegnet man am besten mit der Aufnahme von ausreichend Flüssigkeit – eine Rehydrationslösung mit jeder Menge Salz und Zucker ist ideal. Allerdings könnte man auch den Wunsch nach einem Antibiotikum verspüren, wenn man innerhalb von 24 Stunden mehr als drei wässrige Entleerungen hinter sich hat und auch noch weitere Symptome auftreten, z. B. Fieber, Krämpfe, Übelkeit, Erbrechen oder allgemeines Unwohlsein. Hier helfen beispielsweise Quinolon oder Ciprofloxacin sehr gut; „Durchfallstopper" (z. B. Loperamid) hingegen bekämpfen nur die Symptome, nicht die Ursache. Loperamid sollte nicht eingenommen werden, wenn Blut im Stuhl ist oder man Fieber hat. Wenn kein Antibiotikum anschlägt, muss man unverzüglich einen Arzt aufsuchen!

Hitzschlag

Zum Schutz vor zu viel Sonne sollten Traveller die Mittagshitze so gut wie möglich meiden. Auf die Nase gehört eine Sonnenbrille und auf den Kopf ein Sonnenhut mit breiter Krempe. Sunblocker mit UVA- und UVB-Schutz (min. Lichtschutzfaktor 15, besser aber höher) geben dem Sonnenbrand wenig Chancen. Bei großer Hitze ist es sehr wichtig, das Trinken nicht zu vergessen und körperliche Anstrengung weitgehend zu vermeiden.

Höhenkrankheit

Die Höhenkrankheit kann auftreten, wenn man sehr schnell in Höhenlagen von über 2500 m aufsteigt. Auch körperliche Fitness schützt nicht davor. Wer einmal an der Höhenkrankheit gelitten hat, wird auf ein weiteres Erlebnis dieser Art dankend verzichten wollen. Das Risiko steigt proportional zur Aufstiegsgeschwindigkeit, Höhe und Kraftanstrengung. Zu den Symptomen gehören Kopfschmerzen, Übelkeit, Erbrechen und Benommenheit, manchmal auch Unwohlsein, Schlaf- und Appetitlosigkeit. Im schlimmsten Fall füllen sich die Lungen mit Gewebsflüssigkeit (Hochgebirgslungenödem), oder es kommt zu einer Hirnschwellung (Hochgebirgshirnödem).

Bei Hochgebirgstouren sollte man sich nicht überanstrengen, keinen Alkohol trinken und leichte Mahlzeiten zu sich nehmen.

Wenn die Symptome stärker werden oder nicht sofort wieder verschwinden, muss unverzüglich ein Arzt aufgesucht werden. Die Höhenkrankheit ist eine ernste Sache: Schwere Formen können tödlich sein.

Insektenbisse & -stiche

Vor blutdürstigen Moskitos schützen lange Ärmel und Hosenbeine, Hüte und geschlossene Schuhe (keine Sandalen!). Gute Insektenabwehrmittel enthalten DEET. Mit ihnen können freiliegende Hautpartien und Kleidungsstücke geschützt werden. Der Kontakt mit Augen, Mund, Wunden oder gereizter Haut ist aber zu vermeiden. Produkte mit einer niedrigen DEET-Konzentration wirken zwar auch gut, aber wesentlich kürzer. Bei Erwachsenen und Kindern über zwölf Jahren sollte der DEET-Anteil zwischen 25 und 35 % liegen (reicht für ca. 6 Std.). Für Kinder zwischen zwei und zwölf Jahren sind nur DEET-Produkte mit einem Wirkstoffanteil von maximal 10 % geeignet. Bei sparsamer Anwendung hält der Effekt ca. drei Stunden an. Kleinkinder unter zwei Jahren sollten niemals mit DEET-Produkten in Kontakt kommen.

Es gibt auch Insektenabwehrmittel auf pflanzlicher Basis (z. B. mit Eukalyptus- oder Sojaöl). Diese Produkte schützen durchaus, wirken aber nur eineinhalb bis zwei Stunden. DEET-haltige Insektenmittel sind in Gebieten mit hohem Malaria- oder Gelbfieberrisiko auf jeden Fall vorzuziehen. Produkte auf Zitronengrasbasis taugen nichts.

Zusätzlich können Reisende ihre Kleidungsstücke, Schuhe, Zelte und Moskitonetze mit Permethrin imprägnieren. Eine solche Behandlung ist eine sichere Sache. Permethrin wirkt mindestens zwei Wochen lang und überlebt sogar mehrere Waschgänge. Direkter Hautkontakt ist jedoch zu vermeiden.

Kälte & Unterkühlung

Im Andenhochland kann die Kälte zum ernsthaften Problem werden (vor allem nachts). Wer hierher kommt, sollte warme, trockene Kleidung tragen, sich ausreichend bewegen und genügend Nahrung und Trinkwasser zu sich nehmen. Ausreichende Ruhephasen sind ebenfalls sehr wichtig. Alkohol, Koffein und Tabakwaren sollten tabu sein.

Eine Unterkühlung entsteht immer dann, wenn der Körper schneller Wärme verliert, als er produzieren kann und die durchschnittliche Körpertemperatur dadurch sinkt. Bei Hochgebirgstouren und langen Busfahrten in Bergregionen ist also Vorsicht geboten (vor allem nachts). In den Anden müssen Traveller stets auf Regen, Wind und Kälte vorbereitet sein – selbst wenn es nur ein kurzer Besuch sein soll. Am besten kleidet man sich nach dem Zwiebelprinzip. Eine Kopfbedeckung ist wichtig. Mit einer Unterkühlung gehen u. a. Erschöpfung, Benommenheit und Zittern einher. Schwere Fälle äußern sich in vermindertem Sprechvermögen, irrationalem oder gewalttätigem Verhalten und Lethargie. Manche Betroffenen leiden an schleppendem Gang, Muskelkrämpfen und Schwächeanfällen oder machen sich mit lautstarken Wutausbrüchen bemerkbar. Vorsicht: Sollte jemand aus der Gruppe unkoordinierte, unverständliche Laute von sich geben, können dies die ersten Anzeichen der Höhenkrankheit sein!

Bei einer leichten Unterkühlung sollte der Patient zunächst vor Wind und Regen in Sicherheit gebracht werden. Dann wird er bei Bedarf mit warmer und trockener Kleidung versehen und bekommt was Warmes zu trinken – ohne Alkohol! Hochkalorische, leicht verdauliche Nahrungsmittel füllen die Energiespeicher wieder auf. Auf keinen Fall versuchen, den Unterkühlten durch Reiben aufzuwärmen! Stattdessen soll sich der Betroffene durch langsame Bewegungen selbst wieder aufwärmen.

Parasiten

Darmparasiten gibt es in ganz Südamerika. Zu den häufigsten Krankmachern zählen Cyclosporen, Amöben und Isosporen. Eine Bandwurmart namens *taenia solium* verursacht chronische Hirninfektionen (Cysticercose). Wer Lebensmittel und Getränke sorgfältig auswählt, kann das Infektionsrisiko enorm senken. Zudem sollte man nur Restaurants und Marktstände besuchen, in bzw. an denen viel Betrieb ist – wo reger Verkehr herrscht, liegt das Essen nie lange herum.

Schistosomiasis-Parasiten befallen in erster Linie die Blutgefäße der Leber. Diese Krankheit tritt immer wieder in Brasilien, Suriname und der nördlichen Landesmitte von Venezuela auf. Wasserschnecken fungieren als Zwischenwirte, deshalb kann man sich z. B. beim Schwimmen, Waten, Baden oder Wäschewaschen im Süßwasser anstecken. In betroffenen Gebieten macht man daher um Süßwasserspeicher (Seen, Teiche, Bäche und Flüsse) besser einen Bogen.

Die Larven des Fuchs- oder Hundebandwurms (Echinokokken) schädigen die Leber. Diese Parasiten kommen in vielen Ländern vor (vor allem in Peru und Uruguay) und suchen besonders Personen heim, die engen Kontakt zu Schafen haben. Lungenegel (Paragonimus) verstecken sich gern in rohen Schalentieren. Erkrankungsfälle gab es bereits in Ecuador, Peru und Venezuela.

Tierbisse

Reisende sollten nie versuchen, Tiere zu streicheln, zu füttern oder mit ihnen zu spielen – außer Haustiere, die nachgewiesenermaßen keine Infektionskrankheiten haben.

Jede Biss- oder Kratzwunde, die auf das Konto von Säugetieren geht (in diese Kategorie fallen auch Fledermäuse), sollte unverzüglich und gründlich mit sehr viel Wasser und Seife gereinigt werden. Anschließend ist die Wunde mit einem Antiseptikum (z. B. Jod oder Alkohol) zu desinfizieren. Bei Tollwutverdacht muss die örtliche Gesundheitsbehörde so schnell wie möglich kontaktiert werden, um gegebenenfalls eine Notfallbehandlung (S. 1151) einleiten zu können – egal, ob der Betroffene bereits gegen Tollwut geimpft ist oder nicht.

In manchen südamerikanischen Regionen besteht auch eine Gefahr durch Giftschlangen und Blutegel. Wenn eine Giftschlange zugebissen hat, sollte das Opfer erst einmal ruhig gelagert werden. Dann ist es angezeigt, jenen Körperteil mit der Bisswunde zu fixieren – und danach nichts wie los zur nächsten medizinischen Einrichtung! Mittlerweile raten Mediziner übrigens davon ab, die betroffenen Körperstellen fest abzubinden.

Trinkwasser

Leitungswasser ist in Südamerika in der Regel nicht trinkbar. Wasser lässt sich am effektivsten reinigen, indem man es mindestens eine Minute lang abkocht (3 Min. sollten es in Höhen über 2000 m sein).

Andere Methoden, Wasser aufzubereiten, sind Wasserentkeimer, die mit ultraviolettem Licht funktionieren (z. B. SteriPEN), Jodtabletten und Wasserfilter.

Argentinien Meist trinkbar; Vorsicht in ländlichen Gebieten.

Bolivien Nicht trinkbar.

Brasilien In Großstädten trinkbar; in ländlichen Gebieten nicht.

Chile Leitungswasser ist in der Regel von Mittelchile bis nach Patagonien trinkbar, in der Atacama-Wüste ist das jedoch in der Regel keine gute Idee.

Ecuador Nicht trinkbar.

Guyana Nicht trinkbar.

Französisch-Guayana Nicht trinkbar.

Kolumbien Nicht trinkbar, außer in Bogotá und Cartagena.

Paraguay Nicht trinkbar.

Peru Nicht trinkbar.

Suriname Nicht trinkbar.

Uruguay Im Allgemeinen trinkbar; Vorsicht in ländlichen Gebieten.

Sprache

Lateinamerikanisches Spanisch wird fast überall in Südamerika gesprochen; Ausnahmen sind Brasilien (dort ist Portugiesisch die Amtssprache) sowie die Guyanas (Französisch, Niederländisch, Englisch).

PORTUGIESISCH

Charakteristisch für das brasilianische Portugiesisch sind Nasalvokale, bei denen die Laute durch die Nase zu entweichen scheinen. Im Portugiesischen werden Vokale, auf die ein nasaler Konsonant (*m* oder *n*) folgt oder die mit einer Tilde versehen sind (z. B. *ã*), nasal ausgesprochen. In den hier aufgeführten Aussprachehilfen sind Nasalvokale zur Verdeutlichung in der Lautschrift mit ng gekennzeichnet. Die Aussprache der Konsonanten ähnelt oft der im Deutschen. Darüber hinaus wird rr stark gerollt, zh wie ein stimmhaftes „sch", ly wie das „ll" in Million und ny wie in „Canyon" ausgesprochen. Wer die blaue Lautschrift wie das Deutsche liest, wird verstanden. Betonte Silben sind kursiv gedruckt.

Wenn nötig, sind maskuline und feminine Formen aufgeführt. Diese sind durch einen Schrägstrich voneinander getrennt, wobei die männliche Form zuerst aufgelistet ist, z. B. *obrigado/obrigada* (m/f).

Konversation & Nützliches

Hallo.	*Olá.*	o·*la*
Auf Wiedersehen.	*Tchau.*	chau

MEHR INFOS?

Noch besser kommt man mit den Reise-Sprachführern *Spanisch* und *Portugiesisch* von Lonely Planet durch Südamerika. Man bekommt sie im Buchhandel und unter **http://shop.lonelyplanet.de**.

Wie geht's?	*Como vai?*	*ko*·mo vai
Gut, und Ihnen?	*Bem, e você?*	beng e vo·*se*
Entschuldigung?	*Com licença?*	kom lie·*seng*·sa
Entschuldigung.	*Desculpa.*	des·*kul*·pa
Bitte.	*Por favor.*	por fa·*vorr*
Danke.	*Obrigado/ Obrigada* (m/f)	o·brie·*ga*·do/ o·brie·*ga*·da
Gern geschehen.	*De nada.*	de *na*·da
Ja./Nein.	*Sim./Não.*	siem/naung

Wie heißen Sie?
Qual é o seu nome? — kwau e o *se*·u *no*·me

Ich heiße ...
Meu nome é ... — *me*·u *no*·me e ...

Sprechen Sie Englisch?
Você fala inglês? — vo·*se* *fa*·la ieng·*gles*

Ich verstehe nicht.
Não entendo. — naung eng·*teng*·do

Essen & Trinken

Ich hätte gerne die Speisekarte, bitte.
Eu queria o cardápio, por. — e·u ke·*rie*·a o kar·*da*·pyo porr

Was können Sie empfehlen?
O que você recomenda? — o ke vo·*se*·he ko·*meng*·da

Haben Sie vegetarisches Essen?
Você tem comida vegetariana? — vo·se teng ko·*mie*·da ve·zhe·ta·rie·*a*·na

Ich esse kein (rotes Fleisch).
Eu não como (carne vermelha). — e·u naung *ko*·mo (*kar*·ne verr·*me*·lya)

Das war köstlich!
Estava delicioso! — es·*ta*·va de·lie·sie·*o*·zo

Prost!
Saúde! — sa·*u*·de

Die Rechnung, bitte.
Por favor traga a conta. — porr fa·*vorr* *tra*·ga a *kong*·ta

MUSTERSÄTZE

Um sich im Portugiesischen zu verständigen, einfach folgende Mustersätze mit Wörtern eigener Wahl kombinieren:

Wann geht (der nächste Flug)?
Quando é (o próximo vôo)? — kwang·do e (o pro·sie·mo vo·o)

Wo ist (die Toureninformation)?
Onde fica (a secretaria de turismo)? — ong·de fie·ka (a se·kre·ta·rie·a de tu·ries·mo)

Wo kann ich (ein Ticket kaufen)?
Onde posso (comprar passagem)? — ong·de po·so (kong·prar pa·sa·zheng)

Haben Sie (eine Karte)?
Você tem (um mapa)? — vo·se teng (um ma·pa)

Gibt es (eine Toilette)?
Tem (banheiro)? — teng (ba·nyei·ro)

Ich hätte gern (einen Kaffee).
Eu gostaria de (um café). — e·u gos·ta·rie·a de (um ka·fe)

Ich möchte (ein Auto mieten).
Eu gostaria de (alugar um carro). — e·u gos·ta·rie·a de (a·lu·garr um ka·ho)

Kann ich (eintreten)?
Posso (entrar)? — po·so (eng·trarr)

Können Sie (mir) bitte (helfen)?
Você poderia (me) (ajudar), por favor? — vo·se po·de·rie·a (me) (a·zhu·darr) por fa·vorr

Brauche ich (ein Visum)?
Necessito (obter visto)? — ne·se·sie·to (o·bie·terr vies·to)

Ich hätte gern einen Tisch für ...	*Eu gostaria uma mesa para ...*	e·u gos·taa·rie·a u·ma me·za pa·ra ...
(8) Uhr	*(às oito) horas*	(as oi·to) o·ras
(2) Personen	*(duas) pessoas*	(du·as) pe·so·as

Wichtige Begriffe

Abendessen	*jantar*	jang·tarr
Essen	*comida*	ko·mie·da
Flasche	*garrafa*	ga·ha·fa
Frühstück	*café da manhã*	ka·fe da ma·nyang
Gabel	*garfo*	gar·fo
Glas	*copo*	ko·po
Hauptgänge	*pratos principais*	pra·tos prieng·sie·pais
heiß (warm)	*quente*	keng·te
(zu) kalt	*(demais) frio*	(jie·mais) frie·o
Kindermenü	*cardápio de crianças*	kar·da·pyo de krie·ang·sas
Löffel	*colher*	ko·lyer
Messer	*faca*	fa·ka
mit	*com*	kong
Mittagessen	*almoço*	au·mo·so
ohne	*sem*	seng
Restaurant	*restaurante*	hes·tau·rang·te
Schüssel	*tigela*	tie·zhe·la
Teller	*prato*	pra·to
Vorspeise	*aperitivos*	a·pe·rie·tie·vos

Fleisch & Fisch

Ente	*pato*	pa·to
Fisch	*peixe*	pey·she
Garnele	*camarão*	ka·ma·raung
Hühnchen	*frango*	frang·go
Hummer	*lagosta*	la·gos·ta
Kalb	*bezerro*	be·ze·ho
Lamm	*ovelha*	o·ve·lya
Pute	*perú*	pe·ru
Rindfleisch	*bife*	bie·fe
Schweinefleisch	*porco*	porr·ko
Thunfisch	*atum*	a·tung

Getränke

Bier	*cerveja*	serr·ve·zha
Kaffee	*café*	ka·fe
Milch	*leite*	lei·te
Rotwein	*vinho tinto*	vie·nyo tieng·to
(Orangen-) Saft	*suco (de laranja)*	su·ko (de la·rang·zha)
Tee	*chá*	sha
(Mineral-) Wasser	*água (mineral)*	a·gwa (mie·ne·rau)
Weißwein	*vinho branco*	vie·nyo brang·ko

Obst & Gemüse

Ananas	*abacaxi*	a·ba·ka·shie
Avocado	*abacate*	a·ba·ka·te
Apfel	*maçã*	ma·sang
Aprikose	*damasco*	da·mas·ko
Banane	*banana*	ba·na·na
Blumenkohl	*couve flor*	ko·ve flor
Bohne	*feijão*	fei·zhoung
Erbse	*ervilha*	err·vie·lya
Erdbeere	*morango*	mo·rang·go

Gemüse	*legumes*	le·*gu*·mes
Gurke	*pepino*	pe·*pie*·no
Karotte	*cenoura*	se·*no*·ra
Kartoffel	*batata*	ba·*ta*·ta
Kirsche	*cereja*	se·*re*·zha
Kohl	*repolho*	he·*po*·lyo
Kürbis	*abóbora*	a·*bo*·bo·ra
Limette	*limão*	lie·*maung*
Linse	*lentilha*	leng·*tie*·lya
Mais	*milho*	*mie*·lyo
Nuss	*noz*	noz
Obst	*frutas*	*fru*·tas
Orange	*laranja*	la·*rang*·zha
Paprika (schote)	*pimentão*	pie·meng·*taung*
Pfirsich	*pêssego*	*pe*·se·go
Pflaume	*ameixa*	a·*mey*·sha
Pilz	*cogumelo*	ko·gu·*me*·lo
Rote Bete	*beterraba*	be·te·*ha*·ba
Salatkopf	*alface*	au·*fa*·se
Spargel	*aspargo*	as·*parr*·go
Spinat	*espinafre*	es·pie·*na*·fre
Tomate	*tomate*	to·*ma*·te
Trauben	*uvas*	*uvas*
Wassermelone	*melancia*	me·lang·*sie*·a
Zwiebel	*cebola*	se·*bo*·la

Sonstiges

Brot	*pão*	paung
Butter	*manteiga*	mang·*tei*·ga
Eier	*ovos*	o·vos
Essig	*vinagre*	vie·*na*·gre
Honig	*mel*	mel
Käse	*queijo*	*kei*·zho
Marmelade	*geléia*	zhe·*le*·ya
Öl	*óleo*	o·lyo
Pasta	*massas*	*ma*·sas
Pfeffer	*pimenta*	pie·*meng*·ta
Reis	*arroz*	a·*hos*
Salz	*sal*	sau
Zucker	*açúcar*	a·*su*·karr

Notfälle

Hilfe!
Socorro! — so·*ko*·ho

Lassen Sie mich in Ruhe!
Me deixe em paz! — me *dei*·she eng pas

Rufen Sie die Polizei!
Chame a polícia! — *sha*·me a po·*lie*·sya

Rufen Sie einen Arzt!
Chame um médico! — *sha*·me um *me*·die·ko

Ich habe mich verlaufen.
Estou perdido/ perdida. (m/f) — es·to perr·*die*·do/ perr·*die*·da

Ich bin krank.
Estou doente. — es·to do·*eng*·te

Ich bin allergisch gegen (Antibiotika).
Tenho alergia à (antibióticos). — te·nyo a·lerr·*zhie*·a a (ang·tie·bie·o·tie·kos)

Wo ist die Toilette?
Onde tem um banheiro? — *on*·de teng um ba·*nyay*·ro

Shoppen & Service

Ich würde gerne ... kaufen.
Gostaria de comprar ... — gos·ta·*rie*·a de kong·*prarr*

Ich schaue mich nur um.
Estou só olhando. — es·to so o·*iang*·do

Darf ich es ansehen?
Posso ver? — *po*·so verr

Haben Sie noch andere?
Você tem outros? — vo·*se* teng o·tros

Wie viel kostet es?
Quanto custa? — *kwan*·to *kus*·ta

Das ist mir zu teuer.
Está muito caro. — es·*ta mwieng*·to *ka*·ro

Können Sie den Preis senken?
Pode baixar o preço? — *po*·de bai·*sharr* o *pre*·so

Da ist ein Fehler auf der Rechnung.
Houve um erro na conta. — o·ve um e·ho na *kong*·ta

Geldautomat	*caixa automático*	*kai*·sha au·to·*ma*·tie·ko
Markt	*mercado*	merr·*ka*·do
Post	*correio*	ko·*hay*·o
Touristen-information	*secretaria de turismo*	se·kre·ta·*rie*·a de tu·*ries*·mo

Uhrzeit & Datum

Wie viel Uhr ist es?
Que horas são? — ke o·ras saung

SCHILDER – PORTUGIESISCH

Banheiro	Toilette
Entrada	Eingang
(Não) Tem Vaga	(kein) freies Zimmer
Pronto Socorro	Notfallstation
Saída	Ausgang

FRAGEWÖRTER – PORTUGIESISCH

Wie?	*Como?*	ko·mo
Was?	*Que?*	ke
Wann?	*Quando?*	kwang·do
Wo?	*Onde?*	ong·de
Wer?	*Quem?*	keng
Warum?	*Por que?*	porr ke

Es ist (10) Uhr.
São (dez) horas. saung (des) o·ras

Halb (11).
(Dez) e meia. (des) e mei·a

Morgen	*manhã*	ma·nyang
Nachmittag	*tarde*	tar·de
Abend	*noite*	noi·te
gestern	*ontem*	ong·teng
heute	*hoje*	o·she
morgen	*amanhã*	a·ma·nyang
Montag	*segunda-feira*	se·gung·da·fei·ra
Dienstag	*terça-feira*	terr·sa·fei·ra
Mittwoch	*quarta-feira*	kwarr·ta·fei·ra
Donnerstag	*quinta-feira*	kieng·ta·fei·ra
Freitag	*sexta-feira*	ses·ta fei·ra
Samstag	*sábado*	sa·ba·do
Sonntag	*domingo*	do·mieng·go
Januar	*janeiro*	zha·nei·ro
Februar	*fevereiro*	fe·ve·rei·ro
März	*março*	marr·so
April	*abril*	a·brie·o
Mai	*maio*	ma·yo
Juni	*junho*	zhu·nyo
Juli	*julho*	zhu·lyo
August	*agosto*	a·gos·to
September	*setembro*	se·teng·bro
Oktober	*outubro*	o·tu·bro
November	*novembro*	no·veng·bro
Dezember	*dezembro*	de·zeng·bro

Unterkunft

Haben Sie ein Einzel-/Doppelzimmer?
Tem um quarto de solteiro/casal? teng um kwarr·to de sol·tei·ro/ka·zau

Wie viel kostet es pro Nacht/Person?
Quanto custa por noite/pessoa? kwang·to kus·ta porr noi·te/pe·so·a

Ist Frühstück inbegriffen?
Inclui café da manhã? ieng·klu·ie ka·fe da ma·nyang

Campingplatz	*local para acampamento*	lo·kau pa·ra a·kang·pa·meng·to
Hotel	*hotel*	o·tel
Jugendherberge	*albergue juventude*	au·berr·ge zhu·veng·tu·de
Pension	*hospedaria*	os·pe·da·rie·a
Bad	*banheiro*	ba·nyei·ro
Bett	*cama*	ka·ma
Fenster	*janela*	zha·ne·la
Klimaanlage	*ar condicionado*	arr kong·die·syo·na·do

Verkehrsmittel & -wege

Auto & Fahrrad

Ich möchte ein(en) ... mieten	*Gostaria de alugar ...*	gos·ta·rie·a de a·lu·garr ...
Jeep	*um carro quatro por quatro*	um ka·ho kwa·tro porr kwa·tro
Fahrrad	*uma bicicleta*	u·ma bie·sie·kle·ta
Auto	*um carro*	um ka·ho
Motorrad	*uma motocicleta*	u·ma mo·to·sie·kle·ta
Benzin	*gasolina*	ga·zo·lie·na
Diesel	*diesel*	die·sel
Helm	*capacete*	ka·pa·se·te
Kindersitz	*cadeira de criança*	ka·dei·ra de krie·ang·sa
LKW	*caminhão*	ka·mie·nyaung
Mechaniker	*mecânico*	me·ka·nie·ko
trampen	*pegar carona*	pe·garr ka·ro·na
Tankstelle	*posto de gasolina*	pos·to de ga·zo·lie·na

Ist das die Straße nach ...?
Esta é a estrada para ...? es·ta e a es·tra·da pa·ra ...

Kann ich hier parken?
Posso estacionar aqui? po·so es·ta·syo·narr a·kie

Das Auto hat eine Panne.
O carro quebrou. o ka·ho ke·bro

Ich hatte einen Unfall.
Sofri um acidente. so·fri um a·sie·deng·te

Ich habe kein Benzin mehr.
Estou sem gasolina. es·to seng ga·zo·lie·na

Ich habe einen Platten.
Meu pneu furou. me·u pie·ne·u fu·ro

Öffentliche Verkehrsmittel

Bus	*ônibus*	o·nie·bus
Fähre	*barco*	barr·ko
Flugzeug	*avião*	a·vie·owng
Zug	*trem*	treng
erster	*primeiro*	prie·mei·ro
letzter	*último*	ul·tie·mo
nächster	*próximo*	pro·sie·mo
Bahnhof	*estação de trem*	es·ta·saung de treng
Bushaltestelle	*ponto de ônibus*	pong·to de o·nie·bus
Fahrplan	*horário*	o·ra·ryo
Fensterplatz	*lugar na janela*	lu·garr na zha·ne·la
Flughafen	*aeroporto*	a·e·ro·porr·to
Gangplatz	*lugar no corredor*	lu·garr no ko·he·dorr
storniert	*cancelado*	kang·se·la·do
Ticketbüro	*bilheteria*	bie·lye·te·re·a
verspätet	*atrasado*	a·tra·za·do
ein Ticket …	*uma passagem de …*	uma pa·sa·zheng de …
1. Klasse	*primeira classe*	prie·mei·ra kla·se
2. Klasse	*segunda classe*	se·gum·da kla·se
für eine einfache Fahrt	*idai*	e·da
für hin & zurück	*ida e volta*	ie·da e vol·ta

Hält er in …?
Ele para em …? e·le pa·ra eng

Welche Haltestelle ist das?
Que estação é esta? ke es·ta·saung e es·ta

Wann fährt er ab/kommt er an?
A que horas sai/ chega? a ke o·ras sai/she·ga

Bitte geben Sie mir Bescheid, wenn wir in … ankommen.
Por favor me avise quando chegarmos à … porr fa·vor me a·vie·ze kwang·do she·garr·mos a

Ich möchte hier aussteigen.
Gostaria de saltar aqui. gos·ta·rie·a de sau·tarr a·kie

ZAHLEN – PORTUGIESISCH

1	*um*	um
2	*dois*	dois
3	*três*	tres
4	*quatro*	kwa·tro
5	*cinco*	sieng·ko
6	*seis*	seis
7	*sete*	se·te
8	*oito*	oi·to
9	*nove*	naw·ve
10	*dez*	dez
20	*vinte*	vieng·te
30	*trinta*	trieng·ta
40	*quarenta*	kwa·reng·ta
50	*cinquenta*	sien·kweng·ta
60	*sessenta*	se·seng·ta
70	*setenta*	se·teng·ta
80	*oitenta*	oy·teng·ta
90	*noventa*	no·veng·taa
100	*cem*	seng
1000	*mil*	mie·u

Wegbeschreibungen

Wo ist …?
Onde fica …? ong·de fie·ka …

Wie lautet die Adresse?
Qual é o endereço? kwau e o eng·de·re·so

Können Sie das bitte aufschreiben?
Você poderia escrever num papel, por favor? vo·se po·de·rie·a es·kre·verr num pa·pel porr fa·vorr

Können Sie mir das (auf der Karte) zeigen?
Você poderia me mostrar (no mapa)? vo·se po·de·rie·a me mos·trarr (no ma·pa)

an der Ampel	*no sinal de trânsito*	no sie·nau de trang·zie·to
an der Ecke	*à esquina*	a es·kie·na
vor …	*na frente de …*	na freng·te de …
hinter …	*atrás …*	a·traz …
nahe …	*perto …*	perr·to …
neben …	*ao lado de …*	au la·do de …
gegenüber …	*do lado … oposto*	do la·do o·pos·to …
rechts	*à direita*	a die·rei·ta
geradeaus	*em frente*	eng freng·te

SPANISCH

Die Aussprache des lateinamerikanischen Spanisch ist recht einfach, da die meisten Laute auch im Deutschen zu finden sind. Betonte Silben sind kursiv gedruckt.

Das kh ist ein Kehllaut (wie „ch" in „Koch"), v und b entsprechen im Deutschen einem weichen „v" (Mix aus „v" und „b") und das r wird gerollt. Im lateinamerikanischen Spanisch gibt es einige Variationen, am auffälligsten ist dabei die Aussprache der Konsonanten *ll* und *y*. In unseren Aussprachehilfen sind sie als j dargestellt, da sie in den meisten Ländern Lateinamerikas einem „j" (wie in „Jahr") entsprechen. In manchen Ländern werden sie wie das „ll" in „Million" ausgesprochen, in Argentinien, Uruguay und dem Hochland Ecuadors hingegen wie ein stimmhaftes oder stimmloses „sch". Maskuline/feminine Formen sind mit „m"/„f" gekennzeichnet.

Konversation & Nützliches

Hallo.	*Hola.*	o·la
Auf Wiedersehen.	*Adiós.*	a·*dios*
Wie geht's?	*¿Qué tal?*	ke tal
Gut, danke.	*Bien, gracias.*	bien *gra*·sias
Entschuldigung?	*Perdón.*	per·*don*
Entschuldigung.	*Lo siento.*	lo *sien*·to
Bitte.	*Por favor.*	por fa·*vor*
Danke.	*Gracias.*	*gra*·sias
Gern geschehen.	*De nada.*	de *na*·da
Ja.	*Sí.*	sie
Nein.	*No.*	no

Ich heiße ...
Me llamo ... me *ja*·mo ...

Wie heißen Sie/heißt du?
¿Cómo se llama Usted? ko·mo se *ja*·ma u·*ste*
¿Cómo te llamas? ko·mo te *ja*·mas

Sprechen Sie/Sprichst du Englisch?
¿Habla inglés? a·bla ien·*gles*
¿Hablas inglés? a·blas ien·*gles*

SCHILDER – SPANISCH

Abierto	Offen
Cerrado	Geschlossen
Entrada	Eingang
Hombres/Varones	Männer
Mujeres/Damas	Frauen
Prohibido	Verboten
Salida/Saída	Ausgang
Servicios/Baños/ Banheiro	Toilette

Ich verstehe nicht.
Yo no entiendo. yo no en·*tien*·do

Essen & Trinken

Kann ich bitte die Speisekarte sehen?
¿Puedo ver el menú, por favor? *pwe*·do ver el me·*nu* por fa·*vor*

Was können Sie empfehlen?
¿Qué recomienda? ke re·ko·*myen*·da

Haben Sie vegetarisches Essen?
¿Tienen comida vegetariana? *tye*·nen ko·*mie*·da ve·khe·ta·*rya*·na

Ich esse kein (rotes Fleisch).
No como (carne roja). no *ko*·mo (*kar*·ne *ro*·kha)

Das war köstlich!
¡Estaba buenísimo! es·*ta*·ba bwe·*nie*·sie·mo

Prost!
¡Salud! sa·*lu*

Die Rechnung, bitte.
La cuenta, por favor. la *kwen*·ta por fa·*vor*

Ich hätte gern einen Tisch für ...	*Quisiera una mesa para ...*	kie·*sye*·ra *u*·na *me*·sa *pa*·ra ...
(8) Uhr	*las (ocho)*	las (*o*·cho)
(2) Personen	*(dos) personas*	(dos) per·*so*·nas

Wichtige Begriffe

Abendessen	*cena*	*se*·na
Essen	*comida*	ko·*mie*·da
Flasche	*botella*	bo·*te*·ja
Frühstück	*desayuno*	de·sa·*ju*·no
Gabel	*tenedor*	te·ne·*dor*
Glas	*vaso*	*va*·so
Hauptgang	*segundo plato*	se·*gun*·do *pla*·to
heiß (warm)	*caliente*	kal·*ien*·te
(zu) kalt	*(muy) frío*	(mui) *frie*·o
Kinder-menü	*menú infantil*	me·*nu* ien·fan·*tiel*
Löffel	*cuchara*	ku·*cha*·ra
Messer	*cuchillo*	ku·*chie*·jo
mit	*con*	kon
Mittagessen	*comida*	ko·*mie*·da
ohne	*sin*	sien
Restaurant	*restaurante*	res·tau·*ran*·te
Schüssel	*bol*	bol
Teller	*plato*	*pla*·to
Vorspeise	*aperitivos*	a·pe·rie·*tie*·vo

Fleisch & Fisch

Ente	*pato*	*pa*·to
Fisch	*pescado*	pes·*ka*·do
Garnelen	*camarones*	ka·ma·*ro*·nes
Hühnchen	*pollo*	*po*·jo
Hummer	*langosta*	lan·*gos*·ta
Kalb	*ternera*	ter·*ne*·ra
Lamm	*cordero*	kor·*de*·ro
Pute	*pavo*	*pa*·vo
Rindfleisch	*carne de vaca*	*kar*·ne de *va*·ka
Schweinefleisch	*cerdo*	*ser*·do
Thunfisch	*atún*	a·*tun*

Getränke

Bier	*cerveza*	ser·*ve*·sa
Kaffee	*café*	ka·*fe*
Milch	*leche*	*le*·che
Rotwein	*vino tinto*	*vie*·no *tien*·to
(Orangen-) Saft	*zumo (de naranja)*	*su*·mo (de na·*ran*·kha)
Tee	*té*	te
(Mineral-) Wasser	*agua (mineral)*	*a*·gwa (mie·ne·*ral*)
Weißwein	*vino blanco*	*vie*·no *blan*·ko

Obst & Gemüse

Ananas	*piña*	*pie*·nja
Apfel	*manzana*	man·*sa*·na
Aprikose	*albaricoque*	al·ba·rie·*ko*·ke
Artischocke	*alcachofa*	al·ka·*cho*·fa
Banane	*plátano*	*pla*·ta·no
Bohnen	*judías*	khu·*die*·as
Erbsen	*guisantes*	gie·*san*·tes
Erdbeere	*fresa*	*fre*·sa
Gemüse	*verdura*	ver·*du*·ra
Gurke	*pepino*	pe·*pie*·no
Karotte	*zanahoria*	sa·na·o·rja
Kartoffel	*patata*	pa·*ta*·ta
Kirsche	*cereza*	se·*re*·sa
Kohl	*col*	kol
Kürbis	*calabaza*	ka·la·*ba*·sa
Limette	*limón*	lie·*mon*
Linsen	*lentejas*	len·*te*·khas
Mais	*maíz*	ma·*ies*
Nüsse	*nueces*	*nue*·ses
Obst	*fruta*	*fru*·ta
Orange	*naranja*	na·*ran*·kha
Paprika(schote)	*pimiento*	pie·*mjen*·to
Pfirsich	*melocotón*	me·lo·ko·*ton*
Pflaume	*ciruela*	sier·*ue*·la
Pilz	*champiñón*	cham·pie·*njon*
Rote Bete	*remolacha*	re·mo·*la*·cha
Sellerie	*apio*	*a*·pjo
Spargel	*espárragos*	es·*pa*·ra·gos
Spinat	*espinacas*	es·pie·*na*·kas
Tomate	*tomate*	to·*ma*·te
Traube	*uvas*	*u*·vas
Salatkopf	*lechuga*	le·*chu*·ga
Wassermelone	*sandía*	san·*die*·a
Zwiebel	*cebolla*	se·*bo*·ja

MUSTERSÄTZE

Um sich zu verständigen, die Mustersätze mit Wörtern nach Wahl kombinieren:

Wann geht (der nächste Flug)?	
¿Cuándo sale (el próximo vuelo)?	*kwan*·do *sa*·le (el *prok*·sie·mo *vue*·lo)
Wo ist (der Bahnhof)?	
¿Dónde está (la estación)?	*don*·de es·*ta* (la es·ta·*sion*)
Wo kann ich (ein Ticket kaufen)?	
¿Dónde puedo (comprar un billete)?	*don*·de *pwe*·do (kom·*prar* un bie·*je*·te)
Haben Sie (eine Karte)?	
¿Tiene (un mapa)?	*tie*·ne (un *ma*·pa)
Gibt es (eine Toilette)?	
¿Hay (servicios)?	ai (ser·*vie*·sios)
Ich hätte gern (einen Kaffee).	
Quisiera (un café).	kie·*sie*·ra (un ka·*fe*)
Ich möchte (ein Auto mieten).	
Quisiera (alquilar un coche).	kie·*sie*·ra (al·kie·*lar* un *ko*·che)
Kann ich (eintreten)?	
¿Se puede (entrar)?	se *pwe*·de (en·*trar*)
Können Sie (mir) bitte (helfen)? *¿Puede*	
Puede (ayudarme), por favor?	*pwe*·de (a·ju·*dar*·me) por fa·*vor*
Brauche ich (ein Visum)?	
¿Necesito (obtener un visado)?	ne·se·*sie*·to (ob·te·*ner* un vie·*sa*·do)

Sonstiges

Brot	*pan*	pan
Butter	*mantequilla*	man·te·*kie*·ja
Ei	*huevo*	*ue*·vo
Essig	*vinagre*	vie·*na*·gre
Honig	*miel*	mjel
Käse	*queso*	*ke*·so

Marmelade	*mermelada*	mer·me·*la*·da
Öl	*aceite*	a·*sei*·te
Pasta	*pasta*	*pas*·ta
Pfeffer	*pimienta*	pie·*mjen*·ta
Reis	*arroz*	a·*ros*
Salz	*sal*	sal
Zucker	*azúcar*	a·*su*·kar

Notfälle

Hilfe!	*¡Socorro!*	so·*ko*·ro
Gehen Sie weg!	*¡Vete!*	*ve*·te
Rufen Sie ...!	*¡Llame a ...!*	*ja*·me a ...
einen Arzt	*un médico*	un *me*·die·ko
die Polizei	*la policía*	la po·lie·*sie*·a

Ich habe mich verlaufen.
Estoy perdido/a. — es·*toy* per·*die*·do/a (m/f)

Ich bin krank.
Estoy enfermo/a. — es·*toi* en·*fer*·mo/a (m/f)

Ich bin allergisch gegen (Antibiotika).
Soy alérgico/a a (los antibióticos). — soi a·*ler*·khie·ko/a a (los an·tie·*bio*·tie·kos) (m/f)

Wo ist die Toilette?
¿Dónde están los baños? — *don*·de es·*tan* los *ba*·njos

Shoppen & Service

Ich würde gern ... kaufen.
Quisiera comprar ... — kie·*sje*·ra kom·*prar* ...

Ich schaue mich nur um.
Sólo estoy mirando. — so·lo es·*toi* mie·*ran*·do

Darf ich es ansehen?
¿Puedo verlo? — *pwe*·do *ver*·lo

Das gefällt mir nicht.
No me gusta. — no me *gus*·ta

Wie viel kostet es?
¿Cuánto cuesta? — *kwan*·to *kwes*·ta

Das ist zu teuer.
Es muy caro. — es mui *ka*·ro

Können Sie den Preis senken?
¿Podría bajar un poco el precio? — po·*drie*·a ba·*khar* un *po*·ko el *pre*·sio

FRAGEWÖRTER – SPANISCH

Wie?	*¿Cómo?*	*ko*·mo
Was?	*¿Qué?*	ke
Wann?	*¿Cuándo?*	*kwan*·do
Wo?	*¿Dónde?*	*don*·de
Wer?	*¿Quién?*	kien
Warum?	*¿Por qué?*	por ke

Auf der Rechnung ist ein Fehler.
Hay un error en la cuenta. — ai un e·*ror* en la *kwen*·ta

Geldautomat	*cajero automático*	ka·*khe*·ro au·to·*ma*·tie·ko
Markt	*mercado*	mer·*ka*·do
Post	*correos*	ko·*re*·os
Touristen-information	*oficina de turismo*	o·fie·*sie*·na de tu·*ries*·mo

Uhrzeit & Datum

Wie spät ist es?
¿Qué hora es? — ke *o*·ra es

Es ist (10) Uhr.
Son (las diez). — son (las djes)

Es ist halb (zwei).
Es (la una) y media. — es (la *u*·na) ie *me*·dia

Morgen	*mañana*	ma·*nja*·na
Nachmittag	*tarde*	*tar*·de
Abend	*noche*	*no*·che
gestern	*ayer*	a·*yer*
heute	*hoy*	oi
morgen	*mañana*	ma·*nja*·na
Montag	*lunes*	*lu*·nes
Dienstag	*martes*	*mar*·tes
Mittwoch	*miércoles*	*mier*·ko·les
Donnerstag	*jueves*	*khue*·ves
Freitag	*viernes*	*vier*·nes
Samstag	*sábado*	*sa*·ba·do
Sonntag	*domingo*	do·*mien*·go
Januar	*enero*	e·*ne*·ro
Februar	*febrero*	fe·*bre*·ro
März	*marzo*	*mar*·so
April	*abril*	a·*briel*
Mai	*mayo*	*ma*·jo
Juni	*junio*	*khun*·io
Juli	*julio*	*khul*·io
August	*agosto*	a·*gos*·to
September	*septiembre*	sep·*tiem*·bre
Oktober	*octubre*	ok·*tu*·bre
November	*noviembre*	no·*viem*·bre
Dezember	*diciembre*	die·*siem*·bre

Unterkunft

Ich hätte gerne ein Einzel-/Doppelzimmer.
Quisiera una habitación individual/doble. — kie·*sie*·ra *u*·na a·bie·ta·*sion* ien·die·vie·*dual*/*do*·ble

Wie viel kostet es pro Nacht/Person?
¿Cuánto cuesta por noche/persona? kwan·to kwes·ta por no·che/per·so·na

Ist Frühstück inbegriffen?
¿Incluye el desayuno? ien·klu·ye el de·sa·ju·no

Bad	*baño*	ba·njo
Bett	*cama*	ka·ma
Campingplatz	*terreno de cámping*	te·re·no de kam·pieng
Fenster	*ventana*	ven·ta·na
Hotel	*hotel*	o·tel
Jugend-herberge	*albergue juvenil*	al·ber·ge khu·ve·niel
Klimaanlage	*aire acondi-cionado*	ai·re a·kon·die·sio·na·do
Pension	*pensión*	pen·sion

Verkehrsmittel & -wege

Auto & Fahrrad

Ich möchte ein(en)...mieten.	*Quisiera alquilar...*	kie·sie·ra al·kie·lar...
Jeep	*un todo-terreno*	un to·do·te·re·no
Fahrrad	*una bicicleta*	u·na bie·sie·kle·ta
Auto	*un coche*	un ko·che
Motorrad	*una moto*	u·na mo·to
Benzin	*gasolina*	ga·so·lie·na
Diesel	*petróleo*	pet·ro·le·o
Helm	*casco*	kas·ko
Kindersitz	*asiento de seguridad para niños*	a·sien·to de se·gu·rie·da pa·ra nie·nyos
LKW	*camion*	ka·mion
Mechaniker	*mecánico*	me·ka·nie·ko
Tankstelle	*gasolinera*	ga·so·lie·ne·ra
trampen	*hacer botella*	a·ser bo·te·ja

Ist das die Straße nach ...?
¿Se va a ... por esta carretera? se va a ... por es·ta ka·re·te·ra

Kann ich hier parken?
¿Puedo aparcar aquí? pwe·do a·par·kar a·kie

Das Auto hat eine Panne.
El coche se ha averiado. el ko·che se a a·ve·ria·do

Ich hatte einen Unfall.
He tenido un accidente. e te·nie·do un ak·sie·den·te

Ich habe kein Benzin mehr.
Me he quedado sin gasolina. me e ke·da·do sien ga·so·lie·na

Ich habe einen Platten.
Se me pinchó una rueda se me pien·cho u·na rue·da

Öffentliche Verkehrsmittel

Bus	*autobús*	au·to·bus
Fähre	*barco*	bar·ko
Flugzeug	*avión*	a·vjon
Zug	*tren*	tren
erster	*primero*	prie·me·ro
letzter	*último*	ul·tie·mo
nächster	*próximo*	prok·sie·mo
Bahnhof	*estación de trenes*	es·ta·sion de tre·nes
Bushaltestelle	*parada de autobuses*	pa·ra·da de au·to·bu·ses
Fahrplan	*horario*	o·ra·rio
Fensterplatz	*asiento junto a la ventana*	a·sien·to khun·to a la ven·ta·na
Flughafen	*aeropuerto*	a·e·ro·pwer·to
Gangplatz	*asiento de pasillo*	a·sien·to de pa·sie·jo
storniert	*cancelado*	kan·se·la·do
Ticketbüro	*taquilla*	ta·kie·ja
verspätet	*retrasado*	re·tra·sa·do
Ein Ticket ..., bitte.	*Un billete de ..., por favor.*	un bie·je·te de ... por fa·vor
für die 1. Klasse	*primera clase*	prie·me·ra kla·se

Zahlen – Spanisch

1	*uno*	u·no
2	*dos*	dos
3	*tres*	tres
4	*cuatro*	kwa·tro
5	*cinco*	sien·ko
6	*seis*	seis
7	*siete*	sje·te
8	*ocho*	o·cho
9	*nueve*	nwe·ve
10	*diez*	dies
20	*veinte*	vain·te
30	*treinta*	train·ta
40	*cuarenta*	kwa·ren·ta
50	*cincuenta*	sien·kwen·ta
60	*sesenta*	se·sen·ta
70	*setenta*	se·ten·ta
80	*ochenta*	o·chen·ta
90	*noventa*	no·ven·ta
100	*cien*	sien
1000	*mil*	miel

für die 2. Klasse	*segunda clase*	se·*gun*·da *kla*·se
für eine einfache Fahrt	*ida*	*ie*·da
für hin & zurück	*ida vuelta*	*ie*·da ie *vuel*·ta

Hält er in ...?
¿Para en ...? — pa·ra en ...

Welche Haltestelle ist das?
¿Cuál es esta parada? — kwal es es·ta pa·ra·da

Wan kommt er an/fährt er ab?
¿A qué hora llega/ sale? — a ke o·ra je·ga/sa·le

Bitte sagen Sie mir Bescheid, wenn wir in ... ankommen.
¿Puede avisarme cuando lleguemos a ...? — pwe·de a·vie·*sar*·me *kwan*·do je·ge·mos a ...

Ich möchte hier aussteigen.
Quiero bajarme aquí. — kye·ro ba·*khar*·me a·*kie*

Wegbeschreibungen

Wo ist ...?
¿Dónde está ...? — don·de es·ta ...

Wie lautet die Adresse?
¿Cuál es la dirección? — kwal es la die·rek·*sion*

Können Sie das bitte aufschreiben?
¿Puede escribirlo, por favor? — pwe·de es·krie·*bier*·lo por fa·*vor*

Können Sie mir das (auf der Karte) zeigen?
¿Me lo puede indicar (en el mapa)? — me lo pwe·de ien·die·*kar* (en el *ma*·pa)

an der Ampel	*en el semáforo*	en el se·*ma*·fo·ro
an der Ecke	*en la esquina*	en la es·*kie*·na
gegenüber ...	frente a ...	*fren*·te a ...
geradeaus	todo recto	*to*·do *rek*·to
hinter ...	*detrás de ...*	de·*tras* de ...
links	*izquierda*	ies·*kier*·da
nahe	cerca	*ser*·ka
neben ...	al lado de ...	al *la*·do de ...
rechts	derecha	de·*re*·cha
vor ...	*enfrente de ...*	en·*fren*·te de ...

AYMARA & QUECHUA

Die folgende Auswahl von Wörtern aus den Sprachen Aymara und Quechua ist bei Reisen durch die Anden recht nützlich. Aymara wird vom Stamm der Aymara gesprochen, die im Hochland Boliviens und Perus und angrenzenden Gebieten in Chile und Argentinien leben.

Bei dem hier dargestellten Quechua handelt es sich um den Dialekt aus Cusco, der normalerweise in den gesamten Anden hilfreich ist. Ausnahme ist Ecuador: Das dortige „Quichua" unterscheidet sich von allen Variationen am meisten vom Cusco-Dialekt.

Unten ist nach dem deutschen Begriff zuerst die Übersetzung ins Aymara und dann ins Quechua aufgelistet. Die Ausspracheregeln beider Sprachen ähneln denen des Spanischen. Ein Apostroph (') steht für einen Knacklaut, also den „Nichtlaut" zwischen zwei Vokalen.

Hallo.	*Kamisaraki.*	*Napaykullayki.*
Bitte.	*Mirá.*	*Allichu.*
Danke.	*Yuspagara.*	*Yusulipayki.*
Ja/Nein.	*Jisa/Janiwa.*	*Ari/Mana.*

Wie sagen Sie ...?
Cun sañasauca'ha ...?
Imainata nincha chaita ...?

Es heißt ...
Ucan sutipa'h ... — *Chaipa'g sutin'ha ...*

Bitte wiederholen Sie das.
Uastata sita. — *Ua'manta niway.*

Wie viel?
K'gauka? — *Maik'ata'g?*

Essen	*manka*	*mikíuy*
Fluss	*jawira*	*mayu*
Mutter	*taica*	*mama*
Vater	*auqui*	*tayta*
Schneebedeckter Berggipfel	*kollu*	*riti-orko*
Wasser	*uma*	*yacu*

1	*maya*	*u'*
2	*paya*	*iskai*
3	*quimsa*	*quinsa*
4	*pusi*	*tahua*
5	*pesca*	*phiska*
6	*zo'hta*	*so'gta*
7	*pakalko*	*khanchis*
8	*quimsakalko*	*pusa'g*
9	*yatunca*	*iskon*
10	*tunca*	*chunca*

GLOSSAR

Wenn nicht anders angegeben, sind die hier genannten Begriffe im ganzen spanischsprachigen Südamerika anwendbar, es gibt aber regionale Varianten. Ausdrücke, die nur in bestimmten Ländern verwendet werden, sind mit der jeweiligen Landesabkürzung versehen. (Portugiesische Ausdrücke etwa, die nur in Brasilien benutzt werden, sind mit „Bra" gekennzeichnet.)

aduana – Zoll
aguardiente – Zuckerrohrschnaps oder ähnliches Getränk
ají – Chiliart
albergue – Hostel
alcaldía – Rathaus; quasi gleichbedeutend mit *municipalidad*
almuerzo – Mittagessen; meist ein günstiges Gericht zum Festpreis
alojamiento – üblicherweise eine preiswerte Unterkunft mit Gemeinschaftsbad und -toilette
altiplano – Andenhochland in Peru, Bolivien, Chile und Argentinien
apartamento – Apartment oder Wohnung; (Bra) Hotelzimmer mit eigenem Bad
artesanía – Kunsthandwerk; Kunsthandwerksladen
asado/a – gegrillt; (Arg) Grillparty, meist ein sommerliches Familienfest
ascensor – Aufzug
asunceño/a – in Asunción geborene/lebende Person
audiencia – kolonialer Verwaltungsbezirk
ayahuasca – halluzinogenes Gebräu aus weinartigen Getränken mit Inhaltsstoffen aus dem Regenwald
Aymara – indigener Stamm im Hochland Boliviens, Perus und Chiles (auch *Kolla* genannt); bezeichnet auch dessen Sprache

balneario – Badeort oder Strand
baños – Badezimmer
barrio – Stadtviertel, Bezirk oder Vorort; (Ven) Slumsiedlung, (Bra) auch *bairro*
bloco – (Bra) Gruppe von Musikern und Tänzern, die bei Karnevalsparaden durch die Straßen zieht
bodega – Winzerei oder Weinkeller
bus-cama – wörtlich „Bus-Bett"; äußerst komfortabler Bustyp mit vollständig zurückklappbaren Sitzen; auch *coche-cama* genannt

cabaña – Blockhütte
cabildo – Rathaus aus der Kolonialzeit
cachaça – (Bra) Nationalgetränk; Rum aus Zuckerrohr, der auch *pinga* genannt und im ganzen Land von unzähligen kleinen Brennereien produziert wird
cachoeira – (Bra) Wasserfall
caipirinha – (Bra) Nationalcocktail
calle – Straße
cambista – Geldwechsler auf der Straße
camino – Straße, Pfad, Weg
camión – Lastwagen mit offener Ladefläche; beliebtes Nahverkehrsmittel in den Andenstaaten
camioneta – Pick-up oder anderer Kleinlastwagen; Nahverkehrsmittel in den Andenstaaten
campamento – Zeltplatz
campesino/a – Landbewohner, der von der Landwirtschaft lebt; Bauer
caña – Rum
Candomblé – (Bra) afrobrasilianische Religion in Bahia
capoeira – (Bra) tänzerische Kampfkunst, die einst von Sklaven in Bahia entwickelt wurde
Carnaval – läutet in ganz Lateinamerika die Fastenzeit ein
casa de cambio – offizielle Wechselstube zum Umtauschen ausländischer Währungen
casa de familia – schlichte Unterkunft bei einer Familie
casa de huésped – wörtlich „Gästehaus"; Gäste dieser günstigen Unterkunft dürfen meist Küche, Garten und Waschküche mitbenutzen
casona – großes Haus/Anwesen; allgemeiner Begriff für Gebäude aus der Kolonialzeit
catarata – Wasserfall
Caudillo – regionaler Despot im Südamerika des 19. Jhs.
cazuela – herzhaftes Schmorgericht
cena – Abendessen, häufig günstiges Komplettmenü
cerro – Hügel oder sehr hoher Andengipfel
certificado – als Einschreiben gekennzeichnete Post
cerveza – Bier
ceviche – marinierte rohe Meeresfrüchte; können Cholera- oder Gnathostomose-Erreger enthalten
charango – traditionelles Saiteninstrument der Andenländer mit einem Gürteltierpanzer als Klangkörper
chicha – in den Andenländern beliebtes (häufig alkoholhaltiges) Getränk; wird u. a. aus Maniok, Süßkartoffeln oder Mais gewonnen
chifa – chinesisches Restaurant; der Begriff wird vor allem in Peru, Bolivien und Ecuador verwendet
chiva – (Kol) einfacher Überlandbus mit Holzsitzen
churrasquería – Grillrestaurant; in Brasilien *churrascaria*
cocalero – Kokabauer
coche-cama – s. *bus-cama*
colectivo – bezeichnet je nach Land entweder einen Bus, einen Kleinbus oder ein Sammeltaxi
combi – Klein- oder Minibus, auch *micro* genannt
comedor – einfaches Lokal oder Speiseraum eines Hotel
comida corriente – (Kol) einfaches Menü
confitería – Café, in dem Kaffee, Tee, Desserts und einfache Gerichte serviert werden
cordillera – Gebirgszug
correo – Postamt; (Bra) auch *correio*
costanera – eine am Meer, einem Fluss oder einem See entlangführende Straße im südlichen Teil des Kontinents

costeño – Küstenbewohner
criollo/a – eigentlich ein Spanier, der im Südamerika der Kolonialzeit geboren wurde; heutzutage Südamerikaner mit europäischen Wurzeln
cumbia – von Blas- und Schlaginstrumenten geprägter Musikstil, mit Salsa, Merengue und Lambada verwandt
curanto – chilenischer Eintopf mit Meeresfrüchten
cuy – gegrilltes Meerschweinchen; traditionelles Essen in den Anden

denuncia – eidesstattliche Erklärung oder Aussage, normalerweise im Zusammenhang mit Diebstählen oder Raubüberfällen

edificio – Gebäude
esquina – Straßenecke (Abkürzung: „esq")
estancia – riesige Weidefarm für Rinder oder Schafe; wird von ortsansässigen Arbeitskräften unter der Leitung des Eigentümers oder Geschäftsführers *(estanciero)* bewirtschaftet

FARC – Fuerzas Armadas Revolucionarias de Colombia (Revolutionäre Streitkräfte Kolumbiens); Guerrilla-Bewegung
farmacia – Apotheke
favela – (Bra) Ghetto oder Slumsiedlung
fazenda – (Bra) große Ranch oder Farm; entspricht in etwa einer *hacienda*
ferrobus – Passagierzugtyp
ferrocarril – Eisenbahn
ferroviária – (Bra) Bahnhof
ferta – Werbeangebot für Flug- oder Busreisen, häufig saisonabhängig
flota – Flotte; bezeichnet oft ein Busunternehmen für Langstrecken
fútbol – Fußball, (Bra) auch *fútebol*

gaucho – (Arg, Uru) Cowboy, Viehhüter; (Bra) auch *gaúcho*
golpe de estado – Staatsstreich
gringo/a – in ganz Lateinamerika gebräuchlicher Begriff für einen Ausländer oder eine Person mit heller Haut- und Haarfarbe; eigentlich nicht unbedingt abwertend gemeint
guanaco – Wildform des Lamas
guaraná – Strauch aus dem Amazonas, dessen Früchten magische und heilende Kräfte nachgesagt werden; (Bra) ein sehr beliebtes Erfrischungsgetränk
Guaraní – indigene Stämme Argentiniens, Brasiliens, Boliviens und Paraguays; bezeichnet auch deren Sprache

hacienda – weitläufiger Landsitz, auf dem meist Ortsansässige für den Besitzer *(hacendado)* arbeiten; (Chi) auch *fundo*
hidroviária – Anlegesteg für Schiffe
hospedaje – günstige Unterkunft mit Gemeinschaftsbad; meist bei Familien, die ein Gästezimmer bereitstellen
hostal – kleines Hotel oder Gasthaus
huaso – Cowboy
humita – eine Art Tamale/ Teigtasche aus süßem Mais

iglesia – Kirche; (Bra) auch *igreja*
Inka – indigener Volksstamm der Zentralanden zur Zeit der spanischen Eroberung; bezeichnet sowohl den Volksstamm als auch dessen Anführer
indígena – Ureinwohner Amerikas; indigene Person
isla – Insel; (Bra) auch *ilha*
lago – See
laguna – Lagune; flacher See
lanchero – Bootsführer
latifundio – weitläufiger Landbesitz, z. B. *hacienda* oder *estancia* für Viehzucht
lavandería –Waschsalon
leito – (Bra) komfortabler Nacht-Expressbus
licuado – Fruchtshake, der mit Milch oder Wasser zubereitet wird
lista de correos – postlagernde Sendung
locutorio – kleines Telefonzentrum

machismo – übertriebener männlicher Stolz eines Lateinamerikaners
malecón – Strandpromenade
Mapuche – indigener Volksstamm in Nord-Patagonien
marisquería – Fischrestaurant
maté – s. *yerba maté*
mate de coca – Tee aus Kokablättern
menú del día – günstiges Tagesmenü
mercado – Markt
mercado negro – Schwarzmarkt
mestizo/a – Person mit spanisch-indigener Abstammung
micro – Klein- oder Minibus; wird auch oft als *combi* bezeichnet
migración – Einwanderungsbehörde
minuta – (Arg, Par, Uru) schneller Snack
mirador – Aussichtspunkt; meistens auf einem Hügel, oft auch auf Gebäuden
moai – riesige Steinstatuen auf der Osterinsel
mototaxi – (Per) dreirädrige Motorradrikscha, auch *mototocarro*
mudéjar – Architekturstil mit maurischen Einflüssen, der Anfang des 12. Jhs. in Spanien entstand
mulato/a – Person von afrikanisch-europäischer Abstammung
municipalidad – Stadt oder Rathaus
museo – Museum, (Bra) auch *museu*
música criolla – kreolische Musik
música folklórica – traditionelle Andenmusik

nevado – schneebedeckter Gipfel

oficina – Büro (Abkürzung: „of")
onces – Zwischenmahlzeit am Morgen oder Nachmittag, Snack

Pachamama – Mutter Erde, Gottheit der indigenen Volksstämme aus den Anden

panadería – Bäckerei
panama – Leichter, traditioneller Strohhut mit Ursprung in Ecuador
parada oder **paradero** – Bushaltestelle
páramo – feuchte Hochlandsteppe der nördlichen Andenländer
parque nacional – Nationalpark
parrilla oder **parrillada** – geröstetes oder gegrilltes Fleisch; bezeichnet außerdem ein Steakhaus und den eigentlichen Grill
paseo – Allee, Promenade
patio de comidas – Restaurantbereich
peatonal – Fußgängerzone
pehuén – Andentanne im südlichen Lateinamerika
peña – Club/Bar mit spon tanen Folkloreveranstaltungen oder Bezeichnung für ein solches Event
pensión – günstige Unterkunft für Kurzaufenthalte in einem Privathaus, manchmal auch für längere Aufenthalte
piropo – sexistische Bemerkung, von relativ harmlos bis zu extrem geschmacklos
pisco – Schnaps aus weißen Trauben und peruanisches Nationalgetränk, wird meist als *pisco sour* serviert
Planalto – riesiges Hochplateau, bedeckt weite Teile Südbrasiliens
pollería – Restaurant, das Grillhähnchen serviert
por puesto – (Ven) Sammeltaxi oder Kleinbus
posada – eine kleine, familiengeführte Pension; der Begriff bezeichnet manchmal aber auch ein Hotel; (Bra) auch *pousada* geschrieben
prato feito – (Bra) wörtlich „Fertigteller" oder „Tagesteller"; normalerweise eine sehr üppige und dazu sehr preiswerte Mahlzeit
precordillera – Hügel der Andenausläufer
pucará – indigene Andenfestung
puna – Andenhochland, normalerweise oberhalb 3000 m

quebrada – enge, normalerweise trockene Schlucht
Quechua – indigene Sprache des Andenhochlands mit Blütezeit während der Inka-Herrschaft; ist heute noch weit verbreitet; (Ecu) auch „Quichua"
quena – einfache Flöte aus Schilfrohr
quinoa – reisähnliches Getreide der Anden; Grundnahrungsmittel während der Periode vor der Entdeckung Amerikas

rancho – ländliches Haus
recargo – Aufschlag; wird oft beim Bezahlen per Kreditkarte fällig
reducción – der Begriff bezeichnete im kolonialen Lateinamerika die Konzentration indigener Volksstämme in zentralen Siedlungen, die die politische Kontrolle und die religiöse Unterweisung erleichtern sollte; wird auch als *congregación* bezeichnet
refugio – eine ziemlich einfache Unterkunft in Nationalparks oder abgelegenen Gegenden
Reggaeton – beliebter Musikstil aus der Karibik, der lateinamerikanische Rhythmen mit Rap-Elementen verbindet
remise – (Arg) Taxi, das telefonisch gerufen wird
residencial – preiswerte Unterkunft, manchmal allerdings nur während der Saison; *residenciales* sind ausschließlich für Kurzaufenthalte vorgesehen
rio – Fluss; (Bra) auch *rio*
rodoferroviária – (Bra) Kombination aus Bahnhof und Busbahnhof
rodoviária – (Bra) Busbahnhof
ruta – Strecke oder Schnellstraße

s/n – *sin número;* die Abkürzung weist auf Adressen ohne eine eigene Hausnummer hin
salar – Salzsee oder Salzebene, meist im Andenhochland oder dem argentinischen Patagonien
salsoteca – Salsaclub
salteña – Pastete mit Fleisch oder Gemüse; normalerweise eine schärfere Empanada-Variante
Semana Santa – Karwoche; sie wird in ganz Südamerika gefeiert
Sendero Luminoso – Leuchtender Pfad; Perus maoistische Terroristenvereinigung, die in den späten 1980er-Jahren einen Guerilla-Krieg führte
serrano – Bergbewohner
siesta – lange Nachmittagspause zum Essen und oftmals auch für ein Nickerchen
soroche – Höhenkrankheit
Sranan Tongo – in Suriname weit verbreitete Kreolsprache; auch „Surinaams"
suco – (Bra) Fruchtsaft; Saftbar

tasca – Bar-Restaurant im spanischen Stil
teleférico – Seilbahn
telenovela – TV-Seifenoper
tenedor libre – (Arg) *All-you-can-eat*-Restaurant
tepui – Tafelberg mit einer absolut einzigartigen Pflanzenwelt
termas – Thermalquellen
terminal de ómnibus – Busbahnhof; auch *terminal terrestre* genannt
tinto – Rotwein; (Kol) kleiner schwarzer Kaffee
todo terreno – Mountainbike
torrentismo – sich an einem Wasserfall abseilen
totora – Schilfrohrart; wird als Baumaterial verwendet

Vaquero – Cowboy; *vaqueiro* (Bra)
vicuña – Wildform der Lamas und Alpacas; lebt in den südlichen Zentralanden

yerba maté – „paraguayischer Tee" *(Ilex paraguariensis)*; er wird sehr regelmäßig in Argentinien, Paraguay und Uruguay, jedoch auch in Brasilien getrunken

zampoña – eine Art Panflöte; das Instrument ist ganz typisch für die traditionelle Folkloremusik der Andenregionen
zona franca – zollfreie Zone

Hinter den Kulissen

WIR FREUEN UNS ÜBER EIN FEEDBACK

Post von Travellern zu bekommen, ist für uns ungemein hilfreich – Kritik und Anregungen halten uns auf dem Laufenden und helfen, unsere Bücher zu verbessern. Unser reiseerfahrenes Team liest alle Zuschriften ganz genau, um zu erfahren, was an unseren Reiseführern gut und was schlecht ist. Wir können solche Post zwar nicht individuell beantworten, aber jedes Feedback wird garantiert schnurstracks an die jeweiligen Autoren weitergeleitet, rechtzeitig vor der nächsten Nachauflage.

Wer Ideen, Erfahrungen und Korrekturhinweise zum Reiseführer mitteilen möchte, hat die Möglichkeit dazu auf **www.lonelyplanet.com/contact/guidebook_feedback/new**. Anmerkungen speziell zur deutschen Ausgabe erreichen uns über **www.lonelyplanet.de/kontakt**.

Hinweis: Da wir Beiträge möglicherweise in Lonely Planet Produkten (Reiseführer, Websites, digitale Medien) veröffentlichen, ggf. auch in gekürzter Form, bitten wir um Mitteilung, falls ein Kommentar nicht veröffentlicht oder ein Name nicht genannt werden soll. Wer Näheres über unsere Datenschutzpolitik wissen will, erfährt das unter www.lonelyplanet.com/privacy.

DANK VON LONELY PLANET

Vielen Dank den Reisenden, die uns nach der letzten Auflage des Reiseführers zahlreiche hilfreiche Hinweise, nützliche Ratschläge und interessante Anekdoten schickten:
Amélie Baechler, Anne Jachmann, Anouk Lubbe, Arthur Châteauvert, Bethan Phillips, Boon Quek, Cain Papettas, Carla Doyle, Catalina Tanasescu, Chris Verrill, Ciarán Ó Súilleabháin, Dominik Hofmann, Elin Lyckestam, Etienne Rompre, Hannah Wallin, Heather Monell, Lisa Howarth, Lucas Liu, Luke Porter, Manuel Gaviria, Marcus Draxler, Marta Alfonsea Zaragoza, Michael Weber, Natasha Walker, Piotr Dziadosz, Reiss Draper & Kaylie McArthur, Susanne Neuenschwander, Zak Hirsch

DANK DER AUTOREN

Regis St. Louis

Ich danke den unzähligen Einheimischen und Expats für ihre Hilfe und Freundschaft. Besonders dankbar bin ich Cristiano Nogueira, Jackki Saysell, Eduardo Cruxen, Ian Paparesko, Alberto Armendáriz, Bindu Mathur, Tom Lemesurier, German und Daniel Olano, Michael Nagy, Marcelo Esteves, André Paranhos, Toninho, Kevin Raub, Samantha Aquim, Gilson Martins, Antônia Leite Barbosa und Lenny Niemeyer. Wie immer geht ein herzliches Dankeschön an Cassandra, Magdalena und Genevieve für ihre unablässige Unterstützung.

Isabel Albiston

Ein großes Dankeschön an MaSovaida Morgan, Patricio Santos, Cé Martínez, Jessica Pollack, Madi Lang, Miles Lewis, Sorrel Moseley-Williams, Jazmín Arellano, Mercedes Fauda, Lorena Polo, Alan Seabright, Bárbara Poey, Patricia Franco, Nano Aznarez, Maria Elia Capella, Magda Dobrajska und an meine Familie. All eure Insidertipps, eure Freundschaft und die Unterstützung bedeuten mir viel! *Besos* an Facundo, Verita, Felipe, Ciro und Lottie und Alice! Ein besonderer Dank geht an die *asadores* Marcelo Larroque und Julian Mule – *un aplauso*!

Gregor Clark

Muchísimas gracias den vielen Uruguayanern und Expats, die mit mir ihre Liebe zum Land und ihr Wissen darüber geteilt haben, insbesondere Gloria, Tino, Miguel, Monica, Alain, Cecilia, Eduardo, Aaron, Victoria, Karen, Juan Manuel, Nahir und Pedro. *Besos y abrazos* gehen Zuhause an Gaen, Meigan und Chloe – weil sie die Heimkehr immer zum schönsten Teil der Reise machen.

Mark Johanson

Muchas gracias all jenen in Chile und auf der Osterinsel, die mein Herz erwärmt und meinen Bauch mit so viel *manjar* und *carmenere* gefüllt haben, dass es mir oft unmöglich war zu arbeiten. Vielen Dank an Felipe Bascuñán, Megan Snedden, Vanessa Petersen und Carla Andrade, die sich mir für einen Teil der Reise angeschlossen und die ihr Fachwissen mit mir geteilt haben. Ein Dankeschön geht auch an Paula Santa Ana, Franz Schubert, Grant Phelps, Gonzalo Silva und Sandra Luz La Torre, deren Wissen für mich während meiner Arbeit an diesem Band eine große Hilfe war.

Anna Kaminski

Ein großes Dankeschön geht an Bailey, der mir die Hälfte dieses betörenden Landes anvertraut hat, an meinen Kollegen Brendan und an alle, die mir geholfen haben – insbesondere: Jose und die Leute von Graffiti Tour in Medellin, Tony in Popayán, Soledad, und die Mountainbike-Leute von Salento, dem Kolibri Hostel in Pereira, Gloria in Guatape, Finca El Maco und Pacho in San Agustín und schließlich der Fahrer, der mich sicher über die Trampolin de la Muerte gebracht hat.

Brian Kluepfel

Mein Dank gilt: meiner Frau Paula Paz, die immer bei mir ist, auch wenn wir getrennt sind, meinem Redakteur Bailey, der all die albernen WhatsApp-Fotos über sich ergehen ließ, mein *amigo para siempre* Goyo, eine Stimme der Vernunft während stürmischer Momente, meinen Lonely Planet-Kollegen Neill und Cheree für Aufmunterung aus der Ferne, meiner Familie, die zwar nicht immer einverstanden ist mit dem, was ich mache, aber trotzdem für mich betet, und jedem Busfahrer in Ecuador … ohne euch hätte ich es nicht geschafft!

Tom Masters

Dankeschön an die vielen tollen Menschen in drei Ländern, die mir bei der Recherche geholfen haben, vor allem Amarylis Lewis bei Wilderness Expeditions, Candace Phillips bei Visit Rupununi, Charlie und Christian in Georgetown, Celeste Brash und Anna Kaminski, Oren Jarvis und Ayla Kenyon, Sebastian DeFreitas, Kayla DeFreitas, Leroy Ignacio, Colin Edwards und Erienne Hynes-Lourens.

Brendan Sainsbury

Muchas gracias all den erfahrenen Busfahrern, hilfsbereiten Mitarbeitern bei den Touristeninformationen, den großzügigen Hotelbesitzern, den geschickten *arepa*-Machern und all den Menschen, die mir auf die ein oder andere Weise während meiner Arbeit geholfen haben. Ein besonderes Dankeschön geht an meine Frau Liz, die mich während meiner Zeit in Cartagena und Santa Marta begleitet hat.

Paul Smith

Vielen Dank an meine Familie – Carol, Shawn und Ewan – für die Geduld, mit der sie meine Abwesenheit ertragen haben. Danke an Karina Atkinson und Joe Sarvary in Pilar und Irma Ramírez in Sta Maria de Fe für ihre wertvolle Unterstützung. Danke Bailey Freeman für die immer schnellen Antworten auf meine Fragen. Ein besonderer Dank gilt Para La Tierra, der Santa Maria Education Fund, Pro Cosara, Guyra Paraguay und FMB für ihr großartige soziale- und Naturschutzarbeit, weil sie damit Paraguay zu einem besseren Ort für uns alle machen – die Einheimischen und die Besucher.

Luke Waterson

Wenn deine Recherche dich von einer riesigen Hauptstadt wie Quito in die Anden, das Amazonasgebiet und auf die Galápagosinseln führt, dann ist das ohne Hilfe nicht zu bewältigen. Mein Dank geht an Mark Thurber in Quito, Fausto Andi in Coca, Matt Terry in Tena und Tony Lloyd in Cuenca. Vielen Dank auch den zahllosen Bus- und Taxifahrern, den Schnellboot- und Kanuanbietern, den Piloten und all den Mitarbeitern unzähliger Hotels, Restaurants und anderer Unternehmen, die mit ihren Tipps und ihrem Wissen meine Arbeit unterstützt haben.

QUELLENNACHWEIS

Die Klimakarten stammen von Peel MC, Finlayson BL & McMahon TA (2007) *Updated World Map of the Köppen-Geiger Climate Classification*, erschienen in der Zeitschrift *Hydrology and Earth System Sciences*, Ausgabe 11, 163344.

Titelfoto: Lama, Peru, Agatha Kadar/Shutterstock ©

ÜBER DIESES BUCH

Dies ist die 5. deutschsprachige Auflage von *Südamerika für wenig Geld*, basierend auf der mittlerweile 14. englischen Auflage von *South America*, recherchiert und geschrieben von Regis St. Louis, Isabel Albiston, Robert Balkovich, Celeste Brash, Jade Bremner, Cathy Brown, Gregor Clark, Alex Egerton, Michael Grosberg, Anthony Ham, Mark Johanson, Anna Kaminski, Brian Kluepfel, Tom Masters, Carolyn McCarthy, MaSovaida Morgan, Anja Mutić, Kevin Raub, Brendan Sainsbury, Adam Skolnick, Paul Smith, Andy Symington, Phillip Tang, Luke Waterson und Wendy Yanagihara. Er wurde zusammengestellt von Regis St. Louis, Isabel Albiston, Celeste Brash, Bailey Freeman und Brendan Sainsbury.

Dieser Reiseführer wurde von den folgenden Personen produziert:

Projektredakteur Bailey Freeman

Leitende Produktredakteurin Saralinda Turner

Leitender Kartograf Corey Hutchison

Produktredakteurin Sandie Kestell

Layoutdesign Mazzy Prinsep

Redaktionsassistenz Sarah Bailey, Michelle Bennett, Nigel Chin, Joel Cotterell, Barbara Delissen, Carly Hall, Gabrielle Innes, Jodie Martire, Lou McGregor, Alison Morris, Lauren O'Connell, Charlotte Orr, Monique Perrin, Sam Wheeler

Kartografieassistenz Mick Garrett, Valentina Kremenchutskaya

Umschlagrecherche Naomi Parker

Dank an Melanie Dankel, Amy Lynch, Claire Rourke

Register

ABKÜRZUNGEN

Arg	Argentinien
Bol	Bolivien
Bra	Brasilien
Chi	Chile
Ecu	Ecuador
FG	Französisch-Guayana
Guy	Guyana
Kol	Kolumbien
Par	Paraguay
Per	Peru
Sur	Suriname
Uru	Uruguay

Verweise auf Karten **000**
Verweise auf Fotos **000**

C

Verweise auf Karten **000**
Verweise auf Fotos **000**

D

E

Verweise auf Karten **000**
Verweise auf Fotos **000**

Verweise auf Karten **000**
Verweise auf Fotos 000

N

O

P

Q

R

Verweise auf Karten **000**
Verweise auf Fotos **000**

S

Verweise auf Karten **000**
Verweise auf Fotos **000**

T

U

Kartenlegende

Sehenswertes
- Strand
- Vogelschutzgebiet
- buddhistisch
- Schloss/Palast
- christlich
- konfuzianisch
- hinduistisch
- islamisch
- jainistisch
- jüdisch
- Denkmal
- Museum/Galerie/historisches Gebäude
- Ruine
- schintoistisch
- sikhistisch
- taoistisch
- Weingut/Weinberg
- Zoo/Tierschutzgebiet
- andere Sehenswürdigkeit

Aktivitäten, Kurse & Touren
- bodysurfen
- tauchen
- Kanu/Kajak fahren
- Kurs/Tour
- Sento-Bad/Onsen
- Ski fahren
- schnorcheln
- surfen
- Schwimmbecken
- wandern
- windsurfen
- andere Aktivität

Schlafen
- Unterkunft
- Camping
- Hütte/Unterstand

Essen
- Lokal

Ausgehen & Nachtleben
- Bar/Kneipe
- Café

Unterhaltung
- Unterhaltung

Shoppen
- Shoppen

Praktisches
- Bank
- Botschaft/Konsulat
- Krankenhaus/Arzt
- Internetzugang
- Polizei
- Post
- Telefon
- Toilette
- Touristeninformation
- andere Einrichtung

Geografisches
- Strand
- Tor
- Hütte/Unterstand
- Leuchtturm
- Aussichtspunkt
- Berg/Vulkan
- Oase
- Park
- Pass
- Picknickplatz
- Wasserfall

Städte
- Hauptstadt (Staat)
- Hauptstadt (Bundesland/Provinz)
- Großstadt
- Kleinstadt/Ort

Verkehrsmittel
- Flughafen
- Grenzübergang
- Bus
- Seilbahn/Gondelbahn
- Fahrrad
- Fähre
- Metro
- Einschienenbahn
- Parkplatz
- Tankstelle
- U-Bahn/Subte-Station
- Taxi
- Bahnhof/Zug
- Straßenbahn
- U-Bahnhof
- anderes Verkehrsmittel

Achtung: Nicht alle der abgebildeten Symbole werden auf den Karten im Buch verwendet

Verkehrswege
- Mautstraße
- Autobahn
- Hauptstraße
- Landstraße
- Verbindungsstraße
- sonstige Straße
- unbefestigte Straße
- Straße im Bau
- Platz/Promenade
- Treppe
- Tunnel
- Fußgänger-Überführung
- Stadtspaziergang
- Abstecher (Stadtspaziergang)
- Pfad/Wanderweg

Grenzen
- Internationale Grenze
- Bundesstaat/Provinz
- umstrittene Grenze
- Region/Vorort
- Meerespark
- Klippen
- Mauer

Gewässer
- Fluss/Bach
- periodischer Fluss
- Kanal
- Wasser
- Trocken-/Salz-/periodischer See
- Riff

Gebietsformen
- Flughafen/Startbahn
- Strand/Wüste
- Friedhof (christlich)
- Friedhof
- Gletscher
- Watt
- Park/Wald
- Sehenswürdigkeit (Gebäude)
- Sportgelände
- Sumpf/Mangrove

DIE AUTOREN

Regis St. Louis
Brasilien, Chile Regis wuchs in einer kleinen Stadt im Mittleren Westen der USA auf – einem jener Orte, in denen Träume von der großen, weiten Welt geträumt werden. Früh entwickelte er eine Faszination für fremde Dialekte und Weltkulturen. Er verbrachte seine prägenden Jahre damit, Russisch sowie eine Handvoll romanischer Sprachen zu lernen, was ihm auf Reisen in weiten Teilen der Welt eine große Hilfe war. Regis hat zu mehr als 50 Lonely Planet Titeln beigetragen, die Reiseziele auf sechs Kontinenten abdecken. Seine Abenteuer führten ihn von den Bergen Kamtschatkas zu abgelegenen Inseldörfern in Melanesien und in viele großartige Städte. Wenn er nicht gerade unterwegs ist, lebt er in New Orleans. Von Regis stammen zudem die Abschnitte *Reiseplanung*, *Südamerika verstehen* und *Praktische Informationen* in diesem Band.

Isabel Albiston
Argentinien, Bolivien, Ecuador Nachdem Isabel sechs Jahre für den *Daily Telegraph* in London gearbeitet hatte, kündigte sie und machte sich auf, die Welt zu erkunden. Auf ihren Job als Autorin für eine Zeitschrift in Sydney, Australien, folgten erst eine viermonatige Überlandreise durch Asien und dann fünf Jahre Leben und Arbeiten in Buenos Aires, Argentinien. Isabel begann 2014 für Lonely Planet zu schreiben und hat zu zwölf Reiseführern beigetragen. Sie lebt derzeit in Irland.

Celeste Brash
Französisch-Guayana, Guyana, Suriname Wie viele gebürtige Kalifornier lebt Celeste inzwischen in Portland, Oregon. Ihr Weg dorthin führte sie zunächst für 15 Jahre nach Französisch-Polynesien, dann eineinhalb Jahre nach Südostasien und schließlich nach Brighton, England, wo sie als Lehrerin für Englisch (mit amerikanischem Akzent) als Zweitsprache arbeitete. Seit 2005 schreibt sie Reiseführer für Lonely Planet. Ihre Berichte sind in *BBC Travel* und im *National Geographic* erschienen. Momentan arbeitet sie an einem Buch über ihre fünf Jahre auf einer Perlenfarm im Tuamotu-Archipel. In beruflichen Fragen wird sie von Donald Maass Agency, New York vertreten.

Brendan Sainsbury
Kolumbien, Peru Brendan erblickte das Licht der Welt in Großbritannien, wo er in einer Stadt aufwuchs, die in keinem Reiseführer erwähnt wird (Andover, Hampshire). Seine Ferien verbrachte der junge Brendan im Wohnwagen in Englands Lake District. Er war 19, als er seine Heimat zum erste Mal verließ. Seitdem hat er, manchmal eher schlecht als recht, als Schriftsteller und professioneller Vagabund 70 Länder bereist. In den vergangenen elf Jahren hat er mehr als 40 Bücher für Lonely Planet geschrieben – darunter auch *Africa on a Shoestring*.

Robert Balkovich
Brasilien Robert ist in Oregon geboren und aufgewachsen, nennt aber inzwischen seit fast einem Jahrzehnt New York City sein Zuhause. Wenn andere Kinder mit ihren Familien in Themenparks gingen oder ihre Oma besuchten, fuhr er nach Mexiko City oder reiste mit dem Zug durch Osteuropa. Als Schriftsteller und Reisefan ist Robert immer auf der Suche nach Erfahrungen, die ungewöhnlich genug sind, um über sie zu schreiben.

Jade Bremner
Ecuador Jade ist seit mehr als 10 Jahren Journalistin. Sie hat in vier verschiedenen Regionen gelebt und über diese berichtet. Wo auch immer es sie hin verschlägt, findet sie Action-Sportarten zum Ausprobieren – je abgefahrener, desto besser –, und es ist kein Zufall, dass viele ihrer Lieblingsorte einige der besten Wellen der Welt bieten. Als Redakteurin hat sie für Reisemagazine, *Time Out* und *Radio Times* und als Korrespondentin für *The Times*, *CNN* und *The Independent* gearbeitet. Sie schätzt sich glücklich, Geschichten über diesen wundervollen Planeten mit anderen zu teilen, und ist immer auf der Suche nach dem nächsten Abenteuer.

Cathy Brown

Argentinien Cathy ist Reiseschriftstellerin (Lonely Planet, OARS, Luxury Latin America) und Redakteurin (Matador Network). Sie lebt mit ihren drei Kindern in den Anden Argentiniens in Patagonien, wandert, bestellt ihren Garten, trinkt Malbec, arbeitet mit Heilkräutern und einheimischen Kulturen und baut ein Strohballenhaus. Sie liebt Abenteuerreisen, Surfen, Rafting, Skifahren, Klettern oder Trekking und arbeitet eng mit der Adventure Travel Trade Association zusammen.

Gregor Clark

Brasilien, Uruguay Gregor ist Autor und lebt in den USA. Seine Liebe zu Fremdsprachen und seine Neugierde auf das, was sich hinter der nächsten Ecke verbergen könnte, haben ihn in Dutzende Länder auf fünf Kontinenten geführt. Zudem hat ihn seine chronische Wanderlust auf unzähligen Roadtrips durch seine Heimat Nordamerika getrieben, wobei er alle 50 Staaten und die meisten kanadischen Provinzen bereist hat. Seit 2000 hat Gregor regelmäßig Beiträge für Lonely Planet Reiseführer mit Schwerpunkt Europa, Nord-, Mittel- und Südamerika geschrieben.

Alex Egerton

Argentinien, Brasilien, Peru Als Nachrichtenjournalist hat Alex für Magazine, Zeitungen und Medien auf fünf Kontinenten gearbeitet, bevor er schließlich beschloss, die muffigen Redaktionsräume hinter sich zu lassen und sich als Reiseschriftsteller zu versuchen – denn das versprach aufregende Erlebnisse. Meistens ist er irgendwo auf der Welt unterwegs, begutachtet Matratzen, testet bei seinen Recherchen für Reiseartikel und -führer eigenartige Gerichte an Straßenimbissen und plaudert mit den Einheimischen. Der begeisterter Abenteurer hat abgelegene Urwaldgebiete in Kolumbien durchwandert, die Nebenflüsse des mächtigen Mekong erkundet und an den ersten Kajakfahrten auf einer Reihe abgelegener Flüsse in Nicaragua teilgenommen. Wenn er nicht auf Reisen ist, lebt er in seinem Zuhause in der kolonialen Pracht von Popayán im Süden Kolumbiens.

Michael Grosberg

Argentinien, Bolivien Michael hat an über 50 Lonely Planet Führern mitgearbeitet. Außerdem arbeitete er als Lehrer in Quinto, Ecuador, war an einem Projekt auf der Insel Rota im westlichen Pazifik beteiligt und forschte und schrieb über politische Gewalt in Südafrika, wo er auch dazu beitrug, neu gewählte Regierungsvertreter auszubilden. Michael hat einen Master in vergleichender Literatur und lehrte Literatur und Schreiben als außerordentlicher Professor.

Anthony Ham

Brasilien, Kolumbien Anthony ist ein freiberuflicher Schriftsteller und Fotograf, der sich auf Spanien, das östliche und südliche Afrika, die Arktis und den Nahen Osten spezialisiert hat. Wenn er nicht für Lonely Planet unterwegs ist, schreibt und fotografiert Anthony in Spanien, Afrika und dem Nahen Osten für Zeitungen und Zeitschriften in Australien, Großbritannien und den USA.

Mark Johanson

Bolivien, Chile Mark ist in Virginia aufgewachsen und nannte in den zurückliegenden zehn Jahren fünf verschiedene Länder sein Zuhause. Seine Karriere als Reiseschriftsteller ergab sich aus einer eine Art Midlife-Crisis (bloß, dass die ihn eben schon nach dem ersten Lebensviertel überkam), und er verbrachte die vergangenen acht Jahre damit, um den Globus zu reisen und für australische Reisemagazine (wie *Get Lost*), britische Zeitungen (wie den *Guardian*), amerikanische Lifesyle-Magazine (wie *Men's Journal*) und international arbeitende TV-Sender (wie CNN und BBC) zu berichten. Wenn er nicht gerade irgendwo unterwegs ist, kann man ihn dabei erwischen, wie er von seinem Haus in Santiago, Chile, aus auf die Anden blickt.

Anna Kaminski

Argentinien, Kolumbien Anna wurde in der ehemaligen Sowjetunion geboren und ist in Cambridge, England, aufgewachsen. Sie schloss ihr Studium der Vergleichenden Amerikanistik an der University of Warwick mit einem Abschluss in Geschichte, Kultur und karibischer und amerikanischer Literatur ab und verliebte sich in Lateinamerika. Ihr rastloses Umherstreifen unterbrach sie kurzzeitig, als sie sich für eine Weile in Oaxaca und Bangkok niederließ. Ihr Interesse am Strafrecht führte dazu, dass sie als ehrenamtliche Assistentin eines Rechtsanwalts bei Gerichten, in Ghettos und mit Strafvollzugsbeamten in Kingston, Jamaika, arbeitete. Anna hat zu mehr als 30 Lonely Planet Titeln beigetragen. Wenn Anna nicht unterwegs ist, lebt sie in London.

Brian Kluepfel

Ecuador, Venezuela Im Alter von neun Jahren hatte Brian schon in drei Bundesstaaten und dort in sieben verschiedenen Orten gelebt. Auch anschließend blieb er in Bewegung, was ihn nach Berkeley, Bolivien, in die Bronx und schließlich in die Vorstädte geführt hat. Seine journalistische Arbeit in ganz Amerika umfasst u. a. Dinge wie das Copa-America-Fußballturnier in Paraguay, aber auch Festivals in Quebec. Er hat zu Lonely Planet Titeln wie *Costa Rica*, *Belize*, *Guatemala*, *Bolivien* und *Ecuador* beigetragen. Brian ist begeisterter Vogelbeobachter und Musiker und versucht auf beiden Gebieten sein Glück (seine Singstimme fand auf kleinen Bühnen von Sámara, Costa Rica, bis Peking, China, freundliche Anerkennung).

Tom Masters

Kolumbien, Französisch-Guayana, Guyana, Suriname Kaum, dass er laufen gelernt hatte, träumte Tom, der schon immer eine Vorliebe für das Unbekannte hegte, davon, die geheimnisvollsten Orte zu erkunden – was ihm schließlich eine Karriere als Schriftsteller bescherte. Die führte ihn hinaus in die weite Welt, beispielsweise nach Nordkorea, in die Arktis, den Kongo und nach Sibirien. Obwohl er seine Kindheit im ländlichen Teil Englands verbrachte, nennt Tom heute London, Paris und Berlin sein Zuhause. Im Netz ist er für die Öffentlichkeit unter www.tommasters.net zu finden.

Carolyn McCarthy

Argentinien, Chile, Peru Carolyn hat sich auf die Kultur Nord-, Mittel- und Südamerikas spezialisiert. Sie hat für *National Geographic*, *Outside*, *BBC Magazine*, *Sierra Magazine*, *Boston Globe* und andere Publikationen geschrieben. Carolyn, eine Fulbright-Alumna und Stipendiatin des Banff Mountain Film & Book Festivals, hat den Alltag der Menschen in den entferntesten Ecken Lateinamerikas dokumentiert. Sie hat zu über 40 Lonely Planet Bänden beigetragen, darunter zu den Reiseführern zu Colorado, USA, Argentinien, Chile, zu *Trekking in the Patagonian Andes*, zu Panama, Peru und zum Spezialband über die Nationalparks der USA. Unter www.carolynmccarthy.org erfährt man mehr über sie. Auf Instagram kann man sie unter @mccarthyoffmap bei ihren Reisen begleiten.

MaSovaida Morgan

Ecuador MaSovaida ist eine Reiseschriftstellerin und Multimedia-Geschichtenerzählerin, die ihr Fernweh in mehr als 40 Länder auf allen sieben Kontinenten getrieben hat. Zuvor war sie vier Jahre lang bei Lonely Planet für die Reiseziele Südamerika und Antarktis verantwortlich und arbeitete als Redakteurin für Zeitungen und Nichtregierungsorganisationen im Nahen Osten und in Großbritannien. Auf Instagram findet man sie unter @MaSovaida.

Anja Mutić

Argentinien Die in Zagreb, Kroatien geborene Anja ist seit Jahrzehnten als Wanderprofi auf der ganzen Welt unterwegs. Ihre Karriere als Reiseschriftstellerin führte sie bisher schon in mehr als 60 Länder, lehrte sie mehrere Sprachen und bescherte ihre eine Reihe von Auszeichnungen. Sie hat alle Kontinente (mit Ausnahme der Antarktis) bereist und dort gelebt und gearbeitet, einschließlich eines mehrmonatigen Aufenthalts in Buenos Aires. Auf Instagram ist sie unter @everthenomad zu finden.

Kevin Raub

Brasilien, Chile, Kolumbien Kevin Raub ist in Atlanta aufgewachsen und begann seine Karriere als Musikjournalist in New York, wo er für *Men's Journal* und *Rolling Stone* arbeitete, bis er seinen Rock 'n' Roll-Lifestyle für die Reiseschriftstellerei aufgab. Seitdem hat er an mehr als 95 Reiseführern von Lonely Planet mitgeschrieben, hauptsächlich über Brasilien, Chile, Kolumbien, USA, Indien, die Karibik und Portugal. Kevin trägt auch zu einer Vielzahl von Reisemagazinen in den USA und in Großbritannien bei. Als bekennender Freund eines guten Hopfentropfens ist er ständig auf der Suche nach neuen, interessanten Bieren. Auf Twitter und Instagram lässt er sich unter @RaubOnTheRoad bei diesen und anderen Bemühungen verfolgen.

Adam Skolnick

Argentinien Die Reisebesessenheit übermannte Adam, als er Mitte der 1990er-Jahre als Umweltaktivist arbeitete. Heute schreibt der preisgekrönte Journalist und Reiseautor für diverse Publikationen über Reisen, Kultur, Menschenrechte, Sport und Umwelt, u. a. für die *New York Times*, den *Playboy*, *Outside*, *BBC.com*, *Wired*, *ESPN.com* und *Men's Health*. Für Lonely Planet hat er als Autor oder Mitautor an 35 Reiseführern gearbeitet. Der begeisterte Open-Water-Schwimmer und Taucher ist Autor des hoch gelobten Sachbuchs *ONE BREATH: Freediving, Death and the Quest to Shatter Human Limits* sowie von INDOLIRIUM. Adam lebt in Malibu, Kalifornien.

Paul Smith

Paraguay Von klein auf und mit dem vagen und naiven Ehrgeiz, der nächste David Attenborough zu werden, träumte Paul davon, Wildtiere in den entlegensten Gebieten Südamerikas aufzuspüren. Nach einem zweimonatigen Studium in Bolivien erfüllte sich schließlich dieser Traum. Da David Attenboroughs Position allerdings nicht frei wurde, änderte Paul seine Karrierepläne, wurde Reiseschriftsteller und zog 2003 für immer nach Paraguay.

Andy Symington

Brasilien Andy hat mehr als 100 Bücher sowie Aktualisierungen für Lonely Planet (insbesondere über Europa und Lateinamerika) und andere Verlage geschrieben oder bearbeitet. Seine Artikel zu zahlreichen Themen wurden von einer Vielzahl von Zeitungen, Zeitschriften und Websites veröffentlicht. Er betreibt eine Rock-Bar, an der auch beteiligt ist, hat einen Roman geschrieben und arbeitet derzeit an mehreren Belletristik- und Sachbuch-Projekten. Der gebürtige Australier zog vor vielen Jahren nach Nordspanien. Wenn er nicht mit einem Rucksack in irgendeiner abgelegenen Ecke der Welt unterwegs ist, unterstützt er wahrscheinlich seinen fürchterlich wenig erfolgreichen Fußballverein oder verkostet nach einem langen Spaziergang in den nahe gelegenen Bergen Weine aus der Region.

Phillip Tang

Peru Phillip Tang lebte während seines Heranwachsens vornehmlich von der typisch australischen Mischung aus *pho* und Fish 'n' Chips, bevor er nach Mexico City zog. Ein Abschluss in chinesischer und lateinamerikanischer Kultur waren die Grundlage, in die Welt aufzubrechen und darüber für Lonely Planet zu schreiben – herausgekommen sind die Bände zu Kanada, China, Japan, Korea, Mexiko, Peru und Vietnam. Unter hellophillip.com gibt's seine Texte zu lesen, auf Instagram veröffentlicht Phillip unter @mrtangtangtang seine Fotos, und seine Tweets gibt's unter @philliptang

Luke Waterson

Ecuador, Peru Der in Somerset, im Südwesten Englands, aufgewachsene Luke entwickelte schon früh eine Sehnsucht nach weit entlegenen Orten. Nach Abschluss seines Studiums des Kreativen Schreibens an der University of East Anglia schulterte er seinen Rucksack und schwor, so viel wie möglich von der Welt zu sehen. In diesem Sinne bereiste er nicht nur die beiden amerikanischen Kontinente von Alaska bis nach Feuerland, sondern entwickelte zudem eine gewisse Besessenheit für sowjetische Architektur und präkolumbische Ruinen.

DIE LONELY PLANET STORY

Ein ziemlich mitgenommenes, altes Auto, ein paar Dollar in der Tasche und eine Vorliebe für Abenteuer – 1972 war das alles, was Tony und Maureen Wheeler für die Reise ihres Lebens brauchten, die sie durch Europa und Asien bis nach Australien führte. Die Tour dauerte einige Monate, und am Ende saßen die beiden – pleite, aber voller Inspiration – an ihrem Küchentisch und schrieben ihren ersten Reiseführer *Across Asia on the Cheap*. Innerhalb einer Woche hatten sie 1500 Exemplare verkauft. Lonely Planet war geboren.

Heute hat der Verlag Büros in Melbourne, London und Oakland und mehr als 600 Mitarbeiter und Autoren. Und alle teilen Tonys Überzeugung: „Ein guter Reiseführer sollte drei Dinge tun: informieren, bilden und unterhalten."

Wendy Yanagihara

Ecuador Wendy fand ihren Traumberuf als Autorin für Lonely Planet im Jahr 2003 eher zufällig und hat seitdem an Titeln wie *Südostasien für wenig Geld*, *Vietnam*, *Japan*, *Mexiko*, *Costa Rica* und *Indonesien* sowie an einem Band über den Grand Canyon National Park mitgewirkt. Ihre Leidenschaft hat sie in abgelegene Täler Westpapuas geführt, in die vielfältigen Viertel und Gassen von Tokio, auf einen patagonischen Gletscher und mitten hinein in die wilden Wasser des Colorado. Wendy hat auch für *BBC Travel*, den *Guardian*, das *Lonely Planet Magazine* und lonelyplanet.com geschrieben und war zudem zeitweise freiberuflich als Grafikdesignerin, Illustratorin und bildende Künstlerin tätig.

Lonely Planet Global Limited

Digital Depot
The Digital Hub
Dublin D08 TCV4
Ireland

Verlag der deutschen Ausgabe:
MAIRDUMONT, Marco-Polo-Str. 1, 73760 Ostfildern,
www.lonelyplanet.de, www.mairdumont.com
lonelyplanet-online@mairdumont.com

Chefredakteurin deutsche Ausgabe: Birgit Borowski

Redaktion: (red.sign, Stuttgart) Tamara Damjanovic, Marlene Frisch, Annegret Gellweiler, Susanne Junker, Maja Pfeifle, Olaf Rappold, Marie Rominger, Teresa Russo, Julia Wilhelm, Stephanie Ziegler

Übersetzung: Julie Bacher, Berna Ercan, Tobias Ewert, Derek Frey, Marion Gref-Timm, Stefanie Gross, Gabriela Huber Martins, Laura Leibold, Britt Maaß, Marion Matthäus, Christopher Purrer, Dr. Christian Rochow, Beate Staib

An früheren Auflagen haben außerdem mitgewirkt: Dorothee Büttgen, Anne Cappel, Karen Gerwig, Eva-Maria Hilble, Christina Jacobs, Claudia Keilig, Anna Kranz, Jürgen Kucklinski, Thomas Pampuch, Ute Perchtold, Marion Reuter, Claudia Riefert, Andrea Schleipen, Dr. Frauke Sonnabend, Erwin Tivig, Katja Weber

Südamerika

5. deutsche Auflage Januar 2020, übersetzt von *South America, 14th edition*, Oktober 2019, Lonely Planet Global Limited

Printed in Poland